Hartung / Schons / Enders
RVG

Rechtsanwaltsvergütungsgesetz

Kommentar

Von

Dr. Wolfgang Hartung
Rechtsanwalt in Mönchengladbach

Herbert P. Schons
Rechtsanwalt und Notar in Duisburg
Vorsitzender der Gebührenreferententagung der
Bundesrechtsanwaltskammer

und

Horst-Reiner Enders
Geprüfter Bürovorsteher im Rechtsanwaltsfach in Neuwied

3., neubearbeitete Auflage 2017

Zitiervorschlag:
Hartung/Schons/Enders/*Bearbeiter* § … Rn. …

www.beck.de

ISBN 978 3 406 69507 0

© 2017 Verlag C. H. Beck oHG
Wilhelmstraße 9, 80801 München

Umschlaggestaltung, Druck und Bindung: Druckerei C.H. Beck, Nördlingen
(Adresse wie Verlag)

Satz: Meta Systems Publishing & Printservices GmbH, Wustermark

Gedruckt auf säurefreiem, alterungsbeständigem Papier
(hergestellt aus chlorfrei gebleichtem Zellstoff)

Vorwort zur 3. Auflage

Das Vorwort zur ersten Auflage wurde seinerzeit mit der Frage eingeleitet, ob es angesichts der reichhaltigen Literatur noch eines weiteren Kommentars zum RVG bedarf und mit der zweiten Auflage wurde die entsprechende Antwort erteilt.

Wenn die Autoren nunmehr voller Stolz die dritte Auflage vorlegen, so geschieht dies nach der erfreulichen Feststellung, dass sich trotz der starken Stellung der bekannten Standardkommentare auch unser Kommentar einen festen Platz auf dem Markt erobern konnte.

Mit Freude wird beobachtet, dass auch in höchstrichterlichen Entscheidungen auf die hiesige Kommentierung zurückgegriffen wird.

Aber selbstverständlich waren nicht nur die erfreulichen Beobachtungen Anlass für die nunmehr vorliegende dritte Auflage, die man im Rheinland inzwischen als Brauchtum bezeichnen würde (Erklärung für Nicht-Rheinländer: Wiederholt sich eine Veranstaltung zum zweiten Male, spricht man im Rheinland von Tradition und spätestens beim dritten Male von Brauchtum).

Vielmehr bietet die Rechtsprechung in ihrer Weiterentwicklung nach wie vor Anlass zu einer begleitenden – teils auch kritischen – Kommentierung.

So sehen sich Rechtsanwälte bei der Erstellung von fehlerhaften Vergütungsvereinbarungen nicht nur zivilrechtlichen Nachteilen, sondern sogar der strafrechtlichen Verfolgung ausgesetzt, wenn sie ihr eigenes Gebührenrecht nicht beherrschen oder anwenden.

Interessant ist auch die Entwicklung der Rechtsprechung bei Erstattungsfragen.

So hat der BGH in einer bemerkenswerten Entscheidung vom 17.9.2015 mit erfreulich deutlichen Worten zum Ausdruck gebracht, dass es in erster Linie in der Hand des Schuldners liegt, durch vertragsgetreues Verhalten den möglichen Erstattungsansprüchen des Gläubigervertreters zu entziehen.

Und immer öfter wird die Frage thematisiert, ob unter gewissen Umständen auch die vereinbarte Vergütung – etwa nach Zeitaufwand – einem Erstattungsanspruch zugänglich sein kann.

All dies und viele andere spannende Fragen aus Rechtsprechung und Literatur finden Sie in der Neuauflage abgehandelt.

Verlag und die Autoren hoffen, dass auch weiterhin den Erwartungen und Ansprüchen der Nutzer und Leser entsprochen werden konnte.

Der Rechtsstand der Kommentierung entspricht dem Monat September 2016 und nach wie vor werden (vgl. das Vorwort zur ersten Auflage) Anregungen – auch kritischer Natur – gern entgegengenommen und in Zukunft berücksichtigt werden.

Mönchengladbach, Duisburg und　　　　　　　　　　　　Dr. Wolfgang Hartung
Neuwied, im Oktober 2016　　　　　　　　　　　　　　　　Herbert P. Schons
　　　　　　　　　　　　　　　　　　　　　　　　　　　　　　Horst-Reiner Enders

Vorwort zur 1. Auflage

Bedarf es angesichts der reichhaltigen Literatur noch eines weiteren Kommentars zum RVG? Die Antwort des Verlags und der Autoren halten Sie in Ihren Händen. Warum haben sich der Verlag und die Autoren für einen weiteren Kommentar entschieden?

Einerseits ist es sicherlich zutreffend, dass das Rad nicht ständig neu erfunden werden kann. Andererseits ist es aber ebenso richtig und wird durch die tägliche Praxis belegt, dass das RVG auch sechs Jahre nach seiner Einführung bei seinen Anwendern immer noch nicht so recht angekommen ist. Mögen manche Zweifelsfragen – unter nachhaltiger Mitwirkung der Literatur – durch die höchstrichterliche Rechtsprechung endgültig geklärt sein, so werfen die nicht abreißenden Veränderungen im anwaltlichen Vergütungsrecht doch immer wieder neue Fragestellungen auf, die es lohnen, in Rechtsprechung und Literatur kontrovers diskutiert zu werden.

So sei an die zum 1.7.2008 in Kraft getretene Regelung zur eingeschränkten Möglichkeit einer Erfolgshonorarvereinbarung erinnert, die das Recht zu Vergütungsvereinbarung grundlegend verändert hat. In jüngster Zeit ist es der durch die Rechtsprechung des BGH notwendig gewordene § 15a RVG, der mit seiner Einführung zum 5.8.2009 sofort eine lebhafte Diskussion ausgelöst hat, die bis heute trotz einiger Mut machender Entscheidungen verschiedener Senate des BGH noch nicht völlig abgeklungen ist. Auch die Rechtsprechung des BVerfG und des IX. Senats des BGH zur leidigen „Kappungsgrenze" bei Vergütungsvereinbarungen und die besondere Problematik bei vereinbarten Zeithonoraren lohnen eine kritische Betrachtung.

Der neue Handkommentar versteht sich als Helfer aus der Praxis für die Praxis und will durch pointierte und teilweise auch provokante Betrachtungen die Diskussion um Schwachstellen des Gesetzes und der hierzu ergangenen Rechtsprechung aufzeigen, in der Diskussion halten und – im glücklichsten Falle – zu Verbesserungen und strukturellen Weiterentwicklungen beitragen. Gleichzeitig will das Werk die Lücke zwischen „Lehrbuch" und „Großkommentar" schließen.

Angesichts dieser Zielsetzung liegt der Schwerpunkt der Kommentierung weniger in einer wissenschaftlichen Aufarbeitung des gesamten Meinungsspektrums in Rechtsprechung und Literatur, sondern vorrangig in der konzentrierten Zusammenstellung der in der Praxis relevanten Problemfelder und in der kritischen Kommentierung der hierzu bislang ergangenen Rechtsprechung. Der Kommentar setzt sich bewusst zum Ziel, auch Argumentationshilfen in den Fällen zu geben, in denen die Rechtsprechung einen endgültigen, aber keineswegs immer anwaltsfreundlichen Standpunkt eingenommen hat. Die Erfahrungen der letzten Jahre machen Hoffnung, dass sich solche Bemühungen lohnen werden. Man denke nur an die zwischenzeitlich gefestigte Rechtsprechung zum weiten Anwendungsbereich der Terminsgebühr oder an die Anwendbarkeit von § 15a RVG auf die sog. Altfälle.

Verlag und die Autoren hoffen, dass die Neuerscheinung den selbst gestellten Ansprüchen gerecht wird und sich unter den bewährten Klassikern des anwaltlichen Vergütungsrechts einen angemessenen Platz erobern wird. Der Rechtsstand der Kommentierung entspricht dem Monat September 2010.

Anregungen – durchaus auch kritischer Natur – werden gerne entgegengenommen.

Mönchengladbach, Duisburg und
Neuwied, im Oktober 2010

Dr. Wolfgang Hartung
Herbert P. Schons
Horst-Reiner Enders

Inhaltsverzeichnis

Vorwort V
Abkürzungs- und Literaturverzeichnis XVII

Abschnitt 1. Allgemeine Vorschriften

§ 1	Geltungsbereich *(Enders)*	1
§ 2	Höhe der Vergütung *(Enders)*	37
§ 3	Gebühren in sozialrechtlichen Angelegenheiten *(Enders)*	44
§ 3a	Vergütungsvereinbarung *(Schons)*	52
§ 4	Erfolgsunabhängige Vergütung *(Schons)*	84
§ 4a	Erfolgshonorar *(Schons)*	93
§ 4b	Fehlerhafte Vergütungsvereinbarung *(Schons)*	109
§ 5	Vergütung für Tätigkeiten von Vertretern des Rechtsanwalts *(Enders)*	114
§ 6	Mehrere Rechtsanwälte *(Enders)*	121
§ 7	Mehrere Auftraggeber *(Enders)*	125
§ 8	Fälligkeit, Hemmung der Verjährung *(Enders)*	137
§ 9	Vorschuss *(Enders)*	147
§ 10	Berechnung *(Enders)*	154
§ 11	Festsetzung der Vergütung *(Enders)*	166
§ 12	Anwendung von Vorschriften für die Prozesskostenhilfe *(Enders)*	182
§ 12a	Abhilfe bei Verletzung des Anspruchs auf rechtliches Gehör *(Enders)*	185
§ 12b	Elektronische Akte, Elektronisches Dokument *(Enders)*	187
§ 12c	Rechtsbehelfsbelehrung *(Enders)*	191

Abschnitt 2. Gebührenvorschriften

§ 13	Wertgebühren *(Enders)*	193
§ 14	Rahmengebühren *(Enders)*	195
§ 15	Abgeltungsbereich der Gebühren *(Enders)*	208
§ 15a	Anrechnung einer Gebühr *(Enders)*	251

Abschnitt 3. Angelegenheit

§ 16	Dieselbe Angelegenheit *(Enders)*	273
§ 17	Verschiedene Angelegenheiten *(Enders)*	299
§ 18	Besondere Angelegenheiten *(Enders)*	317
§ 19	Rechtszug; Tätigkeiten, die mit dem Verfahren zusammenhängen *(Enders)*	338
§ 20	Verweisung, Abgabe *(Enders)*	360
§ 21	Zurückverweisung, Fortführung einer Folgesache als selbständige Familiensache *(Enders)*	368

Abschnitt 4. Gegenstandswert

§ 22	Grundsatz *(Enders)*	376
§ 23	Allgemeine Wertvorschrift *(Enders)*	382
§ 23a	Gegenstandswert im Verfahren über die Prozesskostenhilfe *(Enders)*	421
§ 23b	Gegenstandswert im Musterverfahren nach dem Kapitalanleger-Musterverfahrensgesetz *(Enders)*	424
§ 24	Gegenstandswert im Sanierungs- und Reorganisationsverfahren nach dem Kreditinstitut – Reorganisationsgesetz *(Enders)*	426
§ 25	Gegenstandswert in der Vollstreckung und bei der Vollziehung *(Enders)*	426
§ 26	Gegenstandswert in der Zwangsversteigerung *(Enders)*	437
§ 27	Gegenstandswert in der Zwangsverwaltung *(Enders)*	442
§ 28	Gegenstandswert im Insolvenzverfahren *(Enders)*	444

Inhaltsverzeichnis

§ 29	Gegenstandswert im Verteilungsverfahren nach der schifffahrtsrechtlichen Verteilungsordnung *(Enders)*	448
§ 30	Gegenstandswert in gerichtlichen Verfahren nach dem Asylgesetz *(Enders)*	450
§ 31	Gegenstandswert in gerichtlichen Verfahren nach dem Spruchverfahrensgesetz *(Enders)*	452
§ 31a	Ausschlussverfahren nach dem Wertpapiererwerbs- und Übernahmegesetz *(Enders)*	457
§ 31b	Gegenstandswert bei Zahlungsvereinbarungen *(Enders)*	458
§ 32	Wertfestsetzung für die Gerichtsgebühren *(Enders)*	461
§ 33	Wertfestsetzung für die Rechtsanwaltsgebühren *(Enders)*	467

Abschnitt 5. Außergerichtliche Beratung und Vertretung

§ 34	Beratung, Gutachten und Mediation *(Hartung)*	475
§ 35	Hilfeleistung in Steuersachen *(Hartung)*	493
§ 36	Schiedsrichterliche Verfahren und Verfahren vor dem Schiedsgericht *(Hartung)*	501

Abschnitt 6. Gerichtliche Verfahren

§ 37	Verfahren vor den Verfassungsgerichten *(Hartung)*	507
§ 38	Verfahren vor dem Gerichtshof der Europäischen Gemeinschaften *(Hartung)*	511
§ 38a	Verfahren vor dem Europäischen Gerichtshof für Menschenrechte *(Hartung)*	515
§ 39	Von Amts wegen beigeordneter Rechtsanwalt *(Hartung)*	516
§ 40	Als gemeinsamer Vertreter bestellter Rechtsanwalt *(Hartung)*	521
§ 41	Prozesspfleger *(Hartung)*	525
§ 41a	Vertreter des Musterklägers *(Hartung)*	530

Abschnitt 7. Straf- und Bußgeldsachen sowie bestimmte sonstige Verfahren

§ 42	Feststellung einer Pauschgebühr *(Hartung)*	533
§ 43	Abtretung des Kostenerstattungsanspruchs *(Hartung)*	542

Abschnitt 8. Beigeordneter oder bestellter Rechtsanwalt, Beratungshilfe

§ 44	Vergütungsanspruch bei Beratungshilfe *(Hartung)*	550
§ 45	Vergütungsanspruch des beigeordneten oder bestellten Rechtsanwalts *(Hartung)*	558
§ 46	Auslagen und Aufwendungen *(Hartung)*	573
§ 47	Vorschuss *(Hartung)*	585
§ 48	Umfang des Anspruchs und der Beiordnung *(Hartung)*	591
§ 49	Wertgebühren aus der Staatskasse *(Hartung)*	606
§ 50	Weitere Vergütung bei Prozesskostenhilfe *(Hartung)*	611
§ 51	Festsetzung einer Pauschgebühr *(Hartung)*	621
§ 52	Anspruch gegen den Beschuldigten oder den Betroffenen *(Hartung)*	637
§ 53	Anspruch gegen den Auftraggeber, Anspruch des zum Beistand bestellten Rechtsanwalts gegen den Verurteilten *(Hartung)*	650
§ 54	Verschulden eines beigeordneten oder bestellten Rechtsanwalts *(Hartung)*	656
§ 55	Festsetzung der aus der Staatskasse zu zahlenden Vergütungen und Vorschüsse *(Hartung)*	663
§ 56	Erinnerung und Beschwerde *(Hartung)*	675
§ 57	Rechtsbehelf in Bußgeldsachen vor der Verwaltungsbehörde *(Hartung)*	684
§ 58	Anrechnung von Vorschüssen und Zahlungen *(Hartung)*	688
§ 59	Übergang von Ansprüchen auf die Staatskasse *(Hartung)*	701
§ 59a	Beiordnung und Bestellung durch Justizbehörden *(Hartung)*	712

Abschnitt 9. Übergangs- und Schlussvorschriften

§ 59b	Bekanntmachung von Neufassungen *(Hartung)*	715
§ 60	Übergangsvorschrift *(Hartung)*	715
§ 61	Übergangsvorschrift aus Anlass des Inkrafttretens dieses Gesetzes *(Hartung)*	736
§ 62	Verfahren nach dem Therapieunterbringungsgesetz *(Hartung)*	737

Inhaltsverzeichnis

Vergütungsverzeichnis
Anlage 1 (zu § 2 Abs. 2)

Vorbemerkungen *(Enders)* 741

Teil 1. Allgemeine Gebühren

Vorbemerkung 1 VV *(Enders)* 742
Nr. 1000 VV *(Enders)* 743
Nr. 1001 VV *(Enders)* 764
Nr. 1002 VV *(Enders)* 769
Nr. 1003 VV *(Enders)* 774
Nr. 1004 VV *(Enders)* 781
Nr. 1005–1006 VV *(Enders)* 786
Nr. 1008 VV *(Enders)* 793
Nr. 1009 VV *(Enders)* 808
Nr. 1010 VV *(Enders)* 814

Teil 2. Außergerichtliche Tätigkeiten einschließlich der Vertretung im Verwaltungsverfahren

Vorbemerkungen 2 VV *(Schons)* 819

Abschnitt 1. Prüfung der Erfolgsaussicht eines Rechtsmittels

Nr. 2100 VV *(Schons)* 820
Nr. 2101 VV *(Schons)* 826
Nr. 2102, 2103 VV *(Schons)* 828

Abschnitt 2. Herstellung des Einvernehmens

Nr. 2200, 2201 VV *(Schons)* 829

Abschnitt 3. Vertretung

Vorbemerkung 2.3 VV *(Schons)* 833
Nr. 2300 VV *(Schons)* 839
Nr. 2301 VV *(Schons)* 873
Nr. 2302 VV *(Schons)* 877
Nr. 2303 VV *(Schons)* 882

Abschnitt 4. [aufgehoben]
Abschnitt 5. Beratungshilfe

Vorbemerkung 2.5 – Nr. 2500 VV *(Schons)* 885
Nr. 2501 VV *(Schons)* 890
Nr. 2502 VV *(Schons)* 897
Nr. 2503 VV *(Schons)* 898
Nr. 2504–2507 VV *(Schons)* 902
Nr. 2508 VV *(Schons)* 904

Teil 3. Zivilsachen, Verfahren der öffentlich-rechtlichen Gerichtsbarkeiten, Verfahren nach dem Strafvollzugsgesetz, auch in Verbindung mit § 92 des Jugendgerichtsgesetzes, und ähnliche Verfahren

Vorbemerkung 3 VV *(Schons)* 907

Abschnitt 1. Erster Rechtszug

Vorbemerkung 3.1 VV *(Schons)* 946
Nr. 3100 VV *(Schons)* 949
Nr. 3101 VV *(Schons)* 952
Nr. 3102 VV *(Schons)* 965

Inhaltsverzeichnis

Nr. 4108–4111 VV *(Hartung)* 1179
Nr. 4112–4117 VV *(Hartung)* 1184
Nr. 4118–4123 VV *(Hartung)* 1187
Berufung *(Hartung)* 1189
Revision *(Hartung)* 1192

Unterabschnitt 4. Wiederaufnahmeverfahren

Vorbemerkung 4.1.4–Nr. 4136–4140 VV *(Hartung)* 1195

Unterabschnitt 5. Zusätzliche Gebühren

Nr. 4141 VV *(Hartung)* 1201
Nr. 4142 VV *(Hartung)* 1214
Nr. 4143, 4144 VV *(Hartung)* 1219
Nr. 4145 VV *(Hartung)* 1224
Nr. 4146 VV *(Hartung)* 1226
Nr. 4147 VV *(Hartung)* 1228

Abschnitt 2. Gebühren in der Strafvollstreckung

Vorbemerkung 4.2 VV: *(Hartung)* 1230
Nr. 4200–4207 VV *(Hartung)* 1232

Abschnitt 3. Einzeltätigkeiten

Vorbemerkung 4.3 VV *(Hartung)* 1238
Nr. 4300 VV *(Hartung)* 1243
Nr. 4301 VV *(Hartung)* 1247
Nr. 4302 VV *(Hartung)* 1253
Nr. 4303 VV *(Hartung)* 1255
Nr. 4304 VV *(Hartung)* 1257

Teil 5. Bußgeldsachen

Vorbemerkung 5 VV *(Hartung)* 1259

Abschnitt 1. Gebühren des Verteidigers

Vorbemerkung 5.1 VV *(Hartung)* 1264

Unterabschnitt 1. Allgemeine Gebühr

Nr. 5100 VV *(Hartung)* 1266

Unterabschnitt 2. Verfahren vor der Verwaltungsbehörde

Vorbemerkung 5.1.2 VV *(Hartung)* 1268
Nrn. 5101–5106 VV *(Hartung)* 1269

Unterabschnitt 3. Gerichtliches Verfahren im ersten Rechtszug

Vorbemerkung 5.1.3 VV *(Hartung)* 1272
Nrn. 5107–5112 VV *(Hartung)* 1274

Unterabschnitt 4. Verfahren über die Rechtsbeschwerde

Nrn. 5113, 5114 VV *(Hartung)* 1277

Unterabschnitt 5. Zusätzliche Gebühren

Nr. 5115 VV *(Hartung)* 1279
Nr. 5116 VV *(Hartung)* 1286

Inhaltsverzeichnis

Abschnitt 2. Einzeltätigkeiten
Nr. 5200 VV *(Hartung)* 1288

Teil 6. Sonstige Verfahren
Vorbemerkung 6 VV *(Hartung)* 1291

Abschnitt 1. Verfahren nach dem Gesetz über die internationale Rechtshilfe in Strafsachen und Verfahren nach dem Gesetz über die Zusammenarbeit mit dem Internationalen Strafgerichtshof

Unterabschnitt 1. Verfahren vor der Verwaltungsbehörde
Unterabschnitt 2. Gerichtliches Verfahren 1294

Abschnitt 2. Disziplinarverfahren, berufsgerichtliche Verfahren wegen der Verletzung einer Berufspflicht
Vorbemerkung 6.2 VV *(Hartung)* 1298

Unterabschnitt 1. Allgemeine Gebühren
Nrn. 6200, 6201 VV *(Hartung)* 1302
Nr. 6202 VV *(Hartung)* 1304

Unterabschnitt 3. Gerichtliches Verfahren
Erster Rechtszug *(Hartung)* 1306
Nrn. 6203–6206 VV *(Hartung)* 1308
Zweiter Rechtszug *(Hartung)* 1311
Dritter Rechtszug *(Hartung)* 1313

Unterabschnitt 4. Zusatzgebühr
Nr. 6216 VV *(Hartung)* 1316

Abschnitt 3. Gerichtliche Verfahren bei Freiheitsentziehung und in Unterbringungssachen
Nrn. 6300–6303 VV *(Hartung)* 1318

Abschnitt 4. Gerichtliche Verfahren nach der Wehrbeschwerdeordnung
Vorbemerkung 6.4 VV *(Hartung)* 1323
Nrn. 6400–6403 VV *(Hartung)* 1327

Abschnitt 5. Einzeltätigkeiten und Verfahren auf Aufhebung oder Änderung einer Disziplinarmaßnahme
Nr. 6500 VV *(Hartung)* 1329

Teil 7. Auslagen
Vorbemerkung 7 VV *(Hartung)* 1333
Nr. 7000 VV *(Hartung)* 1336
Nrn. 7001, 7002 VV *(Hartung)* 1343
Nrn. 7003–7006 VV *(Hartung)* 1347
Nr. 7007 VV *(Hartung)* 1355
Nr. 7008 VV *(Hartung)* 1358
Anlage 2 (zu § 13 Absatz 1 Satz 3) *(Hartung)* 1361

Sachregister 1363

Abkürzungs- und Literaturverzeichnis

aA	anderer Ansicht
aF	alte Fassung
aaO	am angegebenen Ort
abl.	ablehnend
Abs.	Absatz
Abschn.	Abschnitt
AG	Amtsgericht
AGH	Anwaltsgerichtshof
AGS	Anwaltsgebühren Spezial
AktG	Aktiengesetz
Alt.	Alternative
amtl.	Amtlich
Anm.	Anmerkung
AnwBl.	Anwaltsblatt
AO	Abgabenordnung
AP	Nachschlagewerk des Bundesarbeitsgerichts
ArbGG	Arbeitsgerichtsgesetz
ArbEG	Gesetz über Arbeitnehmererfindungen
Art.	Artikel
AsylVfG	Asylverfahrensgesetz
BAG	Bundesarbeitsgericht
BAGE	Amtliche Sammlung der Entscheidungen des Bundesarbeitsgerichts
Bamberger/Roth	Kommentar zum Bürgerlichen Gesetzbuch: BGB, 3. Aufl. 2012
Baumbach/ Lauterbach/Albers/ Hartmann	Zivilprozessordnung, Kommentar, 74. Aufl. 2016
Bay	Bayern
BB	Der Betriebs-Berater
BBG	Bundesbeamtengesetz
Bbg	Brandenburg
BDG	Bundesdisziplinargesetz
BeckOK ArbR	Beck'scher Online-Kommentar Arbeitsrecht, Rolfs/Giesen/Kreikebohm/Udsching (Hrsg.), 40. Edition
BeckRA-HdB	Beck'sches Rechtsanwaltshandbuch, Büchting/Heussen (Hrsg.), 11. Aufl. 2016
BeckRS	Beck-Rechtsprechung (Datenbank Beck Online)
BerHG	Beratungshilfegesetz
BerufsO	Berufsordnung der Rechtsanwälte
Beschl.	Beschluss
BetrAVG	Gesetz zur Verbesserung der betrieblichen Altersversorgung
BetrVG	Betriebsverfassungsgesetz
BeurkG	Beurkundungsgesetz
BFH	Bundesfinanzhof
BGB	Bürgerliches Gesetzbuch
BGBl.	Bundesgesetzblatt
BGH	Bundesgerichtshof

Abkürzungs- und Literaturverzeichnis

BGHR	Rechtsprechung des Bundesgerichtshofs (Band und Seite)
BGH-Report	Schnelldienst zur Zivilrechtsprechung des Bundesgerichtshofs
BGHSt	Bundesgerichtshof, Entscheidungen in Strafsachen
BGHZ	Amtliche Sammlung von Entscheidungen des Bundesgerichtshofs in Zivilsachen
Bischof/Jungbauer/ Bräuer/Curkovic/ Klipstein/Klüsener/ Uher	RVG, Kommentar, 7. Aufl. 2016
Bln	Berlin
BNotO	Bundesnotarordnung
BORA	Berufsordnung für Rechtsanwälte
BRAGO	Bundesgebührenordnung für Rechtsanwälte
BRAK-Mitt.	BRAK-Mitteilungen, herausgegeben von der Bundesrechtsanwaltskammer
BRAO	Bundesrechtsanwaltsordnung
Braun	Gebührenabrechnung nach dem neuen Rechtsanwaltsvergütungsgesetz (RVG), 2003
Brem	Bremen
BerHG	Beratungshilfegesetz
BRRG	Beamtenrechtsrahmengesetz
BSG	Bundessozialgericht
BT-Drs.	Bundestags-Drucksache
BtMG	Betäubungsmittelgesetz
Burhoff	RVG – Straf- und Bußgeldsachen, Kommentar, 4. Aufl. 2014
BVerfG	Bundesverfassungsgericht
BVerfGE	Entscheidungen des Bundesverfassungsgerichts
BVerfGG	Bundesverfassungsgerichtsgesetz
BVerwG	Bundesverwaltungsgericht
BW	Baden-Württemberg
bzw.	beziehungsweise
CCBE	Conseil des Barreaux de l'Union Europeenne
dh	das heißt
DB	Der Betrieb
DÖV	Die Öffentliche Verwaltung
DRiG	Deutsches Richtergesetz
DStR	Deutsches Steuerrecht
DVBl.	Deutsches Verwaltungsblatt
EG	Europäische Gemeinschaft, EG-Vertrag
EGBGB	Einführungsgesetz zum Bürgerlichen Gesetzbuch
EGGVG	Einführungsgesetz zum Gerichtsverfassungsgesetz
EGMR	Europäischer Gerichtshof für Menschenrechte
EGZPO	Einführungsgesetz zur Zivilprozessordnung
Enders	RVG für Anfänger, 17. Aufl. 2016
EnWG	Energiewirtschaftsgesetz
EStG	Einkommensteuergesetz
EuGH	Gerichtshof der Europäischen Gemeinschaften
EuRAG	Gesetz über die Tätigkeit europäischer Rechtsanwälte in Deutschland
EWiR	Entscheidungen zum Wirtschaftsrecht
EWIV	Europäische Wirtschaftliche Interessen-Vereinigung

Abkürzungs- und Literaturverzeichnis

f., ff.	folgende
FamFG	Gesetz über das Verfahren in Familiensachen und in den Angelegenheiten der freiwilligen Gerichtsbarkeit
FamGKG	Gesetz über Gerichtskosten in Familiensachen
FAO	Fachanwaltsordnung
FamRZ	Ehe und Familie im privaten und öffentlichen Recht. Zeitschrift für das gesamte Familien-Recht
Feuerich/Weyland	Bundesrechtsanwaltsordnung: BRAO, Kommentar, 9. Aufl. 2016
FEVG	Gesetz über das gerichtliche Verfahren bei Freiheitsentziehungen
FGG	Gesetz über die Angelegenheiten der freiwilligen Gerichtsbarkeit
FGG-RG	Gesetz zur Reform des Verfahrens in Familiensachen und in Angelegenheiten der freiwilligen Gerichtsbarkeit
FGO	Finanzgerichtsordnung
FS	Festschrift
GBO	Grundbuchordnung
GebrMG	Gebrauchsmustergesetz
GeschmMG	Geschmacksmustergesetz
GNotKG	Gerichts- und Notarkostengesetz
Gerold/Schmidt	Rechtsanwaltsvergütungsgesetz, Kommentar, 22. Aufl. 2015
GG	Grundgesetz
ggf.	gegebenenfalls
GKG	Gerichtskostengesetz
GmbH	Gesellschaft mit beschränkter Haftung
GmbHG	Gesetz betreffend die Gesellschaften mit beschränkter Haftung
GmbHR	GmbH-Rundschau
Göttlich/Mümmler	jetzt: *Rehberg/Schons/Vogt,* Rechtsanwaltsvergütungsgesetz (RVG) Kommentar, 6. Aufl. 2015
GVBl.	Gesetz- und Verordnungsblatt
GVG	Gerichtsverfassungsgesetz
GWB	Gesetz gegen Wettbewerbsbeschränkungen
HalblSchG	Halbleiterschutzgesetz
Hartmann	Kostengesetze: KostG, 45. Aufl. 2014
Hartung	Berufs- und Fachanwaltsordnung: BORA/FAO, Kommentar, 5. Aufl. 2012
Hartung/Scharmer	Berufs- und Fachanwaltsordnung: BORA/FAO, Kommentar, 6. Aufl. 2016
Henssler/Prütting	Bundesrechtsanwaltsordnung: BRAO, Kommentar, 4. Aufl. 2014
Hess	Hessen
HGB	Handelsgesetzbuch
HK-RVG	*Mayer/Kroiß* (Hrsg.), Rechtsanwaltsvergütungsgesetz, Handkommentar, 6. Aufl. 2013
hM	herrschende Meinung
Hmb	Hamburg
Hs.	Halbsatz
iVm	in Verbindung mit
INF	Die Information über Steuer und Wirtschaft
InsO	Insolvenzordnung
InsVV	Insolvenzrechtliche Vergütungsverordnung
JGG	Jugendgerichtsgesetz
IPR	Internationales Privatrecht
IRG	Gesetz über die internationale Rechtshilfe in Strafsachen

Abkürzungs- und Literaturverzeichnis

IStGH-Gesetz	Gesetz über die Zusammenarbeit mit dem Internationalen Gerichtshof
JMBl.	Justizministerialblatt
JurBüro	Das Juristische Büro
JuS	Juristische Schulung (Zeitschrift)
JustBeitrO	Justizbeitreibungsordnung
JVEG	Justizvergütungs- und Entschädigungsgesetz
Kap.	Kapitel
KapMuG	Kapitalanleger-Musterverfahrensgesetz
KG	Kammergericht
Kleine-Cosack	Bundesrechtsanwaltsordnung: BRAO, Kommentar, 7. Aufl. 2015
KostO	Kostenordnung
KostRMoG	Kostenrechtsmodernisierungsgesetz
KSchG	Kündigungsschutzgesetz
KV	Kostenverzeichnis zum GVG
LAG	Landesarbeitsgericht
LAGE	Entscheidungen der Landesarbeitsgerichte
LG	Landgericht
LPartG	Lebenspartnerschaftsgesetz
LSA	Sachsen-Anhalt
LVerfG	Landesverfassungsgericht
Madert/Schons	Die Vergütungsvereinbarung des Rechtsanwalts, 3. Aufl. 2006
mAnm	mit Anmerkung
MarkenG	Markengesetz
MDR	Monatsschrift für Deutsches Recht
ME	Meines Erachtens
Meyer	GKG/FamGKG, 15. Aufl. 2015
mwN	mit weiteren Nachweisen
MAH VergütungsR	*Teubel/Scheungrab* (Hrsg.), Münchener Anwaltshandbuch Vergütungsrecht, 2. Aufl. 2011
Musielak/Voit	ZPO, Kommentar, 12. Aufl. 2014
MV	Mecklenburg-Vorpommern
Nds	Niedersachsen
NJOZ	Neue Juristische Online Zeitschrift
NJW	Neue Juristische Wochenschrift
NJW-RR	NJW-Rechtsprechungs-Report Zivilrecht
NRW	Nordrhein-Westfalen
NStZ	Neue Zeitschrift für Strafrecht
NStZ-RR	Neue Zeitschrift für Strafrecht, Rechtsprechungsreport
NVwZ	Neue Zeitschrift für Verwaltungsrecht
NVwZ-RR	Neue Zeitschrift für Verwaltungsrecht – Rechtsprechungsreport
NZA	Neue Zeitschrift für Arbeitsrecht
NZA-RR	NZA- Rechtsprechungsreport Arbeitsrecht
OHG	Offene Handelsgesellschaft
OLG	Oberlandesgericht
OLGR	Schnelldienst zur Zivilrechtsprechung der Oberlandesgerichte
OpferRRG	Opferrechtsreformgesetz
OVG	Oberverwaltungsgericht
OWiG	Gesetz über Ordnungswidrigkeiten
Palandt	Bürgerliches Gesetzbuch, Kommentar, 75. Aufl. 2016

Abkürzungs- und Literaturverzeichnis

PartGG	Partnerschaftsgesellschaftsgesetz
PatG	Patentgesetz
PatAnwO	Patentanwaltsordnung
PatkostG	Patentkostengesetz
PKH	Prozesskostenhilfe
RBerG	Rechtsberatungsgesetz
Rehberg/Schons/ Vogt	Rechtsanwaltsvergütungsgesetz (RVG), Kommentar, 6. Aufl. 2015
RAK-Mitt.	Mitteilungen der Rechtsanwaltskammer
RhPf	Rheinland-Pfalz
Rn.	Randnummer
Rpfleger	Der Deutsche Rechtspfleger
RGZ	Amtliche Sammlung der Reichsgerichtsrechtsprechung in Zivilsachen
Riedel/Sußbauer	RVG, Kommentar, 10. Aufl. 2015
RVG	Rechtsanwaltsvergütungsgesetz
RVGreport	RVGreport
sa	siehe auch
Saarl	Saarland
Sächs	Sachsen
SchlH	Schleswig-Holstein
Schneider	Die Vergütungsvereinbarung, 2006
Schneider Gebühren	Gebühren in Familiensachen, 2010
Schneider/Herget	Streitwertkommentar für den Zivilprozess, 14. Aufl. 2015
Schneider/Thiel	Das neue Gebührenrecht für Rechtsanwälte, 2. Aufl. 2014
Schneider/Wolf	Anwaltkommentar RVG, 7. Aufl. 2014
SGB	Sozialgesetzbuch
SGG	Sozialgerichtsgesetz
SortSchG	Sortenschutzgesetz
StBerG	Steuerberatungsgesetz
StBGebV	Steuerberatergebührenverordnung
StGB	Strafgesetzbuch
StPO	Strafprozessordnung
StraFO	Strafverteidiger-Forum
StV	Der Strafverteidiger
StVollzG	Strafvollzugsgesetz
SVertO	Schifffahrtrechtliche Verteilungsordnung
Teubel/Schons	Erfolgshonorar für Anwälte, 2008
ThUG	Therapieunterbringungsgesetz
Thür	Thüringen
Uam	und anderes mehr
UMAG	Gesetz zur Unternehmensintegrität und Modernisierung des Anfechtungsrechts
UmwG	Umwandlungsgesetz
UrhG	Urheberrechtsgesetz
UStG	Umsatzsteuergesetz
UWG	Gesetz gegen den unlauteren Wettbewerb
v.	vom
VBVG	Gesetz über die Vergütung von Vormündern und Betreuern
VerschG	Verschollenheitsgesetz
VersR	Versicherungsrecht

Abkürzungs- und Literaturverzeichnis

VG	Verwaltungsgericht
VGH	Verwaltungsgerichtshof
Vgl.	Vergleiche
Vorb.	Vorbemerkung
VSchDG	Verbraucherschutzdurchsetzungsgesetz
VV	Vergütungsverzeichnis
VwGO	Verwaltungsgerichtsordnung
VwVfG	Verwaltungsverfahrensgesetz
VwZG	Verwaltungszustellungsgesetz
WahrnG	Urheberrechtswahrnehmungsgesetz
WBO	Wehrbeschwerdeordnung
WDO	Wehrdienstordnung
WEG	Wohnungseigentumsgesetz
WehrRÄndG	Wehrrechtsänderungsgesetz
WiStG	Wirtschaftsstrafgesetz
wistra	Zeitschrift für Wirtschaft, Steuer, Strafrecht
WM	Wertpapiermitteilungen
WpHG	Wertpapierhandelsgesetz
WPO	Wirtschaftsprüferordnung
WpÜG	Wertpapiererwerbs- und Übernahmegesetz
zB	zum Beispiel
ZAP	Zeitschrift für Anwaltspraxis
ZfS	Zeitschrift für Schadensrecht
Ziff.	Ziffer
ZIP	Zeitschrift für Wirtschaftsrecht
ZKM	Zeitschrift für Konfliktmanagement
Zöller	ZPO, Kommentar, 31. Aufl. 2016
ZPO	Zivilprozessordnung
ZRP	Zeitschrift für Rechtspolitik
ZSEG	Gesetz über die Entschädigung von Zeugen und Sachverständigen
ZVG	Zwangsversteigerungsgesetz
ZwVwV	Zwangsverwalterverordnung

Abschnitt 1. Allgemeine Vorschriften

§ 1 Geltungsbereich

(1) [1]Die Vergütung (Gebühren und Auslagen) für anwaltliche Tätigkeiten der Rechtsanwältinnen und Rechtsanwälte bemisst sich nach diesem Gesetz. [2]Dies gilt auch für eine Tätigkeit als Prozesspfleger nach den §§ 57 und 58 der Zivilprozessordnung. [3]Andere Mitglieder einer Rechtsanwaltskammer, Partnerschaftsgesellschaften und sonstige Gesellschaften stehen einem Rechtsanwalt im Sinne dieses Gesetzes gleich.

(2) [1]Dieses Gesetz gilt nicht für eine Tätigkeit als Syndikusrechtsanwalt (§ 46 Absatz 2 der Bundesrechtsanwaltsordnung). [2]Es gilt ferner nicht für eine Tätigkeit als Vormund, Betreuer, Pfleger, Verfahrenspfleger, Verfahrensbeistand, Testamentsvollstrecker, Insolvenzverwalter, Sachwalter, Mitglied des Gläubigerausschusses, Nachlassverwalter, Zwangsverwalter, Treuhänder oder Schiedsrichter oder für eine ähnliche Tätigkeit. [3]§ 1835 Abs. 3 des Bürgerlichen Gesetzbuchs bleibt unberührt.

(3) Die Vorschriften dieses Gesetzes über die Erinnerung und die Beschwerde gehen den Regelungen der für das zugrunde liegende Verfahren geltenden Verfahrensvorschriften vor.

Übersicht

Rn.

I. Überblick	1
1. Gebühren	3
2. Auslagen	11
II. Mandatsvertrag	12
1. Rechtliche Einordnung	12
2. Der Inhalt des Mandatsvertrags entscheidet, welche Gebühren entstehen	18
3. Schriftform wegen Beweisführung	22
4. Obliegenheitsverletzung des Mandanten gegenüber seinem Rechtsschutzversicherer bei Auftragserteilung	28
5. Bedingter Auftrag	36
6. Belehrungspflichten	43
7. Rechtsschutzversicherung	60
8. Beendigung des Mandatsvertrags	67
III. Anwendungsbereich des RVG	76
1. Anwaltliche Tätigkeit	76
2. Persönlicher Anwendungsbereich	89
a) Rechtsanwältinnen/Rechtsanwälte	90
b) Partnerschaftsgesellschaften	91
c) Sonstige Gesellschaften	92
d) Andere Mitglieder einer Rechtsanwaltskammer	94
e) Prozesspfleger	95
f) Hochschullehrer	99
g) Rechtsanwalt in eigener Sache	101
3. Keine Anwendung des RVG	108
a) Vormund oder Betreuer	109
b) Pfleger	113
c) Verfahrenspfleger	115

	Rn.
d) Verfahrensbeistand nach § 158 FamFG	120
e) Testamentsvollstrecker	127
f) Insolvenzverwalter	130
g) Sachwalter	133
h) Mitglied des Gläubigerausschusses	134
i) Nachlassverwalter	135
j) Nachlasspfleger	136
k) Zwangsverwalter	140
l) Treuhänder	143
m) Schiedsrichter	147
n) Ähnliche Tätigkeiten	151
o) Rechtsanwalt übt eine Tätigkeit iSd § 1 Abs. 2 RVG aus und daneben eine Anwaltstätigkeit	152
IV. Vorschriften des RVG über Erinnerung und Beschwerde gehen vor	154

I. Überblick

1 Nach § 1 bemisst sich die Vergütung der Rechtsanwältinnen und Rechtsanwälte grundsätzlich nach dem RVG. Der Rechtsanwalt kann mit seinem Mandanten eine von den Bestimmungen des RVG abweichende Vergütung vereinbaren. Bei Vereinbarung einer Vergütung sind die Vorschriften der §§ 3a bis 4b RVG zu beachten. Das RVG regelt die Vergütung für **anwaltliche Tätigkeiten** des Rechtsanwalts. § 1 Abs. 2 RVG stellt klar, für welche Tätigkeiten das RVG nicht zur Anwendung kommt.[1] Abs. 3 wurde durch das 2. KostRMoG eingeführt und stellt klar, dass die Regelungen im RVG über eine Erinnerung oder eine Beschwerde den Regelungen in den jeweiligen Verfahrensvorschriften für das betreffende Verfahren vorgehen.[2]

2 Die Vergütung des Rechtsanwalts setzt sich zusammen aus den Gebühren und Auslagen. Die **Gebühren** sind in den Teilen 1 bis 6 des Vergütungsverzeichnisses zum RVG, welches dem Gesetz als Anlage 1 beigefügt ist, geregelt. Für welche **Auslagen** der Rechtsanwalt Ersatz von dem Mandanten verlangen kann, ergibt sich aus Teil 7 des Vergütungsverzeichnisses. Auf die Gebühren und Auslagen ist vom Rechtsanwalt die gesetzliche Umsatzsteuer anzusetzen, sofern diese nicht nach § 19 Abs. 1 UStG unerhoben bleibt. In der Nr. 7008 VV ist geregelt, dass der Rechtsanwalt die von ihm auf die Gebühren und Auslagen anzusetzende Umsatzsteuer vom Mandanten verlangen kann.

1. Gebühren

3 Das RVG unterscheidet:
- Wertgebühren
- Rahmengebühren
  - Satzrahmengebühren
  - Betragsrahmengebühren
- Festbetragsgebühren
- Pauschgebühren.

Vereinbart werden können zwischen Anwalt und Mandant natürlich auch andere Vergütungsformen, wie zB eine Abrechnung nach Zeitaufwand (Zeitvergütung).

4 Bei **Wertgebühren** ist der Gebührensatz, der als Dezimalzahl ausgedrückt wird (zB 0,5/1,0/1,2/1,3), in der entsprechenden Vorschrift im Vergütungsverzeichnis

---
[1] → § 1 Rn. 108.
[2] → § 1 Rn. 154.

Geltungsbereich § 1

festgeschrieben. Zur Bestimmung der Gebühr wird ferner der Gegenstandswert benötigt, der ebenfalls nach gesetzlichen Vorschriften zu bestimmen ist. Kennt man den Gegenstandswert und den Gebührensatz, so ist die Höhe der Gebühr, die letztlich dem Mandanten in Rechnung gestellt wird, aus der Tabelle zu § 13 Abs. 1 RVG, welche dem Gesetz als Anlage 2 beigefügt ist, abzulesen. Ist der Rechtsanwalt dem Mandanten im Rahmen der diesem bewilligten Prozess- oder Verfahrenskostenhilfe beigeordnet, ist die Gebühr aus der Tabelle zu § 49 RVG zu entnehmen. Die im Gesetz festgelegten Wertgebühren sind grundsätzlich für den Rechtsanwalt bindend. Nach § 49b BRAO ist es unzulässig, geringere Gebühren und Auslagen zu vereinbaren oder zu fordern, als es das Rechtsanwaltsvergütungsgesetz vorsieht, soweit dieses nichts anderes bestimmt. Eine andere Bestimmung im Sinne dieser Vorschrift befindet sich zB in § 4 Abs. 1 RVG. Danach kann in **außergerichtlichen Angelegenheiten** eine niedrigere als die gesetzliche Vergütung vereinbart werden. Sie muss in einem angemessenen Verhältnis zu Leistung, Verantwortung und Haftungsrisiko des Rechtsanwalts stehen. Der Rechtsanwalt wird also in gerichtlichen Angelegenheiten die im Gesetz festgeschriebene Wertgebühr nicht unterschreiten dürfen, es sei denn, es liegt eine der Ausnahmen des § 49b Abs. 1 S. 2 BRAO vor. Danach darf der Rechtsanwalt im Einzelfall besonderen Umständen in der Person des Auftraggebers, insbesondere dessen Bedürftigkeit, dadurch Rechnung tragen, dass er nach Erledigung des Auftrags die Gebühren oder Auslagen ermäßigt oder erlässt. Eine höhere als die im Gesetz vorgeschriebene Wertgebühr kann der Rechtsanwalt unter Beachtung der Bestimmungen der §§ 3a bis 4 b RVG mit dem Mandanten vereinbaren. Ein Erfolgshonorar kann der Rechtsanwalt mit seinem Auftraggeber nur unter den Voraussetzungen des § 4a RVG vereinbaren.

Bei den **Rahmengebühren** wird im RVG zwischen Satzrahmengebühren und Betragsrahmengebühren unterschieden. Bei den **Satzrahmengebühren** ist im Vergütungsverzeichnis zum RVG der Satzrahmen (zB für die Geschäftsgebühr der Nr. 2300 VV: 0,5 bis 2,5) vorgegeben. Innerhalb dieses Satzrahmens hat der Rechtsanwalt den Gebührensatz zu bestimmen. Auch Satzrahmengebühren richten sich nach dem Gegenstandswert. Die Höhe der letztlich dem Mandanten in Rechnung gestellten Gebühr ergibt sich dann nach Ermittlung des Gegenstandswertes und Bestimmung des Gebührensatzes aus der Tabelle zu § 13 RVG. Ist der Rechtsanwalt im Wege der Prozesskostenhilfe beigeordnet worden, ist die Höhe der Gebühr aus der Tabelle zu § 49 RVG zu entnehmen. Satzrahmengebühren entstehen zum Beispiel bei außergerichtlicher Vertretung (Geschäftsgebühr Nr. 2300 VV: 0,5 bis 2,5) oder für die Prüfung der Erfolgsaussicht eines Rechtsmittels in bürgerlichen Rechtsstreitigkeiten (Gebühr Nr. 2100 VV: 0,5 bis 1,0). 5

Bei **Betragsrahmengebühren** ist im Vergütungsverzeichnis zum RVG ein Betragsrahmen vorgegeben (zB für die Grundgebühr in einer Strafsache Nr. 4100 VV: 40 bis 360 EUR). Innerhalb des im Vergütungsverzeichnis festgelegten Betragsrahmens hat der Rechtsanwalt dann die Gebühr zu bestimmen, also den Betrag, den er letztlich dem Mandanten in Rechnung stellt. Betragsrahmengebühren entstehen zB in Strafsachen (Teil 4 VV), in Bußgeldsachen (Teil 5 VV) oder in bestimmten sozialrechtlichen Angelegenheiten. 6

Eine Satzrahmen- oder Betragsrahmengebühr bestimmt der Rechtsanwalt im Einzelfall unter Berücksichtigung aller Umstände nach billigem Ermessen. Hierbei hat er die in § 14 Abs. 1 RVG genannten Kriterien zu berücksichtigen, nämlich 7
- den Umfang der anwaltlichen Tätigkeit
- die Schwierigkeit der anwaltlichen Tätigkeit
- die Bedeutung der Angelegenheit für den Auftraggeber
- die Einkommens- und Vermögensverhältnisse des Auftraggebers
- das Haftungsrisiko des Rechtsanwalts.

Wegen der Einzelheiten wird auf die Kommentierung zu § 14 RVG verwiesen.

Enders

§ 1 Geltungsbereich

8 Für bestimmte Tätigkeitsbereiche sieht das Vergütungsverzeichnis zum RVG **Festbetragsgebühren** vor. Diese finden sich zB für die anwaltliche Tätigkeit in der Beratungshilfe (Nr. 2500 ff. VV). Nach der Nr. 2503 VV beträgt zB die Geschäftsgebühr für die außergerichtliche Vertretung, wenn der Rechtsanwalt im Rahmen der dem Mandanten gewährten Beratungshilfe tätig wird, 85 EUR. Auch für den in einer Strafsache gerichtlich bestellten Rechtsanwalt (Pflichtverteidiger) sind in Teil 4 VV Festbetragsgebühren vorgesehen. Ein Pflichtverteidiger kann die Grundgebühr Nr. 4100 VV mit dem in der rechten Spalte ausgewiesenen festen Betrag von 160 EUR ansetzen. Von einer Festbetragsgebühr kann der Rechtsanwalt nur abweichen, wenn dies im RVG vorgesehen ist. So kann sich zB die Geschäftsgebühr der Nr. 2503 VV für die außergerichtliche Vertretung in der Beratungshilfe nach Nr. 1008 VV erhöhen, wenn der Rechtsanwalt mehrere Personen als Auftraggeber hat.

9 Daneben kennt das RVG noch **Pauschgebühren**. Eine Pauschgebühr kann der Rechtsanwalt zB dann erhalten, wenn in einer Strafsache, in welcher er als Wahlverteidiger tätig ist, die gesetzlichen Gebühren wegen des besonderen Umfangs oder der besonderen Schwierigkeit nicht zumutbar sind (§ 42 RVG). Gleiches ist für einen Pflichtverteidiger in § 51 RVG geregelt. Die Pauschgebühr ist der Höhe nach im Gesetz nicht bestimmt. Sie wird auf Antrag im Einzelfall von dem zuständigen Oberlandesgericht festgestellt bzw. festgesetzt.

10 Mit den **Gebühren abgegolten** sind die **Allgemeinen Geschäftskosten** des Rechtsanwalts. Zu den allgemeinen Geschäftskosten gehören unter anderem die Miete und Nebenkosten für die Kanzleiräume, Personalkosten, die Kosten für die Anschaffung und Unterhaltung von Büromaschinen, Software und Büromaterial, die Kosten für die Literatur usw.[3] **Nicht mit den Gebühren abgegolten** sind **mandatsbezogene Auslagen.** Hierunter fallen zB die in Teil 7 VV genannten Auslagen, aber auch sonstige Aufwendungen, die der Rechtsanwalt im Rahmen der Bearbeitung speziell für dieses Mandat gemacht hat, wie zB Verwaltungskosten für Auskünfte beim Einwohnermeldeamt oder dem Gewerberegister oder vom Rechtsanwalt vorgelegte Auslagenvorschüsse für Zeugen und Sachverständige. Diese auf das einzelne Mandat bezogenen Auslagen und Aufwendungen wird der Rechtsanwalt neben den Gebühren dem Mandanten in Rechnung stellen können.

2. Auslagen

11 Neben den Gebühren kann der Rechtsanwalt dem Mandanten noch die ihm bei der Bearbeitung des Mandats entstandenen Auslagen in Rechnung stellen. Die Auslagen sind geregelt in Teil 7 VV. Nach Nr. 7000 VV kann der Rechtsanwalt zB für Kopien und Ausdrucke, die er im Rahmen der Bearbeitung des Mandats fertigt, eine Dokumentenpauschale verlangen. Für bei Bearbeitung des Mandats angefallene Entgelte für Post- und Telekommunikationsdienstleistungen kann der Rechtsanwalt nach der Nr. 7001, 7002 VV Ersatz verlangen. Mandatsbezogene Reisekosten kann er nach Maßgabe der Nr. 7003 bis 7006 VV abrechnen. Der Rechtsanwalt wird aber nicht nur die in den Nr. 7000 bis 7008 VV erwähnten Auslagen mit dem Mandanten abrechnen, sondern auch Ersatz der entstandenen Aufwendungen (§ 675 iVm § 670 BGB) verlangen können. Dies ergibt sich auch aus Vorb. 7 Abs. 1 S. 2 VV. Zu den entstandenen Aufwendungen gehören zB auch die vom Rechtsanwalt für den Mandanten vorgelegten Gerichts- und Gerichtsvollzieherkosten, Auslagenvorschüsse für Zeugen und Sachverständige, Verwaltungskosten für Registerauskünfte und ähnliches.[4]

---

[3] Gerold/Schmidt/*Müller-Rabe* Vorb. 7 VV Rn. 9 und 10.
[4] → Vorb. Nr. 7000 VV Rn. 8.

II. Mandatsvertrag

1. Rechtliche Einordnung

Rechtsgrund für einen Vergütungsanspruch ist – von der Geschäftsführung **12** ohne Auftrag[5] und ungerechtfertigten Bereicherung[6] einmal abgesehen – der Abschluss eines Vertrags zwischen dem Rechtsanwalt und seinem Mandanten. Das Zustandekommen des Mandatsvertrags richtet sich nach den allgemeinen Regeln des BGB (§§ 145 ff. BGB). Der Mandatsvertrag ist an keine bestimmt Form gebunden.[7] Bei dem Mandatsvertrag wird es sich entweder um einen **Dienstvertrag** oder einen **Werkvertrag** iSd BGB-Vorschriften handeln.[8] In der Regel wird Gegenstand des Vertrags zwischen Rechtsanwalt und Mandant eine anwaltliche Beratung, eine außergerichtliche Vertretung oder eine Vertretung in einem gerichtlichen Verfahren sein. In diesen Fällen wird der Vertrag zwischen Rechtsanwalt und Mandant als Dienstvertrag, „welcher eine entgeltliche Geschäftsbesorgung iSv § 675 BGB zum Inhalt hat",[9] zu charakterisieren sein. Nur wenn der Rechtsanwalt einen bestimmten Erfolg im formalen Sinn schuldet, er zB einen Vertrag entwerfen oder ein Rechtsgutachten erstellen soll, handelt es sich um einen Werkvertrag.

Das RVG verwendet nicht die Begriffe Dienst- oder Werkvertrag sondern spricht **13** zB in den §§ 6, 15, 60 und zB auch in der Nr. 2302 VV von einem „**Auftrag**". Der Vertragspartner des Rechtsanwalts (Mandant) wird im RVG als „Auftraggeber" bezeichnet (vgl. zB §§ 4, 7, 9, 10, 11 RVG und Nr. 1008 VV). Diese Bezeichnung im RVG bedeutet nicht, dass der Rechtsanwalt iSd bürgerlichen Auftragsrechts unentgeltlich tätig zu werden hat.[10] Um nicht unnötig zu verwirren und die Diktion des RVG zu gebrauchen, wird in der nachfolgenden Kommentierung ganz überwiegend der Begriff „Auftrag" verwendet.

Will der Rechtsanwalt den Auftrag des Mandanten nicht annehmen, also mit **14** ihm keinen Mandatsvertrag schließen, so ist er nach § 44 BRAO verpflichtet, dem Mandanten gegenüber die **Ablehnung unverzüglich** zu erklären. Teilt der Rechtsanwalt dem Mandanten nicht unverzüglich die Nichtannahme des Mandats mit, macht er sich unter Umständen schadensersatzpflichtig.[11]

In einigen Fällen wird der Rechtsanwalt nach berufsrechtlichen Vorschriften das **15** **Mandat übernehmen müssen** und kann dieses nur aus wichtigem Grund ablehnen. Dies kann zB der Fall sein, wenn der Rechtsanwalt
- der Partei im Rahmen der dieser gewährten Prozesskostenhilfe nach § 121 ZPO beigeordnet worden ist (§ 48 BRAO)
- der Rechtsanwalt in einer Strafsache zum Verteidiger des Beschuldigten oder Angeklagten bestellt worden ist (§ 49 BRAO)
- der Rechtsanwalt die Partei im Rahmen der ihr gewährten Beratungshilfe beraten oder vertreten soll (§ 49a Abs. 1 BRAO).[12]

---

[5] Zur Geschäftsführung ohne Auftrag: HK-RVG/*Mayer* § 1 Rn. 30; Gerold/Schmidt/*Müller-Rabe* § 1 Rn. 85.

[6] Zur ungerechtfertigten Bereicherung: Gerold/Schmidt/*Müller-Rabe* § 1 Rn. 88 f.; HK-RVG/*Mayer* § 1 Rn. 31, 24.

[7] Gerold/Schmidt/*Müller-Rabe* § 1 Rn. 70 f.; Schneider/Wolf/*Volpert*/N. *Schneider* § 1 Rn. 8.

[8] HK-RVG/*Mayer* § 1 Rn. 10; Gerold/Schmidt/*Müller-Rabe* § 1 Rn. 79 bis 81; Schneider/Wolf/*Volpert*/N. *Schneider* § 1 Rn. 7.

[9] Zitiert nach HK-RVG/*Mayer* § 1 Rn. 13.

[10] HK-RVG/*Mayer* § 1 Rn. 13.

[11] Schneider/Wolf/*Volpert*/N. *Schneider* § 1 Rn. 12.

[12] Schneider/Wolf/*Volpert*/N. *Schneider* § 1 Rn. 5.

§ 1 Geltungsbereich

Umgekehrt können auch berufsrechtliche Vorschriften einer Übernahme des Mandats durch den Rechtsanwalt entgegenstehen, wie zB bei Interessenkollisionen (§ 43a Abs. 4 BRAO iVm § 3 BerufsO).

16 Das Zustandekommen des Mandatsvertrags wird im Zweifel der Rechtsanwalt **beweisen** müssen, insbesondere dann, wenn er aus dem Mandatsvertrag einen Vergütungsanspruch herleiten will.[13] Deshalb ist es ratsam, den Mandatsvertrag und dessen Inhalt schriftlich zu fixieren und vom Mandanten unterzeichnen zu lassen. Häufig wird in der Anwaltschaft argumentiert, dass dies nicht notwendig sei, da der Mandant doch eine Vollmacht unterzeichnet habe und damit klar sei, dass auch ein entsprechender Auftrag erteilt worden sei. Eine schriftliche Vollmacht ist zwar ein Indiz[14] für den vom Mandanten erteilten Auftrag, aber mE kein Beweis. Insbesondere dann, wenn der Mandant ein im Fachhandel erhältliches übliches Vollmachtsformular unterzeichnet hat, in welchem der gesamte Tätigkeitsbereich des Anwalts abgedeckt wird (zB die Einheitsvollmachten, die Ermächtigung zur außergerichtlichen Vertretung, zur Vertretung in einem gerichtlichen Verfahren, zur Ehescheidung und Regelung der Scheidungsfolgen, zur Vertretung in einer Straf- oder Bußgeldsache usw.), wird mit der vom Mandanten unterzeichneten Vollmacht nicht zu beweisen sein, welchen Inhalt der Mandatsvertrag letztlich hat. Eine Vollmacht dient zur Legitimation des Rechtsanwalts nach Außen hin. Der vom Mandanten erteilte Auftrag kann inhaltlich von den Formulierungen in der Vollmacht abweichen. Aus Gründen der Beweisführung empfiehlt sich daher die Schriftform für den Mandatsvertrag.[15]

17 Der **Vergütungsanspruch** des Rechtsanwalts **entsteht** nicht bereits mit dem Abschluss des Mandatsvertrags,[16] sondern die Gebühren fallen erst an, wenn der Rechtsanwalt eine entsprechende Tätigkeit ausübt und diese Tätigkeit den im RVG normierten Tatbestand ausfüllt. Die Betriebsgebühr (zB bei außergerichtlicher Vertretung die Geschäftsgebühr Nr. 2300 VV oder bei Vertretung in einem bürgerlichen Rechtsstreit die Verfahrensgebühr der Nr. 3100 VV) wird zwar bereits entstehen mit dem ersten Tätigwerden des Rechtsanwalts. Dies wird in der Regel die Entgegennahme der Information sein. Damit weitere Gebühren anfallen, muss der Rechtsanwalt aber weitere Tätigkeiten ausüben. So muss der Rechtsanwalt zB für das Entstehen der Einigungsgebühr an dem Abschluss eines Vertrags iSd Nr. 1000 VV mitwirken. Die Auslagen nach Teil 7 VV kann der Rechtsanwalt nur in Ansatz bringen, wenn er im Rahmen des Mandats auch tatsächlich entsprechende Aufwendungen hatte.

2. Der Inhalt des Mandatsvertrags entscheidet, welche Gebühren entstehen

18 Der Inhalt des Mandatsvertrags oder, anders ausgedrückt, der **Inhalt des dem Rechtsanwalt von seinem Mandanten erteilten Auftrags** entscheidet, welche Gebührenvorschriften zur Anwendung kommen. Nachstehend erfolgt ein erster Überblick, welche Teile des Vergütungsverzeichnisses zum RVG bei welchem Auftrag zur Anwendung kommen:

- **Auftrag zur Beratung:** Der Rechtsanwalt soll gem. § 34 Abs. 1 RVG auf eine Gebührenvereinbarung hinwirken. Wenn keine Vereinbarung getroffen worden ist, erhält der Rechtsanwalt eine Vergütung nach den Vorschriften des bürgerlichen Rechts. Ist der Mandant Verbraucher, ist diese Vergütung nach den Vor-

---

[13] Gerold/Schmidt/*Müller-Rabe* § 1 Rn. 83.
[14] Gerold/Schmidt/*Müller-Rabe* § 1 Rn. 83.
[15] → § 1 Rn. 22 ff.
[16] Gerold/Schmidt/*Müller-Rabe* § 1 Rn. 103.

Geltungsbereich § 1

schriften des bürgerlichen Rechts der Höhe nach begrenzt auf 250 EUR und wenn es sich um ein erstes Beratungsgespräch handelt, auf 190 EUR.

- **Auftrag zur außergerichtlichen Vertretung:** Hat der Rechtsanwalt einen Auftrag zur außergerichtlichen Vertretung, werden die in Teil 2 VV geregelten Gebühren entstehen können. In der Regel wird eine Geschäftsgebühr nach der Nr. 2300 VV anfallen. Daneben können noch die in Teil 1 VV geregelten „Allgemeine Gebühren" entstehen, zB die Einigungsgebühr nach der Nr. 1000 VV. Auch wenn der Rechtsanwalt eine Besprechung mit der Gegenseite zur Vermeidung eines gerichtlichen Verfahrens führt, wird in diesen Fällen keine Terminsgebühr nach Nr. 3104 VV entstehen können. Die Terminsgebühr entsteht nach der Vorb. 3 Abs. 3 VV auch für die Mitwirkung an einer auf die Vermeidung eines gerichtlichen Verfahrens gerichteten Besprechung. Erforderlich für das Entstehen der Terminsgebühr ist aber weiter, dass der Rechtsanwalt zuvor von seinem Mandanten einen (unbedingten) Auftrag für die Vertretung in einem gerichtlichen Verfahren erhalten hat (Vorb. 3 Abs. 1 VV). Hat er nur einen außergerichtlichen Auftrag kann die in Teil 3 VV geregelte Terminsgebühr nicht anfallen.[17] Die Mehrtätigkeit, ausgelöst durch die Besprechung, wird der Rechtsanwalt in diesen Fällen nur über eine höhere Gebühr innerhalb des Satzrahmens (0,5 bis 2,5) der Geschäftsgebühr der Nr. 2300 VV berücksichtigen können.
- **Auftrag zur Vertretung in einem bürgerlichen Rechtsstreit:** Hat der Rechtsanwalt von seinem Mandanten den Auftrag zur Vertretung in einem bürgerlichen Rechtsstreit oder ähnlichen Verfahren erhalten, so entstehen ihm Gebühren nach Teil 3 VV. Im ersten Rechtszug wird in der Regel eine Verfahrensgebühr Nr. 3100 VV und eine Terminsgebühr Nr. 3104 VV anfallen. Daneben können noch die in Teil 1 geregelten Gebühren, ua die in der Nr. 1003 VV abgehandelte Einigungsgebühr entstehen.
- **Auftrag zur Verteidigung in einer Strafsache:** Ist der Rechtsanwalt mit der Verteidigung des Mandanten in einer Strafsache beauftragt, erhält er Gebühren nach Teil 4 VV.
- **Auftrag zur Vertretung in einer Bußgeldsache:** Hat der Rechtsanwalt einen Auftrag zur Vertretung in einer Bußgeldsache richten sich seine Gebühren nach Teil 5 VV.

Neben den Gebühren kann der Rechtsanwalt – in allen Angelegenheiten – noch Auslagen nach Teil 7 VV verlangen. **19**

Nachstehende **Beispiele** zeigen, dass der Rechtsanwalt in der Praxis klarstellen sollte, welchen Auftrag er von seinem Mandanten erteilt erhalten hat: **20**

Beispiel 1:

Der Rechtsanwalt hat von seinem Mandanten den Auftrag erhalten, einen Anspruch in Höhe von 10.000 EUR gegenüber dem Gegner außergerichtlich geltend zu machen. Der Rechtsanwalt führt Korrespondenz mit dem Bevollmächtigten des Gegners. Schließlich führen die Parteien im Beisein der bevollmächtigten Rechtsanwälte eine Besprechung zur Vermeidung eines gerichtlichen Verfahrens. In dieser Besprechung kann ein Vergleich geschlossen werden.

Der Rechtsanwalt kann berechnen:
Gegenstandswert: 10.000 EUR
1) 1,5 Geschäftsgebühr Nr. 2300 VV   837,00 EUR
2) 1,5 Einigungsgebühr Nr. 1000 VV   837,00 EUR
   zzgl. Auslagen und Umsatzsteuer.

---

[17] → Nr. 2300 VV Rn. 22 f., insbesondere auch zur Frage, ob der Mandant – im Hinblick auf eine spätere Kostenerstattung – verpflichtet ist, dem Rechtsanwalt direkt einen unbedingten Klageauftrag zu erteilen, um keine unnötigen Kosten zu verursachen.

§ 1 Geltungsbereich

Beispiel 2:

Der Rechtsanwalt ist von seinem Mandanten beauftragt, wegen eines Anspruchs in Höhe von 10.000 EUR Klage beim Landgericht zu erheben. Bevor der Rechtsanwalt die Klageschrift fertigt und bei Gericht einreicht, setzt er sich noch einmal mit dem von der Gegenseite eingeschalteten Kollegen in Verbindung. Die Anwälte führen eine Besprechung zur Vermeidung eines gerichtlichen Verfahrens. Sie handeln einen Vergleich aus. Die Parteien sind mit dem Vergleich einverstanden, so dass die Sache hierdurch zum Abschluss gebracht werden kann.

Der Rechtsanwalt kann berechnen:
Gegenstandswert: 10.000 EUR

1) 0,8 Verfahrensgebühr Nr. 3101 Ziff. 1 VV	446,40 EUR
2) 1,2 Terminsgebühr Nr. 3104 VV	669,60 EUR
3) 1,5 Einigungsgebühr Nr. 1000 VV	837,00 EUR

zzgl. Auslagen und Umsatzsteuer.

Beispiel 3:

Der Mandant hat von seinem Arbeitgeber die Kündigung des Arbeitsverhältnisses erhalten. Der Rechtsanwalt wird von dem Mandanten beauftragt, sich zunächst außergerichtlich gegen die Kündigung zu wenden und Argumente vorzubringen, dass die Kündigung sozial ungerechtfertigt ist. Auftragsgemäß korrespondiert der Rechtsanwalt zunächst außergerichtlich mit der Gegenseite. Schließlich führt der Rechtsanwalt mit einem Vertreter des Arbeitgebers eine Besprechung im Hinblick auf die Vermeidung eines arbeitsgerichtlichen Verfahrens. In dieser Besprechung kann eine Einigung nicht erzielt werden.

Noch vor Ablauf der Klagefrist des § 4 KSchG wird der Rechtsanwalt beauftragt, Klage bei dem zuständigen Arbeitsgericht zu erheben. In diesem arbeitsgerichtlichen Verfahren vertritt er den Mandanten als Prozessbevollmächtigter. Er nimmt für den Mandanten den Termin zur Güteverhandlung vor dem Arbeitsgericht wahr. In diesem Termin kann schließlich eine Einigung der Parteien erzielt und ein Vergleich protokolliert werden. Der Gegenstandswert wird auf 10.000 EUR festgesetzt. Der Rechtsanwalt kann berechnen:

Für die außergerichtliche Vertretung
Gegenstandswert: 10.000 EUR

1) 1,5 Geschäftsgebühr Nr. 2300 VV	837,00 EUR
2) Pauschale Nr. 7002 VV	20,00 EUR

zzgl. evtl. weiterer Auslagen und Umsatzsteuer.

Für die Tätigkeit als Prozessbevollmächtigter in dem Rechtsstreit vor dem Arbeitsgericht
Gegenstandswert: 10.000 EUR

1) 1,3 Verfahrensgebühr Nr. 3100 VV	725,40 EUR
hierauf anzurechnen gem. der Vorb. 3 Abs. 4 VV 0,75 Geschäftsgebühr nach Wert: 10.000 EUR	418,50 EUR
verbleiben von der Verfahrensgebühr:	306,90 EUR
2) 1,2 Terminsgebühr Nr. 3104 VV	669,60 EUR
3) 1,0 Einigungsgebühr Nr. 1000, 1003 VV	558,00 EUR
4) Pauschale Nr. 7002 VV	20,00 EUR

zzgl. evtl. weiterer Auslagen und Umsatzsteuer.

Die vorstehenden Beispiele 1 bis 3 zeigen, dass es je nach Gestaltung des Auftrags trotz ähnlicher Tätigkeiten zu völlig unterschiedlichen gebührenrechtlichen Ergebnissen kommen kann.

Praxistipp:

21 Der Rechtsanwalt wird mit dem Mandanten abklären müssen, welchen Auftrag der Mandant ihm erteilt und ihm die Kostenfolgen darstellen müssen. Aus Gründen einer späteren Beweisführung sollte der vom Mandanten erteilte Auftrag schriftlich fixiert werden.

3. Schriftform wegen Beweisführung

Insbesondere im Hinblick auf eine später evtl. notwendig werdende Beweisführung sollte für den Mandatsvertrag/Auftrag die Schriftform – mindestens die Textform – gewählt werden. Denn unter Umständen wird der Rechtsanwalt nicht nur im Innenverhältnis (also im Verhältnis zu seinen Mandanten) den Inhalt des Mandatsvertrags bzw. den Auftrag beweisen müssen. Möglicherweise hat der Mandant auch einen Kostenerstattungsanspruch gegenüber dem Gegner. Auch in diesem Außenverhältnis (Mandant gegen erstattungspflichtigen Gegner) wird es unter Umständen notwendig sein, den Inhalt des Mandatsvertrags bzw. den erteilten Auftrag zu beweisen.

22

In vielen Kanzleien ist es üblich, dass ein schriftlicher **Mandatsvertrag** abgeschlossen wird, der sowohl von dem beauftragten Anwalt als auch von dem Mandanten unterzeichnet wird. In einem derartigen Mandatsvertrag kann dann natürlich auch klarstellend geregelt werden, auf welche Art und Weise der Anwalt tätig werden soll (zB außergerichtliche Vertretung, Vertretung als Prozessbevollmächtigter in einem gerichtlichen Verfahren etc). In dem Mandatsvertrag können dann noch weitere Bedingungen für das Mandat vereinbart werden, wie zB die nähere Bezeichnung des Gegenstandes der anwaltlichen Tätigkeit, Haftungsbeschränkungen oder ähnliches. Auch eine **Vergütungsvereinbarung** kann in einen Mandatsvertrag aufgenommen werden. Dieser muss dann allerdings klar als Vergütungsvereinbarung bezeichnet von den anderen Vereinbarungen deutlich abgesetzt sein (§ 3a Abs. 1 S. 2 RVG).[18] Im Hinblick auf BGH[19] empfiehlt *Mayer*,[20] die Vergütungsvereinbarung von der übrigen Vereinbarungen „*entweder mit andersfarbigem Text, anderer, dh größerer und auffälliger Schrifttype oder sonstigen optisch wahrnehmbaren Abgrenzungen*" abzusetzen, „*oder, was wohl der sicherste Weg ist, mit zwei Vereinbarungen zu arbeiten, nämlich der eigentlichen Vergütungsvereinbarung und einer weiteren Vereinbarung über die sonstigen für das Mandatsverhältnis geltenden Regelungen.*"[21]

23

Eine andere Variante wäre, dass der **Rechtsanwalt** dem Mandanten den ihm erteilten **Auftrag schriftlich bestätigt** und den **Mandanten** bittet, dieses Schreiben **gegenzeichnet zurückzusenden**. In der Praxis könnte dieses Schreiben dem Mandanten dann zweifach übersandt werden, wobei das Doppel, welches der Mandant unterzeichnen und zurücksenden soll dann mit dem Zusatz versehen würde:

24

Formulierungsvorschlag:

Vorstehende Mandatsbestätigung habe ich zur Kenntnis genommen. Ich bestätige hiermit, dass ich Herrn Rechtsanwalt ...... den in diesem Schreiben beschriebenen Auftrag am .... erteilt habe.

25

................, den ....

....
(Unterschrift Mandant)

Eine dritte Variante wäre, dass der Rechtsanwalt den schriftlichen **Auftrag kombiniert** mit den von ihm **zu erteilenden Hinweis nach § 49b Abs. 5 BRAO**.[22]

26

---

[18] → § 3a Rn. 37 ff.
[19] BGH BeckRS 2016, 01091.
[20] *Mayer* FD-RVG 2016, 375486.
[21] Zitiert nach *Mayer* FD-RVG 2016, 375486; → § 3a Rn. 37 ff.
[22] → § 2 Rn. 16 f.

§ 1 Geltungsbereich

Muster:[23]

27 **Belehrung** nach § 49b Abs. 5 BRAO und **Auftragserteilung**

Ich, Herr/Frau ....(Mandant/in)
werde darauf hingewiesen, dass sich in meiner Angelegenheit

....

....

die **anwaltlichen Gebühren nach dem Gegenstandswert richten.**[24]

In Kenntnis dessen erteile ich

Herrn Rechtsanwalt/Frau Rechtsanwältin/den Rechtsanwälten

....

....

den **Auftrag** mich anwaltlich

(bitte den nachstehenden zutreffenden Baustein auswählen und in eine individuelle Vereinbarung übernehmen)
- außergerichtlich zu vertreten
- als Verfahrensbevollmächtigte in einem gerichtlichen Mahnverfahren zu vertreten
- als Prozess- oder Verfahrensbevollmächtigten in einem gerichtlichen Verfahren zu vertreten
- zunächst außergerichtlich zu vertreten und wenn der Gegner innerhalb der gesetzten Frist bis zum .... den Anspruch nicht erfüllt, für mich
  - das gerichtliche Mahnverfahren einzuleiten und mich in diesem als Verfahrensbevollmächtigte zu vertreten.

  Für den Fall, dass gegen den Mahnbescheid Widerspruch oder gegen den Vollstreckungsbescheid Einspruch eingelegt wird, soll das streitige Verfahren durchgeführt werden und der Rechtsanwalt soll mich als Prozessbevollmächtigter auch in diesem vertreten.

  In dem gerichtlichen Verfahren sollen die nicht anrechenbaren Teile der für die außergerichtliche Vertretung entstandenen Geschäftsgebühr zzgl. Auslagen mit geltend gemacht werden.
- zunächst außergerichtlich zu vertreten und wenn der Gegner innerhalb der gesetzten Frist bis zum .... den Anspruch nicht erfüllt, für mich
  - Klage zu erheben und mich in dem bürgerlichen Rechtsstreit als Prozessbevollmächtigte zu vertreten.

  In dem gerichtlichen Verfahren sollen die nicht anrechenbaren Teile der für die außergerichtliche Vertretung entstandenen Geschäftsgebühr zzgl. Auslagen mit geltend gemacht werden.

................., den ....

....
(Unterschrift Mandant)

---

[23] Zitiert nach *Enders* JurBüro 2006, 170.

[24] Im Hinblick auf § 309 Nr. 12 BGB sollte nicht formuliert werden: „... bin ich vor Mandatserteilung darauf hingewiesen worden, dass sich die anwaltlichen Gebühren nach dem Gegenstandswert berechnen." Nach *Hansens/Schneider* Teil 1 Rn. 12 und 13 dürfte eine nachträglich bestätigte Belehrung eine Beweislastumkehr enthalten und damit unwirksam sein.

Geltungsbereich § 1

Hinweis:

Das vorstehende Muster beinhaltet nur **Vorschläge des Autors**. In der Praxis ist das Muster **dem Einzelfall anzupassen**. Bei der Vereinbarung dürfte es sich immer um eine individuelle Vereinbarung zwischen Rechtsanwalt und Mandant handeln. Entsprechend sollte auch die Vereinbarung gestaltet sein. Es sollte immer nur einer der Textbausteine verwandt werden. Erweckt die Vereinbarung den Eindruck eines Formulars, in welchem der zutreffende Textbaustein durch ankreuzen gekennzeichnet wird, wird der Rechtsanwalt im Zweifel nur schwer den Beweis führen können, dass es sich um eine individuelle Vereinbarung handelt. Die Vereinbarung wird dann der Inhaltskontrolle der §§ 305 ff. BGB unterliegen.

4. Obliegenheitsverletzung des Mandanten gegenüber seinem Rechtsschutzversicherer bei Auftragserteilung

Ist der Mandant rechtsschutzversichert, wird er bei Erteilung seines Auftrags[25] an den Anwalt berücksichtigen müssen, dass ihm in den Versicherungsbedingungen die Obliegenheit auferlegt worden ist, alles zu vermeiden, was eine unnötige Erhöhung von Kosten verursachen könnte. Teilweise wird in der Rechtsprechung[26] eine Obliegenheitsverletzung darin gesehen, dass der Mandant/Versicherungsnehmer nach Erhalt einer Kündigung seines Arbeitsgebers dem von ihm eingeschalteten Rechtsanwalt nicht sofort Klageauftrag sondern zunächst einen Auftrag für eine außergerichtliche Vertretung erteilt hat. Denn hierdurch würden unnötige Kosten in Form der nichtanrechenbaren Teile der Geschäftsgebühr für die außergerichtliche Vertretung anfallen, die vermieden hätten werden können, wenn der Mandant/Versicherungsnehmer dem Rechtsanwalt sofort Klageauftrag erteilt hätte. Dem ist mE nicht zu folgen. Denn weder der Rechtsanwalt noch der Mandant/Versicherungsnehmer werden in der Regel absehen können, ob die Sache nicht im Rahmen der außergerichtlichen Vertretung durch einen Vergleich erledigt werden kann. Gelingt dies, ist die außergerichtliche Vertretung die kostengünstigste Variante und wird in der Regel bei dem Rechtsanwalt nur ein Honorarvolumen von 3,0 Gebühren auslösen.[27]

Erteilt der Versicherungsnehmer/Mandant sofort Klageauftrag, verhandelt der Anwalt danach noch einmal außergerichtlich mit dem Gegner und gelingt eine Einigung, so wird das Honorarvolumen bei dem Rechtsanwalt bei 3,5 Gebühren liegen.[28]

28

29

---

[25] → Nr. 2300 VV Rn. 22 f.
[26] So zB AG Düsseldorf JurBüro 2004, 426 mit ablehnender Anm von *Enders;* AG Düsseldorf RVG-Letter 2006, 108 mit ablehnender Anm von *Mayer;* AG Hamburg – St. Georg AGS 2006, 311; AG Hamburg – St. Georg AGS 2006, 310; AG München JurBüro 2004, 427; AG München JurBüro 2007, 424 mAnm von *Enders;* weitere Rechtsprechung bei *Mack,* „Sofortiger Klageauftrag bei Kündigungsschutzangelegenheiten im Arbeitsrecht", JurBüro 2007, 400 (Fn. 3); **Anders, keine Obliegenheitsverletzung** zB AG Büdingen ArbRB 2006, 362; LG Berlin JurBüro 2008, 200; AG Cham JurBüro 2006, 213 = AnwBl. 2006, 287; OLG Celle JurBüro 2008, 319; AG Essen-Borbeck AGS 2009, 358; AG Essen – Steele JurBüro 2005, 585 = AGS 2005, 468 = R+S 2006, 70; AG Hamburg JurBüro 2007, 264; AG Hamburg – Altona JurBüro 2007, 265; AG Hamburg JurBüro 2007, 265; AG Hamburg-Harburg JurBüro 2007, 421 mAnm von *Kitzmann;* AG Hamburg-Wandsbeck JurBüro 2007, 592; LG Köln JurBüro 2007, 423; LG Köln JurBüro 2008, 199; AG München JurBüro 2007, 591; AG Rosenheim JurBüro 2014, 88; AG Stuttgart AnwBl. 2009, 800; LG Stuttgart AGS 2008, 415; BGH AnwBl. 1969, 15; AG Velbert AnwBl. 2006, 770; AG Wiesbaden JurBüro 2007, 143.
[27] → § 1 Rn. 20, Beispiel 1.
[28] → § 1 Rn. 20, Beispiel 2.

§ 1 Geltungsbereich

30 Führt die außergerichtliche Vertretung nicht zu einem Erfolg und schließt sich ein arbeitsgerichtliches Verfahren an, so beläuft sich das Honorarvolumen bei dem Rechtsanwalt auf 4,25 Gebühren.[29]

31 Da bei Auftragserteilung in der Regel weder der Versicherungsnehmer/Mandant noch der Rechtsanwalt absehen können, ob die Angelegenheit nicht im Rahmen einer außergerichtlichen – kostengünstigen – Vertretung erledigt werden kann, wird man dem Versicherungsnehmer zugestehen müssen, sich zunächst für die kostengünstige außergerichtliche Vertretung zu entscheiden und dem Rechtsanwalt nur einen hierauf gerichteten Auftrag zu erteilen. Dies gilt insbesondere in arbeitsrechtlichen Bestandsschutzstreitigkeiten vor dem Hintergrund, dass dem Versicherungsnehmer/Mandanten doch vielfach an einem Fortbestand des Arbeitsverhältnisses gelegen ist und eine sofortige Klage die Fronten nur „verhärten" würde. Daher ist es mE keine Obliegenheitsverletzung, wenn der Mandant in einer arbeitsrechtlichen Bestandsschutzstreitigkeit seinem Anwalt zunächst einen Auftrag für eine außergerichtliche Vertretung erteilt.

32 Zwischenzeitlich hat sich auch der für das Versicherungsrecht zuständige IV. Zivilsenat des **BGH** zu der Frage **geäußert**. Allerdings kam es nicht zu einer Entscheidung, da nach entsprechenden Hinweisen des IV. Zivilsenates in der mündlichen Verhandlung über die Revision die beklagte Rechtsschutzversicherung anerkannt hat. Bereits mit der Terminsladung vom 22.5.2009 hatte der IV. Zivilsenat des BGH den Parteien folgenden rechtlichen Hinweis erteilt:

„Die dem Versicherungsnehmer aufgegebene Obliegenheit … soweit seine Interessen nicht unbillig beeinträchtigt werden, …

cc) … alles zu vermeiden, was eine unnötige Erhöhung der Kosten oder eine Erschwerung ihrer Erstattung durch die Gegenseite verursachen könnte,

ist möglicherweise wegen Verstoßes gegen das Transparenzgebot und das Leitbild der §§ 6, 62 VVG aF nach § 307 BGB unwirksam. Das Anwaltsverschulden dürfte dem Versicherungsnehmer unter keinem Gesichtspunkt zuzurechnen sein, soweit es um einen Verstoß gegen diese Obliegenheit geht."[30]

33 Das OLG Frankfurt[31] sieht Klauseln in Versicherungsverträgen, wonach der Versicherungsnehmer nach Eintritt des Rechtsschutzfalls, soweit seine Interessen nicht unbillig beeinträchtigt werden, alles zu vermeiden hat, was eine unnötige Erhöhung der Kosten oder eine Erschwerung ihrer Erstattung durch die Gegenseite verursachen könnte, als intransparent und unwirksam an. Die Rechtsschutzversicherer haben auf diese Rechtsprechung reagiert und versuchten, ihre Klauseln neu und für einen Verbraucher verständlich zu formulieren. Es bleibt abzuwarten, wie die neueren Klauseln in der Rechtsprechung gesehen werden.

34 Allerdings kann nach LG München I[32] trotz Unwirksamkeit der entsprechenden Klausel in der dem Rechtsschutzversicherungsvertrag zugrundeliegenden AGBs im Einzelfall aufgrund einer Schadensersatzansprüche auslösenden Pflichtverletzung des Rechtsanwalts dessen Vergütungsanspruch gegenüber seinem Mandanten nicht durchsetzbar sein und daher auch keine Freistellungsverpflichtung durch den Rechtsschutzversicherer bestehen, wenn der Rechtsanwalt den Mandanten nicht über die Kostenfolge des ihm zu erteilenden Auftrags hinreichend aufgeklärt hat.

Praxistipp:

35 Der Rechtsanwalt hat seinen Mandanten über die Kostenfolge der Erteilung eines zunächst außergerichtlichen Vertretungsauftrags oder die Erteilung eines unbedingten

---

[29] → § 1 Rn. 20, Beispiel 3.
[30] Zitiert nach *Hansens* RVGreport 2009, 321; Siehe auch *Kallenbach* AnwBl. 2009, 784.
[31] OLG Frankfurt a.M. JurBüro 2013, 314.
[32] LG München JurBüro 2010, 490.

Geltungsbereich § 1

Klageauftrags aufzuklären. Er sollte ferner darauf hinweisen, dass der Rechtsschutzversicherer evtl. Mehrkosten, die dann möglicherweise entstehen, wenn der Mandant dem Rechtsanwalt zunächst einen außergerichtlichen Vertretungsauftrag erteilt, unter Umständen nicht übernimmt.

5. Bedingter Auftrag

Sowohl die auf den Abschluss des Mandatsvertrags gerichtete Willenserklärung 36 des Mandanten als auch die des Rechtsanwalts können an Bedingungen geknüpft sein. So **kann der Rechtsanwalt die Annahme des Mandats davon abhängig machen,** dass zuvor ein **Vorschuss** auf die zu erwartenden Vergütungsansprüche vom Mandanten gezahlt wird. Dies bietet sich insbesondere dann an, wenn die Liquidität des Mandanten in Frage steht und Beratungs-, Prozess- oder Verfahrenskostenhilfe nicht in Betracht kommen.

Auf den Abschluss des Mandatsvertrags gerichtete Willenserklärungen des Man- 37 danten stehen in der Praxis häufig unter folgenden Bedingungen:
- **Klage** soll **nur** erhoben werden, wenn die vorherigen **außergerichtlichen Bemühungen** des Rechtsanwalts um die Durchsetzung der Ansprüche des Mandanten **scheitern;**
- Klage soll nur erhoben werden, wenn dem Mandanten die beantragte **Prozess- oder Verfahrenskostenhilfe** gewährt wird;
- die Ansprüche sollen nur dann außergerichtlich/gerichtlich geltend gemacht werden, wenn die entstehenden Kosten durch den **Rechtsschutzversicherer** des Mandanten übernommen werden.

In diesen Fällen wird aber in der Regel schon – wie die nachstehenden Ausführungen zeigen – ein Mandatsvertrag zustande gekommen sein; jedoch sind weitere, kostenintensivere Maßnahmen von dem Eintritt einer Bedingung abhängig.

Hat der Mandant den Rechtsanwalt beauftragt, zunächst seine Ansprüche außer- 38 gerichtlich gegenüber dem Gegner geltend zu machen und nur für den Fall Klage zu erheben, dass dieser die Ansprüche binnen einer bestimmten Frist nicht erfüllt, so ist ein unbedingter Mandatsvertrag für die außergerichtliche Vertretung zustande gekommen. In dessen Rahmen wird in der Regel eine Geschäftsgebühr nach Nr. 2300 VV zzgl. Auslagen entstehen. Der **Mandatsvertrag für die gerichtliche Geltendmachung** der Ansprüche des Mandanten ist an die **Bedingung** geknüpft, dass die Ansprüche im Rahmen der außergerichtlichen Vertretung nicht durchgesetzt werden können, also zum Beispiel der Gegner innerhalb der ihm gesetzten Frist die Ansprüche nicht erfüllt. Erst wenn diese Bedingung erfüllt ist, wird aus dem zunächst bedingten Mandatsvertrag für die gerichtliche Vertretung ein unbedingter. Erst ab dem Zeitpunkt, in welchem die Bedingung eingetreten ist, können weitere Vergütungsansprüche entstehen, etwa Gebühren nach Teil 3 VV, wie zB die Verfahrens- und die Terminsgebühr. Dies ist in der Vorb. 3 Abs. 1 VV klar gestellt. Dort heißt es: *„Gebühren nach diesem Teil (gemeint ist Teil 3) erhält der Rechtsanwalt, dem ein unbedingter Auftrag als Prozess- oder Verfahrensbevollmächtigter ... in einem gerichtlichen Verfahren erteilt worden ist.".*

Auch wenn der Mandant seinen Klageauftrag an den Rechtsanwalt unter die 39 Bedingung gestellt hat, dass ihm für das gerichtliche Verfahren **Prozess- oder Verfahrenskostenhilfe** unter Beiordnung des Rechtsanwalts bewilligt wird, wird man von einem unbedingten Mandatsvertrag für das Prozess- oder Verfahrenskostenhilfe-Bewilligungsverfahren und einem bedingten Mandatsvertrag für das Klageverfahren ausgehen müssen.[33] Für die Vertretung zB in einem Prozesskostenhilfe-Bewilligungsverfahren für einen bürgerlichen Rechtsstreit wird der Rechtsanwalt die 1,0

---

[33] Gerold/Schmidt/*Müller-Rabe* VV Nr. 3335 Rn. 7; Schneider/Wolf/*Volpert/N. Schneider* § 1 Rn. 13.

§ 1 Geltungsbereich

Verfahrensgebühr nach Nr. 3335 VV nach dem für die Hauptsache maßgebenden Wert berechnen können. Wird die Prozess- bzw. Verfahrenskostenhilfe bewilligt und wird damit aus dem zunächst bedingten Klageauftrag ein unbedingter Klageauftrag, können weitere Gebühren nach Teil 3 VV anfallen. In der Regel wird dann als Betriebsgebühr die 1,3 Verfahrensgebühr der Nr. 3100 VV entstehen. Die 1,0 Verfahrensgebühr für die Vertretung in dem Prozesskostenhilfe-Bewilligungsverfahren geht aber auf in der 1,3 Verfahrensgebühr für die Hauptsache, da das Prozesskostenhilfe-Bewilligungsverfahren und die Hauptsache dieselbe gebührenrechtliche Angelegenheit nach § 16 Nr. 2 RVG sind.[34]

40 Wird der Rechtsanwalt in dem Prozesskostenhilfe-Bewilligungsverfahren nicht tätig, etwa weil der Mandant den Prozesskostenhilfeantrag selbst stellen will, kann er natürlich keine Verfahrensgebühr nach Nr. 3335 VV verdienen.

41 Der Mandant kann seine Willenserklärung zum Abschluss des Mandatsvertrags auch unter die Bedingung stellen, dass der Anwalt nur tätig werden soll, wenn seine **Rechtsschutzversicherung** eine Deckungszusage erteilt. In diesen Fällen wird der Rechtsanwalt mit dem Mandanten abklären müssen, wer die Deckungszusage bei dem Rechtsschutzversicherer einholt. Will der Mandant dies selbst machen, wird der Rechtsanwalt hierfür natürlich keine Gebühren ansetzen können. Beauftragt der Mandant allerdings den Anwalt, die Deckungszusage bei dem Rechtsschutzversicherer einzuholen, so handelt es sich um eine eigene gebührenrechtliche Angelegenheit. Für die Einholung der Deckungszusage wird der Rechtsanwalt in der Regel eine Geschäftsgebühr nach Nr. 2300 VV ansetzen können. Gegenstandswert ist die Summe der voraussichtlich entstehenden Kosten, von denen der Rechtsschutzversicherer den Mandanten freistellen soll.

42 Vielfach wird der Rechtsschutzversicherer die Vorlage eines Klageentwurfs verlangen. Der Mandant wird dann den Rechtsanwalt beauftragen müssen, den Klageentwurf zu fertigen. Hierfür wird dann, da es sich um eine andere gebührenrechtliche Angelegenheit handelt, entweder eine 0,8 Verfahrensgebühr nach Nr. 3101 Ziff. 1 oder nach Nr. 3403 VV zzgl. Auslagen berechnen können. Beide Verfahrensgebühren können nicht neben der 1,3 Verfahrensgebühr nach Nr. 3100 VV angesetzt werden, die dann entsteht, wenn der Rechtsanwalt später beauftragt wird, als Prozessbevollmächtigter in dem gerichtlichen Verfahren – für welches die Rechtsschutzversicherung dann schließlich Deckungszusage erteilt hat – tätig zu werden. Aber eine Anrechnung der Geschäftsgebühr für die Einholung der Deckungszusage unterbleibt, da der Gegenstand der außergerichtlichen Tätigkeit und des gerichtlichen Verfahrens nicht derselbe ist. Die Kosten für die Einholung der Deckungszusage wird der Mandant persönlich zu tragen haben. Teilweise wurden diese Kosten als vom Gegner erstattungsfähig angesehen, wenn eine materiellrechtliche Anspruchsgrundlage gegeben ist.[35] Dann entschied der BGH,[36] dass die Kosten für die Einholung der Deckungszusage (unabhängig von der Frage, ob die Einholung einer Deckungszusage beim Rechtsschutzversicherer des eigenen Mandanten eine gesonderte gebührenrechtliche Angelegenheit ist oder nicht) nicht vom Gegner zu erstatten sind, da es nicht notwendig ist, dass der Rechtsanwalt die Deckungszusage einholt. Dies könne der Mandant selbst veranlassen. Das AG Neukölln[37] folgt dem BGH (aaO) nicht; nach dessen Auffassung ist die Einholung einer Deckungszusage beim Rechtsschutzversicherer des Mandanten durch den Rechtsanwalt notwendig,

---

[34] → § 16 Rn. 8 ff.

[35] ZB LG München I AGS 2009, 256; LG Nürnberg-Fürth AnwBl. 2010, 296; AG Karlsruhe AGS 2009, 355; AG Schwandorf AnwBl. 2009, 239.

[36] BGH JurBüro 2011, 368 (Anspruchsgrundlage: Verzugsschaden); BGH JurBüro 2012, 252 (Anspruchsgrundlage: Schadensersatzanspruch aus Verkehrsunfall).

[37] AG Neukölln JurBüro 2012, 367.

Geltungsbereich § 1

weil der Mandant dies aufgrund des Prüfungsumfangs der Versicherer kaum noch selbst bewirken könne.

6. Belehrungspflichten

Im Zusammenhang mit der Annahme des Mandats ist der Rechtsanwalt unter 43 Umständen verpflichtet, den Mandanten auch über gebührenrechtliche und kostenrechtliche Folgen aufzuklären. Diese Aufklärungspflichten ergeben sich teilweise aus dem Gesetz, oder aber aus den Grundsätzen von Treu und Glauben (§ 242 BGB).

Der **Rechtsanwalt** ist grundsätzlich **nicht verpflichtet,** den Mandanten **unge-** 44 **fragt darüber aufzuklären, dass für** seine **anwaltliche Tätigkeit eine Vergütung** und zwar die gesetzliche nach dem RVG **zu zahlen ist.**[38] Denn es dürfte allgemein bekannt sein, dass der Rechtsanwalt seine Tätigkeit nicht unentgeltlich erbringt. Anders kann dies aber schon dann sein, wenn der Mandant für den Rechtsanwalt erkennbar davon ausgeht, dass ein Vergütungsanspruch nicht oder noch nicht anfällt (zB der Mandant meint, die erste Beratung sei kostenfrei). Dann wird der Rechtsanwalt den Mandanten entsprechend aufklären und ihm auch die voraussichtliche Höhe der Vergütung darlegen müssen. Auch gegenüber ausländischen Mandanten besteht grundsätzlich nur dann eine Aufklärungspflicht über die anfallende Vergütung, wenn sie erkennbar von falschen Voraussetzungen ausgehen.[39] Diese Grundsätze werden durchbrochen durch die seit dem 1.7.2004 in § 49b Abs. 5 BRAO normierte Belehrungspflicht.

Eine **gesetzliche Belehrungspflicht** ergibt sich aus **§ 49b Abs. 5 BRAO** für 45 alle Mandate, in denen sich die Gebühren nach einem Gegenstandswert richten. Danach hat der Rechtsanwalt vor Übernahme des Auftrages darauf hinzuweisen, dass sich die Gebühren nach dem Gegenstandswert richten. Daraufhin folgende Fragen des Mandanten wird der Rechtsanwalt beantworten müssen. Art und Umfang der Aufklärung wird sich nach den Umständen des Einzelfalles richten, in erster Linie nach dem Informationsbedürfnis des Mandanten.[40]

Eine weitere kostenrechtliche Aufklärungspflicht ergibt sich für den Rechtsanwalt 46 aus **§ 12a Abs. 1 S. 2 ArbGG**. Diese betrifft **arbeitsgerichtliche Urteils**verfahren des **ersten Rechtszuges**. Nach dieser Vorschrift muss der Rechtsanwalt den Mandanten vor Annahme des Mandats darauf hinweisen, dass in arbeitsgerichtlichen Urteilsverfahren des ersten Rechtszuges die Kostenerstattung weitesgehend ausgeschlossen ist. Nach § 12a Abs. 1 S. 1 ArbGG besteht kein Anspruch der obsiegenden Partei
- auf Entschädigung wegen Zeitversäumnis (Verdienstausfall der Partei selbst)
- und auf Erstattung der Kosten für die Zuziehung eines Prozessbevollmächtigten oder Beistandes (Vergütung des von der Partei eingeschalteten Rechtsanwalts).

Praxistipp:

Nicht ausgeschlossen ist die Erstattung der der Partei entstandenen Reisekosten 47 für notwendige Reisen (zB für die Wahrnehmung von Gerichtsterminen). Sind der Partei dadurch, dass sie einen Prozessbevollmächtigten eingeschaltet hat, Reisekosten erspart geblieben, kann nach meinem Dafürhalten die Vergütung des von der Partei eingeschalteten Prozessbevollmächtigten in Höhe der fiktiven ersparten Reisekosten der Partei gegenüber dem unterliegenden Gegner auch in einem erstinstanzlichen Urteilsverfahren festgesetzt werden. Allerdings kann die Partei bei Benutzung eines eigenen KFZs nur 0,25 EUR pro gefahrenem Kilometer erstattet verlangen (§ 5 Abs. 2 S. 1 Nr. 1 JVEG). Folglich kann auch der Rechtsanwalt, wenn er anstelle der

---

[38] Schneider/Wolf/ *Volpert/N. Schneider* § 1 Rn. 20; Gerold/Schmidt/*Müller-Rabe* § 1 Rn. 143.
[39] Gerold/Schmidt/*Müller-Rabe* § 1 Rn. 145; Schneider/Wolf/*Volpert/N. Schneider* § 1 Rn. 20.
[40] Ausführlich zur Belehrungspflicht des § 49b Abs. 5 BRAO: → § 2 Rn. 16 f.

Partei den Gerichtstermin wahrgenommen hat, nur dies 0,25 EUR pro gefahrenem Kilometer (und nicht 0,30 EUR nach Nr. 7003 VV) ansetzen und zur Erstattung anmelden. Der Ausschluss der Kostenerstattung gilt nicht mehr in einem Berufungs- oder Revisionsverfahren.

48 Der Ausschluss der Kostenerstattung gilt nur im arbeitsgerichtlichen **Urteils**verfahren des ersten Rechtszuges, also nicht in einem Beschlussverfahren.

49 § 12a ArbGG schließt auch die Erstattung **vorprozessual entstandener Anwaltskosten in einer arbeitsrechtlichen Angelegenheit** aus.[41] Also auch insoweit wird der Rechtsanwalt belehren müssen.

50 Hat der Rechtsanwalt den Mandanten nicht belehrt, erwächst diesem gegen den Rechtsanwalt ein Schadensersatzanspruch aus §§ 280 Abs. 1, 311 Abs. 2 BGB, wenn der Mandant darlegt, dass er bei ordnungsgemäßer Belehrung den Rechtsanwalt nicht beauftragt hätte. In diesen Fällen geht zwar der Vergütungsanspruch des Rechtsanwalts nicht unter, aber der Mandant kann mit seinem etwaigen Schadensersatzanspruch aufrechnen.[42]

51 Neben den vorstehend erwähnten gesetzlich normierten Belehrungspflichten können sich solche nach **Treu und Glauben** (§ 242 BGB) ergeben. So wird der Rechtsanwalt zB in folgenden Fällen den Mandanten über die Kostenfolgen aufklären müssen: Ist die Durchführung des Mandats für den Mandanten wirtschaftlich erkennbar völlig unvernünftig, zB weil die voraussichtlich anfallenden Kosten in keinem vernünftigen Verhältnis zu dem erzielbaren Erfolg stehen, wird der Rechtsanwalt den Mandanten auf die Kostenfolgen hinweisen müssen.[43]

52 Aufklärungspflicht dürfte auch dann bestehen, wenn dem Rechtsanwalt bekannt ist, dass wegen Vermögenslosigkeit des Gegners der Anspruch des Mandanten voraussichtlich nicht beitreibbar sein wird.[44] Natürlich darf der Rechtsanwalt hier keine Erkenntnisse Preis geben, die er aus einer früheren oder laufenden Vertretung des Gegners in anderen Sachen hat. Denn dann würde er seine Verschwiegenheitspflicht verletzen (§ 43a Abs. 2 S. 1 BRAO, § 2 BORA, § 203 Abs. 1 Nr. 3 StGB). Hat der Rechtsanwalt die Erkenntnisse allerdings aus anderen Vollstreckungssachen, die er für andere Mandanten gegen den Gegner betreibt, wird er diese Erkenntnisse mE[45] den neuen Mandanten offenbaren müssen und ihn auf das Risiko der voraussichtlichen Nichtbeitreibbarkeit der Hauptforderung sowie der zu erstattenden Kosten hinweisen müssen.

53 Der Rechtsanwalt wird den Mandanten, wenn er Anhaltspunkte dafür hat, dass der Mandant zu dem anspruchsberechtigten Personenkreis gehören könnte, auch auf die Möglichkeit von **Beratungs-, Prozess- oder Verfahrenskostenhilfe** hinweisen müssen.[46] Der Rechtsanwalt wird aber nicht jeden Mandanten von sich aus auf die Möglichkeit der Inanspruchnahme von Beratungs- oder Prozesskostenhilfe hinweisen müssen. Hat er keine Anhaltspunkte dafür, dass der Mandant die voraussichtlich entstehende Vergütung und andere Kosten nicht aus eigenen Mitteln

---

[41] BeckOK ArbR/*Poeche* ArbGG § 12a Rn. 2a unter Hinweis auf BAG DB 1978, 895; LAG Nds BeckRS 2007, 47130; im Hinblick auf die Neuregelung des Kostenrechts im RVG verneinend: *Ostermeier* NJW 2008, 551.

[42] Schneider/Wolf/*Volpert*/*N. Schneider* § 1 Rn. 22; Gerold/Schmidt/*Müller-Rabe* § 1 Rn. 170.

[43] Schneider/Wolf/*Volpert*/*N. Schneider* § 1 Rn. 23.

[44] Schneider/Wolf/*Volpert*/*N. Schneider* § 1 Rn. 23.

[45] Henssler/Prütting/*Henssler* § 43a Rn. 49 f.; aA OLG Köln NJW 2000, 3656 mit nicht überzeugender Begründung; vgl. auch die Kritik von *Rüpke* NJW 2002, 2835); *Feuerich/Weyland* § 43a Rn. 16 ff. und *Hartung* BORA § 2 Rn. 13 ff.

[46] Gerold/Schmidt/*Müller-Rabe* § 1 Rn. 158; Schneider/Wolf/*Volpert*/*N. Schneider* § 1 Rn. 26.

Geltungsbereich § 1

bestreiten kann, trifft ihn keine Belehrungspflicht. Liegen dem Rechtsanwalt allerdings Erkenntnisse vor, dass dem Mandanten nach seinen persönlichen und wirtschaftlichen Verhältnissen Prozesskostenhilfe gewährt werden müsste, so wird er diesen darauf hinweisen müssen. In diesem Zusammenhang ergeben sich dann auch weitere Belehrungspflichten.[47]

Je nach den Umständen des Falles wird der Rechtsanwalt gehalten sein, auf die 54 Möglichkeit der **Prozessfinanzierung** durch einen gewerblichen Prozessfinanzierer hinzuweisen.[48] Diese Möglichkeit kommt vor allen Dingen dann in Betracht, wenn der Mandant bei guten Erfolgsaussichten wegen des hohen Gegenstandswerts zu einer Eigenfinanzierung der gesamten Verfahrenskosten nicht in der Lage ist, andererseits aber auch keinen Anspruch auf Prozesskostenhilfe und auch keine Rechtsschutzversicherung, die eintrittspflichtig wäre, hat.

Praxistipp:

Soll der Rechtsanwalt auftragsgemäß für den Mandanten das Angebot eines oder 55 mehrerer Prozessfinanzierer prüfen oder die Korrespondenz mit dem Prozessfinanzierer bis zum Abschluss des Vertrags führen oder den vom Prozessfinanzierer vorgelegten Vertrag für den Mandanten prüfen, so handelt es sich um eine gesonderte gebührenrechtliche Angelegenheit. Der Rechtsanwalt wird also neben den Gebühren und Auslagen, die er in der Hauptsache verdient, eine gesonderte Vergütung für die Tätigkeit gegenüber dem Prozessfinanzierer ansetzen können. In der Regel dürfte in der Angelegenheit mit dem Prozessfinanzierer eine gesonderte Geschäftsgebühr Nr. 2300 VV anfallen, die auf die Verfahrensgebühr, die dem Rechtsanwalt in der Hauptsache entsteht, nicht anzurechnen ist. Gegenstandswert für diese Geschäftsgebühr sind die voraussichtlich entstehenden Prozesskosten, die durch den Prozessfinanzierer gestellt werden sollen.[49]

Ist der Mandant **rechtsschutzversichert** und geht er für den Rechtsanwalt 56 erkennbar davon aus, dass der Rechtsschutzversicherer schon die Kosten übernehmen würde, so wird der Rechtsanwalt ihn darüber belehren müssen, dass zunächst eine Deckungszusage bei dem Rechtsschutzversicherer einzuholen ist.

Soll der Rechtsanwalt im Rahmen des Mandats einen Vertrag entwerfen und 57 bedarf dieser Vertrag der **notariellen** Beurkundung, so hat der Rechtsanwalt den Auftraggeber zwar auf die Beurkundungspflicht durch einen Notar hinzuweisen und auf den Umstand, dass dadurch weitere Kosten entstehen. Der Rechtsanwalt schuldet aber nicht den Rat, ihn erst gar nicht zu mandatieren, sondern sich unmittelbar an einen Notar zu wenden.[50] Denn während der Rechtsanwalt nur die Interessen seines Mandanten wahrnimmt und für diesen das bestmöglichste erreichen will, muss der Notar die Interessen aller am Vertrag beteiligten berücksichtigen. Also macht es für den Mandanten schon Sinn, dass er den Vertrag von einem ihm beauftragten Rechtsanwalt ausarbeiten lässt, der eben nur seine Interessen „im Auge hat".[51]

Fragt der Mandant nach der Höhe der Vergütung, wird der Rechtsanwalt 58 nicht umhin kommen, ihm wahrheitsgemäß und vollständig über die Höhe der voraussichtlich entstehenden Vergütung Auskunft zu geben. Wie intensiv die Auskunft ist, wird vom Einzelfall und der Auffassungsgabe des Mandanten abhängig sein. Der Rechtsanwalt wird mE auch vorhersehbare Alternativen darstellen müssen, wie zB die Mehrkosten, die auf den Mandanten zukommen, wenn die Angelegen-

---

[47] Ausführlich zu den Belehrungspflichten bei Prozess- und Verfahrenskostenhilfe siehe BeckRA-HdB § 15 Rn. 163.
[48] Gerold/Schmidt/*Müller-Rabe* § 1 Rn. 159; Schneider/Wolf/*Volpert/N. Schneider* § 1 Rn. 28.
[49] Schneider/Wolf/*Volpert/N. Schneider* § 1 Rn. 28.
[50] Gerold/Schmidt/*Müller-Rabe* § 1 Rn. 156.
[51] Gerold/Schmidt/*Müller-Rabe* § 1 Rn. 156.

§ 1 Geltungsbereich

heit durch einen Vergleich endet. Ist der Rechtsstreit bei einem auswärtigen Gericht zu führen, wird der Rechtsanwalt dem Mandanten auch aufzeigen müssen, welche Mehrkosten entstehen würden, wenn ein Terminsvertreter eingeschaltet wird oder der Rechtsanwalt die Termine bei dem auswärtigen Gericht selbst wahrnimmt (Reisekosten etc). Spielen erstattungsrechtliche Probleme eine Rolle, wie zB ob die Mehrkosten eines Terminsvertreters in vollem Umfange erstattungsfähig sind oder nicht, wird der Rechtsanwalt den Mandanten auch darüber belehren müssen, dass unter Umständen nicht alle Mehrkosten als erstattungsfähig anerkannt werden.

59 Generell bleibt festzuhalten, dass der Rechtsanwalt dem Mandanten den zur Durchsetzung seiner Ansprüche sichersten und gleichzeitig kostengünstigsten Weg wird aufzeigen müssen.

7. Rechtsschutzversicherung

60 Vielfach ist der Mandant rechtsschutzversichert. Dann wird entweder vor Abschluss des Mandatsvertrags (etwa dann, wenn der Mandant den Auftrag unter Bedingung erteilt, nur tätig zu werden, wenn der Rechtsschutzversicherer auch die Kosten übernimmt)[52] oder direkt nach Abschluss des Mandatsvertrags eine Deckungsanfrage an den Rechtsschutzversicherer zu richten sein. Nach der Deckungsanfrage wird der Rechtsschutzversicherer prüfen, ob und inwieweit er seinem Versicherungsnehmer/dem Mandanten Versicherungsschutz zu gewähren hat. Die Deckungsanfrage an den Rechtsschutzversicherer kann der Rechtsanwalt für den Mandanten übernehmen, muss dies aber nicht. Ist der Rechtsanwalt auch mit der Einholung der Deckungsanfrage vom Mandanten beauftragt, handelt es sich um eine gesonderte gebührenrechtliche Angelegenheit.[53]

61 Nach OLG Celle[54] ist es erst einmal die Pflicht des Mandanten, von sich aus alle Umstände tatsächlicher Art mitzuteilen, aus denen sich Art und Umfang des Versicherungsschutzes ergeben, wenn eine Rechtsschutzversicherung in Anspruch genommen werden soll. Gibt der Mandant dem Rechtsanwalt Unterlagen über eine bestehende Rechtsschutzversicherung herein, ist zunächst davon auszugehen, dass die **Erhebung der Klage** von der **Deckungszusage der Rechtsschutzversicherung abhängig gemacht** werden soll.

62 Zwischen dem **Rechtsanwalt und dem Rechtsschutzversicherer** kommt **kein vertragliches Rechtsverhältnis** zustande. Dies auch dann nicht wenn der Rechtsschutzversicherer den Rechtsanwalt direkt beauftragt. Die Beauftragung erfolgt im Namen des Versicherungsnehmers. Der Mandatsvertrag kommt also zwischen dem Rechtsanwalt und dem Mandanten (Versicherungsnehmer) zustande. Ein vertragliches Verhältnis mit dem Rechtsschutzversicherer hat nur der Versicherungsnehmer, aufgrund des zwischen ihm und dem Rechtsschutzversicherer abgeschlossenen Versicherungsvertrags. Deshalb besteht auch kein direkter Vergütungsanspruch des Rechtsanwalts gegenüber dem Rechtsschutzversicherer.

63 In der Praxis wird zwar der Rechtsanwalt in der Regel seine Vergütungsberechnung direkt an den Rechtsschutzversicherer senden und dieser wird diese auch ausgleichen. Die Zahlung erfolgt aber dann im Namen des Versicherungsnehmers.

64 Kommt es zwischen Rechtsanwalt und dem Rechtsschutzversicherer zum Streit über die Höhe der Vergütung, wird die Klage im Namen des Versicherungsnehmers gegenüber der Rechtsschutzversicherung erhoben werden müssen. Denn nur er hat den Anspruch auf Freistellung gegenüber seinem Rechtsschutzversicherer. Der Mandant wird direkt auf Zahlung der noch offenen Vergütungsforderung des von ihm beauftragten Rechtsanwalts klagen können, wenn er die vom Rechtsschutzver-

---

[52] → § 1 Rn. 41.
[53] → § 1 Rn. 41 und § 15 Rn. 124.
[54] OLG Celle BeckRS 2008, 02226.

Geltungsbereich § 1

sicherer noch nicht ersetzten Beträge bereits an seinen Rechtsanwalt gezahlt hat oder der Rechtsschutzversicherer die Leistung ernsthaft und endgültig verweigert hat.[55] Ansonsten wird er nur auf Freistellung klagen können.[56]

Stellt sich im Nachhinein heraus, dass der Rechtsschutzversicherer nicht eintrittspflichtig ist, etwa weil in einem Strafverfahren eine Verurteilung wegen einer Vorsatztat erfolgt, wird der Rechtsschutzversicherer gezahlte Vorschüsse zurückfordern. Zur Rückzahlung der Vorschüsse ist aber nicht der Rechtsanwalt verpflichtet, sondern der Mandant/Versicherungsnehmer. Dies auch dann, wenn der Rechtsschutzversicherer den Vorschuss direkt auf Anforderung des Rechtsanwalts an diesen gezahlt hat. Denn der Rechtsschutzversicherer leistet aufgrund des Versicherungsvertrags anstelle des Versicherungsnehmers. Der Rechtsschutzversicherer wird daher gezahlte Vorschüsse direkt bei seinem Versicherungsnehmer zurückfordern müssen.[57] 65

Praxistipp:
Zur Sicherung seiner Vergütungsansprüche sollte der Rechtsanwalt frühzeitig bei dem Rechtsschutzversicherer Vorschüsse anfordern, insbesondere dann, wenn die Gefahr besteht, dass der Versicherungsschutz später entfallen könnte. 66

8. Beendigung des Mandatsvertrags

In der Regel wird das Mandat enden durch Erreichen des Vertragszwecks. Ist der Anwalt als Prozessbevollmächtigter in einem bürgerlichen Rechtsstreit tätig, ist der Vertragszweck erreicht, wenn das Verfahren beendigt (zB durch rechtskräftiges Urteil) ist und auch das nachfolgende Kostenfestsetzungsverfahren komplett abgewickelt ist. 67

Der Mandatsvertrag kann aber auch enden durch Kündigung durch den Mandanten, Niederlegung durch den Rechtsanwalt oder Zulassungsverlust bzw. Tod des Rechtsanwalts. 68

Endet der Mandatsvertrag durch eine **Kündigung des Mandanten – ohne dass der Rechtsanwalt die Kündigung verschuldet hat –** so bleiben die bis dahin entstandenen Gebühren dem Rechtsanwalt erhalten.[58] Auch die bis zur Kündigung angefallenen Auslagen wird der Rechtsanwalt nach den in Teil 7 VV enthaltenen Vorschriften ersetzt verlangen können. Durch Tätigkeiten nach der Kündigung werden in der Regel weitere Vergütungsansprüche des Rechtsanwalts nicht mehr ausgelöst. Der Mandant wird den Mandatsvertrag grundsätzlich jeder Zeit und ohne besonderen Grund kündigen können (§ 627 Abs. 1 BGB). 69

Der Mandatsvertrag kann auch durch den Rechtsanwalt gekündigt werden. Dies wird dann in der Praxis meist als **„Niederlegung des Mandats"** bezeichnet. Die Niederlegung des Mandats darf nicht „zur Unzeit" erfolgen (§ 627 Abs. 2 BGB). Etwas anderes gilt, wenn ein wichtiger Grund für die unzeitige Kündigung vorliegt. Kündigt der Rechtsanwalt ohne einen wichtigen Grund zur Unzeit, so hat er dem Mandanten den daraus entstehenden Schaden zu ersetzen (§ 627 Abs. 2 S. 2 BGB). 70

Für die Vergütungsansprüche des Rechtsanwalts bei Niederlegung des Mandats durch ihn ist entscheidend, welche Umstände Anlass für die Niederlegung des Mandats waren. Sind die Gründe für die Niederlegung des Mandats ein **vertragswidriges Verhalten des Mandanten** so bleiben die bereits entstandenen Vergütungsan- 71

---

[55] Gerold/Schmidt/*Müller-Rabe* § 1 Rn. 316; Schneider/Wolf/*Volpert/N. Schneider* § 1 Rn. 15.
[56] BGH NJW 2004, 1968; *Langen* RVGreport 2005, 327 „Zahlung oder Freistellung?" mit Textbaustein.
[57] Schneider/Wolf/*Volpert/N. Schneider* § 1 Rn. 16.
[58] Gerold/Schmidt/*Müller-Rabe* § 15 Rn. 115.

sprüche dem Rechtsanwalt erhalten.[59] Darüber hinaus wird er möglicherweise noch einen Schadensersatzanspruch gegen den Mandanten haben (§ 628 Abs. 2 BGB). Als Schaden kommt in Betracht die Differenz zwischen der Vergütung, die er nach der Kündigung erhält und der Vergütung, die er erhalten würde, wenn das Mandat regulär zu Ende geführt worden wäre.[60] Allerdings wird der Rechtsanwalt sich wohl ersparte Aufwendungen anrechnen lassen müssen. Bei der Ermittlung des Schadens wird auch zu berücksichtigen sein, dass der Mandant von sich aus jederzeit den Mandatsvertrag hätte kündigen können, so dass dann auch keine weiteren Vergütungsansprüche entstanden wären und folglich nicht mit hinreichender Bestimmtheit der Rechtsanwalt einen Schaden beziffern wird können.

72 Ein vertragswidriges Verhalten des Mandanten könnte zB gesehen werden, wenn dieser einen angeforderten Vorschuss nicht zahlt.[61] In der Praxis empfiehlt sich, wenn der angeforderte Vorschuss ausbleibt, dem Mandanten eine letzte Zahlungsfrist für den Vorschuss zu setzen und **anzudrohen**, dass das **Mandat niedergelegt** wird, wenn der Vorschuss nicht fristgerecht eingegangen ist.

73 Nach OLG Karlsruhe[62] kommt ein „vertragswidriges Verhalten" iSd § 628 Abs. 1 S. 2 BGB nur bei einer schwerwiegenden Pflichtverletzung des Mandanten in Betracht. Hiervon könne – so das OLG Karlsruhe – in der Regel noch nicht ausgegangen werden, wenn der Mandant dem Anwalt Pflichtverletzungen vorwerfe, wenn er sich die Geltendmachung von Schadensersatzansprüchen vorbehalte oder wenn er sich über den das Mandat bearbeitenden Anwalt bei dessen Seniorpartner „beschwere". Es sei auch dann keine schwerwiegende Pflichtverletzung, wenn die Vorwürfe des Mandanten sachlich unberechtigt seien.

74 Hat der Rechtsanwalt das Mandat niedergelegt, **ohne dass der Mandant sich zuvor vertragswidrig verhalten hat,** so steht dem Rechtsanwalt gem. § 628 Abs. 1 S. 2 BGB ein Anspruch auf die Vergütung insoweit nicht zu, als seine bisherigen Leistungen infolge der Kündigung für den Mandanten kein Interesse mehr haben. Also wird der Anwalt die Gebühren nicht mehr ansetzen können, die dem Mandanten dadurch neu entstehen, dass er einen anderen Anwalt in derselben Sache einschalten muss.[63]

75 Nach *Göttlich/Mümmler*[64] verliert der Rechtsanwalt nicht seinen Anspruch auf die bereits entstandenen Gebühren, wenn er aus achtenswerten Gründen seine Zulassung freiwillig aufgibt (zB Eintritt in den Staatsdienst, Krankheit) und deshalb das Mandat niederlegt. Dies gilt allerdings nur dann, wenn der Rechtsanwalt bei Übernahme des Mandats noch nicht absehen konnte, dass er das Mandat nicht wird zu Ende führen können. Der BGH hat sich jüngst in zwei Entscheidungen damit befasst, wann für einen Rechtsanwalt achtenswerte Gründe für die Rückgabe seiner Zulassung anzunehmen sind. Gibt der Rechtsanwalt seine Zulassung zurück, weil er in wirtschaftliche Schwierigkeiten geraten ist, stellt dies nach BGH[65] keinen achtenswerten Grund dar. Anders ist dies zu sehen, wenn eine Rechtsanwältin ihre Zulassung zurückgibt, weil sie die Pflege ihrer Mutter nach dem Tod ihres Vaters übernimmt.[66] In dem vom BGH (aaO) entschiedenen Fällen ging es um die Frage, ob die Kosten eines zweiten Anwalts, der beauftragt werden musste, weil der erste Prozessbevollmächtigte seine Zulassung zur Anwaltschaft zurückgegeben hatte, erstattungsfähig sind. Die Kosten eines zweiten Anwalts sind grundsätzlich erstat-

---

[59] Gerold/Schmidt/*Müller-Rabe* § 15 Rn. 107, 108.
[60] Göttlich/Mümmler/*Feller* „Anwaltsvertrag" 2.2.1.
[61] Gerold/Schmidt/*Müller-Rabe* § 15 Rn. 108.
[62] OLG Karlsruhe JurBüro 2010, 199.
[63] BGH JurBüro 2012, 78; Göttlich/Mümmler/*Feller* „Anwaltsvertrag" 2.2.1.
[64] Göttlich/Mümmler/*Feller* „Anwaltswechsel", 2.1.
[65] BGH BeckRS 2012, 21657.
[66] BGH NJW 2012, 3790.

III. Anwendungsbereich des RVG

1. Anwaltliche Tätigkeit

Nach § 1 Abs. 1 S. 1 RVG bemisst sich nur die Vergütung **für anwaltliche Tätigkeiten** nach dem RVG. Mit Ausnahme des Negativkataloges in § 1 Abs. 2 RVG[67] ist der Begriff „anwaltliche Tätigkeiten" dem RVG nicht weiter definiert. Es muss daher auf die BRAO und die BORA zurückgegriffen werden. Die entscheidenden Vorschriften lauten:

§ 2 Abs. 1 BRAO:

Der Rechtsanwalt übt einen freien Beruf aus.

§ 3 Abs. 1 BRAO:

Der Rechtsanwalt ist der berufene unabhängige Berater und Vertreter in allen Rechtsangelegenheiten.

§ 1 Abs. 3 BORA:

Als unabhängiger Berater und Vertreter in allen Rechtsangelegenheiten hat der Rechtsanwalt seine Mandanten vor Rechtsverlusten zu schützen, rechtsgestaltend, konfliktvermeidend und streitschlichtend zu begleiten, vor Fehlentscheidungen durch Gerichte und Behörden zu bewahren und gegen verfassungswidrige Beeinträchtigung und staatliche Machtüberschreitung zu sichern.

Steht also die Gewährung rechtlichen Beistandes im Vordergrund, ist in der Regel von einer „anwaltlichen Tätigkeit" iSv § 1 Abs. 1 S. 1 RVG auszugehen.[68] Gegen die Annahme einer anwaltlichen Tätigkeit iSd § 1 Abs. 1 S. 1 RVG spricht, wenn die vom Rechtsanwalt zu erbringende Leistung in großem Umfange auch von Angehörigen anderer Berufe erbracht wird.[69] So ist zB keine anwaltliche Tätigkeit:
- eine Vermögensverwaltung[70]
- die Anlageberatung[71]
- die kaufmännische Buchführung.[72]

Übernimmt der Rechtsanwalt für den Mandanten die **kaufmännische Buchführung bzw. steuerliche Buchführungs- und Aufzeichnungspflichten** so verweist § 35 RVG auf die §§ 23 bis 39 StBV. Übt der Rechtsanwalt also derartige Tätigkeiten aus, wird er eine Vergütung nach den jeweils einschlägigen Vorschriften der §§ 32 bis 39 StBV erhalten.

---

[67] → § 1 Rn. 108 ff.

[68] Gerold/Schmidt/*Müller-Rabe* § 1 Rn. 22; HK-RVG/*Mayer* § 1 Rn. 74; Riedel/Sußbauer/*Pankatz* § 1 Rn. 30; Schneider/Wolf/Volpert/*N. Schneider* § 1 Rn. 72.

[69] HK-RVG/*Mayer* § 1 Rn. 78; Schneider/Wolf/Volpert/*N. Schneider* § 1 Rn. 72, – jeweils unter Hinweis auf BGHZ 46, 268, 271 und BGH NJW 1980, 1855 (1856) und NJW 1970, 1189.

[70] HK-RVG/*Mayer* § 1 Rn. 78 unter Hinweis auf BGHZ 46, 268 ff. Gerold/Schmidt/*Müller-Rabe* RVG § 1 Rn. 30; Schneider/Wolf/Volpert/*N. Schneider* § 1 Rn. 72.

[71] HK-RVG/*Mayer* § 1 Rn. 78; Gerold/Schmidt/*Müller-Rabe* § 1 Rn. 29; Schneider/Wolf/Volpert/*N. Schneider* § 1 Rn. 72.

[72] HK-RVG/*Mayer* § 1 Rn. 78; Gerold/Schmidt/*Müller-Rabe* § 1 Rn. 32; Schneider/Wolf/Volpert/*N. Schneider* § 1 Rn. 72.

§ 1 Geltungsbereich

79 Erbringt der Rechtsanwalt eine **Maklertätigkeit** kann dies eine nach dem RVG zu vergütende Leistung sein. Dies ist dann der Fall, wenn die Gewährung rechtlichen Beistandes im Vordergrund steht.[73] Es liegt daher keine anwaltliche Tätigkeit vor, wenn der Rechtsanwalt für seinen Mandanten lediglich einen Darlehensgeber finden soll oder den Kontakt zu einer finanzierenden Bank herstellen soll. Will der Rechtsanwalt seine Maklertätigkeit vergütet haben, gelten die §§ 652, 653 BGB. Im Zweifel sollte der Anwalt eine Vergütungsvereinbarung mit dem Mandanten schließen, wobei die Formvorschriften des § 3a Abs. 1 RVG nicht gelten, da eben das RVG keine Anwendung findet. Dennoch sollte aus Gründen einer evtl. notwendig werdenden späteren Beweisführung die Vereinbarung schriftlich geschlossen werden.

80 Erfolgt im Zusammenhang mit der Maklertätigkeit auch die rechtliche Beratung des Mandanten oder soll der Rechtsanwalt einen Vertrag ausarbeiten, steht wieder die Gewährung rechtlichen Beistandes im Vordergrund, so dass das RVG zur Anwendung kommt. Will der Rechtsanwalt in einem solchen Fall neben der Vergütung nach dem RVG für seine anwaltliche Tätigkeit noch Maklerlohn für eine evtl. darüber hinausgehende (Makler)Tätigkeit haben, so sollte er dies mit dem Mandanten entsprechend unter Beachtung der Formvorschriften des § 3a RVG vereinbaren.

81 Wird der Rechtsanwalt als **Mediator** tätig, kommt das RVG zur Anwendung. § 34 Abs. 1 RVG stellt klar, dass der als Mediator tätige Rechtsanwalt auf eine Gebührenvereinbarung hinwirken soll.[74]

82 Wird der Rechtsanwalt als **Vertreter seines Mandanten im Rahmen einer Mediation** tätig, liegt ebenfalls eine anwaltliche Tätigkeit iSv § 1 Abs. 1 S. 1 RVG vor. Der Rechtsanwalt erhält in diesen Fällen gesetzliche Gebühren nach dem Vergütungsverzeichnis zum RVG.[75] In der Regel wird eine Geschäftsgebühr nach Nr. 2300 VV für die Tätigkeit des Rechtsanwalts in der Mediation anfallen, da nur ein außergerichtlicher Vertretungsauftrag vorliegen dürfte. Daneben kann noch die Einigungsgebühr der Nr. 1000 VV entstehen, wenn deren Tatbestand im Rahmen der Mediation erfüllt worden ist, also ein Vertrag iSv Abs. 1 der Anm. zu Nr. 1000 VV geschlossen wurde. Zur Vertretung einer Partei in einer gerichtlichen Mediation → § 34 Rn. 29 f.

83 Nach § 1 Abs. 2 S. 1 RVG gilt das RVG **nicht** für eine Tätigkeit als **Syndikusrechtsanwalt.**[76] Der Begriff des Syndikusrechtsanwalts wird in § 46 Abs. 2 BRAO – auf den in § 1 Abs. 2 S. 1 RVG verwiesen wird- legaldifiniert. Die in § 46 Abs. 2 S. 1 BRAO enthaltene Definition des Syndikusrechtsanwalts wird durch die Abs. 3 bis 5 des § 46 BRAO konkretisiert. Beschränkt sich die Tätigkeit des Syndikusrechtsanwalts auf eine Rechtsangelegenheit seines Arbeitgebers, kommt das RVG nicht zur Anwendung.

84 Berät oder vertritt der auch als Syndikusrechtsanwalt für ein Unternehmen tätige Rechtsanwalt einen Dritten (also nicht seinen Arbeitgeber), so kommt das RVG zur Anwendung. Das RVG kommt auch dann zur Anwendung, wenn der Rechtsanwalt bei einem anderen Rechtsanwalt, bei einem Patentanwalt oder bei einer rechts- oder patentanwaltlichen Berufsausübungsgesellschaft angestellt ist, weil dann nach § 46 Abs. 1 BRAO der Rechtsanwalt nicht als Syndikusrechtsanwalt tätig ist.

85 Der **Rechtsanwalt,** der zugleich **Notar** ist, kann nicht etwa frei wählen, ob er als Rechtsanwalt nach dem RVG oder als Notar nach der Kostenordnung abrech-

---

[73] Gerold/Schmidt/*Müller-Rabe* § 1 Rn. 39 bis 43; HK-RVG/*Mayer* § 1 Rn. 78.
[74] Gerold/Schmidt/*Müller-Rabe* § 1 Rn. 45; Schneider/Wolf/*Volpert/N. Schneider* § 1 Rn. 81, 82.
[75] Ausführlich: *Enders* JurBüro 2013, 113 f. und *Enders* JurBüro 2013, 169 f.
[76] § 1 Abs. 2 S. 1 RVG wurde durch das Gesetz zur Neuordnung des Rechts der Syndikusanwälte und zur Änderung der FGO mit Inkrafttreten zum 1.1.2016 in das Gesetz eingefügt.

Geltungsbereich § 1

net.[77] Es macht einen wesentlichen Unterschied, ob der Rechtsanwalt oder der Notar tätig wird. Während der Rechtsanwalt ganz überwiegend nur eine Partei vertritt und nur deren Interessen „im Auge hat", übt der Notar ein öffentliches Amt aus, in dessen Rahmen er zur Unparteilichkeit verpflichtet und die Interessen aller am Geschäft Beteiligten zu wahren hat.[78] Obwohl § 24 Bundesnotarordnung (BNotO) eine Abgrenzung zwischen der Tätigkeit als Rechtsanwalt und dem Amt des Notars vornimmt, ergeben sich in der Praxis unter Umständen, insbesondere im Bereich der vorsorgenden Rechtspflege Schnittstellen, dh, die Tätigkeit des Anwaltsnotares könnte entweder als anwaltliche Tätigkeit oder als Notartätigkeit qualifiziert werden. Nach Ziff. I 3 der Richtlinienempfehlungen der Bundesnotarkammer hat der Anwaltsnotar vor Beginn seiner Tätigkeit klarzustellen, ob er als Anwalt oder Notar tätig werden will.[79] ME wird er den Mandanten in diesen Fällen aber dann auch über die unterschiedlichen Pflichten (Interessenwahrung) und über die unterschiedlich hohe Vergütung aufklären müssen. Nur wenn der Mandant nach entsprechender Aufklärung bereit ist, einen entsprechenden Mandatsvertrag mit dem Anwaltsnotar in seiner Eigenschaft als Rechtsanwalt abzuschließen, wird dieser eine Vergütung nach dem RVG verlangen können. Hat der Anwaltsnotar den Mandanten entsprechende Hinweise nicht erteilt und ist nicht ausdrücklich ein Mandatsvertrag für eine Anwaltstätigkeit zustande gekommen, gilt die Regelung des § 24 Abs. 2 BNotO. Danach wird im Zweifelsfall eine Notartätigkeit unwiderlegbar vermutet, wenn der Anwaltsnotar eine Tätigkeit iSd § 24 Abs. 1 BNotO ausgeübt hat.

§ 24 Abs. 1 S. 1 BNotO lautet:

> Zu dem Amt des Notars gehören auch die sonstige Betreuung der Beteiligten auf dem Gebiete vorsorgender Rechtspflege, insbesondere die Anfertigung von Urkundenentwürfen und die Beratung der Beteiligten. Der Notar ist auch, soweit sich nicht aus anderen Vorschriften Beschränkungen ergeben, in diesem Umfange befugt, die Beteiligten vor Gerichten und Verwaltungsbehörden zu vertreten.....

Im Bereich der vorsorgenden Rechtspflege wird also unwiderleglich vermutet, dass der Anwaltsnotar im Zweifelsfalle als Notar tätig werden sollte. Dies insbesondere dann, wenn nach der Vorstellung der am Geschäft beteiligten Personen nicht einseitige Interessenwahrnehmung im Vordergrund stand, sondern die Interessen aller am Geschäft Beteiligten gleichrangig zu wahren waren.[80] 86

Verfügt der Berater sowohl über die Qualifikation eines **Steuerberaters** als auch die eines Rechtsanwalts, so wird ihm in der Literatur teilweise ein Wahlrecht dahingehend eingeräumt, ob er nach dem RVG oder nach der Steuerberatervergütungsverordnung (StBVV) abrechnet.[81] Dies ist mit Einführung des RVG am 1.7.2004 teilweise gegenstandslos geworden, weil seit dem § 35 RVG auch für den Rechtsanwalt, der Hilfeleistung bei der Erfüllung allgemeiner Steuerpflichten und bei der Erfüllung steuerlicher Buchführungs- und Aufzeichnungspflichten erbringt, die §§ 23 bis 39 StBVV iVm den §§ 10 und 13 StBVV für entsprechend anwendbar erklärt. Andererseits verweist auch die StBVV in § 45 auf das RVG und erklärt 87

---

[77] HK-RVG/*Mayer* § 1 Rn. 68 ff., in Rn. 72 ist auch die Gegenmeinung dargestellt, die einen Raum für ein Wahlrecht des Anwaltsnotars sieht, ob er als Rechtsanwalt oder Notar tätig wird.
[78] Schneider/Wolf/*Volpert*/N. *Schneider* § 1 Rn. 77.
[79] Schneider/Wolf/*Volpert*/N. *Schneider* § 1 Rn. 78 unter Hinweis auf die Richtlinienempfehlungen der Bundesnotarkammer vom 29.1.1999 (DNotZ 1999, 258), zuletzt geändert durch Beschluss vom 24.4.2006 (DNotZ 2006, 561). Die Richtlinien finden sich auch im Internet unter www.bnotk.de.
[80] HK-RVG/*Mayer* § 1 Rn. 70 ff.; Schneider/Wolf/*Volpert*/N. *Schneider* § 1 Rn. 77 bis 80.
[81] HK-RVG/*Mayer* § 1 Rn. 51 mwN.

§ 1 Geltungsbereich

die entsprechenden Vorschriften des RVG für sinngemäß anwendbar, wenn der Steuerberater
- in Verfahren vor den Gerichten der Finanzgerichtsbarkeit und Verwaltungsgerichtsbarkeit
- in Strafverfahren
- in berufsgerichtlichen Verfahren
- in Bußgeldverfahren
- und in Gnadensachen

tätig wird. Für all die Tätigkeiten, in denen sich entweder im RVG oder in der StBVV eine entsprechende Verweisung befindet, dürfte die Frage, ob nach der StBVV oder nach dem RVG abzurechnen ist, beantwortet sein. Für alle übrigen Tätigkeiten (wie zB Beratung, Gutachten, Vertretung im Rechtsbehelfsverfahren) wird der Berater, der sowohl die Qualifikation als Rechtsanwalt als auch als Steuerberater besitzt, mit dem Mandanten abklären müssen, in welcher Eigenschaft er tätig werden soll. Er wird auf die möglicherweise unterschiedlichen Vergütungsfolgen hinweisen müssen.[82] Im Zweifel wird man davon ausgehen müssen, dass der Berater (Rechtsanwalt und Steuerberater) alle typischen Steuerberaterleistungen als Steuerberater erbringt und nach der StBVV abrechnet, während er die typischen Anwaltstätigkeiten (wie zB Vertretung in einem gerichtlichen Verfahren) als Rechtsanwalt erbringt und folglich nach dem RVG abrechnet.[83]

88 Ist der Rechtsanwalt zugleich **Wirtschaftsprüfer** gilt folgendes: Für Wirtschaftsprüfer gibt es keine Honorarordnung. Deshalb wird der Wirtschaftsprüfer mit dem Mandanten das Honorar für seine Tätigkeit mit dem Mandanten vereinbaren. Hat der Rechtsanwalt und Wirtschaftsprüfer mit dem Mandanten kein Honorar vereinbart, wird er nach dem RVG abrechnen müssen, wenn es sich um eine Tätigkeit handelt, die er sowohl als Rechtsanwalt als auch als Wirtschaftsprüfer hätte erbringen können.[84]

2. Persönlicher Anwendungsbereich

89 Nach § 1 Abs. 1 S. 1 RVG richtet sich die Vergütung für anwaltliche Tätigkeiten der **Rechtsanwältinnen und Rechtsanwälte** nach diesem Gesetz. Nach § 1 Abs. 1 S. 2 RVG kommt das RVG auch zur Anwendung, wenn der Rechtsanwalt als Prozesspfleger nach den §§ 57, 58 ZPO bestellt ist. Nach § 1 Abs. 1 S. 3 RVG stehen andere Mitglieder einer Rechtsanwaltskammer, Partnerschaftsgesellschaften und sonstigen Gesellschaften einem Rechtsanwalt im Sinne dieses Gesetzes gleich; also auch diese können nach dem RVG abrechnen. Das RVG kommt also zur Anwendung für:

90 **a) Rechtsanwältinnen/Rechtsanwälte.** Wer Rechtsanwältin oder Rechtsanwalt ist, bestimmt sich nach der BRAO. Die Zulassung als Rechtsanwältin oder Rechtsanwalt wird wirksam mit Aushändigung der von der Rechtsanwaltskammer ausgestellten Urkunde (§ 12 Abs. 1 BRAO). Nach der Zulassung darf die Tätigkeit unter der Bezeichnung „Rechtsanwältin" oder „Rechtsanwalt" ausgeübt werden. Mit wirksamer Zulassung kann eine Vergütung nach dem RVG verlangt werden.

91 **b) Partnerschaftsgesellschaften.** Die Partnerschaftsgesellschaft ist in § 1 Abs. 1 S. 3 RVG ausdrücklich erwähnt. Übt die Partnerschaft iSv § 1 Abs. 1 PartGG eine anwaltliche Tätigkeit aus, kann sie hierfür eine Vergütung nach dem RVG berechnen.[85]

---

[82] HK-RVG/*Mayer* § 1 Rn. 66.
[83] HK-RVG/*Mayer* § 1 Rn. 67.
[84] Schneider/Wolf/*Volpert*/N. *Schneider* § 1 Rn. 59.
[85] Schneider/Wolf/*Volpert*/N. *Schneider* § 1 Rn. 67; HK-RVG/*Mayer* § 1 Rn. 54.

Geltungsbereich **§ 1**

c) Sonstige Gesellschaften. Durch die Erwähnung von „sonstigen Gesellschaften" in § 1 Abs. 1 S. 3 RVG wird klargestellt, dass allen gesetzlich zulässigen gesellschaftsrechtlichen Zusammenschlüssen von Rechtsanwälten die Möglichkeit eröffnet ist, ihre anwaltlichen Tätigkeiten nach dem RVG abzurechnen.[86] Unter „sonstige Gesellschaften" iSv § 1 Abs. 1 S. 3 RVG fallen also auch die **Anwaltsgesellschaft mbH**,[87] die **Anwalts-AG**[88] und die **Anwalts-KGAA**.[89] **92**

Nach *Volpert/N. Schneider*[90] ist auch **ausländischen Rechtsberatungsgesellschaften** in Deutschland dann der Anwendungsbereich des RVG eröffnet, wenn die beauftragte Gesellschaft, zB eine LLP, ihre Dienstleistung durch eine eigene Zweigniederlassung in der Bundesrepublik erbringt. Für ausländische „mega law Firms" wird sich die Frage der Anwendbarkeit des RVG in der Praxis kaum stellen, da diese vorwiegend ohnehin nur auf der Basis von Vergütungsvereinbarungen arbeiten. Allerdings könnte die Frage der Anwendung des RVG im Rahmen der Kostenerstattung eine Rolle spielen. Denn der im Prozess unterliegende Gegner hat natürlich eine vereinbarte Vergütung nur in Höhe der gesetzlichen Vergütung nach dem RVG zu erstatten. **93**

d) Andere Mitglieder einer Rechtsanwaltskammer. Gem. § 1 Abs. 1 S. 3 RVG können auch andere Mitglieder einer Rechtsanwaltskammer ihre Vergütung nach dem RVG abrechnen. Zu nennen sind hier: **94**
- Geschäftsführer der Rechtsanwaltsgesellschaften nach § 60 Abs. 1 S. 2 BRAO Geschäftsführer von Rechtsanwaltsgesellschaften können auch Nichtrechtsanwälte (zB Steuerberater, Wirtschaftsprüfer) sein. Diese sind dann zwar Mitglied der Rechtsanwaltskammer, sie können aber keine anwaltlichen Tätigkeiten iSd § 1 Abs. 1 S. 1 RVG ausüben, so dass es für diese an der sachlichen Anwendbarkeit des RVG fehlt.[91] Wird die anwaltliche Tätigkeit durch einen anderen Gesellschafter der Anwaltsgesellschaft ausgeübt, kommt das RVG zur Anwendung.
- Kammerrechtsbeistände nach § 209 BRAO[92]
- Rentenberater[93]
- im Kammerbezirk niedergelassene europäische Rechtsanwälte § 2 EuRAG[94]
- ausländische Rechtsanwälte, die unter den Voraussetzungen des § 206 BRAO in die Rechtsanwaltskammer aufgenommen wurden[95]
- Angehörige eines Mitgliedsstaates der Welthandelsorganisation, die einen Beruf ausüben, der in der Ausbildung und den Befugnissen dem Beruf des Rechtsanwalts entspricht und nach § 206 BRAO in eine Rechtsanwaltskammer aufgenommen worden sind.[96]

e) Prozesspfleger. In § 1 Abs. 1 S. 2 RVG ist ausdrücklich normiert, dass auch der als Prozesspfleger nach § 57 oder § 58 ZPO tätige Rechtsanwalt einen Anspruch auf eine Vergütung nach dem RVG hat. **95**

Nach § 57 ZPO ist ein besonderer Vertreter (Prozesspfleger) zu bestellen, wenn eine nicht prozessfähige Partei, die ohne gesetzlichen Vertreter ist, verklagt werden **96**

---

[86] HK-RVG/*Mayer* § 1 Rn. 57; Schneider/Wolf/*Volpert/N. Schneider* § 1 Rn. 67.
[87] HK-RVG/*Mayer* § 1 Rn. 57; Schneider/Wolf/*Volpert/N. Schneider* § 1 Rn. 67.
[88] Schneider/Wolf/*Volpert/N. Schneider* § 1 Rn. 67; HK-RVG/*Mayer* § 1 Rn. 57.
[89] Schneider/Wolf/*Volpert/N. Schneider* § 1 Rn. 67.
[90] Schneider/Wolf/*Volpert/N. Schneider* § 1 Rn. 67.
[91] Schneider/Wolf/*Volpert/N. Schneider* § 1 Rn. 65 mwN.
[92] Schneider/Wolf/*Volpert/N. Schneider* § 1 Rn. 65 und zu Rechtsbeiständen, die nicht Mitglied einer Rechtsanwaltskammer sind Schneider/Wolf/*Volpert/N. Schneider* § 1 Rn. 84 bis 86.
[93] Schneider/Wolf/*Volpert/N. Schneider* § 1 Rn. 89.
[94] Schneider/Wolf/*Volpert/N. Schneider* § 1 Rn. 65 ff.
[95] Schneider/Wolf/*Volpert/N. Schneider* § 1 Rn. 65.
[96] Schneider/Wolf/*Volpert/N. Schneider* § 1 Rn. 65.

§ 1 Geltungsbereich

soll und die Gefahr besteht, dass es bis zur Bestellung eines gesetzlichen Vertreters für den Prozessunfähigen zu erheblichen Nachteilen für den Klagewilligen kommt.

97 Nach § 58 ZPO hat der Vorsitzende des Prozessgerichts auf Antrag einen Vertreter (Prozesspfleger) zu bestellen, wenn ein Recht an einem Grundstück oder an einem eingetragenen Schiff oder Schiffsbauwerk mit einer Klage geltend gemacht werden soll und das Grundstück, das eingetragene Schiff oder das Schiffsbauwerk von dem bisherigen Eigentümer aufgegeben und von den Aneignungsberechtigten noch nicht erworben worden ist. Dem Prozesspfleger obliegt dann bis zur Eintragung des neuen Eigentümers die Wahrnehmung der sich aus dem Eigentum ergebenden Rechte und Pflichten in dem Rechtsstreit.

98 Der zum Prozesspfleger nach §§ 57, 58 ZPO bestellte Rechtsanwalt kann gem. § 41 RVG die Vergütung eines zum Prozessbevollmächtigten bestellten Rechtsanwalts verlangen. In der Regel wird er also im ersten Rechtszug eine 1,3 Verfahrensgebühr Nr. 3100 VV erhalten. Erfüllen seine Tätigkeiten weitere Gebührentatbestände, können auch weitere Gebühren anfallen. Vertritt er zum Beispiel in einem Termin vor Gericht, fällt neben der Verfahrensgebühr noch die 1,2 Terminsgebühr Nr. 3104 VV an. Neben den Gebühren kann auch der zum Prozesspfleger bestellte Rechtsanwalt Auslagen nach Teil 7 VV ansetzen.

99 **f) Hochschullehrer.** Umstritten ist, ob auch für **Hochschullehrer** das RVG anwendbar ist, wenn sie eine „anwaltliche" Tätigkeit ausüben.[97] Um Rechtssicherheit zu haben, sollte der Hochschullehrer mit seinem Mandanten die Geltung des RVG **vereinbaren,** wenn er denn nach dem RVG abrechnen will.

100 Unabhängig von der Vereinbarung des Hochschullehrers mit seinem Mandanten ist die Frage der **Erstattungsfähigkeit** zu beurteilen. Nach § 138 Abs. 1 StPO kann ein Rechtslehrer an einer deutschen Hochschule im Sinne des Hochschulrahmengesetzes mit Befähigung zum Richteramt als Verteidiger in einer Strafsache tätig werden. Dem freigesprochenen Angeklagten ist die Vergütung des Hochschullehrers (als Verteidiger) bis zur Höhe der gesetzlichen Gebühren und Auslagen eines Rechtsanwalts als notwendige Auslagen zu erstatten.[98] Ein Hochschullehrer, der gemäß § 67 Abs. 1 S. 1 VwGO in einem verwaltungsgerichtlichen Verfahren aufgetreten ist, kann Gebühren und Auslagen in derselben Höhe wie ein Rechtsanwalt fordern. Die Anwaltsvergütung nach dem RVG ist dann auch erstattungsfähig.[99] Auch sonst wurden teilweise für einen Hochschullehrer (a. D.) die Kosten bis zur Höhe der sonst anfallenden Rechtsanwaltsvergütung nach dem RVG als erstattungsfähig anerkannt (analog § 91 Abs. 2 S. 3 ZPO).[100]

101 **g) Rechtsanwalt in eigener Sache.** Vertritt der Rechtsanwalt sich selbst, so stellt sich die Frage, welche Vergütung er von dem erstattungspflichtigen Gegner ersetzt verlangen kann. Für den Zivilprozess beantwortet dies § 91 Abs. 2 S. 3 ZPO. Danach sind dem Rechtsanwalt in eigener Sache die Gebühren und Auslagen **zu erstatten,** die er als Gebühren und Auslagen eines bevollmächtigten Rechtsanwalts erstattet verlangen könnte. In dem eigenen Zivilprozess wird der Rechtsanwalt also die Gebühren und Auslagen so ansetzen und zur Festsetzung beantragen können, als wenn er in dem Rechtsstreit als Prozessbevollmächtigter für eine Partei tätig geworden wäre.[101] Führt der Rechtsanwalt den Zivilprozess in einer **beruflichen** Angelegenheit (zB klagt er gegenüber dem Mandanten seinen Vergütungsanspruch

---

[97] Gerold/Schmidt/*Müller-Rabe* § 1 Rn. 13 mwN; Schneider/Wolf/*Volpert/N. Schneider* § 1 Rn. 62 mwN.

[98] OLG Düsseldorf JurBüro 1995, 247; Schneider/Wolf/*Volpert/N. Schneider* § 1 Rn. 62.

[99] BVerwG NJW 1978, 1173; Gerold/Schmidt/*Müller-Rabe* § 1 Rn. 16.

[100] AG Starnberg RVGreport 2008, 320; AG Tempelhof-Kreuzberg AGS 2010, 516.

[101] Gerold/Schmidt/*Müller-Rabe* § 1 Rn. 273 und Anh. XIII. Rn. 179; Schneider/Wolf/*Volpert/N. Schneider* § 1 Rn. 32.

Geltungsbereich § 1

ein) fällt keine Umsatzsteuer an, weil kein Leistungsaustausch stattfindet. Er wird die Umsatzsteuer auf die Vergütung für den eigenen Zivilprozess gegenüber dem Mandanten in diesen Fällen nicht ansetzen könne, folglich kann er sie auch von dem verklagten Mandanten nicht erstattet verlangen.[102] Unberührt bleibt der Umsatzsteueransatz auf die vom Rechtsanwalt gegenüber seinem Auftraggeber eingeklagte Vergütung.

Vertritt der Rechtsanwalt sich selbst in einer **privaten** Angelegenheit, fällt Umsatzsteuer an.[103] 102

Vertritt der Rechtsanwalt sich selbst in der **Zwangsvollstreckung,** kann er die Gebühren und Auslagen ebenfalls so ansetzen, als wenn er einen Rechtsanwalt beauftragt hätte. Die Gebühren und Auslagen des sich in der Zwangsvollstreckung selbst vertretenden Rechtsanwalts sind vom Schuldner auch als notwendige Kosten der Zwangsvollstreckung zu erstatten.[104] 103

Für eine **außergerichtliche Tätigkeit** in einer eigenen Angelegenheit soll dem Rechtsanwalt nach hM kein Erstattungsanspruch gegenüber dem Gegner in Höhe der Vergütung nach dem RVG zustehen.[105] 104

Vertritt der Rechtsanwalt sich selbst in einem Verfahren vor dem 105
- Verwaltungsgericht (§ 173 VwGO)
- Finanzgericht (§ 155 FGO)
- Sozialgericht (§ 193 Abs. 3 FGG)

so wird er ebenfalls die Vergütung nach dem RVG ansetzen und von dem in die Kosten verurteilten Gegner erstattet verlangen können.[106]

Auch in einem Verfahren vor einem **Arbeitsgericht** wird der Rechtsanwalt, der sich in eigener Sache selbst vertritt, die Gebühren und Auslagen nach dem RVG von dem unterlegenen Gegner erstattet verlangen können. Allerdings ist für den ersten Rechtszug vor dem Arbeitsgericht zu beachten, dass nach § 12a ArbGG in Urteilsverfahren des ersten Rechtszugs die Erstattung für die Zuziehung eines Prozessbevollmächtigten ausgeschlossen ist. Folglich wird der Rechtsanwalt, der sich in Urteilsverfahren des ersten Rechtszuges vor dem Arbeitsgericht selbst vertritt, keine Vergütung nach dem RVG vom unterlegenen Gegner erstattet verlangen können. Der Erstattungsausschluss gilt allerdings nicht für das Berufungs- und Revisionsverfahren vor den Gerichten der Arbeitsgerichtsbarkeit.[107] 106

Umstritten ist, ob der Rechtsanwalt, der sich selbst in einer **Strafsache** verteidigt, ebenfalls einen Erstattungsanspruch in Höhe der Vergütung nach dem RVG hat.[108] 107

3. Keine Anwendung des RVG

§ 1 Abs. 2 S. 1 RVG enthält einen so genannten Negativkatalog. Dort sind verschiedene Tätigkeiten aufgeführt, für welche der Rechtsanwalt keine Vergütung nach dem RVG erhält. Für folgende Tätigkeiten eines Rechtsanwalts kommt das RVG nicht zur Anwendung: Vormund, Betreuer, Pfleger, Verfahrenspfleger, Testamentsvollstrecker, Insolvenzverwalter, Sachwalter, Mitglied des Gläubigerausschusses, Nachlassverwalter, Zwangsverwalter, Treuhänder, Schiedsrichter oder ähnliche Tätigkeiten. Zu jeder Tätigkeit wird nachstehend kurz angerissen welche Vergütung der Rechtsanwalt erhält, wenn er denn eine solche ausübt. Ausführlichere Ausfüh- 108

---

[102] → Nr. 7008 VV Rn. 9 bis 11.
[103] → Nr. 7008 VV Rn. 11.
[104] Schneider/Wolf/*Volpert*/N. *Schneider* § 1 Rn. 33.
[105] Gerold/Schmidt/*Madert* § 1 Rn. 273 ff.; Schneider/Wolf/*Volpert*/N. *Schneider* § 1 Rn. 33.
[106] Schneider/Wolf/*Volpert*/N. *Schneider* § 1 Rn. 34.
[107] → § 1 Rn. 46.
[108] Schneider/Wolf/*Volpert*/N. *Schneider,* § 1 Rn. 35 bis 36 jeweils mit zahlreichen weiteren Nachweisen.

§ 1 Geltungsbereich

rungen hierzu würden den Rahmen des Kommentars sprengen. Im Zweifelsfall ist einschlägige Fachliteratur hinzuzuziehen.

109 **a) Vormund oder Betreuer.** Eine Vormundschaft oder eine Betreuung wird in der Regel unentgeltlich geführt (§§ 1836 Abs. 1 S. 1, 1908i Abs. 1 S. 1 BGB). Stellt das Gericht bei der Bestellung des Vormundes oder des Betreuers fest, dass dieser die Vormundschaft oder die Betreuung **berufsmäßig** führt, fällt eine Vergütung an.[109] Wann eine Berufsmäßigkeit anzunehmen ist, ergibt sich aus § 1 des Vormünder- und Betreuervergütungsgesetzes (VBVG).[110] Eine nachträgliche, rückwirkende Feststellung, dass der Betreuer die Betreuung berufsmäßig führt, ist unzulässig.[111] Dagegen ist nach BGH (aaO) die nachträgliche Feststellung der Berufsmäßigkeit für die Zukunft grundsätzlich zulässig. Sie kann ab dem Zeitpunkt des auf sie gerichteten Antrags erfolgen, vorausgesetzt, der Betreuer erfüllt ab Antragstellung die Voraussetzungen für die berufsmäßige Führung der Betreuung.

110 In welcher Höhe in diesen Fällen eine Vergütung verlangt werden kann, ergibt sich für den **Vormund** aus § 3 VBVG. Danach kann der Vormund Stundensätze zwischen 19,50 EUR und 33,50 EUR verlangen. Die Höhe des Stundensatzes richtet sich danach, über welche besonderen – für die Führung der Vormundschaft nutzbaren – Kenntnisse der Vormund verfügt. Ein Rechtsanwalt als Vormund wird in der Regel 33,50 EUR für jede Stunde der für die Führung der Vormundschaft aufgewandten und erforderlichen Zeit ansetzen können. Eine auf die Vergütung anfallende Umsatzsteuer wird, soweit sie nicht nach § 19 Abs. 1 des UStG unerhoben bleibt, zusätzlich ersetzt (§ 3 Abs. 1 S. 3 VBVG).

111 Der Stundensatz für den **Betreuer** ist in § 4 VBVG geregelt. Daraus ergeben sich Stundensätze von 27 EUR bis 44 EUR. Für die Höhe des Stundensatzes ist entscheidend, ob der Betreuer über besondere – zur Führung der Betreuung nutzbare – Kenntnisse verfügt. Ein Rechtsanwalt erhält, wenn das Gericht die Berufsmäßigkeit der Betreuung festgestellt hat, in der Regel einen Stundensatz von 44 EUR. Wie viele Stunden für die Betreuung abgerechnet werden können, ist in § 5 VBVG pauschaliert.[112] Es wird abgestellt auf die Dauer der Betreuung, ob der Betreute in einem Heim untergebracht ist und ob der Betreute mittellos ist oder nicht.[113] Der Stundensatz gilt auch für Ansprüche auf Ersatz anlässlich der Betreuung entstandenen Aufwendungen sowie der anfallenden Umsatzsteuer ab (§ 4 Abs. 2 S. 1 VBVG).

112 Einem **ehrenamtlich** tätigen **Vormund** oder **Betreuer** kann eine angemessene Vergütung bewilligt werden, soweit der Umfang oder die Schwierigkeit der Geschäfte dies rechtfertigen. Dies gilt allerdings nur, wenn der Betreute nicht mittellos ist (§§ 1836 Abs. 2, 1908i BGB). Die angemessene Vergütung kann sowohl in Form einer Zeit- als auch in Form einer Pauschalvergütung bewilligt werden.[114] Sowohl der ehrenamtliche Vormund als auch der ehrenamtliche Betreuer haben einen allgemeinen Aufwendungsersatzanspruch (§§ 1835, 1908i BGB).[115]

113 **b) Pfleger.** Auch die Pflegschaft ist gem. § 1915 Abs. 1 S. 1 iVm § 1836 Abs. 1 S. 1 BGB grundsätzlich unentgeltlich zu führen. Das Gericht kann allerdings nach § 1836 Abs. 1 S. 2 BGB feststellen, dass der Pfleger die Pflegschaft **berufsmäßig** führt. Dann ist an ihn eine Vergütung zu zahlen. Die Höhe der Vergütung bestimmt sich gem. § 1915 Abs. 1 S. 2 BGB abweichend von § 3 Abs. 1 bis 3 VBVG nach den für die Führung der Pflegschaftsgeschäfte nutzbaren Fachkenntnissen des Pfle-

---

[109] Schneider/Wolf/*Volpert/N. Schneider* § 1 Rn. 95 ff.
[110] Kommentierung zum VBVG findet sich auch im *Palandt* BGB Anh. zu § 1836.
[111] BGH JurBüro 2014, 257.
[112] *Palandt* BGB Anh. zu § 1836 (VBVG); VBVG § 5 Rn. 1.
[113] *Deinert* JurBüro 2005, 285; Schneider/Wolf/*Volpert/N. Schneider* § 1 Rn. 109.
[114] Schneider/Wolf/*Volpert/N. Schneider* § 1 Rn. 126 ff.
[115] Schneider/Wolf/*Volpert/N. Schneider* § 1 Rn. 132 ff.

Geltungsbereich § 1

gers sowie nach dem Umfang und der Schwierigkeit der Pflegschaftsgeschäfte, sofern der Pflegling nicht mittellos ist. Unter Berücksichtigung dieser Merkmale kann das Gericht daher auch zu einem Stundensatz kommen, wie er in § 3 Abs. 1 VBVG für den Berufsvormund vorgesehen ist. Aber auch ein höherer Stundensatz ist möglich.[116]

Hat das Gericht nicht festgestellt, dass der Pfleger die Pflegschaft berufsmäßig **114** führt, kann nach § 1836 Abs. 2 BGB gleichwohl eine angemessene Vergütung bewilligt werden, soweit der Umfang oder die Schwierigkeit der Pflegschaftsgeschäfte dies rechtfertigen. Dies gilt nicht, wenn der Pflegling mittellos ist. Der Pfleger kann auch einen Anspruch auf Aufwandsentschädigung nach § 1835a BGB haben (§ 1915 Abs. 1 S. 1 BGB).

c) **Verfahrenspfleger.** Aufwendungsersatz und die Vergütung des berufsmäßigen **115** Verfahrenspflegers sind in § 277 FamFG geregelt.[117] Einen Anspruch auf **Ersatz seiner Aufwendungen** hat nach § 277 FamFG sowohl der ehrenamtliche als auch der berufsmäßige Verfahrenspfleger. Der Anspruch richtet sich nach § 1835 Abs. 1 bis 2 BGB.

Hat das Gericht festgestellt, dass der Verfahrenspfleger die Pflegschaft **berufsmä-** **116** **ßig** führt, erhält der Pfleger neben dem Aufwendungsersatz in entsprechender Anwendung der §§ 1 bis 3 Abs. 1 und 2 VBVG eine Vergütung (§ 277 Abs. 2 FamFG). Ist ein Rechtsanwalt berufsmäßig zum Pfleger bestellt, wird ihm ein Stundensatz von 33,50 EUR zzgl. Umsatzsteuer gewährt. Nach § 277 Abs. 3 FamFG kann anstelle des Aufwendungsersatzes und der Vergütung das Vormundschaftsgericht dem Pfleger einen festen Geldbetrag zubilligen, wenn die für die Führung der Pflegschaftsgeschäfte erforderliche Zeit vorhersehbar und ihre Ausschöpfung durch den Verfahrenspfleger gewährleistet ist. Bei der Bemessung des Geldbetrages ist die voraussichtlich erforderliche Zeit mit den in § 3 Abs. 1 VBVG bestimmten Stundensätzen zzgl. einer Aufwandspauschale von 3 EUR je veranschlagter Stunde zu vergüten (§ 277 Abs. 3 S. 2 FamFG). Vergütungs- und Aufwendungsersatz des Verfahrenspflegers sind nach § 277 Abs. 5 FamFG stets aus der Staatskasse zu zahlen.

Nach BGH[118] kann der anwaltliche Verfahrenspfleger *„eine Vergütung nach dem* **117** *Rechtsanwaltsvergütungsgesetz beanspruchen, soweit er im Rahmen seiner Bestellung solche Tätigkeiten zu erbringen hat, für die ein Laie in gleicher Lage vernünftigerweise einen Rechtsanwalt zuziehen würde."*[119] Der BGH (aaO) hält fest, dass die Feststellung des Gerichts, dass eine anwaltsspezifische Tätigkeit erforderlich ist, für die anschließende Kostenfestsetzung bindend ist.

Einer zur berufsmäßigen Verfahrenspflegerin bestellten Rechtsanwältin steht auch **118** im Falle der Annahme eines Aufwendungsersatzanspruchs nach anwaltlichem Gebührenrecht ein **Wahlrecht** zwischen diesem Anspruch und dem nach Zeitaufwand bemessenen Vergütungsanspruch des § 4 Abs. 1 VBVG zu. Nach OLG Frankfurt[120] ist vor Eintritt der Rechtskraft der Festsetzung eine **Änderung der getroffenen Wahl** zwischen einer Abrechnung nach dem RVG und einer nach Zeitaufwand orientierten Vergütung nach §§ 1915 Abs. 1 S. 1, 1836 Abs. 1 BGB iVm § 4 Abs. 1 S. 2 Nr. 2 VBVG zulässig. Nach OLG Frankfurt (aaO) ist die mit dem Aufgabenkreis der ausländer- und asylrechtlichen Vertretung zur berufsmäßig bestellten Verfahrenspflegerin nicht auf die Beratungshilfegebühren der Nr. 2501 ff. VV RVG beschränkt. In dem vom OLG Frankfurt (aaO) entschiedenen Fall war die Rechtsanwältin zur Berufsergänzungspflegerin bestellt worden.

---

[116] Schneider/Wolf/Volpert/N. Schneider § 1 Rn. 138.
[117] Ausführlich: Klüsener JurBüro 2016, 169.
[118] BGH JurBüro 2011, 130; so auch BGH JurBüro 2015, 358.
[119] Zitiert nach dem amtlichen Leitsatz des BGH zu BGH JurBüro 2011, 130.
[120] OLG Frankfurt a.M. JurBüro 2015, 420.

§ 1 Geltungsbereich

Praxistipp:

119 Für die Geltendmachung der Vergütung eines Vormundes, Betreuers, Pflegers oder Verfahrenspflegers sind Ausschlussfristen zu beachten. So bestimmt zB § 2 VBVG, dass der Vergütungsanspruch erlischt, wenn er nicht binnen 15 Monaten nach seiner Entstehung beim Familiengericht geltend gemacht wird. Jedoch wahrt der rechtzeitige Antrag auf Feststellung der Betreuervergütung gegen den Betreuten die Frist des § 2 Abs. 1 1. Hs. VBVG auch gegenüber der subsidiär berufenen Staatskasse, wenn sich im Laufe des Verfahrens die Mittellosigkeit des Betreuten herausstellt.[121]

Nach § 1835a Abs. 4 BGB erlischt der Anspruch auf Aufwandsentschädigung, wenn er nicht binnen drei Monaten nach Ablauf des Jahres, in dem der Anspruch entsteht, geltend gemacht wird.

120 **d) Verfahrensbeistand nach § 158 FamFG.** Das Gericht hat einem minderjährigen Kind in Kindschaftssachen, die seine Person betreffen, einen geeigneten Verfahrensbeistand zu bestellen, soweit dies zur Wahrnehmung seiner rechtlichen Interessen erforderlich ist. Wird als Verfahrensbeistand ein **Rechtsanwalt** bestellt, so führt dieser die Verfahrensbeistandschaft **berufsmäßig.** Der Rechtsanwalt erhält für seine Tätigkeit als Verfahrensbeistand eine einmalige Vergütung in Höhe von **350 EUR** (§ 158 Abs. 7 S. 2 FamFG). In dieser einmaligen Vergütung in Höhe von 350 EUR sind bereits Ansprüche auf Ersatz anlässlich der Verfahrensbeistandschaft entstandener Aufwendungen (zB Fahrtkosten[122]) und die auf die Vergütung anfallende Umsatzsteuer enthalten (§ 158 Abs. 7 S. 4 FamFG). Auch Kosten, die durch die Hinzuziehung eines Dolmetschers für das persönliche Gespräch des Verfahrensbeistandes mit dem ausländischen minderjährigen Kind sind mit der Pauschale abgegolten.[123] Die Vergütung ist aus der Staatskasse zu zahlen (§ 158 Abs. 7 S. 5 FamFG).

121 Nach § 158 Abs. 4 FamFG kann das Gericht dem Verfahrensbeistand, sofern dies im Einzelfall erforderlich ist, die **zusätzliche Aufgabe** übertragen, Gespräche mit den Eltern und weitere Bezugspersonen des Kindes zu führen sowie am Zustandekommen einer einvernehmlichen Regelung über den Verfahrensgegenstand mitzuwirken. Hat das Gericht dem Verfahrensbeistand derartige zusätzliche Aufgaben übertragen, erhöht sich die Vergütung des berufsmäßigen Verfahrensbeistandes (Rechtsanwalt) auf **550,00 EUR** (§ 158 Abs. 7 S. 3 FamFG). Auch hier handelt es sich um eine pauschale Vergütung, neben welcher weder Auslagen noch Umsatzsteuer vom Rechtsanwalt angesetzt werden können.

122 Der Anspruch auf die Vergütungspauschale entsteht schon in dem Moment in voller Höhe, in welchem der Verfahrensbeistand mit der Wahrnehmung seiner Aufgaben (§ 158 Abs. 4 FamFG) begonnen hat.[124] Also auch dann, wenn die Bestellung zum Verfahrensbeistand vorzeitig aufgehoben wird, hat der zum Verfahrensbeistand bestellte Rechtsanwalt Anspruch auf die Vergütungspauschale aus der Staatskasse.

123 Nach BGH[125] ist **für jedes Kind eine gesonderte Pauschale** anzusetzen, wenn der Rechtsanwalt als Verfahrensbeistand für mehrere Kinder bestellt worden ist.

124 Ist der Rechtsanwalt zum Verfahrenspfleger sowohl in dem Hauptsacheverfahren als auch in einem daneben anhängigen einstweiligen Anordnungsverfahren zum Verfahrensbeistand des Kindes bestellt, erhält er die Pauschale des § 158 Abs. 7 S. 2 FamFG (350,00 EUR) oder des § 158 Abs. 7 S. 3 FamFG (550,00 EUR) **für jedes Verfahren gesondert.**[126] Dies gilt auch, wenn der Rechtsanwalt zum Verfahrens-

---

[121] BGH JurBüro 2015, 657.
[122] BGH JurBüro 2011, 100.
[123] OLG München JurBüro 2016, 26.
[124] BGH JurBüro 2011, 267.
[125] BGH JurBüro 2011, 100.
[126] BGH JurBüro 2011, 151.

Geltungsbereich **§ 1**

beistand in einem Sorgerechtsverfahren und parallel hierzu in einem Verfahren auf Genehmigung der freiheitsentziehenden Unterbringung bestellt worden ist.[127]

Die für die erste Instanz erfolgte Bestellung eines Verfahrensbeistandes gilt auch für ein anschließendes Beschwerdeverfahren fort, sofern die Bestellung vom Beschwerdegericht nicht eingeschränkt oder aufgehoben worden ist.[128] **125**

Für den Ersatz von Aufwendungen des nicht berufsmäßigen Verfahrensbeistandes gilt § 277 Abs. 1 FamFG. Der nicht berufsmäßige Verfahrensbeistand erhält nur Ersatz seine Aufwendungen nach § 1835 Abs. 1 bis 2 BGB. **126**

e) Testamentsvollstrecker. Der Erblasser wird in der Regel im Testament die Höhe der Vergütung des Testamentsvollstreckers regeln. Hat der Erblasser in dem Testament die Vergütung nicht geregelt, kommt § 2221 BGB zur Anwendung. Danach kann der Testamentsvollstrecker für die Führung seines Amtes eine angemessene Vergütung verlangen, sofern nicht der Erblasser ein anderes bestimmt hat. Der Erblasser kann auch bestimmen, dass die Testamentsvollstreckung unentgeltlich erfolgen soll. In diesem Fall wird der Testamentsvollstrecker überlegen müssen, ob er nicht durch Erklärung gegenüber dem Nachlassgericht die Annahme der Testamentsvollstreckung ablehnt (§ 2202 BGB). Hat der Erblasser in dem Testament die Höhe der Vergütung nicht bestimmt, kann der Testamentsvollstrecker über die Höhe seiner Vergütung eine Vereinbarung mit den Erben treffen. Ist die Höhe der Vergütung des Testamentsvollstreckers vom Erblasser in dem Testament nicht bestimmt worden und hat der Testamentsvollstrecker auch keine Vereinbarung mit den Erben getroffen, erhält er eine angemessene Vergütung. Welche Vergütung angemessen ist, ist im Gesetz nicht bestimmt und in der Praxis umstritten. Als Bemessungsgrundlage für die angemessene Vergütung wird nach herrschender Meinung[129] der Nachlasswert angesehen. Es ist vom Aktivvermögen auszugehen. Der Verkehrswert ist maßgebend. Von dem Aktivvermögen des Nachlasses im Zeitpunkt des Erbfalls wird dem Testamentsvollstrecker dann ein gewisser Prozentsatz als Gebühr gewährt. In der Praxis wurde versucht, diesen Prozentsatz in Tabellen festzulegen.[130] Der BGH[131] hat zwar einerseits Bedenken gegen die schematisierte Anwendung der Tabellen, bezeichnet aber andererseits die Neue Rheinische Tabelle[132] als akzeptable Grundlage für die Ermittlung einer angemessenen Vergütung. Nach dieser Tabelle ist dem Testamentsvollstrecker zunächst ein angemessener Vergütungs**grund**betrag in folgender Höhe zu gewähren: **127**

bis 250.000 EUR	4 %
bis 500.000 EUR	3 %
bis 2.500.000 EUR	2,5 %
bis 5.000.000 EUR	2,0 %
über 5.000.000 EUR	1,5 %
mindestens aber der höchste Betrag der Vorstufe.	

---

[127] BGH JurBüro 2011, 266.

[128] OLG Stuttgart JurBüro 2011, 379; OLG München BeckRS 2012, 07837.

[129] Schneider/Wolf/*Volpert/N. Schneider* § 1 Rn. 174; Gerold/Schmidt/*Müller-Rabe* § 1 Rn. 545 bis 560.

[130] Gerold/Schmidt/*Müller-Rabe* § 1 Rn. 537 bis 544; Schneider/Wolf/*Volpert/N. Schneider* § 1 Rn. 177 f.; Bischof/Jungbauer/*Bischof* § 1 Rn. 67 bis 73; Göttlich/Mümmler/*Vogt*, „Testamentsvollstrecker"; HK-RVG/*Mayer* § 1 Rn. 148 f.

[131] BGH LM § 2221 Nr. 2, 4; BGH ZEV 2005, 22.

[132] Veröffentlicht in Notar 2000, 2 f.; ZEV 2000, 181. Die Neue Rheinische Tabelle beruht auf Empfehlungen des Deutschen Notarvereins (www.dnotv.de – Stichwort: „Dokumente/Testamentsvollstrecker").

§ 1 Geltungsbereich

Beispiel: Bei einem Nachlass von 260.000 EUR beträgt der Grundbetrag nicht 7.800 EUR (= 3 % aus 260.000 EUR), sondern 10.000 EUR (= 4 % aus 250.000 EUR)."[133]

128 Zu dieser Grundvergütung sind Zuschläge zu machen bei aufwendiger Grundtätigkeit, Auseinandersetzung des Nachlasses, komplexe Nachlassverwaltung, aufwendige oder schwierige Gestaltungsaufgaben, Regelung von Steuerangelegenheiten (die über die inländische Erbschaftssteuererklärung hinausgehen). Bei Dauertestamentsvollstreckung oder Testamentsvollstreckung über Geschäftsbetrieb/Unternehmen ist eine weitere zusätzliche Vergütung zu gewähren.[134]

129 Neben der Vergütung kann der Testamentsvollstrecker noch Ersatz seiner Aufwendungen nach den §§ 2218, 670 ff. BGB beanspruchen.[135] Umsatzsteuer auf die Vergütung kann ebenfalls angesetzt werden, wenn der Testamentsvollstrecker umsatzsteuerpflichtig ist.[136]

130 **f) Insolvenzverwalter.** Nach § 63 Abs. 1 S. 1 Insolvenzordnung (InsO) hat der Insolvenzverwalter einen Anspruch auf eine Vergütung für seine Geschäftsführung. Die Höhe der Vergütung ist in der insolvenzrechtlichen Vergütungsverordnung (InsVV) geregelt. Als Vergütung erhält er nach § 2 InsVV einen gewissen Prozentsatz der Insolvenzmasse. Die Höhe des Prozentsatzes ist in § 2 Abs. 1 S. 1 InsVV gestaffelt. Je größer die Insolvenzmasse, desto niedriger der Prozentsatz.[137]

131 § 2 Abs. 2 InsVV regelt eine Mindestvergütung. Auch diese ist gestaffelt. Maßgebend für die Mindestvergütung ist die Anzahl der Forderungsanmeldungen zur Insolvenztabelle. Die Mindestvergütung greift solange, wie die Regelvergütung des § 2 Abs. 1 InsVV (Prozentsatz von der Insolvenzmasse) nicht höher ist.[138] Sowohl die Regelvergütung nach § 2 Abs. 1 InsVV als auch die Mindestvergütung nach § 2 Abs. 2 InsVV können sich erhöhen oder mindern, wenn das bearbeitete Insolvenzverfahren von den Merkmalen eines Normalverfahrens abweicht (§ 3 InsVV).

132 Neben der Vergütung kann der Insolvenzverwalter Ersatz seiner Auslagen verlangen.[139] Anfallende Umsatzsteuer kann der Insolvenzverwalter nach § 7 InsVV ersetzt verlangen.[140]

133 **g) Sachwalter.** Der vom Insolvenzgericht bestellte Sachwalter führt die Aufsicht, wenn der Schuldner nach den § 270 bis 285 InsO – auf Anordnung des Insolvenzgerichts- die Insolvenzmasse selbst verwaltet und darüber verfügt. Die Vergütung des Sachwalters richtet sich nach § 12 Abs. 1 InsVV (§ 65 InsO). In der Regel erhält der Sachwalter 60 % der Vergütung, die für den Insolvenzverwalter in der InsVV vorgesehen ist. Zu- und Abschläge sind möglich.[141]

134 **h) Mitglied des Gläubigerausschusses.** Mitglieder eines Gläubigerausschusses haben nach § 73 InsO einen Anspruch auf Vergütung und Auslagenerstattung. Die Höhe der Vergütung ist in § 17 InsVV bestimmt. Danach beträgt die Vergütung regelmäßig zwischen 35 EUR und 95 EUR je Stunde. Daneben sind Auslagen zu erstatten. Diese sind im Einzelnen aufzuführen und zu belegen (§ 18 InsVV). Fällt

---

[133] Zitiert aus den Empfehlungen des Deutschen Notarvereins – Stand: 27.11.2006.
[134] S. auch Ziff. III. der Empfehlungen des Deutschen Notarvereins; Gerold/Schmidt/*Müller-Rabe* § 1 Rn. 547; Schneider/Wolf/Volpert/*N. Schneider* § 1 Rn. 177.
[135] Schneider/Wolf/Volpert/*N. Schneider* § 1 Rn. 184.
[136] Schneider/Wolf/Volpert/*N. Schneider* § 1 Rn. 180; Gerold/Schmidt/*Müller-Rabe* § 1 Rn. 567 bis 572.
[137] Gerold/Schmidt/*Müller-Rabe* § 1 Rn. 597.
[138] Schneider/Wolf/Volpert/*N. Schneider* § 1 Rn. 192 bis 194.
[139] Schneider/Wolf/Volpert/*N. Schneider* § 1 Rn. 201 bis 203.
[140] Schneider/Wolf/Volpert/*N. Schneider* § 1 Rn. 206.
[141] Gerold/Schmidt/*Müller-Rabe* § 1 Rn. 665 bis 672.

Geltungsbereich §1

bei dem Mitglied des Gläubigerausschusses Umsatzsteuer an, kann diese ebenfalls angesetzt werden.[142]

i) Nachlassverwalter. Der Nachlassverwalter hat den Nachlass zu verwalten und 135 die Nachlassverbindlichkeiten aus dem Nachlass zu berichtigen. Er ist für die Verwaltung des Nachlasses auch den Nachlassgläubigern gegenüber verantwortlich (§ 1985 BGB). Der Nachlassverwalter kann nach § 1987 BGB für die Führung seines Amtes eine angemessene Vergütung erhalten. Wie diese der Höhe nach zu bestimmen ist, ist umstritten. Vielfach wird ausgeführt, dass ein angemessener Stundensatz zu bestimmen sei. Anhaltspunkte hierfür könnten aus § 3 VBVG entnommen werden, wobei das Nachlassgericht allerdings nicht an diese Stundensätze gebunden sei.[143] Nach Volpert[144] scheidet eine zeitbasierte Vergütung beim Nachlassverwalter aus. Vielmehr erhalte dieser eine *„auf das Aktivvermögen bezogene Pauschalvergütung aus einem Rahmen von 3–5 % des Nachlasses bei kleineren Nachlässen und von 1–2 % bei größeren Nachlässen."*[145] Neben der Vergütung kann der Nachlassverwalter auch Ersatz seiner Aufwendungen verlangen.[146]

j) Nachlasspfleger. Vom Nachlassverwalter zu unterscheiden ist der Nachlass- 136 pfleger. Ist der Erbe unbekannt oder ist ungewiss, ob er die Erbschaft angenommen hat, kann das Nachlassgericht nach § 1960 BGB einen Nachlasspfleger bestellen. Der Nachlasspfleger hat sich als gesetzlicher Vertreter der unbekannten Erben der Bestandsaufnahme und der Verwaltung des Nachlassvermögens zu widmen und diese ggfls. zu sichern. Welche konkreten Tätigkeiten vom Nachlasspfleger zu entfalten sind, wird sich immer nach dem Umfang der angeordneten Nachlasspflegschaft und der individuellen Nachlasssituation richten.[147]

Führt der Nachlasspfleger die Pflegschaft **berufsmäßig** (§§ 1915, 1836 Abs. 1 137 S. 2 BGB) und handelt es sich um einen **vermögenden** Nachlass, bestimmt sich die Vergütung des Nachlasspflegers nach den für die Führung der Pflegschaft nutzbaren Fachkenntnissen des Pflegers sowie nach dem Umfang und der Schwierigkeit der Pflegergeschäfte (§ 1915 Abs. 1 S. 2 BGB).[148] Umstritten ist, wie die Höhe der Vergütung für den Nachlasspfleger im Einzelnen zu ermitteln ist. Die Spanne reicht von einem Stundensatz von 33,50 EUR bis zu 110 EUR.[149] Nach OLG Frankfurt[150] ist bei einer berufsmäßigen Nachlasspflegschaft im Normalfall einen mittelschweren Pflegschaft ein Vergütungssatz von 100 EUR netto pro Stunde angemessen, sofern der Nachlasspfleger seinen Kanzleisitz im Ballungsraum Frankfurt/Rhein/Main hat.

Bei einem **mittellosen Nachlass** wird der Nachlasspfleger, der die Pflegschaft 138 berufsmäßig führt, wie ein Vormund vergütet. Er erhält also die Stundensätze des § 3 Abs. 1 VBVG.[151] Die Vergütung wird in diesem Falle aus der Staatskasse gezahlt.

---

[142] HK-RVG/*Mayer* § 1 Rn. 179 bis 180; Schneider/Wolf/*Volpert/N. Schneider* § 1 Rn. 207 bis 209; Gerold/Schmidt/*Müller-Rabe* § 1 Rn. 703 bis 713.

[143] HK-RVG/*Mayer* § 1 Rn. 181 bis 183; Gerold/Schmidt/*Müller-Rabe* § 1 Rn. 490; Schneider/Wolf/*Volpert/N. Schneider* § 1 Rn. 200 bis 204.

[144] Schneider/Wolf/*Volpert/N. Schneider* § 1 Rn. 213.

[145] Zitiert nach Schneider/Wolf/*Volpert/N. Schneider* § 1 Rn. 213.

[146] Schneider/Wolf/*Volpert/N. Schneider* § 1 Rn. 215.

[147] Burandt/Rojahn/*von Landenberg* BGB § 1960 Rn. 38.

[148] Schneider/Wolf/*Volpert/N. Schneider* § 1 Rn. 143.

[149] Gerold/Schmidt/*Müller-Rabe* § 1 Rn. 449; Schneider/Wolf/*Volpert/N. Schneider* § 1 Rn. 143; OLG Dresden JurBüro 2007, 545.

[150] OLG Frankfurt a.M. JurBüro 2015, 422.

[151] Gerold/Schmidt/*Müller-Rabe* § 1 Rn. 447; Schneider/Wolf/*Volpert/N. Schneider* § 1 Rn. 144.

§ 1 Geltungsbereich

Neben seiner Vergütung hat der Nachlasspfleger auch Anspruch auf Aufwendungsersatz (§ 1835 Abs. 1 BGB).[152]

139 Führt der Nachlasspfleger die Pflegschaft **nicht berufsmäßig**, erhält er grundsätzlich keine Vergütung. Ausnahmsweise kann ihm eine Vergütung bewilligt werden, wenn der Umfang oder die Schwierigkeit der Nachlasspflegschaft dies rechtfertigen. Dies gilt nur bei vermögendem Nachlass (§ 1836 Abs. 2 BGB). Auch der nicht berufsmäßig tätig werdende Nachlasspfleger kann Ersatz seiner Auslagen verlangen (§ 1835 BGB).[153]

140 k) **Zwangsverwalter.** Die Vergütung des Zwangsverwalters ergibt sich aus den §§ 17 bis 22 Zwangsverwalterverordnung (ZwVwV). Nach § 18 Abs. 1 S. 1 ZwVwV erhält der Zwangsverwalter als Regelvergütung bei der Zwangsverwaltung von Grundstücken, die durch vermieten oder verpachten genutzt werden, 10 % des für den Zeitraum der Verwaltung an Mieten oder Pachten einbezogenen Bruttobetrags. Im Einzelfall kann die Vergütung nach § 18 Abs. 2 ZwVwV vermindert oder angehoben werden. Für die Fertigstellung von Bauvorhaben erhält der Zwangsverwalter 6 % der von ihm zu verwaltenden Bausumme (§ 18 Abs. 3 ZwVwV).

141 Steht dem Verwalter eine Vergütung nach § 18 ZwVwV nicht zu, zB bei der Zwangsverwaltung von Grundstücken, die nicht durch vermieten oder verpachten genutzt werden, bemisst sich seine Vergütung nach § 19 Abs. 1 ZwVwV nach Zeitaufwand. Der Zwangsverwalter erhält dann für jede Stunde der erforderlichen Zeit eine Vergütung von mindestens 35 EUR und höchstens 95 EUR. Er kann auch dann auf der Basis dieses Stundenhonorars abrechnen, wenn die Regelvergütung nach § 18 Abs. 1 und 2 ZwVwV offensichtlich unangemessen ist (§ 19 Abs. 2 ZwVwV).

142 Hat der Zwangsverwalter das Zwangsverwaltungsobjekt in Besitz genommen, so beträgt die Vergütung mindestens 600 EUR (§ 20 Abs. 1 ZwVwV). Nach § 21 ZwVwV kann der Zwangsverwalter Ersatz seiner notwendigen Auslagen verlangen.

143 l) **Treuhänder.** Es ist zwischen dem Treuhänder zu unterscheiden, der in einem Verfahren auf Restschuldbefreiung und demjenigen, der in einem vereinfachten Insolvenzverfahren tätig wird.[154]

144 Wird der Treuhänder in **vereinfachten Insolvenzverfahren** nach den §§ 311 ff. InsO tätig, hat er nach § 63 InsO (der nach § 313 Abs. 1 S. 2 InsO entsprechend gilt) einen Anspruch auf Vergütung. Die Höhe seines Vergütungsanspruches ist in § 13 InsVV geregelt. Danach erhält der Treuhänder in der Regel 15 % der Insolvenzmasse als Vergütung. Eine Mindestvergütung ist in § 13 Abs. 1 S. 3 InsVV bestimmt.

145 Wirkt der Treuhänder im **Verfahren auf Restschuldbefreiung** mit, so erhält er nach § 293 InsO für seine Tätigkeit eine Vergütung. Seine Vergütung ist in den §§ 14 bis 16 InsVV geregelt. Nach § 14 Abs. 1 InsVV richtet sich seine Vergütung nach der Summe der Beträge, die aufgrund der Abtretungserklärungen des Schuldners oder auf andere Weise zur Befriedigung der Gläubiger des Schuldners beim Treuhänder eingehen. Von diesen Beträgen erhält der Treuhänder einen gewissen Prozentsatz als Vergütung, zB von den ersten 25.000 EUR 5 % (§ 14 Abs. 2 InsVV). Der Prozentsatz ist in § 14 Abs. 2 InsVV gestaffelt. Eine Mindestvergütung ergibt sich aus § 14 Abs. 3 InsVV. Eine zusätzliche Stundenvergütung kann anfallen, wenn die Gläubigerversammlung dem Treuhänder zusätzlich die Aufgabe übertragen hat, die Erfüllung der Obliegenheiten des Schuldners zu überwachen. In der Regel beträgt der Stundensatz 35 EUR je Stunde (§ 15 Abs. 1 S. 2 InsVV).

146 Neben seinem Anspruch auf Vergütung hat der Treuhänder Anspruch auf Erstattung angemessener Auslagen. Dies ergibt sich für den Treuhänder, der im Rest-

---

[152] Burandt/Rojhan/*von Landenberg* BGB § 1960 Rn. 56.
[153] Burandt/Rojahn/*von Landenberg* BGB § 1960 Rn. 57.
[154] HK-RVG/*Mayer* § 1 Rn. 188 bis 195.

Geltungsbereich § 1

schuldbetreuungsverfahren mitwirkt, aus § 293 Abs. 1 InsO. Für den im vereinfachten Insolvenzverfahren tätigen Treuhänder ergibt sich dies aus § 313 Abs. 1 S. 2 iVm § 63 Abs. 1 S. 1 InsO.

m) Schiedsrichter. Der Schiedsrichter wird in der Regel mit den am Streit 147 beteiligten Parteien eine Vereinbarung über seine Vergütung treffen. Diese Vereinbarung bedarf, da das RVG nach § 1 Abs. 2 RVG eben nicht anwendbar ist, nicht den Formvorschriften des § 3a Abs. 1 RVG.[155] Allerdings sollte aus Gründen einer evtl. notwendigen späteren Beweisführung die Vereinbarung des Schiedsrichters mit den am Streit beteiligten Parteien schriftlich erfolgen.

Wurde keine Vereinbarung über die Vergütung getroffen, haben die Parteien sich 148 aber auf die Geltung einer Schiedsgerichtsordnung geeinigt die wiederum eine Vergütungsregelung enthält, ist diese Vergütungsregelung maßgebend, es sei denn, die Parteien haben etwas anderes vereinbart.[156] Führen die Parteien zB das Schiedsgerichtsverfahren vor der Deutschen Institution für Schiedsgerichtsbarkeit (DIS), so gilt deren Schiedsgerichtsordnung, die eine eigene Vergütungstabelle enthält.[157] Wenn die Vergütung des Schiedsrichters nicht in der von den Parteien vereinbarten Schiedsgerichtsordnung vorgegeben ist, kann diese zwischen dem Schiedsrichter und den an dem Verfahren Beteiligten frei ausgehandelt werden. Möglich ist eine Pauschale, eine Zeitvergütung oder eine Vergütung unter Bezugnahme auf das RVG.

Ist eine Vereinbarung zwischen dem Schiedsrichter und den am Schiedsverfahren 149 beteiligten Parteien über die Höhe der Vergütung des Schiedsrichters nicht zustande gekommen und ergibt sich dies auch nicht aus einer Schiedsgerichtsordnung, derer sich die Parteien unterworfen haben, so wird von den Parteien die nach § 612 BGB am Ort des Schiedsverfahrens übliche Vergütung geschuldet. Welche Vergütung üblich ist, ist umstritten.[158]

Ist der Rechtsanwalt nicht als Schiedsrichter, sondern als Bevollmächtigter einer 150 Partei in einem schiedsrichterlichen Verfahren tätig, kommt das RVG zur Anwendung. Denn er übt dann eine Tätigkeit nach § 1 Abs. 1 S. 1 RVG aus. Nach § 36 Abs. 1 RVG erhält er Gebühren nach Teil 3 Abschn. 1 und 2 VV, also wie ein Prozessbevollmächtigter in einem bürgerlichen Rechtsstreit (zB 1,3 Verfahrensgebühr Nr. 3100 VV, 1,2 Terminsgebühr Nr. 3104 VV, 1,5 Einigungsgebühr Nr. 1000 VV). Natürlich muss dann durch die Tätigkeit des Rechtsanwalts als Bevollmächtigter der Partei in dem schiedsgerichtlichen Verfahren der Tatbestand der Gebühr erfüllt werden, damit die Gebühr anfällt.

n) Ähnliche Tätigkeiten. Die Aufzählung in § 1 Abs. 2 RVG ist nicht abschlie- 151 ßend. Dies ergibt sich daraus, dass § 1 Abs. 2 S. 1 am Ende auch „…für eine ähnliche Tätigkeit…" das RVG nicht für anwendbar erklärt. Ähnliche Tätigkeiten wie die in § 1 Abs. 2 S. 1 RVG aufgeführten Tätigkeiten sind zB die Tätigkeit als Liquidator einer GmbH, die Tätigkeit als Aufsichtsratsmitglied, eine Vermögensverwaltung oder die Tätigkeit als Sequester.[159]

o) Rechtsanwalt übt eine Tätigkeit iSd § 1 Abs. 2 RVG aus und daneben 152 **eine Anwaltstätigkeit.** Wie sich aus Vorstehendem ergibt, kommt das RVG nicht zur Anwendung, wenn der Rechtsanwalt eine in § 1 Abs. 2 S. 1 RVG aufgeführten Tätigkeiten ausübt. Er wird also dann in der Regel keine Vergütung nach dem RVG erhalten können. Allerdings können auch im Rahmen solcher Tätigkeiten **typische**

---

[155] HK-RVG/*Mayer* § 1 Rn. 196; Gerold/Schmidt/*Müller-Rabe* § 1 Rn. 753.
[156] HK-RVG/*Mayer* § 1 Rn. 197; Gerold/Schmidt/*Müller-Rabe* § 1 Rn. 752.
[157] Schneider/Wolf/*Volpert*/N. *Schneider* § 1 Rn. 229.
[158] HK-RVG/*Mayer* § 1 Rn. 197 bis 203; Bischof/Jungbauer/*Bischof* § 1 Rn. 82 bis 87; Schneider/Wolf/*Volpert*/N. *Schneider* § 1 Rn. 231; Gerold/Schmidt/*Müller-Rabe* § 1 Rn. 756.
[159] HK-RVG/*Mayer* § 1 Rn. 204 bis 207; Bischof/Jungbauer/*Bischof* § 1 Rn. 88 bis 93; Gerold/Schmidt/*Müller-Rabe* § 1 Rn. 778 bis 796.

§ 1 Geltungsbereich

Anwaltstätigkeiten erforderlich werden (zB der zum Rechtsanwalt bestellte Insolvenzverwalter führt einen Rechtsstreit; der als Betreuer tätige Rechtsanwalt führt für den Betreuten einen Rechtsstreit). Für typische Anwaltstätigkeiten für die ein Nichtjurist einen Rechtsanwalt hinzugezogen hätte, wird der Rechtsanwalt eine – gesonderte – Vergütung nach dem RVG abrechnen können. Dieser Grundgedanke aus § 1835 Abs. 3 BGB soll auch auf die übrigen in § 1 Abs. 2 S. 1 RVG genannten Tätigkeiten sinngemäß zu übertragen sein.[160] Teilweise ist dies auch in entsprechenden Sondergesetzen normiert. So bestimmt zB § 5 Abs. 1 InsVV dass der Rechtsanwalt, der als Insolvenzverwalter bestellt ist, für die Tätigkeiten, die ein nicht als Rechtsanwalt zugelassener Verwalter **angemessener Weise** einem Rechtsanwalt übertragen hätte, nach Maßgabe des Rechtsanwaltsvergütungsgesetzes Gebühren und Auslagen gesondert abrechnen und aus der Insolvenzmasse entnehme kann. Bei der Prüfung der Frage, ob ein Nichtjurist einen Rechtsanwalt eingeschaltet hätte, und folglich, für den iSd § 1 Abs. 2 S. 1 RVG tätigen Rechtsanwalt eine gesonderte Vergütung nach dem RVG anfällt, soll ein strenger Maßstab anzulegen sein.[161] Für die Führung eines notwendigen Rechtsstreits wird man bejahen können, dass ein Nichtjurist einen Rechtsanwalt hinzugezogen hätte. Dies auch dann, wenn kein Anwaltszwang besteht.[162] Für den außergerichtlichen Vergleich führt *Mayer*[163] folgendes aus:

„Aufgrund der Verrechtlichung der Lebensbereiche gilt dies aber auch in immer größerem Masse im außergerichtlichen Bereich. Heute kann man davon ausgehen, dass immer dann, wenn rechtliche Fragen im Vordergrund stehen, auch bei außergerichtlichen Tätigkeiten die Hinzuziehung eines Rechtsanwalts gerechtfertigt ist, so dass der Rechtsanwalt seine Tätigkeit nach § 1 Abs. 2 S. 2 RVG iVm § 1835 Abs. 3 BGB nach dem RVG abrechnen kann."

153 Erbringt der Rechtsanwalt neben einer in § 1 Abs. 2 S. 1 RVG genannten Tätigkeit typische Anwaltstätigkeit, wird er die Vergütung nach dem RVG für diese typische Anwaltstätigkeit neben der sonst in § 1 Abs. 2 S. 1 RVG genannten Tätigkeit verlangen können. Dies aber nur dann, wenn die Tätigkeit nach § 1 Abs. 2 S. 1 RVG mit einer pauschalen Vergütung, wie etwa beim Insolvenzverwalter, abgegolten wird. Wird der Rechtsanwalt aber zB als Berufsvormund oder -betreuer tätig und erhält für diese Tätigkeit eine Stundenvergütung, so kann er natürlich für die Arbeitszeit, die er auf die Führung des Rechtsstreits verwendet, nur die Vergütung nach dem RVG abrechnen und daneben nicht etwa auch noch die Stundenvergütung.

IV. Vorschriften des RVG über Erinnerung und Beschwerde gehen vor

154 Durch das 2. KostRMoG wurde dem § 1 RVG ein neuer Absatz 3 angefügt. Darin wird klargestellt, dass im RVG enthaltene Vorschriften über die Erinnerung und die Beschwerde den Regelungen über eine Erinnerung und Beschwerde den in den für das jeweilige Verfahren geltenden Verfahrensvorschriften vorgehen. Verweist allerdings eine spezielle Vorschrift des RVG wegen einer Erinnerung oder einer Beschwerde auf Vorschriften eines anderen Gesetzes und erklärt diese für entsprechend anwendbar, so bleibt es bei der Anwendung dieser Verfahrensvorschriften. So wird zB in § 11 Abs. 3 S. 2 RVG wegen der Erinnerung verwiesen auf die für die jeweiligen Gerichtsbarkeiten geltenden Vorschriften über die Erinnerung. Wegen dieses speziellen Verweises in § 11 Abs. 3 S. 2 RVG verbleibt es bei der

---
[160] HK-RVG/*Mayer* § 1 RVG Rn. 209 unter Hinweis auf BGH NJW 1998, 3567 f., 3568 = JurBüro 1999, 135 f. = AGS 1999, 3 f.; Riedel/Sußbauer/*Pankatz* § 1 Rn. 119.
[161] HK-RVG/*Mayer* § 1 Rn. 210; Riedel/Sußbauer/*Pankatz* § 1 Rn. 119.
[162] HK-RVG/*Mayer* § 1 Rn. 210; Riedel/Sußbauer/*Pankatz* § 1 Rn. 119.
[163] Zitiert nach HK-RVG/*Mayer* § 1 Rn. 210.

Anwendung der für die jeweiligen Gerichtsbarkeiten geltenden Vorschriften über die Erinnerung.[164]

Einige Landessozialgerichte[165] hatten die Auffassung vertreten, dass in Verfahren auf Festsetzung der Prozesskostenhilfevergütung die in § 56 Abs. 2 S. 1 iVm § 33 Abs. 3 RVG vorgesehene Beschwerde nicht statthaft sei, da nach §§ 178 S. 1, 197 Abs. 2 SGG eine Beschwerde gegen die Kostenfestsetzung des Urkundsbeamten der Geschäftsstelle des Sozialgerichts ausgeschlossen ist. Durch § 1 Abs. 3 RVG wird nunmehr klargestellt, dass in diesen Fällen die Regel des § 56 Abs. 2 S. 1 iVm § 33 Abs. 3 RVG den Regelungen im SGG vorgeht, also die Beschwerde zulässig ist.[166] Natürlich müssen die im RVG geregelten Voraussetzungen erfüllt sein, damit die Beschwerde zulässig ist.[167] **155**

§ 2 Höhe der Vergütung

(1) **Die Gebühren werden, soweit dieses Gesetz nichts anderes bestimmt, nach dem Wert berechnet, den der Gegenstand der anwaltlichen Tätigkeit hat (Gegenstandswert).**

(2) **¹Die Höhe der Vergütung bestimmt sich nach dem Vergütungsverzeichnis der Anlage 1 zu diesem Gesetz. ²Gebühren werden auf den nächstliegenden Cent auf- oder abgerundet; 0,5 Cent werden aufgerundet.**

Übersicht

	Rn.
I. Überblick	1
II. Gegenstand der anwaltlichen Tätigkeit	2
III. Angelegenheit	4
IV. Bewertung des Gegenstandes	7
V. Vergütungsverzeichnis	12
VI. Rundung der Gebühren	14
VII. Belehrungspflicht nach § 49b Abs. 5 BRAO	16

I. Überblick

Nach § 2 Abs. S. 1 fallen grundsätzlich Wertgebühren[1] an. Die Gebühren sind nach dem Gegenstandswert zu berechnen. Der Gegenstandswert orientiert sich an dem Gegenstand der anwaltlichen Tätigkeit.[2] Der Gebührensatz (zB 1,3) oder der Gebührensatzrahmen (zB 0,5 bis 2,5) ist im Vergütungsverzeichnis festgelegt. Deshalb wird auch in § 2 Abs. 1 RVG die Brücke zum Vergütungsverzeichnis geschlagen. Mit dem Gegenstandswert und den Gebührensatz kann man den Betrag, den der Rechtsanwalt dem Mandanten letztlich in Rechnung stellt, nach der Tabelle zu § 13 RVG (in den Fällen der Prozess- oder Verfahrenskostenhilfe nach der Tabelle zu § 49 RVG) ermitteln. Wertgebühren entstehen nur dann, wenn im RVG **nichts anders bestimmt** ist. So ordnet zB § 3 Abs. 1 RVG an, dass in bestimmten sozialrechtlichen Angelegenheiten Betragsrahmengebühren anzusetzen sind. Auch zB in Strafsachen (Teil 4 VV) und in Bußgeldsachen (Teil 5 VV) fallen Betragsrahmenge- **1**

---

[164] *Schneider/Thiel* § 3 Rn. 17.
[165] → § 56 Rn. 51; Weitere Nachweise bei *Schneider/Thiel* § 3 Rn. 23.
[166] *Schneider/Thiel* § 3 Rn. 25.
[167] → § 56 Rn. 33 ff., *Schneider/Thiel* § 3 Rn. 28.
[1] → § 1 Rn. 4.
[2] → § 2 Rn. 2.

bühren an. Für die Bestimmung einer Betragsrahmengebühr wird ein Gegenstandswert nicht benötigt.[3]

II. Gegenstand der anwaltlichen Tätigkeit

2 Nach § 2 Abs. 1 RVG werden die Gebühren nach dem Wert berechnet, den der **Gegenstand der anwaltlichen Tätigkeit** hat (Gegenstandswert). Gegenstand der anwaltlichen Tätigkeit ist das, weshalb der Rechtsanwalt für den Mandanten tätig werden soll. *Müller-Rabe*[4] definiert dies wie folgt:

„Gegenstand der anwaltlichen Tätigkeit ist das Recht oder Rechtsverhältnis, auf das sich die Tätigkeit eines Rechtsanwalts bezieht.[5] Gleichgültig ist, ob es sich um ein bestehendes oder künftiges, ein nur angestrebtes oder behauptetes Recht oder Rechtsverhältnis handelt.[6]"

Bischof[7] setzt den Gegenstand der anwaltlichen Tätigkeit gleich mit dem gerichtlichen Streitgegenstand. Dieser wiederum wird bestimmt durch den historischen Sachverhalt, der dem Rechtsstreit zugrunde liegt, und durch den Antrag.

3 Begrenzt wird der Gegenstand der anwaltlichen Tätigkeit durch den vom Mandanten erteilten **Auftrag**.[8]

Beispiel 1:
Der Mandant informiert den Anwalt dahingehend, dass er einen Anspruch aus einem Kaufvertrag und einen Anspruch aus einem Mietvertrag gegenüber dem Gegner habe. Er beauftragt den Anwalt, die Ansprüche aus dem Kaufvertrag geltend zu machen.
Gegenstand der anwaltlichen Tätigkeit sind die Ansprüche aus dem Kaufvertrag, nach dem sich folglich auch der Gegenstandswert bestimmt.

Beispiel 2:
Der Mandant informiert seinen Anwalt dahingehend, dass er gegenüber dem Gegner B einen Anspruch in Höhe von 100.000 EUR habe und beauftragt den Rechtsanwalt, diesen Betrag einzuklagen. Nach Prüfung der Sach- und Rechtslage kommt der Rechtsanwalt zu dem Schluss, dass Erfolgsaussichten nur wegen eines Betrags in Höhe von 40.000 EUR gegeben sind. Die Klage wird nach Absprache mit dem Mandanten nur über 40.000 EUR erhoben.
Gegenstand der anwaltlichen Tätigkeit ist der vom Mandanten behauptete Anspruch in Höhe von 100.000 EUR. Allerdings hat sich der zunächst erteilte Prozessauftrag wegen 60.000 EUR vorzeitig erledigt. Der Rechtsanwalt kann berechnen:
1) 0,8 Verfahrensgebühr Nr. 3101 Ziff. 1 VV
   nach Gegenstandswert: 60.000 EUR   998,40 EUR
2) 1,3 Verfahrensgebühr Nr. 3100 VV
   nach Gegenstandswert: 40.000 EUR   1.316,90 EUR
   Summe: 2.315,30 EUR
1) und 2) dürfen gem. § 15 Abs. 3 RVG nicht höher sein als eine 1,3 Verfahrensgebühr nach Gegenstandswert: 100.000 EUR   1.953,90 EUR
zzgl. der weiter in dem gerichtlichen Verfahren entstandenen Gebühren nach Gegenstandswert: 40.000 EUR
zzgl. Auslagen und Umsatzsteuer.

---

[3] → § 1 Rn. 6 f.
[4] Gerold/Schmidt/*Mayer* § 2 Rn. 6.
[5] In Gerold/Schmidt/*Mayer* § 2 Rn. 6 wird verwiesen auf *Hartmann* RVG § 2 Rn. 4; BGH NJW 2007, 2050 f.; BVerfG NJW-RR 2001, 139; Riedel/Sußbauer/*Pankatz* § 2 Rn. 4–8.
[6] In Gerold/Schmidt/*Mayer* § 2 Rn. 6 wird verwiesen auf Riedel/Sußbauer/*Pankatz* § 2 Rn. 4; BGH MDR 1972, 765.
[7] Bischof/Jungbauer/*Bischof* § 2 Rn. 35 f.
[8] Bischof/Jungbauer/*Bischof* § 2 Rn. 40.

Höhe der Vergütung § 2

Beispiel 3:
Der Mandant beauftragt den Rechtsanwalt Schadensersatzansprüche in Höhe von 130.000 EUR außergerichtlich gegenüber dem Gegner geltend zu machen. Der Gegner reagiert nicht. Wegen mangelnder Erfolgsaussichten im Übrigen, werden vom Rechtsanwalt auftragsgemäß nur 50.000 EUR eingeklagt.
Gegenstand der anwaltlichen Tätigkeit im Rahmen der außergerichtlichen Vertretung waren 130.000 EUR und für das gerichtliche Verfahren 50.000 EUR. Der Rechtsanwalt kann berechnen:
Für außergerichtliche Vertretung
Gegenstandswert: 130.000 EUR
1) 1,3 Geschäftsgebühr Nr. 2300 VV 2.174,90 EUR
zzgl. Auslagen und Umsatzsteuer.
Für die Tätigkeit als Prozessbevollmächtigter in dem Rechtsstreit
Gegenstandswert: 50.000 EUR
1) 1,3 Verfahrensgebühr Nr. 3100 VV 1.511,90 EUR
abzüglich hierauf nach der Vorb. 3 Abs. 4 VV anzurechnender
0,65 Geschäftsgebühr nach Gegenstandswert: 50.000 EUR 755,95 EUR
verbleiben von der Verfahrensgebühr: 755,95 EUR
zzgl. der weiteren in dem Rechtsstreit entstandenen Gebühren nach Gegenstandswert: 50.000 EUR
zzgl. Auslagen und Umsatzsteuer.

III. Angelegenheit

Im Zusammenhang mit dem Auftrag des Mandanten und dem Gegenstand der anwaltlichen Tätigkeit muss auch die – gebührenrechtliche – **Angelegenheit** gesehen werden. Liegt nur eine gebührenrechtliche Angelegenheit vor, entstehen die Gebühren nur einmal. Sind mehrere gebührenrechtliche Angelegenheiten gegeben, fallen die Gebühren mehrfach, nämlich in jeder Angelegenheit gesondert, an. Teilweise wird aber dann auch durch das RVG wieder vorgeschrieben, dass die Gebühren aus einer Angelegenheit ganz oder teilweise angerechnet werden auf die in der anderen Angelegenheit – wegen desselben Gegenstandes – entstehenden Gebühren. So ist zB nach der Vorb. 3 Abs. 4 VV die Geschäftsgebühr für die außergerichtliche Vertretung (erste Angelegenheit) zur Hälfte, höchstens mit einem Gebührensatz von 0,75 anzurechnen auf die Verfahrensgebühr für die Tätigkeit im gerichtlichen Verfahren (zweite Angelegenheit). Wann eine und wann mehrere gebührenrechtliche Angelegenheiten anzunehmen sind, regelt das RVG ua in den §§ 15 bis 21. Auf die Kommentierung zu diesen Vorschriften darf verwiesen werden. Die Angelegenheit ist der Rahmen, innerhalb dessen sich die anwaltliche Tätigkeit abspielt. Für das gerichtliche Verfahren lässt sich dies wie folgt definieren:
- Die Angelegenheit ist der Prozess, wobei nach § 17 Nr. 1 RVG das Verfahren über ein Rechtsmittel und der vorausgegangene Rechtszug verschiedene gebührenrechtliche Angelegenheit sind.
- Der Gegenstand der anwaltlichen Tätigkeit ist der Streitgegenstand, also das, worum es in dem Rechtsstreit geht oder anders ausgedrückt der historische Sachverhalt und der Antrag.[9]

In einer Angelegenheit können mehrere Gegenstände erfasst sein. Dann sind die Werte der einzelnen Gegenstände zu addieren und nach der Summe entstehen die Gebühren nur einmal (§ 22 Abs. 1 RVG).

---

[9] Bischof/Jungbauer/*Bischof* § 2 Rn. 35 f.

Beispiel:

Der Rechtsanwalt ist beauftragt, in einem Rechtsstreit den Räumungsanspruch und gleichzeitig die Mietrückstände geltend zu machen. Es handelt sich um eine **Angelegenheit,** in der **zwei Gegenstände** verfolgt werden. Die Werte der einzelnen Gegenstände (Räumung und Mietrückstände) sind zu addieren. Nach der Summe der Werte entstehen nur einmal Gebühren.

6   Auch hier spielt wieder der vom Mandanten erteilte Auftrag eine Rolle. Beauftragt der Mandant den Rechtsanwalt, die Gegenstände in getrennten Prozessen geltend zu machen, so liegen mehrere gebührenrechtliche Angelegenheiten vor, und die Gebühren entstehen in jeder Angelegenheit gesondert. Allerdings wird der Rechtsanwalt den Mandanten darauf hinweisen müssen, dass die Geltendmachung der Ansprüche in getrennten Verfahren in der Regel zu höheren Kosten führt. Nach einem derartigen Hinweis wird der Mandant wohl den Weg wählen, dass die Ansprüche gemeinsam in einem Rechtsstreit geltend gemacht werden sollen. Die Mehrkosten, die durch die getrennte Geltendmachung der Gegenstände in verschiedenen Angelegenheiten entstehen, dürften von dem unterliegenden Gegner auch nur dann zu erstatten sein, wenn vernünftige und nachvollziehbare Gründe für die getrennte Geltendmachung der Gegenstände in verschiedenen Angelegenheiten dargelegt werden können.[10] So könnte zB argumentiert werden, dass die Mietrückstände nicht in der Räumungsklage mit geltend gemacht wurden um zu verhindern, dass durch Einwendungen des Gegners hinsichtlich der Höhe der Mietrückstände sich auch die Titulierung des Räumungsanspruches verzögert.

IV. Bewertung des Gegenstandes

7   Der Gegenstand der anwaltlichen Tätigkeit ist in Euro zu bewerten. Wie der Gegenstand zu bewerten ist ergibt sich aus den §§ 22 bis 31 RVG. § 23 Abs. 1 RVG verweist wiederum auf die für Gerichtsgebühren geltenden Wertvorschriften. Dies sind die §§ 39 bis 60 GKG für bürgerliche Rechtsstreitigkeiten und die §§ 33 bis 59 FamGKG in Familiensachen. An dieser Stelle darf auf die Kommentierung zu den §§ 22 bis 31 RVG verwiesen werden. Maßgebend ist der objektive Geldwert des Gegenstandes der anwaltlichen Tätigkeit und nicht etwa die subjektive Wertschätzung der Partei oder des Rechtsanwalts.[11]

8   Maßgeblich für die Bewertung des Gegenstandes der anwaltlichen Tätigkeit ist der **Zeitpunkt,** in welchem die anwaltliche Gebühr entsteht, also deren Tatbestand erfüllt wird.[12] Ändert sich der Gegenstand während der gesamten Tätigkeit des Rechtsanwalts nicht, so entstehen alle Gebühren nach demselben Gegenstandswert. Tritt während der anwaltlichen Tätigkeit eine Ermäßigung oder Erweiterung des Gegenstandes der anwaltlichen Tätigkeit ein, so ist entscheidend, was Gegenstand der anwaltlichen Tätigkeit zum Zeitpunkt des Entstehens der Gebühr war. Wird der Tatbestand der Gebühr während der anwaltlichen Tätigkeit mehrfach ausgelöst, was zB bei Betriebsgebühren der Fall ist, so ist der höchste Gegenstandswert anzunehmen.

Beispiel 1:

Der Rechtsanwalt macht außergerichtlich rückständige Miete für April und Mai in Höhe von je 1.000 EUR geltend. Der Gegner zahlt die Miete für April. Nachdem der Gegner auch mit der Miete für Juni in Verzug ist, wird der Rechtsanwalt beauftragt, auch die Miete für Juni in Höhe von 1.000 EUR noch geltend zu machen. Schließlich vergleicht man sich, wonach

---

[10] *Baumbach/Lauterbach/Albers/Hartmann* ZPO § 91 Rn. 139, 140.
[11] Bischof/Jungbauer/*Bischof* § 2 Rn. 23.
[12] Gerold/Schmidt/*Mayer* § 2 Rn. 19.

Höhe der Vergütung § 2

auf die offenen Mieten für die Monate Mai und Juni insgesamt 1.600 EUR gezahlt werden. Die anwaltliche Tätigkeit war umfangreich. Der Rechtsanwalt kann berechnen:
1) 1,5 Geschäftsgebühr Nr. 2300 VV 301,50 EUR
   nach Gegenstandswert: 3.000 EUR
2) 1,5 Einigungsgebühr Nr. 1000 VV 225,00 EUR
   nach Gegenstandswert: 2.000 EUR
   zzgl. Auslagen und Umsatzsteuer.

Die Geschäftsgebühr entsteht für das Betreiben des Geschäfts einschließlich der Information (Vorb. 2.3 Abs. 3 VV). Sie wird also durch jede Tätigkeit des Rechtsanwalts, welche dem Betreiben des Geschäftes dient, immer wieder ausgelöst (zB durch Besprechung mit dem Mandanten oder dem Gegner; oder durch Fertigung von Schriftstücken). In derselben Angelegenheit kann die Geschäftsgebühr wegen § 15 Abs. 1 und 2 RVG aber nur einmal gefordert werden, da der Rechtsanwalt das Geschäft wegen der Mieten für die Monate April und Mai und der Miete für Monat Juni betrieben hat, entsteht die Geschäftsgebühr nach einem Gegenstandswert von 3.000 EUR (3 × 1.000 EUR).[13]

Mitwirkung bei Abschluss eines Vergleiches löst die Einigungsgebühr der Nr. 1000 VV aus. Zum Zeitpunkt des Abschlusses des Vergleiches waren nur noch die Mieten für die Monate Mai und Juni – 2 × 1.000 EUR – Gegenstand der anwaltlichen Tätigkeit, so dass sich die Einigungsgebühr nur nach einem Gegenstandswert von 2.000 EUR berechnet.

Auch im gerichtlichen Verfahren kann es bei Änderungen des Gegenstandes der 9 anwaltlichen Tätigkeit vorkommen, dass sich nicht alle Gebühren nach demselben Gegenstandswert bestimmen.

Beispiel 2:
Es werden Schadensersatzansprüche in Höhe von 10.000 EUR eingeklagt. Nach einem gerichtlichen Hinweis nimmt der Kläger die Klage teilweise in Höhe von 3.000 EUR zurück. Der Rechtsanwalt vertritt ihn anschließend in einem Termin zur mündlichen Verhandlung. Danach wird die Klage um 7.000 EUR erhöht. Schließlich wirkt der Rechtsanwalt mit an dem Abschluss eines Vergleiches, wonach zur Zahlung der noch anhängigen Ansprüche ein Betrag in Höhe von 11.000 EUR gezahlt wird. Im Rahmen der Vergleichsverhandlungen hat eine Besprechung zwischen den Prozessbevollmächtigten auch über die Klageerhöhung von 7.000 EUR stattgefunden. Der Vergleich wird in der Form des § 278 Abs. 6 ZPO geschlossen.

Der Rechtsanwalt kann berechnen:
1) 1,3 Verfahrensgebühr Nr. 3100 VV
   nach Gegenstandswert: 17.000 EUR
   (Klage 10.000 EUR + Klageerhöhung 7.000 EUR): 904,80 EUR
2) 1,2 Terminsgebühr Nr. 3104 VV
   nach Gegenstandswert: 14.000 EUR
   (Klage 10.000 EUR ./. Teilklagerücknahme 3.000 EUR + Klageerhöhung 7.000 EUR): 780,00 EUR
3) 1,0 Einigungsgebühr Nr. 1003 VV
   nach Gegenstandswert: 14.000 EUR
   (Klage 10.000 EUR ./. Teilklagerücknahme 3.000 EUR + Klageerhöhung 7.000 EUR): 650,00 EUR
   zzgl. Auslagen und Umsatzsteuer.

Problematisch wird es, wenn der Gegenstand während der anwaltlichen Tätigkeit 10 **Wertänderungen** unterliegt. Dies kann zB der Fall sein, wenn ein Betrag in ausländischer Währung eingeklagt wird oder Gegenstand der anwaltlichen Tätigkeit Aktien oder Wertpapiere sind, deren Kurs sich laufend ändert. Dann gilt **bei außergerichtlicher Tätigkeit**, dass der höchste Wert während der Tätigkeit als Gegenstandswert für die Anwaltsgebühren anzunehmen ist.[14]

---

[13] Gerold/Schmidt/*Mayer* § 2 Rn. 22–25.
[14] Schneider/Wolf/*Onderka/N. Schneider* § 2 Rn. 34.

11 Im Zivilprozess kommt über § 23 Abs. 1 S. 1 RVG der § 40 GKG (in Familiensachen § 34 FamGKG) zur Anwendung, wonach für die Wertberechnung der Zeitpunkt der den jeweiligen Streitgegenstand betreffenden Antragstellung, die den Rechtszug einleitet, maßgebend ist.[15] In der Regel wird hier also der (Kurs-)Wert bei Klageerhebung für den ersten Rechtszug maßgebend sein, für das Berufungsverfahren der (Kurs-)Wert bei Einlegung der Berufung, bei einer Klageerweiterung der (Kurs-)Wert bei Einreichung des Schriftsatzes, mit der die Klageerweiterung erfolgt.

V. Vergütungsverzeichnis

12 § 2 Abs. 2 S. 1 RVG verweist wegen der Höhe der Vergütung auf das Vergütungsverzeichnis, dass dem RVG als Anlage 1 beigefügt ist. In dem Vergütungsverzeichnis findet sich ua der Gebührensatz (zB 1,3 für die in der Nr. 3100 VV geregelte Verfahrensgebühr) oder Satzrahmen (zB 0,5 bis 2,5 für die in der Nr. 2300 VV geregelte Geschäftsgebühr). Hat man den Gegenstand der anwaltlichen Tätigkeit bewertet und den Gegenstandswert bestimmt, so ist zu prüfen, welche Gebührentatbestände durch die anwaltliche Tätigkeit in der gebührenrechtlichen Angelegenheit realisiert worden und folglich welche Gebühren angefallen sind. Für die angefallenen Gebühren kann der Gebührensatz aus dem Vergütungsverzeichnis entnommen werden und mittels des Gegenstandswertes und des Gebührensatzes kann die Höhe der Gebühr dann nach der Tabelle zu § 13 RVG (für den frei vom Mandanten beauftragten Wahlanwalt) oder aus der Tabelle zu § 49 RVG (für den im Rahmen der Prozess- oder Verfahrenskostenhilfe beigeordneten Rechtsanwalt) entnehmen. Dies ist dann der Betrag, den der Rechtsanwalt dem Mandanten in Rechnung stellen kann bzw., wenn er im Rahmen der Prozess- oder Verfahrenskostenhilfe beigeordnet ist, aus der Landes- oder Bundeskasse erstattet erhält.

13 Die Funktion des Vergütungsverzeichnisses wird erläutert unter den Vorbemerkungen vor Teil 1 VV. Auf das dort Ausgeführte darf hingewiesen werden.

VI. Rundung der Gebühren

14 Nach § 2 Abs. 2 S. 2 RVG werden **Gebühren** auf den nächstliegenden Cent auf- oder abgerundet. Ab 0,5 Cent wird aufgerundet. Diese Vorschrift gilt nur für Gebühren, **nicht für Auslagen,** auch nicht für die Pauschale für Entgelte für Post- und Telekommunikationsdienstleistungen der Nr. 7002 VV.

15 Die Rundungsregel wird selten zur Anwendung kommen. Denn meist wird sich rechnerisch keine dritte Dezimalstelle hinter dem Komma ergeben. Würde sich bei der Berechnung einer Gebühr eine dritte Dezimalstelle hinter dem Komma ergeben, wäre von 1 bis 4 auf den nächstliegenden Cent abzurunden. Würde die dritte Dezimalstelle hinter dem Komma 5 bis 9 betragen, wäre auf den nächstliegenden Cent aufzurunden.

Beispiel:
Der Gegenstandswert beträgt 10.000 EUR. Der Rechtsanwalt möchte eine 2,137 Geschäftsgebühr ansetzen.
Nach der Tabelle zu § 13 RVG beträgt eine 1,0 Gebühr bei einem Gegenstandswert von 10.000 EUR = 558 EUR.
558 EUR × 2,137 = 1.192,446 EUR.
Da die dritte Stelle hinter dem Komma eine 6 ist, wäre aufzurunden auf: 1.192,45 EUR.
Da der Rechtsanwalt in der Regel den Gebührensatz nur mit einer Stelle hinter dem Komma bestimmt (zB 2,3) wird die Rundungsvorschrift in den seltensten Fällen zur Anwendung kommen.

---

[15] Schneider/Wolf/ *Onderka/N. Schneider* § 2 Rn. 35.

Höhe der Vergütung § 2

VII. Belehrungspflicht nach § 49b Abs. 5 BRAO

Seit dem 1.7.2004 ist in § 49b Abs. 5 BRAO eine Belehrungspflicht für den **16** Rechtsanwalt normiert. § 49b Abs. 5 BRAO lautet:

„Richten sich die zu erhebenden Gebühren nach dem Gegenstandswert, hat der Rechtsanwalt vor Übernahme des Auftrags hierauf hinzuweisen."

Dieser Hinweis ist immer dann zu erteilen, wenn sich die Gebühren nach dem **17** Gegenstandswert berechnen, also dann, wenn Wertgebühren (zB bei Tätigkeit als Prozessbevollmächtigter in bürgerlichen Rechtsstreitigkeiten) oder Satzrahmengebühren (zB bei außergerichtlicher Vertretung) anfallen. Diese Hinweispflicht besteht gegenüber dem **Auftraggeber** des Rechtsanwalts. Bei rechtsschutzversicherten Mandanten bedarf es eines Hinweises an die Rechtsschutzversicherung nicht.[16] Grundsätzlich genügt die einfache Erklärung des Rechtsanwalts gegenüber seinem Mandanten, dass sich die Gebühren nach dem Gegenstandswert richten. Dieser Hinweis wird in der Regel Fragen des künftigen Mandanten provozieren. Auf derartige Fragen (Wie etwa: Wie ermittelt sich der Gegenstandswert? Welche Gebühren in welcher Höhe entstehen voraussichtlich? Welche Kostenlast kommt auf mich zu?) wird der Rechtsanwalt eingehen und den Mandanten umfassend aufklären müssen.[17] In der Regel werden in dem ersten Informationsgespräch noch nicht alle Komponenten für die Ermittlungen des Gegenstandswertes und die voraussichtlich entstehenden Gebühren bekannt sein. Der Rechtsanwalt wird soweit aufklären müssen, wie ihm dies möglich ist. Vorsorglich soll er den Mandanten darauf hinweisen, dass sich im Laufe des Mandats der Gegenstandswert erhöhen (zB durch eine Widerklage) oder weitere Gebühren anfallen können, die derzeit noch nicht absehbar sind (zB Einigungsgebühr).

Die Belehrung, dass sich die Gebühr nach einem Gegenstandswert richten, hat **18** **vor Übernahme des Auftrags** zu erfolgen. Es wäre wirklichkeitsfremd, wenn man verlangen würde, dass der Rechtsanwalt das erste Informationsgespräch mit dem Mandanten eröffnen muss: „Ich weise Sie daraufhin, dass sich die Gebühren nach dem Gegenstandswert bestimmen." Vielmehr wird der Rechtsanwalt sich doch zunächst einmal anhören müssen, was der Mandant überhaupt von ihm will. Erst dann wird klar, ob überhaupt Wertgebühren oder Satzrahmengebühren entstehen und ein entsprechender Hinweis erteilt werden muss. Es dürfte ausreichend sein, wenn am Ende des ersten Informationsgespräches, bevor der Rechtsanwalt das Mandat endgültig übernimmt, der Hinweis erteilt wird.[18]

Die Belehrung, dass sich die Gebühren nach einem Gegenstandswert berechnen, **19** bedarf **keiner Form**. Möglich dürfte also sein, dass der Hinweis zB erteilt wird durch:
- einen Aushang im Wartezimmer
- durch Aushändigung eines Merkblattes an den Mandanten, der wegen eines neuen Mandats in der Kanzlei erscheint
- mündlich durch eine Mitarbeiterin des Rechtsanwalts, die ohnehin die Personalien des neuen Mandanten aufnimmt.[19]

Allgemein wird empfohlen, dass die Belehrung durch den Rechtsanwalt – nachweis- **20** bar – schriftlich erfolgt oder der Mandant durch seine Unterschrift bestätigt, dass er entsprechend belehrt worden ist.[20] Ein **Muster** für eine individuelle schriftliche

---

[16] Schneider/Wolf/*Onderka/N. Schneider* § 2 Rn. 65.
[17] Schneider/Wolf/*Onderka/N. Schneider* § 2 Rn. 59.
[18] Schneider/Wolf/*Onderka/N. Schneider* § 2 Rn. 71, 72.
[19] Schneider/Wolf/*Onderka/N. Schneider* § 2 Rn. 68.
[20] Schneider/Wolf/*Onderka/N. Schneider* § 2 Rn. 70.

Belehrung nach § 49b Abs. 5 BRAO in Kombination mit der Auftragserteilung durch den Mandanten findet sich bei der Kommentierung → § 1 Rn. 26.

21 *Onderka/N. Schneider*[21] empfehlen eine schriftliche Hinweiserteilung in einer separaten Urkunde und keinesfalls die Aufnahme des Hinweises in das Vollmachtsformular. Würde der Hinweis in das Vollmachtsformular aufgenommen, könnte der Auftraggeber sich im Streitfall auf § 305c Abs. 1 BGB (überraschende Klausel) oder auf § 309 Rn. 12b BGB (unzulässige Beweislastvereinbarung) berufen.[22]

22 Nach dem BGH[23] trifft den Mandanten die Beweislast dafür, dass der Rechtsanwalt seiner Hinweispflicht aus § 49b Abs. 5 BRAO nicht nachgekommen ist. Der Rechtsanwalt muss – so der BGH – allerdings konkret darlegen, in welcher Weise er belehrt haben will.

23 Bei Dauermandanten ist es sicherlich ausreichend, wenn die Belehrung einmal erteilt wird mit dem Hinweis, dass sie für alle zukünftige Mandate gelte. Denn die Vorschrift des § 49b Abs. 5 BRAO will doch den Verbraucher schützen, der das anwaltliche Vergütungssystem (Gebühren berechnen sich nach Gegenstandswert) nicht kennt. Der Dauermandant wird das anwaltliche Vergütungssystem aus den Abrechnungen früherer Mandate kennen.

24 Aus § 49b Abs. 5 BRAO ergibt sich nicht, welche Sanktionen ein Verstoß des Rechtsanwalts gegen diese Vorschrift nach sich zieht. Nach ganz überwiegender Meinung hat ein Verstoß gegen die in § 49b Abs. 5 BRAO normierte Belehrungspflicht nicht nur berufsrechtliche Folgen (Verweis oder Rüge), sondern er kann auch Schadensersatzansprüche nach sich ziehen.[24] Wenn der Mandant darlegen kann, dass er bei Erteilung eines entsprechenden Hinweises den Auftrag an den Rechtsanwalt nicht erteilt hätte, wird dies möglicherweise zu einem Schadensersatzanspruch des Mandanten gegenüber dem Rechtsanwalt führen (Haftung aus §§ 280 Abs. 1, 311 Abs. 2 BGB). Denn dann wäre ihm die Anwaltsvergütung nicht entstanden. Folglich hat er einen Schaden in Höhe der ihm entstandenen Anwaltsvergütung. Mit diesem Schadensersatzanspruch wird er gegenüber dem Vergütungsanspruch des Rechtsanwalts aufrechnen können mit der Folge, dass der Rechtsanwalt seinen Vergütungsanspruch nicht oder nur teilweise wird durchsetzen können. Allerdings wird es dem Mandanten nur in den seltensten Fällen gelingen, den Kausalitätsbeweis für einen Schaden, der aus der Nichtbelehrung folgt, zu führen.[25] Denn wenn der Mandant einen anderen Rechtsanwalt beauftragt hätte, wären zumindest bei einer Tätigkeit in einem gerichtlichen Verfahren bei dem anderen Rechtsanwalt eine ebenso hohe Vergütung entstanden (§ 49b Abs. 1 BRAO). Nur bei einer außergerichtlichen Vertretung könnte ein anderer Rechtsanwalt unter der gesetzlichen Vergütung nach dem RVG gearbeitet haben (§ 4 Abs. 1 RVG).

25 Die Straftatbestände des Betruges oder der Untreue dürfte ein unterlassener Hinweis nach § 49b Abs. 5 BRAO in der Regel nicht erfüllen.[26]

§ 3 Gebühren in sozialrechtlichen Angelegenheiten

(1) ¹**In Verfahren vor den Gerichten der Sozialgerichtsbarkeit, in denen das Gerichtskostengesetz nicht anzuwenden ist, entstehen Betragsrahmengebühren.** ²**In sonstigen Verfahren werden die Gebühren nach dem Gegen-**

---

[21] Schneider/Wolf/*Onderka/N. Schneider* § 2 Rn. 70.
[22] Schneider/Wolf/*Onderka/N. Schneider* § 2 Rn. 68.
[23] BGH JurBüro 2008, 145.
[24] BGH JurBüro 2007, 478; BGH JurBüro 2008, 145; OLG Saarbrücken JurBüro 2008, 30; OLG Düsseldorf AGS 2009, 11; Schneider/Wolf/*Onderka/N. Schneider* § 2 Rn. 82 ff.; *Hansens* RVGreport 2004, 443; *Hansens* ZAP Fach 24, 885.
[25] Schneider/Wolf/*Onderka/N. Schneider* § 2 Rn. 92.
[26] Ausführlich: Schneider/Wolf/*Onderka/N. Schneider* § 2 Rn. 93 ff.

Gebühren in sozialrechtlichen Angelegenheiten § 3

standswert berechnet, wenn der Auftraggeber nicht zu den in § 183 des Sozialgerichtsgesetzes genannten Personen gehört; im Verfahren nach § 201 Absatz 1 des Sozialgerichtsgesetzes werden die Gebühren immer nach dem Gegenstandswert berechnet. ³In Verfahren wegen überlanger Gerichtsverfahren (§ 202 Satz 2 des Sozialgerichtsgesetzes) werden die Gebühren nach dem Gegenstandswert berechnet.

(2) Absatz 1 gilt entsprechend für eine Tätigkeit außerhalb eines gerichtlichen Verfahrens.

Übersicht

	Rn.
I. Überblick	1
II. Betragsrahmengebühren	4
1. In welchen Verfahren entstehen Betragsrahmengebühren?	4
2. Wo finde ich die Betragsrahmengebühren für sozialrechtliche Angelegenheiten?	13
III. Wertgebühren	21
1. In welchen Verfahren entstehen Wertgebühren?	21
2. Gegenstandswert	25
3. Wo finde ich die Wertgebühren in sozialgerichtlichen Angelegenheiten?	27

I. Überblick

Die Überschrift zu § 3 RVG ist ein wenig irreführend. In § 3 RVG sind nicht die 1 Gebühren in sozialrechtlichen Angelegenheiten geregelt. Vielmehr finden sich die Gebühren – wie sonst auch – im Vergütungsverzeichnis zum RVG. § 3 behandelt lediglich die grundsätzliche Frage, ob dem Rechtsanwalt in der sozialrechtlichen Angelegenheit
• Betragsrahmengebühren
oder
• Wertgebühren entstehen.
Entscheidend ist, ob für das Verfahren vor den Gerichten der Sozialgerichtsbarkeit das Gerichtskostengesetz anzuwenden ist oder nicht. Ist das Gerichtskostengesetz für das betreffende Verfahren nicht anzuwenden, entstehen Betragsrahmengebühren. Handelt es sich bei dem Verfahren vor dem Gericht der Sozialgerichtsbarkeit um ein Verfahren, in denen das Gerichtskostengesetz anzuwenden ist, entstehen Wertgebühren, die nach einem Gegenstandswert berechnet werden. Letzteres gilt allerdings nur dann, wenn der Auftraggeber des Rechtsanwalts nicht zu den in § 183 SGG genannten Personen gehört.

Vorstehendes gilt auch für die anwaltliche Tätigkeit in einer sozialrechtlichen 2 Angelegenheit außerhalb eines gerichtlichen Verfahrens.

Durch das 2. KostRMoG wurde dem § 3 Abs. 1 S. 2 RVG der letzte Halbsatz 3 angefügt. Darin wird klargestellt, dass in Verfahren nach § 201 Abs. 1 SGG immer Wertgebühren entstehen.

II. Betragsrahmengebühren

1. In welchen Verfahren entstehen Betragsrahmengebühren?

Ist der Rechtsanwalt in einer sozialrechtlichen Angelegenheit tätig, so fallen 4 Betragsrahmengebühren an, wenn für das Verfahren vor einem Gericht der Sozialge-

§ 3 Gebühren in sozialrechtlichen Angelegenheiten

richtsbarkeit das **Gerichtskostengesetz nicht anzuwenden** ist. Nach § 197a SGG werden Kosten nach den Vorschriften des Gerichtskostengesetzes nicht erhoben, wenn in einem Rechtszug weder der Kläger noch der Beklagte zu den in § 183 SGG genannten Personen gehören. Nach § 183 SGG ist ein Verfahren vor den Gerichten der Sozialgerichtsbarkeit kostenfrei, wenn an diesem als Kläger oder Beklagter beteiligt sind

- Versicherte
- Leistungsempfänger
- Hinterbliebenenleistungsempfänger
- Behinderte Menschen
- Sonderrechtsnachfolger nach § 56 SGB I (§ 183 S. 1 SGG)
- sonstige Rechtsnachfolger einer der vorstehend genannten Personen, sofern er einen von der Person geführten Rechtsstreit aufnimmt; nach § 183 S. 2 SGG bleibt das Verfahren für den sonstigen Rechtsnachfolger dann für den laufenden Rechtszug, den er aufnimmt, kostenfrei;
- Personen, die im Falle des Obsiegens zu den in § 183 Satz 1 und 2 genannten Personen gehören würden (§ 183 S. 3 SGG).

5 § 183 S. 1 SGG meint den **Versicherten in der gesetzlichen Sozialversicherung**.[1] Unerheblich ist, ob er aufgrund einer Pflichtversicherung oder einer freiwilligen Versicherung einem Zweig der Sozialversicherung angehört. *„Der Begriff der Leistungsempfänger ist daher auf die Empfänger von Sozialleistungen zu begrenzen."*[2] So wird ein privater Arbeitsvermittler, der die Zahlung aus dem Vermittlungsgutschein begehrt, keine Gerichtskostenfreiheit genießen, da er kein Leistungsempfänger iSv § 183 SGG ist.[3]

6 Ein Verfahren vor den Gerichten der Sozialgerichtsbarkeit soll auch dann gerichtskostenfrei sein, wenn
- ein Kläger als Versicherter einen Anspruch auf Befreiung von der Versicherungspflicht geltend macht[4]
- oder der Kläger sich mit einer Anfechtungsklage gegen eine Beitragsforderung mit der Begründung wendet, er sei als Selbständiger von der Beitragspflicht befreit.[5]

7 Nach § 183 S. 3 SGG genießt auch derjenige Kostenfreiheit in einem Verfahren vor dem Gericht der Sozialgerichtsbarkeit, der im Falle des Obsiegens zu dem in § 183 S. 1 SGG genannten Personenkreis gehören würde. Nach einer Entscheidung des Bundessozialgerichts ist Versicherter iSv § 183 SGG – unabhängig vom Ausgang des Verfahrens – jeder Beteiligte, über dessen Status als Versicherter gestritten wird.[6]

8 Als Versicherte iSd § 183 S. 1 SGG privilegiert sind nach SG Karlsruhe[7] auch die in einer privaten Pflegeversicherung versicherten Personen. In dem vom SG Karlsruhe (aaO) entschiedenen Fall hatte eine Versicherungsgesellschaft Beiträge aus einem abgeschlossenen privaten Pflegeversicherungsvertrag gegen den Versicherungsnehmer geltend gemacht. Das SG Karlsruhe (aaO) kommt zu dem Ergebnis, dass die Anwälte der Versicherungsgesellschaft für ihre außergerichtliche Tätigkeit Betragsrahmengebühren ansetzen müssen.

9 Nach § 183 S. 1 SGG genießen auch Sonderrechtsnachfolger iSd § 56 SGB I Gerichtskostenfreiheit. Es muss sich um einen Sonderrechtsnachfolger eines Versi-

---

[1] Schneider/Wolf/Wahlen/Schafhausen § 3 Rn. 9.
[2] Zitiert nach Bischof/Jungbauer/Klipstein § 3 Rn. 11 (dort wird verwiesen auf BSG Beschl. v. 22.9.2004 – B 11 AL 33/03 R – das die Frage offen lässt).
[3] Bischof/Jungbauer/Klipstein § 3 Rn. 12.
[4] Bischof/Jungbauer/Klipstein § 3 Rn. 13 unter Hinweis auf LSG RhPf Beschl. v. 21.12.2004 – L 5 LW 13/04.
[5] Bischof/Jungbauer/Klipstein § 3 Rn. 13 unter Hinweis auf LSG Hmb JurBüro 2005, 547.
[6] BSG RVGreport 2007, 97.
[7] SG Karlsruhe BeckRS 2014, 68335; SG Karlsruhe RVGreport 2016, 140.

cherten, Leistungsempfänger, Hinterbliebenenleistungsempfänger oder behinderten Menschen handeln. Nach § 56 Abs. 1 SGB I stehen beim Tod des Berechtigten fällige Ansprüche auf laufende Geldleistungen zu: dem Ehegatten, dem Lebenspartner, den Kindern, den Eltern oder dem Haushaltsführer. Dies allerdings nur dann, wenn diese mit dem Berechtigten zur Zeit seines Todes in einem gemeinsamen Haushalt gelebt haben oder von ihm wesentlich unterhalten worden sind. Führt also ein Sonderrechtsnachfolger iSd § 56 SGB I den Rechtsstreit oder setzt er ihn nach dem Tod des Berechtigten fort, so ist das Verfahren gerichtskostenfrei mit der Folge, dass der Rechtsanwalt Betragsrahmengebühren berechnen muss.[8] Dies dehnt § 183 S. 2 SGG auch auf **sonstige Rechtsnachfolger** aus, der das Verfahren anstelle der in § 183 S. 1 SGG genannten Personen aufnimmt.[9] Das Verfahren bleibt allerdings dann nur in dem laufenden Rechtszug gerichtskostenfrei.

Nach § 184 SGG haben Kläger und Beklagte, die nicht zu den in § 183 SGG genannten Personen gehören, auch im ansonsten gerichtskostenfreien Verfahren eine pauschale Gebühr zu entrichten. Klagt also der Versicherte gegen den gesetzlichen Rentenversicherungsträger, wie zB gegen die Deutsche Rentenversicherung, so ist das Verfahren für den Versicherten zwar gerichtskostenfrei, aber der Rentenversicherungsträger hat die pauschale Gebühr nach § 184 SGG zu entrichten. Dennoch bleibt es dabei, dass der Rechtsanwalt, der in diesem Verfahren den Versicherten oder den Leistungsträger (Deutsche Rentenversicherung) vertreten würde, Betragsrahmengebühren ansetzen müsste, da es sich um ein gerichtskostenfreies Verfahren handelt.

§ 3 Abs. 1 RVG gilt entsprechend für eine Tätigkeit **außerhalb eines gerichtlichen Verfahrens** (§ 3 Abs. 2 RVG). Also wird der Rechtsanwalt bei außergerichtlicher Vertretung prüfen müssen, ob für das Verfahren, wenn es denn vor einem Gericht der Sozialgerichtsbarkeit anhängig würde, das Gerichtskostengesetz anzuwenden ist oder nicht. Ist das Gerichtskostengesetz nicht anzuwenden, wird der Rechtsanwalt auch für die außergerichtliche Vertretung Betragsrahmengebühren ansetzen müssen. Entsprechendes gilt auch im sozialrechtlichen **Verwaltungsverfahren**.[10]

In Verfahren nach § 201 Abs. 1 SGG entstehen immer Wertgebühren (§ 3 Abs. 1 S. 2 letzter Halbsatz RVG). Nach § 201 Abs. 1 SGG kann das Sozialgericht, wenn die Behörde in den Fällen des § 131 SGG der im Urteil auferlegten Verpflichtung nicht nachkommt, auf Antrag unter Fristsetzung ein Zwangsgeld androhen und auch festsetzen. Vertritt der Rechtsanwalt eine Partei in einem derartigen Verfahren über einen Akt der Zwangsvollstreckung, fallen immer Wertgebühren an. Dies auch dann, wenn in dem Ausgangsverfahren (das zu dem Urteil geführt hat) Betragsrahmengebühren anzusetzen waren. Es können die Gebühren nach Teil 3 Abschn. 3 Unterabschnitt 3 VV anfallen. In der Regel wird eine 0,3 Verfahrensgebühr nach Nr. 3309 VV entstehen.[11] Als Gegenstandswert ist der Wert der zu erwirkenden Handlung, Duldung oder Unterlassung anzunehmen (§ 25 Abs. 1 Nr. 3 RVG). Die Höhe des angedrohten oder festgesetzten Zwangsgeldes ist für die Wertbestimmung unbeachtlich.[12]

2. Wo finde ich die Betragsrahmengebühren für sozialrechtliche Angelegenheiten?

Vertritt der Rechtsanwalt in einer sozialrechtlichen Angelegenheit, in welcher das Gerichtskostengesetz nicht anzuwenden ist, hat er Betragsrahmengebühren in Ansatz zu bringen. Diese Betragsrahmengebühren sind in dem jeweiligen Teil des Vergütungsverzeichnisses in gesonderten Nummern geregelt. In folgenden Teilen

---

[8] Schneider/Wolf/*Wahlen/Schafhausen* § 3 Rn. 18.
[9] Schneider/Wolf/*Wahlen/Schafhausen* § 3 Rn. 19.
[10] Schneider/Wolf/*Wahlen/Schafhausen* § 3 Rn. 90.
[11] *Schneider/Thiel* § 3 Rn. 33.
[12] *Schneider/Thiel* § 3 Rn. 34.

befinden sich für sozialrechtliche Angelegenheiten, in den Betragsrahmengebühren entstehen, folgende Gebühren geregelt:

14 Teil 1 – Allgemeine Gebühren
- Nr. 1005 iVm Nr. 1000, 1002 VV **Einigungs- oder Erledigungsgebühr.**
  Diese Gebühr entsteht bei Mitwirkung des Rechtsanwalts an einer Einigung oder Erledigung in einem – **außergerichtlichen – Verwaltungsverfahren**. Ist über den Gegenstand bereits ein gerichtliches Verfahren anhängig, bestimmt sich die Gebühr nach Nr. 1006 VV.
  Die Gebühr entsteht „in Höhe der Geschäftsgebühr". Die Einigungs- oder Erledigungsgebühr kann nicht abweichend von der Geschäftsgebühr bestimmt werden. Wurde zB die Geschäftsgebühr (Nr. 2302 VV – Betragsrahmen: 50 EUR bis 640 EUR) auf 500 EUR bestimmt, beträgt auch die Einigungs- oder Erledigungsgebühr 500 EUR.
- Nr. 1006 iVm Nr. 1000, 1002, 1005 VV **Einigungs- oder Erledigungsgebühr.**
  Ist über den Gegenstand der Einigung bzw. Erledigung ein **gerichtliches Verfahren anhängig**, entsteht die Einigungs- oder Erledigungsgebühr nach Nr. 1006 VV.
  Die Gebühr entsteht „in Höhe der Verfahrensgebühr". Die Einigungs- und Erledigungsgebühr kann nicht abweichend von der Verfahrensgebühr bestimmt werden. Wurde zB die Verfahrensgebühr (im ersten Rechtszug nach Nr. 3102 VV – Betragsrahmen: 50 EUR bis 550 EUR) auf 450 EUR bestimmt, beträgt auch die Einigungs- und Erledigungsgebühr 450 EUR.
- Nr. 1010 VV – Zusatzgebühr bei besonders umfangreichen Beweisaufnahmen.
  Wurde eine besonders umfangreiche Beweisaufnahme durchgeführt, in welcher mindestens drei gerichtliche Termine stattgefunden haben, in denen Zeugen oder Sachverständige vernommen wurden, erhält der Rechtsanwalt eine Zusatzgebühr nach Nr. 1010 VV. In Angelegenheiten in denen Betragsrahmengebühren entstehen, erhöht sich der Mindest- und Höchstbetrag der Terminsgebühr in diesen Fällen um 30 %.

15 Teil 2 – Außergerichtliche Tätigkeiten einschließlich der Vertretung im Verwaltungsverfahren
- Nr. 2102 VV Gebühr für die Prüfung der Erfolgsaussicht eines Rechtsmittels – 30 EUR bis 320 EUR.
- Nr. 2103 VV Gebühr für die Prüfung der Erfolgsaussicht eines Rechtsmittels, wenn diese mit der Ausarbeitung eines schriftlichen Gutachtens verbunden ist – 50 EUR bis 550 EUR.
- Nr. 2302 VV Geschäftsgebühr – 50 EUR bis 640 EUR.
  Diese Geschäftsgebühr kann angesetzt werden, wenn der Rechtsanwalt außergerichtlich in einem Verwaltungsverfahren vertritt oder in einem behördlichen Rechtsbehelfsverfahren. Ist die anwaltliche Tätigkeit weder umfangreich noch schwierig, beträgt die Geschäftsgebühr der Nr. 2302 VV höchstens 300 EUR (Anm. zu Nr. 2302).
  Diese Geschäftsgebühr ist nach der Vorb. 3 Abs. 4 VV zur Hälfte – höchstens mit 175 EUR – anzurechnen auf die Verfahrensgebühr des gerichtlichen Verfahrens, wenn der Gegenstand der außergerichtlichen Tätigkeit und des gerichtlichen Verfahrens identisch ist.
  Ist der Rechtsanwalt sowohl in einem außergerichtlichen Antragsverfahren als auch in einem nachfolgenden Rechtsbehelfsverfahren für seinen Auftraggeber tätig, kann die Geschäftsgebühr sowohl für das Antragsverfahren als auch für das Rechtsbehelfsverfahren angesetzt werden (§ 17 Nr. 1a RVG).

16 Teil 3 – Verfahren vor den Gerichten der Sozialgerichtsbarkeit
Erster Rechtszug
- Nr. 3102 VV Verfahrensgebühr – 50 EUR bis 550 EUR.
  Ist wegen desselben Gegenstands bereits eine Geschäftsgebühr Nr. 2302 VV entstanden, ist diese nach der Vorb. 3 Abs. 4 VV zur Hälfte, höchstens mit 175 EUR

auf die Verfahrensgebühr anzurechnen. Sind mehrere Geschäftsgebühren entstanden, ist für die Anrechnung auf die Verfahrensgebühr nur die zuletzt entstandene Geschäftsgebühr maßgebend (Vorb. 3 Abs. 4 S. 3 VV).
• Nr. 3106 VV Terminsgebühr – 50 EUR bis 510 EUR.

Berufung – Verfahren vor den Landessozialgerichten
• Nr. 3204 VV Verfahrensgebühr – 60 EUR bis 680 EUR.
• Nr. 3205 VV Terminsgebühr – 50 EUR bis 510 EUR.

Revision – Verfahren vor dem Bundessozialgericht
• Nr. 3212 VV Verfahrensgebühr – 80 EUR bis 880 EUR.
• Nr. 3213 VV Terminsgebühr – 80 EUR bis 830 EUR.

Vorstehend handelt es sich nur um einen groben Überblick über die Gebühren, die entstehen können, wenn der Rechtsanwalt in einer sozialrechtlichen Angelegenheit vertritt in denen Betragsrahmengebühren entstehen. Unter welchen Voraussetzungen die Gebühren anfallen, ergibt sich aus der Kommentierung zu den einzelnen Nummern. 17

Neben den Gebühren kann der Rechtsanwalt noch Ersatz seiner **Auslagen** verlangen. Auch in sozialrechtlichen Angelegenheiten, in denen Betragsrahmengebühren entstehen, gilt für die Auslagen Teil 7 VV. 18

Auch Betragsrahmengebühren in sozialrechtlichen Angelegenheiten erhöhen sich nach Nr. 1008 VV, wenn der Rechtsanwalt in derselben Angelegenheit mehrere Personen vertritt. Die Erhöhung tritt auch ein, wenn der Rechtsanwalt die mehreren Personen in derselben Angelegenheit nicht wegen desselben Gegenstandes vertritt. Bei Betragsrahmengebühren erhöhen sich der Mindest- und der Höchstbetrag um 30 % für jeden weiteren Auftraggeber. Allerdings dürfen mehrere Erhöhungen das Doppelte des Mindest- und des Höchstbetrages nicht übersteigen (Nr. 1008 Anm. Abs. 3 VV). 19

Innerhalb des Satzrahmens hat der Rechtsanwalt die Gebühr im Einzelfall unter Berücksichtigung aller Umstände, vor allem 20
• des Umfangs der anwaltlichen Tätigkeit
• der Schwierigkeit der anwaltlichen Tätigkeit
• der Bedeutung der Angelegenheit für den Auftraggeber
• der Einkommens- und Vermögensverhältnisse des Auftraggebers
• seines Haftungsrisikos
zu bestimmen.[13]

III. Wertgebühren

1. In welchen Verfahren entstehen Wertgebühren?

Nach § 3 Abs. 1 S. 1 RVG entstehen in Verfahren vor den Gerichten der Sozialgerichtsbarkeit, in denen das Gerichtskostengesetz nicht anzuwenden ist, Betragsrahmengebühren.[14] Im Umkehrschluss hieraus ergibt sich dann, dass wenn für das Verfahren vor den Gerichten der Sozialgerichtsbarkeit das Gerichtskostengesetz anzuwenden ist, Wertgebühren entstehen. Dies wird dann auch in § 3 Abs. 1 S. 2 RVG klargestellt. Dort heißt es dann, dass in sonstigen Verfahren (also in Verfahren, in denen das GKG anzuwenden ist) die Gebühren nach dem Gegenstandswert berechnet werden. 21

In Verfahren vor den Gerichten der Sozialgerichtsbarkeit kann der Rechtsanwalt immer dann Wertgebühren berechnen, wenn sein Auftraggeber/Mandant nicht zu dem Personenkreis des § 183 SGG zählt. Denn dann ist das Gerichtskostengesetz anzuwenden und folglich entstehen für die anwaltliche Tätigkeit keine Betragsrah- 22

---
[13] Ausführliche Kommentierung bei → § 14 Rn. 1 ff.
[14] → § 3 Rn. 4–12.

mengebühren. Dies wäre zB der Fall, wenn der Rechtsanwalt den Arzt in einer Angelegenheit wegen Budgetüberschreitung vertritt. Dies wäre auch dann zB der Fall, wenn der Rechtsanwalt Verfahrensbevollmächtigter des Arbeitgebers ist, der sich mit einer Klage gegen die Feststellung der Versicherungspflicht durch die Einzugsstelle (zB Krankenkasse) zur Wehr setzt. In den vorgenannten Beispielsfällen bedürfen die Auftraggeber nämlich nicht eines besonderen sozialen Schutzes in Form der Kostenfreiheit für das Verfahren vor den Gerichten der Sozialgerichtsbarkeit.

23 Nach § 3 Abs. 2 RVG gilt Abs. 1 auch entsprechend für eine Tätigkeit **außerhalb eines gerichtlichen Verfahrens.** Ist der Rechtsanwalt in einer sozialrechtlichen Angelegenheit also nur außerhalb eines gerichtlichen Verfahrens (zB im Verwaltungsverfahren oder im Rechtsbehelfsverfahren) tätig, so ist die Frage zu stellen, ob für das Verfahren, wenn es vor einem Gericht der Sozialgerichtsbarkeit anhängig würde, das Gerichtskostengesetz anzuwenden wäre oder nicht. Kommt das Gerichtskostengesetz zur Anwendung, weil der Auftraggeber/Mandant des Rechtsanwalts nicht zu den in § 183 SGG genannten Personenkreis gehört, kann der Rechtsanwalt auch für die außergerichtliche Vertretung Wertgebühren ansetzen.

24 In Verfahren nach § 201 Abs. 1 SGG entstehen immer Wertgebühren (§ 3 Abs. 1 S. 2 letzter Hs. RVG).[15]

2. Gegenstandswert

25 Hat der Rechtsanwalt in der sozialrechtlichen Angelegenheit Wertgebühren anzusetzen, wird er zunächst den Gegenstandswert bestimmen müssen. Der Gegenstandswert für die Anwaltsgebühren bestimmt sich nach § 23 Abs. 1 RVG, der wiederum auf die für die Gerichtsgebühren geltenden Wertvorschriften verweist. Der Gegenstandswert für sozialrechtliche Angelegenheiten ist nach der sich aus dem Antrag des Klägers für ihn ergebenden Bedeutung der Sache nach Ermessen zu bestimmen (§ 52 Abs. 1 GKG). Bietet der Sach- und Streitgegenstand für die Bestimmung des Streitwerts keine genügenden Anhaltspunkte, ist ein Streitwert von 5.000 EUR anzunehmen (§ 52 Abs. 2 GKG). Betrifft der Antrag des Klägers eine bezifferte Geldleistung oder einen hierauf gerichteten Verwaltungsakt, ist deren Höhe maßgebend (§ 52 Abs. 3 GKG).

26 Für zahlreiche Einzelfälle hatte die Konferenz der Präsidentinnen und Präsidenten der Landessozialgerichte einen Streitwertkatalog erstellt.[16]

3. Wo finde ich die Wertgebühren in sozialgerichtlichen Angelegenheiten?

27 Hat der Rechtsanwalt in der sozialrechtlichen Angelegenheit Wertgebühren anzusetzen, so gelten für den Tatbestand der Gebühren und die Höhe die allgemeinen Bestimmungen des Vergütungsverzeichnisses zum RVG. Es können also dieselben Gebühren entstehen, wie in bürgerlichen Rechtsstreitigkeiten bzw. den diesen vorausgehenden außergerichtlichen Auseinandersetzungen.

28 **Teil 1 – Allgemeine Gebühren**
- Nr. 1000 VV Einigungsgebühr – 1,5.
  Diese Gebühr entsteht, wenn über den Gegenstand der Einigung noch kein gerichtliches Verfahren anhängig ist.
- Nr. 1002 VV Erledigungsgebühr – 1,5.
  Diese Gebühr entsteht, wenn über den Gegenstand der Erledigung noch kein gerichtliches Verfahren anhängig ist.

---
[15] → § 3 Rn. 12.
[16] Der Streitwertkatalog für die Sozialgerichtsbarkeit ist zB abgedruckt in *Schneider/Wolf* Anh. IV. S. 3239 ff.; *Gerold/Schmidt* Teil D Anh. IX. S. 2059 ff.

Gebühren in sozialrechtlichen Angelegenheiten § 3

- Nr. 1003 VV Einigungs- oder Erledigungsgebühr – 1,0.
  Die Einigungsgebühr Nr. 1000 VV oder die Erledigungsgebühr Nr. 1002 VV ermäßigen sich auf eine 1,0 Gebühr, wenn über den Gegenstand ein anderes gerichtliches Verfahren als ein selbständiges Beweisverfahren anhängig ist. Die in Nr. 1003 Anm. 1 VV geregelten Ausnahmen sind zu beachten.
- Nr. 1004 VV Einigungs- oder Erledigungsgebühr – 1,3.
  Die Einigungsgebühr Nr. 1000 VV oder die Erledigungsgebühr Nr. 1002 VV betragen 1,3, wenn über den Gegenstand ein Berufungs- oder Revisionsverfahren oder ein anderes in Nr. 1004 VV genanntes Verfahren anhängig ist.
- Nr. 1010 VV – Zusatzgebühr bei besonders umfangreichen Beweisaufnahmen.
  Wurde eine besonders umfangreiche Beweisaufnahme durchgeführt, in welcher mindestens drei gerichtliche Termine stattgefunden haben, in denen Zeugen oder Sachverständige vernommen wurden, erhält der Rechtsanwalt eine Zusatzgebühr nach Nr. 1010 VV. In Angelegenheiten in denen Wertgebühren entstehen, fällt eine 0,3 Zusatzgebühr an.

Teil 2 – Außergerichtliche Tätigkeiten einschließlich der Vertretung im Verwaltungsverfahren 29
- Nr. 2100 VV Gebühr für die Prüfung der Erfolgsaussicht eines Rechtsmittels – 0,5 bis 1,0.
- Nr. 2101 VV Gebühr für die Prüfung der Erfolgsaussicht eines Rechtsmittels, wenn diese mit der Ausarbeitung eines schriftlichen Gutachtens verbunden ist – 1,3.
- Nr. 2300 VV Geschäftsgebühr – 0,5 bis 2,5.
  Diese Geschäftsgebühr kann angesetzt werden, wenn der Rechtsanwalt außergerichtlich vertritt oder in einem Verwaltungsverfahren. Ist die anwaltliche Tätigkeit weder umfangreich noch schwierig, beträgt die Geschäftsgebühr höchstens 1,3 (Anm. zu Nr. 2300 VV).
  Die Geschäftsgebühr der Nr. 2300 VV entsteht zweimal, wenn der Rechtsanwalt sowohl im außergerichtlichen Verwaltungsverfahren als auch im Rechtsbehelfsverfahren vertreten hat (§ 17 Nr. 1a RVG).

Teil 3 – Verfahren vor den Gerichten der Sozialgerichtsbarkeit 30
Erster Rechtszug
- Nr. 3100 VV Verfahrensgebühr – 1,3.
  Hierauf ist nach Vorb. 3 Abs. 4 VV eine Geschäftsgebühr nach Teil 2 VV, also auch die Geschäftsgebühr der Nr. 2300 VV zur Hälfte, höchstens mit 0,75 anzurechnen. Sind mehrere Geschäftsgebühren entstanden, ist für die Anrechnung nur die zuletzt entstandene Geschäftsgebühr maßgebend (Vorb. 3 Abs. 4 S. 3 VV).
- Nr. 3104 VV Terminsgebühr – 1,2.

Berufung – Verfahren vor den Landessozialgerichten
- Nr. 3200 VV Verfahrensgebühr – 1,6.
- Nr. 3202 VV Terminsgebühr – 1,2.

Revision – Verfahren vor dem Bundessozialgericht
- Nr. 3206 VV Verfahrensgebühr – 1,6.
- Nr. 3210 VV Terminsgebühr – 1,5.

Vorstehend handelt es sich nur um einen groben Überblick über die Gebühren, die 31 entstehen können, wenn der Rechtsanwalt in einer sozialrechtlichen Angelegenheit vertritt in denen Wertgebühren entstehen. Unter welchen Voraussetzungen die Gebühren anfallen, ergibt sich aus der Kommentierung zu den einzelnen Nummern.

Neben den Gebühren kann der Rechtsanwalt noch Ersatz seiner **Auslagen** verlangen. Teil 7 VV ist entsprechend anzuwenden. 32

Auch in sozialrechtlichen Angelegenheiten, in denen der Rechtsanwalt Wertgebühren erhält, kann eine Erhöhung eintreten, wenn der Rechtsanwalt in derselben Angelegenheit mehrere Personen vertritt (Nr. 1008 VV). Die Erhöhung tritt bei 33

Wertgebühren allerdings nur ein, wenn der Gegenstand der anwaltlichen Tätigkeit derselbe ist (Nr. 1008 Anm. Abs. 1 VV).[17]

34 Soweit Betragsrahmengebühren entstehen, hat der Rechtsanwalt die Höhe des Gebührensatzes im Einzelfall unter Berücksichtigung aller Umstände, insbesondere der in § 14 RVG genannten Komponenten nach billigem Ermessen zu bestimmen.[18]

§ 3a Vergütungsvereinbarung

(1) ¹**Eine Vereinbarung über die Vergütung bedarf der Textform.** ²**Sie muss als Vergütungsvereinbarung oder in vergleichbarer Weise bezeichnet werden, von anderen Vereinbarungen mit Ausnahme der Auftragserteilung deutlich abgesetzt sein und darf nicht in der Vollmacht enthalten sein.** ³**Sie hat einen Hinweis darauf zu enthalten, dass die gegnerische Partei, ein Verfahrensbeteiligter oder die Staatskasse im Falle der Kostenerstattung regelmäßig nicht mehr als die gesetzliche Vergütung erstatten muss.** ⁴**Die Sätze 1 und 2 gelten nicht für eine Gebührenvereinbarung nach § 34.**

(2) ¹Ist eine vereinbarte, eine nach § 4 Abs. 3 Satz 1 von dem Vorstand der Rechtsanwaltskammer festgesetzte oder eine nach § 4a für den Erfolgsfall vereinbarte Vergütung unter Berücksichtigung aller Umstände unangemessen hoch, kann sie im Rechtsstreit auf den angemessenen Betrag bis zur Höhe der gesetzlichen Vergütung herabgesetzt werden. ²Vor der Herabsetzung hat das Gericht ein Gutachten des Vorstands der Rechtsanwaltskammer einzuholen; dies gilt nicht, wenn der Vorstand der Rechtsanwaltskammer die Vergütung nach § 4 Abs. 3 Satz 1 festgesetzt hat. Das Gutachten ist kostenlos zu erstatten.

(3) ¹Eine Vereinbarung, nach der ein im Wege der Prozesskostenhilfe beigeordneter Rechtsanwalt für die von der Beiordnung erfasste Tätigkeit eine höhere als die gesetzliche Vergütung erhalten soll, ist nichtig. ²Die Vorschriften des bürgerlichen Rechts über die ungerechtfertigte Bereicherung bleiben unberührt.

Übersicht

	Rn.
I. Überblick	1
II. Normzweck	12
III. Formerfordernisse	26
1. Textform	26
2. Zeitpunkt der Vereinbarung	31
3. Bezeichnung als Vergütungsvereinbarung oder ähnlich	35
4. Deutliches Absetzen von anderen Vereinbarungen und Trennung von der Vollmacht	37
5. Hinweispflicht auf begrenzte Kostenerstattung	47
IV. Fehlerquellen	54
1. Allgemeine Wirksamkeitsvoraussetzungen	54
2. Problemfeld AGB-Klausel	75
a) Empfangsbekenntnisse	83
b) Zeittaktklauseln	84
c) Klausel über die Vergütung bei vorzeitiger Mandatsbeendigung	93
d) Vorschussklauseln	95

---

[17] → VV Nr. 1008 Rn. 53.
[18] Ausführliche Kommentierung bei → § 14 Rn. 1 ff.

Vergütungsvereinbarung **§ 3a**

	Rn.
e) Erleichterter Nachweis der anwaltlichen Tätigkeit	96
f) Klausel mit Einziehungsermächtigung – Abbuchungsauftrag	99
V. Inhalt der Vergütungsvereinbarung	100
1. Modifizierung des Vergütungstatbestandes	101
2. Pauschalvergütung	107
3. Zeitvergütung	113
4. Sach- und Naturalvergütung	129
VI. Herabsetzung der vereinbarten Vergütung (§ 3a Abs. 2 RVG)	130
VII. Vergütungsvereinbarung und Vergütung aus der Staatskasse	143
1. Verhältnis zur Beratungshilfe	143
2. Vergütungsvereinbarung und Prozesskostenhilfe	144
3. Vergütungsvereinbarung und Pflichtverteidigung	148
VIII. Gebührenteilungsvereinbarung	155
IX. Rationalisierungsabkommen der Rechtsschutzversicherer	160
X. Abrechnung	166
XI. Kostenerstattung	170
XII. Vergütungsfestsetzung	174

I. Überblick

Während das Recht der Vergütungsvereinbarung bis zum 30.6.2008 in einem 1 einzigen § 4 RVG aF umfassend geregelt war, hat die vom Bundesverfassungsgericht geforderte Neuregelung zur **Zulässigkeit von Erfolgsvereinbarungen** den Gesetzgeber veranlasst, das Recht der Vergütungsvereinbarung in wesentlichen Teilen umzugestalten und die Einzelregelungen nunmehr in den §§ 3a–4b RVG abzuhandeln.[1]

Unverändert geblieben ist die Rechtslage bei der **Gebührenvereinbarung nach** 2 **§ 34 RVG**. In § 3a Abs. 1 S. 4 RVG wird ausdrücklich klargestellt, dass § 3a Abs. 1 S. 1 und 2 RVG **nicht** für eine Gebührenvereinbarung nach § 34 RVG gilt. Dass § 3a Abs. 1 S. 4 RVG nicht auch § 3a Abs. 1 S. 3 RVG einbezieht, hängt nach diesseitiger Auffassung ersichtlich damit zusammen, dass bei Beratungsgebühren ein Erstattungsanspruch gegen die gegnerische Partei, einen Verfahrensbeteiligten oder die Staatskasse in der Regel nicht besteht und eine **gesetzliche Vergütung** für Beratungsleistungen fehlt. Damit erklärt sich, dass eine Gebührenvereinbarung nach § 34 RVG auch nicht den in § 3a Abs. 1 S. 3 RVG vorgeschriebenen Hinweis enthalten muss.[2] Wegen der weiteren Einzelheiten zur Gebührenvereinbarung nach § 34 RVG vgl. die dortigen Ausführungen von *Hartung* (→ § 34 Rn. 1 ff.) in diesem Kommentar.

Anders als bei der **Gebühren**vereinbarung wird mit der **Vergütungs**vereinbarung 3 von vorhandenen gesetzlichen Vergütungstatbeständen abgewichen.[3] Dementsprechend sind die formellen und inhaltlichen Anforderungen an eine Vergütungsvereinbarung höher. So hat nach § 3a Abs. 1 S. 3 RVG die Vergütungsvereinbarung auch einen Hinweis darauf zu enthalten, dass die gegnerische Partei, ein Verfahrensbeteiligter oder die Staatskasse im Falle der **Kostenerstattung** „regelmäßig" nicht mehr als die gesetzliche Vergütung erstatten muss. Mit der Formulierung „regelmäßig" wollte der Gesetzgeber ganz offensichtlich auf eine mögliche oder von ihm erwartete Änderung im Kostenerstattungsrecht Rücksicht nehmen. Diese Erwartung erfüllt

---
[1] Vgl. das Gesetz zur Neuregelung des Verbots der Vereinbarung von Erfolgshonoraren vom 12.6.2008, BGBl. 2008 I 1000.
[2] Ebenso wie hier Gerold/Schmidt/*Mayer* § 3a Rn. 3 aE; aA *Fölsch* MDR 2008, 784.
[3] So zutreffend Gerold/Schmidt/*Mayer* § 3a Rn. 3; aA HK-RVG/Teubel/*Winkler* § 34 Rn. 52; *Toussaint* AnwBl. 2007, 67 ff. (68).

§ 3a Vergütungsvereinbarung

sich bereits in Einzelfällen. So hat das OLG München die Erstattbarkeit auch einer vereinbarten Vergütung jedenfalls bei Fallgestaltungen für gerechtfertigt erklärt, bei denen der Erstattungsschuldner aufgrund der Komplexität des Falles damit rechnen müsse, dass die Gegenpartei nur Anwälte finden werde, die derartige Mandate auf der Grundlage einer Vergütungsvereinbarung bearbeiten.[4] Ob diese Einzelfallentscheidung tatsächlich geeignet ist, einen grundsätzlichen Wandel in der Rechtsprechung herbeizuführen, was die Erstattung von vereinbarten Vergütungen angeht, darf bezweifelt werden. In der Regel wird man wohl daran festhalten, dass der Erstattungsanspruch auf die gesetzliche Vergütung beschränkt bleibt.[5] Auch neuere Entscheidungen lassen eher vermuten, dass die Erstattung einer vereinbarten Vergütung die absolute Ausnahme bleiben wird.

4 Die bereits zitierte Entscheidung des OLG München drehte sich im übrigen ja auch nicht um einen Erstattungsanspruch gegen eine gegnerische Prozesspartei, sondern um einen echten Schadensersatzanspruch gegen jemanden, der gewissermaßen als Dritter den Prozess verursacht bzw. nötig gemacht hatte.[6]

5 Die Rechtsprechung des BGH bleibt grundsätzlich jedenfalls zurückhaltend oder lässt die Frage allenfalls offen.[7]

6 Möglicherweise ist ein Beibehalten solcher Grundsätze jedenfalls dann zu befürworten, wenn man das konsequente Kostenerstattungssystem in Deutschland als Argument nimmt, an der gesetzlichen Anwaltsvergütung festzuhalten. Den Angriffen gegen das Prinzip der gesetzlichen Vergütung aus Brüssel ist stets entgegengehalten worden, dass schon das deutsche Kostenerstattungssystem einer gesetzlichen Vergütung mit festen vorhersehbaren Größen bedürfe. Eine Relativierung dieser Position könnte in nicht so ferner Zukunft dazu führen, dass man sich von der gesetzlichen Vergütung verabschieden müsste. Eine Aussicht, die mit mehr Nachteilen als Vorteilen verbunden wäre.

7 Zu den **formellen Erfordernissen** einer Vergütungsvereinbarung gehört die **Textform gemäß § 126b BGB**. Außerdem muss die Vereinbarung selbst von anderen Vereinbarungen mit Ausnahme der Auftragserteilung deutlich abgesetzt und darf auch nicht in der Vollmacht enthalten sein. Sie muss schließlich als Vergütungsvereinbarung oder in vergleichbarer Weise bezeichnet werden. Wird gegen diese Vorschriften verstoßen, reduziert sich der Anspruch des Rechtsanwalts gegen seinen Auftraggeber auf die gesetzliche Vergütung (vgl. § 4b RVG).

8 Die alte Regelung von § 4 Abs. 4 RVG aF ist nunmehr in § 3a Abs. 2 RVG zu finden. Es wird festgelegt, dass eine **unangemessen hohe Vergütung** im Rechtsstreit auf einen angemessenen Betrag bis zur gesetzlichen Vergütung herabgesetzt werden kann.

9 Die einschneidenste Änderung zum alten Recht der Vergütungsvereinbarung findet sich in § 3a Abs. 3 S. 1 RVG, wo in Abkehr zur Regelung von § 4 Abs. 5 RVG aF die **Nichtigkeit der Vergütungsvereinbarung** für den Fall angeordnet wird, dass der Rechtsanwalt für die zu vergütende Tätigkeit bereits im Prozesskostenhilfeverfahren beigeordnet wurde. Bis zum 30.6.2008 konnte der Auftraggeber freiwillige und vorbehaltlos geleistete Zahlungen auf eine solche Vergütungsvereinbarung im Nachhinein nicht zurückfordern. Ärgerlich ist, dass der Gesetzgeber – ohne Not und ohne

---

[4] Vgl. OLG München AnwBl. 2010, 719 ff.
[5] Vgl. hierzu etwa auch BVerwG AGS 2011, 459 ff. mwN.
[6] Vgl. hierzu etwa BGH NJW 2003, 3693 f.: Schadensersatz wegen amtspflichtwidriger Maßnahmen der Staatsanwaltschaft; OLG München AnwBl. 2010, 219 f.: Schadensersatz gegen ein ehemaliges Vorstandsmitglied, dessen Verhalten dazu geführt hatte, dass mehrere Aktionäre erfolgreich Anfechtungsklage gegen das Unternehmen durchgeführt hatten.
[7] Vgl. BGH AGS 2015, 541 f.; BGH AnwBl. 2015, 718; BGH AGS 2015, 97 ff.; eindeutig nach wie vor ablehnend: KG AGS 2015, 490 ff. mAnm *Schneider*; siehe aber auch OLG München AGS 2006, 207 mAnm *Schneider*.

vom Bundesverfassungsgericht hierzu beauftragt zu sein – diese jahrzehntelang bewährte Heilungsvorschrift, die schon der BRAGO nicht unbekannt war (vgl. § 3 BRAGO) ersatzlos gestrichen hat. In der Gesetzesbegründung wird dies mit Argumenten gerechtfertigt, die wenig überzeugen. Soweit man auf die Erfolgshonorarvereinbarung und dort zu erwartende Missbräuche Bezug nimmt, hätte man die Regelung auf solche Vereinbarungen beschränken können. Vor allem hat der Gesetzgeber aber offensichtlich nicht erkannt, dass Vorschusszahlungen nie unter die Heilungsvorschriften fielen, da es an der Vorbehaltlosigkeit fehlt. Vorschusszahlungen stehen stets und völlig unumstritten immer unter dem Vorbehalt der endgültigen Abrechnung.[8]

„Immerhin" stellt § 3a Abs. 3 S. 2 RVG klar, dass die Vorschriften des Bürgerlichen Rechts über die ungerechtfertigte Bereicherung vom RVG unberührt bleiben, so dass ein Rechtsanwalt – unter den dort vorzufindenden Voraussetzungen – auch § 814 BGB für sich in Anspruch nehmen darf. 10

Durch das Änderungsgesetz zur Beratungs- und Prozesskostenhilfe wird Abs. 4 zum 1.1.2014 ersatzlos gestrichen. Wegen des Wegfalls des Verbotes von Vergütungsvereinbarungen sollen die allgemeinen Vorschriften zur Anwendung gelangen (sa § 4a Abs. 1 S. 3 RVG).[9] 11

II. Normzweck

Vergütungsvereinbarungen nennt man im Allgemeinen die Abrede zwischen einem Rechtsanwalt und seinem Auftraggeber oder einem Dritten, anstelle der im RVG geregelten gesetzlichen Vergütung eine vertraglich vereinbarte Vergütung zu zahlen. Es fallen hierunter also nicht nur Vereinbarungen, die zu einer höheren als der gesetzlichen Vergütung führen, sondern auch solche, die eine niedrigere als die gesetzliche ergeben.[10] 12

Die **Zulässigkeit einer Vergütungsvereinbarung** ergibt sich nicht unmittelbar aus dem RVG, sondern aus dem Grundsatz der Privatautonomie und aus dem Umkehrschluss zu § 49b Abs. 1 BRAO, der lediglich eine Gebühren**unterschreitung** für grundsätzlich unzulässig erklärt (Ausnahme Erfolgshonorar).[11] 13

Zum **Schutz** und zur **Warnung** des Mandanten wird der Grundsatz der Privatautonomie durch die §§ 3a ff. RVG eingeschränkt, wonach der Rechtsanwalt bei der Gestaltung der Vergütungsvereinbarung bestimmte Formalien und Inhalte beachten muss. § 3a RVG enthält – gewissermaßen vor die Klammer gesetzt – die Formerfordernisse, die bei allen Vergütungsvereinbarungen, die auf ein höheres Honorar, eine niedrigere Vergütung oder gar auf ein Erfolgshonorar hinzielen, beachtet werden müssen. 14

Weitere **Einschränkungen** ergeben sich aus den §§ 48, 49 und 49 a BRAO. So ist der Rechtsanwalt bei der Prozesskostenhilfe beschränkt, wenn er im Wege der Prozesskostenhilfe beigeordnet ist (vgl. § 3a Abs. 3 RVG). Als Pflichtverteidiger muss er die Verteidigung zu den Pflichtverteidigergebühren übernehmen. Er ist ebenso verpflichtet, für die im BerHG geregelten Gebühren zu arbeiten (vgl. § 49a BRAO sowie Nr. 2500 ff. VV). 15

Bei der **Beratungshilfe** ist die Besonderheit zu beachten, dass jeder Rechtsanwalt zur Erbringung derartiger Leistungen verpflichtet ist. Hingegen ist er in allen anderen Fällen frei und auch nicht verpflichtet, das Mandat auf der Grundlage der gesetzlichen Gebühren zu übernehmen.[12] 16

---

[8] Vgl. hierzu auch *Schons* Kammermitteilungen Düsseldorf 2008, 34 ff.; Teubel/Schons/ Schons Erfolgshonorar für Anwälte S. 32.
[9] Vgl. *Mayer* AnwBl. 2013, 311 f.
[10] Madert/Schons/*Madert* S. 1.
[11] Schneider/Wolf/*Onderka* § 3a Rn. 9, ebenso Madert/Schons/*Madert* A. Rn. 2.
[12] OLG Hamm JurBüro 1983, 1507; Schneider/Wolf/*Onderka* § 3a Rn. 10.

§ 3a Vergütungsvereinbarung

17 **Verboten** ist es allerdings einem **Rechtsanwalt und Notar** mit dem Auftraggeber ein Gesamthonorar zu vereinbaren, das sowohl die anwaltliche Tätigkeit als auch die Notartätigkeit abdecken soll, ohne dass die in ihr geregelten Notarkosten – in der gesetzlichen Höhe – gesondert ausgewiesen sind.[13]

18 Die Kenntnis des Rechts der Vergütungsvereinbarung gewinnt schon deshalb vermehrt an Bedeutung, weil Vergütungsvereinbarungen in der täglichen anwaltlichen Praxis eine immer größere Rolle spielen. Es ist inzwischen allgemein anerkannt, dass das **Prinzip der sog. Quersubventionierung** für viele Praxen nicht mehr funktioniert.[14] Die Abhängigkeit der gesetzlichen Vergütung von zum Teil sehr niedrigeren Streitwerten ist ein weiterer Grund, über Vergütungsvereinbarungen nachzudenken. Aber auch das RVG selbst, das zum 30.6.2004 die Beweisgebühr abgeschafft und eine Deckelung von hohen Streitwerten (vgl. § 22 RVG) eingeführt hat, bietet viele Gründe, über eine Vergütungsvereinbarung eingehend nachzudenken.[15]

19 Die **Rechtsprechung** beobachtet die steigende Bedeutung der Vergütungsvereinbarung zum Teil mit Argus-Augen. Wer das Recht der Vergütungsvereinbarung nicht beherrscht, muss demgemäß damit rechnen, auf die gesetzliche Vergütung via Gerichtsentscheidung „zurückgestuft" zu werden.[16]

20 So wurde in der Vergangenheit zum Teil höchst kleinlich reagiert. Beispielsweise sind Empfangsbekenntnisse oder Beweiserleichterungsklauseln für ausreichend angesehen worden, eine Vergütungsvereinbarung für unwirksam zu erklären.[17] Immerhin gibt es inzwischen allerdings auch erste Anzeichen für eine **vorsichtige Kehrtwendung.** Sowohl der Bundesgerichtshof als auch das Bundesverfassungsgericht haben in jüngster Zeit zu erkennen gegeben, dass sie der eingangs erwähnten Privatautonomie wieder einen höheren Stellenwert einräumen wollen.

21 So stellt es nach der Rechtsprechung keine **Gebührenüberhebung** iSv § 352 StGB dar, wenn ein Rechtsanwalt aus einer formunwirksamen Vergütungsvereinbarung ein erhöhtes Anwaltshonorar einklagt, da der Tatbestand das „Erheben einer **gesetzlichen** Gebühr" denknotwendig voraussetzt.[18] Empfangsbekenntnisse werden nicht mehr als Wirksamkeitshindernis betrachtet[19] und insbesondere eine Zeithonorarvereinbarung wird nicht automatisch als unangemessen hoch gewertet, wenn die gesetzliche **Höchstgebühr** um mehr als das **5-fache** überschritten wird.[20]

22 Verlassen kann man sich allerdings nicht darauf, dass die Untergerichte die eigentlich recht deutlichen Worte des Bundesverfassungsgerichts zum Zeithonorar verinnerlicht haben. Auch bei Zeithonoraren wird bisweilen nicht – wie es richtig wäre – allein auf die Nachvollziehbarkeit der abgerechneten Stunden und auf die Angemes-

---

[13] BGH JurBüro 1986, 1028.
[14] *Hommerich/Kilian,* Vergütungsvereinbarung deutscher Rechtsanwälte, S. 19 ff.
[15] Vgl. Madert/Schons/*Madert* Vorwort; ebenso Gerold/Schmidt/*Mayer* § 3a Rn. 4; HK-RVG/*Teubel* § 3a Rn. 3 ff.
[16] BGH AGS 2000, 191; BGH NJW 1990, 2407; BGH NJW 2000, 1106; BGH NJW 2003, 3486; BGH NJW 2004; 2818 ff.; BGH NJW 2005, 2142 ff.; BGHZ 138; 100 ff. = NJW 1998, 1786; BGHZ 144, 59 ff. = NJW 2000, 1794; BGHZ 144, 343 ff. = NJW 2000, 2669; OLG Düsseldorf AGS 2004, 536; OLG Düsseldorf AGS 2006, 530 ff.; OLG Düsseldorf AGS 2008, 12 ff.
[17] OLG Düsseldorf AGS 2004, 10 ff. mit kritischer Anm. *Schneider;* aA nunmehr BGH AGS 2009, 430 ff. mAnm *Schons.*
[18] BGH AnwBl. 2006, 759 ff.; ebenso OLG Braunschweig NJW 2004, 2606.
[19] OLG Düsseldorf AGS 2004, 10 ff. nunmehr BGH AGS 2009, 430 ff.
[20] BVerfG AGS 2009, 423 ff., vorsichtig formulierend auch schon BGH AGS 2009, 430 ff., weitergehend nunmehr BGH NJW 2010, 1364; BGH AGS 2011, 9 f. anders noch BGH NJW 2005, 2142 ff.

senheit des einzelnen Stundensatzes abgestellt, sondern man thematisiert den am Ende des Mandats absolut abgerechneten Betrag.

Nach diesseitiger Auffassung bleibt es dabei, dass durch eine solche Betrachtung 23 der Richter willkürlich eine zeitabhängige Honorierung auf ein Pauschalhonorar deckeln will.

Gleichwohl kann jedem Rechtsanwalt nur geraten werden, seine eigene Vergü- 24 tungsvereinbarung unter Berücksichtigung der Vorschriften von §§ 3a ff. RVG auch weiterhin kritisch zu hinterfragen.[21] Im Übrigen sollte das Recht der Vergütungsvereinbarung auch schon deshalb beherrscht werden, weil die Prüfung von Vergütungsvereinbarungen auch anderer Rechtsanwälte ob ihrer Rechtswirksamkeit schon jetzt verbreitet zum täglichen Geschäft gehört.

Im übrigen besteht inzwischen durchaus auch die Gefahr, dass das Strafrecht 25 tangiert wird. So hat der IV. Strafsenat des BGH in einer viel beachteten Entscheidung vom 25.9.2014, die Möglichkeit herausgestellt, dass man in der berufsrechtlichen Regelung in § 4a RVG eine Garantenstellung im Sinne des StGB sehen könne, mit der weiteren Folge, dass bei fehlender Unterrichtung des Mandanten ein Betrug durch Unterlassen im Raume steht.[22]

III. Formerfordernisse

1. Textform

§ 4 RVG aF sah noch die schriftliche Verpflichtungserklärung (nur) des Mandanten 26 vor, soweit die gesetzliche Vergütung überschritten werden sollte. Ging es in der Vereinbarung darum, die gesetzliche Vergütung zu unterschreiten, genügte eine mündliche Regelung, wenn gleichwohl der Gesetzgeber die Schriftform für sinnvoll erachtete („sollte"). Durch die Neuregelung sollte nun dem Umstand Rechnung getragen werden, dass zu Beginn des Mandats die endgültige Höhe oder der absolute Betrag der Vergütung nicht absehbar sind, somit gar nicht feststeht, ob die gesetzliche Vergütung unter- oder überschritten wird. Zum weiteren sollte aber auch den **gängigen Kommunikationsformen** Rechnung getragen werden, also das Zustandekommen einer Vergütungsvereinbarung auch per Telefax oder per Email ermöglichen. Nach überwiegender Ansicht war nach altem Recht der Abschluss einer Vergütungsvereinbarung per Telefax unwirksam.[23]

Durch die Neufassung sind gleichzeitig eine Erweiterung und eine Reduzierung 27 von **Schutzfunktionen** zugunsten des Mandanten eingetreten. Die **Erweiterung** ist darin zu sehen, dass nunmehr allein die Erklärung (oder Unterschrift) des Mandanten nicht ausreichend ist und die Formvorschriften für **alle** Vergütungsvereinbarungen gelten. Als **Reduzierung** ist es zu betrachten, dass es für die Textform nicht einmal **einer** einzigen **Unterschrift** bedarf. Es muss vielmehr nur sichergestellt sein, dass die Person des Erklärenden deutlich wird und dass der Abschluss (das Ende) der Erklärung erkennbar ist. Es kann hier nur empfohlen werden, sich mit der einschlägigen Kommentierung zu § 126b BGB vertraut zu machen und diese bei der Gestaltung von Vergütungsvereinbarungen zu berücksichtigen. Wie wichtig derartige Warnhinweise sind, mussten Rechtsanwälte erst unlängst wieder schmerzhaft erfahren, deren Vergütungsvereinbarung dem Mandanten zwar noch vor dem 30.6.2008 zugesandt worden war, die der Mandant aber erst nach dem 1.7.2008

---

[21] BGH AGS 2012, 118 mAnm *Schons;* OLG Düsseldorf 2011, 578 f. mAnm *Schons;* OLG Düsseldorf RVGreport 2012, 255 f.; AG München AGS 2011, 530 f. mAnm *Schons.*

[22] BGH AGS 2014, 493 f. mit differenzierender und letztendlich kritischer Anm. *Schons;* sehr vereinfachend: *Römermann/v. der Meden* AnwBl. 2014, 1000 f.

[23] BGHZ 121, 224; OLG Hamm AGS 2006, 9; vgl. im Übrigen zum Ganzen sehr eingehend *Schneider,* Die Vergütungsvereinbarung, Rn. 513 ff; sa LG Görlitz RVG Report 2013, 266 ff.

zurücksandte. Völlig zu Recht stellte der BGH fest, dass nicht die zum Zeitpunkt der unbedingten Auftragserteilung, sondern zum Zeitpunkt des Zustandekommens der Vereinbarung geltenden rechtlichen Regelungen maßgeblich sind, mit der für die Anwälte im konkreten Fall misslichen Folge, dass sie nicht nur ihr vereinbartes und eingeklagtes Resthonorar nicht erhielten, sondern auch noch Rückzahlungen vornehmen mussten.[24]

28 Wer die Rechtsprechung zur Vergütungsvereinbarung nach altem Recht kennt, sollte im Übrigen gleichwohl peinlich darauf achten, dass möglichst **zwei Unterschriften** vorhanden sind, um zu dokumentieren, dass auch der Auftraggeber vom Text Kenntnis nehmen konnte.[25] Die Textform erfordert stets Schriftzeichen, die lesbar abgegeben werden, so dass eine Übermittlung in Papier nicht erforderlich (wenngleich empfehlenswert) ist. **Gesprochene Mitteilungen,** die man digitalisiert übersenden kann, so dass sie erst beim Empfänger von der akustischen zur optischen Wahrnehmbarkeit umgewandelt werden, entsprechen der Textform nicht.[26]

29 Soweit auch die **Vereinbarung niedrigerer Gebühren** Textform verlangt, relativiert sich die scheinbare Verschärfung im Gesetz, wenn man sich die Folgen ansieht, die ein Verstoß gegen die Formalien hier nach sich zieht. § 4b RVG nF bestimmt für diesen Fall, dass der Rechtsanwalt dann keine höhere als die gesetzliche Vergütung fordern kann. Genau diese soll aber mit einer entsprechenden Vergütungsvereinbarung unterschritten werden.

30 **Will sagen:** Vereinbaren die Beteiligten eines Anwaltsvertrags eine niedrigere Vergütung als die gesetzliche, verstoßen sie hierbei aber gegen Formvorschriften, so hat dies – in der Regel – keinerlei Folgen. Insbesondere wird sich der Rechtsanwalt auf den Formfehler nicht mit dem Ziel berufen können, nunmehr die – nicht vereinbarte – (höhere) gesetzliche Vergütung einfordern zu dürfen. Ein solches Begehren ließe sich mit Treu und Glauben nicht vereinbaren, da der Rechtsanwalt keine Früchte aus seiner eigenen Inkompetenz ziehen darf, wenn er selbst die – fehlerhafte – Vergütungsvereinbarung entworfen hat.[27]

2. Zeitpunkt der Vereinbarung

31 Das Gesetz schreibt keinen besonderen Zeitpunkt für die beabsichtigte Vereinbarung vor. Es ist aber berufsrechtlich zu beanstanden, wenn beispielsweise ein Strafverteidiger erst kurz vor dem Hauptverhandlungstermin oder dem Plädoyer seinem Mandanten ein Sonderhonorar abverlangt.[28] Demgemäß ist es auch wichtig, den **Zeitpunkt** des Abschlusses der Vereinbarung durch **Datumsangabe** zu dokumentieren. Auch dann, wenn spätere Änderungen der Vergütungsvereinbarungen vorgenommen werden, sollten diese datiert werden, zum einen aus dem oben geschilderten Grund (Begegnung des Einwandes, man habe unter Druck gestanden), zum anderen, weil sich anhand des Datums feststellen lässt, dass die Vergütungsvereinbarung zu einem späteren Zeitpunkt aufgrund von erst später auch erkennbar werdenden Umständen abgeändert worden ist.[29]

32 Schließlich ist es unter keinem Gesichtspunkt auch zu beanstanden, wenn der Rechtsanwalt nach Beendigung des Mandats einen **freiwilligen Aufschlag** auf

---

[24] Vgl. Rehberg/*Schons* S. 1079 unter Hinweis auf BGH AGS 2012, 118 f. m. zustimmender Anm. *Schons*.
[25] Teubel/Schons/*Teubel* S. 46; siehe aber auch Gerold/Schmidt/*Mayer* § 3a Rn. 7 f.
[26] Bamberger/Roth/*Roth* BGB § 126b Rn. 3.
[27] BGH NJW 1980, 2407; OLG Düsseldorf JurBüro 2004, 536; *Schneider* Rn. 1322; AG München AGS 2011, 530 f. mAnm *Schons;* ebenso mit anderer Begründung jetzt: RGH AGS 2014, 319 ff.
[28] AG Butzbach JurBüro 1986, 1033.
[29] Madert/Schons/*Schons* S. 135. S. jetzt auch BGH RVG Report 2013, 265 ff.

das bisherige (gesetzliche oder vereinbarte) Honorar vorschlägt. Bei einem solchen Vorschlag steht der Mandant nicht mehr unter dem Druck des Mandats. Er ist vielmehr völlig frei, sich zu entscheiden, ob er den Vorschlag annimmt oder nicht, wobei er die Annahme eines Vorschlages in der Regel durch eine entsprechende Zahlung zum Ausdruck bringen wird. Bei einer derartigen Sachlage sind nach diesseitiger Auffassung weder die Formvorschriften von § 3a RVG einzuhalten, noch kann der Auftraggeber nach Zahlung einer solchen freiwilligen „Mehrvergütung" zu einem späteren Zeitpunkt eine Rückforderung durchsetzen (vgl. § 814 BGB). Es bestand schon immer Einigkeit darüber, dass ein bis zum 30.6.2008 verbotenes Erfolgshonorar im Nachhinein – nachdem der Druck vom Auftraggeber genommen war – vereinbart werden konnte. Dann muss es erst recht ohne Einhaltung von irgendwelchen Formalien möglich sein, mit dem Mandanten **nach Abschluss des Mandats** einen wie auch immer gestalteten Zuschlag oder Bonus zu vereinbaren. Schließlich dienen alle Belehrungs- und Hinweispflichten, die in den alten und neugestalteten Vorschriften des Vergütungsrechts zu finden waren oder sind, dem Zweck, dem unter dem Druck des noch zu bearbeitenden Falles stehenden Auftraggeber vor unbedachten Entscheidungen und Verpflichtungserklärungen zu schützen. Ist dieser Druck aber erst einmal gewichen, bedürfen freiwillige Vereinbarungen solcher Schutzvorschriften nicht mehr.[30]

Die Praxis gibt Veranlassung, diese Beurteilung jedenfalls für die Fälle einzuschränken, bei denen der nach Abschluss des Mandates abgeschlossenen Vergütungsvereinbarung eine rechtswidrige und nicht verbindliche Vergütungsvereinbarung vorausging. Hier besteht stets die Gefahr, dass der betroffene Mandant eben nicht aus freien Stücken, Dankbarkeit oder Großzügigkeit ein Zusatzhonorar – nunmehr rechtswirksam – verspricht, sondern weil er glaubt, eine tatsächlich nicht existierende Verpflichtung – nochmals – zu bestätigen.[31] 33

Wer beispielsweise vor Übernahme des Mandates oder während des laufenden Mandatsverhältnisses eine schon aus anderen Gründen rechtsfehlerhafte Quota litis Vereinbarung zusätzlich noch mit einer Prozessfinanzierungszusage verbindet (vgl. des Verbot in § 49b BRAO) sieht sich mE auch dann Rückforderungsansprüchen des Mandanten wegen gezahltem Honorar, jedenfalls aber einer berechtigten Zahlungsverweigerung gegenüber, auch und gerade wenn der Mandant diese Quota litis Vereinbarung nach Beendigung des Mandates – scheinbar losgelöst von früheren Vereinbarungen – schriftlich bestätigt. Es bleibt abzuwarten, wie die Rechtsprechung mit solchen – Gott sei Dank selten vorkommenden – Praktiken umgehen wird. 34

3. Bezeichnung als Vergütungsvereinbarung oder ähnlich

Die Vergütungsvereinbarung muss durch eine entsprechende Formulierung überschrieben sein. Während § 4 RVG aF noch explizit das Wort „Vergütungsvereinbarung" verlangte, genügen nach dem neuen Gesetzeswortlaut auch andere ähnliche Bezeichnungen wie etwa **„Honorarvereinbarung".**[32] Zu Recht warnt *Onderka* allerdings davor, die Titulierung **„Gebührenvereinbarung"** zu wählen, da der Begriff der Gebühren die Auslagen nicht erfasst (§ 1 Abs. 1 S. 1 RVG) und ein als „Gebührenvereinbarung" überschriebenes Dokument, das eine Vereinbarung über die Zahlung von Gebühren **und** Auslagen enthält, eine Irreführung des Auftraggebers ebenso mit sich bringen kann, wie dem Zitiergebot von § 3a Abs. 1 S. 2 RVG nicht genüge getan wird.[33] 35

---

[30] So wohl im Ergebnis auch: *Blattner* AnwBl. 2012, 562 ff. wenn auch widersprüchlich und verwirrend argumentiert.
[31] Vgl. auch *Rehberg/Schons* S. 1080.
[32] AG Wolfratshausen AGS 2008, 11; AG Gemünden AnwBl. 2007, 550, AGS 2007, 340 mAnm *N. Schneider; ders.* Rn. 573; *Henke* AnwBl. 2007, 611.
[33] *Wolf/Schneider/Onderka* § 3a Rn. 39.

36 Im Übrigen sollte der Begriff „Gebührenvereinbarung" § 34 RVG vorbehalten bleiben. Es gibt keinen erkennbaren Grund, auf die primär vorgesehene Formulierung „Vergütungsvereinbarung" zu verzichten und alternative Formulierungen zu verwenden.[34]

4. Deutliches Absetzen von anderen Vereinbarungen und Trennung von der Vollmacht

37 Die Vergütungsvereinbarung muss von anderen Vereinbarungen mit Ausnahme der Auftragserteilung deutlich abgesetzt sein. Es ist zunächst festzustellen, dass zu den „anderen Vereinbarungen", die deutlich abzusetzen sind, **nicht** solche gehören, die die **Vergütung unmittelbar** betreffen. Dies sind beispielsweise Fälligkeits- und Vorschussregelungen, Regelungen über die Vergütung bei vorzeitiger Beendigung des Mandats sowie Gerichtsstandvereinbarungen für Klagen aus der Vergütungsvereinbarung selbst.[35]

38 Nach der Rechtsprechung des Bundesgerichtshofs sind auch Empfangsbekenntnisse und ähnliches unschädlich.[36]

39 Zu den abzusetzenden anderen Vereinbarungen gehören hingegen **Gerichtsstandvereinbarungen** für Klagen aus dem Mandatsverhältnis, **Haftungsbeschränkungsvereinbarungen,** Vereinbarungen über die Art und Weise der Mandatsbearbeitung wie zB Bearbeitung durch einen bestimmten Rechtsanwalt, Unterrichtungspflichten und Vereinbarungen über den Ausschluss von Kündigungsrechten.[37] In der Praxis muss man bisweilen mit Verwunderung zur Kenntnis nehmen, wie rechtsfehlerhaft insbesondere die Untergerichte mit solch klaren Dingen umgehen, die sich bereits aus dem Gesetz ergeben und ansonsten in praktisch jedem Kommentar nachzulesen sind.

40 So war das LG Hamburg in einer nicht veröffentlichten Entscheidung aus dem Jahre 2015 tatsächlich der Auffassung, auch eine Gerichtsstandvereinbarung, die sich **ersichtlich** nicht auf Ansprüche aus der Vergütungsvereinbarung selbst beschränkte, gehöre nicht zu den deutlich abzusetzenden „anderen Vereinbarungen".

41 Problematisch ist die Gestaltung – deutliches Absetzen – bei Klauseln, die inhaltlich sowohl Teil der Vergütungsvereinbarung als auch Teil anderer Vereinbarungen sind. Hier gilt es, den sichersten Weg zu gehen und eher „deutlich abzusetzen". Ferner sollte das deutliche Absetzen auch „richtig" geschehen. Durch deutliche Absätze, anderen Druck, Überschriften und ähnliches sollte sichergestellt werden, dass eine klare Trennung von der eigentlichen Vergütungsvereinbarung sichtbar wird. So ist beispielsweise eine Trennlinie nicht ausreichend, wenn auch der übrige Text bereits mit mehreren Trennlinien versehen ist.[38]

42 Gerade hieran scheitern viele Vergütungsvereinbarungen. Die Hilfestellung in § 4 RVG aF, nunmehr in § 3a RVG, wonach „andere Vereinbarungen mit Ausnahme der Auftragserteilung" deutlich abgesetzt sein müssen, hat offensichtlich mehr geschadet als genutzt. In dem kaum nachvollziehbaren Streben, möglichst Papier zu sparen, werden die Mandatsbedingungen und die Vergütungsvereinbarungen in eine Urkunde „gepackt" und in den meisten Fällen kann von einem deutlichen Absetzen nicht die Rede sein.

---

[34] Vgl. zum Ganzen auch: Gerold/Schmidt/*Mayer* 18. Aufl. § 3a Rn. 8; *ders.*, Gebührenformulare Teil 1, § 1 Rn. 67 mit einer Übersicht über den bisherigen Meinungsstand.

[35] Teubel/Schons/*Teubel* S. 47; zur Gerichtsstandvereinbarung sa Zöller/*Vollkommer* § 38 ZPO Rn. 18 ff.; sowie *Schons* in FS Scharf, S. 297 ff.

[36] BGH AGS 2009, 430 f. mAnm *Schons*; aA in ständiger Rechtsprechung OLG Düsseldorf AGS 2004, 10 ff. und MDR 2000, 420 sowie AnwBl. 1998, 102.

[37] HK-RVG/*Teubel* § 3a Rn. 41 ff. mwN.

[38] BGH NJW 1996, 1964; Teubel/Schons/*Teubel*, S. 47.

Vergütungsvereinbarung § 3a

Ärgerlich ist es dann insbesondere, wenn Untergerichte auch an dieser klaren 43
Vorgabe des Gesetzgebers scheitern. So reagierte beispielsweise eine Richterin des
LG Düsseldorf auf den Hinweis auf eine Entscheidung des BGH, NJW 1987, 125
mit der inhaltlich zutreffenden in der Sache aber eher drolligen Bemerkung, der
BGH habe dort doch nicht eine Vergütungsvereinbarung, sondern die Widerrufsbelehrung und deren deutliches Absetzen beurteilen müssen. Anders sah dies inzwischen zu Recht das OLG Karlsruhe im Urteil vom 20.1.2015,[39] das zwischenzeitlich wenn auch nicht mit der wünschenswert gewesenen Deutlichkeit vom IX. Senat des BGH bestätigt wurde.[40]

Soweit der Gesetzgeber einer Anregung der Anwaltschaft gefolgt ist und nunmehr 44
die **Integrierung der Auftragserteilung** in die Vergütungsvereinbarung für zulässig erklärt, bewirkt dies eine beträchtliche Erleichterung für die alltägliche Abfassung
von Vergütungsvereinbarungen. Die Regelung stellt die Reaktion des Gesetzgebers
auf die Auffassung der Rechtsprechung dar, dass die Auftragserteilung und die Erläuterung der vom Rechtsanwalt für das Honorar geschuldeten im Gegenseitigkeitsverhältnis stehenden Hauptleistung als andere Erklärung iSv § 3 Abs. 1 S. 1 BRAGO
(§ 4 RVG aF) einzuordnen sei, so dass der Abschluss des Anwaltsvertrags selbst,
insbesondere die Vereinbarung der Leistungspflicht des Rechtsanwalts zu den „anderen Vereinbarungen" gehöre, die grundsätzlich von der Vergütungsvereinbarung
deutlich abzusetzen sind.[41]

Voraussetzung für die nunmehr zulässige **Verbindung von Auftragserteilung** 45
und Vergütungsvereinbarung ist selbstverständlich, dass sich die Vereinbarung
auf das erteilte Mandat bezieht. Die Vereinbarung einer Vergütung für ein anderes
Mandat führt zu einem Formverstoß.[42] Falsch ist unter Berücksichtigung des neuen
Rechts dagegen die Auffassung, die Zusammenfassung der Vergütungsvereinbarung
mit einem Beratungsvertrag in einer Urkunde sei, jedenfalls bei der Verwendung
eines Vordruckes, unzulässig.[43] Das gilt jedenfalls dann, wenn sich das Leistungsangebot in dem betroffenen Beratervertrag auf reine Beratungsleistungen im Sinne von
§ 34 RVG beschränkt. Sind in dem Vertrag hingegen anwaltliche Leistungen vorgesehen, die ohne Vereinbarung eine Geschäftsgebühr auslösen würden, sind wiederum
die strengen Voraussetzungen von § 3a f. RVG einzuhalten.

Ebenso wie die Vorgängerregelung bestimmt auch § 3a Abs. 1 S. 2 RVG nach 46
wie vor, dass die **Vergütungsvereinbarung** nicht in der **Vollmacht** enthalten sein
und sich auch in der Vergütungsvereinbarung keine Vollmacht befinden darf. Daher
müssen de facto mindestens **zwei Urkunden** bzw. Schriftträger vorhanden sein,
nämlich eine Vollmachtsurkunde und als weiterer Schriftträger die Vergütungsvereinbarung. Nicht ausreichend ist es, wenn die Vergütungsvereinbarung und die
Vollmacht in einer Urkunde aufgenommen, beide Erklärungen aber deutlich von
einander abgesetzt werden. Das RVG unterscheidet also auch bei der Neuregelung
weiterhin zwischen der generellen **unzulässigen Verbindung** mit der Vollmacht
und der unter der Voraussetzung des deutlichen Absetzens **zulässigen Verbindung**
mit „anderen Vereinbarungen". Das Trennungsverbot gilt auch, wenn die Vollmacht
handschriftlich gefertigt ist.[44]

---

[39] OLG Karlsruhe AGS 2015, 114 f. m. zustimmender Anm. *Schons*.

[40] BGH AGS 2016, 56 ff. mAnm *Schons*.

[41] BGH NJW 2004, 2818 ff.; HK-RVG/*Teubel* § 3a Rn. 41; *Mayer* AnwBl. 2006, 160 ff. (162).

[42] Schneider/Wolf/*Onderka* § 3a Rn. 42.

[43] So aber Schneider/Wolf/*Onderka* § 3a Rn. 42, die ebenso wie in der Vorauflage Rick übersieht, dass die von ihr bemühte Entscheidung des BGH AGS 2008, 60 mAnm *Schons,* noch altes Recht betraf und bei Beratungsverträgen jetzt § 34 RVG zur Anwendung gelangt; sa Madert/Schons/*Schons* S. 165 Fn. 23.

[44] Vgl. zum Ganzen eingehend: Gerold/Schmidt/*Mayer* § 3a Rn. 15 f.; Schneider/Wolf/ *Onderka* § 3a Rn. 43 f.

5. Hinweispflicht auf begrenzte Kostenerstattung

47 Jede Vergütungsvereinbarung hat den **Kostenhinweis** zu enthalten, dass die gegnerische Partei, ein Verfahrensbeteiligter oder die Staatskasse im Falle der Kostenerstattung nicht mehr als die gesetzliche Vergütung erstatten muss. Da auch eine Rechtsschutzversicherung lediglich die gesetzlichen Gebühren erstatten muss, sollte sich der Hinweis auch hierauf erstrecken.[45] Gegen eine Hinweiserteilung in einem Formular bestehen keine Bedenken.[46]

48 Obgleich diese Hinweispflicht sich nunmehr auf alle Vergütungsvereinbarungen erstreckt, auf den ersten Blick also auch auf die Gebührenvereinbarung nach § 34 RVG, hat sie „de facto" nur Bedeutung für Vereinbarungen über eine höhere Vergütung als die gesetzliche. Die Vorschrift hat **Warnfunktion** und soll **Missverständnissen** des Auftraggebers vorbeugen. Angesichts der regelmäßigen Grundüberzeugung eines Auftraggebers, dass in Deutschland bei Prozesserfolg die Kosten vom Gegner zu erstatten sind, ist es sinnvoll klarzustellen, dass nicht die vereinbarte Vergütung, sondern nur die gesetzliche Vergütung (allerdings auch nur bis zur Höhe der vereinbarten Vergütung, wenn überhaupt) erstattet wird.[47]

49 **Warnhinweis**
Besondere Vorsicht ist geboten, wenn in einem gerichtlichen Verfahren eine **vereinbarte Vergütung** in Höhe einer fiktiven Geschäftsgebühr mit geltend gemacht wird! Wer das aussergerichtliche Anwaltshonorar bei einer derartigen Fallgestaltung anerkennt oder in einem Vergleich akzeptiert, kann sich später nicht auf eine Anrechnung nach § 15a RVG bei der gerichtlichen Verfahrensgebühr berufen.[48] Begründet wird dies im Wesentlichen damit, dass die Beschränkung einer vereinbarten Vergütung im Rahmen des Kostenerstattungsanspruches auf eine fiktive Geschäftsgebühr aus der vereinbarten Vergütung keine gesetzliche Geschäftsgebühr ipse jure mache.

50 Allenfalls dann, wenn die Vergütungsvereinbarung in missbräuchlicher Weise getroffen worden ist, um die Anrechnung nach Vorb. 3 Abs. 4 VV RVG zu umgehen, mag dies anders gesehen werden.[49]

51 Die nach dieser Rechtsprechung für den eigenen Mandanten zu erwartenden nachteiligen Folgen lassen sich – jedenfalls im Falle eines Vergleichs – nur in der Weise umgehen, dass man die gewünschte Anrechenbarkeit der akzeptierten fiktiven Geschäftsgebühr in den Vergleich mit aufnimmt.

52 Haben die Parteien eine niedrigere Vergütung vereinbart, entfällt die Warnfunktion. Haben sie eine Gebührenvereinbarung iSv § 34 RVG getroffen, macht der Hinweis sogar in doppelter Hinsicht keinen Sinn:

53 Zum einen gibt es bei der **außergerichtlichen Beratung** keine gesetzliche Vergütung mehr (dies übersieht offensichtlich *Fölsch*),[50] und zum anderen dürfte es für einen Erstattungsanspruch hinsichtlich einer außergerichtlichen Beratungstätigkeit auch an einer materiell-rechtlichen Anspruchsgrundlage fehlen. Im Übrigen führt die Verletzung dieser Hinweispflicht – anders als die Verletzung anderer Formvorschriften – nur dazu, dass der Rechtsanwalt nicht mehr als die gesetzliche Vergütung verlangen kann. Es gibt also keine unmittelbare Auswirkung auf die Vergü-

---

[45] *Jungbauer* JurBüro 2006, 171 (179); *Schneider* NJW 2006, 1905 (1909).
[46] OLG Düsseldorf AGS 2006, 530 und RVGreport 2006, 420 sowie AnwBl. 2006, 770.
[47] Vgl. zur Frage der Kostenerstattung aber jetzt: OLG München AnwBl. 2010, 719 ff.; sa OLG München AGS 2006, 207 mAnm *Schneider;* sowie zur Gegenansicht: BVerwG AGS 2011, 459 ff; KG AGS 2015, 490 f.; eher zurückhaltend und zum Teil offenlassend: BGH AGS 2015, 541 f.; sowie BGH AGS 2015, 97 f.
[48] BGH AGS 2015, 147; sa OLG Hamburg AGS 2015, 199 f.
[49] Vgl. auch hier OLG Hamburg AGS 2015, 200 unter Hinweis auf BGH AGS 2009, 523.
[50] *Fölsch* MDR 2008, 728 ff.; aA zu Recht: *Mayer* AnwBl. 2008, 479 ff., 481.

tungsvereinbarung. Zu denken ist lediglich an mittelbare Auswirkungen, nämlich die Schadensersatzansprüche wegen Verletzung der Hinweispflicht. Auch hier ist ein Schaden aber nur denkbar, der sich oberhalb der gesetzlichen Vergütung bewegt.

IV. Fehlerquellen

1. Allgemeine Wirksamkeitsvoraussetzungen

Aufgrund der auch im Anwaltsvertrag herrschenden Privatautonomie[51] sind Rechtsanwalt und Auftraggeber – sofern sie die oben dargestellten Formerfordernisse beachten – bei der Gestaltung der Vergütungsvereinbarung frei. Es gibt demgemäß zahlreiche Möglichkeiten, von der gesetzlichen Vergütung abzuweichen. Sie werden nachstehend nur beispielhaft und ohne Anspruch auf Vollständigkeit weiter unten (→ Rn. 100 ff.) dargestellt. 54

Unabhängig hiervon ist auch im Recht der Vergütungsvereinbarung auf die **allgemeinen Wirksamkeitsvoraussetzungen** zu achten und zu prüfen, ob ein gesetzliches Verbot existiert. Zu denken ist an das Verbot der Gebührenunterschreitung, insbesondere im gerichtlichen Bereich, sowie an Verbote im Prozesskosten- und Beratungshilfebereich. Wenn unter diesem Gesichtspunkt bereits eine Nichtigkeit der Vergütungsvereinbarung festzustellen ist, kommt es auf die speziellen Voraussetzungen der § 3a ff. RVG ebenso wenig an wie eine Anpassung nach § 3a Abs. 2 RVG obsolet wird.[52] Was das Verbot der Gebührenunterschreitung, insbesondere im gerichtlichen Bereich, angeht, so kann in dieser Allgemeinheit an der in der Vorauflage – noch zu Recht – vertretenen Auffassung nicht mehr festgehalten werden. 55

Nachdem der BGH in der Entscheidung vom 5.6.2014 in einer bis dato noch nicht bekannten Eindeutigkeit klargestellt hat, dass Fehler in der Vergütungsvereinbarung (selbst bei Nichteinhaltung der Textform!) nicht zur Nichtigkeit führen, sondern den Anspruch gemäß § 4b RVG auf die gesetzlichen Gebühren beschränkt, muss sich der Anwalt an den vereinbarten niedrigeren Gebühren festhalten lassen, mag er mit dem Berufsrecht auch kollidieren.[53] 56

Die Entscheidung vom 5.6.2014 ist zum Teil sicherlich etwas überinterpretiert worden. Unter Berücksichtigung älterer Rechtsprechung wurde es immer schon so gesehen, dass der Rechtsanwalt bei einer von ihm fehlerhaft erstellten Vergütungsvereinbarung keine Früchte aus seiner eigenen gebührenrechtlichen Inkompetenz ziehen durfte.[54] 57

Nicht ganz klar war allerdings, wie die Rechtsprechung verfahren würde, wenn mit der fehlerhaften Vergütungsvereinbarung – berufsrechtswidrig – die gesetzliche Vergütung bei gerichtlicher Tätigkeit unterschritten werden sollte. Die deutlichen Worte des **BGH** führen jetzt jedenfalls zu einer gewissen Rechtssicherheit und in der angesprochenen Entscheidung wird mE auch durchaus deutlich angedeutet, dass es darauf ankommen kann, wer die Fehlerhaftigkeit der Vergütungsvereinbarung verursacht hat. 58

So formuliert der **BGH** (vgl. aaO S. 322 rechte Spalte): 59

„Treuewidrig ist dies jedenfalls solange nicht, als der Mandant seinen Rechtsanwalt nicht über tatsächliche Umstände täuscht oder solche Umstände in Kenntnis ihrer Bedeutung verschweigt, die für die Wirksamkeit der Honorarvereinbarung von Bedeutung sind."

---

[51] Vgl. insbesondere BVerfG AGS 2009, 423 ff. zum 5-fachen Satz.
[52] Schneider/Wolf/Onderka § 3a Rn. 11.
[53] Vgl. BGH AGS 2014, 319 ff. mAnm *Schons*; sa *ders*. AnwBl. 2014, 818; *Hansens* RVGreport 2014, 340 f.; *v. Seltmann* NJW 2014, 2653; *Winkler* AGS 2014, 370 f.
[54] Vgl. etwa BGH NJW 80, 2407; OLG Düsseldorf JurBüro 04, 536; OLG München AGS 2012, 271 f.; sa *Schneider* Rn. 1322.

§ 3a Vergütungsvereinbarung

Hier haben sich die Erwartungen der Literatur an die Rechtsprechung – endlich – in dieser Klarheit erfüllt.[55]

60 Interessant ist ferner, dass der BGH es für unbeachtlich ansieht, wenn sich zuerst der Mandant auf die Unwirksamkeit der Vergütungsvereinbarung berufen hat. Damit tritt der **BGH** mit eigentlich erfrischender Deutlichkeit der anders lautenden Beurteilung des **OLG Koblenz** in der Entscheidung vom 11.7.2012 entgegen.[56]

61 Es versteht sich von selbst, dass auch die Wirksamkeit einer Vergütungsvereinbarung wie die Vereinbarung eines jeden Vertrags **Geschäftsfähigkeit** nach § 105 ff. BGB voraussetzt, so dass Vergütungsvereinbarungen mit Minderjährigen nur über deren gesetzliche Vertreter abgeschlossen werden können.

62 Ferner kann auch eine Vergütungsvereinbarung **sittenwidrig** sein, etwa dann, wenn sie sich als Wucher darstellt (vgl. § 138 Abs. 2 BGB).

63 Die bloße **Anfechtbarkeit** der Vergütungsvereinbarung ist zwar unbeachtlich, die dann wirksam ausgesprochene Anfechtung führt aber zu einer Nichtigkeit ex tunc. Anfechtungsgründe können sich sowohl aus § 119 BGB als auch aus § 123 BGB ergeben. So kommt etwa eine Anfechtung nach § 123 BGB in Betracht, wenn das Ansinnen einer Vergütungsvereinbarung vom Strafverteidiger erst kurz vor dem Hauptverhandlungstermin oder gar erst kurz vor dem zu haltenden Plädoyer an den Mandanten herangetragen wird.[57] Besonders aufmerksam sind **Zeitpunkt** und **Inhalt** der Vergütungsvereinbarung zu prüfen, wenn der Mandant **inhaftiert** ist und unter erheblichem Druck steht.

64 Andererseits lässt die Rechtsprechung die bloße **Androhung**, das Mandat niederzulegen, wenn eine Gebührenvereinbarung nicht zustande komme, dann zu, wenn der mit dem Mandat verbundene Aufwand die Höhe der gesetzlichen Vergütung übersteigt.[58]

65 Schließlich muss die Vergütungsvereinbarung **bestimmt genug** sein. Der nach §§ 133, 157 BGB grundsätzlich möglichen Auslegung sind zum Schutze des Mandanten gewisse Grenzen gesetzt. Der Auftraggeber muss wissen, mit welchen Vergütungsansprüchen er zu rechnen hat und er muss solche auch selbst berechnen können. Mit „Leerformeln", dass ein angemessenes Honorar geschuldet werde, lässt sich eine wirksame Vertragsbindung nicht herbeiführen. Für den Mandanten muss es möglich sein, mit der Vergütungsvereinbarung eine ziffernmäßige Berechnung der Vergütung vorzunehmen.[59]

66 Für „**zukünftige Mandate**" lässt selbst das **Oberlandesgericht Düsseldorf**, das ansonsten eher für eine restriktive Auslegung bekannt ist, eine entsprechende Vereinbarung zu.[60]

67 Andererseits ist es einhellige Auffassung der Gebührenreferententagung, dass es nicht möglich ist, eine Vergütungsvereinbarung für das laufende und für jegliche zukünftige Mandate rechtswirksam abzuschließen. Begründet wird dies ua damit, dass unterschiedliche Mandatsinhalte und Fallgestaltungen auch eine unterschiedliche Beurteilung beispielsweise der Angemessenheit eines vereinbarten Honorars nach sich ziehen.

68 Soweit das **Oberlandesgericht Karlsruhe** eine solche Regelung – wenn sie denn ausdrücklich vereinbart wurde – für zulässig angesehen hat, ist dies darauf

---

[55] Vgl. nur *Hartung/Schons/Enders* 2. Aufl. § 4b Rn. 11; sowie Gerold/Schmidt/*Mayer* 20. Aufl. § 4b Rn. 4, 5.

[56] Vgl. OLG Koblenz AGS 2014, 58 f., zustimmend wenn auch differenzierend: *Winkler* AGS 2014, 57; 106 **aA** *Schons* AGS 2014, 105 f.; sa hier *Winkler* AGS 2014, 370 f.

[57] Vgl. hier AG Butzbach JurBüro 1986, 1033; sa hier BGH RVG Report 2013, 265 ff.

[58] BGH NJW 2010, 1364; BGH AGS 2003, 15 mAnm *Madert*; BGH AnwBl. 2002, 660, BGH NJW 2002, 2774; *Jungbauer* JurBüro 2006, 171 (175).

[59] OLG Hamm AnwBl. 1986, 452; *Jungbauer* JurBüro 2006, 171 (174).

[60] OLG Düsseldorf AGS 2006, 530 und RVGreport 2006, 420 sowie AnwBl. 2006, 770.

zurückzuführen, dass eine besondere Situation dort existierte, die solches dann zulassen mag.[61] In dem dort betroffenen Fall ging es um die Frage, ob bei einem familienrechtlichen Mandat die abgeschlossene Vergütungsvereinbarung auch die Tätigkeit in Folgesachen abdeckt. In den meisten Fällen wird eine solche Situation kaum anzutreffen sein.

Ob es dem **Bestimmtheitsgrundsatz** noch entspricht, wenn ein Rechtsanwalt vereinbart, dass zzgl. eines konkret vereinbarten Pauschal- und Zeithonorars auch noch die „**Spesen**" zu zahlen seien, kann sicherlich kontrovers diskutiert werden. Während das **Oberlandesgericht Koblenz** von einer Unwirksamkeit der Vergütungsvereinbarung ausging,[62] sieht das **Bundesverfassungsgericht** dies anders und hat eine solche Vergütungsvereinbarung für wirksam erklärt.[63] **69**

Darüber hinaus kann die Vergütungsvereinbarung auch nach **allgemeinen zivilrechtlichen Grundsätzen** (vgl. etwa §§ 105, 134, 138, 396 Abs. 3 BGB) mit der Folge unwirksam sein, dass der Auftraggeber nur die gesetzliche Vergütung schuldet. Bereits erbrachte Zahlungen kann der Auftraggeber nach Bereicherungsrecht zurückfordern. **70**

Zeichnet sich die mögliche Unwirksamkeit oder Mangelhaftigkeit der Vergütungsvereinbarung im Vergütungsprozeß ab, ist dem Rechtsanwalt dringend dazu zu raten, sofort den Klageanspruch **hilfsweise** auf den gesetzlichen Vergütungsanspruch zu stützen und eine ordnungsgemäße Abrechnung gemäß § 10 Abs. 1 RVG über die gesetzliche Vergütung nachzureichen. Ansonsten ist die Vergütung nicht klagbar. Nach Auffassung des Oberlandesgerichts Düsseldorf unterbricht eine auf eine – fehlerhafte – Vergütungsvereinbarung gestützte Vergütungsklage auch nicht die **Verjährung** des gesetzlichen Vergütungsanspruches.[64] **71**

Schließlich ist darauf zu achten, dass die Vergütungsvereinbarung mit der notwendigen Bestimmtheit eine Aussage darüber trifft, welche Tätigkeiten mit der vereinbarten Vergütung, insbesondere bei Pauschalhonoraren und Zeithonoraren abgegolten werden soll. **72**

Will der Rechtsanwalt etwa – abweichend von der sonstigen vereinbarten Vergütung – seine **Auslagen** nach dem RVG abrechnen oder insoweit eine gesonderte Vereinbarung treffen, ist dies ausdrücklich klarzustellen.[65] **73**

Klarzustellen ist schließlich, dass zusätzlich zur vereinbarten Vergütung die **Umsatzsteuer** in der jeweils gesetzlichen Größenordnung zu zahlen ist. Schweigt sich die Vergütungsvereinbarung hierüber aus oder können Zweifel entstehen, wirkt sich dies zu Lasten des Rechtsanwalts aus, der die entsprechende Umsatzsteuer dann abzuführen hat, obgleich der Auftraggeber die vereinbarte Vergütung als **Brutto-Vergütung** bewerten darf, in der die Umsatzsteuer bereits enthalten ist.[66] **74**

2. Problemfeld AGB-Klausel

Ein ganz besonderes Problem stellt sich dem Rechtsanwalt, wenn – wie üblich – der Inhalt der Vergütungsvereinbarung von ihm vorgegeben wird. Sein Text muss sich am **Recht der Allgemeinen Geschäftsbedingungen** messen lassen. Die Situa- **75**

---

[61] OLG Karlsruhe AGS 2015, 9 ff., 13.
[62] OLG Koblenz AGS 2002, 200.
[63] BVerfG AGS 2002, 266.
[64] OLG Düsseldorf OLGR 1992, 750 ff. mAnm *Schneider*; aA BGH NJW 2002, 2774 (2776); vgl. auch BGH AGS 2003, 15. Wegen weiterer typischer Fehlerquellen vgl. Madert/Schons/ *Schons* S. 125 ff.
[65] LG Koblenz AnwBl. 1984, 206 mAnm *Madert*; zum Problem Abwesenheitsgelder und Fahrtkosten sa BGH NJW 2005, 2142 ff.
[66] OLG Karlsruhe DB 1979, 447; *Onderka*, Anwaltsgebühren in Verkehrssachen, 2. Aufl., Rn. 445; Madert/Schons/*Schons* S. 31.

§ 3a Vergütungsvereinbarung

tion wird dadurch verschärft, dass sich die Rechtsanwälte häufiger **Verbrauchern** iSv § 13 BGB gegenübersehen, denen das Gesetz einen ganz besonderen Schutz zuweist. Nachdem das **Bundesarbeitsgericht** festgestellt hat, dass auch Arbeitnehmer als Verbraucher iSv § 13 BGB anzusehen sind, dürfte die anderslautende Rechtsprechung des **Oberlandesgerichts Hamm** in der Entscheidung vom 3.8.2004 ebenso überholt sein wie die Auffassung der Autoren, die beispielsweise Ehefrauen, die sich im Familienrecht beraten lassen, nicht als Verbraucher bewertet wissen wollten.[67]

76 Bei dem einzelnen Mandat kommt es also nicht darauf an, ob der konkrete Auftraggeber bei seiner täglichen Arbeit als Unternehmer oder Verbraucher auftritt, sondern wie er sich im konkreten **Mandatsverhältnis** gegenüber dem Rechtsanwalt darstellt.[68] Soweit der Rechtsanwalt, der stets als Unternehmer anzusehen ist, mit einem Verbraucher iSv § 13 BGB eine Vergütungsvereinbarung schließt, sind die §§ 305c Abs. 2, 306, 307, 308 und 309 BGB sowie § 29a EGBGB selbst dann anzuwenden, wenn die vorformulierte Vergütungsvereinbarung nur einmal verwandt werden soll, der Verbraucher jedoch aufgrund der Vorformulierung durch den Rechtsanwalt auf ihren Inhalt keinen Einfluss nehmen konnte.[69]

77 Grundsätzlich lässt sich unter diesen Umständen nur die **Empfehlung** aussprechen, auf die Verwendung jedenfalls von vorgedruckten Honorarscheinen, wie sie einige Verlage zur Verfügung stellen, gänzlich zu verzichten und bei der individuellen Gestaltung der eigenen Vergütungsvereinbarung penibel das Recht der Allgemeinen Geschäftsbedingungen im Auge zu behalten.

78 Aber auch bei von einem Rechtsanwalt erstellten **individuellen Vergütungsvereinbarungen** ist die Rechtslage – leider – relativ unklar. Folgt man *Teubel*, so ist eine Vergütungsvereinbarung stets der Gefahr ausgesetzt, dass sie von der Rechtsprechung für unwirksam erklärt wird, und sei es auch nur mit der Begründung, die Klausel stelle sich als Überraschungsklausel dar. Ferner – so *Teubel* weiter – muss befürchtet werden, dass derartige Vereinbarungen als eine unangemessene Benachteiligung iSv § 307 Abs. 2 Nr. 1 BGB betrachtet werden, wenn von wesentlichen Grundgedanken der gesetzlichen Regelung abgewichen wird.[70]

79 Setzt man diese Betrachtung konsequent um, wäre es allerdings schwierig, vernünftige Vergütungsvereinbarungen oder auch Gebührenvereinbarungen mit dem Mandanten zu treffen. Schließlich erkennt auch *Teubel* an, dass nach der Rechtsprechung des Bundesverfassungsgerichts die Berufsausübungsfreiheit gemäß Art. 12 Abs. 1 GG nach wie vor die Freiheit umfasst, das Entgelt für berufliche Leistungen selbst festzusetzen und mit den Interessenten auszuhandeln.[71]

80 Jedenfalls sollte man solche Klauseln vermeiden, die ganz eindeutig dem „AGB-Recht" widersprechen. Zu **vermeiden** sind demgemäß:[72]
- mehrdeutige Klauseln;
- Klauseln, die dem Bestimmtheitsgrundsatz widersprechen;
- Klauseln, die den Umfang der anwaltlichen Tätigkeit, die durch die Vergütungsvereinbarung abgedeckt werden soll, nicht eindeutig definieren;
- Klauseln, die eine willkürliche Anpassung bzw. Anhebung der Vergütung zugunsten des Rechtsanwalts vorbehalten;

---

[67] Vgl. zunächst BAG DB 2005, 2136 (2139); siehe sodann OLG Hamm RVGreport 2004, 432; *Hansens* RVGreport 2004, 426; *Mock* AGS 2004, 230; weitere Übersicht bei Palandt/*Heinrichs* BGB § 13 Rn. 3.
[68] *Hümmerich* AnwBl. 2006, 749 ff.
[69] *Schneider* Rn. 670.
[70] HK-RVG/*Teubel* § 3a Rn. 70 ff., 78.
[71] Vgl. zunächst HK-RVG/*Teubel* § 3a Rn. 113; BVerfG NJW 2006, 495; sehr deutlich nunmehr auch BVerfG AGS 2009, 423 ff. (5-fach Faktor); siehe hierzu jetzt auch BGH NJW 2010, 1364; völlig falsch demgemäß OLG Düsseldorf AGS 2010, 162 m. kritischer Anm *Schons*.
[72] Vgl. hierzu *Schneider* Rn. 375 ff.

Vergütungsvereinbarung § 3a

- Klauseln, die die Auslagen vereinbaren und offenlassen oder so unbestimmt formulieren, dass der Auftraggeber nicht erkennen kann, was unter Auslagen oder „Spesen" zu verstehen ist;
- Vereinbarungen ausländischen Rechts ohne dass ein ausländischer Anknüpfungspunkt erkennbar ist;
- fingierte Erklärungen oder ähnliches.

Bei **Vergütungsvereinbarungen mit Verbrauchern** sind insbesondere die Vorschriften des § 309 BGB zu beachten: 81

- kurzfristige Preiserhöhungen sind in Klauseln unzulässig;
- es ist unzulässig, Vertragsstrafen zu vereinbaren (§ 309 Nr. 6 BGB);
- bei andauernden Beratungsverträgen mit Verbrauchern (die allerdings relativ ungewöhnlich sein dürften) ist darauf zu achten, dass die vereinbarte Laufzeit den Zeitraum von zwei Jahren nicht übersteigt;
- ferner darf eine stillschweigende Verlängerung um mehr als ein Jahr nicht vereinbart werden;
- die Kündigungsfrist darf nicht länger als drei Monate betragen;
- die Vereinbarung einer Beweislastumkehr ist nach § 309 Nr. 12 BGB unzulässig.

Weitere besondere Klauseln, die die Rechtsprechung „bewegt" haben, sind: 82

a) Empfangsbekenntnisse. Das Oberlandesgericht Düsseldorf hat über Jahrzehnte hinweg in ständiger Rechtsprechung die Aufnahme von Empfangsbekenntnissen in Vergütungsvereinbarungen – wenn auch mit unterschiedlicher Begründung – für unzulässig erklärt.[73] Dieser Rechtsprechung hat der Bundesgerichtshof allerdings nun endlich Einhalt geboten.[74] 83

b) Zeittaktklauseln. Bei einer Zeittaktklausel wird festgelegt, dass der vereinbarte Stundensatz mit einem bestimmten Bruchteil angesetzt wird, wenn dieser Stundenbruchteil begonnen wird. Nach wie vor rechnen ca. 75 % aller Rechtsanwälte, die nach Zeitaufwand abrechnen, im **15-Minuten-Takt** ab, nämlich in der Weise, dass jede **angefangene** Viertel-Stunde mit dem Viertel des vereinbarten Stundensatzes zu honorieren ist. Erstmals der 24. Senat des **Oberlandesgerichts Düsseldorf** hielt eine solche Klausel für unvereinbar mit dem Recht der Allgemeinen Geschäftsbedingungen, da sie Missbrauchsmöglichkeiten Tür und Tor öffne.[75] An dieser Rechtsprechung hat der Senat trotz aller Kritik unverdrossen festgehalten.[76] 84

Der BGH hat hingegen bereits zwei Mal sehr deutlich zu erkennen gegeben, dass er die Mißbrauchsmöglichkeiten bei einer derartigen Abrechnungsmethode zwar erkennt, die Klausel an sich aber nicht für problematisch hält. Vielmehr müsse am Einzelfall beurteilt werden, ob der Rechtsanwalt den 15-Minutentakt exzessiv und damit missbräuchlich ausübe.[77] 85

Gleichwohl sollte man die Warnung von *Hansens* nicht vorschnell beiseiteschieben, der die beanstandeten Zeittaktklauseln nach wie vor – zu Recht, wie die Entscheidung des OLG Düsseldorf vom 7.6.2011 zeigt – für gefährlich hält. Jedenfalls sollte der Rechtsanwalt, der mit der 15-Minutentaktklausel arbeitet, darauf achten, dass hiervon nur höchst zurückhaltend Gebrauch gemacht wird. Die Rechtsprechung des BGH deutet jedenfalls darauf hin, dass man bei der konkreten Abrechnung nach solchen Klauseln äußerst kritisch vorgeht, wobei man ähnlich wie in der 86

---

[73] OLG Düsseldorf AnwBl. 1998, 102; ebenso MDR 2000, 420; AGS 2004, 10 ff.
[74] BGH AGS 2009, 430 ff. mAnm *Schons*.
[75] OLG Düsseldorf AGS 2006, 530, 534.
[76] Vgl. nur OLG Düsseldorf AGS 2010, 109 f. mAnm *Schons;* OLG Düsseldorf Beck-RS 2011, 22087; Hoffnung allerdings noch versprechend: OLG Düsseldorf AGS 2011, 366 f.
[77] BGH AGS 2009, 209 mAnm *Schons*; sowie BGH AGS 2011, 9 f. unter Aufhebung der Entscheidung des OLG Düsseldorf AGS 2010, 109 f.; ebenso so schon OLG Hamm AnwBl. 2008, 546 f. (548); OLG Schleswig AGS 2009, 209.

§ 3a Vergütungsvereinbarung

Rechtsprechung zu Eheverträgen wohl den Schwerpunkt weniger auf eine Wirksamkeitskontrolle als auf eine Ausübungskontrolle legt.

87 Auch die Gebührenreferententagung der Bundesrechtsanwaltskammer ist in der Sitzung vom 18.4.2009 auf Rügen zu der Auffassung gelangt, dass man bei 15-Minutentakten weiterhin vorsichtig sein sollte.[78]

88 Will man die Gefahr einer Abrechnung nach dem 15-Minuten-Takt eingehen, so sollte man wenigstens darauf achten, dass diese Abrechnungsform im Vertrag auch erkennbar vereinbart wird. Das **Oberlandesgericht Karlsruhe** hält dies jedenfalls für erforderlich, übersieht in der Begründung allerdings, dass nahezu 75 % aller Anwälte mit diesem Zeittakt arbeiten.[79]

89 Zu beachten ist auch, dass sich der BGH auch der Rechtsprechung des OLG Düsseldorf insoweit angeschlossen hat, als er sehr deutlich „aufgeblähten Zeitaufwand" und „Leerformeln" für geeignet hält, Streichungen bei der Zeitabrechnung vorzunehmen.[80]

90 Es wird in der Rechtsprechung des BGH hervorgehoben, dass Begriffe wie „Aktenstudium, diverse Diktate" oder „Rechtsprechungsrecherche" nicht ausreichend sind, wenn sie nicht Gegenstand und das Ziel der in Rechnung gestellten anwaltlichen Tätigkeit erkennen lassen.[81] Wer hier auf der sicheren Seite sein will, wird in seine Stundenabrechnung demgemäß genauere Beschreibungen aufnehmen müssen, was er zu welcher Zeit im Einzelnen getan hat. Der damit verbundene Zeitaufwand (Dokumentation der geleisteten Arbeitszeit) ist selbst nicht abrechenbar[82] und dürfte damit die Wirtschaftlichkeit von Zeithonorarvereinbarungen jedenfalls dann zweifelhaft erscheinen lassen, wenn der Stundensatz selbst nicht eine gewisse Größenordnung aufweist.[83]

91 Und schließlich ist der BGH dem OLG Düsseldorf auch darin gefolgt, dass eine Abrechnung nach Zeitaufwand erst dann fällig und damit verzinslicht wird, wenn dem Auftraggeber **unaufgefordert** der Tätigkeitsnachweis (Timesheet) vorgelegt wird.[84]

Praxistipp:

92 Wer diese Entscheidung nicht berücksichtigt, läuft Gefahr, Zinsnachteile zu erleiden oder sich ggf. im Honorarprozess einem sofortigen Anerkenntnis des Beklagten gegenüberzusehen, dem erstmals im Prozess der Stundennachweis vorgelegt wird. Die Kostenfolgen liegen auf der Hand!

93 **c) Klausel über die Vergütung bei vorzeitiger Mandatsbeendigung.** Es gelten die §§ 627, 628 BGB. Sofern der Anwaltsvertrag nicht ein Dauerschuldverhältnis mit festen Bezügen beinhaltet (Beratervertrag), ist er beiderseits jederzeit kündbar. Für die vereinbarte Vergütung (nicht für die gesetzliche vgl. dort § 15 Abs. 4 RVG) gilt § 628 BGB mit der Folge, dass dem Rechtsanwalt nur ein seinen bisherigen Leistungen entsprechender Teil der Vergütung zusteht. Wenn der Rechtsanwalt diese gesetzliche Regelung dahingehend abändert, dass auch bei vorzeitiger Beendigung des Mandats das volle Honorar zu zahlen ist, liegt ein **Verstoß gegen § 308 Ziff. 2 BGB** nahe, wonach eine Bestimmung unwirksam ist, nach der der

---

[78] *Hansens* RVGreport 2009, 255.

[79] Vgl. zunächst OLG Karlsruhe AGS 2015, 9 ff., 15; *Hommerich/Kilian* AnwBl. 2006, 473.

[80] Vgl. hierzu nochmals BGH AGS 2011, 9 f. sowie die warnenden Hinweise in OLG München AnwBl. 2010, 719 f. (722).

[81] Vgl. hierzu jetzt auch OLG Frankfurt a.M. AnwBl. 2011, 300 f.

[82] OLG Düsseldorf AGS 2011, 366 f. m. zustimmender Anm. *Schneider.*

[83] Zur Höhe des Stundensatzes vgl. erneut BGH AGS 2011, 9 ff. sowie AG Döbeln AGS 2011, 64 ff. mAnm *Schons.*

[84] BGH AGS 2011, 9 f. (12).

Klauselverwender im Falle der Kündigung eine unangemessen hohe Vergütung für die erbrachte Leistung erhalten soll.[85] Darüber hinaus könnte man in einer solchen Regelung auch eine **Vertragsstrafe** sehen, die gegen § 309 Ziff. 6 BGB verstoßen würde. Als weiteres Problem wäre § 307 Abs. 2 Ziff. 1 BGB zu nennen (unangemessene Benachteiligung).

In jedem Fall kann bei einer solchen Klausel Anlass bestehen, die Vergütungsvereinbarung an sich unter **Unangemessenheitsgesichtspunkten** zu überprüfen. Mag der pauschale Betrag in Höhe von 30.000 EUR für die Verteidigung in der ersten Instanz in einem komplizierten Strafverfahren noch angemessen sein, so ist dieser Betrag eher unangemessen, wenn er auch dann geschuldet sein soll, wenn das Mandatsverhältnis unmittelbar nach erfolgter Akteneinsicht sein Ende nimmt. Derartige Klauseln sollten allein aus diesem Grunde nur mit Vorsicht angewendet werden. Besser ist es, die Vergütungsvereinbarung in **Tätigkeitsabschnitte** aufzugliedern und über diesen Weg eine ausreichende Vergütung auch dann zu gewährleisten, wenn das Mandat vorzeitig endet.[86]   **94**

d) Vorschussklauseln. Während bei der gesetzlichen Vergütung § 9 RVG die Möglichkeit von Vorschussforderungen bereits vorsieht, sind entsprechende Ansprüche für Vergütungsvereinbarungen im Gesetz nicht zu erkennen. Gleichwohl ist der Rechtsanwalt nicht gehindert Vorschussanforderungen vorzusehen. Auch Vorschussklauseln unterliegen zwar der Inhaltskontrolle nach § 307 Abs. 2 Ziff. 1 BGB dürften aber unproblematisch sein, soweit sie inhaltlich § 9 RVG (und damit einer gesetzlichen Regelung) entsprechen.[87]   **95**

e) Erleichterter Nachweis der anwaltlichen Tätigkeit. Bei **Zeithonorarverträgen** taucht immer wieder das Problem auf, dass der Auftraggeber im Nachhinein die abgerechneten Stunden in Zweifel zieht. Rechtsanwälte suchen demgemäß nach Wegen, solchen Einwänden möglichst frühzeitig und wirksam zu begegnen. Ob einem Auftraggeber durch eine Klausel die Möglichkeit eines solchen Einwandes beschnitten werden kann, ist in Rechtsprechung und Literatur umstritten.   **96**

So verstößt eine Klausel, die dem Mandanten die **Beweislast** gegen die Abrechnung des Rechtsanwalts auferlegt, zunächst einmal gegen § 309 Ziff. 12a BGB.[88] Ferner wird es als naheliegend angesehen, dass ein Verstoß gegen § 307 Abs. 2 Ziff. 1 BGB vorliegen könnte.[89] Einigkeit besteht jedenfalls darüber, dass auf jeden Fall die Voraussetzungen von § 308 Ziff. 5 BGB einzuhalten sind, wonach das fingierte Anerkenntnis des Auftragbgers nur dann zulässig ist, wenn wenigstens eine **angemessene Frist** zur Abgabe einer ausdrücklichen Erklärung eingeräumt wird und der Klauselverwender sich verpflichtet, den Vertragspartner bei Beginn der Frist auf die vorgesehene Bedeutung seines Verhaltens jedes Mal nochmals besonders hinzuweisen.[90]   **97**

Den **sichersten Weg** wählt der Rechtsanwalt, wenn er den Mandanten in möglichst kurzfristigen Abständen Rechnungen über den jeweils geleisteten Stundenaufwand übersendet und gleichzeitig vereinbart, dass weitere Leistungen erst erbracht werden, wenn über den Umfang der erbrachten Leistungen für die vergangene Periode Einigkeit erzielt worden ist oder die Rechnungen bezahlt sind.[91]   **98**

---

[85] Teubel/Schons/*Teubel* S. 57; sa OLG Köln AGS 2013, 268 f. unter Hinweis ua auf BGHZ 54, 16 f. BGH NJW 2010, 13 f.; BGHSt 27, 366 mwN.
[86] Madert/Schons/*Schons* S. 67; siehe zum Ganzen auch *Schneider* Rn. 1243.
[87] *Schneider* Rn. 721; Gerold/Schmidt/*Mayer* § 3a Rn. 64.
[88] HK-RVG/*Teubel* § 3a Rn. 121.
[89] HK-RVG/*Teubel* § 3a Rn. 99; ebenso Gerold/Schmidt/*Mayer* § 3a Rn. 66; aA *Schneider* Rn. 736.
[90] HK-RVG/*Teubel* § 3a Rn. 100; *Schneider* S. 123.
[91] Gerold/Schmidt/*Mayer* § 3a Rn. 67.

§ 3a

99 **f) Klausel mit Einziehungsermächtigung – Abbuchungsauftrag.** Während vereinbarte Abbuchungsaufträge in Allgemeinen Geschäftsbedingungen aufgrund der Unwiderbringlichkeit der geleisteten Zahlung für bedenklich erachtet werden,[92] wird die Einziehungsermächtigung, auch selbst in einer sog. Einmalklausel, mit als Verbraucher zu qualifizierenden Mandanten als zulässig angesehen.[93]

V. Inhalt der Vergütungsvereinbarung

100 Aufgrund der auch im Anwaltsvertrag geltenden bereits mehrfach erwähnten Privatautonomie haben Rechtsanwalt und Mandant – ungeachtet der Formerfordernisse – einen grundsätzlich **breiten Gestaltungsspielraum,** der lediglich unter dem Gesichtspunkt des Erfordernisses der Angemessenheit und unter Berücksichtigung von § 134 BGB Grenzen erfährt.[94] In der Praxis haben sich insbesondere nachstehende **Vergütungsmodelle** etabliert:

1. Modifizierung des Vergütungstatbestandes

101 Hierunter versteht man den **Ausschluss** einzelner **gesetzlicher Regelungen** oder deren **Erhöhung,** sei es durch einen prozentualen Aufschlag, sei es durch die Vereinbarung eines Faktors. Ferner kann man hier eine zusätzliche Gebühr vereinbaren oder der gesetzlichen Vergütung einen höheren – vereinbarten – Gegenstandswert zugrundelegen. Man kann also beispielsweise auf den jeweiligen gesetzlichen Vergütungstatbestand einen Aufschlag von 30 % vereinbaren oder den Vergütungstatbestand direkt mit einem Faktor in der Weise versehen, dass zB die dreifache Verfahrensgebühr geschuldet werden soll.

102 Bei der **Geschäftsgebühr** lässt sich – wenn die Voraussetzungen von § 3a RVG eingehalten werden – jeweils der Ansatz einer **Höchstgebühr** vereinbaren. Zwecks Kompensation der weggefallenen Beweisgebühr lässt sich mit dem Mandanten vereinbaren, dass für die Teilnahme an einer Beweisaufnahme nochmals eine Terminsgebühr in Rechnung gestellt werden darf, ggf. auch vervielfältigt:

Formulierungsvorschlag:

103 Für die Teilnahme an einer Beweisaufnahme erhält der Rechtsanwalt neben den gesetzlichen Gebühren und unabhängig von der Dauer der Beweisaufnahme eine dreifache Terminsgebühr (3,6).

104 Auch hinsichtlich der **Auslagen** nach Nr. 7000 VV ff. kann eine anderweitige Vereinbarung getroffen werden, etwa in der Weise, dass die Abwesenheitspauschalen vervielfacht und für den Reisekilometer ein Betrag von 0,75 EUR in Rechnung gestellt werden darf.

105 Schließlich ist es auch denkbar, eine **Abrechnung nach der BRAGO** zu vereinbaren, die mit dem 30.6.2004 außer Kraft getreten ist. Beabsichtigt man mit einer solchen Regelung allerdings besondere Schutzvorschriften zugunsten des Mandanten „auszuhebeln", wie etwa die Deckelung des Gegenstandswertes in § 22 RVG, sollte dies vorsorglich unter Nennung dieser Vorschrift ausdrücklich zum Ausdruck gebracht werden.

---

[92] *Palandt/Grüneberg* BGB § 307 Rn. 124; Gerold/Schmidt/*Mayer* § 3a Rn. 69.
[93] Gerold/Schmidt/*Mayer* § 3a Rn. 69; *ders.* AnwBl. 2006, 168 ff., 171.
[94] *Schneider* Rn. 765 ff.; Schneider/Wolf/*Onderka* § 3a Rn. 52; aA und praktisch nicht vertretbar: OLG Düsseldorf AGS 2010, 109 ff., 115 m. kritischer Anm. *Schons:* Dort wird ein moderater Stundensatz von 230 EUR auf 180 EUR willkürlich herabgesetzt; aufgehoben durch BGH AGS 2011, 9 ff.; sa AG Döbeln AGS 2011, 64 f. mAnm *Schons*.

Vergütungsvereinbarung §3a

Formulierungsvorschlag:

Die Parteien vereinbaren, dass die anwaltliche Tätigkeit nicht nach dem RVG, sondern nach den Vorschriften der BRAGO vorgenommen wird. Diese Vorschriften sind dem Mandanten aus früheren Abrechnungen her bekannt. Er verzichtet auf die Übergabe eines entsprechenden Gesetzestextes. Dem Mandanten ist insbesondere bekannt, dass § 22 RVG für das vorliegende Mandat keine Anwendung findet, so dass der hier anzutreffende Streitwert von 350 Mio. EUR für die Abrechnung nicht beschränkt wird. 106

2. Pauschalvergütung

Da vom Mandanten wegen seiner Überschaubarkeit hoch geschätzt, findet sich in der Praxis sehr oft die Vereinbarung eines Pauschalhonorars. Die Zulässigkeit ist in der Rechtsprechung unumstritten.[95] Mit Pauschalgebühren kann die gesetzliche Vergütung sowohl über- als auch unterschritten werden. § 3a ff. RVG differenzieren ersichtlich nicht nach der vereinbarten Art der Vergütung.[96] 107

Während der Mandant die Pauschalvergütung angesichts seiner Übersichtlichkeit schätzen wird, ist dem Rechtsanwalt Vorsicht anzuraten. Zum einen geht er das **Risiko der Kostenüberschreitung** ein, da er den Arbeits- und Zeitaufwand der Mandatsbearbeitung bei Annahme des Mandats schwerlich einschätzen kann.[97] Ferner begibt er sich in den **Gefahrenbereich eines Berufsrechtsverstosses,** wenn er bei forensischer Tätigkeit oder teilforensischer Tätigkeit die gesetzliche Vergütung – vereinbarungsgemäß – unterschreitet, bzw. unterschreiten muss. 108

In eine solche Pauschalvergütungsvereinbarung gehört demgemäß zumindest die Festlegung, dass im Falle einer gerichtlichen Tätigkeit die gesetzlichen Gebühren als Mindestgebühren geschuldet werden. 109

Zu besonders großen Schwierigkeiten kommt es auch, wenn das **Mandatsverhältnis vorzeitig beendet** wird. Insbesondere grob gestrickte Pauschalvereinbarungen begründen die Gefahr, dass dem Rechtsanwalt nur ein unangemessen kleiner Bruchteil der vereinbarten Vergütung verbleibt, wenn das Mandatsverhältnis zu einem recht frühen Zeitpunkt beendet wird (→ Rn. 93 ff.). 110

Soweit in **Dauerschuldverhältnissen** (Beratungsverträgen) mit Wochen-, Monats- oder Jahrespauschalen gearbeitet wird, ist an die Entscheidung des Bundesgerichtshofes zu denken, wonach auch Beraterverträge Vergütungsvereinbarungen sind, die den Vorschriften des Gesetzes entsprechen müssen.[98] 111

Diese Rechtsprechung des Bundesgerichtshofes ist jedoch dadurch entschärft worden, dass die Auftragserteilung innerhalb des Beratungsvertrags nunmehr unschädlich ist und dass darüber hinaus § 34 RVG und nicht § 3a RVG einschlägig ist, soweit sich die im Beratervertrag niedergelegte Leistungsverpflichtung des Rechtsanwalts auf eine reine Beratungstätigkeit beschränkt. Wo es keine gesetzliche Vergütung mehr gibt, kann eine solche berufsrechtswidrig weder über- noch unterschritten werden.[99] Nur dann, wenn der Beratervertrag weitere Leistungen des Rechtsanwalts vorsieht, wie etwa das Abfassen von sog. einfachen Schreiben iSv Nr. 2302 VV, ist Vorsicht geboten, weil dann wiederum der Bereich der gesetzlichen Vergütung betreten wird.[100] 112

---

[95] BGH NJW 1995, 1425 (1427); OLG Düsseldorf AnwBl. 1986, 408; OLG München NJW 2002, 3641 (3642).
[96] Schneider/Wolf/*Onderka* § 3a Rn. 55.
[97] *Schneider* NJW 2006, 1905 (1908).
[98] BGH NJW 2004, 2818 ff.
[99] OLG Düsseldorf AnwBl. 2006, 284 f.
[100] Madert/Schons/*Schons* S. 165 Fn. 23.

3. Zeitvergütung

113 Das in der Praxis in einer Vergütungsvereinbarung wohl am **häufigsten gewählte Abrechnungsmodell** dürfte wohl jenes nach **Zeitaufwand** sein. Diese Abrechnungsmethode hat den Vorteil, den tatsächlichen Arbeitsaufwand des Rechtsanwalts vergütungstechnisch exakt wiedergeben zu können, wenn die Abrechnung des Rechtsanwalts tatsächlich auch so exakt erfolgte. Genau hierin liegt das Problem, auf das weiter unten noch einzugehen sein wird (→ Rn. 115 ff.).

114 Auch das Modell der Zeitvergütung ist zunächst einmal unabhängig davon, ob eine unter oder über den gesetzlichen Gebühren liegende Vergütung vereinbart werden soll.[101] Freilich muss auch hier gewährleistet sein, dass bei einer gerichtlichen Tätigkeit des Rechtsanwalts die gesetzlichen Gebühren als Mindestgebühren geschuldet bleiben.[102] So lassen sich Beitreibungssachen, beispielsweise für Banken mit hohen Streitwerten, in wenigen Stunden erledigen, ohne dass dies dem Auftraggeber bei gerichtlicher anwaltlicher Tätigkeit zu Gute kommen darf.[103]

115 Lange Zeit galt die **zeitbasierte Vergütung** für den Rechtsanwalt als ein **risikoarmes Modell**, da das Kostenrisiko vom Mandanten getragen wurde.[104] So war man auch der Auffassung, der Mandant könne die Einhaltung des sog. **Wirtschaftlichkeitsgebots** nicht kontrollieren.[105] So uneingeschränkt lässt sich dies heute nicht mehr sagen. Zwar haben wir noch nicht die Verhältnisse wie in Amerika, wo bereits Agenturen mit dem Angebot an den Markt gegangen sind, die Zeitabrechnungen von Rechtsanwälten auf ihre Plausibilität hin zu überprüfen. Mittlerweile kommt es aber in Deutschland durchaus vor, dass große Firmen oder Versicherungsgesellschaften die Stundenabrechnungen der eingeschalteten Rechtsanwälte auf Plausibilität überprüfen lassen. Die Ergebnisse sind teilweise erschreckend. So wird immer wieder dieselbe Rechtslage anhand von identischer Rechtsprechung und Literatur „geprüft" und dem Mandanten wird diese Zeit mehrfach mit vielen Stunden in Rechnung gestellt. Auffällig ist es dann bisweilen, dass die Textbausteine, in denen Zitate vorzufinden sind, „durcheinander geschüttelt werden", damit nicht sogleich dem Leser auffällt, dass man diese Zitattextbausteine bzw. das Auffinden derselben schon mehrfach abgerechnet hat. Der 24. Senat des **Oberlandesgerichts Düsseldorf** hat in einer viel beachteten Entscheidung den Begriff „vom aufgeblähten Zeitaufwand" ebenso in Umlauf gebracht, wie er standardisierte Arbeitsbeschreibungen wie **„Aktenstudium", „Rechtsprechungsrecherche"** als Leerformeln und nicht abrechnungsfähig „gegeißelt" hat.[106] Im Ergebnis hat sich der BGH ebenso wie das OLG Frankfurt dieser Terminologie angeschlossen und man prüft sehr genau, ob der abgerechnete Zeitaufwand auch hinreichend dargestellt wird.[107]

116 Mit einer **Verschärfung** und Verbreitung dieser Rechtsprechung ist zu rechnen, wenn sich noch mehr Rechtsanwälte ihrer vertraglichen Treuepflicht zu einer effektiven und zugleich zeitschonenden Arbeitsweise nicht mehr verpflichtet fühlen. Derzeit sind es zwar noch überschaubare unrühmliche Ausnahmefälle, bei denen Rechtsanwälte für die „Prüfung eines einfachen Kostenfestsetzungsbeschlusses" 1,5 Stunden in Rechnung stellen oder die Beantwortung von Standardfragen mit Recht-

---

[101] So bereits zu § 4 RVG aF *Henssler* NJW 2005, 1537.
[102] Insoweit missverständlich Schneider/Wolf/*Onderka* § 3a Rn. 58; sa AG München AGS 2011, 530 ff.
[103] Teubel/Schons/*Teubel* Muster S. 151.
[104] *Vaagt* AnwBl. 2006, 571 (572); so wohl heute auch noch Schneider/Wolf/*Onderka* § 3a Rn. 59.
[105] *Henssler* NJW 2005, 1537 (1538).
[106] OLG Düsseldorf AGS 2006, 530; ebenso jetzt BGH NJW 2010, 1364.
[107] BGH AGS 2011, 9 ff.; OLG Frankfurt a.M. AnwBl. 2011, 300 ff.; sa OLG München AnwBl. 2010, 719 ff.

Vergütungsvereinbarung § 3a

sprechungsrecherchen von mehreren Stunden belegen. Eine Ausweitung von Missbrauchsfällen ist aber nicht auszuschließen.

Schon heute ist jedem Rechtsanwalt zu raten, in der **Zeitaufzeichnung** genau anzugeben, an welchem Tag zu welcher Zeit welche konkrete Tätigkeit geleistet worden ist. Allein die Erstellung derartiger Dokumentationen dürfte reichlich zusätzliche Arbeitskraft kosten, die dem Mandanten wiederum nicht in Rechnung gestellt werden darf.[108] Ob die Beliebtheit der Abrechnung nach Zeitaufwand auch bei der Anwaltschaft anhält, wird sich demgemäß noch zeigen müssen. Nach einer Studie rechnen jedenfalls von den Rechtsanwälten, die Vergütungsvereinbarungen treffen, nur 27 % nicht nach Zeitaufwand ab.[109] 117

Selbstverständlich gehört in eine Vergütungsvereinbarung nach Zeitaufwand auch die Angabe der **Abrechnungsintervalle**.[110] Wie bereits erwähnt, rechnen nach wie vor ca. 75 % aller Rechtsanwälte im 15-Minuten-Takt ab. 118

Die zu Recht von *Rick*[111] als „unsäglich" bezeichnete Rechtsprechung des Oberlandesgerichts Düsseldorf, wonach diese Zeit-Takt-Klausel unwirksam sei, ist inzwischen von einigen anderen Oberlandesgerichten und auch vom Bundesgerichtshof relativiert worden.[112] 119

Eine **weitere Einschränkung** der Vorteile der Abrechnung nach Zeitaufwand hat sich durch die ebenfalls höchst umstrittene Entscheidung des Bundesgerichtshofes vom 27.1.2005 ergeben.[113] Unter ausdrücklicher Einbeziehung des abgerechneten Zeithonorars hat der Bundesgerichtshof in dieser Entscheidung die Auffassung vertreten, die vereinbarte Vergütung sei in der Regel unangemessen, wenn mit ihr die gesetzliche **Höchstgebühr** um mehr als das **5-fache** überschritten werde. 120

Auch diese Entscheidung ist inzwischen – glücklicherweise – gleich in mehrfacher Hinsicht relativiert worden. Nachdem der **Bundesgerichtshof** selbst Bedenken bekommen hatte, diese Rechtsprechung uneingeschränkt auch bei Zeithonoraren anzuwenden, hat das **Bundesverfassungsgericht** unmissverständlich erklärt, dass jedenfalls bei Zeithonoraren eine andere Betrachtung unumgänglich ist. Anderenfalls – so das Bundesverfassungsgericht – werde aus der von den Vertragsbeteiligten im Wege der Privatautonomie gewünschten Zeitvereinbarung über die Deckelung eine Art Pauschalhonorar.[114] 121

Wie bereits erwähnt, „geistert" die Entscheidung des BGH vom 27.1.2005 aber immer noch durch Gerichtssäle, wenn auch mit einer gewissen Zurückhaltung. Unverständlich ist und bleibt es, wenn man bei einem vereinbarten Zeithonorar – vorausgesetzt, Stundensatz ist angemessen und Aufwand nachvollziehbar – immer noch meint, ein Verhältnis zu den gesetzlichen Gebühren herstellen zu dürfen. 122

Dabei hat sich die erhebliche **Kritik** jedenfalls zum Teil doch durchsetzen können, der die Entscheidung des Bundesgerichtshofes von Anfang an ausgesetzt gewesen war.[115] Folgerichtig hat die Gebührenreferentenkonferenz der Bundesrechtsanwaltskammer als unmittelbare Reaktion auf die Entscheidung des Bundesgerichtshofes in zwei Beschlüssen festgehalten, dass auch die Überschreitung der gesetzlichen Höchstgebühr um das 5-fache die Vergütungsvereinbarung nicht 123

---

[108] Vgl. nur OLG Düsseldorf AGS 2011, 366 ff.
[109] *Hommerich/Kilian* AnwBl. 2006, 473.
[110] Siehe hier erneut OLG Karlsruhe AGS 2015, 9 f., 15.
[111] Schneider/Wolf/*Rick* 4. Aufl. § 3a Rn. 61.
[112] BGH AGS 2011, 9 ff.; BGH AGS 2009, 209 mAnm *Schons*; OLG Hamm AnwBl. 2008, 546 ff. (548); OLG Schleswig AGS 2009, 209; sa Schneider/Wolf/*Onderka* § 3a Rn. 61.
[113] BGH NJW 2005, 2142 ff.
[114] BVerfG AGS 2009, 423 ff. mAnm *Schons; ders.* RAKMitt. Düsseldorf 2009, 172; *ders.* RAKMitt. Düsseldorf 2009, 216 ff.
[115] *Schons*, RAKMitt. Düsseldorf 2005, 184; ebenso die Anm von *Madert/Henke/N. Schneider* AGS 2005, 378 ff.

§ 3a Vergütungsvereinbarung

unangemessen erhöhe, wenn der Stundensatz angemessen und die Anzahl der abgerechneten Stunden nachvollziehbar dargelegt sei.[116] Dieser Beurteilung hat sich erfreulicherweise mehr oder weniger deutlich der IX. Senat des Bundesgerichtshofes in der Entscheidung vom 4.2.2010 angeschlossen.[117] Wegen der Einzelheiten → Rn. 137 ff.

124 Damit kommt der **Höhe** der einzelnen **Stundensätze** eine große Bedeutung zu. Jegliche schematische Bewertung ist abzulehnen.[118] Der Rechtsanwalt wird vielmehr selbst unter besonderer Berücksichtigung betriebswirtschaftlicher Kriterien, seiner Qualifikation und seiner Erfahrung den zutreffenden und „auf seinem Markt" durchsetzbaren Stundensatz ermitteln müssen.

125 Allgemein kann formuliert werden, dass der Auftraggeber eine umso effizientere und schnellere Bearbeitungsweise erwarten kann, je höher der Stundensatz vereinbart wird. Stundensätze bis zu 1.000 EUR werden in Ausnahmefällen – und mit abnehmender Akzeptanz – zwar auch in Deutschland vereinbart, verbunden jedoch mit der Erwartung, dass besonders schnell und effektiv gearbeitet wird.[119] Nach der neuesten Erhebung von *Hommerich/Kilian* soll hingegen bundesweit der Durchschnittsstundensatz bei 182 EUR liegen. Auch wenn solche – auf welchem Wege auch immer – ermittelten Durchschnittssätze für einige Rechtsanwälte als Richtschnur für die eigenen Vergütungsvereinbarungen dienen mögen, sind sie natürlich kein Maßstab für die Beurteilung ob der individuell vereinbarte Stundensatz unangemessen oder angemessen ist. Insbesondere ist es nicht zulässig, frei vereinbarte Stundensätze im Nachhinein durch eine richterliche Maßnahme auf den Durchschnittsstundensatz herabzusetzen.[120]

126 In der Praxis erhalten allenfalls 3 % der Anwälte einen höheren Stundensatz als 300 EUR. Der Durchschnittssatz liegt in der Regel bei 182 EUR.[121] Wie bereits erwähnt hat inzwischen die 24. Senat des Oberlandesgerichts Düsseldorf aber die bisherige Rechtsprechung sowohl zu den Zeitaktklauseln als auch zur Zeitaufzeichnung bekräftigt.[122] Das Oberlandesgericht Düsseldorf hält daran fest, dass derartige Klauseln insbesondere bei einem 15-Minuten-Takt **grundsätzlich unwirksam** sind, unabhängig davon, ob sie missbräuchlich und zu häufig zur Anwendung gelangen. Durch Zulassung der Revision wollte das Oberlandesgericht vom Bundesgerichtshof hier eine klare Aussage herbeiführen. Diesem Wunsch ist der BGH nicht gefolgt, sondern hat erneut die Frage offengelassen, ob eine Zeittaktklausel an sich unwirksam sein kann, unabhängig von der Frage des Missbrauches. Nachdem sich der BGH allerdings zwei Mal geweigert hat, die Frage des OLG Düsseldorf zu beantworten, wird man wohl davon ausgehen dürfen, dass man in Karlsruhe für die Rechtsauffassung in Düsseldorf wenig Verständnis findet. Demgegenüber hat man dem Oberlandesgericht wunschgemäß bestätigt, dass allen Abrechnungen nach Zeitaufwand unaufgefordert eine Darstellung der erbrachten Leistungen beizufügen sei.[123]

---

[116] Vgl. aber auch die Thesen zur Vergütungsvereinbarung der BRAK, S. 28; so auch LG Görlitz RVG Report 2013, 266 ff.

[117] Vgl. BGH AGS 2010, 267 ff. mAnm *Schons*; siehe hierzu allerdings auch die Kritik von *Lührig* AnwBl. 2010, 347 ff.

[118] So zutreffend Schneider/Wolf/*Onderka* § 3a Rn. 64.

[119] So jetzt auch BGH AGS 2011, 9 ff.; BGH NJW 2010, 1364.

[120] So ganz deutlich BGH AGS 2011, 9 ff.; BGH NJW 2010, 1364 – Zf. 87 u. 88; sa AG Döbeln AGS 2011, 64 ff. aA und falsch: OLG Düsseldorf AGS 2010, 109 ff., 115.

[121] Vgl. zum Ganzen die Studie *Hommerich/Kilian*, Vergütungsbarometer.

[122] OLG Düsseldorf AGS 2010, 109 ff. m. kritischer Anm. *Schons*.

[123] BGH AGS 2011, 9 ff. mAnm *Schons* unter Bestätigung von OLG Düsseldorf AGS 2010, 109 f. m. kritischer Anm. *Schons*; siehe insoweit schon: OLG Düsseldorf AGS 2006, 530 = RVGreport 2006, 520; zustimmend und kritisch im Hinblick auf „Worthülsen": Schneider/Wolf/*Onderka* § 3a Rn. 63; so jetzt auch ganz deutlich BGH NJW 2010, 1364.

Für den abgerechneten Zeitaufwand liegt die **Darlegungs- und Beweislast** beim Rechtsanwalt. Er muss also – wie bereits oben → Rn. 87 dargestellt – die von der Vereinbarung umfassten einzelnen Tätigkeiten und die insoweit getroffenen Maßnahmen so detailliert darlegen, dass seine abgerechneten Stunden den konkreten Leistungen zugeordnet werden können.[124] 127

Die entsprechenden zeitlichen Aufzeichnungen (Timesheet) unterliegen als private Urkunden iSv § 416 ZPO der freien Beweiswürdigung, so dass sie einen erheblichen Beweiswert haben.[125] 128

4. Sach- und Naturalvergütung

Das Gesetz verlangt nicht, dass die Vergütung in Geld erfolgt. Theoretisch ist es durchaus denkbar, dass sich der Rechtsanwalt für die Erbringung der anwaltlichen Leistungen Sachleistungen versprechen lässt oder die Abtretung von Forderungen oder Geschäftsanteilen akzeptiert. Da derartige Vereinbarungen allerdings eher **Seltenheitscharakter** haben und zudem den Nachteil mit sich bringen, dass die Äquivalenz von Leistung und Gegenleistung nur schwer zu ermitteln ist, wird hier auf weitere Ausführungen verzichtet.[126] 129

VI. Herabsetzung der vereinbarten Vergütung (§ 3a Abs. 2 RVG)

Entsprechend dem alten Recht sieht § 3a Abs. 2 S. 1 RVG vor, dass eine vereinbarte, eine vom Vorstand der Rechtsanwaltskammer festgesetzte oder eine nach § 4a RVG für den Erfolgsfall vereinbarte Vergütung, die unter Berücksichtigung aller Umstände **unangemessen hoch** ist, im **Vergütungsrechtsstreit** auf den angemessenen Betrag bis zur Höhe der gesetzlichen Gebühren herabgesetzt werden kann. 130

Es ist rechtlich nicht möglich, diese Vorschrift wirksam in der Vergütungsvereinbarung abzubedingen.[127] Können sich die Parteien des Anwaltsvertrags nicht einvernehmlich und außergerichtlich auf die **Herabsetzung** des vom Mandanten als unangemessen hoch empfundenen Honorars einigen, kann das **Gericht** im Rechtsstreit entsprechend tätig werden. Hierbei ist es gleichgültig, ob das gerichtliche Verfahren durch den Rechtsanwalt als Kläger oder durch den Mandanten veranlasst wurde, der möglicherweise einen Rückzahlungsanspruch des angeblich zuviel gezahlten Honorars geltend machen will, oder auf die Feststellung klagt, ein bestimmtes Honorar sei unangemessen hoch. 131

In jedem Fall hat das Gericht in einem solchen Vergütungsrechtsstreit **von Amts wegen** ein Gutachten des Vorstands der Rechtsanwaltskammer einzuholen, und zwar bei der Rechtanwaltskammer, dessen Mitglied der an der Vereinbarung beteiligte Rechtsanwalt ist. Die durch das Gericht vorgenommene Herabsetzung der Vergütung **ohne die Einholung eines solchen Gutachtens** stellt einen schweren **Verfahrensfehler** dar und führt zur Aufhebung des Urteils Umgekehrt ist die Einholung eines Gutachtens nicht erforderlich, wenn das Gericht eine Herabsetzung 132

---

[124] OLG Düsseldorf AGS 2006, 53; OLG Karlsruhe AGS 2001, 148; Madert/Schons/*Schons* S. 170.
[125] OLG Hamburg AGS 2001, 148 = MDR 2000, 115; OLG Hamm AGS 2007, 550 mAnm *Schons*, BeckRS 2007, 09463.
[126] Vgl. zum Ganzen jedoch Schneider/Wolf/*Onderka* § 3a Rn. 71, 72.
[127] Schneider/Wolf/*Onderka* § 3a Rn. 91.

§ 3a Vergütungsvereinbarung

nicht in Erwägung zieht.[128] Schließlich ist das Gericht nicht berechtigt, eine als zu niedrig empfundene Vergütung heraufzusetzen.[129]

133 Die Frage, ob eine vereinbarte anwaltliche Vergütung unangemessen hoch ist, wird durch eine jahrzehntelange höchst **unterschiedliche Rechtsprechung** bestimmt, die sich an Einzelfällen orientiert.[130]

134 Erstmals mit der schon bereits mehrfach zitierten Entscheidung vom 27.1.2005 hat der **Bundesgerichtshof** versucht, die Dinge zu **schematisieren**. Dabei bezog er seine frühere streitorientierte Rechtsprechung mit ein, wonach bei streitwertabhängigen gesetzlichen Gebühren dann das vereinbarte Honorar unangemessen hoch sein soll, wenn ein hoher Streitwert betroffen ist und die gesetzliche Gebühr gleichwohl mehr um mehr als das 5-fache überschritten wird.[131]

135 Unklar ließ der Bundesgerichtshof freilich, was er unter hohen Streitwerten versteht. Die **Gebührenreferenten** der **Bundesrechtsanwaltskammer** gehen jedenfalls davon aus, dass es sich um einen Streitwert im hohen sechsstelligen Bereich handeln muss.[132] Auch wenn unbestreitbar ist, dass die Rechtsprechung der Intention des Gesetzgebers entsprechen muss, unangemessen hohe Vergütungsvereinbarungen reduzieren zu können, sollte das aber – wie zuvor – durch Einzelfallentscheidungen geschehen, die den Besonderheiten des betroffenen Mandats Rechnung tragen können.

136 Letztlich hat dies auch der **Bundesgerichtshof** eingesehen, indem er seine Rechtsprechung mehr und mehr **relativierte** und schließlich sogar – eigentlich nicht nachvollziehbar – zu erkennen gab, über Zeithonorarvergütungen sei in diesem Zusammenhang angeblich überhaupt noch nicht geurteilt worden.[133]

137 Das **Bundesverfassungsgericht**[134] hat dann – jedenfalls für **Zeitvergütungen** – die Uhren gewissermaßen wieder auf Anfang gestellt und der Rechtsprechung die Möglichkeit eröffnet, zur **Einzelfallbeurteilung** zurückzukehren. Dies ist ausdrücklich zu begrüßen. Insbesondere auf dem Gebiete der Strafverteidigung hat die Entscheidung des Bundesgerichtshofes vom 27.1.2005 zu völlig unannehmbaren Ergebnissen geführt. Obgleich das RVG die gesetzliche Vergütung bei der Strafver-

---

[128] HK-RVG/*Teubel* § 3a Rn. 117.

[129] Schneider/Wolf/*Onderka* RVG § 3a Rn. 91; siehe in diesem Zusammenhang aber OLG Koblenz AGS 2009, 217 f. mAnm *Schons*.

[130] Vgl. etwa BGHZ 77, 250 = NJW 1980, 1962 (das Zehnfache für den Antrag, das gerichtliche Vergleichsverfahren zur Abwendung des Konkurses einzuleiten); OLG Köln NJW 1998, 1960 (Eine vereinbarte Vergütung ist im Allgemeinen nicht als unangemessen hoch anzusehen, wenn sie die gesetzlichen Gebühren um das Fünf- oder Sechsfache übersteigt); LG Konstanz AGS 1994, 82 = zfs 1994, 32; LG Berlin AnwBl. 1982, 262 (das Sechsfache der gesetzlichen Gebühren); LG Düsseldorf JurBüro 1991, 530 (Streitwertvereinbarung auf das Fünffache); LG Braunschweig AnwBl. 1973, 358 (das Fünffache); LG Karlsruhe AnwBl. 1983, 178 (zusätzliche Verhandlungsgebühr von 3.000 DM je Verhandlungstag); LG Köln AGS 1999, 179 = JurBüro 1999, 528 (Arbeitsgerichtssache: Vereinbarter Streitwert auf der Grundlage des dreifachen Jahresgehalts; Stundensatz 600 DM); AG Hamburg AGS 2000, 81 (Angesichts der anwaltlichen Betriebskosten in einem Nachbarrechtsstreit ist ein Zeithonorar von 400 DM ein angemessenes Honorar. Allein aus der Tatsache, dass das Honorar die gesetzlichen Gebühren um das 16-fache übersteigt, kann kein Schluss auf die Unangemessenheit der Honorarforderung gezogen werden); LG Aachen NJW 1999, 412 (für Vertretung während der Untersuchungshaft ist eine Vereinbarung von 25.000 DM grundsätzlich zulässig).

[131] BGHZ 144, 343 (346) = NJW 2002, 2774 = NJW 1979, 2388 (2389).

[132] HK-RVG/*Teubel* 5. Aufl. § 3a Rn. 151; Thesen zur Vergütungsvereinbarungen der BRAK, S. 28; ebenso schon in diese Richtung BGH AGS 2009, 262 f. mAnm *Schons*; nunmehr noch weitergehend BGH NJW 2010, 1364; BGH AGS 2011, 9 ff.

[133] BGH AGS 2009, 430 ff. (431).

[134] BVerfG AGS 2009, 423 ff.

teidigung deutlich angehoben hat, kann kaum ernsthaft die These in Frage gestellt werden, dass bei umfangreichen und gewichtigen Strafverfahren die gesetzliche Vergütung nicht ansatzweise eine wirtschaftliche Honorierung der anwaltlichen Tätigkeit darstellt.

Rechtsanwälte sind demgemäß stets darauf angewiesen, unter dem **Gesichts-** **punkt der Quersubventionierung** die wirtschaftlichen Nachteile der strafrechtlichen Mandate durch zivilrechtliche Mandate mit entsprechend hohen Streitwerten auszugleichen. Dies half und hilft aber dort nicht weiter, wo sich Rechtsanwälte ausschließlich der Strafverteidigung verschrieben haben, was in der Praxis nicht nur mehr und mehr verbreitet ist, sondern von der Rechtsordnung auch gewünscht werden muss. **Strafverfahren** sind heute derart komplex und die hierzu ergangene Rechtsprechung derart vielfältig, dass sie Fachleuten überlassen werden sollte, die sich ausschließlich oder fast ausschließlich mit derartigen Mandaten beschäftigen. Dann ist aber auch für eine **ausreichende Honorierung** zu sorgen, indem man **Vergütungsvereinbarungen mit einem breiten Verhandlungsspielraum** zulässt. Es liegt jetzt an einer verantwortungsbewusst agierenden und insbesondere fair abrechnenden Anwaltschaft, auf die Entscheidung des Bundesverfassungsgerichts zu reagieren. Die redlich und fair abrechnenden Rechtsanwälte werden die Entscheidung des Bundesverfassungsgerichts begrüßen, die wenigen schwarzen Schafe sollten sie nicht dahingehend missverstehen, man könne „den Bogen überspannen".[135]

138

Bei den wünschenswerten **Einzelfallentscheidungen** kann sich die Rechtsprechung durchaus an **Kriterien** orientieren, die man aus den Leitlinien der Entscheidung des Bundesgerichtshofes vom 27.1.2005 einerseits und einem Urteil des Oberlandesgerichts Hamm vom 18.6.2002 andererseits und aus den Grundsätzen, die die 51. Tagung der Gebührenreferenten der Rechtsanwaltskammern für Zeitvergütungen beschlossen hat, kombiniert entnehmen kann.[136]

139

Danach sind vereinbarte Vergütungen nicht unangemessen, wenn sie das 5-fache bis 6-fache der gesetzlichen Höchstgebühr nicht überschreiten und sie sind auch bei Überschreitung des 5- bis 6-fachen jedenfalls dann nicht unangemessen, wenn sie ein angemessenes Entgelt für den anwaltlichen Aufwand darstellen. Trotz solcher hilfreichen Hinweise und trotz der eigentlich inzwischen als bekannt vorauszusetzenden Rechtsprechung des Bundesverfassungsgerichts und des Bundesgerichtshofes finden sich immer wieder Urteile von Untergerichten, die die höchstrichterliche Rechtsprechung nicht kennen oder möglicherweise sogar bewusst ignorieren.[137] Und Mandanten finden auch immer wieder Anwälte, die sich selbst gegen Vergütungsvereinbarungen wehren wollen, mit denen die gesetzlichen Gebühren lediglich um das 3,2-fache überschritten werden.[138]

140

Soweit **Zeithonorare** betroffen sind – dies hat das Bundesverfassungsgericht nunmehr ausdrücklich festgestellt – ist der **Multiplikationsfaktor** überhaupt nicht mehr zu berücksichtigen. Es kommt ausschließlich auf die **Angemessenheit des Stundensatzes** und auf den nachvollziehbaren **Umfang** der abgerechneten Stunden an. Handelt es sich um eine **Pauschalgebühr** oder sind Mischformen betroffen, so kann eine Art **Gegenkontrollrechnung** unter Berücksichtigung eines angemessenen und üblichen Stundensatzes vorgenommen werden. So wäre es beispielsweise denkbar, das vereinbarte Pauschalhonorar eines Strafverteidigers für

141

---

[135] *Schons* RAKMitt. Düsseldorf 2009, 216 ff.; *ders.* BRAK-Mitt. 2009, 172 ff.

[136] BGH NJW 2005, 2142 ff.; OLG Hamm AGS 2002, 268; *Ebert* BRAK-Mitt. 2005, 271; Thesen der BRAK zur Vergütungsvereinbarung, S. 28; sowie HK-RVG/*Teubel* 5. Aufl. § 3a Rn. 177; aA OLG Düsseldorf AGS 2010, 109 ff.

[137] Vgl. etwa AG München, AGS 2011, 20 ff. m. kritischer Anm. *Winkler*: Unangemessenheit der vereinbarten Vergütung bei Überschreitung des 5-fachen der gesetzlichen Höchstgebühren.

[138] Vgl. den Fall des OLG München AGS 2012, 377 ff. mAnm *Schons*.

die erste Instanz in Höhe von 30.000 EUR daraufhin zu überprüfen, ob beispielsweise ein Stundensatz von 250 EUR bis 300 EUR bei nachvollziehbarem Stundenaufwand zum gleichen Ergebnis käme.[139] Entsprechende Überlegungen befinden sich auch in der Entscheidung des IX. Senats des Bundesgerichtshofs vom 4.2.2010. Wie immer man diese Entscheidung beurteilen mag[140] an einer möglichst genauen Berücksichtigung wird kein Rechtsanwalt „vorbeikommen", will er ernsthafte Probleme mit der eigenen Vergütungsvereinbarung vermeiden. Der BGH versucht sich dort an der schwierigen Übung, an der „Kappungsgrenzenentscheidung" vom Januar 2005 (vgl. oben) im Grunde doch festzuhalten, die Entscheidung des Bundesverfassungsgerichts aber gleichzeitig zu beachten. Hierbei gibt der Bundesgerichtshof wertvolle Hinweise zu der Notwendigkeit, bei Zeithonoraren genau darzulegen, was, wann mit welcher Zielrichtung während der abgerechneten Zeit an Tätigkeit erbracht wurde, in welchem Rahmen Stundensätze als akzeptabel angesehen werden können und wo und inwieweit die Angemessenheit der abgerechneten Stunden kritisch hinterfragt werden darf. Die Entscheidungen vom 4.2.2010 und 21.10.2010 sind gewissermaßen als Pflichtlektüre für jeden auf der Grundlage von Vergütungsvereinbarungen abrechnenden Rechtsanwalt zu bezeichnen.

142 Wie bereits erwähnt, muss das Gericht für den Fall, dass es eine **Herabsetzung** der vereinbarten Vergütung für notwendig erachtet, ein **Gutachten der Rechtsanwaltskammer** einholen. Dieses Gutachten ist kostenlos zu erstatten, stellt keine Sachverständigenleistung iSd JVEG dar und hat für das Gericht im Übrigen keine Bindungswirkung.[141] Wenn das Gericht anschließend die Vergütung anpasst, so schuldet der Auftraggeber nur den vom Gericht reduzierten Betrag. Auch kann das Gericht dem Auftraggeber eine Rückzahlung zu Lasten des Rechtsanwalts zusprechen. Soweit Rechtsanwälte in diesem Zusammenhang immer wieder den Einwand der Entreicherung erheben, wird dieser von der Rechtsprechung regelmäßig ausgeschlossen und gilt zudem als berufsrechtswidrig.[142]

VII. Vergütungsvereinbarung und Vergütung aus der Staatskasse

1. Verhältnis zur Beratungshilfe

143 Relativ überraschend hat der Gesetzgeber Abs. 4 von § 3a RVG mit Wirkung zum 1.1.2014 ersatzlos gestrichen. Hierdurch soll das Recht eines Rechtsanwalts mit seinem Mandanten eine Vergütungsvereinbarung zu treffen, flexibler gestaltet werden. Der Mandant werde aber ausreichend noch kurz wie vor dadurch geschützt, dass der Rechtsanwalt – auch aus einer Vergütungsvereinbarung – keinerlei Rechte herleiten könne, wenn er im Wege der Beratungshilfe beigeordnet sei.[143]

2. Vergütungsvereinbarung und Prozesskostenhilfe

144 Während nach altem Recht (vgl. § 4 Abs. 5 RVG aF) ein im Wege der Prozesskostenhilfe beigeordneter Rechtsanwalt eine Vergütungsvereinbarung schließen und

---

[139] Vgl. zu diesem Überlegungen auch OLG Hamm AnwBl. 2007, 723; OLG Hamm RVGreport 2008, 256 f.
[140] Kritisch: *Lührig* AnwBl. 2010, 347 ff. ausschließlich begrüßend: *Jahn* BRAKMagazin Ausgabe 3/2010, S. 8; differenzierend: *Schons* AGS 2010, 279 ff.
[141] Schneider/Wolf/*Onderka* § 3a Rn. 98, 99 mwN; OLG Hamm AGS 2007, 550 mAnm *Schons*; Abweichungen müssen erläutert werden: BGH AGS 2010, 267 ff.
[142] *Schneider* Rn. 1725 mwN; ebenso Schneider/Wolf/*Onderka* § 3a Rn. 101.
[143] S. hierzu *Meyer* AnwBl. 2013, 311 f.

Vergütungsvereinbarung § 3a

hierauf geleistete Zahlungen behalten durfte, wenn diese freiwillig und ohne Vorbehalte erfolgt waren, hat sich die Rechtslage jetzt geändert. Für den im Wege der Prozesskostenhilfe beigeordneten Rechtsanwalt wird eine **Verbindlichkeit** durch eine Vergütungsvereinbarung nicht mehr begründet. Zahlungen muss er herausgeben, auch wenn sie freiwillig und ohne Vorbehalt geleistet worden sind. Nach § 3a Abs. 3 RVG ist eine solche Vereinbarung nämlich nunmehr ebenfalls **nichtig,** soweit eine höhere als die gesetzliche Vergütung vereinbart wird.

Das bedeutet aber gleichzeitig, dass die Vereinbarung insoweit **wirksam** bleibt, 145 als sie die Vergütung eines **Wahlanwalts** umfasst. Die **Differenz** zwischen der PKH-Vergütung und der gesetzlichen Vergütung kann also nach wie vor Gegenstand einer wirksamen Vergütungsvereinbarung sein.[144] Zutreffend weist *Teubel* daraufhin, dass der Schutz des bedürftigen Auftraggebers durch § 122 Abs. 1 Ziff. 3 ZPO gewährleistet bleibt. Die Bewilligung der Prozesskostenhilfe bewirkt, dass der beigeordnete Rechtsanwalt Ansprüche auf Vergütung gegen die Partei nicht geltend machen kann. Dies gilt aber nur für die Dauer Beiordnung und stellt nicht in Frage, dass Leistungen des Auftraggebers mit Rechtsgrund erbracht werden können und vom Rechtsanwalt behalten werden dürfen. Die von *Teubel* und die hier vertretene Auffassung entspricht auch dem Grundgedanken von § 58 Abs. 2 RVG.[145] Der Rechtsanwalt muss nur darauf achten, dass die Zahlung des Auftraggebers (unabhängig davon, ob sie anzurechnen ist) im Rahmen der PKH-Gebührenrechnung gegenüber der Staatskasse angegeben wird (vgl. § 45 Abs. 5 S. 2 RVG).

Die von *Mayer* in Gerold/Schmidt vertretene Auffassung entbehrt jeglicher 146 Begründung und ist darüber hinaus mit dem Gesetzestext in § 3a Abs. 3 S. 1 RVG nicht vereinbar. Wenn der Gesetzgeber nun ausdrücklich festlegt, dass die Vergütungsvereinbarung nur nichtig ist, soweit sie eine „höhere als die gesetzliche Vergütung" vorsieht, so kann nicht ernsthaft vertreten werden, es liege eine Art „Gesamtnichtigkeit" (dann ja wohl contra legem) vor.[146] Der Hinweis auf § 139 BGB ist jedenfalls unverständlich.

Diese Problematik ist auch bei Schaffung des neuen § 15a RVG behandelt wor- 147 den (vgl. insoweit die Ausführungen von *Enders* in diesem Kommentar). Soweit Zahlungen über die gesetzliche Vergütung hinaus erfolgen, kann der Rechtsanwalt sie auch nach neuem Recht jedenfalls dann behalten, wenn dem Auftraggeber bekannt ist, dass er die Zahlung nicht schuldet und/oder die Zahlung dem Anstand oder einer sittlichen Pflicht entspricht (§ 814 BGB). Dies ergibt sich aus dem in § 3a Abs. 3 S. 2 RVG enthaltenen Verweis auf das Bereicherungsrecht eindeutig.

3. Vergütungsvereinbarung und Pflichtverteidigung

Unproblematisch ist der Abschluss einer Vergütungsvereinbarung seitens des 148 Pflichtverteidigers.[147] § 3a RVG enthält insoweit keinen Ausschlusstatbestand, vielmehr ergibt sich aus § 58 Abs. 3 RVG die Zulässigkeit einer solchen Vergütungsvereinbarung, auch wenn dort das vereinbarte Honorar (anders noch § 101 Abs. 1 BRAGO) nicht mehr ausdrücklich erwähnt wird.[148]

---

[144] Teubel/Schons/*Teubel* S. 48, 49; ders. in HK-RVG § 3a Rn. 51; aA Gerold/Schmidt/*Mayer* § 3a Rn. 43; missverständlich und widersprüchlich: Schneider/Wolf/*Onderka* § 3a Rn. 123.
[145] Vgl. bei ähnlicher Fallgestaltung (Zahlung einer außergerichtlichen Geschäftsgebühr) OLG Brandenburg AGS 2011, 549 ff.
[146] Höchst widersprüchlich und missverständlich: Schneider/Wolf/*Onderka* § 3a Rn. 123 aE; vgl. zum Ganzen auch *Lissner* AGS 2014, 1 ff.
[147] BGH Rpfleger 1979, 412 = MDR 1979, 1004 = NJW 1980, 13947; *Burhoff* Teil B Vergütungsvereinbarung Rn. 11; Madert/Schons/*Schons* S. 35.
[148] Schneider/Wolf/*Onderka* § 3a Rn. 24.

§ 3a Vergütungsvereinbarung

149 Grund für die unterschiedliche Behandlung ist der Umstand, dass die Pflichtverteidigung nicht an die **Bedürftigkeit** des Beschuldigten anknüpft, sondern der **Verfahrenssicherung** und der ordnungsgemäßen Verteidigung dient, also der Erfüllung staatlicher Pflichten. Bei der Pflichtverteidigung ist allerdings insbesondere darauf zu achten, dass der Mandant die Vergütungsvereinbarung **freiwillig** abschließt. Gerade bei einem inhaftierten Mandanten gilt es, spätere Zweifel oder Einwände durch sorgfältige Dokumentation auszuschließen.[149]

150 Durch das 2. KostRMoG hat sich die Situation des Pflichtverteidigers allerdings sowohl verschlechtert als auch verbessert, je nachdem wie er seine Vergütungsvereinbarung gestaltet hat. § 58 Abs. 3 RVG wurde ein neuer S. 4 hinzugefügt, der lautet:

> Sind die dem Rechtsanwalt nach Satz 3 verbleibenden Gebühren höher als die Höchstgebühr eines Wahlanwalts, ist auch der die Höchstgebühren übersteigende Betrag anzurechnen oder zu rückzuzahlen.

151 Dies stellt eine Verschlechterung der Rechtslage bis zum 30.6.2013 dar. Es wird nämlich nunmehr gesetzlich klargestellt, dass unabhängig von der Regelung des § 58 Abs. 3 S. 3 RVG auch unterhalb des Doppelten der Pflichtverteidigergebühren anzurechnen und zurückzuzahlen ist, wenn der Anwalt seine Vergütung in Höhe der höchstmöglichen Wahlanwaltsvergütung erhalten hat.[150]

152 Verbessert wird die Situation des Pflichtverteidigers – und hierauf gilt es bei der Gestaltung der Vergütungsvereinbarung zu achten – dadurch, dass in § 17 Nr. 10 und Nr. 11 RVG nunmehr klargestellt wird, dass das vorbereitende Verfahren und das erstinstanzliche gerichtliche Verfahren zwei Angelegenheiten sind.

153 Hat der Rechtsanwalt in der Vergütungsvereinbarung also ein recht hohes Honorar für das vorbereitende Verfahren vereinbart, so kann er diesen Betrag anrechnungsfrei behalten, wenn er erst für das Hauptverfahren als Pflichtverteidiger beigeordnet wird. Die Beschränkung von § 58 Abs. 3 S. 4 RVG spielt dann keine Rolle mehr.[151]

154 Auch bei Abschluss einer Vergütungsvereinbarung bleibt es allerdings dabei, dass bei bestehender Pflichtverteidigung keine **Vorschüsse** verlangt werden dürfen (vgl. § 52 Abs. 1 S. 1 Hs. 2 RVG). Besonders aufpassen muss der Pflichtverteidiger, der mit dem Mandat in die Wahlverteidigung wechselt. Die vom Pflichtverteidiger abgeschlossene Vergütungsvereinbarung wird jetzt nicht automatisch zur Vergütungsvereinbarung des Wahlverteidigers, so dass eine Abänderungsvereinbarung in der Textform von § 3a Abs. 1 RVG dringend erforderlich ist.[152]

VIII. Gebührenteilungsvereinbarung

155 Der Vollständigkeit halber sollen an dieser Stelle auch die zwischen Rechtsanwälten beliebten Gebührenteilungsvereinbarungen mit abgehandelt werden, obgleich solche Vereinbarungen keine Vergütungsvereinbarung iSd §§ 3a ff. RVG sind und demgemäß auch keinerlei Formvorschriften unterliegen.[153] Derartige Gebührenteilungsvereinbarungen sind insbesondere dort anzutreffen, wo aufgrund der Ortsverschiedenheit sich der eine Rechtsanwalt auf die Abfassung der Schriftsätze beschränkt, während ein weiterer Rechtsanwalt die Termine am Gericht wahrnimmt. Bei einer derart gemeinsamen Mandatsbearbeitung ist ein Verstoß gegen

---

[149] Schneider/Wolf/*Onderka* § 3a Rn. 25.
[150] *Schneider/Thiel* S. 98.
[151] *Schneider/Thiel* S. 98.
[152] OLG Bremen StV 1987, 162.
[153] BGH AGS 2001, 51 = NJW 2001, 753; OLG Düsseldorf OLGR 1994, 227; *N. Schneider* Rn. 123 ff.

Vergütungsvereinbarung § 3a

berufsrechtliche Vorschriften nicht zu befürchten, wenn man die einschlägige Rechtsprechung berücksichtigt.

Ausdrücklich **verboten** ist die Vereinbarung einer **Vermittlungs- oder Auf-** 156 **tragsprovision** (vgl. § 49b Abs. 3 S. 1 BRAO). Hierbei ist es unbeachtlich, ob die Vermittlungsprovision **neben** einer Gebührenteilungsvereinbarung steht, zB dann, wenn der vermittelnde Rechtsanwalt gleichzeitig Teile des Auftrages selbst erledigt, oder ob eine Gebührenteilungsvereinbarung sie beinhaltet, die berücksichtigt, dass der eine dem anderen die Mitarbeit an dem Mandat ermöglicht hat.[154] Voraussetzung für eine zulässige Gebührenteilung ist daher stets, dass der Gebührenanteil für tatsächlich **erbrachte anwaltliche** (Mit-)Leistung gewährt wird.

Verboten ist aber auch die in der Praxis häufig anzutreffende **Gebührenteilung** 157 **zwischen Hauptbevollmächtigten und Unterbevollmächtigten**. Dies hat der Bundesgerichtshof bereits mehrfach festgestellt und gleichzeitig vermeintliche Lösungsmöglichkeiten aufgezeigt.[155] Der Bundesgerichtshof vertritt die Auffassung, dass eine wie auch immer geartete Gebührenabgabe an den „Terminsvertreter" dann berufsrechtlich unbedenklich sei, wenn die Beauftragung des Kollegen vor Ort nicht im Namen und auf Rechnung des Mandanten erfolgt, sondern sich der Rechtsanwalt eines anderen Kollegen als eine Art „Geschäftsbesorger" bedient. In diesem Fall seien das Mandatsverhältnis und damit auch das anwaltliche Berufsrecht nicht berührt. Ob dieser Weg im Falle von Regressen nicht zu Schwierigkeiten mit der Vermögenshaftpflichtversicherung führen kann (Stichwort: „Teilungsabkommen"), muss jeder Rechtsanwalt für sich entscheiden.

Der Hintergrund einer Gebührenteilungsvereinbarung liegt auf der Hand: Wer 158 sich formell eines Terminsvertreters bedient, verliert mit Einführung des RVG erhebliche Gebühren als Hauptbevollmächtigter, da man an der Terminsgebühr nicht mehr partizipiert.

Eine sinnvolle Alternative stellt das **„Verkehrsanwaltsmodell"** dar: Nach § 49b 159 Abs. 3 S. 2–4 BRAO ist es zulässig, eine über den Rahmen der Nr. 3400 VV RVG für Rechtsanwälte hinausgehende Tätigkeit eines anderen Rechtsanwalts angemessen zu honorieren. Hierbei sind die Verantwortlichkeit sowie das Haftungsrisiko der beteiligten Rechtsanwälte zu berücksichtigen. Wenn also der Verkehrsanwalt nicht nur die ihm primär zugewiesene Aufgabe ausübt, den Kontakt zwischen Mandanten und Verfahrensanwalt zu vermitteln, sondern den Gang des Verfahrens dadurch prägt, dass er sämtliche Schriftsätze fertigt und oftmals auch auf den Gang der mündlichen Verhandlung durch Telefonkontakt bis hin zur Vergleichsabstimmung Einfluss nimmt, kann er sich für diesen „Arbeitsanteil" durchaus 50 % oder mehr der Gebühren durch eine Vereinbarung sichern.[156]

IX. Rationalisierungsabkommen der Rechtsschutzversicherer

Die Rationalisierungsabkommen, die Rechtsschutzversicherungen manchen 160 Anwaltskanzleien vorlegen und die – leider – ca. 25 % der Rechtsanwälte inzwischen (der Not gehorchend) akzeptieren, sind weder als Gebührenvereinbarungen noch als Vergütungsvereinbarungen qualifizierbar. Sie sind nichts anderes als **individuelle Abreden,** die zumindest in weiten Teilen dem geltenden **Berufsrecht** widersprechen. Allen Rationalisierungsabkommen ist gemeinsam, dass die gesetzlichen Gebühren über eine Pauschalisierung im Regelfall unterschritten, teilweise auch

---

[154] OLG Frankfurt a.M. NJW-RR 1995, 372.
[155] Vgl. zunächst BGH NJW 2001, 753 = AnwBl. 2000, 302; nunmehr BGH AnwBl. 2006, 672 ff.
[156] Vgl. zur Abrechnung ausführlich: *Schneider* Anwaltsgebühren Kompakt 2014, Heft 3, 32 f.

deutlich unterschritten werden. Soweit eine anwaltliche Tätigkeit im **gerichtlichen** Bereich betroffen ist (Verteidigung im Bußgeldverfahren und verkehrsrechtlichen Strafsachen), liegt der Berufsrechtsverstoss auf der Hand, da nach § 49b BRAO nach wie vor im gerichtlichen Bereich die gesetzlichen Gebühren nicht unterschritten werden dürfen.

161 Aber auch im **außergerichtlichen** Bereich lassen sich die Rationalisierungsabkommen mit den gesetzlichen Vorschriften nicht vereinbaren. Der Gesetzgeber hat in § 4 Abs. 1 S. 2 RVG nF herausgestellt, dass die die gesetzliche Vergütung unterschreitende Vergütung jedenfalls in einem angemessenen Verhältnis zur Leistung, Verantwortung und Haftungsrisiko des Rechtsanwalts stehen muss. Ob dies zutrifft oder nicht, kann nur am Einzelfall und am einzelnen Mandat beurteilt werden. Die in den Rationalisierungsabkommen anzutreffenden Pauschalregelungen für eine unübersehbare Anzahl von Mandaten in den verschiedensten Rechtsgebieten lassen genau eine solche Differenzierung in der Regel gerade nicht zu.[157]

162 Erfreulicherweise ist es allerdings durch Verhandlungen mit zumindest drei großen Rechtsschutzversicherungen gelungen, die Honorierungsabreden in solchen Abkommen den berufsrechtlichen Bedenken anzupassen:

163 ÖRAG, ARAG und HUK Coburg bieten den angeschlossenen Vertragsanwälten grundsätzlich die Abrechnung nach den gesetzlichen Bestimmungen – auch bei den Rahmengebühren -, erwarten dann allerdings, dass zu den Bewertungskriterien von § 14 RVG eine Erläuterung abgegeben wird.

164 Nur dann, wenn der Rechtsanwalt – aus welchen Gründen auch immer – auf eine solche (im Übrigen stets sehr hilfreiche) Erläuterung verzichtet und seine Kostenrechnung unkommentiert einreicht, erklärt er – zumindest konkludent – sein Einverständnis mit der Abrechnung nach zuvor für solche Fälle vereinbarten Pauschalen.

165 Bei einer solchen Gestaltung steht es dem Anwalt also frei, sein Ermessen – nachvollziehbar – auszuüben oder die Arbeit zwischen Rechtsschutzversicherer und Anwalt durch Pauschalen zu vereinfachen, wobei die Entscheidung stets bei jedem neuen Mandat neu getroffen werden kann.

X. Abrechnung

166 Auch die über eine Vergütungsvereinbarung erzielten Gebühren sind selbstverständlich ordnungsgemäß unter Berücksichtigung von § 10 RVG abzurechnen.[158] Hierbei ist dem gewählten „Vereinbarungsmodell" Rechnung zu tragen. Dort wo die Vereinbarung eine Vervielfachung der gesetzlichen Vergütungstatbestände vorsieht, sind diese Vergütungstatbestände zu zitieren, während ansonsten kenntlich zu machen ist, für welche konkrete anwaltliche Tätigkeit man die – vereinbarte – Pauschale berechnet (Beratung, Gutachtenerstellung, außergerichtliche Vertretung).[159] Steht die Wirksamkeit der Vergütungsvereinbarung in Frage, sollte zusätzlich zur Abrechnung nach der Vergütungsvereinbarung hilfsweise auch eine Abrechnung der gesetzlichen Vergütung erstellt und im Falle einer notwendigen Vergütungsklage vorsorglich in dieses Verfahren eingestellt werden.[160]

---

[157] Vgl. hierzu eingehend *Schons* NJW 2004, 2952; Hartung/Römermann/*Schons* VV Nr. 2300 Rn. 25 ff.; ders. AnwBl. 2010, 861 ff.; *ders.* AGS AnwBl. 2012 221 f.; sehr ausführlich jetzt auch *Terriuolo* AnwBl. 2016, 468 ff.; sa OLG Hamm RVGreport 2004, 432 sowie LG Duisburg Urt. v. 13.5.2005 – 10 O 133/05.

[158] HK-RVG/*Mayer* § 10 Rn. 4; Schneider/Wolf/*Onderka* § 3a Rn. 129; Gerold/Schmidt/*Burhoff* § 10 Rn. 25; sa LG Wuppertal AGS 2013, 381 f.; *Schneider* Rn. 1878.

[159] Vgl. auch hier Schneider/Wolf/*Onderka* § 3a Rn. 129.

[160] Vgl. hierzu BGH AGS 2003, 15; zur Verjährungsunterbrechung: BGH NJW 2002, 2774 (2776).

Seit Bekanntwerden der Entscheidung des BGH vom 5.6.2014,[161] wird allerdings **167** thematisiert, was bei einer Berechnung der anwaltlichen gesetzlichen Vergütung vom Rechtsanwalt verlangt werden kann.[162] Begründet werden diese Überlegungen damit, dass der BGH ja auch im Falle der Fehlerhaftigkeit einer Vergütungsvereinbarung grundsätzlich von der wirksamen Vergütungsvereinbarung ausgeht, die lediglich gemäß § 4b RVG nunmehr auf die gesetzliche Vergütung beschränkt ist. Wenn dem so ist, so könnte man sich auf den Standpunkt stellen, es sei nun Aufgabe desjenigen, der die vereinbarte Vergütung nicht akzeptieren will, die gesetzliche Vergütung als eine Art Kappungsgrenze darzulegen und vorzutragen.

Wie dies bei einer Rahmengebühr allerdings gehen soll, darüber schweigen sich **168** Vertreter dieser Auffassung bislang noch aus. Immerhin spricht § 14 RVG in aller Deutlichkeit davon, dass der Rechtsanwalt – und niemand anders – bei Rahmengebühren das Honorar nach billigem Ermessen zu bestimmen hat. Verantwortlich hierfür ist also weder der Mandant noch ein Kostenerstattungsschuldner einschl. der Rechtsschutzversicherung. Demgemäß kann es auch nicht im wohlverstandenen Interesse des betroffenen Rechtsanwalt liegen, es nunmehr dem Gericht oder der Gegenseite zu überlassen, die Höhe der gesetzlichen Gebühr und damit die Kappungsgrenze für ihn, den Anwalt, letztendlich zu bestimmen.

Fraglich bleibt dann natürlich noch, wie sich die unterschiedlichen Auffassungen **169** bei der Interpretation der Entscheidung vom 5.6.2014 auf Rückforderungsansprüche eines Mandanten auswirken. Muss der Mandant, der jetzt nach Bereicherungsrecht die wegen der Fehlerhaftigkeit der Vergütungsvereinbarung im Raume stehende Überzahlung selbst errechnen, also sich selbst die gesetzliche Vergütung „ausdenken" oder kann er sich auf den Standpunkt stellen, der Rückforderungsanspruch beziehe sich solange auf das gesamte gezahlte Honorar, so lange nicht eine ordnungsgemäße Abrechnung der jetzt nunmehr nur noch geschuldeten gesetzlichen Vergütung vorliege.

Entscheidungen über derartige Fallgestaltungen liegen derzeit noch nicht vor.

XI. Kostenerstattung

Eine **vereinbarte Vergütung** ist in der Regel nicht erstattungsfähig, unabhängig **170** davon gegen wen sich der Erstattungsanspruch richtet. Sowohl der erstattungspflichtige Gegner als auch im Falle des Freispruchs die Staatskasse und im Falle des Rechtsschutzes der Rechtsschutzversicherer schulden die vereinbarte Vergütung lediglich bis zur Höhe der fiktiven gesetzlichen Gebühren, die der Rechtsanwalt hätte beanspruchen können (vgl. insoweit nunmehr die gesetzliche Hinweispflicht nach § 3a Abs. 1 S. 3 RVG). Auch hier ist allerdings die Einzelfallentscheidung des OLG München zu beachten.[163] Im Übrigen wird auf die Kommentierung in Rn. 3. und die dort vorzufindende umfangreiche neuere Rechtsprechung zur Frage der Kostenerstattung bei einer vereinbarten Vergütung verwiesen.

Demgemäß ist es zumindest zweifelhaft, ob die noch in der Vorauflage vertretene **171** Auffassung haltbar ist, dass sich auch Schadensersatzansprüche auf die gesetzliche Vergütung beschränken müssen, wenn ohne Sondervergütung ein dem Fall gewachsener Rechtsanwalt nicht zu haben war.[164] Hingegen wird man wohl daran festhalten müssen, dass sich der **arbeitsrechtliche Freistellungsanspruch** des Arbeitnehmers

---

[161] BGH AGS 2014, 319 f. mAnm *Schons.*
[162] Vgl. etwa *Winkler* AGS 2014, 371; Gerold/Schmidt/*Mayer* § 4b Rn. 11.
[163] OLG München AGS 2010, 719 ff.
[164] So noch die Vorauflage Rn. 128 unter Hinweis auf AG Frankfurt a.M. VersR 1967, 670; siehe jetzt OLG München AnwBl. 2010, 719 ff.

§ 4   Erfolgsunabhängige Vergütung

analog § 670 BGB an der gesetzlichen Vergütung des Rechtsanwalts zu orientieren hat.[165]

172   Die einzige **Ausnahme** von diesen Grundsätzen findet sich im Bereich des **Amtshaftungsrechts**. Hier können unter Ausschluss von § 254 BGB auch Leistungen an den Verteidiger aufgrund einer Vergütungsvereinbarung gezahlt werden.[166]

173   Für den Bereich der **Rechtsschutzversicherung** ist als weitere Ausnahme der sog. „**Managerrechtsschutz**" (D&O Versicherung) zu nennen. Hierzu bieten einige Versicherer Verträge an, die eine Erstattung in Höhe eines vielfachen der gesetzlichen Vergütung oder in Höhe einer nach § 3a Abs. 2 RVG noch angemessene Vergütung vorsehen.[167] Auch für den Bereich der Strafverteidigung bieten Rechtsschutzversicherungen Rechtsschutz auf der Grundlage von vereinbarten Honoraren, wenn diese eine angemessene Vergütung darstellen.

XII. Vergütungsfestsetzung

174   Hat der Rechtsanwalt die gesetzliche Vergütung zugunsten einer Vergütungsvereinbarung wirksam abbedungen, kommt eine Vergütungsfestsetzung nach § 11 RVG nicht in Betracht. § 11 RVG sieht nur die Berücksichtigung der gesetzlichen Vergütung vor so dass bei Vorliegen einer Vergütungsvereinbarung jedenfalls gegenüber dem Mandanten nicht einmal fiktive gesetzliche Gebühren als „Mindestvergütung" in das Festsetzungsverfahren eingestellt werden können.[168]

175   In diesem Zusammenhang ist abschließend der „**tragische Fall**" eines Rechtsanwalts zu nennen, dem das Gericht trotz erbrachter anwaltlicher Tätigkeit jegliche Vergütung absprach. Beim ersten Kontakt mit dem Mandanten hatte der Rechtsanwalt die Aufnahme anwaltlicher Tätigkeit vom Abschluss einer von ihm vorformulierten Vergütungsvereinbarung abhängig gemacht, die höhere Gebühren als die gesetzliche Vergütung vorsah und die der Mandant nie gegenzeichnete. Gleichwohl begann der Rechtsanwalt seine Tätigkeit. Als er nach Niederlegung des Mandats für die erbrachte Tätigkeit wenigstens die gesetzliche Vergütung verlangte, wies ihn das Gericht darauf hin, dass ein wirksamer Mandatsvertrag nicht vorliege, da dieser Mangels Eintritt der aufschiebenden Bedingung nicht zustande gekommen sei.

§ 4 Erfolgsunabhängige Vergütung

(1) [1]**In außergerichtlichen Angelegenheiten kann eine niedrigere als die gesetzliche Vergütung vereinbart werden. Sie muss in einem angemessenen Verhältnis zu Leistung, Verantwortung und Haftungsrisiko des Rechtsanwalts stehen.** [2]**Liegen die Voraussetzungen für die Bewilligung von Beratungshilfe vor, kann der Rechtsanwalt ganz auf eine Vergütung verzichten.** **§ 9 des BerHG bleibt unberührt.**

(2) [1]**Der Rechtsanwalt kann sich für gerichtliche Mahnverfahren und Zwangsvollstreckungsverfahren nach den §§ 803 bis 863 und 899 bis 915b der Zivilprozessordnung verpflichten, dass er, wenn der Anspruch des Auftraggebers auf Erstattung der gesetzlichen Vergütung nicht beigetrieben werden kann, einen Teil des Erstattungsanspruchs an Erfüllungs statt annehmen werde.** [2]**Der nicht durch Abtretung zu erfüllende Teil der gesetzlichen**

---

[165] Schneider/Wolf/Onderka § 3a Rn. 132 mwN aus der Rechtsprechung; siehe jetzt auch: BVerwG AGS 2011, 459 ff.
[166] BGH NJW 2003, 3693 (3697); OLG München OLGR 2006, 35 = AGS 2006, 207.
[167] *Schneider* Rn. 2218 ff. sowie Schneider/Wolf/*Onderka* § 3a Rn. 136.
[168] OLG Frankfurt a.M. Rpfleger 1989, 303.

Erfolgsunabhängige Vergütung **§ 4**

Vergütung muss in einem angemessenen Verhältnis zu Leistung, Verantwortung und Haftungsrisiko des Rechtsanwalts stehen.

(3) ¹**In der Vereinbarung kann es dem Vorstand der Rechtsanwaltskammer überlassen werden, die Vergütung nach billigem Ermessen festzusetzen.** ²**Ist die Festsetzung der Vergütung dem Ermessen eines Vertragsteils überlassen, gilt die gesetzliche Vergütung als vereinbart.**

(4) bis (6) (weggefallen)

Übersicht

	Rn.
I. Überblick	1
II. Normzweck	6
III. Keine Anrechnung	13
IV. Angemessenheit, Untergrenze (§ 4 Abs. 1)	16
V. Beweislastverteilung	19
VI. Beitreibungssachen (§ 4 Abs. 2 S. 1)	22
VII. Festsetzung der Vergütung durch den Vorstand der Rechtsanwaltskammer, Dritte oder einen Vertragsteil (§ 4 Abs. 3)	27

I. Überblick

Unter der Überschrift „Erfolgsunabhängige Vergütung" findet sich in § 4 RVG 1 gewissermaßen eine Art Torso des alten § 4 RVG, nunmehr beschränkt auf Vergütungsvereinbarungen, mit denen die **gesetzliche Vergütung unterschritten** werden soll bzw. der **Verzicht auf eine Vergütung** ermöglicht werden soll. Durch die Neufassung des Gesetzes anlässlich der Regelung zum Erfolgshonorar wurden durch Klarstellungen alte Streitfragen endgültig erledigt, meistens iSd ohnehin ganz herrschenden Rechtsprechung und Lehre. So wird beispielsweise in § 4 Abs. 1 und Abs. 2 RVG hervorgehoben, dass sowohl bei Vergütungsvereinbarungen, die Beitreibungssachen betreffen als auch bei sonstigen Vergütungsvereinbarungen, mit denen, die gesetzliche Vergütung unterschritten werden soll, die Höhe der vereinbarten Vergütung in einem angemessenen Verhältnis zu Leistung, Verantwortung und Haftungsrisiko stehen muss. Diese Klarstellung ist besonders wichtig und begrüssenswert, da sie auch im gesamten aussergerichtlichen Vertretungsbereich das sog. **Preisdumping** verhindern soll. Ferner hat sich der Gesetzgeber nunmehr noch veranlasst gesehen, auch im aussergerichtlichen **Vertretungsbereich** einen Verzicht auf die gesetzliche Vergütung jedenfalls dort zu ermöglichen, wo die Voraussetzungen für die Bewilligung von Beratungshilfe vorliegen.[1] (Gesetzesänderung ab 1.1.2014).

Damit soll es in Zukunft erlaubt sein, unter engen Voraussetzungen „pro bono" 2 tätig zu werden. In der Gesetzesbegründung wird hierbei unterstellt, dass für die aussergerichtliche – reine – Beratung ein Verzicht auf Gebühren ermöglicht werde. Dies erstaunt, da diese Auffassung in der Vergangenheit weitestgehend Ablehnung gefunden hat und sich sicherlich auch nicht aus dem Gesetzestext von § 34 RVG erschließt. Es ist allerdings nicht zu leugnen, dass einige Anwaltskanzleien kostenlose Erstanalysen angeboten und in Zeitungsannoncen beworben haben, um anschließend – welch Wunder – ein aussergerichtliches Vertretungsmandat, natürlich zu den gesetzlichen Gebühren, entgegenzunehmen oder nachdrücklich zu akquirieren. Derartige Aktivitäten werden für den aussergerichtlichen Vertretungsbereich durch die Gesetzesnovelle allerdings (und erfreulicherweise) nicht gestützt und gefördert.

---

[1] S. auch hier *Meyer* AnwBl. 2013, 311 f. Zur Kritik s. *Schons* AnwBl. 2013, 206.

3 Der Verweis auf die ansonsten mögliche Beratungshilfe zeigt, dass es auch in Zukunft Rechtsanwälten nur sehr eingeschränkt erlaubt ist, ihre Dienstleistung unentgeltlich zu erbringen.

4 Der Hinweis auf § 9 des BerHG stellt erfreulicherweise ausserdem klar, dass der erstattungspflichtige Gegner von einem etwaigen Vergütungsverzicht natürlich nicht profitieren soll. Ferner ist in der Gesetzesbegründung klargestellt, dass im Hinblick auf den auf den Grundsatz der freien Anwaltswahl keine Pflicht des Rechtssuchenden begründet werden soll, nach § 1 Abs. 1 Nr. 2 BerHG vorrangig unentgeltlich angebotene anwaltliche Beratung oder Vertretung in Anspruch nehmen zu müssen!

5 Im Übrigen entspricht § 4 RVG im Wesentlichen der alten Fassung. Offen geblieben ist die Streitfrage, ob die Festsetzung der Vergütung nach billigem Ermessen auch einem Dritten überlassen werden kann. Demgegenüber ist es dabei geblieben, dass das Überlassen der Festsetzung der Vergütung einem Vertragsteil zu einer Vereinbarung der **gesetzlichen Vergütung** führt.

II. Normzweck

6 § 4 RVG berücksichtigt das in § 49b Abs. 1 BRAO geregelte grundsätzliche **Gebührenunterschreitungsverbot** und legt die Voraussetzungen fest, unter denen **ausnahmsweise** die gesetzlichen Gebühren unterschritten werden dürfen, bzw. unter welchen Voraussetzungen gänzlich auf solche verzichtet werden kann.

7 § 4 RVG ist insoweit die „anderweitige Bestimmung", die § 49b BRAO nennt. Danach kann (Ausnahme Erfolgshonorar) ausschließlich in **außergerichtlichen Angelegenheiten** eine niedrigere als die gesetzliche Vergütung zulässig vereinbart werden.[2]

8 § 4 RVG findet also nur dort Anwendung, wo eine **gesetzliche Vergütung** auch tatsächlich existiert. Anwaltliche Tätigkeit auf dem Gebiete der **Beratung,** der **Begutachtung** und der **Mediation** wurde dem gesetzlichen Vergütungsmodell durch den Gesetzgeber mit Wirkung zum 1.7.2006 entzogen, indem mit § 34 RVG die Notwendigkeit einer Gebührenvereinbarung geschaffen wurde, die den Rechtsanwalt bei Fehlen einer Gebührenvereinbarung auf die Vorschriften des Bürgerlichen Rechts verweist. In diesem Bereich hat ein großer Teil der Anwaltschaft – leider – alle Befürchtungen bestätigt und § 34 RVG zum Anlass genommen, **Preisdumping** zu betreiben bishin zu sog. **„Ein-Euro-Angeboten"** für die Beratung auf dem Gebiete des Arzthaftungsrechts, was im Bereich des Oberlandesgerichts Düsseldorf allerdings durch das **Anwaltsgericht** untersagt worden ist. Insoweit ist es ausdrücklich zu begrüßen, dass an der gesetzlichen Geschäftsgebühr für den außergerichtlichen **Vertretungs**bereich festgehalten wurde, nunmehr auch über den 1.7.2008 hinaus.[3]

9 Da § 4 Abs. 1 RVG im außergerichtlichen Bereich die gesamte Vergütung betrifft und eine Unterschreitung der gesetzlichen Vergütung ermöglicht, können auch geringere **Auslagen** nach Nr. 7000 VV ff. vereinbart werden, wenngleich sich die Sinnhaftigkeit einer solchen Vereinbarung sicherlich nicht jedem erschließen dürfte.[4]

10 Aber auch ansonsten ist der Rechtsanwalt bei der Gestaltung der Vergütungsvereinbarung unterhalb der gesetzlichen Vergütung frei, so dass praktisch jedes Modell zur Verfügung steht, mit dem die gesetzliche Vergütung auch **über**schritten werden kann. Dies gilt insbesondere für **Pauschalvereinbarungen** und für eine Zeitvereinbarung.

---

[2] BGH NJW 2003, 819 = AnwBl. 2003, 231 schon zur alten Rechtslage; vgl. auch NJW 2005, 1266.

[3] BGBl. 2008 I 1000 sowie BT-Drs. 1683/84 S. 13.

[4] Vgl. hierzu aber Schneider/Wolf/*Onderka* § 4 Rn. 9.

Für eine **Zeitvereinbarung** besteht – aus Sicht des Mandanten – insbesondere 11
dann Anlass, wenn bei einem extrem hohen Gegenstandswert ein verhältnismässig
schneller Erfolg im außergerichtlichen Bereich möglich erscheint. Wenn ein Mandant mit einer derartigen Erwartungshaltung den Rechtsanwalt zum Abschluss einer
entsprechenden Vergütungsvereinbarung nach Zeitaufwand bewogen hat, ist es
höchst unangemessen, wenn in dem vom Rechtsanwalt verwendeten Formular sich
gleichwohl die Formulierung finden lässt, stets gelte die gesetzliche Vergütung als
Mindestvergütung. Zumindest kann der Mandant erwarten, dass er auf eine solche
Vertragsregelung ausdrücklich hingewiesen wird. Ansonsten läuft der Rechtsanwalt –
zu Recht – Gefahr, von einem Gericht an der vereinbarten Zeitabrechnung festgehalten zu werden, auch wenn hierdurch die gesetzliche Vergütung um ein Vielfaches
unterschritten wird.

Gerade in diesem Bereich spielen **Fairness** und **Kostentransparenz** bei Über- 12
nahme des Mandats eine besonders große Rolle und helfen spätere unliebsame
Überraschungen im Konfliktfall zu vermeiden.

III. Keine Anrechnung

Aus dem Gesetz ergibt sich eindeutig, dass die Anrechnung einer vereinbarten 13
Vergütung im Gegensatz zur gesetzlichen Vergütung (Geschäftsgebühr) auf die nachfolgende gerichtliche Anwaltsvergütung nicht stattfindet: Es gilt nämlich auch hier
der Grundsatz, dass eine Anrechnung nur dort vorzunehmen ist, wo das Gesetz es
vorsieht.[5] Für die vereinbarte Vergütung gibt es aber keine Anrechnungsregelung
(siehe hierzu aber § 34 Abs. 2 RVG).[6]

Derartige Selbstverständlichkeiten haben allerdings einen Einzelrichter des **Ober-** 14
landesgerichts Stuttgart nicht gehindert, trotz vereinbarter Vergütung für die
außergerichtliche Tätigkeit die spätere gerichtliche Verfahrensgebühr um die „fiktive" Geschäftsgebühr „zu kürzen".[7] Es ist dem Senat, dem dieser Einzelrichter
angehörte, nicht hoch genug anzurechnen, dass er diese unsinnige Rechtsprechung
später wieder abgeändert hat.[8] Zu Recht hatte *Hansens* den Abschluss von Vergütungsvereinbarungen als ein wirksames Mittel herausgestellt, die unliebsamen Folgen
der Rechtsprechung des Bundesgerichtshofes zur Anrechnung der Geschäftsgebühr
zu verhindern.[9] Nachdem der zum 5.8.2009 in Kraft getretene § 15a RVG die
Dinge wieder gerade gerückt hat, besteht allerdings diese Motivation nicht mehr,
die Geschäftsgebühr durch eine vereinbarte Vergütung zu ersetzen.[10]

Praxistipp:
Stets ist darauf zu achten, dass die wirksame **Vergütungsvereinbarung** auch nach 15
§ 4 RVG (im Gegensatz zum alten Recht) ebenfalls der **Textform** bedarf!

IV. Angemessenheit, Untergrenze (§ 4 Abs. 1)

Ist der Rechtsanwalt auch bei der Wahl des Vergütungsmodells, wie oben ausge- 16
führt, grundsätzlich frei und kann etwa zwischen Pauschalvereinbarungen, Zeitver-

---

[5] Vgl. hierzu schon: BGH AGS 2009, 523 = NJW 2009, 3364; vgl. hier erneut OLG Hamburg AGS 2015, 198 f.; sowie BGH AGS 2015, 147 f.
[6] Ebenso OLG Frankfurt a.M. AGS 2009, 157; KG AGS 2009, 213; OLG Bremen AGS 2009, 215; jetzt auch BGH AGS 2009, 523 = NJW 2009, 3364.
[7] OLG Stuttgart AGS 2008, 510 ff. mAnm *Schons*.
[8] OLG Stuttgart AGS 2009, 214 f. mAnm *Schons*.
[9] *Hansens* AGS 2009, 1 ff.
[10] Vgl. erneut BGH AGS 2015, 147 sowie OLG Hamburg AGS 2015, 198 f.

einbarungen, oder Modifizierungen der gesetzlichen Vergütung wählen, so findet doch – zu Recht – eine **Angemessenheitskontrolle** statt, die das im Beratungsbereich anzutreffende Preisdumping verhindern soll.

17   Stets muss die vereinbarte Vergütung in einem angemessenen Verhältnis zu **Leistung, Verantwortung** und **Haftungsrisiko** stehen, nicht zuletzt, um den Rechtsanwalt vor wirtschaftlich übermächtigen Auftraggebern zu schützen.[11] Angesichts der Erfahrungen im Beratungsbereich könnte man allerdings sogar von einer Art Selbstschutz für die Anwaltschaft sprechen, die sich in weiten Teilen nicht mehr scheut, ihre hochwertige Dienstleistung zu Schleuderpreisen anzubieten. Es sei nur an die Angebote für eine Erstberatung im Arbeitsrecht für 10 bis 50 EUR erinnert,[12] oder auch an Pauschalpreise von 20 EUR inkl. Umsatzsteuer (!!!).[13]

18   Versuche, derartiges Preisdumping auch im Beratungsbereich nach dem 1.7.2006 zu unterbinden sind jedenfalls unter **berufsrechtlichen Gesichtspunkten** gescheitert.[14] Nach wie vor wird eine solche Preispolitik zu Recht heftig kritisiert. Sie ist nicht nur – richtig gerechnet – betriebswirtschaftlich desaströs, sondern führt auch zu einem erheblichen Imageschaden für die Anwaltschaft insgesamt.[15] Es sind derartige Preisgestaltungen, die Rechtsschutzversicherer ihre Rationalisierungsabkommen rechtfertigen helfen und die es der Anwaltschaft erschweren werden, beim Gesetzgeber demnächst wieder eine Gebührenerhöhung durchzusetzen. Daneben ist im Einzelfall natürlich immer zu prüfen, ob ein derartiges **Flatrate-Angebot** nicht auf **wettbewerbsrechtliche Bedenken** stößt, wenn es dem Rechtsanwalt erklärtermaßen eigentlich nur um ein „Lockangebot" und um die Gewinnung eines nach dem RVG zu liquidierenden Folgeauftrages geht.[16]

V. Beweislastverteilung

19   In § 4 RVG nF findet sich keine Beweislastverteilung mehr, wie sie noch in § 4 Abs. 2 S. 4, 2. Hs. RVG aF vorzufinden war. Dies dürfte damit zusammenhängen, dass nach altem Recht für derartige Vergütungsvereinbarungen (mit denen die gesetzliche Vergütung unterschritten werden sollte) die Schriftform zwar gewünscht nicht aber vorgeschrieben war. Nunmehr legt § 3a RVG fest, dass auch für derartige Vergütungsvereinbarungen zumindest die **Textform** einzuhalten ist, so dass es zu Beweisschwierigkeiten eigentlich nicht kommen kann.

20   Soweit nach neuem Recht unter strengen Voraussetzungen auch gänzlich auf die Vergütung verzichtet werden kann, sollte in den Text der Vergütungsvereinbarung mit aufgenommen werden, dass beide Vertragsparteien davon ausgehen, dass die Voraussetzungen für die Gewährung der Beratungshilfe vorliegen. Unschädlich ist es hier sicherlich nicht, die aktuelle Einkommenssituation des Mandanten, wegen der

---

[11] So völlig zu Recht: HK-RVG/*Teubel* § 4 Rn. 10 aE.

[12] BGH AGS 2008, 7 mAnm *Schons,* = AnwBl. 2007, 870.

[13] OLG Stuttgart AGS 2007, 59, = NJW 2007, 924; vgl. zu dieser Problematik aber auch OLG Düsseldorf AnwBl. 2006, 284; LG Freiburg NJW 2007; 160; RVGreport 2007, 39; AnwBl. 2007, 376.

[14] LG Ravensburg NJW 2006, 2930; aufgehoben durch OLG Stuttgart NJW 2007, 924; vgl. auch hier die Begründung in OLG Düsseldorf AnwBl. 2006, 284: Die Unterlassungsverfügung wurde auf die Zeit bis zum 30.6.2006 beschränkt; siehe jetzt auch überraschend LG Essen AGS 2014, 258 f. mit „tieftrauriger" Anm. *Schons*.

[15] Vgl. zur Kritik Schneider/Wolf/*Onderka* § 4 Rn. 18; sa *Schons* AGS 2008, 157 sowie *Hansens* RVGreport 2007, 360.

[16] Schneider/Wolf/*Onderka* § 4 Rn. 18; LG Freiburg NJW 2007, 160; = RVGreport 2007, 39 (rechtskräftig).

Erfolgsunabhängige Vergütung § 4

auf Gebühren verzichtet werden soll, zu dokumentieren. Wenn dies zur anwaltlichen Übung wird, erleichtert dies in Zukunft dem unberechtigten Einwand eines ehemaligen Mandanten entgegenzutreten, man habe einen Gebührenverzicht rechtswirksam vereinbart.

Gleichwohl wird man aber ohnehin in Zweifelsfällen an der alten Beweislastregel 21 festhalten können, da die Höhe der Anwaltsvergütung gesetzlich – wenn auch veränderbar – geregelt ist und diese gesetzlichen Gebühren nach § 612 Abs. 2 BGB beansprucht werden können, „wenn die Parteien nichts anderes vereinbart haben".[17]

VI. Beitreibungssachen (§ 4 Abs. 2 S. 1)

§ 4 Abs. 2 S. 1 RVG hält an der bisherigen Regelung fest, wonach der Rechtsan- 22 walt in Beitreibungssachen für das gerichtliche Mahnverfahren und die anschließende Zwangsvollstreckung nach den §§ 803–863 und §§ 899–915b ZPO vereinbaren kann, dass er einen Teil des Erstattungsanspruches an Erfüllungsstatt annehmen wird. Eine Erweiterung ist nur darin zu sehen, dass jetzt auch in den Verfahren nach §§ 915a und 915b ZPO eine geringere Vergütung vereinbart werden darf.

In der Praxis führt diese Vorschrift offenbar seit Jahren zu einer großen Unsicher- 23 heit jedenfalls insoweit, als weder der Anwendungsbereich immer genau beachtet wird noch die Angemessenheitskontrolle richtig erfolgt. Aufgrund des klaren Gesetzestextes ist in das „Beitreibungsmandat" die **außergerichtliche Geschäftsgebühr** gerade nicht einbezogen (hier ist dann eine gesonderte Vergütungsvereinbarung, wenn gewünscht, erforderlich). Ferner findet die Vorschrift nicht bei der gesamten Zwangsvollstreckung Anwendung, also nicht bei der Vollstreckung in das unbewegliche Vermögen (§ 824 ZPO), beim Verteilungsverfahren (§ 872 ff. ZPO), bei der Zwangsvollstreckung gegen juristische Personen des öffentlichen Rechts (§ 882a ff. ZPO), beim Verfahren zur Erwirkung der Herausgabe von Sachen und zur Erwirkung von Handlungen oder Unterlassungen (§ 883 ff. ZPO).

Nicht beachtet wird ferner in der Praxis sehr häufig, dass derartige Vereinbarungen 24 eine Mitarbeit und eine **Mitwirkung des Mandanten** voraussetzen. Nach § 4 Abs. 2 S. 2 RVG ist ein teilweiser Honorarverzicht gegen Abtretung der Erstattungsansprüche also gänzlich untersagt, wenn die wesentliche Arbeit und sämtliche Verantwortung beim Rechtsanwalt verbleibt.[18]

Es herrscht jedenfalls große Unsicherheit, in welcher Größenordnung sich der 25 Rechtsanwalt mit einer Abtretung begnügen darf. Insbesondere die weit verbreiteten Pauschalangebote (in der Praxis immer wieder anzutreffen und von Rechtsanwälten auch beworben) stoßen in der Rechtsprechung auf Bedenken.[19]

Ein weiteres Problem besteht darin, **wann** die Abtretung vorgenommen wer- 26 den muss, um nicht mit dem Berufsrecht zu kollidieren. Zum Teil wird eine Vorausabtretung gefordert,[20] zum Teil soll der erste ergebnislose Vollstreckungsversuch abgewartet werden.[21] Ob angesichts derartiger Unwägbarkeiten der

---

[17] BGH NJW-RR 1997, 1285; OLG München MDR 1984, 844; = NJW 1984, 2337; ebenso wie hier Schneider/Wolf/*Onderka* § 4 Rn. 20; zur behaupteten unentgeltlichen Leistungserbringung vgl. auch OLG Naumburg NJW 2009, 1679 f.

[18] So wie hier: Schneider/Wolf/*Onderka* § 4 Rn. 25; **aA** zumindest aber differenzierend Gerold/Schmidt/*Mayer* § 4 Rn. 21; ebenso Bischoff/*Bischoff* § 4 Rn. 20; offengelassen bei HK-RVG/*Teubel* § 4 Rn. 11; ebenso letztlich offen *Hartmann* § 4 Rn. 14.

[19] OLG Köln NJW 2006, 923: Pauschale in Höhe von 75 EUR netto gegen Abtretung des „Restes" unzulässig; sa OLG Hamm NJW 2004, 3269 (3270); LG Arnsberg JurBüro 2004, 610 (612); vgl. schließlich auch BGH AnwBl. 2008, 880.

[20] Vgl. etwa Schneider/Wolf/*Onderka* § 4 Rn. 24.

[21] Vgl. etwa Bischoff/*Bischoff* § 4 Rn. 13; ebenso im Ergebnis Gerold/Schmidt/*Mayer* § 4 Rn. 14.

Abschluss entsprechender Vereinbarungen überhaupt sinnvoll ist, muss jeder Rechtsanwalt für sich entscheiden. Solange das Mandatsverhältnis „stimmt", mag eine noch so sehr mit dem Gesetzestext kollidierende Vereinbarung für beide Seiten vorteilhaft sein; im Konfliktfall sind dann aber gerichtliche Überraschungsentscheidungen geradezu vorprogrammiert. Besondere Vorsicht ist jedenfalls geboten, wenn mit entsprechenden Pauschalangeboten werbend an den Markt herangetreten werden soll.[22]

VII. Festsetzung der Vergütung durch den Vorstand der Rechtsanwaltskammer, Dritte oder einen Vertragsteil (§ 4 Abs. 3)

27 Nach § 4 Abs. 3 S. 1 RVG kann es in der Vereinbarung dem **Vorstand der Rechtsanwaltskammer** überlassen werden, die Vergütung nach billigem Ermessen festzusetzen. Große Bedeutung kommt dieser Möglichkeit in der Praxis nicht zu. Genauer gesagt dürfte es **Seltenheitswert** besitzen, wenn die Rechtsanwaltskammer gebeten wird, sich in eine Vergütungsvereinbarung einzubringen. Gleichwohl sei mitgeteilt, dass für eine derartige Tätigkeit die Kammer am Kanzleisitz des Rechtsanwalts zuständig ist, der betroffen ist und nicht etwa die Kammer, die am Wohnsitz der Partei oder am Gerichtssitz „residiert".[23]

28 Angesichts der fehlenden Beliebtheit dieser Vorschrift ist es erstaunlich, dass immer noch die Frage thematisiert wird, ob auch ein **Dritter** das Ermessen ausüben kann. Im Gesetzestext ist das jedenfalls nicht vorgesehen.[24] Eindeutig ist der Gesetzestext aber insoweit, als es – in der Regel – nachteilige Folgen hat, wenn die Ausübung des Ermessens einem Vertragsteil zugewiesen wird. Nach § 4 Abs. 3 S. 2 RVG kann die Festsetzung der Vergütung nicht dem Ermessen eines Vertragsteils überlassen werden, weil die Vereinbarung sonst in die Vereinbarung der gesetzlichen Vergütung (was ja in der Regel gerade nicht gewünscht ist) umgedeutet wird.

29 Die Intention, die der Gesetzgeber mit dieser Vorschrift verfolgt hat, ist nicht ganz klar und auch in älteren Kommentaren zum insoweit unveränderten Text der BRAGO nicht zu finden. Wenn man dem Gesetzgeber unterstellen will, dass er den **Schutz des Auftraggebers** im Auge hatte, so wird man weiterhin unterstellen können, dass der Mandant bereits zu Beginn des Mandats genau wissen soll, welche wirtschaftlichen Folgen der Abschluss der Vergütungsvereinbarung hat. Interpretiert man diese Vorschrift so, so dürften jegliche **Wahlmöglichkeiten,** die sich ein Rechtsanwalt in einer Vergütungsvereinbarung ausbedingt, dazu führen, dass letztlich lediglich die gesetzliche Vergütung gefordert werden kann.

30 Behält sich beispielsweise ein Rechtsanwalt während des laufenden Mandats vor, nach seiner Wahl – hierbei auch immer wieder wechselnd – nach **Zeitaufwand oder** nach der **gesetzlichen Vergütung** abzurechnen, lässt er den Auftraggeber bis zuletzt über die Abrechnungsmethode im Unklaren. Er stellt damit die konkrete Abrechnungsmethode in sein eigenes – willkürliches – Ermessen und die Rechtsfolge müsste dann eigentlich sein, dass die gesetzliche Vergütung als vereinbart gilt.

31 Eine vergleichbare Situation taucht auf, wenn sich Kanzleien **unterschiedliche Zeithonorare** für unterschiedliche Kanzleimitarbeiter versprechen lassen (hohes

---

[22] Vgl. auch hierzu OLG Köln NJW 2006, 923.
[23] Vgl. statt aller: Bischoff/*Bischoff* § 4 Rn. 21.
[24] Vgl. hierzu aber ebenso wie in praktisch allen Vorauflagen: *Hartmann* § 4 Rn. 25; **aA** Schneider/Wolf/*Onderka* § 4 Rn. 30; nicht einmal erwähnt bei HK-RVG/*Teubel* § 4 Rn. 17 sowie bei Gerold/Schmidt/*Mayer* § 4 Rn. 24, der ebenfalls darauf hinweist, dass die praktische Bedeutung der gesamten Vorschrift gering ist.

Honorar für den Seniorpartner, mittleres Honorar für den Juniorpartner, niedriges Honorar für den angestellten Rechtsanwalt) um gleichzeitig sich – willkürlich – vorzubehalten, welcher der in der Vergütungsvereinbarung aufgeführten Rechtsanwälte eingesetzt wird. Auch hier wird es praktisch einseitig in das Ermessen der Kanzlei gestellt ob ein besonders hohes Honoraraufkommen generiert wird, ein mittleres oder ein niedrigeres. Auch bei derartigen Vereinbarungen läuft die Kanzlei bzw. der Rechtsanwalt Gefahr, letztlich an der gesetzlichen Vergütung festgehalten zu werden.

Noch eindeutiger ist es selbstverständlich, wenn sich eine Anwaltskanzlei vorbehält, während des laufenden Mandates (!!!) die Höhe des Stundensatzes einseitig „anzupassen".[25] Hier liegt durch die Preisanpassungsklausel nicht nur ein Verstoß gegen § 309 Nr. 1 BGB vor, sondern die Unzulässigkeit ergibt sich bereits aus § 4 Abs. 3 S. 2 RVG.[26] Demgemäß soll nur der Vollständigkeit halber vermerkt werden, dass § 309 Nr. 1 BGB über § 310 Abs. 1 BGB einschlägig ist, wenn im Rahmen des hier zu beurteilenden Anwaltsvertrages der Mandant auch Verbraucher im Sinne von § 13 BGB ist. 32

All diese Fallgestaltungen haben zur Folge, dass die **gesetzliche Vergütung als vereinbart** gilt. Umso erstaunlicher ist es, dass die Regelung von § 4 Abs. 3 S. 2 RVG die es entsprechend schon in § 3 BRAGO gab, in Rechtsprechung und Literatur kaum besondere Erwähnung oder Kommentierung findet.[27] 33

Der Gesetzestext wird in diesen Kommentaren praktisch nur wiedergegeben. Wo eine nähere Befassung mit dieser Vorschrift allerdings vorgenommen wird, ist die Beurteilung eindeutig: 34
Unabhängig von den §§ 317 Abs. 1, 319 Abs. 2 BGB gilt dann eben die gesetzliche Vergütung als vereinbart, weil es eben nicht dem Anwalt überlassen sein darf, die Höhe der Vergütung letztendlich alleine im Nachhinein zu bestimmen.[28]

In diesem Zusammenhang sollte man sich vor Augen führen, dass eine Vergütungsvereinbarung stets so formuliert sein soll, dass dem Mandant erkennen kann, was er für welche anwaltliche Dienstleistung schuldet.[29] Daran fehlt es aber vollständig, wenn sich eine Kanzlei nicht nur vorbehält, willkürlich die Anwälte auszusuchen, die mit unterschiedlichen Stundensätzen tätig werden sollen, sondern auch noch eine Flexibilität des Stundensatzes dem Mandanten „zumutet". 35

§ 4 Abs. 3 S. 2 RVG ist – so verstanden – eine Mahnung an den Rechtsanwalt, dem **Transparenzgebot** zu folgen und die Vergütungsvereinbarung gemeinsam mit dem Mandanten so zu gestalten, dass von Anfang das Vergütungsmodell für beide Seiten – **verbindlich** – festgelegt wird. Das hindert freilich nicht – den **berufsrechtlichen** Vorschriften folgend – mit aufzunehmen, dass im Falle der gerichtlichen Tätigkeit jedenfalls die gesetzliche Gebühr als Mindestgebühr geschuldet wird. Mit dieser Formulierung wird gerade keine Intransparenz geschaffen; sondern einem gesetzlichen Gebot (vgl. § 49b BRAO) Folge geleistet und diese gesetzliche Regelung dem Mandanten zur Kenntnis gebracht. Ganz im Gegenteil: Es kann nur nachdrücklich empfohlen werden, die berufsrechtliche Vorschrift in die Vergütungsvereinbarung mit aufzunehmen, sich aber jedenfalls der Streichung einer entsprechenden Formulierung zu widersetzen. 36

Das Amtsgericht München hat in einer Entscheidung vom 10.2.2011 festgestellt, dass die Vereinbarung eines Unterschreitens der gesetzlichen Vergütung auch bei 37

---

[25] Vgl. hierzu schon kritisch: Rehberg/Schons/Vogt/*Schons*, S. 1083.
[26] So auch *Schneider* Rn. 741.
[27] Vgl. nur *Bischof* RVG § 4 Rn. 22; *Riedel/Sußbauer* § 4 Rn. 9; Gerold/Schmidt/*Mayer* § 4 Rn. 23; HK-RVG/*Teubel* § 4 Rn. 17; Scheider/*Wolf* § 4 Rn. 29.
[28] Vgl. nur MAH VergütungsR S. 88; *Hartmann* RVG § 4 Rn. 24: „Vorrang vor §§ 317, 319 BGB"; Rehberg/Schons/Vogt/*Schons* S. 1083.
[29] Vgl. etwa OLG Düsseldorf AGS 2008, 12 f. mit durchaus kritischer Anm. *Schons*.

gerichtlicher Tätigkeit die Nichtigkeit der Vergütungsvereinbarung ohne Wenn und Aber zur Folge hat.[30]

38 In dem vom Amtsgericht München entschiedenen Fall behielt der Rechtsanwalt wenigstens noch den Anspruch auf die – niedrigere – gesetzliche Vergütung. Nicht zu beurteilen war die spannende Frage, wie es gewesen wäre, wenn die vereinbarte Abrechnung nach Zeitaufwand auch im gerichtlichen Bereich im konkreten Fall dazu geführt hätte, dass die gerichtlichen Gebühren unterschritten worden wären. Eine ältere Entscheidung des BGH spricht hier wohl eher dafür, dass der Rechtsanwalt auch dann als Verlierer vom Platz gegangen wäre. In der Vergangenheit ist es jedenfalls als Verstoß gegen Treu und Glauben betrachtet worden, wenn der Rechtsanwalt aus den Fehlern einer Vergütungsvereinbarung Vorteile für sich letztendlich herzuleiten versucht.[31] Dies mag man möglicherweise dort begrüssen können, wo der Rechtsanwalt Initiator und Verfasser der fehlerhaften oder auch nichtigen Vergütungsvereinbarung war.

39 Ob man hieran so uneingeschränkt festhalten muss, wenn das „unmoralische Angebot" vom Mandanten selbst ausgeht, ist sicherlich etwas differenzierter zu beurteilen. Bei einer solchen Fallkonstellation wird man dem Rechtsanwalt zumindest die gesetzliche Vergütung belassen müssen, gilt doch der Grundsatz von Treu und Glauben nach § 242 BGB nicht nur für (oder gegen) Rechtsanwälte, sondern auch für deren Auftraggeber.

40 Die hier dargestellte Beurteilung aus der älteren Entscheidung des BGH (vgl. die Zitate in Fn. 31) ist zwischenzeitlich durch die Entscheidung des BGH vom 5.6.2014[32] verfestigt, ergänzt und dogmatisch auf neue Füße gestellt worden. So vermeidet man den von der älteren Rechtsprechung noch begangenen Umweg über § 242 BGB, um den Rechtanwalt an der für den Mandanten günstigeren Vereinbarung fest halten zu können.

41 In aller Deutlichkeit wird in dieser Entscheidung auch festgelegt, dass die berufsrechtliche Betrachtung keine Rolle spielt, es also insbesondere nicht darauf ankommt, dass ein Unterschreiten der gesetzlichen Gebühren auch bei gerichtlicher Tätigkeit in dem hier zu beurteilenden Fall eigentlich verboten gewesen wäre.

42 Und an dieser Beurteilung soll sich auch dann nichts ändern, wenn das „unmoralische Angebot" vom Mandanten selbst ausgeht (vgl. hierzu die Vorauflage § 4 Rn. 35). Treuewidrig, so der BGH, sei das Angebot jedenfalls solange nicht, als der Mandant seinen Rechtsanwalt nicht über tatsächliche Umstände täuschte oder solche Umstände in Kenntnis ihrer Bedeutung verschweigt, die für die Wirksamkeit der Honorarvereinbarung von Bedeutung sind. Auch in Zukunft wird insoweit „die Latte also recht hoch gelegt", will man seine Ansprüche gegen den Mandanten erfolgreich durchsetzen.

43 Interessant ist auch der Leitsatz zu Ziff. 2, indem nun endgültig festgelegt wird, dass der Auftraggeber, der mit einer unberechtigten Vergütungsforderung überzogen wird, zur Abwehr des Anspruches einen anderen Anwalt beauftragen kann, wobei die außergerichtlichen Anwaltskosten als Schadensersatz wegen Vertragsverletzung gegen den vormaligen Anwalt geltend gemacht werden können. Dies ist keine Selbstverständlichkeit, da sich gerade der BGH bei der Kostenerstattung „auf der Passivseite" stets sehr zurückhaltend geäußert hat.[33]

---

[30] AG München AGS 2011, 530 f. mit ausführlicher Anm *Schons*.
[31] Vgl. etwa BGH NJW 1980, 2407; OLG Düsseldorf JurBüro 2004, 536; ebenso nunmehr OLG München AGS 2012, 271 ff. mAnm *Schons*; siehe jetzt auch OLG Düsseldorf RVGreport 2012, 255 ff.; sa *Schneider* Rn. 1322; sowie → RVG § 4 Rn. 12 im hiesigen Kommentar.
[32] BGH AGS 2014, 319 f. mAnm *Schons*.
[33] Vgl. sehr ausführlich: *Stöber* AGS 2006, 261 m. zahlreichen Nw.; letztendlich verneinend auch BGH AGS 2007, 267 mwN.

Die Reaktion der Untergerichte auf diese wichtige Entscheidung ist jedenfalls in diesem Punkt aber eher zurückhaltend. Einen Kostenerstattungsanspruch will man – beispielsweise nach Erfahrungen in München – nur dort zubilligen, wo der vorherige Rechtsanwalt – wissentlich – einen unberechtigten Anspruch gegen seinen Mandanten durchzusetzen versucht. Aus der Entscheidung des BGH ist diese Einschränkung sicherlich nicht herzuleiten. **44**

Demgemäß wird ein Rechtsanwalt der einen Mandanten gegen den vorherigen Rechtsanwalt gegen unberechtigte Gebührenansprüche verteidigt, auf die Möglichkeit einer Widerklage oder Hilfswiderklage zumindest hinzuweisen haben.[34] **45**

Wie immer man die Entscheidung des BGH vom 5.6.2014 auch einschätzen mag,[35] es schmerzt jedenfalls, dass sich der Rechtsanwalt nur unter ganz engen Voraussetzungen gegen den Mandanten wehren kann, der seinerseits auf die fragwürdige Vergütungsvereinbarung hingewirkt hat. Der Grundsatz von Treu und Glauben nach § 242 BGB sollte nicht nur dem Auftraggeber zugutekommen. **46**

Angesichts der breiten Diskussion, die das anwaltliche Vergütungsrecht in der Öffentlichkeit ausgelöst hat (vgl. nur die Diskussion über die Rationalisierungsabkommen der Rechtsschutzversicherer) wird kein Mandant ernsthaft und überzeugend behaupten können, ihm sei ein Gebührenunterschreitungsverbot völlig unbekannt. Im Übrigen dürfte es aber auch jeglicher Lebenserfahrung widersprechen, dass ein Rechtsanwalt einem entsprechenden Ansinnen des Mandanten nicht zumindest zunächst einmal mit dem Versuch begegnet, auf das geltende Berufsrecht hinzuweisen. Wer als Mandant dann gleichwohl einen gesetzeswidrigen Zustand durchsetzt, hat es wohl kaum verdient, im Falle des Falles von dem gesetzlichen Gebührenanspruch ebenfalls verschont zu bleiben.[36] **47**

§ 4a Erfolgshonorar

(1) ¹**Ein Erfolgshonorar (§ 49b Abs. 2 Satz 1 der Bundesrechtsanwaltsordnung) darf nur für den Einzelfall und nur dann vereinbart werden, wenn der Auftraggeber aufgrund seiner wirtschaftlichen Verhältnisse bei verständiger Betrachtung ohne die Vereinbarung eines Erfolgshonorars von der Rechtsverfolgung abgehalten würde.** ²**In einem gerichtlichen Verfahren darf dabei für den Fall des Misserfolgs vereinbart werden, dass keine oder eine geringere als die gesetzliche Vergütung zu zahlen ist, wenn für den Erfolgsfall ein angemessener Zuschlag auf die gesetzliche Vergütung vereinbart wird.** ³**Für die Beurteilung nach Satz 1 bleibt die Möglichkeit, Beratungs- oder Prozesskostenhilfe in Anspruch zu nehmen, außer Betracht.**

(2) **Die Vereinbarung muss enthalten:**
1. **die voraussichtliche gesetzliche Vergütung und gegebenenfalls die erfolgsunabhängige vertragliche Vergütung, zu der der Rechtsanwalt bereit wäre, den Auftrag zu übernehmen, sowie**
2. **die Angabe, welche Vergütung bei Eintritt welcher Bedingungen verdient sein soll.**

(3) ¹**In der Vereinbarung sind außerdem die wesentlichen Gründe anzugeben, die für die Bemessung des Erfolgshonorars bestimmend sind.** ²**Ferner ist ein Hinweis aufzunehmen, dass die Vereinbarung keinen Einfluss auf die gegebenenfalls vom Auftraggeber zu zahlenden Gerichtskosten, Verwaltungskosten und die von ihm zu erstattenden Kosten anderer Beteiligter hat**

---

[34] Zu den Einzelheiten: vgl. *Schons* Kammermitteilungen Düsseldorf 2014, 241 f.
[35] Vgl. die unterschiedlichen Besprechungen von *Lührig* und *Schons* AnwBl. 2014, 818; *Hansens* RVGreport 2014, 340 f.; sowie *v. Seltmann* NJW 2014, 2653; *Winkler* AGS 2014, 370 f.
[36] Anders aber BGH AGS 2015, 557 ff.

§ 4a Erfolgshonorar

Übersicht

	Rn.
I. Überblick	1
II. Normzweck	13
III. Definition des Erfolgshonorars (§ 49b Abs. 2 S. 1 BRAO)	31
IV. Voraussetzungen der Zulässigkeit (§ 4a Abs. 1 S. 1)	37
1. Nur für den Einzelfall	37
2. Möglichkeit zur Rechtsverfolgung	39
3. Bei verständiger Betrachtung	42
V. Angemessenheit der Zu- und Abschläge (§ 4a Abs. 1 S. 2)	48
VI. Erfolgshonorar auch bei Beratungs- oder Prozesskostenhilfemandaten (§ 4a Abs. 1 S. 3)	61
VII. Angabe der erfolgsunabhängigen Vergütung (§ 4a Abs. 2 Ziff. 1)	64
VIII. Bestimmung der Höhe und Definition des Bedingungseintritts (§ 4a Abs. 2 Ziff. 2)	75
IX. Gründe für die Bemessung des Erfolgshonorars (§ 4a Abs. 3 S. 1)	81
X. Hinweis auf Kostenerstattungspflicht (§ 4a Abs. 3 S. 2)	85

I. Überblick

1 Nachdem die Rechtsprechung Jahrzehnte lang Vereinbarungen für nichtig erachtet hatte, in denen sich der Rechtsanwalt ein Erfolgshonorar oder einen Anteil am erstrittenen Betrag (quota litis) hatte versprechen lassen,[1] kam das **Bundesverfassungsgericht** Ende 2006 zu der überraschenden Auffassung, dass das vollständige Verbot eines Erfolgshonorars oder einer quota litis nicht verfassungsgemäß sei.[2] Der Gesetzgeber wurde aufgefordert, bis zum 30.6.2008 dieser Bewertung durch eine Gesetzesänderung Rechnung zu tragen.

2 War die Entscheidung an sich schon überraschend,[3] löste es noch mehr Irritationen aus, dass das Gericht dem **Gesetzgeber** bei der gewünschten Änderung weitreichend völlig freie Hand gab. Nachdem sich das Gericht zunächst über viele Seiten über die Sinnhaftigkeit des Verbotes von Erfolgshonoraren geäußert hatte, gab es dann zu erkennen, dass der Gesetzgeber ggf. aber auch nicht gehindert sei, dem **verfassungswidrigen Regelungsdefizit** dadurch die Grundlage zu entziehen, dass das Verbot anwaltlicher Erfolgshonorare völlig aufgegeben werde, allenfalls flankiert durch Aufklärungspflichten des Rechtsanwalts.

3 Abweichend von dem konkret betroffenen Fall wurde ferner deutlich gemacht, dass eine Lockerung des Verbotes nicht etwa nur der sog. „armen Partei" zugute kommen dürfe, sondern dass der Weg auch für andere Rechtsuchende frei zu machen sei, die sich zwar in gesicherten finanziellen Verhältnissen befänden, „das Kostenrisiko aber aufgrund verständiger Erwägungen" gleichwohl nicht alleine tragen wollten. Auch hier bestehe ein Bedürfnis, das geschilderte Risiko durch **Vereinbarung einer erfolgsorientierten Vergütung** zumindest teilweise auf den vertretenden Rechtsanwalt zu verlagern.

4 Unter Einbeziehung der großen Interessenverbände aus Anwalt- und Richterschaft wurde der dem Gesetzgeber erteilte Auftrag pünktlich zum 1.7.2008 erfüllt

---

[1] Vgl. hierzu noch OLG Celle NJW 2005, 2160; BayAGH II BRAK-Mitt. 2005, 198.
[2] BVerfG NJW 2007, 997 = AGS 2007, 168 ff. m. kritischer Anm. *Schons*.
[3] Vgl. etwa auch die überwiegende berufsrechtliche Literatur: Hensler/Prütting/*Dittmann* BRAO § 49b Rn. 16; Feuerich/Weyland/*Weyland* BRAO § 49b Rn. 32; Hartung/*Nerlich* BRAO § 49b Rn. 48.

Erfolgshonorar § 4a

und das Gesetz zur Neuregelung des Verbotes der Vereinbarung von Erfolgshonoraren trat in Kraft.[4]

Obgleich die Gestaltung der Vorschriften zum eigentlichen Erfolgshonorar von zähen und schwierigen Verhandlungen begleitet war, nahm es der Gesetzgeber – durchaus überraschend – dann auch noch auf sich, einige gravierende – vom Bundesverfassungsgericht nicht geforderte – Veränderungen im allgemeinen Recht der Vergütungsvereinbarung vorzunehmen. Dies führte zu einigen klarstellenden Verbesserungen, im Wesentlichen aber praktisch zu deutlichen Verschlechterungen für die Anwaltschaft.[5]

Was die Regelung zum Erfolgshonorar selbst angeht, so hat sich der Gesetzgeber trotz der vom Bundesverfassungsgericht gewährten Freiheit dafür entschieden, zumindest derzeit am grundsätzlichen **Verbot des Erfolgshonorars mit Erlaubnisvorbehalt** festzuhalten. Konsequent wurde dies redaktionell in der Weise umgesetzt, dass das Verbot in § 49b BRAO belassen blieb, während die Erlaubnistatbestände in das RVG eingegliedert wurden.

Der neu formulierte **§ 49b Abs. 2 BRAO** lautet nunmehr:

> *Vereinbarungen, durch die eine Vergütung oder ihre Höhe vom Ausgang der Sache oder vom Erfolg der anwaltlichen Tätigkeit abhängig gemacht wird oder nach denen der Rechtsanwalt einen Teil des erstrittenen Betrags als Honorar erhält (Erfolgshonorar), sind unzulässig, soweit das RVG nichts anderes bestimmt. Vereinbarungen, durch die der Rechtsanwalt sich verpflichtet, Gerichtskosten, Verwaltungskosten oder Kosten anderer Beteiligter zu tragen, sind unzulässig. Ein Erfolgshonorar iSd Satzes 1 liegt nicht vor, wenn lediglich vereinbart wird, dass sich die gesetzlichen Gebühren ohne weitere Bedingungen erhöhen.*

Entsprechend diesen Formulierungen finden sich nun in § 4a RVG die Einzelheiten, die bei der Abfassung einer Erfolgshonorarvereinbarung zu beachten sind. Das „fertige Produkt" wurde und wird höchst unterschiedlich beurteilt. Während einige nachhaltig kritisieren, dass hier die kleinstmögliche Lösung gewählt wurde, sprechen andere von einer unbeabsichtigten vollständigen Freigabe des Erfolgshonorars.[6]

Unabhängig von der Richtigkeit der einen oder anderen Einschätzung ist jedenfalls ersichtlich darauf verzichtet worden, zwischen der völlig mittellosen Partei und dem Durchschnittsmandanten zu differenzieren, der als möglicherweise damit zufrieden geben würde, das Prozessrisiko nur **teilweise** auf seinen Rechtsanwalt zu verlagern. Vielmehr geht das Gesetz für beide „Mandanten"-Typen davon aus, dass eine Erfolgshonorarvereinbarung durchaus auch bis hin zum **„no win no fee"** getroffen werden kann und es wird auch nicht – wie von den internationalen Großkanzleien teilweise gefordert – zwischen dem Verbraucher und einem Unternehmer unterschieden. Damit können sowohl der Privatmann, das mittelständische Unternehmen als auch das Großunternehmen je nach Bedeutung des Falles und unter Berücksichtigung der finanziellen Risiken (Gegenstandswert) ein Erfolgshonorar vereinbaren, und zwar schon dann, wenn dem Rechtsanwalt nachhaltig vor Augen geführt wird, dass man ohne eine solche Vereinbarung das Verfahren nicht aufnehmen werde. In der Gesetzesbegründung ist nachzulesen, dass es nicht nur auf die wirtschaftlichen Verhältnisse, sondern auch auf die finanziellen Risiken und deren Bewertung durch den einzelnen Auftraggeber ankommen soll.[7]

---

[4] Zur Geschichte des Verbotes des Erfolgshonorars und hinsichtlich des Ganges der Gesetzgebung vgl. Teubel/Schons/*Schons* S. 1 ff. sowie *ders.* in FS Hartung S. 185 ff.

[5] Rehberg/*Schons* S. 286; Teubel/Schons/*Schons* S. 28 ff.

[6] Siehe auch hier: Göttlich/Mümmler/*Schons* S. 325; Teubel/Schons/*Schons* S. 28 ff., S. 83; Gerold/Schmidt/*Mayer* § 4a Rn. 1; *Kleine-Cosack* AnwBl. 2008, 505; *ders.*, BRAO-Kommentar, § 49b Rn. 3.

[7] BT-Drs. 16/8916, 17.

10 Eine weitere Überraschung besteht darin, dass der Gesetzgeber – auch insoweit dem Bundesverfassungsgericht folgend – auch eine Erfolgsvereinbarung in Form der **quota litis** zulässt und damit die Möglichkeit eröffnet, sich einen Teil des erstrittenen Betrags als Honorar versprechen zu lassen. Damit ist in Deutschland dem deutschen Rechtsanwalt erlaubt, was nach den CCBE nach wie vor als unzulässig betrachtet wird.

11 In § 49b Abs. 2 S. 2 BRAO wird ferner klargestellt, dass sich der mandatierte Rechtsanwalt nicht „zusätzlich" als **Prozessfinanzierer** betätigen darf. Nur in bezug auf das eigene Anwaltshonorar darf er sich am Erfolg oder Misserfolg beteiligen. Die Belastung des Mandanten mit Gerichtskosten, Verwaltungskosten oder Kosten anderer Beteiligter bleibt also unberührt und ist ggf. zusätzlich durch die Einschaltung eines Prozessfinanzierers abzusichern.

12 Schließlich ist die seit dem 1.7.2004 existierende Streitfrage beantwortet worden, ob die Erhöhung der gesetzlichen Gebühren einschließlich der Vergütungstatbestände mit Erfolgskomponente (vgl. etwa Nr. 1000 VV RVG) ein auch nach altem Recht zulässiges Erfolgshonorar ermöglicht habe.[8] Durch die Erweiterung von § 49b Abs. 2 S. 3 BRAO „ohne weitere Bedingungen" wird klargestellt, dass diese mit dem KostRMoG eingeführte Regelung mit Erfolgshonoraren **nichts** zu tun hat, sondern ganz „normale" Vergütungsvereinbarungen ermöglichen soll, mit denen alle Vergütungstatbestände einschließlich der Einigungsgebühr, mit einem entsprechenden Multiplikator versehen, erhöht werden können.

II. Normzweck

13 § 4a RVG, der sich mit dem eigentlichen Erfolgshonorar beschäftigt, stellt den **Kernbereich** des neuen Gesetzes dar. Der Gesetzgeber hat den Versuch unternommen, den Vorgaben des Bundesverfassungsgerichts zu folgen, ein Erfolgshonorar unter bestimmten Umständen zuzulassen, ohne vollständig auf das nach wie vor als notwendig angesehene Verbot gänzlich zu verzichten.

14 Ob der Gesetzestext diesen Anforderungen gerecht wird, wird die Zukunft erweisen müssen. Da der Gesetzestext an mehreren Stellen mit unbestimmten Rechtsbegriffen arbeitet, Auslegungen also zulässt, wird er unweigerlich dazu führen, dass Gesetzesrecht durch Richterrecht ersetzt werden wird bzw. wohl auch ersetzt werden muss. Bis dahin sind erhebliche **Unsicherheiten** bei der Gestaltung von Erfolgshonorarvereinbarungen zu verzeichnen und umso mehr ist es geboten, den Grund und die Geschäftsgrundlage für die Vereinbarung so genau wie möglich wiederzugeben und zu beschreiben.[9]

15 Nachdem der Gesetzgeber durch die Vorgaben des Bundesverfassungsgerichts geradezu gezwungen war, Erfolgshonorare zuzulassen, und zwar ausdrücklich auch in Form von quota litis Vereinbarungen, ist der ohnehin kaum nachvollziehbaren Diskussion endgültig der Boden entzogen, dass Erfolgshonorare zulässig – in Form der quota litis – aber unzulässig sein sollen. Bei objektiver Betrachtung macht es in der Tat keinen Unterschied, ob sich ein Rechtsanwalt für den Fall des Erfolges weitere 100.000 EUR versprechen oder 25 % des erlangten Betrags zusichern lässt. Die Unterscheidung wird sich aus der Natur der Sache, bzw. den Besonderheiten des Mandats ergeben. Dort, wo keine Vermögenswerte generiert werden, scheidet eine quota litis Vereinbarung ohnehin schon aus.[10] Umgekehrt macht es die jetzt

---

[8] Vgl. zum Meinungsstreit etwa *Ebert* BRAK-Mitt. 2006, 103 f.; *Pohl* BerlAnwBl. 2005, 102; *ders.* ZRP 2006, 31; Gerold/Schmidt/*Madert* 17. Aufl. § 4 Rn. 58; *Enders* Rn. 301 ff.; vgl. auch noch *Mayer* AnwBl. 2007, 780 ff.

[9] Teubel/Schons/*Schons* S. 84.

[10] Teubel/Schons/*Schons* S. 9.

Erfolgshonorar § 4a

zulässige quota litis-Regelung möglich, auch als Beklagtenvertreter eine sinnvolle, angemessene und insbesondere transparente Erfolgsvereinbarung treffen zu können.[11]

Die quota litis-Vereinbarung schließt des weiteren **Gefahrenquellen** aus, die in § 4a Abs. 1 S. 2 RVG vorzufinden sind. Dort wird gefordert, dass in einem gerichtlichen Verfahren die gesetzliche Vergütung für den Fall des Misserfolges nur unterschritten werden darf, wenn für den Erfolgsfall ein angemessener Zuschlag auf die gesetzliche Vergütung vereinbart wird. 16

Ob dieser Zuschlag angemessen ist oder nicht, entscheidet im Streitfall in letzter Instanz das Gericht und der Vorwurf der Willkürlichkeit und der übertriebenen Darstellung des Prozessrisikos wird schnell erhoben werden können. 17

Auch die in § 4a Abs. 2 Ziff. 2 RVG geforderte Angabe, welche Vergütung bei Eintritt welcher Bedingungen verdient sein soll, birgt **Konfliktstoff** in sich, da die Möglichkeit eröffnet wird, einen Vergleich knapp unter dem Betrag, der zuvor als Bedingung für den Erfolgszuschlag festgelegt wurde, treuwidrig vom eigenen Mandanten herbeizuführen. 18

Derartige Risiken lassen sich bei einer quota litis-Vereinbarung vermeiden, da der Rechtsanwalt hier quotenmäßig an jeglichem Betrag der Erfolg teilnimmt, der erzielt wird. Schließlich stellt der Gesetzestext – dankenswerterweise – klar, dass die **Werbung mit Erfolgshonoraren** verboten bleibt. Wenn das Erfolgshonorar nur für den Einzelfall und nur für einzelne Rechtsangelegenheiten mit einzelnen Mandanten vereinbart werden darf,[12] so ist es weder zulässig, dass ein Rechtsanwalt generell nur auf Erfolgshonorarbasis für seine Mandanten tätig wird, noch ist es erlaubt, mit einem Mandanten eine Absprache dahingehend zu treffen, dass grundsätzlich bestimmte Aufträge nur auf Basis einer erfolgsbasierten Vergütung übernommen werden.[13] 19

Die Richtigkeit dieser Feststellung wird weiter belegt durch das Erfordernis, dass die Zulässigkeit des Erfolgshonorars von den **wirtschaftlichen Verhältnissen des Mandanten** abhängt, die bei verständiger Betrachtung nach einem Erfolgshonorar verlangen. Eine derartige Beurteilung lässt sich eben nur mit einem bereits konkret vorhandenen Mandanten anhand des konkret mitgeteilten Sachverhaltes treffen. 20

In der Praxis führt dies allerdings zur Schwierigkeiten, weswegen sich die Gebührenreferenten auf ihrer Tagung im März 2014 in München mit der Frage befasst haben, ob das Merkmal „im Einzelfall" mandatsbezogen oder anwaltsbezogen ist. Was ist etwa, wenn in einem Jahr 17 Mandanten – aufgrund ihrer wirtschaftlichen Verhältnisse nachvollziehbar – bei derselben Kanzlei immer ein Erfolgshonorar nachfragen. Soll die Kanzlei dann ablehnen müssen, weil man sich sonst dem Vorwurf einer **regelmäßigen Handhabung** ausgesetzt sehen könnte. Wer soll dies im Übrigen kontrollieren?[14] 21

Aufgrund dieser Überlegungen haben die Gebührenreferenten in der vorgenannten Konferenz mehrheitlich der Auffassung Nachdruck verliehen, dass das Merkmal „für den Einzelfall" auf die Angelegenheit bezogen, also gerade nicht anwaltsbezogen zu interpretieren sei. Ob dies tatsächlich im Falle des Falles von der Rechtsprechung akzeptiert wird, bleibt abzuwarten. 22

Jedenfalls ist aber ein Werbehinweis darauf, dass die Kanzlei – auch – auf Erfolgsbasis arbeite, dürfte auf Bedenken stoßen. Abgesehen davon, dass einer derart vagen Aussage kein allzu großer Werbeeffekt beizumessen ist, wäre es Werbung mit Selbstverständlichkeiten, die demgemäß zur Kollision mit dem Berufsrecht **und** dem 23

---

[11] Vgl. hierzu das Muster bei *Teubel/Schons* S. 131.

[12] BT-Drs. 16/8384, 10.

[13] So zutreffend Gerold/Schmidt/*Mayer* § 4a Rn. 5; ebenso Teubel/Schons/*Schons* S. 85 Rn. 17.

[14] Vgl. hierzu RVGreport 2014, 297 f., 298; siehe aber immer noch HK-RVG/*Teubel* § 4a Rn. 23.

Wettebewerbsrecht führen kann. Unter den im Gesetz vorgesehenen Voraussetzungen kann jetzt jeder Rechtsanwalt eine Erfolgshonorarvereinbarung treffen.

24 Jeglicher Werbung mit Erfolgshonoraren widerspricht die Gesetzesregelung ohnehin insoweit, als am grundsätzlichen Verbot des Erfolgshonorars festgehalten wurde, derartige Vereinbarungen also eher die Ausnahme von der Regel darstellen sollen. So ist der Gesetzregelung gewissermaßen auch immanent, dass der Anstoß zum Abschluss einer Erfolgshonorarvereinbarung vom Auftraggeber ausgehen **muss**. Seine Aufgabe wird es sein, dem Rechtsanwalt seine individuelle wirtschaftliche Situation im Verhältnis zum Prozessrisiko des Falles so zu schildern, dass sich dieser davon überzeugen kann, dass ohne Erfolgshonorarvereinbarung auf das Mandat verzichtet werden müsste. Ganz bewusst stellt der Gesetzgeber nicht darauf ab, ob eine **durchschnittliche** rechtsuchende Person in einer bestimmten Rechtsangelegenheit ohne Erfolgshonorar davon abgehalten würde, die eigenen Rechte zu verfolgen, sondern es kommt auf die **individuellen Verhältnisse** des konkreten Auftraggebers an.[15]

25 Nicht unerheblich erweitert wird die Möglichkeit, Erfolgshonorare zu vereinbaren dadurch, dass auch Beratungs- und Prozesskostenhilfemandate mit einer Erfolgshonorarvereinbarung „bedacht" werden können. Eine solche Möglichkeit führte unter Berücksichtigung der früheren Gesetzeslage – durchaus zutreffend – dazu, dass eine solche Erfolgshonorarvereinbarung schlicht unwirksam war.[16]

26 Der Gesetzgeber begründet dies ua mit folgenden Überlegungen:
Ziel der Neuregelungen sei es, Rechtsanwälten für eine Leistung, die zu einem erheblichen Vermögenszuwachs beim Antragsteller führe, eine angemessene Vergütung zukommen zu lassen. Gleichzeitig setze die Regelung Anreize, auch Mandate nicht bemittelter Rechtsuchender mit dem gebotenen Aufwand zu betreuen. Zudem könnten sich Entlastungen für die Staatskasse ergeben, wobei letzteres sicherlich der springende Punkt gewesen sein dürfte, die Regelung zum Erfolgshonorar weiter zu „verwässern".

27 Zu Recht ist der Neuregelungsvorschlag im Entwurf eines Gesetzes zur Änderung der Prozesskosten- und Beratungshilferechts von der Anwaltschaft kritisiert worden.

28 Denn durch die Neuregelung wird der bedürftige Rechtsuchende schlechter gestellt als derjenige, der den Rechtsanwalt selbst bezahlt. Die Regelungen zur Vereinbarung von Erfolgshonoraren sehen nämlich vor, dass für den Fall des Obsiegens ein Aufschlag auf die gesetzlichen Gebühren vorzunehmen ist. Im Falle des Obsiegens und damit der vollen Kostenerstattung durch den Prozessgegner müßte der bedürftige Rechtsuchende aus dem Erlangten also noch eine zusätzliche Vergütung an seinen Rechtsanwalt abführen. Dies bedeutet eben nichts anderes, als eine Verschlechterung seiner Situation gegenüber demjenigen, der aufgrund seiner Solvenz frei entscheiden kann, ob er den Rechtsanwalt zu den gesetzlichen Gebühren beauftragt oder bereit ist, eine Vergütungsvereinbarung abzuschließen.[17]

29 Immerhin hat der Gesetzgeber dankenswerterweise darauf verzichtet, eine Verpflichtung eines Rechtsuchenden dahingehend einzuführen, die Beratung oder Vertretung auf Erfolgshonorarbasis vorrangig in Anspruch zu nehmen.

30 Nach wie vor kann also die Beratungs- oder die Prozesskostenhilfe nicht mit dem Argument verweigert werden, der Rechtsuchende möge sich doch einen Rechtsanwalt suchen, der bereit sei, auf Erfolgshonorarbasis tätig zu werden.

III. Definition des Erfolgshonorars (§ 49b Abs. 2 S. 1 BRAO)

31 Die **Definition des Erfolgshonorars** findet sich in § 49b Abs. 2 S. 1 BRAO, wenn dort von Vereinbarungen die Rede ist, durch die eine Vergütung oder ihre

---

[15] Ebenso Gerold/Schmidt/*Mayer* § 4a Rn. 6; sa Rehberg/*Schons* S. 289.
[16] Vgl. LG Berlin AnwBl. 2011, 148 ff. = AGS 2011, 14 ff.
[17] Vgl. *Mayer* AnwBl. 2013, 311 f.

Höhe vom **Ausgang der Sache** oder vom **Erfolg der anwaltlichen Tätigkeit** abhängig gemacht wird oder nach denen der Rechtsanwalt einen Teil des erstrittenen Honorars als Honorar erhält. Zwar verzichtet insoweit der Gesetzestext auf den Begriff der „quota litis", erlaubt entsprechende Vereinbarungen aber ersichtlich.[18]

Gleichzeitig wird im Gesetzestext nunmehr endgültig klargestellt, dass von einem Erfolgshonorar nicht gesprochen werden kann, wenn via Vergütungsvereinbarungen **Vergütungstatbestände** erhöht werden, die selbst **Erfolgskomponenten** beinhalten wie etwa die Einigungsgebühr nach Nr. 1000 VV, die Aussöhnungsgebühr Nr. 1001 VV, die Erledigungsgebühr Nr. 1002 VV oder die Befriedungsgebühr nach Nr. 4141 VV bzw. Nr. 5115 VV. Dies gilt allerdings nur dann, wenn die Vereinbarung nicht von weiteren Bedingungen abhängig ist, wie etwa vom Ausgang der Sache.[19] 32

Schließlich kann von einem Erfolgshonorar dann nicht gesprochen werden, wenn der Anwaltsvertrag selbst sich inhaltlich als Werkvertrag und nicht als Dienstvertrag darstellt, also etwa dann, wenn zB die Erstattung eines Gutachtens Inhalt des Auftrages an den Rechtsanwalt ist.[20] 33

Allgemein kann formuliert werden, dass ein Erfolgshonorar immer dann vorliegt, wenn nicht nur die **Tätigkeit des Rechtsanwalts,** sondern auch das **Ergebnis seiner Tätigkeit** in irgendeiner Form auf die Höhe der Vergütung Einfluss nehmen soll.[21] Damit lassen sich auch Vergütungen für einen bestimmten, zuvor definierten Zwischenerfolg vereinbaren, wie etwa die Vergütung dafür, dass die Anklage nicht mehr im laufenden Jahr erhoben wird oder einem Insolvenzvertrag zumindest jetzt nicht stattgegeben wird. Anders ausgedrückt: Auch **„vorläufige" Erfolge** kann sich der Rechtsanwalt entsprechend honorieren lassen.[22] 34

Schließlich ist noch auf einen wichtigen Unterschied zwischen der Erfolgshonorarvereinbarung und den Vergütungstatbeständen mit Erfolgskomponenten hinzuweisen. 35

Während die Berechnung aus einem Vergütungstatbestand mit Erfolgskomponente in der Regel eine den Erfolg verursachende Tätigkeit des Rechtsanwalts voraussetzt, ist ein Erfolgshonorar – unabhängig von der Tätigkeit – bei entsprechender Vereinbarung schon dann zu zahlen, wenn der definierte Erfolg eingetreten ist, aus welchen Gründen auch immer.[23] 36

IV. Voraussetzungen der Zulässigkeit (§ 4a Abs. 1 S. 1)

1. Nur für den Einzelfall

§ 4a Abs. 1 S. 1 RVG verlangt, dass das Erfolgshonorar nur für den Einzelfall vereinbart werden darf. Nach richtiger Auffassung ist dieses Merkmal sowohl **mandanten-** wie auch **anwaltsbezogen** zu verstehen. Damit ist es weder so lässig, dass ein Rechtsanwalt generell nur auf Erfolgshonorarbasis für seine Mandanten tätig wird, noch wird es erlaubt sein, mit einem Mandanten eine Absprache dahingehend zu treffen, dass grundsätzlich bestimmte oder gar alle Aufträge nur auf der Basis einer erfolgsbasierten Vergütung übernommen werden.[24] 37

---

[18] Gerold/Schmidt/*Mayer* § 4a Rn. 4; vgl. BT-Drs. 16/8384, 9.
[19] HK-RVG/*Teubel* § 4a Rn. 15 ff.; *Mayer/Winkler*, Erfolgshonorar, S. 46.
[20] HK-RVG/*Teubel* § 4a Rn. 17.
[21] HK-RVG/*Teubel* § 4a Rn. 18.
[22] HK-RVG/*Teubel* § 4a Rn. 20.
[23] Siehe auch hier mit guten Beispielen: HK-RVG/*Teubel* § 4a Rn. 21, 22.
[24] Vgl. hierzu zunächst: BT-Drs. 16/8384, 10; sa Gerold/Schmidt/*Mayer* § 4a Rn. 5; ebenso Teubel/Schons/*Schons* S. 85; *Mayer/Winkler* Erfolgshonorar S. 47; HK-RVG/*Teubel* § 4a Rn. 23 ff.

§ 4a   Erfolgshonorar

Auch an dieser Stelle muss allerdings in Erinnerung gerufen werden, dass dies in der Praxis zu erheblichen Schwierigkeiten führen kann, wenn man das Merkmal „im Einzelfall" mandatsbezogen **und** anwaltsbezogen sieht. Der Mehrheitsbeschluss der Gebührenreferenten im März 2014 in München wurde jedenfalls gut begründet und sollte im Auge behalten werden.[25]

38   Festgehalten wird aber wie in der Vorauflage an Folgendem: Eine Werbung mit der generellen Bereitschaft, Erfolgshonorare zu vereinbaren, kollidiert damit mit dem geltenden Berufsrecht.[26] Soweit *Teubel* meint, bei der Werbeaussage, man sei grundsätzlich bereit, auch auf Erfolgsbasis zu arbeiten, müsse dies mit dem Hinweis auf die Einzelfallregelung verbunden werden, übersieht er die **wettbewerbsrechtliche Problematik** unter dem Gesichtspunkt der Werbung mit Selbstverständlichkeiten.[27]

2. Möglichkeit zur Rechtsverfolgung

39   Das Gesetz verlangt weiterhin, dass der Auftraggeber aufgrund seiner **wirtschaftlichen Verhältnisse** bei verständiger Betrachtung ohne Vereinbarung eines Erfolgshonorars von der Rechtsverfolgung abgehalten würde. Hier greift der Gesetzgeber eine Formulierung aus dem Urteil des Bundesverfassungsgerichts vom 12.12.2006 auf und entscheidet sich – jedenfalls nach eigener Beurteilung – für die sog. **kleine Lösung**.[28] Dies wird allerdings höchst unterschiedlich bewertet. So gibt es durchaus Stimmen, die hier von einer „unbeabsichtigten vollständigen Freigabe des Erfolgshonorars" sprechen.[29] Oder aber man meint, dass man der sog. vermittelnden kleinen Lösung nahe gekommen sei.[30]

40   Richtig ist jedenfalls, dass nach Vorstellung des Gesetzgebers stets auf die **individuelle Lebenssituation** des betroffenen Auftraggebers abzustellen ist, also insbesondere an Lebenssachverhalte gedacht wird, bei denen beispielsweise um Vermögenswerte gestritten wird, die den einzigen oder wesentlichen Vermögensbestandteil einer rechtsuchenden Person ausmachen, etwa bei einem Streit um einen Erbteil, einen Entschädigungsbetrag oder ein Schmerzensgeld.[31]

41   Richtig bleibt jedenfalls, dass der Gesetzgeber darauf verzichtet hat, den Weg zum Erfolgshonorar lediglich der völlig mittellosen Person zu eröffnen, wie es die Jahreshauptversammlung der Bundesrechtsanwaltskammer in Kiel im September 2007 noch für wünschenswert und beim Gesetzgeber auch für durchsetzbar angesehen hatte.[32] Angesichts der Vorgaben des Bundesverfassungsgerichts war dem Gesetzgeber gar keine andere Möglichkeit gegeben, als auch anderen Mandantentypen den Weg zum Erfolgshonorar zu eröffnen. Dass dies zu Rechtsunsicherheiten bei der Beurteilung von Erfolgshonorarvereinbarungen in der Praxis führen wird, liegt auf der Hand und dies mag mit ein Grund dafür sein, dass sich derartige Vereinbarungen auch heute noch nicht gerade all zu großer Beliebtheit erfreuen.

---

[25] Vgl. hierzu erneut RVGreport 2014, 297, 298; nunmehr auch zustimmend Rehberg/ *Schons* S. 289.

[26] Teubel/Schons/*Schons* S. 85.

[27] Vgl. hierzu zunächst HK-RVG/*Teubel* § 4a Rn. 24; sowie Teubel/Schons/*Schons* S. 85.

[28] Vgl. zunächst wiederum BVerfG NJW 2007, 997 = AnwBl. 2007, 297 = AGS 2007, 168 ff.; sa BT-Drs. 16/8916, 15.

[29] Vgl. etwa *Kleine-Cosack* AnwBl. 2008, 505; *ders.* BRAO § 49b Rn. 3.

[30] So etwa Rehberg/*Schons* S. 286; Gerold/Schmidt/*Mayer* § 4a Rn. 1 am Ende; zur Darstellung aller Meinungen vgl. auch *Mayer/Winkler* Erfolgshonorar S. 48.

[31] Gerold/Schmidt/*Mayer* § 4a Rn. 6 unter Hinweis auf: BT-Drs. 16/8384, 11.

[32] Teubel/Schons/*Schons* S. 12; ebenso Rehberg/*Schons* S. 285.

Erfolgshonorar § 4a

3. Bei verständiger Betrachtung

Da der Gesetzgeber – dem Urteil des Bundesverfassungsgerichts folgend – das **42** Erfolgshonorar nicht nur für die sog. arme Partei ermöglichen wollte, bedurfte es eines **Regulariums,** um eine vollständige Freigabe des Erfolgshonorars zu verhindern. Auch hier wurde eine Formulierung aus der Entscheidung des Bundesverfassungsgerichts aufgegriffen und das Kriterium der „verständigen Betrachtung" in den Gesetzestext integriert. Der ursprüngliche Referentenentwurf ging hierbei ersichtlich zu weit. Nachdem dort im Entwurf zunächst formuliert war, dass das Erfolgshonorar nur dort vereinbart werden dürfe, wo damit besonderen Umständen der Angelegenheit Rechnung getragen werde, hieß es in diesem Entwurf weiter:

*„Dies gilt **insbesondere**, wenn der Auftraggeber aufgrund seiner wirtschaftlichen Verhältnisse bei verständiger Betrachtung ohne die Vereinbarung eines Erfolgshonorars von der Rechtsverfolgung abgehalten würde."*

Mit Erfolg hat sich die Anwaltschaft hiergegen gewehrt und darauf hingewirkt, **43** dass das im Entwurf noch vorzufindende Wort **„insbesondere"** gestrichen wurde. Die Formulierung – so insbesondere die Bundesrechtsanwaltskammer – barg die Gefahr in sich, einen geschlossenen Tatbestand zu öffnen und auf vergleichbare Fälle auszudehnen. Dies – so die **Bundesrechtsanwaltskammer** in ihrer Begründung weiter – führe zur Rechtsunsicherheit und der genaue Regelungsgehalt würde erst im Laufe mehrerer Jahre durch die Gerichte herausgearbeitet werden. Man befand sich damit in bester Gesellschaft mit dem **Deutschen Richterbund** (vgl. die Stellungnahme vom 28.3.2008) und stimmte auch überein mit der Stellungnahme des **Bundesrates** vom 15.2.2008.[33]

Aufgrund des Gesetzestextes kann sich die Rechtsprechung nunmehr – wenigs- **44** tens – auf die Beantwortung der Frage konzentrieren, ob das vereinbarte Erfolgshonorar einer verständigen Betrachtung entspricht oder anders ausgedrückt, ob aus Sicht des Mandanten eine erfolgsbasierte Vergütung unter Berücksichtigung der finanziellen Risiken und Erfolgswahrscheinlichkeit sinnvoll erschien.[34] Gleichwohl besteht für die Anwaltschaft, insbesondere auch hinsichtlich des jetzt vorzufindenden Gesetzestextes, kein Grund zum Jubeln[35] und man kann nur hoffen, dass bei den hier zu erwartenden Streitfällen die Gerichte mit Augenmaß urteilen.

So paradox dies klingen mag, beide Erwartungen erfüllen sich bisweilen in der **45** Praxis: Da ist der Mandant, der den Rechtsanwalt zu einem Erfolgshonorar bewegt, weil er nachhaltig schildert, er wolle in den Prozess „aus verständigen Gründen" nichts mehr investieren, um anschließend die gegenteilige Behauptung aufzustellen, nachdem der Anwalt den gewünschten Erfolg herbeigeführt hat.

Da gibt es aber auch Gerichte, die derartige „Spielchen" von ehemaligen Man- **46** danten offensichtlich nicht mitmachen wollen, und im Prozess dann sehr deutlich zum Ausdruck bringen, was man von einem solchen Sinneswechsel zu halten hat.

Nach wie vor bleibt allerdings abzuwarten, wie sich die Obergerichte bzw. die **47** höchstrichterliche Rechtsprechung verhält. Da viele Rechtsanwälte wohl die Warnungen ernst genommen haben, beim Erfolgshonorar ausgesprochen vorsichtig zu sein, halten sich Rechtsstreitigkeiten in Grenzen, was zum einen darauf zurückzuführen sein mag, dass der gewünschte Erfolg nicht eintritt, zum anderen darauf, dass es auf dieser Welt ja immer auch noch vertragsgetreue Mandanten geben soll und letztendlich darauf, dass sich nur wenige Anwälte auf Erfolgshonorare einlassen.

---

[33] Vgl. hierzu eingehend wiederum Teubel/Schons/*Schons* S. 30 ff.
[34] Gerold/Schmidt/*Mayer* § 4a Rn. 7; *Mayer/Winkler* Erfolgshonorar S. 50.
[35] *Schons* BRAK-Magazin 3/2008.

V. Angemessenheit der Zu- und Abschläge (§ 4a Abs. 1 S. 2)

48 Um Erfolgshonorare, insbesondere bis hin zum „no win no fee", auch in gerichtlichen Verfahren zuzulassen, bedurfte es einer weiteren Sonderreglung, da das Gesetz im gerichtlichen Bereich (§ 49b BRAO) eine Gebührenunterschreitung stringent untersagt.

49 Demgemäß sieht § 4a Abs. 1 S. 2 RVG vor, dass entsprechende Vereinbarungen (keine oder nur eine geringere als die gesetzliche Vergütung) nur getroffen werden dürfen, wenn für den Erfolgsfall ein **angemessener Zuschlag** auf die gesetzliche Vergütung vereinbart wird. Hier wird also das bisher für gerichtliche Verfahren ausnahmslos geltende Verbot der Unterschreitung der gesetzlichen Mindestvergütung letztendlich auch weiterhin gesichert.[36]

50 Das Gesetz gibt damit – erfreulicherweise – ein **deutliches Bekenntnis** – auch im Hinblick auf Europa – zum deutschen Vergütungsrecht ab, das an einer gesetzlich vorgeschriebenen Mindestvergütung grundsätzlich festhält. Das Verbot der Unterschreitung der gesetzlichen Vergütung wird nur bei einer – zulässigen – Erfolgshonorarvereinbarung außer Kraft gesetzt, aber eben mit der Einschränkung, dass für den Erfolgsfall ein „angemessener" Zuschlag vorzusehen ist.

51 Leider hat der Gesetzgeber darauf verzichtet, den unbestimmten Rechtsbegriff **„angemessen"** durch die vernünftige von der Anwaltschaft vorgeschlagene Regelung zu ersetzen, wonach der Zuschlag mindestens so hoch sein muss wie der Abschlag. Auch hier werden die Gerichte in den nächsten Jahren eine gefestigte Rechtsprechung herauszuarbeiten haben.

52 Jedenfalls gilt es, bei der Bewertung des Erfolgszuschlages eine Art **Preisdumping** über vereinbarte Erfolgshonorare zu verhindern, was sich letztlich in der Weise erreichen lässt, dass man bei einer „no win no fee Regelung" im Falle des Erfolges **mindestens die Verdopplung** der gesetzlichen Vergütung fordern muss. Anderenfalls würde Rechtsanwälten die Möglichkeit eröffnet (und es gibt solche, wie die Zeit nach dem 1.7.2006 gezeigt hat), das ihnen angetragene Mandant auf die Weise sich zu sichern oder zu bewerben, dass für den Misserfolgsfall auf Vergütung verzichtet und im Erfolgsfall lediglich ein Aufschlag von 5 % der gesetzlichen Gebühren vereinbart wird. Es wird am **Verhandlungsgeschick** des Rechtsanwalts liegen, eine für die Kanzlei wirtschaftlich erträgliche Regelung zu treffen. Schwerlich dürfte es hierbei möglich sein, die gesetzliche Vergütung als Mindestvergütung festzulegen und für den Erfolgsfall einen **Zuschlag** zu vereinbaren. An derartige Erfolgsvereinbarungen, die natürlich sehr im Interesse der Anwaltschaft gelegen hätten, hatten einige noch vor Jahren gedacht, als über die Zulässigkeit von Erfolgsvereinbarungen bereits lebhaft diskutiert wurde. Wenn der Gesetzgeber aber Erfolgshonorarvereinbarungen nur im Falle und nur unter der Voraussetzung zulässt, dass der Mandant ansonsten (= bei geschuldeter gesetzlicher Vergütung) von der Rechtsverfolgung abgehalten würde, wird man kaum die gesetzliche Vergütung als Grundvergütung und das Erfolgshonorar als reinen Aufschlag als erlaubt ansehen können.[37]

53 Bei der jetzigen gesetzgeberischen Gestaltung des Erfolgshonorars wird man bei einem Misserfolg oder einem teilweisen Misserfolg also **immer einen Abschlag** von der gesetzlichen Vergütung vorsehen müssen, soll die Vereinbarung nicht später als unzulässig bewertet werden.

54 Was die **betriebswirtschaftlichen** Anforderungen angeht, die an einen Rechtsanwalt in Zukunft gestellt werden, der des öfteren mit einer Erfolgshonorarvereinbarung arbeiten will, ist *Mayer* darin zuzustimmen, dass diese recht hoch anzusetzen sind.[38] Wer das **Prinzip der Quersubventionierung,** welches der gesetzlichen

---

[36] HK-RVG/*Teubel* § 4a Rn. 36.
[37] Teubel/Schons/*Schons* S. 87, 88.
[38] Gerold/Schmidt/*Mayer* § 4a Rn. 15.

Erfolgshonorar § 4a

Vergütung zugrunde liegt auf Erfolgshonorarvereinbarungen ausdehnen will, kann sich nur auf höchst unsichere Prognosen verlassen, die teilweise aus dem Ausland stammen, in dem Erfolgshonorarvereinbarungen schon eine lange Tradition haben und wo man auf sichere Erfahrungswerte sicher zurückgreifen kann.[39]

Die Erfahrungen im Ausland sind allerdings nur höchst eingeschränkt auf den deutschen Rechtsmarkt und die deutsche Rechtskultur übertragbar, die sich am 1.7.2008 ja erstmals der Erfolgshonorarvereinbarung geöffnet haben. Die Versuche von *Mayer*, mit einer Art **Tabelle die richtigen Zu- oder Abschläge** schematisch darzustellen,[40] haben bereits heftige Kritik erfahren.[41] **55**

In der Tat ist es nicht einzusehen, dass ein Rechtsanwalt bei Abschluss eines Erfolgshonorars weniger Honorar generieren soll als bei Abschluss einer „normalen" Vergütungsvereinbarung. Es besteht schließlich Einigkeit darüber, dass ein Rechtsanwalt über eine entsprechende Vergütungsvereinbarung sich ein Mehrfaches der gesetzlichen Vergütung sichern kann, ohne dass es auf den Ausgang des Verfahrens und den Erfolg ankommt. Nachdem das Bundesverfassungsgericht und wohl auch der Bundesgerichtshof selbst die Fesseln des „fünffachen der gesetzlichen Vergütung" wieder gelockert haben,[42] kann mE erst recht nicht darüber nachgedacht werden, ausgerechnet beim Erfolgshonorar willkürliche Limitierungen vorzuschreiben, bzw. Limitierungen die mathematisch von der Erfolgswahrscheinlichkeit abhängig gemacht werden. Während des Gesetzgebungsverfahrens waren solche Überlegungen (Beschränkungen von Zuschlägen auf etwa 20 %) aus dem Hause des Bundesministeriums der Justiz zwar zum Denkmodell gemacht worden, wurden – erfreulicherweise – dann aber wieder verworfen. Die Forderung des Gesetzes, vereinbarte Abschläge für den Misserfolg mit angemessenen Zuschlägen für den Fall des Erfolges zu kompensieren, dient jetzt ersichtlich nur noch dem Zweck, Preisdumping zu verhindern. Grenzen nach oben sollen demgegenüber nicht gesetzt werden, soweit nicht der Bereich der Sittenwidrigkeit berührt wird. **56**

Selbstverständlich hindert dies die Rechtsprechung nicht, nach den allgemeinen Bestimmungen unangemessen hohe Vergütungen zu korrigieren (vgl. § 3a Abs. 2 S. 1 RVG). Nur muss dann bei einer solchen Beurteilung besonders berücksichtigt werden, dass der Rechtsanwalt zuvor das Prozessrisiko des Mandanten allein oder zumindest teilweise übernommen hat. **57**

Im übrigen belegt gerade die namentliche Nennung des Erfolgshonorars in § 3a Abs. 2 S. 1 RVG, dass eine schematische bzw. mathematische Abhängigkeit der Höhe des Erfolgszuschlages von der Höhe des Erfolgsabschlages vom Gesetz nicht gefordert wird. Hilfestellung können die Tabellen somit allenfalls nur unter dem Gesichtspunkt geben, dass man die dort aufzufindenden Zuschläge als „Mindestzuschläge" wertet.[43] **58**

Trotz der Gegenkritik von *Mayer*[44] verbleibt es jedenfalls dabei, dass die mathematische Betrachtung weder erforderlich noch nachvollziehbar ist. Gerade auch die Formulierung in § 4a Abs. 2 RVG lässt erkennen, dass es dem Gesetzgeber aus- **59**

---

[39] Gerold/Schmidt/*Mayer* § 4a Rn. 16 ff.

[40] *Mayer* AnwBl. 2007, 561 ff.; *Mayer*, Gebührenformulare, Teil I § 1 Rn. 99; Gerold/Schmidt/*Mayer* § 4a Rn. 14 ff.; Mayer/Winkler/*Mayer* S. 53.

[41] Teubel/Schons/*Schons* S. 88 sowie das Muster auf S. 152; ebenso kritisch Bischof/*Bischof* § 4a Rn. 15 ff.

[42] Vgl. zunächst BGH NJW 2005, 2142 ff.; BGH AGS 2009, 262 f. mAnm *Schons;* BGH AGS 2009, 430 ff.; BVerfG AnwBl. 2009, 650 f. = AGS 2009, 423 ff.; siehe hierzu auch *Schons* BRAK-Mitt. 2009, 172; siehe nunmehr auch BGH NJW 2010, 1364.

[43] Dies klingt teilweise bei *Mayer* allerdings auch so an: vgl. Mayer/Winkler/*Mayer* S. 53, 54; ebenso HK-RVG/*Teubel* § 4a Rn. 40, der anmerkt, dass der Zuschlag durch die Angemessenheitsvorschrift nicht nach oben beschränkt wird, sondern ausschließlich nach unten.

[44] Vgl. Gerold/Schmidt/*Mayer* § 4a Rn. 23.

schließlich darum ging, eine Unterschreitung der gesetzlichen Gebühren bei anwaltlicher gerichtlicher Tätigkeit nur in engen Grenzen zu erlauben.

60 Einfach ausgedrückt:
Arbeitet der Rechtsanwalt mit einem Abschlag von 50 %, so muss der Aufschlag **mindestens** 50 % betragen, kann aber durchaus deutlich darüber liegen.
Und auch die zugelassene quota litis-Regelung belegt, dass es „nach oben" zunächst einmal keine Grenzen geben soll, wenn der Anwalt auf die gesetzliche Vergütung für den Fall des Misserfolges vollständig verzichtet.

VI. Erfolgshonorar auch bei Beratungs- oder Prozesskostenhilfemandaten (§ 4a Abs. 1 S. 3)

61 Wie bereits eingangs erwähnt hat sich der Gesetzgeber – wohl vordringlich aus fiskalischen Gründen – veranlasst gesehen, die Möglichkeiten, ein Erfolgshonorar zu vereinbaren, entscheidend zu erweitern.

62 War es nach altem Recht völlig unmöglich, Erfolgshonorare dort zu vereinbaren, wo dem Rechtssuchenden der Zugang zum Recht durch Beratungs- oder Prozesskostenhilfe gewährt wurde, ist jetzt praktisch die umgekehrte Situation gegeben:
Auch und gerade dort, wo der Staat einen problemlosen Zugang zum Recht ermöglicht, soll es den Beteiligten des Anwaltsvertrages nunmehr erlaubt sein, eine Erfolgshonorarvereinbarung zu treffen. In den praktischen Auswirkungen dürfte dies bereits der Einstieg in den vollständigen Ausstieg vom Verbot des Erfolgshonorars sein. Jedenfalls wird durch die Neuregelung eindeutig auf das Erfordernis verzichtet, dass nur über den Weg über das Erfolgshonorar der Zugang zum Recht ermöglicht werden müsse, was in der Vergangenheit auch dazu geführt hat, dass Erfolgshonorarvereinbarungen – zu Recht – für nichtig erklärt wurden, bei denen die Voraussetzungen für die Prozesskostenhilfe vorlagen.[45]

63 Es erscheint wenig wahrscheinlich, dass es die oberen Gerichte, ggf. auch das BVerfG hinnehmen werden, dass durch die Neuregelung – es wird die oben dargestellte Kritik der Anwaltschaft in Erinnerung gerufen -, arme rechtssuchende Bürger im Falle des Erfolges schlechter gestellt werden, als solvente Mandanten.[46] Der Weg einer völligen Streichung des Erfolgshonorarverbots scheint also – ob beabsichtigt oder unbeabsichtigt – bereits geebnet und es bleibt abzuwarten, wie der Anwaltsmarkt mit einer solchen Entwicklung zu gegebener Zeit zu Recht kommt. Die Gründe, die seinerzeit dafür sprachen, das Erfolgshonorar nur unter recht strengen Voraussetzungen zuzulassen, sind sicherlich nicht weniger geworden und sie sind auch nicht weniger überzeugend geworden.

VII. Angabe der erfolgsunabhängigen Vergütung (§ 4a Abs. 2 Ziff. 1)

64 Als eine weitere **eklatante Schwachstelle der gesetzlichen Neuregelung** muss es bezeichnet werden, dass dem Rechtsanwalt vorgeschrieben wird, in der Erfolgshonorarvereinbarung die voraussichtliche gesetzliche Vergütung und ggf. die erfolgsunabhängige vertragliche Vergütung niederzulegen, zu der er bereit wäre, den Auftrag ansonsten zu übernehmen.

65 Zu Recht haben Anwaltschaft und Richterschaft übereinstimmend darauf hingewiesen, dass die voraussichtliche gesetzliche Vergütung bei Mandatsannahme nicht absehbar ist. Zwar lässt sich bei der Übernahme des Mandats problemlos der im

---

[45] Vgl. erneut LG Berlin AGS 2011, 14 ff. = AnwBl. 2011, 148 ff.
[46] *Mayer* AnwBl. 2013, 311 f.; vgl. auch hier *Lissner* AGS 2014, 1 ff.

Erfolgshonorar § 4a

Gesetz ohnehin vorgeschriebene Hinweis nach § 49b Abs. 5 BRAO erteilen, dass die gesetzliche Vergütung von der Höhe des Gegenstandswertes abhängig ist. Auch lässt sich bei weiteren Nachfragen des Auftraggebers dann unter Berücksichtigung des derzeit bekannten Streitwertes anhand der Gebührentabellen und unter Berücksichtigung aller Vergütungstatbestände die „mögliche" gesetzliche Vergütung berechnen. Ein sicheres Vergleichsbild zur angesonnenen Erfolgshonorarvereinbarung lässt sich demgegenüber – wie vom Gesetzgeber wohl gewünscht – definitiv nicht abgeben.

Die gesetzliche Vergütung ist vom Verlauf des Rechtsstreites abhängig, der durch 66 Hilfsaufrechnungen und Widerklagen eine Streitwerterhöhung ebenso erfahren kann, wie die gesetzliche Vergütung bedingt ist durch die Beendigung des Verfahrens (Einigungsgebühr ja oder nein). Gleichwohl sind die Folgen einer falschen Darstellung gravierend, da die Verletzung der Hinweispflicht dazu führt, dass auch im Erfolgsfalle nur die gesetzliche Vergütung verlangt werden kann (vgl. § 4b Abs. 1 RVG).[47]

Praxistipp:

In der praktischen Umsetzung wird man den Problemen nur entgehen können, 67 indem man in der Erfolgshonorarvereinbarung alle auch nur denkbaren Vergütungstatbestände beziffert und in der Vergleichsberechnung darstellt, dass diese vom derzeit bekannten Gegenstandswert abhängig, Erhöhungen aber bei Veränderung des Streitwertes unumgänglich sind.[48]

Die Kritik von *Mayer* an diesem Praxistipp ist nicht nachvollziehbar und wird auch 68 nicht begründet.[49] Was soll an dieser Empfehlung zu weit gehen? Die gesetzlichen Vergütungstatbestände, die in Betracht kommen, sind überschaubar und – zumindest theoretisch, auch in jedem Prozess möglich.

Wer aber bei einer Alternativberechnung also beispielsweise die Einigungsgebühr 69 weglässt, kommt sicherlich im Falle des Falles in Schwierigkeiten. Und dass sich während des Verfahrens aufgrund mannigfaltiger Umstände Gegenstandswerterhöhungen ergeben können, die sich teilweise dramatisch auf die zunächst alternativ errechneten gesetzlichen Gebühren auswirken können, ist jedem Praktiker bekannt.

Motiv für die unsinnige Regelung war und ist doch wohl, dass dem Mandanten 70 nicht eine astronomische gesetzliche Vergütung vorgerechnet wird, um ein Erfolgshonorar umso begehrlicher erscheinen zu lassen. Auch dann ist aber die hier ausgesprochene Empfehlung hilfreicher als wenn man sich auf eine „realistische Betrachtung" festlegt, die sich hinterher als falsch herausstellt und/oder als falsch gerügt wird! Aber auch dies lässt *Mayer* ja völlig offen.

Die Mandanten sind übrigens mit der Regelung offenbar völlig überfordert. In 71 ein- und demselben Verfahren und in Bezug auf ein- und dieselbe Alternativberechnung der Gebühren klagt man einmal über zu hohe Vergütungstatbestände und das andere Mal über zu niedrigere Vergütungstatbestände, ohne sich um solche Widersprüche zu scheren und in dem erkennbaren Bestreben, sich nach erfolgreichem Abschluss des Mandates unter allen Umständen von der Erfolgsvereinbarung verabschieden zu können. Eine derartige Darstellung, die für den Rechtsanwalt zusätzliche Arbeit mit sich bringt, mag dem Gesetzestext genüge tun, hilfreich für den Auftraggeber ist sie ohnehin nicht.[50]

Übrigens hat sich der Gesetzgeber auch hier nicht nur über die Bedenken der 72 Anwaltschaft, sondern auch über die Bedenken der Richterschaft hinweggesetzt.

---

[47] HK-RVG/*Teubel* § 4a Rn. 48; so jetzt auch OLG Düsseldorf RVGreport 2012, 255 ff.
[48] In diese Richtung wohl ebenso argumentierend: HK-RVG/*Teubel* § 4a Rn. 48.
[49] Gerold/Schmidt/*Mayer* § 4a Rn. 31.
[50] Teubel/Schons/*Schons* S. 88; Zur deutlichen Kritik vgl. auch Gerold/Schmidt/*Mayer* § 4a Rn. 30, der an das Augenmaß der Rechtsprechung appelliert.

Ebenso unpraktikabel ist die im Gesetzgebungsverfahren im übrigen zu Lasten der Anwaltschaft noch verschärfte Regelung, wonach nicht nur die alternative **gesetzliche** Vergütung, sondern auch die alternative erfolgsunabhängige **vertragliche** Vergütung zu benennen ist, zu der ansonsten der Rechtsanwalt das Mandat übernehmen würde. Es ist allgemein bekannt, dass erfolgsunabhängige Vergütungsvereinbarungen in der Regel nach Zeitaufwand getroffen werden und hier die Prognose noch weniger aussagekräftig sein kann als bei der gesetzlichen Vergütung. Ausschließlich der Lauf des Verfahrens und das Agieren der Gegenseite bestimmen den Zeitaufwand, so dass über den Stundensatz hinaus nicht im Ansatz verlässlich beurteilt werden kann, zu welchem absoluten Betrag das Mandat nach Jahren der Prozessführung in der ersten Instanz beendet werden kann. Ein Hinweis auf umfangreiche Bauprozesse oder Familiengerichtsverfahren belegen jedem Praktiker, dass eine Deckelung des Honorars, das nach Zeitaufwand bemessen ist, schier unmöglich erscheint. Nicht zuletzt aus diesem Grunde hat beispielsweise das Bundesverfassungsgericht inzwischen die Rechtsprechung des Bundesgerichtshofes vom 27.1.2005 „kassiert" und der Bundesgerichtshof jedenfalls bei Zeithonoraren selbst Zweifel an dieser eigenen Rechtsprechung angemeldet.[51]

Praxistipp:

73 Das Dilemma kann im Grunde genommen hier nur dadurch gelöst werden, dass in der Erfolgshonorarvereinbarung die Feststellung getroffen wird, zu einer erfolgsunabhängigen vertraglichen Vergütung sei man zur Übernahme des Mandats nicht bereit. Eine derartige Formulierung würde auch die Bedenken des Bundesrates entkräften, ein Rechtsanwalt könne im Einzelfall überhöhte vertragliche Vergütungen nennen, um auf diese Weise den Abschluss einer Erfolgshonorarvereinbarung zu begünstigen.[52]

74 Auch die diesbzgl. von *Mayer* geäusserte Kritik[53] ist weder nachvollziehbar noch begründet. Wieso soll es zu weitgehend sein, sich den unberechtigten späteren Vorwürfen dadurch zu entziehen, dass man sich klipp und klar weigert, eine Vergütungsvereinbarung – nach Zeitaufwand – zu treffen. Eine Verpflichtung, eine Vergütungsvereinbarung zu treffen, gibt es bekanntlich nicht !!!

VIII. Bestimmung der Höhe und Definition des Bedingungseintritts (§ 4a Abs. 2 Ziff. 2)

75 § 4 Abs. 2 Nr. 2 RVG verlangt weiterhin, dass die Erfolgshonorarvereinbarung auch wiedergibt, welche Vergütung bei Eintritt welcher Bedingung verdient sein soll. Wie bereits mehrfach hervorgehoben, ist die Definition des Erfolges nicht unproblematisch, zumal Teilerfolge eher die Regel als die Ausnahme sind. Oftmals werden – etwa bei Schadensersatzansprüchen – zumindest leicht erhöhte Beträge eingeklagt, um eine bessere Verhandlungsposition bei Vergleichen erzielen zu können. Ferner besteht ein Problem darin, dass der formale verfahrensmäßige Erfolg nicht gleichzusetzen ist mit der erfolgreichen Durchsetzung der Forderung in der Zwangsvollstreckung.[54]

76 Andererseits ist nach richtiger Beurteilung Wirksamkeitsvoraussetzung nicht die sachgerechte Darstellung der Bedingung und der Höhe der Vergütung, sondern die Aufnahme beider Voraussetzungen für die Bestimmung des Erfolgshonorars in die

---

[51] BVerfG AnwBl. 2009, 650 f.; BVerfG AGS 2009, 423 ff.; BGH AGS 2009, 262 f. mAnm *Schons*; BGH AGS 2009, 430 ff. mAnm *Schons*.
[52] BT-Drs. 16/8384, 15, sowie Gerold/Schmidt/*Mayer* § 4a Rn. 29.
[53] Gerold/Schmidt/*Mayer* § 4a Rn. 33.
[54] Gerold/Schmidt/*Mayer* § 4a Rn. 35.

Erfolgshonorar § 4a

Vereinbarung.⁵⁵ Jedenfalls ist aber zu beachten, dass eine Vereinbarung nach den allgemeinen Grundsätzen dann nichtig ist, wenn entweder die Höhe der Vergütung oder die Bedingung, unter der sie verdient ist, nicht **hinreichend bestimmbar** ist.⁵⁶

In der Vereinbarung muss also dokumentiert – Textform – niedergelegt werden, in welcher Höhe im Falle des Erfolges Honorar geschuldet wird. Die Höhe des Erfolgshonorars darf hier weder dem Rechtsanwalt noch der Rechtsanwaltskammer überlassen bleiben. 77

Auch der „**Erfolgsfall**" muss so definiert sein, dass er objektiv nachvollzogen werden kann. Es darf also beispielsweise nicht offen bleiben, ob die Tituliering des Anspruches oder dessen vollständige Durchsetzung (in der Zwangsvollstreckung) den Erfolgsfall darstellen soll.⁵⁷ 78

Weitere Probleme ergeben sich im Zusammenhang mit der **Kostenerstattung** und einer **Quota-litis-Vereinbarung**. So empfiehlt *Teubel* klarzustellen, ob eine Kostenerstattung durch die Gegenseite anzurechnen ist oder ob der von der Gegenseite beizutreibende Kostenerstattungsbetrag **zusätzlich** dem Rechtsanwalt verbleibt.⁵⁸ Bei der Quota litis ist klarzustellen, ob von dem von der Gegenseite beigetriebenen Bruttobetrag auszugehen ist oder ob etwa Gerichtskosten, die der Auftraggeber gezahlt hat und die der Gegner nicht erstatten muss oder kann, abgezogen werden. Zu klären ist auch, ob darüber hinaus möglicherweise sonstige **eigene Kosten des Mandanten** abzuziehen sind.⁵⁹ 79

Schließlich sind Vorkehrungen für den Fall zu treffen, dass der Mandant den Rechtsanwalt über die Instanzen hinweg wechselt und es erst dem zweiten Rechtsanwalt gelingt, den Erfolg herbeizuführen, den Rechtsanwalt der ersten Instanz zwar vortrefflich vorbereitet hat, gleichwohl dort aber nicht auf den „richtigen Richter" traf.⁶⁰ 80

IX. Gründe für die Bemessung des Erfolgshonorars (§ 4a Abs. 3 S. 1)

Eine weitere Schwierigkeit findet sich in § 4 Abs. 3 S. 1 RVG. Mit geradezu sibyllinischer Formulierung, die allerdings ihre Ursache in eben solchen Formulierungen in der Entscheidung des Bundesverfassungsgerichts hat, wird verlangt, dass eine das Erfolgshonorar regelnde Vergütungsvereinbarung auch die wesentlichen Gründe angibt, die für die **Bemessung des Erfolgshonorars bestimmend sind**. 81

Positiv ist zu vermerken, dass der aktuelle Gesetzestext die ursprünglichen Formulierungen aus dem Regierungsentwurf entschärft hat. Dort wurde noch gewünscht, die wesentlichen und tatsächlichen Umstände und rechtlichen Erwägungen kurz darzustellen, auf denen die Einschätzung der Erfolgsaussichten zu Beginn des Mandats (!!!) beruhte. Der Regierungsentwurf zeichnete sich insoweit durch eine Praxisferne aus, die zurückhaltend ausgedrückt, nur als bemerkenswert bezeichnet werden kann. Dass ein Rechtsanwalt die Erfolgsaussichten eines Verfahrens nicht zutreffend beurteilen kann, wenn ihm lediglich die höchst subjektiven Angaben des Mandanten 82

---

⁵⁵ HK-RVG/*Teubel* § 4a Rn. 49.
⁵⁶ HK-RVG/*Teubel* § 4a Rn. 50.
⁵⁷ Teubel/Schons/*Schons* S. 89, 90; ebenso HK-RVG/*Teubel* § 4a Rn. 55 ff.; siehe hierzu auch die Muster bei *Teubel/Schons* S. 129 ff.
⁵⁸ HK-RVG/*Teubel* § 4a Rn. 53.
⁵⁹ HK-RVG/*Teubel* § 4a Rn. 54.
⁶⁰ Teubel/Schons/*Schons* S. 89 ff. sowie S. 138 und das dort vorzufindende Muster § 7 Rn. 10; Rehberg/*Schons* S. 292; siehe hierzu auch Bischof/*Bischof* § 4a Rn. 44.

und die von diesem aussortierten Unterlagen vorliegen, ist ein Allgemeinplatz, den wiederzugeben man sich eigentlich scheut.

83 Insoweit ist es zu begrüßen, dass der Bundestag die Unsinnigkeit der entsprechenden Regelung erkannt und sich an einer Alternative versucht hat, deren **Gefährdungspotential** sich in Zukunft noch erweisen muss. Vergleicht man den jetzigen Gesetzestext mit dem Regierungsentwurf, wird man bei vorsichtigem Optimismus wohl davon ausgehen dürfen, dass nunmehr **weniger die Erfolgsaussichten relevant** sein sollen als die Darstellung der Gegebenheiten, die der Auftraggeber (Mandant) zu Beginn des Mandatsverhältnisses schildert.

84 So verstanden – und hierfür spricht auch die Gesetzesbegründung – werden die vom Auftraggeber geschilderten Umstände zur **verbindlichen Geschäftsgrundlage** der Erfolgshonorarvereinbarung, so dass diese im nachhinein nicht mehr mit der Begründung erfolgreich – im Erfolgsfalle – vom Auftraggeber angefochten werden kann, die Prozessrisiken seien zu dramatisch dargestellt worden.[61] Es soll vielmehr ausreichend sein, wenn festgehalten wird, dass angesichts eines bestimmten allgemeinen Prozessrisikos, etwa in Arzthaftungsangelegenheiten, in dem vorliegenden Einzelfall von diesem Risiko ausgegangen werde.[62] Selbst diese deutlich entschärfte Regelung – im Verhältnis zum Regierungsentwurf bietet aber noch genügend Gefahrenquellen und wird sicherlich die Rechtsprechung beschäftigen, wenn Mandanten im nachhinein versuchen, sich nach Eintritt des Erfolges von der getroffenen Vereinbarung zu verabschieden oder wie es *Hartmann* zutreffend formuliert: *„Wieder ein weites Feld gerichtlicher wie etwa nach § 14 entsprechend kammerlicher Ermessensbemühungen und Rechtserkenntnis-Notwendigkeiten beim etwa späteren Streit."*[63]

X. Hinweis auf Kostenerstattungspflicht (§ 4a Abs. 3 S. 2)

85 Problemlos ist hingegen die in § 4 Abs. 3 S. 2 RVG vorzufindende Verpflichtung des Rechtsanwalts, in die Vereinbarung den Hinweis aufzunehmen, dass die Vereinbarung keinen Einfluss auf die ggf. vom Auftraggeber zu zahlenden Gerichtskosten, Verwaltungskosten und die von ihm zu erstattenden Kosten anderer Beteiligter habe. Es ist in der Tat sinnvoll, dem Auftraggeber sicherheitshalber vor Augen zu führen, dass eine Erfolgshonorarvereinbarung weder mit einer Rechtsschutzversicherung noch mit dem Abschluss einer Vereinbarung mit einem Prozessfinanzierer vergleichbar ist. Die Hinweispflicht entspricht der Regelung in § 49b BRAO, wonach der Rechtsanwalt seinen Auftraggeber zwar von den eigenen Anwaltskosten freistellen darf, nicht aber von den Gerichtskosten oder den Erstattungsansprüchen Dritter.[64] Es findet sich hier die Ausnahme von dem Grundsatz, dass die Kostentragungspflicht der unterliegenden Partei (§ 91 ZPO) als allgemein bekannt vorauszusetzen ist und infolge dessen eigentlich keiner Aufklärung von anwaltlicher Seite bedarf.[65] Zu Recht weist *Mayer* in seiner Kommentierung darauf hin, dass diese Regelung allerdings auch eine Schwachstelle des Arguments ist, einem Auftraggeber müsse durch Erfolgshonorarvereinbarung der Zugang zum Recht stets gewährleistet werden.[66] In der Tat sind nicht nur die zu zahlenden eigenen Anwaltskosten – je nach Streitwert – eine erhebliche wirtschaftliche Belastung des Mandanten, sondern insbesondere im Unterliegensfalle die an die Gegenseite zu erstattenden Anwalts- und

---

[61] BT-Drs. 16/8916, 18.
[62] Teubel/Schons/*Schons* S. 90, 91; ebenso Gerold/Schmidt/*Mayer* § 4a Rn. 38, ebenfalls unter Hinweis auf die Gesetzesbegründung; sa Bischof/*Bischof* § 4a Rn. 25.
[63] *Hartmann* RVG § 4a Rn. 35 am Ende.
[64] Teubel/Schons/*Schons* S. 91; ebenso Gerold/Schmidt/*Mayer* § 4a Rn. 40.
[65] So zutreffend Schneider/Wolf/*Onderka* § 4a Rn. 38.
[66] Gerold/Schmidt/*Mayer* § 4a Rn. 41.

Gerichtskosten und bei Bauprozessen beispielsweise auch die erheblichen Sachverständigenkosten.

Andererseits lassen Gespräche auf dem Anwaltstag in Berlin am 1./2.5.2008 erkennen, dass die **Versicherungswirtschaft** bereits in den Startlöchern steht, entsprechende Angebote an den rechtsuchenden Bürger oder Unternehmer auszudehnen. Insbesondere die bislang erfolgreich agierenden **Prozessfinanzierer** werden ihr Angebot ausweiten oder finanziell attraktiver gestalten können, wenn sie demnächst auf Rechtsanwälte zurückgreifen können, die auf Erfolgshonorarbasis (no win no fee) zu arbeiten bereit sind. Rund zwei Jahre nach Einführung des Gesetzes haben die Finanzierungsgesellschaften aber bislang noch keine deutlich gesteigerten Fallzahlen vermelden können. 86

Erfreulich ist es, dass **ein Verstoß** gegen die in § 4a Abs. 3 S. 1 und S. 2 RVG aufgenommenen Verpflichtungen – entgegen anderslautenden Vorstellungen in früheren Entwürfen – **nicht zur Nichtigkeit der Vergütungsvereinbarung führt,** sondern bei schuldhafter Verletzung „lediglich" Schadensersatzansprüche des Rechtsanwalts auslöst. 87

Da der Bundesgerichtshof an die substantiierte Darlegung von Schadensersatzansprüchen, insbesondere in jüngster Zeit (etwa bei einem unterlassenen Hinweis nach § 49b Abs. 5 BRAO), ebenso hohe Ansprüche stellt, wie er die Beweislast eindeutig dem Auftraggeber zuweist,[67] wird die Regelung in der Praxis wohl ohne grössere Bedeutung bleiben. Gleichwohl kann natürlich nur dazu angeraten werden, auch den Hinweis auf die Kostenerstattungspflicht ernst zu nehmen. 88

§ 4b Fehlerhafte Vergütungsvereinbarung

[1]**Aus einer Vergütungsvereinbarung, die nicht den Anforderungen des § 3a Abs. 1 Satz 1 und 2 oder des § 4a Abs. 1 und 2 entspricht, kann der Rechtsanwalt keine höhere als die gesetzliche Vergütung fordern.** [2]**Die Vorschriften des bürgerlichen Rechts über die ungerechtfertigte Bereicherung bleiben unberührt.**

Übersicht

	Rn.
I. Überblick	1
II. Normzweck	2
III. Rechtsfolgen einer fehlerhaften Vergütungsvereinbarung (S. 1)	9
IV. Verweis auf Bereicherungsrecht (S. 2)	20

I. Überblick

In § 4b RVG wird festgehalten, dass Verstöße gegen § 3a Abs. 1 S. 1 und S. 2 oder § 4a Abs. 1 und Abs. 2 RVG zwar nicht zur Nichtigkeit der Vergütungsvereinbarung führen, dem Rechtsanwalt aber allenfalls den Anspruch auf die gesetzliche Vergütung belassen. Gleichzeitig erfolgt die unverständliche und überflüssige Klarstellung, dass die Vorschriften des BGB über die ungerechtfertigte Bereicherung unberührt bleiben. 1

---

[67] BGH AGS 2007, 386 ff. mAnm *Schons*; BGH AGS 2008, 9 ff. mAnm *Schons*; ebenso wie hier: Schneider/Wolf/*Onderka* § 4a Rn. 50; Gerold/Schmidt/*Mayer* § 4a Rn. 42 unter Hinweis auf die Gesetzesbegründung und unter Hinweis auf die Entscheidung des BGH NJW 2008, 371; HK-RVG/*Teubel* § 4a Rn. 66; so jetzt auch BGH AnwBl. 2010, 142 f.; OLG Hamm AnwBl. 2010, 145.

II. Normzweck

2 § 4b RVG ist weniger wegen seines Inhaltes bemerkenswert als wegen dessen, was nicht (mehr) geregelt ist. Entgegen den Vorgaben des Bundesverfassungsgerichts hat der Gesetzgeber eine **radikale Veränderung** des Rechts der Vergütungsvereinbarung insgesamt vorgenommen und damit eine Rechtsunsicherheit herbeigeführt, die nach Auffassung der Richterschaft die Einstellung von mindestens 1.000 Richterstellen erfordern dürfte (so ein Vertreter des Bundesgerichtshofes bei einer Anhörung in Berlin).

3 Bis zum 1.7.2008 war es jahrzehntelang **bewährte Gesetzeslage**, dass ein Mandant freiwillige und vorbehaltlose Zahlungen nach Beendigung des Mandats nicht mehr mit der Begründung zurückfordern konnte, die Formvorschriften der Vergütungsvereinbarung seien nicht eingehalten worden und eine höhere Vergütung als die gesetzliche sei demgemäß nicht geschuldet gewesen. Zu Recht wird die Vorschrift von § 4b RVG als eine tiefgreifende Veränderung des Rechts der Vergütungsvereinbarung bezeichnet. Darüber hinaus kann man formulieren, dass das Recht der Vergütungsvereinbarung hier völlig neu geschrieben wurde. In Verkennung der Rechtslage meinte man, die Rechtsposition des Rechtsanwalts entscheidend verschlechtern zu müssen und garnierte dies mit dem „Feigenblatt" des § 814 BGB. Die Aufgabe der oben dargestellten altbewährten Regelung wird in der Gesetzesbegründung wie folgt gerechtfertigt:

4 Mit dem Ausschluss des Rückforderungsanspruches solle das Verbot des Erfolgshonorars nochmals unterstrichen werden. Würde nämlich der Auftraggeber im Vertrauen auf die Wirksamkeit der Vereinbarung – evtl. als Vorschuss – ohne Vorbehalt zahlen, bliebe nach Auffassung des Gesetzgebers das Verbot für den Rechtsanwalt ohne Folgen, dh § 4a Abs. 1 RVG könnte unterlaufen werden.[1]

5 Diese Argumentation in der Gesetzesbegründung bringt es fertig, direkt **drei eklatante Fehler** in sich zu vereinen:[2] Ausweislich der Ausführungen im Urteil des Bundesverfassungsgerichts und unter Berücksichtigung der primären Intention des Gesetzgebers sollen Erfolgshonorarvereinbarungen insbesondere mit Mandanten vereinbart werden können, die ansonsten aus finanziellen Gründen nicht den Weg zum Recht fänden. Solche Auftraggeber sind in der Regel nicht in der Lage, Vorschüsse zu zahlen. Eine no-win-no-fee-Vereinbarung schließt eine Vorschussanforderung gewissermaßen aus.

6 Ginge es im übrigen nur um Gefahren bei der Durchsetzung des grundsätzlich verbotenen Erfolgshonorars, so wäre der Gesetzestext anders zu formulieren gewesen und hätte die Möglichkeit der freiwilligen und vorbehaltlosen Zahlungen bei „normalen" Vergütungsvereinbarungen offen lassen müssen.

7 Schließlich ist auch die Prämisse falsch, wonach der Rechtsanwalt Vorschusszahlungen trotz Unwirksamkeit einer Erfolgshonorarvereinbarung behalten dürfte. Bei Vorschusszahlungen handelt es sich nach völlig einhelliger Meinung gerade nicht um freiwillige und **vorbehaltlose** Zahlungen, da Vorschusszahlungen stets unter dem Vorbehalt der endgültigen Abrechnung stehen.[3] Es wird verkannt, dass im Gesetz vorgesehene Vorschusszahlungen lediglich den Anspruch **wirtschaftlich** absichern sollen, der dem Rechtsanwalt letztlich zusteht. Diese eindeutige Rechtslage hat der Gesetzgeber nicht begriffen und damit ohne Not eine **Rechtsunsicherheit** geschaffen, die noch über Jahrzehnte die Gerichte beschäftigen wird. Es besteht der Verdacht, dass der Gesetzgeber einer Bemerkung des Vorsitzenden des Berufs-

---

[1] BT-Drs. 16/8384, 12.

[2] *Schons* Kammermitteilungen Düsseldorf 2008, 34 ff.; *ders.* AnwBl. 2008, 172; Teubel/Schons/*Schons* S. 32, 92; kritisch auch Gerold/Schmidt/*Mayer* § 4b Rn. 2; ebenso wie hier: Schneider/Wolf/*Onderka* § 4b Rn. 15; Rehberg/Schons/*Schons* S. 1081.

[3] Vgl. statt aller Gerold/Schmidt/*Mayer* § 4b Rn. 15.

rechtsausschusses des Deutschen Anwaltvereins anlässlich eines Interviews im Anwaltsblatt eine höchst fehlerhafte Interpretation hat zukommen lassen.[4]

Die sofort erhobenen Proteste der Anwaltschaft gegen die im Regierungsentwurf plötzlich und überraschend vorgesehene Gesetzesänderung hatte dann – immerhin – die Folge, dass sich der Gesetzgeber „großzügig" dazu entschloss, wenigstens § 814 BGB auch für den Rechtsanwalt „zu sichern", indem man die Vorschriften des Bürgerlichen Rechts auch im RVG unangetastet ließ (vgl. § 4b S. 2).

III. Rechtsfolgen einer fehlerhaften Vergütungsvereinbarung (S. 1)

Wenn sich der Rechtsanwalt bei Erstellung der Vergütungsvereinbarung nicht an die Formvorschriften von § 3 Abs. 1 S. 1 und S. 2 RVG hält, etwa auf das Textformerfordernis verzichtet, die Vereinbarung nicht korrekt bezeichnet, sie in die Vollmacht aufnimmt oder von „anderen Vereinbarungen" nicht deutlich absetzt, so beschränkt sich sein Vergütungsanspruch – entgegen der Vereinbarung – auf die gesetzliche Vergütung. Aber auch dann, wenn eine Erfolgshonorarvereinbarung fehlerhaft gestaltet wird und nicht den Anforderungen von § 4a Abs. 1 und Abs. 2 RVG entspricht, verliert der Rechtsanwalt den Anspruch auf die zugesicherte erfolgsbasierte Vergütung. Es ist also streng darauf zu achten, dass – dokumentiert – die Voraussetzungen für die Zulässigkeit der Vereinbarung einer erfolgsbasierten Vergütung vorliegen, den Anforderungen an den Erfolgszuschlag Genüge getan wird und die zwingenden Bestandteile nach § 4a Abs. 2 Nr. 1 und 2 RVG enthalten sind.

Auch diese Regelung wird zu Recht kritisiert. Warum soll ein Rechtsanwalt bei eingetretenem Erfolg auf die gesetzliche Vergütung „zurückgestuft" und damit bestraft werden, nur weil die erfolgsbezogene Vergütungsvereinbarung fehlerhaft war?[5]

Auch ist der Misserfolgsfall im Gesetz nicht eindeutig geregelt. § 4b RVG differenziert – entgegen den Vorschlägen der Anwaltschaft – nicht, wer möglicherweise die fehlerhafte Erfolgshonorarvereinbarung oder Vergütungsvereinbarung verursacht hat. Beruhend auf Vorschlägen von *Mayer* wollte die Anwaltschaft hier zu Recht sehr wohl differenzieren und dem Rechtsanwalt auch bei fehlerhafter Erfolgshonorarvereinbarung im Erfolgsfalle das zugesicherte Honorar dann belassen, wenn beispielsweise der Auftraggeber falsche Angaben bei Abschluss der Erfolgshonorarvereinbarung gemacht hatte. Zwar kann man hoffen, dass bei Nachweis eines solchen Verhaltens die Rechtsprechung in diesem Sinne korrigierend eingreift, eine Klarstellung im Gesetzestext wäre aber höchst sinnvoll gewesen.

Mit etwas vorsichtigem Optimismus könnte man zu den Schluss gelangen, dass die hier schon mehrfach zitierte Entscheidung des BGH vom 5.6.2014 die erhoffte Korrektur wenigstens insoweit herbeigeführt hat, als sich dort die Andeutung vorfinden lässt, der Mandant bekomme Schwierigkeiten, wenn er selbst durch falsche Angaben auf die Fehlerhaftigkeit der Vereinbarung hingewirkt habe.[6]

Umgekehrt sollte der Rechtsanwalt bei einer von ihm verursachten fehlerhaften Vergütungsvereinbarung seinen Vergütungsanspruch auch im Erfolgsfalle verlieren. Stattdessen belässt man es im Misserfolgsfalle jetzt vertrauensvoll bei jener Rechtsprechung, die es dem Rechtsanwalt versagt, auf die gesetzliche Vergütung zurückzugreifen, wenn er **selbst eine fehlerhafte Vergütungsvereinbarung**

---

[4] Vgl. hier zunächst *Streck* AnwBl. 2008, 34 sowie Teubel/Schons/*Schons* S. 92.

[5] Vgl. zur Kritik Gerold/Schmidt/*Mayer* § 4b Rn. 4; Mayer/Winkler/*Mayer*, Erfolgshonorar, § 4 Rn. 5 ff.; ebenso kritisch Schneider/Wolf/*Onderka* § 4b Rn. 6 ff.

[6] BGH AGS 2014, 319 f. m. entsprechender Anm. *Schons;* siehe aber auch BGH AGS 2015, 547 ff.

§ 4b Fehlerhafte Vergütungsvereinbarung

bzw. Erfolgshonorarvereinbarung vorformuliert hat. Folgt man dieser Erwartung des Gesetzgebers und im Vertrauen auf die alte Rechtsprechung, so wird der Rechtsanwalt also auch in Zukunft der gesetzlichen Vergütung – je nach Ausgestaltung der Vereinbarung – verlustig gehen, wenn er selbst die fehlerhafte Erfolgshonorarvereinbarung herbeigeführt hat.[7] Soweit *Mayer* bezweifelt, dass diese ältere Rechtsprechung zwingend auf die gesetzliche Neuregelung Anwendung finden kann, sollte man sich hierauf nicht verlassen.[8] Die Tendenz der Rechtsprechung lässt eher vermuten, dass sich jegliche Fehler in einer Erfolgshonorarvereinbarung bis hin zum vollständigen Verlust der Vergütung letztendlich zu Lasten des Rechtsanwalts auswirken werden, unabhängig davon, wer die Vereinbarung letztendlich ausformuliert hat.[9]

14 Die hier aus der Vorauflage nochmals wiedergegebenen Überlegungen sind zwischenzeitlich weitestgehend Makulatur. Zwar hat der BGH festgestellt, dass eine fehlerhafte Vergütungsvereinbarung nicht zu deren Nichtigkeit führt, sondern hat gemäß § 4b RVG den Honoraranspruch auf die gesetzliche Vergütung **beschränkt.**

15 Diese Sichtweise soll aber nicht etwa die gesetzliche Vergütung garantieren, sondern dient als eine Art Kappungsgrenze für die nach wie vor – immer noch wirksame aber fehlerhafte – Vergütungsvereinbarung. Gewährt die fehlerhafte, aber wirksame Vergütungsvereinbarung dem Anwalt niedrigere Gebühren als die gesetzliche Vergütung, bleibt es bei dem entsprechenden Betrag.

Hat ein Rechtsanwalt also aufgrund einer fehlerhaften Vergütungsvereinbarung eine no win no fee Regelung getroffen, verliert er in der Tat im Falle des Misserfolgs jeglichen Vergütungsanspruch, es sei denn, die Fehler sind (unter ganz engen Voraussetzungen) nachweislich durch den treuewidrig handelnden Mandanten verursacht worden.

16 Der BGH ist in der Entscheidung vom 5.6.2014 gewissermaßen der Erwartung des Gesetzgebers gefolgt, der sich ja offenbar bewußt seiner Verantwortung nicht voll gestellt hatte, sondern alles weitere der Rechtsprechung überlassen wollte.[10]

17 Inzwischen droht den Kanzleien allerdings nicht nur Ungemach aus der zivilrechtlichen Ecke, sondern auch der IV. Strafsenat des BGH hat sich eingehend mit den Folgen einer fehlerhaften Erfolgshonorarvereinbarung beschäftigt.

18 So hält er es für möglich, dass sich ein Rechtsanwalt des Betruges durch Unterlassen strafbar macht, wenn er beispielsweise die in § 4a vorzufindenden Hinweise nicht erteilt. Der BGH führt aus, dass sich aus diesen berufsrechtlichen Vorschriften eine Garantenpflicht ergebe.[11] Die Entscheidung ist freilich sofort auf vehemente Kritik gestoßen, teilweise allerdings mit höchst unterschiedlicher Qualität.[12]

19 Wie immer man zu der Entscheidung des IV. Strafsenats stehen mag, völlig wegdiskutieren kann man sie schließlich nicht und ein Rechtsanwalt sollte auch nicht darauf hoffen, dass das Verfahren letztendlich eingestellt werden muss, weil es aufgrund der zivilrechtlichen Situation ja praktisch zu keinem Schaden kommen kann. Vielmehr sollte man das Urteil als eine nachdrückliche Mahnung begreifen, sich mit dem Recht der Vergütungsvereinbarung als Rechtsanwalt ernsthaft zu beschäftigen.

---

[7] BGH NJW 1955, 1921 f.; BGH NJW 1980, 2407; OLG Düsseldorf JurBüro 2004, 536; sa Schneider, Die Vergütungsvereinbarung, Rn. 1322; sa AG Gengenbach AGS 2013, 272 ff.

[8] Gerold/Schmidt/*Mayer* § 4b Rn. 4; Mayer/Winkler/*Mayer* Erfolgshonorar § 4 Rn. 5.

[9] Teubel/Schons/*Schons* S. 94 m. zahlreichen Rechtsprechungsnachweisen; vgl. zuletzt OLG München AGS 2012, 271 ff.; AG München AGS 2011, 530 ff.

[10] Vgl. auch den Bericht des Rechtsausschusses BT-Drs. 16/8916, 16; zur Deutung der Entscheidung vgl. erneut auch *Winkler* AGS 2014, 370 f.

[11] BGH AGS 2014, 493 f. mAnm *Schons*.

[12] Wenig überzeugend: *Römermann/v. der Meden* AnwBl. 2014, 1000 f.; *Johnigk* NJW 2014, 3671; AGS 2014, 495 mAnm *Schons*; Gerold/Schmidt/*Mayer* § 4a Rn. 42a.

IV. Verweis auf Bereicherungsrecht (S. 2)

§ 4b S. 2 RVG hebt die rechtliche Selbstverständlichkeit hervor, dass auch Rechts- 20
anwälte – wie der normale Bürger – auf geltendes Recht und somit auch auf die
Vorschriften des bürgerlichen Rechts vertrauen dürfen.

Dass dies nicht unbedingt als eine Selbstverständlichkeit wahrgenommen wird, 21
zeigt sich im höchst launigen Plenarprotokoll des Deutschen Bundestages vom
25.4.2008. Dort ist ua nachzulesen, wie die Anwendung von § 814 BGB zugunsten
von Rechtsanwälten bewertet wird. Großzügig heißt es dann aber schließlich doch:

> *„Wir haben gesagt: Wenn der Mandant aufgeklärt wurde und in Kenntnis der Tatsache, dass er eigentlich nichts zahlen muss, gezahlt hat, nehmen wir den Anwalt in den Schutz des § 814 BGB, schließlich sollen Anwälte nicht besser gestellt aber auch nicht schlechter gestellt werden, als jeder Bürger"*[13]

Damit stellt sich natürlich die Frage, ob § 814 BGB dem Rechtsanwalt in Zukunft 22
die gleiche Hilfestellung leistet, wie die bisherigen Leistungen in § 4 RVG aF (freiwillige und vorbehaltlose Zahlungen). Folgt man der Intention des Gesetzgebers,
wird man dies eindeutig verneinen müssen. Der Bundesgerichtshof hat allerdings
bereits einmal ansatzweise einen Vergleich zwischen § 814 BGB und der alten Regelung in § 4 RVG aF hergestellt.[14] In der zitierten Entscheidung des Bundesgerichtshofs wird klargestellt, dass eine Rückforderung von gezahltem Honorar durch den
Auftraggeber bereits dann ausgeschlossen ist, wenn die Zahlung in Kenntnis des
Umstandes erfolgt ist, dass eine höhere als die gesetzliche Vergütung gezahlt wurde
und dass die **Situation mit § 814 BGB vergleichbar** sei.

So wird denn auch im Hinblick auf die soeben zitierte Entscheidung des BGH 23
vom 8.6.2004 (vgl. Fn. 12) eine spezifisch „vergütungsrechtliche Interpretation" der
bereicherungsrechtlichen Vorschrift gefordert, die dahingehen soll, dass der Rückforderungsanspruch schon ausgeschlossen ist, wenn der Mandant in Kenntnis der
Tatsache zahlt, dass die gesetzliche Vergütung überschritten wird.[15]

In der Tat war es bislang ausreichend, ggf. durch Hinweise in der Vergütungsver- 24
einbarung, dem Mandanten nachzuweisen, dass er in Kenntnis dessen gezahlt habe,
dass die Zahlung oberhalb der gesetzlichen Vergütung liege. Andererseits setzt die
Zahlung auf eine Nichtschuld natürlich in der Regel demgegenüber ein Mehr
voraus, nämlich die Kenntnis, dass eine Zahlungsvereinbarung schlicht und einfach
nicht besteht.[16]

Ob die seit dem 1.7.2008 eingetretene Situation allerdings dazu führt, dass dem 25
Rechtsanwalt bei einer fehlerhaften Vergütung nunmehr bis zur absoluten Verjährung von 10 Jahren praktisch stets ein Rückforderungsanspruch des Mandanten
droht,[17] kann jedenfalls nicht völlig ausgeschlossen werden. Gegen eine Verjährungsfrist von 10 Jahren und für ein Verjährungsende nach dem Ablauf von 3 Jahren
könnte eine Entscheidung des BGH sprechen, in der folgendes ausgeführt wird:

---

[13] Vgl. den Text bei *Teubel/Schons* Anh. 2, S. 168.

[14] BGH NJW 2004, 2818 f.

[15] Schneider/Wolf/*Onderka* § 4b Rn. 20 unter Hinweis auf die Beschlussfassung der Tagung der Gebührenreferenten der Rechtsanwaltskammern am 26.4.2008, vgl. *v. Seltmann* RVGreport 2008, 210.

[16] So wohl auch Gerold/Schmidt/*Mayer* § 4b Rn. 14, der die hiesige Kommentierung in der ersten Auflage aber offenbar missverstanden, jedenfalls überinterpretiert hat und dieser Fehlinterpretation auch in der 22. Aufl. noch nachhängt.

[17] So völlig zu Recht: Bischof/*Bischof* § 4a Rn. 27 am Ende; ebenso skeptisch Teubel/Schons/*Schons* S. 92, sowie Teubel/Schons/*Teubel* S. 49, 50.

Die für den Verjährungsbeginn nach § 199 Abs. 1 Nr. 2 BGB erforderliche Kenntnis oder grob fahrlässige Unkenntnis von den anspruchsbegründenden Umständen der Person des Schuldners setzt grundsätzlich keine zutreffende rechtliche Würdigung voraus. Dies gilt auch für Bereicherungsansprüche nach den §§ 812 f. BGB ......
...... es genügt aus Gründen der Rechtssicherheit und Billigkeit vielmehr Kenntnis der den Ersatzanspruch begründenden tatsächlichen Umstände.[18]

26 Auch das Landgericht Düsseldorf hat in einem Verfahren, dass letztendlich durch Vergleich endete und damit die Rechtsfrage offen ließ, im Erörterungstermin vom 22.11.2011 die Auffassung vertreten, es komme nicht auf die Kenntnis der Rechtslage, sondern auf die Kenntnisse der tatsächlichen Umstände an.

27 Da aber gerade und beim Recht der Vergütungsvereinbarung die Kenntnis von tatsächlichen Umständen und die zutreffende rechtliche Einschätzung ineinander übergreifen und bisweilen schwer zu trennen sind, wird man letztendlich die Gefahr nicht völlig ausschließen können, als Anwalt auch nach Ablauf von 3 Jahren auf Rückzahlung von Honoraren von dem einen oder anderen Gericht erfolgreich in Anspruch genommen werden zu können.

28 Wie realistisch diese Gefahr ist, belegt eine Bemerkung des LG Kleve in einem Gebührenrechtsstreit, wo es um weitestgehend verjährte Rückforderungsansprüche eines Mandanten ging.

29 Hier wurde die aktuelle Verjährungsrechtsprechung bei Regreßfällen des OLG Bremen und des BGH erwähnt[19] und laut darüber nachgedacht, im Wege der richterlichen Rechtsfortbildung die dortigen Überlegungen auch auf Gebührenprozesse zu übertragen.

30 Zu einer Entscheidung kam es nicht, weil sich die Parteien dann doch noch vergleichen konnten. Beim nächsten Fall kann es aber zu einer Entscheidung kommen. Umso mehr gilt es, Fehler bei der Erstellung von Vergütungsvereinbarungen zu vermeiden.

31 Nach wie vor zeichnet sich auch die jüngere und jüngste Rechtsprechung dadurch aus, dass Fehler in einer vom Anwalt vorformulierten Vergütungsvereinbarung – meistens auch durchaus zu Recht – dem Rechtsanwalt mit allen nachteiligen Folgen angelastet werden.[20]

32 Es bleibt also bei der obigen Einschätzung (→ Rn. 13) dass die Rechtsprechung selbst dort zu Lasten des Rechtsanwalts urteilt, wo möglicherweise der Mandant und Auftraggeber selbst seinen Beitrag zur Fehlerhaftigkeit der Vergütungsvereinbarung ersichtlich erbracht hat.[21]

§ 5 Vergütung für Tätigkeiten von Vertretern des Rechtsanwalts

Die Vergütung für eine Tätigkeit, die der Rechtsanwalt nicht persönlich vornimmt, wird nach diesem Gesetz bemessen, wenn der Rechtsanwalt durch einen Rechtsanwalt, den allgemeinen Vertreter, einen Assessor bei einem Rechtsanwalt oder einen zur Ausbildung zugewiesenen Referendar vertreten wird.

---

[18] Vgl. BGH NJW-RR 2008, 1237 f. mit Verweis auf die ständige Rechtsprechung.

[19] OLG Bremen AnwBl. 2014, 359 f.; sowie BGH BRAK-Mitt. 2013, 72 f.

[20] Vgl. OLG Düsseldorf RVGreport 2012. 255 ff.; OLG München AGS 2010, 271 f. mit zustimmender Anm. *Schons*; AG München AGS 2011, 530 f. mAnm *Schons*; siehe zuvor nur BGHZ 18, 340; BGH MDR 1976, 1001; BGH NJW 1980, 2407; OLG Düsseldorf JürBüro 2004, 536.

[21] Vgl. erneut AG München AGS 2011, 530 f.; mit der hier dargestellten Einschränkung von BGH AGS 2014, 319 f.

Vergütung für Tätigkeiten von Vertretern des Rechtsanwalts **§ 5**

Ob die Vergütung, die der Rechtsanwalt an seinen Vertreter zahlt, im Falle des **8** Obsiegens **von der unterliegenden Partei** zu erstatten ist, erscheint fraglich. Hierfür dürfte zunächst Voraussetzung sein, dass die von dem Rechtsanwalt an seinen Vertreter gezahlte Vergütung an den Mandanten weiterberechnet wird. Denn nur Kosten, die dem Mandanten entstanden sind, sind zu erstatten. Denn nur er, nicht der Anwalt hat einen Kostenerstattungsanspruch gegenüber dem unterlegenen Gegner. Hat der Mandant die Vergütung für den Vertreter des Rechtsanwalts gezahlt, ergibt sich die Problematik, dass nach § 91 Abs. 2 S. 1 ZPO nur die gesetzlichen Gebühren und Auslagen eines Rechtsanwalts der obsiegenden Partei zu erstatten sind. Unter die gesetzlichen Gebühren und Auslagen eines Rechtsanwalts wird man diese Kosten aber nicht ohne weiteres subsumieren können. Nur in den Fällen, in denen nach der Rechtsprechung des BGH[9] die Reisekosten des auswärtigen Prozessbevollmächtigten zu dem Prozessgericht oder alternativ die Kosten eines Terminsvertreters zu erstatten sind, wird man darüber nachdenken können, inwieweit die von dem Prozessbevollmächtigten an seinen Vertreter gezahlte Vergütung von der unterlegenen Partei zu erstatten ist. Auch hier wird man wieder argumentieren können, dass, wenn der Prozessbevollmächtigte selbst zwecks Wahrnehmung der Gerichtstermine zu dem auswärtigen Prozessgericht gereist wäre oder der Mandant einen Terminsvertreter beauftragt hätte, unter Umständen höhere Kosten entstanden wären, als sie die von dem Prozessbevollmächtigten an seinen Vertreter gezahlte Vergütung. Über diese Argumentation wird man zumindest versuchen können, die von dem Prozessbevollmächtigten an seinen Vertreter gezahlte und dem Mandanten weiterberechnete Vergütung in Höhe ersparter fiktiver Reisekosten oder fiktiver Kosten für einen Terminsvertreter erstattet zu erhalten.[10]

Der Rechtsanwalt, der im eigenen Namen einen Vertreter beauftragt, sollte sich **9** auch darüber im Klaren sein, dass im Falle eines möglichen Schadens die Eintrittspflicht der Vermögensschadenhaftpflichtversicherung des Vertreters problematisch sein könnte.[11]

Nach *N. Schneider*[12] liegt in der Bitte an einen Anwalt, **„kollegialiter"** in einem **10** Termin aufzutreten, konkludent die Vereinbarung, unentgeltlich tätig zu werden. Nur wenn der Anwalt, der gebeten wurde, „kollegialiter" tätig zu werden, wissen lasse, dass er dies nicht ohne Vergütung tun wolle, könne dieser eine Vergütung verlangen. Anderer Ansicht ist *Jungbauer*:[13] „Kollegialiter" bedeutet nicht gleich, dass der Anwalt unentgeltlich vertrete.

a) Sozietät. Beauftragt der Mandant eine Rechtsanwaltssozietät, so kommt in der **11** Regel der Mandatsvertrag mit allen Sozien zustande.[14] Hatte der Mandant Kontakt zu Sozius A, nimmt aber Sozius B den Gerichtstermin wahr, so liegt kein Fall der Stellvertretung iSd § 5 RVG vor, sondern auch Sozius B wird aufgrund des mit dem Mandanten bestehenden Mandatsvertrags tätig. Etwas anders gilt nur dann, wenn der Mandant nur einem bestimmten Mitglied der Sozietät den Auftrag erteilt hat, wie zB der Fall sein könnte, wenn er Rechtsanwalt A aus der Sozietät zu seinem Verteidiger in der ihm gegenüber anhängigen Strafsache bestellt. Würde der Verteidiger durch einen anderen Rechtsanwalt aus der Sozietät vertreten, liegt wieder ein Fall des § 5 RVG vor.

b) Überörtliche Sozietät. Beauftragt der Mandant eine überörtliche Sozietät **12** mit der Wahrnehmung seiner Interessen, kommt auch hier in der Regel das Mandat

---

[9] ZB *Enders* JurBüro 2005, 62 ff.; BGH NJW 2003, 898.
[10] *Enders* JurBüro 2007, 1, 3.
[11] *Schons* in Anm. zu BGH in AGS 2006, 475.
[12] Schneider/Wolf/*N. Schneider* § 5 Rn. 25.
[13] Bischof/Jungbauer/*Jungbauer* Nr. 3401 VV Rn. 27 unter Hinweis auf LG Arnsbach RR 2001, 1144.
[14] Schneider/Wolf/*N. Schneider* § 5 Rn. 6, § 6 Rn. 43.

mit allen Sozien zustande.[15] Hat der in Hamburg wohnhafte Mandant die überörtliche Sozietät mit Kanzleisitz in Hamburg und in München beauftragt, wird auch, obwohl der Mandant nur Kontakt mit dem Hamburger Sozius hatte, der Sozius in München aufgrund des mit dem Mandanten abgeschlossenen Mandatsvertrags direkt tätig. Es liegt kein Fall der Stellvertretung iSd § 5 RVG vor. Die Gebühren entstehen nach herrschender Meinung[16] nur einmal und nicht etwa für den Hamburger Sozius die Gebühren des Prozessbevollmächtigten und für den Münchener Sozius die Gebühren eines Terminsvertreters.[17]

2. Allgemeiner Vertreter

13 Nach § 53 BRAO muss der Rechtsanwalt für seine Vertretung sorgen, wenn er zB länger als eine Woche daran gehindert ist, seinen Beruf auszuüben oder wenn er sich länger als eine Woche von seiner Kanzlei entfernen will. Der Rechtsanwalt kann den Vertreter selbst bestellen, wenn die Vertretung von einem derselben Rechtsanwaltskammer angehörenden Rechtsanwalt übernommen wird (§ 53 Abs. 2 S. 1 BRAO). In bestimmten Fällen kann auch ein Vertreter des Rechtsanwalts von der Rechtsanwaltskammer auf Antrag des Rechtsanwalts oder von Amts wegen bestellt werden. Die Rechtsanwaltskammer kann die Vertretung eines Rechtsanwalts nicht nur einem anderen Rechtsanwalt übertragen. Sie kann auch andere Personen, welche die Befähigung zum Richteramt erlangt haben, oder Referendaren, die seit mindestens 12 Monaten im Vorbereitungsdienst beschäftigt sind, zu Vertreter bestellen (§ 53 Abs. 4 BRAO). Hatte der Rechtsanwalt den Vertreter selbst bestellt, hat er dies der Rechtsanwaltskammer anzuzeigen (§ 53 Abs. 6 BRAO).

14 Übt der vom Rechtsanwalt selbst oder der für den Rechtsanwalt von der Rechtsanwaltskammer bestellte Vertreter anstelle des Rechtsanwalts eine die Gebühr auslösende Tätigkeit aus, so fällt die Gebühr bei dem vertretenen Rechtsanwalt an. Der vertretene Rechtsanwalt – nicht der Vertreter – wird dies mit dem Mandanten abrechnen können.

15 Welche Vergütung der allgemeine Vertreter erhält, wird zwischen dem Vertretenen und dem Vertreter zu vereinbaren sein. Können sich der von Amts wegen bestellte Vertreter und der Vertretene über eine angemessene Vergütung nicht einigen, kann nach § 53 Abs. 10 S. 5 BRAO der Vorstand der Rechtsanwaltskammer auf Antrag des Vertretenen oder des Vertreters die Vergütung festsetzen.

3. Assessor

16 Wird der Rechtsanwalt durch einen Assessor vertreten, fallen die Gebühren nach dem RVG unter den gleichen Voraussetzungen an, als wenn der Rechtsanwalt selbst die Tätigkeit ausüben würde. Auch die im Rahmen der Tätigkeit des Assessors entstehenden Auslagen sind nach Teil 7 VV zu ersetzen. Nach der Begründung des Gesetzgebers[18] zu § 5 RVG könnte man schließen, dass nur Tätigkeiten eines Assessors in der Übergangszeit bis zur Zulassung als Rechtsanwalt gemeint ist. Nach allgemeiner Auffassung in der Literatur[19] gilt § 5 RVG aber

---

[15] Schneider/Wolf/*N. Schneider* § 6 Rn. 43.
[16] OLG München JurBüro 1996, 139 = NJW-RR 1996, 51; OLG Karlsruhe AGS 1995, 55 = JurBüro 1995, 31; KG JurBüro 1996, 40; OLG Brandenburg AnwBl. 1999, 413 = JurBüro 1999, 362; KG AGS 2000, 97 = JurBüro 2000, 86 – Zitiert nach Schneider/Wolf/*N. Schneider* § 6 Rn. 49 (Fn. 30).
[17] Anderer Meinung: Schneider/Wolf/*N. Schneider* § 6 Rn. 49.
[18] BT-Drs. 15/1971, 188, zu § 5.
[19] Gerold/Schmidt/*Mayer* § 5 Rn. 5; Schneider/Wolf/*N. Schneider* § 5 Rn. 37; HK-RVG/*Klees* § 5 Rn. 29.

- sowohl für den Assessor, dessen Antrag auf Zulassung zur Rechtsanwaltschaft läuft
- als auch für den Assessor, der – aus welchen Gründen auch immer – keine Zulassung zur Rechtsanwaltschaft beantragt hat und auch nicht beabsichtigt eine derartige zu beantragen.

Durch die Formulierung in § 5 *„Assessor bei einem Rechtsanwalt"* wird allerdings klargestellt, dass der für den Rechtsanwalt tätige Assessor mit dem Rechtsanwalt in einer Vertragsbeziehung stehen muss. Unerheblich ist, ob der Assessor bei dem Rechtsanwalt als Angestellter oder als freier Mitarbeiter tätig ist.[20] **17**

Zu beachten ist, dass der Anwaltsdienstvertrag mit dem Kanzleiinhaber zustande kommt, auch wenn für ihn ein nicht als Rechtsanwalt zugelassener Assessor das Mandat übernimmt.[21] **18**

4. Stationsreferendar

Wenn der Rechtsanwalt durch einen **zur Ausbildung zugewiesenen** Referendar vertreten wird können für Tätigkeiten, die der Referendar vorgenommen hat, die hierdurch nach dem RVG ausgelösten Gebühren und Auslagen nach dem RVG gegenüber dem Auftraggeber des Rechtsanwalts abgerechnet werden. Erforderlich ist, dass sich der Referendar entweder in der Wahl- oder Pflichtstation bei dem Rechtsanwalt befindet.[22] Ist der Referendar dem Rechtsanwalt nicht zur Ausbildung zugewiesen, sondern arbeitet für den Rechtsanwalt in seiner Referendarzeit aufgrund eines Anstellungsvertrags, so wird durch die Tätigkeit des Referendars keine Vergütung nach dem RVG ausgelöst.[23] Ist ein Nicht-Stationsreferendar allerdings zum allgemeinen Vertreter des Rechtsanwalts bestellt, wird durch dessen Tätigkeit wieder eine Vergütung nach dem RVG ausgelöst. **19**

Übt ein Referendar eine Tätigkeit für einen anderen Rechtsanwalt, als den Rechtsanwalt, dem er zur Ausbildung zugewiesen ist, aus, so wird auch bei dem anderen Rechtsanwalt die Vergütung nach dem RVG ausgelöst. **20**

Beispiel:
Referendar C ist dem Rechtsanwalt A in der Wahlstation zur Ausbildung zugewiesen. Er nimmt als Vertreter für Rechtsanwalt B einen Termin wahr. Auch wenn Rechtsanwalt A und B nicht in einer Sozietät oder ähnlichem verbunden sind, wird durch die Tätigkeit des zur Ausbildung zugewiesenen Referendars bei dem Rechtsanwalt B die Terminsgebühr Nr. 3104 VV ausgelöst.[24]

Umstritten ist, ob auch ein von der Landesjustizverwaltung dem Rechtsanwalt zugewiesener **Student** durch seine Tätigkeit eine Vergütung nach dem RVG auslösen kann.[25] **21**

5. Bürovorsteher(in), Rechtsfachwirt(in), Rechtsanwaltsfachangestellte(r), Kanzleimitarbeiter(in)

Übt der Rechtsanwalt seine Tätigkeit nicht selbst aus und wird diese auch nicht von einer in § 5 RVG genannten Person ausgeübt, so kann auch keine Vergütung nach dem RVG angesetzt werden. Es gilt insbesondere für die Tätigkeit **22**
- einer Bürovorsteherin/eines Bürovorstehers
- einer Rechtsfachwirtin/eines Rechtsfachwirts

---

[20] HK-RVG/*Klees,* § 5 Rn. 29.
[21] OLG Düsseldorf MDR 2008, 414.
[22] Schneider/Wolf/*N. Schneider* § 5 Rn. 38.
[23] Schneider/Wolf/*N. Schneider* § 5 Rn. 39.
[24] Schneider/Wolf/*N. Schneider* § 5 Rn. 38; HK-RVG/*Klees* § 5 Rn. 32.
[25] Pro: Schneider/Wolf/*N. Schneider* § 5 Rn. 41; Contra: Gerold/Schmidt/*Mayer* § 5 Rn. 6a; HK-RVG/*Klees* § 5 Rn. 33.

§ 5 Vergütung für Tätigkeiten von Vertretern des Rechtsanwalts

- einer Rechtsanwaltsfachangestellten/einem Rechtsanwaltsfachangestelltem
- einer Kanzleimitarbeiterin/eines Kanzleimitarbeiters (ohne juristische Ausbildung oder nur mit einer fachfremden Ausbildung).

23 Da unter Umständen auch durch die Tätigkeit einer nicht in § 5 RVG genannten Person (zB der Rechtsfachwirtin) die dem Rechtsanwalt übertragenen Arbeiten erledigt werden, kann für die Tätigkeit dieser Personen nach einer weit verbreiteten Ansicht eine vereinbarte oder eine angemessene Vergütung nach § 612 BGB berechnet werden.[26] Umstritten ist, wie hoch die angemessene Vergütung nach dem BGB zu bewerten ist.[27] *Mayer*[28] hält zB bei Tätigkeit eines Bürovorstehers ⅓ bis ½ der gesetzlichen Vergütung nach dem RVG für angemessen, bei Tätigkeit eines Nicht-Stationsreferendars ½ bis ⅔ der gesetzlichen Vergütung nach dem RVG und bei Tätigkeit eines Volljuristen die volle Vergütung nach dem RVG.

24 *Jungbauer*[29] vertritt die Auffassung, dass sich auch die angemessene Vergütung nach § 612 BGB für die Tätigkeiten einer Rechtsfachwirtin durchaus in Höhe der Vergütung nach dem RVG bewegen könne, wenn es sich um Tätigkeiten handele, die in der Praxis üblicherweise diesem Personenkreis (zB einer Rechtsfachwirtin) übertragen würden. Dies gelte zB für Inkassomandate oder auch die außergerichtliche Schadensregulierung durchschnittlicher Unfallsachen.

25 In der Praxis wird die hier behandelte Problematik nur eine untergeordnete Rolle spielen, denn in der Regel wird der Rechtsanwalt im Laufe des Mandats selbst noch einmal eine Tätigkeit ausüben, die die Gebühr entstehen lässt.

Beispiel 1:

Die Rechtsfachwirtin bearbeitet kanzleiintern das außergerichtliche Inkassomandat. In der Regel wird der Rechtsanwalt persönlich das erste Aufforderungsschreiben unterzeichnen. Dies gehört zum Betreiben des Geschäfts und löst folglich die Geschäftsgebühr Nr. 2300 VV für das Aufforderungsschreiben aus.

Beispiel 2:

Die Rechtsfachwirtin verhandelt in dem außergerichtlichen Inkassomandat mit dem Schuldner über eine Ratenzahlungsvereinbarung. Diese Ratenzahlungsvereinbarung wird dem Rechtsanwalt vorgelegt, dieser „genehmigt" diese und unterzeichnet für den von ihm vertretenen Gläubiger die Ratenzahlungsvereinbarung bzw. das Anschreiben an den Gegner, in welchem diesem die Ratenzahlungsvereinbarung schriftlich bestätigt wird. Dadurch hat er am Zustandekommen der Ratenzahlungsvereinbarung mitgewirkt und hierdurch ist, wenn ansonsten der Tatbestand der Nr. 1000 VV durch die Ratenzahlungsvereinbarung erfüllt wird, die Einigungsgebühr Nr. 1000 VV entstanden.

Beispiel 3:

Nach Zustellung des Mahnbescheides ruft der Antragsgegner in der Kanzlei des Unterzeichners an. Die Rechtsfachwirtin führt mit dem Antragsgegner eine Besprechung zur Erledigung des gerichtlichen Mahnverfahrens. In diesem Fall ist die Terminsgebühr Nr. 3104 VV bei dem Rechtsanwalt, der den Antragsteller vertritt, nicht entstanden. Denn er persönlich hat die Besprechung iSd Vorb. 3 Abs. 3 VV nicht geführt, sondern die bei ihm angestellte Rechtsfachwirtin. Da diese nicht zum Personenkreis des § 5 RVG gehört, entsteht die Terminsgebühr nicht. Will der Rechtsanwalt in diesen Fällen die Terminsgebühr Nr. 3104 VV verdienen, wird er die Besprechung iSd Vorb. 3 Abs. 3 VV selbst mit dem Antragsgegner führen müssen. Es kann hier allenfalls darüber nachgedacht werden, inwieweit anstelle der Terminsgebühr eine angemessene Vergütung zu zahlen ist. In der Praxis dürfte schwierig sein, die angemessene

---

[26] Vergleiche Gerold/Schmidt/*Mayer* § 5 Rn. 10–12.
[27] Übersicht in Schneider/Wolf/*N. Schneider* § 5 Rn. 57–65.
[28] Gerold/Schmidt/*Mayer* § 5 Rn. 12 mit zahlreichen weiteren Nachweisen.
[29] *Jungbauer* JurBüro 2008, 228.

Vergütung in diesem Falle gegenüber dem Antragsgegner im Vollstreckungsbescheid festgesetzt zu erhalten.

Praxistipp:
Will der Rechtsanwalt durch eine Besprechung iSd Vorb. 3 Abs. 3 VV eine Terminsgebühr Nr. 3104 VV verdienen, wird er die Besprechung selbst führen müssen oder durch eine in § 5 RVG genannte Person führen lassen müssen. Die Terminsgebühr Nr. 3104 VV wird nicht dadurch ausgelöst, dass der Rechtsanwalt den Inhalt der von ihm nicht selbst geführten Besprechung anschließend schriftlich dem Gegner oder gegnerischen Bevollmächtigten bestätigt. 26

6. Sonstige Personen

Wird der Rechtsanwalt durch einen **Hochschullehrer** vertreten, kommt das RVG direkt nicht zur Anwendung. Denn auch der Hochschullehrer ist nicht in § 5 RVG aufgeführt. Gleiches gilt, wenn der Rechtsanwalt durch einen **freien Mitarbeiter** vertreten wird, natürlich nur dann, wenn es sich bei dem freien Mitarbeiter nicht um einen Rechtsanwalt oder um eine sonstige in § 5 RVG genannte Person handelt. Auch wenn es sich bei dem freien Mitarbeiter um einen qualifizierten Juristen (zB ein Professor an einer Fachhochschule) handelt, wird durch dessen Tätigkeit keine Vergütung nach dem RVG ausgelöst.[30] Auch hier gilt aber das bereits unter der → Rn. 23 ausgeführte, wonach der Rechtsanwalt für die Tätigkeit eines nicht in § 5 RVG genannten Vertreters eine angemessene Vergütung nach § 612 BGB von seinem Mandanten beanspruchen kann. Die angemessene Vergütung nach § 612 BGB wird für einen Rechtslehrer an einer Hochschule in Höhe der Vergütung angesetzt, die ein Rechtsanwalt für dieselbe Tätigkeit nach dem RVG erhalten würde.[31] 27

III. Kostenerstattung

Gem. § 91 Abs. 2 S. 1 ZPO sind die gesetzlichen Gebühren und Auslagen des Rechtsanwalts der obsiegenden Partei in allen Prozessen zu erstatten. Nach dem RVG entstandenen Gebühren gehören auch dann zu den gesetzlichen Gebühren, wenn die die Gebühr auslösende Tätigkeit nicht von einem Rechtsanwalt persönlich, sondern von einer in § 5 RVG genannten Person ausgeübt wurde. 28

Problematisch ist die Kostenerstattung dann, wenn eine nicht zu § 5 RVG genannte Person als Vertreter des Rechtsanwalts die Tätigkeit ausgeübt hat. Dann stellt sich die Frage, ob ihre Tätigkeit zweckentsprechend war. Nach *Mayer*[32] ist dies im allgemeinen zu bejahen und die für die Tätigkeit des nicht in § 5 RVG genannten Vertreters zu zahlende angemessene Vergütung oder die vereinbarte Vergütung ist zu erstatten. Dies ist mE insbesondere dann der Fall, wenn die für die Tätigkeit des nicht in § 5 RVG genannten Vertreters angemessene oder vereinbarte Vergütung geringer ist als die nach dem RVG für die entsprechende Tätigkeit entstandene Vergütung. 29

§ 6 Mehrere Rechtsanwälte

Ist der Auftrag mehreren Rechtsanwälten zur gemeinschaftlichen Erledigung übertragen, erhält jeder Rechtsanwalt für seine Tätigkeit die volle Vergütung.

---

[30] HK-RVG/*Klees* § 5 Rn. 35; Schneider/Wolf/*N. Schneider* § 5 Rn. 48.
[31] HK-RVG/*Klees* § 5 Rn. 35; → § 1 Rn. 100.
[32] Gerold/Schmidt/*Mayer* § 5 Rn. 14.

§ 6 Mehrere Rechtsanwälte

I. Überblick

1 Hat der Mandant den Auftrag mehreren Rechtsanwälten zur gemeinschaftlichen Erledigung übertragen, erhält jeder Rechtsanwalt für seine Tätigkeit die volle Vergütung. Vom Wortlaut her könnte man darauf schließen, dass hiervon auch die Fälle betroffen sind, in denen der Mandant eine Anwaltssozietät (in Form einer BGB-Gesellschaft oder einer sonstigen Gesellschaftsform) beauftragt. Dies ist aber nicht gewollt. Beauftragt der Mandant eine Sozietät, gilt der Auftrag allen Sozien als erteilt mit der Folge, dass die Gebühren nur einmal entstehen.[1]

2 § 6 RVG regelt die Fälle, in denen der Mandant mehreren – nicht in einer Sozietät (BGB-Gesellschaft oder eine sonstige Gesellschaftsform) verbundenen – Rechtsanwälten jeweils eigene Aufträge erteilt und die Anwälte diese Aufträge gemeinschaftlich erledigen, also die Sache zusammen bearbeiten sollen.[2]

II. Kein Fall des § 6 RVG

1. Sozietät

3 Beauftragt der Mandant eine Rechtsanwaltssozietät, so kommt in der Regel der Mandatsvertrag mit allen Sozien zustande. Zwar wird ein einzelner Sozius das Mandat annehmen, Vertragspartner wird aber grundsätzlich die gesamte Sozietät sein.[3] Der Wille des Mandanten wird in der Regel dahingehen, dass ein Anwalt der Sozietät seine Sache bearbeitet und nicht alle Mitglieder der Sozietät in dieser Sache für ihn tätig werden. Da grundsätzlich bei Beauftragen der Sozietät das Mandat der Gesellschaft erteilt wird und nicht den einzelnen, in ihr tätigen Rechtsanwälten kommt hier § 6 RVG nicht zur Anwendung. Die **Vergütung** nach dem RVG entsteht **nur einmal**. Dies gilt unabhängig davon, in welcher Rechtsform sich die Rechtsanwälte zur gemeinschaftlichen Berufsausübung zusammengeschlossen haben. Das vorstehend Ausgeführte gilt also sowohl für eine Anwaltssozietät in Form einer BGB Gesellschaft, als auch für die Partnerschaftsgesellschaft,[4] die Anwalts-GmbH und die Anwalts-AG.

4 In einem vom VG Düsseldorf[5] entschiedenen Fall waren die im Verfahren eingereichten Schriftsätze zweier Beigeladener von unterschiedlichen Rechtsanwälten unterzeichnet worden. Die Anwälte waren in einer Partnerschaftsgesellschaft verbunden. Beide Beigeladene hatten alle Rechtsanwälte der Partnerschaftsgesellschaft bevollmächtigt. Das VG Düsseldorf hat zu Recht angenommen, dass die Anwälte die Gebühren nur einmal verlangen können. Eine Erhöhung der Verfahrensgebühr nach Nr. 1008 VV kommt in Betracht, wenn die Partnerschaft für die – mehreren – Auftraggeber wegen desselben Gegenstandes tätig geworden sind.[6] Sind sie nicht wegen desselben Gegenstandes für die verschiedenen Auftraggeber tätig geworden, sind die Werte der einzelnen Gegenstände zu addieren und danach ist eine – nicht nach Nr. 1008 VV erhöhte – Verfahrensgebühr anzusetzen. Dass die Partnerschaftsgesellschaft ihren Auftrag von unterschiedlichen Auftraggebern erhalten hat, steht der Annahme „einer Angelegenheit" nicht entgegen.[7]

5 Etwas anderes kann ausnahmsweise dann gelten, wenn der Mandant den Auftrag nicht der gesamten Sozietät erteilt, sondern ausdrücklich wünscht, dass er von den

---

[1] → Rn. 3.
[2] → Rn. 12 ff.
[3] Gerold/Schmidt/*Mayer* § 6 Rn. 9; Schneider/Wolf/*N. Schneider* § 6 Rn. 43.
[4] Schneider/Wolf/*N. Schneider* § 6 Rn. 4.
[5] VG Düsseldorf AGS 2011, 215.
[6] → Nr. 1008 VV Rn. 53 ff.
[7] → § 7 Rn. 6 ff. und → § 15 Rn. 37 ff.

Sozietätsmitgliedern RA A und RA B vertreten wird und diese das Mandat gemeinschaftlich erledigen.[8] Dann erhält jeder vom Mandant einzeln beauftragter Sozius die volle Vergütung (§ 6 RVG). In diesen Fällen wird der das Mandat annehmende Rechtsanwalt den Mandanten aber entsprechend belehren und aufklären müssen, dass bei einer derartigen Auftragsgestaltung quasi die doppelte Vergütung, nämlich für jeden beauftragten Rechtsanwalt gesondert anfällt.

Beispiel:
Der Mandant beauftragt in einer Strafsache eine Sozietät mit seiner Verteidigung. In der Regel wird er nur einen der Sozietätsmitglieder zu seinem Verteidiger bestellt. Nach § 137 Abs. 1 S. 2 StPO darf der Mandant ohnehin nicht mehr als drei Verteidiger bestellen. In diesen Fällen kommt der Vertrag nur mit dem Sozius oder den Sozien zustande, die der Mandant zu seinem Verteidiger bestellt. Zunächst entstehen die Gebühren nur einmal. Nur wenn der Mandant ausdrücklich das Sozietätsmitglied Rechtsanwalt A und daneben das Sozietätsmitglied Rechtsanwalt B zu seinem Verteidiger bestellt und vertraglich vereinbart, dass beide Sozietätsmitglieder ihn gemeinschaftlich verteidigen sollen, entstehen wohl für RA A als auch für RA B die Gebühren gesondert nach dem RVG.

2. Überörtliche Sozietät

Auch wenn der Mandant eine überörtliche Sozietät beauftragt, gilt in der Regel 6 der Auftrag allen Sozien, die in der überörtlichen Sozietät verbunden sind, als erteilt.[9] Es liegt kein Fall des § 6 RVG vor. Auch dann, wenn ein Mitglied der überörtlichen Sozietät quasi nur als Verkehrsanwalt tätig wird und die Klage von einem Sozietätsmitglied mit Sitz am Gerichtsort eingereicht wird, entsteht nach herrschender Meinung die Vergütung nach dem RVG nur einmal und zwar die des Prozessbevollmächtigten. Es kann nicht zusätzlich von der überörtlichen Sozietät noch die Verfahrensgebühr der Nr. 3400 VV für den Verkehrsanwalt abgerechnet werden. Andere Meinung ist *N. Schneider*:[10]

„Im Gegensatz zur Beauftragung einer örtlichen Sozietät will der Mandant nicht nur einen Anwalt beauftragen, wobei er damit einverstanden ist, dass ein Sozius den anderen vertritt. Der Mandant will vielmehr, dass zwei Anwälte der überörtlichen Sozietät gemeinschaftlich – und zwar nebeneinander! – tätig werden, nämlich der eine, der den Verkehr führt und der andere, der den Rechtsstreit führt. Damit liegt aber ein Fall des § 6 RVG vor, so dass auch die überörtliche Sozietät zumindest in entsprechender Anwendung des § 6 RVG beide Aufträge abrechnen können muss."

Interessant ist in diesem Zusammenhang eine Entscheidung des BGH[11] zur Kosten- 7 erstattung bei Einschaltung einer überörtlichen Sozietät: In dem vom BGH entschiedenen Fall hatte die in Bonn wohnende Klägerin vor dem Amtsgericht – Familiengericht – Tempelhof/Kreuzberg und im zweiten Rechtszug vor dem KG auf Zahlung von Ehegattenunterhalt geklagt. Sie hatte eine überörtliche Sozietät mit Kanzleisitz in Bonn und in Berlin beauftragt. Ein in dem Bonner Büro tätige Rechtsanwalt war Sachbearbeiter. Dieser reiste selbst von Bonn nach Berlin, um den mündlichen Verhandlungstermin vor Gericht wahrzunehmen. Der BGH hatte diese Reisekosten als erstattungsfähig zuerkannt. ME handelt es sich hier nicht um notwendige Kosten iSv § 91 Abs. 1 S. 1 ZPO. Denn der Bonner Sozius hätte einen Kollegen des Berliner Büros beauftragen können, die mündlichen Verhandlungstermine vor Gericht wahrzunehmen. Dann wären hierdurch keine Mehrkosten entstanden. Sicherlich wird man die Problematik

---
[8] Schneider/Wolf/*N. Schneider* § 6 Rn. 46.
[9] Gerold/Schmidt/*Mayer* § 6 Rn. 12.
[10] Schneider/Wolf/*N. Schneider* § 6 Rn. 49.
[11] BGH JurBüro 2008, 430.

§ 6 Mehrere Rechtsanwälte

anders sehen müssen, wenn es sich um einen komplexen Sachverhalt aus einem schwierigen Rechtsgebiet gehandelt hätte, der Aktenumfang zB mehrere Ordner beträgt und sich der Berliner Kollege zur Vorbereitung der Termine zur mündlichen Verhandlung erst tagelang hätte einarbeiten müssen. Dem vom BGH entschiedenen Fall lag aber „nur" ein Unterhaltsrechtsstreit zugrunde.

3. Verkehrsanwalt/Prozessbevollmächtigter

8 § 6 RVG kommt nur zur Anwendung, wenn mehrere Rechtsanwälten derselbe Auftrag erteilt wird. Unterscheiden sich allerdings die den Rechtsanwälten erteilten Aufträge, liegt kein Fall des § 6 RVG vor. So zB auch nicht, wenn in derselben Sache ein Rechtsanwalt als Verkehrsanwalt und ein weiterer Rechtsanwalt als Prozessbevollmächtigter im Auftrag des Mandanten tätig wird. In diesen Fällen regelt das Vergütungsverzeichnis zum RVG eine unterschiedliche Vergütung für die unterschiedlichen Tätigkeiten. So erhält der als Verkehrsanwalt (auch Korrespondenzanwalt genannt) tätige Rechtsanwalt nach Nr. 3400 VV eine Verfahrensgebühr in Höhe der dem Verfahrensbevollmächtigten zustehenden Verfahrensgebühr, höchstens jedoch 1,0 Gebühr. Der in derselben Sache als Prozessbevollmächtigter tätige Anwalt erhält für seine Tätigkeit in dem ersten Rechtszug Gebühren nach Teil 3 Abschn. 1 VV, in der Regel also eine 1,3 Verfahrensgebühr Nr. 3100 VV und 1,2 Terminsgebühr Nr. 3104 VV. Neben den jeweiligen Gebühren können beide Rechtsanwälte natürlich die im Rahmen ihrer Tätigkeit entstandenen Auslagen nach Teil 7 VV mit dem Mandanten abrechnen.

4. Terminsvertreter/Prozessbevollmächtigter

9 Auch wenn der Mandant einen Rechtanwalt als Terminsvertreter und einen weiteren Rechtsanwalt als Prozessbevollmächtigten in derselben Sache eingeschaltet hat, liegt kein Fall des § 6 RVG vor. Denn auch hier ist im Vergütungsverzeichnis zum RVG geregelt, welche Gebühren beim einem Terminsvertreter und beim Prozessbevollmächtigten anfallen.

10 Der Terminsvertreter wird in der Regel nach Nr. 3401 VV eine Verfahrensgebühr in Höhe der Hälfte der dem Verfahrensbevollmächtigten zustehenden Verfahrensgebühr erhalten (im ersten Rechtszug: 0,65 Verfahrensgebühr) und daneben noch eine 1,2 Terminsgebühr nach Nr. 3402, 3104 VV. Der Prozessbevollmächtigte wird daneben in der Regel eine 1,3 Verfahrensgebühr nach Nr. 3100 VV abrechnen können. Neben den jeweiligen Gebühren können beide Rechtsanwälte natürlich die im Rahmen ihrer Tätigkeit entstandenen Auslagen nach Teil 7 VV mit dem Mandanten abrechnen.

5. Verschiedene Aufgabenbereiche der Rechtsanwälte

11 Auch wenn die von dem Mandanten in demselben Fall eingeschalteten Rechtsanwälte verschiedene Aufgabenbereiche haben, liegt kein Fall des § 6 RVG vor. Denn dann erhält jeder Anwalt seine Vergütung für die Tätigkeiten, die er ausgeübt hat.

Beispiel 1:

In einem Steuerstrafverfahren bestellt der Mandant Rechtsanwalt A zu seinem Verteidiger. Daneben beauftragt er Rechtsanwalt B, einen Fachanwalt für Steuerrecht, die offenen steuerrechtlichen Fragen mit der Finanzbehörde zu klären. Der Rechtsanwalt A als Verteidiger wird seine Vergütung nach Teil 4 VV berechnen können. Der mit der Klärung der steuerrechtlichen Fragen beauftragte Rechtsanwalt wird je nach Tätigkeit seine Vergütung nach Teil 2 oder Teil 3 VV abrechnen können.

Beispiel 2:

In einem Rechtsstreit hat neben dem Prozessbevollmächtigten auch ein Patentanwalt mitgewirkt. Sowohl der Prozessbevollmächtigte, als auch der Patentanwalt können jeweils gesonderte, bei ihm entstandene Gebühren abrechnen. Der Prozessbevollmächtigte wird seine Vergütung nach Teil 3 VV berechnen können. Der Patentanwalt wird in der Regel mit dem Mandanten eine Vergütungsvereinbarung treffen.

Eine ganz andere Frage ist in diesen Fällen, in welcher Höhe die durch den Patentanwalt entstandenen Kosten vom unterlegenen Gegner zu erstatten sind. War die Zuziehung eines Patentanwalts notwendig, sind nach Rechtsprechung des BPatG[12] die Patentanwaltskosten nur in Höhe der Gebühren, die nach Teil 3 VV für die Tätigkeiten eines Prozessbevollmächtigten entstanden wären, erstattungsfähig.

III. Anwendungsbereich des § 6 RVG

§ 6 RVG ist dann anzuwenden, wenn der Mandant den Auftrag mehreren Rechts- 12
anwälten zur gemeinschaftlichen Erledigung übertragen hat. Dann erhält jeder Anwalt für seine Tätigkeit die volle Vergütung nach dem RVG.

Beispiel 1:

Der Mandant beauftragt in einem gegenüber ihm anhängigen Strafverfahren Rechtsanwalt A mit seiner Verteidigung. Als zweiten Verteidiger bestellt er Rechtsanwalt B. Rechtsanwalt A und B sind in einer Sozietät miteinander verbunden.

Beide Verteidiger erhalten die volle Vergütung nach dem RVG, also die Gebühren nach Teil 4 VV und die Auslagen nach Teil 7 VV. Natürlich muss jeder Rechtsanwalt die Tätigkeit, die die Gebühren auslöst, ausgeübt haben, damit die entsprechende Gebühr bei ihm anfällt. Hat zB Rechtsanwalt B den ersten Hauptverhandlungstermin nicht wahrgenommen, wird er für den ersten Hauptverhandlungstermin auch keine Terminsgebühr ansetzen können.

Beispiel 2:

In einem bürgerlichen Rechtsstreit beauftragt der Mandant Rechtsanwalt C, für ihn als Prozessbevollmächtigter tätig zu werden. Daneben beauftragt er Rechtsanwalt E, ebenfalls als Prozessbevollmächtigter für ihn in dem Rechtsstreit tätig zu werden. Beide Rechtsanwälte können die für Ihre Tätigkeit anfallenden Gebühren nach Teil 3 VV und die im Rahmen ihrer Tätigkeit entstehenden Auslagen nach Teil 7 VV mit dem Mandanten abrechnen.

Praxistipp:

Schaltet der Mandant einen zweiten Rechtanwalt ein, sollte er darüber belehrt wer- 13
den, dass im Ergebnis von ihm die doppelte Vergütung zu zahlen ist. Der Mandant ist des weiteren darüber aufzuklären, dass in der Regel nur die Vergütung eines Rechtsanwalts erstattungsfähig sein wird.

Ob die Kosten von zwei Verteidigern oder die Kosten eines zweiten Prozessbevoll- 14
mächtigten erstattungsfähig sind, ist unabhängig von der Frage der Entstehung der Gebühren zu beurteilen. In der Regel wird die unterlegene Partei nicht die Kosten eines zweiten Prozessbevollmächtigten erstatten müssen. Dies gilt auch im Falle eines Freispruchs in einer Strafsache für die Staatskasse. Auch diese wird nur die Kosten eines Verteidigers zu erstatten haben. Nur in ganz seltenen Ausnahmefällen können auch die Kosten eines weiteren Anwalts, zB mit spezifischen Kenntnissen auf einem besonderen Sachgebiet erstattungsfähig sein.[13]

§ 7 Mehrere Auftraggeber

(1) Wird der Rechtsanwalt in derselben Angelegenheit für mehrere Auftraggeber tätig, erhält er die Gebühren nur einmal.

---

[12] Schneider/Wolf/N. *Schneider* § 6 Rn. 42 unter Hinweis auf BPatG AGS 2006, 205; BPatGE 46, 26 = RVGreport 2005, 360.
[13] Schneider/Wolf/N. *Schneider* § 6 Rn. 23 f.

§ 7 Mehrere Auftraggeber

(2) ¹Jeder der Auftraggeber schuldet die Gebühren und Auslagen, die er schulden würde, wenn der Rechtsanwalt nur in seinem Auftrag tätig geworden wäre; die Dokumentenpauschale nach Nummer 7000 des Vergütungsverzeichnisses schuldet er auch insoweit, wie diese nur durch die Unterrichtung mehrerer Auftraggeber entstanden ist. ²Der Rechtsanwalt kann aber insgesamt nicht mehr als die nach Absatz 1 berechneten Gebühren und die insgesamt entstandenen Auslagen fordern.

Übersicht

	Rn.
I. Überblick	1
II. Mehrere Auftraggeber in derselben Angelegenheit (Abs. 1)	3
III. Haftung des einzelnen Auftraggebers (Abs. 2)	10
1. Haftung bei unterschiedlichen Gegenständen	11
a) Entstehung der Gebühren	11
b) Verteilung der Kosten auf die einzelnen Auftraggeber	12
c) Ein Auftraggeber zahlt nicht	14
d) Beide Auftraggeber zahlen nicht	15
2. Haftung bei demselben Gegenstand	20
a) Entstehung der Gebühren	21
b) Verteilung der Kosten auf die einzelnen Auftraggeber	22
c) Ein Auftraggeber zahlt nicht	24
d) Beide Auftraggeber zahlen nicht	27
3. Keine eingeschränkte Haftung für Dokumentenpauschale der Nr. 7000 VV	29
IV. Kostenerstattung	31

I. Überblick

1 § 7 RVG stellt in seinem Abs. 1 zunächst klar, dass der Rechtsanwalt, der in derselben Angelegenheit für mehrere Auftraggeber tätig wird, die Gebühren nur einmal erhält und nicht für jeden Auftraggeber gesondert. Allerdings korrespondiert Abs. 1 des § 7 RVG mit Nr. 1008 VV. Danach können sich die Gebühren erhöhen, wenn der Rechtsanwalt für mehrere Auftraggeber in derselben Angelegenheit tätig wird. Die nur einmal entstehenden Gebühren erhöhen sich dann für jeden weiteren Auftraggeber um 0,3, bis zu einer maximalen Erhöhung von 2,0.[1] Fallen Wertgebühren an, tritt die Erhöhung allerdings nur ein, soweit der Gegenstand der anwaltlichen Tätigkeit für die mehreren Auftraggeber derselbe ist (Nr. 1008 Anm. Abs. 1 VV RVG).

2 Abs. 2 des § 7 RVG regelt die Haftung des einzelnen Mandanten für die Anwaltsvergütung, wenn der Rechtsanwalt in derselben Angelegenheit für mehrere Auftraggeber tätig wird. Im Ergebnis schränkt er die gesamtschuldnerische Haftung des einzelnen Mandanten für die insgesamt entstandene Anwaltsvergütung ein.

II. Mehrere Auftraggeber in derselben Angelegenheit (Abs. 1)

3 Wird der Rechtsanwalt in derselben – gebührenrechtlichen – Angelegenheit für mehrere Auftraggeber tätig, entstehen die Gebühren nur einmal. Der Rechtsanwalt kann dann, wenn er die mehreren Auftraggeber in derselben Angelegenheit vertritt, die Gebühren nicht mehrfach, also für jeden Auftraggeber gesondert abrechnen.

---
[1] Zu den Voraussetzungen der Erhöhung: → Nr. 1008 VV Rn. 8 ff.

Mehrere Auftraggeber § 7

Allerdings können sich die Gebühren nach Nr. 1008 VV erhöhen, wenn der Rechtsanwalt in derselben Angelegenheit mehrere Auftraggeber vertritt. Dann erhöht sich die Verfahrens- und/oder die Geschäftsgebühr für jeden weiteren Auftraggeber um 0,3. Maximal darf die Erhöhung 2,0 betragen (Nr. 1008 Anm. Abs. 3 VV). Bei Wertgebühren tritt die Erhöhung nur ein, soweit der Gegenstand der anwaltlichen Tätigkeit derselbe ist (Nr. 1008 Anm. Abs. 1 VV).[2]

Der Begriff „**Angelegenheit**" hat für die anwaltliche Gebührenabrechnung eine 4 zentrale Bedeutung. Ist eine – gebührenrechtliche – Angelegenheit gegeben, entstehen die Gebühren nach dem Vergütungsverzeichnis zum RVG nur einmal. Liegen mehrere gebührenrechtliche Angelegenheiten vor, kann der Rechtsanwalt mehrfach – in jeder Angelegenheit gesondert – Gebühren und Auslagen abrechnen. Das RVG bestimmt in den §§ 15–21, wann eine und wann mehrere gebührenrechtliche Angelegenheiten gegeben sind. Da das Gesetz aber nicht jeden Einzelfall regeln kann, haben Literatur und Rechtsprechung weitere Abgrenzungskriterien[3] dazu entwickelt, wann eine oder wann mehrere gebührenrechtliche Angelegenheiten vorliegen. Die Angelegenheit ist ein bestimmter Tätigkeitsabschnitt, die eine eigene Abrechnungseinheit darstellt. Ein einziges Mandat kann sich zu verschiedenen gebührenrechtlichen Angelegenheiten fortentwickeln.

Beispiel 1:

Der Rechtsanwalt wird beauftragt, ein Anspruch des Mandanten in Höhe von 10.000 EUR zunächst außergerichtlich durchzusetzen. Die gesetzte Zahlungsfrist verstreicht, ohne dass der Gegner den Anspruch erfüllt. Auftragsgemäß beantragt der Rechtsanwalt für den Mandanten den Erlass eines gerichtlichen Mahnbescheides. Gegen den Mahnbescheid wird Widerspruch eingelegt. Auftragsgemäß leitet der Rechtsanwalt das streitige Verfahren ein und vertritt in diesem den Mandanten als Prozessbevollmächtigter auch in der mündlichen Verhandlung. Danach ergeht ein Urteil.

Der Rechtsanwalt kann berechnen:
Erste Angelegenheit: Außergerichtliche Tätigkeit
Gegenstandswert: 10.000 EUR
1. 1,3 Geschäftsgebühr Nr. 2300 VV 725,40 EUR
zzgl. Auslagen und Umsatzsteuer.
Zweite Angelegenheit: Gerichtliches Mahnverfahren
Gegenstandswert: 10.000 EUR
1. 1,0 Verfahrensgebühr Nr. 3305 VV 558,00 EUR
abzgl. hierauf nach der Vorb. 3 Abs. 4 VV RVG anzurechnender 0,65 − 362,70 EUR
Geschäftsgebühr
verbleiben von der Verfahrensgebühr: 195,30 EUR
zzgl. Auslagen und Umsatzsteuer.
Dritte Angelegenheit: Rechtsstreit nach Widerspruch gegen den Mahnbescheid
Gegenstandswert: 10.000 EUR
1. 1,3 Verfahrensgebühr Nr. 3100 VV 725,40 EUR
abzgl. hierauf nach Nr. 3305 Anm. VV anzurechnender 1,0 Verfahrensgebühr Nr. 3305 VV − 558,00 EUR
verbleiben von der Verfahrensgebühr: 167,40 EUR
2. 1,2 Terminsgebühr Nr. 3104 VV 669,60 EUR
zzgl. Auslagen und Umsatzsteuer.

Obwohl es sich um ein Mandat handelt, liegen drei gebührenrechtliche Angelegenheiten vor. Infolge der Anrechnungsvorschriften in der Vorb. 3 Abs. 4 VV und in Nr. 3305 Anm. VV sind die Gebühren bei der vorliegenden Fallkonstellation teilweise auf die Gebühren einer anderen Angelegenheit anzurechnen. Eine Anrechnung kommt allerdings nur in Betracht, wenn

---

[2] Zu den Voraussetzungen der Erhöhung: → Nr. 1008 VV Rn. 8 ff.
[3] → § 15 Rn. 37 ff.

§ 7 Mehrere Auftraggeber

das RVG die Anrechnung der Gebühren aus einer anderen Angelegenheit vorsieht und die verschiedenen Angelegenheiten denselben Gegenstand/denselben Anspruch betreffen.

5 Von der „Angelegenheit" ist zu unterscheiden der **„Gegenstand"** der anwaltlichen Tätigkeit. Als Gegenstand wird das Recht oder Rechtsverhältnis – oder anders ausgedrückt der Anspruch – bezeichnet, auf das sich die anwaltliche Tätigkeit bezieht. Eine Angelegenheit kann mehrere Gegenstände umfassen.[4]

Beispiel 2:

Der Rechtsanwalt wird von dem Mandanten A beauftragt, gegenüber dem B einen Anspruch aus einem Kaufvertrag in Höhe von 5.000 EUR und ein Anspruch aus einem Mietvertrag in Höhe von 7.000 EUR zusammen außergerichtlich geltend zu machen.

Es handelt sich um eine – gebührenrechtliche – Angelegenheit mit zwei Gegenständen. Die Werte der einzelnen Gegenstände sind zu addieren (§ 22 Abs. 1 RVG) und nach der Summe der Werte entstehen die Gebühren einmal.

Gegenstandswert: (5.000 EUR + 7.000 EUR =) 12.000 EUR

1. 1,3 Geschäftsgebühr Nr. 2300 VV   785,20 EUR
zzgl. Auslagen und Umsatzsteuer.

6 Vertritt der Rechtsanwalt in derselben Angelegenheit mehrere Auftraggeber, können sich folgende Konstellationen ergeben:[5]
(1) Erteilen mehrere Personen dem Rechtsanwalt völlig unabhängig voneinander gesonderte Mandate, so handelt es sich um **verschiedene – gebührenrechtliche – Angelegenheiten**. Dies auch dann, wenn die Ansprüche der verschiedenen Auftraggeber aus demselben Rechtsverhältnis resultieren und gegen denselben Gegner geltend gemacht werden. Der Rechtsanwalt wird hier aber gegebenenfalls – nach den Umständen des Einzelfalles – die Mandanten aufklären müssen, dass die Aufträge auch zusammen in einem Mandat behandelt werden können. Er wird gegebenenfalls auch auf die Kostenfolgen der Behandlung in zwei Mandaten oder in einem Mandat hinweisen müssen.

Beispiel 3:

Mandant A erteilt dem Rechtsanwalt den Auftrag, außergerichtlich Schadensersatzansprüche wegen Körperverletzung aus einem Vorfall vom 20.11. in Höhe von 5.000 EUR gegenüber dem Schädiger C geltend zu machen.

Einen Tag später erteilt Mandant B dem Rechtsanwalt den Auftrag, aus demselben Vorfall vom 20.11. für ihn Schadensersatzansprüche in Höhe von 6.000 EUR gegenüber demselben Schädiger C außergerichtlich – in einem gesonderten Mandat – geltend zu machen. Es handelt sich um zwei verschiedene Angelegenheiten. Der Rechtsanwalt kann abrechnen:

Mit dem Mandanten A
Gegenstandswert: 5.000 EUR
1. 1,3 Geschäftsgebühr Nr. 2300 VV   393,90 EUR
zzgl. evtl. weiter entstandener Gebühren, Auslagen und Umsatzsteuer.
Mit dem Mandanten B
Gegenstandswert: 6.000 EUR
1. 1,3 Geschäftsgebühr Nr. 2300 VV   460,20 EUR
zzgl. evtl. weiter entstandener Gebühren, Auslagen und Umsatzsteuer.
§ 7 Abs. 1 RVG findet hier keine Anwendung, da der Rechtsanwalt nicht in derselben Angelegenheit für die mehreren Auftraggeber tätig wird.[6]

---

[4] Gerold/Schmidt/*Mayer* § 15 Rn. 6.

[5] Schneider/Wolf/*Volpert* § 7 Rn. 3.

[6] Zur getrennten Geltendmachung der Ansprüche mehrerer Geschädigter aus einem Verkehrsunfall in verschiedenen Mandaten und der Erstattung dieser Kosten → § 15 Rn. 132 f.

(2) Vertritt der Rechtsanwalt mehrere Auftraggeber in derselben Angelegenheit 7
wegen verschiedener Gegenstände, sind die Werte der einzelnen Gegenstände
zu addieren und nach der Summe der Werte entstehen die Gebühren nur einmal
(§ 22 Abs. 1 RVG).

Beispiel 4:

Für die am Verkehrsunfall beteiligten Eheleute erhebt der Rechtsanwalt eine Klage, mit welcher er für den Ehemann Schadensersatz in Höhe von 13.000 EUR und für die Ehefrau Schadensersatz in Höhe von 3.000 EUR geltend macht. Der Rechtsanwalt kann berechnen:
Gegenstandswert: (13.000 EUR + 3.000 EUR =) 16.000 EUR
1. 1,3 Verfahrensgebühr Nr. 3100 VV   845,00 EUR
zzgl. evtl. weiter entstandener Gebühren, Auslagen und Umsatzsteuer.

(3) Vertritt der Rechtsanwalt in derselben Angelegenheit mehrere Personen wegen 8
desselben Gegenstandes, so entstehen die Gebühren zwar auch nur einmal, aber
die Geschäfts- und/oder die Verfahrensgebühr erhöhen sich nach Nr. 1008 VV.

Beispiel 5:

Mit der Klage werden die Beklagten K, L und M als Gesamtschuldner wegen 8.000 EUR in Anspruch genommen. Alle drei Beklagten werden von einem Prozessbevollmächtigten, dem Rechtsanwalt B vertreten. Rechtsanwalt B vertritt die Beklagten auch in einem Termin zur mündlichen Verhandlung. Anschließend ergeht ein Urteil.
Der Prozessbevollmächtigte der Beklagten kann berechnen:
Gegenstandswert: 8.000 EUR
1. 1,9 (1,3 + 2 x 0,3 Erhöhung) Verfahrensgebühr Nr. 1008, 3100 VV   866,40 EUR
2. 1,2 Terminsgebühr Nr. 3104 VV   547,20 EUR
zzgl. evtl. weiterer entstandener Gebühren, Auslagen und Umsatzsteuer.

Zu der Problematik, wann von mehreren Auftraggebern auszugehen ist, darf auf 9
die Kommentierung zu Nr. 1008 VV verwiesen werden.[7]

III. Haftung des einzelnen Auftraggebers (Abs. 2)

Nach § 7 Abs. 2 RVG schuldet jeder Auftraggeber dem Anwalt nur die Gebühren 10
und Auslagen, die er schulden würde, wenn der Rechtsanwalt nur in seinem Auftrag
tätig geworden wäre. Die Dokumentenpauschale nach Nr. 7000 VV schuldet jeder
Auftraggeber auch insoweit, wie diese nur durch die Unterrichtung mehrerer Auftraggeber entstanden ist. Der Rechtsanwalt kann aber insgesamt nicht mehr als die
entstandenen Gebühren und Auslagen fordern.

1. Haftung bei unterschiedlichen Gegenständen

a) Entstehung der Gebühren. Wird der Rechtsanwalt für mehrere Auftragge- 11
ber wegen unterschiedlichen Gegenständen tätig, so sind nach § 22 Abs. 1 RVG die
Werte der einzelnen Gegenstände zu addieren und nach der Summe der Werte der
einzelnen Gegenstände entstehen die Gebühren nur einmal.

Beispiel 1:

Rechtsanwalt M klagt als Prozessbevollmächtigter aus einem Verkehrsunfallgeschehen für A einen Anspruch (Sachschaden) in Höhe von 5.000 EUR ein. In derselben Klage macht er für den bei dem Verkehrsunfall verletzten B weitere 7.000 EUR (Schmerzensgeld) geltend.
Die Klage richtet sich gegen C (Fahrzeugführer) und gegen D (Haftpflichtversicherer des schädigenden Fahrzeuges). C und D werden als Gesamtschuldner in Anspruch genommen. Die

---

[7] → Nr. 1008 VV Rn. 21 ff.

§ 7 Mehrere Auftraggeber

Beklagten C und D werden durch Rechtsanwalt P als Prozessbevollmächtigte vertreten. Beide Prozessbevollmächtigten vertreten die jeweiligen Parteien auch in der mündlichen Verhandlung vor Gericht. Nach durchgeführter Beweisaufnahme ergeht ein Urteil.

Bei **Rechtsanwalt M** als Prozessbevollmächtigter der **Kläger A und B** sind insgesamt folgende Gebühren entstanden:

Gegenstandswert: 12.000 EUR

1. 1,3 Verfahrensgebühr Nr. 3100 VV	785,20 EUR
2. 1,2 Terminsgebühr Nr. 3104 VV	724,80 EUR
3. Pauschale Nr. 7002 VV	20,00 EUR
Anwaltsvergütung netto – ohne Umsatzsteuer –	1.530,00 EUR
4. 19 % Umsatzsteuer Nr. 7008 VV	290,70 EUR
	1.820,70 EUR

Maximal wird Rechtsanwalt M diesen Betrag in Höhe von 1.820,70 EUR von seinen Auftraggebern A und B einfordern können.

Beispiel 2:

– Sachverhalt wie im vorangegangenen Beispiel 1 → Rn. 11 –

Rechtsanwalt P als Prozessbevollmächtigter der **Beklagten** C und D kann berechnen:

Gegenstandswert: 12.000 EUR

1. 1,6 Verfahrensgebühr Nr. 3100, 1008 VV	966,40 EUR
2. 1,2 Terminsgebühr Nr. 3104 VV	724,80 EUR
3. Pauschale Nr. 7002 VV	20,00 EUR
Anwaltsvergütung netto – ohne Umsatzsteuer –	1.711,20 EUR
4. 19 % Umsatzsteuer Nr. 7008 VV	325,13 EUR
	2.036,33 EUR

Da die Mandanten C und D als Gesamtschuldner in Anspruch genommen werden, vertritt Rechtsanwalt P diese wegen desselben Gegenstandes. Die bei ihm entstehende Verfahrensgebühr erhöht sich daher für den zweiten Auftraggeber nach Nr. 1008 VV um 0,3. In der Praxis wird in diesen Fällen die mitverklagte und den Anwalt beauftragende Kfz-Haftpflichtversicherung die vollen entstehenden Gebühren übernehmen, da sie den Versicherungsnehmer und auch den unter Umständen mitverklagten Fahrer des schädigenden Fahrzeuges von den Kosten freizustellen hat. Deshalb wird sich in Verkehrsunfallsachen auf der Beklagtenseite in der Regel die Problematik des § 7 Abs. 2 RVG nicht stellen. Wenn in diesen Sachen der Haftpflichtversicherer die weiteren am Prozess Beteiligten aber nicht freizustellen hätte, würde sich die maximale Haftung auch hier nach § 7 Abs. 2 RVG regeln.[8]

12 **b) Verteilung der Kosten auf die einzelnen Auftraggeber.** Ist nichts anderes zwischen dem Rechtsanwalt und seinen Auftraggebern vereinbart und sind beide Auftraggeber zahlungsfähig, wird der Rechtsanwalt fairerweise die Auftraggeber nach ihren jeweiligen Beteiligungen am Gesamtwert anteilig mit seiner Vergütung belasten. Hierbei wird er von der insgesamt entstandenen Vergütung ausgehen und diese nach dem Verhältnis der Gegenstandswerte der einzelnen Beteiligungen zum Gesamtwert verteilen.[9]

Beispiel 3:

– Sachverhalt wie im vorangegangenen Beispiel 1 → Rn. 11 –

Rechtsanwalt M wird die insgesamt entstandene Vergütung gegenüber seinen Mandanten A und B wie folgt verteilen:

---

[8] → § 7 Rn. 24.

[9] Analog BGH NJW 2005, 2228 (Die Entscheidung ist zwar zu einem anderen Sachverhalt ergangen. Aber auch dort geht der BGH von der insgesamt entstandenen Vergütung aus und verteilt diese nach dem Verhältnis der Gegenstandswert zum Gesamtwert.).

Mehrere Auftraggeber § 7

Rechnung an Mandanten **A**:
Anwaltsvergütung netto – ohne Umsatzsteuer –	1.530,00 EUR
1530,00 EUR : 12.000 EUR (Gesamtwert) x 5.000 EUR (Anteil des A) =	637,50 EUR
zzgl. 19 % Umsatzsteuer hierauf:	121,12 EUR
Anteil des Mandanten A insgesamt:	758,62 EUR

Rechnung an Mandanten **B**:
Anwaltsvergütung netto – ohne Umsatzsteuer –	1.530,00 EUR
1.530,00 EUR : 12.000 EUR (Gesamtwert) x 7.000 EUR (Anteil des B) =	892,50 EUR
zzgl. 19 % Umsatzsteuer hierauf:	169,58 EUR
Anteil des Mandanten B insgesamt:	1.062,08 EUR

Praxistipp:
In seiner Rechnung an den Mandanten sollte der Rechtsanwalt den Mandanten 13
darauf hinweisen, dass er sich vorbehält, den Mandanten wegen weiterer Beträge bis
zu Höhe seiner maximalen Haftung nach § 7 Abs. 2 S. 1 RVG – für den Fall, dass der
andere Mandant seinen Anteil nicht oder nicht in vollem Umfang zahlt – in Anspruch
zu nehmen.

c) Ein Auftraggeber zahlt nicht. Jeder Auftraggeber schuldet nach § 7 Abs. 2 14
S. 1 RVG dem Rechtsanwalt nur die Gebühren, die er schulden würde, wenn er
den Rechtsanwalt alleine nur in seinem Auftrag – wegen des ihn betreffenden
Gegenstandes – beauftragt hätte. Der Auftraggeber schuldet also nicht die insgesamt
beim Rechtsanwalt entstandene Vergütung. Hat der Auftraggeber den Betrag, für
den er nach § 7 Abs. 2 S. 1 RVG haftet, an den Rechtsanwalt gezahlt, haftet er für
die Differenz bis zur Höhe der tatsächlich beim Rechtsanwalt entstandenen Vergütung nicht mehr.

Beispiel 4:[10]

– Sachverhalt wie Beispiel 1 → Rn. 11 – Mandant A **oder** Mandant B sind insolvent und
zahlen den auf sie entfallenden Anteil (wie in Beispiel 3 → Rn. 12 abgerechnet) nicht an
Rechtsanwalt M. Dieser wird nun prüfen müssen, was er maximal von dem anderen, solventen
Mandanten fordern kann.

Nach § 7 Abs. 2 S. 1 RVG wird Rechtsanwalt M maximal von dem Mandanten **A** fordern
können:

Gegenstandswert: 5.000 EUR
1. 1,3 Verfahrensgebühr Nr. 3100 VV	393,90 EUR
2. 1,2 Termingebühr Nr. 3104 VV	363,60 EUR
3. Pauschale Nr. 7002 VV	20,00 EUR
4. 19 % Umsatzsteuer Nr. 7008 VV	147,73 EUR
	925,23 EUR

Der Mandant A haftet maximal für diesen Betrag in Höhe von 925,23 EUR. Selbst wenn
die Differenz zu den tatsächlich entstandenen Gesamtkosten in Höhe von 1.820,70 EUR bei B
nicht beizutreiben wäre, könnte Rechtsanwalt M maximal 925,23 EUR von dem Mandanten
A verlangen.

Nach § 7 Abs. 2 S. 1 RVG wird Rechtsanwalt M maximal von dem Mandanten **B** fordern
können:

Gegenstandswert: 7.000 EUR
1. 1,3 Verfahrensgebühr Nr. 3100 VV	526,50 EUR
2. 1,2 Termingebühr Nr. 3104 VV	486,00 EUR
3. Pauschale Nr. 7002 VV	20,00 EUR
4. 19 % Umsatzsteuer Nr. 7008 VV	196,18 EUR
	1.228,68 EUR

---

[10] HK-RVG/*Teubel* § 7 Rn. 3; Bischof/Jungbauer/Bräuer/*Bischof* § 7 Rn. 23; Gerold/
Schmidt/*Müller-Rabe* Nr. 1008 VV Rn. 297 – Beispiel.

Der Mandant B haftet maximal für diesen Betrag in Höhe von 1.228,68 EUR. Selbst wenn die Differenz zu den tatsächlich entstandenen Gesamtkosten in Höhe von 1.820,70 EUR bei A nicht beizutreiben wäre, könnte Rechtsanwalt M maximal 1.228,68 EUR von dem Mandanten B verlangen.

15 **d) Beide Auftraggeber zahlen nicht.** Zahlen beide Auftraggeber nicht die Vergütung an den gemeinsamen Prozessbevollmächtigten und muss dieser **Kostenfestsetzung nach § 11 RVG** gegenüber seinen Auftraggebern beantragen, so kann nicht einfach beantragt werden, die Vergütung gegenüber A und B als Gesamtschuldner festzusetzen.

16 Auch wenn **Klage** erhoben werden müsste, könnte nicht einfach beantragt werden, A und B als Gesamtschuldner zu verurteilen. Denn die Auftraggeber A und B haften wegen der Einschränkung durch § 7 Abs. 2 RVG nicht für die volle Vergütung als Gesamtschuldner. Es muss also **ermittelt werden, für welchen Betrag A und B als Gesamtschuldner haften und für welchen Betrag sie jeweils alleine haften.**

17 Nach *N. Schneider*[11] ist wie folgt vorzugehen:

„(1) Die jeweiligen Einzelhaftungen des § 7 Abs. 2 S. 1 RVG sind zu addieren.
(2) Hiervon ist alsdann die Gesamthaftung abzuziehen.
(3) Der danach verbleibende Differenzbetrag ergibt dann denjenigen Betrag, für den beide Parteien als Gesamtschuldner haften."

Danach ist dann wie folgt weiter zu verfahren:

„Die alleinige Haftung der einzelnen Auftraggeber ergibt sich nunmehr daraus, dass man von der jeweiligen Einzelhaftung des § 7 Abs. 2 S. 1 RVG den Gesamtschuldbetrag abzieht."[12]

Beispiel 5:
– Sachverhalt wie Beispiel 1 → Rn. 11.
Für den im vorangegangenen Beispiel 1 gebildeten Fall ergibt sich nach vorstehenden Grundsätzen (→ Rn. 14 f.) folgende Berechnung:

Einzelhaftung des A – berechnet wie im Beispiel 4 → Rn. 14 –	925,23 EUR
+ Einzelhaftung des B – berechnet wie im Beispiel 4 → Rn. 14 –	1.228,68 EUR
– Gesamtvergütung – berechnet wie im Beispiel 1 → Rn. 11 –	<u>1.820,70 EUR</u>
Gesamtschuld	333,21 EUR

Für den im vorangegangenen Beispiel 1 → Rn. 11 gebildeten Fall wäre wie folgt zu rechnen:

Alleinige Haftung des **A**:
Haftung maximal nach § 7 Abs. 2 S. 1 RVG – berechnet wie im Beispiel 4 → Rn. 14 –	925,23 EUR
Gesamtschuld – berechnet wie vorstehend –	<u>− 333,21 EUR</u>
alleinige Haftung des A:	592,02 EUR.

Alleinige Haftung des **B**:
Haftung maximal nach § 7 Abs. 2 S. 1 RVG – berechnet wie im Beispiel 4 → Rn. 14 –	1.228,68 EUR
Gesamtschuld – berechnet wie vorstehend –	<u>− 333,21 EUR</u>
Alleinige Haftung des B:	895,47 EUR.

---
[11] *N. Schneider* ZAP Fach 24, 1107 (1110).
[12] Zitiert nach *N. Schneider* ZAP Fach 24, 1107 (1110).

Mehrere Auftraggeber § 7

Formulierungsvorschläge:

Infolge der vorstehenden Berechnungen (Beispiel 5 → Rn. 17) müsste ein **Kostenfestsetzungsantrag gem. § 11 RVG** also lauten: 18

... wird beantragt, zugunsten der Prozessbevollmächtigten die Vergütung aufgrund nachstehender Berechnung gem. § 11 RVG wie folgt festzusetzen:
- gegen den Kläger zu 1 (A) alleine 592,02 EUR
- gegen den Kläger zu 2 (B) alleine 895,47 EUR
- gegen den die Kläger zu 1 und 2 (A und B) als Gesamtschuldner weitere 333,21 EUR jeweils nebst Zinsen in Höhe von 5 Prozentpunkten über dem jeweiligen Basiszinssatz des § 247 Abs. 1 BGB seit Eingang des heutigen Kostenfestsetzungsantrags bei Gericht ...

Muss Klage gegen A und B auf Zahlung der Vergütung erhoben werden, so könnte der **Klageantrag** wie folgt formuliert werden: 19
1. den Beklagten zu 1 (A) zu verurteilen, an den Kläger (Rechtsanwalt) 592,02 EUR nebst Zinsen .... zu zahlen;
2. den Beklagten zu 2 (B) zu verurteilen, an den Kläger (Rechtsanwalt) 895,47 EUR nebst Zinsen .... zu zahlen;
3. die Beklagten zu 1 und 2 als Gesamtschuldner zu verurteilen, an den Kläger (Rechtsanwalt) neben den Beträgen gem. den Klageanträgen zu 1. und 2. weitere 333,21 EUR nebst Zinsen .... zu zahlen;
4. ...

2. Haftung bei demselben Gegenstand

Nach § 7 Abs. 2 RVG schuldet jeder Auftraggeber dem Anwalt nur die Gebühren und Auslagen, die er schulden würde, wenn der Rechtsanwalt nur in seinem Auftrag tätig geworden wäre. Die Dokumentenpauschale nach Nr. 7000 VV schuldet jeder Auftraggeber auch insoweit, wie diese nur durch die Unterrichtung mehrerer Auftraggeber entstanden ist. Der Rechtsanwalt kann aber insgesamt nicht mehr als die entstandenen Gebühren und Auslagen fordern. 20

a) Entstehung der Gebühren. Wird der Rechtsanwalt für mehrere Auftraggeber in derselben Angelegenheit und wegen desselben Gegenstandes tätig, erhöht sich die Verfahrens- und/oder die Geschäftsgebühr für jeden weiteren Auftraggeber um 0,3. Auch in diesen Fällen schränkt § 7 Abs. 2 S. 1 RVG die Haftung der einzelnen Auftraggeber ein. 21

Beispiel 1:

A und B sind in dem Rechtsstreit als Gesamtschuldner auf Zahlung von 18.000 EUR zzgl. Zinsen verklagt worden. Sie werden in dem Rechtsstreit vor dem Landgericht von Rechtsanwalt K als Prozessbevollmächtigter vertreten. Nach mündlicher Verhandlung ergeht ein Urteil.

Insgesamt sind bei Rechtsanwalt K für die Vertretung der Beklagten als Prozessbevollmächtigter in dem bürgerlichen Rechtsstreit folgende Gebühren und Auslagen entstanden:
Gegenstandswert: 18.000 EUR

1. 1,6 Verfahrensgebühr Nr. 3100, 1008 VV	1.113,60 EUR
2. 1,2 Terminsgebühr Nr. 3104 VV	835,20 EUR
3. Pauschale Nr. 7002 VV	20,00 EUR
Anwaltsvergütung netto – ohne Umsatzsteuer –	1.968,80 EUR
4. 19 % Umsatzsteuer Nr. 7008 VV	374,08 EUR
	2.342,88 EUR

Maximal wird Rechtsanwalt K diesen Betrag in Höhe von 2.342,88 EUR von seinen Auftraggebern A und B einfordern können.

Enders

22 b) Verteilung der Kosten auf die einzelnen Auftraggeber. Ist nichts anderes zwischen dem Rechtsanwalt und seinen Auftraggebern vereinbart und ergibt sich auch aus der rechtsgeschäftlichen Beziehung von A und B nichts anderes, wird der Rechtsanwalt die Auftraggeber jeweils hälftig mit den entstandenen Kosten belasten. Bei mehr als zwei Auftraggebern wird der Rechtsanwalt die insgesamt entstandenen Kosten nach der Anzahl der Auftraggeber verteilen (also zB bei drei Auftraggebern jedem 1/3 der Kosten in Rechnung stellen).

Praxistipp:

23 In seiner Rechnung sollte der Rechtsanwalt den Mandanten darauf hinweisen, dass er sich vorbehält, ihn wegen weiterer Beträge bis zur Höhe seiner maximalen Haftung nach § 7 Abs. 2 S. 1 RVG – für den Fall, dass der andere Mandant seinen Anteil nicht oder nicht in vollem Umfang zahlt – in Anspruch zu nehmen.

24   **c) Ein Auftraggeber zahlt nicht.** Jeder Auftraggeber schuldet nach § 7 Abs. 2 S. 1 RVG dem Rechtsanwalt nur die Gebühren, die er schulden würde, wenn er den Rechtsanwalt alleine nur in seinem Namen beauftragt hätte. Der Auftraggeber schuldet also nicht die insgesamt beim Rechtsanwalt entstandene Vergütung. Hat der Auftraggeber den Betrag, wofür er nach § 7 Abs. 2 S. 1 RVG haftet, an den Rechtsanwalt gezahlt, haftet er für die Differenz bis zur Höhe der tatsächlich beim Rechtsanwalt entstandenen Vergütung nicht mehr.

Beispiel 2:

– Sachverhalt wie Beispiel 1 → Rn. 21 – Mandant A **oder** Mandant B sind insolvent und zahlen den auf sie entfallenden Anteil nicht an Rechtsanwalt M. Dieser wird nun prüfen müssen, was er maximal von dem anderen, solventen Mandanten fordern kann.

Nach § 7 Abs. 2 S. 1 RVG wird Rechtsanwalt K maximal von dem Mandanten **A** fordern können:

Gegenstandswert: 18.000 EUR
1. 1,3 Verfahrensgebühr Nr. 3100 VV	904,80 EUR
2. 1,2 Terminsgebühr Nr. 3104 VV	835,20 EUR
3. Pauschale Nr. 7002 VV	20,00 EUR
4. 19 % Umsatzsteuer Nr. 7008 VV	334,40 EUR
	2.094,40 EUR

Hat der Mandant diesen Betrag gezahlt, kann Rechtsanwalt K die Differenz zu den insgesamt entstandenen Kosten (2.342,88 EUR – 2.094,40 EUR = 248,48 EUR) nur bei dem Mandanten B geltend machen. Diese Differenz setzt sich wie folgt zusammen:

Gegenstandswert: 18.000 EUR
1. 0,3 Verfahrensgebühr Nr. 1008 VV	208,80 EUR
2. 19 % Umsatzsteuer Nr. 7008 VV	39,68 EUR
	248,48 EUR

Die Differenz kann er auch dann nicht mehr bei dem Mandanten A, der schon 2.094,40 EUR gezahlt hat, geltend machen, wenn die Forderung von B nicht beitreibbar wäre.[13]

Auch der Auftraggeber B wird maximal für 2.094,40 EUR haften, so als wenn er Rechtsanwalt K alleine beauftragt hätte.

25   Hat einer der Auftraggeber den Betrag, für den er maximal nach § 7 Abs. 2 RVG haftet, an den Rechtsanwalt gezahlt, kann er den anderen Mandanten im Rahmen des Gesamtschuldnerausgleichs nach § 426 BGB in Rückgriff nehmen.[14]

Praxistipp:

26 Vertritt der Rechtsanwalt mehrere Auftraggeber und ist abzusehen, dass ein Auftraggeber zahlungsunfähig ist oder wird, so sollte der Rechtsanwalt überlegen, ob er

---

[13] Gerold/Schmidt/*Müller-Rabe* Nr. 1008 VV Rn. 299.
[14] Schneider/Wolf/*Volpert* § 7 Rn. 39.

nicht in einer Vergütungsvereinbarung unter Beachtung der Formvorschriften des § 3a RVG die Haftungsbeschränkung des § 7 Abs. 2 RVG ausschließt. Diese Vergütungsvereinbarung müsste dann auf jeden Fall auch mit dem solventen Mandanten abgeschlossen werden.

d) Beide Auftraggeber zahlen nicht. Zahlen beide Auftraggeber nicht die Vergütung an den gemeinsamen Prozessbevollmächtigten und muss dieser **Kostenfestsetzung nach § 11 RVG** gegenüber seinen Auftraggebern beantragen, so kann nicht einfach beantragt werden, die Vergütung gegenüber A und B als Gesamtschuldner festzusetzen. 27

Auch wenn **Klage** erhoben werden müsste, könnte nicht einfach beantragt werden, A und B als Gesamtschuldner zu verurteilen. Denn die Auftraggeber A und B haften wegen der Einschränkung durch § 7 Abs. 2 RVG nicht für die volle Vergütung als Gesamtschuldner. Es muss also **ermittelt werden, für welchen Betrag A und B als Gesamtschuldner haften und für welchen Betrag sie jeweils alleine haften.** Hierfür kann sich der Rechtsanwalt an der von N. Schneider[15] entwickelten Formel orientieren. Diese ist unter der → Rn. 17 – mit anschießendem Berechnungsbeispiel – dargestellt. Auch auf die Formulierungsvorschläge (→ Rn. 18–19) kann verwiesen werden. 28

3. Keine eingeschränkte Haftung für Dokumentenpauschale der Nr. 7000 VV

Nach § 7 Abs. 2 S. 1 2. Hs. RVG schuldet jeder Auftraggeber die Dokumentenpauschale nach Nr. 7000 VV auch insoweit, wie diese durch die Unterrichtung mehrerer Auftraggeber entstanden ist. Nach Nr. 7000 Ziff. 1 c VV kann der Rechtsanwalt für Kopien und Ausdrucke in Schwarz/Weiß **zur notwendigen Unterrichtung des Auftraggebers** eine Pauschale von 0,50 EUR je Seite für die ersten 50 abzurechnenden Seiten und für alle darüber hinaus gehenden Seiten 0,15 EUR. Für die ersten 50 abzurechnenden Seiten **in Farbe** kann der Rechtsanwalt je Seite 1,00 EUR und für jede weitere abzurechnende Seite in Farbe 0,30 EUR abrechnen. Dies aber nur dann, wenn in derselben Angelegenheit **mehr als 100 Kopien** und/oder Ausdrucke zur notwendigen Unterrichtung des Auftraggebers zu fertigen waren. Der Rechtsanwalt kann also nur die Seiten abrechnen, die über 100 Seiten hinausgehen. Für diese Dokumentenpauschale ist die Haftung nicht eingeschränkt. Jeder Auftraggeber schuldet die Dokumentenpauschale nicht nur insoweit, als die Kopien und Ausdrucke zu seiner Unterrichtung gedient haben, sondern auch insoweit, als die Kopien und/oder Ausdrucke zur Unterrichtung der anderen Auftraggeber notwendig waren.[16] 29

Beispiel:

A und B sind als Gesamtschuldner von 25.000 EUR verklagt worden. Rechtsanwalt N vertritt sie als Prozessbevollmächtigter auch in der mündlichen Verhandlung. Bei Rechtsanwalt N sind zur Unterrichtung von A 250 Kopien/Ausdrucke angefallen und zur Unterrichtung von B ebenfalls 250 Kopien/Ausdrucke.

Insgesamt sind bei Rechtsanwalt N folgende Kosten entstanden:
Gegenstandswert: 25.000 EUR

1. 1,6 Verfahrensgebühr Nr. 3100, 1008 VV	1.260,80 EUR
2. 1,2 Terminsgebühr Nr. 3104 VV	945,60 EUR
3. Pauschale Nr. 7002 VV	20,00 EUR

---

[15] *N. Schneider* ZAP Fach 24, 1107 (1110).
[16] Gerold/Schmidt/*Müller-Rabe* Nr. 7000 VV Rn. 134; Schneider/Wolf/*Volpert* § 7 Rn. 33, 34.

§ 7 Mehrere Auftraggeber

4. Dokumentenpauschale Nr. 7000 Ziff. 1 c VV 500 Kopien (nicht in Farbe)
(die ersten 100 Seiten können nicht berechnet werden; 50 Seiten à 0,50 EUR = 25 EUR; 350 Seiten à 0,15 EUR = 52,50 EUR)   77,50 EUR
5. 19 % Umsatzsteuer Nr. 7008 VV   437,75 EUR
    2.741,65 EUR.

Nach § 7 Abs. 2 RVG schuldet jeder Auftraggeber nur die Gebühren und Auslagen, die er schulden würde, wenn der Rechtsanwalt nur in seinem Auftrag tätig geworden wäre. Jeder Auftraggeber schuldet also maximal:
Gegenstandswert: 25.000 EUR
1. 1,3 Verfahrensgebühr Nr. 3100 VV   1.024,40 EUR
2. 1,2 Terminsgebühr Nr. 3104 VV   945,60 EUR
3. Pauschale Nr. 7002 VV   20,00 EUR
4. Dokumentenpauschale Nr. 7000 Ziff. 1 c VV 500 Kopien   77,50 EUR
5. 19 % Umsatzsteuer Nr. 7008 VV   392,83 EUR
    2.460,33 EUR.

Bei der Verfahrensgebühr greift die in „Haftungsbeschränkung" des § 7 Abs. 2 S. 1 RVG ein. Auf die Dokumentenpauschale der Nr. 7000 Ziff. 1c) VV hat sie keine Auswirkungen (§ 7 Abs. 2 S. 1, letzter Halbsatz RVG).

30   § 7 Abs. 2 S. 1, letzter Hs. RVG ist nicht auf alle in Teil 7 VV geregelten Auslagen anzuwenden, sondern nur auf die in dieser Vorschrift ausdrücklich erwähnte Nr. 7000 VV. Meines Erachtens nimmt § 7 Abs. 2 S. 1, letzter Halbsatz RVG nur den Tatbestand der Nr. 7000 Ziff. 1 c VV von der einschränkenden Haftung aus. Denn dort heißt es: „... *die Dokumentenpauschale nach Nummer 7000 des Vergütungsverzeichnisses schuldet er auch insoweit,* **wie diese nur durch die Unterrichtung mehrerer Auftraggeber entstanden ist ...**". Die Dokumentenpauschale für Kopien/Ausdrucke zur Unterrichtung des Auftraggebers regelt Nr. 7000 Ziff. 1c VV. Daher bleibt es mE wegen der anderen in Nr. 7000 VV geregelten Tatbestände dabei, dass jeder Auftraggeber nur die Gebühren und Auslagen schuldet, die er schulden würde, wenn der Rechtsanwalt nur in seinem Auftrag tätig geworden wäre.

IV. Kostenerstattung

31   § 7 Abs. 2 RVG betrifft nur das Innenverhältnis zwischen den Mandanten und den von ihnen beauftragten Rechtsanwalt. § 7 Abs. 2 RVG beschränkt also nicht den Kostenerstattungsanspruch des obsiegenden und erstattungsberechtigten Gegners.

32   **Unterliegen mehrere Beklagte, die durch einen gemeinsamen Prozessbevollmächtigten vertreten sind,** in dem Rechtsstreit vollständig, so kann der obsiegende Kläger die ihm entstandenen Kosten gegenüber sämtlichen Beklagten gleichermaßen geltend machen. Trifft die Kostengrundentscheidung keine andere Zuordnung, haften die mehreren Beklagten für die Kosten nach Kopfteilen (§ 100 Abs. 1 ZPO).[17] Bei einer erheblichen Verschiedenheit der Beteiligung am Rechtsstreit können nach dem Ermessen des Gerichts die zu erstattenden Kosten zwischen den unterliegenden Beklagten auch entsprechend ihrer Beteiligung am Rechtsstreit verteilt werden (§ 100 Abs. 2 ZPO). Wurden die Beklagten als Gesamtschuldner verurteilt, haften Sie auch für die zu erstattenden Kosten als Gesamtschuldner (§ 100 Abs. 4 ZPO).

33   **Haben mehrere Streitgenossen obsiegt,** so können Sie gegenüber dem unterliegenden Gegner die ihnen **insgesamt** entstandenen Anwaltskosten anmelden und

---

[17] Schneider/Wolf/*Volpert* § 7 Rn. 47 f.

festsetzen lassen. Eine Aufteilung und Zuordnung auf die einzelnen erstattungsberechtigten Parteien erfolgt in diesen Fällen in der Regel nicht.[18]

Obsiegt einer von zwei Streitgenossen und unterliegt der andere Streitgenosse, so stellt sich in der Praxis die Frage, inwieweit der obsiegende Streitgenosse Erstattung der ihm entstandenen Kosten von dem unterlegenden und erstattungspflichtigen Gegner verlangen kann. Wurden die Streitgenossen als **Gesamtschuldner** in Anspruch genommen, kann nach der ganz herrschenden Meinung[19] der obsiegende Streitgenosse nur die Hälfte (bei zwei Streitgenossen) der insgesamt entstandenen Kosten erstattet verlangen. Sollte allerdings der obsiegende Streitgenosse nachweisen können, dass er mehr als den auf ihn entfallenden Kopfteil an Kosten den gemeinsamen Prozessbevollmächtigten gezahlt hat (etwa weil der andere Streitgenosse nicht leistungsfähig ist), so wird er auch von dem unterlegenden Gegner im Rahmen der Kostenerstattung mehr erhalten müssen. Allerdings wird hier zu berücksichtigen sein, dass der obsiegende Streitgenosse nach § 7 Abs. 2 S. 1 RVG an den gemeinsamen Prozessbevollmächtigten nur soviel an Gebühren und Auslagen zahlen muss, wie er zahlen müsste, wenn er den Anwalt alleine beauftragt hätte. Dies muss dann auch die Obergrenze für die zu erstattenden Kosten sein. 34

Wurden zwei Beklagte **wegen unterschiedlicher Gegenstände** vom Kläger in Anspruch genommen und obsiegt nur einer von ihnen, so kann der obsiegende Beklagte vom Kläger die Kosten erstattet verlangen, die er im Innenverhältnis an den gemeinsamen Prozessbevollmächtigten zu zahlen hat (→ § 7 Rn. 12).[20] Wird der obsiegende Beklagte von dem gemeinsamen Prozessbevollmächtigten wegen mehr in Anspruch genommen, kann er die tatsächlich an den gemeinsamen Prozessbevollmächtigten gezahlten Kosten (→ § 7 Rn. 14) von dem Kläger erstattet verlangen.[21] 35

Im Rahmen dieses Kommentars können nicht alle sich bei der Kostenerstattung für mehrere Auftraggeber, die durch einen gemeinsamen Prozessbevollmächtigten vertreten werden, ergebende Problematik erörtert werden. Es muss diesbezüglich auf einschlägige Fachliteratur verwiesen werden.[22] 36

§ 8 Fälligkeit, Hemmung der Verjährung

(1) ¹**Die Vergütung wird fällig, wenn der Auftrag erledigt oder die Angelegenheit beendet ist.** ²**Ist der Rechtsanwalt in einem gerichtlichen Verfahren tätig, wird die Vergütung auch fällig, wenn eine Kostenentscheidung ergangen oder der Rechtszug beendet ist oder wenn das Verfahren länger als drei Monate ruht.**

(2) ¹**Die Verjährung der Vergütung für eine Tätigkeit in einem gerichtlichen Verfahren wird gehemmt, solange das Verfahren anhängig ist.** ²**Die Hemmung endet mit der rechtskräftigen Entscheidung oder anderweitigen Beendigung des Verfahrens.** ³**Ruht das Verfahren, endet die Hemmung drei Monate nach Eintritt der Fälligkeit.** ⁴**Die Hemmung beginnt erneut, wenn das Verfahren weiter betrieben wird.**

---

[18] Ausführlich: Schneider/Wolf/*Volpert* § 7 Rn. 50 mwN.

[19] Gerold/Schmidt/*Müller-Rabe* Nr. 1008 VV Rn. 312 ff. mwN; so auch BGH NJW 2006, 3571; BGH NJW 2003, 3419; Anderer Meinung wohl noch OLG Hamm JurBüro 2005, 91.

[20] OLG Koblenz NJOZ 2014, 703.

[21] Bischof/Jungbauer/*Bräuer* Nr. 1008 VV Rn 107a; Zöller/*Herget* § 91 Rn. 13 „Streitgenossen" 3 d).

[22] Ausführliche Abhandlungen zB bei Gerold/Schmidt/*Müller-Rabe* Nr. 1008 VV Rn. 312 ff.; Schneider/Wolf/*Volpert* § 7 Rn. 47 ff.

§ 8 Fälligkeit, Hemmung der Verjährung

Übersicht

	Rn.
I. Überblick	1
II. Fälligkeit im Allgemeinen	8
1. Erledigung des Auftrags	9
2. Beendigung der Angelegenheit	15
III. Fälligkeit bei Tätigkeit im gerichtlichen Verfahren	20
1. Ergehen einer Kostenentscheidung	23
2. Beendigung des Rechtszugs	26
3. Ruhen des Verfahrens	35
IV. Verjährung, Hemmung	40
1. Verjährung des Vergütungsanspruchs des Rechtsanwalts	40
2. Hemmung der Verjährungsfrist nach § 8 Abs. 2 RVG	46

I. Überblick

1 In den Gebühren- und Auslagentatbeständen des VV ist geregelt, wann und in welcher Höhe die Gebühr oder der Auslagensatz **entsteht** (zB Vorb. 3 Abs. 3 VV: *„Die Terminsgebühr entsteht sowohl für die Wahrnehmung von gerichtlichen Terminen als auch..."*). In Ergänzung dazu ist in § 8 Abs. 1 RVG geregelt, wann entstandene Gebühren und Auslagen fällig werden, also mit dem **Mandanten** abgerechnet werden oder anders ausgedrückt von diesem **eingefordert werden können**. Aus der in § 8 Abs. 1 RVG getroffenen Fälligkeitsregelung erfolgt aber nicht bereits automatisch ein Verzug des Mandanten.[1]

2 § 8 Abs. 1 S. 1 RVG bestimmt zunächst grundsätzliches zur Fälligkeit. Danach wird die Vergütung fällig, wenn der Rechtsanwalt erteilte Auftrag erledigt oder die Angelegenheit beendet ist. § 8 Abs. 1 S. 2 RVG regelt dann weitere Tatbestände zur Fälligkeit der Vergütung für den Fall, dass der Rechtsanwalt in einem gerichtlichen Verfahren tätig ist. Dann wird die Vergütung auch fällig, wenn eine Kostenentscheidung ergangen, der Rechtszug beendet oder wenn das Verfahren länger als 3 Monate ruht.

3 Nach § 271 Abs. 1 BGB kann der Gläubiger die Leistung sofort verlangen, wenn eine Zeit für die Leistung weder bestimmt noch aus den Umständen zu entnehmen ist. § 8 Abs. 1 RVG geht dieser allgemeinen Regelung in § 271 Abs. 1 BGB als spezielle Vorschrift vor. Der Rechtsanwalt kann die Vergütung aus dem Mandatsvertrag also erst verlangen, wenn eine der Tatbestände des § 8 Abs. 1 RVG eingetreten ist.[2] Allerdings kann der Rechtsanwalt nach § 9 RVG jederzeit von seinem Auftraggeber für die entstandenen und voraussichtlich entstehenden Gebühren und Auslagen einen angemessenen Vorschuss fordern.

4 Jede gebührenrechtliche Angelegenheit ist wegen der Fälligkeit der Vergütung besonders zu betrachten (→ Rn. 16 ff.).

5 Auch für die Fälligkeit der Vergütung des **Pflichtverteidigers** oder des dem Mandanten im Wege der **Prozesskostenhilfe** beigeordneten Rechtsanwalts gilt § 8 Abs. 1 RVG.

6 Auslagen, die sich nicht nach dem VV zum RVG berechnen, wie zB vorgelegte Gerichtskosten, **vorgelegte Gerichtsvollzieherkosten, vorgelegte Auslagenvorschüsse für die Zeugen und Sachverständige** werden gem. § 271 BGB sofort fällig und können vom Rechtsanwalt sofort vom Mandanten zurückgefordert wer-

---

[1] OLG Düsseldorf AGS 2008, 432.
[2] Schneider/Wolf/*N. Schneider* § 8 Rn. 1.

Fälligkeit, Hemmung der Verjährung §8

den. Hier muss der Rechtsanwalt nicht die Fälligkeit der Vergütung im Übrigen nach § 8 Abs. 1 RVG abwarten.[3]

§ 8 Abs. 2 RVG regelt die **Hemmung der Verjährung** der Vergütung des Rechtsanwalts für eine Tätigkeit in einem gerichtlichen Verfahren (→ Rn. 46 ff.). 7

II. Fälligkeit im Allgemeinen

Nach § 8 Abs. 1 S. 1 RVG wird die Vergütung fällig 8
- wenn der Auftrag erledigt (→ Rn. 9 ff.)
- oder die Angelegenheit beendet ist (→ Rn. 15 ff.).

Ist der Rechtsanwalt in einem gerichtlichen Verfahren tätig, treten nach § 8 Abs. 1 S. 2 RVG weitere Fälligkeitstatbestände hinzu (→ Rn. 20 ff.).

1. Erledigung des Auftrags

Die Vergütung des Rechtsanwalts wird fällig, wenn der Auftrag erledigt ist (§ 8 Abs. 1 S. 1 RVG). Der einem Rechtsanwalt erteilte Auftrag ist erledigt, wenn dieser seine Verpflichtungen aus dem Mandatsvertrag (in der Regel Dienstvertrag) vollständig erfüllt hat.[4] 9

Beispiel 1:

Der Rechtsanwalt ist von dem Mandanten beauftragt worden, einen Vertragsentwurf zu prüfen und für den Mandanten ungünstige Klauseln neu zu formulieren. Der Rechtsanwalt überarbeitet den Vertragsentwurf und sendet dem Mandanten das Ergebnis zu. Der Auftrag ist erledigt, die Vergütung ist fällig.

Beispiel 2:

Der Rechtsanwalt ist beauftragt worden, außergerichtlich eine Forderung zzgl. Zinsen und Kosten beizutreiben. Der Rechtsanwalt fertigt ein Aufforderungsschreiben. Der Gegner zahlt die komplette Forderung einschließlich Zinsen und Kosten. Der Auftrag ist erledig, die Vergütung fällig.

Voraussetzung für die Fälligkeit ist ferner, dass der **Rechtsanwalt** von der **Erledigung** Kenntnis erlangt hat.[5] Schließt zB der Mandant selbst mit der Gegenseite einen Vergleich ab und informiert den Rechtsanwalt erst 6 Monate später darüber, wird die Vergütung erst mit Kenntnis des Rechtsanwalts über die Erledigung des Auftrags fällig. Dies kann für den Beginn der Verjährungsfrist von Bedeutung werden. 10

Der Auftrag kann auch schon vor vollständiger Erfüllung des Mandatsvertrags erledigt sein. Gründe für die Erledigung des Auftrags vor vollständiger Erfüllung des Mandatsvertrags können zB sein: 11
- Niederlegung des Mandats[6]
- Kündigung des Anwaltsvertrags durch den Mandanten[7]
- Einvernehmliche Aufhebung des Mandatsvertrags
- Aufhebung der Beiordnung des Rechtsanwalts im **Prozesskostenhilfe-** oder Verfahrenskostenhilfemandat oder Aufhebung der Bestellung des Rechtsanwalts zum **Pflichtverteidiger**[8]

---

[3] Schneider/Wolf/*N. Schneider* § 8 Rn. 6.
[4] HK-RVG/*Gierl* § 8 Rn. 15; Schneider/Wolf/*N. Schneider* § 8 Rn. 20.
[5] Schneider/Wolf/*N. Schneider* § 8 Rn. 19.
[6] Schneider/Wolf/*N. Schneider* § 8 Rn. 22; HK-RVG/*Gierl* § 8 Rn. 17.
[7] Schneider/Wolf/*N. Schneider* § 8 Rn. 22; HK-RVG/*Gierl* § 8 Rn. 17.
[8] HK-RVG/*Gierl* § 8 Rn. 18; Schneider/Wolf/*N. Schneider* § 8 Rn. 24.

§ 8 Fälligkeit, Hemmung der Verjährung

- Unmöglichkeit der Auftragserfüllung aus in der Sache liegenden (zB Untergang einer herauszugebenden Sache) oder in der Person des Anwalts (Entziehung oder Rückgabe der Zulassung) liegenden Gründen.[9]

12 Der Auftrag erledigt sich auch durch den **Tod des Rechtsanwalts**. Eine Erledigung iSd § 8 Abs. 1 RVG tritt aber dann nicht ein, wenn der Anwalt Mitglied einer Sozietät war und der Auftrag allen Sozien erteilt worden war, wovon in der Regel auszugehen ist. Auch wenn für den verstorbenen Anwalt ein Abwickler nach § 55 BRAO bestellt ist, tritt keine Erledigung des Auftrags und damit auch keine Fälligkeit der Vergütung ein.[10]

13 Durch den **Tod des Auftraggebers** tritt nur dann eine Erledigung des Auftrags ein, wenn der Auftrag personenbezogen war (zB Strafverteidigung, Ehescheidung).[11]

14 Der Auftrag muss **vollständig erledigt** sein, damit Fälligkeit iSd § 8 Abs. 1 S. 1 RVG eintritt. So hat zB das LG Koblenz[12] entschieden, dass die Vergütung eines Verteidigers nicht schon mit der vorläufigen Einstellung nach § 153a StPO fällig wird, sondern erst mit der endgültigen Einstellung nach Erfüllung der Auflagen. Daher beginne die Verjährungsfrist erst mit Ablauf des Jahres, in dem das Strafverfahren endgültig eingestellt worden sei.

2. Beendigung der Angelegenheit

15 Nach § 8 Abs. 1 S. 1 RVG wird die Vergütung auch fällig, wenn die Angelegenheit beendet ist. „Eine Angelegenheit ist beendet, wenn der Anwalt das **Rechtsschutzziel** des Mandanten **verwirklicht** hat oder wenn feststeht, dass sich das **Ziel nicht erreichen lässt**, zB wenn der Gegner endgültig erklärt, zu einer außergerichtlichen Einigung nicht bereit zu sein."[13]

16 Die Beendigung der Angelegenheit kann mit der Erledigung des Auftrags zusammenfallen. Dies muss aber nicht der Fall sein. Denn ein Auftrag kann auch bedingen, dass sich im Rahmen der Erfüllung desselben **mehrere gebührenrechtliche Angelegenheiten** iSd § 15 RVG ergeben.[14]

Beispiel:

Der Rechtsanwalt wird von dem Mandanten beauftragt, eine Forderung gegenüber dem Gegner zunächst außergerichtlich geltend zu machen. Wenn der Gegner diese innerhalb der ihm gesetzten Frist nicht erfülle, solle der Rechtsanwalt Klage erheben. Der Gegner zahlt innerhalb der ihm in dem außergerichtlichen Aufforderungsschreiben gesetzten Frist nicht. Der Rechtsanwalt erhebt auftragsgemäß Klage. Nachdem ein Urteil ergangen ist, zahlt der Gegner.

Hier handelt es sich zwar um einen Auftrag, jedoch bedingt dieser für den Rechtsanwalt zwei gebührenrechtliche Angelegenheiten:

1. Angelegenheit: Außergerichtliche Tätigkeit
2. Angelegenheit: Tätigkeit in dem Zivilprozess

Die Vergütung für die außergerichtliche Tätigkeit wird fällig mit Beendigung dieser Angelegenheit. Die Angelegenheit „Außergerichtliche Tätigkeit" ist erledigt mit fruchtlosem Ablauf der gesetzten Zahlungsfrist. Die Vergütung für die außergerichtliche Tätigkeit wird in diesem Zeitpunkt fällig und ab Ende des Jahres, in dem die außergerichtliche Vertretung beendet war, beginnt auch die Verjährungsfrist zu laufen.

Die Fälligkeit der Vergütung für die Tätigkeit in dem gerichtlichen Verfahren tritt nach § 8 Abs. 1 S. 2 RVG in dem Zeitpunkt ein, in dem eine Kostenentscheidung ergangen ist. Ab dem Ende dieses Jahres läuft die dreijährige Verjährungsfrist.

---

[9] HK-RVG/*Gierl* § 8 Rn. 19; Schneider/Wolf/*N. Schneider* § 8 Rn. 25 und 26.
[10] HK-RVG/*Gierl* § 8 Rn. 20; Schneider/Wolf/*N. Schneider* § 8 Rn. 27.
[11] HK-RVG/*Gierl* § 8 Rn. 20; Schneider/Wolf/*N. Schneider* § 8 Rn. 28.
[12] LG Koblenz AGS 2009, 431 mAnm *N. Schneider.*
[13] Zitiert nach Schneider/Wolf/*N. Schneider* § 8 Rn. 38.
[14] HK-RVG/*Gierl* § 8 Rn. 23; Schneider/Wolf/*N. Schneider* § 8 Rn. 29.

Fälligkeit, Hemmung der Verjährung § 8

Praxistipp:
Jede gebührenrechtliche Angelegenheit ist für sich gesondert zu betrachten, wenn 17
es um die Feststellung geht, wann die in dieser Angelegenheit entstandene Vergütung
fällig wird. Dies ist insbesondere entscheidend für den Beginn der Verjährungsfrist.
Fällige Vergütungen sollten daher immer sofort vom Mandanten eingefordert werden
und es sollte kontrolliert werden, dass der Mandant zeitnah die Vergütung zahlt.

Jede gebührenrechtliche Angelegenheit ist wegen der Fälligkeit der Vergütung 18
isoliert für sich zu betrachten. Auch wenn der Auftrag noch nicht erledigt ist, kann
es sein, dass eine gebührenrechtliche Angelegenheit beendet ist und der Vergütungsanspruch für diese gebührenrechtliche Angelegenheit fällig geworden ist. Die Problematik tritt insbesondere immer dann auf, wenn nach dem Gesetz mehrere gebührenrechtliche Angelegenheiten anzunehmen sind, also zB bei:
- Außergerichtlicher Vertretung (Teil 2 VV) und Zivilprozess (Teil 3 VV)
- Mahnverfahren und streitiges Verfahren (§ 17 Nr. 2 RVG)
- Hauptsache und einstweiliges Verfügungsverfahren (§ 17 Nr. 4b RVG)
- Hauptsache in einer Familiensache und einstweiliger Anordnung (§ 17 Nr. 4b RVG)
- Urkunden- oder Wechselprozess und das ordentliche Verfahren (§ 17 Nr. 5 RVG)
- strafrechtliches Ermittlungsverfahren und ein nachfolgendes gerichtliches Verfahren (§ 17 Nr. 10a) RVG)
- strafrechtliches Ermittlungsverfahren und ein nach dessen Einstellung sich anschließendes Bußgeldverfahren (§ 17 Nr. 10b) RVG)
- Bußgeldverfahren vor der Verwaltungsbehörde und das nachfolgende gerichtliche Verfahren (§ 17 Nr. 11 RVG)
- jede Vollstreckungsmaßnahme bis zur Befriedigung des Gläubigers (§ 18 Nr. 1 RVG) usw.[15]

Insbesondere bei umfangreichen und langwierigen Familiensachen ist zu beachten, 19
dass die Vergütung für eine **einstweilige Anordnung,** die stets eine besondere
gebührenrechtliche Angelegenheit ist, die Vergütung bereits fällig wird, wenn die
einstweilige Anordnung ergangen ist. Am Ende dieses Jahres beginnt dann auch
die Verjährung für die im Rahmen des einstweiligen Anordnungsverfahrens entstandene Vergütung des Rechtsanwalts zu laufen.[16] Dies ungeachtet der Dauer des
noch laufenden Hauptsacheverfahrens bzw. der Dauer im Verbund anhängigen
Scheidung und Folgesachen. Wenn die einstweilige Anordnung nicht nach Ergehen des dieses Verfahrens beendenden Beschlusses vom Rechtsanwalt abgerechnet
wird ist es möglich, dass bei Beendigung der Hauptsache bzw. des Verbunds die
Vergütung für die einstweilige Anordnung bereits verjährt ist.[17] Die Vergütung in
dem einstweiligen Anordnungsverfahren wird also unabhängig davon fällig, wann
die Vergütung in der Hauptsache fällig wird. Auch die Verjährungsfrist läuft unabhängig von der in der Hauptsache wegen der Vergütung des Anwalts laufenden
Verjährung.[18]

III. Fälligkeit bei Tätigkeit im gerichtlichen Verfahren

Ist der Rechtsanwalt als Verfahrens- oder Prozessbevollmächtigter in einem 20
gerichtlichen Verfahren tätig, gelten die allgemeinen – in § 8 Abs. 1 S. 1 RVG

---
[15] HK-RVG/*Gierl* § 8 Rn. 23; Schneider/Wolf/*N. Schneider* § 8 Rn. 29–35 jeweils mit weiteren Beispielen.
[16] OLG Düsseldorf MDR 2008, 947.
[17] OLG Düsseldorf AGS 2008, 397 = BeckRS 2008, 01690; siehe hierzu auch *N. Schneider* NJW-Spezial 2009, 251.
[18] Schneider/Wolf/*N. Schneider* § 8 Rn. 31.

§ 8 Fälligkeit, Hemmung der Verjährung

geregelten – Fälligkeitsvoraussetzungen (Erledigung des Auftrags und Beendigung der Angelegenheit). Daneben wird die Vergütung für eine Tätigkeit im gerichtlichen Verfahren **auch fällig,** wenn
- eine Kostenentscheidung ergangen ist
- der Rechtszug beendet ist oder
- das Verfahren länger als drei Monate ruht (§ 8 Abs. 1 S. 2 RVG).

Es reicht aus, wenn eine dieser drei Alternativen eintritt.

21 Die Fälligkeitsvoraussetzungen des § 8 Abs. 1 S. 2 RVG gelten nicht nur für den als Verfahrens- oder Prozessbevollmächtigter in einem gerichtlichen Verfahren tätigen Rechtsanwalt, sondern zB auch für den Terminsvertreter oder auch für den Rechtsanwalt, der nur im Hinblick auf ein gerichtliches Verfahren tätig wird (zB den Korrespondenz-/Verkehrsanwalt oder den nur mit Einzeltätigkeiten iSd Nr. 3403 VV beauftragten Rechtsanwalt).

22 Im Gegensatz zu den in § 8 Abs. 1 S. 1 RVG genannten Alternativen kann durch die in § 8 Abs. 1 S. 2 RVG genannten Fälligkeitsvoraussetzungen auch eine Teilvergütung fällig werden (zB nach Ergehen der Kostenentscheidung des ersten Rechtszuges wird die Vergütung für den ersten Rechtszug fällig, der Rechtsstreit setzt sich aber im zweiten Rechtszug fort).[19]

1. Ergehen einer Kostenentscheidung

23 Bei einer Tätigkeit des Rechtsanwalts in einem gerichtlichen Verfahren wird dessen Vergütung auch mit dem Erlass einer **Kostenentscheidung** fällig. Nach *N. Schneider*[20] ist unter Kostenentscheidung jegliche Entscheidung zu verstehen, die darüber befindet, wer die Kosten des Verfahrens zu tragen hat, unabhängig davon ob nur über die außergerichtlichen Kosten oder nur über die Gerichtskosten entschieden wird. Hierunter fällt nicht nur ein Urteil (zB Endurteil, Versäumnisurteil, Anerkenntnisurteil) das eine Kostenentscheidung enthält, sondern zB auch ein Vollstreckungsbescheid,[21] eine Vorabentscheidung nach § 140 FamFG[22] oder auch der Erlass eines Strafbefehls.[23] Genügen soll auch eine Teilkostenentscheidung.[24]

24 Klassische Kostenentscheidungen iSv § 8 Abs. 1 S. 2 RVG sind Kostenentscheidungen nach § 91a ZPO (nach Erledigung der Hauptsache entscheidet das Gericht, wer die Kosten des Verfahrens zu tragen), nach § 269 Abs. 3 ZPO (nach Klagerücknahme entscheidet das Gericht, wer die Kosten des Rechtsstreits zu tragen hat) oder zB nach § 516 Abs. 3 ZPO (nach Rücknahme der Berufung ergeht ein Beschluss, wonach der Berufungskläger die Kosten des Berufungsverfahrens zu tragen hat). Hier wird man allerdings darüber nachdenken müssen, ob zB im Falle der Klagerücknahme der Rechtszug nicht bereits durch die Rücknahme der Klage beendet ist und bereits dadurch die Vergütung nach § 8 Abs. 1 S. 2, 2 Alt. RVG fällig wird.[25]

25 Keine Fälligkeit tritt ein, wenn die Kostenregelung einer späteren Entscheidung vorbehalten bleibt,[26] es sei denn, ein anderer Fälligkeitstatbestand iSd § 8 Abs. 1 S. 2 RVG tritt ein.

2. Beendigung des Rechtszugs

26 Die Vergütung wird auch fällig, wenn der Rechtszug beendet ist (§ 8 Abs. 1 S. 2, 2 Alt. RVG). Gemeint ist hier der **prozessuale** Rechtszug, nicht der gebührenrecht-

---

[19] Schneider/Wolf/*N. Schneider* § 8 Rn. 59.
[20] Schneider/Wolf/*N. Schneider* § 8 Rn. 61.
[21] Schneider/Wolf/*N. Schneider* § 8 Rn. 62.
[22] Schneider/Wolf/*N. Schneider* § 8 Rn. 67.
[23] Schneider/Wolf/*N. Schneider* § 8 Rn. 75.
[24] Schneider/Wolf/*N. Schneider* § 8 Rn. 63.
[25] So wohl Schneider/Wolf/*N. Schneider* § 8 Rn. 91.
[26] Schneider/Wolf/*N. Schneider* § 8 Rn. 77.

liche Rechtszug. Der gebührenrechtliche Rechtszug kann weiter gehen, als der prozessuale Rechtszug. Während der prozessuale Rechtszug zB mit Ergehen des Urteils endet, gehören zum gebührenrechtlichen Rechtszug auch noch weitere Abwicklungstätigkeiten, wie zB das Kostenfestsetzungsverfahren (§ 19 Abs. 1 S. 2 Nr. 14 RVG).

Der prozessuale Rechtszug endet zB mit einer gerichtlichen Entscheidung, die die Instanz abschließt. Dies kann zB ein Endurteil sein. Ein Zwischenurteil nach § 303 ZPO führt noch nicht zur Fälligkeit der Vergütung.[27] Das Ergehen eines Grundurteils löst zunächst die Fälligkeit der Vergütung noch nicht aus. Wird allerdings gegen das Grundurteil Berufung eingelegt und das Verfahren zurückverwiesen, ist das weitere Verfahren vor diesem Gericht eine neue gebührenrechtliche Angelegenheit (§ 21 Abs. 1 S. 1 RVG). Folglich ist in diesem Falle durch das Grundurteil bereits die Vergütung fällig geworden, die bis dahin entstanden ist.[28] 27

Ein Vorbehaltsurteil nach § 302 ZPO soll die Fälligkeit der Vergütung noch nicht auslösen.[29] Handelt es sich allerdings um ein Vorbehaltsurteil nach § 599 ZPO, welches im Urkunden- oder Wechselverfahren ergeht, und ruft der Beklagte das Nachverfahren an, so sind der Urkunden- oder Wechselprozess und das ordentliche Verfahren, dass nach Abstandnahme vom Urkunden- oder Wechselprozess oder nach einem Vorbehaltsurteil anhängig bleibt, nach § 17 Nr. 5 RVG verschiedene gebührenrechtliche Angelegenheiten. In diesem Fall wird durch das Vorbehaltsurteil die Vergütung fällig, die bis zum Vorbehaltsurteil entstanden ist.[30] 28

Ein Teilurteil beendet im Umfang seiner Entscheidung den Rechtszug. Soweit durch das Teilurteil der Rechtszug beendet ist, wird die Vergütung mit Ergehen des Teilurteils teilweise fällig. 29

Beispiel:

Es ist eine Klage über 25.000 EUR anhängig. Das Gericht verkündet ein Teilurteil über 10.000 EUR. Die Vergütung nach einem Gegenstandswert von 10.000 EUR wird mit Erlass des Teilurteils fällig.[31]

Nach *N. Schneider*[32] wird die Vergütung auch dann teilweise fällig, wenn über eine Folgesache, die zusammen mit der Ehesache im Verbund anhängig ist, vorweg entschieden wird. Mit dieser Vorwegentscheidung wird der Teil der Vergütung fällig, die auf die vorweg entschiedene Folgesache entfällt. 30

Der Rechtszug ist iSd § 8 Abs. 1 S. 2 RVG beendet mit **Verkündung der Entscheidung** und nicht erst mit ihrer Zustellung. Mit Verkündung der Entscheidung wird also die Anwaltsvergütung bereits fällig.[33] Dies ist mE bedenklich. Denn dann wird die Vergütung bereits fällig und die Verjährungsfrist beginnt zu laufen, ohne dass der Rechtsanwalt Kenntnis hiervon hat. In einem ordnungsgemäß funktionierenden Kanzleibetrieb wird dies aber keine Probleme machen, da ohnehin zu kontrollieren sein wird, welche Entscheidung verkündet worden ist, wenn nicht zeitnah nach dem Verkündungstermin die Entscheidung zugestellt wird. 31

Bei Entscheidungen, die nicht verkündet werden, tritt die Zustellung an die Stelle der Verkündung. Insbesondere bei Ergehen der gerichtlichen Entscheidung 32

---

[27] Schneider/Wolf/*N. Schneider* § 8 Rn. 83.
[28] Gerold/Schmidt/*Mayer* § 8 Rn. 18, 19.
[29] Gerold/Schmidt/*Mayer* § 8 Rn. 22.
[30] Schneider/Wolf/*N. Schneider* § 8 Rn. 88; Gerold/Schmidt/*Mayer* § 8 Rn. 23.
[31] Schneider/Wolf/*N. Schneider* § 8 Rn. 87; Gerold/Schmidt/*Mayer* § 8 Rn. 21.
[32] Schneider/Wolf/*N. Schneider* § 8 Rn. 88.
[33] Schneider/Wolf/*N. Schneider* § 8 Rn. 86 unter Hinweis auf OLG Düsseldorf OLG R 1999, 298.

im schriftlichen Verfahren endet der Rechtszug iSv § 8 Abs. 1 S. 2 RVG erst mit Zugang der Entscheidung.[34]

33 Nicht nur eine gerichtliche Entscheidung kann den Rechtszug iSd § 8 Abs. 1 S. 2 RVG beenden und die Fälligkeit der Vergütung des Rechtsanwalts auslösen, sondern auch der Abschluss eines Vergleichs, die Rücknahme der Klage, die Rücknahme des Rechtsmittels, die Rücknahme der Anklage durch die Staatsanwaltschaft oder auch die Rücknahme eines sonstigen – das Verfahren einleitenden – Antrags.

34 Nach OLG Düsseldorf[35] wird bei Beendigung des Verfahrens durch Vergleich die Vergütung fällig mit dem **Vergleichsabschluss** ohne Rücksicht auf dessen bürotechnische Abwicklung oder die Kostenfestsetzung.

3. Ruhen des Verfahrens

35 Nach § 8 Abs. 1 S. 2, 3. Alt. RVG wird die Vergütung auch fällig, **wenn das Verfahren länger als drei Monate ruht.** Dies ist zwar einerseits für den Anwalt positiv, da er dann seinen Vergütungsanspruch gegenüber dem Mandanten einfordern kann. Die Kehrseite ist allerdings, dass am Ende des Jahres, in welchem die Vergütung fällig geworden ist auch die Verjährungsfrist zu laufen beginnt. Dies wird in der Praxis häufig bei ruhenden Verfahren übersehen!

36 Fraglich ist, ob die Vergütung des Rechtsanwalts nach § 8 Abs. 2, 3. Alt. RVG nur fällig wird, wenn das Gericht förmlich das Ruhen des Verfahrens nach § 251 ZPO angeordnet hat. Nach *Mayer*[36] ist als Ruhen des Verfahrens der Zustand anzusehen, dass mehr als drei Monate lang nichts veranlasst wird, also das tatsächliche Ruhen, nicht nur das förmlich iSd § 251 ZPO angeordnete Ruhen des Verfahrens. Nach *N. Schneider* ist aber zumindest Voraussetzung, dass das Gericht durch sein Verhalten zu erkennen gibt, in der Sache zunächst nichts weiteres zu veranlassen.[37] Wenn das Gericht die Sache zB wegen Arbeitsüberlastung oder Krankheit des Richters über drei Monate lang nicht fördert bzw. nicht bearbeitet, soll keine Fälligkeit der Vergütung des Rechtsanwalts eintreten.[38]

37 Mit dem Ruhen des Verfahrens sind gleich zu setzen
- die Aussetzung des Verfahrens (zB nach §§ 148 ff. ZPO)[39]
- die Unterbrechung des Verfahrens (zB nach § 239 ZPO)[40]
- die Unterbrechung des Verfahrens wegen Eröffnung eines Insolvenzverfahrens (§ 240 ZPO)[41]
- die vorläufige Einstellung einer Strafsache nach § 205 StPO.

Auch in diesen Fällen wird die Vergütung fällig, wenn die Aussetzung, Unterbrechung etc länger als drei Monate dauert.[42]

38 Zu beachten ist, dass auch nach der 3. Alt. des § 8 Abs. 1 S. 2 RVG eine Teilfälligkeit eintreten kann.

Beispiel:
In einem Rechtsstreit sind 50.000 EUR rechtshängig. Das Gericht verkündet ein Teilurteil über 30.000 EUR. Gegen das Teilurteil wird Berufung eingelegt. Das erstinstanzliche Gericht bearbeitet die Sache wegen der noch rechtshängigen 20.000 EUR nicht weiter. Es gibt zu erkennen, dass es zunächst den Ausgang des Berufungsverfahrens abwarten will.

---

[34] Schneider/Wolf/*N. Schneider* § 8 Rn. 86.
[35] OLG Düsseldorf AGS 2008, 535.
[36] Gerold/Schmidt/*Mayer* § 8 Rn. 29.
[37] Schneider/Wolf/*N. Schneider* § 8 Rn. 95.
[38] LG Karlsruhe AGS 2008, 61.
[39] Gerold/Schmidt/*Mayer* § 8 Rn. 30; Schneider/Wolf/*N. Schneider* § 8 Rn. 97.
[40] Gerold/Schmidt/*Mayer* § 8 Rn. 30; Schneider/Wolf/*N. Schneider* § 8 Rn. 97.
[41] Gerold/Schmidt/*Mayer* § 8 Rn. 30; Schneider/Wolf/*N. Schneider* § 8 Rn. 99.
[42] Schneider/Wolf/*N. Schneider* § 8 Rn. 97.

Fälligkeit, Hemmung der Verjährung § 8

Mit Ergehen des Teilurteils ist gem. § 8 Abs. 1 S. 2, 1. Alt. RVG die Vergütung des Rechtsanwalts für seine Tätigkeit in dem ersten Rechtszug wegen der 30.000 EUR fällig geworden. Wenn die Sache wegen der noch rechtshängigen 20.000 EUR länger als drei Monate ruhen würde, würde nach Ablauf der drei Monate die bei dem Rechtsanwalt im ersten Rechtszug entstandene Teilvergütung wegen der noch rechtshängigen 20.000 EUR ebenfalls fällig werden (§ 8 Abs. 1 S. 2, 3 Alt. RVG).[43]

Ist einmal Fälligkeit der Vergütung nach § 8 Abs. 1 S. 2, 3. Alt. RVG eingetreten, wird die Fälligkeit dadurch nicht wieder beseitigt, dass das Verfahren später wieder aufgenommen und fortgeführt wird. Es ist allerdings zu berücksichtigen, dass durch die Tätigkeiten des Rechtsanwalts nach Fortführung des Verfahrens die Gebühren wieder erneut entstehen, wenn durch die späteren Tätigkeiten der Gebührentatbestand wieder erneut ausgelöst wird. Dies kann Einfluss auf die Verjährung haben.[44] 39

IV. Verjährung, Hemmung

1. Verjährung des Vergütungsanspruchs des Rechtsanwalts

Der Vergütungsanspruch des Rechtsanwalts gegenüber seinem Mandanten verjährt gem. § 195 BGB in **drei Jahren**.[45] Die Verjährungsfrist beginnt gem. § 199 Abs. 1 BGB mit dem Schluss des Jahres, in dem die Vergütung des Rechtsanwalts fällig geworden ist.[46] Wann der Vergütungsanspruch des Rechtsanwalts fällig wird, ergibt sich aus § 8 Abs. 1 RVG (→ Rn. 8–39). 40

Der Ablauf der Verjährungsfrist für die Vergütungsansprüche des Rechtsanwalts ist nicht davon abhängig, dass dem Mandanten schon eine Berechnung iSd § 10 RVG der Vergütung vom Rechtsanwalt erteilt worden ist.[47] Es ist also durchaus möglich, dass die Verjährungsfrist schon in Lauf gesetzt worden ist, obwohl der Mandant noch keine Rechnung vom Rechtsanwalt erhalten hat. 41

Auch die Vergütungsansprüche des im Wege der **Prozesskostenhilfe** oder Verfahrenskostenhilfe beigeordneten Rechtsanwalts gegenüber der Staatskasse verjähren in drei Jahren.[48] Diese Verjährungsfrist gilt ebenfalls für die Vergütungsansprüche gegenüber der Staatskasse des Rechtsanwalts, der zum **Pflichtverteidiger** für den Mandanten bestellt worden ist.[49] 42

Auch eine **vereinbarte Vergütung** verjährt nach § 195 BGB in drei Jahren. Allerdings können die Parteien in der Vergütungsvereinbarung abweichend von der gesetzlichen Regelung die Verjährungsfrist anders regeln. Möglich ist, dass die Parteien eine längere Verjährungsfrist vereinbaren, wobei allerdings keine längere Verjährungsfrist als 30 Jahre vereinbart werden kann (§ 202 Abs. 2 BGB).[50] 43

Zu beachten ist, dass auch Auslagen nach Vorb. 7 Abs. 1 S. 2 VV der regelmäßigen Verjährungsfrist von drei Jahren unterliegen. Hierunter fallen zB vom Rechtsanwalt **vorgelegte Gerichtskosten, vorgelegte Gerichtsvollzieherkosten, vorgelegte Auslagenvorschüsse für Zeugen und Sachverständige**.[51] 44

---

[43] Schneider/Wolf/N. Schneider § 8 Rn. 100.
[44] Schneider/Wolf/N. Schneider § 8 Rn. 102.
[45] Gerold/Schmidt/Mayer § 8 Rn. 33; Schneider/Wolf/N. Schneider § 8 Rn. 106.
[46] Gerold/Schmidt/Mayer § 8 Rn. 33; HK-RVG/Gierl § 8 Rn. 53; Schneider/Wolf/N. Schneider § 8 Rn. 106.
[47] Schneider/Wolf/N. Schneider § 8 Rn. 107.
[48] OLG Düsseldorf MDR 2008, 947.
[49] Gerold/Schmidt/Mayer § 8 Rn. 35.
[50] Schneider/Wolf/N. Schneider § 8 Rn. 110.
[51] Schneider/Wolf/N. Schneider § 8 Rn. 105.

§ 8 Fälligkeit, Hemmung der Verjährung

45 Neben den allgemeinen Hemmungstatbeständen[52] des § 204 BGB (wie zB durch gerichtliche Geltendmachung des Vergütungsanspruchs) sind in § 8 Abs. 2 RVG noch weitere spezielle Hemmungstatbestände für die Anwaltsvergütung normiert (→ Rn. 46 ff.).

2. Hemmung der Verjährungsfrist nach § 8 Abs. 2 RVG

46 Nach § 8 Abs. 2 RVG wird die Verjährung der Vergütung für eine Tätigkeit des Rechtsanwalts **in einem gerichtlichen Verfahren** gehemmt, solange das Verfahren anhängig ist (§ 8 Abs. 2 S. 1 RVG). Die Hemmung endet mit der rechtskräftigen Entscheidung oder anderweitigen Beendigung des Verfahrens (§ 8 Abs. 2 RVG). Ruht das Verfahren, endet die Hemmung drei Monate nach Eintritt der Fälligkeit (§ 8 Abs. 2 S. 3 RVG). Die Hemmung beginnt erneut, wenn das Verfahren weiter betrieben wird (§ 8 Abs. 2 S. 4 RVG).

47 Eine Hemmung iSd § 8 Abs. 2 RVG hemmt lediglich den Ablauf der Verjährungsfrist. Dies bedeutet, dass der Zeitraum, in dem das Verfahren noch anhängig ist, bei der Verjährungsfrist nicht mitgerechnet wird. Hemmung bedeutet nicht, dass die Verjährung erneut zu laufen beginnt. Der Beginn der Verjährungsfrist ändert sich nicht. Lediglich deren Ablauf wird nach hinten hinausgeschoben.[53]

48 Die Verjährung der Vergütung für eine Tätigkeit in einem gerichtlichen Verfahren wird nach § 8 Abs. 2 S. 1 RVG gehemmt, so lange **das Verfahren anhängig ist. Diese Regelung ist unklar!** Gemeint ist hier wohl eine Hemmung der Verjährung nicht nur so lange, wie das Erkenntnisverfahren selbst anhängig ist, sondern so lange, wie auch noch Nebenverfahren anhängig sind, also zB ein Kostenfestsetzungs- oder ein Streitwertfestsetzungsverfahren.[54]

49 Ergeben sich aber mehrere gebührenrechtliche Angelegenheiten, ist **jede gebührenrechtliche Angelegenheit** wegen der Fälligkeit der Vergütung und evtl. Hemmungstatbestände wegen laufender Verjährungsfristen **gesondert zu betrachten**. Ist zB in einer gebührenrechtlichen Angelegenheit der Lauf der Verjährungsfrist gehemmt, hat dies keinen Einfluss auf den Lauf der Verjährungsfrist in der anderen gebührenrechtlichen Angelegenheit.[55]

Beispiel 1:

Das Urteil ist am 28.10.2012 verkündet worden. Nach Zustellung des Urteils reicht der Rechtsanwalt am 10.11.2012 den Kostenfestsetzungsantrag für seinen Auftraggeber gegenüber dem unterlegenen Gegner ein. Das Kostenfestsetzungsverfahren ist erst am 20.2.2013 mit Rechtskraft des Kostenfestsetzungsbeschlusses abgeschlossen.

Die Vergütung des Rechtsanwalts wird gegenüber seinem Auftraggeber fällig mit Ergehen der Kostenentscheidung und Beendigung des Rechtszugs durch das Urteil. Hier sind durch das Urteil sowohl der Fälligkeitstatbestand des § 8 Abs. 1 S. 2, 1. Alt. als auch der der 2. Alt. RVG erfüllt. Der Lauf der Verjährungsfrist beginnt am 31.12.2012. Da das Kostenfestsetzungsverfahren aber erst am 20.2.2013 rechtskräftig abgeschlossen ist, ist der Lauf der Verjährungsfrist bis dahin gehemmt. Die 3-jährige Verjährungsfrist läuft daher erst am 20.2.2016 ab.[56]

Beispiel 2:

Der Rechtsanwalt vertritt auftragsgemäß in einer Familiensache. Die Scheidung und verschiedene Folgesachen sind im Verbund anhängig. Daneben ist eine einstweilige Anordnung anhängig. In der einstweiligen Anordnung ergeht am 20.8.2013 der begehrte Beschluss. Im Verbund ergeht erst am 12.9.2014 die Entscheidung. Nach dieser Entscheidung sind vom Antragsgegner

---

[52] ZB Schneider/Wolf/*N. Schneider* § 8 Rn. 121.
[53] Schneider/Wolf/*N. Schneider* § 8 Rn. 130.
[54] Schneider/Wolf/*N. Schneider* § 8 Rn. 131 ff.; HK-RVG/*Gierl* § 8 Rn. 62 ff.
[55] Schneider/Wolf/*N. Schneider* § 8 Rn. 128; HK-RVG/*Gierl* § 8 Rn. 65.
[56] Schneider/Wolf/*N. Schneider* § 8 Rn. 131.

Kosten zu erstatten. Das Kostenfestsetzungsverfahren kann am 10.12.2014 rechtskräftig abgeschlossen werden.

Hauptsache und einstweilige Anordnung sind nach § 17 Abs. 1 Nr. 4b RVG verschiedene gebührenrechtliche Angelegenheiten. Für jede Angelegenheit sind die Fälligkeit, der Lauf der Verjährungsfrist und evtl. Hemmungstatbestände gesondert zu prüfen.

In der einstweiligen Anordnung ist die Vergütung mit Beendigung des Rechtszugs fällig geworden (§ 8 Abs. 1 S. 2, 2. Alt. RVG). Dies war am 20.8.2013. Der Lauf der Verjährungsfrist wegen der in dem einstweiligen Anordnungsverfahren entstandenen Vergütung beginnt am 31.12.2013 und endet am 31.12.2016.

Wegen der im Verbund entstandenen Vergütung tritt Fälligkeit mit Ergehen der den Rechtszug beendenden Entscheidung am 12.9.2014 ein. Das anschließende Kostenfestsetzungsverfahren ist am 10.12.2014 abgeschlossen. Die 3-jährige Verjährungsfrist beginnt wegen der im Verbund entstandenen Vergütung am 31.12.2014 und endet am 31.12.2017.[57]

Nach § 8 Abs. 2 S. 2 RVG endet die Hemmung mit der rechtskräftigen Entscheidung oder anderweitigen Beendigung des Verfahrens (zB mit rechtskräftiger Entscheidung des sich dem Erkenntnisverfahren anschließenden Kostenfestsetzungsverfahrens). 50

Vorsicht ist geboten, wenn das Verfahren ruht. Dann endet nämlich die Hemmung drei Monate nach Eintritt der Fälligkeit. Auch diese Regelung ist unklar.[58] Nach § 8 Abs. 2 S. 3 RVG beginnt die Hemmung erneut, wenn das ruhende Verfahren weiter betrieben wird.[59] 51

§ 9 Vorschuss

Der Rechtsanwalt kann von seinem Auftraggeber für die entstandenen und die voraussichtlich entstehenden Gebühren und Auslagen einen angemessenen Vorschuss fordern.

Übersicht

	Rn.
I. Überblick	1
II. Recht auf Vorschuss	4
III. Von wem kann Vorschuss verlangt werden?	11
1. Mandant	11
2. Staatskasse bei Prozesskostenhilfe, Verfahrenskostenhilfe oder Pflichtverteidigung	16
3. Rechtsschutzversicherung	20
IV. Höhe des Vorschusses	23
V. Umsatzsteuer	31
VI. Konsequenzen bei Nichtzahlung	33
VII. Abrechnung des Vorschusses	35

I. Überblick

§ 9 RVG regelt, dass der Rechtsanwalt von seinem Auftraggeber 1
- für die bereits entstandenen und
- die voraussichtlich entstehenden Gebühren und Auslagen

---

[57] Schneider/Wolf/N. *Schneider* § 8 Rn. 129.
[58] Schneider/Wolf/N. *Schneider* § 8 Rn. 135.
[59] Schneider/Wolf/N. *Schneider* § 8 Rn. 137 mit Beispiel.

einen angemessenen Vorschuss fordern kann. Auch der im Wege der Prozess- oder Verfahrenskostenhilfe beigeordnete oder der zum Pflichtverteidiger des Mandanten bestellte Rechtsanwalt kann aus der Staatskasse einen Vorschuss auf bereits entstandene Gebühren und bereits entstandene und voraussichtlich entstehenden Auslagen verlangen.[1]

Praxistipp:

2   Der Rechtsanwalt sollte von seinem Recht, einen Vorschuss zu verlangen, Gebrauch machen. Dies sichert
  • die Liquidität der Kanzlei und
  • schütz davor, am Ende des Mandats, die Leistung erbracht zu haben und keine Vergütung zu erhalten, weil der Mandant entweder nicht zahlungswillig oder nicht zahlungsfähig ist.

3   Nach Fälligkeit der Vergütung (§ 8 RVG) hat der Rechtsanwalt die erhaltenen Vorschüsse abzurechnen[2] und evtl. Überzahlungen an den Mandanten zurückzuzahlen.

II. Recht auf Vorschuss

4   § 9 RVG gewährt dem Rechtsanwalt einen **Anspruch auf** Zahlung eines **Vorschusses.** Dies unabhängig davon, ob der Rechtsanwalt als Verfahrens- oder Prozessbevollmächtigter in einem gerichtlichen Verfahren, als Korrespondenz- bzw. Verkehrsanwalt, als Terminsvertreter tätig wird oder nur mit Einzeltätigkeiten beauftragt ist. Auch der Anwalt, der nur mit einer Beratung oder der mit einer außergerichtlichen Vertretung beauftragt ist, hat natürlich einen Anspruch auf Zahlung eines Vorschusses.

5   Auch der im Rahmen der Prozess- oder Verfahrenskostenhilfe dem Mandanten beigeordnete Rechtsanwalt oder der zum Pflichtverteidiger des Mandanten bestellte Rechtsanwalt kann einen Vorschuss **aus der Staatskasse** verlangen.[3]

6   Grundsätzlich kann der Rechtsanwalt, unabhängig in welcher Angelegenheit er von dem Mandanten beauftragt ist und welche Tätigkeit er ausübt, immer einen Vorschuss verlangen. Das RVG regelt nur ganz wenige Ausnahmen.[4] So kann zB der in der Beratungshilfe tätige Rechtsanwalt keinen Vorschuss fordern, weder vom Mandanten noch aus der Staatskasse (§ 47 Abs. 2 RVG).

7   Der Rechtsanwalt ist nicht verpflichtet, einen Vorschuss zu verlangen. Es liegt in seinem Ermessen, ob und wann er einen Vorschuss fordert.[5] Grundsätzlich sollte der Rechtsanwalt aber von seinem Recht, Vorschuss zu fordern, regen Gebrauch machen.[6]

8   Der Rechtsanwalt kann **jederzeit** einen Vorschuss fordern. Das Recht auf Vorschuss entsteht mit Abschluss des Mandatsvertrags.[7] Allerdings kann die Übernahme des Mandats auch von der Zahlung eines Vorschusses abhängig gemacht werden. In diesem Fall kommt der Mandatsvertrag erst mit Zahlung des Vorschusses durch den Mandanten zustande.[8] Der Anspruch auf Zahlung eines Vorschusses ist nicht davon abhängig, dass der Rechtsanwalt schon irgendwelche Leistungen erbracht hat.

---

[1] → Rn. 16 f.
[2] → Rn. 35.
[3] → Rn. 16 f.
[4] Zu den Ausnahmen: Gerold/Schmidt/*Mayer* § 9 Rn. 4; Schneider/Wolf/*N. Schneider* § 9 Rn. 6.
[5] Schneider/Wolf/*N. Schneider* § 9 Rn. 24.
[6] → Rn. 2.
[7] Schneider/Wolf/*N. Schneider* § 9 Rn. 37.
[8] Schneider/Wolf/*N. Schneider* § 9 Rn. 25.

Vorschuss **§ 9**

Wann die Vergütung des Rechtsanwalts fällig und damit einforderbar wird, ist in § 8 RVG geregelt. Dieser gilt nicht für die Fälligkeit und Einforderbarkeit eines Vorschusses. Der Vorschuss wird gem. § 271 BGB mit seiner Anforderung fällig.[9] 9

Auch wenn der Vorschuss zur „**Unzeit**" (zB erst zwei Tage vor dem Hauptverhandlungstermin) gefordert wird, ist die Anforderung wirksam. Möglicherweise ist der Rechtsanwalt dann aber gehindert, sofort Konsequenzen zu ergreifen (wie etwa eine „Niederlegung" des Mandats), wenn der Vorschuss nicht sofort gezahlt wird.[10] 10

III. Von wem kann Vorschuss verlangt werden?

1. Mandant

Auf der Grundlage des bestehenden Mandatsvertrags kann der Rechtsanwalt von seinem Mandanten/Auftraggeber einen Vorschuss auf seine Vergütung verlangen. 11

Auch von **Dritten**, die kraft Gesetzes oder kraft vertraglicher Vereinbarung für die Vergütung des Anwalts haften, kann der Rechtsanwalt einen Vorschuss verlangen.[11] 12

Praxistipp:
Erklärt ein Dritter sich bereit, die Anwaltsvergütung zu übernehmen, ist dies ein Schuldversprechen iSd § 780 BGB. Dieses bedarf der Schriftform, wenn der Dritte, der sich bereit erklärt hat die Anwaltsvergütung zu übernehmen, kein Kaufmann ist! 13

Vertritt der Rechtsanwalt **Minderjährige** zB in einer Straf- oder in einer Unterhaltssache ergibt sich nicht unmittelbar eine Haftung der gesetzlichen Vertreter gegenüber dem Anwalt.[12] Daher sollte der Anwalt auch in diesen Fällen mit den gesetzlichen Vertretern unter Beachtung der Schriftform vereinbaren, dass diese die Anwaltskosten übernehmen. 14

Zahlt der Mandant den vom Rechtsanwalt geforderten Vorschuss nicht, kann der Anspruch auf Vorschuss auch eingeklagt oder im gerichtlichen Mahnverfahren geltend gemacht werden. Eine Kostenfestsetzung nach § 11 RVG ist wegen eines Vorschusses auch dann nicht möglich, wenn der Rechtsanwalt in einem gerichtlichen Verfahren tätig ist. Denn gem. § 11 Abs. 2 S. 1 RVG ist der Antrag erst zulässig, wenn die Vergütung fällig ist. Bei Anforderung eines Vorschusses ist die Vergütung aber in der Regel noch nicht fällig, denn ansonsten müsste der Rechtsanwalt keinen Vorschuss mehr verlangen, sondern könnte die „endgültige" Vergütung vom Mandanten fordern. 15

2. Staatskasse bei Prozesskostenhilfe, Verfahrenskostenhilfe oder Pflichtverteidigung

Nach § 47 Abs. 1 S. 1 RVG kann der Rechtsanwalt, dem wegen seiner Vergütung ein Anspruch gegen die Staatskasse zusteht, für die entstandenen Gebühren und die entstandenen und voraussichtlich entstehenden Auslagen **aus der Staatskasse** einen angemessenen Vorschuss fordern. Danach kann sowohl 16
- der Rechtsanwalt, der dem Mandanten im Rahmen der diesem bewilligten Prozess- oder Verfahrenskostenhilfe beigeordnet worden ist
- oder der zum Pflichtverteidiger des Mandanten bestellt worden ist, einen Vorschuss aus der Staatskasse fordern.

---
[9] Schneider/Wolf/*N. Schneider* § 9 Rn. 39.
[10] Schneider/Wolf/*N. Schneider* § 9 Rn. 40; → § 9 Rn. 33, 34.
[11] Schneider/Wolf/*N. Schneider* § 9 Rn. 35.
[12] Gerold/Schmidt/*Mayer* § 9 Rn. 16; Schneider/Wolf/*N. Schneider* § 9 Rn. 36; HK-RVG/*Klees* § 9 Rn. 22.

§ 9 Vorschuss

17 Der dem Mandanten im Rahmen der Prozess- oder Verfahrenskostenhilfe beigeordnete Rechtsanwalt kann aber für Tätigkeiten, auf die sich die Prozess- oder Verfahrenskostenhilfe erstreckt, **keinen Vorschuss von** dem **Mandanten** fordern. Denn solange Prozess- bzw. Verfahrenskostenhilfe bewilligt worden ist gilt § 122 Abs. 1 Nr. 3 ZPO. Danach bewirkt die Bewilligung der Prozess- oder Verfahrenskostenhilfe, dass die beigeordneten Rechtsanwälte Ansprüche auf Vergütung gegen die Partei nicht geltend machen können.

18 Vor Bewilligung von Prozess- oder Verfahrenskostenhilfe kann der Rechtsanwalt von dem Mandanten einen Vorschuss fordern. Fordert der Rechtsanwalt zur Absicherung seiner Vergütung für den Fall, dass keine Prozess- oder Verfahrenskostenhilfe gewährt wird, eine 1,0 Verfahrensgebühr nach Nr. 3335 VV zzgl. Auslagen und Umsatzsteuer als Vorschuss, und wird dann später Prozess- oder Verfahrenskostenhilfe bewilligt, kann der Rechtsanwalt diesen vom Mandanten gezahlten Vorschuss nach § 58 Abs. 2 RVG verrechnen auf die Differenz zwischen Prozess- oder Verfahrenskostenhilfevergütung und Wahlanwaltsvergütung.

19 Ist der Rechtsanwalt zum Pflichtverteidiger des Mandanten bestellt worden, kann er von dem Mandanten unter den Voraussetzungen des § 52 RVG die Gebühren eines Wahlverteidigers verlangen. Kraft ausdrücklicher Bestimmung in § 52 Abs. 1 S. 1 RVG kann er jedoch keinen Vorschuss hierauf **vom Mandanten** fordern.

3. Rechtsschutzversicherung

20 Zwischen dem Rechtsschutzversicherer des Mandanten und dem Rechtsanwalt kommt keine vertragliche Beziehung zustande. Auch dann nicht, wenn der Rechtsschutzversicherer – im Auftrag seines Versicherungsnehmers – den Rechtsanwalt beauftragt und den Deckungsschutz für den zu bearbeitenden Fall bestätigt. Daher hat der Rechtsanwalt gegenüber dem Rechtsschutzversicherer des Mandanten auch keinen direkten Anspruch auf Zahlung eines Vorschusses auf seine Vergütung. Diesen Anspruch hat er nur gegenüber seinem Mandanten. Dieser wiederum hat aber einen Anspruch gegenüber dem Rechtsschutzversicherer auf Freistellung von der Vergütung des Rechtsanwalts (Vgl. zB Ziff. 2.3.1.2 ARB 2012 – GDV Musterbedingungen – Stand: März 2016). Dieser Freistellungsanspruch umfasst auch die vom Rechtsanwalt vom Mandanten geforderten Vorschüsse, da diese Teile der Vergütung des Rechtsanwalts sind.[13]

21 In Strafsachen wegen eines verkehrsrechtlichen Vergehens wird der Rechtsschutzversicherer sehr oft seine Deckungszusage unter dem Vorbehalt erteilen, dass der Versicherungsschutz nachträglich entfällt, wenn rechtskräftig festgestellt wird, dass der Versicherungsnehmer vorsätzlich gehandelt hat (Vgl. zB Ziff. 2.2.9 ARB 2012 – GDV Musterbedingungen – Stand: März 2016). So lange wie Versicherungsschutz besteht, wird der Rechtsschutzversicherer den Versicherungsnehmer von Vergütungsansprüchen des beauftragten Rechtsanwalts freistellen. In der Praxis wird der Rechtsschutzversicherer die Vorschüsse direkt an den Anwalt zahlen. Hat der Rechtsschutzversicherer Vorschüsse gezahlt und entfällt nachträglich der Versicherungsschutz, weil doch eine Verurteilung wegen Vorsatzes erfolgt, dann kann der Rechtsschutzversicherer die Vorschüsse nicht bei dem Anwalt zurückfordern. Denn zwischen Anwalt und Rechtsschutzversicherer besteht keine vertragliche Beziehung. Er wird die gezahlten Vorschüsse allenfalls bei seinem Versicherungsnehmer zurückfordern können.[14]

---

[13] HK-RVG/*Klees* § 9 Rn. 23; Schneider/Wolf/*N. Schneider* § 9 Rn. 101; Gerold/Schmidt/*Mayer* § 9 Rn. 28.
[14] Gerold/Schmidt/*Mayer* § 9 Rn. 28; HK-RVG/*Klees* § 9 Rn. 23; Schneider/Wolf/*N. Schneider* § 9 Rn. 110.

Praxistipp:

Hat der Rechtsschutzversicherer die Deckungszusage unter dem Vorbehalt gestellt, 22
dass nachträglich der Versicherungsschutz entfällt, wenn eine Verurteilung wegen
Vorsatzes erfolgt, sollten vom Rechtsanwalt Vorschüsse auf die Vergütung gefordert
werden. Der Rechtsschutzversicherer kann, wenn tatsächlich eine Verurteilung wegen
Vorsatz erfolgt, diese gezahlten Vorschüsse nicht bei dem Rechtsanwalt, sondern
allenfalls bei seinem Versicherungsnehmer zurückfordern.

IV. Höhe des Vorschusses

Nach § 9 RVG kann der Rechtsanwalt von seinem Auftraggeber für die **entstan-** 23
denen und die voraussichtlich entstehenden Gebühren und Auslagen einen
angemessenen Vorschuss fordern. Danach besteht kein Zweifel, dass der Vorschuss
auf jeden Fall in der Höhe gefordert werden kann, wie bereits Gebühren und
Auslagen entstanden sind.

Ein angemessener Vorschuss kann aber auch für **voraussichtlich entstehende** 24
Gebühren und Auslagen gefordert werden. Ist der Rechtsanwalt als Prozessbevollmächtigter in einem Zivilprozess tätig, ist es durchaus üblich, dass er einen Vorschuss fordert in Höhe einer voraussichtlich entstehenden 1,3 Verfahrensgebühr Nr. 3100
VV und einer voraussichtlich entstehenden 1,2 Terminsgebühr Nr. 3104 VV zzgl.
Auslagen und Umsatzsteuer. Ob auch bereits für eine evtl. entstehende 1,0 Einigungsgebühr Nr. 1003 VV zu Beginn des Verfahrens Vorschuss gefordert werden
kann, erscheint fraglich.[15] Ein Vorschuss auch in Höhe einer voraussichtlich entstehenden Einigungsgebühr zu fordern dürfte aber dann angemessen sein, wenn sich
eine Einigung abzeichnet, also zB Vergleichsgespräche laufen.

Es kann auch **mehrfach ein Vorschuss** gefordert werden. Unbedenklich ist also 25
auch, wenn der Rechtsanwalt vor Klageerhebung die 1,3 Verfahrensgebühr Nr. 3100
VV als Vorschuss fordert, vor dem anstehenden mündlichen Verhandlungstermin
die 1,2 Terminsgebühr Nr. 3104 VV und bei einer sich abzeichnenden Einigung
eine 1,0 Einigungsgebühr Nr. 1000, 1003 VV jeweils zzgl. Umsatzsteuer fordert.

Den **Gegenstandswert** kann der Rechtsanwalt **vorläufig schätzen**, sofern die- 26
ser nicht ohnehin feststeht, weil Gegenstand des Verfahrens eine Geldforderung ist.
Der Rechtsanwalt ist an eine vorläufige Festsetzung des Gegenstandswertes durch
das Gericht nicht gebunden.[16]

Vertritt der Rechtsanwalt zB in einer **Straf-** oder **Bußgeldsache**, ist es unbe- 27
denklich, wenn er bei seiner Vorschussanforderung von **Mittelgebühren** ausgeht.[17]
Hat der Rechtsanwalt von dem Rechtsschutzversicherer Mittelgebühren als Vorschuss gefordert und kommt es nach Abschluss der Sache zum Streit über die Höhe
der Betragsrahmengebühren, wird der Rechtsschutzversicherer seiner Meinung nach
überzahlte Beträge nur bei dem Mandanten zurückfordern können.[18] Anders ist mE
die Rechtslage zu sehen, wenn der Rechtsanwalt tatsächlich einen Vorschuss erhalten
hätte, der über die letztlich tatsächlich entstandenen Gebühren hinausgeht. Dann
wäre er zur Rückzahlung an den Rechtsschutzversicherer verpflichtet.

Praxistipp:

Der Rechtsanwalt sollte auf jeden Fall die Anforderung eines Vorschusses auch 28
als solche deklarieren, indem er in dem Text der Anforderung klar zum Ausdruck

---

[15] Gerold/Schmidt/*Mayer* § 9 Rn. 8; Schneider/Wolf/*N. Schneider* § 9 Rn. 63 und 49.
[16] Schneider/Wolf/*N. Schneider* § 9 Rn. 64.
[17] Schneider/Wolf/*N. Schneider* § 9 Rn. 67; AG Chemnitz AGS 2005, 431; AG Stuttgart
AGS 2008, 78; AG München AGS 2005, 430; AG Darmstadt AGS 2006, 212.
[18] → Rn. 21.

bringt, dass es sich nur um einen Vorschuss handelt oder die Rechnung mit „Vorschussrechnung" oder „Vorschussliquidation" oder ähnlich überschreibt.[19] Dann wird der Mandant bei der späteren Endabrechnung nicht einwenden können, dass er annehmen konnte, dass die Vergütungsansprüche mit dem zunächst in Rechnung gestellten Betrag vollständig abgegolten seien.

29 Auch wenn der Rechtsanwalt mit seinem Mandanten eine Vergütungsvereinbarung getroffen hat, hindert ihn dies nicht, einen Vorschuss auf die vereinbarte Vergütung einzufordern. Hier empfiehlt es sich allerdings, dass bereits in der Vergütungsvereinbarung festgeschrieben wird, wann welche Teilbeträge auf die vereinbarte Vergütung zu zahlen sind. Bei der Vereinbarung einer Zeitvergütung empfehlen sich wöchentliche oder 14-tägige Abrechnungsintervalle.

30 Auch auf entstandene und voraussichtlich entstehende **Auslagen** kann der Rechtsanwalt einen Vorschuss verlangen. Unbedenklich erscheint, wenn im Rahmen der Vorschussanforderung auch die Pauschale für Entgelte für Post- und Telekommunikationsdienstleistungen nach Nr. 7002 VV angesetzt wird. Aber auch andere Auslagen können Gegenstand einer Vorschussanforderung sein, so zB die Auslagen für die Reise des Rechtsanwalts zur Wahrnehmung des Termins bei dem auswärtigen Gericht.

V. Umsatzsteuer

31 Die Anforderung eines Vorschusses bedarf keiner förmlichen Berechnung iSd § 10 RVG.[20] Dennoch ist zu beachten, dass auch der Vorschuss der Umsatzsteuer unterliegt, soweit die Tätigkeit des Anwalts umsatzsteuerpflichtig ist. Soweit der Anwalt die Umsatzsteuer abführen muss, kann er diese auch nach Nr. 7008 VV auf einen Vorschuss erheben.[21] Auch bei der Anforderung eines Vorschusses sollte daher darauf geachtet werden, dass die Umsatzsteuer auf den Vorschuss erhoben wird und gesondert in der Rechnung ausgewiesen wird. Dies insbesondere dann, wenn der Mandant Unternehmer ist und seinerseits die Umsatzsteuer auf den Vorschuss wieder als Vorsteuer geltend macht. Auch die Vorschussrechnung sollte die Voraussetzungen des § 14 UStG erfüllen (Rechnungsnummer, Angabe der Steuernummer etc).[22]

32 Nach Fälligkeit der Vergütung ist dem Mandanten eine Berechnung iSd § 10 RVG zu erteilen. In dieser End-Berechnung ist natürlich der Vorschuss abzusetzen. Hier muss darauf geachtet werden, dass nicht zuviel an Umsatzsteuer ausgewiesen wird.[23]

Beispiel:
Die Berechnungen in einer Vorschussliquidation und in der endgültigen Liquidation könnten zB wie folgt dargestellt werden:
Vorschussrechnung:

1. Vorschuss § 9 RVG auf die Gebühren nach Teil 3 VV RVG	500,00 EUR
2. 19 % Umsatzsteuer	95,00 EUR
	595,00 EUR

---

[19] OLG Köln AGS 2009, 525 mit folgendem dort veröffentlichten Leitsatz: *„Fordert der Anwalt vor Fälligkeit eine Rahmengebühr an, ohne ausdrücklich kenntlich zu machen, dass es sich lediglich um einen Vorschuss handelt, bleibt er bei seiner Schlussrechnung grundsätzlich an den abgerechneten Gebührensatz gebunden."*
[20] Schneider/Wolf/*N. Schneider* § 9 Rn. 74.
[21] HK-RVG/*Klees* § 9 Rn. 28; Schneider/Wolf/*N. Schneider* § 9 Rn. 73.
[22] → § 10 Rn. 32 ff.
[23] HK-RVG/*Klees* § 9 Rn. 43; *Enders* Rn. B 36, 37 – Musterliquidationen; Schneider/Wolf/*N. Schneider* § 9 Rn. 89, 90.

Vorschuss § 9

Endgültige Berechnung der Vergütung:
Gegenstandswert: 15.000 EUR
1. 1,3 Verfahrensgebühr Nr. 3100 VV RVG   845,00 EUR
2. 1,2 Terminsgebühr Nr. 3104 VV RVG   780,00 EUR
3. Pauschale Nr. 7002 VV RVG   20,00 EUR
   Anwaltsvergütung – netto –   1.645,00 EUR
   abzüglich gezahlter Vorschuss gem. Vorschussberechnung
   Nr. ... vom ...(595,00 EUR, darin enthalten 19 % Umsatzsteuer
   = 95,00 EUR) also Vorschuss – netto –   500,00 EUR
   noch zu zahlende Anwaltsvergütung – netto – 1.145,00 EUR
4. 19 % Umsatzsteuer Nr. 7008 VV RVG   217,55 EUR
noch zu zahlende Anwaltsvergütung inklusive Umsatzsteuer 1.362,55 EUR.

VI. Konsequenzen bei Nichtzahlung

Zahlt der Mandant dem vom Rechtsanwalt geforderten Vorschuss nicht, steht 33 dem Anwalt die Einrede des **Zurückbehaltungsrechts** (§ 320 BGB) zu und er darf seine weitere Tätigkeit einstellen. Will er davon Gebrauch machen, muss er dies allerdings dem Auftraggeber vorher ankündigen.[24] Bei anstehenden Frist- oder termingebundenen Arbeiten muss die Ankündigung so rechtzeitig geschehen (*Klees*[25] geht von mindestens 14 Tagen aus), dass dem Auftraggeber genügend Zeit verbleibt, den geforderten Vorschuss zu zahlen. Erfolgt die Ankündigung, dass anstehende Arbeiten nicht mehr ausgeführt werden, wenn der Vorschuss nicht gezahlt wird, zur Unzeit (also nicht rechtzeitig vor Fristablauf oder vor dem anstehenden Termin, wird der Rechtsanwalt die unaufschiebbaren Tätigkeiten wie zB Fertigung der Klageerwiderung, der Berufungseinlegung oder -begründung oder die Wahrnehmung des Termins) noch verrichten müssen, um einer Schadensersatzpflicht zu entgehen.

Zahlt der Mandant den Vorschuss nicht und hat der Rechtsanwalt unter Fristset- 34 zung die Kündigung (in der Praxis auch „Mandatsniederlegung" genannt) angedroht, kann der Rechtsanwalt seinerseits das Mandat kündigen. Die bis zur Mandatsniederlegung entstandenen Gebühren und Auslagen kann er von dem Mandanten verlangen.

VII. Abrechnung des Vorschusses

Einen erhaltenen Vorschuss hat der Rechtsanwalt abzurechnen, sobald Fälligkeit 35 der Vergütung nach § 8 Abs. 1 RVG eintritt. Liegt eine Überzahlung vor, hat er diese Überzahlung an den Mandanten zurück zu zahlen.[26] Ergibt sich eine Überzahlung des Mandanten, die an diesen zurück zu zahlen wäre, kann der Rechtsanwalt mit dem Rückzahlungsanspruch des Mandanten zur Aufrechnung mit anderen fälligen Vergütungsforderungen berechtigt sein.[27] Verrechnet der Rechtsanwalt den Rückzahlungsanspruch des Mandanten mit anderen fälligen Vergütungsforderungen, sollte er unbedingt die Aufrechnung förmlich gegenüber dem Mandanten erklären.[28]

---

[24] Gerold/Schmidt/*Mayer* § 9 Rn. 19; HK-RVG/*Klees* § 9 Rn. 38–41; Schneider/Wolf/*N. Schneider* § 9 Rn. 82–86.
[25] HK-RVG/*Klees* § 9 Rn. 38.
[26] HK-RVG/*Klees* § 9 Rn. 42; Schneider/Wolf/*N. Schneider* § 9 Rn. 87; Gerold/Schmidt/*Mayer* § 9 Rn. 22.
[27] Schneider/Wolf/*N. Schneider* § 9 Rn. 92.
[28] KG NJW 2007, 3366.

36 Zum rechtlichen Schicksal eines erhaltenen Vorschusses nach **Insolvenzeröffnung** führt *N. Schneider*[29] Folgendes aus:

„… *Nach der nunmehr als gefestigt anzusehenden Rechtsprechung des BHG (BGH NJW 2006, 2701; BGH ZinsO 2008, 101) wird der Anwalt nur insoweit geschützt, als der Vorschuss eine Vergütung für wertäquivalente Tätigkeiten darstellt, die der Anwalt in der Zeit vor Erhalt des Vorschusses bereits erbracht hatte oder die er innerhalb von 30 Tagen nach Erhalt des Vorschusses erbracht hat. Nur unter diesen Voraussetzungen liegt ein kongruentes Rechtsgeschäft vor, dass die Voraussetzung eines Bargeschäfts iSv § 142 InsO erfüllt und deswegen nicht über § 130 InsO angefochten werden kann …*"

§ 10 Berechnung

(1) ¹**Der Rechtsanwalt kann die Vergütung nur aufgrund einer von ihm unterzeichneten und dem Auftraggeber mitgeteilten Berechnung einfordern.** ²**Der Lauf der Verjährungsfrist ist von der Mitteilung der Berechnung nicht abhängig.**

(2) ¹**In der Berechnung sind die Beträge der einzelnen Gebühren und Auslagen, Vorschüsse, eine kurze Bezeichnung des jeweiligen Gebührentatbestands, die Bezeichnung der Auslagen sowie die angewandten Nummern des Vergütungsverzeichnisses und bei Gebühren, die nach dem Gegenstandswert berechnet sind, auch dieser anzugeben.** ²**Bei Entgelten für Post- und Telekommunikationsdienstleistungen genügt die Angabe des Gesamtbetrags.**

(3) **Hat der Auftraggeber die Vergütung gezahlt, ohne die Berechnung erhalten zu haben, kann er die Mitteilung der Berechnung noch fordern, solange der Rechtsanwalt zur Aufbewahrung der Handakten verpflichtet ist.**

Übersicht

	Rn.
I. Überblick	1
II. Mitteilung einer Berechung	6
III. Anforderungen an die Berechnung	12
1. Anforderungen nach § 10 RVG	13
2. Anforderungen nach § 14 UStG	32
3. Checkliste	43
IV. Kostenfestsetzung nach § 11 RVG	46
V. Kostenfestsetzung nach §§ 103, 104 ZPO	48
VI. Rechtsschutzversicherung	52
VII. Materiell-rechtlicher Kostenerstattungsanspruch	56
VIII. Terminsvertreter	58
IX. Nachforderung einer Berechnung	62

I. Überblick

1 Wann eine Gebühr **entsteht**, ergibt sich meist aus dem VV zum RVG. Wann eine entstandene Gebühr **fällig** wird, kann § 8 RVG entnommen werden. Damit eine entstandene und fällige Gebühr auch von dem Mandanten **einforderbar** ist,

---

[29] Schneider/Wolf/*N. Schneider* § 9 Rn. 118.

Berechnung **§ 10**

muss der Rechtsanwalt dem Mandanten eine unterzeichnete Berechnung mitgeteilt haben (§ 10 Abs. 1 S. 1 RVG).

Welche Anforderungen an eine Berechnung zu stellen sind, ergibt sich aus § 10 Abs. 2 RVG. Zusätzlich sind die Anforderungen zu beachten, die § 14 UStG an eine ordnungsgemäße Berechnung stellt. 2

Hat der Mandant die Vergütung an den Rechtsanwalt schon gezahlt, ohne eine Berechnung erhalten zu haben, kann er eine solche von dem Anwalt noch fordern, so lange dieser zur Aufbewahrung seiner Handakten verpflichtet ist. 3

In § 10 Abs. 1 S. 2 RVG ist klargestellt, dass der Lauf der Verjährungsfrist betreffend den anwaltlichen Vergütungsanspruch von der Mitteilung der Berechnung nicht abhängig ist. Für den Lauf der Verjährungsfrist kommt es zunächst einmal auf die Fälligkeit der Vergütung (§ 8 RVG) an. Gehemmt wird der Lauf der Verjährungsfrist, wenn ein allgemeiner Hemmungstatbestand nach §§ 203 ff. BGB oder ein besonderer Hemmungstatbestand nach § 8 Abs. 2 RVG gegeben ist. 4

Für eine **Vorschussanforderung** geltend die strengen Voraussetzungen des § 10 RVG nicht. 5

II. Mitteilung einer Berechung

Der Rechtsanwalt kann die Vergütung nur aufgrund einer von ihm unterzeichneten und dem Auftraggeber/Mandanten mitgeteilten Berechnung einfordern (§ 10 Abs. 1 S. 1 RVG). Die Berechnung muss **schriftlich** erfolgen.[1] 6

Die Berechnung muss dem Mandanten mitgeteilt (per Post übersandt oder ausgehändigt) werden. Auf jeden Fall muss ihm das Original der Berechnung zugegangen sein. Die Übersendung per Telefax dürfte wohl nicht ausreichen.[2] 7

Wurde dem Mandanten keine oder keine ordnungsgemäße Berechnung iSd § 10 RVG mitgeteilt, braucht er trotz Aufforderung die Vergütung an den Rechtsanwalt nicht zu zahlen. Er gerät nicht in Zahlungsverzug und folglich kann der Rechtsanwalt auch keine Verzinsung der Vergütung fordern.[3] Dies gilt auch für Prozesszinsen.[4] 8

Klagt der Rechtsanwalt seine Vergütung ein, ohne vorher dem Mandanten eine Berechnung iSd § 10 RVG mitgeteilt zu haben, fehlt es an einer materiell – rechtlichen Anspruchsvoraussetzung. Die Klage müsste als derzeit unbegründet abgewiesen werden. Allerdings kann mit der Klage die Übermittlung einer ordnungsgemäßen Berechnung iSd § 10 RVG nachgeholt werden. Dann ist allerdings darauf zu achten, dass der für die Zustellung an den Beklagten (Mandanten) bestimmte Abschrift der Klage eine vom Rechtsanwalt unterzeichnete Berechnung der Vergütung beigefügt ist. Wird erstmals im Vergütungsprozess des Rechtsanwalts gegen seinen Mandanten eine ordnungsgemäße Berechnung nach § 10 RVG mitgeteilt, läuft der Rechtsanwalt Gefahr, dass ihm die Kosten des Verfahrens nach § 93 ZPO auferlegt werden, wenn der Mandant sofort anerkennt.[5] 9

Solange keine ordnungsgemäße Berechnung iSd § 10 RVG dem Mandanten mitgeteilt worden ist, kann der Anwalt selbst den Ablauf der Verjährung nicht hindern. Weder die Klage, noch ein Antrag auf Erlass eines Mahnbescheides noch ein Vergütungsfestsetzungsantrag nach § 11 RVG hätten dann verjährungshemmende Wirkung. Nach *N. Schneider*[6] ist allerdings umstritten, ob eine nach Ablauf 10

---

[1] Gerold/Schmidt/*Burhoff* § 10 Rn. 5; Schneider/Wolf/*N. Schneider* § 10 Rn. 14.
[2] Gerold/Schmidt/*Burhoff* § 10 Rn. 7; Schneider/Wolf/*N. Schneider* § 10 Rn. 81.
[3] Gerold/Schmidt/*Burhoff* § 10 Rn. 29; Schneider/Wolf/*N. Schneider* § 10 Rn. 89.
[4] OLG Düsseldorf AGS 2011, 366, 370.
[5] Gerold/Schmidt/*Burhoff* § 10 Rn. 30; Schneider/Wolf/*N. Schneider* § 10 Rn. 91 bis 95.
[6] Schneider/Wolf/*N. Schneider* § 10 Rn. 100 f. mwN und Beispiel.

der Verjährung im Prozess nachgereichte Berechnung in der Lage ist, diesen Mangel zu heilen.

11 Will der Rechtsanwalt wegen seiner Vergütung mit Herauszahlungsansprüchen des Mandanten aus derselben oder anderen Angelegenheiten **aufrechnen** ist dies ebenfalls nur möglich, wenn dem Mandanten zuvor eine Berechnung der Vergütung mitgeteilt worden ist, mit welcher die Aufrechnung erklärt werden soll. Voraussetzung für eine Aufrechnung ist nämlich, dass der aufrechnende (hier der Rechtsanwalt) die ihm gebührende Leistung fordern kann. Solange aber keine Berechnung über die Vergütung erteilt ist, kann diese nicht eingefordert werden.[7]

III. Anforderungen an die Berechnung

12 Welche Anforderungen an den Inhalt einer Berechnung zu stellen sind, ergibt sich aus § 10 RVG. Weitere Anforderungen nennt § 14 UStG. Ferner ist die Berechnung vom Rechtsanwalt zu unterzeichnen und dem Auftraggeber/Mandanten mitzuteilen.

1. Anforderungen nach § 10 RVG

13 Nach § 10 Abs. 2 RVG sind in die Berechnung der Vergütung einzustellen:
- die Beträge der einzelnen Gebühren und Auslagen
- eine kurze Bezeichnung des jeweiligen Gebührentatbestands
- die Bezeichnung der Auslagen
- die angewandten Nummern des Vergütungsverzeichnisses
- der Gegenstandswert (sofern in die Berechnung Gebühren eingestellt wurden, die nach einem Gegenstandswert berechnet wurden)
- die Unterschrift des Rechtsanwalts (§ 10 Abs. 1 S. 1 RVG).

14 Die Berechnung der Vergütung muss dem Mandanten **schriftlich** erteilt werden.[8] Sie muss allerdings nicht in einem gesonderten Schriftstück erteilt werden, sondern kann auch in einem Anschreiben, welches noch weitere Mitteilungen an den Mandanten enthält, integriert sein. Wenn es sich bei dem Mandanten um einen Unternehmer handelt, der die in der Vergütungsberechnung ausgewiesene Umsatzsteuer als Vorsteuer geltend macht, empfiehlt es sich allerdings unbedingt, die Berechnung als gesondertes Schriftstück zu erstellen und zu übermitteln. Wenn die Berechnung in ein Schreiben integriert ist, welches auch noch sonstige Mitteilungen an den Mandanten enthält, ist darauf zu achten, dass die in § 14 UStG geforderten Angaben gemacht werden.

15 In der Berechnung sollte klar zum Ausdruck kommen, **welche Angelegenheit** die Berechnung betrifft. Die Angelegenheit sollte möglichst genau bezeichnet werden, zB wie folgt:

Vergütungsberechnung für die Tätigkeit als Prozessbevollmächtigter in dem Rechtsstreit ... vor dem Landgericht ... Az.: ....

16 **Für jede Angelegenheit** sollte eine **gesonderte Berechnung** erteilt werden. Dies auch dann, wenn die Gebühren ganz oder zum Teil auf die Gebühren einer anderen Angelegenheit anzurechnen sind. Die anzurechnenden Beträge sollten dann in der Berechnung, die für die andere Angelegenheit erstellt wird, wieder in Abzug gebracht werden. So wird insbesondere bei unterschiedlichen Gegenstandswerten sichergestellt, dass keine Gebührenteile vergessen und damit „verschenkt" werden.

---

[7] Schneider/Wolf/*N. Schneider* § 10 Rn. 96.
[8] Gerold/Schmidt/*Burhoff* § 10 Rn. 5; Schneider/Wolf/*N. Schneider* § 10 Rn. 14; → Rn. 28 bis 30.

Berechnung § 10

Beispiel:
Der Rechtsanwalt vertritt in einem gerichtlichen Mahnverfahren über 20.000 EUR. Gegen den Mahnbescheid wird Widerspruch eingelegt, soweit mehr als 5.000 EUR geltend gemacht werden. Soweit kein Widerspruch eingelegt wurde, wird der Erlass eines Teil – Vollstreckungsbescheides beantragt. Soweit Widerspruch eingelegt wurde, wird das streitige Verfahren durchgeführt, in welchem der Rechtsanwalt als Prozessbevollmächtigter vertritt. Nach mündlicher Verhandlung ergeht ein Urteil.

In diesem Fall empfiehlt sich, zwei getrennte Berechnungen zu erteilen und in diese die in dem jeweiligen Verfahrensabschnitt entstandenen Gebühren und Auslagen einzustellen sowie die vorgeschriebenen Anrechnungen zu berücksichtigen. ME sollten die Vergütungsberechnungen wie folgt erstellt werden:

I. Vergütungsberechnung für die Tätigkeit als Verfahrensbevollmächtigter in dem gerichtlichen Mahnverfahren ... Amtsgericht ... Az.: ...
1. 1,0 Verfahrensgebühr Nr. 3305 VV RVG
   nach Gegenstandswert: 20.000 EUR   742,00 EUR
2. 0,5 Verfahrensgebühr Nr. 3308 VV RVG
   nach Gegenstandswert: 5.000 EUR   151,50 EUR
3. Pauschale für Entgelte für Post- und Telekommunikationsdienstleistungen
   Nr. 7002 VV RVG   20,00 EUR
   Anwaltsvergütung – netto/ohne Umsatzsteuer   913,50 EUR
4. 19 % Umsatzsteuer Nr. 7008 VV RVG   173,57 EUR
   Anwaltsvergütung insgesamt: 1.087,07 EUR

II. Vergütungsberechnung für die Tätigkeit als Prozessbevollmächtigter in dem Zivilprozess ... vor dem Landgericht ... Az.: ...
1. 1,3 Verfahrensgebühr Nr. 3100 VV RVG nach Gegenstandswert:
   15.000 EUR   845,00 EUR
   abzüglich hierauf nach Nr. 3305 Anm. VV RVG anzurechnender 1,0 Verfahrensgebühr nach Gegenstandswert: 15.000 EUR   − 650,00 EUR
   verbleiben von der Verfahrensgebühr: 195,00 EUR
2. 1,2 Terminsgebühr Nr. 3104 VV RVG nach Gegenstandswert:
   15.000 EUR   780,00 EUR
3. Pauschale für Entgelte für Post- und Telekommunikationsdienstleistungen
   Nr. 7002 VV RVG   20,00 EUR
   Anwaltsvergütung – netto/ohne Umsatzsteuer -   995,00 EUR
4. 19 % Umsatzsteuer Nr. 7008 VV RVG   189,05 EUR
   Anwaltsvergütung insgesamt: 1.184,05 EUR

Nach § 10 Abs. 2 S. 1 RVG hat der Rechtsanwalt eine **kurze Bezeichnung des** 17 **jeweiligen Gebührentatbestands** anzugeben. Gemeint ist hier die Angabe, um welche Gebühr es sich handelt, als zB „Verfahrensgebühr" oder „Terminsgebühr" oder „Geschäftsgebühr" oder „Einigungsgebühr".[9] § 10 RVG fordert den Wert- oder Satzrahmengebühren nicht die Angabe des Gebührensatzes (zB 1,3, 1,0 oder 1,2). Dennoch empfiehlt es sich, in der Berechnung zu der jeweiligen Gebühr den abgerechneten Gebührensatz anzugeben, da ansonsten die Abrechnung für den Mandanten nicht nachvollziehbar ist. Nach LG Freiburg[10] hat der Rechtsanwalt bei Abrechnung einer Satzrahmengebühr auch den Gebührensatz anzugeben. Fehlt die Angabe des Gebührensatzes, entspreche die Rechnung nicht den Anforderungen des § 10 RVG, so dass die abgerechnete Vergütung nicht einforderbar sei.

Nach AG Remscheid[11] gehört, wenn für eine Beratung keine Gebührenvereinbarung getroffen worden ist, zur ordnungsgemäßen Abrechnung der Beratungsgebühr 18

---
[9] Gerold/Schmidt/*Burhoff* § 10 Rn. 14; Schneider/Wolf/*N. Schneider* § 10 Rn. 21.
[10] LG Freiburg AGS 2012, 222.
[11] AG Remscheid AGS 2015, 219.

die Angabe der gesetzlichen Grundlage des § 34 Abs. 1 S. 2 RVG iVm §§ 675, 612 BGB.

19 Handelt es sich bei der in der Berechnung einzustellende Gebühr um eine Wert- oder eine Satzrahmengebühr so ist zu der jeweiligen Gebühr auch der **Gegenstandswert anzugeben** (§ 10 Abs. 2 S. 1 RVG). Bestimmen sich alle Gebühren nach demselben Gegenstandswert, reicht es aus, wenn der Gegenstandswert einmal (zB zu Beginn der Zusammenstellung der Gebühren) in der Berechnung genannt wird. Sind mehrere Gebühren entstanden und bestimmen diese sich nach verschiedenen Gegenstandswerten, sollte der Gegenstandswert zu jeder Gebühr genannt werden. Nicht erforderlich ist wohl, in der Berechnung die Wertvorschriften anzugeben, nach denen sich der Gegenstandswert bestimmt.

20 Zu jeder Gebühr ist die **angewandte Nummer des Vergütungsverzeichnisses** in der Berechnung zu nennen, denn ansonsten wird nicht klar, welche Gebühr letztlich abgerechnet wird. Sind unter einer Nummer des Vergütungsverzeichnisses zum RVG mehrere Gebührentatbestände geregelt, ist auch genau die „Ziffer" oder der entsprechende Absatz – und ggf. auch der Satz – der Anm. anzugeben, wo genau sich der Tatbestand der abgerechneten Gebühr im Vergütungsverzeichnis zum RVG findet (zB 0,8 Verfahrensgebühr Nr. 3101 Ziff. 1 VV RVG).[12]

21 ME ist in der Berechnung eine Gebühr wie folgt zu bezeichnen:

1,3 Verfahrensgebühr Nr. 3100 VV RVG nach Wert: 10.000 EUR: 725,40 EUR.

Es ist mE nicht ausreichend, wenn in der Berechnung nur die Bezeichnung „VV" zu der entsprechenden Nummer erscheint. Denn die Gebühr findet sich doch in dem VV (Vergütungsverzeichnis) zum RVG (Rechtsanwaltsvergütungsgesetz). Das VV ist dem RVG als Anlage 1 beigefügt. Wenn neben der Nummer nur die Abkürzung „VV" erscheint, wird nicht klar, welches VV überhaupt gemeint ist.[13] Natürlich reicht die Angabe „VV" dann aus, wenn sich in der Berechnung irgendwo ein Generalhinweis befindet, dass es sich bei den angegebenen Nummern um die Nummern aus dem Vergütungsverzeichnis zum Rechtsanwaltsvergütungsgesetz handelt.

22 Nach § 10 RVG ist es wohl nicht erforderlich, dass zu jeder Gebühr auch noch der § 2 RVG (als Hinweis dafür, dass es sich um eine Wertgebühr handelt) oder den § 13 RVG (als Hinweis darauf, wo sich die Gebührentabelle befindet) oder bei der Abrechnung einer Satzrahmen- oder Betragsrahmengebühr der Hinweis auf § 14 RVG findet.[14]

23 Natürlich ist in der Berechnung auch der **Betrag jeder einzelnen Gebühr und jedes einzelnen Auslagenpostens** anzugeben. Nicht erforderlich ist, dass bei Ansatz einer Betragsrahmengebühr die Höhe des vom Rechtsanwalt bestimmten Betrags begründet wird. Auch der Hinweis „Mittelgebühr" ist nicht notwendig. Allerdings empfiehlt es sich, insbesondere dann, wenn die Berechnung bei dem hinter dem Mandanten stehenden Rechtsschutzversicherer eingereicht wird, die Höhe einer Betragsrahmengebühr zu begründen. Dann reichen keine Begründungen mit leeren Floskeln, wie zB „... *die Sache war umfangreich* ..." oder „ ... *die anwaltliche Tätigkeit war schwierig* ...". Wenn ein höherer Gebührenbetrag durchgesetzt werden soll, dann muss eine konkrete Einzelfall bezogene Begründung erfolgen,

---

[12] Gerold/Schmidt/*Burhoff* § 10 Rn. 14; Schneider/Wolf/*N. Schneider* § 10 Rn. 34.

[13] Anderer Meinung wohl Gerold/Schmidt/*Burhoff* § 10 Rn. 18 in Muster-Berechnung und wohl auch Schneider/Wolf/*N. Schneider* § 10 Rn. 78 in Muster Abrechnungen: Beide geben uns an zB „1,5 – Geschäftsgebühr, VV 2300".

[14] In den Berechnungsbeispielen und Mustern in meinem Buch „RVG für Anfänger" nenne ich diese gesetzlichen Vorschriften aus pädagogischen Gründen jeweils in den Berechnungsbeispielen und den Musterliquidationen mit (Vgl. zB *Enders* Rn. B 36).

Berechnung **§ 10**

wie zB: *"... die anwaltliche Tätigkeit umfasste in der vorliegenden Angelegenheit gem. dem beiliegenden Kostenblatt insgesamt 17 ½ Stunden ...".*[15]

Auslagen, die in die Berechnung einzustellen sind, sind zu bezeichnen, die 24 einzelnen Beträge sind anzugeben und soweit es sich um Auslagen nach Teil 7 VV handelt ist auch die entsprechende Nummer des Vergütungsverzeichnisses anzugeben. Wird nicht die Pauschale für Entgelte für Post- und Telekommunikationsdienstleistungen der Nr. 7002 VV angesetzt, sondern rechnet der Rechtsanwalt die tatsächlich entstandenen Porto-, Telefon- und Internetkosten nach Nr. 7001 VV ab, genügt die Angabe des Gesamtbetrages in der Berechnung (§ 10 Abs. 2 S. 2 RVG). In der Praxis sollten aber, wenn die tatsächlich entstandenen Kosten für Porto, Telefon und Internetkosten abgerechnet werden, Aufzeichnungen vorhanden sein, welche einzelnen Kosten angefallen sind. Denn im Falle des Bestreitens durch den Mandanten oder den Rechtsschutzversicherer wird der Rechtsanwalt nachweisen und ggf. beweisen müssen, wie sich der in die Berechnung eingestellte Gesamtbetrag zusammensetzt. Die Auslagen können zB wie folgt in der Berechnung bezeichnet werden:

Formulierungsvorschlag:

- Pauschale für Entgelte für Post- und Telekommunikationsdienstleistungen Nr. 7002 VV RVG 20,00 EUR
- Abwesenheitsgeld für die Wahrnehmung des Termins vom ... bei dem Landgericht ... Nr. 7005 Ziff. 1 VV RVG 25,00 EUR
- Fahrtkosten für die Wahrnehmung des Termins vom ... bei dem Landgericht ... von Köln nach Hamburg mit eigenem PKW 408 km à 0,30 EUR gem. Nr. 7003 VV RVG 122,40 EUR
- Übernachtungskosten gem. anliegender Rechnung des Hotels ... anlässlich der Wahrnehmung des Gerichtstermins vor dem Landgericht ... vom ... gem. 7006 VV RVG – netto – 86,40 EUR
- 19 % Umsatzsteuer Nr. 7008 VV RVG: ....EUR.

Werden **Auslagen in tatsächlich entstandener Höhe** in die Berechnung einge- 25 stellt (wie zB Parkgebühren, Übernachtungskosten oder ähnliches) müssen der Berechnung keine Belege über die tatsächlich entstandenen Auslagen beigefügt werden. Bei höheren Posten, wie zB Übernachtungskosten oder ähnlichem kann es jedoch sinnvoll sein und ist es sicherlich auch dem Vertrauensverhältnis zwischen Rechtsanwalt und Mandaten förderlich, wenn eine Kopie des Belegs (zB Rechnung des Hotels über die Kosten der Übernachtung) der Berechnung beigelegt werden.

Ist der Prozessbevollmächtigte zum Abzug der Vorsteuer berechtigt, hat er aus 26 von ihm verauslagten – tatsächlichen – Reisekosten (zB Taxientgelte, Flugticket, Bahnfahrkarte o. ä.) die Umsatzsteuer herauszunehmen. Anschließend ist der Nettobetrag in die Berechnung des Rechtsanwalts aufzunehmen und darauf dann wieder der vom Rechtsanwalt zu erhebende Umsatzsteuersatz anzusetzen.[16]

Vom Mandanten oder einem Dritten **gezahlte Vorschüsse** sind der Berechnung 27 abzusetzen. Dies gilt auch für anrechenbare Gebühren aus einer anderen Angelegenheit. Es erscheint zweckmäßig, die Nettobeträge der Vorschüsse oder anzurechnenden Gebühren in der Berechnung abzusetzen und auf die verbleibende Differenz die Umsatzsteuer auszuweisen.[17]

---

[15] → § 14 Rn. 20, 34.
[16] BGH JurBüro 2012, 479.
[17] → § 9 Rn. 32 mit Beispiel/Muster und → Rn. 16 mit Beispiel/Muster; Schneider/Wolf/ N. Schneider § 10 Rn. 50.

28 Die Berechnung ist vom **Rechtsanwalt eigenhändig zu unterzeichnen**[18] (§ 10 Abs. 1 S. 1 RVG). Eine eingescannte Unterschrift oder eine eingestempelte Unterschrift (Faksimile) genügen nicht.[19] Es genügt auch nicht, wenn die Rechtsanwaltsfachangestellte, Rechtsfachwirtin, die die Berechnung in der Kanzlei erstellt hat, diese unterzeichnet. Wohl aber genügt die Unterschrift eines Vertreters iSd § 5 RVG des Rechtsanwalts. Die eigenhändige Unterschrift des Rechtsanwalts kann, wenn die Rechnung in elektronischer Form übermittelt wird durch eine qualifizierte elektronische Signatur nach dem Signaturgesetz ersetzt werden (§§ 126 Abs. 3, 126 a Abs. 1 BGB).[20] Nach § 14 Abs. 1 S. 2 UStG kann – aus umsatzsteuerrechtlicher Sicht – dem Mandanten die Rechnung in elektronischer Form übermittelt werden, wenn dieser der Datenübermittlung zugestimmt hat.[21]

29 Es dürfte auch nicht ausreichend sein, wenn der Rechtsanwalt die gedruckte Berechnung eigenhändig unterzeichnet, diese dann scannt und dem Mandanten mit Email als anhängende Datei (zB PDF-Dokument) übermittelt.[22] Wünscht der Mandant ausdrücklich die elektronische Übersendung der Berechnung, sollte der Rechtsanwalt dem Mandanten die Berechnung als mit einer qualifizierten elektronischen Signatur nach dem Signaturgesetz versehenes elektronisches Dokument übermitteln. Wenn ihm dies nicht möglich ist, sollte der Rechtsanwalt mit dem Mandanten schriftlich vereinbaren, dass dieser auf die Erfordernisse des § 10 Abs. 1 RVG verzichtet.

30 Mit seiner Unterschrift übernimmt der Rechtsanwalt die zivilrechtliche, strafrechtliche und berufsrechtliche Verantwortung für den Inhalt und die Richtigkeit seiner Berechnung.[23]

31 Weitere Anforderungen an die anwaltliche Vergütungsberechnung ergeben sich aus § 14 UStG.

2. Anforderungen nach § 14 UStG

32 In § 14 UStG sind Pflichtangaben normiert, die in einer Rechnung, folglich auch in einer Rechnung über anwaltliche Leistungen enthalten sein müssen. Sinn dieser Regelung ist es ua, um Missbrauch bei der steuerlichen Abzugsfähigkeit von Betriebsausgaben und der Geltendmachung von gezahlter Umsatzsteuer als Vorsteuer vorzubeugen.

33 Nachfolgend wird § 14 UStG auszugsweise abgedruckt:

§ 14 Ausstellung von Rechnungen

(1) Rechnung ist jedes Dokument, mit dem über eine Lieferung oder sonstige Leistung abgerechnet wird, gleichgültig, wie dieses Dokument im Geschäftsverkehr bezeichnet wird… Rechnungen sind auf Papier oder vorbehaltlich der Zustimmung des Empfängers elektronisch zu übermitteln…

(4) Eine Rechnung muss folgende Angaben enthalten:
1. den vollständigen Namen und die vollständige Anschrift des leistenden Unternehmers und des Leistungsempfängers,
2. die dem leistenden Unternehmer vom Finanzamt erteilte Steuernummer oder die ihm vom Bundeszentralamt für Steuern erteilte Umsatzsteuer-Identifikationsnummer,

---

[18] Zu den Anforderungen an die Unterschrift des Rechtsanwalts: OLG Düsseldorf RVGreport 2012, 337.
[19] Gerold/Schmidt/*Burhoff* § 10 Rn. 11; Schneider/Wolf/*N. Schneider* § 10 Rn. 51.
[20] Gerold/Schmidt/*Burhoff* § 10 Rn. 11.
[21] Schneider/Wolf/*N. Schneider* § 10 Rn. 118.
[22] *Enders* JurBüro 2012, 449.
[23] *Hansens* RVGreport 2012, 322 (325).

Berechnung § 10

3. das Ausstellungsdatum,
4. eine fortlaufende Nummer mit einer oder mehreren Zahlenreihen, die zur Identifizierung der Rechnung vom Rechnungsaussteller einmalig vergeben wird (Rechnungsnummer),
5. die Menge und die Art (handelsübliche Bezeichnung) der gelieferten Gegenstände oder den Umfang und die Art der sonstigen Leistung,
6. den Zeitpunkt der Lieferung oder sonstigen Leistung; in den Fällen des Absatzes 5 Satz 1 den Zeitpunkt der Vereinnahmung des Entgelts oder eines Teils des Entgelts, sofern der Zeitpunkt der Vereinnahmung feststeht und nicht mit dem Ausstellungsdatum der Rechnung übereinstimmt,
7. das nach Steuersätzen und einzelnen Steuerbefreiungen aufgeschlüsselte Entgelt für die Lieferung oder sonstige Leistung (§ 10) sowie jede im Voraus vereinbarte Minderung des Entgelts, sofern sie nicht bereits im Entgelt berücksichtigt ist,
8. den anzuwendenden Steuersatz sowie den auf das Entgelt entfallenden Steuerbetrag oder im Fall einer Steuerbefreiung einen Hinweis darauf, dass für die Lieferung oder sonstige Leistung eine Steuerbefreiung gilt und
9. in den Fällen des § 14b Abs. 1 Satz 5 einen Hinweis auf die Aufbewahrungspflicht des Leistungsempfängers. ...

Insbesondere aus dem § 14 Abs. 4 UStG kann entnommen werden, welche Angaben eine Rechnung enthalten muss. Auf den vorstehend abgedruckten Gesetzestext zu § 14 UStG wird hingewiesen! Im Rahmen dieses Kommentars zum RVG können aus Umfangsgründen nicht alle Vorschriften des § 14 UStG kommentiert werden. Zu den wichtigsten Vorschriften folgen nachstehende kurze Erläuterungen. **34**

Für jede Rechnung, die die Anwaltskanzlei verlässt, ist eine **Rechnungsnummer** vom Rechtsanwalt zu vergeben. Die Rechnungsnummer ist in der Rechnung auszuweisen. Es muss sich um eine fortlaufende Nummer handeln, die zweifelsfrei die Identifikation der Rechnung zulässt. Ob die Nummerierung der Rechnungen aufsteigend oder absteigend erfolgt, ist unerheblich. So kann zB für die erste Rechnung eines Jahres die Rechnungsnummer „*5000/2013*" vergeben werden und der Anwalt nummeriert absteigend, dh, die zweite Rechnung würde die Rechnungsnummer „*4999/2013*" erhalten. Es kann aber auch aufsteigend nummeriert werden. Der Anwalt kann auch am Jahresanfang mit „*1/2013*" beginnen. Häufig wird in die Rechnungsnummer noch die Prozess- oder Mandatsregisternummer integriert. **35**

Keiner Rechnungsnummer bedürfen: **36**
- Kostenfestsetzungsanträge nach §§ 103, 104 ZPO
- Vergütungsfestsetzungsanträge gegenüber dem eigenen Mandanten nach § 11 RVG
- Abrechnungen/Festsetzungsanträge des – im Rahmen der Prozess- oder Verfahrenskostenhilfe – beigeordneten Rechtsanwalts gegenüber der Staatskasse
- Abrechnungen/Festsetzungsanträge des zum Pflichtverteidiger bestellten Rechtsanwalts gegenüber der Staatskasse
- Beratungshilfegebühren – Abrechnungen gegenüber der Staatskasse
- Schreiben mit denen ein materiell – rechtlicher Kostenerstattungsanspruch für den Mandanten gegenüber dem erstattungspflichtigen Gegner geltend gemacht werden.[24]

Die Angabe einer Rechnungsnummer in einer Vergütungsabrechnung des im Wege der Prozesskostenhilfe beigeordneten Rechtsanwalts oder des zum Pflichtverteidiger bestellten Rechtsanwalts in seiner Abrechnung gegenüber der Staatskasse ist aber unschädlich.

---

[24] Schneider/Wolf/*N. Schneider* § 10 Rn. 129.

§ 10 Berechnung

37 In der Rechnung ist die dem leistenden Rechtsanwalt vom Finanzamt erteilte **Steuernummer** oder die dem Rechtsanwalt auf Antrag zugeteilte **Umsatzsteuer – Identifikationsnummer** (USt-ID-Nr.) anzugeben.[25] Eine Umsatzsteuer – Identifikationsnummer wird vom Bundeszentralamt für Steuern auf Antrag erteilt. Es empfiehlt sich, sich eine Umsatzsteuer – Identifikationsnummer erteilen zu lassen und diese in Rechnungen anzugeben.[26]

38 In der Rechnung hat der Anwalt auch den **Leistungszeitraum** anzugeben. Als Leistungszeitraum ist mE der Zeitraum von Beginn der abgerechneten gebührenrechtlichen Angelegenheit bis zur Fälligkeit der Vergütung für die betreffende Angelegenheit anzunehmen. Auch hier zeigt sich wieder, dass es sich in der Praxis unbedingt empfiehlt, für jede gebührenrechtliche Angelegenheit eine gesonderte Berechnung zu erstellen.[27]

39 In den Fällen des § 14b Abs. 1 S. 5 UStG hat die Rechnung auch einen Hinweis auf die Aufbewahrungspflicht des Leistungsempfängers zu enthalten. Diese Hinweispflicht wird der Rechtsanwalt zB dann geben müssen, wenn seine Leistungen im Zusammenhang mit einem Grundstück erfolgen. Dann muss auch ein Nichtunternehmer diese Rechnung des Anwalts gem. § 14b Abs. 1 S. 5 UStG zwei Jahre aufbewahren. Dem Mandanten ist ein entsprechender Hinweis auf die Aufbewahrungspflicht in der Rechnung zu erteilen (§ 14 Abs. 4 Nr. 9 UStG).

40 **Wichtiger Hinweis:** Nur wenn die vom Rechtsanwalt ausgestellte Rechnung alle von § 14 UStG geforderten Formalien erfüllt, kann der Mandant als Leistungsempfänger die darin ausgewiesene Umsatzsteuer als Vorsteuer geltend machen.[28]

41 Der Rechtsanwalt hat ein Doppel der Rechnungen, die er selbst oder ein Dritter in seinem und für seine Rechnung ausgestellt hat, sowie alle Rechnungen, die er erhalten oder die ein Leistungsempfänger oder in dessen Namen und für dessen Rechnung ein Dritter ausgestellt hat, **zehn Jahre aufzubewahren.** Die Rechnungen müssen über den gesamten Zeitraum lesbar sein. Die Aufbewahrungsfrist beginnt mit dem Schluss des Kalenderjahres, in dem die Rechnung ausgestellt worden ist (§ 14b Abs. 1 S. 1 bis 3 UStG).

42 Für **Rechnungen über Kleinbeträge** (Gesamtbetrag der Rechnung darf 150 EUR nicht übersteigen) ergeben sich aus § 33 UStDV Sonderregelungen. Sie bedürfen zB keiner Rechnungsnummer und die Angabe der Steuernummer (oder der Umsatzsteuer-Identifikationsnummer) ist ebenfalls entbehrlich. Der enthaltene Umsatzsteuerbetrag muss nicht gesondert ausgewiesen sein. Es muss lediglich der Gesamtbetrag und der anzuwendende Umsatzsteuersatz angegeben sein.[29]

3. Checkliste

43 Nachstehend soll übersichtlich und stichwortartig zusammengestellt werden, welche Anforderungen § 10 RVG und § 14 UStG an eine ordnungsgemäße Berechnung stellen:

- ☐ Vollständiger Name und vollständige Anschrift des leistenden Rechtsanwalts (§ 14 Abs. 4 Ziff. 1 UStG)
- ☐ Vollständiger Name und vollständige Anschrift des Leistungsempfängers = Rechnungsempfänger (§ 14 Abs. 4 Ziff. 1 UStG)
- ☐ Angabe der Steuernummer oder der Umsatzsteuer – Identifikationsnummer des leistenden Rechtsanwalts (§ 14 Abs. 4 Ziff. 2 UStG)
- ☐ Ausstellungsdatum (§ 14 Abs. 4 Ziff. 3 UStG)

---

[25] Schneider/Wolf/*N. Schneider* § 10 Rn. 122.
[26] HK-RVG/*Mayer* § 10 Rn. 23; Schneider/Wolf/*N. Schneider* § 10 Rn. 122.
[27] Schneider/Wolf/*N. Schneider* § 10 Rn. 127.
[28] Schneider/Wolf/*N. Schneider* § 10 Rn. 128.
[29] HK-RVG/*Mayer* § 10 Rn. 31.

Berechnung § 10

- ☐ Angabe der Rechnungs-Nr. (§ 14 Abs. 4 Ziff. 4 UStG)
- ☐ Umfang und Art der erbrachten Leistungen des Rechtsanwalts, wie zB „... *Vertretung als Prozessbevollmächtigter in dem Rechtsstreit ... vor dem Landgericht ... Az.: ...* (§ 14 Abs. 4 Ziff. 5 UStG)
- ☐ den Leistungszeitraum (§ 14 Abs. 4 Ziff. 6 UStG)
- ☐ Angabe des Gegenstandswertes, sofern sich die Gebühren nach einem Gegenstandswert richten (§ 10 Abs. 2 S. 1 RVG)
- ☐ Angabe der einzelnen Gebühren: Gebührensatz, kurze Bezeichnung des jeweiligen Gebührentatbestandes, angewandte Nummer des Vergütungsverzeichnisses, Betrag der einzelnen Gebühr (§ 10 Abs. 2 S. 1 RVG)
- ☐ Einzelne Auslagen: Bezeichnung der Auslagen, angewandte Nummer des Vergütungsverzeichnisses und Betrag der einzelnen Auslagenposten (§ 10 Abs. 2 S. 1 RVG)
- ☐ Beim Auslagenposten Entgelte für Post- und Telekommunikationsdienstleistungen genügt die Angabe des Gesamtbetrags (§ 10 Abs. 2 S. 2 RVG)
- ☐ Angabe und Absetzung von Vorschüssen (§ 10 Abs. 2 S. 2 RVG)
- ☐ Anzuwendender Steuersatz sowie den auf das Entgelt entfallende Steuerbetrag (§ 14 Abs. 4 Nr. 8 UStG)
- ☐ Hinweis auf die Aufbewahrungspflicht des Leistungsempfängers in den Fällen des § 14b Abs. 1 S. 5 UStG (§ 14 Abs. 4 Ziff. 9 UStG)
- ☐ Eigenhändige Unterschrift des Rechtsanwalts (§ 10 Abs. 1 S. 1 RVG).

Eine Checkliste kann immer nur eine Orientierungshilfe für die Praxis sein. Im Zweifelsfalle ist einschlägige Kommentierung heranzuziehen. **44**

Nach OLG Schleswig[30] genügt die Kostenrechnung auch dann den inhaltlichen Anforderungen des § 10 Abs. 2 RVG, *„wenn in der Kostenberechnung nicht enthaltene, aber erforderliche Angaben sich aus einem nachgereichten anwaltlichen Schreiben ergeben."*[31] **45**

IV. Kostenfestsetzung nach § 11 RVG

Der Rechtsanwalt kann die ihm entstandene gesetzliche Vergütung gem. § 11 RVG gegenüber dem eigenen Auftraggeber festsetzen lassen, wenn dieser nicht zahlt oder die Höhe der abgerechneten Vergütung bestreitet. Für einen schlüssigen Antrag nach § 11 RVG ist es erforderlich, dass in dem Antrag vorgebracht wird, dass der Mandant eine ordnungsgemäße Berechnung über die Vergütung nach § 10 RVG erhalten hat. Hat er nämlich keine Berechnung nach § 10 RVG erhalten, ist die Vergütung (noch) nicht einforderbar. Es dürfte aber ausreichend sein, wenn der an den Antragsgegner (Mandanten) zuzustellenden beglaubigten Abschrift des Kostenfestsetzungsantrages nach § 11 RVG eine vom Anwalt unterzeichnete Berechnung der Vergütung, die die Voraussetzungen des § 10 RVG erfüllt, beigefügt ist. Nach dem OLG Dresden[32] ist es auch ausreichend als Berechnung iSd § 10 RVG, wenn dem Mandanten die beglaubigte Abschrift des Vergütungsfestsetzungsgesuches gem. § 11 RVG seines (früheren) Prozessbevollmächtigten vom Gericht übermittelt wird.[33] **46**

Grundsätzlich muss der Vergütungsfestsetzungsantrag nach § 11 RVG weder die Formalien des § 10 RVG und auf gar keinen Fall die des § 14 UStG erfüllen. Allerdings hat der Antrag natürlich eine geordnete Darstellung der festzusetzenden **47**

---

[30] OLG Schleswig RVGreport 2012, 338.
[31] Zitiert aus dem im RVGreport 2012, 338 abgedruckten Leitsatz zu der Entscheidung des OLG Schleswig.
[32] OLG Dresden JurBüro 1998, 599.
[33] So wohl auch Schneider/Wolf/*N. Schneider* § 10 Rn. 84.

§ 10 Berechnung

Gebühren und Auslagen zu enthalten, wobei auch die Bezugnahme auf die entsprechenden Vorschriften im RVG bzw. im VV nicht fehlen dürfen, damit klar wird, die Festsetzung welcher Gebühren und Auslagen der Rechtsanwalt in seinem Antrag begehrt.

V. Kostenfestsetzung nach §§ 103, 104 ZPO

48 Beantragt der Rechtsanwalt für den Mandanten die Kostenfestsetzung nach §§ 103, 104 ZPO gegenüber dem erstattungspflichtigen Gegner, muss der Kostenfestsetzungsantrag weder die Formalien des § 10 RVG noch des § 14 UStG erfüllen.

49 Für den Kostenfestsetzungsantrag nach §§ 103, 104 ZPO ist keine Rechnungsnummer zu vergeben. Denn hier geht es ja nur um die Erstattung der dem Mandanten entstandenen Gerichts- u. Anwaltskosten. Vorausgegangen ist dem Kostenfestsetzungsantrag gegenüber dem erstattungspflichtigen Gegner in der Regel eine Berechnung des Rechtsanwalts an seinen eigenen Mandanten, die dann natürlich die Formalien der §§ 10 RVG, 14 UStG erfüllen muss und folglich auch eine Rechnungsnummer enthalten muss.

50 Der Kostenfestsetzungsantrag im Verfahren nach §§ 103, 104 ZPO muss allerdings eine geordnete Darstellung der zur Festsetzung angemeldeten Beträge enthalten, in der die einzelnen Gebühren und Auslagen nachvollziehbar (mit Angaben der entsprechenden Vorschriften aus dem RVG bzw. aus dem VV) bezeichnet sind.[34]

51 Für einen Antrag auf Festsetzung der Kosten gegenüber dem erstattungspflichtigem Gegner ist nicht erforderlich, dass der Prozessbevollmächtigte der erstattungsberechtigten Partei bereits eine den Erfordernissen des § 10 RVG genügende Berechnung der Vergütung erteilt hat.[35]

VI. Rechtsschutzversicherung

52 Ist der Mandant rechtsschutzversichert und hat der Rechtsschutzversicherer den Versicherungsschutz bestätigt und sich zur Übernahme der entstehenden Kosten bereit erklärt, wird der Rechtsanwalt in der Praxis direkt dem Rechtsschutzversicherer die entstandenen Gebühren und Auslagen mitteilen und der Rechtsschutzversicherer wird diese in der Regel ausgleichen. Der Rechtsschutzversicherer wird in der Regel nicht darauf bestehen, dass ihm eine Berechnung übermittelt wird, die die Formalien des § 10 RVG vollständig erfüllt.[36]

53 Abrechnungstechnisch korrekt wäre mE folgende Verfahrensweise:
Der Rechtsanwalt stellt eine den Erfordernissen des § 10 RVG und des § 14 UStG entsprechende Berechnung, adressiert an den Mandanten aus. Für die an den Mandanten gerichtete Berechnung wird dann auch eine Rechnungsnummer vergeben. Diese Berechnung übersendet der Rechtsanwalt dann mit einem Begleitschreiben an den Rechtsschutzversicherer mit der Bitte, die entstanden Gebühren und Auslagen, die sich aus der anliegenden Berechnung ergeben, an ihn zu zahlen.

54 Die von mir in der vorangegangenen → Rn. 53 vorgeschlagene Verfahrensweise empfiehlt sich insbesondere dann, wenn der Mandant zum Abzug der Vorsteuer berechtigt ist. Dann wird der Rechtsschutzversicherer nicht die Umsatzsteuer auf die Gebühren und Auslagen tragen. Der Rechtsanwalt könnte die erstellte und an den Mandanten adressierte Rechnung an diesen mit einem Begleitschreiben übersenden, mit der Bitte, hieraus nur die darin ausgewiesene Umsatzsteuer an ihn

---

[34] Schneider/Wolf/*N. Schneider* § 10 Rn. 110.
[35] BSG BeckRS 2015, 66817.
[36] Schneider/Wolf/*N. Schneider* § 10 Rn. 113.

zu zahlen. Der Mandant hätte dann auch eine ordnungsgemäße Unterlage, um die Umsatzsteuer als Vorsteuer geltend zu machen. Der Rechtsschutzversicherer könnte dann in diesem Fall unter Übersendung einer Abschrift der Berechnung gebeten werden, die Nettovergütung (also Gebühren und Auslagen ohne Umsatzsteuer) zu zahlen.

Eine besondere Problematik ergibt sich dann, wenn in dem Rechtsschutzversicherungsvertrag eine Selbstbeteiligung für den Mandanten enthalten ist. Dann empfiehlt es sich, zunächst eine Berechnung über die gesamte Vergütung, an den Mandanten adressiert auszustellen, die die Formalien der §§ 10 RVG und 14 UStG erfüllt und für die folglich auch eine Rechnungsnummer vergeben wird. Diese an den Mandanten adressierte Berechnung wird dem Rechtsschutzversicherer in Abschrift übersandt mit der Bitte, den Gesamtbetrag abzüglich der im Vertrag vereinbarten Selbstbeteiligung zu zahlen. Dem Mandanten wird das Original der Berechnung übersandt mit der Bitte, die sich ergebende Differenz in Höhe der Selbstbeteiligung an den Rechtsanwalt zu zahlen. Ist der Mandant jetzt noch zum Abzug der Vorsteuer berechtigt, wird er gebeten werden müssen, die Selbstbeteiligung zzgl. der in der Berechnung ausgewiesene Umsatzsteuer an den Rechtsanwalt zu zahlen.

VII. Materiell-rechtlicher Kostenerstattungsanspruch

Macht der Rechtsanwalt für den Mandant einen materiell – rechtlichen Kostenerstattungsanspruch geltend (zB im Rahmen einer außergerichtlichen Vertretung wegen der Durchsetzung eines Anspruchs) so geschieht dies in der Praxis oft dergestalt, dass die Gebühren und Auslagen des Rechtsanwalts, der für die erstattungsberechtigte Partei tätig ist, in dem Anspruchsschreiben berechnet werden und der Gegner aufgefordert wird, diese zu erstatten. Der Gegner kann hier nicht einwenden, dass er nicht zur Zahlung verpflichtet sei, da ihm keine Berechnung vorgelegt wurde, die den Anforderungen der §§ 10 RVG, 14 UStG entspreche. Hier darf der Anwalt keine an den Gegner adressierte Berechnung mit den Erfordernissen des § 14 UStG ausstellen. Denn der Gegner ist nicht der Leistungsempfänger. Leistungsempfänger ist der Mandant.

Wenn man hier ganz korrekt verfahren will, müsste mE eine an den Mandanten adressierte Berechnung vom Anwalt ausgestellte werden, die den Erfordernissen der §§ 10 RVG, 14 UStG entspricht, also für welche auch eine Rechnungsnummer vergeben wird. Diese Berechnung wird dann an den Gegner übersandt mit der Aufforderung, die dem Mandanten entstandenen Kosten zu erstatten. Ist der Mandant zum Abzug der Vorsteuer berechtigt und hat der Gegner folglich nicht die Umsatzsteuer auf die Anwaltsvergütung zu erstatten, könnte dem Gegner eine Abschrift dieser Berechnung übersandt werden und das Original der Berechnung wird an den Mandanten übermittelt mit der Bitte, die darin ausgewiesene Umsatzsteuer an den Rechtsanwalt zu zahlen.

VIII. Terminsvertreter

Bei der Zusammenarbeit von Prozessbevollmächtigten und Terminsvertreter läuft in der Praxis oft die Abrechnung der Vergütung der beiden nebeneinander tätigen Anwälten nicht korrekt iSv § 14 UStG ab. Vielfach rechnet der Prozessbevollmächtigte alle entstandenen Gebühren und Auslagen (also die bei ihm entstandenen und die bei dem Terminsvertreter entstandenen) mit dem Mandanten ab und kehrt dann den gesetzlichen oder vereinbarten Anteil an den Terminsvertreter aus. Dies ist im Hinblick auf die Umsatzsteuerproblematik bedenklich.

59 Korrekt wäre mE, wenn Abrechnung- und Rechnungsstellung wie folgt erfolgen würden:
- Der Prozessbevollmächtigte erstellt über die bei ihm entstandenen Gebühren und Auslagen eine Berechnung, gerichtet an den Mandanten, als Leistungsempfänger, die den Erfordernissen der §§ 10 RVG, 14 UStG entspricht.
- Der Terminsvertreter erstellt über die bei ihm entstandenen Gebühren und Auslagen eine Berechnung gerichtet an den Mandanten als Leistungsempfänger, die den Erfordernissen des §§ 10 RVG, 14 UStG entspricht.

60 Hat dann der Terminsvertreter noch Gebührenanteile an den Prozessbevollmächtigten – aufgrund einer internen Vereinbarung – herauszuzahlen, stellt der Prozessbevollmächtigte dem Terminsvertreter eine entsprechende Rechnung, die den Erfordernissen des § 14 UStG entspricht.[37]

61 Nach BGH[38] ist im Kostenfestsetzungsverfahren eine an die vertretene Partei adressierte Rechnung des Terminsvertreters zur Glaubhaftmachung vorzulegen, dass für den Terminsvertreter tatsächlich eine Vergütung nach dem RVG entstanden ist. Dies insbesondere dann, wenn zweifelhaft ist, ob der Terminsvertreter von der Partei oder von deren Prozessbevollmächtigten im eigenen Namen beauftragt worden ist. Denn nur wenn die Partei den Terminsvertreter beauftragt, fällt bei diesem eine Vergütung nach dem RVG an.[39]

IX. Nachforderung einer Berechnung

62 Nach § 10 Abs. 3 RVG kann der Auftraggeber (Mandant) vom Rechtsanwalt auch dann, wenn er die Vergütung bereits gezahlt hat, ohne zuvor eine ordnungsgemäße Berechnung erhalten zu haben, eine Mitteilung der Berechnung vom Rechtsanwalt auch noch nachträglich fordern. Der Rechtsanwalt ist, solange er zur Aufbewahrung der Handakten verpflichtet ist, auch verpflichtet, eine ordnungsgemäße Berechnung iSd § 10 RVG dem Mandanten zu erteilen. Nach § 50 Abs. 2 BRAO hat der Rechtsanwalt die Handakten für die Dauer von 5 Jahren nach Beendigung des Auftrages aufzubewahren. Nach § 50 Abs. 2 S. 2 BRAO kann diese Verpflichtung jedoch auch schon vor Beendigung dieses 5-Jahres Zeitraums enden, wenn der Rechtsanwalt den Auftraggeber aufgefordert hat, die Handakten in Empfang zu nehmen und der Auftraggeber dieser Aufforderung binnen 6 Monaten, nachdem er sie erhalten hat, nicht nachgekommen ist.

§ 11 Festsetzung der Vergütung

(1) ¹Soweit die gesetzliche Vergütung, eine nach § 42 festgestellte Pauschgebühr und die zu ersetzenden Aufwendungen (§ 670 des Bürgerlichen Gesetzbuchs) zu den Kosten des gerichtlichen Verfahrens gehören, werden sie auf Antrag des Rechtsanwalts oder des Auftraggebers durch das Gericht des ersten Rechtszugs festgesetzt. ²Getilgte Beträge sind abzusetzen.

(2) ¹Der Antrag ist erst zulässig, wenn die Vergütung fällig ist. ²Vor der Festsetzung sind die Beteiligten zu hören. ³Die Vorschriften der jeweiligen Verfahrensordnung über das Kostenfestsetzungsverfahren mit Ausnahme des § 104 Abs. 2 Satz 3 der Zivilprozessordnung und die Vorschriften der Zivilprozessordnung über die Zwangsvollstreckung aus Kostenfestsetzungsbeschlüssen gelten entsprechend. ⁴Das Verfahren vor dem Gericht des ersten Rechtszugs ist gebührenfrei. ⁵In den Vergütungsfestsetzungsbe-

---
[37] So auch *Ribbrock* AnwBl. 2008, 184.
[38] BGH JurBüro 2012, 29.
[39] *Enders* JurBüro 2012, 1 f.

schluss sind die von dem Rechtsanwalt gezahlten Auslagen für die Zustellung des Beschlusses aufzunehmen. [6]Im Übrigen findet eine Kostenerstattung nicht statt; dies gilt auch im Verfahren über Beschwerden.

(3) [1]Im Verfahren vor den Gerichten der Verwaltungsgerichtsbarkeit, der Finanzgerichtsbarkeit und der Sozialgerichtsbarkeit wird die Vergütung vom Urkundsbeamten der Geschäftsstelle festgesetzt. [2]Die für die jeweilige Gerichtsbarkeit geltenden Vorschriften über die Erinnerung im Kostenfestsetzungsverfahren gelten entsprechend.

(4) Wird der vom Rechtsanwalt angegebene Gegenstandswert von einem Beteiligten bestritten, ist das Verfahren auszusetzen, bis das Gericht hierüber entschieden hat (§§ 32, 33 und 38 Abs. 1).

(5) [1]Die Festsetzung ist abzulehnen, soweit der Antragsgegner Einwendungen oder Einreden erhebt, die nicht im Gebührenrecht ihren Grund haben. [2]Hat der Auftraggeber bereits dem Rechtsanwalt gegenüber derartige Einwendungen oder Einreden erhoben, ist die Erhebung der Klage nicht von der vorherigen Einleitung des Festsetzungsverfahrens abhängig.

(6) [1]Anträge und Erklärungen können ohne Mitwirkung eines Bevollmächtigten schriftlich eingereicht oder zu Protokoll der Geschäftsstelle abgegeben werden. [2]§ 129a der Zivilprozessordnung gilt entsprechend. [3]Für die Bevollmächtigung gelten die Regelungen der für das zugrunde liegende Verfahren geltenden Verfahrensordnung entsprechend.

(7) Durch den Antrag auf Festsetzung der Vergütung wird die Verjährung wie durch Klageerhebung gehemmt.

(8) [1]Die Absätze 1 bis 7 gelten bei Rahmengebühren nur, wenn die Mindestgebühren geltend gemacht werden oder der Auftraggeber der Höhe der Gebühren ausdrücklich zugestimmt hat. [2]Die Festsetzung auf Antrag des Rechtsanwalts ist abzulehnen, wenn er die Zustimmungserklärung des Auftraggebers nicht mit dem Antrag vorlegt.

Übersicht

	Rn.
I. Überblick	1
II. Festsetzbare Vergütung	7
1. Gerichtliches Verfahren	7
2. Gesetzliche Vergütung	18
III. Verfahren	26
1. Antrag, Zuständigkeit	26
2. Antragsberechtigte	38
3. Rechtsmittel	45
a) Ordentliche Gerichte (Amts- und Landgerichte) und Arbeitsgerichte	46
b) Verwaltungsgericht	48
c) Finanzgericht	49
d) Sozialgericht	50
IV. Nicht gebührenrechtliche Einwendungen	51
V. Hemmung der Verjährung	61
VI. Festsetzung von Rahmengebühren	65

I. Überblick

Zahlt der Mandant nicht die Vergütung an den von ihm beauftragten Rechtsanwalt, muss der Rechtsanwalt nicht unbedingt seine Vergütung im gerichtlichen

§ 11 Festsetzung der Vergütung

Mahnverfahren oder in einem bürgerlichen Rechtsstreit gegenüber dem Mandanten geltend machen. § 11 RVG schafft die Möglichkeit, dass der Rechtsanwalt seine Vergütung in einem gerichtlichen Kostenfestsetzungsverfahren **gegenüber dem eigenen Auftraggeber** festsetzen lässt. Das Kostenfestsetzungsverfahren läuft ähnlich ab, wie die Festsetzung der der erstattungsberechtigten Partei entstandenen Kosten gegenüber der erstattungspflichtigen Partei in einem bürgerlichen Rechtsstreit (§§ 103, 104 ZPO).

2 Auch der Mandant, der die Höhe der vom Rechtsanwalt abgerechneten Vergütung in Zweifel zieht, kann ein Kostenfestsetzungsverfahren nach § 11 RVG in die Wege leiten.

3 Festgesetzt werden kann allerdings nur die gesetzliche Vergütung des Rechtsanwalts nach dem RVG, eine nach § 42 RVG festgestellte Pauschgebühr und die dem Rechtsanwalt zu ersetzenden Aufwendungen (§ 670 BGB). Festgesetzt werden können auch nur Vergütungen, die zu den Kosten eines **gerichtlichen Verfahrens** gehören. Nicht festgesetzt werden können also Vergütungen für eine außergerichtliche Tätigkeit oder vereinbarte Vergütungen.

4 Erhebt der Auftraggeber des Rechtsanwalts Einwendungen oder Einreden gegenüber der Vergütung, die nicht im Gebührenrecht ihren Grund haben, ist die Festsetzung nach § 11 Abs. 5 RVG abzulehnen und der Rechtsanwalt auf den ordentlichen Rechtsweg (gerichtliches Mahnverfahren oder Klage) zu verweisen.

5 Die Festsetzung der Vergütung gegenüber dem eigenen Auftraggeber des Rechtsanwalts ist nicht zu verwechseln mit der Kostenfestsetzung gegenüber dem erstattungspflichtigen Gegner. Es sind zwei getrennte Verfahren, die nicht im Zusammenhang miteinander stehen. Für beide Verfahren bedarf es eines gesonderten Antrags. Beide Anträge sind gesondert bei Gericht zu behandeln und über beide Anträge sind getrennte Beschlüsse zu entscheiden. Wohl aber sind die Verfahrensvorschriften für das Kostenfestsetzungsverfahren gegenüber dem erstattungspflichtigen Gegner teilweise auch auf das Verfahren der Festsetzung der Vergütung gegenüber dem eigenen Auftraggeber entsprechend anzuwenden (vgl. § 11 Abs. 2 S. 3 RVG).

6 Allgemein wird die Festsetzung der Vergütung gegenüber dem Auftraggeber als „**Vergütungsfestsetzung**" bezeichnet. Die Festsetzung der der erstattungsberechtigten Partei entstandenen Kosten gegenüber der erstattungspflichtigen Partei wird allgemein als „**Kostenfestsetzung**" bezeichnet.[1]

II. Festsetzbare Vergütung

1. Gerichtliches Verfahren

7 Nach § 11 Abs. 1 S. 1 RVG ist eine gesetzliche Vergütung des Rechtsanwalts gegenüber dem eigenen Auftraggeber festsetzbar, soweit die festzusetzende Vergütung **zu den Kosten eines gerichtlichen Verfahrens gehört**. Gemeint sind hiermit Verfahren, die vor staatlichen Gerichten durchzuführen sind. Ob das Verfahren vor einem Amts-, Land-, Oberlandesgericht oder dem Bundesgerichtshof stattfindet, ist unerheblich. Ebenso ist die Vergütungsfestsetzung auch möglich, wenn das gerichtliche Verfahren vor einem Gericht der Verwaltungs-, Sozial-, Finanzgerichts- oder Arbeitsgerichtsbarkeit stattfindet.[2] Eine Vergütungsfestsetzung nach § 11 RVG ist nahezu in allen gerichtlichen Verfahren möglich. Sie ist auch nicht auf die Tätigkeit des Rechtsanwalts in einem Rechtsstreit beschränkt, sondern auch zulässig in zB folgenden Verfahren:
- Arrestverfahren
- Berufungsverfahren

---

[1] Gerold/Schmidt/*Müller-Rabe* § 11 Rn. 6.
[2] Gerold/Schmidt/*Müller-Rabe* § 11 Rn. 9.

Festsetzung der Vergütung § 11

- Beschwerdeverfahren
- Selbständiges Beweisverfahren
- Einstweilige Anordnungen in Familiensachen
- Verfahren des einstweiligen Rechtsschutzes in verwaltungsrechtlichen Angelegenheiten
- Einstweilige Verfügungen (auch wenn nur eine Schutzschrift eingereicht worden ist[3])
- Familiensachen
- Familienstreitsachen
- Mahnverfahren[4]
- Prozesskostenhilfe – Bewilligungsverfahren/Prozesskostenhilfe – Prüfungsverfahren[5]
- Revisionsverfahren
- Verfahrenskostenhilfe – Bewilligungsverfahren/Verfahrenskostenhilfe – Prüfungsverfahren
- Zwangsversteigerungsverfahren
- Zwangsverwaltungsverfahren
- Zwangsvollstreckung.[6]

Nach § 11 RVG festsetzbar ist auch eine in einem verwaltungs- oder sozialrechtlichen **8** vorgerichtlichen Rechtsbehelfsverfahren entstandene Vergütung. Dies aber nur dann, wenn es anschließend zu einem verwaltungs- oder sozialgerichtlichen Verfahren gekommen ist.[7] Im Vergütungsfestsetzungsverfahren (Rechtsanwalt gegen den eigenen Auftraggeber) gilt dies unabhängig davon, ob das Verwaltungsgericht die Zuziehung eines Rechtsanwalts für notwendig erklärt hat.

Gehört die festzusetzende Vergütung zu den Kosten des gerichtlichen Verfahrens, **9** ist unerheblich, in welcher Eigenschaft der Rechtsanwalt in dem gerichtlichen Verfahren oder im Zusammenhang mit diesem tätig geworden ist. Natürlich ist die gesetzliche Vergütung eines Rechtsanwalts festsetzbar, wenn dieser als **Prozess- oder Verfahrensbevollmächtigter** in dem gerichtlichen Verfahren tätig geworden ist. Es ist aber auch ausreichend, wenn der Rechtsanwalt nur als **Terminsvertreter,**[8] **Korrespondenz- oder Verkehrsanwalt**[9] in dem gerichtlichen Verfahren oder im Zusammenhang mit diesem tätig war. Auch der nur mit **Einzeltätigkeiten** beauftragte Rechtsanwalt kann seine Vergütung nach § 11 RVG festsetzen lassen, wenn diese Tätigkeit im Zusammenhang mit einem gerichtlichen Verfahren bestanden hat (zB der Rechtsanwalt war nur beauftragt, einen einzelnen Schriftsatz zu fertigen – Nr. 3403 VV).[10]

Übt der Rechtsanwalt im Zusammenhang mit einem gerichtlichen Verfahren **10** eine Tätigkeit aus, die nicht nach dem RVG vergütet wird, so ist keine Festsetzung nach § 11 RVG möglich. So kann zB der Rechtsanwalt, der als Betreuer, Nachlasspfleger, Vormund, Insolvenzverwalter oder Zwangsverwalter tätig ist, seine Vergütung nicht nach § 11 RVG festsetzen lassen, auch wenn diese Vergütung gesetzlich (zwar nicht im RVG, aber in einem anderen Gesetz – zB für den Insolvenzverwalter in der InsVV) geregelt ist.[11]

---

[3] Schneider/Wolf/N. *Schneider* § 11 Rn. 96.
[4] Schneider/Wolf/N. *Schneider* § 11 Rn. 74, 148.
[5] Schneider/Wolf/N. *Schneider* § 11 Rn. 85.
[6] Schneider/Wolf/N. *Schneider* § 11 Rn. 116.
[7] Schneider/Wolf/N. *Schneider* § 11 Rn. 111; HessVGH JurBüro 2010, 648.
[8] HK-RVG/*Mayer* § 11 Rn. 29 „Sonderfälle – Terminsvertreter"; Schneider/Wolf/N. *Schneider* § 11 Rn. 99.
[9] HK-RVG/*Mayer* § 11 Rn. 27 „Sonderfälle – Verkehrsanwalt"; Schneider/Wolf/N. *Schneider* § 11 Rn. 104 ff.
[10] HK-RVG/*Mayer* § 11 Rn. 24 „Sonderfälle"; Schneider/Wolf/N. *Schneider* § 11 Rn. 65.
[11] Gerold/Schmidt/*Müller-Rabe* § 11 Rn. 28, 29.

§ 11 Festsetzung der Vergütung

11 Die Kosten eines **Patentanwalts** sind nicht nach § 11 RVG festsetzbar, auch wenn dieser in einem Markenprozess oder einem anderen Verfahren des gewerblichen Rechtsschutzes vor dem ordentlichen Gericht tätig geworden ist.[12]

12 Hat der Rechtsanwalt nur **außergerichtlich vertreten,** so kann **keine Festsetzung** nach § 11 RVG erfolgen. Die Kosten für eine außergerichtliche Vertretung können auch dann nicht festgesetzt werden, wenn später ein gerichtliches Verfahren folgt und der Rechtsanwalt in diesem gerichtlichen Verfahren als Prozess- oder Verfahrensbevollmächtigter tätig wird.[13] Es kann zwar dann die Vergütung festgesetzt werden, die in dem gerichtlichen Verfahren entstanden ist, aber nicht auch noch zusätzlich die Vergütung, die für die vorangegangene außergerichtliche Vertretung angefallen ist. Die Vergütung für die außergerichtliche Vertretung muss gesondert gerichtlich geltend gemacht werden, zB in einem gerichtlichen Mahnverfahren oder in einem bürgerlichen Rechtsstreit. Allerdings kann zB die in der Vorb. 3 Abs. 4 VV vorgesehene Anrechnung der Geschäftsgebühr bereits in der Abrechnung für die außergerichtliche Vertretung berücksichtigt werden, so dass die volle Verfahrensgebühr nach § 11 RVG festgesetzt werden kann.

Beispiel:

Der Rechtsanwalt wird von seinem Mandanten beauftragt, außergerichtlich einen Anspruch in Höhe von 30.000 EUR geltend zu machen. Nachdem die Gegenseite innerhalb der ihr gesetzten Frist nicht reagiert, erhebt der Rechtsanwalt auftragsgemäß Klage. Der Rechtsanwalt vertritt die Partei auch in der mündlichen Verhandlung. Anschließend ergeht ein Urteil. Die Klage wird abgewiesen. Der Mandant leistet weder auf die vorprozessual entstandene noch auf die im gerichtlichen Verfahren entstandene Vergütung eine Zahlung.

Der Rechtsanwalt sollte wie folgt abrechnen:

Für die außergerichtliche Vertretung:
Gegenstandswert: 30.000 EUR
1. 1,3 Geschäftsgebühr Nr. 2300 VV   1.121,90 EUR
   hierauf anzurechnen gem. der Vorb. 3 Abs. 4 VV
   0,65 Geschäftsgebühr   560,95 EUR
   verbleiben von der Geschäftsgebühr: 560,95 EUR
2. Pauschale Nr. 7002 VV   20,00 EUR
3. 19 % Umsatzsteuer Nr. 7008 VV   110,38 EUR
                                                                        691,33 EUR

Für die Tätigkeit als Prozessbevollmächtigter in dem gerichtlichen Verfahren:
Gegenstandswert: 30.000 EUR
1. 1,3 Verfahrensgebühr Nr. 3100 VV   1.121,90 EUR
2. 1,2 Terminsgebühr Nr. 3104 VV   1.035,60 EUR
3. Pauschale Nr. 7002 VV   20,00 EUR
4. 19 % Umsatzsteuer Nr. 7008 VV   413,73 EUR
                                                                      2.591,23 EUR

Der Rechtsanwalt wird in dem Kostenfestsetzungsantrag nach § 11 RVG die im gerichtlichen Verfahren entstandene Vergütung, also die vorstehend berechneten 2.591,23 EUR einstellen können. Die Anrechnung der Geschäftsgebühr auf die Verfahrensgebühr ist in der Abrechnung für die Tätigkeit in dem gerichtlichen Verfahren nicht mehr zu berücksichtigen, da die Anrechnung bereits bei der Abrechnung der Vergütung für die außergerichtliche Tätigkeit in Ansatz gebracht wurde. Der Rechtsanwalt hat nach § 15a Abs. 1 RVG das Wahlrecht, ob er die Geschäfts- oder die Verfahrensgebühr voll ansetzt, also wo er die Anrechnung berücksichtigt.

---

[12] Gerold/Schmidt/*Müller-Rabe* § 11 Rn. 30; BGH GRUR 2015, 1253.

[13] Ausnahme: Die Festsetzbarkeit einer in einem verwaltungs- oder sozialrechtlichen vorgerichtlichen Rechtsbehelfsverfahren entstandene Vergütung wird bejaht → Rn. 8 f.

…
Festsetzung der Vergütung § 11

Wegen der restlichen Gebühren für die außergerichtliche Vertretung in Höhe von 691,33 EUR wird der Rechtsanwalt einen Mahnbescheid oder eine Klage gegen den Mandanten veranlassen müssen.

Praxistipp:

Muss sowohl die Vergütung für die außergerichtliche Vertretung als auch die Vergütung für ein gerichtliches Verfahren gegenüber dem Mandanten geltend gemacht werden, empfiehlt es sich, die in der Vorb. 3 Abs. 4 VV vorgeschriebene Anrechnung der Geschäftsgebühr auf die Verfahrensgebühr schon bei der Abrechnung der Vergütung für die außergerichtliche Vertretung zu berücksichtigen. Dann kann in die Berechnung für die Tätigkeit im gerichtlichen Verfahren die volle Verfahrensgebühr eingestellt werden mit der Folge, dass schnell und kostengünstig ein möglichst hoher Betrag in der Kostenfestsetzung nach § 11 RVG gegenüber dem Mandanten tituliert wird. 13

Fraglich ist, ob der Rechtsanwalt seine Abrechnung noch einmal ändern kann, wenn er in der dem Mandanten übersandten Abrechnung für außergerichtliche Vertretung die Geschäftsgebühr in vollem Umfange – ohne Anrechnung nach der Vorb. 3 Abs. 4 VV – abgerechnet hat.[14] Das VG Augsburg[15] verneint dies. Deshalb empfiehlt es sich, dass der Rechtsanwalt, wenn die Gefahr besteht, dass der Mandant die Vergütung für die außergerichtliche Vertretung nicht zahlt, zwar zunächst die volle Geschäftsgebühr abrechnet, aber die Berechnung als „Vorschussberechnung" bezeichnet. 14

Soweit Kostenfestsetzung nach § 11 RVG möglich ist, besteht kein Rechtsschutzbedürfnis für eine Klage. Da aber eine Vergütung für eine außergerichtliche Tätigkeit nicht nach § 11 RVG festsetzbar ist, stellt sich für die Fälle, in denen der Rechtsanwalt sowohl außergerichtlich als auch in einem gerichtlichen Verfahren tätig war, die Frage, ob dann wirklich „zweigleisig" verfahren werden muss: Festsetzung der Vergütung für das gerichtliche Verfahren nach § 11 RVG gegenüber dem Auftraggeber und Klage (oder Mahnverfahren) wegen der Vergütung für die außergerichtliche Tätigkeit. *Enders* befasst sich in einem Aufsatz[16] hiermit und kommt zu dem Ergebnis, dass in diesen Fällen das Rechtsschutzbedürfnis für eine Klage über die gesamte Vergütung (also sowohl die Vergütung für die außergerichtliche Tätigkeit als auch die für die Tätigkeit im gerichtlichen Verfahren) aus Gründen der Prozessökonomie und der Vermeidung divergierenden Entscheidungen zu bejahen ist. 15

Ist der Rechtsanwalt von seinem Mandanten mit der Erhebung einer Klage beauftragt, endet das Mandat aber bevor er die Klage bei Gericht anhängig gemacht hat, etwa weil der Gegner den Anspruch erfüllt oder der Mandant das Mandat kündigt, so kann die bei dem Rechtsanwalt **entstandene Vergütung (0,8 Verfahrensgebühr Nr. 3101 Ziff. 1 VV zzgl. Auslagen und Umsatzsteuer) nicht gem. § 11 RVG festgesetzt werden.**[17] 16

Anders wäre dies dann, wenn bereits eine Klage anhängig wäre, der Rechtsanwalt vom Beklagten beauftragt würde, in dem gerichtlichen Verfahren tätig zu werden und bevor er einen Schriftsatz bei Gericht eingereicht hätte, ihm das Mandat gekündigt würde. Dann wäre die dem Rechtsanwalt des Beklagten entstandene 0,8 Verfahrensgebühr Nr. 3101 Ziff. 2 VV zzgl. Auslagen und Umsatzsteuer in dem anhängigen Verfahren gem. § 11 RVG gegenüber dem Beklagten festsetzbar.[18] Der Rechtsanwalt wird in diesem Falle aber in seinem Kostenfestsetzungsantrag darlegen 17

---

[14] → § 15a Rn. 5 ff.
[15] VG Augsburg RVGreport 2016, 133.
[16] *Enders* JurBüro 2015, 57 ff.
[17] Schneider/Wolf/*N. Schneider* § 11 Rn. 90.
[18] Schneider/Wolf/*N. Schneider* § 11 Rn. 90.

müssen, dass er vom Beklagten beauftragt war, so dass der Gebührentatbestand der Nr. 3101 Ziff. 1 VV erfüllt worden ist.

2. Gesetzliche Vergütung

18 Im Verfahren nach § 11 RVG kann nur eine **gesetzliche Vergütung** festgesetzt werden, soweit sie zu den Kosten eines gerichtlichen Verfahrens gehört (§ 11 Abs. 1 S. 1 RVG). Gemeint ist hier die gesetzliche Vergütung nach dem RVG. Festsetzbar sind also die **Gebühren** und **Auslagen** des Rechtsanwalts, soweit sie für eine Tätigkeit in einem gerichtlichen Verfahren oder im Zusammenhang mit einem gerichtlichen Verfahren entstanden sind. Auf die Erstattungsfähigkeit der Gebühren und Auslagen kommt es in einem Kostenfestsetzungsverfahren nach § 11 RVG nicht an.[19]

19 Eine durch eine Tätigkeit in einem gerichtlichen Verfahren entstandene Gebühr nach dem RVG ist stets nach § 11 RVG festsetzbar. Aber auch wenn der Tatbestand der **Gebühr durch** eine **Handlung außerhalb eines gerichtlichen Verfahrens** (zB nicht in dem mündlichen Verhandlungstermin) **entstanden** ist, ist sie festsetzbar, wenn sich die die Gebühr auslösenden Tätigkeiten auf den im gerichtlichen Verfahren anhängigen Anspruch beziehen.

Beispiel 1:
Es ist ein Anspruch in Höhe von 10.000 EUR anhängig. Bevor das Gericht Termin zur mündlichen Verhandlung bestimmt führen die Prozessbevollmächtigten im Einverständnis mit ihren Auftraggebern eine Besprechung zur Erledigung des gerichtlichen Verfahrens. Im Rahmen der Besprechung wird außergerichtlich ein Vergleich geschlossen.
Sowohl die durch die Besprechung ausgelöste 1,2 Terminsgebühr Nr. 3104 VV (iVm Vorb. 3 Abs. 3 VV) sowie die durch die Mitwirkung beim Abschluss des Vergleiches entstandene 1,0 Einigungsgebühr Nr. 1000, 1003 VV sind nach § 11 RVG festsetzbar.[20] Der Rechtsanwalt wird allerdings in seinem Vergütungsfestsetzungsantrag nach § 11 RVG darlegen müssen, dass die Terminsgebühr und die Einigungsgebühr entstanden sind, da der Rechtspfleger dies nicht aus der Gerichtsakte erkennen kann.

20 Auch die Gebühren, die dadurch entstehen, dass **nicht anhängige Ansprüche mitverglichen** werden, sind nach § 11 RVG auf jeden Fall dann festsetzbar, wenn der Vergleich gerichtlich protokolliert worden ist.[21]

21 **Auslagen nach Teil 7 VV** können mit festgesetzt werden, sofern sie durch die Tätigkeit des Rechtsanwalts im Hinblick auf ein gerichtliches Verfahren entstanden sind. Dies gilt auch für Reisekosten für die Wahrnehmung eines Termins bei Gericht, unabhängig davon, ob diese Reisekosten von dem unterlegenen Prozessgegner zu erstatten sind oder nicht. Im Innenverhältnis Rechtsanwalt/Mandant entstehen die Reisekosten für die Wahrnehmung eines Termins bei einem auswärtigen Gericht und sind folglich von dem Mandanten an den Rechtsanwalt zu zahlen.

22 Ausdrücklich in § 11 Abs. 1 S. 1 RVG ist erwähnt, dass auch die zur ersetzenden Aufwendungen (§ 670 BGB) gegenüber dem eigenen Auftraggeber festgesetzt werden können, wenn sie zu den Kosten des gerichtlichen Verfahrens gehören. Gemeint sind hiermit zB vom Rechtsanwalt für den Auftraggeber vorgelegte **Gerichtskosten, Gerichtsvollzieherkosten, Auslagenvorschüsse für Zeugen und Sachverständige**.[22] Mussten zur Vorbereitung des Rechtsstreits zB Handelsregisterauskünfte oder Grundbuchauszüge eingeholt werden, sind auch die hierfür vom

---

[19] Schneider/Wolf/*N. Schneider* § 11 Rn. 53.
[20] Gerold/Schmidt/*Müller-Rabe* § 11 Rn. 53 ff.; Schneider/Wolf/*N. Schneider* § 11 Rn. 59–61.
[21] Gerold/Schmidt/*Müller-Rabe* § 11 Rn. 45 f.; Schneider/Wolf/*N. Schneider* § 11 Rn. 61.
[22] Schneider/Wolf/*N. Schneider* § 11 Rn. 136–139.

Rechtsanwalt aufgewandten Kosten nach § 11 RVG gegenüber dem eigenen Auftraggeber festsetzbar.

Ist der Rechtsanwalt dem Mandanten im Rahmen der diesem gewährten **Prozess- oder Verfahrenskostenhilfe** einschränkend nur zu den Bedingungen eines Rechtsanwalts mit Kanzleisitz am Ort des Prozessgerichts beigeordnet worden, so stellt sich die Frage, ob der Rechtsanwalt die **Reisekosten,** die für die Wahrnehmung für die Termine bei dem **auswärtigen Gericht** anfallen, gegenüber dem Auftraggeber gem. § 11 RVG festsetzen lassen kann, wenn dieser diese nicht zahlt. Nach einer weit verbreiteten Meinung steht einer Kostenfestsetzung nach § 11 RVG in diesen Fällen § 122 Abs. 1 Nr. 3 ZPO entgegen. Nach § 122 Abs. 1 Nr. 3 ZPO bewirkt die Prozess- oder Verfahrenskostenhilfe, dass der beigeordnete Rechtsanwalt Ansprüche auf Vergütung gegen die Partei nicht geltend machen kann. Im Hinblick hierauf könne auch eine Festsetzung der Reisekosten, die durch die Staatskasse nicht übernommen werden, gegen die eigene Partei nach § 11 RVG nicht erfolgen.[23] Will der Rechtsanwalt Reisekosten, die nicht aus der Staatskasse übernommen werden, mit seinem Mandanten abrechnen, wird er mit dem Mandanten vereinbaren müssen, dass dieser die Reisekosten persönlich trägt. Einer derartigen Vereinbarung wird § 3a Abs. 3 RVG nicht entgegenstehen, da die Reisekosten eben nicht aus der Staatskasse übernommen werden und daher nicht von der Beiordnung erfasst werden. Zahlt der Mandant aufgrund der Vereinbarung die Reisekosten dann nicht an den Anwalt, wird der Rechtsanwalt diese auf der Grundlage der Vereinbarung einklagen oder im gerichtlichen Mahnverfahren geltend machen müssen.

Nach **§ 42 RVG** kann zB in Straf- und gerichtlichen Bußgeldsachen das Oberlandesgericht auf Antrag des Rechtsanwalts eine **Pauschgebühr** für das ganze Verfahren festsetzen, wenn die in Teilen 4 bis 6 VV bestimmten Gebühren eines Wahlanwalts wegen des besonderen Umfangs oder der besonderen Schwierigkeit nicht zumutbar sind. Der Beschluss, mit dem das zuständige Oberlandesgericht die Pauschvergütung festgesetzt hat, ist kein Vollstreckungstitel für eine Vollstreckung der Pauschvergütung durch den Anwalt gegenüber dem Mandanten. Allerdings kann nach § 11 Abs. 1 S. 1 RVG auch eine nach § 42 RVG festgestellte Pauschgebühr gegenüber dem Mandanten zugunsten des Anwalts im Vergütungsfestsetzungsverfahren festgesetzt werden mit der Folge, dass dann aus dem ergehenden Vergütungsfestsetzungsbeschluss die Zwangsvollstreckung betrieben werden kann.

Eine **vereinbarte Vergütung** kann nicht nach § 11 RVG gegenüber dem eigenen Auftraggeber festgesetzt werden. Dies gilt auch dann, wenn die vereinbarte Vergütung die gesetzliche Vergütung nicht übersteigt. Denn durch die Vereinbarung einer Vergütung haben Rechtsanwalt und Mandant die gesetzliche Vergütung abgedungen. Nach § 11 Abs. 1 S. 1 RVG ist aber nur die gesetzliche Vergütung festsetzbar.[24] Eine vereinbarte Vergütung die höher als die gesetzliche Vergütung ist, ist nicht in Höhe einer fiktiven gesetzlichen Vergütung festsetzbar. Zahlt der Mandant eine vereinbarte Vergütung nicht, wird der Rechtsanwalt entweder den Erlass eines Mahnbescheides beantragen oder Klage erheben müssen.

III. Verfahren

1. Antrag, Zuständigkeit

Eine Vergütungsfestsetzung nach § 11 RVG findet **nur auf Antrag** statt. Anträge und Erklärungen im Vergütungsfestsetzungsverfahren nach § 11 RVG können schriftlich oder zu Protokoll der Geschäftsstelle gegeben werden (§ 11 Abs. 6 RVG). Das Vergütungsfestsetzungsverfahren unterliegt nicht dem Anwaltszwang, folglich

---

[23] Gerold/Schmidt/*Müller-Rabe* § 11 Rn. 92, 93; OLG Brandenburg JurBüro 2010, 434.
[24] Gerold/Schmidt/*Müller-Rabe* § 11 Rn. 42; Schneider/Wolf/*N. Schneider* § 11 Rn. 135.

§ 11 Festsetzung der Vergütung

muss auch in einem Verfahren vor einem LG oder OLG der Vergütungsfestsetzungsantrag nicht von einem Rechtsanwalt eingereicht werden.[25]

27 Ein **Antrag** auf Festsetzung der Vergütung ist **erst zulässig**, wenn die Vergütung fällig ist (§ 11 Abs. 2 S. 1 RVG). Wann die Vergütung fällig ist, ergibt sich aus § 8 RVG. Der Rechtsanwalt kann zwar nach § 9 RVG jederzeit einen Vorschuss auf die Vergütung fordern. Zahlt der Mandant den Vorschuss nicht, kann der Rechtsanwalt allerdings keine Festsetzung des Vorschusses nach § 11 RVG herbeiführen.

28 Über die fällige Vergütung muss der Rechtsanwalt dem Auftraggeber zunächst eine Berechnung iSd § 10 RVG übermittelt haben. Erst dann kann er die Vergütung einfordern und die Festsetzung nach § 11 RVG betreiben.[26] Hat der Auftraggeber vorher noch keine Berechnung iSd § 10 RVG von dem Rechtsanwalt erhalten, kann ihm diese Berechnung auch spätestens im Vergütungsfestsetzungsverfahren des § 11 RVG übermittelt werden.[27]

29 **Zuständig** für den Vergütungsfestsetzungsantrag nach § 11 RVG ist das **Gericht des ersten Rechtszugs.** Soll zB die Vergütung des Prozessbevollmächtigten in Berufungsverfahren vor dem Oberlandesgericht festgesetzt werden, ist für die Vergütungsfestsetzung nach § 11 RVG das erstinstanzliche Landgericht zuständig (§ 11 Abs. 1 S. 1 RVG).

30 Soll die Vergütung für eine Tätigkeit des Rechtsanwalts in einem verwaltungsgerichtlichen, finanzgerichtlichen, sozialgerichtlichen oder arbeitsgerichtlichen Verfahren festgesetzt werden, so ist das Gericht des ersten Rechtszuges der jeweiligen Gerichtsbarkeit für die Festsetzung zuständig (§ 11 Abs. 3 RVG). Soll zB die Vergütung für ein verwaltungsgerichtliches Verfahren festgesetzt werden, ist das Verwaltungsgericht des ersten Rechtszuges für das Verfahren nach § 11 RVG zuständig.[28] Im Vergütungsfestsetzungsverfahren vor einem ordentlichen Gericht entscheidet der Rechtspfleger über den Antrag; im Vergütungsfestsetzungsverfahren der Verwaltungs-, Finanz- oder Sozialgerichtsbarkeit entscheidet der Urkundsbeamte der Geschäftsstelle über den Antrag auf Festsetzung der Vergütung (§ 11 Abs. 3 S. 1 RVG).

31 Soll die Vergütung für die Tätigkeit des Rechtsanwalts in einem **gerichtlichen Mahnverfahren** gem. § 11 RVG gegenüber dem Auftraggeber festsetzt werden, ist nach BGH[29] das Gericht des ersten Rechtszuges des streitigen Verfahrens für die Festsetzung maßgebend und nicht das Mahngericht.

32 Will der Rechtsanwalt eine in der **Zwangsvollstreckung** bei ihm entstandene Vergütung gegenüber dem eigenen Auftraggeber gem. § 11 RVG festsetzen lassen, ist für die Festsetzung das Vollstreckungsgericht zuständig.[30] Örtlich zuständig ist das Gericht, in dessen Bezirk die letzte Vollstreckungshandlung vorgenommen worden ist. Dort können die Kosten für sämtliche bis dahin in der Sache durchgeführten Zwangsvollstreckungsmaßnahmen festgesetzt werden.[31] Festgesetzt werden können auch Kosten, die für eine Vollstreckungsmaßnahme entstanden sind, die ausschließlich vom Gerichtsvollzieher durchgeführt worden ist.

33 Der Vergütungsfestsetzungsantrag des Rechtsanwalts muss einen **bestimmten und bezifferten Antrag** enthalten. Es muss also klar werden, welche Vergütung

---

[25] Schneider/Wolf/N. Schneider § 11 Rn. 153.
[26] Hansens RVGreport 2012, 47 f.: „Mitteilung der Kostenberechnung als Voraussetzung für die Vergütungsfestsetzung gem. § 11 RVG".
[27] Schneider/Wolf/N. Schneider § 11 Rn. 160.
[28] HK-RVG/Mayer § 11 Rn. 73; Schneider/Wolf/N. Schneider § 11 Rn. 144.
[29] BGH AnwBl. 1991, 600 = NJW 1991, 2084; Schneider/Wolf/N. Schneider § 11 Rn. 148; HK-RVG/Mayer § 11 Rn. 76. **AA** Mahngericht ist zuständig: OLG Naumburg NJW 2008, 1238.
[30] BGH NJW 2005, 1273; HK-RVG/Mayer § 11 Rn. 77; OLG Celle AGS 2015, 451.
[31] Schneider/Wolf/N. Schneider § 11 Rn. 116, 136 ff.

Festsetzung der Vergütung § 11

in welcher Höhe festgesetzt werden soll. ME ist in dem Kostenfestsetzungsantrag nach § 11 RVG darzulegen, wie sich die festgesetzte Vergütung zusammensetzt, also sind die begehrten Gebühren und die Auslagen einzeln aufzuführen und entsprechend zu bezeichnen. Der Kostenfestsetzungsantrag bedarf aber nicht der strengen Anforderungen wie die Berechnung nach § 10 RVG. Allerdings muss der Mandant von dem Rechtsanwalt vor Einleitung des Vergütungsfestsetzungsverfahrens nach § 11 RVG, spätestens aber mit Antragstellung eine Berechnung nach § 10 RVG erhalten, da ansonsten die Vergütung nicht einforderbar ist.

§ 11 Abs. 2 S. 3 RVG erklärt für das Vergütungsfestsetzungsverfahren die Vorschriften der jeweiligen Verfahrensordnung über das Kostenfestsetzungsverfahren – mit Ausnahme des § 104 Abs. 2 S. 2 ZPO – für entsprechend anwendbar. Folglich ist **auf Antrag** auch die festzusetzende Vergütung mit **5 Prozentpunkten über dem Basiszinssatz** nach § 247 BGB zu **verzinsen**.[32] 34

Vorschüsse und Zahlungen sind **abzusetzen** (§ 11 Abs. 1 S. 2 RVG). 35

Da im Verfahren nach § 11 RVG vor der Festsetzung die Beteiligten zu hören sind (§ 11 Abs. 2 S. 2 RVG), sollte zur Zustellung an den Mandanten dem Vergütungsfestsetzungsantrag eine beglaubigte Abschrift beigefügt werden. 36

Nach Anhörung der Beteiligten[33] ergeht die Entscheidung in dem Vergütungsfestsetzungsverfahren nach § 11 RVG durch Beschluss. In dem Beschluss sind die von dem Rechtsanwalt gezahlten Auslagen für die Zustellung des Beschlusses aufzunehmen (§ 11 Abs. 2 S. 5 RVG). 37

2. Antragsberechtigte

Antragsberechtigt ist der **Rechtsanwalt**. Nicht nur der Prozess- oder Verfahrensbevollmächtigte kann das Verfahren betreiben, sondern auch der als Terminsvertreter oder Korrespondenz-/Verkehrsanwalt tätig gewesene Anwalt. Auch der Anwalt, der in Bezug zu einem gerichtlichen Verfahren nur mit Einzeltätigkeiten (zB der Fertigung einzelner Schriftsätze) beauftragt ist, kann die Vergütungsfestsetzung beantragen.[34] 38

Wurde der Mandant von einer Rechtsanwaltskanzlei als Prozessbevollmächtigte vertreten, die ausweislich ihres Briefkopfes eine Gesellschaft bürgerlichen Rechts ist, kann nur die **Sozietät** die Festsetzung der Vergütung gegen den eigenen Mandanten betreiben, da das Honorar in einem solchen Fall der Gesellschaft zur gesamten Hand zusteht. Dies gilt auch dann, wenn es sich lediglich um eine Schein- bzw. Außensozietät handelt.[35] 39

Antragsberechtigt ist nach § 11 Abs. 1 S. 1 RVG auch der **Auftraggeber** des Rechtsanwalts. Für den Auftraggeber macht eine Vergütungsfestsetzung nach § 11 RVG dann Sinn, wenn er die Richtigkeit der vom Anwalt abgerechneten Vergütung überprüft wissen will. Der Auftraggeber muss in seinem Vergütungsfestsetzungsantrag auch keinen bezifferten Antrag stellen. Er muss nur darlegen, für welches gerichtliche Verfahren die Vergütung festgesetzt werden soll. Dann wird das Gericht dem Anwalt aufgeben, eine Berechnung seiner Vergütung einzureichen. Über die Richtigkeit dieser Berechnung wird das Gericht dann in dem Verfahren nach § 11 RVG entscheiden.[36] Der Auftraggeber kann den Vergütungsfestsetzungsantrag auch noch dann stellen, wenn er die Vergütung bereits an den Anwalt gezahlt hat. 40

Nach *Müller-Rabe*[37] kann auch ein **Rechtsschutzversicherer** ein Vergütungsfestsetzungsverfahren nach § 11 RVG in die Wege leiten, wenn er Rechtsnachfolger des 41

---

[32] Schneider/Wolf/N. *Schneider* § 11 Rn. 154.
[33] OLG Celle BeckRS 2008, 08200 = NJW-Spezial 2008, 444.
[34] → Rn. 9.
[35] OLG Brandenburg MDR 2009, 1254.
[36] Schneider/Wolf/N. *Schneider* § 11 Rn. 169 bis 171.
[37] Gerold/Schmidt/*Müller-Rabe* § 11 Rn. 25.

Auftraggebers des Rechtsanwalts geworden ist. Sinn und Zweck eines derartigen Verfahrens wäre ebenfalls die Überprüfung der Richtigkeit der Berechnung des Rechtsanwalts durch das Gericht. In der Praxis wird der Rechtsschutzversicherer auch seinen Versicherungsnehmer veranlassen können, einen Vergütungsfestsetzungsantrag nach § 11 RVG zu stellen. Oder er wird dem die Vergütung begehrenden Rechtsanwalt anheim stellen, einen Vergütungsfestsetzungsantrag nach § 11 RVG zu stellen damit dann in diesem Verfahren geprüft wird, ob die Vergütung berechtigt ist.

42 Auch der Rechtsnachfolger[38] des Rechtsanwalts kann ein Vergütungsfestsetzungsantrag nach § 11 RVG insbesondere dann stellen, wenn er den Vergütungsanspruch durch Forderungsabtretung zB im Rahmen einer Praxisübernahme erworben hat. Auch die Erben des Anwalts können die Vergütungsfestsetzung wegen der vom Erblasser verdienten Vergütung veranlassen.[39]

43 Der Rechtsanwalt kann die Vergütungsfestsetzung nach § 11 RVG auch **gegen die Erben seines Auftraggebers** betreiben.[40] Im Antrag muss die Rechtsnachfolge nicht urkundlich nachgewiesen sein. Ein entsprechendes Vorbringen reicht aus. Bestreiten die Erben allerdings die Vergütung bzw. ihre Haftung hierfür, so dürfte es sich um nicht gebührenrechtliche Einwendungen handeln, so dass die Festsetzung nach § 11 Abs. 5 RVG abzulehnen ist.

44 Mit der Problematik, ob das Vergütungsfestsetzungsverfahren nach § 11 RVG auch gegen einen in einem EU- oder in einem Nicht-EU-Ausland ansässigen Mandanten durchgeführt werden kann, beschäftigt sich *Mankowski* in einem Aufsatz im Anwaltsblatt.[41]

3. Rechtsmittel

45 Die Entscheidung über den Antrag auf Festsetzung der Vergütung nach § 11 RVG ergeht durch Beschluss. Welches Rechtsmittel gegen den Beschluss gegeben ist und nach welcher Frist dieses einzulegen ist, ergibt sich daraus, vor welchem Gericht das Vergütungsfestsetzungsverfahren stattgefunden hat. Wegen der speziellen Verweisung in § 11 Abs. 3 S. 2 RVG bleibt es bei der Anwendung der für das jeweilige Verfahren geltenden Verfahrensvorschrift über die Erinnerung und die Beschwerde auch nach Einführung des § 1 Abs. 3 RVG.[42]

46 **a) Ordentliche Gerichte (Amts- und Landgerichte) und Arbeitsgerichte.** Wenn der Wert des Beschwerdegegenstandes 200 EUR nicht übersteigt, kann gegen den Beschluss über die Festsetzung der Vergütung **Erinnerung** eingelegt werden. Die Erinnerung muss innerhalb einer Frist von **zwei Wochen** eingelegt werden. Hilft der Rechtspfleger der Erinnerung nicht ab, wird die Sache dem Richter vorgelegt, der über die Erinnerung abschließend entscheidet. Ein Rechtsmittel gegen die Entscheidung des Richters über die Erinnerung ist nach § 567 Abs. 2 ZPO nicht gegeben.[43]

47 Übersteigt der Wert des Beschwerdegegenstandes 200 EUR, ist der Beschluss über die Festsetzung der Vergütung nach § 11 RVG mit der **sofortigen Beschwerde** anzufechten. Die sofortige Beschwerde ist innerhalb einer Notfrist von **zwei Wochen** einzulegen. Gegen die Entscheidung des Beschwerdegerichts ist die **Rechtsbeschwerde statthaft,** wenn das Beschwerdegericht die Rechtsbeschwerde

---

[38] HK-RVG/*Mayer* § 11 Rn. 11; Schneider/Wolf/N. *Schneider* § 11 Rn. 33.
[39] Gerold/Schmidt/*Müller-Rabe* § 11 Rn. 24.
[40] Gerold/Schmidt/*Müller-Rabe* § 11 Rn. 39.
[41] *Mankowski* AnwBl. 2009, 124.
[42] → § 1 Rn. 154.
[43] HK-RVG/*Mayer* § 11 Rn. 114 f.; Schneider/Wolf/N. *Schneider* § 11 Rn. 273 ff.

Festsetzung der Vergütung § 11

zugelassen hat.[44] In Strafsachen ist in der Rechtsprechung umstritten, ob die Beschwerde innerhalb einer Frist von zwei Wochen (§ 464b StPO iVm § 577 Abs. 2 S. 1 ZPO) einzulegen ist oder ob hier die Wochenfrist des § 311 S. 2 StPO zur Anwendung kommt.[45]

b) Verwaltungsgericht. Im verwaltungsgerichtlichen Verfahren entscheidet der Urkundsbeamte der Geschäftsstelle über den Vergütungsfestsetzungsantrag nach § 11 RVG. Dessen Entscheidung kann binnen einer Frist von **zwei Wochen** mit einem Antrag auf **gerichtliche Entscheidung** angefochten werden (§§ 165, 151 VwGO). Hilft der Urkundsbeamte der Geschäftsstelle dem Antrag auf gerichtliche Entscheidung nicht ab, entscheidet die Kammer durch Beschluss. Dieser Beschluss ist wiederum mit der Beschwerde anfechtbar. Die Beschwerde ist nur zulässig, wenn der Wert des Beschwerdegegenstandes 200 EUR übersteigt. Die Beschwerde ist innerhalb einer Frist von **zwei Wochen** einzulegen (§ 147 Abs. 1 S. 1 VwGO).[46] Die Beschwerde unterliegt dem Vertretungszwang (§ 77 Abs. 4 VwGO).[47] 48

c) Finanzgericht. Auch im finanzgerichtlichen Verfahren entscheidet der Urkundsbeamte der Geschäftsstelle über den Festsetzungsantrag. Dessen Entscheidung ist mit der Erinnerung anfechtbar. Diese ist innerhalb von **zwei Wochen** einzulegen. Der Urkundsbeamte kann der Erinnerung abhelfen. Hilft der Urkundsbeamte nicht ab, legt er die Sache dem Gericht vor (§ 149 Abs. 4 FGO), das durch Beschluss – in voller Besetzung – entscheidet. Dieser Beschluss ist unanfechtbar (§ 128 Abs. 4 FGO).[48] 49

d) Sozialgericht. Über den Vergütungsfestsetzungsantrag nach § 11 RVG entscheidet im sozialgerichtlichen Verfahren der Urkundsbeamte der Geschäftsstelle. Gegen dessen Entscheidung ist die Erinnerung gegeben (§ 178 SGG). Die Erinnerung ist binnen **eines Monats** einzulegen. Der Urkundsbeamte kann der Erinnerung abhelfen. Tut er dies nicht, legt er sie dem Gericht vor. Die Entscheidung des Gerichts ist dann abschließend, da sie nach § 197 Abs. 2 SGG unanfechtbar ist.[49] 50

IV. Nicht gebührenrechtliche Einwendungen

Die Vergütungsfestsetzung nach § 11 RVG ist vom Gericht abzulehnen, soweit der Antragsgegner Einwendungen oder Einreden erhebt, die **nicht im Gebührenrecht ihren Grund haben.** Nicht gebührenrechtliche Einwendungen sind auch dann noch zu berücksichtigen, wenn diese erst im Beschwerdeverfahren vorgebracht werden.[50] 51

Über Einwendungen oder Einreden, die im Gebührenrecht begründet liegen, ist im Vergütungsfestsetzungsverfahren zu entscheiden. Eine gebührenrechtliche Einwendung oder Einrede wäre zB wenn der Antragsgegner vorbringen würde, dass zB keine Einigungsgebühr entstanden sei, weil der Rechtsanwalt nicht an dem Zustandekommen des Vergleiches mitgewirkt habe. Unter einer gebührenrechtlichen Einwendung wäre auch zu subsumieren, wenn der Antragsgegner einwenden würde, die Terminsgebühr berechne sich nur nach dem Wert der rechtshängigen und nicht auch nach 52

---

[44] HK-RVG/*Mayer* § 11 Rn. 110 ff.; Schneider/Wolf/*N. Schneider* § 11 Rn. 278 ff.
[45] Schneider/Wolf/*N. Schneider* § 11 Rn. 279.
[46] Schneider/Wolf/*N. Schneider* § 11 Rn. 290 ff.; HK-RVG/*Mayer* § 11 Rn. 118 ff.
[47] Schneider/Wolf/*N. Schneider* § 11 Rn. 294; OVG Hamburg NJW-Spezial 2009, 283 = RVGreport 2009, 216; **AA** HessVGH RVGreport 2011, 216.
[48] HK-RVG/*Mayer* § 11 Rn. 123; Schneider/Wolf/*N. Schneider* § 11 Rn. 297 ff.
[49] HK-RVG/*Mayer* § 11 Rn. 124; Schneider/Wolf/*N. Schneider* § 11 Rn. 300 f.
[50] Gerold/Schmidt/*Müller-Rabe* § 11 Rn. 110; LAG Nürnberg RVGreport 2011, 217.

§ 11 Festsetzung der Vergütung

dem Wert der nichtanhängigen Ansprüche. Gleiches würde gelten, wenn der Antragsgegner zB einwenden würde, dass die Vergütung noch nicht fällig sei.[51]

53 **Nicht gebührenrechtliche Einwendungen oder Einreden** sind solche Einwendungen, die nicht im Gebührenrecht ihren Grund haben, sondern „vielmehr auf Vorschriften des allgemeinen, auch für andere Rechtsbeziehungen maßgeblichen Rechts oder auf besondere Abmachungen zwischen Rechtsanwalt und Auftraggeber gestützt sind."[52] Erhebt der Antragsgegner solche Einwendungen, und würden diese Einwendungen, wenn man von deren Begründetheit ausginge, den Vergütungsanspruch des Rechtsanwalts „zu Fall bringen" so ist die Vergütungsfestsetzung nach § 11 RVG abzulehnen."[53] In dem Kostenfestsetzungsverfahren ist nicht zu prüfen, ob nicht gebührenrechtliche Einwendungen des Antragsgegners begründet sind. Der Rechtsanwalt wird, wenn die Kostenfestsetzung nach § 11 Abs. 5 S. 1 RVG abgelehnt wird, den Rechtsweg des gerichtlichen Mahnverfahrens oder der Klage beschreiten müssen. In dem Rechtsstreit wird der Antragsgegner dann seine materiell – rechtlichen Einwendungen vortragen können und das Gericht wird die Begründetheit prüfen.

54 Nicht gebührenrechtliche Einwendungen sind zB:
- **Aufrechnung** zB mit Schadensersatzansprüchen aus einer behaupteten Schlechterfüllung des bestehenden Mandatsvertrags oder unterlassenem Hinweis, dass sich die Gebühren nach einem Gegenstandswert richten nach § 49b Abs. 5 BRAO[54]
- der Antragsgegner bringt vor, dem Rechtsanwalt überhaupt keinen **Auftrag** oder nicht in dem Umfange beauftragt zu haben[55]
- Erfüllung oder Stundung[56]
- andere Vereinbarung, zB dahingehend, dass der Mandant keine Kosten zu tragen hat, weil ein Dritter (zB Arbeitgeber) die Kosten übernehme[57]
- die Einrede der **Verjährung**[58] wird erhoben
- der Mandant behauptet nur einen bedingten Auftrag für den Fall der Bewilligung von Prozesskostenhilfe oder mangelnde Belehrung über die Möglichkeit der Beantragung von Prozesskostenhilfe[59]
- wenn der Mandant behauptet, es sei ein bestimmter Betrag als Kostenobergrenze genannt worden; in diesem Fall hat das OLG Koblenz auch die Festsetzung des zugestandenen Höchstbetrags abgelehnt.[60]

Die vorstehende Aufzählung kann wegen der Vielzahl der in der Praxis möglichen Einwendungen nur beispielhaft sein.

55 Bestreitet der Mandant nicht die grundsätzliche Beauftragung des Rechtsanwalts, sondern macht geltend, eine von diesem zur Festsetzung angemeldete Gebühr sei mangels entsprechender Tätigkeit (hier: weil der Mandant die Vergleichsgespräche absprachegemäß selbst geführt hat) nicht entstanden, liegt ein

---

[51] Gerold/Schmidt/*Müller-Rabe* § 11 Rn. 102 ff.
[52] Zitiert nach Gerold/Schmidt/*Müller-Rabe* § 11 Rn. 107.
[53] Gerold/Schmidt/*Müller-Rabe* § 11 Rn. 107 f.; Schneider/Wolf/*N. Schneider* § 11 Rn. 186.
[54] Gerold/Schmidt/*Müller-Rabe* § 11 Rn. 201; HK-RVG/*Mayer* § 11 Rn. 142; Schneider/Wolf/*N. Schneider* § 11 Rn. 202.
[55] Gerold/Schmidt/*Müller-Rabe* § 11 Rn. 134 ff.; HK-RVG/*Mayer* § 11 Rn. 142; Schneider/Wolf/*N. Schneider* § 11 Rn. 203; BVerfG BeckRS 2016, 45944.
[56] Gerold/Schmidt/*Müller-Rabe* § 11 Rn. 189 ff.; HK-RVG/*Mayer* § 11 Rn. 142; Schneider/Wolf/*N. Schneider* § 11 Rn. 210, 231.
[57] Gerold/Schmidt/*Müller-Rabe* § 11 Rn. 150; Schneider/Wolf/*N. Schneider* § 11 Rn. 216.
[58] Umstritten, ob es sich um eine gebührenrechtliche oder um eine nichtgebührenrechtliche Einwendung handelt. Vergleiche: Gerold/Schmidt/*Müller-Rabe* § 11 Rn. 178 ff.; HK-RVG/*Mayer* § 11 Rn. 142; Schneider/Wolf/*N. Schneider* § 11 Rn. 237.
[59] VGH München AGS 2008, 350; OLG Düsseldorf RVGreport 2011, 455.
[60] OLG Koblenz RVGreport 2016, 56.

Festsetzung der Vergütung **§ 11**

gebührenrechtlicher Einwand vor, über den im Vergütungsfestsetzungsverfahren zu entscheiden ist.[61]

Der Antragsgegner muss die nichtgebührenrechtlichen Einwendungen oder Einreden nicht substantiviert vortragen, so dass diese einer Schlüssigkeitsprüfung standhalten. „*Es genügt vielmehr, wenn sie erkennen lassen, dass die Partei sie aus konkreten Umständen herleitet, die ihren Grund nicht im Gebührenrecht haben.*"[62] Die bloße Geltendmachung genügt. Eine zivilrechtliche Überprüfung, ob die geltend gemachte Einwendung oder Einrede inhaltlich zutreffend ist, erfolgt im Vergütungsfestsetzungsverfahren nicht.[63] Allerdings sind nicht gebührenrechtliche Einwendungen, die „*offensichtlich unbegründet, halt- oder substanzlos oder vorgeschoben sind*"[64] unbeachtlich und führen nicht zu einer Ablehnung der Vergütungsfestsetzung nach § 11 Abs. 5 RVG. Nach dem OLG Saarbrücken[65] ist die Festsetzung nach § 11 RVG durchzuführen, wenn der Einwand oder die Einrede unter keinem denkbaren Gesichtspunkt Bestand haben kann. 56

In einem vom LAG Köln[66] zu entscheidenden Fall hatte der Mandant vorgetragen, dass zwischen ihm und dem Rechtsanwalt vereinbart worden sei, dass ein Verfahren nur betrieben werden sollte, wenn die daraus hervorgehende Summe die Anwaltsvergütung nicht nur in einem geringen Maße übersteige. Der Mandant erzielte in diesem Verfahren 2.040 EUR, die Anwaltsvergütung belief sich auf 1.308,13 EUR. Das LAG Köln hat diesen nicht gebührenrechtlichen Einwand des Mandanten als offensichtlich unbegründet, halt- und substanzlos angesehen und die Vergütung des Rechtsanwalts nach § 11 RVG antragsgemäß festgesetzt. 57

Teilt der Mandant im Vergütungsfestsetzungsverfahren dem Gericht mit, dass er nicht zur Zahlung der festzusetzenden Vergütung an den Rechtsanwalt in der Lage sei, so handelt es sich nicht um einen nicht gebührenrechtlichen Einwand. Die Vergütungsfestsetzung hat zu erfolgen.[67] 58

Werden nicht gebührenrechtliche Einwendungen nur gegen einen Teil der vom Rechtsanwalt geltend gemachten Vergütung erhoben, kann wegen des „unstreitigen" Teils der Vergütung eine Festsetzung nach § 11 RVG erfolgen.[68] 59

Solange wie eine Vergütungsfestsetzung nach § 11 RVG möglich ist, fehlt es an einem Rechtsschutzbedürfnis für eine Klage auf Zahlung der Vergütung des Rechtsanwalts gegenüber seinem Auftraggeber.[69] Hat der Auftraggeber aber bereits – vor dem Festsetzungsantrag – gegenüber dem Rechtsanwalt Einwendungen oder Einreden erhoben, die nicht im Gebührenrecht ihren Grund haben, ist die Erhebung der Klage nicht von der vorherigen Einleitung (und Ablehnung) eines Vergütungsfestsetzungsverfahrens abhängig (§ 11 Abs. 5 S. 2 RVG). 60

V. Hemmung der Verjährung

Gem. § 11 Abs. 7 RVG wird durch den Antrag auf Festsetzung der Vergütung **die Verjährung** wie durch Klageerhebung **gehemmt**. Bereits die Einreichung des Antrags auf Festsetzung der Vergütung bei Gericht soll die Hemmung herbeifüh- 61

---

[61] OLG Köln JurBüro 2013, 87.
[62] Zitiert nach Schneider/Wolf/*N. Schneider* § 11 Rn. 189.
[63] OVG Lüneburg RVGreport 2011, 13.
[64] Zitiert nach Schneider/Wolf/*N. Schneider* § 11 Rn. 188; so auch Gerold/Schmidt/*Müller-Rabe* § 11 Rn. 111 ff.; HK-RVG/*Kroiß* § 11 Rn. 137 ff.; OLG Düsseldorf JurBüro 2008, 91.
[65] OLG Saarbrücken RVGreport 2009, 214.
[66] LAG Köln BeckRS 2016, 66108.
[67] LAG Mainz RVGreport 2011, 456.
[68] Schneider/Wolf/*N. Schneider* § 11 Rn. 195.
[69] *Reinelt* ZAP Fach 24, Seite 1123.

§ 11 Festsetzung der Vergütung

ren.[70] Auf die Zustellung oder Mitteilung des Antrags an den Festsetzungsgegner kommt es nicht an. Setzt das Gericht das Vergütungsfestsetzungsverfahren nach § 11 RVG jedoch zunächst aus (zB bis zum rechtskräftigen Abschluss des Verfahrens oder bis zum Rücklauf der Akten vom Berufungsgericht) ist Vorsicht geboten. Die Hemmungswirkung endet nach Ablauf von sechs Monaten (§ 204 Abs. 2 S. 2 BGB), so dass die Verjährung danach weiterläuft.[71]

62 Die Hemmung der Verjährung tritt nur wegen der Vergütung ein, deren Festsetzung beantragt wurde. Hat der Rechtsanwalt in seinem Vergütungsfestsetzungsantrag zB eine Gebühr übersehen, wird wegen der übersehenen Gebühr der Lauf der Verjährungsfrist durch den Vergütungsfestsetzungsantrag nicht gehemmt.[72]

63 Wird der Antrag auf Festsetzung der Vergütung
- zurückgenommen
- als unzulässig abgewiesen
- oder wird die Festsetzung gem. § 11 Abs. 5 RVG abgelehnt, weil der Antragsgegner Einwendungen oder Einreden erhebt, die nicht im Gebührenrecht ihren Grund haben,

endet die Hemmung der Verjährung nach Ablauf von sechs Monaten. (§ 204 Abs. 2 S. 1 BGB).[73]

Praxistipp:

64 Vorsicht Falle!!! Wird zB die Vergütungsfestsetzung nach § 11 Abs. 5 RVG abgelehnt, weil der frühere Mandant Einwendungen oder Einreden erhoben hat, die nicht im Gebührenrecht ihren Grund haben, endet die Hemmung der Verjährungsfrist nach Ablauf von 6 Monaten. Die Verjährungsfrist ist dann neu zu berechnen und der endgültige Ablauf ist zu notieren. Erneute Hemmung der Verjährungsfrist tritt dann erst wieder durch Klageerhebung oder durch Zustellung eines gerichtlichen Mahnbescheides an den Antragsgegner (Mandanten) ein.

VI. Festsetzung von Rahmengebühren

65 Nach § 11 Abs. 8 RVG können Satzrahmengebühren (zB die 0,5 bis 2,5 Geschäftsgebühr der Nr. 2300 VV) oder Betragsrahmengebühren (zB die Grundgebühr der Nr. 4100 VV: 40 bis 360 EUR) nur dann gegenüber dem eigenen Auftraggeber festgesetzt werden, wenn
- nur die **Mindestgebühren** geltend gemacht werden
- oder der Auftraggeber der Höhe der Gebühren ausdrücklich zugestimmt hat.

66 Voraussetzung ist weiter, dass die festzusetzende Satz- oder Betragsrahmengebühr „zu den Kosten eines gerichtlichen Verfahrens gehören" (§ 11 Abs. 1 S. 1 RVG). Eine für eine außergerichtliche Tätigkeit entstandene Geschäftsgebühr der Nr. 2300 VV ist ohnehin nicht nach § 11 RVG gegenüber dem eigenen Auftraggeber festsetzbar.[74]

67 Festsetzbar ist nach § 11 Abs. 8 RVG bei einer Satzrahmengebühr die **Mindestgebühr** (zB 0,5 Geschäftsgebühr Nr. 2300 VV), bei einer Betragsrahmengebühr der Mindestbetrag (zB 40 EUR bei Grundgebühr Nr. 4100 VV). Voraussetzung ist aber, dass der Anwalt gem. § 315 BGB verbindlich erklärt, dass er nur die Mindestgebühr

---

[70] Gerold/Schmidt/*Müller-Rabe* § 11 Rn. 183; HK-RVG/*Mayer* § 11 Rn. 142; Schneider/Wolf/*N. Schneider* § 11 Rn. 323.
[71] Schneider/Wolf/*N. Schneider* § 11 Rn. 323.
[72] Gerold/Schmidt/*Müller-Rabe* § 11 Rn. 186; HK-RVG/*Mayer* § 11 Rn. 134; Schneider/Wolf/*N. Schneider* § 11 Rn. 324.
[73] HK-RVG/*Mayer* § 11 Rn. 133; Schneider/Wolf/*N. Schneider* § 11 Rn. 325.
[74] HK-RVG/*Mayer* § 11 Rn. 26; Schneider/Wolf/*N. Schneider* § 11 Rn. 118.

Festsetzung der Vergütung **§ 11**

oder nur den Mindestbetrag geltend macht![75] Wenn der Rechtsanwalt aber erklärt, dass er nur die Mindestgebühr oder den Mindestbetrag geltend macht, dann sind ihm weitere Ansprüche gegenüber dem Mandanten abgeschnitten. Denn er hat sein Bestimmungsrecht nach § 315 BGB dann verbindlich ausgeübt und ist an die einmal getroffene Bestimmung gebunden. Der Rechtsanwalt kann also nicht die Mindestgebühr oder den Mindestbetrag gem. § 11 RVG gegenüber dem Mandanten zunächst einmal festsetzten lassen und dann die Differenz zu höheren Gebühren innerhalb des gesetzlichen Satz- oder Betragsrahmens noch daneben in einem Vergütungsprozess geltend machen. Der BGH[76] kommt zu demselben Ergebnis: *„Beantragt der Rechtsanwalt gegen seinen Mandanten, nachdem er diesem höhere Rahmengebühren in Rechnung gestellt hat, die Festsetzung der Mindestgebühren, verzichtet er damit auf die weitere Gebührenforderung."*[77] Im Hinblick hierauf ist dringend davon abzuraten, die Festsetzung der Mindestgebühren nach § 11 RVG gegenüber dem Mandanten zu beantragen, wenn der Rechtsanwalt auch noch die weiteren höheren Gebühren (zB Mittelgebühren) gegenüber dem Mandanten durchsetzen will.

Dienlicher in der Praxis ist aber die 2. Alt. des § 11 Abs. 8 S. 1 RVG. Danach **68** können auch höhere Satz- oder Betragsrahmengebühren – als die Mindestgebühren – gegenüber dem Auftraggeber festgesetzt werden, wenn der **Auftraggeber der Höhe der Gebühren ausdrücklich zugestimmt hat.** Die Zustimmungserklärung des Auftraggebers ist mit dem Antrag vorzulegen; geschieht dies nicht, ist der Antrag des Rechtsanwalts auf Festsetzung einer höheren Vergütung als der Mindestgebühr oder des Mindestbetrages abzulehnen (§ 11 Abs. 8 S. 2 RVG). Die Zustimmungserklärung des Mandanten muss wohl in Papierform vorliegen und dem Gericht vorgelegt werden. Sie bedarf aber wohl nicht der Schriftform. Textform ist wohl ausreichend. Also genügt es auch, wenn der Mandant zB in einer E-Mail seine Zustimmung zur Höhe der vom Anwalt abgerechneten Gebühren erklärt und die E-Mail dann in gedruckter Form mit dem Vergütungsfestsetzungsantrag vorlegt wird.[78] Auch eine Vergütungsvereinbarung, mit der eine höhere als die gesetzliche Vergütung vereinbart wird, bedarf nur der Textform (§ 3a RVG). Deshalb kann für die Zustimmungserklärung des § 11 Abs. 8 RVG keine „strengere" Form geltend.

Es empfiehlt sich, dass in der Zustimmungserklärung des Auftraggebers die kon- **69** kreten EURO-Beträge der Gebühren genannt sind, denen der Auftraggeber zustimmt.[79] Problematisch könnte sein, wenn anstatt konkreter EURO-Beträge in der Zustimmungserklärung formuliert ist, dass der Mandant zB Gebühren in Höhe von 20 % über der jeweiligen Mittelgebühr zustimmt.

Auf jeden Fall dürfte nur eine Zustimmungserklärung wirksam sein, die nach **70** Fälligkeit der Vergütung abgegeben wird.[80] Denn erst bei Beendigung des Mandats kann die Gebühr der Höhe nach bestimmt werden. Dann ist erst der Betrag bekannt, dem der Auftraggeber zustimmen soll. Eine im Voraus (zB bei Beginn des Mandats pauschal) abgegebene Zustimmungserklärung hilft hier mE nicht weiter.[81]

Nach § 11 Abs. 8 S. 2 RVG ist die Festsetzung einer Rahmengebühr auf Antrag **71** des Rechtsanwalts abzulehnen, wenn er die Zustimmungserklärung des Auftraggebers **nicht mit dem Antrag** vorlegt. Die Formulierung ist eindeutig. Dennoch wird teilweise vertreten, dass die Zustimmungserklärung auch nachgereicht werden

---

[75] HK-RVG/*Mayer* § 11 Rn. 56 ff.; Schneider/Wolf/*N. Schneider* § 11 Rn. 121.
[76] BGH JurBüro 2013, 584.
[77] Zitert nach dem amtlichen Leitsatz zu BGH JurBüro 2013, 584.
[78] HK-RVG/*Mayer* § 11 Rn. 56 ff.
[79] HK-RVG/*Mayer* § 11 Rn. 60.
[80] Schneider/Wolf/*N. Schneider* § 11 Rn. 128.
[81] So auch LG Zweibrücken RVGreport 2010, 180 – In dem entschiedenen Fall hatte der Rechtsanwalt zu Beginn des Mandats mit dem Mandanten vereinbart, dass jeweils Mittelgebühren angesetzt werden sollten.

§ 12 Anwendung von Vorschriften für die Prozesskostenhilfe

kann oder der Auftraggeber die Zustimmungserklärung im Verlaufe des Verfahrens selbst abgebe.[82]

Praxistipp:

72   In Strafsachen kommt es nicht selten vor, dass der Auftraggeber am Ende des Verfahrens, nachdem ihm der Anwalt seine Vergütungsberechnung übersandt hat, die Vergütung nicht sofort oder nur in Raten zahlen kann. Wendet sich der Auftraggeber mit einer entsprechenden Bitte an den Anwalt, könnte dieser darauf dergestalt reagieren, dass er den Auftraggeber bittet, in der Höhe der abgerechneten Gebühren zuzustimmen. Der Anwalt sollte eine Zustimmungserklärung formulieren und dem Auftraggeber zwecks Unterzeichnung übermitteln. Mit dieser Zustimmungserklärung könnte der Rechtsanwalt dann die Festsetzung der Vergütung gem. § 11 Abs. 8 RVG gegenüber seinem Auftraggeber bewirken und könnte dann sofort vollstrecken, wenn die zugesagten Zahlungstermine nicht eingehalten würden. Der Auftraggeber, der Stundung der Vergütung begehrt, wird sicherlich Verständnis dafür aufbringen müssen, dass der Rechtsanwalt seinen Vergütungsanspruch vorsorglich durch Titulierung absichert.

§ 12 Anwendung von Vorschriften für die Prozesskostenhilfe

¹Die Vorschriften dieses Gesetzes für im Wege der Prozesskostenhilfe beigeordnete Rechtsanwälte und für Verfahren über die Prozesskostenhilfe sind bei Verfahrenskostenhilfe und im Fall des § 4a der Insolvenzordnung entsprechend anzuwenden. ²Der Bewilligung von Prozesskostenhilfe steht die Stundung nach § 4a der Insolvenzordnung gleich.

I. Überblick

1   Im RVG befinden sich verschiedene Vorschriften über die Vergütung und die Vergütungsfestsetzung für die im Wege der Prozesskostenhilfe beigeordneten Rechtsanwälte. Ferner befinden sich im RVG Vorschriften, welche Gebühren dem im Verfahren über die Prozesskostenhilfe tätigen Anwalt entstehen können. Diese Vorschriften sollen auch **bei Verfahrenskostenhilfe** und im Fall des **§ 4a InsO** entsprechend anwendbar sein. Um nicht bei jeder Vorschrift, die die Prozesskostenhilfe betrifft, auch die Verfahrenskostenhilfe und den Fall des § 4a InsO erwähnen zu müssen, erklärt § 12 RVG die Vorschriften des RVG für im Wege der Prozesskostenhilfe beigeordneten Rechtsanwälte und für Verfahren über die Prozesskostenhilfe generell auch für anwendbar bei Verfahrenskostenhilfe und im Fall des § 4a InsO. Bei der Vorschrift des § 12 RVG handelt es sich um eine gesetzestechnische Norm.

II. Anwendungsbereich der RVG Vorschriften betreffend die Prozesskostenhilfe

1. Verfahrenskostenhilfe

2   Seit Inkrafttreten des FamFG am 1.9.2009 kann in Familiensachen keine Prozesskostenhilfe gewährt werden. In diesen Sachen kann aber **Verfahrenskostenhilfe** bewilligt werden. Die Verfahrenskostenhilfe ist in den §§ 76–78 FamFG geregelt. Nach § 76 Abs. 1 S. 1 FamFG finden auf die Bewilligung von Verfahrenskostenhilfe

---

[82] HK-RVG/*Mayer* § 11 Rn. 66 ff.; Schneider/Wolf/*N. Schneider* § 11 Rn. 126 f.

die Vorschriften der ZPO über die Prozesskostenhilfe, also die §§ 114 bis 127a ZPO entsprechend Anwendung, soweit im FamFG nichts abweichendes geregelt ist.

Die **Beiordnung eines Rechtsanwalts** erfolgt in Ehesachen und in Familienstreitsachen nach § 121 ZPO. In den übrigen in § 111 FamFG genannten Familiensachen (also nicht Ehesachen und Familienstreitsachen, denn für die gilt § 121 ZPO) wie zB Kindschaftssachen, Abstammungssachen, Adoptivsachen, Ehewohnungs- und Haushaltssachen, Gewaltschutzsachen, Versorgungsausgleichssachen ist die Beiordnung eines Rechtsanwalts in § 78 FamFG geregelt. Nach § 78 Abs. 2 FamFG wird dem Beteiligten, wenn eine Vertretung durch einen Rechtsanwalt nicht vorgeschrieben ist, auf seinen Antrag hin ein zur Vertretung bereiter Rechtsanwalt seiner Wahl beigeordnet, wenn wegen der Schwierigkeit der Sach- und Rechtslage die Vertretung durch einen Rechtsanwalt erforderlich scheint. Die Beiordnung eines Rechtsanwalts in Familiensachen (Ausnahme: Ehesachen, Folgesachen, die im Verbund anhängig sind und Familienstreitsachen) könnte also auch dann fraglich sein, wenn dem Beteiligten Verfahrenskostenhilfe bewilligt worden ist. Der BGH[1] hat sich in einer Grundsatzentscheidung zu der Frage geäußert, wann in einer Familiensache, in der eine Vertretung durch einen Rechtsanwalt nicht vorgeschrieben ist, die Beiordnung eines Rechtsanwalts iSd § 78 Abs. 2 FamFG erforderlich erscheine. Die gebotene Einzelfallprüfung lasse, so der BGH wie die Herausbildung von Regeln, nach denen der mittellosen Partei für bestimmte Verfahren immer oder grundsätzlich ein Rechtsanwalt beizuordnen sei, nicht zu. Es sei zu berücksichtigen, ob ein bemittelter Rechtssuchender in der Lage des Unbemittelten vernünftigerweise einen Rechtsanwalt hinzugezogen hätte. Die Erforderlichkeit der Beiordnung beurteile sich auch nach den subjektiven Fähigkeiten des betroffenen Beteiligten. Die anwaltliche Vertretung anderer am Verfahren Beteiligter könne zwar kein alleiniges Kriterium für die Beiordnung eines Anwalts sein, spiele aber bei der Beurteilung der Gesamtsituation eine Rolle.

Ist ein Rechtsanwalt einem Beteiligten in einer Familiensache nach § 78 FamFG oder nach § 121 ZPO beigeordnet worden, so gelten für ihn wegen der Abrechnung seiner Vergütung gegenüber der Staatskasse und die Höhe der Vergütung dieselben Vorschriften, wie für einen Rechtsanwalt, der dem Mandanten zB in einem bürgerlichen Rechtsstreit im Rahmen der gewährten Prozesskostenhilfe beigeordnet worden ist. Für die Tätigkeit im Verfahrenskosten-Bewilligungsverfahren oder im Verfahren über die Aufhebung der Verfahrenskostenhilfe kann der Rechtsanwalt dieselbe Vergütung erhalten, wie ein in einem entsprechenden Verfahren über die Prozesskostenhilfe tätiger Rechtsanwalt.

2. § 4a InsO

Nach § 4a InsO können, wenn der Schuldner eine natürliche Person ist und er einen Antrag auf Restschuldbefreiung gestellt hat, ihm auf Antrag die Kosten des Insolvenzverfahrens bis zur Erteilung der Restschuldbefreiung gestundet werden. Voraussetzung ist, dass sein Vermögen voraussichtlich nicht ausreichen wird, um diese Kosten zu decken. Die Stundung umfasst auch die Kosten des Verfahrens über den Schuldenbereinigungsplan und das Verfahren zur Restschuldbefreiung (§ 4a Abs. 1 S. 2 InsO).

Werden dem Schuldner die Verfahrenskosten gestundet, so kann ihm auf Antrag ein zur Vertretung bereiter Rechtsanwalt seiner Wahl beigeordnet werden, wenn die Vertretung durch einen Rechtsanwalt trotz der dem Gericht obliegenden Fürsorge erforderlich erscheint (§ 4a Abs. 2 S. 1 InsO).[2]

Auch für den dem Schuldner nach § 4a Abs. 2 InsO beigeordneten Rechtsanwalt gelten nach § 12 RVG die abrechnungstechnischen Vergütungsvorschriften des RVG

---
[1] BGH JurBüro 2011, 97.
[2] HK-RVG/*Pukall* § 12 Rn. 17.

§ 12　Anwendung von Vorschriften für die Prozesskostenhilfe

für einen im Wege der Prozesskostenhilfe beigeordneten Rechtsanwalt entsprechend. Auch dieser kann seinen Vergütungsanspruch gegenüber der Staatskasse geltend machen. Auch er erhält die entstehenden Gebühren nur aus der Tabelle zu § 49 RVG.

3. Verweise auf die Vorschriften der ZPO über die Prozesskostenhilfe in anderen Verfahrensvorschriften

8　Die Vorschriften über die Prozesskostenhilfe der ZPO werden auch in anderen Verfahrensvorschriften häufig für entsprechend anwendbar erklärt. Das ist der Fall in **Arbeitsgerichtsverfahren** (§ 11a ArbGG), **Verwaltungsgerichtsverfahren** (§ 166 VwGO), **Sozialgerichtsverfahren** (§ 73a Abs. 1 S. 1 SGG), **Finanzgerichtsverfahren** (§ 142 Abs. 1 FGO), bei der **Privatklage** (§ 379 Abs. 3 StPO) oder zB auch der **Nebenklage** (§ 397a Abs. 2 StPO). Erfolgt in einem solchen Verfahren die Beiordnung eines Rechtsanwalts, erfolgt diese im Rahmen der dort bewilligten **Prozesskostenhilfe**.[3] Damit ist klar, dass die Regelungen im RVG betreffend die Prozesskostenhilfe auch für den in einem derartigen Verfahren beigeordneten Rechtsanwalt zur Anwendungen kommen. Diese Verfahren bedurften daher nicht der Erwähnung in § 12 RVG.

9　**Nicht anwendbar** sind die im RVG enthaltenen Vergütungsvorschriften für den im Wege der Prozesskostenhilfe beigeordneten Rechtsanwalt zB **auf folgende Beiordnungen:**
- Beiordnung eines Rechtsanwalts gem. § 133 PatG[4]
- Beiordnung eines Notanwaltes gem. § 78b ZPO
- Beistand eines Zeugen (§ 68b StPO)
- dem Antragsgegner in Scheidungssachen ein Anwalt nach § 138 FamFG beigeordnet wird (Hier gilt die spezielle Regelung des § 45 Abs. 2 RVG.).

Denn bei diesen Tätigkeiten handelt es sich nicht nur um Beiordnungen im Rahmen der einer Partei gewährten Prozesskostenhilfe und diese Tätigkeiten sind auch nicht in § 12 RVG erwähnt, so dass die entsprechenden Vorschriften des RVG über die Prozesskostenhilfe auch nicht zur Anwendungen kommen.

III. Anwendbare Vorschriften

10　Nach § 12 RVG sind bei Verfahrenskostenhilfe und im Fall des § 4a InsO die Vorschriften des RVG für im Wege der Prozesskostenhilfe beigeordneten Rechtsanwälte und für Verfahren über die Prozesskostenhilfe entsprechend anwendbar. Mit den Vorschriften des RVG für im Wege der Prozesskostenhilfe beigeordnete Rechtsanwälte sind die §§ 45–59 RVG gemeint. Für die in § 12 RVG erwähnten Beiordnungen erhält der Rechtsanwalt also ebenso wie der im Rahmen der Prozesskostenhilfe beigeordnete Rechtsanwalt die Vergütung nur in Höhe der in der Tabelle zu § 49 RVG bestimmten Gebühren. Die Festsetzung gegenüber der Staatskasse erfolgt auch in den in § 12 RVG genannten Fällen nach § 55 RVG.

11　Wird der Rechtsanwalt in einem **Verfahren über die Prozesskostenhilfe** tätig, erhält er Gebühren nach den Nr. 3335 bis 3337 VV. Diese kommen zB zur Anwendung, wenn der Rechtsanwalt in einem Prozesskostenhilfe – Bewilligungsverfahren für die Mandantschaft tätig wird. Diese Gebühren gelten aufgrund des Verweises in § 12 RVG auch, wenn der Rechtsanwalt in einem Verfahren über die Verfahrenskostenhilfe oder in einem Verfahren über die Beiordnung im Rahmen einer Stundung nach § 4a InsO tätig wird.[5]

---
[3] Schneider/Wolf/*Fölsch* § 12 Rn. 6.
[4] Siehe hierzu Schneider/Wolf/*Fölsch* § 12 Rn. 20.
[5] Schneider/Wolf/*Fölsch* § 12 Rn. 16 ff.

Der Gegenstandswert für die Gebühren in einem Verfahren über die Prozesskostenhilfe bestimmt sich nach dem durch das 2. KostRMoG zum 1.8.2013 neu eingeführten § 23a RVG.[6] Bis dahin war der Gegenstandswert für die Gebühren in einem Verfahren über die Prozesskostenhilfe in der Anm. zu Nr. 3335 VV – inhaltsgleich – geregelt.

§ 12a Abhilfe bei Verletzung des Anspruchs auf rechtliches Gehör

(1) **Auf die Rüge eines durch die Entscheidung nach diesem Gesetz beschwerten Beteiligten ist das Verfahren fortzuführen, wenn**
1. **ein Rechtsmittel oder ein anderer Rechtsbehelf gegen die Entscheidung nicht gegeben ist und**
2. **das Gericht den Anspruch dieses Beteiligten auf rechtliches Gehör in entscheidungserheblicher Weise verletzt hat.**

(2) ¹**Die Rüge ist innerhalb von zwei Wochen nach Kenntnis von der Verletzung des rechtlichen Gehörs zu erheben; der Zeitpunkt der Kenntniserlangung ist glaubhaft zu machen.** ²**Nach Ablauf eines Jahres seit Bekanntmachung der angegriffenen Entscheidung kann die Rüge nicht mehr erhoben werden.** ³**Formlos mitgeteilte Entscheidungen gelten mit dem dritten Tage nach Aufgabe zur Post als bekannt gemacht.** ⁴**Die Rüge ist bei dem Gericht zu erheben, dessen Entscheidung angegriffen wird; § 33 Abs. 7 Satz 1 und 2 gilt entsprechend.** ⁵**Die Rüge muss die angegriffene Entscheidung bezeichnen und das Vorliegen der in Absatz 1 Nr. 2 genannten Voraussetzungen darlegen.**

(3) **Den übrigen Beteiligten ist, soweit erforderlich, Gelegenheit zur Stellungnahme zu geben.**

(4) ¹**Das Gericht hat von Amts wegen zu prüfen, ob die Rüge an sich statthaft und ob sie in der gesetzlichen Form und Frist erhoben ist.** ²**Mangelt es an einem dieser Erfordernisse, so ist die Rüge als unzulässig zu verwerfen.** ³**Ist die Rüge unbegründet, weist das Gericht sie zurück.** ⁴**Die Entscheidung ergeht durch unanfechtbaren Beschluss.** ⁵**Der Beschluss soll kurz begründet werden.**

(5) **Ist die Rüge begründet, so hilft ihr das Gericht ab, indem es das Verfahren fortführt, soweit dies aufgrund der Rüge geboten ist.**

(6) **Kosten werden nicht erstattet.**

I. Überblick

§ 12a RVG regelt die so genannte **Gehörsrüge**. Die Gehörsrüge kann eingelegt werden, wenn nach der Gesetzeslage keine Möglichkeit mehr besteht, die Entscheidung durch das Gericht selbst oder durch das nächst höhere Gericht überprüfen zu lassen.[1]

§ 12a RVG kommt nur dann zur Anwendung, wenn das Verfahren, in dem die nicht mehr anfechtbare Entscheidung ergangen ist, sich nach dem RVG bestimmt.[2]

§ 12a Abs. 1 RVG regelt die Voraussetzung, unter denen eine Gehörsrüge möglich ist. Das Verfahren selbst über die Gehörsrüge ist dann in § 12a Abs. 2 bis 6 RVG geregelt.

---
[6] → § 23a Rn. 5 ff.
[1] Schneider/Wolf/*Fölsch* § 12a Rn. 7.
[2] → Rn. 4 f.

II. Anwendungsbereich

4 Der § 12a RVG regelt die Gehörsrüge für Verfahren, die sich nach dem RVG bestimmen (§ 12a Abs. 1 S. 1 RVG). So richtet sich zB die Gehörsrüge gegen eine Entscheidung, die in einem Festsetzungsverfahren wegen der Vergütung eines beigeordneten Rechtsanwalts gegenüber der Staatskasse im Rahmen der der Partei gewährten Prozesskostenhilfe ergangen ist, nach § 12a RVG. In vielen Fällen nimmt das RVG aber auf andere Verfahrensvorschriften Bezug und erklärt diese für entsprechend anwendbar. Dann richtet sich auch die Gehörsrüge nicht nach § 12a RVG, sondern nach den Vorschriften des jeweiligen – anwendbaren – Verfahrensrecht über die Gehörsrüge. So richtet sich zB das Vergütungsfestsetzungsverfahren nach § 11 RVG nach den Vorschriften der jeweiligen Verfahrensordnung über das Kostenfestsetzungsverfahren (§ 11 Abs. 2 S. 3 RVG). Soll gegen eine Entscheidung, die im Vergütungsfestsetzungsverfahren eines bürgerlichen Rechtsstreits ergangen ist, eine Gehörsrüge erhoben werden, kommt nicht § 12a RVG zur Anwendung, sondern § 321a ZPO.[3]

5 Hat in einem Verfahren, das sich nach dem RVG regelt, der Rechtspfleger oder der Urkundsbeamte der Geschäftsstelle entschieden, dürfte eine Gehörsrüge ebenfalls nicht möglich sein, da gegen die Entscheidung noch die Erinnerung gegeben ist und in deren Rahmen auch geprüft werden muss, ob der Anspruch auf rechtliches Gehör beachtet wurde.[4]

6 Die Gehörsrüge nach § 12a RVG kann aber zB erhoben werden gegen abschließende Beschlüsse des erstinstanzlichen Gerichts, womit dieses über eine Erinnerung gegen die Entscheidung des Rechtspflegers entschieden hat. Die Gehörsrüge kann sich aber auch richten gegen Entscheidungen des Beschwerdegerichts, wenn zulässigerweise die erstinstanzliche Entscheidung angefochten und dann das Beschwerdegericht abschließend entschieden hat. Die Gehörsrüge kann sich auch richten gegen Beschlüsse des OLG, wenn dieses nach einer zulässigen oder zugelassenen weiteren Beschwerde entschieden hat.[5]

III. Voraussetzungen

7 Die Gehörsrüge nach § 12a RVG kann erhoben werden, wenn
- ein Rechtsmittel oder ein anderer Rechtsbehelf gegen die Entscheidung nicht (mehr) gegeben ist (§ 12a Abs. 1 S. 1 RVG)
- das Gericht den Anspruch des Beteiligten auf rechtliches Gehör verletzt hat (§ 12a Abs. 1 S. 1 Ziff. 2 RVG)
- die Verletzung des rechtlichen Gehörs entscheidungserheblich war (§ 12a Abs. 1 S. 1 Ziff. 2 RVG).

8 In der Begründung der Gehörsrüge wird die Partei den Kausalzusammenhang zwischen Verletzung des Anspruchs auf rechtliches Gehör und der ergangenen Entscheidung aufzeigen müssen.[6] Sie wird also darlegen müssen, dass das Gericht anders entschieden hätte, wenn ihr rechtliches Gehör gewährt worden wäre. Dies überzeugend darzulegen, wird in der Praxis schwer fallen.

IV. Verfahren

9 Die Gehörsrüge ist nach § 12a Abs. 2 RVG innerhalb von **zwei Wochen** nach Kenntnis von der Verletzung des rechtlichen Gehörs zu erheben (§ 12a Abs. 2 RVG).

---

[3] HK-RVG/*Kroiß* § 12a Rn. 2.
[4] Schneider/Wolf/*Fölsch* § 12a Rn. 9.
[5] Schneider/Wolf/*Fölsch* § 12a Rn. 8.
[6] Schneider/Wolf/*Fölsch* § 12a Rn. 24 ff.

Der Zeitpunkt der Kenntniserlangung ist glaubhaft zu machen. Nach Ablauf eines Jahres seit Bekanntmachung der angegriffenen Entscheidung kann die Rüge nicht mehr erhoben werden.

Die Rüge ist bei dem Gericht zu erheben, dessen Entscheidung angegriffen wird. Die Rüge muss die angegriffene Entscheidung bezeichnen und das Vorliegen der in § 12a Abs. 1 Nr. 2 RVG genannten Voraussetzungen darlegen (§ 12a Abs. 2 S. 5 RVG). Sie ist also zu begründen.[7] Die Gehörsrüge nach § 12a RVG kann in einem Schriftsatz, mündlich, oder zu Protokoll der Geschäftsstelle erhoben werden.[8] **10**

Das weitere Verfahren ist ebenfalls in § 12a Abs. 4 RVG geregelt. Danach hat das Gericht von Amts wegen zu prüfen, ob die Rüge an sich statthaft und ob sie in der gesetzlichen Form und Frist erhoben ist. Mangelt es an einem dieser Erfordernisse, ist die Gehörsrüge als unzulässig zu verwerfen. Ist die Gehörsrüge unbegründet, weist das Gericht sie zurück. Die Entscheidung des Gerichts ergeht durch Beschluss. Dieser Beschluss ist unanfechtbar! (§ 12a Abs. 4 S. 4 RVG). Das Gericht soll den Beschluss kurz begründen. **11**

Ist die Rüge begründet, hilft ihr das Gericht ab, in dem es das Verfahren fortführt, soweit dies aufgrund der Rüge geboten ist (§ 12a Abs. 5 RVG). Das Gericht wird dann erneut unter Berücksichtigung des Vorbringens der Partei dessen rechtliches Gehör verletzt worden ist, entscheiden müssen. **12**

Kosten werden in dem Verfahren über eine Gehörsrüge nach § 12a RVG nicht erstattet (§ 12a Abs. 6 RVG). **13**

§ 12b Elektronische Akte, Elektronisches Dokument

[1]In Verfahren nach diesem Gesetz sind die verfahrensrechtlichen Vorschriften über die elektronische Akte und über das elektronische Dokument für das Verfahren anzuwenden, in dem der Rechtsanwalt die Vergütung erhält. [2]Im Fall der Beratungshilfe sind die entsprechenden Vorschriften des Gesetzes über das Verfahren in Familiensachen und in den Angelegenheiten der freiwilligen Gerichtsbarkeit anzuwenden.

I. Überblick

Durch das zum 1.4.2005 in Kraft getretene Justizkommunikationsgesetz[1] wurden der Zivilprozess und die Fachgerichtsbarkeiten für eine elektronische Aktenbearbeitung geöffnet. Im Rahmen dessen wurde § 12b in das RVG eingefügt. Dadurch wird gewährleistet, dass auch in Verfahren, die sich nach dem RVG regeln, bei Gericht eine elektronische Akte geführt werden kann und der Anwalt Anträge, Erklärungen und Rechtsbehelfe in elektronischer Form bei Gericht einreichen kann. **1**

§ 12b RVG wurde durch das 2. KostRMoG[2] neu gefasst. Mit der Neufassung ersetzt der Gesetzgeber die Regelung in § 12b RVG zur elektronischen Akte und zum elektronischen Dokument durch eine allgemeine Verweisung auf die jeweilige verfahrensrechtlichen Regelungen für das zugrunde liegende Verfahren. Damit soll sichergestellt werden, dass für die kostenrechtlichen Verfahren die gleichen Grundsätze wie für das Verfahren zur Hauptsache gelten.[3] **2**

---

[7] Schneider/Wolf/*Fölsch* § 12a Rn. 24 ff.
[8] HK-RVG/*Kroiß* § 12a Rn. 5.
[1] BGBl. 2005 I 837.
[2] BGBl. 2013 I 2586.
[3] Vergleiche die Begründung des Gesetzgebers zum 2. KostRMoG in BT-Drs. 17/11471 zu Artikel 1, § 7 GNotKG.

§ 12b Elektronische Akte, Elektronisches Dokument

3 Grundlegende Änderungen über den elektronischen Rechtsverkehr mit den Gerichten ergeben sich durch das Gesetz zur Förderung des elektronischen Rechtsverkehrs mit den Gerichten (ERV-Gesetz)[4] und die damit im Zusammenhang stehende Einführung des besonderen elektronischen Anwaltspostfachs (beA). Das beA soll ab dem 29.9.2016 für alle Rechtsanwälte bereit stehen.[5] Zum Zeitpunkt des Abschlusses der Manuskriptarbeiten für dieses Werk war noch die Frage offen, ob die Bundesrechtsanwaltskammer (BRAK) ein beA auch gegen den Willen des betroffenen Rechtsanwalts empfangsbereit einrichten darf und ob eine Pflicht zur Nutzung des beA besteht.[6]

4 Ab dem 1.1.2018 sollen alle Gerichte der Zivil-, Arbeits-, Finanz-, Sozial- und Verwaltungsgerichtsbarkeit nach dem ERV-Gesetz für den elektronischen Rechtsverkehr geöffnet sein. Die Länder können jedoch per Rechtsverordnung die Einführung des elektronischen Rechtsverkehrs auf den 1.1.2019 oder den 1.1.2020 verschieben. Rechtsanwälte sind spätestens ab dem 1.1.2022 verpflichtet, Dokumenten den Gerichten elektronisch zu übermitteln. Die Länder können per Rechtsverordnung die anwaltliche Verpflichtung zur elektronischen Einreichung von Dokumenten bei den Gerichten vom 2022 auf 2020 oder 2021 vorziehen.[7]

5 Durch das ERV-Gesetz werden zahlreiche Vorschriften in den jeweiligen Verfahrensordnungen mit Inkrafttreten 1.1.2018 neu gefasst, so zB § 130a ZPO (elektronisches Dokument), § 174 ZPO (Zustellung gegen Empfangsbekenntnis oder automatisierte Eingangsbestätigung), § 195 ZPO (Zustellung von Anwalt zu Anwalt), § 298 ZPO (Aktenausdruck).[8]

II. Anwendungsbereich

6 Ist für das Verfahren, in welchem der Rechtsanwalt tätig geworden ist und aus welchem der Vergütungsanspruch resultiert, durch Rechtsverordnung der Bundes- oder der entsprechenden Landesregierung die Einreichung von elektronischen Dokumenten bei Gericht zugelassen, können auch **Anträge und Erklärungen in Verfahren, die im RVG geregelt sind,** als elektronisches Dokument eingereicht werden. Zu denken ist hier zB an den Festsetzungsantrag des im Rahmen der Prozess- oder Verfahrenskostenhilfe beigeordneten Rechtsanwalts gegenüber der Staatskasse, an einen Vergütungsfestsetzungsantrag nach § 11 RVG oder an einen Antrag auf Festsetzung des Gegenstandswerts, den der Rechtsanwalt im eigenen Namen stellt.

7 Auch in einem **Rechtsbehelfsverfahren** (zB Erinnerung gegen die Festsetzung der Vergütung des der Partei im Rahmen der Prozess- oder Verfahrenskostenhilfe beigeordneten Rechtsanwalts) ist die Übermittlung elektronischer Anträge und Erklärungen möglich, jedoch nicht in einem größeren Umfange, als im Hauptsacheverfahren. Können also im Hauptsacheverfahren prozessuale Erklärungen der Parteien oder Dritten in elektronischer Form abgegeben werden, kann dies auch in einem Rechtsbehelfsverfahren nach den Kostengesetzen geschehen.

8 Nach § 12b S. 2 RVG können auch im Fall der Beratungshilfe Dokumente in elektronischer Form bei Gericht eingereicht werden. Zu denken ist hier zB an

---

[4] BGBl. 2013 I 3786.
[5] Stand der Informationen zum Zeitpunkt des Abschlusses der Manuskriptarbeiten.
[6] Diese Fragen sind Gegenstand von Gerichtsverfahren; *Brosch* NJW 2015, 3692.
[7] Zeitplan nach ERV-Gesetz zu finden zB http://bea.brak.de/wann-kommt-das-bea/zeitplan; Jungbauer/*Jungbauer*, Das besondere elektronische Anwaltspostfach (beA) und der ERV, 1. Aufl., § 1 Rn. 20 ff.
[8] Die Gesetzestexte in der Fassung ab dem 1.1.2018 findet man bei beck-online in der Historie zu den jeweiligen Paragraphen.

den Antrag auf Festsetzung der Vergütung des beratenden Anwalts. Im Fall der Beratungshilfe gelten die Vorschriften des FamFG. § 14 FamFG regelt die elektronische Akte und das elektronische Dokument für den Anwendungsbereich des FamFG. Wegen des elektronischen Dokuments verweist § 14 Abs. 2 FamFG[9] auf die Vorschriften der §§ 130a Abs. 1 und 3, 298 ZPO und erklärt diese für entsprechend anwendbar. Auch in der durch das ERV-Gesetz[10] geänderten Fassung des § 14 FamFG bleibt es in Abs. 2 bei dem Verweis auf die §§ 130a und 298 ZPO.[11]

Praxistipp:
Will der Rechtsanwalt in einem Verfahren, das im RVG geregelt ist (zB Vergütungsfestsetzungsantrag nach § 11 RVG oder Festsetzungsantrag des der Partei im Rahmen der Prozess- oder Verfahrenskostenhilfe beigeordneten Rechtsanwalts gegenüber der Staatskasse) elektronisch bei Gericht einreichen, wird er zunächst prüfen müssen, ob in dem Verfahren, für welches er die Vergütung erhält, der elektronische Rechtsverkehr mit dem Gericht möglich ist. Ist dies möglich, wird er auch seinen Vergütungsfestsetzungsantrag oder den Rechtsbehelf elektronisch bei Gericht einreichen können.

1. EGVP

Bis zum Bereitstellen des beA durch die Bundesrechtsanwaltskammer können bereits bei verschiedenen Gerichten Anträge und Schriftsätze als elektronisches Dokument eingereicht werden. Voraussetzung ist allerdings, dass mit dem zuständigen Gericht aufgrund einer Bundes- oder Landesverordnung per EGVP kommuniziert werden kann. Es wird also zu prüfen sein, ob dem Gericht über EGVP elektronische Dokumente übermittelt werden können. Mit welchen Gerichten ein elektronischer Rechtsverkehr über EGVP möglich ist, kann zB im Internet geprüft werden.[12]

Was bei der Übermittlung eines elektronischen Dokumentes per EGVP zu beachten ist, ergibt sich aus § 130a ZPO. Das vom Rechtsanwalt eingereichte elektronische Dokument muss für die Bearbeitung durch das Gericht geeignet sein (§ 130a Abs. 1 S. 1 ZPO[13]). Die verantwortende Person (hier der Rechtsanwalt) soll das Dokument mit einer qualifizierten elektronischen Signatur nach dem Signaturgesetz versehen (§ 130a Abs. 1 S. 2 ZPO[14]).

Ein elektronisches Dokument ist eingereicht, sobald die für den Empfang bestimmte Einrichtung des Gerichts es aufgezeichnet hat (§ 130a Abs. 3 ZPO[15]).

Ist ein übermitteltes elektronisches Dokument für das Gericht zur Bearbeitung nicht geeignet, ist dies dem Absender unter Angabe der geltenden technischen Rahmenbedingungen unverzüglich mitzuteilen (§ 130a Abs. 1 S. 3 ZPO[16]).

2. Das besondere elektronische Anwaltspostfach (beA)

Das beA ersetzt für Rechtsanwälte den EGVP-Client. Dokumente können über das beA elektronisch bei Gericht eingereicht werden. Allerdings ist Voraussetzung, dass das Gericht bereits für den elektronischen Rechtsverkehr nach dem ERV-Gesetz

---

[9] In der Fassung bis 31.12.2017.
[10] BGBl. 2013 I 3786 – Inkrafttreten: 1.1.2018.
[11] In der Fassung durch das ERV-Gesetz (BGBl. 2013 I 3786) – Inkrafttreten: 1.1.2018.
[12] ZB http://egvp.de/gerichte.
[13] In der Fassung bis 31.12.2017.
[14] In der Fassung bis 31.12.2017.
[15] In der Fassung bis 31.12.2017.
[16] In der Fassung bis 31.12.2017.

§ 12b — Elektronische Akte, Elektronisches Dokument

geöffnet ist. Die Länder können per Rechtsverordnung die Einführung des elektronischen Rechtsverkehrs vom 1.1.2018 auf den 1.1.2019 oder auf den 1.1.2020 verschieben. Erst danach sollen alle Gerichte der Zivil-, Arbeits-, Finanz-, Sozial- und Verwaltungsgerichtsbarkeit nach dem ERV-Gesetz für den elektronischen Rechtsverkehr geöffnet sein. Vor dem 1.1.2020 wird der Rechtsanwalt vor Einreichung eines elektronischen Dokumentes (zB über beA) prüfen müssen, ob das Gericht bereits für den elektronischen Rechtsverkehr nach dem ERV-Gesetz geöffnet ist.[17]

15 Wenn das Gericht schon vor dem 1.1.2018 für den elektronischen Rechtsverkehr geöffnet ist, können Dokumente auch schon vorher über das beA elektronisch bei Gericht eingereicht werden. Bis zum 31.1.2017 sind diese Dokumente allerdings ausschließlich mit einer qualifizierten elektronischen Signatur bei Gericht einzureichen (§ 130a Abs. 1 S. 2 ZPO[18]).

16 Ab 1.1.2018 können Dokumente durch den Rechtsanwalt selbst über sein beA grundsätzlich auch ohne qualifizierte elektronische Signatur versendet werden. Dies ergibt sich aus § 130a Abs. 3 ZPO.[19] Wird das Dokument ohne qualifizierte elektronische Signatur der verantwortenden Person eingereicht, muss es von der verantwortenden Person signiert und auf einem sicheren Übermittlungsweg eingereicht werden. Ein sicherer Übermittlungsweg ist nach § 130a Abs. 4 Ziff. 2 ZPO[20] auch der Übermittlungsweg zwischen dem besonderen elektronischen Anwaltspostfach nach § 31a BRAO oder einem entsprechenden, auf gesetzlicher Grundlage errichteten elektronischen Postfach und der elektronischen Poststelle des Gerichts.

17 Auch bei einer Übermittlung über das beA ist ein elektronisches Dokument bei Gericht eingegangen, sobald es auf der für den Empfang bestimmten Einrichtung des Gerichts gespeichert ist (§ 130a Abs. 5 S. 1 ZPO[21]). Dem Absender ist eine automatische Bestätigung über den Zeitpunkt des Eingangs zu erteilen (§ 130a Abs. 5 S. 2 ZPO[22]).

18 Ist ein über das beA eingereichtes elektronisches Dokument für das Gericht zur Bearbeitung nicht geeignet, ist dies dem Absender unter Hinweis auf die Unwirksamkeit des Eingangs und auf die geltenden technischen Rahmenbedingungen unverzüglich mitzuteilen. Das Dokument gilt als zum Zeitpunkt der früheren Einreichung eingegangen, sofern der Absender es unverzüglich in einer für das Gericht zur Bearbeitung geeigneten Form nachreicht und glaubhaft macht, dass es mit dem zuerst eingereichten Dokument inhaltlich übereinstimmt (§ 130a Abs. 6 ZPO[23]).

Praxistipp:

19 Zum Zeitpunkt des Abschlusses der Manuskriptarbeiten für dieses Werk war noch die Frage offen, ob die Bundesrechtsanwaltskammer (BRAK) ein beA auch gegen den Willen des betroffenen Rechtsanwalts empfangsbereit einrichten darf und ob eine Pflicht zur Nutzung des beA besteht.

Des Weiteren war unsicher, ob und wann die einzelnen Gerichte für den elektronischen Rechtsverkehr geöffnet werden.

Die vorstehende Kommentierung ist also immer vor dem Hintergrund zu sehen, dass sich im Rahmen der weiteren aktuellen Entwicklungen zum elektronischen Rechtsverkehr mit dem Gericht Änderungen ergeben können.

---

[17] ZB http://bea.brak.de/wann-kommt-das-bea/zeitplan (Link: Stand der Umsetzung des ERV-Gesetzes in den Ländern.
[18] In der Fassung bis 31.12.2017.
[19] In der Fassung durch das ERV-Gesetz (BGBl. 2013 I 3786) – Inkrafttreten: 1.1.2018.
[20] In der Fassung durch das ERV-Gesetz (BGBl. 2013 I 3786) – Inkrafttreten: 1.1.2018.
[21] In der Fassung durch das ERV-Gesetz (BGBl. 2013 I 3786) – Inkrafttreten: 1.1.2018.
[22] In der Fassung durch das ERV-Gesetz (BGBl. 2013 I 3786) – Inkrafttreten: 1.1.2018.
[23] In der Fassung durch das ERV-Gesetz (BGBl. 2013 I 3786) – Inkrafttreten: 1.1.2018.

§ 12c Rechtsbehelfsbelehrung

§ 12c Rechtsbehelfsbelehrung

Jede anfechtbare Entscheidung hat eine Belehrung über den statthaften Rechtsbehelf sowie über das Gericht, bei dem dieser Rechtsbehelf einzulegen ist, über dessen Sitz und über die einzuhaltende Form und Frist zu enthalten.

I. Überblick

Nach § 12c RVG hat das Gericht jeder anfechtbaren Entscheidung im RVG eine Belehrung über den möglichen und statthaften Rechtsbehelf anzufügen. Die Einführung einer Rechtsbehelfsbelehrung soll den Rechtsschutz für den Beteiligten noch wirkungsvoller gestalten. 1

II. Anwendungsbereich

Jede nach dem RVG anfechtbare Entscheidung hat nach § 12c RVG eine Belehrung über den statthaften Rechtsbehelf zu enthalten. Zu nennen sind hier insbesondere der Beschluss über die Festsetzung des Gegenstandswertes nach § 33 RVG und die Entscheidung im Verfahren auf Festsetzung der Vergütung des gerichtlich bestellten oder beigeordneten Rechtsanwaltes gegen die Staatskasse. 2

Ist eine Entscheidung nicht nach dem RVG, sondern nach einer Vorschrift eines anderen Gesetzes anfechtbar, so ergibt sich die Belehrungspflicht aus den entsprechenden parallelen Vorschriften des anderen Kostengesetzes oder der anderen Verfahrensordnung (zB § 232 ZPO, § 5b GKG, § 8a FamGKG, § 3a GvKostG, § 4c JVEG). 3

Beispiel:
Der Gegenstandswert in dem bürgerlichen Rechtsstreit ist nicht ausschließlich nach § 33 RVG für die Anwaltsgebühren festgesetzt worden, sondern für die Gerichtsgebühren. Der für die Gerichtsgebühren festgesetzte Gegenstandswert ist nach § 23 Abs. 1 S. 1 RVG auch für die Anwaltsgebühren maßgebend. Der Rechtsanwalt kann gemäß § 32 Abs. 2 RVG aus eigenem Recht diese Wertfestsetzung anfechten. Das Rechtsmittelverfahren bestimmt sich dann nach § 68 GKG (§ 32 Abs. 2 S. 1 RVG). Folglich hat die Rechtsbehelfsbelehrung hier nach § 5b GKG zu erfolgen und nicht nach § 12c RVG.

Keiner Belehrungspflicht bedarf es bei unanfechtbaren Entscheidungen.[1] Dies ist etwa der Fall, wenn das Gericht die Vergütung des im Rahmen der Prozesskostenhilfe dem Mandanten beigeordneten Rechtsanwalt antragsgemäß festgesetzt hat. Eine Belehrung bedarf es zB auch dann nicht, wenn der Wert des Beschwerdegegenstandes 200 EUR nicht übersteigt und deshalb die Beschwerde gegen die Festsetzung des Gegenstandswertes gemäß § 33 Abs. 3 RVG nicht zulässig ist. 4

Über außerordentliche Rechtsbehelfe (wie zB die Anhörungsrüge gem. § 12a RVG, eine Gegenvorstellung oder eine Verfassungsbeschwerde) muss sich die Rechtsbehelfsbelehrung nicht verhalten.[2] 5

III. Inhalt der Belehrung

Die Rechtsbehelfsbelehrung des Gerichts hat nach § 12c RVG zu bezeichnen: 6
- das statthafte Rechtsmittel oder den statthaften Rechtsbehelf (welcher konkrete Rechtsbehelf kann gegen die Entscheidung eingelegt werden)

---

[1] *Volpert* RVGreport 2013, 210.
[2] *Volpert* RVGreport 2013, 210.

§ 12c — Rechtsbehelfsbelehrung

- das Gericht, bei dem der Rechtsbehelf einzulegen ist
- den Sitz des Gerichts (Anschrift des Gerichts)
- die Form des Rechtsbehelfs
- die zu beachtende Einlegungsfrist.

Ist das Rechtsmittel oder der Rechtsbehelf nicht an eine Frist gebunden, soll der Hinweis genügen, dass der Rechtsbehelf/das Rechtsmittel nicht fristgebunden ist.[3]

Besteht Anwaltszwang, wird das Gericht in der Rechtsbehelfsbelehrung hierauf ebenfalls hinweisen müssen.[4]

IV. Wiedereinsetzung bei Nichtbelehrung oder fehlerhafter Rechtsbelehrung

7   Fehlt die Rechtsbehelfsbelehrung komplett oder ist sie fehlerhaft und versäumt der Rechtsbehelfsführer dadurch die Frist zur Einlegung des Rechtsbehelfs, ist der betroffenen Partei auf Antrag Wiedereinsetzung in den vorigen Stand zu gewähren. Gem. § 33 Abs. 5 S. 2 RVG wird das Fehlen eines Verschuldens vermutet, wenn eine Rechtsbehelfsbelehrung unterblieben oder fehlerhaft ist. *„Es muss dabei ein ursächlicher Zusammenhang zwischen Fristversäumnis und Belehrungsmangel bestehen. Ist davon auszugehen, dass die Partei ausreichende Kenntnisse über den Rechtsbehelf hatte, so ist eine Wiedereinsetzung ausgeschlossen."*[5]

---

[3] *Volpert* RVGreport 2013, 212.
[4] Gerold/Schmidt/*Müller-Rabe* § 12c Rn. 2.
[5] Zitiert nach Gerold/Schmidt/*Müller-Rabe* § 12c Rn. 13.

Abschnitt 2. Gebührenvorschriften

§ 13 Wertgebühren

(1) ¹Wenn sich die Gebühren nach dem Gegenstandswert richten, beträgt die Gebühr bei einem Gegenstandswert bis 500 Euro 45 Euro. ²Die Gebühr erhöht sich bei einem

Gegenstandswert bis ... Euro	für jeden angefangenen Betrag von weiteren ... Euro	um ... Euro
2 000	500	35
10 000	1 000	51
25 000	3 000	46
50 000	5 000	75
200 000	15 000	85
500 000	30 000	120
über 500 000	50 000	150

³Eine Gebührentabelle für Gegenstandswerte bis 500 000 Euro ist diesem Gesetz als Anlage 2 beigefügt.

(2) Der Mindestbetrag einer Gebühr ist 15 Euro.

I. Überblick

Bei der Abrechnung von **Wertgebühren** bestimmt das VV zum RVG den Gebührensatz (zB 1,3, 1,2 usw). Wie der Gegenstandswert zu bestimmen ist, ergibt sich ebenfalls aus dem RVG (zB § 23 RVG). Ist der Gegenstandswert bekannt und auch der Gebührensatz, so kann die Gebühr, die dem Mandanten letztlich in Rechnung zu stellen ist, aus der Gebührentabelle entnommen werden. Gleiches gilt auch für **Satzrahmengebühren** (zB Geschäftsgebühr Nr. 2300 VV: 0,5 bis 2,5), wobei der Rechtsanwalt hier zunächst noch den Gebührensatz im Einzelfall nach billigem Ermessen zu bestimmen hat. In § 13 RVG ist die Höhe der Gebühr, die Erhöhung der Gebühr bei einem höheren Gegenstandswert und die sich daraus ergebende Gebührentabelle normiert. Eine Gebührentabelle für Gegenstandswerte bis 500.000 EUR ist dem RVG auch noch einmal als Anlage 2 beigefügt (§ 13 Abs. 1 S. 3 RVG). 1

Die in § 13 RVG geregelte Höhe einer Gebühr gilt nur bei Tätigkeit des Rechtsanwalts als Wahlanwalt. Ist der Rechtsanwalt dem Mandanten im Wege der Prozess- oder Verfahrenskostenhilfe beigeordnet worden, bestimmt sich die Höhe der Gebühren, die der beigeordnete Rechtsanwalt aus der Staatskasse erhält, nach der Tabelle zu § 49 RVG. Allerdings sind die Tabellen zu § 13 RVG und zu § 49 RVG bis zu einem Gegenstandswert von 4.000 EUR identisch. Bei darüber hinausgehenden Gegenstandswerten weist die Tabelle zu § 49 RVG erheblich geringere Gebührenbeträge aus. 2

II. Berechnung der Gebühr

Wenn sich die Gebühren nach dem Gegenstandswert richten, beträgt die Gebühr bei einem Gegenstandswert bis 500 EUR nach § 13 Abs. 1 S. 1 RVG 45 EUR. 3

§ 13 Wertgebühren

In § 13 Abs. 1 S. 2 RVG ist dann geregelt, wie sich die Gebühr bei steigenden Gegenstandswerten erhöht. Die Erhöhungen sind degressiv ausgestaltet.

4 Dem RVG ist als Anlage 2 eine Gebührentabelle für Gegenstandswerte bis 500.000 EUR beigefügt. In der dem RVG als Anlage 2 beigefügten Gebührentabelle ist jeweils nur eine (volle) 1,0 Gebühr ausgewiesen. Im Fachhandel sind Gebührentabellen erhältlich, die für die einzelnen Wertstufen auch die gängigsten Sätze (zB 1,3; 1,2) ausweisen. In der Praxis übernimmt meist das Anwaltsprogramm die Berechnung der Gebühr, wenn die Höhe des Gebührensatzes und der Gegenstandswert vorgegeben werden.

5 Ausgehend von der – dem RVG als Anlage 2 beigefügten – Gebührentabelle und der darin ausgewiesenen (vollen) 1,0 Gebühr ist eine Gebühr mit einem niedrigeren oder höheren Gebührensatz wie folgt zu berechnen:

Ausgewiesener Gebührenbetrag (= 1,0 Gebühr) aus der Tabelle – Anlage 2 zum RVG – x Gebührensatz = Gebührenbetrag, der dem Mandanten in Rechnung gestellt wird.

Beispiel 1:

Es ist eine 1,3 Verfahrensgebühr nach einem Gegenstandswert von 5.000 EUR entstanden. Die Tabelle – Anlage 2 zum RVG – weist bei einem Gegenstandswert bis 5.000 EUR eine Gebühr in Höhe von 303 EUR aus. Dies ist eine (volle) 1,0 Gebühr. Da hier aber eine 1,3 Verfahrensgebühr entstanden ist, ist der Betrag in Höhe von 303 EUR mit 1,3 zu multiplizieren, so dass sich eine Gebühr von 393,90 EUR ergibt. Der Betrag in Höhe von 393,90 EUR kann dem Mandanten in Rechnung gestellt werden.

6 Der Mindestbetrag einer Gebühr ist 15 EUR (§ 13 Abs. 2 RVG).

Beispiel 2:

Der Anwalt ist mit der Vollstreckung einer Gesamtforderung in Höhe von 250 EUR beauftragt. Er erteilt dem Gerichtsvollzieher einen Sachpfändungsauftrag. Hierfür erhält er eine 0,3 Verfahrensgebühr Nr. 3309 VV nach einem Gegenstandswert von 250 EUR = 13,50 EUR. Die Gebühr ist nach § 13 Abs. 2 RVG mit 15 EUR (Mindestbetrag) anzusetzen. Bei der Berechnung der Pauschale Nr. 7002 VV ist von dieser Mindestgebühr in Höhe von 15 EUR auszugehen, so dass die Pauschale mit 3 EUR anzusetzen ist.

7 In § 13 Abs. 2 RVG ist ausdrücklich klargestellt, dass der Mindestbetrag „einer **Gebühr**" 15 EUR ist. § 13 Abs. 2 RVG gilt also nicht für Auslagen. Ergeben sich bei der Berechnung der Dokumentenpauschale Nr. 7000 VV oder bei der Berechnung der Pauschale für Entgelte für Post- und Telekommunikationsdienstleistungen Beträge von unter 15 EUR, bleibt es bei diesen Beträgen. Diese können nicht auf 15 EUR angehoben werden.[1]

8 § 13 Abs. 2 RVG, wonach der Mindestbetrag einer Gebühr 15 EUR ist, ist auf die in der Nr. 1009 VV geregelte Hebegebühr nicht anzuwenden. Hier geht die spezielle Regelung in der Nr. 1009 VV vor. Danach beträgt die Mindestgebühr für die Hebegebühr 1 EUR.

9 Eine Auf- oder Abrundung von Gebührenbeträgen ist nur noch dann möglich, wenn sich rechnerisch beim Centbetrag eine dritte Dezimalstelle ergibt. Die Rundungsregelung für derartige Fälle findet sich in § 2 Abs. 2 S. 2 RVG.[2]

III. Problemfälle

10 Umstritten ist, wie sich § 13 Abs. 2 RVG (Mindestbetrag einer Gebühr = 15 EUR) im Falle der Erhöhung der Gebühr nach Nr. 1008 VV auswirkt. Nach

---

[1] Schneider/Wolf/*N. Schneider* § 13 Rn. 20.
[2] → § 2 Rn. 14, 15.

einer weit verbreiteten Meinung[3] sind bei der Berechnung nach Nr. 1008 VV erhöhten Gebühr die Gebührensätze zu addieren und dann die Gebühr zu berechnen. Wird so verfahren, kann sich aber kein Betrag unter 15 EUR mehr ergeben, weil eine 0,4 Gebühr nach einem Wert von 500 EUR schon rechnerisch 18 EUR ergibt.[4]

Beläuft sich der Erhöhungsbetrag nach Nr. 1008 VV unter 15 EUR, ist der Erhöhungsbetrag für sich alleine nicht auf den Mindestbetrag von 15 EUR anzuheben.[5] **11**

Ist eine anzurechnende Gebühr durch die Regelung des § 13 Abs. 2 RVG auf **12** 15 EUR angehoben worden, stellt sich die Frage, von welcher Gebühr bei der Anrechnung auszugehen ist. Richtigerweise ist bei der Anrechnung von der letztlich abgerechneten Mindestgebühr von 15 EUR auszugehen und nicht von dem Gebührenbetrag, der sich vor der Anhebung auf den Mindestbetrag von 15 EUR ergeben hat.[6] Verbleibt nach Anrechnung nur noch eine Restgebühr von unter 15 EUR, stellt sich die Frage, ob die verbleibende Gebühr auf den Mindestbetrag von 15 EUR angehoben werden kann. *Mayer*[7] bejaht dies.

§ 14 Rahmengebühren

(1) ¹**Bei Rahmengebühren bestimmt der Rechtsanwalt die Gebühr im Einzelfall unter Berücksichtigung aller Umstände, vor allem des Umfangs und der Schwierigkeit der anwaltlichen Tätigkeit, der Bedeutung der Angelegenheit sowie der Einkommens- und Vermögensverhältnisse des Auftraggebers, nach billigem Ermessen.** ²**Ein besonderes Haftungsrisiko des Rechtsanwalts kann bei der Bemessung herangezogen werden.** ³**Bei Rahmengebühren, die sich nicht nach dem Gegenstandswert richten, ist das Haftungsrisiko zu berücksichtigen.** ⁴**Ist die Gebühr von einem Dritten zu ersetzen, ist die von dem Rechtsanwalt getroffene Bestimmung nicht verbindlich, wenn sie unbillig ist.**

(2) ¹**Im Rechtsstreit hat das Gericht ein Gutachten des Vorstands der Rechtsanwaltskammer einzuholen, soweit die Höhe der Gebühr streitig ist; dies gilt auch im Verfahren nach § 495a der Zivilprozessordnung.** ²**Das Gutachten ist kostenlos zu erstatten.**

Übersicht

	Rn.
I. Überblick	1
II. Bestimmung einer Rahmengebühr	4
1. Grundsätzliches	4
2. Mittelgebühr	13
3. Toleranzgrenzen	24
III. Bemessungskriterien	29
1. Umfang der anwaltlichen Tätigkeit	29
2. Schwierigkeit der anwaltlichen Tätigkeit	36
3. Bedeutung der Angelegenheit für den Auftraggeber	43
4. Einkommens- und Vermögensverhältnisse des Auftraggebers	45

---

[3] *Gerold/Schmidt/Mayer* § 13 Rn. 12; HK-RVG/*Kroiß* § 13 RVG Rn. 33; Schneider/Wolf/ *N. Schneider* § 13 Rn. 22 ff.
[4] So im Ergebnis auch LG Berlin BeckRS 2007, 04309; AG Berlin-Hohenschönhausen BeckRS 2010, 27723.
[5] *Gerold/Schmidt/Mayer* § 13 Rn. 11, 12.
[6] *Gerold/Schmidt/Mayer* § 13 Rn. 16.
[7] *Gerold/Schmidt/Mayer* § 13 Rn. 17; HK-RVG/*Kroiß* § 13 Rn. 36.

§ 14 Rahmengebühren

	Rn.
5. Haftungsrisiko	48
6. Sonstige Kriterien	50
IV. Gebührenhöhe in Einzelfällen	51
V. Gutachten des Vorstandes der Rechtsanwaltskammer	57

I. Überblick

1 Das RVG kennt ua Satzrahmengebühren (zB 0,5 bis 2,5 Geschäftsgebühr Nr. 2300 VV) oder Betragsrahmengebühren (zB 40 bis 360 EUR – Grundgebühr Nr. 4100 VV). Der Rechtsanwalt hat eine derartige Gebühr innerhalb des im Gesetz festgelegten Rahmens zu bestimmen. § 14 Abs. 1 RVG regelt, was der Rechtsanwalt bei der Bestimmung einer Gebühr zu berücksichtigen hat. Der Rechtsanwalt bestimmt die Gebühr **im Einzelfall** unter Berücksichtigung **aller Umstände,** vor allem
- des Umfangs der anwaltlichen Tätigkeit
- der Schwierigkeit der anwaltlichen Tätigkeit
- der Bedeutung der Angelegenheit für den Auftraggeber
- der Einkommens- und Vermögensverhältnisse des Auftraggebers

nach billigem Ermessen (§ 14 Abs. 1 S. 1 RVG). Bei Betragsrahmengebühren kann ein besonderes Haftungsrisiko bei der Bemessung herangezogen werden (§ 14 Abs. 1 S. 2 RVG). Bei Satzrahmengebühren **ist** das Haftungsrisiko zu berücksichtigen (§ 14 Abs. 1 S. 3 RVG).

2 Ist die Gebühr von einem Dritten zu ersetzen, ist die von dem Rechtsanwalt getroffene Bestimmung nicht verbindlich, wenn sie unbillig ist (§ 14 Abs. 1 S. 4 RVG).

3 Wird in einem Rechtsstreit die Höhe einer Satz- oder Betragsrahmengebühr streitig, hat das Gericht ein Gutachten des Vorstands der Rechtsanwaltskammer einzuholen (§ 14 Abs. 2 S. 1 RVG). Das Gutachten ist kostenlos zu erstatten (§ 14 Abs. 2 S. 2 RVG).

II. Bestimmung einer Rahmengebühr

1. Grundsätzliches

4 Bei Rahmengebühren bestimmt der Rechtsanwalt **im Einzelfall** unter Berücksichtigung **aller Umstände**, vor allem
- des **Umfangs** der anwaltlichen Tätigkeit
- der **Schwierigkeit** der anwaltlichen Tätigkeit
- der **Bedeutung** der Angelegenheit für den Auftraggeber
- der Einkommens- und Vermögensverhältnisse des Auftraggebers
- des Haftungsrisikos

nach billigem Ermessen.

5 Jede Gebühr ist **im Einzelfall** gesondert zu bestimmen. Schematisierungen,[1] wie sie teilweise versucht werden, verbieten sich schon vom Wortlaut des § 14 Abs. 1

---

[1] ZB „Chemnitzer Tabelle" für die Höhe der Gebühren in sozialrechtlichen Angelegenheiten in Prozesskostenhilfesachen, angewandt vom Sächsischen LSG Beschl. v. 31.3.2010 – L 6 AS 99/10 B KO, BeckRS 2010, 68357; Anders: Der 8. Senat des LSG Sachsen Beschl. v. 22.4.2013 – 8 AS 527/12 B KO, AGS 2013, 389, hält an der Rechtsprechung zur Anwendung der „Chemnitzer Tabelle" nicht mehr fest. Zur Ermittlung der Gebührenhöhe in sozialrechtlichen Angelegenheiten wird teilweise auch auf das „Kieler Kostenkästchen" zurückgegriffen – Vgl. SG Kiel BeckRS 2016, 65128 mAnm *Mayer* in FD-RVG 2016, 375552, auch zur Funktion der „Kieler Kostenkästchen". LG Hof JurBüro 2006, 636: Bei Bestimmung der Höhe einer Gebühr in Bußgeldsachen kann auch im Anwendungsbereich des RVG das von Baumgärtel entwickelte Punktesystem herangezogen werden. HK-RVG/*Winkler* § 14 Rn. 12.

Rahmengebühren **§ 14**

S. 1 RVG her. Fallen in derselben gebührenrechtlichen Angelegenheit mehrere Rahmengebühren an, ist **jede einzelne Gebühren individuell zu bestimmen.** Ist zB in einer Strafsache die Verfahrensgebühr Nr. 4106 VV für den ersten Rechtszug vor dem Amtsgericht mit einer Mittelgebühr angesetzt worden, so ist es durchaus möglich, die Terminsgebühr Nr. 4108 VV für die Hauptverhandlung auch mit einem über der Mittelgebühr liegenden Betrag anzusetzen, wenn dies durch die in § 14 Abs. 1 RVG genannten Kriterien gerechtfertigt ist.[2]

Der **Rechtsanwalt** bestimmt die Gebühr, nicht der hinter dem Mandanten stehende Sachbearbeiter der Rechtsschutzversicherung oder der Rechtspfleger im Kostenfestsetzungsverfahren (zB nach Freispruch in einer Strafsache). Das LG Zweibrücken[3] bringt das in einer Entscheidung auf den Punkt: 6

„Zu Recht weist der Verteidiger auf sein Bestimmungsrecht gem. § 14 Abs. 1 RVG hin. Es ist zunächst seine Aufgabe, die Gebühr im Einzelfall unter Berücksichtigung aller Umstände zu bestimmen, wobei die von ihm bestimmte Gebühr verbindlich ist, wenn sie billigem Ermessen entspricht.[4] Ob dies der Fall ist, unterliegt der Wertung. Es ist daher nicht möglich, im Einzelfall einen nach Euro und Cent genau bezifferten Betrag auf den als einzigen dem billigen Ermessen unterliegenden Betrag zurückzuführen. Die Bestimmung darf daher nur auf Ermessensmissbrauch nachgeprüft werden. Maßgebend sind stets die Umstände des Einzelfalles, wobei zu beachten ist, dass das grundsätzliche Gebührenbestimmungsrecht eines Anwalts nicht dadurch nahezu ausgehöhlt werden darf, dass eine Gebührenbemessung schon dann als unbillig korrigiert wird, wenn sie lediglich „gut bemessen" ist. Die Gebühr muss also deutlich unbillig hoch sein."

Hat ein **Dritter** die Rahmengebühr zu ersetzen, ist nach § 14 Abs. 1 S. 4 RVG die von dem Rechtsanwalt getroffene Bestimmung nicht verbindlich, wenn sie unbillig ist. Dritter ist derjenige, welcher die Gebühr aufgrund einer Kostenentscheidung zu erstatten hat (zB die Staatskasse bei Freispruch des Angeklagten in einer Strafsache). In diesem Fall trifft den erstattungspflichtigen Dritten die Behauptungs- und Beweislast, dass die von dem Rechtsanwalt getroffene Bestimmung der Gebühr unbillig ist. Zweifel gehen zu Lasten des Dritten.[5] 7

Wenn der erstattungspflichtige Gegner im Kostenfestsetzungsverfahren keine Einwendungen gegen die Höhe der zur Festsetzung angemeldeten Rahmengebühren erhebt, hat das Gericht die Rahmengebühren antragsgemäß festzusetzen.[6] Dies auch dann, wenn nach Ansicht des Gerichts die vom Rechtsanwalt der erstattungspflichtigen Partei getroffene Bestimmung unbillig ist. 8

Im **Verhältnis** des **Rechtsanwalts** zu seinem **Auftraggeber** regelt § 315 Abs. 3 BGB die Frage der Unbilligkeit. § 315 Abs. 3 BGB lautet: 9

„Soll die Bestimmung nach billigem Ermessen erfolgen, so ist die getroffene Bestimmung für den anderen Teil nur verbindlich, wenn sie der Billigkeit entspricht. Entspricht sie nicht der Billigkeit, so wird die Bestimmung durch Urteil getroffen; ....".

Im Verhältnis zu seinem Auftraggeber muss der Rechtsanwalt darlegen und beweisen, dass die von ihm getroffene Bestimmung der Billigkeit entspricht.[7] Dies soll nach

---

[2] ZB LG Saarbrücken RVGreport 2009, 424 für höhere Rahmengebühren in der Berufung als im ersten Rechtszug.
[3] LG Zweibrücken JurBüro 2008, 311 mit anschließendem Zitat aus den Entscheidungsgründen.
[4] Gerold/Schmidt/*Mayer* § 14 Rn. 5.
[5] Gerold/Schmidt/*Mayer* § 14 Rn. 7.
[6] BGH RVGreport, 2011, 145.
[7] Gerold/Schmidt/*Mayer* § 14 Rn. 8.

§ 14 Rahmengebühren

Mayer[8] auch dann gelten, wenn der Mandant einen materiell – rechtlichen Kostenerstattungsanspruch gegen einen Dritten (zB wegen Schadensersatz aus Verzug) hat.

10 In der Praxis wird diese Unterscheidung (→ Rn. 7–9) kaum beachtet. So wird vielfach auch für das Kostenfestsetzungsverfahren, also wenn die Gebühr von einem Dritten zu erstatten ist, angenommen, den Rechtsanwalt treffe die Darlegungs- und Beweislast, dass die von ihm getroffene Gebührenbestimmung nicht unbillig sei.[9]

11 Hat der Rechtsanwalt die Rahmengebühr der Höhe nach bestimmt, ist er **an** diese einmal getroffene **Bestimmung gebunden.**[10] Er kann dann im Nachhinein keine höhere Gebühr bestimmen, wenn zB im Nachhinein auffällt, dass nicht sämtliche Tätigkeiten oder Kriterien bei der Bestimmung der Höhe der Gebühr berücksichtigt wurden. Sein Bestimmungsrecht übt er aus mit der Übermittlung der Vergütungsberechnung an den Mandanten. Nach OLG Köln[11] kommt **ausnahmsweise** eine nachträgliche Änderung des Gebührensatzes dann in Betracht, wenn der Rechtsanwalt einen Gebührentatbestand versehentlich übersehen hat oder wenn sich nachträglich wesentliche Änderungen der für die Gebührenbestimmung maßgeblichen Umstände ergeben haben, die bei der Erstellung der Kostenrechnung noch nicht bekannt gewesen sind.

Praxistipp:

12 In der Praxis wird häufig in einem ersten Aufforderungsschreiben an den Gegner die Erstattung einer 1,3 Geschäftsgebühr Nr. 2300 VV verlangt. Zahlt der Gegner nicht und schaltet ebenfalls einen Rechtsanwalt ein, wird sich häufig der Umfang der anwaltlichen Tätigkeit ausweiten. Am Ende des Mandats wäre dann – je nach Umfang der anwaltlichen Tätigkeit – unter Umständen eine höhere Geschäftsgebühr (zB 1,8 oder 2,0) nicht unbillig. Dem Rechtsanwalt könnte aber entgegengehalten werden, dass sein Bestimmungsrecht bereits dadurch verbraucht ist, dass er in dem ersten Aufforderungsschreiben die Geschäftsgebühr auf 1,3 bestimmt hat. Daher empfiehlt es sich, in dem ersten Aufforderungsschreiben wegen der Höhe der Geschäftsgebühr Nr. 2300 VV einen Vorbehalt zu machen, durch Zusätze in der Vergütungsberechnung bei der Geschäftsgebühr wie zB „vorläufiger Ansatz" oder „Nachliquidation bleibt vorbehalten" oder „endgültige Bestimmung des Gebührensatzes kann erst am Ende des Mandats erfolgen, daher ist mit Nachforderungen zu rechnen". Es sollte klargestellt werden, dass sich dieser Zusatz auf die abgerechnete Geschäftsgebühr bezieht.

2. Mittelgebühr

13 In der Praxis wird man bei der Bestimmung einer Betrags- oder Satzrahmengebühr zunächst einmal von der **Mittelgebühr** ausgehen.

14 Bei einer Betragsrahmengebühr berechnet sich die Mittelgebühr wie folgt: Mindestgebühr + Höchstgebühr = Summe : 2 = Mittelgebühr.[12]

Beispiel 1:
Für die Grundgebühr in Strafsachen ist in der Nr. 4100 VV eine Mindestgebühr von 40 EUR und eine Höchstgebühr von 360 EUR bestimmt. Die Mittelgebühr berechnet sich hier wie folgt: 40 EUR + 360 EUR = 400 EUR : 2 = 200 EUR.

15 Bei Satzrahmengebühren berechnet sich die Mittelgebühr wie folgt: Mindestsatz + Höchstsatz = Summe : 2 = Mittelgebühr.

---

[8] Gerold/Schmidt/*Mayer* § 14 Rn. 9.
[9] Gerold/Schmidt/*Mayer* § 14 Rn. 9.
[10] KG JurBüro 2004, 484; OLG Düsseldorf JurBüro 1998, 412; AG Koblenz JurBüro 2008, 312; HK-RVG/*Winkler* § 14 Rn. 52; Gerold/Schmidt/*Mayer* § 14 Rn. 4.
[11] OLG Köln RVGreport 2010, 138.
[12] Gerold/Schmidt/*Mayer* § 14 Rn. 10.

Rahmengebühren § 14

Beispiel 2:
In Nr. 2300 VV ist für die Geschäftsgebühr für eine außergerichtliche Vertretung ein Mindestsatz von 0,5 und ein Höchstsatz von 2,5 vorgeschrieben. Die Mittelgebühr berechnet sich wie folgt: 0,5 + 2,5 = 3,0 : 2 = 1,5.

In der Praxis wird dann meist **ausgehend von** der **Mittelgebühr** geprüft, ob 16 ein oder mehrere Kriterien des § 14 Abs. 1 RVG oder sonstige Umstände des Einzelfalles eine höhere Gebühr rechtfertigen oder ob eine Unterschreitung der Mittelgebühr geboten ist.

Um eine **höhere Gebühr als** die **Mittelgebühr** anzusetzen, müssen nicht mehrere Kriterien des § 14 Abs. 1 RVG den Ansatz einer höheren Gebühr rechtfertigen. 17 Ein überdurchschnittliches Kriterium reicht bereits aus, um eine höhere Gebühr als die Mittelgebühr anzusetzen. Allerdings kann ein unterdurchschnittliches Kriterium ein überdurchschnittliches Merkmal iSd § 14 Abs. 1 RVG wieder **kompensieren**,[13] so dass dann im Ergebnis kein Zuschlag und kein Abschlag von der Mittelgebühr zu machen ist. Sind alle in § 14 Abs. 1 RVG genannten Kriterien durchschnittlich oder wird ein überdurchschnittliches Kriterium durch ein weit unterdurchschnittliches Kriterium kompensiert, so bleibt es bei dem Ansatz der **Mittelgebühr**. Im „**Normalfall**" ist also die Mittelgebühr anzusetzen.[14]

In einem vom OLG Düsseldorf[15] entschiedenen Fall war die Angelegenheit 18 wegen der drohenden Haftstrafe (Strafrahmen: Freiheitsstrafe von 1 bis 10 Jahren) für den Mandanten von sehr hoher Bedeutung. Im Hinblick auf den eher durchschnittlichen Umfang der anwaltlichen Tätigkeit und die schlechten finanziellen Verhältnisse des Mandanten hat das OLG Düsseldorf Terminsgebühren in Höhe der Mittelgebühr und eine leicht über den jeweiligen Mittelgebühren liegende Verfahrensgebühr zugebilligt. Nach AG Bielefeld[16] ist eine Bußgeldsache, in welcher eine Eintragung ins Verkehrszentralregister droht, für den Betroffenen von überdurchschnittlicher Bedeutung. Dadurch kann ein unterdurchschnittliches Merkmal ausgeglichen werden und der Ansatz von Mittelgebühren nicht unbillig sein.

In der Praxis wird vielfach aus „Bequemlichkeit" immer die Mittelgebühr ange- 19 setzt, weil man zB die Auseinandersetzung mit dem hinter dem Mandanten stehenden Rechtsschutzversicherer über die Höhe der Satz- oder Betragsrahmengebühr fürchtet. Hierdurch wird viel Geld „verschenkt". Wenn eine höhere Gebühr als die Mittelgebühr durchgesetzt werden soll, bedarf es natürlich Ausführungen zur Höhe der angesetzten Gebühr, insbesondere im Hinblick auf die in § 14 Abs. 1 RVG genannten Kriterien. Oft sind solche Ausführungen auch schon erforderlich, wenn nur die Mittelgebühr durchgesetzt werden soll. Ausführungen bedarf es insbesondere im Vergütungsprozess gegenüber dem Mandanten oder gegenüber hinter dem Mandanten stehenden Rechtsschutzversicherer. Allgemeine Floskeln, wie zB „*...die anwaltliche Tätigkeit war umfangreich...*" oder „*...die anwaltliche Tätigkeit war schwierig...*" bringen nicht weiter. Es müssen hier konkrete, auf den abgerechneten Einzelfall bezogene Umstände dargetan werden, die die Höhe der angesetzten Gebühr rechtfertigen. Da es immer auf den Einzelfall ankommt, bringen Formulierungshilfen an dieser Stelle nicht weiter. Anhaltspunkte, wie eine höhere Gebühr begründet werden kann, ergeben sich aber aus den Ausführungen in dem nachfolgenden Kapitel III. (→ Rn. 29 bis 50).

Praxistipp:
Der Rechtsanwalt sollte die Höhe einer angesetzten Rahmengebühr begründen. 20 Dies ist insbesondere erforderlich im Vergütungsprozess gegenüber dem Mandanten,

---

[13] Gerold/Schmidt/*Mayer* § 14 Rn. 11.
[14] Gerold/Schmidt/*Mayer* § 14 Rn. 10.
[15] OLG Düsseldorf RVGreport 2011, 57.
[16] AG Bielefeld RVGreport 2011, 296.

damit das Gericht und insbesondere der Vorstand der Rechtsanwaltskammer, der nach § 14 Abs. 2 RVG ein Gutachten zu erstatten hat, die Höhe der vom Rechtsanwalt bestimmten Gebühr nachvollziehen kann. In der Praxis ist eine Begründung der Höhe der Gebühr auch dann erforderlich, wenn es darum geht, diese gegenüber der hinter dem Mandanten stehenden Rechtsschutzversicherung durchzusetzen. Zur Begründung sollte der Rechtsanwalt sich nicht auf allgemein gehaltene Formulierungen zurückziehen, sondern konkrete – auf den Einzelfall bezogene – Gründe darlegen, die die Höhe der Gebühr rechtfertigen. Hierbei sollte er sich an den in § 14 Abs. 1 RVG genannten Kriterien orientieren.

21 Der Ansatz einer **Mindestgebühr** wird in den seltensten Fällen erfolgen. Dies wird nur in Betracht kommen, wenn der Rechtsanwalt für einen wirtschaftlich sehr schlecht gestellten Mandanten eine ganz einfache Sache mit geringem Arbeitsaufwand erledigt, die auch für den Mandanten von keiner großen Bedeutung ist.[17]

22 Auch die **Höchstgebühr** wird in der Praxis nur selten angesetzt werden können. Allerdings geht die Auffassung des LG Osnabrück[18] zu weit, wonach nicht schon erheblich überdurchschnittliche Kriterien die Höchstgebühr rechtfertigen, sondern nur „extreme Umstände". Vielmehr kann bereits **ein außergewöhnliches Merkmal den Ansatz der Höchstgebühr rechtfertigen, auch wenn die übrigen Umstände nur durchschnittlich sind.**

„In der Regel wird die Annahme der Höchstgebühr allerdings erfordern, dass mehrere Umstände überdurchschnittlich sind. Unzutreffend ist dagegen die Prämisse, dass sämtliche Umstände überdurchschnittlich sein müssen."[19]

23 Oft muss bei der Bestimmung der Höhe einer Satz- oder Betragsrahmengebühr auch noch die so genannte **„Schwellengebühr"** beachtet werden. Dies ist zB bei der Bestimmung einer Geschäftsgebühr nach der Nr. 2300 VV der Fall. Zwar bestimmt die Nr. 2300 VV für die Geschäftsgebühr einen Satzrahmen von 0,5 bis 2,5 (Mittelgebühr 1,5). Nach der Anm. zu Nr. 2300 VV kann eine Geschäftsgebühr von mehr als 1,3 nur gefordert werden, wenn die **anwaltliche Tätigkeit** weder **umfangreich** noch **schwierig** war. Zur Prüfung, ob eine höhere als eine 1,3 Geschäftsgebühr nach Nr. 2300 VV angesetzt werden kann, sind also nicht alle Kriterien des § 14 Abs. 1 RVG heranzuziehen, sondern nur die Schwierigkeit und der Umfang der anwaltlichen Tätigkeit. Das BSozG[20] stellt klar, dass die Schwellengebühr die Mittelgebühr nicht ersetzt. Nach dem BSozG ist zunächst in einem ersten Schritt die Gebühr innerhalb des gesetzlichen Rahmens (bei der Geschäftsgebühr Nr. 2300 VV: 0,5 bis 2,5), ausgehend von der Mittelgebühr (bei der Geschäftsgebühr Nr. 2300 VV: Mittelgebühr = 1,5), zu bestimmen. Dann ist in einem zweiten Schritt zu prüfen, ob die Schwierigkeit oder der Umfang der anwaltlichen Tätigkeit **mehr als durchschnittlich** war. Ist einer der beiden Kriterien als überdurchschnittlich anzusehen, kann es bei der bestimmten Gebühr bleiben. Sind beide Kriterien nur durchschnittlich ist die Gebühr auf die Schwellengebühr herabzusetzen.

3. Toleranzgrenzen

24 Da der Rechtsanwalt eine Rahmengebühr nach billigem Ermessen bestimmt und dieses Ermessen nicht auf den Cent genau geprüft werden kann, billigen Rechtsprechung und Literatur dem Anwalt Toleranzgrenzen zu. Ist die vom Rechtsanwalt

---

[17] Gerold/Schmidt/*Mayer* § 14 Rn. 15.
[18] LG Osnabrück JurBüro 1995, 83.
[19] Zitiert nach Schneider/Wolf/*Onderka* § 14 Rn. 67; OLG Saarbrücken JurBüro 1999, 524; Gerold/Schmidt/*Mayer* § 14 Rn. 13.
[20] BSG NJW 2010, 1400.

Rahmengebühren § 14

bestimmte Gebühr noch innerhalb des ihm zuzugestehenden Toleranzbereiches von 20 %,[21] ist die vom Rechtsanwalt getroffene Bestimmung noch nicht unbillig.

Beispiel:
Der Rechtsanwalt hat die Geschäftsgebühr Nr. 2300 VV mit 2,3 angesetzt. Der Rechtsschutzversicherer vertritt die Auffassung, dass aufgrund der Kriterien des § 14 Abs. 1 RVG nur ein 2,0 Geschäftsgebühr angemessen sei. 20 % einer 2,0 Gebühr = 0,4. 2,0 Gebühr + 0,4 = 2,4. Also liegt die vom Rechtsanwalt auf 2,3 bestimmte Geschäftsgebühr noch innerhalb des ihm zuzubilligen Toleranzbereiches mit der Folge, dass die von ihm bestimmte Gebühr nicht unbillig und vom Rechtsschutzversicherer zu ersetzen ist.[22]

Ganz überwiegend wird von einer Toleranzgrenze von 20 % ausgegangen.[23] Eine 25 Toleranzgrenze von 20 % wurde dem Rechtsanwalt schon zu BRAGO-Zeiten zugestanden. Teilweise wird nach Inkrafttreten des RVG vertreten, dass wegen des größeren Gebührenrahmens von einer Toleranzgrenze bis zu 30 % auszugehen sei.[24]

Bei der Überprüfung der Unbilligkeit einer Gebühr ist von der angemessenen 26 Gebühr auszugehen. Übersteigt die vom Rechtsanwalt bestimmte Gebühr die angemessene Gebühr um mehr als 20 % (bzw. 30 %), ist die Bestimmung unbillig und die Gebühr auf die angemessene Gebühr herabzusetzen.[25]

Auch diese prozentualen dem Anwalt zuzugestehende Toleranzgrenzen sind nur 27 ein Anhaltspunkt für die Beurteilung, ob die vom Rechtsanwalt bestimmte Gebühr nach billigem Ermessen entspricht oder nicht. Diese geben nicht als absolute Rechengröße eine Obergrenze vor. Man wird nämlich in der Praxis keine begründbaren Argumente finden, dass eine Abweichung von 19,8 % noch der Billigkeit entspricht, während eine Überschreitung von 20,1 % schon unbillig ist.[26] Daher ist in der Praxis eine Gebühr auch dann noch als nicht unbillig anzusehen, wenn die Toleranzgrenze geringfügig überschritten wird.[27]

Eine höhere Geschäftsgebühr (Nr. 2300 VV) als 1,3 (Anm. zu Nr. 2300 VV) kann 28 nur gefordert werden, wenn die Tätigkeit des Rechtsanwalts umfangreich oder schwierig ist. War die Tätigkeit des Rechtsanwalts weder umfangreich noch schwierig, ist der Ansatz einer höheren, als einer 1,3 Geschäftsgebühr auch nicht unter Berücksichtigung der Toleranzrechtsprechung bis zu einer Überschreitung von bis zu 20 % möglich.[28]

III. Bemessungskriterien

1. Umfang der anwaltlichen Tätigkeit

Unter dem Umfang der anwaltlichen Tätigkeit ist der **zeitliche Arbeitsaufwand** 29 **des Rechtsanwalts** zu verstehen, den er in der Sache erbringt.[29] Hierunter fallen alle Tätigkeiten, die vom Rechtsanwalt mandatsbezogen erbracht werden, wie zB

---

[21] Zum Umfang des Toleranzbereiches, → Rn. 24.
[22] So rechnet auch Schneider/Wolf/*Onderka* § 14 Rn. 88.
[23] Gerold/Schmidt/*Mayer* § 14 Rn. 12; Schneider/Wolf/*Onderka* § 14 Rn. 79–86; HK-RVG/*Winkler* § 14 Rn. 56; OLG Köln AGS 2008, 76; BGH JurBüro 2011, 301; BGH JurBüro 2012, 467; BGH JurBüro 2012, 582.
[24] AG Limburg RVGreport 2009, 98 = AGS 2009, 161 – 30 %; LG Potsdam AGS 2009, 590 – 20 bis 30 %; LG Chemnitz Beschluss vom 22.10.2009 -2 Qs 82/09 – 20 bis 30 %; AG Saarbrücken RVGreport 2006, 181 – bis 30 %; LG Zweibrücken JurBüro 2008, 311 bis 25 %.
[25] KG JurBüro 2011, 414.
[26] Gerold/Schmidt/*Mayer* § 14 Rn. 12.
[27] Nach LG Zweibrücken JurBüro 2008, 311 sind Überschreitungen der Toleranzgrenzen bis zu 5 % hinzunehmen.
[28] BGH JurBüro 2012, 582.
[29] Gerold/Schmidt/*Mayer* § 14 Rn. 18; HK-RVG/*Winkler* § 14 RVG Rn. 16; Schneider/Wolf/*Onderka* § 14 Rn. 30.

§ 14 Rahmengebühren

- das erste und alle weiteren Gespräche/Besprechungen mit dem Mandanten, unabhängig davon, ob sie persönlich oder telefonisch geführt werden
- Studium der vom Mandanten hereingegebenen Unterlagen
- Recherchen betreffend der auftretenden rechtlichen Probleme in Datenbanken, in Fachliteratur oder ähnlichem
- Abfassen eines Schriftsatzes per Diktat
- Korrekturlesen der nach Diktat abgesetzten Schriftstücke
- Besprechung mit dem Gegenanwalt
- Führung von Schriftverkehr mit Dritten, wie zB dem Rechtsschutzversicherer, dem Haftpflichtversicherer oder ähnlichen Beteiligten
- Gespräche mit am Verfahren beteiligten Personen oder Einholung von Rat bei sachkundigen Personen, wie zB Sachverständigen (zB wegen Baumängel) oder ähnlichen
- Reisen zu Besprechungs- oder Gerichtsterminen (zB zu dem Hauptverhandlungstermin in Strafsachen)
- Wartezeiten bei Gericht.

Eine Aufzählung, welche Arbeiten unter den Umfang der anwaltlichen Tätigkeit fallen, kann im Hinblick auf die Vielzahl der anwaltlichen Tätigkeitsfelder niemals abschließend sein.

30 *Otto*[30] kommt zu dem Ergebnis, dass „...der Umfang der anwaltlichen Vertretungstätigkeit als durchschnittlich zu bewerten ist, wenn sie etwa **drei Stunden** in Anspruch nimmt. Dieser Zeitraum gilt unabhängig davon, wie hoch der Gegenstandswert im konkreten Einzelfall tatsächlich ist." Folgt man dem, kann immer eine höhere Gebühr als die Schwellengebühr der Nr. 2300 VV angesetzt werden, wenn der Rechtsanwalt in der betreffenden Sache einen Arbeitsaufwand von mehr als drei Stunden hatte.

31 Nach *Hommerich*[31] bewegt sich der durchschnittliche Zeitaufwand für die Scheidung einschließlich Versorgungsausgleich und dazugehöriger Vorfeldberatung in einer Größenordnung von etwa **vier Stunden.** *Braun*[32] ermittelt den durchschnittlichen Zeitaufwand, den der Rechtsanwalt auf eine Sache verwendet mit etwa **vier Stunden,** an anderer Stelle[33] mit durchschnittlich **fünf Stunden.**

32 Das AG Mannheim[34] hat einem Rechtsanwalt eine 2,5 Geschäftsgebühr für die Vertretung in einer Unfallsache zugesprochen, in welcher ein Personenschaden für einen sehr schwer verletzten Geschädigten geltend zu machen war. Der Rechtsanwalt hatte über einen Zeitraum von knapp 12 Monaten einen Arbeitsaufwand von insgesamt 24 Stunden in der Sache erbracht.

33 Mit dem Kriterium „Umfang der anwaltlichen Tätigkeit" wird man in der Praxis am einfachsten eine höhere Gebühr innerhalb des Rahmens begründen können. Denn dieses Kriterium ist nicht so abstrakt, wie die anderen in § 14 Abs. 1 RVG heranzuziehenden Merkmale. Kann der Rechtsanwalt darlegen, dass er in der Sache einen Arbeitsaufwand von zB 17 Stunden hatte, wird sich damit sicherlich eine 1,8 oder noch eine höhere Geschäftsgebühr Nr. 2300 VV begründen lassen.

Praxistipp:

34 Der Rechtsanwalt sollte, wenn in der Sache Satz- oder Betragsrahmengebühren anfallen, seine Bearbeitungszeiten aufzeichnen. Dies kann entweder elektronisch oder

---

[30] *Otto* (Ministerialrat im BMJ a.D., der maßgeblich an der Gesetzesfassung des RVG mitgewirkt hat) NJW 2006, 1472, 1474.

[31] BT-Drs. 15/1971, 148 = Gesetzesentwurf zum Kostenrechtsmodernisierungsgesetz.

[32] *Braun* in Hansens/Braun/Schneider, Praxis des Vergütungsrechts, 1. Aufl., Teil 1 Rn. 174 S. 52.

[33] *Braun* in FS 50 Jahre deutsches Anwaltsinstitut e. V., S. 379 – zitiert nach Bischof/Jungbauer/*Jungbauer* § 14 Rn. 21.

[34] AG Mannheim RVGreport 2009,99.

auf einem farbigen Blatt in der Handakte geschehen, das sich vom übrigen Akteninhalt absetzt. Am Ende des Mandats kann dann der Anwalt leicht seine Bearbeitungszeiten addieren und die Höhe der von ihm abgerechneten Gebühr begründen. Das Ganze hat dann noch einen betriebswirtschaftlichen Nebeneffekt: Der Anwalt hat die Kontrolle darüber, ob es sich um ein für ihn lukratives Mandat gehandelt hat, wenn er die aufgewandte Arbeitszeit und die angefallene Vergütung vergleicht.

In einer Prozesskostenhilfesache ist der im gesamten Verfahren vom beigeordneten Rechtsanwalt aufgewendete Arbeits- und Zeitaufwand zu berücksichtigen, nicht nur der, der nach Wirksamwerden der Beiordnung angefallen ist.[35] **35**

2. Schwierigkeit der anwaltlichen Tätigkeit

Unter Schwierigkeit der anwaltlichen Tätigkeit wird allgemein die **Intensität** der Arbeit verstanden. Schwierig ist die anwaltliche Tätigkeit zB dann, wenn bei der Bearbeitung erhebliche Probleme auftreten, die im Normalfall nicht vorkommen. Ob es sich um rechtliche Problematiken oder um tatsächliche Problematiken handelt, ist unerheblich.[36] **36**

Bei der Beurteilung, ob eine anwaltliche Tätigkeit schwierig ist, ist ein **objektiver Maßstab** angezeigt. Es kommt nicht darauf an, ob der die Sache bearbeitende Anwalt seine Tätigkeit subjektiv als schwierig ansieht (etwa weil er Berufsanfänger ist oder es sich um eine Sachbearbeitung handelt, die außerhalb der Tätigkeitsfelder spielt, in denen er sich normalerweise bewegt).[37] Es ist auf die Kenntnisse eines durchschnittlichen, nicht spezialisierten Rechtsanwalts abzustellen.[38] **37**

Ob generell von einer schwierigen anwaltlichen Tätigkeit auszugehen ist, wenn ein **Fachanwalt** tätig wird, erscheint fraglich. Das Tätigwerden eines Fachanwaltes dürfte allein nicht zu einer höheren Gebühr führen.[39] Allerdings nimmt *Winkler*[40] eine gewisse Indizwirkung für eine schwierige anwaltliche Tätigkeit an, wenn der Rechtsanwalt auf einem Rechtsgebiet tätig wird, das auch Fachgebiet iSv § 1 FAO ist.[41] Es wird aber auch hier immer der Einzelfall zu betrachten sein. **38**

Handelt es sich bei dem Rechtsanwalt um einen **Spezialisten** auf einem bestimmten Rechtsgebiet und wird dieses als **schwierig** eingestuft, kann der Spezialist generell von einer höheren Gebühr ausgehen, da er in einer objektiv schwierigen Angelegenheit tätig wird, auch wenn diese für ihn als Spezialisten nicht schwierig ist.[42] Allerdings ist zu berücksichtigen, dass in diesem Fall die Erhöhung wegen der Schwierigkeit der anwaltlichen Tätigkeit wieder kompensiert werden kann durch einen geringen Umfang der anwaltlichen Tätigkeit, weil der Spezialist die Sache aufgrund seiner Spezialkenntnisse schnell erledigt hat. Es wird aber auch hier immer wieder auf den Einzelfall ankommen. **39**

In der Literatur (zB in *Gerold/Schmidt*,[43] *HK-RVG*,[44] *Schneider/Wolf*,[45] *Otto*[46]) werden **Rechtsgebiete** aufgelistet, in denen **generell** von einer **schwierigen** anwaltlichen Tätigkeit auszugehen ist. **40**

---

[35] LSG Bayern AGS 2011, 376.
[36] Gerold/Schmidt/*Mayer* § 14 Rn. 22; HK-RVG/*Winkler* § 14 RVG Rn. 20; Schneider/Wolf/*Onderka* § 14 Rn. 34.
[37] Gerold/Schmidt/*Mayer* § 14 Rn. 22; Schneider/Wolf/*Onderka* § 14 Rn. 34.
[38] FG München RVGreport 2011, 174.
[39] Gerold/Schmidt/*Mayer* § 14 Rn. 26; Schneider/Wolf/*Onderka* § 14 Rn. 34.
[40] HK-RVG/*Winkler* § 14 RVG Rn. 20.
[41] So auch AG Tempelhof-Kreuzberg AGS 2008, 325.
[42] Schneider/Wolf/*Onderka* § 14 Rn. 65; Gerold/Schmidt/*Mayer* § 14 Rn. 11.
[43] Gerold/Schmidt/*Mayer* § 14 Rn. 24.
[44] HK-RVG/*Winkler* § 14 Rn. 21.
[45] Schneider/Wolf/*Onderka* § 14 Rn. 35.
[46] Otto NJW 2006, 1472, 1475.

Dort sind zB genannt:
- Ausländer- und Asylverfahrensrecht
- EG – und EU – Recht
- Konzernrecht
- Urheberrecht
- Wettbewerbssachen
- Vergaberecht[47]
- Persönlichkeits- und Presserecht
- Entlegene Spezialgebiete.

41 Aber auch wenn der Rechtsanwalt in einer Angelegenheit tätig wird, die grundsätzlich nicht einem „schwierigen" Rechtsgebiet zuzuordnen ist, können rechtliche Schwierigkeiten auftreten, die etwa in der Besonderheit des Falles begründet sind, wie zB in der höchstrichterlichen Rechtsprechung noch nicht geklärte Rechtslage, Auswertung von Fachgutachten und rechtlicher Einordnung der festgestellten Umstände etc.

42 Nicht nur rechtliche Schwierigkeiten, sondern **tatsächliche Schwierigkeiten** können zu einer höheren Gebühr wegen der Schwierigkeit der anwaltlichen Tätigkeit führen. Zu nennen sind hier zB
- schwierige Sachverhaltsaufklärung bei erheblichen Widersprüchen;[48]
- Schwierigkeiten die in der Persönlichkeitsstruktur des Mandanten begründet liegen und das Mandatsverhältnis nachhaltig prägen, wie zB der Mandant ist uneinsichtig, kommt ständig mit neuen Ideen, beharrt auf seinen Standpunkten, obwohl die Rechtslage diese nicht tragen;[49]
- Verständigungsschwierigkeiten, mit dem Mandanten, etwa weil dieser die deutsche Sprache nicht beherrscht;[50]
- der Umfang mit dem Gegner ist schwierig, weil dieser uneinsichtig und unnachgiebig ist.[51]

3. Bedeutung der Angelegenheit für den Auftraggeber

43 Ein weiteres Kriterium, welches nach § 14 Abs. 1 RVG bei der Bestimmung der Höhe einer Rahmengebühr zu berücksichtigen ist, ist die Bedeutung der Angelegenheit für den Auftraggeber. Entscheidend ist **subjektive Bedeutung** der Angelegenheit **für den Auftraggeber.** Es ist zu fragen, welche tatsächlichen, wirtschaftlichen, gesellschaftlichen und rechtlichen Auswirkungen hat die Angelegenheit oder deren Ausgang für den Auftraggeber. Eine besonders hohe Bedeutung kann die Angelegenheit für den Mandanten haben, wenn diesem zB drohen
- der Verlust der beruflichen Existenz oder des Arbeitsplatzes
- die Beeinträchtigung der gesellschaftlichen Stellung
- die Inanspruchnahme von Schadensersatz, etwa wenn der Ausgang eines Strafverfahrens für das folgende Zivilverfahren präjudizierend ist
- eine drohende Haftstrafe, die nicht zur Bewährung ausgesetzt wird.[52]

44 Auch ein **hoher Gegenstandswert** kann dazu führen, dass die Sache für den Auftraggeber von überdurchschnittlicher Bedeutung ist und eine höhere Gebühr innerhalb des gesetzlichen Rahmens begründen. Denn ein hoher Gegenstandswert zieht in der Regel auch eine große wirtschaftliche Bedeutung für den Mandanten nach

---

[47] *Onderka* AGS 2011, 111.
[48] Bischof/Jungbauer/*Jungbauer* § 14 Rn. 35.
[49] Bischof/Jungbauer/*Jungbauer* § 14 Rn. 35.
[50] Bischof/Jungbauer/*Jungbauer* § 14 Rn. 35.
[51] Bischof/Jungbauer/*Jungbauer* § 14 Rn. 35.
[52] Bischof/Jungbauer/*Jungbauer* § 14 Rn. 41; Gerold/Schmidt/*Mayer* § 14 Rn. 30; HK-RVG/*Winkler* § 14 Rn. 24–27; *Winkler* AGS 2010, 579.

sich. *Jungbauer*[53] plädiert für eine höhere Gebühr wegen eines hohen Gegenstandswertes, wenn der Mandant ein „Otto-Normalverbraucher" ist. Denn für ihn sei hoher Gegenstandswert in der Regel mit einer hohen Bedeutung verbunden, was bei einem Unternehmen anders sein könne. *Mayer*[54] spricht sich dann für eine Gebührenerhöhung aus, wenn der hohe Gegenstandswert wegen der Deckelung bei der Wertbestimmung (etwa bei arbeitsrechtlichen Bestandsstreitigkeiten) unter dem tatsächlichen wirtschaftlichen Wert liege.

4. Einkommens- und Vermögensverhältnisse des Auftraggebers

Nach § 14 Abs. 1 S. 1 RVG sind auch die Einkommens- und Vermögensverhältnisse des Auftraggebers bei der Bestimmung der Höhe einer Betrags- oder Satzrahmengebühr zu berücksichtigen. Bei durchschnittlichen Einkommens- und Vermögensverhältnissen erfolgt keine Erhöhung und keine Herabsetzung der Gebühr. Bei überdurchschnittlichen Einkommens- und Vermögensverhältnissen kann eine höhere Gebühr angesetzt werden, während bei unterdurchschnittlichen Einkommens- und Vermögensverhältnissen eine niedrigere Gebühr anzusetzen ist – auch bei gleichen Leistungen des Rechtsanwalts und bei gleicher Gewichtung der übrigen Merkmale des § 14 Abs. 1 RVG.[55] **45**

Mayer,[56] *Onderka*[57] und *Winkler*[58] sehen als durchschnittliches monatliches Einkommen einen Betrag in Höhe von 1.500 EUR an. *Burhoff*[59] geht von einem durchschnittlichen Monatseinkommen von 3.600 EUR für Männer und von 2.950 EUR für Frauen aus. **46**

Umstritten ist, welches Einkommen maßgebend ist, dass bei Auftragserteilung oder das bei Fälligkeit der Vergütung. Nach *Mayer*[60] sind die wirtschaftlichen Verhältnisse zur Zeit der Auftragserteilung maßgebend. Sind jedoch die wirtschaftlichen Verhältnisse zum Zeitpunkt der Fälligkeit der Vergütung besser, ist von diesen auszugehen. Eine Verschlechterung der Einkommensverhältnisse während des laufenden Mandats bleibt unberücksichtigt.[61] **47**

5. Haftungsrisiko

Nach § 14 Abs. 1 S. 3 RVG **ist** bei Rahmengebühren, die sich **nicht nach dem Gegenstandswert richten,** das Haftungsrisiko zu berücksichtigen. Gemeint sind hier zB die Betragsrahmengebühren in Straf- und Bußgeldsachen. Ist der Rechtsanwalt zB als Verteidiger in einer Strafsache tätig und droht dem Mandanten bei einer Verurteilung auch der Verlust der beruflichen Existenz, so ist das damit für den Rechtsanwalt als Verteidiger verbundene Haftungsrisiko bei der Bestimmung der Gebühr innerhalb des gesetzlichen Rahmens zu berücksichtigen. **48**

Bei Satzrahmengebühren, die sich nach einem Gegenstandswert richten, **kann** nach § 14 Abs. 1 S. 2 RVG ein besonderes Haftungsrisiko bei der Bemessung der Höhe der Gebühr innerhalb des gesetzlichen Gebührensatzrahmens herangezogen werden. Hier wird davon ausgegangen, dass grundsätzlich bereits über den hohen Gegenstandswert und der damit verbundenen hohen Gebühren bereits das Haftungs- **49**

---

[53] Bischof/Jungbauer/*Jungbauer* § 14 Rn. 43, 44.
[54] Gerold/Schmidt/*Mayer* § 14 Rn. 31.
[55] Gerold/Schmidt/*Mayer* § 14 Rn. 35.
[56] Gerold/Schmidt/*Mayer* § 14 Rn. 35.
[57] Schneider/Wolf/*Onderka* § 14 Rn. 42.
[58] HK-RVG/*Winkler* § 14 Rn. 28.
[59] Burhoff/*Burhoff* A. Vergütungs-ABC Rn. 1590 unter Berufung auf das Statistische Bundesamt Deutschland – www.destatis.de, wo jeweils gültige Angaben abgefragt werden können.
[60] Gerold/Schmidt/*Mayer* § 14 Rn. 36.
[61] HK-RVG/*Winkler* § 14 Rn. 29, 30.

§ 14 Rahmengebühren

risiko des Rechtsanwalts berücksichtigt wird. Dies ist aber zB dann nicht der Fall, wenn der Gegenstandswert „gedeckelt" ist. Dann spiegelt der Gegenstandswert den wahren wirtschaftlichen Wert der Angelegenheit nicht wider. Dies ist zB der Fall in
- Räumungsverfahren (12 x Nettomiete − § 41 Abs. 2 S. 1 GKG)
- Unterhaltssachen (Jahresunterhalt + Rückstände − § 51 FamGKG)
- arbeitsrechtlichen Kündigungsschutzverfahren (höchstens 3-faches Brutto-Monatseinkommen − § 42 Abs. 3 GKG)
- Versorgungsausgleichssachen (10 oder 20 % des in drei Monaten erzielten Nettoeinkommens beider Ehegatten für jedes Anrecht − § 50 FamGKG).[62]

Insbesondere in diesen Fällen, in denen der Gegenstandswert also nicht das tatsächliche Haftungsrisiko des Rechtsanwalts widerspiegelt, wird der Rechtsanwalt sein erhöhtes Haftungsrisiko über eine höhere Gebühr innerhalb des gesetzlichen Rahmens berücksichtigen können.

6. Sonstige Kriterien

50 Nach § 14 Abs. 1 S. 1 RVG bestimmt der Rechtsanwalt die Rahmengebühr im Einzelfall unter Berücksichtigung **aller Umstände**. Bei der Bestimmung der Höhe einer Satz- und Betragsrahmengebühr können also nicht nur die in § 14 Abs. 1 RVG genannten Kriterien berücksichtigt werden, sondern auch **sonstige Umstände**.[63] In der Literatur werden zB folgende Gesichtspunkte genannt, die neben den in § 14 Abs. 1 RVG genannten Kriterien zur Bestimmung der Höhe einer Rahmengebühr herangezogen werden können:
- Arbeit an Samstagen (Erhöhung um 0,3), Sonntagen (Erhöhung um 0,4) und Feiertagen (Erhöhung um 0,5)[64]
- Arbeit in der Nacht[65]
- Besonders eilige Angelegenheiten[66]
- Erfolg der anwaltlichen Tätigkeit[67]
- Reputation des Anwalts[68]
- Erhöhte Kostenstruktur in der Kanzlei, zB durch Spezialisierung[69]
- Vertretung der Interessen des Mandanten in der Öffentlichkeit, zB gegenüber der Presse[70]
- Bedrohung des Rechtsanwalts durch den Gegner.[71]

IV. Gebührenhöhe in Einzelfällen

51 Zur Höhe der **Geschäftsgebühr Nr. 2300 VV** in Einzelfällen, insbesondere in Verkehrsunfallsachen befinden sich umfangreiche Ausführungen in diesem Kommentar in der Kommentierung zu Nr. 2300 VV → Rn. 81 f., 93 ff.

---

[62] Gerold/Schmidt/*Mayer* § 14 Rn. 38.
[63] Gerold/Schmidt/*Mayer* § 14 Rn. 39.
[64] Gerold/Schmidt/*Mayer* § 14 Rn. 239 − dort werden die Erhöhungssätze vorgeschlagen; HK-RVG/*Winkler* § 14 Rn. 37.
[65] Schneider/Wolf/*Onderka* § 14 Rn. 55.
[66] Gerold/Schmidt/*Mayer* § 14 Rn. 39; HK-RVG/*Winkler* § 14 Rn. 37.
[67] Gerold/Schmidt/*Mayer* § 14 Rn. 40; HK-RVG/*Winkler* § 14 Rn. 37; Schneider/Wolf/*Onderka* § 14 Rn. 55.
[68] Gerold/Schmidt/*Mayer* § 14 Rn. 40; HK-RVG/*Winkler* § 14 Rn. 37.
[69] Gerold/Schmidt/*Mayer* § 14 Rn. 40; Schneider/Wolf/*Onderka* § 14 Rn. 55.
[70] Bischof/Jungbauer/*Jungbauer* § 14 Rn. 13.
[71] Gerold/Schmidt/*Mayer* § 14 Rn. 40; HK-RVG/*Winkler* § 14 Rn. 37; Schneider/Wolf/*Onderka* § 14 Rn. 55.

Rahmengebühren § 14

Zur Höhe einer Rahmengebühr in **Bußgeldsachen,** insbesondere in Sachen 52
wegen einer **Verkehrsordnungswidrigkeit** finden sich in diesem Kommentar in
der Kommentierung zur Vorb. 5 VV → Rn. 6 ff.
Bei der Bestimmung der Terminsgebühr für die Hauptverhandlung in **Strafsa-** 53
chen helfen in der Praxis die Ausführungen von *Burhoff*[72] weiter:

„*Als durchschnittlich und damit grundsätzlich die Mittelgebühr rechtfertigend wird man heute ansehen können:*
- *in Schwurgerichtsverfahren eine durchschnittliche Verhandlungsdauer von 5 Stunden,*[73]
- *bei der (allgemeinen) Strafkammer eine Dauer von etwa 3 bis 4 Stunden,*[74]
- *bei der Berufungskammer eine Dauer von etwa 2,5 bis 3 Stunden,*[75]
- *beim (erweiterten) Schöffengericht von etwa 2 bis 3 Stunden,*
- *beim AG Einzelrichter wird sie erheblich darunter liegen und maximal 1 Stunde betragen.*[76]

Es ist eine Tendenz zu einer kürzeren Hauptverhandlungsdauer festzustellen und zu berücksichtigen."[77]

Im Hinblick auf die Längenzuschläge eines Pflichtverteidigers (zB Nr. 4110, 4111 VV) wird eine Hauptverhandlungsdauer von mehr als fünf und bis zu acht Stunden eine erheblich über der Mittelgebühr liegende Terminsgebühr rechtfertigen und eine Hauptverhandlungsdauer von mehr als acht Stunden die Höchstgebühr.[78]
Die Dauer der Hauptverhandlung ist nicht das alleinige Kriterium für die Bemessung der Terminsgebühr.[79] Es werden alle Umstände des Einzelfalls auch bei der Bestimmung der Terminsgebühr für die Hauptverhandlung zu berücksichtigen sein.
Ständiger Streitpunkt ist in der Praxis auch die Höhe der Betragsrahmengebühren 54
in **sozialrechtlichen Angelegenheiten.** Vielfach wird hier versucht, die vom Anwalt angesetzten Gebühren „zu kappen" mit der Begründung, dass die Einkommens- und Vermögensverhältnisse des Auftraggebers nur eine Gebühr rechtfertigen würden, die unter der Mittelgebühr liegt. Dem dürfte aber gegenüber stehen, dass die sozialrechtliche Angelegenheit in der Regel für den Auftraggeber von derart hoher Bedeutung ist, dass sich durch dieses Kriterium eine höhere Gebühr als die Mittelgebühr rechtfertigen lässt. Hinzu kommt noch, dass es sich aus der Perspektive des Allgemeinanwaltes betrachtet um eine schwierige anwaltliche Tätigkeit handelt mit der Folge, dass auch dieses Kriterium den Ansatz einer höheren Gebühr rechtfertigt. Es wird auch – wie immer – auf den Einzelfall ankommen. Schematisierungen, wie sie etwa mit der Chemnitzer-Tabelle[80] oder dem „Kieler Kostenkästchen"[81] für

---

[72] *Burhoff* Vorb. 4 VV Rn. 73.
[73] OLG Düsseldorf JurBüro 2012, 358; OLG Stuttgart, Beschl. v. 19.9.2013 – 2 Ws 263/13, BeckRS 2013, 19367.
[74] KG StV 2006, 198 = AGS 2006, 73 = RVGreport 2007, 181.
[75] LG Hannover JurBüro 2011, 304; LG Wiesbaden JurBüro 2007, 27.
[76] LG Hannover RVGreport 2012, 26 (durchschnittliche Hauptverhandlungsdauer beim AG: ab 1 Stunde und 3 bis 4 Zeugen).
[77] Vgl. auch die Rechtsprechungsübersichten zu § 14 RVG in Straf- und Bußgeldsachen von *Burhoff* RVGreport 2010, 204, RVGreport 2011, 202, RVGreport 2012, 87, RVGreport 2014, 176 und RVGreport 2015, 202; *Burhoff* Vorb. 4 VV Rn. 75 mit zahlreichen Rechtsprechungsnachweisen.
[78] *Burhoff* Nr. 4108 VV Rn. 30.
[79] OLG Jena RVGreport 2008, 56.
[80] „Chemnitzer Tabelle" angewandt vom Sächsischen LSG Beschl. v. 31.3.2010 – L 6 AS 99/10 KO, BeckRS 2010, 68357; nicht mehr angewandt vom 8. Senat des Sächsischen LSG, Beschl. v. 22.4.2013 – 8 AS 527/12 B KO, AGS 2013, 389.
[81] Zum „Kieler Kostenkästchen" und zur Funktion desselben: SG Kiel, BeckRS 2016, 65128 mAnm *Mayer* FD-RVG 2016, 375552.

Höhe der Gebühren in sozialrechtlichen Angelegenheiten versucht werden, verbieten sich schon allein wegen des Wortlautes des § 14 RVG, wonach die Gebühr **im Einzelfall** zu bestimmen ist.

55 Nach dem SG Frankfurt a.M.[82] fällt die Höchstgebühr nicht nur dann an, wenn sämtliche Umstände überdurchschnittlich seien; es reiche bereits aus, wenn ein Kriterium des § 14 RVG außergewöhnlich überdurchschnittlich sei. So sei der Höchstsatz der Verfahrensgebühr beim Streit um eine Erwerbsminderungsrente gerechtfertigt, wenn die existenzielle Bedeutung des Rechtsstreits für den Mandanten das gesamte Verfahren geprägt hätte, auch wenn die Einkommens- und Vermögensverhältnisse weit unterdurchschnittlich seien.

56 Nach dem LSG Bayern[83] können im Hinblick auf die Bestimmung der Höhe der Gebühren Synergieeffekte bzw. Rationalisierungseffekte zu berücksichtigen sein, wenn der Rechtsanwalt zeitgleich in mehreren gleichgelagerten Fällen vertritt. Dann ist nach LSG Bayern *„die Gebühr im führenden Verfahren nach § 14 RVG so zu bemessen, als ob der Rechtsanwalt nur dieses eine Verfahren betrieben hätte. Bei den übrigen Verfahren führen die eingetretenen Synergieeffekte zu einer Verringerung der Gebühren. Das Ausmaß der Verringerung hängt davon ab, in welchem Umfang eine Arbeitserleichterung eingetreten sei.“*[84]

V. Gutachten des Vorstandes der Rechtsanwaltskammer

57 Gem. § 14 Abs. 2 RVG **hat** das Gericht im Rechtsstreit von Amts wegen ein Gutachten des Vorstandes der Rechtsanwaltskammer einzuholen, soweit die **Höhe einer Rahmengebühr streitig ist.** Nach ganz überwiegender Meinung gilt dies nur im Gebührenprozess des Rechtsanwalts gegen den eigenen Mandanten.[85] Keines Gutachtens bedarf es, wenn der Auftraggeber oder sein Rechtsanwalt gegen den Rechtsschutzversicherer klagt oder wenn in dem Rechtsstreit von einem Dritten die Erstattung einer Rahmengebühr verlangt wird.[86] Allerdings **kann** in derartigen Fällen das Gericht ein Gutachten einholen.

58 Das Gutachten ist nur einzuholen, wenn die Höhe einer Rahmengebühr in dem Rechtsstreit streitig ist. Es bedarf keines Gutachtens des Vorstandes der Rechtsanwaltskammer, wenn zB der Anfall der Gebühr überhaupt streitig ist. Diese Rechtsfrage wird das Gericht – ohne Gutachten – entscheiden müssen.

59 Das Gutachten ist kostenlos zu erstatten (§ 14 Abs. 2 S. 2 RVG). Ob der Vorstand der Rechtsanwaltskammer das Gutachten auch dann kostenlos erstattet, wenn kein Fall des § 14 Abs. 2 S. 1 RVG gegeben ist, dürfte fraglich sein. In der Praxis empfiehlt sich eine entsprechende vorherige Anfrage bei dem Vorstand der zuständigen Rechtsanwaltskammer.

§ 15 Abgeltungsbereich der Gebühren

(1) Die Gebühren entgelten, soweit dieses Gesetz nichts anderes bestimmt, die gesamte Tätigkeit des Rechtsanwalts vom Auftrag bis zur Erledigung der Angelegenheit.

---

[82] SG Frankfurt a.M. BeckRS 2015, 70852.

[83] LSG Bayern BeckRS 2016, 68605.

[84] Zitiert nach dem redaktionellen Leitsatz der beck online Redaktion zu LSG Bayern BeckRS 2016, 68605.

[85] Gerold/Schmidt/*Mayer* § 14 Rn. 64; HK-RVG/*Winkler* § 14 Rn. 65; Schneider/Wolf/ Onderka § 14 Rn. 98; Anderer Meinung: *Schons* NJW 2005, 1024, 1025 – Gutachten ist auch einzuholen, wenn in dem Rechtsstreit die Erstattung einer Rahmengebühr von einem Dritten verlangt wird.

[86] Gerold/Schmidt/*Mayer* § 14 Rn. 64; HK-RVG/*Winkler* § 14 Rn. 67; Schneider/Wolf/ Onderka § 14 Rn. 99; BSG AGS 2010, 373; BFH RVGreport 2012, 340.

(2) Der Rechtsanwalt kann die Gebühren in derselben Angelegenheit nur einmal fordern.

(3) Sind für Teile des Gegenstands verschiedene Gebührensätze anzuwenden, entstehen für die Teile gesondert berechnete Gebühren, jedoch nicht mehr als die aus dem Gesamtbetrag der Wertteile nach dem höchsten Gebührensatz berechnete Gebühr.

(4) Auf bereits entstandene Gebühren ist es, soweit dieses Gesetz nichts anderes bestimmt, ohne Einfluss, wenn sich die Angelegenheit vorzeitig erledigt oder der Auftrag endigt, bevor die Angelegenheit erledigt ist.

(5) [1]Wird der Rechtsanwalt, nachdem er in einer Angelegenheit tätig geworden ist, beauftragt, in derselben Angelegenheit weiter tätig zu werden, erhält er nicht mehr an Gebühren, als er erhalten würde, wenn er von vornherein hiermit beauftragt worden wäre. [2]Ist der frühere Auftrag seit mehr als zwei Kalenderjahren erledigt, gilt die weitere Tätigkeit als neue Angelegenheit und in diesem Gesetz bestimmte Anrechnungen von Gebühren entfallen. [3]Satz 2 gilt entsprechend, wenn ein Vergleich mehr als zwei Kalenderjahre nach seinem Abschluss angefochten wird oder wenn mehr als zwei Kalenderjahre nach Zustellung eines Beschlusses nach § 23 Abs. 3 S. 1 des Kapitalanleger-Musterverfahrensgesetzes der Kläger einen Antrag nach § 23 Abs. 4 des Kapitalanleger-Musterverfahrensgesetzes auf Wiedereröffnung des Verfahrens stellt.

(6) Ist der Rechtsanwalt nur mit einzelnen Handlungen oder mit Tätigkeiten, die nach § 19 zum Rechtszug oder zum Verfahren gehören, beauftragt, erhält er nicht mehr an Gebühren als der mit der gesamten Angelegenheit beauftragte Rechtsanwalt für die gleiche Tätigkeit erhalten würde.

Übersicht

	Rn.
I. Überblick	1
II. Angelegenheit	6
1. Gerichtliches Verfahren	7
a) Verbindung von bürgerlichen Rechtsstreitigkeiten	13
b) Trennung von bürgerlichen Rechtsstreitigkeiten	24
2. Außergerichtliche Tätigkeit	37
a) Einheitlicher Auftrag	38
b) Gleicher Rahmen	41
c) Innerer Zusammenhang	43
d) Auszug aus Rechtsprechung des BGH	44
3. Einzelfälle	45
a) Mehrere Ansprüche zwischen denselben Parteien	46
b) Arbeitsrechtliche Auseinandersetzung	47
c) Arrest	58
d) Arzthaftungssachen	59
e) Außergerichtliche Tätigkeit/Gerichtliches Verfahren	62
f) Bank	64
g) Beratungshilfe	66
h) Beweisverfahren	91
i) Drittwiderklage	92
j) Einstweilige Verfügung	94
k) Familiensachen	95
l) Verschiedene Gegner	102
m) Kaufvertrag	103

	Rn.
n) Mahnverfahren	106
o) Mediation	107
p) Mietsachen	111
q) Parteiwechsel	117
r) Persönlichkeitsrecht	118
s) Rechtsschutzversicherung	124
t) Schuldenregulierung	125
u) Strafsachen/Ordnungswidrigkeiten	126
v) Verkehrsunfallsachen	130
w) Verwaltungsrechtliche Auseinandersetzung	139
x) Wettbewerbsrechtliche Auseinandersetzung	145
III. Verschiedene Gebührensätze/Verschiedene Gegenstandswerte/ Abgleichen gleichartiger Gebühren	151
IV. Einmal entstandene Gebühren bleiben bestehen	160
V. Fortsetzung der Tätigkeit in derselben Angelegenheit	165
VI. Einzelne Handlungen	176
1. Mehrere einzelne Handlungen in derselben Angelegenheit	177
2. Keine höhere Gebühren als der mit dem gesamten Verfahren beauftragte Rechtsanwalt erhalten würde	178

I. Überblick

1 § 15 Abs. 1 RVG charakterisiert die im VV geregelten Gebühren als sogenannte Pauschalen[1] bzw. Pauschgebühren.[2] Gemeint ist damit, dass die Gebühren die gesamte Tätigkeit des Rechtsanwalts vom Auftrag bis zur Erledigung der Angelegenheit entgelten, soweit das RVG nichts anderes bestimmt. In derselben Angelegenheit kann der Rechtsanwalt die Gebühren nur einmal fordern (§ 15 Abs. 2 RVG). Wann von derselben – gebührenrechtlichen – Angelegenheit auszugehen ist, ist für einige – leider nicht für alle – Tätigkeitsbereiche im RVG definiert. So bestimmt zB § 17 Nr. 1 RVG, dass im gerichtlichen Verfahren jeder Rechtszug eine gesonderte gebührenrechtliche Angelegenheit ist. Weitere Regelungen dazu, wann von einer und wann von mehreren gebührenrechtlichen Angelegenheiten auszugehen ist, finden sich in den §§ 16 bis 21 RVG.

Beispiel:

Ist der Rechtsanwalt als Prozessbevollmächtigter im I. Rechtszug tätig, entsteht für die Vertretung in einem Verhandlungstermin (Vorb. 3 Abs. 3 VV) in der Regel eine 1,2 Terminsgebühr nach Nr. 3104 VV. Vertritt der Rechtsanwalt im I. Rechtszug in mehreren Verhandlungsterminen, entsteht diese Terminsgebühr nicht für jeden Termin erneut, sondern nur einmal (§ 15 Abs. 1 iVm Abs. 2 S. 1 RVG).

Durch jede Vertretung in einem Verhandlungstermin würde zwar die Terminsgebühr immer wieder neu entstehen. Da der Rechtsanwalt nach § 15 Abs. 2 S. 1 RVG die Gebühren in derselben Angelegenheit aber nur einmal fordern kann, kann er die Terminsgebühr dem Mandanten nur einmal in Rechnung stellen.

Ausnahmsweise könnte der Rechtsanwalt die Terminsgebühr mehrfach von dem Mandanten fordern, wenn auf einer instanzlichen Ebene mehrere gebührenrechtliche Angelegenheiten gegeben sind und in jeder Angelegenheit der Tatbestand der Terminsgebühr erfüllt worden wäre (zB der Rechtsanwalt vertritt in einem Termin in einem Urkundenprozess und in einem zweiten Termin im ordentlichen Verfahren, das nach Abstandnahme vom Urkundenprozess anhängig geblieben ist).

---

[1] So zB Schneider/Wolf/*N. Schneider* § 15 Rn. 3.
[2] So zB Gerold/Schmidt/*Mayer* § 15 Rn. 2.

Abgeltungsbereich der Gebühren § 15

So entsteht auch in Straf- und Bußgeldsachen für die Vertretung in jedem Hauptverhandlungstermin eine gesonderte Terminsgebühr, da dies ausdrücklich im RVG bestimmt ist (vgl. zB Nr. 4108 VV, dort heißt es: „*... Terminsgebühr je Hauptverhandlungstag...*").

Entstehen gleichartige Gebühren mit unterschiedlichen Gebührensätzen nach 2
verschiedenen Teilen des Gegenstandswertes, kommt § 15 Abs. 3 RVG zur Anwendung. Dann darf die Summe der Einzelgebühren eine Gebühr, berechnet aus dem höchsten Gebührensatz nach der Summe der (Teil-) Gegenstandswerte nicht übersteigen (→ Rn. 151 ff.). Bereits entstandene Gebühren bleiben gem. § 15 Abs. 4 RVG auch dann bestehen, wenn der dem Rechtsanwalt erteilte Auftrag endet, bevor die Angelegenheit erledigt ist (→ Rn. 160 ff.).

§ 15 Abs. 5 RVG regelt, dass der Rechtsanwalt, der bereits in einer Angelegenheit 3
tätig geworden ist und dann beauftragt wird, in derselben Angelegenheit weiter tätig zu werden, nicht mehr an Gebühren erhält, als er erhalten würde, wenn er von vornherein mit der gesamten Tätigkeit beauftragt worden wäre. Ist der frühere Auftrag allerdings seit mehr als zwei Kalenderjahren erledigt, gilt die weitere Tätigkeit als neue Angelegenheit und im RVG bestimmte Anrechnungen von Gebühren entfallen (§ 15 Abs. 5 S. 2 RVG). Durch das am 1.11.2012 in Kraft getretene KapMuGRG[3] wurde § 15 Abs. 5 RVG erweitert. Es wurde klargestellt, dass es sich auch dann um eine neue Angelegenheit handelt, wenn ein Vergleich mehr als zwei Kalenderjahre nach seinem Abschluss angefochten wird. Des Weiteren wurde normiert, dass § 15 Abs. 5 S. 2 RVG auch dann zur Anwendung kommt, wenn mehr als zwei Kalenderjahre nach Zustellung eines Beschlusses nach § 23 Abs. 3 S. 1 KapMuGRG der Kläger einen Antrag nach § 23 Abs. 4 KapMuGRG auf Wiedereröffnung des Verfahrens stellt.[4]

§ 15 Abs. 6 RVG regelt, dass, wenn der Rechtsanwalt nur mit einzelnen Handlun- 4
gen oder mit Tätigkeiten, die nach § 19 RVG zum Rechtszug oder zum Verfahren gehören, beauftragt ist, er nicht mehr an Gebühren erhält, als ein mit der gesamten Angelegenheit beauftragte Rechtsanwalt für die gleiche Tätigkeit erhalten würde.

Durch das 2. KostRMoG[5] wird § 15 **Abs. 2 S. 2** RVG aufgehoben. Das 5
2. KostRMoG ist am 1.8.2013 in Kraft getreten. Bis dahin lautete § 15 Abs. 2 S. 2: *„In gerichtlichen Verfahren kann er die Gebühren in jedem Rechtszug fordern."* Nach den Änderungen durch das 2. KostRMoG ist jetzt in § 17 Nr. 1 RVG klargestellt, dass das Verfahren über ein Rechtsmittel und der vorausgegangene Rechtszug verschiedene gebührenrechtliche Angelegenheiten sind.[6]

II. Angelegenheit

In der Praxis ist wichtig, zu unterscheiden, ob eine oder mehrere – gebührenrecht- 6
liche – Angelegenheiten vorliegen. Ist nur eine – gebührenrechtliche – Angelegenheit gegeben, kann der Rechtsanwalt nur einmal Gebühren abrechnen. Liegen mehrere – gebührenrechtliche – Angelegenheiten vor, kann der Rechtsanwalt mehrfach – in jeder Angelegenheit gesondert – Gebühren fordern.

1. Gerichtliches Verfahren

Jedes bei Gericht anhängige Verfahren ist für den Rechtsanwalt, der in diesem 7
als Verfahrens- bzw. Prozessbevollmächtigten tätig wird, eine gesonderte gebühren-

---

[3] Gesetz zur Reform des Kapitalanleger-Musterverfahrensgesetzes und zur Änderung anderer Vorschriften vom 19.10.2012, BGBl. 2012 I 2182.
[4] → Rn. 174.
[5] BGBl. 2013 I 2586.
[6] → Rn. 9 und → § 17 Rn. 6.

§ 15 Abgeltungsbereich der Gebühren

rechtliche Angelegenheit.[7] Dies gilt auch dann, wenn mehrere Gerichtsverfahren zwischen denselben Parteien/Beteiligten anhängig sind. Es würden auch dann noch mehrere gebührenrechtliche Angelegenheiten gegeben sein, wenn die mehreren Gerichtsverfahren denselben Streitgegenstand betreffen würden.

8 Allerdings gehören Abwicklungstätigkeiten, wie zB das sich dem Erkenntnisverfahren anschließende Kostenfestsetzungsverfahren oder die Einholung des Rechtskraftzeugnisses zum vorangegangenen gerichtlichen Verfahren und lösen in der Regel keine gesonderte Gebühren aus. Dies ergibt sich aus § 19 RVG (vgl. zB § 19 Abs. 1 S. 2 Nr. 9 – Einholung des Rechtskraftzeugnisses – und Nr. 14 – Kostenfestsetzung – RVG). Dagegen ist das Erinnerungs- oder Beschwerdeverfahren gegen einen Kostenfestsetzungsbeschluss, der im Anschluss an einen bürgerlichen Rechtsstreit ergangen ist, wieder eine besondere Angelegenheit (§ 18 Abs. 1 S. 1 Nr. 3 RVG). Die Vorschriften der §§ 15 bis 21 RVG sind also stets im Zusammenhang zu sehen.

9 In gerichtlichen Verfahren bildet **jeder Rechtszug eine gesonderte gebührenrechtliche Angelegenheit** (§ 17 Nr. 1 RVG).[8] Dies gilt auch für den Rechtsanwalt, der den Auftraggeber sowohl in dem ersten als auch in dem zweiten Rechtszug vertritt. Die Gebühren und Auslagen entstehen in den Rechtszügen jeweils völlig unabhängig von den Gebühren, die bereits in einem vorangegangenen oder nachfolgenden Rechtszug entstanden sind. Eine Anrechnung der Gebühren, die in verschiedenen Rechtszügen entstanden sind, ist im RVG nicht vorgeschrieben und findet folglich auch nicht statt.

10 Auch **im Rahmen desselben Rechtszuges** können ausnahmsweise mehrere gebührenrechtliche Angelegenheiten vorliegen, wenn dies im RVG bestimmt ist. Dies ist zB in Zivilsachen der Fall, wenn
- der Rechtsanwalt sowohl im Mahnverfahren als auch im anschließenden streitigen Verfahren vertritt (§ 17 S. 1 Nr. 2 RVG)
- der Rechtsanwalt in einem Urkunden- oder Wechselprozess und anschließend in einem ordentlichen Verfahren, das nach Abstandnahme vom Urkunden- oder Wechselprozess oder nach einem Vorbehaltsurteil anhängig bleibt, vertritt (§ 17 S. 1 Nr. 5 RVG)
- ein Fall der Zurückverweisung iSd § 21 RVG vorliegt und der Rechtsanwalt sowohl in dem Verfahren vor als auch in dem Verfahren nach Zurückverweisung vertritt.

11 Wenn das Gesetz bestimmt, dass in demselben Rechtszug mehrere gebührenrechtliche Angelegenheiten gegeben sind, findet sich sehr oft im Vergütungsverzeichnis auch wieder eine Anrechnungsvorschrift, nach der einzelne Gebühren aus der einen gebührenrechtlichen Angelegenheit auf dieselbe Gebühr aus der anderen gebührenrechtlichen Angelegenheit anzurechnen ist. So ist zB bestimmt,
- dass die 1,0 Verfahrensgebühr Nr. 3305 VV für die Vertretung des Antragstellers im gerichtlichen Mahnverfahren anzurechnen ist auf die 1,3 Verfahrensgebühr Nr. 3100 VV für einen nachfolgenden Rechtsstreit (Nr. 3305 Anm. VV)
- die 1,3 Verfahrensgebühr Nr. 3100 VV aus dem Urkunden- oder Wechselprozess anzurechnen ist auf die 1,3 Verfahrensgebühr des ordentlichen Verfahrens, dass nach Abstandnahme vom Urkunden- oder Wechselprozess oder nach einem Vorbehaltsurteil anhängig bleibt (Nr. 3100 Anm. Ziff. 2 VV)
- wenn eine Sache an ein untergeordnetes Gericht zurückverwiesen wird, das mit der Sache bereits befasst war, ist die vor diesem Gericht bereits entstandene Verfahrensgebühr auf die Verfahrensgebühr für das erneute Verfahren anzurechnen (Vorb. 3 Abs. 6 VV).

12 Bei Trennung von Verfahren werden aus einer gebührenrechtlichen Angelegenheit ab Trennung mehrere Angelegenheiten (→ Rn. 24 ff.). Bei Verbindung von Verfah-

---

[7] Schneider/Wolf/N. Schneider § 15 Rn. 82; BGH BeckRS 2016, 06844.
[8] → § 17 Rn. 6.

Abgeltungsbereich der Gebühren § 15

ren wird aus mehreren gebührenrechtlichen Angelegenheiten ab Verbindung dieselbe gebührenrechtliche Angelegenheit (→ Rn. 13 ff.).

a) Verbindung von bürgerlichen Rechtsstreitigkeiten.[9] Werden mehrere bei Gericht anhängige bürgerliche Rechtsstreitigkeiten nach § 147 ZPO zum Zwecke der gleichzeitigen Verhandlung und Entscheidung verbunden und vertritt derselbe Rechtsanwalt die Parteien sowohl in dem Verfahren vor Verbindung, als auch in dem Verfahren nach Verbindung, so gilt in der Regel für die Berechnung der anwaltlichen Vergütung gegenüber dem Auftraggeber folgendes: 13

Zunächst sind die einzelnen bei Gericht anhängigen bürgerlichen Rechtsstreitigkeiten gesonderte gebührenrechtliche Angelegenheiten. In jeder Angelegenheit entstehen gesonderte Gebühren nach dem jeweiligen Gegenstandswert. Einmal entstandene Gebühren bleiben grundsätzlich bestehen. 14

Ab Verbindung liegt nur noch eine gebührenrechtliche Angelegenheit vor. Die Werte der einzelnen verbundenen Verfahren sind zu addieren und nach der Summe der Werte fallen die Gebühren, deren Tatbestand nach Verbindung erfüllt wird, erneut an.[10] Wenn zB zwei Verfahren verbunden werden, entsteht aber nicht etwa eine dritte gebührenrechtliche Angelegenheit, sondern die beiden gebührenrechtlichen Angelegenheiten setzen sich in einer gebührenrechtlichen Angelegenheit fort und zwar in dem führenden Verfahren.[11] 15

Ist eine Gebühr **nur vor Verbindung** entstanden, wird der Rechtsanwalt diese nach den (Einzel-)Wert des betroffenen Verfahrens liquidieren können.[12] 16

Ist die Gebühr **nur nach Verbindung** angefallen, wird der Rechtsanwalt die Gebühr aus dem Gesamtwert der verbundenen Verfahren berechnen können.[13] 17

Ist allerdings der Tatbestand der Gebühr **sowohl vor als auch nach der Verbindung** erfüllt worden, kann der Rechtsanwalt nicht die vor als auch die nach Verbindung entstandenen Gebühren abrechnen. Dem steht § 15 Abs. 2 S. 1 RVG entgegen, wonach der Rechtsanwalt die Gebühren in jedem Rechtszug nur einmal erhalten kann. Der **Rechtsanwalt** kann in diesen Fällen **wählen**, ob er die vor Verbindung entstandenen Gebühren nach den Einzelwerten **oder** die nach Verbindung nach der Summe der Werte entstandene Gebühr in die Abrechnung gegenüber dem Mandanten einstellt.[14] 18

Ist die Gebühr sowohl vor als auch nach Verbindung entstanden und kann der Rechtsanwalt folglich wählen, ob er die vor oder die nach Verbindung entstandene Gebühr abrechnet, wird er sich für die für ihn günstigste Abrechnungsvariante entscheiden können. In der Regel werden die vor Verbindung nach den Einzelwerten entstandenen Gebühren höher sein als die nach Verbindung entstandene Gebühr aus dem Gesamtwert.[15] Die Kosten, die der Rechtsanwalt der Partei in Rechnung stellt, wird diese auch in die Kostenfestsetzung gegenüber dem erstattungspflichtigen Gegner nach §§ 91 ff. ZPO einstellen können. Die erstattungspflichtige Partei wird sich mE nicht darauf berufen können, dass der obsiegenden Partei grundsätzlich nur die geringere Vergütung berechnet nach dem Gegenstandswert nach Verbindung der 19

---

[9] Bei Verbindung von Strafsachen siehe *Enders* JurBüro 2007, 393; *Burhoff* VergütungsABC, „Verbindung von Verfahren", Rn. 2068 ff. Zur Verbindung in Familiensachen siehe *Enders* JurBüro 2007, 281 – zur Rechtslage bis zum 31.8.2009; *Enders* JurBüro 2010, 449 f. – zur Rechtslage ab 1.9.2009.
[10] Gerold/Schmidt/*Müller-Rabe* Nr. 3100 VV Rn. 40; Schneider/Wolf/*N. Schneider* § 15 Rn. 175; Göttlich/Mümmler/*Hellstab* „Verbindung" 2.2; *Enders* JurBüro 2007, 169.
[11] Schneider/Wolf/*N. Schneider* § 15 Rn. 175; *Enders* JurBüro 2007, 169.
[12] Schneider/Wolf/*N. Schneider* § 15 Rn. 176; *Enders* JurBüro 2007, 169.
[13] Schneider/Wolf/*N. Schneider* § 15 Rn. 176; *Enders* JurBüro 2007, 169.
[14] BGH JurBüro 2010, 414; Gerold/Schmidt/*Müller-Rabe* Nr. 3100 VV Rn. 41; Schneider/Wolf/*N. Schneider* § 15 Rn. 176.
[15] *Enders* JurBüro 2007, 169 (170).

§ 15 Abgeltungsbereich der Gebühren

Verfahren zu erstatten sei. Allerdings wird die erstattungspflichtige Partei einwenden können, dass von Beginn an keine sachlichen Gründe gegeben waren, dass der Kläger mehrere getrennte Klagen erhoben hat und daher die Mehrkosten, entstanden durch die mehreren Verfahren nicht notwendig seien. Über derartige Einwendungen ist im Kostenfestsetzungsverfahren zu entscheiden.[16]

20 Das Wahlrecht, ob er die vor oder die nach Verbindung entstandenen Gebühren abrechnet, kann der Rechtsanwalt für jede Gebührengruppe unterschiedlich ausüben. So ist es zB möglich, dass der Rechtsanwalt die vor Verbindung entstandenen Verfahrensgebühren und die nach Verbindung entstandene Terminsgebühr in seine Vergütungsberechnung gegenüber dem Mandanten einfließen lässt.[17]

Beispiel:

Bei dem Landgericht Köln sind zwischen denselben Parteien anhängig:
– Rechtsstreit **A** mit einem Gegenstandswert von 25.000 EUR
– Rechtsstreit **B** mit einem Gegenstandswert von 38.000 EUR.

In beiden Verfahren werden die Parteien durch dieselben Rechtsanwälte vertreten. In dem Rechtsstreit A vertreten die Rechtsanwälte die Parteien in einem mündlichen Verhandlungstermin vor Gericht. In diesem Termin beschließt das Gericht die Verbindung der Rechtsstreite A und B. In dem Rechtsstreit B war bis zu diesem Zeitpunkt der Tatbestand der Terminsgebühr noch nicht erfüllt worden. Nach Verbindung bestimmt das Gericht neuen Termin zur mündlichen Verhandlung und Beweisaufnahme. Die Prozessbevollmächtigten vertreten die Parteien in diesem Termin. Schließlich verkündet das Gericht ein Urteil.

Vor Verbindung sind entstanden:
Rechtsstreit **A**
Gegenstandswert: 25.000 EUR

1. 1,3 Verfahrensgebühr Nr. 3100 VV	1.024,40 EUR
2. 1,2 Terminsgebühr Nr. 3104 VV	945,60 EUR
3. Pauschale Nr. 7002 VV	20,00 EUR
4. 19 % Umsatzsteuer Nr. 7008 VV	378,10 EUR
	2.368,10 EUR

Rechtsstreit **B**
Gegenstandswert: 38.000 EUR

1. 1,3 Verfahrensgebühr Nr. 3100 VV	1.316,90 EUR
2. Pauschale Nr. 7002 VV	20,00 EUR
3. 19 % Umsatzsteuer Nr. 7008 VV	254,02 EUR
	1.590,92 EUR
Summe Rechtsstreit **A** und **B**:	3.959,02 EUR

Nach Verbindung sind entstanden:
Gegenstandswert: 63.000 EUR

1. 1,3 Verfahrensgebühr Nr. 3100 VV	1.622,40 EUR
2. 1,2 Terminsgebühr Nr. 3104 VV	1.497,60 EUR
3. Pauschale Nr. 7002 VV	20,00 EUR
4. 19 % Umsatzsteuer Nr. 7008 VV	596,60 EUR
	3.736,60 EUR

Vergleicht man die vor Verbindung entstandenen Verfahrensgebühren mit der nach Verbindung entstandenen Verfahrensgebühr, so ist die Summe der vor Verbindung entstandenen Verfahrensgebühren mit (1.024,40 EUR + 1.316,90 EUR =) 2.341,30 EUR höher als die nach Verbindung entstandene Verfahrensgebühr mit 1.622,40 EUR.

---

[16] BGH JurBüro 2013, 30.
[17] *Enders* JurBüro 2007, 169 (170) – Kap. 1.2.1 mit Berechnungsbeispielen und weiteren Nachweisen.

Abgeltungsbereich der Gebühren § 15

Bei der Terminsgebühr ist es genau umgekehrt: Die vor Verbindung entstandene Terminsgebühr beträgt 945,60 EUR, während die nach Verbindung entstandene Terminsgebühr sich auf 1.497,60 EUR beläuft.

Der Rechtsanwalt wird hier, bezogen auf die einzelnen Gebühren, das für ihn günstigste Ergebnis wählen können.[18]

Der Rechtsanwalt wird also **gegenüber dem Mandanten abrechnen** können:
1. 1,3 Verfahrensgebühr Nr. 3100 VV nach Wert: 25.000 EUR
   (Rechtsstreit **A** – vor Verbindung)   1.024,40 EUR
2. 1,3 Verfahrensgebühr Nr. 3100 VV nach Wert: 38.000 EUR
   (Rechtsstreit **B** – vor Verbindung)   1.316,90 EUR
3. 1,2 Terminsgebühr Nr. 3104 VV nach Wert: 63.000 EUR
   (Rechtsstreit **A** und **B** – nach Verbindung)   1.497,60 EUR
4. Pauschale Nr. 7002 VV (Rechtsstreit **A** – vor Verbindung)   20,00 EUR
5. Pauschale Nr. 7002 VV (Rechtsstreit **B** – vor Verbindung)   20,00 EUR
6. 19 % Umsatzsteuer Nr. 7008 VV   737,00 EUR
    4.615,90 EUR

Diese gegenüber dem Mandanten abzurechnenden Beträge werden mE auch in die Kostenfestsetzung bzw. -ausgleichung gegenüber dem erstattungspflichtigen Gegner einfließen können.

Die Pauschale Nr. 7002 VV für Entgelte für Post- und Telekommunikationsdienstleistungen kann in jeder Angelegenheit gefordert werden (Nr. 7002 Anm. VV). Folglich kann sie vor Verbindung für jedes einzelne Verfahren gesondert angesetzt werden. Auch für die Pauschale Nr. 7002 VV gilt, dass der Anwalt wählen kann, ob er die vor Verbindung angefallenen oder die nach Verbindung angefallene Pauschale abrechnen kann.[19] Entscheidet der Rechtsanwalt sich dafür, die tatsächlich entstandenen Entgelte für Post- und Telekommunikationsdienstleistungen abzurechnen (Nr. 7001 VV) wird er die vor Verbindung und die nach Verbindung tatsächlich angefallenen Entgelte dem Mandanten in Rechnung stellen können. 21

Ändert sich der Gegenstandswert nach Verbindung, können sich besondere Abrechnungskonstellationen ergeben.[20] Nach BGH[21] ist *Enders*[22] und *N. Schneider*[23] nicht zu folgen: Nach Verbindung kann nur eine Gebühr aus dem Gesamtwert entstehen; daneben können nicht noch Teile der vor Verbindung entstandenen Gebühren angesetzt werden. 22

Nach § 147 ZPO kann das Gericht mehrere Verfahren auch dann verbinden, wenn Parteien verschieden sind. Klagen zB A und B in getrennten Rechtsstreiten gegen denselben C und werden die Verfahren miteinander verbunden, gilt ebenfalls das in diesem Kapitel Ausgeführte. Vertritt der Rechtsanwalt nur den A – nicht auch den B – so steht ihm ebenfalls das Wahlrecht zu, ob er die vor Verbindung oder die nach Verbindung entstandenen Gebühren abrechnet. Der Rechtsanwalt wird in diesem Fall die nach Verbindung entstandene anteilige Gebühr ermitteln müssen. Dies geschieht dadurch, dass er von der Gesamtgebühr ausgeht und diese im Verhältnis der Gegenstandswerte der Einzelrechtsstreite (die vor Verbindung anhängig waren) zwischen den Klägern A und B umlegt (Gesamtgebühr : Gesamtwert – nach Verbindung – x Gegenstandswert des Rechtsstreits A – vor Verbindung – = anteilige Gebühr, die von der Gesamtgebühr auf den Kläger A entfällt).[24] 23

---

[18] BGH JurBüro 2010, 414; Gerold/Schmidt/*Müller-Rabe* Nr. 3100 VV Rn. 46; *Enders* JurBüro 2007, 169, 170.
[19] Schneider/Wolf/*N. Schneider* § 15 Rn. 177; *Enders* JurBüro 2007, 169, 170.
[20] BGH JurBüro 2010, 414; Gerold/Schmidt/*Müller-Rabe* Nr. 3100 VV Rn. 49; Schneider/Wolf/*N. Schneider* § 15 Rn. 180; *Enders* JurBüro 2007, 225 jeweils mit weiteren Nachweisen und Berechnungsbeispielen.
[21] BGH JurBüro 2010, 414.
[22] *Enders* JurBüro 2007, 225, 228.
[23] Schneider/Wolf/*N. Schneider* § 15 Rn. 180.
[24] *Enders* JurBüro 2007, 169, 171 – Kap. 1.2.2.

§ 15 Abgeltungsbereich der Gebühren

24 **b) Trennung von bürgerlichen Rechtsstreitigkeiten.**[25] Eine Trennung von bürgerlichen Rechtsstreitigkeiten ist möglich bei **Anspruchshäufung.** Nach § 145 Abs. 1 ZPO kann das Gericht anordnen, dass mehrere in einer Klage erhobene Ansprüche in getrennten Prozessen verhandelt werden. Eine Trennung ist aber auch möglich bei **Parteienhäufung** (§§ 59, 60 ZPO). Durch die Trennung werden aus einem gerichtlichen Verfahren zwei (oder mehrere) selbständige, voneinander unabhängige Verfahren.

25 Für den Rechtsanwalt, der als Prozessbevollmächtigter sowohl in dem einen Verfahren (vor Trennung) als auch in den zwei (oder mehreren) Verfahren nach Trennung tätig wird, ergeben sich folgende vergütungsrechtliche Grundsätze:

26 Bis zur **Trennung** liegt **nur eine gebührenrechtliche Angelegenheit** vor. Die Gebühren entstehen nach dem Gesamtwert der in dem Verfahren anhängigen Ansprüche.

27 **Ab** der **Trennung** ergeben sich **mehrere selbständige gebührenrechtliche Angelegenheiten.** Jedes der getrennten Verfahren bildet für sich eine eigene gebührenrechtliche Angelegenheit. Der Streitwert jedes einzelnen Verfahrens orientiert sich am Wert der Ansprüche, die Gegenstand dieses Verfahrens sind. Nach diesem Streitwert können nach Trennung die Gebühren erneut entstehen.[26]

28 Nach ganz überwiegender Meinung steht dem **Rechtsanwalt** das **Wahlrecht** zu, ob er die vor der Prozesstrennung entstandenen Gebühren nach dem Gesamtwert geltend macht oder die nach der Prozesstrennung nach den Einzelwerten entstandenen Gebühren.[27] Dieses Wahlrecht steht dem Rechtsanwalt, der sowohl vor der Trennung als auch nach der Trennung die Partei vertritt, wegen jeder einzelnen Gebühr zu.

29 Ist eine Gebühr (zB eine Terminsgebühr) nur vor Trennung entstanden und wird deren Tatbestand dann nach Trennung nicht mehr realisiert, kann nur die vor Trennung entstandene Gebühr abgerechnet werden.[28]

30 **aa) Trennung nach Verfahrensgegenständen.** In diesem Kapitel werden die Fälle behandelt, in denen zwischen denselben Parteien zunächst in einem Rechtsstreit mehrere Ansprüche anhängig sind und dann eine Trennung der Verfahren erfolgt und nach Trennung die einzelnen Ansprüche in zwei oder mehreren Verfahren weiter verhandelt werden. Es gelten die unter den → Rn. 24–28 dargestellten Abrechnungsgrundsätze.

Beispiel:

Zwischen denselben Parteien ist beim Landgericht Frankfurt a.M. ein Rechtsstreit **A** anhängig, in welchem zwei Ansprüche geltend gemacht werden:
– ein Anspruch über 15.000 EUR
– und ein Anspruch über 13.000 EUR,
insgesamt also 28.000 EUR. Nachdem die Prozessbevollmächtigten in dem Termin zur mündlichen Verhandlung vertreten haben, beschließt das Gericht die Trennung der Verfahren. In dem Ursprungsverfahren (Rechtsstreit **A**) soll über den Anspruch in Höhe von 15.000 EUR weiter verhandelt werden. In einem weiteren Verfahren (Rechtsstreit **B**) soll über den Anspruch in Höhe von 13.000 EUR verhandelt werden. Nach Trennung vertreten die Prozessbevollmächtigten in dem Rechtsstreit **A** in einem Termin zur mündlichen Verhandlung. In dem Termin wird unter Mitwirkung der Prozessbevollmächtigten ein Vergleich geschlossen. In dem Rechtsstreit **B** wird die Klage, bevor das Gericht überhaupt terminiert hat, zurückgenommen.

---

[25] Zur Abtrennung von Familiensachen siehe *Enders* JurBüro 2010, 337 f. und 393 f.
[26] BVerwG RVGreport 2010, 60.
[27] Schneider/Wolf/*N. Schneider* § 15 Rn. 170 f.; *Enders* JurBüro 2007, 564 f.; BGH JurBüro 2010, 414 – für die Verbindung von Verfahren.
[28] OLG Frankfurt a.M. BeckRS 2016, 04447.

Abgeltungsbereich der Gebühren § 15

Vor Trennung sind entstanden:
Rechtsstreit **A**
Gegenstandswert: 28.000 EUR
1. 1,3 Verfahrensgebühr Nr. 3100 VV   1.121,90 EUR
2. 1,2 Terminsgebühr Nr. 3104 VV   1.035,60 EUR
3. Pauschale Nr. 7002 VV   20,00 EUR
4. 19 % Umsatzsteuer Nr. 7008 VV   413,73 EUR
                                             2.591,23 EUR

Nach Trennung sind entstanden:
Rechtsstreit **A**
Gegenstandswert: 15.000 EUR
1. 1,3 Verfahrensgebühr Nr. 3100 VV   845,00 EUR
2. 1,2 Terminsgebühr Nr. 3104 VV   780,00 EUR
3. 1,0 Einigungsgebühr Nr. 1003 VV   650,00 EUR
4. Pauschale Nr. 7002 VV   20,00 EUR
5. 19 % Umsatzsteuer Nr. 7008 VV   436,05 EUR
                                             2.731,05 EUR

Rechtsstreit **B**
Gegenstandswert: 13.000 EUR
1. 1,3 Verfahrensgebühr Nr. 3100 VV   785,20 EUR
2. Pauschale Nr. 7002 VV   20,00 EUR
3. 19 % Umsatzsteuer Nr. 7008 VV   152,99 EUR
                                               958,19 EUR

Der Rechtsanwalt kann in diesem Fall die für ihn günstigste Variante bezogen auf die einzelnen Gebühren wählen.[29] Vergleicht man die Verfahrensgebühren, so sind die beiden, nach Trennung nach den Einzelwerten entstandenen Verfahrensgebühren mit (845,00 EUR und 785,20 EUR =) 1.630,20 EUR wesentlich höher als die vor Trennung entstandene Verfahrensgebühr mit 1.121,90 EUR.

Dagegen ist die vor Trennung entstandene Terminsgebühr mit 1.035,60 EUR höher, als die nach Trennung nur in dem Verfahren **A** entstandene Terminsgebühr mit 780,00 EUR. Eine Einigungsgebühr ist nur nach Trennung in dem Rechtsstreit **A** angefallen.

Der Rechtsanwalt wird also **gegenüber seinem Mandanten abrechnen** können:
1. 1,3 Verfahrensgebühr Nr. 3100 VV nach Wert: 15.000 EUR
   (Rechtsstreit **A** – nach Trennung)   845,00 EUR
2. 1,3 Verfahrensgebühr Nr. 3100 VV nach Wert 13.000 EUR
   (Rechtsstreit **B** – nach Trennung)   785,20 EUR
3. 1,2 Terminsgebühr Nr. 3104 VV nach Wert: 28.000 EUR
   (Rechtsstreit **A** – vor Trennung)   1.035,60 EUR
4. 1,0 Einigungsgebühr Nr. 1003 VV nach Wert: 15.000 EUR
   (Rechtsstreit **A** – nach Trennung)   650,00 EUR
5. Pauschale Nr. 7002 VV (Rechtsstreit **A** – nach Trennung) 20,00 EUR
6. Pauschale Nr. 7002 VV (Rechtsstreit **B** – nach Trennung) 20,00 EUR
7. 19 % Umsatzsteuer Nr. 7008 VV   637,61 EUR
                                                         3.993,41 EUR

Das dem Rechtsanwalt zustehende Wahlrecht, entweder die vor Trennung oder 31
die nach Trennung entstandenen Gebühren abzurechnen, wirkt bis in die **Kostenfestsetzung gegenüber dem erstattungspflichtigen Gegner** durch. Hat der Rechtsanwalt gegenüber seinem Mandanten die nach Trennung entstandenen höheren Gebühren abgerechnet, wird der erstattungspflichtige Gegner in der Kostenfestsetzung nicht einwenden können, dass er nur die vor Trennung entstandenen niedri-

---

[29] Gerold/Schmidt/*Müller-Rabe* Nr. 3100 VV Rn. 46.

geren Gebühren zu erstatten habe. Denn der erstattungsberechtigten Partei sind die hier tatsächlich entstandenen Kosten zu ersetzen (§ 91 Abs. 2 ZPO). Hat der Rechtsanwalt sich dafür entschieden, die höheren nach der Trennung entstandenen Gebühren abzurechnen, wird der Gegner auch diese Kosten erstatten müssen.

32 Hat der Prozessbevollmächtigte sich für die Alternative entschieden, die nach Trennung entstandenen Gebühren abzurechnen, werden sich bei der Festsetzung der zu erstattenden Kosten in der Regel keine Probleme ergeben. Denn selbst bei unterschiedlichem Ausgang der getrennten Verfahren ist klar, welche Gebühren und Auslagen welchem – getrennten – Verfahren zuzuordnen sind.

33 Probleme bei der Kostenfestsetzung gegenüber dem erstattungspflichtigen Gegner können sich dann ergeben, wenn der Prozessbevollmächtigte der Partei sich dafür entschieden hat, die vor Trennung nach dem Gesamtwert entstandenen Gebühren mit der erstattungsberechtigten Partei abzurechnen. Ergehen in den getrennten Verfahren voneinander abweichende Kostengrundentscheidungen, so sind mE die vor Trennung entstandenen Gebühren aus dem Gesamtwert entsprechend dem Verhältnis der Gegenstandswerte auf die getrennten Verfahren zu verteilen.[30]

34 **bb) Trennung nach Parteien – keine Gesamtschuldner.** Sind auf der Kläger- oder Beklagtenseite mehrere Streitgenossen am Verfahren beteiligt, kann das Gericht den Rechtsstreit dergestalt trennen, dass das Verfahren gegen einen oder mehrere Streitgenossen in getrennten Prozessen weitergeführt wird. **Unterschieden** werden muss, ob die **mehreren Streitgenossen** auf der Beklagtenseite **als Gesamtschuldner haften** oder sie wegen verschiedener Gegenstände in Anspruch genommen werden. Die in den → Rn. 24–28 dargestellten Grundsätze gelten aber auch in den in diesem Kapitel behandelten Fällen. Werden mehrere Beklagte zunächst in einem Rechtsstreit wegen verschiedener Gegenstände in Anspruch genommen, und wird dann das Verfahren getrennt, ergeben sich sowohl für die Abrechnung mit dem Mandanten als auch in der Kostenfestsetzung gegenüber dem erstattungspflichtigen Gegner bei unterschiedlichem Ausgang der getrennten Verfahren keine Probleme, wenn der Rechtsanwalt sich dafür entscheidet, die nach Trennung der Verfahren entstandenen Gebühren abzurechnen. Denn dann sind die Gebühren nach den in den getrennten Verfahren maßgeblichen Einzelwerten anzusetzen. Jeder betroffene Beklagte zahlt an seinen Anwalt die nach den Einzelwerten abgerechneten Gebühren und kann diese auch im Falle des Obsiegens erstattet verlangen.

35 Hat der Rechtsanwalt sich dafür entschieden, die vor Trennung aus dem Gesamtwert entstandenen Gebühren abzurechnen, wird er die Gesamtkosten nach dem Verhältnis der Gegenstandswerte auf die einzelnen Mandanten verteilen müssen. Es sind also zunächst die vor Trennung entstandenen Gesamtkosten zu ermitteln und dann durch den Gesamtwert zu dividieren und anschließend mit dem, dem einzelnen Mandanten zuzuordnenden Einzelwert zu multiplizieren. Der so errechnete Anteil an den Gesamtkosten kann dann dem einzelnen Mandanten in Rechnung gestellt werden und könnte auch im Falle des Obsiegens von dem Gegner erstattet verlangt werden.[31]

36 **cc) Trennung nach Parteien – Gesamtschuldner.** Werden mehrere Beklagte als Gesamtschuldner wegen derselben Forderung in einem Verfahren in Anspruch genommen und wird dann das Verfahren dergestalt getrennt, dass es in mehreren Prozessen gegen die einzelnen Beklagten fortgesetzt wird, so gelten ebenfalls die unter → Rn. 24 bis 28 dargestellten Grundsätze. Allerdings wird sich nach Trennung der Gegenstandswert nicht ändern, da auch in den getrennten Verfahren der volle Anspruch, jedoch jeweils gegenüber einem anderen Beklagten, weiter verfolgt wird. Entscheidet der Rechtsanwalt sich in diesen Fällen dafür, die nach Trennung

---

[30] *Enders* JurBüro 2007, 564, 566 – Kap. 4.2.1 – mit Berechnungsbeispielen.
[31] *Enders* JurBüro 2007, 564, 567 – Kap. 4.3.1.

entstandenen Gebühren abzurechnen, führt dies fast zu einer Verdoppelung der Anwaltskosten.[32] Über diese Folgen wird der Rechtsanwalt den Mandanten aufklären müssen. Soweit möglich wird er einer Trennung der Verfahren bei Gericht entgegenwirken müssen.

2. Außergerichtliche Tätigkeit

Außergerichtlich ergeben sich für den Anwalt eine Vielzahl von Tätigkeitsfeldern. Im Gesetz kann nicht für jeden anwaltlichen Tätigkeitsbereich geregelt werden, wann eine und wann mehrere gebührenrechtliche Angelegenheiten vorliegen. Daher ist insbesondere für außergerichtliche Tätigkeiten auf Abgrenzungskriterien zurückzugreifen, die Rechtsprechung und Literatur entwickelt haben. Danach müssen, um dieselbe gebührenrechtliche Angelegenheit annehmen zu können, folgende drei Voraussetzungen erfüllt sein: 37

- Es muss ein **einheitlicher Auftrag** des Mandanten an den Rechtsanwalt zugrunde liegen,
- bei der Verfolgung der mehreren Ansprüche muss **der gleiche Rahmen** eingehalten werden und
- zwischen den einzelnen Ansprüchen bzw. Gegenständen der anwaltlichen Tätigkeit muss ein **innerer objektiver Zusammenhang** bestehen.[33]

Nur wenn alle drei Voraussetzungen **zusammen** erfüllt sind, ist eine gebührenrechtliche Angelegenheit anzunehmen.[34]

a) Einheitlicher Auftrag. Ein einheitlicher Auftrag kann auch dann noch gegeben sein, wenn der Rechtsanwalt die Aufträge nacheinander – zeitlich versetzt – erhält. Dann muss allerdings Einigkeit darüber bestehen, dass die nacheinander erteilten Aufträge gemeinsam behandelt werden sollen.[35] „Es muss sich also um sukzessive Erweiterungen des ursprünglichen Auftrags handeln, nicht um völlig neue Aufträge, die mit dem ersten nicht in Zusammenhang stehen."[36] Eine neue gebührenrechtliche Angelegenheit ist aber immer dann anzunehmen, wenn zu dem Zeitpunkt, in welchem der Mandant dem Rechtsanwalt den weiteren Auftrag erteilt, der erste Auftrag schon komplett erledigt ist.[37] Eine außergerichtliche Angelegenheit ist „erledigt" bzw. beendet, „wenn der Anwalt das Rechtsschutzziel des Mandanten verwirklicht hat oder wenn feststeht, dass sich das Ziel nicht erreichen lässt, zB wenn der Gegner endgültig erklärt, zu einer außergerichtlichen Einigung nicht bereit zu sein."[38] 38

Werden von **demselben Mandanten** zeitlich versetzt dem Rechtsanwalt mehrere Aufträge erteilt, wird der Rechtsanwalt nicht einseitig durch getrennte Behandlung der Mandate mehrere gebührenrechtliche Angelegenheiten herbeiführen können.[39] Nach BGH[40] ist es einem Rechtsanwalt „nicht erlaubt, einseitig und ohne hinreichenden Sachgrund anstehende Fragen **eines Auftraggebers** zu vereinzeln, statt sie nach ihrer objektiven Zusammengehörigkeit als eine Angelegenheit zu behandeln, bei der für die Gegenstandswerte zusammenzurechnen sind. Ist sowohl eine getrennte als auch eine gehäufte Verfahrensführung ernsthaft in Betracht zu ziehen, 39

---

[32] *Enders* JurBüro 2007, 564, 568 – Kap. 4.3.2.
[33] Gerold/Schmidt/*Mayer* § 15 Rn. 8 bis 13; HK-RVG/*Winkler* § 15 Rn. 5–14; Schneider/Wolf/*N. Schneider* § 15 Rn. 22–36; Göttlich/Mümmler/*Feller* „Angelegenheit" 2.
[34] Göttlich/Mümmler/*Feller* „Angelegenheit" 2.
[35] Göttlich/Mümmler/*Feller* „Angelegenheit" 2.
[36] Zitiert nach Schneider/Wolf/*N. Schneider* § 15 Rn. 24.
[37] HK-RVG/*Winkler* § 15 Rn. 6; Schneider/Wolf/*N. Schneider* § 15 Rn. 25.
[38] Zitiert nach Schneider/Wolf/*N. Schneider* § 8 Rn. 38.
[39] HK-RVG/*Winkler* § 15 Rn. 10.
[40] BGH Urt. v. 11.12.2003 – IX ZR 109/00.

muss der Rechtsanwalt das Für und Wider des Vorgehens unter Einbeziehung der Kostenfolge dem Auftraggeber darlegen und seine Entscheidung herbeiführen."[41]

40 Wird derselbe Rechtsanwalt von **verschiedenen Mandanten** zeitlich versetzt beauftragt, jeweils eigene Ansprüche gegenüber demselben Gegner geltend zu machen, so spielen für die Frage, ob die Aufträge als einheitlicher Auftrag zu qualifizieren sind und folglich die verschiedenen Ansprüche der verschiedenen Auftraggeber in demselben Mandat zu behandeln sind, noch andere Gründe eine Rolle. So darf die gemeinsame Behandlung der Ansprüche der verschiedenen Auftraggeber in einem gemeinsamen Mandat nicht die dem Anwalt obliegende **Verschwiegenheitspflicht** verletzen. Es dürfen keine **Interessenkollisionen** auftreten. Auch **sachliche Gründe** können der gemeinsamen Behandlung der Aufträge für die verschiedenen Auftraggeber entgegen stehen.[42]

41 **b) Gleicher Rahmen.** Nur wenn bei der Behandlung/Verfolgung mehrerer Ansprüche auch der gleiche Rahmen eingehalten wird, ist eine gebührenrechtliche Angelegenheit anzunehmen. Der gleiche Rahmen bei der Behandlung/Verfolgung der Ansprüche ist dann gegeben, wenn die Ansprüche, die der Rechtsanwalt aufgrund mehrerer, aber eines einheitlichen Auftrages verfolgt, gegenüber **demselben Gegner** geltend gemacht werden und zwischen den Ansprüchen ein gewisser Zusammenhang besteht, diese also zB aus einem Schadensereignis resultieren.[43]

42 Der gleiche Rahmen ist auch nur dann gegeben, wenn die Ansprüche **auf derselben Ebene** (außergerichtlich oder gerichtlich) gegenüber demselben Gegner geltend gemacht werden. Werden zB für denselben Auftraggeber gegenüber demselben Gegner ein Teil der Ansprüche außergerichtlich und ein anderer Teil gerichtlich geltend gemacht, so wird der gleiche Rahmen bei der Verfolgung der Angelegenheit nicht eingehalten. Es sind dann zwei gebührenrechtliche Angelegenheiten anzunehmen.

43 **c) Innerer Zusammenhang.** Ein innerer Zusammenhang zwischen mehreren Ansprüchen, die der Rechtsanwalt auftragsgemäß geltend macht, ist zB dann gegeben, wenn die Ansprüche aus einem **einheitlichen Lebensvorgang** resultieren.[44] Dies wäre zB der Fall, wenn für denselben Mandanten gegenüber demselben Gegner mehrere Ansprüche aus demselben Verkehrsunfallgeschehen geltend gemacht würden.

44 **d) Auszug aus Rechtsprechung des BGH.** Der BGH führt in den Entscheidungsgründen seiner Entscheidung vom 27.7.2010 – VI ZR 261/09 zu dem „Zusammenspiel zwischen „Einheitlicher Auftrag", „Gleicher Rahmen" und „Innerer Zusammenhang" folgendes aus:

> *„aa) Auftragsgemäß erbrachte anwaltliche Leistungen betreffen in der Regel ein und dieselbe Angelegenheit, wenn zwischen ihnen ein innerer Zusammenhang besteht und sie sowohl inhaltlich als auch in der Zielsetzung so weitgehend übereinstimmen, dass von einem einheitlichen Rahmen der anwaltlichen Tätigkeit gesprochen werden kann. Die Frage, ob von einer oder von mehreren Angelegenheiten auszugehen ist, lässt sich nicht allgemein, sondern nur im Einzelfall unter Berücksichtigung der jeweiligen Lebensverhältnisse beantworten, wobei insbesondere der Inhalt des erteilten Auftrags maßgebend ist. Die Annahme derselben Angelegenheit im gebührenrechtlichen Sinne setzt nicht voraus, dass der Anwalt nur eine Prüfungsaufgabe zu erfüllen hat. Von einem einheitlichen Rahmen der anwaltlichen Tätigkeit kann vielmehr grundsätzlich auch dann noch gesprochen werden, wenn der Anwalt zur Wahrneh-*

---

[41] Zitiert aus dem amtlichen Leitsatz zu BGH Urt. v. 11.12.2003 – IX ZR 109/00.
[42] → Rn. 54 bis 56.
[43] HK-RVG/*Winkler* § 15 Rn. 11–13; Schneider/Wolf/*N. Schneider* § 15 Rn. 31 ff.
[44] HK-RVG/*Winkler* § 15 Rn. 14; Schneider/Wolf/*N. Schneider* § 15 Rn. 36.

mung der Rechte des Geschädigten verschiedene, in ihren Voraussetzungen voneinander abweichende Anspruchsgrundlagen zu prüfen bzw. mehrere getrennte Prüfungsaufgaben zu erfüllen hat. Denn unter derselben Angelegenheit im gebührenrechtlichen Sinne ist das gesamte Geschäft zu verstehen, das der Rechtsanwalt für den Auftraggeber besorgen soll. Ihr Inhalt bestimmt den Rahmen, innerhalb dessen der Rechtsanwalt tätig wird. Die Angelegenheit ist von dem Gegenstand der anwaltlichen Tätigkeit abzugrenzen, der das konkrete Recht oder Rechtsverhältnis bezeichnet, auf das sich die anwaltliche Tätigkeit bezieht. Eine Angelegenheit kann mehrere Gegenstände umfassen. Für die Annahme eines einheitlichen Rahmens der anwaltlichen Tätigkeit ist es grundsätzlich ausreichend, wenn die verschiedenen Gegenstände in dem Sinne einheitlich vom Anwalt bearbeitet werden können, dass sie verfahrensrechtlich zusammengefasst bzw. in einem einheitlichen Vorgehen geltend gemacht werden können. Ein innerer Zusammenhang ist zu bejahen, wenn die verschiedenen Gegenstände bei objektiver Betrachtung und unter Berücksichtigung des mit der anwaltlichen Tätigkeit nach dem Inhalt des Auftrags erstrebten Erfolgs zusammengehören (vgl. zu allem Vorstehenden Senatsurteile v. 4.12.2007 – VI ZR 277/06 – aaO; v. 4.3.2008 – VI ZR 176/07 – aaO, S. 985f.; v. 26.5.2009 – VI ZR 174/08 – aaO, S. 1271f., jeweils mwN).

bb) Der Annahme einer Angelegenheit steht nicht entgegen, dass der Anwalt mehrere Geschädigte vertreten soll und dass ein Vorgehen gegen mehrere Schädiger erforderlich ist.

(1) Ein einheitlicher Auftrag kann auch dann vorliegen, wenn der Anwalt von mehreren Mandanten beauftragt wird; gegebenenfalls muss durch Auslegung ermittelt werden, ob der Anwalt für die verschiedenen Auftraggeber gemeinsam oder ob er für jeden von ihnen gesondert tätig werden sollte (LG Hamburg, AfP 2010, 185, 187; AG Hamburg, AfP 2008, 233, 234; RVG-Anwaltskommentar/N. Schneider, 5. Aufl., § 15 Rn. 27f.; Gerold/Schmidt/Mayer, RVG, 19. Aufl., § 15 Rn. 8; HK-RVG/Winkler, RVG, 4. Aufl., § 15 Rn. 46; Hartmann, Kostengesetze, 40. Aufl., § 15 RVG Rn. 15).

(2) Auch die Inanspruchnahme mehrerer Schädiger kann eine Angelegenheit sein. Dies kommt in Fällen wie dem vorliegenden insbesondere dann in Betracht, wenn den Schädigern eine gleichgerichtete Verletzungshandlung vorzuwerfen ist und demgem. die erforderlichen Abmahnungen einen identischen oder zumindest weitgehend identischen Inhalt haben sollen. Mit Recht wird das Vorliegen einer Angelegenheit bejaht, wenn Unterlassungsansprüche die gleiche Berichterstattung betreffen, an deren Verbreitung die in Anspruch Genommenen in unterschiedlicher Funktion mitwirken (AG Hamburg, AfP 2009, 92, 94f.; AG Tempelhof-Kreuzberg, AfP 2009, 90f.; vgl. auch OLG Düsseldorf, AnwBl. 1983, 31 zur Fertigung gleichlautender Abmahnungen wegen einer gleichartigen Wettbewerbsverletzung an viele rechtlich selbständige Unternehmen eines Konzerns; zustimmend RVG-Anwaltskommentar/N. Schneider, aaO, Rn. 75). Abweichendes mag gelten, wenn es um – auch unternehmerisch – eigenständige Publikationen geht (vgl. LG Hamburg, AfP 2010, 197, 198.)"[45]

Diese BGH Entscheidung[46] ist ergangen zur Frage, ob die Abmahnungen gegen unrichtige Presseberichterstattung eine oder mehrere gebührenrechtliche Angelegenheiten sind.[47]

3. Einzelfälle

In diesem Kapitel sollen verschiedene Einzelfälle betrachtet werden. Wegen der Vielzahl der möglichen Variationen anwaltlicher Tätigkeiten kann eine derartige Aufzählung niemals vollständig sein. Nachstehend werden für die Praxis wichtige Einzelfälle zusammengestellt. Weitere Fallbetrachtungen finden sich in der einschlä-

---

[45] Zitiert nach BGH Urt. v. 27.7.2010 – VI ZR 261/09, JurBüro 2010, 638.
[46] BGH JurBüro 2010, 638.
[47] → Rn. 118 ff.

gigen Fachliteratur.[48] Soweit möglich ist die nachfolgende Aufzählung alphabetisch geordnet.

46 **a) Mehrere Ansprüche zwischen denselben Parteien.** In der Regel dürfte eine – gebührenrechtliche – Angelegenheit anzunehmen sein, wenn der Rechtsanwalt für seinen Mandanten mehrere Ansprüche gegen denselben Gegner geltend macht.

In einem vom BGH[49] entschiedenen Fall hatte eine Rechtsanwältin für ihre Mandantin, einen ambulanten Pflegedienst, gegenüber dem Sozialhilfeträger Ansprüche aus drei verschiedenen Pflegeverträgen geltend gemacht. Nach der Entscheidung des BGH[50] handelt es sich um drei verschiedene – gebührenrechtliche – Angelegenheiten, da die Anspruchsvoraussetzungen auch jeweils getrennt voneinander zu prüfen und zu beurteilen waren. Der BGH[51] kommt in derselben Entscheidung zu dem Ergebnis, dass eine Geschäftsgebühr nach der Nr. 2300 VV (und nicht nur eine 0,3 Geschäftsgebühr nach Nr. 2301 VV) entsteht, wenn die Rechtsanwältin von der Mandantin mit der vollständigen außergerichtlichen Geltendmachung einer Forderung/eines Anspruchs beauftragt ist.

47 **b) Arbeitsrechtliche Auseinandersetzung.** Ist der Anwalt mit der Abwehr der Kündigung des Arbeitgebers beauftragt und soll er gleichzeitig mit diesem über eine einvernehmliche Auflösung des Arbeitsverhältnisses verhandeln, liegt nur eine Angelegenheit vor.[52] Ob der Rechtsanwalt in diesen Fällen eine Vergütung nach Teil 2 VV oder nach Teil 3 VV erhält, hängt von dem ihm von seinem Mandanten erteilten Auftrag ab. Hat er nur einen Auftrag zur außergerichtlichen Vertretung, entsteht in der Regel eine Geschäftsgebühr Nr. 2300 VV und bei Mitwirken beim Abschluss eines Vertrags iSd Nr. 1000 VV auch noch eine Einigungsgebühr. Hat der Mandant dem Rechtsanwalt schon einen Vertretungsauftrag für ein gerichtliches Verfahren (Kündigungsschutzklage) erteilt und führt er im Rahmen dieses Mandats auch außergerichtliche Verhandlungen mit dem Arbeitgeber über eine einvernehmliche Auflösung des Arbeitsverhältnisses, so entstehen Gebühren nach Teil 3 VV (0,8 Verfahrensgebühr Nr. 3101 VV oder 1,3 Verfahrensgebühr Nr. 3100 VV, 1,2 Terminsgebühr Nr. 3104 VV iVm Vorb. 3 Abs. 3 VV, 1,0 oder 1,5 Einigungsgebühr Nr. 1000 VV, 1003 VV). Werden die außergerichtlichen Verhandlungen im Rahmen des bestehenden Mandats für die Kündigungsschutzklage geführt, entsteht hierfür keine gesonderte Geschäftsgebühr mehr (§ 19 Abs. 1 S. 2 Nr. 2 VV).

48 Eine **Klage** auf **Fortbestand eines Anstellungsverhältnisses** und **gleichzeitige (außergerichtliche) Vergleichsverhandlungen über rückständige Vergütung** sollen dagegen zwei verschiedene Angelegenheiten sein.[53] Dies ist nachvollziehbar, denn hier handelt es sich um zwei völlig verschiedene Gegenstände. Gerichtlich anhängig ist der Fortbestand des Arbeitsverhältnisses, während außergerichtlich über rückständiges Arbeitsentgelt verhandelt wird.

49 Ist der Rechtsanwalt vom Auftraggeber beauftragt, die **Kündigung eines schwerbehinderten Arbeitnehmers** auszusprechen und gleichzeitig die Zustimmung des Integrationsamtes zur Kündigung einzuholen, sind zwei gebührenrechtliche Angelegenheiten anzunehmen:[54]

---

[48] ZB HK-RVG/*Winkler* § 15 Rn. 15 ff.; Gerold/Schmidt/*Mayer* § 15 Rn. 30 ff.; Schneider/Wolf/*N. Schneider* § 15 Rn. 37 f.; Bischof/Jungbauer/*Bischof* § 15 Rn. 27 ff.
[49] BGH JurBüro 2015, 462.
[50] BGH JurBüro 2015, 462.
[51] BGH JurBüro 2015, 462 und so auch BGH AGS 2015, 589.
[52] Schneider/Wolf/*N. Schneider* § 15 Rn. 41 unter Hinweis auf AG Mettmann JurBüro 1992, 321.
[53] HK-RVG/*Winkler* § 15 Rn. 19 unter Hinweis auf LG Bonn AGS 2004, 194.
[54] *Enders* JurBüro 2008, 394 f.

Abgeltungsbereich der Gebühren § 15

1. Angelegenheit
Außergerichtliche Vertretung betreffend die Kündigung
Gegenstandswert: Höchstens das für die Dauer eines Vierteljahres zu zahlende Arbeitsentgelt (§ 42 Abs. 2 GKG)
Geschäftsgebühr Nr. 2300 VV
zzgl. evtl. weiter entstehender Gebühren und Auslagen.
2. Angelegenheit
Vertretung in dem Verfahren vor dem Integrationsamt
Gegenstandswert: 5.000 EUR (§ 52 Abs. 2 GKG)
Geschäftsgebühr Nr. 2300 VV
zzgl. evtl. weiter entstehender Gebühren und Auslagen.

Hier ist der gleiche Rahmen nicht gegeben. Zum einen handelt es sich wegen der Kündigung um eine außergerichtliche Vertretung. Für die gerichtliche Verfolgung wäre ein Verfahren vor einem Arbeitsgericht anzustrengen. Zum anderen handelt es sich bei dem Verfahren vor dem Integrationsamt um ein verwaltungsrechtliches Verfahren. Dem Verwaltungsverfahren kann ein Rechtsbehelfsverfahren folgen. Dringt der Mandant auch im Rechtsbehelfsverfahren nicht durch, könnte eine Klage beim Verwaltungsgericht erhoben werden. 50

Wird der Rechtsanwalt beauftragt, für den Arbeitgeber die **Kündigung** eines Arbeitsverhältnisses gegenüber einem Arbeitnehmer auszusprechen, muss häufig die **Anhörung des Betriebsrats** erfolgen. Beauftragt der Arbeitgeber den Anwalt dann auch, den Betriebsrat zu der beabsichtigten Kündigung anzuhören, sind mE zwei gebührenrechtliche Angelegenheiten gegeben:[55] 51
1. Angelegenheit
Anhörung des Betriebsrats
Gegenstandswert: Bruchteil des Wertes für die Kündigung, höchstens das für die Dauer eines Vierteljahres zu zahlende Arbeitsentgelt – § 42 Abs. 2 GKG)
Es empfiehlt sich, den Gegenstandswert zu vereinbaren.
Geschäftsgebühr Nr. 2300 VV
zzgl. evtl. weiter entstehender Gebühren und Auslagen.
2. Angelegenheit
Kündigung
Gegenstandswert: Höchstens, das für die Dauer eines Vierteljahres zu zahlende Arbeitsentgelt – § 42 Abs. 2 GKG
Geschäftsgebühr Nr. 2300 VV
zzgl. evtl. weiter entstehender Gebühren und Auslagen.

ME sind deshalb zwei gebührenrechtliche Angelegenheiten anzunehmen, weil sich die Tätigkeit nicht in dem gleichen Rahmen und vor allem nicht gegenüber demselben „Gegner" abspielen. Die Tätigkeit des Rechtsanwalts richtet sich zunächst „gegen" den Betriebsrat, den er für den Arbeitgeber zur beabsichtigten Kündigung anhört. Nach Abschluss der Anhörung bzw. nach Ablauf der Anhörungsfrist richtet sich die Tätigkeit des Rechtsanwalts gegen den Arbeitnehmer, dem gegenüber er die Kündigung für seinen Mandanten, dem Arbeitgeber ausspricht. 52

Nach BGH[56] löst die außergerichtliche anwaltliche Tätigkeit vor einer **kirchlichen Vermittlungsstelle** – die laut einer Vereinbarung in dem Arbeitsvertrag anzurufen ist – keine Geschäftsgebühr nach Nr. 2303 Ziff. 4 VV aus. Die außergerichtliche Tätigkeit vor der kirchlichen Vermittlungsstelle gehört zu der außergerichtlichen Vertretung wegen der Kündigung und ist mit der ohnehin entstandenen Geschäftsgebühr der Nr. 2300 VV abgegolten. 53

Nicht selten kommt es in der Praxis vor, dass **derselbe Rechtsanwalt von verschiedenen Arbeitnehmern** beauftragt wird, **gegenüber demselben Arbeit-** 54

---

[55] Enders JurBüro 2008, 505; Gerold/Schmidt/*Mayer* § 15 Rn. 37.
[56] BGH AGS 2011, 117.

§ 15 Abgeltungsbereich der Gebühren

geber **Zahlungsansprüche** (Ansprüche aus einer Betriebsrente oder Lohnansprüche) geltend zu machen. In diesen Fällen stellt sich dann die Frage, ob es sich für den Anwalt um eine gebührenrechtliche Angelegenheit (Sammelklage/Gegenstandswert: Summe aller darin geltend gemachten Ansprüche/nur einmal Gebühren) oder ob es sich um verschiedene gebührenrechtliche Angelegenheiten handelt (einzelne Klagen/Gegenstandswert die in der einzelnen Klage geltend gemachten Ansprüche/gesonderte Gebühren in jedem Rechtsstreit). In der Regel dürfte in derartigen Fällen schon die anwaltliche Verschwiegenheitspflicht der Behandlung der Ansprüche in einem gemeinsamen Mandat (Sammelklage) entgegenstehen. Auch wenn der Hinweis auf das Bestehen anderweitiger Mandate kein untersagtes Offenbaren nach § 43a Abs. 2 S. 1 BRAO ist,[57] so ist mE zu bedenken, dass bei der Behandlung in einem gemeinsamen Mandat nicht nur das bloße Bestehen anderer Mandate offenkundig gemacht wird, sondern auch Einzelheiten aus diesen anderen Mandaten. So wird zB Mandant A erfahren, nach welcher Lohngruppe sein Kollege B, der ebenfalls im Rahmen der Sammelklage seine Ansprüche geltend macht, bezahlt wird. Oft sind schon in Arbeitsverträgen Klauseln vorhanden, wonach der Arbeitnehmer über die Höhe des vereinbarten Lohnes zu schweigen hat. Wird im Rahmen der Sammelklage für die eine oder andere Partei Prozesskostenhilfe beantragt, erfahren alle Kläger alles über die Einkommens- und Vermögensverhältnisse der iSd Prozesskostenhilfe hilfebedürftigen Parteien.

Praxistipp:

Ist die gemeinsame Behandlung in einem Mandat ausdrücklich von den verschiedenen Auftraggebern gewünscht, sollte der Rechtsanwalt sich auf jeden Fall von allen Beteiligten von der ihm obliegenden anwaltlichen Verschwiegenheitspflicht gegenüber den anderen Beteiligten schriftlich entbinden lassen.

55 Einer gemeinsamen Behandlung von verschiedenen Ansprüchen verschiedener Kläger gegenüber demselben Gegner in einem gemeinsamen Mandat werden in der Regel Interessenkollisionen entgegenstehen. Denn jeder Kläger ist daran interessiert, dass seine Ansprüche frühzeitig tituliert werden um als erster Zwangsvollstreckungsmaßnahmen auszubringen, damit noch die Chance besteht, dass die Ansprüche auch realisiert werden.

56 Möglicherweise stehen auch sachliche Gründe der Behandlung in einem gemeinsamen Mandat entgegen, so zB, wenn die anderen Arbeitnehmer „als Zeugen gebraucht" werden um die Ansprüche durchzusetzen. Möglicherweise wäre dann die Beweisführung in einer Sammelklage wieder problematisch. Ist sowohl eine getrennte, als auch eine gehäufte Verfahrensführung ernsthaft in Betracht zu ziehen, muss der Rechtsanwalt das Für und Wider des Vorgehens unter Einbeziehung der Kostenfolge dem Auftraggeber darlegen und seine Entscheidung herbeiführen.[58]

57 In einem vom LAG München[59] entschiedenen Fall hatte ein Rechtsanwalt für verschiedene Kläger gegen denselben Beklagten jeweils Lohnansprüche und Nebenforderungen in getrennten Klagen anhängig gemacht. Das Arbeitsgericht hatte für die Einzelklagen Prozesskostenhilfe unter Beiordnung desselben Anwalts bewilligt. Dennoch hat das LAG München im Rahmen der Abrechnung der Prozesskostenhilfevergütung entschieden, dass dem beigeordneten Rechtsanwalt die entstandenen Gebühren nur einmal nach dem Gesamtwert aus der Staatskasse zu zahlen sind. Diese Entscheidung erscheint nicht sachgerecht.[60] Zeitlich nach der Entscheidung

---

[57] *Kleine-Cosack* BRAO § 43a Rn. 21 ff.
[58] BGH Urt. v. 11.12.2003 – IX ZR 109/00.
[59] LAG München JurBüro 2010, 26.
[60] *Enders* in Anm zu LAG München JurBüro 2010, 26, 28.

des LAG München (aaO) haben das BAG[61] und auch das LAG Nürnberg[62] entschieden, dass die Frage der Mutwilligkeit der beabsichtigten Rechtsverfolgung (hierzu gehört auch, ob die Ansprüche in einem Verfahren oder in getrennten Prozessen geltend gemacht werden) bereits bei Bewilligung der Prozesskostenhilfe zu prüfen und zu entscheiden ist und nicht erst im Kostenfestsetzungsverfahren des beigeordneten Rechtsanwalts gegenüber der Staatskasse. Hat das Gericht die Notwendigkeit der Geltendmachung der Ansprüche in getrennten Verfahren bei der Bewilligung der Prozesskostenhilfe bejaht und für verschiedene Einzelverfahren jeweils Prozesskostenhilfe bewilligt, ist der Urkundsbeamte der Geschäftsstelle im Kostenfestsetzungsverfahren (beigeordneter Rechtsanwalt gegen die Staatskasse) hieran gebunden.

c) Arrest. Ein Arrestverfahren ist stets neben dem Hauptsacheverfahren eine eigene gebührenrechtliche Angelegenheit (§ 17 Nr. 4a RVG).[63] In dem Arrestverfahren entstehen also gesonderte Gebühren neben den, die in der Hauptsache anfallen. Das Gesetz sieht eine Anrechnung der in einem Arrestverfahren entstandenen Gebühren auf die Gebühren der Hauptsache nicht vor. Allerdings bildet ein Verfahren auf Abänderung oder Aufhebung eines Arrestes mit dem Ausgangsverfahren dieselbe gebührenrechtliche Angelegenheit (§ 16 Nr. 5 RVG).[64]

d) Arzthaftungssachen. Macht der Rechtsanwalt für den Mandanten Ansprüche wegen eines ärztlichen Behandlungsfehlers geltend, wird häufig nach Scheitern der außergerichtlichen Bemühungen um die Durchsetzung der Ansprüche ein Verfahren vor einer ärztlichen Schlichtungsstelle durchgeführt. ME liegen hier zwei gebührenrechtliche Angelegenheiten vor:[65]
1. Angelegenheit
Außergerichtliche Geltendmachung der Ansprüche gegenüber dem behandelnden Arzt, der Klinik oder dem dahinter stehenden Haftpflichtversicherer
Geschäftsgebühr Nr. 2300 VV
zzgl. evtl. weiter entstehender Gebühren und Auslagen.
2. Angelegenheit
Vertretung in Verfahren vor der ärztlichen Schlichtungsstelle
Geschäftsgebühr Nr. 2300 VV
zzgl. evtl. weiter entstehender Gebühren und Auslagen.
Für zwei Angelegenheiten spricht, dass ein einheitlicher Auftrag nicht mehr angenommen werden kann und auch der gleiche Rahmen bei der Verfolgung der Ansprüche nicht eingehalten wird. Wenn der Auftrag zur Vertretung in dem Verfahren vor der ärztlichen Schlichtungsstelle erteilt wird, ist die erste Angelegenheit (außergerichtliche Geltendmachung der Ansprüche gegenüber dem behandelnden Arzt) bereits erledigt. Denn die außergerichtlichen Verhandlungen sind dann gescheitert. Der gleiche Rahmen bei der Verfolgung der Ansprüche wird nicht gewahrt, weil die Ansprüche zunächst gegenüber dem Arzt, der Klinik oder dem dahinter stehenden Haftpflichtversicherer geltend gemacht werden. In diesem Stadium des Mandats ist der Mandant „Herr des Verfahrens". Er bestimmt, welche Schritte, gegenüber wem unternommen werden. Im Rahmen der zweiten Angelegenheit vertritt der Rechtsanwalt im Verfahren vor einer ärztlichen Schlichtungsstelle. Nicht der Mandant oder der Rechtsanwalt bestimmen hier den Gang des Verfahrens, sondern die ärztliche Schlichtungsstelle bzw. die derartigen Verfahren zugrunde liegenden Verfahrensordnungen.

---

[61] BAG JurBüro 2011, 374.
[62] LAG Nürnberg AGS 2015, 578.
[63] → § 17 Rn. 28 ff.
[64] → § 16 Rn. 63 ff.
[65] *Enders* JurBüro 2008, 225; Anderer Meinung: Nur eine Angelegenheit: AG Wiesbaden JurBüro 2009, 190 mit abl. Anm von *Madert*.

§ 15 Abgeltungsbereich der Gebühren

61   Macht derselbe Rechtsanwalt außergerichtlich für den Mandanten gegenüber **mehreren Ärzten**, die den Mandanten nebeneinander oder nacheinander behandelt haben, dieselben Schadensersatzansprüche wegen jeweils eigener Behandlungsfehler geltend, handelt es sich mE um eine gebührenrechtliche Angelegenheit, wenn die Ansprüche zeitgleich gegenüber den Ärzten verfolgt werden.[66] Macht der Rechtsanwalt allerdings zunächst gegenüber dem Arzt A Ansprüche außergerichtlich geltend und scheitert dies, wird er dann von dem Mandanten beauftragt, die Ansprüche gegen den ebenfalls behandelnden Arzt B geltend zu machen, dürfte es sich um zwei verschiedene gebührenrechtliche Angelegenheiten handeln. Denn die erste Angelegenheit war bereits erledigt, als der Rechtsanwalt in der zweiten Angelegenheit gegenüber dem Arzt B beauftragt wird. Im gerichtlichen Verfahren wird es darauf ankommen, ob der Mandant die verschiedenen Ärzte in einer Klage in Anspruch nimmt, oder in mehreren Einzelklagen. Werden die Ansprüche in einer Klage geltend gemacht, handelt es sich um dieselbe gebührenrechtliche Angelegenheit. Werden die Ansprüche in mehreren Einzelklagen geltend gemacht, dürfte es sich um mehrere gebührenrechtliche Angelegenheiten handeln. Allerdings wird der Rechtsanwalt den Mandanten über das Für und Wider einer Klage oder mehrerer Einzelklagen aufklären müssen und ihm auch die Kostenfolgen und vor allen Dingen das Prozesskostenrisiko aufzeigen müssen.

62   **e) Außergerichtliche Tätigkeit/Gerichtliches Verfahren.** Vertritt der Rechtsanwalt zunächst außergerichtlich und anschließend in einem gerichtlichen Verfahren sind stets zwei verschiedene gebührenrechtliche Angelegenheiten gegeben. Dies ergibt sich bereits daraus, dass die Gebühren für eine außergerichtliche Tätigkeit in Teil 2 VV und unabhängig davon die Gebühren für eine gerichtliche Tätigkeit zB in Zivilsachen in Teil 3 VV geregelt sind. Bestätigt wird dies auch dadurch, dass in der Vorb. 3 Abs. 4 VV die Anrechnung einer für eine außergerichtliche Vertretung entstandenen Geschäftsgebühr nach den Nr. 2300 bis 2303 VV auf die Verfahrensgebühr eines gerichtlichen Verfahrens vorgeschrieben ist. Ferner spielt sich die außergerichtliche Vertretung und die Tätigkeit als Verfahrens- bzw. Prozessbevollmächtigter in einem gerichtlichen Verfahren nicht in dem gleichen Rahmen ab, so dass unbestritten zwei gebührenrechtliche Angelegenheiten gegeben sind.

63   Nach OLG Düsseldorf[67] handelt es sich um zwei gebührenrechtliche Angelegenheiten, wenn der Rechtsanwalt nach Prüfung eine von einem anderen Rechtsanwalt erhobene Klage zurücknimmt und mit der Gegenseite anschließend außergerichtliche Vergleichsverhandlungen führt. Für die Klagerücknahme kann er eine 1,3 Verfahrensgebühr Nr. 3100 VV ansetzen, für die außergerichtlichen Verhandlungen eine Geschäftsgebühr der Nr. 2300 VV. Im Rahmen der außergerichtlichen Vertretung eventuell weiter anfallende Gebühren können daneben angesetzt werden (zB Einigungsgebühr).

64   **f) Bank.** In einer Kapitalangelegenheit ist das Vorgehen gegen mehrere Gegner (gegen Vermittler auf Schadensersatz wegen Falschberatung und gegen die Bank als Initiator auf Schadensersatz wegen Prospekthaftung) nach OLG Stuttgart[68] gebührenrechtlich dieselbe Angelegenheit. Nach AG Köln[69] ist auch dann von einer gebührenrechtlichen Angelegenheit auszugehen, wenn dieser von demselben Mandanten mit der Geltendmachung von Ansprüchen aus zwei verschiedenen durch eine Bank finanzierten Rentenmodellen gegenüber derselben Bank zu unterschiedlichen Zeiten beauftragt wird. Anders dürfte dies mE in dem vom AG Köln entschiedenen

---

[66] OLG Köln JurBüro 2010, 301; OLG Düsseldorf JurBüro 2009, 587; LG München I JurBüro 2009, 589.
[67] OLG Düsseldorf MDR 2010, 1496.
[68] OLG Stuttgart JurBüro 2011, 84.
[69] AG Köln JurBüro 2011, 473.

Fall zu sehen sein, wenn die Angelegenheit betreffend die Durchsetzung der Ansprüche aus dem ersten Rentenmodell bereits vollständig abgeschlossen ist und danach erst der Auftrag vom Mandanten erteilt wird, nunmehr auch die Schadensersatzansprüche wegen des zweiten Rentenmodells geltend zu machen.

Der BGH[70] kommt zu dem Ergebnis, dass gebührenrechtlich dieselbe Angelegenheit gegeben sein kann, wenn Gesellschafter eines geschlossenen Immobilienfonds einen Rechtsanwalt beauftragen, den Initiator gemeinsam zu verklagen, um Schadensersatzansprüche wegen Prospekthaftung geltend zu machen. Dies auch dann, wenn die Klageaufträge einzeln und zeitlich versetzt erteilt worden seien. Entsprechendes gilt nach BGH auch, wenn die Gesellschafter den Anwalt nacheinander beauftragen, gegen das klageabweisende erstinstanzliche Urteil Berufung einzulegen.

g) Beratungshilfe. In Familiensachen ist in der Rechtsprechung sehr umstritten, ob von einer oder von mehreren gebührenrechtlichen Angelegenheiten auszugehen ist. Diese Frage hat der Urkundsbeamte der Geschäftsstelle im Rahmen der Festsetzung der Beratungshilfe zu entscheiden. An die Zahl der erteilten Berechtigungsscheine ist er nicht gebunden.[71] Die Rechtsprechung nimmt häufig unter Berufung auf § 16 Nr. 4 RVG für Ehescheidung und deren verschiedenen Folgesachen eine Angelegenheit auch in der Beratungshilfe an. *N. Schneider* hält dies für falsch: *„Dieser Ansatzpunkt ist unzutreffend. Bei der Vorschrift des § 16 Nr. 4 RVG handelt es sich um eine Fiktion. Ehe- und Folgesachen sind nach § 15 RVG betrachtet selbständige Angelegenheiten; andernfalls wäre die Vorschrift des § 16 Nr. 4 RVG überflüssig. Die Fiktion des § 16 Nr. 4 RVG gilt-wie der Wortlaut bereits zeigt- nur für gerichtliche Verfahren. Nur bei Anhängigkeit der Ehesache gibt es ein Verbundverfahren, nicht auch schon bei außergerichtlicher Tätigkeit."*[72]

Hierzu hat sich bereits im Jahre 2002 das BVerfG[73] wie folgt geäußert:

„Aus verfassungsrechtlicher Sicht spricht vieles dafür, dass die Beratung über den Unterhalt des Kindes und das Umgangsrecht des Vaters nicht als dieselbe Angelegenheit gem. § 13 Abs. 2 S. 2 BRAGO (jetzt § 15 Abs. 2 RVG) anzusehen sind, um den Rechtsanwalt, der in der Beratungshilfe ohnehin zu niedrigeren Gebühren tätig wird, nicht unnötig zu belasten."[74]

Praxistipp:

ME ist es auf keinen Fall dieselbe Angelegenheit in der Beratungshilfe, wenn kein Verbund mehr eintreten kann, etwa weil die Ehe der Parteien schon geschieden ist und danach erst Beratungshilfe für verschiedene Familiensachen bewilligt wird. Dieselbe Angelegenheit liegt auch nicht vor, soweit die Beratungshilfe nur Trennungsfolgen umfasst.

Aus der neueren Rechtsprechung: Nach Ansicht des **OLG Bamberg**[75] handelt es sich um drei verschiedene Angelegenheiten, wenn sich die Beratung/Vertretung im Rahmen der Beratungshilfe erstreckt auf die Gegenstände „Auskunftsverlangen/Geltendmachung von Ehegatten- und Kindesunterhalt", „Regelung des Umgangs" und „Auflösung der Bruchteilsgemeinschaft/Schuldenregulierung".

---

[70] BGH JurBüro 2014, 471.
[71] OLG Frankfurt a.M. AGS 2009, 593; OLG Düsseldorf JurBüro 2009, 40; OLG Koblenz JurBüro 2012, 419.
[72] Zitiert nach Schneider/Wolf/*Fölsch* vor 2.5 Rn. 159 mit umfangreicher Rechtsprechungsübersicht in Rn. 160 ff.
[73] BVerfG AGS 2002, 273.
[74] Zitiert nach Schneider/Wolf/*Fölsch* vor 2.5. Rn. 158.
[75] OLG Bamberg JurBüro 2011, 425.

§ 15 Abgeltungsbereich der Gebühren

70 Das **OLG Brandenburg**[76] betrachtet in der Beratungshilfe die Scheidung und die dazu gehörigen Folgesachen Versorgungsausgleich, Zugewinnausgleich und nachehelicher Unterhalt als dieselbe Angelegenheit. Jedoch nimmt es für die Beratung betreffend Ehegattentrennungsunterhalt eine eigene gebührenrechtliche Angelegenheit an.

71 Das **OLG Celle**[77] vertritt die Auffassung, dass die Komplexe: „Scheidung", „Personensorge und Umgangsrecht", „Ehewohnung und Hausrat" und „Unterhalt, Güterrecht und Vermögensauseinandersetzung" jeweils gesonderte gebührenrechtliche Angelegenheiten in der Beratungshilfe sind.

72 Das **OLG Dresden**[78] wendet § 16 Nr. 4 RVG in der Beratungshilfe nicht analog an. Nach dessen Auffassung kann der Rechtsanwalt, der im Rahmen der Beratungshilfe wegen verschiedener Trennungsfolgen tätig wird, von mehreren – gebührenrechtlichen – Angelegenheiten (entsprechend der Anzahl der betroffenen Lebenssachverhalte) auch dann ausgehen, wenn nur ein Berechtigungsschein (in welchem ausgeführt war: „Beratung wegen Ehescheidung und Folgesachen") erteilt worden ist.

73 Nach einer Entscheidung des **OLG Düsseldorf**[79] stellen verschiedene Trennungsfolgen im Bereich der Beratungshilfe verschiedene Angelegenheiten dar. In einer weiteren Entscheidung zu dieser Problematik geht das OLG Düsseldorf[80] bei einer Beratungshilfetätigkeit für Scheidung und deren Folgen auch dann gebührenrechtlich von verschiedenen Angelegenheiten aus, wenn diese später im gerichtlichen Verbundverfahren geltend gemacht hätten werden können. In einem weiteren Fall, den das OLG Düsseldorf zu entscheiden hatte, war ein Berechtigungsschein betreffend anwaltliche Beratungshilfe für „Trennung und alle daraus resultierenden Angelegenheiten" ausgestellt worden. Das OLG Düsseldorf[81] hat dann **8 (!) verschiedene gebührenrechtliche Angelegenheiten** angenommen (Trennungsunterhalt, Kindesunterhalt, Versorgungsausgleich, Vermögensauseinandersetzung, Scheidung, Besuchsrecht bei den Kindern, elterliche Sorge und Hausrat).

74 Verschiedene Trennungsfolgen stellen im Bereich der Beratungshilfe nach **OLG Frankfurt a.M.**[82] verschiedene Angelegenheiten dar. In einer weiteren – neueren – Entscheidung schließt sich das OLG Frankfurt a.M.[83] der überwiegenden Rechtsprechung der Oberlandesgerichte an, wonach bei einer außergerichtlichen Beratung betreffend die Folgen von Trennung oder Scheidung in der Beratungshilfe von vier typisierten Komplexen auszugehen ist, die jeweils eine Angelegenheit darstellen. Dies sind „die Scheidung an sich", „die persönlichen Verhältnisse zu den Kindern (Personensorge, Umgangsrecht)", „die Fragen betreffend Ehewohnung und Hausrat" sowie die „finanziellen Auswirkungen von Trennung und Scheidung (Unterhalt, Güterrecht, Vermögensauseinandersetzung)".

75 Auch das **OLG Hamm**[84] geht im Rahmen der Beratungshilfe für die Folgen der Trennung von verschiedenen Angelegenheiten aus.

76 Nach dem **KG**[85] stellen die Tätigkeit des Rechtsanwalts hinsichtlich Ehescheidung, Hausrat und Wohnungszuweisung sowie Umgangs- und Sorgerecht drei verschiedene Angelegenheiten in der Beratungshilfe dar. Dem gegenüber handele es

---

[76] OLG Brandenburg AGS 2009, 593 = RVGreport 2010, 143.
[77] OLG Celle NJW 2011, 3109.
[78] OLG Dresden RVGreport 2011, 219.
[79] OLG Düsseldorf JurBüro 2009, 40.
[80] OLG Düsseldorf JurBüro 2009, 39.
[81] OLG Düsseldorf BeckRS 2012, 22128 = NJOZ 2013, 1259 = FamRZ 2013, 725.
[82] OLG Frankfurt a.M. AGS 2009, 593 = RVGreport 2010, 143.
[83] OLG Frankfurt a.M. Beschl. v. 12.5.2014 – 20 W 237/13, JurBüro 2015, 354.
[84] OLG Hamm FamRZ 2011, 1685 = BeckRS 2011, 18545.
[85] KG RVGreport 2010, 141.

Abgeltungsbereich der Gebühren § 15

sich (so das KG) bei der Tätigkeit betreffend den Hausrat und die Wohnungszuweisung um dieselbe Angelegenheit.

In Beratungshilfesachen ist nach **OLG Koblenz**[86] zwischen Scheidung und den dazugehörigen Folgesachen sowie den Angelegenheiten im Zusammenhang mit der Trennung zu differenzieren. Nach dem OLG Koblenz erscheint es aber sachgerecht, unter Berücksichtigung des inneren Zusammenhangs der unterschiedlichen Lebenssachverhalte mehrere Gegenstände in verschiedenen Komplexen zusammenzufassen. So sei die Geltendmachung von Kindes- und Ehegattenunterhalt eine Angelegenheit. 77

Das **OLG Köln**[87] hat entschieden, dass die Beratung in Fragen des Ehegattenunterhalts, des Kindesunterhalts, des Umgangsrechts und des ehelichen Güterrechts (einschließlich Hausrat und Vermögensauseinandersetzung) vier verschiedene Angelegenheiten darstellen. 78

Zunächst hatte das **OLG München**[88] mindestens zwei Angelegenheiten in der Beratungshilfe angenommen, wenn in einer familienrechtlichen Angelegenheit Beratungshilfe zur Regelung von mehreren Trennungsfolgen und gleichzeitig für den Fall der Scheidung bewilligt worden war und der Rechtsanwalt entsprechend auch in allen Bereichen tätig geworden war. Später hat sich das OLG München[89] der Auffassung angeschlossen, dass im Falle einer anwaltlichen Beratung nach dem Beratungshilfegesetz in Familiensachen für den Bereich „Trennung und Scheidung" bis zu vier abrechenbare gebührenrechtliche Angelegenheiten im Sinne von § 15 Abs. 2 RVG vorliegen können. Es sind die Komplexe „Scheidung", die „persönlichen Verhältnisse zu den Kindern (Personensorge, Umgangsrecht)", die Fragen betreffend „Ehewohnung und Hausrat" sowie die „finanziellen Auswirkungen von Trennung und Scheidung (Unterhalt, Güterrecht, Vermögensauseinandersetzung)". 79

Nach dem **OLG Naumburg**[90] kommt es für die Festsetzung der Vergütung eines Beratungshilfe gewährenden Anwalts und die damit verbundene Frage, ob eine oder mehrere gebührenrechtliche Angelegenheiten gegeben sind, nicht darauf an, ob ein oder mehrere Berechtigungsscheine erteilt worden sind. In der Regel wird es nach dem OLG Naumburg angemessen sein, zwischen folgenden, bis zu **6 verschiedenen Angelegenheiten** im Zusammenhang mit der Beendigung einer Ehe zu unterscheiden: Ehesachen, Kindschaftssachen, Ehewohnung- und Haushaltssachen, Versorgungsausgleichssachen, Unterhaltssachen, Güterrecht und sonstige Vermögensauseinandersetzung. 80

Das **OLG Nürnberg**[91] vertritt die Auffassung, dass die Komplexe: „Scheidung", „Personensorge und Umgangsrecht", „Ehewohnung und Hausrat" und „Unterhalt, Güterrecht und Vermögensauseinandersetzung" jeweils gesonderte gebührenrechtliche Angelegenheiten in der Beratungshilfe sind. 81

Drei Angelegenheiten in der Beratungshilfe sind nach **OLG Rostock**[92] gegeben, wenn sich die Beratung/Vertretung erstreckt auf den Kindesunterhalt, das Umgangsrecht und die Vermögensauseinandersetzung einschließlich Zuordnung der Ehewohnung – jeweils für die Zeit der Trennung –. 82

Das **OLG Nürnberg**[93] vertritt die Auffassung, dass die Komplexe: „Scheidung", „Personensorge und Umgangsrecht", „Ehewohnung und Hausrat" und „Unterhalt, 83

---

[86] OLG Koblenz JurBüro 2012, 419.
[87] OLG Köln RVGreport 2010, 142 = AGS 2009, 422.
[88] OLG München NJOZ 2012, 285 = FamRZ 2012, 326.
[89] OLG München JurBüro 2015, 352.
[90] OLG Naumburg FamRZ 2014, 238 = BeckRS 2013, 10553.
[91] OLG Nürnberg JurBüro 2011, 3108.
[92] OLG Rostock JurBüro 2011, 206.
[93] OLG Nürnberg JurBüro 2011, 3108.

§ 15 Abgeltungsbereich der Gebühren

Güterrecht und Vermögensauseinandersetzung" jeweils gesonderte gebührenrechtliche Angelegenheiten in der Beratungshilfe sind.

84 Auch das **OLG Schleswig**[94] hat sich der Auffassung angeschlossen, dass nicht nur eine, sondern mehrere gebührenrechtliche Angelegenheiten gegeben sind, wenn der Rechtsanwalt wegen der Scheidung und deren Folgen im Rahmen der Beratungshilfe tätig wird. Es könne von bis zu vier Angelegenheiten ausgegangen werden, nämlich der Scheidung als solche, den persönlichen Verhältnissen zu den Kindern (Personensorge, Umgangsrecht), den Fragen im Zusammenhang mit der Ehewohnung und dem Hausrat und den finanziellen Auswirkungen von Trennung und Scheidung (Unterhalt, Güterecht, Vermögensauseinandersetzung).

85 Unter Aufgabe seiner früheren Rechtsprechung vertritt das **OLG Stuttgart**[95] die Auffassung, dass die Komplexe: „Scheidung", „Personensorge und Umgangsrecht", „Ehewohnung und Hausrat" und „Unterhalt, Güterrecht und Vermögensauseinandersetzung" jeweils gesonderte gebührenrechtliche Angelegenheiten sind.

86 Das **LG Marburg**[96] sieht in den Gegenständen „Unterhaltsrecht" und „Umgangsrecht" eigenständige Angelegenheiten in der Beratungshilfe.

87 Das **LG Mönchengladbach**[97] nimmt in der Beratungshilfe zwei gebührenrechtliche Angelegenheiten an, wenn ein Rechtsanwalt aufgrund eines einheitlichen Auftrags in der Beratungshilfe gleichzeitig wegen der Geltendmachung von Kindesunterhalt und wegen Umgangsrecht betreffend ein nichteheliches Kind vertritt.

88 Nach **AG Bad Schwalbach**[98] handelt es sich um verschiedene Angelegenheiten, wenn der Rechtsanwalt im Rahmen der dem Mandanten gewährten Beratungshilfe wegen des Umgangsrechts, Auskunft und Hausrat vertritt.

89 Das **AG Mülheim a. d. Ruhr**[99] geht von drei verschiedenen Angelegenheiten in der Beratungshilfe aus, wenn der Rechtsanwalt außergerichtlich Abänderung eines Unterhaltstitels gegenüber drei Kindern verlangt.

90 Siehe hierzu auch die Kommentierung zu → Nr. 2501 VV Rn. 14 ff. Weitere Rechtsprechungsnachweise finden sich auch bei *Fölsch* in Schneider/Wolf vor 2.5 Rn. 160 ff.

91 **h) Beweisverfahren.** Da das gerichtliche selbständige Beweisverfahren nicht in § 19 RVG aufgeführt ist, bildet es neben dem gerichtlichen Hauptsacheverfahren stets eine eigene gebührenrechtliche Angelegenheit.[100] Sowohl in dem selbständigen Beweisverfahren als auch in dem Rechtsstreit zur Hauptsache können völlig unabhängig voneinander Gebühren nach Teil 3 VV entstehen. Nach der Vorb. 3 Abs. 5 VV wird allerdings die Verfahrensgebühr des selbständigen Beweisverfahrens auf Verfahrensgebühr des Rechtszugs (des Hauptsacheverfahrens) angerechnet, soweit Gegenstand und Parteien des selbständigen Beweisverfahrens und des Hauptsacheverfahrens identisch sind.[101]

92 **i) Drittwiderklage.** In der Rechtsprechung war zunächst umstritten, ob der Prozessbevollmächtigte, der in einem bürgerlichen Rechtsstreit den Kläger und den Drittwiderbeklagten vertritt, in derselben gebührenrechtlichen Angelegenheit tätig wird oder ob es sich um zwei verschiedene gebührenrechtliche Angelegenheiten

---

[94] OLG Schleswig Beschl. v. 25.4.2013 – 9 W 41/13.
[95] OLG Stuttgart JurBüro 2013, 95.
[96] LG Marburg JurBüro 2011, 651.
[97] LG Mönchengladbach JurBüro 2009, 96.
[98] AG Bad Schwalbach JurBüro 2009, 95.
[99] AG Mülheim a.d. Ruhr AGS 2009, 510.
[100] Gerold/Schmidt/*Müller-Rabe* Anh. III Rn. 23; Schneider/Wolf/*N. Schneider* § 15 Rn. 160; HK-RVG/*Winkler* § 15 Rn. 68.
[101] → Vorb. 3 VV Rn. 188 ff.

Abgeltungsbereich der Gebühren **§ 15**

(1. Angelegenheit: Klage/2. Angelegenheit: Drittwiderklage) handelt.[102] Zwischenzeitlich hat sich der BGH[103] hierzu geäußert: In dem vom BGH entschiedenen Fall hatte der Prozessbevollmächtigte ein Zessionar (Kläger) vertreten, die aus abgetretenem Recht Schadensersatz wegen einer Beteiligung gegenüber einem Anlageberater geltend machte. In demselben Rechtsstreit hatte der verklagte Anlageberater Drittwiderklage auf Feststellung, dass dem Zedenten im Zusammenhang mit dem Erwerb der Beteiligung keine Ansprüche zustehen, gegenüber dem Zedenten (Drittwiderbeklagten) erhoben. Derselbe Prozessbevollmächtigte, der die Klägerin vertreten hatte, wurde auch für den Drittwiderbeklagten tätig. Der BGH[104] geht davon aus, dass es sich um dieselbe gebührenrechtliche Angelegenheit für den Prozessbevollmächtigten handelt.

Wenn aber dieselbe gebührenrechtliche Angelegenheit anzunehmen ist, dann sind die in der Klage und in der Drittwiderklage geltend gemachten Ansprüche jeweils gesondert zu bewerten und die Gegenstandswerte von Klage und Drittwiderklage sind zu addieren, wenn die in der Klage und in der Drittwiderklage geltend gemachten Ansprüche nicht denselben Gegenstand betreffen.[105] Betreffen die in der Klage und in der Drittwiderklage geltend gemachten Ansprüche denselben Gegenstand, ist nach § 42 Abs. 1 S. 3 GKG nur der höhere Anspruch maßgebend für den Gegenstandswert. Dann ist aber ein Fall der Nr. 1008 VV gegeben; der Rechtsanwalt, der sowohl den Kläger als auch den Drittwiderbeklagten vertritt, hat dann zwei Auftraggeber iSd Nr. 1008 VV und die Verfahrensgebühr erhöht sich um 0,3.[106] 93

j) Einstweilige Verfügung. Einstweilige Verfügungen sind neben der Hauptsache stets eigene gebührenrechtliche Angelegenheiten (§ 17 Nr. 4b RVG).[107] Im einstweiligen Verfügungsverfahren und in dem daneben anhängigen oder später anhängig werdenden Hauptsacheverfahren können also jeweils Gebühren nach Teil 3 VV völlig unabhängig voneinander entstehen. Ein Verfahren auf Abänderung oder Aufhebung einer einstweiligen Verfügung ist mit dem Ursprungsverfahren auf Anordnung der einstweiligen Verfügung dieselbe gebührenrechtliche Angelegenheit (§ 16 Nr. 5 RVG). 94

k) Familiensachen. Selbständig (isoliert) bei Gericht anhängige Familiensachen sind auch stets für sich gesehen eigene gebührenrechtliche Angelegenheiten. Dies gilt auch dann, wenn mehrere Familiensachen in selbständigen isolierten Verfahren zwischen denselben Parteien bei Gericht anhängig sind. 95

Ist die Scheidungssache oder ein Verfahren über die Aufhebung einer Lebenspartnerschaftssache zusammen mit Folgesachen im sogenannten **Verbund** anhängig, so handelt es sich nach § 16 Nr. 4 RVG um dieselbe gebührenrechtliche Angelegenheit.[108] 96

Ist neben dem Verbund noch eine weitere Familiensache in einem selbständigen isolierten Verfahren bei dem Familiengericht anhängig, so liegen zwei gebührenrechtliche Angelegenheiten vor: 97
1. Angelegenheit
Selbständig isolierte Familiensache

---

[102] Mehrere – gebührenrechtliche – Angelegenheiten: OLG Stuttgart NJW 2013, 63 (Aufgabe dieser Rechtsprechung OLG Stuttgart BeckRS 2016, 09657) Dieselbe – gebührenrechtliche – Angelegenheit: OLG Bamberg BeckRS 2016, 00610; OLG Celle JurBüro 2015, 306; OLG Köln RVGreport 2015, 458.
[103] BGH RVGreport 2016, 94 = BeckRS 2016, 00463.
[104] BGH RVGreport 2016, 94 = BeckRS 2016, 00463.
[105] So zB im Falle OLG Köln RVGreport 2015, 458.
[106] So zB im Falle OLG Bamberg BeckRS 2016, 00610.
[107] → § 17 Rn. 28 ff.
[108] → § 16 Rn. 31 ff.

2. Angelegenheit

Scheidungssache und Folgesache im Verbund.
In beiden gebührenrechtlichen Angelegenheiten können die Gebühren jeweils unabhängig voneinander entstehen und auch abgerechnet werden. Spezielle Anrechnungsvorschriften für diese Fälle existieren nicht.

98 Ein Verfahren über den Erlass einer **einstweiligen Anordnung** ist stets eine gesonderte gebührenrechtliche Angelegenheit (§ 17 Abs. 4b) RVG). Dies unabhängig davon, ob das Verfahren über den Erlass einer einstweiligen Anordnung neben dem Verbund (Scheidung und Folgesachen) oder neben einer selbständig isolierten Familiensache anhängig ist. Auch wenn die einstweilige Anordnung anhängig ist, ohne dass parallel ein Verfahren zur Hauptsache durchgeführt wird, ist die einstweilige Anordnung eine gesonderte gebührenrechtliche Angelegenheit.

99 Während für ein gerichtliches Verfahren in Familiensachen klar abzugrenzen ist, ob eine oder mehrere gebührenrechtliche Angelegenheiten gegeben sind, ist dies bei außergerichtlicher Tätigkeit in Familiensachen oft schwierig. Nach *N. Schneider*[109] und *Winkler*[110] ist bei außergerichtlicher Vertretung von mehreren gebührenrechtlichen Angelegenheiten auszugehen, wenn der Rechtsanwalt den Mandanten wegen Ehescheidung und verschiedener Folgesachen vertritt. Anderer Meinung ist *Müller-Rabe:*[111] Vertritt der Rechtsanwalt außergerichtlich wegen der Ehescheidung und verschiedenen Scheidungsfolgen ist in der Regel von einer gebührenrechtlichen Angelegenheit auszugehen (→ § 16 Rn. 31 ff.).

100 Nach OLG Saarbrücken[112] sind die **außergerichtliche Vertretung** wegen **Zugewinns** und der **Vermögensauseinandersetzung** zwei verschiedene gebührenrechtliche Angelegenheiten.

101 Hat das Betreuungsgericht den anwaltlichen Verfahrenspfleger bestellt
– in einem Verfahren über die Genehmigung einer Unterbringung nach § 1906 Abs. 1–3 BGB
– und in einem Verfahren über eine freiheitsentziehende Maßnahme nach § 1906 Abs. 4 BGB
handelt es sich nach BGH[113] nicht um dieselbe Angelegenheit. Der Rechtsanwalt kann für jedes Verfahren eine Verfahrensgebühr nach Nr. 6300 VV abrechnen.

102 **l) Verschiedene Gegner.** Vertritt der Rechtsanwalt zB ein Unternehmen und will er gerichtlich gegen verschiedene Gegner zB wegen Patentverletzungen vorgehen, so stellt sich die Frage, ob dies in einer Klage oder in verschiedenen Klagen geschieht. Der Rechtsanwalt wird, wenn sowohl eine getrennte als auch eine gehäufte Verfahrensführung ernsthaft in Betracht zu ziehen ist, das Für und Wider des Vorgehens unter Einbeziehung der Kostenfolgen dem Auftraggeber darlegen und seine Entscheidung herbeiführen müssen.[114] Entscheidet der Mandant sich dafür, die Gegner in Einzelklagen in Anspruch zu nehmen, ist jede Einzelklage natürlich auch eine eigene gebührenrechtliche Angelegenheit. Hat der Mandant sich dafür entschieden, die verschiedenen Gegner in Einzelklagen in Anspruch zu nehmen, kann es in der Kostenerstattung noch zu Problemen kommen. Denn durch die Einzelklagen entstandenen Mehrkosten könnten als nicht erstattungsfähig angesehen werden. Dies könnte insbesondere dann der Fall sein, soweit für eine Trennung in mehrere Prozesse jeder sachliche Grund fehlt.[115]

---

[109] Schneider/Wolf/*N. Schneider* § 15 Rn. 55.
[110] HK-RVG/*Winkler* § 15 Rn. 40.
[111] Gerold/Schmidt/*Müller-Rabe* § 16 Rn. 27–41.
[112] OLG Saarbrücken AGS 2011, 123.
[113] BGH JurBüro 2012, 23.
[114] BGH NJW 2004, 1043.
[115] *Baumbach/Lauterbach/Albers/Hartmann* ZPO § 91 Rn. 140.

Abgeltungsbereich der Gebühren § 15

m) Kaufvertrag. Wird ein Kaufvertrag – zB über ein Grundstück – notleidend, **103** so wird der vom Verkäufer eingeschaltete Rechtsanwalt zunächst auftragsgemäß vom Käufer die **Zahlung des Kaufpreises** fordern. Fruchtet diese Zahlungsaufforderung nicht, erklärt der Rechtsanwalt häufig auftragsgemäß gegenüber dem Käufer den **Rücktritt vom Kaufvertrag**. Oft werden dann **Schadensersatzansprüche** geltend gemacht. Es stellt sich dann die Frage, ob es sich um eine oder mehrere gebührenrechtliche Angelegenheiten handelt.

ME ist von einer gebührenrechtlichen Angelegenheit auszugehen.[116] Es dürfte **104** sich hier um einen einheitlichen Auftrag handeln, der sukzessive erweitert wird. Der gleiche Rahmen ist ebenfalls gegeben, denn alle Ansprüche werden außergerichtlich geltend gemacht. Ein innerer Zusammenhang zwischen den einzelnen Ansprüchen liegt ebenfalls vor, da diese ihren Ursprung in dem geschlossenen und nicht erfüllten Kaufvertrag haben.

Man wird daher von einer gebührenrechtlichen Angelegenheit ausgehen müssen. **105** Allerdings werden in dieser einen gebührenrechtlichen Angelegenheit mehrere Gegenstände behandelt. Jeder dieser einzelnen Gegenstände ist gesondert zu bewerten und die Werte sind zu addieren. Nach der Summe der Werte bestimmen sich die Gebühren. Unproblematisch ist die Bestimmung der Werte für die Gegenstände „Aufforderung zur Zahlung des Kaufpreises" und „Geltendmachung von Schadensersatz". Hier bilden jeweils die geforderten Beträge den Gegenstandswert. Umstritten ist die wertmäßige Erfassung des Gegenstandes „Rücktritt vom Kaufvertrag". Die Spanne geht von einem Bruchteil des Kaufpreises – mit dem das Interesse der Partei an der Unwirksamkeit des Kaufpreises bewertet werden soll – bis hin zum vollen Kaufpreis.[117]

n) Mahnverfahren. Das gerichtliche Mahnverfahren und das sich diesem nach **106** Widerspruch gegen den Mahnbescheid oder nach Einspruch gegen den Vollstreckungsbescheid anschließende streitige Verfahren sind verschiedene gebührenrechtliche Angelegenheiten (§ 17 Nr. 2 RVG). Allerdings sind die Verfahrensgebühren der Nr. 3305 VV und 3307 VV auf die Verfahrensgebühr des nachfolgenden Rechtsstreits anzurechnen (Nr. 3305 Anm. VV und Nr. 3307 Anm. VV).

o) Mediation. Nach der Neufassung[118] des § 278 Abs. 5 ZPO kann das Gericht **107** die Parteien für die Güteverhandlung sowie für weitere Güteversuche vor einen hierfür bestimmten und nicht entscheidungsbefugten Richter (Güterichter) verweisen. Dieser Güterichter kann alle Methoden der Konfliktbeilegung einschließlich der Mediation einsetzen (§ 278 Abs. 5 S. 2 ZPO). Nach § 278a ZPO kann das Gericht den Parteien eine Mediation oder ein anderes Verfahren der außergerichtlichen Konfliktbeilegung vorschlagen. Entscheiden sich die Parteien für die Durchführung einer Mediation oder eines anderen Verfahrens der außergerichtlichen Konfliktbeilegung, ordnet das Gericht das Ruhen des Verfahrens an.

Vertritt der Rechtsanwalt als **Prozessbevollmächtigter** in einem bürgerlichen **108** Rechtsstreit und vertritt bzw. begleitet er die Partei **daneben auch** im Rahmen einer **Mediation** vor einem Güterichter (§ 278 Abs. 5 ZPO) oder in Mediation vor einem Dritten als Mediator (§ 278a ZPO), handelt es sich bei der Tätigkeit in dem Mediationsverfahren nicht um eine eigene – gesonderte – gebührenrechtliche Angelegenheit. Denn in Anwendung des § 19 Abs. 1 S. 2 Nr. 2 RVG gehören außergerichtliche Verhandlungen und nach ganz überwiegender Auffassung damit auch Verhandlungen, die im Rahmen einer Mediation geführt werden, zum Rechtszug

---

[116] *Enders* JurBüro 2009, 57.

[117] *Enders* JurBüro 2009, 57, 58 mwN.

[118] Gesetz zur Förderung der Mediation und anderer Verfahren der außergerichtlichen Konfliktbeilegung (BGBl. 2012 I 1577).

und werden durch die im Rechtszug entstandenen Gebühren mit abgegolten.[119] Dies gilt nur, wenn der „Gegenstand" der Mediation dieselben Ansprüche sind, wie im dem bürgerlichen Rechtsstreit.

109 Ist allerdings im dem bürgerlichen Rechtsstreit eine **Terminsgebühr** noch nicht entstanden, wird diese auch ausgelöst **durch die Teilnahme** des Rechtsanwalts **an dem Mediationstermin**.[120] Denn in dem Mediationstermin wird der Rechtsanwalt in der Regel mitwirken an einer auf die Erledigung des gerichtlichen Verfahrens gerichteten Besprechung. Dies löst nach der Vorb. 3 Abs. 3 VV die Terminsgebühr aus. Scheitert die Mediation, kann der Rechtsanwalt allerdings keine zwei Terminsgebühren berechnen, also nicht etwa eine für die Teilnahme an dem Mediationstermin und eine weitere für die Vertretung in dem mündlichen Verhandlungstermin vor Gericht im Rahmen seiner Tätigkeit als Prozessbevollmächtigter in dem Rechtsstreit. Kommt es im Rahmen des Termins der gerichtnahen Mediation zu einer Einigung und hat der Rechtsanwalt hieran mitgewirkt, kann ihm selbstverständlich auch die **Einigungsgebühr** Nr. 1000, 1003 VV entstehen.

Praxistipp:

110 Will der als Prozessbevollmächtigter und im Rahmen einer Mediation tätige Rechtsanwalt für die Tätigkeit in der gerichtsnahen Mediation eine gesonderte Vergütung berechnen, wird er mit dem Mandanten eine entsprechende Vergütungsvereinbarung schließen müssen. Ohne eine entsprechende Vereinbarung erhält der Rechtsanwalt keine zusätzliche Vergütung für die Tätigkeit in der Mediation, die im Zusammenhang mit einem gerichtlichen Verfahren durchgeführt wird.

111 p) **Mietsachen.** Werden die **Räumung** und **Mietrückstände** in zwei **getrennten gerichtlichen Verfahren** geltend gemacht, so handelt es sich um zwei gebührenrechtliche Angelegenheiten. Allerdings kann dies in der Kostenfestsetzung gegenüber dem erstattungspflichtigen Gegner zu Problemen führen. Nach allgemeiner Auffassung ist im Kostenfestsetzungsverfahren nach §§ 103, 104 ZPO zu prüfen, ob die Verfolgung von Ansprüchen in getrennten Prozessen notwendig iSd § 91 Abs. 1 ZPO gewesen ist.[121] Fehlt für die Geltendmachung in mehreren Prozessen jeder sachliche Grund, sind die durch die getrennte Geltendmachung der Ansprüche in mehreren Prozessen entstandenen Mehrkosten nicht erstattungsfähig.[122] Sachliche Gründe für die Geltendmachung von Räumung und Mietrückständen in getrennten Prozessen könnte zB gegeben sein, wenn durch das vorprozessuale Verhalten des Mieters abzusehen ist, dass dieser sich gegen die Höhe der geltend gemachten Mietrückstände wendet und seine Einwendungen den Prozess verzögern. Sind die Mietrückstände so hoch, dass die Voraussetzungen für eine Kündigung und damit für die Räumung auch gegeben wären, wenn der Mieter mit seinen Einwendungen hinsichtlich der Höhe der geltend gemachten Ansprüche Erfolg hätte, wird der Kläger nicht hinnehmen können, dass sich die Räumung durch die Einwendungen des Mieters wegen der Höhe der Mietrückstände verzögert. In diesem Fall wären mE sachliche Gründe für die getrennte Geltendmachung von Räumung und Mietrückständen gegeben und die Kosten beider Rechtsstreitigkeiten dürften im vollem Umfange erstattungsfähig sein. Dies wäre mE auch dann der Fall, wenn die Mietrückstände im **Urkunden**verfahren geltend gemacht werden um schnell ein vorläu-

---

[119] OLG Braunschweig JurBüro 2007, 196 – AnwBl. 2007, 88; OLG Rostock JurBüro 2007, 194; Schneider/Wolf/*N. Schneider* § 15 Rn. 140; Bischof/Jungbauer/*Bischof* § 19 Rn. 31a; Gerold/Schmidt/*Müller-Rabe* § 19 Rn. 29; HK-RVG/*Ebert* § 17 Rn. 71; Enders JurBüro 2013, 169 f.
[120] OLG Hamm AnwBl. 2006, 287; OVG Greifswald JurBüro 2007, 136.
[121] *Hansens* RVGreport 2010, 1 – Kap III.
[122] *Baumbach/Lauterbach/Albers/Hartmann* ZPO § 91 Rn. 140.

fig – ohne Sicherheitsleistung – vollstreckbares Vorbehaltsurteil zu erlangen und der Räumungsanspruch in einer getrennten Klage verfolgt wird, weil dieser nicht im Urkundenverfahren verfolgt werden kann.

Sind keine sachlichen Gründe für die getrennte Geltendmachung von Räumung **112** und Mietrückständen in getrennten Prozessen gegeben, führt dies nicht dazu, dass die gesamten Kosten des zweiten Rechtsstreits nicht erstattungsfähig sind. Vielmehr kann die erstattungsberechtigte Partei nur die Mehrkosten nicht verlangen, die durch die getrennte Geltendmachung entstanden wären. Die Kosten des zweiten Rechtsstreits werden also zumindest in der Höhe erstattungsfähig sein, wie Kosten entstanden wären, wenn Räumung und Mietrückstände in einem Verfahren geltend gemacht worden wären.[123]

Wird der Anwalt beauftragt, ein Mietverhältnis wegen Zahlungsverzuges zu kündigen und anschließend außergerichtlich den Räumungsanspruch durchzusetzen, **113** sind dies nach BGH[124] dieselbe Angelegenheit.[125] Kommt es nach der außergerichtlichen Geltendmachung des Räumungsanspruchs zu einem Räumungsrechtsstreit, ist die Geschäftsgebühr für die vorprozessuale Tätigkeit auf die Verfahrensgebühr, die im Räumungsrechtsstreit entsteht, nach der Vorb. 3 Abs. 4 VV anzurechnen.

Aufforderung zur Zahlung rückständiger Miete und Androhung der fristlosen **114** Kündigung sind nur eine gebührenrechtliche Angelegenheit.[126]

Kündigung und Mieterhöhungsverlangen sind verschiedene gebührenrechtliche **115** Angelegenheiten.[127]

Macht ein Anwalt für den Vermieter Mieterhöhungen aus einzelnen Mietverträ- **116** gen gegenüber verschiedenen Mietern geltend, so handelt es sich um mehrere Angelegenheiten. Dies gilt auch für den Anwalt, der sich für mehrere Mieter gegen diese Mieterhöhungsverlangen wendet.[128]

q) Parteiwechsel. Der Rechtsstreit wird zunächst gegen die Partei A geführt. **117** Dann stellt sich heraus, dass A nicht der richtige Beklagte ist und die Ansprüche gegen den B geltend gemacht werden müssten. Häufig wird dann die Klage gegen A zurückgenommen und der Rechtsstreit gegen B fortgeführt. Für den Prozessbevollmächtigten des Klägers handelt es sich um eine gebührenrechtliche Angelegenheit, wenn derselbe Rechtsstreit gegen B fortgeführt wird.[129] Für den Prozessbevollmächtigten des Klägers kommt auch keine Erhöhung der Verfahrensgebühr nach Nr. 1008 VV in Betracht. Auch für den Prozessbevollmächtigten des Beklagten, der zunächst A und später B in demselben Rechtsstreit vertritt, handelt es sich um eine gebührenrechtliche Angelegenheit. Für ihn erhöht sich allerdings die Verfahrensgebühr nach Nr. 1008 VV, da er mehrere Auftraggeber wegen desselben Gegenstandes vertreten hat.

r) Persönlichkeitsrecht. Der BGH[130] hat sich in jüngster Zeit mehrfach zu der **118** Frage geäußert, ob eine oder mehrere gebührenrechtliche Angelegenheiten gegeben

---

[123] *Hansens* RVGreport 2010, 1, 2 – Kap. IV.
[124] BGH NJW 2007, 2050 = JurBüro 2007, 358.
[125] Anderer Meinung: Schneider/Wolf/*N. Schneider* § 15 Rn. 65.
[126] Schneider/Wolf/*N. Schneider* § 15 Rn. 66 unter Hinweis auf LG Detmold JurBüro 1981, 214.
[127] Schneider/Wolf/*N. Schneider* § 15 Rn. 66; Anderer Meinung: LG Koblenz JurBüro 1995, 201: Kündigung und Mieterhöhungsverlangen sind eine Angelegenheit in der Beratungshilfe.
[128] Schneider/Wolf/*N. Schneider* § 15 Rn. 66 unter Hinweis auf LG München Rpfleger 1968, 293 mAnm *Schumann*.
[129] BGH NJW 2007, 769; Gerold/Schmidt/*Müller-Rabe* Nr. 1008 VV Rn. 104; Schneider/ Wolf/*N. Schneider* § 15 Rn. 149 f.
[130] BGH JurBüro 2010, 638; BGH JurBüro 2010, 636; BGH JurBüro 2011, 81; BGH JurBüro 2011, 82; BGH JurBüro 2011, 194; BGH JurBüro 2011, 365.

sind, wenn der Anwalt beauftragt ist, für einen oder mehrere Mandanten gegen **unrichtige Presseberichterstattungen** (gegen einen oder mehrere Gegner) vorzugehen. In einer Entscheidung kommt der BGH[131] zu dem Ergebnis, dass eine Tätigkeit in derselben Angelegenheit auch dann noch vorliegen kann, wenn der Rechtsanwalt sowohl von einer GmbH als auch deren Geschäftsführer, die beide durch die unrichtigen Äußerungen betroffen sind, beauftragt wird und sich die für die Mandanten ausgesprochenen Abmahnungen sowohl gegen den für das Printprodukt verantwortlichen Verlag als auch gegen die für die Verbreitung der Berichterstattung im Internet Verantwortlichen richten.[132]

119   Der BGH[133] hat in dem zitierten Urteil die Sache nicht abschließend entschieden, sondern an das Berufungsgericht zurückverwiesen. Es müsse festgestellt werden, ob im Streitfalle vertretbare sachliche Gründe für eine getrennte Beauftragung der mit diversen Abmahnungen befassten Anwaltskanzlei bestanden hätten.

120   In einem anderen Fall hat der BGH[134] mehrere Angelegenheiten angenommen. In diesem Fall wurden außergerichtlich **Unterlassungs-, Gegendarstellungs- und Richtigstellungsansprüche** geltend gemacht. In den Entscheidungsgründen dieser Entscheidung führt der BGH[135] folgendes aus:

„Nach diesen Grundsätzen ist es revisionsrechtlich nicht zu beanstanden, dass das Berufungsgericht unter den Umständen des Streitfalls angenommen hat, die Aufforderung der Beklagten zur Abgabe einer strafbewährten Unterlassungserklärung betreffen gebührenrechtlich eine andere Angelegenheit als die Verfolgung der Ansprüche auf Richtigkeit und Gegendarstellung.[136]"

121   Aus der weiteren Begründung geht hervor, dass die hier geltend gemachten verschiedenen Ansprüche verfahrensrechtliche Besonderheiten sowohl in zeitlicher als auch in inhaltlicher Hinsicht aufweisen, denen der Anwalt schon außergerichtlich Rechnung zu tragen hat und die von ihm ein unterschiedliches Vorgehen verlangen. Denn auch die gerichtliche Geltendmachung der verschiedenen Ansprüche könne sinnvoll nicht einheitlich erfolgen.

122   In einer späteren Entscheidung stellt der BGH[137] dann klar, dass es sich bei der außergerichtlichen Geltendmachung von
– Unterlassungsansprüchen
– Gegendarstellungsansprüchen
– und Richtigstellungsansprüchen
um **drei verschiedene** – gebührenrechtliche – **Angelegenheiten** handelt.

123   Machen die Antragstellerin und ihr Lebensgefährte gegenüber derselben Antragsgegnerin in zwei getrennten einstweiligen Verfügungsverfahren Unterlassungsansprüche wegen derselben Wort- und Bildberichterstattung geltend, so sind nach BGH[138] die Kosten beider einstweiligen Verfügungsverfahren zu erstatten. Die Antragsteller hatten die getrennte Geltendmachung in verschiedenen einstweiligen Verfügungsverfahren damit begründet, dass man das Prozesskostenrisiko habe minimieren wollen. Deshalb sei zunächst nur ein einstweiliges Verfügungsverfahren für die Antragstellerin eingeleitet und erst nachdem diesem Antrag stattgegeben worden sei, ein zweites einstweiliges Verfügungsverfahren auf Unterlassung für den Lebens-

---

[131] BGH JurBüro 2010, 638.
[132] Ein Auszug aus den Entscheidungsgründen dieses BGH Urteils (BGH JurBüro 2010, 638) ist abgedruckt unter → Rn. 44 in diesem Kommentar.
[133] BGH JurBüro 2010, 638.
[134] BGH JurBüro 2010, 636.
[135] BGH JurBüro 2010, 636.
[136] Zitiert aus den Entscheidungsgründen des Urteils des BGH JurBüro 2010, 636.
[137] BGH BeckRS 2015, 20731.
[138] BGH JurBüro 2014, 489.

gefährten der Antragstellerin. Der BGH[139] hat die Kosten der beiden einstweiligen Verfügungsverfahren als notwendig und damit als von der unterlegenen Antragsgegnerin zu erstatten angesehen.

s) Rechtsschutzversicherung. Die Einholung einer Deckungszusage bei dem Rechtsschutzversicherer des Mandanten ist eine eigene gebührenrechtliche Angelegenheit. Der Rechtsanwalt kann hierfür bei außergerichtlicher Vertretung in der Regel eine Geschäftsgebühr Nr. 2300 VV zzgl. Auslagen und Umsatzsteuer berechnen. Gegenstandswert ist die Summe der voraussichtlich in der Angelegenheit, für welchen Rechtsschutz begehrt wird, entstehenden Kosten.[140] Die Vergütung für die Einholung der Deckungszusage bei dem Rechtsschutzversicherer des Mandanten entsteht völlig unabhängig und neben der Vergütung, die in der Hauptsache entsteht, für welchen Rechtsschutz begehrt wird. Diese Vergütung wird in der Regel von dem Rechtsschutzversicherer nicht übernommen, sondern ist von dem Mandanten persönlich zu tragen. Daher wird in der Praxis vielfach davon Abstand genommen, für die Einholung der Deckungszusage beim Rechtsschutzversicherer eine gesonderte Vergütung anzusetzen. Nachdem sich zunächst einige Gerichte dafür ausgesprochen hatten, dass auch die gesonderte Vergütung für die **Einholung einer Deckungszusage von der Gegenseite zu erstatten** ist,[141] hat der BGH[142] dem in zwei Entscheidungen eine klare Absage erteilt. Nach dem BGH (aaO) ist es in der Regel nicht notwendig, dass der Geschädigte die Deckungszusage bei seinem Rechtsschutzversicherer von einem Anwalt einholen lässt. Daher seien die hierdurch entstandenen Kosten in der Regel vom Schädiger nicht zu erstatten. Ganz offensichtlich folgen aber nicht alle Gerichte dem BGH. So hat das AG Neukölln[143] zeitlich nach den BGH-Entscheidungen geurteilt, dass im Falle des Verzuges die Anwaltskosten für die Einholung einer Deckungszusage beim Rechtsschutzversicherer zum erstattungspflichtigen Schaden gehören, da ein Geschädigter, aufgrund des Prüfungsumfangs der Versicherer kaum noch in der Lage sei, die Deckungszusage selbst einzuholen.

t) Schuldenregulierung. In einem vom BGH[144] entschiedenen Fall war ein Anwalt von einem Unternehmen beauftragt worden, mit zahlreichen Gläubigern dieses Unternehmens einen freiwilligen Vergleich zur Entschuldung des Unternehmens zu verhandeln und das Unternehmen insoweit zu vertreten. Der zu dieser Entscheidung vom BGH verfasste amtliche Leitsatz lautet:

„*Wird ein Rechtsanwalt beauftragt mit den Gläubigern eines Unternehmens zum Zweck der Sanierung Forderungsverzicht auszuhandeln, so entsteht für den Auftrag jedem Gläubiger gegenüber eine Gebührenangelegenheit, sobald der Rechtsanwalt sich mit diesem gesondert auseinandersetzen muss. Wird an bestimmte Gläubiger ohne weitere Tätigkeit ein einheitliches Rundschreiben verfasst, handelt es sich dagegen in der Regel nur um eine einzige Gebührenangelegenheit mit mehreren Gegenständen.*"

u) Strafsachen/Ordnungswidrigkeiten. Werden wegen gleichartiger wiederholten Ordnungswidrigkeiten jeweils gesonderte Ermittlungsverfahren von der

---
[139] BGH JurBüro 2014, 489.
[140] Schneider/Wolf/*N. Schneider* § 15 Rn. 70; HK-RVG/*Winkler* § 15 Rn. 66.
[141] AG Schwandorf AnwBl. 2009, 239; LG München I AGS 2009, 256; LG Nürnberg-Fürth AnwBl. 2010, 296; AG Karlsruhe AGS 2009, 355; *Hansens* RVGreport 2010, 321 f.; AG Rostock JurBüro 2011, 316.
[142] BGH JurBüro 2011, 368 (Kosten für die Einholung der Deckungszusage wurden als Verzugsschaden mit geltend gemacht); BGH JurBüro 2011, 253 (Kosten entstanden im Zusammenhang mit der Regulierung eines Verkehrsunfalls).
[143] AG Neukölln JurBüro 2012, 367.
[144] BGH Versäumnisurt. v. 3.5.2005 – IX ZR 401/01.

§ 15 Abgeltungsbereich der Gebühren

Behörde eingeleitet, so stellt nach LG Bonn[145] jedes Ermittlungsverfahren eine eigene gebührenrechtliche Angelegenheit dar.[146] Zu demselben Ergebnis kommt das LG Hamburg:[147] Es wurde wegen mehrerer begangener Taten (zwei Diebstähle am selben Tag) getrennt ermittelt. Das LG Hamburg (aaO) geht von zwei verschiedenen Angelegenheiten aus, so dass der Anwalt seine Gebühren (einschließlich der Grundgebühr) zweimal gesondert erhält. Erst ab Verbindung – die konkludent durch gemeinsame Anklage erfolgen könne – entstünden die weiteren Gebühren nur noch einmal.[148]

127 Vertritt der Rechtsanwalt zwei an dem Strafverfahren beteiligten Nebenklägerinnen und macht für beide Nebenklägerinnen jeweils getrennt voneinander vermögensrechtliche Ansprüche in einem Adhäsionsverfahren geltend, so handelt es sich nach einer Entscheidung des KG[149] um verschiedene gebührenrechtliche Angelegenheiten. Der Bevollmächtigte der Nebenklägerinnen kann jeweils für jede von ihm im Adhäsionsverfahren vertretene Nebenklägerin eine gesonderte Verfahrensgebühr Nr. 4143 VV geltend machen. Gegenstandswert ist der Betrag, den er jeweils für die betroffene Nebenklägerin in dem Adhäsionsverfahren verlangt hat.

128 Das OLG Köln[150] hat beschlossen, dass das Verfahren über die Aussetzung mehrerer Reststrafen zur Bewährung gemäß § 57 StGB nur eine gebührenrechtliche Angelegenheit darstelle.

129 Nach einer Entscheidung des OLG Celle[151] liegt dieselbe Angelegenheit vor, wenn ein Rechtsanwalt zunächst als Verteidiger und später als Nebenklägervertreter bezüglich **derselben Tat** auftrete. Die Mehrbelastung durch die Doppelfunktion (Verteidiger/Nebenklagevertreter) können nur über eine höhere Gebühr innerhalb des jeweiligen Gebührenrahmens honoriert werden.

130 v) **Verkehrsunfallsachen.** Wird der Rechtsanwalt beauftragt, die Schäden aus einem Verkehrsunfallgeschehen für den Mandanten geltend zu machen, ist in der Regel auch dann nur eine gebührenrechtliche Angelegenheit anzunehmen, wenn sie die **Regulierung** der Schäden **über Jahre hinzieht** und **immer wieder neue Schadensposten dazu kommen.** Es handelt sich dann in der Regel um eine sukzessive Erweiterung des ursprünglichen Auftrags.[152]

131 Abweichend davon ist die **jährliche Neuberechnung** und Geltendmachung einer **Unterhaltsrente** im Rahmen einer Unfallschadensregulierung jeweils eine neue gebührenrechtliche Angelegenheit.[153] Unerheblich soll sein, ob der Auftrag zu dieser Tätigkeit einmal „pauschal" erteilt worden ist oder ob er jedes Jahr neu erteilt wird.[154] Der Anspruchsteller verstößt nicht gegen seine Schadenminderungspflicht, wenn er seinen Anwalt jährlich neu mit der Berechnung der Unterhaltsansprüche beauftragt.[155]

132 Vertritt der Rechtsanwalt mehrere **bei demselben Unfallgeschehen Geschädigte,** so ist zu unterscheiden, ob die Mandanten dem Anwalt einen Auftrag zur gemeinsamen Behandlung in einem Mandat oder die getrennte Geltendmachung in verschiedenen Mandaten erteilt haben. Haben die Mandanten dem Rechtsanwalt den Auftrag zu getrennten Behandlung ihrer Angelegenheit in verschiedenen Man-

---

[145] LG Bonn AGS 2012, 176.
[146] Ausführlich: *Fromm* JurBüro 2013, 228.
[147] LG Hamburg AGS 2008, 545.
[148] So LG Hamburg AGS 2008, 545.
[149] KG AGS 2009, 529.
[150] OLG Köln RVGreport 2011, 103.
[151] OLG Celle RVGreport 2011, 19.
[152] Schneider/Wolf/*N. Schneider* § 15 Rn. 73.
[153] LG Nürnberg-Fürth JurBüro 2010, 592.
[154] Schneider/Wolf/*N. Schneider* § 15 Rn. 73.
[155] Gerold/Schmidt/*Mayer* § 15 Rn. 12.

Abgeltungsbereich der Gebühren § 15

daten erteilt, liegen auch verschiedene gebührenrechtliche Angelegenheiten vor. Dies kann zu Problemen bei der Erstattung der Anwaltskosten führen. Denn der Haftpflichtversicherer des Schädigers wird einwenden, dass die Mehrkosten, die dadurch entstanden sind, dass anstelle der Geltendmachung der Ansprüche in einem gemeinsamen Mandat diese in getrennten Mandaten geltend gemacht wurden, nicht zu erstatten sind.[156] Der Haftpflichtversicherer wird sich in der Regel auf einen Verstoß gegen die den Geschädigten obliegenden Schadenminderungspflicht berufen können. Dies aber dann nicht, wenn für die Behandlung in getrennten Mandaten vertretbare sachliche Gründe vorliegen. Sachliche Gründe können zB sein, das getrennte Klagen geführt werden müssen, um den anderen Geschädigten jeweils als Zeugen benennen zu können. Sachliche Gründe können auch dann vorliegen, wenn die mehreren Geschädigten überhaupt nicht miteinander bekannt sind. Dann werden diese sicherlich den Anwalt nicht von der diesem obliegenden anwaltlichen Verschwiegenheitspflicht entbinden. Denn sie werden nicht wollen, dass andere Geschädigte erfahren, in welcher Höhe sie letztlich Schadensersatz erhalten haben. Dies wäre aber unumgänglich, wenn die Ansprüche in einem gemeinsamen Mandat behandelt würden.

Schneider weist zu Recht auf Folgendes hin: „Zu prüfen ist stets, ob der Anwalt bei **133** *Vertretung mehrerer Geschädigter nicht in eine Interessenkollision nach § 43a Abs. 4 BRAO geraten kann, was dann der Fall ist, wenn einer der vertretenen Geschädigten zugleich dem anderen neben dem in Anspruch genommenen Schädiger gesamtschuldnerisch haften kann. Tritt ein solcher Fall ein, verliert der Anwalt seine gesamten Vergütungsansprüche.*[157]"[158]

Macht der Rechtsanwalt für den Geschädigten dessen Ansprüche gegenüber **134** dem Schädiger bzw. dem **Haftpflichtversicherer** des Schädigers geltend und reguliert er daneben noch Ansprüche über den **Kaskoversicherer** des Geschädigten, sind zwei verschiedene gebührenrechtliche Angelegenheiten gegeben.[159] Ergibt sich die Notwendigkeit der Inanspruchnahme des Vollkaskoversicherers aus dem Regulierungsverhalten des Haftpflichtversicherers und befindet sich dieser mit der Regulierung der Schadensersatzansprüche in „Verzug", so sind nach einer weitverbreiteten Meinung auch die durch die Inanspruchnahme des Kaskoversicherers entstandenen Anwaltskosten vom Haftpflichtversicherer des gegnerischen Fahrzeuges zu ersetzen.[160] Der BGH[161] hat sich hierzu in wie folgt geäußert: Es ist zu prüfen, ob die Einschaltung eines Anwalts für die Regulierung mit dem eigenen Kaskoversicherer notwendig war. Der BGH (aaO) hat die Notwendigkeit der Einschaltung eines Anwalts für die Regulierung mit dem Kaskoversicherer des Geschädigten für einfach gelagerte Fälle verneint. In dem vom BGH entschiedenen Fall hatte der Kaskoversicherer bereits vier Tage nach Anzeige des Versicherungsfalls seine Leistungsbereitschaft erklärt und die Versicherungsleistungen angewiesen.

Teilweise wird vertreten, dass auch die Anwaltskosten, die durch die Inanspruch- **135** nahme des Kaskoversicherers entstanden sind, zu den **quotenbevorrechtigten Positionen** gehören, da sie aufgewendet werden müssen, um den ursprünglichen

---

[156] Für eine Erstattung der durch die getrennte Geltendmachung entstandener Kosten haben sich ausgesprochen: LG Passau AGS 2015, 440; AG Passau AGS 2016, 2; AG Landshut AGS 2015, 542; AG Mühlheim AGS 2012, 375; LG Flensburg JurBüro 1975, 764; LG Hagen AnwBl. 1978, 67.
[157] LG Saarbrücken AGS 2015, 155 = BRAK-Mitt. 2015, 142 = NJW-Spezial 2015, 203.
[158] Zitiert nach *N. Schneider* AGS 2015, 441.
[159] Schneider/Wolf/*N. Schneider* § 15 Rn. 73.
[160] *Gerold/Schmidt* RVG, 19. Aufl., Nr. 2300, 2301 VV Rn. 46; *Onderka*, Anwaltsvergütung in Verkehrssachen, 4. Aufl., § 1 Rn. 96 mwN; AG Bad Segeberg JurBüro 2011, 535.
[161] BGH JurBüro 2012, 478.

Enders

§ 15 Abgeltungsbereich der Gebühren

Fahrzeugzustand wieder herzustellen.[162] Folgt man dieser Meinung, wird vielfach auf diesem Wege eine Erstattung dieser Kosten durch den gegnerischen Haftpflichtversicherer erreicht werden können.

136 Mehrere gebührenrechtliche Angelegenheiten sind auch dann gegeben, wenn der Anwalt einerseits Schadensersatzansprüche gegenüber dem Geschädigten bzw. dessen Haftpflichtversicherer geltend macht und andererseits mit dem **Mietwagenunternehmen,** dem **Sachverständigen** oder der **Kfz-Werkstatt Verhandlungen** über die Höhe von deren Ansprüchen führt.[163] Eine eigene gebührenrechtliche Angelegenheit würde sicherlich auch dann vorliegen, wenn der Rechtsanwalt auftragsgemäß mit der Bank Verhandlungen führt, damit dem Mandanten ein Kredit zur Zwischenfinanzierung der Unfallschäden gewährt wird.

137 Macht der Rechtsanwalt auftragsgemäß einerseits **Schadensansprüche** für den Geschädigten gegenüber dem Schädiger geltend und vertritt er den Geschädigten daneben auch in dem diesem gegenüber anhängigen **Bußgeld-** oder **Strafverfahren,** liegen ohne Zweifel mehrere gebührenrechtliche Angelegenheiten vor. Für die Geltendmachung der Schadensersatzansprüche entstehen Gebühren nach Teil 2 VV oder Teil 3 VV, für die Vertretung in dem Ermittlungsverfahren Gebühren nach Teil 4 oder 5 VV.

138 Eine für eine vorprozessuale Tätigkeit entstandene Geschäftsgebühr ist nicht auf die in einem anschließenden Schadensersatzprozess entstehende Verfahrensgebühr anzurechnen, wenn in einer Unfallsache sich die **außergerichtliche Tätigkeit** nur **gegen** den Kfz-Haftpflichtversicherer richtete und die **Klage** nur **gegen Fahrer** und/oder **Halter** erhoben wurde.[164] Dann richten sich nämlich die außergerichtliche Vertretung und die Tätigkeit in dem gerichtlichen Verfahren nicht gegen denselben Gegner. In diesen Fällen wird der Rechtsanwalt aber darauf achten müssen, dass er die Klageerhebung gegen Fahrer und/oder Halter dem Haftpflichtversicherer gem. § 119 Abs. 2 VVG unverzüglich in Textform anzeigt.

139 w) **Verwaltungsrechtliche Auseinandersetzung.** In verwaltungsrechtlichen Auseinandersetzungen kommt es in der Praxis nicht selten vor, dass **verschiedene Kläger** (zB Anlieger einer Erschließungsanlage) **gemeinsam** einen **Anwalt** konsultieren und diesen beauftragen, **gegen** die ihnen gegenüber **ergangenen einzelnen Bescheide** vorzugehen. Für den Anwalt stellt sich dann die Frage, ob dies für ihn eine gebührenrechtliche Angelegenheit oder mehrere gebührenrechtliche Angelegenheiten sind.[165] Das OVG Münster[166] hatte einen Fall zu entscheiden, in welchem derselbe Rechtsanwalt mehrere Kläger (Anlieger) im Klageverfahren gegen Straßenbau-Beitragsbescheide vertreten hatte. Die verklagte Gemeinde unterlag und hatte die Verfahrenskosten zu tragen. Der Rechtsanwalt meldete für jeden Kläger in jedem Klageverfahren gesonderte Gebühren nach den einzelnen Streitwerten der Verfahren zur Festsetzung an. Der Kostenbeamte ging von einer gebührenrechtlichen Angelegenheit aus, addierte die Werte und rechnete danach nur einmal Gebühren. Diese Gebühren verteilte er anteilig der Streitwerte auf die einzelnen Klageverfahren. Das OVG Münster bestätigte diese Rechtsauffassung.

140 Ähnlich entschied auch das BVerwG:[167] In dem vom BVerwG zu entscheidenden Fall vertrat der Rechtsanwalt **einen Kläger,** dem **sieben** Bescheide in unterschiedli-

---

[162] Zitiert nach *Onderka,* Anwaltsgebühren in Verkehrssachen, 4. Aufl., § 1 Rn. 96, dort unter Hinweis auf OLG Karlsruhe zfs 1990, 373; AG Ansbach AGS 2008, 411; AG Kirchhain AGS 2008, 412 mAnm *N. Schneider;* AG Herford Schaden-Praxis 2002, 247.
[163] Schneider/Wolf/*N. Schneider* § 15 Rn. 73.
[164] *Enders* JurBüro 1997, 57 mwN; LG Bonn JurBüro 2004, 77 = AGS 2004, 15; AG Herne AGS 2009, 211 = NJW-Spezial 2009, 347; Anderer Ansicht: KG JurBüro 2013, 415.
[165] *Hansens* RVGreport 2009, 263 mit Rechtsprechungsübersicht.
[166] OVG Münster NVwZ-RR 2006, 437.
[167] BVerwG NJW 2000, 2289.

cher Höhe über Wassernutzungsentgelte für verschiedene Betriebe zugestellt wurden. Der Mandant obsiegte bereits im Vorverfahren. Die Kosten des Widerspruchsverfahrens wurden der Behörde auferlegt und die Zuziehung eines Rechtsanwalts wurde für notwendig angesehen. Der Rechtsanwalt meldete für jedes Widerspruchsverfahren gesondert die Gebühren nach dem betreffenden Einzelwert an. Die Behörde nahm eine Angelegenheit an, addierte die Werte und berechnete nach der Summe der Werte die Gebühren einmal. Berufung und Revision des Klägers blieben erfolglos.

Anders das Niedersächsische OVG:[168] Der Rechtsanwalt hatte in dem vom Niedersächsischen OVG zu entscheidenden Fall die Beklagte in acht verwaltungsgerichtlichen Klageverfahren zu vertreten. Geklagt hatten **acht verschiedene Kläger gegen Beitragsbescheide**, mit welchen sie als Anlieger zu Erschließungsbeiträgen für die erstmalige Herstellung derselben Erschließungsanlage herangezogen wurden. Die Beklagte hatte dann ganz oder teilweise obsiegt, jedenfalls ergab sich ein Kostenerstattungsanspruch zu ihren Gunsten. Der Rechtsanwalt hatte dann wohl jeweils nach den Einzelstreitwerten in den acht Klageverfahren getrennt die entstandenen Gebühren abgerechnet und zur Kostenfestsetzung bzw. Kostenausgleichung angemeldet. Der Rechtspfleger hatte dann zunächst die Auffassung vertreten, dass es sich für den Prozessbevollmächtigten der Beklagten um eine gebührenrechtliche Angelegenheit handele und er die Gebühren nur einmal aus dem Gesamtwert erstattet verlangen könne. Dem ist das Niedersächsische OVG nicht gefolgt. Der im JurBüro zu der Entscheidung veröffentliche Leitsatz lautet:

141

„In getrennten, die Festsetzung von Erschließungsbeiträgen betreffenden, parallelen Klageverfahren können die Streitgegenstände wegen Art. 3 Abs. 1 GG gebührenrechtlich nicht als dieselbe Angelegenheit iSd §§ 15 Abs. 2 S. 1, 22 Abs. 1 RVG gewertet werden, wenn zugleich die Gerichtskosten in den jeweiligen Klageverfahren nach dem jeweils festgesetzten Einzelstreitwerten berechnet werden. Ein sachlicher Grund, entgegen § 32 Abs. 1 RVG einerseits Einzelstreitwerte und andererseits einen Gesamtgegenstandswert zugrunde zu legen, besteht nicht."

Diese Entscheidung des Niedersächsischen OVG ist mE zu folgen. **Fazit: Mehrere gerichtliche Verfahren sind für den Anwalt auch immer mehrere gebührenrechtliche Angelegenheiten.**[169] So auch das OVG Münster:[170] Verschiedene Baunachbarklagen verschiedener Grundstückseigentümer, die nicht zur gemeinsamen Verhandlung und Entscheidung verbunden worden sind, stellen in der Regel nicht „dieselbe Angelegenheit" iSd § 15 Abs. 2 S. 1 RVG dar.

142

Praxistipp:

Werden vor dem Verwaltungsgericht mehrere Verfahren zeitgleich verhandelt oder nach ihrem Aufruf nur zur gemeinsamen Verhandlung verbunden (nach § 93 VwGO kann die Verbindung auf eine gemeinsame Verhandlung beschränkt werden), fallen die Terminsgebühren in jeder Sache nach dem für sie jeweils maßgebenden Gegenstandswert an.[171] Erfolgt die Verbindung von Verfahren vor dem Termin und ist die Verbindung nicht auf eine gemeinsame Verhandlung der Verfahren beschränkt, sondern werden diese auch zur gemeinsamen Entscheidung verbunden (§ 93 VwGO) gelten die gebührenrechtlichen Folgen wie bei der Verbindung von bürgerlichen Rechtsstreitigkeiten.[172]

143

---

[168] Niedersächsische OVG JurBüro 2009, 251.
[169] Zitiert aus JurBüro 2009, 251 – Leitsatz zu der Entscheidung des Niedersächsischen OVG.
[170] OVG Münster AGS 2011, 487.
[171] Niedersächsisches OVG JurBüro 2010, 191; OVG Münster JurBüro 2009, 529; HessVGH AGS 2012, 330.
[172] → Rn. 13 ff.

§ 15 Abgeltungsbereich der Gebühren

144 ME können verschiedene Kläger, die mit eigenen Beitragsbescheiden von der Behörde wegen Erschließungsbeiträgen in Anspruch genommen werden, auch nicht gezwungen werden, denselben Anwalt zu beauftragen und in Form eines gemeinsamen „Widerspruchsverfahrens" oder in Form einer „Sammelklage" vorzugehen. Der Anwalt könnte die Interessen der verschiedenen Kläger auch nur dann in einem gemeinsamen Mandat wahrnehmen, wenn dem nicht die anwaltliche Verschwiegenheitspflicht, Interessenkollision und auch keine sachlichen Gründe entgegenstehen. ME werden die Kläger, wenn sie tatsächlich die Behandlung ihrer Angelegenheiten in einem Sammelmandat wünschen, den Anwalt zunächst einmal von der anwaltlichen Verschwiegenheitspflicht entbinden müssen. Was ist, wenn die Mandanten hierzu nicht bereit sind. Dann wird man doch nicht in der Kostenerstattung trotz erteilter Einzelmandate ein Sammelmandat und damit nur eine gebührenrechtliche Angelegenheit annehmen können.

145 x) **Wettbewerbsrechtliche Auseinandersetzung.** In wettbewerbsrechtlichen Auseinandersetzungen sind für den Anwalt stets verschiedene gebührenrechtliche Angelegenheiten:
- die Abmahnung
- das einstweilige Verfügungsverfahren
- die Abschlusserklärung
- die Klage zur Hauptsache.

146 Nach ganz überwiegender Meinung ist die für die **Abmahnung** entstehende **Geschäftsgebühr anzurechnen** auf die Verfahrensgebühr des nachfolgenden einstweiligen Verfügungsverfahrens.[173]

147 Nach BGH[174] sind die außergerichtlichen Tätigkeiten eines Rechtsanwalts vor einem Verfahren des einstweiligen Rechtsschutzes und diejenige vor dem nachfolgenden Hauptsacheverfahren regelmäßig verschiedene gebührenrechtliche Angelegenheiten. Das **Abschlussschreiben** löst also eine **gesonderte Geschäftsgebühr** auch dann aus, wenn der Rechtsanwalt bereits für die Abmahnung eine Geschäftsgebühr angesetzt hat. Die für das Abschlussschreiben entstehende Geschäftsgebühr ist im Allgemeinen auf der Grundlage von Nr. 2300 VV zu berechnen und nicht nach Nr. 2301 VV.[175]

148 Das **Abschlussschreiben**, das nach Erwirkung der einstweiligen Verfügung folgt und in welchem der Antragsgegner aufgefordert wird, den Verfügungsanspruch anzuerkennen und auf Widerspruch sowie Stellung eines Antrags nach § 926 ZPO zu verzichten, **gehört** hinsichtlich der Anwaltsgebühren **zu angedrohten Hauptsacheklage** und nicht mehr zum vorangegangenen einstweiligen Verfügungsverfahren.[176] Die durch das Abschlussschreiben ausgelöste gesonderte Geschäftsgebühr ist folglich nur auf die Verfahrensgebühr eines nachfolgenden Hauptsacheprozesses anzurechnen, jedoch nicht mehr auf die Verfahrensgebühr eines vorangegangenen einstweiligen Verfügungsverfahrens. Folgt kein Hauptsacheprozess, findet eine Anrechnung der für das Abschlussschreiben entstandenen Geschäftsgebühr nicht statt.

149 Der BGH[177] gesteht dem Antragsteller wegen der Geschäftsgebühr für das Abschlussschreiben einen materiell-rechtlichen Kostenerstattungsanspruch zu. In einer späteren Entscheidung konkretisiert der BGH[178] seine Rechtsprechung dahingehend,

---

[173] KG JurBüro 2009, 27; KG JurBüro 2009, 78; Gerold/Schmidt/*Müller-Rabe* Anh. II Rn. 133 mwN für die herrschende Meinung. Anderer Meinung: MAHVergütungsR § 14 Rn. 29.
[174] BGH NJW 2009, 2068.
[175] BGH JurBüro 2010, 591.
[176] BGH NJW 2008, 1744 = JurBüro 2008, 361.
[177] BGH NJW 2008, 1744 = JurBüro 2008, 361.
[178] BGH JurBüro 2015, 526.

dass die Kosten für das Abschlussschreiben zu ersetzen sind, wenn folgende Voraussetzungen gegeben sind: Der Gläubiger müsse vor Übersendung des Abschlussschreibens eine angemessene Wartefrist von mindestens zwei Wochen nach Zustellung des Urteils, durch das die einstweilige Verfügung erlassen oder bestätigt worden ist, einhalten. In dem Abschlussschreiben ist dem Schuldner dann eine Erklärungsfrist von mindestens zwei Wochen für die Prüfung einzuräumen, ob er die Abschlusserklärung abgeben will oder nicht. Die Summe der Warte- und der Erklärungsfrist dürfen nach BGH[179] nicht kürzer sein als die Berufungsfrist. Nur wenn diese Warte- und Erklärungsfristen eingehalten werden, sind die Anwaltskosten für das Abschlussschreiben zu erstatten.

Allerdings sind nach einer Entscheidung des KG[180] die Gebühren des Rechtsanwalts des Anspruchsstellers dann nicht erstattungsfähig, wenn das Abschlussschreiben erst nach Einlegung des Widerspruchs gegen die ergangene einstweilige Verfügung oder nach Einlegung des Rechtsmittels gegen ein Urteil erfolgt. 150

III. Verschiedene Gebührensätze/Verschiedene Gegenstandswerte/Abgleichen gleichartiger Gebühren

Sind für Teile des Gegenstandswertes **gleichartige Gebühren** mit **unterschiedlichen Gebührensätzen** entstanden, begrenzt § 15 Abs. 3 RVG die Summe dieser Gebühren. Danach darf die Summe der nach verschiedenen Gebührensätzen aus Teilen des Gegenstandswertes entstandenen Gebühren nicht höher sein als 151
- als eine Gebühr, berechnet nach
- dem höchsten Gebührensatz
- nach dem **Gesamtwert**.

Ist die Summe der einzelnen nach verschiedenen Teilen des Gegenstandswertes entstandenen Gebühren höher, kann der Rechtsanwalt maximal eine Gebühr nach dem höchsten Gebührensatz, berechnet nach dem Gesamtwert, ansetzen. Er muss die höheren Einzelgebühren auf diesen Betrag „abgleichen". 152

Beispiel 1:

Der Rechtsanwalt vertritt als Prozessbevollmächtigter in einem bürgerlichen Rechtsstreit. Mit der Klage werden 10.000 EUR geltend gemacht. In dem Termin zur mündlichen Verhandlung wird der Rechtsanwalt beauftragt, weitere – bislang nicht anhängige Ansprüche – in Höhe von 8.000 EUR in das gerichtliche Verfahren einzubeziehen. Wegen dieser nicht anhängigen Ansprüche wird eine Besprechung zur Vermeidung eines gerichtlichen Verfahrens insoweit mit dem gegnerischen Prozessbevollmächtigten und dem Gericht geführt. Schließlich schließen die Parteien einen Vergleich, wonach zur Abgeltung der anhängigen 10.000 EUR und der nicht anhängigen 8.000 EUR ein Betrag von 15.000 EUR gezahlt wird. Beiden Prozessbevollmächtigten sind folgende Gebühren entstanden:
1. 1,3 Verfahrensgebühr Nr. 3100 VV
 nach Gegenstandswert: 10.000 EUR 725,40 EUR
2. 0,8 Verfahrensgebühr Nr. 3101 Ziff. 2 VV[181]
 nach Gegenstandswert: 8.000 EUR 364,80 EUR
 Summe der Verfahrensgebühren: 1.090,20 EUR

---

[179] BGH JurBüro 2015, 526.
[180] KG JurBüro 2010, 243.
[181] Durch die nun redaktionelle Neufassung der Ziff. 2 zu Nr. 3101 VV stellt der Gesetzgeber klar, dass der nach dem Wert der nicht anhängigen Ansprüche nur eine 0,8 Verfahrensgebühr auch nur dann anfällt, wenn es zu einem Vergleich auch wegen der nicht anhängigen Ansprüche kommt (Anderer Meinung zur Fassung der Nr. 3101 Ziff. 2 VV bis 30.6.2013 waren: Schneider/Wolf/Onderka/N. Schneider RVG, 6. Aufl., Nr. 1000 VV Rn. 194; HK-RVG/Mayer, 5. Aufl., Nr. 3101 VV Rn. 45).

§ 15 Abgeltungsbereich der Gebühren

Die Summe der beiden Verfahrensgebühren darf nach § 15 Abs. 3 RVG nicht höher sein als eine 1,3 Verfahrensgebühr nach Gegenstandswert:
18.000 EUR   904,80 EUR
Der Rechtsanwalt darf dem Mandanten nur den Betrag in Höhe von
904,80 EUR an Verfahrensgebühren in Rechnung stellen.

3. 1,2 Terminsgebühr Nr. 3104 VV nach Gegenstandswert: 18.000 EUR   835,20 EUR
4. 1,0 Einigungsgebühr Nr. 1000 VV nach Gegenstandswert: 10.000 EUR   558,00 EUR
5. 1,5 Einigungsgebühr Nr. 1003 VV nach Gegenstandswert: 8.000 EUR   684,00 EUR
Summe der Einigungsgebühren: 1.242,00 EUR
Die Summe der beiden Einigungsgebühren darf nach § 15 Abs. 3 RVG nicht höher sein als eine 1,5 Einigungsgebühr nach Gegenstandswert:
18.000 EUR   1.044,00 EUR
Der Rechtsanwalt darf dem Mandanten nur den Betrag in Höhe von
1.044,00 EUR an Einigungsgebühren in Rechnung stellen.
Zzgl. Auslagen und Umsatzsteuer.

Der höchste Gebührensatz bei den Verfahrensgebühren beträgt 1,3. Dieser Gebührensatz bildet die Berechnungsgrundlage für die in § 15 Abs. 3 RVG bestimmte Obergrenze. Die Summe der Gegenstandswerte bei den Verfahrensgebühren beträgt (10.000 EUR + 8.000 EUR =) 18.000 EUR. Dies ist der Gesamtwert, der für die Prüfung nach § 15 Abs. 3 RVG maßgebend ist.

Bei den Einigungsgebühren gilt dasselbe. Hier ist allerdings die höchste Gebühr einer 1,5 Gebühr, so dass dieser Gebührensatz für die Berechnung der Obergrenze nach § 15 Abs. 3 RVG maßgebend ist.

153 In dem vorstehenden Beispiel 1 (→ Rn. 152) liegt wegen der Terminsgebühr kein Fall des § 15 Abs. 3 RVG vor. Denn sowohl nach den anhängigen Ansprüchen in Höhe von 10.000 EUR also auch nach den anhängigen Ansprüchen in Höhe von 8.000 EUR fällt eine **1,2** Terminsgebühr an. Die Terminsgebühr ist also in dem vorstehenden Beispiel 1 (→ Rn. 152) nach dem Gesamtwert von 18.000 EUR anzusetzen. Da bei der Terminsgebühr hier keine unterschiedlichen Gebührensätze anzusetzen sind, ist wegen der Terminsgebühr kein Fall des § 15 Abs. 3 RVG gegeben.

154 Ist die Summe der beiden Einzelgebühren, die nach verschiedenen Gebührensätzen nach Teilen des Gegenstandswertes berechnet sind, **niedriger** als eine Gebühr nach dem höchsten Gebührensatz aus dem Gesamtwert, so bleibt es bei dem Ansatz der niedrigeren Einzelgebühren. In diesen Fällen können die beiden Einzelgebühren nicht auf eine Gebühr nach dem höchsten Gebührensatz nach dem Gesamtwert angehoben werden.[182]

Beispiel 2:

Der Rechtsanwalt hat von seinem Mandanten den Auftrag erhalten, Klage wegen 8.000 EUR zu erheben. Nach Prüfung der Sach- und Rechtslage und Rücksprache mit dem Mandanten wird mangels Erfolgsaussichten im Übrigen nur Klage wegen 2.500 EUR erhoben. Der Rechtsanwalt vertritt in einer mündlichen Verhandlung. Anschließend ergeht ein klageabweisendes Urteil.

Der Rechtsanwalt kann folgende Gebühren berechnen:
1. 0,8 Verfahrensgebühr Nr. 3101 Ziff. 1 VV nach Gegenstandswert:
   5.500 EUR   283,20 EUR
2. 1,3 Verfahrensgebühr Nr. 3100 VV nach Gegenstandswert: 2.500 EUR   261,30 EUR
Summe der Verfahrensgebühren: 544,50 EUR
Die Summe der beiden Verfahrensgebühren darf nach § 15 Abs. 3 RVG nicht höher sein als eine 1,3 Verfahrensgebühr nach Gegenstandswert:
8.000 EUR   592,80 EUR

---

[182] Gerold/Schmidt/*Mayer* § 15 Rn. 87 – Beispiel b).

Abgeltungsbereich der Gebühren § 15

Da die Summe der beiden Einzelgebühren hier niedriger ist als die Obergrenze des § 15 Abs. 3 RVG muss es bei dem Ansatz der niedrigeren Einzelgebühren bleiben. In diesen Fällen können die beiden Einzelgebühren **nicht** auf eine Gebühr aus dem höchsten Gebührensatz nach dem Gesamtwert angehoben werden.

3. 1,2 Terminsgebühr Nr. 3104 VV nach Gegenstandswert: 2.500 EUR   241,20 EUR
zzgl. Auslagen und Umsatzsteuer.

§ 15 Abs. 3 RVG kommt nicht zur Anwendung, wenn die Gebühren nicht in **155** derselben gebührenrechtlichen Angelegenheit entstanden sind.

Beispiel 3:
Der Rechtsanwalt wird beauftragt, einen Anspruch aus einem Kaufvertrag in Höhe von 5.000 EUR zunächst außergerichtlich gegenüber dem Gegner geltend zu machen. Von demselben Mandanten wird der Rechtsanwalt beauftragt, gegenüber demselben Gegner einen Anspruch in Höhe von 7.000 EUR aus einem Darlehensvertrag einzuklagen.
Der Rechtsanwalt kann berechnen:
1. Angelegenheit: Außergerichtliche Vertretung wegen 5.000 EUR
Gegenstandswert: 5.000 EUR
1. 1,3 Geschäftsgebühr Nr. 2300 VV   393,90 EUR
zzgl. evtl. entstandener weiterer Gebühren, Auslagen und Umsatzsteuer.
2. Angelegenheit: Klage über 7.000 EUR
Gegenstandswert: 7.000 EUR
1. 1,3 Verfahrensgebühr Nr. 3100 VV   526,50 EUR
zzgl. evtl. entstandener weiterer Gebühren, Auslagen und Umsatzsteuer.

In diesem Fall findet § 15 Abs. 3 RVG keine Anwendung. Es handelt sich zwar um **156** gleichartige Betriebsgebühren, jedoch sind diese in verschiedenen Angelegenheiten entstanden. Die Geschäftsgebühr wäre zwar nach der Vorb. 3 Abs. 4 VV anzurechen auf die Verfahrensgebühr des gerichtlichen Verfahrens. Auch diese Anrechnung erfolgt in dem hier dargestellten Fall nicht, da die Gegenstände der außergerichtlichen Vertretung und des gerichtlichen Verfahrens nicht identisch sind.

§ 15 Abs. 3 RVG kommt auch dann nicht zur Anwendung, wenn in derselben **157** Angelegenheit gleichartige Gebühren mit unterschiedlichen Gebührensätzen nach **demselben Teil des Gegenstandswertes anfallen.** Dann ist die Gebühr nach dem **höheren Gebührensatz** zu berechnen.[183]

Beispiel 4:
Es wurde Klage über 12.000 EUR erhoben. Im ersten Termin ergeht ein Versäumnisurteil gegenüber dem Beklagten. Gegen das Versäumnisurteil wird Einspruch eingelegt und anschließend vertritt der Rechtsanwalt in einem weiteren Termin zur mündlichen Verhandlung. Dann wird ein Endurteil verkündet.
Zunächst ist durch das Versäumnisurteil nur eine
0,5 Terminsgebühr Nr. 3105 VV nach Gegenstandswert:
12.000 EUR = 302,00 EUR
entstanden.
Durch die Vertretung in dem Termin nach Einspruch gegen
das Versäumnisurteil wird eine 1,2 Terminsgebühr Nr. 3104
VV nach Gegenstandswert: 12.000 EUR = 724,80 EUR
ausgelöst.
Da die beiden Terminsgebühren nicht nebeneinander abgerechnet werden können, wird der Rechtsanwalt in seiner Endabrechnung die 1,2 Terminsgebühr ansetzen. Hier liegt kein Fall des § 15 Abs. 3 RVG vor, da die beiden Gebühren nach demselben Gegenstandswert entstanden sind.

---

[183] Schneider/Wolf/N. *Schneider* § 15 Rn. 210.

§ 15 Abgeltungsbereich der Gebühren

Der Rechtsanwalt wird in diesem Fall also letztlich abrechnen:
Gegenstandswert: 12.000 EUR
1. 1,3 Verfahrensgebühr Nr. 3100 VV   785,20 EUR
2. 1,2 Terminsgebühr Nr. 3104 VV   724,80 EUR
zzgl. Auslagen, Umsatzsteuer.

158 Treffen in derselben gebührenrechtlichen Angelegenheit die Anrechnungsvorschrift der Vorb. 3 Abs. 4 VV und eine Abgleichung nach § 15 Abs. 3 RVG aufeinander, ist zunächst die Geschäftsgebühr auf die Verfahrensgebühr nach der Vorb. 3 Abs. 4 VV anzurechnen und dann die beiden Verfahrensgebühren nach § 15 Abs. 3 RVG abzugleichen.[184]

Beispiel 5:

Es wird Klage erhoben über 7.500 EUR. In dem Termin zur mündlichen Verhandlung werden von dem anwesenden Prozessbevollmächtigten streitige Anträge gestellt.
Der Prozessbevollmächtigte des Klägers hat wegen weitere 10.000 EUR den Auftrag, diese außergerichtlich geltend zu machen. Er fordert die Gegenseite zur Zahlung dieses Betrags auf. Die außergerichtliche Tätigkeit ist nicht umfangreich.
In dem Termin zur mündlichen Verhandlung, in dem die Parteien persönlich neben ihren Prozessbevollmächtigten anwesend sind, erhalten die Prozessbevollmächtigten von ihren jeweiligen Mandanten den Auftrag, auch die nicht anhängigen 10.000 EUR mit in das gerichtliche Verfahren einzubeziehen. Es soll versucht werden, einen Gesamtvergleich abzuschließen. Die Prozessbevollmächtigten besprechen in dem Termin daher auch die nicht anhängigen 10.000 EUR im Hinblick auf eine Vermeidung eines gerichtlichen Verfahrens insoweit. Es kommt dann aber nicht zu einer Einigung, so dass das Verfahren – ohne das die Klage erhöht wurde – mit einem Urteil endet, wonach der Beklagte zur Zahlung der eingeklagten 7.500 EUR verurteilt wird.
Der Prozessbevollmächtigte des Klägers kann für seine außergerichtliche Tätigkeit und seine Tätigkeit in dem gerichtlichen Verfahren berechnen:

Außergerichtliche Tätigkeit
Gegenstandswert: 10.000 EUR
1. 1,3 Geschäftsgebühr Nr. 2300 VV   725,40 EUR
zzgl. Auslagen und Umsatzsteuer

Gerichtliche Tätigkeit
1. 1,3 Verfahrensgebühr Nr. 3100 VV nach Gegenstandswert: 7.500 EUR   592,80 EUR
2. 0,8 Verfahrensgebühr Nr. 3101 Ziff. 2 VV nach Gegenstandswert:
10.000 EUR   446,40 EUR
hierauf anzurechnen gem. der Vorb. 3 Abs. 4 VV 0,65 Geschäftsgebühr
Nr. 2300 VV nach Gegenstandswert: 10.000 EUR   − 362,70 EUR
verbleiben von den beiden Verfahrensgebühren nach Anrechnung der
Geschäftsgebühr: 676,50 EUR
Die Summe der beiden Verfahrensgebühren darf gem. § 15 Abs. 3 RVG
nicht höher sein als eine 1,3 Gebühr nach Gegenstandswert:
17.500 EUR =   904,80 EUR
Da die Summe der beiden Verfahrensgebühren hier niedriger ist, verbleibt es beim Ansatz der 676,50 EUR.
3. 1,2 Terminsgebühr Nr. 3104 VV nach Gegenstandswert: 17.500 EUR   835,20 EUR
zzgl. Auslagen und Umsatzsteuer.

---

[184] OLG Stuttgart JurBüro 2009, 246; OLG Karlsruhe RVGreport 2011, 300 = JurBüro 2012, 357; OLG München JurBüro 2012, 255; *Enders* JurBüro 2009, 225; HK-RVG/*Winkler* § 15 Rn. 115; Gerold/Schmidt/*Mayer* § 15 Rn. 97; N. *Schneider* ZAP Fach 24, S. 1153. **AA** LG Bonn AGS 2008, 484 mit ablehnender Anm von *N. Schneider*.

Abgeltungsbereich der Gebühren § 15

Die Mehrkosten, die nach dem Wert der nicht anhängigen Ansprüche entstanden 159
sind, gehören nicht zu den Kosten des Rechtsstreits und sind nicht mit gegenüber
der unterlegenen Partei festzusetzen, wenn nur über die rechtshängigen Ansprüche
entschieden worden ist.[185]

IV. Einmal entstandene Gebühren bleiben bestehen

Nach § 15 Abs. 4 RVG bleiben – soweit im Gesetz nichts anderes bestimmt ist – 160
einmal entstandene Gebühren bestehen. Dies gilt auch dann, wenn sich die Angelegenheit vorzeitig erledigt oder der Auftrag endigt, bevor die Angelegenheit erledigt ist. Ist die Gebühr einmal entstanden, kann der Rechtsanwalt sie also gegenüber dem Auftraggeber auch dann berechnen, wenn er das Mandat ansonsten nicht zu Ende führt. Entstanden ist die Gebühr, wenn der Rechtsanwalt eine Tätigkeit ausgeübt hat, die den Tatbestand der Gebühr erfüllt.

Eine **vorzeitige Erledigung der Angelegenheit** liegt zB dann vor, wenn der 161
dem Rechtsanwalt von seinem Mandanten erteilte Auftrag gegenstandslos wird, weil zB der Gegner den Anspruch erfüllt hat oder die Klage oder ein Rechtsmittel zurückgenommen hat und dadurch eine weitere Tätigkeit des Rechtsanwalts in der Sache nicht mehr erforderlich ist. Im Falle einer vorzeitigen Erledigung der Angelegenheit ordnet das Vergütungsverzeichnis aber uU an, dass die betreffende Betriebsgebühr nicht in voller Höhe entsteht. So ist zB in der Nr. 3101 Ziff. 1 VV geregelt, dass nur eine 0,8 Verfahrensgebühr entsteht, wenn der Auftrag endigt, bevor der Rechtsanwalt die Klage bei Gericht eingereicht hat. Dies wäre zB der Fall, wenn dem Rechtsanwalt von seinem Mandanten bereits der Auftrag zur Erhebung der Klage erteilt worden ist, der Gegner aber den Anspruch in vollem Umfange erfüllt, bevor der Rechtsanwalt die Klage eingereicht hat. Auch wenn der Mandant den Rechtsanwalt beauftragt hätte, ihn in dem ihm gegenüber anhängigen Berufungsverfahren als Prozessbevollmächtigter zu vertreten und der Berufungskläger das Rechtsmittel zurücknehmen würde, bevor der Rechtsanwalt für den Mandanten einen Schriftsatz mit Sachanträgen oder Sachvortrag bei Gericht eingereicht hat, würde nach Nr. 3201 Ziff. 1 VV bei dem Prozessbevollmächtigten des Rechtsmittelbeklagten nur eine 1,1 Verfahrensgebühr für die Tätigkeit im Berufungsverfahren entstehen. Wenn das Gesetz für den Fall einer vorzeitigen Erledigung der Angelegenheit eine ermäßigte Gebühr vorsieht bleibt aber zumindest diese ermäßigte Gebühr dem Rechtsanwalt trotz vorzeitiger Erledigung der Angelegenheit erhalten.

Auch wenn der **Auftrag endet, bevor die Angelegenheit erledigt ist, bleiben** 162
einmal entstandene Gebühren grundsätzlich bestehen. Gemeint sind in § 15 Abs. 4 S. 1 letzte Alt. RVG die Fälle, in denen das Mandat vorzeitig endet, entweder durch **Kündigung** des Mandanten oder durch Kündigung des Anwalts.

Der **Mandant kann** den Anwaltsvertrag jederzeit und ohne besonderen Grund 163
kündigen (§ 627 Abs. 1 BGB). Bis zur Kündigung entstandenen Gebühren und Auslagen wird der Anwalt mit dem Mandanten abrechnen können. Möglich wäre im Einzelfall, dass der Mandant seinerseits Schadensersatzansprüche gegenüber dem Anwalt wegen fehlerhafter Mandatsbearbeitung geltend macht. Auch im Hintergrund stehende Schadensersatzansprüche führen aber nicht dazu, dass der Anwalt keinen Vergütungsanspruch wegen der bis zur Mandatskündigung entstandenen Gebühren und Auslagen erwirbt. Der Mandant könnte allerdings gegenüber dem Vergütungsanspruch des Anwalts mit seinen vermeintlichen Schadensersatzansprüchen die Aufrechnung erklären, was dann dazu führen könnte, das der Vergütungsanspruch des Anwalts erlischt.

Kündigt der Anwalt das Mandat (in der Praxis meist als „Niederlegung des Mandats" bezeichnet) wegen vertragswidrigem Verhalten des Mandanten, so bleiben 164

---
[185] BGH JurBüro 2009, 34.

grundsätzlich die bis zur Kündigung entstandenen Gebühren und Auslagen bestehen.[186] Legt der Rechtsanwalt das Mandat nieder, ohne das der Mandant sich zuvor vertragswidrig verhalten hat, ist problematisch, ob die bis dahin entstandenen Gebühren und Auslagen dem Rechtsanwalt erhalten bleiben und er dem Mandanten dieserhalb in Anspruch nehmen kann.[187]

V. Fortsetzung der Tätigkeit in derselben Angelegenheit

165 Wird der Rechtsanwalt in derselben Angelegenheit, in welcher er bereits tätig geworden ist, erneut beauftragt weiter tätig zu werden, so erhält er nach § 15 Abs. 5 S. 1 RVG nicht mehr an Gebühren, als er erhalten würde, wenn er von vorn herein auch mit der weiteren Tätigkeit beauftragt worden wäre. Voraussetzung ist zunächst, dass noch **dieselbe gebührenrechtliche Angelegenheit** vorliegt. Dies ist nicht der Fall, wenn das Gesetz eine neue gebührenrechtliche Angelegenheit vorschreibt. Wird zB der zunächst nur mit der Vertretung im gerichtlichen Mahnverfahren beauftragte Anwalt nach Widerspruch gegen den Mahnbescheid beauftragt, auch im nachfolgenden streitigen Verfahren zu vertreten, sind nach § 17 Nr. 2 RVG verschiedene gebührenrechtliche Angelegenheiten gegeben. Dies ist dann kein Fall des § 15 Abs. 5 S. 1 RVG. Allerdings können in diesen Fällen, in denen das Gesetz vorschreibt, dass es sich um verschiedene gebührenrechtliche Angelegenheiten handelt, wieder Anrechnungsvorschriften greifen, wie zB die der Anm. zu Nr. 3305 VV wonach die in dem gerichtlichen Mahnverfahren entstandene Verfahrensgebühr auf die Verfahrensgebühr des nachfolgenden streitigen Verfahrens anzurechnen ist.

166 § 15 Abs. 5 S. 1 RVG kommt auch dann nicht zum Tragen, wenn die bisherige Angelegenheit vollständig erledigt ist und dann der Rechtsanwalt von demselben Mandanten beauftragt wird, gegen denselben Gegner weitere – neue – Ansprüche geltend zu machen.[188] Wurde aber beispielsweise das Mandat in einer erfolglosen außergerichtlichen Unfallschadensregulierung beendet, weil nach herrschender Rechtsprechung ein Schadensersatzanspruch nicht gegeben war und ergeben sich ein Jahr später aufgrund geänderter Rechtsprechungen neue Erfolgsaspekte, so soll das neu erteilte Mandat unter § 15 Abs. 5 S. 1 RVG zu subsumieren sein.[189] Bereits entstandene Gebühren fallen also nicht nochmals an. Allerdings wird der Anwalt den weiteren Umfang durch das „erneute" Tätigwerden in der Angelegenheit innerhalb des Gebührenrahmens der Geschäftsgebühr (Nr. 2300 VV – 0,5 bis 2,5) durch den Ansatz einer höheren Gebühr berücksichtigen können. Fallen nach dem erneuten Tätigwerden Gebühren an, deren Tatbestand bei der „ersten" Tätigkeit noch nicht ausgelöst wurde, können natürlich diese weiteren Gebühren berechnet werden (zB im Rahmen der ersten Tätigkeit ist nur eine Geschäftsgebühr entstanden, im Rahmen der weiteren Tätigkeit nach Fortsetzung derselben Angelegenheit ist dann noch der Tatbestand der Einigungsgebühr ausgelöst worden; beide Gebühren können letztlich dem Mandanten in Rechnung gestellt werden).[190]

167 Auch bei Erhöhung des Gegenstandswertes nach dem Auftrag „weiter tätig zu werden" können noch Differenzen (Gebühren nach dem höheren Gegenstandswert abzgl. bereits berechneter Gebühren nach dem niedrigeren Gegenstandswert) mit dem Mandanten abgerechnet werden.[191]

168 Ein Fall, in dem § 15 Abs. 5 S. 1 RVG zur Anwendung käme, wäre zB, wenn der Rechtsanwalt zunächst als Terminsvertreter tätig war und dann beauftragt wird, als

---

[186] → § 1 Rn. 70 ff.
[187] → § 1 Rn. 74 ff.
[188] Schneider/Wolf/*N. Schneider* § 15 Rn. 279.
[189] HK-RVG/*Winkler* § 15 Rn. 152 unter Hinweis auf BGH MDR 2006, 1316.
[190] Schneider/Wolf/*N. Schneider* § 15 Rn. 281.
[191] Schneider/Wolf/*N. Schneider* § 15 Rn. 282.

Prozessbevollmächtigter tätig zu werden. Dann würde er nicht die Gebühren eines Terminsvertreters oder daneben noch die Gebühren eines Prozessbevollmächtigten abrechnen können, sondern er würde im Ergebnis nur die höhere Vergütung des Prozessbevollmächtigten (in der Regel: 1,3 Verfahrensgebühr Nr. 3100 VV + 1,2 Terminsgebühr Nr. 3104 VV + Auslagen + Umsatzsteuer) berechnen können.

Anders ist die Abrechnungslage dann zu betrachten, wenn **der frühere Auftrag** 169 **seit mehr als zwei Kalenderjahren erledigt** ist. Dann gilt nach § 15 Abs. 5 S. 2 RVG die weitere Tätigkeit als neue Angelegenheit und in dem Gesetz bestimmte Anrechnungen von Gebühren entfallen.

Beispiel 1:

Der Rechtsanwalt ist mit der außergerichtlichen Vertretung des Mandanten beauftragt. Im September 2013 erklärt der Mandant, dass in der Sache vorläufig nichts weiter unternommen werden soll. Er wolle selbst versuchen, sich mit der Gegenseite zu einigen. Im Januar 2016 beauftragt der Mandant den Rechtsanwalt, in derselben Angelegenheit weiter außergerichtlich tätig zu werden.

Für die außergerichtliche Vertretung ab Januar 2016 kann der Rechtsanwalt eine gesonderte Geschäftsgebühr ansetzen, da die weitere Tätigkeit als neue Angelegenheit iSd § 15 Abs. 5 S. 2 RVG zu sehen ist. Denn hier liegen zwischen Erledigung des früheren Auftrages und der weiteren Tätigkeit mehr als zwei Kalenderjahre.

Beispiel 2:

Der Rechtsanwalt ist zunächst außergerichtlich tätig. Er weist die von der Gegenseite gegenüber seinem Mandanten geltend gemachten Ansprüche als rechtlich unbegründet zurück. Der letzte Schriftverkehr datiert aus November 2014. Die Gegenseite erhebt im Februar 2017 Klage. Die Geschäftsgebühr ist vorliegend nicht mehr auf die Verfahrensgebühr des gerichtlichen Verfahrens nach Vorb. 3 Abs. 4 VV RVG anzurechnen. Denn hier entfällt in der Vorb. 3 Abs. 4 VV vorgeschriebene Anrechnung, weil mehr als zwei Kalenderjahre zwischen der Erledigung des früheren Auftrages und der weiteren Tätigkeit liegen.

Die 2-Jahres-Frist des § 15 Abs. 5 S. 2 RVG beginnt nach allgemeiner Meinung 170 mit Ablauf des Kalenderjahres, in dem der vorangegangene Auftrag erledigt worden ist.[192]

Damit eine neue Angelegenheit angenommen werden kann oder im Gesetz 171 bestimmte Anrechnungen entfallen, muss der frühere Auftrag seit mehr als zwei Kalenderjahren **erledigt gewesen sein.** Eine weit verbreitete Meinung stellt für den Begriff der „Erledigung" auf den Zeitpunkt der Fälligkeit nach § 8 Abs. 1 RVG ab.[193] Der BGH[194] hat klargestellt, dass in den in § 8 Abs. 1 S. 2 RVG genannten Fällen, in denen die Vergütung fällig wird, ohne dass sein Auftrag erledigt wäre, keine Erledigung iSd § 15 Abs. 5 S. 2 RVG eintrete. Bei Ruhen, Aussetzung oder Unterbrechung des Verfahrens soll nach *N. Schneider*[195] kein Fall des § 15 Abs. 5 S. 2 RVG gegeben sein, weil der Anwalt in diesen Fällen auch weiterhin beauftragt bleibe und weiterhin tätig werden müsse. Der BGH[196] hat entschieden, dass keine Erledigung des Auftrags iSd § 13 Abs. 5 S. 2 BRAGO – dieser ist inhaltlich identisch mit § 15 Abs. 5 S. 2 RVG – gegeben sei, wenn ein gerichtliches Verfahren länger als 3 Monate ruhe. Dagegen hat das Branden-

---

[192] Gerold/Schmidt/*Mayer* § 15 Rn. 135; HK-RVG/*Winkler* § 15 Rn. 157; Schneider/Wolf/ *N. Schneider* § 15 Rn. 286.

[193] OLG Brandenburg AGS 2009, 432; OLG Stuttgart MDR 2003, 117; OLG Karlsruhe JurBüro 1998, 26; OLG Saarbrücken AGS 2006, 218; HK-RVG/*Winkler* § 15 Rn. 161; Schneider/Wolf/*N. Schneider* § 15 Rn. 287.

[194] BGH NJW 2006, 1525.

[195] Schneider/Wolf/*N. Schneider* § 15 Rn. 289.

[196] BGH NJW 2006, 1525.

§ 15 Abgeltungsbereich der Gebühren

burgische OLG[197] entschieden, dass die Wiederaufnahme eines mehr als zwei Jahre alten ausgesetzten gerichtlichen Verfahrens als neue gebührenrechtliche Angelegenheit iSd § 15 Abs. 5 S. 2 RVG anzusehen sei. Nach dem OLG Düsseldorf[198] entfällt infolge § 15 Abs. 5 S. 2 RVG eine Anrechnung dann, wenn im Falle einer Zurückverweisung zwischen dem Ende des ersten Verfahrens und dem Beginn des zweiten Verfahrens mehr als zwei Kalenderjahre liegen.

172 § 15 Abs. 5 S. 2 RVG kommt nicht zur Anwendung, wenn eine Folgesache **Versorgungsausgleich ausgesetzt** worden ist und nach Ablauf von mehr als zwei Kalenderjahren wieder aufgenommen und fortgesetzt wird.[199]

173 Durch das KapMuGRG[200] wurde mit Wirkung vom 1.11.2012 § 15 Abs. 5 RVG erweitert. Zum einen wird klargestellt, dass § 15 Abs. 5 S. 2 RVG entsprechend gilt, wenn ein Vergleich mehr als zwei Kalenderjahre nach seinem Abschluss angefochten wird.[201] Wird der Rechtsanwalt also auftragsgemäß in derselben Angelegenheit weiter tätig, weil ein Vergleich mehr als zwei Kalenderjahre nach seinem Abschluss angefochten wird, so erhält er für die weitere Tätigkeit neue Gebühren, völlig unabhängig von den Gebühren, die er bereits in dem Ursprungsverfahren, in welchem der Vergleich geschlossen wurde, abgerechnet hat.

174 Durch das Kapitalanleger-Musterverfahrensgesetz (KapMuG) erfährt § 15 Abs. 5 RVG noch eine Erweiterung. Durch Musterverfahrensantrag kann im I. Rechtszug die Feststellung des Vorliegens oder Nichtvorliegens anspruchsbegründender oder anspruchsausschließender Voraussetzungen oder die Klärung von Rechtsfragen (Feststellungsziele) begehrt werden. Der Musterverfahrensantrag kann vom Kläger und vom Beklagten gestellt werden (§ 2 KapMuG). Mit Bekanntgabe des Musterverfahrensantrags im Klageregister wird das Verfahren unterbrochen (§ 5 KapMuG). Nach der Bekanntmachung des Vorlagebeschlusses im Klageregister setzt das Prozessgericht von Amts wegen alle bereits anhängigen oder bis zur rechtskräftigen Entscheidung über die Feststellungsziele im Musterverfahren noch anhängig werdende Verfahren aus, wenn die Entscheidung des Rechtsstreits von den geltend gemachten Feststellungszielen abhängt (§ 8 Abs. 1 KapMuG).

175 In dem durch das KapMuGRG den § 15 Abs. 5 RVG mit Wirkung vom 1.11.2012 angefügten Satz 3 wird weiter klargestellt, dass Satz 2 RVG auch dann gilt, wenn mehr als zwei Kalenderjahre nach Zustellung eines Beschlusses nach § 23 Abs. 3 S. 1 KapMuG der Kläger einen Antrag nach § 23 Abs. 4 KapMuG auf Wiedereröffnung des Verfahrens stellt. Nach § 23 Abs. 4 KapMuG wird auf Antrag des Klägers das Verfahren wieder eröffnet, wenn der Kläger Nichterfüllung des Vergleiches geltend macht. Eine Klageänderung, wonach die Klage nunmehr auf Erfüllung des Vergleiches gerichtet wird, ist zulässig. Die Tätigkeit nach Wiedereröffnung des Verfahrens ist dann eine neue gebührenrechtliche Angelegenheit, wenn der frühere Auftrag für das ursprüngliche Verfahren seit mehr als zwei Kalenderjahren erledigt ist.

VI. Einzelne Handlungen

176 § 15 Abs. 6 RVG deckt zwei Alternativen ab:
- der Rechtsanwalt ist, ohne dass er zum Verfahrens- oder Prozessbevollmächtigten im Gesamten bestellt ist, nur mit **einzelnen Handlungen** beauftragt und übt mehrere Einzelhandlungen in derselben Angelegenheit aus;

---

[197] OLG Brandenburg AGS 2009, 432.
[198] OLG Düsseldorf RVGreport 2009, 181.
[199] KG JurBüro 2011, 81 = AGS 2010, 599; OLG Dresden JurBüro 2011, 363; OLG Oldenburg RVGreport 2011, 107.
[200] Gesetz zur Reform des Kapitalanleger-Musterverfahrensgesetzes und zur Änderung anderer Vorschriften (KapMuGRG) BGBl. I 2012, 2182.
[201] So auch bereits BGH JurBüro 2010, 640.

- der Rechtsanwalt ist **nur mit einer Tätigkeit** beauftragt, die nach **§ 19 RVG zum Rechtszug** oder zum Verfahren gehört.

In beiden Fällen erhält der Rechtsanwalt nicht mehr an Gebühren, als der ein mit der gesamten Angelegenheit beauftragte Rechtsanwalt für die gleiche Tätigkeit erhalten würde.

1. Mehrere einzelne Handlungen in derselben Angelegenheit

Der nur mit einzelnen Handlungen beauftragte Rechtsanwalt erhält in der Regel geringere Gebühren als der mit der gesamten Angelegenheit beauftragte Rechtsanwalt. So kann der Rechtsanwalt, der nur mit der Anfertigung, der Unterzeichnung oder Einreichung eines Schriftsatzes bei Gericht in einer Zivilsache beauftragt ist, eine 0,8 Verfahrensgebühr nach Nr. 3403 VV ansetzen. Würde derselbe Rechtsanwalt in derselben Angelegenheit später noch beauftragt, noch ein Rechtsmittelverzicht bei Gericht zu erklären, so würde eine weitere 0,8 Verfahrensgebühr nach Nr. 3403 VV anfallen. Ein insgesamt als Prozessbevollmächtigter bestellter Rechtsanwalt würde für die Einreichung der Schriftsätze und die Erklärung des Rechtsmittelverzichts aber nur 1,3 Verfahrensgebühr Nr. 3100 VV erhalten können. Mehr kann auch hier der mit den einzelnen Handlungen beauftragte Rechtsanwalt nicht beanspruchen.[202]

177

2. Keine höhere Gebühren als der mit dem gesamten Verfahren beauftragte Rechtsanwalt erhalten würde

Der nur mit einer Einzeltätigkeit beauftragte Rechtsanwalt erhält nach der 2. Alt. des § 15 Abs. 6 RVG keine höheren Gebühren, als ein Rechtsanwalt, der mit der Vertretung in dem gesamten Verfahren beauftragt worden ist. So würde zB ein nur mit der Einlegung einer Erinnerung gegen eine Zwangsvollstreckungsmaßnahme beauftragte Rechtsanwalt für die Vertretung in dem Erinnerungsverfahren eine 0,5 Verfahrensgebühr nach Nr. 3500 VV erhalten. Der mit der Vertretung des Gläubigers oder der Schuldner in der gesamten Zwangsvollstreckungsmaßnahme beauftragte Rechtsanwalt würde nach Nr. 3309 VV nur eine 0,3 Verfahrensgebühr beanspruchen können. Nach § 19 Abs. 2 Ziff. 2 RVG gehört die Erinnerung nach § 766 ZPO gegen eine Zwangsvollstreckungsmaßnahme zum Rechtszug – also zur Zwangsvollstreckungsmaßnahme. Somit erhält der Anwalt, der in der Zwangsvollstreckungsmaßnahme tätig ist, für die Vertretung in dem Erinnerungsverfahren betreffend diese Zwangsvollstreckungsmaßnahme keine gesonderte Vergütung. Folglich kann auch der Rechtsanwalt, der nur mit der Vertretung im Erinnerungsverfahren beauftragt ist, keine höhere als eine 0,3 Verfahrensgebühr erhalten.[203] Denn auch der in der Zwangsvollstreckung insgesamt beauftragte Rechtsanwalt würde nur eine 0,3 Verfahrensgebühr nach Nr. 3309 VV beanspruchen können, wobei für ihn die Erinnerung dann auch noch mit betreffenden angefochtenen Zwangsvollstreckungsmaßnahme eine gebührenrechtliche Angelegenheit bildet.

178

§ 15a Anrechnung einer Gebühr

(1) Sieht dieses Gesetz die Anrechnung einer Gebühr auf eine andere Gebühr vor, kann der Rechtsanwalt beide Gebühren fordern, jedoch nicht mehr als den um den Anrechnungsbetrag verminderten Gesamtbetrag der beiden Gebühren.

---

[202] Schneider/Wolf/*N. Schneider* § 15 Rn. 294, 295.
[203] Schneider/Wolf/*N. Schneider* § 15 Rn. 299.

§ 15a

(2) **Ein Dritter kann sich auf die Anrechnung nur berufen, soweit er den Anspruch auf eine der beiden Gebühren erfüllt hat, wegen eines dieser Ansprüche gegen ihn ein Vollstreckungstitel besteht oder beide Gebühren in demselben Verfahren gegen ihn geltend gemacht werden.**

Übersicht

	Rn.
I. Überblick	1
II. Anrechnung im Innenverhältnis (Abs. 1)	4
III. Anrechnung im Erstattungsverhältnis (Abs. 2)	12
1. Ein Dritter kann sich auf die Anrechnung berufen	13
2. Der Dritte kann eine der beiden Gebühren bereits erstattet (Abs. 2, 1. Alt.)	17
3. Eine der beiden Gebühren ist bereits tituliert (Abs. 2, 2. Alt.)	20
a) Geschäftsgebühr ist voll tituliert	20
b) Geschäftsgebühr ist nur teilweise tituliert	26
c) Geschäftsgebühr nicht zugesprochen	46
d) Geschäftsgebühr wird nicht mit eingeklagt	47
e) Nur die nicht anrechenbaren Teile der Geschäftsgebühr werden mit eingeklagt	50
4. Beide Gebühren werden in demselben Verfahren geltend gemacht (Abs. 2, 3 Alt.)	52
IV. Anrechnung der Geschäftsgebühr auf die Verfahrensgebühr bei Prozess- oder Verfahrenskostenhilfe	55
V. Geltungsbereich	62
VI. Übergangsvorschrift	71

I. Überblick

1   § 15a RVG wurde mit Inkrafttreten zum 5.8.2009 durch das Gesetz zur Modernisierung von Verfahren im anwaltlichen und notariellen Berufsrecht, zur Errichtung einer Schlichtungsstelle der Rechtsanwaltschaft sowie zur Änderung sonstiger Vorschriften[1] in das RVG eingefügt. Dies war notwendig geworden, weil der BGH[2] in 2008 mehrfach entschieden hatte, das die Verfahrensgebühr in einem bürgerlichen Rechtsstreit von vornherein nur in gekürzter Höhe entstehe, wenn auf sie eine Geschäftsgebühr der Nr. 2300 bis 2303 VV aus einer vorgerichtlichen Tätigkeit nach der Vorb. 3 Abs. 4 VV anzurechnen sei. Der unterlegene Prozessgegner habe deshalb auch die Verfahrensgebühr auch nur in entsprechend verminderter Höhe zu erstatten. Dieses Verständnis der Anrechnung führte zu unbefriedigenden Ergebnissen, insbesondere dann, wenn die vorprozessual entstandene Geschäftsgebühr nicht vom unterlegenen Prozessgegner erstattet verlangt wurde bzw. dieser nicht verpflichtet war, die Geschäftsgebühr zu erstatten, etwa weil es an einer materiell-rechtlichen Anspruchsgrundlage hierfür fehlte. Durch die Einführung des § 15a RVG wollte der Gesetzgeber nicht die Anrechnung von einer Gebühr auf eine andere Gebühr neu regeln, sondern nur klarstellen, wie die im RVG bestehenden Anrechnungsregelungen auszulegen sind. So führt der Gesetzgeber in der Gesetzesbegründung unter anderem aus:

---

[1] BGBl. 2009 I 2449 – Art. 7 Abs. 4 Nr. 3.
[2] BGH JurBüro 2008, 302 = AGS 2008, 158 = RVGreport 2008, 148 = NJW 2008, 1323 = AnwBl. 2008, 378; BGH JurBüro 2008, 414 = RVGreport 2008, 271; BGH JurBüro 2008, 468; BGH JurBüro 2008, 529; BGH JurBüro 2008, 642.

Anrechnung einer Gebühr **§ 15a**

"Durch die vorgeschlagene Regelung in § 15a RVG – E soll der im Gesetz bisher nicht definierte Begriff der Anrechnung inhaltlich bestimmt werden. Ziel des Vorschlags ist es, den mit den Anrechnungsvorschriften verfolgten Gesetzeszweck zu wahren, zugleich aber unerwünschte Auswirkungen der Anrechnung zum Nachteil des Auftraggebers zu vermeiden."[3]

Abs. 1 des § 15a RVG regelt die Anrechnung im **Innenverhältnis** zwischen dem Rechtsanwalt und seinem Auftraggeber. Abs. 2 des § 15a RVG betrifft die Wirkung der Anrechnung im **Erstattungsverhältnis**, also im Verhältnis zu Dritten, die nicht am Mandatsverhältnis beteiligt sind. 2

§ 15a RVG ist für alle im RVG vorgesehenen Anrechnungen anzuwenden, er regelt also nicht nur die Auswirkungen einer Anrechnung einer Geschäftsgebühr auf eine Verfahrensgebühr. 3

II. Anrechnung im Innenverhältnis (Abs. 1)

§ 15a Abs. 1 RVG regelt die Anrechnung von Gebühren im Innenverhältnis. Gemeint ist das **Abrechnungsverhältnis zwischen dem Rechtsanwalt und seinem Mandanten**. Abs. 1 stellt zunächst einmal klar, dass der Rechtsanwalt beide Gebühren fordern kann. Auch wenn das RVG die Anrechnung einer Gebühr auf eine andere Gebühr vorschreibt, entstehen also beide Gebühren zunächst einmal in voller Höhe. Der letzte Halbsatz von Abs. 1 des § 15a RVG schränkt dies jedoch dahingehend ein, dass der Rechtsanwalt nicht mehr als den um den Anrechnungsbetrag verminderten Gesamtbetrag der beiden Gebühren fordern kann. 4

Beispiel 1:

Der Rechtsanwalt hatte den Mandanten zunächst auftragsgemäß außergerichtlich und anschließend als Prozessbevollmächtigter in einem bürgerlichen Rechtsstreit wegen eines Anspruchs in Höhe von 10.000 EUR vertreten.
Nach der Vorb. 3 Abs. 4 VV ist die Geschäftsgebühr in diesem Fall auf die Verfahrensgebühr zur Hälfte, jedoch höchstens mit einem Gebührensatz in Höhe von 0,75 anzurechnen. Der Rechtsanwalt kann an Geschäfts- und Verfahrensgebühren maximal berechnen:
Geschäftsgebühr
+ Verfahrensgebühr
abzüglich nach der Vorb. 3 Abs. 4 VV anzurechnender Betrag der Geschäftsgebühr.

Der **Rechtsanwalt** hat das **Wahlrecht**, welche der beiden Gebühren er in voller Höhe fordert und bei der Abrechnung welcher Gebühr er die im Gesetz vorgeschriebene Anrechnung berücksichtigt.[4] Dies stellt bereits der Gesetzgeber in der Gesetzesbegründung ausdrücklich klar. Dort heißt es: 5

"Der Rechtsanwalt kann also beide Gebühren jeweils in voller Höhe geltend machen. Er hat insbesondere die Wahl, welche Gebühr er fordert und – falls die Gebühren von verschiedenen Personen geschuldet werden – welchen Schuldner er in Anspruch nimmt. Ihm ist lediglich verwehrt, insgesamt mehr als den Betrag zu verlangen, der sich aus der Summe der beiden Gebühren nach Abzug des anzurechnenden Betrags ergibt."[5]

---
[3] Zitiert aus der elektronischen Vorabfassung der BT-Drs. 16/12717, 67 f. vom 22.4.2009 – Begründung zu den Änderungen des RVG, insbesondere zur Einführung des § 15a RVG.
[4] Gerold/Schmidt/*Müller-Rabe* § 15a Rn. 12; HK-RVG/*Winkler* § 15a Rn. 2; *Hansens* RVGreport 2009, 161; *Enders* JurBüro 2009, 394; *Enders* Rn. D 152.
[5] Zitiert aus der elektronischen Vorabfassung der BT-Drs. 16/12717, 68 vom 22.4.2009 – rechte Spalte.

§ 15a

Beispiel 2:

Der Rechtsanwalt hat den Mandanten zunächst auftragsgemäß außergerichtlich wegen eines Anspruchs in Höhe von 19.000 EUR vertreten. Anschließend ist er als Prozessbevollmächtigter in dem bürgerlichen Rechtsstreit für den Mandanten tätig und nimmt auch den Termin zur mündlichen Verhandlung vor Gericht wahr.

Der Rechtsanwalt kann berechnen:

Für die **außergerichtliche Vertretung:**
Gegenstandswert: 19.000 EUR

1. 1,5 Geschäftsgebühr Nr. 2300 VV	1.044,00 EUR
2. Pauschale Nr. 7002 VV	20,00 EUR
3. 19 % Umsatzsteuer Nr. 7008 VV	202,16 EUR
	1.266,16 EUR

Für den **bürgerlichen Rechtsstreit:**
Gegenstandswert: 19.000 EUR

1. 1,3 Verfahrensgebühr Nr. 3100 VV	904,80 EUR
abzüglich hierauf nach der Vorb. 3 Abs. 4 VV	
anzurechnender 0,75 Geschäftsgebühr Nr. 2300 VV	
nach Wert: 19.000 EUR:	522,00 EUR
verbleiben von der Verfahrensgebühr:	382,80 EUR
2. 1,2 Terminsgebühr Nr. 3104 VV	835,20 EUR
3. Pauschale Nr. 7002 VV	20,00 EUR
4. 19 % Umsatzsteuer Nr. 7008 VV	235,22 EUR
	1.473,22 EUR

6 In dem vorangegangenen Beispiel 2 (→ Rn. 5) hat der Rechtsanwalt sein Wahlrecht dahingehend ausgeübt, dass er von dem Mandanten die volle Geschäftsgebühr fordert und die Anrechnung derselben auf die Verfahrensgebühr bei der Abrechnung der Verfahrensgebühr berücksichtigt. **Alternativ** hätte der Rechtsanwalt auch die um die anrechenbaren Teile verminderte Geschäftsgebühr und die volle Verfahrensgebühr von dem Mandanten fordern können.

Beispiel 3:

– Sachverhalt wie vorangegangenes Beispiel 2, → Rn. 5 –. Alternativ zu der Berechnung im vorangegangenen Beispiel 2 kann der Rechtsanwalt mit seinem Mandanten auch wie folgt abrechnen:

Für die **außergerichtliche Vertretung:**
Gegenstandswert: 19.000 EUR

1. 1,5 Geschäftsgebühr Nr. 2300 VV	1.044,00 EUR
abzüglich nach der Vorb. 3 Abs. 4 VV anzurechnender 0,75	
Geschäftsgebühr nach Wert: 19.000 EUR	522,00 EUR
verbleiben von der Geschäftsgebühr:	522,00 EUR
2. Pauschale Nr. 7002 VV	20,00 EUR
3. 19 % Umsatzsteuer Nr. 7008 VV	102,98 EUR
	644,98 EUR

Für den **bürgerlichen Rechtsstreit:**
Gegenstandswert: 19.000 EUR

1. 1,3 Verfahrensgebühr Nr. 3100 VV	904,80 EUR
2. 1,2 Terminsgebühr Nr. 3104 VV	835,20 EUR
3. Pauschale Nr. 7002 VV	20,00 EUR
4. 19 % Umsatzsteuer Nr. 7008 VV	334,40 EUR
	2.094,40 EUR

Anrechnung einer Gebühr § 15a

Nach *Hansens*[6] ist es auch möglich, dass der Rechtsanwalt den anzurechnenden 7
Betrag auf beide Gebühren verteilt, also zB die Hälfte des anzurechnenden Betrags
bei der Abrechnung der Geschäftsgebühr berücksichtigt und die andere Hälfte des
anzurechnenden Betrags bei der Abrechnung der Verfahrensgebühr.

Werden die Gebühren **von verschiedenen Personen geschuldet** kann der 8
Rechtsanwalt wählen, welchen Schuldner er wegen welcher Gebühren in Anspruch
nimmt. Auch dies ergibt sich ausdrücklich aus der Begründung des Gesetzgebers
zu dem § 15a RVG.[7]

Praxistipp:

Im Hinblick auf seine Wahlmöglichkeit nach § 15a Abs. 1 RVG wird der Rechtsan- 9
walt die Anrechnung der Geschäftsgebühr auf die Verfahrensgebühr nach der Vorb. 3
Abs. 4 VV RVG bei **Prozess-** oder **Verfahrenskostenhilfe** für das gerichtliche Verfahren wie folgt vornehmen können:

Für die vorprozessuale Vertretung stellt er dem Mandanten in Rechnung:
- 1,3 Geschäftsgebühr Nr. 2300 VV aus Tabelle zu § 13 RVG
abzüglich nach der Vorb. 3 Abs. 4 VV anzurechnender 0,65 Geschäftsgebühr
- Pauschale Nr. 7002 VV
- Umsatzsteuer Nr. 7008 VV.

Mit der Staatskasse rechnet er – im Rahmen der Prozess- oder Verfahrenskostenhilfe – wie folgt ab:
- 1,3 Verfahrensgebühr Nr. 3100 VV aus Tabelle zu § 49 RVG
- 1,2 Terminsgebühr Nr. 3104 VV aus Tabelle zu § 49 RVG
- Pauschale Nr. 7002 VV
- Umsatzsteuer Nr. 7008 VV.

Die Staatskasse wird in diesem Fall nicht die Anrechnung der Geschäftsgebühr auf
die aus der Staatskasse zu zahlende Verfahrensgebühr einwenden können. Denn der
Rechtsanwalt hat das Wahlrecht, welchen von mehreren Kostenschuldnern er wegen
welcher Beträge in Anspruch nimmt.

In einem vom BGH[8] entschiedenen Fall hatte der Rechtsanwalt für seinen Man- 10
danten gegen vier Gegner als Gesamtschuldner zunächst außergerichtlich einen
Anspruch geltend gemacht. Dann wurde Klage gegen die vier Beklagten vor dem
LG Dortmund erhoben. Das LG Dortmund hat sich wegen zwei der Beklagten als
nicht zuständig gesehen und wegen diesen Beklagten den **Rechtsstreit getrennt**
und an das zuständige LG Stade verwiesen. Die **Geschäftsgebühr** ist in diesen
Fällen nach BGH **nicht** zweimal anzurechnen, sondern insgesamt nur einmal.
Infolge seines Wahlrechts (→ Rn. 5) kann der Rechtsanwalt zum Beispiel von der
in dem Rechtsstreit vor dem LG Dortmund entstandene Verfahrensgebühr die Hälfte
des anzurechnenden Betrags der Geschäftsgebühr in Abzug bringen und von der in
dem Verfahren vor dem LG Stade die andere Hälfte des anzurechnenden Betrags.
Erfolgt die Trennung wegen Anspruchshäufung, kann der anzurechnende Betrag
quotal entsprechend dem Verhältnis des jeweiligen Einzelstreitwerts zu dem Streitwert des ursprünglichen Gesamtverfahrens verteilt werden.[9]

War der Rechtsanwalt zunächst auftragsgemäß außergerichtlich tätig und macht er 11
denselben Anspruch dann im gerichtlichen Mahnverfahren geltend und vertritt er nach

---

[6] RVGreport 2009, 161, 162.
[7] BT-Drs. 16/12717, 68 vom 22.4.2009 – rechte Spalte; siehe Zitat aus der Gesetzesbegründung unter § 15a Rn. 5.
[8] BGH JurBüro 2015, 71.
[9] Ausführlich zur Anrechnung der Geschäftsgebühr bei Trennung wegen Anspruchshäufung: *Enders* JurBüro 2015, 113.

Widerspruch gegen den Mahnbescheid auch in dem nachfolgenden streitigen Verfahren, so ist die Geschäftsgebühr nach der Vorb. 3 Abs. 4 VV zur Hälfte (höchstens mit 0,75) auf die Verfahrensgebühr des Mahnverfahrens (Nr. 3305 VV) anzurechnen und die Verfahrensgebühr des gerichtlichen Mahnverfahrens ist voll auf die Verfahrensgebühr (Nr. 3100 VV) des dem Mahnverfahren folgenden streitigen Verfahrens anzurechnen. In diesen Fällen ist die 1,0 Verfahrensgebühr Nr. 3305 VV in vollem Umfang auf die Verfahrensgebühr des nachfolgenden streitigen Verfahrens anzurechnen. Es sind nicht nur die Teile der Verfahrensgebühr aus dem Mahnverfahren anzurechnen, die nach vorangegangener Anrechnung der Geschäftsgebühr bleiben.[10] Zu demselben Ergebnis kommt das OLG Hamm[11] wenn folgende Verfahren aufeinander folgen: Selbständiges Beweisverfahren/Gerichtliches Mahnverfahren/Streitiges Verfahren.

III. Anrechnung im Erstattungsverhältnis (Abs. 2)

12   § 15a Abs. 1 RVG regelt die Anrechnung im Innenverhältnis zwischen dem Rechtsanwalt und seinem Auftraggeber. **Abs. 2** des § 15a RVG **regelt** hingegen, wann die **Anrechnung** einer Gebühr auf eine andere Gebühr **im Verhältnis zwischen der erstattungsberechtigten und der erstattungspflichtigen Partei** (Erstattungsverhältnis) zu berücksichtigen ist. Eine entsprechende Regelung im RVG hatte der Gesetzgeber für notwendig angesehen, nachdem der BGH im Jahre 2008 mehrfach entschieden hatte, dass die Anrechnung der Geschäftsgebühr auf die Verfahrensgebühr eines gerichtlichen Verfahren nach der Vorb. 3 Abs. 4 VV auch in der Kostenfestsetzung gegenüber dem erstattungspflichtigen Gegner – genau wie im Innenverhältnis – immer anzurechnen ist.[12] Dies führte insbesondere dann zu Ungerechtigkeiten, wenn die Geschäftsgebühr nicht von der gegnerischen Partei erstattet verlangt wurde oder erstattet verlangt werden konnte.[13] Insbesondere diese Ungerechtigkeiten wollte der Gesetzgeber mit Einführung des § 15a RVG beseitigen. Für das Erstattungsverhältnis regelt er die Berücksichtigung der Anrechnung in Abs. 2 des § 15a RVG anders als für das Innenverhältnis. Im Innenverhältnis ist die Anrechnung einer Gebühr auf eine andere Gebühr stets (von Ausnahmen abgesehen, etwa wenn die Gegenstände nicht identisch sind) zu berücksichtigen. Im Gegensatz dazu ist die Anrechnung einer Gebühr auf eine andere Gebühr im Erstattungsverhältnis nach Abs. 2 des § 15a RVG nur noch dann zu berücksichtigen, wenn eine der dort genannten drei Alternativen gegeben ist.

1. Ein Dritter kann sich auf die Anrechnung berufen

13   „Dritter" iSd Abs. 2 des § 15a RVG ist der **erstattungspflichtige Gegner**. „Dritte" iSd § 15 Abs. 2 RVG sind nur diejenigen, die nicht am Mandatsverhältnis (Rechtsanwalt/Mandant) beteiligt sind, also nicht der hinter dem Mandanten stehende Rechtsschutzversicherer und auch nicht die Staatskasse im Falle der Prozess- oder Verfahrenskostenhilfe. Sowohl für die Abrechnung mit der Rechtsschutzversicherung als auch mit der Staatskasse im Falle der Prozess- oder Verfahrenskostenhilfe gilt § 15 Abs. 1 RVG. „Dritter" iSd § 15 Abs. 2 RVG ist derjenige, der entstandene Gebühren im Rahmen eines materiell – rechtlichen Schadensersatzanspruchs oder nach prozessrechtlichen Vorschriften zu erstatten hat.

---

[10] BGH NJW 2011, 1368.
[11] OLG Hamm BeckRS 2014, 18147.
[12] BGH JurBüro 2008, 302 = AGS 2008, 158 = RVGreport 2008, 148 = NJW 2008, 1323 = AnwBl. 2008, 378; BGH JurBüro 2008, 414 = RVGreport 2008, 271; BGH JurBüro 2008, 468; BGH JurBüro 2008, 529; BGH JurBüro 2008, 642.
[13] → § 15a Rn. 1; zB *Schons* AnwBl. 2008, 281; *Enders* JurBüro 2008, 281; *Hansens* RVGreport 2008, 121; *N. Schneider* AGS 2008, 218.

§ 15a

Der Dritte (erstattungspflichtige Gegner) muss sich auf die Anrechnung **berufen,** 14
dh er muss diese zB im Kostenfestsetzungsverfahren einwenden, wenn die erstattungsberechtigte Partei die Anrechnung nicht von sich aus bereits in ihrem Antrag berücksichtigt. Grundsätzlich ist die Anrechnung nicht von Amts wegen im Kostenfestsetzungsverfahren zu berücksichtigen, da in einem Kostenfestsetzungsverfahren nach §§ 91, 103, 104 ZPO kein Amtsermittlungsprinzip herrscht.[14] Allerdings stellt sich hier die Frage, ob der Rechtspfleger die volle Verfahrensgebühr festsetzen muss, wenn er aus der Gerichtsakte erkennt, dass die volle (1,3) Geschäftsgebühr Nr. 2300 VV mit eingeklagt und auch im Urteil voll mit zu gesprochen ist. Denn nach § 91 Abs. 2 S. 1 ZPO sind nur die **gesetzlichen Gebühren und Auslagen** des Rechtsanwalts der obsiegenden Partei zu erstatten. Wenn aber im Innenverhältnis die Geschäftsgebühr auf die Verfahrensgebühr nach der Vorb. 3 Abs. 4 VV anzurechnen ist und die volle Geschäftsgebühr bereits ersichtlich tituliert ist, wird der Rechtspfleger im Hinblick auf § 91 Abs. 2 S. 1 ZPO nicht mehr festsetzen können, als die erstattungsberechtigte Partei tatsächlich an ihren Anwalt zahlen muss. Der Rechtspfleger wird also mE in dem Kostenfestsetzungsverfahren nach §§ 91, 103, 104 ZPO die Anrechnung einer Gebühr auf eine andere Gebühr auch dann berücksichtigten müssen, wenn für ihn klar ersichtlich ist, dass eine der beiden Gebühren bereits in vollem Umfange tituliert ist.[15]

Praxistipp:

Ist die Geschäftsgebühr bereits in vollem Umfange im Erkenntnisverfahren tituliert 15
worden und berücksichtigt die erstattungsberechtigte Partei in ihrem Kostenfestsetzungs- bzw. -ausgleichungsantrag die Anrechnung der Geschäftsgebühr auf die Verfahrensgebühr nach der Vorb. 3 Abs. 4 VV nicht, sollte die erstattungspflichtige Partei auf jeden Fall die Nichtberücksichtigung der Anrechnung einwenden!

Ein Dritter kann sich auf die im RVG vorgeschriebene Anrechnung einer Gebühr 16
auf eine andere Gebühr nach § 15a Abs. 2 RVG nur berufen,
- soweit er den Anspruch auf eine der beiden Gebühren erfüllt hat **(1. Alt.)**
- wenn wegen eines dieser Ansprüche gegen ihn ein Vollstreckungstitel besteht **(2. Alt.)**
- oder wenn beide Gebühren in demselben Verfahren gegen ihn geltend gemacht werden **(3. Alt.).**

2. Der Dritte hat eine der beiden Gebühren bereits erstattet (Abs. 2, 1. Alt.)

Die erstattungspflichtige Partei wird sich auf die Anrechnung nach der 1. Alt. des 17
§ 15a Abs. 2 RVG berufen können, soweit sie den Anspruch auf **eine der beiden Gebühren bereits erfüllt hat.**

Beispiel 1:

Der erstattungspflichtige Gegner hat die vorprozessual entstandene Geschäftsgebühr bereits an die erstattungsberechtigte Partei gezahlt. Eingeklagt wird nur die Hauptforderung, ohne die vorprozessuale Geschäftsgebühr. Nach Abschluss des Rechtsstreits beantragt der obsiegende Kläger dennoch die Festsetzung einer vollen 1,3 Verfahrensgebühr gegenüber dem unterlegenen Gegner. Der unterlegene Gegner wird sich, da er die Geschäftsgebühr bereits in vollem Umfange gezahlt hat, in dem Kostenfestsetzungsverfahren auf die Anrechnung der Geschäftsgebühr nach der Vorb. 3 Abs. 4 VV berufen können (§ 15a Abs. 2, 1 Alt. RVG). Im Kostenfestsetzungsverfah-

---

[14] *Hansens* RVGreport 2009,161,163 – Kap. II. 2.d); *Enders* JurBüro 2009, 393 (396) – Kap. 1.3.
[15] KG JurBüro 2010, 527.

§ 15a — Anrechnung einer Gebühr

ren wird dann nur noch eine um die anrechenbaren Teile der Geschäftsgebühr gekürzte Verfahrensgebühr festgesetzt werden können.

Beispiel 2:

Außergerichtlich macht Rechtsanwältin O auftragsgemäß gegenüber dem Gegner geltend:

Hauptforderung	10.000,00 EUR
Zinsen	500,00 EUR
1,3 Geschäftsgebühr, Auslagen und Umsatzsteuer	887,03 EUR

Der Gegner zahlt 3.000 EUR. Die Teilzahlung des Gegners wird nach § 367 BGB verrechnet auf Kosten, Zinsen und die Hauptforderung. Die restliche Forderung in Höhe von 8.387,03 EUR wird eingeklagt. Nach durchgeführter mündlicher Verhandlung obsiegt der Kläger in vollem Umfange.

Der Kläger muss sich im Rahmen der Kostenfestsetzung gegenüber dem Gegner nach §§ 91, 103, 104 ff ZPO die Geschäftsgebühr auf die Verfahrensgebühr nach der Vorb. 3 Abs. 4 VV anrechnen lassen, denn die Geschäftsgebühr ist bereits vom Beklagten gezahlt/erfüllt worden – § 15a Abs. 2 1. Alternative RVG.

Anzurechnen ist eine 0,65 Geschäftsgebühr nach einem Gegenstandswert von 8.387,03 EUR.

18 Hat die erstattungspflichtige Partei **nur die nicht anrechenbaren Teile** der Geschäftsgebühr Nr. 2300 VV erfüllt, wird sie sich **nicht** auf die Anrechnung der Geschäftsgebühr auf die Verfahrensgebühr nach der Vorb. 3 Abs. 4 VV berufen können.

19 Eine Erfüllung iSd § 15a Abs. 2, 1. Alt. RVG liegt nach OLG Köln[16] auch dann vor, wenn der anzurechnende Gebührenanspruch durch Aufrechnung erloschen ist.

3. Eine der beiden Gebühren ist bereits tituliert (Abs. 2, 2. Alt.)

20 **a) Geschäftsgebühr ist voll tituliert.** Nach der 2. Alt. des Abs. 2 des § 15a RVG kann der Dritte sich auf die Anrechnung berufen, wenn wegen einer der beiden Gebühren gegen ihn bereits ein Vollstreckungstitel besteht. Dies ist zB der Fall, wenn die vorprozessual entstandene Geschäftsgebühr Nr. 2300 VV in vollem Umfange mit eingeklagt wurde und im Urteil auch zugesprochen worden ist. Dann muss sich der erstattungspflichtige Gegner in der Kostenfestsetzung auf die Anrechnung der Geschäftsgebühr auf die Verfahrensgebühr nach der Vorb. 3 Abs. 4 VV berufen können.

Beispiel 1:

Der Klägervertreter hat seinen Mandanten zunächst außergerichtlich vertreten. Für die außergerichtliche Vertretung hat er abgerechnet:
Gegenstandswert: 19.000 EUR

1. 1,5 Geschäftsgebühr Nr. 2300 VV	1.044,00 EUR
2. Pauschale Nr. 7002 VV	20,00 EUR
3. 19 % Umsatzsteuer Nr. 7008 VV	202,16 EUR
	1.266,16 EUR.

Diese vorprozessualen Kosten in Höhe von 1.266,16 EUR wurden als materiell-rechtlicher Kostenerstattungsanspruch mit gegenüber dem Beklagten eingeklagt. Der Kläger obsiegt nach mündlicher Verhandlung in vollem Umfange. Auch der Betrag in Höhe von 1.266,16 EUR wurde ihm im Urteil zugesprochen.

In der Kostenfestsetzung nach §§ 103, 104 ZPO gegenüber dem Beklagten kann der Beklagte sich auf die Anrechnung der Geschäftsgebühr auf die Verfahrensgebühr berufen. Nur folgende Anwaltsvergütung wird für den Kläger festgesetzt werden können:

---

[16] OLG Köln JurBüro 2012, 22.

Gegenstandswert: 19.000 EUR
1. 1,3 Verfahrensgebühr Nr. 3100 VV   904,80 EUR
   abzüglich hierauf nach der Vorb. 3 Abs. 4 VV anzurechnender
   0,75 Geschäftsgebühr Nr. 2300 VV nach Wert: 19.000 EUR: 522,00 EUR
   verbleiben von der Verfahrensgebühr: 382,80 EUR
2. 1,2 Terminsgebühr Nr. 3104 VV   835,20 EUR
3. Pauschale Nr. 7002 VV   20,00 EUR
4. 19 % Umsatzsteuer Nr. 7008 VV   235,22 EUR
                                                                 1.473,22 EUR.

Nach BGH[17] ist eine titulierte Geschäftsgebühr auch dann auf die im gerichtlichen Verfahren entstandene Verfahrensgebühr anzurechnen, wenn der Prozessbevollmächtigte die Ansprüche außergerichtlich im Namen des **Zedenten** geltend gemacht hatte, dieser die Ansprüche dann abtritt und der **Zessionar** die Ansprüche gerichtlich geltend macht.

Ist die mit eingeklagte und in der Berufung zugesprochene Geschäftsgebühr noch nicht entsprechend der Vorb. 3 Abs. 4 VV auf die bereits erstinstanzlich angefallene Verfahrensgebühr angerechnet worden, ist sie **auf die in zweiter Instanz entstandene Verfahrensgebühr** anzurechnen.[18]

Bei **außergerichtlichen Regulierungsverhandlungen** zwischen dem Geschädigten und dem **(Gebäude-)Haftpflichtversicherer** ist die mit eingeklagte und zugesprochene Geschäftsgebühr auch dann auf die im nachfolgenden gerichtlichen Verfahren entstandene Verfahrensgebühr anzurechnen, wenn **im Prozess lediglich der Versicherungsnehmer** und nicht auch der (Gebäude-)Haftpflichtversicherer in Anspruch genommen wurde.[19]

Auch wenn **die Geschäftsgebühr zugunsten** des **Rechtsschutzversicherers** im Urteil tituliert ist, ist sie entsprechend der Vorb. 3 Abs. 4 VV auf die Verfahrensgebühr des gerichtlichen Verfahrens anzurechnen.[20]

Ist nach einer **wettbewerbsrechtlichen Unterlassungsverfügung** die in dem einstweiligen Verfügungsverfahren ergangene **Verfahrensgebühr** in vollem Umfang in der Kostenfestsetzung **tituliert** worden, kann die anspruchsberechtigte Partei die Geschäftsgebühr für die der einstweiligen Verfügung vorausgegangenen Abmahnung[21] nur noch in der Höhe erstattet verlangen, wie diese unter Berücksichtigung der Anrechnung nach der Vorb. 3 Abs. 4 VV verbleibt.[22]

Hatte der Rechtsanwalt mit seinem Mandanten für die vorprozessuale Tätigkeit eine Vergütungsvereinbarung geschlossen und verlangt er in der Klage die Erstattung der vereinbarten Vergütung in Höhe einer „fiktiven" Geschäftsgebühr (Nr. 2300 VV) und wird dieser Anspruch zugesprochen, ist die titulierte „fiktive" Geschäftsgebühr auf die Verfahrensgebühr des gerichtlichen Verfahrens nach der Vorb. 3 Abs. 4 VV iVm § 15a Abs. 2 (2. Alt.) RVG anzurechnen.[23] Dies auch dann, wenn der Rechtsanwalt in der Vergütungsvereinbarung mit seinem Mandanten die Anrechnung der vereinbarten Vergütung für die vorprozessuale Tätigkeit auf die Vergütung für das gerichtliche Verfahren ausgeschlossen hatte.

b) Geschäftsgebühr ist nur teilweise tituliert. Ist die Geschäftsgebühr in vollem Umfange mit eingeklagt worden, wird sie dann aber in dem Urteil oder in einem Vergleich nur teilweise tituliert, kann sich der Dritte auf die Anrechnung

---

[17] BGH JurBüro 2012, 188 = AGS 2012, 227.
[18] BGH JurBüro 2013, 190 = AGS 2012, 223.
[19] OLG München JurBüro 2012, 244.
[20] *Hansens* RVGreport 2011, 209.
[21] → § 15 Rn. 146.
[22] BGH AGS 2011, 423.
[23] BGH JurBüro 2014, 524; OLG Köln JurBüro 2014, 363.

nur insoweit berufen, als die Geschäftsgebühr tituliert ist. Bei der Anrechnung ist also nicht von der ursprünglichen eingeklagten Geschäftsgebühr auszugehen, sondern nur von der titulierten Geschäftsgebühr. In einem von OLG München[24] entschiedenen Fall war eine 1,3 Geschäftsgebühr nach einem Gegenstandswert von 10.914,63 EUR mit eingeklagt worden. In dem Vergleich hatten die Parteien vereinbart, dass nur eine 1,3 Geschäftsgebühr nach einem Gegenstandswert von 6.500 EUR vom Beklagten an den Kläger zu erstatten ist. Nach zutreffender Ansicht des OLG München hat es im Rahmen der Kostenausgleichung nur eine 0,65 Geschäftsgebühr aus einem Wert von 6.500 EUR auf die 1,3 Verfahrensgebühr beim Klägervertreter nach der Vorb. 3 Abs. 4 VV angerechnet.

27 In einem vom OLG Düsseldorf[25] entschiedenen Fall enthielt der Vergleich, der das Verfahren beendete, eine Regelung, wonach der Beklagte dem Kläger 90% der diesem entstandenen vorprozessualen Kosten zu erstatten hatte. Nach der Entscheidung des OLG Düsseldorf sind in diesem Fall auch nur 90 % des anrechenbaren Betrages aus der Geschäftsgebühr von der Verfahrensgebühr im Rahmen der Kostenausgleichung abzusetzen. Zunächst ist also ausgehend von der vollen eingeklagten Geschäftsgebühr der nach der Vorb. 3 Abs. 4 VV anrechenbare Betrag zu ermitteln. Davon sind dann 90 % im Rahmen der Anrechnung gemäß der Vorb. 3 Abs. 4 VV von der zur Ausgleichung kommenden Verfahrensgebühr des Klägers abzusetzen.

28 **aa) Vergleich „… zur Abgeltung aller Ansprüche …".**[26] Endet der Rechtsstreit mit einem **Vergleich** in welchem bestimmt ist, dass „…**zur Abgeltung aller Ansprüche…**" ein Betrag in Höhe von …EUR gezahlt wird, so ist mit dem zu zahlenden Vergleichsbetrag auch die Erstattung der vorprozessualen Kosten abgegolten. Dies unabhängig davon, ob diese mit eingeklagt wurden oder nicht. Wurde **in dem Vergleich** dann **nicht weiter geregelt,** ob und in welcher Höhe die Geschäftsgebühr in den Vergleichsbetrag eingeflossen ist und auch nicht bestimmt, ob überhaupt und ggf. wie die Geschäftsgebühr auf die Verfahrensgebühr in der Kostenausgleichung anzurechnen ist, gestaltet sich die Suche nach einer gerechten Lösung für die Anrechnung der Geschäftsgebühr auf die Verfahrensgebühr in der Kostenausgleichung äußerst schwierig.

29 Im **Innenverhältnis** (Abrechnungsverhältnis Rechtsanwalt/Mandant) ist zweifellos bei der Anrechnung der Geschäftsgebühr auf die Verfahrensgebühr nach der Vorb. 3 Abs. 4 VV von der vom Anwalt geforderten und **dem Mandanten in Rechnung gestellten Geschäftsgebühr auszugehen.**

30 Im **Erstattungsverhältnis** kann mE nicht von der Titulierung einer vollen Geschäftsgebühr im Vergleich ausgegangen werden, wenn es um die Frage geht, inwieweit die Geschäftsgebühr auf die Verfahrensgebühr nach der Vorb. 3 Abs. 4 VV anzurechnen ist. Da nach dem Vergleich die Hauptforderung nicht in vollem Umfang vom Gegner zu zahlen ist, muss wohl unterstellt werden, dass auch die mit eingeklagte oder erstattungsfähige Geschäftsgebühr nicht in vollem Umfang nach dem Vergleich (enthalten im Vergleichsbetrag) tituliert iSd § 15a Abs. 2, 2. Alt RVG ist. In der Rechtsprechung war dies zunächst umstritten.

31 Das **AG Bremen,**[27] das **OLG Saarbrücken,**[28] das **LG Trier**[29] und das **OLG Koblenz**[30] hatten entscheiden, dass die Anrechnung der Geschäftsgebühr auf die Verfahrensgebühr zu berücksichtigen sei.

---

[24] OLG München JurBüro 2010, 23.
[25] OLG Düsseldorf JurBüro 2012, 141.
[26] Ausführlich: *Enders* JurBüro 2010, 281 f.; das nachfolgende Kapitel ist teilweise zitiert nach *Enders* JurBüro 2010, 281 f.
[27] AG Bremen RVGreport 2009, 432 = AGS 2009, 566.
[28] OLG Saarbrücken JurBüro 2010, 194 = NJW-Spezial 2010, 92 = BeckRS 2010, 01777.
[29] LG Trier JurBüro 2010, 358.
[30] OLG Koblenz JurBüro 2010, 585.

Anrechnung einer Gebühr **§ 15a**

Anderer Meinung waren das **OLG Naumburg**,[31] das **OLG Karlsruhe**,[32] das **OLG Stuttgart**,[33] das **OLG Köln**,[34] das **OLG Nürnberg**,[35] das **OLG München**[36] und das **OLG Koblenz**:[37] Nach deren Rechtsprechung war die in der Vorb. 3 Abs. 4 VV vorgeschriebene Anrechnung der Geschäftsgebühr auf die Verfahrensgebühr in der Kostenfestsetzung bzw. Kostenausgleichung nicht zu berücksichtigen, wenn in dem das Verfahren beendeten Vergleich nicht geregelt worden war, dass auf die vorprozessual entstandene Geschäftsgebühr etwas zu erstatten sein sollte. 32

Zwischenzeitlich hat der **BGH**[38] die Problematik entschieden. In dem vom BGH entschiedenen Fall war eine vorprozessual entstandene Geschäftsgebühr mit eingeklagt worden. In einem Vergleich einigten sich die Parteien auf die Zahlung eines Betrags, ohne weitere Vereinbarung hinsichtlich der außergerichtlichen Rechtsanwaltsgebühren des Klägers. Nach der Entscheidung des BGH ist in diesem Fall die Verfahrensgebühr in vollem Umfang – **ohne Anrechnung der Geschäftsgebühr** – in der Kostenausgleichung zu berücksichtigen. Denn keine der drei Alternativen des § 15a Abs. 2 RVG, nach welcher die Anrechnung der Geschäftsgebühr auf die Verfahrensgebühr in der Kostenfestsetzung bzw. der Kostenausgleichung zu berücksichtigen sei, werde in diesem Fall erfüllt. 33

Das **AG Amberg**[39] hatte eine Sache zu entscheiden, in welcher der Kläger in der Klage als Nebenforderung und der Beklagte in einer Widerklage jeweils die Erstattung der vorprozessualen Kosten verlangten. Die Sache endet durch einen Vergleich, in welchem die Parteien vereinbart hatten, dass durch die Zahlung eines pauschalen Betrags sämtliche Ansprüche und Gegenansprüche abgegolten sind, ohne das spezifiziert wurde, was jeweils auf die vorprozessualen Kosten des anderen zu erstatten war. Nach der Entscheidung des AG Amberg war in diesem Fall die Anrechnung der Geschäftsgebühr weder auf der Kläger- noch auf der Beklagtenseite in dem jeweiligen Kostenausgleichungsantrag zu berücksichtigen. 34

Praxistipp:

Ist für die vorprozessuale Tätigkeit des späteren Prozessbevollmächtigten eine Geschäftsgebühr Nr. 2300 VV entstanden, sollte, wenn ein Vergleich „... zur Abgeltung aller Ansprüche ..." geschlossen wird, in dem Vergleich klargestellt werden, ob und inwieweit die Geschäftsgebühr in dem Vergleichsbetrag tituliert worden ist.[40] Hierzu wird auf die nachfolgenden Formulierungsvorschläge verwiesen. 35

Formulierungsvorschlag:

1. Der Beklagte verpflichtet sich, zum Ausgleich der eingeklagten Hauptforderung und der Zinsen an den Kläger einen Betrag in Höhe von ... EUR zu zahlen. 36

2. Der Beklagte verpflichtet sich weiter, an den Kläger eine 1,3 Geschäftsgebühr Nr. 2300 VV RVG nach einem Wert von ... EUR zzgl. Auslagen und Umsatzsteuer, insgesamt in Höhe von ...EUR zu zahlen.

---

[31] OLG Naumburg JurBüro 2010, 298; OLG Naumburg JurBüro 2010, 299 = AGS 2010, 211.
[32] OLG Karlsruhe AGS 2010, 209.
[33] OLG Stuttgart AGS 2010, 212 und so auch OLG Stuttgart Beschl. v. 20.1.2010 – 8 W 13/10, JurBüro 2010, 584.
[34] OLG Köln JurBüro 2010, 526.
[35] OLG Nürnberg JurBüro 2010, 582.
[36] OLG München JurBüro 2010, 583.
[37] OLG Koblenz JurBüro 2010, 584.
[38] BGH Beschl. v. 7.12.2010 – VI ZB 45/10, JurBüro 2011, 188.
[39] AG Amberg JurBüro 2010, 250.
[40] *Enders* JurBüro 2010, 281 (283 mit Checkliste).

§ 15a Anrechnung einer Gebühr

3. Der Kläger trägt 60 % der Kosten des Rechtsstreits und des Vergleichs, der Beklagte 40 % dieser Kosten.

Formulierungsvorschlag:

37 1. Der Beklagte verpflichtet sich, zum Ausgleich aller Ansprüche an den Kläger einen Betrag in Höhe von ... EUR zu zahlen.

2. In dem Vergleichsbetrag enthalten ist eine vorprozessual entstandene 1,3 Geschäftsgebühr Nr. 2300 VV RVG nach einem Wert von ...EUR.

3. Der Kläger trägt 60 % der Kosten des Rechtsstreits und des Vergleichs, der Beklagte 40 % dieser Kosten.

Praxistipp:

38 Ist der Mandant rechtsschutzversichert und ist der Rechtsschutzversicherer auch für die vorprozessualen Kosten eintrittspflichtig, so ist der Kostenerstattungsanspruch des Mandanten mit der Zahlung der vorprozessualen Kosten durch den Rechtsschutzversicherer an den Rechtsanwalt auf den Rechtsschutzversicherer gem. § 86 VVG übergegangen. Daher ist bei Abschluss eines Vergleichs
- darauf zu achten, dass auch die vorprozessualen Kosten entsprechend dem Verhältnis „Obsiegen/Unterliegen" erstattet werden
- und falls im Rahmen des Vergleichs auf den Kostenerstattungsanspruch ganz oder teilweise verzichtet wird, der Vergleich vor Abschluss mit dem Rechtsschutzversicherer abzustimmen.

39 **bb) Im Vergleich wird ein fester Betrag vereinbart, der auf die vorprozessualen Kosten zu erstatten ist.** Problematisch wird es auch dann mit der Anrechnung der Geschäftsgebühr auf eine Verfahrensgebühr nach der Vorb. 3 Abs. 4 VV, wenn in einem **Vergleich** nur ein **fester Betrag** als Erstattungsbetrag auf die vorprozessualen Kosten ausgewiesen ist und nicht nachvollziehbar ist, wie sich dieser Betrag zusammensetzt. ME ist in diesen Fällen von der vorprozessual entstandenen und voll mit eingeklagten Geschäftsgebühr zzgl. Auslagen und Umsatzsteuer auszugehen und aus diesen sind die nicht anrechenbaren Teile zu ermitteln. Dann ist zu vergleichen, ob der auf die vorprozessualen Kosten zu erstattende Betrag höher ist als die nicht anrechenbaren Teile der vorprozessualen Geschäftsgebühr. Ist dies der Fall, ist nur der über die nicht anrechenbaren Teile hinausgehende Betrag anzurechnen. Ist der auf die vorprozessualen Kosten zu erstattende Betrag niedriger als die nicht anrechenbaren Teile der vorprozessualen Kosten, ist nichts anzurechnen.[41] Ist der Kläger nicht zum Abzug der Vorsteuer berechtigt, ist die vorstehende Gegenüberstellung entweder nur mit Nettobeträgen (ohne Umsatzsteuer) oder nur mit Bruttobeträgen (inklusive Umsatzsteuer) durchzuführen. Ähnlich verfährt das OLG Stuttgart.[42]

Praxistipp:

40 Wird in dem Vergleich ein fester Betrag festgeschrieben, der auf die vorprozessualen Kosten zu erstatten ist, so sollte im Vergleich weiter geregelt werden, ob überhaupt und ggf. in welchem Umfang die Anrechnung der Geschäftsgebühr auf die Verfahrensgebühr in der Kostenfestsetzung oder der Kostenausgleichung berücksichtigt werden soll.

41 In einem vom Thüringer OLG[43] zu entscheidenden Fall hatten die Parteien in dem das Verfahren beendeten Vergleich folgendes vereinbart: „*... die Parteien sind*

---

[41] Enders JurBüro 2009, 505 f. mit Berechnungsbeispielen.
[42] OLG Stuttgart Beschl. v. 3.8.2010 – 8 W 337/10.
[43] Thüringer OLG JurBüro 2012, 142.

sich darüber einig, dass der Beklagte an den Kläger 1.099 EUR als vorgerichtliche Rechtsanwaltsgebühren zahlt, die auf die Verfahrensgebühr anzurechnen sind ... ". Das Thüringer OLG hat entschieden, dass die Geschäftsgebühr dennoch nur zur Hälfte, höchstens mit 0,75 auf die Verfahrensgebühr des gerichtlichen Verfahrens anzurechnen sei. Hier müsse der Wille der Parteien bei Abschluss des Vergleichs nach Wortlaut und Sinnzusammenhang der Formulierungen im Vergleich ermittelt werden. Nach Ansicht des Thüringer OLG (aaO) ist aus dem Vergleich nicht eindeutig zu entnehmen, dass die Parteien eine von der gesetzlichen Regelung abweichende Anrechnung vereinbaren wollten.

cc) Nach dem Vergleich ist nichts auf die Geschäftsgebühr zu erstatten. 42
Ist im Vergleich klargestellt,
– dass der Vergleichsbetrag nur zur Abgeltung der geltend gemachten Hauptforderung gezahlt wird
– oder dass auf die vorprozessuale Geschäftsgebühr nichts vom Beklagten zu erstatten ist
– oder dass der Kläger auf die weitere Geltendmachung der vorprozessualen Geschäftsgebühr verzichtet,
ist die in der Vorb. 3 Abs. 4 VV vorgeschriebene Anrechnung der Geschäftsgebühr auf die Verfahrensgebühr in der Kostenfestsetzung bzw. Kostenausgleichung nicht zu berücksichtigen. Denn keine der drei Alternativen des § 15a Abs. 2 RVG greift dann.[44]

dd) Nur teilweise Obsiegen des Klägers. Hat der Kläger in dem bürgerlichen 43
Rechtsstreit **nur teilweise obsiegt,** so wird ihm das Gericht nicht die vollen, in der Klageschrift mit geltend gemachten vorprozessualen Kosten zusprechen können. Für die Frage der Anrechnung der Geschäftsgebühr auf die Verfahrensgebühr nach der Vorb. 3 Abs. 4 VV im **Erstattungsverhältnis** ist es zunächst einmal von Bedeutung, welche Beträge das Gericht auf die vorprozessualen Kosten zugesprochen hat und wie es diese berechnet hat. Ist das Gericht dem BGH[45] gefolgt, und hat die **Geschäftsgebühr neu nach dem Wert die Ansprüche berechnet,** die dem Kläger letztlich **zugesprochen worden sind,** so ist bei der Anrechnung von der im Urteil zugesprochenen Geschäftsgebühr auszugehen. Denn insoweit ist die Geschäftsgebühr tituliert, so dass nur insoweit § 15 Abs. 2, 2. Alt. RVG zur Anwendung kommt.[46]

Folgt das Gericht nicht der Auffassung des BGH[47] sondern geht bei der Ermitt- 44
lung der zuzusprechenden vorprozessualen Kosten von den **vorprozessualen entstandenen Gesamtkosten** aus und spricht dem Kläger **hiervon den Teil zu,** der sich nach dem **Verhältnis Obsiegen/Unterliegen** errechnet, ist mE bei der Anrechnung der Geschäftsgebühr im **Erstattungsverhältnis** wie folgt vorzugehen: Auszugehen ist von der eingeklagten Geschäftsgebühr. Hieraus ist der anzurechnende Betrag zu ermitteln. Der anzurechnende Betrag fließt aber nur in dem Umfange in die Kostenausgleichung ein, als die Geschäftsgebühr zugesprochen worden ist. Sind also zB nur 70 % der vorprozessualen Kosten zugesprochen, sind auch nur 70 % des anzurechnenden Betrags aus der vollen eingeklagten Geschäftsgebühr als Anrechnung auf die Verfahrensgebühr in der Kostenausgleichung einzustellen.[48]

---

[44] OLG Stuttgart JurBüro 2010, 136.
[45] BGH JurBüro 2008, 190.
[46] *Enders* JurBüro 2010, 449 (451).
[47] BGH JurBüro 2008, 190.
[48] Vergleiche: Ausführlich und mit Berechnungsbeispielen *Enders* JurBüro 2007, 561 (562) – Kap 2; *N. Schneider* RENOpraxis 2007, 102 (103); *Hansens* RVGreport 2007, 285 – Kap. XIII. 2. Beispiel 18.

§ 15a

45 Wird die Klage wegen der vorprozessualen Kosten teilweise deshalb abgewiesen, weil das Gericht nicht von dem eingeklagten Gebührensatz der Geschäftsgebühr ausgeht, sondern **die Geschäftsgebühr nach einem niedrigeren Gebührensatz** berechnet hat, etwa weil es den geforderten Gebührensatz als überhöht ansieht, so ist bei der Anrechnung im Erstattungsverhältnis nur von dem zugesprochenen niedrigeren Gebührensatz auszugehen. Denn nur insoweit ist die Geschäftsgebühr tituliert und nur insoweit greift § 15a Abs. 2, 2. Alt. RVG.[49]

Beispiel 2:

Eingeklagt war eine 1,9 Geschäftsgebühr. Das Gericht spricht nur eine 1,1 Geschäftsgebühr zu. Bei der Anrechnung in der Kostenfestsetzung ist nur eine 0,55 Geschäftsgebühr auf die Verfahrensgebühr des gerichtlichen Verfahrens nach der Vorb. 3 Abs. 4 VV anzurechnen.

46 **c) Geschäftsgebühr nicht zugesprochen.** Wurde die Geschäftsgebühr in vollem Umfang mit eingeklagt, wird aber die Geschäftsgebühr nicht zugesprochen, etwa weil die Klage insoweit teilweise abgewiesen wird, ist die Anrechnung der Geschäftsgebühr auf die Verfahrensgebühr in der Kostenfestsetzung gegenüber dem erstattungspflichtigen Gegner **nicht** zu berücksichtigen.[50] Denn der erstattungspflichtige Gegner kann sich in diesem Falle nicht auf die Anrechnung berufen, da die Geschäftsgebühr eben nicht tituliert worden ist.

47 **d) Geschäftsgebühr wird nicht mit eingeklagt.** Wird eine zwar vorprozessual entstandene Geschäftsgebühr nicht mit eingeklagt und folglich der Erstattungsanspruch auch nicht tituliert, ist im Erstattungsverhältnis die Anrechnung der Geschäftsgebühr auf die Verfahrensgebühr nicht zu berücksichtigen. Der obsiegende Kläger kann in diesen Fällen die volle Verfahrensgebühr in seinem Kostenfestsetzungsantrag einstellen. In diesen Fällen wird sich der erstattungspflichtige Beklagte nicht auf die Anrechnung der Geschäftsgebühr auf die Verfahrensgebühr nach der Vorb. 3 Abs. 4 VV berufen können, da kein Fall der 2. Alt. des § 15a Abs. 2 RVG gegeben ist. Nur wenn in diesem Fall die Geschäftsgebühr bereits von der erstattungspflichtigen Partei gezahlt worden wäre, könnte sich diese nach der 1. Alt. des § 15a Abs. 2 RVG auf die Anrechnung berufen.

48 Gleiches gilt, wenn der Beklagte die ihm entstandenen vorprozessualen Kosten nicht im Rahmen einer Widerklage in den Prozess eingebracht hatte, im Verfahren obsiegt und dann Erstattung der ihm im gerichtlichen Verfahren entstandenen Kosten vom Kläger verlangt. Da die **Geschäftsgebühr nicht zugunsten des Beklagten tituliert ist,** und auch keine andere Alternative des § 15a Abs. 2 RVG greift, kann der Beklagte in seinen Kostenfestsetzungsantrag die volle Verfahrensgebühr einstellen, ohne die Anrechnung der Geschäftsgebühr auf die Verfahrensgebühr zu berücksichtigen.

49 Würde der **Beklagte** dann in einem **zweiten Rechtsstreit** seinerseits die vorprozessualen Kosten einklagen, damit ihm der Kläger des ersten Rechtsstreits diese Kosten erstattet, würde sich der Kläger in diesem Rechtsstreit auf die Anrechnung der Geschäftsgebühr auf die Verfahrensgebühr nach der Vorb. 3 Abs. 4 VV berufen können. Denn jetzt ist die Verfahrensgebühr tituliert und die erstattungspflichtige Partei könnte sich nach § 15 Abs. 2, 2. Alt. RVG auf die Anrechnung der Geschäftsgebühr berufen.

50 **e) Nur die nicht anrechenbaren Teile der Geschäftsgebühr werden mit eingeklagt.** Wurden nur die nicht anrechenbaren Teile der Geschäftsgebühr mit eingeklagt und sind nur diese tituliert, so kann der erstattungspflichtige Beklagte sich nicht auf die Anrechnung der Geschäftsgebühr auf die Verfahrensgebühr nach der Vorb. 3 Abs. 4 VV berufen. Denn hier wurde die Anrechnung bereits bei

---

[49] Ausführlich Enders JurBüro 2009, 449, 450 mit Berechnungsbeispiel.
[50] OLG Saarbrücken Beschl. v. 6.5.2016 – 9 W 30/15.

Anrechnung einer Gebühr **§ 15a**

Abrechnung der vorprozessualen Vergütung berücksichtigt; es wurden nur die nicht anrechenbaren Teile eingeklagt und nur diese sind tituliert.

Praxistipp:
Werden nur die nicht anrechenbaren Teile der Geschäftsgebühr mit eingeklagt, 51
sollte in die Klagebegründung die Berechnung mit aufgenommen werden, wie sich
die in der Klage mit geldend gemachten Kosten zusammen setzen. Es muss nachvollziehbar dargelegt werden, dass hier nur die nach der Anrechnung (Vorb. 3 Abs. 4 VV)
verbleibenden Teile der vorprozessualen Geschäftsgebühr eingeklagt wurden, damit
für das anschließende Kostenfestsetzungsverfahren klar ist, dass hier keine Anrechnung der Geschäftsgebühr auf die Verfahrensgebühr des gerichtlichen Verfahrens
mehr vorzunehmen ist.

4. Beide Gebühren werden in demselben Verfahren geltend gemacht (Abs. 2, 3 Alt.)

Ein Dritter kann sich auf die Anrechnung berufen, wenn beide Gebühren in 52 demselben Verfahren geltend gemacht werden. Was ist unter „demselben Verfahren" zu verstehen? ME handelt es sich **nicht** um dasselbe Verfahren, wenn die Geschäftsgebühr im Erkenntnisverfahren mit eingeklagt wird und die Verfahrensgebühr in dem sich anschließenden Kostenfestsetzungsverfahren nach §§ 103, 104 ZPO angesetzt wird.[51] Denn würde man in diesen Fällen „dasselbe Verfahren" iSd § 15a Abs. 2 3. Alt. RVG unterstellen, würde dies zumindest dann zu Ungerechtigkeiten führen, wenn die im Erkenntnisverfahren geltend gemachte Geschäftsgebühr nicht zugesprochen wird.

Beispiel 1:
Die vorprozessual entstandene Geschäftsgebühr zzgl. der Nebenkosten wird in der Klage geltend gemacht. Das Gericht spricht die Hauptforderung zu, weist jedoch die Klage wegen der vorprozessualen Kosten ab. Im Kostenfestsetzungsverfahren gegenüber dem unterlegenen Beklagten kann der Kläger die volle Verfahrensgebühr geltend machen, ohne hier die Anrechnung der Geschäftsgebühr auf die Verfahrensgebühr nach der Vorb. 3 Abs. 4 VV zu berücksichtigen.

Würde man unterstellen, dass es sich bei dem Erkenntnisverfahren und dem anschließenden Kostenfestsetzungsverfahren um dasselbe Verfahren iSd § 15a Abs. 2 3. Alt. RVG handelt, könnte sich der Beklagte in diesem Fallbeispiel auf die Anrechnung berufen. Dies würde dann zu dem Ergebnis führen, dass die Geschäftsgebühr – obwohl der Beklagte sie nicht an den Kläger zu erstatten hätte – auf die Verfahrensgebühr nach der Vorb. 3 Abs. 4 VV auch im Erstattungsverhältnis anzurechnen wäre. Dies führt aber genau zu den Ergebnissen, zu denen auch die BGH Rechtsprechung[52] aus dem Jahre 2008 führte, und von denen der Gesetzgeber durch Einführung des § 15a RVG „weg wollte".

„Dasselbe Verfahren" ist mE dann anzunehmen, wenn beide Gebühren in **dem-** 53 **selben Kostenfestsetzungsverfahren** geltend gemacht werden. In einem vom BGH zu entscheidenden Fall ging es um die Frage, ob die Geschäftsgebühr, die der Rechtsanwalt für seine Tätigkeit im Nachprüfungsverfahren vor der Vergabekammer erhält, auf die Verfahrensgebühr des Beschwerdeverfahrens anzurechnen ist. Beide Gebühren waren in dem Kostenfestsetzungsverfahren, das dem Beschwerdeverfahren folgte, in vollem Umfang geltend gemacht worden. Der BGH[53] hat dann entschieden, dass die Geschäftsgebühr nach der Vorb. 3 Abs. 4 VV auf die Verfahrensgebühr des Beschwerdeverfahrens anzurechnen sei, da es sich bei

---
[51] So auch: OLG München JurBüro 2010, 23; OLG Stuttgart JurBüro 2010, 136.
[52] ZB BGH NJW 2008, 1323.
[53] BGH JurBüro 2010, 78.

Enders

dem vorliegenden Kostenfestsetzungsverfahren um „dasselbe Verfahren" iSv § 15 Abs. 2, 3. Alt. RVG handele.

Beispiel 2:

Der Rechtsanwalt hat in einem selbständigen Beweisverfahren und in einem bürgerlichen Rechtsstreit zur Hauptsache vertreten. Die Kosten des selbständigen Beweisverfahrens folgen denen der Hauptsache. In dem Kostenfestsetzungsverfahren (der Hauptsache) nach §§ 103, 104 ZPO macht der Kläger dann sowohl ein 1,3 Verfahrensgebühr für das selbständige Beweisverfahren als auch eine 1,3 Verfahrensgebühr für das Hauptsacheverfahren geltend. Hier kann sich jetzt der erstattungspflichtige Beklagte darauf berufen, dass die Verfahrensgebühr für das selbständige Beweisverfahren nach der Vorb. 3 Abs. 5 VV auf die Verfahrensgebühr für das Hauptsacheverfahren anzurechnen ist. Hier kommt § 15 Abs. 2, 3. Alt. RVG zur Anwendung. Die beiden anderen Alternativen des § 15 Abs. 2 RVG würden hier nicht greifen. Denn keine der beiden Verfahrensgebühren ist durch den erstattungspflichtigen Beklagten bereits gezahlt worden, so dass § 15 Abs. 2, 1. Alt. RVG nicht zur Anwendung käme. Auch ist hier keine der beiden Gebühren bereits tituliert, so dass auch § 15a Abs. 2, 2. Alt. RVG nicht angewandt werden könnte.

54 Auch in verwaltungsrechtlichen Angelegenheiten wird öfter § 15a Abs. 2, 3. Alt. RVG anzuwenden sein. Sind die Kosten des vorprozessualen Rechtsbehelfsverfahrens zu erstatten, wird im Anschluss eines nachfolgenden gerichtlichen Verfahrens neben der Geschäftsgebühr für das vorprozessuale Rechtsbehelfsverfahrens auch eine Verfahrensgebühr für das gerichtliche Verfahren zur Festsetzung angemeldet werden. Hier kann sich die erstattungspflichtige Partei auf die Anrechnung der Geschäftsgebühr auf die Verfahrensgebühr nach der Vorb. 3 Abs. 4 VV berufen.

IV. Anrechnung der Geschäftsgebühr auf die Verfahrensgebühr bei Prozess- oder Verfahrenskostenhilfe

55 Ist der Rechtsanwalt im Rahmen der **Beratungshilfe** für den Mandanten tätig, ist die Beratungsgebühr der Nr. 2501 VV in vollem Umfange auf die aus der Staatskasse zu zahlende Verfahrensgebühr Nr. 3100 VV anzurechnen, wenn für das nachfolgende gerichtliche Verfahren dem Mandanten Prozess- oder Verfahrenskostenhilfe bewilligt und der Rechtsanwalt beigeordnet wurde (Abs. 2 der Anm. zu Nr. 2501 VV). Hat der Rechtsanwalt außergerichtlich im Rahmen der gewährten Beratungshilfe vertreten, ist die Geschäftsgebühr der Nr. 2503 VV nach Maßgabe von Abs. 2 der Anm. zu Nr. 2503 VV anzurechnen. Danach ist die Geschäftsgebühr auf die Gebühren für ein anschließendes gerichtliches oder behördliches Verfahren zur Hälfte anzurechnen. Auf die Gebühren für ein Verfahren auf Vollstreckbarerklärung eines Vergleichs nach den §§ 796a, 796b und 796c Abs. 2 S. 2 ZPO ist die Gebühr zu einem Viertel anzurechnen. Im Falle der Beratungshilfe wird der Rechtsanwalt die anrechenbaren Beträge einer Beratungsgebühr Nr. 2501 VV und einer Geschäftsgebühr Nr. 2503 VV nicht auf die Differenz zwischen den Prozesskostenhilfegebühren und den Wahlanwaltsgebühren in Anwendung von § 58 Abs. 2 RVG verrechnen können.[54]

56 Wurde der Rechtsanwalt nicht im Rahmen der Beratungshilfe tätig, sondern hat den Mandanten als sogenannter **Wahlanwalt** außergerichtlich vertreten, fällt für die außergerichtliche Vertretung in der Regel die Geschäftsgebühr der Nr. 2300 VV an. Es stellt sich dann die Frage, ob und wie diese Geschäftsgebühr auf die aus der Staatskasse zu zahlende Verfahrensgebühr anzurechnen ist, wenn

---

[54] So Gerold/Schmidt/*Müller-Rabe* § 58 Rn. 30 mwN; Anderer Meinung: Schneider/Wolf/ *Fölsch* VV 2501 Rn. 21 und VV 2503 Rn. 18.

… dem Mandanten für das nachfolgende gerichtliche Verfahren Prozess- oder Verfahrenskostenhilfe bewilligt wurde und der Rechtsanwalt beigeordnet wurde. Es gilt auch hier grundsätzlich die Anrechnungsvorschrift der Vorb. 3 Abs. 4 VV iVm § 15a Abs. 1 RVG.

Hat der Rechtsanwalt **keine Zahlung** auf die Geschäftsgebühr von seinem Mandanten, dem Gegner oder einem Dritten erhalten, ist die in der Vorb. 3 Abs. 4 VV vorgeschriebene Anrechnung der Geschäftsgebühr auf die Verfahrensgebühr nicht zu berücksichtigen. Die Staatskasse hat in diesem Fall die volle Verfahrensgebühr an den beigeordneten Rechtsanwalt zu zahlen.[55] Denn nach § 55 Abs. 5 S. 2 RVG hat der Festsetzungsantrag des beigeordneten Rechtsanwalts wegen seiner Vergütung gegenüber der Staatskasse nur die Erklärung zu enthalten, ob und welche Zahlungen der Rechtsanwalt bis zum Tage der Antragstellung erhalten hat. Er hat nicht anzugeben, ob eine Geschäftsgebühr entstanden ist. Folglich mindert eine zwar entstandene, aber nicht gezahlte Geschäftsgebühr den Vergütungsanspruch des beigeordneten Rechtsanwalts gegenüber der Staatskasse nicht. Dasselbe gilt auch dann, wenn zugunsten der Partei, der Prozesskostenhilfe bewilligt worden ist, der Erstattungsanspruch gegenüber dem Gegner zwar tituliert worden ist, aber der Gegner noch keine Zahlung geleistet hat.[56] 57

Zahlt der Mandant oder Gegner die Geschäftsgebühr an den Rechtsanwalt, nachdem dieser bereits die volle Verfahrensgebühr aus der Staatskasse erhalten hat, hat dem Rechtsanwalt nach § 55 Abs. 5 S. 4 RVG die Zahlungen gegenüber der Staatskasse unverzüglich anzuzeigen. Die Frage der Anrechnung der Geschäftsgebühr auf die Verfahrensgebühr nach der Vorb. 3 Abs. 4 VV ist dann wieder neu zu prüfen. Unter Umständen wird der Rechtsanwalt die anrechenbaren Teile an die Staatskasse zurückzahlen müssen. 58

Hat der Mandant oder ein Dritter maximal die **nicht anrechenbaren Teile** der Geschäftsgebühr zzgl. Auslagen und hierauf entfallende Umsatzsteuer an den für das nachfolgende gerichtliche Verfahren beigeordneten Rechtsanwalt **gezahlt,** mindert sich die aus der Staatskasse zu zahlende Verfahrensgebühr ebenfalls nicht in Folge der in der Vorb. 3 Abs. 4 VV vorgeschriebenen Anrechnung der Geschäftsgebühr auf die Verfahrensgebühr.[57] Denn nach § 15a Abs. 1 RVG kann der Rechtsanwalt, falls die Gebühren von verschiedenen Personen geschuldet werden, wählen, welchen Schuldner er in Anspruch nimmt.[58] 59

Wenn die **volle Geschäftsgebühr** von dem Mandanten oder einem Dritten an den beigeordneten Rechtsanwalt **gezahlt** ist, sollte versucht werden, die anrechenbaren Teile zunächst auf die Differenz zwischen der Prozess-/Verfahrenskostenhilfevergütung und der Wahlanwaltsvergütung zu verrechnen.[59] Nur wenn die anrechenbaren Teile der Geschäftsgebühr die Differenz zwischen der Prozess-/Verfahrenskostenhilfevergütung und der Wahlanwaltsvergütung übersteigen, mindert sich dann die aus der Staatskasse an den beigeordneten Rechtsanwalt zu zahlende Vergütung um den übersteigenden Betrag. Es ist allerdings umstritten, 60

---

[55] Gerold/Schmidt/*Müller-Rabe* § 58 Rn. 37; *Enders* JurBüro 2008, 561; OLG Frankfurt a.M. Beschl. v. 6.3.2012 – 1 WF 58/12, JurBüro 2013, 21; OLG Frankfurt a.M. Beschl. v. 21.5.2013 – 18 W 68/13, JurBüro 2013, 467; Brandenburgisches OLG JurBüro 2011, 580. Dies wurde auch schon vor Inkrafttreten der Neuerungen in § 55 Abs. 5 S. 2 ff. RVG in der Rechtsprechung der Oberlandesgerichte vertreten: OLG Stuttgart JurBüro 2008, 245 = RVGreport 2008, 108; OLG Oldenburg JurBüro 2009, 21; OLG München JurBüro 2009, 472; LSG Bayern BeckRS 2015, 73380.
[56] OLG Düsseldorf JurBüro 2011, 581.
[57] *Enders* JurBüro 2009, 393 (398).
[58] → § 15a Rn. 5 und Praxistipp → Rn. § 15a Rn. 9.
[59] Berechnungsbeispiel bei *Enders* JurBüro 2009, 393 (399); *Enders* Rn. 1600.

§ 15a Anrechnung einer Gebühr

ob eine derartige Verrechnung in analoger Anwendung des § 58 Abs. 2 RVG in diesen Fällen möglich ist.[60]

61 Vertritt das zuständige Oberlandesgericht die Meinung, dass, wenn der Mandant oder ein Dritter die volle Geschäftsgebühr an den beigeordneten Rechtsanwalt gezahlt hatte, der anzurechnende Betrag nicht auf die Differenz zwischen Prozess-/Verfahrenskostenhilfevergütung und der Wahlanwaltsvergütung verrechnet werden könnte, stellt sich weiter die Frage, um welchen Betrag die aus der Staatskasse zu zahlende Verfahrensgebühr infolge der in der Vorb. 3 Abs. 4 VV vorgeschriebenen Anrechnung zu mindern ist: Um die anrechenbaren Teile der Geschäftsgebühr entnommen aus der Wahlanwaltsgebührentabelle des § 13 RVG **oder** um die anrechenbaren Teile der Geschäftsgebühr entnommen aus der Prozess-/Verfahrenskostenhilfetabelle des § 49 RVG. Letzteres ist zutreffend.[61]

V. Geltungsbereich

62 § 15a RVG gilt nicht nur für die Anrechnung der Geschäftsgebühr nach der Vorb. 3 Abs. 4 VV auf die Verfahrensgebühr, sondern erfasst **alle im RVG vorgesehene Anrechnungsfälle.** § 15a RVG erfasst also zB auch
- die Anrechnung der Verfahrensgebühr für die Vertretung des Antragstellers oder des Antragsgegners im gerichtlichen Mahnverfahren auf die Verfahrensgebühr eines nachfolgenden Rechtsstreits (Nr. 3305 Anm. VV und 3307 Anm. VV)
- die Anrechnung einer im selbständigen Beweisverfahren entstandenen Verfahrensgebühr auf die im Hauptsacheverfahren entstandene Verfahrensgebühr des Rechtszugs (Vorb. 3 Abs. 5 VV)
- die Anrechnung einer vor Zurückverweisung entstandenen Verfahrensgebühr auf die im weiteren Verfahren nach Zurückverweisung entstandene Verfahrensgebühr (Vorb. 3 Abs. 6 VV)
- die Anrechnung der Verfahrensgebühr für ein vereinfachtes Verfahren über den Unterhalt Minderjähriger auf die Verfahrensgebühr eines nachfolgenden Rechtsstreits – §§ 651 und 656 ZPO – (Nr. 3100 Anm. Ziff. 1 VV)
- die Anrechnung der Verfahrensgebühr für einen Urkunden- oder Wechselprozess auf die Verfahrensgebühr für das ordentliche Verfahren (Nr. 3100 Anm. Ziff. 2 VV).

63 In all den Fällen, in denen das RVG eine Anrechnung einer Gebühr auf eine andere Gebühr vorsieht, hat der Rechtsanwalt also das Wahlrecht, welche Gebühr er in vollem Umfang abrechnet und bei welcher Gebühr er die im Gesetz vorgeschriebene Anrechnung rechnerisch berücksichtigt.

64 Durch geschicktes Taktieren bei der Ausübung seines Wahlrechts bei der Abrechnung der Vergütung gegenüber dem Mandanten wird der Rechtsanwalt dem Mandanten mE in der Kostenerstattung zu Vorteilen verhelfen können.[62] Dies insbeson-

---

[60] Verrechnung nach § 58 Abs. 2 RVG möglich: *Enders* JurBüro 2005, 281 und 2005, 341 und JurBüro 2009, 398 ff.; *Enders* Rn. D 169; Schneider/Wolf/N. *Schneider/Fölsch* § 58 Rn. 16; *Müller-Rabe* NJW 2009, 2913 (2915 – Kap. 7); OLG Braunschweig FamRZ 2011, 1683, RVGprofessionell 2011, 151; OLG Frankfurt a.M. Beschl. v. 27.4.2006 – 6 WF 32/06, RVG-Letter 2006, 118 = JurBüro 2007, 149; OLG Frankfurt a.M. JurBüro 2014, 411; KG JurBüro 2009, 187; OLG München JurBüro 2010, 193; OLG Schleswig MDR 2008, 947; Brandenburgisches OLG JurBüro 2011, 580; OLG Koblenz, JurBüro 2013, 186; **Anderer Meinung**: zB OLG Hamm RVGreport 2009, 458; Nds OVG RVGreport 2008, 221; OVG Hamburg JurBüro 2009, 137; OLG Oldenburg Beschl. v. 12.6.2008 – 13 WF 111/08, JurBüro 2008, 527 – anders wohl OLG Oldenburg FamRZ 2012, 244; OLG Koblenz Beschl. v. 14.11.2008 – 9 WF 728/08, JurBüro 2009, 310.

[61] OLG Bamberg JurBüro 2008, 640; OLG Celle JurBüro 2009, 135; OLG Düsseldorf JurBüro 2009, 133; OLG Düsseldorf JurBüro 2009, 188.

[62] *Hansens* RVGreport 2009, 201 (205 – Kap. III.).

Anrechnung einer Gebühr § 15a

dere dann, wenn hinsichtlich der der Anrechnung unterliegenden Gebühren unterschiedliche Kostenentscheidungen bestehen.

Beispiel 1:
Der Rechtsanwalt vertritt den Antragssteller zunächst in einem selbständigen Beweisverfahren. In dem selbständigen Beweisverfahren nimmt der Rechtsanwalt den von dem gerichtlich bestellten Sachverständigen bestimmten Termin wahr.

Der Rechtsanwalt vertritt den Antragssteller/Kläger auch in dem anhängigen Rechtsstreit zur Hauptsache als Prozessbevollmächtigter. Auch in dem Rechtsstreit zur Hauptsache vertritt er den Mandanten in einem Termin zur mündlichen Verhandlung vor Gericht. In dem Hauptsacheverfahren ergeht ein Urteil, wonach der Kläger die Kosten des selbständigen Beweisverfahrens und der Beklagte die Kosten der Hauptsache zu tragen hat.

Der Rechtsanwalt wird mit seinem Mandant wie folgt abrechnen können:

Für die Tätigkeit im selbständigen Beweisverfahren:
Gegenstandswert: 20.000 EUR
1. 1,3 Verfahrensgebühr Nr. 3100 VV
   abzüglich hierauf nach der Vorb. 3 Abs. 5 VV anzurechnender 964,60 EUR
   1,3 Verfahrensgebühr aus dem Rechtsstreit zur Hauptsache 964,60 EUR
   verbleiben von der Verfahrensgebühr: 0,00 EUR
2. 1,2 Terminsgebühr Nr. 3104 VV 890,40 EUR
3. Pauschale Nr. 7002 VV 20,00 EUR
4. 19 % Umsatzsteuer Nr. 7008 VV 172,98 EUR
   1.083,38 EUR

Für die Tätigkeit in dem Rechtsstreit zur Hauptsache:
Gegenstandswert: 20.000 EUR
1. 1,3 Verfahrensgebühr Nr. 3100 VV 964,60 EUR
2. 1,2 Terminsgebühr Nr. 3104 VV 890,40 EUR
3. Pauschale Nr. 7002 VV 20,00 EUR
4. 19 % Umsatzsteuer Nr. 7008 VV 356,25 EUR
   2.231,25 EUR.

Da der Mandant die Kosten des Beweisverfahrens zu tragen hat und ihm die Kosten des Hauptsacherechtsstreits zu erstatten sind, wird er bei vorstehender Abrechnung im Rahmen der Kostenerstattung von der Verfahrensgebühr „entlastet", da diese voll in die Kostenfestsetzung gegenüber dem insoweit erstattungspflichtigen Gegner einfließt. Es wäre vorliegend für den Mandanten ungünstiger, wenn der Rechtsanwalt die Anrechnung der Verfahrensgebühr aus dem selbständigen Beweisverfahren erst bei Abrechnung des Hauptsacheverfahrens berücksichtigen würde. Denn dann würde der Mandant die Verfahrensgebühr nicht erstattet erhalten.[63]

Allerdings würde der Vorteil im Rahmen einer Kostenausgleichung dann wieder wegfallen, wenn der Gegner in seiner Kostenanmeldung die Anrechnung der Verfahrensgebühr in die Abrechnung für das Hauptsacheverfahren einstellen würde.

Würde die erstattungsberechtigte Partei – wie im vorangegangenen Beispiel unter → Rn. 64 – nur die volle Verfahrensgebühr für das Hauptsacheverfahren zur Festsetzung gegenüber der erstattungspflichtigen Partei beantragen, könnte die erstattungspflichtige Partei sich nicht nach § 15a Abs. 2 RVG auf die Anrechnung berufen. Denn keine der drei Alternativen des § 15a Abs. 2 RVG trifft zu. Denn die erstattungspflichtige Partei hat keine der beiden Verfahrensgebühren an die erstattungsberechtigte Partei gezahlt, keine der beiden Verfahrensgebühren ist bereits tituliert und beide Verfahrensgebühren werden auch nicht in demselben Kostenfestsetzungsverfahren geltend gemacht. Denn im vorangegangenen Beispiel unter → Rn. 64 wird nur eine Verfahrensgebühr im Kostenfestsetzungsverfahren zur Festsetzung beantragt, nämlich die für den Hauptsacherechtsstreit. Ob die Rechtsprechung dies aller-

65

---

[63] So auch: *Hansens* RVGreport 2009, 201 (205 – Kap. III).

dings toleriert, dass der Rechtsanwalt durch geschicktes Taktieren bei der Ausübung seines Wahlrechts nach § 15a Abs. 1 RVG dem Mandanten einen Vorteil bei der Kostenerstattung verschafft, bleibt abzuwarten. ME steht das Wahlrecht nach § 15a Abs. 1 RVG ausdrücklich dem Rechtsanwalt zu, also nicht dem Rechtspfleger in der Kostenfestsetzung und auch nicht der erstattungspflichtigen Partei. Die erstattungspflichtige Partei wird also evtl. Nachteile in der Kostenerstattung hinnehmen müssen.

66 Dass die erstattungsberechtigte Partei die volle Verfahrensgebühr für den Hauptsacherechtsstreit auch in den Kostenfestsetzungsantrag gegenüber der erstattungspflichtigen Partei einstellen kann, setzt mE voraus, dass der Rechtsanwalt zuvor auch entsprechend – wie im vorangegangenen Beispiel unter → Rn. 64 – mit seiner Partei abgerechnet hat. Denn hätte er in dem vorangegangenen Beispiel unter → Rn. 64 bereits die volle Verfahrensgebühr für das selbständige Beweisverfahren mit dem Mandanten abgerechnet, müsste er bei der Abrechnung der Vergütung für den Hauptsacherechtsstreit die Anrechnung der Verfahrensgebühr aus dem selbständigen Beweisverfahren auf die Verfahrensgebühr des Hauptsacherechtsstreits nach der Vorb. 3 Abs. 5 VV berücksichtigen. Denn es erscheint zweifelhaft, ob der Rechtsanwalt nachträglich sein Wahlrecht – etwa im Hinblick auf mögliche Vorteile des Mandanten in der Kostenerstattung – noch einmal ändern kann.[64] Meist wird der Rechtsanwalt aber nach Abschluss des selbständigen Beweisverfahrens die in dem selbständigen Beweisverfahren entstandene Vergütung auch mit dem Mandanten abrechnen wollen. Oft wird sich die Frage der Anrechnung der Verfahrensgebühr nach der Vorb. 3 Abs. 5 VV zu diesem Zeitpunkt in der Praxis noch nicht stellen, da überhaupt noch kein Hauptsacheverfahren anhängig ist.

Praxistipp:

67 Um sich alle Möglichkeiten offen zu halten, empfiehlt es sich, die Vergütung für das selbständige Beweisverfahren nur im Rahmen einer Vorschuss-Liquidation abzurechnen, wenn bereits ein Hauptsacheverfahren anhängig ist oder abzusehen ist, dass noch ein Hauptsacheverfahren anhängig wird.

68 Hat der Rechtsanwalt die Vergütung für das selbständige Beweisverfahren nur im Rahmen einer Vorschuss-Liquidation abgerechnet, wird er mE im Rahmen der endgültigen Berechnung sein Wahlrecht noch dahingehend ausüben können, dass er die in der Vorb. 3 Abs. 5 VV vorgeschriebene Anrechnung bereits bei der Abrechnung der Verfahrensgebühr für das selbständige Beweisverfahren berücksichtigt.

69 Da nach § 15a Abs. 1 RVG jede Gebühr zunächst in voller Höhe entsteht und der Rechtsanwalt das Wahlrecht hat, bei Abrechnung welcher Gebühr er eine im RVG vorgeschriebene Anrechnung berücksichtigt, spielt § 15a RVG auch bei der Frage der **Verjährung** eine Rolle. Ist zB die Geschäftsgebühr für die außergerichtliche Vertretung bereits verjährt, die Vergütung für ein anschließendes gerichtliches Verfahren aber noch nicht, wird der Rechtsanwalt sein Wahlrecht dahingehend ausüben können, dass er die Anrechnung der Geschäftsgebühr nach der Vorb. 3 Abs. 4 VV bereits bei der Abrechnung der Geschäftsgebühr berücksichtigt. Folglich wird er die noch nicht verjährte Verfahrensgebühr für das gerichtliche Verfahren in vollem Umfang – ohne Berücksichtigung der Anrechnung der Vorb. 3 Abs. 4 VV – verlangen können.[65]

70 Auch für die Frage, ob sich die **Pauschale für Entgelte für Post- und Telekommunikationsdienstleistungen nach Nr. 7002 VV** nach den zunächst entstandenen Gebühren oder nur nach den Gebühren teilen, die nach Anrechnung verbleiben, berechnet, bringt § 15a RVG Klarheit. Denn nach § 15a Abs. 1 RVG

---

[64] Hansens RVGreport 2009, 201 (207 – letzter Absatz).
[65] Schneider/Wolf/N. Schneider § 15a Rn. 59.

Anrechnung einer Gebühr **§ 15a**

"kann der Rechtsanwalt beide Gebühren fordern". Dies bedeutet, dass zunächst jede Gebühr in voller Höhe entsteht. Erst nach dem die Gebühr entstanden ist, stellt sich die Frage der Anrechnung. Die Pauschale nach Nr. 7002 VV beträgt 20 % der Gebühren – höchstens 20 EUR. Folglich ist jetzt klargestellt, dass sich die Pauschale nach den vor Anrechnung entstandenen Gebühren berechnet.[66]

VI. Übergangsvorschrift

§ 15a RVG wurde durch das Gesetz zur Modernisierung von Verfahren im anwalt- 71 lichen und notariellen Berufsrecht, zur Errichtung einer Schlichtungsstelle der Rechtsanwaltschaft sowie zur Änderung sonstiger Vorschriften[67] in das RVG eingefügt. Danach tritt § 15a RVG am Tage nach der Verkündung, also am 5.8.2009 in Kraft. Dieses Gesetz enthält für § 15a RVG keine gesonderte Übergangsvorschrift.

Es stellt sich die Frage, ob § 60 Abs. 1 RVG zur Anwendung kommt. Danach ist 72 die Vergütung nach bisherigem Recht zu berechnen, wenn der unbedingte Auftrag zur Erledigung derselben Angelegenheit iSd § 15 RVG vor dem Inkrafttreten einer Gesetzesänderung erteilt oder der Rechtsanwalt vor diesem Zeitpunkt gerichtlich bestellt oder beigeordnet worden ist. Würde man die Anwendung des § 60 Abs. 1 RVG bejahen, käme § 15a RVG nur in den Fällen zur Anwendung, in denen der Rechtsanwalt den unbedingten Auftrag für die Angelegenheit am 5.8.2009 oder später erhalten hätte. Es drängt sich dann weiter die Frage auf, auf welchen Auftrag abzustellen ist. War der Rechtsanwalt zB zunächst auftragsgemäß außergerichtlich tätig und dann in einem gerichtlichen Verfahren, stellt sich die Frage der Anrechnung der Geschäftsgebühr auf die Verfahrensgebühr nach der Vorb. 3 Abs. 4 VV doch erst bei Entstehen der Verfahrensgebühr im gerichtlichen Verfahren. Folglich ist, wenn der Auftrag für das gerichtliche Verfahren erst am 5.8.2009 oder danach dem Rechtsanwalt von seinem Mandanten erteilt worden ist, § 15a RVG bereits anwendbar.

In der gesamten Literatur[68] wird fast einhellig die Auffassung vertreten, dass § 15a 73 RVG auch schon in den Fällen anwendbar sei, in denen der Rechtsanwalt schon vor dem 5.8.2009 den unbedingten Auftrag von seinem Mandanten erhalten habe, die aber am 5.8.2009 noch nicht rechtskräftig abgeschlossen worden seien. § 60 Abs. 1 RVG komme deshalb nicht zur Anwendung, weil dieser nur für die **Berechnung** der Vergütung gelte. Bei § 15a RVG gehe es aber nicht um die „Berechnung" der Vergütung, sondern um die Frage der **Anrechnung** einer bereits berechneten Gebühr auf eine andere Gebühr.

Auch in der **Rechtsprechung** wird mittlerweile ganz überwiegend vertreten, 74 dass § 15a RVG bereits auf Fälle anzuwenden ist, in denen der Rechtsanwalt den unbedingten Auftrag vor dem 5.8.2009 erhalten hat.[69]

Der BGH[70] lässt in den Fällen, in denen der Kläger seinem Anwalt bereits vor 75 dem 5.8.2009 den unbedingten Auftrag für das gerichtliche Verfahren erteilt und

---

[66] Schneider/Wolf/N. Schneider § 15a Rn. 58.
[67] BGBl. 2009 I 2449 – Art. 7 Abs. 4 Nr. 3.
[68] *Hansens* RVGreport 2009, 161, 164 – Kap. IV; *Hansens* AnwBl. 2009, 535 (540); *N. Schneider* AGS 2009, Heft 6 Editorial, Seite II; *Schons* AGS 2009, 217 in Anm zu OLG Bremen; *Müller-Rabe* NJW 2913, 2916 – Kap. VII; *Enders* JurBüro 2009, 393 (400) und JurBüro 2009 561; Schneider/Wolf/N. Schneider § 15a Rn. 132 ff.
[69] BGH – II. Senat – JurBüro 2009, 638 = AnwBl. 2009, 798; BGH – XII. Senat – JurBüro 2010, 239; BGH – XII. Senat – JurBüro 2010, 420 = AGS 2010, 106 = RVGreport 2010, 190; BGH – IX. Senat – JurBüro 2010, 358 = AGS 2010, 159 = RVGreport 2010, 190; BGH – V. Senat – JurBüro 2010, 471.
[70] BGH JurBüro 2011, 78.

§ 15a   Anrechnung einer Gebühr

in denen der Kläger nur eine 0,65 Verfahrensgebühr zur Festsetzung gegenüber dem Beklagten angemeldet hatte, die **Nachfestsetzung** der Differenz bis zu einer 1,3 Verfahrensgebühr zu, wenn denn keine der drei Alternativen des § 15a Abs. 2 RVG dem entgegensteht. Eine Nachfestsetzung ist dann nicht mehr möglich, wenn der Kläger die Festsetzung einer 1,3 Verfahrensgebühr beantragt hatte, das Gericht diese um die anrechenbaren Teile der Geschäftsgebühr gekürzt und nur die Differenz festgesetzt hatte und der Kostenfestsetzungsbeschluss rechtskräftig geworden ist.

Abschnitt 3. Angelegenheit

§ 16 Dieselbe Angelegenheit

Dieselbe Angelegenheit sind
1. das Verwaltungsverfahren auf Aussetzung oder Anordnung der sofortigen Vollziehung sowie über einstweilige Maßnahmen zur Sicherung der Rechte Dritter und jedes Verwaltungsverfahren auf Abänderung oder Aufhebung in den genannten Fällen;
2. das Verfahren über die Prozesskostenhilfe und das Verfahren, für das die Prozesskostenhilfe beantragt worden ist;
3. mehrere Verfahren über die Prozesskostenhilfe in demselben Rechtszug;
3a. das Verfahren zur Bestimmung des zuständigen Gerichts und das Verfahren, für das der Gerichtsstand bestimmt werden soll; dies gilt auch dann, wenn das Verfahren zur Bestimmung des zuständigen Gerichts vor Klageerhebung oder Antragstellung endet, ohne dass das zuständige Gericht bestimmt worden ist;
4. eine Scheidungssache oder ein Verfahren über die Aufhebung einer Lebenspartnerschaft und die Folgesachen;
5. das Verfahren über die Anordnung eines Arrests, über den Erlass einer einstweiligen Verfügung oder einstweiligen Anordnung, über die Anordnung oder Wiederherstellung der aufschiebenden Wirkung, über die Aufhebung der Vollziehung oder die Anordnung der sofortigen Vollziehung eines Verwaltungsakts und jedes Verfahren über deren Abänderung oder Aufhebung;
6. das Verfahren nach § 3 Abs. 1 des Gesetzes zur Ausführung des Vertrages zwischen der Bundesrepublik Deutschland und der Republik Österreich vom 6. Juni 1959 über die gegenseitige Anerkennung und Vollstreckung von gerichtlichen Entscheidungen, Vergleichen und öffentlichen Urkunden in Zivil- und Handelssachen in der im Bundesgesetzblatt Teil III, Gliederungsnummer 319-12, veröffentlichten bereinigten Fassung, das zuletzt durch Artikel 23 des Gesetzes vom 27. Juli 2001 (BGBl. I S. 1887) geändert worden ist, und das Verfahren nach § 3 Abs. 2 des genannten Gesetzes;
7. das Verfahren über die Zulassung der Vollziehung einer vorläufigen oder sichernden Maßnahme und das Verfahren über einen Antrag auf Aufhebung oder Änderung einer Entscheidung über die Zulassung der Vollziehung (§ 1041 der Zivilprozessordnung);
8. das schiedsrichterliche Verfahren und das gerichtliche Verfahren bei der Bestellung eines Schiedsrichters oder Ersatzschiedsrichters, über die Ablehnung eines Schiedsrichters oder über die Beendigung des Schiedsrichteramts, zur Unterstützung bei der Beweisaufnahme oder bei der Vornahme sonstiger richterlicher Handlungen;
9. das Verfahren vor dem Schiedsgericht und die gerichtlichen Verfahren über die Bestimmung einer Frist (§ 102 Abs. 3 des Arbeitsgerichtsgesetzes), die Ablehnung eines Schiedsrichters (§ 103 Abs. 3 des Arbeitsgerichtsgesetzes) oder die Vornahme einer Beweisaufnahme oder einer Vereidigung (§ 106 Abs. 2 des Arbeitsgerichtsgesetzes);
10. im Kostenfestsetzungsverfahren und im Verfahren über den Antrag auf gerichtliche Entscheidung gegen einen Kostenfestsetzungsbeschied (§ 108 des Gesetzes über Ordnungswidrigkeiten) einerseits und im Kos-

§ 16 Dieselbe Angelegenheit

tenansatzverfahren sowie im Verfahren über den Antrag auf gerichtliche Entscheidung gegen den Ansatz der Gebühren und Auslagen (§ 108 des Gesetzes über Ordnungswidrigkeiten) andererseits jeweils mehrere Verfahren über
   a) die Erinnerung,
   b) den Antrag auf gerichtliche Entscheidung,
   c) die Beschwerde in demselben Beschwerderechtszug;
11. das Rechtsmittelverfahren und das Verfahren über die Zulassung des Rechtsmittels; dies gilt nicht für das Verfahren über die Beschwerde gegen die Nichtzulassung eines Rechtsmittels;
12. das Verfahren über die Privatklage und die Widerklage und zwar auch im Fall des § 388 Abs. 2 der Strafprozessordnung und
13. das erstinstanzliche Prozessverfahren und der erste Rechtszug des Musterverfahrens nach dem Kapitalanleger-Musterverfahrensgesetz.

Übersicht

	Rn.
I. Überblick	1
II. Verwaltungsverfahren (Nr. 1)	4
III. Prozesskostenhilfe-/Verfahrenskostenhilfe-Bewilligungsverfahren (Nr. 2 und 3)	7
1. Allgemeines	7
2. Prozesskostenhilfe-Bewilligungsverfahren und Hauptsache dieselbe Angelegenheit	8
3. Teilweise Bewilligung von Prozesskostenhilfe	13
4. Höherer Gegenstandswert im Prozesskostenhilfe-Bewilligungsverfahren	16
5. Verfahren über Aufhebung der Prozesskostenhilfe	18
6. Mehrere Verfahren über die Prozesskostenhilfe	22
IV. Verfahren zur Bestimmung des zuständigen Gerichts (Nr. 3a)	25
V. Scheidungs- und Folgesachen im Verbund (Nr. 4)	31
1. Allgemeines	31
2. Einbeziehung einer selbständigen/isolierten Familiensache in den Verbund	37
3. Abtrennung aus dem Verbund	43
a) Folgesachen des § 137 Abs. 2 FamFG – keine Lösung aus dem Verbund	45
b) Folgesachen des § 137 Abs. 3 FamFG – Lösung aus dem Verbund	53
4. Außergerichtliche Vertretung	58
VI. Gerichtsverfahren des vorläufigen Rechtsschutzes und Verfahren auf Abänderung oder Aufhebung (Nr. 5)	63
VII. Mehrere Verfahren über Erinnerung oder Beschwerde im Kostenfestsetzungs- oder Kostenansatzverfahren (Nr. 10)	71
VIII. Rechtsmittelverfahren und Verfahren über die Zulassung des Rechtsmittels (Nr. 11)	78
IX. Prozessverfahren und Musterverfahren nach dem KapMuG (Nr. 13)	83

I. Überblick

1 § 16 RVG stellt für einige Fallgestaltungen klar, wann der Rechtsanwalt dieselbe – gebührenrechtliche – Angelegenheit anzunehmen hat. Wenn dieselbe – also nur

Dieselbe Angelegenheit § 16

eine – gebührenrechtliche Angelegenheit gegeben ist, entstehen die Gebühr nur einmal (§ 15 Abs. 2 S. 1 RVG). § 16 RVG ist sehr oft im Zusammenhang mit § 17 RVG zu sehen. So bestimmt zB § 17 Nr. 1a RVG, dass das Verwaltungsverfahren auf Aussetzung oder Anordnung der sofortigen Vollziehung sowie über einstweilige Maßnahmen zur Sicherung der Rechte Dritter eine eigene gebührenrechtliche Angelegenheit ist. § 16 Nr. 1 RVG regelt dann in Ergänzung hierzu, dass ein Verfahren auf Abänderung oder Aufhebung eine in einem vorgenannten Verfahren entgangenen Entscheidung dieselbe Angelegenheit mit dem Ursprungsverfahren ist.[1]

§ 16 RVG zählt in einem langen Katalog auf, wann der Rechtsanwalt dieselbe – gebührenrechtliche – Angelegenheit anzunehmen hat und folglich nur einmal Gebühren berechnen kann. Die für die Praxis wichtigsten Vorschriften werden im Nachstehenden ausführlicher kommentiert. Auch der Katalog in § 16 RVG kann, bei der Vielzahl der Fallkonstellationen, die die Praxis mit sich bringt, nicht abschließend sein. Wenn der in der Praxis zu beurteilende Fall nicht in § 16 RVG und auch nicht in den folgenden Vorschriften der §§ 17–21 RVG geregelt ist, muss auf Rechtsprechung und Literatur zu der Frage, wann eine oder mehrere gebührenrechtliche Angelegenheiten vorliegen, zurückgegriffen werden.[2] 2

§ 16 RVG hat mit Inkrafttreten zum 1.8.2013 durch das 2. KostRMoG[3] einige Änderungen erfahren. So ist in einer neu eingefügten Nr. 3a jetzt in § 16 RVG bestimmt, dass das Verfahren zur Bestimmung des zuständigen Gerichts und das Verfahren, für das der Gerichtsstand bestimmt werden soll, dieselbe gebührenrechtliche Angelegenheit sind.[4] Durch die Neuformulierung der Nr. 5 in § 16 RVG soll klargestellt werden, dass diese Vorschrift nicht nur in Verfahren gilt, die auf Antrag eingeleitet werden, sondern auch für Entscheidungen, die im einstweiligen Rechtsschutz von Amts wegen ergehen.[5] Auch Nr. 10 des § 16 RVG wurde durch das 2. KostRMoG neu gefasst. Diese Änderung dient der Klarstellung, das Verfahren über einen Antrag auf gerichtliche Entscheidung gegen einen Kostenfestsetzungsbescheid und den Ansatz der Gebühren und Auslagen in Bußgeldsachen der Erinnerung oder Beschwerde beim Kostenansatz und in der Kostenfestsetzung gleich stehen.[6] 3

II. Verwaltungsverfahren (Nr. 1)

§ 16 Nr. 1 RVG betrifft das (außergerichtliche) Verwaltungsverfahren auf Aussetzung oder Anordnung der sofortigen Vollziehung sowie über einstweilige Maßnahmen zur Sicherung der Rechte Dritter. Ein derartiges Verfahren ist gem. § 17 Nr. 1a RVG stets eine eigene gebührenrechtliche Angelegenheit neben 4
- einem Verwaltungsverfahren
- einem gerichtlichen Verfahren vorausgehenden und der Nachprüfung des Verwaltungsaktes dienenden weiteren Verwaltungsverfahrens (Vorverfahren, Einspruchsverfahren, Beschwerdeverfahren, Abhilfeverfahren)
- und auch neben einem gerichtlichen Verfahren.

§ 16 Nr. 1 RVG schränkt dies aber wieder dahingehend ein, dass ein Verfahren auf **Abänderung oder Aufhebung** einer in einem Verwaltungsverfahren auf Aussetzung oder Anordnung der sofortigen Vollziehung sowie über die einstweiligen Maßnahmen zur Sicherung Rechte Dritter ergangenen Entscheidung dieselbe – also eine – gebührenrechtliche Angelegenheit mit dem Ausgangsverfahren bildet. In

---

[1] → § 16 Rn. 4 ff.
[2] → § 15 Rn. 37 ff.
[3] BGBl. 2013 I 2586.
[4] → § 16 Rn. 25 ff.
[5] → § 16 Rn. 69.
[6] → § 16 Rn. 71 ff.

§ 16   Dieselbe Angelegenheit

dem Verfahren auf Abänderung oder Aufhebung entstehen also keine gesonderten Gebühren. Vielmehr wird die Tätigkeit in dem Verfahren auf Abänderung oder Aufhebung abgegolten mit den in dem ursprünglichen Verwaltungsverfahren auf Aussetzung oder Anordnung der sofortigen Vollziehung sowie über einstweilige Maßnahmen zur Sicherung Rechte Dritter bereits entstandenen Gebühren.

5   In dem außergerichtlichen Verwaltungsverfahren auf Aussetzung oder Anordnung der sofortigen Vollziehung sowie über einstweilige Maßnahmen zur Sicherung Rechte Dritter wird in der Regel eine Geschäftsgebühr der Nr. 2300 VV entstehen. Diese ist innerhalb eines Satzrahmens von 0,5 bis 2,5 zu bestimmen. In dem Verfahren auf Abänderung oder Aufhebung wird der Rechtsanwalt in der Regel weitere Tätigkeiten entfalten müssen. Dadurch weitet sich der Umfang der anwaltlichen Tätigkeit, die er bereits in dem Ursprungsverfahren erbracht hat, aus. Diese „Mehrarbeit" kann der Rechtsanwalt dadurch berücksichtigen, dass er die Gebühr innerhalb des Rahmens der Nr. 2300 VV (0,5 bis 2,5) höher ansetzt.

6   Auch eine Gebühr, die in dem Ausgangsverfahren nicht entstanden ist, deren Tatbestand aber in dem Verfahren auf Abänderung oder Aufhebung erfüllt wird, kann noch angesetzt werden.

Beispiel:
In einem außergerichtlichen Verwaltungsverfahren stellte der Rechtsanwalt bei der Behörde den Antrag auf Aussetzung der sofortigen Vollziehung. Die Behörde lehnt den Antrag ab. Da die anwaltliche Tätigkeit weder schwierig noch umfangreich war setzt der Rechtsanwalt eine 1,3 Geschäftsgebühr Nr. 2300 VV an.
Drei Monate später beantragt der Rechtsanwalt Abänderung der Entscheidung wegen Veränderung der tatsächlichen Umstände. Es entwickelt sich umfangreicher Schriftverkehr. Der Rechtsanwalt führt im Auftrag seines Mandanten mehrere längere Besprechungen mit dem Sachbearbeiter der Behörde. Schließlich wirkt der Rechtsanwalt noch mit an einer Erledigung iSd Nr. 1002 VV. Der Rechtsanwalt kann jetzt – da die Tätigkeit umfangreich war – die ursprünglich abgerechnete 1,3 Geschäftsgebühr Nr. 2300 VV innerhalb des gesetzlichen Satzrahmens von 0,5 bis 2,5 erhöhen und zB eine 1,8 Geschäftsgebühr Nr. 2300 VV ansetzen. Daneben wird der Rechtsanwalt noch eine neue 1,5 Erledigungsgebühr Nr. 1002 VV abrechnen können. Wenn der Rechtsanwalt die zunächst bestimmte 1,3 Geschäftsgebühr bereits mit dem Mandanten abgerechnet hatte, wird er diese in seiner nunmehrigen Abrechnung berücksichtigen und den von dem Mandanten bereits bezahlten Betrag abziehen müssen.
Die Pauschale der Nr. 7002 VV kann nur einmal angesetzt werden.
Durch die Tätigkeit in dem Verfahren auf Abänderung erhöht sich der gesetzliche Gebührensatzrahmen der Nr. 2300 VV nicht. Nur innerhalb dieses Satzrahmens der Nr. 2300 VV kann die Gebühr höher angesetzt werden.

III. Prozesskostenhilfe-/Verfahrenskostenhilfe-Bewilligungsverfahren (Nr. 2 und 3)

1. Allgemeines

7   Nach § 16 Nr. 2 RVG sind das Verfahren über die Prozesskostenhilfe und das Verfahren, für das die Prozesskostenhilfe beantragt worden ist, dieselbe gebührenrechtliche Angelegenheit. Das Verfahren über die Prozesskostenhilfe wird in der Praxis häufig auch als „Prozesskostenhilfe – Bewilligungsverfahren" oder „Prozesskostenhilfe – Prüfungsverfahren" bezeichnet. In Familien- und Familienstreitsachen wird die „Prozesskostenhilfe" durch die „Verfahrenskostenhilfe" ersetzt. Auf die Bewilligung von Verfahrenskostenhilfe finden aber auch die Vorschriften der ZPO über die Prozesskostenhilfe entsprechende Anwendung, soweit in den §§ 76 bis 78 FamFG nichts anderes geregelt ist. Obwohl die **Verfahrenskostenhilfe** in § 16 Nr. 2 RVG nicht gesondert erwähnt ist, gilt für sie das nachfolgend Ausgeführte entsprechend.

2. Prozesskostenhilfe-Bewilligungsverfahren und Hauptsache dieselbe Angelegenheit

Meist wird der von der Partei ohnehin beauftragte Rechtsanwalt für diese auch den Antrag auf Bewilligung von Prozesskostenhilfe stellen. Er wird neben der Antragstellung meist auch noch weiter im Hinblick auf die Prozesskostenhilfe tätig, zB dann wenn Rückfragen vom Gericht kommen, ergänzende Unterlagen vorgelegt werden müssen oder ähnliches. Diese Tätigkeit, die der Prozessbevollmächtigte rund um die Prozesskostenhilfe ausübt, ist in der Regel mit den Gebühren abgegolten, die der Prozessbevollmächtigte ohnehin für seine Tätigkeit in dem Hauptsacheverfahren (Bürgerlicher Rechtsstreit, Familiensache, Familienstreitsache oder ähnliches) verdient. Denn nach § 16 Nr. 2 RVG sind das Verfahren über die Prozesskostenhilfe und das Verfahren, für das Prozesskostenhilfe beantragt worden ist (Hauptsache = Bürgerlicher Rechtsstreit, Familiensache, Familienstreitsache oder ähnliches) **dieselbe – gebührenrechtliche – Angelegenheit.** Der Rechtsanwalt wird also für die Tätigkeit in dem Prozesskostenhilfe – Bewilligungsverfahren in der Regel keine gesonderte Vergütung berechnen können.

Ist der Rechtsanwalt zunächst **nur mit der Vertretung in dem Prozesskostenhilfe-Bewilligungsverfahren beauftragt,** wird zwar durch diese Tätigkeit die Verfahrensgebühr der Nr. 3335 VV ausgelöst. Wird Prozesskostenhilfe für einen bürgerlichen Rechtsstreit begehrt, fällt die Verfahrensgebühr der Nr. 3335 VV in Höhe von 1,0 an. Lehnt das Gericht die beantragte Prozesskostenhilfe ab und will der Mandant die Sache dann nicht weiter betreiben, so bleibt es bei der 1,0 Verfahrensgebühr nach Nr. 3335 VV. Der Rechtsanwalt kann diese dem Mandanten zzgl. Auslagen und Umsatzsteuer in Rechnung stellen.

Ist der Rechtsanwalt zunächst nur beauftragt, **Prozesskostenhilfe** zur Durchführung eines bürgerlichen Rechtsstreits **zu beantragen** und wird die Prozesskostenhilfe dann bewilligt und der Rechtsanwalt dem Mandanten im Rahmen der Prozesskostenhilfe beigeordnet, vertritt ihn also als **Prozessbevollmächtigter** in dem **bürgerlichen Rechtsstreit,** so fällt zwar zunächst für die Vertretung in dem Prozesskosten – Bewilligungsverfahren die 1,0 Verfahrensgebühr Nr. 3335 VV an. Durch die Tätigkeit als Prozessbevollmächtigter in dem Rechtsstreit, für welchen Prozesskostenhilfe bewilligt worden ist, fällt bei dem Prozessbevollmächtigten mit Einreichung der Klage die 1,3 Verfahrensgebühr Nr. 3100 VV an. Da es sich um dieselbe – gebührenrechtliche – Angelegenheit handelt, wird der Rechtsanwalt nicht beide Verfahrensgebühren nebeneinander beanspruchen können. Er wird nur die höhere 1,3 Verfahrensgebühr Nr. 3100 VV ansetzen können.[7]

Ist die **Klage schon erhoben** und beauftragt der Mandant den Rechtsanwalt in dem Rechtsstreit als Prozessbevollmächtigter – unabhängig davon, ob Prozesskostenhilfe bewilligt wird oder nicht – zu vertreten und **beantragt** der **Prozessbevollmächtigte** dann **während des laufenden Verfahrens** Prozesskostenhilfe für den Mandanten, ist kein Raum mehr für eine 1,0 Verfahrensgebühr Nr. 3335 VV. Dann ist in der Regel bereits durch die Tätigkeit als Prozessbevollmächtigter die 1,3 Verfahrensgebühr Nr. 3100 VV entstanden und durch diese wird auch die Tätigkeit im Hinblick auf die Bewilligung der Prozesskostenhilfe mit abgegolten.

Anders ist dies zu sehen, wenn der Rechtsanwalt in einem Verfahren über eine Beschwerde gegen die Ablehnung der Prozesskostenhilfe oder sonstige Maßnahmen rund um die Prozesskostenhilfe vertritt. Ein **Beschwerdeverfahren ist stets eine gesonderte gebührenrechtliche Angelegenheit,** auch wenn es nur Entscheidungen betrifft, die im Rahmen der Prozesskostenhilfebewilligung ergangen sind.[8] Für die Tätigkeit im Beschwerdeverfahren wird dann eine gesonderte 0,5

---
[7] Schneider/Wolf/*Wahlen/Volpert/Fölsch/Mock/N. Schneider/Thiel* § 16 Rn. 15.
[8] Schneider/Wolf/*Wahlen/Volpert/Fölsch/Mock/N. Schneider/Thiel* § 16 Rn. 15.

Verfahrensgebühr nach Nr. 3500 VV entstehen. Diese entsteht auch neben den Gebühren, die der Rechtsanwalt ansonsten für seine Tätigkeit als Prozessbevollmächtigter erhält.

3. Teilweise Bewilligung von Prozesskostenhilfe

13 Nach § 114 ZPO ist ua Voraussetzung für die Bewilligung von Prozesskostenhilfe, dass die beabsichtigte Rechtsverfolgung oder Rechtsverteidigung hinreichend Aussicht auf Erfolg bietet. Wenn die beabsichtigte Rechtsverfolgung dem Gericht nur teilweise aussichtsreich erscheint, wird es dem Antragsteller auch nur teilweise Prozesskostenhilfe bewilligen können. Der beigeordnete Anwalt wird dann die Prozesskostenhilfe – Vergütung gegenüber der Staatskasse nur nach dem Gegenstandswert geltend machen können, für welchen Prozesskostenhilfe bewilligt worden ist.

14 Wegen dem Teil der Ansprüche, wegen welchem die Prozesskostenhilfe abgelehnt worden ist, erwächst dem Rechtsanwalt ein Vergütungsanspruch gegenüber dem Mandanten. Voraussetzung hierfür ist natürlich, dass der Mandant den Rechtsanwalt beauftragt hat, auch wegen derjenigen Ansprüche den Rechtsstreit zu führen, wegen welcher keine Prozesskostenhilfe bewilligt worden ist. Der Vergütungsanspruch gegenüber dem Mandanten richtet sich dann nach der Wahlanwaltsgebührentabelle des § 13 RVG. Nach der heute ganz überwiegenden Meinung[9] ist in diesen Fällen gegenüber dem Mandanten wie folgt abzurechnen:

– Wahlanwaltsvergütung (Tabelle zu § 13 RVG) aus dem Gesamtwert
./. Wahlanwaltsvergütung (Tabelle zu § 13 RVG) aus dem Teil des Gegenstandswertes, wegen welchem der Partei Prozesskostenhilfe bewilligt worden ist
= der Betrag, den der Rechtsanwalt von seinem Mandanten fordern kann.

15 Bezüglich des Teils des Gegenstandes/Anspruchs, wegen welchem dem Mandanten Prozesskostenhilfe bewilligt worden ist, ist der Gebührenanspruch des Rechtsanwalts abgegolten mit der aus der Staatskasse zu erstattenden Prozesskostenhilfe – Vergütung. Der Rechtsanwalt hat also diesbezüglich keinen weiteren Anspruch mehr gegen den Mandanten. Also muss er sich – da sein Gebührenanspruch insoweit abgegolten ist – die Wahlanwaltsvergütung aus dem Teilwert (wegen welchem Prozesskostenhilfe bewilligt worden ist) absetzen lassen und nicht nur die Prozesskostenhilfe – Vergütung aus diesem Teilwert.

Beispiel:
Auftragsgemäß erhebt der Rechtsanwalt für den Mandanten Klage über 17.000 EUR. Dem Mandanten wird Prozesskostenhilfe nur für die Rechtsverfolgung wegen eines Teilanspruchs in Höhe von 5.000 EUR bewilligt und insoweit der Rechtsanwalt auch beigeordnet. Nach entsprechender Aufklärung über das bestehende Prozess- und Kostenrisiko beauftragt der Mandant den Rechtsanwalt dennoch, den Rechtsstreit wegen der eingeklagten vollen Ansprüche in Höhe von 17.000 EUR zu führen. Der Rechtsanwalt vertritt den Mandanten auch in der mündlichen Verhandlung. Der Rechtsanwalt wird wie folgt abrechnen können:

Abrechnung gegenüber der Staatskasse (Prozesskostenhilfe – Vergütung):
Gegenstandswert: 5.000 EUR
1. 1,3 Verfahrensgebühr Nr. 3100 VV (Tabelle zu § 49 RVG)   334,10 EUR
2. 1,2 Terminsgebühr Nr. 3104 VV (Tabelle zu § 49 RVG)   308,40 EUR
3. Pauschale Nr. 7002 VV   20,00 EUR
4. 19 % Umsatzsteuer Nr. 7008 VV: 125,88 EUR
     788,38 EUR

---

[9] Gerold/Schmidt/*Müller-Rabe* Nr. 3335 VV Rn. 71; HK-RVG/*Winkler* § 15 Rn. 119 ff.; Schneider/Wolf/*Fölsch/Schafhausen/N. Schneider/Thiel* § 48 Rn. 105, 106; Göttlich/Mümmler/ *Feller* „Prozesskostenhilfe" 5.2 „Teilweise Bewilligung"; *Enders* Rn. F 107.

Dieselbe Angelegenheit § 16

Abrechnung gegenüber dem Mandanten (Wahlanwaltsvergütung):
Gegenstandswert: 17.000 EUR
1. 1,3 Verfahrensgebühr Nr. 3100 VV (Tabelle zu § 13 RVG)   904,80 EUR
abzüglich 1,3 Verfahrensgebühr nach Wert: 5.000 EUR (Tabelle zu § 13
RVG)   393,90 EUR
Differenz: 510,90 EUR
2. 1,2 Terminsgebühr Nr. 3104 VV (Tabelle zu § 13 RVG)   835,20 EUR
abzüglich 1,2 Terminsgebühr nach Wert: 5.000 EUR (Tabelle zu § 13
RVG)   363,60 EUR
Differenz: 471,60 EUR
3. 19 % Umsatzsteuer Nr. 7008 VV: 186,68 EUR
    1.169,18 EUR

Die Pauschale für Entgelte für Post- und Telekommunikationsdienstleistungen Nr. 7002 VV hat der Rechtsanwalt bereits gegenüber der Staatskasse abgerechnet. Da es sich um eine gebührenrechtliche Angelegenheit handelt, kann die Pauschale nicht ein zweites Mal in der Abrechnung gegenüber dem Mandanten in Ansatz gebracht werden. Andere Auslagen, die aus der Staatskasse nicht übernommen werden (wie zB Reisekosten zur Wahrnehmung der Gerichtstermine, Dokumentenpauschalen oder ähnliches) könnten natürlich noch in der Abrechnung gegenüber dem Mandanten angesetzt werden.

4. Höherer Gegenstandswert im Prozesskostenhilfe-Bewilligungsverfahren

Anders als bei teilweise Bewilligung von Prozesskostenhilfe (→ § 16 Rn. 13 ff.) **16** sind die Fälle zu beurteilen, in denen der Rechtsanwalt von seinem Mandanten zunächst nur beauftragt war, ihn in einem Prozesskostenhilfe – Bewilligungsverfahren zu vertreten und zB für die Durchführung eines bürgerlichen Rechtsstreits Prozesskostenhilfe zu beantragen. Wird dann nur Prozesskostenhilfe – wegen mangelnder Erfolgsaussichten im Übrigen – für die Geltendmachung eines Teils der Ansprüche bewilligt und wird der Rechtsanwalt dann beauftragt, auch nur insoweit Klage zu erheben, gilt folgendes: Zunächst ist eine 1,0 Verfahrensgebühr Nr. 3335 VV nach dem Gesamtwert (Wert aller Ansprüche, wegen welcher Prozesskostenhilfeantrag gestellt wurde) entstanden. Es wird dann nur teilweise Prozesskostenhilfe bewilligt. Wegen dieses Teils erhält der Rechtsanwalt dann den Klageauftrag. Folglich entsteht nach dem Wert der Ansprüche, wegen welcher Prozesskostenhilfe bewilligt und der Rechtsanwalt als Prozessbevollmächtigter tätig wurde, eine 1,3 Verfahrensgebühr gem. Nr. 3100 VV. Da aber das Prozesskostenhilfe – Bewilligungsverfahren und das Verfahren, für welches die Prozesskostenhilfe beantragt worden ist, nach § 16 Nr. 2 RVG dieselbe Angelegenheit sind und in derselben Angelegenheit nach § 15 Abs. 2 RVG die Gebühren nur einmal gefordert werden können, wird der Rechtsanwalt nur abrechnen können:
- 1,0 Verfahrensgebühr Nr. 3335 VV nach dem Wert der Ansprüche, wegen welcher der Antrag auf Bewilligung von Prozesskostenhilfe gestellt worden und keine Prozesskostenhilfe bewilligt worden ist (Tabelle zu § 13 RVG)
- 1,3 Verfahrensgebühr nach dem Wert der Ansprüche, wegen welcher Prozesskostenhilfe bewilligt worden ist und der Rechtsanwalt auftragsgemäß als Prozessbevollmächtigter in dem bürgerlichen Rechtsstreit vertritt.

Die beiden Gebühren müssen dann natürlich nach § 15 Abs. 3 RVG abgeglichen werden und dürfen nicht höher sein als eine 1,3 Verfahrensgebühr aus dem Gesamtwert.

Nach Abgleichung der beiden Gebühren nach § 15 Abs. 3 RVG ist dann eine **17** 1,3 Verfahrensgebühr Nr. 3100 VV nach dem Wert, wegen dem Prozesskostenhilfe bewilligt worden ist und der Rechtsstreit geführt wird (Tabelle zu § 13 RVG), abzusetzen. Neben dieser Differenz kann der Rechtsanwalt noch evtl. nur in dem Pro-

§ 16 Dieselbe Angelegenheit

zesskostenhilfe – Bewilligungsverfahren entstandenen Auslagen und die Umsatzsteuer mit dem Mandanten abrechnen. Eine zweite Pauschale für Post- und Telekommunikationsentgelte Nr. 7002 VV kann nicht angesetzt werden, da es sich bei dem Prozesskostenhilfe – Bewilligungsverfahren und dem anschließenden Rechtsstreit um dieselbe Angelegenheit nach § 16 Nr. 2 RVG handelt.

Beispiel:

Der Rechtsanwalt wird beauftragt, zunächst nur einen Antrag auf Bewilligung von Prozesskostenhilfe für eine Klage über 50.000 EUR zu stellen. Das Gericht bewilligt die begehrte Prozesskostenhilfe wegen mangelnder Erfolgsaussichten im Übrigen nur für einen Anspruch in Höhe von 20.000 EUR. Der Rechtsanwalt wird dann beauftragt, die Klage nur über 20.000 EUR zu erheben. In dem Rechtsstreit vertritt er die Mandantin als Prozessbevollmächtigter auch in einer mündlichen Verhandlung vor Gericht. Ratenzahlungen wurden im Rahmen der Prozesskostenhilfe der Mandantschaft nicht auferlegt. Der Rechtsanwalt kann folgende Vergütung abrechnen:

Prozesskostenhilfe – Vergütung aus der Staatskasse:
Gegenstandswert: 20.000 EUR

1. 1,3 Verfahrensgebühr Nr. 3100 VV (Tabelle zu § 49 RVG)	471,90 EUR
2. 1,2 Terminsgebühr Nr. 3104 VV (Tabelle zu § 49 RVG)	435,60 EUR
3. Pauschale Nr. 7002 VV	20,00 EUR
4. 19 % Umsatzsteuer Nr. 7008 VV	176,23 EUR
	1.103,73 EUR

Wahlanwaltsvergütung für PKH Bewilligungsverfahren gegenüber dem Mandanten:[10]

1. 1,0 Verfahrensgebühr Nr. 3335 VV nach Gegenstandswert: 30.000 EUR (Tabelle zu § 13 RVG)	863,00 EUR
2. 1,3 Verfahrensgebühr Nr. 3100 VV nach Gegenstandswert: 20.000 EUR (Tabelle zu § 13 RVG)	964,60 EUR
Summe der beiden Verfahrensgebühren:	1.827,60 EUR
Gem. § 15 Abs. 3 RVG dürfen die beiden Verfahrensgebühren nicht höher sein als eine 1,3 Verfahrensgebühr nach Gegenstandswert: 50.000 EUR (Tabelle zu § 13 RVG)	1.511,90 EUR
Hiervon abzusetzen ist eine 1,3 Verfahrensgebühr Nr. 3100 VV nach Gegenstandswert: 20.000 EUR (Tabelle zu § 13 RVG)	964,60 EUR
Differenz:	547,30 EUR
3. 19 % Umsatzsteuer Nr. 7008 VV	103,99 EUR
	651,29 EUR

5. Verfahren über Aufhebung der Prozesskostenhilfe

18 Auch ein Verfahren über die Aufhebung der Prozesskostenhilfe ist nach § 16 Nr. 2 RVG dieselbe Angelegenheit mit dem Verfahren, für das die Prozesskostenhilfe bewilligt worden war. Nach § 120a Abs. 1 S. 3 und 4 ZPO kann das Gericht noch bis zu vier Jahre nach der rechtskräftigen Entscheidung oder sonstigen Beendigung des Verfahrens von der Partei Nachweise und Erklärungen zu deren aktuellen Einkommens- und Vermögensverhältnissen verlangen. In der Praxis konsultieren die Mandanten dann häufig ihren früheren Prozessbevollmächtigten und bitten diesen, sie auch in diesem „Überprüfungsverfahren" zu vertreten. Die Tätigkeit des Rechtsanwalts in diesem „Überprüfungsverfahren" ist noch mit den Gebühren abgegolten,

---

[10] So rechnen auch; Schneider/Wolf/*Mock*/*Fölsch* Nr. 3335 VV Rn. 22; Hansens/Braun/Schneider/*Schneider* Teil 3 VV Rn. 57; Anders: Gerold/Schmidt/*Müller-Rabe* Nr. 3335 VV Rn. 72, 73; HK-RVG/*Gierl* Nr. 3335 VV Rn. 16 ff.

die der Rechtsanwalt für seine Tätigkeit als Prozessbevollmächtigter in dem vorangegangenen Rechtsstreit aus der Staatskasse erhalten hat.

Der Rechtsanwalt wird aber dann eine neue 1,0 Verfahrensgebühr Nr. 3335 VV für die Vertretung in dem „Überprüfungsverfahren" ansetzen können, wenn seit Ergehen der Kostengrundentscheidung oder sonstigen Beendigung des vorangegangenen Rechtsstreits **mehr als zwei Kalenderjahre vergangen** sind. Denn dann handelt es sich bei der Tätigkeit in dem „Überprüfungsverfahren" nach § 15 Abs. 5 S. 2 RVG um eine **neue** gebührenrechtliche **Angelegenheit**.[11]

Dasselbe gilt auch, wenn aus den in § 124 ZPO genannten Gründen ein Verfahren auf Aufhebung der Prozesskostenhilfe – Bewilligung gegenüber dem Mandanten in die Wege geleitet worden ist und der frühere Prozessbevollmächtigte den Mandanten in diesem Verfahren vertritt.

Legt der (frühere) Prozessbevollmächtigte für den Mandanten gegen die Aufhebung der Prozesskostenhilfe – Bewilligung oder gegen die Anordnung von Ratenzahlungen oder Einmalzahlungen aus dem Vermögen **Beschwerde** ein, so handelt es sich bei der Beschwerde um eine gesonderte – gebührenrechtliche – Angelegenheit mit der Folge, dass der Prozessbevollmächtigte neben der Vergütung, die er bereits für seine Tätigkeit in dem Rechtsstreit erhalten hat, noch eine 0,5 Verfahrensgebühr Nr. 3500 VV[12] für die Vertretung in dem Beschwerdeverfahren zzgl. Auslagen und Umsatzsteuer ansetzen kann. Wenn für das Beschwerdeverfahren nicht gesondert Prozesskostenhilfe bewilligt wird, wird der Mandant diese Gebühr (aus der Tabelle zu § 13 RVG) selbst tragen müssen.

6. Mehrere Verfahren über die Prozesskostenhilfe

Mehrere Verfahren über die Prozesskostenhilfe **in demselben Rechtszug** sind nach § 16 Nr. 3 RVG dieselbe Angelegenheit, also auch dann, wenn der Rechtsanwalt, der ohnehin der Partei als Prozessbevollmächtigter im Rahmen der dieser bewilligten Prozesskostenhilfe beigeordnet worden ist, die Partei in mehreren Verfahren über die Prozesskostenhilfe vertreten würde (zB zunächst im Prozesskostenhilfe – Bewilligungsverfahren, später dann noch in einem Verfahren auf Abänderung der Ratenzahlungen oder in einem Aufhebungsverfahren nach § 124 ZPO) würde für die Tätigkeit in den Verfahren über die Prozesskostenhilfe keine gesonderten Gebühren erhalten. Eine Ausnahme würde dann gegeben sein, wenn eines der Verfahren über die Prozesskostenhilfe ein Beschwerdeverfahren wäre (gesonderte Angelegenheit – 0,5 Verfahrensgebühr Nr. 3500 VV) oder die Voraussetzungen des § 15 Abs. 2 S. 2 RVG (neue Angelegenheit, wenn der frühere Auftrag seit mehr als zwei Kalenderjahren erledigt ist) vorliegen würden.

Auch wenn der Rechtsanwalt in dem Verfahren, für das die Prozesskostenhilfe beantragt oder bewilligt worden ist, selbst nicht tätig war, sondern die Partei immer nur in den Verfahren über die Prozesskostenhilfe vertritt, sind nach § 16 Nr. 3 RVG die mehreren Verfahren über die Prozesskostenhilfe dieselbe Angelegenheit, sofern sie in demselben Rechtszug stattfinden.[13]

Nicht mehr dieselbe Angelegenheit iSd § 16 Nr. 3 RVG ist gegeben, wenn ein Verfahren über die Prozesskostenhilfe in dem nächst höheren Rechtszug stattfindet.

Beispiel:

Der Rechtsanwalt hat in dem ersten Rechtszug für den Mandanten den Antrag auf Bewilligung von Prozesskostenhilfe gestellt. Die Prozesskostenhilfe wurde bewilligt, der Rechtsanwalt wurde beigeordnet und er hat dann auch als Prozessbevollmächtigter in dem Rechtsstreit vertre-

---

[11] → § 15 Rn. 169 ff.
[12] Zum Gegenstandswert dieser 0,5 Verfahrensgebühr Nr. 3500 VV → Nr. 3335 VV Rn. 29–31.
[13] Schneider/Wolf/*Wahlen/Volpert/Fölsch/Mock/N. Schneider/Thiel* § 16 Rn. 22.

ten. Er nimmt für die Partei auch den Termin zur mündlichen Verhandlung wahr. Anschließend ergeht ein Urteil. Das Gericht setzt den Gegenstandswert auf 8.000 EUR fest.

Der Rechtsanwalt wird nun nur damit beauftragt, einen Antrag auf Bewilligung von Prozesskostenhilfe für das Berufungsverfahren zu stellen. Berufung soll nur eingelegt werden, wenn Prozesskostenhilfe für das Berufungsverfahren bewilligt wird. Der Antrag wird abgelehnt. Die Sache ist damit beendet.

Der Rechtsanwalt kann berechnen:

Für die Tätigkeit in dem ersten Rechtszug:
Gegenstandswert: 8.000 EUR
1. 1,3 Verfahrensgebühr Nr. 3100 VV (Tabelle zu § 49 RVG)   373,10 EUR
2. 1,2 Terminsgebühr Nr. 3104 VV (Tabelle zu § 49 RVG)   344,40 EUR
3. Pauschale Nr. 7002 VV   20,00 EUR
4. 19 % Umsatzsteuer Nr. 7008 VV   <u>140,13 EUR</u>
    877,63 EUR

Mit diesen Gebühren sind auch die Tätigkeiten in den Verfahren über die Prozesskostenhilfe, die in dem ersten Rechtszug stattgefunden haben, abgegolten.

Für die Tätigkeit in dem Verfahren über die Prozesskostenhilfe für die Berufung:
Gegenstandswert: 8.000 EUR
1. 1,0 Verfahrensgebühr Nr. 3335 VV (Tabelle zu § 13 RVG)   456,00 EUR
2. Pauschale Nr. 7002 VV   20,00 EUR
3. 19 % Umsatzsteuer Nr. 7008 VV   <u>90,44 EUR</u>
    566,44 EUR

Die Tätigkeit in dem Prozesskostenhilfe-Bewilligungsverfahren kann der Rechtsanwalt hier gesondert abrechnen, da das Verfahren in einem anderen Rechtszug stattgefunden hat.[14] Die Gebühren wird der Rechtsanwalt allerdings dem Mandanten in Rechnung stellen müssen, da diese aus der Staatskasse nicht übernommen werden.

IV. Verfahren zur Bestimmung des zuständigen Gerichts (Nr. 3a)

25   Bis zum Inkrafttreten des 2. KostRMoG[15] am 1.8.2013 war in § 19 Abs. 1 S. 2 Nr. 3 RVG geregelt, dass ein Verfahren über die Bestimmung des zuständigen Gerichts zum Rechtszug gehört. Nach der Rechtslage bis zum 31.7.2013 war insbesondere umstritten, ob es sich bei dem Verfahren über die Bestimmung des zuständigen Gerichts dann um eine gesonderte gebührenrechtliche Angelegenheit handelte, wenn der Antrag auf Bestimmung als unzulässig verworfen, als unbegründet zurückgewiesen oder zurückgenommen wurde, bevor das Gericht eine Bestimmung hatte treffen können.[16] Durch Einfügung der Ziff. 3a in § 16 RVG stellt der Gesetzgeber nunmehr klar, dass das Gerichtsstandbestimmungsverfahren mit dem betroffenen Verfahren, für das der Gerichtsstand bestimmt werden soll, dieselbe gebührenrechtliche Angelegenheit ist. Dies soll auch dann gelten, wenn das Verfahren zur Bestimmung des zuständigen Gerichts vor Klageerhebung oder Antragstellung endet, ohne dass das zuständige Gericht bestimmt worden ist (§ 16 Ziff. 3a RVG). Nach der Neuregelung gilt folgendes:

26   Der Rechtsanwalt hat von seinem Mandanten einen Auftrag zur Tätigkeit als Prozessbevollmächtigter in einem bürgerlichen Rechtsstreit erhalten. Er leitet zunächst ein Verfahren zur Bestimmung des Gerichtsstandes ein. Der Gerichtsstand

---

[14] Schneider/Wolf/ *Wahlen/Volpert/Fölsch/Mock/N. Schneider/Thiel* § 16 Rn. 20.
[15] BGBl. 2013 I 2586.
[16] Vergleiche hierzu: 2. Auflage dieses Kommentars § 19 Rn. 11 bis 15; BGH NJW-RR 1987, 757; *Schneider/Thiel* § 3 Rn. 66.

wird bestimmt. Der Rechtsanwalt erhebt anschließend Klage. In diesem Fall entstehen für die Tätigkeit des Rechtsanwalts in dem Verfahren auf Bestimmung des zuständigen Gerichts und die Tätigkeit als Prozessbevollmächtigter in dem bürgerlichen Rechtsstreit nur einmal Gebühren nach Teil 3 Abschn. 1 VV, in der Regel also eine 1,3 Verfahrensgebühr Nr. 3100 VV und eine 1,2 Terminsgebühr Nr. 3104 VV zzgl. Auslagen und Umsatzsteuer.

Gleiches würde gelten, wenn die Klage bereits erhoben worden wäre und dann ein Verfahren auf Bestimmung des zuständigen Gerichts durchgeführt werde. Auch hier würde der Rechtsanwalt, der insgesamt mit der Tätigkeit als Prozessbevollmächtigter von seinem Mandanten beauftragt worden wäre, nur einmal Gebühren nach Teil 3 Abschn. 1 VV berechnen können. **27**

Dasselbe gilt nach neuer Rechtslage auch dann, wenn der Rechtsanwalt mit der Tätigkeit als Prozessbevollmächtigter in dem bürgerlichen Rechtsstreit beauftragt worden wäre, er dann einen Antrag auf Bestimmung des zuständigen Gerichts stellt und dieser Antrag zurückgewiesen würde. Vertritt der Rechtsanwalt dann weiter als Prozessbevollmächtigter in dem bürgerlichen Rechtsstreit, erhält er ebenfalls für das Verfahren auf Bestimmung des zuständigen Gerichts keine gesonderte Vergütung. **28**

Hatte der Rechtsanwalt den Auftrag, Klage zu erheben und seinen Mandanten in dem bürgerlichen Rechtsstreit als Prozessbevollmächtigter zu vertreten, stellt er dann einen Antrag auf Bestimmung des zuständigen Gerichts, wird aber in dem bürgerlichen Rechtsstreit nicht mehr tätig, da der Mandant von einer Klageerhebung Abstand nimmt oder einen anderen Rechtsanwalt mit Kanzleisitz am Gerichtsort mit der Prozessführung beauftragt, so erhält der Anwalt, der den Antrag auf Bestimmung des zuständigen Gerichts gestellt hatte, eine 0,8 Verfahrensgebühr nach Nr. 3101 Ziff. 1 VV.[17] Für diesen Anwalt hat sich der Prozessauftrag vorzeitig erledigt. **29**

War der Auftrag des Rechtsanwalts beschränkt auf die Stellung eines Antrags auf Bestimmung des zuständigen Gerichts und ist nach Abschluss des Bestimmungsverfahrens die Angelegenheit für den Rechtsanwalt erledigt, so erhält er eine 0,8 Verfahrensgebühr nach Nr. 3403 VV. Hier ist der Rechtsanwalt nur mit einer Einzeltätigkeit im Gerichtsstandsbestimmungsverfahren beauftragt.[18] **30**

V. Scheidungs- und Folgesachen im Verbund (Nr. 4)

1. Allgemeines

Zwischen Scheidungs- und Folgesachen kann ein sogenannter „Verbund" eintreten. Über die Scheidung und die Folgesachen ist dann zusammen zu verhandeln und zu entscheiden (§ 137 Abs. 1 FamFG). Eine Sache kann nur Folgesache werden, wenn eine Entscheidung für den Fall der Scheidung zu treffen ist und die Familiensache spätestens zwei Wochen vor der mündlichen Verhandlung im ersten Rechtszug in der Scheidungssache von einem Ehegatten anhängig gemacht wird. Für die Durchführung des Versorgungsausgleichs bedarf es keines Antrags (§ 137 Abs. 2 FamFG). Gem. § 16 Nr. 4 RVG sind eine Scheidungssache oder ein Verfahren über die Aufhebung einer Lebenspartnerschaft und die Folgesachen, die im Verbund anhängig sind, **dieselbe Angelegenheit.** Nach § 23 Abs. 1 S. 1 RVG iVm § 44 Abs. 1 FamGKG sind die **Verfahrenswerte** der Scheidungs- und die der anhängigen Folgesachen zu **addieren** und **nach** der **Summe der Verfahrenswerte** entstehen die **Gebühren einmal.** **31**

Natürlich müssen, damit die Verfahrens- und die Terminsgebühr nach der vollen Summe der Werte der Scheidungs- und der anhängigen Folgesachen anfallen, auch **32**

---

[17] *Schneider/Thiel* § 3 Rn. 74.
[18] *Schneider/Thiel* § 3 Rn. 75.

§ 16 Dieselbe Angelegenheit

die entsprechenden Tatbestände für den Anfall der Gebühr wegen aller Gegenstände durch die Tätigkeit des Rechtsanwalts erfüllt worden sein. Findet zB wegen einer Folgesache kein Termin statt und tritt auch keiner der anderen Voraussetzungen der Vorb. 3 Abs. 3 VV für den Anfall der Terminsgebühr Nr. 3104 VV ein, so kann nach dem Wert dieser Folgesache die Terminsgebühr nicht in Ansatz gebracht werden.

Beispiel 1:

Anhängig ist ein Antrag auf Scheidung der Ehe (Verfahrenswert: 5.000 EUR). Als Folgesachen sind anhängig: Elterliche Sorge (Verfahrenswert: 1.000 EUR), Versorgungsausgleich (Verfahrenswert: 1.000 EUR) und nachehelicher Unterhalt (Verfahrenswert: 3.600 EUR). Der Antrag auf Zahlung nachehelichen Unterhalts wird vor der mündlichen Verhandlung zurückgenommen. Der Rechtsanwalt vertritt die Partei zur mündlichen Verhandlung vor dem Familiengericht. Gegenstand der mündlichen Verhandlung waren nur noch die Scheidung und die Folgesachen: Elterliche Sorge und Versorgungsausgleich. Nach dem Termin entscheidet das Gericht durch Beschluss.

Der Verfahrensbevollmächtigte der Antragstellerin kann berechnen:
1. 1,3 Verfahrensgebühr Nr. 3100 VV nach Verfahrenswert:
   (5.000 EUR + 1.000 EUR + 1.000 EUR + 3.600 EUR =) 10.600 EUR   785,20 EUR
2. 1,2 Terminsgebühr Nr. 3104 VV nach Verfahrenswert:
   (5.000 EUR + 1.000 EUR + 1.000 EUR =) 7.000 EUR   486,00 EUR
3. Pauschale Nr. 7002 VV   20,00 EUR

zzgl. evtl. entstandener weiterer Auslagen und Umsatzsteuer.

33 Die Gebühren **entstehen, ermäßigen** oder **erhöhen** sich unter denselben Voraussetzungen wie auch in einem bürgerlichen Rechtsstreit/Zivilprozess.

34 Werden nicht anhängige Folgesachen mitverglichen, entsteht nach den Verfahrenswerten der mitverglichenen nicht anhängigen Folgesachen eine 0,8 Verfahrensgebühr Nr. 3101 Ziff. 2, 1. Alt. VV. Die 1,2 Terminsgebühr entsteht in diesen Fällen auch nach dem Wert der nicht anhängigen Folgesachen, wenn eine Besprechung iSd Vorb. 3 Abs. 3 VV zur Vermeidung eines gerichtlichen Verfahrens insoweit mit dem Gegner oder dem gegnerischen Prozessbevollmächtigten geführt wird. Nach den Verfahrenswerten der nicht anhängigen mitverglichenen Folgesachen entsteht eine 1,5 Einigungsgebühr Nr. 1000 VV.

Beispiel 2:

Anhängig ist die Scheidung (Verfahrenswert: 4.000 EUR). Mit im Verbund als Folgesachen anhängig sind der Versorgungsausgleich (Verfahrenswert: 1.000 EUR) und nachehelicher Unterhalt (Verfahrenswert: 4.800 EUR). Im Termin vor dem Familiengericht über die anhängigen Gegenstände führen die Parteien und die Verfahrensbevollmächtigten auch eine Besprechung zur Vermeidung einer gerichtlichen Auseinandersetzung über die Scheidungsfolgen: Haushalt (Verfahrenswert: 3.000 EUR) und Zugewinnausgleich (Verfahrenswert: 12.000 EUR). Schließlich schließen die Parteien unter Mitwirkung ihrer Bevollmächtigten einen Vergleich über den nachehelichen Unterhalt, den Haushalt und den Zugewinnausgleich.

Die Verfahrensbevollmächtigten können berechnen:
1. 1,3 Verfahrensgebühr Nr. 3100 VV nach Verfahrenswert: 9.800 EUR   725,40 EUR
2. 0,8 Verfahrensgebühr Nr. 3101 Ziff. 2, 1. Alt. VV nach Verfahrenswert:
   15.000 EUR   520,00 EUR
   Summe der Verfahrensgebühren: 1.245,40 EUR
   Die beiden Verfahrensgebühren dürfen nach § 15 Abs. 3 RVG nicht höher
   sein als eine 1,3 Verfahrensgebühr nach Verfahrenswert: 24.800 EUR   1.024,40 EUR
3. 1,2 Terminsgebühr Nr. 3104 VV nach Wert: 24.800 EUR   945,60 EUR
4. 1,5 Einigungsgebühr Nr. 1000 VV nach Wert: 15.000 EUR   975,00 EUR
5. 1,0 Einigungsgebühr Nr. 1003 VV nach Wert: 4.800 EUR   303,00 EUR
   Summe der Einigungsgebühren: 1.278,00 EUR

Die beiden Einigungsgebühren dürfen nach § 15 Abs. 3 RVG nicht höher
sein als eine 1,5 Einigungsgebühr nach Verfahrenswert: 19.800 EUR   1.113,00 EUR
6. Pauschale Nr. 7002 VV   20,00 EUR
7. 19 % Umsatzsteuer Nr. 7008 VV   589,57 EUR
                                                                     3.692,57 EUR

Ist neben der im Verbund anhängigen Scheidungs- und den Folgesachen eine **35**
Familiensache als selbständiges/isoliertes Verfahren anhängig, so ist das isolierte Verfahren eine eigene gebührenrechtliche Angelegenheit. Für das isolierte Verfahren können gesonderte Gebühren nach dem Verfahrenswert dieses Verfahrens abgerechnet werden. Diese entstehen neben den im Verbund nach der Summe der Werte der dort anhängigen Verfahren anfallenden Gebühren. Die in einer selbständig isoliert anhängigen Folgesache entstehenden Gebühren sind auch auf die daneben im Verbund entstehenden Gebühren nicht anzurechnen. Eine besondere Konstellation ergibt sich, wenn ein zunächst als selbständiges/isoliertes Verfahren anhängige Familiensache in den Verbund einbezogen wird.[19]

Auch Verfahren auf Erlass einer einstweiligen Anordnung sind nach § 17 Nr. 4 **36**
lit. b RVG stets eine verschiedene – gebührenrechtliche – Angelegenheit neben der Ehescheidung und den Folgesachen die im Verbund anhängig sind.[20]

2. Einbeziehung einer selbständigen/isolierten Familiensache in den Verbund[21]

Eine Familiensache kann als selbständiges/isoliertes Verfahren schon anhängig **37**
sein, bevor der Antrag auf Scheidung gestellt worden ist. Wird der Antrag auf Scheidung der Ehe anhängig, kann mit der zunächst selbständig/isoliert anhängigen Familiensache ein Verbund eintreten. Die Sache wird dann Folgesache im Verbund (§ 137 Abs. 3 und 4 FamFG).

Die Einbeziehung zunächst selbständig/isoliert anhängiger Familiensachen in den **38**
Verbund ist nach heute ganz überwiegender Meinung[22] mit der Verbindung von bürgerlichen Rechtsstreitigkeiten vergleichbar.[23] Zunächst sind
- die selbständig/isoliert anhängige Familiensache
- und die im Verbund anhängige Scheidung und die Folgesachen

zwei getrennte Verfahren. Die vor Einbeziehung in den Verbund in den beiden getrennten Verfahren entstandenen Gebühren bleiben bestehen. Ab Einbeziehung der zunächst selbstständig/isoliert anhängigen Folgesache fallen die Gebühren, deren Tatbestand nach der Einbeziehung erfüllt wird, erneut nach der Summe der Werte an. Ist der Tatbestand der Gebühr sowohl vor als auch nach Einbeziehung in den Verbund erfüllt worden, kann der Rechtsanwalt wählen,
- ob die vor Einbeziehung entstandenen Gebühren nach den Einzelwerten
- **oder** die nach Einbeziehung der Summe der Verfahrenswerte entstandenen Gebühren in Ansatz bringt. Der Rechtsanwalt wird sich für die für ihn günstigste Variante entscheiden können.[24]

---

[19] → § 16 Rn. 37 ff.
[20] → § 17 Rn. 28 ff.
[21] Ausführlich *Enders* JurBüro 2010, 505.
[22] Gerold/Schmidt/*Müller-Rabe* Nr. 3100 VV Rn. 159; Schneider/Wolf/*Wahlen/Volpert/Fölsch/Mock/N. Schneider/Thiel* § 16 Rn. 88 ff.; *Schneider* Gebühren Rn. 1673; *Enders* JurBüro 2010, 505. So auch schon zur alten Rechtslage vor Inkrafttreten des FGG-RG (1.9.2009): Madert/*Müller-Rabe*, Kostenhandbuch-Familiensachen, 1. Aufl., Kapitel E. V. 2. b); *Volpert* RVGreport 2006, 131 – Kapitel VIII. 2.; *Kindermann*, Die Abrechnung in Ehe- und Familiensachen, 1. Aufl. Rn. 423.
[23] → § 15 Rn. 13 ff.
[24] Dieses Wahlrecht des Rechtsanwalts hat der BGH JurBüro 2010, 414 zwischenzeitlich für die Verbindung von bürgerlichen Rechtsstreitigkeiten bestätigt.

§ 16 Dieselbe Angelegenheit

39 Handelt es sich bei der in den Verbund einbezogenen Sache um eine Kindschaftssache, ergibt sich noch die Besonderheit, dass sich der Verfahrenswert mit der Aufnahme in den Verbund ändert. Ist nämlich eine Kindschaftssache als selbständiges/isoliertes Verfahren anhängig, beträgt der Verfahrenswert nach § 45 Abs. 1 FamGKG 3.000 EUR. Mit Aufnahme in den Verbund als Folgesache ist der Verfahrenswert für die Kindschaftssache mit 20 % des Verfahrenswertes der Ehesache, höchstens mit 3.000 EUR, anzunehmen (§ 44 Abs. 2 FamGKG).

Beispiel 1:
Zunächst vertritt der Rechtsanwalt in einer selbständig/isoliert anhängigen Kindschaftssache wegen Regelung der elterlichen Sorge (Verfahrenswert: 3.000 EUR). Es findet eine mündliche Verhandlung vor dem Familiengericht statt, in welcher der Rechtsanwalt die Partei ebenfalls vertritt.
Später wird der Antrag auf Scheidung der Ehe (Verfahrenswert: 8.000 EUR) gestellt. Mit als Folgesache im Verbund anhängig wird der Versorgungsausgleich (Verfahrenswert: 2.400 EUR). Die selbständig/isoliert anhängige Kindschaftssache wegen Regelung der elterlichen Sorge wird auf Antrag mit in den Verbund einbezogen (§ 137 Abs. 3 FamFG). Danach bestimmt das Gericht Termin zur mündlichen Verhandlung. In diesem mündlichen Verhandlungstermin vertreten die Verfahrensbevollmächtigten die Parteien. Es wird verhandelt über die Scheidung, den Versorgungsausgleich und die Kindschaftssache. Anschließend entscheidet das Gericht durch Beschluss.

Vor Einbeziehung der Kindschaftssache in den Verbund sind entstanden:
Selbständige/isolierte Kindschaftssache vor Einbeziehung in den Verbund:
Verfahrenswert: 3.000 EUR

1. 1,3 Verfahrensgebühr Nr. 3100 VV	261,30 EUR
2. 1,2 Terminsgebühr Nr. 3104 VV	241,20 EUR
3. Pauschale Nr. 7002 VV	20,00 EUR
4. 19 % Umsatzsteuer Nr. 7008 VV	99,28 EUR
	621,78 EUR

Verbund: Ehescheidung/Versorgungsausgleich vor Einbeziehung der Kindschaftssache:
Verfahrenswert: (Scheidung 8.000 EUR + Versorgungsausgleich 2.400 EUR =) 10.400 EUR

1. 1,3 Verfahrensgebühr Nr. 3100 VV	785,20 EUR
2. Pauschale Nr. 7002 VV	20,00 EUR
3. 19 % Umsatzsteuer Nr. 7008 VV	152,99 EUR
	958,19 EUR

Summe **Kindschaftssache** und **Verbund** vor Einbeziehung der Kindschaftssache in den Verbund: 1.579,97 EUR.

Nach Einbeziehung der Kindschaftssache in den Verbund sind entstanden:
Verfahrenswert: (Scheidung 8.000 EUR + Versorgungsausgleich 2.400 EUR + Elterliche Sorge – Verfahrenswert bestimmt sich ab Einbeziehung in den Verbund nach § 44 Abs. 2 FamGKG –: 1.600 EUR =) 12.000 EUR

1. 1,3 Verfahrensgebühr Nr. 3100 VV	785,20 EUR
2. 1,2 Terminsgebühr Nr. 3104 VV	724,80 EUR
3. Pauschale Nr. 7002 VV	20,00 EUR
4. 19 % Umsatzsteuer Nr. 7008 VV	290,70 EUR
	1.820,70 EUR

Die Summe der vor Einbeziehung der Kindschaftssache in den Verbund in den getrennten Verfahren entstandenen Gebühren mit 1.579,97 EUR ist niedriger als die im Verbund nach Einbeziehung der elterlichen Sorge entstandenen Gebühren mit 1.820,70 EUR. Nach heute ganz überwiegender Meinung[25] kann der Rechtsanwalt sich in diesen Fällen dafür entscheiden,

---

[25] Gerold/Schmidt/*Müller-Rabe* Nr. 3100 VV Rn. 59; Schneider/Wolf/*Wahlen/Volpert/Fölsch/Mock/N. Schneider/Thiel* § 16 Rn. 88 ff.; *Schneider* Gebühren Rn. 1673; *Enders* JurBüro 2010, 505.

Dieselbe Angelegenheit § 16

entweder die vor Einbeziehung des selbständig/isoliert anhängigen Verfahrens in den Verbund entstandenen Gebühren abzurechnen oder die nach Einbeziehung in den Verbund entstandene Vergütung. Er wird sich für die für ihn günstigste Variante entscheiden können. Mit *Volpert*[26] bin ich der Ansicht, dass auch in diesen Fällen dem Anwalt das Wahlrecht – die günstigste Variante abzurechnen – für jede einzelne Gebühr zustehen muss.[27]

Der Rechtsanwalt wird also mE **gegenüber dem Mandanten abrechnen** können:

1. 1,3 Verfahrensgebühr Nr. 3100 VV nach Verfahrenswert: 3.000 EUR (Kindschaftssache vor Einbeziehung in den Verbund)	261,30 EUR
2. 1,3 Verfahrensgebühr Nr. 3100 VV nach Verfahrenswert: 10.400 EUR (Verbund vor Einbeziehung der elterlichen Sorge)	785,20 EUR
3. 1,2 Terminsgebühr Nr. 3104 VV nach Verfahrenswert: 12.000 EUR (nach Einbeziehung der Kindschaftssache in den Verbund)	724,80 EUR
4. Pauschale Nr. 7002 VV (Kindschaftssache vor Einbeziehung in den Verbund)	20,00 EUR
5. Pauschale Nr. 7002 VV (Verbund vor Einbeziehung der Kindschaftssache)	20,00 EUR
6. 19 % Umsatzsteuer Nr. 7008 VV	344,15 EUR
	2.155,45 EUR

N. Schneider[28] stellt noch eine andere Berechnungsmethode dar. Danach bleibt die vor Einbeziehung der selbständigen Familiensache in den Verbund in der selbständigen Familiensache entstandene Verfahrensgebühr zwar erhalten, ist aber auf die später im Verbund nach dem Gesamtwert (auch unter Berücksichtigung des Werts der einbezogenen Familiensache) in vollem Umfang anzurechnen. *N. Schneider*[29] lehnt diese Auffassung ab.[30]

Anders als die überwiegende Meinung verfährt auch *Jungbauer*.[31] Sie ermittelt zunächst, welche Gebühren entstanden wären, wenn alle im Verbund anhängigen Verfahren getrennt voneinander anhängig gewesen wären. Dann berechnet sie nach dem Verhältnis der Einzelgebühren aus den einzelnen Verfahrenswerten aller im Verbund anhängigen Gegenstände den Anteil der einbezogenen Familiensache an der Gesamtgebühr, die nach Einbeziehung in den Verbund entstanden ist. Dann bringt sie diesen von der Gesamtgebühr ermittelten Anteil, der auf die einbezogene Folgesache entfällt, von der vor Einbeziehung in den Verbund in der selbständigen Familiensache entstandenen Verfahrensgebühr in Abzug und setzt nur noch die sich daraus ergebende Differenz an. Neben dieser Differenz berechnet sie die im Verbund nach dem Gesamtwert entstandene Verfahrensgebühr.[32]

Werden nach Anhängigkeit der Ehescheidung weitere Folgesachen (die vorher noch nicht als selbständige isolierte Familiensache anhängig waren) im Verbund anhängig, ist dies gebührenrechtlich anders zu behandeln. Diese Fälle sind gebührenrechtlich zu betrachten wie eine Klageerweiterung in einem bürgerlichen Rechtsstreit: Die Gebühren entstehen dann nur einmal und zwar nach der Summe der

---

[26] Zur alten Rechtslage vor Inkrafttreten des FGG-RG (1.9.2009), da mE aber in das neue, nach dem 1.9.2009 geltende Recht übertragen werden kann: *Volpert* RVGreport 2006, 131 (132, Beispiel 21).

[27] Für die Verbindung in bürgerlichen Rechtsstreitigkeiten wird dies auch vertreten von: Schneider/Wolf/*N.Schneider* RVG § 15 Rn. 175; Gerold/Schmidt/*Müller-Rabe* Nr. 3100 VV Rn. 41.

[28] *Schneider* Gebühren, 1. Aufl., Rn. 1674 unter Hinweis auf OLG Köln AGS 200, 116 = OLGR 2007, 231 = FamRZ 2007, 647 = FamRB 2007, 76.

[29] *Schneider* Gebühren, 1. Aufl., Rn. 1675.

[30] Dieser Absatz wurde zitiert nach *Enders* JurBüro 2010, 505, 507.

[31] *Jungbauer*, Abrechnung in Familiensachen, 2. Aufl., Rn. 708 mit Berechnungsbeispiel.

[32] Dieser Absatz wurde zitiert nach *Enders* JurBüro 2010, 505, 507.

Werte der Scheidung und aller im Verbund anhängigen Folgesachen.[33] Natürlich müssen auch wegen der anhängigen Folgesachen die Gebührentatbestände erfüllt werden, damit die Gebühr auch nach dem Verfahrenswert der jeweiligen Folgesache entsteht.

3. Abtrennung aus dem Verbund

43 Über Folgesachen, die zusammen mit der Scheidungssache im Verbund anhängig sind, ist gleichzeitig mit dem Scheidungsantrag zu entscheiden, vorausgesetzt diesem wird stattgegeben (§ 137 Abs. 1 FamFG). Eine Folgesache kann jedoch auch vom Verbund abgetrennt werden (§ 140 FamFG).

44 Verfahrensrechtlich ist zu **unterscheiden,** ob es sich bei dem abgetrennten Verfahren um eine Folgesache nach § 137 Abs. 2 FamFG handelt oder um eine Folgesache nach § 137 Abs. 3 FamFG. Denn § 137 Abs. 5 S. 1 FamFG bestimmt, dass abgetrennte Folgesachen nach § 137 **Abs. 2** FamFG **Folgesachen bleiben.** Sind mehrere Folgesachen abgetrennt, besteht der Verbund auch unter ihnen fort. Im Gegensatz dazu bestimmt § 137 Abs. 5 S. 2 FamFG, dass Folgesachen nach § 137 **Abs. 3** FamFG nach der Abtrennung **als selbständige Verfahren fortgeführt** werden. Diese verfahrensrechtlichen Vorschriften haben auch Auswirkungen auf die Anwaltsvergütung. Die unterschiedliche gebührenrechtliche Behandlung der Abtrennung einer Folgesache des § 137 Abs. 2 FamFG und einer Folgesache nach § 137 Abs. 3 FamFG werden in den nachfolgenden Kapiteln a) → Rn. 45 ff. und b) → Rn. 53 ff. dargestellt.

45 **a) Folgesachen des § 137 Abs. 2 FamFG – keine Lösung aus dem Verbund.**[34] Folgesachen nach § 137 Abs. 2 FamFG sind
- Versorgungsausgleichssachen
- Unterhaltssachen, sofern sie die Unterhaltspflicht gegenüber einem gemeinschaftlichen Kind oder die durch Ehe begründete gesetzliche Unterhaltspflicht betreffen, mit Ausnahme des vereinfachten Verfahrens über den Unterhalt Minderjähriger
- Ehewohnungs- und Haushaltssachen
- Güterrechtssachen.

Nach § 137 Abs. 5 S. 1 FamFG bleiben diese Folgesachen, wenn sie abgetrennt werden, Folgesachen. Sind mehrere Folgesachen abgetrennt worden, besteht der Verbund unter ihnen fort.

46 Gebührenrechtlich sind die Sachen mE **so zu behandeln, als sei die Abtrennung nicht erfolgt.**[35] Der Rechtsanwalt kann nicht mehr an Gebühren erhalten, als er – bei gleicher Tätigkeit – nach dem Gesamtstreitwert des Verbunds erhalten hätte, wenn die Abtrennung nicht erfolgt wäre. Wird aber nach der Abtrennung in einer abgetrennten Folgesache noch eine Gebühr ausgelöst, die vor Abtrennung wegen des Verfahrenswertes der abgetrennten Folgesache noch nicht entstanden war, so kann der Rechtsanwalt noch die Differenz fordern zwischen
- der Gebühr, die nach dem Verfahrenswert des Verbunds (ohne den Verfahrenswert der abgetrennten Folgesache) entstanden ist
- und der Gebühr, die nach dem Verfahrenswert des Verbunds zzgl. dem der abgetrennten Folgesache entsteht.

47 Auch wenn nach Abtrennung in der abgetrennten Sache noch eine Gebühr entsteht, deren Tatbestand vor Abtrennung noch nicht ausgelöst war, kann diese berechnet werden.

---

[33] Gerold/Schmidt/*Müller-Rabe* § 16 Rn. 17.
[34] *Enders* JurBüro 2010, 393.
[35] So auch Schneider/Wolf/*Wahlen/Volpert/Fölsch/Mock/N. Schneider/Thiel* § 16 Rn. 70 ff.

Dieselbe Angelegenheit § 16

Ausnahme: Nach Artikel 111 Abs. 4 FGG-RG führt eine **Abtrennung** der 48 Folgesache **Versorgungsausgleich** in den dort genannten Fällen zur Herauslösung aus dem Verbund! Betroffen sind
- bereits nach altem Recht abgetrennte Versorgungsausgleichssachen, die am 1.9.2009 noch anhängig – also noch nicht entschieden – waren (Artikel 111 Abs. 4 S. 1 FGG-RG)
- nach dem 1.9.2009 in einem Verbundverfahren nach altem Recht (Scheidung und Versorgungsausgleich waren bereits vor dem 1.9.2009 anhängig) abgetrennte Versorgungsausgleichssachen (Artikel 111 Abs. 4 S. 1 FGG-RG).[36]

Die abgetrennte Folgesache über den Versorgungsausgleich ist nach Artikel 111 Abs. 4 S. 2 FGG-RG als **selbständige Familiensache fortzuführen.** Für die Fortführung als selbständige Familiensache ist das nach Inkrafttreten des FGG-RG geltende Recht anzuwenden.

Die nach Artikel 111 Abs. 4 FGG-RG abgetrennte Folgesache Versorgungsaus- 49 gleich ist nicht zu behandeln, als sei die Abtrennung nicht erfolgt. Sondern, da sie als selbständige Familiensache fortzuführen ist, gilt § 16 Nr. 4 RVG hinsichtlich des abgetrennten Verfahrens nicht mehr. Das **abgetrennte Verfahren ist eine eigene gebührenrechtliche Angelegenheit.**[37] Dem steht § 21 Abs. 3 RVG nicht entgegen.[38] Hieraus folgt lediglich, dass die Gebühren aus dem Wert des abgetrennten Versorgungsausgleichsverfahrens nicht zweimal – einmal im Verbund und einmal im abgetrennten Verfahren -nebeneinander entstehen können.

Nach BGH[39] gilt die für die Scheidung und die Folgesachen (Verbund) gewährte 50 Verfahrenskostenhilfe und die Beiordnung eines Rechtsanwalts nicht nach Abtrennung fort. Für das abgetrennte Verfahren auf Durchführung des Versorgungsausgleichs, welches als selbständiges Verfahren fortzuführen ist, ist **gesondert Verfahrenskostenhilfe** und die Beiordnung eines Rechtsanwalts **zu beantragen.**

Der Gegenstandswert für die abgetrennte Folgesache Versorgungsausgleich, die 51 nach Artikel 111 Abs. 4 FGG-RG als selbständige Familiensache fortgeführt wird, bestimmt sich nach neuem Recht, also nach § 50 FamGKG. Der Verfahrenswert ist also mit **10 %** des in drei Monaten erzielten Nettoeinkommens der Ehegatten für jedes Anrecht, das Gegenstand des Versorgungsausgleichs ist, anzusetzen.[40] Abzüge für unterhaltsberechtigte Kinder sind nicht zu machen.[41] Maßgebend ist das Einkommen bei Beendigung der abgetrennten Folgesache Versorgungsausgleich.[42]

Beispiel:[43]

Der Rechtsanwalt vertritt als Verfahrensbevollmächtigter in einem Scheidungsverfahren. Das Verfahren wurde im Dezember 2007 anhängig gemacht. Das Gericht hat den Verfahrenswert für die Scheidung auf 12.000 EUR festgesetzt. Neben der Scheidung war der Versorgungsausgleich anhängig. Den Verfahrenswert für den Versorgungsausgleich hatte das Gericht auf 2.000 EUR

---

[36] *N. Schneider* AGS 2009, 517; Schneider/Wolf/Wahlen/Volpert/Fölsch/Mock/*N. Schneider*/*Thiel* § 16 Rn. 78 ff.

[37] *N. Schneider* AGS 2009, 517; *Grabow* FamRB 2010, 93; *Enders* JurBüro 2010, 337.

[38] Vergleiche hierzu → § 21 Rn. 29 ff.; *Enders* JurBüro 2010, 337 (339 – Kap. 1.5).

[39] BGH JurBüro 2011, 298.

[40] *N. Schneider* AGS 2009, 517 (518 – Beispiel 3); *Grabow* FamRB 2010, 93 (95 – linke Spalte); *Enders* JurBüro 2010, 337 (338 – Kap. 1.4); OLG Frankfurt a.M. JurBüro 2010, 476.

[41] OLG Koblenz JurBüro 2011, 305; OLG Rostock JurBüro 2012, 248; OLG Nürnberg JurBüro 2012, 362.

[42] *Grabow* FamRB 2010, 93 (95 – Kap. 3b)); *Enders* JurBüro 2010, 337 (338 – Kap. 1.4 –); Anderer Meinung: *N. Schneider* AGS 2009, 517 (518 – linke Spalte –: Einkommen bei Einleitung des Verfahrens ist maßgebend); AG Ludwigslust JurBüro 2010, 476.

[43] Dieses Beispiel wurde zitiert nach *Enders* JurBüro 2010, 337 (339 – Beispiel 1).

§ 16 Dieselbe Angelegenheit

(§ 49 GKG aF) festgesetzt. Gegenstand des Versorgungsausgleichs, der im Mai 2009 abgetrennt wurde, waren 3 Anrechte.

Das Familiengericht nimmt das Versorgungsausgleichsverfahren im September 2013 wieder auf. Der Versorgungsausgleich wird dann durch Beschluss im November 2013 durchgeführt. Eine mündliche Verhandlung findet nicht mehr statt. Das monatliche Nettoeinkommen beider Ehegatten beträgt bei Ergehen der Kostenentscheidung in dem fortgeführten Verfahren über den Versorgungsausgleich: 4.000 EUR.

Vor Abtrennung der Folgesache Versorgungsausgleich sind folgende Gebühren entstanden:

Hier kommt die bis 31.7.2013 gültige Gebührentabelle zur Anwendung, da der Rechtsanwalt den Auftrag für den Verbund (Scheidung und Folgesachen) vor dem 1.8.2013 erhalten hat.

Verfahrenswert: (Scheidung: 12.000 EUR + Versorgungsausgleich: 2.000 EUR =) 14.000 EUR

1. 1,3 Verfahrensgebühr Nr. 3100 VV	735,80 EUR
2. 1,2 Terminsgebühr Nr. 3104 VV	679,20 EUR
3. Pauschale Nr. 7002 VV	20,00 EUR
4. 19 % Umsatzsteuer Nr. 7008 VV	272,65 EUR
	1.707,65 EUR

Nach Abtrennung der Folgesache Versorgungsausgleich und Fortführung derselben als selbständige Familiensache ist der Verfahrenswert nach § 50 FamGKG zu bestimmen. Er beträgt, da 3 Anrechte Gegenstand des Versorgungsausgleichs waren, (3 x 10 % = 30 % von dem dreifachen monatlichen Nettoeinkommen beider Ehegatten, also von 12.000 EUR =) 3.600 EUR.

In der abgetrennten Folgesache ist nur eine Verfahrensgebühr entstanden. Wird im schriftlichen Verfahren entschieden, entsteht nach *N. Schneider*[44] keine Terminsgebühr nach Abs. 1 Nr. 1 der Anm. zu Nr. 3104 VV, da eine mündliche Verhandlung nicht vorgeschrieben ist.

Zunächst ist zu ermitteln, welche Verfahrensgebühr im Verbund entstanden ist und welche entstanden wäre, wenn der Verfahrenswert für die Folgesache Versorgungsausgleich nicht berücksichtigt würde. Es ist also wie folgt gegenüber zu stellen:

1,3 Verfahrensgebühr nach Verfahrenswert: 14.000 EUR	735,80 EUR
abzüglich 1,3 Verfahrensgebühr nach Verfahrenswert: 12.000 EUR	683,80 EUR
Differenz:	52,00 EUR

Diese Differenz ist in der Abrechnung für die abgetrennte Folgesache Versorgungsausgleich abzusetzen.

Für das abgetrennte und später als selbständige Familiensache über den Versorgungsausgleich kann der Rechtsanwalt also noch abrechnen:

Hier kommt die ab 1.8.2013 gültige Gebührentabelle zur Anwendung, da der Rechtsanwalt den Auftrag für die abgetrennte – selbständige – Familiensache betreffend den Versorgungsausgleich nach dem 1.8.2013 erhalten hat.

Verfahrenswert: 3.600 EUR

1. 1,3 Verfahrensgebühr Nr. 3100 VV	327,60 EUR
abzüglich Differenz/Verfahrensgebühr, ermittelt wie vorstehend	52,00 EUR
verbleiben von der Verfahrensgebühr	275,60 EUR
2. Pauschale Nr. 7002 VV	20,00 EUR
3. 19 % Umsatzsteuer Nr. 7008 VV	56,17 EUR
	351,77 EUR

Die Terminsgebühr – entstanden im Verbund nach dem Verfahrenswert von 14.000 EUR – bleibt dem Rechtsanwalt voll erhalten. Denn hier gilt der Grundsatz, dass einmal entstandene Gebühren nicht wieder wegfallen."[45]

---

[44] *N. Schneider* AGS 2009, 517 (518 – Beispiel 3); So auch: KG JurBüro 2011, 639; OLG Rostock JurBüro 2012, 192; OLG Frankfurt a.M. JurBüro 2013, Heft 4.

[45] *Grabow* rechnet anders, siehe *Grabow* FamRB 2010, 93 (95 – Beispiel); ablehnend *Enders* JurBüro 2010, 337 (339 – Beispiel 2).

Dieselbe Angelegenheit § 16

Praxistipp:

Für das abgetrennte Verfahren Versorgungsausgleich muss erneut Verfahrenskostenhilfe beantragt werden.[46]

52

b) Folgesachen des § 137 Abs. 3 FamFG – Lösung aus dem Verbund.[47]

53

Nach § 137 Abs. 3 FamFG sind Folgesachen **Kindschaftssachen**, die betreffen
- die Übertragung oder Entziehung der elterlichen Sorge
- das Umgangsrecht mit einem gemeinschaftlichen Kind der Ehegatten
- die Herausgabe eines gemeinschaftlichen Kindes der Ehegatten
- das Umgangsrecht eines Ehegatten mit dem Kind des anderen Ehegatten.

Nach § 137 Abs. 5 S. 2 FamFG werden diese Folgesachen nach Abtrennung als **selbständige Verfahren** fortgeführt. § 16 Nr. 4 RVG gilt dann hinsichtlich des abgetrennten Verfahrens nicht mehr.

Das abgetrennte Verfahren ist nach Abtrennung vielmehr eine neue, **eigene gebührenrechtliche Angelegenheit** iSd § 15 RVG.[48]

54

Allerdings bestimmt § 21 Abs. 3 RVG, dass das fortgeführte Verfahren und das frühere Verfahren dieselbe Angelegenheit sind. Hieraus folgt, dass die Gebühren aus dem Wert des abgetrennten Verfahrens nicht zweimal – einmal im Verbund und einmal im abgetrennten Verfahren – nebeneinander entstehen können.

55

Diese Fälle sind mE vielmehr gebührenrechtlich so zu behandeln, wie die Prozesstrennung in einem bürgerlichen Rechtsstreit.[49] Dies bedeutet, dass dem Anwalt ein Wahlrecht zusteht. Er kann entweder

56

- die vor Abtrennung im Verbund nach dem Gesamtwert entstandenen Gebühren – unter Einschluss des Verfahrenswertes der abgetrennten Folgesache – berechnen
- **oder** die Gebühren, die im Verbund – ohne den Verfahrenswert der abgetrennten Folgesache – entstanden wären und daneben die Gebühren, die in der abgetrennten Folgesache nach deren Verfahrenswert nach Abtrennung entstehen.[50]

Dieses Wahlrecht hat der BGH[51] in einer Entscheidung vom 14.4.2010 für den Fall der Verbindung von bürgerlichen Rechtsstreitigkeiten bestätigt. In der Regel wird die getrennte Abrechnung, die günstigere für den Anwalt sein.

Beispiel:

Mit der Scheidung (Verfahrenswert: 10.000 EUR) sind als Folgesachen im Verbund anhängig: Kindschaftssache wegen Umgangsrecht (Verfahrenswert: 2.000 EUR) und Versorgungsausgleich (Verfahrenswert: 2.700 EUR). Nach mündlicher Verhandlung, deren Gegenstand die Scheidung und alle anhängigen Folgesachen sind, wird die Kindschaftssache nach § 140 FamFG abgetrennt. Nach Abtrennung wird in der Kindschaftssache erneut mündlich verhandelt.

Der Rechtsanwalt, der sowohl als Verfahrensbevollmächtigter im Verbund als auch in der abgetrennten Kindschaftssache vertreten hat, kann entweder die im Verbund – unter Berücksichtigung des Verfahrenswertes der Kindschaftssache – entstandenen Gebühren wie folgt berechnen:

---

[46] BGH JurBüro 2011, 298; *Enders* JurBüro 2010, 337 (338 – Kap. 1.3).
[47] *Enders* JurBüro 2010, 393 (394 – Kap. 4).
[48] So auch: Schneider/Wolf/*Wahlen/Volpert/Fölsch/Mock/N. Schneider/Thiel* § 16 Rn. 77.
[49] → § 15 Rn. 24 ff.
[50] Schneider/Wolf/*Wahlen/Volpert/Fölsch/Mock/N. Schneider/Thiel* § 16 Rn. 79 ff. mit Berechnungsbeispielen.
[51] BGH JurBüro 2010, 414.

§ 16 — Dieselbe Angelegenheit

Verfahrenswert: (Scheidung: 10.000 EUR + Kindschaftssache: 2.000 EUR + Versorgungsausgleich: 2.700 EUR =) 14.700 EUR

1. 1,3 Verfahrensgebühr Nr. 3100 VV	845,00 EUR
2. 1,2 Terminsgebühr Nr. 3104 VV	780,00 EUR
3. Pauschale Nr. 7002 VV	20,00 EUR
4. 19 % Umsatzsteuer Nr. 7008 VV	312,55 EUR
	1.977,55 EUR

Der Rechtsanwalt kann sich aber auch dafür entscheiden, Verbund und Kindschaftssache nach Abtrennung wie folgt getrennt abzurechnen:

Verbund

Verfahrenswert: (Scheidung: 10.000 EUR + Versorgungsausgleich: 2.700 EUR -ohne Kindschaftssache- =) 12.700 EUR

1. 1,3 Verfahrensgebühr Nr. 3100 VV	785,20 EUR
2. 1,2 Terminsgebühr Nr. 3104 VV	724,80 EUR
3. Pauschale Nr. 7002 VV	20,00 EUR
4. 19 % Umsatzsteuer Nr. 7008 VV	290,70 EUR
	1.820,70 EUR

Kindschaftssache

Verfahrenswert: 3.000 EUR (§ 45 FamFG)

1. 1,3 Verfahrensgebühr Nr. 3100 VV	261,30 EUR
2. 1,2 Terminsgebühr Nr. 3104 VV	241,20 EUR
3. Pauschale Nr. 7002 VV	20,00 EUR
4. 19 % Umsatzsteuer Nr. 7008 VV	99,28 EUR
	621,78 EUR

Bei getrennter Abrechnung würde der Rechtsanwalt also insgesamt berechnen können (1.820,70 EUR + 621,78 EUR =) 2.442,48 EUR.

57 Das in diesem Kapitel Ausgeführte gilt auch
- bei Rücknahme des Scheidungsantrags für Folgesachen, die nach § 141 FamFG fortgeführt werden
- bei Abweisung des Scheidungsantrags, wenn eine Folgesache nach § 142 FamFG fortgeführt wird.

4. Außergerichtliche Vertretung

58 Erhält der Rechtsanwalt von seinem Mandanten den Auftrag, ihn wegen einer beabsichtigten Ehescheidung und der daraus resultierenden Scheidungsfolgen (wie zB Unterhalt, Zugewinnausgleich, elterliche Sorge, Umgangsrecht) zunächst außergerichtlich zu vertreten, stellt sich die Frage, ob es sich dann um eine oder um mehrere gebührenrechtliche Angelegenheiten handelt. § 16 Nr. 4 RVG fingiert mE nur für das **gerichtliche** Verbundverfahren dieselbe gebührenrechtliche Angelegenheit.[52] Denn § 16 Nr. 4 RVG spricht ausdrücklich von der „Scheidungssache" und den „Folgesachen". Eine Folgesache wird aber nur im Zusammenhang mit dem gerichtlich anhängigen Scheidungsverfahren vorkommen, da nur dann ein Verfahrensverbund (§ 137 FamFG) eintreten kann. Aus § 16 Nr. 4 RVG ergibt sich daher für meine Begriffe nicht zwingend, dass auch für die außergerichtliche Vertretung nur eine gebührenrechtliche Angelegenheit anzunehmen ist, wenn der Rechtsanwalt tätig wird wegen einer bevorstehenden Scheidung und den Scheidungsfolgen.

Wenn man die Anwendung des § 16 Nr. 4 RVG für die außergerichtliche Vertretung verneint, wird man die von Rechtsprechung und Literatur entwickelten Kriterien zur Beurteilung der Frage, ob eine oder mehrere gebührenrechtliche Angele-

---
[52] Schneider/Wolf/*N. Schneider* § 15 Rn. 55.

Dieselbe Angelegenheit § 16

genheiten anzunehmen sind heranziehen müssen. Danach ist eine Angelegenheit anzunehmen, wenn
- ein einheitlicher Auftrag vorliegt
- der gleiche Rahmen bei der Verfolgung der Ansprüche eingehalten wird
- Azwischen den einzelnen Ansprüchen ein innerer objektiver Zusammenhang besteht.[53]

Nach diesen Kriterien dürfte bei einer außergerichtlichen Vertretung wegen einer vorgesehenen Scheidung und der Scheidungsfolgen eine gebührenrechtliche Angelegenheit anzunehmen sein. Von einem einheitlichen Auftrag kann wohl ausgegangen werden. Dies ist auch dann noch anzunehmen, wenn die Aufträge dem Anwalt von seinem Mandanten zeitlich versetzt erteilt werden, aber Einigkeit besteht, dass die Ansprüche gemeinsam behandelt werden sollen. Der gleiche Rahmen bei der Verfolgung der Angelegenheit wird ebenfalls eingehalten da alle Ansprüche/Scheidungsfolgen zunächst außergerichtlich verfolgt werden. Ein innerer Zusammenhang zwischen den einzelnen Ansprüchen ist ebenfalls gegeben, denn sie resultieren alle aus einem Lebensvorgang, nämlich der Trennung der Parteien und der beabsichtigten Scheidung. Aus diesem Grunde liegt bei einer außergerichtlichen Vertretung wegen einer bevorstehenden Scheidung und der daraus resultierenden Scheidungsfolgen mE für den bearbeitenden Anwalt nur eine gebührenrechtliche Angelegenheit vor.[54] **Anderer Meinung** sind *N. Schneider*[55] und *Winkler*:[56] Nach deren Ansicht sind mehrere gebührenrechtliche Angelegenheiten gegeben, wenn der Rechtsanwalt außergerichtlich verschiedene Trennungs- oder Scheidungsfolgen für seinen Auftraggeber regelt. Die Fiktion des § 16 Nr. 4 RVG gelte nur für ein gerichtliches Verfahren. Nach *N. Schneider*[57] liegen auf jeden Fall mehrere gebührenrechtliche Angelegenheiten vor, wenn nur ein Teil der Gegenstände im Verbund geltend gemacht werden könnte. 59

Praxistipp:
Will der Rechtsanwalt hier Rechtssicherheit haben, wird er mit seinem Auftraggeber vereinbaren müssen, dass jeder „Gegenstand", den er außergerichtlich regelt, als gesonderte gebührenrechtliche Angelegenheit zu behandeln ist und gesondert abgerechnet wird. 60

Wird die Auffassung vertreten, dass im Rahmen einer außergerichtlichen Vertretung alle Scheidungsfolgen, die der Rechtsanwalt regelt, dieselbe – gebührenrechtliche – Angelegenheit darstellen, sind die einzelnen Gegenstände/Ansprüche/Scheidungsfolgen jeweils mit einem einzelnen Verfahrenswert zu bewerten und nach der Summe der Verfahrenswerte entstehen dann die Gebühren (meist eine Geschäftsgebühr Nr. 2300 VV, evtl. daneben auch eine Einigungsgebühr Nr. 1000 VV). 61

Für den Bereich der Beratungshilfe wird vertreten, dass die Scheidungs- und die Folgesachen gesonderte gebührenrechtliche Angelegenheit darstellen und die Beratungshilfegebühren in jeder Angelegenheit gesondert abgerechnet werden können.[58] Nach einer in der Rechtsprechung weit verbreiteten Meinung[59] sind jedoch die Folgesachen wieder in Komplexen zusammen zu fassen (zB neben der „Scheidung" an sich können gesondert abgerechnet werden die Komplexe „Personensorge und Umgangsrecht", „Ehewohnung und Hausrat" und „Unterhalt, Güterrecht und Vermögensauseinandersetzung". 62

---

[53] → § 15 Rn. 37 ff.
[54] So auch Gerold/Schmidt/*Müller-Rabe* § 16 Rn. 27 ff.
[55] Schneider/Wolf/*N. Schneider* § 15 Rn. 55.
[56] HK-RVG/*Winkler* § 15 Rn. 40.
[57] Schneider/Wolf/*N. Schneider* § 15 Rn. 55.
[58] → § 15 Rn. 66 ff. und → VV Nr. 2501 Rn. 6 ff.
[59] → § 15 Rn. 69 ff. = Übersicht über die Rechtsprechung.

Enders

§ 16 Dieselbe Angelegenheit

VI. Gerichtsverfahren des vorläufigen Rechtsschutzes und Verfahren auf Abänderung oder Aufhebung (Nr. 5)

63 Nach § 17 Nr. 4a bis c RVG sind verschiedene Angelegenheiten **das Verfahren in der Hauptsache** und ein Verfahren über
- die Anordnung eines Arrest
- den Erlass einer einstweiligen Verfügung
- den Erlass einer einstweiligen Anordnung
- die Anordnung oder Wiederherstellung der aufschiebenden Wirkung
- die Aufhebung der Vollziehung
- die Anordnung der sofortigen Vollziehung eines Verwaltungsakts.

Dies bedeutet, dass in den Verfahren in der Hauptsache und in einem daneben anhängigen Verfahren des vorläufigen Rechtsschutzes (siehe vorstehende Aufzählung) jeweils unabhängig voneinander Gebühren entstehen und jedes Verfahren als eigene gebührenrechtliche Angelegenheit abgerechnet werden kann. Anrechnungsvorschriften wonach die in einem Verfahren des vorläufigen Rechtsschutzes entstandenen Gebühren auf die in der Hauptsache angefallenen Gebühren anzurechnen wären, finden sich im RVG nicht.

64 Allerdings schränkt § 16 Nr. 5 RVG das Ganze für den Fall ein, dass in einem Verfahren des vorläufigen Rechtsschutzes ein **Verfahren auf Abänderung oder Aufhebung stattfindet.** Dieses bildet nämlich mit dem vorausgegangenen Verfahren des vorläufigen Rechtsschutzes dieselbe gebührenrechtliche Angelegenheit. Dies bedeutet, dass das ursprüngliche Verfahren des vorläufigen Rechtsschutzes und das später folgende Verfahren auf Abänderung oder Aufhebung einer in diesem Verfahren ergangenen Entscheidung nur eine gebührenrechtliche Angelegenheit sind. Die Gebühren können von dem Rechtsanwalt, der sowohl in dem ursprünglichen Verfahren des vorläufigen Rechtsschutzes als auch in dem späteren Verfahren auf Abänderung oder Aufhebung vertritt, nur einmal gefordert werden.[60]

65 Eine Gebühr, die erst in dem Verfahren auf Abänderung oder Aufhebung entsteht, kann selbstverständlich noch nachgefordert werden.

Beispiel:
Der Prozessbevollmächtigte beantragt für seine Auftraggeberin den Erlass einer einstweiligen Verfügung. Das Gericht erlässt den begehrten Beschluss ohne vorherige mündliche Verhandlung. Das Gericht setzt den Gegenstandswert auf 12.000 EUR fest.

Drei Monate später beantragt die Gegenseite Abänderung der ergangenen Entscheidung, da sich zwischenzeitlich die tatsächlichen Verhältnisse geändert haben. Der Prozessbevollmächtigte vertritt die Antragstellerin auch in dem Verfahren auf Abänderung. In diesem findet eine mündliche Verhandlung statt. Schließlich wird ein Vergleich geschlossen.

Der Prozessbevollmächtigte der Antragstellerin kann insgesamt für die Tätigkeit in dem Verfahren auf Erlass der einstweiligen Verfügung und in dem Verfahren auf Abänderung der ergangenen Entscheidung folgende Vergütung berechnen:
Gegenstandswert: 12.000 EUR

1. 1,3 Verfahrensgebühr Nr. 3100 VV	785,20 EUR
2. 1,2 Terminsgebühr Nr. 3104 VV	724,80 EUR
3. 1,0 Einigungsgebühr Nr. 1000, 1003 VV	604,00 EUR
4. Pauschale Nr. 7002 VV	20,00 EUR
5. 19 % Umsatzsteuer Nr. 7008 VV	405,46 EUR
	2.539,46 EUR

In dem Verfahrensabschnitt bis zum Erlass der einstweiligen Verfügung ist nur die Verfahrensgebühr entstanden. Das Verfahren auf Abänderung bildet nach § 16 Nr. 5 RVG dieselbe –

---

[60] Gerold/Schmidt/*Müller-Rabe* § 16 Rn. 90; Schneider/Wolf/*Wahlen/Volpert/Fölsch/Mock/ N. Schneider/Thiel* § 16 Rn. 105.

gebührenrechtliche – Angelegenheit mit dem Verfahren auf Erlass der einstweiligen Verfügung. Daher kann keine neue Verfahrensgebühr entstehen. Selbstverständlich können die in dem Verfahren auf Abänderung erstmals entstandenen Gebühren (Terminsgebühr und Einigungsgebühr) zusätzlich zur Verfahrensgebühr gefordert werden.

Nachliquidiert werden kann auch dann, wenn in dem Verfahren auf Abänderung 66 oder Aufhebung ein höherer Gegenstandswert anzunehmen ist, wie im Verfahren über den Antrag auf Erlass der einstweiligen Verfügung oder des Arrests.

Das vorstehend Ausgeführte gilt auch dann, wenn gegen einen ergangenen Arrest- 67 beschluss oder eine einstweilige Verfügung nach §§ 936 iVm § 924 ZPO Widerspruch eingelegt wird. Das Verfahren nach Widerspruch bildet nach § 16 Nr. 5 RVG dieselbe gebührenrechtliche Angelegenheit mit dem Verfahren auf Anordnung des Arrests oder der einstweiligen Verfügung.

Wird der Rechtsanwalt erstmals in dem Verfahren des vorläufigen Rechtsschutzes 68 tätig, indem er einen Antrag auf Abänderung oder Aufhebung stellt, so bilden für ihn seine Tätigkeit in der Hauptsache und das Verfahren auf Abänderung oder Aufhebung der in dem Verfahren des vorläufigen Rechtsschutzes ergangenen Entscheidung verschiedene gebührenrechtliche Angelegenheiten. Nur das Verfahren über den vorläufigen Rechtsschutz und das Verfahren auf Abänderung oder Aufhebung einer in diesem Verfahren ergangenen Entscheidung bilden nach § 16 Nr. 5 RVG dieselbe gebührenrechtliche Angelegenheit.

§ 16 Nr. 5 RVG wurde durch das am 1.8.2013 in Kraft getretene 2. KostRMoG[61] 69 neu gefasst. Der bis zum 31.7.2013 geltende Wortlaut des § 16 Nr. 5 RVG ging grundsätzlich von Antragsverfahren im Bereich des vorläufigen Rechtsschutzes aus. Nach dem FamFG (zB § 156 Abs. 3 FamFG) gibt es aber auch Entscheidungen im vorläufigen Rechtsschutz, die von Amts wegen ergehen. Auch hierfür gilt § 16 Nr. 5 RVG. Dies soll mit der Neuformulierung der Vorschrift klargestellt werden.

In verwaltungsrechtlichen Angelegenheiten kommt es nicht selten vor, dass 70 zunächst ein Antrag auf Anordnung der aufschiebenden Wirkung der Klage nach § 80 Abs. 5 VwGO kostenpflichtig abgelehnt wird und später ein Abänderungsverfahren nach § 80 Abs. 7 VwGO stattgegeben wird und der Antragsgegnerin die Kosten des Abänderungsverfahrens auferlegt werden. Für diese Fälle stellt sich die Frage, ob dem Antragssteller die Kosten des für ihn in beiden Verfahren tätigen Rechtsanwalts auf der Grundlage der im Verfahren nach § 80 Abs. 7 VwGO ergangenen Kostengrundentscheidung von der unterlegenen Behörde zu erstatten sind. Mit dieser in der Rechtsprechung umstrittenen Frage beschäftigt sich *Enders*[62] und kommt zu dem Ergebnis, dass die Kosten zu erstatten sind. Zwar sind das Verfahren des vorläufigen Rechtsschutzes und das Verfahren auf Abänderung oder Aufhebung der in diesem Verfahren ergangenen Entscheidung nach § 16 Nr. 5 RVG dieselbe – gebührenrechtliche – Angelegenheit. Jedoch entstehen die Gebühren immer wieder neu, wenn deren Tatbestand erfüllt wird. Die Gebühren können zwar in derselben Angelegenheit insgesamt nur einmal vom Rechtsanwalt verlangt werden, aber die Gebühren, deren Tatbestand erneut in dem Abänderungsverfahren nach § 80 Abs. 7 VwGO erfüllt worden ist, sind nach Ansicht von *Enders* von der unterlegenen Behörde zu erstatten.

VII. Mehrere Verfahren über Erinnerung oder Beschwerde im Kostenfestsetzungs- oder Kostenansatzverfahren (Nr. 10)

§ 16 Nr. 10 RVG ist im Zusammenhang mit § 18 Abs. 1 Nr. 3 RVG zu sehen. 71 Nach § 18 Abs. 1 Nr. 3 RVG ist jedes Beschwerdeverfahren, jedes Verfahren über

---

[61] BGBl. 2013 I 2586.
[62] *Enders* JurBüro 2016, 393 ff.

§ 16 Dieselbe Angelegenheit

eine Erinnerung gegen einen Kostenfestsetzungsbeschluss und jedes sonstige Verfahren über eine Erinnerung gegen eine Entscheidung des Rechtspflegers in Angelegenheiten, in denen sich die Gebühr nach Teil 3 VV (zB bürgerliche Rechtsstreitigkeiten/Zivilsachen) richten eine besondere – gebührenrechtliche – Angelegenheit. § 16 Nr. 10 RVG schränkt dies dahingehend ein, dass dieselbe Angelegenheit sind, wenn im **Kostenfestsetzungsverfahren** mehrere Verfahren über
a) die Erinnerung,
b) den Antrag auf gerichtliche Entscheidung
c) die Beschwerde
in demselben Beschwerderechtszug stattfinden und der Rechtsanwalt in diesem vertritt. Dasselbe gilt für das Kostenansatzverfahren.[63]

72 § 16 Nr. 10 RVG wurde durch das 2. KostRMoG[64] (Inkrafttreten: 1.8.2013) neu gefasst. Im Zuge der Neufassung wurde der Antrag auf gerichtliche Entscheidung mit in die Vorschrift aufgenommen. In Bußgeldsachen kann gem. § 108 OWiG gegen einen selbständigen Kostenbescheid, gegen einen Kostenfestsetzungsbeschied (§ 106 OWiG) und gegen den Ansatz der Gebühren und Auslagen nicht Erinnerung oder Beschwerde eingelegt werden, sondern diese sind mit einem Antrag auf gerichtliche Entscheidung anzufechten. Ein Antrag auf gerichtliche Entscheidung gegen einen Kostenfestsetzungsbeschied und den Ansatz der Gebühren und Auslagen in Bußgeldsachen steht also einer Erinnerung oder Beschwerde gleich.[65]

73 Getrennt zu betrachten sind das Kostenfestsetzungsverfahren und das Kostenansatzverfahren. Unter dem **Kostenfestsetzungsverfahren** ist die Festsetzung der der Partei entstandenen Anwalts- und Gerichtskosten gegenüber dem erstattungspflichtigen Gegner zB nach § 103 ff ZPO zu verstehen. Hierunter fällt aber auch das Kostenfestsetzungsverfahren des Rechtsanwalts gegenüber dem eigenen Auftraggeber nach § 11 RVG.[66] Unter dem **Kostenansatzverfahren** ist die Aufstellung der Gerichtskosten (Gebühren und Auslagen) zu verstehen. Es handelt sich nur dann um dieselbe gebührenrechtliche Angelegenheit nach § 16 Nr. 10 RVG, wenn sich die mehreren Erinnerungs- oder Beschwerdeverfahren entweder gegen die Kostenfestsetzung oder gegen den Kostenansatz wenden.[67] Legt der Rechtsanwalt zB in demselben bürgerlichen Rechtsstreit für seine Partei Erinnerung gegen den Kostenfestsetzungsbeschluss ein und daneben Erinnerung gegen den Ansatz der Gerichtskosten im Kostenansatzverfahren ein, so liegt nicht dieselbe Angelegenheit iSd § 16 Nr. 10 RVG vor. Die 0,5 Verfahrensgebühr der Nr. 3500 VV fällt mehrfach an.[68]

74 Nach § 16 Nr. 10 RVG sind zB dieselbe – gebührenrechtliche – Angelegenheit:
- „mehrere Erinnerungsverfahren gegen den Kostenansatz,
- mehrere Beschwerdeverfahren gegen die Entscheidung über Erinnerung im Kostenansatzverfahren,
- mehrere Verfahren über einen Antrag auf gerichtliche Entscheidung gegen den Kostenansatz,
- mehrere Erinnerungsverfahren gegen denselben Kostenfestsetzungsbeschluss,
- mehrere Beschwerdeverfahren gegen denselben Kostenfestsetzungsbeschluss,

---

[63] → § 16 Rn. 73.
[64] BGBl. I 2013, 2586.
[65] Vergleiche Begründung zum 2. KostRMoG in BT-Drs. 17/11471 (neu) vom 14.11.2012 zu Artikel 8 (Änderung des Rechtsanwaltsvergütungsgesetzes), Nummer 7f (§ 16 Nr. 10 RVG), Seite 417 der elektronischen Vorabfassung.
[66] HK-RVG/*Rohn* § 16 Rn. 48; Anderer Ansicht: Gerold/Schmidt/*Müller-Rabe* § 16 Rn. 124.
[67] HK-RVG/*Rohn* § 16 Rn. 47; Schneider/Wolf/*Wahlen/Volpert/Fölsch/Mock/N. Schneider/Thiel* § 16 Rn. 179.
[68] Gerold/Schmidt/*Müller-Rabe* § 16 Rn. 145.

Dieselbe Angelegenheit **§ 16**

- Erinnerungsverfahren und Beschwerdeverfahren gegen denselben Kostenfestsetzungsbeschluss."[69]

Legt der Rechtsanwalt Erinnerung im Kostenansatzverfahren ein, weist das Gericht die Erinnerung zurück und wird dann Beschwerde gegen den Kostenansatz eingelegt, handelt es sich für den Rechtsanwalt, der sowohl in dem Erinnerungsverfahren als auch in dem Beschwerdeverfahren vertreten hat um zwei gebührenrechtliche Angelegenheiten. Die 0,5 Verfahrensgebühr der Nr. 3500 VV kann sowohl für die Tätigkeit in dem Erinnerungsverfahren als auch für die Tätigkeit in dem Beschwerdeverfahren angesetzt werden. Würde daneben der Rechtsanwalt noch tätig in einem Beschwerdeverfahren gegen den Kostenfestsetzungsbeschluss, so würde es sich auch diesbezüglich um eine eigene gebührenrechtliche Angelegenheit handeln mit der Folge, dass die 0,5 Verfahrensgebühr der Nr. 3500 VV ein drittes Mal anfallen würde.[70] 75

Werden **gegen denselben Kostenfestsetzungsbeschluss** mehrere Erinnerungen oder Beschwerden eingelegt, so liegt dieselbe – gebührenrechtliche – Angelegenheit iSd § 16 Nr. 10 RVG vor. Dies ist auch dann der Fall, wenn die Erinnerung oder Beschwerde von unterschiedlichen Parteien eingelegt werden. Legt zB der Kläger gegen den Kostenfestsetzungsbeschluss Erinnerung ein, und legt der Beklagte wegen anderer – seiner Meinung nach zu Unrecht festgesetzten Positionen – gegen denselben Kostenfestsetzungsbeschluss Beschwerde ein, so handelt es sich um dieselbe gebührenrechtliche Angelegenheit nach § 16 Nr. 10 RVG und die 0,5 Verfahrensgebühr der Nr. 3500 VV fällt nur einmal an. Allerdings sind die Werte des Erinnerungs- und des Beschwerdeverfahrens zu addieren, sofern sie unterschiedliche Positionen betreffen.[71] 76

Wird zunächst gegen einen Bescheid über die Festsetzung von Kosten, die zB die Behörde dem Betroffenen in einer Bußgeldsache zu erstatten hat (§ 106 OWiG) ein Antrag auf gerichtliche Entscheidung gestellt und später gegen die Entscheidung des Gerichts Beschwerde eingelegt (§ 108 OWiG), so sind mE der Antrag auf gerichtliche Entscheidung und das Beschwerdeverfahren besondere gebührenrechtliche Angelegenheiten (Vorb. 5 Abs. 4 Nr. 1 VV). Sowohl im Verfahren über den Antrag auf gerichtliche Entscheidung und als auch im Beschwerdeverfahren entstehen gesonderte Gebühren nach Teil 3 VV. In der Regel entsteht jeweils eine 0,5 Verfahrensgebühr Nr. 3500 VV.[72] 77

VIII. Rechtsmittelverfahren und Verfahren über die Zulassung des Rechtsmittels (Nr. 11)

Dieselbe – gebührenrechtliche – Angelegenheit sind nach § 16 Nr. 11 RVG das Rechtsmittelverfahren und das Verfahren über die Zulassung des Rechtsmittels. Ist der Rechtsanwalt also sowohl im Verfahren über die Zulassung des Rechtsmittels als auch im anschließenden Rechtsmittelverfahren tätig, handelt es sich um dieselbe gebührenrechtliche Angelegenheit iSd § 16 Nr. 11 RVG. Die Gebühren entstehen also nur einmal und nicht etwa gesondert für die Tätigkeit in dem Zulassungsverfahren und in dem anschließenden Rechtsmittelverfahren. Dies gilt nicht für das Verfahren über die **Beschwerde** gegen die Nichtzulassung eines Rechtsmittels.[73] 78

---

[69] Zitiert nach Schneider/Wolf/*Wahlen/Volpert/Fölsch/Mock/N. Schneider/Thiel* § 16 Rn. 206.
[70] Gerold/Schmidt/*Müller-Rabe* § 16 Rn. 143.
[71] Gerold/Schmidt/*Müller-Rabe* § 16 Rn. 124; Schneider/Wolf/*Wahlen/Volpert/Fölsch/Mock/ N. Schneider/Thiel* § 16 Rn. 205 ff.
[72] → Vorb. 5 VV Rn. 32 und → Vorb. 4 VV Rn. 50 f.
[73] → § 17 Rn. 47 ff.

Praxistipp:

79 Will der Rechtsanwalt eine gesonderte Vergütung für seine Tätigkeit in dem Verfahren über die Zulassung des Rechtsmittels haben, wird er dies nur über eine Vergütungsvereinbarung mit seinem Mandanten erreichen können.

80 Allerdings beginnt gebührenrechtlich für den Rechtsanwalt das Rechtsmittelverfahren schon mit dem Antrag auf Zulassung des Rechtsmittels. Dies auch dann, wenn dieser Antrag (§ 124a Abs. 4 S. 2 VwGO) beim Gericht des ersten Rechtszugs zu stellen ist.[74] Lässt zB das Oberverwaltungsgericht/Verwaltungsgerichtshof die Berufung nicht zu, ist dem Prozessbevollmächtigten dennoch bereits die 1,6 Verfahrensgebühr der Nr. 3200 VV entstanden. Allerdings bleibt es bei dieser einen Verfahrensgebühr auch dann, wenn dann zB das Oberverwaltungsgericht/Verwaltungsgerichtshof die Berufung zulässt und der Rechtsanwalt dann anschließend das Rechtsmittel einlegt und die Partei auch als Prozessbevollmächtigter in dem Berufungsverfahren vertritt. Natürlich können dann in dem Berufungsverfahren noch weitere Gebühren daneben entstehen, wie zB die Terminsgebühr und eine Einigungs- oder Erledigungsgebühr.

81 Ein Verfahren über die **Beschwerde** gegen die Nichtzulassung eines Rechtsmittels ist nach § 17 Nr. 9 RVG eine gesonderte gebührenrechtliche Angelegenheit. Allerdings ist die Verfahrensgebühr für das Verfahren über die Beschwerde gegen die Nichtzulassung der Berufung oder der Revision auf die Verfahrensgebühr für ein nachfolgendes Berufungs- oder Revisionsverfahren anzurechnen (zu Nr. 3504 Anm. VV/zu Nr. 3506 Anm. VV).[75]

82 War der Rechtsanwalt bereits als Prozessbevollmächtigter in dem ersten Rechtszug tätig, erhält er auch eine Gebühr für das Verfahren über die Zulassung des Rechtsmittels neben den ihm bereits in dem ersten Rechtszug entstandenen Gebühren.

IX. Prozessverfahren und Musterverfahren nach dem KapMuG (Nr. 13)

83 Nach § 16 Nr. 13 RVG sind
- das erstinstanzliche Prozessverfahren
- und der erste Rechtszug des Musterverfahrens nach dem KapMuG

dieselbe gebührenrechtliche Angelegenheit.

84 Vertritt der Rechtsanwalt zunächst als Prozessbevollmächtigter in einem Schadensersatzprozess und wird parallel dazu vor dem OLG ein Musterverfahren nach dem KapMuG durchgeführt, so erhält der Rechtsanwalt in den beiden Verfahren die **Gebühren nach Teil 3 VV nur einmal,** da es sich nach § 16 Nr. 13 RVG um dieselbe Angelegenheit handelt. Nach § 15 Abs. 2 RVG kann der Rechtsanwalt die Gebühren in derselben Angelegenheit nur einmal fordern. Ist in dem Schadensersatzprozess zunächst nur eine 1,3 Verfahrensgebühr Nr. 3100 VV entstanden und findet in dem Musterverfahren nach dem KapMuG vor dem OLG ein Termin statt, den der Rechtsanwalt wahrnimmt, würde neben der im Schadensersatzprozess entstandenen Verfahrensgebühr die im Musterverfahren nach dem KapMuG entstandene 1,2 Terminsgebühr Nr. 3104 VV anfallen können. Der Rechtsanwalt wird aber insgesamt nur eine 1,3 Verfahrensgebühr Nr. 3100 VV und eine 1,2 Terminsgebühr Nr. 3104 VV in diesem Fall fordern können. Dies auch dann, wenn nach Abschluss des Musterverfahrens nach dem KapMuG in dem Schadensersatzprozess ebenfalls ein Termin stattfindet, den der Rechtsanwalt wahrnimmt und der Tatbestand der Terminsgebühr auch in dem Schadensersatzprozess erfüllt würde.[76]

---

[74] Schneider/Wolf/*Wahlen/Volpert/Fölsch/Mock/N. Schneider/Thiel* § 16 Rn. 219.
[75] → § 17 Rn. 47 ff.
[76] Schneider/Wolf/*Wahlen/Volpert/Fölsch/Mock/N. Schneider/Thiel* § 16 Rn. 376.

Verschiedene Angelegenheiten § 17

Das Prozessverfahren und das Musterverfahren nach dem KapMuG sind jedoch 85
kraft ausdrücklicher Bestimmung des § 16 Nr. 13 RVG nur dann dieselbe Angelegenheit, wenn es sich jeweils um **erstinstanzliche** Verfahren handelt. Ist der Schadensersatzprozess bereits in der Berufung anhängig und wird dann von einem Dritten ein Musterverfahren nach dem KapMuG eingeleitet und wird der Mandant Beteiligter dieses Musterverfahrens, so handelt es sich für den Rechtsanwalt, der den Berufungskläger in dem Schadensersatzprozess und in dem Musterverfahren nach dem KapMuG vertritt, nicht um dieselbe Angelegenheit. Der Prozessbevollmächtigte wird in diesem Fall für das Berufungsverfahren die 1,6 Verfahrensgebühr Nr. 3200 VV fordern können und für die Tätigkeit als Vertreter des Anmelders im Musterverfahren zusätzlich die 0,8 Verfahrensgebühr der Nr. 3338 VV (→ Nr. 3338 VV).[77]

Der Gegenstandswert im Musterverfahren nach dem KapMuG bestimmt sich 86
nach § 23b RVG (→ § 23b RVG).

Wird der Rechtsanwalt zunächst in einem Musterverfahren nach dem KapMuG 87
tätig und entsteht hierdurch eine 0,8 Verfahrensgebühr Nr. 3338 VV und wird er anschließend in einem Schadensersatzprozess wegen desselben Gegenstandes tätig, so geht die 0,8 Verfahrensgebühr der Nr. 3338 VV in der im Schadensersatzprozess entstehenden 1,3 Verfahrensgebühr Nr. 3100 VV auf.[78] Es entsteht dann im Ergebnis nur die 1,3 Verfahrensgebühr Nr. 3100 VV, da es sich bei dem Musterverfahren nach dem KapMuG und dem anschließenden Klageverfahren um dieselbe Angelegenheit iSd § 16 Nr. 13 RVG handelt. Voraussetzung ist aber, dass es sich bei beiden Verfahren um erstinstanzliche Verfahren handelt.

§ 17 Verschiedene Angelegenheiten

Verschiedene Angelegenheiten sind
1. das Verfahren über ein Rechtsmittel und der vorausgegangene Rechtszug,
1a. jeweils das Verwaltungsverfahren, das einem gerichtlichen Verfahren vorausgehende und der Nachprüfung des Verwaltungsakts dienende weitere Verwaltungsverfahren (Vorverfahren, Einspruchsverfahren, Beschwerdeverfahren, Abhilfeverfahren), das Verfahren über die Beschwerde und die weitere Beschwerde nach der Wehrbeschwerdeordnung, das Verwaltungsverfahren auf Aussetzung oder Anordnung der sofortigen Vollziehung sowie über einstweilige Maßnahmen zur Sicherung der Rechte Dritter und ein gerichtliches Verfahren,
2. das Mahnverfahren und das streitige Verfahren,
3. das vereinfachte Verfahren über den Unterhalt Minderjähriger und das streitige Verfahren,
4. das Verfahren in der Hauptsache und ein Verfahren über
    a) die Anordnung eines Arrests,
    b) **den Erlass einer einstweiligen Verfügung oder einer einstweiligen Anordnung,**
    c) die Anordnung oder Wiederherstellung der aufschiebenden Wirkung, die Aufhebung der Vollziehung oder die Anordnung der sofortigen Vollziehung eines Verwaltungsakts sowie
    d) die Abänderung oder Aufhebung einer in einem Verfahren nach den Buchstaben a bis c ergangenen Entscheidung,
5. der Urkunden- oder Wechselprozess und das ordentliche Verfahren, das nach Abstandnahme vom Urkunden- oder Wechselprozess oder nach

---

[77] Schneider/Wolf/*Wahlen/Volpert/Fölsch/Mock/N. Schneider/Thiel* § 16 Rn. 377.
[78] Schneider/Wolf/*Wahlen/Volpert/Fölsch/Mock/N. Schneider/Thiel* § 16 Rn. 379.

einem Vorbehaltsurteil anhängig bleibt (§§ 596, 600 der Zivilprozessordnung),
6. das Schiedsverfahren und das Verfahren über die Zulassung der Vollziehung einer vorläufigen oder sichernden Maßnahme sowie das Verfahren über einen Antrag auf Aufhebung oder Änderung einer Entscheidung über die Zulassung der Vollziehung (§ 1041 der Zivilprozessordnung),
7. das gerichtliche Verfahren und ein vorausgegangenes
   a) Güteverfahren vor einer durch die Landesjustizverwaltung eingerichteten oder anerkannten Gütestelle (§ 794 Abs. 1 Nr. 1 der Zivilprozessordnung) oder, wenn die Parteien den Einigungsversuch einvernehmlich unternehmen, vor einer Gütestelle, die Streitbeilegung betreibt (§ 15a Abs. 3 des Einführungsgesetzes zur Zivilprozessordnung),
   b) Verfahren vor einem Ausschuss der in § 111 Abs. 2 des Arbeitsgerichtsgesetzes bezeichneten Art,
   c) Verfahren vor dem Seemannsamt zur vorläufigen Entscheidung von Arbeitssachen und
   d) Verfahren vor sonstigen gesetzlich eingerichteten Einigungsstellen, Gütestellen oder Schiedsstellen,
8. das Vermittlungsverfahren nach § 165 des Gesetzes über das Verfahren in Familiensachen und in den Angelegenheiten der freiwilligen Gerichtsbarkeit und ein sich anschließendes gerichtliches Verfahren,
9. das Verfahren über ein Rechtsmittel und das Verfahren über die Beschwerde gegen die Nichtzulassung des Rechtsmittels,
10. das strafrechtliche Ermittlungsverfahren und
    (a) ein nachfolgendes gerichtliches Verfahren und
    (b) ein sich nach Einstellung des Ermittlungsverfahrens anschließendes Bußgeldverfahren,
11. das Bußgeldverfahren vor der Verwaltungsbehörde und das nachfolgende gerichtliche Verfahren,
12. das Strafverfahren und das Verfahren über die im Urteil vorbehaltene Sicherungsverwahrung und
13. das Wiederaufnahmeverfahren und das wiederaufgenommene Verfahren, wenn sich die Gebühren nach Teil 4 oder 5 des Vergütungsverzeichnisses richten.

Übersicht

	Rn.
I. Überblick	1
II. Rechtszug (Nr. 1)	6
III. Verwaltungsverfahren/Rechtsbehelfsverfahren/Verwaltungsverfahren des vorläufigen Rechtsschutzes/Gerichtliches Verfahren (Nr. 1a)	8
IV. Mahnverfahren/Streitiges Verfahren (Nr. 2)	23
V. Arrest/Einstweilige Verfügung/Einstweilige Anordnung/Verfahren des vorläufigen Rechtsschutzes (Nr. 4)	28
VI. Urkunden- oder Wechselprozess/Nachverfahren (Nr. 5)	37
VII. Güteverfahren/Gerichtliche Verfahren (Nr. 7)	40
VIII. Vermittlungsverfahren nach § 165 FamFG/Gerichtliches Verfahren (Nr. 8)	46
IX. Beschwerde gegen die Nichtzulassung des Rechtsmittels/Rechtsmittelverfahren (Nr. 9)	47
X. Strafverfahren/Bußgeldverfahren (Nr. 10, 11)	52

	Rn.
XI. Strafverfahren/Sicherungsverwahrung (Nr. 12)	61
XII. Wiederaufnahmeverfahren/Wiederaufgenommene Verfahren (Nr. 13)	64

I. Überblick

Im Gegensatz zu § 16 RVG, der regelt, wann dieselbe gebührenrechtliche Angelegenheit anzunehmen ist, bestimmt § 17 RVG, wann verschiedene – gebührenrechtliche – Angelegenheiten anzunehmen sind. Hierzu führt § 17 RVG in einem Katalog von 13 Nummern Verfahren auf, bei denen es zumindest zweifelhaft sein könnte, ob dieselbe oder verschiedene – gebührenrechtliche – Angelegenheiten anzunehmen sind. Für die in dem Katalog des § 17 RVG aufgeführten Verfahren gilt, dass es sich um verschiedene – gebührenrechtliche – Angelegenheiten handelt. Wenn verschiedene – gebührenrechtliche – Angelegenheiten anzunehmen sind, können die Gebühren in jeder Angelegenheit gesondert entstehen, unabhängig von den Gebühren, die in der anderen zweiten Angelegenheit anfallen. 1

Zu beachten ist jedoch, dass sich im Vergütungsverzeichnis sehr oft Anrechnungsvorschriften für die Fälle, in denen § 17 RVG bestimmt, dass verschiedene Angelegenheiten vorliegen, finden. So bestimmt zB § 17 Nr. 2 RVG, dass das Mahnverfahren und das streitige Verfahren verschiedene gebührenrechtliche Angelegenheiten sind. Parallel dazu ist die Anm. zu Nr. 3305 VV zu sehen, woraus sich ergibt, dass die im Mahnverfahren für die Vertretung des Antragstellers entstandene 1,0 Verfahrensgebühr auf die 1,3 Verfahrensgebühr, die im nachfolgenden streitigen Verfahren entsteht, anzurechnen ist. 2

Nach der Begründung des Gesetzes und allgemeiner Meinung ist die Aufzählung in § 17 RVG abschließend.[1] 3

§ 17 RVG wurde durch das 2. KostRMoG[2] geändert. Die neu eingefügte Nr. 1 bestimmt, dass das Verfahren über ein Rechtsmittel und der vorausgegangene Rechtszug verschiedene gebührenrechtliche Angelegenheiten sind.[3] In § 17 Nr. 4 RVG wird durch eine Neuformulierung klargestellt, dass dieser nicht nur für Antragsverfahren gilt, sondern auch für Verfahren die von Amts wegen anhängig werden.[4] In § 17 Nr. 10 RVG wird klargestellt, dass das strafrechtliche Ermittlungsverfahren und ein nachfolgendes gerichtliches Verfahren verschiedene gebührenrechtliche Angelegenheiten sind. Dasselbe gilt für ein strafrechtliches Ermittlungsverfahren und ein sich nach Einstellung des Ermittlungsverfahrens anschließendes Bußgeldverfahren.[5] In einer neu eingefügten Nr. 11 zu § 17 RVG legt der Gesetzgeber nunmehr fest, dass das Bußgeldverfahren vor der Verwaltungsbehörde und das nachfolgende gerichtliche Verfahren verschiedene gebührenrechtliche Angelegenheiten sind.[6] 4

Es würde wenig Sinn ergeben, an dieser Stelle aufzuführen, wann nach § 17 RVG verschiedene gebührenrechtliche Angelegenheiten vorliegen. Es kann insoweit auf den Gesetzestext verwiesen werden. Die für die Praxis wichtigsten Fallgestaltungen werden im Nachstehenden kommentiert. 5

---

[1] Gerold/Schmidt/*Müller-Rabe* § 17 Rn. 1; HK-RVG/*Rohn* § 17 Rn. 1; Schneider/Wolf/Wahlen/Mock/Fölsch/*N. Schneider/Thiel* § 17 Rn. 1.
[2] BGBl. 2013 I 2586.
[3] → § 17 Rn. 6.
[4] → § 17 Rn. 28 ff.
[5] → § 17 Rn. 52 ff.
[6] → § 17 Rn. 54 ff.

II. Rechtszug (Nr. 1)

6 § 17 Nr. 1 RVG wurde durch das 2. KostRMoG[7] mit Inkrafttreten 1.8.2013 neu eingefügt. § 17 Nr. 1 RVG bestimmt, dass das **Verfahren über ein Rechtsmittel und der vorangegangene Rechtszug verschiedene – gebührenrechtliche – Angelegenheiten** sind. Dies war auch schon vor Inkrafttreten der Änderungen durch das 2. KostRMoG in § 15 Abs. 2 S. 2 RVG bestimmt. Dieser lautete: *„In gerichtlichen Verfahren kann er die Gebühren in jedem Rechtszug fordern."* § 15 Abs. 2 S. 2 RVG wurde durch das 2. KostRMoG aufgehoben.[8] Eine entsprechende Regelung findet sich jetzt in § 17 RVG wieder, weil die Abgrenzung, wann eine oder verschiedene gebührenrechtliche Angelegenheiten gegeben sind, systematisch in § 17 RVG gehört.

Es bleibt also dabei, dass jeder Rechtszug für sich eine eigene gebührenrechtliche Angelegenheit bildet. Für den Prozessbevollmächtigten, der in allen Rechtszügen für den Mandanten tätig ist, können in jedem Rechtszug neue Gebühren entstehen, völlig unabhängig davon, welche Gebühren bereits in dem vorausgegangenen Rechtszug entstanden sind.

7 Auch durch das Rechtsmittel der Beschwerde kann ein neuer Rechtszug eingeleitet werden. Hier regelt § 18 Abs. 1 Nr. 3 RVG, dass jedes Beschwerdeverfahren in Angelegenheiten, in denen sich die Gebühren nach Teil 3 VV richten, eine besondere gebührenrechtliche Angelegenheit für den Rechtsanwalt, der die Partei in diesem Verfahren vertritt, ist.

III. Verwaltungsverfahren/Rechtsbehelfsverfahren/ Verwaltungsverfahren des vorläufigen Rechtsschutzes/ Gerichtliches Verfahren (Nr. 1a)

8 § 17 Nr. 1a RVG entspricht dem früheren § 17 Nr. 1 RVG. Die Verschiebung wurde notwendig, weil durch das 2. KostRMoG[9] eine neue Nr. 1 in § 17 RVG eingefügt wurde.[10]

Nach § 17 Nr. 1a RVG sind jeweils **verschiedene,** also gesonderte gebührenrechtliche **Angelegenheiten**

- das **Verwaltungsverfahren** (Antragsverfahren – zB Rechtsanwalt stellt für den Mandanten einen Antrag bei der Behörde)
- das vorgerichtliche **Rechtsbehelfsverfahren** (§ 17 Nr. 1a RVG umschreibt dies wie folgt: „…das einem gerichtlichen Verfahren vorausgehende und das nach Prüfung des Verwaltungsaktes dienende weitere Verwaltungsverfahren (Vorverfahren, Einspruchsverfahren, Beschwerdeverfahren, Abhilfeverfahren)…"
- ein vorgerichtliches **Verfahren des vorläufigen Rechtsschutzes** (Verwaltungsverfahren auf Aussetzung oder Anordnung der sofortigen Vollziehung sowie über einstweilige Maßnahmen zur Sicherung der Rechte Dritter)

9 Sind wegen derselben Verwaltungssache die vorgenannten Verfahren neben oder nacheinander vorprozessual anhängig und vertritt derselbe Rechtsanwalt die Partei in allen drei Verfahren, so wird er für jedes Verfahren gesonderte Gebühren abrechnen können.[11] In jedem Verfahren entstehen die Gebühren, deren Tatbestand in

---

[7] BGBl. 2013 I 2586.
[8] Artikel 8 Ziff. 6 des 2. KostRMoG, BGBl. 2013 I 2586.
[9] BGBl. 2013 I 2586.
[10] → § 17 Rn. 6.
[11] Gerold/Schmidt/*Mayer* Anh. IV Rn. 11; HK-RVG/*Rohn* § 17 Rn. 5; Schneider/Wolf/ Wahlen/Mock/Fölsch/N. Schneider/Thiel § 17 Rn. 3 bis 17.

dem jeweiligen Verfahren erfüllt worden ist. Die Anrechnungsvorschrift der Vorb. 2.3 Abs. 4 VV ist zu beachten.[12]

§ 17 Nr. 1a RVG bestimmt nicht nur, dass ein Verwaltungsverfahren, ein vorgerichtliches Rechtsbehelfsverfahren und/oder ein vorgerichtliches Verfahren des vorläufigen Rechtsschutzes untereinander verschiedene gebührenrechtliche Angelegenheiten sind, sondern daneben weiter, dass diese Verfahren auch **gegenüber einem gerichtlichen Verfahren verschiedene** – gebührenrechtliche – **Angelegenheiten** bilden.[13] Sowohl ein gerichtliches Verfahren zur Hauptsache als auch ein gerichtliches Verfahren des einstweiligen Rechtsschutzes bilden neben den vorprozessualen Verfahren jeweils verschiedene – gebührenrechtliche – Angelegenheiten. Vertritt der Rechtsanwalt in einem der vorgenannten vorprozessualen Verwaltungsverfahren und anschließend in einem gerichtlichen Verfahren, ist zu prüfen, ob die in dem vorgerichtlichen Verwaltungsverfahren entstandene Geschäftsgebühr nach der Vorb. 3 Abs. 4 VV auf die Verfahrensgebühr, die im gerichtlichen Verfahren entsteht, anzurechnen ist.

Ist der Rechtsanwalt in einem **Verwaltungsverfahren (Antragsverfahren)** tätig, wird er in der Regel eine Geschäftsgebühr nach der **Nr. 2300 VV** (0,5 bis 2,5) erhalten. Eine Geschäftsgebühr von mehr als 1,3 kann nur gefordert werden, wenn die Tätigkeit umfangreich oder schwierig war (Anm. zu Nr. 2300 VV).

Ist der Rechtsanwalt **zunächst** in einem **Verwaltungsverfahren** (Antragsverfahren) und **dann** in dem **Rechtsbehelfsverfahren** tätig, fällt für die Tätigkeit in dem Rechtsbehelfsverfahren eine **weitere Geschäftsgebühr** nach der **Nr. 2300 VV** (0,5 bis 2,5) an. Diese Geschäftsgebühr entsteht neben der Geschäftsgebühr der Nr. 2300 VV für die Tätigkeit in dem Verwaltungsverfahren (Antragsverfahren). Bei der Bestimmung der Höhe der Geschäftsgebühr ist auch hier wieder die Anm. zu Nr. 2300 VV zu beachten, wonach die Geschäftsgebühr der Nr. 2300 VV höchstens 1,3 beträgt, wenn die Tätigkeit weder umfangreich noch schwierig war. Allerdings bleibt bei der Bemessung der weiteren Geschäftsgebühr innerhalb des Rahmens (0,5 bis 2,5) unberücksichtigt, dass der Umfang der Tätigkeit infolge der vorangegangenen Tätigkeit geringer ist (Vorb. 2.3 Abs. 4 VV).

Sind zwei Geschäftsgebühren im vorgerichtlichen Verwaltungsverfahren entstanden, ist die Anrechnungsvorschrift der Vorb. 2.3 Abs. 4 VV zu beachten. Danach ist, soweit wegen desselben Gegenstands eine Geschäftsgebühr für eine Tätigkeit im Verwaltungsverfahren entstanden ist, diese Gebühr zur Hälfte, höchstens mit 0,75 auf eine Geschäftsgebühr für eine Tätigkeit im weiteren Verwaltungsverfahren, das der Nachprüfung des Verwaltungsaktes dient, anzurechnen.[14]

Wird der Rechtsanwalt im Rechtsbehelfsverfahren tätig, **ohne dass er vorher im Verwaltungsverfahren (Antragsverfahren) tätig war**, fällt für die Tätigkeit im Rechtsbehelfsverfahren eine Geschäftsgebühr nach der Nr. 2300 VV an. Nr. 2301 VV ist zu beachten. Die Geschäftsgebühr ist nach Maßgabe der Vorb. 3 Abs. 4 VV anzurechnen auf die Verfahrensgebühr eines gerichtlichen Verfahrens.

Wird im Rechtsbehelfsverfahren der Tatbestand der Einigungs- oder Erledigungsgebühr erfüllt, kann neben der Geschäftsgebühr noch eine Einigungsgebühr nach Nr. 1000 VV oder eine Erledigungsgebühr nach Nr. 1002 VV anfallen.

Wird der Rechtsanwalt neben der Tätigkeit in dem Verwaltungsverfahren (Antragsverfahren), dem vorgerichtlichen Rechtsbehelfsverfahren auch noch in einem **Verwaltungsverfahren des vorläufigen Rechtsschutzes** (Verwaltungsverfahren auf Aussetzung oder Anordnung der sofortigen Vollziehung sowie über einstweilige Maßnahmen zur Sicherung der Rechte Dritter) tätig, so entsteht für die

---

[12] → § 17 Rn. 13 und → Vorb. 2.3 VV Rn. 24 ff.
[13] Gerold/Schmidt/*Mayer* Anh. IV Rn. 12; HK-RVG/*Rohn* § 17 Rn. 9; Schneider/Wolf/Wahlen/Mock/Fölsch/N. Schneider/Thiel § 17 Rn. 20 f.
[14] → Vorb. 2.3 VV Rn. 24 ff.

§ 17 Verschiedene Angelegenheiten

Tätigkeit in dem Verfahren des vorläufigen Rechtsschutzes eine weitere Gebühr, in der Regel eine **weitere Geschäftsgebühr nach Nr. 2300 VV**. Die Anm. zu Nr. 2300 VV ist zu beachten. Die Geschäftsgebühr Nr. 2300 VV für die Tätigkeit in dem Verwaltungsverfahren des vorläufigen Rechtsschutzes entsteht unabhängig von den Geschäftsgebühren, die der Rechtsanwalt für die Tätigkeit in dem Verwaltungsverfahren (Antragsverfahren) und in dem Rechtsbehelfsverfahren erhält. Die Geschäftsgebühr, entstanden in dem Verwaltungsverfahren des vorläufigen Rechtsschutzes, ist nicht auf eine Geschäftsgebühr aus dem Antrags- oder Rechtsbehelfsverfahren anzurechnen, da der Gegenstand des Verwaltungsverfahrens des vorläufigen Rechtsschutzes (betrifft eine vorläufige Maßnahme) nicht derselbe ist, wie der in dem Antrags- oder Rechtsbehelfsverfahren (Regelung der Hauptsache).[15]

17 Ist der Rechtsanwalt, nachdem er zuvor in dem Verwaltungsverfahren (Antragsverfahren) und/oder dem Rechtsbehelfsverfahren vorgerichtlich tätig war, dann anschließend in einem verwaltungsgerichtlichen Verfahren als Prozess- bzw. als Verfahrensbevollmächtigter tätig, erhält er für die Tätigkeit in dem gerichtlichen Verfahren weitere Gebühren nach Teil 3 Abschn. 1 VV. In der Regel wird eine 1,3 Verfahrensgebühr Nr. 3100 VV und eine 1,2 Terminsgebühr Nr. 3104 VV entstehen. Wird der Tatbestand der Einigungs- oder der Erledigungsgebühr erfüllt, kann für die Tätigkeit im gerichtlichen Verfahren auch noch die Einigungsgebühr nach Nr. 1000, 1003 VV oder die Erledigungsgebühr nach Nr. 1002, 1003 VV anfallen.

18 War der Anwalt schon vorgerichtlich tätig und wird er dann in einem gerichtlichen Verfahren tätig, greift allerdings die Anrechnungsvorschrift der Vorb. 3 Abs. 4 VV. Danach ist eine Geschäftsgebühr nach Teil 2 VV zur Hälfte, jedoch höchstens mit einem Gebührensatz von 0,75 auf die Verfahrensgebühr des gerichtlichen Verfahrens anzurechnen. Sind mehrere Geschäftsgebühren entstanden, ist für die Anrechnung nur die zuletzt entstandene Gebühr maßgebend (Vorb. 3 Abs. 4 S. 3 VV). Ist der Rechtsanwalt also sowohl in dem Verwaltungsverfahren (Antragsverfahren) tätig als auch in dem vorgerichtlichen Rechtsbehelfsverfahren, ist nur die im Rechtsbehelfsverfahren entstandene Geschäftsgebühr der Nr. 2300 VV nach der Vorb. 3 Abs. 4 VV auf die Verfahrensgebühr des verwaltungsgerichtlichen Verfahrens anzurechnen.

Beispiel:
Der Rechtsanwalt stellt zunächst für seinen Mandanten einen Antrag bei der Behörde. Die Behörde lehnt den Antrag ab. Der Rechtsanwalt vertritt den Mandanten auch in dem Rechtsbehelfsverfahren. Ferner vertritt er den Mandanten in einem Verwaltungsverfahren des vorläufigen Rechtsschutzes.
Das Rechtsbehelfsverfahren endet mit einem für den Mandanten negativen Bescheid der Behörde. Der Rechtsanwalt erhebt auftragsgemäß für den Mandanten Klage zum Verwaltungsgericht und vertritt den Mandanten auch als Verfahrensbevollmächtigter in dem verwaltungsgerichtlichen Verfahren. Der Rechtsanwalt nimmt für den Mandanten den Termin zur mündlichen Verhandlung vor dem Verwaltungsgericht wahr. Anschließend ergeht ein Urteil, welches auch rechtskräftig wird. Das Gericht hat den Gegenstandswert für das verwaltungsgerichtliche Verfahren auf 10.000 EUR festgesetzt.
Der Rechtsanwalt kann berechnen:

Für die Tätigkeit in dem Verwaltungsverfahren (Antragsverfahren):
Gegenstandswert: 10.000 EUR
1. 1,5 Geschäftsgebühr Nr. 2300 VV   837,00 EUR
 – Es wurde von einer umfangreichen Tätigkeit ausgegangen und eine Mittelgebühr angesetzt. –
2. Pauschale Nr. 7002 VV   20,00 EUR
3. 19 % Umsatzsteuer Nr. 7008 VV   162,83 EUR
                                                                    1.019,83 EUR

---

[15] → Vorb. 2.3 VV Rn. 26.

Verschiedene Angelegenheiten § 17

Für die Tätigkeit in dem Rechtsbehelfsverfahren:
Gegenstandswert: 10.000 EUR
1. 1,5 Geschäftsgebühr Nr. 2300 VV 837,00 EUR
   – Es wurde eine umfangreiche Tätigkeit in dem Rechtsbehelfsverfahren unterstellt und eine Mittelgebühr angesetzt. –
   – hierauf anzurechnen gem. der Vorb. 2.3 Abs. 4 VV
   0,75 Geschäftsgebühr der Nr. 2300 VV aus dem vorgerichtlichen Antragsverfahren: 418,50 EUR
   verbleiben von der Geschäftsgebühr: 418,50 EUR
2. Pauschale Nr. 7002 VV 20,00 EUR
3. 19 % Umsatzsteuer Nr. 7008 VV 83,32 EUR
   521,82 EUR

Für die Vertretung in dem Verfahren des vorläufigen Rechtsschutzes:
Gegenstandswert: 5.000 EUR
1. 1,5 Geschäftsgebühr Nr. 2300 VV: 454,50 EUR
   – Es wurde von einer umfangreichen Tätigkeit auch in dem Verwaltungsverfahren des vorläufigen Rechtsschutzes ausgegangen und eine Mittelgebühr angesetzt. –
2. Pauschale Nr. 7002 VV 20,00 EUR
3. 19 % Umsatzsteuer Nr. 7008 VV 90,16 EUR
   564,66 EUR

Tätigkeit als Prozessbevollmächtigter in dem verwaltungsgerichtlichen Verfahren zur Hauptsache
Gegenstandswert: 10.000 EUR
1. 1,3 Verfahrensgebühr Nr. 3100 VV 725,40 EUR
   – hierauf anzurechnen gem. der Vorb. 3 Abs. 4 VV 0,75 Geschäftsgebühr der Nr. 2300 VV aus dem vorgerichtlichen Rechtsbehelfsverfahren: 418,50 EUR
   verbleiben von der Verfahrensgebühr: 306,90 EUR
2. 1,2 Terminsgebühr Nr. 3104 VV 669,60 EUR
3. Pauschale Nr. 7002 VV 20,00 EUR
4. 19 % Umsatzsteuer Nr. 7008 VV 189,34 EUR
   1.185,84 EUR

Die Geschäftsgebühr für das Verwaltungsverfahren (Antragsverfahren) ist nach der Vorb. 2.3 Abs. 4 VV anzurechnen auf die im Rechtsbehelfsverfahren entstandene Geschäftsgebühr.

Nach der Vorb. 3 Abs. 4 VV sind bei der Anrechnung nur die Geschäftsgebühren zu berücksichtigen, die wegen desselben Gegenstandes, wegen welchem auch das gerichtliche Verfahren stattfindet, angefallen sind. Hier hat nur ein gerichtliches Verfahren wegen der Hauptsache stattgefunden, so dass überhaupt nur die Geschäftsgebühren für das Verwaltungsverfahren (Antragsverfahren) und das Rechtsbehelfsverfahren für die Anrechnung in Betracht kommen. Nach der Vorb. 3 Abs. 4 S. 2 VV ist für die Anrechnung nur die zuletzt entstandene Geschäftsgebühr maßgebend, hier also die Geschäftsgebühr, die in dem Rechtsbehelfsverfahren entstanden ist.

Die Geschäftsgebühr, entstanden für das Verwaltungsverfahren des einstweiligen Rechtsschutzes ist weder auf die Verfahrensgebühr des gerichtlichen Verfahrens noch auf die Geschäftsgebühren des Antrags- oder Rechtsbehelfsverfahrens anzurechnen, da der Gegenstand des vorgerichtlichen Verfahrens des vorläufigen Rechtsschutzes und des Verfahrens betreffend die Hauptsache nicht derselbe war.[16]

Hätte in dem vorangegangenem Beispiel → Rn. 18 auch ein gerichtliches Verfahren des vorläufigen Rechtsschutzes stattgefunden, in dem der Rechtsanwalt als Prozessbevollmächtigter tätig geworden wäre, wäre die in dem Verwaltungsverfahren des vorläufigen Rechtsschutzes entstandene Geschäftsgebühr auf die in dem gericht-

---

[16] Schneider/Wolf/*Wahlen*/*Mock*/*Fölsch*/*N. Schneider*/*Thiel* § 17 Rn. 21 – Beispiel.

lichen Verfahren des vorläufigen Rechtsschutzes entstandene Verfahrensgebühr nach der Vorb. 3 Abs. 4 VV anzurechnen gewesen.

20 Umstritten ist, ob eine in einem Verwaltungsverfahren (Antragsverfahren) oder in einem vorgerichtlichen **Rechtsbehelfsverfahren entstandene Geschäftsgebühr** auch auf die Verfahrensgebühr eines gerichtlichen Verfahrens anzurechnen ist, wenn dieses Verfahren kein Verfahren zur Hauptsache ist, sondern ein **gerichtliches Verfahren des vorläufigen Rechtsschutzes**.[17] ME ist dann nicht anzurechnen, da der Gegenstand der vorgerichtlichen Tätigkeit und des gerichtlichen Verfahrens nicht derselbe ist. Vorgerichtlich wird der Anwalt in dem Rechtsbehelfsverfahren wegen der Hauptsache tätig. Gegenstand des gerichtlichen Verfahrens ist aber nicht eine Entscheidung in der Hauptsache selbst, sondern dieses betrifft eine Maßnahme des vorläufigen Rechtsschutzes.

21 § 17 Nr. 1 RVG regelt ferner, dass das Verfahren über die **Beschwerde** und die **weitere Beschwerde** nach der **Wehrbeschwerdeordnung** verschiedene Angelegenheiten sind.

22 Die Gebühren für die anwaltliche Tätigkeit in Verfahren nach der Wehrbeschwerdeordnung sind in Teil 6 Abschn. 4 VV geregelt. Es entstehen nach den Nr. 6400 bis 6405 VV Betragsrahmengebühren, wie zB auch in Straf- und Bußgeldsachen. Die Gebührentatbestände sind zu den entsprechenden Nummern im VV kommentiert.

IV. Mahnverfahren/Streitiges Verfahren (Nr. 2)

23 Nach § 17 Nr. 2 RVG sind das Mahnverfahren und ein nachfolgendes streitiges Verfahren verschiedene – gebührenrechtliche – Angelegenheiten. Unerheblich ist, ob das streitige Verfahren nach Widerspruch gegen den Mahnbescheid oder nach Einspruch gegen den Vollstreckungsbescheid anhängig wird. Im Mahnverfahren entstehen die Gebühren nach Teil 3 Abschn. 3 Unterabschnitt 2 VV (Nr. 3305 bis 3308 VV). Unabhängig von diesen Gebühren entstehen dem Anwalt der nach Vertretung im gerichtlichen Mahnverfahren als Verfahrens- oder Prozessbevollmächtigter in dem streitigen Verfahren tätig wird, weitere Gebühren nach Teil 3 Abschn. 1 VV.

24 Allerdings sind hier Anrechnungsvorschriften zu berücksichtigen. So ist zB die 1,0 Verfahrensgebühr Nr. 3305 VV für die Vertretung des Antragstellers im gerichtlichen Mahnverfahren anzurechnen auf die 1,3 Verfahrensgebühr Nr. 3100 VV, die in dem nachfolgenden streitigen Verfahren entsteht (Nr. 3305 Anm. VV). Allerdings ist nur insoweit anzurechnen, als die Gegenstände des gerichtlichen Mahnverfahrens und des nachfolgenden streitigen Verfahrens identisch sind.[18]

25 Im Mahnverfahren kann nach der Vorb. 3.3.2 VV auch eine **1,2 Terminsgebühr** nach der Nr. 3104 VV entstehen. Diese fällt ua dann an, wenn der Rechtsanwalt des Antragstellers mit dem Antragsgegner eine Besprechung zur Erledigung des gerichtlichen Mahnverfahrens führt. In dem streitigen Verfahren kann unabhängig von der im Mahnverfahren entstandenen Terminsgebühr eine weitere Terminsgebühr entstehen, etwa durch die Vertretung in dem Termin zur mündlichen Verhandlung. Auch hier greift allerdings wieder eine Anrechnungsvorschrift. Nach Nr. 3104 Abs. 4 VV ist eine im Mahnverfahren entstandene Terminsgebühr auf die Terminsgebühr des nachfolgenden Rechtsstreits, also des streitigen Verfahrens anzurechnen.[19]

26 Die **Pauschale** für Entgelte für Post- und Telekommunikationsdienstleistungen **Nr. 7002 VV** kann in jeder Angelegenheit gefordert werden.[20] Daher kann sie

---

[17] Keine Anrechnung: BayVGH JurBüro 2005, 642; VGH Mannheim AGS 2007, 508 OVG Hamburg AGS 2009, 274 = NJW 2009, 2075; anderer Meinung: Hess VGH NJW 2006, 1992 = AGS 2007, 40.
[18] → Nr. 3305–3308 VV Rn. 36.
[19] → Nr. 3104 VV Rn. 59 ff.
[20] → Nr. 7001, 7002 VV Rn. 17.

Verschiedene Angelegenheiten § 17

sowohl im gerichtlichen Mahnverfahren also auch für das streitige Verfahren angesetzt werden. Die Höhe der Pauschale bestimmt sich im streitigen Verfahren nach der Höhe der Gebühren, die vor Anrechnung entstanden sind und nicht nach den Gebühren, die nach Anrechnung verbleiben.[21]

War der Rechtsanwalt vor der Vertretung im gerichtlichen Mahnverfahren bereits 27 auftragsgemäß **außergerichtlich** tätig, so sind drei verschiedene – gebührenrechtliche – Angelegenheiten gegeben:
- außergerichtliche Vertretung
- Tätigkeit im gerichtlichen Mahnverfahren
- Tätigkeit im streitigen Verfahren.

In jeder gebührenrechtlichen Angelegenheit fallen die Gebühren an, deren Tatbestand durch die Tätigkeit des Rechtsanwalts in der jeweiligen Angelegenheit erfüllt wird. Allerdings sind Anrechnungsvorschriften zu berücksichtigen. Die Geschäftsgebühr ist nach der Vorb. 3 Abs. 4 VV auf die Verfahrensgebühr des gerichtlichen Mahnverfahrens anzurechnen. Die Verfahrensgebühr für die Vertretung des Antragstellers im gerichtlichen Mahnverfahren Nr. 3305 VV ist auf die 1,3 Verfahrensgebühr der Nr. 3100 VV für das streitige Verfahren anzurechnen (Nr. 3305 Anm. VV). Auszugehen ist bei der Anrechnung der Verfahrensgebühr des gerichtlichen Mahnverfahrens auf die Verfahrensgebühr des streitigen Verfahrens von der kompletten Verfahrensgebühr des gerichtlichen Mahnverfahrens und nicht nur von den Teilen, die von dieser Verfahrensgebühr nach Anrechnung der Geschäftsgebühr verbleiben.[22] Allerdings ist die Verfahrensgebühr des gerichtlichen Mahnverfahrens nur insoweit auf die Verfahrensgebühr des streitigen Verfahrens anzurechnen, als die Gegenstände des gerichtlichen Mahnverfahrens und des nachfolgenden streitigen Verfahrens identisch sind.

Beispiel:

Auftragsgemäß macht der Rechtsanwalt für seinen Mandanten zunächst außergerichtlich einen Anspruch in Höhe von 7.500 EUR geltend. Nachdem die der Gegenseite gesetzte Frist verstrichen ist, beantragt der Rechtsanwalt auftragsgemäß den Erlass eines gerichtlichen Mahnbescheides gegenüber dem Gegner. Nach Zustellung des Mahnbescheides meldet sich der Gegner bei dem Rechtsanwalt des Antragstellers und führt mit diesem eine Besprechung mit dem Ziel der Erledigung des gerichtlichen Mahnverfahrens. Man kann sich allerdings nicht einigen. Der Antragsgegner legt schließlich gegen den Mahnbescheid Widerspruch ein. Der Rechtsanwalt leitet auftragsgemäß das streitige Verfahren ein und vertritt den Antragsteller in diesem Rechtsstreit als Prozessbevollmächtigter. Er nimmt den Termin zur mündlichen Verhandlung wahr. Schließlich ergeht ein Urteil.

Der Rechtsanwalt kann berechnen:

Für die außergerichtliche Vertretung:
Gegenstandswert: 7.500 EUR
1. 1,3 Geschäftsgebühr Nr. 2300 VV	592,80 EUR
2. Pauschale Nr. 7002 VV	20,00 EUR
3. 19 % Umsatzsteuer Nr. 7008 VV	116,44 EUR
	729,24 EUR

Für die Vertretung im Mahnverfahren:
Gegenstandswert: 7.500 EUR
1. 1,0 Verfahrensgebühr Nr. 3305 VV	456,00 EUR
hierauf anzurechnen nach der Vorb. 3 Abs. 4 VV	
0,65 Geschäftsgebühr Nr. 2300 VV	296,40 EUR
verbleiben von der Verfahrensgebühr:	159,60 EUR

---

[21] → Nr. 7001, 7002 VV Rn. 23.
[22] BGH JurBüro 2011, 80.

2. 1,2 Terminsgebühr Nr. 3104 VV	547,20 EUR
3. Pauschale Nr. 7002 VV	20,00 EUR
4. 19 % Umsatzsteuer Nr. 7008 VV	138,10 EUR
	864,90 EUR

Für die Tätigkeit als Prozessbevollmächtigter im streitigen Verfahren:
Gegenstandswert: 7.500 EUR

1. 1,3 Verfahrensgebühr Nr. 3100 VV	592,80 EUR
hierauf anzurechnen nach Nr. 3305 Anm. VV 1,0 Verfahrensgebühr Nr. 3305 VV	456,00 EUR
verbleiben von der Verfahrensgebühr im streitigen Verfahren:	136,80 EUR
2. 1,2 Terminsgebühr Nr. 3104 VV	547,20 EUR
hierauf anzurechnen nach Nr. 3104 Anm. Abs. 4 VV 1,2 Terminsgebühr Nr. 3104 VV aus dem Mahnverfahren:	547,20 EUR
verbleiben von der Terminsgebühr im streitigen Verfahren:	0,00 EUR
3. Pauschale Nr. 7002 VV	20,00 EUR
4. 19 % Umsatzsteuer Nr. 7008 VV	29,80 EUR
	186,60 EUR

V. Arrest/Einstweilige Verfügung/Einstweilige Anordnung/ Verfahren des vorläufigen Rechtsschutzes (Nr. 4)

28 § 17 Nr. 4 RVG bestimmt, dass das Verfahren in der **Hauptsache** und ein Verfahren über
a) die Anordnung eines **Arrest**
b) den Erlass einer einstweiligen Verfügung oder einer einstweiligen Anordnung
c) die Anordnung oder Wiederherstellung der aufschiebenden Wirkung, auf Aufhebung der Vollziehung oder Anordnung der sofortigen Vollziehung eines Verwaltungsakts **(Verfahren des vorläufigen Rechtsschutzes)** sowie
d) die **Abänderung** oder **Aufhebung einer** in einem Verfahren nach den Buchstaben a) bis c) **ergangenen Entscheidung**
verschiedene gebührenrechtliche Angelegenheiten sind. Ist der Rechtsanwalt also zB in dem Rechtsstreit zur Hauptsache als Prozessbevollmächtigter tätig und daneben in einem in § 17 Abs. 4 RVG unter dem a bis d genannten Verfahren, so kann er für jedes Verfahren gesonderte Gebühren abrechnen. Natürlich muss in jedem Verfahren der Tatbestand der Gebühr erfüllt werden, damit diese für das betreffende Verfahren angesetzt werden kann.

29 Anrechnungsvorschriften wonach etwa die in einem einstweiligen Verfügungsverfahren entstandene Verfahrensgebühr auf die der Hauptsache anzurechnen wäre, existieren nicht.

30 Verschiedene Angelegenheiten sind auch die Hauptsache und ein Verfahren auf Abänderung oder Aufhebung einer in einem nach den Buchstaben a bis c des § 17 Nr. 4 RVG ergangenen Entscheidung. Allerdings ist nach § 16 Nr. 5 RVG in den dort genannten Fällen das Verfahren auf **Anordnung** zB einer einstweiligen Verfügung und das Verfahren auf **Abänderung oder Aufhebung** der ergangenen Entscheidung **dieselbe** Angelegenheit. Ist der Rechtsanwalt also zB tätig als Prozess-/Verfahrensbevollmächtigter in
• der Hauptsache
• in dem Verfahren auf Erlass einer einstweiligen Verfügung
• in dem weiteren Verfahren auf Aufhebung/Änderung der einstweiligen Verfügung
so liegen insgesamt nur zwei Angelegenheiten vor. Der Rechtsanwalt kann gesonderte Gebühren für die Hauptsache und gesonderte Gebühren für das einstweilige Verfügungsverfahren abrechnen, wobei das Verfahren über den Erlass der einstweili-

gen Verfügung und das Verfahren Aufhebung/Abänderung der einstweiligen Verfügung dieselbe Angelegenheit bilden.

Auch eine **einstweilige Anordnung** in einer **Familiensache** ist stets neben der Hauptsache eine eigene gebührenrechtliche Angelegenheit. Dies unabhängig davon, ob die Hauptsache mit der Scheidung als Folgesache im Verbund oder ob die Hauptsache als selbständige (isolierte) Familiensache anhängig ist. **Mehrere einstweilige Anordnungen** sind auch dann jeweils gesonderte gebührenrechtliche Angelegenheiten, wenn sie zwischen denselben Parteien und zeitgleich anhängig werden. Dies war vor dem Inkrafttreten des FGG-RG (1.9.2009) anders. Für davor anhängig gewordene einstweilige Anordnungsverfahren bestimmte § 18 Nr. 1 RVG (in seiner bis zum 31.8.2009 gültigen Fassung), dass mehrere einstweilige Anordnungen dann wieder zusammen eine gebührenrechtliche Angelegenheit bildeten, wenn sie unter einem Buchstaben des § 18 Nr. 1 RVG genannt waren. Diese Regelung im § 18 Nr. 1 und Nr. 2 RVG ist mit Inkrafttreten des FGG-RG zum 1.9.2009 entfallen. Jedes nach dem 1.9.2009 anhängig gewordene einstweilige Anordnungsverfahren ist eine gesonderte gebührenrechtliche Angelegenheit und zwar neben der Hauptsache und auch neben anderen anhängig gewordenen einstweiligen Anordnungsverfahren. 31

§ 17 Nr. 4 RVG wurde durch das am 1.8.2013 in Kraft getretene 2. KostRMoG[23] neu gefasst. Durch die Neufassung soll klargestellt werden, dass diese Vorschrift nicht nur für Verfahren gilt, die auf Antrag eingeleitet werden, sondern auch für Verfahren, die im einstweiligen Rechtsschutz von Amts wegen eingeleitet werden. 32

Einzelfälle: Nach LG Berlin[24] wird im Notarkostenbeschwerdeverfahren die Tätigkeit des Verfahrensbevollmächtigten im Zusammenhang mit der Anordnung der aufschiebenden Wirkung der Beschwerde durch die im Beschwerdeverfahren verdiente Verfahrensgebühr abgegolten. Eine besondere Gebühr falle für die in der Beschwerdeschrift beantragte einstweilige Anordnung auf Aussetzung der Vollziehung der angefochtenen Kostenberechnung bis zur Entscheidung in der Hauptsache nicht an. 33

Nach dem KG[25] sind das Eilverfahren nach § 114 Abs. 2 StVollzG und das Hauptsacheverfahren über den Antrag auf gerichtliche Entscheidung nach § 109 StVollzG gebührenrechtlich verschiedene Angelegenheiten (§ 17 Rn. 4c RVG). 34

Nach einem Urteil des BSG[26] ist im vertragsärztlichen Zulassungswesen das Verfahren vor dem Berufungsausschuss und das Verfahren auf Anordnung des Sofortvollzugs nach § 97 Abs. 4 SGB V dieselbe Angelegenheit. 35

Zur Frage der verschiedenen Angelegenheiten in wettbewerbsrechtlichen Auseinandersetzungen → § 15 Rn. 145 ff. 36

VI. Urkunden- oder Wechselprozess/Nachverfahren (Nr. 5)

Wird im Urkunden- oder Wechselprozess geklagt, gelten die besonderen Verfahrensvorschriften der §§ 592 bis 605 a ZPO. Der Kläger kann bis zum Schluss der mündlichen Verhandlung vom Urkundenprozess Abstand nehmen, mit der Maßgabe, dass der Rechtsstreit im ordentlichen Verfahren anhängig bleibt (§ 596 ZPO). Dem Beklagten kann die Ausführung seiner Rechte vorbehalten werden. Auch dann bleibt nach dem Vorbehaltsurteil der Rechtsstreit im ordentlichen Verfahren anhängig und wird fortgeführt. 37

Verschiedene Angelegenheiten nach § 17 Nr. 5 RVG sind 38
- der Urkunden- oder Wechselprozess
- und das ordentliche Verfahren, das nach Abstandnahme vom Urkunden- oder Wechselprozess oder nach einem Vorbehaltsurteil anhängig bleibt (Nachverfahren).

---

[23] BGBl. 2013 I 2586.
[24] LG Berlin RVGreport 2009, 217.
[25] KG RVGreport 2008, 100.
[26] BSG AGS 2008, 183.

§ 17 Verschiedene Angelegenheiten

Im Nachverfahren entstehen die Gebühren also erneut, unabhängig davon, ob sie im vorangegangenen Urkunden- oder Wechselprozess schon einmal angefallen sind. Natürlich müssen, damit im Urkunden- oder Wechselprozess und im Nachverfahren die Gebühren entstehen, in jedem Verfahrensabschnitt die Gebührentatbestände erfüllt werden. Nach Nr. 3100 Anm. Abs. 2 VV ist allerdings die **Verfahrensgebühr** für einen Urkunden- oder Wechselprozess auf die Verfahrensgebühr für das ordentliche Verfahren anzurechnen, wenn dieses nach Abstandnahme vom Urkunden- oder Wechselprozess oder nach Vorbehaltsurteil anhängig bleibt. Die Verfahrensgebühr ist nur insoweit anzurechnen, als die Gegenstände des Urkunden- oder Wechselprozesses und des Nachverfahrens identisch sind. Für die Terminsgebühr und die Einigungsgebühr existieren hier keine Anrechnungsvorschriften.

Beispiel:

Der Rechtsanwalt erhebt Klage im Urkundenverfahren wegen 10.000 EUR und vertritt die Mandanten auch in dem Urkundenverfahren als Prozessbevollmächtigter. Er nimmt den Termin zur mündlichen Verhandlung wahr. Es ergeht ein Vorbehaltsurteil.

Der Beklagte hat sich vorbehalten, seine Rechte im Nachverfahren geltend zu machen und ruft das Nachverfahren an. Auch in dem ordentlichen Verfahren nach dem Vorbehaltsurteil vertritt der Rechtsanwalt seine Partei als Prozessbevollmächtigter. Im Nachverfahren wird die Klage um 6.000 EUR erhöht. Er nimmt den Termin zur mündlichen Verhandlung wahr. Anschließend ergeht ein Endurteil.

Der Rechtsanwalt kann berechnen:

Für die Tätigkeit als Prozessbevollmächtigter im Urkundenverfahren:
Gegenstandswert: 10.000 EUR

1. 1,3 Verfahrensgebühr Nr. 3100 VV	725,40 EUR
2. 1,2 Terminsgebühr Nr. 3104 VV	669,60 EUR
3. Pauschale Nr. 7002 VV	20,00 EUR
4. 19 % Umsatzsteuer Nr. 7008 VV	268,85 EUR
	1.683,85 EUR

Für die Tätigkeit als Prozessbevollmächtigter in dem ordentlichen Verfahren nach dem Vorbehaltsurteil:
Gegenstandswert: 16.000 EUR

1. 1,3 Verfahrensgebühr Nr. 3100 VV	845,00 EUR
hierauf anzurechnen nach Nr. 3100 Anm. Abs. 2 VV 1,3 Verfahrensgebühr nach Gegenstandswert: 10.000 EUR	725,40 EUR
verbleiben von der Verfahrensgebühr:	119,60 EUR
2. 1,2 Terminsgebühr Nr. 3104 VV	780,00 EUR
3. Pauschale Nr. 7002 VV	20,00 EUR
4. 19 % Umsatzsteuer Nr. 7008 VV	174,73 EUR
	1.094,33 EUR

Praxistipp:

39   Die Geltendmachung von Ansprüchen im Urkunden- oder Wechselprozess ist nicht nur für den Rechtsanwalt gebührenrechtlich lukrativ, sondern bringt auch dem Mandanten erhebliche Vorteile. Im Urkunden- oder Wechselprozess wird sehr zeitnah nach Klageerhebung ein Vorbehaltsurteil ergehen. Dieses ist zudem noch ohne Sicherheitsleistung vorläufig vollstreckbar (§ 708 Nr. 4 ZPO). Auch Klagen auf Zahlung rückständiger Mieten sind im Urkundenprozess zulässig.[27]

---

[27] Für Wohnraummiete: BGH NJW 2005, 2701; für Mieten aus gewerblichem Mietverhältnis: BGH NJW 1999, 1408; *Enders* JurBüro 2006, 57.

VII. Güteverfahren/Gerichtliche Verfahren (Nr. 7)

Nach § 17 Nr. 7 RVG sind verschiedene Angelegenheiten **40**
- Güteverfahren vor einer durch die Landesjustizverwaltung eingerichteten oder anerkannten Gütestelle (§ 794 Abs. 1 Nr. 1 ZPO) oder, wenn die Parteien den Einigungsversuch einvernehmlich unternehmen, vor einer Gütestelle, die Streitbeilegung betreibt (§ 15a Abs. 3 EG-ZPO) (§ 17 Nr. 7 lit. a RVG)
- Verfahren vor einem Ausschuss der in § 111 Abs. 2 des ArbGG bezeichneten Art (§ 17 Nr. 7 lit. b RVG)
- Verfahren vor dem Seemannsamt zur vorläufigen Entscheidung von Arbeitssachen (§ 17 Nr. 7 lit. c RVG)
- Verfahren vor sonstigen gesetzlich eingerichteten Einigungsstellen, Gütestellen oder Schiedsstellen (§ 17 Nr. 7d) RVG)

und ein **gerichtliches Verfahren.**

Gemeint sind unter § 17 Nr. 7 lit. a RVG **41**
- die Verfahren vor einer Gütestelle gem. § 794 Abs. 1 Nr. 1 ZPO, also Gütestellen, die von der Landesjustizverwaltung eingerichtet oder anerkannt sind;
- ferner Verfahren vor den Gütestellen zur obligatorischen außergerichtlichen Streitschlichtung gem. § 15 lit. a Abs. 3 EGZPO. Hierzu zählen die in einigen Bundesländern – aufgrund landesrechtlicher Ausführungsgesetze – vorgeschriebenen außergerichtlichen Verfahren zur Streitschlichtung.[28]

Geht einer Klage in einem bürgerlichen Rechtsstreit ein landesrechtlich vorgeschriebenes obligatorisches außergerichtliches Streitschlichtungsverfahren (Güteverfahren) voraus und vertritt der Rechtsanwalt in diesem Güteverfahren und in dem nachfolgenden Rechtsstreit als Verfahrens-/Prozessbevollmächtigter, so sind das Güteverfahren und das nachfolgende Klageverfahren verschiedene gebührenrechtliche Angelegenheiten. In jedem Verfahren können die Gebühren gesondert entstehen. In dem Güteverfahren entsteht eine 1,5 Geschäftsgebühr nach der Nr. 2303 Ziff. 1 VV. In dem bürgerlichen Rechtsstreit entstehen Gebühren nach Teil 3 Abschn. 1 VV. Allerdings ist nach der Vorb. 3 Abs. 4 VV die in dem Güteverfahren entstandene Geschäftsgebühr zur Hälfte, jedoch höchstens mit einem Gebührensatz von 0,75 auf die Verfahrensgebühr des gerichtlichen Verfahrens anzurechnen. **42**

Macht der Rechtsanwalt den Anspruch zunächst auftragsgemäß nur außergerichtlich geltend, folgt dann ein Güteverfahren und danach ein bürgerlicher Rechtsstreit, so liegen drei verschiedene gebührenrechtliche Angelegenheiten vor:[29] **43**
- Außergerichtliche Vertretung
- Güteverfahren
- Bürgerlicher Rechtsstreit.

Allerdings kommen jetzt die Anrechnungsvorschriften der Vorb. 2.3 Abs. 6 VV und der Vorb. 3 Abs. 4 VV zum Tragen. Danach ist wie folgt anzurechnen:
- die Geschäftsgebühr der Nr. 2300 VV für die außergerichtliche Vertretung zur Hälfte, jedoch höchstens mit einem Gebührensatz von 0,75 auf die Geschäftsgebühr für das Güteverfahren nach der Nr. 2303 VV (Vorb. 2.3 Abs. 6 VV)
- die im Güteverfahren entstandene Geschäftsgebühr der Nr. 2303 VV zur Hälfte, jedoch höchstens mit einem Gebührensatz von 0,75 auf die im gerichtli-

---

[28] In welchen Bundesländern ein entsprechendes Güteverfahren vor Klageerhebung durchzuführen ist, ist zB bei Schneider/Wolf/Wahlen/Mock/Fölsch/N. *Schneider/Thiel* § 17 Rn. 389 oder auch bei *Enders* Rn. D 287 (Fn. 167) zusammengestellt. Die jeweiligen Landesgesetze zur obligatorischen außergerichtlichen Streitschlichtung sind in Schönfelder, Deutsche Gesetze, Ergänzungsband Nr. 104 ff. abgedruckt.
[29] Gerold/Schmidt/*Müller-Rabe* § 17 Rn. 109.

§ 17 Verschiedene Angelegenheiten

chen Verfahren entstandene Verfahrensgebühr der Nr. 3100 VV (Vorb. 3 Abs. 4 VV).

Beispiel:

Der Rechtsanwalt macht für seinen Mandanten zunächst auftragsgemäß einen Anspruch in Höhe von 500 EUR außergerichtlich geltend. Anschließend vertritt er diesen wegen desselben Gegenstandes im Güteverfahren vor einer durch Landesgesetz eingerichteten Gütestelle. Da es dort zu keiner Einigung kommt, wird Klage erhoben. Der Rechtsanwalt vertritt den Mandanten als Prozessbevollmächtigter in dem Rechtsstreit auch in der mündlichen Verhandlung vor Gericht. Es ergeht ein Urteil.

Der Rechtsanwalt kann berechnen:

Für die außergerichtliche Vertretung:
Gegenstandswert: 500 EUR

1. 1,3 Geschäftsgebühr Nr. 2300 VV	58,50 EUR
2. Pauschale Nr. 7002 VV	11,70 EUR
3. 19 % Umsatzsteuer Nr. 7008 VV	13,34 EUR
	83,54 EUR

Für die Vertretung im Güteverfahren:
Gegenstandswert: 500 EUR

1. 1,5 Geschäftsgebühr Nr. 2305 VV	67,50 EUR
hierauf anzurechnen nach Vorb. 2.3 Abs. 6 VV	
0,65 Geschäftsgebühr der Nr. 2300 VV	29,25 EUR
verbleiben von der Geschäftsgebühr:	38,25 EUR
2. Pauschale Nr. 7002 VV	13,50 EUR
3. 19 % Umsatzsteuer Nr. 7008 VV	9,84 EUR
	61,59 EUR

Für die Tätigkeit als Prozessbevollmächtigter in dem Zivilprozess:
Gegenstandswert: 500 EUR

1. 1,3 Verfahrensgebühr Nr. 3100 VV	58,50 EUR
hierauf anzurechnen nach der Vorb. 3 Abs. 4 VV	
0,75 Geschäftsgebühr der Nr. 2303 VV	33,75 EUR
verbleiben von der Verfahrensgebühr:	24,75 EUR
2. 1,2 Terminsgebühr Nr. 3104 VV	54,00 EUR
3. Pauschale Nr. 7002 VV	20,00 EUR
4. 19 % Umsatzsteuer Nr. 7008 VV	18,77 EUR
	117,52 EUR[30]

44 Nach § 91 Abs. 3 ZPO gehören **zu den Kosten des Rechtsstreits** auch die Gebühren, die durch ein Güteverfahren vor einer durch die Landesjustizverwaltung eingerichteten oder anerkannten Gütestelle entstanden sind. Dies gilt nicht, wenn zwischen der Beendigung des Güteverfahrens und der Klageerhebung mehr als ein Jahr verstrichen ist (§ 91 Abs. 3 letzter Halbsatz ZPO). Ob in § 91 Abs. 3 ZPO nur die Gebühren gemeint sind, die vor Gütestelle selbst entstanden sind und die die Parteien an die Gütestelle zahlen müssen oder auch die der Partei in dem Güteverfahren entstandenen Anwaltskosten, ist nicht so ganz klar. Nach OLG Köln[31] sind auch die der Partei in dem Güteverfahren entstandenen Anwaltskosten im Falle eines Obsiegens in dem anschließenden Rechtsstreit zu erstatten. Denn es handele sich um unmittelbar prozessbezogene Vorbereitungskosten, die von den Vorschriften des § 91 ZPO erfasst würden.

---

[30] So rechnen auch: Schneider/Wolf/ *Wahlen/Mock/Fölsch/N. Schneider/Thiel* § 17 Rn. 424.
[31] OLG Köln JurBüro 2010, 206; so auch OLG Karlsruhe JurBüro 2008, 538.

§ 17 Nr. 7 RVG ist nicht anwendbar in einem Mediationsverfahren vor dem Güterichter (§ 278 Abs. 5 ZPO) oder in einem Mediationsverfahren, das vor einem Dritten als Mediator durchgeführt wird (§ 278a ZPO).[32] Hier gilt dass zu → § 15 Rn. 107 ff. kommentierte.

VIII. Vermittlungsverfahren nach § 165 FamFG/Gerichtliches Verfahren (Nr. 8)

Nach § 165 Abs. 1 FamFG vermittelt das Gericht auf Antrag eines Elternteils zwischen den Eltern, wenn ein Elternteil geltend macht, dass der andere Elternteil die Durchführung einer gerichtlichen Entscheidung oder eines gerichtlich gebilligten Vergleichs über den Umgang mit den gemeinschaftlichen Kindern vereitelt oder erschwert. Dieses **Vermittlungsverfahren nach § 165 FamFG** und ein **sich anschließendes gerichtliches Verfahren** sind nach § 17 Nr. 8 RVG **verschiedene** – gebührenrechtliche – **Angelegenheiten**. Da es sich auch bei dem Vermittlungsverfahren nach § 165 FamFG um ein gerichtliches Verfahren handelt, werden hier Gebühren nach Teil 3 Abschn. 1 VV entstehen. Die im anschließenden gerichtlichen Verfahren ebenfalls nach Teil 3 Abschn. 1 VV entstehenden Gebühren können daneben angesetzt werden. Allerdings greift auch hier eine Anrechnungsvorschrift und zwar die der Nr. 3100 Anm. Abs. 3 VV. Danach ist die Verfahrensgebühr für das Vermittlungsverfahren nach § 165 FamFG auf die Verfahrensgebühr für ein sich anschließendes gerichtliches Verfahren anzurechnen.[33]

IX. Beschwerde gegen die Nichtzulassung des Rechtsmittels/Rechtsmittelverfahren (Nr. 9)

Nach § 16 Nr. 11 RVG sind das Rechtsmittelverfahren und das Verfahren über die Zulassung des Rechtsmittels dieselbe – gebührenrechtliche – Angelegenheit.[34] Dagegen sind nach § 17 Nr. 9 RVG stets **verschiedene** – gebührenrechtliche – **Angelegenheiten**
• das Verfahren über die Beschwerde gegen die Nichtzulassung des Rechtsmittels
• und das Verfahren über ein Rechtsmittel.
Vertritt der Rechtsanwalt als Verfahrens-/Prozessbevollmächtigter sowohl in dem Beschwerdeverfahren gegen die Nichtzulassung des Rechtsmittels und nach Zulassung des Rechtsmittels auch in dem anschließenden Rechtsmittelverfahren, so kann er sowohl für das Beschwerdeverfahren gegen die Nichtzulassung des Rechtsmittels als auch für das anschließende Rechtsmittelverfahren jeweils gesonderte Gebühren abrechnen. Natürlich müssen in beiden Verfahren dann auch jeweils die Gebührentatbestände erfüllt werden, damit die Gebühr für beide Verfahren angesetzt werden kann.

Im Verfahren über die Beschwerde gegen die Nichtzulassung der Berufung wird in der Regel eine 1,6 Verfahrensgebühr nach der Nr. 3504 VV entstehen. Im Verfahren über die Beschwerde über die Nichtzulassung der Revision wird in der Regel eine 1,6 Verfahrensgebühr nach Nr. 3506 VV anfallen. Können die Parteien sich in dem Verfahren über die Beschwerde über die Nichtzulassung der Revision nur durch einen beim Bundesgerichtshof zugelassenen Rechtsanwalt vertreten lassen, entsteht eine 2,3 Verfahrensgebühr nach Nr. 3508 VV. Entstehen in einem sozialge-

---

[32] Schneider/Wolf/*Wahlen/Mock/Fölsch/N. Schneider/Thiel* § 17 Rn. 390 f. (zur gerichtlichen oder gerichtsnahen Mediation).
[33] Schneider/Wolf/*Wahlen/Mock/Fölsch/N. Schneider/Thiel* § 17 Rn. 457 – mit Beispiel.
[34] → § 16 Rn. 78 ff.

richtlichen Verfahren Betragsrahmengebühren, sind für Verfahren über die Beschwerde gegen die Nichtzulassung der Berufung vor einem Landessozialgericht oder die Beschwerde gegen die Nichtzulassung der Revision vor dem Bundessozialgericht die Verfahrensgebühren in den Nr. 3511 und 3512 VV geregelt.

50 Nach den Anm. zu den Nr. 3504, 3506 VV ist die im Verfahren über die Beschwerde gegen die die Zulassung der Berufung oder Revision **entstandene Verfahrensgebühr** anzurechnen auf die Verfahrensgebühr für das nachfolgende Berufungs- oder Revisionsverfahren. Nach diesen Anrechnungsvorschriften ist die Verfahrensgebühr in vollem Umfange anzurechnen. Entsprechende Anrechnungsvorschriften finden sich auch für die sozialgerichtlichen Angelegenheit – in denen Betragsrahmengebühren entstehen – in den Anm. zu Nr. 3511, 3512 VV.

51 Hat der Rechtsanwalt vor Einleitung des Beschwerdeverfahrens gegen die Zulassung des Rechtsmittels bereits in dem vorangegangenen Rechtszug vertreten, so ist natürlich auch die Vertretung in dem vorangegangenen Rechtszug eine eigene gebührenrechtliche Angelegenheit (§ 17 Nr. 1 RVG). Von den in dem vorangegangenen Rechtszug entstandenen Gebühren ist nichts anzurechnen auf die Gebühren, die in dem Beschwerdeverfahren gegen die Nichtzulassung des Rechtsmittels und in dem anschließenden Rechtsmittelverfahren entstehen.

X. Strafverfahren/Bußgeldverfahren (Nr. 10, 11)

52 § 17 Nr. 10 RVG wurde durch das 2. KostRMoG[35] neu gefasst. In § 17 Nr. 10 lit. a RVG stellt der Gesetzgeber nunmehr klar, dass
- das **strafrechtliche** Ermittlungsverfahren
- und ein nachfolgendes gerichtliches Verfahren verschiedene – gebührenrechtliche – Angelegenheiten sind.

Ist der Rechtsanwalt als Verteidiger sowohl in dem strafrechtlichen Ermittlungsverfahren als auch in dem nachfolgenden gerichtlichen Verfahren tätig, können völlig unabhängig voneinander in jedem Verfahrensabschnitt die Gebühren gesondert entstehen. Nur die Grundgebühr fällt nur einmal an, da diese in demselben Rechtsfall nur einmal entstehen kann.[36] Das gerichtliche Verfahren beginnt mit Eingang der Anklageschrift bei Gericht oder mit Eingang des Antrags auf Erlass eines Strafbefehls bei Gericht (Anm. zu Nr. 4104 VV).

53 Durch die Klarstellung wird der Streit,[37] ob die Pauschale für Entgelte für Post- und Telekommunikationsdienstleistungen Nr. 7002 VV einmal für das strafrechtliche Ermittlungsverfahren und ein weiteres Mal für das nachfolgende gerichtliche Verfahren anfallen kann, entschieden. Die **Pauschale der Nr. 7002 VV** kann in jeder Angelegenheit gefordert werden. Wenn jetzt in § 17 Nr. 10 RVG normiert ist, dass das strafrechtliche Ermittlungsverfahren und ein nachfolgendes gerichtliches Verfahren verschiedene Angelegenheiten sind, ist eindeutig, dass die Pauschale für jede der beiden Angelegenheiten gefordert werden kann. Voraussetzung ist, dass der Rechtsanwalt in jeder Angelegenheit Aufwendungen für Post- und Telekommunikationsdienstleistungen hatte.[38]

54 Die ebenfalls durch das 2. KostRMoG in § 17 RVG eingefügte Nr. 11 stellt klar, dass
- das **Bußgeldverfahren** vor der Verwaltungsbehörde
- und das nachfolgende gerichtliche Verfahren

verschiedene gebührenrechtliche Angelegenheiten sind. Es gilt das zuvor in den → Rn. 52 und 53 zu Strafverfahren Ausgeführte entsprechend. Also auch in Buß-

---

[35] BGBl. I 2013, 2586.
[36] → Nr. 4100, 4101 VV Rn. 13 ff.
[37] Schneider/Wolf/N. Schneider VV 7001–7002 Rn. 38.
[38] → Nr. 7001, 7002 VV Rn. 18.

geldverfahren wird der als Verteidiger tätige Rechtsanwalt die Pauschale der Nr. 7002 VV für Entgelte für Post- und Telekommunikationsdienstleistungen zweimal ansetzen können, wenn er sowohl in dem Bußgeldverfahren vor der Verwaltungsbehörde als auch in dem nachfolgenden gerichtlichen Verfahren tätig war und in jeder Angelegenheit Aufwendungen für Post- und Telekommunikationsdienstleistungen hatte.

Weiter wird in § 17 Nr. 10b RVG geregelt, dass das **strafrechtliche Ermittlungsverfahren und ein nach dessen Einstellung sich anschließendes Bußgeldverfahren** verschiedene – gebührenrechtliche – Angelegenheiten. Wird der Rechtsanwalt zunächst in dem strafrechtlichen Ermittlungsverfahren als Verteidiger tätig, und anschließend – nach dessen Einstellung – in dem Bußgeldverfahren vor der Verwaltungsbehörde, so kann er sowohl 55
- für die Tätigkeit in dem strafrechtlichen Ermittlungsverfahren
- als auch für die Tätigkeit im Bußgeldverfahren

jeweils gesonderte Gebühren und Auslagen verlangen. Die in den beiden gebührenrechtlichen Angelegenheiten getrennt anfallenden Gebühren sind auch nicht aufeinander anzurechnen (Ausnahme: Grundgebühr → Rn. 57). Damit eine Gebühr entsteht, muss in der betreffenden Angelegenheit der Gebührentatbestand erfüllt sein.

Für die Vertretung in dem strafrechtlichen Ermittlungsverfahren entstehen Gebühren nach Teil 4 VV; für die Vertretung in dem Bußgeldverfahren entstehen Gebühren nach Teil 5 VV. 56

Allerdings entsteht die **Grundgebühr** für die erstmalige Einarbeitung in den Rechtsfall **nur einmal**. Ist der Rechtsanwalt zunächst in dem strafrechtlichen Ermittlungsverfahren als Verteidiger tätig, fällt die Grundgebühr nach der Nr. 4100 VV an. Ist eine Grundgebühr nach der Nr. 4100 VV entstanden, kann in der Bußgeldsache die Grundgebühr nach Nr. 5100 VV wegen derselben Handlung oder Tat nicht mehr entstehen (Nr. 5100 Anm. Abs. 2 VV). 57

§ 17 Nr. 10b) RVG kommt auch im umgekehrten Fall zur Anwendung, also wenn zunächst ein Bußgeldverfahren stattfindet und der Rechtsanwalt anschließend in einem strafrechtlichen Ermittlungsverfahren wegen derselben Tat vertritt. Jetzt entsteht zwar im Bußgeldverfahren ua die Grundgebühr Nr. 5100 VV. Im strafrechtlichen Ermittlungsverfahren entsteht daneben die Grundgebühr der Nr. 4100 VV. Allerdings ist nach Nr. 4100 Anm. Abs. 2 VV eine wegen derselben Tat oder Handlung bereits entstandene Grundgebühr nach Nr. 5100 VV anzurechnen. 58

Damit eine zusätzliche Gebühr nach der Nr. 4141 VV oder Nr. 5115 VV entsteht, muss der Rechtsanwalt daran mitgewirkt haben, dass die Hauptverhandlung entbehrlich wird. Der BGH[39] hat entschieden, dass für die Mitwirkung bei der Erledigung des Verfahrens – gebührenrechtlich – jede Tätigkeit des Verteidigers, die zur Förderung der Verfahrenseinstellung geeignet ist, ausreicht. Ausführungen zur Einstellung des staatsanwaltschaftlichen Ermittlungsverfahrens können auch die Erledigung des anschließenden Bußgeldverfahrens fördern und lassen in dem Bußgeldverfahren dann die zusätzliche Gebühr nach der Nr. 5115 VV entstehen. 59

Durch eine Änderung in Abs. 1 der Anm. zu Nr. 4141 VV hat der Gesetzgeber klargestellt, dass entgegen der Rechtsprechung des BGH[40] die zusätzliche Gebühr der Nr. 4141 VV auch dann anfällt, wenn ein strafrechtliches Ermittlungsverfahren durch die anwaltliche Mitwirkung eingestellt und die Sache zur Verfolgung der Tat als Ordnungswidrigkeit an die Verwaltungsbehörde abgegeben wird. 60

Beispiel:
Der Rechtsanwalt vertritt den Mandanten zunächst in einem diesem gegenüber anhängigen staatsanwaltschaftlichen Ermittlungsverfahren wegen einer Verkehrsstraftat. Er nimmt mit dem

---

[39] BGH JurBüro 2008, 639.
[40] BGH JurBüro 2010, 132.

Mandanten zusammen an dem Vernehmungstermin bei der zuständigen Polizeistation teil. Er gibt für den Mandanten dann eine umfassende schriftliche Stellungnahme ab. Schließlich stellt die Staatsanwaltschaft das Ermittlungsverfahren wegen der Verkehrsstraftat ein.

Die Staatsanwaltschaft gibt das Verfahren allerdings an die Verwaltungsbehörde – Bußgeldstelle – ab mit der Bitte zu prüfen, ob eine Verkehrsordnungswidrigkeit vorliegt. Die vorgeworfene Ordnungswidrigkeit ist mit einem Bußgeld von 150 EUR bedroht. Der Rechtsanwalt fertigt für den Mandanten eine Einlassung. Dann ergeht ein Bußgeldbescheid über 150 EUR, gegen welchen Einspruch eingelegt wird. Nach Abgabe der Sache durch die Verwaltungsbehörde an das zuständige Amtsgericht fertigt der Rechtsanwalt weitere schriftliche Eingaben und stellt Anträge auf Einholung eines Sachverständigengutachtens. Der Rechtsanwalt vertritt den Mandanten auch in der Hauptverhandlung vor dem Amtsgericht, welche dann schließlich mit einem Urteil endet.

Der Rechtsanwalt kann berechnen:

Für die Vertretung im dem staatsanwaltschaftlichen Ermittlungsverfahren:
1. Grundgebühr Nr. 4100 VV	200,00 EUR
2. Verfahrensgebühr für vorbereitendes Verfahren Nr. 4104 VV	165,00 EUR
3. Terminsgebühr für Teilnahme am Vernehmungstermin Nr. 4102 VV	170,00 EUR
4. Zusätzliche Gebühr Nr. 4141 VV	165,00 EUR
5. Pauschale Nr. 7002 VV	20,00 EUR
6. 19 % Umsatzsteuer Nr. 7008 VV	136,80 EUR
	856,80 EUR

Für die Vertretung in dem Bußgeldverfahren:
1. Verfahrensgebühr für Verfahren vor der Verwaltungsbehörde Nr. 5103 VV	160,00 EUR
2. Verfahrensgebühr für gerichtliches Verfahren Nr. 5109 VV	160,00 EUR
3. Terminsgebühr für Teilnahme an Hauptverhandlung Nr. 5110 VV	255,00 EUR
4. Pauschale Nr. 7002 VV	20,00 EUR
5. 19 % Umsatzsteuer Nr. 7008 VV	113,05 EUR
	708,05 EUR

– Es wurden Mittelgebühren in Ansatz gebracht. –

XI. Strafverfahren/Sicherungsverwahrung (Nr. 12)

61 Nach § 17 Nr. 12 RVG handelt es sich um verschiedene – gebührenrechtliche – Angelegenheiten, wenn der Rechtsanwalt zunächst in einem
- Strafverfahren
- und anschließend in einem Verfahren über die im Urteil vorbehaltene Sicherungsverwahrung

vertritt. Die Gebühren entstehen in beiden Angelegenheiten völlig unabhängig voneinander. Allerdings muss in jeder gebührenrechtlichen Angelegenheit der Gebührentatbestand durch die Tätigkeit des Rechtsanwalts als Verteidiger erfüllt werden, damit die Gebühr anfällt. Grundsätzliche Anrechnungsvorschriften bestehen nicht.

62 Für die Tätigkeit als Verteidiger in dem Strafverfahren erhält der Rechtsanwalt Gebühren nach Teil 4 Abschn. 1 VV. Nach der Vorb. 4.1 Abs. 1 VV erhält er auch im Verfahren über die im Urteil vorbehaltene Sicherungsverwahrung die Gebühren nach Teil 4 Abschn. 1 VV.[41]

---

[41] Schneider/Wolf/ *Wahlen/Mock/Fölsch/N. Schneider/Thiel* § 17 Rn. 490.

Die Vergütung des in dem jährlichen Überprüfungsverfahren nach § 67e StGB zum Pflichtverteidiger bestellten Anwalts bestimmt sich nach Teil 4 Abschn. 2 VV.[42] Für die Tätigkeit in einem Beschwerdeverfahren über die Aussetzung der Maßregel der Unterbringung in einem psychiatrischem Krankenhaus sind ebenfalls die Gebühren nach Teil 4 Abschn. 2 VV und zwar die Nr. 4200 bis 4203 VV anzusetzen.[43]

XII. Wiederaufnahmeverfahren/Wiederaufgenommene Verfahren (Nr. 13)

Nach § 17 Nr. 13 RVG sind das
- Wiederaufnahmeverfahren
- und das wiederaufgenommene Verfahren

verschiedene – gebührenrechtliche – Angelegenheiten. Dies aber nur dann, wenn sich die Gebühren nach Teil 4 oder 5 VV richten (§ 17 Nr. 13, letzter HS RVG). In Teil 4 VV sind Strafsachen, in Teil 5 VV sind Bußgeldsachen geregelt. Nur in diesen Sachen kann § 17 Nr. 13 RVG zur Anwendung kommen. Sowohl im Wiederaufnahmeverfahren als auch in dem wiederaufgenommenen Verfahren entstehen die Gebühren, deren Tatbestand in dem jeweiligen Verfahren erfüllt worden ist, jeweils gesondert. Sie können nebeneinander gefordert werden. Eine Grundgebühr entsteht im Wiederaufnahmeverfahren allerdings nicht (Vorb. 4.1.4 VV).

War der Rechtsanwalt bereits als Verteidiger in der Straf- oder Bußgeldsache vor Wiederaufnahme tätig, sind drei gebührenrechtliche Angelegenheiten gegeben:
- Ursprüngliche Straf-/Bußgeldsache
- Wiederaufnahmeverfahren
- Wiederaufgenommenes Verfahren.

In jeder Angelegenheit können die Gebühren, deren Tatbestand erfüllt worden ist, gesondert entstehen und gefordert werden.[44]

Nach AG Osnabrück[45] handelt es sich für den Verteidiger nicht um zwei verschiedene gebührenrechtliche Angelegenheiten nach § 17 Nr. 13 RVG, wenn ein nach § 154 Abs. 2 StPO eingestelltes Strafverfahren wieder aufgenommen und dann erneut nach § 154 Abs. 2 StPO eingestellt wird.

§ 18 Besondere Angelegenheiten

(1) **Besondere Angelegenheiten sind**
1. **jede Vollstreckungsmaßnahme zusammen mit den durch diese vorbereiteten weiteren Vollstreckungshandlungen bis zur Befriedigung des Gläubigers; dies gilt entsprechend im Verwaltungszwangsverfahren (Verwaltungsvollstreckungsverfahren);**
2. **jede Vollziehungsmaßnahme bei der Vollziehung eines Arrests oder einer einstweiligen Verfügung (§§ 928 bis 934 und 936 der Zivilprozessordnung), die sich nicht auf die Zustellung beschränkt;**
3. **solche Angelegenheiten, in denen sich die Gebühren nach Teil 3 des Vergütungsverzeichnisses richten, jedes Beschwerdeverfahren, jedes Verfahren über eine Erinnerung gegen einen Kostenfestsetzungsbeschluss und jedes sonstige Verfahren über eine Erinnerung gegen eine**

---

[42] KG JurBüro 2005, 251; KG AGS 2006, 376; KG RVGreport 2006, 352; OLG Schleswig JurBüro 2005, 252; OLG Jena JurBüro 2006, 366; OLG Jena JurBüro 2006, 287.
[43] OLG Schleswig AGS 2005, 444.
[44] Gerold/Schmidt/*Müller-Rabe* § 17 Rn. 133 ff.
[45] AG Osnabrück JurBüro 2008, 588.

Entscheidung des Rechtspflegers, soweit sich aus § 16 Nummer 10 nichts anderes ergibt;
4. das Verfahren über Einwendungen gegen die Erteilung der Vollstreckungsklausel, auf das § 732 der Zivilprozessordnung anzuwenden ist;
5. das Verfahren auf Erteilung einer weiteren vollstreckbaren Ausfertigung;
6. jedes Verfahren über Anträge nach den §§ 765a, 851a oder 851b der Zivilprozessordnung und jedes Verfahren über Anträge auf Änderung oder Aufhebung der getroffenen Anordnungen, jedes Verfahren über Anträge nach § 1084 Abs. 1, § 1096 oder § 1109 der Zivilprozessordnung und über Anträge nach § 31 des Auslandsunterhaltsgesetzes;
7. das Verfahren auf Zulassung der Austauschpfändung (§ 811a der Zivilprozessordnung);
8. das Verfahren über einen Antrag nach § 825 der Zivilprozessordnung;
9. die Ausführung der Zwangsvollstreckung in ein gepfändetes Vermögensrecht durch Verwaltung (§ 857 Abs. 4 der Zivilprozessordnung);
10. das Verteilungsverfahren (§ 858 Abs. 5, §§ 872 bis 877, 882 der Zivilprozessordnung);
11. das Verfahren auf Eintragung einer Zwangshypothek (§§ 867, 870a der Zivilprozessordnung);
12. die Vollstreckung der Entscheidung, durch die der Schuldner zur Vorauszahlung der Kosten, die durch die Vornahme einer Handlung entstehen, verurteilt wird (§ 887 Abs. 2 der Zivilprozessordnung);
13. das Verfahren zur Ausführung der Zwangsvollstreckung auf Vornahme einer Handlung durch Zwangsmittel (§ 888 der Zivilprozessordnung);
14. jede Verurteilung zu einem Ordnungsgeld gemäß § 890 Abs. 1 der Zivilprozessordnung;
15. die Verurteilung zur Bestellung einer Sicherheit im Fall des § 890 Abs. 3 der Zivilprozessordnung;
16. das Verfahren zur Abnahme der Vermögensauskunft (§§ 802f und 802g der Zivilprozessordnung);
17. das Verfahren auf Löschung der Eintragung im Schuldnerverzeichnis (§ 882e der Zivilprozessordnung);
18. das Ausüben der Veröffentlichungsbefugnis;
19. das Verfahren über Anträge auf Zulassung der Zwangsvollstreckung nach § 17 Abs. 4 der Schifffahrtsrechtlichen Verteilungsordnung;
20. das Verfahren über Anträge auf Aufhebung von Vollstreckungsmaßregeln (§ 8 Abs. 5 und § 41 der Schifffahrtsrechtlichen Verteilungsordnung) und
21. das Verfahren zur Anordnung von Zwangsmaßnahmen durch Beschluss nach § 35 des Gesetzes über das Verfahren in Familiensachen und in den Angelegenheiten der freiwilligen Gerichtsbarkeit.

(2) Absatz 1 gilt entsprechend für
1. die Vollziehung eines Arrestes und
2. die Vollstreckung
nach den Vorschriften des Gesetzes über das Verfahren in Familiensachen und in den Angelegenheiten der freiwilligen Gerichtsbarkeit.

Übersicht

	Rn.
I. Überblick	1
II. Vollstreckungsmaßnahmen	8
1. Auftrag erforderlich	9

Besondere Angelegenheiten **§ 18**

Rn.
2. Vollstreckungsmaßnahme/Vollstreckungshandlung 13
3. Einzelfälle 18
   a) Zahlungsaufforderung mit Vollstreckungsandrohung 19
   b) Kombinierte Vollstreckungsaufträge 23
   c) Gütliche Erledigung der Sache 25
   d) Vermögensauskunft des Schuldners 28
   e) Einholung Auskünfte Dritter 40
   f) Pfändung und Verwertung körperlicher Sachen 44
   g) Vorpfändung und Pfändungs- und Überweisungsbeschluss 51
   h) Zwangshypothek 57
   i) Mehrere Schuldner 62
   j) Mehrere titulierte Forderungen 63
   k) Weitere besondere Angelegenheiten 66
III. Vollziehung eines Arrests oder einer einstweiligen Verfügung 68
IV. Beschwerde- und Erinnerungsverfahren (Abs. 1 Nr. 3) 72

I. Überblick

§ 17 RVG führt abschließend Fälle auf, bei denen es ohne diese Vorschrift zumin- 1
dest zweifelhaft wäre, ob **verschiedene** – gebührenrechtliche – Angelegenheiten
vorliegen. In § 17 RVG sind konkret die Fälle bezeichnet, die nebeneinander verschiedene – gebührenrechtliche – Angelegenheiten sind (zB Hauptsache und einstweilige Verfügung – § 17 Nr. 4 lit. b RVG). In § 18 RVG sind solche Tätigkeiten
abschließend[1] aufgezählt, die grundsätzlich selbständige Angelegenheiten bilden
sollen, **gleichgültig mit welchen anderen Tätigkeiten des Rechtsanwalts sie
im Zusammenhang stehen.** Liegt nach § 18 RVG eine besondere – gebührenrechtliche – Angelegenheit vor, kann der Rechtsanwalt hierfür gesonderte Gebühren
abrechnen, unabhängig von den Gebühren, die in daneben anhängigen Verfahren
bzw. anderen gebührenrechtlichen Angelegenheiten anfallen.

§ 18 RVG bestimmt für viele Tätigkeiten, die im Zusammenhang mit der 2
Zwangsvollstreckung stehen, dass diese eine besondere – gebührenrechtliche –
Angelegenheit darstellen. Diese Vorschriften des § 18 RVG sind im Zusammenhang
mit § 19 Abs. 1 S. 1 und S. 2 Nr. 9, 11, 12, 13 und 16 sowie § 19 Abs. 2 RVG zu
sehen, der dann wieder bestimmt, welche Tätigkeiten noch zum Rechtszug gehören
und folglich mit den Gebühren, die der Rechtsanwalt bereits im Rechtszug für
seine Tätigkeit als Prozess- bzw. Verfahrensbevollmächtigter erhalten hat, abgegolten
sind (wie zB die Einholung der Vollstreckungsklausel – § 19 Abs. 1 S. 2 Nr. 13
RVG).

§ 18 RVG wurde durch Artikel 47 (6) FGG – RG[2] mit Inkrafttreten zum 1.9.2009 3
geändert. Nach § 18 Nr. 1 und 2 RVG (in der Fassung bis 31.8.2008) war zwar ein
Verfahren über eine **einstweilige Anordnung** eine besondere – gebührenrechtliche – Angelegenheit. Jedoch waren mehrere einstweilige Anordnungsverfahren, die
unter demselben Buchstaben des § 18 Nr. 1 RVG genannt waren, wieder eine –
gebührenrechtliche – Angelegenheit. Diese Vorschriften in § 18 Abs. 1 Nr. 1 und 2
RVG (in der Fassung bis 31.08.2009) sind mit Wirkung vom 1.9.2009 weggefallen.
Diese Nummern in § 18 Abs. 1 RVG wurden durch andere Vorschriften belegt.
Nach dem seit dem 1.9.2009 geltenden Recht ist **jedes Verfahren über eine
einstweilige Anordnung eine besondere** – gebührenrechtliche – **Angelegenheit.** In jedem einstweiligen Anordnungsverfahren, was nach dem 1.9.2009 anhän-

---
[1] Begründung des RVG in BT-Drs. 15/1971, S. 191, 192.
[2] BGBl. 2008 I 2586, 2716.

gig geworden ist, kann der Rechtsanwalt also gesonderte Gebühren verlangen, unabhängig von den Gebühren, die in der Hauptsache (zB Scheidung und Folgesachen im Verbund) oder auch in daneben anhängigen Verfahren über weitere einstweilige Anordnungen entstehen.³

4 § 18 Abs. 1 wurde in den Nr. 6, 16 und 17 durch Artikel 3 (4) des Gesetzes zur Reform der Sachaufklärung in der Zwangsvollstreckung⁴ mit Inkrafttreten zum 1.1.2013 geändert. Es handelt sich hierbei um redaktionelle Folgeänderungen aufgrund der Neuregelung des Zwangsvollstreckungsverfahrens wegen Geldforderungen in Abschn. 2 des Buches 8 der ZPO.

5 Durch Artikel 8 (9) des 2. KostRMoG⁵ wird § 18 Abs. 1 Nr. 3 RVG neu gefasst. Durch die Neuformulierung soll klargestellt werden, dass auch eine Erinnerung gegen einen Kostenfestsetzungsbeschluss des Urkundsbeamten der Geschäftsstelle des Verwaltungsgerichts eine besondere gebührenrechtliche Angelegenheit ist, sofern es sich um eine Sache handelt, in denen sich die Gebühren nach Teil 3 VV richten.⁶

6 § 18 RVG führt in einem ganzen Katalog von Vorschriften auf, welche Tätigkeiten des Rechtsanwalts besondere Angelegenheiten sind. Es würde wenig Sinn machen, diesen Katalog hier zu wiederholen. Es kann auf den Gesetzestext verwiesen werden. Die wichtigsten Vorschriften aus dem Katalog des § 18 Abs. 1 RVG werden im Nachstehenden kommentiert.

7 Nach § 18 Abs. 2 RVG gilt Abs. 1 mit seiner Aufzählung entsprechend für
- die Vollziehung eines Arrests
- und die Vollstreckung nach den Vorschriften des FamFG.

II. Vollstreckungsmaßnahmen

8 Nach § 18 Abs. 1 Nr. 1 RVG ist jede Vollstreckungsmaßnahme zusammen mit den durch diese vorbereiteten weiteren Vollstreckungshandlungen bis zur Befriedigung des Gläubigers eine besondere Angelegenheit. Dies gilt entsprechend im Verwaltungszwangsverfahren (Verwaltungsvollstreckungsverfahren.) Hieran hat sich auch nach Inkrafttreten des Gesetzes zur Reform der Sachaufklärung in der Zwangsvollstreckung⁷ nichts geändert.

1. Auftrag erforderlich

9 Damit überhaupt eine Vollstreckungsmaßnahme iSd § 18 Abs. 1 Nr. 1 RVG angenommen werden kann, muss dem Rechtsanwalt zunächst einmal von seinem Mandanten ein entsprechender **Auftrag zur Durchführung der Zwangsvollstreckung** erteilt worden sein. Dieser Auftrag kann entweder auf die einzelnen Vollstreckungsmaßnahmen beschränkt erteilt worden sein (zB: „Erwirken Sie einen Pfändungs- und Überweisungsbeschluss in das Arbeitseinkommen des Schuldners gegenüber dem Arbeitgeber!") oder aber pauschal für die gesamte Zwangsvollstreckung (zB: „Vollstrecken Sie bis ich mein Geld habe oder alle Möglichkeiten ausgeschöpft sind!"). Durch den dem Rechtsanwalt von seinem Mandanten erteilten Auftrag zur Zwangsvollstreckung grenzt sich die gebührenrechtliche Angelegenheit „Zwangsvollstreckung" von der gebührenrechtlichen Angelegenheit „Erkenntnisverfahren" ab. Nach Erteilung des Auftrags zur Zwangsvollstreckung können dem Rechtsanwalt, der bereits im Erkenntnisverfahren tätig war, weitere Gebühren neben

---

³ → § 16 Rn. 63 ff. und → § 17 Rn. 28 ff.
⁴ BGBl. 2009 I 2258 f.
⁵ BGBl. 2013 I 2586.
⁶ → § 18 Rn. 72 ff.
⁷ BGBl. 2009 I 2258 f.

Besondere Angelegenheiten § 18

den Gebühren entstehen, die er bereits für seine Tätigkeit im Erkenntnisverfahren erhalten hat.

Für Angelegenheiten der Zwangsvollstreckung werden in der Regel Gebühren nach Teil 3 Abschn. 3 Unterabschnitt 3 VV entstehen. In der Regel wird eine 0,3 Verfahrensgebühr Nr. 3309 VV für jede Vollstreckungsmaßnahme anfallen. Daneben kann, wenn der in der Nr. 3310 Anm. VV geregelte Tatbestand erfüllt wird, noch eine 0,3 Terminsgebühr nach Nr. 3310 VV entstehen. Daneben können noch die Gebühren, die in Teil 1 VV geregelt sind anfallen, wie zB die Einigungsgebühr Nr. 1000, 1003 VV, soweit durch die Tätigkeit des Rechtsanwalts deren Tatbestand erfüllt worden ist. In jeder Zwangsvollstreckungsmaßnahme kann eine gesonderte Pauschale für Entgelte für Post- und Telekommunikationsdienstleistungen Nr. 7002 VV angesetzt werden. Weitere Auslagen nach Teil 7 VV können selbstverständlich auch in die Vergütungsberechnung für Vollstreckungsmaßnahmen Eingang finden. **10**

Für den Anwalt, der in dem der Zwangsvollstreckung vorausgegangenen Erkenntnisverfahren nicht vertreten hat, löst jede Tätigkeit nach Erteilung des Auftrags zur Zwangsvollstreckung bereits die 0,3 Verfahrensgebühr Nr. 3309 VV aus.[8] **11**

Der Rechtsanwalt, der bereits im vorausgegangenen Erkenntnisverfahren als Prozess- bzw. Verfahrensbevollmächtigter tätig war, wird auch nach Erteilung des Auftrags zur Zwangsvollstreckung prüfen müssen, ob die von ihm ausgeübte Tätigkeit nicht gem. § 19 RVG als zum Rechtszug gehörend anzusehen ist und folglich noch mit den Gebühren abgegolten ist, die er bereits als Prozess- bzw. Verfahrensbevollmächtigter in den vorangegangenen Rechtszug verdient hat.[9] So gehören zB zum Erkenntnisverfahren noch **12**

- der Antrag auf Erteilung des Notfrist- und des Rechtskraftzeugnisses (§ 19 Abs. 1 S. 2 Nr. 9 RVG)
- der Antrag auf erstmalige Erteilung der Vollstreckungsklausel (§ 19 Abs. 1 S. 2 Nr. 13 RVG)
- die Zustellung des Vollstreckungstitels (§ 19 Abs. 1 S. 2 Nr. 16 RVG).

Beispiel 1:

Der Rechtsanwalt war bereits im Erkenntnisverfahren als Prozessbevollmächtigter für den Gläubiger tätig. Nachdem das Urteil vorliegt, erhält er den Auftrag, die Zwangsvollstreckung gegenüber dem Schuldner in die Wege zu leiten. Der Rechtsanwalt sendet die Urteilsausfertigung an das Gericht zurück mit der Bitte, diese mit der Vollstreckungsklausel zu versehen. Der Schuldner zahlt die komplette Forderung, so dass eine weitere Tätigkeit im Rahmen der Zwangsvollstreckung nicht erforderlich ist. Obwohl der Rechtsanwalt bereits den Auftrag hatte, die Zwangsvollstreckung gegenüber dem Schuldner einzuleiten und danach auch bereits eine erste Tätigkeit ausgeübt hatte (Antrag auf Erteilung der Vollstreckungsklausel) kann er die 0,3 Verfahrensgebühr Nr. 3309 VV nicht ansetzen. Denn gem. § 19 Abs. 1 S. 2 Nr. 13 RVG gehört die erstmalige Erteilung der Vollstreckungsklausel zum Rechtszug. Folglich ist die Tätigkeit des Rechtsanwalts mit den Gebühren abgegolten, die er als Prozessbevollmächtigter in dem vorausgegangenen Erkenntnisverfahren erhält.

Beispiel 2:

Der Rechtsanwalt war als Prozessbevollmächtigter im Erkenntnisverfahren nicht tätig. Er wird von dem Mandanten beauftragt, die Zwangsvollstreckung aus einem Urteil, welches der Mandant ihm übergibt, gegenüber dem Schuldner in die Wege zu leiten. Der Rechtsanwalt sendet die Ausfertigung des Urteils an das Gericht zurück mit dem Antrag, diese mit der Vollstreckungsklausel zu versehen. Bevor es zu einer weiteren Maßnahme kommt, zahlt der Schuldner die komplette Forderung. Der Rechtsanwalt kann die 0,3 Verfahrensgebühr Nr. 3309 VV zzgl. Auslagen und Umsatzsteuer berechnen. Er hat in dem Erkenntnisverfahren nicht als Prozessbevollmächtigter vertreten, so dass für ihn § 19 RVG nicht greift. Der Rechtsanwalt hat

---

[8] HK-RVG/*Rohn* § 18 Rn. 11.
[9] HK-RVG/*Rohn* § 18 Rn. 12.

hier nach Erteilung des Auftrags „Zwangsvollstreckung" eine Tätigkeit ausgeübt, die die 0,3 Verfahrensgebühr Nr. 3309 VV auslöst.

Zu beachten ist allerdings, dass, wenn der Schuldner nicht gezahlt hätte und der Rechtsanwalt nach Vorliegen der Vollstreckungsvoraussetzung zB dem Gerichtsvollzieher einen Vollstreckungsauftrag zur Einholung einer Vermögensauskunft des Schuldners erteilt hätte, die Einholung der Vollstreckungsklausel gebührenrechtlich zu dieser Vollstreckungsmaßnahme (Einholung einer Vermögensauskunft) zuzuordnen wäre mit der Folge, dass die 0,3 Verfahrensgebühr Nr. 3309 VV nur einmal entstehen würde (§ 18 Abs. 1 Nr. 1 RVG).

2. Vollstreckungsmaßnahme/Vollstreckungshandlung

13 Nach § 18 Abs. 1 Nr. 1 RVG ist **jede Vollstreckungsmaßnahme** eine **besondere** gebührenrechtliche **Angelegenheit**. Für jede Vollstreckungsmaßnahme können also gesonderte Gebühren abgerechnet werden, völlig unabhängig von den im Erkenntnisverfahren für die Tätigkeit als Prozess- bzw. Verfahrensbevollmächtigter entstandenen Gebühren und völlig unabhängig von den Gebühren, die für eine andere Vollstreckungsmaßnahme entstanden sind oder noch entstehen. Allerdings ist zu beachten, dass zu einer Vollstreckungsmaßnahme mehrere **Vollstreckungshandlungen** gehören können und mit dieser eine gebührenrechtliche Angelegenheit bilden.[10]

14 Wird zB dem Gerichtsvollzieher ein Vollstreckungsauftrag auf Pfändung und Verwertung körperlicher Sachen **erteilt**, gehören zu dieser **Vollstreckungsmaßnahme** auch Vollstreckungshandlungen, wie zB die Entgegennahme der Information vom Gläubiger, eine evtl. Zahlungsaufforderung an den Schuldner mit Vollstreckungsandrohung, der Vollstreckungsauftrag an den Gerichtsvollzieher, die Entgegennahme des Protokolls des Gerichtsvollziehers, die Entgegennahme und Weiterleitung beigetriebener Gelder.[11] All diese Tätigkeiten sind in der Regel mit einer 0,3 Verfahrensgebühr Nr. 3309 VV zzgl. Auslagen und Umsatzsteuer abgegolten.

15 Zur Vollstreckungsmaßnahme **„Pfändung und Überweisung einer Forderung"** gehören zB die Entgegennahme der Information, das Ausbringen einer Vorpfändung, die Beantragung des Pfändungs- und Überweisungsbeschlusses, die Zustellung des Pfändungs- und Überweisungsbeschlusses, eine erstmalige Erinnerung des Drittschuldners an die Abgabe der Erklärung gem. § 840 ZPO, die Prüfung, ob die pfändbaren Beträge richtig berechnet wurden, die Entgegennahme und Weiterleitung von Geldern. Alle diese Vollstreckungshandlungen gehören zur Vollstreckungsmaßnahme „Pfändung und Überweisung einer Forderung" und bilden mit dieser eine gebührenrechtliche Angelegenheit. Die Gebühren entstehen nur einmal, in der Regel wird nur eine 0,3 Verfahrensgebühr Nr. 3309 VV entstehen.[12] Nicht mehr zur Vollstreckungsmaßnahme „Pfändung und Überweisung einer Forderung" gehört die Geltendmachung der gepfändeten Forderung gegenüber dem Drittschuldner. Dies ist eine neue – gesonderte – gebührenrechtliche Angelegenheit. Macht der Rechtsanwalt im Auftrag des Gläubigers die gepfändete Forderung gegenüber dem Drittschuldner außergerichtlich geltend, entstehen gesonderte Gebühren nach Teil 2 VV; macht er die Forderung im Auftrag des Gläubigers gerichtlich gegenüber dem Drittschuldner geltend, entstehen gesonderte Gebühren nach Teil 3 VV.

16 Von mehreren Vollstreckungsmaßnahmen ist auszugehen, wenn mehrere Pfändungs- und Überweisungsbeschlüsse gegen verschiedene Drittschuldner wegen

---

[10] HK-RVG/*Rohn* § 18 Rn. 9 ff.; Schneider/Wolf/*Wolf/Volpert/Mock/Thiel/N. Schneider* § 18 Rn. 28.

[11] Schneider/Wolf/*Wolf/Volpert/Mock/Thiel/N. Schneider* § 18 Rn. 49.

[12] Schneider/Wolf/*Wolf/Volpert/Mock/Thiel/N. Schneider* § 18 Rn. 63.

унterschiedlicher Forderungen nacheinander erwirkt werden.[13] Die 0,3 Verfahrensgebühr Nr. 3309 VV wird dann für jeden einzelnen Antrag auf Erlass eines Pfändungs- und Überweisungsbeschlusses gesondert entstehen. Denn jede Vollstreckungsmaßnahme ist nach § 18 Abs. 1 Nr. 1 RVG eine besondere – gebührenrechtliche – Angelegenheit.

Wenn es in § 18 Abs. 1 Nr. 1 RVG heißt, dass „jede Vollstreckungsmaßnahme zusammen mit den durch diese vorbereiteten weiteren Vollstreckungshandlungen **bis zur Befriedigung des Gläubigers.....**" eine besondere – gebührenrechtliche – Angelegenheit ist, so ist damit nicht nur die Befriedigung des Gläubigers im eigentlichen Sinne gemeint (zB vollständige Zahlung oder Beitreibung der Forderung einschließlich Zinsen und Kosten), sondern auch jede andere Beendigung der betreffenden Zwangsvollstreckungsmaßnahme.[14] Eine Zwangsvollstreckungsmaßnahme ist zB beendet, wenn feststeht, dass die Zwangsvollstreckungsmaßnahme erfolglos ist, dh, im Rahmen dieser Zwangsvollstreckungsmaßnahme die Forderung nicht oder nicht vollständig realisiert werden kann.[15] Wird danach eine neue Zwangsvollstreckungsmaßnahme ausgebracht (zB nach einem erfolglosen Sachpfändungsauftrag erfolgt ein Antrag auf Erlass eines Pfändungs- und Überweisungsbeschlusses) ist die neue Zwangsvollstreckungsmaßnahme wieder eine besondere – gebührenrechtliche – Angelegenheit iSd § 18 Abs. 1 Nr. 1 RVG und löst eine weitere 0,3 Verfahrensgebühr Nr. 3309 VV aus.

3. Einzelfälle

In diesem Kapitel sollen verschiedene Tätigkeiten des Rechtsanwalts in der Zwangsvollstreckung unter dem Gesichtspunkt betrachtet werden, ob es sich um eine gesonderte Vollstreckungsmaßnahme handelt, die nach § 18 Abs. 1 Nr. 1 RVG eine besondere – gebührenrechtliche – Angelegenheit darstellt oder ob die Tätigkeit unter dem Begriff „Vollstreckungshandlung" zu subsumieren ist, die zu einer Vollstreckungsmaßnahme gehört und damit keine besondere – gebührenrechtliche – Angelegenheit darstellt. Ferner werden hier die kombinierten Vollstreckungsaufträge näher betrachtet.

a) Zahlungsaufforderung mit Vollstreckungsandrohung. Hat der Rechtsanwalt des Gläubigers bereits den Auftrag, die Zwangsvollstreckung aus einem Titel durchzuführen und fordert er vor Einleitung der ersten Vollstreckungsmaßnahme den Schuldner noch einmal zur Zahlung unter Fristsetzung auf und droht ihm für den Fall der Nichtzahlung innerhalb der gesetzten Frist mit Zwangsvollstreckungsmaßnahmen, so löst bereits diese Zahlungsaufforderung die 0,3 Verfahrensgebühr Nr. 3309 VV aus.[16] Denn diese Zahlungsaufforderung ist eine erste Tätigkeit nach dem Auftrag zur Zwangsvollstreckung und wird nicht mehr mit den im vorausgegangenen Erkenntnisverfahren entstandenen Gebühren abgegolten.

Allerdings gehört die Zahlungsaufforderung als Vollstreckungshandlung zur ersten Vollstreckungsmaßnahme. Fruchtet die Zahlungsaufforderung nicht und wird danach eine Vollstreckungsmaßnahme eingeleitet (zB Vollstreckungsauftrag auf Pfändung und Verwertung körperlicher Sachen) entsteht nicht eine weitere 0,3 Verfahrensgebühr Nr. 3309 VV, sondern die Tätigkeit betreffend die Zahlungsaufforderung und die anschließende Vollstreckungsmaßnahme (zB Vollstreckungsauftrag auf Pfändung und Verwertung körperlicher Sachen) bildet eine gebührenrechtliche Angelegenheit und die Gebühr entsteht nur einmal.[17]

---

[13] → § 18 Rn. 54.
[14] Schneider/Wolf/*Wolf/Volpert/Mock/Thiel/N. Schneider* § 18 Rn. 29.
[15] HK-RVG/*Rohn* § 18 Rn. 14.
[16] Gerold/Schmidt/*Müller-Rabe* Nr. 3309 VV Rn. 432.
[17] Gerold/Schmidt/*Müller-Rabe* Nr. 3309 VV Rn. 433.

21 Wenn der Schuldner aufgrund der Zahlungsaufforderung mit Vollstreckungsandrohung die Forderung erfüllt und keine Vollstreckungsmaßnahmen mehr erforderlich sind, stellt sich die weitere Frage, ob der Schuldner, die durch die Zahlungsaufforderung mit Vollstreckungsandrohung ausgelöste 0,3 Verfahrensgebühr Nr. 3309 VV (zzgl. Auslagen und Umsatzsteuer) zu **erstatten** hat. Dies ist nach ganz überwiegender Meinung der Fall.[18] Damit die Erstattungsfähigkeit der 0,3 Verfahrensgebühr Nr. 3309 VV (zzgl. Auslagen und Umsatzsteuer) gegeben ist, wird allgemein verlangt, dass der Titel bereits mit der Vollstreckungsklausel versehen ist[19] und der evtl. erforderliche Nachweis der Sicherheitsleistung erbracht ist.[20] Dagegen ist es wohl nicht erforderlich, dass vor Zahlungsaufforderung mit Vollstreckungsandrohung der Titel bzw. eine vollstreckbare Ausfertigung dem Schuldner bereits zugestellt worden ist.[21]

22 Daneben fordert die Rechtsprechung, dass dem Schuldner nach Kenntnis vom Titel ausreichend Zeit eingeräumt worden sein muss, um freiwillig leisten zu können. In der Regel werden 14 Tage als ausreichend angesehen.[22] Hat der Schuldner innerhalb von 14 Tagen nach Kenntnis des Titels nicht geleistet, ergeht dann eine Zahlungsaufforderung mit Vollstreckungsandrohung und erfüllt der Schuldner daraufhin die komplette Forderung, ist die 0,3 Verfahrensgebühr Nr. 3309 VV für die Zahlungsaufforderung mit Vollstreckungsandrohung (zzgl. Auslagen und Umsatzsteuer) auch vom Schuldner zu erstatten.

23 **b) Kombinierte Vollstreckungsaufträge.** Nach § 802a ZPO ist der Gerichtsvollzieher unbeschadet weiterer Zuständigkeiten befugt,
1. eine gütliche Erledigung der Sache (§ 802b ZPO) zu versuchen,
2. eine Vermögensauskunft des Schuldners (§ 802c ZPO) einzuholen,
3. Auskünfte Dritter über das Vermögen des Schuldners (§ 802l ZPO) einzuholen,
4. die Pfändung und Verwertung körperlicher Sachen zu betreiben,
5. eine Vorpfändung (§ 845 ZPO) durchzuführen.

Alle diese Maßnahmen können beliebig miteinander in dem Vollstreckungsauftrag des Gläubigers kombiniert werden. Bei einem kombinierten Vollstreckungsauftrag steht der Auftrag für die weiteren Vollstreckungsmaßnahmen in der Regel unter der Bedingung, dass die zunächst durchzuführende Vollstreckungsmaßnahme nicht zu dem gewünschten Erfolg bzw. zur Befriedigung des Gläubigers führt. Erst wenn dann aus dem bedingten Auftrag für weitere Vollstreckungsmaßnahmen ein unbedingter Auftrag wird, und **die weiteren Vollstreckungsmaßnahmen auch tatsächlich zur Ausführung kommen,** können für diese **weitere Gebühren** angesetzt werden.

Beispiel 1:
Der Gläubigervertreter erteilt dem Gerichtsvollzieher einen Vollstreckungsauftrag zur Einholung einer Vermögensauskunft des Schuldners und für den Fall, dass diese Maßnahme nicht zu einer Befriedigung des Gläubigers führt, einen Vollstreckungsauftrag auf Pfändung und Verwertung körperlicher Sachen.

Der Schuldner zahlt im Rahmen der Vollstreckungsmaßnahme auf Einholung einer Vermögensauskunft. Der bedingte Vollstreckungsauftrag auf Pfändung und Verwertung körperlicher Sachen kommt nicht mehr zur Ausführung.

Der Gläubigervertreter kann berechnen:

Für den Vollstreckungsauftrag betreffend die Einholung der Vermögensauskunft des Schuldners:

---

[18] Gerold/Schmidt/*Müller-Rabe* Nr. 3309 VV Rn. 435 mwN.
[19] Gerold/Schmidt/*Müller-Rabe* Nr. 3309 VV Rn. 438.
[20] Gerold/Schmidt/*Müller-Rabe* Nr. 3309 VV Rn. 439.
[21] Gerold/Schmidt/*Müller-Rabe* Nr. 3309 VV Rn. 437.
[22] Gerold/Schmidt/*Müller-Rabe* Nr. 3309 VV Rn. 116 ff., 440.

Gegenstandswert: Hauptforderung + Zinsen + Kosten, höchstens 2.000 EUR (§ 25 Abs. 1 Nr. 4 RVG)
0,3 Verfahrensgebühr Nr. 3309 VV
zzgl. Auslagen und Umsatzsteuer.
Für den Vollstreckungsauftrag betreffend die Pfändung und Verwertung körperlicher Sachen fällt keine Gebühr beim Gläubigervertreter an.[23]

Beispiel 2:

Der Gläubigervertreter erteilt dem Gerichtsvollzieher einen kombinierten Vollstreckungsauftrag. Der Gerichtsvollzieher soll eine Vermögensauskunft des Schuldners einholen und für den Fall, dass der Schuldner im Rahmen dieser Vollstreckungsmaßnahme nicht die Forderung befriedigt, die Pfändung und Verwertung körperlicher Sachen betreiben. Der Gerichtsvollzieher holt die Vermögensauskunft des Schuldners ein und übermittelt dem Gläubigervertreter eine Abschrift des vom Schuldner aufgestellten Vermögensverzeichnisses. Anschließend durchsucht der Gerichtsvollzieher die Wohnung des Schuldners nach pfändbarer Habe. Pfändbare Habe wird nicht vorgefunden.

Bei dem Gläubigervertreter sind folgende Gebühren entstanden:
Für den Vollstreckungsauftrag betreffend die Einholung der Vermögensauskunft des Schuldners:
Gegenstandswert: Hauptforderung + Zinsen + Kosten, höchstens 2.000 EUR (§ 25 Abs. 1 Nr. 4 RVG)
0,3 Verfahrensgebühr Nr. 3309 VV
zzgl. Auslagen und Umsatzsteuer.
Für den Vollstreckungsauftrag Pfändung und Verwertung körperlicher Sachen:
Gegenstandswert: Hauptforderung + Zinsen + Kosten (§ 25 Abs. 1 Nr. 1 RVG)
0,3 Verfahrensgebühr Nr. 3309 VV
zzgl. Auslagen und Umsatzsteuer.
Hier ist auch der zweite Vollstreckungsauftrag ausgeführt worden. Dieser bildet eine eigene Vollstreckungsmaßnahme iSd § 18 Abs. 1 Nr. 1 RVG. Beim Gläubigervertreter entstehen für jede Vollstreckungsmaßnahme gesonderte Gebühren.[24]

Praxistipp:

Der Gläubigervertreter sollte in seinem Vollstreckungsauftrag klarstellen, ob die weiteren Aufträge unbedingt oder nur unter einer gewissen Bedingung ausgeführt werden sollen (zB Pfändung und Verwertung körperlicher Sachen nur, wenn sich aus der zuvor einzuholenden Vermögensauskunft pfändbare Gegenstände ergeben oder Ausführung des Auftrags in jedem Falle, unabhängig davon, ob sich aus dem Vermögensverzeichnis pfändbare Gegenstände ergeben oder nicht). Dies nicht nur mit Sicht auf die entstehenden Mehrkosten beim Gläubigervertreter, sondern auch im Hinblick auf die beim Gerichtsvollzieher für jede weitere Vollstreckungsmaßnahme anfallenden Kosten. Weisungen zur Reihenfolge oder Kombination der auszuführenden Aufträge kann der Gläubiger in dem ab 1.4.2016 verbindlichen zu nutzenden Formular „Vollstreckungsauftrag an die Gerichtsvollzieherin/den Gerichtsvollzieher" unter den Modulen N bis N 5 erteilen.

c) Gütliche Erledigung der Sache. Nach § 802a Abs. 2 Nr. 1 ZPO ist der Gerichtsvollzieher befugt, eine gütliche Erledigung der Sache zu versuchen. Der Gerichtsvollzieher soll in jeder Lage des Verfahrens auf eine gütliche Erledigung bedacht sein; er kann dem Schuldner allerdings keine Zahlungsfrist einräumen, wenn der Gläubiger in dem Vollstreckungsauftrag einer Zahlungsvereinbarung widersprochen hat (= Modul F des Formulars „Vollstreckungsauftrag an die Gerichtsvollziehe-

---

[23] *Enders* JurBüro 2012, 633 (639, Kap. 6.2).
[24] *Enders* JurBüro 2012, 633 (634, Kap. 4 und 639, Kap. 6.2).

rin/den Gerichtsvollzieher"). Versucht der Gerichtsvollzieher von sich aus eine gütliche Erledigung der Sache (§§ 802a Abs. 2 Nr. 1, 802b Abs. 1 ZPO), so fällt für diese Vollstreckungshandlung beim Gläubigervertreter keine Gebühr an.

26 Hat der Gläubigervertreter in seinem Vollstreckungsauftrag den Gerichtsvollzieher ausschließlich damit beauftragt, eine gütliche Erledigung der Sache zu versuchen (= Modul E 5 des Formulars „Vollstreckungsauftrag an die Gerichtsvollzieherin/den Gerichtsvollzieher"), so wird durch diesen Vollstreckungsauftrag eine Vollstreckungsmaßnahme eingeleitet mit der Folge, dass hierfür die 0,3 Verfahrensgebühr der Nr. 3309 VV entsteht.[25] Scheitert die gütliche Erledigung der Sache und erteilt der Gläubigervertreter daraufhin dem Gerichtsvollzieher einen weiteren Vollstreckungsauftrag (zB Pfändung und Verwertung körperlicher Sachen) so bildet mE der Vollstreckungsauftrag auf gütliche Erledigung der Sache und der weitere Vollstreckungsauftrag (zB auf Pfändung und Verwertung körperlicher Sachen) eine Vollstreckungsmaßnahme, so dass nur eine 0,3 Verfahrensgebühr Nr. 3309 VV zzgl. Auslagen und Umsatzsteuer entsteht.[26] Allerdings wird dann durch den zunächst erteilten Vollstreckungsauftrag, die gütliche Erledigung der Sache zu versuchen, bereits die 0,3 Verfahrensgebühr der Nr. 3309 VV ausgelöst.

27 Es handelt sich auch dann nur um eine Vollstreckungsmaßnahme iSd § 18 Abs. 1 Nr. 1 RVG, wenn in demselben Vollstreckungsauftrag der Gerichtsvollzieher beauftragt wird, die gütliche Erledigung der Sache zu versuchen und für den Fall, dass dieser Versuch scheitert, zB die Pfändung und Verwertung körperlicher Sachen zu versuchen.[27]

28 **d) Vermögensauskunft des Schuldners.** Das Verfahren auf Einholung einer Vermögensauskunft des Schuldners (§§ 802f und 802g ZPO) ist gem. § 18 Abs. 1 Nr. 16 RVG **neben anderen Vollstreckungsmaßnahmen** eine **besondere** – gebührenrechtliche – **Angelegenheit.** Unabhängig davon, ob der Rechtsanwalt in dem Verfahren zur Einholung einer Vermögensauskunft den Gläubiger oder den Schuldner vertritt, wird in der Regel eine gesonderte **0,3 Verfahrensgebühr** Nr. 3309 VV zzgl. Auslagen und Umsatzsteuer entstehen. Nimmt der Rechtsanwalt für seinen Mandanten auch den Termin zur Abnahme der eidesstattlichen Versicherung vor dem Gerichtsvollzieher war, entsteht weiter eine **0,3 Terminsgebühr** Nr. 3310 VV (Nr. 3310 Anm. VV). Als **Gegenstandswert** ist diesen Gebühren der **Betrag,** der **der zu vollstreckenden Geldforderung einschließlich der Nebenforderungen** zugrunde zu legen. Der Wert beträgt nach § 25 Abs. 1 Nr. 4 RVG jedoch **höchstens 2.000 EUR.**[28]

29 Wird im Rahmen des Verfahrens auf Einholung einer Vermögensauskunft des Schuldners ein **Ratenzahlungsvergleich** geschlossen, kann neben der Verfahrens- und einer evtl. Terminsgebühr auch noch die Einigungsgebühr entstehen, wenn für den bearbeitenden Anwalt der Tatbestand der Nr. 1000, 1003 VV erfüllt wird.[29]

30 Häufig wird der Vollstreckungsauftrag auf Einholung einer Vermögensauskunft des Schuldners **kombiniert** sein **mit anderen Vollstreckungsmaßnahmen.** Es gilt dann das hierzu in dem vorangegangenen Kapitel b)[30] Ausgeführte entsprechend.[31]

---

[25] *Enders* JurBüro 2012, 633 (635, Kap. 5.2).
[26] *Enders* JurBüro 2012, 633 (636, Kap. 5.3).
[27] *Enders* JurBüro 2012, 633 (636, Kap. 5.4).
[28] Bis 31.7.2013 betrug der Höchstwert des § 25 Abs. 1 Nr. 4 RVG 1.500 EUR.
[29] Zur Einigungsgebühr bei einer Ratenzahlungsvereinbarung → Nr. 1000 VV Rn. 22 ff.; Zum Gegenstandswert der Einigungsgebühr bei einer Zahlungsvereinbarung siehe die Kommentierung zu § 31b RVG.
[30] → § 18 Rn. 23 ff.
[31] Ausführlich mit Beispielen: *Enders* JurBüro 2013, 1 (2, Kap. 2).

Besondere Angelegenheiten § 18

31 Wird ein Vollstreckungsauftrag auf **gütliche Erledigung** der Sache kombiniert mit einem Vollstreckungsauftrag auf Einholung einer **Vermögensauskunft**, so handelt es sich zwar um **eine Vollstreckungsmaßnahme** iSd § 18 Abs. 1 Nr. 1 RVG, so dass die 0,3 Verfahrensgebühr Nr. 3309 VV (zzgl. Auslagen und Umsatzsteuer) nur einmal entsteht. Aber die **0,3 Verfahrensgebühr** wird in diesen Fällen **bereits ausgelöst durch** den Vollstreckungsauftrag auf **gütliche Erledigung** der Sache. Für diese Vollstreckungsmaßnahme **gilt** aber die **Wertobergrenze** des § 25 Abs. 1 Nr. 4 RVG **nicht.** Die 0,3 Verfahrensgebühr entsteht also – ausgelöst durch den Vollstreckungsauftrag auf gütliche Erledigung der Sache – nach dem vollen Wert, der sich aus der Summe von Hauptforderung, Zinsen und den Kosten berechnet. Voraussetzung ist, dass auch wegen den vollen, noch offenstehenden Beträgen (und nicht nur wegen eines Teilbetrages) vollstreckt wird. Eine einmal nach dem vollen Wert entstandene Verfahrensgebühr ermäßigt sich nicht deshalb, weil der Vollstreckungsauftrag auf gütliche Erledigung der Sache eine Vollstreckungsmaßnahme iSd § 18 Abs. 1 Nr. 1 RVG bildet mit dem Vollstreckungsauftrag auf Einholung einer Vermögensauskunft.[32]

Praxistipp:

32 Wenn der Gläubiger einen Vollstreckungsauftrag erteilt, wonach der Gerichtsvollzieher zunächst eine gütliche Erledigung der Sache versuchen soll und für den Fall des Scheiterns eine Vermögensauskunft des Schuldners einholen soll, so bilden beide Vollstreckungshandlungen zwar nur eine Vollstreckungsmaßnahme iSd § 18 Abs. 1 S. 1 RVG. Es entsteht nur eine 0,3 Verfahrensgebühr Nr. 3309 VV (zzgl. Auslagen und Umsatzsteuer). Aber diese bestimmt sich nach dem vollen Wert (Hauptforderung + Zinsen + Kosten). Die Streitwertobergrenze des § 25 Abs. 1 S. 1 Nr. 4 RVG von 2.000 EUR kommt nicht zur Anwendung.

33 Wird dem im Rahmen der Zwangsvollstreckung tätigen Rechtsanwalt bekannt, dass der Schuldner bereits für einen anderen Gläubiger eine Vermögensauskunft erteilt und ein Vermögensverzeichnis aufgestellt hat und beantragt der Rechtsanwalt beim Gerichtsvollzieher nur **die Erteilung einer Abschrift des Vermögensverzeichnisses,** so wird dadurch schon die 0,3 Verfahrensgebühr Nr. 3309 VV ausgelöst.[33] Wird der Rechtsanwalt dann noch weiter in dem Verfahren auf Einholung einer Vermögensauskunft tätig (zB weil er einen Antrag auf Nachbesserung/Ergänzung stellt) entsteht keine zweite Verfahrensgebühr, da es sich um eine Vollstreckungsmaßnahme iSd § 18 Abs. 1 Nr. 1 RVG handelt.

34 Hat der Schuldner die Vermögensauskunft erteilt und ein Vermögensverzeichnis § 802f Abs. 5 ZPO aufgestellt und beantragt der Rechtsanwalt **Nachbesserung/ Ergänzung der Angaben im Vermögensverzeichnis,** so stellt dies für den Rechtsanwalt keine besondere – gebührenrechtliche – Angelegenheit dar und löst keine weitere 0,3 Verfahrensgebühr Nr. 3309 VV aus. Es handelt sich um eine Vollstreckungsmaßnahme mit dem ursprünglichen Vollstreckungsauftrag auf Erteilung einer Vermögensauskunft durch den Schuldner.[34] Hat der Rechtsanwalt in dem ursprünglichen Verfahren auf Einholung einer Vermögensauskunft noch nicht vertreten, ist ihm also hier noch keine 0,3 Verfahrensgebühr Nr. 3309 VV entstanden, wird die Gebühr ausgelöst durch den Antrag auf Nachbesserung/Ergänzung der Angaben des Vermögensverzeichnisses. Dem Rechtsanwalt, der also bislang noch keine Verfahrensgebühr für die Vollstreckungsmaßnahme „Einholung einer Vermögensauskunft" verdient hat, wird durch den Antrag auf Nachbesserung/Ergänzung

---

[32] Ausführlich mit Beispielen: *Enders* JurBüro 2013, 1 (2, Kap. 2.1).
[33] *Enders* JurBüro 2013, 1 (5, Kap. 6).
[34] *Enders* JurBüro 2013, 1 (3, Kap. 3); so schon zur Rechtslage bis 31.12.2012: HK-RVG/ *Rohn* § 18 Rn. 112; Gerold/Schmidt/*Müller-Rabe* Nr. 3309 VV Rn. 371.

§ 18 Besondere Angelegenheiten

in dieser Vollstreckungsmaßnahme tätig und kann die 0,3 Verfahrensgebühr Nr. 3309 VV dann für seinen Antrag auf Ergänzung/Nachbesserung ansetzen.

35 Stets eine gesonderte Vollstreckungsmaßnahme und damit auch eine besondere gebührenrechtliche Angelegenheit iSd § 18 Abs. 1 Nr. 1 RVG ist das Verfahren auf **erneute Vermögensauskunft gem. § 802d ZPO.** Wird der Rechtsanwalt in einem derartigen Verfahren tätig, kann er hierfür stets eine gesonderte Vergütung (in der Regel 0,3 Verfahrensgebühr Nr. 3309 VV zzgl. Auslagen und Umsatzsteuer) verlangen.[35] Dies auch dann, wenn er bereits in dem ersten Verfahren auf Einholung einer Vermögensauskunft durch den Schuldner tätig war. Auch für das Verfahren auf erneute Vermögensauskunft gilt die Streitwertobergrenze des § 25 Abs. 1 Nr. 4 RVG (2.000 EUR).

36 Mit der 0,3 Verfahrensgebühr Nr. 3309 VV für den Vollstreckungsauftrag auf Einholung einer Vermögensauskunft sind auch abgegolten ein Antrag auf Erlass des Haftbefehls (§ 802g ZPO) und auch der **Verhaftungsauftrag** an den Gerichtsvollzieher.[36] War der Rechtsanwalt ansonsten in dem Verfahren auf Erteilung einer Vermögensauskunft noch nicht tätig und wird er erstmals im Rahmen dieser Vollstreckungsmaßnahme tätig mit Erteilung des Verhaftungsauftrags, wird dadurch die 0,3 Verfahrensgebühr Nr. 3309 VV für die Vollstreckungsmaßnahme „Einholung einer Vermögensauskunft" ausgelöst.

37 Ist ein Verhaftungsauftrag mit weiteren Vollstreckungsaufträgen kombiniert, können weitere Gebühren entstehen, wenn diese Vollstreckungsaufträge tatsächlich zur Ausführung kommen.

Beispiel:

Der Rechtsanwalt hat den Gläubiger bereits in dem Verfahren auf Erteilung einer Vermögensauskunft vertreten. Da der Schuldner dem Termin zur Abgabe der Vermögensauskunft unentschuldigt ferngeblieben ist, hat der Gläubigervertreter den Erlass eines Haftbefehls beantragt, der auch antragsgemäß ergangen ist. Der Rechtsanwalt erteilt im Namen des Gläubigers dem Gerichtsvollzieher folgenden Vollstreckungsauftrag:
– Pfändung und Verwertung körperlicher Sachen (Durchsuchung der Wohnung nach pfändbarer Habe)
– für den Fall, dass auf diesem Wege die Forderung nicht beigetrieben werden kann, den Schuldner zu verhaften und diesem die Vermögensauskunft abzunehmen.
Die Durchsuchung der Wohnung des Schuldners nach pfändbarer Habe verläuft negativ. Der Gerichtsvollzieher verhaftet auftragsgemäß den Schuldner und nimmt diesem die Vermögensauskunft ab.
Bei dem Gläubigervertreter sind folgende Gebühren entstanden:[37]

Für den Vollstreckungsauftrag betreffend die Einholung der Vermögensauskunft des Schuldners einschließlich des Verhaftungsauftrages:
Gegenstandswert: Hauptforderung + Zinsen + Kosten, höchstens 2.000 EUR (§ 25 Abs. 1 Nr. 4 RVG)
0,3 Verfahrensgebühr Nr. 3309 VV
zzgl. Auslagen und Umsatzsteuer.

Für den Vollstreckungsauftrag betreffend die Pfändung und Verwertung körperlicher Sachen:
Gegenstandswert: Hauptforderung + Zinsen + Kosten (§ 25 Abs. 1 Nr. 1 RVG)
0,3 Verfahrensgebühr Nr. 3309 VV
zzgl. Auslagen und Umsatzsteuer.

---

[35] *Enders* JurBüro 2013, 1 (4, Kap. 4); so schon zur Rechtslage bis 31.12.2012: Gerold/Schmidt/*Müller-Rabe* Nr. 3309 VV Rn. 372; HK-RVG/*Rohn* § 18 Rn. 112.
[36] *Enders* JurBüro 2013, 1 (4, Kap. 5).
[37] *Enders* JurBüro 2013, 1 (5, Kap. 5).

Besondere Angelegenheiten § 18

Nach § 18 Abs. 1 Nr. 17 RVG ist das Verfahren auf **Löschung der Eintragung** 38
im Schuldnerverzeichnis (§ 882e ZPO) eine besondere – gebührenrechtliche –
Angelegenheit. ME kann der Rechtsanwalt des **Gläubigers,** der bereits in dem
Verfahren auf Vermögensauskunft (§ 802f ZPO) tätig war und für die Tätigkeit
in diesem Verfahren eine 0,3 Verfahrensgebühr Nr. 3309 VV (zzgl. Auslagen und
Umsatzsteuer) verdient hat, nicht eine zweite 0,3 Verfahrensgebühr Nr. 3309 VV
(zzgl. Auslagen und Umsatzsteuer) ansetzen, wenn er dem Schuldner nur die Tilgung
der Forderung bestätigt und die Löschung der Eintragung des Schuldners im Schuldnerverzeichnis bewilligt. Diese Tätigkeit gehört zur Zwangsvollstreckungsmaßnahme „Einholung einer Vermögensauskunft des Schuldners" und ist mit den
Gebühren, die der Rechtsanwalt für diese gebührenrechtliche Angelegenheit erhalten hat, abgegolten.[38] Für den Rechtsanwalt des Gläubigers liegt aber wohl dann
eine besondere – gebührenrechtliche – Angelegenheit vor, wenn er nach Einleitung
des Löschungsverfahrens durch den Schuldner in dem Löschungsverfahren für den
Gläubiger tätig wird, etwa weil der Gläubiger in dem Verfahren gehört wird.[39]

Wird der Rechtsanwalt des **Schuldners** in dem Verfahren auf Löschung der 39
Eintragung im Schuldnerverzeichnis tätig, liegt für ihn eine besondere – gebührenrechtliche – Angelegenheit vor und er kann für seine Tätigkeit in dem Löschungsverfahren eine gesonderte 0,3 Verfahrensgebühr Nr. 3309 VV (zzgl. Auslagen und
Umsatzsteuer) ansetzen. Dies auch dann, wenn er zuvor bereits in dem Verfahren
zur Abnahme der eidesstattlichen Versicherung §§ 807, 900 ZPO tätig war und dort
zB Anträge nach § 900 Abs. 3 ZPO gestellt oder für den Schuldner Widerspruch
gegen die Verpflichtung zur Abgabe der eidesstattlichen Versicherung nach § 900
Abs. 4 ZPO erhoben hat. Der Rechtsanwalt des Schuldners wird dann zwei gebührenrechtliche Angelegenheiten annehmen können und zweimal Gebühren abrechnen können:
- einmal für die Tätigkeit im Verfahren über die Abnahme der Vermögensauskunft
  durch den Schuldner – § 18 Abs. 1 Nr. 16 RVG
- und ein zweites Mal für das Verfahren auf Löschung der Eintragung im Schuldnerverzeichnis – § 18 Abs. 1 Nr. 17 RVG.

e) Einholung Auskünfte Dritter. Kommt der Schuldner seiner Pflicht zur 40
Abgabe der Vermögensauskunft nicht nach oder ist bei einer Vollstreckung in die
dort aufgeführten Vermögensgegenstände eine vollständige Befriedigung des Gläubigers voraussichtlich nicht zu erwarten, so darf der Gerichtsvollzieher nach § 802l
ZPO bei Dritten Auskünfte über das Vermögen des Schuldners einholen. Nach
§ 802l Abs. 1 S. 1 ZPO ist der Gerichtsvollzieher befugt, bei den Trägern der gesetzlichen Rentenversicherung den Arbeitgeber des Schuldners zu erfragen, beim Bundeszentralamt für Steuern Daten betreffend die Bankverbindungen des Schuldners
abzurufen oder beim Kraftfahrtbundesamt Fahrzeug- und Halterdaten abzufragen.
Die Einholung dieser Auskünfte ist nur zulässig, soweit dies zur Vollstreckung erforderlich ist und die zu vollstreckenden Ansprüche mindestens 500 EUR betragen
(§ 802l Abs. 1 S. 2 ZPO). Der Gerichtsvollzieher holt diese Auskünfte bei Dritten
über das Vermögen des Schuldners nicht von sich aus ein, sondern nur auf Grund
eines entsprechenden Vollstreckungsauftrages des Gläubigers.

Der **Vollstreckungsauftrag auf Einholung von Auskünften Dritter** über das 41
Vermögen des Schuldners **gehört mE nicht mehr zu der Vollstreckungsmaßnahme Einholung einer Vermögensauskunft** des Schuldners. Durch den Vollstreckungsauftrag des Gläubigers bzw. seines Bevollmächtigten auf Einholung von

---
[38] So schon zur Rechtslage bis 31.12.2012: *Enders* JurBüro 1999, 1, 4; Schneider/Wolf/ Wolf/Volpert/Mock/Thiel/N. Schneider § 18 Rn. 159.
[39] So schon zur Rechtslage bis 31.12.2012: Gerold/Schmidt/*Müller-Rabe* Nr. 3309 VV Rn. 337; HK-RVG/*Rohn* § 18 Rn. 119; Schneider/Wolf/Wolf/Volpert/Mock/Thiel/N. Schneider § 18 Rn. 159.

Auskünften Dritter über das Vermögen des Schuldners wird eine neue Vollstreckungsmaßnahme iSd § 18 Abs. 1 Nr. 1 RVG eingeleitet. Allerdings ist zu berücksichtigen, dass unter Umständen die Einholung Auskünfte Dritter über das Vermögen des Schuldners weitere Vollstreckungsmaßnahmen vorbereitet.[40] Stellt sich also zB im Rahmen der vom Gerichtsvollzieher beim Kraftfahrt-Bundesamt eingeholten Auskunft heraus, dass ein PKW auf den Schuldner zugelassen ist und beauftragt der Gläubigervertreter danach den Gerichtsvollzieher, den PKW zu pfänden und zu verwerten, so fällt für den Vollstreckungsauftrag auf Einholung von Auskünften bei Dritten über das Vermögen des Schuldners und den anschließenden Vollstreckungsauftrag auf Pfändung und Verwertung des PKWs nur eine 0,3 Verfahrensgebühr Nr. 3309 VV an. War der Gläubigervertreter zuvor schon in einem Verfahren auf Einholung der Vermögensauskunft des Schuldners tätig, so bleibt die in diesem Verfahren entstandene 0,3 Verfahrensgebühr Nr. 3309 VV neben der 0,3 Verfahrensgebühr für die Vollstreckungsmaßnahme Einholung Auskünfte Dritter über das Vermögen des Schuldners und Pfändung und Verwertung körperlicher Sachen bestehen.[41]

42 Verlaufen alle vom Gerichtsvollzieher eingeholten Auskünfte bei Dritten über das Vermögen des Schuldners negativ, so bleibt die durch diesen Vollstreckungsauftrag ausgelöste 0,3 Verfahrensgebühr Nr. 3309 VV (zzgl. Auslagen und Umsatzsteuer) bestehen. Dies auch dann, wenn nach negativen Auskünften Dritter über das Vermögen des Schuldners weitere Vollstreckungsmaßnahmen folgen, die nicht mit den Auskünften „im Zusammenhang" stehen. Denn dann werden durch den Vollstreckungsauftrag auf Einholung von Auskünften Dritter über das Vermögen des Schuldners keine weiteren Vollstreckungsmaßnahmen vorbereitet (zB wenn alle Auskünfte negativ verlaufen und dann auf anderem Wege eine Forderung des Schuldners gegenüber einem Dritten bekannt wird, die dann durch Pfändungs- und Überweisungsbeschluss gepfändet wird).

43 Nach *Schneider/Wolf*[42] handelt es sich zwar bei dem Vollstreckungsauftrag auf Einholung einer Vermögensauskunft des Schuldners (§ 802c ZPO) und dem Vollstreckungsauftrag auf Einholung Auskünfte Dritter über das Vermögen des Schuldners (§ 802l ZPO) um dieselbe gebührenrechtliche Angelegenheit, so dass die 0,3 Verfahrensgebühr Nr. 3309 VV RVG nur einmal entsteht. Aber sie bestimmt sich **nach dem Wert der vollen Forderung**, wegen welcher vollstreckt wird (Hauptforderung + Zinsen + Kosten – § 25 Abs. 1 Nr. 1 RVG) und nicht nur nach dem Höchstwert von 2.000 EUR. § 25 Abs. 1 Nr. 4 RVG soll dann nicht zur Anwendung kommen, wenn der Gerichtsvollzieher beide Vollstreckungsaufträge ausführt![43]

44 **f) Pfändung und Verwertung körperlicher Sachen.** Der Vollstreckungsauftrag auf Pfändung und Verwertung körperlicher Sachen ist in der Regel eine Vollstreckungsmaßnahme, die nach § 18 Abs. 1 Nr. 1 RVG eine besondere – gebührenrechtliche – Angelegenheit darstellt und folglich gesonderte Gebühren auslöst. In der Regel wird nur eine 0,3 Verfahrensgebühr Nr. 3309 VV (zzgl. Auslagen und Umsatzsteuer) entstehen.

45 Ist der Wohnsitz oder gewöhnliche Aufenthaltsort des Schuldners nicht bekannt, darf der Gerichtsvollzieher aufgrund eines Vollstreckungsauftrages bei der Meldebehörde die gegenwärtige **Anschrift des Schuldners** sowie Angaben zur Haupt- und Nebenwohnung ermitteln. Kann die aktuelle Anschrift des Schuldners über die Meldebehörde nicht ermittelt werden, darf der Gerichtsvollzieher nach § 755 Abs. 2 ZPO weitere Ermittlungen nach dem Aufenthaltsort des Schuldners anstellen.

---

[40] *Enders* JurBüro 2012, 633 (640, Kap. 7) und JurBüro 2015, 617.

[41] *Enders* JurBüro 2012, 633 (640, Kap. 7, Beispiel 6) und JurBüro 2015, 617.

[42] Schneider/Wolf/*Wolf*/Volpert/Mock/Thiel/N. Schneider, 7. Aufl., § 18 Rn. 154.

[43] Der Text unter Rn. 43 wurde zitiert aus dem RVG-Tipp von *Enders* JurBüro 2015, 617 (618).

Ist ein Vollstreckungsauftrag auf Pfändung und Verwertung körperlicher Sachen mit einem Auftrag, zunächst den Aufenthaltsort des Schuldners zu ermitteln kombiniert, so handelt es sich bei den beiden Vollstreckungsaufträgen um eine Vollstreckungsmaßnahme iSd § 18 Abs. 1 Nr. 1 RVG. Die 0,3 Verfahrensgebühr Nr. 3309 VV entsteht nur einmal. Sie wird aber bereits ausgelöst durch den Vollstreckungsauftrag auf Ermittlung des Aufenthaltsortes des Schuldners. Also auch wenn alle Ermittlungen des Gerichtsvollziehers nach dem Aufenthaltsort des Schuldners negativ verlaufen, bleibt die Gebühr bestehen.

Soll in dem **Geschäftslokal** und der **Wohnung** in verschiedenen Gerichtsvollzieherbezirken gleichzeitig vollstreckt werden, bedarf es zweier Vollstreckungsaufträge auf Pfändung und Verwertung körperlicher Sachen an verschiedene Gerichtsvollzieher. Dann liegen zwei verschiedene Vollstreckungsmaßnahmen vor mit der Folge, dass für jeden der beiden Vollstreckungsaufträge eine gesonderte 0,3 Verfahrensgebühr Nr. 3309 VV (jeweils zzgl. Auslagen und Umsatzsteuer) abgerechnet werden kann.[44] Wenn allerdings die zunächst unter der Adresse des Geschäftslokals versuchte Zwangsvollstreckung fehlschlägt, weil der Schuldner dieses mittlerweile aufgegeben oder geschlossen hat und wird dann die Zwangsvollstreckung unter der Wohnungsanschrift des Schuldners versucht, soll nur eine Vollstreckungsmaßnahme gegeben sein.[45] 46

Wird ein Vollstreckungsauftrag auf Pfändung und Verwertung körperlicher Sachen **zurückgenommen**, weil mit dem Schuldner eine **Ratenzahlungsvereinbarung** getroffen wurde und kommt der Schuldner diesen Verpflichtungen aus der Ratenzahlungsvereinbarung nicht nach, so dass wieder ein neuer Vollstreckungsauftrag auf Pfändung und Verwertung körperlicher Sachen erteilt wird, so handelt es sich um zwei Vollstreckungsmaßnahmen. In der Regel wird im Rahmen der ersten Vollstreckungsmaßnahme die 0,3 Verfahrensgebühr Nr. 3309 VV und eine 1,0 Einigungsgebühr für die Ratenzahlungsvereinbarung[46] (zzgl. Auslagen und Umsatzsteuer) entstehen. Für den zweiten/neuen Vollstreckungsauftrag auf Pfändung und Verwertung körperlicher Sachen wird eine weitere 0,3 Verfahrensgebühr Nr. 3309 VV (zzgl. Auslagen und Umsatzsteuer) anzusetzen sein.[47] 47

Kann der zunächst erteilte Vollstreckungsauftrag auf Pfändung und Verwertung körperlicher Sachen nicht durchgeführt werden, weil der Schuldner die Durchsuchung seiner Wohnung verweigert, erwirkt der Gläubigervertreter daraufhin eine **richterliche Durchsuchungsanordnung nach § 758a ZPO** und erteilt dem Gerichtsvollzieher dann wieder einen neuen Vollstreckungsauftrag auf Pfändung und Verwertung körperlicher Sachen, so handelt es sich um eine Zwangsvollstreckungsmaßnahme.[48] Nach § 19 Abs. 2 S. 1 Nr. 1 RVG gehört die Tätigkeit des Rechtsanwalts im Rahmen eines Antrags auf Erteilung einer richterlichen Durchsuchungsanordnung nach § 758a ZPO zur Zwangsvollstreckungsmaßnahme und löst keine gesonderte Gebühr aus. 48

Wird gegen eine Zwangsvollstreckungsmaßnahme **Erinnerung nach § 766 ZPO** eingelegt, so stellt die Tätigkeit des Rechtsanwalts des Gläubigers in dem Erinnerungsverfahren nach § 766 ZPO **keine** besondere – gebührenrechtliche – Angelegenheit dar, wenn der Rechtsanwalt bereits in der mit der Erinnerung beanstandeten Vollstreckungsmaßnahme tätig war. Denn gem. § 19 Abs. 2 S. 1 Nr. 2 RVG gehört die Erinnerung gebührenrechtlich zu der betreffenden Zwangsvollstreckungsmaßnahme.[49] Vertritt allerdings der Rechtsanwalt ausschließlich in dem Erin- 49

---

[44] Schneider/Wolf/*Wolf/Volpert/Mock/Thiel/N. Schneider* § 18 Rn. 50.
[45] Schneider/Wolf/*Wolf/Volpert/Mock/Thiel/N. Schneider* § 18 Rn. 52.
[46] Zur Einigungsgebühr bei einer Ratenzahlungsvereinbarung → Nr. 1000 VV Rn. 22 ff.
[47] HK-RVG/*Rohn* § 18 Rn. 26.
[48] HK-RVG/*Rohn* § 18 Rn. 16.
[49] BGH JurBüro 2010, 300; → § 19 Rn. 21 ff.

§ 18 Besondere Angelegenheiten

nerungsverfahren, fällt bei ihm eine Verfahrensgebühr Nr. 3500 VV an, wenn sich die Erinnerung gegen eine Entscheidung des Rechtspflegers in einer Angelegenheiten, in denen sich die Gebühren nach Teil 3 VV bestimmen, richtet (§ 18 Abs. 1 Nr. 3 RVG). Die Verfahrensgebühr fällt dann aber wegen der Bestimmung des § 15 Abs. 6 RVG nur in Höhe von 0,3 an.

50 Auch der Vollstreckungsauftrag auf Pfändung und Verwertung körperlicher Sachen kann mit anderen Vollstreckungsmaßnahmen kombiniert werden (zB Einholung einer Vermögensauskunft des Schuldners oder Einholung von Auskünften Dritter über das Vermögen des Schuldners). Ist der Vollstreckungsauftrag auf Pfändung und Verwertung körperlicher Sachen mit anderen Regelungsbefugnissen des Gerichtsvollziehers nach § 802a Abs. 2 ZPO kombiniert, gilt das im vorangegangenen Kapitel b)[50] Ausgeführte entsprechend.

51 **g) Vorpfändung und Pfändungs- und Überweisungsbeschluss.** Die Pfändung- und Überweisung einer Forderung durch einen Pfändungs- und Überweisungsbeschluss ist stets eine gesonderte Vollstreckungsmaßnahme und damit gem. § 18 Abs. 1 Nr. 1 RVG eine besondere – gebührenrechtliche – Angelegenheit. Es entstehen die Gebühren nach Teil 3 Abschn. 3 Unterabschnitt 3 VV. In der Regel wird eine 0,3 Verfahrensgebühr Nr. 3309 VV (zzgl. Auslagen und Umsatzsteuer) entstehen.

52 Zu der gebührenrechtlichen Angelegenheit „Pfändungs- und Überweisungsbeschluss" gehört als Vollstreckungshandlung auch eine vorausgegangene Vorpfändung nach § 845 ZPO. Denn diese bereitet als Vollstreckungshandlung die Vollstreckungsmaßnahme „Pfändungs- und Überweisungsbeschluss" nur vor und gehört somit gem. § 18 Abs. 1 Nr. 1 RVG gebührenrechtlich zu dieser Vollstreckungsmaßnahme. Für die Ausbringung und Zustellung einer **Vorpfändung gem. § 845 ZPO** erhält der Rechtsanwalt also keine gesonderte Vergütung. Wohl aber wird durch die Vorpfändung schon die Vollstreckungsmaßnahme „Pfändung der Forderung" eingeleitet, so dass die Vorpfändung bereits die 0,3 Verfahrensgebühr der Nr. 3309 VV auslöst. Folgt der Vorpfändung dann der Antrag auf Erlass eines Pfändungs- und Überweisungsbeschlusses, bildet dieser Antrag dann aber eine gebührenrechtliche Angelegenheit mit der Vorpfändung und die Gebühren entstehen nur einmal. Zahlt der Schuldner aufgrund der vom Rechtsanwalt ausgebrachten Vorpfändung, bleibt die durch die Vorpfändung ausgelöste 0,3 Verfahrensgebühr Nr. 3309 VV zzgl. Auslagen und Umsatzsteuer bestehen. Es ist dann für das Entstehen und die Erstattungsfähigkeit dieser Gebühr nicht mehr erforderlich, dass noch ein Antrag auf Erlass eines Pfändungs- und Überweisungsbeschlusses (der sich ja dann durch die Zahlung des Schuldners erübrigt hat) gestellt wird.[51]

53 Werden mehrere **Forderungen** gegen **verschiedene Drittschuldner** mit **einem Pfändungs- und Überweisungsbeschluss gepfändet**, so ist auch nur eine gebührenrechtliche Angelegenheit gegeben und folglich entsteht nur eine 0,3 Verfahrensgebühr Nr. 3309 VV (zzgl. Auslagen und Umsatzsteuer). Als Gegenstandswert für die Anwaltsgebühren ist auch in diesen Fällen maximal der Betrag der zu vollstreckenden Geldforderung einschließlich der Nebenforderungen anzunehmen.[52]

54 Werden **mehrere Pfändungs- und Überweisungsbeschlüsse** ausgebracht, so leitet jeder Antrag eine besondere – gebührenrechtliche – Angelegenheit ein. Wäre es allerdings möglich gewesen, die mehreren Ansprüche gegen unterschiedliche Drittschuldner mit einem Pfändungs- und Überweisungsbeschluss zu pfänden, so

---

[50] → § 18 Rn. 23 f.
[51] HK-RVG/*Rohn* § 18 Rn. 30; Schneider/Wolf/*Wolf*/Volpert/Mock/Thiel/N. *Schneider* § 18 Rn. 63.
[52] BGH JurBüro 2011, 434; Anderer Meinung: LG Koblenz JurBüro 2010, 49 mAnm *Enders;* → § 25 Rn. 13 f.

Besonders Angelegenheiten § 18

ist die Frage zu stellen, ob die durch die mehreren Pfändungs- und Überweisungsbeschlüsse entstandenen Gebühren notwendig waren. In der Regel wird diese Notwendigkeit zu verneinen sein und der Schuldner wird nur die Kosten zu erstatten haben, die entstanden wären, wenn die mehreren Ansprüche zusammen mit einem Pfändungs- und Überweisungsbeschluss gepfändet worden wären.[53] Auch gegenüber dem Mandanten werden die Anwaltsgebühren, die durch mehrere Pfändungs- und Überweisungsbeschlüsse entstanden sind, nicht durchsetzbar sein, wenn es möglich gewesen wäre, die mehreren Forderungen mit einem Pfändungs- und Überweisungsbeschluss zu pfänden und keine sachlichen Gründe für die Aufspaltung in mehrere Pfändungs- und Überweisungsbeschlüsse gegeben waren. Dann dürfte ein Anwaltsverschulden vorliegen mit der Folge, dass der Mandant nur die Kosten zu tragen hat, die entstanden wären, wenn der Anwalt den kostengünstigsten Weg gewählt hätte und die mehreren Forderungen mit einem Pfändungs- und Überweisungsbeschluss gepfändet hätte.[54]

Keine besonderen Gebühren lösen im Zusammenhang mit der Vollstreckungsmaßnahme „Pfändungs- und Überweisungsbeschluss" folgende Tätigkeiten des Rechtsanwalts aus: **55**
- Herausgabe von Urkunden, die die gepfändete Forderung betreffen,
- Ergänzung des Pfändungs- und Überweisungsbeschlusses nach § 850c Abs. 4 ZPO, wonach eine unterhaltspflichtige Person bei der Berechnung des unpfändbaren Teils des Arbeitseinkommens ganz oder teilweise unberücksichtigt bleibt,
- Zustellung des Pfändungs- und Überweisungsbeschlusses (auch wenn dies durch einen gesonderten Auftrag an den Gerichtsvollzieher mit der Aufforderung nach § 840 ZPO geschieht),
- Einziehung gepfändeter Beträge vom Drittschuldner (allerdings kann durch die Auszahlung in Empfang genommener Gelder die Hebegebühr nach Nr. 1009 VV entstehen),
- die Entgegennahme der Erklärung des Drittschuldners
- Anträge auf Abänderung des unpfändbaren Betrags gem. § 850f ZPO.[55]

Auch die Aufforderung an den Drittschuldner, die Erklärung gem. § 840 ZPO **56** abzugeben, ist noch mit den Gebühren abgegolten, die der Rechtsanwalt für die Vollstreckungsmaßnahme „Pfändungs- und Überweisungsbeschluss" erhalten hat. Dies gilt auch dann, wenn der Drittschuldner die Erklärung gem. § 840 ZPO nicht fristgerecht abgibt und vom Gläubigervertreter erneut unter Fristsetzung zur Abgabe derselben aufgefordert wird.[56] Macht der Gläubigervertreter dann aber auftragsgemäß die gepfändete Forderung gegenüber dem Drittschuldner geltend, handelt es sich um eine neue gebührenrechtliche Angelegenheit. Hat der Rechtsanwalt von seinem Mandanten einen außergerichtlichen Auftrag zur Geltendmachung der gepfändeten Forderung gegenüber dem Drittschuldner, entsteht eine Geschäftsgebühr Nr. 2300 VV. Wird der Drittschuldner auftragsgemäß vom Gläubiger verklagt, entstehen dem Gläubigervertreter für die so genannte Drittschuldnerklage gesonderte Gebühren nach Teil 3 Abschn. 1 VV.[57]

h) Zwangshypothek. Nach § 18 Abs. 1 Nr. 11 RVG ist die Tätigkeit des Rechts- **57** anwalts in einem Verfahren auf Eintragung einer Zwangshypothek eine besondere gebührenrechtliche Angelegenheit. Es entstehen die Gebühren nach Teil 3 Abschn. 3

---

[53] Gerold/Schmidt/*Müller-Rabe* Nr. 3309 VV Rn. 205 ff; HK-RVG/*Rohn* § 18 Rn. 32 ff.; Schneider/Wolf/*Wolf/Volpert/Mock/Thiel/N. Schneider* § 18 Rn. 64.
[54] HK-RVG/*Rohn* § 18 Rn. 33 f.; Schneider/Wolf/*Wolf/Volpert/Mock/Thiel/N. Schneider* § 18 Rn. 64.
[55] HK-RVG/*Rohn* § 18 Rn. 30; Schneider/Wolf/*Wolf/Volpert/Mock/Thiel/N. Schneider* § 18 Rn. 63.
[56] BGH Urt. v. 4.5.2006 – IX ZR 189/04; BGH Beschl. v. 14.1.2010 – VII ZB 79/09.
[57] HK-RVG/*Rohn* § 18 Rn. 31; Enders JurBüro 2013, 62.

Unterabschnitt 3 VV. In der Regel wird eine 0,3 Verfahrensgebühr Nr. 3309 VV (zzgl. Auslagen und Umsatzsteuer) anfallen. Als Gegenstandswert ist der Betrag anzunehmen, welcher durch die Eintragung der Zwangshypothek gesichert werden soll (§ 25 RVG). Im Allgemeinen wird sich der Gegenstandswert also aus der titulierten Hauptforderung, den titulierten Zinsen und den Kosten zusammensetzen.

58 Wird mit **einem Antrag** bei **demselben Amtsgericht** die Eintragung einer Zwangshypothek wegen Teilbeträgen zu Lasten verschiedener Grundstücke begehrt, liegt mE eine gebührenrechtliche Angelegenheit vor mit der Folge, dass aus dem Gesamtwert nur einmal Gebühren anfallen. Anders ist dies aber mE dann zu sehen, wenn mit **getrennten Anträgen** zu **verschiedenen Amtsgerichten** die Eintragung von Zwangshypotheken zu Lasten verschiedener Grundstücke, die in verschiedenen Amtsgerichtsbezirken liegen, erfolgen soll. Dann ist jeder Antrag eine besondere gebührenrechtliche Angelegenheit. Es fallen gesonderte Gebühren berechnet nach dem Wert der Teilforderung an, die jeweils durch die einzutragende Zwangshypothek gesichert werden soll.[58]

59 Abgegolten wird mit der Verfahrensgebühr Nr. 3309 VV für die Vollstreckungsmaßnahme „Eintragung einer Zwangshypothek" auch sämtliche Vorbereitungstätigkeiten, wie zB Einholung eines Grundbuchauszugs oder Schaffung der Vollstreckungsvoraussetzungen. Auch die Entgegennahme der Eintragungsmitteilung und deren Weiterleitung an den Mandanten ist mit den Gebühren noch abgegolten.

60 Nicht mit den Gebühren für die Tätigkeit im Verfahren auf Eintragung einer Zwangshypothek abgegolten sind dagegen alle Tätigkeiten, die außerhalb des normalen Eintragungsverfahrens liegen, wie etwa Antrag auf Berichtigung des Grundbuchs gem. § 14 GBO, Beibringung eines Erbscheins gem. § 729 ZPO oder die Herbeiführung behördlicher Genehmigungen.[59]

61 Besondere gebührenrechtliche Angelegenheiten sind die Tätigkeit in einem **Zwangsversteigerungsverfahren** oder in einem Zwangsverwaltungsverfahren. Für derartige Tätigkeiten entstehen dem Rechtsanwalt zusätzliche Gebühren nach Teil 3 Abschn. 3 Unterabschnitt 4 VV.[60]

62 **i) Mehrere Schuldner.** Richtet sich die Vollstreckungsmaßnahme gegen mehrere Schuldner ist jede **Vollstreckungsmaßnahme gegen jeden einzelnen Schuldner eine besondere gebührenrechtliche Angelegenheit.** Dies auch dann, wenn die Schuldner als Gesamtschuldner haften. Es spielt auch keine Rolle, ob die Aufträge, gegen mehrere Schuldner zu vollstrecken, in einem Vollstreckungsauftrag an den Gerichtsvollzieher zusammengefasst sind oder getrennte Aufträge erteilt worden sind.[61] So handelt es sich zB auch um zwei gebührenrechtliche Angelegenheiten, wenn aus einem Räumungsurteil, das sich gegen Eheleute richtet, die Räumung der gemeinsam bewohnten Wohnung vollstreckt wird. Die 0,3 Verfahrensgebühr Nr. 3309 VV kann dann zweimal (zzgl. Auslagen und Umsatzsteuer) angesetzt werden.[62]

63 **j) Mehrere titulierte Forderungen.** Hat derselbe Gläubiger gegen denselben Schuldner mehrere Titel und erfolgt wegen der mehreren Titel nur eine Vollstreckungsmaßnahme (zB wegen mehrerer Titel wird ein Sachpfändungsauftrag an den Gerichtsvollzieher erteilt), so liegt nur eine gebührenrechtliche Angelegenheit vor. Die zu vollstreckenden Forderungen sind dann zu addieren und nach dem Gesamtwert entstehen einmal Gebühren.

---

[58] *Enders* Rn. J 204.
[59] Schneider/Wolf/*Wolf/Volpert/Mock/Thiel/N. Schneider* § 18 Rn. 101; HK-RVG/*Rohn* § 18 Rn. 84.
[60] → Nr. 3311, 3312 VV.
[61] Gerold/Schmidt/*Müller-Rabe* Nr. 3309 VV Rn. 301; HK-RVG/*Rohn* § 18 Rn. 28; Schneider/Wolf/*Wolf/Volpert/Mock/Thiel/N. Schneider* § 18 Rn. 46.
[62] Gerold/Schmidt/*Müller-Rabe* Nr. 3309 VV Rn. 301 mwN.

Besondere Angelegenheiten **§ 18**

Erteilt der Mandant dem Rechtsanwalt den Auftrag, aus den einzelnen Titeln 64
getrennte Vollstreckungsmaßnahmen gegenüber dem Schuldner in die Wege zu leiten, liegen mehrere gebührenrechtliche Angelegenheiten vor. Die Verfahrensgebühr Nr. 3309 VV wird mehrfach entstehen (jeweils zzgl. Auslagen und Umsatzsteuer). Allerdings wird als Gegenstandswert dann nur die Forderung anzusetzen sein, wegen welcher in der einzelnen Vollstreckungsmaßnahme vollstreckt wird. In diesem Fall wird der Rechtsanwalt den Mandanten aber auch darüber aufklären müssen, dass durch die getrennten Vollstreckungsmaßnahmen aus den einzelnen Titeln höhere Kosten entstehen, als wenn die Vollstreckung aus den einzelnen Titeln in einer Vollstreckungsmaßnahme zusammengefasst werden. Unter Umständen, nämlich wenn keine sachlichen Gründe für eine getrennte Vollstreckung gegeben sind, werden die höheren Kosten, die durch die getrennte Vollstreckung der einzelnen Titel in mehreren Zwangsvollstreckungsmaßnahmen entstehen, auch nicht vom Schuldner erstattungsfähig sein, da es sich um nicht notwendige Kosten iSv § 788 ZPO handelt.

Etwas anderes gilt dann, wenn zunächst nur die vollstreckbare Ausfertigung des 65
Urteils vorliegt und der Kostenfestsetzungsbeschluss noch nicht ergangen ist. Wird dann aus dem Urteil ein Sachpfändungsauftrag erteilt und zahlt der Schuldner, so dass diese Vollstreckungsmaßnahme erledigt ist, und wird dann wegen des später ergehenden Kostenfestsetzungsbeschlusses ein neuer Sachpfändungsauftrag notwendig, sind mehrere gebührenrechtliche Angelegenheiten gegeben. Die 0,3 Verfahrensgebühr Nr. 3309 VV kann mehrfach (jeweils zzgl. Auslagen und Umsatzsteuer) angesetzt werden.[63]

k) Weitere besondere Angelegenheiten. § 18 Abs. 1 RVG führt in seiner Auf- 66
zählung weitere Tätigkeiten des Rechtsanwalts an, die besondere gebührenrechtliche Angelegenheiten sind. Soweit diese nicht bereits im Vorstehenden oder noch im Nachstehenden ausführlich kommentiert sind, werden die für die Praxis wichtigsten Tätigkeiten nachfolgend aufgeführt:
- Verfahren über Einwendung gegen die Vollstreckungsklausel nach § 732 ZPO (§ 18 Abs. 1 Nr. 4 RVG)
- Verfahren auf Erteilung einer weiteren vollstreckbaren Ausfertigung (§ 18 Abs. 1 Nr. 5 RVG)
- Jedes Verfahren über einen Vollstreckungsschutzantrag nach § 765a ZPO (§ 18 Abs. 1 Nr. 6 RVG)
- Verfahren über die Aussetzung der Verwertung nach § 813b ZPO (§ 18 Abs. 1 Nr. 6 RVG)
- Verfahren über Anträge auf Pfändungsschutz bei Miet- und Pachtzinsen nach § 851b ZPO (§ 18 Abs. 1 Nr. 6 RVG)
- Verfahren auf Zulassung der Austauschpfändung nach § 811a ZPO (§ 18 Abs. 1 Nr. 7 RVG)
- Verfahren über einen Antrag auf anderweitige Verwertung nach § 825 ZPO (§ 18 Abs. 1 Nr. 8 RVG)
- Vollstreckung einer Entscheidung, durch die der Schuldner zur Vorauszahlung der Kosten, die durch die Vornahme einer Handlung entstehen verurteilt wird – § 887 Abs. 2 ZPO (§ 18 Abs. 1 Nr. 12 RVG)
- Jede Verurteilung zu einem Ordnungsgeld gem. § 890 Abs. 1 ZPO (§ 18 Abs. 1 Nr. 14 RVG)
- Verurteilung zur Bestellung einer Sicherheit im Falle des § 890 Abs. 3 ZPO (§ 18 Abs. 1 Nr. 15 ZPO).

Die vorstehende Aufzählung ist nicht abschließend, sondern es wurden nur die 67
wichtigsten Tätigkeiten benannt. Im Übrigen wird auf den Gesetzestext verwiesen.

---

[63] Gerold/Schmidt/*Müller-Rabe* Nr. 3309 VV Rn. 395; HK-RVG/*Rohn* § 18 Rn. 24; Schneider/Wolf/*Wolf/Volpert/Mock/Thiel/N. Schneider* § 18 Rn. 43.

III. Vollziehung eines Arrests oder einer einstweiligen Verfügung

68 Nach § 18 Abs. 1 Nr. 2 RVG ist jede Vollziehungsmaßnahme bei Vollziehung eines Arrests oder einer einstweiligen Verfügung, die sich nicht auf die Zustellung beschränkt, eine besondere – gebührenrechtliche – Angelegenheit. Dh, die Zustellung des Beschlusses/Urteils über den Arrest oder die einstweilige Verfügung gehört gebührenrechtlich zum Rechtszug (§ 19 Abs. 1 S. 2 Nr. 16 RVG) und ist mit den Gebühren, die der Rechtsanwalt für seine Tätigkeit als Verfahrensbevollmächtigter betreffend die Erwirkung des Beschlusses/des Urteils in dem Arrest- oder einstweiligen Verfügungsverfahren verdient hat, abgegolten. Dies auch dann, wenn die Zustellung der Vollziehung der einstweiligen Verfügung oder des Arrests dient.[64]

69 Übt der Rechtsanwalt dagegen im Rahmen der Vollziehung eines Arrests oder einer einstweiligen Verfügung eine Tätigkeit aus, die über die Zustellung des Beschlusses/des Urteils über den Arrest oder die einstweilige Verfügung hinaus geht, so löst jede Vollziehungsmaßnahme gesonderte Gebühren aus. Besteht die Vollziehung in einer Zwangsvollstreckungsmaßnahme, zB in der Pfändung einer beweglichen Sache nach einem Arrestbeschluss, so wird in der Regel eine 0,3 Verfahrensgebühr Nr. 3309 VV zzgl. Auslagen und Umsatzsteuer für die Zwangsvollstreckungsmaßnahme anfallen. Mehrere Zwangsvollstreckungsmaßnahmen nach einem Beschluss über einen Arrest bilden auch mehrere gebührenrechtliche Angelegenheiten (zB ein zweiter Pfändungsauftrag, weil der erste erfolglos verlaufen ist). Es gilt dann der Grundsatz des § 18 Abs. 1 Nr. 1 RVG, wonach jede Vollstreckungsmaßnahme zusammen mit der durch diese vorbereiteten weiteren Vollstreckungsmaßnahme eine besondere gebührenrechtliche Angelegenheit ist. Die 0,3 Verfahrensgebühr Nr. 3309 VV zzgl. Auslagen und Umsatzsteuer wird also für jede Zwangsvollstreckungsmaßnahme anfallen, die im Rahmen der Vollziehung eines Arrests oder einer einstweiligen Verfügung ausgebracht wird.[65]

70 Werden Zwangsvollstreckungsmaßnahmen im Rahmen der Vollziehung eines Arrests oder einer einstweiligen Verfügung ausgebracht und danach Zwangsvollstreckungsmaßnahmen aus einer zwischenzeitlich ergangenen Entscheidung in der Hauptsache, so sind alle Zwangsvollstreckungsmaßnahmen besondere gebührenrechtliche Angelegenheiten. Ist zB eine Forderung aufgrund eines Arrests gepfändet worden und wird nach ergehen der Hauptsacheentscheidung im Rahmen der Zwangsvollstreckung in die gepfändete Forderung der Überweisungsbeschluss beantragt, so erhält der Rechtsanwalt sowohl für den Pfändungsbeschluss als auch für den Überweisungsbeschluss jeweils eine gesonderte 0,3 Verfahrensgebühr Nr. 3309 VV zzgl. Auslagen und Umsatzsteuer.[66]

71 Nach dem KG[67] stellen allerdings mehrere Versuche der Vollstreckung einer auf Herausgabe der Wohnungsschlüssel lautenden einstweiligen Verfügung nur eine gebührenrechtliche Angelegenheit dar, wenn sie im inneren Zusammenhang stehen.

IV. Beschwerde- und Erinnerungsverfahren (Abs. 1 Nr. 3)

72 § 18 Abs. 1 Nr. 3 RVG wurde durch Artikel 8 (9) des 2. KostRMoG[68] neu gefasst. Das BVerwG[69] hatte die Auffassung vertreten, dass nicht nur ein Verfahren über

---

[64] *Enders* Rn. E 570.
[65] Gerold/Schmidt/*Müller-Rabe* Nr. 3309 VV Rn. 177.
[66] Gerold/Schmidt/*Müller-Rabe* Nr. 3309 VV Rn. 177.
[67] KG RVGreport 2009, 303.
[68] BGBl. 2013 I 2586.
[69] BVerwG AGS 2007, 406.

Besondere Angelegenheiten § 18

eine Erinnerung gegen eine Entscheidung des Rechtspflegers eine besondere – gebührenrechtliche – Angelegenheit sei, sondern auch eine Erinnerung gegen die Kostenfestsetzung durch den Urkundsbeamten der Geschäftsstelle, der in verwaltungsgerichtlichen Verfahren die Kosten festsetze. Diese Entscheidung wurde nunmehr in die Gesetzesformulierung aufgenommen.

Nach der Neufassung des § 18 Abs. 1 Nr. 3 RVG durch das 2. KostRMoG ist   73
– jedes **Beschwerdeverfahren,**
– jedes Verfahren über eine **Erinnerung gegen einen Kostenfestsetzungsbeschluss**
– und jedes sonstige Verfahren über eine **Erinnerung gegen** eine **Entscheidung des Rechtspflegers**

in Angelegenheiten, in denen sich die **Gebühren nach Teil 3 VV** richten eine besondere – gebührenrechtliche – Angelegenheit, soweit sich aus § 16 Nr. 10 RVG nichts anderes ergibt. Nach der Einschränkung in § 18 Abs. 1 Nr. 3 RVG sind also nur Beschwerde- und Erinnerungsverfahren besondere Angelegenheiten, wenn die Beschwerde oder die Erinnerung in Angelegenheiten eingelegt wird, in denen sich die Gebühren nach Teil 3 VV richten. Dies sind Zivilsachen, Verfahren der öffentlich – rechtlichen Gerichtsbarkeiten, Verfahren nach dem Strafvollzugsgesetz, auch iVm § 92 JGG und ähnliche Verfahren.

Unter § 18 Abs. 1 Nr. 3 RVG fallen **nicht** Beschwerde- und Erinnerungsverfahren   74
in Strafsachen (Teil 4 VV), **Bußgeldsachen** (Teil 5 VV) und in den in Teil 6 VV geregelten **Sonstigen Verfahren**. Denn in diesen Sachen richten sich die Gebühren nicht nach Teil 3 VV, sondern nach den Teilen 4 bis 6 VV. In diesen Sachen (Straf- und Bußgeldsachen und den in Teil 6 VV geregelten Sonstigen Verfahren) wird die Tätigkeit des Rechtsanwalts in einem Beschwerde- oder Erinnerungsverfahren nach § 19 Abs. 1 S. 2 Nr. 10a RVG abgegolten mit den Gebühren, die der Verteidiger bereits in dem Rechtszug verdient hat. Allerdings kann die zusätzliche Tätigkeit zB in einem Beschwerdeverfahren dazu führen, dass die Gebühr innerhalb des gesetzlichen Betragsrahmens höher angesetzt wird. Beschwerdeverfahren sind aber auch in Straf- und Bußgeldsachen und den in Teil 6 VV geregelten Sonstigen Verfahren für den Rechtsanwalt besondere gebührenrechtliche Angelegenheiten, wenn in den Teilen 4 bis 6 VV etwas anderes bestimmt ist oder dort für eine Beschwerde- oder ein Erinnerungsverfahren besondere Gebührentatbestände vorgesehen sind.

So ist zB in der Vorb. 4 Abs. 5 Ziff. 1 VV bestimmt, dass der Rechtsanwalt für   75
Beschwerden und Erinnerungen gegen einen **Kostenfestsetzungsbeschluss** (§ 464b StPO) und die Erinnerung gegen den Kostenansatz und Verfahren über die Beschwerde gegen die Entscheidung über diese Erinnerung Gebühren nach Teil 3 VV erhält, in der Regel eine 0,5 Verfahrensgebühr Nr. 3500 VV. Diese Verfahrensgebühr für das Erinnerungs- oder Beschwerdeverfahren gegen einen Kostenfestsetzungsbeschluss oder gegen den Kostenansatz erhält der Verteidiger neben den Gebühren, die er nach Teil 4 VV in der Strafsache berechnen kann.[70] Für Bußgeldsachen findet sich in Teil 6 VV eine ähnliche Regelung in der Vorb. 5 Abs. 4 Ziff. 1 VV.[71]

Stets, also sowohl in Beschwerde- und Erinnerungsverfahren in Angelegenheiten,   76
in denen Gebühren nach Teil 3 VV entstehen, als auch in Beschwerde- und Erinnerungsverfahren in denen Gebühren nach Teil 4 oder 5 VV entstehen, ist § 16 Nr. 10 RVG zu beachten. Danach sind dieselbe Angelegenheit jeweils **mehrere Verfahren** über
a) die Erinnerung
b) die Beschwerde in demselben Beschwerderechtszug

---

[70] Gerold/Schmidt/*Burhoff* VV Vorb. 4 Rn. 52f.
[71] Zu weiteren Ausnahmen s. Schneider/Wolf/*Wolf*/Volpert/*N. Schneider*/Fölsch/Thiel § 19 Rn. 133.

Enders

§ 19 Rechtszug; Tätigkeiten, die mit dem Verfahren zusammenhängen

im Kostenfestsetzungsverfahren einerseits und im Kostenansatzverfahren andererseits. Um unnötige Wiederholungen zu vermeiden darf auf die Kommentierung zu § 16 (Rn. 71 ff.) verwiesen werden.

77 Durch die Neuformulierung des § 18 Abs. 1 Nr. 3 RVG durch das 2. KostRMoG ist klargestellt, dass auch eine Erinnerung **gegen eine Entscheidung, die der Urkundsbeamte** der Geschäftsstelle in der **Kostenfestsetzung** (zB Anträge auf gerichtliche Entscheidung nach § 165 S. 1 iVm § 151 VwGO oder § 196 SGG) eine besondere – gebührenrechtliche – Angelegenheit ist.

78 Eine Ausnahme bildet wegen der Vorschrift in § 19 Abs. 2 S. 1 Nr. 2 RVG die **Erinnerung nach § 766 ZPO**. Auch wenn es sich hier um eine Erinnerung gegen eine Entscheidung des Rechtspflegers handeln sollte, so ist diese gebührenrechtlich der jeweiligen Zwangsvollstreckungsmaßnahme zuzuordnen und bildet keine besondere – gebührenrechtliche – Angelegenheit.[72] Vertritt allerdings der Rechtsanwalt ausschließlich in dem Erinnerungsverfahren nach § 766 ZPO, fällt bei ihm eine Verfahrensgebühr Nr. 3500 VV an, wenn sich die Erinnerung gegen eine Entscheidung des Rechtspflegers in einer Angelegenheiten, in denen sich die Gebühren nach Teil 3 VV bestimmen, richtet (§ 18 Abs. 1 Nr. 3 RVG). Die Verfahrensgebühr fällt dann aber wegen der Bestimmung des § 15 Abs. 6 RVG nur in Höhe von 0,3 an.

79 Erinnerungen, die sich nicht gegen einen Kostenfestsetzungsbeschluss und auch nicht gegen eine Entscheidung des Rechtspflegers richten, sind keine besonderen Angelegenheiten iSv § 18 Abs. 1 Nr. 3 RVG. Denn sie gehören nach § 19 Abs. 1 S. 2 Nr. 5 RVG zum Rechtszug. Genannt ist in § 19 Abs. 1 S. 2 Nr. 5 RVG insbesondere das Verfahren über die Erinnerung gegen Entscheidungen des beauftragten oder ersuchten Richters oder des Urkundsbeamten der Geschäftsstelle (§ 573 ZPO). Für den Anwalt, der also bereits Prozessbevollmächtigter in dem Rechtszug war, ist die Tätigkeit in einem solchen Erinnerungsverfahren mit den Gebühren abgegolten, die er im übrigen für seine Tätigkeit als Prozessbevollmächtigter in dem Rechtszug erhalten hat. Ist ein Rechtsanwalt **ausschließlich** in einem solchen **Erinnerungsverfahren** tätig, so erhält er für seine Tätigkeit in der Regel eine 0,5 Verfahrensgebühr nach der Nr. 3500 VV. Allerdings kann keine höhere Verfahrensgebühr entstehen, als für die gleiche Tätigkeit entstehen würde, wenn er mit der gesamten Angelegenheit beauftragt worden wäre (siehe Kommentierung zu § 15 Rn. 178).

§ 19 Rechtszug; Tätigkeiten, die mit dem Verfahren zusammenhängen

(1) ¹**Zu dem Rechtszug oder dem Verfahren gehören auch alle Vorbereitungs-, Neben- und Abwicklungstätigkeiten und solche Verfahren, die mit dem Rechtszug oder Verfahren zusammenhängen, wenn die Tätigkeit nicht nach § 18 eine besondere Angelegenheit ist.** ²**Hierzu gehören insbesondere**
1. **die Vorbereitung der Klage, des Antrags oder der Rechtsverteidigung, soweit kein besonderes gerichtliches oder behördliches Verfahren stattfindet;**
1a. **die Einreichung von Schutzschriften;**
2. **außergerichtliche Verhandlungen;**
3. **Zwischenstreite, die Bestellung von Vertretern durch das in der Hauptsache zuständige Gericht, die Ablehnung von Richtern, Rechtspflegern, Urkundsbeamten der Geschäftsstelle oder Sachverständigen, die Entscheidung über einen Antrag betreffend einer Sicherungsanordnung, die Wertfestsetzung;**
4. **das Verfahren vor dem beauftragten oder ersuchten Richter;**
5. **das Verfahren**
   (a) **über die Erinnerung (§ 573 der Zivilprozessordnung),**

---

[72] BGH JurBüro 2010, 300; → § 19 Rn. 23.

(b) über die Rüge wegen Verletzung des Anspruchs auf rechtliches Gehör,
(c) nach Artikel 18 der Verordnung (EG) Nr. 861/2007 des Europäischen Parlaments und des Rates vom 13. Juni 2007 zur Einführung eines europäischen Verfahrens für geringfügige Forderungen,
(d) nach Artikel 20 der Verordnung (EG) Nr. 1896/2006 des Europäischen Parlaments und des Rates vom 12. Dezember 2006 zur Einführung eines Europäischen Mahnverfahrens und
(e) nach Artikel 19 der Verordnung (EG) Nr. 4/2009 über die Zuständigkeit, das anwendbare Recht, die Anerkennung und Vollstreckung von Entscheidungen und die Zusammenarbeit in Unterhaltssachen;
6. die Berichtigung und Ergänzung der Entscheidung oder ihres Tatbestands;
7. die Mitwirkung bei der Erbringung der Sicherheitsleistung und das Verfahren wegen deren Rückgabe;
8. die für die Geltendmachung im Ausland vorgesehene Vervollständigung der Entscheidung und die Bezifferung eines dynamisierten Unterhaltstitels;
9. die Zustellung oder Empfangnahme von Entscheidungen oder Rechtsmittelschriften und ihre Mitteilung an den Auftraggeber, die Einwilligung zur Einlegung der Sprungrevision oder Sprungrechtsbeschwerde, der Antrag auf Entscheidung über die Verpflichtung, die Kosten zu tragen, die nachträgliche Vollstreckbarerklärung eines Urteils auf besonderen Antrag, die Erteilung des Notfrist- und des Rechtskraftzeugnisses;
9a. die Ausstellung von Bescheinigungen, Bestätigungen oder Formblättern einschließlich deren Berichtigung, Aufhebung oder Widerruf nach
(a) § 1079 oder § 1110 der Zivilprozessordnung,
(b) § 48 des Internationalen Familienrechtsverfahrensgesetzes,
(c) § 57 oder § 58 des Anerkennungs- und Vollstreckungsausführungsgesetzes,
(d) § 14 des EU-Gewaltschutzverfahrensgesetzes,
(e) § 71 Absatz 1 des Auslandsunterhaltsgesetzes und
(f) § 27 des Internationalen Erbrechtsverfahrensgesetzes;
10. die Einlegung von Rechtsmitteln bei dem Gericht desselben Rechtszugs in Verfahren, in denen sich die Gebühren nach Teil 4, 5 oder 6 des Vergütungsverzeichnisses richten; die Einlegung des Rechtsmittels durch einen neuen Verteidiger gehört zum Rechtszug des Rechtsmittels;
10a. Beschwerdeverfahren, wenn sich die Gebühren nach Teil 4, 5 oder 6 des Vergütungsverzeichnisses richten und dort nichts anderes bestimmt ist oder keine besonderen Gebührentatbestände vorgesehen sind;
11. die vorläufige Einstellung, Beschränkung oder Aufhebung der Zwangsvollstreckung, wenn nicht eine abgesonderte mündliche Verhandlung hierüber stattfindet;
12. die einstweilige Einstellung oder Beschränkung der Vollstreckung und die Anordnung, dass Vollstreckungsmaßnahmen aufzuheben sind (§ 93 Abs. 1 des Gesetzes über das Verfahren in Familiensachen und in den Angelegenheiten der freiwilligen Gerichtsbarkeit), wenn nicht ein besonderer gerichtlicher Termin hierüber stattfindet;

Enders

§ 19 Rechtszug; Tätigkeiten, die mit dem Verfahren zusammenhängen

13. die erstmalige Erteilung der Vollstreckungsklausel, wenn deswegen keine Klage erhoben wird;
14. die Kostenfestsetzung und die Einforderung der Vergütung;
15. (aufgehoben)
16. die Zustellung eines Vollstreckungstitels, der Vollstreckungsklausel und der sonstigen in § 750 der Zivilprozessordnung genannten Urkunden und
17. die Herausgabe der Handakten oder ihre Übersendung an einen anderen Rechtsanwalt.

(2) Zu den in § 18 Abs. 1 Nr. 1 und 2 genannten Verfahren gehören ferner insbesondere
1. gerichtliche Anordnungen nach § 758a der Zivilprozessordnung sowie Beschlüsse nach den §§ 90 und 91 Abs. 1 des Gesetzes über das Verfahren in Familiensachen und in den Angelegenheiten der freiwilligen Gerichtsbarkeit,
2. die Erinnerung nach § 766 der Zivilprozessordnung,
3. die Bestimmung eines Gerichtsvollziehers (§ 827 Abs. 1 und § 854 Abs. 1 der Zivilprozessordnung) oder eines Sequesters (§§ 848 und 855 der Zivilprozessordnung),
4. die Anzeige der Absicht, die Zwangsvollstreckung gegen eine juristische Person des öffentlichen Rechts zu betreiben,
5. die einer Verurteilung vorausgehende Androhung von Ordnungsgeld und
6. die Aufhebung einer Vollstreckungsmaßnahme.

Übersicht

	Rn.
I. Überblick	1
II. Vorbereitungstätigkeiten	7
III. Schutzschrift	11
IV. Nebentätigkeiten während des laufenden Rechtszugs	15
1. Bestimmung des zuständigen Gerichts	17
2. Ablehnung von Richtern	18
3. Erinnerung	21
4. Rüge wegen Verletzung des rechtlichen Gehörs	24
5. Einstellung der Zwangsvollstreckung	29
6. Verfahren über eine Räumungsfrist	34
V. Außergerichtliche Verhandlungen	38
1. Besprechungen während des laufenden Rechtszugs	39
2. Mediation im Zusammenhang mit einem gerichtlichen Verfahren	42
3. Vergleichsverhandlungen nach einem Versäumnisurteil	49
a) Prozessauftrag, noch kein Auftrag für die Zwangsvollstreckung	50
b) Rechtsanwalt hat bereits Auftrag für die Zwangsvollstreckung	55
4. Vergleichsverhandlungen zwischen den Rechtszügen	60
a) Noch kein Auftrag für das Rechtsmittelverfahren	61
b) Auftrag für Rechtsmittelverfahren bereits erteilt	62
VI. Abwicklungstätigkeiten nach dem Urteil	65
VII. Erbringung und Rückgabe einer Sicherheitsleistung	71
VIII. Tätigkeiten im Zusammenhang mit einem Rechtsmittel	75
1. Rechtsmittel in Straf- und Bußgeldsachen	75
2. Rechtsmittel im Zivilprozess und in Familiensachen	81
3. Empfangnahme von Rechtsmittelschriften	83

I. Überblick

§ 19 RVG reiht sich in die Reihe der Vorschriften ein, die Aussagen darüber 1
treffen, wann eine und wann mehrere gebührenrechtliche Angelegenheiten gegeben sind. § 19 RVG bestimmt, welche Tätigkeiten zum Rechtszug oder zum Verfahren gehören und folglich mit den Gebühren, die der Rechtsanwalt ohnehin für seine Tätigkeit als Prozess- oder Verfahrensbevollmächtigter erhält, abgegolten sind.

Zu dem Rechtszug oder dem Verfahren gehören – gebührenrechtlich – auch alle 2
Vorbereitungs-, Neben- und Abwicklungstätigkeiten und solche Verfahren, die mit dem Rechtszug oder dem Verfahren zusammenhängen, wenn die Tätigkeit nicht nach § 18 RVG eine besondere Angelegenheit ist.

§ 19 RVG listet dann beispielhaft, also nicht abschließend, einige Tätigkeiten auf, 3
die gebührenrechtlich zum Rechtszug gehören und folglich mit den Gebühren, die der Rechtsanwalt für seine Tätigkeit als Prozess- oder Verfahrensbevollmächtigter erhält, abgegolten sind.[1] Es erscheint überflüssig, den Katalog des § 19 RVG in der nachfolgenden Kommentierung vollständig wieder zu geben. Diesbezüglich kann auf den Gesetzestext verwiesen werden. Die für die Praxis wichtigsten Tätigkeiten werden in der nachfolgenden Kommentierung näher beleuchtet.

§ 19 Abs. 1 S. 2 RVG wurde durch das 2. KostRMoG[2] an mehreren Stellen geän- 4
dert. In § 19 Abs. 1 S. 2 Nr. 3 RVG wurden die Worte „die Bestimmung des zuständigen Gerichts" gestrichen, da das Zuständigkeitsbestimmungsverfahren seit Inkrafttreten des 2. KostRMoG in § 16 Nr. 3a RVG abschließend dahingehend geregelt ist, dass es dieselbe – gebührenrechtliche Angelegenheit mit dem Verfahren bildet, für das der Gerichtsstand bestimmt werden soll.[3] Ferner ist durch eine erweiterte Formulierung in § 19 Abs. 1 S. 2 Nr. 7 RVG klargestellt worden, dass die anwaltliche Mitwirkung bei der Erbringung einer Sicherheitsleistung zum Rechtszug gehört und folglich mit den Gebühren abgegolten ist, die der Rechtsanwalt für seine Tätigkeit als Prozessbevollmächtigter erhält.[4] Nach § 19 Abs. 1 S. 2 RVG wird eine neue Nr. 10a eingefügt. Danach zählen Beschwerdeverfahren in Angelegenheiten, in denen sich die Gebühren nach den Teilen 4, 5 oder 6 VV richten, zum Rechtszug, sofern nichts anderes bestimmt ist.[5]

§ 19 Abs. 1 S. 2 RVG wurde nach dem 1.8.2013[6] mehrfach geändert. So wurde 5
zB mit Wirkung vom 1.1.2016 Nr. 1a in § 19 Abs. 1 S. 2 RVG eingefügt.[7] Hier wurde klargestellt, dass die Einreichung von Schutzschriften zum Rechtszug gehört (→ § 19 Rn. 11 ff.). Geändert wurde auch § 19 Abs. 1 S. 2 Nr. 3, Nr. 9 und Nr. 10a RVG; neu eingefügt wurde Nr. 9a.[8]

---

[1] Gerold/Schmidt/*Müller-Rabe* § 19 Rn. 3.
[2] BGBl. 2013 I 2586.
[3] → § 16 Rn. 25 ff.
[4] → § 19 Rn. 71 ff.
[5] → § 19 Rn. 78 ff.
[6] Änderung durch das 2. KostRMoG (BGBl. 2013 I 2586), in Kraft getreten am 1.8.2013.
[7] Einführung der Nr. 1a in § 19 Abs. 1 S. 2 RVG durch Gesetz vom 20.11.2015 (BGBl. 2015 I 2018).
[8] § 19 Abs. 1 S. 2 RVG wurde wie folgt geändert: Nr. 3 und 9 geändert mit Wirkung vom 16.7.2014 sowie Nr. 9 geändert mit Wirkung vom 10.1.2015 durch Gesetz vom 8.7.2014 (BGBl. 2014 I 890); Nr. 10a geändert mit Wirkung vom 13.12.2014, Nr. 9 geändert, Nr. 9a eingefügt mit Wirkung vom 11.1.2015 durch Gesetz vom 5.12.2014 (BGBl. 2014 I 1964); Nr. 9a Buchstabe c geändert mit Wirkung vom 1.10.2015 durch Gesetz vom 10.12.2014 (BGBl. 2014 I 2082) iVm Bekanntmachung vom 23.6.2015 (BGBl. 2015 I 1034; Nr. 9a Buchstabe d und e geändert, Buchstabe f angefügt mit Wirkung vom 17.8.2015 durch Gesetz vom 29.6.2015 (BGBl. 2015 I 1042).

§ 19 Rechtszug; Tätigkeiten, die mit dem Verfahren zusammenhängen

6   § 19 Abs. 2 RVG regelt ergänzend zu § 18 Abs. 1 Nr. 1 und 2 RVG, welche Tätigkeiten gebührenrechtlich zur Zwangsvollstreckungsmaßnahme gehören. Übt der Rechtsanwalt, der auftragsgemäß eine Zwangsvollstreckungsmaßnahme bearbeitet, in diesem Rahmen eine Tätigkeit aus, die in § 19 Abs. 2 RVG genannt ist, so wird diese Tätigkeit gebührenrechtlich mit den Gebühren abgegolten, die der Rechtsanwalt in der Zwangsvollstreckungsmaßnahme verdient. In der Regel wird dies nur die 0,3 Verfahrensgebühr Nr. 3309 VV sein. Wird zB der Rechtsanwalt, der für den Mandanten auftragsgemäß einen Vollstreckungsauftrag auf Pfändung und Verwertung körperlicher Sachen ausbringt, im Rahmen dieser Zwangsvollstreckungsmaßnahme auch in einem Verfahren über eine **Erinnerung nach § 766 ZPO** tätig, so gehört die Tätigkeit in dem Erinnerungsverfahren nach § 19 Abs. 2 S. 1 Nr. 2 RVG gebührenrechtlich zu der Zwangsvollstreckungsmaßnahme „Pfändung und Verwertung körperlicher Sachen" und ist mit der 0,3 Verfahrensgebühr Nr. 3309 VV abgegolten, die der Rechtsanwalt für das Betreiben dieser Zwangsvollstreckungsmaßnahme erhält.[9]

II. Vorbereitungstätigkeiten

7   Hat der Rechtsanwalt von seinem Mandanten den **Auftrag zur Vertretung in einem gerichtlichen Verfahren** (zB Klageauftrag) erhalten, so gehören alle Vorbereitungstätigkeiten, die für die Einleitung des gerichtlichen Verfahrens erforderlich sind, gebührenrechtlich zu dem gerichtlichen Verfahren und sind mit den Gebühren abgegolten, die der Rechtsanwalt für seine Tätigkeit als Verfahrens- bzw. Prozessbevollmächtigter in dem gerichtlichen Verfahren erhält (§ 19 Abs. 1 S. 1 und S. 2 Nr. 1 RVG). Insbesondere gehören hierzu die
- Entgegennahme der Information, unerheblich davon, ob der Rechtsanwalt diese Informationen von seinem Auftraggeber oder einem Dritten erhält oder ob er sich diese Informationen erst selbst durch eigene Ermittlungen (zB Einholung von Auskünften bei Dritten oder Einsicht in andere Gerichtsakten) beschaffen muss
- Aufbereitung der Informationen für das gerichtliche Verfahren
- rechtliche Einordnung der Sachverhalte und Prüfung, ob die beabsichtigte Rechtsverfolgung oder Rechtsverteidigung überhaupt Aussicht auf Erfolg hat
- Fertigung der Klage oder den das Verfahren einleitenden Schriftsatz
- Besprechung mit dem Mandanten oder Dritten usw.[10]

8   Wird der Rechtsanwalt **nach** Erteilung des **Klageauftrags** noch einmal erst **außergerichtlich tätig**, weil er zB erkennt, dass der Gegner sich noch nicht in Verzug befindet oder zunächst eine ordnungsgemäße Kündigung ausgesprochen werden muss, so wird auch diese Tätigkeit nach § 19 Abs. 1 S. 1 und S. 2 Nr. 1 RVG bereits zum Rechtszug gehören und keine zusätzliche Gebühr für eine außergerichtliche Vertretung auslösen.[11] Gleiches würde gelten, wenn der Rechtsanwalt nach Erteilung des Klageauftrags noch einmal außergerichtlich mit der Gegenseite Kontakt aufnehmen würde, weil er doch noch Chancen für eine außergerichtliche Einigung sieht. In diesen Fällen würden die Tätigkeiten nach Erteilung des Klageauftrags aber bereits die Verfahrensgebühr auslösen. Endet der Auftrag vor Einreichung der Klage oder des Antrags, welcher das gerichtliche Verfahren einleitet, so entsteht dem Rechtsanwalt zwar keine 1,3 Verfahrensgebühr Nr. 3100 VV, aber die 0,8 Verfahrensgebühr Nr. 3101 Ziff. 1 VV fällt an. Führt der Rechtsanwalt nach Erteilung des Klageauftrags mit dem Gegner oder dem gegnerischen Bevollmächtigten eine

---

[9] → § 18 Rn. 78 f., → § 19 Rn. 23.
[10] Gerold/Schmidt/*Müller-Rabe* § 19 Rn. 20; Bischof/Jungbauer/*Bischof* § 19 Rn. 11.
[11] Gerold/Schmidt/*Müller-Rabe* § 19 Rn. 20.

Besprechung zur Vermeidung eines gerichtlichen Verfahrens, so würde neben der Verfahrensgebühr auch noch die 1,2 Terminsgebühr Nr. 3104 VV iVm der Vorb. 3 Abs. 3 VV entstehen. Für das Entstehen der Terminsgebühr in diesen Fällen ist nicht erforderlich, dass ein gerichtliches Verfahren bereits anhängig ist.[12] Allerdings muss dem Rechtsanwalt bereits ein unbedingter Vertretungsauftrag für das gerichtliche Verfahren von seinem Mandanten erteilt worden sein.[13]

Anders ist die Sache dann zu beurteilen, wenn der Rechtsanwalt **zunächst** einen **außergerichtlichen Vertretungsauftrag** hatte. Dann wird durch die Vorbereitungstätigkeiten, wie zB Entgegennahme und rechtliche Aufbereitung der Informationen bereits im Rahmen des außergerichtlichen Vertretungsauftrags eine Gebühr ausgelöst. In der Regel wird dies die Geschäftsgebühr der Nr. 2300 VV sein. Diese entsteht dann neben den Gebühren, die der Rechtsanwalt für seine nachfolgende Tätigkeit im Rahmen des Vertretungsauftrags für das gerichtliche Verfahren erhält. Allerdings ist dann die Geschäftsgebühr zur Hälfte, höchstens mit einem Gebührensatz von 0,75 auf die Verfahrensgebühr des gerichtlichen Verfahrens anzurechnen. Dann sind aber auch zwei gebührenrechtliche Angelegenheiten gegeben, nämlich:

- 1. Angelegenheit: Außergerichtliche Vertretung
- 2. Angelegenheit: Tätigkeit als Verfahrens- bzw. Prozessbevollmächtigter in dem gerichtlichen Verfahren.

Anders ist es auch dann, wenn die **Vorbereitungstätigkeit** nach § 17 RVG oder 18 RVG eine **eigene – gebührenrechtliche – Angelegenheit** ist. Erteilt der Mandant dem Rechtsanwalt einen Klageauftrag und erkennt dieser dann, dass zunächst ein obligatorisches Güteverfahren vor einer durch die Landesjustizverwaltung eingerichteten oder anerkannten Gütestelle durchzuführen ist, so wird er den Mandanten hierauf hinweisen. Der Mandant wird ihm dann einen weiteren Auftrag zur Durchführung dieses obligatorischen Güteverfahrens erteilen. Nach § 17 Nr. 7a) RVG sind das gerichtliche Verfahren und ein vorausgehendes Güteverfahren vor einer durch die Landesjustizverwaltung eingerichteten oder anerkannten Gütestelle verschiedene gebührenrechtliche Angelegenheiten. Der Rechtsanwalt wird dann für diese Vorbereitungstätigkeit „Durchführung des Güteverfahrens" eine gesonderte Vergütung abrechnen können, nämlich eine 1,5 Geschäftsgebühr Nr. 2303 VV. Diese kann zwar neben den Gebühren, die im gerichtlichen Verfahren anfallen, entstehen. Allerdings ist diese Geschäftsgebühr zur Hälfte, höchstens mit einem Gebührensatz von 0,75 auf die Verfahrensgebühr des gerichtlichen Verfahrens anzurechnen (Vorb. 3 Abs. 4 VV).

III. Schutzschrift

Nach der zum 1.1.2016[14] in § 19 Abs. 1 S. 2 eingefügten Nr. 1a RVG gehört die Einreichung von Schutzschriften gebührenrechtlich zum Rechtszug. Die Einreichung einer Schutzschrift durch den Verfahrensbevollmächtigten wird also abgegolten mit den Gebühren, die er in dem einstweiligen Verfügungsverfahren als Verfahrensbevollmächtigter ohnehin verdient.

§ 19 Abs. 1 S. 2 Nr. 1a RVG bedeutet aber nicht, dass die Einreichung einer Schutzschrift nicht bereits für den Verfahrensbevollmächtigten die Verfahrensgebühr der Nr. 3100 VV auslöst, wenn er von seinem Auftraggeber bereits einen unbedingten Vertretungsauftrag für das gerichtliche einstweilige Verfügungsverfahren erhalten hat.[15] Die Vorschrift des § 19 Abs. 1 S. 2 Nr. 1a RVG regelt lediglich, dass der Rechtsanwalt, der

---

[12] BGH JurBüro 2007, 241.
[13] → Vorb. 3 VV Rn. 1.
[14] Gesetz vom 20.11.2015 (BGBl. 2015 I 2018).
[15] Gerold/Schmidt/*Müller-Rabe* Anh. II Rn. 170.

§ 19 Rechtszug; Tätigkeiten, die mit dem Verfahren zusammenhängen

- zunächst für seinen Auftraggeber eine Schutzschrift bei Gericht einreicht
- und den Auftraggeber später auch in dem einstweiligen Verfügungsverfahren wegen desselben Gegenstandes vertritt,

nur einmal Gebühren nach Teil 3 VV erhalten kann.

13 Hat der Rechtsanwalt von seinem Auftraggeber nur einen Auftrag für eine Einzeltätigkeit (zunächst soll nur eine Schutzschrift gefertigt und eingereicht werden, der Mandant hat noch keinen Vertretungsauftrag für das zu erwartende einstweilige Verfügungsverfahren erteilt) erhalten, entsteht nur eine 0,8 Verfahrensgebühr Nr. 3403 VV. Wird dieser Auftrag später von dem Mandanten dahingehend erweitert, ihn auch in dem anhängig gewordenen einstweiligen Verfügungsverfahren zu vertreten, geht die 0,8 Verfahrensgebühr Nr. 3403 VV in der 1,3 Verfahrensgebühr Nr. 3100 VV für die Tätigkeit als Verfahrensbevollmächtigter in dem einstweiligen Verfügungsverfahren auf.

14 Ob und unter welchen Voraussetzungen die Kosten für die Schutzschrift zu erstatten sind, ist wieder eine ganz andere Frage.[16]

IV. Nebentätigkeiten während des laufenden Rechtszugs

15 Für den Rechtsanwalt, der für seinen Mandanten als Prozess- oder Verfahrensbevollmächtigter in dem gerichtlichen Verfahren tätig ist, gehören Neben- und Abwicklungstätigkeiten und solche Verfahren, die mit dem Rechtszug oder Verfahren zusammenhängen, gebührenrechtlich zum Rechtszug und sind mit den Gebühren, die der Rechtsanwalt für seine Tätigkeit als Verfahrens- oder Prozessbevollmächtigter erhält abgegolten (§ 19 Abs. 1 S. 1 RVG). Unter diese Nebentätigkeiten fallen zB

- Zwischenstreite (§ 19 Abs. 1 S. 2 Nr. 3 RVG)
- Festsetzung des Streit-, Gegenstands- oder Verfahrenswerts (§ 19 Abs. 1 S. 2 Nr. 3 RVG)
- das Verfahren vor dem beauftragten oder ersuchten Richter (§ 19 Abs. 1 S. 2 Nr. 4 RVG), wie zB die Vernehmung eines Zeugen durch einen ersuchten Richter an dem Wohnsitzgericht des Zeugen
- Berichtigung und Ergänzung der Entscheidung oder ihres Tatbestandes (§ 19 Abs. 1 S. 2 Nr. 6 RVG).
- Verfahren wegen Rückgabe einer Sicherheit (§ 19 Abs. 1 S. 2 Nr. 7 RVG)
- die Zustellung von Entscheidungen (§ 19 Abs. 1 S. 2 Nr. 9 RVG)
- die Einholung des Notfrist- und des Rechtskraftzeugnisses (§ 19 Abs. 1 S. 2 Nr. 9 RVG)
- die erstmalige Erteilung der Vollstreckungsklausel, wenn deswegen keine Klage erhoben wird (§ 19 Abs. 1 S. 2 Nr. 13 RVG).

Die vorstehende Aufzählung ist nicht abschließend. Einige weitere Nebentätigkeiten werden in diesem Kapitel näher betrachtet.

16 Etwas anderes gilt aber dann, wenn die Tätigkeit nach § 17 RVG oder § 18 RVG eine eigene gebührenrechtliche Angelegenheit ist.

1. Bestimmung des zuständigen Gerichts

17 Bis zum Inkrafttreten des 2. KostRMoG[17] war die Tätigkeit des Rechtsanwalts in einem Verfahren auf Bestimmung des zuständigen Gerichts in § 19 Abs. 1 S. 2 Nr. 3 RVG geregelt. Seit 1.8.2013 ist in § 16 Nr. 3a RVG bestimmt, dass das Verfahren zur Bestimmung des zuständigen Gerichts und das Verfahren, für das der

---

[16] Gerold/Schmidt/*Müller-Rabe* Anh. II Rn. 178.
[17] BGBl. 2013 I 2586.

Gerichtsstand bestimmt werden soll, dieselben – gebührenrechtlichen – Angelegenheiten sind.[18]

2. Ablehnung von Richtern

Die Ablehnung von Richtern, Rechtspflegern, Urkundsbeamten der Geschäftsstelle oder Sachverständigen gehört nach § 19 Abs. 1 S. 2 Nr. 3 RVG zum Rechtszug. Der Rechtsanwalt, der gleichzeitig Verfahrens- oder Prozessbevollmächtigter in der Hauptsache ist und daneben in einem Verfahren über die Ablehnung eines Richters tätig wird, erhält für die Tätigkeit in dem Ablehnungsverfahren **keine gesonderte Vergütung**. Diese Tätigkeit wird durch die Verfahrensgebühr, die der Rechtsanwalt ohnehin für seine Tätigkeit in dem Hauptsacheverfahren erhält, abgegolten. Dies auch dann, wenn der Rechtsanwalt den Antrag auf Ablehnung des Richters im Auftrag seiner Mandantschaft gestellt und umfangreich begründet hat. 18

Eine besondere gebührenrechtliche Angelegenheit ist aber nach § 18 Abs. 1 Nr. 3 RVG ein **Beschwerde**verfahren über die Ablehnung eines Richters, Rechtspflegers, Urkundsbeamten der Geschäftsstelle oder Sachverständigen. In dem Beschwerdeverfahren erwächst dem Rechtsanwalt in der Regel eine 0,5 Verfahrensgebühr Nr. 3500 VV (und evtl. noch eine 0,5 Terminsgebühr Nr. 3513 VV, wenn deren Tatbestand erfüllt worden ist).[19] 19

Hat die Beschwerde gegen das Ablehnungsgesuch Erfolg, enthält der entsprechende Beschluss nach herrschender Meinung keine Kostengrundentscheidung. Die **Kostenerstattung für das Beschwerdeverfahren** richtet sich nach der Kostenentscheidung in der Hauptsache.[20] In einem vom OLG Stuttgart[21] entschiedenen Fall wurde das Verfahren durch einen Vergleich beendet. Der Vergleich enthielt eine Quotelung der Kosten. Nach der Entscheidung des OLG Stuttgart waren die Kosten des Beschwerdeverfahrens über die Ablehnung eines Sachverständigen mit in die Kostenquotelung einzubeziehen. 20

3. Erinnerung

Bei Erinnerungen ist zu unterscheiden, um welche Art von Erinnerung es sich handelt. Nach § 19 Abs. 1 S. 2 Nr. 5 RVG gehören Erinnerungen nach § 573 ZPO zum Rechtszug und lösen keine gesonderten Gebühren bei dem Verfahrens- bzw. Prozessbevollmächtigten aus. Nach § 573 ZPO kann gegen Entscheidungen des beauftragten oder ersuchten Richters oder des Urkundsbeamten der Geschäftsstelle die Entscheidung des Gerichts (Erinnerung) beantragt werden. 21

Dagegen ist ein Verfahren über eine **Erinnerung gegen** einen **Kostenfestsetzungsbeschluss** und jedes sonstige Verfahren über eine **Erinnerung gegen eine Entscheidung des Rechtspflegers** in Angelegenheiten, in denen sich die Gebühren nach Teil 3 VV richten, eine besondere – gebührenrechtliche – Angelegenheit (§ 18 Abs. 1 Nr. 3 RVG).[22] 22

Eine **Erinnerung nach § 766 ZPO** gehört nach § 19 Abs 2 S. 1 Nr. 2 RVG gebührenrechtlich zur Zwangsvollstreckungsmaßnahme, die mit der Erinnerung angefochten wird. Für den Anwalt, der gleichzeitig in dieser Zwangsvollstreckungsmaßnahme als auch im Erinnerungsverfahren nach § 766 ZPO tätig wird, bildet die Tätigkeit in dem Erinnerungsverfahren also keine gesonderte gebührenrechtliche 23

---

[18] → § 16 Rn. 25 ff.
[19] Schneider/Wolf/*Wolf/Mock/Volpert/N. Schneider/Fölsch/Thiel* § 19 Rn. 52.
[20] Vergleiche: *Onderka* in Anm. zu OLG Stuttgart RVGprofessionell 2009, 163 unter Hinweis auf OLG Frankfurt a.M. AGS 2007, 587 und KG NJW-RR 2006, 1577.
[21] OLG Stuttgart RVGprofessionell 2009, 163.
[22] → § 18 Rn. 72 ff.

Angelegenheit.[23] Vertritt allerdings der Rechtsanwalt ausschließlich in dem Erinnerungsverfahren, fällt bei ihm eine Verfahrensgebühr Nr. 3500 VV an, wenn sich die Erinnerung gegen eine Entscheidung des Rechtspflegers in einer Angelegenheiten, in denen sich die Gebühren nach Teil 3 VV bestimmen, richtet (§ 18 Abs. 1 Nr. 3 RVG). Die Verfahrensgebühr fällt dann aber wegen der Bestimmung des § 15 Abs. 6 RVG nur in Höhe von 0,3 an.

4. Rüge wegen Verletzung des rechtlichen Gehörs

24 Nach § 19 Abs. 1 S. 2 Nr. 5 RVG gehört die Tätigkeit des Rechtsanwalts in einem Verfahren über die Rüge wegen Verletzung des Anspruchs auf rechtliches Gehör zum Rechtszug. Sie wird also in der Regel keine gesonderte Vergütung für den ohnehin als Verfahrens- oder Prozessbevollmächtigten in dem Hauptsacheverfahren tätigen Rechtsanwalt auslösen. Die Tätigkeit in dem Verfahren über die Rüge wegen Verletzung des Anspruchs auf rechtliches Gehör ist mit den Gebühren abgegolten, die der Rechtsanwalt ohnehin für seine Tätigkeit als Verfahrens- oder Prozessbevollmächtigter in dem Hauptsacheverfahren erhält.

Praxistipp:

25 Will der Rechtsanwalt für seine Tätigkeit in dem Verfahren über eine Rüge wegen Verletzung des Anspruchs auf rechtliches Gehör eine gesonderte Vergütung beanspruchen, wird er dies mit dem Mandanten vereinbaren müssen. Für die Vergütungsvereinbarung sind die Vorschriften des § 3a RVG zu beachten.

26 Ein Rechtsanwalt, der **zunächst ausschließlich in einem Verfahren über die Rüge wegen Verletzung des Anspruchs auf rechtliches Gehör** tätig wird, wird für seine Tätigkeit eine Verfahrensgebühr in Höhe der Verfahrensgebühr für das Verfahren, in dem die Rüge erhoben wird, höchstens 0,5, bei Betragsrahmengebühren höchstens 220 EUR nach Nr. 3330 VV abrechnen können. Daneben könnte noch eine 0,5 Terminsgebühr Nr. 3332 VV angesetzt werden, wenn in dem Verfahren über eine Rüge wegen Verletzung des Anspruchs auf rechtliches Gehör der Tatbestand der Terminsgebühr erfüllt würde. Hätte die Rüge wegen Verletzung des Anspruchs auf rechtliches Gehör Erfolg und würde sich folglich das Verfahren fortsetzen und würde der Rechtsanwalt, der zunächst nur mit der Rüge wegen Verletzung des Anspruchs auf rechtliches Gehör beauftragt wurde, dann beauftragt, auch weiter in dem Hauptsacheverfahren als Verfahrens- oder Prozessbevollmächtigter für die Partei tätig zu werden, so würde wieder § 19 Abs. 1 S. 2 Nr. 5 RVG greifen. Der Rechtsanwalt würde dann für seine Tätigkeit als Verfahrens- oder Prozessbevollmächtigter in der Regel die 1,3 Verfahrensgebühr Nr. 3100 VV und eine 1,2 Terminsgebühr Nr. 3104 VV (für ein Verfahren des I. Rechtszugs) zzgl. Auslagen und Umsatzsteuer beanspruchen können. Neben dieser Vergütung für seine Tätigkeit als Verfahrens- bzw. Prozessbevollmächtigter in dem Hauptsacheverfahren wird er die Gebühren nach Nr. 3330 und Nr. 3332 VV nicht ansetzen können (§ 15 Abs. 2 RVG).[24]

27 Hat der Verfahrens- bzw. Prozessbevollmächtigte zunächst nur eine 1,3 Verfahrensgebühr Nr. 3100 VV und eine 1,2 Terminsgebühr Nr. 3104 VV verdient, erhebt er dann für seinen Mandanten eine Rüge wegen Verletzung des Anspruchs auf rechtliches Gehör und wird dieser stattgegeben und setzt sich das Verfahren danach fort, ist die Fortsetzung des Verfahrens keine neue gebührenrechtliche Angelegenheit. Allerdings können noch die Gebühren angesetzt werden, die vor der erhobenen Gehörsrüge noch nicht entstanden sind. Fällt also nach Fortsetzung des Verfahrens nach erfolgreicher Gehörsrüge eine Einigungsgebühr an, kann diese Einigungsge-

---

[23] BGH JurBüro 2010, 300; → § 18 Rn. 78 f.
[24] HK-RVG/*Ebert* § 19 Rn. 59.

bühr noch neben einer bereits zuvor entstandenen Verfahrens- und Terminsgebühr dem Mandanten in Rechnung gestellt werden.

Nach LAG München[25] gehört eine Rüge nach § 78a ArbGG gegen eine Entscheidung des BAG in einem Nichtzulassungsbeschwerdeverfahren, die kostenpflichtig zurückgewiesen wird, zum Rechtszug und löst keine gesonderte Vergütung aus. Sie ist mit dem Gebühren abgegolten, die der Verfahrensbevollmächtigte in dem Nichtzulassungsbeschwerdeverfahren verdient hat. 28

5. Einstellung der Zwangsvollstreckung

In einem anhängigen Rechtsstreit kann beim **Prozessgericht** die einstweilige Einstellung der Zwangsvollstreckung beantragt werden, wie zB bei Einspruch gegen ein Versäumnisurteil, Berufung, Revision (§ 719 ZPO), Wiedereinsetzung in den vorigen Stand, Wiederaufnahme des Verfahrens, Gehörsrüge (§ 707 ZPO). Ist der Rechtsanwalt, der diesen Antrag auf Einstellung der Zwangsvollstreckung für seinen Mandanten stellt, für diesen auch gleichzeitig als Verfahrens- oder Prozessbevollmächtiger in der Hauptsache tätig, gehören die Tätigkeiten betreffend die Einstellung der Zwangsvollstreckung gem. § 19 Abs. 1 S. 2 Nr. 11 RVG zum Rechtszug und lösen keine gesonderte Vergütung aus.[26] 29

Ausnahme: Über den Antrag auf vorläufige Einstellung der Zwangsvollstreckung findet eine **abgesonderte mündliche Verhandlung** oder ein besonderer gerichtlicher Termin statt. In diesem Fall entsteht für die Tätigkeit in dem Verfahren über die einstweilige Einstellung der Zwangsvollstreckung eine gesonderte 0,5 Verfahrensgebühr Nr. 3328 VV. 30

Wird eine **Vollstreckungsabwehrklage** (§ 767 ZPO) oder eine Klage gegen die Vollstreckungsklausel (§ 768 ZPO) erhoben und wird im Rahmen dessen ein Antrag auf einstweilige Einstellung der Zwangsvollstreckung gem. § 769 ZPO gestellt, gilt das vorstehend Ausgeführte entsprechend: Das Verfahren über den Antrag auf einstweilige Einstellung der Zwangsvollstreckung löst in der Regel keine gesonderte Vergütung aus, sondern gehört gem. § 19 Abs. 1 S. 2 Nr. 11 RVG gebührenrechtlich zum Rechtszug, hier also der Vollstreckungsgegenklage oder der Klage gegen die Vollstreckungsklausel. Nur ausnahmsweise dann, wenn über den Antrag auf einstweilige Einstellung der Zwangsvollstreckung eine abgesonderte mündliche Verhandlung oder ein besonderer gerichtlicher Termin stattfindet, entsteht für den Antrag auf einstweilige Anordnung der Zwangsvollstreckung eine gesonderte 0,5 Verfahrensgebühr nach Nr. 3328 VV. Ein Antrag auf einstweilige Einstellung der Zwangsvollstreckung, der im Zusammenhang mit einer Vollstreckungsabwehrklage oder einer Klage gegen die Vollstreckungsklausel gestellt wird gehört auch noch gebührenrechtlich zum Rechtszug, wenn der Antrag gem. § 769 Abs. 2 ZPO – in dringenden Fällen – beim Vollstreckungsgericht gestellt wurde (§ 769 Abs. 2 ZPO).[27] 31

In einem vom OLG Koblenz[28] zu entscheidenden Fall hatte ein Räumungsschuldner einen Antrag auf einstweilige Einstellung der Zwangsvollstreckung und Gewährung von Räumungsschutz nach § 769 ZPO gestellt, ohne gleichzeitig eine Vollstreckungsabwehrklage zu erheben. Das OLG Koblenz hat entschieden, dass diese Tätigkeit gebührenrechtlich noch zum Rechtszug des vorangegangenen Räumungsprozesses gehört und folglich mit den Gebühren, die in dem vorangegangenen Rechtsstreit entstanden sind auch die Tätigkeit abgegolten ist, die der Rechtsanwalt in dem anschließenden Verfahren auf einstweilige Einstellung der Zwangsvollstreckung erbracht hat. 32

---

[25] LAG München AGS 2009, 24.
[26] *Hansens* RVGreport 2008, 101 in Anm. zu OLG Koblenz.
[27] *Hansens* RVGreport 2008, 101 in Anm. zu OLG Koblenz.
[28] OLG Koblenz RVGreport 2008, 101 = JurBüro 2007, 640 = AGS 2008, 63.

33 Nicht zu verwechseln sind die Anträge auf einstweilige Einstellung der Zwangsvollstreckung, die während eines laufenden oder eines zumindest in diesem Rechtszug beendenden Verfahrens nach §§ 707, 719, 769 ZPO bei dem **Prozessgericht** gestellt werden, mit einem Vollstreckungsschutzantrag nach § 765a ZPO, in dessen Rahmen auch die einstweilige Einstellung oder die Aufhebung von Vollstreckungsmaßnahmen erreicht werden soll. Ein **Vollstreckungsschutzantrag nach § 765a ZPO**, der beim **Vollstreckungsgericht** zu stellen ist, ist immer eine **besondere – gebührenrechtliche – Angelegenheit** (§ 18 Abs. 1 Nr. 6 RVG). Für die Vertretung im Verfahren über einen Vollstreckungsschutzantrag nach § 765a ZPO erhält der Rechtsanwalt also immer gesonderte Gebühren neben den Gebühren, die er bereits in dem Rechtsstreit als Verfahrens- oder Prozessbevollmächtigter verdient hat und auch neben den Gebühren, die er für Tätigkeiten in anderen Vollstreckungsmaßnahmen erhalten hat.[29] Für die Tätigkeit im einem Verfahren über einen Vollstreckungsschutzantrag gem. § 765a ZPO wird der Rechtsanwalt in der Regel eine 0,3 Verfahrensgebühr Nr. 3309 VV erhalten.

6. Verfahren über eine Räumungsfrist

34 Ist der Rechtsanwalt als Verfahrensbevollmächtigter in einem – vom Erkenntnisverfahren losgelösten – Verfahren auf Bewilligung, Verlängerung oder Verkürzung einer Räumungsfrist (§§ 721, 794a ZPO) tätig, so entsteht für seine Tätigkeit in diesem Verfahren eine **gesonderte 1,0 Verfahrensgebühr nach der Nr. 3334 VV**. Diese fällt nach dem ausdrücklichen Wortlaut der Nr. 3334 VV **nur** an, **wenn** das Verfahren vor dem Prozessgericht oder dem Amtsgericht auf Bewilligung, Verlängerung oder Verkürzung einer Räumungsfrist **nicht mit dem Verfahren über die Hauptsache verbunden** ist (→ Nr. 3334 VV Rn. 7).[30]

35 Wird bereits **während des laufenden Erkenntnisverfahrens** ein Antrag auf Bewilligung einer Räumungsfrist gestellt, gehört das Verfahren über die Räumungsfrist nach § 19 Abs. 1 S. 2 Nr. 11 RVG zum Rechtszug. Die Tätigkeit in dem Verfahren über den Antrag auf Bewilligung der Räumungsfrist ist dann mit den Gebühren abgegolten, die der Rechtsanwalt für seine Tätigkeit als Prozessbevollmächtigter in dem Erkenntnisverfahren verdient hat.[31]

36 Ist das Erkenntnisverfahren abgeschlossen und droht die **Zwangsvollstreckung** aus dem Urteil oder aus dem Vergleich, so kann nach **§ 765a ZPO** ein Antrag auf Bewilligung einer Räumungsfrist gestellt werden. Ein Verfahren nach § 765a ZPO ist stets eine besondere gebührenrechtliche Angelegenheit (§ 18 Abs. 1 Nr. 6 RVG). Allerdings entsteht in diesen Fällen nicht eine 1,0 Verfahrensgebühr nach der Nr. 3334 VV, sondern, da es sich um eine Angelegenheit der Zwangsvollstreckung handelt, eine 0,3 Verfahrensgebühr Nr. 3309 VV.[32]

37 Wird gegen die Entscheidung über den Antrag auf Bewilligung, Verlängerung oder Verkürzung einer Räumungsfrist **Beschwerde** eingelegt, so ist das Beschwerdeverfahren stets eine besondere gebührenrechtliche Angelegenheit (§ 18 Abs. 1 Nr. 3 RVG). Für die Tätigkeit im Beschwerdeverfahren erhält der Rechtsanwalt eine 0,5 Verfahrensgebühr Nr. 3500 VV.[33]

V. Außergerichtliche Verhandlungen

38 Nach § 19 Abs. 1 S. 2 Nr. 2 RVG gehören **außergerichtliche Verhandlungen gebührenrechtlich zum Rechtszug**. In der Regel werden also die Gebühren,

---

[29] *Hansens* RVGreport 2008, 101, 102 in Anm. zu OLG Koblenz.
[30] Ausführlich: *Enders* JurBüro 2015, 337 ff.
[31] *Enders* JurBüro 2015, 337 (338, Kapitel 2).
[32] *Enders* JurBüro 2015, 337 (339, Kapitel 3).
[33] *Enders* JurBüro 2015, 337 (339, Kapitel 4).

die der Rechtsanwalt ohnehin für seine Tätigkeit als Verfahrens- oder Prozessbevollmächtigter erhält (zB 1,3 Verfahrensgebühr Nr. 3100 VV und 1,2 Terminsgebühr Nr. 3104 VV), auch die Tätigkeiten mit abgelten, die der Rechtsanwalt im Rahmen der außergerichtlichen Verhandlungen erbringt. Die außergerichtlichen Verhandlungen sind also nicht etwa eine gesonderte gebührenrechtliche Angelegenheit.

1. Besprechungen während des laufenden Rechtszugs

Der klassische Fall des § 19 Abs. 1 S. 2 Nr. 2 RVG ist der, dass der Verfahrens- oder Prozessbevollmächtigte während des laufenden Rechtszugs mit dem gegnerischen Verfahrens- oder Prozessbevollmächtigten außergerichtlich verhandlungen/Besprechungen führt. Diese Besprechungen/Verhandlungen lösen dann nicht etwa eine gesonderte Geschäftsgebühr Nr. 2300 VV aus, sondern sind mit den Gebühren, die die Verfahrens- bzw. Prozessbevollmächtigten ohnehin für ihre Tätigkeiten in dem laufenden Rechtszug erhalten, abgegolten. In der Regel wird der Verfahrens- bzw. Prozessbevollmächtigte in dem ersten Rechtszug eine 1,3 Verfahrensgebühr Nr. 3100 VV und eine 1,2 Terminsgebühr Nr. 3104 VV verdienen. Ist die 1,2 Terminsgebühr Nr. 3104 VV in dem Rechtszug bislang nicht entstanden, – zB weil noch kein Termin zur mündlichen Verhandlung stattgefunden hat – und führt der Prozessbevollmächtigte dann mit dem Gegner oder dessen Prozessbevollmächtigten eine außergerichtliche Besprechung/Verhandlung, die gerichtet ist, auf die Erledigung des gerichtlichen Verfahrens, so wird durch diese Besprechung die **1,2 Terminsgebühr** der Nr. 3104 VV **ausgelöst** (Vorb. 3 Abs. 3 VV).[34] 39

Scheitert die Besprechung, dh, finden die Parteien keine gemeinsame Lösung, wie der Rechtsstreit erledigt werden kann, wird sich das Verfahren in der Regel fortsetzen mit dem Termin zur mündlichen Verhandlung bei Gericht. Vertritt der Prozessbevollmächtigte dann auch in dem Termin zur mündlichen Verhandlung bei Gericht, entsteht die 1,2 Terminsgebühr Nr. 3104 VV durch die Vertretung in der mündlichen Verhandlung **nicht** ein zweites Mal (§ 15 Abs. 1, Abs. 2 RVG). Der Prozessbevollmächtigte erhält dann in demselben Rechtszug **nur eine Terminsgebühr** für die außergerichtliche Besprechung/Verhandlung und die anschließende Vertretung in dem Termin zur mündlichen Verhandlung bei Gericht. 40

Wird in der außergerichtlichen Besprechung eine Einigung erzielt, die einen Vertrag iSd Abs. 1 der Anm. zu der Nr. 1000 VV darstellt (zB Vergleich) so kann natürlich durch die Mitwirkung des Rechtsanwalts an dem Vertrag iSd Abs. 1 der Anm. zu der Nr. 1000 VV auch eine Einigungsgebühr Nr. 1000, 1003 VV entstehen. Hierfür ist es nicht erforderlich, dass der in der Besprechung geschlossene Vergleich später noch einmal förmlich bei Gericht protokolliert wird. 41

2. Mediation im Zusammenhang mit einem gerichtlichen Verfahren

Am 26.7.2012 ist das Gesetz zur Förderung der Mediation und anderer Verfahren der außergerichtlichen Konfliktbeilegung[35] in Kraft getreten. Darin werden die bis dahin praktizierten unterschiedlichen Modelle der gerichtsinternen (durch einen nicht entscheidungsbefugten Richter) oder gerichtsnahen Mediation (durch einen Dritten als Mediator) in ein erheblich erweitertes Güterichterkonzept überführt und dieses auch für die Verfahrensordnungen der Arbeits-, Sozial-, Verwaltungs-, Patent-, Marken- sowie Finanzgerichte ausgedehnt. Nach § 278 Abs. 5 ZPO kann das Gericht die Parteien für die Güteverhandlung sowie für weitere Güteversuche vor einen hierfür bestimmten und nicht entscheidungsbefugten Richter (Güterichter) verwei- 42

---

[34] → Vorb. 3 VV Rn. 49 ff.
[35] BGBl. I 2012, 1577.

§ 19 Rechtszug; Tätigkeiten, die mit dem Verfahren zusammenhängen

sen. Der Güterichter kann alle Methoden der Konfliktbeilegung einschließlich der Mediation einsetzen.

43 Auch die Tätigkeit des Verfahrens- bzw. Prozessbevollmächtigten im Rahmen einer Mediation vor einem Güterichter ist unter § 19 Abs. 1 S. 2 Nr. 2 RVG zu subsumieren. Dh, der Verfahrens- oder Prozessbevollmächtigte, der in dem Rechtszug vertritt, wird für die Tätigkeit die er daneben im Zusammenhang mit einer von einem Güterichter durchgeführten Mediation ausübt, keine gesonderte Vergütung erhalten.[36] Die Tätigkeit im Zusammenhang mit einer vor dem Güterichter geführten Mediation ist mit den Gebühren abgegolten, die der Rechtsanwalt für seine Tätigkeit als Verfahrens- bzw. Prozessbevollmächtigter in dem Rechtszug erhält.

44 Allerdings kann, wenn der Verfahrens- bzw. Prozessbevollmächtigter den Mediationstermin vor dem Güterichter wahrnimmt und in diesem Termin mit der Gegenseite eine Besprechung zur Erledigung des gerichtlichen Verfahrens führt, durch die Besprechung die in dem Rechtsstreit im übrigen noch nicht entstandene Terminsgebühr ausgelöst werden (Vorb. 3 Abs. 3 VV).[37] Scheitert allerdings die Mediation und setzt sich danach der Rechtsstreit mit dem mündlichen Verhandlungstermin vor Gericht fort und vertritt der Rechtsanwalt auch in diesem Termin, entsteht keine zweite Terminsgebühr (§ 15 Abs. 1, Abs. 2 S. 1 RVG). Der Verfahrens- bzw. Prozessbevollmächtigte wird in diesen Fällen die Terminsgebühr in demselben Rechtszug nur einmal ansetzen können.

45 Nach § 278a ZPO kann das Gericht den Parteien eine Mediation oder ein anderes Verfahren zur außergerichtlichen Konfliktbeilegung vorschlagen. Wenn sich die Parteien dann zur Durchführung einer Mediation oder eines anderen Verfahrens der außergerichtlichen Konfliktbeilegung entscheiden, ordnet das Gericht das Ruhen des Verfahrens an (§ 278a Abs. 2 ZPO). Begleitet der Rechtsanwalt, der die Partei als Prozess- oder Verfahrensbevollmächtigter in einem gerichtlichen Verfahren vertritt, seinen Mandanten in einer **„außergerichtlichen"** (gemeint ist eine Mediation nicht vor einem Güterichter, sondern vor einem Dritten als Mediator) **Mediation** und ist der Gegenstand des gerichtlichen Verfahrens und der außergerichtlichen Mediation derselbe, so gehört auch die Vertretung/Begleitung in einer außergerichtlichen Mediation gemäß § 19 Abs. 1 S. 2 Nr. 2 RVG – gebührenrechtlich – zum Rechtszug. Der Rechtsanwalt wird für die Vertretung/Begleitung seines Mandanten in der außergerichtlichen Mediation keine gesonderte Vergütung, neben der Vergütung, die er für seine Tätigkeit als Prozess- bzw. Verfahrensbevollmächtigter ohnehin erhält, berechnen können. Allerdings kann die Mitwirkung des Prozess- bzw. Verfahrensbevollmächtigten an einer Besprechung, die gerichtet ist auf die Erledigung des gerichtlichen Verfahrens, nach der Vorb. 3 Abs. 3 VV die Terminsgebühr der Nr. 3104 VV auslösen. Denn den für das Entstehen der Terminsgebühr notwendigen Auftrag für das gerichtliche Verfahren (Vorb. 3 Abs. 1 VV) wird der Mandant dem Rechtsanwalt erteilt haben.[38] Die Terminsgebühr kann allerdings auch in diesen Fällen nicht einmal für die Besprechung im Rahmen der außergerichtlichen Mediation und einmal für die Vertretung in der mündlichen Verhandlung in einem gerichtlichen Termin in Ansatz gebracht werden, sondern nur einmal (§ 15 Abs. 1, Abs. 2 RVG).

---

[36] *Enders* JurBüro 2013, 225 f.; so schon zur gerichtsinternen oder gerichtsnahen Mediation nach der Rechtslage vor Inkrafttreten des Gesetzes zur Förderung der Mediation und anderer Verfahren der außergerichtlichen Konfliktbeilegung: OLG Braunschweig JurBüro 2007, 196 = AnwBl. 2007, 88; OLG Rostock JurBüro 2007, 194.

[37] *Enders* JurBüro 2013, 225 f.; so schon zur gerichtsinternen oder gerichtsnahen Mediation nach der Rechtslage vor Inkrafttreten des Gesetzes zur Förderung der Mediation und anderer Verfahren der außergerichtlichen Konfliktbeilegung: OLG Hamm AnwBl. 2006, 287; OLG Hamm RVGreport 2006, 305; OVG Greifswald JurBüro 2007, 136.

[38] *Enders* JurBüro 2013, 226 f.

Rechtszug; Tätigkeiten, die mit dem Verfahren zusammenhängen § 19

Praxistipp:
Im Hinblick darauf, dass der Rechtsanwalt im Zusammenhang mit einer Mediation 46
zusätzliche Leistungen für den Mandanten erbringt, diese aber nicht gesondert vergütet erhält, sollte er überdenken, ob er nicht mit dem Mandanten eine Vergütungsvereinbarung trifft, wonach er für seine zusätzliche Tätigkeit im Rahmen der gerichtsnahen Mediation eine gesonderte Vergütung neben den Gebühren erhält, die er als Verfahrens- bzw. Prozessbevollmächtigter in dem Rechtszug verdient.

Das vorstehend Ausgeführte gilt auch dann, wenn zB in einer Kindschaftssache 47 (Familiensache) das Familiengericht nach § 156 FamFG anordnet, dass die Eltern an einer Beratung durch die Beratungsstellen und – dienste der Träger der Kinder- und Jugendhilfe insbesondere zur Entwicklung eines einvernehmlichen Konzepts für die Wahrnehmung der elterlichen Sorge und der elterlichen Verantwortung anordnet (§ 156 Abs. 1 S. 4 FamFG). Der als Verfahrensbevollmächtigter in der Kindschaftssache ohnehin tätige Rechtsanwalt wird für die Vertretung in der Beratung beim zuständigen Jugendamt keine gesonderte Vergütung berechnen können. Diese Tätigkeit ist nach § 19 Abs. 1 S. 2 Nr. 2 RVG mit den Gebühren abgegolten, die er für seine Tätigkeit als Verfahrensbevollmächtigter in der Kindschaftssache verdient. Allerdings können durch die Tätigkeit in der Beratung bei dem zuständigen Jugendamt Gebühren ausgelöst werden (wie zB die Terminsgebühr), wenn deren Tatbestand in der Kindschaftssache selbst noch nicht erfüllt wurde (siehe hierzu auch die Ausführungen unter → Rn. 39).

Ist der Rechtsanwalt nicht als Prozess- oder Verfahrensbevollmächtigter in einem 48 gerichtlichen Verfahren tätig, sondern nur damit beauftragt, die Partei in einer außergerichtlichen Mediation zu vertreten/zu begleiten, so wird er für diese Tätigkeit eine Geschäftsgebühr Nr. 2300 VV abrechnen können.[39] Macht er zunächst die Ansprüche für die Partei außergerichtlich geltend und vertritt die Partei anschließend in einer außergerichtlichen Mediation wegen derselben Ansprüche, so entsteht nach *Enders*[40] eine Geschäftsgebühr Nr. 2300 VV für die außergerichtliche Geltendmachung der Ansprüche gegenüber dem Gegner und eine weitere Geschäftsgebühr der Nr. 2300 VV für die Vertretung/Begleitung des Mandanten in der außergerichtlichen Mediation.

3. Vergleichsverhandlungen nach einem Versäumnisurteil

In der Praxis kommt es nicht selten vor, dass, nach dem ein Versäumnisurteil 49 ergangen ist, der unterlegene Beklagte sich bei den Prozessbevollmächtigten des Klägers meldet und mit ihm über einen Vergleich oder über Ratenzahlungen verhandelt. Es stellt sich dann die Frage, ob und ggf. welche gesonderten Gebühren für diese Verhandlungen über einen Vergleich oder über Ratenzahlungen bei dem Prozessbevollmächtigten des Klägers/Gläubigers, der auch schon das Versäumnisurteil erwirkt hatte, entstehen. Hier sind mE zwei Verfahrenssituationen zu unterscheiden:
- Der Rechtsanwalt hat von seinem Mandanten im Zeitpunkt der Verhandlungen über den Vergleich oder die Ratenzahlungen weiterhin nur den Prozessauftrag und keinen Auftrag für die Zwangsvollstreckung.
- Der Rechtsanwalt hat bereits den Auftrag für die Zwangsvollstreckung aus dem Versäumnisurteil und erst danach meldet sich der Schuldner, um über Ratenzahlungen zu verhandeln.

Ob und ggf. welche zusätzlichen Gebühren bei welcher Auftragslage entstehen, wird in den nachfolgenden zwei Kapiteln beschrieben.

---

[39] *Enders* JurBüro 2013, 169 f.
[40] *Enders* JurBüro 2013, 169 f.

50 a) Prozessauftrag, noch kein Auftrag für die Zwangsvollstreckung. Zunächst soll hier die Verfahrenssituation betrachtet werden, in denen sich der Beklagte, gegen den das Versäumnisurteil im Erkenntnisverfahren ergangen ist, **vor Rechtskraft des Versäumnisurteils** bei dem Klägervertreter meldet und mit diesem eine Besprechung führt mit dem Ziel, dass entweder ein Vergleich geschlossen wird, wonach durch eine sofortige geringere Einmalzahlung oder durch Einräumung von Ratenzahlungen die Sache erledigt wird. In dieser Situation, in denen vor Rechtskraft des Versäumnisurteils und vor Erteilung des weiteren Auftrags zur Zwangsvollstreckung die außergerichtlichen Verhandlungen stattfinden, gehören diese nach § 19 Abs. 1 S. 2 Nr. 2 RVG zum Rechtszug. Für den Prozessbevollmächtigten, der den Kläger bereits in dem Erkenntnisverfahren bis zum Versäumnisurteil vertreten hat, sind also grundsätzlich diese außergerichtlichen Verhandlungen mit den Gebühren abgegolten, die dieser in dem Rechtszug für seine Tätigkeit als Prozessbevollmächtigter verdient hat. Allerdings ergibt sich hier die Besonderheit, dass durch die Verhandlungen weitere Gebührentatbestände erfüllt werden.

51 So ist zB in dem Rechtsstreit für die Erwirkung des Versäumnisurteils bei dem Prozessbevollmächtigten des Klägers nur eine 0,5 Termingebühr nach Nr. 3105 VV entstanden. Die Verhandlungen, die der Prozessbevollmächtigte des Klägers mit dem Beklagten oder dessen Prozessbevollmächtigten nach Verkündung, aber noch vor Rechtskraft des Versäumnisurteils führt, dürften eine Besprechung iSd Vorb. 3 Abs. 3 VV darstellen. Denn diese Besprechung hat zum Ziel, das gerichtliche Verfahren zu erledigen, weil noch die Möglichkeit besteht, dass der Beklagte Einspruch gegen das Versäumnisurteil einlegt und sich das Verfahren dann fortsetzt. Durch das Mitwirken an der auf die Erledigung des Verfahrens gerichteten Besprechung wird der Rechtsanwalt eine 1,2 Termingebühr Nr. 3104 VV verdienen. Diese wird nicht neben der 0,5 Termingebühr nach Nr. 3105 VV anfallen können. Im Ergebnis wird also nur eine 1,2 Termingebühr Nr. 3104 VV angesetzt werden können.

52 Führt die Besprechung zu einem Vergleich, wonach zur Abgeltung des ausgeurteilten Betrags eine geringere Einmalzahlung sofort geleistet wird oder wird dem Schuldner eine Ratenzahlung eingeräumt, so wird der Prozessbevollmächtigte des Klägers – seine Mitwirkung an dem Vertrag iSd Nr. 1000 VV vorausgesetzt – noch eine 1,0 Einigungsgebühr Nr. 1000, 1003 VV ansetzen können.

53 Unproblematisch ist die Festsetzung der im Erkenntnisverfahren entstandenen 1,3 Verfahrensgebühr Nr. 3100 VV und der 0,5 Termingebühr Nr. 3105 VV im gerichtlichen Kostenfestsetzungsverfahren nach §§ 103, 104 ZPO gegenüber dem Beklagten. Auch die Differenz zu der 1,2 Termingebühr Nr. 3104 VV und die 1,0 Einigungsgebühr Nr. 1000, 1003 VV können mE festgesetzt werden, wenn diese unstreitig sind. Allerdings wird in dem Kostenfestsetzungsantrag dann darzulegen sein, dass der Tatbestand der beiden Gebühren durch die außergerichtlichen Verhandlungen nach Ergehen des Versäumnisurteils erfüllt worden ist.[41]

54 Umstritten war vor Inkrafttreten der Änderungen durch das 2. KostRMoG,[42] wie in derartigen Fällen der **Gegenstandswert** für die durch einen **Ratenzahlungsvergleich** verursachten Mehrkosten zu bestimmen ist. Teilweise wurde vertreten, dass der Gegenstandswert nur mit einem Bruchteil der Hauptforderung (1/10 bis 1/3) anzusetzen sei. Teilweise wurde auch vertreten, dass der Gegenstandswert der durch die Ratenzahlungsvereinbarung entstandenen Mehrkosten nur die ersparten weiteren Prozesskosten (die nach einem Einspruch gegen das Versäumnisurteil entstanden wären) und die ersparten Zwangsvollstreckungskosten seien.[43]

---

[41] Vergleiche zur Festsetzung außerhalb des gerichtlichen Verfahrens entstandener Gebühren: BGH JurBüro 2007, 26; BGH JurBüro 2007, 365; BGH JurBüro 2007, 533.

[42] BGBl. 2013 I 2586.

[43] *Bräuer* JurBüro 2008, 62; AG Lüdenscheid JurBüro 2008, 90; OLG Celle JurBüro 1971, 237; Thüringer OLG FamRZ 2006, 1692; *Anders/Gehle* „Vergleich" Rn. 11; OLG Karlsruhe

Durch das 2. KostRMoG wurde § 31b in das RVG eingeführt. Danach beträgt der Gegenstandswert 20 % des Anspruchs, wenn Gegenstand einer Einigung nur eine Zahlungsvereinbarung ist. § 31b RVG kommt mE für die hier behandelten Fälle nicht zur Anwendung. Denn es geht hier nicht nur um eine Ratenzahlungsvereinbarung, sondern um die „Anerkennung" des Anspruchs, also einen Verzicht, gegen das Versäumnisurteil Einspruch einzulegen.[44]

b) Rechtsanwalt hat bereits Auftrag für die Zwangsvollstreckung. Hat der 55 Prozessbevollmächtigte des Klägers, der das Versäumnisurteil für diesen erwirkt hat, von seinem Mandanten – dem Kläger – bereits den Auftrag erhalten, die Zwangsvollstreckung aus dem Versäumnisurteil in die Wege zu leiten und meldet sich der Beklagte erst danach, ergibt sich für den Prozessbevollmächtigten des Klägers folgende gebührenrechtliche Situation:

Für das Erkenntnisverfahren wird der Prozessbevollmächtigte des Klägers abrechnen können:
- 1,3 Verfahrensgebühr Nr. 3100 VV
- 0,5 Terminsgebühr Nr. 3105 VV
- zzgl. Auslagen und Umsatzsteuer.

Da der Rechtsanwalt schon den Auftrag für die Zwangsvollstreckung erhalten hat, ist dadurch eine **neue gebührenrechtliche Angelegenheit** eingeleitet worden. Wird erst danach die Besprechung mit dem Gegner geführt, ist diese der neuen gebührenrechtlichen Angelegenheit zuzuordnen. § 19 Abs. 1 S. 2 Nr. 2 RVG greift jetzt nicht mehr. Durch die Tätigkeit/Besprechung mit dem Schuldner im Hinblick auf eine Abfindungszahlung oder eine Ratenzahlung wird in der neuen gebührenrechtlichen Angelegenheit die Betriebsgebühr ausgelöst. Da es sich um eine Tätigkeit in einer Angelegenheit der Zwangsvollstreckung handelt entsteht eine **0,3 Verfahrensgebühr Nr. 3309 VV.**

Die 0,3 Verfahrensgebühr Nr. 3309 VV wird durch die Besprechung mit dem 56 Gegner/Schuldner auch dann entstehen, wenn der Rechtsanwalt noch keine Vollstreckungsmaßnahme veranlasst hatte. Hatte der Rechtsanwalt bereits eine Vollstreckungsmaßnahme veranlasst, wird durch die Verhandlungen mit Schuldner über eine Abfindung oder eine Ratenzahlung keine gesonderte 0,3 Verfahrensgebühr Nr. 3309 VV anfallen können, sondern die Verhandlungen werden dann durch die Betriebsgebühr der im Zeitpunkt der Verhandlungen bereits eingeleiteten und noch laufende Zwangsvollstreckungsmaßnahme abgegolten.

In dieser Verfahrenssituation wird eine zusätzliche **1,2 Terminsgebühr** Nr. 3104 57 VV, ausgelöst durch die Besprechung mit dem Gegner, **nicht entstehen** können. Denn für die Zwangsvollstreckung ist in Nr. 3310 VV abschließend geregelt, wann eine 0,3 Terminsgebühr entsteht.

Daneben kann aber eine 1,0 oder eine 1,5 **Einigungsgebühr entstehen,** wenn 58 der Rechtsanwalt an einem Vertrag iSd Anm. Abs. 1 zu Nr. 1000 VV mitgewirkt hat.[45]

Der Gegenstandswert für die 0,3 Verfahrensgebühr bestimmt sich nach § 25 RVG 59 und dürfte in der Regel mit der Summe von Hauptforderung + Zinsen + festgesetzte Kosten + evtl. bisherige Vollstreckungskosten anzunehmen sein. Bei der Bestimmung des Gegenstandswertes für die Einigungsgebühr ist der durch das 2. KostRMoG[46] eingefügte § 31b RVG zu beachten. Hiernach ist der Gegenstandswert mit 20% des Anspruchs anzunehmen, wenn Gegenstand der Einigung nur eine Zahlungsvereinbarung ist. Umfasst die Ratenzahlungsvereinbarung aber nicht nur

---

Beschl. v. 25.4.61 – 1 VV 35/61; KG Urt. v. 5.1.04 -12 U 157/02; *Schneider/Herget* Rn. 4605 bis 4608.
[44] → § 31b Rn. 5.
[45] Zur Höhe der Einigungsgebühr in der Zwangsvollstreckung: → Nr. 1003 VV Rn. 12.
[46] BGBl. 2013 I 2586.

eine Zahlungsvereinbarung, sondern verpflichtet sich der Schuldner darüber hinaus zB noch zur Leistung von Sicherheiten oder verzichtet er auf mögliche Einwendungen, ist auch der Gegenstandswert für die Einigungsgebühr nach § 25 RVG zu bestimmen (Hauptforderung + Zinsen + Kosten).[47]

4. Vergleichsverhandlungen zwischen den Rechtszügen

60 Auch wenn zwischen zwei Rechtszügen Vergleichsverhandlungen geführt werden, ist zu unterscheiden, welchen Auftrag der Rechtsanwalt von seinem Mandanten hatte.

61 **a) Noch kein Auftrag für das Rechtsmittelverfahren.** War der Rechtsanwalt bereits als Prozessbevollmächtigter in dem vorangegangenen Erkenntnisverfahren tätig und wirkt er nach Verkündung, aber vor Rechtskraft des Urteils an Vergleichsverhandlungen mit, so dürften diese Vergleichsverhandlungen nach § 19 Abs. 1 S. 2 Nr. 2 RVG noch gebührenrechtlich zu dem vorangegangenen Rechtszug gehören und mit den dort vom Rechtsanwalt verdienten Gebühren abgegolten sein.[48] Kommt unter Mitwirkung des Rechtsanwalts ein Vertrag iSd Nr. 1000 Abs. 1 VV zustande, wird der Rechtsanwalt noch eine Einigungsgebühr ansetzen können, wenn er diese im Erkenntnisverfahren noch nicht verdient hat.

62 **b) Auftrag für Rechtsmittelverfahren bereits erteilt.** War der Rechtsanwalt bereits als Prozessbevollmächtigter in dem vorangegangenen Rechtszug für den Mandanten tätig, erhält er dann von seinem Mandanten den **Auftrag, Rechtsmittel einzulegen** und führt er im Anschluss daran erst die Besprechung/Verhandlungen mit der Gegenseite, ist diese Tätigkeit nicht mehr abgegolten mit den Gebühren, die er als Prozessbevollmächtigter in dem vorangegangenen Rechtszug verdient hat. § 19 Abs. 1 S. 2 Nr. 2 RVG greift in diesen Fällen nicht. Denn durch den Auftrag, Rechtsmittel einzulegen und in dem zweiten Rechtszug als Prozessbevollmächtigter zu vertreten, wird eine **neue gebührenrechtliche Angelegenheit** eröffnet (§ 17 Nr. 1 RVG). Folglich fallen neben den Gebühren, die der Rechtsanwalt als Prozessbevollmächtigter in dem vorangegangenen ersten Rechtszug verdient hat, weitere Gebühren an. Zunächst entsteht als Betriebsgebühr für das Berufungsverfahren eine 1,1 Verfahrensgebühr Nr. 3201 Ziff. 1 VV. Hat der Rechtsanwalt das Rechtsmittel bereits eingelegt, entstehe ihm eine volle 1,6 Verfahrensgebühr Nr. 3200 VV.

63 Daneben kann jetzt, da mit dem Auftrag das Rechtsmittel einzulegen, für den Rechtsanwalt eine neue gebührenrechtliche Angelegenheit begonnen hat, durch die Vergleichsverhandlungen auch die 1,2 Terminsgebühr Nr. 3202 VV ausgelöst werden. Denn die Vergleichsverhandlungen dürften in der Regel zum Ziel haben, dass noch einzuleitende bzw. schon eingeleitete Berufungsverfahren zu erledigen oder zu vermeiden, so dass nach der Vorb. 3 Abs. 3 VV die Terminsgebühr entsteht.[49]

64 Ist die Berufung noch nicht eingelegt, entsteht mE eine 1,0 Einigungsgebühr nach Nr. 1003 VV, wenn der Prozessbevollmächtigte an dem Zustandekommen eines Vertrags iSd Nr. 1000 Abs. 1 VV mitwirkt. Ist das Rechtsmittel bereits eingelegt, entsteht die Einigungsgebühr in Höhe von 1,3 nach Nr. 1004 VV.

VI. Abwicklungstätigkeiten nach dem Urteil

65 Der Rechtszug im gebührenrechtlichen Sinn ist nicht identisch mit dem Rechtszug im prozessualen Sinn. So endet der prozessuale Rechtszug mit dem Urteil. Der

---

[47] → § 31b Rn. 1 ff.
[48] Schneider/Wolf/*Wolf/Mock/Volpert/N. Schneider/Fölsch/Thiel* § 19 Rn. 23; Bischof/Jungbauer/*Bischof* § 19 Rn. 31; *Hansens* RVGreport 2009, 207.
[49] Schneider/Wolf/*Wolf/Mock/Volpert/N. Schneider/Fölsch/Thiel* § 19 Rn. 35; Bischof/Jungbauer/*Bischof* § 19 Rn. 34.

Rechtszug im gebührenrechtlichen Sinn geht aber noch weiter. So gehört zum Rechtszug im gebührenrechtlichen Sinn zB auch noch
- die Zustellung von Entscheidungen (§ 19 Abs. 1 S. 2 Nr. 9 RVG) oder die Einholung einer Zustellungsbescheinigung, die Zustellung eines Vollstreckungstitels, der Vollstreckungsklausel und der sonstigen in § 750 ZPO genannten Urkunden (§ 19 Abs. 1 S. 2 Nr. 16 RVG)
- die Einholung des Notfrist- und des Rechtskraftzeugnisses (§ 19 Abs. 1 S. 2 Nr. 9 RVG)
- die Einholung der Vollstreckungsklausel, wenn deswegen keine Klage erhoben wird (§ 19 Abs. 1 S. 2 Nr. 13 RVG).

Auch diese Tätigkeiten werden also noch mit den Gebühren abgegolten, die der Rechtsanwalt für seine Tätigkeit als Verfahrens- bzw. Prozessbevollmächtigter in dem vorangegangenen Rechtszug (Erkenntnisverfahren) verdient hat.

War der Rechtsanwalt nicht bereits in dem vorangegangenen Rechtszug als Verfahrens- oder Prozessbevollmächtigter tätig, sondern wird **erstmals** vom Mandanten **mit** der **Zwangsvollstreckung** aus dem Urteil **beauftragt,** so gehören die Tätigkeiten wie zB Einholung der Zustellungsbescheinigung, des Rechtskraftzeugnisses, der Vollstreckungsklausel zum – gebührenrechtlichen – Rechtszug der Zwangsvollstreckung. Auch in diesem Fall lösen diese Tätigkeiten keine besondere Vergütung aus, sondern sind mit der 0,3 Verfahrensgebühr Nr. 3309 VV, die der Rechtsanwalt in der Regel für die erste Vollstreckungsmaßnahme erhält, abgegolten. Allerdings ist zu beachten, dass die vorgenannten Tätigkeiten bereits die 0,3 Verfahrensgebühr der Nr. 3309 VV auslösen. Zahlt der Schuldner, nachdem der Rechtsanwalt die Zustellungsbescheinigung, den Rechtskraftvermerk und die Vollstreckungsklausel eingeholt hat, aber bevor er einen Sachpfändungsauftrag erteilt hat, so ist bereits die 0,3 Verfahrensgebühr Nr. 3309 VV durch die vorgenannten Tätigkeiten ausgelöst worden. Allerdings entsteht, wenn später eine Vollstreckungsmaßnahme (wie zB ein Sachpfändungsauftrag an den zuständigen Gerichtsvollzieher) eingeleitet wird, die 0,3 Verfahrensgebühr Nr. 3309 VV nicht erneut, da – wie bereits ausgeführt – die vorgenannten Tätigkeiten als Vorbereitungstätigkeiten zu der ersten Vollstreckungsmaßnahme gehören (§ 19 Abs. 1 S. 1 RVG). 66

Gebührenrechtlich zum Rechtszug gehört auch noch die **Kostenfestsetzung** (§ 19 Abs. 1 S. 2 Nr. 14 RVG). Für die Stellung eines Kostenfestsetzungsantrags nach §§ 91, 103, 104 ZPO oder die Anmeldung der Kosten zum Zwecke der Ausgleichung erhält der Rechtsanwalt **keine gesonderte Vergütung,** wenn er bereits als Verfahrens- oder Prozessbevollmächtigter in dem vorangegangenen Rechtszug tätig war. Dies gilt auch dann, wenn in der Kostenfestsetzung Positionen streitig werden und hierüber mehrfach Schriftsätze bzw. Stellungnahmen wechselseitig abgegeben werden. Allerdings ist nach § 18 Abs. 3 RVG jedes Verfahren über eine Erinnerung oder jedes Beschwerdeverfahren auch in der Kostenfestsetzung eine besondere – gebührenrechtliche – Angelegenheit.[50] Dies gilt auch für den Rechtsanwalt, der bereits als Verfahrens- oder Prozessbevollmächtigter in dem vorangegangenen Rechtszug tätig war. Für die Tätigkeit in einem Erinnerungs- oder Beschwerdeverfahren gegen einen Kostenfestsetzungsbeschluss wird der Rechtsanwalt neben den Gebühren, die er bereits für seine Tätigkeit als Verfahrens- oder Prozessbevollmächtigter erhalten hat, noch eine 0,5 Verfahrensgebühr Nr. 3500 VV (zzgl. Auslagen und Umsatzsteuer) verdienen können. 67

Auch die **Einforderung der Vergütung** gehört nach § 19 Abs. 1 S. 2 Nr. 14 RVG gebührenrechtlich zum Rechtszug. Gemeint ist hiermit die Berechnung der im Rechtszug angefallenen Vergütung, die Übersendung einer Rechnung an den Mandanten und das Überwachen eines Zahlungseingangs. Auch evtl. weitere Mah- 68

---

[50] → § 18 Rn. 72 ff.

nungen betreffend die entstandene Vergütung lösen keine neue – gesonderte – Geschäftsgebühr nach Nr. 2300 oder 2302 VV aus.[51]

69 Beantragt der Rechtsanwalt, weil der Mandant nicht zahlt, ihm gegenüber Kostenfestsetzung nach § 11 RVG löst auch die Tätigkeit in diesem Kostenfestsetzungsverfahren keine gesonderte Vergütung aus (Ausnahme: Beschwerdeverfahren → § 18 Rn. 72 ff.).

70 Klagt der Rechtsanwalt seinen Vergütungsanspruch gegenüber dem Mandanten ein oder macht er den Anspruch im gerichtlichen Mahnverfahren geltend, so handelt es sich für den Anwalt, der sich selbst vertritt, um eine neue gebührenrechtliche Angelegenheit. Es entstehen Gebühren nach Teil 3 VV, so als wenn der Rechtsanwalt einen Mandanten als Verfahrens- bzw. Prozessbevollmächtigter in einem Zivilprozess oder gerichtlichem Mahnverfahren vertreten würde. Diese gesondert entstehende Vergütung ist auch vom Mandanten zu erstatten (§ 91 Abs. 2 S. 3 ZPO).

VII. Erbringung und Rückgabe einer Sicherheitsleistung

71 Bis zum Inkrafttreten des 2. KostRMoG war umstritten, ob die Mitwirkung bei der Erbringung einer Sicherheitsleistung (Hinterlegung beim Amtsgericht, Beschaffung einer Bankbürgschaft) gebührenrechtlich zum Rechtszug gehörte und mit den Gebühren, die der Rechtsanwalt ohnehin für seine Tätigkeit als Prozess- bzw. Verfahrensbevollmächtigter nach Teil 3 Abschn. 1 VV erhielt, abgegolten waren.[52] Durch Artikel 8 10b) des am 1.8.2013 in Kraft getretenen 2. KostRMoG[53] wurde § 19 Abs. 1 S. 2 Nr. 7 RVG dahingehend gefasst, dass **die Mitwirkung bei der Erbringung der Sicherheitsleistung und das Verfahren wegen deren Rückgabe** – gebührenrechtlich – zum Rechtszug gehören. Der Anwalt, der ohnehin als Prozess- bzw. Verfahrensbevollmächtigter in dem vorangegangenen Rechtszug oder dem nachfolgenden Rechtszug tätig ist, erhält also keine gesonderte Vergütung für die Mitwirkung bei der Erbringung der Sicherheitsleistung und das Verfahren wegen deren Rückgabe.

72 War der Rechtsanwalt nicht als Prozess- oder Verfahrensbevollmächtigter in dem Rechtszug (Erkenntnisverfahren) tätig, sondern wird er erstmals mit der Zwangsvollstreckung aus einem vorläufig vollstreckbaren Titel beauftragt und wirkt er dann mit bei der Erbringung der Sicherheitsleistung, gehört diese Tätigkeit – als Vorbereitung – zur ersten Vollstreckungsmaßnahme (§ 18 Abs. 1 Nr. 1 RVG).

73 Nach *Schneider/Thiel*[54] bleibt auch nach Neufassung des § 19 Abs. 1 S. 2 Nr. 7 RVG unklar, was unter „Mitwirkung bei der Erbringung der Sicherheitsleistung" zu subsumieren ist. Nach *Schneider/Thiel*[55] vollzieht sich die Erbringung der Sicherheitsleistung in der Praxis in zwei Schritten:
1. Es ist ein Hinterlegungsantrag zu stellen und das Geld ist bei der Hinterlegungsstelle des Amtsgerichts einzuzahlen oder es ist eine Bürgschaftsurkunde zu besorgen.
2. Die Sicherheit ist dem Gegner zur Verfügung zu stellen, in dem entweder die Hinterlegung nachgewiesen wird oder ihm die Bürgschaftsurkunde im Original zu gestellt wird.

Nach *Schneider/Thiel*[56] wird der erste Schritt nicht von § 19 Abs. 1 S. 2 Nr. 7 RVG erfasst. Vielmehr erhalte der Rechtsanwalt eine gesonderte Geschäftsgebühr der

---

[51] *Meyer* JurBüro 2008, 408.
[52] Gerold/Schmidt/*Müller-Rabe* VV 3309 Rn. 342.
[53] BGBl. 2013 I 2586.
[54] *Schneider/Thiel* § 3 Rn. 128 f.
[55] *Schneider/Thiel* § 3 Rn. 134.
[56] *Schneider/Thiel* § 3 Rn. 137.

Nr. 2300 VV, wenn er sich mit dem Amtsgericht in Verbindung setze und dort die Formalien für die Hinterlegung eines Geldbetrages für den Mandanten erledige und auch schließlich die Hinterlegung des Geldes veranlasse oder mit der Bank die Verhandlungen führe, damit diese für den Mandanten eine entsprechende Bürgschaft ausfertige.[57]

Nimmt der Rechtsanwalt von dem Mandanten den zu hinterlegenden Geldbetrag 74 entgegen und leitet diesen für den Mandanten an die Hinterlegungsstelle weiter, so fällt auf jeden Fall die Hebegebühr der Nr. 1009 VV an.[58] Dies auch dann, wenn man sich der im vorstehenden dargestellten Meinung von *Schneider/Thiel*, wonach die Stellung eines Hinterlegungsantrages oder die Verhandlung mit der Bank wegen der Erbringung einer Bürgschaft eine gesonderte Geschäftsgebühr Nr. 2300 VV auslöse, nicht anschließt.

VIII. Tätigkeiten im Zusammenhang mit einem Rechtsmittel

1. Rechtsmittel in Straf- und Bußgeldsachen

Die **Einlegung von Rechtsmitteln** bei dem Gericht desselben Rechtszugs in 75 Verfahren, in denen sich die Gebühren nach Teil 4, 5 oder 6 VV richten gehört für den Anwalt, der bereits als Verteidiger in dem vorangegangenen Rechtszug tätig war, noch zu diesem Rechtszug und ist mit den Gebühren, die der Rechtsanwalt in dem vorangegangenen Rechtszug verdient hat, abgegolten (§ 19 Abs. 1 S. 2 Nr. 10 RVG). Dies gilt für die in Teil 4 VV geregelten Strafsachen, für die in Teil 5 VV geregelten Bußgeldsachen und die in Teil 6 VV geregelten sonstigen Verfahren (wie Verfahren nach dem Gesetz über die internationale Rechtshilfe in Strafsachen und Verfahren nach dem IStGH-Gesetz, Disziplinarverfahren, berufsgerichtliche Verfahren wegen der Verletzung einer Berufspflicht, gerichtliche Verfahren bei Freiheitsentziehung und in Unterbringungssachen und Verfahren nach der Wehrbeschwerdeordnung). Legt also zB der bereits in dem vorangegangenen Rechtszug als Verteidiger tätige Rechtsanwalt gegen das Urteil des Amtsgerichts in der Strafsache Berufung ein, so ist die Einlegung der Berufung noch mit den Gebühren abgegolten, die er als Verteidiger bereits in dem vorangegangenen Rechtszug verdient hat. Da die Gebühren des Verteidigers in Strafsachen als Betragsrahmengebühren gestaltet sind, kann überlegt werden, inwieweit die Verfahrensgebühr für das vorangegangene gerichtliche Verfahren innerhalb des gesetzlichen Rahmens höher angesetzt werden kann. Denn durch die Tätigkeit des Verteidigers im Zusammenhang mit der Einlegung des Rechtsmittels wird sich in der Regel der Umfang der anwaltlichen Tätigkeit ausweiten. Dies wird sich dann in der innerhalb des gesetzlichen Rahmens anzusetzenden Gebühr niederschlagen können.

Jede weitere Tätigkeit, die über die Einlegung der Berufung hinausgeht, wird 76 auch für den Verteidiger, der bereits in dem vorausgegangenen Rechtszug tätig war, weitere zusätzliche Gebühren auslösen.[59] Stellt der Rechtsanwalt nach Einlegung der Berufung einen neuen Antrag auf Akteneinsicht, löst dies schon die Verfahrensgebühr für das Berufungsverfahren Nr. 4124 VV aus.[60] Auch die Besprechung mit dem Mandanten, ob das eingelegte Rechtsmittel voll durchgeführt oder auf das Strafmaß beschränkt werden soll löst mE bereits die Verfahrensgebühr für das Rechtsmittelverfahren aus, die der Rechtsanwalt dann neben den Gebühren, die er bereits im vorausgegangenen Rechtszug als Verteidiger verdient hat, ansetzen kann.

---

[57] *Schneider/Thiel* § 3 Rn. 138 (139).
[58] Gerold/Schmidt/*Müller-Rabe* Nr. 3309 VV Rn. 346; *Schneider/Thiel* § 3 Rn. 139.
[59] *Burhoff* Nr. 4124 VV Rn. 3; Gerold/Schmidt/*Burhoff* Nr. 4124, 4125 VV Rn. 6.
[60] Gerold/Schmidt/*Burhoff* Nr. 4124, 4125 VV Rn. 6 unter Hinweis auf OLG Jena JurBüro 2006, 365.

Auch die Rücknahme des Rechtsmittels wird nicht von § 19 Abs. 1 S. 2 Nr. 10 RVG erfasst und löst neben der Verfahrensgebühr für das Rechtsmittelverfahren u. U. auch noch eine zusätzliche Gebühr (in Strafsachen Nr. 4141 VV) aus. Die Begründung eines Rechtsmittels gehört auf keinen Fall mehr zu dem vorangegangenen Rechtszug, sondern löst die Verfahrensgebühr für das Rechtsmittelverfahren aus.[61]

77 § 19 Abs. 1 S. 2 Nr. 10 RVG kommt nur zur Anwendung, wenn das Rechtsmittel bei **demselben Gericht** eingelegt wird, gegen dessen Entscheidung es sich richtet.[62]

78 Beschwerden in Angelegenheiten, in denen sich die Gebühren nach Teil 3 VV richten, sind nach § 18 Abs. 1 Nr. 3 RVG besondere – gebührenrechtliche – Angelegenheiten. **Beschwerden** in Angelegenheiten, in denen die **Gebühren nach Teil 4, 5 oder 6 VV** richten, sind nach § 19 Abs. 1 S. 2 Nr. 10a RVG[63] keine besondere – gebührenrechtliche – Angelegenheit, es sei denn, in den Vorb. zu Teil 4, 5 oder 6 VV ist etwas anderes bestimmt (wie zB in der Vorb. 4 Abs. 5 Nr. 1 VV für Verfahren über die Beschwerde gegen einen Kostenfestsetzungsbeschluss – § 464b StPO – oder auch Vorb. 5 Abs. 4 oder auch Vorb. 6.2 Abs. 3 VV). Wird zB in einer Strafsache bei dem Gericht desselben Rechtszugs eine Beschwerde eingelegt, so ist in der Regel die Tätigkeit des Verteidigers in dem Beschwerdeverfahren mit den Gebühren abgegolten, die er für seine Tätigkeit als Verteidiger in diesem Rechtszug ohnehin erhält. Der größere Umfang der anwaltlichen Tätigkeit, verursacht durch das Beschwerdeverfahren, kann aber über den Ansatz einer höheren Verfahrensgebühr innerhalb des gesetzlichen Rahmens berücksichtigt werden.

79 Eine Beschwerde in Angelegenheiten, in denen sich die Gebühren nach Teil 4, 5 oder 6 VV richten, ist aber dann eine gesonderte gebührenrechtliche Angelegenheit iSd § 15 RVG, wenn im VV besondere Gebühren für das betreffende Beschwerdeverfahren vorgesehen sind. Diese sind zB
- „die Beschwerde nach § 372 StPO in einem Wiederaufnahmeverfahren (Nr. 4139 VV);
- Beschwerden in der Strafvollstreckung (Vorb. 4.2 VV);
- Beschwerden nach § 406 Abs. 5 S. 2 StPO gegen das Absehen einer Entscheidung über Adhäsionsansprüche (Nr. 4145 VV)
- Beschwerden gegen eine den Rechtszug beendende Entscheidung nach § 25 Abs. 1 S. 3 bis 5, § 13 StrRehaG (Nr. 4146 VV)."[64]

80 War der Rechtsanwalt, der das Rechtsmittel bei dem Gericht des Rechtszugs eingelegt hat, dessen Entscheidung angefochten wird, in diesem Rechtszug noch nicht als Verteidiger für den Mandanten tätig, so gehört die Einlegung des Rechtsmittels für ihn zum Rechtszug des Rechtsmittels (§ 19 Abs. 1 S. 2 Nr. 10 RVG). War der Rechtsanwalt zB als Verteidiger in der Strafsache vor dem Amtsgericht noch nicht tätig und wird mit der Verteidigung in dem Rechtsmittelverfahren beauftragt, löst bei ihm die Einlegung des Rechtsmittels bereits neben der Grundgebühr Nr. 4100 VV auch die Verfahrensgebühr für das Berufungsverfahren Nr. 4124 VV aus. Er erhält dann keine Verfahrensgebühr Nr. 4106 VV für den I. Rechtszug vor dem Amtsgericht mehr, obwohl die Berufung beim Amtsgericht einzulegen ist.

2. Rechtsmittel im Zivilprozess und in Familiensachen

81 § 19 Abs. 1 S. 2 Nr. 10 RVG gilt **nicht** in Angelegenheiten, in denen sich die Gebühren nach Teil 3 VV – also zB in einem Zivilprozess oder in einer Familiensa-

---

[61] Schneider/Wolf/*Wolf/Mock/Volpert/N. Schneider/Fölsch/Thiel* § 19 Rn. 115; *Burhoff* Nr. 4124 VV Rn. 16.

[62] *Burhoff* „Rechtszug (§ 19)" Rn. 1205.

[63] Ins RVG eingefügt durch das 2. KostRMoG BGBl. 2013 I 2586.

[64] Aufzählung zitiert nach *Schneider/Thiel* § 3 Rn. 143.

che – richten. Legt der bereits in dem vorausgegangenen Rechtszug als Verfahrens- oder Prozessbevollmächtigter tätige Anwalt – in einer Angelegenheit, in denen sich die Gebühren nach Teil 3 VV bestimmen – Rechtsmittel ein, so gehört die Einlegung des Rechtsmittels gebührenrechtlich nicht mehr zu dem vorausgegangenen Rechtszug (§ 17 Nr. 1 RVG). Der Rechtsanwalt wird neben den Gebühren, die er für seine Tätigkeit als Verfahrens- oder Prozessbevollmächtigter in dem vorausgegangenen Rechtszug erhalten hat, also stets eine weitere Gebühr für die Einlegung des Rechtsmittels ansetzen können. Die Einlegung des Rechtsmittels löst in der Regel auch direkt die volle 1,6 Verfahrensgebühr Nr. 3200 VV und nicht nur eine ermäßigte 1,1 Verfahrensgebühr Nr. 3201 VV aus.

Allerdings werden weitere Gebühren für die Einlegung des Rechtsmittels – in Angelegenheiten, in denen sich die Gebühren nach Teil 3 VV bestimmen – nur dann entstehen, wenn der Rechtsanwalt einen **Auftrag** für die Vertretung in dem Rechtsmittelverfahren von seinem Mandanten erhalten hat. Aber ohne zuvor von seinem Mandanten einen entsprechenden Auftrag erhalten zu haben, wird der Rechtsanwalt in der Regel kein Rechtsmittel einlegen. **82**

3. Empfangnahme von Rechtsmittelschriften

Die Empfangnahme von Rechtsmittelschriften und ihre Mitteilung an den Auftraggeber gehört nach § 19 Abs. 1 S. 2 Nr. 9 RVG gebührenrechtlich zum Rechtszug.[65] Der Rechtsanwalt, der also bereits in dem vorausgegangenen Rechtszug als Verfahrens- oder Prozessbevollmächtigter oder Verteidiger tätig war und die Rechtsmittelschrift des Gegners oder der Staatsanwaltschaft entgegennimmt und an den Mandanten weiterleitet, erhält hierfür keine gesonderte Vergütung. Diese Tätigkeit ist noch abgegolten mit den Gebühren, die der Rechtsanwalt für die Vertretung in dem vorausgegangenen Rechtszug verdient hat. Dies gilt sowohl in Angelegenheiten, in denen sich die Gebühren nach Teil 3 VV (Zivilprozess, Familiensachen) als auch nach Teil 4 VV (Strafsachen), oder nach Teil 5 VV (Bußgeldsachen) oder nach Teil 6 VV (sonstige Verfahren) richten. **83**

Umstritten ist, ob die Prüfung des Rechtsanwalts, ob nach Zustellung der Rechtsmittelschrift etwas zu veranlassen ist, noch gebührenrechtlich dem vorausgegangenen Rechtszug zuzuordnen ist.[66] Bittet der Revisionsanwalt der Gegenseite den Berufungsanwalt, seine Partei möge mit der Bestellung eines eigenen Revisionsanwalts noch abwarten, gehört die Übermittlung dieses Wunsches durch den Berufungsanwalt an seinen Auftraggeber gebührenrechtlich zum Berufungsrechtszug und löst noch keine besondere Gebühr aus.[67] Gleiches soll gelten, wenn der Anwalt des ersten Rechtszugs prüft, ob die ihm zugestellte Berufung der Gegenseite fristgerecht eingelegt wurde.[68] Eine Gebühr nach Nr. 3403 VV (0,8 Verfahrensgebühr für sonstige Einzeltätigkeiten) verdient der im Berufungsverfahren tätig gewesene Rechtsanwalt nicht schon dann, wenn er nach kursorischer Prüfung der gegnerischen Begründung der Nichtzulassungsbeschwerde unaufgefordert seiner Partei von der Bestellung eines beim BGH zugelassenen Rechtsanwalts abrät, da diese Tätigkeit noch dem Berufungsverfahren zuzuordnen ist.[69] **84**

In der Regel wird in der Praxis so verfahren, dass der Rechtsanwalt dem Mandanten die Rechtsmittelschrift der Gegenseite übermittelt und anfragt, ob er ihn auch **85**

---

[65] OLG Koblenz RVGreport 2010, 188.
[66] Gerold/Schmidt/*Müller-Rabe* § 19 Rn. 85 ff.; Schneider/Wolf/*Wolf/Mock/Volpert/N. Schneider/Fölsch/Thiel* § 19 Rn. 86.
[67] Schneider/Wolf/*Wolf/Mock/Volpert/N. Schneider/Fölsch/Thiel* § 19 Rn. 86 unter Hinweis auf KG Rpfleger 1979, 229.
[68] Schneider/Wolf/*Wolf/Mock/Volpert/N. Schneider/Fölsch/Thiel* RVG § 19 Rn. 86 unter Hinweis auf OLG Karlsruhe OLGR 2007, 543 = MDR 2007, 1226.
[69] OLG Köln JurBüro 2013, 81.

in dem nächsten Rechtszug anwaltlich vertreten soll. Erteilt der Mandant dem Rechtsanwalt dann auch den **Vertretungsauftrag für das Rechtsmittelverfahren** und übt der Rechtsanwalt nach Erteilung dieses Auftrags durch den Mandanten eine weitere **Tätigkeit** aus, **die sich auf das Rechtsmittelverfahren bezieht,** wird dies weitere Gebühren auslösen, die der Rechtsanwalt neben den Gebühren berechnen kann, die er bereits in dem I. Rechtszug für seine Tätigkeit als Verfahrens- bzw. Prozessbevollmächtigter erhalten hat.[70] Der Anwalt muss nach Erteilung des Auftrags zur Vertretung in dem Rechtsmittelverfahren nicht unbedingt nach Außen hin, also gegenüber dem Gericht oder der Gegenseite tätig werden, um eine weitere Vergütung auszulösen. Für das Entstehen der Verfahrensgebühr der Nr. 3201 VV in der Berufungsinstanz reicht es auf jeden Fall aus, dass der Rechtsanwalt mit dem Mandanten das Rechtsmittel und dessen Erfolgsaussichten – soweit dies vor Vorliegen der Rechtsmittelbegründung möglich ist – bespricht und dem Mandaten darlegt, ob hier etwas zu veranlassen ist oder aus welchen Gründen abgewartet werden kann. Es ist nicht erforderlich, dass der Rechtsanwalt sich bereits im Rechtsmittelverfahren für den Mandanten gegenüber dem Gericht bestellt, um eine ermäßigte Verfahrensgebühr für das Rechtsmittelverfahren auszulösen.[71] Die volle Verfahrensgebühr (zB die 1,6 Verfahrensgebühr Nr. 3200 VV für ein Berufungsverfahren) wird ausgelöst durch Einreichung eines Schriftsatzes mit Sachanträgen, eines Schriftsatzes mit Sachvortrag, oder die Wahrnehmung eines gerichtlichen Termins.[72]

86   Nach *Müller-Rabe*[73] wird die Verfahrensgebühr der Nr. 3201 VV aber nicht bereits dann ausgelöst, wenn der Prozessbevollmächtigte der Vorinstanz die Rechtsmittelschrift (eines noch zu begründenden Rechtsmittels) entgegen nehme, auf den ersten Blick erkenne, dass – derzeit – nichts zu veranlassen sei und die Rechtsmittelschrift der Gegenseite an den Mandanten weiterleite mit dem Hinweis, dass bis zur Begründung des Rechtsmittels abgewartet werden könne und derzeit für ihn – den Mandanten – im Rechtsmittelverfahren nichts veranlasst werden müsse.

87   Wenn der Anwalt im Hinblick auf das Berufungsverfahren etwas veranlassen würde, **ohne dass dies sachlich geboten sei,** müsste der Mandant diese Kosten nicht zahlen. Denn der Rechtsanwalt sei im Rahmen des Mandatsverhältnisses stets gehalten, die Kosten so gering wie möglich zu halten und keine unnötigen Schritte zu unternehmen.[74] Wenn der Mandant aber keine Kosten an seinen Anwalt zahlen muss, weil die die kostenauslösende anwaltliche Handlung nicht notwendig war, so kann der Mandant auch keine Erstattung – der nicht notwendigen Kosten – von der Gegenseite verlangen.[75]

§ 20 Verweisung, Abgabe

¹Soweit eine Sache an ein anderes Gericht verwiesen oder abgegeben wird, sind die Verfahren vor dem verweisenden oder abgebenden und vor dem übernehmenden Gericht ein Rechtszug. ²Wird eine Sache an ein Gericht eines niedrigeren Rechtszugs verwiesen oder abgegeben, ist das weitere Verfahren vor diesem Gericht ein neuer Rechtszug.

Übersicht

	Rn.
I. Überblick	1
II. Verweisung/Abgabe innerhalb des gleichen Rechtszugs	3

---

[70] BGH JurBüro 2013, 134; differenzierender: *Gerold/Schmidt* § 19 Rn. 85 ff.
[71] BGH JurBüro 2013, 134; → Nr. 3201 VV Rn. 3 ff., → Nr. 3101 VV Rn. 15 ff.
[72] → Nr. 3201 VV Rn. 3, → Nr. 3101 VV Rn. 15 ff.
[73] *Gerold/Schmidt/Müller-Rabe* § 19 Rn. 85.
[74] *Gerold/Schmidt/Müller-Rabe* § 19 Rn. 90.
[75] So auch *Schons* → Nr. 3201 VV Rn. 4 ff.

Verweisung, Abgabe **§ 20**

	Rn.
1. Dieselbe gebührenrechtliche Angelegenheit	3
2. Änderung der Vertretungstätigkeit	9
3. Wechsel der Gebührenart	12
4. Kostenerstattung	13
III. Verweisung/Abgabe an ein Gericht eines niedrigeren Rechtszugs	19

I. Überblick

§ 20 RVG regelt die gebührenrechtlichen Folgen einer Verweisung oder Abgabe 1 der Sache an ein anderes Gericht. § 20 S. 1 RVG regelt die Verweisung innerhalb des gleichen Rechtszugs. Erklärt sich zB das Amtsgericht für sachlich unzuständig und verweist den Rechtsstreit an das sachlich zuständige Landgericht, so ist das Verfahren vor dem Amts- und dem Landgericht eine gebührenrechtliche Angelegenheit. (→ Rn. 3).

Wird dagegen eine Sache an das Gericht eines niedrigeren Rechtszugs verwiesen 2 oder abgegeben, so ist das weitere Verfahren vor diesem Gericht nach § 20 S. 2 RVG eine neue gebührenrechtliche Angelegenheit (→ Rn. 19). Letzteres ist nicht zu verwechseln mit einer Zurückverweisung, die gebührenrechtlich in § 21 RVG geregelt ist.

II. Verweisung/Abgabe innerhalb des gleichen Rechtszugs

1. Dieselbe gebührenrechtliche Angelegenheit

Wenn eine Sache an ein anderes Gericht des gleichen Rechtszugs – oder anders 3 ausgedrückt der gleichen instanzlichen Ebene – verwiesen oder abgegeben wird, spricht man auch von einer Horizontalverweisung. Gemeint sind hier zB folgende Fälle:
- das Amtsgericht Köln erklärt sich für sachlich unzuständig und verweist den Rechtsstreit an das Amtsgericht Hamburg
- das Amtsgericht München erklärt sich für sachlich unzuständig und verweist den Rechtsstreit an das Landgericht München I
- das Arbeitsgericht erklärt sich für sachlich unzuständig und verweist den Rechtsstreit an das Landgericht
- das Sozialgericht erklärt sich für sachlich unzuständig und verweist den Rechtsstreit an das Verwaltungsgericht

und ähnliche Fälle, in denen ein Gericht an ein anderes Gericht auf der gleichen instanzlichen Ebene verweist.[1]

Gem. § 20 Abs. 1 RVG sind die Verfahren vor dem verweisenden oder abgebenden 4 und vor dem übernehmenden Gericht ein Rechtszug, wenn es sich um eine Verweisung/Abgabe auf einer instanzlichen Ebene handelt. Dies bedeutet, dass die Sache vor dem verweisenden und dem übernehmenden Gericht **dieselbe gebührenrechtliche Angelegenheit** iSd § 15 Abs. 2 RVG ist. Der Anwalt, der die Partei sowohl vor dem verweisenden als auch vor dem übernehmenden Gericht vertritt, kann also die entstehenden Gebühren insgesamt nur einmal fordern.[2]

Beispiel 1:
Bei dem Amtsgericht Frankfurt a.M. ist ein Rechtsstreit über 5.600 EUR anhängig. In der mündlichen Verhandlung beschließt das Gericht, die Sache an das sachlich zuständige Landge-

---

[1] Gerold/Schmidt/*Mayer* § 20 Rn. 4.
[2] Gerold/Schmidt/*Mayer* § 20 Rn. 5; Schneider/Wolf/*N. Schneider* § 20 Rn. 3.

§ 20 Verweisung, Abgabe

richt Frankfurt a.M. zu verweisen. Nach Verweisung bestimmt das Landgericht Frankfurt a.M. Termin zur mündlichen Verhandlung. Anschließend ergeht ein Urteil. Die Prozessbevollmächtigten, die sowohl in dem Verfahren vor dem Amtsgericht Frankfurt a.M. als auch in dem Verfahren vor dem Landgericht Frankfurt a.M. vertreten und auch die jeweiligen mündlichen Verhandlungstermine wahrgenommen haben, können jeweils berechnen:

Gegenstandswert: 5.600 EUR
1. 1,3 Verfahrensgebühr Nr. 3100 VV   460,20 EUR
2. 1,2 Terminsgebühr Nr. 3104 VV   424,80 EUR
3. Pauschale Nr. 7002 VV   20,00 EUR

zzgl. evtl. entstehender weiterer Auslagen und Umsatzsteuer.

Da nach § 20 S. 1 RVG das Verfahren vor dem verweisenden und vor dem übernehmenden Gericht ein – gebührenrechtlicher – Rechtszug ist, können die Prozessbevollmächtigten in Anwendung des § 15 Abs. 2 RVG die Gebühren nur einmal fordern.

5   Entstehen nach Verweisung/Abgabe Gebühren, die vor der Verweisung/Abgabe noch nicht angefallen sind, so können diese Gebühren natürlich in die Berechnung gegenüber dem Mandanten eingestellt werden.

Beispiel 2:

Vor dem Amtsgericht Hamburg ist ein Rechtsstreit über 7.800 EUR anhängig. Nach Zustellung der Klage und der Rüge der sachlichen Zuständigkeit durch die Beklagte verweist das Amtsgericht Hamburg die Sache ohne mündliche Verhandlung durch Beschluss an das Landgericht Hamburg. Vor dem Landgericht Hamburg vertreten die Prozessbevollmächtigten auch in der mündlichen Verhandlung. Das Verfahren endet durch einen Vergleich, an dem beide Prozessbevollmächtigten mitwirken.

Beide Prozessbevollmächtigten können für ihre Tätigkeit vor dem Amts- und dem Landgericht Hamburg berechnen:

Gegenstandswert: 7.800 EUR
1. 1,3 Verfahrensgebühr Nr. 3100 VV   592,80 EUR
2. 1,2 Terminsgebühr Nr. 3104 VV   547,20 EUR
3. 1,0 Einigungsgebühr Nr. 1003 VV   456,00 EUR
4. Pauschale Nr. 7002 VV   20,00 EUR

zzgl. evtl. entstehender weiterer Auslagen und Umsatzsteuer.

In diesem Fall ist vor Verweisung nur die Verfahrensgebühr entstanden. Nach Verweisung wird weiter der Tatbestand der Termins- und der Einigungsgebühr erfüllt. Die beiden zuletzt genannten Gebühren können neben der Verfahrensgebühr angesetzt werden. Allerdings darf wegen der Bestimmung in § 20 S. 1 RVG iVm § 15 Abs. 2 S. 1 RVG die Verfahrensgebühr nicht zweimal angesetzt werden (also nicht einmal für das Verfahren vor dem Amtsgericht und einmal für das Verfahren vor dem Landgericht Hamburg).

6   Ändert sich nach der Verweisung der Gegenstandswert oder Gebührensatz, kann die höchste Gebühr abgerechnet werden. Eine einmal entstandene Gebühr nach dem höheren Wert (vor Verweisung) bleibt bestehen und fällt nicht wieder weg, auch dann nicht, wenn sich nach Verweisung der Gegenstandswert ermäßigen sollte.[3] Erhöht sich der Gegenstandswert nach Verweisung, können die Gebühren, deren Tatbestand nach Verweisung erfüllt wird, nach dem höheren Gegenstandswert angesetzt werden.[4] Zu beachten ist, dass der Tatbestand der Verfahrensgebühr – als Betriebsgebühr – auch nach Verweisung immer wieder erneut ausgelöst wird, zB Wahrnehmung eines vom Gericht bestimmten Termins oder Einreichung eines Schriftsatzes, der einen Sachantrag oder Sachvortrag enthält.

7   Wird eine **Strafsache** zB vom Amtsgericht an das Landgericht verwiesen, so gilt für die Gebühren, die nach der Verweisung an das Landgericht entstehen, der höhere

---
[3] Schneider/Wolf/N. Schneider § 20 Rn. 11.
[4] Schneider/Wolf/N. Schneider § 20 Rn. 12.

Gebührenrahmen, der für die entsprechende Tätigkeit im gerichtlichen Verfahren vor dem Landgericht vorgesehen ist. Für die vor Verweisung bereits entstandene Grundgebühr und die Verfahrensgebühr für das vorbereitende Verfahren ist das ohnehin unproblematisch, da die VV für diese Gebühren jeweils nur einen Gebührenrahmen – unabhängig davon vor welchem Gericht später das gerichtliche Verfahren anhängig wird – vorsieht.[5] Auch in Strafsachen gilt § 20 S. 1 RVG: Das Verfahren vor dem verweisenden Gericht und dem Gericht, an das verwiesen wird, bilden gebührenrechtlich einen Rechtszug. Die Gebühren können insgesamt nur einmal gefordert werden (§ 15 Abs. 2 S. 1 RVG). Da in Strafsachen Betragsrahmengebühren entstehen, kann über eine höhere Gebühr innerhalb des gesetzlichen Betragsrahmens der erweiterte Umfang der anwaltlichen Tätigkeit durch die vorherige Tätigkeit bei dem verweisenden Gericht seine Berücksichtigung finden.

§ 20 S. 1 RVG gilt nur dann, wenn **derselbe Rechtsanwalt** sowohl in dem Verfahren vor dem verweisenden als auch in dem Verfahren vor dem Gericht an das verwiesen wird, die Partei vertritt. Findet nach Verweisung ein Anwaltswechsel statt, kann natürlich jeder Anwalt die Gebühren abrechnen, deren Tatbestand in dem Zeitraum erfüllt worden ist, in welchem er für die Partei tätig war. Allerdings wird im Rahmen der Kostenerstattung zu überprüfen sein, ob der Anwaltswechsel und die damit verbundenen Mehrkosten notwendig iSd § 91 ZPO waren. 8

2. Änderung der Vertretungstätigkeit

War der Rechtsanwalt in einem bürgerlichen Rechtsstreit des I. Rechtszugs vor Verweisung als Prozessbevollmächtigter tätig und wird er nach Verweisung nur noch als Verkehrs- bzw. Korrespondenzanwalt weiter tätig, so bleibt es für ihn bei der vor Verweisung entstandenen 1,3 Verfahrensgebühr Nr. 3100 VV. Die nach Verweisung entstehende 1,0 Verfahrensgebühr Nr. 3400 VV kann er nicht neben der 1,3 Verfahrensgebühr Nr. 3100 VV verlangen. Er erhält nach § 15 Abs. 6 RVG nur eine Betriebsgebühr und zwar hier die höhere 1,3 Verfahrensgebühr Nr. 3100 VV, die vor Verweisung bereits angefallen ist.[6] 9

War der Rechtsanwalt zunächst nur Verkehrsanwalt und wird er nach Verweisung zum Prozessbevollmächtigten bestellt, so bleibt es ebenfalls dabei, dass er nur eine Verfahrensgebühr und zwar die höhere 1,3 Verfahrensgebühr Nr. 3100 VV fordern kann. 10

Daneben kann er natürlich auch die weiteren Gebühren fordern, deren Tatbestand vor oder nach Verweisung erfüllt worden ist (zB eine Terminsgebühr oder eine Einigungsgebühr). Es muss aber immer beachtet werden, dass das Verfahren vor und das Verfahren nach Verweisung dieselbe gebührenrechtliche Angelegenheit sind (§ 20 S. 1 RVG) und Gebühren insgesamt nur einmal entstehen können (§ 15 Abs. 5 S. 1 RVG). 11

3. Wechsel der Gebührenart

Wird eine Sache vom Amtsgericht an das Sozialgericht verwiesen oder umgekehrt, wechselt die Gebührenart. Vor dem Amtsgericht entstehen Wertgebühren. In den sozialgerichtlichen Verfahren verdient der Prozessbevollmächtigte, sofern es sich um ein Verfahren handelt, in denen das Gerichtskostengesetz nicht anzuwenden ist, Betragsrahmengebühren (§ 3 Abs. 1 S. 1 RVG). Vertritt derselbe Anwalt als Prozessbevollmächtigter sowohl vor dem verweisenden Amtsgericht also auch vor dem Sozialgericht, an das verwiesen wird, so ist zu schauen, vor welchem Gericht die höheren Gebühren entstanden sind. Diese höheren Gebühren können dann letztlich 12

---

[5] Zu der Problematik vergleiche auch: Schneider/Wolf/*N. Schneider* § 20 Rn. 19 bis 24.
[6] Schneider/Wolf/*N. Schneider* § 20 Rn. 7.

§ 20 Verweisung, Abgabe

in die Berechnung gegenüber dem Mandanten einfließen.[7] Der Rechtsanwalt kann aber nicht, da die Verweisung auf einer instanzlichen Ebene erfolgt und folglich das Verfahren vor dem verweisenden und dem Gericht, an das verwiesen wird, dieselbe gebührenrechtliche Angelegenheit ist (§ 20 S. 1 RVG), noch neben der Verfahrensgebühr Nr. 3100 VV (Wertgebühr) die Verfahrensgebühr der Nr. 3102 VV (Betragsrahmengebühr) ansetzen. Wenn aber ein Gebührentatbestand vor dem Gericht, an das verwiesen wird, nicht mehr realisiert wird, kann es wohl vorkommen, dass in dieselbe Berechnung gegenüber dem Mandanten nebeneinander eine Wertgebühr und eine Betragsrahmengebühr eingestellt werden müssen (siehe nachfolgendes Beispiel).

Beispiel:

Vor dem Amtsgericht wird Klage über 4.000 EUR erhoben. Nachdem der Beklagte die sachliche Zuständigkeit des Amtsgerichts gerügt hatte, wird der Rechtsstreit ohne mündliche Verhandlung an das zuständige Sozialgericht verwiesen. Das Sozialgericht bestimmt Termin, in welchem die beiden Prozessbevollmächtigten die Parteien vertreten. Anschließend ergeht ein Urteil. Aufgrund der Merkmale des § 14 RVG sind in dem Verfahren vor dem Sozialgericht Mittelgebühren anzusetzen.

Die Prozessbevollmächtigten können berechnen:
1. 1,3 Verfahrensgebühr Nr. 3100 VV
   nach Gegenstandswert: 4.000 EUR: 327,60 EUR
2. Terminsgebühr Nr. 3106 VV – Mittelgebühr –: 280,00 EUR
3. Pauschale Nr. 7002 VV: 20,00 EUR
   zzgl. evtl. entstandener weiterer Auslagen und Umsatzsteuer.

Vor Verweisung ist beim Amtsgericht nur eine Verfahrensgebühr mit 327,60 EUR entstanden. Im Verfahren vor dem Sozialgericht – nach Verweisung – wäre eine Verfahrensgebühr Nr. 3102 VV angefallen, welche innerhalb eines Betragsrahmens von 50 bis 550 EUR zu bestimmen ist. Ausgehend von einer Mittelgebühr könnte der Rechtsanwalt 300 EUR ansetzen. Da die vor Verweisung vor dem Amtsgericht entstandene Verfahrensgebühr (327,60 EUR) höher ist, wird er diese Verfahrensgebühr ansetzen.

Vor Verweisung beim Amtsgericht ist keine Terminsgebühr angefallen. Nach Verweisung an das Sozialgericht ist der Tatbestand der Terminsgebühr erfüllt worden. Diese ist nach Nr. 3106 VV innerhalb eines Betragsrahmens von 50 bis 510 EUR zu bestimmen. Ausgehend von einer Mittelgebühr wird der Rechtsanwalt 280 EUR ansetzen können. Hier wird der Rechtsanwalt also die vor Verweisung entstandene Verfahrensgebühr und die nach Verweisung entstandene Terminsgebühr in seine Berechnung einfließen lassen können.

4. Kostenerstattung

13   Nach § 281 Abs. 3 S. 2 ZPO sind dem Kläger die durch die Anrufung des unzuständigen Gerichts entstandenen Mehrkosten auch dann aufzuerlegen, wenn er ansonsten in der Hauptsache obsiegt. Dies wird sich schon in der Kostengrundentscheidung niederschlagen müssen. Allerdings enthält der Verweisungsbeschluss noch keine Kostenentscheidung. Die Kostenentscheidung – auch wegen der Mehrkosten – die durch die Anrufung des unzuständigen Gerichts entstanden sind, erfolgt erst in der Endentscheidung. Hat das Gericht übersehen, dem in der Hauptsache obsiegenden Kläger die durch die Anrufung des unzuständigen Gerichts entstandenen Mehrkosten aufzuerlegen, so kann der Rechtspfleger dies nicht in der Kostenfestsetzung durch Auslegung korrigieren.[8] In diesen Fällen empfiehlt sich, Ergänzung des Urteils nach § 321 ZPO zu beantragen. Dieser Antrag ist binnen zwei

---

[7] Schneider/Wolf/*N. Schneider* § 20 Rn. 27, 28.
[8] Musielak/Voit/*Foerste* ZPO § 281 Rn. 18; *Baumbach/Lauterbach/Albers/Hartmann* ZPO § 281 Rn. 58.

Wochen durch Einreichung eines Schriftsatzes bei Gericht zu stellen. Die Frist beginnt gem. § 321 Abs. 2 ZPO mit der Zustellung des Urteils.[9]

Die durch die Anrufung des unzuständigen Gerichts entstandenen Mehrkosten **14** hat grundsätzlich der Kläger zu tragen. *„Mehrkosten sind der Unterschied zwischen den dem Beklagten tatsächlich entstandenen gesamten Kosten (Gebühren und Auslagen) und denjenigen, die ihm nur dann entstanden wären, wenn der Kläger das zuständige Gericht sofort angerufen hätte."*[10] Wird der Beklagte vor dem verweisenden und dem Gericht, an das verwiesen wurde, durch denselben Rechtsanwalt vertreten, werden in der Regel keine Mehrkosten entstehen, da nach § 20 S. 1 RVG das Verfahren vor dem verweisenden und vor dem übernehmenden Gericht dieselbe gebührenrechtliche Angelegenheit ist, wenn die Verweisung auf einer instanzlichen Ebene erfolgt. Vor dem verweisenden Gericht wird bei dem Prozessbevollmächtigten des Beklagten zunächst eine Verfahrensgebühr Nr. 3100 VV entstehen. Diese Verfahrensgebühr wird aber auch nach Verweisung noch einmal ausgelöst werden. Da der Rechtsanwalt aber nur eine Verfahrensgebühr berechnen darf, werden in der Regel durch die Anrufung des unzuständigen Gerichts keine Mehrkosten entstanden sein. Mehrkosten könnten dann entstanden sein, wenn nach Verweisung ein Anwaltswechsel erfolgt. Dann ist aber die Frage zu stellen, ob der Anwaltswechsel notwendig iSd § 91 ZPO war.

Besonderheit bei der Kostenerstattung ergeben sich, wenn im ersten Rechtszug **15** ein Arbeitsgericht an ein Amts-/Landgericht oder umgekehrt ein Amts-/Landgericht an ein Arbeitsgericht verweist. Grund dafür ist § 12a Abs. 1 S. 1 ArbGG. Danach besteht in Urteilsverfahren des ersten Rechtszugs beim Arbeitsgericht kein Anspruch der obsiegenden Partei auf Entschädigung wegen Zeitversäumnis und auf Erstattung der Kosten für die Zuziehung eines Prozessbevollmächtigten oder Beistandes. Zu erstatten sind aber die Kosten für notwendige Reisen der Partei selbst zur Information des Prozessbevollmächtigten oder zur Wahrnehmung der Güteverhandlung oder des Kammertermins vor dem Arbeitsgericht.

Wird **vom Arbeitsgericht an ein Amts-/Landgericht** verwiesen, bleiben die **16** beim Arbeitsgericht angefallenen Rechtsanwaltskosten wegen der Bestimmung in § 12a Abs. 1 S. 1 ArbGG von der Erstattung ausgeschlossen.[11] In der Regel werden sich aber auch hier keine Mehrkosten für die zunächst erfolgte Anrufung des unzuständigen Arbeitsgerichts ergeben, weil die Tätigkeit desselben Prozessbevollmächtigten vor dem Arbeitsgericht und nach Verweisung vor dem Amts-/Landgericht für diesen dieselbe gebührenrechtliche Angelegenheit ist und er die Gebühren insgesamt nur einmal fordern kann. Obsiegt der Kläger also, wird er die vor dem Amts-/Landgericht entstandene 1,3 Verfahrensgebühr Nr. 3100 VV und die 1,2 Terminsgebühr Nr. 3104 VV zzgl. evtl. weiterer entstandener Gebühren und Auslagen und Umsatzsteuer von dem unterlegenen Beklagten erstattet verlangen können. Voraussetzung ist, dass der Tatbestand der Gebühren in dem Verfahren vor dem Amts-/Landgericht (erneut) erfüllt wurde. Haben sich aber durch die Klageerhebung vor dem unzuständigen Arbeitsgericht tatsächlich Mehrkosten ergeben, sind diese vom Kläger dennoch nicht zu erstatten, da die Erstattung von Anwaltskosten im Urteilsverfahren des ersten Rechtszugs vor dem Arbeitsgericht nach § 12a Abs. 1 S. 1 ArbGG ausgeschlossen ist.

In einem vom OLG Hamburg[12] entschiedenen Fall hatte der Kläger gegen eine **17** in Hamburg ansässige Beklagte Klage vor dem Arbeitsgericht Frankfurt erhoben. Die

---

[9] Zöller/*Greger* ZPO § 281 Rn. 21; Musielak/Voit/*Foerste* ZPO § 281 Rn. 18; *Baumbach/Lauterbach/Albers/Hartmann* ZPO § 281 Rn. 58.
[10] Zitiert nach *Baumbach/Lauterbach/Albers/Hartmann* ZPO § 281 Rn. 55.
[11] Allgemeine Meinung: Zöller/*Herget* ZPO § 91 Rn. 13 „Verweisung"; *Baumbach/Lauterbach/Albers/Hartmann* ZPO § 91 Rn. 72; Musielak/Voit/*Wolst* ZPO § 91 Rn. 41.
[12] OLG Hamburg BeckRS 2016, 01543.

Beklagte beauftragte daraufhin Prozessbevollmächtigte mit Kanzleisitz in Frankfurt. Wegen Unzulässigkeit des Rechtsweges verwies das Arbeitsgericht Frankfurt den Rechtsstreit an das Landgericht Hamburg. Die Beklagte ließ sich auch in dem Rechtsstreit vor dem LG Hamburg durch die Prozessbevollmächtigten aus Frankfurt vertreten. Das OLG Hamburg hat die Reisekosten der Frankfurter Prozessbevollmächtigten zur Wahrnehmung der Termine vor dem LG Hamburg als notwendig und erstattungsfähig angesehen. Die Beklagte sei nicht verpflichtet gewesen, einen Anwaltswechsel vorzunehmen und sich durch einen in Hamburg kanzleiansässigen Prozessbevollmächtigten vor dem Landgericht Hamburg weiter vertreten zu lassen. In dem vom OLG Hamburg entschiedenen Fall wären der Beklagten durch einen Anwaltswechsel wesentlich höhere Kosten entstanden, als Reisekosten durch die Wahrnehmung der Termine beim Landgericht Hamburg durch die Frankfurter Prozessbevollmächtigten entstanden seien.

18 Wurde vom **Amts-/Landgericht an das zuständige Arbeitsgericht** verwiesen, dann hat der Kläger die dem Beklagten vor dem Amts-/Landgericht entstandenen Kosten zu erstatten (§ 12a Abs. 1 S. 3 ArbGG). Dies auch dann, wenn derselbe Rechtsanwalt den Beklagten sowohl vor dem Amts-/Landgericht als auch vor dem Arbeitsgericht als Prozessbevollmächtigter vertreten hat und diese Kosten vor dem Arbeitsgericht erneut anfallen.[13]

III. Verweisung/Abgabe an ein Gericht eines niedrigeren Rechtszugs

19 Abweichend von § 20 S. 1 RVG regelt **S. 2** dieser Vorschrift, dass, wenn eine Sache an ein Gericht eines **niedrigeren Rechtszugs** verwiesen oder abgegeben wird, das weitere Verfahren vor diesem Gericht ein neuer – gebührenrechtlicher – Rechtszug ist. Dies bedeutet für den Rechtsanwalt, der sowohl in dem Rechtsmittelverfahren als auch in dem anschließenden Verfahren nach Verweisung durch das Rechtsmittelgericht an ein Gericht eines niedrigeren Rechtszugs vertritt, dass er für das Verfahren nach Verweisung eine gesonderte Vergütung abrechnen kann. Die nach Verweisung an das Gericht eines niedrigeren Rechtszugs entstehenden Gebühren können neben den Gebühren abgerechnet werden, die der Rechtsanwalt sonst schon in der Sache verdient hat. Auch die Verfahrensgebühr kann mehrfach entstehen; Anrechnungsvorschriften, wie etwa bei der Konstellation selbstständiges Beweisverfahren/Hauptsache oder Vor- und Nachverfahren im Urkundenprozess bestehen hier nicht.

20 § 20 S. 2 RVG regelt also gebührenrechtlich die so genannte **Diagonalverweisung**. Ein Fall des § 20 S. 2 RVG ist zB gegeben, wenn
- Klage vor dem LG Hamburg erhoben wurde, die Sache in der Berufung vor dem OLG Hamburg verhandelt wird und diese wegen Unzuständigkeit des zuerst angerufenen LG Hamburg an das LG Köln verweist[14]
- nach der Entscheidung des Amtsgerichts – Familiengerichts – wird die Sache in der Beschwerde beim Familiensenat des OLG anhängig und dieser verweist an die erstinstanzliche Zivilkammer beim Landgericht oder an die allgemeine Abteilung beim Amtsgericht[15]
- das Urteil des Amtsgerichts in einer Strafsache mit der Berufung angefochten wurde und die kleine Strafkammer am Landgericht als Berufungsgericht die Sache an die große Strafkammer desselben Landgerichts als Gericht der ersten Instanz verweist[16]

---

[13] Zöller/*Herget* ZPO § 91 Rn. 13 „Verweisung" unter Hinweis auf BAG MDR 2005, 598 = NJW 2005; 1301; Musielak/Voit/*Wolst* ZPO § 91 Rn. 41.
[14] Schneider/Wolf/*N. Schneider* Vorb. §§ 20, 21 Rn. 40; Gerold/Schmidt/*Mayer* § 20 Rn. 7.
[15] Schneider/Wolf/*N. Schneider* Vorb. §§ 20, 21 Rn. 35.
[16] Schneider/Wolf/*N. Schneider* Vorb. §§ 20, 21 Rn. 37.

Verweisung, Abgabe § 20

- gegen das Urteil des Amtsgerichts Berufung zum Landgericht eingelegt wird und die Berufungskammer des Landgerichts an eine erstinstanzliche Zivilkammer desselben Landgerichts verweist[17]
- Klage beim Landgericht erhoben wurde, die Sache in der Berufung beim OLG anhängig wird und das OLG an ein sachlich zuständiges Verwaltungsgericht verweist.[18]

Ist das Verfahren zB 21
- zunächst beim Amtsgericht Hamburg anhängig,
- setzt sich dann in der Berufung beim Landgericht Hamburg fort
- und wird dann an das Amtsgericht Köln verwiesen,

so sind drei gebührenrechtliche Angelegenheiten gegeben. Auch wenn in allen drei Angelegenheiten derselbe Anwalt als Prozessbevollmächtigter tätig würde, könnte er in jeder Angelegenheit gesonderte Gebühren abrechnen. Denn das Verfahren vor dem Amtsgericht Hamburg und das anschließende Berufungsverfahren vor dem Landgericht Hamburg sind nach § 17 Abs. 1 RVG verschiedene gebührenrechtliche Angelegenheiten. Das Verfahren vor dem Amtsgericht Köln ist dann nach § 15 Abs. 2 S. 1 iVm § 20 S. 2 RVG eine gesonderte gebührenrechtliche Angelegenheit. Spezielle Anrechnungsvorschriften für diese Fälle existieren nicht.

Beispiel:
Beim Amtsgericht Hamburg ist eine Klage über 4.800 EUR anhängig. Nach mündlicher Verhandlung wird die Klage mangels örtlicher Zuständigkeit abgewiesen. Der Kläger legt Berufung ein. In der mündlichen Verhandlung beschließt das LG Hamburg die Sache an das örtlich zuständige AG Köln zu verweisen. Beim AG Köln ergeht nach mündlicher Verhandlung ein Urteil. Der Kläger wird vor allen drei Gerichten von demselben Prozessbevollmächtigten vertreten. Dieser nimmt jeweils auch die mündlichen Verhandlungstermine wahr.

Der als Prozessbevollmächtigte für den Kläger tätige Rechtsanwalt kann berechnen:

Amtsgericht Hamburg
Gegenstandswert: 4.800 EUR
1. 1,3 Verfahrensgebühr Nr. 3100 VV   393,90 EUR
2. 1,2 Terminsgebühr Nr. 3104 VV   363,60 EUR
3. Pauschale Nr. 7002 VV   20,00 EUR
zzgl. evtl. entstandener weiterer Auslagen und Umsatzsteuer.

Landgericht Hamburg
Gegenstandswert: 4.800 EUR
1. 1,6 Verfahrensgebühr Nr. 3200 VV   484,80 EUR
2. 1,2 Terminsgebühr Nr. 3202 VV   363,60 EUR
3. Pauschale Nr. 7002 VV   20,00 EUR
zzgl. evtl. entstandener weiterer Auslagen und Umsatzsteuer.

Amtsgericht Köln
Gegenstandswert: 4.800 EUR
1. 1,3 Verfahrensgebühr Nr. 3100 VV   393,90 EUR
2. 1,2 Terminsgebühr Nr. 3104 VV   363,60 EUR
3. Pauschale Nr. 7002 VV   20,00 EUR
zzgl. evtl. entstandener weiterer Auslagen und Umsatzsteuer.

§ 20 S. 2 RVG ist nicht zu verwechseln mit § 21 Abs. 1 RVG, der die Zurückverweisung gebührenrechtlich behandelt. Bei einer Zurückverweisung (Vertikalverweisung) ist zB dann gegeben, wenn die Sache von dem Rechtsmittelgericht an ein im Instanzenzug untergeordnetes Gericht zurückverwiesen wird (Klage beim Amtsge- 22

---

[17] Schneider/Wolf/*N. Schneider* Vorb. §§ 20, 21 Rn. 38.
[18] Gerold/Schmidt/*Mayer* § 20 Rn. 7; Schneider/Wolf/*N. Schneider* Vorb. §§ 20, 21 Rn. 42.

richt Koblenz, Berufung zum Landgericht Koblenz, Zurückverweisung zum Amtsgericht Koblenz). Wegen der gebührenrechtlichen Behandlung dieser Fälle wird auf die Kommentierung zu § 21 Abs. 1 RVG verwiesen.

§ 21 Zurückverweisung, Fortführung einer Folgesache als selbständige Familiensache

(1) Soweit eine Sache an ein untergeordnetes Gericht zurückverwiesen wird, ist das weitere Verfahren vor diesem Gericht ein neuer Rechtszug.

(2) In den Fällen des § 146 des Gesetzes über das Verfahren in Familiensachen und in den Angelegenheiten der freiwilligen Gerichtsbarkeit, auch i. V. m. § 270 des Gesetzes über das Verfahren in Familiensachen und in den Angelegenheiten der freiwilligen Gerichtsbarkeit, bildet das weitere Verfahren vor dem Familiengericht mit dem früheren einen Rechtszug.

(3) Wird eine Folgesache als selbständige Familiensache fortgeführt, sind das fortgeführte Verfahren und das frühere Verfahren dieselbe Angelegenheit.

Übersicht

	Rn.
I. Überblick	1
II. Anwendungsbereich des Abs. 1	4
III. Voraussetzungen für Anwendbarkeit des Abs. 1	6
1. Allgemeine Voraussetzungen	6
2. Einzelfälle	11
IV. Gebührenrechtliche Folgen nach Abs. 1	19
V. Zurückverweisung nach § 146 FamFG (Abs. 2)	23
VI. Fortsetzung einer Folgesache als selbständige Familiensache (Abs. 3)	29

I. Überblick

1 § 20 S. 2 RVG regelt die Verweisung/Abgabe an ein Gericht eines niedrigen Rechtszugs wegen örtlicher oder sachlicher Unzuständigkeit oder einem anderweitig gegebenen Rechtsweg (Diagonalverweisung). Im Unterschied dazu regelt § 21 Abs. 1 RVG gebührenrechtlich die Zurückverweisung durch das Rechtsmittelgericht an ein untergeordnetes Gericht desselben Rechtszugs (Vertikalverweisung). In § 21 Abs. 1 RVG sind also die Fälle gebührenrechtlich geregelt, in denen das Rechtsmittelgericht an ein Gericht zur abschließenden Entscheidung zurückverweist, das – bevor Rechtsmittel eingelegt wurde – schon einmal mit der Sache befasst war. Das weitere Verfahren nach Zurückverweisung vor diesem Gericht ist dann nach § 21 Abs. 1 RVG ein neuer – gebührenrechtlicher – Rechtszug, also eine neue gebührenrechtliche Angelegenheit. Nach Zurückverweisung entstehen alle Gebühren neu und können von dem Mandanten gefordert werden. Ausnahme: Nach der Vorb. 3 Abs. 6 VV ist die vor Zurückverweisung bereits entstandene Verfahrensgebühr auf die Verfahrensgebühr für das erneute Verfahren nach Zurückverweisung anzurechnen, wenn die Sache an ein untergeordnetes Gericht zurückverwiesen wird, das mit der Sache bereits befasst war.

2 Wird in einer Familiensache eine Entscheidung aufgehoben, durch die ein Scheidungsantrag abgewiesen oder in einer Lebenspartnerschaftssache ein Antrag auf Aufhebung der Lebenspartnerschaft abgewiesen wurde, so soll das Rechtsmittelgericht gem. §§ 146, 270 FamFG das Verfahren an das Ausgangsgericht zurückverweisen,

wenn dort eine Folgesache zur Entscheidung ansteht. Nach § 21 Abs. 2 RVG bildet das weitere Verfahren vor dem Familiengericht – nach Zurückverweisung – mit dem früheren Verfahren – vor Zurückverweisung – einen Rechtszug, also eine gebührenrechtliche Angelegenheit. In diesen Fällen können die nach Zurückverweisung entstehenden Gebühren nicht ein zweites Mal verlangt werden.

Nach § 21 Abs. 3 RVG sind, wenn eine Folgesache als selbständige Familiensache fortgeführt wird, das fortgeführte Verfahren und das frühere Verfahren dieselbe – gebührenrechtliche – Angelegenheit. Hier ist allerdings zu unterscheiden, ob das abgetrennte Verfahren Folgesache bleibt (§ 137 Abs. 5 S. 1 FamFG) oder ob die abgetrennte Folgesache zu einer selbständigen Familiensache wird (§ 137 Abs. 5 S. 2 FamFG). Hierzu wird verwiesen auf die nachfolgende Kommentierung → Rn. 29 ff.

II. Anwendungsbereich des Abs. 1

§ 21 Abs. 1 S. 1 RVG gilt nicht nur für den **Zivilprozess, sondern für alle gerichtlichen Verfahren**. § 21 Abs. 1 RVG gilt also auch in
- Strafsachen
- Arbeitsgerichtsverfahren
- Verwaltungsgerichtsverfahren
- Finanzgerichtsverfahren
- Sozialgerichtsverfahren

und Verfahren anderer besonderer Gerichtsbarkeiten.[1]

Auch wenn ein **Verfassungsgericht** die Entscheidung eines anderen Gerichts aufhebt und die Sache an das Gericht zurückgibt, dessen Entscheidung aufgehoben worden ist, ist § 21 Abs. 1 RVG anzuwenden. In **Familiensachen** sind die in den Absätzen 2 und 3 des § 21 RVG geregelten Besonderheiten zu beachten.

§ 21 Abs. 1 RVG kommt natürlich nur dann zur Anwendung, wenn **derselbe Rechtsanwalt** vor und nach Zurückverweisung vertreten hat.[2]

III. Voraussetzungen für Anwendbarkeit des Abs. 1

1. Allgemeine Voraussetzungen

Abs. 1 des § 21 RVG ist nur anzuwenden, wenn die Zurückverweisung innerhalb desselben prozessualen Rechtszugs erfolgt. Das Gericht, an das zurückverwiesen wird, muss sachlich und örtlich im Rechtszug dem verweisenden Gericht untergeordnet sein. Denn wenn ein Gericht eines anderen sachlichen oder örtlichen Rechtszugs zurückverwiesen würde, wäre ein Fall des § 20 S. 2 RVG gegeben.[3] Im letzteren Fall käme dann die Anrechnungsvorschrift mit der Vorb. 3 Abs. 6 VV nicht zur Anwendung.

Der Begriff der Zurückverweisung in § 21 Abs. 1 RVG ist inhaltlich nicht mit dem prozessualen Begriff der Zurückverweisung (zB § 539 ZPO, § 354 StPO) identisch. Eine Zurückverweisung im gebührenrechtlichen Sinne des § 21 Abs. 1 RVG liegt stets dann vor, *„wenn das Rechtsmittelgericht durch eine das Rechtsmittelverfahren beendende Entscheidung oder einen Vergleich einem untergeordneten Gericht die abschließende Entscheidung überträgt."*[4]

---

[1] Schneider/Wolf/N. *Schneider* § 21 Rn. 4.
[2] Schneider/Wolf/N. *Schneider* § 21 Rn. 6.
[3] Schneider/Wolf/N. *Schneider* § 21 Rn. 10.
[4] Zitiert nach Schneider/Wolf/N. *Schneider* § 21 Rn. 16.

§ 21 Zurückverweisung, Fortführung einer Folgesache

8 **Erste Voraussetzung** ist zunächst, dass die Sache durch ein **Rechtsmittel** (Berufung, Revision, Beschwerde oder Rechtsbeschwerde) gegen eine **Endentscheidung** in die nächste Instanz gelangt ist. Ob auch ein Rechtsmittel gegen eine Zwischenentscheidung ausreichend ist, ist differenziert zu betrachten.[5]

9 **Zweite Voraussetzung** ist, dass das Rechtsmittelgericht **in der Sache selbst eine Entscheidung** (Urteil oder Beschluss) trifft, durch welche die Sache beim Rechtsmittelgericht abgeschlossen wird. Nicht ausreichend ist, wenn das Rechtsmittelgericht keine Entscheidung in der Sache selbst trifft, sondern zB die Berufung als unzulässig verwirft.[6] Nicht ausreichend ist auch, wenn das Rechtsmittel zurückgenommen wird.[7] Ausreichend soll aber sein, wenn die Parteien im Rechtsmittelverfahren einen Vergleich schließen und sich hieraus dann die Notwendigkeit der weiteren Verhandlung vor dem Erstgericht ergibt.[8]

10 **Dritte Voraussetzung** ist, dass das Rechtsmittelgericht an ein im Instanzenzug untergeordnetes Gericht zur Entscheidung zurückverweist. Die Notwendigkeit einer weiteren – neuen – Entscheidung des untergeordneten Gerichts muss sich aus der Entscheidung des Rechtsmittelgerichts oder dem vor dem Rechtsmittelgericht geschlossenen Vergleich ergeben. Hierunter fallen insbesondere die Fälle, in denen das Rechtsmittelgericht die angefochtene Entscheidung aufhebt und die Sache zu erneuten Entscheidung zurückverweist.[9] Nach einer Entscheidung des BGH[10] ist es nicht ausreichend, dass das Rechtsmittelgericht ein angefochtenes Grundurteil bestätigt und die Sache zur weiteren Entscheidung über die Höhe der Ansprüche an das Ausgangsgericht zurückgibt.

2. Einzelfälle

11 Wird gegen ein **Grundurteil** Berufung eingelegt und ändert das Rechtsmittelgericht das Grundurteil der Gestalt ab, dass es eine höhere Haftungsquote zuspricht und wird dann an das Erstgericht zurückverwiesen, so ist ein Fall des § 21 Abs. 1 RVG gegeben.[11] Auch wenn nach erstinstanzlicher Klageabweisung das Berufungsgericht den Anspruch dem Grunde nach für gegeben erklärt und den Rechtsstreit zur Entscheidung über die Höhe an das Ausgangsgericht zurückverweist, treten die gebührenrechtlichen Folgen des § 21 Abs. 1 RVG ein.[12] Allerdings liegt keine Zurückverweisung iSd § 21 Abs. 1 RVG vor, wenn das Berufungsgericht das Grundurteil bestätigt und die Sache zur weiteren Entscheidung über die Höhe an das Erstgericht zurückgibt.[13] Auch wenn das Rechtsmittel gegen ein Grundurteil vom Rechtsmittelgericht als unzulässig zurückgewiesen oder die Berufung zurückgenommen wird, kommt § 21 Abs. 1 RVG nicht zur Anwendung.[14]

Praxistipp:

12 Als Fazit kann festgehalten werden, dass eine Zurückverweisung iSd § 21 Abs. 1 RVG nur dann gegeben ist, wenn das Rechtsmittelgericht eine Sachentscheidung

---

[5] Schneider/Wolf/*N. Schneider* § 21 Rn. 17 bis 19.
[6] Schneider/Wolf/*N. Schneider* § 21 Rn. 20; Gerold/Schmidt/*Mayer* § 21 Rn. 5.
[7] Gerold/Schmidt/*Mayer* § 21 Rn. 5.
[8] Schneider/Wolf/*N. Schneider* § 21 Rn. 20.
[9] Schneider/Wolf/*N. Schneider* § 21 Rn. 21.
[10] BGH NJW-RR 2004, 1294 = JurBüro 2004, 479.
[11] Schneider/Wolf/*N. Schneider* § 21 Rn. 25 unter Hinweis auf OLG Schleswig JurBüro 1996, 135.
[12] Schneider/Wolf/*N. Schneider* § 21 Rn. 25.
[13] Schneider/Wolf/*N. Schneider* § 21 Rn. 25 unter Hinweis auf BGH NJW-RR 2004, 1294 = JurBüro 2004, 479.
[14] HK-RVG/*Kroiß* § 21 Rn. 15.

trifft in deren Rahmen das vorinstanzliche (Grund-)Urteil abgeändert wird und danach zurückverwiesen wird, weil eine neue Entscheidung der Vorinstanz erforderlich geworden ist.

Auch wenn ein **Teilurteil** mit einem Rechtsmittel angefochten worden ist und das Gericht des höheren Rechtszugs die Sache an das Gericht des niedrigeren Rechtszugs nach Entscheidung über das Rechtsmittel zurückverweist, ist differenziert zu betrachten: Hat das Berufungsgericht nach Erlass des Teilurteils das gesamte Verfahren an sich gezogen, entscheidet zum Grund des Anspruchs und verweist dann die Sache zur Entscheidung über die Höhe an das Erstgericht zurück, liegt ein Fall des § 21 Abs. 1 RVG vor.[15] Keine Zurückverweisung iSd § 21 Abs. 1 RVG ist dagegen gegeben, wenn die Berufung des Beklagten gegen ein Teilurteil vom Berufungsgericht zurückgewiesen wird.[16] Denn in diesem Fall entscheidet das Erstgericht nach Rückgabe der Akten nur noch über den Restanspruch, verhandelt also nicht mehr über den Teil des Falls, der in dem vom Rechtsmittelgericht bestätigten Teilurteil bereits entschieden ist. 13

Hebt das Rechtsmittelgericht auf die Berufung gegen ein Teilurteil dieses auf und verweist die Sache an das Erstgericht zurück, so liegt eine Zurückverweisung iSd § 21 Abs. 1 RVG nur insoweit vor, als die Sache im Berufungsverfahren anhängig geworden ist.[17] 14

Wurde eine **Stufenklage** erhoben, weist das Erstgericht den Auskunftsantrag ab, wird dagegen Berufung eingelegt und gibt das Berufungsgericht dem Auskunftsantrag statt, wird die Sache zur Verhandlung über die Höhe der Ansprüche an das Erstgericht zurückverwiesen. Die Folgen des § 21 Abs. 1 S. 1 RVG treten in diesem Fall ein.[18] Dies gilt auch dann, wenn das Rechtsmittelgericht bei Abweisung des Auskunftsantrags das Urteil abändert und der Auskunftsklage teilweise stattgibt und anschließend an das Erstgericht zurückverweist.[19] Keine Zurückverweisung iSd § 21 Abs. 1 RVG liegt allerdings in dem Falle vor, dass das Erstgericht dem Auskunftsantrag stattgegeben hat, der Beklagte dagegen Berufung einlegt, die Berufung zurückgewiesen wird und das Berufungsgericht die Sache an das Erstgericht zur Entscheidung über den Zahlungsantrag zurückgibt.[20] 15

Auch bei einem **Vergleich** in der Rechtsmittelinstanz zum Haftungsgrund kann eine Zurückverweisung iSd § 21 Abs. 1 RVG gegeben sein, wenn sich nach Abschluss des Vergleichs die Notwendigkeit einer weiteren Verhandlung vor dem erstinstanzlichen Gericht über die Höhe der Ansprüche ergibt und folglich die Sache zurückverwiesen wird.[21] Weitere Voraussetzungen für die Anwendbarkeit des § 21 Abs. 1 RVG in diesen Fällen dürfte allerdings sein, dass durch den Vergleich das mit einem Rechtsmittel angefochtene erstinstanzliche Urteil „abgeändert" wird. 16

§ 21 Abs. 1 RVG findet nach BGH[22] auch dann Anwendung, wenn ein **Verfassungsgericht** die Entscheidung eines Gerichts aufhebt und die Sache an dieses Gericht zurückverweist. 17

Auch in Strafsachen kommt § 21 Abs. 1 RVG zur Anwendung, wenn eine Sache an das Gericht des niedrigeren Rechtszuges zurückverwiesen wird. Die Gebühren 18

---

[15] Schneider/Wolf/*N. Schneider* § 21 Rn. 27 unter Hinweis auf OLG München JurBüro 1985, 1190.
[16] HK-RVG/*Kroiß* § 21 Rn. 14.
[17] Schneider/Wolf/*N. Schneider* § 21 Rn. 27.
[18] Schneider/Wolf/*N. Schneider* § 21 Rn. 26; Anderer Meinung: OLG München JurBüro 2011, 249 mit abl. Anm. von *N. Schneider* in AGS 2011, 219.
[19] Schneider/Wolf/*N. Schneider* § 21 Rn. 26.
[20] Schneider/Wolf/*N. Schneider* § 21 Rn. 26.
[21] Schneider/Wolf/*N. Schneider* § 21 Rn. 29.
[22] BGH JurBüro 2014, 20.

in der unteren Instanz können neu entstehen.[23] Eine Anrechnung der vor der Zurückverweisung entstandenen Verfahrensgebühr auf die nach Zurückverweisung vor demselben Gericht entstehenden Verfahrensgebühr findet nicht statt. Denn die Anrechnungsvorschrift der Vorb. 3 Abs. 6 VV kommt nur in Angelegenheiten zur Anwendung, in denen Gebühren nach Teil 3 VV entstehen. In Strafsachen entstehen Gebühren nach Teil 4 VV.[24]

IV. Gebührenrechtliche Folgen nach Abs. 1

19 Nach § 21 Abs. 1 RVG ist, wenn eine Zurückverweisung iSd Vorschrift gegeben ist, das weitere Verfahren nach Zurückverweisung vor dem untergeordneten Gericht eine neue gebührenrechtliche Angelegenheit. Dies bedeutet, dass **nach Zurückverweisung** alle **Gebühren**, deren Tatbestände erfüllt werden, **neu entstehen können**. Dies unabhängig davon, ob sie bei demselben Gericht vor Zurückverweisung schon einmal entstanden sind oder nicht.

20 Nach der Vorb. 3 Abs. 6 VV ist allerdings die vor Zurückverweisung bereits entstandene **Verfahrensgebühr** auf die Verfahrensgebühr für das erneute Verfahren – nach Zurückverweisung – **anzurechnen**. Dies gilt allerdings nur, soweit an ein untergeordnetes Gericht zurückverwiesen wird, das mit der Sache bereits befasst war. Wird an ein Gericht zurückverwiesen, das mit der Sache noch nicht befasst war, ist die vor Zurückverweisung entstandene Verfahrensgebühr nicht auf die nach Zurückverweisung entstehende Verfahrensgebühr anzurechnen. Dann dürfte aber auch ein Fall des § 20 S. 2 RVG vorliegen.

Beispiel:
Gegenstand eines bürgerlichen Rechtsstreits ist die Zahlung von Schmerzensgeld aus einer unerlaubten Handlung. Das Landgericht verkündet nach mündlicher Verhandlung ein Grundurteil. Gegen das Grundurteil wird Berufung eingelegt. In der Berufungsinstanz ändert das OLG das Grundurteil dahingehend ab, dass den Beklagten keine volle Haftung trifft, sondern er nur zu 75 % für die dem Kläger eingetretenen Schäden haftet. Das OLG verweist an dasselbe Landgericht zurück, damit über die Höhe der geltend gemachten Ansprüche entschieden werden kann. Nach Zurückverweisung nimmt der Kläger die Klage um 2.500 EUR zurück. Es wird mündlich verhandelt. Danach ergeht ein End-Urteil.
Das Gericht setzt den Streitwert bis zur Teil-Klagerücknahme auf 10.000 EUR und für die Zeit danach auf 7.500 EUR fest.
Die Prozessbevollmächtigten, die sowohl vor, als auch nach Zurückverweisung und auch in dem II. Rechtszug tätig waren, können berechnen:

Verfahren vor dem Landgericht, bis zum Grundurteil:
Gegenstandswert: 10.000 EUR
1. 1,3 Verfahrensgebühr Nr. 3100 VV   725,40 EUR
2. 1,2 Terminsgebühr Nr. 3104 VV   669,60 EUR
3. Pauschale Nr. 7002 VV   20,00 EUR
zzgl. evtl. entstandener weiteren Auslagen und Umsatzsteuer.

Verfahren vor dem OLG, Berufung:
Gegenstandswert: 10.000 EUR
1. 1,6 Verfahrensgebühr Nr. 3200 VV   892,80 EUR
2. 1,2 Terminsgebühr Nr. 3202 VV   669,60 EUR
3. Pauschale Nr. 7002 VV   20,00 EUR
zzgl. evtl. weiterer Auslagen und Umsatzsteuer.

---

[23] Gerold/Schmidt/*Mayer* § 21 Rn. 12; AG Wernigerode AGS 2015, 224.
[24] Gerold/Schmidt/*Mayer* § 21 Rn. 12.

Verfahren vor dem LG nach Zurückverweisung:
Gegenstandswert: 10.000 EUR/7.500 EUR
1. 1,3 Verfahrensgebühr Nr. 3100 VV nach Wert: 10.000 EUR 725,40 EUR
hierauf anzurechnen gem. Vorb. 3 Abs. 6 VV 1,3 Verfahrensgebühr
Nr. 3100 VV nach Wert: 10.000 EUR 725,40 EUR
verbleiben von der Verfahrensgebühr: 0,00 EUR
2. 1,2 Terminsgebühr Nr. 3104 VV nach Wert: 7.500 EUR 547,20 EUR
3. Pauschale Nr. 7002 VV 20,00 EUR
zzgl. evtl. weiterer Auslagen und Umsatzsteuer.

Nach Zurückverweisung dürfte auch eine Verfahrensgebühr nach 10.000 EUR entstanden sein, da die Klage über diesen Betrag noch anhängig war, als die Zurückverweisung erfolgte und der Prozessbevollmächtigte die ersten Tätigkeiten nach Zurückverweisung ausübte, wie zB Entgegennahme weiterer Informationen, Fertigung von Schriftsätzen mit weiteren Sachanträgen oder Sachvortrag. Da die Teilrücknahme der Klage vor dem Termin erfolgte, dürfte die Terminsgebühr nur noch nach dem verbleibenden Gegenstandswert – nach Teilrücknahme der Klage – angefallen sein. Wäre nach Zurückverweisung die Klage erhöht worden, wäre die Verfahrensgebühr nach Zurückverweisung nach dem höheren Wert angefallen. Anzurechnen wäre aber nur eine Verfahrensgebühr nach dem Gegenstandswert, der vor Zurückverweisung Grundlage der Gebühren war. Die Differenz könnte dann vom Rechtsanwalt noch gefordert werden.

Liegen zwischen der Beendigung des Verfahrens vor Zurückverweisung und dem Beginn des Verfahrens nach Zurückverweisung mehr als zwei Kalenderjahre, so unterbleibt die in der Vorb. 3 Abs. 6 VV vorgeschriebene Anrechnung der Verfahrensgebühr.[25] Dies ergibt sich aus § 15 Abs. 5 S. 2 RVG.[26] In diesem Fall kann der Anwalt zwei Verfahrensgebühren fordern, einmal für seine Tätigkeit als Prozessbevollmächtigter vor Zurückverweisung und einmal eine für seine Tätigkeit als Prozessbevollmächtigter nach Zurückverweisung. Nach OLG Hamburg[27] kommt es für die Betrachtung der Zweijahresfrist des § 15 Abs. 2 S. 2 RVG nicht auf die Verkündung des Revisionsurteils an, sondern auf den Zeitpunkt der Kenntnisnahme des Rechtsanwalts von der Zurückverweisung.

Lässt sich die Partei nach Zurückverweisung von einem anderen Rechtsanwalt vertreten, kommt die Vorb. 3 Abs. 6 VV nicht zur Anwendung, mit der Folge, dass der Rechtsanwalt, der zunächst bis zu dem angefochtenen Urteil tätig war, eine Verfahrensgebühr fordern kann, als auch der Rechtsanwalt, der die Partei nach Zurückverweisung vor demselben Gericht weiter vertritt. Die beiden Verfahrensgebühren sind dann nicht aufeinander anzurechnen, da sie von verschiedenen Anwälten verdient wurden. Von der letztlich unterlegenen Partei sind die beiden Verfahrensgebühren aber nur zu erstatten, wenn der Anwaltswechsel notwendig war.[28]

V. Zurückverweisung nach § 146 FamFG (Abs. 2)

§ 21 **Abs. 2** RVG geht als spezielle Vorschrift dem § 21 **Abs. 1** RVG vor. § 21 Abs. 2 RVG gilt allerdings nur für die in § 146 FamFG geregelten Fälle (allerdings auch in Lebenspartnerschaftssachen – § 270 FamFG). § 21 Abs. 2 RVG kommt in folgenden Fällen zur Anwendung:
- im Verbund sind auch Folgesachen anhängig gemacht worden
- der Scheidungsantrag wurde abgewiesen

---

[25] OLG Düsseldorf NJW-Spezial 2009, 220 = BeckRS 2009, 08163; OLG München NJOZ 2006, 3722; OLG Köln MDR 2009, 1365; *Schneider* NJW-Spezial 2009, 747.
[26] → § 15 Rn. 169 ff.
[27] OLG Hamburg NJOZ 2014, 1037.
[28] OLG Celle AGS 2015, 492 mit kritischer Anm von *N. Schneider* (AGS 2015, 493).

- das Rechtsmittelgericht hält den Scheidungsantrag für begründet und verweist an die Vorinstanz zurück, damit über die anhängigen Folgesachen entschieden werden kann (§ 146 FamFG).[29]

24 Im Falle einer Zurückverweisung nach § 146 FamFG bildet das weitere Verfahren nach Zurückverweisung mit dem früheren Verfahren vor Zurückverweisung einen Rechtszug, also dieselbe gebührenrechtliche Angelegenheit. In den Fällen einer Zurückverweisung nach § 146 FamFG entstehen also nach Zurückverweisung die Gebühren, deren Tatbestand erfüllt wird, nicht erneut. Allerdings können nach Zurückverweisung noch Gebühren entstehen, deren Tatbestand vor Zurückverweisung noch nicht ausgelöst worden ist (zB wenn nach Zurückverweisung in der Folgesache noch eine Einigungsgebühr anfällt, kann natürlich diese Einigungsgebühr neben der Verfahrens- und der Terminsgebühr, die schon vor Zurückverweisung ausgelöst worden ist, noch berechnet werden).

25 Erhöht sich nach Zurückverweisung (§ 146 FamFG) der Verfahrenswert, weil zB weitere Folgesachen anhängig werden, können natürlich die Gebühren, deren Tatbestand nach Zurückverweisung erfüllt wird, nach dem höheren Wert angesetzt werden.[30]

26 Liegen allerdings zwischen dem Abschluss des erstinstanzlichen Verfahrens und der Zurückverweisung nach § 146 FamFG mehr als zwei Kalenderjahre, handelt es sich bei der weiteren Tätigkeit des Verfahrensbevollmächtigten nach Zurückverweisung um eine neue gebührenrechtliche Angelegenheit (§ 15 Abs. 5 S. 2 RVG).[31] Es können dann für die weitere Tätigkeit des Verfahrensbevollmächtigten nach Zurückverweisung alle Gebühren – auch die Verfahrensgebühr – neu entstehen, unabhängig von den Gebühren, die schon vor Zurückverweisung vor demselben Gericht entstanden sind.

27 § 21 Abs. 2 RVG gilt auch, wenn § 146 FamFG über § 270 FamFG in einer Lebenspartnerschaftssache zur Anwendung kommt.

28 § 21 **Abs. 2** RVG gilt aber nicht, wenn das Rechtsmittelgericht die Sache nach § 69 Abs. 1 S. 2 und 3 oder nach § 74 Abs. 5 S. 2 FamFG zurückverweist. In diesen Fällen greift § 21 Abs. 1 RVG.[32]

VI. Fortsetzung einer Folgesache als selbständige Familiensache (Abs. 3)

29 Wird eine Folgesache als selbständige Familiensache fortgeführt, sind das fortgeführte Verfahren und das frühere Verfahren dieselbe Angelegenheit (§ 21 Abs. 3 RVG). § 21 Abs. 3 RVG behandelt in erster Linie die Abtrennung von Folgesachen aus dem Verbund. Verfahrensrechtlich ist zu unterscheiden, ob es sich bei der abgetrennten Folgesache um eine Folgesache nach § 137 Abs. 2 FamFG handelt oder um eine Folgesache nach § 137 Abs. 3 FamFG. Denn § 137 Abs. 5 S. 1 FamFG bestimmt, dass abgetrennte Folgesachen nach § 137 **Abs. 2** FamFG Folgesachen bleiben. Gebührenrechtlich sind die Sachen mE so zu behandeln, als sei die Abtrennung nicht erfolgt. Der Rechtsanwalt kann nicht mehr an Gebühren erhalten, als er bei gleicher Tätigkeit nach dem Gesamtstreitwert des Verbunds erhalten hätte, wenn die Abtrennung nicht erfolgt wäre. Die Problematik wurde bereits ausführlich in der Kommentierung zu → § 16 RVG unter den Rn. 45 ff. behandelt. Es wird auf die dortigen Ausführungen verwiesen.

---

[29] Schneider/Wolf/*N. Schneider* § 21 Rn. 84.
[30] Schneider/Wolf/*N. Schneider* § 21 Rn. 85 – mit Berechnungsbeispiel.
[31] Schneider/Wolf/*N. Schneider* § 21 Rn. 87.
[32] Schneider/Wolf/*N. Schneider* § 21 Rn. 88.

Zurückverweisung, Fortführung einer Folgesache § 21

Im Gegensatz dazu bestimmt § 137 Abs. 5 S. 2 FamFG, dass Folgesachen nach 30
§ 137 **Abs. 3** FamFG nach der Abtrennung **als selbständige Verfahren fortgeführt**
werden. Für diese Fälle bestimmt § 21 Abs. 3 RVG, dass das fortgeführte Verfahren
und das frühere Verfahren dieselbe Angelegenheit sind. Dies bedeutet aber nicht,
dass in der nach Abtrennung selbständig fortzuführenden Familiensache keine neuen
Gebühren entstehen können.[33] Vielmehr regelt § 21 Abs. 3 RVG nur, dass die im
Verbund bereits nach dem Wert der später als selbständige Familiensache fortgeführten
Folgesache entstandene Gebührenanteile nicht neben den Gebühren, die nach Abtrennung in der selbständigen Familiensache entstehen, verlangt werden können. **Gebührenrechtlich** hat die Abtrennung und Fortführung als selbständiges Verfahren mE
zur Folge, dass die abgetrennte Folgesache nach Abtrennung als neue, **eigene gebührenrechtliche Angelegenheit** zu behandeln ist. Der Rechtsanwalt kann entweder –
wie bei einer Trennung von bürgerlichen Rechtsstreitigkeiten –[34]
- die vor Abtrennung im Verbund nach dem Gesamtwert entstandenen Gebühren –
  unter Einschluss des Verfahrenswertes der abgetrennten Folgesache – berechnen

oder
- die Gebühren, die im Verbund (ohne den Verfahrenswert der abgetrennten Folgesache) entstanden wären
- und daneben die Gebühren, die in der abgetrennten Folgesache nach dem Verfahrenswert nach Abtrennung entstehen.[35]

Die Problematik wurde bereits ausführlich unter § 16 RVG unter den Rn. 53 ff.
kommentiert, dort auch mit Berechnungsbeispiel unter Rn. 56 ff.[36]

---

[33] So auch: Schneider/Wolf/*Mock*/N. *Schneider*/*Wahlen* § 16 Rn. 70 ff.
[34] → § 15 Rn. 24 ff.
[35] *Enders* JurBüro 2010, 393 f. – mit ausführlicher mit der Auseinandersetzung der Literatur.
[36] Schneider/Wolf/*N. Schneider* § 21 Rn. 99 ff. – mit Berechnungsbeispiel.

Abschnitt 4. Gegenstandswert

§ 22 Grundsatz

(1) In derselben Angelegenheit werden die Werte mehrerer Gegenstände zusammengerechnet.

(2) ¹Der Wert beträgt in derselben Angelegenheit höchstens 30 Millionen Euro, soweit durch Gesetz kein niedrigerer Höchstwert bestimmt ist. ²Sind in derselben Angelegenheit mehrere Personen wegen verschiedener Gegenstände Auftraggeber, beträgt der Wert für jede Person höchstens 30 Millionen Euro, insgesamt jedoch nicht mehr als 100 Millionen Euro.

Übersicht

	Rn.
I. Überblick	1
II. Mehrere Gegenstände in derselben Angelegenheit sind zusammenzurechnen (Abs. 1)	4
III. Höchstwerte (Abs. 2)	15
1. Ein Auftraggeber	15
2. Mehrere Auftraggeber	23
3. Nr. 7007 VV	27

I. Überblick

1 Im Abschn. 4 (§§ 22 bis 33 RVG) ist der Gegenstandswert für Anwaltsgebühren geregelt. § 22 RVG bestimmt zunächst grundsätzliches. Nach § 22 Abs. 1 RVG werden in derselben Angelegenheit die Werte mehrerer Gegenstände zusammengerechnet. Die Gebühren sind dann einmal nach der Summe der Werte anzusetzen.

2 § 22 Abs. 2 RVG bestimmt Höchstwerte. Auch wenn der tatsächliche Wert des Gegenstands, wegen welchem der Rechtsanwalt den Auftraggeber vertritt, über den in § 22 Abs. 2 RVG festgelegten Höchstwerten liegt, kann der Rechtsanwalt seine Gebühren nur nach den dort festgelegten Höchstwerten berechnen. Die Anwendung dieser Höchstwerte kann in einer Vergütungsvereinbarung zwischen Mandant und Rechtsanwalt ausgeschlossen werden.

3 Durch das 2. KostRMoG[1] wurden in § 22 Abs. 2 S. 2 RVG nach den Worten „mehrere Personen" die Worte „wegen verschiedener Gegenstände" eingefügt. Damit stellt der Gesetzgeber klar, dass die Erhöhung der Wertobergrenze bei mehreren Auftraggebern nur dann in Betracht kommt, wenn der Rechtsanwalt in derselben Angelegenheit für mehrere Auftraggeber **wegen verschiedener Gegenstände** tätig wird.[2]

II. Mehrere Gegenstände in derselben Angelegenheit sind zusammenzurechnen (Abs. 1)

4 Werden in **derselben Angelegenheit mehrere Gegenstände** geltend gemacht, sind die Werte der einzelnen geltend gemachten Gegenstände **zusammenzurechnen**. Nach der Summe der Werte können dann die Gebühren bestimmt werden. Die

---

[1] BGBl. 2013 I 2586, In Kraft getreten am 1.8.2013.
[2] → § 22 Rn. 25 f.

Grundsatz § 22

Gebühren können in derselben Angelegenheit grundsätzlich nur einmal gefordert werden (§ 15 Abs. 2 RVG).

Beispiel 1:

Der Rechtsanwalt macht als Prozessbevollmächtigter für den Mandanten in einem Zivilprozess für denselben Kläger gegenüber demselben Beklagten einen Anspruch aus einem Darlehen in Höhe von 5.000 EUR und einen Anspruch aus einem Kaufvertrag in Höhe von 8.000 EUR geltend. Die einzelnen Werte sind zu addieren und nach der Summe können die Gebühren einmal angesetzt werden. In dem Rechtsstreit ergeht nach mündlicher Verhandlung ein Urteil. Der Prozessbevollmächtigte kann berechnen:

Gegenstandswert: (5.000 EUR + 8.000 EUR =) 13.000 EUR

1. 1,3 Verfahrensgebühr Nr. 3100 VV	785,20 EUR
2. 1,2 Termingebühr Nr. 3104 VV	724,80 EUR
3. Pauschale Nr. 7002 VV	20,00 EUR
4. 19 % Umsatzsteuer Nr. 7008 VV	290,70 EUR
gesamt:	1.820,70 EUR

Voraussetzung dafür, dass die Gebühren nach dem zusammengerechneten Wert aller Gegenstände gefordert werden können, ist, dass der Gebührentatbestand auch nach allen Teilen des Gegenstands erfüllt wird (→ Rn. 10).

Wann dieselbe und wann verschiedene gebührenrechtliche Angelegenheiten 5 gegeben sind, ist in den §§ 15 bis 21 RVG normiert. Liegen verschiedene gebührenrechtliche Angelegenheiten vor, entstehen in jeder Angelegenheit gesonderte Gebühren nach dem jeweiligen Wert des Gegenstands, der in dieser gebührenrechtlichen Angelegenheit geltend gemacht wird.

Beispiel 2:

Der Rechtsanwalt macht auftragsgemäß für den Mandanten einen Anspruch aus einem Darlehen in Höhe von 5.000 EUR in einem bürgerlichen Rechtsstreit geltend. Nach mündlicher Verhandlung und Beweisaufnahme ergeht ein Urteil.

Parallel daneben macht der Rechtsanwalt in einem **gesonderten** bürgerlichen Rechtsstreit für denselben Kläger gegenüber demselben Beklagten einen Anspruch aus einem Kaufvertrag in Höhe von 8.000 EUR geltend. Auch in diesem Rechtsstreit ergeht nach mündlicher Verhandlung und Beweisaufnahme ein Urteil.

Hier sind nun zwei gebührenrechtliche Angelegenheiten gegeben, da die Ansprüche jeweils in einem gesonderten Rechtsstreit verfolgt wurden. Der Prozessbevollmächtigte kann berechnen:

1. Angelegenheit – Klage wegen 5.000 EUR aus Darlehen:

Gegenstandswert: 5.000 EUR

1. 1,3 Verfahrensgebühr Nr. 3100 VV	393,90 EUR
2. 1,2 Termingebühr Nr. 3104 VV	363,60 EUR
3. Pauschale Nr. 7002 VV	20,00 EUR
4. 19 % Umsatzsteuer Nr. 7008 VV	147,73 EUR
	925,23 EUR

2. Angelegenheit – Klage wegen 8.000 EUR aus Kaufvertrag:

Gegenstandswert: 8.000 EUR

1. 1,3 Verfahrensgebühr Nr. 3100 VV	592,80 EUR
2. 1,2 Termingebühr Nr. 3104 VV	547,20 EUR
3. Pauschale Nr. 7002 VV	20,00 EUR
4. 19 % Umsatzsteuer Nr. 7008 VV	220,40 EUR
	1.380,40 EUR

Der Rechtsanwalt kann **nicht von sich aus** einseitig ohne hinreichenden Sach- 6 grund anstehende Verfahren eines Auftraggebers vereinzeln,

§ 22 Grundsatz

„statt sie nach ihrer objektiven Zusammengehörigkeit als eine Angelegenheit zu behandeln, bei der die Gegenstandswerte zusammen zu rechnen sind. Ist sowohl eine getrennte als auch eine gehäufte Verfahrensführung ernsthaft in Betracht zu ziehen, muss der Rechtsanwalt das Für und Wider des Vorgehens unter Einbeziehung der Kostenfolge dem Auftraggeber darlegen und seine Entscheidung herbeiführen."[3]

7 Der § 22 Abs. 1 RVG spricht vom **„Gegenstand"** der anwaltlichen Tätigkeit. Gegenstand ist das Recht, das Rechtsverhältnis oder anders ausgedrückt der Anspruch, auf welchen sich die Tätigkeit des Rechtsanwalts bezieht.[4]

„Gleichgültig ist, ob es sich um ein bestehendes oder künftiges, ein nur angestrebtes oder behauptetes Recht oder Rechtsverhältnis handelt."[5]

Macht der Rechtsanwalt für den Mandanten zB einen Anspruch in Höhe von 10.000 EUR geltend, ist dies der Gegenstand der anwaltlichen Tätigkeit und mit einem Gegenstandswert von 10.000 EUR zu bewerten. Wie der Gegenstandswert zu bestimmen ist, ergibt sich aus den §§ 23 bis 33 RVG.

8 Wird der Rechtsanwalt in **derselben Angelegenheit** und **wegen desselben Gegenstands** für **mehrere Auftraggeber** tätig, liegt ein Fall der Nr. 1008 VV vor. Die Verfahrens- oder Geschäftsgebühr erhöht sich dann für jeden weiteren Auftraggeber um 0,3; mehrere Erhöhungen dürfen einen Gebührensatz von 2,0 allerdings nicht übersteigen (Nr. 1008 Anm. Ziff. 1 und 3 VV – sa Kommentierung zu Nr. 1008 VV).

Beispiel 3:

Für die Eheleute M macht der Rechtsanwalt eine gemeinsame Forderung aus einem Mietverhältnis in Höhe von 7.000 EUR geltend. Nach Klageerhebung wird mündlich verhandelt. Anschließend verkündet das Gericht ein Urteil.
Der Prozessbevollmächtigte der Eheleute M kann berechnen:
Gegenstandswert: 7.000 EUR
1. 1,6 Verfahrensgebühr Nr. 3100, 1008 VV   648,00 EUR
2. 1,2 Terminsgebühr Nr. 3104 VV   486,00 EUR
3. Pauschale Nr. 7002 VV   20,00 EUR
4. 19 % Umsatzsteuer Nr. 7008 VV   219,26 EUR
                                                            1.373,26 EUR

9 Vertritt der Rechtsanwalt **mehrere Auftraggeber** in **derselben Angelegenheit** wegen **verschiedener Gegenstände**, kommt § 22 Abs. 1 RVG zur Anwendung. Dann sind die Werte der einzelnen Gegenstände zu addieren und nach der Summe der Werte entstehen die Gebühren einmal. Nr. 1008 VV kommt in diesem Fall nicht zur Anwendung.

Beispiel 4:

– Sachverhalt wie Beispiel 1: (→ Rn. 4) mit der Variante, dass der Rechtsanwalt für den Auftraggeber A den Anspruch aus dem Darlehen in Höhe von 5.000 EUR geltend macht und für den Auftraggeber B den Anspruch aus dem Kaufvertrag in Höhe von 8.000 EUR. Die beiden Ansprüche werden in derselben Klage und gegenüber demselben Beklagten verfolgt.
Der Prozessbevollmächtigte von A und B kann aus der Summe der Werte der einzelnen Gegenstände (5.000 EUR + 8.000 EUR = 13.000 EUR) einmal Gebühren berechnen. Die Verfahrensgebühr erhöht sich nicht nach Nr. 1008 VV. Im Ergebnis wird der Prozessbevollmächtigte den Klägern A und B die im Beispiel 1 (→ Rn. 4) ausgewiesenen Gebühren berechnen können.

---

[3] BGH NJW 2004, 1043.
[4] Bischof/Jungbauer/*Bischof* § 21 Rn. 3.
[5] Zitiert nach Gerold/Schmidt/*Mayer* § 2 Rn. 6.

Grundsatz § 22

Sind nach § 22 Abs. 1 RVG in derselben Angelegenheit die Werte mehrerer Gegenstände zusammenzurechnen, so bestimmen sich grundsätzlich die Gebühren nach der Summe der Werte. Dies allerdings nur dann, wenn der Gebührentatbestand auch wegen aller Gegenstände erfüllt worden ist. Ist der Gebührentatbestand nur wegen einem Teil der Gegenstände erfüllt worden, entsteht die betreffende Gebühr nach diesem Teil des Gesamtwerts. 10

Beispiel 5:

– Sachverhalt wie Beispiel 1, → Rn. 4 jedoch mit folgender Variante: Vor dem Termin zur mündlichen Verhandlung wird die Klage wegen des Anspruchs in Höhe von 8.000 EUR zurückgenommen. Die Prozessbevollmächtigten können jetzt berechnen:

1. 1,3 Verfahrensgebühr Nr. 3100 VV nach Wert: 13.000 EUR	785,20 EUR
2. 1,2 Terminsgebühr Nr. 3104 VV nach Wert: 5.000 EUR	363,60 EUR
3. Pauschale Nr. 7002 VV	20,00 EUR
4. 19 % Umsatzsteuer Nr. 7008 VV	222,08 EUR
	1.390,88 EUR

Auch bei einer **Klageerhöhung** bzw. -erweiterung ist der Wert des Anspruchs, um den die Klage erhöht bzw. erweitert wird, zu der ursprünglichen Klageforderung zu addieren und die Gebühren berechnen sich nach den zusammengerechneten Werten. Ist der Tatbestand der Gebühr nach der Summe der Werte einmal erfüllt worden, kann die Gebühr nach der Summe der Werte angesetzt werden. Unerheblich ist dann, wenn sich später der Gegenstand der anwaltlichen Tätigkeit durch teilweise Erledigung der Hauptsache oder Teil-Klagerücknahme ermäßigt. Wird der Tatbestand einer Gebühr allerdings erstmals nach Teilermäßigung des Gegenstandswerts erfüllt, entsteht die Gebühr nur nach dem verbleibenden Teil des Gegenstandswerts. 11

Beispiel 6:

Die Klage wird zunächst über 20.000 EUR erhoben. Nach Zahlung wird die Hauptsache in Höhe von 10.000 EUR übereinstimmend teilweise für erledigt erklärt. Die Klage wird dann um 15.000 EUR wegen anderer Ansprüche erhöht. Hierauf werden 7.000 EUR gezahlt, so dass die Klage auch wegen dieser 7.000 EUR übereinstimmend in der Hauptsache für erledigt erklärt wird. Die Klage wird dann wieder wegen anderer Ansprüche erhöht um 12.000 EUR. Hierauf werden 6.000 EUR reguliert, so dass die Hauptsache auch insoweit übereinstimmend teilweise für erledigt erklärt wird. Es findet jetzt ein Termin zur mündlichen Verhandlung statt, in welchem der Rechtsanwalt die Partei vertritt. Der Prozessbevollmächtigte des Klägers kann berechnen:[6]

1. 1,3 Verfahrensgebühr Nr. 3100 VV nach Wert: (20.000 EUR + 15.000 EUR + 12.000 EUR =) 47.000 EUR	1.511,90 EUR
2. 1,2 Terminsgebühr Nr. 3104 VV nach Wert: (20.000 EUR − 10.000 EUR + 15.000 EUR − 7.000 EUR + 12.000 EUR − 6.000 EUR =) 24.000 EUR:	945,60 EUR
3. Pauschale Nr. 7002 VV	20,00 EUR
4. 19 % Umsatzsteuer Nr. 7008 VV	470,73 EUR
	2.948,23 EUR

Da der Tatbestand der Terminsgebühr erstmals in dem Termin zur mündlichen Verhandlung erfüllt wurde, entsteht die Terminsgebühr nur nach dem Wert der zu diesem Zeitpunkt noch anhängigen Ansprüche. Man kann hier allerdings überdenken, ob zum Gegenstandswert der Terminsgebühr nicht auch die auf den jeweils erledigten Teil entfallenden Kosten hinzuzurechnen sind. Bei einer teilweisen übereinstimmenden Erledigungserklärung ist umstritten, ob sich der Gegenstandswert für die nach der Erledigungserklärung erstmals entstehenden Gebühren

---

[6] So entschieden vom KG JurBüro 2008, 148.

Enders

bestimmt nach dem Wert des nicht erledigten Teils der Hauptsache[7] oder nach dem Wert des nicht erledigten Teils der Hauptsache plus die auf den erledigten Teil entfallenden Kosten.[8]

12 § 21 Abs. 1 RVG regelt den **Grundsatz,** dass in derselben Angelegenheit die Werte mehrerer Gegenstände zusammengerechnet werden. In speziellen Vorschriften kann aber auch **abweichendes** geregelt sein.[9] So sind zB bei der Berechnung der Hebegebühr Nr. 1009 VV die an den Mandanten ausgezahlten Beträge nicht zur Berechnung der Gebühr zu addieren, wenn die Auszahlung in mehreren Beträgen gesondert erfolgt ist. Die Hebegebühr kann dann von jedem ausgezahlten Betrag besonders erhoben werden (Nr. 1009 Anm. Ziff. 3 VV).

13 Auch aus den Wertvorschriften des GKG, welche über § 23 Abs. 1 S. 1 RVG auch für den Anwaltsgebührenwert heranzuziehen sind, können sich Abweichungen vom Additionsgebot des § 22 Abs. 1 RVG ergeben. So gilt zB für die Wertbestimmung bei einer Stufenklage nur der höhere Wert (§ 44 GKG, § 38 FamGKG), also entweder der Wert des Auskunfts- oder der Wert des Zahlungsantrags. Die Werte des Auskunfts- und des Zahlungsantrags sind also nicht zu addieren.[10]

14 Die Werte von **Klage** und **Widerklage** sind zwar grundsätzlich zu addieren und die Gebühren sind einmal nach dem zusammengerechneten Wert zu erheben. Betreffen allerdings Klage und Widerklage denselben Streitgegenstand, ist als Gerichts- und Anwaltsgebührenwert nur der höhere Wert – entweder der Klage oder der der Widerklage – anzunehmen (§ 45 Abs. 1 S. 3 GKG, § 39 Abs. 1 S. 3 FamGKG).

III. Höchstwerte (Abs. 2)

1. Ein Auftraggeber

15 Nach § 22 Abs. 1 S. 1 RVG beträgt der Wert in derselben Angelegenheit höchstens 30 Millionen EUR, soweit durch Gesetz kein niedrigerer Höchstwert bestimmt ist. Durch diese Regelung wird der Gebührenstreitwert nach oben begrenzt. Auch wenn der tatsächliche Wert des Gegenstands höher liegt (zB der Rechtsanwalt macht für den Auftraggeber 100 Millionen EUR in der Klage geltend) darf den Anwaltsgebühren kein höherer Gegenstandswert als 30 Millionen EUR zugrunde gelegt werden.

16 Das BVerfG sieht die Regelung in § 22 Abs. 2 RVG nicht als verfassungswidrig an.[11]

17 Wird der Rechtsanwalt für den Auftraggeber in derselben Angelegenheit wegen mehrerer Gegenstände tätig, sind zwar nach § 22 Abs. 1 RVG die Werte der mehreren Gegenstände zusammenzurechnen, jedoch darf auch in diesem Fall die Wertgrenze von 30 Millionen EUR nicht überschritten werden.[12] Es kann dann nicht etwa jeder Gegenstand mit höchstens 30 Millionen EUR bewertet werden. Dies gilt auch, wenn Klage und Widerklage zusammentreffen. Auch in diesem Fall sind zwar die Werte von Klage und Widerklage zu addieren, wenn sie nicht denselben Gegenstand betreffen, aber der Höchstwert von 30 Millionen EUR darf auch nach Addition der Werte nicht überschritten werden.[13]

---

[7] BGH NJW-RR 1995, 1089; Gerold/Schmidt/*Müller-Rabe*/*Mayer* Anh. VI Rn. 235.
[8] Schneider/Wolf/*Onderka*/*N. Schneider* VV Vorb. 3 Rn. 196.
[9] Schneider/Wolf/*N. Schneider* § 22 Rn. 9; HK-RVG/*Mayer* § 22 Rn. 9 und 10.
[10] Schneider/Wolf/*N. Schneider* § 22 Rn. 9.
[11] BVerfG NJW 2007, 2098; HK-RVG/*Mayer* § 22 Rn. 13.
[12] Schneider/Wolf/*N. Schneider* § 22 Rn. 21.
[13] Schneider/Wolf/*N. Schneider* § 22 Rn. 22.

Grundsatz **§ 22**

Die Wertobergrenze des § 22 Abs. 2 RVG gilt auch in vergaberechtlichen Nach- 18
prüfungsverfahren.[14]

Die Wertobergrenze des § 22 Abs. 2 S. 1 RVG gilt nicht, sofern durch Gesetz ein 19
niedrigerer Höchstwert als 30 Millionen EUR bestimmt ist. Niedrigere Höchstwerte können sich zB aus speziellen Vorschriften im RVG, im GKG, im FamGKG oder sonstigen Spezialgesetzen ergeben. So ergeben sich zB niedrigere Höchstwerte
- in nicht vermögensrechtlichen Angelegenheiten aus § 23 Abs. 3 S. 2 RVG = 500.000 EUR
- in Zwangsvollstreckungssachen für die Einholung einer Vermögensauskunft des Schuldners nach § 802c ZPO aus § 25 Abs. 1 Nr. 4 RVG = 2.000 EUR
- in Ehesachen aus § 43 Abs. 1 S. 2 FamGKG (der über § 23 Abs. 1 S. 1 RVG auch für den Anwaltsgebührenwert gilt) = 1.000.000 EUR.[15]

Entsprechende Wertobergrenzen wie in § 22 Abs. 2 S. 1 RVG finden sich auch in 20
§ 39 Abs. 2 GKG und in § 33 Abs. 2 FamGKG. Diese wirken dann über § 23 Abs. 1 S. 1 RVG auch für den Anwaltsgebührenwert zB in bürgerlichen Rechtsstreitigkeiten oder in Familienstreitsachen.[16]

Im Zusammenhang mit § 22 Abs. 2 RVG ist Nr. 7007 VV zu beachten (→ § 22 21
Rn. 27 und die Kommentierung zu Nr. 7007).

Praxistipp:
Zwischen Rechtsanwalt und Mandant kann vereinbart werden, dass die Wertober- 22
grenze des § 22 Abs. 2 RVG in dem zu bearbeitenden Fall nicht gelten soll. Für eine derartige Vergütungsvereinbarung sind die Formvorschriften des § 3a RVG zu beachten.[17]

2. Mehrere Auftraggeber

Sind in derselben Angelegenheit mehrere Personen wegen verschiedener Gegen- 23
stände Auftraggeber des Rechtsanwalts, beträgt der Wert für jede Person höchstens 30 Millionen EUR, insgesamt jedoch nicht mehr als 100 Millionen EUR. Zunächst ist jeder Auftraggeber alleine zu betrachten. Wird der Einzelne wegen mehr als 30 Millionen EUR in Anspruch genommen oder verlangt er von der Gegenseite für sich mehr als 30 Millionen EUR, ist sein Anspruch mit höchstens 30 Millionen EUR zu bewerten. Vertritt der Rechtsanwalt daneben noch weitere Auftraggeber wegen anderer Ansprüche, können auch diese Ansprüche mit höchstens 30 Millionen EUR für jede Person wertmäßig zu buche schlagen. Vertritt er die mehreren Auftraggeber wegen **verschiedener Gegenstände**, sind die Werte dieser Gegenstände zu addieren und nach der Summe der Werte berechnen sich die Gebühren. Allerdings darf der Wert, wenn mehrere Personen Auftraggeber des Rechtsanwalts sind, insgesamt nicht mehr als 100 Millionen EUR betragen.

Beispiel 1:
Der Rechtsanwalt vertritt in einem bürgerlichen Rechtsstreit vier Beklagte. A wird auf Zahlung von 50 Millionen EUR in Anspruch genommen, B auf Zahlung von 40 Millionen EUR, C auf Zahlung von 60 Millionen EUR und D auf Zahlung von 35 Millionen EUR. Der anzusetzende Höchstwert für jede Person beträgt 30 Millionen EUR. Hier greift allerdings zusätzlich § 22 Abs. 2 S. 2, letzte Alt. RVG. Danach darf der Wert 100 Millionen EUR nicht überschreiten. Der Gegenstandswert für die Anwaltsgebühren wäre also hier mit 100 Millionen EUR (nicht mit 4 x 30 Millionen EUR = 120 Millionen EUR) anzusetzen.[18]

---

[14] Bundeskartellamt (Vergabek.) AGS 2008, 82.
[15] Schneider/Wolf/*N. Schneider* § 22 Rn. 31.
[16] Schneider/Wolf/*N. Schneider* § 22 Rn. 28, 29.
[17] HK-RVG/*Mayer* § 22 Rn. 15; Schneider/Wolf/*N. Schneider* § 22 Rn. 27.
[18] Schneider/Wolf/*N. Schneider* § 22 Rn. 38; BGH BeckRS 2016, 04978.

§ 23 Allgemeine Wertvorschrift

24   Wird für eine Person der Höchstwert von 30 Millionen EUR nicht erreicht, kann für diese Person nur der tatsächlich geringere Wert in die Ermittlung des Gesamtwertes einfließen.

Beispiel 2:
In demselben bürgerlichen Rechtsstreit wird für A 50 Millionen EUR eingeklagt, für B 20 Millionen EUR und für C 35 Millionen EUR. Der Gegenstandswert errechnet sich wie folgt:
Für A: 30 Millionen EUR
Für B: 20 Millionen EUR
Für C: 30 Millionen EUR
Gesamtwert: 80 Millionen EUR.[19]

25   Durch Artikel 8, 11. des 2. KostRMoG[20] werden in § 22 Abs. 2 S. 2 RVG nach den Wörtern *„mehrere Personen"*, die Wörter *„wegen verschiedener Gegenstände"* eingefügt. Dadurch stellt der Gesetzgeber klar, dass eine Addition der Obergrenzen nur dann stattfindet, wenn der Rechtsanwalt die mehreren Personen in derselben Angelegenheit wegen **verschiedener Gegenstände** vertritt. Dies hatte bereits der BGH[21] entgegen OLG Dresden[22] und OLG Köln[23] so entschieden. Der Gesetzgeber hat damit die Rechtsprechung des BGH (aaO) im Gesetz umgesetzt.

26   Vertritt der Rechtsanwalt mehrere Personen wegen **desselben Gegenstands** (zB wenn diese als Gesamtschuldner in Anspruch genommen werden) so findet keine Addition der Wertobergrenzen statt; es bleibt bei dem Wert von höchstens 30 Millionen EUR. Allerdings erhöhen sich in diesen Fällen die Geschäfts- und/oder die Verfahrensgebühr nach Nr. 1008 VV um 0,3 für jeden weiteren Auftraggeber. Maximal beträgt die Erhöhung nach Nr. 1008 VV 2,0.

3. Nr. 7007 VV

27   Im Zusammenhang mit § 22 Abs. 2 RVG ist die Nr. 7007 VV zu sehen. Danach kann der Rechtsanwalt als Auslagen geltend machen, die im Einzelfall gezahlte Prämie für eine Haftpflichtversicherung für Vermögensschäden, soweit die Prämie auf Haftpflichtbeträge von mehr als 30 Millionen EUR entfällt. Wegen der näheren Einzelheiten wird auf die Kommentierung zu Nr. 7007 VV verwiesen.

§ 23 Allgemeine Wertvorschrift

(1) ¹**Soweit sich die Gerichtsgebühren nach dem Wert richten, bestimmt sich der Gegenstandswert im gerichtlichen Verfahren nach den für die Gerichtsgebühren geltenden Wertvorschriften.** ²**In Verfahren, in denen Kosten nach dem Gerichtskostengesetz oder dem Gesetz über Gerichtskosten in Familiensachen erhoben werden, sind die Wertvorschriften des jeweiligen Kostengesetzes entsprechend anzuwenden, wenn für das Verfahren keine Gerichtsgebühr oder eine Festgebühr bestimmt ist.** ³**Diese Wertvorschriften gelten auch entsprechend für die Tätigkeit außerhalb eines gerichtlichen Verfahrens, wenn der Gegenstand der Tätigkeit auch Gegenstand eines gerichtlichen Verfahrens sein könnte.** ⁴**§ 22 Abs. 2 Satz 2 bleibt unberührt.**

(2) ¹**In Beschwerdeverfahren, in denen Gerichtsgebühren unabhängig vom Ausgang des Verfahrens nicht erhoben werden oder sich nicht nach dem Wert richten, ist der Wert unter Berücksichtigung des Interesses des**

---
[19] Schneider/Wolf/*N. Schneider* § 22 Rn. 34 – Beispiel 4; BGH BeckRS 2016, 04978.
[20] BGBl. 2013 I 2586, In Kraft getreten am 1.8.2013.
[21] BGH NJW 2010, 1373.
[22] OLG Dresden AGS 2007, 521.
[23] OLG Köln JurBüro 2009, 485.

Allgemeine Wertvorschrift § 23

Beschwerdeführers nach Absatz 3 Satz 2 zu bestimmen, soweit sich aus diesem Gesetz nichts anderes ergibt. ²Der Gegenstandswert ist durch den Wert des zugrunde liegenden Verfahrens begrenzt. ³In Verfahren über eine Erinnerung oder eine Rüge wegen Verletzung des rechtlichen Gehörs richtet sich der Wert nach den für Beschwerdeverfahren geltenden Vorschriften.

(3) ¹Soweit sich aus diesem Gesetz nichts anderes ergibt, gelten in anderen Angelegenheiten für den Gegenstandswert die Bewertungsvorschriften des Gerichts- und Notarkostengesetzes der §§ 37, 38, 42 sowie 99 bis 102 des Gerichts- und Notarkostengesetzes entsprechend. ²Soweit sich der Gegenstandswert aus diesen Vorschriften nicht ergibt und auch sonst nicht feststeht, ist er nach billigem Ermessen zu bestimmen; in Ermangelung genügender tatsächlicher Anhaltspunkte für eine Schätzung und bei nichtvermögensrechtlichen Gegenständen ist der Gegenstandswert mit 5.000 Euro, nach Lage des Falles niedriger oder höher, jedoch nicht über 500.000 Euro anzunehmen.

Übersicht

Rn.

I. Überblick 1
II. Gerichtliche Verfahren 8
  1. Grundsätzliches 8
  2. Praktische Tipps für die Bestimmung des Gegenstandswerts 18
  3. Beschwerde, Erinnerung, Rüge wegen Verletzung des rechtlichen Gehörs 26
  4. Kleines Wert-ABC für Zivilsachen 27
    a) Bezifferter Anspruch 28
    b) Auskunft, Stufenklage 29
    c) Beweisverfahren 31
    d) Feststellungsklage 33
    e) Herausgabe von Sachen 35
    f) Hilfsweise Aufrechnung 37
    g) Miete/Räumung/Erhöhungsklagen 42
    h) Rechtsmittel 50
    i) Rente aus unerlaubter Handlung 56
    j) Schmerzensgeld/Unbezifferte Anträge 58
    k) Widerklage 59
  5. Kleines Wert-ABC für Familiensachen 63
    a) Ehesachen 65
    b) Einstweilige Anordnungen 75
    c) Kindschaftssachen 78
    d) Versorgungsausgleich 94
    e) Unterhaltssachen 100
    f) Güterrechtssachen 105
    g) Ehewohnungssachen 108
    h) Haushaltssachen 113
    i) Gewaltschutzsachen 118
  6. Kleines Wert-ABC für arbeitsrechtliche Sachen 121
    a) Abfindung 122
    b) Abmahnung 123
    c) Änderungskündigung 124
    d) Bestandsstreitigkeiten 126
    e) Bestandsstreitigkeit und Zahlungsansprüche 128
    f) Bestandsstreitigkeit und Weiterbeschäftigungsantrag 129

	Rn.
g) Eingruppierungsklagen	132
h) Mehrere Kündigungen	134
i) Vergleichsmehrwert	135
j) Wiederkehrende Leistungen	138
k) Zeugniserteilung	140
7. Streitwertkatalog verwaltungsrechtliche Angelegenheiten	145
8. Streitwertkatalog sozialrechtliche Angelegenheiten	150
9. Streitwertkatalog finanzrechtliche Angelegenheiten	152
III. Außergerichtliche Tätigkeiten	158
1. Grundsätzliches	158
2. Einzelfälle	165
a) Arbeitsvertrag	167
b) Ehevertrag	170
c) Gesellschaftsvertrag	173
d) Kaufvertrag	176
e) Miet-/Pachtvertrag	178
f) Mustervertrag	183
g) Testament/Erbvertrag	185
h) Wiederkehrende Leistungen	188

I. Überblick

1 Die Gebühren des Rechtsanwalts werden, soweit das RVG nichts anderes bestimmt nach dem Wert berechnet, den der Gegenstand der anwaltlichen Tätigkeit hat (§ 2 Abs. 1 RVG). Dies ist der **Gegenstandswert**. Die Gerichtsgebühren bestimmen sich nach dem Wert des Streitgegenstandes; dieser wird als **Streitwert** bezeichnet (§ 3 Abs. 1 GKG). Die Gebühren und Auslagen des Notars ergaben sich bis 30.6.2013 aus der Kostenordnung. Die Kostenordnung wurde mit Inkrafttreten am 1.7.2013 durch das Gesetz über die Kosten der freiwilligen Gerichtsbarkeit für Gerichte und Notare (Gerichts- und Notarkostengesetz – GNotKG)[1] abgelöst. Gebühren nach dem GNotKG werden – soweit es sich nicht um feste Beträge handelt – nach dem Wert berechnet, den der Gegenstand der Tätigkeit hat. Dies ist der Geschäftswert (§ 36 GNotKG).[2] In Familiensachen bezeichnet das FamGKG den Wert als Verfahrenswert. Wenn im Nachstehenden der Begriff **Anwaltsgebührenwert** verwandt wird, ist damit der Gegenstandswert gemeint, nach dem sich die Anwaltsgebühren berechnen. Erscheint in der nachfolgenden Kommentierung der Begriff **Gerichtsgebührenwert,** ist damit der den Gerichtsgebühren zugrunde zu legende Streitwert gemeint.

2 Wie der Gegenstandswert für die Anwaltsgebühren zu bestimmen ist, ist in § 23 RVG geregelt. Nach § 23 Abs. 1 S. 1 RVG gilt der Grundsatz, dass der für die Gerichtsgebühren anzunehmende Streitwert auch gleichzeitig als Gegenstandswert für die Anwaltsvergütung zugrunde zu legen ist **(Grundsatz: Gerichtsgebührenwert = Anwaltsgebührenwert).** Auch für Ermittlung des Gegenstandswertes für die Anwaltsgebühren sind also für die Gerichtsgebühren geltenden Wertvorschriften heranzuziehen.

3 Der Grundsatz Gerichtsgebührenwert = Anwaltsgebührenwert gilt auch bei **außergerichtlicher Tätigkeit** des Rechtsanwalts (§ 23 Abs. 1 S. 3 RVG). Dies aber nur dann, wenn der Gegenstand der außergerichtlichen Tätigkeit auch Gegenstand eines gerichtlichen Verfahrens sein könnte. Kann der Gegenstand der außergerichtli-

---

[1] Artikel 1 des 2. KostRMoG BGBl. 2013 I 2586.
[2] Schneider/Wolf/*Mock* § 23 Rn. 5.

Allgemeine Wertvorschrift § 23

chen Tätigkeit des Rechtsanwalts nicht auch Gegenstand eines gerichtlichen Verfahrens sein, ist der Gegenstandswert nach § 23 Abs. 3 RVG zu bestimmen. § 23 Abs. 3 S. 1 RVG verweist auf einige Vorschriften des GNotKG, die dann für die Bestimmung des Gegenstandswertes heranzuziehen sind.

Für Beschwerdeverfahren, in denen Gerichtsgebühren unabhängig vom Ausgang 4 des Verfahrens nicht erhoben werden oder sich nicht nach dem Wert richten, ist der Gegenstandswert nach § 23 Abs. 2 RVG zu bestimmen.

§ 23 RVG wurde in Abs. 3 durch das 2. KostRMoG[3] geändert. Die in § 23 Abs. 3 5 S. 1 RVG enthaltenen Verweise auf Vorschriften der Kostenordnung wurden auf die entsprechenden Vorschriften in dem GNotKG umgestellt. Nach der Gesetzesbegründung[4] sollen hiermit keine wesentlichen Änderungen verbunden sein. Es ergeben sich aber einige Änderungen.[5]

Ferner wurde durch das 2. KostRMoG[6] der in § 23 Abs. 3 S. 2 RVG normierte 6 Auffangwert von 4.000 EUR auf 5.000 EUR angehoben.

Neben Grundsätzlichem befinden sich in der nachfolgenden Kommentierung 7 auch kleine Wert-ABC für Zivil-, Familien- und arbeitsgerichtliche Sachen.

II. Gerichtliche Verfahren

1. Grundsätzliches

Nach § 23 Abs. 1 S. 1 RVG bestimmt sich der Gegenstandswert für die Anwaltsge- 8 bühren bei einer Tätigkeit des Rechtsanwalts in einem gerichtlichen Verfahren oder im Bezug auf ein gerichtliches Verfahren nach den für die Gerichtsgebühren geltenden Wertvorschriften. Es gilt der Grundsatz: **Gerichtsgebührenwert = Anwaltsgebührenwert**. Die für die Gerichtsgebühren geltenden Wertvorschriften für **bürgerliche Rechtsstreitigkeiten** finden sich in den §§ 39 bis 60 GKG. Nach § 48 Abs. 1 S. 1 GKG richten sich in bürgerlichen Rechtsstreitigkeiten die Gebühren nach den für die Zuständigkeit des Prozessgerichts oder die Zulässigkeit des Rechtsmittels geltenden Vorschriften über den Wert des Streitgegenstandes, soweit nichts anderes bestimmt ist. Dies sind die §§ 3 bis 9 ZPO. Die Wertvorschriften der §§ 3 bis 9 ZPO kommen allerdings nur dann zur Anwendung, wenn für das betroffene gerichtliche Verfahren keine speziellen Wertvorschriften anzuwenden sind. **Spezielle Wertvorschriften** in den **§§ 22 bis 31a RVG**, in den **§§ 39 bis 60 GKG gehen** den Wertvorschriften der §§ 3 bis 9 ZPO **vor.**

Praxistipp:

Prüfungsreihenfolge für die Bestimmung des Gegenstandswertes in bürgerlichen 9 Rechtsstreitigkeiten:[7]

Erster Schritt: Ergeben sich spezielle Vorschriften aus den §§ 22 bis 31b RVG? Wenn ja, sind diese anwendbar.

Zweiter Schritt: Ergeben sich spezielle Vorschriften aus den §§ 39 bis 60 GKG? Wenn ja, sind diese anwendbar.

Dritter Schritt: Ergeben sich aus dem RVG, aus dem GKG und aus sonstigen „Spezial"-Gesetzen keine speziellen Vorschriften, bestimmt sich der Gerichts- und damit auch der Anwaltsgebührenwert nach den §§ 3 bis 9 ZPO.

---

[3] BGBl. 2013 I 2586.
[4] BT-Drs. 17/11471 vom 14.11.2012 – S. 419 der elektronischen Vorabfassung.
[5] → § 23 Rn. 158 ff.
[6] BGBl. 2013 I 2586 Art. 8 Nr. 12 lit. b, in Kraft getreten am 1.8.2013.
[7] Schneider/Wolf/*Mock* Vorb. §§ 23 ff. Rn. 8 ff.

Enders

§ 23 Allgemeine Wertvorschrift

Vierter Schritt: Sind auch die Vorschriften der §§ 3 bis 9 ZPO nicht einschlägig, kommt § 23 Abs. 3 RVG zur Anwendung, wonach in folgender Abfolge zu prüfen ist:
- Ist der zu bewertende Gegenstand unter den in § 23 Abs. 3 S. 1 RVG genannten Vorschriften des GNotKG einzuordnen?
- Sind auch diese Vorschriften des GNotKG nicht zutreffend, ist der Wert nach billigem Ermessen zu schätzen (§ 23 Abs. 3 S. 2 RVG)![8]

10 In den § 22 bis 31b RVG finden sich Wertvorschriften für folgende Verfahren:
- § 22 RVG Grundsatz
- § 23 RVG Allgemeine Wertvorschrift
- § 23a RVG Gegenstandswert im Verfahren über die Prozesskostenhilfe
- § 23b RVG Gegenstandswert im Musterverfahren nach dem Kapitalanleger – Musterverfahrensgesetz
- § 24 RVG Gegenstandswert im Sanierungs- und Reorganisationsverfahren nach dem Kreditinstitute-Reorganisationsgesetz
- § 25 RVG Gegenstandswert in der Vollstreckung und bei der Vollziehung
- § 26 RVG Gegenstandswert in der Zwangsversteigerung
- § 27 RVG Gegenstandswert in der Zwangsverwaltung
- § 28 RVG Gegenstandswert im Insolvenzverfahren
- § 29 RVG Gegenstandswert im Verteilungsverfahren nach der schifffahrtsrechtlichen Verteilungsordnung
- § 30 RVG Gegenstandswert in gerichtlichen Verfahren nach dem Asylgesetz
- § 31 RVG Gegenstandswert in gerichtlichen Verfahren nach dem Spruchverfahrensgesetz
- § 31a RVG Ausschlussverfahren nach dem Wertpapiererwerbs – und Übernahmegesetz
- § 31b RVG Gegenstandswert bei Zahlungsvereinbarungen.

11 In den §§ 39 bis 60 GKG finden sich für folgende Verfahren Wertvorschriften:
- § 39 GKG Grundsatz
- § 40 GKG Zeitpunkt der Wertberechnung
- § 41 GKG Miet-, Pacht- und ähnliche Nutzungsverhältnisse
- § 42 GKG Wiederkehrende Leistungen
- § 43 GKG Nebenforderungen
- § 44 GKG Stufenklage
- § 45 GKG Klage und Widerklage, Hilfsanspruch, wechselseitige Rechtsmittel, Aufrechnung
- § 47 GKG Rechtsmittelverfahren
- § 48 GKG Bürgerliche Rechtsstreitigkeiten
- § 49a GKG Wohnungseigentumssachen
- § 50 GKG Bestimmte Beschwerdeverfahren
- § 51 GKG Gewerblicher Rechtsschutz
- § 51a GKG Verfahren nach dem Kapitalanleger- Musterverfahrensgesetz
- § 52 GKG Verfahren vor Gerichten der Verwaltungs-, Finanz- und Sozialgerichtsbarkeit
- § 53 GKG Einstweiliger Rechtsschutz und Verfahren nach § 148 Abs. 1 und 2 des Aktiengesetzes
- § 53a GKG Sanierungs- und Reorganisationsverfahren nach dem Kreditinstitute-Reorganisationsgesetz
- § 54 GKG Zwangsversteigerung
- § 55 GKG Zwangsverwaltung
- § 56 GKG Zwangsversteigerung von Schiffen, Schiffsbauwerken, Luftfahrzeugen und grundstücksgleichen Rechten

---

[8] Schneider/Wolf/*Mock* Vorb. §§ 23 ff. Rn. 13.

Allgemeine Wertvorschrift § 23

- § 57 GKG Zwangsliquidation einer Bahneinheit
- § 58 GKG Insolvenzverfahren
- § 59 GKG Verteilungsverfahren nach der schifffahrtsrechtlichen Verteilungsordnung
- § 60 GKG Gerichtliche Verfahren nach dem Strafvollzugsgesetz, auch iVm § 92 des Jugendgerichtsgesetzes.

In den **§§ 3 bis 9 ZPO** finden sich folgende Wertvorschriften: 12
- § 3 ZPO Wertfestsetzung nach freiem Ermessen
- § 4 ZPO Wertberechnung; Nebenforderungen
- § 5 ZPO Mehrere Ansprüche
- § 6 ZPO Besitz; Sicherstellung; Pfandrecht
- § 7 ZPO Grunddienstbarkeit
- § 8 ZPO Pacht- oder Mietverhältnis
- § 9 ZPO Wiederkehrende Nutzungen oder Leistungen.

Beispiel 1:

Der Mieter klagt auf Feststellung, dass das Mietverhältnis noch für drei Jahre fortbesteht. Die monatliche Miete beträgt – ohne Nebenkosten – 1.000 EUR. Nach § 8 ZPO würde als Streitwert die auf die gesamte streitige Zeit entfallende Miete anzunehmen sein, maximal der 25 – fache Betrag des einjährigen Entgelts. Also: 12 -Monate- X 1.000 EUR – Miete – X 3 – Jahre – = 36.000 EUR. Dies ist der Wert, nach dem sich die sachliche Zuständigkeit regelt.

Für die Bestimmung des Gerichtsgebührenwerts und damit auch des Anwaltsgebührenwerts geht die spezielle Vorschrift in § 41 Abs. 1 GKG allerdings vor. Danach ist zwar auch der Betrag des auf die streitige Zeit entfallenden Entgelts Berechnungsgrundlage. Ist allerdings das einjährige Entgelt geringer, ist dieser Betrag maßgebend. Der Gerichtsgebührenwert und damit auch der Anwaltsgebührenwert berechnet sich wie folgt: 12 – Monate – X 1.000 EUR – Miete – = 12.000 EUR.

Da hier nur eine positive Feststellungsklage erhoben wurde, ist noch der übliche Abschlag zu machen,[9] so dass sich der Gerichtsgebühren- und damit auch der Anwaltsgebührenwert nur auf (80 % von 12.000 EUR =) 9.600 EUR bestimmt.

Neben der Netto – Miete zu zahlende Nebenkosten fließen nach § 41 Abs. 1 S. 2 GKG in die Bestimmung des Gerichts- und Anwaltsgebührenwerts nur ein, wenn diese als – feste – Pauschale vereinbart sind und nicht gesondert abgerechnet werden.[10]

Für **Familiensachen** finden sich Vorschriften für die Bestimmung des Gerichts- 13 gebührenwerts in den **§§ 33 bis 52 FamGKG**. Im Einzelnen ist dort geregelt:
- § 33 FamGKG Grundsatz
- § 34 FamGKG Zeitpunkt der Wertberechnung
- § 35 FamGKG Geldforderung
- § 36 FamGKG Genehmigung einer Erklärung oder deren Ersetzung
- § 37 FamGKG Früchte, Nutzungen, Zinsen und Kosten
- § 38 FamGKG Stufenantrag
- § 39 FamGKG Antrag und Widerantrag, Hilfsanspruch, wechselseitige Rechtsmittel, Aufrechnung
- § 40 FamGKG Rechtsmittelverfahren
- § 41 FamGKG Einstweilige Anordnung
- § 42 FamGKG Auffangwert
- § 43 FamGKG Ehesachen
- § 44 FamGKG Verbund
- § 45 FamGKG Bestimmte Kindschaftssachen
- § 46 FamGKG Übrige Kindschaftssachen
- § 47 FamGKG Abstammungssachen

---

[9] → § 23 Rn. 33.
[10] → § 23 Rn. 44.

§ 23 — Allgemeine Wertvorschrift

- § 48 FamGKG Ehewohnungs- und Haushaltssachen
- § 49 FamGKG Gewaltschutzsachen
- § 50 FamGKG Versorgungsausgleichssachen
- § 51 FamGKG Unterhaltssachen und sonstige den Unterhalt betreffende Familiensachen
- § 52 FamGKG Güterrechtssachen.

In Familiensachen sind diese speziellen Vorschriften des FamGKG für die Bestimmung des Gerichtsgebührenwerts und damit über § 23 Abs. 1 S. 1 RVG auch für die Bestimmung des Anwaltsgebührenwerts heranzuziehen. Wegen näherer Einzelheiten darf auf → § 23 Rn. 63 ff. verwiesen werden.

14 Nach § 23 Abs. 1 S. 1 RVG gilt der Grundsatz Gerichtsgebührenwert = Anwaltsgebührenwert wenn der Anwalt **„im gerichtlichen Verfahren"** tätig wird. Ein Anwalt wird in einem gerichtlichen Verfahren tätig, wenn er den Mandanten als **Prozess- oder Verfahrensbevollmächtigter** in einem gerichtlichen Verfahren vertritt. Der Grundsatz gilt aber auch dann, wenn der Anwalt „hinsichtlich" oder „bezüglich" eines gerichtlichen Verfahrens tätig wird.[11] Also immer dann, wenn sich die anwaltliche Tätigkeit auf ein gerichtliches Verfahren bezieht, bestimmt sich der Gegenstandswert für die Anwaltsgebühren nach den Vorschriften, nach dem sich der Streitwert für die Gerichtsgebühren regelt. So gilt zB auch für den Anwalt, der als Verkehrs- oder Korrespondenzanwalt tätig ist, dass sich der Gegenstandswert für die Verfahrensgebühr für die Nr. 3400 VV nach dem Wert bestimmt, der auch für die Gerichtsgebühren im gerichtlichen Verfahren anzusetzen ist.

15 Gerichtsgebührenwert und Anwaltsgebührenwert sind aber nur dann identisch, wenn der **Gegenstand des gerichtlichen Verfahrens und der der anwaltlichen Tätigkeit derselbe** ist. Gerichtsgebührenwert und Anwaltsgebührenwert können zB dann differieren, wenn der vom Anwalt vertretene Mandant nur „teilweise" am Rechtsstreit beteiligt ist.[12]

Beispiel 2:
Der Kläger verklagt in demselben Rechtsstreit den Beklagten A auf Zahlung von 10.000 EUR und den Beklagten B auf Zahlung anderer 20.000 EUR.
Streitwert für die Gerichtskosten: 30.000 EUR
Gegenstandswert für den Rechtsanwalt, der als Prozessbevollmächtigter den Kläger vertritt: 30.000 EUR
Gegenstandswert für die Anwaltsgebühren des Rechtsanwalts, der als Prozessbevollmächtigter nur den Beklagten B vertritt: 20.000 EUR.

16 Nach § 23 Abs. 1 S. 4 RVG bleibt der § 22 Abs. 2 S. 2 RVG unberührt. Dies bedeutet folgendes: Nach § 39 Abs. 2 GKG beträgt der Streitwert für die Gerichtsgebühren höchstens 30 Millionen EUR, soweit kein niedrigerer Höchstwert bestimmt ist. Eine parallele Vorschrift finden wir für die Anwaltsgebühren in § 22 Abs. 2 S. 1 RVG. Vertritt der Rechtsanwalt aber in derselben Angelegenheit mehrere Personen **wegen verschiedener Gegenstände**, beträgt der Wert für jede Person höchstens 30 Millionen EUR, insgesamt jedoch nicht mehr als 100 Millionen EUR (§ 22 Abs. 2 S. 2 RVG). Es ist daher möglich, dass der Streitwert für die Gerichtsgebühren nach § 39 Abs. 2 GKG auf 30 Millionen EUR begrenzt ist, während der Anwalt, der in diesem gerichtlichen Verfahren mehrere Kläger oder Beklagte wegen unterschiedlicher Gegenstände vertritt, seinen Anwaltsgebühren einen höheren Gegenstandswert zugrunde legen kann.

Beispiel 3:
Der Kläger klagt gegen den Beklagten A 40 Millionen EUR, gegen den Beklagten B andere 35 Millionen EUR und gegen Beklagten C andere 50 Millionen EUR ein. Alle drei Beklagten werden von demselben Prozessbevollmächtigten vertreten.

---

[11] HK-RVG/*Mayer* § 23 Rn. 8.
[12] Riedel/Sußbauer/*Potthoff* § 23 Rn. 5, 6.

Allgemeine Wertvorschrift § 23

Streitwert für die Gerichtsgebühren: 30 Millionen EUR – § 39 Abs. 2 GKG
Gegenstandswert für den Prozessbevollmächtigten des Klägers: 30 Millionen EUR – § 22 Abs. 2 S. 1 RVG
Gegenstandswert für den Prozessbevollmächtigten, der die Beklagten A, B und C vertritt: 90 Millionen EUR (für jede Person höchstens 30 Millionen EUR, also 3 X 30 Millionen EUR = 90 Millionen EUR – § 22 Abs. 2 S. 2 RVG).

In Verfahren, in denen Kosten nach dem GKG oder dem FamGKG erhoben werden, sind die Vorschriften für die Bestimmung des Gerichtsgebührenwerts des jeweiligen Kostengesetzes auch dann für die Bestimmung des Anwaltsgebührenwerts entsprechend heranzuziehen, wenn für das gerichtliche Verfahren keine Gerichtsgebühr oder eine Festgebühr bestimmt ist (§ 23 Abs. 1 S. 2 RVG). 17

2. Praktische Tipps für die Bestimmung des Gegenstandswerts

Der Gegenstandswert orientiert sich an dem Wert des Anspruchs, der für den Mandanten im gerichtlichen Verfahren geltend gemacht wird bzw. für diesen abgewehrt werden soll. Wird einmalig ein bezifferter Geldbetrag gefordert, ist die Bestimmung des Gegenstandswertes relativ einfach. Als Gegenstandswert ist der geforderte bezifferte Geldbetrag anzunehmen. Grundsätzlich ist **von dem in der Klageschrift geforderten Betrag auszugehen**. Unerheblich ist, wenn die Klage ganz oder teilweise abgewiesen wird. Dies hat in der Regel auf den Gegenstandswert keinen Einfluss. Dies gilt auch bei Beendigung des Verfahrens durch Vergleich. Es kommt nicht darauf an, auf welchen Vergleichsbetrag sich die Parteien einigen, sondern es gilt der Betrag, der eingeklagt war und welcher durch den Vergleich erledigt wird. Wenn nicht anhängige Ansprüche mitverglichen werden, gilt als Gegenstandswert für die Gebühren, die (auch) nach dem Wert der nicht anhängigen Ansprüche anfallen, die Höhe der nicht anhängigen Ansprüche, die durch den Vergleich erledigt werden und nicht der Betrag, der nach dem Vergleich auf die nicht anhängigen Ansprüche zu zahlen ist. 18

Wird die **Klage erhöht** oder erweitert, erhöht sich auch der Gegenstandswert um den Betrag, um den die Klage erhöht oder erweitert wird. 19

Wird die **Klage teilweise zurückgenommen**, hat dies in der Regel auf den Gegenstandswert keinen Einfluss. Dies gilt jedenfalls für die Gebühren, deren Tatbestand schon vor der Teilklagerücknahme erfüllt worden ist. Wird der Tatbestand einer Gebühr erstmals nach Teilnahmerücknahme erfüllt, entsteht **diese** Gebühr nur nach dem Wert der Ansprüche, die zum Zeitpunkt der Erfüllung des Gebührentatbestands noch anhängig sind. 20

Nebenforderungen, die neben der Hauptforderung geltend gemacht werden, wie zB Zinsen oder Kosten sind bei der Bestimmung des Gegenstandswertes **nicht zu berücksichtigen** (§ 23 Abs. 1 S. 1 RVG -§ 43 Abs. 1 GKG). Dies gilt insbesondere dann, wenn sie neben der Hauptforderung geltend gemacht werden. Werden Nebenforderungen mit eingeklagt, die keinen Bezug zur Hauptforderung haben, so sind diese bei der Bestimmung des Gegenstandswertes zu berücksichtigen (§ 23 Abs. 1 S. 1 RVG – § 43 Abs. 2 GKG). 21

Beispiel 1:
Der Klageantrag lautet: *„Den Beklagten zu verurteilen, an den Kläger 12.000 EUR nebst Zinsen in Höhe von 5 Prozentpunkten über dem Basiszinssatz des § 247 Abs. 2 BGB seit dem 1.1.2016 und vorgerichtlichen Kosten iHv 837,52 EUR und weiteren 10 % Zinsen aus 20.000 EUR für die Zeit vom 1.1.2014 bis 31.12.2015 zu zahlen…"*
Der Streitwert für die Gerichtsgebühren und der Gegenstandswert für die Anwaltsgebühren beträgt (12.000 EUR + 4.000 EUR =) 16.000 EUR.
Die Zinsen auf die eingeklagte Hauptforderung in Höhe von 12.000 EUR und die vorgerichtlichen Kosten sind bei der Bestimmung des Gegenstandswertes nicht zu berücksichtigen

§ 23 Allgemeine Wertvorschrift

(§ 43 Abs. 1 GKG). Dagegen sind die unabhängig von der Hauptforderung zusätzlich eingeklagten Zinsen (10 % aus 20.000 EUR für die Zeit vom 1.1.2014 bis 31.12.2015 = 4.000 EUR) bei der Bestimmung des Gegenstandswertes zu berücksichtigen (§ 43 Abs. 2 GKG).[13]

22 Auch vorprozessuale Kosten, wie zB die vorgerichtlich entstandene anwaltliche Geschäftsgebühr, die neben der Hauptforderung mit eingeklagt werden, sind beim Gegenstandswert nicht zu berücksichtigen.[14]

23 Wird mit dem Klageantrag ein einmal zu zahlender Betrag gefordert, sondern wiederkehrende Leistungen, Herausgabe eines Gegenstandes oder Räumung einer Wohnung, so sind die entsprechenden speziellen Wertvorschriften des RVG, des GKG, des FamGKG oder sonstiger (Spezial –) Gesetze heranzuziehen. Es wird auf die nachfolgenden → Rn. 27 ff. – Kleines Wert-ABC für Zivilsachen verwiesen. Dort wird die Wertbestimmung für zahlreiche Einzelfälle kurz kommentiert.

24 **Entscheidend** ist der **Wert** des Streitgegenstandes bei Stellung des Antrags, der den Rechtszug einleitet (§ 23 Abs. 1 S. 1 RVG – § 40 GKG). Der erste Rechtszug eines bürgerlichen Rechtsstreits wird durch Erhebung der Klage eingeleitet. Für die Wertbestimmung des ersten Rechtszugs ist also der Wert des Streitgegenstandes **bei Einreichung der Klage** maßgebend. Spätere Änderungen des Werts des Streitgegenstandes, wie etwa durch Kursänderungen einer Währung, Schwankungen des Börsenkurses haben auf den Streitwert und damit auch für den Gegenstandswert der Anwaltsgebühren keinen Einfluss.[15] Dies gilt aber nur, wenn der Streitgegenstand unverändert geblieben ist. Wird die Klage zB erhöht, erhöhen sich der Streitwert und damit auch der Gegenstandswert um den Wert der Gegenstände, um welche die Klage erhöht wurde.

25 Auch in **Familiensachen** ist nach § 34 S. 1 FamGKG für die Wertberechnung der **Zeitpunkt** der den jeweiligen Verfahrensgegenstand betreffenden **ersten Antragsstellung** in dem jeweiligen Rechtszug entscheidend. § 34 S. 1 FamGKG ist insbesondere in Ehesachen von entscheidender Bedeutung. Denn Berechnungsgrundlage für den Verfahrenswert in Ehesachen ist nach § 43 Abs. 2 FamGKG das in drei Monaten erzielte Nettoeinkommen der Ehegatten. Entscheidend ist also das Nettoeinkommen bei Einleitung des Scheidungsverfahrens. Nach § 34 S. 2 FamGKG ist allerdings in **Verfahren**, die **von Amts wegen eingeleitet** werden, der **Zeitpunkt der Fälligkeit der Gerichtsgebühr** maßgebend. In Verfahren die von Amts wegen eingeleitet werden, werden die Gerichtsgebühren nach § 11 FamGKG ua dann fällig, wenn eine unbedingte Entscheidung über die Kosten ergangen ist. Dies kann in Verfahren, die von Amts wegen eingeleitet werden, dann dazu führen, dass von den Wertverhältnissen auszugehen ist, die am Ende des Verfahrens vorliegen.

3. Beschwerde, Erinnerung, Rüge wegen Verletzung des rechtlichen Gehörs

26 Fallen nach dem GKG keine Gerichtsgebühren an (wie zB für ein Erinnerungsverfahren oder eine Rüge wegen Verletzung des Anspruchs auf rechtliches Gehör nach § 321a ZPO, wenn dieser ganz oder teilweise stattgegeben wird) oder werden nur Festgebühren erhoben (wie zB für bestimmte Beschwerdeverfahren), so fehlt es an einem Streitwert für die Gerichtskosten und folglich auch an einem Gegenstandswert für die Anwaltsgebühren. Dann greift § 23 **Abs. 2** RVG. Der Gegenstandswert ist dann unter Berücksichtigung des **Interesses des Beschwerdeführers** nach § 23 Abs. 3 S. 2 RVG zu bestimmen, soweit sich aus dem RVG nichts anderes ergibt. Nach § 23 Abs. 3 S. 2 RVG ist der Gegenstandswert nach billigem Ermessen zu

---
[13] *Meyer* GKG § 43 Rn. 10 ff.
[14] BGH JurBüro 2007, 313; BGH JurBüro 2007, 487.
[15] *Meyer* GKG § 40 Rn. 3.

bestimmen. Sind genügend tatsächliche Anhaltspunkte für eine Wertbestimmung vorhanden, sind diese maßgebend. Fehlt es an genügend tatsächlichen Anhaltspunkten für eine Schätzung oder ist Gegenstand des Verfahrens ein nicht vermögensrechtlicher Gegenstand, dann ist von einem Gegenstandswert von 5.000 EUR auszugehen, der nach Lage des Falles niedriger oder höher, jedoch nicht über 500.000 EUR anzunehmen ist (§ 23 Abs. 3 S. 2 RVG). Der Gegenstandswert für das Beschwerde-, das Erinnerungs- oder das Verfahren über die Rüge wegen Verletzung des Anspruchs auf rechtliches Gehör ist der Höhe nach durch den Wert des zugrunde liegenden Verfahrens begrenzt. Er kann also nicht höher sein, als der Wert des Verfahrens, aus welchem das Beschwerde-, das Erinnerungsverfahren oder das Verfahren über die Rüge wegen Verletzung des Anspruchs auf rechtliches Gehör herrührt.[16]

4. Kleines Wert-ABC für Zivilsachen

In diesem Kapitel wird die Wertbestimmung für die in der Praxis häufig vorkommenden Sachverhalte kurz kommentiert.

a) Bezifferter Anspruch. Ist Gegenstand des Verfahrens ein in Euro bezifferter Anspruch, der einmalig verlangt wird, ist dieser verlangte Euro-Betrag als Streitwert für die Gerichtsgebühren und folglich über § 23 Abs. 1 S. 1 RVG auch als Gegenstandswert für die Anwaltsgebühren anzunehmen. Nebenforderungen, wie zB Zinsen auf die Hauptforderung oder vorprozessuale Kosten (wie zB eine anwaltliche Geschäftsgebühr, die durch die dem Rechtsstreit vorangegangene außergerichtliche Geltendmachung des Anspruchs entstanden ist) bleiben bei der Bestimmung des Streit- und Gegenstandswertes unberücksichtigt (§ 43 GKG).[17]

b) Auskunft, Stufenklage. Häufig muss ein Anspruchsberechtigter zunächst den Gegner auf Erteilung einer Auskunft/Rechnungslegung verklagen, um seinen Leistungsanspruch beziffern zu können. Entweder wird eine separate Klage auf Auskunft/Rechnungslegung erhoben oder eine Stufenklage. Unabhängig davon, ob es sich um eine separate Klage auf Auskunft/Rechnungslegung handelt oder ob der Auskunftsantrag im Rahmen einer Stufenklage zu bewerten ist, gilt folgendes: Der Wert der Auskunft ist mit einem Bruchteil (1/10 bis ½ des Leistungsanspruchs anzunehmen.[18] Je geringer die Kenntnisse und das Wissen des Anspruchsberechtigten über die zur Begründung des Leistungsanspruchs maßgeblichen Tatsachen sind, desto höher ist der Bruchteil für den Wert anzusetzen.[19] Notfalls ist die Höhe des späteren Leistungsanspruchs zu schätzen. *„Abzustellen ist darauf, welche Vorstellung sich der Kläger zum Zeitpunkt der Klageerhebung (§ 4 Abs. 1 Hs. 1 ZPO) von dem Wert seines Leistungsantrages gemacht hat. Dabei ist auf seinen **Klagevortrag** abzustellen. Auf subjektive Erwartungen kommt es nicht an, sondern darauf, was nach den vom Antragssteller vorgetragenen Tatsachen objektiv zu erwarten ist. Fehlen entsprechende Darlegungen, sind diese anzufordern (§ 139 ZPO)."*[20] Nach OLG Karlsruhe[21] sind alleine die Angaben, die der Kläger seiner Klage zugrunde legt, maßgeblich für die Schätzung. Für die Wertfestsetzung spiele es keine Rolle, ob die Vorstellungen des Klägers realistisch seien. Die Angaben des Klägers blieben auch dann für den Streitwert maßgeblich, wenn er völlig überzogene Vorstellungen von den möglichen Ansprüchen habe. Die Entscheidung des OLG Karlsruhe (aaO) betraf zwar den Streitwert einer positiven Feststellungsklage; die Problematik ist bei Bewertung eines Auskunftsanspruchs aber dieselbe.

---

[16] Schneider/Wolf/*Mock* § 23 Rn. 36.
[17] → § 23 Rn. 21 f.
[18] Schneider/Herget/*N. Schneider* Rn. 1391.
[19] Schneider/Herget/*N. Schneider* Rn. 1398.
[20] Zitiert nach Schneider/Herget/*N. Schneider* Rn. 1394.
[21] OLG Karlsruhe JurBüro 2013, 138.

§ 23 Allgemeine Wertvorschrift

30 Wird eine Stufenklage erhoben, in welcher zunächst Auskunft/Rechnungslegung verlangt wird und später, nachdem die Auskunft/Rechnungslegung erfolgt ist, ein Leistungsantrag gestellt, so gilt § 44 GKG. Danach ist für die Wertberechnung nur einer der verbundenen Ansprüche und zwar der höhere maßgebend. Dies wird in der Regel der Wert des Leistungsantrags sein. Denn der Leistungsantrag ist – auch im Rahmen einer Stufenklage – mit seinem vollen Wert zu bewerten. Wird also eine bezifferte Geldforderung verlangt, ist diese auch als Streitwert und damit auch als Gegenstandswert für die Anwaltsgebühren anzunehmen.

31 **c) Beweisverfahren.** Für ein selbständiges Beweisverfahren (§§ 485 ff. ZPO) ist nach der herrschenden Meinung[22] – bestätigt durch den BGH[23] – der **volle Wert des Hauptverfahrens als Streit- und Gegenstandswert – anzunehmen.** Betrifft das selbständige Beweisverfahren nur einen Teil der in der Hauptsache anhängigen Ansprüche, bildet der Wert des betroffenen Teils den Gegenstandswert für das selbständige Beweisverfahren.[24]

32 Ist ein Hauptverfahren noch nicht anhängig, orientiert sich der Gegenstandswert für das selbständige Beweisverfahren an dem Interesse des Antragstellers. Das Interesse des Antragstellers wird darin liegen, dass die von ihm behaupteten Mängel sachverständigenseits festgestellt werden. Beziffern wird man das Interesse des Antragstellers in der Regel mit den Kosten für die Mängelbeseitigung. Auch wenn nicht alle behaupteten Mängel vom Sachverständigen bestätigt werden, sind für die Wertfestsetzung diejenigen Kosten zu berücksichtigen, die sich ergeben hätten, wenn die Mängel festgestellt worden wären. Ggf. sind dann die fiktiven Mängelbeseitigungskosten zu schätzen. Finden sich keine anderen objektiven Anhaltspunkte, wird man auf die Eingaben des Antragstellers zurückgreifen müssen.[25]

33 **d) Feststellungsklage.** Zu unterscheiden ist, ob der Wert für eine positive oder eine negative Feststellungsklage zu bestimmen ist. Der Wert orientiert sich an dem entsprechenden Leistungsanspruch, also an dem Anspruch, dessen Bestehen oder Nichtbestehen durch die Klage festgestellt werden soll. Das für den Streit- und Gegenstandswert maßgebende Interesse des Klägers ist wertmäßig gleichzusetzen mit dem vollen Wert einer entsprechenden Leistungsklage. Bei einer **positiven Feststellungsklage** ist jedoch in der Regel ein **Abschlag von 20 %** vom Wert des Leistungsanspruchs zu machen.[26] Der Abschlag kann je nach Fallgestaltung auch höher oder auch niedriger sein.

34 Bei einer **negativen Feststellungsklage** ist nach herrschender Ansicht kein Abschlag zu machen, sondern der **volle Wert** der Ansprüche anzusetzen, die der Gegner behauptet und die mit der Klage „bekämpft" werden sollen.[27]

35 **e) Herausgabe von Sachen.** Der Streit – und damit auch der Gegenstandswert auf Herausgabe einer Sache bemisst sich nach dem **Verkehrswert der herauszugebenden Sache.** Maßgebend ist der Verkehrswert bei Einreichung der Klage (§ 40 GKG). Notfalls ist der Verkehrswert zu schätzen. Orientierungshilfe ist der Betrag, der sich erzielen ließe, wenn die Sache veräußert würde. Entscheidend ist der objektive Verkehrswert der Sache, nicht das, was nach subjektiver Einschätzung der Parteien den Verkehrswert der Sache darstellt.[28] Werden mehrere Sachen herausverlangt, sind die Verkehrswerte der einzelnen Sachen zu addieren und die Summe als Gegenstandswert anzunehmen. Wird die **Hausgabe eines Grundstücks** verlangt,

---

[22] Schneider/Herget/*Kurpat* Rn. 4944.
[23] BGH MDR 2005, 162.
[24] Schneider/Herget/*Kurpat* Rn. 4944.
[25] Schneider/Herget/*Kurpat* Rn. 4945 ff.
[26] Schneider/Herget/*Noethen* Rn. 2292.
[27] Schneider/Herget/*Noethen* Rn. 2300.
[28] Schneider/Herget/*Monschau* Rn. 2958.

ist vom Verkehrswert auszugehen. Auf dem Grundstück lastende Grundpfandrechte mindern den Wert nicht.[29] Allerdings ist hier zu beachten, **aus welchem Grund die Herausgabe des Grundstücks verlangt wird.** Wird **wegen Beendigung eines Miet-, Pacht oder ähnlichen Nutzungsverhältnisses die Räumung eines Grundstücks, Gebäudes oder Gebäudeteils verlangt,** ist ohne Rücksicht darauf, ob über das Bestehen des Nutzungsverhältnisses Streit besteht, als Streit- bzw. Gegenstandswert nicht der Verkehrswert des Grundstücks, des Gebäudes oder des Gebäudeteils zugrunde zu legen. Für diese Fälle gelten nämlich §§ 3, 6 ZPO nicht. Jetzt kommt die speziellere Vorschrift in § 41 Abs. 2 GKG zur Anwendung. Danach ist nur **das für die Dauer eines Jahres zu zahlende Entgelt** (Miete, Pacht oder ähnliches) maßgebend, wenn wegen Beendigung eines Miet-, Pacht- oder ähnlichen Nutzungsverhältnisses die Räumung eines Grundstückes, Gebäudes oder Gebäudeteils verlangt wird. Ist die „streitige Zeit" geringer als ein Jahr, ist nur das auf die streitige Zeit entfallende Entgelt als Gegenstandswert anzunehmen (§ 41 Abs. 2 S. 1, letzter Hs. GKG). Es bleibt auch dann bei einem Streit- bzw. Gegenstandswert von dem für die Dauer eines Jahres zu zahlenden Entgelt, wenn die Räumung oder Herausgabe **auch** aus einem anderen Rechtsgrund verlangt wird (§ 41 Abs. 2 S. 2 GKG). Nur wenn die **Herausgabe** eines Grundstücks oder Gebäudes oder Gebäudeteils **alleine aus einem anderen Rechtsgrund,** als die Beendigung eines Miet-, Pacht- oder ähnlichen Nutzungsverhältnisses verlangt wird (zB der Verkäufer räumt nach Abschluss eines Kaufvertrags nicht das Gebäude und gibt dieses nicht an den Käufer heraus) ist als Gegenstandswert der **Verkehrswert** des herauszugebenden Grundstücks, Gebäudes oder Gebäudeteils anzunehmen.

Da es in der Praxis oft Schwierigkeiten macht, den Verkehrswert einer Sache zu bestimmen, insbesondere dann, wenn dieser nicht „verkäuflich" ist, haben *Schneider/ Herget* zahlreiche Einzelfälle zusammengetragen.[30] Hierauf darf verwiesen werden.

f) Hilfsweise Aufrechnung. Erklärt der Beklagte in einem bürgerlichen Rechtsstreit gegenüber der bestrittenen Klageforderung hilfsweise – für den Fall, dass das Gericht die Klage als begründet ansieht – die Aufrechnung (Eventualaufrechnung oder auch Sekundäraufrechnung genannt) mit einer bestrittenen Gegenforderung, so ist der Streit- und auch der Gegenstandswert um den Wert der hilfsweise zur Aufrechnung gestellten Gegenforderung zu erhöhen. Für eine Werterhöhung müssen allerdings drei Voraussetzungen gegeben sein:
- die Klageforderung muss bestritten sein[31]
- die hilfsweise zur Aufrechnung gestellte Gegenforderung muss bestritten sein[32]
- über die hilfsweise zur Aufrechnung gestellte Gegenforderung muss eine der Rechtskraft fähige Entscheidung ergehen (§ 45 Abs. 3 GKG).[33]

Sind die vorstehenden Voraussetzungen erfüllt, erhöht sich der Wert der Klage um den Wert der hilfsweise zur Aufrechnung gestellten Gegenforderung. Ist die hilfsweise zur Aufrechnung gestellte Forderung höher als die Klageforderung, tritt eine Erhöhung maximal in Höhe der Klageforderung ein, da nur in dieser Höhe eine der Rechtskraft fähige Entscheidung über die Gegenforderung ergeht (§ 322 Abs. 2 ZPO).[34] Stellt der Beklagte mehrere, hintereinander gestaffelte Gegenforderungen hilfsweise zur Aufrechnung, werden sämtliche Gegenforderungen bestritten und ergeht über sämtliche Gegenforderungen eine der Rechtskraft fähige Entscheidung, so erhöht sich der Wert der Klageforderung um den Wert einer jeden Gegenforderung, über die eine der Rechtskraft fähige Entscheidung ergangen ist. Allerdings ist

---

[29] Schneider/Herget/*Monschau* Rn. 2999.
[30] Schneider/Herget/*Monschau* Rn. 2966 f.
[31] Schneider/Herget/*Kurpat* Rn. 1288 f.
[32] Schneider/Herget/*Kurpat* Rn. 1292.
[33] Schneider/Herget/*Kurpat* Rn. 1293 f.
[34] HK-RVG/*Rohn* Anh. I Rn. 46.

§ 23 Allgemeine Wertvorschrift

jede Gegenforderung hinsichtlich ihrer Höhe begrenzt auf die Höhe der Klageforderung.[35]

Beispiel:

In der Klage macht der Kläger 20.000 EUR geltend. Der Beklagte bestreitet die Klageforderung und rechnet hilfsweise – für den Fall, dass das Gericht die Klageforderung als begründet ansieht – auf mit folgenden Gegenforderungen:
– Gegenforderung A: 10.000 EUR
– Gegenforderung B: 25.000 EUR
– Gegenforderung C: 20.000 EUR.
Der Kläger bestreitet alle Gegenforderungen. In dem Urteil führt das Gericht aus, dass die Klage in Höhe von 20.000 EUR begründet ist, die hilfsweise zur Aufrechnung gestellten Gegenforderungen A und B dem Beklagten nicht zustehen. Dagegen sei die Gegenforderung C in voller Höhe begründet und folglich habe das Gericht die Klage abgewiesen.
Streit- und Gegenstandswert: (Klageforderung: 20.000 EUR + Gegenforderung A 10.000 EUR + Gegenforderung B 20.000 EUR + Gegenforderung C 20.000 EUR =) 70.000 EUR.

39 Nach § 45 Abs. 4 GKG ist § 45 Abs. 3 GKG auch entsprechend bei einer Erledigung des Rechtsstreits durch Vergleich anzuwenden. Bestreitet der Beklagte die Klageforderung und stellt hilfsweise eine Gegenforderung zur Aufrechnung, die wiederum der Kläger bestreitet, und wird auch diese bestrittene Gegenforderung in einem gerichtlich protokollierten Vergleich mit erledigt, ist der Wert der hilfsweise zur Aufrechnung gestellten Gegenforderung mit dem Wert der Klage zu addieren und nach der Summe dieser beiden Werte entstehen die Gebühren. Auch hier gilt der Grundsatz, dass die Gegenforderung nur in Höhe der Klageforderung zu berücksichtigen ist. Aber dann, wenn im Vergleich ausdrücklich bestimmt ist, dass sich durch den Vergleich die Gegenforderung in vollem Umfange – also auch mit dem Teil, der die Klageforderung übersteigt – erledigt, wird man darüber nachdenken müssen, zumindest für den Gegenstandswert der Anwaltsgebühren die volle Gegenforderung zum Wert der Klage zu addieren.[36]

40 Problematisch kann die Bestimmung des Gegenstandswertes dann werden, wenn im ersten Rechtszug über die hilfsweise zur Aufrechnung gestellte Gegenforderung eine der Rechtskraft fähige Entscheidung ergeht, diese aber im II. Rechtszug durch das Berufungsgericht wieder aufgehoben wird und das Berufungsgericht nicht mehr über die hilfsweise zur Aufrechnung gestellte Gegenforderung entscheidet, etwa weil es bereits die Klage für unschlüssig hält. Probleme ergeben sich auch dann, wenn im ersten Rechtszug das Gericht nicht über die hilfsweise zur Aufrechnung gestellte Gegenforderung entscheidet, Rechtsmittel eingelegt wird und das Berufungsgericht über die hilfsweise zur Aufrechnung gestellte Gegenforderung entscheidet.[37]

41 Nicht werterhöhend ist die so genannte Primäraufrechnung. Diese ist dann gegeben, wenn die Klageforderung unstreitig ist und der Beklagte dann dagegen mit einer Gegenforderung – unbedingt – aufrechnet.

42 **g) Miete/Räumung/Erhöhungsklagen. aa) Rückständige Miete.** Wird rückständige Miete geltend gemacht, kommt es auf den insgesamt geforderten Betrag an. Neben der Netto-Miete sind in der Klage geltend gemachte Nebenkosten zum Streit- und damit auch zum Gegenstandswert zu addieren. Werden in der Klageschrift mehrere Mieten verlangt, sind diese gem. § 22 Abs. 1 RVG zu addieren. Als Gegenstandswert ist der insgesamt geforderte Betrag anzunehmen.

---

[35] HK-RVG/*Rohn* Anh. I Rn. 46.
[36] *Enders* Rn. E 161 ff.
[37] *Enders* Rn. E 169 ff.; Schneider/Herget/*Kurpat* Rn. 1334 ff.

Allgemeine Wertvorschrift § 23

bb) Räumung. Wird wegen **Beendigung eines Miet-, Pacht- oder ähnlichen Nutzungsverhältnisses die Räumung** eines Grundstücks, Gebäudes oder Gebäudeteils verlangt, ist nach § 41 Abs. 2 GKG ohne Rücksicht darauf, ob über das Bestehen des Nutzungsverhältnisses Streit besteht, das für die Dauer eines Jahres zu zahlende Entgelt maßgebend, wenn sich nicht nach § 41 Abs. 1 GKG ein geringerer Wert ergibt. Nach § 41 Abs. 1 S. 1 GKG kann sich ein geringerer Wert ergeben, wenn das für die streitige Zeit[38] entfallende Entgelt geringer ist als das für die Dauer eines Jahres zu zahlende Entgelt. Dies könnte zB der Fall sein, wenn das Mietverhältnis ohne die in dem Räumungsprozess streitgegenständliche Kündigung ohnehin nicht mehr für zwölf Monate gelaufen wäre, sondern bereits vorher geendet hätte. 43

Bei der Berechnung des Wertes für die Räumung sind **Nebenkosten** nach § 41 Abs. 1 S. 2 GKG (der auch für die Fälle des § 41 Abs. 2 GKG anzuwenden ist) nur dann zu berücksichtigen, wenn sie als Pauschale vereinbart sind und nicht gesondert abgerechnet werden.[39] Heute ist in Mietverträgen ganz überwiegend vereinbart, dass neben einer sogenannten Netto-Miete Vorauszahlungen auf die Nebenkosten zu leisten sind, die dann am Ende einer im Mietvertrag festgelegten Abrechnungsperiode auf der Grundlage der tatsächlich angefallenen Nebenkosten abgerechnet werden. In diesen Fällen fließen die Nebenkosten nicht mit in die Berechnung der Jahresmiete, die als Gegenstandswert für die Anwaltsgebühren anzunehmen ist, ein. Nur wenn die Nebenkosten als feste Pauschale, die nicht am Ende einer Periode abgerechnet wird, im Miet- oder Pachtvertrag vereinbart sind, ist diese Nebenkostpauschale bei der Wertbestimmung zu berücksichtigen. 44

Ist auf die Netto-Miete Umsatzsteuer zu zahlen, fließt auch die zu zahlende Umsatzsteuer in die Berechnung des Gegenstandswertes ein.[40] 45

Die Jahresmiete ist auch dann noch als Gegenstandswert anzunehmen, wenn die Räumung des Grundstücks, Gebäudes oder Gebäudeteils nicht nur wegen Beendigung eines Miet-, Pacht- oder ähnlichen Nutzungsverhältnisses, sondern **auch** aus einem anderen Rechtsgrund verlangt wird (§ 41 Abs. 2 S. 2 GKG). Wird die Herausgabe des Grundstücks, Gebäudes oder Gebäudeteils dagegen **nur** aus einem anderen Rechtsgrund verlangt (zB nach einem Verkauf gibt der Verkäufer das Gebäude nicht heraus) ist nach dem § 6 ZPO der Verkehrswert des herauszugebenden Grundstücks, Gebäudes oder Gebäudeteils als Streitwert für die Gerichtskosten und damit auch als Gegenstandswert für die Anwaltsgebühren anzunehmen. Es bleibt aber bei der Jahresmiete als Gegenstandswert, wenn der Kläger die Räumung/Herausgabe aus einem anderen Rechtsgrund verlangt, aber der Beklagte sich auf das Bestehen eines Miet-, Pacht- oder ähnlichen Nutzungsverhältnisses beruft.[41] 46

Wird neben dem Räumungsanspruch in dem Rechtsstreit auch rückständige Miete geltend gemacht, sind nach § 22 Abs. 1 RVG zur Jahresmiete (die als Gegenstandswert für den geltend gemachten Räumungsanspruch anzusetzen ist) die geforderten Mietrückstände in tatsächlicher Höhe zu addieren. Der Gesamtbetrag (Jahresmiete + Rückstände) bildet dann den Gegenstandswert. 47

cc) Erhöhungsklagen. Zu unterscheiden ist, ob Erhöhung der Miete für Wohnraum oder für Geschäftsräume verlangt wird. Bei Ansprüchen auf Erhöhung der Miete für **Wohnraum** ist nach § 42 Abs. 5 GKG der Jahresbetrag der zusätzlich geforderten Miete als Streitwert für die Gerichtskosten und auch als Gegenstandswert für die Anwaltsgebühren anzunehmen. Entscheidend ist also die Differenz zwischen der bislang gezahlten Miete und der geforderten erhöhten Miete. Diese Differenz ist auf ein Jahr hoch zu rechnen. Dies gilt nicht, wenn die Erhöhung nur für einen 48

---

[38] *Meyer* GKG § 41 Rn. 15.
[39] Schneider/Herget/*Kurpat* Rn. 3977; KG RVGreport 2005, 78.
[40] OLG Düsseldorf JurBüro 2006, 428; Schneider/Herget/*Kurpat* Rn. 3748.
[41] Schneider/Herget/*Kurpat* Rn. 3787; *Meyer* § 41 Rn. 13.

§ 23 Allgemeine Wertvorschrift

kürzeren Zeitraum als ein Jahr verlangt wird. Dann ist nur dieser kürzere Zeitraum für die Berechnung des Gegenstandswertes zugrunde zu legen (§ 41 Abs. 5 S. 2 GKG). Diese Wertbestimmung in § 41 Abs. 5 S. 1 GKG gilt insbesondere auch für Klagen auf Zustimmung des Mieters zur Mieterhöhung (hier ist kein Abschlag von 20 % – wie bei einer positiven Feststellungsklage – zu machen).[42] Wird nur eine positive Feststellungsklage betreffend eine (künftige) erhöhte Miete erhoben, ist beim Gegenstandswert von der Jahresdifferenzmiete ein Abschlag von 20 % zu machen.[43]

49 Wird Erhöhung der Miete für **Geschäftsräume** verlangt, kommt § 41 Abs. 5 S. 1 1. Hs. GKG nicht zur Anwendung. Denn die Anwendung ist dort beschränkt auf Ansprüche auf Erhöhung der Miete für Wohnraum. Wird Erhöhung der Miete für Geschäftsräume verlangt, ist der Streitwert für die Gerichtskosten und damit auch der Gegenstandswert für die Anwaltsvergütung nach § 9 ZPO zu bestimmen. Folglich ist die zusätzlich geforderte Miete mit dem 3 ½-fachen Jahresbetrag als Streit- bzw. Gegenstandswert anzunehmen.[44] Wird die Erhöhung der Miete für die Geschäftsräume nur für einen kürzeren Zeitraum als 3 ½ Jahre verlangt, ist nur der kürzere Zeitraum als Gegenstandswert anzunehmen (§ 9, letzter Hs. ZPO).

50 **h) Rechtsmittel.** Zu unterscheiden ist der **Rechtsmittelstreitwert** (auch Beschwerdewert genannt) vom **Gebührenstreitwert** (also dem Streitwert für die Gerichtskosten und dem Gegenstandswert für die Anwaltsgebühren). Der Rechtsmittelstreitwert betrifft die Frage, ob das Rechtsmittel zulässig ist oder nicht. Der Rechtsmittelstreitwert bestimmt sich nach den §§ 3 bis 9 ZPO. Hierunter sind auch zu subsumieren die Begriffe „Beschwerde" und „Wert des Beschwerdegegenstandes". Unter **„Beschwer"** versteht man, inwieweit der Rechtsmittelführer durch die anzufechtende Entscheidung benachteiligt ist.

Beispiel 1:

Der Beklagte wird verurteilt 5.000 EUR zu zahlen. Die Beschwer beträgt 5.000 EUR.

51 Der **„Wert des Beschwerdegegenstandes"** bestimmt sich nach dem konkreten Antrag des Rechtsmittelführers, also inwieweit er die Entscheidung mit seinem Rechtsmittel anficht.[45]

Beispiel 2:

Der Beklagte wird verurteilt 5.000 EUR zu zahlen. Er lässt Berufung einlegen und lässt beantragen, das Urteil in Höhe von 2.000 EUR aufzuheben. Der Wert des Beschwerdegegenstandes beträgt 2.000 EUR.

52 Unabhängig vom Rechtsmittelstreitwert ist der Gebührenstreitwert zu betrachten. Der Streitwert für die Gerichtsgebühren bestimmt sich nach § 47 GKG. Diese Vorschrift ist nach § 23 Abs. 1 S. 1 RVG auch für die Bestimmung des Gegenstandswertes für die Anwaltsgebühren heranzuziehen. Nach § 47 Abs. 1 GKG bestimmt sich der **Streitwert** für die Gerichtskosten und folglich der **Gegenstandswert** für die Anwaltsgebühren in Rechtsmittelverfahren nach den **Anträgen des Rechtsmittelführers**.[46] Es kommt also darauf an, inwieweit der Rechtsmittelführer die Entscheidung anficht.

---

[42] Schneider/Herget/*Kurpat* Rn. 3797.
[43] Schneider/Herget/*Kurpat* Rn. 3798; betreffend des Abschlags bei positiven Feststellungsklagen → § 23 Rn. 33.
[44] Schneider/Herget/*Kurpat* Rn. 2571.
[45] Schneider/Herget/*Noethen* Rn. 4643, 4676.
[46] Schneider/Herget/*Noethen* Rn. 4658 ff.

Allgemeine Wertvorschrift § 23

Beispiel 3:
Der Beklagte wird verurteilt 5.000 EUR zu zahlen. Er legt Berufung ein und beantragt, das Urteil wegen 2.000 EUR aufzuheben. Streit- und Gegenstandswert für das Berufungsverfahren: 2.000 EUR.

Endet das Verfahren ohne das Anträge eingereicht worden sind oder werden, 53 wenn eine Frist für die Rechtsmittelbegründung vorgeschrieben ist, innerhalb dieser Frist Rechtsmittelanträge nicht eingereicht, ist die Beschwer auch als Streit- und Gegenstandswert für die Gerichts- und Anwaltsgebühren anzunehmen (§ 47 Abs. 1 S. 2 GKG).

Der Streitwert für die Gerichtsgebühren und damit auch der Gegenstand für die 54 Anwaltsgebühren ist durch den Wert des Streitgegenstands des ersten Rechtszugs begrenzt. Der Streit- bzw. Gegenstandswert für das Rechtsmittelverfahren kann also grundsätzlich nicht über dem Wert des vorangegangenen Rechtszugs liegen. Dies gilt dann nicht, wenn der Streitgegenstand im Berufungs- oder Revisionsverfahren erweitert wurde (§ 47 Abs. 2 GKG).

Rechtsmittelanträge, die offensichtlich nicht auf Durchführung des Rechtsmittels 55 gerichtet sind, sondern nur dazu dienen, den Streit- und Gegenstandswert „herabzusetzen" sind bei der Bestimmung des Streit- und Gegenstandswertes nach § 47 Abs. 1 GKG nicht zu berücksichtigen.[47]

i) Rente aus unerlaubter Handlung. Wird wegen der Tötung eines Menschen 56 oder wegen der Verletzung eines Körpers oder der Gesundheit eines Menschen **Schadensersatz durch Entrichtung einer Geldrente** verlangt, war bis 31.7.2013 der 5-fache Betrag des einjährigen Bezuges als Gegenstandswert anzunehmen, wenn nicht der Gesamtbetrag der geforderten Leistungen geringer war (§ 42 Abs. 1 GKG – in der Fassung bis 31.7.2013). Hinzu kamen die bis zur Einreichung der Klage fälligen Rückstände (§ 42 Abs. 4 S. 1 GKG).[48] Durch Artikel 3 (1) Nr. 16a) des 2. KostRMoG[49] wird mit Inkrafttreten zum 1.8.2013 der § 42 Abs. 1 GKG aufgehoben. Dann fehlt es an einer speziellen Vorschrift für die Bewertung von Schadensersatzrenten, die wegen der Tötung eines Menschen oder wegen der Verletzung des Körpers oder Gesundheit eines Menschen verlangt werden. Es gilt die allgemeine Bewertungsvorschrift für wiederkehrende Leistungen des § 9 ZPO. Folglich sind ab 1.8.2013 Schadensersatzrenten nur noch mit dem **3 1/2-fachen Wert des einjährigen Bezuges** zu bewerten. Wird die Schadensersatzrente nur für einen kürzeren Zeitraum als 3 1/2 Jahre gefordert, ist der für den kürzeren Zeitraum geforderte Gesamtbetrag Berechnungsgrundlage für den Gegenstandswert (§ 9 S. 2 ZPO).

Rückstände sind auch nach dem 1.8.2013 noch in die Wertberechnung einzubeziehen. Denn der Gesetzgeber führt in der Gesetzesbegründung des 2. KostRMoG[50] folgendes aus: *„Da § 9 ZPO nur die Bewertung des auf die Zukunft gerichteten Rechts auf wiederkehrende Leistungen erfasst, ist auch sichergestellt, dass, wie bisher über § 42 Absatz 4 (künftig: Absatz 3) GKG, die Geltendmachung von Rückständen zu einer Erhöhung des Wertes führt."*

Praxistipp:
Schadensersatzrenten, die wegen der Tötung eines Menschen oder wegen der 57 Verletzung des Körpers oder Gesundheit eines Menschen verlangt werden, sind mit dem 3 1/2-fachen Wert des einjährigen Bezuges zu bewerten. Die bei Einreichung der Klage fälligen Rückstände werden dem 3 1/2- fachen Jahresbetrag hinzugerechnet. Da nach § 843 Abs. 2 iVm § 760 Abs. 2 BGB Schadensersatzrenten für drei

---

[47] BGH BGHZ 70, 365 aber problematisch, s. Schneider/Herget/*Noethen* Rn. 4658 ff.
[48] *Hartung/Schons/Enders*, 1. Aufl., § 23 Rn. 54 bis 56.
[49] BGBl. 2013 I 2586.
[50] BT-Drs. 17/11471 (neu), S. 245 (rechte Spalte).

Monate im Voraus zu zahlen sind, fließen als Rückstand nicht nur die Rente für den Monat der Klageerhebung mit ein, sondern auch noch die Rente für die zwei Monate – nach Einreichung der Klage – für die im Zeitpunkt der Klageerhebung die Beträge schon im Voraus zahlbar sind.[51]

Nach § 843 Abs. 3 BGB kann der Verletzte statt einer Rente eine Abfindung in Kapital verlangen, wenn ein wichtiger Grund vorliegt. Wird eine Kapitalabfindung verlangt, ist der geltend gemachte Abfindungsbetrag als Gegenstandswert für die Anwaltsgebühren anzunehmen. Wurde zunächst eine Rente geltend gemacht und einigt man sich später auf eine Kapitalabfindung, ist nach OLG Hamm[52] und *Enders*[53] ebenfalls der Abfindungsbetrag als Gegenstandswert maßgebend. Denn dann wird im Rahmen der Verhandlungen eine Kapitalabfindung gefordert worden sein.

58 **j) Schmerzensgeld/Unbezifferte Anträge.** Verlangt der Kläger Schmerzensgeld zB aus einer unerlaubten Handlung zu seinem Nachteil, so wird in der Praxis häufig ein unbezifferter Klageantrag gestellt, um das Prozesskostenrisiko zu minimieren. Es ist dann umstritten, wie der Streitwert für die Gerichtsgebühren bzw. der Gegenstandswert für die Anwaltsgebühren zu bestimmen ist. Drei Meinungen werden vertreten: Der Streit- bzw. Gegenstandswert orientiert sich
- an dem Betrag, den der Kläger als „Allgemeine Größenordung seines Begehrens" in der Klageschrift angibt
- an dem Betrag der sich objektiv auf Grundlage des klagebegründenden Sachvortrags ergibt
- an dem Betrag, auf den das Gericht erkennt.[54]

Nach *Schneider/Herget*[55] ist darauf abzustellen, welcher Betrag auf der Grundlage des Vorbringens des Klägers in der Klageschrift angemessen wäre. Also ist aufgrund des Vorbringens des Klägers das ihm zustehende Schmerzensgeld zu bestimmen und dieser Betrag ist als Streit- bzw. Gegenstandswert den Gerichts- und Anwaltsgebühren zugrunde zu legen. ME ist aber der Streit- bzw. Gegenstandswert zu korrigieren, wenn sich während des laufenden Verfahrens eine Erhöhung abzeichnet, weil zB eine wesentliche Verschlimmerung des Gesundheitszustandes des Klägers eingetreten ist.

59 **k) Widerklage.** Die in einer Klage und in einer Widerklage geltend gemachten Ansprüche, die nicht in getrennten Prozessen verhandelt werden, sind für den Streit- bzw. Gegenstandswert zusammenzurechnen (§ 45 Abs. 1 S. 1 GKG). Dies gilt nicht, wenn die Ansprüche in der Klage und in der Widerklage denselben Gegenstand betreffen. Dann ist nach § 45 Abs. 1 S. 3 GKG nur der Wert des höheren Anspruchs maßgebend.

60 Nach *Meyer*[56] liegt derselbe Gegenstand vor, wenn *„sich die geltend gemachten Ansprüche gegenseitig ausschließen, mit der Folge, dass die Zuerkennung des einen Anspruchs notwendigerweise die Aberkennung des anderen Anspruchs zur Folge hat."*

Beispiel 1:
Der Kläger verlangt Herausgabe eines Kraftfahrzeugs an sich. Der Beklagte verlangt mit der Widerklage Herausgabe des Fahrzeugs an sich. Klage und Widerklage betreffen denselben Streitgegenstand, so dass die Werte nicht zu addieren sind. Es gilt nur ein Wert und zwar der höhere Wert. Hier dürften die Werte von Klage und Widerklage identisch sein, da jeweils

---

[51] *Enders* Rn. E 102, 103 mit Berechnungsbeispiel.
[52] OLG Hamm NJW 1966, 162; Die herrschende Meinung ist anderer Auffassung: Schneider/Herget/*N. Schneider* Rn. 5681 mwN.
[53] *Enders* JurBüro 2012, 393 und so auch *Deller* VersR 2013, 433.
[54] Schneider/Herget/*Noethen* Rn. 5264 ff.
[55] Schneider/Herget/*Noethen* Rn. 5274 ff.
[56] Zitiert nach *Meyer* GKG § 45 Rn. 12.

Herausgabe desselben Fahrzeuges begehrt wird. Der Streit- bzw. Gegenstandswert ist daher mit dem Verkehrswert des Fahrzeugs anzunehmen.

Betreffen Klage und Widerklage aber unterschiedliche Gegenstände, also hat die 61 Zuerkennung des einen Anspruchs nicht zwangsläufig die Abweisung des anderen Anspruchs zur Folge, sind die Werte von Klage und Widerklage zusammenzurechnen und die Summe bildet den Streit- bzw. Gegenstandswert.

Beispiel 2:
Der Kläger macht seine Schadensersatzansprüche aus dem Verkehrsunfallgeschehen geltend. Der Beklagte erhebt Widerklage wegen der ihm entstandenen Schadensersatzansprüche aus demselben Unfallgeschehen. Die Werte von Klage und Widerklage sind zusammenzurechnen.
„Denn im Streit steht nicht der Verkehrsunfall, sondern die – inhaberbezogenen – unterschiedlichen Vermögenseinbußen."[57]

Umfassende Übersichten wann Klage und Widerklage denselben Streitgegenstand 62 oder verschiedene Streitgegenstände betreffen, finden sich zB bei *Meyer*[58] und bei *Schneider/Herget*.[59]

5. Kleines Wert-ABC für Familiensachen

Auch in Familiensachen gilt der Grundsatz: **Gerichtsgebührenwert = Anwalts-** 63 **gebührenwert.** Der Gerichtsgebührenwert bestimmt sich in Familiensachen nach den §§ 33 bis 52 FamGKG. Diese Wertvorschriften sind dann nach § 23 Abs. 1 S. 1 RVG auch für die Bestimmung des Anwaltsgebührenwertes heranzuziehen.

Das FamGKG bezeichnet den Wert nicht, wie das GKG, als Streitwert, sondern 64 spricht vom **Verfahrenswert.** In der Praxis wird sehr oft in Familiensachen auch der Gegenstandswert für die Anwaltsvergütung mit „Verfahrenswert" bezeichnet.

a) Ehesachen. In Ehesachen ist der Verfahrenswert nach § 43 FamGKG zu 65 bestimmen. Diese Vorschrift gilt dann über § 23 Abs. 1 S. 1 RVG auch für die Bestimmung des Gegenstandswertes für die Anwaltsgebühren entsprechend.

Bei der Bestimmung des Verfahrenswertes für eine Ehesache ist auszugehen vom 66 **3-fachen monatlichen Nettoeinkommen beider Ehegatten** (§ 43 Abs. 2 FamGKG). Maßgebend ist das in den letzten drei Monaten vor Einreichung des Antrags auf Scheidung der Ehe von den Parteien erzielte Nettoeinkommen (§ 34 FamGKG). In die Berechnung einzubeziehen sind **alle Einkünfte** der Ehegatten, also nicht nur die Einkünfte aus nicht selbständiger Tätigkeit, sondern auch weitere Einkünfte wie zB aus Kapitalvermögen, Vermietung und Verpachtung oder andere Einkünfte.[60] Auch SGB II bezogene Leistungen sind Einkommen und bei der Bestimmung des Verfahrenswertes für die Ehesache zu berücksichtigen.[61]

Bevor das monatliche Nettoeinkommen der Ehegatten in die Wertberechnung 67 „einfließt" sind nach ganz überwiegender Meinung **für jedes unterhaltsberechtigte Kind Abzüge** zu machen. Die Höhe der Abzüge ist umstritten.[62]

Kontrovers wird in Rechtsprechung und Literatur beurteilt, ob **Schulden** über- 68 haupt bei der Wertermittlung berücksichtigt werden und wie diese zu berücksichtigen sind.[63]

---

[57] Zitiert nach Schneider/Herget/*Kurpat* Rn. 3312.
[58] *Meyer* GKG § 45 Rn. 13 und 14.
[59] Schneider/Herget/*Kurpat* Rn. 3311–3313.
[60] *Schneider* Gebühren Rn. 1035; HK-RVG/*Ebert* Anh. I Rn. 21 ff.
[61] Schneider/Herget/*Thiel* Rn. 7144 ff.
[62] *Schneider* Gebühren Rn. 1039; HK-RVG/*Ebert* Anh. I Rn. 24.
[63] HK-RVG/*Ebert* Anh. I Rn. 24.

69 Nach § 43 Abs. 1 S. 1 FamFG sind bei der Wertbestimmung nicht nur die Einkommensverhältnisse der Ehegatten zu berücksichtigen, sondern auch die **Vermögensverhältnisse** der Ehegatten. Umstritten ist dann wieder, wie die Vermögensverhältnisse bei der Wertbestimmung zu berücksichtigen sind. Meist werden vom vorhandenen Nettovermögen Freibeträge für jeden Ehegatten und jedes Kind gewährt. Von dem Vermögen, was nach Abzug der Freibeträge verbleibt, werden dann bei der Wertermittlung 5 bis 10 % dem Wert, der aufgrund der Einkommensverhältnisse berechnet wurde, zugeschlagen.[64]

70 Der Verfahrenswert für die Ehesache ist **unter Berücksichtigung aller Umstände des Einzelfalls**, insbesondere des Umfangs und der Bedeutung der Sache und der Vermögens- und Einkommensverhältnisse der Ehegatten, **nach Ermessen zu bestimmen** (§ 43 Abs. 1 S. 1 FamGKG).

71 Bei außergewöhnlich großem **Umfang** der Ehesache kann zB eine Werterhöhung dergestalt vorgenommen werden, dass ein prozentualer Zuschlag auf den Wert, der bislang aufgrund der Einkommens- und Vermögensverhältnisse ermittelt wurde, gemacht wird. Andererseits kann bei unterdurchschnittlichem Umfang der Sache auch eine Wertermäßigung eintreten.[65] Es kommt nur auf den Umfang der Ehesache, nicht auf den Umfang von Folgesachen an. Nach OLG Karlsruhe[66] kann eine Erhöhung des Verfahrenswertes für eine Ehesache dann in Betracht kommen, wenn ausländisches Recht anzuwenden ist und dies einen besonderen Aufwand beim bearbeitenden Anwalt bedingt.

72 Entsprechend kann auch eine besondere **Bedeutung** der Sache für die Parteien dazu führen, dass der Verfahrenswert zu erhöhen ist. Auch dies geschieht dann dergestalt, dass ein prozentualer Zuschlag auf den Betrag erfolgt, der nach den Einkommens- und Vermögensverhältnissen zuvor ermittelt wurde.[67]

73 Der Wert darf **nicht unter 3.000 EUR** angenommen werden. Der **Höchstwert** beträgt **1 Million Euro** (§ 43 Abs. 1 S. 2 FamGKG).

74 Checkliste für die Bestimmung des Verfahrenswertes in Ehesachen:
- Auszugehen ist vom 3-fachen monatlichen Nettoeinkommen beider Ehegatten
- Maßgebend ist das Einkommen bei Einreichung des Scheidungsantrags
- Abzug für unterhaltsberechtigte Kinder?
- Abzug für Schulden?
- Zuschlag aufgrund der Vermögensverhältnisse? (Netto-Vermögen abzüglich Freibeträge, vom verbleibenden Vermögen fließen dann 5 bis 10 % in den Wert ein.)
- Abschlag oder Zuschlag wegen Umfangs der Sache?
- Abschlag oder Zuschlag wegen Bedeutung der Sache?
- Mindestwert: 3.000 EUR
- Höchstwert: 1 Million Euro.[68]

75 **b) Einstweilige Anordnungen.** Die Wertvorschrift für die Bestimmung des Verfahrenswertes in einstweiligen Anordnungen findet sich in § 41 FamGKG. Danach ist im Verfahren der einstweiligen Anordnung der Wert in der Regel unter Berücksichtigung der geringeren Bedeutung gegenüber der Hauptsache zu ermäßigen. Dabei ist von der **Hälfte des für die Hauptsache bestimmten Werts auszugehen** (§ 41 S. 2 FamGKG). In der Regel wird der Verfahrenswert für die einstweilige Anordnung sich also am Hauptsachewert orientieren und auf die Hälfte des

---

[64] *Schneider* Gebühren Rn. 1042 bis 1047; HK-RVG/*Ebert* Anh. I Rn. 26.
[65] *Schneider* Gebühren Rn. 1048; HK-RVG/*Ebert* Anh. I Rn. 28.
[66] OLG Karlsruhe AGS 2007, 583.
[67] HK-RVG/*Ebert* Anh. I Rn. 27; *Schneider* Gebühren Rn. 1049.
[68] Berechnungsbeispiel zum Gegenstandswert in Ehesachen *Enders* JurBüro 2009, 281 (285); *Enders* Rn. H 46.

Allgemeine Wertvorschrift § 23

Hauptsachewerts zu bestimmen sein. Zu berücksichtigen ist, dass der Wert im Einzelfall auch über der Hälfte des Verfahrenswertes für die Hauptsache oder auch darunter liegen kann.[69] So ist zB nach OLG Düsseldorf[70] für ein einstweiliges Anordnungsverfahren in einer Unterhaltssache der volle Hauptsachewert anzunehmen, wenn die einstweilige Anordnung die Hauptsache vorweg nimmt, also in der einstweiligen Anordnung eine Regelung getroffen wird, die ein Hauptsacheverfahren entbehrlich macht.

Auch in der Verwaltungsgerichtsbarkeit wird vertreten, dass, wenn im Verfahren des vorläufigen Rechtsschutzes die Hauptsache vorweg genommen wird, der Gegenstandswert für das Verfahren des vorläufigen Rechtsschutzes entsprechend dem für das Hauptsacheverfahren anzunehmenden Gegenstandswertes zugrunde zu legen ist.[71] Das was in der Verwaltungsgerichtsbarkeit vertreten wird, kann in Familiensachen nicht anders sein. 76

Praxistipp:

Ist eine einstweilige Anordnung anhängig, ohne das gleichzeitig das Hauptsacheverfahren bei Gericht anhängig ist und wird in der einstweiligen Anordnung eine Regelung getroffen, die ein Hauptsacheverfahren entbehrlich macht, sollte versucht werden, dass das Familiengericht den Gegenstandswert höher als den halben Hauptsachewert festsetzt. 77

c) Kindschaftssachen. In Kindschaftssachen ist bei der Bestimmung des Verfahrenswertes zu unterscheiden, ob die Sache anhängig ist 78
- als Folgesache im Verbund mit der Ehesache anhängig ist
- als selbständige/isolierte Sache anhängig ist
- als einstweilige Anordnung anhängig ist.

aa) Folgesache im Verbund. Nach § 137 Abs. 3 FamFG können folgende Kindschaftssachen als Folgesache zusammen mit der Ehesache im Verbund anhängig werden: 79
- Übertragung oder Entziehung der elterlichen Sorge
- Regelung des Umgangsrechts
- Herausgabe eines gemeinschaftlichen Kindes der Ehegatten
- Umgangsrecht eines Ehegatten mit dem Kind des anderen Ehegatten.

Wird einer dieser Gegenstände im Verbund anhängig, sind als Verfahrenswert für diesen Gegenstand **20 % des Wertes der Ehesache** (Scheidung) **höchstens 3.000 EUR** anzusetzen (§ 44 Abs. 2 S. 1 FamGKG). 80

Praxistipp:

Der Rechtsanwalt sollte darauf achten, dass das Familiengericht für die Ehesache und die Kindschaftssache die Verfahrenswerte getrennt festsetzt und nicht nur einen einheitlichen Verfahrenswert für die Ehesache und die Kindschaftssache bildet. Würde nur ein einheitlicher Verfahrenswert für die Ehesache und die Kindschaftssache bestimmt, ergeben sich dann Schwierigkeiten, wenn zB wegen der Kindschaftssache eine Einigungsgebühr entstanden wäre, die in der Ehesache nicht entstehen kann. Es wäre dann fraglich, nach welchem Verfahrenswert diese Einigungsgebühr zu bestimmen wäre. 81

Es bleibt auch dann bei dem Verfahrenswert (20 % des Wertes der Ehesache, höchstens 3.000 EUR) wenn die Kindschaftssache **mehrere Kinder** betrifft (§ 44 Abs. 2 S. 1 FamGKG). 82

---

[69] OLG Brandenburg JurBüro 2010, 638.
[70] OLG Düsseldorf JurBüro 2010, 305.
[71] VGH BW JurBüro 2010, 200.

§ 23 Allgemeine Wertvorschrift

83 Die Werterhöhung tritt für jede anhängige Kindschaftssache ein.

Beispiel:

Neben der Ehesache (Wert 8.000 EUR) sind im Verbund als Folgesachen anhängig:
- Kindschaftssache elterliche Sorge
- Kindschaftssache Regelung des Umgangsrechts.

Die Verfahrenswerte bestimmen sich wie folgt:
- Ehesache: 8.000 EUR
- Kindschaftssache elterliche Sorge: 20 % von 8.000 EUR = 1.600 EUR
- Kindschaftssache Umgangsrecht: 20 % von 8.000 EUR = 1.600 EUR

zzgl. der Werte evtl. weiterer im Verbund anhängiger Folgesachen. Die einzelnen Werte sind zu addieren (§ 22 Abs. 1 RVG).

84 Nach § 44 Abs. 3 FamGKG kann das Gericht auch einen höheren oder niedrigeren Wert für die im Verbund als Folgesache anhängige Kindschaftssache bestimmen, wenn der Wert (20 % des Werts der Ehesache, höchstens 3.000 EUR) nach den besonderen Umständen des Einzelfalls unbillig ist. Unbilligkeit wäre zB mE gegeben, wenn die anwaltliche Tätigkeit in der Kindschaftssache außergewöhnlich umfangreich gewesen wäre.

85 **bb) Selbständige/isolierte Kindschaftssache.** § 45 FamGKG regelt den Verfahrenswert für bestimmte Kindschaftssachen. Dort sind genannt:
- die Übertragung oder Entziehung der elterlichen Sorge oder eines Teils der elterlichen Sorge
- das Umgangsrecht einschließlich der Umgangspflegschaft
- die Kindesherausgabe (§ 45 Abs. 1 Ziff. 1 bis 3 FamGKG).

In diesen Kindschaftssachen beträgt der Verfahrenswert **3.000 EUR**, wenn sie unabhängig von einem Verbund als selbständiges/isoliertes Verfahren anhängig sind.

86 Der Verfahrenswert beträgt auch dann 3.000 EUR, wenn das Verfahren mehrere Kinder betrifft (§ 45 Abs. 2 FamGKG).

87 Betrifft eine selbständig/isoliert anhängige Kindschaftssache mehrere Gegenstände, ist für jeden Gegenstand ein eigener Verfahrenswert anzusetzen, die Verfahrenswerte sind zu addieren und nach der Summe entstehen einmal Gebühren.

Beispiel:

Als selbständiges/isoliertes Verfahren ist eine Kindschaftssache anhängig. In der Kindschaftssache soll zum einen die Übertragung der elterlichen Sorge und zum anderen das Umgangsrecht geregelt werden. Der Verfahrenswert ist wie folgt zu bestimmen:

Verfahrenswert für Regelung der elterlichen Sorge:	3.000 EUR
+ Verfahrenswert für Regelung des Umgangsrechts:	3.000 EUR
Verfahrenswert insgesamt:	6.000 EUR

Nach diesem Wert bestimmen sich die Gebühren, vorausgesetzt, der Tatbestand der jeweiligen Gebühr wird wegen beider Verfahrensgegenstände erfüllt.

Wären die beiden Gegenstände in **zwei getrennten Verfahren** außerhalb eines Verbunds anhängig geworden, wären **zweimal Gebühren** jeweils nach einem Verfahrenswert von 3.000 EUR entstanden. Es würde sich dann um zwei gebührenrechtliche Angelegenheiten handeln.[72]

88 Ist ein Verfahrenswert in Höhe von 3.000 EUR nach den besonderen Umständen des Einzelfalls unbillig, kann das Gericht nach § 45 Abs. 3 FamGKG einen höheren oder einen niedrigeren Wert festsetzen.

89 Nach OLG Celle[73] erscheint die Anhebung des Verfahrenswertes in einer Kindschaftssache regelmäßig angezeigt, wenn in einem Sorgerechtsverfahren die Einho-

---

[72] Enders JurBüro 2009, 337 (339) – Beispiel 1.
[73] OLG Celle JurBüro 2011, 257.

lung eines schriftlichen Sachverständigengutachtens geboten ist und das Amtsgericht die Beteiligten – unabhängig von einer gesonderten Kindesanhörung – in mehr als einem Termin anhört. Das KG[74] beschäftigt sich mit der Frage, unter welchen Voraussetzungen die Festsetzung eines Wertes von 5.000 EUR oder noch höher in Betracht kommt. Eine Absenkung des in § 45 Abs. 1 Nr. 1 FamGKG vorgesehenen Festwertes von 3.000 EUR kommt nach einer anderen Entscheidung des OLG Celle[75] allenfalls bei Vorliegen einer ganz besonderen, ins Auge fallenden Abweichung von einer durchschnittlichen Kindschaftssache in Betracht.

cc) Einstweilige Anordnung. Ist eine Kindschaftssache als einstweilige Anordnung anhängig, bestimmt sich der Verfahrenswert nach § 41 FamGKG. Danach ist von der Hälfte des für die Hauptsache bestimmten Werts auszugehen. 90

Ist die **Hauptsache** zu dem in der einstweiligen Anordnung zu regelnden Gegenstand als **Folgesache im Verbund** anhängig, ist der Verfahrenswert für diese Kindschaftssache mit 20 % des Werts der Ehesache anzusetzen.[76] Hiervon die Hälfte ist dann in der Regel als Verfahrenswert für die einstweilige Anordnung anzunehmen. 91

Ist die Kindschaftssache als **selbständiges/isoliertes Verfahren** in der **Hauptsache** anhängig, ist von einem Verfahrenswert von 3.000 EUR auszugehen.[77] Hiervon die Hälfte ist als Verfahrenswert anzusetzen, wenn eine einstweilige Anordnung hierzu anhängig wird. 92

Ist eine einstweilige Anordnung **ohne Hauptsache** anhängig, kann argumentiert werden, dass, wenn eine Hauptsache anhängig gemacht worden wäre, diese als selbständiges/isoliertes Verfahren erfolgt wäre, mit der Folge, dass dann der Verfahrenswert für die Hauptsache mit 3.000 EUR anzunehmen und folglich der Verfahrenswert für die einstweilige Anordnung mit 1.500 EUR anzusetzen ist. 93

d) Versorgungsausgleich. Der Wert für den Versorgungsausgleich bestimmt sich nach § 50 FamGKG. Danach beträgt der Verfahrenswert in Versorgungsausgleichssachen **für jedes Anrecht 10 %**, bei Ausgleichsansprüchen nach der Scheidung für jedes Anrecht 20 % **des in drei Monaten erzielten Nettoeinkommens der Ehegatten.** Der Wert beträgt insgesamt mindestens 1.000 EUR (§ 50 Abs. 1 FamGKG). 94

Berechnungsgrundlage ist das in **drei Monaten erzielte Nettoeinkommen beider Ehegatten.** Hier kann nicht einfach der Verfahrenswert für die Ehesache als Berechnungsgrundlage angenommen werden, da bei dessen Ermittlung nicht auf das reine Nettoeinkommen abzustellen ist, sondern evtl. Abzüge für unterhaltsberechtigte Kinder zu machen sind oder die Vermögensverhältnisse der Parteien, der Umfang und die Bedeutung der Sache in die Wertbestimmung eingeflossen sind. Beim Verfahrenswert für den Versorgungsausgleich ist aber nur von dem in drei Monaten erzielten Nettoeinkommen beider Ehegatten auszugehen (also zB keine Abzüge wegen unterhaltsberechtigter Kinder und auch keine Zuschläge wegen guter Vermögensverhältnisse).[78] Etwas anderes gibt der Gesetzestext des § 50 FamGKG nicht her. 95

Im Hinblick auf § 34 S. 1 FamGKG kann vertreten werden, dass das Nettoeinkommen der Ehegatten bei Antragstellung (Einreichung des Scheidungsantrages) maßgebend sei. Ebenso kann im Hinblick auf § 34 S. 2 FamGKG aber auch vertreten 96

---

[74] KG JurBüro 2014, 479.
[75] OLG Celle JurBüro 2012, 249.
[76] → § 23 Rn. 79 ff.
[77] → § 23 Rn. 85 ff.
[78] So: OLG Koblenz JurBüro 2011, 305; OLG Rostock JurBüro 2012, 248; OLG Nürnberg JurBüro 2012, 362. Anderer Meinung AG Ludwigslust JurBüro 2010, 476, das Abzüge für Kinder auch bei der Bestimmung des Verfahrenswertes für den Versorgungsausgleich berücksichtigt, mit ablehnender Anm von *Enders*.

werden, dass das Nettoeinkommen der Ehegatten bei Entscheidung des Versorgungsausgleichs maßgebend sei.[79] Denn der Versorgungsausgleich wird doch „von Amts wegen" anhängig, wenn ein Antrag auf Scheidung der Ehe gestellt wird. In Verfahren, die von Amts wegen anhängig werden, ist als Zeitpunkt der Wertberechnung die Fälligkeit der Gerichtskostengebühr maßgebend (§ 34 S. 2 FamGKG). In diesen Verfahren wird die Gebühr nach § 11 Abs. 1 Ziff. 1 FamGKG fällig, wenn eine unbedingte Entscheidung über die Kosten ergangen ist.

97 Der Verfahrenswert für den Versorgungsausgleich beträgt **für jedes Anrecht 10 %** – und bei Ausgleichsansprüchen nach der Scheidung für jedes Anrecht 20 % – des in drei Monaten erzielten Nettoeinkommens der Ehegatten. Hat zB der Ehemann zwei Anrechte (gesetzliche Rentenversicherung und ein Riester-Renten-Vertrag) und die Ehefrau ebenfalls zwei Anrechte erworben, so ist der Gegenstandswert für den Versorgungsausgleich mit 4 X 10 % = 40 % des in drei Monaten erzielten Nettoeinkommens beider Ehegatten anzusetzen.[80] Jedes verfahrensgegenständliche Anrecht ist bei der Bestimmung des Verfahrenswertes zu berücksichtigen, unabhängig davon, ob es im Ergebnis wegen des Anrechts zu einem Ausgleich kommt oder nicht.[81] Nach OLG Nürnberg[82] ist von zwei Anrechten auszugehen, wenn eine Partei bei der Deutschen Rentenversicherung sowohl ein angleichungsdynamisches als auch ein nicht angleichungsdynamisches Anwartschaftsrecht erworben hat. Ebenfalls sind zwei Anrechte iSd § 50 Abs. 1 S. 1 FamGKG anzunehmen, wenn auszugleichende Entgeltpunkte und Entgeltpunkte/Ost Gegenstand des Versorgungsausgleichs sind.

98 Der Wert beträgt **mindestens 1.000 EUR** (§ 50 Abs. 1 S. 2 FamGKG). Allerdings ist nicht jedes Anrecht mit mindestens 1.000 EUR zu bewerten, sondern nur wenn der unter Berücksichtigung aller Anrechte bestimmte Wert unter 1.000 EUR liegt, ist vom Mindestwert auszugehen.

99 Bei **Ausgleichsansprüchen nach der Scheidung** beträgt der Verfahrenswert für jedes Anrecht **20 %** des in drei Monaten erzielten Nettoeinkommens der Ehegatten. Diese Regelung greift nur, wenn das Versorgungsausgleichsverfahren erst nach Scheidung der Ehe eingeleitet wird. Dies kann etwa der Fall sein, wenn ein geschiedener Ehegatte einen Anspruch auf eine schuldrechtliche Ausgleichsrente hat.[83]

100 e) **Unterhaltssachen.** In Unterhaltssachen und in sonstigen den Unterhalt betreffenden Familiensachen, soweit diese jeweils Familienstreitsachen sind und wiederkehrende Leistungen betreffen, ist der **für die ersten zwölf Monate nach Einreichung des Antrags** geforderte Betrag als Verfahrenswert anzunehmen. Die bei Einreichung des Antrags fälligen **Rückstände** werden dem Wert **hinzugerechnet** (§ 51 Abs. 1 und 2 FamGKG). Vorstehendes gilt unabhängig davon, ob das Unterhaltsverfahren als Folgesache im Verbund oder als selbständige/isolierte Unterhaltssache anhängig ist.

101 Maßgebend ist der im Antrag **geforderte** Unterhalt. Es kommt also nicht darauf an, auf welchen Unterhaltsbetrag sich die Parteien vergleichen oder welcher letztlich in dem Beschluss zugesprochen wird.

102 **Der für die ersten zwölf Monate nach Einreichung des Antrags geforderte Betrag** ist hoch zu rechnen. Der im Antrag geforderte Monatsbetrag ist also mit 12 – Monaten – zu multiplizieren und die Summe bildet den Verfahrenswert für das Unterhaltsverfahren, wobei Rückstände zu addieren sind. Wird Unterhalt für

---

[79] Anderer Meinung: OLG Rostock JurBüro 2012, 248: Das monatliche Nettoeinkommen zum Zeitpunkt der erstmaligen Antragstellung ist maßgebend.
[80] *Enders* JurBüro 2009, 337 (340 – mit Berechnungsbeispiel).
[81] OLG Stuttgart AGS 2010, 620; *Enders* JurBüro 2009, 337 (341); OLG Bamberg, JurBüro 2016, 95.
[82] OLG Nürnberg JurBüro 2012, 362.
[83] *Enders* JurBüro 2009, 337 (341).

Allgemeine Wertvorschrift § 23

einen kürzeren Zeitraum als für 12 Monate verlangt, ist der insgesamt geforderte Betrag als Verfahrenswert anzunehmen.

Alle bis zur Einreichung des Antrags fälligen Unterhaltsbeträge sind zum Jahresbetrag zu addieren und fließen so in die Bestimmung des Verfahrenswertes ein. Der Einreichung des Antrags auf Zahlung steht die Einreichung eines Antrags auf Bewilligung der Verfahrenskostenhilfe gleich, wenn der Klageantrag alsbald nach Mitteilung der Entscheidung über den Antrag oder über eine alsbald eingelegte Beschwerde eingereicht wird (§ 51 Abs. 2 S. 2 FamGKG).[84] 103

Ist die Unterhaltssache als **einstweilige Anordnung** anhängig, ist in der Regel von der Hälfte des für die Hauptsache bestimmten Werts auszugehen. Ist ein Hauptsacheverfahren wegen Unterhalt anhängig, ist mE – unabhängig davon, welcher Unterhaltsbetrag im einstweiligen Anordnungsverfahren gefordert wird – als Verfahrenswert für das einstweilige Anordnungsverfahren die Hälfte des für die Hauptsache anzusetzenden Verfahrenswertes anzunehmen.[85] Ist kein Hauptsacheverfahren anhängig und wird in der einstweiligen Anordnung eine endgültige Regelung herbeigeführt, so dass sich ein Hauptsacheverfahren erübrigt, ist der Verfahrenswert für das einstweilige Anordnungsverfahren höher anzusetzen, als mit der Hälfte des Hauptsachewerts.[86] 104

f) Güterrechtssachen. Wird ein Antrag auf Zahlung von Zugewinnausgleich gestellt, so bestimmt sich der Verfahrenswert nach dem im Antrag bezifferten Geldbetrag (§ 35 FamGKG). Dies unabhängig davon, ob die Güterrechtssache als selbständiger/isolierter Antrag oder als Folgesache im Verbund anhängig wird. 105

Praxistipp:

Da häufig nicht abzusehen ist, ob überhaupt und gfls. in welcher Höhe sich eine Ausgleichsforderung ergibt, sollte der Rechtsanwalt für die Berechnung des Zugewinnausgleichsanspruchs eine angemessene Vergütung mit seinem Mandanten vereinbaren. 106

Anträge auf Stundung der Ausgleichsforderung oder auf Übertragung von Vermögensgegenständen sind zwar nach § 52 FamGKG ein Verfahren mit dem Zahlungsantrag. Allerdings sind diese Anträge jeweils mit einem gesonderten Verfahrenswert zu bewerten und dieser Verfahrenswert ist zum Verfahrenswert des Zahlungsantrags zu addieren.[87] 107

g) Ehewohnungssachen. Der Verfahrenswert für Ehewohnungssachen ist in § 48 Abs. 1 FamGKG geregelt. Hiernach ist zu unterscheiden, ob die Rechte an der Ehewohnung für den Fall des Getrenntlebens oder für den Fall der Scheidung geregelt werden sollen. 108

Verlangen **getrennt lebende Ehegatten,** dass ihnen der andere die Ehewohnung oder ein Teil derselben zur alleinigen Benutzung überlässt, handelt es sich um eine Ehewohnungssache nach § 200 Abs. 1 Nr. 1 FamFG (dort Verweis auf § 1361b BGB). Der Verfahrenswert beträgt in diesen Fällen **3.000 EUR** (§ 48 Abs. 1 FamGKG). 109

Verlangt ein Ehegatte in der Ehewohnungssache, dass ihm der andere Ehegatte anlässlich der **Scheidung** die Ehewohnung überlässt, handelt es sich um eine Ehewohnungssache nach § 200 Abs. 1 Nr. 2 FamFG (dort Verweis auf § 1568a BGB). In diesen Fällen ist der Verfahrenswert mit **4.000 EUR** anzunehmen. 110

---

[84] *Enders* JurBüro 2009, 400 (401).
[85] *Enders* JurBüro 2009, 400 (401).
[86] OLG Düsseldorf JurBüro 2010, 305; Brandenburgisches OLG JurBüro 2010, 368; → § 23 Rn. 75 ff.
[87] *Enders* JurBüro 2009, 400 (402).

111 Sind die vorstehend genannten Verfahrenswerte nach den besonderen Umständen des Einzelfalls **unbillig,** kann das Gericht einen höheren oder einen niedrigeren Wert festsetzen (§ 48 Abs. 3 FamGKG).

112 Ist die Ehewohnungssache als **einstweilige Anordnung** anhängig, bestimmt sich der Wert nach § 41 FamGKG und ist in der Regel mit der Hälfte des Hauptsachewertes anzunehmen.[88]

113 h) **Haushaltssachen.** Der Verfahrenswert für Haushaltssachen bestimmt sich nach § 48 Abs. 2 FamGKG. Es ist zu unterscheiden, ob eine Entscheidung für den Fall des Getrenntlebens oder eine Entscheidung anlässlich der Scheidung getroffen werden soll.

114 Verlangen voneinander **getrennt lebende Eheleute** Haushaltsgegenstände von dem anderen Ehegatten heraus, handelt es sich um eine Haushaltssache nach § 200 Abs. 2 Nr. 1 FamFG (dort Verweis auf § 1361a BGB). In diesen Sachen ist der Verfahrenswert mit **2.000 EUR** anzunehmen.

115 Verlangt ein Ehegatte von dem anderen Ehegatten das dieser ihm im gemeinsamen Eigentum stehende Haushaltsgegenstände **anlässlich der Scheidung** überlässt oder übereignet, handelt es sich um eine Haushaltssache nach § 200 Abs. 2 Nr. 2 FamFG (dort Verweis auf § 1568b BGB). In diesen Fällen beträgt der Verfahrenswert **3.000 EUR.**

116 Ist der nach § 58 Abs. 2 FamGKG für eine Haushaltssache bestimmte Wert nach den besonderen Umständen des Einzelfalls unbillig, kann das Gericht einen höheren oder niedrigeren Wert festsetzen (§ 48 Abs. 3 FamGKG).

117 Ist eine Haushaltssache als einstweilige Anordnung anhängig, bestimmt sich der Verfahrenswert nach § 41 FamGKG und ist in der Regel mit der Hälfte des für die Hauptsache anzusetzenden Verfahrenswerts anzunehmen.[89]

118 i) **Gewaltschutzsachen.** Der Wert in Gewaltschutzsachen bestimmt sich nach § 49 FamGKG. Zu unterscheiden sind hier folgende Gewaltschutzsachen:
- Gewaltschutzsachen nach § 1 des Gewaltschutzgesetzes:
- Der Verfahrenswert beträgt 2.000 EUR.
- Gewaltschutzsachen nach § 2 des Gewaltschutzgesetzes:
- Der Verfahrenswert beträgt 3.000 EUR.

119 Ist der in § 49 Abs. 1 FamGKG bestimmte Wert nach den besonderen Umständen des Einzelfalls unbillig, kann das Gericht einen höheren oder einen niedrigeren Wert festsetzen (§ 49 Abs. 2 FamGKG).

120 Ist die Gewaltschutzsache als einstweilige Anordnung anhängig bestimmt sich der Verfahrenswert nach § 41 FamGKG in der Regel auf die Hälfte des Hauptsachewerts.[90]

6. Kleines Wert-ABC für arbeitsrechtliche Sachen

Praxistipp:

121 Es existiert ein **Streitwertkatalog für die Arbeitsgerichtsbarkeit** in einer überarbeiteten Fassung vom 5. April 2016. Dieser ist im Internet für jedermann frei einsehbar. Es handelt sich um eine „Richtlinie", an die sich das Gericht halten kann, aber nicht muss![91]

---

[88] → § 23 Rn. 75 ff.
[89] → § 23 Rn. 75 ff.
[90] → § 23 Rn. 75 ff.
[91] LAG Köln BeckRS 2016, 66153: der Streitwertkatalog enthält lediglich Empfehlungen; das Gericht hat im Einzelfall das ihm eingeräumte Ermessen auszuüben; dem Streitwertkatalog kommt jedoch im Hinblick auf eine einheitliche bundesweite Rechtsprechung besonderes Gewicht zu. Ua das LAG Hessen BeckRS 2015, 67000 und LAG Sachsen BeckRS 2015, 66577 orientieren ihre Rechtsprechung an diesem Katalog.

Allgemeine Wertvorschrift § 23

a) **Abfindung.** Nach § 42 Abs. 2 S. 1 letzter Hs. GKG ist eine in der Bestands- 122
streitigkeit zu zahlende **Abfindung** bei der Bestimmung des Gerichtsgebührenwertes und damit auch bei dem Anwaltsgebührenwert **nicht zu berücksichtigen.** Dies gilt dann, wenn die Abfindung auf den §§ 9, 10 KSchG beruht. Anderes soll dann gelten, wenn die Abfindungsregelung nicht auf den §§ 9, 10 KSchG ihre Rechtsgrundlage findet, sondern die Abfindung aufgrund
– eines Rationalisierungsabkommens
– eines Sozialplans
– vertraglichen Absprachen
– oder auf § 113 BetrVG
beruht.[92]

b) **Abmahnung.** Ist Gegenstand der anwaltlichen Tätigkeit der Streit über eine 123
Abmahnung, bestimmt sich der Gegenstandswert regelmäßig auf eine Bruttomonatsvergütung.[93] Ob gleiche oder ähnliche Pflichtverstöße bereits abgemahnt wurden, ist dabei ohne Belang. Mehrere in einem Verfahren angegriffene Abmahnungen sind höchstens mit der Bruttovergütung für drei Monate zu bewerten.[94] Nach dem LAG Sachsen-Anhalt[95] ist die Geltendmachung der Entfernung mehrerer Abmahnungen aus der Personalakte mit einem und jede weitere mit 1/3 eines Bruttomonatsentgelts zu bewerten, wobei der Gesamtwert die Bruttovergütung für 3 Monate nicht übersteigen darf.

c) **Änderungskündigung.** Nach Ziff. I. 4. des Streitwertkatalogs für die Arbeits- 124
gerichtsbarkeit ist als Gegenstandswert bei einem Streit um eine Änderungskündigung, die unter Vorbehalt angenommen worden ist, eine Monatsvergütung bis zu einem Vierteljahresentgelt je nach dem Grad der Vertragsänderung anzunehmen. Bei Änderungskündigungen mit Vergütungsänderung oder sonstigen messbaren wirtschaftlichen Nachteilen ist die dreifache Jahresdifferenz, mindestens eine Monatsvergütung, höchstens die Vergütung für ein Vierteljahr als Gegenstandswert anzunehmen (→ Ziff. I. 4.2 des Streitwertkatalogs für die Arbeitsgerichtsbarkeit).[96]
Wird dagegen das Änderungsangebot abgelehnt, so geht es um einen Kündigungs- 125
schutzantrag gem. § 4 S. 1 KSchG. Dann ist nach *Mayer*[97] für den Gegenstandswert das für die Dauer eines Vierteljahres zu leistende Bruttoarbeitsentgelt maßgebend (§ 42 Abs. 2 S. 1 GKG).

d) **Bestandsstreitigkeiten.** Der Streitwert für die sogenannten Bestandsstreitig- 126
keiten, worunter auch **Kündigungsschutzklagen** fallen, bestimmt sich nach § 42 Abs. 2 GKG.[98] Über § 23 Abs. 1 S. 1 RVG ist diese Wertvorschrift auch entsprechend für den Gegenstandswert für die Anwaltsgebühren zugrunde zu legen. Nach § 42 Abs. 2 GKG ist für die Wertberechnung bei Rechtsstreitigkeiten vor Gerichten für Arbeitssachen über das Bestehen, das Nichtbestehen oder die Kündigung eines Arbeitsverhältnisses **höchstens der Betrag des für die Dauer eines Vierteljahres zu leistenden Arbeitsentgelts** maßgebend. Berechnungsgrundlage ist das **Brutto**arbeitsentgelt. Umstritten ist, ob dieser Wert als Regelwert zu sehen ist, oder ob es

---

[92] *Brinkmann* JurBüro 2005, 119 (127 – Kap. 12); Göttlich/Mümmler/*Rehberg* „Arbeitsgerichtsverfahren" Kap. 8.3 e); LAG Hamburg JurBüro 2013, 251; LG Darmstadt AGS 2015, 561; OLG Frankfurt a.M. AGS 2015, 562.
[93] Streitwertkatalog für die Arbeitsgerichtsbarkeit I. 2.
[94] LAG Berlin JurBüro 2015, 192; LAG Sachsen Beschl. v. 23.2.2015 – 4 Ta 182/14 (9), AGS 2015, 427.
[95] LAG Sachsen-Anhalt Beschl. v. 18.1.2013 – 1 Ta 169/12, BeckRS 2013, 65931.
[96] So auch schon: LAG Baden-Württemberg RVGreport 2010, 199.
[97] HK-RVG/*Mayer* Anh. I Kap. II Rn. 2.
[98] Bis 31.7.2013: § 42 Abs. 3 GKG; durch das 2. KostRMoG (BGBl. 2013 I 2586 f.) wurde § 42 Abs. 1 GKG aufgehoben. Die Absätze 2 bis 4 wurden die Absätze 1 bis 3.

§ 23 Allgemeine Wertvorschrift

sich hierbei um einen Höchstwert handelt. So vertritt das Bundesarbeitsgericht die Auffassung, dass das für die Dauer eines Vierteljahres zu leistende Arbeitsentgelt als Obergrenze des festzusetzenden Streitwerts zu sehen ist. Nach dem BAG[99] *„ist bei einem Bestand des Arbeitsverhältnisses bis zu sechs Monaten in der Regel von einem Streitwert in Höhe eines Monatsgehaltes, bei einer Bestandsdauer des Arbeitsverhältnisses zwischen sechs und zwölf Monaten regelmäßig von zwei Monatsverdiensten"*[100] und nur bei einer Dauer von mehr als zwölf Monaten das volle für die Dauer eines Vierteljahres zu leistende Arbeitsentgelt maßgeblich. Dagegen nehmen einige Landesarbeitsgerichte das für die Dauer eines Vierteljahres zu leistende Arbeitsentgelt als Regelstreitwert in Kündigungsschutzsachen an.[101]

127 Nach *Schaefer*[102] kann es bei der Bestimmung des Gegenstandswertes in Bestandsstreitigkeiten nicht darauf ankommen, wie lange das Arbeitsverhältnis bestanden hat, sondern darauf, wie lange es ohne die Kündigung noch bestanden hätte. Wenn das Arbeitsverhältnis noch länger als 3 Monate bestanden hätte, ist als Gegenstandswert der Betrag des für die Dauer eines Vierteljahres zu leistenden Arbeitsentgelts anzunehmen.[103]

128 **e) Bestandsstreitigkeit und Zahlungsansprüche.** Werden mit einer Kündigungsschutz-/Bestandsschutzklage **gleichzeitig Zahlungsansprüche** wie laufendes oder rückständiges Arbeitsentgelt geltend gemacht, so ist der eingeklagte Betrag bei der Wertbestimmung zu berücksichtigen und mit dem Wert zu addieren, der für den Kündigungsschutz- oder Bestandsschutzantrag (das für die Dauer eines Vierteljahres zu leistende Arbeitsentgelt) angenommen wurde. Dies ist unstreitig für Zahlungsansprüche, die aus der Zeit **vor der Kündigung** resultieren. Umstritten ist dies dann, wenn Zahlungsansprüche **für die Zeit nach Ausspruch der Kündigung** geltend gemacht werden.[104]

129 **f) Bestandsstreitigkeit und Weiterbeschäftigungsantrag.** Wird mit der Kündigungs-/Bestandsschutzklage gleichzeitig der Anspruch auf **Weiterbeschäftigung** geltend gemacht, ist zu unterscheiden, ob der Weiterbeschäftigungsanspruch als
– eigenständiger, zusätzlicher Klageanspruch
– oder lediglich im Wege eines unechten Hilfsantrages, also hilfsweise für den Fall des Obsiegens mit dem Kündigungsschutzantrag
geltend gemacht wird.

130 Wenn der Weiterbeschäftigungsanspruch als eigenständiger, zusätzlicher Klageantrag gestellt wird, tritt nach *Mayer*[105] eine Streitwerterhöhung ein. Streitig ist dann lediglich, ob der Weiterbeschäftigungsantrag mit einem oder zwei Brutto-Monatsgehältern zu bewerten ist. Dieser eigene Wert für den Weiterbeschäftigungsanspruch ist dann zu dem Wert für den Kündigungsschutz- oder Bestandsschutzantrag zu addieren.

131 Ist der Weiterbeschäftigungsantrag als unechter Hilfsantrag – für den Fall des Obsiegens mit dem Kündigungsantrag – gestellt worden, ist umstritten, ob dieser hilfsweise gestellte Antrag sich werterhöhend auswirkt oder nicht. Teilweise wird vertreten, dass sich der Antrag immer werterhöhend auswirke, während andere

---

[99] BAG AP BAG ArbGG 1979 § 12 Nr. 9.
[100] Zitiert nach HK-RVG/*Mayer* Anh. I Rn. 6.
[101] Siehe hierzu HK-RVG/*Mayer* Anh. I Rn. 6; *Brinkmann* JurBüro 2005, 119; *Brinkmann* RVGreport 2005, 209.
[102] *Schaefer*/*Schaefer,* Anwaltsgebühren im Arbeitsrecht, 4. Aufl., § 2 Rn. 49.
[103] So auch: Streitwertkatalog für die Arbeitsgerichtsbarkeit, I. 19.
[104] *Brinkmann* JurBüro 2005, 119 (125 – Kap. 10); HK-RVG/*Mayer* Anh. I Rn. 25; LAG Nürnberg JurBüro 2011, 258 mwN.
[105] HK-RVG/*Mayer* Anh. I Rn. 2.

Gerichte wieder die Auffassung vertreten, dass hierdurch eine Werterhöhung nur dann eintreten würde, wenn über ihn entschieden würde.[106]

g) Eingruppierungsklagen. Bei Rechtsstreitigkeiten über Eingruppierungen ist nach § 42 Abs. 2 S. 2 GKG der Wert des **dreijährigen Unterschiedsbetrags** zur begehrten Vergütung maßgebend. Begehrt der Arbeitnehmer zB die Eingruppierung in die nächst höhere Lohnstufe und würde dies für ihn eine monatlich höhere Vergütung von 200 EUR bedeuten, so wäre dieser Unterschiedsbetrag auf drei Jahre hoch zu rechnen und das Ergebnis als Streitwert für die Gerichtskosten und folglich auch als Gegenstandswert für die Anwaltsvergütung anzunehmen.

Dies gilt nur dann nicht, wenn die Eingruppierung nicht für mindestens drei Jahre verlangt wird. Würde zB der befristete Arbeitsvertrag ohnehin in zwölf Monaten auslaufen, und würde folglich die Eingruppierung nur noch für diese zwölf Monate verlangt, wäre der Unterschiedsbetrag für diese zwölf Monate auch als Gegenstandswert anzunehmen.[107]

h) Mehrere Kündigungen. Wie der Gegenstandswert zu bestimmen ist, wenn in einem Rechtsstreit mehrere zeitnah ausgesprochene Kündigungen betreffend dasselbe Arbeitsverhältnis angegriffen werden, war umstritten.[108] Der Streitwertkatalog für die Arbeitsgerichtsbarkeit versucht hier Rechtssicherheit zu bringen. So ist dort unter Ziff. I. 20. folgendes geregelt:

„*20.1*
Außerordentliche Kündigung, die hilfsweise als ordentliche erklärt wird (einschließlich Umdeutung nach § 140 BGB): höchstens die Vergütung für ein Vierteljahr, unabhängig davon, ob sie in einem oder in mehreren Schreiben erklärt werden.
20.2
Mehrere Kündigungen ohne Veränderung des Beendigungszeitpunktes: Keine Erhöhung.
20.3
Folgekündigungen mit Veränderung des Beendigungszeitpunktes: Für jede Folgekündigung die Entgeltdifferenz zwischen den verschiedenen Beendigungszeitpunkten, maximal jedoch die Vergütung für ein Vierteljahr für jede Folgekündigung. Die erste Kündigung – bewertet nach den Grundsätzen der I. Nr. 19 – ist stets die mit dem frühesten Beendigungszeitpunkt, auch wenn sie später ausgesprochen und später angriffen wird.
Die Grundsätze des Abs. 1 gelten jeweils für die betreffende Instanz. Fallen Klagen gegen einzelne Kündigungen im Laufe des Verfahrens in einer Instanz weg, gelten die Grundsätze des ersten Absatzes ab diesem Zeitpunkt für die in dieser Instanz verbleibenden Kündigungen."[109]

i) Vergleichsmehrwert. Werden in einem gerichtlich abgeschlossenen Vergleich nicht anhängige Gegenstände mitverglichen, sind grundsätzlich auch diese mitverglichenen nicht anhängige Gegenstände mit einem eigenen Wert zu bewerten und bilden den „Vergleichsmehrwert". **Umstritten** ist, ob dies auch dann gilt, **wenn** über den im Vergleich mitgeregelten nicht anhängigen Gegenstand zuvor **kein Streit** und **keine Ungewissheit** bestand. Nach dem LAG Hamm[110] begründet zwar ein Titulierungsinteresse einen Wertansatz, wenn dieses im Zusammenhang

---

[106] HK-RVG/*Mayer* Anh. I Rn. 21 mwN; sa LAG Hamburg JurBüro 2014, 537: Weiterbeschäftigungsantrag ist nicht werterhöhend, wenn er als uneigentlicher Hilfsantrag gestellt worden ist (abweichend von LAG Hamburg JurBüro 2012, 26).
[107] → § 23 Rn. 124 ff. c) Änderungskündigung.
[108] Vergleiche zB HK-RVG/*Mayer* Anh. I Kap. II Rn. 28; zB LAG Nürnberg JurBüro 2011, 138.
[109] Zitiert nach dem Streitwertkatalog für die Arbeitsgerichtsbarkeit.
[110] LAG Hamm NZA-RR 2007, 437.

steht mit der Beseitigung einer Ungewissheit, nicht jedoch, wenn es lediglich um die gerichtliche Beurkundung unstreitiger Forderungen oder die **deklaratorische Feststellung von Rechtsfolgen** der arbeitsrechtsvertraglichen Rechtsbeziehungen geht; ein Titulierungsinteresse könne – wenn überhaupt – nur dann zu einem Einigungsmehrwert führen, wenn die Vergleichsregelung einen vollstreckbaren Inhalt habe.

136 In diese Richtung gehen auch die Vorschläge in dem **Streitwertkatalog** für die Arbeitsgerichtsbarkeit. Dort heißt es unter Ziff. I. 22.1 wie folgt: *„Ein Vergleichsmehrwert fällt nur an, wenn durch den Vergleichsabschluss ein weiterer Rechtsstreit und/oder außergerichtlicher Streit erledigt und/oder die Ungewissheit über ein Rechtsverhältnis beseitigt werden..."* Der Streitwertkatalog für die Arbeitsgerichtsbarkeit nennt Fälle, in den von einem Vergleichsmehrwert auszugehen ist und in welchen keine Streitwerterhöhung vorzunehmen ist.[111]

137 Vereinbaren die Parteien in einem gerichtlichen Vergleich eine Freistellung des Arbeitnehmers, ohne dass die Parteien zuvor über den Gegenstand der Freistellungsregelung gestritten haben oder sich außergerichtlich bindend auf eine Freistellung verständigt haben, ist nach dem LAG Hamburg[112] die Freistellungsregelung bei der Einigungsgebühr als Mehrvergleich zu berücksichtigen. Jedenfalls dann, wenn die Dauer der vereinbarten Freistellung einen Monat übersteigt, betrage, so das LAG Hamburg der Vergleichsmehrwert der Freistellungsregelung ein Bruttomonatsgehalt.

138 **j) Wiederkehrende Leistungen.** Ist Gegenstand der anwaltlichen Tätigkeit in der arbeitsrechtlichen Angelegenheit eine wiederkehrende Leistung, so bestimmt sich der Wert nach § 42 Abs. 1 GKG auf den **dreifachen Jahresbetrag** der wiederkehrenden Leistung.[113]

139 Der dreifache Jahresbetrag der wiederkehrenden Leistung ist dann nicht als Streitwert anzunehmen, wenn die wiederkehrende Leistung nicht mindestens für drei Jahre gefordert wird. Wird die wiederkehrende Leistung zB nur für zwei Jahre gefordert, ist nur der zweijährige Betrag als Gegenstandswert anzunehmen (§ 42 Abs. 1 S. 1, letzter Hs. GKG).

140 **k) Zeugniserteilung.** Ist Gegenstand des Verfahrens die Erteilung eines **qualifizierten** Arbeitszeugnisses, ist im Regelfall der Gegenstandswert für diesen Antrag mit einem Brutto-Monatsverdienst anzusetzen. Dies auch dann, wenn die Erteilung eines qualifizierten Arbeitszeugnisses neben dem Kündigungsschutzantrag gestellt wird. Die Gegenstandswerte für den Kündigungsschutzantrag und den Antrag auf Erteilung eines qualifizierten Arbeitszeugnisses sind dann zu addieren.[114]

141 Wird ein **Zwischen- und** ein **Endzeugnis** kumulativ oder hilfsweise im Verfahren verlangt, bleibt es nach Ziff. I. 25.3 des Streitwertkatalogs für die Arbeitsgerichtsbarkeit bei dem Gegenstandswert von einem Brutto-Monatsverdienst.

142 Wird nur die Erteilung eines **einfachen** Arbeitszeugnisses verlangt, soll der Gegenstandswert nach Ziff. I. 25.1 des Streitwertkatalogs für die Arbeitsgerichtsbarkeit nur 10% der Brutto-Monatsvergütung betragen.

143 Wird **nur** die Erteilung eines **Zwischenzeugnisses** geltend gemacht, ist der Gegenstandswert nach LAG Chemnitz[115] regelmäßig auf einen halben Monatsverdienst festzusetzen.

144 Nach dem LAG Hamburg[116] orientiert sich der Gegenstandswert, wenn lediglich die Erteilung eines Zeugnisses vereinbart ist, an dem Titulierungsinteresse, das regel-

---

[111] Streitwertkatalog für die Arbeitsgerichtsbarkeit I 22.1 bis 22.1.5.
[112] LAG Hamburg BeckRS 2016, 65978.
[113] → § 23 Rn. 124 ff. c) Änderungskündigung.
[114] HK-RVG/*Mayer* Anh. I Rn. 38.
[115] LAG Chemnitz Beschl. v. 11.7.2011 – 4 Ta 135/11.
[116] LAG Hamburg JurBüro 2013, 425.

mäßig mit 500 EUR zu bewerten sei. Erst wenn inhaltliche Regelungen zu einem Zeugnis vereinbart würden, sei der Gegenstandswert mit einem Bruttomonatsgehalt anzunehmen. Nach der Entscheidung des LAG Hamburg (a.a.O.) sind Zeugnisregelungen auch dann werterhöhend zu berücksichtigen, wenn über sie zuvor nicht gestritten wird.

7. Streitwertkatalog verwaltungsrechtliche Angelegenheiten

In Verfahren vor den Gerichten der Verwaltungsgerichtsbarkeit ist, soweit nichts anderes bestimmt ist, nach § 52 Abs. 1 GKG der Streitwert für die Gerichtsgebühren und folglich auch der Gegenstandswert für die Anwaltsgebühren nach der sich aus dem **Antrag des Klägers für ihn ergebenden Bedeutung der Sache** nach Ermessen zu bestimmen. Bietet der Sach- und Streitgegenstand für die Bestimmung des Streitwerts keine genügenden Anhaltspunkte, ist nach § 52 Abs. 2 GKG ein Streitwert von 5.000 EUR anzunehmen. Dieser Wert wird auch als **„Auffangwert"** bezeichnet. 145

Da es in der Praxis nicht immer einfach ist, das in § 52 Abs. 1 GKG vorgesehene Ermessen bei der Bestimmung des Gegenstandswertes „auszufüllen" hat eine von den Präsidenten des BVerwG und der OVG/Verwaltungsgerichtshöfe einberufene Streitwertkommission ein Streitwertkatalog für die Verwaltungsgerichtsbarkeit erarbeitet. Dieser Streitwertkatalog spricht Empfehlungen aus, wie der Gegenstandswert für verschiedene verwaltungsgerichtliche Verfahren zu bestimmen ist. Das Gericht kann dem folgen, kann aber auch im Einzelfall hiervon abweichen. **Der Streitwertkatalog ist im Internet kostenlos für jedermann einsehbar.** 146

Betrifft der Antrag des Klägers eine **bezifferte Geldleistung** oder einen hierauf gerichteten Verwaltungsakt, ist nach § 52 Abs. 3 S. 1 GKG deren Höhe maßgebend (zB mit der Klage wird ein Beitragsbescheid über 17.000 EUR angefochten; Streit- bzw. Gegenstandswert: 17.000 EUR). Hat der Antrag des Klägers offensichtlich absehbare Auswirkungen auf künftige Geldleistungen oder auf noch zu erlassende, auf derartige Geldleistungen bezogene Verwaltungsakte, ist die Höhe des sich aus § 53 Abs. 3 S. 1 GKG ergebenden Streitwerts um den Betrag der offensichtlich absehbaren zukünftigen Auswirkungen für den Kläger anzuheben, wobei die Summe das Dreifache des Werts nach § 53 Abs. 3 S. 1 GKG nicht übersteigen darf (§ 53 Abs. 3 S. 2 GKG – eingefügt durch das S. KostRMoG). Nach dem Niedersächsischen OVG[117] ist der Anwendungsbereich des § 52 Abs. 3 S. 2 GKG eröffnet, wenn zu erwarten ist, dass in Zukunft wiederkehrende und dabei gleichgelagerte Verwaltungsakte ergehen werden. Dagegen soll die auf eine Streitwerterhöhung zielende Kostenbestimmung des § 52 Abs. 3 S. 2 GKG in einem Rechtsschutzverfahren gegen die Androhung der Festsetzung von Zwangsgeldern nicht anwendbar sein.[118] 147

Weitere Wertvorschriften für verwaltungsgerichtliche Verfahren, die die Begründung, die Umwandlung, das Bestehen, das Nichtbestehen oder die Beendigung eines besoldeten öffentlich – rechtlichen Dienst- oder Amtsverhältnisses betreffen, finden sich in § 52 Abs. 5 GKG. 148

Für gerichtliche Verfahren nach dem Asylverfahrensgesetz finden sich spezielle Vorschriften betreffend die Bestimmung des Gegenstandswertes in § 30 RVG. Auf die Kommentierung zu § 30 RVG wird verwiesen. 149

8. Streitwertkatalog sozialrechtliche Angelegenheiten

In sozialrechtlichen Angelegenheiten ist zu unterscheiden, ob es sich um ein Verfahren handelt, in dem Betragsrahmengebühren entstehen oder um ein Verfahren in denen die Gebühren nach dem Gegenstandswert berechnet werden. In welchen 150

---

[117] NdsOVG JurBüro 2015, 135.
[118] NdsOVG Beschl. v. 11.5.2016 – 11 OA 1/16.

§ 23 Allgemeine Wertvorschrift

Verfahren Betragsrahmen entstehen und in welchen Verfahren die Gebühren nach einem Gegenstandswert berechnet werden, ergibt sich aus § 3 RVG. Auf die Kommentierung zu § 3 RVG darf verwiesen werden. Handelt es sich um Verfahren, in denen Betragsrahmen entstehen, muss kein Gegenstandswert bestimmt werden. Handelt es sich um Verfahren, in denen sich die Gebühren nach einem Gegenstandswert berechnen, wird man zur Bestimmung des Streitwertes für die Gerichtsgebühren den § 52 GKG heranziehen. Dieser ist dann über § 23 Abs. 1 S. 1 RVG auch Grundlage für die Bestimmung des Gegenstandswertes für die Anwaltsgebühren. Nach § 52 Abs. 1 GKG ist in Verfahren vor den Gerichten der Sozialgerichtsbarkeit, soweit nichts anderes bestimmt ist, der Streitwert nach der sich aus dem Antrag des Klägers für ihn ergebenden Bedeutung der Sache nach Ermessen zu bestimmen. Bietet der Sach- und Streitstand für die Bestimmung des Streit- und Gegenstandswertes keine genügenden Anhaltspunkte, ist ein Streitwert von 5.000 EUR (Auffangwert) anzunehmen (§ 52 Abs. 2 GKG). Um das in § 52 Abs. 1 GKG vorgeschriebene Ermessen „auszufüllen" wurde auch für die Sozialgerichtsbarkeit ein Streitwertkatalog geschaffen. **Der Streitwertkatalog für die Sozialgerichtsbarkeit ist im Internet kostenlos für jedermann einsehbar.**

151 Betrifft der Antrag des Klägers eine bezifferte Geldleistung oder einen hierauf gerichteten Verwaltungsakt, so ist der bezifferte Betrag als Streit- und Gegenstandswert maßgebend (§ 52 Abs. 3 S. 1 GKG). Hat der Antrag des Klägers offensichtlich absehbare Auswirkungen auf künftige Geldleistungen oder auf noch zu erlassende, auf derartige Geldleistungen bezogene Verwaltungsakte, ist die Höhe des sich aus § 53 Abs. 3 S. 1 GKG ergebenden Streitwerts um den Betrag der offensichtlich absehbaren zukünftigen Auswirkungen für den Kläger anzuheben, wobei die Summe das Dreifache des Werts nach § 53 Abs. 3 S. 1 GKG nicht übersteigen darf (§ 53 Abs. 3 S. 2 GKG – eingefügt durch das 2. KostRMoG).

9. Streitwertkatalog finanzrechtliche Angelegenheiten

152 In Verfahren vor den Gerichten der Finanzgerichtsbarkeit ist, soweit nichts anderes bestimmt ist, nach § 52 Abs. 1 GKG der Streitwert für die Gerichtsgebühren und folglich auch der Gegenstandswert für die Anwaltsgebühren nach der sich aus dem **Antrag des Klägers für ihn ergebenden Bedeutung der Sache** nach Ermessen zu bestimmen. Bietet der Sach- und Streitgegenstand für die Bestimmung des Streitwerts keine genügenden Anhaltspunkte, ist nach § 52 Abs. 2 GKG ein Streitwert von 5.000 EUR anzunehmen. Dieser Wert wird auch als **„Auffangwert"** bezeichnet.

153 Da es in der Praxis nicht immer einfach ist, das in § 52 Abs. 1 GKG vorgesehene Ermessen bei der Bestimmung des Gegenstandswertes „auszufüllen" wurde auch für die Finanzgerichtsbarkeit ein Streitwertkatalog entwickelt. **Der Streitwertkatalog ist im Internet kostenlos für jedermann einsehbar.**

154 Betrifft der Antrag des Klägers eine **bezifferte Geldleistung** oder einen hierauf gerichteten Verwaltungsakt, ist nach § 52 Abs. 3 GKG deren Höhe maßgebend (zB mit der Klage wird eine Steuerfestsetzung über 11.000 EUR angegriffen; Streit- bzw. Gegenstandswert: 11.000 EUR).

155 Dadurch, dass sich die Entscheidung des Finanzgerichts auch auf zukünftige steuerliche Veranlagungen des Klägers auswirken kann, kann die Entscheidung für den Kläger von höherer Bedeutung sein, als wie die bezifferte Geldleistung, die in dem aktuellen finanzgerichtlichen Verfahren Gegenstand ist. Dem soll auch der Gegenstandswert für das gerichtliche Verfahren gerecht werden. Deshalb wurden durch das 2. KostRMoG[119] dem § 52 Abs. 3 folgender Satz angefügt:

„Hat der Antrag des Klägers offensichtlich absehbare Auswirkungen auf künftige Geldleistungen oder auf noch zu erlassende, auf derartige Geldleistungen bezogene Verwaltungsakte,

---
[119] BGBl. 2013 I 2586.

Allgemeine Wertvorschrift § 23

ist die Höhe des sich aus Satz 1 ergebenden Streitwerts um den Betrag der offensichtlich absehbaren zukünftigen Auswirkungen für den Kläger anzuheben, wobei die Summe das Dreifache des Werts nach Satz 1 nicht übersteigen darf."

Anwendbar ist § 52 Abs. 3 S. 2 GKG nach dem BFH[120] zB dann, wenn ein Rechtsstreit über Umsatzsteuer zwei Streitjahre betrifft, der Streitfall aber offensichtlich absehbare Auswirkungen für nachfolgende Streitjahre hat. Der Streitwert begrenzt sich in diesen Fällen auf das Dreifache des durchschnittlichen Streitwerts für die anhängigen beiden Streitjahre. **156**

In Verfahren vor den Gerichten der Finanzgerichtsbarkeit, mit Ausnahme der Verfahren nach § 155 S. 2 FGO und der Verfahren in Kindergeldangelegenheiten, darf der Streitwert nicht unter 1.500 EUR angenommen werden (§ 52 Abs. 4 Nr. 1 GKG). **157**

III. Außergerichtliche Tätigkeiten

1. Grundsätzliches

Wird der Rechtsanwalt in einem gerichtlichen Verfahren tätig, gilt die Regel, dass sich auch der Gegenstandswert für die Anwaltsgebühren nach den für die Gerichtsgebühren geltenden Wertvorschriften richtet (§ 23 Abs. 1 S. 1 RVG). Nach § 23 Abs. 1 S. 3 RVG gelten die für die Gerichtsgebühren geltenden Wertvorschriften auch entsprechend für die anwaltliche Tätigkeit außerhalb eines gerichtlichen Verfahrens, **wenn der Gegenstand der Tätigkeit auch Gegenstand eines gerichtlichen Verfahrens sein könnte.** **158**

Beispiel 1:

Im Auftrag des Mandanten verlangt der Rechtsanwalt außergerichtlich nach Beendigung des Mietverhältnisses durch Kündigung die Räumung und Herausgabe der Wohnung vom Mieter. Der Anspruch auf Räumung/Herausgabe der Wohnung könnte auch Gegenstand eines gerichtlichen Verfahrens sein (Räumungsklage), so dass sich hier der Wert für die außergerichtliche Tätigkeit nach den Wertvorschriften für die Gerichtsgebühren eines entsprechenden gerichtlichen Verfahrens richtet. In einem entsprechenden gerichtlichen Räumungsverfahren würde sich der Wert nach § 41 Abs. 2 GKG bestimmen. Maßgebend ist die für die Dauer eines Jahres zu zahlende Miete, wobei Berechnungsgrundlage die Netto-Miete sein dürfte. Denn Nebenkosten sind nur dann bei Bestimmung des Gegenstandswertes zu berücksichtigen, wenn sie als Pauschale vereinbart und nicht gesondert abgerechnet werden (§ 41 Abs. 1 S. 2 GKG). Hier wird also auch für die außergerichtliche Vertretung die Jahres-Netto-Miete anzunehmen sein.

Kann der Gegenstand der außergerichtlichen Tätigkeit des Rechtsanwalts nicht auch Gegenstand eines gerichtlichen Verfahrens sein, bestimmt sich der Anwaltsgebührenwert nach § 23 Abs. 3 RVG (§ 23 Abs. 1 S. 3 RVG). § 23 Abs. 3 S. 1 RVG -in der Fassung bis 31.7.2013- erklärte die § 18 Abs. 2, §§ 19 bis 23, 24 Abs. 1, 2, 4 und 5, §§ 25, 39 Abs. 2 und 3 sowie § 46 Abs. 4 der Kostenordnung für entsprechend anwendbar. Durch das 2. KostRMoG wurde die Kostenordnung aufgehoben und durch das Gerichts- und Notarkostengesetz (GNotKG) ersetzt. Deshalb wird mit Inkrafttreten zum 1.7.2013 auf die entsprechenden Vorschriften des GNotKG verwiesen. Die in § 23 Abs. 3 S. 1 RVG genannten Vorschriften des GNotKG sind entsprechend auch für den Anwaltsgebührenwert anzuwenden, wenn sich aus dem RVG nichts anderes ergibt. Spezielle Vorschriften im RVG gehen den in § 23 Abs. 3 S. 1 RVG genannten Vorschriften des GNotKG vor. § 23 Abs. 3 S. 1 RVG erklärt zunächst die Bewertungsvorschriften des GNotKG für entsprechend anwendbar. **159**

---

[120] BFH AGS 2015, 574.

§ 23 Allgemeine Wertvorschrift

Dies sind die §§ 46 bis 54 GNotKG.[121] Darin finden sich Wertbestimmungen für folgende Gegenstände:
- § 46 GNotKG – Sache
- § 47 GNotKG – Sache bei Kauf
- § 48 GNotKG – Land- und forstwirtschaftliches Vermögen
- § 49 GNotKG – Grundstücksgleiche Rechte
- § 50 GNotKG – Bestimmte schuldrechtliche Verpflichtungen
- § 51 GNotKG – Erwerbs- und Veräußerungsrechte, Verfügungsbeschränkungen
- § 52 GNotKG – Nutzungs- und Leistungsrechte
- § 53 GNotKG – Grundpfandrechte und sonstige Sicherheiten
- § 54 GNotKG – Bestimmte Gesellschaftsanteile

Darüber hinaus verweist § 23 Abs. 3 S. 1 RVG noch auf einige spezielle Wertvorschriften des GNotKG, nämlich:
- § 37 GNotKG – Früchte, Nutzungen, Zinsen, Vertragsstrafen, sonstige Nebengegenstände und Kosten
- § 38 GNotKG – Belastung mit Verbindlichkeiten
- § 42 GNotKG – Wohnungs- und Teileigentum
- § 43 GNotKG – Erbbaurechtsbestellung
- § 44 GNotKG – Mithaft
- § 45 GNotKG – Rangverhältnisse und Vormerkungen
- § 99 GNotKG – Miet-, Pacht- und Dienstverträge
- § 100 GNotKG – Güterrechtliche Angelegenheiten
- § 101 GNotKG – Annahme als Kind
- § 102 GNotKG – Erbrechtliche Angelegenheiten

Beispiel 2:

Der Rechtsanwalt wird beauftragt einen Mietvertrag zu entwerfen. Die Dauer des Mietverhältnisses soll auf 10 Jahre festgeschrieben werden. Die monatliche Miete beträgt 1.000 EUR. Neben der Netto-Miete in Höhe von 1.000 EUR sind monatlich von dem Mieter Nebenkosten in Höhe von 200 EUR zu zahlen, die am Ende einer jährlichen Abrechnungsperiode den tatsächlich angefallenen Nebenkosten gegenüberzustellen und abzurechnen sind.

Der Entwurf/die Ausarbeitung eines Mietvertrags kann nicht Gegenstand eines gerichtlichen Verfahrens sein. Deshalb kann § 41 Abs. 2 GKG nicht – auch nicht analog – für die Wertbestimmung herangezogen werden. Der Gegenstandswert bestimmt sich vielmehr über § 23 Abs. 1 S. 3 RVG – § 23 Abs. 3 S. 1 RVG nach § 99 Abs. 1 GNotKG. Danach bemisst sich der Gegenstandswert nach dem Wert aller Leistungen des Mieters oder Pächters während der ganzen Vertragszeit. Bei Miet- oder Pachtrechten von unbestimmter Vertragsdauer ist der auf die ersten fünf Jahre entfallende Wert der Leistungen maßgebend. In keinem Fall darf der Gegenstandswert den auf die ersten 20 Jahre entfallenden Wert der Leistungen übersteigen (§ 99Abs. 1 S. 3 GNotKG). Folglich wäre hier der Gegenstandswert wie folgt zu bestimmen: 1.000 EUR – monatliche Miete – + 200 EUR -monatliche Vorauszahlung auf Nebenkosten – = 1.200 EUR X 12 – Monate – = 14.400 EUR X 10 – Jahre – Dauer des Mietverhältnisses – = 144.000 EUR. Nach dem Gegenstandswert in Höhe von 144.000 EUR würde sich die für den Vertragsentwurf anfallende Geschäftsgebühr Nr. 2300 VV berechnen.

Hier fließen die Nebenkosten mit in den Gegenstandswert ein, da § 99 Abs. 1 S. 1 GNotKG vorschreibt, dass wertrelevant **alle Leistungen** des Mieters oder Pächters während der ganzen Vertragszeit sind.

160   Kann die außergerichtliche Tätigkeit des Rechtsanwalts nicht unter den in § 23 Abs. 3 S. 1 RVG genannten Vorschriften des GNotKG eingeordnet werden und ergibt sich folglich aus diesen Vorschriften ein Gegenstandswert für die Anwaltsge-

---
[121] *Schneider/Thiel* § 3 Rn. 158.

bühren nicht, ist nach § 23 Abs. 3 S. 2 RVG folgende 3-stufige Prüfung vorzunehmen:[122]

1. Alternative: Ergibt sich aus der vom Rechtsanwalt bearbeiteten Angelegenheit selbst ein Wert, ist dieser Wert als Gegenstandswert für die Anwaltsgebühren anzunehmen. **Der Gegenstandswert steht dann** iSd § 23 Abs. 3 S. 2 RVG **fest.** Dies ist zB der Fall, wenn der Rechtsanwalt einen Darlehensvertrag entwerfen soll, nach welchem ein Darlehen über 50.000 EUR gewährt wird. Der Gegenstandswert für die Anwaltsgebühren wäre dann mit 50.000 EUR anzunehmen.[123]

2. Alternative: Ergibt sich der Gegenstandswert für die Anwaltsgebühren aus den in § 23 Abs. 3 S. 1 RVG erwähnten Vorschriften des GNotKG nicht und steht er auch sonst nicht fest, ergeben sich aber aus der vom Rechtsanwalt bearbeitenden Angelegenheit genügend tatsächliche Anhaltspunkte für eine Schätzung des Gegenstandswertes, **so ist der Wert nach billigem Ermessen aufgrund der sich ergebenden tatsächlichen Anhaltspunkte zu bestimmen.** Anhaltspunkte können *„...beispielsweise der vermögensrechtliche Erfolg der anwaltlichen Tätigkeit für den Mandanten oder der damit auch verbundene Schutz seines allgemeinen Persönlichkeitsrechts...*"[124] sein. *„Erlaubt ist auch die Berücksichtigung des Haftungsrisiko des Anwalts. Entgegen LAG Bremen*[125] *ist es auch zulässig, die grundsätzliche Bedeutung der Angelegenheit zu berücksichtigen. Manchmal helfen fallfremde Berechnungsarten statistischer Art weiter,*[126] *denen die Eigenschaft von Erfahrungssätzen beizumessen ist.*"[127]

Ergeben sich genügend tatsächliche Anhaltspunkte für eine Schätzung im Rahmen der Wertbestimmung nach billigem Ermessen nach § 23 Abs. 3 S. 2 RVG, so gibt es keinen Höchst- und auch keinen Mindestwert. Der in § 23 Abs. 3 S. 2 RVG genannte Mindestwert von 5.000 EUR und dort genannte Höchstwert von 500.000 EUR gelten für diesen Fall nicht.[128]

3. Alternative: Ist die außergerichtliche Tätigkeit des Rechtsanwalts unter den in § 23 Abs. 3 S. 1 RVG genannten Vorschriften der GNotKG nicht einzuordnen, ergibt sich aus der bearbeitenden Angelegenheit selbst kein Gegenstandswert und **fehlen zudem genügend tatsächliche Anhaltspunkte für eine Schätzung,** ist der Gegenstandswert nach § 23 Abs. 3 S. 2 RVG mit **5.000 EUR**[129] anzunehmen. Der Gegenstandswert kann nach Lage des Falles niedriger oder höher sein, darf jedoch 500.000 EUR nicht übersteigen. Dies gilt auch, wenn Gegenstand der außergerichtlichen Vertretung ein **nicht vermögensrechtlicher Gegenstand** ist (§ 23 Abs. 3 S. 2 RVG).

2. Einzelfälle

Im Nachstehenden sollen einige Einzelfälle näher betrachtet werden, in denen der Anwalt eine außergerichtliche Tätigkeit ausübt und die Bestimmung des Gegenstandswertes für die Anwaltsgebühren nicht ganz offensichtlich ist. Die nachstehende kleine Übersicht kann, bei der Vielzahl der außergerichtlichen Tätigkeitsfelder des Rechtsanwalts naturgemäß nicht abschließend sein.[130] Häufig kann bei der Bestim-

---

[122] HK-RVG/*Mayer* § 23 Rn. 24 ff.; Schneider/Wolf/*Mock* § 23 Rn. 47 ff.
[123] Schneider/Wolf/*Mock* § 23 Rn. 46; HK-RVG/*Mayer* § 23 Rn. 25 ff.
[124] Zitiert nach Schneider/Wolf/*Mock* § 23 Rn. 50.
[125] LAG Bremen BB 1979, 1096.
[126] ZB Gebrauchtwagentabellen, Sterbetafeln, Mietspiegel, Sachwertschätzung für Bäume zB nach *Koch* VersR 1990, 573 und dergleichen.
[127] Zitiert nach Schneider/Wolf/*Mock* § 23 Rn. 50, 51.
[128] Gerold/Schmidt/*Müller-Rabe* § 23 Rn. 42; HK-RVG/*Mayer* § 23 Rn. 26; Schneider/Wolf/*Mock* § 23 Rn. 49.
[129] Bis 31.7.2013: 4.000 EUR, durch das 2. KostRMoG auf 5.000 EUR angehoben.
[130] Alphabetische Zusammenstellung in Schneider/Wolf/*Mock* § 23 Rn. 56.

§ 23 Allgemeine Wertvorschrift

mung des Gegenstandswertes für die Anwaltsgebühren bei außergerichtlicher Tätigkeit nur auf Abhandlungen in der Fachliteratur zurückgegriffen werden. Es fehlt sehr oft an gefestigter Rechtsprechung.

Praxistipp:

166 Will der Rechtsanwalt wegen seiner Vergütung für eine außergerichtliche Tätigkeit Rechtssicherheit haben, empfiehlt es sich, die Vergütung unter Berücksichtigung der Formvorschriften des § 3a RVG mit dem Mandanten zu vereinbaren zumindest aber in einer Vergütungsvereinbarung den Gegenstandswert festzuschreiben.

167 a) **Arbeitsvertrag.** Ist der Rechtsanwalt von seinem Mandanten beauftragt worden, einen Arbeitsvertrag oder Anstellungsvertrag, also einen Dienstvertrag zu entwerfen, ist der Gegenstandswert für die Anwaltsgebühren über § 23 Abs. 3 S. 1 RVG nach § 99 Abs. 2 GNotKG zu bestimmen. Danach bemisst sich der Gegenstandswert nach dem Wert aller Bezüge des zur Dienstleistung Verpflichteten während der ganzen Vertragszeit. Höchstens ist jedoch der Wert, der auf die ersten fünf Jahre entfallenden Bezüge als Gegenstandswert anzunehmen.

168 Wird der Rechtsanwalt beauftragt, mit der Gegenseite einen **Aufhebungsvertrag** betreffend ein Arbeits- oder Anstellungsverhältnis auszuhandeln und/oder abzuschließen, so ist mE zu unterscheiden, ob schon eine Kündigung des Arbeitsverhältnisses vorausgegangen ist oder nicht. Ist noch keine Kündigung des Arbeitsverhältnisses vorausgegangen, bestimmt sich der Gegenstandswert für die anwaltliche Tätigkeit um den Aufhebungsvertrag nach § 99 Abs. 2 GNotKG. Der Wert aller Bezüge des zur Dienstleistung Verpflichteten für die Zeit, in der Vertrag noch ohne die Aufhebung gelaufen wäre, höchstens der Wert, der auf die ersten fünf Jahre entfallenden Bezüge, ist als Gegenstandswert für die Anwaltsgebühren anzunehmen. **Anders** sieht das das **Bundesarbeitsgericht:** Nach dessen Meinung ist auch im Falle eines Aufhebungsvertrags der Anwaltsgebührenwert auf maximal das für die Dauer eines Vierteljahres zu zahlende Arbeitsentgelt beschränkt.[131] Der Rechtsanwalt, der nach einem höheren Gegenstandswert abrechnen will, wird diesen höheren Wert mit dem Mandanten vereinbaren müssen.

169 Ist bereits eine Kündigung des Arbeitsverhältnisses ausgesprochen und wird der Rechtsanwalt danach erst beauftragt, unter Aufhebung oder Änderung der Kündigung eine Aufhebungsvereinbarung auszuhandeln und/oder abzuschließen, so ist der Gegenstandswert mE begrenzt auf das für die Dauer eines Vierteljahres zu leistende Arbeitsentgelt. Denn das Bestehen, das Nichtbestehen oder die Kündigung eines Arbeitsverhältnisses können auch Gegenstand eines gerichtlichen Verfahrens sein. Folglich gilt in diesen Fällen über § 23 Abs. 1 S. 1 RVG der § 42 Abs. 2 GKG auch für die Bestimmung des Gegenstandswertes für die Anwaltsgebühren.

170 b) **Ehevertrag.** Ist der Rechtsanwalt mit der Ausarbeitung eines Ehevertrags oder eines Lebenspartnerschaftsvertrags beauftragt, so kann dies nicht Gegenstand eines gerichtlichen Verfahrens sein. Daher richtet sich der Gegenstandswert über § 23 Abs. 3 S. 1 RVG nach § 100 GNotKG, wenn der Ehevertrag die güterrechtlichen Verhältnisse betrifft (§ 100 Abs. 1 GNotKG verweist auf § 1408 BGB) und sich nicht auf Vereinbarungen über den Versorgungsausgleich beschränkt. Der Gegenstandswert für die Anwaltsgebühren bestimmt sich nach dem **zusammengerechneten Wert des gegenwärtigen Vermögens beider Ehegatten.** Bei der Ermittlung des Vermögens werden Verbindlichkeiten bis zur Hälfte des zusammengerechneten Werts des gegenwärtigen Vermögens beider Ehegatten abgezogen (§ 100 Abs. 1 S. 3 GNotKG). Also bleibt als Gegenstandswert bei höheren Verbindlichkeiten die Hälfte des zusammengerechneten Vermögens beider Ehegatten. Verbindlichkeiten eines

---

[131] BAG JurBüro 2001, 477.

Allgemeine Wertvorschrift § 23

Ehegatten werden nur von seinem Vermögen abgezogen (§ 100 Abs. 1 S. 4 GNotKG).

Betrifft der Ehe- oder Lebenspartnerschaftsvertrag nur das Vermögen eines Ehegatten/Lebenspartners, so bestimmt sich der Gegenstandswert nur nach dem betroffenen Vermögen des einen Ehegatten. Verbindlichkeiten bis zur Hälfte dieses Vermögens werden abgezogen (§ 100 Abs. 1 S. 3 GNotKG). 171

Betrifft der Ehe- oder Lebenspartnerschaftsvertrag nur bestimmte Vermögenswerte, auch wenn sie dem Anfangsvermögen hinzuzurechnen wären, oder bestimmte güterrechtliche Ansprüche, so ist deren Wert als Gegenstandswert für die Anwaltsgebühren maßgebend (§ 100 Abs. 2 GNotKG). Höchstens ist der Wert anzunehmen, der sich nach § 100 Abs. 1 GNotKG ergibt.[132] 172

c) Gesellschaftsvertrag. Ist der Rechtsanwalt mit dem Entwurf eines Gesellschaftsvertrags beauftragt, kann dies nicht Gegenstand eines gerichtlichen Verfahrens sein. Somit bestimmt sich der Wert nach § 23 Abs. 3 RVG. Bis zum Inkrafttreten der Änderungen durch das 2. KostRMoG befand sich unter den in § 23 Abs. 3 S. 1 RVG genannten Vorschriften der KostO keine Bestimmung, die für die anwaltliche Tätigkeit betreffend den Entwurf eines Gesellschaftsvertrags herangezogen hätte werden können. Daher wurde zur Rechtslage vor Inkrafttreten des 2. KostRMoG vertreten, dass der Wert nach § 23 Abs. 3 S. 2 RVG zu bestimmen sei. Wenn der Wert nicht feststehe, so würden sich doch zumindest tatsächliche Anhaltspunkte für die Bestimmung des Wertes ergeben. Es wurde vertreten, das maßgebend sei „... *die Summe aller Einlagen (der Gesellschafter) ohne Schuldenabzug... Ohne Bedeutung ist, ob die Einlageleistung (der Gesellschafter) gleich oder erst später bewirkt wird;... Persönliche Dienstleistungen sind als Einlage zu bewerten, wenn sie nach Absicht der Gesellschafter zu den Einlagen gehören sollen; der Wert dieser Leistungen ist nach § 23 Abs. 3 RVG zu schätzen.*"[133] 173

Nach den Änderungen durch das 2. KostRMoG verweist § 23 Abs. 3 S. 1 RVG auf die Bewertungsvorschriften des GNotKG. Dort findet sich unter § 54 eine Bewertungsvorschrift für bestimmte Gesellschaftsanteile (Anteile an Kapitalgesellschaften und von Kommanditbeteiligungen). ME ist diese Vorschrift entsprechend anzuwenden, wenn der Rechtsanwalt mit dem Entwurf eines Vertrags über einen in § 54 GNotKG genannten Gesellschaftsanteil beauftragt ist. Nach § 54 GNotKG bestimmt sich der Wert, wenn keine genügende Anhaltspunkte für einen höheren Wert von Anteilen an Kapitalgesellschaften und von Kommanditbeteiligungen bestehen, nach dem Eigenkapital iSv § 266 Abs. 3 HGB, dass auf den jeweiligen Anteil oder die Beteiligung entfällt. Nach § 54 S. 2 GNotKG sind Grundstücke, Gebäude, grundstücksgleiche Rechte, Schiffe oder Schiffsbauwerke nach den Bewertungsvorschriften der §§ 46 bis 54 GNotKG zu berücksichtigen. Nach § 54 S. 3 GNotKG gilt, sofern die betreffenden Gesellschaften überwiegend als Immobilienverwaltungs-, Objekt-, Holding-, Besitz- oder sonstige Beteiligungsgesellschaften tätig sind, dass der auf den jeweiligen Anteil oder die Beteiligung entfallende Wert des Vermögens der Gesellschaft maßgeblich ist. § 54 Abs. 1 und 2 GNotKG sind dann in den zuletzt genannten Fällen nicht anzuwenden (§ 54 S. 3, letzter Halbsatz GNotKG). Wegen der Einzelheiten wird auf die ausführliche Begründung des Gesetzgebers zur Einführung des neuen § 54 GNotKG verwiesen.[134] 174

Praxistipp:
Der Rechtsanwalt sollte, wenn er für den Mandanten einen Gesellschaftsvertrag entwerfen soll oder einen Vertrag über den Eintritt oder Ausscheiden eines Gesellschafters eine Vergütungsvereinbarung mit dem/den Mandanten schließen. 175

---
[132] → § 23 Rn. 170.
[133] Zitiert nach Göttlich/Mümmler/*Feller* „Geschäftsgebühr" 11.11 mwN und ausführlichen Ausführungen.
[134] BT-Drs. 17/11471 vom 14.11.2012, dort Begründung zu § 54 GNotKG.

176 **d) Kaufvertrag.** Ist der Rechtsanwalt beauftragt, einen Kaufvertrag zu entwerfen, so kann diese Tätigkeit nicht der Gegenstand eines gerichtlichen Verfahrens sein. Folglich bestimmt sich der Wert über § 23 Abs. 3 S. 1 RVG. Dieser verweist ua auf die Bewertungsvorschriften des GNotKG. Dies sind die §§ 46 bis 54 GNotKG. § 46 GNotKG regelt die Bewertung einer Sache; § 47 GNotKG regelt den Wert einer Sache im Zusammenhang mit einem Kauf. Entwirft der Rechtsanwalt einen Vertrag über den Kauf von Sachen, ist als Gegenstandswert der **Kaufpreis** maßgebend (§ 47 S. 1 GNotKG). Hinzuzurechnen sind mit ihrem Wert im Kaufvertrag vorbehaltene Nutzungen. Hinzuzurechnen sind auch vom Verkäufer übernommene oder ihm sonst infolge der Veräußerung obliegende Leistungen (§ 47 S. 2 GNotKG).

177 Ist der Kaufpreis niedriger als der Verkehrswert der Sache, ist der höhere Verkehrswert der Sache als Gegenstandswert anzunehmen (§ 47 S. 3 GNotKG). § 46 Abs. 1 GNotKG deklariert den Verkehrswert wie folgt: *„Der Wert einer Sache wird durch den Preis bestimmt, der im gewöhnlichen Geschäftsverkehr nach der Beschaffenheit der Sache unter Berücksichtigung aller den Preis beeinflussenden Umstände bei einer Veräußerung zu erzielen wäre (Verkehrswert)."* Wie der Verkehrswert zu bestimmen ist, ist in § 46 Abs. 2 bis 4 GNotKG näher geregelt.

178 **e) Miet-/Pachtvertrag.** Ist der Rechtsanwalt beauftragt, einen Miet-/Pachtvertrag abzufassen, bestimmt sich der Gegenstandswert für die Anwaltsgebühren nach § 99 Abs. 1 GNotKG. Danach bemisst sich der Gegenstandswert eines Miet- oder Pachtrechts nach dem Wert aller Leistungen des Mieters oder Pächters **während der ganzen Vertragszeit** (§ 99 Abs. 1 S. 1 GNotKG). Wenn es in § 99 Abs. 1 S. 1 GNotKG heißt, dass der **„Wert aller Leistungen"** zu berücksichtigen ist, so ist damit klargestellt, dass nicht nur die Nettomiete in die Berechnung einfließt, sondern auch die zu zahlenden Nebenkosten, auch wenn es sich hierbei zunächst um Vorauszahlungen handelt, die im Vertrag vereinbart werden. Auch die auf die Miete und die Nebenkosten evtl. zu zahlende Umsatzsteuer ist bei der Wertbestimmung zu berücksichtigen. Die gesamte, im Vertragsentwurf vorgesehene Vertragszeit ist für die Wertbestimmung heranzuziehen. Soll der Mietvertrag also für 10 Jahre fest abgeschlossen werden, bildet der Wert aller Leistungen des Mieters während der 10-jährigen Vertragslaufzeit den Gegenstandswert.[135] In keinem Fall darf der Gegenstandswert für die Anwaltsgebühren höher sein als der 20-fache Betrag[136] der einjährigen Leistung des Mieters oder Pächters (§ 99 Abs. 1 S. 2 GNotKG).

179 Ist der Rechtsanwalt beauftragt, ein Miet- oder Pachtvertrag mit **unbestimmter Vertragsdauer** zu entwerfen, ist der auf die ersten fünf Jahre[137] entfallende Wert der Leistungen maßgebend (§ 99 Abs. 1 S. 2 GNotKG), also das gesamte vom Mieter zu zahlende Entgelt für die ersten fünf Jahre. Ist die Auflösung des Vertrags erst nach einem längeren Zeitraum zulässig, ist das für den längeren Zeitraum vom Mieter zu zahlende Entgelt hochzurechnen und dieser Betrag als Gegenstandswert den Anwaltsgebühren zugrunde zu legen.

Praxistipp:

180 Je nach Laufzeit des zu entwerfenden oder auszuhandelnden Miet- oder Pachtvertrags kann es natürlich zu enormen Werten kommen. Es drängt sich die Frage auf, ob der Rechtsanwalt dem Mandanten anbieten kann, dass er ihm den Mietvertrag anstelle der gesetzlichen Vergütung für eine niedrigere pauschale Vergütung ausarbei-

---

[135] → § 23 Rn. 159, Beispiel 2.

[136] Bis zum Inkrafttreten der Änderungen durch das 2. KostRMoG am 1.8.2013 war als Wertobergrenze der 25-fache Betrag der einjährigen Leistung des Mieters oder Pächters normiert (§ 25 Abs. 1 S. 2 KostO).

[137] Bis zum Inkrafttreten der Änderungen durch das 2. KostRMoG am 1.8.2013 war bei Verträgen mit unbestimmter Dauer der 3-fache Jahresbetrag als Gegenstandswert anzunehmen (§ 25 Abs. 1 S. 2 KostO).

Allgemeine Wertvorschrift § 23

tet. Ein derartiges Angebot begegnet keinen berufsrechtlichen Bedenken, da der Rechtsanwalt nach § 4 Abs. 1 RVG in außergerichtlichen Angelegenheiten eine niedrigere als die gesetzliche Vergütung mit seinem Auftraggeber vereinbaren kann. Die Vergütung muss dann nur in einem angemessenen Verhältnis zur Leistung, Verantwortung und Haftungsrisiko des Rechtsanwalts stehen. Das Angebot, eine niedrigere Vergütung zu vereinbaren, ist für den Anwalt uU marketingtechnisch interessant. Denn auch heute noch werden über 50 % neuer Mandanten akquiriert durch die Empfehlung von zufriedenen Mandanten. Allerdings sollte der Anwalt immer auch sein Haftungsrisiko bedenken, welches bei Entwurf eines Vertrags sicherlich in erhöhtem Umfang besteht und sich in Höhe der Vergütung niederschlagen sollte.

Nach dem BGH[138] bestimmt sich der Gegenstandswert für die anwaltliche Tätigkeit auch dann nach § 99 Abs. 1 GKG, wenn der Rechtsanwalt beauftragt ist, einen ihm vorgelegten **Mietvertrag zu überprüfen**.[139] 181

Praxistipp:

Nach BGH[140] entsteht für die Prüfung eines Mietvertrags eine Geschäftsgebühr Nr. 2300 VV. 182

f) **Mustervertrag.** Nicht selten wird der Anwalt beauftragt, dem Mandanten einen sogenannten „Mustervertrag" zu entwerfen, den der Mandant dann in einer Vielzahl von Fällen verwendet. ZB erscheint ein Vermieter beim Rechtsanwalt und beauftragt ihn, einen Muster – Mietvertrag zu entwerfen, den er künftig für alle neu einzugehende Mietverhältnisse verwenden will. Oder zB der Autohändler erscheint bei dem Rechtsanwalt und bittet ihn, einen Muster – Kaufvertrag für den Verkauf von gebrauchten Fahrzeugen zu entwerfen, den er dann für alle zukünftigen Geschäfte verwenden möchte. Praxisrelevant wäre zB auch, dass eine Bauträgergesellschaft beim Rechtsanwalt erscheint und einen Muster – Vertrag für die Errichtung von Einfamilienhäusern vom Rechtsanwalt erarbeiten lässt, den sie dann für alle zukünftigen Geschäfte verwenden möchte. In diesen Fällen stellt sich die Frage, wie der Gegenstandswert für die Anwaltsgebühren zu bestimmen ist. Dies ist umstritten. Es werden folgende Auffassungen vertreten: 183
- Wert eines geplanten Geschäfts und zwar des teuersten ist maßgebend[141]
- Wert aller geplanten Verkäufe ist maßgebend[142]
- der Wert ist zu schätzen auf die Hälfte des zusammengerechneten Werts aller geplanten Verkäufe.[143]

Praxistipp:

Um Rechtssicherheit zu haben, sollte der Rechtsanwalt eine Vergütungsvereinbarung mit dem Mandanten treffen, wenn er beauftragt wird, einen Mustervertrag zu entwerfen! 184

g) **Testament/Erbvertrag.** Wird der Rechtsanwalt beauftragt, für den Mandanten ein Testament zu entwerfen, ist der Gegenstandswert für die Anwaltsgebühren 185

---

[138] BGH JurBüro 2015, 358.
[139] Zur Berechnung des Gegenstandswertes: vorangegangenes Beispiel, → Rn. 159.
[140] BGH JurBüro 2015, 358.
[141] OLG Schleswig JurBüro 1977, 847 – zitiert nach Göttlich/Mümmler/*Feller* „Geschäftsgebühr" 11.17.
[142] OLG Hamm JurBüro 1979, 583; OLG Hamburg DNotZ 1964, 245: LG Traunstein MittBayNot 1982, 32- zitiert nach Göttlich/Mümmler/*Feller* „Geschäftsgebühr" 11.17.
[143] OLG Frankfurt/Main JurBüro 1980, 116; OLG Düsseldorf JurBüro 1983, 1241; *Bank* JurBüro 1980, 1317, 1318 – zitiert nach Göttlich/Mümmler/*Feller* „Geschäftsgebühr" 11.17; *Enders* JurBüro 1996, 225 f.

nach § 23 Abs. 3 S. 1 RVG – § 102 GNotKG zu bestimmen. Wird in dem Testament über den ganzen Nachlass verfügt, ist als Gegenstandswert für die Anwaltsgebühren der Wert des Vermögens Berechnungsgrundlage. Verbindlichkeiten des Erblassers sind abzuziehen, jedoch nach der Neuregelung in § 102 GNotKG nur bis zur Hälfte des Werts des Vermögens.

186 Wird nicht über den ganzen Nachlass im Testament verfügt, sondern nur über einen Bruchteil des Nachlasses, ist der Wert des entsprechenden Bruchteils des Vermögens als Gegenstandswert für die Anwaltsgebühren anzunehmen, wobei auch hier mE die auf das Bruchteil entfallenden Verbindlichkeiten abzusetzen sind, aber nur bis zur Hälfte des Werts des Vermögens über das verfügt wird (§ 102 Abs. 1 GNotKG). Vermächtnisse und Auflagen werden nur bei Verfügungen über ein Bruchteil und nur mit dem Anteil ihres Werts hinzugerechnet, der dem Bruchteil entspricht, über den nicht verfügt wird (§ 102 Abs. 1 S. 3 GNotKG).

Praxistipp:

187 Nach OLG Düsseldorf[144] und OLG Nürnberg[145] ist der Entwurf eines Testaments unter „Beratung" zu subsumieren und löst keine Geschäftsgebühr aus. Dies gilt nach OLG Düsseldorf auch dann, wenn der Rechtsanwalt ein gemeinschaftliches Testament mit ausschließlich **nicht** wechselbezüglichen Verfügungen entwirft. Das OLG Düsseldorf sieht ein Testament wohl nicht als „Vertrag" iSd Vorb. 2.3 Abs. 3 VV an. Anders ist dies zu sehen, wenn der Rechtsanwalt ein Testament **mit wechselbezüglichen Vereinbarungen** (zB gemeinschaftliches Testament für Ehegatten mit wechselbezüglichen Vereinbarungen) entwerfen soll. Dann kommt nach OLG Frankfurt Nr. 2300 VV iVm der Vorb. 2.3 Abs. 3 VV zur Anwendung und eine Geschäftsgebühr entsteht. Im Hinblick auf diese Rechtsprechung sollte der Rechtsanwalt in jedem Fall eine **Vergütungsvereinbarung** mit dem Mandanten treffen, wenn er für den Mandanten ein Testament entwerfen soll. Hat er keine Gebühren- oder Vergütungsvereinbarung mit dem Mandanten getroffen und ist der Entwurf des Testaments als „Beratung" zu qualifizieren, so erhält er zwar die übliche Vergütung, die aber, da der Mandant Verbraucher sein dürfte, auf 250 EUR bzw. für ein erstes Beratungsgespräch auf 190 EUR gedeckelt ist.

188 **h) Wiederkehrende Leistungen.** Wird der Rechtsanwalt von seinem Mandanten beauftragt, einen Vertrag zu entwerfen, wonach dem Berechtigten auf längere Zeit (zB auf Lebenszeit, wie bei einem Altenteilsvertrag) Leistungen zu gewähren sind, ist der Gegenstandswert für die Anwaltsvergütung nach § 23 Abs. 3 S. 1 RVG zu bestimmen. Dieser verweist auf die Bewertungsvorschriften des GNotKG. Dies sind die §§ 46 bis 54 GNotKG. § 52 enthält Bewertungsvorschriften für Nutzungs- und Leistungsrechte, die auch für den Gegenstandswert für die Anwaltsgebühren entsprechend heranzuziehen sind. Grundlage der Wertberechnung sind die für ein Jahr zu gewährenden Leistungen. Je nachdem wovon die Dauer des Bezuges abhängig ist, ergibt sich aus § 52 GNotKG ein unterschiedlicher Kapitalisierungsfaktor.

Beispiel:

Der Rechtsanwalt ist beauftragt, einen Altenteilsvertrag zu entwerfen, wonach der 60-jährige Berechtigte bis zu seinem Lebensende eine monatliche Rente von 500 EUR erhalten soll.
Gegenstandswert: 66.000 EUR.

Ist die Nutzung auf die Lebensdauer des Berechtigten beschränkt, stellt § 52 Abs. 4 GNotKG auf das Lebensalter des Berechtigten ab. Bei einem 60 – jährigen Berechtigten ist der 10- fache Betrag der einjährigen Leistung anzunehmen: 10 – Jahre – X 12 – Monate – X 500 EUR =

---

[144] OLG Düsseldorf JurBüro 2012, 583.
[145] OLG Nürnberg NJW 2011, 621.

Gegenstandswert im Verfahren über die Prozesskostenhilfe § 23a

60.000 EUR. Maßgebend sind die auf die ersten 10 Jahre entfallende Leistungen (§ 52 Abs. 4 GNotKG).

Je nach Einzelfall ergibt sich aber ein anderer, aus dem § 52 GNotKG zu entnehmender Kapitalisierungsfaktor. 189

§ 23a Gegenstandswert im Verfahren über die Prozesskostenhilfe

(1) **Im Verfahren über die Bewilligung der Prozesskostenhilfe oder die Aufhebung der Bewilligung nach § 124 Absatz 1 Nummer 1 der Zivilprozessordnung bestimmt sich der Gegenstandswert nach dem für die Hauptsache maßgebenden Wert; im Übrigen ist er nach dem Kosteninteresse nach billigem Ermessen zu bestimmen.**

(2) **Der Wert nach Absatz 1 und der Wert für das Verfahren, für das die Prozesskostenhilfe beantragt worden ist, werden nicht zusammengerechnet.**

I. Überblick

§ 23a RVG wurde durch das 2. KostRMoG[1] eingefügt. Der bisherige § 23a wurde 1 § 23b RVG.

§ 23a RVG regelt den Gegenstandswert im Verfahren über die Prozesskostenhilfe. Auch wenn die Verfahrenskostenhilfe in § 23a RVG nicht erwähnt ist, gilt das dort Geregelte für die Verfahrenskostenhilfe entsprechend. Die nachfolgende Kommentierung zu § 23a RVG ist folglich auch für die Bestimmung des Gegenstandswerts im Verfahren über die Verfahrenskostenhilfe übertragbar.

Der Gegenstandswert im Verfahren über die Prozesskostenhilfe war bis zum Inkrafttreten der Änderungen durch das 2. KostRMoG in der Anm. zu Nr. 3335 VV geregelt. Entsprechend der allgemeinen Systematik des RVG sollte diese Wertvorschrift in den Gesetzesteil des RVG und dort in den Abschn. 4 „Gegenstandswert" eingestellt werden. Damit soll auch erreicht werden, dass diese Wertvorschrift auch für die Terminsgebühr gilt.

Inhaltlich sind die Regelungen der Anm.en zu Nr. 3335 VV in den § 23a RVG übernommen worden.

§ 23a Abs. 1 RVG regelt den Gegenstandswert im Verfahren über die Bewilligung 2 der Prozesskostenhilfe oder die Aufhebung der Bewilligung.

§ 23a Abs. 2 RVG stellt klar, dass die Gegenstandswerte des Verfahrens über die 3 Bewilligung oder die Aufhebung der Bewilligung der Prozesskostenhilfe nicht mit dem Wert für das Verfahren, für das die Prozesskostenhilfe beantragt worden ist, zusammengerechnet werden.

Durch das am 1.1.2014 in Kraft tretende Gesetz zur Änderung des Prozesskosten- 4 hilfe- und Beratungshilferechts[2] wurde § 23a RVG erneut geändert. Der Gesetzestext wurde dem ebenfalls durch das Gesetz zur Änderung des Prozesskostenhilfe- und Beratungshilferechts geänderten § 124 ZPO angepasst.

II. Grundsätzliches

§ 23a RVG regelt den Gegenstandswert für die Anwaltsvergütung, wenn der 5 Rechtsanwalt tätig wird in einem Verfahren über die Prozess- oder Verfahrenskostenhilfe. In § 23a Abs. 1 RVG wird unterschieden zwischen dem Verfahren auf Bewilli-

---
[1] BGBl. 2013 I 2586 – In Kraft getreten am 1.8.2013.
[2] BGBl. 2013 I 2586.

gung und Aufhebung von Prozesskostenhilfe nach § 124 Nr. 1 Abs. 1 ZPO einerseits[3] und einer Aufhebung/Abänderung der Prozess- bzw. Verfahrenskostenhilfe nach § 124 Abs. 1 Nr. 2 bis 5 ZPO andererseits.[4]

6   Nach § 16 Nr. 2 RVG sind das Verfahren über die Prozesskostenhilfe und das Verfahren, für das die Prozesskostenhilfe beantragt worden ist, dieselbe – gebührenrechtliche – Angelegenheit. Wird der Rechtsanwalt sowohl in dem Verfahren über die Bewilligung oder Aufhebung der Prozess- oder Verfahrenskostenhilfe und in dem Verfahren für das die Prozess- oder Verfahrenskostenhilfe bewilligt werden soll oder bewilligt wurde, tätig, kann er ohnehin nur einmal Gebühren abrechnen. Die Gebühren bestimmen sich in der Regel nach dem Wert der Hauptsache, also dem Verfahren, für das die Prozess- oder Verfahrenskostenhilfe bewilligt wurde. In der Regel wird also für das Verfahren über die Bewilligung oder Aufhebung der Prozess- oder Verfahrenskostenhilfe kein – eigener – Anwaltsgebührenwert benötigt.

7   Anders ist dies dann, wenn der Rechtsanwalt **ausschließlich** im Verfahren über die Prozess- oder Verfahrenskostenhilfe tätig wird. Dies ist zB der Fall, wenn der Rechtsanwalt zunächst nur beauftragt ist, einen Antrag auf Bewilligung von Prozess- bzw. Verfahrenskostenhilfe zu stellen und dieser Antrag vom Gericht abgelehnt wird und damit die Tätigkeit des Rechtsanwalts beendet ist.

8   Einer gesonderten Wertbestimmung für das Prozess- bzw. Verfahrenskostenhilfe-Bewilligungsverfahren bedarf es auch dann, wenn nur teilweise Prozess- bzw. Verfahrenskostenhilfe bewilligt wird.[5]

9   Ein Rechtsschutzbedürfnis für eine gesonderte Wertbestimmung für ein Verfahren auf Aufhebung der Prozesskostenhilfe ist auch dann gegeben, wenn die Hauptsache seit mehr als 2 Kalenderjahre erledigt ist und sich danach noch einmal ein Verfahren auf Aufhebung der Prozesskostenhilfe bzw. auf Abänderung angeordneter Ratenzahlung anschließt und der Rechtsanwalt in diesem Aufhebungs- bzw. Abänderungsverfahren noch einmal tätig wird. Dann ist das Aufhebungs- bzw. Abänderungsverfahren nach § 15 Abs. 5 S. 2 RVG eine neue – gebührenrechtliche – Angelegenheit.[6]

III. Bewilligung und Aufhebung nach § 124 Abs. 1 Nr. 1 ZPO der Prozesskostenhilfe

10 Wird der Rechtsanwalt in Verfahren über die Bewilligung von Prozess- bzw. Verfahrenskostenhilfe tätig, bestimmt sich der Gegenstandswert nach dem für die Hauptsache maßgebenden Wert. Es ist also der Gegenstandswert – auch für die Tätigkeit im Verfahren über die Bewilligung von Prozess- bzw. Verfahrenskostenhilfe anzunehmen, der den Anwaltsgebühren in der Hauptsache zugrunde zu legen ist. Mit „Hauptsache" ist das Verfahren gemeint, für welches Prozesskostenhilfe bewilligt wurde bzw. bewilligt werden sollte.

11 Nach dem Wert der Hauptsache richten sich die Gebühren auch dann, wenn der Rechtsanwalt in einem Verfahren vertritt, in welchem die Prozess- bzw. Verfahrenskostenhilfe gemäß § 124 Abs. 1 Nr. **1** ZPO aufgehoben wird oder aufgehoben werden soll. § 124 Abs. 1 Nr. 1 ZPO regelt die Aufhebung der Prozesskostenhilfe für den Fall, dass die Partei durch unrichtige Darstellung des Streitverhältnisses die für die Bewilligung der Prozesskostenhilfe maßgebenden Voraussetzungen vorgetäuscht hat.

12 Der Wert der Hauptsache ist auch für eine **Beschwerde** in einem Verfahren über die Bewilligung von Prozesskosten- bzw. Verfahrenskostenhilfe anzunehmen, wenn

---

[3] → § 23a Rn. 10 ff.
[4] → § 23a Rn. 14 ff.
[5] → § 16 Rn. 13 ff.
[6] → § 15 Rn. 169 ff.

sich die Beschwerde gegen die Versagung der Bewilligung als solche oder gegen die Aufhebung der Prozesskostenhilfe nach § 124 Abs. 1 Nr. 1 ZPO richtet.[7]

Der BGH[8] stellt klar, dass sich auch der Gegenstandswert für ein **Rechtsbe-** 13 **schwerdeverfahren** nach § 23a Abs. 1 RVG bestimmt. In dem vom BGH entschiedenen Fall hatte das Beschwerdegericht keine Prozesskostenhilfe gewährt, sondern das Prozesskostenhilfeverfahren an das Arbeitsgericht verwiesen. Im Rechtsbeschwerdeverfahren war Gegenstand allein die Frage, ob eine Rechtswegverweisung für das Prozesskostenhilfeverfahren möglich ist. Für diesen Fall hat der BGH den Gegenstandswert mit einem Viertel des Hauptsachewertes angenommen.

IV. „Übrige" Verfahren über die Prozesskostenhilfe

Handelt es sich nicht um ein Verfahren über die Bewilligung oder die Aufhebung 14 der Prozesskostenhilfe nach § 124 Abs. 1 Nr. 1 ZPO ist der Gegenstandswert für die Anwaltsgebühren nach § 23a Abs. 1 letzter Halbsatz RVG nach dem Kosteninteresse nach billigem Ermessen zu bestimmen. Dies würde zB gelten, wenn der Rechtsanwalt ausschließlich in einem Verfahren auf Aufhebung der Prozesskostenhilfe nach § 124 Abs. 1 Nr. 2 bis 5 ZPO oder § 124 Abs. 2 ZPO im Auftrage der Partei tätig werden würde. So ist die Prozesskostenhilfe zB aufzuheben, wenn die Partei absichtlich oder aus grober Nachlässigkeit unrichtige Angaben über die persönlichen oder wirtschaftlichen Verhältnisse gemacht hat oder eine Erklärung nach § 120a Abs. 1 S. 3 ZPO nicht oder ungenügend abgegeben hat (§ 124 Abs. 1 Nr. 2 ZPO). Nach § 124 Abs. 1 Nr. 4 ZPO wäre die Prozesskostenhilfe aufzuheben, wenn die Partei entgegen § 120a Abs. 2 S. 1 bis 3 ZPO dem Gericht wesentliche Verbesserungen ihrer Einkommens- und Vermögensverhältnisse oder Änderungen ihrer Anschrift absichtlich oder aus grober Nachlässigkeit unrichtig oder nicht unverzüglich mitgeteilt hat. Die vorstehende Aufzählung ist nur beispielhaft. In allen „übrigen" Verfahren (also nicht im Verfahren über die Bewilligung der Prozesskostenhilfe und die Aufhebung der Prozesskostenhilfe nach § 124 Abs. 1 Nr. 1 ZPO)[9] ist der Wert nach dem Kosteninteresse nach billigem Ermessen zu bestimmen. Geht es um die Aufhebung der Prozesskostenhilfe als Ganzes (zB § 124 Abs. 1 Nr. 2 bis 5 ZPO) so bestimmt sich das Kosteninteresse (und damit der Gegenstandswert) wie folgt:
Gerichtskosten
+ Zeugen- und Sachverständigenauslagen
+ PKH Vergütung des beigeordneten Rechtsanwalts
+ weitere Vergütung des beigeordneten Rechtsanwalts (Differenz zwischen Prozesskostenhilfegebühren und Wahlanwaltsgebühren).

Unter die Wertvorschrift des § 23a Abs. 1, letzter Halbsatz RVG ist auch ein Verfah- 15 ren auf Änderung der Prozess- bzw. Verfahrenskostenhilfebewilligung nach § 120a ZPO zu subsumieren. Nach zB § 120a Abs. 1 ZPO soll das Gericht die Entscheidung über die zu leistenden Zahlungen (Raten) ändern, wenn sich die für die Prozesskostenhilfe maßgebenden persönlichen oder wirtschaftlichen Verhältnisse wesentlich verändert haben. In diesen Fällen dürfte das Kosteninteresse mit der Differenz zwischen der alten Ratenhöhe und der neuen Ratenhöhe zu bewerten sein, wobei die monatliche Differenz mit der Anzahl der Monate zu multiplizieren ist, für welche noch Raten zu zahlen sind.

Das Kosteninteresse ist auch dann maßgebend für die Wertbestimmung für ein Beschwerdeverfahren, wenn Gegenstand des Beschwerdeverfahrens zB die Aufhebung der Prozess- bzw. Verfahrenskostenhilfe nach § 124 Abs. 1 Nr. 2 bis 5 ZPO,

---

[7] HK-RVG/Mayer § 23a Rn. 3.
[8] BGH BeckRS 2016, 06219.
[9] → § 23a Rn. 10–13.

§ 23b Gegenstandswert im Musterverfahren nach dem KapMuG

§ 124 Abs. 2 ZPO oder die Abänderung von Ratenzahlungen zB nach § 120a Abs. 1 ZPO sind.

V. Keine Zusammenrechnung mit dem Hauptsachewert

16 § 23a Abs. 2 RVG stellt klar, dass die Gegenstandswerte
– für ein Verfahren auf Bewilligung oder Aufhebung der Prozesskostenhilfe (§ 23a Abs. 1 RVG)
– und für die Hauptsache, also das Verfahren, für welches Prozesskostenhilfe bewilligt wurde oder bewilligt werden soll

nicht zusammengerechnet werden. Selbst wenn der Rechtsanwalt sowohl in dem Verfahren auf Bewilligung von Prozess- bzw. Verfahrenskostenhilfe und in der Hauptsache tätig wird, erhält er nur einmal Gebühren nach dem – einfachen – Wert der Hauptsache. Bestimmt sich der Wert in dem Verfahren über die Prozesskostenhilfe nach dem Kosteninteresse und ist dieser Wert höher als der Wert der Hauptsache, so ist der höhere Wert des Kosteninteresses für die entstehenden Gebühren maßgebend. In diesem Falle wäre aber zusätzlich zu prüfen, ob alle Gebührentatbestände auch in dem Verfahren über die Prozess- bzw. Verfahrenskostenhilfe ausgelöst worden sind. Ist eine Terminsgebühr nur in der Hauptsache entstanden, würde sich die Terminsgebühr nach dem Hauptsachewert bestimmen. In der Regel wird sich diese Problematik nicht ergeben, da das Kosteninteresse nicht höher sein wird, als der Gegenstandswert in der Hauptsache.

§ 23b Gegenstandswert im Musterverfahren nach dem Kapitalanleger-Musterverfahrensgesetz

Im Musterverfahren nach dem Kapitalanleger-Musterverfahrensgesetz bestimmt sich der Gegenstandswert nach der Höhe des von dem Auftraggeber oder gegen diesen im Ausgangsverfahren geltend gemachten Anspruchs, soweit dieser Gegenstand des Musterverfahrens ist.

1 § 23a RVG wurde durch das am 1.11.2005 in Kraft getretene Kapitalanleger-Musterverfahrensgesetz[1] in das RVG eingeführt. Das Kapitalanleger-Musterverfahrensgesetz ist am 1.11.2012 außer Kraft getreten.[2] Gleichzeitig ist das Gesetz über Musterverfahren in kapitalmarktrechtlichen Streitigkeiten (Kapitalanleger-Musterverfahrensgesetz – KapMuG[3]) in Kraft getreten. Mit Inkrafttreten des 2. KostRMoG[4] zum 1.8.2013 wurde der § 23a RVG in § 23b RVG verschoben.

2 Das **KapMuG** ist **anwendbar** in bürgerlichen Rechtsstreitigkeiten, in denen zB ein Schadensersatzanspruch wegen falscher, irreführender oder unterlassener öffentlicher Kapitalmarktinformation geltend gemacht wird (§ 1 Abs. 1 Nr. 1 KapMuG). Der komplette Anwendungsbereich ergibt sich aus § 1 KapMuG. Durch Musterverfahrensantrag kann im I. Rechtszug die Feststellung des Vorliegens oder Nichtvorliegens anspruchsbegründender oder anspruchsausschließender Voraussetzungen oder die Klärung von Rechtsfragen (Feststellungsziele) begehrt werden. Der Musterverfahrensantrag kann vom Kläger oder vom Beklagten gestellt werden (§ 2 Abs. 1 KapMuG). Der Rechtsstreit wird mit der Bekanntmachung des Musterverfahrensantrags im Klageregister unterbrochen. Das Musterverfahren wird vor dem übergeord-

---

[1] BGBl. 2005 I 2437.
[2] Vgl. Art. 10 des Gesetzes zur Reform des Kapitalanleger-Musterverfahrensgesetzes und zur Änderung anderer Vorschriften – BGBl. 2012 I 2182.
[3] BGBl. 2012 I 2182.
[4] BGBl. 2013 I 2586.

neten Oberlandesgericht durchgeführt (§§ 5, 6 KapMuG). Ein erstinstanzliches Musterverfahren bildet nach der Vorb. 1.2.1 GKG KV im Hinblick auf die entstehenden Gerichtskosten eine Angelegenheit mit dem zugrundeliegenden erstinstanzlichen Prozessverfahren. Folglich fehlt es an einer Wertbestimmung im GKG für das Musterverfahren nach dem KapMuG. Daher war es notwendig, für die Anwaltsgebühren eine eigene Wertbestimmung in das RVG einzuführen.

§ 23b RVG regelte den **Gegenstandswert** im Musterverfahren nach dem KapMuG. Der Gegenstandswert im Musterverfahren nach dem KapMuG bestimmt sich nach der Höhe des vom Auftraggeber in dem Ausgangsverfahren (zB Bürgerlicher Rechtsstreit wegen Schadensersatz) geltend gemachten Anspruchs, soweit dieser Gegenstand des Musterverfahrens ist. War der Auftraggeber des Rechtsanwalts auf der Passivseite am Musterverfahren beteiligt, bestimmt sich der Gegenstandswert nach dem gegen den Mandanten im Prozessverfahren geltend gemachten Anspruch, soweit dieser Gegenstand des Musterverfahrens war.[5] In der Regel wird also der Gegenstandswert des Prozessverfahrens identisch sein mit dem Gegenstandswert in dem Musterverfahren nach dem KapMuG.[6]

Im **Rechtsbeschwerdeverfahren** nach § 20 KapMuG bestimmt sich der Gegenstandswert nach dem Wert des im Ausgangsverfahrens geltend gemachten Anspruchs, soweit dieser Gegenstand des Rechtsbeschwerdeverfahrens ist.[7] Der BGH[8] drückt es wie folgt aus: *„Die Festsetzung des Gegenstandswerts für die außergerichtlichen Kosten des Rechtsbeschwerdeverfahrens richtet sich demgegenüber gemäß § 23 Abs. 1 S. 1 RVG iVm § 47 Abs. 1 GKG nach der individuellen Beschwer des Auftraggebers, die dem persönlichen Streitwert des § 23b RVG entspricht."*[9]

In diesem Zusammenhang ist auch § 16 Nr. 13 RVG zu beachten. Danach sind das erstinstanzliche Prozessverfahren und der erste Rechtszug des Musterverfahrens nach dem KapMuG **dieselbe – gebührenrechtliche – Angelegenheit**.[10] Vertritt der Rechtsanwalt seinen Mandanten sowohl in dem Prozessverfahren als auch in dem Musterverfahren, wird er die Gebühren insgesamt nur einmal abrechnen können (zB nur eine Verfahrensgebühr Nr. 3100 VV und eine Terminsgebühr Nr. 3104 VV).

Wird der Prozessbevollmächtigte im Rechtsbeschwerdeverfahren nach dem KapMuG in einer gebührenrechtlichen Angelegenheit für **mehrere Auftraggeber** tätig, ist nach BGH[11] der Gegenstandswert für die Bestimmung der außergerichtlichen Kosten in Höhe der Summe der nach § 23b RVG zu bestimmenden persönlichen Streitwerte aller Auftraggeber des Rechtsanwalts im Rechtsbeschwerdeverfahren festzusetzen.

Durch das Gesetz zur Reform des Kapitalanleger-Musterverfahrensgesetzes und zur Änderung anderer Vorschriften[12] wurde ein neuer § 41a in das RVG eingeführt. Danach kann das OLG dem Rechtsanwalt, der den Musterkläger in dem erstinstanzlichen Musterverfahren vertritt, auf Antrag eine **besondere Gebühr** von höchstens 0,3 bewilligen, wenn sein Aufwand im Vergleich zu dem Aufwand der Vertreter der beigeladenen Kläger höher ist.[13]

---

[5] HK-RVG/*Mayer* § 23b Rn. 4; Schneider/Wolf/*Fölsch* § 23b Rn. 4.
[6] Bischof/Jungbauer/*Klüsener* § 23b Rn. 3.
[7] Schneider/Wolf/*Fölsch* § 23b Rn. 15 = analoge Anwendung von § 23b RVG auch für das Rechtsbeschwerdeverfahren.
[8] BGH BeckRS 2016, 02370.
[9] Zitiert nach BGH BeckRS 2016, 02370 – Rn. 6.
[10] → § 16 Rn. 83 ff.; HK-RVG/*Kroiß* § 23b Rn. 5.
[11] BGH BeckRS 2016, 02370.
[12] BGBl. 2012 I 2182 – In Kraft getreten am 1.11.2012.
[13] → § 41a Rn. 3 ff.

§ 25 Gegenstandswert in der Vollstreckung und bei der Vollziehung

8   Ist der Rechtsanwalt **allein** mit dem Entwurf einer Anmeldung bzw. mit der Anmeldung eines Anspruchs zum Musterverfahren nach dem KapMuG beauftragt, erhält er hierfür eine 0,8 Verfahrensgebühr nach Nr. 3338 VV (→ Nr. 3338 VV Rn. 1 ff.). In diesen Fällen ist der Gegenstandswert für die Anmeldung des Anspruchs zum Musterverfahren nicht nach § 23b RVG zu bestimmen, sondern nach § 23 Abs. 1 S. 1 RVG iVm § 51a Abs. 1 GKG. Danach ist als Gegenstandswert der Wert der zugrundeliegenden Forderung, die auch Gegenstand einer möglichen Klage sein würde, anzunehmen.

§ 24 Gegenstandswert im Sanierungs- und Reorganisationsverfahren nach dem Kreditinstitut – Reorganisationsgesetz

Ist der Auftrag im Sanierungs- und Reorganisationsverfahren von einem Gläubiger erteilt, bestimmt sich der Wert nach dem Nennwert der Forderung.

1   Der frühere § 24 RVG war bereits zum 1.9.2009 im Rahmen der Reform des Verfahrensrechts in Familiensachen durch das FGG-RG[1] ersatzlos aufgehoben worden.

2   Durch das Restrukturierungsgesetz[2] wurde § 24 im RVG mit der hier kommentierten Vorschrift neu belegt. Durch das Restrukturierungsgesetz werden staatliche Stabilisierungsmaßnahmen ermöglicht, die die Fortführung oder Abwicklung einer in Schwierigkeit geratenen Bank zulassen.[3]

3   In gerichtlichen Sanierungs- und Reorganisationsverfahren bestimmt sich der Gerichtsgebührenwert nach § 53a GKG nach der Bilanzsumme des letzten Jahresabschlusses vor Stellung des Antrags auf Durchführung des Sanierungs- oder Reorganisationsverfahrens des Kreditinstitutes. Dieser Gerichtsgebührenwert wäre auch als Anwaltsgebührenwert anzunehmen (§ 23 Abs. 1 S. 1 RVG). Das wäre noch vertretbar, wenn der Rechtsanwalt das in wirtschaftliche Schwierigkeiten geratene Bankinstitut vertreten würde. Der Wert wäre allerdings nicht mehr vertretbar, wenn der Rechtsanwalt nur einen Gläubiger in dem Sanierungs- und Reorganisationsverfahren vertreten würde. Deshalb wurde § 24 RVG eingeführt.

4   Vertritt der Rechtsanwalt im Sanierungs- und Reorganisationsverfahren einen Gläubiger, bestimmt sich der Anwaltsgebührenwert nach dem Nennwert der Forderung. Maßgebend ist also **die Forderung, die der Gläubiger in dem Verfahren geltend macht.**

§ 25 Gegenstandswert in der Vollstreckung und bei der Vollziehung

(1) **In der Zwangsvollstreckung, in der Vollstreckung, in Verfahren des Verwaltungszwangs und bei der Vollziehung eines Arrests oder einer einstweiligen Verfügung bestimmt sich der Gegenstandswert**
   1. **nach dem Betrag der zu vollstreckenden Geldforderung einschließlich der Nebenforderungen; soll ein bestimmter Gegenstand gepfändet werden und hat dieser einen geringeren Wert, ist der geringere Wert maßgebend; wird künftig fällig werdendes Arbeitseinkommen nach § 850d Abs. 3 der Zivilprozessordnung gepfändet, sind die noch nicht fälligen Ansprüche nach § 51 Abs. 1 Satz 1 des Gesetzes über Gerichtskosten in Familiensachen und § 9 der Zivilprozessordnung zu bewerten; im**

---

[1] BGBl. 2005 I 2437.
[2] BGBl. 2010 I 1900 – In Kraft getreten am 1.1.2011.
[3] Zur näheren Erläuterung siehe Begründung des Restrukturierungsgesetzes in BT-Drucksache 17/3024.

Verteilungsverfahren (§ 858 Abs. 5, §§ 872 bis 877 und 882 der Zivilprozessordnung) ist höchstens der zu verteilende Geldbetrag maßgebend;
2. nach dem Wert der herauszugebenden oder zu leistenden Sachen; der Gegenstandswert darf jedoch den Wert nicht übersteigen, mit dem der Herausgabe- oder Räumungsanspruch nach den für die Berechnung von Gerichtskosten maßgeblichen Vorschriften zu bewerten ist;
3. nach dem Wert, den die zu erwirkende Handlung, Duldung oder Unterlassung für den Gläubiger hat, und
4. in Verfahren über die Erteilung der Vermögensauskunft nach § 802c der Zivilprozessordnung nach dem Betrag, der einschließlich der Nebenforderungen aus dem Vollstreckungstitel noch geschuldet wird; der Wert beträgt jedoch höchstens 2.000 Euro.

(2) In Verfahren über Anträge des Schuldners ist der Wert nach dem Interesse des Antragstellers nach billigem Ermessen zu bestimmen.

Übersicht

	Rn.
I. Überblick	1
II. Grundsatz: Gegenstandswert ist die zu vollstreckende Geldforderung	4
III. Pfändung eines bestimmten Gegenstandes	11
IV. Pfändung einer bestimmten Forderung	12
V. Pfändung künftig fällig werdenden Arbeitseinkommens	15
VI. Verteilungsverfahren	19
VII. Herausgabe von Sachen	23
VIII. Handlung, Duldung oder Unterlassung	26
IX. Anträge des Schuldners	29

I. Überblick

§ 25 RVG regelt den Gegenstandswert für die Anwaltsgebühren, wenn der Rechtsanwalt in der Zwangsvollstreckung, in der Vollstreckung, in Verfahren des Verwaltungszwangs und bei der Vollziehung eines Arrestes oder einer einstweiligen Verfügung tätig wird. § 25 RVG geht als spezielle Vorschrift der allgemeinen Wertvorschrift des § 23 RVG vor! § 25 RVG gilt für die gesamte Zwangsvollstreckung einschließlich der Abs. 1 S. 1 des § 25 RVG genannten Tätigkeitsgebieten, sofern sich nicht in den §§ 26 bis 29 RVG oder in einem anderen (Spezial-) Gesetz speziellere Vorschriften für den Anwaltsgebührenwert finden. Spezielle Vorschriften für die Bestimmung des Gegenstandswertes für die Anwaltsgebühren im Bereich der Zwangsvollstreckung finden sich zB 1
• in § 26 RVG für die Vertretung in einem Zwangsversteigerungsverfahren
• in § 27 RVG für die Vertretung in einem Zwangsverwaltungsverfahren
• in § 28 RVG für die Vertretung des Schuldners, eines Gläubigers oder eines sonstigen Beteiligten im Insolvenzverfahren (§ 28 RVG gilt allerdings nicht für den Insolvenzverwalter)
• in § 29 RVG für das Verteilungsverfahren nach der schifffahrtsrechtlichen Verteilungsordnung.

In § 25 Abs. 1 Nr. 1 RVG ist zunächst der Grundsatz geregelt, dass als Gegenstandswert für die Anwaltsgebühren in der Zwangsvollstreckung der Betrag der zu vollstreckenden Geldforderung einschließlich der Nebenforderungen zugrunde zu legen ist. Dann folgen wieder einige Einschränkungen und spezielle Bestimmungen wie der Gegenstand für die Anwaltsgebühren zu bestimmen ist, wenn zB 2

§ 25 Gegenstandswert in der Vollstreckung und bei der Vollziehung

- ein bestimmter Gegenstand oder eine bestimmte Forderung gepfändet werden soll und diese einen geringeren Wert als die zu vollstreckende Geldforderung einschließlich der Nebenforderung hat (§ 25 Abs. 1 Nr. 1 RVG)
- wenn künftig fällig werdendes Arbeitseinkommen wegen in Zukunft fälliger Ansprüche gepfändet wird (§ 25 Abs. 1 Nr. 1 RVG)
- wenn vollstreckt wird auf Herausgabe oder Leistung von Sachen (§ 25 Abs. 1 Nr. 2 RVG)
- wenn vollstreckt wird wegen einer vertretbaren oder unvertretbaren Handlung auf Duldung oder Unterlassung (§ 25 Abs 1 S. 1 Nr. 3 RVG)
- wenn der Rechtsanwalt vertritt in einem Verfahren auf Erteilung einer Vermögensauskunft nach § 802c ZPO, dann gilt nämlich eine Wertobergrenze von 2.000 EUR (§ 25 Abs. 1 Nr. 4 RVG)
- wenn der Rechtsanwalt vertritt in einem Verfahren über Anträge des Schuldners (§ 25 Abs. 2 RVG).

3 § 25 RVG wurde durch das 2. KostRMoG[1] an mehreren Stellen geändert. Zunächst wurde in der Überschrift und in Abs. 1 S. 1 klargestellt, dass § 25 RVG auch für die Bestimmung des Gegenstandswerts anzuwenden ist, wenn der Rechtsanwalt in der Vollstreckung, in Verfahren des Verwaltungszwangs und bei der Vollziehung eines Arrestes oder einer einstweiligen Verfügung tätig wird. Mit „Vollstreckung" ist die Vollstreckung in Familiensachen (§§ 86 ff FamFG), in Verwaltungssachen (§§ 167 ff VwGO), in finanzgerichtlichen Verfahren (§§ 150 ff FGO) und in sozialrechtlichen Angelegenheiten (§§ 198 ff SGG) gemeint.[2]

In § 25 Abs. 1 Nr. 1 RVG wurde durch das 2. KostRMoG[3] der Verweis auf § 42 Abs. 1 GKG ersetzt durch den Verweis auf § 9 ZPO. Es ändert sich der Gegenstandswert, wenn wegen künftig fällig werdender Renten, die aus Anlass einer Verletzung des Körpers oder der Gesundheit zu zahlen sind, in künftig fällig werdendes Arbeitseinkommen vollstreckt wird.[4]

Die in § 25 Abs. 1 Nr. 4 RVG geregelte Wertobergrenze für die Tätigkeit in einem Verfahren auf Erteilung einer Vermögensauskunft nach § 802c ZPO wurde durch das 2. KostRMoG[5] von 1.500 EUR auf 2.000 EUR angehoben.[6]

II. Grundsatz: Gegenstandswert ist die zu vollstreckende Geldforderung

4 Lautet der Vollstreckungstitel auf Zahlung eines Geldbetrags, ist grundsätzlich die **zu vollstreckende Geldforderung einschließlich der Nebenforderungen** als Gegenstandswert für die Anwaltsgebühren anzunehmen (§ 25 Abs. 1 Nr. 1 RVG). Bei der Bestimmung des Gegenstandswertes der Anwaltsgebühren für die Tätigkeit des Rechtsanwalts in einem bürgerlichen Rechtsstreit ist in § 43 GKG (der über § 23 Abs. 1 S. 1 RVG auch für die Bestimmung des Anwaltsgebührenwerts gilt) ausdrücklich geregelt, dass Nebenforderungen, wie zB Zinsen oder Kosten bei der Bestimmung des Werts nicht zu berücksichtigen sind. Anders ist dies in der Zwangsvollstreckung. Hier bestimmt nämlich § 25 Abs. 1 Nr. 1 RVG ausdrücklich, dass sich der Gegenstandswert ermittelt nach dem Betrag der zu vollstreckenden Geldforderung einschließlich der Nebenforderungen. Der Gegen-

---
[1] BGBl. 2013 I 2586 – in Kraft getreten am 1.8.2013.
[2] *Schneider/Thiel* § 3 Rn. 193.
[3] BGBl. 2013 I 2586 – in Kraft getreten am 1.8.2013.
[4] → § 25 Rn. 17.
[5] BGBl. 2013 I 2586 – in Kraft getreten am 1.8.2013.
[6] → § 25 Rn. 10.

Gegenstandswert in der Vollstreckung und bei der Vollziehung § 25

standswert der Anwaltsgebühren in der Zwangsvollstreckung setzt sich also wie folgt zusammen:
Hauptforderung
+ Zinsen
+ festgesetzte Kosten bis zur Erlangung des Titels (wie zB im Vollstreckungsbescheid festgesetzte Kosten des gerichtlichen Mahnverfahrens, in einem Kostenfestsetzungsbeschluss festgesetzte Kosten des bürgerlichen Rechtsstreits)
+ titulierte Zinsen auf die Kosten
+ Kosten der bisherigen Zwangsvollstreckungsmaßnahmen (zB Anwaltsvergütung für die bisherigen Zwangsvollstreckungsmaßnahmen, Gerichtskosten, Gerichtsvollzieherkosten, sonstige Kosten wie zB Verwaltungskosten für Anfragen bei Meldeämtern)
+ evtl. in einem Kostenfestsetzungsbeschluss titulierter Zinsen auf die Kosten bisheriger Zwangsvollstreckungsmaßnahmen (zB nach einer Festsetzung der Vollstreckungskosten nach § 788 ZPO).[7]

Die Kosten der laufenden Vollstreckungsmaßnahmen fließen nicht mit in den Gegenstandswert ein.[8] **5**

Voraussetzung dafür, dass als Gegenstandswert die Hauptforderung + Zinsen + Kosten anzunehmen sind, ist, dass die Zwangsvollstreckung wegen der Gesamtforderung (also wegen Hauptforderung + Zinsen + Kosten) erfolgen soll. Wird nur wegen einer **Teilforderung** vollstreckt, ist nur diese Teilforderung als Gegenstandswert für die Anwaltsgebühren anzunehmen.[9] **6**

Zinsen sind bis zum Tage, an dem die Zwangsvollstreckung ausgeführt oder Antrag zurückgenommen wird zu berücksichtigen, also nicht nur die Zinsen, die bis zur Entstehung des Vollstreckungstitels aufgelaufen sind.[10] Da der Rechtsanwalt in der Regel bereits bei Einleitung einer Zwangsvollstreckungsmaßnahme den Gegenstandswert für diese bestimmt und seine Anwaltsgebühren berechnet, wird er zunächst nur die Zinsen bis zum Tage der Einleitung der Vollstreckungsmaßnahme bei der Bestimmung des Gegenstandswertes berücksichtigen können. Die Zinsen für die Zeit bis zur Ausführung der Zwangsvollstreckungsmaßnahme können auch nachträglich in den Wert einbezogen werden. Der Wert und damit auch die Anwaltsvergütung sind also nachträglich zu korrigieren. Allerdings macht dies nur Sinn, wenn durch die nachträglich in den Gegenstandswert einzuziehenden Zinsen tatsächlich auch eine höhere Wertstufe gem. der Tabelle erreicht wird und sich dadurch eine höhere Gebühr ergibt. *Wolf*[11] vertritt die Auffassung, dass die Zinsen nur bis zum Tage der Einleitung der Zwangsvollstreckungsmaßnahme in den Gegenstandswert einzubeziehen seien. **7**

Ermäßigt sich während der laufenden Vollstreckungsmaßnahme die Forderung, wie zB durch **Teilzahlungen**, so hat dies auf den Gegenstandswert der Anwaltsgebühr für diese Zwangsvollstreckungsmaßnahme keinen Einfluss. Denn die 0,3 Verfahrensgebühr für die Zwangsvollstreckungsmaßnahme der Nr. 3309 VV entsteht bereits mit dem ersten Tätigwerden des Anwalts im Hinblick auf die betreffende Zwangsvollstreckungsmaßnahme. Dies wird in der Regel die Entgegennahme der Information sein. In diesem Moment ist die Gebühr schon nach dem Gegenstandswert der zu vollstreckenden Gesamtforderung einschließlich der Nebenforderungen angefallen. Eine spätere Verringerung des Werts, etwa durch Teilzahlungen, führt nicht zu einer Ermäßigung des Gegenstandswertes und folglich auch nicht zu einer **8**

---

[7] HK-RVG/*Gierl* § 25 Rn. 5, 6.
[8] Gerold/Schmidt/*Müller-Rabe* § 25 Rn. 7.
[9] Gerold/Schmidt/*Müller-Rabe* § 25 Rn. 5.
[10] Gerold/Schmidt/*Müller-Rabe* § 25 Rn. 7; HK-RVG/*Gierl* § 25 Rn. 5; *Hartmann* § 25 Rn. 5; *Mümmler* JurBüro 1995, 395.
[11] Schneider/Wolf/*Wolf/Volpert* § 25 Rn. 8.

Ermäßigung der Verfahrensgebühr für die Zwangsvollstreckungsmaßnahme. Werden allerdings noch nach den Teilzahlungen weitere – andere – Vollstreckungsmaßnahmen ausgebracht, entsteht die Verfahrensgebühr für diese weiteren Zwangsvollstreckungsmaßnahmen natürlich nur nach dem Wert der dann noch zu vollstreckenden Rest – Forderung.

9 In der Zwangsvollstreckung bildet grundsätzlich **jede Vollstreckungsmaßnahme eine besondere – gebührenrechtliche – Angelegenheit** (§ 18 Abs. 1 Nr. 1 RVG).[12] Für jede Zwangsvollstreckungsmaßnahme ist der Gegenstandswert für die Anwaltsgebühren wieder erneut zu ermitteln. Erfolgen keine Zahlungen durch den Schuldner erhöht sich der Wert also von Zwangsvollstreckungsmaßnahme zu Zwangsvollstreckungsmaßnahme. So fließen in den Wert für die zweite Zwangsvollstreckungsmaßnahme die Kosten der ersten Zwangsvollstreckungsmaßnahme (Anwaltsgebühren, Gerichtskosten, Gerichtsvollzieherkosten) ein und natürlich die zwischenzeitlich weiter angelaufenen Zinsen auf die Hauptforderung und auf die Kosten. Voraussetzung ist natürlich, dass auch bei der zweiten und den weiteren Zwangsvollstreckungsmaßnahmen immer wieder wegen der gesamten Hauptforderung zzgl. Zinsen und Kosten vollstreckt wird.[13]

10 Für das Verfahren auf Erteilung einer Vermögensauskunft nach § 802c ZPO findet sich § 25 Abs. 1 Nr. 4 RVG eine Wertobergrenze. Der Gegenstandswert für Anwaltsgebühren beträgt in diesen Verfahren **höchstens 2.000 EUR**. Der Wert wurde durch das 2. KostRMoG,[14] welches am 1.8.2013 in Kraft getreten ist, von 1.500 EUR auf 2.000 EUR angehoben. Vertritt der Rechtsanwalt in der Zwangsvollstreckung in einem Verfahren auf Erteilung einer Vermögensauskunft nach § 802c ZPO, so gilt zunächst auch hier der Grundsatz, dass sich der Gegenstandswert für die Anwaltsgebühren nach der zu vollstreckenden Geldforderung einschließlich der Nebenforderungen bestimmt. Ist die zu vollstreckende Geldforderung einschließlich der Nebenforderung allerdings höher als 2.000 EUR, darf der Gegenstandswert für die Anwaltsgebühren nur mit 2.000 EUR angenommen werden. Liegt die zu vollstreckende Geldforderung einschließlich der Nebenforderung darunter, ist der der darunter liegende Betrag als Gegenstandswert für die Anwaltsvergütung anzunehmen.

III. Pfändung eines bestimmten Gegenstandes

11 In der Regel wird sich der vom Gläubiger dem zuständigen Gerichtsvollzieher erteilte Vollstreckungsauftrag auf Pfändung und Verwertung körperlicher Sachen nicht in einen bestimmten Gegenstand aus dem Vermögen des Schuldners richten, sondern allgemein sein. In der Regel wird der Auftrag dahingehend lauten, dass der Gerichtsvollzieher die Wohnung oder sonstige Räume des Schuldners nach beweglichen pfändbaren Sachen durchsuchen und, wenn er welche vorfindet, diese pfänden und verwerten soll. Für eine derartige Zwangsvollstreckungsmaßnahme ist als Gegenstandswert den Anwaltsgebühren die zu vollstreckende Geldforderung einschließlich der Nebenforderungen zugrunde zu legen. **Anders** kann dies sein, wenn der Gerichtsvollzieher beauftragt wird, einen **bestimmten Gegenstand** zu pfänden und zu verwerten. Dann kommt es darauf an, ob der Wert dieses bestimmten Gegenstandes höher oder niedriger ist als die zu vollstreckende Geldforderung einschließlich der Nebenforderungen. Ist der Wert des bestimmten, zu pfändenden Gegenstandes höher als die zu vollstreckende Geldforderung einschließlich der Nebenforderung, bleibt es dabei, dass als Gegenstandswert den Anwaltsgebühren für

---

[12] → § 18 Rn. 13 ff.
[13] *Enders* Rn. J 198 ff. mit Berechnungsbeispiel.
[14] BGBl. 2013 I 2586.

Gegenstandswert in der Vollstreckung und bei der Vollziehung §25

diese Zwangsvollstreckungsmaßnahme die zu vollstreckende Geldforderung einschließlich der Nebenforderungen zugrunde zu legen ist. Ist allerdings der Wert des bestimmten Gegenstandes, der gepfändet werden soll, geringer als die zu vollstreckende Geldforderung einschließlich der Nebenforderung, ist dieser **geringere Wert des bestimmten Gegenstandes,** der gepfändet werden soll, als Gegenstandswert für die Anwaltsgebühren maßgebend (§ 25 Abs. 1 Nr. 1 RVG).[15] Nach *Wolf/Volpert*[16] ist der objektive Verkehrswert der bestimmten, zu pfändenden Sache im Zeitpunkt der die Anwaltsgebühr auslösenden Tätigkeit maßgebend.

Beispiel:

Der Rechtsanwalt vollstreckt für seinen Auftraggeber wegen einer Hauptforderung in Höhe von 10.000 EUR, Zinsen in Höhe von 1.000 EUR und Kosten in Höhe von 2.000 EUR. Wegen dieser Forderung beauftragt der Rechtsanwalt den Gerichtsvollzieher, einen im Eigentum des Schuldners stehenden PKW zu pfänden und zu verwerten. Der PKW hat einen Verkehrswert in Höhe von 5.000 EUR.
Gegenstandswert für die Anwaltsgebühren: 5.000 EUR.
Hier soll nur ein bestimmter Gegenstand gepfändet werden. Dieser hat einen geringeren Wert, als die zu vollstreckende Geldforderung einschließlich der Nebenforderung. Daher ist nur der geringere Wert des bestimmten, zu pfändenden Gegenstandes als Gegenstandswert für die Anwaltsgebühren anzunehmen.
Hätte der zu pfändende PKW einen Verkehrswert von 20.000 EUR, wäre als Gegenstandswert für die Anwaltsgebühren die zu vollstreckende Geldforderung einschließlich der Nebenkosten (hier: 10.000 EUR + 1.000 EUR + 2.000 EUR = 13.000 EUR) anzunehmen.

IV. Pfändung einer bestimmten Forderung

Will der Gläubiger eine bestimmte Forderung des Schuldners gegenüber einem Dritten pfänden, geschieht dies mit Pfändungs- und Überweisungsbeschluss. In dem Antrag auf Erlass eines Pfändungs- und Überweisungsbeschlusses muss die zu pfändende Forderung bestimmt sein. Auch bei Pfändung einer bestimmten Forderung, wie dies in aller Regel mit einem Pfändungs- und Überweisungsbeschluss geschieht, gilt für den Gegenstandswert, der den Anwaltsgebühren zugrunde zu legen ist, folgendes: Maßgebend ist die zu vollstreckte Geldforderung einschließlich der Nebenforderungen. Ist allerdings die bestimmte gepfändete Forderung geringer als die zu vollstreckende Geldforderung einschließlich der Nebenforderungen, ist nur der geringere Wert der gepfändeten Forderung als Gegenstandswert für die Anwaltsgebühren in dieser Zwangsvollstreckungsmaßname anzunehmen (§ 25 Abs. 1 Nr. 1 RVG).[17]

Beispiel 1:

Der Gläubiger vollstreckt gegenüber dem Schuldner wegen einer Hauptforderung in Höhe von 15.000 EUR zzgl. Zinsen in Höhe von 2.000 EUR und zzgl. Kosten in Höhe von 4.000 EUR. Laut den Angaben des Schuldners in dem von ihm aufgestellten Vermögensverzeichnisses ist er Inhaber einer Forderung in Höhe von 12.000 EUR gegenüber dem Drittschuldner A. Der Rechtsanwalt beantragt den Erlass eines Pfändungs- und Überweisungsbeschlusses wegen dieser Forderung gegenüber dem Drittschuldner A.
Gegenstandswert für die Anwaltsgebühren: 12.000 EUR.
In dem vorstehenden Fall wird eine bestimmte Forderung gepfändet, die einen geringeren Wert hat, als die zu vollstreckende Geldforderung einschließlich der Nebenforderungen. Daher

---

[15] HK-RVG/*Gierl* § 25 Rn. 9 ff.
[16] Schneider/Wolf/*Wolf/Volpert* § 25 Rn. 13.
[17] Schneider/Wolf/*Wolf/Volpert* § 25 Rn. 12.

§ 25 Gegenstandswert in der Vollstreckung und bei der Vollziehung

ist nur der geringere Wert der bestimmten gepfändeten Forderung als Gegenstandswert für die Anwaltsgebühren anzunehmen (§ 25 Abs. 1 Nr. 1 RVG).
Würde die Forderung des Schuldners gegen den Drittschuldner A 30.000 EUR betragen, wäre als Gegenstandswert für die Anwaltsgebühren in der Zwangsvollstreckungsmaßnahme „Pfändungs- und Überweisungsbeschluss" anzunehmen: (15.000 EUR + 2.000 EUR + 4.000 EUR =) 21.000 EUR.

13   Werden mit **einem** Pfändungs- und Überweisungsbeschluss mehrere – verschiedene – Forderungen des Schuldners gegenüber mehreren Drittschuldner gepfändet, sind nach BGH[18] die Werte der einzelnen gepfändeten Ansprüche zu addieren und die Summe bildet den Gegenstandswert für die Anwaltsgebühren für diese Vollstreckungsmaßnahme. Der Gegenstandswert darf aber nicht über dem Wert nach § 25 Abs. 1 Nr. 1 RVG liegen, also maximal die zu vollstreckende Hauptforderung einschließlich der Nebenforderungen betragen.

Beispiel 2:
Der Rechtsanwalt vertritt einen Gläubiger der vollstreckt wegen einer Hauptforderung in Höhe von 10.000 EUR, Zinsen in Höhe von 2.000 EUR und Kosten in Höhe von 2.500 EUR, also insgesamt wegen 14.500 EUR. Ausweislich des Vermögensverzeichnisses hat der Schuldner seinerseits drei fällige Forderungen in folgender Höhe:
- gegen Drittschuldner A: 50.000 EUR
- gegen Drittschuldner B : 2.500 EUR
- gegen Drittschuldner C: 16.000 EUR

Der Rechtsanwalt beantragt einen Pfändungs- und Überweisungsbeschluss, mit welchem alle drei Forderungen gepfändet werden. Der Gegenstandswert für die Anwaltsgebühren ist nach BGH (aaO) mit maximal 14.500 EUR anzunehmen.
Nach diesem Wert entsteht für den Antrag auf Erlass des Pfändungs- und Überweisungsbeschlusses eine 0,3 Verfahrensgebühr Nr. 3309 VV.

14   Umstritten ist, wie der Gegenstandswert für die Anwaltsgebühren zu bestimmen ist, wenn die gepfändete Forderung nicht – oder nicht mehr – besteht oder bereits durch andere Gläubiger bis zur völligen Erschöpfung vorgepfändet ist. Teilweise wird dann die Auffassung vertreten, dass in diesen Fällen der Gegenstandswert für Anwaltsgebühren nur mit dem Mindestwert in Höhe von 500 EUR angenommen werden könnte.[19] Dem ist mE nicht zu folgen:[20] „Praktikable Lösungen bieten mE die nachfolgenden Entscheidungen: Nach der Entscheidung des LG Koblenz[21] gilt folgendes: Maßgebend ist nicht der tatsächliche, sich später nach Drittschuldnerauskunft ergebende Wert, sondern wie hoch der Wert des Pfandgegenstandes nach der Erwartung des Gläubigers ist, dh welchen Erfolg der Gläubiger sich von der Durchführung der Pfändungsmaßnahme verspricht. Nach dem LG Koblenz (aaO) hat ein Gläubiger in der Regel stets die Erwartung, eine Forderungspfändung werde seine Forderung vollständig befriedigen können, so dass der Wert der Forderung, wegen welcher gepfändet wird, maßgebend ist. Auch nach dem LG Hamburg[22] bestimmt sich der Wert einer Forderungspfändung unabhängig von der Frage des Erfolgs nach dem Wert der zu vollstreckenden Geldforderung. Ebenso das LG Düs-

---

[18] BGH JurBüro 2011, 434; Anderer Meinung zuvor: LG Koblenz JurBüro 2010, 49 mit zustimmender Anm. von *Enders*; so auch AG Berlin – Mitte JurBüro 2009, 606.
[19] HK-RVG/*Gierl* § 25 Rn. 11; Schneider/Wolf/*Wolf/Volpert* § 25 Rn. 15; Gerold/Schmidt/*Müller-Rabe* § 25 Rn. 19; LG Hamburg Beschl. v. 19.1.2009 – 332 T 109/08, BeckRS 2009, 24591.
[20] Zitiert nach *Enders* Rn. J 27; *Enders* JurBüro 2013, 57 (61).
[21] LG Koblenz AGS 2005, 510.
[22] LG Hamburg AnwBl. 2006, 499.

seldorf:[23] Bei einer erfolglosen Pfändung fällt nicht die Mindestgebühr, sondern eine Gebühr nach dem Betrag der zu vollstreckenden Geldforderung an, weil es systemwidrig sei, den Gegenstandswert von dem Ergebnis bzw. Erfolg einer anwaltlichen Maßnahme abhängig zu machen. Ferner ist auch das LG Mannheim[24] der Auffassung, dass sich der Anwaltsgebührenwert für die Zwangsvollstreckungsmaßnahme nicht auf den Mindestwert reduziere, wenn der Pfändungs- und Überweisungsbeschluss ins Leere geht. Nach Ansicht des LG Mannheim widerspricht es der Systematik des RVG, die Höhe des Anwaltshonorars vom Erfolg der anwaltlichen Tätigkeit abhängig zu machen!" Auch das OLG Naumburg[25] vertritt die Auffassung, dass sich der Gegenstandswert für die anwaltliche Verfahrensgebühr für den Pfändungs- und Überweisungsbeschluss auch dann nach dem Wert der zu vollstreckenden Forderung richtet, wenn sich im Zwangsvollstreckungsverfahren herausstellt, dass die Pfändung ins Leere geht. In der Praxis ist zu beobachten, dass vielfach als Gegenstandswert für die Anwaltsgebühren für einen Pfändungs- und Überweisungsbeschluss auch dann der Betrag der zu vollstreckenden Geldforderung einschließlich der Nebenforderungen angesetzt wird, wenn die Pfändung ins Leere geht.

V. Pfändung künftig fällig werdenden Arbeitseinkommens

Wird aus einem Unterhaltstitel (**wegen gesetzlicher Unterhaltsansprüche** – 15 siehe § 850d Abs. 1 ZPO) **in laufendes Arbeitseinkommen des Schuldners** vollstreckt, erfolgt die Pfändung
- zum einen wegen der bis zum Zeitpunkt der Pfändung fälligen Rückstände
- zum anderen auch wegen der – nach Ausbringung der Pfändung – zukünftig fällig werdenden Ansprüche.

Die bis zum Zeitpunkt der Ausbringung der Pfändung fälligen Unterhaltsansprüche fließen als die zu vollstreckende Geldforderung iSd § 25 Abs. 1 Nr. 1 RVG in den Gegenstandswert für die Anwaltsgebühren ein. Hierauf evtl. angefallene Zinsen und Kosten (sowohl festgesetzte Kosten für Erwirkung des Titels, als auch bisherige Vollstreckungskosten) sind bei der Wertbestimmung ebenfalls zu berücksichtigen. Des Weiteren müssen auch die nach dem Titel in Zukunft fällig werdenden Unterhaltsansprüche bewertet und bei der Bestimmung des Gegenstandswertes berücksichtigt werden. Wie die in Zukunft nach dem Titel fällig werdenden Unterhaltsansprüche bewertet werden, ergibt sich ebenfalls aus § 25 Abs. 1 Nr. 1 RVG. Diese sind nach § 51 Abs. 1 S. 1 FamGKG zu bewerten. Nach § 51 Abs. 1 S. 1 FamGKG ist in Unterhaltssachen, die Familienstreitsachen sind und wiederkehrende Leistungen betreffen, der für die ersten 12 Monate nach Einreichung des Klageantrags oder des Antrags geforderte Betrag maßgeblich, höchstens jedoch der Gesamtbetrag der geforderten Leistung. Folglich sind die zukünftigen Unterhaltsansprüche, wegen deren die Pfändung bereits ebenfalls ausgebracht wurde, mit dem Jahresbetrag zu bewerten und die Bestimmung des Gegenstandswertes für die Anwaltsgebühren für den Pfändungs- und Überweisungsbeschluss einzubeziehen. Dies gilt nicht, wenn der mit gepfändete zukünftige Unterhalt nicht mehr für mindestens ein Jahr laut dem Unterhaltstitel zu zahlen ist.

Beispiel:
Der Rechtsanwalt vollstreckt für seine Mandantin aus einem nicht befristeten Unterhaltstitel, wonach der Schuldner an die Mandantin einen monatlichen Unterhalt in Höhe von 500 EUR zu zahlen hat. Er beantragt den Erlass eines Pfändungs- und Überweisungsbeschlusses in das laufende Arbeitseinkommen des Schuldners gegenüber dessen Arbeitgeber. Zum Zeitpunkt der

---

[23] LG Düsseldorf RVGreport 2005, 358.
[24] LG Mannheim JurBüro 2015, 328.
[25] OLG Naumburg NJW-RR 2014, 1151.

Antragstellung sind Unterhaltsrückstände in Höhe von 7.500 EUR aufgelaufen. Wegen dieser Unterhaltsrückstände, wegen entstandener Kosten in Höhe von 1.000 EUR und wegen der im Zukunft fällig werdenden Unterhaltsansprüche in Höhe von monatlich 500 EUR wird Antrag auf Erlass des Pfändungs- und Überweisungsbeschlusses gestellt.
Gegenstandswert für die Anwaltsvergütung: 14.500 EUR
(Bis zur Antragstellung aufgelaufene Rückstände: 7.500 EUR
+ Kosten: 1.000 EUR
+ 12 x 500 = 6.000 EUR -Bewertung der in Zukunft fällig werdenden Unterhaltsansprüche-).

Für den Gegenstandswert für die Anwaltsgebühren ist es ohne Bedeutung, wenn sich aus dem Arbeitseinkommen des Schuldners monatlich nur ein geringerer pfändbarer Betrag als 500 EUR ergeben würde.

16 Wird aus einem in einem **einstweiligen Anordnungsverfahren** ergangenen Beschluss vollstreckt, sollen die künftig fällig werdenden Ansprüche nur mit dem sechsfachen Monatsbetrag bewertet werden können.[26] Dies erscheint mE zumindest für die Fälle fraglich, in denen die in der einstweiligen Anordnung ergangene Entscheidung als endgültige Entscheidung von den Parteien angesehen wird und ein Hauptsacheverfahren entbehrlich gemacht hat.[27]

17 Nach § 850d Abs. 3 ZPO kann auch wegen titulierter **Renten, die aus Anlass einer Verletzung des Körpers oder der Gesundheit zu zahlen sind,** wegen in Zukunft fälliger Ansprüche in künftig fällig werdendes Arbeitseinkommen gepfändet werden. Bis zum Inkrafttreten des 2. KostRMoG[28] am 1.8.2013 waren die in Zukunft fällig werdenden titulierten Schadensersatzrenten nach § 42 Abs. 1 GKG mit dem fünffachen Betrag des einjährigen Bezugs zu bewerten. Durch das 2. KostRMoG wurde § 42 Abs. 1 GKG aufgehoben. Seit dem sind Renten, die aus Anlass einer Verletzung des Körpers oder der Gesundheit zu zahlen sind, wie andere wiederkehrende Leistungen auch, nach § 9 ZPO zu bewerten. Der Gegenstandswert für die künftigen Leistungen ist danach auf den 3 1/2 – fachen Jahresbetrag zu bestimmen. Ist die Rente nur für einen kürzeren Zeitraum tituliert, ist dieser kürzere Zeitraum maßgebend, um die zukünftigen Ansprüche zu bewerten. Wird wegen einer titulierten Schadensersatzrente künftig fällig werdendes Arbeitseinkommen des Schuldners gepfändet, setzt sich Gegenstandswert für die Anwaltsgebühren für die entsprechende Zwangsvollstreckungsmaßnahme wie folgt zusammen:
– rückständige Renten, die bis zum Zeitpunkt des Antrags auf Erlass eines Pfändungs- und Überweisungsbeschlusses fällig geworden sind
+ 3 ½-facher Jahresbetrag für die in Zukunft fällig werdenden titulierten Schadensersatzrenten.

18 Wird nur eine Vorpfändung iSd § 845 ZPO ausgebracht, bestimmt sich der Gegenstandswert entsprechend dem vorstehend in diesem Kapitel Ausgeführten.[29] Allerdings ist zu beachten, dass die Vorpfändung eine gebührenrechtliche Angelegenheit mit dem nachfolgenden Pfändungs- und Überweisungsbeschluss bildet, also nicht zweimal Gebühren entstehen können.[30]

VI. Verteilungsverfahren

19 Nach § 872 ZPO findet ein Verteilungsverfahren statt, wenn bei der Zwangsvollstreckung in das bewegliche Vermögen ein Geldbetrag hinterlegt ist, der zur Befriedigung der beteiligten Gläubiger nicht ausreicht. Vertritt der Rechtsanwalt in der

---

[26] Schneider/Wolf/*Wolf/Volpert* § 25 Rn. 26; HK-RVG/*Gierl* § 25 Rn. 15.
[27] → § 23 Rn. 75 bis 77.
[28] BGBl. 2013 I 2586.
[29] HK-RVG/*Gierl* § 25 Rn. 19; Schneider/Wolf/*Wolf/Volpert* § 25 Rn. 27.
[30] → § 18 Rn. 51 f.

Zwangsvollstreckung in einem derartigen Verteilungsverfahren (§§ 872–877 und 882 ZPO), so bestimmt sich der Gegenstandswert für die Anwaltsgebühren für die Tätigkeit in dem Verteilungsverfahren grundsätzlich nach dem Betrag der zu vollstreckenden Geldforderung einschließlich der Nebenforderungen (wie zB Zinsen, festgesetzte Prozesskosten, bisherige Kosten der Zwangsvollstreckung). Hier sollen jedoch die Kosten des gerade betriebenen Verteilungsverfahrens nicht mit in den Gegenstandswert einfließen.[31] Jedoch ist der Gegenstandswert für die Anwaltsgebühren für die Tätigkeit im Verteilungsverfahren **höchstens mit dem zu verteilenden Geldbetrag** anzusetzen (§ 25 Abs. 1 Nr. 1, letzter Hs. RVG).

Ist der im Verteilungsverfahren zu verteilende Geldbetrag geringer als der Betrag der zu vollstreckenden Geldforderung einschließlich der Nebenforderungen, ist der niedrigere zu verteilende Geldbetrag als Gegenstandswert für die Anwaltsgebühren anzunehmen. Ist umgekehrt der zu verteilende Geldbetrag höher als der Betrag der zu vollstreckenden Forderung einschließlich der Nebenforderungen, ist der Betrag der zu vollstreckenden Forderung einschließlich der Nebenforderungen als Gegenstandswert für die Anwaltsgebühren für die Tätigkeit im Verteilungsverfahren zugrunde zu legen.

Unter dem zu verteilenden Geldbetrag versteht sich der hinterlegte Betrag einschließlich der Zinsen. Die Kosten des Verfahrens des Verteilungsverfahrens sind für die Bestimmung des Gegenstandswertes nicht vorher herauszurechnen.[32]

Das in diesem Kapitel VI. Ausgeführte gilt nach § 25 Abs. 1 Nr. 1, letzter Hs. RVG auch bei Hinterlegung im Rahmen einer Zwangsvollstreckung in Schiffspart gem. § 858 Abs. 5 ZPO.

VII. Herausgabe von Sachen

Wird der Rechtsanwalt in der Zwangsvollstreckung tätig und lautet der Titel auf Herausgabe von beweglichen oder unbeweglichen Sachen oder die Leistung von Sachen (§§ 883 bis 885 ZPO) so bestimmt sich der Gegenstandswert für die Anwaltsgebühren nach dem **Wert** der herauszugebenden oder zu leistenden Sachen (§ 25 Abs. 1 Nr. 2 RVG). Jedoch darf der Gegenstandswert den **Wert nicht übersteigen,** mit dem der Herausgabe- oder Räumungsanspruch nach den für die **Berechnung von Gerichtskosten** maßgeblichen Vorschriften zu bewerten ist.

Auszugehen ist also zunächst einmal vom Sach- bzw. Verkehrswert der herauszugebenden oder zu leistenden Sachen.[33]

Dann ist zu prüfen, welcher Streitwert den Gerichtskosten in dem Ausgangsverfahren, das zu dem Titel geführt hatte, zugrunde gelegt worden ist. Diese Wertbestimmungen für die Gerichtskosten in dem Ausgangsverfahren sind dann auch für die Bestimmung des Gegenstandswertes in der Zwangsvollstreckung heranzuziehen, dh, sie bilden die Obergrenze für den Gegenstandswert der Anwaltsgebühren in der Zwangsvollstreckung. Relevant wird dies vor allem dann, wenn wegen Beendigung eines Miet-, Pacht- oder ähnlichen Nutzungsverhältnisses die Räumung eines Grundstücks, Gebäudes oder Gebäudeteils zu vollstrecken ist. Dann bestimmt sich der Gerichtskostenwert gem. § 41 Abs. 2 GKG nach dem für die Dauer eines Jahres zu zahlenden Entgelt (= Jahresmiete – in der Regel ohne Nebenkosten –) wenn nicht das auf die streitige Zeit entfallende Entgelt geringer ist.[34] Wird die Räumung des Gebäudes wegen Beendigung eines Miet-, Pacht- oder ähnlichen Nutzungsverhältnisses verlangt, so ist auch in der Zwangsvollstreckung als Anwaltsgebührenwert

---

[31] HK-RVG/*Gierl* § 25 Rn. 20; Schneider/Wolf/*Wolf/Volpert* § 25 Rn. 28.
[32] HK-RVG/*Gierl* § 25 Rn. 20; Schneider/Wolf/*Wolf/Volpert* § 25 Rn. 29.
[33] HK-RVG/*Gierl* § 25 Rn. 21.
[34] Zur Bestimmung des Gegenstandswertes im Räumungsprozess → § 23 Rn. 43 ff.

§ 25 Gegenstandswert in der Vollstreckung und bei der Vollziehung

die Jahresmiete – und nicht der Verkehrswert des zu räumenden Gebäudes – als Gegenstandswert für die Anwaltsgebühren anzunehmen. Beruht der Räumungsanspruch aber nicht auf der Beendigung eines Miet-, Pacht- oder ähnlichen Nutzungsverhältnisses sondern auf einem anderen Rechtsgrund (zB Eigentum – der Verkäufer gibt das gekaufte Objekt nicht an den Käufer heraus –), so ist als Gegenstandswert den Anwaltsgebühren auch in der Zwangsvollstreckung der Verkehrswert des herausverlangten Gebäudes maßgebend.[35]

VIII. Handlung, Duldung oder Unterlassung

26 § 25 Abs. 1 Nr. 3 RVG regelt den Gegenstandswert für die Anwaltsgebühren, wenn nach §§ 887 (vertretbare Handlungen), 888 (nicht vertretbare Handlungen) oder 890 (Erzwingungen von Unterlassungen und Duldungen) ZPO vollstreckt wird. Als Gegenstandswert für die Anwaltsgebühren ist der Wert anzunehmen, den die zu erwirkende Handlung, Duldung oder Unterlassung für den Gläubiger hat. Maßgeblich ist also das **Interesse des Gläubigers.** Dieses wird in der Regel dem Erfüllungsinteresse entsprechen; denn der Gläubiger will doch letztlich durch die Zwangsvollstreckung erreichen, dass sein Hauptsachebegehren erfüllt wird. Folglich ist für eine Tätigkeit des Rechtsanwalts in der Zwangsvollstreckung wegen einer vertretbaren oder nicht vertretbaren Handlung, auf Duldung oder Unterlassung in der Regel der Wert der Hauptsache auch als Anwaltsgebührenwert für die Tätigkeit in der Zwangsvollstreckung anzunehmen.[36] Der Gegenstandswert für die Anwaltsgebühren in der Zwangsvollstreckung wird also in diesen Fällen nicht lediglich mit einem Bruchteil des Hauptsachewerts ansetzen sein. Bei der Wertbestimmung sind allerdings die Schwere, die Anzahl der Verstöße und die Vorwerfbarkeit mit zu berücksichtigen.[37]

27 Die Höhe eines im Verfahren nach § 887 Abs. 1 und 2 ZPO verlangten Vorschusses ist lediglich ein Indiz für das Interesse des Gläubigers, jedoch nicht zwingend ausschlaggebend für den Gegenstandswert für die Anwaltsgebühren. Es bleibt also dabei, dass der Hauptsachewert auch als Gegenstandswert für die Anwaltsgebühren in dem Zwangsvollstreckungsverfahren nach § 887 ZPO anzuwenden ist. Geht es allerdings nur um die Vollstreckung eines nach § 887 Abs. 2 ZPO festgesetzten Vorschusses, ist die Höhe des zu vollstreckenden Vorschusses als Gegenstandswert für die Anwaltsgebühren anzunehmen.[38]

28 Die Höhe eines nach § 888 ZPO festgesetzten Zwangsgeldes oder eines nach § 890 ZPO festgesetzten Ordnungsgeldes bietet in der Regel keinen Anhaltspunkt für die Höhe des anzunehmenden Gegenstandswertes für die Anwaltsgebühren. Maßgebend ist auch hier das Interesse des Gläubigers, welches in der Regel auf Erfüllung seines Begehrens in der Hauptsache geht mit der Folge, dass es in der Regel beim Hauptsachewert bleibt, der auch als Gegenstandswert für die Tätigkeit des Rechtsanwalts in diesen Zwangsvollstreckungsmaßnahmen anzunehmen ist.[39] Lediglich dann, wenn der Rechtsanwalt in einem Beschwerdeverfahren vertreten würde, in welchem sich der Beschwerdeführer ausschließlich gegen die Höhe eines Zwangs- oder Ordnungsgeldes wendet, wäre die Höhe des festgesetzten Zwangs- oder Ordnungsgeldes auch als Gegenstandswert für die Anwaltsgebühren anzunehmen.

---

[35] HK-RVG/*Gierl* § 25 Rn. 22; Schneider/Wolf/*Wolf*/*Volpert* § 25 Rn. 32.

[36] Gerold/Schmidt/*Müller-Rabe* § 25 Rn. 36; HK-RVG/*Gierl* § 25 Rn. 23; Schneider/Wolf/ *Wolf*/*Volpert* § 25 Rn. 34; Aus der neueren Rechtsprechung: OLG Hamm BeckRS 2015, 14808; OLG Hamm NJOZ 2015, 1900; OLG Hamm BeckRS 2015, 16616; OLG München NJOZ 2016, 111; OLG Karlsruhe BeckRS 2016, 07220.

[37] Schneider/Wolf/*Wolf*/*Volpert* § 25 Rn. 34.

[38] Schneider/Wolf/*Wolf*/*Volpert* § 25 Rn. 37.

[39] Gerold/Schmidt/*Müller-Rabe* § 25 Rn. 39; Schneider/Wolf/*Wolf*/*Volpert* § 25 Rn. 35; HK-RVG/*Gierl* § 25 Rn. 23.

IX. Anträge des Schuldners

Nach § 25 Abs. 2 RVG ist in Verfahren über Anträge des Schuldners der Wert 29
nach dem **Interesse des antragstellenden Schuldners** nach billigem Ermessen
zu bestimmen. Es wird auf den konkreten Antrag des Schuldners und das damit
verfolgte Ziel ankommen.

Wendet sich zB der Schuldner mit einem **Vollstreckungsschutzantrag gegen** 30
eine Räumungsvollstreckung und begehrt eine zeitlich begrenzte Weiternutzung
des zu räumenden Objekts, so orientiert sich der Gegenstandswert für die Anwaltsgebühren für die Tätigkeit des Rechtsanwalts in einem derartigen Verfahren an der Miete, die für den betreffenden Zeitraum zu zahlen wäre, für welchen der Schuldner die Weiterbenutzung begehrt.[40]

Maximal soll der Jahresbetrag der Miete in einem derartigen Verfahren als Gegenstandswert für die Anwaltsgebühren anzunehmen sein. Teilweise wird auch vertreten, dass, da der Schuldner für die Zeit, in welcher er die Räumlichkeiten weiter nutzt, auch die Miete zahlen müsse, das Interesse des Schuldners nur mit einem Bruchteil der auf die entsprechende Zeit entfallenden Mieten anzusetzen sei (etwa ⅕ oder ½).[41]

§ 26 Gegenstandswert in der Zwangsversteigerung

In der Zwangsversteigerung bestimmt sich der Gegenstandswert
1. bei der Vertretung des Gläubigers oder eines anderen nach § 9 Nr. 1 und 2 des Gesetzes über die Zwangsversteigerung und die Zwangsverwaltung Beteiligten nach dem Wert des dem Gläubiger oder dem Beteiligten zustehenden Rechts; wird das Verfahren wegen einer Teilforderung betrieben, ist der Teilbetrag nur maßgebend, wenn es sich um einen nach § 10 Abs. 1 Nr. 5 des Gesetzes über die Zwangsversteigerung und die Zwangsverwaltung zu befriedigenden Anspruch handelt; Nebenforderungen sind mitzurechnen; der Wert des Gegenstands der Zwangsversteigerung (§ 66 Abs. 1, § 74a Abs. 5 des Gesetzes über die Zwangsversteigerung und die Zwangsverwaltung), im Verteilungsverfahren der zur Verteilung kommende Erlös, sind maßgebend, wenn sie geringer sind;
2. bei der Vertretung eines anderen Beteiligten, insbesondere des Schuldners, nach dem Wert des Gegenstands der Zwangsversteigerung, im Verteilungsverfahren nach dem zur Verteilung kommenden Erlös; bei Miteigentümern oder sonstigen Mitberechtigten ist der Anteil maßgebend;
3. bei der Vertretung eines Bieters, der nicht Beteiligter ist, nach dem Betrag des höchsten für den Auftraggeber abgegebenen Gebots, wenn ein solches Gebot nicht abgegeben ist, nach dem Wert des Gegenstands der Zwangsversteigerung.

Übersicht

	Rn.
I. Überblick	1
II. Vertretung des Gläubigers	4
III. Vertretung des Schuldners	15
IV. Vertretung eines Bieters	20

---

[40] Schneider/Wolf/*Wolf/Volpert* § 25 Rn. 50 mwN; HK-RVG/*Gierl* § 25 Rn. 27.
[41] Schneider/Wolf/*Wolf/Volpert* § 25 Rn. 50; HK-RVG/*Gierl* § 25 Rn. 27.

§ 26 Gegenstandswert in der Zwangsversteigerung

I. Überblick

1 § 26 RVG regelt den Gegenstandswert für die Anwaltsgebühren, wenn der Anwalt im Rahmen einer Zwangsversteigerung tätig wird. Ausgehend von dem Grundsatz: Gerichtsgebührenwert = Anwaltsgebührenwert würde sich auch der Gegenstandswert für die Anwaltsgebühren über § 23 Abs. 1 S. 1 RVG nach § 54 GKG bestimmen. Allerdings geht der § 26 RVG als **spezielle Vorschrift** dem vor.

2 § 26 RVG unterscheidet zunächst, welche Stellung der vom Rechtsanwalt Vertretene in dem Zwangsversteigerungsverfahren einnimmt:
- Vertritt der Rechtsanwalt einen Gläubiger oder anderen Beteiligten iSd § 9 Nr. 1 und 2 ZVG, so bestimmt sich der Gegenstandswert nach § 26 Nr. 1 RVG.
- Vertritt der Rechtsanwalt einen anderen Beteiligten, insbesondere den Schuldner, so bestimmt sich der Gegenstandswert nach § 26 Nr. 2 RVG.
- Vertritt der Rechtsanwalt einen Bieter, der nicht beteiligt ist, bestimmt sich der Gegenstandswert nach § 26 Nr. 3 RVG.

3 Des Weiteren differenziert § 26 RVG zumindest wegen der ausgewiesenen Wertobergrenzen, ob der Rechtsanwalt in einem Zwangsversteigerungsverfahren oder in einem Verteilungsverfahren tätig wird.

II. Vertretung des Gläubigers

4 Vertritt der Rechtsanwalt einen **Gläubiger** oder einen anderen nach § 9 Nr. 1 und 2 ZVG am Verfahren Beteiligten in der Zwangsversteigerung, so bestimmt sich der Gegenstandswert für die Anwaltsgebühren **nach dem Wert des dem Gläubiger** oder dem anderen Beteiligten **zustehenden Rechts** (§ 26 Nr. 1 RVG). **Nebenforderungen** sind mit in die Berechnung des Gegenstandswertes für die Anwaltsgebühren **einzubeziehen.** Ist der Wert des Gegenstandes der Zwangsversteigerung oder im Verteilungsverfahren der zur Verteilung kommende Erlös geringer als der Wert des dem Gläubiger zustehenden Rechts, so ist dieser geringere Wert als Gegenstandswert für die Anwaltsgebühren anzunehmen (§ 26 Nr. 1 letzter Hs. RVG).

5 Der Gegenstandswert für die Anwaltsvergütung in der Zwangsversteigerung orientiert sich also bei Vertretung des Gläubigers oder eines anderen Beteiligten (§ 9 Nr. 1 und 2 ZVG) zunächst einmal an den **Wert** des dem Gläubiger oder dem Beteiligten **zustehenden Rechts.** Gemeint ist hiermit zB die zugunsten des Gläubigers titulierte Forderung, wegen welcher er die Zwangsversteigerung betreibt oder wegen welcher er dem Zwangsversteigerungsverfahren beigetreten ist.

6 Nebenforderungen fließen in die Berechnung des Gegenstandswertes für die Anwaltsgebühren mit ein (§ 26 Nr. 1, 3. Hs. RVG). Zu den Nebenforderungen gehören **Zinsen** bis zum Erlass des Anordnungs- oder Beitrittsbeschlusses. Unter Nebenforderungen fallen aber auch **Kosten**, wie die festgesetzten Prozesskosten, die Kosten vorheriger Zwangsvollstreckungsmaßnahmen, sowie die Kosten des Zwangsversteigerungsverfahrens selbst, sofern diese iSd §§ 10 Abs. 2, 37 Nr. 4 ZVG rechtzeitig angemeldet worden sind.[1]

7 Macht der Rechtsanwalt für denselben Gläubiger in dem Zwangsversteigerungsverfahren **mehrere Forderungen** geltend, sind die Werte der einzelnen Forderungen zu addieren und die Summe bildet die Grundlage für die Wertbestimmung für die Anwaltsgebühren.

8 Der Wert des dem Gläubiger oder dem Beteiligten zustehenden Rechts einschließlich aller Nebenforderungen ist aber dann nicht als Gegenstandswert für die Anwaltsgebühren anzunehmen, wenn

---

[1] HK-RVG/*Gierl* § 26 Rn. 13; Gerold/Schmidt/*Müller-Rabe* § 26 Rn. 4.

Gegenstandswert in der Zwangsversteigerung § 26

- bei Vertretung im Zwangsversteigerungsverfahren der Wert des Gegenstandes der Zwangsversteigerung
- oder im Verteilungsverfahren der zur Verteilung kommende Erlös

geringer sind, als der Wert des dem Gläubiger oder dem Beteiligten zustehenden Rechts.

Dann ist für die Tätigkeit im Zwangsversteigerungsverfahren nur der **geringere Wert des Gegenstandes der Zwangsversteigerung** oder im Verteilungsverfahren der geringere zur Verteilung kommende **Erlös** maßgebend.

Unter dem **Wert des Gegenstandes der Zwangsversteigerung** ist der Wert zu verstehen, den das Vollstreckungsgericht gem. § 66 oder § 74a Abs. 5 ZVG festsetzt (§ 26 Nr. 1 4. Hs. RVG). Nach § 66 Abs. 1 ZVG hat das Gericht im Versteigerungstermin den von ihm zuvor festgesetzten Wert des Grundstücks bekannt zu machen. Nach § 74a Abs. 5 ZVG ist im Falle der Versagung des Zuschlags wegen eines zu geringen Meistgebots der Grundstückswert (Verkehrswert) vom Vollstreckungsgericht festzusetzen. Sind derartige Festsetzungen durch das Vollstreckungsgericht (noch) nicht erfolgt, so ist als Wert des Gegenstandes der Zwangsversteigerung iSv § 26 Nr. 1, 4. Hs. RVG der Verkehrswert des zu versteigernden Grundstücks anzusetzen.[2] 9

Bei Vertretung im Verteilungsverfahren bildet der zur Verteilung kommende Erlös den Gegenstandswert für die Anwaltsgebühren, wenn dieser geringer ist als der Wert des dem Gläubiger oder dem Beteiligten zustehenden Rechts einschließlich aller Nebenforderungen. Unter dem zur **Verteilung kommenden Erlös** ist die Teilungsmasse nach § 107 ZVG zu verstehen. Diese setzt sich zusammen aus dem 10

- Barbetrag des Meistgebots mit 4 % Zinsen bis zum Verteilungstermin (§ 49 Abs. 2 ZVG)
- Reinerlös anderer Gegenstände, die nach § 65 ZVG besonders versteigert oder anderweitig verwertet werden (§ 107 Abs. 1 S. 2 ZVG)
- Zuzahlungen nach §§ 50, 51 ZVG
- Versicherungsgelder, die aufgrund besonderer Versteigerungsbedingungen zur Masse gelangt sind, aber nicht mitversteigert wurden.

Bestehende bleibende Rechte werden nicht in die Wertermittlung betreffend den zur Verteilung kommenden Erlös einbezogen. Gem. § 109 ZVG vorweg zu entnehmende Verfahrenskosten wirken sich nicht wertmindernd aus. Es kommt nicht auf den Erlösanteil an, der auf den Beteiligten entfällt, sondern auszugehen ist von dem „vollen" zur Verteilung kommenden Erlös.[3] 11

Betreibt der vom Rechtsanwalt vertretene Gläubiger die Zwangsversteigerung nur wegen einer **Teilforderung** bleibt es grundsätzlich dabei, dass der Gegenstandswert für die Anwaltsvergütung sich orientiert an dem (vollen) Wert des dem Gläubiger zustehenden Rechts. Wird das Zwangsversteigerungsverfahren nur wegen einer Teilforderung betrieben, ist der Teilbetrag **nur dann wertbestimmend,** wenn es sich bei dem Anspruch, wegen welchem die Zwangsversteigerung für den Gläubiger betrieben wird, um einen Anspruch nach § 10 Abs. 1 Nr. 5 ZVG handelt. Dies sind Ansprüche des Gläubigers, die nicht in die vorhergehenden Klassen des § 10 Abs. 1 Nr. 1 bis Nr. 4 ZVG eingeordnet werden können. In der Regel sind dies persönliche – titulierte – Ansprüche eines Gläubigers. Also nur dann, wenn aus einem persönlichen Titel nur wegen einer Teilforderung das Zwangsversteigerungsverfahren betrieben wird oder nur wegen dieser Teilforderung der Beitritt zum Zwangsversteigerungsverfahren erklärt worden ist, ist nicht der volle Wert des dem Gläubiger zustehenden Rechts für die Bestimmung des Gegenstandswertes für die Anwaltsge- 12

---

[2] HK-RVG/*Gierl* § 26 Rn. 18; Gerold/Schmidt/*Müller-Rabe* § 26 Rn. 5; Schneider/Wolf/Wolf/Mock § 26 Rn. 10.
[3] HK-RVG/*Gierl* § 26 Rn 20; Schneider/Wolf/*Wolf/Mock* § 26 Rn. 11.

bühren zugrunde zu legen, sondern nur die – persönliche – Teilforderung, wegen welcher das Verfahren betrieben wird.[4]

13 Das Vorstehende in diesem Kapitel II. Ausgeführte gilt nicht nur wenn der Rechtsanwalt einen Gläubiger in der Zwangsversteigerung vertritt, sondern auch dann, wenn er einen **anderen** nach § 9 Nr. 1 und 2 ZVG **am Verfahren Beteiligten** vertritt. In § 9 Nr. 1 und Nr. 2 ZVG sind genannt:
- Beteiligte, für welche zur Zeit der Eintragung des Vollstreckungsvermerks ein Recht im Grundbuch eingetragen oder durch Eintragung gesichert ist (§ 9 Nr. 1 ZVG) – zB: (Mit-) Eigentümer, Berechtigte aus Grundschulden, Berechtigte aus Vormerkungen oder einem Widerspruch;
- Beteiligte, welche ein der Zwangsvollstreckung entgegenstehendes Recht, ein Recht an dem Grundstück oder an einem das Grundstück belastenden Recht, einen Anspruch mit dem Recht auf Befriedigung aus dem Grundstück oder ein Miet- oder Pachtrecht, auf Grund dessen ihnen das Grundstück überlassen ist, bei dem Vollstreckungsgericht anmelden und auf Verlangen des Gerichts oder eines Beteiligten glaubhaft machen (§ 9 Nr. 2 ZVG) – zB nicht eingetragene Grundstückseigentümer, Eigentümer von unter Eigentumsvorbehalt gelieferten Zubehör, Berechtigte aus dinglichen Rechten, die nach der Eintragung des Vollstreckungsvermerkes eingetragen worden sind.[5]

14 § 26 RVG gilt nicht, wenn der Rechtsanwalt einen Gläubiger vertritt wegen der **Eintragung einer Zwangshypothek**.[6] Dann bestimmt sich der Gegenstandswert für die Anwaltsgebühren betreffend die Tätigkeit auf Eintragung einer Zwangshypothek zu Lasten des Grundbesitzes des Schuldners nach § 25 Abs. 1 Nr. 1 RVG. Maßgebend ist dann der Betrag der zu vollstreckenden Geldforderung einschließlich der Nebenforderungen, wegen welcher die Zwangshypothek zu Lasten des Grundbesitzes des Schuldners eingetragen werden soll.

III. Vertretung des Schuldners

15 Vertritt der Rechtsanwalt in der Zwangsversteigerung den Schuldner oder einen anderen Beteiligten[7] in der Zwangsversteigerung, so bestimmt sich der Gegenstandswert für die Anwaltsgebühren nach dem Wert des Gegenstands der Zwangsversteigerung. Vertritt der Rechtsanwalt einen Schuldner oder einen anderen Beteiligten im Verteilungsverfahren, bestimmt sich der Gegenstandswert für die Anwaltsgebühren nach dem zur Verteilung kommenden Erlös. Bei Miteigentümern oder sonstigen Mitberechtigten ist der Anteil maßgebend (§ 26 Nr. 2 RVG).

16 § 26 Nr. 2 RVG kommt zur Anwendung bei Vertretung des **Schuldners** oder eines anderen Beteiligten im Zwangsversteigerungs- oder im Verteilungsverfahren. Mit **anderen Beteiligten iSd § 26 Nr. 2 RVG sind nicht der Gläubiger und auch nicht Beteiligte, die in § 9 Nr. 1 und 2 ZVG genannt sind, gemeint.** Denn bei Vertretung des Gläubigers oder anderer Beteiligter nach § 9 Nr. 1 und 2 ZVG bestimmt sich der Gegenstandswert für die Anwaltsgebühren nach § 26 Nr. 1 RVG. Es gilt das in dem vorangegangenen Kapitel II (→ Rn. 4f.) Ausgeführte. Andere Beteiligte iSd § 26 Nr. 2 RVG sind zB Miterben, eingetragene (Mit-)Eigentümer, Testamentsvollstrecker, Insolvenzverwalter.[8]

17 Bei Vertretung des **Schuldners** oder eines anderen Beteiligten im **Zwangsversteigerungsverfahren** ist der **Wert des Gegenstandes der Zwangsversteige-**

---

[4] Gerold/Schmidt/*Mayer* § 26 Rn. 3; Schneider/Wolf/*Wolf/Mock* § 26 Rn. 7; HK-RVG/*Gierl* § 26 Rn. 14, 15.
[5] HK-RVG/*Gierl* § 26 Rn. 22 ff.
[6] HK-RVG/*Gierl* § 26 Rn. 6.
[7] → Rn. 16.
[8] HK-RVG/*Gierl* § 26 Rn. 22.

rung als Gegenstandswert für die Anwaltsgebühren zugrunde zu legen. Der Wert des Gegenstandes der Zwangsversteigerung wurde bereits in der vorangegangenen Kommentierung unter → Rn. 9 definiert; auf diese Ausführung kann verwiesen werden.

Bei Vertretung des Schuldners oder eines anderen Beteiligten im **Verteilungsverfahren** ist der **zur Verteilung kommende Erlös** als Gegenstandswert den Anwaltsgebühren zugrunde zu legen. Der zur Verteilung kommende Erlös wurde bereits in der vorangegangenen Kommentierung unter → Rn. 10, 11 definiert; auf diese Ausführung kann verwiesen werden. 18

Vertritt der Rechtsanwalt einen **Miteigentümer** oder sonstigen Mitberechtigten, ist Grundlage für die Berechnung des Gegenstandswertes für die Anwaltsgebühren **deren Anteil** (§ 26 Nr. 2 2. Hs. RVG). Bei Vertretung im Zwangsversteigerungsverfahren ist der Anteil am Wert des Gegenstandes und bei Vertretung im Verteilungsverfahren der Anteil an dem zur Verteilung kommenden Erlös maßgebend.[9] Relevant wird die Regelung des § 26 Nr. 2, 2. Hs. RVG vor allem bei der Teilungsversteigerung. Vertritt der Rechtsanwalt im Rahmen der Teilungsversteigerung einen Miteigentümer, ist dessen Anteil am Wert des Gegenstandes der Zwangsversteigerung oder bei Vertretung im Verteilungsverfahren dessen Anteil an dem zur Verteilung kommenden Erlös als Gegenstandswert für die Anwaltsgebühren anzunehmen. Dies soll auch dann gelten, wenn ein Gläubiger den Auseinandersetzungsanspruch gepfändet hat und dann anstelle des Miteigentümers die Teilungsversteigerung betreibt.[10] 19

IV. Vertretung eines Bieters

Vertritt der Rechtsanwalt in der Zwangsversteigerung einen **Bieter,** der nicht Beteiligter ist, bestimmt sich der Gegenstandswert für die Anwaltsgebühren nach dem Betrag des höchsten für den Auftraggeber abgegebenen Gebots. Wird kein solches Gebot abgegeben, bestimmt sich der Gegenstandswert nach dem Wert des Gegenstandes der Zwangsversteigerung (§ 26 Nr. 3 RVG). 20

„*Das Gebot setzt sich dabei zusammen aus dem Bargebot iSd § 49 ZVG einschließlich des Werts der bestehen bleibenden Rechte*".[11] Wertbestimmung ist das vom Rechtsanwalt für den von ihm vertretenen Bieter abgegebene **höchste Gebot.** 21

Vertritt der Rechtsanwalt in dem Zwangsversteigerungsverfahren einen Bieter und hat er für diesen – aus welchen Gründen auch immer – kein Gebot abgegeben, so ist der Wert des Gegenstandes der Zwangsversteigerung als Gegenstandswert für die Anwaltsgebühren anzunehmen. Der Wert des Gegenstandes der Zwangsversteigerung wurde bereits im Vorstehenden unter der → Rn. 9 definiert. Hierauf wird verwiesen. 22

Gebührenrechtlich problematisch wird es, wenn der Rechtsanwalt gleichzeitig einen Gläubiger, einen Schuldner oder einen Miteigentümer in dem Zwangsversteigerungsverfahren vertritt und von diesem auch beauftragt ist, in dem Zwangsversteigerungstermin für ihn mit zu bieten. Nach *Gierl*[12] ist in diesen Fällen von zwei gebührenrechtlichen Angelegenheiten auszugehen und der Rechtsanwalt kann sowohl für die Vertretung in dem Zwangsversteigerungsverfahren als auch für die Vertretung der Partei als Bieter jeweils gesonderte Gebühren abrechnen. Die Gebühren entstehen nach dem Gegenstandswert, der der jeweiligen Tätigkeit nach § 26 RVG zugrunde zu legen ist. 23

---

[9] Gerold/Schmidt/*Mayer* § 26 Rn. 6; HK-RVG/*Gierl* § 26 Rn. 24.
[10] HK-RVG/*Gierl* § 26 Rn. 24.
[11] Zitiert nach HK-RVG/*Gierl* § 26 Rn. 25.
[12] HK-RVG/*Gierl* § 26 Rn. 29.

§ 27 Gegenstandswert in der Zwangsverwaltung

¹In der Zwangsverwaltung bestimmt sich der Gegenstandswert bei der Vertretung des Antragstellers nach dem Anspruch, wegen dessen das Verfahren beantragt ist; Nebenforderungen sind mitzurechnen; bei Ansprüchen auf wiederkehrende Leistungen ist der Wert der Leistungen eines Jahres maßgebend. ²Bei der Vertretung des Schuldners bestimmt sich der Gegenstandswert nach dem zusammengerechneten Wert aller Ansprüche, wegen derer das Verfahren beantragt ist, bei der Vertretung eines sonstigen Beteiligten nach § 23 Abs. 3 Satz 2.

I. Überblick

1   Nach § 23 Abs. 1 S. 1 RVG bestimmt sich der Gegenstandswert für die Anwaltsgebühren in einem gerichtlichen Verfahren nach den für die Gerichtsgebühren geltenden Wertvorschriften. Würde man diesem Grundsatz folgen, so würde der Gegenstandswert für die Anwaltsgebühren nach § 55 GKG zu bestimmen sein. Dieser allgemeinen Vorschrift in § 23 Abs. 1 S. 1 RVG geht aber die **spezielle Vorschrift** des § 27 RVG vor. Dieser regelt nämlich den Gegenstandswert für die Anwaltsgebühren, wenn der Rechtsanwalt in der Zwangsverwaltung tätig wird. Anwendbar ist die Vorschrift des § 27 RVG, wenn eine Zwangsverwaltung nach dem ZVG auf Antrag eines Gläubigers oder eines Insolvenzverwalters durchgeführt werden oder durch das Prozessgericht im Wege der einstweiligen Verfügung zur Sicherung von Gläubigerrechten angeordnet wird.[1] Die Zwangsverwaltung kann zB angeordnet werden wegen Grundstücken, Bruchteile davon, grundstücksgleichen Rechten wie Erbbaurechte und Wohnungseigentum.[2]

2   Nach § 27 RVG ist zu unterscheiden, ob der Rechtsanwalt in der Zwangsverwaltung den **Antragsteller,** den **Schuldner** oder einen **sonstigen Beteiligten** vertritt.

3   Wird der Rechtsanwalt als Zwangsverwalter bestellt, erhält er keine Vergütung nach dem RVG. Deshalb bedarf es dann auch keiner Bestimmung eines Gegenstandswertes. Der Rechtsanwalt als Zwangsverwalter wird vergütet nach den §§ 17–22 Zwangsverwalterverordnung (ZwVwV).[3]

II. Vertretung des Antragstellers

4   Vertritt der Rechtsanwalt in der Zwangsverwaltung den **Antragsteller** bestimmt sich der Gegenstandswert für die Anwaltsgebühren nach § 27 S. 1 RVG. Antragsteller iSd § 27 S. 1 RVG ist der Gläubiger, der die Zwangsverwaltung beantragt hat, aber auch der Gläubiger, dem dem Zwangsverwaltungsverfahren beigetreten ist.

5   Nach *Gierl*[4] ist der Gegenstandswert nicht nach § 27 S. 1 RVG zu bestimmen, wenn der Rechtsanwalt einen Insolvenzverwalter als Antragsteller des Zwangsverwaltungsverfahrens über ein Grundstück, das zur Insolvenzmasse gehört, vertritt. Dann soll sich der Gegenstandswert nach § 27 S. 2 RVG iVm § 23 Abs. 3 S. 2 RVG bestimmen.[5]

6   Bei Vertretung des Antragstellers in der Zwangsverwaltung bestimmt sich der Gegenstandswert nach der Höhe **des Anspruchs, wegen welchem das Verfahren** für den Antragsteller **betrieben wird.**

---

[1] HK-RVG/*Gierl* § 27 Rn. 3.
[2] HK-RVG/*Gierl* § 27 Rn. 4.
[3] → § 1 Rn. 140 ff.
[4] HK-RVG/*Gierl* § 27 Rn. 6.
[5] Zur Bestimmung der Werte nach § 27 S. 2, 2. Hs. RVG → Rn. 13, 14.

Hat der Rechtsanwalt den Antragsteller vertreten wegen der Zulassung des Beitritts zu einem bereits laufenden Zwangsverwaltungsverfahren, so ist ebenfalls die Höhe des Anspruchs, wegen welcher die Zulassung des Beitritts zum Zwangsverwaltungsverfahren beantragt wurde, der Berechnung des Gegenstandswertes zugrunde zu legen. 7

Nebenforderungen sind bei der Bestimmung des Gegenstandswertes **zu berücksichtigen.** Unter den Nebenforderungen sind zu subsumieren die angemeldeten Kosten und die Zinsen. Folgende **Kosten** sind bei der Bestimmung des Gegenstandswertes zu berücksichtigen: Festgesetzte Prozesskosten, Kosten bisheriger Zwangsvollstreckungsmaßnahmen und die Kosten des Zwangsverwaltungsverfahrens.[6] Voraussetzung ist natürlich, dass alle diese Kosten zu dem Zwangsverwaltungsverfahren angemeldet worden sind bzw. wegen all dieser Kosten der Beitritt zum Zwangsverwaltungsverfahren erfolgte. 8

Bei der Bestimmung des Gegenstandswertes zu berücksichtigen sind auch die angemeldeten **Zinsen.** Die bis zum Erlass des Anordnungs- oder Zulassungsbeschlusses angefallenen Zinsen werden dem Gegenstandswert hinzugerechnet. Künftig fällig werdende Zinsen sind als wiederkehrende Leistungen mit dem Jahreswert zu bewerten und bei Bestimmung des Gegenstandswertes ebenfalls zu berücksichtigen.[7] 9

Wird das Zwangsverwaltungsverfahren nur wegen einer **Teilforderung** betrieben, so ist nur diese Teilforderung als Gegenstandswert für die Anwaltsgebühren bei Vertretung des Antragstellers anzunehmen. Gleiches gilt, wenn der Rechtsanwalt für den Gläubiger nur wegen einer Teilforderung dem Zwangsverwaltungsverfahren beitritt. 10

Werden in dem Zwangsverwaltungsverfahren für den Antragsteller **wiederkehrende Leistungen** geltend gemacht, sind diese nach § 27 S. 1 RVG zu erfassen mit dem Wert der Leistungen eines Jahres. Also: Die wiederkehrenden Leistungen sind auf ein Jahr hoch zu rechnen und dieser Betrag ist als Gegenstandswert der Anwaltsgebühren zugrunde zu legen. Dies unabhängig davon, ob die wiederkehrende Leistung tatsächlich für 12 Monate zu leisten ist oder nicht.[8] Unter wiederkehrenden Leistungen versteht man zB Miet- und Pachtzinsen, Renten, Reallasten und auch titulierte Unterhaltsansprüche.[9] 11

III. Vertretung des Antragsgegners

Vertritt der Rechtsanwalt den **Antragsgegner = Schuldner,** bestimmt sich der Gegenstandswert für die Anwaltsgebühren nach dem **zusammengerechneten Wert aller Ansprüche, wegen derer das Zwangsverwaltungsverfahren beantragt ist** (§ 27 S. 2 RVG). Die Formulierung in § 27 S. 2 RVG ist mE insoweit eindeutig: Alle Ansprüche, wegen welcher das Verfahren beantragt ist, sind in die Berechnung des Gegenstandswertes für die Anwaltsgebühren bei Vertretung des Schuldners einzubeziehen (Hauptforderung + Zinsen + Kosten, vorausgesetzt wegen all dieser Ansprüche wurde das Verfahren beantragt). Keine Rolle soll spielen, wenn das Verfahren nicht wegen aller Ansprüche tatsächlich eröffnet wird.[10] ME erhöht sich der Gegenstandswert für die Anwaltsgebühren bei Vertretung des Antragsgegners = Schuldners, wenn während des laufenden Verfahrens weitere Gläubiger der Zwangsverwaltung beitreten. Voraussetzung ist, dass der Rechtsanwalt nach Zulassung des Beitritts den Schuldner in dem Zwangsverwaltungsverfahren auch noch weiterhin vertritt. 12

---

[6] HK-RVG/*Gierl* § 27 Rn. 7.
[7] HK-RVG/*Gierl* § 27 Rn. 7.
[8] HK-RVG/*Gierl* § 27 Rn. 9.
[9] HK-RVG/*Gierl* § 27 Rn. 8.
[10] HK-RVG/*Gierl* § 27 Rn. 11; Gerold/Schmidt/*Mayer* § 27 Rn. 4.

IV. Vertretung eines sonstigen Beteiligten

13 Vertritt der Rechtsanwalt in der Zwangsversteigerung weder den Antragsteller noch den Antragsgegner, sondern einen **sonstigen Beteiligten,** so bestimmt sich der Gegenstandswert nach § 27 S. 2 2. Hs. RVG. „Sonstige Beteiligte" können Personen sein, die durch die Zwangsverwaltung in ihren Rechten betroffen sind oder denen nach dem ZVG Rechte zugewiesen werden. Dies können zB dinglich Berechtigte sein. Nach *Gierl*[11] zählt hierzu auch die Vertretung eines Insolvenzverwalters, der das Verfahren über einen zur Insolvenzmasse gehörendes Grundstück beantragt hat (§ 172 ZVG).

14 Vertritt der Rechtsanwalt in der Zwangsversteigerung einen sonstigen Beteiligten, ist bei der Bestimmung des Gegenstandswertes für die Anwaltsgebühren vom Interesse des Vertretenen auszugehen. § 27 S. 2 2. Hs. RVG nimmt Bezug auf § 23 Abs. 3 S. 2 RVG. Danach ist der Wert nach billigem Ermessen zu bestimmen. Ergeben sich genügend tatsächliche Anhaltspunkte für eine Schätzung, ist aufgrund der sich ergebenen Anhaltspunkte der Gegenstandswert zu schätzen. Ergeben sich nicht genügend tatsächliche Anhaltspunkte für eine Schätzung ist der Gegenstandswert mit 5.000 EUR, nach Lage des Falles niedriger oder höher, jedoch nicht über 500.000 EUR anzunehmen.[12]

§ 28 Gegenstandswert im Insolvenzverfahren

(1) ¹**Die Gebühren der Nummern 3313, 3317 sowie im Fall der Beschwerde gegen den Beschluss über die Eröffnung des Insolvenzverfahrens der Nummern 3500 und 3513 des Vergütungsverzeichnisses werden, wenn der Auftrag vom Schuldner erteilt ist, nach dem Wert der Insolvenzmasse (§ 58 des Gerichtskostengesetzes) berechnet.** ²**Im Fall der Nummer 3313 des Vergütungsverzeichnisses beträgt der Gegenstandswert jedoch mindestens 4 000 Euro.**

(2) ¹**Ist der Auftrag von einem Insolvenzgläubiger erteilt, werden die in Absatz 1 genannten Gebühren und die Gebühr nach Nummer 3314 nach dem Nennwert der Forderung berechnet.** ²**Nebenforderungen sind mitzurechnen.**

(3) **Im Übrigen ist der Gegenstandswert im Insolvenzverfahren unter Berücksichtigung des wirtschaftlichen Interesses, das der Auftraggeber im Verfahren verfolgt, nach § 23 Abs. 3 Satz 2 zu bestimmen.**

I. Überblick

1 § 28 RVG regelt die Bestimmung des Gegenstandswertes, wenn der Rechtsanwalt als Vertreter des Schuldners, des Insolvenzgläubigers oder eines sonstigen Beteiligten tätig wird. § 28 RVG geht als **spezielle Regelung** dem allgemeinen Grundsatz, dass sich der Gegenstandswert für die Anwaltsgebühren im gerichtlichen Verfahren nach den für die Gerichtsgebühren geltenden Wertvorschriften bestimmt (§ 23 Abs. 1 S. 1 RVG), vor. Nur dann, wenn § 28 RVG keine spezielle Regelung für eine entsprechende Tätigkeit des Rechtsanwalts enthält, ist der Anwaltsgebührenwert nach den gleichen Grundsätzen, wie der Gerichtsgebührenwert zu bestimmen.[1]

2 Nach § 28 RVG ist zunächst zu differenzieren, in welchem Verfahrensabschnitt eines Insolvenzverfahrens der Rechtsanwalt tätig wird. Dies geschieht dadurch, dass

---

[11] HK-RVG/*Gierl* § 27 Rn. 14.
[12] HK-RVG/*Gierl* § 27 Rn. 15.
[1] HK-RVG/*Gierl* § 28 Rn. 3.

in § 28 RVG auf verschiedene Nummern des Vergütungsverzeichnisses zum RVG Bezug genommen wird. In der Nummer ist dann die Gebühr für die Tätigkeit des Rechtsanwalts in dem entsprechenden Verfahrensabschnitt (zB in der Nr. 3313 VV eine 1,0 Verfahrensgebühr für die Vertretung des Schuldners im Eröffnungsverfahren) geregelt. Parallel hierzu bestimmt dann § 28 RVG, wie der Gegenstandswert für diese Gebühr zu bestimmen ist. Ferner ist nach § 28 RVG zu unterscheiden, welche Person der Rechtsanwalt vertritt. Differenziert wird nach Vertretung des Gläubigers, des Schuldners oder eines sonstigen Beteiligten.

Wird der Rechtsanwalt als Insolvenzverwalter, Sachwalter oder Mitglied des Gläubigerausschusses im Rahmen eines Insolvenzverfahrens tätig, erhält er keine Vergütung nach dem RVG. Seine Vergütung richtet sich dann nach der insolvenzrechtlichen Vergütungsverordnung (InsVV).[2] 3

II. Vertretung des Schuldners

1. Eröffnungsverfahren, Verfahren über Schuldenbereinigungsplan, Insolvenzverfahren oder Beschwerdeverfahren gegen den Beschluss über die Eröffnung des Insolvenzverfahrens

§ 28 Abs. 1 RVG regelt den Wert bei Vertretung des **Schuldners**. Er nimmt auf 4 einige Nummern des Vergütungsverzeichnisses Bezug und bestimmt, dass den in diesen Nummern geregelten Gebühren als Gegenstandswert der Wert der Insolvenzmasse zugrunde zu legen ist.[3]

Der Gegenstandswert für die Anwaltsgebühren orientiert sich am Wert der Insol- 5 venzmasse, wenn der vom Schuldner beauftragte Rechtsanwalt tätig wird
• im Eröffnungsverfahren (Nr. 3313 VV)
• (auch) im Verfahren über den Schuldenbereinigungsplan (Nr. 3315 VV)
• im Insolvenzverfahren (Nr. 3317 VV)
• im Verfahren über die Beschwerde gegen den Beschluss über die Eröffnung des Insolvenzverfahrens (Nr. 3500 und 3513 VV).

Für die Bestimmung des Wertes der Insolvenzmasse verweist § 28 Abs. 1 RVG auf 6 § 58 GKG. Der **Wert der Insolvenzmasse** setzt sich zusammen aus dem gesamten Vermögen, das dem Schuldner zur Zeit der Eröffnung des Verfahrens gehört und das er während des Verfahrens erlangt (§ 35 InsO). Früchte, Nutzungen, und Zinsen sind zur übrigen Insolvenzmasse zu addieren.[4] Gegenstände, die zur abgesonderten Befriedigung dienen, werden nur in Höhe des für diese nicht erforderlichen Betrags angesetzt (§ 58 Abs. 1 S. 2 GKG). Der Wert der Gegenstände, die zur Insolvenzmasse gehören, ist ggf. zu schätzen. Man orientiert sich am objektiven Verkehrswert dieser Gegenstände. Anhaltspunkte für die Schätzung des Werts der zur Insolvenzmasse gehörenden Gegenstände ergeben sich in der Regel aus dem vom Insolvenzverwalter aufgestellten Inventar.[5] Maßgeblicher Bewertungszeitpunkt für die Insolvenzmasse ist die Beendigung des Insolvenzverfahrens. Dies ergibt sich aus § 58 Abs. 1 S. 1 GKG, auf den § 28 Abs. 1 RVG Bezug nimmt. Nicht mit bei der Wertbestimmung zu berücksichtigen sind Gegenstände, die nach § 36 InsO unpfändbar sind und solche, die der Aussonderung unterliegen (§§ 47, 48 InsO).[6] Verbindlichkeiten (§§ 53 bis 55 InsO) mindern den Wert der Insolvenzmasse nicht.[7]

---

[2] → § 1 Rn. 130 ff.
[3] OLG Saarbrücken NJW-RR 2015, 764.
[4] HK-RVG/*Gierl* § 28 Rn. 8; Schneider/Wolf/*Wolf/Mock* § 28 Rn. 4.
[5] HK-RVG/*Gierl* § 28 Rn. 9.
[6] HK-RVG/*Gierl* § 28 Rn. 8; Schneider/Wolf/*Wolf/Mock* § 28 Rn. 4.
[7] HK-RVG/*Gierl* § 28 Rn. 8; Schneider/Wolf/*Wolf/Mock* § 28 Rn. 4.

7 Der Gegenstandswert für die Anwaltsgebühren für die **Vertretung des Schuldners im Eröffnungsverfahren** beträgt **mindestens 4.000 EUR** (§ 28 Abs. 1 S. 2 RVG). Ist der Wert der Insolvenzmasse höher als 4.000 EUR, ist der höhere Wert der Insolvenzmasse als Gegenstandswert anzunehmen. Nur wenn der Wert der Insolvenzmasse im Eröffnungsverfahren niedriger ist, als 4.000 EUR, gilt der Mindestwert von 4.000 EUR.

2. Insolvenzplan und Restschuldbefreiung

8 Vertritt der Rechtsanwalt den Schuldner im Verfahren über einen Insolvenzplan erhält er eine Verfahrensgebühr nach Nr. 3318 oder 3319 VV. Vertritt der Rechtsanwalt den Schuldner im Verfahren über einen Antrag auf Versagung oder Widerruf der Restschuldbefreiung, erhält er eine Verfahrensgebühr nach Nr. 3321 VV. Für diese Gebühren/Tätigkeiten bestimmt § 28 Abs. 1 RVG keinen speziellen Wert. Es gilt daher § 28 Abs. 3 RVG für die Bestimmung des Gegenstandswertes für die Anwaltsgebühren. Danach hat sich der Gegenstandswert für die Anwaltsgebühren am wirtschaftlichen Interesse, dass der Auftraggeber des Rechtsanwalts im Verfahren verfolgt, zu orientieren. § 28 Abs. 3 RVG verweist auf § 23 Abs. 3 S. 2 RVG. Hiernach ist der Wert nach billigem Ermessen zu bestimmen. Sind genügend tatsächliche Anhaltspunkte für eine Schätzung vorhanden, sind diese Anhaltspunkte Grundlage für den zu schätzenden Gegenstandswert. Sind keine genügenden tatsächlichen Anhaltspunkte für eine Schätzung vorhanden ist der Gegenstandswert mit 5.000 EUR, nach Lage des Falls niedriger oder höher, jedoch nicht über 500.000 EUR anzunehmen. Vertritt der Rechtsanwalt den Schuldner im Verfahren über einen Insolvenzplan und sieht der Insolvenzplan den Erhalt eines Teil des Schuldnervermögens vor, so ist der Verkehrswert des zu erhaltenden Vermögens, das wirtschaftliche Interesse des Schuldners, welches dieser im Verfahren verfolgt und dieser Wert auch als Gegenstandswert für die Anwaltsgebühren zu übernehmen.[8] Vertritt der Rechtsanwalt den Schuldner im Verfahren über einen Antrag auf Versagung der Restschuldbefreiung dürfte sein Interesse identisch sein mit dem Schuldenbetrag, um dessen Befreiung er in dem Verfahren „kämpft".[9]

III. Vertretung des Gläubigers

1. Eröffnungsverfahren, Verfahren über Schuldenbereinigungsplan, Insolvenzverfahren oder Beschwerdeverfahren gegen den Beschluss über die Eröffnung des Insolvenzverfahrens

9 Ist der Rechtsanwalt von einem Insolvenzgläubiger beauftragt, bestimmt sich der Gegenstandswert für die Anwaltsgebühren nach § 28 Abs. 2 RVG. Danach wird der Gegenstandswert nach dem Nennwert der Forderung berechnet.[10] Dies gilt für die in § 28 Abs. 1 RVG genannten Gebühren und für die Gebühr der Nr. 3314 VV (§ 28 Abs. 2 S. 1 RVG). Bei Vertretung des Insolvenzgläubigers ist der Nennwert der Forderung als Gegenstandswert für die Anwaltsgebühren anzunehmen, wenn der Rechtsanwalt vertritt
- im Eröffnungsverfahren (Nr. 3314 VV)
- (auch) im Verfahren über den Schuldenbereinigungsplan (Nr. 3316 VV)
- im Insolvenzverfahren (Nr. 3317 VV)
- im Beschwerdeverfahren gegen den Beschluss über die Eröffnung des Insolvenzverfahrens (Nr. 3500 und 3513 VV)

---

[8] Schneider/Wolf/Wolf/Mock § 28 Rn. 14.
[9] Schneider/Wolf/Wolf/Mock § 28 Rn. 14; Enders Rn. J 259 ff.
[10] OLG Saarbrücken NJW-RR 2015, 764.

- (nur) wegen der Anmeldung einer Insolvenzforderung (Nr. 3320 VV).

Unter **Nennwert der Forderung** ist die gesamte Forderung zu verstehen, die der Rechtsanwalt für den von ihm vertretenen Gläubiger im Insolvenzverfahren anmeldet bzw. geltend macht. Neben der Hauptforderung sind auch die Nebenforderungen, wie Zinsen, festgesetzte Kosten, bisherige Vollstreckungskosten zu berücksichtigen. Allerdings können nur bis zur Insolvenzeröffnung angefallenen Zinsen und Kosten bei dem Gegenstandswert für die Anwaltsgebühren berücksichtigt werden.[11]

Macht der Gläubiger nur eine **Teilforderung** geltend, so ist die im Eröffnungs- oder Insolvenzverfahren geltend gemachte Teilforderung als Gegenstandswert den Anwaltsgebühren zugrunde zu legen. Es kommt dann nicht auf die Höhe der Gesamtforderung an.[12]

Problematisch kann der „Nennwert der Forderung" sein, wenn der Rechtsanwalt einen absonderungsberechtigten Gläubiger, dem der Schuldner auch persönlich haftet, vertritt. *„Bei Absonderungsberechtigten iSd § 52 InsO können unterschiedliche Gegenstandswerte anzusetzen sein:*
- *der Nennwert der gesamten persönlichen Forderung, auch wenn er diese nur als Ausfallforderung angemeldet hat,*
- *der Nennwert des Teilbetrages der Gesamtforderung, sofern er nur diesen geltend gemacht hat,*
- *der Wert entsprechend der Höhe der geltend gemachten Ausfallforderung."*[13]

2. Insolvenzplan und Restschuldbefreiung

Vertritt der Rechtsanwalt den Gläubiger im Verfahren über einen Insolvenzplan (Nr. 3318 VV) oder im Verfahren über einen Antrag auf Versagung oder Widerruf der Restschuldbefreiung (Nr. 3321 VV) oder in einem Verfahren über eine Beschwerde, die sich nicht gegen den Beschluss über die Eröffnung des Insolvenzverfahrens richtet, so bestimmt sich der Gegenstandswert nach § 28 Abs. 3 RVG. Der Gegenstandswert ist dann unter Berücksichtigung des wirtschaftlichen Interesses, welches der vom Rechtsanwalt vertretene Auftraggeber im Verfahren verfolgt, zu bestimmen. § 28 Abs. 3 RVG verweist auf § 23 Abs. 3 S. 2 RVG. Danach ist der Wert nach billigem Ermessen zu bestimmen/zu schätzen. Ergeben sich genügend tatsächliche Anhaltspunkte für eine Schätzung, so sind diese maßgebend. Ergeben sich nicht genügend tatsächliche Anhaltspunkte für eine Schätzung ist der Gegenstandswert mit 5.000 EUR, nach Lage des Falles niedriger oder höher, jedoch nicht über 500.000 EUR anzunehmen. Wendet sich der Gläubiger in einem Verfahren über einen Antrag auf Versagung oder Widerruf der Restschuldbefreiung gegen die Restschuldbefreiung, könnte sich der Gegenstandswert nach der Forderung des Gläubigers richten, die im Verfahren über die Restschuldbefreiung erlöschen soll. Dies ist sein wirtschaftliches Interesse, das er in diesem Verfahren verfolgt.[14] Wird der Gläubiger vertreten in einem Verfahren über einen Insolvenzplan, bildet dessen Forderung die tatsächlichen Anhaltspunkte, nach denen der Wert gem. §§ 28 Abs. 3, 23 Abs. 3 S. 2 RVG zu bestimmen ist. Wenn der Insolvenzplan nur eine teilweise Befriedigung der Forderung des Gläubigers vorsieht und der Gläubiger erreichen will, dass seine Forderung mit einer höheren Quote befriedigt wird, ist sein wirtschaftliches Interesse wohl mit der Differenz zwischen der im Insolvenzplan vorgesehenen Quote und der von ihm gewollten höheren Quote anzunehmen.[15]

---

[11] HK-RVG/*Gierl* § 28 Rn. 16; Schneider/Wolf/*Wolf*/*Mock* § 28 Rn. 8.
[12] HK-RVG/*Gierl* § 28 Rn. 17; Schneider/Wolf/*Wolf*/*Mock* § 28 Rn. 9.
[13] Zitiert nach HK-RVG/*Gierl* § 28 Rn. 18; Gerold/Schmidt/*Mayer* § 28 Rn. 9.
[14] *Enders* Rn. J 266.
[15] Schneider/Wolf/*Wolf*/*Mock* § 28 Rn. 16.

IV. Vertretung sonstiger Beteiligter

14 Vertritt der Rechtsanwalt im Insolvenzverfahren weder den Gläubiger noch den Schuldner, sondern einen sonstigen Beteiligten so bestimmt sich der Gegenstandswert nach § 28 Abs. 3 RVG. Dieser ist auch anwendbar, wenn ein sonstiger Beteiligter im Eröffnungsverfahren vertreten wird.[16]

15 Der Gegenstandswert für die Anwaltsgebühren bei Vertretung eines sonstigen Beteiligten (also nicht eines Gläubigers oder eines Schuldners) bestimmt sich nach § 28 Abs. 3 RVG unter Berücksichtigung des wirtschaftlichen Interesses, dass der Auftraggeber des Rechtsanwalts im Verfahren verfolgt. § 28 Abs. 3 RVG verweist auf § 23 Abs. 3 S. 2 RVG. Danach ist der Wert im Einzelfall nach billigem Ermessen zu bestimmen. Erforderlichenfalls ist er zu schätzen. Liegen genügend tatsächliche Anhaltspunkte für eine Schätzung vor, bilden diese die Grundlage für die Schätzung und damit auch die Bestimmung des Gegenstandswertes für die Anwaltsgebühren. Liegen keine genügende tatsächlichen Anhaltspunkte für eine Schätzung vor ist der Gegenstandswert mit 5.000 EUR, nach Lage des Falls niedriger oder höher, jedoch nicht über 500.000 EUR anzunehmen.[17]

§ 29 Gegenstandswert im Verteilungsverfahren nach der schifffahrtsrechtlichen Verteilungsordnung

Im Verfahren nach der Schifffahrtsrechtlichen Verteilungsordnung gilt § 28 entsprechend mit der Maßgabe, dass an die Stelle des Werts der Insolvenzmasse die festgesetzte Haftungssumme tritt.

I. Überblick

1 Nach §§ 486 f. HGB kann der Reeder als Eigentümer eines ihm zum Erwerb durch die Seefahrt dienenden Schiffes in bestimmten Fällen seine Haftung und die Haftung ihm gleichgestellter Personen beschränken. Dieses Verfahren zur Haftungsbeschränkung – die durch Errichtung und Verteilung eines Fonds erfolgt – ist in der schifffahrtsrechtlichen Verteilungsordnung (SVertO) geregelt. In einem dem Insolvenzverfahren ähnlichen Verfahren erfolgt die Befriedigung der Gläubiger.

2 Teil 3 Abschn. 3 Unterabschnitt 5 VV regelt die Gebühren, wenn der Rechtsanwalt den Gläubiger, den Schuldner oder einen sonstigen Dritten in einem Insolvenzverfahren vertritt. Nach der Vorb. 3.3.5 Abs. 1 VV gelten diese Gebührenvorschriften auch für die Verteilungsverfahren nach der SVertO, soweit dies ausdrücklich angeordnet ist. Daher erscheint es sachgerecht, wenn § 29 RVG bestimmt, dass sich der Gegenstandswert im Verfahren nach der SVertO nach § 28 RVG (der den Gegenstandswert im Insolvenzverfahren regelt) bestimmt. § 28 RVG gilt für den Gegenstandswert für die Anwaltsgebühren im Verteilungsverfahren nach der SVertO entsprechend, allerdings mit der Maßgabe, dass an die Stelle des Wertes der Insolvenzmasse die festgesetzte Haftungssumme tritt.

II. Vertretung des Schuldners

3 Vertritt der Rechtsanwalt den Schuldner
- im Eröffnungsverfahren (Nr. 3313 VV)
- im Verteilungsverfahren (Nr. 3317 VV)

---

[16] HK-RVG/*Gierl* § 28 Rn. 21 ff.
[17] HK-RVG/*Gierl* § 28 Rn. 22 bis 24.

Gegenstandswert im Verteilungsverfahren **§ 29**

- im Erinnerungsverfahren gegen den Beschluss über die Eröffnung des Insolvenzverfahrens (Nr. 3500 und 3513 VV)

ist als Gegenstandswert für die Anwaltsgebühren die festgesetzte Haftungssumme anzunehmen. Im Eröffnungsverfahren beträgt der Gegenstandswert mindestens 4.000 EUR (§ 28 Abs. 1 S. 2 RVG).[1] Die Haftungssumme wird wohl vom Gericht festgesetzt (§§ 5, 30 Abs. 2 SVertO).[2]

Vertritt der Rechtsanwalt den Schuldner in einem sonstigen Verfahrensabschnitt 4 des Verteilungsverfahrens nach der SVertO, bestimmt sich der Gegenstandswert für die Anwaltsgebühren nach §§ 28 Abs. 3, 29 RVG. Maßgebend ist dann das wirtschaftliche Interesse, dass der Schuldner in dem betreffenden Verfahrensabschnitt verfolgt. Das wirtschaftliche Interesse ist nach § 23 Abs. 3 S. 2 RVG zu bewerten. Auf die Kommentierung zu § 28 RVG darf verwiesen werden.[3] Zu berücksichtigen ist, dass im Verteilungsverfahren nach der SVertO der Gegenstandswert nicht nach dem Wert der Insolvenzmasse zu bestimmen ist, sondern nach der vom Gericht gesetzten Haftungssumme.

III. Vertretung des Gläubigers

Auch im Verteilungsverfahren nach der SVertO haben die Gläubiger nach öffentli- 5 cher Aufforderung ihre Forderung anzumelden. Nach Anmeldung der Forderungen läuft das Verfahren dann ähnlich ab, wie auch ein Insolvenzverfahren (Prüfung der angemeldeten Forderungen, Feststellung der Ansprüche oder Widerspruch, soweit diese nicht berechtigt sind).[4]

Vertritt der Rechtsanwalt einen Gläubiger im Verteilungsverfahren nach der 6 SVertO, so bestimmen sich die in folgenden Verfahrensabschnitten entstehenden Anwaltsgebühren nach dem Gegenstandswert der **Nennwert der Forderung** des vertretenen Gläubigers (§§ 28 Abs. 2, 29 RVG):
- Eröffnungsverfahren (Nr. 3314 VV)
- Verteilungsverfahren (Nr. 3317 VV)
- Anmeldung einer Forderung im Verteilungsverfahren (Nr. 3320 VV)
- im Erinnerungsverfahren gegen den Beschluss über die Eröffnung des Verteilungsverfahrens (Nr. 3500, 3513 VV).

Der Nennwert der Forderung umfasst auch Nebenforderungen. Es kann auf das 7 hierzu in § 28 RVG Kommentierte verwiesen werden.[5]

Wird der Gläubiger in einem sonstigen Verfahrensabschnitt vertreten, so bestimmt sich der Gegenstandswert für die Anwaltsgebühren nach §§ 28 Abs. 3, 29 RVG. Der Gegenstandswert orientiert sich dann am wirtschaftlichen Interesse des vertretenen Gläubigers, welches dieser in dem entsprechenden Verfahrensabschnitt erfolgt. Der Gegenstandswert ist dann nach § 23 Abs. 3 S. 2 RVG zu bestimmen.[6]

IV. Vertretung sonstiger Beteiligter

Vertritt der Rechtsanwalt einen sonstigen Beteiligten im Verteilungsverfahren 8 nach der SVertO ist der Gegenstandswert nach §§ 28 Abs. 3, 29 RVG zu bestimmen. Der Gegenstandswert bestimmt sich nach dem wirtschaftlichen Interesse, dass der

---

[1] HK-RVG/*Gierl* § 29 Rn. 5.
[2] Schneider/Wolf/*Wolf/Mock* § 29 Rn. 2.
[3] → § 28 Rn. 8.
[4] HK-RVG/*Gierl* § 29 Rn. 1.
[5] → § 28 Rn. 10.
[6] → § 28 Rn. 13.

vom Rechtsanwalt Vertretene in dem Verteilungsverfahren nach der SVertO verfolgt. Dieses Interesse ist nach § 23 Abs. 3 S. 2 RVG zu bewerten.[7]

§ 30 Gegenstandswert in gerichtlichen Verfahren nach dem Asylgesetz

(1) [1]In Klageverfahren nach dem Asylgesetz beträgt der Gegenstandswert 5 000 Euro, in Verfahren des vorläufigen Rechtsschutzes 2 500 Euro. [2]Sind mehrere natürliche Personen an demselben Verfahren beteiligt, erhöht sich der Wert für jede weitere Person in Klageverfahren um 1 000 Euro und in Verfahren des vorläufigen Rechtsschutzes um 500 Euro.

(2) Ist der nach Absatz 1 bestimmte Wert nach den besonderen Umständen des Einzelfalls unbillig, kann das Gericht einen höheren oder einen niedrigeren Wert festsetzen.

I. Überblick

1   § 30 RVG regelt den Gegenstandswert in gerichtlichen Verfahren nach dem Asylgesetz. Nach § 83b Asylgesetz (AsylG) werden in Streitigkeiten nach dem AsylG Gerichtskosten (Gebühren und Auslagen) nicht erhoben. Da folglich auch kein Wert für die Gerichtskosten zu bestimmen ist gibt es auch keine Wertvorschriften für die Ermittlung dieses Werts. Mangels der Existenz entsprechender Vorschriften kann sich der Anwaltsgebührenwert hier nicht über § 23 Abs. 1 S. 1 RVG nach den für die Gerichtsgebühren geltenden Wertvorschriften richten. Erforderlich war daher eine spezielle Regelung im RVG für die Bestimmung des Gegenstandswertes für die Anwaltsgebühren.

2   § 30 RVG **in der Fassung bis 31.7.2013** unterschied Klageverfahren, die die Asylanerkennung einschließlich der Feststellung der Voraussetzung nach § 60 Abs. 1 des Aufenthaltsgesetzes und die Feststellung von Abschiebungshindernissen betreffen von sonstigen Klageverfahren und bestimmte für die die zuerst genannten Klageverfahren einen Gegenstandswert von 3.000 EUR und für die sonstigen Klageverfahren einen Gegenstandswert von 1.500 EUR (§ 30 S. 1 RVG – in der Fassung bis 31.7.2013). In seinem S. 2 regelte § 30 RVG – in der Fassung bis 31.7.2013 – den Gegenstandswert für Verfahren des vorläufigen Rechtsschutzes auf die Hälfte des Hauptsachewertes. In S. 3 des § 30 RVG – in der Fassung bis 31.7.2013 – war eine pauschale Erhöhung des Gegenstandswertes für Klagen um 900 EUR für jede weitere Person und für Verfahren des vorläufigen Rechtsschutzes um 600 EUR für jede weitere Person für die Fälle bestimmt, in denen mehrere natürliche Personen an demselben Verfahren beteiligt sind und von demselben Anwalt vertreten werden.

3   § 30 RVG wurde durch das 2. KostRMoG[1] neu gefasst. Mit der Neufassung werden die seit 20 Jahren nahezu unverändert geltenden Gegenstandswerte auf 5.000 EUR für Klageverfahren und auf 2.500 EUR für Verfahren des vorläufigen Rechtsschutzes angehoben. Ferner wird die Vorschrift des § 30 RVG deutlich vereinfacht. Die Unterscheidung zwischen einem Klageverfahren, das die Asylanerkennung einschließlich der Feststellung der Voraussetzungen nach § 60 Abs. 1 des Aufenthaltsgesetzes und die Feststellung von Abschiebungshindernissen betrifft, und den sonstigen Klageverfahren entfällt.

4   Neu eingefügt wird durch das 2. KostRMoG[2] in § 30 Abs. 2 RVG eine Korrekturmöglichkeit, wonach von den Regelwerten abgewichen werden kann, wenn der

---

[7] → § 28 Rn. 15.
[1] BGBl. 2013 I 2586 – In Kraft getreten am 1.8.2013.
[2] BGBl. 2013 I 2586 – In Kraft getreten am 1.8.2013.

sich nach § 30 Abs. 1 RVG ergebende Wert nach den besonderen Umständen des Falles unbillig ist.

Durch das Asylverfahrensbeschleunigungsgesetz[3] wurde § 30 RVG dahingehend geändert, dass in der Überschrift und in Abs. 1 S. 1 die Worte „Asylverfahrensgesetz" durch „Asylgesetz" ersetzt wurden. Es handelt sich um redaktionelle Änderungen, die sich aus der Umbenennung des Asylverfahrensgesetzes in „Asylgesetz" ergeben.[4]

II. Klageverfahren

§ 30 S. 1 RVG regelt den Gegenstandswert für Klageverfahren in Streitigkeiten nach dem Asylgesetz. Dieser beträgt **5.000 EUR.** Der Wert von 5.000 EUR kommt für alle Klageverfahren nach dem AsylG zur Anwendung.

Sind mehrere natürliche Personen an demselben Klageverfahren beteiligt, erhöht sich der Gegenstandswert nach § 30 Abs. 1 S. 2 RVG.

III. Verfahren des vorläufigen Rechtsschutzes

§ 30 RVG regelt in Abs. 1 S. 1 letzter Halbsatz den Gegenstandswert für die Anwaltsgebühren für Verfahren des vorläufigen Rechtsschutzes in gerichtlichen Verfahren nach dem AsylG. Der Gegenstandswert für Verfahren des vorläufigen Rechtsschutzes beträgt 2.500 EUR. Dies unabhängig davon, ob es sich um ein Verfahren des vorläufigen Rechtsschutzes wegen aufenthaltsbeendender Maßnahmen nach dem Asylgesetz oder ein sonstiges Verfahren des vorläufigen Rechtsschutzes handelt.

Von der Bestimmung des § 30 S. 2 RVG erfasst werden nach *Wahlen/Thiel*[5] sowohl die Verfahren nach § 80 Abs. 5 VwGO auf Anordnung oder Wiederherstellung der aufschiebenden Wirkung, als auch die Verfahren der einstweiligen Anordnung nach § 123 VwGO.

Sind mehrere natürliche Personen an demselben Verfahren beteiligt, erhöht sich der Gegenstandswert nach § 30 Abs. 1 S. 2 RVG auch im Verfahren des vorläufigen Rechtsschutzes.

IV. Beteiligung mehrerer Personen

Sind mehrere natürliche Personen an demselben Verfahren beteiligt und werden diese alle von demselben Rechtsanwalt vertreten, erhöht sich der Gegenstandswert für die Anwaltsgebühren für jede weitere Person
- im Klageverfahren um 1.000 EUR
- in Verfahren des vorläufigen Rechtsschutzes um 500 EUR.

Dasselbe Verfahren liegt dann vor, wenn mehrere natürliche Personen ihre Rechte in derselben Klage/in demselben Antrag verfolgen. Dasselbe Verfahren ist auch dann gegeben, wenn mehrere gerichtliche Verfahren nach § 93 VwGO verbunden werden. Werden mehrere Verfahren nur zur gemeinsamen Verhandlung verbunden, liegt nicht dasselbe Verfahren iSd § 30 Abs. 1 AsylG vor.[6] In diesem Fall erhöht sich der Gegenstandswert nicht, sondern in den einzelnen Verfahren entstehen die Gebühren nach den dort nach § 30 Abs. 1 S. 1 RVG zu bestimmenden Einzelwerten.

Unerheblich ist auch, in welcher Beziehung die mehreren natürlichen Personen, die am Verfahren beteiligt sind, zueinander stehen (zB Familienmitglieder oder

---

[3] BGBl. 2015 I 1722 – In Kraft getreten am 24.10.2015.
[4] BT-Drs. 18/6185, S. 62 – Begründung der Änderung in § 30 RVG.
[5] Schneider/Wolf/*Wahlen/Thiel* § 30 Rn. 21.
[6] BeckOK RVG/Sommerfeldt/*Sommerfeldt* § 30 Rn. 4; Riedel/Sußbauer/*Potthoff* § 30 Rn. 6.

nicht). Hauptanwendungsfall des § 30 Abs. 1 S. 2 RVG dürfte die Vertretung mehrerer Familienmitglieder sein, die auf Gewährung von Familienasyl (§ 26 AsylG) klagen.[7] Die Erhöhung kann aber auch in allen sonstigen Klageverfahren nach dem AsylG eintreten. Die Erhöhung des Gegenstandswertes von 1.000 EUR im Klageverfahren und von 500 EUR in Verfahren des vorläufigen Rechtsschutzes tritt für jede weitere natürliche Person ein, die am Verfahren beteiligt ist.

14 Voraussetzung für die Erhöhung des Gegenstandswertes ist, dass die mehreren persönlichen Personen von demselben Rechtsanwalt vertreten werden. Obwohl der Rechtsanwalt dann mehrere Auftraggeber hätte, wird Nr. 1008 VV nicht anzuwenden sein. Denn jede Person dürfte eigene Rechte haben, mit der Folge, dass der Rechtsanwalt die mehreren Personen nicht wegen desselben Gegenstandes vertritt. Deshalb sieht § 30 RVG hier auch die Erhöhung des Gegenstandswertes vor.[8]

15 Keine Erhöhung nach § 30 S. 3 RVG soll eintreten, wenn mehrere Familienangehörige auf **Einbürgerung** klagen.[9]

V. Abweichung vom Regelwert

16 Nach § 30 Abs. 2 RVG kann von den in Abs. 1 bestimmten Regelwerten abgewichen werden, wenn diese **nach den besonderen Umständen des Einzelfalls unbillig** sind. Dann kann das Gericht einen höheren, aber auch einen niedrigeren Wert festsetzen. Eine Erhöhung des Regelwertes kommt nach *Schneider/Thiel*[10] dann in Betracht, wenn das Verfahren „umfangreich, besonders bedeutsam für die Beteiligten und schwierig war". Ist hingegen der Fall einfach gelagert und für die Beteiligten weniger bedeutsam, kann eine Ermäßigung des Regelwertes angezeigt sein.[11] Die Billigkeitskorrektur nach Abs. 2 des § 30 RVG ist immer erst dann vorzunehmen, wenn der Gegenstandswert nach § 30 Abs. 1 RVG abschließend bestimmt wurde, also zB auch die Erhöhungen wegen der mehreren Personen berücksichtigt wurden.[12]

17 In der Rechtsprechung ist umstritten, ob der Wert des § 30 Abs. 1 S. 1 RVG für eine Untätigkeitsklage, mit der lediglich die Verpflichtung der Behörde verfolgt wird, den Asylantrag zu bescheiden, über § 30 Abs. 2 RVG herabzusetzen ist. Während das VG Trier[13] die Auffassung vertritt, dass es auch bei einer Untätigkeitsklage in der Regel bei dem Wert des § 30 Abs. 1 S. 1 RVG bleibt, haben zB das VG Ansbach[14] und das VG München[15] den Wert für eine Untätigkeitsklage nur mit 2.500 EUR angenommen.

§ 31 Gegenstandswert in gerichtlichen Verfahren nach dem Spruchverfahrensgesetz

(1) [1]Vertritt der Rechtsanwalt im Verfahren nach dem Spruchverfahrensgesetz einen von mehreren Antragstellern, bestimmt sich der Gegenstandswert nach dem Bruchteil des für die Gerichtsgebühren geltenden Geschäfts-

---

[7] BeckOK RVG/Sommerfeldt/*Sommerfeldt* § 30 Rn. 3a.
[8] Schneider/Wolf/*Wahlen/Thiel* § 30 Rn. 23.
[9] Schneider/Wolf/*Wahlen/Thiel* § 30 Rn. 24 unter Hinweis auf VGH BW AGS 1997, 41; OVG Münster Beschl. v. 22.3.2002 – 19 E 205/02, BeckRS 2015, 51029.
[10] *Schneider/Thiel* § 3 Rn. 214.
[11] *Schneider/Thiel* § 3 Rn. 214.
[12] *Schneider/Thiel* § 3 Rn. 213.
[13] VG Trier BeckRS 2014, 59750.
[14] VG Ansbach BeckRS 2016, 41583.
[15] VG München BeckRS 2016, 47336.

Gegenstandswert nach dem Spruchverfahrensgesetz § 31

werts, der sich aus dem Verhältnis der Anzahl der Anteile des Auftraggebers zu der Gesamtzahl der Anteile aller Antragsteller ergibt. ²Maßgeblicher Zeitpunkt für die Bestimmung der auf die einzelnen Antragsteller entfallenden Anzahl der Anteile ist der jeweilige Zeitpunkt der Antragstellung. ³Ist die Anzahl der auf einen Antragsteller entfallenden Anteile nicht gerichtsbekannt, wird vermutet, dass er lediglich einen Anteil hält. ⁴Der Wert beträgt mindestens 5 000 Euro.

(2) Wird der Rechtsanwalt von mehreren Antragstellern beauftragt, sind die auf die einzelnen Antragsteller entfallenden Werte zusammenzurechnen; Nummer 1008 des Vergütungsverzeichnisses ist insoweit nicht anzuwenden.

Übersicht

	Rn.
I. Überblick	1
II. Geschäftswert für die Gerichtskosten	6
III. Vertretung des Antragsgegners oder aller Antragsteller	10
IV. Vertretung eines von mehreren Antragstellern	12
V. Vertretung mehrerer Antragsteller	20

I. Überblick

Das Spruchverfahrensgesetz (SpruchG) hat die bis dahin auf mehrere Gesetze **1** (Aktiengesetz, Umwandlungsgesetz) verteilten Regelungen zum gesellschaftsrechtlichen Spruchverfahren zusammengefasst. Das Spruchverfahren soll bei unternehmerischen Strukturmaßnahmen (zB Abschluss eines Unternehmensvertrags, Eingliederung, „Squeeze-Out", Umwandlungen, Delisting) den Minderheitsgesellschaftern, die Anspruch auf angemessenen Ausgleich oder auf eine Abfindung haben, effektiven Rechtsschutz gewähren, ohne dass die Strukturmaßnahme durch Anfechtungsklagen blockiert wird.[1] Für das Spruchverfahren finden die Vorschriften des FamFG Anwendung, sofern im SpruchG nichts anderes bestimmt ist.

Der Geschäftswert, nachdem sich die Gerichtskosten berechnen, bestimmte sich **2** nach der bis zum 31.7.2013 gültigen Rechtslage nach § 15 SpruchG. Als Geschäftswert war der Betrag anzunehmen, der von allen in § 3 SpruchG genannten Antragsberechtigten nach der Entscheidung des Gerichts zusätzlich zu dem ursprünglich angebotenen Betrag insgesamt gefordert werden konnte (§ 15 Abs. 1 S. 2 SpruchG – in der Fassung bis 31.7.2013 -). Der Geschäftswert für die Gerichtskosten betrug mindestens 200.000 EUR und höchstens 7,5 Millionen EUR. Der Geschäftswert für die Gerichtskosten orientierte sich am Interesse aller in § 3 SpruchG genannten Antragsberechtigten.

Mit Einführung des 2. KostRMoG[2] zum 1.8.2013 ist eine Änderung dahingehend **3** eingetreten, dass sich der Geschäftswert für die Gerichtskosten nicht mehr in § 15 SpruchG geregelt ist, sondern in § 74 GNotKG. Inhaltlich ergeben sich keine Änderungen zur alten Rechtslage.[3]

Vertritt der Rechtsanwalt in dem Verfahren nach dem SpruchG den **Antragsgeg- 4 ner**, ist der Geschäftswert für die Gerichtskosten nach § 23 Abs. 1 S. 1 RVG auch als Gegenstandswert für die Anwaltsgebühren anzunehmen. Dies gilt auch, wenn der Rechtsanwalt in dem Verfahren nach dem SpruchG **alle Antragsteller** vertritt

---

[1] Gerold/Schmidt/*Mayer* § 31 Rn. 1; HK-RVG/*Kießling* § 31 Rn. 2.
[2] BGBl. 2013 I 2586.
[3] → § 31 Rn. 2 und Rn. 6 f.

oder wenn nur ein Antragsteller vorhanden ist und dieser vom Rechtsanwalt vertreten wird.[4]

5 Vertritt der Rechtsanwalt allerdings im Verfahren nach dem Spruchverfahrensgesetz **nicht alle Antragsteller** bestimmt sich der Gegenstandswert für die Anwaltsgebühren nach § 31 RVG. Maßgebend ist der Bruchteil des für die Gerichtsgebühren geltenden Geschäftswerts, der sich aus dem Verhältnis der Anzahl der Anteile des Auftraggebers zu der Gesamtzahl der Anteile aller Antragsteller ergibt (§ 31 Abs. 1 S. 1 RVG). Der Gegenstandswert für die Anwaltsgebühren beträgt dann mindestens 5.000 EUR (§ 31 Abs. 1 S. 4 RVG).

II. Geschäftswert für die Gerichtskosten

6 Da sich der Gegenstandswert für die Anwaltsgebühren am Geschäftswert für die Gerichtskosten orientiert, sind zunächst einmal die Grundlagen für die Bestimmung des Geschäftswerts für die Gerichtskosten darzustellen. Der Geschäftswert für die Gerichtskosten bestimmt sich nach

§ 74 GNotKG. Dieser lautet:

Geschäftswert im gerichtlichen Verfahren nach dem Spruchverfahrensgesetz ist der Betrag, der von allen in § 3 des Spruchverfahrensgesetzes genannten Antragsberechtigten nach der Entscheidung des Gerichts zusätzlich zu dem ursprünglich angebotenen Betrag insgesamt gefordert werden kann; der Geschäftswert beträgt mindestens 200.000 Euro und höchstens 7,5 Millionen Euro. Maßgeblicher Zeitpunkt für die Bestimmung des Wertes ist der Tag nach Ablauf der Antragsfrist (§ 4 Absatz 1 des Spruchverfahrensgesetzes).

7 Der Geschäftswert für die Gerichtskosten ergibt sich im Verfahren nach dem Spruchverfahrensgesetz also aus der **Differenz** zwischen dem ursprünglich **angebotenen** Betrag und dem **festgesetzten** Betrag, der nach der Entscheidung des Gerichts von den Antragstellern zusätzlich gefordert werden kann. Nach § 74 GNotKG beträgt der Geschäftswert mindestens 200.000 EUR und höchstens 7,5 Millionen EUR. Auch wenn der Antrag erfolglos ist, dh, das Gericht also keine Erhöhung festgesetzt hat beträgt der Geschäftswert mindestens 200.000 EUR.[5]

8 Maßgeblicher Zeitpunkt für die Bestimmung des Geschäftswerts für die Gerichtskosten ist nach § 74 S. 2 GNotKG der Tag nach Ablauf der Antragsfrist (§ 4 Abs. 1 SpruchG).

9 Der Geschäftswert für die Gerichtskosten ist entweder als Gegenstandswert für die Anwaltsvergütung zu übernehmen (→ Rn. 10) oder dient zumindest als Berechnungsgrundlage für den Gegenstandswert für die Anwaltsgebühren (→ Rn. 12 f.). Der Geschäftswert wird von Amts wegen festgesetzt. Diese Festsetzung ist dann auch für die Gebühren des Rechtsanwalts maßgebend (§ 32 Abs. 1 RVG). Ist der vom Gericht für die Gerichtsgebühren festgesetzte Geschäftswert falsch, muss der Rechtsanwalt die Festsetzung angreifen.[6]

III. Vertretung des Antragsgegners oder aller Antragsteller

10 Vertritt der Rechtsanwalt im Verfahren nach dem SpruchG den **Antragsgegner** oder **alle Antragsteller** ist der für die Gerichtskosten vom Gericht festgesetzte Geschäftswert nach § 23 Abs. 1 S. 1 RVG auch als Gegenstandswert für die Anwalts-

---

[4] Schneider/Wolf/ *N. Schneider/Thiel* § 31 Rn. 1.
[5] HK-RVG/*Kießling* § 31 Rn. 3.
[6] Schneider/Wolf/ *N. Schneider/Thiel* § 31 Rn. 7.

gebühren maßgebend. Wie der Geschäftswert für die Gerichtskosten zu bestimmten ist, wurde vorstehend unter den → Rn. 6–8 dargestellt. Hierauf darf verwiesen werden. In diesen Fällen sind nämlich der Gegenstand der anwaltlichen Tätigkeit und der Gegenstand des gerichtlichen Verfahrens derselbe. Das wirtschaftliche Interesse des Antragsgegners oder aller vom Rechtsanwalt vertretenen Antragsteller ist identisch mit den Ansprüchen, die in dem gerichtlichen Verfahren behandelt werden. Bei Vertretung des Antragsgegners oder aller Antragsteller in dem Verfahren nach dem SpruchG kommt § 31 RVG nicht zur Anwendung.

Der für die Gerichtsgebühren vom Gericht festgesetzte Geschäftswert ist auch dann als Gegenstandswert für die Anwaltsgebühren zu übernehmen, wenn das Verfahren nur von einem einzigen Antragsteller betrieben wird und der Rechtsanwalt diesen **alleinigen Antragsteller** vertritt.[7] **11**

IV. Vertretung eines von mehreren Antragstellern

Vertritt der Rechtsanwalt im Verfahren nach dem SpruchG **einen von mehreren Antragstellern** ist der Gegenstand, wegen welchem der Anwalt für seinen Mandanten tätig wird, nicht identisch mit dem Gegenstand des gerichtlichen Verfahrens. Denn Gegenstand der anwaltlichen Tätigkeit sind nur die Anteile des Mandanten, während Gegenstand des gerichtlichen Verfahrens die Anteile aller betroffenen Antragsteller sind. Daher ist in diesen Fällen der Geschäftswert für die Gerichtskosten nicht 1 : 1 als Gegenstandswert für die Anwaltsgebühren zu übernehmen. Vielmehr ist der Gegenstandswert für die Anwaltsgebühren in diesen Fällen nach § 31 RVG zu bestimmen. **12**

Der Geschäftswert für die Gerichtskosten dient aber als Berechnungsgrundlage des Gegenstandswertes für die Anwaltsgebühren. Von dem festgesetzten Geschäftswert für die Gerichtskosten ist ein **Bruchteil** als Gegenstandswert für die Anwaltsgebühren anzunehmen. Dieser Bruchteil bestimmt sich nach dem Verhältnis der Anzahl der Anteile des vom Rechtsanwalt vertretenen Antragstellers zu der Gesamtzahl der Anteile aller Antragsteller im Verfahren nach dem SpruchG. **13**

Beispiel 1:

Der Rechtsanwalt vertritt einen von 7 Antragstellern. Der vom Rechtsanwalt vertretene Antragsteller hält 1.000 Anteile.
Gegenstand des gerichtlichen Verfahrens sind insgesamt 50.000 Anteile. Nach der Entscheidung des Landgerichts können zusätzlich zu dem ursprünglich angebotenen Betrag insgesamt 50 EUR pro Anteil gefordert werden.
Der Geschäftswert für die Gerichtskosten beläuft sich gem. § 74 GNotKG auf: 50.000 Anteile X 50 EUR = 2,5 Millionen EUR.
Der Gegenstandswert für die Anwaltsgebühren bestimmt sich nach § 31 RVG aus dem Verhältnis der Anzahl der Anteile des Auftraggebers zur Gesamtzahl der Anteile aller Antragsteller. Der Mandant hält 1.000 Anteile. Im Verfahren betroffen waren 50.000 Anteile.
1.000 : 50.000 X 2.500.000 EUR = 50.000 EUR.
Gegenstandswert für die Anwaltsgebühren = 50.000 EUR.
N. *Schneider* hat die Berechnung in eine Formel gefasst.[8]

Würde sich bei der Bestimmung des Geschäftswertes für die Gerichtkosten rechnerisch ein Betrag von unter 200.000 EUR ergeben, wäre der Geschäftswert für die Gerichtskosten mit mindestens 200.000 EUR anzusetzen (§ 74 GNotKG). **14**

---

[7] Schneider/Wolf/*N. Schneider*/*Thiel* § 31 Rn. 1.
[8] Schneider/Wolf/*N. Schneider*/*Thiel* § 31 Rn. 13.

§ 31 Gegenstandswert nach dem Spruchverfahrensgesetz

Beispiel 2:

Gegenstand des Verfahrens nach dem Spruchverfahrensgesetz sind 10.000 Anteile. Das Landgericht stellte fest, dass zusätzlich zu dem ursprünglich angebotenen Betrag pro Anteil 15 EUR mehr gefordert werden können. Insgesamt sind 10 Antragsteller am Verfahren beteiligt. Der Rechtsanwalt vertritt einen Antragsteller, der 2.700 Anteile hält.
Geschäftswert für die Gerichtskosten: 10.000 Anteile X 15 EUR = 150.000 EUR, aber nach § 74 GNotKG beträgt der Wert mindestens **200.000 EUR**. Gegenstandswert für die Anwaltsgebühren: 2.700 : 10.000 X 200.000 EUR = 54.000 EUR. Geschäftswert für die Anwaltsgebühren: **54.000 EUR**.
In diesem Fall ist bei der Berechnung des Gegenstandswertes für die Anwaltsgebühren von dem Geschäftswert auszugehen, der mindestens für die Gerichtsgebühren anzunehmen ist.[9]

15   Der **Gegenstandswert für die Anwaltsgebühren** ist mit **mindestens 5.000 EUR** anzunehmen (§ 31 Abs. 1 S. 4 RVG).

16   Maßgeblicher Zeitpunkt für die Bestimmung der auf die einzelnen Antragsteller entfallenden Anzahl der Anteile ist nach § 31 Abs. 1 S. 2 RVG der jeweilige Zeitpunkt der Antragstellung.[10]

17   Maßgebend für die Berechnung des Gegenstandswertes für die Anwaltsgebühren ist das Bruchteil der Anzahl der Anteile des Auftraggebers zu der Gesamtzahl der Anteile aller Antragsteller. Ist die Anzahl der auf einen Antragsteller entfallenden Anteile nicht gerichtsbekannt, wird nach § 31 Abs. 1 S. 3 RVG vermutet, dass er lediglich einen Anteil hält. In der Literatur wird vertreten,[11] dass diese gesetzliche Vermutung nicht im Verhältnis zwischen Rechtsanwalt und Auftraggeber **für die Zahl der Anteile des Auftraggebers geltend kann**. Denn der Mandant sei aufgrund des Anwaltsvertrags verpflichtet, die für seine Gebührenbemessung relevanten Informationen zur Verfügung zu stellen. Er müsse also Auskunft über seine Anteile erteilen. Sofern der Auftraggeber die Anzahl seiner Anteile nicht offenbare, seien diese zu schätzen.

18   Soweit die Anzahl der Anteile **anderer Antragsteller** nicht bekannt ist, wird nach § 31 Abs. 1 S. 3 RVG vermutet, dass dieser nur einen Anteil hält. Bei der Bestimmung der Quote für die Berechnung des Gegenstandswertes für die Anwaltsgebühren ist dann jeder Antragsteller, dessen tatsächliche Anteile nicht bekannt sind, nur mit einem Anteil zu berücksichtigen.[12]

19   Nach dem OLG Düsseldorf[13] soll der Antrag auf Einleitung des Spruchverfahrens auch Angaben über die Zahl der gehaltenen Anteile enthalten. Fordere das Gericht die Antragssteller auf, Angaben zum Aktienbesitz zu machen, könne – so das OLG Düsseldorf – die Zahl der gehaltenen Anteile bzw. die an die Angaben in der Antragsbegründung anknüpfende Vermutung nur noch bis zum Ablauf einer hierzu gesetzten Frist widerlegt werden. Nach der Entscheidung über die Festsetzungsanträge können nach Ansicht des OLG Düsseldorf abweichende Angaben grundsätzlich nicht mehr berücksichtigt werden.

V. Vertretung mehrerer Antragsteller

20   Vertritt der Rechtsanwalt im Verfahren nach dem SpruchG mehrere – aber nicht alle – Antragsteller, sind nach § 31 Abs. 2 RVG die auf die einzelnen Antragsteller entfallenden Werte zusammenzurechnen. Die Summe der Werte bildet dann den Gegenstandswert für die Anwaltsgebühren. Die auf die einzelnen – vom Rechtsan-

---

[9] HK-RVG/*Kießling* § 31 Rn. 7; Schneider/Wolf/*N. Schneider/Thiel* § 31 Rn. 14.
[10] Schneider/Wolf/*N. Schneider/Thiel* § 31 Rn. 15–17.
[11] Schneider/Wolf/*N. Schneider/Thiel* § 31 Rn. 18; HK-RVG/*Kießling* § 31 Rn. 15.
[12] Schneider/Wolf/*N. Schneider/Thiel* § 31 Rn. 20.
[13] OLG Düsseldorf BeckRS 2016, 03411.

walt vertretenen – Antragsteller entfallenen Werte sind so zu berechnen, wie vorstehend im Kapitel IV. (→ Rn. 12 bis 18) zu bestimmen. Ggf. ist der auf den einzelnen Antragsteller entfallene Wert auf den Mindestwert des § 31 Abs. 1 S. 4 RVG anzuheben.[14] Die für jeden vertretenen Antragsteller ermittelten Einzelwerte sind zu addieren.

Da der Rechtsanwalt für die mehreren Antragsteller aber nicht wegen desselben Gegenstandes tätig wird, findet Nr. 1008 VV keine Anwendung. Dies ist auch in § 31 Abs. 2 RVG noch einmal klargestellt. 21

Nur wenn mehrere Auftraggeber gemeinschaftliche Anteile halten (wie zB Ehegatten) kommt eine Anwendung der Nr. 1008 VV in Betracht. 22

§ 31a Ausschlussverfahren nach dem Wertpapiererwerbs- und Übernahmegesetz

[1]Vertritt der Rechtsanwalt im Ausschlussverfahren nach § 39b des Wertpapiererwerbs- und Übernahmegesetzes einen Antragsgegner, bestimmt sich der Gegenstandswert nach dem Wert der Aktien, die dem Auftraggeber im Zeitpunkt der Antragstellung gehören. [2]§ 31 Abs. 1 Satz 2 bis 4 und Abs. 2 gilt entsprechend.

I. Überblick

Nach § 39a Wertpapiererwerbs- und Übernahmegesetz (WpÜG) sind nach einem Übernahme- oder Pflichtangebot dem Bieter, dem Aktien der Zielgesellschaft in Höhe von mindestens 95 % des stimmberechtigten Grundkapitals gehören, auf seinen Antrag die übrigen stimmberechtigten Aktien gegen Gewährung einer angemessenen Abfindung durch Gerichtsbeschluss zu übertragen. Dieses Ausschlussverfahren ist in § 39b WpÜG geregelt. Vertritt der Rechtsanwalt im Ausschlussverfahren nach § 39b WpÜG einen Antragsgegner **ist der Gegenstandswert für die Anwaltsgebühren nach § 31a RVG zu bestimmen.** Der Gegenstandswert bestimmt sich nach dem Wert der Aktien, die dem Auftraggeber zum Zeitpunkt der Antragstellung gehören. § 31a S. 2 RVG erklärt die Bestimmung des § 31 Abs. 1 S. 2 bis 4 und Abs. 2 RVG für entsprechend anwendbar. 1

Der Geschäftswert für die Gerichtskosten bestimmte sich nach der bis zum 31.7.2013 geltenden Rechtslage nach § 39b Abs. 6 WpÜG. Seit Inkrafttreten der Änderungen durch das 2. KostRMoG[1] bestimmt sich der Geschäftswert für die Gerichtskosten nach § 73 GNotKG. Dieser übernimmt inhaltlich den § 39b Abs. 6 S. 5 und 6 WpÜG. Vertritt der Rechtsanwalt im Ausschlussverfahren den **Antragsteller**, so ist der Geschäftswert für die Gerichtskosten auch als Gegenstandswert für die Anwaltsgebühren anzunehmen (§ 23 Abs. 1 S. 1 RVG). 2

Im erstinstanzlichen Verfahren vor dem Landgericht entstehen dem Rechtsanwalt sowohl bei Vertretung des Antragstellers als auch des Antragsgegners Gebühren nach Teil 3 Abschn. 1 VV (vgl. Vorb. 3.1 Abs. 1 VV). Im Beschwerdeverfahren können Gebühren nach Teil 3 Abschn. 2 VV entstehen (vgl. Vorb. 3.2.1 Nr. 3b) VV). 3

II. Geschäftswert für die Gerichtskosten

Im Ausschlussverfahren nach § 39b WpÜG bestimmt sich der Geschäftswert für die Gerichtskosten nach dem Betrag, der dem Wert aller Aktien entspricht, auf die 4

---

[14] Schneider/Wolf/N. Schneider/Thiel § 31 Rn. 24.
[1] BGBl. 2013 I 2586.

§ 31b   Gegenstandswert bei Zahlungsvereinbarungen

sich der Ausschluss bezieht (§ 73 GNotKG). Der Geschäftswert für die Gerichtskosten beträgt mindestens 200.000 EUR und höchstens 7,5 Millionen EUR (§ 73 – letzter Hs. – GNotKG). Maßgeblicher Zeitpunkt für die Bestimmung des Wertes ist der Zeitpunkt der Antragstellung (§ 59 GNotKG).

III. Vertretung des Antragstellers

5   Da § 31a RVG als spezielle Wertvorschrift nur für die Vertretung eines Antragsgegners Anwendung findet, ist bei **Vertretung eines Antragstellers** im Ausschlussverfahren nach § 39b WpÜG der Gegenstandswert für die Anwaltsgebühren gem. § 23 Abs. 1 S. 1 RVG identisch mit dem Geschäftswert für die Gerichtsgebühren. Der Geschäftswert für die Gerichtsgebühren bestimmt sich nach § 73 GNotKG. Wie der Geschäftswert für die Gerichtsgebühren zu bestimmen ist, ergibt sich aus dem vorangegangenen Kapitel II. (→ Rn. 4).[2]

IV. Vertretung eines Antragsgegners

6   Vertritt der Rechtsanwalt einen **Antragsgegner**, geht die spezielle Vorschrift des § 31a RVG der Vorschrift des § 23 Abs. 1 S. 1 RVG vor. Bei Vertretung eines Antragsgegners orientiert sich der Gegenstandswert für die Anwaltsgebühren also nicht an dem Geschäftswert für die Gerichtsgebühren. Bei Vertretung eines Antragsgegners bestimmt sich **der Gegenstandswert nach dem Wert der Aktien, die dem Antragsgegner** (Auftraggeber des Rechtsanwalts) **im Zeitpunkt der Antragstellung gehören.** Maßgeblicher Zeitpunkt für die Bestimmung des Werts der Aktien ist der Eingang des Antrags im Ausschlussverfahren bei dem zuständigen Landgericht Frankfurt a.M. (§ 31a S. 1, 2 Hs. RVG).[3]
7   Der Wert beträgt mindestens 5.000 EUR (§§ 31a S. 2, 31 Abs. 1 S. 4 RVG.)
8   Ob § 31 Abs. 1 S. 3 RVG, den § 31a S. 2 RVG für entsprechend anwendbar erklärt, auch im Verhältnis des Rechtsanwalts zu seinem Mandanten Wirkung zeigen kann, erscheint fraglich.[4]

V. Vertretung mehrerer Antragsgegner

9   Vertritt derselbe Rechtsanwalt mehrere Antragsgegner im Ausschlussverfahren nach § 39b WpÜG, so sind die Werte der Aktien, die den einzelnen Auftraggebern im Zeitpunkt der Antragstellung gehören, zu addieren und die Summe bildet den Gegenstandswert für die Anwaltsgebühren (§ 31a S. 2 RVG, der § 31 Abs. 2 RVG für entsprechend anwendbar erklärt).[5] Da derselbe Rechtsanwalt zwar mehrere Antragsgegner vertritt, aber nicht wegen desselben Gegenstandes, tritt eine Erhöhung der Verfahrensgebühr nach Nr. 1008 VV nicht ein. Dies wäre nur der Fall, wenn die Aktien mehreren Auftraggebern gemeinschaftlich gehören würden. Dann würde aber keine Wertaddition stattfinden können.

§ 31b Gegenstandswert bei Zahlungsvereinbarungen

Ist Gegenstand einer Einigung nur eine Zahlungsvereinbarung (Nr. 1000 des Vergütungsverzeichnisses), beträgt der Gegenstandswert 20% des Anspruchs.

---

[2] Schneider/Wolf/*Wolf*/*Thiel* § 31a Rn. 5–7.
[3] Schneider/Wolf/*Wolf*/*Thiel* § 31a Rn. 8, 9.
[4] → § 31 Rn. 17; Schneider/Wolf/*Wolf*/*Thiel* § 31 Rn. 8.
[5] Schneider/Wolf/*Wolf*/*Thiel* § 31a Rn. 12.

I. Überblick

§ 31b RVG wurde durch das 2. KostRMoG[1] in das RVG eingefügt. Die Vorschrift ist im Zusammenhang zu sehen mit der ebenfalls durch das 2. KostRMoG eingeführten Tatbestandserweiterung der Nr. 1000 VV in Abs. 1 Ziff. 2 der Anm. zu Nr. 1000 VV. Dort stellt der Gesetzgeber nunmehr klar, dass die Einigungsgebühr auch dann entsteht, wenn der Rechtsanwalt mitwirkt beim Abschluss einer Zahlungsvereinbarung (Raten- oder Teilzahlungsvereinbarung). Eine durch das Mitwirken beim Abschluss einer Zahlungsvereinbarung entstandene Einigungsgebühr soll allerdings nicht nach dem vollen Wert des Anspruchs entstehen, wenn Gegenstand der Einigung **nur** eine Zahlungsvereinbarung war. Denn dann beläuft sich das Interesse der Parteien doch nur auf die Stundung der Forderung bzw. die Vermeidung von Mehrkosten, die hätten anfallen können, wenn es nicht zu einer Ratenzahlungsvereinbarung gekommen wäre. Dieses Interesse wurde auch bereits vor Inkrafttreten der hier beschriebenen Änderung durch das 2. KostRMoG in der Rechtsprechung nur mit einem Bruchteil des Anspruchs bewertet.[2] 1

II. Anwendungsbereich

1. Grundsätzliches

§ 31b RVG kommt nur zur Anwendung, wenn der Rechtsanwalt an einer Einigung mitwirkt, deren Gegenstand **nur** eine Zahlungsvereinbarung ist. Nach Abs. 1 Ziff. 2 der Anm. zu Nr. 1000 VV kann eine Einigungsgebühr bei Mitwirkung 2
– an einer Zahlungsvereinbarung über einen noch nicht gerichtlich geltend gemachten Anspruch
– und an einer Zahlungsvereinbarung über einen bereits gerichtlich titulierten Anspruch entstehen.
In beiden Fällen würde, wenn Gegenstand der Einigung **nur** eine Zahlungsvereinbarung wäre, § 31b RVG zur Anwendung kommen.

§ 31b RVG kommt allerdings nicht zur Anwendung, wenn sich der Gegenstand der Einigung nicht nur auf eine Zahlungsvereinbarung beschränkt. 3

§ 31b RVG regelt auch immer nur den Gegenstandswert für die Einigungsgebühr. Für die neben der Einigungsgebühr entstehenden weiteren Gebühren (wie zB bei außergerichtlicher Geltendmachung des Anspruchs die Geschäftsgebühr der Nr. 2300 VV oder bei Tätigkeit in der Zwangsvollstreckung die 0,3 Verfahrensgebühr der Nr. 3309 VV) gelten die Einschränkungen beim Gegenstandswert nach § 31b RVG **nicht**! 4

2. Nur bei Zahlungsvereinbarung

Zunächst ist festzuhalten, dass § 31b RVG nur zur Anwendung kommt, wenn es sich um einen Einigungsvertrag iSd Ziff. 2 des Abs. 1 der Anm. zu Nr. 1000 VV handelt. Wird durch den Einigungsvertrag zunächst der Streit oder die Ungewissheit über den Anspruch selbst geregelt, entsteht die Einigungsgebühr nach der Ziff. 1 des Abs. 1 der Anm. zu der Nr. 1000 VV. In diesen Fällen kommt § 31b RVG nicht zur Anwendung. Dies gilt auch dann, wenn in demselben Einigungsvertrag zunächst der Streit oder die Ungewissheit über den Anspruch selbst geregelt und des Weiteren noch eine Zahlungsvereinbarung getroffen wird.[3] 5

---

[1] BGBl. 2013 I 2586 – in Kraft getreten am 1.8.2013.
[2] *Schneider/Thiel* § 3 Rn. 371, 372 mwN.
[3] Gerold/Schmidt/*Mayer* § 31b Rn. 4; Schneider/Wolf/*N. Schneider* § 31b Rn. 22; *N. Schneider* in Anm zu OLG München AGS 411 (413); → Teil 1 VV Rn. 24 ff.

§ 31b Gegenstandswert bei Zahlungsvereinbarungen

6   Ist der Einigungsvertrag nur eine Zahlungsvereinbarung iSd Ziff. 2 des Abs. 1 der Anm. zu Nr. 1000 VV, kommt § 31b RVG ausweislich seines Wortlautes nur dann zur Anwendung, wenn Gegenstand dieser Zahlungsvereinbarung nur Zahlungsmodalitäten (wie zB Ratenhöhe, Fälligkeit der Raten, Verfallklausel bei Zahlungsrückstand oder ähnliches) ist. Enthält die Zahlungsvereinbarung noch andere Vereinbarungen, mindert sich der Gegenstandswert für die Einigungsgebühr wiederum nicht nach § 31b RVG. Eine Reduzierung des Gegenstandswertes für die Einigungsgebühr nach § 31b RVG kommt also nicht in Betracht, wenn
   – auf dem dem Anspruchsteller zustehende oder titulierte Verzugszinsen im Rahmen der Teilzahlungsvereinbarung verzichtet wird
   – auf einen Teil der außergerichtlich geltend gemachten oder titulierten Forderung verzichtet wird
   – der Schuldner wegen einer titulierten Forderung im Rahmen der Zahlungsvereinbarung auf mögliche materiell-rechtliche Einwendungen, die er im Rahmen einer Vollstreckungsgegenklage geltend machen könnte, verzichtet
   – der Schuldner sich in der Zahlungsvereinbarung verpflichtet hat, Sicherheiten zu stellen (zB Hinterlegung eines KFZ-Briefes, Abtretung der pfändbaren Forderungen aus seinem Arbeitseinkommen,[4] Hinterlegung von Wertgegenständen)
   – der Anspruchsteller Abstriche von seinen ursprünglichen Forderungen macht
   – der Schuldner über die Forderung hinaus, die ihm gegenüber geltend gemacht wird bzw. die ihm gegenüber tituliert ist, weitere Zugeständnisse macht (sich zB verpflichtet, höhere Zinsen zu zahlen).

7   Bei der Vielzahl der in der Praxis denkbaren Möglichkeiten, die Gegenstand einer Vereinbarung zwischen Anspruchsteller und Anspruchsgegner sein könnten, kann die vorstehende Aufstellung nicht abschließend sein.[5]

Praxistipp:

8   Der Gegenstandswert für die Einigungsgebühr reduziert sich nur dann nach § 31b RVG, wenn der Anspruch – unabhängig davon, ob er tituliert ist oder nicht – **unstreitig** ist. Ist dagegen der Anspruch umstritten und wird durch den Einigungsvertrag erst einmal auch der Anspruch dem Grunde und der Höhe nach geregelt und zusätzlich eine Zahlungsvereinbarung geschlossen, ist § 31b RVG nicht anwendbar.

III. 20 Prozent des Anspruchs

9   Ist Gegenstand einer Einigung nur eine Zahlungsvereinbarung, beträgt der Gegenstandswert der Einigungsgebühr 20 % des Anspruchs. In § 31b RVG ist nicht normiert „20 % der Hauptsache". Deshalb gilt folgendes: Ist die Forderung noch nicht gerichtlich geltend gemacht und wirkt der Rechtsanwalt dann mit an einer Einigung, deren Gegenstand nur eine Zahlungsvereinbarung ist, beträgt der Gegenstandswert für die Einigungsgebühr 20% der Hauptforderung. In diesem Fall sind Nebenforderungen (wie zB Zinsen und die Kosten für die außergerichtliche Geltendmachung der Forderung) nicht mit beim Gegenstandswert zu berücksichtigen (§ 23 Abs. 1 S. 3 RVG iVm § 43 Abs. 1 GKG).

Beispiel 1:
Der Rechtsanwalt ist beauftragt, für seinen Mandanten eine Hauptforderung in Höhe von 20.000 EUR zzgl. Zinsen (500 EUR) und vorgerichtliche Kosten in Höhe von 1.163,94 EUR geltend zu machen. Die außergerichtlich geltend gemachte Forderung ist unstreitig. Der Rechtsanwalt wirkt an einer Zahlungsvereinbarung mit dem Anspruchsgegner mit. Gegenstand der Einigung ist nur die Zahlungsvereinbarung.

---

[4] AG Vaihingen BeckRS 2015, 18269.
[5] HK-RVG/*Kless* § 31b Rn. 3; *Enders* Rn. C 62.

Gegenstandswert für die Geschäftsgebühr Nr. 2300 VV: 20.000 EUR
Gegenstandswert für die Einigungsgebühr Nr. 1000 VV: 4.000 EUR (20% von 20.000 EUR).

Ist der Rechtsanwalt von seinem Auftraggeber mit der Zwangsvollstreckung 10
wegen der titulierten Forderung beauftragt und wirkt er beim Abschluss einer Zahlungsvereinbarung – bei gleichzeitigem vorläufigen Verzicht auf Vollstreckungsmaßnahmen – mit, bestimmt sich der Gegenstandswert nach § 25 Abs. 1 Ziff. 1 RVG in der Regel nach dem Betrag der zu vollstreckenden Geldforderung einschließlich der Nebenforderungen (Hauptforderung + Zinsen + festgesetzte Prozesskosten + Kosten der bisherigen Zwangsvollstreckungsmaßnahmen). In diesen Fällen berechnen sich die 20% nicht nur nach der Hauptforderung, sondern nach dem Wert, der in der Zwangsvollstreckung gilt.

Beispiel 2:

Der Rechtsanwalt hat im Auftrage des Gläubigers dem Gerichtsvollzieher einen Vollstreckungsauftrag zur Pfändung und Verwertung beweglicher Sachen wegen einer Hauptforderung in Höhe von 10.000 EUR, Zinsen in Höhe von 1.000 EUR und Kosten in Höhe von 2.000 EUR erteilt. Es soll die Gesamtforderung in Höhe von 13.000 EUR vollstreckt werden. Nachdem der Gerichtsvollzieher den Schuldner mit dem Vollstreckungsauftrag konfrontiert hat, meldet sich dieser bei dem Gläubigervertreter. Der Gläubigervertreter schließt mit dem Schuldner eine Zahlungsvereinbarung, wonach die laufende Vollstreckungsmaßnahme zurückgenommen wird und bei Einhaltung der vereinbarten Teilzahlungen vorläufig keine weiteren Zwangsvollstreckungsmaßnahmen ausgebracht werden.

Gegenstandswert für die 0,3 Verfahrensgebühr Nr. 3309 VV: (Hauptforderung 10.000 EUR + Zinsen 1.000 EUR + Kosten 2.000 EUR =) 13.000 EUR

Gegenstandswert für die 1,0 Einigungsgebühr Nr. 1000, 1003 VV (20 % von 13.000 EUR =) 2.600 EUR.[6]

Zur Erstattung der Einigungsgebühr, die durch eine Zahlungsvereinbarung in der 11
Zwangsvollstreckung ausgelöst wurde, durch den Schuldner → Teil 1 VV Rn. 32 ff.

§ 32 Wertfestsetzung für die Gerichtsgebühren

(1) **Wird der für die Gerichtsgebühren maßgebende Wert gerichtlich festgesetzt, ist die Festsetzung auch für die Gebühren des Rechtsanwalts maßgebend.**

(2) **¹Der Rechtsanwalt kann aus eigenem Recht die Festsetzung des Werts beantragen und Rechtsmittel gegen die Festsetzung einlegen. ²Rechtsbehelfe, die gegeben sind, wenn die Wertfestsetzung unterblieben ist, kann er aus eigenem Recht einlegen.**

Übersicht

	Rn.
I. Überblick	1
II. Wertfestsetzung für die Zuständigkeit des Prozessgerichts oder die Zulässigkeit des Rechtsmittels	4
III. Vorläufige Wertfestsetzung für die Gerichtsgebühren	8
IV. Endgültige Wertfestsetzung für die Gerichtsgebühren	10
V. Bindung der Festsetzung des Werts für die Gerichtsgebühren auch für die Anwaltsgebühren	15
VI. Beschwerde	18

---

[6] *Schneider/Thiel* § 3 Rn. 224.

§ 32 Wertfestsetzung für die Gerichtsgebühren

I. Überblick

1 § 32 Abs. 1 RVG bestimmt, dass, wenn für die Gerichtsgebühren ein Wert gerichtlich festgesetzt worden ist, diese Festsetzung auch für die Anwaltsgebühren maßgebend ist. Die kann natürlich nur gelten, wenn die Gegenstände des gerichtlichen Verfahrens und der anwaltlichen Tätigkeit identisch sind.[1]

2 § 32 Abs. 2 RVG gewährt dem Rechtsanwalt ein eigenes Recht, die Festsetzung des Werts zu beantragen oder Rechtsmittel gegen die Festsetzung einzulegen. Dies ist auch notwendig, denn grundsätzlich ist der vom Gericht festgesetzte Streitwert auch als Gegenstandswert für die Anwaltsgebühren zu übernehmen. Setzt das Gericht den Wert zu niedrig fest, wird natürlich der Mandant von sich aus keine Beschwerde gegen die Festsetzung des Streitwerts einlegen, denn dies würde seinen eigenen Interessen zuwider laufen. Denn er müsste, wenn der Streitwert höher festgesetzt würde, auch höhere Anwaltsgebühren zahlen. Deshalb muss dem Rechtsanwalt, der im gerichtlichen Verfahren für den Mandanten tätig geworden ist, ein eigenes Antrags- und Beschwerderecht betreffend die Festsetzung des Werts zugestanden werden.

3 Da nach § 32 Abs. 1 RVG der für die Gerichtsgebühren gerichtlich festgesetzte Wert auch als Gegenstandswert für die Anwaltsgebühren zu übernehmen ist, sind die Wertfestsetzungsvorschriften und die Wertvorschriften über die Anfechtung der Festsetzung des GKG, also die §§ 61 bis 69 GKG einschlägig. In Familiensachen sind die §§ 53 bis 61 FamGKG einschlägig.

II. Wertfestsetzung für die Zuständigkeit des Prozessgerichts oder die Zulässigkeit des Rechtsmittels

4 Das Gericht kann einen Streitwert für die Zuständigkeit des Prozessgerichts oder die Zulässigkeit des Rechtsmittels festsetzen. Dieser so genannte „prozessuale Wert" bestimmt sich nach den §§ 3 bis 9 ZPO. Hat das Gericht einen Streitwert für die Entscheidung über die Zuständigkeit des Prozessgerichts oder die Zulässigkeit des Rechtsmittels festgesetzt, ist diese Festsetzung nach § 62 GKG auch für die Berechnung der Gerichtsgebühren maßgebend.[2] Dies allerdings nur dann, soweit die Wertvorschriften des GKG nicht von den §§ 3 bis 9 ZPO abweichen. Ergibt sich zB aus den Wertvorschriften der §§ 39 bis 60 GKG eine spezielle Wertvorschrift für die Gerichtskosten, so ist der Streitwert für die Gerichtskosten nach dieser speziellen Vorschrift zu bestimmen und folglich ist die Festsetzung des „prozessualen Werts" nicht bindend für den Streitwert für die Gerichtskosten.

5 In Verfahren vor den Gerichten für Arbeitssachen ist nach § 62 S. 2 GKG der für die Entscheidung über die Zuständigkeit des Prozessgerichts oder die Zulässigkeit des Rechtsmittels festgesetzte Wert nicht bindend für die Gerichtsgebühren. Der Gegenstandswert für die Gerichtsgebühren ist in diesen Fällen nach § 42 Abs. 1 bis 3 GKG zu bestimmen.

6 In Familiensachen befinden sich spezielle Vorschriften für die Bestimmung des Verfahrenswerts in den § 33 bis 53 FamGKG. Ergibt sich hieraus abweichendes, ist der Wert, der für die Zulässigkeit der Beschwerde festgesetzt worden ist, nicht auch für die Berechnung der Gerichtsgebühren zu übernehmen (§ 54 FamGKG).

7 Ob die Festsetzung des Streitwerts für die Entscheidung über die Zuständigkeit des Prozessgerichts oder die Zulässigkeit des Rechtsmittels isoliert angefochten werden kann, kann zweifelhaft sein.[3] Selbst wenn die Entscheidung über die Zuständig-

---

[1] → § 32 Rn. 15.
[2] Gerold/Schmidt/*Mayer* § 32 Rn. 34 ff.
[3] Bischof/Jungbauer/*Bischof* § 32 Rn. 12 ff.

keit des Prozessgerichts oder die Zulässigkeit des Rechtsmittels von der Partei nicht isoliert angefochten werden kann, muss doch dem Anwalt zumindest für den Fall, dass die Festsetzung des „prozessualen Wertes" als Streitwert für die Gerichtskosten und damit auch als Gegenstandswert für die Anwaltsgebühren bindend ist, ein eigenes Beschwerderecht zustanden werden.[4] Der selbst durch die Festsetzung des „prozessualen Wertes" betroffene Rechtsanwalt muss die Möglichkeit haben, aus eigenem Recht gegen die Festsetzung Beschwerde einzulegen, um Nachteile für sich abzuwenden.

III. Vorläufige Wertfestsetzung für die Gerichtsgebühren

Sind Gerichtsgebühren, die sich nach einem Streitwert richten, mit der Einreichung der Klage-, Antrags-, Einspruchs-, oder Rechtsmittelschrift fällig, setzt das Gericht gem. § 63 Abs. 1 GKG sogleich den Wert – ohne Anhörung der Parteien – durch Beschluss **vorläufig fest.** Einer vorläufigen Festsetzung bedarf es nicht, wenn der Gegenstand des Verfahrens eine bestimmte Geldsumme in Euro ist oder gesetzlich ein fester Wert bestimmt ist (§ 63 Abs. 1 S. 1, letzter Hs. GKG). Die **endgültige** Festsetzung des Streitwerts für die Gerichtskosten erfolgt durch Beschluss, sobald eine Entscheidung über den gesamten Streitgegenstand ergeht oder sich das Verfahren anderweitig erledigt (§ 63 Abs. 2 S. 1 GKG). Dies gilt nicht, wenn bereits der Streitwert für die Entscheidung über die Zuständigkeit des Prozessgerichts oder die Zulässigkeit des Rechtsmittels festgesetzt worden ist und diese Festsetzung auch für die Berechnung der Gerichtsgebühren bindend wäre.

Auch die vorläufige Festsetzung des Streitwerts für die Gerichtsgebühren ist maßgebend für den Gegenstandswert für die Anwaltsgebühren (§ 32 Abs. 1 RVG). Folglich muss auch die vorläufige Festsetzung des Streitwerts für die Gerichtskosten für den betroffenen Rechtsanwalt aus eigenem Recht mit der Beschwerde anfechtbar sein.[5] Sonst wäre nämlich der Rechtsanwalt daran gehindert, nach einem höheren Streitwert während des laufenden Verfahrens Gebührenvorschüsse zu verlangen. Das Risiko, dass der Mandant die Gebühren nach dem höheren – am Ende des Verfahrens endgültig festgesetzten Gegenstandswert – nicht mehr zahlen kann, weil er mittlerweile insolvent geworden ist, ginge voll zu Lasten des Rechtsanwalts. Dies kann nicht angehen. Daher ist ihm auch ein Beschwerderecht gegen eine vorläufige Festsetzung des Streitwerts zuzugestehen.[6]

IV. Endgültige Wertfestsetzung für die Gerichtsgebühren

Hat das Gericht einen Streitwert für die Entscheidung über die Zuständigkeit des Prozessgerichts oder die Zulässigkeit des Rechtsmittels gem. § 62 GKG festgesetzt und ist dieser Wert auch als Streitwert für die Gerichtsgebühren bindend, weil sich hierfür im GKG und FamGKG keine speziellen Vorschriften – abweichend von den Vorschriften der §§ 3 bis 9 ZPO – ergeben, so bedarf es keiner weiteren – endgültigen – Wertfestsetzung. Ist aber kein „prozessualer Wert" festgesetzt worden, setzt das Prozessgericht den Streitwert für die Gerichtskosten durch Beschluss **endgültig fest, sobald eine Entscheidung über den gesamten Streitgegenstand ergeht oder sich das Verfahren anderweitig erledigt (§ 63 Abs. 2 S. 1 GKG).**

---

[4] Umstritten, für ein eigenes Beschwerderecht des Rechtsanwalts: Bischof/Jungbauer/*Bischof* § 32 Rn. 17; Schneider/Wolf/*N. Schneider/Thiel* § 32 Rn. 42.

[5] Bischof/Jungbauer/*Bischof* § 32 Rn. 23, 24; Schneider/Wolf/*N. Schneider/Thiel* § 32 Rn. 42 f.

[6] Umstritten, siehe Nachweise bei Bischof/Jungbauer/*Bischof* § 32 Rn. 23, 24; Schneider/Wolf/*N. Schneider/Thiel* § 32 Rn. 41 ff.

§ 32 Wertfestsetzung für die Gerichtsgebühren

In Verfahren vor den Gerichten für Arbeitssachen oder der Finanzgerichtsbarkeit gilt dies nur dann, wenn ein Beteiligter oder die Staatskasse die Festsetzung beantragt oder das Gericht sie für angemessen hält (§ 63 Abs. 2 S. 2 GKG). Für Familiensachen findet sich eine entsprechende parallele Vorschrift in § 55 Abs. 2 FamGKG. Die endgültige Festsetzung des Streitwerts für die Gerichtskosten ist dann auch als Festsetzung des Gegenstandswertes für die Anwaltsgebühren maßgebend (§ 32 Abs. 1 RVG).

11   Die Festsetzung des Streitwerts für die Gerichtskosten und damit auch des Gegenstandswertes für die Anwaltsgebühren am Ende des Rechtszugs hat von Amts wegen zu erfolgen.[7] Ein Antrag auf Festsetzung des Streitwerts schadet nicht.

12   **Zuständig** für die Festsetzung des Streitwerts ist das **Prozessgericht** des Rechtszugs, für welchen der Wert festgesetzt werden soll.[8]

13   Die Festsetzung des Streitwerts erfolgt durch **Beschluss.** Oft ergeht ein separater Streitwertbeschluss. Nicht selten ergeht der Beschluss aber auch im Zusammenhang mit dem Urteil. Dann heißt es zB am Ende der Entscheidungsgründe: *„Streitwert ... ..EUR".* Auch wenn diese Entscheidung im Zusammenhang mit dem Urteil ergeht, handelt es sich förmlich um einen Beschluss, der eigenständig mit der Beschwerde anfechtbar ist.[9]

14   Nach § 63 Abs. 3 GKG kann die Festsetzung von dem Gericht, dass sie getroffen und wenn das Verfahren wegen der Hauptsache oder wegen der Entscheidung über den Streitwert, den Kostenansatz oder die Kostenfestsetzung in der Rechtsmittelinstanz schwebt, von dem Rechtsmittelgericht **von Amts wegen geändert** werden. Die Änderung ist nur innerhalb von 6 Monaten zulässig, nachdem die Entscheidung in der Hauptsache Rechtskraft erlangt, oder das Verfahren sich anderweitig erledigt hat. Wenn das Gericht die Unrichtigkeit einer endgültigen Festsetzung des Streitwerts feststellt, **muss** es – vorausgesetzt die Frist des § 63 Abs. 3 S. 2 GKG ist noch abgelaufen – den Festsetzungsbeschluss ändern.[10]

V. Bindung der Festsetzung des Werts für die Gerichtsgebühren auch für die Anwaltsgebühren

15   Nach § 32 Abs. 1 RVG ist eine gerichtliche Festsetzung des für die Gerichtsgebühren maßgebenden Werts auch für den Gegenstandswert, der den Anwaltsgebühren zugrunde zu legen ist, bindend. Dies kann aber **nur dann** gelten, wenn der Gegenstand des gerichtlichen Verfahrens und der **Gegenstand** der anwaltlichen Tätigkeit im gerichtlichen Verfahren oder im Hinblick auf das gerichtliche Verfahren **derselbe** ist. Sind die Gegenstände des gerichtlichen Verfahrens und der anwaltlichen Tätigkeit nicht identisch, ist für die Anwaltsgebühren ein gesonderter Gegenstandswert nach § 33 RVG festzusetzen.

Beispiel:
Der Kläger klagt gegen den Beklagen A auf Zahlung von 10.000 EUR und gegen den Beklagten B auf Zahlung anderer 20.000 EUR. Rechtsanwalt C vertritt als Prozessbevollmächtigter nur den Beklagten B.
Streitwert für die Gerichtskosten: (10.000 EUR + 20.000 EUR =) 30.000 EUR
Gegenstandswert für die Anwaltsgebühren des Prozessbevollmächtigten des Beklagten B: 20.000 EUR.
Der Streitwert für die Gerichtskosten wird hier vom Gericht auf 30.000 EUR festgesetzt. Diese Wertfestsetzung ist für den Gegenstandswert für die Anwaltsgebühren aber nicht bindend,

---
[7] *Meyer* GKG § 63 Rn. 11.
[8] Bischof/Jungbauer/*Bischof* § 32 Rn. 25.
[9] Schneider/Wolf/*N. Schneider/Thiel* § 32 Rn. 51.
[10] *Meyer* GKG § 63 Rn. 37.

da der Rechtsanwalt hier nur Prozessbevollmächtigter des Beklagten B war, der nur mit 20.000 EUR am Verfahren beteiligt war. Somit muss für die Anwaltsgebühren ein vom Gerichtskostenwert abweichender Wert gem. § 33 RVG festgesetzt werden.

Die Gegenstände des gerichtlichen Verfahrens und der anwaltlichen Tätigkeit sind auch zB dann nicht identisch, wenn der Prozessbevollmächtigte einen **außergerichtlichen** Vergleich schließt, in dem anhängige und nicht anhängige Gegenstände verglichen werden.[11] 16

Auch wenn zB die vorgerichtliche Tätigkeit umfassender war als der Teil der Gegenstände, die in das gerichtliche Verfahren eingeflossen sind, ist die Festsetzung des Streitwerts für die Gerichtsgebühren nicht auch für den Gegenstandswert für die Anwaltsgebühren bindend. Dies kann etwa der Fall sein, wenn vorgerichtlich ein Teil der Forderung erfüllt worden ist und nur noch der Restbetrag eingeklagt wird. Dann muss zumindest für die 0,8 Verfahrensgebühr ein vom Streitwert für die Gerichtskosten abweichender Anwaltsgebührenwert ermittelt werden.[12] 17

VI. Beschwerde

§ 32 Abs. 2 RVG gewährt dem Rechtsanwalt ein eigenes Recht, Beschwerde gegen die Festsetzung des Streitwerts für die Gerichtsgebühren, die dann auch gleichzeitig als Festsetzung des Gegenstandswertes für die Anwaltsgebühren maßgebend ist, einzulegen. Die Beschwerde **ist im eigenen Namen des Rechtsanwalts** einzulegen, wenn mit ihr ein **höherer Wert** begehrt wird. Denn der Mandant hat kein Rechtsschutzbedürfnis für eine Beschwerde, mit der ein höherer Gegenstandswert festgesetzt werden soll. Bei unklarer Formulierung in der Beschwerdeschrift wird das Gericht diese zwar möglicherweise entsprechend auslegen oder bei dem Rechtsanwalt um Klarstellung bitten, in wessen Namen nun die Beschwerde eingelegt worden ist.[13] 18

Praxistipp:

Um eine Verwerfung der Beschwerde als unzulässig vorzubeugen, sollte schon in der Beschwerdeschrift klargestellt werden, ob der Rechtsanwalt die Beschwerde gegen die Festsetzung des Streitwerts im eigenen Namen oder im Namen des Mandanten eingelegt. 19

Ausnahmsweise kann dann eine Beschwerde, mit der die Festsetzung eines höheren Streitwerts erreicht werden soll, im Namen des Mandanten eingelegt werden, wenn dieser mit dem Rechtsanwalt eine Vergütungsvereinbarung über eine höhere als die gesetzliche Vergütung nach dem RVG getroffen hat und über den höheren Wert eine höhere Erstattung durch den Gegner erreichen will.[14] 20

Soll mit der Beschwerde eine **Herabsetzung des Streitwerts** erreicht werden, ist die **Beschwerde im Namen des Mandanten einzulegen.** Denn nun fehlt es an einem Rechtsbedürfnis des Anwalts. Der erfährt durch eine Herabsetzung des Streitwerts nur Nachteile, nämlich dahingehend, dass er von seinem Mandanten niedrigere Gebühren erhält. Nach *N. Schneider/Thiel* ist aber eine Herabsetzungsbeschwerde „im Namen des Mandanten" unzulässig, wenn dieser gar keinen entsprechenden Auftrag an den Rechtsanwalt erteilt hat, sondern der Anwalt nur auf Wei- 21

---

[11] Schneider/Wolf/*N. Schneider/Thiel* § 32 Rn. 153, 154.
[12] Schneider/Wolf/*N. Schneider/Thiel* § 32 Rn. 158.
[13] Schneider/Wolf/*N. Schneider/Thiel* § 32 Rn. 218 f.
[14] *Enders* JurBüro 2008, 617, 621; VGH Mannheim NVwZ-RR 2002, 900; OVG Bautzen SächsVBl. 2004, 89; OVG Saarlouis AGS 2008, 191; OVG Greifswald AGS 2009, 43; Anderer Meinung: KG NJOZ 2016, 647.

sung des Rechtsschutzversicherers tätig wird.[15] Allerdings stellt sich hier die Frage, ob der Mandant nicht aus den sich aus dem Rechtsschutzversicherungsvertrag ergebenden Obliegenheiten verpflichtet ist, den Anwalt mit der Einlegung der Beschwerde gegen den Streitwertbeschluss zu beauftragen, wenn sich Anhaltspunkte für einen zu hoch festgesetzten Streitwert ergeben.[16]

22 Die Beschwerde ist nur **zulässig,** wenn der **Wert des Beschwerdegegenstandes 200 EUR übersteigt** (§ 68 Abs. 1 S. 1 GKG). Der Wert des Beschwerdegegenstandes errechnet sich nicht aus dem Unterschiedsbetrag der Gegenstandswerte an sich, sondern nach der Differenz der Gebühren. Die Beschwerde muss also zum Ziel haben, dass der Streitwert derart hoch oder herabgesetzt wird, dass der Rechtsanwalt mindestens 200,01 EUR Gebühren mehr oder weniger erhält.[17] Die Umsatzsteuer, welche die Partei an den Anwalt auf die Anwaltsvergütung zu zahlen hat, fließt in die Berechnung des Werts des Beschwerdegegenstandes ein.[18]

23 Die Beschwerde ist unabhängig vom Wert des Beschwerdegegenstandes zulässig, wenn sie das Gericht, das die angefochtene Entscheidung erlassen hat, wegen der **grundsätzlichen Bedeutung** der zur Entscheidung stehenden Frage **zugelassen hat.**

24 Die **Beschwerde** ist **innerhalb von sechs Monaten einzulegen,** nachdem die Entscheidung in der Hauptsache Rechtskraft erlangt oder das Verfahren sich anderweitig erledigt hat (§§ 68 Abs. 1 S. 3, 63 Abs. 3 S. 2 GKG). Ist der Streitwert später als ein Monat vor Ablauf dieser Frist festgesetzt worden, kann sie noch innerhalb eines Monats nach Zustellung oder formloser Mitteilung des Festsetzungsbeschlusses eingelegt werden (§ 68 Abs. 1 S. 3 GKG). Handelt es sich um eine Wertfestsetzung nach § 33 RVG, ist die Beschwerde innerhalb zwei Wochen nach Zustellung des Beschlusses über die Festsetzung des Gegenstandswertes einzulegen (§ 33 Abs. 3 S. 3 RVG).

25 Das Beschwerdeverfahren betreffend die Festsetzung des Streitwerts ist **gerichtsgebührenfrei** (§ 68 Abs. 3 S. 1 GKG). **Kosten** sind **nicht zu erstatten** (§ 68 Abs. 3 S. 2 GKG). Die im Streitwertbeschwerdeverfahren obsiegende Partei kann also die ihr entstandenen Anwaltskosten nicht von der dort unterliegenden Partei erstattet verlangen.

26 Der Rechtsanwalt, der im eigenen Namen die Beschwerde gegen Festsetzung des Streitwerts eingelegt hat, erhält für seine Tätigkeit in dem Beschwerdeverfahren keine gesonderten Gebühren. Wird der Rechtsanwalt allerdings von dem Mandanten beauftragt, Beschwerde gegen die Festsetzung des Gegenstandswertes im Namen des Mandanten einzulegen, so fällt im Beschwerdeverfahren eine 0,5 Verfahrensgebühr nach Nr. 3500 VV an. Als Gegenstandswert für diese Verfahrensgebühr ist die Gebührendifferenz anzunehmen, die sich ergibt nach dem vom Gericht festgesetzten Streitwert und dem mit der Beschwerde begehrten Streitwert.[19]

27 Eine **weitere Beschwerde** ist nur zulässig, wenn das Landgericht als Beschwerdegericht entschieden und sie wegen der grundsätzlichen Bedeutung der zur Entscheidung stehenden Frage in dem Beschluss zugelassen hat. Sie kann nur darauf gestützt werden, dass die Entscheidung auf eine Verletzung des Rechts beruht. Über die weitere Beschwerde entscheidet das OLG (§§ 66 Abs. 4, 68 Abs. 1 S. 5 GKG). Die weitere Beschwerde ist innerhalb eines Monats nach Zustellung der Entscheidung des Beschwerdegerichts einzulegen (§ 68 Abs. 1 S. 6 GKG). Eine Beschwerde an

---

[15] Schneider/Wolf/*N. Schneider/Thiel* § 32 Rn. 225.
[16] Zur Obliegenheit einer Streitwertbeschwerde siehe AG Hamburg zfs 2000, 360 = BRAGOreport 2001, 145 mAnm *N. Schneider.*
[17] *Enders* Rn. E 224 mit Berechnungsbeispiel.
[18] Gerold/Schmidt/*Mayer* § 32 Rn. 95.
[19] Schneider/Wolf/*N. Schneider/Thiel* § 32 Rn. 244.

einen obersten Gerichtshof des Bundes findet nicht statt (§§ 66 Abs. 3 S. 4, 68 Abs. 1 S. 5 GKG).

Ist keine Beschwerde mehr möglich, kann eine **Gegenvorstellung** bei dem 28 Gericht, das den anzugreifenden Streitwert festgesetzt hat, erhoben werden.[20] Überzeugen die Ausführungen in der Gegenvorstellung das Gericht, kann das Gericht die Festsetzung des Streitwerts ändern. Dies ist allerdings nur innerhalb einer Frist von sechs Monaten zulässig, nachdem die Entscheidung in der Hauptsache Rechtskraft erlangt oder das Verfahren sich anderweitig erledigt hat (§ 63 Abs. 3 S. 2 GKG). Nach Ablauf dieser Frist kann auch aufgrund einer Gegenvorstellung eine Änderung des Wertfestsetzungsbeschlusses nicht mehr erfolgen.[21] Eine Gegenvorstellung ist auch dann möglich, wenn ein Wert des Beschwerdegegenstandes von mindestens 200 EUR nicht erreicht wird.

§ 33 Wertfestsetzung für die Rechtsanwaltsgebühren

(1) Berechnen sich die Gebühren in einem gerichtlichen Verfahren nicht nach dem für die Gerichtsgebühren maßgebenden Wert oder fehlt es an einem solchen Wert, setzt das Gericht des Rechtszugs den Wert des Gegenstands der anwaltlichen Tätigkeit auf Antrag durch Beschluss selbstständig fest.

(2) [1]Der Antrag ist erst zulässig, wenn die Vergütung fällig ist. [2]Antragsberechtigt sind der Rechtsanwalt, der Auftraggeber, ein erstattungspflichtiger Gegner und in den Fällen des § 45 die Staatskasse.

(3) [1]Gegen den Beschluss nach Absatz 1 können die Antragsberechtigten Beschwerde einlegen, wenn der Wert des Beschwerdegegenstands 200 Euro übersteigt. [2]Die Beschwerde ist auch zulässig, wenn sie das Gericht, das die angefochtene Entscheidung erlassen hat, wegen der grundsätzlichen Bedeutung der zur Entscheidung stehenden Frage in dem Beschluss zulässt. [3]Die Beschwerde ist nur zulässig, wenn sie innerhalb von zwei Wochen nach Zustellung der Entscheidung eingelegt wird.

(4) [1]Soweit das Gericht die Beschwerde für zulässig und begründet hält, hat es ihr abzuhelfen; im Übrigen ist die Beschwerde unverzüglich dem Beschwerdegericht vorzulegen. [2]Beschwerdegericht ist das nächsthöhere Gericht, in Zivilsachen der in § 119 Nr. 1 des Gerichtsverfassungsgesetzes bezeichneten Art jedoch das Oberlandesgericht. [3]Eine Beschwerde an einen obersten Gerichtshof des Bundes findet nicht statt. [4]Das Beschwerdegericht ist an die Zulassung der Beschwerde gebunden; die Nichtzulassung ist unanfechtbar.

(5) [1]War der Beschwerdeführer ohne sein Verschulden verhindert, die Frist einzuhalten, ist ihm auf Antrag von dem Gericht, das über die Beschwerde zu entscheiden hat, Wiedereinsetzung in den vorigen Stand zu gewähren, wenn er die Beschwerde binnen zwei Wochen nach der Beseitigung des Hindernisses einlegt und die Tatsachen, welche die Wiedereinsetzung begründen, glaubhaft macht. [2]Ein Fehlen des Verschuldens wird vermutet, wenn eine Rechtsbehelfsbelehrung unterblieben oder fehlerhaft ist. [3]Nach Ablauf eines Jahres, von dem Ende der versäumten Frist an gerechnet, kann die Wiedereinsetzung nicht mehr beantragt werden. [4]Gegen die Ablehnung der Wiedereinsetzung findet die Beschwerde statt. [5]Sie ist nur zulässig, wenn sie innerhalb von zwei Wochen eingelegt wird. [6]Die Frist

---

[20] So auch BGH BeckRS 2016, 08172 für eine Gegenvorstellung durch einen Rechtsanwalt gegen einen im Nichtzulassungsbeschwerdeverfahren ergangenen Streitwertbeschluss des BGH.
[21] Schneider/Wolf/*N. Schneider/Thiel* § 32 Rn. 242; BGH BeckRS 2016, 08172.

§ 33 Wertfestsetzung für die Rechtsanwaltsgebühren

beginnt mit der Zustellung der Entscheidung. ⁶Absatz 4 Satz 1 bis 3 gilt entsprechend.

(6) ¹Die weitere Beschwerde ist nur zulässig, wenn das Landgericht als Beschwerdegericht entschieden und sie wegen der grundsätzlichen Bedeutung der zur Entscheidung stehenden Frage in dem Beschluss zugelassen hat. ²Sie kann nur darauf gestützt werden, dass die Entscheidung auf einer Verletzung des Rechts beruht; die §§ 546 und 547 der Zivilprozessordnung gelten entsprechend. ³Über die weitere Beschwerde entscheidet das Oberlandesgericht. ⁴Absatz 3 Satz 3, Absatz 4 Satz 1 und 4 und Absatz 5 gelten entsprechend.

(7) ¹Anträge und Erklärungen können ohne Mitwirkung eines Bevollmächtigten schriftlich eingereicht oder zu Protokoll der Geschäftsstelle abgegeben werden; § 129a der Zivilprozessordnung gilt entsprechend. ²Für die Bevollmächtigung gelten die Regelungen der für das zugrunde liegende Verfahren geltenden Verfahrensordnung entsprechend. ³Die Beschwerde ist bei dem Gericht einzulegen, dessen Entscheidung angefochten wird.

(8) ¹Das Gericht entscheidet über den Antrag durch eines seiner Mitglieder als Einzelrichter; dies gilt auch für die Beschwerde, wenn die angefochtene Entscheidung von einem Einzelrichter oder einem Rechtspfleger erlassen wurde. ²Der Einzelrichter überträgt das Verfahren der Kammer oder dem Senat, wenn die Sache besondere Schwierigkeiten tatsächlicher oder rechtlicher Art aufweist oder die Rechtssache grundsätzliche Bedeutung hat. ³Das Gericht entscheidet jedoch immer ohne Mitwirkung ehrenamtlicher Richter. ⁴Auf eine erfolgte oder unterlassene Übertragung kann ein Rechtsmittel nicht gestützt werden.

(9) ¹Das Verfahren über den Antrag ist gebührenfrei. ²Kosten werden nicht erstattet; dies gilt auch im Verfahren über die Beschwerde.

Übersicht

	Rn.
I. Überblick	1
II. Anwendbarkeit	5
III. Antrag auf Wertfestsetzung	7
1. Gerichtliches Verfahren	8
2. Vergütung muss fällig sein	10
3. Antragsberechtigte	13
4. Entscheidung	18
IV. Beschwerde	19
V. Weitere Beschwerde	24
VI. Gerichtskosten und Kostenerstattung	25
VII. Gesonderte Anwaltsgebühren im Antrags- oder Beschwerdeverfahren?	28
VIII. Unterbliebene oder fehlerhafte Rechtsbehelfsbelehrung	31

I. Überblick

1   Soweit sich die Gerichtsgebühren nach einem Wert richten, bestimmt sich der Gegenstandswert für die Anwaltsgebühren für eine Tätigkeit im gerichtlichen Verfahren nach den für die Gerichtsgebühren geltenden Wertvorschriften (§ 23 Abs. 1 S. 1 RVG). Wird der für die Gerichtsgebühren maßgebende Wert gerichtlich festgesetzt, ist diese Festsetzung auch für die Gebühren des Rechtsanwalts maßgebend

Wertfestsetzung für die Rechtsanwaltsgebühren **§ 33**

(§ 32 Abs. 1 RVG). In gerichtlichen Verfahren, in denen wertabhängige Gerichtsgebühren anfallen und in denen der Gegenstand des gerichtlichen Verfahrens und der der anwaltlichen Tätigkeit identisch sind, ist kein Raum für eine Festsetzung des Gegenstandswertes nach § 33 RVG. In diesen Fällen erfolgt die Festsetzung nach § 32 RVG. § 32 Abs. 2 RVG gibt dem Rechtsanwalt ein eigenes Recht, die Festsetzung des Werts zu beantragen und Rechtsmittel gegen die Festsetzung einzulegen.

Fehlt es an einem Streitwert für die Gerichtsgebühren oder kann der Streitwert 2 für die Gerichtsgebühren nicht als Gegenstandswert für die Anwaltsgebühren herangezogen werden, ist für die Anwaltsgebühren ein eigener Gegenstandswert festzusetzen. Die Festsetzung des Gegenstandswertes für die Anwaltsgebühren erfolgt dann nach § 33 RVG. Im Festsetzungsverfahren nach § 33 RVG geltend gegenüber der Festsetzung nach § 32 RVG einige Besonderheiten. So erfolgt zB eine Festsetzung nach § 33 RVG nicht von Amts wegen, sondern nur auf Antrag (§ 33 Abs. 1 RVG). Der Antrag ist erst zulässig, wenn die Vergütung fällig ist (§ 33 Abs. 2 S. 1 RVG). Die Festsetzung nach § 33 RVG wirkt nur für die Anwaltsgebühren, des Rechtsanwalts, der die Festsetzung nach § 33 RVG beantragt hat oder für dessen Vergütung die Festsetzung von einem anderen Antragsberechtigten iSd § 33 Abs. 2 S. 2 RVG beantragt wurde. Die Beschwerde gegen Beschluss über die Festsetzung nach § 33 RVG ist innerhalb nach 2 Wochen nach Zustellung der Entscheidung einzulegen (§ 33 Abs. 3 S. 3 RVG).

§ 33 RVG regelt eigenständig den Antrag auf Wiedereinsetzung in den vorigen 3 Stand (§ 33 Abs. 5 RVG). § 33 Abs. 6 RVG regelt, wann die weitere Beschwerde zulässig ist. In § 33 Abs. 8 RVG ist bestimmt, in welcher Besetzung das Gericht über den Antrag und die Beschwerde zu entscheiden hat.

Mit Inkrafttreten zum 1.1.2014 wird durch das Gesetz zur Einführung einer 4 Rechtsbehelfsbelehrung im Zivilprozess und zur Änderung anderer Vorschriften[1] nach § 33 Abs. 5 S. 2 RVG folgender Satz eingefügt:

„Ein fehlendes Verschuldens wird vermutet, wenn eine Rechtsbehelfsbelehrung unterblieben oder fehlerhaft ist."[2]

II. Anwendbarkeit

§ 33 Abs. 1 RVG ist nur anwendbar, wenn sich die Anwaltsgebühren in einem 5 gerichtlichen Verfahren nicht nach dem für die Gerichtsgebühren maßgebenden Wert berechnen oder es an einem Streitwert für die Gerichtskosten ganz fehlt (§ 33 Abs. 1 RVG). Dies kann zB der Fall sein, wenn
- das gerichtliche Verfahren gerichtsgebührenfrei ist
- sich die Gerichtsgebühren nicht nach einem Wert richten, weil zB Festgebühren anfallen[3]
- sich der Gegenstandswert für die Anwaltsgebühren nicht nach denselben Vorschriften bestimmt, wie der Streitwert für Gerichtskosten[4]
- der Gegenstand des gerichtlichen Verfahrens und der Gegenstand der anwaltlichen Tätigkeit nicht identisch sind.[5]

Beispiel:

Der Rechtsanwalt vertritt in einem Prozesskostenhilfe-Bewilligungsverfahren. Der vom Rechtsanwalt für den Mandanten gestellte Antrag auf Bewilligung von Prozesskostenhilfe wird

---
[1] BGBl. 2012 I 2418.
[2] → § 33 Rn. 31.
[3] HK-RVG/*Kroiß* § 33 Rn. 7; Gerold/Schmidt/*Mayer* § 33 Rn. 2.
[4] HK-RVG/*Kroiß* § 33 Rn. 5.
[5] Gerold/Schmidt/*Mayer* § 33 Rn. 3; HK-RVG/*Kroiß* § 33 Rn. 6.

abgelehnt. Eine Klage zur Hauptsache wird nicht erhoben. Da ein Prozesskostenhilfe – Bewilligungsverfahren gerichtsgebührenfrei ist, erfolgt keine Wertfestsetzung für die Gerichtsgebühren. Der Rechtsanwalt kann die Festsetzung des Gegenstandswertes für die Anwaltsgebühren nach § 33 RVG beantragen. Das Gericht setzt dann auf Antrag den Gegenstandswert für die Anwaltsgebühren fest.[6]

Beispiel 2:

Es ist Klage erhoben gegen den Beklagten A auf Zahlung von 7.000 EUR. In derselben Klage wird der Beklagte B auf Zahlung – anderer – 10.000 EUR in Anspruch genommen. Rechtsanwalt M vertritt als Prozessbevollmächtigter nur den Beklagten B.
Streitwert für die Gerichtskosten: 17.000 EUR.
Da vorliegend der Gegenstand des gerichtlichen Verfahrens und der Gegenstand der anwaltlichen Tätigkeit des Rechtsanwalts M nicht voll identisch sind, kann der Streitwert der für die Gerichtskosten gilt, nicht als Gegenstandswert für die Anwaltsgebühren des Rechtsanwalts M übernommen werden. Rechtsanwalt M kann Festsetzung des Gegenstandswertes für die bei ihm entstandenen Anwaltsgebühren gem. § 33 RVG beantragen.
Gegenstandswert für die Anwaltsgebühren von Rechtsanwalt M: 10.000 EUR.
Für den Prozessbevollmächtigten des Klägers ist als Gegenstandswert für die Anwaltsgebühren der auch als Streitwert für die Gerichtsgebühren festgesetzte Wert zu übernehmen (§ 32 Abs. 1 RVG).

6 Ist eine Festsetzung nach § 32 RVG möglich, ist grundsätzlich für eine Festsetzung nach § 33 RVG kein Raum. Etwas anderes gilt nur dann, wenn die Gegenstände der anwaltlichen Tätigkeit und des gerichtlichen Verfahrens nicht identisch sind (vgl. vorstehendes Beispiel 2 → Rn. 5).[7]

III. Antrag auf Wertfestsetzung

7 Die Festsetzung des Gegenstandswertes für die Anwaltsgebühren nach § 33 RVG findet **nur auf Antrag** statt (§ 33 Abs. 1 letzter Hs. RVG). Nur der Streitwert für die Gerichtsgebühren wird von Amts wegen festgesetzt. Wenn diese Festsetzung aber nicht nach § 32 Abs. 1 RVG auch als Festsetzung des Gegenstandswertes für die Anwaltsgebühren übernommen werden kann, dann muss die Festsetzung eines besonderen Gegenstandswertes für die Anwaltsgebühren beantragt werden.[8]

1. Gerichtliches Verfahren

8 Eine Festsetzung des Gegenstandswertes für die Anwaltsgebühren ist nur möglich, wenn ein gerichtliches Verfahren stattfindet bzw. stattgefunden hat. Der Rechtsanwalt muss im gerichtlichen Verfahren oder im Hinblick auf das gerichtliche Verfahren tätig geworden sein. Nicht erforderlich ist, dass der Rechtsanwalt – für das Gericht ersichtlich – tätig geworden ist. So kann auch der als Verkehrsanwalt oder der als Terminsvertreter tätige Rechtsanwalt – wenn die Voraussetzungen im Übrigen vorliegen – Wertfestsetzung nach § 33 RVG beantragen.[9]

9 Nicht mit festsetzbar nach § 33 RVG sind Teile des Gegenstandswertes, wegen welcher es nicht zu einem gerichtlichen Verfahren gekommen ist.[10]

---

[6] OLG Rostock JurBüro 2009, 540.
[7] Gerold/Schmidt/*Mayer* § 33 Rn. 4.
[8] Gerold/Schmidt/*Mayer* § 33 Rn. 9; HK-RVG/*Kroiß* § 33 Rn. 8.
[9] Schneider/Wolf/*N. Schneider/Thiel* § 33 Rn. 56.
[10] Schneider/Wolf/*N. Schneider/Thiel* § 33 Rn. 16.

Wertfestsetzung für die Rechtsanwaltsgebühren § 33

Beispiel:
Der Rechtsanwalt ist von seinem Mandanten beauftragt worden, gegenüber dem Beklagten einen Betrag in Höhe 20.000 EUR einzuklagen. Bevor er die Klage bei Gericht eingereicht hat, zahlt der Beklagte 8.000 EUR. Die Klage wird bei Gericht nur noch wegen 12.000 EUR eingereicht. Das Gericht wird den Streitwert für die Gerichtskosten auf 12.000 EUR festsetzen. Diese Wertfestsetzung für die Gerichtskosten ist auch als Wertfestsetzung für den Gegenstandswert für die Anwaltsgebühren maßgebend (§ 32 Abs. 1 RVG).

Nach der Differenz in Höhe von 8.000 EUR (Auftrag: 20.000 EUR, vor Klageerhebung gezahlt: 8.000 EUR, eingeklagt nur noch 12.000 EUR) hatte der Rechtsanwalt eine 0,8 Verfahrensgebühr Nr. 3101 Ziff. 1 VV verdient. Der Wert hierfür kann allerdings nicht gem. § 33 RVG festgesetzt werden, da es wegen der 8.000 EUR an einem gerichtlichen Verfahren fehlt.

2. Vergütung muss fällig sein

Nach § 33 Abs. 2 S. 1 RVG ist der Antrag auf Festsetzung des Gegenstandswertes 10 für die Anwaltsvergütung erst zulässig, wenn die Anwaltsvergütung fällig ist. Wann der Vergütungsanspruch des Anwalts fällig ist, ergibt sich aus § 8 RVG.[11]

Unabhängig von der Fälligkeit der Vergütung kann der Rechtsanwalt nach § 9 11 RVG jederzeit einen Vorschuss in Höhe der voraussichtlich entstehenden Gebühren und Auslagen verlangen. Dieser Vorschuss kann jedoch berechnet werden, ohne dass es eines verbindlich festgesetzten Gegenstandswertes für die Anwaltsgebühren bedarf. Für die Bestimmung des Vorschusses reicht es aus, dass der Anwalt den Gegenstand vorläufig selbst ermittelt.

Auch nach Erfüllung des Vergütungsanspruches kann noch ein Rechtsschutzbe- 12 dürfnis für eine nachträgliche Festsetzung des Gegenstandswertes für die Anwaltsgebühren nach § 33 RVG gegeben sein, wenn zB im Nachhinein Streit über den vom Anwalt angesetzten Gegenstandswert aufkommt und der Mandant Rückforderungsansprüche geltend macht, weil seiner Meinung nach die Gebühren nach einem erhöhten Gegenstandswert berechnet worden sind.[12]

3. Antragsberechtigte

Antragsberechtigte sind gem. § 33 Abs. 2 S. 1 RVG der Rechtsanwalt, der Auftrag- 13 geber, ein erstattungspflichtiger Gegner und in den Fällen des § 45 RVG die Staatskasse.

Nicht nur der als Prozess- oder Verfahrensbevollmächtigter tätige Rechtsanwalt 14 ist berechtigt, den Antrag auf Festsetzung des Gegenstandswertes für die Anwaltsgebühren gem. § 33 RVG zu stellen. Auch der als Verkehrsanwalt oder als Terminsvertreter tätige Rechtsanwalt kann für seinen Gebührenanspruch den Gegenstandswert gem. § 33 RVG festsetzen lassen.[13]

Der Rechtsanwalt kann den Festsetzungsantrag aus eigenem Recht stellen. 15
Für den Festsetzungsantrag besteht kein Anwaltszwang. Der Festsetzungsantrag 16 kann auch zu Protokoll der Geschäftsstelle abgegeben werden (§ 33 Abs. 7 RVG). Soweit gem. § 130a Abs. 2 ZPO elektronische Dokumente bei dem Gericht eingereicht werden können, genügt die Aufzeichnung und Übermittlung als elektronisches Dokument.[14]

Der Antrag ist bei dem Gericht des Rechtszugs, für den die Vergütung berechnet 17 werden soll, zu stellen.[15]

---

[11] Schneider/Wolf/*N. Schneider/Thiel* § 33 Rn. 51.
[12] Schneider/Wolf/*N. Schneider/Thiel* § 33 Rn. 54 u. 55.
[13] HK-RVG/*Kroiß* § 33 Rn. 12.
[14] HK-RVG/*Kroiß* § 33 Rn. 13.
[15] HK-RVG/*Kroiß* § 33 Rn. 10.

4. Entscheidung

18 Das Gericht entscheidet über Anträge nach § 33 RVG – wie sonst auch bei der Festsetzung des Streit- bzw. Gegenstandswertes – durch Beschluss (§ 33 Abs. 1 RVG). In § 33 Abs. 8 RVG ist festgeschrieben, in welcher Besetzung das Gericht über den Antrag auf Festsetzung des Gegenstandswertes für die Anwaltsgebühren nach § 33 RVG zu entscheiden hat. Auf eine erfolgte oder unterlassene Übertragung des Verfahrens durch den Einzelrichter auf die Kammer oder den Senat kann ein Rechtsmittel allerdings nicht gestützt werden (§ 33 Abs. 8 S. 4 RVG).

IV. Beschwerde

19 Gegen den Beschluss über die Festsetzung des Gegenstandswertes nach § 33 RVG ist die **Beschwerde** möglich (§ 33 Abs. 3 RVG). Die Beschwerde ist bei dem Gericht einzulegen, dessen Entscheidung angefochten wird (§ 33 Abs. 7 S. 3 RVG). Sie ist durch Erklärung zu Protokoll der Geschäftsstelle oder schriftlich einzulegen (§ 33 Abs. 7 S. 1 RVG). Die §§ 129a und 130a ZPO gelten entsprechend.[16]

20 Die Beschwerde ist zulässig, wenn der **Wert des Beschwerdegegenstandes 200 EUR übersteigt** (§ 33 Abs. 3 S. 1 RVG).[17] Die Beschwerde ist auch zulässig, wenn Sie das Gericht, das die angefochtene Entscheidung erlassen hat, wegen der grundsätzlichen Bedeutung der zur Entscheidung stehenden Frage in dem Beschluss zulässt (§ 33 Abs. 3 S. 2 RVG).

21 Die Beschwerde ist **fristgebunden!** Die Beschwerde ist **innerhalb von zwei Wochen** nach Zustellung der Entscheidung, die angefochten werden soll, einzulegen (§ 33 Abs. 3 S. 3 RVG). Dies ist einer der entscheidenden Unterschiede zur Wertfestsetzung nach § 32 RVG. Im Falle einer Wertfestsetzung nach § 32 RVG kann die Beschwerde innerhalb von sechs Monaten, nachdem die Entscheidung in der Hauptsache Rechtskraft erlangt oder das Verfahren sich anderweitig erledigt hat, eingelegt werden (§ 32 RVG, § 68 Abs. 1 S. 3 GKG, § 63 Abs. 3 S. 2 GKG). Handelt es sich allerdings um eine Wertfestsetzung ausschließlich für den Gegenstandswert für die Anwaltsgebühren nach § 33 RVG, ist die Beschwerde innerhalb von zwei Wochen einzulegen.

22 War der Beschwerdeführer ohne sein Verschulden verhindert, die Frist zur Einlegung der Beschwerde einzuhalten, ist ihm auf Antrag von dem Gericht, dass über die Beschwerde zu entscheiden hat, Wiedereinsetzung in den vorigen Stand zu gewähren. Unter welchen Voraussetzungen Wiedereinsetzung in den vorigen Stand gewährt werden kann, ist in § 33 Abs. 5 RVG geregelt. Daraus ergeben sich auch die Fristen, die für den Antrag auf Wiedereinsetzung in den vorigen Stand und die nachträgliche Einlegung des Rechtsbehelfs zu beachten sind.

23 Soweit das Gericht die Beschwerde für zulässig und begründet hält, hat es hier abzuhelfen. Andernfalls ist die Beschwerde unverzüglich dem Beschwerdegericht vorzulegen. Beschwerdegericht ist das nächst höhere Gericht (§ 33 Abs. 4 S. 1 RVG). Eine Beschwerde an einen obersten Gerichtshof des Bundes findet nicht statt. (§ 33 Abs. 4 S. 3 RVG). Das Beschwerdegericht ist an die Zulassung der Beschwerde gebunden; die Nichtzulassung ist nach § 33 Abs. 4 S. 4 RVG unanfechtbar.

V. Weitere Beschwerde

24 Nach § 33 Abs. 6 RVG ist eine weitere Beschwerde nur zulässig, wenn das Landgericht als Beschwerdegericht entschieden und sie wegen der grundsätzlichen Bedeu-

---

[16] HK-RVG/*Kroiß* § 33 Rn. 17.
[17] Zur Ermittlung des Werts des Beschwerdegegenstandes → § 32 Rn. 22.

Wertfestsetzung für die Rechtsanwaltsgebühren § 33

tung der zur Entscheidung anstehenden Frage in dem Beschluss zugelassen hat. Die weitere Beschwerde kann nur darauf gestützt werden, dass die Entscheidung auf einer Verletzung des Rechts beruht. Die §§ 546, 547 ZPO gelten entsprechend. Über die weitere Beschwerde entscheidet das OLG.

VI. Gerichtskosten und Kostenerstattung

Nach § 33 Abs. 9 S. 1 RVG ist das Verfahren über den Antrag auf Festsetzung des 25
Gegenstandswertes für die Anwaltsgebühren gerichtsgebührenfrei. Im Antragsverfahren fallen also keine Gerichtsgebühren an.

Anders ist dies, im Falle einer **erfolglosen Beschwerde.** Wird die Beschwerde 26
verworfen oder zurückgewiesen fällt nach Nr. 1812 GKG KV eine Festgebühr von 60 EUR an. Wird die Beschwerde nur teilweise verworfen oder zurückgewiesen, kann das Gericht die Gebühr nach billigem Ermessen auf die Hälfte ermäßigen oder bestimmen, dass eine Gebühr nicht zu erheben ist.

Eine Kostenerstattung findet weder im Antrags- noch im Beschwerdeverfahren 27
statt (§ 33 Abs. 9 S. 2 RVG).

VII. Gesonderte Anwaltsgebühren im Antrags- oder Beschwerdeverfahren?

Beantragt der Rechtsanwalt **im eigenen Namen** Festsetzung des Gegenstands- 28
wertes für die Anwaltsgebühren nach § 33 RVG oder legt er im eigenen Namen Beschwerde ein, wird er hierfür keine gesonderten Anwaltsgebühren verlangen können (von wem auch?).

Beantragt der Rechtsanwalt im Namen des Mandanten Festsetzung des Gegen- 29
standswertes für die Anwaltsgebühren nach § 33 RVG gehört die Tätigkeit, wenn er zuvor in dem gerichtlichen Verfahren schon für die Mandantin als Prozess- oder Verfahrensbevollmächtigter oder ähnliches tätig war, gem. § 19 Abs. 1 S. 2 Nr. 3 RVG gebührenrechtlich zum Rechtszug und ist mit den Gebühren, die der Rechtsanwalt im Verfahren verdient hat, abgegolten.

Legt er für die Mandantin Beschwerde gegen die Festsetzung des Gegenstandswer- 30
tes nach § 33 RVG ein und vertritt die Mandantin auch in dem Beschwerdeverfahren, entsteht neben den Gebühren, die er bereits evtl. für eine Tätigkeit als Prozess- oder Verfahrensbevollmächtigter verdient hatte, eine 0,5 Verfahrensgebühr nach Nr. 3500 VV. Gegenstand dieser Verfahrensgebühr ist der Gebührenunterschied, der sich ergibt nach dem ursprünglich festgesetzten Wert und der Änderung des Werts, die im Beschwerdeverfahren begehrt wird.[18]

VIII. Unterbliebene oder fehlerhafte Rechtsbehelfsbelehrung

Mit Inkrafttreten zum 1.1.2014 wird durch das Gesetz zur Einführung einer 31
Rechtsbehelfsbelehrung im Zivilprozess und Änderung anderer Vorschriften[19] ein neuer § 12c in das RVG eingefügt. Danach hat jede anfechtbare Entscheidung eine Belehrung über den statthaften Rechtsbehelf zu enthalten.[20] Wenn die anfechtbare Entscheidung keine oder eine fehlerhafte Rechtsbehelfsbelehrung enthält, und die durch die Entscheidung beschwerte Partei hierdurch die Frist zur Einlegung des Rechtsbehelfs versäumt, kann diese Wiedereinsetzung in der vorherigen Stand bean-

---

[18] HK-RVG/*Kroiß* § 33 Rn. 34.
[19] BGBl. 2012 I 2418.
[20] → § 12c Rn. 1 ff.

tragen. Hierzu bestimmt § 33 Abs. 5 S. 2 RVG das ein Fehlen des Verschuldens vermutet wird, wenn eine Rechtsbehelfsbelehrung unterblieben oder fehlerhaft ist.

Abschnitt 5. Außergerichtliche Beratung und Vertretung

§ 34 Beratung, Gutachten und Mediation

(1) ¹Für einen mündlichen oder schriftlichen Rat oder eine Auskunft (Beratung), die nicht mit einer anderen gebührenpflichtigen Tätigkeit zusammenhängen, für die Ausarbeitung eines schriftlichen Gutachtens und für die Tätigkeit als Mediator soll der Rechtsanwalt auf eine Gebührenvereinbarung hinwirken, soweit in Teil 2 Abschn. 1 des Vergütungsverzeichnisses keine Gebühren bestimmt sind. ²Wenn keine Vereinbarung getroffen worden ist, erhält der Rechtsanwalt Gebühren nach den Vorschriften des bürgerlichen Rechts. ³Ist im Falle des Satzes 2 der Auftraggeber Verbraucher, beträgt die Gebühr für die Beratung oder für die Ausarbeitung eines schriftlichen Gutachtens jeweils höchstens 250 Euro; § 14 Abs. 1 gilt entsprechend; für ein erstes Beratungsgespräch beträgt die Gebühr jedoch höchstens 190 Euro.

(2) Wenn nichts anderes vereinbart ist, ist die Gebühr für die Beratung auf eine Gebühr, die der Rechtsanwalt für eine sonstige Tätigkeit erhält, die mit der Beratung zusammenhängt, anzurechnen.

Übersicht

	Rn.
I. Überblick	1
II. Normzweck	4
III. Anwendungsbereich	7
1. Beratung	8
a) Begriff der Beratung	8
b) Gegenstand der Beratung	15
c) Umfang der Beratung	19
d) Beratung durch Vertreter des Rechtsanwalts	20
2. Gutachten	24
3. Mediation	27
IV. Dreistufiger Aufbau	31
V. Vergütung aufgrund Gebührenvereinbarung (Abs. 1 S. 1)	37
1. Normzweck	37
2. Preiswettbewerb, Preiswerbung	40
3. Anforderungen an eine Gebührenvereinbarung	42
a) Allgemeine Anforderungen	42
b) Anforderungen nach § 3a	43
c) Inhalt der Gebührenvereinbarung	46
VI. Prüfung der Erfolgsaussichten eines Rechtsmittels (Ausnahme von Abs. 1 S. 1)	53
VII. Vergütung ohne Gebührenvereinbarung (Abs. 1 S. 2)	60
1. Anwendungsbereich des Abs. 1 S. 2	60
2. Anwendbarkeit der Vorschriften des bürgerlichen Rechts	62
a) §§ 612 Abs. 2, 632 Abs. 2 BGB	62
b) §§ 315, 316 BGB	69
VIII. Sonderregelung für Verbraucher (Abs. 1 S. 3)	70
1. Begriff des Verbrauchers	70
2. Gebühren für Verbraucher (Abs. 1 S. 3 1. Alt.)	75
3. Erstberatung für Verbraucher (Abs. 1 S. 3 letzte Alt.)	77

§ 34 Beratung, Gutachten und Mediation

	Rn.
a) Anwendungsbereich	77
b) Anwendbarkeit des § 14	80
c) Höchstbetrag/Kappungsgrenze	82
d) Mehrere Auftraggeber	84
IX. Anrechnung der Beratungsgebühr (Abs. 2)	86
1. Normzweck	87
2. Anwendungsbereich	88
3. Zusammenhang	90
a) Sachlich-inhaltlicher Zusammenhang	91
b) Zeitlicher Zusammenhang	93
c) Umfang der Anrechnung	94
X. Gebührenerstattung	98

I. Überblick

1 Die jetzige Fassung des § 34 ist am 1.7.2006 in Kraft getreten. Seitdem regelt die Vorschrift, anders als ihre ursprüngliche Fassung, die nur die Mediation betraf, auch die Beratung und die Erstattung von Rechtsgutachten. In der Zeit vor dem 1.7.2006 galten die unter der Überschrift „Beratung und Gutachten" zusammengefassten Gebührentatbestände der Nr. 2100 bis 2103 VV.

2 Im Zuge der Neufassung des § 34 zum 1.7.2006 sind die früher in den Nr. 2100 bis 2103 VV für eine **Beratung** und die **Erstattung eines Gutachtens** konkret bezifferten Gebühren einer individuell durch eine **Gebührenvereinbarung** festzulegenden Gebühr bzw. bei Fehlen einer solchen Vereinbarung einer nach § 612 Abs. 2 bzw. § 632 Abs. 2 BGB zu ermittelnden Gebühr gewichen.

3 Für **Verbraucher** iSd § 13 BGB sieht § 34 Abs. 1 S. 3 bei Fehlen einer Gebührenvereinbarung für eine Beratung oder ein schriftliches Gutachten eine auf höchstens 250 EUR und für ein erstes Beratungsgespräch eine auf höchstens 190 EUR gekappte Gebühr vor.

II. Normzweck

4 Die Regelung des § 34 Abs. 1 S. 1 ist eine Folge der **Neustrukturierung** der Gebührenregelungen durch das RVG. Für die außergerichtliche Beratung und für die Erstellung von Rechtsgutachten gibt es also wie schon zuvor für die Mediation in der bis zum 30.6.2006 geltenden Fassung des § 34 seit dem 1.7.2006 keine gesetzlich bestimmte Gebühr mehr. Stattdessen soll der Rechtsanwalt auf eine **Gebührenvereinbarung**[1] hinwirken. Das ist als ein **Appell** an den Rechtsanwalt zu verstehen. Bleibt dieser Appell ungehört, trifft der Rechtsanwalt also keine Gebührenvereinbarung, erhält er gemäß § 34 Abs. 1 S. 2 die Gebühren für eine Beratung oder die Ausarbeitung eines schriftlichen Gutachtens nach den Vorschriften des bürgerlichen Rechts.

5 Die in § 34 Abs. 1 S. 3 letzte Alt. geregelte **Erstberatungsgebühr** dient in erster Linie dem **Verbraucherschutz**.[2] Für Mandanten, die keine Verbraucher iSd § 13 BGB sind, gibt es keine gesetzlich geregelte Erstberatungsgebühr.

6 § 34 Abs. 2 überlässt dem Rechtsanwalt auch die **Anrechnung** der für eine Mediation, eine Beratung oder für die Erstattung eines Gutachtens verdienten Gebühr

---

[1] Zum Begriff der Gebührenvereinbarung im Gegensatz zu dem in § 3a verwendeten Begriff der Vergütungsvereinbarung siehe Gerold/Schmidt/*Mayer* § 34 Rn. 2–5; vgl. auch *Henssler* NJW 2005, 1537 ff.; *von Seltmann* NJW-Spezial 2006, 141 f.

[2] BT-Drs. 15/1971, 238 zu Art. 5.

auf eine Gebühr, die er für eine sonstige mit der Beratung zusammenhängende Tätigkeit erhält. Er hat es also in der Hand, die Anrechnung durch eine entsprechend ausgestaltete Gebührenvereinbarung zu seinen Gunsten auszuschließen.

III. Anwendungsbereich

§ 34 Abs. 1 regelt drei verschiedene anwaltliche Tätigkeitsbereiche, nämlich die **Beratung,** die Ausarbeitung eines schriftlichen **Gutachtens** und die Tätigkeit des Rechtsanwalts als **Mediator**. Für die Beratungstätigkeit und für die Ausarbeitung eines schriftlichen Gutachtens wird zusätzlich zwischen der Beratung eines **Nicht-Verbrauchers** und der Beratung eines **Verbrauchers** iSd § 13 BGB in Form eines ersten Beratungsgesprächs unterschieden. Nicht anwendbar ist § 34, wenn der Rechtsanwalt an Interessenausgleichsverhandlungen im Rahmen einer beratenden Tätigkeit nach § 111 Satz 2 teilnimmt. Für diese Tätigkeit erhält er die Geschäftsgebühr nach 2300 VV.[3] 7

1. Beratung

a) **Begriff der Beratung.** § 34 Abs. 1 S. 1 definiert den Begriff der „**Beratung**". Danach ist unter Beratung die Erteilung eines mündlichen oder schriftlichen Rats oder eine Auskunft zu verstehen. 8

Ein **Rat** ist die für die Beurteilung einer Rechtsangelegenheit bedeutsame Empfehlung des Rechtsanwalts, wie sich der Mandant in einer bestimmten Lage verhalten soll.[4] Er kann mündlich oder schriftlich – hierzu gehören auch die elektronische Übermittlung und ebenso die Textform (§§ 126a und b BGB)[5] – oder auch telefonisch erteilt werden. Will ein potentieller Mandant zunächst nur über die Höhe der Kosten einer bestimmten anwaltlichen Tätigkeit unterrichtet werden, handelt es sich um eine bloße Anfrage, die keine Beratungsgebühr auslöst.[6] 9

Auskunft ist die Beantwortung einer allgemeinen Frage ohne Beziehung zu einem konkreten Fall, zum Beispiel die Beantwortung der Frage, wann Ansprüche aus einem Mietvertrag verjähren. Auch die Auskunftserteilung kann mündlich, schriftlich oder telefonisch erfolgen. 10

Eine begrifflich **scharfe Unterscheidung** zwischen einem Rat und einer Auskunft kann im Einzelfall schwierig sein. Gebührenrechtlich ist sie bedeutungslos. 11

Der Anwendungsbereich des § 34 Abs. 1 S. 1 betrifft die gesamte außergerichtliche **Beratung,** soweit sie nicht zu der in Teil 2 Abschn. 3 VV geregelten außergerichtlichen **Vertretung** gehört.[7] Das ergibt sich aus der Vorbemerkung 2.3 Abs. 3 VV. Dort wird der Abgeltungsbereich der für die außergerichtliche Vertretung anfallenden Geschäftsgebühr mit dem „Betreiben des Geschäfts einschließlich der Information" und der „Mitwirkung bei der Gestaltung eines Vertrags" umschrieben. 12

Diese Definition macht die **Abgrenzung** einer Beratung von einer Geschäftsbesorgung und damit die Abgrenzung einer Beratungsgebühr nach § 34 von einer Geschäftsgebühr nach Nr. 2300 VV im Einzelfall schwierig. Maßgebliches Abgrenzungskriterium ist der Inhalt des dem Rechtsanwalt erteilten Auftrags. Beschränkt er sich auf einen **internen Informationsaustausch** zwischen dem Rechtsanwalt und dem Mandanten, handelt es sich um eine Beratung.[8] Das gilt auch, wenn der 13

---

[3] LAG Hessen BeckRS 2013, 67965.
[4] So schon BGHZ 7, 371 (378); vgl. auch KG JurBüro 1998, 21; ferner *Schall* BB 1989, 956.
[5] Gerold/Schmidt/*Mayer* § 34 Rn. 8.
[6] Ebenso Schneider/Wolf/*Onderka* § 34 Rn. 26; **aA** AG Brühl MDR 2009, 58.
[7] Siehe dazu OLG Düsseldorf MDR 2009, 1420.
[8] BGH NJW-RR 2011, 335 (337).

Rechtsanwalt bei Dritten Auskünfte einholt, um richtig beraten zu können. Zur Entstehung einer Geschäftsgebühr nach Nr. 2300 VV kommt es, wenn der Rechtsanwalt den Auftrag hat, für seinen Mandanten **nach außen** hin tätig zu werden.[9] Ist der dem Rechtsanwalt erteilte Auftrag insoweit inhaltlich unklar,[10] gehen Zweifel zu Lasten des Rechtsanwalts. Mit der Beratungsgebühr wird im Falle einer erbrechtlichen Beratung regelmäßig auch der Entwurf eines Testaments abgegolten. Das gilt auch dann, wenn der Rechtsanwalt ein gemeinschaftliches Testament mit ausschließlich nicht wechselbezüglichen Verfügungen entwirft.[11]

Praxistipp:

14 Zur Vermeidung von Zweifeln sollte der Rechtsanwalt, sofern er nicht eine inhaltlich weitergehende Gebührenvereinbarung trifft, jedenfalls vereinbaren, dass für seine Tätigkeit eine Geschäftsgebühr nach Nr. 2300 VV anfällt.

15 **b) Gegenstand der Beratung.** Die Beratung kann sich auf sämtliche Gegenstände beziehen, die zu der **beruflichen** Tätigkeit eines Rechtsanwalts als berufener unabhängiger Berater und Vertreter in allen Rechtsangelegenheiten (§ 3 Abs. 1 BRAO) gehören. Oft ist die Grenze zwischen einer anwaltlichen Beratung und einer Geschäftsbesorgung fließend.[12] Soweit der Rechtsanwalt den Rat oder die Auskunft im Rahmen von Beratungshilfe nach dem BerHG erteilt, enthalten § 44 und die Nr. 2500 ff. VV vorrangige Sonderregelungen.

16 Voraussetzung für die Anwendbarkeit des § 34 ist, dass dem Rechtsanwalt erteilte Auftrag **ausschließlich** die Beratung betrifft und die Beratungstätigkeit **nicht** mit einer **anderen gebührenpflichtigen Tätigkeit** zusammenhängt (§ 34 Abs. 1 S. 1). Die gebührenrechtliche **Ausschließlichkeit** der Gebühr für eine Beratung beruht darauf, dass grundsätzlich jede anwaltliche Tätigkeit mit einer Beratung einhergeht. Soweit der Rechtsanwalt für eine Tätigkeit ohnehin eine Gebühr nach Maßgabe des Vergütungsverzeichnisses zu beanspruchen hat, wird seine beratende Tätigkeit durch die jeweilige Gebühr mit abgegolten und ist nicht gesondert gebührenpflichtig.

17 Nicht zum Gegenstand einer Beratung gehören die Tätigkeiten, die in Teil 2 Abschn. 1 VV in den Nr. 2100 bis 2103 VV geregelt sind. § 34 Abs. 1 S. 1 umschreibt das mit den Worten, dass der Rechtsanwalt auf eine Gebührenvereinbarung hinwirken soll, **„soweit in Teil 2 Abschn. 1 des Vergütungsverzeichnisses keine Gebühren bestimmt sind"**. Damit ist gemeint, dass § 34 nicht für die Prüfung der **Erfolgsaussicht eines Rechtsmittels** gilt, obwohl auch sie als Beratung iSd § 34 zu werten ist. Der Rechtsanwalt kann diese Beratungstätigkeit also nach den Gebührentatbeständen der Nr. 2100 bis 2103 VV abrechnen und braucht nicht auf eine Gebührenvereinbarung hinzuwirken (→ Rn. 26).

18 Der **Ausschluss** der in einer Prüfung der Erfolgsaussicht eines Rechtmittels liegenden Beratungstätigkeit aus dem Anwendungsbereich des § 34 erlaubt dem Rechtsanwalt, für diese Tätigkeit eine von den Nr. 2100 bis 2103 VV abweichende **höhere Vergütung** zu vereinbaren. Eine solche Vereinbarung muss den **Erfordernissen des § 3a Abs. 1 S. 1 bis 3** entsprechen. Das bedeutet, dass die Vereinbarung über die Vergütung der Textform bedarf, sie als Vergütungsvereinbarung oder in vergleichbarer Weise bezeichnet werden und von anderen Vereinbarungen mit Ausnahme der Auftragserteilung deutlich abgesetzt sein muss, nicht in der Vollmacht enthalten sein darf und einen Hinweis darauf zu enthalten hat, dass die gegnerische

---

[9] BGH NJW-RR 2011, 335 (337); ebenso OLG Düsseldorf MDR 2009, 1420 und NJOZ 2013, 549; OLG Nürnberg NJW 2011, 621; sa Gerold/Schmidt/*Mayer* § 34 Rn. 14; Schneider/Wolf/*Onderka* § 34 Rn. 19.

[10] Zu den denkbaren Fallkonstellationen siehe Schneider/Wolf/*Onderka* § 34 Rn. 21–26.

[11] OLG Düsseldorf BeckRS 2012, 17725; **aA** LG Mönchengladbach AGS 2009, 163.

[12] Dazu *Engels* AnwBl. 2008, 361.

Partei, ein Verfahrensbeteiligter oder die Staatskasse im Falle der Kostenerstattung regelmäßig nicht mehr als die gesetzliche Vergütung erstatten muss.

c) Umfang der Beratung. Auch für die Beratung gilt § 15 Abs. 2 S. 1. Der Rechtsanwalt kann die Vergütung für die Beratung in derselben Angelegenheit nur einmal fordern. Das gilt auch dann, wenn in derselben Angelegenheit mehrere Beratungsgespräche erforderlich sind. Wenn der Rechtsanwalt in **verschiedenen** Angelegenheiten berät, kann er für jede Angelegenheit eine gesonderte Vergütung verlangen.

d) Beratung durch Vertreter des Rechtsanwalts. Gerade in der Beratungspraxis kommt es häufiger vor, dass die Beratung nicht durch den Rechtsanwalt selbst erfolgt. Der Mandant wünscht einen schnellen Rat und will nicht warten, bis der Rechtsanwalt für ihn zu sprechen ist. In einem solchen Fall ist er auch mit der Beratung durch einen Angestellten des Rechtsanwalts zufrieden, selbst wenn dieser nicht selbst Rechtsanwalt ist. Diese Fallkonstellation birgt zweierlei **gebührenrechtliche Gefahren** in sich.

Für eine Tätigkeit, die der Rechtsanwalt nicht persönlich vornimmt, kann er gemäß § 5 eine Vergütung nur verlangen, wenn er durch eine der in dieser Vorschrift genannten Personen vertreten wird. Das sind ein anderer Rechtsanwalt, ein allgemeiner Vertreter (§ 53 BRAO), ein Assessor bei einem Rechtsanwalt oder ein zur Ausbildung zugewiesener Referendar. Diese in § 5 enthaltene **Aufzählung** der dem Rechtsanwalt gleichstehenden Personen ist **abschließend.** Eine Beratung durch andere zur Anwaltskanzlei gehörende Mitarbeiter löst keinen Vergütungsanspruch aus.[13] Das gilt selbst dann, wenn der Vertreter Volljurist ist. Wenn freilich ein Mitarbeiter den vom Rechtsanwalt erarbeiteten Rat nur als Erklärungsbote weitergibt, handelt es sich um eine persönliche Beratung durch den Rechtsanwalt. Wegen weiterer Einzelheiten wird auf die Kommentierung des § 5 verwiesen.

Eine weitere gebührenrechtliche Schwierigkeit liegt in der Tatsache begründet, dass § 34 keinen Gebührensatzrahmen vorgibt, sondern die Höhe der Gebühr von dem Inhalt einer Gebührenvereinbarung abhängig macht, auf die der Rechtsanwalt hinwirken soll. Das gilt auch für seine Vertreter iSd § 5.

Praxistipp:

Der Rechtsanwalt, der sich vertreten lässt, sollte dafür sorgen, dass die im Verhinderungsfall ihn zulässigerweise vertretenen Personen vor der Erteilung eines Rats oder einer Auskunft auf den Abschluss einer Gebührenvereinbarung hinwirken, will er nicht Gefahr laufen, die Beratungstätigkeit nach § 612 Abs. 2 BGB abrechnen zu müssen (dazu → Rn. 60 ff.). Auch sollte in der Gebührenvereinbarung festgelegt werden, dass der Rechtsanwalt sich von den in § 5 genannten Personen vertreten lassen darf und dass das vereinbarte Honorar auch für eine Beratung durch seine Vertreter geschuldet wird.

2. Gutachten

Ein **schriftliches Gutachten** setzt im Gegensatz zu einer schriftlichen Beratung oder Auskunft voraus, dass dem Mandanten nicht nur das Ergebnis einer rechtlichen Prüfung an die Hand gegeben wird, sondern dass er erfährt, mit welchen Überlegungen der Rechtsanwalt zu einem bestimmten Ergebnis gekommen ist.[14] In der Regel enthält ein Gutachten eine **geordnete Darstellung** des zu beurteilenden Sachverhalts, die Herausstellung der rechtlichen Probleme, die Wiedergabe von **Rechtsprechung** und **Schrifttum** hierzu und eine anwaltliche **eigene Beurteilung** der Prob-

---

[13] Gerold/Schmidt/*Mayer* § 34 Rn. 22.
[14] OLG München MDR 1992, 194.

lematik des Falles. Allein schon dadurch bedingt ist der **Zeitaufwand** ungleich größer als bei einem schriftlichen Rat oder einer schriftlichen Auskunft. Dieser erhöhte Zeitaufwand, ferner aber auch die weitaus höherwertige **juristische Leistung** und auch die **Bedeutung des Gutachtens** für den Mandanten sollten bei der Gebührenvereinbarung, auf die der Rechtsanwalt hinwirken soll, berücksichtigt werden.

25 **Berufsrechtlich** sollte der Rechtsanwalt auch im Zusammenhang mit der Ausarbeitung eines Gutachtens die in den §§ 1, 3 Abs. 1 und 43a Abs. 1 BRAO von ihm geforderte **Unabhängigkeit** wahren. Ein reines **Gefälligkeitsgutachten,** dessen Inhalt allen rechtlichen Erkenntnissen widerspricht und erkennbar von dem Bestreben des Rechtsanwalts getragen ist, zu einem für den Mandanten günstigen Ergebnis zu gelangen, ist mit der Unabhängigkeit des Rechtsanwalts nicht vereinbar. Auch wenn der Rechtsanwalt grundsätzlich die Interessen seines Mandanten zu vertreten hat, trägt er als **unabhängiges Organ der Rechtspflege** (§ 1 BRAO) die wissenschaftliche Verantwortung für von ihm verfasste Gutachten.[15]

26 Wenn der dem Rechtsanwalt erteilte Auftrag auf die Ausarbeitung eines schriftlichen Gutachtens über die **Erfolgsaussichten eines Rechtsmittels** gerichtet ist, bedarf es keiner Gebührenvereinbarung. Hierfür enthalten die Nr. 2100 bis 2103 VV eine **gesetzliche Gebührenregelung.** Der Rechtsanwalt darf mit seinem Mandanten aber auch eine höhere Vergütung vereinbaren.

3. Mediation

27 Der dritte Tätigkeitsbereich, den § 34 regelt, ist die Mediation. Unter Mediation wird die Vermittlung in einem Konflikt verschiedener Parteien mit dem Ziel einer Einigung verstanden.[16] Eine andere **Begriffsbestimmung** lautet: Mediation ist die Unterstützung einer Verhandlung durch einen neutralen Helfer, der seine Dienstleistung als schlichte Dienstleistung begreift und ausübt.[17] Die Besonderheit besteht darin, dass die Parteien freiwillig eine faire und rechtsverbindliche Lösung ihrer Probleme mit der Unterstützung eines Mediators auf der Grundlage der vorhandenen rechtlichen, wirtschaftlichen, persönlichen und sozialen Gegebenheiten und Interessen selbstverantwortlich erarbeiten.[18]

28 Auch für den Bereich der Mediation sollte der als **Mediator** tätige Rechtsanwalt auf eine **Gebührenvereinbarung** hinwirken. Wenn er keine Gebührenvereinbarung trifft, erhält er eine Vergütung nach den Vorschriften des bürgerlichen Rechts. Die Gebührenvereinbarung muss mit beiden Parteien geschlossen werden. Die Vergütung sollte streitwertunabhängig sein. Üblich ist eine **Zeitvergütung** nach Stundensätzen. Herausgebildet hat sich ein „Eckpreis" von 150 EUR.[19]

29 § 34 regelt die Vergütung nur für den Rechtsanwalt als **Mediator.** Die an der Mediation als **Parteivertreter** beteiligten Rechtsanwälte erhalten bei einer Mediation in Verfahren nach Nr. 2303 VV eine 1,5 Geschäftsgebühr und in sonstigen Verfahren nach Nr. 2300 VV eine Geschäftsgebühr mit einem Gebührensatz von 0,5 bis 2,5. Bei einer in einem gerichtlichen Verfahren vom Gericht empfohlenen

---

[15] Siehe dazu OLG Naumburg NJW 2009, 1679.
[16] *Zuck,* Anwalts-ABC Berufsrecht, Stichwort: Mediation.
[17] So Haft/Schlieffen/*Haft*, Handbuch Mediation, § 2 Rn. 1.
[18] *Zuck,* Anwalts-ABC Berufsrecht, Stichwort: Mediation. Zur Begleitung des Mandanten durch den Rechtsanwalt in der Mediation *Neuenhahn/Neuenhahn* NJW 2005, 1244; zur PKH-Erstreckung auf das Mediationsverfahren OLG Dresden NJW-RR 2007, 80; zur Anordnung einer Mediation AG Eilenburg NJW-RR 2007, 154; zur Mediation im Verwaltungsrecht *Apell* NVwZ 2007, 59; zur Rechtsnatur des Mediationsvertrages AG Lübeck NJW 2007, 3789.
[19] Henssler/Koch/*Brieske* § 12 Rn. 85; Kilian/vom Stein/*Kilian* § 33 Rn. 5; Schneider/Wolf/*Onderka* § 34 Rn. 74.

Beratung, Gutachten und Mediation § 34

(sog. gerichtsnahen) Mediation fallen keine gesonderten Geschäfts- oder Verfahrensgebühren an.[20] Für die Mitwirkung als Parteivertreter an einem solchen Mediationsverfahren, das gemäß § 19 Abs. 1 S. 1 als außergerichtliche Verhandlung zum Rechtszug gehört und damit durch die Verfahrensgebühr nach Nr. 3100 VV abgedeckt ist, kann allenfalls eine Terminsgebühr nach Nr. 3104 VV entstehen, sofern sie nicht bereits angefallen ist, weil sie nur einmal verdient werden kann (§ 15 Abs. 2 S. 1).

Praxistipp:

Die Gebührenvereinbarung sollte auch eine Regelung darüber beinhalten, ob und 30
in welcher Höhe im Falle des Erfolgs der Mediation neben dem Zeithonorar auch eine
Einigungsgebühr anfällt.

IV. Dreistufiger Aufbau

Die Vorschrift des § 34 Abs. 1 ist dreistufig aufgebaut. Die in § 34 Abs. 1 S. 1 31
geregelte **erste Stufe** richtet sich mit dem **Appell** an den Rechtsanwalt, auf eine
Gebührenvereinbarung hinzuwirken.[21] Dabei ist es gleichgültig, ob der Mandant
Verbraucher iSd § 13 BGB ist oder nicht. § 34 Abs. 1 S. 1 gilt also ohne Unterschied
im Verhältnis zu jedem Mandanten. Der Rechtsanwalt kann das Honorar für die in
§ 34 Abs. 1 S. 1 genannten Tätigkeitsbereiche grundsätzlich **frei vereinbaren.**
Wegen der in § 34 Abs. 1 S. 1 enthaltenen **Ausnahme** („soweit in Teil 2 Abschn. 2
des Vergütungsverzeichnisses keine Gebühren bestimmt sind") wird auf → Rn. 51
verwiesen.

In der **zweiten Stufe** kommt § 34 Abs. 1 S. 2 zum Zuge. Diese Regelung setzt 32
voraus, dass keine Gebührenvereinbarung zustande gekommen oder aber unwirksam
ist. In diesem Fall erhält der Rechtsanwalt die Gebühren nach den **Vorschriften
des bürgerlichen Rechts.** Das gilt allerdings nur, wenn der Mandant **nicht Verbraucher** iSd § 13 BGB ist.

Die in § 34 Abs. 1 S. 3 geregelte **dritte Stufe** tritt an die Stelle der zweiten Stufe. 33
Es handelt sich um eine **Sonderregelung für Verbraucher** iSd § 13 BGB. Statt
der Gebühren nach den Vorschriften des bürgerlichen Rechts schuldet der Mandant
als Verbraucher, der mit dem Rechtsanwalt keine Gebührenvereinbarung getroffen
hat, höchstens die in § 34 Abs. 1 S. 3 genannten Beträge, also jeweils höchstens
250 EUR für eine Beratung oder für die Ausarbeitung eines schriftlichen Gutachtens
und höchstens 190 EUR für ein erstes Beratungsgespräch.

Praxistipp:

Aus dem dreistufigen Aufbau des § 34 Abs. 1 folgt, dass jeder Rechtsanwalt gut 34
beraten ist, wenn er dem Appell des Gesetzes folgt und nicht ohne Gebührenvereinbarung tätig wird.

Versäumt es der Rechtsanwalt, eine Gebührenvereinbarung zu treffen, steht ihm 35
für sein Honorar nur die untaugliche Regelung des § 612 Abs. 2 BGB zur Verfügung
(dazu → Rn. 62 ff.). Ist der Mandant Verbraucher, muss sich der Rechtsanwalt sogar
mit den in § 34 Abs. 1 S. 3 geregelten Gebühren von höchstens 190 EUR bzw.
250 EUR begnügen, obwohl ihn das gleiche Haftungsrisiko wie gegenüber einem
Mandanten trifft, der kein Verbraucher ist.

Nur nebenbei ist zu anzumerken, dass bei fehlender Gebührenvereinbarung der 36
Verbraucherschutz einmal mehr zu Lasten des Rechtsanwalts geht. Auch aus

---

[20] OLG Braunschweig JurBüro 2007, 196.
[21] Dazu *Henssler* NJW 2005, 1537.

diesem Grunde sollte es jedem Rechtsanwalt ein vordringliches Anliegen sein, nicht ohne eine Gebührenvereinbarung tätig zu werden.

V. Vergütung aufgrund Gebührenvereinbarung (Abs. 1 S. 1)

1. Normzweck

37 Grundsätzlich ist der Rechtsanwalt im Rahmen des § 34 Abs. 1 S. 1 bezüglich der Höhe seiner Vergütung **frei** und an keinerlei gesetzliche Vorgaben gebunden. Auch **berufsrechtliche** Schranken gibt es nicht.

38 Nach der amtlichen Begründung soll die Regelung des § 34 Abs. 1 S. 1 als **Appell an den Rechtsanwalt** verstanden werden, in den in der Vorschrift genannten Bereichen nicht ohne Gebührenvereinbarungen tätig zu werden. Auch soll die Regelung den Einstieg zu einem **Gespräch** über die Gebührenvereinbarung erleichtern.[22]

39 Diese Begründung überzeugt nicht. Schon seit längerer Zeit war es die Anwaltschaft in außergerichtlichen Angelegenheiten gewohnt, mit Mandanten über die Honorierung ihrer anwaltlichen Tätigkeit zu verhandeln.[23] Je höher der Streit- bzw. Gegenstandswert ist, um so eher muss sich der Rechtsanwalt einem **Preiswettbewerb** stellen. Große nationale und internationale Sozietäten haben seit Jahren kein Problem, im Rahmen einer sog. „beauty parade", auch „beauty contest" oder „dog and pony show" genannt, Gespräche über die Honorierung ihrer anwaltlichen Leistungen zu führen. Der **Verzicht auf gesetzliche Gebühren,** wie diese noch bis zum 30.6.2006 in den Nr. 2100 bis 2103 VV geregelt waren, kann bestenfalls dazu dienen, **europarechtliche Maßnahmen** gegen die Gebührenordnungen der freien Berufe abzuwehren oder zumindest zu erschweren.

2. Preiswettbewerb, Preiswerbung

40 Der Wegfall einer gesetzlichen Gebühr für die in § 34 Abs. 1 S. 1 genannten anwaltlichen Tätigkeitsbereiche seit dem 1.7.2006 ist für die Anwaltschaft nicht ohne Konsequenzen geblieben. Die **Freigabe der Vergütung** für den Bereich der außergerichtlichen Beratung hat, wenn auch in eingeschränktem Umfang, zu einem Preiswettbewerb unter den Rechtsanwälten geführt. Die Anwaltschaft ist gut beraten, wenn sie sich trotz der Freigabe der Vergütung dennoch nicht dazu verleiten lässt, anwaltliche Leistungen zu **Billig- und Dumpingpreisen** anzubieten.

41 Je billiger ein Rechtsanwalt seine Leistung anbietet, umso mehr verliert er an Ansehen.[24] Das belegt ein Blick in die **Allensbacher Berufsprestige-Skala 2008.** Der Arzt, der Pfarrer und der Hochschullehrer nahmen in dieser Prestigeskala die Plätze eins bis drei ein. Das Ansehen der Rechtsanwälte lag bis Ende der 90er Jahre immerhin bei 37 %. Heute steht der Rechtsanwalt mit nur noch 23 % an siebenter Stelle hinter dem Arzt (76 %), der Krankenschwester (63 %), dem Lehrer (41 %), dem Handwerker (38 %), dem Ingenieur (26 %) und dem Hochschulprofessor (26 %).[25] Der Beruf des Rechtsanwalts gehört also zu den **Prestigeverlierern.** Sorgt sich die Anwaltschaft nicht bald und verstärkt um ihr Ansehen, wird sie nicht nur noch mehr an Ansehen verlieren, sondern auch ihre Unabhängigkeit gefährden. Zudem gilt, wer an Ansehen verliert, verliert auch an Wert. Wer mit Billig- und Dumpingpreisen wirbt, schädigt also nicht nur sich selbst, sondern den Berufsstand

---

[22] BT-Drs. 15/1971, 238, 239 zu Nummer 3. Ausführliche Hinweise, wie ein solches Gespräch verlaufen sollte, finden sich bei HK-RVG/*Müllerschön* Anh. zu § 34 Rn. 1–284.
[23] Dazu *Henssler* NJW 2005, 1537; vgl. auch *von Westphalen* AnwBl. 2006, 47.
[24] Siehe auch Schneider/Wolf/*Onderka* § 4 Rn. 15–18.
[25] Siehe Allensbacher Berichte 2013.

3. Anforderungen an eine Gebührenvereinbarung

a) Allgemeine Anforderungen. § 34 stellt an den Abschluss einer Gebühren- 42
vereinbarung keine besonderen zivilrechtlichen Anforderungen. Auch **berufsrechtliche** Anforderungen gibt es nicht. § 16 BORA ist nicht einschlägig, weil er besondere Hinweispflichten nur für die Inanspruchnahme von Prozesskosten- oder Beratungshilfe normiert. Fraglich könnte allenfalls sein, ob der Rechtsanwalt gehalten ist, einen Mandanten, den er als **Verbraucher** iSd § 13 BGB erkennt, darüber zu **belehren**, dass er ohne Abschluss einer Gebührenvereinbarung möglicherweise weniger zu zahlen braucht. Doch für eine solche Fürsorgepflicht, die zudem gegen die Interessen des Rechtsanwalts gerichtet wäre, ist nichts ersichtlich. Dabei wird nicht verkannt, dass die Rechtsprechung in Bezug auf etwaige Aufklärungspflichten regelmäßig sehr anwaltsfeindlich entscheidet. § 49b Abs. 5 BRAO kann sogar als ein Argument für eine Aufklärungspflicht verstanden werden. Danach hat der Rechtsanwalt den Mandanten vor Übernahme des Mandats im Einzelfall darauf hinzuweisen, dass sich die von ihm zu erhebenden Gebühren nach dem Gegenstandswert richten.[28]

b) Anforderungen nach § 3a. Durch das am 1.7.2008 in Kraft getretene Gesetz 43
zur Neuregelung des Verbots der Vereinbarung von Erfolgshonoraren (ErfHonVNG) vom 12.6.2008[29] wurden die §§ 3a, 4a und 4b in das RVG eingefügt und § 4 neu gefasst.[30]

Für die **Gebührenvereinbarung iSd § 34 Abs. 1 S. 1** bestimmt § 3a Abs. 1 S. 4, 44
dass die in § 3a Abs. 1 S. 1 und 2 enthaltenen Regelungen in diesem Fall nicht gelten. Das bedeutet: Die Einhaltung der **Textform** ist für eine Vereinbarung über die Vergütung nach § 34 Abs. 1 S. 1 nicht erforderlich. Sie muss auch nicht als Vergütungsvereinbarung oder in vergleichbarer Weise bezeichnet werden, braucht nicht von anderen Vereinbarungen deutlich abgesetzt zu sein und darf sich auch in der Vollmacht befinden. Sie ist mithin formfrei wirksam.[31]

Die Gebührenvereinbarung nach § 34 Abs. 1 S. 1 braucht auch keinen Hinweis 45
darauf zu enthalten, dass die gegnerische Partei, ein sonstiger Verfahrensbeteiligter oder die Staatskasse im Falle der (seltenen) Kostenerstattung (→ Rn. 99 ff.) regelmäßig nicht mehr als die gesetzliche Vergütung erstatten müssen. Das folgt aus der Ausnahmeregelung des § 3a Abs. 1 S. 4, die für die Gebührenvereinbarung nach § 34 nur auf § 3a Abs. 1 S. 1 und 2 verweist und auf § 3a Abs. 1 S. 3 keinen Bezug nimmt. Damit wird zum Ausdruck gebracht, dass die Hinweispflicht nach § 3a Abs. 1 S. 3 für eine Gebührenvereinbarung nach § 34 nicht gelten soll. Das erklärt sich daraus, dass es im Anwendungsbereich des § 34 keine gesetzlichen Gebühren gibt.

---

[26] *Hartung/Römermann* ZRP 2003, 149.
[27] BVerfG NJW 2008, 1298 (Versteigerung von Beratungsleistungen in einem Internetauktionshaus); OLG Stuttgart AGS 2007, 59 mAnm *Schons* (Werbung mit außergerichtlicher Rechtsberatung für 20 Euro); LG Freiburg NJW 2007, 160 (Werbung mit Sonderpreis von 9,99 EUR); zur Rechtsberatung in einem Café KG BRAK-Mitt. 2007, 274; zur Werbung mit Erstberatungsgebühren BVerfG AnwBl. 2005, 71; sa OLG Düsseldorf AnwBl. 2006, 284; OLG Hamm BRAK-Mitt. 2004, 285 mAnm *Seltmann*; LG Ravensburg NJW 2006, 2930 = AGS 2006, 419 mAnm *Schons*.
[28] Vgl. *Hartung* MDR 2004, 1092; *Rick* AnwBl. 2006, 650.
[29] BGBl. 2008 I 1000; dazu *Hauskötter* RVGprofessionell 2008, 109.
[30] Ausführlich *Kilian* NJW 2008, 1905.
[31] Gerold/Schmidt/*Mayer* § 34 Rn. 43.

§ 34 Beratung, Gutachten und Mediation

46 **c) Inhalt der Gebührenvereinbarung.** Wesentlicher Inhalt einer Gebührenvereinbarung sind in erster Linie die **Höhe** der zu **vereinbarenden Gebühr** und ihre konkrete Ausgestaltung, zB ob ein Stundensatz nur für jede volle oder für jede angebrochene Zeitstunde gilt. Die Berechnung der Vergütung und ihre Höhe hängen von den Umständen des Einzelfalles ab und sind keiner verallgemeinernden Darstellung zugänglich. Gegenstand einer Gebührenvereinbarung kann auch die Anrechenbarkeit der Beratungsgebühr auf eine Gebühr für eine sonstige Tätigkeit sein (§ 34 Abs. 2).

47 **aa) Gebührenregelung.** Der Rechtsanwalt muss den **Wert seiner außergerichtlichen Beratungstätigkeit** im Rahmen des Anwendungsbereichs des § 34 selbst einschätzen und sich mit seinen Preisvorstellungen am Rechtsberatungsmarkt behaupten. Als ein **taugliches Kriterium** für die Bewertung anwaltlicher Leistungen kommen **Pauschal- und Zeitgebühren** in Betracht. Da sich auch eine Pauschalgebühr in der Regel am **Zeitaufwand** orientiert, muss der Rechtsanwalt für beide Möglichkeiten ermitteln, was in seiner Kanzlei eine Arbeitsstunde kostet, damit er **kostendeckend** und mit angemessenem **Gewinn** kalkulieren kann. Dieser Betrag wird von Rechtsanwalt zu Rechtsanwalt unterschiedlich hoch sein. Eine **generalisierende Bewertung** einer anwaltlichen Arbeitsstunde ist also nicht möglich. Vielmehr muss jeder Rechtsanwalt den Wert seiner Arbeitsstunde **individuell** ermitteln. Zu diesem Zweck sollte er seinen Jahresumsatz durch die Zahl seiner Jahresarbeitszeit teilen. Beträgt beispielsweise der Jahresumsatz 500.000 EUR und die jährliche Arbeitszeit des Rechtsanwalts bei einer 40-Stundenwoche und 46 Wochen pro Jahr 1840 Stunden, beläuft sich der Wert einer Arbeitsstunde (500.000 EUR geteilt durch 1840) auf aufgerundet 272 EUR. Bei einem Jahresumsatz von 200.000 EUR würde die Arbeitsstunde rund 109 EUR kosten. In **Sozietäten** lässt sich entsprechend rechnen, indem man den Gesamtumsatz der Sozietät durch die Zahl der Gesamtarbeitsstunden aller Sozien teilt.[32]

48 Die vorgeschlagene **Bewertung einer Arbeitsstunde** wird der wirtschaftlichen Situation der einzelnen Anwaltskanzlei gerecht. Der Rechtsanwalt mit einem geringen Jahresumsatz kann seine Leistung **billiger** anbieten als ein Rechtsanwalt mit einem höheren Jahresumsatz. Umgekehrt muss der Rechtsanwalt mit einem höheren Umsatz eine **höhere** Vergütung fordern, wenn das Beratungsmandat nicht zu einem Zuschussgeschäft werden soll.

49 In einem auf dieser Grundlage berechneten **Stundensatz** drückt sich zugleich die **unterschiedliche Reputation** der einzelnen Anwaltskanzlei aus. Einem langjährig tätigen, auf ein bestimmtes Rechtsgebiet spezialisierten **Rechtsanwalt** und erst recht einem **Fachanwalt** wird der Mandant eine höhere Vergütung zubilligen als einem **Berufsanfänger.** Umgekehrt kann der Berufsanfänger seine Tätigkeit preisgünstiger anbieten. Dem rechtsuchenden Publikum kann die unterschiedliche Honorierung einen Hinweis darauf geben, ob ein Berufsanfänger oder ein alteingesessener und erfahrener Rechtsanwalt um die Erteilung eines Mandats wirbt. Weitere für die Preisbildung taugliche Kriterien können der **Gegenstandswert** und die in § 14 genannten **Bemessungsmerkmale** sein.

50 **bb) Abgeltungsbereich der vereinbarten Gebühr.** Um Meinungsverschiedenheiten zwischen dem Rechtsanwalt und seinen Mandanten vorzubeugen, sollte in der Gebührenvereinbarung möglichst präzise beschrieben werden, welche **Leistungen** der Rechtsanwalt für die vereinbarte Vergütung zu erbringen hat. Das gilt sowohl für eine **Beratung** (Rat oder Auskunft) als auch für die Ausarbeitung eines **Gutachtens** oder für die **mediative** Tätigkeit.

51 **cc) Ausschluss der Anrechenbarkeit.** Gemäß § 34 Abs. 2 ist eine Gebühr für die **Beratung** – nicht für die Ausarbeitung eines schriftlichen Gutachtens oder die

---

[32] Siehe dazu *Hommerich/Kilian* NJW 2009, 1569; Schneider/Wolf/*Onderka* § 3a Rn. 64 ff.

Mediation – auf eine Gebühr, die der Rechtsanwalt für eine sonstige Tätigkeit erhält, die mit der Beratung zusammenhängt, anzurechnen. Das gilt jedoch nur, „wenn nichts anderes vereinbart ist". Das Gesetz geht also von der **Zulässigkeit** eines **Ausschlusses der Anrechnungsregelung** aus. Diese Möglichkeit sollte der Rechtsanwalt nutzen und einen Ausschluss der Anrechenbarkeit vereinbaren.

dd) Sonstiger Inhalt. Die Gebührenvereinbarung mit weiterem Inhalt zu belasten, erscheint wenig sinnvoll und dürfte auf den Mandanten abschreckend wirken. Letztlich muss die Ausgestaltung der Gebührenvereinbarung dem einzelnen Rechtsanwalt überlassen bleiben.[33] 52

VI. Prüfung der Erfolgsaussichten eines Rechtsmittels (Ausnahme von Abs. 1 S. 1)

Für die Prüfung der Erfolgsaussichten eines Rechtsmittels gilt § 34 nicht. Die hierfür einschlägigen Gebührentatbestände finden sich in den Nr. 2100 bis 2103 VV. Der Rechtsanwalt braucht also, wenn es um die Prüfung der Erfolgsaussicht eines Rechtsmittels geht, nicht auf eine Gebührenvereinbarung hinzuwirken. 53

Die Gebührentatbestände der Nr. 2100 bis 2103 VV erfassen **alle Rechtsmittel**, also nicht nur die Berufung und die Revision, sondern auch Beschwerden nach Teil 3 VV. Sie unterscheiden zwischen der Prüfung der Erfolgaussichten eines Rechtsmittels allgemein (Nr. 2100 VV) und der Prüfung in **sozialrechtlichen** Angelegenheiten, in denen im gerichtlichen Verfahren Betragsrahmengebühren (§ 3) entstehen und in Angelegenheiten, die in den **Teilen 4 bis 6 VV** geregelt sind (Nr. 2102 VV). 54

Wird der Rechtsanwalt im anschließenden Rechtsmittelverfahren tätig, ist die Gebühr nach der **Anrechnungsvorschrift** in den Anm. zu den Nr. 2100 und 2102 VV auf eine Gebühr für das Rechtsmittelverfahren anzurechnen. Die Anrechnungsregelung ist erforderlich, weil die Gebühr auch dann anfällt, wenn der Rechtsanwalt mit der Durchführung des Rechtsmittels beauftragt wird.[34] Sie belegt zudem, dass die Prüfung der Erfolgaussicht eines Rechtsmittels gegenüber seiner Durchführung eine **eigene gebührenrechtliche Angelegenheit** ist. Das ist insbesondere für die Auslagenpauschale der Nr. 7002 VV bedeutsam, die deshalb von der Anrechnungsregelung nicht betroffen wird. 55

Die Gebühr für die Prüfung der Erfolgsaussicht eines Rechtsmittels fällt für jeden Rat im Zusammenhang mit einer solchen Prüfung an. Voraussetzung ist allerdings, dass dem Rechtsanwalt ein entsprechender **Auftrag** erteilt wird. Für den bereits in der abgeschlossenen Instanz tätig gewesenen Rechtsanwalt bedeutet das, dass er die Gebühr für die Prüfung des Rechtsmittels nur verlangen kann, wenn er mit dieser Prüfung ausdrücklich beauftragt wird. 56

In der **Praxis** äußert sich der Rechtsanwalt im Zusammenhang mit der Übersendung eines Urteils und der Belehrung über das zulässige Rechtsmittel meist über dessen Erfolgsaussichten, ohne dass der Mandant ihn hierzu beauftragt hat. In diesem Fall entsteht die Gebühr nach Nr. 2100 ff. VV nicht. 57

Praxistipp:
Der Rechtsanwalt sollte sich schon zu **Beginn** eines Verfahrens den Auftrag erteilen lassen, die Erfolgsaussichten eines möglichen Rechtsmittels zu prüfen. Fehlt es an einem solchen Auftrag, sollte die mit einem Rechtsmittel angreifbare Entscheidung 58

---

[33] Muster finden sich ua bei *Enders* JurBüro 2006, 225 und 281; *Madert/Schons*, Die Vergütungsvereinbarung des Rechtsanwalts, 3. Aufl., 2006 und bei *Schneider* RVGreport 2006, 201 sowie NJW 2006, 1905.

[34] Ebenso *Schneider/Mock*, Das neue Gebührenrecht für Anwälte, § 8 Rn. 47.

dem Mandanten mit dem Hinweis zugeleitet werden, dass die Erfolgsaussichten des zulässigen Rechtmittels nur geprüft würden, wenn der Mandant den Rechtsanwalt hierzu beauftragt und die zusätzlichen Kosten übernimmt.

59 Fraglich ist, ob die mit einer Prüfung der Erfolgsaussichten eines Rechtsmittels verbundene Tätigkeit des Rechtsanwalts bei PKH-Mandaten über die **Prozesskostenhilfe** abgerechnet werden kann oder ob es sich um einen Fall der **Beratungshilfe** handelt.[35] Der Bundesgerichtshof hat hierzu entschieden, dass Prozesskostenhilfe nicht für eine außergerichtliche Tätigkeit des Rechtsanwalts „zwischen den Instanzen" bewilligt werden darf. Damit kommt die Bewilligung von Prozess- bzw. Verfahrenskostenhilfe für die Prüfung der Erfolgsaussicht eines Rechtsmittels (Nr. 2100 VV) nicht in Betracht.[36]

VII. Vergütung ohne Gebührenvereinbarung (Abs. 1 S. 2)

1. Anwendungsbereich des Abs. 1 S. 2

60 § 34 Abs. 1 S. 2 ist nur anwendbar, wenn der Rechtsanwalt mit seinem Mandanten **keine Gebührenvereinbarung** trifft. Es handelt sich also um eine abdingbare **subsidiäre Norm**, deren Anwendbarkeit das Fehlen einer wirksamen Gebührenvereinbarung voraussetzt, sei es, dass keine Gebührenvereinbarung zustande gekommen ist oder sei es, dass eine getroffene Gebührenvereinbarung sich als unwirksam erweist. Der Fall einer unwirksamen Gebührenvereinbarung wird allerdings nur äußerst selten vorkommen, da die Anforderungen an die Wirksamkeit einer solchen Vereinbarung den allgemeinen Anforderungen an ein wirksames Rechtsgeschäft entsprechen und § 34 darüber hinaus keine besonderen Anforderungen stellt. Allerdings sollte § 3a Abs. 1 nicht unbeachtet bleiben, auch wenn er eine Gebührenvereinbarung nach § 34 Abs. 1 S. 1 nicht betrifft (dazu → Rn. 43 ff.).

61 Außerdem setzt die Anwendbarkeit des § 34 Abs. 1 S. 2 voraus, dass der Mandant **kein Verbraucher** iSd § 13 BGB ist. Handelt es sich um einen Verbraucher, gilt § 34 Abs. 1 S. 3. Das bedeutet, dass mangels einer Gebührenvereinbarung die Gebühr für eine Beratung oder die Ausarbeitung eines schriftlichen Gutachtens unter Berücksichtigung des § 14 (→ Rn. 77 ff.) jeweils höchstens 250 EUR und für ein erstes Beratungsgespräch höchstens 190 EUR beträgt.

2. Anwendbarkeit der Vorschriften des bürgerlichen Rechts

62 a) §§ 612 Abs. 2, 632 Abs. 2 BGB. Mit den „**Vorschriften des bürgerlichen Rechts**" ist bei einer Beratung in erster Linie § 612 Abs. 2 BGB gemeint. Diese Norm lautet:

> (2) Ist die Höhe der Vergütung nicht bestimmt, so ist bei dem Bestehen einer Taxe die taxmäßige Vergütung, in Ermangelung einer Taxe die übliche Vergütung als vereinbart anzusehen.

63 In Betracht kommen kann aber auch die Regelung des § 632 Abs. 2 BGB mit gleichlautendem Wortlaut. Das gilt vor allem für die Erstattung eines Gutachtens, die regelmäßig als Werkvertrag qualifiziert wird.[37]

64 Schon der Wortlaut beider Vorschriften signalisiert, welche **gebührenrechtlichen Schwierigkeiten** den Rechtsanwalt erwarten, wenn er es versäumt, eine Gebührenvereinbarung zu treffen. Im Grunde genommen ist die Regelung des

---

[35] Dazu ausführlich *Hartung* AnwBl. 2005, 206.
[36] BGH NJW-RR 2007, 1439.
[37] Gerold/Schmidt/*Mayer* § 34 Rn. 45.

bürgerlichen Rechts für die Bemessung der Vergütung eines Rechtsanwalts **untauglich**.[38]

Unter einer Taxe iSd § 612 Abs. 2 BGB sind die nach Bundes- oder Landesrecht zugelassenen Gebühren bzw. Vergütungssätze zu verstehen. Dazu gehört auch das RVG.[39] Doch das RVG enthält für die hier in Betracht kommenden Tätigkeiten gerade keine Gebührenregelungen und kann deshalb bei der Suche nach einer Taxe nicht weiterhelfen. 65

Die **übliche Vergütung** ist die für die gleiche oder eine ähnliche Dienstleistung an dem **konkreten Ort** mit Rücksicht auf die persönlichen Verhältnisse gewöhnlich gewährte Vergütung.[40] Dabei ist auf die **Umstände des Einzelfalls** abzustellen.[41] Es fragt sich, wie eine solche übliche Vergütung ermittelt werden soll. Im Streitfall müsste eine Erhebung über die am konkreten Ort übliche Vergütung stattfinden. Abgesehen von dem damit verbundenen Aufwand ist zweifelhaft, ob sich überhaupt ein repräsentatives Ergebnis erzielen lässt. Eine Erhebung zur Ermittlung der üblichen Vergütung am Ort müsste mit einer Befragung aller Rechtsanwälte einhergehen. Diese können nicht gezwungen werden, sich an einer solchen Befragung zu beteiligen. Wenn auch nur ein Viertel der befragten Rechtsanwälte antwortet, ist es schon kaum noch möglich, die übliche Vergütung festzustellen. Zudem ist fragwürdig, ob sich eine als üblich zu bezeichnende Vergütung an einem bestimmten Ort überhaupt entwickelt. 66

Völlig anders sieht das *Kilian*.[42] Er hält der überwiegend vertretenen Auffassung, dass die Regelung des bürgerlichen Rechts für die Bemessung der Vergütung eines Rechtsanwalts **untauglich** sei, vornehmlich vier Thesen entgegen: 67

- Die nach § 612 Abs. 2 BGB übliche Vergütung des Rechtsanwalts ergebe sich aus der – weit zu verstehenden – Ortsüblichkeit von Vergütungen in einem als einheitlich empfundenen Segment des Anwaltsmarkts.

- Es sei unschädlich, wenn sich an einem bestimmten Ort eine übliche Vergütung nicht gesondert feststellen lässt, soweit entsprechende Leistungen auch überregional erbracht werden. Nur dann, wenn sich an einem bestimmten Ort der Leistung feste, von einer solchen allgemeinen Übung abweichende Preise herausgebildet hätten, sei der Preis am konkreten Ort maßgeblich, an dem die Leistung erbracht worden sei.

- Das für die Bestimmung der Branchen- und Ortsüblichkeit maßgebliche Kriterium des „einheitlichen Wirtschaftsbereichs" führe dazu, dass eine Beurteilung der Üblichkeit nur unter Berücksichtigung bestimmter Teilmärkte der Anwaltschaft erfolgen könne.

- Anhand der Branchen- und Ortsüblichkeit ermittelte Durchschnittswerte seien unter Berücksichtigung der besonderen Äquivalenzkriterien zu §§ 4, 14 zu ermäßigen oder zu erhöhen. Eine entsprechende Einzelfallorientierung sei iSd §§ 612, 632 BGB üblich, weil es sich um zwingende Preisfindungsfaktoren des Berufsrechts handele, die das Zivilrecht berücksichtigen müsse.

Diese von *Kilian* zur **Begründung seiner Thesen** angeführten Überlegungen und Argumente mögen wissenschaftlich überzeugend sein. Für die Praxis sind sie jedoch wenig hilfreich. Der Rechtsanwalt, der keine Gebührenvereinbarung getroffen hat und sich deshalb auf die §§ 612 Abs. 2, 632 Abs. 2 BGB verwiesen sieht, wird aus den von *Kilian* entwickelten Thesen keine „übliche Vergütung" ableiten können. Genauso wenig werden die Gerichte in einem Prozess über die vom Rechtsanwalt 68

---

[38] So auch MAHVergütungsR/*Teubel* § 33 Rn. 22; **aA** *Kilian* BB 2006, 1509; *ders.* MDR 2008, 780; sa Gerold/Schmidt/*Mayer* § 34 Rn. 47 ff.

[39] Palandt/*Putzo* BGB § 612 Rn. 4.

[40] Palandt/*Putzo* BGB § 612 Rn. 8; siehe dazu auch Schneider/Wolf/*Onderka* § 34 Rn. 67 ff.

[41] BGH NJW-RR 1990, 349.

[42] *Kilian* MDR 2008, 780.

geforderte übliche Vergütung in der Lage sein, mit diesen Thesen, selbst nach umfangreichen und zeitraubenden Beweiserhebungen, zu einer sachgerechten Entscheidung zu gelangen.

69 **b) §§ 315, 316 BGB.** Wenn eine übliche Vergütung nicht feststellbar ist, ist an ein einseitiges Bestimmungsrecht des Rechtsanwalts gemäß §§ 315, 316 BGB zu denken. Das würde bedeuten, dass der Rechtsanwalt die Höhe der Gebühr nach billigem Ermessen zu bestimmen hätte. In Anlehnung an eine Entscheidung des Bundesgerichtshofs zur Maklervergütung[43] kann jedoch davon nicht ausgegangen werden, da ein einseitiges Bestimmungsrecht des Rechtsanwalts dem Willen des Mandanten widersprechen würde.[44] Es bleibt dann nur die Möglichkeit, die durch das Fehlen einer üblichen Vergütung entstehende Lücke im Wege ergänzender Vertragsauslegung zu schließen und dabei die in § 14 enthaltenen Kriterien zu berücksichtigen.[45]

VIII. Sonderregelung für Verbraucher (Abs. 1 S. 3)

1. Begriff des Verbrauchers

70 Wenn der Mandant Verbraucher iSd § 13 BGB ist, gilt § 34 Abs. 1 S. 3. Die Anwendbarkeit dieser Norm beschränkt sich auf die Beratung und die Ausarbeitung eines schriftlichen Gutachtens, erfasst also nicht die Tätigkeit als Mediator. Zudem greift der mit ihr bezweckte **Verbraucherschutz** nur hilfsweise, nämlich nur für den Fall ein, dass sich der Mandant mit dem Rechtsanwalt nicht auf eine Vergütung einigt.

71 **Verbraucher** iSd § 13 BGB kann jede **natürliche Person** sein, wenn sie ein Rechtsgeschäft zu einem Zweck abschließt, das weder ihrer gewerblichen noch ihrer selbständigen beruflichen Tätigkeit zugeordnet werden kann.[46] Das gilt auch für **juristische Personen,** Vereine, Stiftungen und die Gesellschaft bürgerlichen Rechts.

72 Sowohl der Wortlaut des § 34 Abs. 1 S. 3 als auch die amtliche Begründung lassen offen, ob die Qualifizierung des Mandanten als Verbraucher sich auf den **Beratungsgegenstand** oder auf den **Anwaltsvertrag** beziehen soll. Unter dem Gesichtspunkt des Verbraucherschutzes, dem die Regelung des § 34 Abs. 1 S. 3 gilt, ist auf den Anwaltsvertrag abzustellen. § 34 Abs. 1 S. 3 ist also anwendbar, wenn der Gegenstand der Beratung weder einer gewerblichen noch einer selbständigen beruflichen Tätigkeit des Mandanten zuzuordnen ist.[47] Dieser Auffassung ist inzwischen auch der Bundesgerichtshof gefolgt.[48]

73 Ein **Sonderproblem** stellt sich im **Arbeitsrecht,** wenn sich ein Arbeitnehmer über eine sein Arbeitsverhältnis betreffende Rechtsfrage beraten lässt. Das Oberlandesgericht Hamm geht ohne jegliche Begründung davon aus, dass der Arbeitnehmer Verbraucher ist.[49] Das Bundesarbeitsgericht sieht dies ebenso.[50] Der **Arbeitnehmer** ist also bei einem arbeitsrechtlichen Mandat stets Verbraucher.

---

[43] BGH NJW 1985, 1895.

[44] Ebenso *Kilian* MDR 2008, 780 (781); Schneider/Wolf/*Onderka* § 34 Rn. 93; **aA** *Hansens* ZAP Fach 24, 997 (999).

[45] So Schneider/Wolf/*Onderka* § 34 Rn. 92 unter Hinweis auf BGH NJW 2006, 2472.

[46] Zum Problem, ob Existenzgründer Unternehmer oder Verbraucher sind, vgl. BGH MDR 2005, 796 und *Prasse* MDR 2005, 961.

[47] So auch *Burhoff* Stichwort „Beratungsgebühr" Rn. 25 (S. 50); Hansens/Braun/Schneider/ *Hansens* Teil 7 Rn. 34 ff.; *ders.* RVGreport 2004, 426; *Volpert* RVGprofessionell 2004, 214.

[48] BGH NJW 2009, 3780; sa BGH NJW 2011, 1236; OLG Düsseldorf MDR 2010, 858.

[49] OLG Hamm RVGreport 2004, 432; ebenso AG Hamburg-St. Georg JurBüro 2005, 645.

[50] BVerfG NJW 2007, 286 (287); BAG NJW 2005, 3305; offen gelassen noch von BAG NJW 2004, 2401; sa BVerfG NJW 2007, 286 (287).

Bei einer Beratung zu **privaten Zwecken** ist der Mandant nach Auffassung 74
des Bundesgerichtshofs regelmäßig Verbraucher.[51] Das gilt zum Beispiel für einen
Fabrikanten, wenn er sich in einer persönlichen Scheidungsangelegenheit beraten
lässt, selbst wenn er in besten Einkommens- und Vermögensverhältnissen lebt. Ohne
Rücksicht auf seine wirtschaftlichen Verhältnisse ist die Beratungsgebühr mangels
einer Gebührenvereinbarung also auf 190 EUR begrenzt, weil es hinsichtlich der
Ehescheidung an einem gewerblichen Zweck fehlt. Lässt er sich beraten, weil er
einem Arbeitnehmer kündigen will, findet eine Begrenzung der Beratungsgebühr
nicht statt, weil die Beratung seiner selbständigen beruflichen Tätigkeit dient.[52]

2. Gebühren für Verbraucher (Abs. 1 S. 3 1. Alt.)

Mandanten, die zu dem Personenkreis der Verbraucher iSd § 13 BGB gehören, 75
schulden gemäß § 34 Abs. 1 S. 3, wenn sie keine abweichende Gebührenregelung
vereinbaren, für eine Beratung höchstens 190 EUR und für die Ausarbeitung eines
schriftlichen Gutachtens höchstens 250 EUR.

Die auf die gekappten Beträge reduzierten Gebühren sind kein Festgebühren. 76
§ 34 Abs. 1 S. 3, 2. Hs. verweist insoweit ausdrücklich auf **§ 14 Abs. 1.** Das bedeutet,
dass der Rechtsanwalt bei der Bestimmung der Gebührenhöhe **innerhalb** der
gekappten Beträge die Gebühr im Einzelfall unter Berücksichtigung aller Umstände,
vor allem des Umfangs und der Schwierigkeit der anwaltlichen Tätigkeit, der Bedeutung der Angelegenheit sowie der Einkommens- und Vermögensverhältnisse des
Mandanten nach billigem Ermessen bestimmen kann. Die gekappten Beträge darf
er jedoch nicht überschreiten.

3. Erstberatung für Verbraucher (Abs. 1 S. 3 letzte Alt.)

a) Anwendungsbereich. § 34 Abs. 1 S. 3 letzte Alt. kennt eine Erstberatungsge- 77
bühr nur für den Mandanten, der zum Personenkreis der Verbraucher iSd § 13 BGB
gehört und auch nur für ein erstes Beratungsgespräch.

Der Begriff des **ersten** Beratungsgesprächs bedeutet nicht uneingeschränkt, dass 78
nur **ein** Gespräch unter die Regelung des § 34 Abs. 1 S. 3 fällt. Muss das erste
Gespräch aus in der Person des Mandanten oder in der Person des Rechtsanwalts
liegenden Gründen **unterbrochen** werden, ist auch das weitere Gespräch ein erstes
Beratungsgespräch.[53]

Die Regelung des § 34 Abs. 1 S. 3 gilt nicht für eine **schriftliche** Beratung.[54] 79
Wenn der Mandant am Ende des ersten Beratungsgesprächs verlangt, dass ihm die
mündlich zuteil gewordene Beratung schriftlich bestätigt wird, ist die Beratung nach
§ 34 Abs. 1 S. 1 oder S. 2 abzurechnen.[55]

b) Anwendbarkeit des § 14. Der in § 34 Abs. 1 S. 3 enthaltene **Verweis auf** 80
§ 14 bezieht sich nach dem Wortlaut der Norm nur auf die Gebühr für eine Beratung
oder für die Ausarbeitung eines schriftlichen Gutachtens, nicht aber auf die Gebühr
für ein erstes Beratungsgespräch.

Gründe, die eine solche **unterschiedliche Anwendbarkeit** des § 14 erklären, 81
nennt die amtliche Begründung nicht. Sie sind auch sonst nicht erkennbar. Da für
sämtliche außergerichtlichen Tätigkeiten (Beratung, Gutachtenerstellung, Erstberatung) ein Höchstbetrag gesetzlich festgelegt ist, das Gesetz durch den Verweis auf
§ 14 Bemessungsgrundsätze aber nur für die Beratungs- und die Gutachtengebühr,

---

[51] BGH NJW 2009, 3780.
[52] So Schneider/Wolf/*Onderka* § 34 Rn. 101.
[53] Schneider/Wolf/*Onderka* § 34 Rn. 111.
[54] Schneider/Wolf/*Onderka* § 34 Rn. 111.
[55] Schneider/Wolf/*Onderka* § 34 Rn. 111.

nicht aber für die **Erstberatungsgebühr** an die Hand gibt, ist zu fragen, nach welchen Bemessungsgrundsätzen der Rechtsanwalt die Höhe der Erstberatungsgebühr im Einzelfall ermitteln soll. Man wird nicht umhin können, entgegen dem Wortlaut den Verweis auf § 14 auch auf die Erstberatungsgebühr zu beziehen. Andernfalls könnte der Rechtsanwalt die Höhe der Gebühr mehr oder weniger willkürlich bestimmen.[56]

82 c) **Höchstbetrag/Kappungsgrenze.** Die Erstberatungsgebühr ist keine eigenständige Gebühr.[57] Der Rechtsanwalt kann also nicht für jedes erste Beratungsgespräch eine Gebühr in Höhe von 190 EUR erheben, sondern muss die Höhe der Gebühr – bei Wertgebühren anhand des Gegenstandswerts – nach § 14 bestimmen. Eine genaue Berechnung ist nicht erforderlich, wenn der Höchstbetrag von 190 EUR ohnehin nicht überschritten wird.

83 Der Höchstbetrag von 190 EUR ist als **Kappungsgrenze** zu verstehen.[58] Soweit sich nach den Kriterien des § 14 ein geringerer Betrag errechnet, verbleibt es bei dem geringeren Betrag. Ergibt die Berechnung nach § 14 mehr als 190 EUR, kommt es zur Kappung auf diesen Betrag.

84 d) **Mehrere Auftraggeber.** Bei mehreren Auftraggebern ist Nr. 1008 VV anwendbar. Dieser Gebührentatbestand sieht eine Erhöhung allerdings nur für die Verfahrens- oder Geschäftsgebühr vor, nicht also für die Erstberatungsgebühr. Die Vorschrift der Nr. 1008 VV ist jedoch entsprechend anwendbar. Sinn und Zweck einer Gebührenerhöhung bei mehreren Auftraggebern ist der dadurch bedingte Mehraufwand.

85 Je Auftraggeber erhöht sich die **Erstberatungsgebühr** von 190 EUR um 30 %, also um 57 EUR. Der **maximale Erhöhungsbetrag** beträgt 380 EUR, so dass die bei Beratung mehrerer Auftraggeber höchste Gebühr bei 570 EUR liegt. Die Erhöhungsbeträge errechnen sich durch Addition von jeweils 57 EUR pro Auftraggeber. Bei zwei Auftraggebern entsteht also eine Erstberatungsgebühr von 247 EUR, bei drei Auftraggebern von 304 EUR, bei vier Auftraggebern von 361 EUR, bei fünf Auftraggebern von 418 EUR, bei sechs Auftraggebern von 475 EUR, bei sieben Auftraggebern von 532 EUR und bei acht Aufraggebern und mehr von 570 EUR, also nicht von 589 EUR, weil die Kappungsgrenze bei 570 EUR liegt. Die Höchstgebühr für **Beratung** und **Abfassung eines Gutachtens** erhöht sich bei mehreren Auftraggebern pro Auftraggeber um 45 EUR und damit bei acht Auftraggebern und mehr auf maximal 750 EUR.

IX. Anrechnung der Beratungsgebühr (Abs. 2)

86 Die Anrechnungsregelung des § 34 Abs. 2 gilt nur für die Beratungsgebühr und auch dann nur, wenn nichts anderes vereinbart ist, sie gilt also nicht für die Ausarbeitung eines schriftlichen Gutachtens und auch nicht für die Mediation. Wenn die Anwaltschaft in den von § 34 Abs. 1 S. 1 vom Gesetz gewünschten Gebührenvereinbarungen die Anrechenbarkeit der Beratungsgebühr regelmäßig ausschließt, wird der **Anwendungsbereich** der Anrechnungsregelung gering bleiben.

1. Normzweck

87 Die Anrechnungsregelung entspricht dem in § 34 Abs. 1 S. 1 definierten **Ausschließlichkeitscharakter** der Beratungsgebühr. Hängt die Beratung bereits im Zeitpunkt des Abschlusses des die Beratung betreffenden Mandatsvertrags mit einer

---

[56] Schneider/Wolf/*Onderka* § 34 Rn. 110.
[57] AG Dresden AGS 1999, 53; *Schneider/Mock* § 8 Rn. 17.
[58] *Kilian* BB 2006, 1509 (1510).

anderen gebührenpflichtigen Tätigkeit zusammen, kann die Beratungsgebühr nicht entstehen. § 34 Abs. 2 knüpft hieran an und schreibt eine Anrechnung der Beratungsgebühr für den Fall vor, dass der Rechtsanwalt zeitlich nach dem Entstehen der Beratungsgebühr eine sonstige gebührenpflichtige Tätigkeit erbringt, die mit der bereits erfolgten Beratung zusammenhängt. Dabei stellt das Gesetz nicht auf eine Tätigkeit in derselben Angelegenheit ab, sondern lässt einen Zusammenhang mit der Beratung genügen. Infolge der Anrechnung umfasst die andere Gebühr **rückwirkend** auch die durch die Beratung entstandene Beratungsgebühr.[59]

2. Anwendungsbereich

Die gesetzliche Anrechnungsregelung gilt nur, „wenn nichts anderes vereinbart ist", also nur **hilfsweise**. Der Rechtsanwalt, der im Wege einer Gebührenvereinbarung nicht zumindest die Anrechnung der Beratungsgebühr ausschließt, berät unentgeltlich, soweit die Voraussetzungen für eine Anrechnung erfüllt sind. 88

Fehlt es an einem mit dem Mandanten vereinbarten Ausschluss der Anrechnung, ist die Beratungsgebühr auf die Gebühr anzurechnen, die dem Rechtsanwalt für eine sonstige Tätigkeit zusteht, die mit der Beratung **zusammenhängt**. Von der Anrechnungsvorschrift erfasst werden alle nach § 34 in Betracht kommenden Gebühren, also die **vereinbarte** Beratungsgebühr nach Abs. 1 S. 1, die **übliche** Beratungsgebühr nach Abs. 1 S. 2 iVm §§ 612 Abs. 2, 632 Abs. 2 BGB und §§ 315, 316 BGB sowie die gekappte Beratungsgebühr nach Absatz 1 S. 3.[60] Auf die anwaltliche Tätigkeit als Gutachter und Mediator erstreckt sich die Anrechnungsregelung nicht. 89

3. Zusammenhang

Der vom Gesetz geforderte **Zusammenhang** hat einen sachlich-inhaltlichen und einen zeitlichen Aspekt. 90

a) Sachlich-inhaltlicher Zusammenhang. Ein sachlich-inhaltlicher Zusammenhang besteht, wenn die beratende und die sonstige Tätigkeit des Rechtsanwalts **denselben** Gegenstand/dieselbe Angelegenheit betreffen.[61] So findet eine Anrechnung der Beratungsgebühr auf die Geschäftsgebühr nach Nr. 2300 VV statt, wenn sich der Mandant nach Beratung in derselben Angelegenheit außergerichtlich vertreten lässt. Betrifft die Beratung eine Straf- oder Bußgeldsache, ist die Beratungsgebühr auf die Grundgebühr nach Nr. 4100 VV bzw. 5100 VV anzurechnen, wenn der Rechtsanwalt in derselben Sache die Verteidigung übernimmt. 91

Aber auch bei **verschiedenen** Angelegenheiten (§ 17) kommt eine Anrechnung in Betracht, so beispielsweise, wenn sich die Beratung auf ein **Mahnverfahren** bezieht und der Rechtsanwalt später mit der Vertretung im streitigen Verfahren beauftragt wird.[62] Gemäß § 17 Nr. 4 sind das Mahnverfahren und das streitige Verfahren verschiedene Angelegenheiten. Gleichwohl besteht zwischen beiden Verfahren ein sachlich-inhaltlicher Zusammenhang, weil der Gegenstand derselbe ist. Deshalb schreiben die Anm. zu den Nr. 3300 und 3301 VV auch vor, dass die Verfahrensgebühr für die Vertretung im Mahnverfahren auf die Verfahrensgebühr anzurechnen ist, die der Rechtsanwalt im nachfolgenden streitigen Verfahren erhält. Was für die Verfahrensgebühr im Mahnverfahren gilt, trifft sachlich-inhaltlich auch für die Beratungsgebühr zu. 92

---

[59] So zutreffend Riedel/Sußbauer/*Fraunholz* BRAGO § 20 Rn. 18.
[60] Gerold/Schmidt/*Mayer* § 34 Rn. 58.
[61] *Enders* JurBüro 2006, 561 (564); sa *Kilian* BB 2005, 1509, 1516.
[62] Schneider/Wolf/*Onderka* § 34 Rn. 115.

Hartung

93 **b) Zeitlicher Zusammenhang.** Der zeitliche Aspekt betrifft den Zeitraum, der zwischen der Beratungstätigkeit und der sonstigen Tätigkeit liegt. Im Gesetz selbst findet sich ein zeitlicher Aspekt in § 15 Abs. 5 S. 2. Danach entfallen die im RVG bestimmten Anrechnungen, wenn der frühere Auftrag seit mehr als zwei Kalenderjahren erledigt ist.[63]

94 **c) Umfang der Anrechnung.** Auf die Gebühr, die der Rechtsanwalt für eine sonstige mit der Beratung zusammenhängende Tätigkeit erhält, ist die Beratungsgebühr ebenso wie die Erstberatungsgebühr in **voller Höhe** anzurechnen. In Betracht kommen die **Geschäftsgebühr** nach Nr. 2300 VV und die **Verfahrensgebühr** nach Nr. 3100 VV, in Straf- und Bußgeldsachen die **Grundgebühr** nach Nr. 4100 bzw. 5100 VV.[64] Die Beratungsgebühr ist aber auch auf eine **vereinbarte Vergütung** anzurechnen. Insoweit wirft die Anrechnungsregelung allerdings in der Praxis erhebliche Schwierigkeiten auf.

95 Bei der Anrechnung einer **vereinbarten Beratungsgebühr** ergibt sich die Frage, in welchem Umfang die vereinbarte Beratungsgebühr – meist streitwertunabhängig – auf die streitwertabhängige Geschäfts- oder Verfahrensgebühr anzurechnen ist. Liegt diese Gebühr über der vereinbarten Beratungsgebühr, sind also beide Gebühren nicht deckungsgleich, kommt eine Anrechnung nur **bis zur Höhe** der Beratungsgebühr in Betracht. Das gilt auch für die in § 34 Abs. 1 S. 3 geregelte Erstberatungsgebühr.

96 Fraglich ist, in welchem Umfang eine streitwertunabhängig auf der Grundlage von Stundensätzen oder Pauschalen vereinbarte Beratungsgebühr auf die streitwertabhängige Geschäfts- bzw. Verfahrensgebühr nach Nr. 2300 bzw. 3100 VV anzurechnen ist. Dazu werden in der Literatur zwei Anrechnungsmöglichkeiten diskutiert,[65] die letztlich nicht überzeugend sind.

Praxistipp
97 Es ist dringend zu empfehlen, bei der Vereinbarung der Beratungsgebühr auf jeden Fall die Anrechenbarkeit auszuschließen.

X. Gebührenerstattung

98 Eine Erstattung der Beratungsgebühr durch den Gegner ist in der Regel ausgeschlossen, weil die Beratung in einem gerichtlichen Verfahren nicht gesondert honoriert wird, sondern durch die Verfahrensgebühr abgedeckt ist und die Kosten einer vorgerichtlichen Beratung nicht zu den Kosten des Rechtsstreits gehören.

99 **Ausnahmsweise** kann die Erstattung der Beratungsgebühr in Betracht kommen, wenn sich ein Mandant von einem Rechtsanwalt über die Erfolgsaussichten eines beabsichtigten Rechtsstreits beraten lässt und anschließend den Rechtsstreit ohne anwaltliche Vertretung führt. Ein weiteres **Beispiel** ist die Rücknahme eines Rechtsmittels zu einem Zeitpunkt, zu dem sich der für den Rechtsmittelgegner tätige Rechtsanwalt bei Gericht noch nicht bestellt, diesen jedoch über die Aussichten einer Rechtsverteidigung gegenüber dem Rechtsmittel beraten hat.[66]

100 Unabhängig von den genannten Beispielen lässt sich verallgemeinernd sagen, dass die Beratungsgebühr durch den unterlegenen Gegner erstattungsfähig ist, wenn der

---

[63] Ebenso *Enders* JurBüro 2006, 561, 564; *Kilian* BB 2005, 1509, 1516; Schneider/Wolf/Onderka § 34 Rn. 117; **aA** Hansens/Braun/Schneider/*Hansens* Teil 7 Rn. 74.

[64] Dazu ausführlich *Hansens* RVGreport 2007, 323.

[65] HK-RVG/*Teubel*/*Winkler* § 34 Rn. 152 ff.; sa *Enders* JurBüro 2006, 561 und 617; zu den Einzelheiten Gerold/Schmidt/*Mayer* § 34 Rn. 61.

[66] LG Berlin AGS 2008, 515; *Hansens* RVGreport 2008, 245; *ders.* ZAP Fach 24, 997, 1002; **aA** OLG Rostock RVGreport 2008, 269.

beratende Rechtsanwalt in dem gerichtlichen Verfahren, dem die Beratung galt, nicht tätig wird. Die **Notwendigkeit** der Beratung, für die die Beratungsgebühr entstanden ist, muss im Rahmen des Kostenfestsetzungsverfahrens geprüft werden (§ 91 ZPO).[67]

§ 35 Hilfeleistung in Steuersachen

(1) **Für die Hilfeleistung bei der Erfüllung allgemeiner Steuerpflichten und bei der Erfüllung steuerlicher Buchführungs- und Aufzeichnungspflichten gelten die §§ 23 bis 39 der Steuerberatergebührenverordnung in Verbindung mit den §§ 10 und 13 der Steuerberatergebührenverordnung entsprechend.**

(2) [1]Sieht dieses Gesetz die Anrechnung einer Geschäftsgebühr auf eine andere Gebühr vor, stehen die Gebühren nach den §§ 23, 24 und 31 der Steuerberatergebührenverordnung, bei mehreren Gebühren deren Summe, einer Geschäftsgebühr nach Teil 2 des Vergütungsverzeichnisses gleich. [2]Bei der Ermittlung des Höchstbetrags des anzurechnenden Teils der Geschäftsgebühr ist der Gegenstandswert derjenigen Gebühr zugrunde zu legen, auf die angerechnet wird.[1]

Übersicht

	Rn.
I. Überblick	1
II. Normzweck	2
III. Wert- und Zeitgebühren (Abs. 1)	6
1. Wertgebühr	8
a) Berechnung	9
b) Tabellen	14
2. Zeitgebühr	20
a) Anwendungsbereich	21
b) Höhe der Zeitgebühr	24
IV. Anrechnungsregelung (Abs. 2)	26
V. Verfassungsrechtliche Anm.	28
VI. Anh.: Gebühren in steuerrechtlichen Verfahren	34
1. Außergerichtliche Steuerverfahren	34
2. Finanzgerichtliche Verfahren	38

I. Überblick

Gemäß § 3 Nr. 1 StBerG ist der Rechtsanwalt zur unbeschränkten geschäftsmäßigen **Hilfeleistung in Steuersachen** befugt. Dennoch hatte die Anwaltschaft diesen Tätigkeitsbereich über viele Jahrzehnte den Steuerberatern und Wirtschaftsprüfern widerstandslos überlassen. Erst die **Anwaltsschwemme,** die viele Rechtsanwälte in einen immer härteren Konkurrenzkampf drängt, führte dazu, dass sich die Rechtsanwälte wieder vermehrt auf darauf besannen, dass sie befugt sind, auch in Steuersachen beratend tätig sein zu dürfen. Das gilt nicht nur für die über 4.728 Fachanwälte

1

---

[67] *Hansens* RVGreport 2007, 323 (333).
[1] § 35 Abs. 2 RVG ist durch das 2. KostRMoG eingefügt worden und am 1.8.2013 in Kraft getreten. BRAK-Mitt. 2012, 119. Die in der Norm in beiden Absätzen in Bezug genommene Steuerberatergebührenverordnung (StBGebV) ist mit Wirkung ab 20.12.2012 durch die Steuerberatervergütungsverordnung (StBVV) ersetzt worden.

§ 35 Hilfeleistung in Steuersachen

für Steuerrecht (Stand 31.12.2011), sondern darüber hinaus für eine weit größere Anzahl von Rechtsanwälten, die diese Fachanwaltsbezeichnung nicht führen. Inzwischen gehört die Beratung in Steuersachen verstärkt zu dem auch von den **Mandanten** angenommenen **Dienstleistungsangebot** der Rechtsanwälte.

II. Normzweck

2 Unter der Geltung der BRAGO konnten wegen des Fehlens entsprechender Vorschriften weder die Hilfeleistung bei der **Erfüllung allgemeiner Steuerpflichten** (zB Erstellung von Steuererklärungen, Ermittlung des Überschusses der Betriebseinnahmen über die Betriebsausgaben, Ermittlung des Überschusses der Einnahmen über die Werbungskosten) noch die Hilfeleistung bei der **Erfüllung steuerlicher Buchführungs- und Aufzeichnungspflichten** sachgerecht abgerechnet werden. Gleiches galt für andere Hilfeleistungen wie die **Lohnbuchführung** und für Arbeiten, die zum steuerlichen **Revisionswesen** gehören sowie für die Erstellung eines Vermögens- und Finanzstatus oder die Erteilung von Bescheinigungen für die Beachtung steuerrechtlicher Vorschriften in Vermögensübersichten und Erfolgsrechnungen.

3 Versuche, über eine **Funktionalisierung des Gegenstandswertes** zu einer angemessenen Vergütung der Rechtsanwälte bei der Hilfeleistung in Steuersachen auf der Basis der ehemaligen Vorschriften der BRAGO zu gelangen,[2] hatten nicht zu zufrieden zu stellenden Lösungen geführt.[3] So war es an der Zeit, für die Tätigkeit der Rechtsanwälte in Steuersachen eine angemessene gesetzliche Regelung zu schaffen. Diesem Ziel dient die Regelung des § 35. Die danach anzuwendenden §§ 23 bis 39 der Steuerberatergebührenverordnung (StBVV) ermöglichen auch dem Rechtsanwalt in Steuersachen eine angemessene Vergütung. Zu beachten ist, dass mit Wirkung ab 20.12.2012 die bisherige **Steuerberatergebührenverordnung** im Rahmen einer Erhöhung der in ihr geregelten Gebühren in **Steuerberatervergütungsverordnung** (StBVV) umbenannt worden ist.[4] Diese entspricht dem Aufbau der bisherigen Steuerberatergebührenverordnung, insbesondere die Nummerierung der einzelnen Vorschriften hat sich nicht geändert. Deshalb werden nachstehend Vorschriften der **StBVV** mit der Bezeichnung **StBVV** zitiert. Soweit durch die neue Verordnung die Fassung einzelner Vorschriften verändert oder Gebühren erhöht wurden, wird auf den Text der neuen StBVV verwiesen.

4 Grundsätzlich bemisst sich die Vergütung (Gebühren und Auslagen) des Rechtsanwalts nach dem RVG. An diesem **Primat der Vorschriften des RVG** ändert § 35 nichts. Die Vorschriften der bisherigen StBVV bzw. der neuen StBVV sind nur anwendbar, soweit sich keine entsprechenden Bestimmungen im RVG finden. Deshalb gelten **§ 21 StBVV** (Rat, Auskunft) und **§ 22 StBVV** (Gutachten) nicht. Das gleiche gilt für die allgemeinen Vorschriften und für die Vorschriften über die Gebührenberechnung. **Ausgenommen** davon sind lediglich **§ 10 StBVV** (Wertgebühren mit den Gebührentabellen A bis E) und **§ 13 StBVV** (Zeitgebühr), sie gelten also auch für die steuerberatende Tätigkeit eines Rechtsanwalts. Für alle übrigen Vorschriften ist eine sinngemäße Anwendung für die steuerberatende Berufstätigkeit der Rechtsanwälte nicht vorgesehen, weil das RVG ausreichende und umfassende Parallelbestimmungen enthält. Die in § 35 enthaltene Aufzählung der für die anwaltliche Berufstätigkeit geltenden Vorschriften der StBVV ist also **enumerativ** und damit abschließend. Die in Bezug genommenen Vorschriften reichen

---

[2] Vgl. *Schall* BB 1988, 1363; *Madert/Tacke,* Anwaltsgebühren in Verwaltungs-, Steuer- und Sozialsachen, 1991, II Rn. 16 ff.

[3] BT-Drs. 15/1971, 196, 197 zu § 35.

[4] BGBl. 2012 I 2637 v. 19.12.2012.

Hilfeleistung in Steuersachen **§ 35**

auch für eine angemessene Vergütung des Rechtsanwalts aus, weil die §§ 23 bis 39 StBVV die für die Hilfeleistung in Steuersachen in Betracht kommenden Tatbestände umfassend regeln. Die Einfügung der §§ 23–39 StBVV in die Gebührenvorschriften des RVG ermöglicht dem Rechtsanwalt somit auch ohne Gebührenvereinbarung eine der Tätigkeit des Steuerberaters entsprechende Abrechnung.

Praxistipp:
§ 35 gilt für anwaltliche Tätigkeiten in Steuersachen. Verfügt der Rechtsanwalt über 5 eine Mehrfachqualifikation, kann er das Mandat auch als Steuerberater, Wirtschaftsprüfer oder vereidigter Buchprüfer übernehmen. In allen Fällen gilt für die Ermittlung der Vergütung immer die StBVV, sei es über § 35 mittelbar oder bei den nichtanwaltlichen beruflichen Qualifikationen unmittelbar. Eine Ausnahme gilt für die Einigungsgebühr nach Nr. 1000 VV, die nur bei anwaltlicher Hilfeleistung anfallen kann.[5] Dieser Gesichtspunkt sollte bei der Frage, in welcher Eigenschaft ein mehrfachqualifizierter Rechtsanwalt ein steuerrechtliches Mandat übernimmt, nicht übersehen werden.

III. Wert- und Zeitgebühren (Abs. 1)

§ 35 Abs. 1 betrifft die **außergerichtliche** Hilfeleistung in Steuersachen. Dasselbe 6 gilt für die §§ 23 bis 39 StBVV, auf die § 35 verweist (zu den Gebühren in gerichtlichen Verfahren → Rn. 39). Diese Vorschriften unterscheiden zwischen **Wertgebühren** und **Zeitgebühren**. Sowohl die Wertgebühr als auch die Zeitgebühr sind durchweg Rahmengebühren, und zwar die Wertgebühr eine **Satzrahmengebühr** und die Zeitgebühr eine **Betragsrahmengebühr**. Die Bestimmung der konkreten Gebühr innerhalb des Rahmens ist von dem Rechtsanwalt von Fall zu Fall zu treffen.

Für den weitaus überwiegenden Teil der steuerberatenden Tätigkeiten sieht die 7 Verordnung die **Wertgebühr** vor. Bei ihr richtet sich die Gebührenbemessung nach dem Gegenstandswert der Tätigkeit bzw. nach dem Wert des Interesses und der jeweiligen Gebührentabelle (§ 10 Abs. 1 StBVV). Die **Zeitgebühr** ist auf eine geringe Anzahl von Gebührentatbeständen beschränkt. Es sind dies die Fälle, in denen im allgemeinen kein Gegenstandswert bestimmt werden kann oder in denen der Zeitaufwand für die einzelne Tätigkeit nach den Erfahrungen der Praxis so unterschiedlich ist, dass eine Gebührenberechnung nach dem Gegenstandswert selbst bei einem weit gespannten Gebührenrahmen in vielen Fällen nicht zu einem wirtschaftlich vernünftigen Ergebnis führen würde. Die Fälle, in denen die Zeitgebühr berechnet werden darf, sind in der Steuerberatergebührenverordnung **abschließend** aufgezählt.

1. Wertgebühr

Die Wertgebühr ist von den Gebührenarten, welche die Verordnung kennt, die 8 bedeutsamste, sowohl nach der Zahl der Vorschriften als auch nach den Schwerpunkten der beruflichen Tätigkeit des Steuerberaters.[6] Mit ihr werden alle Leistungen abgegolten, die sich nach der Verordnung beigefügten Tabellen A bis E (dazu → Rn. 14 ff.) bemessen. Geregelt ist die Wertgebühr in § 10 StBVV. Diese Vorschrift lautet:

(1) Die Wertgebühren bestimmen sich nach der der Verordnung als Anlage beigefügten Tabellen A bis E. Sie werden nach dem Wert berechnet, den der Gegenstand der beruflichen Tätigkeit hat. Maßgebend ist, soweit diese Verordnung nichts anderes bestimmt, der Wert des Interesses.

---
[5] Riedel/Sußbauer/*Potthoff* § 35 Rn. 6.
[6] Eckert/*Crusen*, Steuerberatergebührenverordnung, StBVV § 10 Rn. 1.

§ 35 Hilfeleistung in Steuersachen

(2) In derselben Angelegenheit werden die Werte mehrerer Gegenstände zusammengerechnet; dies gilt nicht für die in den §§ 24–27, 30, 35 und 37 bezeichneten Tätigkeiten.

9 **a) Berechnung.** Berechnet wird die Wertgebühr nach dem Wert, den der Gegenstand der beruflichen Tätigkeit hat (§ 10 Abs. 1 S. 2 StBVV). Dieser Wert ist teilweise bei den einzelnen Leistungspositionen der Verordnung angegeben. Fehlt eine solche Angabe, ist gemäß § 10 Abs. 1 S. 3 StBVV der „Wert des Interesses" maßgebend. Die in § 22 Abs. 2 vorgesehene Begrenzung des Gegenstandswerts auf 30 Millionen EUR gilt hier nicht. § 10 StBVV ist gegenüber § 22 Abs. 2 **lex specialis**.[7]

10 In **derselben Angelegenheit** sind die Werte mehrerer Gegenstände zusammenzurechnen (§ 10 Abs. 2 StBVV). Das gilt nicht für
- Steuererklärungen (§ 24 StBVV),
- die Ermittlung des Überschusses der Betriebseinnahmen über die Betriebsausgaben (§ 25 StBVV),
- die Ermittlung des Gewinns aus Land- und Forstwirtschaft nach Durchschnittssätzen (§ 26 StBVV),
- die Ermittlung des Überschusses der Einnahmen über die Werbungskosten (§ 27 StBVV),
- die Selbstanzeige (§ 30 StBVV),
- Abschlussarbeiten (§ 35 StBVV),
- die Erstellung eines Vermögens- oder Finanzstatus für steuerliche Zwecke (§ 37 StBVV).

11 Die Berechnung der Wertgebühren erfolgt anhand der **Tabellen A bis E** (→ Rn. 14 ff.). Aus der jeweils einschlägigen Tabelle lässt sich die zu dem jeweiligen Gegenstandswert gehörende volle Gebühr ablesen. Alsdann ist der **Gebührensatz** zu bestimmen. Die einzelnen Vorschriften der StBVV weisen hierzu **Satzrahmengebühren** aus. Es wird also kein fester Gebührensatz vorgeschrieben. Stattdessen bleibt es dem Rechtsanwalt vorbehalten, den Gebührensatz festzulegen.

12 Für den **Steuerberater** schreibt § 11 StBVV vor, dass er bei Satzrahmengebühren die Gebühr im Einzelfall unter Berücksichtigung aller Umstände, insbesondere der Bedeutung der Angelegenheit, des Umfanges und der Schwierigkeit der beruflichen Tätigkeit nach billigem Ermessen zu bestimmen hat. § 35 nimmt jedoch für den **Rechtsanwalt** auf diese Regelung keinen Bezug. Deshalb gilt für die Festlegung des der Gebührenberechnung zugrunde zu legenden Gebührensatzes durch den Rechtsanwalt nicht § 11 StBVV, sondern **§ 14 Abs. 1 Sätze 1 und 2**. Danach ist bei Rahmengebühren die Gebühr im Einzelfall unter Berücksichtigung aller Umstände, vor allem des Umfangs und der Schwierigkeit der anwaltlichen Tätigkeit, der Bedeutung der Angelegenheit sowie der Einkommens- und Vermögensverhältnisse des Auftraggebers nach billigem Ermessen zu bestimmen. Zudem darf der Rechtsanwalt bei der Bemessung der Gebühr ein besonderes **Haftungsrisiko** berücksichtigen.

13 Nach Festlegung des für den Einzelfall maßgeblichen Gebührensatzes kann die **Gebührenberechnung** erfolgen. Zu diesem Zweck ist die aus der jeweiligen Tabelle ermittelte volle Gebühr mit dem von dem Rechtsanwalt bestimmten Gebührensatz zu multiplizieren. Aus dem Ergebnis dieser Berechnung ergibt sich die im Einzelfall **verdiente Gebühr.**

14 **b) Tabellen.** Die der Steuerberatergebührenverordnung als Anlage zu § 10 Abs. 1 StBVV beigefügten Tabellen A bis E betreffen unterschiedliche Gebührentatbestände.

---

[7] So zutreffend *Schneider* AGS 2005, 322; vgl. auch Schneider/Wolf/*Kögler* § 35 Rn. 2.

Hilfeleistung in Steuersachen **§ 35**

aa) Tabelle A (Beratungstabelle). Der **Anwendungsbereich** der Tabelle A 15 erstreckt sich, soweit § 35 auf die Vorschriften der §§ 23 bis 39 StBVV verweist, auf:
- § 23 StBVV – Sonstige Tätigkeiten,
- § 24 Abs. 1 StBVV – Steuererklärungen,
- § 24 Abs. 2 StBVV – Ermittlung der Zugewinnausgleichsforderung nach § 5 ErbStG,
- § 24 Abs. 3 StBVV – Antrag auf Lohnsteuerermäßigung,
- § 27 Abs. 1 StBVV – Ermittlung des Überschusses der Einnahmen über die Werbungskosten,
- § 29 Nr. 2 StBVV – Schriftliche Einwendungen gegen den Prüfungsbericht,
- § 30 StBVV – Selbstanzeige,
- § 31 StBVV – Besprechungen mit Behörden oder mit Dritten in abgaberechtlichen Sachen.

bb) Tabelle B (Abschlusstabelle). Die Tabelle B wird die Abschlusstabelle 16 genannt. Ihr Anwendungsbereich erstreckt sich, soweit § 35 auf die Vorschriften der §§ 23 bis 39 StBVV verweist, auf:
- § 25 Abs. 1 StBVV – Ermittlung des Überschusses der Betriebseinnahmen über die Betriebsausgaben,
- § 26 StBVV – Ermittlung des Gewinns aus Land- und Forstwirtschaft nach Durchschnittssätzen,
- § 35 Abs. 1 StBVV – Abschlussarbeiten,
- § 36 Abs. 2 Nr. 2 StBVV – Prüfung einer Bilanz, einer Gewinn- und Verlustrechnung oder einer sonstigen Vermögensrechnung für steuerliche Zwecke,
- § 37 StBVV Vermögensstatus und Finanzstatus für steuerliche Zwecke,
- § 38 Abs. 1 StBVV – Erteilung einer Bescheinigung über die Beachtung steuerlicher Vorschriften in Vermögensübersichten und Erfolgsrechnungen.

cc) Tabelle C (Buchführungstabelle). Die Tabelle C betrifft als Buchführungs- 17 tabelle Tätigkeiten gemäß § 35 Abs. 1 bis 5 StBVV. Der maßgebliche Gegenstandswert ist der Jahresumsatz (§ 33 Abs. 6 StBVV) des Mandanten.

dd) Tabelle D (Abschlusstabelle für land- und forstwirtschaftliche 18 **Betriebe).** Die Tabelle D regelt die Gebühren für die landwirtschaftliche Buchführung (§ 39 Abs. 2 bis 4 StBVV). Sie enthält zwei Teile. Der Tabellenteil a stellt auf die Betriebsfläche ab, Teil b auf den Jahresumsatz. In der Regel ist zunächst jeweils die Teilgebühr zu ermitteln. Durch Addition beider Teilgebühren errechnet sich die Gesamtgebühr. Lediglich für die in § 39 Abs. 4 StBVV aufgeführten Tätigkeiten ist nur Tabellenteil a anzuwenden.

ee) Tabelle E (Rechtsbehelfstabelle). Die Tabelle E entspricht der Tabelle zu 19 § 13. Für die steuerberatende Tätigkeit des Rechtsanwalts ist sie ohne Anwendungsbereich. Sie betrifft Tätigkeiten nach § 21 Abs. 2 und den §§ 40 bis 44 StBVV, also sämtlich Vorschriften, auf die § 35 keinen Bezug nimmt. Für den Rechtsanwalt verbleibt es deshalb bei der Tabelle zu § 13.

2. Zeitgebühr

Die Zeitgebühr hat anders als bei Rechtsanwälten in der Praxis der steuerberaten- 20 den Berufe seit langem einen festen Platz. Das RVG kennt ebenso wie früher die Bundesgebührenordnung für Rechtsanwälte Zeitvergütungen nur, wenn sie vereinbart sind (§ 4 Abs. 1 S. 1 und Abs. 2 S. 1). Die Steuerberatergebührenverordnung sieht für bestimmte Tätigkeiten Zeitgebühren auch ohne Vereinbarung vor und bestimmt auch deren Höhe.

a) Anwendungsbereich. Gemäß § 13 StBVV sind Zeitgebühren zu berechnen: 21
(1) in den Fällen, in denen die Steuerberatergebührenverordnung dies vorsieht;

§ 35 Hilfeleistung in Steuersachen

(2) wenn keine genügenden Anhaltspunkte für eine Schätzung des Gegenstandswerts vorliegen; dies gilt nicht für Tätigkeiten nach § 23 StBVV sowie für die Vertretung im außergerichtlichen Rechtsbehelfsverfahren (§§ 40 bis 43 StBVV), im Verwaltungsvollstreckungsverfahren (§ 44 StBVV) und in gerichtlichen und anderen Verfahren (§§ 45, 46 StBVV).

22 **aa) In der StBVV geregelte Zeitgebührentatbestände.** Zeitgebühren kennt die Steuerberatergebührenverordnung, soweit § 35 auf deren Gebührentatbestände verweist, für die

- Anfertigung einer Erklärung zur Hauptfeststellung, Fortschreibung oder Nachfeststellung der **Einheitswerte** (§ 24 Abs. 4 Nr. 1 StBVV);
- Arbeiten zur Feststellung des **verrechenbaren Verlustes** gemäß § 15a des Einkommensteuergesetzes (§ 24 Abs. 4 Nr. 2 StBVV);
- Anfertigung einer Meldung über die **Beteiligung an ausländischen** Körperschaften, Vermögensmassen und Personenvereinigungen und an ausländischen Personengesellschaften (§ 24 Abs. 4 Nr. 3 StBVV);
- Anfertigung eines **Erstattungsantrages nach § 50 Abs. 5 S. 4 Nr. 3** des Einkommensteuergesetzes (§ 24 Abs. 4 Nr. 4 StBVV);
- Anfertigung einer **Anmeldung nach § 50a Abs. 5** des Einkommensteuergesetzes, § 73e der Einkommensteuer-Durchführungsverordnung (§ 24 Abs. 4 Nr. 5 StBVV);
- **Vorarbeiten zur Ermittlung des Überschusses** der Betriebseinnahmen über die Betriebsausgaben, die über das übliche Maß erheblich hinausgehen (§ 25 Abs. 2 StBVV);
- Prüfung eines Steuerbescheids (§ 28 StBVV);
- **Teilnahme an einer Prüfung,** insbesondere an einer Außenprüfung (§ 193 der Abgabenordnung) einschließlich der Schlussbesprechung und der Prüfung des Prüfungsberichts, an einer Ermittlung der Besteuerungsgrundlagen (§ 208 der Abgabenordnung) oder an einer Maßnahme der Steueraufsicht gemäß §§ 209 bis 217 der Abgabenordnung (§ 29 Nr. 1 StBVV);
- Hilfeleistung bei der Einrichtung einer Buchführung (§ 32 StBVV);
- Hilfeleistung bei **sonstigen Tätigkeiten** im Zusammenhang mit der **Buchführung** (§ 33 Abs. 7 StBVV);
- Hilfeleistung bei **sonstigen Tätigkeiten** im Zusammenhang mit dem **Lohnsteuerabzug** und der **Lohnbuchführung** (§ 34 Abs. 5 StBVV);
- Anfertigung oder Berichtigung von **Inventurunterlagen** und sonstige **Abschlussvorarbeiten** bis zur abgestimmten Saldenbilanz (§ 35 Abs. 3 StBVV);
- **Prüfung einer Buchführung,** einzelner Konten oder einer Überschussrechnung für steuerliche Zwecke und die Berichterstattung hierüber (§ 36 Abs. 1 StBVV);
- **Prüfung einer Bilanz,** einer Gewinn- und Verlustrechnung, eines Anhangs, eines Lageberichts oder einer sonstigen Vermögensrechnung für steuerliche Zwecke sowie die Berichterstattung hierüber – insoweit neben einer Wertgebühr – (§ 36 Abs. 2 Nr. 1 und 2 StBVV);
- Mitwirkung an der **Erteilung von Steuerbescheinigungen** (§ 38 Abs. 2 StBVV).

23 **bb) Zeitgebühren mangels Gegenstandswerts.** Wenn für eine Schätzung des Gegenstandswerts keine genügenden Anhaltspunkte vorliegen, weicht die Verordnung auf die Zeitgebühr als „Hilfsgebühr" aus. Maßgeblich ist in diesen Fällen der Zeitaufwand.

24 **b) Höhe der Zeitgebühr.** Die Höhe der Zeitgebühr beträgt 19 bis 46 EUR je angefangene halbe Stunde.

25 Soweit die Zeitgebühr des § 13 StBVV im Einzelfall zu gering ist, erlaubt es § 4 Abs. 1 S. 1 dem Rechtsanwalt, eine **höhere Zeitgebühr** zu vereinbaren.[8] Das dürfte

---

[8] Dazu OLG Frankfurt a.M. NJW-RR 2000, 1368; LAG Kiel DB 1999, 540; LG Köln BB 1999, 1929.

in der Praxis häufig angezeigt sein, weil der in § 13 Abs. 2 StBVV vorgesehene Betrag von 19 bis 46 EUR je angefangene halbe Stunde in der Mehrzahl der Fälle nicht einmal kostendeckend sein wird.

IV. Anrechnungsregelung (Abs. 2)

Die durch das 2. KostRMoG mit Wirkung ab 1. 8.2013 erfolgte Einfügung des 26 § 35 Abs. 2 wurde im Hinblick auf die einschneidenden Änderungen zur Geschäftsgebühr in den Abschn. 3 und 4 zu Teil 2 VV und die neuen Anrechnungsregelungen in der Vorb. 2.3 Abs. 4 bis 6 VV. Diese Neuerungen machten eine ergänzende Regelung für die Fälle erforderlich, in denen sich die Gebühren für eine einem **Nachprüfungsverfahren** (Einspruchsverfahren) vorangegangene anwaltliche Tätigkeit nicht nach den Vorschriften des RVG richten. Das trifft auf die dem Rechtsanwalt nach den §§ 23, 24 und 31 StBVV zustehenden Gebühren zu, weil der **Gegenstandswert** nach der StBVV im Besteuerungsverfahren regelmäßig höher ist als der Gegenstandswert nach dem RVG im Nachprüfungsverfahren.

Gemäß § 35 Abs. 2 S. 1 stehen die Gebühren nach den §§ 23, 24 und 31 StBVV 27 einer **Geschäftsgebühr** nach Teil 2 VV gleich. Das bedeutet, dass diese Gebühren – bei mehreren Gebühren deren Summe – hälftig und höchstens zu einem Satz von 0,75 (Vorb. 2.3 Abs. 4 S. 1 VV und Vorb. 3 Abs. 4 VV) anzurechnen sind. Ergänzend dazu schreibt § 35 Abs. 2 S. 2 vor, dass bei der Ermittlung des Höchstbetrags des anzurechnenden Teils dieser Gebühren der Gegenstandswert derjenigen Gebühr zugrunde zu legen ist, **auf** die angerechnet wird. Das ist entweder die Geschäftsgebühr nach Nr. 2300 VV oder die Verfahrensgebühr nach Nr. 3200 VV.[9]

V. Verfassungsrechtliche Anm.

§ 35 verweist nur auf die §§ 23–39 StBVV iVm den §§ 10 und 13 StBVV, nicht 28 aber auch auf die §§ 14, 21 und 22 StBVV.

Der Rechtsanwalt kann die Beratungsgebühren gemäß § 34 frei aushandeln. Der – 29 unvollständige – Verweis auf die StBVV führt zu einem **gebührenrechtlichen Konflikt** zwischen dem Rechtsanwalt und dem Steuerberater. Während nämlich der Rechtsanwalt an keine gesetzlichen Vorgaben oder Beschränkungen gebunden ist, muss ein in genau derselben Angelegenheit beauftragter Steuerberater nach den Vorschriften der §§ 21 oder 22 StBVV abrechnen, die ihm einen festen Gebührenrahmen vorschreiben.

Praxistipp:

Die unterschiedliche Vergütungssituation sollte bei der Frage, in welcher Eigen- 30 schaft ein mehrfachqualifizierter Rechtsanwalt ein steuerrechtliches Mandat annehmen soll, berücksichtigt werden.

Eine weitere **ungleiche gebührenrechtliche Situation** zwischen dem Rechts- 31 anwalt und dem Steuerberater ergibt sich aus dem fehlenden Verweis auf § 14 StBVV für den Bereich einer **Pauschalvergütung**. § 14 Abs. 1 StBVV setzt voraus, dass die Vereinbarung einer Pauschalvergütung schriftlich und für einen Zeitraum von mindestens einem Jahr abgeschlossen wird. Nach § 14 Abs. 2 StBVV ist die Vereinbarung einer Pauschalvergütung zudem für bestimmte Tätigkeiten (zB für die Anfertigung nicht mindestens jährlich wiederkehrender Steuererklärungen) generell nicht zulässig. Das hat zur Folge, dass bei der Vereinbarung einer Pauschalvergütung der

---

[9] Berechnungsbeispiele finden sich bei *Schneider/Thiel* § 3 Rn. 230 ff.

Steuerberater die Einschränkungen des § 14 StBVV beachten muss, während der Rechtsanwalt hieran nicht gebunden ist.

32 Hinzu kommt, dass es nach § 14 Abs. 3 StBVV dem Steuerberater nicht erlaubt ist, durch die Vereinbarung einer Pauschalvergütung die gesetzlichen Gebühren zu **unterschreiten.**[10] Demgegenüber darf der Rechtsanwalt in außergerichtlichen Angelegenheiten gemäß § 4 Abs. 2 S. 1 RVG auch geringere als die gesetzlichen Gebühren vereinbaren.

33 Ob eine solche **unterschiedliche Vergütung** ein und derselben Tätigkeit durch Angehörige verschiedener Berufe **verfassungsrechtlich** zulässig ist, lässt sich zumindest bezweifeln. Im freien Preiswettbewerb gäbe es diese Zweifel nicht. Hier handelt es sich jedoch um gesetzliche Vergütungsregelungen mit unterschiedlichen Vorschriften für ein und dieselbe Tätigkeit. Der Gedanke, dass dies gegen **Art. 3 GG** verstößt, liegt nicht fern, zumal mit den unterschiedlichen Regelungen **Wettbewerbsnachteile** für einen der beiden Berufe, nämlich für den der Steuerberater verbunden sind.

VI. Anh.: Gebühren in steuerrechtlichen Verfahren

1. Außergerichtliche Steuerverfahren

34 Für die außergerichtliche Tätigkeit im steuerrechtlichen Verwaltungsverfahren erhält der Rechtsanwalt die **Geschäftsgebühr** nach Nr. 2300 VV.[11] Der Gebührensatzrahmen reicht von 0,5 bis 2,5. Die Mittelgebühr beträgt 1,5. Zu beachten ist die Schwellengebühr von 1,3, wenn die anwaltliche Tätigkeit nicht umfangreich oder nicht schwierig war.

35 Das **weitere** steuerrechtliche **Verwaltungsverfahren,** das einem gerichtlichen Verfahren vorausgeht, dient der Nachprüfung des von der Finanzbehörde erlassenen Verwaltungsakts. Dieses **Nachprüfungsverfahren** ist im Verhältnis zu dem vorangegangenen Verwaltungsverfahren gemäß § 17 Nr. 1 eine **neue** (selbständige) **Angelegenheit.**

36 War der Rechtsanwalt bereits im vorausgegangenen Verwaltungsverfahren tätig, erhält er die **Geschäftsgebühr** nach Nr. 2301 VV in Höhe von 0,5 bis 1,3. Bei der Bemessung der Gebühr ist nicht zu berücksichtigen, dass der Umfang der Tätigkeit infolge der Tätigkeit im Verwaltungsverfahren geringer ist (Anm. Abs. 1 zu Nr. 2301 VV). Wie bei der Geschäftsgebühr nach Nr. 2300 VV gibt es gemäß Abs. 2 der Anm. zu Nr. 2301 VV auch eine **Schwellengebühr.** Eine Gebühr von mehr als 0,7 kann der Rechtsanwalt nur fordern, wenn seine Tätigkeit umfangreich oder schwierig war.

37 Wird der Rechtsanwalt erstmalig im Nachprüfungsverfahren tätig, entsteht die Geschäftsgebühr nach Nr. 2300 VV ohne die in Nr. 2301 VV vorgeschriebene Beschränkung des Gebührenrahmens. Der Gebührenrahmen reicht also von 0,5 bis 2,5 und endet bei 1,3, wenn die anwaltliche Tätigkeit nicht schwierig oder nicht umfangreich war.

2. Finanzgerichtliche Verfahren

38 Im **erstinstanzlichen** Verfahren vor dem Finanzgericht erhält der Rechtsanwalt gemäß der Vorb. 3.2.1 Abs. 1 Nr. 1 VV die Gebühren, die in allen anderen in Teil 3 VV geregelten Verfahren erst in der Berufungsinstanz anfallen. Das sind eine **Verfahrensgebühr** nach Nr. 3200 VV mit einem Gebührensatz von 1,6 und eine

---

[10] Kuhls/Meurers/Maxl/Schäfer/Goez/*Kuhls* StBerG § 64 Rn. 36 ff.
[11] AA Schneider/Wolf/*Onderka* Vorb. 2.3 VV Rn. 17; wohl auch MAH VergütungsR/*Bauer* § 27 Rn. 5.

Terminsgebühr nach Nr. 3202 VV in Höhe von 1,2. Die volle Terminsgebühr entsteht auch dann, wenn gemäß § 79a Abs. 2, § 90a oder § 94a FGO ohne mündliche Verhandlung entschieden wird (Abs. 2 der Anm. zu Nr. 3202 VV). Im Übrigen gilt die Anm. zu Nr. 3104 VV entsprechend (Abs. 1 der Anm. zu Nr. 3202 VV).

In der **Revisionsinstanz** – eine Berufungsinstanz gibt es im finanzgerichtlichen 39 Verfahren nicht – erhält der Rechtsanwalt eine **1,6-Verfahrensgebühr** nach Nr. 3206 VV und eine **1,5-Terminsgebühr** nach Nr. 3210 VV. Die Terminsgebühr verringert sich unter den in Nr. 3211 VV genannten Voraussetzungen auf 0,8.

Erledigt sich der Auftrag **vorzeitig** – zum Begriff der vorzeitigen Erledigung siehe 40 die Anm. zu Nr. 3201 VV – reduziert sich die Verfahrensgebühr gemäß Nr. 3207 VV iVm Nr. 3201 VV auf 1,1.

Legt der Rechtsanwalt, weil das Finanzgericht die Revision nicht zugelassen hat, 41 eine **Nichtzulassungsbeschwerde** gemäß § 115 Abs. 3 FGO ein, betrifft diese Tätigkeit eine **neue** Angelegenheit (§ 17 Nr. 9). Es entstent eine Verfahrensgebühr mit einem Gebührensatz von 1,6 nach Nr. 3506 VV, die auf die Verfahrensgebühr eines nachfolgenden Revisionsverfahrens **voll** anzurechnen ist, wenn die Nichtzulassungsbeschwerde Erfolg hat und der Rechtsanwalt die Revision einlegt.

Für **Erinnerungen** und **Beschwerden** gilt der Gebührentatbestand der Nr. 3500 42 VV mit einer Verfahrensgebühr von 0,5.

Im Verfahren der **einstweiligen Anordnung** erhält der Rechtsanwalt wie im 43 Hauptsacheverfahren die erhöhte Verfahrensgebühr mit einem Gebührensatz von 1,6 nach Nr. 3200 VV. Das ergibt sich aus Abs. 1 Nr. 1 der Vorbemerkung 3.2.1 VV iVm § 17 Nr. 4b.

Die Bestimmung des **Streitwerts** in Verfahren vor den Gerichten der Finanzge- 44 richtsbarkeit regelt § 52 GKG nF. Nach dessen Absatz 1 ist der Streitwert nach sich aus dem Antrag des Klägers für ihn ergebenden Bedeutung der Sache nach Ermessen zu bestimmen. Gemäß § 52 Abs. 4 GKG nF beträgt der Mindeststreitwert 1.000 EUR.[12]

§ 36 Schiedsrichterliche Verfahren und Verfahren vor dem Schiedsgericht

(1) **Teil 3 Abschn. 1, 2 und 4 des Vergütungsverzeichnisses ist auf die folgenden außergerichtlichen Verfahren entsprechend anzuwenden:**
1. schiedsrichterliche Verfahren nach Buch 10 der Zivilprozessordnung und
2. Verfahren vor dem Schiedsgericht (§ 104 des Arbeitsgerichtsgesetzes).

(2) **Im Verfahren nach Absatz 1 Nr. 1 erhält der Rechtsanwalt die Terminsgebühr auch, wenn der Schiedsspruch ohne mündliche Verhandlung erlassen wird.**

Übersicht

	Rn.
I. Überblick	1
II. Normzweck	4
III. Anwendungsbereich	7
1. Schiedsrichterliche Verfahren (Abs. 1 Nr. 1)	7
2. Verfahren vor dem Schiedsgericht gemäß § 104 ArbGG (Abs. 1 Nr. 2)	10
IV. Gebühren nach Teil 3 Abschn. 1, 2 und 4 VV	11
1. Gebühren nach Teil 3 Abschn. 1 VV	13

---

[12] Siehe hierzu den Streitwertschlüssel für die Finanzgerichtsbarkeit bei *Hartmann* Anh. II zu § 52 GKG.

	Rn.
2. Gebühren nach Teil 3 Abschn. 2 VV	15
3. Gebühren nach Teil 3 Abschn. 4 VV	16
4. Besonderheit: Einigungsgebühr	17
V. Terminsgebühr ohne mündliche Verhandlung (Abs. 2)	19
VI. Besondere Tätigkeiten im Zusammenhang mit schiedsrichterlichen und schiedsgerichtlichen Verfahren	20
VII. Kostenerstattung	24

I. Überblick

1 § 36 Abs. 1 Nr. 1 betrifft das schiedsrichterliche Verfahren nach Buch 10 der ZPO und § 36 Abs. 1 Nr. 2 das Verfahren vor dem Schiedsgericht gemäß § 104 ArbGG. In beiden Verfahrensarten ist Teil 3 Abschn. 1, 2 und 4 VV entsprechend anzuwenden.

2 § 36 Abs. 2 gilt nur für das schiedsrichterliche Verfahren. Für das Verfahren vor dem Schiedsgericht nach § 104 ArbGG ist immer eine mündliche Verhandlung erforderlich (§ 105 Abs. 1 und 2 ArbGG).

3 Im Zusammenhang mit § 36 stehen die Regelungen des § 16 Nr. 10 und des § 16 Nr. 11. Dort ist geregelt, welche schiedsrichterlichen Verfahren und welche Verfahren vor dem Schiedsgericht nach § 104 ArbGG als dieselbe Angelegenheit gelten.

II. Normzweck

4 Gemäß § 36 Abs. 1 ist Teil 3 Abschn. 1, 2 und 4 VV auf das schiedsrichterliche Verfahren nach Buch 10 der ZPO und auf das Verfahren vor dem Schiedsgericht gemäß § 104 ArbGG entsprechend anzuwenden. Der Rechtsanwalt soll also in diesen beiden Verfahrensarten die gleichen Gebühren wie in einem gerichtlichen Verfahren erhalten.

5 Ob die **vergütungsmäßige Gleichstellung** des schiedsrichterlichen Verfahrens sowie des Verfahrens vor dem Schiedsgericht nach § 104 ArbGG mit dem staatlichen Zivilprozess eine sachgerechte Regelung ist, lässt sich durchaus bezweifeln. Zutreffend weist *Hartmann* darauf hin, dass die Aufgaben des Rechtsanwalts vor einem Schiedsgericht durchweg diffiziler sind, allein schon im Hinblick auf verborgene Befangenheitsgefahren.[1]

Praxistipp:

6 Im Einzelfall sollte der Rechtsanwalt, wenn die vergütungsmäßige Gleichstellung den Besonderheiten der beiden Verfahrensarten nicht gerecht wird, eine Vergütungsvereinbarung treffen. In schiedsrichterlichen Verfahren mit einem Gegenstandswert über 30 Millionen EUR ist es sinnvoll, die in § 22 Abs. 2 geregelte Kappung des Streitwerts durch eine Vergütungsvereinbarung auszuschließen, um der Gefahr vorzubeugen, dass der Arbeits- und Zeitaufwand des Rechtsanwalts die Vergütung nach einem Streitwert von 30 Millionen EUR übersteigt.

III. Anwendungsbereich

1. Schiedsrichterliche Verfahren (Abs. 1 Nr. 1)

7 Das schiedsrichterliche Verfahren iSd § 36 Abs. 1 Nr. 1 betrifft das in den §§ 1025 bis 1066 ZPO geregelte Verfahren vor **privaten Schiedsgerichten,** die aufgrund

---

[1] *Hartmann* § 36 Rn. 2.

einer Schiedsgerichtsvereinbarung gemäß § 1029 ZPO in bürgerlich-rechtlichen Streitigkeiten oder in gesetzlich statthafter Weise aufgrund einer letztwilligen oder einer anderen nicht auf Vereinbarung beruhender Verfügung gemäß § 1066 ZPO zuständig sind. Die Vorschrift gilt aber auch für Verfahren vor **Schiedsgerichten,** die von **Gesetzes** wegen eingerichtet worden sind, wenn die Vorschriften der §§ 1025 ff. darauf Anwendung finden.[2] Von der Schiedsgerichtsvereinbarung ist der **Schiedsgutachtenvertrag** i. S. v. § 317 BGB abzugrenzen.[3] Während ein Schiedsgericht an die Stelle des staatlichen Gerichts treten soll und über den Rechtsstreit rechtskräftig als solchen entscheidet, obliegt es einem Schiedsgutachter, lediglich Tatsachen festzustellen, ohne über die daraus folgenden rechtlichen Konsequenzen zu entscheiden.[4]

§ 36 bezieht sich nicht auf **Güteverfahren,** obwohl sie ursprünglich in der Überschrift zu § 34 früherer Gesetzesentwürfe zum RVG[5] genannt waren. Sie sind jetzt im Teil 2 VV geregelt. Nr. 2303 VV nennt folgende Verfahren: 8

1. Güteverfahren vor einer durch die **Landesjustizverwaltung** eingerichteten oder anerkannten Gütestelle (§ 794 Abs. 1 Nr. 1 ZPO) oder, wenn die Parteien den Einigungsversuch einvernehmlich unternehmen, vor einer Gütestelle, die Streitbeilegung betreibt (§ 15a Abs. 3 EGZPO),
2. Verfahren vor einem **Ausschuss** der in **§ 111 Abs. 2 ArbGG** bezeichneten Art,
3. Verfahren vor dem **Seemannsamt** zur vorläufigen Entscheidung von Arbeitssachen und
4. Verfahren vor sonstigen **gesetzlich** eingerichteten Einigungsstellen, Gütestellen oder Schiedsstellen.

Der Geltungsbereich der in Nr. 2303 VV enthaltenen Regelung betrifft jedes bundes- oder landesrechtliche Einigungs-, Güte- oder Schiedsverfahren. Das belegt vorstehende Ziff. 4. Die in den Ziff. 1 bis 3 genannten Verfahrensarten sind nur beispielhaft zu verstehen. 9

2. Verfahren vor dem Schiedsgericht gemäß § 104 ArbGG (Abs. 1 Nr. 2)

§ 36 Abs. 1 Nr. 2 betrifft die Verfahren vor Schiedsgerichten gemäß § 104 ArbGG. Für bürgerliche Rechtsstreitigkeiten zwischen Tarifvertragsparteien aus Tarifverträgen oder über das Bestehen oder Nichtbestehen von Tarifverträgen können die Parteien des Tarifvertrags die Arbeitsgerichtsbarkeit allgemein oder für den Einzelfall durch die ausdrückliche Vereinbarung ausschließen, dass die Entscheidung durch ein Schiedsgericht erfolgen soll (§ 101 Abs. 1 ArbGG). Bei den zu § 36 Abs. 1 Nr. 2 zählenden Schiedsgerichtsverfahren handelt es sich also um Verfahren, bei denen durch einen **Tarifvertrag** die sonst gegebene Zuständigkeit der Arbeitsgerichtsbarkeit unter gleichzeitiger Eröffnung des Weges zu einem Schiedsgericht ausgeschlossen ist. Geregelt ist das Verfahren vor dem Schiedsgericht iSd § 104 ArbGG in den §§ 105 bis 110 ArbGG. 10

IV. Gebühren nach Teil 3 Abschn. 1, 2 und 4 VV

Auf die in § 36 Abs. 1 Nr. 1 und Nr. 2 genannten außergerichtlichen Verfahren ist Teil 3 Abschn. 1, 2 und 4 VV entsprechend anzuwenden. Das bedeutet, dass der Rechtsanwalt dieselben Gebühren wie in einem gerichtlichen Verfahren erhält. 11

---

[2] Schneider/Wolf/*Wahlen/Wolf/Thiel* § 36 Rn. 1.
[3] Dazu OLG Brandenburg NJW-RR 2014, 405 (406).
[4] Vgl. OLG Hamm BauR 2009, 540; OLG Köln BeckRS 2013, 03937; OLG München NJOZ 2005, 2895.
[5] BT-Drs. 14/9037 v. 14.5.2002 zu § 34 des Entwurfs.

12 In seiner ursprünglichen Fassung verwies § 36 Abs. 1 nur auf Teil 3 Abschn. 1 und 2 VV, auf **Teil 3 Abschn. 4 VV** wurde nicht Bezug genommen. Das war ein **Redaktionsversehen,** dass mit dem 2. KostRMoG durch die Einfügung auch des Abschn. 3 von Teil 3 VV in § 36 Abs. 1 mit Wirkung ab 1.8.2013 behoben worden ist.

1. Gebühren nach Teil 3 Abschn. 1 VV

13 Teil 3 Abschn. 1 VV betrifft die Gebührentatbestände der Nr. 3100 bis 3106 VV. Sie regeln die Gebühren im **ersten Rechtszug.** Davon scheiden die Nr. 3102, 3103 und 3106 VV in der Regel aus, weil sie ausschließlich Verfahren vor den Sozialgerichten (Nr. 3102 und 3106 VV) bzw. Verfahren mit einem vorgeschalteten Verwaltungsverfahren (Nr. 3103 VV) betreffen. Für eine entsprechende Anwendung kommen daher in erster Linie die **Verfahrensgebühr** nach Nr. 3100 und 3101 VV und die **Terminsgebühr** nach Nr. 3104 und 3105 VV in Betracht. Neben diesen beiden Gebühren kann eine **Einigungsgebühr** (Nr. 1000 VV) entstehen, auch wenn § 36 Abs. 1 auf Teil 1 VV nicht verweist. Im Übrigen siehe zur Einigungsgebühr → Rn. 17.

Praxistipp:

14 Die genannten Gebühren sind sämtlich Wertgebühren iSd §§ 13 und 49. Den Gegenstandswert setzt das Schiedsgericht im Einvernehmen mit den Parteien im Wege rechtsgeschäftlicher Vereinbarung fest. Kommt eine solche Vereinbarung nicht zustande, so hat das im Gebührenprozess angerufene Gericht den Wert festzusetzen.[6] Empfehlenswert ist eine Vergütungsvereinbarung mit dem Mandanten wenigstens in Bezug auf den Gegenstandswert des Verfahrens.

2. Gebühren nach Teil 3 Abschn. 2 VV

15 Teil 3 Abschn. 2 VV regelt die Gebühren für die **Berufung** und die **Revision.** Auch hier scheiden die für das sozialgerichtliche Verfahren geltenden Gebührentatbestände der Nr. 3204, 3205, 3212 und 3213 VV regelmäßig aus. Entsprechend anwendbar sind im Wesentlichen die **Verfahrensgebühr** (Nr. 3200, 3201, 3206 und 3207 VV) und die **Terminsgebühr** (Nr. 3202, 3203, 3210 und 3211 VV). Ihre Entstehung kommt allerdings im schiedsrichterlichen Verfahren iSd § 36 Abs. 1 Nr. 1 nur in Betracht, wenn der Schiedsvertrag oder das gesetzliche Schiedsverfahren mehrere Rechtszüge vorsehen. Der Schiedsspruch im Schiedsgerichtsverfahren gemäß § 104 ArbGG hat unter den Parteien dieselben Wirkungen wie ein rechtskräftiges Urteil des Arbeitsgerichts (§ 108 Abs. 4 ArbGG), so dass in den in § 36 Abs. 1 Nr. 2 genannten Verfahren Gebühren für eine zweite oder dritte Instanz nicht entstehen können.

3. Gebühren nach Teil 3 Abschn. 4 VV

16 Teil 3 Abschn. 4 VV regelt in den Nr. 3400–3406 VV die Gebühren für Einzeltätigkeiten. Das sind vor allem die Gebühren des Verkehrsanwalts und des Terminsvertreters, aber auch die Gebühren für sonstige Einzeltätigkeiten.

4. Besonderheit: Einigungsgebühr

17 Die Einigungsgebühr kann in jedem Verfahren und in jedem Verfahrensabschnitt anfallen. Mit Blick auf die unterschiedlichen Gebührensätze der Nr. 1000 VV und der Nr. 1003 VV ist fraglich, ob bei einem Vergleich im schiedsrichterlichen Verfah-

---

[6] BGH NJW 1985, 1903; *Enders* JurBüro 1998, 172.

ren nur die auf 1,0 gekürzte Gebühr nach Nr. 1003 VV oder eine 1,5 Gebühr nach Nr. 1000 VV anfällt. Da das schiedsrichterliche Verfahren kein gerichtliches Verfahren iSd Nr. 1003 VV ist, geht die herrschende Meinung davon aus, dass Nr. 1000 VV mit einem Gebührensatz von 1,5 anzuwenden ist.[7] Die gegenteilige Meinung vertritt *Hilger*[8] mit der Begründung, es bestehe kein Grund, die Mitwirkung von Rechtsanwälten an einer gütlichen Einigung der Parteien besonders zu prämieren. Diese Argumentation verkennt, dass ein schiedsrichterliches Verfahren die staatlichen Gerichte ebenso entlastet wie ein Vergleich in einem gerichtlichen Verfahren über nichtrechtshängige Ansprüche. Die Entlastung der staatlichen Gerichte ist aber gerade der Grund für die erhöhte Einigungsgebühr gemäß Nr. 1003 VV. Deshalb fällt die Einigungsgebühr auch im schiedsrichterlichen Verfahren nach Nr. 1003 VV mit einem Gebührensatz von 1,5 an.

Praxistipp:

Um Streitigkeiten über den Gebührensatz der Einigungsgebühr zu vermeiden, sollte 18 der Rechtsanwalt mit dem Mandanten wenigstens hierüber eine Vergütungsvereinbarung schließen.

V. Terminsgebühr ohne mündliche Verhandlung (Abs. 2)

Nach der **Sonderregelung des § 36 Abs. 2** fällt die Terminsgebühr in Verfahren 19 gemäß § 36 Abs. 1 Nr. 1 auch ohne mündliche Verhandlung an. Vorausgesetzt ist, dass der Rechtsanwalt im Rahmen des § 1034 Abs. 1 ZPO schriftlich Sacherklärungen abgibt und das Schiedsgericht einen Schiedsspruch erlässt. Der Grund für diese Regelung ist, dass das Schiedsgericht sein Verfahren nach freiem Ermessen bestimmen kann und grundsätzlich keine mündliche Verhandlung anberaumen muss (§ 1042 Abs. 3 und 4 ZPO). Für das Verfahren vor dem Schiedsgericht nach § 104 ArbGG ist immer eine mündliche Verhandlung erforderlich (§ 105 Abs. 1 und 2 ArbGG).[9]

VI. Besondere Tätigkeiten im Zusammenhang mit schiedsrichterlichen und schiedsgerichtlichen Verfahren

Für verschiedene Einzeltätigkeiten im Zusammenhang mit den schiedsrichterli- 20 chen Verfahren iSd § 36 Abs. 1 Nr. 1 und den Verfahren vor dem Schiedsgericht gemäß § 104 ArbGG iSd § 36 Abs. 1 Nr. 2 sind in den Nr. 3326 VV und 3327 VV **Verfahrensgebühren** mit einem jeweils **reduzierten Gebührensatz** von 0,75 geregelt.

Die reduzierte Verfahrensgebühr nach **Nr. 3326 VV** kann in Verfahren vor den 21 **Gerichten für Arbeitssachen** anfallen, wenn sich die Tätigkeit auf eine gerichtliche Entscheidung über die **Bestimmung einer Frist** (§ 102 Abs. 3 ArbGG), die **Ablehnung eines Schiedsrichters** (§ 103 Abs. 3 ArbGG) oder die Vornahme einer **Beweisaufnahme** oder einer **Vereidigung** (§ 106 Abs. 2 ArbGG) beschränkt.

Nr. 3327 VV sieht eine reduzierte Verfahrensgebühr vor für gerichtliche Verfah- 22 ren über die Bestellung eines Schiedsrichters oder Ersatzschiedsrichters, über die Ablehnung eines Schiedsrichters oder über die Beendigung des Schiedsrichteramts, zur Unterstützung bei der Beweisaufnahme oder bei der Vornahme sonstiger richterlicher Handlungen anlässlich eines schiedsrichterlichen Verfahrens.

---

[7] Vgl. statt aller Schneider/Wolf/*Wahlen*/*Wolf*/*Thiel* § 36 Rn. 14.
[8] *Hilger* JurBüro 2008, 286.
[9] Schneider/Wolf/*Wahlen*/*Wolf*/*Thiel* § 36 Rn. 9.

23 Das Verfahren über die **Vollstreckbarkeit von Schiedssprüchen** ist eine besondere Angelegenheit, für das der Rechtsanwalt die Gebühren nach den Nr. 3100 ff. VV erhält.[10]

VII. Kostenerstattung

24 Die Kosten eines schiedsgerichtlichen Verfahrens richten sich in erster Linie nach der von den Parteien in der Schiedsvereinbarung (§ 1029 ZPO) getroffenen Regelung. Fehlt es hieran, hat das Schiedsgericht nach pflichtgemäßem Ermessen unter Berücksichtigung der Umstände des Einzelfalls, insbesondere des Ausgangs des Verfahrens, darüber zu entscheiden, zu welchem Anteil die Parteien die Kosten des schiedsrichterlichen Verfahrens einschließlich der den Parteien erwachsenen und zur zweckmäßigen Rechtsverfolgung notwendigen Kosten zu tragen haben (§ 1057 ZPO). Eine Bindung an die Regelung des § 91 ZPO besteht nicht.

25 Nicht anwendbar sind die Vorschriften über das Kostenfestsetzungsverfahren (§§ 103 ff. ZPO). Ebenso kommt eine Festsetzung der Gebühren des Rechtsanwalts gegen seinen Mandanten gemäß § 11 nicht in Betracht.[11]

---

[10] Gerold/Schmidt/*Mayer* § 36 Nr. 9.
[11] So KG AGS 1998, 75.

Abschnitt 6. Gerichtliche Verfahren

§ 37 Verfahren vor den Verfassungsgerichten

(1) **Die Vorschriften für die Revision in Teil 4 Abschn. 1 Unterabschnitt 3 des Vergütungsverzeichnisses gelten entsprechend in folgenden Verfahren vor dem Bundesverfassungsgericht oder dem Verfassungsgericht (Verfassungsgerichtshof, Staatsgerichtshof) eines Landes:**
1. **Verfahren über die Verwirkung von Grundrechten, den Verlust des Stimmrechts, den Ausschluss von Wahlen und Abstimmungen,**
2. **Verfahren über die Verfassungswidrigkeit von Parteien,**
3. **Verfahren über Anklagen gegen den Bundespräsidenten, gegen ein Regierungsmitglied eines Landes oder gegen einen Abgeordneten oder Richter und**
4. **Verfahren über sonstige Gegenstände, die in einem dem Strafprozess ähnlichen Verfahren behandelt werden.**

(2) [1]In sonstigen Verfahren vor dem Bundesverfassungsgericht oder dem Verfassungsgericht eines Landes gelten die Vorschriften in Teil 3 Abschn. 2 Unterabschnitt 2 des Vergütungsverzeichnisses entsprechend. [2]Der Gegenstandswert ist unter Berücksichtigung der in § 14 Abs. 1 genannten Umstände nach billigem Ermessen zu bestimmen; er beträgt mindestens 5 000 Euro.

Übersicht

	Rn.
I. Überblick	1
II. Normzweck	3
III. Strafprozessähnliche Verfahren (Abs. 1)	6
1. Anwendungsbereich	6
2. Anzuwendende Gebührenvorschriften	8
IV. Sonstige (verwaltungsprozessähnliche) Verfahren (Abs. 2 S. 1)	9
1. Anwendungsbereich	9
2. Anzuwendende Gebührenvorschriften	10
a) Verfahrensgebühr	11
b) Terminsgebühr	14
V. Gegenstandswert (Abs. 2 S. 2)	17
VI. Kostenerstattung	20

I. Überblick

§ 37 Abs. 1 RVG regelt in seinem Absatz 1 die Gebühren des Rechtsanwalts in einzeln aufgeführten Verfahren vor dem Bundesverfassungsgericht und den Verfassungsgerichten der Länder. Wegen der besonderen Bedeutung dieser Verfahren erhält der Rechtsanwalt die Gebühren nach den für die **Revision in Strafsachen** (Nr. 4130–4135 VV) geltenden Vorschriften. Diese Einstufung soll der Bedeutung dieser Verfahren gerecht werden. **1**

§ 37 Abs. 2 RVG regelt die sonstigen Verfahren vor den Verfassungsgerichten, die nicht zu den Verfahren iSd § 37 Abs. 1 RVG gehören. In diesen Verfahren erhält der Rechtsanwalt die für Rechtsmittelverfahren in bürgerlichen Rechtsstreitigkeiten vorgesehenen Gebühren. Der Gegenstandswert ist nach § 14 RVG zu bestimmen. **2**

Er beträgt mindestens 5.000 EUR. Auf diesen Betrag ist der frühere Betrag von 4.000 EUR durch das 2. KostRMoG mit Wirkung ab 1.8.2013 angehoben worden.

II. Normzweck

3 § 37 RVG regelt die Gebühren des Rechtsanwalts für seine Tätigkeit in den Verfahren vor dem Bundesverfassungsgericht und vor den Verfassungsgerichten der Länder. Die **Zuständigkeit** des Bundesverfassungsgerichts ist in § 13 BVerfGG geregelt. Die Zuständigkeit der Verfassungsgerichte der Länder ergibt sich aus den jeweiligen landesgesetzlichen Vorschriften.

4 Durch die Hinweise auf die Gebühren in Teil 4 Abschn. 1 Unterabschn. 3 VV in § 37 Abs. 1 RVG bzw. auf die Gebühren in Teil 3 Abschn. 2 Unterabschn. 2 VV in § 37 Abs. 2 VV wird deutlich, dass für die Gebühren des Rechtsanwalts zu unterscheiden ist zwischen **strafprozessähnlichen** und **verwaltungsprozessähnlichen** Verfahren.

5 Jedes Verfahren vor einem Verfassungsgericht ist eine **selbständige Gebührenangelegenheit** iSd § 15 Abs. 2 S. 1 RVG. Das gilt auch für das Normenkontrollverfahren nach Art. 100 Abs. 1 GG.[1]

III. Strafprozessähnliche Verfahren (Abs. 1)

1. Anwendungsbereich

6 § 37 Abs. 1 RVG zählt die strafprozessähnlichen Verfahren auf. Es sind dies Verfahren, auf die allgemein oder für einzelne Verfahrensabschnitte die Vorschriften der StPO anzuwenden sind (§ 28 Abs. 1 BVerfGG) und die einem Strafverfahren insofern ähneln, als von den Verfassungsgerichten über eine angeklagte Person oder Personengruppe wegen verfassungswidrigen Verhaltens Rechtsnachteile zu verhängen sind. Ohne **Anspruch auf Vollständigkeit** nennt § 37 Abs. 1 RVG Verfahren, wie sie auch in § 13 Nr. 1, 2, 4 und 9 BVerfGG geregelt sind, nämlich Verfahren über
1. die Verwirkung von Grundrechten, den Verlust des Stimmrechts, den Ausschluss von Wahlen und Abstimmungen;
2. die Verfassungswidrigkeit von Parteien;
3. Anklagen gegen den Bundespräsidenten, gegen ein Regierungsmitglied eines Landes oder gegen einen Abgeordneten oder Richter und
4. sonstige Gegenstände, die in einem dem Strafprozess ähnlichen Verfahren behandelt werden.

7 Die Aufzählung ist nicht abschließend. Das belegt der **Auffangtatbestand** der Ziff. 4. Als **Beispiel** für weitere dem Strafprozess ähnliche Verfahren kommen das Verfahren auf Erzwingung der Strafverfolgung wegen eines Verfassungsbruchs oder eines auf Verfassungsbruch gerichteten Unternehmens gemäß § 38 des hessischen Gesetzes über den Staatsgerichtshof und das Verfahren gegen ein Mitglied des Rechnungshofes gemäß § 14 Nr. 6 des HambVerfGG in Betracht.[2]

2. Anzuwendende Gebührenvorschriften

8 Für die dem Rechtsanwalt für seine Tätigkeit in verfassungsrechtlichen Verfahren zustehenden Gebühren verweist § 37 Abs. 1 RVG auf die Vorschriften für die Revision in **Teil 4 Abschn. 1 Unterabschnitt 3 VV**. Das sind die Gebührentatbestände

---
[1] BVerfGE 53, 322 = NJW 1980, 1566.
[2] Schneider/Wolf/*Wahlen/N. Schneider* § 37 Rn. 6.

Verfahren vor den Verfassungsgerichten § 37

der Nr. 4130 bis 4135 VV. Sie regeln das Revisionsverfahren in Strafsachen. In entsprechender Anwendung dieser Gebührentatbestände erhält der Rechtsanwalt in Verfahren vor den Verfassungsgerichten für das Betreiben des Geschäfts die **Verfahrensgebühr** seit dem Inkrafttreten des 2. KostRMoG vom 1.8.2013 nach Nr. 4130 VV in Höhe von 120 EUR bis 1.110 EUR (**Mittelgebühr** 615 EUR) und für jeden Verhandlungstag eine **Terminsgebühr** nach Nr. 4132 VV in Höhe von 120 bis 560 EUR (**Mittelgebühr** 340 EUR). Für den **gerichtlich bestellten** oder **beigeordneten Rechtsanwalt** fallen die in den Nr. 4130 bis 4135 VV ausgewiesenen geringeren **Festgebühren** an. Das sind 492 EUR nach Nr. 4130 VV, 603 EUR nach Nr. 4131 VV, 272 EUR nach Nr. 4132 VV, 328 EUR nach Nr. 4133 VV, 136 EUR nach Nr. 4134 VV und 272 EUR nach Nr. 4135 VV.

IV. Sonstige (verwaltungsprozessähnliche) Verfahren (Abs. 2 S. 1)

1. Anwendungsbereich

Zu den von § 37 Abs. 2 RVG geregelten sonstigen Verfahren vor dem Bundesverfassungsgericht und den Verfassungsgerichten der Länder gehören alle Verfahren, die nicht unter § 37 Abs. 1 RVG fallen und ähnlich wie ein Verwaltungsgerichtsprozess ablaufen. Das sind die in § 13 Nr. 3, 5, 6, 6a, 7, 8, 8a, 10, 11, 12, 13 und 14 BVerfGG geregelten Verfahren. Wesentliche Beispiele sind Verfahren wegen Wahlprüfungen (§ 13 Nr. 3 BVerfGG), Organstreitigkeiten (§ 13 Nr. 5 BVerfGG), Normenkontrollverfahren (§ 13 Nr. 6 und 11 BVerfGG), öffentlich-rechtliche Streitigkeiten zwischen Bund und Ländern (§ 13 Nr. 7 und 8 BVerfGG) und Verfassungsbeschwerden nach §§ 90 ff. BVerfGG. 9

2. Anzuwendende Gebührenvorschriften

Für die Tätigkeit des Rechtsanwalts in den sonstigen Verfahren iSd § 37 Abs. 2 RVG gelten gebührenrechtlich die Vorschriften in Teil 3 Abschn. 2 VV. Dieser Abschn. trägt die Überschrift „Berufung, Revision, bestimmte Beschwerden und Verfahren vor dem Finanzgericht". Die Gebühren für die Revision sind in Unterabschnitt 2 geregelt. Das sind die Gebührentatbestände der Nr. 3206–3211 VV. 10

a) Verfahrensgebühr. Teil 3 Abschn. 2 VV Unterabschn. 2, auf den § 37 Abs. 2 RVG verweist, regelt die Verfahrensgebühr in Nr. 3206 VV mit einem **Gebührensatz von 1,6** bzw. in Nr. 3208 VV mit einem **Gebührensatz von 2,3,** wenn sich die Parteien nur durch einen beim Bundesgerichtshof zugelassenen Rechtsanwalt vertreten werden können. Das ist vor dem Bundesverfassungsgericht und den Verfassungsgerichten der Länder nicht der Fall. Wenn § 37 Abs. 2 RVG gleichwohl pauschal auf Teil 3 Abschn. 2 Unterabschnitt 2 VV, also auf die Gebührentatbestände der Nr. 3206–3213 VV verweist, bleibt unklar, mit welchem **Gebührensatz** dem Rechtsanwalt die Verfahrensgebühr in den sonstigen Verfahren vor dem Bundesverfassungsgericht oder dem Verfassungsgericht eines Landes zustehen soll. 11

In der 1. Auflage war die Meinung vertreten worden, dass eine **teleologische Auslegung** dafür spreche, dass grundsätzlich die Verfahrensgebühr nach **Nr. 3208 VV** beansprucht werden könne, weil es angesichts der **Bedeutung** der verfassungsrechtlichen Verfahren iSd § 37 Abs. 2 RVG angezeigt erscheine, die darin enthaltene Verweisung auf die Gebührentatbestände in Teil 3 Abschn. 2 Unterabschnitt 2 VV auf die Verfahrensgebühr der Nr. 3208 VV mit einem Gebührensatz von 2,3 zu beziehen.[3] Diese Meinung wurde bereits in der 2. Auflage aufgegeben, nachdem 12

---

[3] § 37 RVG Rn. 13 in der 1. Auflage.

sowohl das Bundesverfassungsgericht[4] als auch der Bundesgerichtshof[5] sie mit überzeugender Begründung verworfen haben. Anwendbar ist folglich **nur Nr. 3206 VV**. Selbst ein beim Bundesgerichtshof zugelassener Rechtsanwalt darf die Verfahrensgebühr nur gemäß Nr. 3206 VV berechnen.[6]

13 Auf die Verfahrensgebühr findet **Nr. 1008 VV** Anwendung, wenn der Rechtsanwalt **mehrere Auftraggeber** vertritt.[7] Das gilt nicht für Verfassungsbeschwerden gemäß § 13 Nr. 8a BVerfGG. Die Vertretung mehrerer Auftraggeber kann in diesem Fall nur bei der Bemessung des Gegenstandswertes berücksichtigt werden.[8]

14 **b) Terminsgebühr.** Neben der Verfahrensgebühr entsteht eine **Terminsgebühr** mit einem Gebührensatz von 1,5 (Nr. 3210 VV). Gemäß § 25 BVerfGG entscheidet das Bundesverfassungsgericht nämlich aufgrund mündlicher Verhandlung, soweit nichts anderes bestimmt ist und nicht alle Beteiligten auf sie verzichten.

15 Die Terminsgebühr kann auch entstehen, wenn das Verfassungsgericht ohne **mündliche Verhandlung** entscheidet, obwohl eine mündliche Verhandlung **vorgeschrieben** ist. Das folgt durch den Verweis auf die Anm. zu den Nr. 3104 und 3106 VV in den Nr. 3210 und 3213 VV.

16 Bei **Verfassungsbeschwerden** kann das Bundesverfassungsgericht gemäß § 13 Nr. 8a BVerfGG von einer mündlichen Verhandlung absehen, wenn von ihr keine weitere Förderung des Verfahrens zu erwarten ist und die zur Äußerung berechtigten Verfassungsorgane, die dem Verfahren beigetreten sind, auf eine mündliche Verhandlung verzichten. Eine mündliche Verhandlung ist also nicht obligatorisch vorgeschrieben. Deshalb findet die Nr. 3104 Anm. Abs. 1 Nr. 1 VV bei diesen Verfahren keine Anwendung.[9]

V. Gegenstandswert (Abs. 2 S. 2)

17 Gemäß § 37 Abs. 2 S. 2 RVG ist der Gegenstandswert der sonstigen Verfahren vor den Verfassungsgerichten unter Berücksichtigung der in § 14 Abs. 1 RVG genannten Umstände nach **billigem Ermessen** zu bestimmen, **mindestens** beträgt er aber **5.000 EUR**. Der Mindestbetrag ist lediglich eine **Untergrenze**. Nach § 14 Abs. 1 RVG kommt es vor allem auf den Umfang und die Schwierigkeit der anwaltlichen Tätigkeit, auf die Bedeutung der Angelegenheit sowie auf die Einkommens- und Vermögensverhältnisse des Auftraggebers an. Anhand dieser Kriterien hat das Gericht den Gegenstandswert nach billigem Ermessen zu bestimmen.[10] Darüber hinaus kann als weiteres Kriterium auch ein besonderes **Haftungsrisiko** berücksichtigt werden. Wenn eine Verfassungsbeschwerde nicht zur Entscheidung angenommen wird, soll es im Regelfall jedoch nicht gerechtfertigt sein, einen über den gesetzlichen Mindestwert hinausgehenden Gegenstandswert festzusetzen.[11]

18 Die frühere Regelung des § 113 Abs. 2 S. 3 BRAGO ist vom Bundesverfassungsgericht sehr eigenwillig angewendet worden.[12] So sollte es darauf ankommen, ob die Verfassungsbeschwerde erfolgreich oder erfolglos war und ob die Entscheidung

---

[4] BVerfG NJW 2013, 676 (677).
[5] BGH NJW 2012, 2118 (2120).
[6] BGH NJW 2012, 2118.
[7] Dazu BVerfG AGS 2011, 428.
[8] BVerfG NJW-RR 2001, 139; BVerfGE 96, 251 (258).
[9] BVerfGE 35, 34; BVerfGE 41, 228.
[10] Dazu BVerfG NJW 2010, 1191; BVerfG BeckRS. 2012, 45913.
[11] BVerfG RVGreport 2009, 277.
[12] Grundlegend BVerfG 79, 369 = NJW 1989, 2047; kritisch dazu *Kakeldey* AnwBl. 1986, 229; eine Übersicht über die Leitlinien und Ansätze des Bundesverfassungsgerichts bei der Gegenstandswertfestsetzung findet sich bei HK-RVG/*Kroiß* § 37 Rn. 21.

vom Senat oder von der Kammer erlassen wurde.[13] Diese Rechtsprechung läuft letztlich auf ein **Erfolgshonorar** hinaus[14] und verkennt, dass die in § 14 RVG für die Festsetzung des Gegenstandswertes genannten Kriterien unabhängig von Erfolg oder Misserfolg zu berücksichtigen sind.

Zuständig für die **Festsetzung der Vergütung** ist der Rechtspfleger des Bundesverfassungsgerichts (§ 11 BVerfGG). Über eine Erinnerung gegen dessen Festsetzung entscheidet das Gericht selbst. 19

VI. Kostenerstattung

Die Kostenerstattung für Verfahren vor dem Bundesverfassungsgericht ist in § 34a BVerfGG geregelt. Ähnlich der Regelung des § 91 ZPO hat die unterliegende Partei die Verfahrenskosten zu tragen.[15] 20

Gemäß § 34a Abs. 2 BVerfGG hat das Bundesverfassungsgericht auch über die Auslagenerstattung zu entscheiden. Unterbleibt eine solche Entscheidung, werden die Auslagen von einzelnen Gerichten als Bestandteil der Kosten des vor diesen Gerichten anhängigen Verfahrens angesehen.[16] 21

Zur Frage des Umfangs der erstattungsfähigen Auslagen und auch zur **Missbrauchsgebühr** nach § 34 BVerfGG wird auf die einschlägigen Entscheidungen des Bundesverfassungsgerichts verwiesen.[17] 22

§ 38 Verfahren vor dem Gerichtshof der Europäischen Gemeinschaften

(1) ¹**In Vorabentscheidungsverfahren vor dem Gerichtshof der Europäischen Gemeinschaften gelten die Vorschriften in Teil 3 Abschn. 2 Unterabschnitt 2 des Vergütungsverzeichnisses entsprechend.** ²**Der Gegenstandswert bestimmt sich nach den Wertvorschriften, die für die Gerichtsgebühren des Verfahrens gelten, in dem vorgelegt wird.** ³**Das vorlegende Gericht setzt den Gegenstandswert auf Antrag durch Beschluss fest.** ⁴**§ 33 Abs. 2 bis 9 gilt entsprechend.**

(2) **Ist in einem Verfahren, in dem sich die Gebühren nach Teil 4, 5 oder 6 des Vergütungsverzeichnisses richten, vorgelegt worden, sind in dem Vorabentscheidungsverfahren die Nummern 4130 und 4132 des Vergütungsverzeichnisses entsprechend anzuwenden.**

(3) **Die Verfahrensgebühr des Verfahrens, in dem vorgelegt worden ist, wird auf die Verfahrensgebühr des Verfahrens vor dem Gerichtshof der Europäischen Gemeinschaften angerechnet, wenn nicht eine im Verfahrensrecht vorgesehene schriftliche Stellungnahme gegenüber dem Gerichtshof der Europäischen Gemeinschaften abgegeben wird.**

I. Überblick

§ 38 regelt die Gebühren, die der Rechtsanwalt im Vorabentscheidungsverfahren erhält. Sie hängen ab von der Art des Ausgangsverfahrens. 1

---

[13] BVerfG NJW 2000, 1399; BVerfG NVwZ-RR 2001, 281.
[14] So zutreffend *Hartmann* RVG § 37 Rn. 8; **aA** BVerfG NVwZ-RR 2001, 281; vgl. ferner VerfGH Brandenburg NVwZ-RR 2004, 154; LVerfG Brandenburg RVGreport 2005, 198.
[15] Siehe zB BVerfG NJW 1999, 133 (134); BVerfG BeckRS 2012, 51061; BVerfG BeckRS 2013, 46593.
[16] Dazu Bischof/Jungbauer/Podlech/Trappmann/*Jungbauer* § 37 Rn. 24 mwN.
[17] BVerfG NJW 1999, 1856; BVerfG NJW 1999, 1390; BVerfG AnwBl. 2001, 120; Schneider/Wolf/*Wahlen*/*N.Schneider* § 37 Rn. 48 ff. mwN; vgl. auch *Zuck* NJW 1993, 2641 (2645).

§ 38 Verfahren vor dem Gerichtshof der Europäischen Gemeinschaften

2   Handelt es sich im **Ausgangsverfahren** um einen Rechtsstreit, für den sich die Gebühren nach **Teil 3 VV** richten, gilt § 38 Abs. 1. Danach sind die Vorschriften in Teil 3 Abschn. 2 VV entsprechend anwendbar. Das sind die für Rechtsmittelverfahren in bürgerlichen Rechtsstreitigkeiten vorgesehenen Gebühren.

3   Handelt es sich im Ausgangsverfahren um ein Verfahren gemäß den **Teilen 4, 5 und 6 VV**, gilt § 38 Abs. 2. Danach erhält der Rechtsanwalt die Gebühren nach den für die Revision in Strafsachen entstehenden Vorschriften der Nr. 4130, 4132 VV.

4   § 38 Abs. 3 regelt die **Anrechnung** der im Ausgangsverfahren entstandenen Verfahrensgebühr auf die Verfahrensgebühr, die im Vorabentscheidungsverfahren vor dem Europäischen Gerichtshof entsteht. Die Anrechnung entfällt, wenn der Rechtsanwalt eine im Verfahrensrecht vorgesehene schriftliche Stellungnahme gegenüber dem Gerichtshof der Europäischen Gemeinschaften abgegeben hat.

II. Normzweck

5   § 38 betrifft die Gebühren für **Vorabentscheidungsverfahren** nach Art. 234 EGV (früher Art. 177 EGV). Nach dieser Vorschrift entscheidet der Gerichtshof im Wege der Vorabentscheidung über die Auslegung des EG-Vertrags, über die Gültigkeit und die Auslegung der Handlungen der Organe der Gemeinschaft und der Europäischen Zentralbank und über die Auslegung von Satzungen einer durch den Rat geschaffenen Einrichtung. Das Verfahren ist ein **Zwischenstreit** und führt nicht zu einer Entscheidung der anhängigen Sache selbst. Gleichwohl ist das Vorabentscheidungsverfahren gebührenrechtlich eine **selbständige Gebührenangelegenheit.** Der Europäische Gerichtshof entscheidet allerdings über die Kosten des Zwischenverfahrens nicht selbst, sondern überlässt die Kostenentscheidung dem vorlegenden Gericht.

6   Die Vorschrift des § 38 stellt für die Gebühren, die der Rechtsanwalt für seine Tätigkeit vor dem Europäischen Gerichtshof erhält, auf das **Ausgangsverfahren** ab und unterscheidet nach der Art der im Ausgangsverfahren anfallenden Gebühren. Kann der Rechtsanwalt seine Tätigkeit im Ausgangsverfahren nach einem **Gegenstandswert** abrechnen, gilt § 38 Abs. 1. Fallen im Ausgangsverfahren **Rahmengebühren** an, gilt § 38 Abs. 2. Das bedeutet, dass § 38 Abs. 1 Vorabentscheidungen in **bürgerlichen Rechtsstreitigkeiten** und in Verfahren der **Finanz-, Verwaltungs- und Sozialgerichtsbarkeit** betrifft, weil diese Verfahren in Teil 3 Abschn. 2 des Vergütungsverzeichnisses, auf den § 38 Abs. 1 verweist, gebührenrechtlich geregelt sind. Demgegenüber stellt § 38 Abs. 2 auf Ausgangsverfahren ab, in denen sich die Gebühren nach den Teilen 4, 5 oder 6 des Vergütungsverzeichnisses richten, meint also **Straf- und Bußgeldverfahren** einschließlich des **Wiederaufnahmeverfahrens** und der **Strafvollstreckungssachen** (Teile 4 und 5 VV) sowie Verfahren nach dem Gesetz über die **internationale Rechtshilfe** in Strafsachen, Disziplinar- und berufsgerichtliche Verfahren und gerichtliche Verfahren bei **Freiheitsentziehung** und in **Unterbringungssachen** (Teil 6 VV).

III. Anwendbare Gebührentatbestände (Abs. 1)

7   Für die Tätigkeit des Rechtsanwalts in Vorabentscheidungsverfahren vor dem Gerichtshof der Europäischen Gemeinschaften iSd § 38 Abs. 1 S. 1 gelten gebührenrechtlich die Vorschriften in Teil 3 Abschn. 2 Unterabschn. 2 VV entsprechend. Bei den darin geregelten Gebühren handelt es sich um **Wertgebühren** iSd § 13 und im Bereich der Sozialgerichtsbarkeit um **Betragsrahmengebühren.**

8   In seiner ursprünglichen Fassung hatte § 38 Abs. 1 nur auf Teil 3 Abschn. 2 VV verwiesen und damit offen gelassen, ob der Verweis nur den Unterabschn. 1 oder

Verfahren vor dem Gerichtshof der Europäischen Gemeinschaften § 38

nur den Unterabschn. 2 oder beide Unterabschn. von Teil 3 Abschn. 2 VV betreffen soll. Diese **Regelungslücke** hat das **2. KostRMoG** mit Wirkung ab 1.8.2013 geschlossen, indem es den Verweis auf Teil 3 Abschn. 2 **Unterabschn. 2** konkretisiert hat. Mit dieser Klarstellung ist der Gesetzgeber der in der Vorauflage vertretenen Auffassung gefolgt.[1]

Wertgebühren

Die im Vorabentscheidungsverfahren nach Teil 2 Abschn. 2 Unterabschn. 2 anfallenden Wertgebühren sind in den Nr. 3206 bis 3211 VV geregelt. Sie gelten für alle Verfahren mit Ausnahme der Sozialgerichtsbarkeit. Der Gebührensatz für die **Verfahrensgebühr** nach Nr. 3206 VV beträgt 1,6 (Nr. 3206 VV) und bei vorzeitiger Beendigung des Auftrags 1,1 (Nr. 3207 VV).   9

Soweit ein am **Bundesgerichtshof** zugelassener Rechtsanwalt im Vorabentscheidungsverfahren tätig wird, verbleibt es bei der Verfahrensgebühr der Nr. 3206 VV. Eine Erhöhung der Gebühr nach Nr. 3208 VV scheidet aus. Daneben kann er, selbst wenn im Vorabentscheidungsverfahren ohne mündliche Verhandlung entschieden wird, eine Terminsgebühr nach Nr. 3210 VV mit einem Gebührensatz von 1,5 beanspruchen.[2]   10

Für die Teilnahme an einer mündlichen Verhandlung oder Erörterung vor dem Gerichtshof der Europäischen Gemeinschaften fällt eine **Terminsgebühr** mit einem Gebührensatz von 1,5 an. Sie entsteht auch ohne mündliche Verhandlung, wenn die Parteien auf sie verzichten. Das folgt aus Nr. 3104 Anm. Abs. 1 Nr. 1 VV, weil in Art. 44a der Verfahrensordnung des Europäischen Gerichtshofes eine mündliche Verhandlung grundsätzlich vorgeschrieben ist.   11

Betragsrahmengebühren

Hat ein Gericht der **Sozialgerichtsbarkeit** vorgelegt, sehen die Nr. 3212 und 3213 VV Betragsrahmengebühren vor, wenn es sich um Verfahren handelt, in denen das GKG nicht anwendbar ist (§ 3 Abs. 1). Die **Verfahrensgebühr** gemäß Nr. 3212 VV beträgt seit dem 1.8.2013 80 bis 880 EUR, die **Mittelgebühr** 480 EUR (vorher 80 bis 800 EUR, die Mittelgebühr 440 EUR). Die **Terminsgebühr** gemäß Nr. 3213 VV beträgt 80 bis 830 EUR, die **Mittelgebühr** 455 EUR (vorher 40 bis 700 EUR, die Mittelgebühr 370 EUR). Die Bemessung beider Gebühren richtet sich nach den Kriterien des § 14. Wegen der Bedeutung der Vorabentscheidungsverfahren vor dem Europäischen Gerichtshof wird der Gebührenrahmen in der Regel ausgeschöpft werden können.[3]   12

IV. Festsetzung des Gegenstandswerts für Wertgebühren (Abs. 1 S. 2–4)

Soweit ie in Teil 3 Abschn. 2 VV geregelten Gebühren Wertgebühren sind, gilt die **Wertgebührentabelle** des § 13. Vor einer Berechnung der Gebühren muss der Gegenstandswert festgesetzt sein. Hierzu bestimmt § 38 Abs. 1 S. 2, dass der Gegenstandswert sich nach den Wertvorschriften bestimmt, die für die Gerichtsgebühren des Verfahrens gelten, in dem vorgelegt wird. Demgemäß richtet sich die Festsetzung des Gegenstandswerts nach den §§ 48 ff. GKG. In der Regel entspricht der Gegenstandswert des Vorabentscheidungsverfahrens dem Gegenstandswert des   13

---

[1] Siehe dazu die Kommentierung zu § 38 Rn. 8–12 in der Vorauflage.
[2] BGH NJW 2012, 2118.
[3] Schneider/Wolf/*Wahlen*/*N. Schneider* § 38 Rn. 12.

§ 38 Verfahren vor dem Gerichtshof der Europäischen Gemeinschaften

Ausgangsverfahrens,[4] es sei denn, dass die dem Europäischen Gerichtshof vorgelegte Frage nur einen Teil des Gegenstandswerts des Ausgangsverfahrens betrifft. In diesem Fall ist der Wert niedriger festzusetzen.[5]

14 Für das **Verfahren** zur Festsetzung des Gegenstandswerts bestimmt § 38 Abs. 1 S. 3, dass das vorlegende Gericht den Wert auf Antrag durch Beschluss festzusetzen hat. § 38 Abs. 1 S. 4 erklärt hierzu § 33 Abs. 2 bis 9 für entsprechend anwendbar. Danach ist der **Antrag** erst zulässig, wenn die Vergütung fällig ist. Die Fälligkeit ist in § 8 Abs. 1 geregelt. **Antragsberechtigt** sind der Rechtsanwalt, der Auftraggeber und ein erstattungspflichtiger Gegner. Die Staatskasse ist antragsberechtigt, wenn der Vergütungsanspruch eines gerichtlich beigeordneten oder bestellten Rechtsanwalts (§ 45) in Betracht kommt (§ 33 Abs. 2).

15 Gegen den **Beschluss** des Gerichts, durch den der Gegenstandswert festgesetzt wird, ist die – unbefristete – **Beschwerde** zulässig, wenn der Wert des Beschwerdegegenstands 200 EUR übersteigt. Die Beschwerde ist auch zulässig, wenn sie das Gericht, das die angefochtene Entscheidung erlassen hat, wegen der grundsätzlichen Bedeutung der zur Entscheidung stehenden Frage zulässt (§ 33 Abs. 3). Wegen der weiteren Einzelheiten des Beschwerdeverfahrens wird auf die Kommentierung zu § 33 in diesem Kommentar verwiesen.

V. Gebührenregelung für Verfahren nach Teil 4, 5 oder 6 VV (Abs. 2)

16 Betrifft die Vorlage an den Europäischen Gerichtshof ein Verfahren, in dem sich die Gebühren nach Teil 4, 5 oder 6 VV richten, sind die für die Revision in Strafsachen geltenden Nr. 4130 und 4132 VV entsprechend anzuwenden. Anfallen können eine Verfahrensgebühr und eine Terminsgebühr. Seit dem 1.8.2013 beträgt die **Verfahrensgebühr** gemäß Nr. 4130 VV 120 bis 1.110 EUR, die **Mittelgebühr** 615 EUR (vorher 100 bis 930 EUR, Mittelgebühr 515 EUR), die **Terminsgebühr** gemäß Nr. 4132 VV 120 bis 560 EUR, die **Mittelgebühr** 340 EUR (vorher 100 bis 470 EUR, die Mittelgebühr 285 EUR). Ihre Bemessung richtet sich nach den Kriterien des § 14. Wegen der Bedeutung der Vorabentscheidungsverfahren vor dem Europäischen Gerichtshof wird auch der in den Teilen 4, 5 und 6 VV vorgegebene Gebührenrahmen in der Regel ausgeschöpft werden können.[6]

17 Die in § 38 Abs. 2 enthaltene Verweisung beschränkt sich auf die Gebührentatbestände der Nr. 4130 und 4132 VV. Daraus bedeutet, dass die übrigen Gebührentatbestände für die Revision in Strafsachen nicht anzuwenden sind. Das sind die Nr. 4131 und 4133–4135 VV.

VI. Anrechnung der Verfahrensgebühr (Abs. 3)

18 § 38 Abs. 3 bestimmt, dass die im **Ausgangsverfahren** verdiente **Verfahrensgebühr** auf die Verfahrensgebühr des Vorabentscheidungsverfahrens angerechnet wird, wenn nicht eine im Verfahrensrecht vorgesehene **schriftliche Stellungnahme** gegenüber dem Gerichtshof der Europäischen Gemeinschaften abgegeben wird. Im Umkehrschluss bedeutet das: Eine Anrechnung der Verfahrensgebühr findet nicht statt, wenn der Rechtsanwalt gegenüber dem Gerichtshof eine schriftliche Stellungnahme abgibt. In diesem Fall stehen ihm folglich beide Verfahrensgebühren ungekürzt zu.

---

[4] BFHE 119, 397.
[5] BFHE 94, 49 = NJW 1969, 1135.
[6] Schneider/Wolf/*Wahlen*/*N.Schneider* § 38 Rn. 11.

Eine im Verfahrensrecht vorgesehene **schriftliche Stellungnahme** gegenüber 19
dem Gerichtshof der Europäischen Gemeinschaften führt zum Wegfall der Anrechnung der Verfahrensgebühr nur, wenn der Rechtsanwalt seine schriftliche Erklärung binnen einer **Frist von zwei Monaten** nach Zustellung des Vorlagebeschlusses des vorlegenden Gerichts durch den Kanzler des Gerichtshofs der Europäischen Gemeinschaften abgibt (Art. 23 EuGH-Satzung, Art. 103 EuGHVerfO). Wird diese Frist versäumt, findet die Anrechnung statt, auch wenn der Rechtsanwalt später an einem Termin zur mündlichen Verhandlung teilnimmt.[7] Auf die durch die Wahrnehmung eines solchen Termins gemäß Nr. 3104 VV entstehende **Terminsgebühr** ist die Anrechnungsregelung des § 37 Abs. 3 nicht anwendbar, eine Anrechnung scheidet also in jedem Fall aus.

VII. Kostenfestsetzung und Kostenerstattung

Für die Kostenfestsetzung und Kostenerstattung ist der Europäische Gerichtshof 20
nicht zuständig. Maßgeblich ist die **Kostenentscheidung im Ausgangsverfahren.**
Sie erstreckt sich auch auf die Kosten des Vorabentscheidungsverfahrens.[8] Ebenso richtet sich der Umfang der Kostenerstattung nach den Vorschriften des Ausgangsverfahrens,[9] also nach der jeweiligen Verfahrensordnung (ZPO, VwGO, FGO, ArbGG, SGG, StPO etc).[10] Sowohl für die Festsetzung der Vergütung (Gebühren und Auslagen) als auch für deren Erstattungsfähigkeit gilt deutsches Recht.

§ 38a Verfahren vor dem Europäischen Gerichtshof für Menschenrechte

[1]In Verfahren vor dem Europäischen Gerichtshof für Menschenrechte gelten die Vorschriften in Teil 3 Abschn. 2 Unterabschnitt 2 des Vergütungsverzeichnisses entsprechend. [2]Der Gegenstandswert ist unter Berücksichtigung der in § 14 Absatz 1 genannten Umstände nach billigem Ermessen zu bestimmen; er beträgt mindestens 5 000 EUR.

I. Überblick

Der durch das 2. KostRMoG mit Wirkung ab 1.8.2013 eingefügte § 38a regelt 1
die Gebühren, die der Rechtsanwalt in Verfahren vor dem Europäischen Gerichtshof für Menschenrechte in Straßburg erhält. Eine solche Regelung fehlte bislang. Diese Lücke wird durch § 38a geschlossen.

II. Regelungsinhalt

§ 38a übernimmt inhaltlich die Gebührenregelungen für Verfahren vor dem Bun- 2
desverfassungsgericht (§ 37 Abs. 2 S. 1) und für Verfahren vor dem Europäischen Gerichtshof (§ 38 Abs. 1 S. 1) und erklärt die Vorschriften in Teil 3 Abschn. 2 Unterabschn. 2 VV auch für Verfahren vor dem Europäischen Gerichtshof für Menschenrechte für entsprechend anwendbar. Es handelt sich also um eine reine **Verweisungsvorschrift** ohne eigene Gebührenregelung. Das gilt sowohl für die anzuwendenden **Gebührentatbestände** als auch für die **Bestimmung des Gegen-**

---

[7] Schneider/Wolf/*Wahlen*/N. *Schneider* § 38 Rn. 21.
[8] EuGHE 70, 69; BFHE 94, 49 = NJW 1969, 1135.
[9] BFH NJW 1974, 1639; BGH WM 1977, 795 (796).
[10] BGH WM 1977, 795 (796).

standswerts bei Wertgebühren. Deshalb kann auf die Kommentierung der §§ 37 Abs. 2 S. 2 und 38 Abs. 1 S. 2 verwiesen werden.

3 Die Vergütungstatbestände der Nr. 3208 und 3209 VV gelten hier nicht, da in Verfahren vor dem Europäischen Gerichtshof für Menschenrechte die Vertretung durch einen beim Bundesgerichtshof zugelassenen Rechtsanwalt nicht vorgeschrieben ist.

§ 39 Von Amts wegen beigeordneter Rechtsanwalt

(1) **Der Rechtsanwalt, der nach § 138 des Gesetzes über das Verfahren in Familiensachen und in den Angelegenheiten der freiwilligen Gerichtsbarkeit, auch in Verbindung mit § 270 des Gesetzes über das Verfahren in Familiensachen und in den Angelegenheiten der freiwilligen Gerichtsbarkeit dem Antragsgegner beigeordnet ist, kann von diesem die Vergütung eines zum Prozessbevollmächtigten bestellten Rechtsanwalts und einen Vorschuss verlangen.**

(2) **Der Rechtsanwalt, der nach § 109 Absatz 3 oder § 119a Absatz 6 des Strafvollzugsgesetzes einer Person beigeordnet ist, kann von dieser die Vergütung eines zum Vefahrensbevollmächtigten bestellten Rechtsanwalts und einen Vorschuss verlangen.**

Übersicht

	Rn.
I. Überblick	1
II. Normzweck	4
III. Umfang der Beiordnung	6
IV. Stellung des beigeordneten Rechtsanwalts in Scheidungssachen (S. 1)	7
V. Stellung des beigeordneten Rechtsanwalts in Lebenspartnerschaftssachen	12
VI. Vergütungsanspruch	13
1. Anspruch gegen den Antragsgegner	13
a) Vergütungsanspruch	14
b) Fälligkeit	15
c) Höhe	16
d) Vorschuss	17
2. Anspruch gegen die Staatskasse	18
a) Anspruchsvoraussetzungen	19
b) Höhe	21
3. Anspruch gegen die gegnerische Partei	22
4. Festsetzung der Vergütung	24

I. Überblick

1 § 39 regelt den Gebührenanspruch des gemäß §§ 138, 270 Abs. 1 S. 1 FamFG in einer **Scheidungs- bzw. Lebenspartnerschaftssache** dem nicht anwaltlich vertretenen Antragsgegner von Amts wegen beigeordneten Rechtsanwalts. Er soll die Rechte des Antragsgegners wahrnehmen, wenn diese Maßnahme nach der freien Überzeugung des Gerichts zum **Schutz des Antragsgegners** unabweisbar erscheint. Die Tätigkeit des nach diesen Vorschriften beigeordneten Rechtsanwalts beschränkt sich darauf, den Antragsgegner über die Tragweite der Scheidung und deren Folgen aufzuklären, ihn zu beraten und neben ihm

vorzutragen (§ 90 Abs. 2 ZPO). Weitere Rechte hat er nicht, da er nicht Prozessvertreter ist. Zu dem Antragsgegner steht er in keinem vertraglichen, sondern in einem **gesetzlichen Schuldverhältnis,** das bei einer Verletzung der dem beigeordneten Rechtsanwalt obliegenden Pflichten als Haftungsgrundlage dient.

Der beigeordnete Rechtsanwalt hat Anspruch auf die Vergütung eines zum Prozessbevollmächtigten bestellten Rechtsanwalts und auch Anspruch auf Zahlung eines Vorschusses. Diese Regelung gilt entsprechend für die Beiordnung in einer **Lebenspartnerschaftssache** (§ 270 FamFG). 2

Neben der Regelung des § 39 sind § 45 Abs. 2 und § 47 Abs. 1 S. 2 zu beachten. Danach kann der Rechtsanwalt die Vergütung und auch einen Vorschuss aus der **Landeskasse** verlangen, wenn der Antragsgegner mit der Zahlung der Vergütung oder des Vorschusses im Verzug ist. 3

II. Normzweck

Gemäß § 114 FamFG müssen sich die Ehegatten in Ehesachen und Folgesachen und die Beteiligten in selbständigen Familienstreitsachen vor dem Familiengericht und dem Oberlandesgericht durch einen Rechtsanwalt vertreten lassen. Dasselbe gilt für Lebenspartnerschaftssachen (§ 270 FamFG). Es besteht also **Anwaltszwang.** Für den Antragsteller gilt das ausnahmslos. Der Antragsgegner kann diesen Anwaltszwang umgehen, wenn er sich nicht verteidigt und keine eigenen Anträge stellen will. Diese Fallgestaltung findet man vorwiegend bei **einverständlichen Scheidungen,** wenn die Parteien eine privatschriftliche Vereinbarung geschlossen oder die Scheidungsfolgen in einer notariellen Urkunde geregelt haben. Aus Gründen der Kostenersparnis lässt sich dann nur der Antragsteller anwaltlich vertreten. Die Beiordnung eines Rechtsanwalts von Amts wegen kommt in diesen Fällen regelmäßig nicht in Betracht. 4

Anders ist es, wenn aber die Eheleute über die Scheidungsfolgen **keine Einigung** getroffen haben oder die von den Eheleuten geschlossene Vereinbarung Anlass zu der Annahme gibt, dass der Antragsgegner in bedenklicher Weise **übervorteilt** sein könnte. In solchen Fällen sollte das Gericht an eine Beiordnung von Amts wegen zumindest denken. Gleichwohl ist eine Beiordnung in der **Praxis** auch in diesem Fall überaus selten, so dass die Vorschrift kaum praktische Bedeutung hat. 5

III. Umfang der Beiordnung

Den Umfang der Beiordnung bestimmt das Gericht durch Beschluss. Es darf einen Rechtsanwalt gemäß §§ 138, 270 FamFG nur in einer Scheidungssache und einer Lebenspartnerschaftssache beiordnen und auch nur im ersten Rechtszug hinsichtlich des Scheidungsantrages und der Regelung der elterlichen Sorge für ein gemeinschaftliches Kind. Die gesetzliche Regelung ist sehr eng. Unter dem Gesichtspunkt des Schutzzwecks der Norm und des Sachzusammenhangs des Scheidungsantrages mit etwaigen **vermögensrechtlichen Folgesachen** spricht viel dafür, die §§ 138, 270 FamFG weit auszulegen und auf alle etwaigen Folgesachen entsprechend anzuwenden.[1] 6

---

[1] So unter der Geltung des früheren § 625 ZPO auch Thomas/Putzo/*Hüßtege* ZPO § 625 Rn. 7; **aA** *Baumbach/Lauerbach/Albers/Hartmann* ZPO § 625 Rn. 4; Musielak/Voit/*Borth* ZPO § 625 Rn. 5; OLG München AnwBl. 1979, 440; sa *Diederichsen* NJW 1977, 601 (606).

IV. Stellung des beigeordneten Rechtsanwalts in Scheidungssachen (S. 1)

7 Der vom Gericht in Scheidungssachen beigeordnete Rechtsanwalt ist zur **Übernahme** der Beistandschaft gemäß § 48 Abs. 1 BRAO **berufsrechtlich verpflichtet**. Er darf sie also grundsätzlich nicht ablehnen. Allerdings braucht er sie nicht zu übernehmen, wenn ein **wichtiger Grund** vorliegt, der ihn nach Übernahme der Beistandschaft gemäß § 48 Abs. 2 BRAO berechtigen würde, die Aufhebung der Beiordnung zu beantragen.

8 Ein **wichtiger Grund** liegt immer vor, wenn der Rechtsanwalt bei Übernahme der Beistandschaft gegen andere berufsrechtliche Normen verstoßen würde. Hat er beispielsweise zuvor einen der beiden Eheleute in derselben Ehesache außergerichtlich beraten, greift das **Tätigkeitsverbot** des § 3 Abs. 1 BORA ein, und zwar gemäß § 3 Abs. 2 BORA auch für alle mit dem das Scheidungsmandat bearbeitenden Rechtsanwalt in derselben Berufsausübungs- oder Bürogemeinschaft gleich welcher Rechts- oder Organisationsform verbundenen Rechtsanwälte, es sei denn, dass sich im Einzelfall die betroffenen Mandanten in dem widerstreitenden Mandat nach umfassender Information mit der Vertretung ausdrücklich einverstanden erklärt haben und Belange der Rechtspflege nicht entgegenstehen.[2]

9 Der beigeordnete Rechtsanwalt hat, so lange ihm der Antragsgegner keine Prozessvollmacht erteilt, die **Stellung eines Beistandes** nach § 138 Abs. 2 FamFG. Diese Art der Beteiligung an einem gerichtlichen Verfahren kennt die Zivilprozessordnung sonst nur in Verfahren ohne Anwaltszwang für Personen, die nicht Rechtsanwalt sind (§ 90 ZPO). Durch die Beiordnung entsteht ein **gesetzliches Schuldverhältnis**.

10 Als Beistand hat der beigeordnete Rechtsanwalt die Aufgabe, den Antragsgegner über die Tragweite der Ehescheidung und deren Folgen zu **beraten**. In der mündlichen Verhandlung kann er neben dem Antragsgegner vortragen. Sein Vortrag gilt als Vortrag des Antragsgegners, soweit dieser den Vortrag nicht sofort widerruft oder ihn berichtigt (§ 90 Abs. 2 ZPO). Das Recht, den Antragsgegner vor Gericht zu **vertreten**, hat der beigeordnete Rechtsanwalt nicht, da dieses Recht eine Prozessvollmacht voraussetzt.

11 Erteilt der Antragsgegner dem beigeordneten Rechtsanwalt **Prozessvollmacht**, kann dieser ihn auch **vertreten**.[3] Die gebührenrechtlichen Wirkungen der Beiordnung bleiben gleichwohl bestehen.[4] Etwas anderes gilt, wenn ein **anderer** Rechtsanwalt von dem Antragsgegner bevollmächtigt wird. In einem solchen Fall entfallen die Gründe, die für die Beiordnung maßgebend waren. Das Gericht wird deshalb die Beiordnung unverzüglich aufheben. Die bis dahin von dem beigeordneten Rechtsanwalt verdiente Vergütung bleibt sowohl von dem Antragsgegner als auch von der Staatskasse geschuldet.

V. Stellung des beigeordneten Rechtsanwalts in Lebenspartnerschaftssachen

12 Für den in Lebenspartnerschaftssachen nach § 269 Abs. 1 Nr. 2 FamFG beigeordneten Rechtsanwalt bestimmt § 270 FamFG, dass die für Verfahren auf Feststellung des Bestehens oder Nichtbestehens einer Ehe zwischen den Beteiligten geltenden Vorschriften entsprechend anzuwenden sind. In den Lebenspartnerschaftssachen nach § 269 Abs. 1 Nr. 3 bis 11 FamFG gelten die in Familiensachen nach § 111 Nr. 2,

---

[2] Dazu ausführlich Hartung/*Hartung* BORA § 3 Rn. 56 ff.
[3] OLG Naumburg FamRZ 2002, 248.
[4] Zustimmend Gerold/Schmidt/*Burhoff* § 39 Rn. 33; *H. Schneider* FamRB 2010, 384 (389).

5 und 7 bis 9 FamFG jeweils geltenden Vorschriften entsprechend. In sonstigen Lebenspartnerschaftssachen nach § 269 Abs. 2 und 3 FamFG sind die in sonstigen Familiensachen nach § 111 Nr. 10 FamFG geltenden Vorschriften entsprechend anzuwenden.

VI. Vergütungsanspruch

1. Anspruch gegen den Antragsgegner

Der beigeordnete Rechtsanwalt muss sich wegen der durch seine Tätigkeit entstehenden Gebühren an den Antragsgegner halten. Dieser ist **Gebührenschuldner,** selbst wenn er mit der Beiordnung eines Rechtsanwalts nicht einverstanden ist. Auf die Erteilung einer Prozessvollmacht kommt es für die Entstehung des Vergütungsanspruchs nicht an. Rechtsgrundlage für dessen Entstehung ist allein die Beiordnung. 13

a) Vergütungsanspruch. Der Antragsgegner schuldet die Vergütung „eines zum Prozessbevollmächtigten bestellten Rechtsanwalts". Das sind die in Teil 3 Abschn. 1 VV geregelten Gebühren, also die Verfahrensgebühr (Nr. 3100 VV) und die Terminsgebühr (Nr. 3104 VV). Eine Einigungsgebühr (Nr. 1000 VV) kann nur für das Folgeverfahren zur Regelung der elterlichen Sorge anfallen, nicht aber für das Scheidungsverfahren, weil die Scheidung der Parteidisposition entzogen ist (vgl. Abs. 5 der Anm. zu Nr. 1000 VV). 14

b) Fälligkeit. Der Anspruch auf Zahlung der Vergütung wird gemäß § 8 Abs. 1 S. 2 fällig, sobald eine Kostenentscheidung ergangen oder der Rechtszug beendet ist oder wenn das Verfahren länger als drei Monate ruht. Mit der Zahlung der Vergütung kommt der Antragsgegner in Verzug, wenn er nicht binnen 30 Tagen seit Fälligkeit und Zugang der Gebührenrechnung zahlt (§ 286 Abs. 3 BGB). Wenn der Antragsgegner Verbraucher iSd § 13 BGB ist, muss er in der Gebührenrechnung auf diese Rechtsfolge hingewiesen werden. Zum Begriff des Verbrauchers → § 34 Rn. 70 ff. 15

c) Höhe. Die **Höhe** der vom Antragsgegner geschuldeten Gebühren richtet sich nach § 13 und nach der **Gebührentabelle,** die dem RVG als Anlage 2 beigefügt ist. Maßgebend ist der vom Gericht festzusetzende **Gegenstandswert** (§ 2 Abs. 1). Die Tabelle des § 13 und die Tabelle der Anlage 2 zum RVG weisen den Betrag für eine sog. volle Gebühr aus. Soweit das Vergütungsverzeichnis einen Gebührensatz von weniger oder mehr als 1,0 ausweist, muss die volle Gebühr durch Multiplikation mit dem Gebührensatz vermindert oder erhöht werden. Der Tabellenbetrag für eine volle Gebühr ist also, soweit die verdiente Gebühr niedriger oder höher ist, nur die Grundlage für die Berechnung der anstelle der vollen Gebühr im Einzelfall verdienten höheren oder niedrigeren Gebühr. 16

d) Vorschuss. Schon vor der Fälligkeit der Vergütung schuldet der Antragsgegner dem beigeordneten Rechtsanwalt einen angemessenen Vorschuss gemäß § 9. Dieser Vorschuss kann die bereits entstandenen und die voraussichtlich entstehenden Gebühren und Auslagen und die darauf entfallende Umsatzsteuer umfassen. Der Anspruch entsteht mit der Beiordnung. Der beigeordnete Rechtsanwalt ist also nicht verpflichtet, zunächst tätig zu werden und den Vorschuss erst später zu fordern. Andererseits kann er anders als ein zum Prozessbevollmächtigten bestellter Rechtsanwalt seine Tätigkeit nicht einstellen, wenn der Antragsgegner den verlangten Vorschuss nicht zahlt, denn er ist gemäß § 48 Abs. 1 BRAO berufsrechtlich zur Beistandschaft verpflichtet. Er kann auch nicht beantragen, die Beiordnung aus diesem Grunde aufzuheben. Bleibt die Zahlung des Vorschusses aus, ist das kein wichtiger Grund iSd § 48 Abs. 2 BRAO, weil der beigeordnete Rechtsanwalt gemäß § 47 17

Abs. 1 S. 2 einen Vorschuss auf die entstandenen Gebühren und die entstandenen und voraussichtlich entstehenden Auslagen aus der Staatskasse fordern kann, wenn der Antragsgegner mit der Zahlung des Vorschusses in Verzug ist.

2. Anspruch gegen die Staatskasse

18   Die Staatskasse ist **Gebührenschuldner neben dem Antragsgegner.** Das gilt auch, wenn der Antragsgegner dem beigeordneten Rechtsanwalt Prozessvollmacht erteilt.[5] Geht die Prozessvollmacht über den **Umfang der Beiordnung** hinaus, beschränkt sich der Anspruch gegen die Staatskasse auf die Gebühren, die durch die Tätigkeit des Rechtsanwalts in der Scheidungssache und gegebenenfalls in dem mit der Scheidungssache verbundenen Verfahren zur Regelung der elterlichen Sorge entstehen.

19   a) **Anspruchsvoraussetzungen.** Voraussetzung ist, dass der Antragsgegner mit der Zahlung der Vergütung (§ 45 Abs. 2) oder des Vorschusses (§ 47 Abs. 1 S. 2) ganz oder teilweise in **Verzug** ist. Der Anspruch auf Zahlung eines Vorschusses oder der Vergütung muss also zunächst einmal **fällig** sein.

20   Der vom Rechtsanwalt geforderte **Vorschuss** ist, sofern er angemessen ist (§ 9), sofort zu zahlen. Die Fälligkeit tritt folglich mit dem Zugang der Vorschussforderung bei dem Antragsgegner ein. Für den Eintritt des Verzuges hinzukommen muss eine **Mahnung** (§ 286 Abs. 1 BGB).

21   b) **Höhe.** Die **Höhe** der von der Staatskasse geschuldeten Gebühren bzw. eines Vorschusses hierauf richtet sich nach § 49, auch wenn die Vorschrift vielleicht eine andere Deutung erlaubt.[6] Der gemäß §§ 138, 270 FamFG beigeordnete Rechtsanwalt hat nach § 39 S. 1 Anspruch auf die „Vergütung eines zum Prozessbevollmächtigten bestellten Rechtsanwalts". Unter der Geltung des § 36a Abs. 2 BRAGO, dessen Wortlaut unter Hinzufügung der Vorschussregelung von § 39 S. 1 übernommen wurde, schuldete die Staatskasse trotz des Wortlauts nur die geringere Vergütung, wie sie dem im Rahmen von **Prozesskostenhilfe** beigeordneten Rechtsanwalt zusteht. Das folgte aus § 36a Abs. 2 S. 2 BRAGO, der auf die Vorschriften des Dreizehnten Abschn. der BRAGO über die Vergütung bei Prozesskostenhilfe verwies. Eine solche Verweisung enthält § 39 nicht. Die Vorschrift steht auch nicht im Abschn. 8 des RVG, in dem die Vergütung aus der Staatskasse geregelt ist. In der amtlichen Begründung wird hierzu allerdings ausgeführt, die bisherige Regelung des § 36a Abs. 2 BRAGO sei nunmehr in § 45 Abs. 2 enthalten.[7] Diese Vorschrift lässt sich zwar als eine bloße Fälligkeitsregelung in dem Sinne deuten, dass die Staatskasse erst zu zahlen braucht, wenn der Antragsgegner in Verzug ist. Gleichwohl ist mit dem in der amtlichen Begründung enthaltenen Hinweis klargestellt, dass die Staatskasse die Gebühren nach § 49 und nicht nach § 13 schuldet, weil § 45 zu Abschn. 8 des RVG gehört, in dem die Vergütung aus der Staatskasse geregelt ist. Wegen weiterer Einzelheiten zu dieser Auslegungsfrage → § 45 Rn. 25.

3. Anspruch gegen die gegnerische Partei

22   Die Kosten eines Scheidungsverfahrens und auch eines die elterliche Sorge betreffenden Folgeverfahrens sind gegeneinander aufzuheben, so dass ein **Kostenerstattungsanspruch** zugunsten des Antragsgegners für das isolierte Scheidungsverfahren und das im Verbund anhängige Sorgerechtsverfahren nicht entstehen kann. Nimmt aber die gegnerische Partei des Antragsgegners den Scheidungsantrag zurück, hat sie auch die Kosten des Antragsgegners zu tragen, so dass der **Antragsgegner** die

---

[5] Zustimmend Gerold/Schmidt/*Burhoff* § 39 Rn. 22.
[6] Ebenso Schneider/Wolf/*N. Schneider* § 39 Rn. 14.
[7] BT-Drs. 15/1971, 198 zu § 39.

Erstattung seiner Kosten verlangen kann. Zu den erstattungsfähigen Kosten gehört auch die Vergütung, die der Antragsgegner dem beigeordneten Rechtsanwalt schuldet.

Dem **beigeordneten Rechtsanwalt** selbst steht ein eigener Anspruch gegen die 23 gegnerische Partei des Antragsgegners nicht zu, auch wenn diese verurteilt wird, die dem Antragsgegner entstandenen Kosten zu tragen. § 39 begründet einen solchen Anspruch nicht und anders als im Fall des § 41 S. 3 ist auch § 126 ZPO nicht anwendbar.

4. Festsetzung der Vergütung

Die Festsetzung der Vergütung gegen die Landeskasse richtet sich nach § 55 und 24 gegen den Antragsgegner nach § 11 RVG.

§ 40 Als gemeinsamer Vertreter bestellter Rechtsanwalt

Der Rechtsanwalt kann von den Personen, für die er nach § 67a Abs. 1 Satz 2 der Verwaltungsgerichtsordnung bestellt ist, die Vergütung eines von mehreren Auftraggebern zum Prozessbevollmächtigten bestellten Rechtsanwalts und einen Vorschuss verlangen.

Übersicht

Rn.

I. Überblick 1
II. Normzweck 3
III. Vergütungsanspruch gegen die Prozessbeteiligten 6
   1. Anspruchsvoraussetzungen 6
   2. Umfang des Vergütungsanspruchs 7
   3. Höhe der einzelnen Gebühren 8
   4. Auslagen 11
   5. Fälligkeit 12
   6. Vorschuss 13
IV. Vergütungsanspruch gegen die Landeskasse 14
   1. Anspruchsvoraussetzungen 14
   2. Umfang des Vergütungsanspruchs 16
   3. Höhe der einzelnen Gebühren 17
   4. Auslagen 19
   5. Fälligkeit 20
   6. Vorschuss 21

I. Überblick

§ 40 regelt die Gebühren eines zum gemeinsamen Vertreter iSd § 67a Abs. 1 S. 2 1 VwGO bestellten Rechtsanwalts. Die Regelung besagt, dass der Rechtsanwalt von den **Prozessbeteiligten,** für die er nach § 67a Abs. 1 S. 2 VwGO bestellt ist, die Vergütung eines von mehreren Auftraggebern zum Prozessbevollmächtigten bestellten Rechtsanwalts verlangen kann. § 40 gewährt auch einen Anspruch auf Vorschuss.

Im Zusammenhang mit § 40 steht § 45 Abs. 2. Nach dieser Vorschrift kann der 2 zum gemeinsamen Vertreter bestellte Rechtsanwalt eine **Vergütung aus der Staatskasse** verlangen, wenn der zur Zahlung Verpflichtete mit der Zahlung der Vergütung im Verzug ist.

II. Normzweck

3 Nach § 67a Abs. 1 S. 2 VwGO kann das Verwaltungsgericht in einem Rechtsstreit, an dem mehr als **zwanzig Personen** im gleichen Interesse beteiligt sind, ohne durch einen gemeinsamen Prozessbevollmächtigten vertreten zu sein, zum Zweck der Verfahrensvereinfachung einen Rechtsanwalt als gemeinsamen Vertreter bestellen, wenn sonst die ordnungsgemäße Durchführung des Rechtsstreits beeinträchtigt wäre. Zuvor muss es den Beteiligten die Möglichkeit geben, innerhalb einer angemessenen Frist selbst einen Rechtsanwalt als gemeinsamen Vertreter zu bevollmächtigen. Wegen der Einzelheiten wird auf § 67a VwGO und die einschlägigen Kommentierungen verwiesen.

4 In der Praxis ist die **Bedeutung** der Vorschrift gering, da die Verwaltungsgerichte die Regelung des § 67a VwGO nur sehr zurückhaltend anwenden. Auch eine Gesetzesänderung aus dem Jahre 1996, durch die die Mindestzahl der Prozessbeteiligten von ursprünglich fünfzig auf nunmehr zwanzig herabgesetzt wurde, erhöhte die geringe praktische Bedeutung der Vorschrift kaum.[1]

5 Anders als im Fall des § 39 besteht **keine berufsrechtliche Verpflichtung** des Rechtsanwalts, die Aufgaben eines gemeinsamen Vertreters zu übernehmen. In der Praxis werden Ablehnungen dennoch selten sein, da die Gerichte, wenn sie von der Möglichkeit der Bestellung eines gemeinsamen Vertreters Gebrauch machen, in aller Regel einen Rechtsanwalt auswählen, der ohnehin schon eine der Prozessparteien vertritt.

III. Vergütungsanspruch gegen die Prozessbeteiligten

1. Anspruchsvoraussetzungen

6 § 40 regelt den Vergütungsanspruch des Rechtsanwalts gegen die Prozessbeteiligten, deren gemeinsamer Vertreter er kraft seiner Bestellung durch das Gericht ist. Für die Entstehung des Anspruchs kommt es nicht darauf an, ob die Prozessbeteiligten mit der Bestellung einverstanden sind oder ob sie dem Rechtsanwalt eine Prozessvollmacht erteilen. Die Bestellung des Rechtsanwalts durch das Gericht begründet ein **gesetzliches Schuldverhältnis** zwischen ihm und den von ihm zu vertretenden Prozessbeteiligten.[2] Dieses gesetzliche Schuldverhältnis bildet die **Rechtsgrundlage** für den Gebührenanspruch des Rechtsanwalts gegen die von ihm vertretenen Personen.

2. Umfang des Vergütungsanspruchs

7 In seiner Eigenschaft als vom Gericht bestellter gemeinsamer Vertreter steht dem Rechtsanwalt gegen die von ihm vertretenen Prozessbeteiligten die Vergütung zu, die ein von mehreren Auftraggebern zum Prozessbevollmächtigten bestellter Rechtsanwalt fordern kann. Das sind die in Teil 3 Abschn. 1 VV geregelten Gebühren, also die **Verfahrensgebühr** (Nr. 3100, 3101 VV für die erste Instanz, Nr. 3200, 3201 VV für die Berufungsinstanz und Nr. 3206, 3207 VV für die Revisionsinstanz) und die **Terminsgebühr** (Nr. 3104, 3105 VV für die erste Instanz, Nr. 3202, 3203 VV für die Berufungsinstanz und Nr. 3210, 3211 VV für die Revisionsinstanz). Entstehen kann ferner eine **Einigungsgebühr** (Nr. 1000 VV), soweit über die rechtshängigen Ansprüche bei Rechtsverhältnissen des öffentlichen Rechts vertraglich verfügt werden kann (Vorb. 1 Abs. 4 zu Nr. 1000 VV). Anfallen kann auch eine **Erledigungsgebühr** gemäß Nr. 1001 bis 1004 VV. Sie kann insbesondere entste-

---

[1] Dazu Schoch/Schmidt-Aßmann/Pietzner/*Meissner* VwGO § 67a Rn. 4.
[2] Vgl. statt aller Wolf/Schneider/*Wahlen*/N. *Schneider* § 40 Rn. 4.

hen, wenn sich die Rechtssache ganz oder teilweise nach Aufhebung oder Änderung des angefochtenen Verwaltungsakts durch die Mitwirkung des Rechtsanwalts erledigt. Das Gleiche gilt, wenn sich eine Rechtssache unter Mitwirkung des Rechtsanwalts ganz oder teilweise durch Erlass eines bisher abgelehnten Verwaltungsakts erledigt (Anm. zu Nr. 1002 VV). Wegen weiterer Einzelheiten wird auf die Kommentierung des Vergütungsverzeichnisses zu Nr. 1000 und 1002 VV verwiesen.

3. Höhe der einzelnen Gebühren

Die **Höhe** der vom Antragsgegner geschuldeten Gebühren richtet sich nach § 13 und nach der **Gebührentabelle,** die dem RVG als Anlage 2 beigefügt ist. Maßgebend ist der vom Gericht festzusetzende **Gegenstandswert** (§ 2 Abs. 1). Die Tabelle des § 13 und die Tabelle der Anlage 2 zum RVG weisen den Betrag für eine sog. **volle Gebühr** aus. Das ist die Gebühr mit einem Gebührensatz von 1,0. Soweit das Vergütungsverzeichnis einen Gebührensatz von weniger oder mehr als 1,0 ausweist, muss die volle Gebühr durch Multiplikation mit dem Gebührensatz vermindert oder erhöht werden. Der **Tabellenbetrag** für eine volle Gebühr ist also, soweit die verdiente Gebühr niedriger oder höher ist, nur die Grundlage für die Berechnung der im Einzelfall verdienten Gebühr. 8

Der zum gemeinsamen Vertreter bestellte Rechtsanwalt kann von den von ihm vertretenen Prozessparteien „die Vergütung eines von **mehreren Auftraggebern** zum Prozessbevollmächtigten bestellten Rechtsanwalts" verlangen. Die Höhe dieser Vergütung ist in Nr. 1008 VV geregelt. Danach erhöht sich, wenn Auftraggeber in derselben Angelegenheit mehrere Personen sind, die **Verfahrensgebühr** für jede weitere Person um 0,3, soweit der Gegenstand der anwaltlichen Tätigkeit derselbe ist. Die Erhöhung wird nach dem Betrag errechnet, an dem die mehreren Auftraggeber gemeinschaftlich beteiligt sind. Mehrere Erhöhungen dürfen einen Gebührensatz von 2,0 nicht übersteigen. Da der gemeinsame Vertreter mehr als 20 Prozessbeteiligte zu vertreten hat, erhöht sich die Verfahrensgebühr in erster Instanz von 1,3 um 2,0 auf **3,3** und in der Berufungsinstanz von 1,6 auf **3,6.** 9

Alle anderen Gebühren, also die **Terminsgebühr,** die **Einigungsgebühr** und die **Erledigungsgebühr** nehmen an der Erhöhung nach Nr. 1008 VV nicht teil. Die Erhöhung wegen mehrerer Auftraggeber ist vielmehr auf die Verfahrensgebühr und – bei außergerichtlicher Tätigkeit – auf die **Geschäftsgebühr** beschränkt. Diese von der Erhöhung nicht betroffenen Gebühren fallen nur in Höhe des Gebührensatzes an, den das Vergütungsverzeichnis ausweist. Das gilt für die Einigungsgebühr in Nr. 1000 VV, für die Erledigungsgebühr in Nr. 1002 (jeweils mit den Abwandlungen in Nr. 1003 und 1004 VV) und für die Terminsgebühr in Nr. 3104 VV für die erste Instanz sowie in Nr. 3208 und 3210 VV für die höheren Instanzen. 10

4. Auslagen

Neben dem Anspruch auf Zahlung der Vergütung eines von mehreren Auftraggebern zum Prozessbevollmächtigten bestellten Rechtsanwalts hat der zum gemeinsamen Vertreter bestellte Rechtsanwalt auch Anspruch auf Erstattung von Auslagen nach den Regelungen des Teils 7 VV. Bei der Berechnung der **Dokumentenpauschale** ist Nr. 7000 Ziff. 1b VV zu beachten. Ausschlaggebend für den Umfang der Dokumentenpauschale ist die Anzahl der konkret notwendigen Ablichtungen, weil sich nicht schon aus der Anzahl der Auftraggeber ergibt, in welchen Fällen ein Ersatz wegen eines erhöhten Aufwands angezeigt erscheint. Erst eine Anfertigung von mehr als **100 Ablichtungen** löst die Dokumentenpauschale aus. Die Anfertigung von weniger als 100 Ablichtungen gilt als mit den Gebühren abgegolten. Wegen weiterer Einzelheiten wird auf die Kommentierung der Nr. 7000 VV verwiesen. 11

5. Fälligkeit

12   Die Fälligkeit der Vergütung bestimmt sich nach § 8 Abs. 1 S. 2. Danach tritt die Fälligkeit ein, wenn eine Kostenentscheidung ergangen oder der Rechtszug beendet ist oder wenn das Verfahren länger als drei Monate ruht. Schon vorher wird die Vergütung fällig, wenn die Vertretungsmacht des Rechtsanwalts erlischt. Das ist der Fall, wenn entweder der Rechtsanwalt selbst hinsichtlich aller vertretenen Personen dem Gericht gegenüber eine entsprechende Erklärung abgibt oder wenn eine oder mehrere der vertretenen Personen dies unter gleichzeitiger Anzeige der Bestellung eines anderen gemeinsamen Prozessbevollmächtigten anzeigen.

6. Vorschuss

13   Der zum gemeinsamen Vertreter bestellte Rechtsanwalt kann von den von ihm vertretenen Prozessparteien auch einen angemessenen Vorschuss fordern, der gemäß § 9 die entstandenen und die voraussichtlich entstehenden Gebühren und Auslagen umfassen darf.

IV. Vergütungsanspruch gegen die Landeskasse

1. Anspruchsvoraussetzungen

14   Der als gemeinsamer Vertreter bestellte Rechtsanwalt hat einen Vergütungsanspruch auch gegen die Landeskasse, wenn der zur Zahlung Verpflichtete mit der Zahlung der Vergütung (§ 45 Abs. 2) oder des Vorschusses (§ 47 Abs. 1 S. 2) im **Verzug** ist. Der Rechtsanwalt muss sich wegen seiner Vergütung und des Vorschusses also zunächst an die von ihm vertretenen Prozessparteien halten. Verzug liegt vor, wenn nach **Fälligkeit** (§ 8) und **Mahnung** (§ 284 Abs. 2 BGB) oder nach Zustellung eines **Vergütungsfestsetzungsbeschlusses** (§ 11) keine Zahlung erfolgt.

15   Schon unter der Geltung des § 115 BRAGO war umstritten, ob der **Verzug einer einzelnen Prozesspartei** ausreicht[3] oder ob sich alle vertretenen Personen im Verzug befinden müssen.[4] Da der Rechtsanwalt die Gebühren nur einmal erhält (§ 7 Abs. 1) und nicht mehr als die insgesamt entstandenen Auslagen (§ 7 Abs. 2 S. 2) fordern kann, entsteht der Landeskasse kein Nachteil, wenn der Vergütungsanspruch gegen die Landeskasse bereits bei Verzug einer einzigen Prozesspartei fällig wird. Das RVG hat diese schon unter der Geltung der BRAGO bestehende Streitfrage nicht geklärt.

2. Umfang des Vergütungsanspruchs

16   Der Umfang des Vergütungsanspruchs des als gemeinsamer Vertreter bestellten Rechtsanwalts gegen die Landeskasse entspricht dem gegen die von ihm vertretenen Prozessparteien. Anfallen können die in Teil 3 Abschn. 1 VV geregelten Gebühren, also die **Verfahrensgebühr** (Nr. 3100, 3101 VV für die erste Instanz, Nr. 3200, 3201 VV für die Berufungsinstanz und Nr. 3206, 3207 VV für die Revisionsinstanz), die **Terminsgebühr** (Nr. 3104, 3105 VV für die erste Instanz, Nr. 3202, 3203 VV für die Berufungsinstanz und Nr. 3210, 3211 VV für die Revisionsinstanz), die **Einigungsgebühr** (Nr. 1000 VV), soweit über die rechtshängigen Ansprüche bei Rechtsverhältnissen des öffentlichen Rechts vertraglich verfügt werden kann (Vorb. 1 Abs. 4 zu Nr. 1000 VV) und **Erledigungsgebühr** gemäß Nr. 1001 bis 1004 VV. Im Übrigen wird auf die obigen Ausführungen unter → Rn. 8–10 verwiesen.

---

[3] So *v. Eicken* AnwBl. 1991, 187 (190).
[4] So *Hansens* NJW 1991, 1137 (1140).

3. Höhe der einzelnen Gebühren

Die Höhe der von der Landeskasse zu zahlenden Vergütung richtet sich, da 17 es sich bei den im verwaltungsgerichtlichen Verfahren anfallenden Gebühren um **Wertgebühren** handelt, nach der Tabelle des § 49. Der Rechtsanwalt erhält also nur die deutlich geringeren Gebühren, die ein im Rahmen von Prozesskostenhilfe beigeordneter Rechtsanwalt fordern kann. Allerdings kann auch der zum gemeinsamen Vertreter bestellte Rechtsanwalt nach Zahlung dieser Gebühren durch die Staatskasse von den vertretenen Prozessparteien die **Differenz** zur Wahlanwaltsvergütung fordern.

Praxistipp:

Wollen die von einem gemeinsamen Vertreter vertretenen Prozessparteien das 18 verhindern, müssen sie, wenn sie die Voraussetzungen für die Bewilligung von Prozesskostenhilfe erfüllen, die Gewährung von Prozesskostenhilfe und die Beiordnung des nach § 67a VwGO gerichtlich bestellten Rechtsanwalts auch im Rahmen von Prozesskostenhilfe beantragen. Diesem Antrag wird das Gericht stattgeben, wenn dies nach § 166 VwGO und § 121 Abs. 2 S. 1 ZPO trotz der Bestellung eines Rechtsanwalts nach § 67a VwGO „erforderlich" sein sollte.

4. Auslagen

Hinsichtlich der **Auslagen** wird auf die → Rn. 11 verwiesen. Sie müssen von 19 der Staatskasse erstattet werden, wenn sie „zur sachgemäßen Durchführung der Angelegenheit" erforderlich sind (§ 46 Abs. 1).

5. Fälligkeit

Die Fälligkeit des gegen die Staatskasse gerichteten Vergütungsanspruchs bestimmt 20 sich nach § 8 Abs. 1 S. 2. Danach tritt die Fälligkeit ein, wenn eine Kostenentscheidung ergangen oder der Rechtszug beendet ist oder wenn das Verfahren länger als drei Monate ruht. Schon vorher wird die Vergütung fällig mit dem Erlöschen der Vertretungsmacht des Rechtsanwalts. Diese erlischt, wenn entweder der Rechtsanwalt selbst hinsichtlich aller vertretenen Personen dem Gericht gegenüber eine entsprechende Erklärung abgibt oder wenn eine oder mehrere der vertretenen Personen dies unter gleichzeitiger Anzeige der Bestellung eines anderen gemeinsamen Prozessbevollmächtigten anzeigen.

6. Vorschuss

Hinsichtlich des Vorschusses gelten die Ausführungen zu → Rn. 13. Vorausset- 21 zung für die Fälligkeit eines Anspruchs auf Zahlung eines Vorschusses aus der Staatskasse ist aber auch hier, dass mindestens eine der vertretenen Prozessparteien mit der Zahlung eines Vorschusses im Verzug ist (§ 47 Abs. 1 S. 2).

§ 41 Prozesspfleger

¹**Der Rechtsanwalt, der nach § 57 oder § 58 der Zivilprozessordnung dem Beklagten als Vertreter bestellt ist, kann von diesem die Vergütung eines zum Prozessbevollmächtigten bestellten Rechtsanwalts verlangen.** ²**Er kann von diesem keinen Vorschuss fordern.** ³**§ 126 der Zivilprozessordnung ist entsprechend anzuwenden.**

§ 41 Prozesspfleger

Übersicht

	Rn.
I. Überblick	1
II. Normzweck	2
III. Vergütungsanspruch gegen die vertretene Partei (S. 1)	7
1. Vergütung im Verfahren auf Bestellung zum Prozesspfleger	7
2. Vergütung nach Bestellung zum Prozesspfleger	8
3. Festsetzung der Vergütung gegen die vertretene Partei	13
IV. Kein Vorschussanspruch gegen die vertretene Partei (S. 2)	14
V. Vergütungsanspruch gegen die Staatskasse	18
1. Vergütung	18
2. Anspruch auf Vorschuss	22
VI. Vergütungsanspruch gegen den Prozessgegner (Kläger) nach § 126 ZPO (S. 3)	23

I. Überblick

1   Die Vorschrift betrifft den gemäß § 57 ZPO oder § 58 ZPO zum Prozesspfleger bestellten Rechtsanwalt. In der **Praxis** kommt eine solche Bestellung **äußerst selten** vor. Gleichwohl hielt es der Gesetzgeber für notwendig, für den nach § 57 ZPO oder § 58 ZPO gerichtlich bestellten Rechtsanwalt – vergleichbar den Regelungen in §§ 39 und 40 – einen gesetzlichen Vergütungsanspruch gegen die von ihm vertretene Partei zu begründen. Demgemäß besagt § 1 Abs. 1 S. 2, dass sich die Vergütung auch für den nach den §§ 57 oder 58 ZPO zum Prozesspfleger gerichtlich bestellten Rechtsanwalt nach den Vorschriften des RVG bemisst.

II. Normzweck

2   Die Vorschrift setzt voraus, dass ein Rechtsanwalt nach § 57 ZPO oder § 58 ZPO von einem Gericht für den **Beklagten** zum **Prozesspfleger** bestellt wird.

3   **§ 57 Abs. 1 ZPO** besagt, dass, wenn eine **nicht prozessfähige Partei** verklagt werden soll, die ohne gesetzlichen Vertreter ist, der Vorsitzende des Prozessgerichts ihr auf Antrag bis zu dem Eintritt des gesetzlichen Vertreters einen besonderen Vertreter zu bestellen hat, falls mit dem Verzug Gefahr verbunden ist. **§ 57 Abs. 2 ZPO** erlaubt die Bestellung eines Vertreters, wenn in den Fällen des § 20 ZPO eine nicht prozessfähige Person bei dem Gericht ihres Aufenthaltsortes verklagt werden soll und der gesetzliche Vertreter sich an diesem Ort nicht aufhält.

4   **§ 58 ZPO** regelt die Bestellung eines Prozesspflegers, wenn ein Recht an einem **herrenlosen Grundstück** (§ 928 ZPO) oder einem herrenlosen **Schiff** (§ 7 SchiffsG) geltend gemacht werden soll. Wegen weiterer Einzelheiten wird auf die Kommentarliteratur zu den §§ 57 und 58 ZPO verwiesen.

5   Eine **berufsrechtliche Verpflichtung**, die Aufgaben eines **Prozesspflegers** zu übernehmen, besteht nicht. Anderer Ansicht ist *Hartmann*.[1] Unter Verkennung der berufsrechtlichen Regeln meint er, der Rechtsanwalt handele in der Eigenschaft als Prozesspfleger als Organ der Rechtspflege. Diese längst überholte Betrachtungsweise, den Rechtsanwalt als Organ der Rechtspflege zu qualifizieren, wenn es darum geht, ihm Pflichten aufzuerlegen, lässt sich offenbar nicht ausmerzen. Richtig ist, dass sich

---

[1] *Hartmann* § 41 Rn. 5; ebenso Riedel/Sußbauer/*Pankatz* § 41 Rn. 4.

aus der in § 1 BRAO statuierten Stellung des Rechtsanwalts als Organ der Rechtspflege keine Berufspflichten ableiten lassen.[2]

Wird der Rechtsanwalt nicht nur zum Prozesspfleger bestellt, sondern auch im Rahmen von Prozesskostenhilfe beigeordnet, gilt allerdings § 48 BRAO mit der Folge, dass der zum Prozesspfleger bestellte Rechtsanwalt berufsrechtlich verpflichtet ist, als gerichtlich **beigeordneter Rechtsanwalt** tätig zu werden. 6

III. Vergütungsanspruch gegen die vertretene Partei (S. 1)

1. Vergütung im Verfahren auf Bestellung zum Prozesspfleger

Die auf die Bestellung zum Vertreter gerichtete Tätigkeit des Rechtsanwalts löst keine Vergütungsansprüche aus. Sie gehört gemäß § 19 Abs. 1 S. 2 Nr. 3 zu den mit dem Verfahren zusammenhängenden Tätigkeiten. Die Tätigkeit des später zum Vertreter bestellten Rechtsanwalts wird also durch die Vergütung abgegolten, die nach der Bestellung anfällt.[3] 7

2. Vergütung nach Bestellung zum Prozesspfleger

Der zum Prozesspfleger bestellte Rechtsanwalt hat einen Vergütungsanspruch gegen die von ihm vertretene Partei kraft Gesetzes.[4] Das gilt auch, wenn die vertretene (beklagte) Partei keine Vollmacht erteilt oder sogar mit der Prozesspflegschaft nicht einverstanden ist. 8

Von dem von ihm vertretenen Beklagten kann der zum Prozesspfleger bestellte Rechtsanwalt die „Vergütung eines zum Prozessbevollmächtigten bestellten Rechtsanwalts" verlangen. Da die nach den §§ 57 und 58 ZPO möglichen Prozesspflegschaften bürgerliche Rechtsstreitigkeiten betreffen, sind Teil 3 Abschn. 1 VV für die erste Instanz und Teil 3 Abschn. 2 VV für die Rechtsmittelverfahren einschlägig. Entstehen können je nach Verfahrensverlauf und in jeder Instanz die **Verfahrensgebühr** (Nr. 3100, 3101 und 3200, 32101 VV) und die **Terminsgebühr** (Nr. 3104, 3105 und 3202, 3203 sowie 3210, 3211 VV). Im Falle eines Vergleichs kommt eine **Einigungsgebühr** nach Nr. 1000 VV hinzu. Ferner hat der zum Prozesspfleger bestellte Rechtsanwalt Anspruch auf Ersatz seiner **Auslagen** und der **Umsatzsteuer** (Nr. 7008 VV). 9

Die **Höhe** der von dem zu vertretenden Beklagten geschuldeten Gebühren richtet sich nach § 13 und nach der **Gebührentabelle**, die dem RVG als Anlage 2 beigefügt ist. Maßgebend ist der vom Gericht festzusetzende **Gegenstandswert** (§ 2 Abs. 1). Die Tabelle des § 13 und die Tabelle der Anlage 2 weisen den Betrag für eine sog. volle Gebühr aus. Soweit das Vergütungsverzeichnis einen Gebührensatz von weniger oder mehr als 1,0 nennt, muss die volle Gebühr durch Multiplikation mit dem Gebührensatz vermindert oder erhöht werden. Der Tabellenbetrag für eine volle Gebühr ist also, soweit die verdiente Gebühr niedriger oder höher ist, nur die Grundlage für die Berechnung der anstelle der vollen Gebühr im Einzelfall verdienten Gebühr. 10

Wird der gemäß §§ 57, 58 ZPO zum Prozesspfleger bestellte Rechtsanwalt zusätzlich im Rahmen von **Prozesskostenhilfe** gerichtlich beigeordnet, besteht ein Anspruch auf eine weitere Vergütung unter den Voraussetzungen des § 50. 11

---

[2] Zu den Grundlagen anwaltlicher Berufspflichten Hartung/*Hartung* Einf. BORA Rn. 16–26.
[3] Gerold/Schmidt/*Mayer* § 41 Rn. 2; Schneider/Wolf/*N. Schneider* § 41 Rn. 5.
[4] HK-RVG/*Ebert* § 41 Rn. 6; Schneider/Wolf/*N. Schneider* § 41 Rn. 10.

Praxistipp:

12 Um die Möglichkeit zu gewinnen, unter den Voraussetzungen des § 50 über die geringeren PKH-Gebühren hinaus eine weitere Vergütung bis zur Höhe der Wahlanwaltsgebühren zu erhalten, sollte er den Antrag auf Bewilligung von Prozesskostenhilfe unter seiner Beiordnung beantragen.

3. Festsetzung der Vergütung gegen die vertretene Partei

13 Der zum Prozesspfleger bestellte Rechtsanwalt kann die ihm gegen die vertretene Partei zustehende Vergütung gemäß § 11 durch den Rechtspfleger **gerichtlich festsetzen** lassen, denn es handelt sich bei dieser Vergütung um eine „gesetzliche Vergütung" iSd § 42 Abs. 1. Voraussetzung ist allerdings, dass für die vertretene Partei (wieder) ein gesetzlicher Vertreter bestellt oder ein neuer Grundstücks- oder Schiffseigentümer im Grundbuch bzw. im Schiffsregister eingetragen worden ist, dem die Kostenrechnung gemäß § 10 mitgeteilt und der Festsetzungsantrag zugestellt werden kann.[5]

IV. Kein Vorschussanspruch gegen die vertretene Partei (S. 2)

14 Anders als in den Fällen der §§ 39 und 40 kann der Rechtsanwalt als Prozesspfleger iSd § 41 von dem Beklagten **keinen Vorschuss** verlangen. Das ist eine **unverständliche Regelung**. Der Prozesspfleger soll einerseits eine dem in Scheidungs- und Lebenspartnerschaftssachen (§ 39) beigeordneten und dem als gemeinsamen Vertreter bestellten Rechtsanwalt (§ 40) vergleichbare Rechtsstellung erlangen.[6] Andererseits verwehrt ihm § 41 anders als die §§ 39 und 40 einen Anspruch auf Zahlung eines Vorschusses. Gründe, die diese unterschiedliche Regelung rechtfertigen könnten, sind nicht ersichtlich und werden auch in der amtlichen Begründung nicht genannt.

15 Die Regelung ist zudem widersprüchlich, weil § 41 S. 2 einen Anspruch auf Zahlung eines Vorschusses gegen den **Beklagten** verwehrt und umgekehrt § 47 Abs. 1 S. 1 die **Staatskasse** zur Zahlung eines Vorschusses verpflichtet (vgl. dazu → § 47 Rn. 9). Es kommt hinzu, dass der zum Prozesspfleger bestellte Rechtsanwalt seine Tätigkeit von der Zahlung eines Vorschusses abhängig machen kann, da er nicht verpflichtet ist, die Prozesspflegschaft zu übernehmen.

16 *Ebert*[7] rechtfertigt die Regelung mit folgenden Überlegungen: Schon der Vergütungsanspruch lasse sich regelmäßig nicht realisieren, da ein gesetzlicher Vertreter noch nicht vorhanden (§ 57 Abs. 1 ZPO) bzw. der Vertretene noch nicht als neuer Eigentümer in das Grundbuch eingetragen sei (§ 58 ZPO). Die Regelung sei zudem durchaus konsequent, da die Bestellung eines Prozesspflegers im Falle des § 57 ZPO gerade darauf beruhe, dass auf der Beklagtenseite eine prozessunfähige Person stehe, gegen die ein Anspruch auf Kostenvorschuss somit nicht realisiert werden könne. Solche rein faktischen Schwierigkeiten rechtfertigen jedoch eine von § 39 S. 1 und § 40 abweichende rechtliche Ungleichbehandlung nicht.[8]

Praxistipp:

17 Wegen der strittigen Rechtslage sollte der Rechtsanwalt vor der Übernahme des Amtes eines Prozesspflegers nach § 41 prüfen, ob eine Zahlung der anfallenden Ver-

---

[5] Gerold/Schmidt/*Mayer* § 41 Rn. 6; HK-RVG/*Ebert* § 41 Rn. 9; Schneider/Wolf/*N. Schneider* § 41 Rn. 14.

[6] Amtl. Begründung BT-Drs. 15/1971, 198.

[7] HK-RVG/*Ebert* § 41 Rn. 8 und 12; wohl auch Gerold/Schmidt/*Mayer* § 41 Rn. 4.

[8] Zustimmend Riedel/Sußbauer/*Pankatz* § 41 Rn. 6.

gütung durch den Vertretenen erwartet werden kann, weil er sonst nur die Vergütung nach § 45 Abs. 1 iVm § 49, also nur die auf einen Gegenstandswert von 30.000 EUR gekappten Gebühren erhält. Entschließt sich der Rechtsanwalt gleichwohl zur Übernahme der Prozesspflegschaft, sollte er die Bewilligung von Prozesskostenhilfe unter seiner Beiordnung erwirken. Er erhält dann zwar (zunächst) auch nur die geringeren Gebühren nach § 49, gewinnt jedoch die Möglichkeit, eine weitere Vergütung unter den Voraussetzungen des § 50 zu erhalten.

V. Vergütungsanspruch gegen die Staatskasse

1. Vergütung

Die Staatskasse ist gemäß § 45 Abs. 1 **Gebührenschuldner neben dem Beklagten.** Das gilt auch, wenn der Beklagte dem beigeordneten Rechtsanwalt Prozessvollmacht erteilt. Die Staatskasse kann den zum Prozesspfleger bestellten Rechtsanwalt nicht darauf verweisen, seinen Vergütungsanspruch vorrangig gegenüber dem in die Prozesskosten verurteilten Gegner geltend zu machen.[9] 18

Die Staatskasse kann auf Zahlung der Vergütung in Anspruch genommen werden, sobald der Vergütungsanspruch fällig ist. **Fälligkeit** tritt gemäß § 8 Abs. 1 S. 2 ein, wenn eine Kostenentscheidung ergangen oder der Rechtszug beendet ist oder wenn das Verfahren länger als drei Monate ruht. 19

Anders als in den Fällen der §§ 39 und 40 entfällt die Anspruchsvoraussetzung, dass der Beklagte mit der Zahlung der Vergütung im **Verzug** sein muss, bevor der zum Prozesspfleger bestellte Rechtsanwalt seine Vergütung aus der Staatskasse verlangen kann. Das liegt daran, dass entweder kein gesetzlicher Vertreter vorhanden (§ 57 ZPO) oder die bei einem herrenlosen Grundstück oder Schiff von dem gerichtlich bestellten Rechtsanwalt vertretene Partei noch nicht als neuer Eigentümer im Grundbuch oder Schiffsregister eingetragen ist (§ 58 ZPO) und deshalb die in beiden Fällen von dem gerichtlich bestellten Rechtsanwalt vertretenen Parteien nicht in Verzug geraten können. 20

Die **Höhe** der von der Staatskasse geschuldeten Gebühren richtet sich nach § 49 (Wertgebühren aus der Staatskasse). Der Rechtsanwalt erhält also nur die Gebühren, die ein im Rahmen von Prozesskostenhilfe beigeordneter Rechtsanwalt fordern kann. Allerdings kann er nach Zahlung dieser Gebühren durch die Staatskasse von der vertretenen Prozesspartei die **Differenz zur Wahlanwaltsvergütung** fordern. Wegen der weiteren Einzelheiten wird auf die Kommentierung des § 49 verwiesen. 21

2. Anspruch auf Vorschuss

Gemäß § 41 S. 2 kann der Rechtsanwalt von der von ihm zu vertretenen Partei (Beklagter) keinen Vorschuss verlangen. Diese Regelung gilt nicht im Verhältnis zur Landeskasse. Das folgt aus § 47 Abs. 1 S. 1. Dort ist bestimmt, dass der Rechtsanwalt für die entstandenen Gebühren und die entstandenen und voraussichtlich entstehenden Auslagen einen angemessenen Vorschuss fordern kann. 22

VI. Vergütungsanspruch gegen den Prozessgegner (Kläger) nach § 126 ZPO (S. 3)

§ 41 S. 3 bestimmt, dass § 126 ZPO entsprechend anzuwenden ist. Nach Absatz 1 dieser Vorschrift ist der Rechtsanwalt berechtigt, seine Gebühren und Auslagen von dem in die Prozesskosten verurteilten Gegner im **eigenen Namen** 23

---
[9] OLG Düsseldorf JurBüro 2009, 32.

beizutreiben. Ferner bestimmt § 126 Abs. 2 ZPO, dass eine Einrede aus der Person der Partei nicht zulässig ist und dass der Gegner nur mit Kosten aufrechnen kann, die ihm nach der in demselben Rechtsstreit ergangenen Kostenentscheidung von der Partei zu erstatten sind. Der zum Prozesspfleger gemäß §§ 57, 58 ZPO gerichtlich bestellte Rechtsanwalt ist also berechtigt, wegen seiner Gebühren und Auslagen auch gegen den in die Prozesskosten verurteilten Gegner vorzugehen. Von diesem geleistete Zahlungen mindern den Vergütungsanspruch sowohl gegen die vertretene Prozesspartei als auch gegen die Staatskasse. Wegen weiterer Einzelheiten wird auf die einschlägige Kommentarliteratur zu § 126 ZPO verwiesen.

§ 41a Vertreter des Musterklägers

(1) ¹Für das erstinstanzliche Musterverfahren nach dem Kapitalanleger-Musterverfahrensgesetz kann das Oberlandesgericht dem Rechtsanwalt, der den Musterkläger vertritt, auf Antrag eine besondere Gebühr bewilligen, wenn sein Aufwand im Vergleich zu dem Aufwand der Vertreter der beigeladenen Kläger höher ist. ²Bei der Bemessung der Gebühr sind der Mehraufwand sowie der Vorteil und die Bedeutung für die beigeladenen Kläger zu berücksichtigen. ³Die Gebühr darf eine Gebühr mit einem Gebührensatz von 0,3 nach § 13 Absatz 1 nicht überschreiten. ⁴Hierbei ist als Wert die Summe der in sämtlichen nach § 8 des Kapitalanleger-Musterverfahrensgesetzes ausgesetzten Verfahren geltend gemachten Ansprüche zugrunde zu legen, soweit diese Ansprüche von den Feststellungszielen des Musterverfahrens betroffen sind, höchstens jedoch 30 Millionen Euro. ⁵Der Vergütungsanspruch gegen den Auftraggeber bleibt unberührt.

(2) ¹Der Antrag ist spätestens vor dem Schluss der mündlichen Verhandlung zu stellen. ²Der Antrag und ergänzende Schriftsätze werden entsprechend § 12 Absatz 2 des Kapitalanleger-Musterverfahrensgesetzes bekannt gegeben. ³Mit der Bekanntmachung ist eine Frist zur Erklärung zu setzen. ⁴Die Landeskasse ist nicht zu hören.

(3) ¹Die Entscheidung kann mit dem Musterentscheid getroffen werden. ²Die Entscheidung ist dem Musterkläger, den Musterbeklagten, den Beigeladenen sowie dem Rechtsanwalt mitzuteilen. ³§ 16 Absatz 1 Satz 2 des Kapitalanleger-Musterverfahrensgesetzes ist entsprechend anzuwenden. ⁴Die Mitteilung kann durch öffentliche Bekanntmachung ersetzt werden, § 11 Absatz 2 Satz 2 des Kapitalanleger-Musterverfahrensgesetzes ist entsprechend anzuwenden. ⁵Die Entscheidung ist unanfechtbar.

(4) ¹Die Gebühr ist einschließlich der anfallenden Umsatzsteuer aus der Landeskasse zu zahlen. ²Ein Vorschuss kann nicht gefordert werden.

I. Überblick

1   Die Vorschrift wurde durch das Gesetz zur Reform des Kapitalanleger-Musterverfahrensgesetzes und zur Änderung anderer Vorschriften vom 19.10.2012 mit Wirkung ab 1.11.2012 in das RVG eingefügt.[1]

---

[1] BGBl. 2012 I 2182; siehe dazu ausführlich *Fölsch* NJW 2013, 507; Schneider/Wolf/*Fölsch* § 41a Rn. 1 ff.

II. Normzweck

In den Gesetzesmaterialien[2] heißt es hierzu:

„Im Rahmen der Evaluation des KapMuG wurde festgestellt, dass dem Musterkläger eine herausragende Bedeutung für die Führung des Musterverfahrens zukommt. In der Praxis hat sich erwiesen, dass die Beigeladenen selbst kaum aktiv an dem Musterverfahren teilnehmen und sich stattdessen weitgehend auf die Prozessführung des Musterklägers verlassen. Auf den Prozessbevollmächtigten des Musterklägers (Musterklägervertreter) entfällt daher der überwiegende Arbeitsanteil im Musterverfahren auf Klägerseite, von dem die Beigeladenen profitieren. Der Musterklägervertreter erhielt bisher jedoch keine gesonderte Gebühr für das Musterverfahren, da das erstinstanzliche Verfahren und der erste Rechtszug des Musterverfahrens nach § 16 Nummer 13 dieselbe Angelegenheit bilden. Es erscheint daher angemessen, dem Musterklägervertreter eine zusätzliche Vergütung zukommen zu lassen. Bei der Schaffung des KapMuG wurde allerdings Wert darauf gelegt, dass durch das Musterverfahren das Prozesskostenrisiko der geschädigten Kapitalanleger minimiert wird. Dies sollte das Musterverfahren attraktiv machen. Daher sollen im erstinstanzlichen Musterverfahren grundsätzlich keine zusätzlichen Gerichts- oder Rechtsanwaltsgebühren entstehen.

Da der Arbeitsaufwand des Musterklägervertreters nicht nur dem Musterkläger, sondern allen Beteiligten auf Klägerseite zu Gute kommt, ist es sachgerecht, eine Lösung zu wählen, die sämtliche Kläger an der Finanzierung einer zusätzlichen Vergütung für den Vertreter des Musterklägers angemessen beteiligt. Daher wird für den Musterklägervertreter eine aus der Staatskasse zu zahlende zusätzliche Gebühr eingeführt, die nach Abschluss des Musterverfahrens als gerichtliche Auslage auf die einzelnen zugrunde liegenden Verfahren verteilt wird. Insoweit würde diese Gebühr genauso wie die sonstigen Auslagen des Musterverfahrens behandelt. Mit Rücksicht darauf, dass der auf Musterklägerseite entstehende Mehraufwand durch die gerichtliche Auswahlentscheidung des Oberlandesgerichts nach § 9 Absatz 2 ausgelöst wird, ist es sachgerecht, dass der öffentliche Justizhaushalt hinsichtlich des zusätzlichen Vergütungsanspruchs in Vorleistung tritt."[3]

III. Zusätzliche Gebühr

Die Vorschrift ist als **Kann-Vorschrift** ausgestaltet. Dies gibt dem Oberlandesgericht den nötigen Ermessensspielraum, um allen Fallgestaltungen gerecht werden zu können. So kann das Gericht auch angemessen reagieren, wenn ein Musterkläger während des Verfahrens ausscheidet und das Verfahren von einem anderen Musterkläger fortgesetzt wird. Es kann entweder einem der Rechtsanwälte der Musterkläger keine oder beiden eine niedrigere Gebühr zuerkennen.

Die zusätzliche Gebühr soll nur bewilligt werden, soweit der Rechtsanwalt des Musterklägers im Vergleich zu den Rechtsanwälten, die die Beigeladenen auf der Klägerseite vertreten, tatsächlich einen **vergütungsrechtlich relevanten Mehraufwand** hatte. Die Zusatzgebühr scheidet demnach aus, wenn sich die Rechtsanwälte der Beigeladenen in vergleichbarer Weise an dem Musterverfahren beteiligen wie der Rechtsanwalt des Musterklägers. In diesen Fällen ist eine höhere Vergütung für den Rechtsanwalt des Musterklägers nach Meinung des Gesetzgebers nicht gerechtfertigt.[4] Der Rechtsanwalt, der eine zusätzliche Gebühr beanspruchen will, sollte deshalb seinen vergütungsrechtlich relevanten Mehraufwand vortragen und

---

[2] BT-Drs. 17/8799, 28 – v. 29.2.2012.
[3] *Fölsch* NJW 2013, 507, (508).
[4] BT-Drs. 17/8799, 29 – v. 29.2.2012; dazu *Fölsch* NJW 2013, 507 (510); Schneider/Wolf/ *Fölsch* § 41a Rn. 6.

belegen. Dazu gehören insbesondere Angaben zu **Art und Umfang seiner Tätigkeit.**

5 Mehr als die in § 41a Abs. 1 S. 2 und 3 bestimmte **Höchstgebühr** kann der Rechtsanwalt nicht beanspruchen. Diese bemisst sich nach einer Gebühr mit einem **Gebührensatz von 0,3** nach dem Gesamtgegenstandswert des Musterverfahrens, wobei dieser auf 30 Mio. EUR begrenzt ist.

IV. Bemessung der Zusatzgebühr (Abs. 1 S. 2 und 3)

6 Das Oberlandesgericht hat nach § 41a Abs. 1 S. 2 bei der Bemessung der Zusatzgebühr nicht nur den **Mehraufwand** des Rechtsanwalts des Musterklägers, sondern auch den Vorteil und die Bedeutung des Musterverfahrens für die beigeladenen Kläger zu berücksichtigen. Hierbei ist insbesondere einzubeziehen, mit welchem Anteil der Mandant des Rechtsanwalts am Gesamtgegenstand des Musterverfahrens beteiligt ist. Repräsentiert er auf den Gesamtgegenstandswert bezogen bereits einen großen Anteil, ist die Bedeutung für die übrigen Kläger geringer einzuschätzen als in Fällen, in denen die Mehrheit der Anteile auf die beigeladenen Kläger entfallen.

V. Verfahrensrechtliche Regelungen (Abs. 2 bis 4)

7 Die verfahrensrechtlichen Regelungen in § 41a Abs. 2 bis 4 orientieren sich an den Regelungen des Kapitalanleger-Musterverfahrensgesetzes.[5] Eine **Anhörung der Staatskasse** wird durch § 41a Abs. 2 S. 4 ausgeschlossen. Dies dient der Vermeidung einer Verfahrensverzögerung und ist damit gerechtfertigt, dass die Grundlagen für die Bemessung der Zusatzgebühr regelmäßig nur durch das Gericht und die Verfahrensbeteiligten beurteilt werden können.

8 Die Bewilligung einer besonderen Gebühr erfolgt nur auf **Antrag**. Er muss spätestens vor Schluss der mündlichen Verhandlung gestellt werden.

9 **Gebührenschuldner** ist die Landeskasse, die keinen **Vorschuss** schuldet. Da die Gebühr zuzüglich anteiliger Umsatzsteuer aus der Staatskasse gezahlt werden soll, wird der gezahlte Betrag zu einer Auslage des Musterverfahrens (vgl. Nr. 9007 des Kostenverzeichnisses zum Gerichtskostengesetz – KV GKG). Nach der Regelung in Nr. 9018 KV GKG werden die Auslagen des Musterverfahrens im Verhältnis der geltend gemachten Forderungen auf die einzelnen Verfahren verteilt. Auf dieser Weise werden die zusätzlichen Rechtsanwaltskosten des Musterverfahrens in gleicher Weise wie zB eventuelle Sachverständigenkosten angemessen auf alle Kläger verteilt, ohne dass sich das Kostenrisiko des Einzelnen über Gebühr erhöht.[6]

---

[5] Schneider/Wolf/*Fölsch* § 41a Rn. 23 ff.
[6] BT-Drs. 17/8799, 29.

Abschnitt 7. Straf- und Bußgeldsachen sowie bestimmte sonstige Verfahren

§ 42 Feststellung einer Pauschgebühr

(1) ¹In Strafsachen, gerichtlichen Bußgeldsachen, Verfahren nach dem Gesetz über die internationale Rechtshilfe in Strafsachen, in Verfahren nach dem IStGH-Gesetz, in Freiheitsentziehungs- und Unterbringungssachen sowie bei Unterbringungsmaßnahmen nach § 151 Nummer 6 und 7 des Gesetzes über das Verfahren in Familiensachen und in den Angelegenheiten der freiwilligen Gerichtsbarkeit stellt das Oberlandesgericht, zu dessen Bezirk das Gericht des ersten Rechtszugs gehört, auf Antrag des Rechtsanwalts eine Pauschgebühr für das ganze Verfahren oder für einzelne Verfahrensabschnitte durch unanfechtbaren Beschluss fest, wenn die in den Teilen 4 bis 6 des Vergütungsverzeichnisses bestimmten Gebühren eines Wahlanwalts wegen des besonderen Umfangs oder der besonderen Schwierigkeit nicht zumutbar sind. ²Dies gilt nicht, soweit Wertgebühren entstehen. ³Beschränkt sich die Feststellung auf einzelne Verfahrensabschnitte, sind die Gebühren nach dem Vergütungsverzeichnis, an deren Stelle die Pauschgebühr treten soll, zu bezeichnen. ⁴Die Pauschgebühr darf das Doppelte der für die Gebühren eines Wahlanwalts geltenden Höchstbeträge nach den Teilen 4 bis 6 des Vergütungsverzeichnisses nicht übersteigen. ⁵Für den Rechtszug, in dem der Bundesgerichtshof für das Verfahren zuständig ist, ist er auch für die Entscheidung über den Antrag zuständig.

(2) ¹Der Antrag ist zulässig, wenn die Entscheidung über die Kosten des Verfahrens rechtskräftig ist. ²Der gerichtlich bestellte oder beigeordnete Rechtsanwalt kann den Antrag nur unter den Voraussetzungen des § 52 Abs. 1 Satz 1, Abs. 2, auch in Verbindung mit § 53 Abs. 1, stellen. ³Der Auftraggeber, in den Fällen des § 52 Abs. 1 Satz 1 der Beschuldigte, ferner die Staatskasse und andere Beteiligte, wenn ihnen die Kosten des Verfahrens ganz oder teilweise auferlegt worden sind, sind zu hören.

(3) ¹Der Strafsenat des Oberlandesgerichts ist mit einem Richter besetzt. ²Der Richter überträgt die Sache dem Senat in der Besetzung mit drei Richtern, wenn es zur Sicherung einer einheitlichen Rechtsprechung geboten ist.

(4) Die Feststellung ist für das Kostenfestsetzungsverfahren, das Vergütungsfestsetzungsverfahren (§ 11) und für einen Rechtsstreit des Rechtsanwalts auf Zahlung der Vergütung bindend.

(5) ¹Die Absätze 1 bis 4 gelten im Bußgeldverfahren vor der Verwaltungsbehörde entsprechend. ²Über den Antrag entscheidet die Verwaltungsbehörde. ³Gegen die Entscheidung kann gerichtliche Entscheidung beantragt werden. ⁴Für das Verfahren gilt § 62 des Gesetzes über Ordnungswidrigkeiten.

Übersicht

	Rn.
I. Überblick	1
II. Normzweck	3
III. Anwendungsbereich (Abs. 1 und 5)	5
1. Persönlicher Anwendungsbereich	5

	Rn.
2. Sachlicher Anwendungsbereich	7
IV. Voraussetzungen für die Feststellung einer Pauschgebühr (Abs. 1)	9
1. Besonders umfangreiches Verfahren	9
2. Besonders schwieriges Verfahren	10
3. Unzumutbarkeit der gesetzlichen Gebühren	11
4. Feststellung der Pauschgebühr	15
V. Verfahrensrechtliche Voraussetzungen (Abs. 1 S. 1 und Abs. 2 S. 2)	21
1. Antrag	21
2. Frist	23
3. Antragsberechtigung	26
4. Zuständigkeit	29
a) Zuständigkeit des Oberlandesgerichts	29
b) Zuständigkeit des Bundesgerichtshofs	32
c) Zuständigkeit eines sonstigen Gerichts	33
5. Anhörungspflicht	34
6. Entscheidung	36
VI. Bindungswirkung (Abs. 4)	37
VII. Bußgeldverfahren (Abs. 5)	40
VIII. Kostenfestsetzung	42

I. Überblick

1 § 42 sieht vor, dass in Verfahren, die insgesamt oder teilweise besonders umfangreich oder schwierig sind, für den **Wahlanwalt** eine Pauschgebühr für das gesamte Verfahren oder für einzelne Verfahrensabschnitte festgestellt werden kann. Zugleich verschafft § 42 Abs. 2 S. 2 dem gerichtlich bestellten oder beigeordneten Rechtsanwalt, also auch dem **Pflichtverteidiger** die Möglichkeit, in den Fällen der §§ 52, 53 eine vom Gericht festgestellte Pauschgebühr auch von dem Beschuldigten oder einem anderen Vertretenen zu fordern.

2 Die Vorschrift erlaubt, in besonders umfangreichen oder schwierigen Verfahren den erhöhten Arbeitsaufwand des Wahlverteidigers angemessen zu berücksichtigen. Die neue Regelung führt außerdem dazu, dass die **Erstattung vereinbarter Honorare,** die höher als die gesetzlichen Gebühren sind, nunmehr teilweise möglich ist.[1] Aufgrund der Neuregelung kann der Wahlanwalt zum Beispiel bei einem Freispruch seines Mandanten von dem Oberlandesgericht feststellen lassen, dass die Staatskasse die mit dem Mandanten vereinbarte Vergütung schuldet. Die Höhe der Pauschgebühr, die von der Staatskasse maximal zu erstatten ist, bleibt allerdings auf das **Doppelte** der für die Gebühren des Wahlanwalts geltenden Höchstbeträge nach Teil 4 oder 5 des Vergütungsverzeichnisses begrenzt.

II. Normzweck

3 Die Vorschrift ist in allen gerichtlichen Straf- und Bußgeldsachen, im Bußgeldverfahren vor der Verwaltungsbehörde (§ 42 Abs. 5), in Verfahren nach dem Gesetz über die internationale Rechtshilfe in Strafsachen und in Verfahren nach dem IStGH-Gesetz sowie seit 1.8.2013 aufgrund einer durch das 2. KostRMoG bewirkten Einfügung auch in Freiheitsentziehungs- und Unterbringungssachen nach § 151 Nummer 6 und 7 FamFG anwendbar. Voraussetzung ist, dass die in den Teilen 4 bis 6 des Vergütungsverzeichnisses bestimmten gesetzlichen Gebühren wegen des besonderen Umfangs oder der besonderen Schwierigkeit des gesamten Verfahrens

---

[1] Amtl. Begründung BT-Drs. 15/1971, 198 (199) zu § 42.

Feststellung einer Pauschgebühr **§ 42**

oder einzelner Verfahrensabschnitte nicht zumutbar sind. Die Feststellung einer von den gesetzlichen **Gebühren** abweichenden Pauschgebühr betrifft nicht die **Auslagen** und auch nicht den Anspruch des Rechtsanwalts auf Zahlung eines **Vorschusses**. Hinsichtlich eines Vorschusses weicht § 42 von der für den Pflichtverteidiger geltenden Regelung des § 51 ab. Der **Pflichtverteidiger** hat Anspruch auf Bewilligung eines angemessenen Vorschusses (§ 51 Abs. 1 S. 4), wenn ihm insbesondere wegen der langen Dauer des Verfahrens und der Höhe der zu erwartenden Pauschgebühr nicht zugemutet werden kann, die Festsetzung der Pauschgebühr abzuwarten. Demgegenüber kann der **Wahlverteidiger** von seinem Mandanten gemäß § 9 jederzeit einen angemessenen Vorschuss verlangen.

In der **ursprünglichen Fassung** eines früheren Entwurfs[2] hatte der Wortlaut 4 der Vorschrift den Eindruck vermittelt, dass die Feststellung einer Pauschgebühr nur zulässig sein sollte, wenn das gesamte Verfahren oder einzelne Verfahrensabschnitte besonders umfangreich **und** zugleich auch besonders schwierig sind. Die Gesetz gewordene Fassung stellt durch die Verwendung des Wortes „und" klar, dass die Regelung **alternativ** zu verstehen ist. Eine Erhöhung der Gebühren ist mithin zulässig, wenn das Verfahren oder einzelne Verfahrensabschnitte besonders umfangreich **oder** schwierig sind, so dass ein besonders umfangreiches, aber nicht schwieriges Verfahren ebenso ausreichen kann wie ein besonders schwieriges, aber nicht umfangreiches Verfahren.

III. Anwendungsbereich (Abs. 1 und 5)

1. Persönlicher Anwendungsbereich

§ 42 gilt, wie Abs. 1 S. 1 belegt, für den Wahlanwalt. Das ist der **Wahlverteidiger**, 5 aber auch der nur mit einer **Einzeltätigkeit** beauftragte Rechtsanwalt, der nicht Verteidiger ist. Die Vorschrift gilt des Weiteren für die Tätigkeit als Beistand oder Vertreter eines Privat- oder Nebenklägers, eines Einziehungs- oder Nebenbeteiligten, eines Verletzten, eines Zeugen oder Sachverständigen oder eines Antragstellers im Klageerzwingungsverfahren.

Die Vorschrift gilt neben § 51 auch für den **gerichtlich bestellten oder beige-** 6 **ordneten Rechtsanwalt**, in erster Linie also für den **Pflichtverteidiger**, wenn er nach §§ 52, 53 den Beschuldigten oder einen anderen Vertretenen in Anspruch nehmen kann (§ 42 Abs. 2 S. 2). Voraussetzung hierfür ist, dass dem Beschuldigten ein Erstattungsanspruch gegen die Staatskasse zusteht oder dass der Beschuldigte ohne Beeinträchtigung des für ihn und seine Familie notwendigen Unterhalts zur Zahlung oder zur Leistung von Raten in der Lage ist (§ 52 Abs. 2 S. 1). Damit kommen für den gerichtlich bestellten oder beigeordneten Rechtsanwalt zwei Pauschvergütungen in Betracht, nämlich nach § 42 und nach § 51.

2. Sachlicher Anwendungsbereich

Der sachliche Anwendungsbereich des § 42 erstreckt sich auf sämtliche Tätigkei- 7 ten des Rechtsanwalts in Strafsachen, gerichtlichen Bußgeldsachen, Verfahren nach dem Gesetz über die internationale Rechtshilfe in Strafsachen und in Verfahren nach dem IStGH-Gesetz sowie seit 1.8.2013 aufgrund einer durch das 2. KostRMoG bewirkten Einfügung auch in Freiheitsentziehungs- und Unterbringungssachen nach § 151 Nummer 6 und 7 (§ 42 Abs. 1 S. 1). Des Weiteren erstreckt sich der sachliche Anwendungsbereich auf das strafrechtliche Rehabilitierungsverfahren (Vorb. 4

---

[2] BT-Drs. 14/9037 v. 14.5.2002 zu § 40 des damaligen Entwurfs.

§ 42 Feststellung einer Pauschgebühr

Abs. 1 VV).[3] Gemäß § 42 Abs. 5 gehört schließlich auch das Bußgeldverfahren vor der Verwaltungsbehörde dazu.

8 **Nur unvollständig** in den Anwendungsbereich des § 42 **einbezogen** sind die in **Teil 6 VV** geregelten Verfahren, obwohl sie nach den für das Strafverfahren geltenden Gebührengrundsätzen behandelt werden. Das folgt aus der enumerativen Aufzählung einzelner dem Teil 6 VV zugeordneter Verfahren in § 42 Abs. 1 S. 1, nämlich des Verfahrens nach dem Gesetz über die internationale Rechtshilfe in Strafsachen und in Verfahren nach dem IStGH-Gesetz (Nr. 6100 und 6101 VV) und aus der fehlenden Erwähnung der übrigen in Teil 6 VV geregelten Verfahren sowohl in § 42 als auch in § 51. Der Feststellung einer Pauschgebühr nicht zugänglich sind also **Disziplinarverfahren** und berufsgerichtliche Verfahren wegen **Verletzung einer Berufspflicht**.

IV. Voraussetzungen für die Feststellung einer Pauschgebühr (Abs. 1)

1. Besonders umfangreiches Verfahren

9 Die Feststellung einer Pauschgebühr kommt in Betracht, wenn ein Verfahren oder einzelne Verfahrensabschnitte besonders umfangreich sind. Abzustellen ist vorrangig auf den **zeitlichen Aufwand**. Die Feststellung, ein Verfahren sei umfangreich gewesen, ist dabei nur der **erste Schritt** bei der Anwendung der Vorschrift. Hinzukommen muss als **zweiter Schritt** die Feststellung, dass das Verfahren besonders umfangreich war. „**Besonders**" ist mehr als gewöhnlich oder im Allgemeinen. Anzustreben sind objektive Kriterien wie beispielsweise die Dauer der Hauptverhandlung, die Anzahl der Hauptverhandlungstermine,[4] der Umfang der Akten oder die Zahl der Zeugen und Sachverständigen. Insgesamt muss die Tätigkeit des Rechtsanwalts das Durchschnittsmaß erheblich übersteigen. Ein über das Erstgespräch hinausgehender Zeitaufwand von etwas mehr als 3 ½ Stunden zur Ermittlung und Befragung von Entlastungszeugen reicht dafür nicht aus.[5] Wegen der Einzelheiten wird auf die Kommentierung der Vorschrift des → § 51 Rn. 18 ff. verwiesen, die für die Bewilligung einer Pauschgebühr für einen gerichtlich bestellten oder beigeordneten Rechtsanwalts unter anderem auch an einen besonderen Verfahrensumfang anknüpft.

2. Besonders schwieriges Verfahren

10 Als anderer Grund für den Antrag auf Feststellung einer Pauschgebühr kommt eine besondere Schwierigkeit des gesamten Verfahrens oder einzelner Verfahrensabschnitte in Betracht. Die besondere Schwierigkeit eines Strafverfahrens kann aus tatsächlichen und/oder rechtlichen Gründen zu bejahen sein. **Tatsächliche Schwierigkeiten** können sich aus der Persönlichkeit des Beschuldigten oder aus sprachlichen Verständigungsschwierigkeiten ergeben. **Rechtliche Schwierigkeiten** sind anzunehmen, wenn Gegenstand des Verfahrens ein abgelegenes Rechtsgebiet ist oder die Verteidigung besondere steuerliche, buchhalterische oder wirtschaftliche Kenntnisse erfordert. Wegen der Einzelheiten wird auch hier auf die Kommentierung der Vorschrift des → § 51 Rn. 25 ff. verwiesen, die für die Bewilligung einer Pauschgebühr für einen gerichtlich bestellten oder beigeordneten Rechtsanwalts unter anderem auch eine „besondere Schwierigkeit" verlangt.

---

[3] OLG Jena RVGreport 2007, 119.
[4] AA HK-RVG/*Kroiß* § 42 Rn. 9.
[5] OLG Köln JurBüro 2009, 254.

3. Unzumutbarkeit der gesetzlichen Gebühren

Weitere Voraussetzung für die Feststellung einer Pauschgebühr anstelle der gesetzlichen Gebühren ist, dass die in den Teilen 4 bis 6 VV für den Wahlanwalt bestimmten Gebühren wegen des besonderen Umfangs oder der besonderen Schwierigkeit **nicht zumutbar** sind. Dieses Merkmal soll einerseits den **Ausnahmecharakter** der Pauschvergütung betonen, andererseits aber die Gerichte veranlassen, unter Beachtung der Rechtsprechung des Bundesverfassungsgerichts zum **Sonderopfer** des Pflichtverteidigers[6] auch dem Wahlverteidiger eine ausreichend hohe Pauschvergütung zu gewähren.[7] 11

In Bezug auf den Begriff der Unzumutbarkeit unterscheidet sich § 42 deutlich von § 51. Der Wahlanwalt erhält anders als der gerichtlich bestellte oder beigeordnete Rechtsanwalt Betragsrahmengebühren, innerhalb derer unterschiedliche Umstände weitgehend berücksichtigt werden können. Deshalb liegt eine Unzumutbarkeit wesentlich seltener als bei § 51 vor.[8] Falsch ist jedoch die Auffassung, die Anwendbarkeit des § 42 Abs. 1 S. 1 sei auf die seltenen Fälle beschränkt, in denen selbst die gesetzlichen Höchstgebühren nicht ausreichen, die Tätigkeit des Rechtsanwalts für ihn noch zumutbar zu honorieren.[9] 12

Bei der Feststellung einer Pauschgebühr nach § 42 kommt hinzu, dass eine Erhöhung der gesetzlichen Gebühren gemäß § 42 Abs. 1 S. 3 das **Doppelte der Höchstbeträge** nach den Teilen 4 bis 6 VV ohnehin nicht übersteigen darf. Der **richterliche Entscheidungsspielraum** ist also bei der Feststellung einer Pauschgebühr nach § 42 schon kraft gesetzlicher Regelung eng begrenzt. Das gilt in erster Linie für den Wahlverteidiger, aber auch im Verhältnis des **Pflichtverteidigers** zum **Beschuldigten**. 13

Nach Auffassung des **Oberlandesgerichts Jena** schließt die **Prüfung der Unzumutbarkeit** die Berücksichtigung der weiteren Umstände, die nach § 14 bei der Bemessung der Rahmengebühren durch den Wahlanwalt maßgeblich sind, nämlich der Bedeutung der Angelegenheit sowie der Einkommens- und Vermögensverhältnisse des Auftraggebers, ein.[10] Zutreffend hat das Gericht hervorgehoben, dass eine Pauschgebühr nach § 42 vorrangig dann in Betracht kommt, wenn bereits die **Bedeutung** der Sache für den Mandanten und/oder dessen **Einkommens- und Vermögensverhältnisse** überdurchschnittlich sind sowie zusätzlich ein besonderer Umfang der anwaltlichen Tätigkeit bzw. eine besondere Schwierigkeit gegeben ist.[11] Insoweit unterscheidet sich die Feststellung einer Pauschgebühr nach § 42, auch wenn der Gesetzeswortlaut fast identisch ist, wesentlich von der Festsetzung einer Pauschgebühr gemäß § 51. 14

4. Feststellung der Pauschgebühr

Die Pauschgebühr ist entweder für das **ganze Verfahren** oder, wenn nur einzelne Verfahrensabschnitte besonders umfangreich oder besonders schwierig sind, für diese **einzelnen Verfahrensabschnitte** festzustellen (§ 42 Abs. 1 S. 1). Wird eine Pauschgebühr nur für einzelne Verfahrensabschnitte festgestellt, sind gemäß § 42 Abs. 1 S. 2 die Gebühren des Vergütungsverzeichnisses, an deren Stelle die Pauschgebühr treten soll, zu bezeichnen. Das verdeutlicht, was unter „**Verfahrensabschnitt**" zu 15

---

[6] BVerfG NJW 2001, 1269.
[7] Dazu *Burhoff* RVGreport 2006, 125.
[8] BGH JurBüro 2007, 531.
[9] So aber KG JurBüro 2010, 140.
[10] OLG Jena NJW 2006, 933.
[11] Zur Schwierigkeit der anwaltlichen Tätigkeit unter dem Blickwinkel des § 14 vgl. *Enders* JurBüro 2004, 515; OLG Frankfurt a.M. NJW 2006, 457; OLG Hamm NJW 2006, 74 (75).

§ 42 Feststellung einer Pauschgebühr

16 verstehen ist, nämlich jeder Teil des Verfahrens, für den im Vergütungsverzeichnis besondere Gebühren bestimmt sind.[12]

16 Gemäß § 42 Abs. 1 S. 2 kann eine Pauschgebühr nur für Tätigkeiten festgestellt werden, für die der Rechtsanwalt **Betragsrahmengebühren** erhält. Die Vorschrift bringt das durch die Formulierung zum Ausdruck, dass die Regelung des § 42 Abs. 1 S. 1 nicht gilt, wenn der Rechtsanwalt **Wertgebühren** erhält. Deshalb kann die Pauschgebühr insbesondere nicht an die Stelle der Gebühren der Nr. 4143 bis 4146 und 5115 VV treten.

17 Die **Höhe** der Pauschgebühr regelt § 42 Abs. 1 S. 3. Danach darf die Pauschgebühr das **Doppelte** der für Gebühren des Wahlanwalts geltenden Höchstbeträge nach Teil 4 oder 5 VV nicht übersteigen.[13] Das gilt für den **Wahlverteidiger** ebenso wie für den **Pflichtverteidiger** und auch für den iSd § 53 Abs. 1 dem Privatkläger, dem Nebenkläger, dem Antragsteller im Klageerzwingungsverfahren oder dem sonst in Angelegenheiten, in denen sich die Gebühren nach Teil 4, 5 oder 6 VV bestimmen, **beigeordneten Rechtsanwalt**. Für den Anspruch des Pflichtverteidigers gegen die **Staatskasse** schreibt § 51 keine Begrenzung nach oben vor. Das ist gerechtfertigt, weil der **Wahlverteidiger** die Möglichkeit hat, eine **Vergütungsvereinbarung** zu treffen. Hinzukommt, dass die im Vergütungsverzeichnis für den Pflichtverteidiger ausgewiesenen Festgebühren ohnehin deutlich unter dem Höchstbetrag der Betragsrahmengebühren liegen.

18 Die Pauschgebühr wird anders als beim Pflichtverteidiger (§ 51) für dessen vergütungsrechtlichen Anspruch gegen die Staatskasse nicht festgesetzt, sondern nur der Höhe nach **festgestellt**. Die Entscheidung des Gerichts schafft also **keinen Vollstreckungstitel**.

19 Für die **Festsetzung** der vom Gericht festgestellten Pauschgebühren unter Einschluss der Auslagen stehen dem **Wahlverteidiger** das Vergütungsfestsetzungsverfahren nach § 11 Abs. 1 S. 1, das Kostenfestsetzungsverfahren oder der Vergütungsprozess gegen den Mandanten zur Verfügung. **Einwendungen oder Einreden** des Mandanten, die den Grund der Vergütungsforderung betreffen, sind im Rahmen der Feststellung der Pauschgebühr nicht zu prüfen. Der Mandant kann sie erst im Vergütungsprozess geltend machen, nachdem er sich zuvor im Vergütungsfestsetzungsverfahren nach § 11 damit verteidigt hat, dass er Einwendungen oder Einreden geltend machen will, die ihren Grund nicht im Gebührenrecht haben.

20 Beim **Pflichtverteidiger** und dem gerichtlich **beigeordneten Rechtsanwalt** hat das zuständige Oberlandesgericht im Feststellungsverfahren nach § 42 zu prüfen, ob unter den Voraussetzungen des § 52 Abs. 1 S. 1, Abs. 2, auch iVm § 53 Abs. 1, überhaupt ein Vergütungsanspruch besteht. Die Festsetzung hat durch den Urkundsbeamten der Geschäftsstelle nach Maßgabe des § 55 Abs. 1 zu erfolgen. Zu dem damit verbundenen Zuständigkeitsproblem → Rn. 34 f.

V. Verfahrensrechtliche Voraussetzungen (Abs. 1 S. 1 und Abs. 2 S. 2)

1. Antrag

21 Die Pauschgebühr wird nur auf Antrag festgestellt (§ 42 Abs. 1 S. 1). Das Gesetz verlangt keine Begründung. Dennoch sollte der Antrag **Ausführungen** über die Umstände enthalten, die eine Erhöhung der gesetzlichen Gebühren rechtfertigen.

---

[12] OLG Düsseldorf JurBüro 2006, 641; OLG Frankfurt a.M. NJW 2007, 219.
[13] Dazu BGH (Ls.) RVGreport 2005, 383 mAnm *Burhoff*.

Feststellung einer Pauschgebühr § 42

Praxistipp:
Der Antrag auf Feststellung einer Pauschgebühr sollte einen Vorschlag zum 22
Umfang der Erhöhung und vor allem solche Tatsachen enthalten, die aus den
Gerichtsakten nicht ersichtlich sind. Das gilt besonders für Besprechungen mit dem
Mandanten zur Vorbereitung der Verteidigung, für Besuche in der Haftanstalt und für
Ermittlungen, die der Rechtsanwalt zur Entlastung seines Mandanten anstellt.

2. Frist

Eine Frist schreibt das Gesetz nicht vor. Zulässig ist der Antrag gemäß § 42 Abs. 2 23
S. 1 allerdings erst, wenn die **Entscheidung über die Kosten** des Verfahrens
rechtskräftig ist. Auch die Rechtskraft eines Beschwerdeverfahrens gemäß § 464
Abs. 3 StPO muss abgewartet werden.[14] Diese Regelung ist sinnvoll, weil erst nach
rechtskräftiger Kostenentscheidung eine umfassende Beurteilung der Tätigkeit des
Verteidigers möglich ist. Hinzu kommt, dass erst zu diesem Zeitpunkt feststeht, wer
an dem Feststellungsverfahren beteiligt werden muss. Ein vor Eintritt der Rechtskraft
gestellter Antrag ist unzulässig.

Ein Antrag auf Feststellung einer Pauschgebühr nach § 42 ist auch unzulässig, 24
wenn die gesetzlichen Gebühren bereits festgesetzt sind.[15] Noch weitergehend soll
ein Antrag auf Feststellung einer Pauschgebühr bereits dann unzulässig sein, wenn der
Rechtsanwalt nach Ausübung seines Ermessens zur Bestimmung der angefallenen
Gebühren die Kostenfestsetzung beantragt hat (§ 317 BGB).[16]

Praxistipp:
Der Antrag auf Feststellung einer Pauschgebühr nach § 42 sollte so früh wie mög- 25
lich gestellt werden.

3. Antragsberechtigung

Antragsberechtigt ist der Rechtsanwalt sowohl in der Eigenschaft des Wahlvertei- 26
digers als auch in der des gerichtlich bestellten Pflichtverteidigers. Antragsberechtigt
ist ferner auch der iSd § 53 Abs. 1 beigeordnete Rechtsanwalt.

Als **Wahlverteidiger** kann der Rechtsanwalt den Antrag auf Feststellung einer 27
Pauschgebühr stellen, wenn die für die gesetzlichen Gebühren eines Wahlanwalts
geltenden Höchstbeträge nach Teil 4 bis 6 VV dem besonderen Umfang oder der
besonderen Schwierigkeit des Verfahrens oder einzelner Verfahrensabschnitte nicht
gerecht werden. Hat er eine über die gesetzlichen Höchstbeträge hinausgehende
Honorarvereinbarung geschlossen, erlaubt die Regelung des § 42 im Falle des
teilweisen oder völligen Freispruchs des Mandanten, das vereinbarte Honorar bis
auf das Doppelte der für die Gebühren eines Wahlanwalts nach Teil 4 bis 6 VV
geltenden Höchstbeträge gegenüber der **Staatskasse** geltend zu machen. Voraussetzung ist, dass das Oberlandesgericht zuvor eine Pauschgebühr in entsprechender
Höhe festgestellt hat.

Der **Pflichtverteidiger** oder gerichtlich **beigeordnete Rechtsanwalt** ist 28
antragsberechtigt, wenn die Voraussetzungen des § 52 Abs. 1 S. 1, Abs. 2, auch iVm
§ 53 Abs. 1, erfüllt sind. Voraussetzung ist also, dass dem Beschuldigten ein Erstattungsanspruch gegen die Staatskasse zusteht oder der Beschuldigte ohne Beeinträchtigung des für ihn und seine Familie notwendigen Unterhalts zur Zahlung oder zur

---

[14] Schneider/Wolf/N. Schneider § 42 Rn. 25.
[15] OLG Bamberg NStZ-RR 2011, 191; Thüringer OLG JurBüro 2008, 82 und JurBüro 2010, 642; **aA** Gerold/Schmidt/Burhoff § 42 Rn. 12.
[16] So KG AGS 2012, 336; OLG Bamberg NStZ-RR 2011, 191; OLG Celle RVGreport 2008, 382; OLG Düsseldorf NStZ-RR 2013, 63; Thüringer OLG JurBüro 2010, 642.

Leistung von Raten in der Lage ist. Darüber wird aber nicht im Verfahren nach § 42 entschieden, vielmehr muss der gerichtlich bestellte oder beigeordnete Rechtsanwalt zunächst das Verfahren gemäß den §§ 52, 53 betreiben und den in diesem Verfahren ergangenen Beschluss seinem Antrag auf Feststellung einer Pauschgebühr nach § 42 beifügen. An diesen Beschluss sind die mit dem Verfahren nach § 42 befassten Gerichte gebunden.[17]

4. Zuständigkeit

29 **a) Zuständigkeit des Oberlandesgerichts.** Sachlich und örtlich zuständig für die Entscheidung über einen Antrag auf Feststellung einer Pauschgebühr ist gemäß § 42 Abs. 1 S. 1 grundsätzlich das Oberlandesgericht, zu dessen Bezirk das Gericht des ersten Rechtszugs gehört. Dennoch ist zu empfehlen, den Antrag an das mit dem Verfahren zuletzt befasste Gericht zu richten, damit von dort aus die für die Entscheidung des Oberlandesgerichts erforderlichen Akten und die Stellungnahme des Gerichtsvorsitzenden sofort beigefügt werden können. Lässt die Entscheidung des Oberlandesgerichts zu lange auf sich warten, sollte der Rechtsanwalt die Zahlung eines Vorschusses auf die festzustellende Pauschgebühr verlangen.

30 Die Entscheidung obliegt dem **Einzelrichter** des Senats (§ 42 Abs. 3). Die Regelung entspricht teilweise der Vorschrift des § 80a Abs. 3 OWiG. Nur wenn es zur Sicherung einer einheitlichen Rechtsprechung geboten ist, entscheidet der **Senat** in der Besetzung mit drei Richtern. Das setzt freilich voraus, dass der Einzelrichter die Entscheidung dem Senat in seiner vollen Besetzung überträgt.

31 Im Übrigen entspricht die Zuständigkeitsregelung des § 42 der des § 51. Durch die **Gleichstellung der Zuständigkeiten** für Anträge des Wahlverteidigers und des Pflichtverteidigers wird erreicht, dass es in ein und demselben Verfahren hinsichtlich der Bewertung der Begriffe „besonderer Umfang" oder „besondere Schwierigkeit" nicht zu **divergierenden Entscheidungen** kommen kann. Das könnte sonst geschehen, wenn in einem Verfahren **Wahl- und Pflichtverteidiger nebeneinander** tätig sind und die Entscheidungen über deren Anträge auf Festlegung von Pauschgebühren von verschiedenen Gerichten getroffen werden müssten.

32 **b) Zuständigkeit des Bundesgerichtshofs.** Nach § 42 Abs. 1 S. 5 ist der Bundesgerichtshof zuständig, wenn er für „das Verfahren zuständig" ist. Das bedeutet: Für den Rechtszug, in dem der Bundesgerichtshof für das Verfahren zuständig ist, obliegt ihm die Entscheidung über die Feststellung einer Pauschgebühr.[18] Seine Zuständigkeit erstreckt sich auf alle Tätigkeiten des Rechtsanwalts, also nicht nur auf die Revisionsbegründung und die Revisionsverhandlung, sondern auch auf die Tätigkeit des Rechtsanwalts in einem erstinstanzlichen Ermittlungsverfahren bei Delikten, für die der Bundesgerichtshof in erster Instanz zuständig ist.[19] Darin unterscheidet sich § 42 von der für den Pflichtverteidiger geltenden Regelung des § 51, die die Zuständigkeit des Bundesgerichtshofs nur begründet, wenn dieser den Pflichtverteidiger selbst bestellt hat.

33 **c) Zuständigkeit eines sonstigen Gerichts.** Sonstige Gerichte können das **Truppendienstgericht** im Dienststrafverfahren und der **Anwaltsgerichtshof** im berufsgerichtlichen Verfahren wegen der Verletzung einer Berufspflicht sein.

5. Anhörungspflicht

34 Gemäß § 42 Abs. 2 S. 3 muss das Gericht diejenigen, die von der Feststellung der Pauschgebühr betroffen sind, **anhören**. Das sind der Auftraggeber, in den Fällen

---

[17] So auch Schneider/Wolf/*N. Schneider* § 42 Rn. 8.
[18] OLG Hamm JurBüro 2007, 529.
[19] BGH NJW 2006, 1535.

Feststellung einer Pauschgebühr **§ 42**

des § 52 Abs. 1 S. 1 der Beschuldigte, ferner die Staatskasse und andere Beteiligte, wenn ihnen die Kosten des Verfahrens ganz oder zum Teil auferlegt worden sind. Mit dieser **Anhörungspflicht** wird eine **Bindungswirkung** für ein späteres Kostenfestsetzungsverfahren, ein Vergütungsfestsetzungsverfahren (§ 11) und für einen nachfolgenden Rechtsstreit des Rechtsanwalts gegen seinen Mandanten auf Zahlung der Vergütung erreicht. Diese Bindungswirkung ordnet § 42 Abs. 4 an, so dass in den genannten Verfahren die Frage des „besonderen Umfangs" oder der „besonderen Schwierigkeit" nicht mehr zu entscheiden ist. Einwendungen gegen die festgestellte Pauschgebühr sind also nicht mehr zulässig.

Sonstige Einwendungen materiell-rechtlicher Art bleiben dem Mandanten erhalten. Das gilt zB für die Einrede der Verjährung, über die erst im Festsetzungsverfahren bzw. im Honorarprozess des Rechtsanwalts gegen seinen Mandanten zu entscheiden ist.[20] 35

6. Entscheidung

Das Gericht entscheidet durch **Beschluss.** Sein Beschluss ist **unanfechtbar** (§ 42 Abs. 1 S. 1). Trotzdem ist er zu begründen (§ 304 Abs. 4 StPO).[21] Gegenvorstellungen sind zulässig,[22] in der Regel aber erfolglos. Das Gericht entscheidet allein über die **Höhe der Vergütung,** die dem Rechtsanwalt anstelle der gesetzlichen Gebühren zustehen soll, nicht über die **Auslagen,** die im Festsetzungsverfahren geltend zu machen sind. Dasselbe gilt für die **Umsatzsteuer,** die der Urkundsbeamte bei der Festsetzung der Pauschgebühr hinzusetzen muss.[23] Das Gericht stellt also die **Nettopauschvergütung** fest. **Zahlungen,** die der Rechtsanwalt von seinem Mandanten oder von Dritten erhalten hat, bleiben bei der Feststellung der Pauschgebühr ebenfalls unberücksichtigt. Über ihre Anrechnung ist im Festsetzungsverfahren zu entscheiden. 36

VI. Bindungswirkung (Abs. 4)

Gemäß § 42 Abs. 4 ist die **Feststellung** der Pauschgebühr durch das Oberlandesgericht für das Kostenfestsetzungsverfahren, das Vergütungsfestsetzungsverfahren (§ 11) und für einen Honorarprozess des Rechtsanwalts gegen seinen Mandanten **bindend.** Damit soll vermieden werden, dass in einem dieser Verfahren nachträglich divergierende Entscheidungen ergehen. Die mit diesen Entscheidungen befassten Stellen müssen also nicht mehr die Frage des „besonderen Umfangs" oder der „besonderen Schwierigkeit" entscheiden, sondern müssen ihrer Entscheidung die Feststellung des Oberlandesgerichts zugrunde legen. Dadurch werden eine Verfahrensvereinfachung und auch eine Verfahrensbeschleunigung erreicht.[24] 37

Die Folge der in § 42 Abs. 4 statuierten Bindungswirkung ist, dass der Rechtsanwalt erst in einem **zweistufigen Verfahren** zu einem vollstreckbaren Titel über die ihm zustehenden Gebühren gelangt. Zunächst muss das Oberlandesgericht über den Antrag des Rechtsanwalts auf **Feststellung** einer Pauschgebühr entscheiden. Seine Entscheidung ist, wenn dem Antrag des Rechtsanwalts auf Feststellung einer Pauschgebühr stattgegeben wird, die Grundlage für die **Festsetzung** der Gebühren gemäß § 11 gegen den Mandanten bzw. gemäß § 55 gegen die Staatskasse und auch für die Gerichte, die über eine Honorarklage des Rechtsanwalts gegen seinen 38

---

[20] So Schneider/Wolf/*N. Schneider* § 42 Rn. 47; aA OLG Hamm AGS 2001, 251.
[21] Gerold/Schmidt/*Burhoff* § 42 Rn. 21.
[22] OLG Nürnberg AnwBl. 1974, 356.
[23] Schneider/Wolf/*N.Schneider* § 42 Rn. 32.
[24] HK-RVG/*Kroiß* § 42 Rn. 23.

Mandanten entscheiden müssen.[25] Damit scheidet auch die Einholung eines Gutachtens der Rechtsanwaltskammer nach § 14 Abs. 2 aus. Ebenso wenig kann sich der Mandant darauf berufen, dass die Pauschgebühr unangemessen hoch sei. Alle anderen Einwendungen bleiben ihm aber erhalten.

39 Die Bindungswirkung gilt nicht für **Auslagen**. Deren Festsetzung setzt keine Entscheidung des Oberlandesgerichts voraus.

VII. Bußgeldverfahren (Abs. 5)

40 Gemäß § 42 Abs. 4 gelten die Regelungen des § 42 Abs. 1 bis 3 im Bußgeldverfahren entsprechend. Über den Antrag des Rechtsanwalts entscheidet die **Verwaltungsbehörde**. Gegen deren Entscheidung kann gerichtliche Entscheidung beantragt werden. Für das Verfahren gilt § 62 OWiG. Diese Vorschrift konkretisiert den Grundsatz des Art. 19 Abs. 4 GG und schließt die Zuständigkeit der Verwaltungsgerichte aus.

41 Über den Antrag auf gerichtliche Entscheidung entscheidet das Gericht, in dessen Bezirk die Verwaltungsbehörde ihren Sitz hat (§ 68 Abs. 1 OWiG). Seine Entscheidung, die zu begründen ist, ergeht ohne mündliche Verhandlung durch Beschluss. Dieser ist unanfechtbar, soweit das Gesetz nichts anderes bestimmt (§ 62 Abs. 2 S. 3 OWiG). Eine sofortige Beschwerde ist zulässig in den Fällen der §§ 100 Abs. 2 S. 2, 108 Abs. 1 S. 2 2. Hs. OWiG und des § 110 Abs. 2 S. 2 OWiG. Eine **Gehörsrüge** gemäß § 12a ist unter den dort genannten Voraussetzungen zulässig. Wegen weiterer Einzelheiten wird auf die einschlägige Kommentarliteratur zu § 62 OWiG verwiesen.

VIII. Kostenfestsetzung

42 Die Entscheidung des Oberlandesgerichts oder des Bundesgerichtshofs schafft keinen vollstreckbaren Titel, sondern stellt nur die Höhe der Pauschvergütung fest, die dem Rechtsanwalt anstelle der gesetzlichen Gebühren für das gesamte Verfahren oder einzelne Verfahrensabschnitte zusteht. Auf der Grundlage dieser Entscheidung kann der Rechtsanwalt bei dem Gericht des ersten Rechtszugs gegen seinen Mandanten die **Festsetzung** der vom Oberlandesgericht oder vom Bundesgerichtshof festgestellten Pauschgebühr einschließlich der Auslagen und der Umsatzsteuer beantragen (§ 11 Abs. 1 S. 1). Über den Antrag entscheidet der Urkundsbeamte der Geschäftsstelle. Ist der Antrag begründet, erlässt er einen **Kostenfestsetzungsbeschluss**. Aus ihm kann der Rechtsanwalt gegen seinen Mandanten die **Zwangsvollstreckung** betreiben (§ 11 Abs. 2 S. 2 iVm § 794 Abs. 1 Ziff. 2 ZPO). Wegen der Einzelheiten wird auf die Kommentierung zu § 11 in diesem Kommentar verwiesen.

§ 43 Abtretung des Kostenerstattungsanspruchs

[1]Tritt der Beschuldigte oder der Betroffene den Anspruch gegen die Staatskasse auf Erstattung von Anwaltskosten als notwendige Auslagen an den Rechtsanwalt ab, ist eine von der Staatskasse gegenüber dem Beschuldigten oder dem Betroffenen erklärte Aufrechnung insoweit unwirksam, als sie den Anspruch des Rechtsanwalts vereiteln oder beeinträchtigen würde. [2]Dies gilt jedoch nur, wenn zum Zeitpunkt der Aufrechnung eine Urkunde über die Abtretung oder eine Anzeige des Beschuldigten über die Abtretung in den Akten vorliegt.

---

[25] OLG Jena Rpfleger 2008, 98.

Abtretung des Kostenerstattungsanspruchs § 43

gelte **Aufrechnungshindernis** an mehrere Voraussetzungen geknüpft, die in dem **Dreiecksverhältnis** Rechtsanwalt – Mandant – Staatskasse sämtlich erfüllt sein müssen. Erforderlich ist:
- ein **Vergütungsanspruch** des Rechtsanwalts gegen seinen Mandanten (→ Rn. 10),
- ein **Erstattungsanspruch** des Mandanten gegen die Staatskasse (→ Rn. 14),
- ein **Anspruch der Staatskasse** gegen den Mandanten (→ Rn. 15),
- eine wirksame **Abtretung** dieses Erstattungsanspruchs seitens des Mandanten an den Rechtsanwalt (→ Rn. 16) und
- der **Nachweis der Abtretung** (→ Rn. 19).

1. Vergütungsanspruch des Rechtsanwalts

Die **erste Voraussetzung** ist ein Vergütungsanspruch des Rechtsanwalts gegen 10 seinen Mandanten auf Zahlung von Gebühren und/oder Auslagen. Ist der Vergütungsanspruch des Rechtsanwalts durch Zahlung bereits erloschen, ist der Rechtsanwalt gehalten, den ihm abgetretenen Erstattungsanspruch an den Mandanten zurück abzutreten. In dessen Hand ist der Erstattungsanspruch einer Aufrechnung durch die Staatskasse wieder ausgesetzt. Im Falle eines nur teilweisen Erlöschens des Vergütungsanspruchs ist nur der restliche Anspruch vor einer Aufrechnung durch die Staatskasse geschützt.

Der Vergütungsanspruch des Rechtsanwalts muss aus dem Straf- oder Bußgeldverfahren 11 resultieren, aus dem auch der Erstattungsanspruch des Mandanten gegen die Staatskasse stammt (**Prinzip der Deckungsgleichheit**).[5] Vergütungsansprüche des Rechtsanwalts aus anderen Straf- oder Bußgeldverfahren, in denen der Mandant verurteilt worden ist und folglich keinen Erstattungsanspruch gegen die Staatskasse hat, reichen nicht aus. Das gilt erst recht für andere Ansprüche des Rechtsanwalts gegen seinen Mandanten, etwa für einen Vergütungsanspruch aus einer Vertretung des Mandanten in einem Zivilprozess oder aus einem dem Mandanten gewährten Darlehen.[6]

Vor einer **Aufrechnung** der Staatskasse ist nur der **gesetzliche Vergütungsanspruch** 12 geschützt. Er umfasst nach § 1 Abs. 1 S. 1 die Gebühren und Auslagen des Rechtsanwalts und die gerichtlich festgestellten Pauschgebühren (§ 42). In Betracht kommt auch eine **vereinbarte höhere Vergütung**, allerdings nur bis zur Höhe der nach dem RVG angefallenen gesetzlichen Vergütung,[7] weil die Staatskasse nur die notwendigen Auslagen zu erstatten hat. Bezüglich der nicht notwendigen, also über die gesetzlichen Gebühren aufgrund einer Vergütungsvereinbarung hinausgehenden Anwaltskosten fehlt es mangels eines Erstattungsanspruchs des Mandanten an einer Aufrechnungslage.[8] Bestätigt wird das vom Wortlaut des § 43 S. 1, der nur von „Anwaltskosten als notwendige Auslagen" spricht.

Umstritten ist, wie sich bei einer **Vergütungsvereinbarung** die Zahlung eines 13 **Vorschusses** auswirkt. Teilweise wird die Auffassung vertreten, dass der Vorschuss nur auf die **gesetzliche** Vergütung anzurechnen ist, so dass die Staatskasse in Höhe des gezahlten Vorschusses aufrechnen kann.[9] Eine andere Ansicht verrechnet den gezahlten Vorschuss auf den Betrag, um den die vereinbarte Vergütung die gesetzliche Vergütung übersteigt.[10] Im Hinblick darauf, dass § 43 den Vergütungsanspruch

---

[5] Siehe dazu das Beispiel bei Schneider/Wolf/*N. Schneider* § 43 Rn. 23.
[6] Gerold/Schmidt/*Burhoff* § 43 Rn. 7.
[7] Gerold/Schmidt/*Burhoff* § 43 Rn. 8.
[8] OLG München AnwBl. 1979, 71 mit abl. Anm. *Chemnitz;* KG Rpfleger 1992, 38 mit zust. Anm. *Hansens;* Gerold/Schmidt/*Burhoff* § 43 Rn. 8.
[9] KG JurBüro 1992, 99; *Hansens* StV 1991, 44.
[10] So Burhoff/*Volpert* § 43 Rn. 29.

des Rechtsanwalts sichern und für den Fall der Uneinbringlichkeit der Vergütungsforderung das **Insolvenzrisiko** auf die Staatskasse verlagern soll, erscheint es sachgerecht, einen vom Mandanten gezahlten Vorschuss auf die von § 43 nicht gesicherte **vereinbarte** Vergütung zu verrechnen, soweit sie über die gesetzliche Vergütung hinausgeht.[11] Deshalb ist auch die Meinung abzulehnen, die danach differenziert, ob bei der Vorschusszahlung eine Tilgungsbestimmung gemäß § 366 BGB getroffen worden ist.[12]

2. Erstattungsanspruch des Mandanten

14   Die **zweite Voraussetzung** ist ein Anspruch des Mandanten gegen die Staatskasse auf **Erstattung von Anwaltskosten** nach §§ 464b oder 464a Abs. 2 Ziff. 2 StPO. Der Anspruch kann sich aus einem Teilfreispruch, einem Teilerfolg eines Rechtsmittels oder einer erfolgreichen Berufung gegen das Strafmaß oder gegen den Rechtsfolgenausspruch ergeben. Für andere dem Mandanten von der Staatskasse zu erstattende Auslagen gilt § 43 nicht, selbst wenn der Mandant seinen Erstattungsanspruch auch insoweit an den Rechtsanwalt abgetreten hat. Das gilt zum Beispiel für **Reisekosten** des Mandanten oder eine Entschädigung für Zeitversäumnis. Gegenüber diesem Erstattungsanspruch kann die Staatskasse aufrechnen. § 43 soll nur den Vergütungsanspruch des Rechtsanwalts schützen, nicht aber den Erstattungsanspruch des Mandanten.

3. Anspruch der Staatskasse gegen den Mandanten

15   Die dritte Voraussetzung für die Anwendbarkeit des § 43 ist, dass die Staatskasse aus einem Strafverfahren einen Anspruch gegen den Mandanten hat. Er kann auf Erstattung von Gerichtskosten und/oder auf die Bezahlung einer Geldstrafe oder eines Bußgeldes gerichtet sein. Dabei muss es sich nicht um dasselbe Strafverfahren handeln, aus dem der Erstattungsanspruch des Mandanten stammt.[13] Ansprüche gegen den Mandanten aus einem Zivilprozess oder einem sonstigen Rechtsstreit berechtigen die Staatskasse jedoch nicht zur Aufrechnung.

4. Abtretung

16   Die vierte Voraussetzung ist ein **wirksamer Abtretungsvertrag** (§§ 398 ff. BGB), durch den der Rechtsanwalt und sein Mandant sich darüber einig werden, dass der Anspruch des Mandanten gegen die Staatskasse auf Erstattung von Anwaltskosten auf den Rechtsanwalt übergehen soll. Unter dem in § 43 S. 1 verwendeten Begriff „**Anwaltskosten**" sind die Gebühren und Auslagen des Rechtsanwalts zu verstehen (§ 1 Abs. 1 S. 1). Zu den Auslagen gehören nicht nur die in Teil 7 VV genannten Auslagen, sondern auch solche, deren Erstattung der Rechtsanwalt gemäß § 670 BGB verlangen kann (zB vorgelegte Gerichtskosten für eine Aktenversendung gemäß Nr. 9003 GKG-KostVerz.).[14]

17   Für die Anwendbarkeit der Vorschrift genügt es nicht, wenn der Rechtsanwalt unter Verbleib der Forderung bei dem Mandanten lediglich beauftragt wird, den Erstattungsbetrag einzuziehen.[15] Weder eine **Inkassovollmacht** noch eine **Einzugsermächtigung** können die Abtretung ersetzen. Erforderlich ist vielmehr eine ausdrückliche Abtretung des Erstattungsanspruchs.[16]

---

[11] Ebenso Gerold/Schmidt/*Burhoff* § 43 Rn. 21.
[12] Schneider/Wolf/*N. Schneider* § 43 Rn. 45 ff. mit Beispielen.
[13] Schneider/Wolf/*N. Schneider* § 43 Rn. 14 f.; OLG Nürnberg JurBüro 1990, 1167.
[14] So auch Schneider/Wolf/*N. Schneider* § 43 Rn. 19.
[15] KG AnwBl. 1980, 402; OLG Braunschweig NdsRpfl 1985, 147; so auch Schneider/Wolf/*N. Schneider* § 43 Rn. 22.
[16] Gerold/Schmidt/*Burhoff* § 43 Rn. 11.

Abtretung des Kostenerstattungsanspruchs § 43

In der **Praxis** erfolgt die Abtretung meist schon bei Abschluss des Mandatsvertrags 18
in der **Vollmacht**. Das ist zulässig.[17] Die Abtretung kann aber auch noch später
vereinbart werden. Notwendig ist jedoch, dass die **Abtretung vor der Aufrechnung** der Staatskasse vereinbart wird, weil sonst eine Abtretungsurkunde oder eine
Abtretungsanzeige zum Zeitpunkt der Aufrechnung nicht bei den Akten des
Gerichts sein kann.[18] Die Abtretung schützt den Rechtsanwalt also nicht, wenn die
Staatskasse nach rechtskräftigem Abschluss des Straf- oder Bußgeldverfahrens die
Aufrechnung gegenüber dem Mandanten bereits erklärt hat und die Abtretung erst
danach erfolgt. In diesem Falle ist der Erstattungsanspruch des Mandanten erloschen.

5. Nachweis der Abtretung zum Zeitpunkt der Aufrechnung

Gemäß § 43 S. 2 ist die Aufrechnung der Staatskasse nur unwirksam, wenn zum 19
Zeitpunkt der Aufrechnung eine Urkunde oder eine Anzeige des Beschuldigten
oder Betroffenen (= Mandanten) über die Abtretung in den Akten vorliegt. Eine
Abtretung des Erstattungsanspruchs nach Erklärung der Aufrechnung schließt eine
Anwendbarkeit des § 43 aus.

Mit dem Begriff „**Zeitpunkt der Aufrechnung**" ist der Zeitpunkt der Aufrech- 20
nungserklärung durch die Staatskasse zu verstehen und nicht der Zeitpunkt, zu
dem sich die Forderungen erstmals aufrechenbar gegenüber gestanden haben.[19] Das
bedeutet, dass eine nach der Aufrechnung der Staatskasse erfolgte Abtretung immer
unwirksam ist.[20]

Voraussetzung für die Unwirksamkeit der Aufrechnung der Staatskasse ist, dass 21
zum Zeitpunkt der Aufrechnung eine **Urkunde** über die Abtretung oder eine
Anzeige des Mandanten über die Abtretung in den Akten vorliegt. Ausreichend ist
eine **Kopie** der Abtretungsurkunde.[21] Der Rechtsanwalt hat regelmäßig ein Interesse
daran, das Original der Urkunde bei seinen Akten zu behalten. Ausreichend ist
nach dem ausdrücklichen Wortlaut des § 43 S. 2 auch eine **Abtretungsanzeige** des
Mandanten. Eine Abtretungsanzeige des **Rechtsanwalts** genügt nicht.[22] Allerdings
gilt § 409 Abs. 1 S. 2 BGB. Danach steht es der Anzeige des Mandanten gleich,
wenn er dem Rechtsanwalt als neuen Gläubiger eine Urkunde über die Abtretung
ausstellt und dieser sie zu den Akten reicht. Diese Verfahrensweise ist von § 43
gedeckt, weil die Abtretungsanzeige auch in diesem Fall vom Mandanten stammt.

Praxistipp:

Der Rechtsanwalt sollte sich nicht auf einen Wettlauf mit der Zeit einlassen und auf 22
eine möglichst frühzeitige Abtretung – am Besten schon in der Vollmacht – drängen
und die Abtretungsurkunde zu den Akten des Gerichts reichen.

In welchen **Akten** der Nachweis vorliegen muss, lässt § 43 S. 2 offen. Nach Sinn 23
und Zweck der gesetzlichen Regelung können nur die Akten des Verfahrens gemeint
sein, aus denen der Erstattungsanspruch des Mandanten resultiert.[23]

---

[17] So auch OLG Koblenz MDR 1974, 1038; LG Konstanz Rpfleger 2008, 596; LG Leipzig NJW-Spezial 2010, 316; Gerold/Schmidt/*Burhoff* § 43 Rn. 12; Schneider/Wolf/*N. Schneider* § 43 Rn. 23; **aA** LG Düsseldorf AGS 2007, 34.
[18] *Schneider/Mock*, Das neue Gebührenrecht für Anwälte, § 25 Rn. 409.
[19] Schneider/Wolf/*N. Schneider* § 43 Rn. 27.
[20] Gerold/Schmidt/*Burhoff* § 43 Rn. 17.
[21] KG JurBüro 2006, 387; Gerold/Schmidt/*Burhoff* § 43 Rn. 13; Schneider/Wolf/*N. Schneider* § 43 Rn. 36.
[22] Gerold/Schmidt/*Burhoff* § 43 Rn. 14; **aA** Schneider/Wolf/*N. Schneider* § 43 Rn. 32.
[23] **AA** Schneider/Wolf/*N. Schneider* § 43 Rn. 33; Gerold/Schmidt/*Burhoff* § 43 Rn. 13; HK-RVG § 43 Rn. 10; *Schneider/Mock*, Das neue Gebührenrecht für Rechtsanwälte, § 25 Rn. 416.

§ 43   Abtretung des Kostenerstattungsanspruchs

24   Wird der Nachweis über die Abtretung des Erstattungsanspruchs des Mandanten gegen die Staatskasse nicht in der vorgeschriebenen Form geführt, ist die Aufrechnung der Staatskasse wirksam. Diese Regelung dient dem **Schutz der Staatskasse.** Hatte die Staatskasse allerdings Kenntnis von der Abtretung, bevor ihre Forderung fällig geworden ist, ist die Aufrechnung schon nach § 406 BGB nicht möglich, so dass die Regelung des § 43 nicht zur Anwendung kommt.[24]

V. Beeinträchtigung oder Vereitelung des Vergütungsanspruchs gegen die Staatskasse

25   Sind die vorstehend beschriebenen Voraussetzungen erfüllt, ist die **Aufrechnung** der Staatskasse mit ihrem Anspruch auf Zahlung von Gerichtskosten und/oder einer Geldstrafe gegen den an den Rechtsanwalt abgetretenen Erstattungsanspruch des Mandanten insoweit **unwirksam**, als sie den Vergütungsanspruch des Rechtsanwalts ganz oder teilweise vereitelt oder beeinträchtigt. Dazu genügt jede nicht nur unerhebliche **Erschwerung** bei der Realisierung des Vergütungsanspruchs, sogar eine bloße **Verzögerung** des Zahlungseingangs reicht aus. Weder braucht sich der Rechtsanwalt auf **Ratenzahlungen** einzulassen, noch ist er gehalten, gegen seinen Mandanten gerichtlich vorzugehen.[25] Die gesetzliche Regelung überlässt das Risiko, dass der Mandant in eine Insolvenz gerät, der Staatskasse. Erlangt die von ihr erklärte Aufrechnung wegen der Regelung des § 43 keine materiell-rechtliche Wirkung, ist sie es, die gegen den Mandanten vorgehen muss.

26   Eine Beeinträchtigung des Vergütungsanspruchs wird auch nicht dadurch beseitigt, dass der Mandant **rechtsschutzversichert** ist. Der Rechtsschutzversicherer ist nicht eintrittspflichtig, wenn der Versicherungsnehmer Erstattungsansprüche gegen Dritte erwirkt. Seine Eintrittspflicht lebt erst wieder auf, wenn der Versicherungsnehmer nachweist, dass die Durchsetzung des Erstattungsanspruchs auf Schwierigkeiten stößt. Davon wird man nicht sprechen können, wenn Schuldner die Staatskasse ist, auch wenn sie sich aus Rechtsgründen zunächst einmal auf den Standpunkt stellt, die von ihr erklärte Aufrechnung sei wirksam.

27   Ist die Aufrechnung der Staatskasse **wirksam**, beispielsweise, weil der Rechtsanwalt sich den Kostenerstattungsanspruch seines Mandanten gegen die Staatskasse nicht hat abtreten lassen, kann der Rechtsanwalt die Gebühren eines **Wahlverteidigers** von der Staatskasse nicht mehr verlangen. Sofern er allerdings als Pflichtverteidiger tätig war, schadet die fehlende Abtretung nicht, weil der **Pflichtverteidiger** einen eigenständigen Anspruch gegen die Staatskasse hat, der trotz der von der Staatskasse gegen den Kostenerstattungsanspruch des freigesprochenen Mandanten erklärten Aufrechnung bestehen bleibt. Dieser **eigenständige Kostenerstattungsanspruch** des Pflichtverteidigers ist „**aufrechnungsfest**". Mit Blick auf die Berufsfreiheit kann dem Rechtsanwalt nicht vorgehalten werden, dass er sich durch eine versäumte Abtretung des Kostenerstattungsanspruchs seines Mandanten gegen die Staatskasse selbst den Schutz des Aufrechnungsverbots des § 43 genommen habe.[26] Auch eine dadurch eintretende „**Doppelbelastung**" der Staatskasse rechtfertigt nicht die Versagung des dem Pflichtverteidiger zustehenden Gebührenanspruchs.

VI. Geltendmachung des Erstattungsanspruchs

1. Außergerichtliche Geltendmachung

28   Will der Rechtsanwalt die Unwirksamkeit der von der Staatskasse erklärten Aufrechnung geltend machen, stellt sich die Frage, welchen Anforderungen er im Hin-

---

[24] *Schneider/Mock*, Das neue Gebührenrecht für Anwälte, § 25 Rn. 414.
[25] Gerold/Schmidt/*Burhoff* § 43 Rn. 19.
[26] BVerfG AnwBl. 2009, 551; sa OLG Nürnberg MDR 2011, 322.

Abtretung des Kostenerstattungsanspruchs § 43

blick auf den Bestand seines Vergütungsanspruchs sowie bezüglich der Beeinträchtigung oder Vereitelung dieses Anspruchs durch die Aufrechnung genügen muss. Hierzu gehen die Meinungen auseinander. Teilweise wird **Glaubhaftmachung** für ausreichend gehalten,[27] teilweise ein voller **Beweis** gefordert.[28] In der Praxis wird es auf den Einzelfall ankommen und im pflichtgemäßen Ermessen der Staatskasse liegen, welche Anforderungen ihr genügen.

2. Gerichtliche Überprüfung

Verweigert die Staatskasse die Erfüllung des Anspruchs auf Erstattung der Anwaltskosten, kann der Rechtsanwalt aus dem abgetretenen Anspruch im **Verfahren gemäß § 30a EGGVG** gegen die Staatskasse vorgehen und den Antrag auf gerichtliche Entscheidung stellen. 29

Über den Antrag entscheidet der Zivilrichter des **Amtsgerichts,** in dessen Bezirk die für die Einziehung oder Befriedigung des Anspruchs zuständige Kasse ihren Sitz hat, durch Beschluss. In dem Verfahren ist die Staatskasse zu hören. § 14 Abs. 3 bis 9 KostO gilt entsprechend. 30

Gegen die Entscheidung des Amtsgerichts ist unter den Voraussetzungen des § 14 Abs. 3 S. 2 KostO **Beschwerde** und im Falle ihrer Zulassung die **weitere Beschwerde** nach § 30a Abs. 2 S. 3 iVm § 14 Abs. 3 bis 5 KostO gegeben, die allerdings der Zulassung bedarf. Zulässig ist auch die Gehörsrüge nach § 157a KostO. 31

Das Verfahren ist in allen Instanzen **gerichtsgebührenfrei,** eine Kostenerstattung findet nicht statt (§ 14 Abs. 5 KostO). 32

Der Rechtsnachfolger des im Titel ausgewiesenen Rechtsanwalts bedarf zur Erwirkung eines Kostenfestsetzungsbeschlusses nach § 727 ZPO einer Umschreibung des Titels in Gestalt einer auf ihn lautenden vollstreckbaren Ausfertigung.[29] 33

---

[27] LG Bamberg JurBüro 1976, 1353 mAnm *Mümmler;* ebenso Gerold/Schmidt/*Burhoff* § 43 Rn. 26; Schneider/Wolf/*N. Schneider* § 43 Rn. 54.
[28] So *Hartmann* § 43 Rn. 11.
[29] BGH JurBüro 2010, 480.

Abschnitt 8. Beigeordneter oder bestellter Rechtsanwalt, Beratungshilfe

§ 44 Vergütungsanspruch bei Beratungshilfe

¹Für die Tätigkeit im Rahmen der Beratungshilfe erhält der Rechtsanwalt eine Vergütung nach diesem Gesetz aus der Landeskasse, soweit nicht für die Tätigkeit in Beratungsstellen nach § 3 Abs. 1 des Beratungshilfegesetzes besondere Vereinbarungen getroffen sind. ²Die Beratungshilfegebühr (Nummer 2500 des Vergütungsverzeichnisses) schuldet nur der Rechtsuchende.

Übersicht

	Rn.
I. Überblick	1
II. Voraussetzungen für die Gewährung von Beratungshilfe	3
1. Anwendungsbereich der Beratungshilfe	3
2. Voraussetzungen für die Gewährung von Beratungshilfe	6
3. Verfahren	9
III. Berufsrechtliche Pflichten des Rechtsanwalts bei Beratungshilfe	11
IV. Vergütungsregelung	12
V. Beratungshilfemandate in der Praxis	16
VI. Vergütungsansprüche gegen die Landeskasse (S. 1)	18
1. Vergütung nach Nr. 2501 bis 2508 VV	18
2. Vorschuss	19
3. Anrechnung	21
VII. Vergütungsanspruch gegen den Rechtsuchenden (S. 2)	22
VIII. Festsetzung	26
IX. Verfassungswidrigkeit der Beratungshilfevergütung	28

I. Überblick

1 § 44 S. 1 bestimmt, nach welchen Vorschriften sich die **Vergütung des Rechtsanwalts** im Rahmen von Beratungshilfe richtet und dass Schuldner die Landeskasse ist. § 44 S. 2 stellt in Anlehnung an § 8 Abs. 1 BerHG klar, dass nur der Rechtsuchende die Beratungshilfegebühr von 15 EUR gemäß Nr. 2500 VV schuldet.

2 Die **Beratungshilfe** ist durch das Gesetz über Rechtsberatung und Vertretung für Bürger mit geringem Einkommen (BerHG) vom 18.6.1980[1] bundesgesetzlich eingeführt worden und gilt heute mit der zum 1.1.2014 in Kraft getretenen Fassung.[2] Die Vorschriften des BerHG regeln im Wesentlichen die Voraussetzungen für die Bewilligung von Beratungshilfe, das Verfahren und die Vergütung. Gewährt werden kann die Beratungshilfe nur von einem **Rechtsanwalt** oder einem **Vertreter** iSd § 5, ferner auch von einem verkammerten **Rechtsbeistand** (§ 209 BRAO).[3]

---

[1] BGBl. 1980 I 689.
[2] BGBl. 2014 I 3533.
[3] Dazu OLG Düsseldorf RVGreport 2008, 216 (217).

II. Voraussetzungen für die Gewährung von Beratungshilfe

1. Anwendungsbereich der Beratungshilfe

Gemäß § 1 Abs. 1 BerHG kann Beratungshilfe nur **außerhalb eines gerichtlichen Verfahrens** gewährt werden. Die Beratungshilfe besteht in Beratung und, soweit erforderlich, in Vertretung (§ 2 Abs. 1 BerHG) und wird gewährt in „allen rechtlichen Angelegenheiten". 3

In Angelegenheiten des **Strafrechts und des Ordnungswidrigkeitenrechts** wird **nur Beratung** gewährt (§ 2 Abs. 2 S. 2 BerHG).[4] Für eine **Vertretung** in diesem Bereich scheidet die Gewährung von Beratungshilfe mit Rücksicht auf das System der Pflichtverteidigung aus.[5] 4

In der Praxis entsteht häufig die Frage, ob die Beratung **eine** oder **mehrere** Angelegenheiten betrifft. Diese Frage ergibt sich vor allem in Angelegenheiten des **Familienrechts**, so bei einer umfassenden Beratung über eine Scheidung und über die aus ihr entstehenden Rechtsfolgen. In der Rechtsprechung zu dieser Frage hat sich inzwischen die Meinung durchgesetzt, dass die verschiedenen Fragen mehrere Angelegenheiten betreffen.[6] Insbesondere das Oberlandesgericht Celle hat zutreffend entschieden, dass bei der Beratung über **„Unterhalt, Scheidung oder Personensorge"** zwischen der **Scheidung** und den zugehörigen Folgesachen sowie den Angelegenheiten im Zusammenhang mit der **Trennung** zu differenzieren ist. Dabei hat es insgesamt vier Komplexe gebildet, nämlich die Scheidung als solche, die Angelegenheiten im Zusammenhang mit dem persönlichen Verhältnis zu den Kindern (Personensorge, Umgangsrecht), die Angelegenheiten im Zusammenhang mit der Ehewohnung und dem Hausrat und schließlich die finanzielle Auswirkungen von Trennung und Scheidung (Unterhaltsansprüche, Güterrecht und Vermögensauseinandersetzung).[7] Demgemäß handelt es sich in solchen Fällen jedenfalls um vier Angelegenheiten. Wurde bei einem Beratungsschein für „Getrenntleben und Ehescheidung" antragsgemäß zunächst nur eine Gebühr festgesetzt, scheitert die Geltendmachung weiterer Beratungshilfegebühren nicht an Verwirkung.[8] 5

2. Voraussetzungen für die Gewährung von Beratungshilfe

Gewährt wird die Beratungshilfe für die Wahrnehmung von Rechten außerhalb eines gerichtlichen Verfahrens und im obligatorischen Güteverfahren nach § 15a EGZPO gemäß § 1 Abs. 1 BerHG nur auf **Antrag** und nur, wenn 6
- der Rechtsuchende die erforderlichen Mittel nach seinen persönlichen und wirtschaftlichen Verhältnissen nicht aufbringen kann;
- nicht andere Möglichkeiten für eine Hilfe zur Verfügung stehen, deren Inanspruchnahme dem Rechtsuchenden zuzumuten ist; dazu gehört nicht die Möglichkeit, den Rat der Behörde in Anspruch zu nehmen, deren Entscheidung der Rechtsuchende angreifen will;[9]
- die Inanspruchnahme der Beratungshilfe nicht mutwillig erscheint.

In **Familiensachen** erfüllt ein Rechtsuchender die Voraussetzungen in seiner Person selbst dann, wenn sein Ehepartner zur Zahlung eines **Prozesskostenvorschusses** 7

---

[4] Zur Beratungshilfe in Strafsachen siehe *Hansens* RVGreport 2008, 172; zur Beratungshilfe im Rahmen der Strafvollstreckung LG Berlin RVGreport 2008, 460.
[5] HK-RVG/*Pukall* § 44 Rn. 24.
[6] Aus der jüngeren Rechtsprechung OLG Celle NJW 2011, 3109; OLG Nürnberg NJW 2011, 3108; OLG Stuttgart BeckRS 2012, 22641.
[7] OLG Celle NJW 2011, 3109.
[8] OLG Köln NJW-RR 2011, 1294.
[9] So BVerfG NJW 2009, 3417; sa AnwBl. 2009, 645 mAnm *Schafhausen* AnwBl. 2009, 634.

gemäß § 1360a Abs. 4 BGB verpflichtet wäre.[10] Das stößt in der Praxis oft auf Unverständnis, ist aber erklärlich, weil § 1360a Abs. 4 BGB einen Vorschussanspruch nur für den Fall einer gerichtlichen Auseinandersetzung, nicht aber für eine außergerichtliche Beratung gewährt. Doch auch wenn es für die Gewährung von Beratungshilfe nur auf das Einkommen des Antragstellers ankommt, ist nicht einzusehen, dass die Gerichte vor Erteilung des Berechtigungsscheins nicht wenigstens erfragen, welches **Haushaltsgeld** dem Rechtsuchenden, dessen Ehepartner überdurchschnittlich verdient, zur Verfügung steht. In der Regel reicht dieses Haushaltsgeld aus, die bescheidene Erstberatungsgebühr zu bezahlen.

8   Im Rahmen von § 1 Abs. 1 Nr. 1 BerHG spielt es eine Rolle, ob der Rechtsuchende eine **Rechtsschutzversicherung** hat und welche Risiken versichert sind. Es wird von den Gerichten immer wieder übersehen, diese Frage zu klären, bevor ein Berechtigungsschein erteilt wird.

3. Verfahren

9   Das Verfahren über den Antrag auf Bewilligung von Beratungshilfe regelt § 4 BerHG. Über den **Antrag** entscheidet das **Amtsgericht**, in dessen Bezirk der Rechtsuchende seinen **allgemeinen Gerichtsstand** hat. Wechselt der Rechtsuchende nach der Inanspruchnahme von Beratungshilfe seinen Wohnsitz, so ist bei der Bestimmung der örtlichen Zuständigkeit des Amtsgerichts auf den Wohnsitz des Rechtsuchenden bei Auftreten des Bedürfnisses der Beratungshilfe abzustellen.[11] Fehlt ein allgemeiner Gerichtsstand im Inland, ist das Amtsgericht zuständig, in dessen Bezirk ein Bedürfnis für Beratungshilfe auftritt. Das Amtsgericht erteilt, wenn die Voraussetzungen für die Gewährung von Beratungshilfe gegeben sind, einen **Berechtigungsschein** für Beratungshilfe, mit dem sich der Rechtsuchende an einen Rechtsanwalt seiner Wahl wenden kann.[12]

10 Der Rechtsuchende kann den Umweg über das Amtsgericht sparen und sich gemäß § 6 Abs. 2 BerHG **unmittelbar** an einen **Rechtsanwalt** wenden. Über die Gewährung von Beratungshilfe entscheidet aber gleichwohl das Amtsgericht und nicht der Rechtsanwalt. Dieser läuft daher Gefahr, dass er bei späterer Ablehnung des Antrags auf Gewährung von Beratungshilfe keinen Vergütungsanspruch gegen die Staatskasse hat.[13] Der Rechtsanwalt sollte deshalb mit dem Rechtsuchenden vereinbaren, dass dieser bei Ablehnung seines Antrags die gesetzlichen Gebühren schuldet (→ Rn. 16 f.).

III. Berufsrechtliche Pflichten des Rechtsanwalts bei Beratungshilfe

11 § 49a Abs. 1 BRAO **verpflichtet** den Rechtsanwalt, die im Beratungshilfegesetz vorgesehene Beratungshilfe zu übernehmen.[14] Nur aus **wichtigem Grund** kann er die Beratungshilfe im Einzelfall ablehnen. Konkretisiert wird § 49a Abs. 1 BRAO durch § 16 BORA. Danach ist der Rechtsanwalt verpflichtet, bei begründetem

---

[10] OLG München JurBüro 1982, 322 (strittig).

[11] OLG Hamm AnwBl. 2000, 58.

[12] Zur Verweigerung der Beratungshilfe siehe BVerfG NJW 2009, 3417; ferner BVerfG NZS 2011, 71; zur Frage eines Gebührenanspruchs des Rechtsanwalts für die Beschaffung eines Berechtigungsscheins vgl. *Meyer* JurBüro 2011, 123.

[13] Zur Verfassungsmäßigkeit der Regelung des § 4 Abs. 2 S. 4 BerHG (Unterzeichnung des Beratungshilfeantrags vor Beginn der anwaltlichen Beratung) siehe BVerfG NJW 2008, 1581.

[14] Zur Frage, ob der Rechtsanwalt bei einem unterbliebenen Hinweis auf Schadensersatz in Anspruch genommen werden kann vgl. OLG Celle AGS 2009, 469.

Anlass auf die Möglichkeit von Beratungshilfe hinzuweisen. Des weiteren bestimmt § 16 Abs. 2 BORA, dass der Rechtsanwalt bei Inanspruchnahme von Beratungshilfe von seinem Mandanten oder Dritten Zahlungen oder Leistungen nur annehmen darf, die freiwillig und in Kenntnis der Tatsache gegeben werden, dass der Mandant oder der Dritte zu einer solchen Leistung nicht verpflichtet ist.[15]

IV. Vergütungsregelung

§ 44 S. 1 regelt nicht den Vergütungsanspruch des Rechtsanwalts, sondern 12 bestimmt als **Vergütungsschuldner** die **Landeskasse**. Bezüglich der Beratungsgebühr nach Nr. 2500 VV wird klargestellt, dass Vergütungsschuldner der **Rechtsuchende** ist.

Welche Vergütung der Rechtsanwalt für seine Tätigkeit im Rahmen von Bera- 13 tungshilfe aus der Staatskasse zu beanspruchen hat, ergibt sich aus Teil 2 Abschn. 5 VV. Nach den Nr. 2501 bis 2508 VV können eine **Beratungsgebühr** (Nr. 2501 und 2502 VV), eine **Geschäftsgebühr** (Nr. 2503 bis 2507 VV), eine **Einigungsgebühr** (Nr. 2508 iVm Nr. 1000 VV) und eine **Erledigungsgebühr** (Nr. 2508 iVm Nr. 1002 VV) entstehen. Das sind **Festgebühren,** die unabhängig von dem Gegenstandswert, dem Umfang und der Schwierigkeit der anwaltlichen Tätigkeit sind. Das Gesetz verlangt von dem Rechtsanwalt also ein **Sonderopfer,** das durch seine Stellung als Organ der Rechtspflege (§ 1 BRAO) gerechtfertigt sein soll. Die **Verfassungsmäßigkeit** dieses Sonderopfers ist jedoch ernsthaft zu bezweifeln.[16] Die Gründe, die gegen eine Verfassungskonformität sprechen, werden unter → Rn. 28 ff. ausführlich dargelegt.

Des Weiteren stellt § 44 S. 1 klar, dass der Rechtsanwalt nach den Gebührentatbe- 14 ständen des Vergütungsverzeichnisses nicht abrechnen kann, wenn er Beratungshilfe in einer **Beratungsstelle** gewährt, die aufgrund einer Vereinbarung mit der Landesjustizverwaltung eingerichtet ist (§ 3 Abs. 1 BerHG) und wenn zwischen der Landesjustizverwaltung und der Beratungsstelle eine besondere Vereinbarung über die Vergütung der beratenden Rechtsanwälte besteht. Soweit es an einer solchen Vereinbarung fehlt, verbleibt es bei der im Teil 2 Abschn. 5 VV geregelten Vergütung.

§ 44 S. 1 spricht von einer dem Rechtsanwalt zustehenden „Vergütung". Das ist 15 irreführend. Mit „Vergütung" ist der **öffentlich-rechtliche Entschädigungsanspruch** gemeint, der dem Rechtsanwalt gegen die Landeskasse zusteht, wenn er Beratungshilfe nach dem BerHG leistet.[17]

V. Beratungshilfemandate in der Praxis

Der Rechtsanwalt sieht sich bei Mandanten, die Beratungshilfe beanspruchen 16 wollen, bezüglich seines Vergütungsanspruchs einem **rechtlichen Risiko** ausgesetzt, wenn der Rechtsuchende sich zu einem Zeitpunkt an ihn wendet, in dem über die Beratungshilfeberechtigung noch nicht entschieden ist. Bei allen anderen Mandanten gibt es ein solches Risiko nicht, weil der Vergütungsanspruch entweder nach dem RVG oder aufgrund einer Honorarvereinbarung bereits mit Abschluss des Mandatsvertrags eine gesicherte Rechtsgrundlage hat. Der Grund für die Unsicherheit, ob der Rechtsanwalt – abgesehen von der Beratungsgebühr von 15 EUR nach Nr. 2500 VV, die der Rechtsuchende zu zahlen hat und die der Rechtsanwalt ihm sogar

---

[15] Wegen der berufsrechtlichen Einzelheiten vgl. Hartung/*Hartung* BORA § 16 Rn. 1–16 und BRAO § 49a Rn. 1–12.
[16] Vgl. dazu *Hartung* AnwBl. 2002, 268; *Hartung/Römermann* ZRP 2003, 149.
[17] Schneider/Wolf/*Fölsch/N. Schneider* § 44 Rn. 1.

§ 44 Vergütungsanspruch bei Beratungshilfe

erlassen darf (Anm. zu Nr. 2500 VV) − von der Staatskasse eine Vergütung nach den Vorschriften des Vergütungsverzeichnisses erhält oder ob er **umsonst** tätig geworden ist, beruht auf einer die **Bequemlichkeit des Rechtsuchenden** fördernden Regelung des Beratungshilfegesetzes. Dem Rechtsuchenden wird in § 7 BerHG die Möglichkeit eröffnet, den Weg zum Amtsgericht zwecks Beschaffung eines **Berechtigungsscheins** zu sparen und sich sofort an einen Rechtsanwalt zu wenden. Zu diesem Zeitpunkt steht noch nicht fest, ob der Rechtsanwalt einen Vergütungsanspruch gegen die Staatskasse hat.

17 In der geschilderten Situation muss der Rechtsanwalt **entscheiden,** ob er gleichwohl schon tätig werden und das Risiko einer bis auf die Beratungsgebühr von 15 EUR **unentgeltlichen** Beratungstätigkeit in Kauf nehmen oder die Übernahme des Beratungshilfemandats bis zur Entscheidung des Amtsgerichts über die Gewährung der Beratungshilfe **ablehnen** will. In dieser **Entscheidung** ist der Rechtsanwalt **frei.** Die in § 49a Abs. 1 BRAO normierte Verpflichtung, die in dem Beratungshilfegesetz vorgesehene Beratungshilfe zu übernehmen, setzt voraus, dass der Vergütungsanspruch des Rechtsanwalts gegen die Staatskasse gesichert, also die Beratungshilfe gewährt worden ist.[18] Die **gegenteilige Auffassung** überspannt die Pflichten des Rechtsanwalts. Der Rechtsuchende erleidet in aller Regel keinen Nachteil, wenn er zunächst die Entscheidung des Amtsgerichts abwartet und sich erst dann von dem Rechtsanwalt seines Vertrauens beraten lässt. Ein Grund, dem Rechtsanwalt dennoch das **Vergütungsrisiko** aufzubürden, ist nicht ersichtlich.

VI. Vergütungsansprüche gegen die Landeskasse (S. 1)

1. Vergütung nach Nr. 2501 bis 2508 VV

18 Die Gebühren des Rechtsanwalts, die dieser für eine Tätigkeit im Rahmen von Beratungshilfe aus der **Landeskasse** beanspruchen kann, finden sich in Teil 2 Abschn. 6 VV. Es sind dies die **Beratungsgebühr** gemäß den Nr. 2501 und 2502 VV, die **Geschäftsgebühr** gemäß Nr. 2503 bis 2507 VV und die **Einigungs- und Erledigungsgebühr** gemäß Nr. 2508 VV. Wegen der Einzelheiten wird auf die Kommentierung dieser Gebührentatbestände durch *Schons* in diesem Kommentar verwiesen.

2. Vorschuss

19 Ein Anspruch gegen die Staatskasse auf Zahlung eines **Vorschusses** besteht nicht. § 47 Abs. 2 bestimmt ausdrücklich, dass der Rechtsanwalt bei Beratungshilfe keinen Vorschuss fordern kann. Das gilt sowohl für Gebühren als auch für Auslagen.[19] Die Regelung ist verständlich, da die anwaltliche Tätigkeit im Rahmen von Beratungshilfe durchweg von kurzer Dauer und die Höhe der zu verdienenden Gebühr überaus gering ist.

20 Das **Vorschussverbot** des § 47 gilt auch für die von dem Rechtsuchenden geschuldete Beratungshilfegebühr gemäß Nr. 2500 VV. Das bedeutet jedoch nicht, dass der Rechtsanwalt vorleisten muss und die Beratungshilfegebühr erst nach erfolgter Beratung fordern darf. Er kann vielmehr die Beratungshilfe von der vorherigen **Zahlung** der gemäß Nr. 2500 VV vom Rechtsuchenden geschuldeten Beratungshilfegebühr abhängig machen. Nur so kann er sich davor schützen, dass der Rechtsuchende nach Beratung die Zahlung verweigert und der Rechtsanwalt wegen des sonst drohenden Verwaltungsaufwands praktisch gezwungen ist, die Gebühr zu erlassen.

---

[18] **AA** Feuerich/Weyland/*Böhnlein* BRAO § 49a Rn. 2.

[19] Zur Berechnung der Postentgeltpauschale bei Beratungshilfe siehe OLG Bamberg JurBüro 2007, 645; OLG Nürnberg JurBüro 2007, 209 und *Hansens* RVGreport 2007, 133.

3. Anrechnung

Gemäß **§ 58 Abs. 1** sind Zahlungen, die der Rechtsanwalt nach § 9 BerHG 21
erhält, auf die Vergütung aus der Landeskasse anzurechnen.[20] Die Bezugnahme auf § 9 BerHG verdeutlicht, dass nicht alle Zahlungen gemeint sind, die der Rechtsanwalt anlässlich einer Tätigkeit im Rahmen von Beratungshilfe entgegennimmt.[21] § 9 S. 4 BerHG schreibt eine Anrechnung nur für Zahlungen vor, die der Rechtsanwalt nach **§ 9 S. 2 BerHG** erhält. Das sind Zahlungen des Gegners des Mandanten, die dieser leistet, weil er verpflichtet ist, dem Mandanten die Kosten der Wahrnehmung seiner Rechte zu ersetzen. In der Praxis kommt ein solcher Fall äußerst selten vor.

VII. Vergütungsanspruch gegen den Rechtsuchenden (S. 2)

Gemäß § 44 S. 2 schuldet der Rechtsuchende dem Rechtsanwalt nur die **Bera-** 22
tungshilfegebühr. Sie findet sich in Nr. 2500 VV, ist eine **Festgebühr** und beträgt seit Inkrafttreten des 2. KostRMoG 15 EUR, die der Rechtsanwalt erlassen darf.

Der **Anspruch** auf die **Beratungshilfegebühr** setzt weder die Vorlage eines 23
Berechtigungsscheins nach § 6 Abs. 1 BerHG noch überhaupt irgendeinen Antrag bei Gericht voraus. Der Rechtsanwalt verdient sie dadurch, dass er Beratungshilfe iSd § 2 BerHG **tatsächlich** gewährt. Vor der Beratung sollte der Rechtsanwalt im eigenen Gebühreninteresse klären, ob sich der Rechtsuchende nur im Rahmen der Beratungshilfe an ihn wendet. Im Streitfall muss der Rechtsanwalt beweisen, dass er diese Klärung herbeigeführt hat, wenn er Vergütungsansprüche nicht gegen die Landeskasse, sondern gegen den Rechtsuchenden selbst geltend machen will.

Bei der äußerst geringen Höhe der Beratungshilfegebühr und auch im Hinblick 24
auf die übrigen nicht kostendeckenden Gebühren muss der Rechtsanwalt bei seiner Beratungstätigkeit darauf achten, dass er nicht in **mehreren Angelegenheiten** gleichzeitig berät und die Gebühren trotzdem nur ein Mal erhält. Die Abgrenzung einer Beratung von einer anderen Beratung erfolgt am ehesten entsprechend § 15 Abs. 2 S. 1 nach dem Begriff derselben Angelegenheit. Die Zahl der Berechtigungsscheine spielt keine Rolle.[22]

Auslagenersatz neben der Festgebühr kann der Rechtsanwalt von dem Recht- 25
suchenden nicht verlangen (Nr. 2500 VV Anm. S. 1). Selbst die Mehrwertsteuer ist in der Festgebühr enthalten, so dass dem Rechtsanwalt netto nur 12,60 EUR verbleiben.

VIII. Festsetzung

Die Festsetzung der durch eine Tätigkeit im Rahmen von Beratungshilfe angefal- 26
lenen Vergütung ist in § 55 Abs. 4 geregelt. Die Beratungshilfegebühren (Nr. 2500 bis 2508 VV) werden auf Antrag des Rechtsanwalts unter Vorlage des Berechtigungsscheins nach § 6 Abs. 1 BerHG von dem Urkundsbeamten der Geschäftsstelle des Amtsgerichts gegen die Staatskasse (Landeskasse) festgesetzt. Der Urkundsbeamte hat lediglich das Bestehen des Vergütungsanspruchs zu prüfen, nicht aber, ob die Beratungshilfe durch den Rechtspfleger zu Recht bewilligt worden ist oder zur

---

[20] Die gesetzlichen Regelungen betreffend die dem Rechtsanwalt für seine Tätigkeit im Rahmen von Beratungshilfe zustehende Vergütung sind nicht verfassungskonform, weil sie nicht einmal die Kosten decken, vgl. *Hartung/Römermann* ZRP 2003, 149.

[21] OLG Düsseldorf JurBüro 2009, 188 (189).

[22] Dazu *Enders* JurBüro 2000, 341; *Greißinger* AnwBl. 1993,12; LG Münster Rpfleger 2000, 281; AG Kehlheim FamRZ 2000, 1589.

§ 44 Vergütungsanspruch bei Beratungshilfe

Rechtsverfolgung notwendig war.[23] Er kann allerdings zur Glaubhaftmachung des Anfalls der geltend gemachten Gebühren die Vorlage von Schriftwechsel verlangen, sofern die Vorlage zulässig, möglich und zumutbar ist.[24] Der Rechtsuchende ist durch eine Zurückweisung des Festsetzungsantrags des die Beratungshilfe gewährenden Rechtsanwalts weder unmittelbar rechtlich noch faktisch betroffen, eine nur mittelbare, faktische Betroffenheit genügt nicht.[25] Wegen weiterer Einzelheiten wird auf die Kommentierung zu § 55 verwiesen.

27 Über die Erinnerung gegen die Festsetzung von Beratungshilfegebühren entscheidet das Amtsgericht und über eine gegen die Erinnerungsentscheidung eingelegte Beschwerde das Landgericht als nächst höheres Gericht. Das gilt auch, wenn die Beratungshilfe eine Familiensache zum Gegenstand hatte, weil das Verfahren der Vergütungsfestsetzung nicht zu den Familiensachen iSd § 23b Abs. 1 S. 2 GVG gehört.[26] Hat aber das Familiengericht in einer solchen Angelegenheit an Stelle des allgemein zuständigen Amtsgerichts entschieden, ist die Zuständigkeit des Oberlandesgerichts nach Maßgabe des § 33 Abs. 4 S. 2, § 119 Nr. 1a GVG gegeben.[27]

IX. Verfassungswidrigkeit der Beratungshilfevergütung

28 Der **Staat** hat gemäß Art. 20 GG eine **soziale Verpflichtung**. Auch der Bürger, der nicht über ausreichende Mittel verfügt, soll Zugang zum Recht erhalten. Dieser Grundsatz ist nicht ernsthaft in Frage zu stellen.[28] Fraglich ist jedoch, mit welcher Berechtigung der Staat seine soziale Verantwortung auf den **Berufsstand** des **Rechtsanwalts** abwälzt. Soweit staatliche Aufgaben zu finanzieren sind, wird der finanzielle Aufwand durch alle Bürger über deren **Steuerzahlungen** getragen. **Direkte Sozialleistungen** der Bürger untereinander sieht die Verfassung nicht vor. So ist beispielsweise kein Gewerbetreibender gezwungen, einem bedürftigen Mitbürger seine Produkte unentgeltlich oder billiger zu überlassen. Vielmehr erhält der Bedürftige Sozialhilfe und wird dadurch in die Lage versetzt, die von der gewerblichen Wirtschaft angebotenen Produkte zum normalen Preis zu erwerben. Ein Sonderopfer wird der **gewerblichen Wirtschaft** dafür nicht abverlangt.[29]

29 Nichts anderes darf für die **Anwaltschaft** gelten. In der Vergangenheit ist sie immer wieder zur Entlastung des Staates unter Bezugnahme auf die Stellung des Rechtsanwalts als Organ der Rechtspflege (§ 1 BRAO) zu **Sonderopfern** herangezogen worden, wie sie anderen Berufen fremd sind. Das gilt nicht nur für die Beratungshilfe, sondern auch für die Prozesskostenhilfe. Erst allmählich entwickelt sich die Erkenntnis, dass **„diese Art des modernen Frondienstes"** mit Art. 12 Abs. 1 GG nicht oder jedenfalls nur in engen Grenzen vereinbar ist. Schon 1980 hatte das **Bundesverfassungsgericht** entschieden, dass der Staat für Aufgaben, deren ordentliche Wahrnehmung im öffentlichen Interesse liegt, den Staatsbürger beruflich nicht in Anspruch nehmen darf, wenn sich seine Inanspruchnahme als übermäßige, durch keine Gründe des Gemeinwohls gerechtfertigte Einschränkung

---

[23] OLG Stuttgart RVGreport 2007, 265.
[24] OLG Düsseldorf JurBüro 2009, 370.
[25] BVerfG NJW 2011, 2570 (Ls.) = BeckRS 2011, 50116.
[26] OLG Koblenz NJW 2012, 944.
[27] OLG Düsseldorf JurBüro 2009, 40 (Ls.) = Beck FD-RVG 2008, 270142.
[28] Zur Angemessenheit anwaltlicher Vergütung als Grundrechtsproblem vgl. *Gaier* AnwBl. 2010, 73.
[29] *Hartung/Römermann* ZRP 2003, 149 (150); grundlegend zur Verfassungswidrigkeit der Regelungen über die Höhe der anwaltlichen Gebühren für Beratungshilfe *Euba* NJOZ 2011, 289–306.

der freien Berufsausübung erweist, was der Fall sei, wenn ihm eine angemessene Entschädigung für seine Inanspruchnahme vorenthalten bleibe.[30]

Einige Jahre später entschied das Bundesverfassungsgericht, dass die Freiheit, einen Beruf auszuüben, untrennbar mit der Freiheit verbunden sei, eine angemessene Vergütung zu fordern. **Gesetzliche Vergütungsregelungen** seien deshalb am Maßstab des **Art. 12 Abs. 1 GG** zu messen.[31] Diese Feststellung hat das Bundesverfassungsgericht erst jüngst wieder bestätigt.[32]

Im Jahr 2000 hatte das **Bundesverfassungsgericht** erneut Gelegenheit, seine **Rechtsprechung** zu **konkretisieren**.[33] In dieser Entscheidung heißt es wörtlich: „Die gerichtliche Bestellung zum Verteidiger ist eine besondere Form der Indienstnahme Privater zu öffentlichen Zwecken. Sie erfolgt im öffentlichen Interesse daran, dass der Beschuldigte in den Fällen, in denen die Verteidigung aus Gründen der Rechtsstaatlichkeit des Verfahrens notwendig ist (vgl. § 140 StPO), rechtskundigen Beistand erhält. Diese Begrenzung (der gesetzlichen Gebühren) ist zwar durch einen vom Gesetzgeber iSd Gemeinwohls vorgenommenen Interessenausgleich, der auch das Interesse der Einschränkung des Kostenrisikos berücksichtigt, gerechtfertigt; dies gilt aber nur, sofern die **Grenze der Zumutbarkeit** noch gewahrt ist. Eine Kürzung der gesetzlich genau bestimmten Gebühren oder eine Versagung der Erstattung von Auslagen, die für die sachgerechte Verteidigung erforderlich waren, kann dem bestellten Verteidiger ein **unzumutbares Opfer** abverlangen. Sie ist dann mit dem Recht auf freie Berufsausübung gemäß Art. 12 Abs. 1 S. 1 GG unvereinbar".[34]

Die **Zumutbarkeitsgrenze** ist in jedem Fall überschritten, wenn ein Mandat auf Grund der gesetzlichen Gebührenstruktur in aller Regel **nicht kostendeckend** wahrgenommen werden kann. Dies verletzt zum einen das Interesse des Rechtsanwalts an einer angemessenen Vergütung seiner Leistungen, die ihm zugleich eine wirtschaftliche Tätigkeit möglich macht. Zum anderen verkennt das gegenwärtige System auch die wohlverstandenen Interessen der Mandantschaft. In der Praxis besteht zunehmend eine ganz natürliche Tendenz der Rechtsanwälte, **„Zuschussmandaten"** nicht dieselbe Aufmerksamkeit und Sorgfalt zu widmen wie den Mandaten, die angemessen vergütet werden. Die soziale Wohltat des Gesetzgebers auf Kosten der Anwaltschaft hat hier also einen für den Bürger **bitteren Nachgeschmack**.[35]

In jüngeren Entscheidungen hat das Bundesverfassungsgericht zu § 51 (Festsetzung einer Pauschgebühr) ausgeführt, in Strafsachen, die die Arbeitskraft des Pflichtverteidigers für längere Zeit ausschließlich oder fast ausschließlich in Anspruch nähmen, gewinne die Höhe des Entgelts für den Pflichtverteidiger **existenzielle Bedeutung**. Für solche besonderen Fallkonstellationen gebiete das Grundrecht des Pflichtverteidigers auf freie Berufsausübung eine Regelung, die sicherstellt, dass ihm die Verteidigung kein **unzumutbares Opfer** abverlange.[36] Die Inanspruchnahme des gerichtlich bestellten oder beigeordneten Rechtsanwalts, womit in erster Linie der Pflichtverteidiger gemeint ist, dürfe nicht zu einem **Sonderopfer** führen. Dazu könne es angesichts der deutlich geringeren Pflichtverteidigergebühren gerade in größeren Strafverfahren sehr schnell kommen, wenn die gesetzlichen Gebühren die Tätigkeit des Pflichtverteidigers nicht mehr **kostendeckend,** geschweige denn **gewinnbringend** honorieren.[37]

---

[30] BVerfGE 54, 251, 271 = NJW 1980, 2179.
[31] BVerfGE 88, 145, 159 = NJW 1993, 2861.
[32] BVerfG MDR 2005, 1373 mAnm *Hartung*.
[33] BVerfG NJW 2001, 1269.
[34] BVerfG NJW 2001, 1269; sa *Gaier* AnwBl. 2010, 73.
[35] *Hartung/Römermann* ZRP 2003, 149, 151.
[36] BVerfG NJW 2005, 1264; sa BVerfG NJW 2005, 3699.
[37] BVerfG NJW 2003, 737; vgl. auch BVerfG MDR 2005, 1373 mAnm *Hartung*; sa BVerfG NJW 2007, 3420.

34 Diese an der Pauschgebührenregelung des § 51 orientierte Rechtsprechung des Bundesverfassungsgerichts hat auch für die Gebühren Bedeutung, die das BerHG dem Rechtsanwalt gewährt. Sie sind so gering, dass auch sie dem Rechtsanwalt in vielen Fällen ein **unzumutbares Sonderopfer** abverlangen, weil die Gebühren oft nicht annähernd kostendeckend sind.

35 Erfreulich ist, dass inzwischen auch andere Gerichte die Zeichen der Zeit richtig deuten. So hat das **Amtsgericht Husum** die gesetzlich vorgesehene **Vergütung eines Insolvenzverwalters** in einem masselosen Verfahren verdoppelt.[38] Das **Landessozialgericht Niedersachsen-Bremen** hat in einer Entscheidung vom 27.1.2003 die nach § 3 Abs. 2 S. 1 ZSEG geltenden **Stundensätze für Sachverständige** im Hinblick auf den seit 1994 erfolgten Preisanstieg deutlich erhöht und zur Begründung unter Bezugnahme auf Art. 12 Abs. 1 GG ausgeführt, dass eine Entwertung der Entschädigung durch eine Steigerungsrate im zweistelligen Bereich unverhältnismäßig[39] in die Berufsfreiheit des Sachverständigen eingreife. Erst vor kurzem hat schließlich der **Bundesgerichtshof** die Regelung des § 2 Abs. 2 InsVV, der bei massearmen Insolvenzverfahren für den **Insolvenzverwalter** eine Mindestvergütung von nur 500 EUR vorsah, für verfassungswidrig erklärt.[40] Diese Entscheidung ist ein weiterer Meilenstein auf dem Weg zu angemessenen Vergütungen auch für Rechtsanwälte, insbesondere auf dem Gebiet der Beratungshilfe.[41]

36 *Hartung/Römermann* haben zur Problematik einer möglichen Verfassungswidrigkeit der Beratungshilfegebühren einen **Handlungsvorschlag** entworfen.[42] Wer nicht Gefahr laufen will, sich durch die berechtigte Verweigerung der Übernahme von Mandaten im Rahmen von Beratungshilfe berufsrechtlichen Sanktionen auszusetzen, sollte wie folgt vorgehen: Nach Wahrnehmung des Beratungshilfemandats wird ein **kostendeckender Vergütungssatz** beantragt. Das Gericht hat nun zwei Möglichkeiten: Dem Wortlaut des Gesetzes zu folgen und nur die dort vorgesehenen, verfassungswidrig niedrigen Gebühren festzusetzen oder dem Missstand durch die Festsetzung eines angemessenen Honorars aus eigenem Ermessen abzuhelfen. Werden dennoch lediglich die gesetzlichen Gebühren zugebilligt, sollten alle Rechtsmittel ausgeschöpft werden, um anschließend **Verfassungsbeschwerde** erheben zu können.

§ 45 Vergütungsanspruch des beigeordneten oder bestellten Rechtsanwalts

(1) **Der im Wege der Prozesskostenhilfe beigeordnete oder nach § 57 oder § 58 der Zivilprozessordnung zum Prozesspfleger bestellte Rechtsanwalt erhält, soweit in diesem Abschn. nichts anderes bestimmt ist, die gesetzliche Vergütung in Verfahren vor Gerichten des Bundes aus der Bundeskasse, in Verfahren vor Gerichten eines Landes aus der Landeskasse.**

(2) **Der Rechtsanwalt, der nach § 138 des Gesetzes über das Verfahren in Familiensachen und in den Angelegenheiten der freiwilligen Gerichtsbarkeit, auch in Verbindung mit § 270 des Gesetzes über das Verfahren in Familiensachen und in den Angelegenheiten der feiwilligen Gerichtsbarkeit, nach § 109 Absatz 3 oder § 119a Absatz 6 des Strafvollzugsgesetzes beigeordnet oder nach § 67a Abs. 1 Satz 2 der Verwaltungsgerichtsordnung**

---

[38] AG Husum ZIP 2002, 2226; zur Verfassungswidrigkeit der Vergütungspraxis in Klein- und Verbraucherinsolvenzverfahren siehe *Kuhmann* ZVI 2002, 357.

[39] LSG Niedersachsen-Bremen NJW 2003, 1206.

[40] BGH MDR 2004, 653 mAnm *Hartung* MDR 2004, 654.

[41] Siehe auch BVerfG AnwBl. 2009, 551, 552 zum Aufrechnungsverbot der Staatskasse bei Pflichtverteidigergebühren.

[42] *Hartung/Römermann* ZRP 2003, 149, 151.

bestellt ist, kann eine Vergütung aus der Landeskasse verlangen, wenn der zur Zahlung Verpflichtete (§ 39 oder § 40) mit der Zahlung der Vergütung im Verzug ist.

(3) [1]Ist der Rechtsanwalt sonst gerichtlich bestellt oder beigeordnet worden, erhält er die Vergütung aus der Landeskasse, wenn ein Gericht des Landes den Rechtsanwalt bestellt oder beigeordnet hat, im Übrigen aus der Bundeskasse. [2]Hat zuerst ein Gericht des Bundes und sodann ein Gericht des Landes den Rechtsanwalt bestellt oder beigeordnet, zahlt die Bundeskasse die Vergütung, die der Rechtsanwalt während der Dauer der Bestellung oder Beiordnung durch das Gericht des Bundes verdient hat, die Landeskasse die dem Rechtsanwalt darüber hinaus zustehende Vergütung. [3]Dies gilt entsprechend, wenn zuerst ein Gericht des Landes und sodann ein Gericht des Bundes den Rechtsanwalt bestellt oder beigeordnet hat.

(4) [1]Wenn der Verteidiger von der Stellung eines Wiederaufnahmeantrags abrät, hat er einen Anspruch gegen die Staatskasse nur dann, wenn er nach § 364b Abs. 1 Satz 1 der Strafprozessordnung bestellt worden ist oder das Gericht die Feststellung nach § 364b Abs. 1 Satz 2 der Strafprozessordnung getroffen hat. [2]Dies gilt auch im gerichtlichen Bußgeldverfahren (§ 85 Abs. 1 des Gesetzes über Ordnungswidrigkeiten).

(5) [1]Absatz 3 ist im Bußgeldverfahren vor der Verwaltungsbehörde entsprechend anzuwenden. [2]An die Stelle des Gerichts tritt die Verwaltungsbehörde.

Übersicht

	Rn.
I. Überblick	1
II. Anwendungsbereich	3
1. Sachlicher Anwendungsbereich	4
2. Persönlicher Anwendungsbereich	8
III. Vergütungsanspruch des im Wege der Prozesskostenhilfe beigeordneten oder nach §§ 57 oder 58 ZPO bestellten Rechtsanwalts (Abs. 1)	11
1. Vergütungsanspruch gegen die Staatskasse	11
a) Beiordnung	12
b) Bestellung	21
c) Vergütungsschuldner	24
d) Begriff der gesetzlichen Vergütung	25
e) Umfang der gesetzlichen Vergütung	28
2. Vergütungsanspruch gegen Dritte	32
IV. Vergütungsanspruch des nach den §§ 138, 270 FamFG beigeordneten oder nach § 67a Abs. 1 S. 2 VwGO bestellten Rechtsanwalts (Abs. 2)	37
1. Vergütungsanspruch gegen die Staatskasse	37
a) Vergütungsanspruch des gemäß §§ 138, 270 FamFG beigeordneten Rechtsanwalts	41
b) Vergütungsanspruch des gemäß § 67a Abs. 1 S. 2 VwGO zum gemeinsamen Vertreter bestellten Rechtsanwalts	44
2. Vergütungsanspruch gegen die vertretenen Prozessbeteiligten	45
a) Vergütungsanspruch des gemäß §§ 138, 270 FamFG beigeordneten Rechtsanwalts	45
b) Vergütungsanspruch des gemäß § 67a Abs. 1 S. 2 VwGO bestellten Rechtsanwalts	49

	Rn.
V. Vergütungsanspruch des „sonst" gerichtlich bestellten oder beigeordneten Rechtsanwalts (Abs. 3 und Abs. 5)	52
VI. Vergütungsanspruch des Pflichtverteidigers im Wiederaufnahmeverfahren (Abs. 4)	57
VII. Vorschuss	62
VIII. Fälligkeit	66
IX. Verjährung	70
X. Rückforderung überzahlter Vergütung	73

I. Überblick

1 Die Vorschrift ist eine kaum gelungene Zusammenführung der früheren §§ 97 und 121 BRAGO und der ehemaligen Reglungen der §§ 36a und 115 BRAGO. Sie ist, worauf *Fölsch* zutreffend hinweist,[1] unnötig aufgebläht, sehr unübersichtlich und wenig systematisch.

2 Die Regelung gehört zu den im Abschn. 8 des Gesetzes zusammengefassten Regelungen, die sich mit der Erstattung der Vergütung des Rechtsanwalts aus der Staatskasse befassen. Ihre Absätze 1 bis 3 vermitteln bei einer am Wortlaut orientierten Auslegung den Eindruck, § 45 regele nur, ob für den Vergütungsanspruch des gerichtlich beigeordneten oder bestellten Rechtsanwalts die Landeskasse oder die Bundeskasse aufzukommen hat. Doch die Vorschrift bestimmt nicht nur den **Vergütungsschuldner**, sondern ist zugleich eine öffentlich-rechtliche **Anspruchsnorm**.[2] Sie begründet einen **öffentlich-rechtlichen Anspruch** des gerichtlich beigeordneten oder bestellten Rechtsanwalts gegen die Staatskasse.

II. Anwendungsbereich

3 Der in § 45 normierte öffentlich-rechtliche Anspruch gegen die Staatskasse besteht unabhängig von dem **privatrechtlichen Anspruch** des Rechtsanwalts, den dieser aus einem mit der vertretenen Partei geschlossenen **Anwaltsvertrag** hat und auch unabhängig von dem **Kostenerstattungsanspruch** gegen den Gegner der vertretenen Partei. Zwischen dem Rechtsanwalt, der von ihm vertretenen Partei und der Staatskasse bestehen verschiedene Rechtsbeziehungen. *Fölsch* spricht von einem **Dreiecksverhältnis** mit den Beteiligten Rechtsanwalt-Partei-Staat.[3] Das Rechtsverhältnis zwischen dem Rechtsanwalt und der Staatskasse wird durch die gerichtliche **Beiordnung** oder **Bestellung** bestimmt, das Rechtsverhältnis zwischen dem Rechtsanwalt und der von ihm vertretenen Partei durch den **Anwaltsvertrag** und das Rechtsverhältnis zwischen der vertretenen Partei und der Staatskasse durch den **Beschluss,** durch den der Rechtsanwalt gerichtlich beigeordnet oder bestellt wird.

1. Sachlicher Anwendungsbereich

4 § 45 regelt den Vergütungsanspruch des gerichtlich beigeordneten oder bestellten Rechtsanwalts nur dem **Grunde** nach. Die **Höhe** der von der Staatskasse zu zahlenden gesetzlichen Vergütung ergibt sich aus den §§ 49 und 51 und aus dem Vergütungsverzeichnis, das dem RVG als Anlage beigefügt ist. Sie wird nach Maßgabe

---

[1] Schneider/Wolf/*Fölsch* § 45 Rn. 1.
[2] Ebenso *Hartmann* § 45 Rn. 1.
[3] Schneider/Wolf/*Fölsch* § 45 Rn. 8.

dieser Regelungen gemäß § 55 Abs. 1 von dem Urkundsbeamten der Geschäftsstelle des ersten Rechtszugs festgesetzt.

Eine besondere Regelung zum Anspruchsgrund enthält § 45 Abs. 4 für den gerichtlich bestellten **Pflichtverteidiger** im strafrechtlichen **Wiederaufnahmeverfahren** (Nr. 4136–4140 VV). Gemäß § 48 Abs. 5 erhält der Rechtsanwalt als Pflichtverteidiger die Vergütung auch für die Tätigkeit vor seiner Bestellung. Vor dieser **Rückwirkung** der Bestellung soll § 45 Abs. 4 die Staatskasse für den Fall schützen, dass der Pflichtverteidiger **vor** seiner Bestellung (§ 364b Abs. 1 S. 1 StPO) oder vor der gerichtlichen Feststellung (§ 364b Abs. 1 S. 2 StPO) von der Stellung eines Wiederaufnahmeantrags abrät. Deshalb beschränkt die Regelung des § 45 Abs. 4 den Vergütungsanspruch auf die Gebühren, die **nach** der Bestellung zum Pflichtverteidiger bzw. nach der gerichtlichen Feststellung anfallen. Rät der Pflichtverteidiger erst danach von der Stellung eines Wiederaufnahmeantrags ab, behält er den Anspruch auf die Geschäftsgebühr in Höhe der Verfahrensgebühr für die erste Instanz (Nr. 4136 VV).

Neben der Funktion als Anspruchsnorm dient die Vorschrift der **Bestimmung des Kostenschuldners**. In § 45 Abs. 1 bis 3 und 5 stellt sie klar, welche Staatskasse dem gerichtlich beigeordneten oder bestellten Rechtsanwalt die gesetzliche Vergütung schuldet. In Verfahren vor Gerichten des Bundes ist es die Bundeskasse, in allen anderen Verfahren die jeweilige Landeskasse.

Der Regelungsgehalt des § 45 Abs. 1, 2 und 3 erschließt sich vollständig erst, wenn man die amtliche Begründung hinzuzieht. Danach regelt **§ 45 Abs. 1** die Vergütung bei **Prozesskostenhilfe**, gilt aber gemäß § 12 auch für die Verfahrenskostenhilfe. **§ 45 Abs. 2** meint die Vergütung, die ein nach den §§ 138, 270 FamFG beigeordneter bzw. nach § 67a Abs. 1 S. 2 VwGO gerichtlich bestellter Rechtsanwalt aus der Staatskasse verlangen kann, wenn er nicht zugleich auch im Wege der Prozesskostenhilfe beigeordnet wird. **§ 45 Abs. 3** betrifft die Gebühren des sonst gerichtlich bestellten oder beigeordneten Rechtsanwalts. Entsprechend anwendbar ist § 43 Abs. 3 über seinen Wortlaut hinaus auch dann, wenn die Staatsanwaltschaft einem Zeugen in einem Ermittlungsverfahren gemäß §§ 68b Abs. 2, 161a S. 2, 163 Abs. 3 S. 2 StPO einen Rechtsanwalt als **Zeugenbeistand** beiordnet.[4]

2. Persönlicher Anwendungsbereich

§ 45 spricht wie sämtliche zum Abschn. 8 gehörenden Vorschriften ausnahmslos von dem **„Rechtsanwalt"**. Dieser Begriff betrifft nur den Rechtsanwalt als Einzelperson und knüpft damit an die frühere Rechtslage an, die nur die Bestellung und Beiordnung eines einzelnen Rechtsanwalts kannte. Das änderte sich, als der Bundesgerichtshof in seiner Entscheidung vom 17.9.2009 erstmalig im Prozesskostenhilfeverfahren auch die Beiordnung einer **Rechtsanwaltssozietät** zuließ.[5] Inzwischen gilt das auch für anwaltliche Berufsausübungsgemeinschaften wie der **Rechtsanwalts-GmbH**[6] und die **Rechtsanwalts-AG**.[7] In Betracht kommt auch die Beiordnung einer anwaltlichen **Partnerschaftsgesellschaft**, wobei zu beachten ist, dass Verteidiger im Sinne der §§ 137 ff. Strafprozessordnung nur der für die Partnerschaft handelnde Rechtsanwalt sein kann (§ 7 Abs. 4 PartGG).

Im Einzelnen sind zu nennen:

- der im Wege der **Prozess- bzw. Verfahrenskostenhilfe** gemäß §§ 114 ff. ZPO, § 14 FGG, §§ 76 ff. bzw. 113 Abs. 1 S. 2 FamFG, §§ 4, 4a InsO, § 11a Abs. 3 ArbGG, § 166 VwGO, § 73a SGG, § 142 Abs. 1 FGO, §§ 172 Abs. 3 S. 2 Hs. 2,

---

[4] LG Düsseldorf BeckRS 2013, 3805.
[5] BGH NJW 2009, 440.
[6] OLG Nürnberg NJW 2002, 3715; sa LSG Sachsen BeckRS 2012, 69310.
[7] LAG Sachsen-Anhalt BeckRS 2010, 75844.

379 Abs. 3, 397a Abs. 1, 404 Abs. 5, 406g Abs. 4 Ziff. 1 oder 434 Abs. 4 StPO **beigeordnete Rechtsanwalt.** Er hat einen unmittelbaren Vergütungsanspruch nur gegen die Staatskasse (§ 45 Abs. 1 Alt. 1);
- der nach § 57 oder § 58 ZPO dem Beklagten als **Prozesspfleger bestellte** Rechtsanwalt. Er hat einen unmittelbaren Vergütungsanspruch gegen die von ihm vertretene Partei und daneben einen Vergütungsanspruch gegen die Staatskasse, auch wenn er nicht im Rahmen von Prozesskostenhilfe beigeordnet ist (§ 45 Abs. 1 Alt. 2).
- der nach den §§ 138, 270 FamFG **beigeordnete Rechtsanwalt** Er hat einen unmittelbaren Vergütungsanspruch gegen den Antragsgegner und daneben einen Vergütungsanspruch gegen die Staatskasse, auch wenn er nicht im Rahmen von Prozesskostenhilfe beigeordnet ist, sobald der Antragsgegner mit der Zahlung der Vergütung in Verzug ist (§ 45 Abs. 2).
- der nach § 67a Abs. 1 S. 2 VwGO zum **gemeinsamen Vertreter bestellte** Rechtsanwalt. Er hat einen unmittelbaren Vergütungsanspruch gegen die von ihm vertretenen Prozessbeteiligten und daneben einen Vergütungsanspruch gegen die Staatskasse, auch wenn er nicht im Rahmen von Prozesskostenhilfe beigeordnet ist, sobald die Prozessbeteiligten mit der Zahlung der Vergütung in Verzug sind (§ 45 Abs. 2), und der
- zum **Pflichtverteidiger** gerichtlich **bestellte** Rechtsanwalt und der nach § 34a EGGVG **beigeordnete** Rechtsanwalt, die einen unmittelbaren Vergütungsanspruch gegen die Staatskasse (§ 45 Abs. 3) und einen Gebührenanspruch gegen den Beschuldigten nur unter den Voraussetzungen des § 52 oder aufgrund einer Honorarvereinbarung haben.

10 Trotz gerichtlicher Beiordnung bzw. Bestellung besteht **kein Anspruch** gegen die Staatskasse bei einer Beiordnung als **Notanwalt** gemäß § 78b ZPO und bei einer Bestellung in **Betreuungs-** und **Unterbringungssachen** (§§ 67, 70b FGG).

III. Vergütungsanspruch des im Wege der Prozesskostenhilfe beigeordneten oder nach §§ 57 oder 58 ZPO bestellten Rechtsanwalts (Abs. 1)

1. Vergütungsanspruch gegen die Staatskasse

11 § 45 Abs. 1 regelt den Vergütungsanspruch des im Rahmen von Prozesskostenhilfe beigeordneten oder zum Prozesspfleger gemäß §§ 57 und 58 ZPO bestellten Rechtsanwalts.

12 a) **Beiordnung.** Die Beiordnung eines Rechtsanwalts erfolgt „im Wege der **Prozesskostenhilfe**". In welchem Verfahren die Prozesskostenhilfe gewährt wird, ist gleichgültig (→ Rn. 8).

13 Die Beiordnung eines Rechtsanwalts im Wege der Prozesskostenhilfe ist eigentlich keine Aufgabe der Gerichte, weil es sich bei der Sache um eine **Leistung des Staates** im Rahmen seiner sozialstaatlichen Fürsorgepflichten handelt.[8] Das Gericht wird bei der Prozesskostenhilfe als **Exekutivorgan** des Staates und nicht als **Organ** der Rechtspflege tätig. Die Beiordnung bewirkt kein besonderes Gewaltverhältnis zwischen dem Gericht und dem Rechtsanwalt. Demzufolge besteht auch **keine Weisungsbefugnis.** Deshalb berührt sie auch nicht die Freiheit der Ausübung des Anwaltsberufs.[9]

14 aa) **Öffentlich-rechtliches Schuldverhältnis.** Die Beiordnung des Rechtsanwalts durch das Gericht ist ein **rechtsgestaltender Verwaltungsakt,** durch den

---

[8] LAG Hamm MDR 1997, 405.
[9] *Hartmann* § 45 Rn. 8; *Kleinwegener* FamRZ 1990, 1065.

Vergütungsanspruch des beigeordneten Rechtsanwalts   § 45

ein öffentlich-rechtliches Schuldverhältnis zwischen dem Rechtsanwalt und der Staatskasse begründet wird. Die Staatskasse nimmt dabei eine dem **Bürgen vergleichbare Stellung** ein,[10] allerdings mit der Besonderheit, dass der Rechtsanwalt – anders als bei der Bürgschaft – sich sofort an die Staatskasse halten kann. Diese haftet für die Zahlungsverpflichtung des Mandanten aus dem mit dem Rechtsanwalt geschlossenen Mandatsvertrag, wenn auch beschränkt auf die in § 49 festgelegten Maximalbeträge. Bei einem Gegenstandswert von bis zu 5.000 EUR trifft die Staatskasse die volle Einstandspflicht, bei einem Gegenstandswert zwischen 5.001 EUR und 30.000 EUR trägt sie nur einen Teil der einem Wahlanwalt gemäß § 13 zustehenden Gebührenbeträge, bei höheren Werten haftet sie nur mit einem Festbetrag je anfallender Gebühr. Für die **Auslagen** hat sie nach Maßgabe des § 46 einzustehen.

Der **Fortbestand der Beiordnung** hängt vom Fortbestand der Prozesskostenhilfe ab. Wird diese entzogen, endet auch die Beiordnung. Der Vergütungsanspruch des Rechtsanwalts gegen die Staatskasse, soweit er zum Zeitpunkt der Beendigung der Beiordnung bereits entstanden war, wird hiervon nicht berührt. Die Staatskasse bleibt also verpflichtet, die entstandenen Gebühren zu bezahlen.[11] Wird der bisher beigeordnete Rechtsanwalt unter Fortbestand der Prozesskostenhilfe **entpflichtet**, steht dem neu beigeordneten Rechtsanwalt ebenfalls die volle gesetzliche Vergütung zu (auch → § 54 Rn. 29 ff.).[12]   15

bb) Berufsrechtliche Regelung. Der Beiordnung kann sich der Rechtsanwalt nicht entziehen. **§ 48 BRAO** schreibt vor, dass der Rechtsanwalt in gerichtlichen Verfahren die Vertretung einer Partei oder die Beistandschaft übernehmen muss, wenn seine Beiordnung auf die §§ 78b, 78c, 121, 625 ZPO oder auf § 11a ArbGG beruht. Diese Regelung wird durch **§ 16 BORA** ergänzt. Danach ist der Rechtsanwalt verpflichtet, bei begründetem Anlass auf die Möglichkeit von Prozesskostenhilfe hinzuweisen. Nach deren Bewilligung darf er von seinem Mandanten oder einem Dritten Zahlungen oder Leistungen nur annehmen, wenn diese freiwillig und in Kenntnis der Tatsache gegeben werden, dass der Mandant oder der Dritte zu einer solchen Leistung nicht verpflichtet sind.[13] Vor Bewilligung der Prozesskostenhilfe gilt das allerdings nicht.   16

cc) Notwendigkeit eines Mandatsvertrags. Die Beiordnung allein begründet keinen Anspruch des im Wege der Prozesskostenhilfe beigeordneten Rechtsanwalts gegen die Staatskasse, sondern zunächst einmal die **Verpflichtung** des Rechtsanwalts, mit der Partei, der Prozesskostenhilfe bewilligt worden ist, einen **Mandats-(Anwalts-)Vertrag** zu schließen. Dieser Verpflichtung kann er sich nicht entziehen (→ Rn. 16). Zusammen mit der Beiordnung begründet der Abschluss des Mandatsvertrags den öffentlich-rechtlichen Vergütungsanspruch des Rechtsanwalts gegen die Staatskasse dem **Grunde** nach. Die **Höhe** dieses Anspruchs errechnet sich aus den Gebührentatbeständen des Vergütungsverzeichnisses, die der Rechtsanwalt durch seine Tätigkeit verwirklicht.   17

Häufig wird der Mandatsvertrag schon **vor der Beiordnung** geschlossen. Das gilt insbesondere dann, wenn der Rechtsanwalt den Antrag auf Bewilligung von Prozesskostenhilfe für seinen Mandanten bereits eingereicht hat. Dafür erhält er, wenn der Antrag zurückgewiesen wird, gemäß Nr. 3334 VV eine Gebühr mit einem Gebührensatz von 1,0. Wird die Prozesskostenhilfe bewilligt, sind gemäß § 16 Nr. 2   18

---

[10] Schneider/Wolf/*Fölsch* § 45 Rn. 7.
[11] Schneider/Wolf/*Fölsch* § 45 Rn. 29; vgl. auch OLG Düsseldorf AnwBl. 1983, 94; OLG Zweibrücken JurBüro 1984, 237.
[12] OLG Celle NJW 2008, 2511.
[13] Wegen weiterer Einzelheiten siehe Hartung/*Hartung* BORA § 16 Rn. 1–16 und BRAO § 48 Rn. 1–21.

§ 45 Vergütungsanspruch des beigeordneten Rechtsanwalts

das Verfahren über die Prozesskostenhilfe und das Verfahren, für das die Prozesskostenhilfe beantragt worden ist, dieselbe Angelegenheit.

19 Ausnahmsweise kann der Rechtsanwalt auch **ohne Abschluss eines Mandatsvertrags** eine Vergütung aus der Staatskasse verlangen, wenn durch seine Tätigkeit trotz fehlenden Auftrags ein zivilrechtlicher Anspruch gegen denjenigen begründet wird, dem die anwaltliche Tätigkeit gedient hat.[14] Der **Hauptanwendungsfall** ist die **Geschäftsführung ohne Auftrag** und der sich daraus nach § 683 BGB ergebende Anspruch, wenn der Rechtsanwalt aufgrund seiner Beiordnung im mutmaßlichen Interesse des zukünftigen Mandanten tätig wird, aber noch keine Vollmacht hat. Beispiele sind Handlungen, die der Rechtsanwalt für unaufschiebbar hält, wie die Belehrung über Fristen und drohende Rechtsnachteile,[15] die Akteneinsicht zur Feststellung, ob unaufschiebbare Maßnahmen erforderlich sind, oder die Wahrnehmung eines Termins zur Vermeidung eines Versäumnisurteils. In Betracht kommt aber auch ein Anspruch gemäß § 812 BGB aus **ungerechtfertigter Bereicherung**.[16]

20 Wird der Rechtsanwalt schon **vor seiner Beiordnung** tätig, begründet diese Tätigkeit keinen Vergütungsanspruch gegen die Staatskasse. In vielen Fällen verwirklicht der Rechtsanwalt nach seiner Beiordnung den Gebührentatbestand allerdings erneut. Das gilt vor allem für die Verfahrensgebühr gemäß Nr. 3100 VV.

21 **b) Bestellung.** § 45 Abs. 1 stellt den nach § 57 ZPO oder § 58 ZPO zum Prozesspfleger bestellten Rechtsanwalt mit einem im Wege der Prozesskostenhilfe beigeordneten Rechtsanwalt gleich. Dasselbe gilt für die in § 45 Abs. 2 und 3 geregelten Fälle. Trotz dieser Gleichstellung besteht zwischen der Beiordnung und der Bestellung begrifflich ein Unterschied.

22 Bei der gerichtlichen **Bestellung** eines Rechtsanwalts zum Verteidiger gemäß § 140 StPO oder nach den §§ 57, 58 ZPO zum Prozesspfleger oder gemäß § 67a Abs. 1 S. 2 VwGO zum gemeinsamen Vertreter steht nicht die Sicherung der anwaltlichen Vergütung durch die Staatskasse im Vordergrund, sondern die **Sicherung der anwaltlichen Vertretung**. Die Partei, für die der Rechtsanwalt gerichtlich bestellt wird, braucht nicht bedürftig zu sein. Der Rechtsanwalt ist nicht einmal gehindert, eine **Honorarvereinbarung** zu treffen.[17] Dennoch gewährt § 45 Abs. 1 dem gerichtlich bestellten Rechtsanwalt einen Vergütungsanspruch gegen die Staatskasse. Demgegenüber erfolgt eine Beiordnung nur, wenn die Partei bedürftig ist und die anwaltliche Vergütung nicht aus eigenen Mitteln zahlen kann.

23 Demgemäß hat der zum Prozesspfleger gemäß §§ 57, 58 ZPO bestellte Rechtsanwalt einen **Vergütungsanspruch** in erster Linie gegen die von ihm vertretene **Partei**. Wird der Gegner des vertretenen Beklagten zur Tragung von Verfahrenskosten verurteilt, kann der Rechtsanwalt seine Gebühren und Auslagen gegen den Gegner festsetzen lassen. Daneben hat er einen **Vergütungsanspruch** gegen die **Staatskasse,** auch wenn er nicht im Rahmen von Prozesskostenhilfe beigeordnet ist.

24 **c) Vergütungsschuldner.** Vergütungsschuldner ist in Verfahren vor Gerichten eines Landes die Landeskasse, in Verfahren vor Gerichten des Bundes die Bundeskasse. Innerhalb eines Landes ist die Kasse zuständig, die für den Bezirk des Gerichts tätig ist, das den Rechtsanwalt gerichtlich beigeordnet oder bestellt hat. Bevor die zuständige Kasse die dem Rechtsanwalt zustehende gesetzliche Vergütung zu zahlen hat, muss der Vergütungsanspruch fällig sein und die Vergütung vom Urkundsbeamten der Geschäftsstelle des Gerichts des ersten Rechtszugs festgesetzt werden (§ 55

---

[14] Schneider/Wolf/*Fölsch* § 45 Rn. 31.
[15] BGHZ 30, 226 = NJW 1959, 1732.
[16] Schneider/Wolf/*Fölsch* § 45 Rn. 34; sa BGH NJW 1990, 2542.
[17] So für den Pflichtverteidiger BGH NJW 1983, 407.

Abs. 1). Dieser erlässt zugleich die Auszahlungsanordnung. Im Fall der Bestellung eines Rechtsanwalts zum Vertreter nach den §§ 57, 58 ZPO kann die Staatskasse den Rechtsanwalt nicht auf seinen eigenen Anspruch gegen den Beklagten und auch nicht auf sein eigenes Beitreibungsrecht gemäß § 41 S. 3 iVm § 126 Abs. 1 ZPO verweisen.[18] Die Staatskasse ist also gleichrangiger Vergütungsschuldner.

d) Begriff der gesetzlichen Vergütung. Der im Wege der Prozesskostenhilfe 25 beigeordnete oder nach §§ 57, 58 ZPO zum Prozesspfleger bestellte Rechtsanwalt hat gemäß § 45 Abs. 1 Anspruch auf die **gesetzliche Vergütung.** Der Begriff „gesetzliche Vergütung" ist im RVG nicht definiert. § 1 Abs. 1 S. 1 definiert nur den Begriff der Vergütung und besagt, dass die Vergütung aus den Gebühren und Auslagen besteht. Entsprechend der in § 91 Abs. 2 ZPO verwendeten Bedeutung des Begriffs der gesetzlichen Gebühren braucht die Staatskasse nur die Vergütung zu zahlen, die der Rechtsanwalt aufgrund der im RVG und im Vergütungsverzeichnis enthaltenen Regelungen beanspruchen kann. Dazu gehört auch die Mehrwertsteuer.[19] Die Staatskasse haftet also nicht für die eine zwischen dem Rechtsanwalt und seinem Mandanten **vereinbarte Vergütung.**

Im Falle des im Wege von **Prozesskostenhilfe** beigeordneten Rechtsanwalts 26 besteht die gesetzliche Vergütung, soweit Wertgebühren anfallen, aus den Gebühren nach § 49. Das sind die im Vergleich zu § 13 geringeren Gebühren, die zudem ab einem Gegenstandswert über 30.000 EUR auf 447 EUR für eine volle Gebühr festgeschrieben sind.

Für den gerichtlich **bestellten** Rechtsanwalt gilt nichts anderes. Auch ihm gegen- 27 über trifft die **Staatskasse** eine Einstandspflicht nur nach Maßgabe der in Abschn. 8 des RVG enthaltenen Vorschriften. Deshalb hat sie nur die sich aus § 49 ergebenden Gebühren zu übernehmen.

e) Umfang der gesetzlichen Vergütung. Die Gebühren, die durch die Tätig- 28 keit eines beigeordneten oder bestellten Rechtsanwalts entstehen können, sind je nach der Gerichtsbarkeit, in der die Beiordnung oder Bestellung erfolgt, Wert- oder Rahmengebühren.

aa) Wertgebühren. Die Wertgebühren sind in ihrer Höhe von dem **Gegen-** 29 **standswert** des Verfahrens abhängig, in dem der Rechtsanwalt tätig wird. Geregelt ist die Höhe der jeweiligen Wertgebühr in § 49. Diese Vorschrift begrenzt die **Haftung der Staatskasse,** indem sie dem Rechtsanwalt eine geringere Vergütung gewährt als sie § 13 für die Vergütung außerhalb von Prozesskostenhilfe vorsieht. Der Staat verlangt also von dem beigeordneten Rechtsanwalt, dass er für einen bedürftigen Bürger trotz vollen **Haftungsrisikos** für eine deutlich reduzierte Vergütung tätig wird.[20]

Ob der **Staat** diese unter ganz anderen wirtschaftlichen Verhältnissen für verfas- 30 sungsgemäß gehaltene Regelung der Anwaltschaft auch heute noch zumuten darf, ist zumindest fraglich. Viele Rechtsanwälte liegen mit ihren Einkünften unter dem **Existenzminimum.** Zu besseren Zeiten konnten sie es hinnehmen, dass der Staat sie unter Hinweis auf ihre Stellung als Organ der Rechtspflege an der sozialstaatlichen Aufgabe, auch bedürftigen Bürgern Rechtsschutz zu gewähren, beteiligte. Doch die Zeiten, zu denen die Anwaltschaft das finanziell verkraften konnte, sind vorbei. Gerät die Anwaltschaft aber wirtschaftlich immer mehr ins Abseits, ist auch ihre vom Gesetz geforderte **Unabhängigkeit** (§ 43a Abs. 1 BRAO), die ein **Grundpfeiler** anwaltlicher Berufstätigkeit ist, in Gefahr.[21] Die Schmerzgrenze, die der deutlichen Mehrheit aller zugelassenen Rechtsanwälte zumutbar ist, wurde längst überschritten.

---

[18] OLG Düsseldorf MDR 2009, 415.
[19] OLG Hamburg BeckRS 2013, 12509; **aA** OLG Celle BeckRS 2013, 20853.
[20] Vgl. dazu BVerfG NJW 1971, 187.
[21] Dazu *Hartung* AnwBl. 2002, 268; *Hartung/Römermann* ZRP 2003, 139.

Arbeitslose oder Taxi fahrende Rechtsanwälte sind kein Garant für anwaltliche Unabhängigkeit.

31 **bb) Betragsrahmengebühren.** Betragsrahmengebühren sind Gebühren, die sich nicht nach einem Gegenstandswert richten, sondern die im Vergütungsverzeichnis mit einem Mindestbetrag und einem Höchstbetrag genannt werden. Hauptanwendungsfälle sind neben den Gebührentatbeständen des Teils 3 VV für Verfahren vor den Gerichten der Sozialgerichtsbarkeit die in den Teilen 4 und 5 VV für den Wahlanwalt geregelten Gebühren in Straf- und Bußgeldsachen.

2. Vergütungsanspruch gegen Dritte

32 Während § 122 Abs. 1 Nr. 3 ZPO dem beigeordneten Rechtsanwalt die Geltendmachung seines Vergütungsanspruchs gegen seinen Mandanten verbietet, gewährt § 126 ZPO dem beigeordneten Rechtsanwalt ein **eigenes Recht zur selbstständigen Beitreibung** seiner Gebühren und Auslagen gegen den zur Zahlung der Prozesskosten (ganz oder teilweise) verurteilten **Gegner.** Voraussetzung für dieses Beitreibungsrecht ist also, dass der Mandant gegen den Gegner einen Kostenerstattungsanspruch hat. Oft schädigen sich Rechtsanwälte selbst, wenn sie im Rahmen eines Vergleichs die Kosten gegeneinander aufheben lassen und damit einen Kostenerstattungsanspruch gegen den Gegner verlieren, obwohl bei einer Quotelung im Verhältnis des Obsiegens und Unterliegens eine Kostenerstattung in Betracht käme. Besonders in Unterhaltssachen ist diese Verfahrensweise anzutreffen.

33 Der beigeordnete Rechtsanwalt kann zwischen folgenden Möglichkeiten wählen:
- Er kann die **Wahlanwaltsgebühren** gemäß § 126 Abs. 1 ZPO im eigenen Namen gegen den in die Prozesskosten verurteilten Gegner geltend machen und (zunächst) von einer Liquidation gegenüber der Staatskasse im Rahmen der Prozesskostenhilfe gemäß § 49 absehen. Zahlt der Prozessgegner nicht, kann er auf den Anspruch gegen die Staatskasse zurückgreifen und von ihr die Gebühren nach § 49 verlangen.
- Er kann gegenüber der Staatskasse die Gebühren nach § 49 geltend machen und nur noch die **Differenz** zwischen den Gebühren nach § 49 und denen des § 13 gemäß § 126 Abs. 1 ZPO gegen den in die Prozesskosten verurteilten Gegner beitreiben. Soweit er die Gebühren aus der Staatskasse erhält, geht der Anspruch gemäß § 59 auf die Staatskasse über.

Praxistipp:

34 Der Rechtsanwalt sollte in erster Linie die Erstattung der Kosten gegen den unterlegenen Gegner gemäß § 126 ZPO im eigenen Namen betreiben. Der Gegner muss dann an ihn zahlen, so dass das Risiko, dass der Mandant bei einer Kostenfestsetzung in seinem Namen zu einer Weiterleitung der an ihn gezahlten Kosten an den Rechtsanwalt nicht mehr in der Lage ist, vermieden wird. Ein weiterer Vorteil besteht darin, dass dem Gegner Einwendungen, die er einem Erstattungsanspruch des Mandanten entgegenhalten könnte, gegenüber dem Rechtsanwalt abgeschnitten sind (§ 126 Abs. 2 ZPO).

35 Betreibt der Rechtsanwalt das **Kostenfestsetzungsverfahren** gemäß § 126 Abs. 1 ZPO nicht im eigenen Namen, sondern **im Namen seines Mandanten** gemäß §§ 103 ff. ZPO, verzichtet er vorläufig stillschweigend auf sein eigenes Beitreibungsrecht. Ist die Festsetzung auf den Namen des Mandanten erfolgt, bleibt nur die Möglichkeit, einen neuen Kostenfestsetzungsbeschluss zu erwirken. Ist inzwischen gegenüber seinem Mandanten die **Aufrechnung** erklärt worden, muss der Rechtsanwalt sie gegen sich gelten lassen, auch wenn sie ihm gegenüber gemäß § 126 Abs. 2 S. 1 ZPO unzulässig wäre.[22]

[22] OLG Hamm AnwBl. 1990, 328.

Wird der Vergütungsanspruch des beigeordneten Rechtsanwalts durch **Zahlung** 36
des Gegners **erfüllt,** entfällt der Vergütungsanspruch gegen die Staatskasse.

IV. Vergütungsanspruch des nach den §§ 138, 270 FamFG beigeordneten oder nach § 67a Abs. 1 S. 2 VwGO bestellten Rechtsanwalts (Abs. 2)

1. Vergütungsanspruch gegen die Staatskasse

Der Rechtsanwalt, der nach den §§ 138, 270 FamFG beigeordnet oder nach § 67a 37
Abs. 1 S. 2 VwGO bestellt worden ist, kann gemäß § 45 Abs. 2 eine Vergütung
aus der Landeskasse erst verlangen, wenn der gemäß §§ 39 oder 40 zur Zahlung
Verpflichtete mit der Zahlung der Vergütung im **Verzug** ist. Der „Verpflichtete"
sind in einer Scheidungs- oder Lebenspartnerschaftssache (§ 39) der Antragsgegner
und im verwaltungsgerichtlichen Verfahren die Personen, für die das Verwaltungsgericht einen Rechtsanwalt als gemeinsamen Vertreter bestellt hat (§ 40).

Verzug des Verpflichteten setzt voraus, dass der Anspruch auf Zahlung der Vergü- 38
tung fällig ist. Die **Fälligkeit** tritt gemäß § 8 Abs. 1 S. 2 ein, wenn eine Kostenentscheidung ergangen oder der Rechtszug beendet ist oder wenn das Verfahren länger
als drei Monate ruht. Außerdem muss der Rechtsanwalt dem Verpflichteten iSd
§§ 138, 270 FamFG bzw. den Prozessbeteiligten iSd § 67a Abs. 1 S. 2 VwGO eine
dem § 10 entsprechende **Vergütungsrechnung** zugesandt haben.

Verzug tritt ein, wenn die vertretene Prozesspartei nicht binnen **30 Tagen** seit 39
Fälligkeit und Zugang der Vergütungsrechnung zahlt (§ 286 Abs. 3 S. 1 BGB). Im
Fall des § 67a Abs. 1 S. 2 VwGO reicht Verzug **eines** Prozessbeteiligten aus.[23] Da
der Rechtsanwalt die Gebühren nur einmal verlangen kann (§ 7 Abs. 1) und nicht
mehr als die insgesamt entstandenen Auslagen (§ 7 Abs. 2 S. 2), entsteht der Staatskasse kein Nachteil, wenn der Vergütungsanspruch gegen die Staatskasse bereits bei
Verzug nur eines Prozessbeteiligten fällig wird.[24]

Bei den **Gebührentatbeständen** ist zwischen dem nach §§ 138, 270 FamFG 40
beigeordneten und dem nach § 67a Abs. 1 S. 2 VwGO bestellten Rechtsanwalt zu
unterscheiden.

a) Vergütungsanspruch des gemäß §§ 138, 270 FamFG beigeordneten 41
Rechtsanwalts. Die Staatskasse schuldet die **Vergütung** auf der Grundlage der
Gebührentabelle des § 49. Das sind die in Teil 3 Abschn. 1 VV geregelten Gebühren,
also die **Verfahrensgebühr** (Nr. 3100 VV) und die **Terminsgebühr** (Nr. 3104
VV). Eine **Einigungsgebühr** (Nr. 1000, 1003 und 1004 VV) kann nur für das
Folgeverfahren zur Regelung der elterlichen Sorge anfallen, nicht aber für das Scheidungsverfahren, weil die Scheidung der Parteidisposition entzogen ist.

Die **Festsetzung** der dem Rechtsanwalt gegen die Staatskasse zustehenden Ver- 42
gütung regelt § 55. Anders als der Antrag auf Kostenfestsetzung nach den §§ 103 ff.
ZPO, der immer bei dem erstinstanzlichen Gericht zu stellen ist, kennt das Festsetzungsverfahren nach § 55 verschiedene örtliche und sachliche Zuständigkeiten. Die
örtliche Zuständigkeit ist abhängig von dem Verfahren, für das der Rechtsanwalt
gerichtlich bestellt oder beigeordnet ist. Die **sachliche Zuständigkeit** hängt von
dem **Stand des Verfahrens** ab, für das der Rechtsanwalt gerichtlich bestellt oder
beigeordnet ist (§ 55 Abs. 1 und 2).

Bei der **sachlichen Zuständigkeit** ist zwischen einer Zuständigkeit **nach** Been- 43
digung (§ 55 Abs. 1) und einer Zuständigkeit **vor** Beendigung des Verfahrens (§ 55
Abs. 2) zu unterscheiden. In beiden Fällen ist mit dem Begriff „Verfahren" nicht

---

[23] *Hansens* NJW 1991, 1140; Schneider/Wolf/*Wahlen* § 40 Rn. 8.
[24] Ebenso HK-RVG/*Pukall* § 45 Rn. 36.

das Feststellungsverfahren, sondern das Verfahren gemeint, in dem der Rechtsanwalt gerichtlich bestellt oder beigeordnet worden ist. Zuständig ist **nach Beendigung** des Verfahrens stets der Urkundsbeamte des Gerichts des ersten Rechtszugs (§ 55 Abs. 1). **Vor Beendigung** des Verfahrens ist der Urkundsbeamte des Gerichts des Rechtszugs zuständig, in dem sich das Verfahren befindet (§ 55 Abs. 2).

44 **b) Vergütungsanspruch des gemäß § 67a Abs. 1 S. 2 VwGO zum gemeinsamen Vertreter bestellten Rechtsanwalts.** Der zum gemeinsamen Vertreter bestellte Rechtsanwalt erhält aus der Staatskasse nach Maßgabe der Nr. 1008 VV die **Verfahrensgebühr** (Nr. 3100 VV) **dreifach.** Da er für mindestens zwanzig Personen bestellt wird, erhöht sich die Verfahrensgebühr grundsätzlich um zwei volle Gebühren, soweit der Gegenstand der anwaltlichen Tätigkeit derselbe ist. Diese Voraussetzung ist bei den von § 67a VwGO betroffenen Massenprozessen in der Regel erfüllt. Daneben können die **Terminsgebühr** (Nr. 3104 VV) und die **Einigungsgebühr** (Nr. 1000, 1003 und 1004 VV) bzw. die **Erledigungsgebühr** (Nr. 1002 bis 1004 VV) entstehen. Die im Einzelfall von der Staatskasse geschuldeten Gebührenbeträge sind der Gebührentabelle des § 49 zu entnehmen.

2. Vergütungsanspruch gegen die vertretenen Prozessbeteiligten

45 **a) Vergütungsanspruch des gemäß §§ 138, 270 FamFG beigeordneten Rechtsanwalts.** Der gemäß den §§ 138, 270 FamFG beigeordnete Rechtsanwalt muss sich wegen der durch seine Tätigkeit entstehenden Gebühren an den Antragsgegner halten. Dieser ist **Gebührenschuldner,** selbst wenn er mit der Beiordnung nicht einverstanden ist. Auf die Erteilung einer Prozessvollmacht kommt es nicht an. Wegen der Einzelheiten wird auf die Kommentierung zu § 39 verwiesen.

46 Der **Antragsgegner** schuldet die **Vergütung,** die ein zum Prozessbevollmächtigten bestellter Rechtsanwalt verlangen kann. Das sind die in Teil 3 Abschn. 1 VV geregelten Gebühren, also die **Verfahrensgebühr** (Nr. 3100 VV) und die **Terminsgebühr** (Nr. 3104 VV). Eine **Einigungsgebühr** (Nr. 1000, 1003 und 1004 VV) kann auch hier nur für das Folgeverfahren zur Regelung der elterlichen Sorge anfallen, nicht aber für das Scheidungsverfahren, weil die Scheidung der Parteidisposition entzogen ist.

47 Der von dem Rechtsanwalt vertretene Antragsgegner schuldet die Gebühren nach der **Tabelle des § 13.** Hat der Rechtsanwalt von der Staatskasse die geringeren Gebühren gemäß der Gebührentabelle des § 49 bereits erhalten, weil der Antragsgegner mit der Zahlung der höheren Gebühren gemäß der Gebührentabelle des § 13 in Verzug war, kann der Rechtsanwalt von ihm den **Unterschied** zwischen der Wahlanwaltsvergütung (§ 13) und der Vergütung nach § 49 verlangen.

Praxistipp:

48 Der Antragsgegner kann seine Inanspruchnahme dadurch abwenden, dass er den ihm gemäß §§ 138, 270 FamFG beigeordneten Rechtsanwalt zusätzlich im Wege der Prozesskostenhilfe beiordnen lässt, sofern er in seiner Person die dafür notwendigen Voraussetzungen der §§ 114 ff. ZPO erfüllt. Auf diese Möglichkeit hat ihn der Rechtsanwalt bei begründetem Anlass hinzuweisen (§ 16 Abs. 1 BORA).[25]

49 **b) Vergütungsanspruch des gemäß § 67a Abs. 1 S. 2 VwGO bestellten Rechtsanwalts.** Für den Vergütungsanspruch gegen die Prozessbeteiligten, zu deren gemeinsamen Vertreter das Gericht den Rechtsanwalt bestellt hat, kommt es nicht darauf an, ob die Prozessbeteiligten mit der Bestellung einverstanden sind oder ob sie dem Rechtsanwalt eine Prozessvollmacht erteilt haben. Die Bestellung des Rechtsanwalts durch das Gericht begründet ein **gesetzliches Schuldverhältnis**

---

[25] Dazu Hartung/*Hartung* BORA § 16 Rn. 11–13.

zwischen ihm und den von ihm zu vertretenden Prozessbeteiligten. Dieses gesetzliche Schuldverhältnis bildet die Rechtsgrundlage für den Gebührenanspruch des Rechtsanwalts gegen die von ihm vertretenen Personen. Wegen der Einzelheiten wird auf die Kommentierung zu § 40 verwiesen.

Als vom Gericht bestellter gemeinsamer Vertreter steht dem Rechtsanwalt die Vergütung zu, die ein von mehreren Auftraggebern zum Prozessbevollmächtigten bestellter Rechtsanwalt fordern kann. Im verwaltungsgerichtlichen Verfahren sind das die **dreifache Verfahrensgebühr** (Nr. 3100 iVm Nr. 1008 VV) und, wenn der Rechtsanwalt die Gebührentatbestände erfüllt, auch die **Terminsgebühr** (Nr. 3104 VV) und die **Einigungsgebühr** (Nr. 1000, 1003 und 1004 VV) bzw. die **Erledigungsgebühr** (Nr. 1002 bis 1004 VV). Neben den Gebühren hat der zum gemeinsamen Vertreter bestellte Rechtsanwalt Anspruch auf die **Auslagen** gemäß Teil 7 VV. 50

Fällig wird der Vergütungsanspruch gegen die vertretenen Prozessbeteiligten, wenn eine Kostenentscheidung ergangen oder der Rechtszug beendet ist oder wenn das Verfahren länger als drei Monate ruht (§ 8 Abs. 1 S. 2). Schon vorher tritt die Fälligkeit ein, wenn der Rechtsanwalt erklärt, dass seine Vertretungsmacht nach § 67a Abs. 2 VwGO erloschen ist. Gegenüber einem einzelnen Prozessbeteiligten wird der Vergütungsanspruch früher fällig, wenn für ihn das gerichtliche Verfahren vorzeitig endet oder wenn er gemäß § 67a Abs. 2 S. 2 VwGO unter gleichzeitiger Bestellung eines anderen Rechtsanwalts erklärt, dass die Vertretungsmacht des gerichtlich bestellten Rechtsanwalts erloschen ist.[26] 51

V. Vergütungsanspruch des „sonst" gerichtlich bestellten oder beigeordneten Rechtsanwalts (Abs. 3 und Abs. 5)

§ 45 Abs. 3 und 5 ist in erster Linie eine **Zuständigkeitsnorm**. *Fölsch* weist zutreffend darauf hin, dass der Absatz 3 den maßgeblichen Obersatz enthält und eigentlich bei Streichung des Wortes „sonst" den Absatz 1 bilden müsste und der jetzige Absatz 1 dann insgesamt überflüssig wäre.[27] 52

Die Zuständigkeitsregelung des § 45 Abs. 3 bestimmt, welche Staatskasse die Gebühren schuldet. Für die Zuständigkeit kommt es darauf an, welches Gericht den Rechtsanwalt bestellt oder beigeordnet hat. Danach ist die **Landeskasse** zuständig, wenn ein Gericht des Landes den Rechtsanwalt bestellt oder beiordnet, im Übrigen die **Bundeskasse**. 53

Bei einer Bestellung oder Beiordnung eines Rechtsanwalts durch **mehrere Gerichte** gilt § 45 Abs. 3 S. 2. Wird der Rechtsanwalt zunächst von einem Gericht des Bundes und danach von einem Gericht eines Landes bestellt oder beigeordnet, zahlt die Bundeskasse die Vergütung, die der Rechtsanwalt während der Dauer der Bestellung oder Beiordnung durch das Gericht des Bundes verdient hat, die Landeskasse die dem Rechtsanwalt darüber hinaus zustehende Vergütung. Entsprechendes gilt für den umgekehrten Fall, dass der Rechtsanwalt zunächst von einem Gericht eines Landes und danach von einem Gericht des Bundes bestellt oder beigeordnet wird. Das gilt nicht nur im Verhältnis einer Landeskasse zur Bundeskasse, sondern auch, wenn die Bestellung oder Beiordnung durch **Gerichte verschiedener Länder** erfolgt. 54

Die Fragen, wie die Vergütung zwischen **verschiedenen Kassen** aufzuteilen ist, wenn die Vergütung sich nicht nach Gebühren trennen lässt oder gemäß § 51 eine Pauschgebühr festgesetzt wird, betreffen das Innenverhältnis zwischen den verschie- 55

---

[26] *Hansens* NJW 1991, 1137, 1140.
[27] Schneider/Wolf/*Fölsch* § 45 Rn. 21.

denen in Betracht kommenden Staatskassen. Die Einzelheiten der internen Zuständigkeiten regelt § 6 der Kostenverfügung.[28]

56   § 45 Abs. 3 wird aber nicht nur als Zuständigkeitsregelung, sondern zugleich als **Auffangtatbestand** verstanden. Die Norm schreibt fest, dass jeder Rechtsanwalt, der aufgrund eines gerichtlichen Hoheitsaktes in einem Verfahren tätig wird, Anspruch auf eine Vergütung gegen die Staatskasse hat.[29] Das gilt gemäß § 45 Abs. 5 für Bußgeldverfahren vor der Verwaltungsbehörde entsprechend, wobei an die Stelle des Gerichts die Verwaltungsbehörde tritt.

VI. Vergütungsanspruch des Pflichtverteidigers im Wiederaufnahmeverfahren (Abs. 4)

57   § 45 Abs. 4 betrifft die Tätigkeit des Rechtsanwalts in Bezug auf die **Erfolgsaussichten** eines möglichen Wiederaufnahmeverfahrens und bestimmt, unter welchen Voraussetzungen der Rechtsanwalt für diese Tätigkeit einen Vergütungsanspruch gegen die Staatskasse hat, wenn er die Aussichten prüft und von der Stellung eines Wiederaufnahmeantrages **abrät**.

58   Grundsätzlich geht das Gesetz davon aus, dass die Vorbereitung eines Wiederaufnahmeverfahrens allein dem **Verurteilten** überlassen und deshalb von ihm zu **finanzieren** ist. Das belegt § 364b Abs. 1 S. 1 Nr. 3 StPO. Danach kann das für die Entscheidungen im Wiederaufnahmeverfahren zuständige Gericht dem Verurteilten unter den in § 364b Abs. 1 Nr. 1 und 2 StPO genannten Voraussetzungen schon für die Vorbereitung eines Wiederaufnahmeverfahrens einen Pflichtverteidiger bestellen, wenn der Verurteilte außerstande ist, ohne Beeinträchtigung des für ihn und seine Familie notwendigen Unterhalts auf eigene Kosten einen Verteidiger zu beauftragen. Der nach dieser Regelung bestellte Pflichtverteidiger hat gemäß § 45 Abs. 4 S. 1 einen Anspruch gegen die Staatskasse auf Zahlung der Geschäftsgebühr nach Nr. 4136 VV, wenn er von der **Stellung eines Wiederaufnahmeantrags abrät.** Der Gesetzgeber möchte mit dieser Regelung erreichen, dass der Pflichtverteidiger nicht nur deswegen zur Durchführung des Wiederaufnahmeverfahrens rät, um einen Anspruch gegen die Staatskasse zu erlangen.

59   Nichts anderes soll gemäß § 45 Abs. 4 S. 1 gelten, wenn ein Rechtsanwalt, ohne bereits zur Vorbereitung eines Wiederaufnahmeverfahren zum Pflichtverteidiger bestellt worden zu sein, dem Verurteilten nach Prüfung der Erfolgsaussichten eines Wiederaufnahmeantrages rät, diesen Antrag nicht zu stellen. Er erhält aus der Staatskasse eine Geschäftsgebühr gemäß Nr. 4136 VV, wenn das Gericht durch Beschluss gemäß § 364b Abs. 1 S. 2 StPO die Feststellung getroffen hat, dass die Voraussetzungen des § 364b Abs. 1 S. 1 StPO vorliegen. Eine Parallelregelung enthält § 46 Abs. 3 für die Auslagen. Erfolgt eine solche **Feststellung** nicht, etwa weil der Rechtsanwalt den erforderlichen Antrag nicht stellt oder weil das Gericht den Antrag ablehnt, schuldet die Staatskasse die Geschäftsgebühr nicht.

Praxistipp:

60   Der mit der Prüfung der Erfolgsaussichten eines Antrags auf Durchführung eines Wiederaufnahmeverfahrens beauftragte Rechtsanwalt sollte so frühzeitig wie möglich nach § 364b Abs. 1 S. 2 StPO den Antrag stellen, festzustellen, dass die Voraussetzungen des § 364b Abs. 1 StPO vorliegen.

61   Zu beachten ist dabei, dass der Erfolg dieses Antrags ausnahmsweise auch von der **wirtschaftlichen Situation** des Mandanten abhängt, was sonst bei der Bestellung eines Pflichtverteidigers nicht der Fall ist. Dem Antrag sollten deshalb alle nach § 118

---

[28] Die Kostenverfügung ist abgedruckt bei *Hartmann* unter VII.
[29] Schneider/Wolf/*Fölsch* § 45 Rn. 22.

Abs. 2 ZPO für die Beiordnung im Rahmen von Prozesskostenhilfe erforderlichen Unterlagen beigefügt werden, insbesondere auch die Erklärung des Verurteilten über seine persönlichen und wirtschaftlichen Verhältnisse (§ 117 Abs. 2 bis 4 ZPO).

VII. Vorschuss

Gemäß § 47 kann der Rechtsanwalt, wenn ihm wegen seiner Vergütung ein Anspruch gegen die Staatskasse zusteht, für die entstandenen **Gebühren** und für die entstandenen und voraussichtlich entstehenden **Auslagen** einen angemessenen Vorschuss fordern. Für den Rechtsanwalt, der nach den §§ 138, 270 FamFG beigeordnet oder nach § 67a Abs. 1 S. 2 VwGO bestellt ist, besteht ein Anspruch auf Zahlung eines Vorschusses gegen die Staatskasse allerdings nur, wenn der zur Zahlung gemäß §§ 39 oder 40 Verpflichtete mit der Zahlung des Vorschusses in Verzug ist. Der gemäß §§ 57, 58 ZPO bestellte Rechtsanwalt kann einen Vorschuss aus der Staatskasse verlangen, obwohl er gemäß § 41 von dem von ihm vertretenen Beklagten keinen Vorschuss fordern kann. 62

In der **Praxis** wird von der Möglichkeit, von der Staatskasse einen Vorschuss zu fordern, nur sehr zurückhaltend Gebrauch gemacht. Selbst Rechtsanwälte, die außerhalb von Prozesskostenhilfe von fast jedem Mandanten einen Vorschuss verlangen und nicht selten ihre Tätigkeit von der Zahlung eines Vorschusses abhängig machen, scheuen sich, die Staatskasse zur Zahlung eines Vorschusses in Anspruch zu nehmen. Vielleicht haben sie die Sorge, dass bei den Kostenbeamten der Eindruck entstehen könnte, der Rechtsanwalt sei auf die Zahlung eines Vorschusses angewiesen. Gerade in kleineren Gerichtsbezirken ist nicht auszuschließen, dass ein Rechtsanwalt aus diesem Grunde „ins Gerede gerät". Das sollte nicht hindern, die gesetzlichen Möglichkeiten auszuschöpfen. 63

Praxistipp:
Zumindest im Interesse einer besseren Liquidität sollte der beigeordnete oder bestellte Rechtsanwalt Vorschüsse auch von der Staatskasse verlangen. 64

Diese Empfehlung gilt in besonderem Maße, wenn das Verfahren, in dem der Rechtsanwalt bestellt oder beigeordnet wird, sich über einen längeren Zeitraum hinzieht. Gerade in zeitaufwändigen Zivil- und Strafverfahren arbeiten Rechtsanwälte oft über sehr lange andauernde Zeiträume ohne Einnahme von Gebühren, obwohl in den einzelnen Mandaten erhebliche Kosten anfallen. 65

VIII. Fälligkeit

Gemäß § 8 Abs. 1 S. 1 wird die Vergütung fällig, wenn der **Auftrag erledigt** oder die **Angelegenheit beendigt** ist. In Betracht kommen die Aufhebung der Beiordnung oder der Bestellung des Rechtsanwalts oder der Tod der von dem Rechtsanwalt vertretenen Partei. Nach § 8 Abs. 1 S. 2 wird, wenn der Rechtsanwalt in einem gerichtlichen Verfahren tätig ist, die Vergütung fällig, wenn eine Kostenentscheidung ergangen oder der Rechtszug beendet ist oder wenn das Verfahren länger als drei Monate ruht. 66

Die **Fälligkeit** nach Maßgabe des § 8 Abs. 1 tritt für **jede gebührenrechtliche Angelegenheit gesondert** ein. Das ist vor allem bedeutsam, wenn der Rechtsanwalt nicht nur im Klageverfahren, sondern auch in gebührenrechtlich selbstständigen Nebenverfahren (zB einstweilige Anordnungsverfahren) beigeordnet ist oder wenn beispielsweise in einem Scheidungsverfahren ausnahmsweise eine Folgesache gemäß § 628 ZPO abgetrennt wird und das Gericht vorab die Scheidung zusammen mit einer Kostenentscheidung ausspricht. 67

Praxistipp:

68 Im Hinblick auf den Eintritt der Verjährung ist Aufmerksamkeit geboten, wenn ein Rechtsstreit gleichzeitig in zwei Instanzen anhängig ist.

69 Wird zum Beispiel gegen ein Zwischenurteil über den Grund eines Schadensersatzanspruchs Berufung eingelegt, wird der Vergütungsanspruch des Rechtsanwalts für die bisher in erster Instanz entstandenen Gebühren drei Monate nach Erlass des Zwischenurteils fällig, falls nicht in der Zwischenzeit über den Betrag verhandelt wird (§ 304 Abs. 2 ZPO). Falls die Klage nach einem langdauernden Berufungsverfahren vom zweitinstanzlichen Gericht abgewiesen wird, muss der Rechtsanwalt des ersten Rechtszuges mit der **Verjährungseinrede** rechnen, wenn er erst jetzt die Zahlung der erstinstanzlichen Gebühren von der Staatskasse fordert (vgl. dazu allerdings → Rn. 70 ff.).

IX. Verjährung

70 Die Verjährung des Vergütungsanspruchs gegen die Staatskasse ist im RVG nicht geregelt. Sie richtet sich grundsätzlich nach den Verjährungsvorschriften des Bürgerlichen Gesetzbuchs.[30] Ebenso wie der Anspruch des Rechtsanwalts gegen seinen Mandanten aus dem Mandatsvertrag verjährt auch der Vergütungsanspruch gegen die Staatskasse gemäß §§ 195, 199 BGB mit dem Ablauf des **dritten Kalenderjahres,** das dem Jahr, in dem der Vergütungsanspruch fällig geworden ist, folgt.[31]

71 Die Frist **beginnt** gemäß § 201 BGB mit dem Ablauf des Jahres, in dem der Vergütungsanspruch gemäß § 8 Abs. 1 **fällig** wird (→ Rn. 66 ff.). Darauf, dass der Rechtsanwalt eine **Berechnung** der ihm zustehenden **Vergütung** innerhalb des Laufs der Verjährungsfrist vorlegt, kommt es nicht an. § 10 Abs. 1 S. 2 bestimmt ausdrücklich, dass der Lauf der Verjährungsfrist von der Mitteilung der Vergütungsberechnung nicht abhängig ist.

72 Das **Land Nordrhein-Westfalen** hat die mit den Justizverwaltungen des Bundes und der Länder abgestimmten Regelungen über die Festsetzung der aus der Staatskasse zu gewährenden Vergütung (AV des JM vom 30.6.2005)[32] um die Nummern 1.4.5 bis 1.4.5.2 ergänzt. Danach soll die **Staatskasse** von der **Verjährungseinrede** regelmäßig absehen, wenn der Anspruch zweifelsfrei begründet ist und die Verjährungsfrist entweder erst verhältnismäßig kurze Zeit abgelaufen oder aus verständlichen Gründen (zB Schweben eines Rechtsmittels oder eines Parallelprozesses, längeres Ruhen des Verfahrens, Tod des Rechtsanwalts), die in einem Sachzusammenhang mit dem Vergütungsanspruch stehen müssen, nicht beachtet worden ist. Diese Regelung ist zwar nur im Land Nordrhein-Westfalen verbindlich, auf den zugrunde liegenden Rechtsgedanken sollten sich die Rechtsanwälte aber auch in den **anderen Bundesländern** berufen, falls die Staatskasse die Einrede der Verjährung erhebt.

X. Rückforderung überzahlter Vergütung

73 In der Praxis kommt es gelegentlich vor, dass die vom Urkundsbeamten der Geschäftsstelle festgesetzten Gebühren die gesetzliche Vergütung übersteigen und so der gerichtlich bestellte oder beigeordnete Rechtsanwalt aus der Staatskasse eine Vergütung erhält, die ihm in der festgesetzten Höhe nicht zusteht. Gründe hierfür gibt es mehrere. So kann der Urkundsbeamte der Geschäftsstelle die Vergütung

---

[30] BGH NJW 1998, 3486. Zur Verjährung des Vergütungsanspruchs bei späterer Höherfestsetzung des Streitwerts siehe BGH NJW 1998, 2670.
[31] LAG Köln MDR 1999, 1287.
[32] JMBl. NW 2005, 181.

versehentlich zu hoch festsetzen oder eine geänderte Streitwertfestsetzung führt zu einer niedrigeren Vergütung. Einen daraus resultierenden Rückzahlungsanspruch kann die Staatskasse nach § 1 Nr. 8 JustBeitrO geltend machen.

In den genannten Fällen besteht ein öffentlich-rechtliches **Rückabwicklungsverhältnis**. Die Staatskasse, vertreten durch den Bezirksrevisor, kann gegen die von dem Urkundsbeamten der Geschäftsstelle vorgenommene Festsetzung Erinnerung einlegen, um eine Verringerung der dem Rechtsanwalt zu zahlenden Vergütung zu erwirken. Hilft der Urkundsbeamte nicht ab, entscheidet der Vorsitzende des Gerichts des Rechtszugs, bei dem die Vergütung festgesetzt worden ist (§ 56 Abs. 1). Gegen dessen Entscheidung kann der Bezirksrevisor Beschwerde einlegen, wenn der Wert des Beschwerdegegenstands 200 EUR übersteigt (§ 56 Abs. 2 iVm § 33 Abs. 3 S. 1). Über die Beschwerde entscheidet das im Rechtszug nächsthöhere Gericht (§ 56 Abs. 2 iVm § 33 Abs. 4 S. 2). Eine weitere Beschwerde ist nicht statthaft (§ 56 Abs. 2 S. 2). 74

Anders ist die Rechtslage bei einer über die **richtig** festgesetzte Vergütung hinausgehenden Zahlung der Staatskasse. Eine Änderung der festgesetzten Vergütung scheidet aus. Der Staatskasse steht aber gegen den Rechtsanwalt ein zivilrechtlicher **Anspruch aus ungerechtfertigter Bereicherung** zu. Ihm gegenüber kann sich der Rechtsanwalt nicht auf einen Wegfall der Bereicherung gemäß § 818 Abs. 3 BGB berufen.[33] Er kann jedoch einwenden, er habe darauf vertrauen dürfen, den erhaltenen Betrag behalten zu dürfen.[34] 75

§ 46 Auslagen und Aufwendungen

(1) **Auslagen, insbesondere Reisekosten, werden nicht vergütet, wenn sie zur sachgemäßen Durchführung der Angelegenheit nicht erforderlich waren.**

(2) ¹**Wenn das Gericht des Rechtszugs auf Antrag des Rechtsanwalts vor Antritt der Reise feststellt, dass eine Reise erforderlich ist, ist diese Feststellung für das Festsetzungsverfahren (§ 55) bindend.** ²**Im Bußgeldverfahren vor der Verwaltungsbehörde tritt an die Stelle des Gerichts die Verwaltungsbehörde.** ³**Für Aufwendungen (§ 670 des Bürgerlichen Gesetzbuchs) gelten Absatz 1 und die Sätze 1 und 2 entsprechend; die Höhe zu ersetzender Kosten für die Zuziehung eines Dolmetschers oder Übersetzers ist auf die nach dem Justizvergütungs- und -entschädigungsgesetz zu zahlenden Beträge beschränkt.**

(3) ¹**Auslagen, die durch Nachforschungen zur Vorbereitung eines Wiederaufnahmeverfahrens entstehen, für das die Vorschriften der Strafprozessordnung gelten, werden nur vergütet, wenn der Rechtsanwalt nach § 364b Abs. 1 Satz 1 der Strafprozessordnung bestellt worden ist oder wenn das Gericht die Feststellung nach § 364b Abs. 1 Satz 2 der Strafprozessordnung getroffen hat.** ²**Dies gilt auch im gerichtlichen Bußgeldverfahren (§ 85 Abs. 1 des Gesetzes über Ordnungswidrigkeiten).**

Übersicht

	Rn.
I. Überblick	1
II. Normzweck	2
III. Erstattungspflicht der Staatskasse (Abs. 1)	3

---

[33] OLG Celle Rpfleger 1981, 497; OLG Frankfurt a.M. NJW 1975, 705; OLG München Rpfleger 1972, 114; OLG Zweibrücken JurBüro 1983, 722.

[34] OLG Frankfurt a.M. NJW 1975, 706; OLG Hamm NJW 1973, 574; LG Bochum AnwBl. 1984, 106; **aA** LG Ulm AnwBl. 1978, 246.

§ 46 Auslagen und Aufwendungen

	Rn.
IV. Einzelne Auslagenarten	8
1. Dokumentenpauschale (Nr. 7000 VV)	11
2. Post- und Telekommunikationsdienstleistungen (Nr. 7001 und 7002 VV)	13
V. Reisekosten (Abs. 1)	17
1. Legaldefinition des Begriffs „Geschäftsreise"	18
2. Reisekosten eines gerichtlich beigeordneten Rechtsanwalts	24
a) Im Bezirk des Prozessgerichts niedergelassener Rechtsanwalt	25
b) Auswärtiger Rechtsanwalt	28
c) Reisekosten des Pflichtverteidigers	39
3. Reisekosten im Einzelnen	44
VI. Sonstige Auslagen (Abs. 2 S. 3)	45
VII. Gerichtliche Vorabentscheidung (Abs. 2 S. 1 und 2)	48
1. Normzweck	48
2. Anwendungsbereich	49
3. Verfahren	53
a) Antrag	53
b) Gerichtliche Feststellung	57
c) Rechtsmittel	58
4. Bindungswirkung	59
VIII. Wiederaufnahmeverfahren (Abs. 3)	61
IX. Festsetzung	63

I. Überblick

1 Die Vorschrift regelt die **Erstattung von Auslagen** aus der Staatskasse. Sie stellt in Bezug auf die von dem Rechtsanwalt aufgewendeten Auslagen nicht auf die Absprachen zwischen dem Rechtsanwalt und seinem Mandanten ab, sondern darauf, ob die Auslagen „zur sachgemäßen Durchführung der Angelegenheit" erforderlich waren. Die zur Abgrenzung der **Erforderlichkeit** von § 46 Abs. 1 verwendete **negative Fassung** des § 46 Abs. 1 hat zur Folge, dass die **Beweislast** dafür, ob Auslagen zur sachgemäßen Wahrnehmung der Interessen der Partei nicht erforderlich waren, bei der Staatskasse liegt. Insgesamt bezweckt die Vorschrift, die von der Staatskasse dem beigeordneten oder bestellten Rechtsanwalt zu erstattenden Auslagen einzugrenzen.

II. Normzweck

2 Gemäß § 1 Abs. 1 S. 1 besteht die Vergütung des Rechtsanwalts aus den Gebühren und den Auslagen. Schuldner können der **Mandant** aufgrund des Mandatsvertrags, die **unterlegene Prozesspartei** gemäß §§ 91 Abs. 2, 126 Abs. 1 ZPO oder die **Staatskasse** sein. § 46 regelt ausschließlich den Anspruch des gerichtlich **bestellten** oder **beigeordneten** Rechtsanwalts auf Auslagenerstattung **gegen die Staatskasse** und auch nur beschränkt auf die Erstattung von Auslagen und Aufwendungen. Der gerichtlich bestellte oder beigeordnete Rechtsanwalt hat grundsätzlich wie ein Wahlanwalt Anspruch auf Auslagenerstattung. Das belegt die Überschrift zu § 46, die von **„Auslagen und Aufwendungen"** spricht, von denen die Reisekosten in § 46 Abs. 1 nur als Beispiel („insbesondere") hervorgehoben werden. Der Begriff der „Aufwendungen" wird im RVG sonst nur noch in der Vorbemerkung 7 Abs. 1 VV und dort nur iVm §§ 675, 670 BGB verwendet. Inhaltlich gibt es zwischen den Auslagen und den Aufwendungen keinen Unterschied. Auch Auslagen sind Aufwendungen.

III. Erstattungspflicht der Staatskasse (Abs. 1)

§ 46 geht grundsätzlich von der Erstattungspflicht der Staatskasse aus. Die Erstattungspflicht soll die Staatskasse jedoch nicht über Gebühr belasten. Deshalb begründet § 46 einige **Einschränkungen.** Das gelingt durch die **Negativfassung** des § 46 Abs. 1. Sie bewirkt, dass der Anspruch gegen die Staatskasse auf Auslagenersatz nur entfällt, wenn die vom gerichtlich bestellten oder beigeordneten Rechtsanwalt geltend gemachten Auslagen zur sachgemäßen Durchführung der Angelegenheit **nicht erforderlich** waren. Daraus folgt, dass **im Zweifel** von der Notwendigkeit der geltend gemachten Auslagen auszugehen ist. Gleichwohl darf bei der Anwendung der Vorschrift die **Rechtsprechung des Bundesverfassungsgerichts** zur Zumutbarkeit des dem gerichtlich bestellten oder beigeordneten Rechtsanwalts abverlangten **Sonderopfers** nicht außer Acht gelassen werden.[1]

Die Staatskasse hat dem gerichtlich bestellten oder beigeordneten Rechtsanwalt alle Auslagen zu ersetzen, die zur **„sachgemäßen Durchführung der Angelegenheit",** also zur sachgerechten Vertretung des Mandanten, **erforderlich** sind. Die Staatskasse soll nur die Auslagen erstatten müssen, die bei wirtschaftlich sparsamer Bearbeitung des Mandats notwendig sind. Der Rechtsanwalt ist aber nicht gehalten, **fiskalische Interessen** den Interessen seines Mandanten unterzuordnen. Das Kriterium der Erforderlichkeit bezweckt, dass der gerichtlich bestellte oder beigeordnete Rechtsanwalt nicht **Sonderwünsche** seines Mandanten durch die Staatskasse finanzieren lässt. Das bedeutet nicht, dass ein bedürftiger Mandant schlechter vertreten werden darf als ein Mandant, der die Kosten der Auslagen aus eigenen Mitteln bezahlt.

Dem Rechtsanwalt obliegt es, bei der Geltendmachung der entstandenen Auslagen der Staatskasse zu belegen, dass die Auslagen **anlässlich** einer Tätigkeit, auf die sich die Bestellung oder Beiordnung erstreckt, entstanden sind. Weiterer Darlegungen des Rechtsanwalts bedarf es nicht. Will die **Staatskasse** ihre Erstattungspflicht **bestreiten,** muss sie die Gründe nennen, warum aus ihrer Sicht die Auslagen für die „sachgemäße Durchführung der Angelegenheit" nicht erforderlich gewesen sein sollen. Das folgt aus der negativen Fassung des § 46 Abs. 1. Sie belegt, dass das Gesetz von dem **Grundsatz** ausgeht, dass die dem Rechtsanwalt entstandenen Auslagen erforderlich waren und damit erstattungspflichtig sind. Die Staatskasse trägt die **Beweislast** dafür, dass die Auslagen nicht erforderlich waren.[2]

Bleiben **Zweifel,** ist von der Notwendigkeit der Auslagen auszugehen. Es ist nicht Aufgabe des Urkundsbeamten oder des auf die Erinnerung entscheidenden Gerichts, seine eigene Auffassung an die Stelle der Meinung des Rechtsanwalts zu setzen. Der Rechtsanwalt hat das **Recht der Ersteinschätzung,**[3] nur er ist für die sachgemäße Wahrnehmung der Interessen der Partei verantwortlich. **Maßgeblicher Zeitpunkt** für die Beurteilung der Frage, ob Auslagen erforderlich waren, ist der Zeitpunkt, zu dem der Rechtsanwalt die Auslagen tätigt.[4]

Bei der Beurteilung von **Einwendungen,** die von der Staatskasse gegen die Erstattungsfähigkeit geltend gemacht werden, ist zugunsten des Rechtsanwalts eine **großzügige Betrachtungsweise** geboten und jede kleinliche Handhabung zu vermeiden. Nicht der Urkundsbeamte, sondern der Rechtsanwalt ist für die sachgerechte Vertretung seines Mandanten verantwortlich. Zudem kommt es nicht auf die **nachträgliche Betrachtung** der Staatskasse an. Nicht selten erweisen sich Auslagen

---
[1] BVerfG NJW 2001, 1270; BVerfG NJW 2003, 737; BVerfG NJW 2005, 1264; BVerfG NJW 2005, 3699; BVerfG NJW 2007, 3420; vgl. auch BVerfG MDR 2005, 1373 mAnm *Hartung.*
[2] So auch Schneider/Wolf/*Fölsch* § 46 Rn. 7; OLG Brandenburg AGS 2007, 400; OLG Düsseldorf RVGreport 2008, 259; OLG Hamm AGS 2007, 37.
[3] Schneider/Wolf/*Fölsch* § 46 Rn. 7.
[4] KG RVGreport 2008, 302.

§ 46 Auslagen und Aufwendungen

nachträglich zumindest als nicht uneingeschränkt erforderlich, vielleicht sogar als überflüssig, obwohl sie im Zeitpunkt ihrer Entstehung notwendig erschienen. Doch auf eine nachträgliche Beurteilung kann sich die Staatskasse nicht berufen.

IV. Einzelne Auslagenarten

8   Die Auslagen, die dem Rechtsanwalt bei der Wahrnehmung eines Mandats entstehen können, sind in Teil 7 VV im Einzelnen geregelt. Das sind die Pauschale für die Herstellung und Überlassung von Dokumenten (Nr. 7000 VV), Entgelte für Post- und Telekommunikationsdienstleistungen (Nr. 7001 und 7002 VV) und die Kosten für eine Geschäftsreise (Nr. 7003 bis 7006 VV). Für sonstige Aufwendungen, für die ein nicht gerichtlich beigeordneter oder bestellter Rechtsanwalt von seinem Mandanten gemäß § 675 iVm § 670 BGB Ersatz verlangen kann (Vorb. 7 Abs. 1 VV), und für mündliche und schriftliche Übersetzungen gilt die Regelung des § 46 Abs. 2 S. 3 (→ Rn. 45 ff.).

9   Nicht dazu gehören gemäß der Vorb. 7 Abs. 1 S. 1 VV die **allgemeinen Geschäftskosten.** Das ist der gesamte Aufwand für den Betrieb und die Unterhaltung der Kanzlei.

10   Die in Teil 7 VV geregelten Auslagentatbestände werden dort ausführlich kommentiert. Die Kommentierung an dieser Stelle beschränkt sich auf die nachstehenden Hinweise.

1. Dokumentenpauschale (Nr. 7000 VV)

11   Gemäß Nr. 7000 VV darf der Rechtsanwalt Ablichtungen **nur** in den in Nr. 7000 Ziff. 1a bis 1d VV beschriebenen Fällen gesondert berechnen. Dasselbe gilt gemäß Nr. 7000 Ziff. 2 VV für die Überlassung von elektronisch gespeicherten Daten anstelle der in Nr. 7000 Ziff. 1b bis d VV genannten Ablichtungen. Die in Nr. 7000 VV enthaltene Regelung ist **abschließend.** Alle von dieser Regelung nicht erfassten sonstigen Ablichtungen gehören zu den allgemeinen Geschäftskosten.[5]

12   Grundsätzlich ist eine **großzügige Betrachtung** angebracht. Die Rechtsprechung neigt oft dazu, einen kleinlichen Maßstab anzulegen. Wirtschaftliche oder fiskalische Interessen dürfen aber den Ermessensspielraum des Rechtsanwalts nicht einengen. Nur wenn feststeht, dass eine sachgemäße Vertretung auch ohne bestimmte Ablichtungen nicht gefährdet war, wobei es auf eine **Betrachtung ex ante** ankommt, kann die Staatskasse die Auslagenerstattung ablehnen.

2. Post- und Telekommunikationsdienstleistungen (Nr. 7001 und 7002 VV)

13   Die Entgelte für Post- und Telekommunikationsdienstleistungen kann der beigeordnete oder bestellte Rechtsanwalt gegenüber der Staatskasse **konkret** in voller Höhe der entstandenen Aufwendungen (Nr. 7001 VV) oder **pauschal** mit 20 % der Gebühren, höchstens jedoch mit 20 EUR (Nr. 7002 VV) abrechnen. Die Pauschale von 20 % errechnet sich im Fall der Beiordnung im Rahmen von Prozesskostenhilfe aus den in § 49 genannten Gebühren und bei einer Bestellung für Tätigkeiten nach den Teilen 4 bis 6 VV nach den dort verzeichneten Festgebühren.

14   Zu den dem Rechtsanwalt gemäß Nr. 7001, 7002 VV zu erstattenden Auslagen gehören die **Portokosten** für sämtliche Postsendungen und die Kosten, die durch die **Benutzung** (nicht durch die Einrichtung und Unterhaltung eines Anschlusses) von **Fernsprechleitungen** und Online-Verbindungen entstehen. Nicht erstattungs-

---

[5] BGH NJW 2003, 1127.

fähig sind die Auslagen, die durch die Geltendmachung der Vergütung entstehen (Anm. zu Nr. 7001 VV).

Bei der **konkreten** Berechnung muss der Rechtsanwalt besonders auf die korrekte 15
Abrechnung der in den verauslagten Beträgen enthaltenen **Umsatzsteuer** achten. In die Abrechnung sind zunächst die verauslagten Nettobeträge einzustellen. Die Umsatzsteuer ist erst auf den Gesamtnettorechnungsbetrag hinzuzurechnen. Beachtet der Rechtsanwalt das nicht, kann sein Mandant keinen Vorsteuerabzug vornehmen.

Die Pauschale für Post- und Telekommunikationsdienstleistungen kann der 16
Rechtsanwalt nach der Anm. zu Nr. 7002 VV **„in jeder Angelegenheit"** verlangen. Wann ein Mandat dieselbe Angelegenheit oder verschiedene bzw. besondere Angelegenheiten betrifft, bestimmt sich nach den §§ 16 bis 18. Auf die Kommentierung zu diesen Vorschriften wird verwiesen. Soweit § 17 einzelne Verfahren als **„verschiedene"** und § 18 als **„besondere"** Angelegenheiten einstuft, steht dem Rechtanwalt in jeder Angelegenheit die Pauschale gesondert zu.

V. Reisekosten (Abs. 1)

Auch der gerichtlich beigeordnete oder bestellte Rechtsanwalt hat Anspruch auf 17
die Erstattung von Reisekosten durch die Staatskasse.

1. Legaldefinition des Begriffs „Geschäftsreise"

Reisekosten des gerichtlich bestellten oder beigeordneten Rechtsanwalts muss 18
die Staatskasse erstatten, wenn die Reise eine **Geschäftsreise** iSd Vorb. 7 Abs. 2 VV war. Der Begriff der „Geschäftsreise" wird gesetzlich definiert als eine Reise, bei der das Reiseziel **außerhalb der Gemeinde** liegt, in der sich die Kanzlei oder die Wohnung des Rechtsanwalts befinden. Die Reise des Rechtsanwalts muss also die Grenzen dieser politischen Gemeinde überschreiten, damit die Reisekosten erstattungsfähig sind.

Nicht zu den Reisekosten zählen die **Aufwendungen,** die mit den Fahrten von 19
der **Kanzlei zum Gericht** und zurück verbunden sind, wenn sich das Gericht innerhalb der Gemeinde befindet, in der sich die Kanzlei oder die Wohnung des Rechtsanwalts befinden. Dabei ist die Höhe der durch solche Fahrten entstehenden Kosten vergütungsrechtlich ohne Belang. Selbst bei längeren Strecken, beispielsweise innerhalb einer Großstadt, gehören solche Kosten zu den allgemeinen Geschäftskosten.

Die **Beschaffung von Informationen** und **Unterlagen** ist grundsätzlich Auf- 20
gabe des Mandanten. Die dadurch entstehenden Auslagen sind nicht erstattungsfähig. Das gilt sowohl für **Reisen des Mandanten** zu seinem Rechtsanwalt als auch umgekehrt für Reisen des Rechtsanwalts zu seinem Mandanten. Nur ausnahmsweise kann eine **Informationsreise** des Rechtsanwalts zu erstattungsfähigen Reisekosten führen, so zum Beispiel wenn der Mandant krankheitsbedingt nicht in die Kanzlei des Rechtsanwalts kommen und mit der Erteilung von Informationen nicht bis zu seiner Genesung gewartet werden kann.

Bei Reisen aus anderen Anlässen muss der Rechtsanwalt, wenn er bezüglich der 21
Erstattungsfähigkeit der Reisekosten kein **Risiko** eingehen will, sorgfältig prüfen, ob eine verständige Partei, die die Kosten aus eigenen Mitteln tragen müsste, ihn beauftragen würde, die Reise zu unternehmen. Bei der Prüfung dieser Frage muss er davon ausgehen, dass er einen Auftrag zur Durchführung einer Reise nicht erhalten würde, wenn die Partei sich auch ohne die von ihm beabsichtigte Reise sachgemäß vertreten fühlen würde, nachdem er sie über deren Sinn und Zweck unterrichtet hat.

Hartung

§ 46 Auslagen und Aufwendungen

22 Dient eine Reise des Rechtsanwalts **mehreren Geschäften,** so sind die nach den Nr. 7003 bis 7006 VV entstandenen Auslagen nach dem Verhältnis der Kosten zu teilen, die bei gesonderter Ausführung der einzelnen Geschäfte entstanden wären (Vorb. 7 Abs. 3 S. 1 VV).

23 **Verlegt** der Rechtsanwalt seine **Kanzlei** an einen anderen Ort, kann er bei Fortführung eines ihm vorher erteilten Auftrags Reisekosten und Abwesenheitsgelder nach den Nr. 7003 bis 7006 VV nur insoweit verlangen, als sie auch von seiner bisherigen Kanzlei aus entstanden wären (Vorb. 7 Abs. 3 S. 2 VV). Diese Regelung gilt auch, wenn das Gericht trotz der Verlegung der Kanzlei die Bestellung oder Beiordnung des Rechtsanwalts bestehen lässt.

2. Reisekosten eines gerichtlich beigeordneten Rechtsanwalts

24 Vornehmlich bezüglich der **Reisekosten** ist bei dem gerichtlich beigeordneten Rechtanwalt zu beachten, dass sie von der Staatskasse nur zu vergüten sind, wenn sie zur sachgemäßen Durchführung der Angelegenheit erforderlich waren. Während ein Rechtsanwalt außerhalb gerichtlicher Beiordnung von seinem Mandanten die Reisekosten nach Maßgabe der Nr. 7003 bis 7006 VV verlangen kann, kommt es bei dem gerichtlich beigeordneten Rechtsanwalt für den Umfang der von der Staatskasse zu erstattenden Reisekosten auf den **Inhalt des Beiordnungsbeschlusses** an, der bindend für das nachfolgende Vergütungsfestsetzungsverfahren gemäß § 55 ist und nicht umgedeutet werden kann.[6] Außerdem spielt die Frage der **Erforderlichkeit der Kosten** für die sachgemäße Durchführung des Mandats eine wesentliche Rolle.

25 **a) Im Bezirk des Prozessgerichts niedergelassener Rechtsanwalt.** Gesetzliche Grundlage für die Beiordnung eines Rechtsanwalts in zivil- und familienrechtlichen Verfahren im Wege der Prozess- bzw. Verfahrenskostenhilfe ist die Regelung des § 121 Abs. 3 ZPO, die in verwaltungs-, arbeits- finanz- und sozialgerichtlichen Streitigkeiten entsprechend angewendet wird.[7] Sie besagt, dass ein Rechtsanwalt, der nicht im Bezirk des Prozessgerichts niedergelassen ist, nur beigeordnet werden darf, wenn dadurch **„weitere Kosten"** nicht entstehen. Daraus ist abzuleiten, dass vorrangig ein Rechtsanwalt beigeordnet werden muss, der im Bezirk des Prozessgerichts, das ist abhängig von dem jeweiligen Verfahren der Bezirk eines Amtsgerichts, eines Landgerichts oder eines Oberlandesgerichts, niedergelassen ist.[8]

26 Die Reisekosten eines solchen Rechtsanwalts sind nach Maßgabe des Teils 7 VV immer zu erstatten. Das sind regelmäßig die Reisekosten, die wegen der Entfernung zwischen dem Prozessgericht und dem Kanzleisitz entstehen, wenn das Prozessgericht außerhalb der Gemeinde liegt, in der sich die Kanzlei oder der Wohnsitz (Vorb. Teil 7 Abs. 2 VV) des beigeordneten Rechtsanwalts befindet.[9]

27 Diese Regelung gilt auch für einen entgegen § 121 Abs. 3 ZPO beigeordneten **auswärtigen,** also **nicht** im Bezirk des Prozessgerichts niedergelassenen Rechtsanwalt, wenn seine Beiordnung „von Amts wegen" aufgrund des **Antrags einer Partei** beruht, der in der Unkenntnis des § 121 Abs. 3 ZPO die Beiordnung eines auswärtigen Rechtsanwalts begehrt.[10] Die Staatskasse muss diesem Rechtsanwalt die entstandenen Reisekosten vergüten, ohne dass sie im Verfahren der Kostenfestsetzung nachträglich geltend machen kann, dass der Rechtsanwalt nicht hätte beigeord-

---

[6] KG JurBüro 2008, 261.
[7] HK-RVG/*Ebert* § 46 Rn. 98–101.
[8] LAG Düsseldorf JurBüro 2010, 263; sieh auch *Fölsch* NZA 2007, 418.
[9] OLG Brandenburg FamRZ 2009, 1236; OLG Celle JurBüro 2008, 261; OLG Dresden AGS 2006, 393; *Fölsch* NZW 2007, 418.
[10] KG BeckRS 2010, 29579; OLG Celle MDR AGS 2007, 44; HK-RVG/*Ebert* § 46 Rn. 72; Schneider/Wolf/*Fölsch/Schnapp* § 46 Rn. 18 ff.

Auslagen und Aufwendungen § 46

net werden dürfen. Wenn der auswärtige Rechtsanwalt selbst den Antrag auf seine Beiordnung stellt, gelten die nachstehenden Ausführungen.

b) Auswärtiger Rechtsanwalt. Ein im Bezirk des Prozessgerichts nicht niedergelassener Rechtsanwalt (nachstehend kurz als auswärtiger Rechtsanwalt bezeichnet) kann nach § 121 Abs. 3 ZPO einer prozesskostenhilfebedürftigen Partei nur beigeordnet werden, wenn dadurch keine weiteren Kosten entstehen. Die Frage, wie sich dieser von der Regelung des § 121 Abs. 3 ZPO verfolgte Zweck in der Praxis verwirklichen lässt, wird in Rechtsprechung und Schrifttum sehr unterschiedlich beantwortet.[11] 28

Die **Instanzgerichte** helfen sich vielfach damit, dass sie den auswärtigen Rechtsanwalt zur Durchsetzung des **Mehrkostenverbots** nur „zu den Bedingungen eines im Bezirk des Prozessgerichts niedergelassenen Rechtsanwalts" beiordnen. Soweit einige Gerichte noch immer formulieren, dass die Beiordnung „zu den Bedingungen eines ortsansässigen" oder „eines am Ort des Prozessgerichts ansässigen" Rechtsanwalts erfolge, geht diese Einschränkung über das Mehrkostenverbots hinaus. 29

Praxistipp:
Erfolgt die Beiordnung eines Rechtsanwalts, der im Bezirk des Prozessgerichts nicht niedergelassen ist, „zu den Bedingungen eines ortsansässigen" oder „eines am Ort des Prozessgerichts ansässigen" Rechtsanwalts, sollte der betroffene Rechtsanwalt einen solchen Beschluss mit der Beschwerde angreifen, weil eine solche Beschränkung rechtswidrig ist. 30

Der **Bundesgerichtshof** will die Durchsetzung des Mehrkostenverbots bei einem nicht im Bezirk des Prozessgerichts niedergelassenen Rechtsanwalt dadurch erreichen, dass er den Beiordnungsantrag eines auswärtigen Rechtsanwalts als ein **konkludentes Einverständnis** des Rechtsanwalts mit dem Mehrkostenverbot des § 121 Abs. 3 ZPO versteht, weil davon ausgegangen werden müsse, dass er das Mehrkostenverbot des § 121 Abs. 3 ZPO kennt und er deshalb nur mit einer Beiordnung im gesetzlich zulässigen Umfang rechnen könne.[12] Das läuft auf einen (teilweisen) **Verzicht** des Rechtsanwalts auf die Erstattung von Auslagen hinaus, der von der herrschenden Meinung entgegen der Regelung des § 49b Abs. 1 S. 1 BRAO für zulässig gehalten wird.[13] 31

Praxistipp:
Will der auswärtige Rechtsanwalt seine uneingeschränkte Beiordnung unter Einbeziehung aller Reisekosten erreichen, sollte er sie ausdrücklich beantragen und erklären, dass er auf eine Erstattung von Mehrkosten nicht verzichten will. 32

Die wesentlichen Gründe, die eine uneingeschränkte Beiordnung eines auswärtigen Rechtsanwalts rechtfertigen können, lassen sich aus § 121 Abs. 3 ZPO und/ oder aus § 121 Abs. 4 ZPO herleiten. Dazu im Einzelnen: 33

aa) Argumente aus § 121 Abs. 3 ZPO. Gemäß § 121 Abs. 3 ZPO sollen der Staatskasse durch die Beiordnung eines nicht im Bezirk des Prozessgerichts niedergelassenen Rechtsanwalts **keine weiteren Kosten** entstehen. Die Staatskasse soll also insgesamt nicht mehr zahlen müssen, als sie einem im Bezirk des Prozessgerichts niedergelassenen Rechtsanwalt zu zahlen hätte. Deshalb sind die dem auswärtigen Rechtsanwalt entstehenden **Reisekosten** mit denjenigen zu vergleichen, die ein im 34

---

[11] Ausführlich zur Thematik des Mehrkostenverbots bei einem nicht im Bezirk des Prozessgerichts niedergelassenen Rechtsanwalt siehe vor allem HK-RVG/*Ebert* § 46 Rn. 70–90 und Schneider/Wolf/*Fölsch* § 46 Rn. 12–26.
[12] BGH NJW 2006, 3783 mAnm *Fölsch*; sa BAG NJW 2005, 3083 (3084).
[13] Schneider/Wolf/*Volpert* § 55 Rn. 63.

Hartung

§ 46 Auslagen und Aufwendungen

Bezirk des Prozessgerichts niedergelassener Rechtsanwalt zu beanspruchen hätte.[14] Es empfiehlt sich also eine **Kostenvergleichsberechnung.**

35 In der Kostenvergleichsberechnung sind die Reisekosten eines auswärtigen Rechtsanwalts mit denen zu vergleichen, die bei einer Beiordnung eines im Bezirk des Prozessgerichts niedergelassenen Rechtsanwalts anfallen würden. Dabei sind die Reisekosten des auswärtigen Rechtsanwalts aufzuteilen in die Kosten für den Teil seiner Reise **außerhalb** und den Teil **innerhalb** des Bezirks des Prozessgerichts. Die Kosten für die Reise innerhalb des Gerichtsbezirks sind von der Staatskasse zu tragen, weil sie keine Mehrkosten sind, die übrigen Kosten nicht.

36 Für den Reiseanteil innerhalb des Bezirks des Prozessgerichts wird empfohlen, auf die Entfernung zwischen dem Sitz des Prozessgerichts und den davon innerhalb des Gerichtsbezirks **am weitesten entfernten Ort** abzustellen.[15] Je weiter entfernt sich die Kanzlei des auswärtigen Rechtsanwalts von dem innerhalb des Gerichtsbezirks vom Sitz des Gerichts am weitesten entfernten Ort befindet, umso höher wird also der Reisekostenanteil, den die Staatskasse nicht zu erstatten braucht. Je näher die Kanzlei ist, umso geringer werden die Differenz zwischen den beiden Bezugsgrößen und damit die durch die Beiordnung eines auswärtigen Rechtsanwalts entstehenden Mehrkosten.

37 Eine **großzügige Betrachtung** erscheint in diesem Fall angebracht, zumal die Zuziehung eines am Wohn- oder Geschäftsort einer auswärtigen Partei ansässigen Rechtsanwalts im Rahmen der Kostenerstattung regelmäßig als zur zweckentsprechenden Rechtsverfolgung oder Rechtsverteidigung notwendig isd § 91 Abs. 2 S. 1 Hs. 2 ZPO angesehen wird.[16] Je kleinlicher die Gerichte bei der Beiordnung eines auswärtigen Rechtsanwalts mit der Kostenvergleichsrechnung umgehen, umso größer wird die Benachteiligung minderbemittelter Rechtsuchender gegenüber denjenigen, die es nicht nötig haben, das Institut der Prozess- bzw. Verfahrenskostenhilfe in Anspruch zu nehmen.

38 **bb) Argumente aus § 121 Abs. 4 ZPO.** Als ein weiteres Argument für die Beiordnung eines auswärtigen Rechtsanwalts kommt § 121 Abs. 4 ZPO in Betracht. Danach kann der Partei auf Antrag ein zur Vertretung bereiter Rechtsanwalt ihrer Wahl zur Wahrnehmung eines Termins zur Beweisaufnahme vor dem ersuchten Richter oder zur Vermittlung des Verkehrs mit dem Prozessbevollmächtigten beigeordnet werden, wenn besondere Umstände dies erfordern.[17] Sind solche Umstände ersichtlich, sind auch die Kosten in die Vergleichsberechnung einzubeziehen, die durch die **zusätzlich notwendige** Beiordnung eines weiteren Rechtsanwalts, beispielsweise eines **Verkehrsanwalts** oder **Terminvertreters,** entstehen würden. Können diese Kosten durch die Beiordnung eines auswärtigen Rechtsanwalts **eingespart** werden, erübrigt sich dadurch also die Beiordnung eines weiteren Rechtsanwalts, steht einer unbeschränkten Beiordnung des auswärtigen Rechtsanwalts nichts im Wege.[18]

39 **c) Reisekosten des Pflichtverteidigers.** Gemäß § 140 StPO hat das Gericht im Fall **notwendiger Verteidigung** einem nicht anwaltlich vertretenen Angeschuldigten einen Rechtsanwalt als **Pflichtverteidiger** zu bestellen. Dabei ist die **Orts-**

---

[14] OLG Nürnberg JurBüro 2002, 589; OLG Stuttgart JurBüro 2008, 261; HK-RVG/*Ebert* § 46 Rn. 84 ff.; *Hartmann* RVG § 46 Rn. 33; OLG Hamm AGS 2005, 353.

[15] So OLG Karlsruhe FamFR 2010, 541; OLG Oldenburg JurBüro 2010, 433; ähnlich LAG Niedersachsen AGS 2011, 553.

[16] BGH 2003, 898.

[17] Zu den besonderen Umständen siehe Schneider/Wolf/*Fölsch* § 46 Rn. 21.

[18] Dazu BGH NJW 2006, 3783; HK-RVG/*Ebert* § 46 Rn. 88.; Schneider/Wolf/*Fölsch* § 46 Rn. 21.

Auslagen und Aufwendungen § 46

nähe ein wesentliches Auswahlkriterium (§ 142 StPO).[19] Der Vorsitzende kann jedoch, wenn dies der Verteidigung dient, auch bei anderen Gerichten zugelassene Rechtsanwälte bestellen. In besonderen Fällen kann eine gebotene Interessenabwägung ergeben, dass die Nichtbeiordnung eines **auswärtigen Verteidigers** ermessensfehlerhaft ist,[20] etwa wenn ein besonderes Vertrauensverhältnis zum Beschuldigten besteht[21] oder wenn Spezialkenntnisse notwendig sind, um die angemessene Verteidigung sicherzustellen.[22]

Für die Staatskasse ist es gleichgültig, ob der Pflichtverteidiger im Bezirk des **40** Strafgerichts niedergelassen ist oder seine Kanzlei an einem anderen, auch weit entfernten Ort unterhält. Die Entfernung zwischen dem Sitz des Gerichts und dem Sitz der Kanzlei spielt also keine Rolle. In jedem Fall hat der Rechtsanwalt in seiner Eigenschaft als gerichtlich bestellter Pflichtverteidiger immer Anspruch auf Erstattung aller in den Nr. 7003 bis 7006 VV geregelten Auslagen, insbesondere also auch der Reisekosten (aber → Rn. 43).[23]

Manche Gerichte haben versucht, diese Rechtslage zu umgehen und den Pflicht- **41** verteidiger „zu den **Bedingungen eines ortsansässigen Rechtsanwalts**", also unter Beschränkung auf die Vergütung eines im Bezirk des Gerichts niedergelassenen Rechtsanwalts bestellt. Das ist anders als im Fall der Beiordnung unzulässig.[24] Die Regelung des § 121 ZPO für die Beiordnung eines Rechtsanwalts im Prozesskostenhilfeverfahren ist auf den Fall der notwendigen Verteidigung (§ 140 StPO) mangels gesetzlicher Verweisung unanwendbar.[25] Dies hat zur Folge, dass die dem Zivilrichter im Fall der Gewährung von Prozesskostenhilfe gegebene Möglichkeit, die Entstehung von Mehrkosten für die Staatskasse durch die Beiordnung eines nicht beim Prozessgericht niedergelassenen Rechtsanwalts zu vermeiden, dem Strafrichter im Rahmen der Pflichtverteidigerbestellung verwehrt ist.[26]

Praxistipp:

Gegen eine Bestellung als Pflichtverteidiger „zu den Bedingungen eines ortsansäs- **42** sigen Rechtsanwalts" sollte der Rechtsanwalt Beschwerde einlegen, weil eine solche Einschränkung rechtswidrig ist.[27]

Auch als Pflichtverteidiger hat der Rechtsanwalt einen Anspruch gegen die Staats- **43** kasse auf Erstattung seiner Auslagen, insbesondere seiner Reisekosten, nur, wenn sie zur sachgemäßen Durchführung der Angelegenheit **erforderlich** waren. Diese in § 46 Abs. 1 zugunsten der Staatskasse geregelte Begrenzung gilt auch für den zum Pflichtverteidiger gerichtlich bestellten Rechtsanwalt. Die Beweislast, dass die Auslagen des Pflichtverteidigers nicht erforderlich waren, trägt auch in diesem Fall die Staatskasse.[28]

3. Reisekosten im Einzelnen

Mit den Reisekosten im Einzelnen befassen sich die Nr. 7003 bis 7006 VV. Für **44** eine Geschäftsreise kann der Rechtsanwalt **Fahrtkosten** beanspruchen, bei Benut-

---

[19] OLG Düsseldorf NStZ-RR 1998, 21.
[20] BGHSt 43, 153.
[21] OLG Stuttgart StraFo 2006, 112.
[22] OLG München StV 1986, 422.
[23] HK-RVG/*Ebert* § 46 Rn. 105.
[24] OLG Brandenburg StV 2007, 484; OLG Düsseldorf AnwBl. 1985, 152; OLG Hamm AnwBl. 1982, 214; OLG Saarbrücken AnwBl. 1982, 214; HK-RVG/*Ebert* § 46 Rn. 106.
[25] Ebenso HK-RVG/*Ebert* § 46 Rn. 106.
[26] OLG Brandenburg StV 2007, 484; sa BVerfG NJW 2001, 1269.
[27] Dazu BGH NJW 2006, 3783.
[28] OLG Düsseldorf RVGreport 2008, 302.

zung eines eigenen Kraftfahrzeugs gilt Nr. 7003 VV, bei Benutzung eines anderen Verkehrsmittels Nr. 7004 VV. Ferner kann gemäß Nr. 7005 VV ein Tage- und Abwesenheitsgeld anfallen. Sonstige Auslagen anlässlich einer Geschäftsreise sind in Nr. 7006 VV geregelt. Wegen weiterer Einzelheiten wird auf die Erläuterungen zu den Nr. 7003 bis 7006 VV in diesem Kommentar verwiesen.

VI. Sonstige Auslagen (Abs. 2 S. 3)

45   Für Aufwendungen iSv § 670 BGB und für Kosten, die durch die Zuziehung eines Dolmetschers oder Übersetzers entstehen, enthält § 46 Abs. 2 S. 3 eine eigene Regelung.

46   Mit dem Begriff **„Aufwendungen"** sind sonstige in Teil 7 VV nicht geregelte Auslagen gemeint, die durch die Tätigkeit eines gerichtlich beigeordneten oder bestellten Rechtsanwalts entstehen und die ein Wahlanwalt gemäß § 670 BGB erstattet verlangen könnte. Für sie bestimmt § 46 Abs. 2 S. 3 1. Alt., dass § 46 Abs. 1 und Abs. 2 S. 1 und 2 entsprechend gelten. Das bedeutet zweierlei. Einmal sind solche Auslagen von der Staatskasse nur zu tragen, wenn sie zur sachgemäßen Durchführung der Angelegenheit **erforderlich** waren (§ 46 Abs. 1). Zum anderen hat der gerichtlich beigeordnete oder bestellte Rechtsanwalt die Möglichkeit, die Erforderlichkeit solcher Auslagen durch das Gericht vor ihrer Entstehung feststellen zu lassen.

47   Auch die Kosten für einen **Dolmetscher** oder **Übersetzer** müssen dem **Grunde** nach erforderlich sein.[29] Bei der Prüfung der Erforderlichkeit ist zu beachten, dass nach der Rechtsprechung des Bundesverfassungsgerichts fremdsprachige Angeklagte in jedem Stadium des Verfahrens berechtigt sind, einen Dolmetscher hinzuzuziehen.[30] Im übrigen ist zu beachten, dass die Regelung des § 46 Abs. 2 S. 3 die **Höhe** dieser Kosten auf die in § 11 JVEG genannten Beträge begrenzt.

VII. Gerichtliche Vorabentscheidung (Abs. 2 S. 1 und 2)

1. Normzweck

48   **Normzweck** einer gerichtlichen Vorabentscheidung über die Erforderlichkeit von Reisekosten oder anderen Auslagen (Aufwendungen) ist es, dem gerichtlich beigeordneten oder bestellten Rechtsanwalt die **Gewissheit** zu verschaffen, dass eine von ihm beabsichtigte Reise oder geplante andere Auslagen vom Gericht als erforderlich gewertet werden. Dem Rechtsanwalt soll das **Risiko** abgenommen werden, die Kosten einer von ihm für notwendig erachteten Reise oder andere Auslagen aus der Staatskasse nicht ersetzt zu erhalten.

2. Anwendungsbereich

49   Dem gerichtlich beigeordneten oder bestellten Rechtsanwalt bietet § 46 Abs. 2 S. 1 bis 3 die Möglichkeit, vor Antritt einer Reise bzw. vor Entstehung anderer Auslagen iSd Teils 7 VV deren Erforderlichkeit vorab gerichtlich **feststellen** zu lassen. Diese Feststellung ist für das spätere Festsetzungsverfahren (§ 55) **bindend.**

50   Einen **anderen Weg** einer vorherigen Klärung der Erforderlichkeit von Reisekosten und anderen Auslagen bietet § 47. Danach kann der gerichtlich beigeordnete oder bestellte Rechtsanwalt für bereits entstandene oder voraussichtlich entstehende

---

[29] Zur Erstattung von Dolmetscherkosten für Verteidigergespräche *Volpert* RVGreport 2011, 322.

[30] BVerfG NJW 2004, 50; sa OLG Köln RVGreport 2012, 99 zum Anwendungsbereich der Richtlinie Nr. 2010/64/EU v. 20.10.201; ferner auch LG Düsseldorf RVGreport 2011, 356.

Auslagen aus der Staatskasse einen angemessenen **Vorschuss** fordern.[31] Gegen eine ablehnende Entscheidung ist die Erinnerung und ggf. die Beschwerde nach § 56 zulässig. In kritischen Fällen ist diese Möglichkeit vorzuziehen, um sich den Instanzenzug offen zu halten.[32] Zudem bietet dieser Weg den **Vorteil**, dass sich der Rechtsanwalt durch eine Vorschusszahlung Liquidität verschaffen kann. Nicht zu übersehen ist jedoch der **Nachteil**, dass die Gewährung eines Vorschusses ohne Bindungswirkung für das spätere Feststellungsverfahren nach § 55 ist, so dass der Rechtsanwalt Gefahr läuft, den Vorschuss später zurückzahlen zu müssen.[33]

Praxistipp:
Es empfiehlt sich, statt der Feststellung der Erforderlichkeit von Reisekosten und anderen Auslagen gemäß § 47 einen Vorschuss auf die „voraussichtlich entstehenden Auslagen" zu verlangen. Bei einer stattgebenden Entscheidung braucht der Rechtsanwalt dann nicht mit eigenen Mitteln in Vorleistung zu treten. Außerdem kann er eine ablehnende Entscheidung gemäß § 56 anfechten. 51

Wird der Antrag zurückgewiesen, hat diese **negative Entscheidung** keine bindende Wirkung. Eine solche Entscheidung ist nicht anfechtbar, jedoch kann der Rechtsanwalt im späteren Festsetzungsverfahren die entstandenen Auslagen gleichwohl geltend machen und der Urkundsbeamte hat sie festzusetzen, wenn sich entgegen den Erwartungen des Gerichts die Auslagen als erforderlich erweisen. 52

3. Verfahren

a) **Antrag.** Die Vorabentscheidung setzt einen Antrag des **Rechtsanwalts** voraus. Die von dem Rechtsanwalt vertretene Partei und die Staatskasse sind nicht antragsberechtigt.[34] Der Antrag ist nur **vor Entstehung** der Auslagen zulässig.[35] Ein danach eingehender Antrag ist als Antrag auf Gewährung eines Vorschusses (§ 47) zu deuten und dem Urkundsbeamten der Geschäftsstelle vorzulegen. 53

Der Antrag, die Erforderlichkeit beabsichtigter Reisekosten oder anderer Auslagen festzustellen, sollte **begründet** werden. Zweckmäßig sind Angaben über den Zweck der Auslagen, bei einer Reise also beispielsweise über das Reiseziel und die Dauer der Reise. Von Vorteil ist es auch, wenn der Rechtsanwalt eine unverbindliche Kostenschätzung vornimmt und dem Gericht den voraussichtlichen Kostenaufwand vorträgt. 54

Für die Entscheidung **zuständig** ist das Gericht des Rechtszuges, das den Rechtsanwalt beigeordnet oder bestellt hat, nicht der Urkundsbeamte der Geschäftsstelle. Handelt es sich um ein **Kollegialgericht**, entscheidet dieses, nicht der Vorsitzende, auch wenn er die Beiordnung des Rechtsanwalts nach § 121 Abs. 4 ZPO angeordnet hat. In Bußgeldverfahren vor der Verwaltungsbehörde tritt an die Stelle des Gerichts die **Verwaltungsbehörde** (§ 46 Abs. 2 S. 2). 55

Das Gericht bzw. die Verwaltungsbehörde sollte vor einer Entscheidung die **Staatskasse** anhören. Eine mündliche Verhandlung ist freigestellt. Bei der Anhörung der Staatskasse sollte das Gericht beachten, dass von ihr vorgetragene **fiskalische Gründe** hinter dem Anspruch der von dem Rechtsanwalt vertretenen Partei auf eine **sachgerechte Verteidigung** zurücktreten müssen. Deswegen kommt es vorrangig auf die von dem Rechtsanwalt vorgebrachten Gründe an. Im Zweifel ist die Erforderlichkeit zu bejahen, zumal dann, wenn der Verteidiger sich in einem Strafverfahren darauf beruft, dass er seine **Verteidigungsstrategie** nicht vorzeitig 56

---

[31] Dazu *Burhoff* RVGreport 2011, 327.
[32] So Schneider/Wolf/*Fölsch* § 46 Rn. 51.
[33] HK-RVG/*Ebert* § 46 Rn. 166.
[34] **AA** *Hartmann* RVG § 46 Rn. 43.
[35] OLG Bamberg JurBüro 1980, 1051.

offen legen möchte, er aber im Interesse seines Mandanten von der Erforderlichkeit von Reisekosten oder anderen Auslagen überzeugt sei.

57 **b) Gerichtliche Feststellung.** Die Entscheidung des Gerichts ergeht durch **Beschluss.** Dieser ist zu begründen. Wegen seiner Vorgreiflichkeit für das spätere Festsetzungsverfahren sollte das Gericht die Auslagen möglichst genau darlegen, damit der Urkundsbeamte bei der Festsetzung weiß, auf welche Kosten im einzelnen – zumindest dem Grunde nach – sich die Feststellung der Erforderlichkeit der Auslagen erstreckt. Im Festsetzungsverfahren nach § 55 ist dann nur noch über die Höhe der Kosten zu entscheiden.[36]

58 **c) Rechtsmittel.** Die Entscheidung ist **unanfechtbar.**[37] Das folgt aus § 56, der eine Beschwerde nur im Festsetzungsverfahren zulässt.

4. Bindungswirkung

59 Die Bindungswirkung einer Vorabentscheidung über die Erforderlichkeit von Reisekosten oder anderen Auslagen regelt § 46 Abs. 2 S. 1. Gibt das Gericht dem Antrag statt, ist die gerichtliche Entscheidung für das **Festsetzungsverfahren** iSd § 55 bindend. Die Staatskasse, die durch die Entscheidung beschwert ist, hat keinen Rechtsbehelf. Der Urkundsbeamte muss im Festsetzungsverfahren nach § 55 von der Erforderlichkeit der Reisekosten oder anderer Auslagen ausgehen, hat aber deren **Höhe** zu prüfen.[38] Stellt ein Gericht, und sei es auch fehlerhaft, die Erforderlichkeit einer Reise oder anderer Auslagen fest, schafft es für den Rechtsanwalt einen **Vertrauenstatbestand,** auf den sich der Rechtsanwalt verlassen darf.

60 Entscheidet das Gericht, dass eine Reise oder andere Auslagen **nicht erforderlich** sind, hat diese Entscheidung nur **vorläufigen Charakter** und bindet den Urkundsbeamten der Geschäftsstelle im Festsetzungsverfahren nach § 55 nicht. Seine rückwirkende Betrachtung kann also trotz der anders lautenden gerichtlichen Entscheidung im Feststellungsverfahren nach § 46 Abs. 2 S. 1 zur Festsetzung der vom Gericht nicht für erforderlich erachteten Reisekosten oder anderen Auslagen führen.[39] Allerdings dürfte eine den Antrag des Rechtsanwalts ablehnende gerichtliche Entscheidung eine **faktische Bindungswirkung** haben.[40]

VIII. Wiederaufnahmeverfahren (Abs. 3)

61 Gemäß § 46 Abs. 3 können auch Auslagen, die durch Nachforschungen zur Vorbereitung eines Wiederaufnahmeverfahrens in einem Straf- oder Bußgeldverfahren entstehen, vergütet werden, obwohl sie vor der Beiordnung oder Bestellung des Rechtsanwalts entstanden sind. Die Vorschrift ähnelt § 48 Abs. 5 S. 1, zu dem sie letztlich gehört.[41]

62 Voraussetzung eines Anspruchs gegen die Staatskasse ist, dass das Gericht den Rechtsanwalt schon **vor der Entstehung** dieser Auslagen gemäß § 364b Abs. 1 S. 1 StPO bestellt oder eine Feststellung gemäß § 364b Abs. 1 S. 2 StPO getroffen hat. Sind diese Voraussetzungen erfüllt, entsteht der Anspruch auf Auslagenerstattung, und zwar auch dann, wenn der Rechtsanwalt seinem Mandanten abgeraten hat, den Wiederaufnahmeantrag zu stellen. Dabei ist unerheblich, ob die Nachforschungen

---

[36] **AA** OLG München AGS 1998, 90.
[37] So OLG Düsseldorf MDR 1994, 517; OLG Celle JurBüro 2012, 528; OLG München MDR 1989, 481; KG MDR 1986, 505; vgl. auch Schneider/Wolf/*Fölsch* § 46 Rn. 50.
[38] OLG Köln AGS 2007, 362; **aA** OLG München MDR 1998, 439.
[39] OLG Düsseldorf StV 1994, 499.
[40] Schneider/Wolf/*Fölsch* § 46 Rn. 50.
[41] Schneider/Wolf/*Fölsch* § 46 Rn. 57.

des Rechtsanwalts notwendig waren. § 46 Abs. 3 S. 1 stellt erkennbar nur auf die **Entstehung** von Auslagen ab, nicht aber auf ihre **Erforderlichkeit**.[42] Das erklärt sich daraus, dass das Gericht einen Rechtsanwalt für ein Wiederaufnahmeverfahren nur bestellen wird, wenn es das Verfahren für Erfolg versprechend hält. Zum Zeitpunkt der gerichtlichen Bestellung lässt sich kaum beurteilen, welche Auslagen für die Vorbereitung des Wiederaufnahmeverfahrens geboten oder notwendig sein werden.

IX. Festsetzung

Die Festsetzung der dem Rechtsanwalt von der Staatskasse zu erstattenden Auslagen regelt § 55. 63

Funktionell zuständig ist der Urkundsbeamte der Geschäftsstelle. Dessen **örtliche Zuständigkeit** ist abhängig von dem Verfahren, für das der Rechtsanwalt gerichtlich bestellt oder beigeordnet ist. **Örtlich** zuständig ist der Urkundsbeamte des Gerichts, bei dem das Verfahren anhängig ist. Die **sachliche Zuständigkeit** hängt von dem **Stand des Verfahrens** ab, für das der Rechtsanwalt gerichtlich bestellt oder beigeordnet ist (§ 55 Abs. 1 und 2). 64

Bei der **sachlichen Zuständigkeit** ist zwischen einer Zuständigkeit **nach** Beendigung (§ 55 Abs. 1) und einer Zuständigkeit **vor** Beendigung des Verfahrens (§ 55 Abs. 2) zu unterscheiden. In beiden Fällen ist mit dem Begriff „Verfahren" nicht das Feststellungsverfahren, sondern das Verfahren gemeint, in dem der Rechtsanwalt gerichtlich bestellt oder beigeordnet worden ist. Zuständig ist **nach Beendigung** des Verfahrens stets der Urkundsbeamte des Gerichts des ersten Rechtszugs (§ 55 Abs. 1). **Vor Beendigung** des Verfahrens ist der Urkundsbeamte des Gerichts des Rechtszugs zuständig, in dem sich das Verfahren befindet (§ 55 Abs. 2). Wegen der Einzelheiten wird auf die Kommentierung zu § 55 verwiesen. 65

§ 47 Vorschuss

(1) [1]Wenn dem Rechtsanwalt wegen seiner Vergütung ein Anspruch gegen die Staatskasse zusteht, kann er für die entstandenen Gebühren und die entstandenen und voraussichtlich entstehenden Auslagen aus der Staatskasse einen angemessenen Vorschuss fordern. [2]Der Rechtsanwalt, der nach § 138 des Gesetzes über das Verfahren in Familiensachen und in den Angelegenheiten der freiwilligen Gerichtsbarkeit, auch in Verbindung mit § 270 des Gesetzes über das Verfahren in Familiensachen und in den Angelegenheiten der feiwilligen Gerichtsbarkeit, nach § 109 Absatz 3 oder § 119a Absatz 6 des Strafvollzugsgesetzes beigeordnet oder nach § 67a Abs. 1 Satz 2 der Verwaltungsgerichtsordnung bestellt ist, kann einen Vorschuss nur verlangen, wenn der zur Zahlung Verpflichtete (§ 39 oder § 40) mit der Zahlung des Vorschusses im Verzug ist.

(2) **Bei Beratungshilfe kann der Rechtsanwalt aus der Staatskasse keinen Vorschuss fordern.**

Übersicht

	Rn.
I. Überblick	1
II. Normzweck	3

---

[42] *Hartmann* RVG § 46 Rn. 52.

§ 47 Vorschuss

	Rn.
III. Vorschussanspruch des gerichtlich bestellten oder beigeordneten Rechtsanwalts (Abs. 1 S. 1)	5
1. Gebührenvorschuss	6
2. Auslagenvorschuss	12
3. Angemessenheit	14
a) Gebührenvorschuss	16
b) Auslagenvorschuss	21
4. Geltendmachung	22
IV. Vorschussanspruch des nach §§ 138, 270 FGG-RG beigeordneten oder nach § 67a Abs. 1 S. 2 VwGO bestellten Rechtsanwalts (Abs. 1 S. 2)	24
V. Verfahren	29
VI. Beratungshilfe (Abs. 2)	31

I. Überblick

1 § 47 Abs. 1 regelt, wann und unter welchen Voraussetzungen der Rechtsanwalt aus der Staatskasse einen Vorschuss beanspruchen kann. Im Vergleich zu dem vertraglichen Vorschussanspruch des Rechtsanwalts gemäß § 9 gegen seinen Mandanten außerhalb gerichtlicher Beiordnung oder Bestellung reduziert § 47 den öffentlich-rechtlichen Vorschussanspruch des beigeordneten oder bestellten Rechtsanwalts gegen die Staatskasse deutlich, indem er den Vorschussanspruch auf bereits **entstandene Gebühren** begrenzt. Demgegenüber erlaubt § 9 einen Vorschuss auch für voraussichtlich entstehende Gebühren. Bezüglich der **Auslagen** stimmen beide Normen überein. Davon abweichend gewährt § 51 Abs. 1 S. 5 dem **Pflichtverteidiger** einen Vorschussanspruch auch schon auf eine zu erwartende Pauschgebühr.[1]

2 § 47 Abs. 2 bestimmt, dass bei **Beratungshilfe** kein Vorschuss gefordert werden kann.

II. Normzweck

3 Gerichtliche Verfahren erstrecken sich oft über längere Zeiträume. Das gilt für nahezu alle Gerichtszweige, ausgenommen die Arbeitsgerichtsbarkeit, die sich durch eine besonders zügige Erledigung von arbeitsgerichtlichen Verfahren auszeichnet. Die gesetzliche Vergütung wird aber erst **fällig**, wenn eine Kostenentscheidung ergangen oder der Rechtszug beendet ist oder das Verfahren länger als drei Monate ruht (§ 8 Abs. 1 S. 2). Kommt es nicht zu einem (auch faktischen) Ruhen des Verfahrens, müsste der Rechtsanwalt ohne eine Vorschussregelung sehr lange auf die bereits verdiente Vergütung warten. Eine über längere Zeit mangels Fälligkeit ausbleibende Zahlung bereits entstandener Gebühren und Auslagen kann im Einzelfall die **Liquidität des Rechtsanwalts** wesentlich beeinträchtigen. Die Vorschussregelung stärkt also die betriebswirtschaftliche Situation des gerichtlich beigeordneten oder bestellten Rechtsanwalts.[2]

4 In der **Praxis** findet die Vorschussregelung wenig Beachtung. Das ist verwunderlich, ist doch der frühere gesetzliche Ausschluss eines Anspruchs auf Zahlung eines Vorschusses schon 1975 abgeschafft worden. In Zeiten zunehmender **wirtschaftlicher Schwierigkeiten**[3] sollte die Regelung des § 47 viel stärker genutzt werden.

---

[1] Vgl. dazu BVerfG NJW 2005, 3699.
[2] *Burhoff* RVGreport 2011, 327; *Leipold*, Anwaltsvergütung in Strafsachen, Rn. 275.
[3] Vgl. dazu *Hartung* AnwBl. 2002, 268.

Es gibt keinen Grund, dem Staat über lange Zeiträume die anwaltliche Vergütung zu stunden.

III. Vorschussanspruch des gerichtlich bestellten oder beigeordneten Rechtsanwalts (Abs. 1 S. 1)

Der gerichtlich beigeordnete oder bestellte Rechtsanwalt kann gemäß § 47 Abs. 1 S. 1 aus der Staatskasse einen Vorschuss „fordern". Das bedeutet, dass er einen **Rechtsanspruch** gegen die Staatskasse hat. Dabei unterscheidet die Vorschrift zwischen einem Vorschuss auf entstandene **Gebühren** und einem solchen auf entstandene und voraussichtlich entstehende **Auslagen**.

1. Gebührenvorschuss

Zur Zahlung eines Vorschusses auf die Gebühren ist die Staatskasse nur verpflichtet, soweit die **Gebühren** bereits **entstanden** sind. Bei einer Beiordnung im Rahmen von **Prozesskostenhilfe** entsteht die **Verfahrensgebühr** regelmäßig mit der Beiordnung, so dass der beigeordnete Rechtsanwalt schon im Zeitpunkt seiner Beiordnung die Zahlung dieser Gebühr im Wege des Vorschusses verlangen kann. Wartet er den ersten Verhandlungstermin ab, kann er die **Verfahrens-** und die **Terminsgebühr** zusammen als Vorschuss verlangen, auch wenn das Verfahren mit dem ersten Termin nicht endet.

Einen Anspruch gegen die Staatskasse auf Zahlung eines Gebührenvorschusses haben alle Rechtsanwälte, die gerichtlich beigeordnet oder bestellt werden. Das gilt auch für den Rechtsanwalt, der gemäß **§ 57 oder § 58 ZPO zum Prozesspfleger** bestellt ist. Im Verhältnis zu der vertretenen Prozesspartei versagt § 41 S. 2 einen solchen Anspruch. Im Verhältnis zur Staatskasse fehlt jedoch eine dem § 41 S. 2 entsprechende Regelung.

Einen Anspruch auf Zahlung eines Vorschusses auf die **weitere Vergütung** iSd § 50 sieht die gesetzliche Regelung nicht vor. Das erklärt sich aus dem Umstand, dass ein Anspruch auf Zahlung einer weiteren Vergütung erst nach Eintritt der in § 50 Abs. 1 genannten Voraussetzungen entstehen kann, wenn also der Mandant, dem der Rechtsanwalt beigeordnet war, seiner Ratenzahlungsverpflichtung vollständig nachgekommen ist.

Für **Pflichtverteidiger** in Straf- oder Bußgeldverfahren ist die Möglichkeit, von der Staatskasse schon im Ermittlungsverfahren einen Vorschuss zu fordern, von besonderem Interesse, weil das RVG die anwaltliche Tätigkeit bereits im **Ermittlungsverfahren** mit bis zu drei verschiedenen Gebühren honoriert, nämlich mit der **Grundgebühr** gemäß Nr. 4100 und 4101 VV, der **Verfahrensgebühr** gemäß Nr. 4104 und 4105 VV und der **Terminsgebühr** gemäß Nr. 4102 und 4103 VV.

Praxistipp:

Der Pflichtverteidiger sollte sich nicht scheuen, von der Staatskasse schon im Ermittlungsverfahren einen Vorschuss in Höhe der bereits entstandenen Gebühren zu fordern.

Nichts anderes gilt für Gebühren, die dem Pflichtverteidiger als Verfahrens- und Terminsgebühren im gerichtlichen Verfahren in den verschiedenen Instanzen zustehen (Nr. 4106 bis 4135 VV). Ein Pflichtverteidiger, der den Vorschussanspruch konsequent verfolgt, erhält die angefallenen Gebühren sehr zeitnah nach Verwirklichung des jeweiligen Gebührentatbestandes und verbessert seine Liquidität.

2. Auslagenvorschuss

12 Anders als bei dem Anspruch auf Zahlung eines Vorschusses auf **Gebühren** gewährt § 47 Abs. 1 einen Anspruch auf Zahlung eines Vorschusses nicht nur für bereits entstandene, sondern auch für **voraussichtlich entstehende Auslagen**. Während der Mandant dem **Wahlanwalt** die in Abstimmung mit ihm entstandenen Auslagen auch dann ersetzen muss, wenn sie zur zweckentsprechenden Rechtsverfolgung oder Rechtsverteidigung nicht notwendig waren, besteht ein Anspruch des **gerichtlich bestellten oder beigeordneten Rechtsanwalts** gegen die Staatskasse aber nur in den Grenzen des § 46 Abs. 1. Sowohl die bereits entstandenen als auch die voraussichtlich entstehenden Auslagen müssen also zur „**sachgemäßen** Durchführung der Angelegenheit" erforderlich sein.

13 Das **Risiko**, mit dem Anspruch auf Zahlung eines Auslagenvorschusses zu scheitern und die bereits angefallenen Auslagen sogar selbst tragen zu müssen, weil die Staatskasse sie nicht für notwendig erachtet, wird durch § 46 Abs. 2 erheblich gemindert. Nach dieser Regelung kann der Rechtsanwalt die Notwendigkeit von **Auslagen für eine Reise** oder auch für andere Auslagen vorab gerichtlich feststellen lassen. Wegen der Einzelheiten dazu wird auf die Erläuterungen des § 46 Abs. 2 in diesem Kommentar verwiesen.

3. Angemessenheit

14 Die Staatskasse schuldet gemäß § 46 Abs. 1 S. 1 einen **angemessenen** Vorschuss. Bei bereits entstandenen **Gebühren** ist ein Vorschuss in Höhe dieser Gebühren stets angemessen. Dem Urkundsbeamten, der den Vorschuss festzusetzen hat (§ 55 Abs. 1), verbleibt also **kein Ermessensspielraum.** Noch nicht entstandene Gebühren sind nicht vorschussfähig.

15 Anders kann das bei einem Vorschuss auf die **Auslagen** sein, weil der Vorschussanspruch sich nicht nur auf bereits entstandene, sondern auch auf voraussichtlich entstehende Auslagen erstreckt (dazu → Rn. 21). Sofern die Erforderlichkeit nicht bereits gemäß § 46 Abs. 2 gerichtlich festgestellt worden ist, hat der Urkundsbeamte einen **eigenen Ermessensspielraum.** Im Einzelfall kann er die Zahlung eines Vorschusses sowohl auf bereits entstandene als auch auf voraussichtlich entstehende Auslagen mit der Begründung ablehnen, sie seien zur sachgemäßen Durchführung der Angelegenheit nicht erforderlich. Gegen diese Entscheidung kann der Rechtsanwalt gemäß § 56 vorgehen. Er kann aber auch die endgültige Geltendmachung der Auslagen dem **Festsetzungsverfahren** nach § 55 vorbehalten. Für dieses Verfahren ist die Entscheidung des Urkundsbeamten über den Auslagenvorschuss nicht bindend. Auch umgekehrt liegt in der Vorschussgewährung keine Anerkennung der Erforderlichkeit der Auslagen.

16 **a) Gebührenvorschuss.** Die **Höhe** des für bereits entstandene Gebühren zu zahlenden Vorschusses ist anhand der Vorschriften zu bestimmen, die für die jeweilige Tätigkeit des gerichtlich bestellten oder beigeordneten Rechtsanwalts einschlägig sind.

17 **Wertgebühren** sind auf der Grundlage des Gegenstandswertes des Verfahrens aus der Gebührentabelle des § 49 zu entnehmen. Wenn der Gegenstandswert noch nicht feststeht, weil er sich nicht bereits anhand des Klageantrags errechnen lässt, besteht die Möglichkeit, den Gegenstandswert durch das Gericht – zumindest vorläufig – festsetzen zu lassen (§ 32 Abs. 2 iVm §§ 61–69 GKG bzw. §§ 53–61 FamGKG).

18 Bei **Festgebühren,** wie sie dem Pflichtverteidiger in Straf- und Bußgeldsachen zustehen, bestimmt sich die Höhe des Vorschusses für bereits entstandene Gebühren nach dem jeweiligen Gebührentatbestand des Vergütungsverzeichnisses. Jede einzelne Gebühr kann sofort nach ihrer Entstehung als Vorschuss gefordert werden. In Straf- oder Bußgeldverfahren, die sich oft über längere Zeit hinziehen, ist diese

Vorschuss **§ 47**

Möglichkeit für die Liquidität des Pflichtverteidigers von besonderer, in Einzelfällen sogar von existentieller Bedeutung. Von der Anwaltschaft werden im Rahmen von Prozesskostenhilfe und Pflichtverteidigungen verfassungsrechtlich kaum zulässige **Sonderopfer** verlangt. Die Möglichkeit, bereits verdiente Gebühren nicht erst bei ihrer Fälligkeit iSd § 8 Abs. 1, sondern sofort nach ihrer Entstehung als Vorschuss fordern zu können, ist hierfür ein gewisser Ausgleich.

Die Höhe eines Vorschusses auf die **Pauschgebühr** gemäß § 51 Abs. 1 S. 5 lässt sich anders als bei Wert- und Festgebühren nicht aus dem Vergütungsverzeichnis ermitteln, weil der besondere Umfang und die Schwierigkeit eines Straf- oder Bußgeldverfahrens sich erst nach Beendigung des Verfahrens feststellen lassen. Deshalb verschärft § 51 Abs. 1 S. 5 die Voraussetzungen für einen aus der Staatskasse zu zahlenden Vorschuss. Zu der **Angemessenheit** des Vorschusses muss hinzukommen, dass dem Rechtsanwalt insbesondere wegen der langen Dauer des Verfahrens und der Höhe der zu erwartenden Pauschgebühr **nicht zugemutet** werden kann, die Festsetzung der Pauschgebühr abzuwarten. Deshalb kann ein Vorschuss erst nach einer längeren Verfahrensdauer in Betracht kommen und selbst dann nur, wenn dem Rechtsanwalt nicht zugemutet werden kann, das Ende des Verfahrens und die erst dann mögliche Festsetzung der Pauschgebühr abzuwarten. **19**

Der Begriff der **Unzumutbarkeit** im Sinne des § 51 Abs. 1 S. 5 ist **wirtschaftlich** zu verstehen, wie sich daraus ergibt, dass die Regelung auch auf die Höhe der zu erwartenden Pauschgebühr abstellt. Je länger ein Verfahren dauert und je mehr die Arbeitskraft des Rechtsanwalts durch das Verfahren gebunden und ihm dadurch die Möglichkeit der Erzielung anderweitiger Einkünfte genommen wird, umso eher ist ein Vorschuss gerechtfertigt und umso höher muss er ausfallen.[4] **20**

b) Auslagenvorschuss. Auch der Vorschuss für Auslagen muss **angemessen** sein. Bei bereits entstandenen Auslagen ist die Angemessenheit nicht zu prüfen. Waren die Auslagen „zur sachgemäßen Durchführung der Angelegenheit" erforderlich, ist der Vorschuss in Höhe der entstandenen Auslagen auch angemessen. Soll ein Vorschuss auf voraussichtlich entstehende Auslagen aus der Staatskasse gezahlt werden, muss der Urkundsbeamte der Geschäftsstelle, der den Vorschuss festzusetzen hat (§ 55 Abs. 1), die Angemessenheit des von dem Rechtsanwalt verlangten Vorschusses prüfen. Seine Entscheidung hierüber ist eine **Ermessensentscheidung** (dazu → Rn. 15). **21**

4. Geltendmachung

Der Anspruch auf Zahlung eines Vorschusses für bereits entstandene **Gebühren** kann ab dem Zeitpunkt ihrer Entstehung geltend gemacht werden. Fälligkeit iSd § 8 Abs. 1 braucht noch nicht eingetreten zu sein. **22**

Der Anspruch auf Zahlung eines Vorschusses für **Auslagen** kann geltend gemacht werden, sobald die Auslagen entstanden sind. Nicht notwendig ist, dass der Rechtsanwalt die Auslagen bereits aus eigenen Mitteln vorgelegt hat. Voraussetzung ist allerdings, dass es sich um **notwendige** Auslagen iSd § 46 Abs. 1 handelt. Bei einem Vorschuss auf voraussichtlich entstehende Auslagen hat der Urkundsbeamte der Geschäftsstelle (§ 55 Abs. 1) sowohl die Notwendigkeit als auch die Angemessenheit zu prüfen. **23**

IV. Vorschussanspruch des nach §§ 138, 270 FGG-RG beigeordneten oder nach § 67a Abs. 1 S. 2 VwGO bestellten Rechtsanwalts (Abs. 1 S. 2)

Der nach §§ 138, 270 FGG-RG beigeordnete oder nach § 67a Abs. 1 S. 2 VwGO bestellte Rechtsanwalt hat einen **Anspruch** auf Zahlung eines Vorschusses **vorran- 24**

---

[4] Zur Frage der Zumutbarkeit beim Vorschussanspruch BVerfG NJW 2005, 3699.

Hartung

§ 47 Vorschuss

gig nur gegen die **Verfahrensbeteiligten**, denen er in einer Scheidungs- oder Lebenspartnerschaftssache beigeordnet oder für die er in einem verwaltungsgerichtlichen Verfahren als gemeinsamer Vertreter bestellt worden ist. Das ergibt sich aus § 39 für den in einer Scheidungs- oder Lebenspartnerschaftssache beigeordneten und aus § 40 für den zum gemeinsamen Vertreter bestellten Rechtsanwalt.

25 Die **Staatskasse** haftet für die Zahlung eines Vorschusses in beiden Fällen nur **subsidiär**. Gemäß § 47 Abs. 1 S. 2 kann der Rechtsanwalt, der nach den §§ 138, 270 FGG-RG beigeordnet oder nach § 67a Abs. 1 S. 2 VwGO bestellt ist, einen Vorschuss aus Mitteln der Staatskasse erst verlangen, wenn die gemäß § 39 oder § 40 zur Zahlung verpflichteten Verfahrensbeteiligten mit der Zahlung des Vorschusses im **Verzug** sind.

26 Für den Eintritt des Verzugs sind die §§ 284 ff. BGB maßgebend. Verzug tritt ein, wenn nach Fälligkeit binnen 30 Tagen keine Zahlung erfolgt (§ 284 Abs. 3 BGB). Zum Nachweis des Verzugs genügen die Vorlage der Vorschussanforderung und der Ablauf der Monatsfrist gemäß § 288 BGB.

27 Der als **gemeinsamer Vertreter** bestellte Rechtsanwalt hat einen Vorschussanspruch gegen die Landeskasse, wenn der zur Zahlung Verpflichtete mit der Zahlung des Vorschusses (§ 47 Abs. 1 S. 2) im **Verzug** ist. Der Rechtsanwalt muss sich wegen des Vorschusses also zunächst an die von ihm vertretenen Prozessparteien halten.

28 Ausreichend ist der **Verzug einer einzelnen Prozesspartei**.[5] Da der Rechtsanwalt die Gebühren nur einmal erhält (§ 7 Abs. 1) und nicht mehr als die insgesamt entstandenen Auslagen (§ 7 Abs. 2 S. 2) fordern kann, entsteht der Staatskasse kein Nachteil, wenn der Anspruch auf Zahlung eines Vorschusses bereits bei Verzug einer einzigen Prozesspartei fällig wird.

V. Verfahren

29 Gemäß § 55 Abs. 1 wird der von der Staatskasse zu zahlende Vorschuss auf Antrag des Rechtsanwalts von dem **Urkundsbeamten** der Geschäftsstelle des Gerichts des ersten Rechtszugs festgesetzt. Gegen seine Entscheidung kann der Rechtsanwalt **Erinnerung** einlegen. Hilft der Urkundsbeamte nicht ab, entscheidet das Gerichts des Rechtszugs, bei dem die Festsetzung erfolgt ist, durch **Beschluss** (§ 56 Abs. 1 S. 1). Gegen dessen Entscheidung kann der Rechtsanwalt eine befristete **Beschwerde** einlegen, wenn der Wert des Beschwerdegegenstands 200 EUR übersteigt (§ 56 Abs. 2 iVm § 33 Abs. 3 S. 1 und 3). Über die Beschwerde entscheidet das im Rechtszug nächsthöhere Gericht (§ 56 Abs. 2 iVm § 33 Abs. 4 S. 3).

30 Eine **weitere Beschwerde** ist nur zulässig, wenn das Landgericht als Beschwerdegericht entschieden und sie wegen der grundsätzlichen Bedeutung der zur Entscheidung stehenden Frage **zugelassen** hat. Sie kann nur darauf gestützt werden, dass die Entscheidung auf einer Verletzung des Rechts beruht; die §§ 546 und 547 ZPO gelten entsprechend. Über die weitere Beschwerde entscheidet das Oberlandesgericht (§ 33 Abs. 5). Wegen weiterer Einzelheiten wird auf die Ausführungen zu § 33 verwiesen.

VI. Beratungshilfe (Abs. 2)

31 Gemäß § 47 Abs. 2 kann der Rechtsanwalt bei Beratungshilfe auf die nach Nr. 2501 ff. VV anfallenden Gebühren keinen Vorschuss fordern. Die Regelung ist verständlich, da die anwaltliche Tätigkeit im Rahmen von Beratungshilfe durchweg von kurzer Dauer und die Höhe der zu verdienenden Gebühr überaus gering ist.

---

[5] Schneider/Wolf/*Wahlen* § 40 Rn. 8; sa v. Eicken AnwBl. 1991, 187 (190); *Hansens* NJW 1991, 1137 (1140).

Das **Vorschussverbot** des § 47 gilt auch für die von dem Rechtsuchenden 32
geschuldete **Beratungshilfegebühr** gemäß Nr. 2500 VV.[6] Das bedeutet jedoch
nicht, dass der Rechtsanwalt vorleisten muss und die Beratungshilfegebühr erst nach
erfolgter Beratung fordern darf. Stattdessen kann er die Beratungshilfe von der
vorherigen Zahlung der gemäß Nr. 2500 VV vom Rechtsuchenden geschuldeten
Beratungshilfegebühr abhängig machen. Nur so kann er sich davor schützen, dass
der Rechtsuchende nach Beratung die Zahlung verweigert und der Rechtsanwalt
wegen des sonst drohenden Verwaltungsaufwands praktisch gezwungen ist, die
Gebühr zu erlassen.

§ 48 Umfang des Anspruchs und der Beiordnung

(1) **Der Vergütungsanspruch bestimmt sich nach den Beschlüssen, durch die die Prozesskostenhilfe bewilligt und der Rechtsanwalt beigeordnet oder bestellt worden ist.**

(2) [1]**In Angelegenheiten, in denen sich die Gebühren nach Teil 3 des Vergütungsverzeichnisses bestimmen und die Beiordnung eine Berufung, eine Beschwerde wegen des Hauptgegenstands, eine Revision oder eine Rechtsbeschwerde wegen des Hauptgegenstands betrifft, wird eine Vergütung aus der Staatskasse auch für die Rechtsverteidigung gegen ein Anschlussrechtsmittel und, wenn der Rechtsanwalt für die Erwirkung eines Arrests, einer einstweiligen Verfügung oder einer einstweiligen Anordnung beigeordnet ist, auch für deren Vollziehung oder Vollstreckung gewährt.** [2]**Dies gilt nicht, wenn der Beiordnungsbeschluss ausdrücklich etwas anderes bestimmt.**

(3) [1]**Die Beiordnung in einer Ehesache erstreckt sich im Fall des Abschlusses eines Vertrags im Sinne der Nummer 1000 des Vergütungsverzeichnisses auf alle mit der Herbeiführung der Einigung erforderlichen Tätigkeiten, soweit der Vertrag**
1. **den gegenseitigen Unterhalt der Ehegatten,**
2. **den Unterhalt gegenüber den Kindern im Verhältnis der Ehegatten zueinander,**
3. **die Sorge für die Person der gemeinschaftlichen minderjährigen Kinder,**
4. **die Regelung des Umgangs mit einem Kind,**
5. **die Rechtsverhältnisse an der Ehewohnung und den Hausratsgegenständen**
   oder
6. **die Ansprüche aus dem ehelichen Güterrecht**

betrifft. [2]**Satz 1 gilt im Fall der Beiordnung in Lebenspartnerschaftssachen nach § 269 Abs. 1 Nr. 1 und 2 des Gesetzes über das Verfahren in Familiensachen und in den Angelegenheiten der freiwilligen Gerichtsbarkeit entsprechend.**

(4) [1]**Die Beiordnung in Angelegenheiten, in denen nach § 3 Absatz 1 Betragsrahmengebühren entstehen, erstreckt sich auf Tätigkeiten ab dem Zeitpunkt der Beantragung der Prozesskostenhilfe, wenn vom Gericht nichts anderes bestimmt ist.** [2]**Die Beiordnung erstreckt sich ferner auf die gesamte Tätigkeit im Verfahren über die Prozesskostenhilfe einschließlich der vorbereitenden Tätigkeit.**

(5) [1]**In anderen Angelegenheiten, die mit dem Hauptverfahren nur zusammenhängen, erhält der für das Hauptverfahren beigeordnete Rechts-**

---

[6] Zustimmend Hansens/Braun/Schneider/*Hansens*, Praxis des Vergütungsrechts, Teil 6 Rn. 65.

anwalt eine Vergütung aus der Staatskasse nur dann, wenn er ausdrücklich auch hierfür beigeordnet ist. ²Dies gilt insbesondere für
1. die Zwangsvollstreckung, die Vollstreckung und den Verwaltungszwang;
2. das Verfahren über den Arrest, die einstweilige Verfügung und die einstweilige Anordnung;
3. das selbstständige Beweisverfahren;
4. das Verfahren über die Widerklage oder den Widerantrag, ausgenommen die Rechtsverteidigung gegen den Widerantrag in Ehesachen und in Lebenspartnerschaftssachen nach § 269 Abs. 1 Nr. 1 und 2 des Gesetzes über das Verfahren in Familiensachen und in den Angelegenheiten der freiwilligen Gerichtsbarkeit.

(6) ¹Wird der Rechtsanwalt in Angelegenheiten nach den Teilen 4 bis 6 des Vergütungsverzeichnisses im ersten Rechtszug bestellt oder beigeordnet, erhält er die Vergütung auch für seine Tätigkeit vor dem Zeitpunkt seiner Bestellung, in Strafsachen einschließlich seiner Tätigkeit vor Erhebung der öffentlichen Klage und in Bußgeldsachen einschließlich der Tätigkeit vor der Verwaltungsbehörde. ²Wird der Rechtsanwalt in einem späteren Rechtszug beigeordnet, erhält er die Vergütung in diesem Rechtszug auch für seine Tätigkeit vor dem Zeitpunkt seiner Bestellung. ³Werden Verfahren verbunden, kann das Gericht die Wirkungen des Satzes 1 auch auf diejenigen Verfahren erstrecken, in denen vor der Verbindung keine Beiordnung oder Bestellung erfolgt war.

Übersicht

	Rn.
I. Überblick	1
II. Normzweck	4
III. Beiordnungs- bzw. Bestellungsbeschluss als Grundlage des Vergütungsanspruchs (Abs. 1)	6
1. Beiordnung	7
a) Beiordnungsbeschluss	7
b) Abschluss eines Mandatsvertrags	13
c) Tätigkeit ohne Mandatsvertrag	16
2. Bestellung	17
IV. Erstreckung der Beiordnung auf Rechtsmittel (Abs. 2)	18
1. Anwendungsbereich	19
2. Erstreckung der Beiordnung	22
V. Erstreckung der Beiordnung in Ehe- und Lebenspartnerschaftssachen (Abs. 3)	25
1. Anwendungsbereich	26
2. Umfang der Erstreckung	29
VI. Erstreckung in sozialgerichtlichen Verfahren (Abs. 4)	38
VII. Erstreckung auf andere mit dem Hauptverfahren zusammenhängende Angelegenheiten (Abs. 5)	39
1. Zwangsvollstreckung, Vollstreckung und Verwaltungszwang (Abs. 5 Nr. 1)	44
2. Arrest, einstweilige Verfügung und einstweilige Anordnung (Abs. 5 Nr. 2)	47
3. Selbstständiges Beweisverfahren (Abs. 5 Nr. 3)	51
4. Verfahren über die Widerklage oder den Widerantrag (Abs. 5 Nr. 4)	54
VIII. Rückwirkung der Beiordnung oder Bestellung in Straf-, Bußgeld- und anderen Verfahren (Abs. 6)	56

	Rn.
1. Bestellung oder Beiordnung im ersten Rechtszug (Abs. 6 S. 1) ..	58
2. Bestellung oder Beiordnung in späteren Rechtszügen (Abs. 6 S. 2)	61
3. Rückwirkung bei Verfahrensverbindung (Abs. 6 S. 3)	64
4. Auslagen	70
5. Pauschgebühr	71

I. Überblick

§ 48 ergänzt § 45. Die Vorschrift regelt den **gegenständlichen Umfang** der 1
gerichtlichen Beiordnung und Bestellung. Der Umfang des Vergütungsanspruchs
bestimmt sich gemäß § 48 Abs. 1 grundsätzlich nach den Beschlüssen, durch die die
Prozesskostenhilfe bewilligt und der Rechtsanwalt beigeordnet oder bestellt worden
ist. Die Vorschrift erstreckt sich nicht nur auf den im Rahmen von Prozesskostenhilfe
beigeordneten Rechtsanwalt, sondern auf alle iSd § 45 gerichtlich beigeordneten
oder bestellten Rechtsanwälte ohne Rücksicht darauf, auf welcher gesetzlichen
Grundlage die gerichtliche Entscheidung beruht.

Hauptanwendungsfälle sind die Beiordnung im Rahmen von Prozesskosten- 2
hilfe gemäß § 121 ZPO und die Bestellung zum Pflichtverteidiger im Strafprozess.
Durch das 2. Kostenrechtsmodernisierungsgesetz (2. KostRMoG) wurde die Vor- 3
schrift mit Wirkung ab 1.7.2013 in einigen Punkten sowohl **sprachlich angepasst**
als auch **inhaltlich konkretisiert**. Die inhaltliche Konkretisierung betraf einen in
Rechtsprechung und Literatur entstandenen Meinungsstreit über den Umfang der
Gebühren des Rechtsanwalts, die er im Falle des Abschlusses eines Vertrags im Sinne
der Nr. 1000 VV zu beanspruchen hat (→ Rn. 38).

II. Normzweck

Die Vorschrift ist sehr komplex. § 48 Abs. 1 legt fest, dass der Vergütungsanspruch 4
des gerichtlich beigeordneten oder bestellten Rechtsanwalts gegen die Staatskasse
sich nach den **Beschlüssen** bestimmt, durch die die Prozesskostenhilfe bewilligt
und der Rechtsanwalt beigeordnet oder bestellt worden ist. Für den Umfang der
Prozesskostenhilfe und der Beiordnung kommt es mithin auf den Inhalt dieser
Beschlüsse an.

Der Normzweck besteht letztlich darin, **Unklarheiten** in gerichtlichen Beiord- 5
nungs- und Bestellungsbeschlüssen im Zusammenhang mit dem Vergütungsanspruch des gerichtlich beigeordneten oder bestellten Rechtsanwalts gegen die Staatskasse zu vermeiden. Dem der Beiordnung bzw. Bestellung zugrunde liegenden
Gerichtsbeschluss werden gesetzliche Regeln hinzugefügt, die den Umfang des
Vergütungsanspruchs des Rechtsanwalts **gegenständlich** und **zeitlich** teils
beschränken und teils erweitern. Die Vorschrift dient damit auch der **Vereinfachung** der Tätigkeit des Urkundsbeamten der Geschäftsstelle, der die dem Rechtsanwalt zustehenden Gebühren festzusetzen hat (§ 55 Abs. 1), aber ebenso dem Gebühreninteresse des Rechtsanwalts, der durch die gegenständliche und zeitliche
Erweiterung seines Gebührenanspruchs begünstigt wird und in den Fällen der für
ihn gemäß § 48 Abs. 5 nachteiligen Begrenzung seines Gebührenanspruchs durch
einen Antrag auf Erweiterung des Beiordnungs- bzw. Bestellungsbeschlusses selbst
dafür sorgen kann, dass die für ihn nachteilige Auslegungsregel des § 48 Abs. 4 nicht
zur Anwendung kommt.

III. Beiordnungs- bzw. Bestellungsbeschluss als Grundlage des Vergütungsanspruchs (Abs. 1)

6   Der gerichtlich beigeordnete oder bestellte Rechtsanwalt hat einen Vergütungsanspruch gegen die Staatskasse nur, soweit er aufgrund seiner Beiordnung bzw. Bestellung tätig wird und auch nur von dem Zeitpunkt an, den § 48 Abs. 4 oder das Gericht festsetzt.[1] Tätigkeiten außerhalb dieses Rahmens begründen keinen Anspruch gegen die Staatskasse. Deshalb ist der **Beschluss** über die Beiordnung oder Bestellung des Rechtsanwalts praktisch die **Anspruchsgrundlage** des gegen die Staatskasse gerichteten Vergütungsanspruchs. Dieser Beschluss ist für das Festsetzungsverfahren gemäß § 55 **bindend,** auch wenn die Prozesskostenhilfe nicht hätte bewilligt werden dürfen.[2]

1. Beiordnung

7   **a) Beiordnungsbeschluss.** Den Beschluss über die Beiordnung im Rahmen der Prozesskostenhilfe erlässt das Gericht auf der Grundlage der in den einzelnen Verfahrensordnungen, insbesondere in den §§ 114 ff. ZPO enthaltenen Bestimmungen.[3] Beigeordnet werden kann nach der jüngsten Rechtsprechung des Bundesgerichtshofs sowohl ein einzelner Rechtsanwalt als auch eine **Anwaltssozietät.**[4]

8   Gebührenrechtlich reicht die Beiordnung grundsätzlich genau so weit wie die bewilligte Prozesskostenhilfe. Eine **Beschränkung** der Beiordnung auf einzelne Verfahrenshandlungen verbietet das Gesetz ausdrücklich nicht. Aus § 121 Abs. 4 ZPO lässt sich allerdings ableiten, dass die Beiordnung nur in den dort geregelten zwei Fällen zur Wahrnehmung eines Termins zur Beweisaufnahme vor dem ersuchten Richter oder zur Vermittlung des Verkehrs mit dem Prozessbevollmächtigten (Verkehrsanwalt) beschränkt werden darf. Für die anwaltlichen Tätigkeiten zwischen den Instanzen gibt es nicht Prozesskostenhilfe, sondern nur Beratungshilfe, so etwa für die Überprüfung der Erfolgsaussicht eines Rechtsmittels gemäß Nr. 2100 VV.[5]

9   Wird der Rechtsanwalt schon **vor seiner Beiordnung** tätig, begründet diese Tätigkeit keinen Vergütungsanspruch gegen die Staatskasse. In vielen Fällen verwirklicht der Rechtsanwalt nach seiner Beiordnung den Gebührentatbestand allerdings erneut.[6] Das gilt vor allem für die Verfahrensgebühr gemäß Nr. 3100 VV. Eine **Ausnahme** macht § 48 Abs. 4 in Verfahren vor den Sozialgerichten. Hier erstreckt sich die Bewilligung der Prozesskostenhilfe auch auf die vorbereitende anwaltliche Tätigkeit.

10   Wird die Prozesskostenhilfe nur für einen **Teil** der beabsichtigten Rechtsverfolgung oder Rechtsverteidigung bewilligt, beschränken sich die Beiordnung und der Vergütungsanspruch gegen die Staatskasse auf diesen Teil. Erhält der beigeordnete Rechtsanwalt von der Partei den Auftrag, sie auch derer Kosten auch bezüglich des weitergehenden Antrags als **Wahlanwalt** zu vertreten, so muss im Wege einer **Differenzbetrachtung** festgestellt werden, in welcher Höhe die Vergütung von der Staatskasse zu zahlen ist und in welcher Höhe die Partei die Vergütung schuldet. Im Hinblick auf § 122 Abs. 2 Nr. 3 ZPO muss der beigeordnete Rechtsanwalt die ihm aus der Staatskasse zustehende Vergütung nach dem Teilstreitwert, auf den sich

---

[1] Zum Bewilligungszeitpunkt OLG Brandenburg JurBüro 2007, 150; ausführlich *Hartmann* § 48 Rn. 14 ff.
[2] OLG Köln AGS 2007, 362.
[3] OLG Bamberg FamRZ 2008, 2143; OLG Celle Rpfleger 2007, 402.
[4] BGH AnwBl. 2009, 74.
[5] BGH NJW-RR 2007, 1439; OLG Düsseldorf AnwBl. 2005, 656; sa *Hartung* AnwBl. 2005, 2006.
[6] OLG Oldenburg NJW-RR 2007, 792.

die Beiordnung erstreckt, mit den Gebühren aus § 49 gegenüber der Staatskasse abrechnen. Von der Partei hat er die Regelgebühren gemäß § 13 nach dem vollen Streitwert abzüglich des von der Staatskasse zu zahlenden Betrags zu beanspruchen.[7]

Vertritt der Rechtsanwalt **mehrere Streitgenossen** und wird er nur einem von ihnen im Rahmen von Prozesskostenhilfe beigeordnet, während er für die anderen Streitgenossen als Wahlanwalt tätig wird, ist umstritten, in welcher Höhe dem Rechtsanwalt ein Erstattungsanspruch gegen die Staatskasse zusteht. Der **Bundesgerichtshof** meint, dass die Staatskasse dann nur die Erhöhungsgebühr nach Nr. 1008 VV zu tragen habe.[8] Diese Auffassung wird jedoch dem Umstand nicht gerecht, dass der Rechtsanwalt gegenüber dem bedürftigen Mandanten ebenso wie gegenüber dem gleichzeitig vertretenen Streitgenossen, der keine Prozesskostenhilfe in Anspruch nimmt, gemäß § 7 Abs. 2 einen Anspruch auf „die Gebühren und Auslagen hat, die er schulden würde, wenn der Rechtsanwalt nur in seinem Auftrag tätig geworden wäre", aber gemäß § 122 Abs. 1 Nr. 3 ZPO gehindert ist, seinen Anspruch gegen die Partei, der Prozesskostenhilfe bewilligt worden ist, geltend zu machen. Es ist deshalb der oberlandesgerichtlichen Rechtsprechung zu folgen, nach der die Staatskasse im Rahmen der Prozesskostenhilfe die Gebühren in voller Höhe zu tragen hat, nicht jedoch den **Erhöhungsbetrag** nach Nr. 1008 VV.[9]

Die Gebühren für eine Tätigkeit des Rechtsanwalts im **Prozesskostenhilfe-Prüfungsverfahren** hat grundsätzlich der Mandant zu tragen. Eine Bewilligung von Prozesskostenhilfe für das Prozesskostenhilfe-Prüfungsverfahren ist nicht zulässig. Nur ausnahmsweise kommt eine Prozesskostenhilfe für das Bewilligungsverfahren in Betracht, wenn im Bewilligungsverfahren ein **Vergleich** abgeschlossen wird.[10] In diesem Fall ist umstritten, ob Prozesskostenhilfe nur für den Abschluss des Vergleichs oder für das gesamte Prüfungsverfahren zu bewilligen ist. Der **Bundesgerichtshof** hat hierzu entschieden, dass im Falle des Abschlusses eines Vergleichs in einem Erörterungstermin im Prozesskostenhilfe-Prüfungsverfahren Prozesskostenhilfe nur für den Vergleich und nicht für das gesamte Prozesskostenhilfe-Prüfungsverfahren bewilligt werden darf.[11]

b) Abschluss eines Mandatsvertrags. Die Beiordnung allein begründet keinen Anspruch des im Wege der Prozesskostenhilfe beigeordneten Rechtsanwalts gegen die Staatskasse, sondern zunächst nur die Verpflichtung des Rechtsanwalts, mit der Partei, der Prozesskostenhilfe bewilligt worden ist, einen **Mandats-(Anwalts-)vertrag** zu schließen, sofern dieser Vertrag nicht bereits zustande gekommen ist. Dieser Verpflichtung kann er sich nicht entziehen (vgl. § 48 Abs. 1 BRAO). Zusammen mit der Beiordnung begründet der Abschluss des Mandatsvertrags den öffentlich-rechtlichen Vergütungsanspruch des Rechtsanwalts gegen die Staatskasse dem **Grunde** nach.

Umgekehrt führt eine **Beendigung** des Mandatsvertrags nicht zur Beendigung der Beiordnung.[12] Der beigeordnete Rechtsanwalt ist aber nunmehr ohne Vollmacht, so dass das Gericht die Beiordnung aufheben muss.

Häufig wird der Mandatsvertrag schon **vor der Beiordnung** geschlossen. Das gilt insbesondere dann, wenn bereits der Rechtsanwalt den Antrag auf Bewilligung

---

[7] OLG Düsseldorf AGS 2005, 457; OLG Schleswig MDR 2006, 175; Schneider/Wolf/Fölsch/Schafhausen/N. Schneider/Thiel § 48 Rn. 107.
[8] BGH JurBüro 1994, 174; ebenso OLG Koblenz JurBüro 2004, 384; OLG Naumburg Rpfleger 2004, 168.
[9] So OLG Celle AGS 2007, 250; OLG Hamm AGS 2003, 509; OLG Köln NJW-RR 1999, 725; Schneider/Wolf/Fölsch/Schafhausen/N. Schneider/Thiel § 48 Rn. 108.
[10] Dazu OLG Braunschweig AGS 2007, 513; OLG Köln FamRZ 2008, 707; OLG München AnwBl. 2008, 74; OLG Rostock FamRZ 2008, 708.
[11] BGHZ 159, 263 = NJW 2004, 2595; HK-RVG/*Ebert* § 48 Rn. 39.
[12] So Schneider/Wolf/Fölsch/Schafhausen/N. Schneider/Thiel § 48 Rn. 36 ff.

von Prozesskostenhilfe für seinen Mandanten eingereicht hat. Dafür erhält er, wenn der Antrag zurückgewiesen wird, von dem Mandanten – nicht aus der Staatskasse! – gemäß Nr. 3334 VV eine Verfahrensgebühr mit einem Gebührensatz von 1,0. Wird die Prozesskostenhilfe bewilligt, sind gemäß § 16 Nr. 2 das Verfahren über die Prozesskostenhilfe und das Verfahren, für das die Prozesskostenhilfe beantragt worden ist, dieselbe Angelegenheit, so dass die Verfahrensgebühr für das Verfahren über die Bewilligung der Prozesskostenhilfe wieder entfällt.

16 **c) Tätigkeit ohne Mandatsvertrag.** Ausnahmsweise kann dem Rechtsanwalt auch ohne Abschluss eines Mandatsvertrags ein Vergütungsanspruch gegen die Staatskasse zustehen, wenn er aufgrund seiner Beiordnung im mutmaßlichen Interesse des zukünftigen Mandanten tätig wird.[13] Die Beiordnung löst schon vor Abschluss des Mandatsvertrags gegenüber dem künftigen Mandanten **Fürsorge-, Belehrungs- und Betreuungspflichten** aus,[14] deren Verletzung den Rechtsanwalt schadensersatzpflichtig machen kann. Deshalb darf und muss der Rechtsanwalt bestimmte Handlungen, die er für unaufschiebbar hält, vornehmen. Hierzu gehören beispielsweise die Belehrung über Fristen und drohende Rechtsnachteile,[15] die Akteneinsicht zur Feststellung, ob unaufschiebbare Maßnahmen erforderlich sind[16] oder die Wahrnehmung eines Termins zur Verhütung eines Versäumnisurteils. Auch wenn der Rechtsanwalt in solchen Fällen wegen Fehlens eines Mandatsvertrags noch keinen vertraglichen Vergütungsanspruch, für den die Staatskasse im Rahmen der Prozesskostenhilfe einzustehen hat, besitzt, kann er gegen seine künftige Partei einen **Anspruch aus Geschäftsführung ohne Auftrag** (§ 683 BGB) oder aus ungerechtfertigter Bereicherung (§ 812 Abs. 1 BGB) haben. Bereits nach der unter der Geltung der BRAGO herrschenden Auffassung von Rechtsprechung[17] und Literatur[18] konnte der Rechtsanwalt auch wegen dieser Ansprüche von der Staatskasse die Zahlung einer Vergütung verlangen. Diese gefestigte Auffassung ist auch weiterhin gültig. Sowohl aus Geschäftsführung ohne Auftrag als auch aus ungerechtfertigter Bereicherung wird in der Regel die gesetzliche Vergütung geschuldet.[19]

2. Bestellung

17 Die gerichtliche **Bestellung** eines Rechtsanwalts erfolgt in der Regel ohne Einschränkung. Eine rückwirkende Bestellung ist nicht zulässig.[20] Vergütungsansprüche entstehen daher grundsätzlich erst ab dem Zeitpunkt der Bestellung. Eine Ausnahme bildet § 48 Abs. 6.

IV. Erstreckung der Beiordnung auf Rechtsmittel (Abs. 2)

18 Für Angelegenheiten, in denen sich die Gebühren nach **Teil 3 VV** bestimmen, erweitert **§ 48 Abs. 2 S. 1** den **Umfang der Beiordnung.**

---

[13] BGH NJW-RR 1989, 970.
[14] BAG ZIP 1980, 804.
[15] BGHZ 30, 326 = NJW 1959, 1732.
[16] KG AnwBl. 1985, 218.
[17] BGH NJW-RR 1989, 170; BAG ZIP 1980, 804; KG AnwBl. 1985, 218.
[18] *Schneider/Wolf/Fölsch/Schafhausen/N. Schneider/Thiel* § 45 Rn. 31 ff.
[19] BGHZ 140, 355 = NJW 1999, 1464; vgl. auch BGH NJW 1990, 2542; BGH NJW 1997, 47 und BGH NJW 2000, 422.
[20] LG Koblenz NJW 2004, 962.

Umfang des Anspruchs und der Beiordnung § 48

1. Anwendungsbereich

§ 48 Abs. 2 S. 1 erstreckt sich auf alle Angelegenheiten des Teils 3 VV. Die Regelung gilt mithin für alle **bürgerlichen Rechtsstreitigkeiten** einschließlich der Verfahren vor den Gerichten für **Arbeitssachen** und für die Verfahren vor den Gerichten der **Verwaltungs-, Finanz- und Sozialgerichtsbarkeit.** Dazu gehören auch die Verfahren der Zwangsvollstreckung, Zwangsversteigerung und Zwangsverwaltung, der Vollziehung der Arreste und die Verfahren der einstweiligen Verfügungen und einstweiligen Anordnungen. Ebenfalls nach Teil 3 VV bestimmen sich schließlich die Gebühren in Angelegenheiten der **freiwilligen Gerichtsbarkeit.** 19

Die Erweiterung des Umfangs der Beiordnung nach Maßgabe des § 48 Abs. 2 S. 2 gilt nicht, wenn der Beiordnungsbeschluss ausdrücklich **etwas anderes bestimmt.** Weicht eine im Beiordnungsbeschluss enthaltene Bestimmung von der Regelung des § 48 Abs. 2 S. 1 ab, wird der Vergütungsanspruch des beigeordneten Rechtsanwalts beeinträchtigt. 20

Praxistipp:

Der beigeordnete Rechtsanwalt sollte im Zeitpunkt des Zugangs des Beiordnungsbeschlusses unverzüglich prüfen, ob er durch den Beiordnungsbeschluss gebührenrechtlich benachteiligt wird, um in einem solchen Fall fristgerecht Beschwerde einlegen zu können. 21

2. Erstreckung der Beiordnung

Ist der Rechtsanwalt für eine **Berufung,** eine **Beschwerde** wegen des Hauptgegenstands, eine **Revision** oder eine **Rechtsbeschwerde** wegen des Hauptgegenstands beigeordnet, erstreckt sich seine Beiordnung, falls der Beiordnungsbeschluss nicht ausdrücklich etwas anderes bestimmt, auch auf die Rechtsverteidigung gegen ein Anschlussrechtsmittel des Rechtsmittelgegners. 22

Als Anschlussrechtsmittel ist auch die **Klageerweiterung** des in erster Instanz erfolgreichen Klägers zu verstehen. Gleiches gilt, wenn er in zweiter Instanz von der **Feststellungs-** zur **Leistungsklage** übergeht.[21] 23

Die Regelung des § 48 Abs. 2 gilt nicht für den **Rechtsmittelgegner.** Er muss die Bewilligung von Prozesskostenhilfe und die Beiordnung eines Rechtsanwalts gesondert beantragen. Ob für sein Anschlussrechtsmittel Erfolgsaussicht besteht, muss das Rechtsmittelgericht prüfen, selbst wenn es für die Rechtsverteidigung gegen das ursprüngliche Rechtsmittel bereits Prozesskostenhilfe bewilligt und einen Rechtsanwalt beigeordnet hat. 24

V. Erstreckung der Beiordnung in Ehe- und Lebenspartnerschaftssachen (Abs. 3)

Die Beiordnung eines Rechtsanwalts in Ehe- und Lebenspartnerschaftssachen erstreckt sich, sofern eine Erstreckung nicht ausdrücklich ausgeschlossen wird, kraft Gesetzes nur auf den Versorgungsausgleich (§ 149 FamFG), da diese Folgesache auch ohne Antrag anhängig wird. Für alle anderen Folgesachen muss die Bewilligung von Prozesskostenhilfe und die Beiordnung eines Rechtsanwalts vom Gericht gesondert beschlossen werden. 25

---

[21] Ebenso Schneider/Wolf/*Fölsch/Schafhausen/N. Schneider/Thiel* § 48 Rn. 46.

1. Anwendungsbereich

26 § 48 Abs. 3 erstreckt die Beiordnung eines Rechtsanwalts in einer **Ehesache** oder in einer **Lebenspartnerschaftssache** auf den Abschluss eines **Vertrags** iSd Nr. 1000 VV.

27 Zu den **Ehesachen** gehören die Verfahren auf Scheidung, Aufhebung oder Nichtigerklärung einer Ehe, auf Feststellung des Bestehens oder Nichtbestehens einer Ehe oder auf Herstellung des ehelichen Lebens (§ 121 FamFG).

28 Zu den **Lebenspartnerschaftssachen** (§§ 14–19 LPartG) gehören ua die Verfahren auf Feststellung des Bestehens oder Nichtbestehens einer Lebenspartnerschaft nach § 1 LPartG (§ 269 Abs. 1 Nr. 2 FamFG).

2. Umfang der Erstreckung

29 Gemäß § 48 Abs. 3 erstreckt sich die Beiordnung auf den „**Abschluss eines Vertrags im Sinne der Nummer 1000** des Vergütungsverzeichnisses". Aus dieser Formulierung ist abzuleiten, dass es auf eine **gerichtliche Protokollierung** des Vertrags nicht ankommt, sondern auch eine **außergerichtliche Vereinbarung** die von der Staatskasse zu erstattende Gebühr gemäß Nr. 1000 VV auslöst.[22]

30 Die Regelung des § 48 Abs. 3 soll eine **Einigung über die Scheidungsfolgen** fördern. Nr. 1000 VV setzt weder eine Anhängigkeit der zu regelnden Scheidungsfolgen noch eine gerichtliche Protokollierung voraus. Zudem folgt aus der Vorb. 3 Abs. 3 VV, dass zum Beispiel eine Terminsgebühr auch ohne Anhängigkeit eines gerichtlichen Verfahrens entstehen kann. Es ist kein Grund dafür ersichtlich, warum das bei der Einigungsgebühr anders sein soll.[23]

Praxistipp:

31 Der beigeordnete Rechtsanwalt sollte den (Scheidungsfolgen-)Vertrag gerichtlich protokollieren lassen. Das ist bei einer einverständlichen Scheidung allein schon deshalb sinnvoll, um einen vollstreckbaren Titel zu erlangen.

32 Der Vergütungsanspruch des beigeordneten Rechtsanwalts entsteht auch, wenn das Gericht, obwohl der **Gegner nicht anwaltlich vertreten** ist, die Scheidungsvereinbarung zu Protokoll nimmt. Für die Entstehung der Einigungsgebühr gemäß Nr. 1000 VV genügt es nämlich, wenn die Vereinbarung materiell-rechtlich wirksam ist. Auf die Vollstreckbarkeit der durch die Vereinbarung geregelten Ansprüche kommt es nicht an.[24]

33 Die **Folgesachen,** auf die sich die Beiordnung für den Fall einer Vereinbarung gemäß Nr. 1000 VV kraft Gesetzes erstreckt, auch wenn sie nicht anhängig sind und kein gesonderter Antrag auf Bewilligung von Verfahrenskostenhilfe gestellt ist, betreffen gemäß § 48 Abs. 3 S. 1:
- den gegenseitigen Unterhalt der Ehegatten;
- den Unterhalt gegenüber den Kindern im Verhältnis der Ehegatten zueinander;
- die Sorge für die Person der gemeinschaftlichen minderjährigen Kinder;
- die Regelung des Umgangs mit einem Kind;
- die Rechtsverhältnisse an der Ehewohnung und den Haushaltsgegenständen und
- die Ansprüche aus dem ehelichen Güterrecht.

---

[22] So die inzwischen herrschende Meinung, vgl. OLG Brandenburg AGS 2007, 146; OLG Celle JurBüro 2006, 319; OLG Köln AGS 2006, 138; OLG Rostock JurBüro 2008, 373; OVG Hamburg NJW 2008, 538; Schneider/Wolf/*Fölsch/Schafhausen/N. Schneider/Thiel* § 48 Rn. 55 ff.; **aA** wegen der Gefahr eines Missbrauchs OLG Karlsruhe MDR 2008, 293 = AGS 2008, 563 m. abl. Anm. Schneider.

[23] Zur Protokollierungspflicht des Gerichts OLG Brandenburg AGS 2006, 609.

[24] OLG München MDR 1986, 770.

Oft enthält der Vertrag, den die Eheleute anlässlich ihrer Scheidung schließen, auch 34
Regelungen, die in § 48 Abs. 3 S. 1 nicht genannt sind. Das gilt beispielsweise für
die Regelung des **Umgangs** mit einem gemeinschaftlichen Kind, die **Herausgabe**
eines gemeinschaftlichen Kindes an den anderen Ehegatten, die Regelung von **Verbindlichkeiten,** die nicht dem ehelichen Güterrecht zuzuordnen sind oder sonstige
in § 48 Abs. 3 S. 1 nicht erwähnte Regelungsbereiche.

In solchen Fällen entsteht die Frage, ob § 48 Abs. 3 die Gegenstände, auf die sich 35
die Beiordnung im Rahmen eines Vertrags iSd Nr. 1000 VV erstreckt, **enumerativ**
aufzählt oder ob die Regelung auf andere Familiensachen oder sogar auf Streitigkeiten anwendbar ist, die nicht familienrechtlicher Natur sind. Die dazu bislang vertretene Auffassung, dass die Aufzählung in § 48 Abs. 3 nicht abschließend sei und sich
die Beiordnung folglich stets auf den **gesamtem Vertrag** erstreckte, auch wenn er
sich nicht einmal teilweise auf einen der in § 48 Abs. 3 S. 1 genannten Regelungsbereiche beziehe,[25] lässt sich nach der Neufassung des § 48 Abs. 3 S. 1 nicht mehr
aufrechterhalten. Der geänderte Wortlaut begrenzt die automatische Erstreckung
auf die in § 48 Abs. 3 S. 1 genannten Regelungspunkte unmissverständlich durch
die Verwendung des Wortes „soweit". Obwohl nicht erwähnt, gehört aber der
Versorgungsausgleich dazu. Das folgt aus § 149 FamFG, wonach sich die Beiordnung eines Rechtsanwalts im Rahmen von Verfahrenskostenhilfe auf den Versorgungsausgleich ohnehin erstreckt, soweit die Erstreckung nicht ausdrücklich ausgeschlossen worden ist.[26]

Praxistipp:

Der Rechtsanwalt muss die Bewilligung von Verfahrenskostenhilfe unter seiner 36
Beiordnung für den Abschluss des Einigungsvertrags insoweit beantragen, wie die
Einigung über die in § 48 Abs. 3 S. 1 genannten Folgesachen hinaus weitere Regelungspunkte enthält.

Die frühere **Streitfrage,** ob neben der **Einigungsgebühr** auch eine **Verfahrens-** 37
differenzgebühr und eine **Terminsgebühr** anfallen,[27] hat der Gesetzgeber durch
eine Neufassung des § 48 Abs. 3 in der Weise geklärt, dass die Beiordnung des
Rechtsanwalts in einer Ehesache sich im Fall einer Einigung im Sinne der Nr. 1000
VV „auf **alle** mit der Herbeiführung der Einigung **erforderlichen Tätigkeiten**"
erstreckt, **soweit** sie die in § 48 Abs. 3 genannten Regelungspunkte betreffen. Das
bedeutet, dass die Staatskasse neben der Einigungsgebühr (Nr. 1000 VV) auch die
Verfahrensdifferenzgebühr und die Terminsgebühr zu erstatten hat.

VI. Erstreckung in sozialgerichtlichen Verfahren (Abs. 4)

§ 48 Abs. 4 betrifft die sozialgerichtlichen Verfahren, in denen nach § 3 Abs. 1 38
Betragsrahmengebühren entstehen (siehe dazu die Kommentierung des § 3 in diesem
Kommentar). Der Aufwand, der in diesen Verfahren über den Antrag auf Bewilligung von Prozesskostenhilfe entsteht, wurde von einigen Gerichten der Sozialgerichtsbarkeit nicht berücksichtigt.[28] Nunmehr wird auch die Tätigkeit des Rechtsanwalts **im Bewilligungsverfahren** von der Prozesskostenhilfe erfasst, es sei denn,

---

[25] So die Vorauflage zu § 48 Rn. 37 f. Siehe auch OLG Köln AGS 2006, 138 betr. Vergleich
über die Auseinandersetzung von Miteigentum: OLG Zweibrücken NJW-RR 2007, 6 betr.
eine Grundstücksübertragung. Eingeschränkt auch HK-RVG/*Ebert* § 48 Rn. 96.

[26] OLG Zweibrücken JurBüro 2005, 660.

[27] Zu der durch die Gesetzesänderung überholten widersprüchlichen Rechtsprechung und
Literatur siehe die Kommentierung zu § 48 Rn. 43 ff. und Fn. 30 in der Vorauflage.

[28] Vgl. zB LSG Schleswig-Holstein NZS 2009, 534.

dass das Gericht im Bewilligungsbeschluss nach § 48 Abs. 1 etwas anderes bestimmt. Hierfür muss jedoch ein besonderer rechtfertigender Grund gegeben sein.[29]

VII. Erstreckung auf andere mit dem Hauptverfahren zusammenhängende Angelegenheiten (Abs. 5)

39 § 48 Abs. 5 stellt klar, dass der beigeordnete Rechtsanwalt in Angelegenheiten, die mit dem Hauptverfahren nur zusammenhängen, aus der Staatskasse eine Vergütung nur erhält, wenn er ausdrücklich auch hierfür beigeordnet wird. Der Begriff **„ausdrücklich"** verhindert eine stillschweigende Beiordnung, die sowohl auf Seiten der Staatskasse als auch auf Seiten des beigeordneten Rechtsanwalts für Rechtsunsicherheit sorgen könnte. Deshalb ist bei fehlender ausdrücklicher Beiordnung im Zweifel davon auszugehen, dass es an einer Beiordnung fehlt.[30] So umfasst die Bestellung zum Pflichtverteidiger nicht die Vertretung des Angeklagten im **Adhäsionsverfahren**.[31]

40 Die in § 48 Abs. 5 für alle anderen Verfahren enthaltene Bestimmung, dass der Rechtsanwalt für die Rechtsverteidigung gegenüber einer Widerklage gesondert beigeordnet werden muss, bringt den Grundsatz zum Ausdruck, dass der Vergütungsanspruch des für die Klage beigeordneten Rechtsanwalts auf den Streitgegenstand des Klageverfahrens beschränkt ist und der beigeordnete Rechtsanwalt ohne eine ausdrückliche Beiordnung für die Widerklage einen Vergütungsanspruch gegen die Staatskasse nur wegen seiner Tätigkeit im Klageverfahren hat.

41 Nur in **Ehe- und Lebenspartnerschaftssachen** sollen der **Antrag** und die Rechtsverteidigung gegenüber einem **Widerantrag** als **Einheit** gesehen werden, weil es auch in der Sache selbst nur zu einer einheitlichen Beurteilung des Bestandes der Ehe kommen kann. Zum Begriff der Ehesache wird auf die obige Rn. 28 verwiesen.

42 Die in § 48 Abs. 4 S. 2 beispielhaft genannten Fälle, in denen der Rechtsanwalt ohne ausdrückliche Beiordnung keine Vergütung aus der Staatskasse erhält, sind **„insbesondere"**:
- die Zwangsvollstreckung, die Vollstreckung und der Verwaltungszwang (Nr. 1);
- das Verfahren über den Arrest, die einstweilige Verfügung und die einstweilige Anordnung (Nr. 2);
- das selbstständige Beweisverfahren (Nr. 3) und
- das Verfahren über die Widerklage oder den Widerantrag, ausgenommen die Rechtsverteidigung gegen den Widerantrag in Ehesachen und in Lebenspartnerschaften nach § 269 Abs. 1 Nr. 1 und 2 FamFG (Nr. 4).

43 Wie sich aus dem Gesetzeswortlaut („insbesondere") ergibt, besteht ein Anspruch gegen die Staatskasse auch in **weiteren Angelegenheiten**, die mit dem Hauptprozess zusammenhängen, ohne ausdrückliche Beiordnung nicht. Welche anderen Verfahren das sein können, ist eine offene Frage. *Schneider*[32] nennt die Erwirkung einer **vormundschaftsgerichtlichen Genehmigung**, das **Erinnerungsverfahren** gegen den Kostenansatz nach § 66 GKG, das Verfahren vor der **Hinterlegungsstelle** und die **Zulassung der Zwangsvollstreckung** gegen eine Gemeinde durch die Aufsichtsbehörde. Das sind freilich durchweg äußerst selten vorkommende Beispiele. Im Wesentlichen beschränkt sich der Anwendungsbereich des § 48 Abs. 4 daher auf die dort genannten Angelegenheiten.

---

[29] BT-Drs. 17/11474 v. 14.11.2012 zu Art. 8 Nr. 25 Buchst. c (S. 422).

[30] Für eine großzügigere Betrachtung OLG Karlsruhe FamRZ 1984, 920.

[31] OLG Rostock RVGreport 2011, 423; OLG Stuttgart AGS 2009, 387; LG Potsdam JurBüro 2011, 135.

[32] Riedel/Sußbauer/*Ahlmann* § 48 Rn. 31.

Umfang des Anspruchs und der Beiordnung § 48

1. Zwangsvollstreckung, Vollstreckung und Verwaltungszwang (Abs. 5 Nr. 1)

Für die Zwangsvollstreckung, die Vollstreckung iSd §§ 86 ff. FamFG und den Verwaltungszwang gilt die für den Rechtsstreit erfolgte Beiordnung nicht. Das betrifft sowohl den Gläubiger als auch den Schuldner. Zuständig hierfür ist das Vollstreckungsgericht.[33] Dem **Gläubiger** lehnen die Vollstreckungsgerichte die Beiordnung eines Rechtsanwalts für die Mobiliarzwangsvollstreckung in aller Regel als nicht erforderlich iSd § 121 Abs. 2 ZPO ab. Bei anderen Vollstreckungsmaßnahmen wird die Erforderlichkeit einer Beiordnung schon eher bejaht, so bei einer Vollstreckung wegen Unterhaltsforderungen[34] und bei der Pfändung in ein Bankkonto.[35] Für eine **Lohnpfändung** darf dem Gläubiger die Beiordnung eines Rechtsanwalts nicht ohne Prüfung des Einzelfalles versagt werden.[36] Dem **Schuldner** wird ein Rechtsanwalt nur im Ausnahmefall beigeordnet.[37]

Gemäß § 119 Abs. 2 ZPO umfasst die Bewilligung von Prozesskostenhilfe für die **Zwangsvollstreckung in das bewegliche Vermögen** alle Vollstreckungshandlungen im Bezirk des Vollstreckungsgerichts einschließlich des Verfahrens auf Abgabe der eidesstattlichen Versicherung. Daraus folgt, dass für eine Zwangsvollstreckung in das unbewegliche Vermögen oder in Forderungen und auch für Vollstreckungshandlungen in das bewegliche Vermögen außerhalb des Bezirks des Vollstreckungsgerichts die Beiordnung besonders beantragt werden muss.

Die Beiordnung eines Rechtsanwalts für die Zwangsvollstreckungsinstanz erstreckt sich nicht auf **Rechtsstreitigkeiten**, die sich aus der Zwangsvollstreckung ergeben. Das gilt sowohl für die Zwangsvollstreckungsgegenklage gemäß § 769 ZPO als auch für die Drittwiderspruchsklage gemäß § 771 ZPO, aber auch für die Erinnerung nach § 766 ZPO und die Beschwerde. In diesen Fällen sind die Prozesskostenhilfe und die Beiordnung eines Rechtsanwalts jeweils erneut zu beantragen und vom Gericht zu beschließen.

2. Arrest, einstweilige Verfügung und einstweilige Anordnung (Abs. 5 Nr. 2)

Einer besonderen Beiordnung bedarf es stets auch für das Verfahren über den Arrest, die einstweilige Verfügung und die einstweilige Anordnung. Die Beiordnung eines Rechtsanwalts im Rahmen von Prozess- oder Verfahrenskostenhilfe in einem **Hauptsacheverfahren** erstreckt sich also nicht auf das Arrestverfahren und auch nicht auf das Verfahren der einstweiligen Verfügung oder der einstweiligen Anordnung, auch wenn der Streitgegenstand derselbe ist. Das ergibt sich aus § 48 Abs. 5 S. 2 Nr. 2 und aus § 17 Nr. 4a und b. In jedem der genannten Hauptsacheverfahren bedarf es also einer **gesonderten Beschlussfassung** sowohl über die Prozesskostenhilfe als auch über die Beiordnung. Das gilt auch, wenn der Arrest oder die einstweilige Verfügung während der zweiten Instanz beantragt werden.

Zum **Arrestverfahren** und zum Verfahren über die **einstweilige Verfügung** gehören neben dem Anordnungsverfahren auch das **Widerspruchsverfahren** gemäß §§ 924, 925 ZPO, das Verfahren auf Aufhebung wegen nicht fristgerechter Klageerhebung nach § 926 Abs. 2 ZPO und wegen veränderter Umstände gemäß § 927 ZPO, ferner das Verfahren auf Aufhebung gegen Sicherheitsleistung gemäß

---

[33] BGH NJW 1979, 1048.
[34] LG Hannover JurBüro 1986, 120; LG Heilbronn Rpfleger 1991, 208; LG Kassel JurBüro 1988, 904; LG Siegen Rpfleger 1988, 41.
[35] LG Heidelberg JurBüro 1986, 211.
[36] BGH JurBüro 2004, 42; sa LG Freiburg JurBüro 1989, 1716.
[37] LG Essen JurBüro 1990, 907.

§ 939 ZPO und das Verfahren auf Aufhebung der einstweiligen Verfügung wegen Nichteinhaltung der Ladungsfrist gemäß § 942 Abs. 3 ZPO.[38] All diese Verfahren sind ein und dieselbe Angelegenheit iSd § 16 Nr. 6. Der beigeordnete Rechtsanwalt kann die Gebühren, sofern sie gleichartig sind, nur einmal verdienen. Einer jeweils gesonderten Beiordnung bedarf es nicht.

49   Auch für die **einstweilige Anordnung** ist eine gesonderte Beiordnung erforderlich. Das gilt auch in Scheidungssachen. Die Beiordnung für eine Folgesache erstreckt sich also nicht auf das Verfahren auf Erlass einer einstweiligen Anordnung. Nichts anderes gilt für einstweilige Anordnungen gemäß §§ 80 Abs. 5, 123 VwGO und §§ 69 Abs. 3 und 4, 114 FGO. Die Beiordnung für ein **Anordnungsverfahren** erstreckt sich auch auf die Tätigkeit des beigeordneten Rechtsanwalts in einem Verfahren nach § 54 FamFG auf Aufhebung oder Änderung einer bereits ergangenen einstweiligen Anordnung.

50   Wird der Rechtsanwalt für das Verfahren des Arrestes oder der einstweiligen Verfügung oder der einstweiligen Anordnung im Wege der Prozesskostenhilfe beigeordnet, erweitert § 48 Abs. 2 S. 1 die Beiordnung auf die **Vollziehung** oder **Vollstreckung** der gerichtlichen Entscheidung. Nur so kann sichergestellt werden, dass die Entscheidungen binnen der in § 929 Abs. 2 ZPO bestimmten Frist von einem Monat vollzogen und damit bestandssicher werden können. Würde das Gericht nach Erlass eines Arrestes oder einer einstweiligen Verfügung oder einer einstweiligen Anordnung für die Vollziehung oder Vollstreckung erneut über die Beiordnung entscheiden müssen, wäre die Vollziehungsfrist kaum zu wahren. Zudem wäre eine nochmalige Entscheidung des Gerichts über die Beiordnung eines Rechtsanwalts eine **reine Förmelei,** da die dem Gericht obliegende Prüfung der gesetzlichen Voraussetzungen gerade erst in zeitlich engem Zusammenhang mit der Vollstreckung vorausgegangen ist.

3. Selbstständiges Beweisverfahren (Abs. 5 Nr. 3)

51   Das selbstständige Beweisverfahren ist gegenüber dem Hauptsacheverfahren immer eine **eigene Angelegenheit.** Deshalb umfasst die Beiordnung im Hauptsacheverfahren nicht die Tätigkeiten des beigeordneten Rechtsanwalts im selbstständigen Beweisverfahren und umgekehrt. Eingeschränkt wird dies nur durch die Vorb. 3 Abs. 5 VV.

52   Für das selbstständige Beweisverfahren iSd §§ 485 ff. ZPO bedarf es aus den vorstehend genannten Gründen stets einer **gesonderten Beiordnung.** Dabei ist es gleichgültig, ob das Verfahren vor Rechtshängigkeit des Hauptprozesses oder erst danach durchgeführt wird.[39] Allerdings wird die im selbstständigen Beweisverfahren entstandene Verfahrensgebühr auf die Verfahrensgebühr des Rechtszugs angerechnet, soweit der Gegenstand des selbstständigen Beweisverfahrens auch Gegenstand eines Rechtsstreits ist oder wird (Teil 3 Vorb. 3 Abs. 5 VV). Hierauf stellt § 48 Abs. 5 S. 2 Nr. 3 jedoch nicht ab, sondern verlangt für das selbstständige Beweisverfahren ohne Einschränkung eine ausdrückliche Beiordnung.

53   Die in einem selbstständigen Beweisverfahren entstehenden Gebühren sind die gleichen wie in einem bürgerlichen Rechtsstreit. Der beigeordnete Rechtsanwalt kann also die **1,3 Verfahrensgebühr** nach Nr. 3100 VV verdienen, die allerdings auf die Verfahrensgebühr des Rechtsstreits anzurechnen ist, soweit der Gegenstand beider Verfahren derselbe ist. Anfallen kann weiterhin eine **1,2 Terminsgebühr** nach Nr. 3104 VV. Sie entsteht, wenn der beigeordnete Rechtsanwalt einen Beweisaufnahmetermin oder einen von einem gerichtlich bestellten Sachverständigen anbe-

---

[38] **AA** für das Aufhebungsverfahren ohne Begründung *Hartmann* § 48 Rn. 74; Riedel/Sußbauer/*Ahlmann* § 48 Rn. 36.
[39] So auch *Hartmann* § 48 Rn. 85.

Umfang des Anspruchs und der Beiordnung § 48

raumten Termin wahrnimmt. Schließlich kommt die Entstehung einer **1,5 Einigungsgebühr** gemäß Nr. 1000 VV in Betracht. Diese Gebühr ermäßigt sich gemäß Nr. 1003 VV nicht auf 1,0, wenn über den Gegenstand, über den eine Einigung erzielt wird, **nur** ein selbstständiges Beweisverfahren anhängig ist. Bei Anhängigkeit auch eines Rechtsstreits über den Gegenstand des Beweisverfahrens tritt die Ermäßigung der Einigungsgebühr auf 1,0 ein.

4. Verfahren über die Widerklage oder den Widerantrag (Abs. 5 Nr. 4)

Für das Verfahren über die **Widerklage** muss der Rechtsanwalt gesondert beigeordnet werden. Das gilt sowohl für die Erhebung der Widerklage als auch für die Verteidigung hiergegen. Ohne ausdrückliche Beiordnung für die Widerklage bzw. für die Verteidigung hat der Rechtsanwalt einen Vergütungsanspruch gegen die Staatskasse nur in Bezug auf seine Tätigkeit im Klageverfahren und auch nach dem Streitwert der Klage. Die Beiordnung bleibt bestehen, wenn die Klage zurückgenommen wird.[40]   54

Eine Ausnahme besteht für **Ehesachen** und **Lebenspartnerschaftssachen**. In diesen Verfahren ist für die Rechtsverteidigung gegen einen **Widerantrag** keine besondere Beiordnung erforderlich (§ 48 Abs. 5 Nr. 4). Für die Partei, die den Widerantrag stellt, fehlt eine entsprechende Regelung.[41] Zu beachten ist, dass es nach dem Sprachgebrauch des FamFG keine Scheidungsklage (mehr) gibt, sondern nur einen Scheidungsantrag. Folgerichtig ist seit der Neufassung durch das 2. KostRMoG in § 48 Abs. 5 Nr. 4 von einem „**Widerantrag**" die Rede sein.   55

VIII. Rückwirkung der Beiordnung oder Bestellung in Straf-, Bußgeld- und anderen Verfahren (Abs. 6)

§ 48 Abs. 6 ist eine **Ausnahme** von dem Grundsatz, dass eine rückwirkende Bestellung oder Beiordnung eines Rechtsanwalts unzulässig ist und dieser ohne die Regelung des § 48 Abs. 6 Gebühren nur ab dem Zeitpunkt seiner Bestellung fordern könnte.   56

Die Regelung unterscheidet zwischen der **ersten Instanz** und einem **späteren Rechtszug**. Sie gilt für Angelegenheiten nach den **Teilen 4 bis 6 VV**. Das sind Strafsachen (Teil 4 VV), Bußgeldsachen (Teil 5 VV) und sonstige Verfahren (Teil 6 VV). Zu den sonstigen Verfahren gehören im wesentlichen Verfahren nach dem Gesetz über die Internationale Rechtshilfe in Strafsachen, Disziplinarverfahren, berufsgerichtliche Verfahren wegen der Verletzung einer Berufspflicht und gerichtliche Verfahren bei Freiheitsentziehung.   57

1. Bestellung oder Beiordnung im ersten Rechtszug (Abs. 6 S. 1)

Bei einer Beiordnung oder Bestellung in **erster Instanz** erhält der Rechtsanwalt in Angelegenheiten nach den Teile 4 bis 6 VV die Vergütung (Gebühren und Auslagen) aus der Staatskasse auch für seine Tätigkeit **vor dem Zeitpunkt seiner Bestellung**. Das gilt in Strafsachen einschließlich der Tätigkeit vor Erhebung der öffentlichen Klage und in Bußgeldsachen einschließlich der Tätigkeit vor der Verwaltungsbehörde. Der Rechtsanwalt hat also Anspruch auf Zahlung der Vergütung aus der Staatskasse unabhängig davon, ob er bis zur Anklageerhebung zunächst als **Wahlverteidiger** tätig wird und in welchem Verfahrensabschnitt der ersten Ins-   58

---

[40] OLG Nürnberg NJW 1970, 2301; **aA** OLG Frankfurt a.M. NJW 1963, 1786 und 1964, 1532; OLG München NJW 1966, 113.
[41] HK-RVG/*Ebert* § 48 Rn. 112.

tanz ihn das Gericht zum **Pflichtverteidiger** bestellt oder im Wege der Prozesskostenhilfe beiordnet. Dadurch wird verhindert, dass dem zunächst als Wahlverteidiger tätigen Rechtsanwalt nur wegen des späteren Zeitpunkts seiner Beiordnung oder Bestellung nicht seine gesamte Tätigkeit aus der Staatskasse vergütet wird.

59 Welcher **Art** die anwaltliche Tätigkeit **vor** der Bestellung oder Beiordnung war, ist vergütungsrechtlich ohne Bedeutung. Insbesondere ist nicht erforderlich, dass die Tätigkeit dem Gericht gegenüber erfolgt ist.[42]

60 Bei einer Beiordnung oder Bestellung **nach** einer **Verfahrensverbindung** können die Grund-, Verfahrens- und Terminsgebühren mehrfach anfallen, wenn der Rechtsanwalt in sämtlichen verbundenen Verfahren schon vor der Verbindung gerichtlich bestellt oder beigeordnet war.[43] War der Rechtsanwalt vor der Verbindung mehrerer Verfahren als **Wahlverteidiger** tätig und wird er erst nach der Verbindung der Verfahren zum Pflichtverteidiger bestellt, bleiben die bereits zuvor und bis zur Verbindung entstandenen Wahlverteidigergebühren bestehen.[44]

2. Bestellung oder Beiordnung in späteren Rechtszügen (Abs. 6 S. 2)

61 Die Regelung des § 48 Abs. 6 S. 2 gilt für alle Angelegenheiten nach den **Teilen 4 bis 6 VV**, also auch für den in Verfahren nach dem IRG und IStGH-Gesetz und in gerichtlichen Verfahren bei Freiheitsentziehung und in Unterbringungssachen beigeordneten oder bestellten Rechtsanwalt und auch für den einem Nebenkläger im Wege der Prozesskostenhilfe beigeordneten Rechtsanwalt.[45]

62 § 48 Abs. 6 S. 2 **erweitert** den Anwendungsbereich von § 48 Abs. 6 S. 1 für spätere Rechtszüge. Die gerichtliche Bestellung oder Beiordnung eines Rechtsanwalts in einem **späteren Rechtszug** wirkt grundsätzlich nicht auf die Tätigkeit des Rechtsanwalts als Wahlverteidiger in einem **früheren Rechtszug** zurück, beschränkt sich also auf den Rechtszug, in dem die Bestellung oder Beiordnung erfolgt ist. Eine **instanzübergreifende** Rückwirkung folgt aus § 48 Abs. 6 S. 2 nicht.

63 Wenn § 48 Abs. 6 S. 2 insoweit anders als in Satz 1 allein von dem „beigeordneten" Rechtsanwalt spricht, ist das nur auf eine sprachlich **ungenaue Formulierung** zurückzuführen. Belegt wird das insbesondere dadurch, dass gemäß § 48 Abs. 6 S. 2 der „**beigeordnete**" Rechtsanwalt eine Vergütung auch für seine Tätigkeit vor seiner „**Bestellung**" erhalten soll. Gemeint sind also wie in § 48 Abs. 6 S. 1 sowohl der bestellte als auch der beigeordnete Rechtsanwalt.

3. Rückwirkung bei Verfahrensverbindung (Abs. 6 S. 3)

64 Bei einer Verfahrensverbindung bleiben die bis zur Verbindung entstandenen Gebühren bestehen.[46] Daran ändert § 48 Abs. 6 S. 3 nichts. Die Regelung stellt vielmehr klar, dass die in § 48 Abs. 6 S. 1 und 2 geregelte Rückwirkung sich **nicht automatisch** auf verbundene Verfahren erstreckt, in denen bisher kein Rechtsanwalt bestellt oder beigeordnet war, sondern dass sie voraussetzt, dass in einem von

---

[42] OLG Köln NJW 2003, 2038.
[43] OLG Düsseldorf JurBüro 1985, 413; sa OLG Hamm RVGreport 2005, 273.
[44] OLG Rostock RVGreport 2009, 304; siehe dazu auch OLG Bremen RVGreport 2013, 14 und OLG Koblenz JurBüro 2012, 522.
[45] OLG Koblenz JurBüro 2007, 644.
[46] Siehe LG Hanau RVGreport 2005, 382 mAnm *Burhoff* zur gleichzeitigen Terminierung von verschiedenen Verfahren, die nicht als stillschweigende Verbindung zu werten ist.

Umfang des Anspruchs und der Beiordnung § 48

mehreren Verfahren bereits ein Rechtsanwalt als Pflichtverteidiger gerichtlich bestellt ist und mit diesem Verfahren dann weitere Verfahren verbunden werden.[47]

§ 48 Abs. 6 S. 3 betrifft nur Verfahrensverbindungen nach §§ 4 und 13 Abs. 2 StPO, nicht aber die Verbindung nach § 237 StPO zum Zwecke der gemeinsamen Verhandlung.[48] 65

Die Regelung des § 48 Abs. 6 S. 3 überlässt es dem **Gericht,** eine Erstreckung der Bestellung oder Beiordnung auf die verbundenen Verfahren anzuordnen.[49] Eine solche Anordnung kommt insbesondere dann in Betracht, wenn in einem der verbundenen Verfahren eine Bestellung oder Beiordnung ohnehin unmittelbar bevorgestanden hätte. War der Rechtsanwalt im Zeitpunkt der Verbindung von mehreren Verfahren in dem führenden Verfahren bereits vor der Verbindung bestellt worden, so tritt für ihn hinzu verbundenes Verfahren, in dem vor der Verbindung keine Bestellung erfolgt war, die Wirkung des § 48 Abs. 6 S. 3 nur ein, wenn das Gericht sie auf Antrag oder von Amts wegen auch auf dieses Verfahren erstreckt.[50] 66

Die Anordnung der Erstreckung erfolgt meist nur auf **Antrag.** Der Antrag sollte begründet werden. Er ist auch nach rechtskräftigem Verfahrensabschluss noch zulässig.[51] 67

Praxistipp:

Der Pflichtverteidiger sollte nicht vergessen, einen Erstreckungsantrag zu stellen. 68

Ab dem Zeitpunkt der Verbindung sind die verbundenen Strafverfahren gebührenrechtlich nur noch eine Angelegenheit.[52] 69

4. Auslagen

§ 48 Abs. 6 betrifft auch die **Auslagen** des beigeordneten oder bestellten Rechtsanwalts. Das folgt aus der Verwendung des Begriffs „Vergütung", der nach der in § 1 Abs. 1 S. 1 enthaltenen Definition die Gebühren und die Auslagen umfasst. Der Pflichtverteidiger kann also aus der Staatskasse Ersatz seiner Auslagen nach Teil 7 VV verlangen. Das gilt auch für Auslagen, die er vor seiner Bestellung als Wahlverteidiger aufgewendet hat. Nach § 46 Abs. 2 kann er die Erforderlichkeit der Auslagen gerichtlich feststellen lassen. Wegen weiterer Einzelheiten wird auf die Kommentierung zu § 46 verwiesen. 70

5. Pauschgebühr

Gemäß § 51 Abs. 1 S. 4 kann eine Pauschgebühr auch für solche Tätigkeiten gewährt werden, für die ein Anspruch nach § 48 Abs. 6 besteht. Das bedeutet, dass bei der Festsetzung einer Pauschgebühr auch die Tätigkeiten des gerichtlich bestellten oder beigeordneten Rechtsanwalts zu berücksichtigen sind, die er vor seiner Bestellung oder Beiordnung erbracht hat. Das gilt vor allem für Tätigkeiten im Ermittlungsverfahren, in dem es häufig an einer Bestellung oder Beiordnung fehlt. 71

---

[47] OLG Hamm RVGreport 2005, 273 (Leitsatz) mAnm *Burhoff;* vgl. auch LG Berlin JurBüro 2006, 29.
[48] BT-Drs. 15/1971, 201 zu § 48.
[49] OLG Jena RVGreport 2008, 458.
[50] KG JurBüro 2009, 531.
[51] OLG Düsseldorf RVGprofessionell 2007, 175; LG Dresden RVGreport 2008, 140; LG Freiburg RVGprofessionell 2006, 93.
[52] LG Koblenz JurBüro 2005, 255 mAnm *Enders.*

Hartung

§ 49 Wertgebühren aus der Staatskasse

Bestimmen sich die Gebühren nach dem Gegenstandswert, werden bei einem Gegenstandswert von mehr als 4 000 Euro anstelle der Gebühr nach § 13 Absatz 1 folgende Gebühren vergütet:

Gegenstands- wert bis ... Euro	Gebühr Euro	Gegenstands- wert bis ... Euro	Gebühr Euro
5 000	257	16 000	335
6 000	267	19 000	349
7 000	277	22 000	363
8 000	287	25 000	377
9 000	297	30 000	412
10 000	307	über	
13 000	321	30 000	447

Übersicht

	Rn.
I. Überblick	1
II. Normzweck	2
III. Anwendungsbereich	6
1. Wertgebühren	7
2. Satzrahmengebühren	9
3. Betragsrahmengebühren	10
IV. Gebührenstaffel	11
1. Erste Stufe	12
2. Zweite Stufe	14
3. Dritte Stufe	18
V. „Volle Gebühr" als Berechnungsgröße	19
VI. Vertretung mehrerer Auftraggeber	23
VII. Berufspolitische Anm.	26

I. Überblick

1   § 49 ist im Zusammenhang mit § 48 zu sehen. Während § 48 den **gegenständlichen** und **zeitlichen Umfang** des durch die gerichtliche Beiordnung oder Bestellung eines Rechtsanwalts zwischen ihm und der Staatskasse begründeten öffentlich-rechtlichen Schuldverhältnisses festlegt, begrenzt § 49 die Einstandspflicht der Staatskasse der **Höhe** nach.[1]

II. Normzweck

2   Die Vorschrift gilt für alle Arten von Beiordnungen und Bestellungen eines Rechtsanwalts, soweit er für seine Tätigkeit **Wertgebühren** zu beanspruchen hat. Obwohl der Rechtsanwalt auch im Rahmen einer gerichtlichen Beiordnung oder Bestellung seiner Partei dieselben Leistungen schuldet, die eine Partei verlangen kann, die das volle Anwaltshonorar nach der Gebührentabelle des § 13 zahlt, muss

---

[1] Schneider/Wolf/*Fölsch* § 49 Rn. 1.

er als gerichtlich bestellter oder beigeordneter Rechtsanwalt für weitaus geringere Gebühren tätig sein und hat dennoch die uneingeschränkte Haftung für etwaige Fehler zu tragen. Der **Staat** erfüllt also seine **soziale Verpflichtung** in einem wesentlichen Umfang auf Kosten der Anwaltschaft und verlangt damit von ihr ein **Sonderopfer,** das anderen Berufsgruppen nicht abverlangt wird. Der Grund für dieses Sonderopfer sind rein **fiskalische Überlegungen** der Bundesländer, die den Aufwand für gerichtliche Beiordnungen und Bestellungen letztlich zu tragen haben.

Das **Bundesverfassungsgericht** ist der Meinung, dass die bestehende Reglung 3 im gesetzgeberischen Ermessen liegt und deshalb verfassungsrechtlich nicht beanstandet werden kann.[2] Es hat sogar den Standpunkt vertreten, dass auch bei einem Streitwert von mehr als 42 Millionen DM (20.454.258 EUR) Prozesskostenhilfegebühren in Höhe von 2.708,60 DM (1.384,89 EUR) nicht unangemessen sein sollen.[3] Im konkreten Fall hatte der Rechtsanwalt vor seiner Beiordnung im Rahmen von Prozesskostenhilfe allerdings seine Bereitschaft zur Übernahme der Vertretung erklärt. Maßgebend für die Entscheidung war also, dass der betroffene Rechtsanwalt ohne staatlichen Zwang und in Kenntnis aller wesentlichen Umstände seine Bereitschaft zur Übernahme der Vertretung seines Mandanten erklärt hatte (§ 121 Abs. 1 ZPO). Offen blieb, wie das Bundesverfassungsgericht entschieden hätte, wenn der Rechtsanwalt vom Vorsitzenden gemäß § 121 Abs. 5 ZPO beigeordnet gewesen wäre.

Diese Entscheidung des Bundesverfassungsgerichts sollte jeden Rechtsanwalt 4 nachdenklich stimmen, der bei hohen Streitwerten für den Erfolgsfall auf den attraktiven vollen Kostenerstattungsanspruch gegen die gegnerische Partei spekuliert. Geht der Rechtsstreit verloren, erhält er für seine, bei hohem Streitwert meist mit erheblichem Zeitaufwand verbundene Tätigkeit praktisch so gut wie keine Vergütung und trägt obendrein ein uneingeschränktes hohes Haftungsrisiko.

Praxistipp:
Der Rechtsanwalt sollte bei hohen Streitwerten sein Haftungsrisiko bedenken und 5 nicht voreilig seiner Beiordnung im Rahmen von Prozesskostenhilfe zustimmen.

III. Anwendungsbereich

§ 49 regelt die Gebühren, die ein im Rahmen von Prozess- bzw. Verfahrenskosten- 6 hilfe beigeordneter Rechtsanwalt anstelle der in der Gebührentabelle des § 13 geregelten Gebühren erhält. Die Vorschrift betrifft nur **Wert- und Satzrahmengebühren,** nicht aber **Betragsrahmengebühren.**

1. Wertgebühren

Wertgebühren sind solche Gebühren, die sich nach dem **Gegenstandswert** der 7 anwaltlichen Tätigkeit richten (§ 2 Abs. 1). Sie werden in den verschiedenen Gebührentatbeständen als **Dezimalgebühren** ausgewiesen. In § 49 wird ebenso wie in § 13 der Betrag für eine **volle** Gebühr (1,0) genannt. Die Wertgebühren können aber auch geringer oder höher als eine volle Gebühr sein (→ Rn. 19 f.).

Wertgebühren gibt es in allen **Gerichtsbarkeiten.** Vornehmlich sind sie in Teil 2 8 und Teil 3 VV geregelt. Teil 2 VV betrifft die außergerichtlichen Tätigkeiten einschließlich der Vertretung im Verwaltungsverfahren, Teil 3 VV die Bürgerlichen

---
[2] BVerfG NJW 1971, 187.
[3] BVerfG NJW 2008, 1063; dazu *Henke* AnwBl. 2008, 134; sa *Gaier* zur Angemessenheit anwaltlicher Vergütung als Grundrechtsproblem, AnwBl. 2010, 73; zur Verfassungsmäßigkeit des Mindeststreitwertes in Ehesachen bei beiderseitiger Prozesskostenhilfe siehe BVerfG NJW 2009, 1197; vgl. auch BVerfG NJW 2007, 1445.

§ 49 Wertgebühren aus der Staatskasse

Rechtsstreitigkeiten einschließlich der Verfahren vor den Gerichten für Arbeitssachen, die Verfahren der freiwilligen Gerichtsbarkeit, die öffentlich-rechtlichen Gerichtsbarkeiten (Verwaltungs-, Finanz- und Sozialgerichtsbarkeit), die Verfahren nach dem Strafvollzugsgesetz und ähnliche Verfahren. Vereinzelt gibt es Wertgebühren auch in Straf- und Bußgeldsachen, so in den Nr. 4142 und 5116 VV.

2. Satzrahmengebühren

9   Zu den Wertgebühren gehören auch die sog. **Satzrahmengebühren.** Dabei handelt es sich um Gebühren, die sich wie Wertgebühren nach dem Gegenstandswert richten, für die das Vergütungsverzeichnis aber keinen festen Gebührensatz vorschreibt, sondern einen **Mindestgebührensatz** und einen **Höchstgebührensatz.** Zwischen beiden Gebührensätzen hat der Rechtsanwalt unter Beachtung der Kriterien des § 14 den nach seiner Auffassung der Billigkeit entsprechenden Gebührensatz festzulegen und den Gebührenbetrag anhand der Tabelle des § 49 zu ermitteln, indem er den von ihm festgelegten **Gebührensatz** mit dem Tabellenbetrag, der dem Betrag einer vollen Gebühr entspricht, multipliziert. Solche Satzrahmengebühren finden sich in Teil 2 VV in den Nr. 2100, 2200, 2301, 2400 und 2403 VV.

3. Betragsrahmengebühren

10   Nicht zum Anwendungsbereich des § 49 gehören **Betragsrahmengebühren.** Sie richten sich nicht nach einem Gegenstandswert, sondern werden im Vergütungsverzeichnis mit einem **Mindestbetrag** und einem **Höchstbetrag** ausgewiesen. Hauptanwendungsfälle sind neben den Gebührentatbeständen für Verfahren vor den Gerichten der **Sozialgerichtsbarkeit** die in Teil 4 VV für **Strafsachen,** in Teil 5 VV für **Bußgeldsachen** und in Teil 6 VV für **sonstige Verfahren** für den **Wahlverteidiger** geregelten Gebühren.

IV. Gebührenstaffel

11   Die **Wertgebühren** sind in § 49 **dreistufig** geregelt.

1. Erste Stufe

12   In der **ersten Stufe** bis zu einem Gegenstandswert von 5.000 EUR steht sich der beigeordnete Rechtsanwalt gebührenrechtlich nicht schlechter als der Wahlanwalt. Der beigeordnete Rechtsanwalt erhält die Gebühren, die auch ein Mandant zu zahlen hat, der keine Prozess- oder Verfahrenskostenhilfe in Anspruch nimmt.

13   Der **Mindestbetrag** einer Gebühr beträgt 15 EUR. Das folgt aus § 13 Abs. 2, der auch für den gerichtlich bestellten oder beigeordneten Rechtsanwalt gilt. § 49 ändert nur § 13 Abs. 1, nicht aber § 13 Abs. 2.

2. Zweite Stufe

14   In der **zweiten Stufe** bei Gegenstandswerten von über 5.000 EUR bis einschließlich 30.000 EUR erhält der Rechtsanwalt nicht die volle Regelvergütung des § 13, sondern eine **gekürzte Vergütung,** die hinter den Regelgebühren umso mehr zurückbleibt, je höher der Gegenstandswert ist. Bei 10.000 EUR beträgt sie etwa nur die Hälfte der Regelgebühr.

15   In Verfahren, deren Gegenstandswert zwischen 5.000 EUR und 30.000 EUR liegt, kollidiert das Gebühreninteresse des Rechtsanwalts mit den wirtschaftlichen Interessen des Mandanten. Erhält der Mandant **Prozess- oder Verfahrenskostenhilfe** mit **Ratenzahlungsbewilligung,** kann der Rechtsanwalt neben der Grund-

Wertgebühren aus der Staatskasse **§ 49**

vergütung unter den in § 50 genannten Voraussetzungen eine weitere Vergütung bis zur Höhe der Gebühren gemäß § 13 aus der Staatskasse beanspruchen. Diese Möglichkeit entfällt, wenn der Mandant **ratenfreie** Prozess- oder Verfahrenskostenhilfe erhält.

Praxistipp:
Der Rechtsanwalt sollte sich, bevor er den Antrag auf Bewilligung von Prozess- oder Verfahrenskostenhilfe stellt, um eine Vorschusszahlung des Mandanten bemühen. Dieser Vorschuss ist gemäß § 58 Abs. 2 zunächst auf die Vergütung anzurechnen, für die ein Anspruch gegen die Staatskasse nicht oder nur unter den Voraussetzungen des § 50 besteht. **16**

Einer solchen Verfahrensweise steht die Regelung des § 122 Abs. 1 Nr. 3 ZPO nicht entgegen. Diese Vorschrift gilt erst von dem Zeitpunkt an, zu dem die Bewilligung der Prozess- oder Verfahrenskostenhilfe wirksam wird. **17**

3. Dritte Stufe

Bei Gegenstandswerten über 30.000 EUR wird die Wertgebühr vom Gegenstandswert unabhängig. Stattdessen erhält der Rechtsanwalt eine **Festgebühr**. Der dafür in der Tabelle des § 49 vorgesehene Betrag von 447 EUR versteht sich aber nicht als **Höchstsatz**, sondern bezieht sich auf die volle 1,0 Gebühr (→ Rn. 19 ff.). **18**

V. „Volle Gebühr" als Berechnungsgröße

Die Tabelle des § 49 weist den Betrag für die sog. volle Gebühr aus. Das ist die Gebühr, die im Vergütungsverzeichnis mit einem **Gebührensatz von 1,0** genannt wird. Wenn der Gebührensatz **geringer als 1,0** ist, zB 0,3, 0,4, 0,5, 0,55, 0,75, 0,8 oder 0,9 beträgt, und ebenso wenn er **größer als 1,0** ist, zB 1,1, 1,2, 1,3, 1,5, 1,6, 1,8, 2,3, 2,8 oder 3,0 beträgt, nimmt die volle Gebühr die **Funktion einer Berechnungsgröße** ein. In diesen Fällen bildet der Tabellenbetrag für eine volle Gebühr nur die Grundlage für die Berechnung der anstelle der vollen Gebühr im Einzelfall konkret verdienten Gebühr. **19**

Die **Abweichungen von der vollen Gebühr** bestimmen sich nach dem jeweils einschlägigen Gebührentatbestand des Vergütungsverzeichnisses. Die volle Gebühr ermäßigt oder erhöht sich entsprechend dem Gebührensatz, den das Vergütungsverzeichnis ausweist. **20**

Beträgt beispielsweise der Gebührensatz für die **Verfahrensgebühr** gemäß Nr. 3200 VV in der **Berufungsinstanz** 1,6, so ist die für den jeweiligen Gegenstandswert in der Tabelle ausgewiesene volle Gebühr um den Gebührensatz von 1,6 zu erhöhen. Bei einem Gegenstandswert über 30.000 EUR fallen im Beispielsfall statt 447 EUR (447 EUR mal 1,6) 715,20 EUR an. In der **Revisionsinstanz** beträgt die Verfahrensgebühr gemäß Nr. 3208 VV bei einem Gebührensatz von 2,3 und einem Gegenstandswert von mehr als 30.000 EUR statt 447 EUR (447 EUR mal 2,3) 1.028,10 EUR. **21**

Umgekehrt verringert sich beispielsweise die Verfahrensgebühr für die Vertretung des Antragsgegners im Mahnverfahren gemäß Nr. 3307 VV um die Hälfte, weil der Gebührensatz 0,5 beträgt, so dass sich der Gebührenbetrag von 447 auf 223,50 EUR reduziert. **22**

VI. Vertretung mehrerer Auftraggeber

Vertritt der beigeordnete Rechtsanwalt mehrere Auftraggeber als **echte Streitgenossen**, erhöht sich die Verfahrens- oder Geschäftsgebühr gemäß Nr. 1008 VV **23**

Hartung

für jeden weiteren Auftraggeber um 0,3, soweit der **Gegenstand** der anwaltlichen Tätigkeit **derselbe** ist. Die drei Zehntel beziehen sich jedoch nicht auf die Höhe der zugrunde liegenden Gebühr, sondern auf den Gebührensatz. So erhöht sich beispielsweise eine 0,5 Gebühr auf 0,8. Mehrere Erhöhungen dürfen höchstens zu einer Erhöhung von 2,0 führen. Bei einem Gegenstandswert über 30.000 EUR kann sich also die Festgebühr von 447 EUR auf maximal 1.341 EUR (447 EUR Ausgangsgebühr und 2 x 447 EUR = 894 EUR Erhöhungsgebühr) erhöhen.

24 Ist der Rechtsanwalt **mehreren Auftraggebern** in einer Angelegenheit beigeordnet, in der der **Gegenstandswert** der anwaltlichen Tätigkeit abweichend von Nr. 1008 VV **nicht derselbe** ist und die Gegenstandswerte gemäß § 22 Abs. 1 zusammenzurechnen sind (unechte Streitgenossen), käme eine Erhöhung der Verfahrensgebühr nach dem Wortlaut der Anm. zu Nr. 1008 VV nicht in Betracht. Der beigeordnete Rechtsanwalt könnte also bei wortgetreuer Anwendung der Nr. 1008 VV für die Verfahrensgebühr bei einem **zusammengerechneten Gegenstandswert** über 30.000 EUR nur den Höchstbetrag von 447 EUR liquidieren. Eine solche wortgetreue Auslegung hat der Bundesgerichtshof jedoch schon zu der Vorgängerregelung des § 6 BRAGO abgelehnt.[4] Dieser Auffassung ist unverändert zu folgen. Das bedeutet: Bleibt die Summe der zusammengerechneten Gegenstandswerte unter 30.000 EUR, fällt die Verfahrensgebühr nach den zusammengerechneten Gegenstandswerten an. Übersteigt die Summe der zusammengerechneten Gegenstandswerte den Betrag von 30.000 EUR, erhöht sich der Gebührensatz um 0,3 und damit der Höchstbetrag von 447 EUR für jeden weiteren Auftraggeber um 134,10 EUR (447 EUR x 1,3) auf 581,10 EUR.[5]

25 Ist der Rechtsanwalt von zwei Streitgenossen nur einem beigeordnet, beschränkt sich sein Vergütungsanspruch gegen die Staatskasse nicht auf die Erhöhungsgebühr nach Nr. 1008 VV. Er erhält vielmehr die vollen durch die Vertretung der mit Prozess- oder Verfahrenskostenhilfe ausgestatteten Partei entstandenen Gebühren nach Maßgabe des § 49.[6]

VII. Berufspolitische Anm.

26 § 49 hat die frühere Tabelle des ehemaligen § 123 BRAGO ohne jede Änderung übernommen. Mit Ausnahme der Währungsumstellung von DM in Euro erhielt der gerichtlich beigeordnete Rechtsanwalt also bis zum Inkrafttreten des **2. KostRMoG** am 1.7.2013 noch immer **dieselben Beträge wie 1994.** Das heißt mit anderen Worten: Es hatte seit rund 19 Jahren keine Erhöhung von Tabellenbeträge der §§ 13 und 49 mehr gegeben. Durch den Wegfall der früheren Beweisgebühr ist das Gebührenaufkommen der forensisch tätigen Rechtsanwälte (nicht nur der gerichtlich beigeordneten) sogar gesunken.

27 Demgegenüber ist festzustellen, dass es in der Bundesrepublik seit 1994 ständig nur aufwärts gegangen ist. Der **Verbraucherpreisindex** stieg zwischen dem 1.1.1994 und dem 31.12.2011 um rund 27,4 Prozentpunkte und die **Beamten- und Richterbesoldung** vom 1.5.1993 bis zum 1.8.2011 um rund 28,3 %.[7] Demgegenüber stagnierten die Einnahmen der Rechtsanwälte zunächst und sinken inzwischen von Jahr zu Jahr. Da die **Kostenquote** trotz mancher Rationalisierungsanstrengungen der Anwaltschaft sich kontinuierlich etwa zwischen 50 % und 75 %

---

[4] BGHZ 81, 40 = NJW 1981, 2757; aA OLG Köln AnwBl. 1987, 242.
[5] Dazu ausführlich Schneider/Wolf/*Fölsch* § 49 Rn. 14–16.
[6] So OLG Celle AGS 2007, 250; OLG Hamm AGS 2003, 509; OLG Köln NJW-RR 1999, 725; aA BGH JurBüro 1994, 174; OLG Koblenz JurBüro 2004, 384; OLG Naumburg Rpfleger 2004, 168.
[7] Quelle Statistisches Bundesamt, Verbraucherpreisindex.

bewegt, führen die Verluste an Einnahmen zwangsläufig zu **verminderten Gewinnen**. Infolgedessen verschlechtert sich die wirtschaftliche Situation vieler Rechtsanwälte immer mehr.

Berechnungen schon aus dem Jahr 2004 ergaben, dass die Anwaltschaft seit dem Inkrafttreten der früheren BRAGO im Jahre 1957 bis 2004 gegenüber Angestellten in der Wirtschaft weit mehr als 100 % an Kaufkraft verloren hatte. So verwundert es nicht, dass immer öfter bereits von einem **Anwaltsproletariat** gesprochen wird. Der Rechtsanwalt, der seinen Lebensunterhalt als Taxifahrer oder auf andere berufsfremde Weise zu verdienen sucht, war bislang die Ausnahme. Doch die wirtschaftliche Situation der Anwaltschaft spitzt sich weiter zu. So formulierte *Jahn* schon im Jahr 2005 in der Frankfurter Allgemeinen Zeitung: „ Kein Mandant darf sich heute mehr wundern, wenn ihm sein Anwalt morgens als Paketbote ein Päckchen ins Haus bringt oder ihm seine Anwältin an der Kasse im Supermarkt wieder begegnet".[8] 28

Diese Entwicklung gewinnt immer mehr auch eine **verfassungsrechtliche Dimension**. Die Rechtsanwälte helfen jeden Tag, den Rechtsstaat zu verwirklichen. Sie nehmen dem Staat durch ihre Teilnahme an Beratungs- und Prozess- oder Verfahrenskostenhilfe einen Teil seiner sozialen Verpflichtung ab. Das Gesetz garantiert ihnen als Organ der Rechtspflege (§ 1 BRAO) Unabhängigkeit nicht nur vom Staat, sondern auch von den Mandanten. Und dennoch bleibt der Staat untätig, obwohl die der Anwaltschaft vom Staat garantierte **Unabhängigkeit** der Rechtsanwälte als Organ der Rechtspflege (§ 1 BRAO) aus wirtschaftlichen Gründen immer mehr in Gefahr gerät. Diese Entwicklung lässt sich auch nach dem Inkrafttreten des 2. KostRMoG unverändert nur mit Sorge beobachten. 29

§ 50 Weitere Vergütung bei Prozesskostenhilfe

(1) ¹**Nach Deckung der in § 122 Abs. 1 Nr. 1 der Zivilprozessordnung bezeichneten Kosten und Ansprüche hat die Staatskasse über die auf sie übergegangenen Ansprüche des Rechtsanwalts hinaus weitere Beträge bis zur Höhe der Regelvergütung einzuziehen, wenn dies nach den Vorschriften der Zivilprozessordnung und nach den Bestimmungen, die das Gericht getroffen hat, zulässig ist.** ²**Die weitere Vergütung ist festzusetzen, wenn das Verfahren durch rechtskräftige Entscheidung oder in sonstiger Weise beendet ist und die von der Partei zu zahlenden Beträge beglichen sind oder wegen dieser Beträge eine Zwangsvollstreckung in das bewegliche Vermögen der Partei erfolglos geblieben ist oder aussichtslos erscheint.**

(2) **Der beigeordnete Rechtsanwalt soll eine Berechnung seiner Regelvergütung unverzüglich zu den Prozessakten mitteilen.**

(3) **Waren mehrere Rechtsanwälte beigeordnet, bemessen sich die auf die einzelnen Rechtsanwälte entfallenden Beträge nach dem Verhältnis der jeweiligen Unterschiedsbeträge zwischen den Gebühren nach § 49 und den Regelgebühren; dabei sind Zahlungen, die nach § 58 auf den Unterschiedsbetrag anzurechnen sind, von diesem abzuziehen.**

Übersicht

	Rn.
I. Überblick	1
II. Normzweck	3
III. Einziehungspflicht der Staatskasse (Abs. 1 S. 1)	13
IV. Materielle Voraussetzungen des Anspruchs auf eine „weitere Vergütung" (Abs. 1 S. 1 und Abs. 2)	18

---

[8] *Jahn* FAZ v. 2.5.2005, S. 13.

	Rn.
1. Anwendungsbereich	18
2. Offene Gebührenforderung	23
3. Überschuss aus dem Ratenzahlungsaufkommen	24
4. Vorlage einer Regelgebührenberechnung (Abs. 2)	26
5. Fälligkeitsvoraussetzungen	31
V. Formelle Anspruchsvoraussetzungen (Abs. 1 S. 2 und Abs. 2)	32
1. Festsetzungszeitpunkt	33
2. Festsetzungsvoraussetzungen	37
a) Beendigung des Verfahrens	37
b) Erfolg- oder aussichtslose Zwangsvollstreckung	41
3. Festsetzungsverfahren	52
VI. Beiordnung mehrerer Rechtsanwälte (Abs. 3)	53
1. Anwendungsbereich	53
2. Berechnung der Regelvergütung	57

I. Überblick

1 § 50 begründet für den im Wege der Prozess- oder Verfahrenskostenhilfe beigeordneten Rechtsanwalt einen Anspruch auf eine **weitere Vergütung** gegen die Staatskasse, wenn der von ihm vertretenen Partei gemäß § 120 ZPO Hilfe nur mit Ratenzahlung bewilligt worden ist und diese die ihr auferlegten Ratenzahlungen auch tatsächlich geleistet hat. Zu diesem Zweck verpflichtet die Vorschrift die Staatskasse, nach Deckung der in § 122 Abs. 1 Nr. 1 ZPO bezeichneten Kosten und Ansprüche über die auf sie übergegangenen Ansprüche des Rechtsanwalts hinaus weitere Beträge bis zur Höhe der Regelvergütung einzuziehen, soweit das nach der ZPO oder nach den vom Gericht getroffenen Bestimmungen zulässig ist, also jedenfalls nicht über 48 Monatsraten hinaus (§ 115 Abs. 1 S. 4 ZPO). Neben dieser Verpflichtung trifft die Staatskasse gemäß § 50 Abs. 1 S. 2 auch die Pflicht, die Zahlung der vom Gericht festgelegten Raten zu **überwachen** und nötigenfalls auch **durchzusetzen**.

2 Der Wortlaut des § 50 Abs. 1 S. 1 in der durch das **KostRMoG** geänderten Fassung soll ausweislich der Gesetzesbegründung[1] der redaktionellen Klarstellung dienen, dass die Staatskasse nach Befriedigung ihrer Ansprüche nicht nur die Gebührendifferenz, sondern auch **zusätzliche Auslagen** wie zB Eine höhere Auslagenpauschale nach Nr. 7002 VV oder Auslagen, die nicht aus der Staatskasse zu erstatten sind, einzuziehen hat. Bezüglich der **Auslagenpauschale** ergibt die Neufassung allerdings keinen Sinn, da sie für den Wahlanwalt und den gerichtlich beigeordneten oder bestellten Rechtsanwalt gleich hoch ist. Mit den **Auslagen,** die nicht aus der Staatskasse zu erstatten sind, können eigentlich nur die Auslagen (zB Reisekosten) gemeint sein, auf die sich die Beiordnung nicht erstreckt, der Rechtsanwalt aber wegen § 122 Abs. 1 Nr. 3 ZPO gleichwohl gehindert ist, seine Partei wegen dieser Auslagen unmmitelbar in Anspruch zu nehmen.[2]

II. Normzweck

3 Der beigeordnete Rechtsanwalt hat gemäß § 122 Abs. 1 Nr. 3 ZPO keinen Vergütungsanspruch gegen seinen Mandanten, sondern gemäß § 45 Abs. 1 nur gegen die Staatskasse. Das gilt selbst dann, wenn der Mandant verpflichtet ist, Ratenzahlungen

---
[1] BT-Drs. 17/11471 v. 14.11.2012 Art. 8 Nr. 26 (S. 423).
[2] Dazu OLG Brandenburg JurBüro 2010, 434; KG FamRZ 2012, 468; sa *Schneider/Thiel* § 3 Rn. 300.

Weitere Vergütung bei Prozesskostenhilfe § 50

zu leisten oder in zumutbarem Umfang sein Vermögen einzusetzen (§ 115 ZPO) oder wenn er aufgrund eines für ihn erfolgreichen Ausgangs des Verfahrens wirtschaftlich in die Lage kommt, die Gebühren nunmehr aus eigenen Mitteln zahlen zu können.

Die **Gebühren** nach § 45 iVm § 49 sind bei Gegenstandswerten von mehr als 3.000 EUR **deutlich niedriger** als die Regelgebühren, die einem nicht beigeordneten Rechtsanwalt nach § 13 zustehen. Das bedeutet, dass der beigeordnete Rechtsanwalt ab einem Gegenstandswert von mehr als 3.000 EUR grundsätzlich weniger verdient als ein nicht beigeordneter Rechtsanwalt. Besonders krass wird der Unterschied bei Gegenstandswerten über 30.000 EUR, weil die Gebührentabelle des § 49 ohne Rücksicht auf die tatsächliche Höhe des Gegenstandswertes die sog. volle Gebühr seit dem 1.8.2013 auf 447 EUR festschreibt. Hierzu folgende Beispiele: 4

Beispiel 1:

Bei einem Gegenstandswert von 100.000 EUR schuldet die Staatskasse dem beigeordneten Rechtsanwalt als volle Gebühr 447 EUR, während der Wahlanwalt gemäß § 13 als volle Gebühr 1.647,80 EUR erhält. Der Unterschied macht für die volle Gebühr 1.200,80 EUR aus. 5

Beispiel 2:

In Verfahren nach Teil 3 VV fällt die Verfahrensgebühr mit einem Gebührensatz von 1,3 und die Terminsgebühr mit einem Gebührensatz von 1,2 an. Bei einem Gegenstandswert von 100.000 EUR erhält der beigeordnete Rechtsanwalt 1.117,50 EUR, der Wahlanwalt 4.119,50 EUR. Der Unterschied beläuft sich auf 3.002 EUR. Je höher der Gegenstandswert ist, umso größer wird die Benachteiligung des beigeordneten Rechtsanwalts. 6

Die Beispiele verdeutlichen, dass der Staat seine **soziale Verpflichtung** (Art. 20 GG), die er den Bürgern im Rahmen von Prozesskostenhilfe schuldet, in geradezu unerträglicher Weise auf die Anwaltschaft abwälzt und von ihr verlangt, anwaltliche Tätigkeit bei **vollem Haftungsrisiko** gegen eine **Minimalvergütung** zu leisten. Das Bundesverfassungsgericht ist bemüht, in Extremfällen zu helfen,[3] wenngleich es das der Anwaltschaft durch die reduzierten Gebühren bei Prozesskostenhilfe auferlegte **Sonderopfer** grundsätzlich für verfassungsgemäß hält.[4] 7

Eine solche Regelung ist **systemwidrig**. Wer in der Bundesrepublik mittellos ist, erhält staatliche Unterstützung. An diesen Unterstützungsleistungen sind die übrigen Bürger nur indirekt über die von ihnen zu zahlenden Steuern beteiligt. Darüber hinaus sind sie nicht verpflichtet, die staatliche Unterstützung minderbemittelter Bürger – etwa durch verbilligte Abgabe von Waren des täglichen Bedarfs – zu finanzieren. Es gibt keinen überzeugenden Grund, warum für den Berufsstand der Rechtsanwälte etwas anderes gelten soll.[5] Gerade als unabhängiges Organ der Rechtspflege (§ 1 BRAO) hat der Rechtsanwalt Anspruch darauf, vom Staat nicht ausgenutzt, sondern für seine Tätigkeit angemessen entlohnt zu werden. 8

Die krasse **Schlechterstellung** des beigeordneten Rechtsanwalts soll § 50 Abs. 1 **mildern**, indem ihm unter den in dieser Norm genannten Bedingungen ein zusätzlicher Anspruch gegen die Staatskasse auf eine **„weitere Vergütung"** gewährt wird. Voraussetzung für diesen Anspruch auf eine weitere Vergütung gegen die Staatskasse ist, dass das Gericht dem Mandanten Prozess- bzw. Verfahrenskostenhilfe nur verbunden mit einer **Ratenzahlungsanordnung** bewilligt. Wird die Prozess- bzw. Verfahrenskostenhilfe ohne Ratenzahlungsanordnung gewährt, erhält der Rechtsanwalt auch keine weitere Vergütung im Sinn des § 50. 9

Der Anspruch auf eine weitere Vergütung setzt voraus, dass es der Staatskasse gelingt, die von dem Mandanten zu zahlenden Raten beizutreiben. Um eine mög- 10

---

[3] Vgl. zB BVerfG NJW 2007, 1445 und NJW 2007, 3420.
[4] BVerfG NJW 1971, 187.
[5] Dazu ausführlich *Hartung* AnwBl. 2002, 268; *Hartung/Römermann* ZRP 2003, 149.

lichst erfolgreiche **Beitreibung** zu gewährleisten und damit dem beigeordneten Rechtsanwalt den Anspruch auf die weitere Vergütung zu sichern, verpflichtet § 50 Abs. 1 S. 1 die Staatskasse, die dem Mandanten im Rahmen der bewilligten Prozess- bzw. Verfahrenskostenhilfe aufgegebenen Raten **einzuziehen**, notfalls auch im Wege der **Zwangsvollstreckung in das bewegliche Vermögen.**

Praxistipp:

11 Auch wenn der beigeordnete Rechtsanwalt gegen seinen Mandanten gemäß § 122 Abs. 1 Ziff. 3 ZPO keinen Vergütungsanspruch hat, kann er im Einzelfall genau so viel verdienen wie ein nicht beigeordneter Rechtsanwalt. Die Möglichkeit dazu eröffnet § 50.

12 Des weiteren kommen neben der Vergütung aus der Staatskasse (§§ 45 Abs. 1, 49) Zahlungen des Mandanten oder eines Dritten in Betracht, deren Annahme dem beigeordneten Rechtsanwalt gemäß § 16 Abs. 2 BORA erlaubt ist, wenn sie freiwillig und in Kenntnis der Tatsache erfolgen, dass eine Verpflichtung zur Zahlung nicht besteht.[6] Schließlich sind Zahlungen des Prozessgegners nach einem erfolgreichen Verfahrensausgang (§ 126 ZPO) zu nennen.

III. Einziehungspflicht der Staatskasse (Abs. 1 S. 1)

13 § 50 Abs. 1 S. 1 stellt klar, dass die Staatskasse nach Deckung der in § 122 Abs. 1 Nr. 1 ZPO bezeichneten Kosten und Ansprüche „**weitere Beträge bis zur Höhe der Regelvergütung des Rechtsanwalts**" einziehen hat. Das ist eine **Mussvorschrift.** § 50 Abs. 1 S. 1 begründet also eine Amtspflicht der Staatskasse, deren Verletzung einen Schadensersatzanspruch des Rechtsanwalts gemäß § 839 BGB begründen kann.[7]

14 Aus der Sicht des beigeordneten Rechtsanwalts erweist sich diese Regelung als eine **lex imperfecta,** weil er im Ergebnis auf den Fortbestand der Ratenzahlungsanordnung und auf die Einziehungstätigkeit der Staatskasse nur eingeschränkten Einfluss hat.

15 Wenn das Gericht gemäß § 120 Abs. 3 ZPO die angeordneten **Zahlungen vorläufig einstellt,** Zahlungen gemäß § 120 Abs. 4 ZPO **reduziert** oder die Ratenzahlungsanordnung ganz **aufhebt,**[8] obwohl die weitere Vergütung nicht gedeckt ist, steht dem beigeordneten Rechtsanwalt **kein Rechtsmittel** zu.[9] Auch wenn solche Entscheidungen ihn wirtschaftlich benachteiligen, betrifft die Einstellung oder Reduzierung der angeordneten Zahlungen nur das **Rechtsverhältnis** zwischen dem **Staat und dem Mandanten** und nicht das Rechtsverhältnis zwischen dem Staat und dem beigeordneten Rechtsanwalt.[10]

16 In der Rechtsprechung ist das gleichwohl nicht unbestritten.[11] Teilweise wird eine **Beschwerdebefugnis** des beigeordneten Rechtsanwalts verneint,[12] teilweise bejaht.[13] Teilweise wird danach unterschieden, ob die Einstellung der Zahlungen verfügt wird, bevor die Differenz zwischen den Regelgebühren und den geringeren

---

[6] Dazu Hartung/*Hartung* BORA § 16 Rn. 14.
[7] HK-RVG/*Klees* § 50 Rn. 14; Schneider/Wolf/*Fölsch* § 50 Rn. 10; LAG Köln MDR 1990, 365 und 1997, 108.
[8] OLG Celle BeckRS 2014, 16485.
[9] OLG Köln FamRZ 1997, 1283; **aA** OLG Hamm FamRZ 1989, 412.
[10] So zutreffend Schneider/Wolf/*Fölsch* § 50 Rn. 24; **aA** Zöller/*Philippi* ZPO § 127 Rn. 24.
[11] Vgl. OLG Köln FamRZ 1997, 1283; OLG Saarbrücken AGS 2001, 187.
[12] So OLG Düsseldorf FamRZ 1986,1230; OLG Köln FamRZ 1997, 1283.
[13] OLG Bamberg FamRZ 1988, 192; OLG Celle BeckRS 2012, 25571; OLG Hamm FamRZ 1989, 412; OLG Stuttgart AnwBl. 1985, 49.

Gebühren (§ 49) gedeckt ist (dann wird ein Beschwerderecht des beigeordneten Rechtsanwalts bejaht) oder ob erstmalige oder höhere Raten abgelehnt werden (dann kein Beschwerderecht).[14]

Dem beigeordneten Rechtsanwalt bleibt es unbenommen, bei nachträglicher **Verbesserung der Einkommensverhältnisse** seines Mandanten das Gericht hierauf hinzuweisen. Die ihn gemäß § 43a Abs. 2 iVm § 2 Abs. 3 BORA treffende Verschwiegenheitspflicht steht einem solchen Hinweis nicht entgegen.[15] 17

IV. Materielle Voraussetzungen des Anspruchs auf eine „weitere Vergütung" (Abs. 1 S. 1 und Abs. 2)

1. Anwendungsbereich

Eine weitere Vergütung iSd § 50 kommt nur in Betracht, wenn die von dem Mandanten maximal zu zahlenden 48 Raten (§ 115 Abs. 1 S. 2 ZPO) einen Betrag ergeben, der die **Gerichtskosten** und die an den beigeordneten Rechtsanwalt gemäß § 49 aus der **Staatskasse zu zahlende Vergütung** (§ 122 Abs. 1 Ziff. 1 ZPO) sowie auch noch die **Differenz** zwischen der Vergütung nach § 49 und den Regelgebühren nach § 13 deckt. Sind diese Voraussetzungen erfüllt, enthält § 50 eine materielle **Anspruchsgrundlage**. 18

§ 50 Abs. 1 S. 1 spricht von den in § 122 Abs. 1 Nr. 1 ZPO bezeichneten **Kosten** und **Ansprüchen.** Das sind die rückständigen und die entstehenden Gerichtskosten und Gerichtsvollzieherkosten sowie die auf die Staatskasse übergegangenen Ansprüche der beigeordneten Rechtsanwälte gegen die Partei in der jeweiligen Instanz. Gelingt es der Staatskasse, den zur Deckung dieser Kosten und Ansprüche erforderlichen Betrag zu vereinnahmen, erweist sich die Finanzierung der PKH-Vergütung des beigeordneten Rechtsanwalts durch die Staatskasse als **Darlehen** zu Gunsten des Mandanten. Mit der Zahlung der weiteren Vergütung geht der Vergütungsanspruch des Rechtsanwalts gegen seinen Mandanten im Wege der **cessio legis** gemäß § 59 auf die Staatskasse über.[16] 19

§ 50 Abs. 1 S. 1 kommt trotz Ratenzahlungsanordnung **nicht zur Anwendung,** wenn der **Gegenstandswert** des Verfahrens **unter 3.000 EUR** bleibt, weil die Gebühren nach § 49 erst ab einem Gegenstandswert über 3.000 EUR hinter den höheren Regelgebühren des § 13 zurückbleiben, der beigeordnete Rechtsanwalt also bis zu einem Gegenstandswert von 3.000 EUR dieselben Gebühren wie ein nicht beigeordneter Rechtsanwalt erhält. Damit entfällt in diesen Fällen der auf den Ausgleich einer den beigeordneten Rechtsanwalt treffenden Schlechterstellung gerichtete Normzweck. 20

Ebenso entfällt die Anwendbarkeit des § 50 Abs. 1 S. 1 bei einer Bewilligung von **Prozess- bzw. Verfahrenskostenhilfe ohne Ratenzahlung,** weil die weitere Vergütung nicht aus Mitteln der Staatskasse, sondern aus dem Ratenzahlungsaufkommen des Mandanten zu zahlen ist. Die von der Staatskasse an den beigeordneten Rechtsanwalt nach § 49 gezahlte Vergütung ist in diesen Fällen für sie verloren. Das **Kostenrisiko** trifft also voll die Staatskasse. 21

Der Anspruch gegen die Staatskasse auf Zahlung einer weiteren Vergütung ist an **zwei Voraussetzungen** geknüpft: Der beigeordnete Rechtsanwalt muss bis zur Höhe der Regelgebühren gemäß § 13 noch eine **offene Gebührenforderung** und die Staatskasse muss aus dem Ratenzahlungsaufkommen nach Deckung der 22

---

[14] OLG Saarbrücken AGS 2001, 187 mwN.
[15] Hartung/*Hartung* BORA § 2 Rn. 31 ff.; HK-RVG/*Klees* § 50 Rn. 19; Schneider/Wolf/*Fölsch* § 50 Rn. 12; vgl. auch OLG Düsseldorf MDR 1993, 90.
[16] Schneider/Wolf/*Fölsch* § 50 Rn. 10.

Gerichtskosten und Auslagen einen **Überschuss** erzielt haben. Der Teil der Wahlanwaltsgebühren, den die Staatskasse für den Rechtsanwalt einzuziehen hat, ist den staatlichen Auslagen iSd § 122 Abs. 1 Nr. 1 ZPO **nachrangig**.[17]

2. Offene Gebührenforderung

23 Der Anspruch auf Zahlung einer weiteren Vergütung setzt voraus, dass die **Summe der Zahlungen,** die der beigeordnete Rechtsanwalt von der Staatskasse, von seinem Mandanten und vom Prozessgegner erhalten hat, **geringer** ist als der Betrag, der ihm bei einer Berechnung der Vergütung unter Zugrundelegung der Regelgebühren gemäß § 13 einschließlich Auslagen und Umsatzsteuer zustehen würde. Nur wenn und soweit eine solche Berechnung nach Abzug aller erhaltenen Zahlungen zu einer **„Restforderung"** führt, ist ein Anspruch auf Zahlung einer weiteren Vergütung begründet.[18]

3. Überschuss aus dem Ratenzahlungsaufkommen

24 Weitere Anspruchsvoraussetzung ist, dass nach Deckung der in § 122 Abs. 1 Nr. 1 ZPO bezeichneten Kosten und Ansprüche ein **Überschuss** verbleibt. Aus den von dem Mandanten an die Staatskasse geleisteten Ratenzahlungen müssen also zunächst die Gerichtskosten und die Gerichtsvollzieherkosten (jeweils die Gebühren und Auslagen) und die Zahlungen verrechnet werden, die die Staatskasse an den beigeordneten Rechtsanwalt geleistet hat. Erst ein nach Abrechnung dieser Positionen verbleibender Überschuss steht dem beigeordneten Rechtsanwalt bis zur Höhe der Regelvergütung gemäß § 13 als weitere Vergütung iSd § 50 Abs. 1 zu.

25 Soweit dieser Überschuss die **Differenz** zwischen der „Restforderung" des beigeordneten Rechtsanwalts und der Regelvergütung zzgl. Auslagen und Mehrwertsteuer nicht deckt, geht der beigeordnete Rechtsanwalt in Höhe der nicht gedeckten Regelvergütung leer aus. Ist der Überschuss größer, erhält der beigeordnete Rechtsanwalt dennoch nur den Betrag, der seiner „Restforderung" entspricht. Den weitergehenden Überschuss muss die Staatskasse an den Mandanten zurückzahlen.

4. Vorlage einer Regelgebührenberechnung (Abs. 2)

26 Nach § 50 Abs. 2 „soll" der beigeordnete Rechtsanwalt eine Berechnung seiner Regelvergütung **unverzüglich** zu den Prozessakten mitteilen. Dabei ist zu beachten, dass die Berechnung der Gebühren nach Maßgabe des § 13 und nicht des § 49 vorzunehmen ist. Das ergibt sich aus dem Wortlaut des § 50 Abs. 2 sowie daraus, dass die Staatskasse diese Berechnung benötigt, um die **Differenz** zwischen den mindestens nach § 49 zu vergütenden Gebühren und der nach § 50 darüber hinaus zu zahlenden weiteren Vergütung berechnen und den hierfür erforderlichen Betrag von vornherein bei der Einziehung der von dem Mandanten geschuldeten Raten berücksichtigen zu können.

27 Da es sich um eine bloße **Sollvorschrift** handelt, löst ein Verstoß gegen diese Regelung keine Rechtsfolgen aus.[19] Ein **Verlust des Anspruchs** auf die weitere Vergütung tritt erst ein, wenn der beigeordnete Rechtsanwalt der Aufforderung des Urkundsbeamten, die Festsetzung zu beantragen, nicht binnen Monatsfrist nachkommt (§ 55 Abs. 6).

Praxistipp:

28 Auch wenn ein Verstoß gegen § 50 Abs. 2 zunächst folgenlos bleibt, ist jedem beigeordneten Rechtsanwalt zu raten, die Berechnung seiner Regelvergütung so früh

---

[17] So auch HK-RVG/*Klees* § 50 Rn. 15.
[18] Schneider/Wolf/*Fölsch* § 50 Rn. 8.
[19] So auch Schneider/Wolf/*Fölsch* § 50 Rn. 14.

wie möglich zu den Prozessakten mitzuteilen, damit die Staatskasse prüfen kann, ob und in welcher Höhe er einen Anspruch auf die Zahlung einer weiteren Vergütung geltend macht.

Ein weiterer Grund ist, dass die Mitteilung der Regelvergütung zu den Prozessakten der Staatskasse die Absicht des beigeordneten Rechtsanwalts signalisiert, nach Eintritt der gesetzlichen Voraussetzungen die weitere Vergütung festsetzen lassen zu wollen. 29

Eine **Bindung** an die Mitteilung der Berechnung der Regelvergütung tritt nicht ein. Der beigeordnete Rechtsanwalt kann also zu einem späteren Zeitpunkt – etwa wegen zwischenzeitlicher Zahlung durch den Mandanten oder den Prozessgegner – davon absehen, einen Festsetzungsantrag zu stellen oder aber seinen Anspruch durch Schweigen auf die Aufforderung des Urkundsbeamten (§ 55 Abs. 6) erlöschen zu lassen. 30

5. Fälligkeitsvoraussetzungen

Die materiell-rechtliche Fälligkeit des Anspruchs auf die weitere Vergütung ist in § 50 nicht geregelt. Die in § 50 Abs. 1 S. 2 enthaltene Bestimmung betrifft nur die Voraussetzungen für das **Festsetzungsverfahren** nach § 55. Auch **§ 8 Abs. 1** gilt für die Fälligkeit der weiteren Vergütung nicht. Danach würde die Fälligkeit bereits eintreten, wenn eine Kostenentscheidung ergangen oder der Rechtszug beendet ist oder wenn das Verfahren länger als drei Monate ruht. Zu diesen Zeitpunkten sind aber die dem Mandanten im Rahmen der bewilligten Prozess- bzw. Verfahrenskostenhilfe auferlegten Raten noch nicht vollständig eingezogen. Auch lässt sich noch nicht übersehen, ob weitere Verfahrenskosten entstehen werden, wie es beispielsweise bei einer Fortsetzung eines ruhenden Verfahrens in Betracht kommen kann. Solche Kosten müssten bei der Festsetzung der weiteren Vergütung berücksichtigt werden. Deshalb kann die materiell-rechtliche Fälligkeit erst mit der **Rechtskraft des Festsetzungsbeschlusses** (§ 55) eintreten.[20] 31

V. Formelle Anspruchsvoraussetzungen (Abs. 1 S. 2 und Abs. 2)

Der Anspruch des beigeordneten Rechtsanwalts auf die weitere Vergütung ist in §§ 50 Abs. 1 S. 2, 52 Abs. 2 und 55 Abs. 6 an mehrere formelle Voraussetzungen geknüpft, ohne die eine Zahlung aus der Staatskasse nicht zulässig ist. Danach bedarf die weitere Vergütung der **Festsetzung,** deren Zeitpunkt in § 50 Abs. 1 S. 2 geregelt ist. Ferner soll der Rechtsanwalt gemäß § 50 Abs. 2 eine **Berechnung der Regelvergütung** vorlegen. Schließlich muss der Rechtsanwalt, will er den Anspruch auf die weitere Vergütung nicht **verlieren,** der Aufforderung des Urkundsbeamten nachkommen, innerhalb einer **Frist** von einem Monat Anträge auf Festsetzung der Vergütungen für die ihm noch gegen die Staatskasse zustehenden Ansprüche vorzulegen oder sich zu empfangenen Zahlungen zu erklären (§ 55 Abs. 6). 32

1. Festsetzungszeitpunkt

Der Zeitpunkt der Festsetzung wird durch § 50 Abs. 1 S. 2 bestimmt. Danach gibt es **zwei Alternativen:** 33

Die eine ist die **Beendigung des Verfahrens** durch eine rechtskräftige Entscheidung oder in sonstiger Weise **und** die Begleichung der von dem Mandanten zu 34

---

[20] So zutreffend Riedel/Sußbauer/*Ahlmann* § 50 Rn. 16; vgl. auch OLG Oldenburg JurBüro 1995, 536.

zahlenden Beträge, womit die im Rahmen der bewilligten Prozess- bzw. Verfahrenskostenhilfe festgesetzten Raten gemeint sind.

35 Die andere Alternative stellt auf den Zeitpunkt ab, zu dem nach Beendigung des Verfahrens durch eine rechtskräftige Entscheidung oder in sonstiger Weise wegen der von dem Mandanten zu zahlenden Beträge eine **Zwangsvollstreckung** in sein **bewegliches Vermögen** erfolglos geblieben ist oder aussichtslos erscheint.

36 Beiden in § 50 Abs. 1 S. 2 geregelten Zeitpunkten ist gemeinsam die Beendigung des Verfahrens durch eine rechtskräftige Entscheidung oder in sonstiger Weise. Die Zahlung aller dem Mandanten auferlegten Raten bzw. deren Uneinbringlichkeit muss jeweils kumulativ hinzukommen.

2. Festsetzungsvoraussetzungen

37 a) **Beendigung des Verfahrens.** Der Gesetzeswortlaut unterscheidet zwischen einer Verfahrensbeendigung durch eine **rechtskräftige Entscheidung** oder in **sonstiger Weise.** Beendet im Sinne beider Alternativen ist ein Verfahren immer dann, wenn es ausgeschlossen ist, dass noch weitere Verfahrenskosten anfallen können. Erst dann ist übersehbar, ob das Ratenzahlungsaufkommen zu einem Überschuss führt, aus dem die weitere Vergütung gezahlt werden kann.[21]

38 Aus diesem Grund führt die Anordnung des **Ruhens des Verfahrens** zu keiner Verfahrensbeendigung iSd § 50 Abs. 1 S. 2, auch wenn es über längere Zeit andauert. Das kann für den beigeordneten Rechtsanwalt nachteilig sein, wenn während des Ruhens des Verfahrens von seinem Mandanten die maximal geschuldeten 48 Raten gezahlt sind, die weitere Vergütung aber gleichwohl nicht festgesetzt werden kann. Deshalb kann er ein Interesse daran haben, die **Fortsetzung des Verfahrens** zu betreiben, um zu einer Verfahrensbeendigung iSd § 50 Abs. 1 S. 2 zu kommen. Widerspricht die Fortsetzung des Verfahrens dem Interesse des Mandanten, kann der Rechtsanwalt die Vergütung nach § 49 mit der Staatskasse abrechnen, die gemäß § 8 Abs. 1 S. 2 fällig ist, wenn das Verfahren **länger als drei Monate** ruht, muss aber wegen der weiteren Vergütung die Verfahrensbeendigung abwarten.

39 Einen **Vorschuss** auf die weitere Vergütung kennt das Gesetz nicht, auch nicht für den (seltenen) Fall, dass die Staatskasse bereits während des Ruhens des Verfahrens über einen ausreichenden Überschuss für die weitere Vergütung verfügt. Dem Mandanten bleibt es aber unbenommen, dem beigeordneten Rechtsanwalt die weitere Vergütung aus **eigenen Mitteln** zu zahlen (§ 16 Abs. 2 BORA). Im Gegenzug muss der Rechtsanwalt gegenüber der Staatskasse erklären, dass er auf die Zahlung einer weiteren Vergütung nach Verfahrensbeendigung verzichtet. Sein Mandant erhält dann nach Beendigung des Verfahrens von der Staatskasse den Betrag, den diese sonst als weitere Vergütung an den beigeordneten Rechtsanwalt hätte zahlen müssen, zurück.

40 Unter Verfahren iSd § 50 Abs. 1 S. 2 sind bei **verbundenen Verfahren** nicht die einzelnen Verfahrensteile zu verstehen, auch wenn einige von ihnen mit einer rechtskräftigen Entscheidung unter Fortführung der restlichen Verfahrensteile beendet werden. Das gilt vor allem für den **Entscheidungsverbund in Ehesachen.** Wird beispielsweise die Ehe unter gleichzeitiger Abtrennung des Verfahrens betreffend den Versorgungsausgleich oder anderer Folgesachen (§ 628 ZPO) rechtskräftig geschieden, wird die weitere Vergütung gleichwohl nicht fällig, weil die Verfahrenskosten sich nach dem **Gesamtgegenstandswert** aller im Verbund befindlichen Verfahrensteile richten und dieser Wert erst festgesetzt werden kann, wenn das Verbundverfahren insgesamt beendet ist. Gleiches gilt für **Klage und Widerklage,** wenn gemäß § 301 Abs. 1 S. 1 ZPO die Klage oder die Widerklage entscheidungsreif ist und das Gericht ein Teilurteil erlässt, auch wenn es rechtskräftig wird.

---

[21] OLG Düsseldorf MDR 1991, 550.

Weitere Vergütung bei Prozesskostenhilfe § 50

b) Erfolg- oder aussichtslose Zwangsvollstreckung. Die Festsetzung der 41
weiteren Vergütung setzt ferner voraus, dass der Mandant alle „zu zahlenden
Beträge" beglichen hat. Gemeint sind die Raten, die der Mandant aufgrund einer
Ratenzahlungsanordnung des Gerichts an die Staatskasse zu zahlen hat. Das sind
unabhängig von der Zahl der Rechtszüge höchstens 48 Monatsraten (§ 115 Abs. 1
S. 2 ZPO), sofern das Gericht nicht schon vorher die Einstellung der Zahlungen
verfügt, weil alle angefallenen Verfahrenskosten einschließlich der weiteren Vergütung schon gedeckt sind.

Die **Einziehung** der Raten ist ausschließlich **Aufgabe der Staatskasse.** Der 42
beigeordnete Rechtsanwalt hat kaum eine Handhabe, hierauf Einfluss zu nehmen,
es sei denn, er fragt in regelmäßigen Zeitabständen bei Gericht an, wann er mit der
Zahlung der weiteren Vergütung rechnen könne. Der für die Einziehung zuständige
Kostenbeamte wird sich dann kontrolliert fühlen und die Einziehung nicht pflichtwidrig unterlassen.

Der Staatskasse obliegt die Einziehung als **Amtspflicht.**[22] Eine pflichtwidrige 43
und schuldhafte Verletzung der Amtspflicht löst einen **Schadensersatzanspruch**
des Rechtsanwalts gegen die Staatskasse aus. In der Praxis dürfte ein solcher
Anspruch durchsetzbar sein, wenn die Staatskasse die ausstehenden Zahlungen über
einen längeren Zeitraum nicht angemahnt und auch keine Zwangsvollstreckung
betrieben hat.

Hat der Mandant die vom Gericht angeordneten Raten nicht oder nicht vollstän- 44
dig gezahlt, ist eine Festsetzung erst zulässig, wenn wegen dieser Beträge die Zwangsvollstreckung in das bewegliche Vermögen des Mandanten erfolglos geblieben ist
oder aussichtslos erscheint. Hieraus folgt, dass es die Pflicht der Staatskasse ist, wegen
der ausstehenden Beträge die Zwangsvollstreckung in das **bewegliche Vermögen**
des Mandanten zu betreiben. Auch diese Maßnahme ist Bestandteil der ihr obliegenden **Amtspflicht.** Im Interesse des beigeordneten Rechtsanwalts hat sie die ihm
zustehende Vergütung durch diese Maßnahme sicherzustellen. Davon befreit ist sie
nur, wenn die Zwangsvollstreckung in das bewegliche Vermögen aussichtslos
erscheint. Das wird in aller Regel nur der Fall sein, wenn der Mandant bereits die
eidesstattliche Versicherung nach § 900 ZPO abgegeben hat.

Das Gesetz lässt offen, welche **Vollstreckungsmaßnahmen** die Staatskasse im 45
Rahmen einer Zwangsvollstreckung in das bewegliche Vermögen ergreifen muss.
Da der Normzweck der gesetzlichen Regelung darin besteht, die Schlechterstellung
des beigeordneten gegenüber dem nicht beigeordneten Rechtsanwalt zu beseitigen
oder doch zu mildern, muss die Staatskasse jede **denkbare Möglichkeit** einer
Zwangsvollstreckung in das bewegliche Vermögen ergreifen, sofern sie nicht von
vornherein aussichtslos erscheint.

Neben der **Pfändung beweglicher Sachen** kommt die **Pfändung von Geld-** 46
forderungen (§§ 829 ff. ZPO), von Ansprüchen auf Herausgabe oder Leistung körperlicher (beweglicher und unbeweglicher) Sachen (§§ 846–849 ZPO) und anderer
Vermögensrechte (§ 857 ZPO) in Betracht. Auch den Antrag auf **Abgabe der**
eidesstattlichen Versicherung nach § 900 ZPO muss die Staatskasse stellen und
notfalls mit einem Antrag auf Erlass eines **Haftbefehls** (§ 901 ZPO) verfolgen. Die
durch die Zwangsvollstreckung entstehenden Kosten sind von der Staatskasse zu
tragen und aus dem Pfändungserlös vor Zahlung der weiteren Vergütung zu decken
(§ 122 Abs. 1 Nr. 1a ZPO).

Eine Zwangsvollstreckung in das **unbewegliche Vermögen** des Mandanten sieht 47
§ 50 Abs. 1 S. 2 nicht vor. Eine Begründung dafür findet sich nicht. Gleichwohl **darf**
die Staatskasse auch in unbewegliches Vermögen vollstrecken. Wenn ihr bekannt

---

[22] So HK-RVG/*Klees* § 50 Rn. 14; Schneider/Wolf/*Fölsch* § 50 Rn. 10; LAG Köln MDR
1990, 365 und 1997, 108.

Hartung

§ 50   Weitere Vergütung bei Prozesskostenhilfe

ist, dass es ein solches Vermögen gibt, erstreckt sich die ihr obliegende Amtspflicht auch auf diese Vollstreckungsmaßnahme.

48   Sobald feststeht, dass weitere Raten von dem Mandanten nicht eingezogen werden können, ist die weitere Vergütung auf Antrag des beigeordneten Rechtsanwalts (§ 55 Abs. 1) festzusetzen. **Nicht beitreibbare Raten** hindern die Festsetzung nicht, jedoch kann an den beigeordneten Rechtsanwalt nicht mehr ausgezahlt werden, als der Staatskasse über die in § 122 Abs. 1 Nr. 1 ZPO bezeichneten Kosten und Ansprüche hinaus zugeflossen ist.[23]

49   Gelangt die Mitteilung über die **Berechnung der Regelgebühren** nicht unverzüglich zu den Prozessakten, kann es vorkommen, dass der Kostenbeamte der Staatskasse die Einstellung der Ratenzahlungen verfügt, obwohl die für die weitere Vergütung erforderliche Betrag nicht gedeckt ist. Denkbar ist auch, dass er einen nach Deckung der in § 122 Abs. 1 Nr. 1 ZPO bezeichneten Kosten und Ansprüche verbliebenen Überschuss bereits an den Mandanten zurückgezahlt hat.

50   Soweit die Einstellung der Ratenzahlungen nur vorläufig erfolgt, gehört es zu der Amtspflicht des Kostenbeamten, die **Wiederaufnahme der Ratenzahlungen** anzuordnen. Das ergibt sich aus den Durchführungsbestimmungen zum Prozesskostenhilfegesetz (Tz. 8.2).

51   Ist eine solche Anordnung nicht mehr zulässig oder kann der Mandant den ihm irrtümlich erstatteten Betrag nicht an die Staatskasse zurückzahlen, hat der beigeordnete Rechtsanwalt gleichwohl Anspruch auf Zahlung der weiteren Vergütung aus der Staatskasse. Dieser Anspruch war mit dem Vorhandensein eines Überschusses entstanden und kann nicht durch eine voreilige Rückzahlungsanordnung des Kostenbeamten vereitelt oder beseitigt werden.[24] Verweigert die Staatskasse die Zahlung, ist der beigeordnete Rechtsanwalt darauf angewiesen, die ihm zustehende weitere Vergütung unter dem Gesichtspunkt der **Amtspflichtverletzung** als Schadensersatz geltend zu machen.

3. Festsetzungsverfahren

52   Für das Festsetzungsverfahren gilt § 55. Es findet nur auf **Antrag** statt. Im Antrag sollte der beigeordnete Rechtsanwalt die Vergütung, die festgesetzt werden soll, genau beziffern und ihre Berechnung darlegen. Außerdem hat der Antrag die Erklärung zu enthalten, ob und welche Zahlungen er bis zum Tag der Antragstellung erhalten hat (§ 55 Abs. 5 S. 1). Zahlungen, die er nach diesem Zeitpunkt erhält, hat er unverzüglich anzuzeigen (§ 55 Abs. 5 S. 2). Wird er von dem für die Festsetzung zuständigen Urkundsbeamten der Geschäftsstelle des Gerichts des ersten Rechtszugs gemäß § 55 Abs. 6 aufgefordert, solche Angaben innerhalb einer Frist von einem Monat nachzuholen, **erlischt** der Anspruch auf die weitere Vergütung mit Ablauf der Frist, wenn er der Aufforderung nicht fristgerecht nachkommt.[25] Wegen der Einzelheiten wird auf die Kommentierung zu § 55 verwiesen.

VI. Beiordnung mehrerer Rechtsanwälte (Abs. 3)

1. Anwendungsbereich

53   § 50 Abs. 3 regelt die **Kollisionsfrage** bei Beiordnung mehrerer Rechtsanwälte in ein und derselben Instanz. Diese Frage kann sich ergeben bei einem **Anwalts-**

---

[23] Riedel/Sußbauer/*Ahlmann* § 50 Rn. 18.

[24] So zutreffend OLG München AnwBl. 1984, 105; zustimmend Riedel/Sußbauer/*Ahlmann* § 50 Rn. 9.

[25] Empfehlungen für den Fall einer Fristversäumnis gibt *Mock* BRAGOprofessionell 2002, 132.

wechsel oder auch bei **gleichzeitiger Beiordnung mehrerer Rechtsanwälte,** zum Beispiel eines Prozessanwalts und eines zur Terminswahrnehmung unterbevollmächtigten Rechtsanwalts.

Solche Fallkonstellationen verlangen eine Regelung der **Verteilung** des aus dem Ratenzahlungsaufkommen nach Abzug der in § 122 Abs. 1 Nr. 1 ZPO bezeichneten Kosten und Ansprüche verbleibenden **Überschusses,** wenn die Ansprüche aller beigeordneten Rechtsanwälte auf die weitere Vergütung aus dem vorhandenen Überschuss nicht vollständig erfüllt werden können. Ein **Regelungsbedarf** besteht deshalb, weil der Mandant, der an die Staatskasse Raten zu zahlen hat, nach 48 Raten von einer weiteren Kostenbeteiligung unabhängig von der Zahl der Rechtszüge und auch unabhängig davon, ob mehrere beigeordnete Rechtsanwälte einen Anspruch auf die weitere Vergütung erheben, endgültig befreit ist. 54

Die Verteilungsregelung des § 50 Abs. 3 gilt auch für in **verschiedenen Instanzen** beigeordnete Rechtsanwälte. Voraussetzung ist, dass in jeder Instanz Prozess- bzw. Verfahrenskostenhilfe mit Ratenzahlungsanordnung bewilligt wird. Wird der Rechtsanwalt für die einzelnen Instanzen in unterschiedlicher Form beigeordnet, zum Beispiel in einer Instanz mit und in einer anderen Instanz ohne Ratenzahlungsanordnung, kommt § 50 Abs. 3 nicht zur Anwendung. In der Instanz **ohne** Ratenzahlungsanordnung kann der beigeordnete Rechtsanwalt keine weitere Vergütung verlangen.[26] Für seinen Mandanten ist diese Instanz kostenfrei. 55

Wenn aufgrund von 48 Ratenzahlungen des Mandanten in einer Instanz ein **Überschuss** verbleibt, nimmt dieser Überschuss an einer in der nächsten Instanz unter mehreren Rechtsanwälten vorzunehmenden Verteilung nicht teil.[27] Das folgt aus § 115 Abs. 1 S. 4 ZPO. Die darin geregelte maximale Dauer der Ratenzahlungen von 48 Monaten gilt für alle Instanzenzüge. Das bedeutet, dass der Mandant, dem in jeder Instanz ein Rechtsanwalt im Wege der Prozess- bzw. Verfahrenskostenhilfe mit Ratenzahlungsanordnung beigeordnet wird, gleichwohl nicht mehr als insgesamt 48 Raten zu zahlen braucht. Ist er beispielsweise in einer höheren Instanz wegen inzwischen eingetretener Vermögensverschlechterung von Ratenzahlungen befreit, ist ein nach Deckung der in § 122 Abs. 1 Nr. 1 ZPO bezeichneten Kosten und Ansprüche und der gemäß § 50 Abs. 1 zu zahlenden weiteren Vergütung verbleibender Überschuss an ihn zurückzuzahlen und nicht in die nächste Instanz zu übertragen. Bei gegenteiliger Auslegung würde die dem Mandanten in der nächsten Instanz eingeräumte Befreiung von Ratenzahlungen ganz oder teilweise beeinträchtigt werden. 56

2. Berechnung der Regelvergütung

Nach der Regelung des § 50 Abs. 5 sind **drei Schritte** erforderlich: Im **ersten** Schritt ist für jeden beigeordneten Rechtsanwalt der Unterschiedsbetrag zwischen den Regelgebühren eines Wahlanwalts und den Gebühren nach § 49 zu ermitteln. Im **zweiten** Schritt sind sämtliche bei dem jeweiligen Rechtsanwalt eingegangenen und nach § 58 anzurechnenden Zahlungen von der Wahlanwaltsvergütung abzuziehen (§ 50 Abs. 3 letzter Hs.). Nach Addition der offenen Differenzbeträge ist im **dritten** Schritt der **prozentuale Anteil** eines für jeden beigeordneten Rechtsanwalt verbleibenden Restbetrages an der Gesamtsumme aller Restbeträge zu ermitteln. Nach diesem Prozentsatz richtet sich der Anteil des einzelnen Rechtsanwalts an dem zu verteilenden Überschuss. 57

§ 51 Festsetzung einer Pauschgebühr

(1) ¹In **Straf- und Bußgeldsachen, Verfahren nach dem Gesetz über die internationale Rechtshilfe in Strafsachen, in Verfahren nach dem IStGH-**

---

[26] So OLG München OLGR 1995, 156; **aA** OLG Hamm Rpfleger 1994, 469.
[27] Ebenso Schneider/Wolf/*Fölsch* § 50 Rn. 29.

§ 51 Festsetzung einer Pauschgebühr

Gesetz, in Freiheitsentziehungs- und Unterbringungssachen sowie bei Unterbringungsmaßnahmen nach § 151 Nummer 6 und 7 des Gesetzes über das Verfahren in Familiensachen und in den Angelegenheiten der freiwilligen Gerichtsbarkeit ist dem gerichtlich bestellten oder beigeordneten Rechtsanwalt für das ganze Verfahren oder für einzelne Verfahrensabschnitte auf Antrag eine Pauschgebühr zu bewilligen, die über die Gebühren nach dem Vergütungsverzeichnis hinausgeht, wenn die in den Teilen 4 bis 6 des Vergütungsverzeichnisses bestimmten Gebühren wegen des besonderen Umfangs oder der besonderen Schwierigkeit nicht zumutbar sind. ²Dies gilt nicht, soweit Wertgebühren entstehen. ³Beschränkt sich die Bewilligung auf einzelne Verfahrensabschnitte, sind die Gebühren nach dem Vergütungsverzeichnis, an deren Stelle die Pauschgebühr treten soll, zu bezeichnen. ⁴Eine Pauschgebühr kann auch für solche Tätigkeiten gewährt werden, für die ein Anspruch nach § 48 Abs. 6 besteht. ⁵Auf Antrag ist dem Rechtsanwalt ein angemessener Vorschuss zu bewilligen, wenn ihm insbesondere wegen der langen Dauer des Verfahrens und der Höhe der zu erwartenden Pauschgebühr nicht zugemutet werden kann, die Festsetzung der Pauschgebühr abzuwarten.

(2) ¹Über die Anträge entscheidet das Oberlandesgericht, zu dessen Bezirk das Gericht des ersten Rechtszugs gehört, und im Falle der Beiordnung einer Kontaktperson (§ 34a des Einführungsgesetzes zum Gerichtsverfassungsgesetz) das Oberlandesgericht, in dessen Bezirk die Justizvollzugsanstalt liegt, durch unanfechtbaren Beschluss. ²Der Bundesgerichtshof ist für die Entscheidung zuständig, soweit er den Rechtsanwalt bestellt hat. ³In dem Verfahren ist die Staatskasse zu hören. ⁴§ 42 Abs. 3 ist entsprechend anzuwenden.

(3) ¹Absatz 1 gilt im Bußgeldverfahren vor der Verwaltungsbehörde entsprechend. ²Über den Antrag nach Absatz 1 Satz 1 bis 3 entscheidet die Verwaltungsbehörde gleichzeitig mit der Festsetzung der Vergütung.

Übersicht

	Rn.
I. Überblick	1
II. Normzweck	6
III. Anwendungsbereich (Abs. 1 S. 1 und 2)	8
1. Persönlicher Anwendungsbereich	8
2. Sachlicher Anwendungsbereich	10
a) Verfahrensarten	10
b) Gebührenarten	11
c) Gegenstand einer Pauschgebühr	14
IV. Voraussetzungen für die Festsetzung einer Pauschgebühr	16
1. Allgemeines	16
2. Besonders umfangreiches Verfahren	18
a) Beurteilungskriterien	19
b) Fahrt- bzw. Reisezeiten	22
c) Verhandlungspausen und Wartezeiten	23
d) Unnötige Anträge	24
3. Besonders schwieriges Verfahren	25
a) Tatsächliche Schwierigkeiten	26
b) Rechtliche Schwierigkeiten	27
4. Unzumutbarkeit	28
V. Höhe der Pauschgebühr	35
VI. Vorschuss (Abs. 1 S. 5)	40

Festsetzung einer Pauschgebühr § 51

	Rn.
VII. Bewilligungsverfahren (Abs. 2)	45
1. Antrag	45
2. Zuständigkeit	53
a) Oberlandesgericht	53
b) Bundesgerichtshof	58
c) Sonstige Gerichte	60
3. Verfahren	61
a) Anhörung	61
b) Prüfungsumfang	62
c) Entscheidung	71
VIII. Bußgeldverfahren (Abs. 3)	72
IX. Fälligkeit	73
X. Verjährung	76
XI. Festsetzung	80

I. Überblick

Die Vorschrift regelt die Bewilligung einer Pauschgebühr für den gerichtlich 1 bestellten oder beigeordneten Rechtsanwalt – in der Regel ist dies der gerichtlich bestellte Pflichtverteidiger – in Straf- und Bußgeldsachen. Sie ist in allen gerichtlichen Straf- und Bußgeldsachen, im Bußgeldverfahren vor der Verwaltungsbehörde (§ 42 Abs. 5), in Verfahren nach dem Gesetz über die internationale Rechtshilfe in Strafsachen und in Verfahren nach dem IStGH–Gesetz sowie seit 1.7.2013 aufgrund einer durch das KostRMoG bewirkten Einfügung auch in Freiheitsentziehungs- und Unterbringungssachen nach § 151 Nummer 6 und 7 FamFG anwendbar.

§ 51 Abs. 1 S. 1 erlaubt die Gewährung einer Pauschgebühr entweder für das 2 **ganze Verfahren** oder für **einzelne Verfahrensabschnitte.** Wird eine Pauschgebühr nur für einen Verfahrensabschnitt bewilligt, sind nach § 51 Abs. 1 S. 2 die **Gebühren** des Vergütungsverzeichnisses, an deren Stelle die Pauschgebühr treten soll, zu **bezeichnen.**

§ 51 Abs. 1 S. 3 erlaubt die Bewilligung einer Pauschgebühr auch für solche 3 Tätigkeiten, für die der Rechtsanwalt einen Gebührenanspruch gemäß § 48 Abs. 5 hat. Bei der Bewilligung einer Pauschgebühr sind also auch die Tätigkeiten des Pflichtverteidigers zu berücksichtigen, die er **vor seiner Bestellung** zunächst als **Wahlanwalt** erbracht hat.

§ 51 Abs. 1 S. 5 normiert einen gesetzlichen Anspruch des Pflichtverteidigers 4 auf Zahlung eines angemessenen **Vorschusses** auf die Pauschgebühr. Eine Vorschussgewährung ist jedoch nur für die Fälle vorgesehen, in denen es unbillig wäre, den Rechtsanwalt auf die **Festsetzung** der Pauschgebühr zu verweisen. Insbesondere bei sehr lange dauernden Verfahren soll ein Vorschuss bewilligt werden, wenn die Höhe der zu erwartenden Pauschgebühr deutlich über den üblichen Gebühren liegen wird.

§ 51 Abs. 3 bestimmt die entsprechende Anwendung von § 51 Abs. 1 für das 5 Bußgeldverfahren mit der Maßgabe, dass für die Entscheidung über einen Antrag auf Bewilligung einer Pauschgebühr die Verwaltungsbehörde zuständig ist.

II. Normzweck

Die Vergütung des gerichtlich bestellten oder beigeordneten Rechtsanwalts in 6 Straf- und Bußgeldsachen liegt deutlich unter den Gebühren eines Wahlanwalts. Gerade an **größeren Strafprozessen** sind häufig gerichtlich bestellte Pflichtvertei-

§ 51 Festsetzung einer Pauschgebühr

diger beteiligt. Diese Prozesse erfordern manchmal eine monate- oder gar jahrelange Konzentration der Kräfte zum Schaden der übrigen Mandantschaft und **gefährden** damit die **sonstigen Verdienstchancen** des Pflichtverteidigers. Dem soll die Vorschrift entgegenwirken und durch die Möglichkeit der Festsetzung einer über die gesetzliche Vergütung hinausgehenden Pauschgebühr verhindern, dass der Pflichtverteidiger in größeren Strafverfahren durch die ihm vom Gesetz zugebilligte Vergütung unzumutbar belastet wird.

7 Zudem eröffnet die Abhängigkeit der Pauschgebühr von einer **Zumutbarkeitsprüfung** dem gerichtlich bestellten oder beigeordneten Rechtsanwalt die Möglichkeit, verstärkt **wirtschaftliche** Gesichtspunkte zur Begründung seines Antrags auf Festsetzung einer Pauschgebühr zur Geltung bringen zu können (→ Rn. 32).

III. Anwendungsbereich (Abs. 1 S. 1 und 2)

1. Persönlicher Anwendungsbereich

8 Nach § 51 Abs. 1 S. 1 erstreckt sich der **persönliche Anwendungsbereich** der Norm auf den „gerichtlich bestellten oder beigeordneten Rechtsanwalt".

9 **Antragsberechtigt** sind damit:
- der nach § 140 StPO gerichtlich bestellte Pflichtverteidiger;
- der dem Privatkläger, dem Nebenkläger oder dem Antragsteller im Klageerzwingungsverfahren oder im Wege der Prozesskostenhilfebewilligung beigeordnete Rechtsanwalt;
- der dem Nebenkläger gemäß § 397a Abs. 3 StPO als Beistand oder dem nebenklageberechtigten Verletzten gemäß § 406g Abs. 3 S. 1 StPO als Verletztenbeistand (Opferanwalt) bestellte Rechtsanwalt;
- der in einer Auslieferungssache nach dem IRG bestellte Rechtsanwalt;
- der im Verfahren nach dem IStGH-Gesetz bestellte Rechtsanwalt;
- der als Kontaktperson gemäß § 34a EGVG beigeordnete Rechtsanwalt;
- der einem Einziehungsbeteiligten gemäß § 434 Abs. 2 StPO als Vertreter bestellte Rechtsanwalt;
- der einem Zeugen gemäß § 68b StPO als Beistand beigeordnete Rechtsanwalt;
- der dem Antragsteller im Adhäsionsverfahren gemäß § 404 Abs. 5 StPO beigeordnete Rechtsanwalt;
- der in Freiheitsentziehungssachen beigeordnete Rechtsanwalt.

2. Sachlicher Anwendungsbereich

10 a) **Verfahrensarten.** Der **sachliche Anwendungsbereich** der Vorschrift erstreckt sich auf alle gerichtlichen **Straf- und Bußgeldsachen** (§ 51 Abs. 1 S. 1), im Bußgeldverfahren auch vor der Verwaltungsbehörde (§ 51 Abs. 3), in Verfahren nach dem Gesetz über die internationale Rechtshilfe in Strafsachen, in Verfahren nach dem IStGH-Gesetz sowie seit 1.7.2013 aufgrund einer durch das KostRMoG bewirkten Einfügung auch in Freiheitsentziehungs- und Unterbringungssachen nach § 151 Nummer 6 und 7 FamFG. Gemäß § 51 Abs. 1 S. 3 kann eine Pauschgebühr auch für solche Tätigkeiten gewährt werden, für die der Pflichtverteidiger einen Vergütungsanspruch nach § 48 Abs. 5 hat. Das betrifft die Tätigkeiten, die er **vor** seiner Bestellung zunächst als Wahlverteidiger erbracht hat. Nicht anwendbar ist § 51 in Abschiebungshaftsachen.[1]

11 b) **Gebührenarten.** Eine Pauschgebühr kann nur bewilligt werden, soweit das Vergütungsverzeichnis für die Tätigkeit des gerichtlich bestellten oder beigeordneten

---
[1] OLG Celle RVGreport 2009, 137; **aA** *Hartmann* Nr. 6300–6303 VV Rn. 3 unter Hinweis auf BayObLG 1988, 228 und OLG Düsseldorf JR 1981, 234.

Rechtsanwalts **Festgebühren** vorsieht. § 51 Abs. 1 S. 2 bringt das mit den Worten zum Ausdruck, dass die Regelung des § 51 Abs. 1 S. 1 nicht gilt, soweit **Wertgebühren** entstehen. Das gilt selbst dann, wenn die Voraussetzungen des § 51 Abs. 1 S. 1 erfüllt sind. Wertgebühren sind in den Teilen 4 bis 6 VV allerdings selten. Zu finden sind sie nur in den Nr. 4142 bis 4146 VV und in Nr. 5116 VV.

Der Grund für die Unanwendbarkeit der Pauschgebührenregelung bei Wertgebühren ist, dass der **Gebührensatz** der Wertgebühren für den Wahlanwalt und den gerichtlich bestellten oder beigeordneten Rechtsanwalt gleich hoch ist, wenngleich unterschiedliche Tabellenbeträge anfallen, nämlich für den Wahlanwalt die Tabellenbeträge nach § 13 und für den gerichtlich bestellten oder beigeordneten Rechtsanwalt die Tabellenbeträge nach § 49. **12**

Die Bewilligung einer von den gesetzlichen **Gebühren** abweichenden Pauschgebühr betrifft nicht die **Auslagen**. Der Rechtsanwalt hat also neben der Pauschgebühr Anspruch auf Ersatz seiner Schreibauslagen (Nr. 7000 Ziff. 1a VV), seiner Postgebühren (Nr. 7001, 7002 VV) und seiner Reisekosten (Nr. 7003 bis 7006 VV), deren Erstattungsfähigkeit in § 46 geregelt ist. Auch hat er Anspruch auf die Umsatzsteuer, die auf die Pauschgebühr als gesetzliche Vergütung anfällt. **13**

c) **Gegenstand einer Pauschgebühr.** Gemäß § 51 Abs. 1 S. 3 kann die Pauschgebühr für das ganze Verfahren oder für einzelne Verfahrensabschnitte[2] bewilligt werden. Für **einzelne Verfahrensabschnitte** kommt eine Bewilligung in Betracht, wenn **nur sie** besonders umfangreich oder schwierig sind und sich der übrige Teil des Verfahrens im durchschnittlichen Bereich bewegt.[3] **14**

Die in § 51 Abs. 1 S. 3 enthaltene Regelung **erleichtert** die gebührenrechtliche Abgrenzung einzelner Verfahrensabschnitte, weil das Gericht gehalten ist, bei der Bewilligung einer Pauschgebühr für einzelne Verfahrensabschnitte die Gebühren nach dem Vergütungsverzeichnis, an deren Stelle die Pauschgebühr treten soll, zu bezeichnen. Demgemäß kann der Begriff des einzelnen Verfahrensabschnittes **gebührenrechtlich** sehr **konkret** anhand der einzelnen Gebührentatbestände des Vergütungsverzeichnisses bestimmt werden. Nicht richtig ist es, bei der Bemessung der Pauschgebühr allein auf die Grundgebühr der Nr. 4100 VV abzustellen und andere Gebühren wie die Verfahrens- oder Terminsgebühr außer Acht zu lassen, wenn der eine Pauschgebühr rechtfertigende Mehraufwand des Rechtsanwalts gerade diese Verfahrensabschnitte betrifft.[4] **15**

IV. Voraussetzungen für die Festsetzung einer Pauschgebühr

1. Allgemeines

Die Bewilligung einer Pauschgebühr kommt nach § 51 Abs. 1 S. 1 in Betracht, „wenn die in den Teilen 4 bis 6 VV bestimmten Gebühren wegen des besonderen **Umfangs** oder der besonderen **Schwierigkeit** nicht **zumutbar** sind". Die Festsetzung einer Pauschgebühr ist mithin angezeigt, wenn ein **Verfahren** oder einzelne **Verfahrensabschnitte** besonders umfangreich, aber nicht besonders schwierig oder aber besonders schwierig, jedoch nicht besonders umfangreich oder beide Tatbestandsmerkmale gleichermaßen gegeben sind. Ist keines der beiden Merkmale für sich allein gesehen erfüllt, bedingen jedoch Umfang und Schwierigkeit in ihrer **Gesamtheit** eine besondere Inanspruchnahme des Pflichtverteidigers, rechtfertigt auch dies die Festsetzung einer Pauschgebühr.[5] Hinzukommen muss in allen Fällen, **16**

---

[2] Siehe dazu OLG Hamm RVGreport 2012, 458.
[3] Dazu OLG Hamm AGS 2005, 112.
[4] So aber OLG Celle RVGreport 2005, 142 m. abl. Anm. *Burhoff*.
[5] OLG Hamm AGS 2005, 229; OLG Hamm JurBüro 2007, 308.

dass die gesetzlichen Gebühren aus den Teilen 4 bis 6 VV wegen des besonderen Umfangs oder der besonderen Schwierigkeit „nicht zumutbar" sind.[6]

17 In zeitlicher Hinsicht kommt für die Prüfung der Voraussetzungen für die Festsetzung einer Pauschgebühr grundsätzlich der **Zeitraum** ab Zustellung bzw. Verkündung des Beschlusses über die gerichtliche Bestellung oder Beiordnung in Betracht. Eine Ausnahme begründet § 51 Abs. 1 S. 3. Diese Vorschrift lässt die Bewilligung einer Pauschgebühr auch für solche Tätigkeiten zu, die der Pflichtverteidiger vor seiner Bestellung in der Eigenschaft eines **Wahlverteidigers** erbracht hat. Das folgt aus der Verweisung auf § 48 Abs. 5. Dort ist geregelt, dass der im ersten Rechtszug bestellte Pflichtverteidiger die Vergütung auch für seine Tätigkeit vor dem Zeitpunkt seiner Bestellung erhält, in Strafsachen einschließlich seiner Tätigkeit vor Erhebung der öffentlichen Anklage und in Bußgeldsachen einschließlich der Tätigkeit vor der Verwaltungsbehörde.

2. Besonders umfangreiches Verfahren

18 Eine Pauschgebühr ist zu bewilligen, wenn ein Verfahren (oder einzelne Verfahrensabschnitte) **besonders** umfangreich ist. Ein nur umfangreiches Verfahren reicht nicht aus. Die Feststellung, ein Verfahren sei **umfangreich** gewesen, ist also nur der **erste Schritt** bei der Prüfung der Anwendbarkeit der Vorschrift. Hinzukommen muss als **zweiter Schritt** die Feststellung, dass das Verfahren besonders umfangreich war. „Besonders" ist mehr als gewöhnlich oder im Allgemeinen. Anzustreben sind objektive Kriterien.[7]

19 **a) Beurteilungskriterien.** Besonders umfangreich ist ein Verfahren, wenn der von dem Rechtsanwalt erbrachte **zeitliche Aufwand** erheblich über dem Zeitaufwand liegt, den er in einem „normalen" Verfahren zu erbringen hat. Als Maßstab dienen nur gleichartige Verfahren, also zum Beispiel für eine Schwurgerichtssache die normalen Schwurgerichtsverfahren, wobei die Anforderungen nicht zu hoch gestellt werden dürfen.

20 Bei der Prüfung, ob der zeitliche Aufwand des Rechtsanwalts die Festsetzung einer Pauschgebühr rechtfertigt, sind nach der **Rechtsprechung des Bundesverfassungsgerichts**[8] von Bedeutung:
- die Dauer und die Anzahl der einzelnen Verhandlungstage,[9]
- die Terminsfolge,[10]
- die Gesamtdauer der Hauptverhandlung und die Zahl der Verhandlungstage,[11]
- der Umfang und die Komplexität des Verfahrensstoffs,
- das Ausmaß der vom Verteidiger wahrgenommenen weiteren Tätigkeiten wie etwa die Durchführung von Mandantenbesprechungen, die Teilnahme an Haftprüfungen, polizeilichen Vernehmungen und Anhörungen von Sachverständigen,[12]
- das Führen einer umfangreichen Korrespondenz sowie
- die Wahrnehmung von sonstigen Gesprächsterminen.[13]

---

[6] Burhoff/*Burhoff* § 51 Rn. 12.
[7] OLG Hamburg Rpfleger 1990, 479; Schneider/Wolf/*N. Schneider* § 51 Rn. 23.
[8] BVerfG NJW 2005, 1264; sa OLG Hamm NJW 2007, 857; Beispiele für den besonderen Umfang bei Schneider/Wolf/*N. Schneider* § 51 Rn. 22–64.
[9] OLG Hamm AGS 2001, 153; OLG Hamm StraFo 2005, 263.
[10] OLG Bamberg JurBüro 1989, 965; OLG Hamm JurBüro 1994, 101 mwN.
[11] Burhoff/*Burhoff* § 51 Rn. 13.
[12] OLG Hamm AGS 2006, 498 – Erhöhung der Grundgebühr wegen Einarbeitung am Wochenende; OLG Koblenz AGS 2008, 30 – Besprechungen zwecks Abgabe eines Geständnisses.
[13] OLG Hamburg JurBüro 2006, 535.

Die zum Begriff des „besonderen Umfangs" ergangene **kasuistische Rechtsprechung** der Oberlandesgerichte lässt eine verallgemeinernde Auslegung der vom Bundesverfassungsgericht genannten einzelnen Kriterien nicht zu, zumal die Rechtsprechung der Oberlandesgerichte nicht immer einheitlich ist. Letztlich kommt es auf den Einzelfall und auf die Auffassung des jeweils zuständigen Oberlandesgerichts an.

b) Fahrt- bzw. Reisezeiten. Sie sind bei der Bemessung einer Pauschgebühr nur zu berücksichtigen, wenn bereits aus anderen Gründen eine Pauschgebühr zu gewähren ist. Geht es um die Frage, ob überhaupt eine Pauschgebühr in Betracht kommt, spielen Fahrt- bzw. Reisezeiten keine Rolle.[14] Dabei ist die Entscheidung des Bundesverfassungsgerichts vom 24.11.2001 zu beachten.[15] Danach kann eine **Kürzung** der gesetzlich genau bestimmten Gebühren oder eine **Versagung** der Erstattung von Auslagen, die für die sachgerechte Verteidigung erforderlich waren, für den bestellten Verteidiger unzumutbar sein. Dies ist etwa dann der Fall, wenn die Gebühren für die Verteidigertätigkeit vollständig aufgezehrt würden, weil die Kosten für eine zur sachgerechten Verteidigung notwendige Reise nicht erstattet werden.

c) Verhandlungspausen und Wartezeiten. Während eines Hauptverhandlungstermins entstehen fast immer **Pausen**. Sie sind in die Beurteilung des anwaltlichen Zeitaufwands grundsätzlich einzubeziehen. Zwar findet in den Pausen eine Hauptverhandlung im eigentlichen Sinn nicht statt. Der gerichtlich bestellte oder beigeordnete Rechtsanwalt ist jedoch auch während der Pausen an einer anderweitigen Ausübung seines Berufs gehindert.[16] Gleiches gilt für längere Wartezeiten vor Beginn einer Hauptverhandlung.[17]

d) Unnötige Anträge. Umstritten ist, ob auch der Zeitaufwand zu berücksichtigen ist, der durch umfangreiche Verfahrens- und Beweisanträge entsteht, die das Gericht als unnötig oder als Verfahrensverzögerung wertet.[18] Eine solche gerichtliche Einschätzung darf nicht zur Ablehnung einer Pauschgebühr führen, weil sich sonst der gerichtlich bestellte oder beigeordnete Rechtsanwalt in seiner Verteidigungsstrategie beeinträchtigt fühlen könnte.[19]

3. Besonders schwieriges Verfahren

Das Merkmal der besonderen Schwierigkeit steht gleichrangig neben dem des besonderen Umfangs. Die besondere Schwierigkeit eines Strafverfahrens kann in tatsächlicher und/oder in rechtlicher Hinsicht bestehen.[20]

a) Tatsächliche Schwierigkeiten. Sie können sich aus der Persönlichkeit des Beschuldigten oder aus sprachlichen Verständigungsschwierigkeiten ergeben, vor allem dann, wenn die Verständigung mit dem Mandanten nur über einen Dolmetscher möglich ist.[21] Aber auch Sprachkenntnisse des Rechtsanwalts, durch die Dol-

---

[14] OLG Hamm NJW 2007, 311.
[15] BVerfG NJW 2001, 1269.
[16] OLG Hamm JurBüro 2006, 533; **aA** OLG Karlsruhe AGS 1993, 77.
[17] So die inzwischen fast einhellige Rechtsprechung der Oberlandesgerichte, vgl. statt aller OLG Düsseldorf JurBüro 2006, 641; OLG Hamm AGS 2006, 337; **aA** OLG Saarbrücken JurBüro 2007, 28.
[18] Dazu Schneider/Wolf/*N. Schneider* § 51 Rn. 42.
[19] So zutreffend OLG Hamm JurBüro 2001, 194; Burhoff/*Burhoff* § 51 Rn. 17 f.
[20] OLG Hamm AGS 2005, 117.
[21] OLG Celle RVGreport 2007, 64; OLG Köln AGS 2007, 74.

metscherkosten erspart werden, sind bei der Bemessung der Pauschgebühr zu berücksichtigen.[22]

27 **b) Rechtliche Schwierigkeiten.** Sie sind anzunehmen, wenn der Pflichtverteidiger sich in abgelegene Rechtsgebiete einarbeiten muss[23] oder die Verteidigung besondere steuerliche, buchhalterische oder wirtschaftliche Kenntnisse erfordert.[24] Eine Vielzahl von Besuchen in der Justizvollzugsanstalt oder sich widersprechende Gutachten verschiedener Sachverständiger können ein Indiz für eine besondere rechtliche Schwierigkeit sein,[25] ebenso eine schwierige Beweislage.[26] Ein Kriterienkatalog findet sich bei *Burhoff*.[27]

4. Unzumutbarkeit

28 Die Festsetzung einer Pauschgebühr setzt gemäß § 51 Abs. 1 S. 1 weiterhin voraus, dass die in den Teilen 4 bis 6 VV bestimmten (gesetzlichen) Gebühren wegen des besonderen Umfangs oder der besonderen Schwierigkeit **„nicht zumutbar"** sind. Hierbei handelt es sich nicht um ein **eigenständiges** Tatbestandsmerkmal.[28] Die Unzumutbarkeit nimmt vielmehr die **Funktion einer Kontrollrechnung** ein. Anhand des für die Wirtschaftlichkeit des Rechtsanwalts maßgeblichen Prinzips der Kostendeckung und einer angemessenen Gewinnerzielung ist zu überprüfen, ob die auf der Grundlage anstelle der gesetzlichen Gebühren gefundene Pauschgebühr dem Normzweck entspricht und damit einer verfassungskonformen Anwendung des § 51 gerecht wird. Das hat bereits der Gesetzgeber so gesehen, wie es in der **amtlichen Begründung** zu § 51 heißt: „Einer Pauschgebührenregelung bedarf es auch im Hinblick auf die Rechtsprechung des Bundesverfassungsgerichts. Danach darf die Inanspruchnahme des Pflichtverteidigers, der geringere Gebühren als der Wahlverteidiger erhält, nicht zu einem Sonderopfer führen".[29]

29 Ausgangspunkt für die Beurteilung der Unzumutbarkeit ist die **Rechtsprechung des Bundesverfassungsgerichts.**[30] In einer jüngeren Entscheidung hat das Gericht hierzu ausgeführt, in Strafsachen, die die Arbeitskraft des Pflichtverteidigers für längere Zeit ausschließlich oder fast ausschließlich in Anspruch nähmen, gewinne die Höhe des Entgelts für den Pflichtverteidiger **existenzielle Bedeutung.** Für solche besonderen Fallkonstellationen gebiete das Grundrecht des Pflichtverteidigers auf freie Berufsausübung eine Regelung, die sicherstellt, dass ihm die Verteidigung kein **unzumutbares Opfer** abverlange. Dieses Ziel stelle § 51 Abs. 1 sicher.[31] Danach dürfe die Inanspruchnahme des gerichtlich bestellten oder beigeordneten Rechtsanwalts, womit in erster Linie der Pflichtverteidiger gemeint ist, nicht zu einem **Sonderopfer** führen. Zu einem Sonderopfer könne es angesichts der deutlich

---

[22] So OLG Köln AGS 2007, 74; aA OLG Celle AGS 2007, 74; OLG Düsseldorf JurBüro 2009, 532.
[23] BayObLG MDR 1987, 870; OLG Hamm StV 1998, 614 – Patentrecht; OLG Hamm AnwBl. 1998, 612 – Außenwirtschaftsrecht; OLG Hamm AnwBl. 2000, 378 – Abfallrecht; OLG Hamm JurBüro 2006, 137 – Wirtschaftsstrafverfahren; OLG Nürnberg StV 2000, 441 – ausländisches Recht.
[24] OLG BayObLG AnwBl. 1987, 619.
[25] OLG Nürnberg StV 2000, 441.
[26] OLG Bremen AGS 2003, 257; OLG Hamm AGS 2003, 113 – Wiedererkennungsproblematik; OLG Hamm JurBüro 2003, 356 – Aussage-gegen-Aussage-Problematik.
[27] Burhoff/*Burhoff* § 51 Rn. 22 f.
[28] So zutreffend *Burhoff* ZAP Fach 22, 499 (511).
[29] BT-Drs. 15/1971 zu § 51.
[30] BVerfGE 68, 237 (255) = NJW 1985, 727.
[31] BVerfG NJW 2005, 1264; sa BVerfG NJW 2005, 3699; zur Angemessenheit anwaltlicher Vergütung als Grundrechtsproblem *Gaier* AnwBl. 2010, 73.

geringeren Pflichtverteidigergebühren gerade in größeren Strafverfahren sehr schnell kommen, wenn die gesetzlichen Gebühren die Tätigkeit des Pflichtverteidigers nicht mehr **kostendeckend**, geschweige denn **gewinnbringend** honorieren.[32]

Dennoch gibt es über die Auslegung der von § 51 Abs. 1 S. 1 geforderten Unzumutbarkeit bislang **keine einheitliche Rechtsprechung** der Oberlandesgerichte. Das **Oberlandesgericht Hamm** hält daran fest, dass die Voraussetzungen der „Unzumutbarkeit" iSd § 51 Abs. 1 S. 1 zumindest immer dann zu bejahen sind, wenn das Verfahren bzw. der Verfahrensabschnitt sowohl als „besonders schwierig" als auch als „besonders umfangreich" anzusehen ist,[33] wobei die Zumutbarkeitsgrenze auch dann überschritten sein kann, wenn nur eins der beiden Kriterien erfüllt ist.[34] Demgegenüber vertritt das **Oberlandesgericht Frankfurt** eine strengere Auffassung. Es meint, Sinn und Zweck der Pauschgebühr nach neuem Recht sei es nicht, dem Verteidiger einen zusätzlichen Gewinn zu verschaffen; sie solle nur eine unzumutbare Benachteiligung verhindern. Der Ausnahmecharakter des § 51 verlange, dass es zu einem Sonderopfer des Rechtsanwalts komme.[35] 30

Die künftige **Rechtsprechung der Oberlandesgerichte** sollte bei der Bewilligung von Pauschgebühren den Zumutbarkeitserwägungen des Bundesverfassungsgerichts verstärkt Rechnung tragen. Die **Grenze der Zumutbarkeit** wird überschritten, wenn die dem Pflichtverteidiger bewilligten Pauschgebühren nicht kostendeckend sind und sowohl im Hinblick auf die Pflichtverteidigertätigkeit als auch der Vernachlässigung anderer Mandate zu keinem angemessenen, zumindest den Lebensunterhalt sicherstellenden Gewinn führen. Nur wenn diese Kriterien bei der Bemessung der Pauschgebühr berücksichtigt werden, lässt sich der Normzweck **verfassungskonform** verwirklichen. 31

Angesichts der Rechtsprechung des Bundesverfassungsgerichts[36] zur **wirtschaftlichen Zumutbarkeit** des vom Staat dem Rechtsanwalt abverlangten Opfers, für geringere Gebühren als ein Wahlverteidiger tätig werden zu müssen, ist für die Höhe der Pauschgebühr ein wesentliches Kriterium, welchen **Stundensatz** der Pflichtverteidiger vereinnahmen muss, um im Rahmen seiner Bestellung **kostendeckend** arbeiten und auch noch einem **angemessenen Gewinn** erzielen zu können. Jede Pauschgebühr, die hinter diesem Maßstab zurückbleibt, ist unzumutbar iSd Rechtsprechung des Bundesverfassungsgerichts. In diesem Sinn verlangt das Bundesverfassungsgericht zur Prüfung der Unangemessenheit eines Vorschusses, dass der Rechtsanwalt eine detaillierte Einnahme-Ausgaben-Rechnung seines Kanzleibetriebs vorlege.[37] 32

Praxistipp:

Im Antrag des Rechtsanwalts auf Feststellung einer Pauschgebühr sollte besonders zum Zeitaufwand und zu dessen Verhältnis zu den gesetzlichen Gebühren umfassend vortragen werden. Es geht darum, dem Gericht zu verdeutlichen, welche Gebühr anstelle der gesetzlichen Gebühren zugesprochen werden muss, damit die anwaltliche Tätigkeit kostendeckend bleibt und auch noch einen Gewinn erbringt. Konkrete Ausführungen zur wirtschaftlichen Situation der Praxis des gerichtlich bestellten oder beigeordneten Rechtsanwalts können die Aussichten eines Antrags auf Feststellung einer Pauschgebühr deutlich verbessern. Dazu gehört insbesondere die Vorlage einer detaillierten Einnahme-Ausgaben-Rechnung des Kanzleibetriebs. 33

---

[32] BVerfG NJW 2003, 737; vgl. auch BVerfG MDR 2005, 1373 mAnm *Hartung*; sa BVerfG NJW 2007, 3420.
[33] OLG Hamm NJW 2007, 857.
[34] OLG Hamm NJW 2006, 75.
[35] OLG Frankfurt a.M. NJW 2006, 457.
[36] BVerfG NJW 2001, 1269.
[37] BVerfG NJW 2007, 1445.

34 Die Oberlandesgerichte werden auf Dauer nicht daran vorbeikommen, ihre bisherigen sehr strengen und teilweise auch überzogenen Anforderungen deutlich abzuschwächen und verstärkt auch wirtschaftliche Gesichtspunkte zu berücksichtigen.

V. Höhe der Pauschgebühr

35 Wenn die Voraussetzungen des § 51 Abs. 1 S. 1 erfüllt sind, hat das Oberlandesgericht unter Berücksichtigung **aller Umstände** (→ Rn. 20 ff.) anstelle der gesetzlichen Gebühren einen Pauschbetrag festzusetzen.

36 Die Höhe der Pauschgebühr muss über den Festgebühren des Vergütungsverzeichnisses liegen. Bei dem **Wahlverteidiger** darf die Pauschgebühr gemäß § 42 Abs. 1 S. 4 das **Doppelte** der für die Gebühren des Wahlanwalts geltenden Höchstbeträge nach Teil 4 bis 6 VV nicht übersteigen. Eine solche Beschränkung besteht für den Pflichtverteidiger nicht.[38] In Verfahren, die sich tatbestandlich ähneln, kann folglich auch dem **Pflichtverteidiger** eine Pauschgebühr **zumindest** in doppelter Höhe der Pflichtverteidigergebühr zugebilligt werden. Selbst dann erhält er immer noch weniger als die Höchstgebühr eines Wahlverteidigers, weil eine **Verdoppelung** der für den Pflichtverteidiger im Vergütungsverzeichnis bestimmten Festgebühren noch nicht einmal den Betrag der für den Wahlverteidiger geltenden Höchstgebühr erreicht.

37 Ein **Beispiel** verdeutlicht das: Im ersten Rechtszug vor der Strafkammer beträgt die Terminsgebühr des Pflichtverteidigers 256 Euro und die Terminsgebühr des Wahlverteidigers 80 EUR bis 560 EUR je Hauptverhandlungstag (Nr. 4114 VV). Wird die Terminsgebühr für den Pflichtverteidiger verdoppelt, liegt sie bei 512 EUR und damit immer noch 48 EUR unter der Höchstgebühr des Wahlverteidigers. Dieses Beispiel lässt sich für alle Gebührentatbestände des Teils 4 des VV wiederholen. Stets bleibt die verdoppelte Pflichtverteidigergebühr hinter der Höchstgebühr des Wahlverteidigers zurück.

38 Die nach Auffassung des Bundesverfassungsgerichts angezeigte **wirtschaftliche Betrachtungsweise** erlaubt es, innerhalb der Zumutbarkeitsprüfung den Zeitaufwand des Rechtsanwalts individuell zu bewerten. Einem wegen seiner Spezialkenntnisse bestellten Pflichtverteidiger aus einer Sozietät muss in der Regel eine höhere Pauschgebühr zugesprochen werden als einem jungen Berufsanfänger, der wegen geringer Kosten und wenigen Mandaten zwangsläufig billiger arbeiten kann. Wenn die Voraussetzungen des § 51 Abs. 1 S. 1 erfüllt sind, also das Verfahren oder einzelne Verfahrensabschnitte besonders umfangreich oder besonders schwierig waren, kann es künftig zu durchaus sehr **unterschiedlichen Pauschgebühren** kommen. Eine Pauschgebühr, die einem Berufsanfänger Kostendeckung und auch noch einen angemessenen Ertrag verschafft, kann für einen bekannten Strafverteidiger aus einer großen Anwaltspraxis unzumutbar niedrig sein.

39 Einzelfälle aus der Rechtsprechung zur Höhe einer Pauschgebühr sind kaum zu verallgemeinern. Einige Beispiele seien gleichwohl genannt. So hat der **Bundesgerichtshof** für den in der Revisionshauptverhandlung bestellten Pflichtverteidiger eine Pauschgebühr von **1.000 EUR** für gerechtfertigt gehalten, wenn sich dieser zur Vorbereitung und Wahrnehmung der Hauptverhandlung nicht nur mit mehreren umfangreichen Verfahrensrügen, sondern auch mit schwierigen sachlich-rechtlichen Fragen zu befassen hatte.[39] Das **Oberlandesgericht Köln** hat

---

[38] So zutreffend OLG Stuttgart RVGreport 2008, 383; sa OLG Koblenz NJW-Spezial 2008, 445.

[39] BGH RVGreport 2007, 64; sa BGH NJW 2006, 1535; BGH NJW 2009, 3448; BGH NJW 2012, 167.

eine Pauschgebühr von **3.000 EUR** für einen Pflichtverteidiger festgesetzt, der in einem 13 Monate andauernden Auslieferungsverfahren den Verfolgten mindestens 30-mal besucht und Kontakt zu dessen Rechtsanwälten in anderen Ländern hergestellt hatte.[40]

VI. Vorschuss (Abs. 1 S. 5)

Abweichend von der früheren Regelung des § 99 BRAGO kann nunmehr auch der gerichtlich bestellte Pflichtverteidiger oder der beigeordnete Rechtsanwalt einen **angemessenen Vorschuss**[41] auf die Pauschgebühren verlangen. Voraussetzung ist, dass ihm insbesondere wegen der langen **Dauer** des Verfahrens und der **Höhe** der zu erwartenden Pauschgebühr nicht zugemutet werden kann, die Festsetzung der Pauschgebühr abzuwarten (§ 51 Abs. 1 S. 5). Kriterien, nach denen sich die Angemessenheit des Vorschusses richten soll, nennt das Gesetz nicht. In der amtlichen Begründung heißt es lediglich, dass die Pauschgebühr „deutlich" über den gesetzlichen Gebühren liegen müsse. 40

Die Voraussetzungen, die erfüllt sein müssen, damit das Gericht einen Vorschuss bewilligen kann, sind sehr vage formuliert. Bei der Anwendung der Vorschussregelung sollten die Gerichte sich von der **Zielvorstellung des Gesetzgebers** leiten lassen, die Rechtsposition des Rechtsanwalts zu stärken. Das bedeutet, dass in all den Fällen, in denen vor der Rechtsprechung unter der Geltung der BRAGO sogar ohne entsprechende gesetzliche Regelung ein Vorschuss gewährt worden ist, nunmehr in jedem Fall ein Vorschuss bewilligt werden sollte.[42] 41

Von der im Gesetz geforderten **langen Dauer** des Verfahrens ist die frühere Rechsprechung bei einer Verfahrensdauer von einem Jahr und/oder etwa 50 Verhandlungstagen ausgegangen.[43] Daran wird festzuhalten sein. 42

Nach Meinung des Bundesverfassungsgerichts muss die Bewilligung einer Pauschgebühr „**mit Sicherheit**" zu erwarten sein.[44] Das ist eine in der Praxis kaum umsetzbare Forderung. Genügen muss auch ein hohes Maß an **Wahrscheinlichkeit.** Sollte sich zu einem späteren Zeitpunkt herausstellen, dass die Voraussetzungen für die Bewilligung einer Pauschgebühr nicht vorliegen, lässt sich eine **Korrektur** über die Verrechnung des Vorschusses mit den gesetzlichen Gebühren erreichen. Notfalls ist der Rechtsanwalt verpflichtet, einen etwa zuviel gezahlten Betrag der Staatskasse zurückzuzahlen. 43

Eine Vorschusszahlung kommt auch in Betracht, wenn das **Verfahren** bereits **abgeschlossen** ist, die Entscheidung über eine Bewilligung der Pauschgebühr aber noch auf sich warten lässt. Das gleiche gilt bei einer **vorläufigen Einstellung** des Verfahrens gemäß § 205 StPO, wenn das Verfahren auch nach längerem Zeitablauf nicht fortgesetzt werden kann.[45] 44

---

[40] OLG Köln RVGreport 2006, 147; sa OLG Hamm NJW 2007, 857 (6.000 EUR, ua unter Hinweis auf Fahrtzeiten).

[41] Dazu BVerfG NJW 2007, 1445.

[42] So zutreffend Burhoff/*Burhoff* § 51 Rn. 68. Zur früheren Rechtsprechung siehe OLG Bamberg JurBüro 1982, 94; OLG Hamm JurBüro 2000, 586; OLG Jena JurBüro 2002, 643; KG RVGprofessionell 2005 mAnm *Burhoff*. Zur Angemessenheit eines Vorschusses vgl. BVerfG NJW 2007, 1445; ausführlich zur Gewährung eines Vorschusse auf eine Pauschgebühr *Burhoff* RVGreport 2011, 407.

[43] OLG Hamm AGS 1996, 126; OLG Hamm StV 1998, 616; OLG Karlsruhe StraFo 2001, 339; aber auch OLG Jena StraFo 2002, 305.

[44] BVerfG NJW 2005, 3699; dazu auch BVerfG NJW 2011, 505; OLG Frankfurt a.M. AGS 2009, 537.

[45] Burhoff/*Burhoff* § 51 Rn. 67 mwN; sa KG AGS 2006, 26.

VII. Bewilligungsverfahren (Abs. 2)

1. Antrag

45 Die Pauschgebühr kann nur auf **Antrag** bewilligt werden. Der Antrag ist **zulässig**, wenn die zu vergütende Tätigkeit abgeschlossen ist und die gesetzlichen Gebühren iSd § 8 Abs. 1 S. 2 fällig sind. Das ist der Fall, wenn eine Kostenentscheidung ergangen oder der Rechtszug beendet ist. Betrifft der Antrag eine Pauschgebühr für einen einzelnen Verfahrensabschnitt oder mehrere Verfahrensabschnitte, ist der Antrag zulässig, sobald dieser Teil des Verfahrens beendet ist.[46] Ruht das Verfahren länger als drei Monate (§ 8 Abs. 1 S. 2), kann der Antrag für die zuvor erfolgten Tätigkeiten gestellt werden.

46 Der Antrag kann auch noch gestellt werden, wenn die gesetzlichen Gebühren bereits **festgesetzt** oder sogar schon **ausgezahlt** worden sind. Der Auffassung, dass eine zu lange Verzögerung als vorheriger **Verzicht** gewertet werden könne,[47] kann nicht gefolgt werden. Ein Verzicht setzt eine zumindest stillschweigende Willenserklärung des Rechtsanwalts voraus, die zudem von der Staatskasse angenommen sein müsste. Denkbar könnte im Einzelfall nur eine **Verwirkung** des Anspruchs auf Festsetzung einer Pauschgebühr sein. Dann müssten jedoch besondere konkrete Umstände gegeben sein, ein bloßer Zeitablauf innerhalb der Verjährungsfrist genügt nicht.

47 Auch die Bewilligung eines angemessenen **Vorschusses** setzt einen Antrag des Rechtsanwalts voraus. Dieser Antrag ist schon während des Verfahrens zulässig, sobald dem Rechtsanwalt wegen der langen Dauer des Verfahrens und der Höhe der zu erwartenden Pauschgebühr nicht zugemutet werden kann, die Festsetzung der Pauschgebühr abzuwarten.

Praxistipp:

48 Unerlässlich ist eine ausführliche und umfassende Begründung des Antrags unter Berücksichtigung der Entscheidung des Bundesverfassungsgerichts in NJW 2007, 1445. Dazu gehören insbesondere auch Angaben zum Zeitaufwand des Rechtsanwalts, soweit er sich nicht aus den Gerichtsakten ergibt (Besuche in der Justizvollzugsanstalt, Besprechungen in der Kanzlei, Erörterungen mit der Polizei, Studium spezieller Literatur und Rechtsprechung etc). Der Pflichtverteidiger sollte sich auch nicht scheuen, die Höhe der nach seiner Meinung festzusetzenden Pauschgebühr plausibel zu beziffern.

49 Das Gericht ist an den Vorschlag des Rechtsanwalts nicht gebunden und kann sogar eine Pauschgebühr bewilligen, die über den im Antrag genannten Betrag hinausgeht.[48]

50 Zu beachten ist stets dass das Gericht die Umstände, die die Bewilligung einer Pauschgebühr rechtfertigen können, nicht von Amts wegen zu ermitteln hat, auch wenn sie sich teilweise aus den Gerichtsakten ergeben. Der Rechtsanwalt ist deshalb gut beraten, wenn er die Umstände, die nach seiner Beurteilung eine Pauschgebühr rechtfertigen, konkret vorträgt.[49]

51 Angaben über **Vorschüsse** und **Zahlungen** sind überflüssig. Sie werden nicht bei der Bewilligung der Pauschgebühr geprüft, sondern bei der späteren Festsetzung nach §§ 55 und 58 Abs. 3. Das gilt auch für die Umsatzsteuer auf die Pauschvergütung.

---

[46] So auch Burhoff/*Burhoff* § 51 Rn. 48; **aA** wohl OLG Düsseldorf RVGreport 2006, 470.
[47] So *Hartmann* § 51 Rn. 25; *Schönemann* RVGprofessionell 2008, 211.
[48] OLG Hamm JurBüro 2001, 413.
[49] Hilfreich dazu ist das ABC der Pauschgebühr bei Burhoff/*Burhoff* § 51 Rn. 74–143.

Praxistipp:
Obwohl für die Entscheidung über den Antrag auf Bewilligung einer Pauschgebühr das Oberlandesgericht zuständig ist, empfiehlt es sich, den Antrag beim erstinstanzlichen Gericht einzureichen, weil das Oberlandesgericht ohne die Gerichtsakten ohnehin nicht entscheiden könnte. Im Ergebnis bringt diese Empfehlung nur einen Zeitgewinn. 52

2. Zuständigkeit

a) **Oberlandesgericht.** Gemäß § 51 Abs. 2 S. 1 entscheidet sowohl über den Antrag auf Bewilligung der Pauschgebühr als auch über den Antrag auf Bewilligung eines Vorschusses das Oberlandesgericht (Strafsenat), zu dessen Bezirk das Gerichts des ersten Rechtszugs gehört. Im Falle der Beiordnung einer Kontaktperson gemäß § 34a EGGVG ist das Oberlandesgericht zuständig, in dessen Bezirk die Justizvollzugsanstalt liegt. 53

Das Oberlandesgericht ist auch zuständig für die Bewilligung einer Pauschgebühr für die **Revisionsinstanz**, selbst wenn im Revisionsverfahren eine Hauptverhandlung vor dem Bundesgerichtshof stattfindet. 54

Zur **Besetzung** des Strafsenats des Oberlandesgerichts bestimmt § 51 Abs. 2 S. 3, dass § 42 Abs. 3 entsprechend anzuwenden ist. Das bedeutet, dass der Strafsenat des Oberlandesgerichts mit nur **einem Richter** besetzt ist und dass der Einzelrichter die Sache dem **Senat** in der Besetzung mit drei Richtern zu übertragen hat, wenn es zur Sicherung einer einheitlichen Rechtsprechung geboten ist. Die Regelung entspricht § 80a Abs. 3 OWiG. 55

Wann die Übertragung der Sache durch den Einzelrichter auf den Senat in der Besetzung mit drei Richtern im Einzelfall **geboten** ist, hat der Einzelrichter nach eigenem Ermessen zu entscheiden. Die Übertragung muss sich aufdrängen, sie braucht aber nicht unumgänglich zu sein.[50] 56

Die Übertragung auf den Senat in der Besetzung mit drei Richtern muss zur **Sicherung einer einheitlichen Rechtsprechung** geboten sein (§ 51 Abs. 2 S. 4 iVm § 42 Abs. 3). Dabei kann es sich um Unterschiede in der Rechtsprechung innerhalb des Senats, innerhalb eines Oberlandesgerichts oder zwischen verschiedenen Oberlandesgerichten handeln. 57

b) **Bundesgerichtshof.** Gemäß § 51 Abs. 2 S. 2 ist der Bundesgerichtshof für die Entscheidung zuständig, soweit er den Rechtsanwalt bestellt hat.[51] Diese Regelung betrifft die wenigen Fälle, in denen der Bundesgerichtshof selbst für die Hauptverhandlung in der Revisionsinstanz einen Pflichtverteidiger bestellt (§ 350 Abs. 3 StPO). Die Zuständigkeit des Bundesgerichtshofs beschränkt sich auf die Bewilligung einer Pauschgebühr für die Vorbereitung und die Wahrnehmung der Hauptverhandlung. Für die Bewilligung einer Pauschgebühr für die Einlegung der Revision und deren Begründung verbleibt es bei der Zuständigkeit des Oberlandesgerichts.[52] Das gilt auch, wenn der Bundesgerichtshof im Vorverfahren oder vor einer Abgabe des Verfahrens an das Oberlandesgericht einen Pflichtverteidiger bestellt.[53] 58

Eine der Besetzung des Strafsenats des Oberlandesgerichts entsprechende Bestimmung zur Besetzung des Strafsenats des Bundesgerichtshofs enthält § 51 Abs. 2 nicht. Die Verweisung auf § 42 Abs. 3 betrifft nur die Zuständigkeit des Oberlandesge- 59

---

[50] Göhler OWiG § 80 Rn. 15.
[51] BGH NJW 2012, 167; zur Höhe der Pauschgebühr für die Teilnahme an der Revisionshauptverhandlung siehe BGH RVGreport 2012, 344.
[52] BGHSt 23, 323 = NJW 1970, 2223; OLG Hamm JurBüro 2003, 24.
[53] BGH NJW 1977, 1644.

§ 51 Festsetzung einer Pauschgebühr

richts. Der Strafsenat des Bundesgerichtshofs entscheidet also in voller Besetzung mit fünf Richtern.[54]

60 **c) Sonstige Gerichte.** In Dienststrafverfahren ist das **Truppendienstgericht**[55] und nicht das Bundesverwaltungsgericht zuständig. In Betracht kommen kann auch eine Zuständigkeit des **Anwaltsgerichtshofs**.[56]

3. Verfahren

61 **a) Anhörung.** Gemäß § 51 Abs. 2 S. 3 hat das jeweils zuständige Gericht vor seiner Entscheidung die **Staatskasse** zu hören. Widerspricht sie dem Antrag des Pflichtverteidigers ganz oder teilweise, ist ihre Äußerung dem Rechtsanwalt zur Stellungnahme zuzuleiten. Daran anschließen können sich weitere wechselseitige Stellungnahmen.

62 **b) Prüfungsumfang.** Das Gericht hat zu entscheiden, ob und in welcher **Höhe** anstelle der im Vergütungsverzeichnis ausgewiesenen gesetzlichen Gebühren eine Pauschgebühr zu bewilligen ist. Demgemäß hat das Gericht zu prüfen, ob die von dem Rechtsanwalt zur Begründung seines Antrags auf Bewilligung einer Pauschgebühr vorgetragenen Tatsachen die Voraussetzungen des § 51 Abs. 1 S. 1 erfüllen und die Bewilligung einer Pauschgebühr rechtfertigen. In diesem Sinne besteht ein **Rechtsanspruch des Pflichtverteidigers** unabhängig von den Haushaltsmitteln des Staates.[57]

63 Das Gericht hat nicht zu prüfen, ob die Tätigkeit des Pflichtverteidigers berechtigt oder zweckmäßig war.[58] Selbst eine nach Ansicht des Gerichts unzweckmäßige oder sogar überflüssige Tätigkeit erlaubt es ihm nicht, die Bewilligung einer Pauschgebühr abzulehnen, wenn die gesetzlichen Voraussetzungen hierfür erfüllt sind.

64 Besonders zu beachten ist, dass das Gericht gemäß § 51 Abs. 1 S. 3 bei der Ermittlung der Pauschgebühr auch die **Tätigkeiten** berücksichtigen muss, die der Pflichtverteidiger **vor seiner Bestellung** in der Eigenschaft eines Wahlverteidigers erbracht hat. § 51 Abs. 1 S. 4 umschreibt das mit den Worten, dass eine Pauschgebühr auch für solche Tätigkeiten gewährt werden kann, für die der Rechtsanwalt einen Anspruch nach § 48 Abs. 5 hat. Dort ist geregelt, dass der im ersten Rechtszug bestellte Rechtsanwalt die Vergütung auch für seine Tätigkeit vor dem Zeitpunkt seiner Bestellung erhält, in Strafsachen einschließlich seiner Tätigkeit vor Erhebung der öffentlichen Anklage und in Bußgeldsachen einschließlich der Tätigkeit vor der Verwaltungsbehörde.

65 Erfolgt die Bestellung zum Pflichtverteidiger in einem **späteren Rechtszug** (Berufung oder Revision), so erhält der Rechtsanwalt gemäß § 51 Abs. 1 S. 4 iVm § 48 Abs. 5 S. 2 eine Vergütung in diesem Rechtszug auch für seine Tätigkeit vor dem Zeitpunkt seiner Bestellung. Damit gemeint sind nur Tätigkeiten in dem jeweiligen Rechtszug. War der Rechtsanwalt also beispielsweise im ersten Rechtszug als Wahlverteidiger tätig und wird erst in der zweiten Instanz zum Pflichtverteidiger bestellt, gehört die Grundgebühr gemäß Nr. 4100 VV nicht zum zweiten Rechtszug.

66 Soweit der Rechtsanwalt vor seiner Bestellung für zuvor als **Wahlverteidiger** erbrachte Tätigkeiten von dem Mandanten oder einem Dritten **Zahlungen** erhalten hat, sind diese bei der **Bemessung** der Pauschgebühr nicht zu berücksichtigen. Dasselbe gilt für eine bereits vor dem Antrag auf Bewilligung einer Pauschgebühr

---

[54] BGH RVGreport 2005, 345 mAnm *Burhoff*.
[55] BVerwG JurBüro 1991, 1649.
[56] OLG Hamm NJW 1964, 1915; OLG Stuttgart AnwBl. 1965, 90.
[57] *Hartmann* § 51 Rn. 8.
[58] OLG Hamm JurBüro 2001, 194; sa OLG Hamm JurBüro 2002, 195.

erhaltene Pflichtverteidigergebühr. Selbst eine als großzügig erscheinende Zahlung entbindet das Gericht nicht, die Höhe der Pauschgebühr ausschließlich an den in § 51 Abs. 1 S. 1 normierten Voraussetzungen des besonderen Umfangs und/oder der besonderen Schwierigkeit des Verfahrens zu ermitteln. Umgekehrt darf eine nur gering erscheinende Zahlung das Gericht nicht verleiten, eine anhand der gesetzlichen Voraussetzungen ermittelte Pauschgebühr zu senken.

Eine andere Frage ist die **Anrechenbarkeit** von Zahlungen auf die Pauschgebühr. 67 Hierzu regelt § 58 Abs. 3 S. 1, dass Vorschüsse und Zahlungen, die der Rechtsanwalt vor oder nach seiner Bestellung zum Pflichtverteidiger für seine Tätigkeit für bestimmte Verfahrensabschnitte erhält, auf die von der Staatskasse für diese Verfahrensabschnitte zu zahlenden Gebühren anzurechnen sind. Eine Einschränkung für die Pauschgebühr enthält § 58 Abs. 3 S. 3. Danach hat die Anrechnung nur zu erfolgen, soweit der Rechtsanwalt durch die Zahlungen insgesamt mehr als den doppelten Betrag der ihm ohne Berücksichtigung des § 51 aus der Staatskasse zustehenden Gebühren erhalten würde. Wegen weiterer Einzelheiten wird auf die Kommentierung zu § 58 Abs. 3 verwiesen.

Das Gericht kann im Einzelfall auch eine **vorläufige Entscheidung** treffen, 68 beispielsweise nach einer vorläufigen Einstellung des Verfahrens oder wegen Ruhens des Verfahrens für eine Dauer von mehr als drei Monaten. Eine unter den genannten Voraussetzungen ergangene vorläufige Entscheidung kann später abgeändert werden.[59] Der Rechtsanwalt sollte in solchen Fällen jedoch besser den Antrag stellen, ihm gemäß § 51 Abs. 1 S. 5 einen **angemessenen Vorschuss** zu zahlen. Die hierfür erforderliche Begründung, dass ihm wegen der langen Dauer des Verfahrens und der Höhe der zu erwartenden Pauschgebühr nicht zugemutet werden könne, die Festsetzung der Pauschgebühr abzuwarten, wird in aller Regel möglich sein. Der Vorteil besteht darin, dass der Rechtsanwalt seine **Liquidität** auf diesem Wege verbessern kann.

Bei der Bewilligung der Pauschgebühr sind die **Auslagen** und die **Umsatzsteuer** 69 nicht zu berücksichtigen, ebenso wenig bereits erhaltene **Zahlungen**. Die Auslagen (Nr. 7000 VV) und die Umsatzsteuer (Nr. 7008 VV) sind von dem Urkundsbeamten der Geschäftsstelle (§ 55) festzusetzen. Zahlungen hat er auf die bewilligte Pauschgebühr gemäß § 58 Abs. 3 anzurechnen.

Zu **verzinsen** ist die Pauschgebühr nicht.[60] Das ist für den Rechtsanwalt nachtei- 70 lig, wenn er auf die Entscheidung des Oberlandesgerichts lange warten muss. Das Oberlandesgericht Hamm hat deshalb bei einer Wartezeit von mehr als 18 Monaten den dadurch erlittenen Zinsverlust bei der Bemessung der Pauschgebühr erhöhend berücksichtigt.[61]

c) Entscheidung. Die Entscheidung über den Antrag des Rechtsanwalts auf 71 Bewilligung einer Pauschgebühr oder auf Zahlung eines Vorschusses ergeht durch **Beschluss**. Er ist gemäß § 51 Abs. 2 S. 1 **unanfechtbar**. Eine **Gegenvorstellung** ist möglich und kann zu einer Änderung der Entscheidung führen.

VIII. Bußgeldverfahren (Abs. 3)

Für das Bußgeldverfahren vor der Verwaltungsbehörde gilt gemäß § 51 Abs. 3 72 S. 1 die Regelung des § 51 Abs. 1 entsprechend. Das bedeutet, dass sämtliche für das Strafverfahren geltenden Vorschriften uneingeschränkt gelten. Eine **Ausnahme** bildet § 51 Abs. 3 S. 2. Während im Strafverfahren eine Auszahlung der Pauschgebühr nur möglich ist, wenn nach Erlass des gerichtlichen Bewilligungsbescheides

---

[59] OLG Düsseldorf MDR 1991, 1000.
[60] OLG Frankfurt NJW 1972, 1481; OLG Koblenz Rpfleger 1974, 269.
[61] OLG Hamm AGS 2001, 154.

der Urkundsbeamte der Geschäftsstelle des Gerichts die gerichtlich bewilligte Pauschgebühr festgesetzt hat, bestimmt § 51 Abs. 3 S. 2, dass die **Verwaltungsbehörde** über den Antrag nach § 51 Abs. 1 S. 1. 1 bis 3 gleichzeitig mit der Festsetzung der Pauschgebühr zu entscheiden hat. Die für Strafverfahren geltende **Zuständigkeitsverteilung** gilt also im Bußgeldverfahren nicht.

IX. Fälligkeit

73 Die Frage nach der Fälligkeit der Pauschgebühr ist eng mit der Frage nach der Zulässigkeit des Antrags auf Bewilligung der Pauschgebühr verknüpft. So lange keine Fälligkeit besteht, ist der Antrag unzulässig. Das Gericht müsste ihn zurückweisen oder das Bewilligungsverfahren bis zum Eintritt der Fälligkeit ruhen lassen.

74 § 8 Abs. 1 S. 2 bestimmt, dass die Vergütung eines in einem gerichtlichen Verfahren tätigen Rechtsanwalts fällig wird, wenn eine **Kostenentscheidung** ergangen oder der **Rechtszug beendet** ist[62] oder wenn das Verfahren **länger als drei Monate** ruht.

75 **Endet** die Pflichtverteidigung schon **vor Abschluss** einer Instanz, ergibt sich die Fälligkeit aus § 8 Abs. 1 S. 1, der für die Erledigung des Auftrags als Fälligkeitsvoraussetzung normiert. In einem solchen Fall kann der Pflichtverteidiger den Anspruch auf Bewilligung eines angemessenen **Vorschusses** stellen, wenn die Voraussetzungen für die Bewilligung einer Pauschgebühr zum Zeitpunkt der Verfahrenseinstellung bereits erfüllt sind (§ 51 Abs. 1 S. 1) und ihm zudem wegen der langen Dauer des Verfahrens und der Höhe der zu erwartenden Pauschgebühr nicht zugemutet werden kann, die Festsetzung der Pauschgebühr abzuwarten (§ 51 Abs. 1 S. 5).

X. Verjährung

76 Der Anspruch auf die Pauschgebühr verjährte ebenso wie alle anderen Vergütungsansprüche des Rechtsanwalts nach § 196 Nr. 15 BGB aF in zwei Jahren. Seit der Änderung der Verjährungsvorschriften (1.1.2002) beträgt die Verjährungsfrist nach § 195 BGB nF nunmehr **drei Jahre**.[63]

77 Die **Verjährungsfrist** beginnt mit dem Ende des Kalenderjahres, in dem der Anspruch auf die Pauschgebühr erstmals fällig geworden ist (§ 200 BGB). Das war unter der Geltung des § 99 BRAGO strittig.[64] Im Hinblick auf § 8 Abs. 2 S. 1 sollte dieser Streit künftig entfallen. Gleichwohl sollte wegen der bisherigen unterschiedlichen Rechtsprechung der Oberlandesgerichte der Antrag unverzüglich nach Abschluss der ersten Instanz gestellt werden. **Endet** die gerichtliche Bestellung oder Beiordnung **vor Abschluss** der Instanz, beginnt die Verjährungsfrist am Ende des Kalenderjahres, in dem der Bestellungs- oder Beiordnungsbeschluss aufgehoben wird.

78 Während der Anhängigkeit des Verfahrens ist die Verjährung des Anspruchs auf die Pauschgebühr **gehemmt** (§ 8 Abs. 2 S. 1). Die Hemmung endet mit der rechtskräftigen Entscheidung oder anderweitigen Beendigung des Verfahrens (§ 8 Abs. 2 S. 2).

79 Ein etwaiger Eintritt der Verjährung ist von den Gerichten, die über die Bewilligung einer Pauschgebühr zu entscheiden haben, nicht zu beachten. Es ist Aufgabe des Urkundsbeamten der Geschäftsstelle im Festsetzungsverfahren gemäß § 55, den Eintritt der Verjährung zu prüfen, sofern es der Staatskasse überhaupt erlaubt ist, sich auf die Einrede der Verjährung zu berufen (dazu → § 45 Rn. 71).

---

[62] Dazu OLG Düsseldorf AGS 2007, 75.
[63] KG JurBüro 2011, 254; Burhoff/*Burhoff* § 51 Rn. 58.
[64] Zum früheren Meinungsstand siehe Burhoff/*Burhoff* § 51 Rn. 58 ff.

XI. Festsetzung

Eine **Zahlung der Staatskasse** allein aufgrund des Bewilligungsbeschlusses des Gerichts ist nicht möglich. Deshalb muss der Pflichtverteidiger die bewilligte Pauschgebühr gemäß § 55 durch den Urkundsbeamten der Geschäftsstelle festsetzen lassen. Gegen dessen Entscheidung ist gemäß § 56 die Erinnerung und die Beschwerde zulässig. 80

Die vom Gericht bewilligte Pauschgebühr ist eine gesetzliche **(Netto)Gebühr**. Deshalb hat der Urkundsbeamte der Geschäftsstelle die **Umsatzsteuer** hinzuzufügen. Das gilt auch für die **Auslagen**, auf die sich § 51 nicht bezieht. Die Schreibauslagen (Nr. 7000 Ziff. 1a VV), die Postgebühren (Nr. 7001, 7002 VV) und die Reisekosten (Nr. 7003 bis 7006 VV) sind also auf Antrag des Rechtsanwalts, soweit sie zur sachgemäßen Durchführung der Angelegenheit erforderlich waren (§ 46 Abs. 1), zusätzlich zu der Pauschgebühr festzusetzen. 81

Im Rahmen des Festsetzungsverfahrens muss der Pflichtverteidiger gemäß § 58 Abs. 3 S. 1 **Vorschüsse** und **Zahlungen,** die er vor oder nach seiner gerichtlichen Bestellung für seine Tätigkeit für bestimmte Verfahrensabschnitte erhalten hat, anzeigen. Sie sind auf die Pauschgebühr anzurechnen, allerdings mit der in § 58 Abs. 3 S. 3 enthaltenen Einschränkung. Diese besagt, dass die Anrechnung nur erfolgt, soweit der Rechtsanwalt durch die Zahlungen insgesamt mehr als den doppelten Betrag der ihm ohne Berücksichtigung des § 51 aus der Staatskasse zustehenden Gebühren erhalten würde. Auf eine Verdoppelung der Pauschgebühr ist nicht abzustellen. Das folgt schon aus dem Wortlaut des § 58 Abs. 3 S. 3. Eine Anrechnungsfreiheit bis zur Höhe der doppelten Pauschgebühr würde zudem den Pflichtverteidiger ungerechtfertigt begünstigen. 82

§ 52 Anspruch gegen den Beschuldigten oder den Betroffenen

(1) ¹Der gerichtlich bestellte Rechtsanwalt kann von dem Beschuldigten die Zahlung der Gebühren eines gewählten Verteidigers verlangen; er kann jedoch keinen Vorschuss fordern. ²Der Anspruch gegen den Beschuldigten entfällt insoweit, als die Staatskasse Gebühren gezahlt hat.

(2) ¹Der Anspruch kann nur insoweit geltend gemacht werden, als dem Beschuldigten ein Erstattungsanspruch gegen die Staatskasse zusteht oder das Gericht des ersten Rechtszugs auf Antrag des Verteidigers feststellt, dass der Beschuldigte ohne Beeinträchtigung des für ihn und seine Familie notwendigen Unterhalts zur Zahlung oder zur Leistung von Raten in der Lage ist. ²Ist das Verfahren nicht gerichtlich anhängig geworden, entscheidet das Gericht, das den Verteidiger bestellt hat.

(3) ¹Wird ein Antrag nach Absatz 2 Satz 1 gestellt, setzt das Gericht dem Beschuldigten eine Frist zur Darlegung seiner persönlichen und wirtschaftlichen Verhältnisse; § 117 Abs. 2 bis 4 der Zivilprozessordnung gilt entsprechend. ²Gibt der Beschuldigte innerhalb der Frist keine Erklärung ab, wird vermutet, dass er leistungsfähig i. S. d. Absatzes 2 Satz 1 ist.

(4) Gegen den Beschluss nach Absatz 2 ist die sofortige Beschwerde nach den Vorschriften der §§ 304 bis 311a der Strafprozessordnung zulässig.

(5) ¹Der für den Beginn der Verjährung maßgebende Zeitpunkt tritt mit der Rechtskraft der das Verfahren abschließenden gerichtlichen Entscheidung, in Ermangelung einer solchen mit der Beendigung des Verfahrens ein. ²Ein Antrag des Verteidigers hemmt den Lauf der Verjährungsfrist. ³Die Hemmung endet sechs Monate nach der Rechtskraft der Entscheidung des Gerichts über den Antrag.

§ 52 Anspruch gegen den Beschuldigten oder den Betroffenen

(6) ¹Die Absätze 1 bis 3 und 5 gelten im Bußgeldverfahren entsprechend. ²Im Bußgeldverfahren vor der Verwaltungsbehörde tritt an die Stelle des Gerichts die Verwaltungsbehörde.

Übersicht

Rn.

I. Überblick	1
II. Normzweck	2
III. Anspruchsgrundlage (Abs. 1 S. 1)	6
1. Gesetzliches Schuldverhältnis	6
2. Anspruchsberechtigung	9
IV. Anspruchsvoraussetzungen (Abs. 2 und 3)	11
1. Erstattungsanspruch gegen die Staatskasse (Abs. 2 S. 1, 1. Alt.)	14
2. Zahlungsfähigkeit des Beschuldigten (Abs. 2 S. 1, 2. Alt., Abs. 3)	18
V. Umfang des Gebührenanspruchs (Abs. 1 S. 1)	22
1. Gebühren eines gewählten Verteidigers	22
2. Einschränkung des Anspruchs	25
3. Auslagen	32
4. Mehrwertsteuer	34
5. Vorschuss (Abs. 1 S. 1 2. Hs.)	35
VI. Feststellung der Leistungsfähigkeit des Beschuldigten (Abs. 2 bis 4)	38
1. Antrag	39
2. Zuständigkeit	45
3. Verfahren (Abs. 3)	48
a) Verfahrensgrundsätze	48
b) Feststellung der Leistungsfähigkeit des Beschuldigten	54
c) Entscheidung	57
d) Rechtsmittel (Abs. 4)	60
VII. Verjährung (Abs. 5)	71
VIII. Bußgeldverfahren (Abs. 6)	75
IX. Anh.: Sonstige Vergütungsansprüche gegen den Beschuldigten oder Betroffenen	76
1. Wahlverteidigergebühren	77
2. Vergütungsansprüche aufgrund einer Vergütungsvereinbarung	81

I. Überblick

1 Die Vorschrift gewährt dem gerichtlich bestellten Rechtsanwalt – das ist der **Pflichtverteidiger** – gegen den Beschuldigten im Strafverfahren oder gegen den Betroffenen im Bußgeldverfahren einen eigenen **öffentlich-rechtlichen Vergütungsanspruch**, der nicht von den wirtschaftlichen Verhältnissen des Beschuldigten abhängt.[1] Die Vorschrift greift ein, wenn der Rechtsanwalt den Beschuldigten oder Betroffenen nicht aufgrund eines Mandatsvertrags auf Zahlung der angefallenen Vergütung in Anspruch nehmen kann.

II. Normzweck

2 Der Normzweck der Vorschrift beruht auf der Erwägung, dass der gerichtlich bestellte Rechtsanwalt den Abschluss eines **Mandatsvertrags** mit dem Beschuldig-

---
[1] Burhoff/*Volpert* § 52 Rn. 1.

ten oder Betroffenen nicht erzwingen kann, andererseits aber auch nicht auf einen Anspruch gegen die Staatskasse beschränkt sein soll, wenn der Beschuldigte **zahlungsfähig** ist.

Der Rechtsanwalt wird als Pflichtverteidiger vom Gericht bestellt, auch wenn der Beschuldigte keinen Pflichtverteidiger wünscht. Anders als bei einer Beiordnung im Rahmen von Prozesskostenhilfe ist für die Aufnahme der Tätigkeit des Pflichtverteidigers nicht Voraussetzung, dass zwischen ihm und dem Beschuldigten ein **Mandatsvertrag** geschlossen wird. Genau umgekehrt gilt vielmehr, dass ein Rechtsanwalt nicht zum Pflichtverteidiger bestellt werden kann, wenn er aufgrund eines Mandatsvertrags als **Wahlverteidiger** tätig ist, es sei denn, er beendet den Mandatsvertrag und legt sein Mandat als Wahlverteidiger nieder. Der Wortlaut der Vorschrift spricht deshalb auch nicht von dem Auftraggeber oder dem Mandanten des Pflichtverteidigers, sondern vom Beschuldigten bzw. Betroffenen.

Mit der Begründung eines Gebührenanspruchs gegen den Beschuldigten soll eine **unbillige Benachteiligung** des Pflichtverteidigers vermieden werden. Spricht das Gericht beispielsweise im Fall notwendiger Verteidigung einen in wirtschaftlich gesunden Verhältnissen lebenden Beschuldigten frei, gibt es keinen überzeugenden Grund dafür, dass der Pflichtverteidiger sich mit den aus der Staatskasse zu erstattenden geringeren Gebühren begnügen und keinen Anspruch auf die Gebühren eines Wahlverteidigers haben soll. Nichts anderes gilt bei einer Verurteilung. Könnte der Verurteilte die Wahlverteidigergebühren ohne Beeinträchtigung des für ihn und seine Familie notwendigen Unterhalts zahlen, würde sich die in der Bestellung eines Pflichtverteidigers zum Ausdruck kommende **staatliche Fürsorge** für den Beschuldigten zu Lasten des Pflichtverteidigers auswirken.

Sinn und **Zweck** des **Instituts der Pflichtverteidigung** beruhen auf dem Interesse des Rechtsstaats an einem ordnungsmäßigen Verfahren und der dazu gehörenden wirksamen Verteidigung.[2] Die wirtschaftlichen Verhältnisse des Beschuldigten spielen anders als bei der Prozesskostenhilfe keine Rolle, sie dürfen nicht einmal geprüft werden.[3] Diese Situation rechtfertigt es, dem Pflichtverteidiger trotz Fehlens eines Anwaltsvertrags einen Gebührenanspruch gegen den Beschuldigten zu gewähren, wenn der Beschuldigte leistungsfähig ist.

III. Anspruchsgrundlage (Abs. 1 S. 1)

1. Gesetzliches Schuldverhältnis

Der Anspruch des gerichtlich bestellten Rechtsanwalts (Pflichtverteidigers) gegen den Beschuldigten auf Zahlung der Gebühren eines gewählten Verteidigers folgt aus § 52 Abs. 1 S. 1 und damit unmittelbar aus dem Gesetz, beruht also auf einem **gesetzlichen Schuldverhältnis**.[4] Er ist **öffentlich-rechtlicher** Natur, weil seine Grundlage die gerichtliche Bestellung ist, die dem öffentlichen Recht angehört.[5] Deshalb besteht der Anspruch anders als im Fall der Prozesskostenhilfe **unabhängig vom Abschluss eines Mandatsvertrags** und selbst dann, wenn der Rechtsanwalt ohne oder sogar gegen den Willen des Beschuldigten gerichtlich bestellt wird.[6] Der Anspruch entsteht auch unabhängig vom Ausgang des Verfahrens und selbst dann, wenn ein Verfahren nicht gerichtlich anhängig geworden ist (§ 52 Abs. 2 S. 2).

Der Gebührenanspruch gegen den Beschuldigten tritt **neben** den Gebührenanspruch des gerichtlich bestellten Rechtsanwalts gegen die **Staatskasse** und ist von

---
[2] BGH AnwBl. 1980, 465.
[3] BGHSt 3, 395 (398).
[4] Ausführlich hierzu *Volpert* RVGreport 2004, 133.
[5] Riedel/Sußbauer/*Kremer* § 52 Rn. 8.
[6] BGHZ 86, 98 = NJW 1983, 1047.

diesem **unabhängig**. Die Ansprüche des gerichtlich bestellten Rechtsanwalts gegen die Staatskasse und gegen den Beschuldigten bestehen also nebeneinander.[7] Das hat zur Folge, dass der Anspruch des Rechtsanwalts gegen die Staatskasse „**aufrechnungsfest**" ist.[8]

8 Die Anspruchsgrundlage des § 52 Abs. 1 S. 1 erstreckt sich nur auf die **gesetzlichen** Gebühren eines gewählten Verteidigers. Auf eine gemäß § 3a **vereinbarte Vergütung** ist die Vorschrift nicht anwendbar. Das belegt bereits der Wortlaut des § 52 Abs. 1 S. 1, der einen Anspruch auf „die Zahlung der Gebühren eines gewählten Verteidigers" begründet.

2. Anspruchsberechtigung

9 Anspruchsberechtigt ist der **gerichtlich bestellte** Rechtsanwalt, also in der Regel der **Pflichtverteidiger**. Der Kreis der Anspruchsberechtigten wird durch § 53 Abs. 1 erweitert. Danach gilt § 52 entsprechend für den Anspruch des dem **Privatkläger** (§ 379 Abs. 3 StPO), dem **Nebenkläger** (§ 397a Abs. 2 StPO), dem **Antragsteller im Klageerzwingungsverfahren** (§ 172 Abs. 3 S. 2 StPO) oder dem sonst in Angelegenheiten, in denen sich die Gebühren nach Teil 4, 5 oder 6 VV bestimmen, **beigeordneten** Rechtsanwalts gegen seinen Auftraggeber.

10 Nicht anwendbar ist die Regelung des § 52 auf den Rechtsanwalt, der dem Nebenkläger oder dem nebenklageberechtigten Verletzten als **Beistand** beigeordnet ist. Er kann nur von dem **Verurteilten** die Gebühren eines gewählten Beistands verlangen, nicht aber von dem Nebenkläger oder dem nebenklageberechtigten Verletzten. Wegen weiterer Einzelheiten hierzu wird auf die Kommentierung zu § 53 verwiesen.

IV. Anspruchsvoraussetzungen (Abs. 2 und 3)

11 Die Anspruchsvoraussetzungen sind in § 52 Abs. 2 S. 1 und Abs. 3 geregelt. Danach ist ein Anspruch gegeben, wenn
- dem Beschuldigten ein **Erstattungsanspruch** gegen die Staatskasse zusteht (§ 52 Abs. 2 S. 1, 1. Alt.) oder
- das Gericht des ersten Rechtszugs auf Antrag des Verteidigers **feststellt,** dass dieser ohne Beeinträchtigung des für ihn und seine Familie notwendigen Unterhalts zur Zahlung oder zur Leistung von Raten in der Lage ist (§ 52 Abs. 2 S. 1, 2. Alt.) oder
- das Gericht die Leistungsfähigkeit des Beschuldigten **vermutet,** weil er innerhalb einer ihm vom Gericht gesetzten Frist zur Darlegung seiner persönlichen und wirtschaftlichen Verhältnisse keine Erklärung abgegeben hat (§ 52 Abs. 3 S. 2).

12 Das Gesetz stellt mithin **drei alternative Anspruchsvoraussetzungen** auf, die sich **inhaltlich** unterscheiden.

13 Im Einzelfall ist es denkbar, dass der Rechtsanwalt sich nicht nur auf eine der drei Fallvarianten berufen muss, um seinen Anspruch in voller Höhe durchsetzen zu können. Ist beispielsweise der Erstattungsanspruch des Beschuldigten gegen die Staatskasse niedriger als die Gebühren eines Wahlverteidigers, kommt die Inanspruchnahme des Beschuldigten sowohl nach § 52 Abs. 2 S. 1, 1. Alt. als auch nach § 52 Abs. 2 S. 1, 2. Alt. in Betracht. In seinem Antrag sollte der Rechtsanwalt auf diese **Anspruchskumulation** hinweisen.

---

[7] OLG Hamm MDR 1987, 608; OLG Saarbrücken Rpfleger 1999, 507.
[8] Dazu BVerfG NJW 2009, 2735.

1. Erstattungsanspruch gegen die Staatskasse (Abs. 2 S. 1, 1. Alt.)

§ 52 Abs. 2 Satz 1, 1. Alt. gewährt dem Pflichtverteidiger bzw. dem beigeordneten Rechtsanwalt (§ 53 Abs. 1) gegen den Beschuldigten einen Gebührenanspruch, wenn diesem ein **Erstattungsanspruch** gegen die **Staatskasse** zusteht. Deshalb kommt es in diesem Fall auf die **Zahlungsfähigkeit des Beschuldigten** nicht an. Seine Zahlungsfähigkeit folgt allein daraus, dass er einen Erstattungsanspruch gegen die Staatskasse hat. Dieser Anspruch bildet die wirtschaftliche Grundlage der den Beschuldigten treffenden Verpflichtung. 14

Der der gerichtlich bestellten (§ 52 Abs. 2 S. 1, 1. Alt.) bzw. beigeordneten Rechtsanwalt (§ 53 Abs. 1) gegen den Beschuldigten zustehende Anspruch wird durch die **Höhe des Erstattungsanspruchs** begrenzt, den der Beschuldigte gegen die Staatskasse hat, vorausgesetzt, dass der Rechtsanwalt die Gebühren eines Wahlverteidigers in dieser Höhe verdient hat. Unerheblich ist es, auf welcher **Grundlage** der Erstattungsanspruch beruht. 15

In Betracht kommen: 16
- die Ablehnung der Eröffnung des Hauptverfahrens (§ 467 Abs. 1 StPO),
- die Einstellung des Verfahrens (§ 467 Abs. 1 StPO),
- ein Freispruch oder ein teilweiser Freispruch (§ 467 Abs. 1 StPO),
- die Rücknahme der öffentlichen Klage oder die Verfahrenseinstellung durch die Staatsanwaltschaft (§ 467a Abs. 1 StPO),
- ein erfolgloses Rechtsmittel der Staatsanwaltschaft (§ 473 Abs. 2 S. 1 StPO),
- ein erfolgreiches Rechtmittel des Mandanten (§ 473 Abs. 3 StPO),
- ein teilweise erfolgreiches Rechtsmittel des Mandanten (§ 473 Abs. 4 StPO).

Ob der Beschuldigte den **Erstattungsanspruch realisieren** kann, ist ohne Belang. Der Rechtsanwalt behält den Anspruch gegen den Beschuldigten auch dann, wenn die Staatskasse wegen eigener Ansprüche **aufrechnen** kann.[9] Das einer Aufrechnung zugrunde liegende Rechtsverhältnis besteht ausschließlich zwischen der Staatskasse und dem Beschuldigten und berührt den Gebührenanspruch des Rechtsanwalts gegen den Beschuldigten nicht. 17

2. Zahlungsfähigkeit des Beschuldigten (Abs. 2 S. 1, 2. Alt., Abs. 3)

§ 52 Abs. 2 Satz 1, 2. Alt. setzt voraus, dass dem Beschuldigten kein Erstattungsanspruch gegen die Staatskasse zusteht und er den Gebührenanspruch aus **eigenen Mitteln** erfüllen muss. Die Regelung stellt deshalb auf die wirtschaftliche Leistungsfähigkeit des Beschuldigten ab. Sie muss das Gericht in einem förmlichen Verfahren ermitteln und feststellen. 18

Der auf § 52 Abs. 2 S. 1, 2. Alt. gestützte Anspruch ist begründet, wenn die wirtschaftlichen Verhältnisse die Feststellung der Zahlungsfähigkeit des Beschuldigten erlauben. Das ist der Fall, wenn der Beschuldigte imstande ist, die Vergütung ohne Beeinträchtigung des für sich selbst und seine Familie notwendigen Unterhalts zu zahlen. Diese Feststellung ist für das Gericht nicht immer einfach. Dem Gericht können jedoch die Regelungen zur **Pfändungsfreigrenze** nach §§ 850c ff. ZPO und zur Bewilligung von **Prozesskostenhilfe** (§§ 114 ff. ZPO) wertvolle Hilfen sein. 19

Der **maßgebliche Zeitpunkt** für die Leistungsfähigkeit des Beschuldigten sind seine wirtschaftlichen Verhältnisse im Zeitpunkt der Entscheidung des Gerichts im Feststellungsverfahren.[10] Das folgt aus dem Wortlaut des § 52 Abs. 2 S. 1 (in der Lage **ist,** nicht war). Der Beschuldigte ist also auch dann leistungsfähig, wenn er 20

---

[9] So BVerfG NJW 2009, 2735; ebenso Schneider/Wolf/*N. Schneider* § 52 Rn. 31; *Leipold*, Anwaltsvergütung in Strafsachen, Rn. 321.
[10] So auch *Leipold*, Anwaltsvergütung in Strafsachen, Rn. 325.

zum Zeitpunkt des Strafverfahrens bedürftig war und erst danach Vermögen erwirbt oder nach vorangegangener Arbeitslosigkeit im Zeitpunkt der gerichtlichen Entscheidung über den Feststellungsantrag wieder über Einkommen verfügt.[11]

21 Eine **Abwandlung** von § 52 Abs. 2 S. 1, 2. Alt. enthält **§ 52 Abs. 3**. Danach wird die Zahlungsfähigkeit des Beschuldigten vermutet, wenn er der Aufforderung des Gerichts, seine persönlichen und wirtschaftlichen Verhältnisse darzulegen, nicht nachkommt. Das Schweigen des Beschuldigten wird also zu seinen Lasten als das **Zugeständnis seiner Zahlungsfähigkeit** gewertet. De facto kann diese Wertung falsch, der Beschuldigte nämlich völlig mittellos sein und deshalb der gerichtlichen Aufforderung gleichgültig gegenüber stehen. Eine solche von der gesetzlichen Wertung abweichende Situation ändert jedoch nichts daran, dass das **Gericht** bei Schweigen des Beschuldigten seine Zahlungsfähigkeit **vermuten** muss.

V. Umfang des Gebührenanspruchs (Abs. 1 S. 1)

1. Gebühren eines gewählten Verteidigers

22 Der gerichtlich bestellte Rechtsanwalt kann von dem Beschuldigten die Zahlung der Gebühren eines gewählten Verteidigers verlangen. Dieser Anspruch tritt neben den Gebührenanspruch gegen die Staatskasse.

23 Die **Gebühren eines gewählten Verteidigers** sind diejenigen, die einem Wahlverteidiger im Strafverfahren nach Teil 4 VV, im Bußgeldverfahren nach Teil 5 VV und in sonstigen Verfahren nach Teil 6 VV zustehen. Soweit die von § 52 aufgestellten Voraussetzungen eines Anspruchs gegen den Beschuldigten dem Grunde nachgegeben sind, steht sich der Pflichtverteidiger also nicht schlechter als ein Wahlverteidiger.

24 In welcher **Höhe** die Gebühren eines gewählten Verteidigers innerhalb der in den Teilen 4–6 VV enthaltenen Betragsrahmengebühren anfallen, richtet sich nach § 14.

2. Einschränkung des Anspruchs

25 Der in § 52 Abs. 1 S. 1 enthaltene **Grundsatz,** dass der gerichtlich bestellte Verteidiger von dem Beschuldigten die Zahlung der Gebühren eines gewählten Verteidigers verlangen kann, wird durch § 52 Abs. 1 S. 2 wieder **eingeschränkt**, indem der Anspruch „insoweit" entfällt, als die Staatskasse Gebühren gezahlt hat. Anzurechnen sind die aufgrund der gerichtlichen Bestellung aus der Staatskasse nach § 45 gezahlten gesetzlichen Gebühren und auch die Pauschgebühr nach § 51.[12] Der Anspruch gegen den Beschuldigten besteht mithin aus der **Differenz** der aus der Staatskasse gezahlten Gebühren (zzgl. Mehrwertsteuer) und den Gebühren eines Wahlverteidigers.[13]

26 Die von § 52 Abs. 1 S. 1 statuierte Einschränkung macht es notwendig, die dem Beschuldigten von der Staatskasse geschuldete Erstattung und die Wahlanwaltsgebühren **betragsmäßig** zu ermitteln. Erst ein **Vergleich** der von der Staatskasse einerseits und vom Beschuldigten andererseits jeweils geschuldeten Endbeträge

---

[11] OLG Bamberg JurBüro 1990, 482; OLG Düsseldorf AnwBl. 1974, 88 und 1985, 594; OLG Hamm MDR 1971, 601; OLG Koblenz MDR 1971, 866; OLG Oldenburg NJW 1973, 2313; OLG Stuttgart AnwBl. 1973, 148; OLG Zweibrücken MDR 1974, 66; Schneider/Wolf/ N. Schneider § 52 Rn. 65.

[12] OLG Düsseldorf 1978, 233; OLG Hamburg Rpfleger 1999, 413; OLG Karlsruhe Rpfleger 1977, 335; Hartmann § 52 Rn. 10.

[13] OLG Frankfurt a.M. JurBüro 2011, 34, dazu Burhoff RVGprofessionell 2011, 158; Burhoff/ Volpert § 52 Rn. 28.

Anspruch gegen den Beschuldigten oder den Betroffenen § 52

(Gebühren und Mehrwertsteuer) lässt erkennen, in welcher Höhe der gerichtlich bestellte oder beigeordnete (§ 53) Rechtsanwalt von dem Beschuldigten die Gebühren eines gewählten Verteidigers fordern kann.

Reicht der von der Staatskasse dem Beschuldigten zu erstattende Betrag nicht zur Deckung der Wahlanwaltsvergütung aus, kann der Rechtsanwalt wegen des **Restbetrages** den Beschuldigten nach § 52 Abs. 2 S. 1, 2. Alt. mit der Begründung in Anspruch nehmen, dass dieser ohne Beeinträchtigung des für ihn und seine Familie notwendigen Unterhalts zur Zahlung oder zur Leistung von Raten in der Lage sei. 27

Die Einschränkung, dass der Anspruch nur „**insoweit**" geltend gemacht werden kann, als die Staatskasse (Pflichtverteidiger-)Gebühren gezahlt hat, führt im Fall eines **Teilfreispruchs** zu Auslegungsschwierigkeiten. Lautet die gerichtliche Kostenentscheidung beispielsweise, dass die Kosten und die notwendigen Auslagen des Beschuldigten von ihm und von der Staatskasse je zur Hälfte zu tragen sind, ergibt sich die **Streitfrage**, ob die gezahlten Pflichtverteidigergebühren nach § 52 Abs. 1 S. 2 insgesamt anzurechnen sind, so dass der Anspruch auf die Wahlverteidigergebühren **gänzlich entfallen** kann,[14] oder ob sie nur im **anteiligen Verhältnis** von Freispruch und Verurteilung angerechnet werden dürfen.[15] 28

Gegen eine **vollständige Anrechnung** der von der Staatskasse gezahlten Pflichtverteidigergebühren spricht bereits, dass der dem gerichtlich bestellten Rechtsanwalt zustehende Anspruch gegen den von ihm vertretenen Beschuldigten regelmäßig entfallen würde, wenn die Pflichtverteidigergebühren höher sind als der Erstattungsanspruch des Beschuldigten gegen die Staatskasse. Die Folge wäre, dass die Regelung des § 52 Abs. 1 S. 1 in vielen Fällen **ins Leere** gehen würde. 29

Eine solche Lösung widerspräche auch dem **Normzweck**. Dem Beschuldigten steht im anteiligen Verhältnis von Freispruch und Verurteilung ein Erstattungsanspruch gegen die Staatskasse zu. Die Anspruchsvoraussetzungen des § 52 Abs. 2 S. 1, 1. Alt. sind also ohne Rücksicht auf die wirtschaftlichen Verhältnisse des Beschuldigten, die nur für den Anspruch gemäß § 52 Abs. 2 S. 1, 2. Alt. geprüft werden müssen, erfüllt. 30

Wenn man abweichend von der hier vertretenen Auffassung einen Anspruch des gerichtlich bestellten Rechtsanwalts gegen den Beschuldigten auf der Grundlage des § 52 Abs. 2 S. 1, 1. Alt. **verneint,** muss ergänzend geprüft werden, ob der Rechtsanwalt nicht jedenfalls einen Anspruch gemäß § 52 Abs. 2 S. 1, 2. Alt. hat. Ist der Beschuldigte zur Zahlung oder zur Leistung in Raten ohne Beeinträchtigung des für ihn und seine Familie notwendigen Unterhalts in der Lage, würde der Meinungsstreit gegenstandslos. 31

3. Auslagen

§ 52 spricht nur von „**Gebühren**" und nicht von „**Vergütung**". Bei Verwendung des Begriffs der Vergütung wären von der Regelung des § 52 auch die **Auslagen** betroffen, da nach der Legaldefinition des § 1 Abs. 1 S. 1 die Vergütung aus den Gebühren und den Auslagen besteht. § 52 gibt dem gerichtlich bestellten Rechtsanwalt also bei wortgetreuer Auslegung keinen Anspruch gegen den Beschuldigten auf Erstattung von Auslagen.[16] 32

---

[14] So OLG Düsseldorf Rpfleger 2001, 46; OLG Hamburg JurBüro 2000, 205; OLG Saarbrücken Rpfleger 2000, 564; sa *Volpert* RVGreport 2012, 162 (163).
[15] So OLG Celle NJW 2004, 2396; OLG Düsseldorf JurBüro 1999, 83; OLG Oldenburg RVGreport 2007, 469; *Volpert* RVGreport 2007, 444 (448).
[16] OLG Düsseldorf Rpfleger 2001, 46; OLG Koblenz MDR 1980, 163; OLG Stuttgart MDR 1985, 959; LG Düsseldorf StRR 2010, 118; Burhoff/*Volpert* § 52 Rn. 17; Schneider/Wolf/*N. Schneider* § 52 Rn. 20.

§ 52 Anspruch gegen den Beschuldigten oder den Betroffenen

33   Ein Ausschluss der Auslagenerstattung lässt sich aber auch mit Sinn und Zweck der Vorschrift begründen. Die **Beschränkung** des Anwendungsbereichs der Regelung auf die Gebühren beruht darauf, dass die **erforderlichen** Auslagen in voller Höhe von der Staatskasse zu tragen sind (§§ 45 Abs. 1, 46). Wegen **nicht erforderlicher** Auslagen muss sich der Rechtsanwalt an den Beschuldigten halten, was eine entsprechende Vergütungsvereinbarung mit diesem voraussetzt.

4. Mehrwertsteuer

34   Die Mehrwertsteuer gehört, wie sich aus Nr. 7008 VV ergibt, nach dem System des Gebührenrechts zu den Auslagen. Gleichwohl geht die einhellige Meinung zutreffend davon aus, dass der Beschuldigte dem Rechtsanwalt die Mehrwertsteuer schuldet.[17] Die Regelung des § 52 Abs. 1 S. 1 stellt den gerichtlich bestellten Rechtsanwalt gebührenrechtlich einem Wahlverteidiger gleich. Es würde zu einer vom Gesetzgeber nicht gewollten Benachteiligung des gerichtlich bestellten Rechtsanwalts führen, wenn er die Mehrwertsteuer selbst tragen müsste.[18]

5. Vorschuss (Abs. 1 S. 1 2. Hs.)

35   Einen Anspruch auf Zahlung eines Vorschusses gegen den **Beschuldigten** schließt § 52 Abs. 1 S. 1, Hs. 2 aus. Der Pflichtverteidiger kann folglich seine Tätigkeit nicht von der Zahlung eines Vorschusses abhängig machen. Die Forderung eines Vorschusses könnte zu **Störungen des Vertrauensverhältnisses** zwischen dem Beschuldigten und dem gerichtlich bestellten Rechtsanwalt führen, die mit dem Wesen einer Pflichtverteidigung nicht zu vereinbaren sind. Der Pflichtverteidiger muss den Beschuldigten also unabhängig von gebührenrechtlichen Überlegungen vertreten.[19] Er kann aber gemäß § 47 einen Vorschuss aus der **Staatskasse** verlangen. Ein solcher Anspruch steht ihm auch gegen den Beschuldigten zu, wenn er mit ihm eine **Vergütungsvereinbarung** trifft und in ihr auch die Zahlung eines Vorschusses vereinbart.[20]

36   **Freiwillige Zahlungen** des Beschuldigten darf der gerichtlich bestellte Rechtsanwalt entgegennehmen.[21] Das folgt aus einer **Analogie** zu § 4b S. 2 und § 16 Abs. 2 BORA. Gemäß **§ 16 Abs. 2 BORA** darf der Rechtsanwalt nach Bewilligung von Prozesskostenhilfe und bei Inanspruchnahme von Beratungshilfe von seinem Mandanten oder Dritten Zahlungen oder Leistungen nur annehmen, die freiwillig und in Kenntnis der Tatsache gegeben werden, dass der Mandant oder der Dritte zu einer solchen Leistung nicht verpflichtet ist.

37   Freiwillige und ohne Vorbehalt erfolgte Zahlungen des Beschuldigten sind auf die von der Staatskasse zu zahlenden Gebühren **anzurechnen** (§ 58 Abs. 3). Das gilt auch für Vorschüsse und Zahlungen, die der Rechtsanwalt aufgrund einer Vergütungsvereinbarung erhält. Dabei ist allerdings zu beachten, dass Zahlungen für **bestimmte Verfahrensabschnitte** gemäß § 58 Abs. 3 S. 1 auch nur auf die von der Staatskasse für diese Verfahrensabschnitte zu zahlenden Gebühren anzurechnen sind.

---

[17] OLG Düsseldorf JurBüro 1986, 573; OLG Stuttgart MDR 1985, 959; aus der Literatur vgl. statt aller Riedel/Sußbauer/*Kremer* § 52 Rn. 12.

[18] So zutreffend Burhoff/*Volpert* § 52 Rn. 19; Schneider/Wolf/*N. Schneider* § 52 Rn. 21; sa OLG Düsseldorf Rpfleger 2001, 46 mwN; OLG Oldenburg RVGreport 2007, 469.

[19] Burhoff/*Volpert* § 52 Rn. 20.

[20] Burhoff/*Volpert* § 52 Rn. 21; Schneider/Wolf/*N. Schneider* § 52 Rn. 22; *Schneider*, Vergütungsvereinbarung, Rn. 221 ff.

[21] BGH NJW 1980, 1394.

Anspruch gegen den Beschuldigten oder den Betroffenen § 52

ii) Erneuter Antrag. Auch wenn die **Entscheidung** des Gerichts **rechtsbeständig** ist, sei es mangels einer sofortigen Beschwerde oder nach einer Entscheidung des Beschwerdegerichts, kann der Rechtsanwalt einen erneuten Antrag mit der Begründung einer **Veränderung der wirtschaftlichen Verhältnisse** des Beschuldigten stellen.[41] 70

VII. Verjährung (Abs. 5)

§ 52 Abs. 5 regelt den Beginn der Verjährungsfrist (§ 52 Abs. 5 S. 1) und deren Hemmung (§ 52 Abs. 5 S. 2 und 3). 71

Gemäß § 195 nF BGB verjährt der Anspruch des gerichtlich bestellten Verteidigers gegen den Beschuldigten innerhalb von **drei Jahren.** Der für den **Verjährungsbeginn** maßgebliche Zeitpunkt ist abweichend von § 8 Abs. 1 nicht die Fälligkeit des Anspruchs, sondern der Eintritt der Rechtskraft der das Feststellungsverfahren abschließenden gerichtlichen Entscheidung. Kommt es zu keiner Entscheidung, ist die Beendigung des Verfahrens maßgeblich (§ 52 Abs. 5 S. 1). In beiden Fällen beginnt die Verjährungsfrist mit dem Schluss des Jahres zu laufen, in das der Eintritt der Rechtskraft oder die Verfahrensbeendigung fällt. 72

Eine **Hemmung** der Verjährungsfrist wird gemäß § 52 Abs. 5 S. 2 durch den Antrag des Rechtsanwalts bewirkt. Sie **endet** gemäß § 52 Abs. 5 S. 3 sechs Monate nach der Rechtskraft der Entscheidung des Gerichts über den Antrag. Dasselbe gilt bei Antragsrücknahme. Bei dieser Rechtslage wird der Anspruch des Rechtsanwalts kaum noch verjähren können. 73

Für den rechtskräftig festgestellten Vergütungsanspruch gilt eine Verjährungsfrist von 30 Jahren (§ 197 Abs. 1 Nr. 3 BGB). 74

VIII. Bußgeldverfahren (Abs. 6)

Gemäß § 52 Abs. 6 gelten die Absätze 1 bis 3 und 5 des § 52 im Bußgeldverfahren entsprechend. Die Verwaltungsbehörde tritt an die Stelle des Gerichts. Gegen die Entscheidung der Verwaltungsbehörde ist der Rechtsbehelf des § 62 OWiG gegeben. 75

IX. Anh.: Sonstige Vergütungsansprüche gegen den Beschuldigten oder Betroffenen

Die in § 52 Abs. 1 geregelte Anspruchsgrundlage ist auf die Gebühren beschränkt, die während der Zeit anfallen, während der der Rechtsanwalt gerichtlich bestellt ist. Sie erfasst also Gebühren, die vorher entstanden sind, nicht. Das können gesetzliche Wahlverteidigergebühren oder Gebühren aufgrund einer Vergütungsvereinbarung sein. 76

1. Wahlverteidigergebühren

In der Praxis wird ein Rechtsanwalt häufig zunächst als **Wahlverteidiger** tätig und legt später sein Mandat wieder nieder, weil der Beschuldigte seinen finanziellen Verpflichtungen aus dem Mandatsvertrag nicht nachkommt. Für das Gericht liegt es in einem solchen Fall nahe, den bereits mit dem Verfahren als Wahlverteidiger befasst gewesenen Rechtsanwalt zum **Pflichtverteidiger** zu bestellen. Dem Rechtsanwalt stehen dann für seine Tätigkeit **vor seiner Bestellung** zum Pflichtverteidiger 77

---

[41] *Leipold,* Anwaltsvergütung in Strafsachen, Rn. 330; Riedel/Sußbauer/*Kremer* § 52 Rn. 27; **aA** *Hartmann* § 52 Rn. 49 f.

Hartung 649

die angefallenen Wahlverteidigergebühren zu. Diese kann er von dem Beschuldigten nur **außerhalb der Regelung des § 52** fordern, ein Feststellungsverfahren wäre unzulässig. Für Verbindlichkeiten, die der Beschuldigte durch Abschluss eines Mandatsvertrags eingegangen ist, haftet er unabhängig von seiner Zahlungsfähigkeit.

78 Der Anspruch auf Zahlung der Wahlverteidigergebühren aus der Zeit vor der Bestellung des Wahlanwalts zum Pflichtverteidiger wird von der Regelung des **§ 48 Abs. 5** nicht berührt. Diese Vorschrift gewährt dem Pflichtverteidiger einen Gebührenanspruch gegen die Staatskasse auch für Wahlanwaltstätigkeiten vor seiner gerichtlichen Bestellung, obwohl er für diese Tätigkeiten auch einen Anspruch auf Zahlung der Wahlverteidigergebühren gegen den Beschuldigten hat. Beide Ansprüche stehen **unabhängig von der Anrechnungsvorschrift** des § 58 Abs. 3 nebeneinander.[42]

79 Der **Anspruch** gegen den Beschuldigten **entfällt** allerdings **insoweit**, wie von der Staatskasse die Pflichtverteidigergebühren bezahlt werden (§ 52 Abs. 1 S. 2). Der Beschuldigte soll insgesamt nicht mehr als die Wahlanwaltsgebühren zahlen müssen, die ein von ihm beauftragter Rechtsanwalt verlangen könnte. Wenn dem gerichtlich bestellten Rechtsanwalt eine **Pauschgebühr** gemäß § 51 zusteht, die höher ist als die Wahlanwaltsgebühren, entfällt der Anspruch gegen den Beschuldigten völlig.

80 Die vorstehenden Ausführungen gelten auch, wenn der Beschuldigte im Laufe des Verfahrens den gerichtlich bestellten Rechtsanwalt beauftragt, als Wahlanwalt tätig zu werden und das Gericht die Bestellung aufhebt. Auch diese Wahlverteidigergebühren sind nicht Gegenstand der Regelung des § 52.

2. Vergütungsansprüche aufgrund einer Vergütungsvereinbarung

81 Der zum Pflichtverteidiger gerichtlich bestellte Rechtsanwalt ist im Gegensatz zu dem im Rahmen von Prozesskostenhilfe beigeordneten Rechtsanwalt nicht gehindert, mit dem Beschuldigten eine Vergütungsvereinbarung zu treffen.[43] Der Unterschied zur Prozesskosten- und Beratungshilfe ergibt sich daraus, dass die Pflichtverteidigung nicht an die Bedürftigkeit des Beschuldigten anknüpft, sondern der Verfahrenssicherung sowie der ordnungsgemäßen Verteidigung, also der Erfüllung staatlicher Pflichten dient.

82 Zulässig ist eine Vergütungsvereinbarung mit dem Beschuldigten sowohl **vor** als auch **nach** der gerichtlichen Bestellung des Rechtsanwalts.[44] Auf den aus einer Vergütungsvereinbarung resultierenden Gebührenanspruch ist die Regelung des § 52 nicht anwendbar. Auch eine Feststellung der Zahlungsfähigkeit gemäß § 52 Abs. 2 S. 1, 1. Alt. kommt nicht in Betracht.

§ 53 Anspruch gegen den Auftraggeber, Anspruch des zum Beistand bestellten Rechtsanwalts gegen den Verurteilten

(1) **Für den Anspruch des dem Privatkläger, dem Nebenkläger, dem Antragsteller im Klageerzwingungsverfahren oder des sonst in Angelegenheiten, in denen sich die Gebühren nach Teil 4, 5 oder 6 des Vergütungsverzeichnisses bestimmen, beigeordneten Rechtsanwalts gegen seinen Auftraggeber gilt § 52 entsprechend.**

(2) ¹**Der dem Nebenkläger, dem nebenklageberechtigten Verletzten oder dem Zeugen als Beistand bestellte Rechtsanwalt kann die Gebühren eines**

---

[42] So auch Schneider/Wolf/*N. Schneider* § 52 Rn. 13 mit Berechnungsbeispielen.

[43] Zur Notwendigkeit von Vergütungsvereinbarungen angesichts zu niedriger Gebühren siehe *Schaefer* AGS 2003, 237.

[44] BGH NJW 1980, 1394 und BGHZ 86, 98 = NJW 1983, 1047.

Anspruch gegen den Auftraggeber **§ 53**

gewählten Beistands nur von dem Verurteilten verlangen. ²Der Anspruch entfällt insoweit, als die Staatskasse die Gebühren bezahlt hat.

(3) ¹Der in Absatz 2 Satz 1 genannte Rechtsanwalt kann einen Anspruch aus einer Vergütungsvereinbarung nur geltend machen, wenn das Gericht des ersten Rechtszugs auf seinen Antrag feststellt, dass der Nebenkläger, der nebenklageberechtigte Verletzte oder der Zeuge zum Zeitpunkt des Abschlusses der Vereinbarung allein aufgrund seiner persönlichen und wirtschaftlichen Verhältnisse die Voraussetzungen für die Bewilligung von Prozesskostenhilfe in bürgerlichen Rechtsstreitigkeiten nicht erfüllt hätte. ²Ist das Verfahren nicht gerichtlich anhängig geworden, entscheidet das Gericht, das den Rechtsanwalt als Beistand bestellt hat. § 52 Absatz 3 bis 5 gilt entsprechend.

Übersicht

	Rn.
I. Überblick	1
II. Normzweck	4
III. Anspruch des beigeordneten Rechtsanwalts gegen den Auftraggeber (Abs. 1)	5
1. Anspruch gegen die Staatskasse	9
2. Anspruch gegen den Auftraggeber	10
IV. Anspruch des als Beistand bestellten Rechtsanwalts gegen den Verurteilten (Abs. 2)	16
1. Kein Anspruch gegen den Auftraggeber	18
2. Anspruch gegen den Verurteilten	19
a) Anspruchsvoraussetzungen	19
b) Geltendmachung	22
V. Anwendbare Gebührentatbestände	23
VI. Anspruch aus einer Vergütungsvereinbarung	28
1. Normzweck	28
2. Anspruchsvoraussetzungen	31
3. Entsprechende Geltung des § 52 Abs. 3 bis 5	33

I. Überblick

§ 53 Abs. 1 regelt die Gebührenansprüche des dem Privatkläger, dem Nebenkläger, dem Antragsteller im Klageerzwingungsverfahren und des sonst in Angelegenheiten, in denen sich die Gebühren nach Teil 4, 5 oder 6 VV bestimmen, beigeordneten Rechtsanwalts gegen den **Auftraggeber**. 1

§ 53 Abs. 2 betrifft den Gebührenanspruch des dem Nebenkläger oder dem nebenklageberechtigten Verletzten als Beistand bestellten Rechtsanwalts gegen den **Verurteilten**. 2

§ 53 Abs. 3 ist mit Wirkung ab 1.10.2009 durch Art. 5 Nr. 2 des Gesetzes zur Stärkung der Rechte von Verletzten und Zeugen im Strafverfahren (2. OpferRRG)[1] eingefügt worden und regelt den Anspruch des Rechtsanwalts gegen seinen **Auftraggeber** aus einer **Vergütungsvereinbarung**. 3

II. Normzweck

Die Vorschrift bezweckt die **Gleichbehandlung** eines gerichtlich beigeordneten oder als Beistand bestellten Rechtsanwalts mit einem gerichtlich bestellten Rechts- 4

---
[1] BGBl. 2009 I 2280.

§ 53 Anspruch gegen den Auftraggeber

anwalt. Sie dient damit der **Gebührengerechtigkeit.** Rechtsanwälte, die nicht als Pflichtverteidiger tätig sind, sondern die Funktion eines beigeordneten Rechtsanwalts oder eines anwaltlichen Beistands wahrnehmen, sollen gebührenrechtlich wie der Pflichtverteidiger gestellt sein. Demgemäß gewährt § 53 Abs. 1 dem beigeordneten Rechtsanwalt unter den in § 52 genannten Voraussetzungen einen Anspruch gegen seinen Auftraggeber. Für den im **Nebenklageverfahren** als Beistand bestellten Rechtsanwalt begründet § 53 Abs. 2 einen Anspruch auf die Gebühren eines gewählten Beistands gegen den Verurteilten.[2]

III. Anspruch des beigeordneten Rechtsanwalts gegen den Auftraggeber (Abs. 1)

5   Die Beiordnung eines Rechtsanwalts erfolgt in den Fällen des § 53 Abs. 1 nach den Vorschriften der **Prozesskostenhilfe.** Ausdrücklich erwähnt wird die Beiordnung eines Rechtsanwalts für den
- **Privatkläger** nach § 379 Abs. 3 StPO,
- **Nebenkläger** nach §§ 397a Abs. 1, 406g Abs. 3 Ziff. 1 StPO und
- **Antragsteller im Klageerzwingungsverfahren** nach § 172 Abs. 3 S. 2 StPO.

6   Darüber hinaus gilt § 53 Abs. 1 auch für den **sonst** in Angelegenheiten, in denen sich die Gebühren nach **Teil 4, 5 oder 6 VV** bestimmen, beigeordneten Rechtsanwalt. Damit gemeint ist die Beiordnung für
- den Einziehungs- und Nebenbeteiligten (§ 434 Abs. 2 StPO),
- einen Zeugen (§ 68b StPO) oder Sachverständigen (§§ 72, 68b StPO),
- einen nebenklageberechtigten Verletzten (§§ 406g Abs. 3 Nr. 2, 397a Abs. 2 StPO),
- den Antragsteller oder den Angeschuldigten im Adhäsionsverfahren (§ 404 Abs. 5 StPO),
- eine Person, der nach dem Gesetz über das gerichtliche Verfahren bei Freiheitsentziehung (FEVG) die Freiheit entzogen werden soll oder die von Unterbringungsmaßnahmen nach § 70 Abs. 1 FGG bedroht ist.

7   Nicht unter die Regelung des § 53 Abs. 1 fällt der gemäß § 34a EGGVG als **Kontaktperson** beigeordnete Rechtsanwalt. Er hat einen Anspruch auf Erstattung einer Festgebühr von 3.000 EUR oder einer an ihrer Stelle bewilligten Pauschgebühr (§ 51) ausschließlich gegen die Staatskasse.[3]

8   Voraussetzung für den Gebührenanspruch des beigeordneten Rechtsanwalts sowohl gegen die Staatskasse als auch gegen den Auftraggeber ist der **Abschluss eines Mandatsvertrags.** Die Beiordnung allein kann anders als die gerichtliche Bestellung eines Rechtsanwalts einen Gebührenanspruch nicht begründen. An die Stelle eines Mandatsvertrags kann im Einzelfall ein Anspruch aus Geschäftsführung ohne Auftrag oder aus ungerechtfertigter Bereicherung treten (dazu → § 45 Rn. 16).

1. Anspruch gegen die Staatskasse

9   Gemäß § 45 hat der beigeordnete Rechtsanwalt einen Gebührenanspruch gegen die Staatskasse nach Maßgabe von Teil 4, 5 und 6 VV. Dieser Anspruch ist nicht Gegenstand der Regelung des § 53. Auf die Kommentierung zu § 45 (→ § 45 Rn. 1 ff.) wird verwiesen.

---

[2] Burhoff/*Volpert* § 53 Rn. 3.
[3] Burhoff/*Volpert* § 53 Rn. 14.

2. Anspruch gegen den Auftraggeber

Der beigeordnete Rechtsanwalt hat gegen seinen Mandanten einen Anspruch auf die **Wahlanwaltsvergütung**. Dieser Anspruch gründet sich auf den zwischen dem Rechtsanwalt und dem Mandanten geschlossenen **Mandatsvertrag**. Zugunsten des Mandanten, dem der Rechtsanwalt im Wege der Prozesskostenhilfe beigeordnet ist, ordnet § 122 Abs. 1 Nr. 3 ZPO jedoch an, dass der beigeordnete Rechtsanwalt diesen Vergütungsanspruch gegen den Mandanten **nicht** geltend machen kann.[4]

Von dieser Regel begründet § 53 Abs. 1 eine **Ausnahme**. Danach kann der in den in § 53 Abs. 1 genannten Verfahren beigeordnete Rechtsanwalt in entsprechender Anwendung des § 52 von seinem Auftraggeber die **Gebühren eines gewählten Verteidigers** verlangen, wenn diesem ein **Erstattungsanspruch** gegen die Staatskasse zusteht oder das Gericht des ersten Rechtszugs auf Antrag des beigeordneten Rechtsanwalts nach Anhörung des Auftraggebers feststellt, dass dieser die Gebühren eines gewählten Rechtsanwalts **ohne Beeinträchtigung** des für ihn und seine Familie notwendigen Unterhalts zahlen oder in Raten leisten kann (§ 52 Abs. 2). Da die Beiordnung im Rahmen von Prozesskostenhilfe Bedürftigkeit voraussetzt, dürfte ein solcher Fall in der Regel nur in Betracht kommen, wenn sich die Einkommensverhältnisse des Auftraggebers nach Abschluss des Straf- oder Bußgeldverfahrens, für das § 52 ebenfalls gilt (§ 52 Abs. 5), wesentlich verbessert haben.

Die Ansprüche gegen die Staatskasse und gegen den Auftraggeber auf Zahlung der Wahlanwaltsgebühren stehen **selbständig nebeneinander.** Der Anspruch gegen den Auftraggeber entfällt insoweit, als die Staatskasse die Gebühren bezahlt hat (§ 52 Abs. 1 S. 2). Das bedeutet, dass der beigeordnete Rechtsanwalt die Zahlung der Wahlanwaltsgebühren von seinem Auftraggeber in **voller Höhe** nur verlangen kann, solange die Staatskasse keine Zahlung geleistet hat.

Eine **Zahlung des Auftraggebers** hat er gemäß § 58 Abs. 3 anzugeben, damit die Staatskasse die Zahlung auf die von ihr geschuldeten Gebühren **anrechnen** kann. Hat die Staatskasse bereits gezahlt, beschränkt sich der gegen den Auftraggeber gerichtete Anspruch auf die Differenz zwischen den Wahlanwaltsgebühren und den aus der Staatskasse gezahlten Gebühren (jeweils zzgl. Mehrwertsteuer).

Der Nachteil der Regelung besteht darin, dass die gerichtliche Feststellung der Leistungsfähigkeit **keinen Vollstreckungstitel** schafft. Auch ein Kostenfestsetzungsverfahren ist unzulässig (§ 11 Abs. 8). Lehnt der Auftraggeber die Zahlung ab, muss der Rechtsanwalt also den Erlass eines **Mahnbescheides** beantragen oder **klagen.**

Für den einem **Privat- oder Nebenkläger** beigeordneten Rechtsanwalt bleibt die Möglichkeit unberührt, die notwendigen Auslagen im Falle einer rechtskräftigen Verurteilung gegen den Verurteilten im eigenen Namen gemäß § 126 ZPO geltend zu machen.

IV. Anspruch des als Beistand bestellten Rechtsanwalts gegen den Verurteilten (Abs. 2)

Der Anwendungsbereich des § 53 Abs. 2 betrifft die Bestellung eines Rechtsanwalts als Beistand für den **Nebenkläger** (§ 397a Abs. 1 StPO) oder für den **nebenklageberechtigten Verletzten** (§ 406g Abs. 3 Nr. 1 StPO). Nicht unter die Regelung des § 53 Abs. 2 gehört die Bestellung eines Rechtsanwalts als Beistand in Verfahren nach dem Gesetz über die **internationale Rechtshilfe in Strafsachen** (IRG).[5]

---

[4] Dazu BGH AGS 1997, 141; OLG Düsseldorf AGS 1999, 108.
[5] Dazu Burhoff/*Volpert* § 53 Rn. 28; *ders.* RVGreport 2004, 133.

§ 53   Anspruch gegen den Auftraggeber

17   Bei der Anwendung des § 53 Abs. 2 ist darauf zu achten, ob das Gericht den Rechtsanwalt im Wege der **Prozesskostenhilfe** gemäß § 397a Abs. 2 bzw. § 406g Abs. 4 StPO **beiordnet** – dann ist § 53 Abs. 1 anzuwenden – oder ob es ihn gemäß § 397a Abs. 1 bzw. § 406g Abs. 4 StPO zum (vorläufigen) Beistand bestellt – dann gilt § 53 Abs. 2.

1. Kein Anspruch gegen den Auftraggeber

18   Wie sich aus § 53 Abs. 2 S. 1 ergibt, steht dem als Beistand bestellten Rechtsanwalt **kein Vergütungsanspruch gegen den Auftraggeber** zu. Die Norm bringt das dadurch zum Ausdruck, dass sie dem beigeordneten Rechtsanwalt einen Anspruch auf die Gebühren eines gewählten Beistands „nur" gegen den Verurteilten einräumt. Damit schließt sie, wie sich aus einem **Umkehrschluss** ergibt, einen Anspruch gegen den Auftraggeber aus.

2. Anspruch gegen den Verurteilten

19   **a) Anspruchsvoraussetzungen.** Der als Beistand bestellte Rechtsanwalt hat gemäß § 53 Abs. 2 S. 1 gegen den Verurteilten einen Anspruch auf die Gebühren eines **gewählten** Beistands. Voraussetzung für den Anspruch des Rechtsanwalts ist eine **rechtskräftige Verurteilung.**

20   Anders als der Anspruch gegen den Auftraggeber hängt der Anspruch gegen den Verurteilten nicht von der gerichtlichen Feststellung der **Leistungsfähigkeit** des Verurteilten ab. Der Verurteilte schuldet dem Rechtsanwalt also die Gebühren eines gewählten Verteidigers ohne Rücksicht auf seine Einkommens- und Vermögensverhältnisse.

21   Gemäß § 53 Abs. 2 S. 2 **entfällt** der Anspruch des Rechtsanwalts gegen den Verurteilten insoweit, als die **Staatskasse** die Gebühren **bezahlt** hat. Das bedeutet, dass der als Beistand bestellte Rechtsanwalt die Zahlung der Wahlanwaltsgebühren von dem Verurteilten in **voller Höhe** verlangen kann, solange die Staatskasse keine Zahlung geleistet hat. Nach Zahlung seitens der Staatskasse beschränkt sich der Anspruch des Rechtsanwalts gegen den Verurteilten auf die **Differenz** zwischen den Gebühren eines Wahlanwalts und den von der Staatskasse gezahlten Gebühren (jeweils zzgl. Mehrwertsteuer).

22   **b) Geltendmachung.** Der als Beistand bestellte Rechtsanwalt kann die Wahlanwaltsgebühren in entsprechender Anwendung des § 126 ZPO gegen den Verurteilten durch das Gericht des ersten Rechtszugs (§ 464b StPO) festsetzen lassen. Festsetzbar sind die Wahlanwaltsgebühren in voller Höhe, soweit die Staatskasse die Gebühren noch nicht bezahlt hat, andernfalls die Differenz zwischen den Wahlanwaltsgebühren und den von der Staatskasse bezahlten Gebühren.

V. Anwendbare Gebührentatbestände

23   § 53 Abs. 1 iVm § 52 Abs. 1 S. 1 bestimmt, dass der **beigeordnete** Rechtsanwalt von dem **Auftraggeber** die Gebühren eines gewählten Verteidigers verlangen kann. § 53 Abs. 2 S. 1 gewährt dem als Beistand **bestellten** Rechtsanwalt gegen den **Verurteilten** Anspruch auf die Gebühren eines gewählten Beistands. In beiden Fällen sind dies die Gebühren nach Maßgabe der Teile 4 bis 6 VV.

24   Die **Vorb. 4 Abs. 1 VV** bestimmt, dass für die Tätigkeit eines Rechtsanwalts als **Beistand** oder **Vertreter** eines Privatklägers, eines Nebenklägers, eines Einziehungs- oder Nebenbeteiligten, eines Verletzten, eines Zeugen oder Sachverständigen und im Verfahren nach dem Strafrechtlichen Rehabilitierungsgesetz die Vorschriften des Teils 4 VV entsprechend anzuwenden sind.

Anspruch gegen den Auftraggeber § 53

Nach der **Vorb. 5 Abs. 1 VV** entstehen für die Tätigkeit eines Rechtsanwalts als Beistand oder Vertreter eines Einziehungs- oder Nebenbeteiligten, eines Zeugen oder Sachverständigen in einem Verfahren, für das sich die Gebühren nach Teil 5 VV bestimmen, die gleichen Gebühren wie für einen Verteidiger in diesem Verfahren. 25

Die **Vorb. 6 Abs. 1 VV** besagt, dass für die Tätigkeit eines Rechtsanwalts als Beistand für einen Zeugen oder Sachverständigen in einem Verfahren, für das sich die Gebühren nach Teil 6 VV bestimmen, die gleichen Gebühren wie für einen Verfahrensbeteiligten in diesem Verfahren entstehen. 26

Aus den vorstehend zitierten Vorbemerkungen ergibt sich, dass dem Rechtsanwalt in den in § 53 geregelten Fallkonstellationen die Gebühren zustehen, die ein gewählter Verteidiger oder ein gewählter Beistand nach den Teilen 4–6 VV beanspruchen kann. Anwendbar sind damit die Gebührentatbestände der Nr. 4100–6404 VV. 27

VI. Anspruch aus einer Vergütungsvereinbarung

1. Normzweck

Die mit Wirkung ab 1.10.2009 eingefügte Regelung des § 53 Abs. 3 bezweckt den **Schutz** des in § 53 Abs. 2 genannten Personenkreises und dient der **Stärkung der Rechte im Strafverfahren**. Gemeint sind der Nebenkläger, der nebenklageberechtigte Verletzte oder ein Zeuge. Für sie kann gemäß §§ 397a, 406g Abs. 3 und 68b Abs. 2 StPO ein Rechtsanwalt als Beistand bestellt werden. Für die Bestellung eines Rechtsanwalts als Beistand für einen Nebenkläger oder einen nebenklageberechtigten Verletzten sehen die §§ 397a und 406g StPO zwei verschiedene Fallkonstellationen vor, nämlich einmal die Bestellung unabhängig von den wirtschaftlichen Verhältnissen des Nebenklägers oder des nebenklageberechtigten Verletzten (§ 397a Abs. 1 StPO) und zum anderen die Bestellung (die Vorschrift spricht insoweit abweichend vom sonstigen Sprachgebrauch von „Bestellung") im Wege der Prozesskostenhilfe (§ 397a Abs. 2 StPO). 28

Diese beiden Fallkonstellationen führten vor der Einfügung zu einer gebührenrechtlichen **Ungleichbehandlung**, für die kein sachlicher Grund ersichtlich war. Bei einer Bestellung nach § 397a Abs. 1 StPO ist dem Rechtsanwalt der Abschluss einer Vergütungsvereinbarung mit dem Nebenkläger oder einem nebenklageberechtigten Verletzten erlaubt, bei einer Beiordnung nach § 397a Abs. 2 StPO war das nicht der Fall, weil § 3a Abs. 3 den Abschluss einer Vergütungsvereinbarung verbietet, wenn der Rechtsanwalt im Rahmen von Prozesskostenhilfe tätig wird. 29

Diese Ungleichbehandlung wird durch § 53 Abs. 3 beseitigt. Seit seinem Inkrafttreten kann nunmehr auch der nach § 397a Abs 1 StPO bestellte Rechtsanwalt aus einer zwischen ihm und einem Nebenkläger oder nebenklageberechtigten Verletzten geschlossenen Vergütungsvereinbarung Gebührenansprüche nicht herleiten, wenn eine Beiordnung nach § 397a Abs. 2 StPO im Rahmen von Prozesskostenhilfe möglich gewesen wäre. 30

2. Anspruchsvoraussetzungen

Anders als § 3a Abs. 3 ist die von dem Rechtsanwalt mit einem Nebenkläger oder nebenklageberechtigten Verletzten nicht von vornherein ipso iure nichtig. Eine solche Regelung kam nicht in Betracht, weil bei einer Bestellung nach § 397a Abs. 1 StPO nicht vorab geprüft wird, ob die wirtschaftlichen Verhältnisse des Nebenklägers oder des nebenklageberechtigten Verletzten eine Beiordnung im Wege der Prozesskostenhilfe erlauben. Sind die Voraussetzungen dafür nicht erfüllt, besteht kein Grund, dem Rechtsanwalt den Abschluss einer Vergütungsvereinbarung zu verbieten. Der Rechtsanwalt bleibt also im Fall seiner Bestellung nach § 397a Abs. 1 StPO zunächst einmal befugt, eine Vergütungsvereinbarung zu schließen. Rechte 31

Hartung 655

daraus kann er aber nur herleiten, wenn feststeht, dass der Nebenkläger oder der nebenklageberechtigte Verletzte zum **Zeitpunkt des Abschlusses** der Vergütungsvereinbarung allein auf Grund seiner persönlichen und wirtschaftlichen Verhältnisse die Voraussetzungen für die Bewilligung von Prozesskostenhilfe in bürgerlichen Rechtsstreitigkeiten nicht erfüllt hätte. Der Rechtsanwalt ist also gezwungen, eine **gerichtliche Entscheidung** herbeizuführen. Dazu bedarf es seines **Antrags** (§ 53 Abs. 3 S. 1).

32 **Zuständig** ist das Gericht des **ersten** Rechtszugs. Ist das Verfahren nicht gerichtlich anhängig geworden, entscheidet das **Gericht**, das den Rechtsanwalt als Beistand bestellt hat (§ 53 Abs. 3 S. 2). Wenn der Rechtsanwalt durch die **Staatsanwaltschaft** anlässlich einer polizeilichen oder staatsanwaltschaftlichen Vernehmung oder durch das **Bundesamt für Justiz** in Verfahren nach dem Gesetz über die internationale Rechtshilfe in Strafsachen beigeordnet oder bestellt worden ist, gilt § 59a. Dazu wird auf die Kommentierung dieser Vorschrift in diesem Kommentar verwiesen.

3. Entsprechende Geltung des § 52 Abs. 3 bis 5

33 Für das Verfahren gelten nach § 53 Abs. 3 S. 3 die Regelungen des § 52 Abs. 3 bis 5 entsprechend. Insoweit kann auf die Kommentierung zu → § 52 Rn. 39–75 verwiesen werden.

34 Die Prüfung des Gerichts hat sich „**allein**" auf die persönlichen und wirtschaftlichen Verhältnisse des Nebenklägers oder des nebenklageberechtigten Verletzten zum Zeitpunkt des Abschlusses der Vergütungsvereinbarung zu beziehen. Spätere Veränderungen müssen unberücksichtigt bleiben. Kommt das Gericht nach Prüfung zu dem Ergebnis, dass zu diesem Zeitpunkt Prozesskostenhilfe hätte bewilligt werden müssen, nutzt die Vergütungsvereinbarung dem Rechtsanwalt nichts. Auch wenn sie nicht nichtig ist, kann der Rechtsanwalt aus ihr keine Ansprüche herleiten. Andernfalls gilt die Vergütungsvereinbarung uneingeschränkt.

§ 54 Verschulden eines beigeordneten oder bestellten Rechtsanwalts

Hat der beigeordnete oder bestellte Rechtsanwalt durch schuldhaftes Verhalten die Beiordnung oder Bestellung eines anderen Rechtsanwalts veranlasst, kann er Gebühren, die auch für den anderen Rechtsanwalt entstehen, nicht fordern.

Übersicht

	Rn.
I. Überblick	1
II. Normzweck	3
III. Anwaltswechsel als Voraussetzung für eine Gebührenminderung	7
1. Anwaltswechsel infolge Kündigung des Mandatsvertrages	12
a) Kündigung durch den Mandanten	13
b) Kündigung durch den Rechtsanwalt	15
c) Schuldhaftes Verhalten des Rechtsanwalts als Kündigungsgrund	16
2. Anwaltswechsel wegen Verhängung eines Berufs- oder Vertretungsverbots	22
3. Anwaltswechsel wegen Verlust der Zulassung	24
4. Anwaltswechsel wegen Alter, Krankheit oder Tod des Rechtsanwalts	25
IV. Umfang der Gebührenkürzung	26
V. Vergütungsanspruch des neuen Rechtsanwalts	32

I. Überblick

Die Vorschrift zieht aus einem **Anwaltswechsel** zugunsten der Staatskasse gebührenrechtliche Konsequenzen, wenn der Anwaltswechsel durch ein **schuldhaftes Verhalten** eines beigeordneten oder bestellten Rechtsanwalts veranlasst worden ist. Für einen Anwaltswechsel, der ohne ein Anwaltsverschulden (zB wegen Krankheit) notwendig wird, gilt die Regelung nicht.[1]

Anders als die §§ 51–53 betrifft § 54 nicht nur die Tätigkeiten eines gerichtlich beigeordneten oder bestellten Rechtsanwalts in Angelegenheiten der Teile 4, 5 und 6 VV, sondern gilt in **allen gerichtlichen Verfahren,** in denen ein Rechtsanwalt gerichtlich beigeordnet oder bestellt werden kann.

II. Normzweck

Die Vorschrift soll verhindern, dass die Staatskasse (Bundes- oder Landeskasse) Gebühren in **derselben Angelegenheit** an mehrere nacheinander tätig werdende Rechtsanwälte, also **doppelt** zahlen muss. Deshalb bestimmt sie, dass der zunächst gerichtlich bestellte oder beigeordnete Rechtsanwalt Gebühren, die für die Tätigkeit eines anderen gerichtlich bestellten oder beigeordneten Rechtsanwalts entstehen, nicht fordern kann, wenn er die Bestellung oder Beiordnung eines anderen (zweiten oder weiteren) Rechtsanwalts durch **schuldhaftes Verhalten** veranlasst hat. Die Regelung betrifft mithin das **Rechtsverhältnis** des zunächst gerichtlich bestellten oder beigeordneten Rechtsanwalts zur Staatskasse.

Der im Wege der **Prozesskostenhilfe beigeordnete Rechtsanwalt** hat einen eigenen Gebührensanspruch gegen die Staatskasse. Die Regelung der Beiordnung eines Rechtsanwalts in § 121 ZPO kennt **keine Beschränkung** seines Gebührensanspruchs. Deshalb begründet § 54 im Rahmen des durch die Beiordnung entstandenen öffentlich-rechtlichen Schuldverhältnisses eine Art **Schadensersatzanspruch,** der für den beigeordneten Rechtsanwalt in Höhe der Gebühren, die von der Staatskasse sonst doppelt bezahlt werden müssten, den Verlust seines Gebührenanspruchs zur Folge hat. Es handelt sich praktisch um eine gesetzlich geregelte **Aufrechnung.**

Nichts anderes gilt für den **gerichtlich bestellten Rechtsanwalt.** Vom Verlust des Gebührensanspruchs gegen die Staatskasse kann also auch der **Pflichtverteidiger** betroffen sein.[2]

In der **Praxis** wirkt sich ein Wechsel des Pflichtverteidigers gebührenrechtlich zum Nachteil der Staatskasse vornehmlich bei der **Grundgebühr** gemäß Nr. 4100 und 4101 VV und bei der **Verfahrensgebühr** sowohl im Ermittlungsverfahren (Nr. 4105 und 4106 VV) als auch im gerichtlichen Verfahren aus. Die **Terminsgebühr** ist grundsätzlich **„vergangenheitsorientiert",** das heißt, dass die Terminsgebühr für den Termin, den der zunächst tätig gewesene Pflichtverteidiger wahrgenommen hat, nicht ein zweites Mal anfallen kann. Eine denkbare Ausnahme ist, dass der Anwaltswechsel **während** eines Hauptverhandlungstermins stattfindet und folglich für ein und denselben Termin eine Terminsgebühr für den bisherigen und den neuen Pflichtverteidiger entsteht.

III. Anwaltswechsel als Voraussetzung für eine Gebührenminderung

Der gerichtlich bestellte oder beigeordnete Rechtsanwalt kann die ihm zustehenden Gebühren von der Staatskasse nicht fordern, wenn er einen **Anwaltswechsel**

---

[1] LG Landshut JurBüro 2004, 144; LG Regensburg NJW-RR 2004, 1726.
[2] Burhoff/Volpert § 54 Rn. 3.

§ 54 Verschulden eines beigeordneten oder bestellten Rechtsanwalts

durch sein schuldhaftes Verhalten veranlasst. Nur in diesem Fall führt die Regelung des § 54 zu einer **Minderung des Gebührenanspruchs** des zunächst gerichtlich beigeordnet oder bestellt gewesenen Rechtsanwalts. Sein Fehlverhalten soll die Rechtsposition seines Mandanten nicht gefährden.[3]

8 Für einen Anwaltswechsel kann es verschiedene Gründe geben. Sie können in der Person der **Partei** oder in der Person des **Rechtsanwalts** liegen. Rechtfertigen solche Gründe die Aufhebung der Beiordnung oder Bestellung, muss dass Gericht in aller Regel einen anderen Rechtsanwalt beiordnen oder bestellen, es sei denn, der Partei könnte entgegengehalten werden, eine Partei, die den Rechtsanwalt aus eigenen Mitteln bezahlen muss, hätte aus Kostengründen keinen Anwaltswechsel vollzogen.[4]

9 Für die Aufhebung des Beiordnungs- oder Bestellungsbeschlusses kommen im Wesentlichen vier Gründe in Betracht, nämlich
- die **Kündigung** des Mandatsvertrags,
- die Verhängung eines **Berufs- oder Vertretungsverbots** durch das Anwaltsgericht,
- der **Verlust der Zulassung** und
- der **Tod** des Rechtsanwalts.

10 In jedem dieser Fälle stellt sich die Frage, ob der zunächst gerichtlich beigeordnete oder bestellte Rechtsanwalt seine Beiordnung oder Bestellung durch **schuldhaftes Verhalten** veranlasst hat. Nur dann soll er seinen Gebührenanspruch gegen die Staatskasse in Höhe der Gebühren verlieren, die in der Person eines anderen vom Gericht beigeordneten oder bestellten Rechtsanwalts erneut, also doppelt entstehen. Umgekehrt bleibt der Gebührenanspruch erhalten, wenn der zunächst beigeordnete oder bestellte Rechtsanwalt den Anwaltswechsel nicht durch schuldhaftes Verhalten veranlasst hat. In einem solchen Fall geht die Bestellung oder Beiordnung eines anderen Rechtsanwalts zu Lasten der Staatskasse und führt zu einem **Nebeneinander der Gebührenansprüche** beider Rechtsanwälte,[5] so dass die Staatskasse doppelt zahlen muss.

11 Zu einer **Gebührenkürzung** führt der Anwaltswechsel nur, wenn der bisher beigeordnete oder bestellte Rechtsanwalt die Beiordnung oder Bestellung eines anderen Rechtsanwalts durch schuldhaftes Verhalten veranlasst hat.[6] Hierbei ist zwischen einer Kündigung des Mandatsvertrages seitens des Mandanten und einer solchen seitens des Rechtsanwalts zu unterscheiden.

1. Anwaltswechsel infolge Kündigung des Mandatsvertrages

12 Eine **Kündigung** des Mandatsvertrags kann sowohl durch den Mandanten als auch durch den beigeordneten Rechtsanwalt erfolgen. Zu beachten ist, dass ein **gerichtlich bestellter Rechtsanwalt** für seine Tätigkeit keinen Mandatsvertrag bedarf. Hebt das Gericht die Bestellung aus Gründen, die der Rechtsanwalt zu vertreten hat, auf und bestellt es an seiner Stelle einen anderen Rechtsanwalt, gilt die Regelung des § 54 dennoch in gleicher Weise. Die nachstehenden Ausführungen zur Beendigung des Mandatsvertrages sind dann unbeachtlich, es sei denn, der gerichtlich bestellte Rechtsanwalt hat, obwohl für seine Tätigkeit nicht notwendig, gleichwohl einen Mandatsvertrag geschlossen.

13 **a) Kündigung durch den Mandanten.** Eine Kündigung durch den Mandanten beruht meist auf einer Unzufriedenheit mit den Leistungen des Rechtsanwalts. Der

---

[3] OLG Nürnberg JurBüro 2003, 471.
[4] OLG Karlsruhe FamRZ 2007, 645; OLG Zweibrücken NJW-RR 1999, 436.
[5] OLG Celle NJW 2008, 2511; LG Landshut JurBüro 2004, 144; Burhoff/*Volpert* § 54 Rn. 6; Schneider/Wolf/*Fölsch* § 55 Rn. 4.
[6] BGH NJW 2012, 3790 mAnm *Deckenbrock* zur Rückgabe der Zulassung.

Mandant beruft sich auf eine Schlechterfüllung des Mandatsvertrags durch den ihm beigeordneten Rechtsanwalt, indem er diesem zB Bummelei, falsche Beratung oder zu wenig Einsatz bei der Interessenvertretung vorwirft.

Die Kündigung des Mandatsvertrags durch den Mandanten hat, ohne dass es besonderer Erklärungen bedarf, den **Verlust der Vollmacht** zur Folge. Dadurch hindert der Mandant den beigeordneten Rechtsanwalt an weiterer Vertretung, obwohl die Beiordnung trotz der Kündigung des Mandatsvertrags zunächst fortbesteht und erst mit ihrer Aufhebung durch das Gericht endet. Da der Rechtsanwalt wegen des Erlöschens seiner Vollmacht den Mandanten nicht mehr vertreten kann, **muss** das Gericht die Beiordnung **aufheben,** auch wenn es die von dem Mandanten zur Rechtfertigung der Kündigung vorgetragenen Gründe nicht anerkennt. Das Gericht kann allerdings die Beiordnung eines anderen Rechtsanwalts ablehnen, wenn die von der Partei vorgetragenen Gründe die Kündigung des Mandatsvertrags nicht rechtfertigen. 14

b) Kündigung durch den Rechtsanwalt. Bei einer Kündigung des Mandatsvertrags durch den **beigeordneten Rechtsanwalt,** zB weil er keine Informationen erhält oder sich durch Krankheit oder aus anderen Gründen an einer ordnungsgemäßen Bearbeitung des Mandats gehindert sieht, darf das Gericht die Beiordnung nur aufheben, wenn es die von dem Rechtsanwalt vorgetragenen Gründe überprüft hat und sie gemäß §§ 48 Abs. 2, 49 Abs. 2 BRAO für berechtigt hält. 15

c) Schuldhaftes Verhalten des Rechtsanwalts als Kündigungsgrund. Gleichgültig, ob die Kündigung des Mandatsvertrags durch den beigeordneten Rechtsanwalt oder durch den Mandanten erfolgt, ist Voraussetzung für die Anwendbarkeit des § 54, dass die wegen des Anwaltswechsels notwendige Bestellung oder Beiordnung eines anderen Rechtsanwalts durch ein **schuldhaftes Verhalten** des bisherigen Rechtsanwalts veranlasst worden ist. Dabei ist es unerheblich, ob der Rechtsanwalt eine sich aus dem Mandatsvertrag ergebende Pflicht **fahrlässig** oder **vorsätzlich** verletzt hat. 16

Ein schuldhaftes Verhalten kann auch darin liegen, dass der Rechtsanwalt schon bei Abschluss des Mandatsvertrags vorhersehen konnte, dass er das Mandat nicht bis zu seiner endgültigen Erledigung bearbeiten kann, es aber gleichwohl ohne jeden Hinweis auf mögliche Gründe für eine vorzeitige Beendigung seiner Tätigkeit angenommen hat. In einem solchen Fall trifft ihn eine **Hinweispflicht**, deren schuldhafte Verletzung zur Anwendbarkeit des § 54 führt.[7] 17

Von einem Verschulden des Rechtsanwalts kann nicht gesprochen werden, wenn der **Mandant** den Mandatsvertrag aus **unwichtigen** Gründen oder sogar **mutwillig** kündigt. Umgekehrt ist ein Anwaltswechsel schuldhaft veranlasst, wenn der **Rechtsanwalt** untätig bleibt („bummelt") oder notwendige Maßnahmen nicht in der gebotenen Art und Weise durchführt, es zum Beispiel unterlässt, innerhalb vom Gericht gesetzter Fristen vorzutragen, obwohl er die dazu erforderlichen Informationen erhalten hat. Dieser Fallkonstellation liegt in der Regel der Tatbestand der **Schlecht- oder Nichterfüllung** zugrunde. 18

In der **Praxis** kommt es häufig zu einer Kündigung seitens des Rechtsanwalts oder auch seitens des Mandanten, ohne dass eine **eindeutige Schuldzuweisung** möglich ist. So kann der Mandant übertriebene Vorstellungen von dem Umfang der von dem Rechtsanwalt zu erbringenden Tätigkeiten haben oder Erfolge erwarten, die bei objektiver Betrachtung nicht realisierbar sind. Wenn der Mandant hierüber mit dem Rechtsanwalt spricht oder ihm sogar Vorwürfe macht, kann eine von dem Rechtsanwalt als unangemessen oder als ungerechtfertigt empfundene Bekundung der Unzufriedenheit bei ihm selbst Unmutgefühle auslösen, die dazu beitragen, die Spannungen zwischen ihm und dem Mandanten zu vergrößern. Ohne dass dem 19

---

[7] Schneider/Wolf/*Fölsch/Schnapp* § 55 Rn. 11.

§ 54 Verschulden eines beigeordneten oder bestellten Rechtsanwalts

Rechtsanwalt eine konkrete Pflichtverletzung vorgeworfen werden kann, spitzt sich eine solche Situation oft zu und führt schließlich zu **nicht überbrückbaren Differenzen** und damit zur Beendigung des Mandatsvertrags durch eine Kündigung seitens des Mandanten oder auch seitens des Rechtsanwalts.

20   Eine Beeinträchtigung des Gebührenanspruchs lässt sich auf eine solche Fallgestaltung nicht ohne weiteres stützen. Kommt es zur Beiordnung eines anderen Rechtsanwalts, muss die Staatskasse, wenn der zunächst beigeordnet gewesene Rechtsanwalt seinen Gebührenanspruch gegen sie geltend macht, prüfen, ob ein Anwaltswechsel wirklich notwendig war. Etwaige bei dieser Prüfung entstehende **Kausalitätszweifel** gehen zu Lasten der Staatskasse.

21   Ein schuldhaftes Verhalten ist auch anzunehmen, wenn der Rechtsanwalt gegen ein **Tätigkeitsverbot** der §§ 45 oder 47 BRAO oder gegen das **Verbot der Wahrnehmung widerstreitender Interessen** iSd § 43a Abs. 2 BRAO iVm § 3 BORA verstößt und deshalb zur Niederlegung des Mandats verpflichtet ist, wenn er diese Verstöße zum Zeitpunkt seiner Beiordnung oder Bestellung bereits kannte oder hätte kennen müssen.

2. Anwaltswechsel wegen Verhängung eines Berufs- oder Vertretungsverbots

22   Wird gegen den Rechtsanwalt ein vorläufiges (§ 150 BRAO) oder ein endgültiges (§ 114a BRAO) Berufs- oder Vertretungsverbot verhängt, ist er für die Dauer eines solchen Verbots an einer weiteren Berufsausübung gehindert und muss die Aufhebung seiner Beiordnung oder Bestellung durch das Gericht herbeiführen. In einem solchen Fall ist durchweg davon auszugehen, dass der Rechtsanwalt den Anwaltswechsel schuldhaft veranlasst hat. Das gilt in beiden denkbaren Fallgestaltungen.

23   War gegen den Rechtsanwalt ein anwaltsgerichtliches Verfahren mit der Möglichkeit der Verhängung eines Berufs- oder Vertretungsverbots schon **vor** seiner Beiordnung oder Bestellung anhängig, ist ihm vorzuwerfen, dass er es unterlassen hat, auf dieses Verfahren rechtzeitig hinzuweisen. Wird das auf ein Berufs- oder Vertretungsverbot gerichtete anwaltsgerichtliche Verfahren erst **nach** der Beiordnung oder Bestellung anhängig, liegt das Verschulden des Rechtsanwalts darin, dass gegen ihn wegen Verletzung anwaltlichen Berufsrechts überhaupt ein anwaltsgerichtliches Verfahren notwendig geworden ist, auch wenn das Fehlverhalten nicht den konkreten Mandatsvertrag betrifft.

3. Anwaltswechsel wegen Verlust der Zulassung

24   Verliert der bestellte oder beigeordnete Rechtsanwalt die Zulassung zur Rechtsanwaltschaft, sei es, dass ihm die Zulassung von der Rechtsanwaltskammer entzogen wird, sei es, dass er die Zulassung freiwillig zurückgibt,[8] ist gemäß § 55 Abs. 5 BRAO in der Regel die Bestellung eines Abwicklers notwendig.[9] Dieser führt die schwebenden Verfahren für den ehemaligen Rechtsanwalts fort, so dass der Staatskasse keine Nachteile entstehen.

4. Anwaltswechsel wegen Alter, Krankheit oder Tod des Rechtsanwalts

25   Bei einer Beendigung der anwaltlichen Tätigkeit wegen **Krankheit** oder **Alters** wird ein schuldhaftes Verhalten des Rechtsanwalts regelmäßig ausscheiden. Bei **Tod** des Rechtsanwalts enden Beiordnung oder Bestellung. An die Stelle des verstorbenen

---

[8] Dazu BGH NJW 2012, 3790 mAnm *Deckenbrock*.
[9] Hartung/*Scharmer* BRAO § 55 Rn. 5 ff.

Rechtsanwalts tritt ein **Abwickler**.[10] In diesem Fall ist deshalb für einen Anwaltswechsel kein Raum, so dass eine Anwendbarkeit des § 54 entfällt.

IV. Umfang der Gebührenkürzung

Der gerichtlich beigeordnete oder bestellte Rechtsanwalt, der einen Anwaltswechsel durch schuldhaftes Verhalten veranlasst, so dass die Staatskasse nach Bestellung oder Beiordnung eines anderen Rechtsanwalts **zwei Gebührenansprüchen** ausgesetzt ist, kann die Gebühren nicht fordern, die für den anderen Rechtsanwalt erneut entstehen. Die Gebühren müssen also **deckungsgleich** sein.[11] Wären die Gebühren auch ohne Anwaltswechsel mehrfach angefallen, scheidet eine Gebührenkürzung aus, weil § 54 die Staatskasse nur vor **Mehrkosten** schützen und ihr keine Kostenersparnis zum Nachteil des zuerst beigeordneten Rechtsanwalts verschaffen soll. 26

In Betracht kommen durchweg nur Gebühren, die in der Person des neuen gerichtlich beigeordneten oder bestellten Rechtsanwalts noch einmal entstehen.[12] In gerichtlichen **Verfahren nach Teil 3 VV** (Bürgerliche Rechtsstreitigkeiten, Verfahren der freiwilligen Gerichtsbarkeit und Verfahren vor den Finanz-, Verwaltungs- und Sozialgerichten) ist das in erster Linie die **Verfahrensgebühr**. Die **Terminsgebühr** kann doppelt entstehen, wenn der zunächst beigeordnet gewesene Rechtsanwalt bereits einen Termin wahrgenommen hat und nach vollzogenem Anwaltswechsel eine weitere mündliche Verhandlung stattfindet. 27

In Verfahren nach den **Teilen 4–6 VV** (Straf- und Bußgeldverfahren und sonstige Verfahren) entsteht in der Person des neu bestellten Rechtsanwalts regelmäßig die **Grundgebühr** nach den Nr. 4100 und 4101 VV erneut. Sofern der Anwaltswechsel im Stadium eines strafrechtlichen Ermittlungsverfahrens stattfindet, gilt das auch für die **Verfahrensgebühr** gemäß Nr. 4104 und 4105 VV. Bei einem Anwaltswechsel nach Abschluss des Ermittlungsverfahrens kommt zudem die im gerichtlichen Verfahren entstehende weitere Verfahrensgebühr nach Nr. 4104 und 4105 VV in Betracht. Die **Terminsgebühr** ist grundsätzlich **„vergangenheitsorientiert"**. Sie fällt bei einem Anwaltswechsel nicht doppelt an, weil jeder Hauptverhandlungstag eine neue Terminsgebühr auslöst und in der Person des anderen Rechtsanwalts für diesen Termin nicht erneut anfallen kann (siehe zB für die erste Instanz die Nr. 4108, 4109 VV). 28

Hat der zuerst bestellte oder beigeordnete Rechtsanwalt bereits einen **Vorschuss** auf die ihm aus der Staatskasse zu erstattenden Gebühren erhalten (§ 47), muss er den Vorschuss insoweit zurückzahlen, wie sich sein Gebührenanspruch durch den von ihm schuldhaft veranlassten Anwaltswechsel verringert. 29

Von der Regelung des § 54 sind grundsätzlich auch die erstattungsfähigen **Auslagen** betroffen.[13] § 54 spricht zwar nur von Gebühren und meint damit nach der in § 1 Abs. 1 S. 1 enthaltenen Legaldefinition nicht die Auslagen. Die Staatskasse soll jedoch nach Sinn und Zweck des § 54 vor jeglicher Doppelzahlung geschützt werden. Dieser Gesetzeszweck trifft auch auf die Auslagen zu. 30

Zu den **doppelt anfallenden Auslagen** gehören die Auslagen gemäß Teil 7 VV, soweit sie in der Person des zunächst gerichtlich beigeordneten oder bestellten Rechtsanwalts angefallen sind und nach dem Anwaltswechsel erneut entstehen. 31

---

[10] BGH NStZ 1992, 248; Hartung/*Scharmer* BRAO § 55 Rn. 5 ff.
[11] Burhoff/*Volpert* § 54 Rn. 2 aE.
[12] OLG Zweibrücken NJW-RR 1999, 436.
[13] So OLG Hamburg Rpfleger 1977, 420; *Hartmann* § 54 Rn. 14; HK-RVG/*Klees* § 54 Rn. 12; **aA** OLG Jena JurBüro 2006, 366; Burhoff/*Volpert* § 54 Rn. 4 und 20; Riedel/Sußbauer/*Kremer* § 54 Rn. 5 unter Hinweis auf die Legaldefinition in § 1 Abs. 1 S. 1.

Allerdings soll § 54 auch keine Kostenersparnis zu Lasten des zunächst gerichtlich beigeordneten oder bestellten Rechtsanwalts bewirken, sondern nur eine Schlechterstellung vermeiden. Deshalb sind **Reisekosten** (Nr. 7003 ff. VV) von § 54 nicht betroffen, wenn sie auch ohne den Anwaltswechsel, also selbst bei Beibehaltung der ersten Beiordnung oder Bestellung mehrfach angefallen wären.[14]

V. Vergütungsanspruch des neuen Rechtsanwalts

32 Endet der Mandatsvertrag durch Kündigung des Mandanten, stellt sich für das Gericht die Frage, ob der Beiordnungsbeschluss aufzuheben und ein **neuer Rechtsanwalt** beizuordnen ist. Erweisen sich die Vorwürfe des Mandanten und damit auch die Kündigung als unbegründet, kann das Gericht die Beiordnung eines anderen Rechtsanwalts ablehnen. Der Mandant muss dann die Tätigkeit eines anderen Rechtsanwalts selbst bezahlen. Das gilt erst recht, wenn die **Kündigung** des Mandatsvertrags durch den Mandanten **mutwillig** ist.

33 Grundsätzlich hat der bedürftige Mandant einen Anspruch auf **Beiordnung eines anderen Rechtsanwalts** nur dann, wenn er dem bisher beigeordneten Rechtsanwalt die Vollmacht aus Gründen entzieht, die einer Partei, die die Prozesskosten selbst zu tragen hat, bei verständiger Würdigung aller Umstände ebenfalls Anlass zu einem Anwaltswechsel gegeben hätte.[15]

34 In der **Praxis** wird das von den Gerichten gelegentlich übersehen. Sie ordnen die Bestellung oder Beiordnung eines anderen Rechtsanwalts mit der Maßgabe an, dass der Staatskasse durch den Anwaltswechsel keine **Mehrkosten** entstehen dürfen. Auf diese Weise **kürzen** sie den gesetzlichen Gebührenanspruch des neuen Rechtsanwalts gegen die Staatskasse um die Gebühren, die der bisherige Rechtsanwalt bereits verdient hat.[16]

35 Eine solche Verfahrensweise ist schon deshalb **unzulässig**, weil die Frage, welche Gebühren der gerichtlich beigeordnete oder bestellte Rechtsanwalt erstattet verlangen kann, ausschließlich im **Festsetzungsverfahren** nach § 55 zu entscheiden ist.[17] Die Prüfung und Entscheidung der Frage, ob den zuerst beigeordneten oder bestellten Rechtsanwalt die Rechtsfolge einer Verringerung oder des Verlustes seines Gebührenanspruchs trifft, gehört mithin in die **Zuständigkeit des Urkundsbeamten** der Geschäftsstelle. Hat das Gericht anlässlich der Bestellung oder Beiordnung gleichwohl zu Gebührenfragen im Zusammenhang mit dem Anwaltswechsel eine Entscheidung getroffen, ist der **Urkundsbeamte** an diese Entscheidung **nicht gebunden** weil es dem Gericht an einer Ermächtigungsgrundlage fehlt[18] (dazu → § 55 Rn. 45).

Praxistipp:

36 Der Rechtsanwalt, der gerichtlich mit der Maßgabe beigeordnet oder bestellt wird, dass der Staatskasse durch den Anwaltswechsel keine Mehrkosten entstehen dürfen, sollte gegen einen solchen Beschluss Beschwerde einlegen und sich auf die Rechtswidrigkeit einer solchen Anordnung berufen.

---

[14] Schneider/Wolf/*Fölsch* § 52 Rn. 18.
[15] OLG Frankfurt a.M. MDR 1988, 501; OLG Karlsruhe FamRZ 2007, 645; OLG Zweibrücken NJW-RR 1999, 436.
[16] Burhoff/*Volpert* § 54 Rn. 23.
[17] OLG Düsseldorf FamRZ 1993, 819; OLG Hamm FamRZ 2006, 1551; OLG Karlsruhe FamRZ 1998, 632; OLG Köln FamRZ 2004, 123; vgl. auch *Hartmann* § 54 Rn. 13; Schneider/Wolf/*Fölsch* § 54 Rn. 16.
[18] KG JurBüro 1981, 706; OLG Hamm FamRZ 1995, 748; OLG Karlsruhe JurBüro 1991, 80; OLG Naumburg NJW 2003, 2921.

In der **Praxis** kommt es oft auch vor, dass der von dem Mandanten beauftragte 37
neue Rechtsanwalt gegenüber dem Gericht erklärt, dass er auf die Gebühren verzichte, die der zuvor beigeordnete Rechtsanwalt durch seine Tätigkeit verdient hat. Diese **Gebührenverzichtserklärung** beruht teils auf einer Verkennung der Rechtslage seitens des neuen Rechtsanwalts, ist teils aber auch Ausdruck seines Bemühens, das Mandat zu erhalten. Angesichts der immer stärker anwachsenden Anwaltsschwemme sind viele Rechtsanwälte bereit, solche **Gebühreneinbußen** hinzunehmen.[19]

Die **berufsrechtliche Zulässigkeit** eines solchen Gebührenverzichts ist umstrit- 38
ten. Ausgangspunkt des Meinungsstreits ist § 49b Abs. 1 S. 1 BRAO. Danach ist es unzulässig, geringere Gebühren und Auslagen zu vereinbaren oder zu fordern als das Rechtsanwaltsvergütungsgesetz vorsieht. Das Verbot des „**Forderns**" erfasst Fälle, die nicht Gegenstand vertraglicher Vereinbarungen sein können, weil der Rechtsanwalt mit dem Gebührenschuldner, hier also der Staatskasse, in keinen vertraglichen Beziehungen steht.[20] Zutreffend nennt *Kilian* deshalb als Anwendungsfall des § 49b Abs. 1 S. 1, 2. Alt. BRAO insbesondere den **Verzicht** des Pflichtverteidigers auf Gebühren **gegenüber der Staatskasse**, um eine kostenneutrale Beiordnung eines neuen Pflichtverteidigers zu erreichen, wenn er auch diese Meinung bei einer Beiordnung im Rahmen der Prozesskostenhilfe wieder abschwächt.[21] Ungeachtet des eindeutigen Wortlauts des § 49b Abs. 1 S. 1, 2. Alt. BRAO hält die herrschende Meinung ebenso wie die Rechtsprechung einen Verzicht des Rechtsanwalts gegenüber der Staatskasse dennoch für zulässig,[22] ohne zu beachten, dass diese Vorschrift nicht nur die **Vereinbarung** geringerer Gebühren und Auslagen verbietet, sondern ebenso das **Fordern** einer geringeren Vergütung. Von diesem Verbot betroffen ist auch der vom Rechtsanwalt gegenüber der Staatskasse erklärte Verzicht auf einen Teil der Gebühren. Ein Grund, der eine andere Beurteilung rechtfertigen könnte, ist nicht ersichtlich.

§ 55 Festsetzung der aus der Staatskasse zu zahlenden Vergütungen und Vorschüsse

(1) ¹Die aus der Staatskasse zu gewährende Vergütung und der Vorschuss hierauf werden auf Antrag des Rechtsanwalts von dem Urkundsbeamten der Geschäftsstelle des Gerichts des ersten Rechtszugs festgesetzt. ²Ist das Verfahren nicht gerichtlich anhängig geworden, erfolgt die Festsetzung durch den Urkundsbeamten der Geschäftsstelle des Gerichts, das den Verteidiger bestellt hat.

(2) In Angelegenheiten, in denen sich die Gebühren nach Teil 3 des Vergütungsverzeichnisses bestimmen, erfolgt die Festsetzung durch den Urkundsbeamten des Gerichts des Rechtszugs, solange das Verfahren nicht durch rechtskräftige Entscheidung oder in sonstiger Weise beendet ist.

(3) Im Fall der Beiordnung einer Kontaktperson (§ 34a des Einführungsgesetzes zum Gerichtsverfassungsgesetz) erfolgt die Festsetzung durch den

---

[19] Dazu OLG Celle NJW 2008, 2511.
[20] Henssler/Prütting/*Kilian* BRAO § 49b Rn. 19.
[21] Henssler/Prütting/*Kilian* BRAO § 49b Rn. 19.
[22] Aus der Rechtsprechung OLG Bamberg NJW 2006, 1536 (1537); OLG Braunschweig StraFo 2008, 428 und ADAJUR Doc. Nr. 94127; OLG Frankfurt NStZ-RR 2008, 47; OLG Jena JurBüro 2006, 365 (366); OLG Köln StRR 2010, 427; OLG Oldenburg NStZ 2010, 210; **aA** OLG Jena JurBüro 2006, 365; OLG Köln NJW-Spezial 2008, 506; OLG Naumburg RVGreport 2010, 333; aus der Literatur Burhoff/*Volpert* § 54 Rn. 21; HK-RVG/*Pukall* § 54 Rn. 13; **aA** Hartung/*Hartung* BRAO § 49b Rn. 22.

§ 55 Festsetzung der zu zahlenden Vergütungen und Vorschüsse

Urkundsbeamten der Geschäftsstelle des Landgerichts, in dessen Bezirk die Justizvollzugsanstalt liegt.

(4) Im Fall der Beratungshilfe wird die Vergütung von dem Urkundsbeamten der Geschäftsstelle des in § 4 Abs. 1 des Beratungshilfegesetzes bestimmten Gerichts festgesetzt.

(5) [1]§ 104 Abs. 2 der Zivilprozessordnung gilt entsprechend. [2]Der Antrag hat die Erklärung zu enthalten, ob und welche Zahlungen der Rechtsanwalt bis zum Tag der Antragstellung erhalten hat. [3]Bei Zahlungen auf eine anzurechnende Gebühr sind diese Zahlungen, der Satz oder der Betrag der Gebühr und bei Wertgebühren auch der zugrunde gelegte Wert anzugeben. [4]Zahlungen, die der Rechtsanwalt nach der Antragstellung erhalten hat, hat er unverzüglich anzuzeigen.

(6) [1]Der Urkundsbeamte kann vor einer Festsetzung der weiteren Vergütung (§ 50) den Rechtsanwalt auffordern, innerhalb einer Frist von einem Monat bei der Geschäftsstelle des Gerichts, dem der Urkundsbeamte angehört, Anträge auf Festsetzung der Vergütungen, für die ihm noch Ansprüche gegen die Staatskasse zustehen, einzureichen oder sich zu den empfangenen Zahlungen (Absatz 5 Satz 2) zu erklären. [2]Kommt der Rechtsanwalt der Aufforderung nicht nach, erlöschen seine Ansprüche gegen die Staatskasse.

(7) [1]Die Absätze 1 und 5 gelten im Bußgeldverfahren vor der Verwaltungsbehörde entsprechend. [2]An die Stelle des Urkundsbeamten der Geschäftsstelle tritt die Verwaltungsbehörde.

Übersicht

	Rn.
I. Überblick	1
II. Normzweck	2
III. Einleitung des Festsetzungsverfahrens (Abs. 5)	8
1. Festsetzungsantrag	9
2. Antragsberechtigung	11
3. Form	13
4. Frist	14
5. Antragsinhalt und Glaubhaftmachung	16
a) Inhalt	16
b) Glaubhaftmachung	18
IV. Örtliche und sachliche Zuständigkeit	20
1. Überblick	20
2. Zuständigkeitsregelungen im Einzelnen	23
a) Grundsätzliche Zuständigkeit (Abs. 1 S. 1)	23
b) Zuständigkeit in Straf- und Bußgeldsachen bei fehlender Anhängigkeit (Abs. 1 S. 2)	25
c) Zuständigkeit in Verfahren nach Teil 3 VV (Abs. 2)	26
d) Zuständigkeit bei Verweisung und Abgabe	28
e) Zuständigkeit bei Beiordnung einer Kontaktperson (Abs. 3)	29
f) Zuständigkeit bei Beratungshilfe (Abs. 4)	30
g) Zuständigkeit in Bußgeldsachen vor der Verwaltungsbehörde (Abs. 7)	32
3. Funktionelle Zuständigkeit	33
V. Bindung des Urkundsbeamten an gerichtliche Entscheidungen	36
1. Bindung an den Umfang der gerichtlichen Beiordnung bzw. Bestellung	36

Festsetzung der zu zahlenden Vergütungen und Vorschüsse **§ 55**

	Rn.
2. Bindung an Streit- bzw. Gegenstandswertfestsetzungen	39
3. Bindung an gerichtliche Feststellung von Auslagen	40
4. Bindung an den Festsetzungsantrag	41
VI. Prüfung des Feststellungsantrags durch den Urkundsbeamten	42
VII. Entscheidung des Urkundsbeamten	46
VIII. Festsetzung einer weiteren Vergütung (Abs. 6)	52
1. Anforderungen an die Fristsetzung	55
2. Berechnung der Vergütung	58
IX. Rechtsmittel	60

I. Überblick

§ 55 fasst systematisch alle Regelungen über die **Festsetzung** der an den gericht- 1
lich beigeordneten oder bestellten Rechtsanwalt aus der Staatskasse zu zahlenden
Vergütungen und Vorschüsse zusammen und bestimmt für das Festsetzungsverfahren
den Urkundsbeamten der Geschäftsstelle als den **zuständigen Entscheidungsträger.**

II. Normzweck

Die Vorschrift dient der **Durchsetzung des Vergütungsanspruchs** des Rechts- 2
anwalts gegen die Staatskasse. Ohne eine Festsetzung der Vergütung – das sind
Gebühren und Auslagen (§ 1 Abs. 1 S. 1) – in einem **förmlichen** Festsetzungsverfahren ist eine Zahlung seitens der Staatskasse nicht zulässig. Auf diese Weise soll
die Abwicklung des Vergütungsanspruchs vereinfacht und beschleunigt werden.

Das in § 55 geregelte **Festsetzungsverfahren** ist trotz mancher Ähnlichkeiten 3
nicht zu verwechseln mit dem **Kostenfestsetzungsverfahren** gemäß §§ 103 ff.
ZPO. Dort geht es um die **Erstattungspflicht** der einen Prozesspartei gegenüber
der anderen aufgrund eines Vollstreckungstitels.[1] Demgegenüber ist das Festsetzungsverfahren nach § 55 vom Ausgang des Verfahrens völlig unabhängig, ein Vollstreckungstitel ist nicht erforderlich und auch der Inhalt einer Kostenentscheidung ist
ohne Belang.

Eine **Ausnahme** enthält § 55 Abs. 6, der die Festsetzung der **weiteren** Vergütung 4
nach § 50 Abs. 1 S. 2 betrifft, die dem im Wege der Prozesskostenhilfe beigeordneten
Rechtsanwalt zustehen kann, wenn die Prozesskostenhilfe mit der Maßgabe bewilligt
worden ist, dass die bedürftige Partei **Ratenzahlungen** an die Staatskasse zu erbringen hat. Insoweit stellt § 50 Abs. 1 S. 2 auf eine rechtskräftige Entscheidung oder
eine sonstige Beendigung des Verfahrens ab.

Ein Festsetzungsverfahren ist **Voraussetzung** für die Zahlung einer jeden einem 5
Rechtsanwalt aus der Staatskasse zu gewährenden Vergütung. Das gilt für die
Gebühren, für die erstattungsfähigen **Auslagen** und für die von der Staatskasse zu
zahlenden **Vorschüsse.** Demgemäß betrifft § 55 die Festsetzung der Vergütung des
- im Wege von **Prozesskostenhilfe** beigeordneten Rechtsanwalts, gleichgültig, in welcher Gerichtsbarkeit und in welchem Verfahren die Beiordnung erfolgt;
- in **Straf- oder Bußgeldverfahren** und in **Disziplinar- und Freiheitsentziehungssachen** gerichtlich zum Verteidiger bestellten oder gerichtlich beigeordneten Rechtsanwalts;
- im Rahmen von **Beratungshilfe** tätigen Rechtsanwalts.

---

[1] OLG Zweibrücken FamRZ 2000, 756; vgl. auch OLG München FamRZ 2006, 1461.

§ 55 Festsetzung der zu zahlenden Vergütungen und Vorschüsse

6 Die Vorschrift gilt nicht für den **Wahlverteidiger**. Er kann, soweit eine Festsetzung von Gebühren nicht gemäß § 11 möglich ist, seine Vergütungsforderung nur im Klagewege geltend machen.

7 **Aufgabe des Festsetzungsverfahrens** ist es, den Vergütungsanspruch des gerichtlich beigeordneten oder bestellten Rechtsanwalts durch den Urkundsbeamten der Geschäftsstelle überprüfen zu lassen, bevor die dem Rechtsanwalt zustehende Vergütung nach Grund und Höhe in einem Beschluss festgesetzt wird. Demgemäß stehen sich im Festsetzungsverfahren als **Parteien** der gerichtlich beigeordnete oder bestellte **Rechtsanwalt** und die **Staatskasse** gegenüber. Beide Parteien verfolgen eigene Interessen. Deshalb erweist sich das Festsetzungsverfahren oft genug als ein „**streitiges**" Verfahren, in dem der gerichtlich beigeordnete oder bestellte Rechtsanwalt einerseits und der Bezirksrevisor andererseits ihre gegensätzlichen Auffassungen vortragen.

III. Einleitung des Festsetzungsverfahrens (Abs. 5)

8 Das Festsetzungsverfahren ist ein **Antragsverfahren**. Solange der gerichtlich beigeordnete oder bestellte Rechtsanwalt keinen Antrag stellt, kommt eine Festsetzung der von der Staatskasse zu gewährenden Vergütung nicht in Betracht, selbst wenn das Verfahren, für das die Beiordnung oder Bestellung des Rechtsanwalts erfolgte, abgeschlossen ist und auch kostenmäßig erledigt werden könnte. In Fällen, in denen beiden Verfahrensbeteiligten ein Rechtsanwalt beigeordnet worden ist, bildet jedes Festsetzungsverfahren ein eigenständiges Verfahren.[2]

1. Festsetzungsantrag

9 Der Antrag auf Festsetzung der aus der Staatskasse zu gewährenden Vergütung ist **zulässig**, sobald der Vergütungsanspruch **fällig** ist. Das ist gemäß § 8 Abs. 1 S. 2 im gerichtlichen Verfahren der Fall, wenn eine Kostenentscheidung ergangen oder der Rechtszug beendet ist oder wenn das Verfahren länger als drei Monate ruht. Wird die gerichtliche Beiordnung oder Bestellung des Rechtsanwalts vorher aufgehoben, tritt die Fälligkeit nach § 8 Abs. 1 S. 1 zu diesem Zeitpunkt ein.

10 Für den Antrag auf Zahlung eines **Vorschusses** (§ 47) bedarf es einer Fälligkeit nicht. Wenn aber der Rechtsanwalt gemäß §§ 138, 270 FamFG als **Beistand** beigeordnet oder gemäß § 67a Abs. 1 S. 2 VwGO als **gemeinsamer Vertreter** bestellt ist, tritt die Fälligkeit erst ein, wenn die zur Zahlung verpflichtete Prozesspartei mit der Zahlung eines Vorschusses in **Verzug** ist (§ 47 Abs. 1 S. 2).

2. Antragsberechtigung

11 Antragsberechtigt ist der gerichtlich beigeordnete oder bestellte Rechtsanwalt oder die beigeordnete Sozietät, wenn sie im Rahmen von Prozesskostenhilfe beigeordnet worden ist.[3]

12 **Kein Antragsrecht** haben die von dem Rechtsanwalt vertretene Partei und der Prozessgegner. Deshalb sind sie an die Festsetzung nicht gebunden, wenn die Staatskasse sie aufgrund des Forderungsübergangs nach Maßgabe des § 59 Abs. 1 im Wege des Rückgriffs in Anspruch nimmt.[4] Es ist ihnen vielmehr unbenommen, Einwendungen zu erheben, so zum Beispiel, dass die Vergütung zu hoch festgesetzt worden sei (§§ 67 GKG, 126 ZPO).[5]

---

[2] OLG Düsseldorf JurBüro 2008, 592.
[3] BGH NJW 2009, 440.
[4] BGH MDR 1978, 214; OLG Zweibrücken JurBüro 1999, 590.
[5] Riedel/Sußbauer/*Ahlmann* § 55 Rn. 18.

3. Form

Der Antrag ist an keine Form gebunden. Er kann **schriftlich** oder zu **Protokoll** 13
der Geschäftsstelle gestellt werden. Auch eine **elektronische** Übermittlung des Antrags an das Gericht ist zulässig. Die Verwendung amtlicher Vordrucke ist sinnvoll, aber nicht vorgeschrieben. In Bundesländern mit elektronischer Datenverarbeitung wie beispielsweise Nordrhein-Westfalen wurden die **amtlichen Vordrucke** abgeschafft.[6]

4. Frist

Der Antrag ist grundsätzlich **unbefristet** möglich.[7] Der Rechtsanwalt muss 14
jedoch darauf achten, dass sein Vergütungsanspruch nicht verjährt. Die Verjährungsfrist beträgt drei Jahre. Der Lauf der Verjährungsfrist beginnt gemäß § 199 Abs. 1 BGB mit dem Ende des Jahres, in dem die Vergütung verlangt werden kann (§ 8). Bezüglich des Rechts der Staatskasse, die Einrede der Verjährung zu erheben, wird auf die Kommentierung zu → § 45 Rn. 73 verwiesen.

Betrifft der Antrag die **Nachforderung einer Vergütung,** ist also die Vergütung 15
aufgrund eines früher gestellten Antrags bereits festgesetzt und will der Rechtsanwalt mit einem zweiten Antrag die Festsetzung eines höheren Betrags erreichen, ist die Rechtsprechung zur **Verwirkung** des Vergütungsanspruchs zu beachten. In sinngemäßer Anwendung des § 20 GKG kann der Anspruch auf die höhere Vergütung verwirkt sein, wenn er erst nach Ablauf des auf die Erstfestsetzung folgenden Kalenderjahres geltend gemacht wird.[8]

5. Antragsinhalt und Glaubhaftmachung

a) Inhalt. Welchen Inhalt der Antrag haben muss, regelt § 55 Abs. 5 S. 2. Danach 16
hat der Antrag die Erklärung zu enthalten, ob und welche **Zahlungen** der Rechtsanwalt bis zum Tag der Antragstellung erhalten hat. Bei Zahlungen auf eine **anzurechnende Gebühr** sind diese Zahlungen, der Satz oder der Betrag der Gebühr und bei Wertgebühren auch der zugrunde gelegte Wert anzugeben. Sofern der Rechtsanwalt **nach** der Antragstellung (weitere) Zahlungen erhält, hat er diese Zahlungen unverzüglich anzuzeigen (§ 55 Abs. 5 S. 4).

Die Anzeigepflicht gilt für alle im RVG enthaltenen Anrechnungsvorschriften. 17
Im Übrigen wird zur Problematik von Zahlungen auf eine **„anzurechnende Gebühr"** iSv § 55 Abs. 5 S. 3 auf die Kommentierung zu § 15a in diesem Kommentar verwiesen.[9]

b) Glaubhaftmachung. Gemäß § 55 Abs. 5 S. 1, der nach § 55 Abs. 7 auf Buß- 18
geldverfahren vor der Verwaltungsbehörde entsprechend anwendbar ist, gilt § 104 Abs. 2 ZPO für das Feststellungsverfahren entsprechend. Das bedeutet, dass die zur Begründung des Vergütungsanspruchs benannten Tatsachen glaubhaft zu machen sind (§ 294 ZPO), sofern sie sich nicht bereits aus den Gerichtsakten ergeben. Im

---

[6] KG AGS 2011, 85.
[7] Dazu OLG Köln NJW-RR 2011, 1294.
[8] So OLG Düsseldorf JurBüro 1996, 144; LAG Hamm MDR 1994, 72; **aA** OLG Hamm JurBüro 1967, 431; OLG Koblenz JurBüro 1983, 579 (Verwirkung bereits drei Monate nach der Erstfestsetzung!).
[9] Siehe dazu auch OLG Brandenburg JurBüro 2011, 580; OLG Braunschweig RVGreport 2011, 254; OLG Zweibrücken NJOZ 2010, 1880; VG Frankfurt a.M. RVGreport 2012, 177; ferner *Enders* JurBüro 2009, 393 (398); *Fölsch* MDR 2009, 1137; *Hansens* RVGreport 2009, 201 und 241; *ders.* AnwBl. 2009, 535; Schneider/Wolf/*Volpert* § 55 Rn. 23 ff.

Einzelfall kann bei Abrechnung von Kopierkosten über die anwaltliche Versicherung hinaus weitere Glaubhaftmachung verlangt werden.[10]

19 Bezüglich der **Auslagen** für **Post- und Telekommunikationsdienstleistungen** genügt an Stelle einer Glaubhaftmachung in sinngemäßer Anwendung des § 104 Abs. 2 S. 2 ZPO eine **Versicherung des Rechtsanwalts**, dass die geltend gemachten Auslagen entstanden sind. Durch § 55 Abs. 5 S. 1 wird auch § 104 Abs. 2 S. 3 ZPO für entsprechend anwendbar erklärt. Danach soll der Rechtsanwalt bezüglich der **Umsatzsteuer** erklären, dass er die hierfür geltend gemachten Beträge nicht als **Vorsteuer** abziehen kann. Eine solche Erklärung schuldet der gerichtlich beigeordnete oder bestellte Rechtsanwalt im Verhältnis zur Staatskasse jedoch nicht.[11]

IV. Örtliche und sachliche Zuständigkeit

1. Überblick

20 Anders als der Antrag auf Kostenfestsetzung nach den §§ 103 ff. ZPO, der immer bei dem erstinstanzlichen Gericht zu stellen ist, kennt das Festsetzungsverfahren nach § 55 verschiedene **örtliche Zuständigkeitsregelungen,** die zugleich die **sachliche** Zuständigkeit einschließen.

21 Soweit das Gesetz in § 55 Abs. 1 und 2 im Zusammenhang mit der Zuständigkeit der für die verschiedenen Fallvarianten zuständigen Gerichte den Begriff des „**Verfahrens**" verwendet, ist nicht das Feststellungsverfahren gemeint, sondern das jeweilige Verfahren, in dem der Rechtsanwalt gerichtlich beigeordnet oder bestellt worden ist.

22 Von der in § 55 geregelten **Zuständigkeit** für die Festsetzung der dem gerichtlich beigeordneten oder bestellten Rechtsanwalt zustehenden Vergütung ist zu unterscheiden, welche Staatskasse **Vergütungsschuldner** ist. Das kann eine **Landeskasse** oder die **Bundeskasse** sein. Regelungen hierzu enthält § 45. Wegen der Einzelheiten wird auf die Erläuterungen zu § 45 verwiesen.

2. Zuständigkeitsregelungen im Einzelnen

23 **a) Grundsätzliche Zuständigkeit (Abs. 1 S. 1).** § 55 Abs. 1 S. 1 VV stellt den **Grundsatz** auf, dass die Festsetzung der von der Staatskasse zu gewährenden Vergütung und des Vorschuss hierauf in die Zuständigkeit des **Gerichts des ersten Rechtszugs** gehört. Voraussetzung dafür ist die gerichtliche **Anhängigkeit** des Verfahrens, in dem der Rechtsanwalt beigeordnet oder bestellt worden ist. Das gilt auch für die Entscheidung über die Festsetzung der Vergütung in Abschiebungshaftsachen.[12]

24 Der Grundsatz der Zuständigkeit des Gerichts des ersten Rechtszugs betrifft sowohl den im Wege der Prozesskostenhilfe beigeordneten als auch den gerichtlich bestellten Rechtsanwalt und sämtliche in den Teilen 3–6 VV geregelten Verfahren. Er gilt nicht nur für die im ersten Rechtszug angefallene Vergütung, sondern erstreckt sich auch auf die erst in **höherer Instanz** entstandenen Gebühren und Auslagen.

25 **b) Zuständigkeit in Straf- und Bußgeldsachen bei fehlender Anhängigkeit (Abs. 1 S. 2).** Eine von dem Grundsatz der Zuständigkeit des Gerichts des

---

[10] OLG Köln BeckRS 2014, 00237.
[11] So zutreffend LAG Mainz JurBüro 1997, 29; zur Glaubhaftmachung in Angelegenheiten der Beratungshilfe AG Magdeburg JurBüro 2005, 651; vgl. im Übrigen auch BVerfG NJW 1996, 382; BGH NJW 2003, 1534; OLG Köln JurBüro 2001, 428.
[12] BGH NJW-RR 2012, 959.

Festsetzung der zu zahlenden Vergütungen und Vorschüsse **§ 55**

ersten Rechtszugs abweichende Regelung enthält § 55 Abs. 1 S. 2 für Straf- oder Bußgeldverfahren oder sonstige in Teil 6 VV geregelte Verfahren, wenn es in diesen Verfahren nicht zu einer gerichtlichen Anhängigkeit kommt, beispielsweise weil schon das Ermittlungsverfahren mit einer Einstellung endet oder der Beschuldigte verstirbt. In diesem Fall fehlender gerichtlicher Anhängigkeit tritt an die Stelle des Gerichts des ersten Rechtszugs das Gericht, das den Rechtsanwalt zum Verteidiger bestellt hat. In Bußgeldsachen ist die Verwaltungsbehörde zuständig (§ 55 Abs. 7).

c) Zuständigkeit in Verfahren nach Teil 3 VV (Abs. 2). Eine weitere Son- 26 derregelung enthält § 55 Abs. 2 für Verfahren, in denen sich die Gebühren des gerichtlich beigeordneten Rechtsanwalts nach **Teil 3 VV** bestimmen. Das sind alle bürgerlichen Rechtsstreitigkeiten einschließlich der Verfahren vor den Gerichten für Arbeitssachen, ferner die Verfahren der öffentlich-rechtlichen Gerichtsbarkeiten, also die Verfahren vor den Gerichten der Verwaltungs-, Finanz- und Sozialgerichtsbarkeit, des weiteren die Verfahren nach dem Strafvollzugsgesetz, auch in Verbindung mit § 92 des Jugendgerichtsgesetzes, und ähnliche Verfahren.

Voraussetzung für die Anwendbarkeit des § 55 Abs. 2 ist, dass das Verfahren, in 27 dem die Beiordnung oder Bestellung des Rechtsanwalts erfolgte, noch **nicht** durch eine **rechtskräftige** Entscheidung oder in **sonstiger Weise beendet** worden ist. Für die Dauer des nicht abgeschlossenen Verfahrens begründet § 55 Abs. 2 für die Festsetzung der Vergütung in Verfahren nach Teil 3 VV die Zuständigkeit des **Gerichts des Rechtszugs.** Darunter ist das Gericht in der jeweiligen Instanz zu verstehen, in der der Rechtsanwalt gerichtlich beigeordnet oder bestellt worden ist. Das kann das Gericht des ersten Rechtszugs oder auch ein Gericht eines höheren Rechtszugs sein. Nach dem rechtskräftigen Abschluss des Verfahrens oder seiner Beendigung in sonstiger Weise gehört die Festsetzung der aus der Staatskasse zu zahlenden Vergütung wieder in die Zuständigkeit des Gerichts des ersten Rechtszugs.

d) Zuständigkeit bei Verweisung und Abgabe. Bei einer **Verweisung** oder 28 **Abgabe** des Verfahrens an ein anderes Gericht ist für die Festsetzung der Vergütung das Gericht zuständig, an das das Verfahren abgegeben oder verwiesen worden ist. Bis zur Verweisung oder Abgabe des Verfahrens verbleibt es bei der Zuständigkeit des zunächst angerufenen Gerichts.

e) Zuständigkeit bei Beiordnung einer Kontaktperson (Abs. 3). Im Falle 29 der Beiordnung einer Kontaktperson gemäß § 34a EGGVG ist für die Festsetzung der Vergütung der **Urkundsbeamte des Landgerichts** örtlich und sachlich zuständig, in dessen Bezirk die Justizvollzugsanstalt liegt, in der der Gefangene einsitzt (§ 55 Abs. 3). Die Höhe der Vergütung für die Tätigkeit der Kontaktperson regelt Nr. 4304 VV. Bei einer **Verlegung** des Gefangenen wird das Landgericht zuständig, in dessen Bezirk der Gefangene im Zeitpunkt der Fälligkeit der Gebühr einsitzt.

f) Zuständigkeit bei Beratungshilfe (Abs. 4). Die örtliche und sachliche 30 Zuständigkeit für die Festsetzung der Vergütung bei Beratungshilfe richtet sich nach § 4 Abs. 1 BerHG. Danach ist zuständig das **Amtsgericht**, das den **Berechtigungsschein** erteilt bzw. in dessen Bezirk der Rechtsuchende zum Zeitpunkt der Festsetzung seinen **allgemeinen Gerichtsstand** (§§ 12 ff. ZPO) hat. Beim Fehlen eines solchen allgemeinen Gerichtsstands im Inland ist das Amtsgericht zuständig, in dessen Bezirk ein **Beratungsbedürfnis** auftritt.

Das gilt auch bei einem **Wohnsitzwechsel.** Wechselt der Rechtsuchende nach 31 der Inanspruchnahme von Beratungshilfe seinen Wohnsitz, ist bei der Bestimmung der örtlichen Zuständigkeit des Amtsgerichts auf den Wohnsitz bei Auftreten des Bedürfnisses der Beratungshilfe abzustellen. Die gegenteilige Auffassung, die auf den Wohnsitz abstellt, argumentiert, die Feststellung, wo das Bedürfnis aufgetreten ist, sei nicht immer leicht. Das ist nur bedingt richtig. Der Rechtsuchende wird in der

Hartung

Regel einen Rechtsanwalt dort konsultieren, wo das Beratungsbedürfnis entstanden ist.[13]

32 **g) Zuständigkeit in Bußgeldsachen vor der Verwaltungsbehörde (Abs. 7).** Gemäß § 55 Abs. 7 gelten die Absätze 1 und 5 im Bußgeldverfahren vor der Verwaltungsbehörde entsprechend. Funktionell zuständig ist nicht der Urkundsbeamte der Geschäftsstelle, sondern die Verwaltungsbehörde. Für die örtliche und sachliche Zuständigkeit gilt § 55 Abs. 1 S. 1 entsprechend. Zuständig ist also die Verwaltungsbehörde, vor der das Bußgeldverfahren anhängig ist.

3. Funktionelle Zuständigkeit

33 Die Entscheidung über die Festsetzung von Grund und Höhe des Vergütungsanspruchs des Rechtsanwalts überlässt das Gesetz dem **Urkundsbeamten der Geschäftsstelle** des jeweils zuständigen Gerichts. Wer als Urkundsbeamter tätig werden kann, ergibt sich aus den bundeseinheitlich vereinbarten **Ausführungsvorschriften** der Länder iVm dem jeweiligen Geschäftsverteilungsplan für die Verwaltung des Gerichts. Das **Rechtspflegergesetz** gilt für die Tätigkeit eines Rechtspflegers als Urkundsbeamter der Geschäftsstelle nicht. § 21 Nr. 2 RPflG überträgt dem Rechtspfleger nur die Festsetzung der anwaltlichen Vergütung nach § 11, nicht aber die nach § 55.

34 Der Urkundsbeamte der Geschäftsstelle ist ein **unabhängiges Entscheidungsorgan** und in dieser Eigenschaft nicht zur Vertretung der Interessen der Staatskasse berufen.[14] Wenn er in **Personalunion** auch die Funktion eines Kostenbeamten ausübt, in der er die Interessen der Staatskasse wahrzunehmen hat, befindet er sich in einer nicht unbedenklichen **Doppelfunktion.** Er ist dann ein **unabhängiges Organ der Rechtspflege,** während dem Urkundsbeamten Unabhängigkeit nur für bestimmte Aufgaben eingeräumt und er im Übrigen weisungsgebunden ist.

35 In **Bußgeldsachen** tritt gemäß § 55 Abs. 7 an die Stelle des Urkundsbeamten der Geschäftsstelle die Verwaltungsbehörde.

V. Bindung des Urkundsbeamten an gerichtliche Entscheidungen

1. Bindung an den Umfang der gerichtlichen Beiordnung bzw. Bestellung

36 Bei der Prüfung des Festsetzungsantrags ist der Urkundsbeamte an alle vorangegangenen gerichtlichen Entscheidungen gebunden, durch die ein Vergütungsanspruch gegen die Staatskasse dem Grunde nach begründet oder die Erforderlichkeit von Auslagen festgestellt worden ist.[15] Er hat nur zu prüfen, ob solche Entscheidungen ergangen sind und ob ihr Inhalt den Vergütungsanspruch dem Grunde nach gegenständlich und zeitlich trägt.

37 Der Urkundsbeamte hat insbesondere nicht zu prüfen, ob die Bewilligung von Prozesskostenhilfe oder die gerichtliche Beiordnung oder Bestellung eines Rechtsanwalts den gesetzlichen Vorschriften entsprechen oder ob sie **fehlerhaft** sind.[16] Das gilt insbesondere auch für die Beiordnung eines **auswärtigen Rechtsanwalts.**

---

[13] Ebenso Schneider/Wolf/Volpert § 55 Rn. 43; OLG Hamm AGS 2009, 36.

[14] Dazu Schneider/Wolf/Volpert § 55 Rn. 45; OLG Naumburg NJW 2003, 2921.

[15] OLG Düsseldorf Rpfleger 2008, 206.

[16] OLG Düsseldorf AGS 2004, 296; OLG Köln AGS 2007, 362; OLG München AnwBl. 1987, 340; OLG Naumburg Rpfleger 1996, 206; OLG Stuttgart Rpfleger 2007, 613; OLG Zweibrücken JurBüro 1995, 362.

Selbst wenn durch dessen Beiordnung Mehrkosten entstehen, muss der Urkundsbeamte sie festsetzen.[17]

Ordnet das Gericht bei einem **Anwaltswechsel** während eines Verfahrens an, dass der neu beigeordnete oder bestellte Rechtsanwalt sich die von dem ersten Rechtsanwalt verdienten Gebühren anrechnen lassen muss, darf der Urkundsbeamte diese Anordnung **nicht beachten**.[18] Eine Bindung des Urkundsbeamten an die gerichtliche Entscheidung besteht nur, soweit das Gericht den Umfang der Bestellung oder Beiordnung festlegt. Sie bezieht sich nur auf den **Tätigkeitsbereich des Rechtsanwalts. Gebührenfragen** gehören nicht zum Umfang der Bestellung oder Beiordnung, sondern zum Feststellungsverfahren (dazu → § 54 Rn. 29 ff.). Demgemäß ist es ausschließlich Aufgabe des Urkundsbeamten, darüber zu entscheiden, ob die Staatskasse die durch den Anwaltswechsel bedingten **Mehrkosten** tragen muss oder ob sie diese Kosten auf den zuerst bestellten oder beigeordneten Rechtsanwalt mit der Begründung abwälzen kann, dieser habe den Anwaltswechsel schuldhaft veranlasst (§ 54). 38

2. Bindung an Streit- bzw. Gegenstandswertfestsetzungen

Der Urkundsbeamte ist ferner an die gerichtliche **Festsetzung des Streit- bzw. Gegenstandswerts** gebunden.[19] Ist bei Eingang des Festsetzungsantrags ein Verfahren zur Festsetzung des Wertes anhängig, sollte er das Festsetzungsverfahren **aussetzen**. Fehlt es an einer Wertfestsetzung, darf der Urkundsbeamte ihn selbständig ermitteln (§§ 32, 33). Er läuft jedoch Gefahr, dass im Falle der Erinnerung bzw. Beschwerde gegen seine Entscheidung der von ihm ermittelte Wert abgeändert wird. Aus diesem Grunde erspart er sich und dem Rechtsanwalt, der den Festsetzungsantrag gestellt hat, unnötige Arbeit, wenn er in einem solchen Fall dem Rechtsanwalt aufgibt, vor einer Entscheidung über dessen Festsetzungsantrag eine **gerichtliche** Festsetzung des Wertes herbeizuführen. 39

3. Bindung an gerichtliche Feststellung von Auslagen

Hat das Gericht auf Antrag des Rechtsanwalts die **Erforderlichkeit einer Reise** vor deren Antritt festgestellt, ist diese Feststellung für den Urkundsbeamten bindend (§ 46 Abs. 2 S. 1). Der Urkundsbeamte muss also von der Erforderlichkeit der Reise ausgehen, selbst wenn die gerichtliche Feststellung sachlich unrichtig ist.[20] Durch den Urkundsbeamten zu prüfen bleibt die **Höhe der Reisekosten,** da die gerichtliche Feststellung nur die Erforderlichkeit der Reise betrifft, nicht aber die Höhe der dadurch bedingten Kosten. Das gilt auch für sonstige Auslagen, auf die sich die gerichtliche Feststellung bezieht. 40

4. Bindung an den Festsetzungsantrag

Das Festsetzungsverfahren ist ein **antragsabhängiges Parteiverfahren.** Deshalb ist der Urkundsbeamte an den Festsetzungsantrag des Rechtsanwalts gebunden und eine über den Festsetzungsantrag hinausgehende Festsetzung nicht zulässig. 41

---

[17] OLG Celle MDR 2007, 865; OLG Düsseldorf FamRZ 1993, 819; OLG Hamm FamRZ 2006, 1551; OLG Karlsruhe FamRZ 1998, 632; OLG Köln FamRZ 2004, 123; vgl. auch *Hartmann* § 55 Rn. 24; Schneider/Wolf/*Volpert* § 55 Rn. 53.

[18] OLG Celle NJW 2008, 2511; OLG Braunschweig ADAJUR Dok. Nr. 94127; vgl. auch Schneider/Wolf/*Volpert* § 55 Rn. 61 f.; **aA** OLG Düsseldorf JurBüro 2008, 209; OLG Karlsruhe FamRZ 2007, 645.

[19] Schneider/Wolf/*Volpert* § 55 Rn. 51.

[20] OLG Köln AGS 2007, 362; **aA** OLG München MDR 1998, 439; OLG München AGS 2001, 191.

§ 55 Festsetzung der zu zahlenden Vergütungen und Vorschüsse

Der Urkundsbeamte ist jedoch berechtigt, bis zur **Höhe des beantragten Gesamtbetrages** Korrekturen vorzunehmen und Gebührenpositionen auszutauschen.[21] So kann er statt einer im Festsetzungsantrag berechneten Gebühr, die nach seiner Meinung nicht oder nicht in der beantragten Höhe entstanden ist, eine im Festsetzungsantrag nicht enthaltene, aber entstandene Gebühr festsetzen, soweit der im Festsetzungsantrag geforderte Gesamtbetrag nicht überschritten wird. Dem Urkundsbeamten ist es auch unbenommen, den Rechtsanwalt zu einer **richtigen Antragstellung** zu veranlassen.

VI. Prüfung des Feststellungsantrags durch den Urkundsbeamten

42   Der **Prüfungsumfang** des Urkundsbeamten der Geschäftsstelle umfasst:
- die Zuständigkeit des Gerichts;
- den Umfang der gerichtlichen Bestellung oder Beiordnung des Rechtsanwalts;
- die Antragsberechtigung;
- den Antragsinhalt, insbesondere, ob der Antrag vollständig und unterschrieben ist;
- ob die beantragte Vergütung vom zeitlichen und gegenständlichen Umfang der Bestellung oder Beiordnung gedeckt ist;
- ob die geltend gemachten Gebühren entstanden sind und die Auslagen zur sachgemäßen Durchführung der Angelegenheit erforderlich waren;
- ob die Angaben, soweit gesetzlich vorgeschrieben, glaubhaft gemacht worden sind;
- ob Erklärungen zu Vorschüssen und Zahlungen abgegeben worden sind und
- ob der geltend gemachte Vergütungsanspruch fällig ist.

43   Beantragt der Rechtsanwalt die Festsetzung von **Rahmengebühren,** hat der Urkundsbeamte der Geschäftsstelle nicht nur den Gebührentatbestand zu prüfen, sondern auch, ob die von dem Rechtsanwalt vorgenommene Bestimmung der Rahmengebühr durch den Rechtsanwalt (§ 14 Abs. 1 S. 4) unbillig und deshalb nicht verbindlich ist.

44   Materiell-rechtliche **Einreden** oder **Einwendungen** gegenüber dem Festsetzungsantrag darf der Urkundsbeamte nicht von Amts wegen prüfen, da er nicht Vertreter der Staatskasse ist. Nur wenn der Bezirksrevisor als Vertreter der Staatskasse Einreden oder Einwendungen geltend macht, hat der Urkundsbeamte auch zu prüfen, ob:
- ein Anwaltswechsel von dem Rechtsanwalt verschuldet ist (§ 54),
- der Vergütungsanspruch verjährt ist,
- dem Vergütungsanspruch der Einwand der Verwirkung entgegengehalten werden kann.

45   Wenn der Urkundsbeamte **behebbare Mängel** feststellt, muss er eine **Zwischenverfügung** erlassen und dem Rechtsanwalt Gelegenheit geben, den Mangel in angemessener Frist zu beheben. Hat er Zweifel an der **Erforderlichkeit von Auslagen,** kann er eine weitere Begründung und eine Glaubhaftmachung anheimstellen.

VII. Entscheidung des Urkundsbeamten

46   Die Festsetzung der dem Rechtsanwalt aus der Staatskasse zu zahlenden Vergütung erfolgt durch **Beschluss.** Dieser ist kein Vollstreckungstitel. Wenn der Urkundsbeamte dem Festsetzungsantrag **stattgibt,** bedarf seine Entscheidung keiner Begrün-

---

[21] Schneider/Wolf/*Volpert* § 55 Rn. 52.

dung. Soweit er den Festsetzungsantrag **zurückweist**, ist eine **Begründung** erforderlich.[22] In diesem Fall ist die Entscheidung dem Rechtsanwalt **förmlich zuzustellen**[23] und mit einer Rechtsmittelbelehrung zu versehen.[24]

Die Vergütung ist ohne **Zinsen** festzusetzen. Das folgt aus § 55 S. 1. Diese Vorschrift erklärt nur § 104 Abs. 2 ZPO für entsprechend anwendbar und schließt somit wegen Fehlens einer Verweisung auf den bisherigen § 104 Abs. 1 S. 2 ZPO eine Verzinsung aus. **47**

Eine **Kostenentscheidung** findet nicht statt. **48**

Der Festsetzungsbeschluss wirkt für und gegen den gerichtlich beigeordneten oder bestellten Rechtsanwalt und für und gegen die Staatskasse. Eine **Änderung von Amts wegen** erlaubt § 55 dem Urkundsbeamten nicht.[25] Das schließt nicht aus, dass der Urkundsbeamte seine Entscheidung wegen **offenbarer Unrichtigkeit** entsprechend § 319 ZPO **berichtigen** oder auf Antrag gemäß § 321 ZPO **ergänzen** darf. Nach Einlegung einer **Erinnerung** ist er auch befugt, seine Entscheidung zu **ändern,** wenn und soweit er die Erinnerung für begründet hält. **49**

Gleichzeitig mit dem Erlass des Festsetzungsbeschlusses verfügt der Urkundsbeamte eine **Auszahlungsanordnung.** Sie ist eine **dienstliche Anweisung** an die Staatskasse und kein Verwaltungsakt. Aufgrund dieser Auszahlungsanordnung nimmt alsdann die Staatskasse die Zahlung an den Rechtsanwalt vor. **50**

Die Staatskasse kommt ihrer Verpflichtung, dem Rechtsanwalt die festgesetzte Vergütung zu zahlen, ohne Ausnahme nach. Wenn sie ausnahmsweise nicht freiwillig zahlen würde, müsste der Rechtsanwalt durch eine Klage bei dem **Verwaltungsgericht** zunächst einen vollstreckbaren Titel erwirken, weil der Festsetzungsbeschluss des Urkundsbeamten der Geschäftsstelle kein vollstreckbarer Titel ist. Das Verwaltungsgericht wäre in solch einem Fall allerdings an die Entscheidung des Urkundsbeamten nach Grund und Höhe gebunden. **51**

VIII. Festsetzung einer weiteren Vergütung (Abs. 6)

§ 50 Abs. 1 S. 1 stellt klar, dass die Staatskasse nach Deckung der in § 122 Abs. 1 Nr. 1 ZPO bezeichneten Kosten und Ansprüche **„weitere Beträge bis zur Höhe der Regelvergütung des Rechtsanwalts"** einzuziehen hat. Das ist eine **Mussvorschrift.** § 50 Abs. 1 S. 1 begründet also eine Amtspflicht der Staatskasse, deren Verletzung einen Schadensersatzanspruch des Rechtsanwalts gemäß § 839 BGB begründen kann.[26] **52**

Die Festsetzung der weiteren Vergütung regelt § 55 Abs. 6. Danach „kann" der Urkundsbeamte vor einer Festsetzung der weiteren Vergütung den Rechtsanwalt auffordern, innerhalb einer **Frist von einem Monat** Anträge auf Festsetzung der Vergütungen, für die ihm noch Ansprüche gegen die Staatskasse zustehen, einzureichen oder sich zu empfangenen Zahlungen (§ 55 Abs. 5 S. 2) zu erklären.[27] Es handelt sich um eine **Ausschlussfrist** und keine **Notfrist.**[28] Der Urkundsbeamte darf sie weder verkürzen noch verlängern. Auch eine **Wiedereinsetzung in den** **53**

---

[22] *Hartmann* § 55 Rn. 28.
[23] *Hartmann* § 55 Rn. 31.
[24] LAG Düsseldorf AGS 2006, 198.
[25] OLG Frankfurt a.M. FamRZ 1991, 1462; OLG München Rpfleger 1981, 412; **aA** KG Rpfleger 1978, 312; OLG Stuttgart AnwBl. 1978, 463; vgl. auch *Schmidt* MDR 1983, 637.
[26] LAG Köln MDR 1990, 365 und 1997, 108.
[27] Dazu OLG Zweibrücken Rpfleger 2005, 445.
[28] OLG Bamberg JurBüro 1993, 89; LSG Celle JurBüro 1999, 589; OLG Köln NJW-RR 1999, 1583.

vorigen Stand ist ausgeschlossen.[29] Die mit Fristsetzung verbundene gerichtliche Aufforderung an den Rechtsanwalt, einen Vergütungsantrag einzureichen, ist selbst dann verbindlich, wenn die Festsetzung zum Zeitpunkt der Aufforderung mangels Abschluss des Verfahrens noch nicht zulässig war.[30]

54 Obwohl § 55 Abs. 6 das Wort „**kann**" verwendet, steht dem Urkundsbeamten bei Anwendung der Norm kein **Ermessensspielraum** zu. Der Urkundsbeamte kann das Erlöschen des Vergütungsanspruchs des Rechtsanwalts nur feststellen, wenn eine von ihm gesetzte Frist verstrichen ist. Ein weiteres Argument ist, dass eine **unterlassene Aufforderung** einseitig die Staatskasse begünstigen würde. Diese könnte einen zu spät gestellten Antrag mit der Verjährungseinrede oder mit dem Verwirkungseinwand abwehren. Ein als **unabhängiges Entscheidungsorgan** tätiger Urkundsbeamter darf aber an einer solchen Begünstigung der Staatskasse nicht mitwirken. Hätte er einen Ermessensspielraum, wäre eine solche Möglichkeit nicht auszuschließen. Deshalb ist die nach dem Wortlaut als **Kannbestimmung** einzuordnende Regelung als **Mussvorschrift** zu verstehen.[31]

1. Anforderungen an die Fristsetzung

55 Die **Ausschlussfrist** muss aus der Aufforderung des Urkundsbeamten der Geschäftsstelle eindeutig erkennbar sein. Die bloße Aufforderung, einen Antrag einzureichen, genügt nicht.[32] Der Beschluss muss von dem Rechtspfleger mit vollem Namen unterschrieben sein, eine **Paraphe** reicht nicht aus.[33] Der Beschluss muss einen **Hinweis** darauf enthalten, dass die Vergütungsansprüche des Rechtsanwalts gegen die Staatskasse **erlöschen,** wenn der Rechtsanwalt der Aufforderung des Urkundsbeamten nicht fristgerecht nachkommt.[34] Fehlt dieser Hinweis, tritt die Ausschlusswirkung des § 55 Abs. 6 S. 2 nicht ein.[35]

Praxistipp:

56 Hat der Rechtsanwalt die vom Urkundsbeamten der Geschäftsstelle gesetzte Frist versäumt, sollte er Einsicht in die Gerichtsakten nehmen und prüfen, ob die Urschrift der Fristsetzung die volle Unterschrift des Urkundsbeamten trägt.

57 Die Frist **beginnt** mit der förmlichen Zustellung (§ 329 Abs. 2 S. 2 ZPO) der in Beschlussform ergehenden Aufforderung. Eine Zustellung gemäß § 174 ZPO genügt. Kommt der Rechtsanwalt der Aufforderung des Urkundsbeamten nicht nach, erlöschen seine Ansprüche gegen die Staatskasse (§ 55 Abs. 6 S. 2).[36]

2. Berechnung der Vergütung

58 Der Antrag des Rechtsanwalts muss eine den Anforderungen des § 10 entsprechende **Berechnung der Vergütung** enthalten, die der Rechtsanwalt unterzeichnen muss (§ 10 Abs. 1).[37] In der Berechnung sind die **Beträge** der einzelnen Gebühren und Auslagen, Vorschüsse, eine kurze Bezeichnung des jeweiligen

---

[29] OLG Bamberg JurBüro 1993, 89; OLG Düsseldorf MDR 1989, 556; OLG Köln NJW-RR 1999, 1583; OLG Zweibrücken RVG-Berater 2005, 134; vgl. auch BGH NJW 1980, 1168 zur Behandlung der in § 296 Abs. 1 ZPO genannten Fristen wie Notfristen.
[30] OLG Koblenz BeckRS 2013, 1163.
[31] So auch *Hartmann* § 55 Rn. 26; **aA** Riedel/Sußbauer/*Ahlmann* § 55 Rn. 25.
[32] OLG Zweibrücken Rpfleger 2005, 445.
[33] BGH NJW 1980, 1168; OLG Düsseldorf JurBüro 2007, 42.
[34] Siehe auch LAG Rheinland-Pfalz RVGreport 2012, 342.
[35] OLG Zweibrücken Rpfleger 2005, 445.
[36] Dazu LAG Rheinland-Pfalz RVGreport 2012, 342.
[37] OLG Koblenz FamRZ 2002, 1506.

Gebührentatbestands, die Bezeichnung der Auslagen sowie die angewandten **Nummern** des Vergütungsverzeichnisses und bei Gebühren, die nach dem Gegenstandswert berechnet sind, auch dieser anzugeben. Bei Entgelten für Post- und Telekommunikationsdienstleistungen genügt die Angabe des Gesamtbetrages.

Gemäß § 55 Abs. 5 S. 2 hat der Antrag ferner die **Erklärung** zu enthalten, ob und welche Zahlungen der Rechtsanwalt bis zum Tag der Antragstellung erhalten hat. Gehen Zahlungen erst nach diesem Zeitpunkt ein, ist der Antrag zu **ergänzen** und der Eingang der Zahlung unverzüglich, dh ohne schuldhaftes Zögern (§ 121 Abs. 1 S. 1 BGB) **anzuzeigen** (§ 55 Abs. 5 S. 4). Dadurch soll sichergestellt werden, dass der Urkundsbeamte prüfen kann, ob und in welcher Höhe Vorschüsse und Zahlungen des Mandanten oder Dritter gemäß § 58 auf die von der Staatskasse geschuldete Vergütung anzurechnen sind. 59

IX. Rechtsmittel

Gegen die Entscheidungen des **Urkundsbeamten** ist der Rechtsbehelf der **Erinnerung** zulässig.[38] Das gilt sowohl für Zwischenverfügungen als auch für den Festsetzungsbeschluss selbst. Wegen weiterer Einzelheiten wird auf die Kommentierung zu § 56 verwiesen. 60

Gegen Entscheidungen der Verwaltungsbehörde in Bußgeldsachen kann gemäß § 57 die gerichtliche Entscheidung beantragt werden. Insoweit wird auf die Kommentierung zu § 57 verwiesen. 61

§ 56 Erinnerung und Beschwerde

(1) ¹Über Erinnerungen des Rechtsanwalts und der Staatskasse gegen die Festsetzung nach § 55 entscheidet das Gericht des Rechtszugs, bei dem die Vergütung festgesetzt worden ist, durch Beschluss. ²Im Falle des § 55 Abs. 3 entscheidet die Strafkammer des Landgerichts. ³Im Falle der Beratungshilfe entscheidet das nach § 4 Abs. 1 des Beratungshilfegesetzes zuständige Gericht.

(2) ¹Im Verfahren über die Erinnerung gilt § 33 Abs. 4 Satz 1, Abs. 7 und 8 und im Verfahren über die Beschwerde gegen die Entscheidung über die Erinnerung § 33 Abs. 3 bis 8 entsprechend. ²Das Verfahren über die Erinnerung und über die Beschwerde ist gebührenfrei. ³Kosten werden nicht erstattet.

Übersicht

	Rn.
I. Überblick	1
II. Normzweck	4
III. Erinnerungsverfahren	6
1. Erinnerungsberechtigung	8
2. Form	10
3. Frist	11
4. Beschwer	13
5. Zuständigkeit	18
a) Allgemeine Zuständigkeit (Abs. 1 S. 1)	20

---

[38] Dazu SG Berlin BeckRS 2011, 72175.

Hartung

	Rn.
b) Zuständigkeit bei Beiordnung einer Kontaktperson (Abs. 1 S. 2)	23
c) Zuständigkeit bei Beratungshilfe (Abs. 1 S. 3)	24
6. Verfahren und Entscheidung	25
IV. Beschwerdeverfahren (Abs. 2 S. 1)	28
1. Beschwerdebefugnis	31
2. Frist	32
3. Beschwer	33
4. Einlegung	36
5. Zuständigkeit	40
6. Verfahren und Entscheidung	44
V. Weitere Beschwerde (Abs. 2 S. 1 iVm § 33 Abs. 6)	49
1. Zulässigkeit	49
2. Einlegung	53
3. Verfahren und Entscheidung	56
VI. Gegenvorstellung – Anhörungsrüge	60

I. Überblick

1 § 56 konzentriert die **Zuständigkeit** für Entscheidungen über **Erinnerungen** des Rechtsanwalts und der Bundes- oder Landeskasse gegen die Festsetzung der aus der Staatskasse zu zahlenden Vergütungen und Vorschüsse bei dem Gericht des Rechtszugs, von dem die Vergütung oder der Vorschuss festgesetzt worden ist.

2 Wegen der Bezugnahme auf § 33 Abs. 5 in § 56 Abs. 2 S. 1 ist unter dort genannten Voraussetzungen gegen die Entscheidung über die Erinnerung eine **weitere Beschwerde** zulässig. Hierdurch wird dem Anliegen Rechnung getragen, die Verfahren über die Erinnerung und die Beschwerde in Kostensachen möglichst weitgehend einheitlich zu regeln.

3 Ebenso wie das Erinnerungsverfahren ist auch das Verfahren über die (weitere) Beschwerde gebührenfrei. Eine Kostenerstattung findet weder im Erinnerungsverfahren noch im Beschwerdeverfahren statt.

II. Normzweck

4 Die Vorschrift eröffnet sowohl dem gerichtlich beigeordneten oder bestellten **Rechtsanwalt** als auch der **Staatskasse** die Möglichkeit, die Festsetzung der Vergütung durch den Urkundsbeamten der Geschäftsstelle im Wege der **Erinnerung** und der **Beschwerde** überprüfen zu lassen. **Gegenstand** der Einwendungen gegen die Entscheidung des Urkundsbeamten können sowohl die **Gebühren** als auch die **Auslagen** (§ 1 Abs. 1 S. 1) als auch die Verweigerung einer **Vorschusszahlung** sein.

5 Die Vorschrift bezweckt einen möglichst einfachen, aber auch umfassenden **Rechtsschutz**. Die Praxis lehrt, dass gerade in Kostensachen die Möglichkeit, die Entscheidung des Urkundsbeamten im Wege der Erinnerung und Beschwerde überprüfen zu lassen, häufig genutzt wird. Die Vielzahl der ständig zur Veröffentlichung gelangenden Entscheidungen belegt diese Erfahrung. Einer möglichst **einheitlichen Rechtsprechung** in Kostensachen dient auch die durch § 56 begründete **Konzentration der Entscheidungszuständigkeit** bei dem Gericht des Rechtszugs, von dem die Vergütung festgesetzt worden ist.

III. Erinnerungsverfahren

Die Erinnerung ist mangels **Devolutiv-** und **Suspensiveffekts** kein Rechtsmittel, sondern ein Rechtsbehelf. Sie dient der Überprüfung der Entscheidung des Urkundsbeamten der Geschäftsstelle und deren Korrektur, wenn hierzu Anlass besteht.

Die Erinnerung kann gegen sämtliche Entscheidungen des Urkundsbeamten eingelegt werden, die dieser im Festsetzungsverfahren erlässt. Das gilt für den **Festsetzungsbeschluss** selbst und für ihm etwa vorangegangene **Zwischenverfügungen,** aber auch für die **Aufforderung** nach § 55 Abs. 6 zur Anmeldung offen stehender Vergütungsansprüche zwecks Festsetzung einer weiteren Vergütung iSd § 50 und auch für einen Beschluss, durch den der Urkundsbeamte das **Erlöschen** der Vergütungsansprüche feststellt (§ 55 Abs. 6 S. 2).

1. Erinnerungsberechtigung

Zur Einlegung der Erinnerung berechtigt sind der gerichtlich beigeordnete oder bestellte **Rechtsanwalt** oder seine Rechtsnachfolger (Erben, Abwickler, Abtretungs- und Pfändungspfandgläubiger) und die **Staatskasse,** vertreten durch den Bezirksrevisor, nicht aber die **Prozessparteien.**[1]

Die **Erinnerungsberechtigung der Staatskasse** wird durch Teil A Nr. 1.4.3 der „Bestimmungen über die Festsetzung der aus der Staatskasse zu gewährenden Vergütung der Rechtsanwälte" **eingeschränkt.** Danach soll der die Staatskasse vertretene Bezirksrevisor Erinnerung nur einlegen, „wenn es sich um Fragen von grundsätzlicher Bedeutung oder um Beträge handelt, die nicht in offensichtlichem Missverhältnis zu dem durch das Erinnerungs- (oder Beschwerde-)verfahren entstehenden Zeit- und Arbeitsaufwand stehen".[2] Das Erinnerungsrecht der Staatskasse erlischt in entsprechender Anwendung von § 20 Abs. 1 GKG mit Ablauf des auf die Kostenfestsetzung folgenden Kalenderjahres.[3]

2. Form

Die Erinnerung ist **nicht formgebunden.** Das ergibt sich aus § 56 Abs. 2 S. 1 iVm § 33 Abs. 7 S. 1. Sie unterliegt nicht dem Anwaltszwang und kann zu Protokoll der Geschäftsstelle erklärt oder schriftlich eingelegt werden.

3. Frist

Die Erinnerung ist **unbefristet** zulässig.[4] Ob das Recht, Erinnerung einzulegen, bei verspäteter Einlegung **verwirkt** werden kann, ist umstritten.[5] Nach überwiegender Meinung kommt eine Verwirkung frühestens nach einem Jahr seit der Festsetzung[6] oder in entsprechender Anwendung des § 20 GKG sogar erst nach Ablauf des auf die Festsetzung folgenden Kalenderjahres in Betracht.[7] Mit überzeugenden

---

[1] SG Berlin AGS 2011, 292; VG Bremen RVGreport 2010, 25.

[2] Bundesanzeiger 2009 S. 3232; für NRW siehe JMBl NRW 2009, 205.

[3] OLG Rostock BeckRS 2012, 2354; SG Kassel BeckRS 2013, 67398.

[4] OLG Brandenburg RVGreport 2010, 218; OLG Frankfurt a.M. RVGreport 2007, 100 mAnm *Hansens*; OLG Jena Rpfleger 2006, 434; Thüringer OLG JurBüro 2006, 366; **aA** OLG Koblenz RVGreport 2006, 60 m. abl. Anm. *Hansens.*

[5] Dazu ausführlich Riedel/Sußbauer/*Ahlmann* § 56 Rn. 32; OLG Jena Rpfleger 2006, 434; OLG Düsseldorf NJW-RR 1996, 441.

[6] So LSG Celle JurBüro 1999, 590; sa OLG Frankfurt a.M. RVG-Berater 2005, 22.

[7] OLG Brandenburg AGS 2010, 280; SG Berlin RVGreport 2011, 381; zur älteren Rechtsprechung siehe die Vorauflage.

Gründen, abgeleitet aus der Rechtsprechung des Bundesverfassungsgerichts zur Verwirkung bei der Beratungshilfe[8] und aus dem Wortlaut des § 20 GKG, spricht sich *Volpert* gegen die Zulässigkeit eines Verwirkungseinwands aus.[9]

Praxistipp:

12   In Anbetracht der vor allem in der Rechtsprechung vorwiegenden Meinung sollte der Rechtsanwalt die Festsetzung seiner Vergütung gegen die Staatskasse alsbald nach deren Fälligkeit beantragen und, wenn er die Festsetzung für angreifbar hält, die Erinnerung zeitnah einlegen.

4. Beschwer

13   Verfahrensvoraussetzung ist eine **Beschwer** des Erinnerungsführers. Der gerichtlich beigeordnete oder bestellte **Rechtsanwalt** ist beschwert, wenn der Urkundsbeamte dem Festsetzungsantrag nicht oder nicht in vollem Umfang stattgegeben hat.

14   Die **Staatskasse** ist mit der sich aus der Rn. 9 ergebenden Einschränkung beschwert, wenn die Vergütung für den Rechtsanwalt zu **hoch** festgesetzt worden ist. Ist sie zu Lasten des Rechtsanwalts zu **niedrig** festgesetzt worden, fehlt es an einer Beschwer.

15   Von einer **Beschwer** ist auch auszugehen, wenn der Urkundsbeamte der Geschäftsstelle den gemäß § 55 gestellten Festsetzungsantrag des gerichtlich bestellten oder beigeordneten Rechtsanwalts über längere Zeit nicht bescheidet, so dass seine **Untätigkeit** als schlüssige Ablehnung der Festsetzung zu werten ist.[10]

16   Die Beschwer entfällt nicht mit der **Auszahlung** der festgesetzten Vergütung oder des Vorschusses.[11] An einer Beschwer der Staatskasse fehlt es aber, wenn sich die Rechtsprechung nachträglich geändert hat und die Staatskasse deshalb die ordnungsgemäß festgesetzte und ausgezahlte Vergütung ganz oder teilweise zurückfordern will.[12]

17   Eine bestimmte **Mindestbeschwer** verlangt die gesetzliche Regelung anders als bei der Beschwerde nicht.

5. Zuständigkeit

18   Einzulegen ist die Erinnerung bei dem **Gericht des Rechtszuges,** dessen Urkundsbeamter den Festsetzungsbeschluss erlassen hat. Die Erinnerung eröffnet also keinen neuen Rechtszug.

19   Bevor der Urkundsbeamte die Erinnerung dem Richter vorlegt, hat er zu prüfen, ob er die Erinnerung für begründet hält (§ 56 Abs. 2 S. 1 iVm § 33 Abs. 4 S. 1). Ist das der Fall, muss er **abhelfen** und seinen Festsetzungsbeschluss – ggfs. nach Anhörung der Gegenseite[13] – ändern, ohne die Erinnerung zuvor dem Gericht vorlegen zu müssen. Wenn er der Erinnerung nicht abhelfen will, hat er sie **unverzüglich** dem Gericht vorzulegen (§ 56 Abs. 2 S. 1 iVm § 33 Abs. 4 S. 1).

20   a) **Allgemeine Zuständigkeit (Abs. 1 S. 1).** Zuständig für die Entscheidung über die Erinnerung ist das Gericht des Rechtszugs, bei dem die Vergütung festge-

---

[8] BVerfG NJW 2006, 1504.
[9] Schneider/Wolf/*Volpert* § 56 Rn. 12 f.; **aA** OLG Köln NJW-RR 2011, 1294.
[10] Schneider/Wolf/*Volpert* § 56 Rn. 8; OLG Naumburg NJW 2003, 2921.
[11] OLG Jena Rpfleger 2006, 434; AG München JurBüro 2010, 26; HK-RVG/*Pukall* § 56 Rn. 12.
[12] So OLG Düsseldorf NJW-RR 1996, 441; OLG Koblenz Rpfleger 1993, 290; HK-RVG/*Pukall* § 56 Rn. 12; **aA** OLG Hamburg JurBüro 1982, 731; OLG Jena Rpfleger 2006, 434.
[13] BVerfGE 101, 397 = NJW 2000, 1709.

Erinnerung und Beschwerde **§ 56**

setzt worden ist (§ 56 Abs. 1 S. 1).[14] Das ist in der Regel der Richter erster Instanz (§ 55 Abs. 1), beispielsweise in Familiensachen der Familienrichter.[15] Handelt es sich bei dem Gericht, dessen Urkundsbeamter den Festsetzungsbeschluss erlassen hat, um ein **Kollegialgericht**, ist aufgrund der Verweisung in § 56 Abs. 2 S. 1 auf § 33 Abs. 8 S. 1 nicht das Gericht in voller Besetzung zuständig, sondern nur eines seiner Mitglieder als **Einzelrichter** (§ 33 Abs. 7).

Auch über die Erinnerung eines in der **Revisionsinstanz** tätig gewesenen 21 Rechtsanwalts entscheidet der Einzelrichter des Gerichts erster Instanz, wenn der Urkundsbeamte des erstinstanzlichen Gerichts die Vergütung festgesetzt hat. Ist der Festsetzungsbeschluss von dem Urkundsbeamten des **Bundesgerichtshofs** erlassen worden, entscheidet ein Mitglied des Senats als Einzelrichter. Dieser Fall ist nur denkbar, wenn während der Revisionsinstanz ein **Anwaltswechsel** stattfindet und der aus der Beiordnung entlassene Rechtsanwalt die Festsetzung seiner Vergütung gegen die Staatskasse betreibt und der Urkundsbeamte einen Festsetzungsbeschluss erlässt, bevor in der Revisionsinstanz rechtskräftig entschieden oder das Verfahren in sonstiger Weise beendet ist (§ 55 Abs. 2). Andernfalls hat der Urkundsbeamte des Gerichts des ersten Rechtzugs die Vergütung festzusetzen.

Der jeweils zuständige Einzelrichter hat das Verfahren der **Kammer** oder dem 22 **Senat** zu übertragen, wenn die Sache **besondere Schwierigkeiten** tatsächlicher oder rechtlicher Art aufweist oder die Rechtssache **grundsätzliche Bedeutung** hat. Das Gericht entscheidet jedoch immer ohne Mitwirkung ehrenamtlicher Richter. Auf eine erfolgte oder unterlassene Übertragung kann ein Rechtsmittel nicht gestützt werden (§ 56 Abs. 2 S. 1 iVm § 33 Abs. 8 S. 4).

b) Zuständigkeit bei Beiordnung einer Kontaktperson (Abs. 1 S. 2). Im 23 Falle der Beiordnung eines Rechtsanwalts als Kontaktperson gemäß § 34a EGGVG knüpft § 56 Abs. 1 S. 2 an § 55 Abs. 3 an und begründet die **sachliche** Zuständigkeit der **Strafkammer** des Landgerichts, in dessen Bezirk die Justizvollzugsanstalt liegt, in der der Gefangene einsitzt. Die Strafkammer entscheidet durch eines ihrer Mitglieder als **Einzelrichter**, der die Entscheidung unter den in § 33 Abs. 8 genannten Voraussetzungen der Kammer übertragen kann.

c) Zuständigkeit bei Beratungshilfe (Abs. 1 S. 3). Die Zuständigkeit für die 24 Festsetzung der Vergütung bei Beratungshilfe richtet sich nach § 4 Abs. 1 BerHG. Danach ist das **Amtsgericht** zuständig, in dessen Bezirk der Rechtsuchende zum Zeitpunkt der Festsetzung seinen allgemeinen Gerichtsstand (§§ 12 ff. ZPO) hat. Beim Fehlen eines solchen allgemeinen Gerichtsstands im Inland ist das Amtsgericht zuständig, in dessen Bezirk ein **Beratungsbedürfnis** auftritt. Das kann zum Beispiel das für den Arbeits- oder Urlaubsort zuständige Amtsgericht sein.[16] Demgemäß ist zur Entscheidung über die Erinnerung gegen den Festsetzungsbeschluss des Urkundsbeamten der Richter des Amtsgerichts zuständig, dessen Urkundsbeamter die Vergütung für die Beratungshilfetätigkeit festgesetzt hat.

6. Verfahren und Entscheidung

Hilft der Urkundsbeamte der Geschäftsstelle der Erinnerung nicht oder nicht in 25 dem beantragten Umfang ab und hat er sie deshalb dem Gericht vorgelegt – regelmäßig dem **Einzelrichter** (→ Rn. 19 f.) – entscheidet dieser durch **Beschluss** (§ 56 Abs. 1 S. 1). Eine **Zurückverweisung** an den Urkundsbeamten ist nicht zulässig,[17] ebenso wenig eine Abänderung zu Lasten des Erinnerungsführers.[18]

---
[14] OLG Naumburg FamRZ 2007, 1115.
[15] KG FamRZ 1987, 727.
[16] HK-RVG/*Pukall* § 56 Rn. 17.
[17] Zustimmend HK-RVG/*Pukall* § 56 Rn. 18.
[18] HK-RVG/*Pukall* § 56 Rn. 19; **aA** OLG Düsseldorf AnwBl. 1980, 463.

26 Der Beschluss ist zu **begründen**. Eine Kostenentscheidung entfällt, da das Verfahren über die Erinnerung gemäß § 56 Abs. 2 **gebührenfrei** ist und Kosten nicht zu erstatten sind.

27 Der Beschluss des Gerichts über die Erinnerung ist förmlich **zuzustellen**, weil die gegen die Entscheidung zulässige Beschwerde fristgebunden ist. Das folgt aus § 56 Abs. 2 S. 1 iVm § 33 Abs. 3.

IV. Beschwerdeverfahren (Abs. 2 S. 1)

28 Gegen die Entscheidung des Gerichts über die Erinnerung ist die **einfache (befristete) Beschwerde** gegeben. Sie hat keine aufschiebende Wirkung. Das ergibt sich nicht ohne weiteres aus dem Wortlaut des § 56. Die Zulässigkeit einer Beschwerde lässt sich jedoch aus der Überschrift des § 56 sowie daraus ableiten, dass § 56 Abs. 2 S. 1 die Regelungen des § 33 Abs. 4 S. 1 und Abs. 7 und 8 für entsprechend anwendbar erklärt.[19]

29 Für das Beschwerdeverfahren enthält § 56 keine eigene Regelung. Stattdessen verweist § 56 Abs. 2 S. 1 auf § 33 Abs. 3 bis 8 und erklärt dessen Regelungen zur Beschwerde gegen die Festsetzung des Gegenstandswerts auch für den Bereich der Beschwerde im Festsetzungsverfahren nach § 55 für entsprechend anwendbar.

30 Für den Bereich der **Sozialgerichtsbarkeit** ist die Zulässigkeit einer Beschwerde umstritten. Teils wird auf § 178 SGG verwiesen, teils § 56 als lex specialis betrachtet. Wegen der Einzelheiten → Rn. 51.

1. Beschwerdebefugnis

31 Zur Einlegung der Beschwerde befugt sind der gerichtlich beigeordnete oder bestellte **Rechtsanwalt** oder seine Rechtsnachfolger (Erben, Abwickler, Abtretungs- und Pfändungspfandgläubiger) und die **Staatskasse**, vertreten durch den Bezirksrevisor, nicht aber die Prozessparteien.

2. Frist

32 Die Beschwerde ist **befristet** und gemäß § 56 Abs. 2 iVm § 33 Abs. 3 S. 3 nur zulässig, wenn sie innerhalb von **zwei Wochen** nach Zustellung der Entscheidung eingelegt wird. Eine **Wiedereinsetzung** in den vorigen Stand ist unter den Voraussetzungen des § 56 Abs. 2 S. 1 iVm § 33 Abs. 5 zulässig.

3. Beschwer

33 Anders als die Erinnerung setzt die Zulässigkeit einer Beschwerde voraus, dass der Wert des Beschwerdegegenstands **200, – EUR** übersteigt (§ 56 Abs. 2 S. 1 iVm § 33 Abs. 3 S. 1). Maßgeblich ist der Unterschiedsbetrag zwischen der festgesetzten und der von dem Rechtsanwalt beantragten Vergütung. Dabei sind unter „Vergütung" die **Gebühren** und **Auslagen** (§ 1 Abs. 1 S. 1) und auch die **Mehrwertsteuer** zu verstehen.

34 Bei einer **Beschwer unter 200 EUR** ist die Beschwerde zulässig, wenn das Gericht, das die angefochtene Entscheidung erlassen hat, die Beschwerde wegen der **grundsätzlichen Bedeutung** der zur Entscheidung stehenden Frage **zugelassen** hat (§ 56 Abs. 2 S. 1 iVm § 33 Abs. 3 S. 2). Die Zulassung der Beschwerde muss bereits in der angefochtenen Entscheidung ausgesprochen und kann nicht – etwa

---

[19] Vgl. LSG NRW RVGreport 2007, 139 mAnm *Hansens;* LSG NRW RVGreport 2008, 303; LSG Schleswig RVGreport 2008, 421; LSG Thüringen AGS 2008, 508.

nach Einlegung und Begründung der Beschwerde – nachgeholt werden.[20] Das Beschwerdegericht ist an die Zulassung der Beschwerde gebunden; die Nichtzulassung ist unanfechtbar (§ 56 Abs. 2 S. 1 iVm § 33 Abs. 4 S. 4).

Das gilt auch, wenn der Beschwerde **teilweise abgeholfen** wird und der Wert der nach der Abhilfe verbliebenen Beschwer unter 200 EUR sinkt. Ist die Beschwerde nicht zugelassen worden, wird sie mangels ausreichender Beschwer unzulässig.[21] 35

4. Einlegung

Die Beschwerde ist gemäß § 56 Abs. 2 iVm § 33 Abs. 7 zu **Protokoll der Geschäftsstelle** einzulegen oder **schriftlich** einzureichen. Auch eine Aufzeichnung als elektronisches Dokument iSd § 130a BGB genügt (§ 56 Abs. 2 iVm § 33 Abs. 6). Die Mitwirkung eines Rechtsanwalts ist nicht erforderlich. 36

Einzulegen ist die Beschwerde bei dem Gericht, dessen Entscheidung angefochten wird (§ 56 Abs. 2 S. 1 iVm § 33 Abs. 7 S. 2). Dadurch erhält das Gericht, das über die Erinnerung entschieden hat, Gelegenheit, der Beschwerde selbst abzuhelfen (§ 56 Abs. 2 S. 1 iVm § 33 Abs. 4 S. 1). 37

Praxistipp:
Zweckmäßig ist ein bezifferter Beschwerdeantrag, damit das Beschwerdegericht die Zulässigkeitsvoraussetzung der Mindestbeschwerdesumme von 200 EUR prüfen kann. 38

Das gilt vor allem, wenn der Festsetzungsbeschluss des Urkundsbeamten oder die gerichtliche Entscheidung über die Erinnerung gegen diesen Beschluss zu einer teilweisen Festsetzung und zu einer teilweisen Abweisung des Festsetzungsantrags führen. Fehlt es in einem solchen Fall an einem bezifferten Antrag oder wird nur beantragt, unter Aufhebung der Entscheidung über die Erinnerung nach Maßgabe des Festsetzungsantrags zu entscheiden, lässt sich im **Grenzbereich des Beschwerdewerts** von 200 EUR nicht ausschließen, dass die Berechnung des Beschwerdewerts durch das Beschwerdegericht zu einem Betrag von unter 200 EUR führt und die Beschwerde dadurch unzulässig wird. Aber auch in allen anderen Fällen empfiehlt es sich, einen konkret bezifferten Antrag zu stellen. 39

5. Zuständigkeit

Gemäß § 56 Abs. 2 S. 1 iVm § 33 Abs. 4 S. 2 ist Beschwerdegericht das **nächsthöhere** Gericht entsprechend dem Instanzenzug. Das sind in **Zivil- und Strafsachen** das Landgericht[22] oder das Oberlandesgericht. Das **Amtsgericht** scheidet aus, weil dessen Richter über die **Erinnerung** gegen den vom Urkundsbeamten erlassenen Festsetzungsbeschluss zu entscheiden hat. Soweit das **Landgericht** über die Erinnerung entschieden hat, ist das im Rechtszug nächsthöhere Gericht das **Oberlandesgericht**. Wenn der Beratung in einer **Familiensache** erfolgte, ist Beschwerdegericht das Landgericht.[23] 40

Eine Zuständigkeit des **Bundesgerichtshofs** kommt nicht in Betracht. Gemäß § 33 Abs. 4 S. 3 ist eine Beschwerde an einen Obersten Gerichtshof des Bundes (Art. 95 Abs. 1 GG) ausdrücklich nicht zugelassen. Gegen eine Entscheidung des 41

---

[20] BGH NJW 2004, 779; OLG München RVGreport 2010, 337; sa KG JurBüro 2007, 543; OLG Nürnberg Rpfleger 2005, 741.
[21] OLG Hamm JurBüro 1982, 582; OLG Stuttgart JurBüro 1988, 1509; *Bischof* MDR 1975, 633; *Hartmann* § 56 Rn. 18; HK-RVG/*Pukall* § 56 Rn. 26.
[22] OLG Celle RVGreport 2011, 219.
[23] OLG Frankfurt a.M. NJW-RR 2012, 1064; OLG Koblenz NJW 2012, 944.

§ 56 Erinnerung und Beschwerde

Oberlandesgerichts über die Erinnerung gegen einen Festsetzungsbeschluss des Urkundsbeamten des Landgerichts findet also eine Beschwerde nicht statt. Der Instanzenzug endet somit auf Landesebene.[24]

42 Für die **Gerichte anderer Gerichtsbarkeiten** gilt dasselbe. Beschwerdegericht ist das nach den für die Hauptsache geltenden Vorschriften im Rechtszug nächsthöhere Gericht. Eine Beschwerde an den für die jeweilige Gerichtsbarkeit obersten Gerichtshof des Bundes ist auch hier nicht zulässig ist (§ 33 Abs. 4 S. 3).

43 Eine Besonderheit gilt in **bürgerlichen Rechtsstreitigkeiten**, in denen das Oberlandesgericht nach § 119 Abs. 1 Nr. 1, Abs. 2 und 3 GVG für die Entscheidung über Rechtsmittel gegen Entscheidungen der Amtsgerichte zuständig ist. In diesen Verfahren ist Beschwerdegericht nicht das Landgericht als das nächsthöhere Gericht, sondern das **Oberlandesgericht**. Das ist eine wegen des häufigen Sachzusammenhangs zwischen der Hauptsache und der Kostenproblematik sinnvolle Regelung.

6. Verfahren und Entscheidung

44 Für das Beschwerdeverfahren verweist § 56 Abs. 2 S. 1 auf § 33 Abs. 4 S. 1. Danach hat das Gericht, das über die Erinnerung gegen den Festsetzungsbeschluss des Urkundsbeamten der Geschäftsstelle entschieden hat und bei dem die Beschwerde gemäß § 56 Abs. 2 S. 1 iVm § 33 Abs. 7 S. 2 einzulegen ist, die Zulässigkeit und die Begründetheit der Beschwerde zu prüfen. Das ist als **Amtspflicht** zu verstehen.[25] Nimmt das Gericht diese Amtspflicht nicht wahr, so kann darin ein erheblicher **Verfahrensmangel** liegen, der das Beschwerdegericht berechtigt, vor einer eigenen Entscheidung eine Überprüfung des vorinstanzlichen Gerichts zu veranlassen.[26]

45 Hält das Gericht, dessen Entscheidung mit der Beschwerde angefochten wird, die Beschwerde ganz oder teilweise für zulässig und begründet, hat es ihr abzuhelfen (§ 56 Abs. 2 S. 1 iVm § 33 Abs. 4 S. 1). Eine Abhilfe zu **Ungunsten** des Beschwerdeführers ist nicht zulässig, das **Verschlechterungsverbot** gilt auch im Beschwerdeverfahren.[27] Eine Korrektur der mit der Beschwerde angefochtenen Entscheidung kann also nur zugunsten des Beschwerdeführers in Betracht kommen.

46 Das Beschwerdegericht ist an die für die Beschwerde in der Hauptsache geltenden Verfahrensvorschriften gebunden. Für den **Zivilprozess** fehlen solche Vorschriften, weil die §§ 567 ff. ZPO nur noch Regelungen für eine **sofortige** Beschwerde enthalten und die Verfahrensregeln für eine **einfache** Beschwerde weggefallen sind. Gleichwohl sind allgemeingültige Verfahrensregeln zu beachten. So muss das Beschwerdegericht dem Beschwerdegegner vor einer Entscheidung Gelegenheit zu einer Stellungnahme geben (Art. 103 Abs. 1 GG). In aller Regel wird das Beschwerdegericht **ohne mündliche Verhandlung** entscheiden, jedoch ist es ihm freigestellt, eine mündliche Verhandlung anzuberaumen.

47 Einer **Kostenentscheidung** bedarf es nicht. Gemäß § 56 Abs. 2 S. 1 iVm § 33 Abs. 9 ist das Verfahren über die Beschwerde gebührenfrei. Außergerichtliche Kosten werden nicht erstattet.

48 Die **Entscheidung** des Beschwerdegerichts über die Beschwerde ergeht durch **Beschluss**. Dieser ist zu begründen. Der Beschluss bedarf der **Zustellung** (§ 329 Abs. 3 ZPO), wenn eine weitere Beschwerde gemäß § 56 Abs. 2 S. 1 iVm § 33 Abs. 6 S. 1 zugelassen wird (vgl. dazu → Rn. 50). Andernfalls genügt eine formlose Mitteilung (§ 329 Abs. 2 ZPO).

---

[24] BGH NJW-RR 2011, 142; Schneider/Wolf/*Volpert* § 56 Rn. 45.
[25] OLG Hamm Rpfleger 1986, 483; OLG München Rpfleger 2004, 167.
[26] OLG Frankfurt a.M. Rpfleger 1980, 276; OLG Hamm MDR 1988, 871; Schneider/Wolf/*Volpert* § 56 Rn. 26.
[27] Schneider/Wolf/*Volpert* § 56 Rn. 43.

V. Weitere Beschwerde (Abs. 2 S. 1 iVm § 33 Abs. 6)

1. Zulässigkeit

Zur Vereinheitlichung der Beschwerdeverfahren in den verschiedenen Kostengesetzen lässt § 33 Abs. 6 auch für das Festsetzungsverfahren nach § 55 eine weitere Beschwerde zu (§ 56 Abs. 2 S. 1). 49

In **Zivilsachen** ist die weitere Beschwerde nur zulässig, wenn das **Landgericht** als Beschwerdegericht entschieden **und** sie wegen der **grundsätzlichen Bedeutung** der zur Entscheidung stehenden Frage zugelassen hat. Eine nachträgliche Zulassung der Beschwerde bewirkt die Zulässigkeit nicht.[28] Die **Nichtzulassung** ist nicht anfechtbar (§ 56 Abs. 2 S. 1 iVm § 33 Abs. 4 S. 4). Die Zulassung kann wirksam nur die **Kammer in Vollbesetzung** anordnen, weil sie eine grundsätzliche Bedeutung der Sache voraussetzt und der Einzelrichter sie in einem solchen Fall der Vollkammer übertragen muss.[29] Hat der Einzelrichter über die Zulassung der weiteren Beschwerde wegen grundsätzlicher Bedeutung trotzdem allein entschieden, ist die Zulassung der weiteren Beschwerde wirksam, jedoch muss das mit der weiteren Beschwerde befasste Gericht die Entscheidung des Einzelrichters wegen **fehlerhafter Besetzung** des Beschwerdegerichts von Amts wegen aufheben.[30] 50

In **sozialgerichtlichen** Verfahren ist umstritten, ob gegen die Beschwerdeentscheidung des Sozialgerichts die weitere Beschwerde an das Landessozialgericht zulässig ist. Teilweise wird die Auffassung vertreten, die weitere Beschwerde sei wegen des abschließenden Normengefüges der §§ 172 ff. SGG **ausgeschlossen,**[31] ua auch deshalb, weil § 197 Abs. 2 SGG die Beschwerde an das Landessozialgericht im Kostenfestsetzungsverfahren ausdrücklich ausschließe. Die gegenteilige Auffassung bejaht die Zulässigkeit trotz der Regelungen der §§ 172 ff. SGG.[32] Dieser Meinungsstreit ist durch das **2. KostRMoG** mit Wirkung ab 1.8.2013 obsolet geworden. Dieses Gesetz hat § 1 um einen dritten Absatz ergänzt. Danach gehen die Vorschriften des RVG über die Erinnerung und die Beschwerde den Regelungen der für das zugrunde liegende Verfahren geltenden Verfahrensvorschriften vor. Das bedeutet, dass § 56 Abs. 1 S. 2 iVm § 33 Abs. 3 die Regelungen der §§ 172 SGG verdrängt und die weitere Beschwerde mithin auch in sozialgerichtlichen Verfahren zulässig ist. 51

Ohne Zulassung durch das Beschwerdegericht ist eine weitere Beschwerde ausgeschlossen. Wird sie gleichwohl eingelegt, hat das Oberlandesgericht sie als unzulässig zu verwerfen. 52

2. Einlegung

Einzulegen ist die weitere Beschwerde binnen einer **Frist** von zwei Wochen nach Zustellung der Entscheidung (§ 33 Abs. 6 S. 4 iVm Abs. 3 S. 3) bei dem **Landgericht** (§ 56 Abs. 2 S. 1 iVm § 33 Abs. 7 S. 2). Das gilt auch in Familiensachen.[33] Diese Regelung soll dem Landgericht die Möglichkeit geben, eine **Abhilfeprüfung** vornehmen zu können. Die weitere Beschwerde kann nur darauf gestützt werden, dass die Entscheidung auf einer **Verletzung des Rechts** beruht. Die §§ 546 und 547 ZPO gelten entsprechend (§ 56 Abs. 2 S. 1 iVm § 33 Abs. 6 S. 2). 53

---

[28] KG RVGreport 2009, 139.
[29] BGH NJW 2004, 223; Schneider/Wolf/*Volpert* § 56 Rn. 45.
[30] BGHZ 154, 200 = NJW 2003, 1254.
[31] So LSG Niedersachsen-Bremen RVGreport 2007, 99 und RVGreport 2007, 384.
[32] So LSG Nordrhein-Westfalen RVGreport 2007, 139 und RVGreport 2008, 303 und RVGreport 2010, 221; LSG Schleswig RVGreport 2008, 421; LSG Thüringen AGS 2008, 508.
[33] OLG Koblenz RVGreport 2012, 179.

54 Der Lauf der Frist von zwei Wochen setzt eine **förmliche Zustellung** der Beschwerdeentscheidung, durch die eine weitere Beschwerde zugelassen wird, voraus. Ohne Zustellung wird die Frist erst nach Ablauf von fünf Monaten in Lauf gesetzt (§ 569 Abs. 1 S. 2 ZPO).

55 Wird die Frist schuldlos **versäumt**, kann binnen zwei Wochen nach Beseitigung des Hindernisses, das einer Fristeinhaltung entgegenstand, eine **Wiedereinsetzung in den vorigen Stand** beantragt und die weitere Beschwerde unter Glaubhaftmachung der entsprechenden Tatsachen nachgeholt werden (§ 56 Abs. 2 S. 1 iVm § 33 Abs. 5 S. 1 und Abs. 6 S. 3).

3. Verfahren und Entscheidung

56 Das Landgericht hat zu prüfen, ob es die weitere Beschwerde für **zulässig** und **begründet** hält (§ 56 Abs. 2 S. 1 iVm § 33 Abs. 6 S. 4). Die **Begründetheit** wird es regelmäßig bejahen, wenn es in seinem mit der weiteren Beschwerde angegriffenen Beschluss die weitere Beschwerde an das Oberlandesgericht zugelassen hat.

57 Die Entscheidung über die weitere Beschwerde obliegt dem **Oberlandesgericht** (§ 56 Abs. 2 S. 1 iVm § 33 Abs. 6 S. 3). Dieses Gericht ist an die **Zulassung** der weiteren Beschwerde **gebunden** (§ 56 Abs. 2 S. 1 iVm § 33 Abs. 4 S. 4). Ein Beschluss, mit dem der weiteren Beschwerde nicht abgeholfen wird, ist zu begründen.[34]

58 **Zuständig** ist grundsätzlich der Senat des Oberlandesgerichts in seiner **vollen Besetzung**. Das folgt aus § 56 Abs. 2 S. 1 iVm § 33 Abs. 8 S. 1, 2. Alt. Nur wenn der Einzelrichter des Landgerichts die weitere Beschwerde zugelassen hat, entscheidet auch über die sofortige Beschwerde ein Mitglied des Senats als **Einzelrichter.**

59 Ebenso wie das Festsetzungsverfahren ist das Erinnerungs- und Beschwerdeverfahren **gebührenfrei**. Eine **Kostenerstattung** findet nicht statt (§ 56 Abs. 2 S. 2 und 3).

VI. Gegenvorstellung – Anhörungsrüge

60 Auch im Beschwerdeverfahren ist eine **Gegenvorstellung** möglich, wenn es darum geht, eine Verletzung rechtlichen Gehörs zu korrigieren. § 321a ZPO ist für diese Gegenvorstellung, die hilfsweise auch als Beschwerde wegen greifbarer Gesetzeswidrigkeit verstanden werden kann, analog anwendbar.

61 Die Gegenvorstellung ist **fristgebunden** und nur innerhalb von zwei Wochen ab Kenntnis von der angegriffenen Entscheidung zulässig. Das entsprach schon vor dem Inkrafttreten des § 321a ZPO der Auffassung des Bundesgerichtshofs.[35] Später bekräftigte er seine Auffassung unter Hinweis auf die neu eingeführte Anhörungsrüge.[36]

§ 57 Rechtsbehelf in Bußgeldsachen vor der Verwaltungsbehörde

¹**Gegen Entscheidungen der Verwaltungsbehörde im Bußgeldverfahren nach den Vorschriften dieses Abschn. kann gerichtliche Entscheidung beantragt werden.** ²**Für das Verfahren gilt § 62 des Gesetzes über Ordnungswidrigkeiten.**

---

[34] OLG München Rpfleger 2004, 167.
[35] BGH NJW 2002, 2262.
[36] BGHZ 150, 133 = NJW 2002, 1577; vgl. auch OLG Dresden NJW 2006, 851; OLG Rostock MDR 2003, 120; BSG NJW 2006, 860; BFH NJW 2006, 861.

Übersicht

	Rn.
I. Überblick	1
II. Normzweck	3
III. Anwendungsbereich (S. 1)	5
IV. Verfahren (S. 2)	7
1. Antragsberechtigung	11
2. Beschwer	14
3. Frist	15
4. Antragseinreichung	17
5. Abhilfeverfahren	20
6. Gerichtliche Entscheidung	24

I. Überblick

§ 57 regelt die gerichtliche Überprüfung von Entscheidungen der Verwaltungsbehörde im Zusammenhang mit der Festsetzung der Rechtsanwaltsvergütung gegen die Staatskasse in **Bußgeldverfahren**. 1

§ 57 S. 2 bestimmt hierzu, dass sich das Verfahren nach den Regeln des Rechtsbehelfs gegen Maßnahmen der Verwaltungsbehörde (§ 62 OWiG) richtet. 2

II. Normzweck

Gemäß § 56 können sowohl der gerichtlich beigeordnete oder bestellte **Rechtsanwalt** als auch die **Staatskasse** die durch den **Urkundsbeamten** in Straf- und Bußgeldsachen festgesetzte Vergütung im Wege der Erinnerung und der Beschwerde gerichtlich überprüfen lassen. Diese Vorschrift gilt für Bußgeldsachen aber nur eingeschränkt, nämlich nur, wenn das Bußgeldverfahren bei Gericht **nicht** anhängig geworden ist. Im Vorfeld der gerichtlichen Anhängigkeit gewährt § 56 gegen die Entscheidungen der Verwaltungsbehörde den Rechtsbehelf der Erinnerung nicht. 3

Diese **Lücke** soll § 57 schließen, indem sie gegen die Entscheidungen der Verwaltungsbehörde den **Antrag auf gerichtliche Entscheidung** ermöglicht. Ohne § 57 würde das Verwaltungsgericht zuständig sein. Eine solche Regelung wäre wenig sachgerecht. Deshalb schließt § 57 S. 2 den Rechtsweg zur Verwaltungsgerichtsbarkeit aus und begründet die Zuständigkeit des Amtsgerichts (§§ 62 Abs. 2 S. 1, 68 OWiG). 4

III. Anwendungsbereich (S. 1)

Gemäß § 57 S. 1 kann gegen die Entscheidungen der Verwaltungsbehörde „nach den Vorschriften dieses Abschn." die „gerichtliche Entscheidung" beantragt werden. Gemeint ist der Abschn. 8, zu dem § 57 gehört. Das bedeutet, dass gegen **sämtliche Entscheidungen** der Verwaltungsbehörde in Bußgeldverfahren im Rahmen des achten Abschn. an Stelle der unbefristeten Erinnerung nach § 56 der – ebenfalls unbefristete – Antrag auf gerichtliche Entscheidung tritt.[1] 5

Der Antrag auf gerichtliche Entscheidung ist demgemäß zulässig gegen Entscheidungen der Verwaltungsbehörde über die 6
- Festsetzung der anwaltlichen Gebühren nach § 55;
- Notwendigkeit von Reisekosten gemäß § 46 Abs. 2 S. 1 und 2;

---

[1] Schneider/Wolf/*N. Schneider* § 57 Rn. 4.

§ 57 Rechtsbehelf in Bußgeldsachen vor der Verwaltungsbehörde

- Notwendigkeit sonstiger Auslagen gemäß § 46 Abs. 2 S. 3;
- Bewilligung einer Pauschgebühr gemäß § 51 Abs. 3 S. 2;
- Bewilligung eines Vorschusses gemäß § 51 Abs. 1 S. 5;
- Inanspruchnahme des Betroffenen gemäß § 52 Abs. 6 S. 2;
- Inanspruchnahme eines Betroffenen oder eines anderweitig Vertretenen gemäß § 53 iVm § 52 Abs. 6 S. 2;
- Nachträgliche Anrechnung von Zahlungen nach § 58 Abs. 3 iVm § 55.

IV. Verfahren (S. 2)

7   Für das **Verfahren** gilt gemäß § 57 S. 2 die Regelung des § 62 OWiG. Diese Vorschrift lautet:

1. ¹Gegen Anordnungen, Verfügungen und sonstige Maßnahmen, die von der Verwaltungsbehörde im Bußgeldverfahren getroffen werden, können der Betroffene und andere Personen, gegen die sich die Maßnahme richtet, gerichtliche Entscheidung beantragen. ²Dies gilt nicht für Maßnahmen, die nur zur Vorbereitung der Entscheidung, ob ein Bußgeldbescheid erlassen oder das Verfahren eingestellt wird, getroffen werden und keine selbständige Bedeutung haben.
2. ¹Über den Antrag entscheidet das nach § 68 zuständige Gericht. ²Die §§ 297 bis 300, 302, 306 bis 309 und 311a der Strafprozessordnung sowie die Vorschriften der Strafprozessordnung über die Auferlegung der Kosten des Beschwerdeverfahrens gelten sinngemäß. ³Die Entscheidung des Gerichts ist nicht anfechtbar, soweit das Gesetz nicht anderes bestimmt.

8   Der Verweis in § 57 S. 1 auf das nach § 62 Abs. 2 S. 1 OWiG zuständige Gericht begründet die **Zuständigkeit des Amtsgerichts.** Durch den Verweis auf § 62 Abs. 2 S. 1 OWiG und dort auf die Regelungen der §§ 297 bis 300, 302, 306 bis 309 und 311a StPO sowie auf die Vorschriften der Strafprozessordnung über die Auferlegung der Kosten des Beschwerdeverfahrens werden die anzuwendenden **Verfahrensregeln** festgelegt.

9   **Sachlich** und **örtlich** zuständig für die Entscheidung über den Antrag ist gemäß §§ 62 Abs. 2 S. 1, 68 Abs. 1 OWiG das **Amtsgericht,** in dessen Bezirk die Verwaltungsbehörde ihren Sitz hat. **Funktionell** zuständig ist der **Richter** beim Amtsgericht, im Verfahren gegen Jugendliche und Heranwachsende der **Jugendrichter** (§ 68 Abs. 2 OWiG).

10   Eine ausdrückliche Regelung für das Verfahren selbst fehlt. Es muss deshalb auf allgemeine Verfahrensgrundsätze zurückgegriffen werden.

1. Antragsberechtigung

11   **Antragsberechtigt** sind der von der Verwaltungsbehörde bestellte oder beigeordnete **Rechtsanwalt** oder sein Rechtsnachfolger (Erben, Abwickler, Abtretungs- und Pfändungspfandgläubiger) und der **Betroffene.**

12   Nicht antragsberechtigt ist die **Staatsanwaltschaft,** weil sie am Bußgeldverfahren vor der Verwaltungsbehörde nicht beteiligt ist.

13   Nicht antragsberechtigt – im Gegensatz zum gerichtlichen Verfahren – ist auch die **Staatskasse.**[2] Ihre Funktion wird von der Verwaltungsbehörde wahrgenommen. Gegen ihre eigene Entscheidung kann sie keinen Antrag auf gerichtliche Entscheidung stellen. In dem gerichtlichen Verfahren, das dem Antrag des Rechtsanwalts oder des Betroffenen auf gerichtliche Entscheidung folgt, ist sie als **Antragsgegner** beteiligt.

---

[2] Schneider/Wolf/*N. Schneider* § 57 Rn. 24.

2. Beschwer

Verfahrensvoraussetzung ist eine **Beschwer**. Eine **Mindestbeschwer** ist nicht vorgesehen. Selbst bei Bagatellbeträgen fehlt es nicht an einer Beschwer. Die Entscheidung der Verwaltungsbehörde muss also den Antragsberechtigten nur irgendwie benachteiligen. Die **Auszahlung** der von der Verwaltungsbehörde festgesetzten Vergütung führt nicht zum Wegfall einer Beschwer. Hierdurch kann allenfalls die Beschwer der **Staatskasse** entfallen. Der **Rechtsanwalt** bleibt beschwerdeberechtigt. Andernfalls könnte die Staatskasse durch eine umgehende Zahlung nach Eingang des Festsetzungsbeschlusses dem Rechtsanwalt die Beschwer nehmen.[3]

14

3. Frist

Der Antrag ist **unbefristet** zulässig. Ob er **verwirkt** werden kann, ist umstritten (→ § 56 Rn. 11).[4] Wenn man den Einwand der Verwirkung für zulässig hält, kommt eine Verwirkung frühestens nach einem Jahr seit der Festsetzung[5] oder sogar erst nach Ablauf des auf die Festsetzung folgenden Kalenderjahres in Betracht.[6]

15

Praxistipp:

Der Antrag auf gerichtliche Entscheidung sollte im Hinblick auf die unterschiedlichen Meinungen in der Rechtsprechung unmittelbar nach Eingang der Entscheidung der Verwaltungsbehörde gestellt werden.

16

4. Antragseinreichung

Der Antrag auf gerichtliche Entscheidung ist bei der Verwaltungsbehörde einzureichen, die über den Festsetzungsantrag des Rechtsanwalts entschieden hat (§ 62 Abs. 2 S. 2 OWiG, § 306 Abs. 1 StPO). Der Antrag kann **schriftlich** ohne Anwaltszwang zu **Protokoll der Geschäftsstelle** gestellt werden (§ 62 Abs. 2 S. 2 OWiG iVm § 306 Abs. 1 StPO).

17

Zulässig ist es, den Antrag auf einen bestimmten Punkt oder eine bestimmte Gebühr zu **beschränken**. Eine **Begründung** ist nicht vorgeschrieben, aber in jedem Falle zu empfehlen.

18

Praxistipp:

Da der zur Entscheidung berufene Richter die Akten nicht kennt und wenig Neigung haben wird, sich in das Verfahren einzuarbeiten, sollten die für die Entscheidung des Amtsgerichts wesentlichen Gesichtspunkte vorgetragen werden.

19

5. Abhilfeverfahren

Gemäß § 62 Abs. 2 OWiG iVm § 306 Abs. 2 StPO ist die Verwaltungsbehörde nach Eingang des Antrags auf gerichtliche Entscheidung verpflichtet, zunächst eine **Abhilfeprüfung** vorzunehmen. Dadurch soll der Verwaltungsbehörde Gelegenheit zu einer Korrektur gegeben werden, um eine gerichtliche Entscheidung zu erübrigen.[7] Eine **Abhilfeentscheidung** hat die Verwaltungsbehörde zu erlassen, wenn

20

---

[3] Zustimmend Schneider/Wolf/N. *Schneider* § 57 Rn. 26.
[4] Zu der vergleichbaren unbefristeten Erinnerung OLG Düsseldorf NJW-RR 1996, 441.
[5] LSG Celle JurBüro 1999, 590.
[6] So für den Fall der unbefristeten Erinnerung OLG Düsseldorf NJW-RR 1996, 441; OLG Frankfurt a.M. FamRZ 1991, 1462; LAG Hamm Rpfleger 1994, 171; OLG Koblenz Rpfleger 1993, 290; siehe aber auch OLG Koblenz FamRZ 1999, 1362 (schon nach 3 Monaten soll eine Erinnerung nicht mehr zulässig sein).
[7] BGH NStZ 1992, 507.

sie den Antrag auf gerichtliche Entscheidung für zulässig und begründet hält (§ 62 Abs. 2 S. 2 OWiG iVm § 306 Abs. 2 StPO).

21 Will die Verwaltungsbehörde ihre Entscheidung über die Höhe der dem Rechtsanwalt zustehenden Vergütung ganz oder teilweise **abändern**, muss sie § 308 Abs. 1 StPO beachten. Danach darf die Verwaltungsbehörde ihre angefochtene Entscheidung nicht zum **Nachteil des Antragsgegners** ändern, ohne die Möglichkeit **rechtlichen Gehörs** zu gewähren.

22 Hilft die Verwaltungsbehörde ihrer Entscheidung nicht oder nur teilweise ab, hat sie, soweit sie nicht abhilft, den Antrag auf gerichtliche Entscheidung sofort, spätestens vor Ablauf von drei Tagen, dem **Amtsgericht vorzulegen** (§ 62 Abs. 2 S. 2 OWiG iVm § 306 Abs. 2 StPO). Hält die Verwaltungsbehörde den Antrag auf gerichtliche Entscheidung uneingeschränkt für zulässig und begründet, entfällt die Vorlagepflicht. **Übersieht** die Verwaltungsbehörde die Möglichkeit einer Abhilfe, hat das Amtsgericht ohne die Möglichkeit einer Zurückverweisung selbst zu entscheiden.[8]

23 Die **Abhilfeentscheidung** ist den Beteiligten formlos mitzuteilen (§ 50 Abs. 1 S. 1 OWiG). Einer förmlichen Zustellung bedarf es nicht, weil gegen die Abhilfeentscheidung kein befristeter Rechtsbehelf zulässig ist.

6. Gerichtliche Entscheidung

24 Die Entscheidung des Amtsgerichts ergeht ohne mündliche Verhandlung durch **Beschluss** (§ 62 Abs. 2 S. 2 OWiG iVm § 309 Abs. 1 StPO). Der Beschluss ist zu begründen.

25 Eine **Kostenentscheidung** entfällt.[9] Die in § 62 Abs. 2 S. 2 OWiG enthaltene Verweisung auf die Vorschriften der Strafprozessordnung über die Auferlegung der Kosten des Beschwerdeverfahrens gilt für den Antrag auf gerichtliche Entscheidung nicht. Die Regelung des § 473 StPO betrifft die Kosten bei zurückgenommenem oder erfolglosem Rechtsmittel. § 57 regelt dagegen einen Rechtsbehelf.

26 Eine **Gehörsrüge** gemäß § 12a ist unter den dort genannten Voraussetzungen zulässig.

27 Das Verfahren ist **gebührenfrei**, auch wenn § 57 nicht auf § 56 Abs. 2 S. 2 und 3 Bezug nimmt. Bestätigt wird diese Auffassung durch das Kostenverzeichnis zum Gerichtskostengesetz, das keinen einschlägigen Gebührentatbestand enthält.

28 Auch eine **Erstattung von Anwaltsgebühren** findet nicht statt. Das Einfordern der Vergütung gehört gemäß § 19 Abs. 1 S. 2 Nr. 13 zur Instanz. Deshalb sieht Teil 5 VV für das Verfahren über den Antrag auf gerichtliche Entscheidung gegen die von der Verwaltungsbehörde getroffene Entscheidung keine weitere Vergütung vor. Dasselbe gilt für die **Kostenfestsetzung,** wenn der Rechtsanwalt nicht für sich, sondern für den Betroffenen oder für einen anderweitig Vertretenen (§ 53 Abs. 1) den Antrag auf gerichtliche Entscheidung stellt.

29 Der Beschluss des Amtsgerichts braucht nicht förmlich zugestellt zu werden. Eine **formlose Mitteilung** an den Rechtsanwalt und an die Staatskasse genügt, weil die Entscheidung **nicht anfechtbar** ist (§ 62 Abs. 2 S. 3 OWiG).

§ 58 Anrechnung von Vorschüssen und Zahlungen

(1) Zahlungen, die der Rechtsanwalt nach § 9 des Beratungshilfegesetzes erhalten hat, werden auf die aus der Landeskasse zu zahlende Vergütung angerechnet.

---

[8] Für das Erinnerungsverfahren wie hier OLG Düsseldorf AnwBl. 1980, 463; **aA** *Schneider/Wolf/N. Schneider* § 57 Rn. 39.
[9] HK-RVG/*Pukall* § 57 Rn. 11; *Schneider/Wolf/N. Schneider* § 57 Rn. 41.

(2) **In Angelegenheiten, in denen sich die Gebühren nach Teil 3 des Vergütungsverzeichnisses bestimmen, sind Vorschüsse und Zahlungen, die der Rechtsanwalt vor oder nach der Beiordnung erhalten hat, zunächst auf die Vergütungen anzurechnen, für die ein Anspruch gegen die Staatskasse nicht oder nur unter den Voraussetzungen des § 50 besteht.**

(3) [1]**In Angelegenheiten, in denen sich die Gebühren nach den Teilen 4 bis 6 des Vergütungsverzeichnisses bestimmen, sind Vorschüsse und Zahlungen, die der Rechtsanwalt vor oder nach der gerichtlichen Bestellung oder Beiordnung für seine Tätigkeit in einer gebührenrechtlichen Angelegenheit erhalten hat, auf die von der Staatskasse für diese Angelegenheit zu zahlenden Gebühren anzurechnen.** [2]**Hat der Rechtsanwalt Zahlungen empfangen, nachdem er Gebühren aus der Staatskasse erhalten hat, ist er zur Rückzahlung an die Staatskasse verpflichtet.** [3]**Die Anrechnung oder Rückzahlung erfolgt nur, soweit der Rechtsanwalt durch die Zahlungen insgesamt mehr als den doppelten Betrag der ihm ohne Berücksichtigung des § 51 aus der Staatskasse zustehenden Gebühren erhalten würde.** [4]**Sind die dem Rechtsanwalt nach Satz 3 verbleibenden Gebühren höher als die Höchstgebühren eines Wahlanwalts, ist auch der die Höchstgebühren übersteigende Betrag anzurechnen oder zurückzuzahlen.**

Übersicht

	Rn.
I. Überblick	1
II. Normzweck	5
III. Anrechnung von Zahlungen bei Beratungshilfe (Abs. 1)	10
1. Schuldner des Rechtsanwalts	14
a) Auftraggeber	15
b) Gegner des Beratungshilfemandanten	16
c) Landes-(Staats-)kasse	19
2. Anrechnung	20
a) Anrechnung auf die Schutzgebühr	20
b) Anrechnung von Zahlungen des Gegners des Auftraggebers	21
IV. Anrechnung von Zahlungen auf die Gebühren nach Teil 3 VV (Abs. 2)	26
1. Normzweck	26
2. Anwendungsbereich	27
a) Persönlicher Anwendungsbereich	27
b) Sachlicher Anwendungsbereich	29
3. Anrechnungsvoraussetzungen	30
a) Allgemeines	30
b) Begriffsbestimmung	36
4. Anrechnungsgrundsätze	41
a) Keine Erhöhung über Wahlanwaltsvergütung hinaus	42
b) Keine Kürzung der Vergütung	43
c) Anrechnungsprobleme bei vereinbarter Vergütung	46
5. Mitteilungs- und Anzeigepflicht	48
V. Anrechnung von Zahlungen auf die Gebühren nach den Teilen 4 bis 6 VV (Abs. 3)	49
1. Normzweck	49
2. Anrechenbare Vorschüsse und Zahlungen	54
3. Grenzen der Anrechnung – Rückzahlung	57
a) Berechnungsmethode	57
b) Einzelheiten	59

§ 58 Anrechnung von Vorschüssen und Zahlungen

	Rn.
4. Anzeigepflicht	63
5. Rückzahlungspflicht	64
VI. Rechtsschutz	68

I. Überblick

1   Die Vorschrift regelt die **Anrechnung** von Vorschüssen und Zahlungen auf den Vergütungsanspruch des gerichtlich beigeordneten oder bestellten Rechtsanwalts gegen die Staatskasse.

2   § 58 Abs. 1 ist von geringer praktischer Bedeutung. Die Regelung betrifft den seltenen Fall, dass der im Rahmen von **Beratungshilfe** tätige Rechtsanwalt aufgrund eines materiell-rechtlichen Kostenerstattungsanspruchs seines Mandanten Zahlungen von dessen Gegner erhält.[1]

3   § 58 Abs. 2 befasst sich mit der Anrechnung von Vorschüssen und Zahlungen, die der gerichtlich beigeordnete Rechtsanwalt in Angelegenheiten erhält, in denen sich die Gebühren nach **Teil 3 VV** bestimmen.

4   § 58 Abs. 3 regelt die Anrechnung von Vorschüssen und Zahlungen für die in den **Teilen 4 bis 6 VV** geregelten Angelegenheiten und begründet eine eingeschränkte **Rückzahlungsverpflichtung** des Rechtsanwalts, wenn er nach Erhalt der Gebühren aus der Staatskasse von seinem Mandanten oder einem Dritten Zahlungen erhält. Mit Wirkung ab 1.8.2013 ist dem § 58 Abs. 3 durch das **2. KostRMoG** ein weiterer Satz hinzugefügt worden. Er besagt, dass der die Höchstgebühren übersteigende Betrag anzurechnen oder vom Rechtsanwalt zurückzuzahlen ist, wenn die dem Rechtsanwalt nach § 58 Abs. 3 S. 3 verbleibenden Gebühren höher als die Höchstgebühren eines Wahlanwalts sind.

II. Normzweck

5   § 58 betrifft das **Verhältnis** des gerichtlich beigeordneten oder bestellten Rechtsanwalts zur Staatskasse. Die Vorschrift bestimmt, ob Vorschüsse und Zahlungen, die der Rechtsanwalt von dem Mandanten oder einem Dritten erhält, auf seinen Vergütungsanspruch gegen die Staatskasse anzurechnen sind. Es geht also um eine **gesetzliche Leistungsbestimmung**.[2]

6   § 58 trifft diese Leistungsbestimmung für drei Bereiche, nämlich für den Vergütungsanspruch
   - des im Rahmen von **Beratungshilfe** tätigen Rechtsanwalts (§ 58 Abs. 1),
   - des in Angelegenheiten des Teils 3 VV im Wege der **Prozesskostenhilfe** beigeordneten Rechtsanwalts (§ 58 Abs. 2) und
   - des in Angelegenheiten nach den Teilen 4 bis 6 VV als **Pflichtverteidiger** bestellten oder einem Privatkläger, einem Nebenkläger, einem Antragsteller im Klageerzwingungsverfahren oder einem anderen Beteiligten im Wege der Prozesskostenhilfe **beigeordneten** Rechtsanwalts (§ 58 Abs. 3).

7   In dem **Dreiecksverhältnis** Rechtsanwalt – Mandant – Staatskasse übernimmt die Staatskasse zugunsten des gerichtlich beigeordneten oder bestellten Rechtsanwalts eine einem **Bürgen** vergleichbare Stellung,[3] allerdings mit der Besonderheit, dass der Rechtsanwalt anders als bei einer Bürgschaft die Staatskasse sofort in Anspruch nehmen kann. Erhält der Rechtsanwalt von seinem Mandanten oder von einem Dritten Zahlungen, bevor die Staatskasse die dem Rechtsanwalt zustehende Vergü-

---

[1] Dazu OLG Naumburg RVGreport 2012, 102.
[2] Schneider/Wolf/*N. Schneider*/*Fölsch* § 58 Rn. 1.
[3] Schneider/Wolf/*Fölsch* § 45 Rn. 7.

tung gezahlt hat, käme es bei Fehlen jeglicher Anrechnungsregelungen zu **Interessenkollisionen** zwischen dem Rechtsanwalt und der Staatskasse. Beide würden miteinander konkurrieren, wem die Zahlung vorrangig zugute kommen soll.[4] Einen solchen Interessenkonflikt soll **§ 58 Abs. 2** vermeiden.

Ebenso wie § 366 Abs. 2 BGB verfolgt die Regelung den Gedanken des **Gläubigerschutzes**, indem sie vorschreibt, dass Vorschüsse und Zahlungen, die der im Wege der Prozesskostenhilfe beigeordnete Rechtsanwalt von seinem Mandanten oder einem Dritten erhält, zunächst auf den gemäß § 122 Abs. 1 Nr. 3 ZPO einredebehafteten oder nicht abgesicherten Teil der Vergütungsforderung und erst zuletzt auf den sicheren Teil der Vergütungsforderung, für den die Staatskasse haftet, anzurechnen sind.[5] 8

Im Verhältnis der Staatskasse zum gerichtlich bestellten oder beigeordneten Rechtsanwalt dient die Regelung des **§ 58 Abs. 3** in allen in den Teilen 4 bis 6 VV geregelten Angelegenheiten der **Kostendämpfung**.[6] Deshalb bestimmt § 58 Abs. 3, dass Vorschüsse und Zahlungen, die der Rechtsanwalt von seinem Mandanten oder einem Dritten erhält, **anzurechnen** sind bzw. dass **nach** Zahlung der Vergütung durch die Staatskasse vom Mandanten oder einem Dritten eingehende Zahlungen zu einer **Rückzahlungsverpflichtung** führen. Dieser Grundsatz wird durch § 58 Abs. 3 S. 3 dahingehend eingeschränkt, dass eine Anrechnung oder Rückzahlung nur zu erfolgen hat, wenn der Rechtsanwalt durch die Zahlungen insgesamt mehr als den **doppelten Betrag** der ihm ohne Berücksichtigung des § 51 aus der Staatskasse zustehenden Gebühren erhalten würde. 9

III. Anrechnung von Zahlungen bei Beratungshilfe (Abs. 1)

§ 9 S. 2 BerHG gewährt dem im Rahmen von Beratungshilfe tätigen Rechtsanwalt einen **Kostenerstattungsanspruch** gegen den Gegner des rechtsuchenden Mandanten. Die Vorschrift lautet: 10

> ¹Ist der Gegner verpflichtet, dem Rechtsuchenden die Kosten der Wahrnehmung seiner Rechte zu ersetzen, hat er die gesetzliche Vergütung für die Tätigkeit des Rechtsanwalts zu zahlen. ²Der Anspruch geht auf den Rechtsanwalt über. ³Der Übergang kann nicht zum Nachteil des Rechtsuchenden geltend gemacht werden.

Diese Regelung begründet einen **gesetzlichen Forderungsübergang**, aufgrund dessen der Rechtsanwalt die gesetzliche Vergütung gegen den Gegner seines Beratungshilfemandanten im eigenen Namen geltend machen kann. 11

§ 58 Abs. 1 bestimmt hierzu, dass **Zahlungen**, die der Rechtsanwalt nach § 9 BerHG erhält, auf die Vergütung aus der Landeskasse **anzurechnen** sind. Die Bezugnahme auf § 9 BerHG verdeutlicht, dass **nicht alle Zahlungen** gemeint sind, die der Rechtsanwalt anlässlich seiner Tätigkeit im Rahmen von Beratungshilfe erhält, sondern nur solche, die der Rechtsanwalt nach § 9 S. 2 BerHG vom Gegner des Beratungshilfemandanten erhält, weil dieser verpflichtet ist, dem Mandanten die Kosten der Wahrnehmung seiner Rechte zu ersetzen. 12

Aber auch diese Zahlungen sind auf den Vergütungsanspruch des Rechtsanwalts gegen die Staatskasse nur anzurechnen, soweit sie nach Erreichen der gesetzlichen Vergütung zu einem **Überschuss** führen.[7] Zahlungen dürfen nicht zum Nachteil des Rechtsanwalts angerechnet werden. Vielmehr hat er **Anspruch auf die** 13

---

[4] Schneider/Wolf/N. Schneider/Fölsch § 58 Rn. 2.
[5] Schneider/Wolf//N. Schneider/Fölsch § 58 Rn. 3.
[6] Hartmann § 58 Rn. 4.
[7] Schneider/Wolf/N. Schneider/Fölsch § 58 Rn. 10 und 12.

Regelvergütung. Erst wenn diese voll bezahlt ist, kommt eine Anrechnung in Betracht.

1. Schuldner des Rechtsanwalts

14 Dem Rechtsanwalt können, wenn er Beratungshilfe isd BerHG leistet, Vergütungsansprüche gegen **drei Schuldner** zustehen. In Betracht kommen der Beratungshilfemandant als Auftraggeber, dessen Gegner und die Staatskasse.

15 a) **Auftraggeber.** Gegen seinen Auftraggeber hat der Rechtsanwalt Anspruch auf Zahlung einer **Schutzgebühr** von 15 EUR (§ 8 Abs. 1 BerHG). Darin ist die **Mehrwertsteuer** eingeschlossen, so dass dem Rechtsanwalt netto nur 12,60 EUR verbleiben. **Auslagenersatz** neben der Festgebühr von 10 EUR kann der Rechtsanwalt von dem Rechtsuchenden nicht verlangen (Nr. 2500 VV Anm. S. 1). Auch weitere Gebührenansprüche können nicht entstehen, weil § 8 Abs. 2 BerHG **Vereinbarungen** über eine Vergütung nicht erlaubt. Werden solche Vereinbarungen dennoch getroffen, sind sie **nichtig.** Allerdings erlaubt § 16 Abs. 2 BORA dem Rechtsanwalt, von seinem Mandanten oder Dritten Zahlungen oder Leistungen anzunehmen, wenn sie **freiwillig** und in Kenntnis der Tatsache gegeben werden, dass der Mandant oder der Dritte zu einer solchen Leistung nicht verpflichtet ist.[8]

16 b) **Gegner des Beratungshilfemandanten.** Schuldner des im Rahmen von Beratungshilfe tätigen Rechtsanwalts kann auch der Gegner des Beratungshilfemandanten sein. Das ist der Fall, wenn und soweit der Beratungshilfemandant einen materiell-rechtlichen **Kostenersatzanspruch** gegen seinen Gegner hat, etwa aus Verzug, aus positiver Vertragsverletzung oder aus unerlaubter Handlung (§ 9 S. 1 BerHG). Ein solcher Anspruch des Mandanten geht gemäß § 9 S. 2 BerHG kraft Gesetzes auf den Rechtsanwalt über.

17 Die Regelung des **§ 9 S. 1 BerHG** besagt, dass der Gegner, wenn er dem Auftraggeber des Rechtsanwalts die Kosten der Wahrnehmung seiner Rechte zu ersetzen hat, die **gesetzliche Vergütung** für die Tätigkeit des Rechtsanwalts schuldet. Das ist nicht die verminderte Vergütung nach den Nr. 2501 ff. VV, sondern die **volle Vergütung** nach dem jeweils einschlägigen Gebührentatbestand des Vergütungsverzeichnisses. Der Gegner des Beratungshilfemandanten schuldet also dem Rechtsanwalt mehr als der Beratungshilfemandant selbst. Das ist gerechtfertigt, weil dem Gegner des Beratungshilfemandanten die gebührenrechtliche Vergünstigung der Beratungshilfe nicht zusteht. Damit entfällt in diesem, in der Praxis sehr seltenen Fall die **vergütungsrechtliche Benachteiligung,** die sonst für den Rechtsanwalt mit einem Beratungshilfemandat verbunden ist.[9]

18 Der **Übergang des Kostenerstattungsanspruchs** kann gemäß § 9 S. 3 BerHG nicht zum **Nachteil des Beratungshilfemandanten** geltend gemacht werden. Das bedeutet, dass der Rechtsanwalt gegen den ersatzpflichtigen Gegner keine Ansprüche geltend machen kann, wenn und solange der Beratungshilfemandant noch Ansprüche gegen seinen Gegner hat. Zahlungen, die der Gegner des Beratungshilfemandanten leistet, sind zunächst auf dessen Anspruch zu verrechnen. Das **Verbot der Benachteiligung** gilt auch für die **Schutzgebühr,** soweit der Beratungshilfemandant sie dem Rechtsanwalt gemäß § 8 Abs. 1 BerHG in Höhe von 15 EUR gezahlt hat.

19 c) **Landes-(Staats-)kasse.** Die Landeskasse schuldet dem Rechtsanwalt die in **Teil 2 Abschn. 5 Nr. 2500 bis 2508 VV** geregelten Gebühren (§ 44). Das sind die **Beratungsgebühr** (Nr. 2501 und 2502 VV), die **Geschäftsgebühr** (Nr. 2503 bis

---

[8] Dazu Hartung/*Hartung* BORA § 16 Rn. 14.
[9] *Hartung/Römermann* ZRP 2003, 149.

2507 VV) sowie die **Einigungs- und Erledigungsgebühr** (Nr. 2508 VV). Zur **Verfassungswidrigkeit** dieser Gebühren wird auf die Kommentierung zu § 44 Rn. 56–64 verwiesen.

2. Anrechnung

a) Anrechnung auf die Schutzgebühr. Die von dem Auftraggeber zu zahlende 20 Schutzgebühr fällt nicht unter den Begriff „Zahlungen" iSd § 58 Abs. 1, bleibt also **anrechnungsfrei.** Das folgt bereits aus dem Wortlaut des § 58 Abs. 1, der eine Anrechnung nur solcher Zahlungen anordnet, die der Rechtsanwalt nach **§ 9 BerHG** erhält. Die nach § 8 Abs. 1 BerHG vom Auftraggeber zu zahlende Schutzgebühr gehört hierzu nicht.

b) Anrechnung von Zahlungen des Gegners des Auftraggebers. Wenn der 21 Gegner des Beratungshilfemandanten verpflichtet ist, diesem die Kosten der Wahrnehmung seiner Rechte zu erstatten, schuldet er nach § 9 BerHG die **gesetzliche Vergütung.** Dieser Kostenerstattungsanspruch geht gemäß § 9 S. 2 BerHG auf den Rechtsanwalt über. Deshalb kann der Rechtsanwalt den Kostenerstattungsanspruch im eigenen Namen geltend machen. Der Gegner kann sich mit **Einwendungen** aus dem Rechtsverhältnis zu dem Beratungshilfemandanten verteidigen (§§ 406, 412 BGB). Die Regelung des § 126 Abs. 2 S. 1 ZPO, die diese Möglichkeit im Rahmen der Prozesskostenhilfe ausschließt, gilt für die Beratungshilfe nicht. Bei der Prozesskostenhilfe wird dem Rechtsanwalt nur ein **selbstständiges Beitreibungsrecht** eingeräumt. Bei der Beratungshilfe erfolgt ein **gesetzlicher Forderungsübergang,** auf den die Vorschriften der §§ 404 ff. BGB anwendbar sind.

Die **Zahlungen des Gegners,** die aufgrund des gesetzlichen Forderungsüber- 22 gangs an den Rechtsanwalt erfolgen, sind gemäß § 58 Abs. 1 auf die aus der Staatskasse gemäß § 44 iVm Nr. 2501 ff. VV zu zahlende Vergütung anzurechnen.

Eine **Anrechnungsbeschränkung** enthält § 58 Abs. 1 BRAO nicht. Aus dem 23 Fehlen einer Anrechnungsbeschränkung darf aber nicht gefolgert werden, dass jede Zahlung des Gegners des Beratungshilfemandanten vorrangig auf die von der Staatskasse geschuldete Vergütung anzurechnen ist. Anzurechnen sind vielmehr nur diejenigen Zahlungen, die die gesetzliche Vergütung übersteigen.[10]

Wenn und soweit die Staatskasse die dem Rechtsanwalt für die Beratungshilfe 24 geschuldete Vergütung gezahlt hat, geht der zunächst auf den Rechtsanwalt gemäß § 9 S. 2 BerHG übergegangene Kostenerstattungsanspruch gemäß § 59 Abs. 3 iVm § 59 Abs. 1 S. 1 in Höhe des von der Staatskasse gezahlten Betrags von dem **Rechtsanwalt auf die Staatskasse** über. Davon ausgenommen bleibt die **Schutzgebühr** gemäß Nr. 2500 VV (→ Rn. 20).

Gemäß § 9 S. 3 BerHG kann der Anspruchsübergang nicht zum **Nachteil des** 25 **Beratungshilfemandanten** (= Rechtsuchenden) geltend gemacht werden. So lange dessen materiell-rechtlichen Ansprüche nicht erfüllt sind, kann der Rechtsanwalt seinen Kostenerstattungsanspruch gegen den Gegner seines Mandanten also nicht verfolgen.

IV. Anrechnung von Zahlungen auf die Gebühren nach Teil 3 VV (Abs. 2)

1. Normzweck

Die Regelung des § 58 Abs. 2 entspricht dem **Grundgedanken des § 366 Abs. 2** 26 **BGB.** Danach soll mangels abweichender Verrechnungsbestimmung des Schuldners

---

[10] Schneider/Wolf/*N. Schneider/Fölsch* § 58 Rn. 10 und 12.

durch eine zur Tilgung nicht ausreichende Zahlung zunächst diejenige Forderung getilgt werden, die dem Gläubiger geringere Sicherheit bietet.[11] Die Regelung des § 58 Abs. 2 begünstigt den in Verfahren nach **Teil 3 VV** beigeordneten oder bestellten Rechtsanwalt. Dieser von § 58 Abs. 2 verfolgte Zweck darf bei der Anwendung und Auslegung der Norm nicht außer Acht gelassen werden.

2. Anwendungsbereich

27 a) **Persönlicher Anwendungsbereich.** § 58 Abs. 2 gilt hauptsächlich für
- den im Rahmen von **Prozesskostenhilfe** beigeordneten Rechtsanwalt;
- den nach § 67a Abs. 1 S. 2 VwGO zum **gemeinsamen Vertreter** (§ 40) bestellten Rechtsanwalt;
- den gemäß §§ 57, 58 ZPO zum **Prozesspfleger** (§ 41) bestellten Rechtsanwalt und
- den nach § 138 des Gesetzes über das Verfahren in Familiensachen und in den Angelegenheiten der freiwilligen Gerichtsbarkeit, auch iVm § 270 des Gesetzes über das Verfahren in Familiensachen und in den Angelegenheiten der feiwilligen Gerichtsbarkeit (FGG-RG) dem Antragsgegner beigeordneten Rechtsanwalt.

28 § 58 Abs. 2 spricht nur von der „Beiordnung" und erwähnt die **Bestellung** eines Rechtsanwalts nicht. Gleichwohl ist die Regelung auch auf den gerichtlich **bestellten** Rechtsanwalt **anwendbar.** In der amtlichen Begründung zu § 54 ist ausdrücklich die Rede davon, dass Abschn. 8 des RVG, zu dem auch § 58 gehört, „unmittelbar für jeden beigeordneten und bestellten Rechtsanwalt gelten soll".[12] Es ist zudem kein Grund ersichtlich, warum der gerichtlich bestellte Rechtsanwalt gegenüber der Staatskasse eine andere Rechtsstellung haben sollte als der beigeordnete Rechtsanwalt. Der einzige vom Gesetz angeordnete Unterschied findet sich in § 45 Abs. 2 und § 47 Abs. 1 S. 2. Insoweit handelt es sich um unterschiedliche Fälligkeitsvoraussetzungen.

29 b) **Sachlicher Anwendungsbereich.** § 58 Abs. 2 gilt in Angelegenheiten, in denen sich die Gebühren nach Teil 3 VV bestimmen. In diesem Teil sind die Gebühren für alle Tätigkeiten eines Rechtsanwalts in gerichtlichen Verfahren zusammengefasst, die nicht in den Teilen 4–6 VV geregelt sind. Teil 3 VV gilt insbesondere für alle **bürgerlichen Rechtsstreitigkeiten** einschließlich der Verfahren vor den Gerichten für **Arbeitssachen** und für die Verfahren vor den Gerichten der **Verwaltungs-, Finanz- und Sozialgerichtsbarkeit.** Dazu gehören auch die Verfahren der **Zwangsvollstreckung,** der **Vollziehung von Arresten, einstweiligen Verfügungen** und **einstweiligen Anordnungen** sowie die Angelegenheiten der **freiwilligen Gerichtsbarkeit.**

3. Anrechnungsvoraussetzungen

30 a) **Allgemeines.** Der gerichtlich beigeordnete oder bestellte Rechtsanwalt erhält bei Streitwerten über 5.000 EUR – bis zu diesem Streitwert sind die Gebühren nach §§ 13, 49 gleich hoch – aus der Staatskasse eine **deutlich niedrigere Vergütung** als der Wahlanwalt. Das gilt insbesondere im Fall einer Bewilligung von Prozesskostenhilfe ohne Ratenzahlungsanordnung, aber auch dann, wenn der Mandant Prozesskostenhilfe mit einer Ratenzahlungsanordnung erhält und von ihm für die Dauer von höchstens 48 Monaten zu zahlenden Raten (§ 115 Abs. 1 S. 4 ZPO) die Differenz zwischen der von der Staatskasse zu zahlenden Vergütung und der Vergütung eines Wahlanwalts nicht decken.

31 Zugunsten des gerichtlich beigeordneten oder bestellten Rechtsanwalts bestimmt § 58 Abs. 2, dass Vorschüsse und Zahlungen, die er vor oder nach seiner Beiordnung

---
[11] So zutreffend *Hartmann* § 58 Rn. 5.
[12] BT-Drs. 15/1971, S. 202 zu § 54.

Anrechnung von Vorschüssen und Zahlungen   **§ 58**

erhalten hat, zunächst auf die Vergütung anzurechnen sind, für die ein Anspruch gegen die Staatskasse **nicht** oder nur unter den **Voraussetzungen des § 50** besteht. Vorschüsse und Zahlungen kommen im Verhältnis zur Staatskasse also **vorrangig** dem **Rechtsanwalt** zugute und nicht der Staatskasse.

Demgemäß ist der **Vergütungsanspruch** des beigeordneten Rechtsanwalts **gespalten.** Er setzt sich aus **zwei Teilen** mit unterschiedlichen Anspruchsgrundlagen zusammen, nämlich dem Teil, der von der Staatskasse gedeckt ist und dem Teil, für den die Staatskasse nicht aufzukommen hat. 32

Der von der Staatskasse **gedeckte Teil** der Vergütung ist die dem Rechtsanwalt gemäß § 45 Abs. 1 geschuldete (gesicherte) **Grundvergütung** nach der Tabelle des § 49. Dieser Teil des Vergütungsanspruchs wird von Vorschüssen und Zahlungen des Mandanten oder Dritter nicht bzw. erst berührt, wenn diese die Differenz zwischen den Wahlanwaltsgebühren (§ 13) und den von der Staatskasse geschuldeten Gebühren (§ 49) übersteigen. Der Rechtsanwalt behält also seinen (gesicherten) Anspruch gegen die Staatskasse, die Vorschüsse und Zahlungen dienen vorrangig dem Ausgleich der (ungesicherten) Differenz zwischen der Grundvergütung und der Regelvergütung. 33

Der **nicht gedeckte** Teil des Vergütungsanspruchs des Rechtsanwalts betrifft die nach § 50 von der Staatskasse nicht geschuldete (ungesicherte) **Regelvergütung,** die einem Wahlanwalt nach § 13 zusteht. Eine über die Grundvergütung hinausgehende Vergütung bis zur Höhe der Regelvergütung kann der Rechtsanwalt nur aus den dem Mandanten im Rahmen der Prozesskostenhilfe auferlegten Ratenzahlungen fordern, vorausgesetzt, dass die vom Mandanten höchstens zu zahlenden 48 Raten (§ 115 Abs. 1 S. 4 ZPO) die **Gerichtskosten** und die an den Rechtsanwalt gemäß § 49 aus der Staatskasse zu zahlende **Grundvergütung** übersteigen. Die nach Abzug dieser beiden Positionen verbleibende **Differenz** steht dem beigeordneten Rechtsanwalt als „weitere Vergütung" nach § 50 zu. 34

Vorschüsse und Zahlungen an den beigeordneten Rechtsanwalt sind (zunächst) auf die Differenz zu verrechnen und entlasten die Staatskasse nur, wenn sie den Anspruch des beigeordneten Rechtsanwalts auf die Regelvergütung übersteigen. Folgendes **Beispiel,** aus Vereinfachungsgründen ohne Auslagen und Mehrwertsteuer dargestellt, verdeutlicht diese These. 35

Beispiel:
Die Wahlanwaltsgebühren gemäß § 13 betragen 1.500 EUR, die von der Staatskasse dem beigeordneten Rechtsanwalt gemäß § 49 geschuldeten Gebühren belaufen sich auf 800 EUR. Die Differenz zwischen den Wahlanwaltsgebühren und den von der Staatskasse geschuldeten Gebühren beträgt mithin 700 EUR (1.500 EUR minus 800 EUR). Hat der Mandant einen Vorschuss von 500 EUR gezahlt, ist dieser Vorschuss auf die Differenz von 700 EUR anzurechnen, so dass der Anspruch des beigeordneten Rechtsanwalts gegen die Staatskasse in voller Höhe bestehen bleibt. Hat der Mandant einen Vorschuss von 1.000 EUR gezahlt, ist die Differenz zwischen den Wahlanwaltsgebühren und den von der Staatskasse geschuldeten Gebühren in Höhe von 700 EUR voll gedeckt. Die restlichen 300 EUR vermindern den Anspruch des beigeordneten Rechtsanwalts gegen die Staatskasse von 800 EUR auf 500 EUR.

b) Begriffsbestimmung. Der Wortlaut der Norm unterscheidet zwischen „**Vorschüssen und Zahlungen**". Diese Differenzierung ist wenig sinnvoll,[13] aber unschädlich. Mit „Vorschüssen" und „Zahlungen" sind Geldleistungen gemeint, die der Rechtsanwalt von seinem **Mandanten** oder einem **Dritten** erhält. **Dritter** ist in erster Linie der unterlegene Prozessgegner oder eine am gerichtlichen Verfahren unbeteiligte Person, die für den Mandanten Vorschüsse oder Zahlungen leistet. Dritter iSd § 267 Abs. 1 S. 1 BGB ist nicht die **Staatskasse.**[14] Wenn sie gemäß § 47 36

---

[13] Schneider/Wolf/*N. Schneider/Fölsch* § 58 Rn. 12.
[14] Schneider/Wolf/*N. Schneider/Fölsch* § 58 Rn. 28; vgl. auch LG Berlin AnwBl. 1983, 478.

Hartung   695

oder § 51 Abs. 1 S. 4 an den beigeordneten Rechtsanwalt zahlt, erfüllt sie eine eigene Zahlungsverpflichtung. Ihre Zahlungen und Vorschüsse erfüllen den gegen sie gerichteten Vergütungsanspruch des beigeordneten Rechtsanwalts und sind deshalb auf die Vergütung, für die ein Anspruch des beigeordneten Rechtsanwalts gegen die Staatskasse nicht besteht, nicht anzurechnen.

37 Anrechenbar sind Vorschüsse und Zahlungen, die für den **Rechtsanwalt bestimmt** sind und von ihm als ihm **geschuldete Vergütung** vereinbart werden sollen. Nicht anrechenbar sind Vorschüsse und Zahlungen, die der Rechtsanwalt mit einer anderen **Zweckbestimmung** erhält. Das können Zahlungen für **Auslagen** sein, die nicht von der Staatskasse getragen werden, oder Zahlungen, die von dem Rechtsanwalt als **durchlaufende Gelder** vereinnahmt und an einen anderen (zB an den Gegner oder der Staatskasse) weitergeleitet werden sollen. In Betracht kommen auch **Fremdgelder** wie beispielsweise die Hinterlegung von Geld auf einem Anderkonto des Rechtsanwalts als Sicherheitsleistung für den Prozessgegner.[15]

38 Die Vorschüsse und Zahlungen müssen die **gebührenrechtliche Angelegenheit** betreffen, die der Beiordnung oder Bestellung des Rechtsanwalts zugrunde liegt. Gelten sie einer anderen Angelegenheit, in der der Rechtsanwalt aufgrund eines weiteren Mandats tätig ist, sind sie anrechnungsfrei. Aber auch innerhalb eines Mandats kommt es darauf an, welcher anwaltlichen Tätigkeit die Vorschüsse oder Zahlungen zugeordnet werden sollen. Dabei ist auf die **gebührenrechtliche Betrachtungsweise** abzustellen wie sie in den §§ 16 bis 19 definiert ist. So ist beispielsweise das Verfahren einer einstweiligen Anordnung neben der Hauptsache gebührenrechtlich eine andere Angelegenheit. Dasselbe gilt für alle in den §§ 17 und 18 geregelten verschiedenen und besonderen Angelegenheiten.

Praxistipp:

39 Der beigeordnete Rechtsanwalt sollte bei der Anforderung von Vorschüssen und Zahlungen genau definieren, für welche Tätigkeit er sie beansprucht. Andernfalls läuft er Gefahr, dass die Staatskasse, der er gemäß § 55 Abs. 5 S. 2 melden muss, ob und welche Zahlungen er bis zum Tag der Stellung seines Antrags auf Festsetzung der aus der Staatskasse zu zahlenden Vergütung erhalten hat, die Vorschüsse und Zahlungen anrechnet.

40 Die Vorschüsse und Zahlungen müssen ferner **vorbehaltlos** erfolgen. Deshalb sind auf die von der Staatskasse geschuldete Vergütung Vorschüsse und Zahlungen nicht anzurechnen, die der Mandant **vor** der Bestellung oder Beiordnung des Rechtsanwalts aufgrund einer mit ihm getroffenen Vereinbarung oder aufgrund seiner eigenen einseitigen Bestimmung unter **Vorbehalt** leistet. Ein Beispielsfall ist, dass die Zahlung für den Fall der Ablehnung eines Antrags auf Bewilligung von Prozesskostenhilfe für eine Tätigkeit des Rechtsanwalts als Wahlanwalt bestimmt sein soll und zurückzuzahlen ist, wenn Prozesskostenhilfe bewilligt wird.[16]

4. Anrechnungsgrundsätze

41 Vorschüsse und Zahlungen dürfen die dem beigeordneten Rechtsanwalt zustehende Vergütung weder erhöhen noch schmälern.

42 **a) Keine Erhöhung über Wahlanwaltsvergütung hinaus.** Der beigeordnete Rechtsanwalt soll insgesamt nicht mehr erhalten als er als Wahlanwalt vereinnahmen könnte. Das ist eine Selbstverständlichkeit, von der die gesetzliche Regelung ausgeht.

---

[15] Zur Problematik einer Hinterlegung bei dem Gegenanwalt siehe Hartung/*Hartung* BORA § 3 Rn. 84–86.
[16] So auch Schneider/Wolf/N. *Schneider/Fölsch* § 58 Rn. 30 f.

Deshalb ist der Rechtsanwalt verpflichtet, unter den in § 58 Abs. 2 genannten Voraussetzungen Vorschüsse und Zahlungen seines Mandanten oder Dritter auf seinen gegen die Staatskasse gerichteten Anspruch anrechnen zu lassen bzw. zurückzuzahlen, wenn er sonst eine höhere Vergütung als ein Wahlanwalt erhalten würde.[17] Das war an sich bislang schon unstreitig. Gleichwohl hat der Gesetzgeber es für notwendig erachtet, im Rahmen des 2. KostRMoG mit Wirkung ab 1.8.2013 dem § 58 Abs. 3 S. 3 einen Satz 4 anzufügen, der dies besagt.

b) Keine Kürzung der Vergütung. Die Vergütung des Rechtsanwalts soll durch eine Anrechnung von Vorschüssen und Zahlungen auf den gegen die Staatskasse gerichteten Vergütungsanspruch aber auch **nicht gekürzt** werden. Deshalb regelt § 58 Abs. 2 die **Reihenfolge**, in der eine Anrechnung ohne Benachteiligung des Rechtsanwalts zu erfolgen hat. „**Zunächst**" sollen Vorschüsse und Zahlungen auf den Teil der Vergütung angerechnet werden, der weniger gesichert ist. Das ist der Teil der Vergütung, für den kein Anspruch gegen die Staatskasse oder nur unter den Voraussetzungen des § 50 besteht. Erst wenn nach Deckung dieses Teils der Vergütung aus den Vorschüssen und Zahlungen ein Betrag übrig bleibt, kürzt sich der gegen die Staatskasse gerichtete Vergütungsanspruch um diesen Betrag. 43

Der Rechtsanwalt kann die Anrechnung von Vorschüssen und Zahlungen auf die ihm von der Staatskasse geschuldete Vergütung **nicht** dadurch **verhindern**, dass er die erhaltenen Beträge an denjenigen, der sie geleistet hat, **zurückzahlt**. Eine solche Handhabung würde eine bewusste **Benachteiligung der Staatskasse** zugunsten des Mandanten bedeuten und dem Sinn und Zweck des § 58 Abs. 2 widersprechen. Sinn und Zweck der gesetzlichen Regelung bestehen darin, den Vergütungsanspruch des beigeordneten Rechtsanwalts zu sichern. 44

Eine **Ausnahme** gilt im Fall einer **rückwirkenden Beiordnung** des Rechtsanwalts.[18] Der Rechtsanwalt kann mit dem Mandanten wirksam vereinbaren, dass er vor seiner Beiordnung erhaltene Vorschüsse und Zahlungen zurückzuzahlen hat, wenn es zu einer Bewilligung von Prozesskostenhilfe unter seiner Beiordnung kommt. 45

c) Anrechnungsprobleme bei vereinbarter Vergütung. Die Frage, ob Vorschüsse und Zahlungen auch auf eine zwischen dem Rechtsanwalt und dem Mandanten **vereinbarte Vergütung** anzurechnen sind, war unter der Geltung des § 4 aF lange Zeit umstritten.[19] Dieser Streit ist durch die Einfügung des § 3a Abs. 3 S. 1 hinfällig geworden. Nach dieser Vorschrift ist eine Vereinbarung, nach der ein im Wege der Prozesskostenhilfe beigeordneter Rechtsanwalt für die von der Beiordnung erfasste Tätigkeit eine höhere als die gesetzliche Vergütung erhalten soll, nunmehr nichtig. 46

Bei einer nur **teilweise bewilligten Prozesskostenhilfe** kann der beigeordnete Rechtsanwalt mit dem Mandanten eine **wirksame Vergütungsvereinbarung** für die von der Prozesskostenhilfe nicht erfasste Rechtsverfolgung oder Rechtsverteidigung treffen, weil die Vertragsfreiheit nur im Umfang der Beiordnung beschränkt ist. Vorschüsse und Zahlungen auf diese Vergütungsvereinbarung bleiben anrechnungsfrei. 47

5. Mitteilungs- und Anzeigepflicht

Gemäß § 55 Abs. 5 S. 2 ist der beigeordnete Rechtsanwalt verpflichtet, in seinem Antrag auf Festsetzung der aus der Staatskasse zu zahlenden Vergütung zu erklären, 48

---

[17] OLG Jena StRR 2010, 199; Burhoff/*Volpert* § 58 Abs. 3 Rn. 36.
[18] So BGH JurBüro 1963, 583; OLG Bamberg JurBüro 1985, 730; OLG Düsseldorf JurBüro 1982, 1210; ebenso Riedel/Sußbauer/*Ahlmann* § 58 Rn. 11.
[19] Bejahend zB Riedel/Sußbauer/*Ahlmann* § 58 Rn. 14 ff. vor Inkrafttreten des § 3a.

ob und welche Zahlungen er bis zum Tag der Antragstellung erhalten hat. Zahlungen, die er nach diesem Zeitpunkt erhält, hat er unverzüglich anzuzeigen. Dadurch soll sichergestellt werden, dass der Urkundsbeamte prüfen kann, ob und in welcher Höhe Vorschüsse und Zahlungen des Mandanten oder Dritter gemäß § 58 auf die von der Staatskasse geschuldete Vergütung anzurechnen sind.

V. Anrechnung von Zahlungen auf die Gebühren nach den Teilen 4 bis 6 VV(Abs. 3)

1. Normzweck

49 In Angelegenheiten, in denen sich die Gebühren nach den Teilen 4 bis 6 VV bestimmen, also in **Straf- und Bußgeldsachen** und in **sonstigen Verfahren,** sind gemäß § 58 Abs. 3 Vorschüsse und Zahlungen, die der gerichtlich bestellte oder beigeordnete Rechtsanwalt für seine Tätigkeit für bestimmte Verfahrensabschnitte erhält, nicht zunächst auf eine höhere Wahlanwaltsvergütung anzurechnen, sondern **unmittelbar** auf die von der Staatskasse für diese Verfahrensabschnitte zu zahlenden Gebühren. Allerdings wird der **Umfang der Anrechnung** durch § 58 Abs. 3 S. 3 auf das Doppelte der Festgebühren **beschränkt.**

50 Der in den genannten Verfahren gerichtlich bestellte oder beigeordnete Rechtsanwalt ist damit wesentlich **schlechter** gestellt als der im Wege der Prozesskostenhilfe beigeordnete Rechtsanwalt, weil Vorschüsse und Zahlungen in den Fällen des § 58 Abs. 3 grundsätzlich auf die aus der Staatskasse zu zahlenden Gebühren anzurechnen sind.

51 Der gerichtlich bestellte oder beigeordnete Rechtsanwalt (zu den Unterschieden zwischen Bestellung und Beiordnung vgl. → § 48 Rn. 6 ff.) erhält anders als der Wahlanwalt **Festgebühren.** Diese Festgebühren betragen etwa 80 % der Mittelgebühr eines Wahlanwalts. Erhält der Rechtsanwalt von dem Beschuldigten oder einem Dritten Vorschüsse und Zahlungen, sind sie auf die von der Staatskasse zu zahlenden Festgebühren anzurechnen.

52 Gemäß § 58 Abs. 3 S. 3 soll die Anrechnung nur erfolgen, soweit der Rechtsanwalt durch Vorschüsse und Zahlungen insgesamt mehr als den **doppelten Betrag** der ihm ohne Berücksichtigung der Pauschgebühr nach § 51 aus der Staatskasse zustehenden Gebühren erhalten würde. Anders ausgedrückt heißt das: Die Anrechnung unterbleibt, wenn die Zahlungen weniger als den doppelten Betrag der aus der Staatskasse geschuldeten Gebühren ausmachen. Diese Regelung soll den gebührenrechtlichen Nachteil, den ein gerichtlich bestellter oder beigeordneter Rechtsanwalt gegenüber einem Wahlanwalt hinnehmen muss, mildern. Andererseits soll der **Pflichtverteidiger** neben den vollen Pflichtverteidigergebühren zusammen mit den bereits erhaltenen Zahlungen und Vorschüssen nicht mehr erhalten, als ihm als **Wahlverteidigervergütung** zustünde.[20]

53 Eine **Pauschgebühr** nach § 51 ist in die Verdopplung **nicht** einzubeziehen. Das folgt schon aus dem Wortlaut des § 58 Abs. 3 S. 3. Eine Anrechnungsfreiheit bis zur Höhe der doppelten Pauschgebühr würde zudem den mit einer Pauschgebühr bedachten Rechtsanwalt ungerechtfertigt begünstigen.[21]

2. Anrechenbare Vorschüsse und Zahlungen

54 Die Regelung des § 58 Abs. 3 betrifft Vorschüsse und Zahlungen, die der bestellte oder beigeordnete Rechtsanwalt **vor oder nach** der gerichtlichen Bestellung oder

---

[20] So OLG Jena Rpfleger 2010, 107; ebenso Burhoff/*Volpert* § 58 Rn. 36; Schneider/Wolf/ *N. Schneider*/Fölsch § 58 Rn. 63 ff.

[21] OLG Jena RVGreport 2010, 24; Riedel/Sußbauer/*Ahlmann* § 58 Rn. 28.

Anrechnung von Vorschüssen und Zahlungen **§ 58**

Beiordnung erhält. Sie können von dem **Beschuldigten** oder von einem **Dritten**, zum Beispiel auch von einem **Rechtsschutzversicherer** stammen. Dritter ist nicht ein anderer Mandant, den der Rechtsanwalt im selben Verfahren als Wahlanwalt vertritt, da Dritter nur sein kann, wer Vorschüsse und Zahlungen für den Beschuldigten und nicht auf eine eigene Gebührenschuld leistet.

Auch Zahlungen eines von dem Rechtsanwalt **mit vertretenem Nebenkläger** 55 sind anzurechnen, wenn der mit vertretene Nebenkläger nicht auf seine eigene Verbindlichkeit, sondern auf die Gesamtschuld zahlt.[22]

Die Vorschüsse und Zahlungen müssen sich auf **Tätigkeiten** beziehen, die von 56 der gerichtlichen Bestellung oder Beiordnung umfasst sind. § 58 Abs. 3 spricht insoweit von **Verfahrensabschnitten**, auf die von der Staatskasse Gebühren zu zahlen sind. Als Verfahrensabschnitt ist der **Instanzenzug** zu verstehen, wobei streitig ist, ob das Ermittlungsverfahren und das Verfahren des ersten Rechtszugs als eine Einheit gelten.[23] Maßstab für die Beurteilung, ob Vorschüsse und Zahlungen anrechenbar sind, ist die **Identität** bzw. **Deckungsgleichheit** der von der gerichtlichen Bestellung oder Beiordnung umfassten Tätigkeit einerseits und der Tätigkeit, auf die sich Vorschüsse und Zahlungen beziehen, andererseits.[24]

3. Grenzen der Anrechnung – Rückzahlung

a) Berechnungsmethode. Nach § 58 Abs. 3 S. 3 erfolgt die Anrechnung nur, 57 soweit der Rechtsanwalt durch die Zahlungen insgesamt **mehr** als den **doppelten Betrag** der ihm ohne Berücksichtigung des § 51 aus der Staatskasse zustehenden Gebühren erhalten würde. Verbleibt dem Rechtsanwalt unter Berücksichtigung der erhaltenen Vorschüsse und Zahlungen weniger als das Doppelte der ihm aus der Staatskasse zustehenden Gebühren, entfällt eine Anrechnung.

Bei der **Anrechnung** ist wie folgt vorzugehen:[25] 58
- Zunächst sind die **vollen Gebühren** zu berechnen, die dem Rechtsanwalt zustehen würden, wenn keine Vorschüsse und Zahlungen geleistet worden wären.
- Alsdann ist der Betrag zu errechnen, den der Rechtsanwalt erhalten würde, wenn sich die jeweils einschlägigen Gebühren nach den Teilen 4 bis 6 VV verdoppeln würden (sog. **Kontrollbetrag**).
- Soweit die gezahlten Vorschüsse und Zahlungen zzgl. des Betrags der **einfachen** Gebühren den Betrag der **doppelten** Gebühren übersteigen, sind Vorschüsse und Zahlungen, die dieselbe Angelegenheit bzw. denselben Verfahrensabschnitt betreffen, anzurechnen.

b) Einzelheiten. Bei der Ermittlung der anzurechnenden Vorschüsse und Zah- 59 lungen sind folgende Gesichtspunkte zu beachten:

aa) Umsatzsteuer. Die Anrechnung ist auf **Nettobasis** vorzunehmen.[26] Die 60 Umsatzsteuer ist erst auf demjenigen Betrag hinzuzurechnen, der nach der Anrechnung verbleibt. Im Ergebnis macht es allerdings keinen Unterschied, die Anrechnung auf **Bruttobasis** durchzuführen. Beide Berechnungsmethoden führen zum selben Ergebnis. Etwas anderes gilt nur, wenn sich die Umsatzsteuersätze zwischen dem

---

[22] Schneider/Wolf/N. *Schneider/Fölsch* § 58 Rn. 41.
[23] Eine Einheit bejahen KG RVGreport 2008, 339; OLG Oldenburg JurBüro 2007, 415; OLG Stuttgart AGS 2008, 117; eine Einheit verneinen OLG Düsseldorf JurBüro 2006, 641; OLG Frankfurt a.M. AGS 2007, 193; siehe dazu ausführlich Burhoff/*Volpert* § 58 Abs. 3 Rn. 14–16.
[24] OLG Stuttgart Rpfleger 2007, 682.
[25] Die Darstellung folgt Schneider/Wolf/N. *Schneider/Fölsch* § 58 Rn. 63 ff.
[26] OLG Hamm JurBüro 1996, 191; OLG Stuttgart JurBüro 1996, 134; OLG Zweibrücken JurBüro 1998, 75; *Hartmann* § 58 Rn. 22; Schneider/Wolf/N. *Schneider/Fölsch* § 58 Rn. 63.

§ 58 Anrechnung von Vorschüssen und Zahlungen

Eingang der Vorschüsse und Zahlungen und dem Zeitpunkt der Festsetzung der Vergütung gemäß § 55 ändern. In einem solchen Fall ist eine Berechnung auf **Nettobasis** vorzuziehen.

61 **bb) Auslagenpauschale.** Die Auslagenpauschale gemäß Nr. 7002 VV ist bei der Ermittlung der anrechnungsfreien bzw. anzurechnenden Vorschüsse und Zahlungen weder einfach noch doppelt zu berücksichtigen.[27] Das folgt zwingend aus dem Wortlaut des § 58 Abs. 3 S. 3. Diese Regelung spricht nur von Gebühren. Dazu zählen nach der Legaldefinition des § 1 Abs. 1 S. 1 nicht die Auslagen.

62 **cc) Zahlungen auf Auslagen.** Erhält der gerichtlich bestellte oder beigeordnete Rechtsanwalt Vorschüsse und Zahlungen auf Auslagen, dürfen diese Leistungen auch nur auf die Auslagen und nicht auf die Gebühren angerechnet werden.[28]

4. Anzeigepflicht

63 Der gerichtlich bestellte oder beigeordnete Rechtsanwalt ist gemäß § 55 Abs. 5 S. 2 verpflichtet, in seinem Antrag auf Festsetzung der aus der Staatskasse zu zahlenden Vergütung zu erklären, ob und welche Zahlungen er bis zum Tag der Antragstellung erhalten hat. Darüber hinaus trifft ihn die Pflicht, Zahlungen, die er nach diesem Zeitpunkt erhält, unverzüglich anzuzeigen.

5. Rückzahlungspflicht

64 Soweit Zahlungen anzurechnen sind, verringert sich der Gebührenanspruch des Rechtsanwalts gegen die Staatskasse.

65 Anrechenbare Zahlungen, die der Rechtsanwalt **vor** Einreichung des Festsetzungsantrags erhalten hat, haben eine sofortige **Kürzung** der festzusetzenden Gebühren zur Folge.

66 Hat der Rechtsanwalt anrechenbare Zahlungen empfangen, **nachdem** er Gebühren aus der Staatskasse erhalten hat, ist er gemäß § 58 Abs. 3 S. 2 zur **Rückzahlung** an die Staatskasse verpflichtet. Auch in diesem Fall obliegt es ausschließlich dem Urkundsbeamten der Geschäftsstelle, über die Anrechenbarkeit und die sich daraus ergebende Rückzahlungsverpflichtung zu entscheiden.

67 Die Anzeige des Rechtsanwalts von Zahlungen nach bereits erfolgter Festsetzung der aus der Staatskasse zu zahlenden Gebühren führt zu einer **Neufestsetzung** dieser Gebühren. Im Rahmen dieser Neufestsetzung der Gebühren setzt der Urkundsbeamte der Geschäftsstelle zugleich den **Rückzahlungsanspruch** fest. Dieser ergibt sich unmittelbar aus § 58 Abs. 3 S. 2.[29] Die aufgrund dieser Festsetzung zurückzuzahlenden Gebühren kann die Staatskasse gemäß § 1 Abs. 1 Nr. 8 JBeitrO zwangsweise beitreiben. Auf den Wegfall der Bereicherung kann sich der Rechtsanwalt nicht berufen.[30] Die Staatskasse kann die zuviel gezahlten Gebühren nur bis zum Ende des der Festsetzung folgenden Kalenderjahres zurückfordern.[31]

VI. Rechtsschutz

68 Gegen die Feststellung der Anrechenbarkeit durch den Urkundsbeamten der Geschäftsstelle kann der Rechtsanwalt nach Maßgabe des § 56 Erinnerung und gegen

---

[27] So auch HK-RVG/*Kießling* § 58 Rn. 23; Schneider/Wolf/N. *Schneider/Fölsch* § 58 Rn. 65; OLG Zweibrücken JurBüro 1998, 75.

[28] So wohl auch OLG Düsseldorf Rpfleger 1996, 368; ferner auch Schneider/Wolf/N. *Schneider/Fölsch* § 58 Rn. 78 ff.

[29] Schneider/Wolf/N. *Schneider/Fölsch* § 58 Rn. 89 ff.

[30] OLG Düsseldorf AnwBl. 1991, 409; KG JurBüro 2009, 31; OLG Zweibrücken JurBüro 1983, 722.

[31] OLG Koblenz Rpfleger 1993, 290.

die Entscheidung über die Erinnerung Beschwerde bzw. weitere Beschwerde einlegen. Insoweit wird auf die Kommentierung des § 56 verwiesen.

§ 59 Übergang von Ansprüchen auf die Staatskasse

(1) [1]Soweit dem im Wege der Prozesskostenhilfe oder nach § 138 des Gesetzes über das Verfahren in Familiensachen und in den Angelegenheiten der freiwilligen Gerichtsbarkeit, auch i. V. m. § 270 des Gesetzes über das Verfahren in Familiensachen und in den Angelegenheiten der freiwilligen Gerichtsbarkeit, beigeordneten oder nach § 67a Abs. 1 Satz 2 der Verwaltungsgerichtsordnung bestellten Rechtsanwalt wegen seiner Vergütung ein Anspruch gegen die Partei oder einen ersatzpflichtigen Gegner zusteht, geht der Anspruch mit der Befriedigung des Rechtsanwalts durch die Staatskasse auf diese über. [2]Der Übergang kann nicht zum Nachteil des Rechtsanwalts geltend gemacht werden.

(2) [1]Für die Geltendmachung des Anspruchs sowie für die Erinnerung und die Beschwerde gelten die Vorschriften über die Kosten des gerichtlichen Verfahrens entsprechend. [2]Ansprüche der Staatskasse werden bei dem Gericht des ersten Rechtszugs angesetzt. [3]Ist das Gericht des ersten Rechtszugs ein Gericht des Landes und ist der Anspruch auf die Bundeskasse übergegangen, wird er insoweit bei dem jeweiligen obersten Gerichtshof des Bundes angesetzt.

(3) Absatz 1 gilt entsprechend bei Beratungshilfe.

Übersicht

	Rn.
I. Überblick	1
II. Normzweck	5
III. Anwendungsbereich	10
1. Verfahren nach Teil 3 VV	11
2. Verfahren nach Teil 4 bis 6 VV	12
3. Sonderfälle (§§ 138, 270 FamFG)	15
IV. Anspruchsübergang (Abs. 1 S. 1)	16
1. Gegenstand des Anspruchsübergangs	16
2. Übergang des Vergütungsanspruchs gegen den Mandanten	20
a) Vergütungsanspruch vor dem Anspruchsübergang	20
b) Vergütungsanspruch nach dem Anspruchsübergang	21
3. Übergang des Beitreibungsrechts gegen den erstattungspflichtigen Gegner	22
a) Beitreibungsrecht vor Anspruchsübergang	22
b) Beitreibungsrecht nach Anspruchsübergang	25
4. Fortbestand des Verfügungsrechts des Mandanten trotz Anspruchsübergang	28
V. Vorrang des Rechtsanwalts (Abs. 1 S. 2)	31
1. Prozessgegner haftet voll	33
2. Prozessgegner haftet nach Bruchteilen	35
VI. Geltendmachung des übergegangenen Anspruchs durch die Staatskasse (Abs. 2 S. 1 bis 3)	37
1. Verfahren	37
2. Geltendmachung des Vergütungsanspruchs gegen den Mandanten	39
3. Geltendmachung des Beitreibungsrechts gegen den Prozessgegner	42

	Rn.
VII. Beratungshilfe (Abs. 3)	43
VIII. Rechtsschutz (Abs. 2 S. 4)	47
1. Erinnerung	48
2. Beschwerde	52
3. Weitere Beschwerde	56

I. Überblick

1 Die Vorschrift begründet einen **gesetzlichen Forderungsübergang.** Der Vergütungsanspruch des gerichtlich beigeordneten oder bestellten Rechtsanwalts geht „mit der Befriedigung" des Rechtsanwalts durch die Staatskasse auf diese über.

2 **§ 59 Abs. 1** betrifft die **Ansprüche,** die nach § 138 FamFG, auch iVm § 270 FamFG, dem **beigeordneten** oder dem nach § 67a Abs. 1 S. 2 VwGO **bestellten** Rechtsanwalt gegen seine Partei oder einen ersatzpflichtigen Gegner zustehen.

3 **§ 59 Abs. 2 S. 1** wurde mit Wirkung ab 1.8.2013 durch das **2. KostRMoG** neu gefasst und gleichzeitig der bisherige Abs. 2 S. 4 aufgehoben, damit sich sowohl der Ansatz der übergegangenen Ansprüche als auch die Rechtsbehelfe gegen die Geltendmachung dieser Ansprüche nach dem jeweiligen Kostengesetz (GKG, FamGKG, GNotKG) richten kann.[1]

4 **§ 59 Abs. 3** betrifft den Bereich der **Beratungshilfe.** Die Vorschrift erfasst die nach § 9 S. 2 BerHG zunächst auf den Rechtsanwalt übergegangenen Ansprüche des Rechtsuchenden gegen einen ersatzpflichtigen Dritten, die unter den Voraussetzungen des § 59 Abs. 1 im Wege eines zweiten gesetzlichen Forderungsübergangs auf die Staatskasse übergeleitet werden.

II. Normzweck

5 Soweit die Staatskasse einem gerichtlich beigeordneten oder bestellten Rechtsanwalt die von ihr geschuldete Vergütung zahlt, hat sie ein Interesse an einem **finanziellen Ausgleich,** um die Inanspruchnahme öffentlicher Mittel so gering wie möglich zu halten. Ein solcher Ausgleich kommt in Betracht, wenn dem Rechtsanwalt neben dem Vergütungsanspruch gegen die Staatskasse ein Anspruch gegen seinen Mandanten oder gegen dessen Gegner zusteht. Diese Ansprüche erlöschen durch die Zahlung der dem gerichtlich bestellten oder beigeordneten Rechtsanwalt zustehenden Vergütung aus Mitteln der Staatskasse nicht, weil die **Staatskasse** mit ihrer Zahlung eine **eigene Verpflichtung** erfüllt. Sie zahlt nicht für den Mandanten oder dessen Gegner, sondern erfüllt einen **öffentlich-rechtlichen Anspruch** des gerichtlich beigeordneten oder bestellten Rechtsanwalts.

6 Der öffentlich-rechtliche Anspruch gegen die Staatskasse besteht unabhängig von dem **privatrechtlichen Anspruch** des Rechtsanwalts, den dieser aus einem mit dem Mandanten geschlossenen **Anwaltsvertrag** hat und auch unabhängig von dem **Kostenerstattungsanspruch** gegen den Gegner der von ihm vertretenen Partei. Zwischen dem Rechtsanwalt, der von ihm vertretenen Partei und der Staatskasse bestehen verschiedene Rechtsbeziehungen.

7 Das Rechtsverhältnis zwischen dem Rechtsanwalt und der Staatskasse wird durch die gerichtliche **Beiordnung** oder **Bestellung** bestimmt, das Rechtsverhältnis zwischen dem Rechtsanwalt und der von ihm vertretenen Partei durch den **Anwaltsvertrag** und das Rechtsverhältnis zwischen der vertretenen Partei und der Staatskasse durch den **Beschluss,** durch den der Rechtsanwalt gerichtlich beigeordnet oder bestellt wird.

---

[1] BT-Drs. 17/11471 v. 14.11.2012 Art. 8 Nr. 30 (S. 424).

Andererseits kann der gerichtlich beigeordnete oder bestellte Rechtsanwalt nicht 8
mehr als die ihm zustehende gesetzliche Vergütung beanspruchen. Deshalb könnte
der Mandant oder sein Gegner im Falle einer Inanspruchnahme geltend machen,
dass der Rechtsanwalt die ihm zustehende Vergütung bereits aus der Staatskasse
erhalten habe. Diesen **Konflikt** löst das Gesetz, indem es der Staatskasse die einem
Bürgen vergleichbare Stellung zuweist. Wie die Forderung des Gläubigers gegen
den Schuldner gemäß § 774 Abs. 1 S. 1 BGB auf den Bürgen in Höhe seiner Zahlung
übergeht, findet auch bei Zahlung der Vergütung durch die Staatskasse ein **gesetzlicher Forderungsübergang** iSd § 412 BGB statt.

Der Vergütungsanspruch des Rechtsanwalts gegen seinen Mandanten und auch 9
der Erstattungsanspruch gegen dessen Gegner gehen „**mit der Befriedigung**", dh
mit der Zahlung der Vergütung durch die Staatskasse in Höhe der Zahlung auf sie
über, also nicht bereits zum Zeitpunkt der Festsetzung der Vergütung gemäß § 55.
Auf diesen gesetzlichen Forderungsübergang sind die §§ 399 bis 404 BGB und die
§§ 406 bis 410 BGB, auf die § 412 BGB verweist, anwendbar. Das gilt insbesondere
für den Übergang von **Sicherungsrechten** (§ 401 BGB), für die **Auskunftspflicht**
des Rechtsanwalts gegenüber der Staatskasse über den Bestand der übergegangenen
Ansprüche (§ 402 BGB), für den Fortbestand der dem Mandanten bzw. dessen
Gegner zustehenden **Einwendungen** (§ 404 BGB) und für den **Gutglaubensschutz** gemäß §§ 406, 407 BGB.

III. Anwendungsbereich

Die Vorschrift betrifft den gesamten Bereich der **Prozesskostenhilfe**, gleichgül- 10
tig in welchem Verfahren und in welcher Gerichtsbarkeit sie bewilligt und der
Rechtsanwalt beigeordnet wird.

1. Verfahren nach Teil 3 VV

Von der Vorschrift erfasst werden sämtliche Verfahren, in denen sich die Gebühren 11
des beigeordneten Rechtsanwalts nach **Teil 3 VV** richten. Das sind insbesondere
alle **bürgerlichen Rechtsstreitigkeiten** (§§ 114 ff. ZPO) einschließlich der Verfahren vor den Gerichten für **Arbeitssachen** (§ 11a ArbGG), die Verfahren vor den
Verwaltungsgerichten (§ 166 VwGO), den **Finanzgerichten** (§ 142 FGO) und
den **Sozialgerichten** (§ 73a SGG). Dazu gehören ferner die Verfahren der
Zwangsvollstreckung, der **Vollziehung der Arreste, einstweiligen Verfügungen** und **einstweiligen Anordnungen** (§§ 114 ff. ZPO) sowie die Angelegenheiten
der **freiwilligen Gerichtsbarkeit**. Des Weiteren betrifft die Vorschrift Verfahren
in **Gebrauchsmustersachen** (§ 21 Abs. 2 GebrMG), **Geschmacksmustersachen**
(§ 10b GeschmMG), **Patentsachen** (§§ 130, 133 und 135 bis 138 PatG), **Sortenschutzsachen** (§ 36 SortSchG) und in **Insolvenzverfahren** (§ 4 InsO).

2. Verfahren nach Teil 4 bis 6 VV

Prozesskostenhilfe kann auch bewilligt werden in Verfahren, die in den **Teilen 4** 12
bis 6 VV geregelt sind. Das sind **Strafsachen** (Teil 4 VV), **Bußgeldsachen** (Teil 5
VV) und **sonstige Verfahren** (Teil 6 VV).

Aus dem Bereich der Straf- und Bußgeldsachen sind – ohne Anspruch auf Voll- 13
ständigkeit – als Beispiele zu nennen die Bewilligung von Prozesskostenhilfe für den
Privat- oder Nebenkläger (§§ 379 Abs. 3, 397a, 406g Abs. 3 Ziff. 1 StPO), für
den Beklagten im **Privatklageverfahren**, wenn er Widerklage erhebt (§§ 388, 379
Abs. 3 StPO), für den Antragsteller im **Klageerzwingungsverfahren** (§ 172 Abs. 3
S. 1. Hs. 1 StPO), für den **Einziehungsbeteiligten** (§ 434 Abs. 2 StPO) und für

den Antragsteller und den Angeschuldigten im **Adhäsionsverfahren** (§ 404 Abs. 5 StPO).

14   Zu den **sonstigen Verfahren** gehören im wesentlichen Verfahren nach dem Gesetz über die Internationale Rechtshilfe in Strafsachen, Disziplinarverfahren, berufsgerichtliche Verfahren wegen der Verletzung einer Berufspflicht und gerichtliche Verfahren bei Freiheitsentziehung.

3. Sonderfälle (§§ 138, 270 FamFG)

15   Schließlich betrifft die Vorschrift auch den nach den §§ 138, 270 FamFG beigeordneten oder nach § 67a Abs. 1 S. 2 VwGO bestellten Rechtsanwalt. In beiden Fällen ist die Staatskasse auch **ohne Bewilligung von Prozesskostenhilfe** unter den in § 45 Abs. 2 genannten Voraussetzungen zur Zahlung der Vergütung an den gerichtlich bestellten Rechtsanwalt verpflichtet. Die **bürgenähnliche Stellung** der Staatskasse greift erst ein, wenn sich der zur Zahlung Verpflichtete in **Verzug** befindet (§§ 45 Abs. 2, 47 Abs. 1 S. 2). Der Vergütungsanspruch des Rechtsanwalts gegen den (die) Vertretenen ist anders als im Fall der Beiordnung im Rahmen von Prozesskostenhilfe nicht einredebehaftet und damit für die Staatskasse ohne weiteres durchsetzbar.[2]

IV. Anspruchsübergang (Abs. 1 S. 1)

1. Gegenstand des Anspruchsübergangs

16   Dem Rechtsanwalt steht neben dem **Vergütungsanspruch** gegen den **Mandanten,** den er allerdings während des Bestands der Beiordnung nicht geltend machen kann (§ 122 Abs. 1 Nr. 3 ZPO), ein eigenes **Beitreibungsrecht** gemäß § 126 ZPO gegen den ersatzpflichtigen **Gegner** zu, soweit diesem die Verfahrenskosten auferlegt worden sind. Der in § 59 Abs. 1 S. 1 geregelte gesetzliche Forderungsübergang erfasst beide Ansprüche.[3] Die Staatskasse hat die **Wahl,** ob sie beide Forderungen alternativ oder kumulativ geltend machen will. Der Mandant und der erstattungspflichtige Gegner haften also der Staatskasse wie **Gesamtschuldner.**[4]

17   Von dem gesetzlichen Forderungsübergang nicht betroffen ist der **Anspruch** des Rechtsanwalts gegenüber einem von ihm in derselben Sache vertretenen **Streitgenossen** des ihm im Rahmen von Prozesskostenhilfe beigeordneten Mandanten.[5] Das gilt auch für den **internen Ausgleichsanspruch** gemäß § 426 BGB, der dem ausgleichsberechtigten Prozesskostenhilfemandanten zustünde, wenn er die Gebühren selbst bezahlt hätte. Der Staatskasse ist es nicht erlaubt, diesen Anspruch gegen den ausgleichsverpflichteten Streitgenossen nach den Vorschriften über die Einziehung der Kosten des gerichtlichen Verfahrens gemäß § 59 Abs. 2 S. 1 geltend zu machen. Sie hat nur die Möglichkeit, den ausgleichspflichtigen Betrag **einzuklagen.**[6] Etwas anderes gilt bei einer Bestellung nach § 67a Abs. 1 S. 2 VwGO, weil sie sich auf alle Streitgenossen erstreckt und die Staatskasse im Rahmen der Erfüllung einer Gesamtschuld im Zweifel für alle zahlt.[7]

---

[2] Schneider/Wolf/*Fölsch* § 59 Rn. 3.
[3] Schneider/Wolf/*Fölsch* § 59 Rn. 12.
[4] Schneider/Wolf/*Fölsch* § 59 Rn. 13.
[5] Schneider/Wolf/*Fölsch* § 59 Rn. 8. Zur Thematik des Vergütungsanspruchs gegen Streitgenossen innerhalb und außerhalb von Prozesskostenhilfe sowie des internen Ausgleichs – auch im Verhältnis zur Staatskasse – vgl. Riedel/Sußbauer/*Ahlmann* § 59 Rn. 20 ff.; vgl. auch OLG Karlsruhe AGS 2013, 20 und OLG Naumburg AGS 2013, 132.
[6] OLG Bamberg JurBüro 1971, 78 mAnm *Mümmler;* Schneider/Wolf/*Fölsch* § 59 Rn. 9.
[7] Schneider/Wolf/*Fölsch* § 59 Rn. 10.

Von dem gesetzlichen Forderungsübergang nicht betroffen ist auch der Anspruch 18
des beigeordneten Rechtsanwalts auf **Zahlung der weiteren Vergütung** gemäß
§ 50 Abs. 1. Soweit dem Mandanten Prozesskostenhilfe mit einer Ratenzahlungsanordnung bewilligt wird, dienen seine Ratenzahlungen zwar zur Befriedigung des
Rechtsanwalts, **Kostengläubigerin** ist jedoch die Staatskasse (§ 120 Abs. 2 ZPO)
und nicht der beigeordnete Rechtsanwalt.

Die Staatskasse erwirbt die Ansprüche in dem **Zustand,** in dem sie sich zum 19
Zeitpunkt der Zahlung der Vergütung seitens der Staatskasse an den Rechtsanwalt
befinden.[8] Die **rechtliche Qualität** der Ansprüche ändert sich durch den Übergang
nicht. Auch in der Hand der Staatskasse behält der Anspruch auf Erstattung außergerichtlicher Kosten seinen Charakter und wird nicht etwa zu einem Anspruch auf
Erstattung von Gerichtskosten.[9] Deshalb ist auch eine **Partei**, die gemäß § 2 GKG
von der Zahlung der Gerichtskosten **befreit** ist, verpflichtet, den auf die Staatskasse
übergegangenen Erstattungsanspruch zu erfüllen.[10] Ebenso gelten die Vorschriften
über die **Gerichtskostenhaftung** (§§ 22 ff. GKG) nicht.

2. Übergang des Vergütungsanspruchs gegen den Mandanten

a) Vergütungsanspruch vor dem Anspruchsübergang. Der Anspruch des 20
Rechtsanwalts gegen seinen Mandanten auf die Wahlanwaltsgebühren beruht auf
dem **Mandatsvertrag.** Diesen Anspruch kann der im Wege der Prozesskostenhilfe
beigeordnete Rechtsanwalt nicht geltend machen, so lange die Beiordnung andauert
(§ 122 Abs. 1 Nr. 3 ZPO). In der Hand des Rechtsanwalts ist der Vergütungsanspruch also eine **Naturalobligation.**[11] Zu einem durchsetzbaren Anspruch erstarkt
die Naturalobligation erst mit der Aufhebung der Prozesskostenhilfe gemäß § 124
ZPO. Ein weiterer Grund ist der **Tod** des Mandanten, weil die Prozesskostenhilfe
an die Person gebunden ist.[12]

b) Vergütungsanspruch nach dem Anspruchsübergang. Die Rechtslage 21
ändert sich durch den Übergang des Vergütungsanspruchs auf die Staatskasse nicht.
Der Anspruch ist unverändert nicht durchsetzbar und bleibt gemäß § 404 BGB
einredebehaftet, solange die Beiordnung nicht aufgehoben wird. In der Praxis
ist der Übergang des Vergütungsanspruchs auf die Staatskasse deshalb kaum von
Bedeutung.

3. Übergang des Beitreibungsrechts gegen den erstattungspflichtigen Gegner

a) Beitreibungsrecht vor Anspruchsübergang. Wenn der von der Prozess- 22
kostenhilfe begünstigte Mandant des beigeordneten Rechtsanwalts einen Kostenerstattungsanspruch gegen seinen Prozessgegner hat, steht dem Rechtsanwalt ein
eigenes Recht zur selbständigen Beitreibung seiner Vergütung (Gebühren und
Auslagen) gegen den Gegner zu. Dieses **Beitreibungsrecht** ist in § 126 ZPO
geregelt. Es knüpft an den prozessrechtlichen Kostenerstattungsanspruch des Mandanten an und setzt damit einen wegen der Kosten zur Zwangsvollstreckung geeigneten Titel (Urteil oder gerichtlich protokollierter Vergleich) voraus. So lange der

---

[8] KG MDR 1988, 420; KG Rpfleger 2006, 662; OLG Düsseldorf FER 2000, 42; OLG
Karlsruhe JurBüro 1999, 370; sa *Hartmann* § 59 Rn. 5.
[9] So schon BGH NJW 1965, 538; ferner KG MDR 1988, 420; OLG Düsseldorf FER 2000,
42; OLG Karlsruhe JurBüro 1999, 370; sa *Hartmann* § 59 Rn. 5; HK-RVG/*Kießling* § 59 Rn. 16.
[10] OLG Düsseldorf FER 2000, 42; *Hartmann* § 59 Rn. 6; HK-RVG/*Kießling* § 59 Rn. 16.
[11] So auch Schneider/Wolf/*Fölsch* § 59 Rn. 34.
[12] OLG Celle JurBüro 1987, 1237; OLG Frankfurt a.M. JurBüro 1985, 605; Riedel/Sußbauer/*Ahlmann* § 59 Rn. 13.

§ 59 Übergang von Ansprüchen auf die Staatskasse

Titel noch nicht rechtsbeständig ist, beispielsweise das Urteil noch angefochten oder der Vergleich noch widerrufen werden kann, ist das Beitreibungsrecht **auflösend bedingt** und steht unter dem **Vorbehalt** der Rechtskraft bzw. der Rechtsbeständigkeit. Durch eine andere Kostenentscheidung in der nächsthöheren Instanz, durch eine Rücknahme der Klage oder auch durch einen gerichtlichen oder außergerichtlichen Vergleich können der Kostenerstattungsanspruch des Mandanten und damit auch das Beitreibungsrecht des beigeordneten Rechtsanwalts rückwirkend wieder entfallen.[13]

23   Das Beitreibungsrecht umfasst nur solche Gebühren und Auslagen, die nach § 91 Abs. 1 S. 1 und 2 ZPO erstattungsfähig und von der Beiordnung umfasst sind. Es erstreckt sich nicht auf **eigene Auslagen** des Mandanten wie etwa dessen Reisekosten, auch wenn sie erstattungsfähig sind.[14]

24   Das Beitreibungsrecht besteht ebenso wie der Kostenerstattungsanspruch des Mandanten auch dann, wenn dem **Prozessgegner** ebenfalls **Prozesskostenhilfe** bewilligt worden ist. Die Bewilligung von Prozesskostenhilfe schützt die von ihr begünstigte Partei nicht vor einer Inanspruchnahme wegen eines Kostenerstattungsanspruchs des obsiegenden Gegners.[15]

25   **b) Beitreibungsrecht nach Anspruchsübergang.** Der Anspruchsübergang betrifft nur das **selbständige** Beitreibungsrecht des Rechtsanwalts, nicht aber den Kostenerstattungsanspruch des Mandanten, auch wenn sich das Beitreibungsrecht des Rechtsanwalts aus diesem Kostenerstattungsanspruch ableitet und dessen Bestand Voraussetzung für das Beitreibungsrecht ist.[16]

26   Das Beitreibungsrecht des Rechtsanwalts erwirbt die Staatskasse in dem **Zustand** und in dem Umfang, in dem es sich zum **Zeitpunkt des Übergangs** befindet.[17] Der Übergang erstreckt sich auch auf **Nebenrechte** (zum Beispiel die von einer ausländischen Partei geleistete Sicherheit für die Prozesskosten), auf **Sicherungsrechte** (zum Beispiel ein vom Rechtsanwalt vor dem Anspruchsübergang erwirktes Pfändungspfandrecht) und auch auf den **Zinsanspruch** gemäß § 104 Abs. 1 S. 2 ZPO. Umstritten ist, ob im Falle der Klagerücknahme auch das **Antragsrecht nach § 269 Abs. 3 S. 2 ZPO** übergeht.[18] Da dieses Antragsrecht nicht dem Rechtsanwalt, sondern dem Mandanten zusteht, bleibt es von dem Anspruchsübergang ausgeschlossen.

27   Obwohl das Beitreibungsrecht nach allgemeiner Meinung in dem Zustand übergeht, in dem es sich zum Zeitpunkt des Übergangs in der Hand des Rechtsanwalts befindet, ist umstritten, welche **rechtliche Qualität das Beitreibungsrecht** in der Hand der Staatskasse hat, wenn es sich gegen eine **gegnerische Prozesspartei** richtet, zu deren Gunsten ebenfalls **Prozesskostenhilfe** bewilligt worden ist. Eine Auffassung besagt, dass das auf die Staatskasse übergegangene Beitreibungsrecht des Rechtsanwalts gegen den erstattungspflichtigen Gegner von ihr nur durchgesetzt werden darf, wenn und soweit dieser gemäß § 120 Abs. 1 ZPO im Rahmen der

---

[13] OLG Stuttgart MDR 1989, 744; LG Köln Rpfleger 1990, 372; Riedel/Sußbauer/*Ahlmann* § 59 Rn. 14.
[14] So OLG München Rpfleger 1982, 417; OLG Oldenburg JurBüro 1980, 1052; Riedel/Sußbauer/*Ahlmann* § 59 Rn. 8.
[15] BGH NJW-RR 1998, 70; OLG Karlsruhe FamRZ 2005, 2002; OLG Koblenz AGS 2008, 566; OLG Nürnberg MDR 2008, 233; OLG Oldenburg JurBüro 2009, 97; OLG Zweibrücken MDR 2008, 1245.
[16] So auch Riedel/Sußbauer/*Ahlmann* § 59 Rn. 14.
[17] BGH JurBüro 1997, 648.
[18] Bejahend LG Aschaffenburg JurBüro 1990, 1020; LG Osnabrück JurBüro 1987, 1379; *Mümmler* JurBüro 1988, 826; verneinend OLG Nürnberg JurBüro 1989, 803; OLG Zweibrücken JurBüro 1989, 694.

ihm bewilligten Prozesskostenhilfe Zahlungen zu erbringen hat.[19] Die Gegenmeinung lässt die Beitreibung nach der Justizbeitreibungsverordnung unbeschränkt zu.[20] Dieser Meinung ist zuzustimmen, da andernfalls die seltsame Folge einträte, dass der unterlegene Gegner zahlen müsste, wenn der Rechtsanwalt vollstreckt, nicht aber, wenn die Staatskasse die Vollstreckung betreibt.

4. Fortbestand des Verfügungsrechts des Mandanten trotz Anspruchsübergang

Das **Verfügungsrecht des Mandanten** über seinen gegen den Prozessgegner bestehenden Kostenerstattungsanspruch, der von dem Anspruchsübergang nicht betroffen ist, bleibt trotz des Anspruchsübergangs so lange bestehen, wie die dem Kostenerstattungsanspruch zugrunde liegende Regelung (Urteil oder Vergleich) nicht **rechtskräftig** bzw. **rechtsbeständig** ist. So kann die im ersten Rechtszug obsiegende Partei die Klage zurücknehmen oder durch einen – auch außergerichtlichen – Vergleich die Kosten des Rechtsstreits ganz oder teilweise übernehmen und dadurch dem von dem Rechtsanwalt auf die Staatskasse übergegangenen Beitreibungsrecht die Rechtsgrundlage entziehen.[21]

28

Das gilt auch noch im **zweiten Rechtszug**. Nimmt die Partei, die im ersten Rechtszug obsiegt hat, im zweiten Rechtszug die Klage zurück oder schließt sie zu ihren Lasten einen Kostenvergleich, so kann die Staatskasse die an den Rechtsanwalt für den ersten Rechtszug gezahlte Vergütung nicht mehr von dem Prozessgegner beitreiben. Hatte die Staatskasse die an den beigeordneten Rechtsanwalt gezahlte Vergütung bereits von dem Prozessgegner eingezogen, muss sie ihm die erhaltenen Beträge zurückzahlen. Das gilt nur dann nicht, wenn Beweggrund für eine die Staatskasse benachteiligende Regelung die beweisbare **Absicht** war, das auf die Staatskasse übergegangene Beitreibungsrecht **im Sinne einer sittenwidrigen Schädigung** zu beeinträchtigen oder zu vereiteln.[22] In einem solchen Fall, der in der Praxis nur äußerst selten vorkommen dürfte, kann die Staatskasse die von ihr an den Rechtsanwalt gezahlte Vergütung zurückfordern.[23]

29

Das Verfügungsrecht der Partei **endet** mit der Rechtskraft des Urteils oder mit der Rechtsbeständigkeit eines Vergleichs. Durch eine nach rechtskräftiger Entscheidung oder nach einem wirksamen Vergleich getroffene abweichende Regelung kann das auf die Staatskasse übergegangene Beitreibungsrecht nicht mehr beeinträchtigt werden.[24]

30

V. Vorrang des Rechtsanwalts (Abs. 1 S. 2)

Gemäß § 59 Abs. 1 S. 2 kann der Übergang des Beitreibungsrechts des Rechtsanwalts gegen den erstattungspflichtigen Gegner auf die Staatskasse nicht zum Nachteil des gerichtlich beigeordneten oder bestellten Rechtsanwalts geltend gemacht werden. Das bedeutet, dass die Staatskasse die auf sie übergegangenen Ansprüche so

31

---

[19] So OLG Braunschweig JurBüro 1990, 508; OLG Karlsruhe OLGR 1999, 223; OLG München MDR 2001, 596; OLG Zweibrücken Rpfleger 1989, 114; Riedel/Sußbauer/*Ahlmann* § 59 Rn. 17.

[20] So BGH MDR 1997, 887; OLG Oldenburg JurBüro 1991, 1373; OLG Schleswig JurBüro 1991, 1207.

[21] OLG Bamberg JurBüro 1988, 1676; OLG Frankfurt a.M. NJW 1969, 144; OLG Stuttgart Justiz 1989, 354; HK-RVG/*Kießling* § 59 Rn. 16.

[22] OLG München JurBüro 1973, 751.

[23] OLG Koblenz Rpfleger 1956, 148; Schneider/Wolf/*Fölsch* § 59 Rn. 19.

[24] OLG Stuttgart NJW 1956, 1405; zu einer möglichen Ausnahme siehe OLG Hamm MDR 1987, 413; vgl. auch Schneider/Wolf/*Fölsch* § 59 Rn. 20.

lange **nicht geltend machen** darf, wie der Rechtsanwalt in Höhe einer Wahlanwaltsvergütung (Regelgebühren und Auslagen) noch nicht voll befriedigt ist.[25] Das gilt selbst dann, wenn bereits eine Festsetzung auf den Namen des Mandanten erfolgt ist.[26] Die Staatskasse muss in diesem Fall den auf sie übergegangenen Beitreibungsanspruch umgehend geltend machen.[27] Betreiben die Staatskasse und der Rechtsanwalt die Zwangsvollstreckung gegen den Gegner, darf sich die Staatskasse aus dem Pfändungserlös nur **nachrangig** befriedigen.

32 Der Vorrang des Rechtsanwalts bei der Geltendmachung seines Beitreibungsrechts kann zu einer **Konkurrenzsituation** zwischen dem Rechtsanwalt und der Staatskasse führen. Diese Konkurrenzsituation betrifft die **Restforderung** des Rechtsanwalts aus dem **Mandatsvertrag** und den **Rückgriffsanspruch der Staatskasse**.[28] Im Wesentlichen kommen zwei Fallkonstellationen in Betracht.

1. Prozessgegner haftet voll

33 Hat der Prozessgegner die Prozesskosten voll zu tragen, kommt es zu einer **Aufteilung des Beitreibungsrechts**. In Höhe der Vergütung, die von der Staatskasse an den Rechtsanwalt gezahlt wird, geht das Beitreibungsrecht mit der Zahlung auf die Staatskasse über. In Höhe der **Differenz** zwischen der von der Staatskasse gezahlten **Grundvergütung** und der von dem Prozessgegner geschuldeten **Wahlanwalts-(Regel)vergütung** verbleibt das Beitreibungsrecht bei dem beigeordneten Rechtsanwalt. Sein Beitreibungsrecht ist gegenüber dem der Staatskasse gemäß § 59 Abs. 1 S. 2 **vorrangig**. Bei einer von der Staatskasse betriebenen Zwangsvollstreckung hat der Vorrang zur Folge, dass der **Vollstreckungserlös** in Höhe der Differenz zwischen den Regelgebühren und der von der Staatskasse im Rahmen der Prozesskostenhilfe gezahlten Grundvergütung dem beigeordneten Rechtsanwalt zusteht.

34 Liegt dem Beitreibungsrecht des Rechtsanwalts eine nur **vorläufig vollstreckbare Entscheidung** oder ein **widerruflicher Vergleich** zugrunde, ist das Beitreibungsrecht auch in der Hand der Staatskasse **auflösend bedingt**. Ist die vorläufige Vollstreckbarkeit von einer Sicherheitsleistung abhängig, kann auch die Staatskasse die Kosten nur beitreiben, wenn sie Sicherheit leistet. Andernfalls muss sie den Eintritt der Rechtskraft abwarten.

2. Prozessgegner haftet nach Bruchteilen

35 Hat das Gericht die Prozesskosten im Verhältnis des Obsiegens und Unterliegens nach **Bruchteilen** auf den Mandanten des Rechtsanwalts und den Prozessgegner verteilt, entsteht ein **Zuordnungsproblem**. Einerseits hat der beigeordnete Rechtsanwalt nur einen **Teilvergütungsanspruch**, andererseits ist er einer **Aufrechnung des Prozessgegners** wegen solcher Kosten ausgesetzt, die nach der in demselben Rechtsstreit über die Kosten ergangenen Entscheidung von seinem Mandanten zu erstatten sind (§ 126 Abs. 2 S. 2 ZPO).

36 Dieses **Zuordnungsproblem** löst sich über die **Kostenausgleichung** nach § 106 ZPO. Danach erfolgt eine Festsetzung der Kosten zunächst so, als ob keine Prozesskostenhilfe bewilligt worden wäre.[29] Dabei sind die Rechtsanwaltskosten gesondert von den Gerichtskosten in den Kostenausgleich einzubeziehen. Eine **Aufrechnung des Prozessgegners** mit seinem Teilerstattungsanspruch ist zu berücksichtigen. Soweit sich für den beigeordneten Rechtsanwalt bzw. seinen Mandanten ein Erstat-

---

[25] LAG Nürnberg AnwBl. 1988, 181 mwN; aA teilweise OLG Schleswig AnwBl. 1994, 304.
[26] *Hartmann* § 59 Rn. 17.
[27] OLG Jena OLGR 1998, 327; Schneider/Wolf/*Fölsch* § 59 Rn. 24.
[28] Dazu Schneider/Wolf/*Fölsch* § 59 Rn. 27.
[29] OLG Brandenburg JurBüro 2007, 259; OLG München Rpfleger 1982, 119.

tungsanspruch errechnet, ist festzustellen, ob dieser Anspruch zzgl. der von der Staatskasse gezahlten Vergütung (Gebühren und Auslagen) die Regelvergütung übersteigt. Nur in Höhe des **übersteigenden Betrags** kann ein Übergang des Beitreibungsrechts auf die Staatskasse stattfinden. Übersteigt der ermittelte Erstattungsanspruch zzgl. der von der Staatskasse gezahlten Vergütung die Regelvergütung nicht, verbleibt das Beitreibungsrecht bei dem beigeordneten Rechtsanwalt.[30]

VI. Geltendmachung des übergegangenen Anspruchs durch die Staatskasse (Abs. 2 S. 1 bis 3)

1. Verfahren

Gemäß § 59 Abs. 2 sind für die Geltendmachung des Anspruchs sowie für die 37 Erinnerung und die Beschwerde die Vorschriften über die Kosten des gerichtlichen Verfahrens entsprechend anzuwenden. Im Bereich der **ordentlichen Gerichtsbarkeit** erfolgt die Geltendmachung des Beitreibungsrechts durch die Staatskasse nach den Vorschriften der **Justizbeitreibungsordnung**. In **anderen Gerichtsbarkeiten** kommt, soweit anwendbar, das **Verwaltungszwangsverfahren** in Betracht.

Die **örtliche Zuständigkeit** ist in § 59 Abs. 2 S. 2 und 3 geregelt. Zuständig für 38 Ansprüche der Staatskasse ist grundsätzlich das Gericht des **ersten Rechtszugs**. **Funktionell** zuständig ist der Urkundsbeamte der Geschäftsstelle. Ist das Gericht des ersten Rechtszugs ein Gericht des Landes und ist der Anspruch auf die Bundeskasse übergegangen, so wird der Anspruch insoweit bei dem jeweiligen obersten Gerichtshof des Bundes angesetzt.

2. Geltendmachung des Vergütungsanspruchs gegen den Mandanten

Der Anspruch des Rechtsanwalts gegen seinen Mandanten auf die Wahlanwaltsge- 39 bühren beruht auf dem **Mandatsvertrag**. Diesen Anspruch kann der im Wege der Prozesskostenhilfe beigeordnete Rechtsanwalt nicht geltend machen, so lange die Beiordnung andauert (§ 122 Abs. 1 Nr. 3 ZPO). In der Hand des Rechtsanwalts ist der Vergütungsanspruch also eine **Naturalobligation**.[31] Zu einem durchsetzbaren Anspruch erstarkt die Naturalobligation erst mit der Aufhebung der Prozesskostenhilfe gemäß § 124 ZPO bzw. mit der Aufhebung der Beiordnung anlässlich eines **Anwaltswechsels** bei Fortbestand der Prozesskostenhilfe unter Beiordnung eines anderen Rechtsanwalts.

Der **Einwand der mangelnden Durchsetzbarkeit** gehört zu den Einwendun- 40 gen des § 404 BGB. Diese Vorschrift gilt auch im Falle eines gesetzlichen Forderungsübergangs. Demgemäß muss sich auch die Staatskasse darauf verweisen lassen, dass der Vergütungsanspruch gegen den Mandanten eine Naturalobligation ist, deren Durchsetzbarkeit der Staatskasse so lange verwehrt ist, wie die Bewilligung von Prozesskostenhilfe bzw. die Beiordnung Bestand hat.

Im Fall der **Beiordnung gemäß §§ 138, 270 FamFG** oder der **Bestellung** 41 **gemäß § 67a Abs. 1 S. 2 VwGO** sind Gebührenschuldner des Rechtsanwalts der Antragsgegner bzw. die von ihm vertretenen Prozessbeteiligten. Wegen der Einzelheiten wird auf die Kommentierungen zu § 39 und zu § 40 verwiesen. Die Beiordnung bzw. Bestellung des Rechtsanwalts durch das Gericht begründet ein **gesetzliches Schuldverhältnis**.[32] Dieses gesetzliche Schuldverhältnis bildet die Rechtsgrundlage

---

[30] Zur Technik des Kostenausgleichungsverfahrens vgl. ausführlich Riedel/Sußbauer/*Ahlmann* § 59 Rn. 41 ff.
[31] So auch Schneider/Wolf/*Fölsch* § 59 Rn. 34.
[32] Vgl. statt aller Schneider/Wolf/*Wahlen/N. Schneider* § 40 Rn. 4.

für den Gebührenanspruch des Rechtsanwalts. Der Vergütungsanspruch ist anders als im Falle der Beiordnung im Wege der Prozesskostenhilfe keine Naturalobligation, also nach Anspruchsübergang auch für die Staatskasse einredefrei.

3. Geltendmachung des Beitreibungsrechts gegen den Prozessgegner

42 Soweit der Rechtsanwalt eine Vergütung aus der Staatskasse erhalten hat und diese – im Fall der Bewilligung von Prozesskostenhilfe mit Ratenzahlungsanordnung – nicht durch Zahlungen des Mandanten gedeckt ist, kann die Staatskasse das auf sie mit der Zahlung der Vergütung an den Rechtsanwalt übergegangene Beitreibungsrecht gegen den Prozessgegner geltend machen. Das gilt auch dann, wenn dem erstattungspflichtigen Prozessgegner Prozesskostenhilfe bewilligt worden war.[33] Zahlt der Prozessgegner nicht freiwillig, kann aufgrund der von dem Kostenbeamten erstellten Kostenrechnung nach der Justizbeitreibungsverordnung (§ 1 Abs. 1 Nr. 4 JBeitrO) durch die Gerichtskasse als Vollstreckungsbehörde (§ 2 Abs. 1 S. 1 JBeitrO) oder durch die Justizbeitreibungsstelle des jeweiligen Bundesgerichts (§ 2 Abs. 2 JBeitrO) die Zwangsvollstreckung betrieben werden.[34]

VII. Beratungshilfe (Abs. 3)

43 Gemäß § 59 Abs. 3 gilt der in § 59 Abs. 1 geregelte Anspruchsübergang auch für die Vergütung, die ein Rechtsanwalt im Rahmen von Beratungshilfe aus der Staatskasse erhält. Der Anwendungsbereich des § 59 Abs. 3 beschränkt sich auf die in § 9 BerHG enthaltene Regelung. Es handelt sich um den seltenen Fall eines **doppelten gesetzlichen Anspruchsübergangs**. Hat ein Rechtsuchender, dem Beratungshilfe gewährt worden ist, in derselben Angelegenheit gegen seinen Gegner einen materiell-rechtlichen Kostenerstattungsanspruch, geht dieser Anspruch gemäß § 9 S. 2 BerHG zunächst auf den **Rechtsanwalt** über. Soweit der Rechtsanwalt eine Vergütung aus der Staatskasse erhält, geht der auf den Rechtsanwalt übergegangene Kostenerstattungsanspruch gegen den Gegner seines Mandanten dann auf die **Staatskasse** über, allerdings nur in Höhe des von der Staatskasse an den Rechtsanwalt gezahlten Betrags.

44 Beide gesetzlichen Anspruchsübergänge dürfen den Rechtsanwalt **nicht benachteiligen**. Das bestimmen § 9 S. 3 BerHG für den Übergang des Kostenerstattungsanspruchs von dem Mandanten auf den Rechtsanwalt und § 59 Abs. 1 S. 2 für den Übergang dieses Anspruchs von dem Rechtsanwalt auf die Staatskasse. Deshalb gebühren der Staatskasse Zahlungen des **Gegners des Mandanten** erst, wenn der auf den Rechtsanwalt übergegangene Anspruch seines Mandanten gegen dessen Gegner erfüllt ist. Dieser Anspruch beschränkt sich nicht auf die Vergütung, die dem Rechtsanwalt im Rahmen der Beratungshilfe zusteht, sondern erstreckt sich auf die gesetzliche Vergütung, also auf die **Regelgebühren**.

45 Von dem doppelten Anspruchsübergang nicht betroffen ist in beiden Fällen die **Beratungshilfegebühr** von 15 EUR, die der Mandant dem Rechtsanwalt gemäß § 8 Abs. 1 BerHG schuldet.

46 Die Staatskasse kann den auf sie übergegangenen Anspruch nicht nach der Justizbeitreibungsordnung beitreiben, sondern nur im **Wege der Klage** geltend machen.[35] Das folgt daraus, dass § 59 Abs. 3 nur auf § 59 Abs. 1 verweist und damit nicht auf die in § 59 Abs. 2 enthaltene Bezugnahme auf die Vorschriften über die Einziehung der Kosten des gerichtlichen Verfahrens. Die Erklärung hierfür ist, dass

---

[33] OLG Koblenz MDR 2008, 172.
[34] Schneider/Wolf/*Fölsch* § 59 Rn. 33.
[35] So auch Schneider/Wolf/*Fölsch* § 59 Rn. 40.

Übergang von Ansprüchen auf die Staatskasse § 59

es sich bei dem Kostenerstattungsanspruch gegen den Gegner des die Beratungshilfe in Anspruch nehmenden Mandanten um einen **materiell-rechtlichen Anspruch** handelt. Demgegenüber ist der gegen einen unterlegenen Prozessgegner bestehende Anspruch, den § 59 Abs. 2 betrifft, **prozessualer Natur,** der sowohl von dem beigeordneten Rechtsanwalt als auch nach Anspruchsübergang von der Staatskasse beigetrieben werden kann.

VIII. Rechtsschutz (Abs. 2 S. 4)

Gemäß § 59 Abs. 2 S. 4 gilt für die Entscheidung über eine gegen den Ansatz 47 gerichtete **Erinnerung** und **Beschwerde** die Regelung des § 66 GKG entsprechend. Diese Rechtsbehelfe stehen dem **Kostenschuldner** zu, das sind der ersatzpflichtige **Gegner** des im Wege von Prozesskostenhilfe beigeordneten Rechtsanwalts und die **Staatskasse.**

1. Erinnerung

§ 66 GKG verlangt anders als bei der Beschwerde gegen die Entscheidung über 48 die Erinnerung **keine betragsmäßige Beschwer.** Die Erinnerung ist auch **nicht fristgebunden.** Eine **Begründung** ist nicht vorschrieben, versteht sich aber von selbst.[36]

Einzulegen ist die **Erinnerung** bei dem Gericht, das „für die Entscheidung über 49 die Erinnerung zuständig" ist (§ 66 Abs. 5 S. 2 GKG). Das ist das Gericht, bei dem die Kosten festgesetzt worden sind. **Anwaltszwang** besteht nicht.[37] **Aufschiebende Wirkung** hat die Erinnerung nicht.

Der Urkundsbeamte der Geschäftsstelle kann der Erinnerung **abhelfen.** Andern- 50 falls hat er die Erinnerung dem Gericht vorzulegen. Bei dem Gericht obliegt die Entscheidung dem **Einzelrichter.** Er überträgt das Erinnerungsverfahren der Kammer oder dem Senat, wenn die Sache besondere Schwierigkeiten tatsächlicher oder rechtlicher Art aufweist oder die Rechtssache grundsätzliche Bedeutung hat.

Das Erinnerungsverfahren ist gemäß § 66 Abs. 8 GKG **gerichtsgebührenfrei,** 51 außergerichtliche Kosten sind nicht erstattungsfähig.

2. Beschwerde

Gegen die Entscheidung über die Erinnerung können der Kostenschuldner und 52 die Staatskasse eine **nicht fristgebundene Beschwerde** einlegen, wenn der Wert des Beschwerdegegenstandes 200 EUR übersteigt (§ 66 Abs. 2 S. 1 GKG) oder das Gericht, das über die Erinnerung entschieden hat, die Beschwerde wegen der grundsätzlichen Bedeutung der zur Entscheidung stehenden Frage zulässt. Eine **Beschwerde** an einen obersten Gerichtshof des Bundes ist **unzulässig** (§ 66 Abs. 3 S. 3 GKG).

Die Beschwerde kann **schriftlich** oder zu **Protokoll** der Geschäftsstelle eingelegt 53 werden. **Anwaltszwang** besteht nicht (§ 66 Abs. 5 S. 1 GKG). Einzulegen ist die Beschwerde bei dem Gericht, dessen Entscheidung angefochten wird (§ 66 Abs. 5 S. 4 GKG). Das Gericht, das die Erinnerungsentscheidung erlassen hat, kann der Beschwerde **abhelfen,** wenn und soweit es sie für zulässig und begründet hält. Andernfalls hat es die Beschwerde unverzüglich dem Beschwerdegericht vorzulegen.

Beschwerdegericht ist das nächsthöhere Gericht (§ 66 Abs. 3 S. 2 GKG). Eine 54 Besonderheit gilt in **bürgerlichen Rechtsstreitigkeiten,** in denen das Oberlandesgericht nach § 119 Abs. 1 Nr. 1, Abs. 2 und 3 GVG für die Entscheidung über

---

[36] *Hartmann* GKG § 66 Rn. 38.
[37] VGH Mannheim NJW 2006, 251.

Rechtsmittel gegen Entscheidungen der Amtsgerichte zuständig ist. In diesen Verfahren ist Beschwerdegericht nicht das Landgericht als das nächsthöhere Gericht, sondern das **Oberlandesgericht**. Das ist eine wegen des häufigen Sachzusammenhangs zwischen der Hauptsache und der Kostenproblematik sinnvolle Regelung.

55 Über die Beschwerde entscheidet der **Einzelrichter**. Der Einzelrichter überträgt das Verfahren der Kammer oder dem Senat, wenn die Sache besondere Schwierigkeiten tatsächlicher oder rechtlicher Art aufweist oder die Rechtssache grundsätzliche Bedeutung hat. Das Gericht entscheidet jedoch immer ohne Mitwirkung ehrenamtlicher Richter (§ 66 Abs. 6 GKG).

3. Weitere Beschwerde

56 Eine **weitere Beschwerde** ist nur zulässig, wenn das **Landgericht** als Beschwerdegericht entschieden und sie wegen der grundsätzlichen Bedeutung der zur Entscheidung stehenden Frage zugelassen hat (§ 66 Abs. 4 S. 1 GKG). Sie ist eine **Rechtsbeschwerde** und kann nur darauf gestützt werden, dass die Entscheidung auf einer Verletzung des Rechts beruht. Die §§ 546 und 547 ZPO gelten entsprechend (§ 66 Abs. 4 S. 2 GKG).

57 Das Landgericht kann der weiteren Beschwerde abhelfen. Andernfalls hat es die weitere Beschwerde dem **Oberlandesgericht** vorzulegen, das über die weitere Beschwerde zu entscheiden hat (§ 66 Abs. 4 S. 3 GKG).

58 Die weitere Beschwerde kann nur darauf gestützt werden, dass die Entscheidung auf einer **Verletzung des Rechts** beruht. Die §§ 546 und 547 ZPO gelten entsprechend.

59 Das Verfahren über die Beschwerde ist **gerichtsgebührenfrei** (§ 66 Abs. 8 GKG), außergerichtliche Kosten werden nicht erstattet.

§ 59a Beiordnung und Bestellung durch Justizbehörden

(1) ¹**Für den durch die Staatsanwaltschaft beigeordneten Zeugenbeistand gelten die Vorschriften über den gerichtlich beigeordneten Zeugenbeistand entsprechend.** ²**Über Anträge nach § 51 Absatz 1 entscheidet das Oberlandesgericht, in dessen Bezirk die Staatsanwaltschaft ihren Sitz hat.** ³**Hat der Generalbundesanwalt einen Zeugenbeistand beigeordnet, entscheidet der Bundesgerichtshof.**

(2) ¹**Für den nach § 87e des Gesetzes über die internationale Rechtshilfe in Strafsachen in Verbindung mit § 53 des Gesetzes über die internationale Rechtshilfe in Strafsachen durch das Bundesamt für Justiz bestellten Beistand gelten die Vorschriften über den gerichtlich bestellten Rechtsanwalt entsprechend.** ²**An die Stelle der Urkundsbeamten der Geschäftsstelle tritt das Bundesamt.** ³**Über Anträge nach § 51 Absatz 1 entscheidet das Bundesamt gleichzeitig mit der Festsetzung der Vergütung.**

(3) ¹**Gegen Entscheidungen der Staatsanwaltschaft und des Bundesamts für Justiz nach den Vorschriften dieses Abschn. kann gerichtliche Entscheidung beantragt werden.** ²**Zuständig ist das Landgericht, in dessen Bezirk die Justizbehörde ihren Sitz hat.** ³**Bei Entscheidungen des Generalbundesanwalts entscheidet der Bundesgerichtshof.**

I. Überblick

1 Die Vorschrift wurde durch das 2. KostRMoG mit Wirkung ab 1.8.2013 in das RVG eingefügt.[1]

---

[1] BGBl. 2013 I 2586.

Beiordnung und Bestellung durch Justizbehörden § 59a

II. Normzweck

§ 59a betrifft die Beiordnung bzw. Bestellung eines Rechtsanwalts außerhalb eines 2
gerichtlichen Verfahrens. Gemeint ist die Beiordnung eines Rechtsanwalts als **Zeugenbeistand** gemäß § 163 Abs. 3 S. 2 StPO durch die **Staatsanwaltschaft** und die Bestellung eines Rechtsanwalts als **Pflichtverteidiger** für den **Verurteilten** in Verfahren der internationalen Rechtshilfe in Strafsachen gemäß § 87e IRG iVm § 53 IRG durch das **Bundesamt der Justiz**. In beiden Fällen fehlte es bislang an einer gesetzlichen Vergütungsregelung. Diese Lücke schließt § 59a.

III. Anwendbare Vergütungsregelungen

Der von der Staatsanwaltschaft als Zeugenbeistand beigeordnete Rechtsanwalt 3
erhält gemäß § 59a Abs. 1 eine Vergütung entsprechend den Vorschriften über den gerichtlich beigeordneten Zeugenbeistand. Für die Vergütung des vom Bundesamt für Justiz für einen Verurteilten in Verfahren nach dem IRG bestellten Pflichtverteidiger verweist § 59a Abs. 2 auf die Vorschriften über den gerichtlich bestellten Pflichtverteidiger.

1. Vergütung für den durch die Staatsanwaltschaft beigeordneten Zeugenbeistand (Abs. 1)

§ 163 Abs. 3 S. 2 StPO berechtigt die Staatsanwaltschaft, anlässlich von Verneh- 4
mungen durch Beamte des Polizeidienstes einen Rechtsanwalt als Zeugenbeistand beizuordnen. Für diese Tätigkeit erhält der Rechtsanwalt gemäß Vorb. 4 Abs. 1 VV die gleichen Gebühren wie ein Verteidiger in Strafsachen. Dessen Gebühren sind in Teil 4 VV geregelt. Anfallen können also in der Regel eine **Grundgebühr** für die erstmalige Einarbeitung in den Rechtsfall (Nr. 4100 VV) und eine **Terminsgebühr** für die Teilnahme an der Vernehmung des Zeugen durch die Polizeibehörde (Nr. 4102 Ziff. 2 VV).

Findet die Vernehmung eines Zeugen durch die Polizei nach Eröffnung des 5
Hauptverfahrens statt, stehen dem Rechtsanwalt als Zeugenbeistand die gleichen Gebühren wie dem Pflichtverteidiger in dem jeweiligen Rechtszug zu (Vorb. 4 Abs. 1 VV).

Des Weiteren erstreckt sich die in § 59a Abs. 1 enthaltene Verweisung auf die 6
Gebührenregelungen in Abschn. 8 RVG. Das sind die §§ 45 bis 59. Aus dieser Nomenkette verweisen § 59a Abs. 1 und 2 expressis verbis nur auf § 51. Das geschieht, wie der Wortlaut ergibt, aber nur, um abweichend von § 51 Abs. 2 die **Zuständigkeit** für die Bewilligung einer **Pauschgebühr** zu regeln. Im Übrigen ist die Verweisung als Bezugnahme auf alle einschlägigen Vorschriften des Abschn. 8 RVG zu verstehen. In Betracht kommen vornehmlich die Regelungen der §§ 46, 47, 48 Abs. 1, 51, 55, 57, 58 und 59. Auf die Kommentierung dieser Vorschriften in diesem Kommentar wird verwiesen.

Zuständig für die Bewilligung einer **Pauschgebühr** für den durch die Staatsan- 7
waltschaft als Zeugenbeistand beigeordneten Rechtsanwalt ist gemäß § 59a Abs. 1 das **Oberlandesgericht** und bei einer Beiordnung durch den Generalbundesanwalt der **Bundesgerichtshof**.

2. Vergütung für den durch das Bundesamt für Justiz bestellten Pflichtverteidiger (Abs. 2)

In Verfahren der **Vollstreckungshilfe** für einen anderen Mitgliedstaat nach Maß- 8
gabe des Rahmenbeschlusses 2005/214/JI des Rates vom 24.2.2005 über die

Hartung

§ 59a Beiordnung und Bestellung durch Justizbehörden

Anwendung des Grundsatzes der gegenseitigen Anerkennung von Geldstrafen und Geldbußen[2] ist es Aufgabe des Bundesamts für Justiz Rechtshilfe zu leisten. Gemäß § 53 Abs. 2 IRG hat es in diesen Verfahren dem Verurteilten, der noch keinen Beistand gewählt hat, ein Rechtsanwalt als Beistand zu bestellen, wenn wegen der Schwierigkeit der Sach- oder Rechtslage die Mitwirkung eines Beistands geboten erscheint oder ersichtlich ist, dass der Verurteilte seine Rechte nicht selbst hinreichend wahrnehmen kann oder der Verurteilte sich außerhalb des Geltungsbereichs dieses Gesetzes in Haft befindet und Zweifel bestehen, ob er seine Rechte selbst hinreichend wahrnehmen kann.

9 § 59a Abs. 2 regelt die Vergütung des vom Bundesamt für Justiz für einen Verurteilten in Verfahren nach dem IRG bestellten Pflichtverteidiger, indem es auf die Vorschriften über den gerichtlich bestellten Pflichtverteidiger verweist und sie für entsprechend anwendbar erklärt. Das sind die Gebührentatbestände der Nr. 6100 und 6101 VV. Nach Nr. 6100 VV entsteht eine **Verfahrensgebühr** und nach Nr. 6101 VV eine **Terminsgebühr.** Eine Grundgebühr fällt anders als in Straf- und Bußgeldsachen nicht an. Auch Gebühren mit einem Haftzuschlag sind nicht vorgesehen.

10 **Zusätzliche Erschwernisse** können die Bewilligung einer **Pauschgebühr** nach § 51 rechtfertigen. **Zuständig** für die Bewilligung ist – wie in § 51 Abs. 3 im Bußgeldverfahren die Verwaltungsbehörde – das Bundesamt der Justiz selbst gleichzeitig mit der Festsetzung der Vergütung.

IV. Rechtsbehelf (Abs. 3)

11 § 59a Abs. 3 regelt entsprechend § 57 den Rechtsbehelf gegen die Entscheidungen der Staatsanwaltschaft und des Bundesamts für Justiz. In beiden Fällen kann ein **Antrag auf gerichtliche Entscheidung** gestellt werden.

12 **Zuständiges Gericht** ist, wenn sich der Antrag gegen eine Entscheidung der Staatsanwaltschaft richtet, das **Landgericht,** in dessen Bezirk die zuständige Staatsanwaltschaft ihren Sitz hat. Soweit es sich um eine Entscheidung des Generalbundesanwalts handelt, begründet § 59a Abs. 3 die Zuständigkeit des **Bundesgerichtshofs.**

---

[2] ABl. 2005 L 76, 16 v. 22.3.2005.

Abschnitt 9. Übergangs- und Schlussvorschriften

§ 59b Bekanntmachung von Neufassungen

¹Das Bundesministerium der Justiz kann nach Änderungen den Wortlaut des Gesetzes feststellen und als Neufassung im Bundesgesetzblatt bekannt machen. ²Die Bekanntmachung muss auf diese Vorschrift Bezug nehmen und angeben
1. den Stichtag, zu dem der Wortlaut festgestellt wird,
2. die Änderungen seit der letzten Veröffentlichung des vollständigen Wortlauts im Bundesgesetzblatt sowie
3. das Inkrafttreten der Änderungen.

I. Überblick

§ 59b wurde durch Artikel 16 des Gesetzes zur Umsetzung der Dienstleistungsrichtlinie in der Justiz und zur Änderung weiterer Vorschriften vom 22.12.2010 eingeführt und trat am 28.12.2010 in Kraft.[1] Die Vorschrift hat wie die entsprechenden Bestimmungen im GKG und FamGKG im Wesentlichen klarstellende Funktion bzw. redaktionellen Charakter.[2] Im Rahmen des 2. KostRMoG wurde sie infolge der Einfügung eines neuen § 59a zum § 59b. 1

II. Normzweck

Die Neuregelung in § 59a wurde in Anlehnung an die Einführung des § 70a GKG und des § 62a FamGKG geschaffen. Ebenso wie die Gerichtskostengesetze ist auch das Rechtsanwaltsvergütungsgesetz seit seinem Inkrafttreten mehrfach und in größerem Umfang geändert worden. Deshalb soll das Bundesministerium der Justiz berechtigt sein, auch das Rechtsanwaltsvergütungsgesetz bei Bedarf in der jeweils neuen Fassung bekannt zu machen. Die Regelung dient also der **besseren Übersichtlichkeit** der jeweils aktuellen Gesetzeslage. 2

§ 60 Übergangsvorschrift

(1) ¹Die Vergütung ist nach bisherigem Recht zu berechnen, wenn der unbedingte Auftrag zur Erledigung derselben Angelegenheit im Sinne des § 15 vor dem Inkrafttreten einer Gesetzesänderung erteilt oder der Rechtsanwalt vor diesem Zeitpunkt bestellt oder beigeordnet worden ist. ²Ist der Rechtsanwalt im Zeitpunkt des Inkrafttretens einer Gesetzesänderung in derselben Angelegenheit bereits tätig, ist die Vergütung für das Verfahren über ein Rechtsmittel, das nach diesem Zeitpunkt eingelegt worden ist, nach neuem Recht zu berechnen. ³Die Sätze 1 und 2 gelten auch, wenn Vorschriften geändert werden, auf die dieses Gesetz verweist.

(2) Sind Gebühren nach dem zusammengerechneten Wert mehrerer Gegenstände zu bemessen, gilt für die gesamte Vergütung das bisherige Recht auch dann, wenn dies nach Abs. 1 nur für einen der Gegenstände gelten würde.

---

[1] BGBl. 2010 I 2248.
[2] BT-Drs 17/3356, 13 und 20.

§ 60 Übergangsvorschrift

Übersicht

	Rn.
I. Überblick	1
II. Normzweck	3
III. Bestimmung des anwendbaren Gebührenrechts (Abs. 1 S. 1 und 2)	8
1. Anwendungsbereich	8
a) Änderung des RVG	9
b) Änderung von Vorschriften, auf die das RVG verweist	11
2. Grundsatz	15
3. Ausnahme: Rechtsmittelverfahren	20
IV. Anknüpfungszeitpunkte	25
1. Unbedingter Auftrag	25
2. Bestellung, Beiordnung	31
a) Bestellung	32
b) Beiordnung	37
3. Dieselbe Angelegenheit	40
4. Rechtsmittelverfahren	43
V. Bezugnahme auf andere Gesetze (Abs. 1 S. 3)	47
VI. Zusammengerechnete Werte mehrerer Gegenstände (Abs. 2)	49
VII. Einzelfälle (alphabetisch)	52
1. Anschlussrechtsmittel	53
2. Anwaltswechsel	54
3. Arrest und einstweilige Verfügung	55
4. Auslagen	56
5. Aussetzung	57
6. Beiladung	58
7. Beiordnung	59
8. Beweisverfahren	61
9. Drittwiderspruchsklage	62
10. Einspruch gegen Versäumnisurteil	63
11. Einstweilige Anordnungen und Verfügungen	64
12. Erinnerung	66
13. Erneuter Auftrag	68
14. Familiensachen	69
15. Hebegebühr	71
16. Hinzutreten weiterer Mandanten	72
17. Klageerweiterung	73
18. Mahnverfahren	74
19. Nichtzulassungsbeschwerde	76
20. Parteiwechsel auf Beklagtenseite	77
21. Pflichtverteidiger	78
22. Prozesskostenhilfeprüfungsverfahren	79
23. Räumungsfrist	82
24. Rechtsanwalt in eigener Sache	83
25. Rechtsmittelverfahren	84
26. Selbstständiges Beweisverfahren	85
27. Straf- und Bußgeldverfahren	86
28. Streitverkündung	87
29. Stufenklage	88
30. Terminsvertreter (Unterbevollmächtigter)	89
31. Unterbrechung	90
32. Urkunden-, Wechsel-, Scheckprozess und Nachverfahren	91

Übergangsvorschrift § 60

	Rn.
33. Verbindung	92
34. Verbundverfahren	93
35. Verfahrenstrennung	94
36. Verfahrensvorschriften	95
37. Vergütungsvereinbarungen	96
38. Verkehrsanwalt/Korrespondenzanwalt	97
39. Versäumnisurteil	98
40. Verwaltungsverfahren	99
41. Verweisung	100
42. Widerklage, Drittwiderklage	101
43. Wiederaufnahmeverfahren	102
44. Zulassung eines Rechtsmittels	103
45. Zurückverweisung	104
46. Zusammengerechnete Werte	105
47. Zwangsvollstreckung	106
48. Zwei-Jahres-Frist	107

I. Überblick

§ 60 regelt, welches Recht bei **Änderungen des RVG** oder auch anderer Gesetze, 1
auf die das RVG verweist, anwendbar ist. Es handelt sich also um eine **Dauerübergangsvorschrift**. Für die **Ablösung der BRAGO** durch das RVG enthält § 61 eine spezielle Übergangsregelung.

Durch das 2. **KostRMoG** ist § 60 mit Wirkung ab 1.8.2013 geändert worden. 2
- § 60 Abs. 1 S. 1 nahm in der vor dem Inkrafttreten des KostRMoG geltenden Fassung auf den **gerichtlich** bestellten oder beigeordneten Rechtsanwalt Bezug. Das Wort „gerichtlich" wurde im Hinblick auf den neu eingefügten § 59a gestrichen. Die Übergangsregelung des § 60 soll nunmehr auch die Fälle erfassen, in denen ein Rechtsanwalt von der Staatsanwaltschaft beigeordnet oder von dem Bundesamt für Justiz bestellt worden ist.
- In § 60 Abs. 1 S. 2 wurde die bisherige Beschränkung auf „denselben Rechtszug" gestrichen, weil nach der Neufassung des § 17 Nr. 1 jetzt jeder Rechtszug eine eigene Angelegenheit ist.[1]

II. Normzweck

Die Vorschrift legt für Änderungen des RVG fest, in welchen Fällen das RVG in 3
der bis zu seiner Änderung geltenden Fassung und in welchen Fällen in seiner geänderten Fassung anzuwenden ist. Die Vorschrift soll bewirken, dass bei einer Änderung des RVG so wenig wie möglich in ein bestehendes Mandatsverhältnis eingegriffen wird.

Im **Grundsatz** soll ein Mandatsverhältnis nach denjenigen vergütungsrechtlichen 4
Vorschriften abgewickelt werden, die zum Zeitpunkt seiner Begründung gelten. Deshalb knüpft die Vorschrift an den Zeitpunkt an, zu dem der Rechtsanwalt einen **unbedingten Auftrag** zur Erledigung einer Angelegenheit iSd § 15 erhält. Von diesem Grundsatz regelt die Vorschrift drei **Ausnahmen**.

Die **erste Ausnahme** betrifft den gerichtlich oder von der Staatsanwaltschaft 5
oder vom Bundesamt für Justiz **bestellten oder beigeordneten Rechtsanwalt**. Für ihn kommt es vorrangig auf den Zeitpunkt des Zugangs des **Bestellungs-** oder **Beiordnungsbeschlusses** an. Ist für die Tätigkeit des Rechtsanwalts wie bei der

---
[1] Zur Kritik an dieser Neuerung *Schneider/Thiel* § 3 Rn. 339 f.

§ 60 Übergangsvorschrift

Beiordnung zusätzlich der Abschluss eines **Mandatsvertrags** notwendig, kommen für die Frage, welches Vergütungsrecht anzuwenden ist, zwei der in § 60 Abs. 1 S. 1 genannten Tatbestände in Betracht. Ausschlaggebend ist dann der Zeitpunkt, an dem **erstmals** einer der beiden Tatbestände erfüllt ist. Wird der unbedingte Prozessauftrag vor dem Stichtag erteilt, ist die Vergütung nach bisherigem Recht zu berechnen, auch wenn die Beiordnung im Rahmen der Prozesskostenhilfe erst nach dem Stichtag erfolgt. Umgekehrt gilt das Gleiche. Bei einem Zugang des Beiordnungsbeschlusses vor dem Inkrafttreten einer Änderung des RVG gilt die bisherige Fassung des RVG, auch wenn der unbedingte Mandatsvertrag erst nach der Gesetzesänderung geschlossen wird.

6   Die **zweite Ausnahme** betrifft das **Rechtsmittelverfahren**. Für den bereits in **erster Instanz** tätig gewesenen Rechtsanwalt verlegt § 60 Abs. 1 S. 2 den maßgeblichen Zeitpunkt. Ihm steht die Vergütung nach neuem Recht zu, wenn das Rechtsmittel nach dem Inkrafttreten einer Änderung des RVG eingelegt wird. Es kommt in diesem Fall also nicht auf die Erteilung des **Auftrags,** sondern auf die **Tätigkeit** des Rechtsanwalts an. Für den **erstmals im Rechtsmittelverfahren** tätigen Rechtsanwalt verbleibt es demgegenüber bei dem Zeitpunkt der Auftragserteilung.

7   Die **dritte Ausnahme** regelt § 60 Abs. 2. Sind Gebühren nach dem **zusammengerechneten Wert** mehrerer **Gegenstände** zu bemessen, gilt für die gesamte Vergütung das bisherige Recht auch dann, wenn dies nach § 60 Abs. 1 nur für einen der Gegenstände gelten würde. Es gilt also wieder das Auftragsprinzip.

III. Bestimmung des anwendbaren Gebührenrechts (Abs. 1 S. 1 und 2)

1. Anwendungsbereich

8   Maßgebend für die Frage, in welcher Fassung das RVG im Falle seiner Änderung gilt, ist der Zeitpunkt der Auftragserteilung, dh des Abschlusses des Mandatsvertrags bzw. der Zeitpunkt der gerichtlichen Beiordnung oder Bestellung. Dabei unterscheidet § 60 zwischen Änderungen des RVG selbst (§ 60 Abs. 1 S. 1) und Änderungen von Vorschriften, auf die das RVG verweist (§ 60 Abs. 1 S. 3).

9   a) **Änderung des RVG.** Gegenstand von Änderungen des RVG können die §§ 1–61 und die Teile 1–7 VV sein. Immer werden sie die **Vergütung** des Rechtsanwalts betreffen. Unter dem Begriff der Vergütung versteht § 1 Abs. 1 S. 1 **Gebühren und Auslagen.** Deshalb ist der Grundsatz des § 60 Abs. 1 S. 1, der im Fall einer Änderung des RVG für die Frage, ob das RVG in der bisherigen oder in einer geänderten Fassung gilt, auf den Zeitpunkt der Erteilung eines unbedingten Auftrags abstellt, auch auf die **Auslagen** der **Nr. 7000 bis 7008 VV** anzuwenden. Für Auslagen kommt es folglich nicht auf den Zeitpunkt ihrer **Entstehung,** sondern darauf an, ob der Rechtsanwalt vor oder nach einer Änderung des RVG **beauftragt** wird.[2] Deshalb gilt das bisherige Recht, wenn der Auftrag vor einer Änderung des RVG erteilt worden ist, auch für Auslagen, die erst nach dem Inkrafttreten einer Änderung anfallen.

10   Eine **Ausnahme** bilden Auslagen, die nicht von den Auslagentatbeständen der Nr. 7000 bis 7008 VV erfasst werden. Zu denken ist beispielsweise an die Beauftragung eines **Detektivs** oder an die Einholung eines **Gutachtens** zur Vorbereitung einer beabsichtigten Rechtsverfolgung oder Rechtsverteidigung. In diesen Fällen hat der Mandant stets die effektiv entstandenen Auslagen ohne Rücksicht darauf zu

---

[2] So schon zu den entsprechenden Regelungen der früheren BRAGO OLG Koblenz JurBüro 1989, 208; VG Braunschweig JurBüro 1989, 806.

ersetzen, ob diese Auslagen vor einer Änderung des RVG geringer oder höher ausgefallen wären.

b) Änderung von Vorschriften, auf die das RVG verweist. Gemäß § 60 Abs. 1 S. 3 gelten dessen Sätze 1 und 2 auch, wenn Vorschriften geändert werden, auf die das RVG **verweist.** Insoweit entspricht die Vorschrift den Regelungen in §§ 71 Abs. 1 S. 3 GKG, 161 S. 3 KostO, 24 S. 2 JVEG und 16 S. 2 JVKostO (→ Rn. 49 f.).

Mit der Regelung des § 60 Abs. 1 S. 3 sind vornehmlich Vorschriften des **Gerichtskostengesetzes** und der **Kostenordnung,** aber auch des **Bürgerlichen Gesetzbuchs** (zum Beispiel § 670 BGB) und des **Umsatzsteuergesetzes** gemeint. Die Regelung ist **unproblematisch,** wenn sich auch nach den Übergangsvorschriften des in Bezug genommenen Gesetzes die gleiche Rechtsfolge ergibt, wenn also deren bisheriges und neues Recht mit der Änderung des RVG übereinstimmen.

Probleme ergeben sich, wenn nach den Übergangsvorschriften des in Bezug genommenen Gesetzes im Vergleich zum RVG die Rechtsfolgen unterschiedlich sind. In solchen Fällen kann es zu einem für Gerichtskosten und Rechtsanwaltsgebühren „**gespaltenen Gebührenrecht**" kommen.[3] Unterschiede ergeben sich zum Beispiel, wenn der Rechtsanwalt den unbedingten Auftrag zur Klage vor einer Änderung des RVG erhält, das Klageverfahren aber erst danach beginnt. Während es für die Gebühren des Rechtsanwalts auf den Tag der Auftragerteilung ankommt, ist für die Bestimmung des Gegenstandswertes gemäß § 71 Abs. 1 S. 1 GKG auf die Anhängigkeit abzustellen. Gleiches gilt nach § 161 KostO.

Weichen die Stichtage des RVG und des von ihm in Bezug genommenen Gesetzes voneinander ab, ist im Rahmen des „gespaltenen Gebührenrechts" die Regelung des § 60 **lex specialis.** § 60 Abs. 1 S. 3 ist also keine **Rechtsfolgenverweisung.** Demgemäß ist für die Frage, welcher Zeitpunkt maßgebend ist, auch in diesen Fällen der Zeitpunkt der unbedingten Auftragserteilung maßgeblich.[4]

2. Grundsatz

Für die Beantwortung der Frage, ob für die Berechnung der Vergütung im Falle einer Änderung des RVG dessen Vorschriften in der bisherigen oder in der geänderten Fassung anzuwenden sind, kommt es im Grundsatz auf die **zeitliche Gegenüberstellung zweier Ereignisse** an. Das eine Ereignis ist das **Inkrafttreten der Änderung** des RVG, das andere der Zeitpunkt der Erteilung eines **unbedingten Auftrags** oder der Zugang des gerichtlichen **Bestellungs-** oder **Beiordnungsbeschlusses.**

Beispiel:

Tritt eine Änderung des RVG zum 1.1. eines Jahres in Kraft, bestimmt sich die Vergütung nach bisherigem Recht, wenn die Erteilung des unbedingten Auftrags oder der Zugang des gerichtlichen Bestellungs- oder Beiordnungsbeschlusses spätestens am 31.12. des Vorjahres, also vor dem Inkrafttreten der Änderung erfolgt. Das gilt auch dann, wenn das neue Recht im Einzelfall eine niedrigere Vergütung vorsieht.[5] Bei Erteilung eines unbedingten Auftrags oder einer gerichtlichen Bestellung oder Beiordnung nach dem 31.12. des Vorjahres richtet sich die Vergütung nach dem geänderten (neuen) Recht.

§ 60 Abs. 1 S. 1 spricht von der Erteilung eines **unbedingten Auftrags.** Gemeint ist der Abschluss eines ohne Bedingung zustande gekommenen **Mandatsvertrags.**[6]

---

[3] Schneider/Wolf/N. Schneider § 61 Rn. 151.
[4] OVG Bremen JurBüro 1987, 1194; OVG Hamburg AnwBl. 1987, 556; OLG Naumburg OLGR 1999, 404.
[5] LG Berlin JurBüro 1988, 752.
[6] Dazu OLG Köln JurBüro 2006, 255 und 256; OLG München AnwBl. 2006, 498.

§ 60 Übergangsvorschrift

Dieser kommt nicht mit dem bei dem Rechtsanwalt eingehenden Auftragsschreiben zustande, sondern erst durch die Annahme des Auftrags durch den Rechtsanwalt. Unerheblich ist der Zeitpunkt der **Vollmachtserteilung**.[7] Er ist allenfalls ein Indiz für den Abschluss eines unbedingt geschlossenen Mandatsvertrags.[8]

Beispiel:

Geht ein Auftragsschreiben am 31.12. ein, gilt das geänderte Recht des RVG, wenn der Rechtsanwalt den Auftrag erst am 3.1. des Folgejahres annimmt, die geänderte Fassung des RVG jedoch bereits zum 1.1. in Kraft getreten ist. Kommt der Mandatsvertrag unter einer **Bedingung** zustande, gilt die geänderte Fassung des RVG, wenn die Bedingung nach dem Inkrafttreten der Änderung des RVG eintritt.[9]

17 In der **Praxis** ist die **Unterscheidung** zwischen einem unbedingten und einem bedingten Auftrag nicht immer einfach. Erhält der Rechtsanwalt beispielsweise den Auftrag, mit dem Gegner seines Mandanten zunächst außergerichtlich zu verhandeln und für den Fall des Scheiterns der Verhandlungen zu klagen, so lässt sich dieser Auftrag als ein insgesamt unbedingter Auftrag, aber auch als ein Auftrag deuten, der bezüglich der außergerichtlichen Verhandlungen unbedingt und bezüglich der Klage für den Fall der Erfolglosigkeit der Verhandlungen bedingt ist.[10] Trifft die letztere Deutung zu, würde für die außergerichtliche Tätigkeit des Rechtsanwalts die bisherige Fassung und für die Klage die geänderte (neue) Fassung des RVG gelten, wenn die Erfolglosigkeit der außergerichtlichen Verhandlungen erst nach dem Inkrafttreten der geänderten Fassung festgestellt werden kann.[11]

18 Wird der Rechtsanwalt nach einer Änderung des RVG in **derselben Angelegenheit** von einem **weiteren Auftraggeber** mandatiert, muss der Rechtsanwalt gleichwohl auf der Grundlage des bisherigen (alten) Gebührenrechts abrechnen, weil durch den Auftrag des weiteren Auftraggebers keine neue Angelegenheit entsteht.[12] Auch der **Mehrvertretungszuschlag** gemäß § 7 fällt nach dem bisherigen Recht an.[13]

19 Ist ein **Rechtsanwalt in eigener Sache** tätig, fehlt es an der Erteilung eines Auftrags. Deshalb ist auf den Zeitpunkt des Beginns der Tätigkeit abzustellen. Je nachdem, ob sie vor oder nach dem Inkrafttreten einer Änderung des RVG ausgeübt wird, gilt die bisherige oder die geänderte Fassung des RVG.[14]

3. Ausnahme: Rechtsmittelverfahren

20 Von dem in § 60 Abs. 1 S. 1 enthaltenen Grundsatz macht § 60 Abs. 1 S. 2 für **Rechtsmittelverfahren** (Berufung, Revision, Beschwerde, Rechtsbeschwerde und Nichtzulassungsbeschwerde) eine Ausnahme. Ist der Rechtsanwalt im Zeitpunkt des Inkrafttretens einer Gesetzesänderung in **derselben Angelegenheit** und, wenn ein gerichtliches Verfahren anhängig ist, in **demselben Rechtszug** bereits tätig, so ist die **Vergütung** für das Verfahren über ein Rechtsmittel, das nach diesem Zeitpunkt eingelegt worden ist, **nach neuem Recht** zu berechnen. In diesem Fall kommt es

---

[7] Gerold/Schmidt/*Mayer* § 60 Rn. 7; HK-RVG/*Klees* § 60 Rn. 7.
[8] AG Berlin-Tempelhof/Kreuzberg JurBüro 2005, 196.
[9] OLG Bamberg JurBüro 1987, 1678; **aA** AG St. Ingbert Rpfleger 1988, 337.
[10] So zutreffend OLG Koblenz MDR 1995, 1174; vgl. auch *Hartmann* § 60 Rn. 8.
[11] Dazu OLG Bamberg JurBüro 1989, 497; OLG Saarbrücken JurBüro 1996, 190; LG Berlin Rpfleger 1988, 123; AG Witzenhausen Rpfleger 1988, 337; **aA** AG St. Ingbert Rpfleger 1988, 337.
[12] Schneider/Wolf/*N. Schneider* § 61 Rn. 81.
[13] So auch Schneider/Wolf/*N. Schneider* § 61 Rn. 82.
[14] Ebenso LG Mönchengladbach JurBüro 2005, 308; Schneider/Wolf/*N. Schneider* § 61 Rn. 25; **aA** *Hartmann* § 60 Rn. 21, der unzutreffend auf den Zeitpunkt der Fälligkeit abstellt.

also nicht auf die Auftragserteilung oder die gerichtliche Bestellung oder Beiordnung, sondern auf den **Zeitpunkt der Einlegung des Rechtsmittels** an.

Unklar ist, wie die Formulierung zu verstehen ist, dass der Rechtsanwalt bereits 21 „**in demselben Rechtszug**" tätig gewesen sein muss. Folgt man einer am Wortlaut orientierten Auslegung, so führt das zu einer nicht verständlichen **Privilegierung** des bereits in erster Instanz tätig gewesenen und zu einer **Benachteiligung** des erstmals in der Rechtsmittelinstanz oder für den Rechtsmittelgegner tätigen Rechtsanwalts. Nur für den **bereits in erster Instanz** tätig gewesenen Rechtsanwalt käme es nicht auf die Erteilung des Auftrags, sondern auf den Zeitpunkt der Einlegung eines Rechtsmittels an. Zu seinen Gunsten wäre trotz Auftragserteilung vor Inkrafttreten einer Änderung des RVG das geänderte Vergütungsrecht anzuwenden.[15] Für den **erstmals** im Rechtsmittelverfahren[16] oder für den Rechtsmittelgegner[17] tätigen Rechtsanwalt verbliebe es bei dem Grundsatz des § 60 Abs. 1 S. 1 mit der Folge, dass der Zeitpunkt der Auftragserteilung maßgeblich wäre. Liegt dieser Zeitpunkt vor dem Inkrafttreten einer Änderung des RVG, wären die bisherigen, andernfalls die geänderten Vorschriften des RVG anwendbar.

Die Regelung des § 60 Abs. 1 S. 2 wird heftig kritisiert.[18] Sie beruht auf einer 22 **Fehlvorstellung des Gesetzgebers.**[19] Unabhängig davon lässt sich eine ungleiche Regelung der Gebührenansprüche des schon in der Vorinstanz tätig gewesenen und des erstmals in der nächsten Instanz tätig werdenden Rechtsanwalts im Hinblick auf **Art. 3 GG** nicht rechtfertigen, wenn in dem einen wie in dem anderen Fall der Auftrag bereits vor dem Inkrafttreten einer Änderung des RVG erteilt worden ist.

Bei **richtiger Auslegung** des § 60 Abs. 1 S. 1 und 2 folgt aus vorstehenden 23 Überlegungen: § 60 Abs. 1 S. 2 gilt nur für den **vorinstanzlichen Rechtsanwalt,** der ein Rechtsmittel nach dem Zeitpunkt des Inkrafttretens einer Änderung des RVG einlegt. Für seine Vergütung kommt es ausnahmsweise nicht auf den Zeitpunkt der Erteilung eines unbedingten Auftrags zur Einlegung eines Rechtsmittels, sondern auf den Zeitpunkt der **Einlegung des Rechtsmittels** an. Liegt dieser Zeitpunkt nach dem Inkrafttreten einer Änderung des RVG, gilt das Gesetz in seiner geänderten Fassung.

Für den **Rechtsmittelgegner** hat § 60 Abs. 1 S. 2 keine Bedeutung. Für ihn gilt 24 ausschließlich § 60 Abs. 1 S. 1.[20]

IV. Anknüpfungszeitpunkte

1. Unbedingter Auftrag

§ 60 Abs. 1 S. 1 verlangt einen unbedingten Auftrag vor dem Inkrafttreten einer 25 Änderung des RVG. Hängt der Auftrag von einer aufschiebenden **Bedingung** ab und tritt die Bedingung erst nach Inkrafttreten einer Änderung des RVG ein, gilt das RVG in der geänderten Fassung.[21] Ein in der **Praxis häufiger Fall** eines bedingten

---

[15] BGH NJW 1988, 2671; OLG Düsseldorf AnwBl. 1989, 59; OLG Karlsruhe AnwBl. 1988, 255.

[16] Vgl. dazu OLG Hamburg MDR 1997, 204; OVG Koblenz JurBüro 1998, 27 mAnm *Hansens*; Schneider/Wolf/*N. Schneider* § 61 Rn. 8; **aA** LAG Köln JurBüro 2000, 532 mAnm *Wedel*.

[17] OLG Hamm MDR 1997, 204; OLG München MDR 1995, 967; Schneider/Wolf/*N. Schneider* § 61 Rn. 9–11.

[18] *Müller-Rabe* NJW 2005, 1609 (1615); Schneider/Wolf/*N. Schneider* § 61 Rn. 8.

[19] Schneider/Wolf/*N. Schneider* § 61 Rn. 8.

[20] Schneider/Wolf/*N. Schneider* § 61 Rn. 11.

[21] OLG Bamberg JurBüro 1987, 1678 und 1989, 497; *Enders* JurBüro 1995, 1; **aA** LG Berlin JurBüro 1988, 753; AG St. Ingbert Rpfleger 1988, 337.

Auftrags ist die **Beitreibung von Forderungen**. In der Regel wird der Rechtsanwalt unbedingt beauftragt, eine Forderung zunächst außergerichtlich geltend zu machen. Damit verbunden ist der bedingte Auftrag, die Forderung einzuklagen, wenn der Schuldner trotz Mahnung nicht zahlt.[22] Bei einer Änderung des RVG vor Eintritt der Bedingung erhält der Rechtsanwalt die Vergütung für die **außergerichtliche** Tätigkeit nach bisherigem Recht und für die **gerichtliche** Tätigkeit nach neuem Recht.

26 Der unbedingte Auftrag muss zur Erledigung „**derselben Angelegenheit iSd § 15**" erteilt worden sein. Von **Bedeutung** ist die Definition des Begriffs „derselben Angelegenheit" für die Frage, welche Gebühren dem Rechtsanwalt zustehen. Handelt es sich um dieselbe Angelegenheit kann der Rechtsanwalt gemäß § 15 Abs. 2 S. 1 die Gebühren nur einmal fordern.

27 Den Begriff der Angelegenheit verwendet das Gesetz zB in den §§ 16 bis 18, wo es zwischen derselben Angelegenheit und verschiedenen und besonderen Angelegenheiten unterscheidet. Eine **Definition** des Begriffs enthält das RVG aber an keiner Stelle. So ist es nicht verwunderlich, dass es sehr unterschiedliche Auslegungen des Begriffs gibt.

28 Nach Meinung des **Bundesgerichtshofs** ist unter einer „Angelegenheit" im gebührenrechtlichen Sinne das gesamte Geschäft zu verstehen, das der Rechtsanwalt für den Auftraggeber besorgen soll. Ihr Inhalt bestimmt den Rahmen, innerhalb dessen der Rechtsanwalt tätig wird.[23]

29 In der **Kommentarliteratur** findet sich neben einer umfangreichen Kasuistik[24] die zutreffende Meinung, dass für die Anwendbarkeit des Begriffs der „Angelegenheit" drei Kriterien erfüllt sein müssen:
- Der Tätigkeit des Rechtsanwalts muss ein **einheitlicher Auftrag** zugrunde liegen, der auch angenommen werden kann, wenn der Rechtsanwalt zu verschiedenen Zeitpunkten beauftragt wird;[25]
- die anwaltliche Tätigkeit muss sich „**im gleichen Rahmen**" bewegen, was bedeuten soll, dass eine einheitliche Bearbeitung möglich ist und
- zwischen den verschiedenen Gegenständen, auf die sich die anwaltliche Tätigkeit erstreckt, muss ein **innerer Zusammenhang** bestehen.[26]

30 Wegen der weiteren Einzelheiten wird auf die Kommentierung des § 15 in diesem Kommentar verwiesen.

2. Bestellung, Beiordnung

31 Im Falle der Bestellung oder Beiordnung[27] eines Rechtsanwalts muss unterschieden werden, ob die Tätigkeit des Rechtsanwalts zusätzlich den Abschluss eines **Mandatsvertrags** voraussetzt (zB Beiordnung im Rahmen von Prozesskostenhilfe) oder ob der gerichtliche Beschluss für das Tätigwerden des Rechtsanwalts ausreicht (zB Bestellung eines Rechtsanwalts zum Pflichtverteidiger).

32 **a) Bestellung.** Hauptanwendungsfall der **gerichtlichen** Bestellung eines Rechtsanwalts ist die Bestellung zum **Pflichtverteidiger** durch das Gericht. Seit Einfügung eines § 59a durch das 2. KostRMoG kommt mit Wirkung ab 1.8.2013 eine Bestellung als Beistand durch die **Staatsanwaltschaft** und das **Bundesamt**

---

[22] OLG Bamberg JurBüro 1989, 497; OLG Koblenz MDR 1995, 1173; OLG Nürnberg JurBüro 1976, 1643; Schneider/Wolf/*N. Schneider* § 61 Rn. 15.
[23] BGH NJW 1995, 1431 mwN; vgl. auch OLG Köln OLGR 1999, 220; OVG Münster JurBüro 2006, 27; *Enders* JurBüro 2001, 505.
[24] Vgl. statt aller Schneider/Wolf/*N. Schneider* § 15 Rn. 37 ff.
[25] *Enders* JurBüro 1998, 528; *Schneider* MDR 2000, 685.
[26] Vgl. statt aller Schneider/Wolf/*N. Schneider* § 15 Rn. 29.
[27] Zu den Unterschieden zwischen Bestellung und Beiordnung → § 45 Rn. 11–22.

Übergangsvorschrift **§ 60**

für **Justiz** in Betracht, ohne dass in diesem Fall ein Vergütungsanspruch gegen die Staatskasse vorgesehen ist.

Grundlage der anwaltlichen Tätigkeit ist allein der Bestellungsbeschluss. Ein Mandatsvertrag braucht nicht, kann aber geschlossen werden. Für die Frage, ob für die Vergütung des gerichtlich bestellten Rechtsanwalts das RVG in bisheriger oder in geänderter Fassung anzuwenden ist, kommt es allein auf **den Bestellungsbeschluss** an. Maßgeblich ist der **Tag des Zugangs** dieses Beschlusses bei dem Rechtsanwalt, nicht der Zeitpunkt seines Erlasses.[28] Wird der Beschluss in einem Hauptverhandlungstermin verkündet, ist Anknüpfungszeitpunkt der Tag der **Verkündung**. 33

Das gilt auch, wenn der Rechtsanwalt zunächst als **Wahlverteidiger** tätig und nach Inkrafttreten einer Änderung des RVG zum Pflichtverteidiger bestellt wird. Für die **Wahlanwaltsvergütung** gilt altes Recht, weil es für diese Vergütung auf den Zeitpunkt der Auftragserteilung ankommt, für die Vergütung des Pflichtverteidigers gilt das geänderte Recht des RVG, weil das Wahlanwaltsmandat mit der Bestellung zum Pflichtverteidiger geendet hat.[29] 34

Anders ist die Rechtslage im Fall des **§ 48 Abs. 5** zu beurteilen. Wird der Rechtsanwalt in Angelegenheiten nach den Teilen 4 bis 6 VV (Straf- und Bußgeldsachen und sonstige Verfahren) im **ersten Rechtszug** bestellt oder beigeordnet, erhält er die Vergütung aus der Staatskasse gemäß § 48 Abs. 5 auch für seine Tätigkeit **vor dem Zeitpunkt** seiner Bestellung, in Strafsachen einschließlich seiner Tätigkeit vor Erhebung der öffentlichen Klage und in Bußgeldsachen einschließlich der Tätigkeit vor der Verwaltungsbehörde. Liegen diese Tätigkeiten vor dem Inkrafttreten einer Änderung des RVG, die Bestellung oder Beiordnung jedoch danach, gilt für die gesamte Tätigkeit insgesamt das geänderte Recht des RVG.[30] 35

Dasselbe gilt im Fall des **§ 48 Abs. 2**. Wird der Rechtsanwalt in einem **späteren Rechtszug** beigeordnet, steht ihm die Vergütung aus der Staatskasse in diesem Rechtszug auch für seine Tätigkeit vor dem Zeitpunkt seiner Bestellung zu. Tritt zwischen dem Beginn der Tätigkeit und der Bestellung oder Beiordnung eine Änderung des RVG ein, ist die **gesamte Tätigkeit** nach dem geänderten Recht zu vergüten. Eine Aufspaltung der Vergütung würde bei einer Änderung des Abgeltungsbereichs einzelner Gebühren zu massiven **Problemen** bei der **Gebührenbemessung** führen. 36

b) Beiordnung. Hauptanwendungsfall für die gerichtliche Beiordnung eines Rechtsanwalts ist die Beiordnung im Rahmen von **Prozesskostenhilfe**. Grundlage der anwaltlichen Tätigkeit ist hier aber nicht der Beiordnungsbeschluss. Hinzukommen muss der Abschluss eines **Mandatsvertrags**. 37

Als maßgebliche Zeitpunkte für die Frage, in welcher Fassung das RVG gilt, kommen in diesem Fall die **Auftragserteilung**, der **Erlass** des Beiordnungsbeschlusses oder der **Zugang** dieses Beschlusses bei dem beigeordneten Rechtsanwalt in Betracht. Liegen diese Ereignisse sämtlich **vor einer Änderung** des RVG, gilt dessen bisherige Fassung. Liegen sie sämtlich **danach**, gilt die geänderte Fassung. 38

---

[28] So KG AGS 2005, 554; OLG Hamburg JurBüro 1976, 185; OLG Stuttgart AnwBl. 1980, 114; LG Lübeck AGS 2005, 69 mAnm *Schneider*; *Hartmann* § 60 Rn. 13; Schneider/Wolf/*N. Schneider* § 61 Rn. 17; **aA** OLG Hamm JurBüro 2005, 539; HK-RVG/*Klees* § 60 Rn. 12.

[29] OLG Celle MDR 1995, 532; OLG Düsseldorf MDR 1996, 752; OLG Hamm JurBüro 2006, 196; OLG Koblenz Rpfleger 1988, 123; OLG Oldenburg JurBüro 1996, 472; OLG Schleswig JurBüro 2005, 199; *Enders* JurBüro 1995, 1 (2); Schneider/Wolf/*N. Schneider* § 61 Rn. 20; **aA** OLG Bamberg 1989, 965; KG Rpfleger 1995, 380; LG Hannover JurBüro 1988, 749 mAnm *Mümmler*.

[30] So auch die amtliche Begründung zu § 60; vgl. BT-Drs. 15/1971, S. 203 zu § 60; sa LG Berlin JurBüro 2006, 29.

§ 60

39 **Problematisch** ist der Fall, wenn sich das RVG **während** der drei möglichen Zeitpunkte ändert, gleichgültig in welcher zeitlichen Reihenfolge die Auftragserteilung oder der Erlass oder der Zugang des Beiordnungsbeschlusses stattfinden. Eine solche Fallkonstellation ist beispielsweise gegeben, wenn der Rechtsanwalt zunächst die Bewilligung der **Prozesskostenhilfe** herbeiführen soll und ihm der Prozessauftrag bedingt nur für den Fall der Bewilligung der Prozesskostenhilfe erteilt wird. Nach § 16 Nr. 2 sind das Verfahren über die Prozesskostenhilfe und das Verfahren, für das die Prozesskostenhilfe beantragt wird, dieselbe Angelegenheit. Erhält der Rechtsanwalt also den Auftrag, einen Antrag auf Bewilligung von Prozesskostenhilfe zu stellen, ist der Zeitpunkt der Auftragserteilung maßgeblich, auch wenn die Bewilligung erst nach einer Änderung des RVG erfolgt. Auf den Zeitpunkt der Bewilligung kommt es mithin nicht an.[31]

3. Dieselbe Angelegenheit

40 Der dem Rechtsanwalt erteilte Auftrag muss ebenso wie die gerichtliche Bestellung oder Beiordnung eines Rechtsanwalts dieselbe Angelegenheit iSd § 15 betreffen. **Dieselbe Angelegenheit** im gebührenrechtlichen Sinn ist das gesamte Geschäft, das der Rechtsanwalt aufgrund eines Auftrages besorgen soll. Deshalb kann eine Angelegenheit **mehrere Gegenstände** umfassen (siehe dazu oben → Rn. 27 ff.).

41 Bei **verschiedenen** (§ 17) oder **besonderen** (§ 18) Angelegenheiten gilt die Übergangsregelung des § 60 Abs. 1 für jede dieser Angelegenheiten gesondert. Sie sind nicht mit der in § 60 Abs. 2 geregelten Zusammenrechnung mehrerer Gegenstände zu verwechseln.

42 **Anrechnungsvorschriften** sind für die Frage, ob das RVG in **derselben Angelegenheit** in der bisherigen oder in der geänderten Fassung anzuwenden ist, unbeachtlich.[32] Eine gegenteilige Auffassung will, wenn in derselben Angelegenheit ein weiterer Auftrag erst nach einer Änderung des RVG erteilt wird, auf das Recht im Zeitpunkt der ersten Auftragserteilung abstellen, es sei denn, zwischen den Aufträgen in derselben Angelegenheit lägen mehr als zwei Kalenderjahre.[33] Diese Auffassung widerspricht dem Wortlaut des § 60 Abs. 1 S. 1. Die Vorschrift setzt für die Anwendbarkeit des bisherigen Rechts einen unbedingten Auftrag voraus. Dasselbe gilt für den Anschlussauftrag. Wird dieser Auftrag nach einer Änderung des RVG erteilt, gilt für ihn das neue Recht. Das führt bei Anrechnungen zu einem **gespalten Gebührenrecht.** Etwas anderes kommt nur in Betracht, wenn bereits bei der ersten Auftragserteilung zugleich alle weiteren Mandate in derselben Angelegenheit unbedingt erteilt werden. Neu entzündet hat sich der Streit an dem 2009 in Kraft getretenen **§ 15a Abs. 2**.[34] Nach anfänglicher Unsicherheit ist es inzwischen ganz herrschende Meinung, dass diese Vorschrift auch auf sog. **Altfälle** anzuwenden ist, also auch auf Mandate, die vor dem 25.8.2009 erteilt worden sind. Diese Auffassung wird zutreffend damit begründet, dass § 15a Abs. 2 nur eine **Klarstellung** bisher schon geltenden Rechts und keine neue gesetzliche Regelung ist.

---

[31] Ebenso OLG Koblenz JurBüro 2006, 198; OLG Köln AGS 2005, 448; OLG Zweibrücken AGS 2006, 81; vgl. auch *Enders* JurBüro 1995, 2; aA KG JurBüro 2006, 79; OLG Dresden AGS 2007, 625 mAnm *Schneider*; OLG Köln JurBüro 2006, 80; Gerold/Schmidt/*Mayer* § 60 Rn. 56; *Müller-Rabe* NJW 2005, 1609 (1610).

[32] Ausführlich dazu Schneider/Wolf/*N. Schneider* § 61 Rn. 30 ff.

[33] So OLG Zweibrücken JurBüro 1999, 414.

[34] Siehe dazu BGH AGS 2010, 263 (V. Senat); BGH RVGreport 2011, 27 (VII Senat) mAnm *Hansens*; BGH RVGreport 2012, 21(IX. Senat).

4. Rechtsmittelverfahren

Für den Vergütungsanspruch im Rechtsmittelverfahren gilt die wenig geglückte 43
Regelung des § 60 Abs. 1 S. 2.

Unter dem **Begriff des Rechtsmittels** sind die gegen eine den Rechtszug been- 44
dende Entscheidung zulässigen Rechtsmittel zu verstehen, also Berufung, Revision
und Beschwerde. Zum Rechtsmittel der Beschwerde zählen auch die Rechtsbeschwerde und die Nichtzulassungsbeschwerde. Nicht dazu gehören **Rechtsbehelfe**
wie etwa der Einspruch gegen einen Vollstreckungsbescheid oder gegen ein Versäumnisurteil.[35]

Im Regelfall ist auch für die Vergütung des Rechtsanwalts in einem Rechtsmittel- 45
verfahren auf den Zeitpunkt der **Auftragserteilung** abzustellen, wenn der Rechtsanwalt erstmals nach dem Inkrafttreten einer Änderung des RVG tätig wird.[36] Nur
für den Fall, dass der Rechtsanwalt schon vor dem Inkrafttreten einer Änderung des
RVG außergerichtlich oder gerichtlich in der Vorinstanz tätig gewesen ist, verlegt
§ 60 Abs. 1 S. 2 den Anknüpfungszeitpunkt. Statt auf den Zeitpunkt der Auftragserteilung kommt es dann auf den Zeitpunkt der **Einlegung des Rechtsmittels** an.
Auch wenn dem Rechtsanwalt der Auftrag vor dem Inkrafttreten einer Änderung
des RVG erteilt worden ist und damit die bisherige Fassung des RVG für die Berechnung der Vergütung maßgeblich sein müsste, ist das RVG also in seiner geänderten
Fassung anzuwenden, wenn das Rechtsmittel nach dem Inkrafttreten der geänderten
Fassung des RVG eingelegt wird.

Bei einer **Verweisung** bzw. **Abgabe** ist zu unterscheiden: Erfolgt die Verwei- 46
sung oder Abgabe an ein Gericht des **gleichen Rechtszugs,** so bleibt das Verfahren eine Angelegenheit iSd § 20 S. 1. Wird eine Sache an ein Gericht des **niedigeren** Rechtszugs verwiesen oder abgegeben, ist das weitere Verfahren vor diesem
Gericht gemäß § 20 S. 2 ein neuer Rechtszug und damit eine neue Angelegenheit.
Daraus folgt, dass in diesem Fall bei einer Auftragserteilung oder gerichtlichen
Bestellung oder Beiordnung vor dem Inkrafttreten einer Änderung des RVG bis
zur Verweisung oder Abgabe das bisherige und für das nach dem Inkrafttreten
einer Änderung des RVG verwiesene oder abgegebene Verfahren das geänderte
Vergütungsrecht gilt.[37]

V. Bezugnahme auf andere Gesetze (Abs. 1 S. 3)

Gemäß § 60 Abs. 1 S. 3 gilt die Regelung des § 60 Abs. 1 S. 1 und 2 nicht nur 47
im Fall einer Änderung des RVG, sondern auch bei einer Änderung von Vorschriften, auf die das RVG **verweist**. Gleichlautende Regelungen finden sich in §§ 71
Abs. 1 S. 3 GKG, 161 S. 3 KostO, 24 S. 2 JVEG und in 16 S. 2 JVKostO
(→ Rn. 11 ff.).

In Betracht kommen in erster Linie Änderungen des **GKG** und der **KostO,** auf 48
die in § 23 Abs. 1 und 3 und § 32 Abs. 1 verwiesen wird. Bei einer Änderung solcher
Gesetze kommt es auf den Zeitpunkt an, zu dem die Vorschrift, auf die das RVG
verweist, in einer geänderten Fassung in Kraft tritt. Hierin gehört auch eine Änderung des **Umsatzsteuersatzes.** Nr. 7008 VV beziffert den Umsatzsteuersatz nicht.
Die Höhe der Umsatzsteuer ergibt sich ausschließlich aus dem jeweiligen Umsatz-

---

[35] OLG Hamburg JurBüro 1990, 726.
[36] OLG Hamburg MDR 1997, 204; OVG Koblenz JurBüro 1998, 27 mAnm *Hansens*; *Hartmann* § 60 Rn. 28; **aA** LAG Köln JurBüro 2000, 532 mAnm *Wedel*.
[37] OLG Düsseldorf AGS 2008, 242; OLG München AGS 2007, 624.

§ 60 Übergangsvorschrift

steuergesetz. § 60 Abs. 1 S. 3 iVm § 60 Abs. 1 S. 1 und 2 regelt, wann der alte oder der neue Steuersatz anzuwenden ist.[38]

VI. Zusammengerechnete Werte mehrerer Gegenstände (Abs. 2)

49 § 60 Abs. 2 betrifft den Fall, dass die **Gebühren** – nicht die Vergütung, die die Gebühren und die Auslagen umfasst (§ 1 Abs. 1 S. 1) – nach dem zusammengerechneten Wert mehrerer Gegenstände zu bemessen sind. Dann gilt für die gesamte Vergütung das **bisherige Recht** auch dann, wenn dies nach § 60 Abs. 1 nur für einen der Gegenstände gelten würde.

50 Der **Anwendungsbereich** dieser Regelung beschränkt sich auf die **Verfahrensverbindung**.[39] Werden mehrere selbstständige Verfahren miteinander verbunden, so berechnen sich die Gebühren nach der Verbindung aus den zusammengerechneten Werten der verbundenen Verfahren gemäß § 60 Abs. 2 ausschließlich nach der bisherigen Fassung des RVG, so dass es auf den Zeitpunkt des Abschlusses der Mandatsverträge für die vor der Verbindung getrennten Verfahren nicht ankommt.

51 Nach herrschender Meinung gehören zum Anwendungsbereich des § 60 Abs. 2 auch die Fälle des § 22 Abs. 1, also die Klageerweiterung, die Widerklage, das Verbundverfahren in Ehesachen und auch die Hilfsaufrechnung.[40] Dabei wird jedoch, worauf *Schneider*[41] überzeugend hinweist, verkannt, dass diese Fälle ohnehin dieselbe Angelegenheit betreffen.

VII. Einzelfälle (alphabetisch)

52 Die Rechtsprechung hat sich im Laufe der Zeit mit einer ganzen Reihe von Einzelfällen befasst. Meist bestand die **Problematik** darin, den Begriff „derselben Angelegenheit", auf den § 60 Abs. 1 S. 1 abstellt, von den „verschiedenen und besonderen Angelegenheiten" abzugrenzen. Die wesentlichen Fallgruppen werden nachstehend in alphabetischer Reihenfolge aufgelistet. Dabei wird unter **„altem Recht"** das RVG vor und unter **„neuem Recht"** das RVG nach einer Änderung verstanden.

1. Anschlussrechtsmittel

53 Für den nach einer Änderung des RVG beauftragten Rechtsanwalt des **Rechtsmittelgegners** gilt neues Recht, auch wenn das Rechtsmittel des Gegners vor der Änderung eingelegt worden ist.[42] Das Anschlussrechtsmittel gehört zwar zu dem durch die Einlegung des Rechtsmittels ausgelösten Verfahren und stellt mithin keine neue Angelegenheit dar. Für den nach einer Änderung des RVG beauftragten Rechtsanwalt kommt es jedoch auf den Zeitpunkt der Auftragserteilung an.

2. Anwaltswechsel

54 Bei einem Anwaltswechsel kommt es für die Vergütung des neuen Rechtsanwalts auf den **Zeitpunkt** seiner Beauftragung an. Wird er vor einer Änderung des RVG

---

[38] Dazu *Hansens* RVGreport 2007, 41; *Schneider* AGS 2007, 110; vgl. auch OLG Koblenz RVGreport 2007, 191.
[39] So zutreffend Schneider/Wolf/*N. Schneider* § 61 Rn. 139.
[40] Statt aller Gerold/Schmidt/*Mayer* § 61 Rn. 83.
[41] Schneider/Wolf/*N. Schneider* § 61 Rn. 143.
[42] OLG Hamm MDR 1997, 204; OLG München MDR 1995, 967; *Hartmann* § 60 Rn. 28; **aA** LAG Köln JurBüro 2000, 532 m. abl. Anm. *von Wedel*.

beauftragt, gilt altes Recht, bei einer Beauftragung nach einer Änderung des RVG gilt neues Recht.[43] Die Frage, ob und wann der Anwaltswechsel **notwendig** war, betrifft die Kostenerstattung, nicht aber das anwendbare Recht.[44]

3. Arrest und einstweilige Verfügung

Gemäß § 17 Nr. 4a und Nr. 4b sind Arrest und einstweilige Verfügung im Verhältnis zum Hauptsacheverfahren **eigene Angelegenheiten**. Es kommt also auf den Zeitpunkt der Erteilung des für das jeweilige Verfahren unbedingten Auftrags an.[45] Wird beispielsweise das Hauptverfahren vor einer Änderung des RVG betrieben und erhält der Rechtsanwalt erst nach einer Änderung des RVG den Auftrag für ein Arrest- oder einstweiliges Verfügungsverfahren, so erhält der Rechtsanwalt für das Hauptsacheverfahren die Gebühren nach altem und für das Arrest- oder einstweilige Verfügungsverfahren nach neuem Recht.

4. Auslagen

Wie für die Gebühren (§ 1 Abs. 1) ist auch für die Auslagen der Zeitpunkt der Erteilung des unbedingten Auftrags maßgebend.[46] Damit ist das Zustandekommen des Mandatsvertrags gemeint. Ein vor einer Änderung des RVG geschlossener Mandatsvertrag erlaubt dem Rechtsanwalt eine Abrechnung von Auslagen nach Teil 7 VV nur nach altem Recht, selbst wenn der Rechtsanwalt dadurch benachteiligt wird. Etwas anderes gilt, wenn der Rechtsanwalt nach einer Änderung des RVG über das unter der Geltung des alten Rechts geschlossene Mandatsverhältnis hinaus mit Tätigkeiten, zum Beispiel mit einer Geschäftsreise, betraut wird, die nicht zwangsläufig zum Gegenstand des Mandatsvertrags gehören. In diesem Fall sind die Auslagen nach neuem Recht abzurechnen.

5. Aussetzung

Anwendbar ist das zum Zeitpunkt der Auftragserteilung geltende Recht. Eine Aussetzung des Verfahrens ändert nichts daran, dass der dem Rechtsanwalt erteilte Auftrag auch nach einer Wiederaufnahme des Verfahrens dieselbe Angelegenheit betrifft. Auf den Zeitpunkt der Wiederaufnahme des Verfahrens kommt es mithin nicht an, es sei denn, seit der Aussetzung bis zur Wiederaufnahme des Verfahrens sind mehr als zwei Kalenderjahre vergangen (§ 15 Abs. 5 S. 2). Die weitere Tätigkeit gilt dann als eine neue Angelegenheit.[47]

6. Beiladung

Für die Vergütung des Rechtsanwalts, der im Verwaltungsprozess einen Beigeladenen vertritt, ist der Zeitpunkt der Auftragserteilung maßgebend, nicht der Zeitpunkt des Erlasses oder des Zugangs des Beiladungsbeschlusses.[48]

---

[43] OLG München MDR 1995, 967; OLG Nürnberg JurBüro 1995, 475.
[44] OLG Hamm AnwBl. 1989, 627; vgl. auch OLG Hamburg RVGreport 2008, 392 mAnm *Hansens*; KG RVGreport 2007, 193 mAnm *Hansens*.
[45] *Von Eicken* AnwBl. 1975, 341.
[46] OLG Koblenz JurBüro 1989, 208; Schneider/Wolf/*N. Schneider* § 61 Rn. 146; **aA** *Hartmann* § 60 Rn. 34.
[47] OLG München AnwBl. 2006, 588.
[48] *Schneider* AGS 2004, 221 (223); **aA** VG Weimar ThürVBl. 1995, 213.

§ 60 Übergangsvorschrift

7. Beiordnung

59 Die Vergütung des beigeordneten Rechtsanwalts – auch des Rechtsanwalts als Zeugenbeistand[49] oder als Vertreter eines Nebenklägers[50] – richtet sich gemäß § 60 Abs. 1 S. 1 nach dem Zeitpunkt der Auftragserteilung **oder** der Beiordnung. Für die Anknüpfung an die Beiordnung ist nicht der Zeitpunkt des Erlasses des Beiordnungsbeschlusses,[51] sondern dessen Zugang maßgeblich.[52] Aus dem Wortlaut des § 61 Abs. 1 S. 1 folgt, dass altes Recht gilt, wenn nur eines der beiden Ereignisse vor dem Inkrafttreten einer Änderung des RVG liegt. In der Regel ist also der Zeitpunkt der Auftragserteilung maßgebend.[53] Auf den Zeitpunkt des Zugangs des Beiordnungsbeschlusses kommt es nur dann an, wenn der Beiordnungsbeschluss ausnahmsweise vor der Auftragserteilung zugeht oder ein Auftrag fehlt (zB §§ 138, 270 FGG-RG iVm § 39).

60 Erhält der Rechtsanwalt den **unbedingten Auftrag,** die Bewilligung von Prozesskostenhilfe zu beantragen, verbunden mit einem für den Fall der Prozesskostenhilfebewilligung **bedingten Prozessauftrag,** kommt es ebenfalls auf den Zeitpunkt der Auftragserteilung und nicht auf den der Prozesskostenhilfebewilligung an.[54] Gemäß § 16 Nr. 2 handelt es sich bei dem Prozesskostenhilfeprüfungsverfahren und dem sich nach Bewilligung der Prozesskostenhilfe anschließenden Rechtsstreit um dieselbe Angelegenheit. Eine unterschiedliche Vergütungsregelung scheidet folglich aus.[55]

8. Beweisverfahren

61 Siehe Selbstständiges Beweisverfahren (→ Rn. 87).

9. Drittwiderspruchsklage

62 Siehe Widerklage (→ Rn. 103).

10. Einspruch gegen Versäumnisurteil

63 Das Verfahren über den Einspruch gegen ein Versäumnisurteil ist keine eigene Angelegenheit. Deshalb gilt § 19 Abs. 1 S. 1. Altes Recht bleibt weiter anwendbar, wenn sich einschlägige Vorschriften des RVG zwischen dem Erlass des Versäumnisurteils, der Einspruchseinlegung und dem weiteren Verfahren ändern.[56]

11. Einstweilige Anordnungen und Verfügungen

64 Gemäß § 17 Nr. 4b und § 18 Nr. 1 und 2 sind Verfahren der einstweiligen Anordnung und der einstweiligen Verfügung im Verhältnis zum Hauptverfahren **selbstständige Angelegenheiten.** Für die Anwendbarkeit alten oder neuen Rechts ist also der Zeitpunkt der Auftragserteilung für die jeweilige Angelegenheit maßgeblich.

65 Zu beachten ist, dass **mehrere** einstweilige Anordnungen iSd § 18 Nr. 1 eine Angelegenheit sind. Erhält der Rechtsanwalt mehrere Aufträge zu solchen Verfahren der einstweiligen Anordnung, kommt es mithin auf den Zeitpunkt der ersten Auf-

---

[49] KG RVGreport 2005, 341 mAnm *Burhoff.*
[50] KG AGS 2005, 450.
[51] So aber OLG Hamburg JurBüro 1976, 185.
[52] OLG Stuttgart AnwBl. 1980, 114; *Volpert* RVGreport 2004, 296 (298).
[53] OLG Köln RVG-Berater 2005, 146.
[54] Schneider/Wolf/*N. Schneider* § 61 Rn. 94 f.; **aA** Gerold/Schmidt/*Mayer* § 60 Rn. 56.
[55] So auch Schneider/Wolf/*N. Schneider* § 61 Rn. 94; siehe dazu auch OLG Nürnberg RVGreport 2005, 220.
[56] Gerold/Schmidt/*Mayer* § 60 Rn. 30.

tragserteilung an.[57] Die Gegenstandswerte dieser Verfahren sind **zusammenzurechnen,** dies gilt auch dann, wenn die mehreren Verfahren denselben Gegenstand betreffen.[58]

12. Erinnerung

Soweit die Erinnerung nach § 19 Abs. 1 S. 2 Nr. 5 zum Rechtszug gehört, gilt § 61 Abs. 1 S. 1. Die Erinnerung ist nur ein **Rechtsbehelf** und kein Rechtsmittel. § 61 Abs. 1 S. 2 ist deshalb nicht anwendbar. Es gilt altes Recht, weil es auf den Zeitpunkt der Auftragserteilung für das Hauptverfahren ankommt.

Etwas anderes gilt für die Erinnerung gegen eine Entscheidung des Rechtspflegers in Angelegenheiten, in denen sich die Gebühren nach Teil 3 VV richten. Dieses Erinnerungsverfahren ist gemäß § 18 Nr. 5 eine besondere Angelegenheit, so dass für die Frage der Anwendbarkeit alten oder neuen Rechts der Zeitpunkt der Auftragserteilung für dieses Erinnerungsverfahren maßgeblich ist.[59]

13. Erneuter Auftrag

Wird ein nach altem Recht erteilter Auftrag beendet, gilt altes Recht weiter, wenn der Rechtsanwalt in derselben Sache erneut beauftragt wird. § 15 Abs. 5 S. 1 umschreibt das mit der Formulierung: „Wird der Rechtsanwalt, nachdem er in einer Angelegenheit tätig geworden ist, beauftragt, in derselben Angelegenheit weiter tätig zu werden, erhält er nicht mehr an Gebühren, als er erhalten würde, wenn er von vornherein hiermit beauftragt worden wäre." Etwas anderes gilt, wenn der frühere Auftrag seit mehr als zwei Kalenderjahren erledigt ist. In diesem Fall gilt gemäß § 15 Abs. 5 S. 2 die weitere Tätigkeit als neue Angelegenheit und die im RVG bestimmten Anrechnungen entfallen (sa unten „Zwei-Jahres-Frist").

14. Familiensachen

Das Scheidungsverfahren und alle Folgesachen gelten gemäß § 16 Nr. 4 als dieselbe Angelegenheit. Es kommt mithin auf die erste Auftragserteilung an. Selbst wenn für eine Folgesache ein Auftrag erst nach einer Änderung des RVG erteilt wird, gilt altes Recht. Das gesamte **Verbundverfahren** hängt also gebührenrechtlich von der ersten Auftragserteilung ab.[60]

Etwas anderes gilt bei **isolierten Familiensachen,** die in unterschiedlichen Verfahren außerhalb des Verbundverfahrens anhängig werden (zB Klage auf Trennungsunterhalt). Für sie kommt es für die Anwendbarkeit alten oder neuen Rechts auf den jeweiligen Zeitpunkt der Auftragserteilung an.

15. Hebegebühr

Wird ein einheitlicher Auftrag für die Empfangnahme mehrerer Zahlungen erteilt, ist das zur Erteilung dieses Auftrages geltende Recht maßgebend. In allen anderen Fällen ist die Entgegennahme von Zahlungen für den Mandanten gebührenrechtlich eine selbstständige Angelegenheit iSd § 13,[61] da es sich bei der Entgegennahme um ein vom Mandatsverhältnis jeweils getrenntes Verwahrungsgeschäft handelt, so dass das RVG in der zum Zeitpunkt des Eingangs des Geldes geltenden Fassung anzuwenden ist.

---

[57] AG Wiesbaden AGS 2006, 384.
[58] Dazu AG Wiesbaden AGS 2008, 384 mAnm *Schneider.*
[59] *Müller-Rabe* NJW 2005, 1609 (1614); Schneider/Wolf/*N. Schneider* § 61 Rn. 73; *Schneider* AGS 2004, 221 (224).
[60] OLG Nürnberg RVGreport 2005, 220; Gerold/Schmidt/*Mayer* § 60 Rn. 32.
[61] Schneider/Wolf/*N. Schneider* Nr. 1009 VV Rn. 7.

16. Hinzutreten weiterer Mandanten

72 Wird der Rechtsanwalt nach einer Änderung des RVG von weiteren Mandanten beauftragt, kommt es für die Anwendbarkeit alten oder neuen Rechts darauf an, ob der Auftrag des weiteren Mandanten eine eigene Angelegenheit iSd § 15 ist – dann gilt neues Recht – oder ob die dem Rechtsanwalt bereits übertragene Angelegenheit durch das weitere Mandat lediglich erweitert wird – dann gilt gemäß § 61 Abs. 1 S. 1 einheitlich altes Recht.[62]

17. Klageerweiterung

73 Für die Rechtsanwälte beider Parteien bleibt das alte Recht anwendbar, auch wenn die Klage erst nach einer Änderung des RVG erweitert wird. Besteht die Klageerweiterung darin, dass nach einer Änderung des RVG eine weitere Partei verklagt wird, erhält deren Rechtsanwalt die Gebühren nach neuem Recht, für den Rechtsanwalt der zuerst verklagten Partei verbleibt es bei dem alten Recht. Die auf Seiten der Beklagtenseite tätigen Rechtsanwälte erhalten dann also unterschiedliche Gebühren (sog. gespaltenes Kostenrecht).[63]

18. Mahnverfahren

74 Mahnverfahren und streitiges Verfahren sind gemäß § 17 Nr. 2 **verschiedene Angelegenheiten.** Demgemäß gilt für den Auftrag zur Einleitung eines Mahnverfahrens vor einer Änderung des RVG altes Recht, für das sich nach der Änderung anschließende streitige Verfahren neues Recht. Daran ändert sich nichts, wenn der Rechtsanwalt als **Vertreter des Gläubigers** schon zusammen mit dem Auftrag für das Mahnverfahren den Auftrag erhält, im Falle der Einlegung eines Widerspruchs gegen den Mahnbescheid oder eines Einspruchs gegen den Vollstreckungsbescheid das streitige Verfahren durchzuführen. Der Auftrag für das streitige Verfahren ist zunächst ein **bedingter** Auftrag, der erst mit dem Eintritt der Bedingung, also mit der Einlegung eines Widerspruchs oder eines Einspruchs wirksam wird (§ 158 BGB).[64]

75 Das Gleiche gilt, wenn der Rechtsanwalt als **Vertreter des Schuldners** vor einer Änderung des RVG den Auftrag erhält, gegen den Mahnbescheid zunächst Widerspruch einzulegen und ihm nach einer Änderung des RVG der Auftrag zur Durchführung des streitigen Verfahrens erteilt oder ein schon vorher bedingt erteilter Auftrag infolge Bedingungseintritt wirksam wird. Die Vergütung für das streitige Verfahren richtet sich nach neuem Recht.[65]

19. Nichtzulassungsbeschwerde

76 Grundsätzlich bildet das Verfahren über die Zulassung eines Rechtsmittels mit dem Rechtsmittelverfahren selbst eine Angelegenheit, so dass unterschiedliche Gebühren auch bei einer Änderung des RVG nicht entstehen können. Bei der Nichtzulassungsbeschwerde ist das gemäß § 16 Nr. 13 2. Hs. anders. Wird das Rechtsmittel erst auf die Beschwerde gegen die Nichtzulassung zugelassen, sind das Verfahren über die Nichtzulassungsbeschwerde und das Rechtmittelverfahren gemäß § 17 Nr. 9 **verschiedene Angelegenheiten.** Bei einer Änderung des RVG zwi-

---

[62] BGH NJW 2007, 769 (betr. einen Parteiwechsel); Schneider/Wolf/*N. Schneider* § 61 Rn. 84 f.
[63] *Hansens* RVGreport 2005, 20; *Müller-Rabe* NJW 2005, 1609 (1613); Schneider/Wolf/*N. Schneider* § 61 Rn. 84 f.
[64] OLG Köln JurBüro 2006, 255.
[65] OLG Schleswig JurBüro 1997, 413.

schen beiden Verfahren gilt also für die Nichtzulassungsbeschwerde altes und für das Rechtsmittelverfahren neues Recht.[66]

20. Parteiwechsel auf Beklagtenseite

Findet auf der Beklagtenseite ein Parteiwechsel statt, so wird dadurch keine neue Angelegenheit begründet. Der Rechtsanwalt erhält folglich die Gebühren nach dem (alten) Recht, das zurzeit der Auftragserteilung durch den ehemaligen Beklagten galt. Das war zunächst sehr umstritten, ist aber durch eine grundlegende Entscheidung des Bundesgerichtshofs im dargestellten Sinn geklärt worden.[67] 77

21. Pflichtverteidiger

Für den Pflichtverteidiger, dessen gerichtliche Bestellung auch durch schlüssiges Verhalten des Gerichts erfolgen kann,[68] ist das zum Zeitpunkt der Bestellung geltende Recht anwendbar.[69] Nach Meinung des Oberlandesgerichts Köln wird die Bestellung zum Pflichtverteidiger wirksam mit Erlass des Bestellungsbeschlusses und nicht erst mit der Kenntniserlangung durch den Rechtsanwalt.[70] War der Rechtsanwalt vor der Änderung des RVG zunächst als Wahlverteidiger tätig und wird er nach der Änderung des RVG zum Pflichtverteidiger bestellt, erhält er als Wahlverteidiger die Vergütung nach altem Recht und als Pflichtverteidiger nach neuem Recht.[71] 78

22. Prozesskostenhilfeprüfungsverfahren

Das Verfahren über die Prozesskostenhilfe (Prozesskostenhilfeprüfungsverfahren) und das Verfahren, für das die Prozesskostenhilfe beantragt worden ist, sind gemäß § 16 Nr. 2 dieselbe Angelegenheit. Es gilt daher altes Recht, wenn der Auftrag vor einer Änderung des RVG erteilt worden ist.[72] 79

Auch wenn der Rechtsanwalt den Auftrag zur Durchführung des Klageverfahrens erst nach einer Änderung des RVG erhält, erfolgt dieser Auftrag in derselben Angelegenheit. Es handelt sich um eine bloße **Auftragserweiterung,** für die das RVG in der Fassung zum Zeitpunkt der ursprünglichen Auftragserteilung gilt. 80

Nicht anders ist die Rechtslage zu beurteilen, wenn nach Bewilligung der Prozesskostenhilfe für eine Familiensache nach einer Änderung des RVG eine Folgesache 81

---

[66] Zum Übergangsrecht bei der Nichtzulassungsbeschwerde BSG RVGreport 2005, 219.

[67] BGH NJW 2007, 769 mit ausführlicher Darstellung des früheren Meinungsstreits; sa OLG Koblenz AGS 2007, 342 mAnm *Schneider.*

[68] KG AGS 2005, 346.

[69] OLG Hamm JurBüro 2005, 539; OLG Schleswig NJW 2005, 234.

[70] OLG Köln JurBüro 2005, 539; ähnlich KG AGS 2005, 554 (maßgeblicher Zeitpunkt ist die Unterschriftsleistung des Richters).

[71] So OLG Bamberg RVGreport 2005, 260 mAnm *Hansens*; OLG Celle RVGreport 2005, 142 mAnm *Burhoff*; OLG Frankfurt a.M. RVGreport 2005, 221; OLG Hamm JurBüro 2005, 196 = RVGreport 2005, 68 m. zust. Anm. *Burhoff*; OLG Jena RVGreport 2005, 221; KG RVGreport 2005, 100, 186, 234 und 380; OLG Schleswig NJW 2005, 234 = RVGreport 2005, 29; **aA** OLG Nürnberg RVGreport 2005, 304; ebenso wie die herrschende Rechtsprechung auch die ganz einhellige Auffassung der Literatur, vgl. statt aller *Hartmann* § 60 RVG Rn. 18; *Schneider* AGS 2005, 135. Zum Sonderfall eines Wechsels des Pflichtverteidigers OLG Frankfurt a.M. NJW 2005, 377.

[72] Ebenso OLG Koblenz JurBüro 2006, 198; OLG Köln AGS 2005, 448; OLG Zweibrücken AGS 2006, 81; Schneider/Wolf/*N. Schneider* § 61 Rn. 94; vgl. auch *Enders* JurBüro 1995, 2; **aA** OLG Dresden AGS 2007, 625; OLG Köln JurBüro 2006, 80; Gerold/Schmidt/*Mayer* § 60 Rn. 56; *Müller-Rabe* NJW 2005, 1609, 1610.

§ 60 Übergangsvorschrift

anhängig und auch für sie Prozesskostenhilfe bewilligt wird. Die Gebühren richten sich insgesamt nach altem Recht.[73]

23. Räumungsfrist

82 Soweit das Verfahren auf Bewilligung, Verlängerung oder Verkürzung einer Räumungsfrist mit dem Verfahren über die Hauptsache nicht verbunden und deshalb nach Nr. 3334 VV abzurechnen ist, handelt es sich bei diesem Verfahren um eine selbstständige Angelegenheit, auf das das zum Zeitpunkt der Auftragserteilung geltende Recht anzuwenden ist.

24. Rechtsanwalt in eigener Sache

83 Vertritt ein Rechtsanwalt sich selbst, so kommt es nicht auf einen Auftrag oder den inneren Entschluss des Rechtsanwalts an, sondern auf die Tätigkeit des Rechtsanwalts.[74]

25. Rechtsmittelverfahren

84 Wenn im Zeitpunkt einer Änderung des RVG ein gerichtliches Verfahren anhängig ist, ist abweichend von der allgemeinen Regelung des § 61 Abs. 1 S. 1 nicht der Zeitpunkt der Auftragserteilung, sondern gemäß § 61 Abs. 1 S. 2 der **Zeitpunkt der Einlegung** des Rechtsmittels maßgebend. Damit sind nur Rechtsmittel im technischen Sinne gemeint (Berufung, Revision, Beschwerde).[75] Die Gebühren für die Einlegung des Rechtsmittels bestimmen sich also nach neuem Recht. Demgegenüber verbleibt es für den Rechtsanwalt des **Rechtsmittelgegners** bei dem Zeitpunkt der Auftragserteilung.

26. Selbstständiges Beweisverfahren

85 Das selbstständige Beweisverfahren ist eine eigene Angelegenheit. Maßgebend für die Anwendbarkeit alten oder neuen Rechts ist also der Zeitpunkt der jeweiligen Auftragserteilung.[76]

27. Straf- und Bußgeldverfahren

86 In Straf- und Bußgeldsachen sind das vorbereitende Verfahren (Nr. 4104 ff. und 5101 ff. VV) und das gerichtliche Verfahren (Nr. 4106 ff. und 5107 ff. VV) verschiedene Angelegenheiten.[77] Das gilt für das strafrechtliche Ermittlungsverfahren und das nach dessen Einstellung sich anschließende Bußgeldverfahren (§ 17 Nr. 10) sowie für das Strafverfahren, die im Urteil vorbehaltene Sicherungsverwahrung (§ 17 Nr. 11) sowie für das Wiederaufnahmeverfahren und das wiederaufgenommene Verfahren (§ 17 Nr. 12). Eine zwischen den verschiedenen Verfahren eingetretene Änderung des RVG führt also zur Anwendung des neuen Rechts.

---

[73] OLG Nürnberg RVGreport 2005, 220.
[74] OLG München RVGreport 2005, 301; sa LG Mönchengladbach JurBüro 2005, 308.
[75] VG Lüneburg NJW 2005, 697; vgl. auch *Hartmann* § 60 Rn. 28.
[76] BGH NJW 2007, 3578; OLG Düsseldorf AGS 2007, 311; OLG Hamm AGS 2006, 62 mAnm *Hansens*; OLG Koblenz JurBüro 2006, 134; OLG Köln JurBüro 2006, 256; OLG München AnwBl. 2006, 498; OLG Stuttgart AGS 2006, 607; OLG Zweibrücken JurBüro 2006, 368.
[77] *Schneider* AGS 2005, 7.

Übergangsvorschrift **§ 60**

28. Streitverkündung

Die Streitverkündung wird durch die Verfahrensgebühr abgegolten. Der Rechtsanwalt des Streitverkündeten erhält die Gebühren nach dem bei Auftragserteilung geltenden Recht. 87

29. Stufenklage

Maßgebend ist der Zeitpunkt der Erteilung des Klageauftrags. Das gilt auch für die der ersten Stufe folgenden Klageanträge, selbst wenn sich das RVG zwischenzeitlich geändert hat. 88

30. Terminsvertreter (Unterbevollmächtigter)

Für die Vergütung des Terminsvertreters gilt der Zeitpunkt, zu dem er den Auftrag erhält, als Terminsvertreter tätig zu werden. Die Vergütung des Hauptbevollmächtigten richtet sich nach dem Zeitpunkt des ihm erteilten Auftrags. Hat der Hauptbevollmächtigte seinen Auftrag vor einer Änderung des RVG erhalten, gilt für ihn altes und für den nach der Gesetzesänderung beauftragten Unterbevollmächtigten neues Recht. 89

31. Unterbrechung

Bei einer Verfahrensunterbrechung bleibt das zum Zeitpunkt der Auftragserteilung geltende Gebührenrecht anwendbar. Das gilt nur dann nicht, wenn das Verfahren erst nach Ablauf von zwei Kalenderjahren nach der Unterbrechung fortgesetzt wird (§ 15 Abs. 5 S. 2).[78] 90

32. Urkunden-, Wechsel-, Scheckprozess und Nachverfahren

Der Urkunden- oder Wechselprozess und das ordentliche Verfahren, das nach Abstandnahme vom Urkunden- oder Wechselprozess oder nach einem Vorbehaltsurteil anhängig bleibt (§§ 596, 600 ZPO), sind gemäß § 17 Nr. 5 verschiedene Angelegenheiten. Bei einer Änderung des RVG während des Urkunden- oder Wechselprozesses gilt also für das Nachverfahren neues Recht. 91

33. Verbindung

Bei einer Verbindung mehrerer Verfahren sind, soweit es sich um Wertgebühren handelt, die Gebühren nach dem zusammengerechneten Wert mehrerer Gegenstände zu bemessen. Für die gesamte Vergütung gilt altes Recht, wenn dies nur für einen der Gegenstände gelten würde. Das ist der Fall, wenn die Auftragserteilung für eins der verbundenen Verfahren vor der Änderung des RVG erfolgt ist. Für Rahmengebühren fehlt eine Übergangsvorschrift. 92

34. Verbundverfahren

Eine Scheidungssache und die Folgesachen sind gemäß § 16 Nr. 4 dieselbe Angelegenheit. Für das gesamte Verbundverfahren gilt deshalb das RVG in seiner Fassung zum Zeitpunkt der Auftragserteilung. Die Berechnung der Gebühren erfolgt gemäß § 22 Abs. 1 nach den zusammengerechneten Werten von Ehe- und Folgesachen. 93

---

[78] **AA** Schneider/Wolf/*N. Schneider* § 15 Rn. 163 und § 61 Rn. 105; FG Saarland AGS 2008, 290.

35. Verfahrenstrennung

94 Bei einer Trennung mehrerer Verfahren verbleibt es grundsätzlich bei der zum Zeitpunkt der Auftragserteilung geltenden Fassung des RVG. Aus dem ursprünglichen einheitlichen Auftrag werden infolge der Verfahrenstrennung zwei verschiedene Gebührenangelegenheiten.

36. Verfahrensvorschriften

95 Wie sich aus dem Wortlaut des § 60 Abs. 1 ergibt, regelt diese Übergangsvorschrift die Berechnung der Vergütung bei einer Änderung des RVG, ist also auf Vergütungstatbestände zugeschnitten. Von der Vorschrift nicht betroffen sind Verfahrensregelungen wie beispielsweise die für das Vergütungsfestsetzungsverfahren nach § 11. Es gelten also stets die Verfahrensvorschriften der jeweils geltenden Fassung des RVG unabhängig davon, nach welchem Recht sich die Vergütung richtet.[79]

37. Vergütungsvereinbarungen

96 Für Vergütungsvereinbarungen enthält § 60 anders als § 61 Abs. 2 keine Regelung. Soweit in einer Vergütungsvereinbarung auf gesetzliche Gebühren Bezug genommen wird, ist das Recht anzuwenden, das am Tage des Zustandekommens der (unbedingten) Vergütungsvereinbarung gilt.[80]

38. Verkehrsanwalt/Korrespondenzanwalt

97 Der Verkehrsanwalt ist zweiter Bevollmächtigter neben dem Verfahrens-Prozessbevollmächtigten. Für ihn gilt der Zeitpunkt, zu dem er den Auftrag erhält, als Verkehrsanwalt tätig zu werden.

39. Versäumnisurteil

98 Das Verfahren über den Einspruch gegen ein Versäumnisurteil ist keine besondere Angelegenheit. Maßgeblich ist also der Zeitpunkt der Erteilung des Klageauftrags. (Siehe auch → Rn. 65).

40. Verwaltungsverfahren

99 Das Verwaltungsverfahren, das einem gerichtlichen Verfahren vorausgehende und der Nachprüfung des Verwaltungsakts dienende weitere Verwaltungsverfahren (Vorverfahren, Einspruchsverfahren, Beschwerdeverfahren, Abhilfeverfahren), das Verwaltungsverfahren auf Aussetzung oder Anordnung der sofortigen Vollziehung sowie über einstweilige Maßnahmen zur Sicherung der Rechte Dritter und ein gerichtliches Verfahren sind jeweils verschiedene Angelegenheiten (§ 17 Nr. 1). Maßgeblich ist folglich das RVG in seiner jeweiligen Fassung zu dem Zeitpunkt, zu dem der Rechtsanwalt für die einzelnen Verfahren beauftragt wird.

41. Verweisung

100 Die Verweisung eines Verfahrens an ein anderes Gericht begründet keine neue Angelegenheit. Nur wenn eine Sache an ein Gericht eines niedrigeren Rechtszugs

---

[79] So LAG Bremen RVGreport 2005, 37; OLG Hamm RVGreport 2005, 221; LAG Mainz RVGreport 2005, 345 mAnm *Hansens*; Schneider/Wolf/*N. Schneider* § 61 Rn. 156 ff.; *Zorn* RVGprofessionell 2005, 102; **aA** LVerfG Brandenburg RVGreport 2005, 186 mAnm *Hansens*; OLG Saarland RVGreport 2005, 67 mAnm *Hansens*; sa *Hansens* RVGreport 2004, 415, 416 mwN.

[80] Ebenso Schneider/Wolf/*N. Schneider* § 61 Rn. 115 ff.; vgl. auch *Hansens* RVGreport 2008, 326.

42. Widerklage, Drittwiderklage

Die Widerklage begründet ebenso wie die Klageerweiterung keine neue Angelegenheit. Maßgeblich bleibt das RVG in seiner Fassung zum Zeitpunkt der Auftragserteilung.[81]

101

43. Wiederaufnahmeverfahren

Gemäß § 17 Nr. 12 sind das Wiederaufnahmeverfahren und das wiederaufgenommene Verfahren, wenn sich die Gebühren nach Teil 4 oder 5 VV richten, verschiedene Angelegenheiten. Das RVG ist also in der Fassung anzuwenden die zu dem Zeitpunkt gilt, zu dem der Rechtsanwalt den Auftrag für die jeweilige Angelegenheit erhält.

102

44. Zulassung eines Rechtsmittels

Das Verfahren auf Zulassung eines Rechtsmittels ist Teil des Rechtsmittelverfahrens und bildet mit dem zugelassenen Rechtsmittel eine Angelegenheit (§ 16 Nr. 13). Eine Änderung des RVG zwischen dem Zulassungsantrag und der Zulassung ist daher unerheblich. Davon macht die **Nichtzulassungsbeschwerde** eine Ausnahme. Sie stellt gegenüber dem zugelassenen Rechtsmittelverfahren gemäß § 17 Nr. 9 eine eigene Angelegenheit dar, so dass eine Änderung des RVG zu beachten ist (sa oben „Nichtzulassungsbeschwerde").

103

45. Zurückverweisung

Wird ein Verfahren nach einer Änderung des RVG zurückverwiesen, richten sich die Gebühren im Verfahren nach der Zurückverweisung nach neuem Recht.[82] Das gilt für alle Verfahren der Teile 3 bis 6 VV.[83]

104

46. Zusammengerechnete Werte

Sind die Gebühren im Fall einer Verfahrensverbindung nach dem zusammengerechneten Wert mehrerer Gegenstände zu bemessen, gilt abweichend von § 61 Abs. 1 S. 1 gemäß § 60 Abs. 2 für die gesamte Vergütung altes Recht, sofern auch nur für einen Gegenstand altes Recht anzuwenden ist. Der Anwendungsbereich des § 60 Abs. 2 ist allerdings auf den Fall einer Verfahrensverbindung beschränkt.[84]

105

47. Zwangsvollstreckung

Jede Zwangsvollstreckungsmaßnahme ist zusammen mit den durch diese vorbereiteten weiteren Vollstreckungshandlungen bis zur Befriedigung des Gläubigers eine besondere Angelegenheit (§ 18 Nr. 3). Das RVG ist also in der Fassung anzuwenden, die zu dem Zeitpunkt gilt, zu dem der Rechtsanwalt den Auftrag für die jeweilige Zwangsvollstreckungsmaßnahme erhält.

106

---

[81] *Hansens* RVGreport 2005, 20.
[82] OLG München AGS 2007, 624; OLG Zweibrücken JurBüro 2000, 21; sa KG AGS 2005, 449.
[83] Zur Gebührenanrechnung bei Zurückverweisung vgl. *Schneider* ZAP Fach 24 1085.
[84] So auch *N. Schneider* AGS 2004, 221 (229).

48. Zwei-Jahres-Frist

107 Wird der Rechtsanwalt, nachdem er in einer Angelegenheit tätig geworden ist, beauftragt, in derselben Angelegenheit weiter tätig zu werden, gilt die weitere Tätigkeit als neue Angelegenheit, wenn der frühere Auftrag seit mehr als zwei Kalenderjahren erledigt ist (§ 15 Abs. 5 S. 2). Zugleich entfallen die im RVG bestimmten Anrechnungen von Gebühren.

§ 61 Übergangsvorschrift aus Anlass des Inkrafttretens dieses Gesetzes

(1) [1]Die Bundesgebührenordnung für Rechtsanwälte in der im Bundesgesetzblatt Teil III, Gliederungsnummer 368-1, veröffentlichten bereinigten Fassung, zuletzt geändert durch Artikel 2 Abs. 6 des Gesetzes vom 12. März 2004 (BGBl. I S. 390) und Verweisungen hierauf sind weiter anzuwenden, wenn der unbedingte Auftrag zur Erledigung derselben Angelegenheit im Sinne des § 15 vor dem 1. Juli 2004 erteilt oder der Rechtsanwalt vor diesem Zeitpunkt gerichtlich bestellt oder beigeordnet worden ist. [2]Ist der Rechtsanwalt am 1. Juli 2004 in derselben Angelegenheit und, wenn ein gerichtliches Verfahren anhängig ist, in demselben Rechtszug bereits tätig, gilt für das Verfahren über ein Rechtsmittel, das nach diesem Zeitpunkt eingelegt worden ist, dieses Gesetz. § 60 Abs. 2 ist entsprechend anzuwenden.

(2) Auf die Vereinbarung der Vergütung sind die Vorschriften dieses Gesetzes auch dann anzuwenden, wenn nach Absatz 1 die Vorschriften der Bundesgebührenordnung für Rechtsanwälte weiterhin anzuwenden und die Willenserklärungen beider Parteien nach dem 1. Juli 2004 abgegeben worden sind.

I. Überblick

1 Die Vorschrift regelt den Übergang von den Vorschriften der BRAGO zu den Vorschriften des RVG, betrifft also anders als § 60 ausschließlich den einmaligen Fall der **Ablösung der BRAGO** durch das RVG. Die Vorschrift ist mehr als fünf Jahre nach dem Inkrafttreten der RVG praktisch bedeutungslos geworden. Man fragt sich ohnehin, ob es neben der Dauerübergangsregelung des § 60 überhaupt einer besonderen Vorschrift zum Übergang von der BRAGO zum RVG bedurft hätte.

II. Normzweck

2 Ebenso wie die Dauerübergangsregelung des § 60 für Änderungen des RVG greift auch § 61 bei dem Übergang von der BRAGO zum RVG so wenig wie möglich in ein bestehendes Mandatsverhältnis ein. Im **Grundsatz** soll das Mandatsverhältnis nach den vergütungsrechtlichen Vorschriften der BRAGO abgewickelt werden. Deshalb knüpft die Vorschrift ebenso wie § 60 an den Zeitpunkt an, zu dem der Rechtsanwalt einen **unbedingten Auftrag** zur Erledigung einer Angelegenheit iSd § 15 erhalten hat. Wenn dieser Zeitpunkt vor dem 1.7.2004 lag, bestimmt sich die Vergütung des Rechtsanwalts noch nach den Vorschriften der BRAGO, lag er danach, gilt das RVG.

III. Bestimmung des anwendbaren Gebührenrechts (Abs. 1 S. 1 und 2)

3 Der Grundsatz, dass das Mandatsverhältnis vorrangig nach den vergütungsrechtlichen Vorschriften der BRAGO abgewickelt werden soll, wird von zwei Ausnahmen durchbrochen.

Die **erste Ausnahme** betrifft den gerichtlich bestellten oder beigeordneten 4
Rechtsanwalt. Für seine Vergütung kommt es gemäß § 61 Abs. 1 S. 1 auf den Zeitpunkt der **Bestellung** oder **Beiordnung** an, es sei denn, dass, wie beispielsweise bei der Beiordnung im Rahmen von Prozesskostenhilfe, der Abschluss eines Mandatsvertrags hinzukommen muss.

Die **zweite Ausnahme** betrifft das **Rechtsmittelverfahren**. Für den bereits in 5
erster Instanz tätig gewesenen Rechtsanwalt verlegt § 61 Abs. 1 S. 2 den maßgeblichen Zeitpunkt. Ihm steht die Vergütung nach dem RVG zu, wenn das Rechtsmittel nach dem 30.6.2004 eingelegt wurde. Es kommt in diesem Fall also nicht auf die Erteilung des Auftrags, sondern auf die **Tätigkeit** des Rechtsanwalts an. Für den **erstmals** im Rechtsmittelverfahren tätig werdenden Rechtsanwalt verblieb es demgegenüber bei dem Zeitpunkt der Auftragserteilung, so dass für ihn die Vorschriften der BRAGO bei einer Auftragserteilung vor dem 1.7.2004 anwendbar geblieben sind und die Vorschriften des RVG gelten, wenn die Auftragserteilung nach dem 30.6.2004 erfolgt ist.

IV. Zusammengerechnete Werte mehrerer Gegenstände (Abs. 1 S. 3)

§ 61 Abs. 1 S. 3 erklärt § 60 Abs. 2 für entsprechend anwendbar. § 60 Abs. 2 6
betrifft den Fall, dass die **Gebühren** – nicht die Vergütung, die die Gebühren und die Auslagen umfasst (§ 1 Abs. 1 S. 1) – nach dem zusammengerechneten Wert mehrerer Gegenstände zu bemessen sind. Dann gilt für die gesamte Vergütung das **bisherige Recht** auch dann, wenn dies nach § 61 Abs. 1 S. 1 und 2 nur für einen der Gegenstände gelten würde.

Im Übrigen kann auf die **Erläuterungen des § 60** verwiesen werden. Das gilt 7
insbesondere für die dort in alphabetischer Reihenfolge aufgelisteten **Einzelfälle** bei einer Änderung des RVG. Im Rahmen des § 61 tritt an die Stelle einer Änderung des RVG der Übergang von der BRAGO zum RVG.

V. Vergütungsvereinbarungen (Abs. 2)

§ 61 Abs. 2 enthält für Vergütungsvereinbarungen eine von § 61 Abs. 1 S. 1 abweichende Sonderregelung. Statt auf den Zeitpunkt der Erteilung eines unbedingten 8
Auftrags wird für Vergütungsvereinbarungen auf den Zeitpunkt abgestellt, zu dem „die Willenserklärungen beider Parteien" abgegeben wurden. Lag dieser Zeitpunkt nach dem Inkrafttreten des RVG, gelten dessen Vorschriften, auch wenn dem Rechtsanwalt ein unbedingter Auftrag bereits vor dem Inkrafttreten des RVG erteilt worden war und deshalb an sich noch die Vorschriften der BRAGO hätten anwendbar bleiben müssen.

§ 62 Verfahren nach dem Therapieunterbringungsgesetz

Die Regelungen des Therapieunterbringungsgesetzes zur Rechtsanwaltsvergütung bleiben unberührt.

I. Überblick

§ 62 ist durch das Gesetz zur **Neuordnung des Rechts der Sicherungsverwah-** 1
rung und zu begleitenden Regelungen (ThUG) vom 22.10.2010[1] mit Wirkung ab

---
[1] BGBl. 2010 I 2300.

1.1.2011 eingefügt worden. Die Einfügung war notwendig, weil § 20 ThUG die Vergütung des Rechtsanwalts in Verfahren nach dem ThUG selbst, also außerhalb des RVG regelt und § 1 hinsichtlich des Geltungsbereichs keinen Vorbehalt für eine Regelung in anderen Bundesgesetzen enthält.[2]

II. Persönlicher Anwendungsbereich

2 In vergütungsrechtlicher Hinsicht befasst sich das ThUG nur mit dem **gerichtlich beigeordneten** Rechtsanwalt. Für ihn bestimmt § 7 ThUG:

(1) Das Gericht hat dem Betroffenen zur Wahrnehmung seiner Rechte im Verfahren und für die Dauer der Therapieunterbringung einen Rechtsanwalt beizuordnen. § 78c Absatz 1 und 3 der Zivilprozessordnung gilt entsprechend.

(2) Der beigeordnete Rechtsanwalt hat die Stellung eines Beistands. § 48 Absatz 1 Nummer 3 und Absatz 2 der Bundesrechtsanwaltsordnung gilt entsprechend.

(3) Die Beiordnung ist auf Antrag des beigeordneten Rechtsanwalts oder des Betroffenen nach rechtskräftigem Abschluss des gerichtlichen Verfahrens aufzuheben, wenn der Antragsteller hieran ein berechtigtes Interesse hat. Die Aufhebung der Beiordnung aus wichtigem Grund bleibt hiervon unberührt. Wird die Beiordnung während der Therapieunterbringung aufgehoben, so ist dem Betroffenen unverzüglich ein anderer Rechtsanwalt beizuordnen.

(4) Von der Beiordnung ausgenommen sind Vollzugsangelegenheiten.

3 Die auf den gerichtlich beigeordneten Rechtsanwalt beschränkte Regelung des § 7 ThUG bedeutet nicht, dass nicht auch der **Wahlanwalt** die Gebühren nach Nr. 6300 ff. VV beanspruchen kann. Für ihn fallen die in diesen Gebührentatbeständen geregelten **Betragsrahmengebühren** an, während der gerichtlich beigeordnete Rechtsanwalt die ausgewiesenen **Festgebühren** erhält.

4 Der in § 7 Abs. 2 S. 2 ThUG enthaltene **Verweis** auf § 48 Abs. 1 Nr. 3 und Abs. 2 BRAO begründet auch für den Geltungsbereich des ThUG die **berufsrechtliche Pflicht** des Rechtsanwalts, die Rolle eines Beistands zu übernehmen.[3]

III. Sachlicher Anwendungsbereich

5 Der sachliche Anwendungsbereich des § 62 erstreckt sich auf alle im ThUG geregelten Verfahren. Damit sind das Verfahren der Anordnung, Verlängerung und Aufhebung der Therapieunterbringung (§ 20 Abs. 1 ThUG), das Verfahren der Unterbringung durch einstweilige Anordnung (§ 14 ThUG) und das Beschwerdeverfahren (§ 12 Abs. 1 ThUG) gemeint.[4]

IV. Vergütungsregelung in Verfahren nach dem ThUG

6 Die Vergütung des Rechtsanwalts in Verfahren nach dem ThUG ist in **§ 20** dieses Gesetzes geregelt. Die Vorschrift lautet:

---

[2] Dazu *Kotz* JurBüro 2011, 348; *H. Schneider* AGS 2011, 209; *Volpert* StRR 2011, 298.
[3] Dazu Hartung/*Hartung* BRAO § 48 Rn. 12 ff.; siehe dazu auch BT-Drs. 17/3403, 59 (60).
[4] Siehe dazu im Einzelnen Gerold/Schmidt/*Mayer* § 62 Rn. 2–9; Schneider/Wolf/*Volpert* § 62 Rn. 26 ff.

Verfahren nach dem Therapieunterbringungsgesetz § 62

§ 20 Vergütung des Rechtsanwalts

(1) In Verfahren nach diesem Gesetz über die Anordnung, Verlängerung oder Aufhebung der Therapieunterbringung erhält der Rechtsanwalt Gebühren in entsprechender Anwendung von Teil 6 Abschn. 3 des Vergütungsverzeichnisses zum Rechtsanwaltsvergütungsgesetz.

(2) § 52 Absatz 1 bis 3 und 5 des Rechtsanwaltsvergütungsgesetzes ist auf den beigeordneten Rechtsanwalt (§ 7) entsprechend anzuwenden. Gegen den Beschluss nach § 52 Absatz 2 des Rechtsanwaltsvergütungsgesetzes ist die Beschwerde statthaft; § 22 ist anzuwenden.

(3) Der beigeordnete Rechtsanwalt erhält für seine Tätigkeit nach rechtskräftigem Abschluss eines Verfahrens nach Absatz 1 bis zur ersten Tätigkeit in einem weiteren Verfahren eine Verfahrensgebühr nach Nummer 6302 des Vergütungsverzeichnisses zum Rechtsanwaltsvergütungsgesetz. Die Tätigkeit nach Satz 1 ist eine besondere Angelegenheit im Sinne des Rechtsanwaltsvergütungsgesetzes.

7 Grundlage für den gegen die Staatskasse gerichteten Vergütungsanspruch ist § 45 Abs. 3.[5] Die von der Staatskasse zu erstattende Vergütung richtet sich gemäß § 20 Abs. 1 ThUG nach Teil 6 Abschn. 3 VV. Das sind die Verfahrensgebühr nach Nr. 6300 VV, die Terminsgebühr nach Nr. 6301 VV sowie die Verfahrens- und Terminsgebühr nach Nr. 6302 und 6303 VV.

8 Des Weiteren ist gemäß § 20 Abs. 2 S. 1 ThUG die Regelung des § 52 Abs. 1 bis 3 und 5 entsprechend anwendbar. Durch diesen Verweis wird unter den dort geregelten Voraussetzungen ein Anspruch des beigeordneten Rechtsanwalts gegen den Betroffenen auf die **Wahlanwaltsgebühren** begründet.

9 § 20 ThUG lässt die Frage offen, ob neben § 52 Abs. 1 bis 3 und 5 auch noch **weitere Regelungen** des RVG entsprechend anwendbar sind. Diese Frage ist zu bejahen.[6] Die Vorschrift des § 62 war nur notwendig, um einer außerhalb des RVG in einem anderen Gesetz geregelten Vergütungsvorschrift Geltung zu verschaffen.

---

[5] BT-Drs. 17/3403 S. 60, wo versehentlich auf § 46 Abs. 3 Bezug genommen wird.
[6] Ebenso, aber mit anderer Begründung, Schneider/Wolf/*Volpert* § 62 Rn. 9.

Vergütungsverzeichnis

Anlage 1 (zu § 2 Abs. 2)

Vorbemerkungen

Aufbau, Aufgabe und Funktion des Vergütungsverzeichnisses

Dem RVG ist als Anlage 1 (zu § 2 Abs. 2) ein Vergütungsverzeichnis angefügt. In dem Vergütungsverzeichnis sind die einzelnen Gebühren, deren Tatbestand und deren Höhe für die jeweiligen anwaltlichen Tätigkeitsbereiche zusammenhängend in einem Teil, Abschn. oder Unterabschnitt geregelt. Das Vergütungsverzeichnis gliedert sich in folgende Teile: 1
- Teil 1 Allgemeine Gebühren
- Teil 2 Außergerichtliche Tätigkeiten einschließlich der Vertretung im Verwaltungsverfahren
- Teil 3 Zivilsachen, Verfahren der öffentlich – rechtlichen Gerichtsbarkeiten, Verfahren nach dem Strafvollzugsgesetz, auch iVm § 92 des Jugendgerichtsgesetzes, und ähnliche Verfahren
- Teil 4 Strafsachen
- Teil 5 Bußgeldsachen
- Teil 6 Sonstige Verfahren
- Teil 7 Auslagen.

Die einzelnen Teile sind dann weiter untergliedert in Abschn.e und Unterabschnitte.

Die einzelnen Gebühren sind in einer **Nummer** im Vergütungsverzeichnis geregelt. 2

Vorbemerkungen am Eingang eines Teils, eines Abschn.s oder eines Unterabschnitts ergänzen die Bestimmungen in den einzelnen Nummern. Häufig sind in den Vorbemerkungen Gebührentatbestände geregelt, also unter welchen Voraussetzungen die Gebühr entsteht. 3

In **Anmerkungen** im Anschluss an die Nummer finden sich dann ergänzende Regelungen zu der Gebühr, wie zB weitere Gebührentatbestände oder Erläuterungen. 4

Die unter der Nummer geregelte Gebühr ist also im Zusammenhang mit den Vorbemerkungen und evtl. Anmerkungen zu sehen. Häufig findet sich auch noch in einer folgenden Nummer ein Erhöhungs- oder Ermäßigungstatbestand für die Gebühr. 5

Beispiel:

Vertritt der Prozessbevollmächtigte die Partei in einem Verhandlungstermin bei Gericht, fällt in der Regel eine 1,2 Terminsgebühr Nr. 3104 VV an. Dass die Terminsgebühr für die Vertretung in einem Verhandlungstermin entsteht, ist in der Vorb. 3 Abs. 3 VV geregelt. Die Anm. zu Nr. 3104 VV regelt noch weitere Tatbestände (in Abs. 1 Ziff. 1 der Anm. zu Nr. 3104 VV heißt es: *„Die Gebühr entsteht auch, wenn…"*). Die nachfolgende Nr. 3105 VV erhält dann einen Ermäßigungstatbestand für die in der Nr. 3104 VV geregelte Terminsgebühr für den Fall, dass der Rechtsanwalt nur einen Termin wahrnimmt, in dem eine Partei oder ein Beteiligter nicht erschienen oder nicht ordnungsgemäß vertreten ist und dann lediglich ein Antrag auf Versäumnisurteil gestellt wird. Dann entsteht die Terminsgebühr Nr. 3104 VV nur in Höhe von 0,5.

Vorb. 1 VV Teil 1. Allgemeine Gebühren

6 In der Praxis wird häufig zitiert: *„Teil 3, Abschn. 1, Vorb. 3.1 VV RVG".* Eine derartig ausführliche Zitierweise ist nicht notwendig. Aus der Zahlenkombination hinter dem Wort *„Vorbemerkung"* ergibt sich bereits, um welche Vorbemerkung zu welchem Teil und welchem Abschn. des Vergütungsverzeichnisses es sich handelt (zB Vorb. 3.1 = Vorb. zu Teil 3, Abschn. 1).

Teil 1. Allgemeine Gebühren

Vorbemerkung 1 VV

Nr.	Gebührentatbestand	Gebühr oder Satz der Gebühr nach § 13
Vorbemerkung 1: Die Gebühren dieses Teils entstehen neben den in anderen Teilen bestimmten Gebühren.		

Überblick

1 Während die Teile 2 bis 6 VV jeweils die Gebühren für einen bestimmten anwaltlichen Tätigkeitsbereich (zB Teil 2 für außergerichtliche Tätigkeiten einschließlich der Vertretung im Verwaltungsverfahren) regeln, bestimmt Teil 1 „Allgemeine Gebühren". Die in Teil 1 geregelten „Allgemeinen Gebühren" können grundsätzlich in allen Tätigkeitsbereichen entstehen. So kann zB die in der Nr. 1000 VV geregelte Einigungsgebühr sowohl bei außergerichtlichen Tätigkeiten (Teil 2 VV) anfallen, als auch bei einer Tätigkeit in einer Zivilsache (Teil 3 VV). Auch zB in einer Strafsache (Teil 4 VV) kann die Einigungsgebühr entstehen, wenn zB in einer Privatklage oder in einem Adhäsionsverfahren ein Vergleich geschlossen wird und der Rechtsanwalt hieran mitgewirkt hat.

2 Die in Teil 1 geregelten Gebühren fallen neben den Gebühren an, die in dem betreffenden Teil des Vergütungsverzeichnisses geregelt sind.

Beispiel 1:
Der Rechtsanwalt vertritt außergerichtlich und wirkt am Zustandekommen des Vergleichs mit.
Neben der 0,5 bis 2,5 Geschäftsgebühr Nr. 2300 VV (Teil 2 VV) entsteht eine 1,5 Einigungsgebühr Nr. 1000 VV (Teil 1 VV).[1] Daneben können noch die Auslagen (Teil 7) angesetzt werden.

Beispiel 2:
Der Rechtsanwalt ist mit der Beratung des Mandanten beauftragt. Er wirkt im Rahmen der Beratung mit an einem Vergleich.
Neben der Gebühr für die Beratung kann er noch eine Einigungsgebühr nach Nr. 1000 VV ansetzen.[2] Dies gilt nicht, wenn er in der Gebührenvereinbarung mit dem Mandanten eine Pauschale, ein Zeithonorar oder eine „Vergütung" (und keine „Gebühr") vereinbart hat. Dann wird die Vereinbarung im Zweifel dahingehend auszulegen sein, dass die vereinbarten Beträge den Vergütungsanspruch des Rechtsanwalts abgilt und daneben keine weiteren Gebühren nach dem RVG anfallen können.[3]

---

[1] OLG Schleswig AGS 2011, 115.
[2] AG Neumünster AGS 2011, 475; → Vorb. 1 VV Rn. 4 ff.
[3] *Enders* JurBüro 2010, 561.

Teil 1. Allgemeine Gebühren **Nr. 1000 VV**

Praxistipp:
Es empfiehlt sich in diesen Fällen, dass in der Gebührenvereinbarung klargestellt 3
wird, dass gesetzliche Gebühren nach dem RVG, deren Tatbestand erfüllt wird, neben
der vereinbarten Gebühr oder Vergütung gefordert werden können.

Häufig wird argumentiert, dass neben einer „Gebühr" für die Beratung keine 4
Einigungsgebühr entstehen könne, weil in der Vorb. 1 normiert sei: *„Die Gebühren
dieses Teils entstehen neben den **in anderen Teilen bestimmten Gebühren**.* "Hieraus wird
geschlossen, dass eine Einigungsgebühr neben einer „Gebühr" für die Beratung
nicht entstehen könne, da letztere eben nicht in einem anderen Teil des **Vergütungsverzeichnisses** zum RVG geregelt sei. Dem ist meines Erachtens nicht zu
folgen, da die Vorb. 1 sich eben nicht auf die in anderen Teilen des Vergütungsverzeichnisses bestimmte Gebühren beschränkt. Auch der **Paragraphenteil ist „ein
anderer Teil" des RVG.** Hier ist die „Gebühr" für die Beratung in § 34 RVG
geregelt. Folglich steht der Vorb. 1 VV dem nicht entgegen, dass neben einer
„Gebühr" für eine Beratung auch eine Einigungsgebühr entstehen kann.

Auch der Gesetzgeber geht wohl davon aus, dass neben einer „Gebühr" für eine 5
Beratung eine Einigungsgebühr anfallen kann. Denn er bestimmt in Abs. 1 S. 3 der
Anm. zu Nr. 1005 VV, die Höhe einer Einigungs- oder Erledigungsgebühr, wenn
diese neben einer „Gebühr" für eine Beratung nach § 34 RVG entsteht. Abs. 1 S. 3
der Anm. zu Nr. 1005 VV betrifft zwar sozialrechtliche Angelegenheiten, in denen
im gerichtlichen Verfahren Betragsrahmengebühren entstehen. Es wäre aber systemwidrig hieraus zu schließen, dass der Gesetzgeber wolle, dass nur in diesen sozialrechtlichen Angelegenheiten neben einer „Gebühr" für die Beratung eine Einigungs- oder Erledigungsgebühr entstehen kann. Vielmehr bedurfte es an dieser
Stelle einer Regelung der Höhe der Einigungs- oder Erledigungsgebühr, da ansonsten nicht ersichtlich gewesen wäre, in welcher Höhe die Einigungs- oder Erledigungsgebühr entsteht, wenn sie neben einer „Gebühr" für eine Beratung anfällt.

Natürlich werden die in Teil 1 VV geregelten Gebühren in speziellen Tätigkeits- 6
bereichen nur dann entstehen können, wenn dort überhaupt den Tatbestand erfüllt
werden kann. So wird zB wenn der Rechtsanwalt als Verteidiger in einer Strafsache
(Teil 4 VV) tätig ist, nie eine Aussöhnungsgebühr Nr. 1001 VV entstehen können.
Diese entsteht nämlich nur für die Mitwirkung bei der Aussöhnung von Eheleuten.

In der Vorb. 1 VV heißt es: *„**Die Gebühren** dieses Teils entstehen…".* Hieraus wird 7
verschiedentlich geschlossen, dass es sich auch bei der Erhöhung nach Nr. 1008 VV
um eine „eigene Gebühr" handelt. Hieraus ergeben sich dann falsche Schlüsse, zB
bei der Anrechnung einer nach Nr. 1008 VV erhöhten Gebühr. In der Nr. 1008 VV
heißt es aber: *„Die Verfahrens- oder Geschäftsgebühr erhöht sich für jede weitere Person
um…".* Die spezielle Regelung in der Nr. 1008 VV geht der allgemeinen Regelung
in der Vorb. 1 VV vor. Folglich regelt die Nr. 1008 VV keine eigene Gebühr, sondern, dass sich die anfallende Verfahrens- oder Geschäftsgebühr erhöht. Im Rahmen
der Anrechnung einer erhöhten Gebühr ist diese also als Ganzes zu betrachten und
grundsätzlich von der nach Nr. 1008 VV erhöhten Gesamtgebühr auszugehen (siehe
hierzu mit Berechnungsbeispiel und Rechtsprechungsnachweisen → Nr. 1008 VV
Rn. 65 ff.).

Nr. 1000 VV

Nr.	Gebührentatbestand	Gebühr oder Satz der Gebühr nach § 13
1000	Einigungsgebühr .... (1) Die Gebühr entsteht für die Mitwirkung beim Abschluss eines Vertrags, durch den	1,5

Nr. 1000 VV — Teil 1. Allgemeine Gebühren

Nr.	Gebührentatbestand	Gebühr oder Satz der Gebühr nach § 13
	1. der Streit oder die Ungewissheit über ein Rechtsverhältnis beseitigt wird oder 2. die Erfüllung des Anspruchs bei gleichzeitigem vorläufigen Verzicht auf die gerichtliche Geltendmachung und, wenn bereits ein zur Zwangsvollstreckung geeigneter Titel vorliegt, bei gleichzeitigem vorläufigen Verzicht auf Vollstreckungsmaßnahmen geregelt wird (Zahlungsvereinbarung). Die Gebühr entsteht nicht, wenn sich der Vertrag ausschließlich auf ein Anerkenntnis oder einen Verzicht beschränkt. Im Privatklageverfahren ist Nummer 4147 anzuwenden. (2) Die Gebühr entsteht auch für die Mitwirkung bei Vertragsverhandlungen, es sei denn, dass diese für den Abschluss des Vertrags im Sinne des. Absatzes 1 nicht ursächlich war. (3) Für die Mitwirkung bei einem unter einer aufschiebenden Bedingung oder unter dem Vorbehalt des Widerrufs geschlossenen Vertrag entsteht die Gebühr, wenn die Bedingung eingetreten ist oder der Vertrag nicht mehr widerrufen werden kann. (4) Soweit über die Ansprüche vertraglich verfügt werden kann, gelten die Absätze 1 und 2 auch bei Rechtsverhältnissen des öffentlichen Rechts. (5) Die Gebühr entsteht nicht in Ehesachen und in Lebenspartnerschaftssachen (§ 269 Abs. 1 Nr. 1 und 2 FamFG). Wird ein Vertrag, insbesondere über den Unterhalt, im Hinblick auf die in Satz 1 genannten Verfahren geschlossen, bleibt der Wert dieser Verfahren bei der Berechnung der Gebühr außer Betracht. In Kindschaftssachen ist Absatz 1 Satz 1 und 2 auch für die Mitwirkung an einer Vereinbarung, über deren Gegenstand nicht vertraglich verfügt werden kann, entsprechend anzuwenden.	

Übersicht

	Rn.
I. Überblick	1
II. Entstehung der Einigungsgebühr (Abs. 1)	9
1. Streit oder Ungewissheit über ein Rechtsverhältnis wird durch den Vertrag beseitigt (Abs. 1 Ziff. 1)	12
a) Rechtsverhältnis	14
b) Streit oder Ungewissheit	19
2. Zahlungsvereinbarung (Abs. 1 Ziff. 2)	22
3. Vertrag	34
4. Anerkenntnis, Verzicht	44
5. Zwischenvergleich	50
III. Mitwirkung	58
IV. Widerrufsvorbehalt	69
V. Höhe der Einigungsgebühr	75
VI. Gegenstandswert der Einigungsgebühr	82
VII. Rechtsverhältnisse des öffentlichen Rechts	87
VIII. Familien- und Lebenspartnerschaftssachen	89
1. Keine Einigungsgebühr nach dem Wert der Ehe- oder Lebenspartnerschaftssache	89
2. Kindschaftssachen	92
3. Versorgungsausgleichssachen	97

	Rn.
IX. Verkehrsunfallsachen	99
X. Nebenintervention	107

I. Überblick

Nr. 1000 VV regelt die Einigungsgebühr. Die Gebühr entsteht, wenn der Rechtsanwalt mitwirkt beim Abschluss eines Vertrags, durch den der Streit oder die Ungewissheit über ein Rechtsverhältnis beseitigt wird (Nr. 1000 Abs. 1 VV). Ein Vertrag iSd Nr. 1000 Abs. 1 VV ist auch ein Vergleich. Keine Einigungsgebühr entsteht, wenn der Vertrag iSd Nr. 1000 Abs. 1 Ziff. 1 VV sich ausschließlich auf ein Anerkenntnis oder einen Verzicht beschränkt. **1**

Durch das 2. KostRMoG[1] wurde in Nr. 1000 VV klargestellt, dass eine Einigungsgebühr auch dann entsteht, wenn der Rechtsanwalt an einer (Raten-)Zahlungsvereinbarung mitwirkt.[2] **2**

Als anwaltliche Mitwirkung ist es ausreichend, wenn der Rechtsanwalt bei den Vertragsverhandlungen mitwirkt (Nr. 1000 Abs. 2 VV). Er muss also nicht unbedingt den Vertrag selbst im Namen des Mandanten mit der Gegenseite abschließen. **3**

Wird der Vergleich widerrufen oder ist er unter einer aufschiebenden Bedingung geschlossen und diese Bedingung tritt nicht ein, fällt keine Einigungsgebühr an (Nr. 1000 Abs. 3 VV). **4**

Auch bei Rechtsverhältnissen des öffentlichen Rechts kann nach Nr. 1000 Abs. 4 VV eine Einigungsgebühr entstehen, wenn über die Ansprüche vertraglich verfügt werden kann. Kann über die Ansprüche nicht vertraglich verfügt werden, kann eine Erledigungsgebühr Nr. 1002 VV entstehen. **5**

Nach dem Gegenstand der Scheidung kann keine Einigungsgebühr entstehen. Wird aber in einer anderen Familiensache (zB Unterhalt, Zugewinnausgleich oder ähnliches) ein Vertrag iSd Nr. 1000 Abs. 1 VV geschlossen, fällt die Einigungsgebühr nach dem Verfahrenswert dieser Gegenstände (mit Ausnahme des Verfahrenswertes der Scheidung) an. In Nr. 1000 Abs. 5 VV ist klargestellt, dass auch in Kindschaftssachen eine Einigungsgebühr entstehen kann. **6**

Die Einigungsgebühr entsteht in Höhe von 1,5, wenn über den Gegenstand kein gerichtliches Verfahren anhängig ist. Ist über den Gegenstand der Einigung ein gerichtliches Verfahren anhängig, entsteht die Einigungsgebühr nur in Höhe von 1,0. Ausnahmen sind in der Nr. 1003 VV geregelt. Ist über den Gegenstand des Vertrags iSd Nr. 1000 Abs. 1 VV ein Berufungs- oder Revisionsverfahren anhängig, fällt die Einigungsgebühr in Höhe von 1,3 an (Nr. 1004 VV). Auch der Anwendungsbereich der Nr. 1004 VV wurde durch das am 1.8.2013 in Kraft getretene 2. KostRMoG[3] erweitert.[4] **7**

Für sozialrechtliche Angelegenheiten, in denen im gerichtlichen Verfahren Betragsrahmengebühren entstehen (welche das sind, ergibt sich aus § 3 RVG) sind für eine Einigungs- oder Erledigungsgebühr in den Nr. 1005 und 1006 VV geregelt, welche Betragsrahmen zur Anwendung kommen. Die Nr. 1005 und 1006 VV wurden durch das 2. KostRMoG[5] neu gefasst.[6] **8**

---

[1] BGBl. 2013 I 2586, in Kraft getreten am 1.8.2013.
[2] → 1000 VV Rn. 22 ff.
[3] BGBl. 2013 I 2586.
[4] → Nr. 1004 VV Rn. 15 ff.
[5] BGBl. 2013 I 2586, in Kraft getreten am 1.8.2013.
[6] → Nr. 1005, 1006 VV Rn. 1 ff.

II. Entstehung der Einigungsgebühr (Abs. 1)

9 Nach Nr. 1000 Abs. 1 Ziff. 1 VV entsteht die Einigungsgebühr, wenn der Rechtsanwalt mitwirkt beim Abschluss eines Vertrags, durch den der Streit oder die Ungewissheit über ein Rechtsverhältnis beseitigt wird.[7]

10 Nach Nr. 1000 Abs. 1 Ziff. 2 VV entsteht die Einigungsgebühr auch, wenn der Rechtsanwalt mitwirkt an einer Zahlungsvereinbarung.[8]

11 Die Einigungsgebühr entsteht nicht, wenn der Vertrag sich ausschließlich auf ein Anerkenntnis oder einen Verzicht beschränkt.[9]

1. Streit oder Ungewissheit über ein Rechtsverhältnis wird durch den Vertrag beseitigt (Abs. 1 Ziff. 1)

12 Nach Nr. 1000 Abs. 1 Ziff. 1 VV entsteht die Einigungsgebühr, wenn der Rechtsanwalt mitwirkt beim Abschluss eines Vertrags, durch den der Streit oder die Ungewissheit über ein Rechtsverhältnis beseitigt wird, es sei denn, der Vertrag beschränkt sich ausschließlich auf ein Anerkenntnis oder einen Verzicht.

13 Es muss also
- zwischen den Parteien ein Rechtsverhältnis bestehen oder zumindest muss eine Partei ein bestehendes Rechtsverhältnis behaupten
- über das Rechtsverhältnis muss Streit oder Ungewissheit herrschen
- durch den Vertrag muss der Streit oder die Ungewissheit über das Rechtsverhältnis beseitigt werden.

14 a) **Rechtsverhältnis.** Damit eine Einigungsgebühr entsteht, muss der Rechtsanwalt mitwirken beim Abschluss eines Vertrags, durch den der Streit oder die Ungewissheit **über ein Rechtsverhältnis** beseitigt wird (Nr. 1000 Abs. 1 Ziff. 1 VV). Es ist also erforderlich, dass zwischen den Parteien ein Rechtsverhältnis besteht. Ausreichend ist auch, dass eine der Parteien das Bestehen eines Rechtsverhältnisses behauptet.[10]

15 Der **Begriff des Rechtsverhältnisses** ist äußerst weit auszulegen. Darunter sind nicht nur schuld- oder sachenrechtliche Rechtsverhältnisse zu subsumieren, sondern auch familienrechtliche, erbrechtliche, öffentlich – rechtliche Rechtsverhältnisse und auch Rechtsverhältnisse, die Kraft Gesetzes entstehen, wie etwa Schadensersatzforderungen nach §§ 823 ff. BGB, § 7 StVG, Geschäftsführung ohne Auftrag, bereicherungsrechtliche Ansprüche.[11]

16 Keine Einigungsgebühr entsteht, wenn der Rechtsanwalt für den Mandanten **Vertragsverhandlungen** führt und hierdurch erst ein Rechtsverhältnis eingegangen oder aufgehoben werden soll.[12]

Beispiel 1:

Der Mandant beauftragt den Rechtsanwalt, mit einem Mietinteressenten einen Mietvertrag auszuhandeln. Durch die entsprechende Tätigkeit des Rechtsanwalts wird eine 0,5–2,5 Geschäftsgebühr Nr. 2300 VV ausgelöst, aber keine Einigungsgebühr. Denn zwischen den Par-

---

[7] → Nr. 1000 Rn. 12 ff.
[8] → Nr. 1000 Rn. 22 ff.
[9] → Nr. 1000 Rn. 44 ff.
[10] Gerold/Schmidt/*Müller-Rabe* VV Nr. 1000 Rn. 98; Schneider/Wolf/*Onderka/Schafhausen/Schneider/Thiel* Nr. 1000 VV Rn. 59.
[11] Gerold/Schmidt/*Müller-Rabe* VV Nr. 1000 Rn. 97; Schneider/Wolf/*Onderka/Schafhausen/Schneider/Thiel* Nr. 1000 VV Rn. 60.
[12] Schneider/Wolf/*Onderka/Schafhausen/Schneider/Thiel* VV Nr. 1000 Rn. 63.

teien besteht noch kein Rechtsverhältnis. Durch den auszuhandelnden Mietvertrag soll erst ein Rechtsverhältnis zwischen den Parteien begründet werden.[13]

Wenn aber eine Partei bereits ein Rechtsverhältnis behauptet und der Rechtsanwalt dann Vertragsverhandlungen zur Beseitigung des Streits über das Bestehen oder Nichtbestehen eines Rechtsverhältnisses erfolgreich führt, so dass durch den Vertrag der Streit oder die Ungewissheit der Parteien über das Bestehen oder Nichtbestehen eines Rechtsverhältnisses beseitigt wird, ist die Einigungsgebühr entstanden.[14] 17

Beispiel 2:
Eine Partei behauptet den mündlichen Abschluss eines Mietvertrags. Der „Vermieter" bestreitet das Zustandekommen eines Mietvertrags und beauftragt den Rechtsanwalt, Vertragsverhandlungen zu führen und ein Mietvertrag mit dem „Mieter" auszuhandeln, der dann auch schriftlich fixiert werden soll. In diesem Fall kann die Einigungsgebühr anfallen, wenn der Rechtsanwalt mitwirkt an einem Vertrag, durch den Streit oder die Ungewissheit der Parteien über das behauptete Rechtsverhältnis beseitigt wird. Dies kann auch ein neuer Mietvertrag sein.

Der Abschluss eines Mietaufhebungsvertrags – ohne das über das Ende des Mietverhältnisses Streit oder Ungewissheit besteht –, löst für sich alleine noch keine Einigungsgebühr aus.[15] Ebenso soll der Abschluss eines gesellschaftsrechtlichen Auflösungsvertrags keine Einigungsgebühr auslösen, wenn über die Auflösung der Gesellschaft kein Streit und keine Ungewissheit herrschen.[16] 18

b) Streit oder Ungewissheit. Die Einigungsgebühr entsteht für die Mitwirkung beim Abschluss eines Vertrags, durch den der **Streit oder die Ungewissheit** über ein Rechtsverhältnis beseitigt wird (Nr. 1000 Abs. 1 Ziff. 1 VV). Voraussetzung ist also u. a., dass ein Streit zwischen den Parteien vorliegt oder eine Ungewissheit über ein Rechtsverhältnis gegeben ist. 19

Ein **Streit** zwischen den Parteien liegt vor, wenn sie hinsichtlich des bestehenden Rechtsverhältnisses und der sich daraus ergebenden Folgen verschiedener Ansicht sind.[17] *„Abzustellen ist auf die subjektive Vorstellung der Beteiligten und nicht auf die eines Dritten."*[18] Ob diese subjektiven Zweifel tatsächlicher oder rechtlicher Art sind, ist unerheblich. An den „Streit" sind keine hohen Anforderungen zu stellen. 20

Ausreichend ist auch, wenn eine **Ungewissheit** über das Rechtsverhältnis gegeben ist. Diese liegt vor, wenn die Parteien sich unsicher sind, wie die Rechtslage eigentlich ist.[19] Entscheidend ist, dass die Parteien subjektiv eine Ungewissheit sehen; es muss keine -aus der Sicht eines Dritten – objektive Ungewissheit vorliegen. Eine Ungewissheit ist auch dann gegeben, wenn für einen Gläubiger die Realisierung seiner Forderung zweifelhaft ist.[20] 21

2. Zahlungsvereinbarung (Abs. 1 Ziff. 2)

In Literatur und Rechtsprechung wurde vor Inkrafttreten des 2. KostRMoG ganz überwiegend vertreten, dass auch das Mitwirken des Rechtsanwalts an einer Raten- 22

---

[13] Gerold/Schmidt/*Müller-Rabe* VV Nr. 1000 Rn. 99.
[14] Schneider/Wolf/*Onderka/Schafhausen/Schneider/Thiel* VV Nr. 1000 Rn. 63.
[15] Schneider/Wolf/*Onderka/Schafhausen/Schneider/Thiel* VV Nr. 1000 Rn. 63 unter Hinweis auf LG Köln AGS 2002, 64, 210 = JurBüro 2001, 643.
[16] Schneider/Wolf/*Onderka/Schafhausen/Schneider/Thiel* VV Nr. 1000 Rn. 63 unter Hinweis auf OLG Düsseldorf JurBüro 2001, 87 = OLGR 2001, 259.
[17] Schneider/Wolf/*Onderka/Schafhausen/Schneider/Thiel* VV Nr. 1000 Rn. 71.
[18] Zitiert nach Gerold/Schmidt/*Müller-Rabe* VV Nr. 1000 Rn. 106.
[19] Gerold/Schmidt/*Müller-Rabe* VV Nr. 1000 Rn. 108.
[20] Gerold/Schmidt/*Müller-Rabe* VV Nr. 1000 Rn. 108; Schneider/Wolf/*Onderka/Schafhausen/Schneider/Thiel* VV Nr. 1000 Rn. 71.

Nr. 1000 VV Teil 1. Allgemeine Gebühren

zahlungsvereinbarung die Einigungsgebühr auslöst.[21] Durch das 2. KostRMoG[22] wird in Nr. 1000 Abs. 1 VV eine Ziff. 2 eingefügt, wonach die Einigungsgebühr auch entsteht für die Mitwirkung beim Abschluss eines Vertrags, durch den die Erfüllung des Anspruchs bei gleichzeitigem vorläufigen Verzicht auf die gerichtliche Geltendmachung und, wenn bereits ein zur Zwangsvollstreckung geeigneter Titel vorliegt, bei gleichzeitigem vorläufigen Verzicht auf Vollstreckungsmaßnahmen geregelt wird. Damit stellt der Gesetzgeber klar, dass die Einigungsgebühr auch entsteht, wenn der Rechtsanwalt an einer **(Raten)Zahlungsvereinbarung** mitgewirkt hat.

23 In diesen Fällen ist aber § 31b RVG zu beachten, wonach der Gegenstandswert für die Einigungsgebühr 20 % des Anspruchs beträgt, wenn Gegenstand der Einigung **nur** eine Zahlungsvereinbarung ist.[23]

24 Herrscht **über** den **Anspruch Streit oder Ungewissheit,** entsteht die Einigungsgebühr nach Nr. 1000 Abs. 1 Ziff. **1** VV. In diesem Fall tritt eine Ermäßigung des Gegenstandswertes für die Einigungsgebühr nach § 31b RVG nicht ein. Ist der Anspruch zwischen den Parteien **unstreitig** und besteht auch keine Ungewissheit, kann unter den Voraussetzungen der Nr. 1000 Abs. 1 Ziff. **2** VV dem Anwalt, der an einer Zahlungsvereinbarung mitwirkt, die Einigungsgebühr entstehen.[24] In diesen Fällen kann § 31b RVG zur Anwendung kommen und sich der Gegenstandswert für die Einigungsgebühr auf 20 % des Anspruchs ermäßigen.

25 Nr. 1000 Abs. 1 Ziff. 2 VV kommt zum einen dann zur Anwendung, wenn eine Zahlungsvereinbarung über einen **noch nicht titulierten Anspruch** getroffen wird. Diese Norm kommt zum anderen auch dann zur Anwendung, wenn eine Zahlungsvereinbarung über einen **titulierten Anspruch** geschlossen wird.

26 Für das Entstehen der Einigungsgebühr nach Nr. 1000 Abs. 1 Ziff. 2 VV ist erforderlich, dass der Schuldner sich **zur Erfüllung des Anspruchs** verpflichtet. Unerheblich ist, ob der Schuldner sich zur Erfüllung des Anspruchs durch Raten- oder Teilzahlungen verpflichtet oder ob ihm die Forderung zunächst noch eine gewisse Zeit gestundet wird und er dann die Forderung komplett erfüllt. Verpflichtet sich der Schuldner im Rahmen der Zahlungsvereinbarung, die Forderung durch eine Abfindungszahlung (die geringer ist als Hauptforderung, Zinsen und Kosten) abzugelten, so entsteht die Einigungsgebühr nach Nr. 1000 Abs. 1 Ziff. 1 VV.

27 Der Schuldner muss sich zur Erfüllung des Anspruchs verpflichten. Im Gegenzug muss der **Gläubiger** bei einer noch nicht titulierten Forderung **auf die gerichtliche Geltendmachung des Anspruchs verzichten.** Ein vorläufiger – bedingter – Verzicht reicht aus. Denn in der Regel wird der Gläubiger nur solange auf die gerichtliche Geltendmachung des Anspruchs verzichten, wie der Schuldner die vereinbarten monatlichen Raten zahlt.[25]

28 Ist die Forderung bereits tituliert muss sich einerseits der Schuldner zur Erfüllung des Anspruchs verpflichten. Andererseits muss im Gegenzug der **Gläubiger** vorläufig **auf Vollstreckungsmaßnahmen verzichten.** Ein vorläufiger Verzicht ist ausreichend.[26] Die Einigungsgebühr nach Nr. 1000 Abs. 1 Ziff. 2 VV fällt auch dann an, wenn der vorläufige Verzicht auf Vollstreckungsmaßnahmen unter der Bedingung steht, dass der Schuldner die vereinbarten monatlichen Teilzahlungen fristgerecht zahlt.

29 Der **Gegenstandswert** der Einigungsgebühr ermäßigt sich auf **20% des Anspruchs,** wenn Gegenstand der Einigung **nur eine Zahlungsvereinbarung** ist. Enthält der Vertrag zwischen Gläubiger und Schuldner noch andere Vereinbarun-

---

[21] Vgl. Nr. 1000 VV Rn. 67 bis 72 der 1. Auflage dieses Kommentars.
[22] BGBl. 2013 I 2586 – In Kraft getreten am 1.8.2013.
[23] *Schneider/Thiel* RVG § 3 Rn. 373, 374; Gerold/Schmidt/*Müller-Rabe* RVG § 31b Rn. 4.
[24] *Schneider/Thiel* RVG § 3 Rn. 358; Gerold/Schmidt/*Müller-Rabe* VV Nr. 1000 Rn. 231.
[25] *Schneider/Thiel* RVG § 3 Rn. 361; Gerold/Schmidt/*Müller-Rabe* VV Nr. 1000 Rn. 232.
[26] *Schneider/Thiel* RVG § 3 Rn. 363; Gerold/Schmidt/*Müller-Rabe* VV Nr. 1000 Rn. 234.

gen, die über eine reine Zahlungsvereinbarung hinausgehen, kommt § 31b RVG nicht zur Anwendung. § 31b RVG reduziert auch nur den Gegenstandswert für die Einigungsgebühr, nicht den Gegenstandswert für die daneben entstehende Geschäftsgebühr oder die 0,3 Verfahrensgebühr Nr. 3309 VV in der Zwangsvollstreckung. Wegen der näheren Einzelheiten wird auf die Kommentierung zu § 31b RVG verwiesen.

Zusammenfassend bleibt festzuhalten, dass nach Nr. 1000 Abs. 1 Ziff. 2 VV eine Einigungsgebühr dann entsteht, wenn 30
- der Anspruch, über welchen die Zahlungsvereinbarung getroffen wird, **unstreitig** ist,
- der Schuldner sich im Rahmen des Vertrags zur **Erfüllung des Anspruchs** verpflichtet,
- der Gläubiger bei einer noch nicht titulierten Forderung vorläufig **auf die gerichtliche Geltendmachung des Anspruchs** verzichtet
- der Gläubiger bei einer titulierten Forderung vorläufig **auf Vollstreckungsmaßnahmen** verzichtet.[27]

Die Einigungsgebühr kommt nicht dadurch wieder zum Wegfall, dass der Schuldner die Zahlungsvereinbarung nicht einhält und den Anspruch letztlich doch nicht erfüllt. 31

Eine ganz andere Frage ist, ob die durch eine Zahlungsvereinbarung entstandene Einigungsgebühr auch vom Schuldner **zu erstatten** ist. Ist die Forderung noch nicht tituliert, befindet sich der Schuldner aber in Verzug, dürfte auch eine nach dem Gesetz beim Gläubigervertreter entstandene Einigungsgebühr aus dem Gesichtspunkt des Schadensersatzes aus Verzug zu erstatten sein. Ist die Forderung bereits tituliert und wird die Zahlungsvereinbarung zur Abwendung weiterer Zwangsvollstreckungsmaßnahmen getroffen, so gehört sie zu den notwendigen Kosten der Zwangsvollstreckung und ist folglich vom Schuldner zu erstatten, wenn der Schuldner diese Kosten in der Zahlungsvereinbarung übernommen hat.[28] 32

Praxistipp:
In die schriftliche Ratenzahlungsvereinbarung mit dem Schuldner sollte auch aufgenommen werden, dass dieser sich verpflichtet, die dem Gläubiger durch die Ratenzahlungsvereinbarung entstandene Einigungsgebühr zu erstatten. Kann eine derartige schriftliche Vereinbarung mit dem Schuldner vorgelegt werden, hat der Gerichtsvollzieher die Einigungsgebühr auch als notwendige Kosten der Zwangsvollstreckung mit einzuziehen. Die Einigungsgebühr kann dann auch nach § 788 ZPO gegenüber dem Schuldner festgesetzt werden.

In der Zahlungsvereinbarung sollte auf jeden Fall eine Kostenregelung getroffen werden, da ansonsten die Kosten der Vereinbarung in entsprechender Anwendung von § 98 S. 1 ZPO als gegeneinander aufgehoben anzusehen sind.[29]

In der Praxis stellt sich oft folgendes Problem: Der Gläubigervertreter übersendet dem Schuldner eine vorbereitete Ratenzahlungsvereinbarung, welche auch eine Verpflichtung des Schuldners zur Erstattung der durch die Zahlungsvereinbarung entstandenen Einigungsgebühr vorsieht, und fordert den Schuldner auf, diese zu unterzeichnen und an den Gläubigervertreter zurückzusenden. Häufig gibt der Schuldner die Ratenzahlungsvereinbarung aber nicht unterzeichnet an den Gläubigervertreter zurück. Nimmt der Schuldner aber die in der Ratenzahlungsvereinbarung angebotene Ratenzahlung auf, so hat er durch schlüssiges Verhalten die Raten- 33

---

[27] *Schneider/Thiel* RVG § 3 Rn. 361, 363; Gerold/Schmidt/*Müller-Rabe* VV Nr. 1000 Rn. 230.
[28] So schon BGH JurBüro 2006, 327 zur Rechtslage vor Inkrafttreten des 2. KostRMoG.
[29] BGH JurBüro 2007, 216.

Nr. 1000 VV Teil 1. Allgemeine Gebühren

zahlungsvereinbarung angenommen und sich auch verpflichtet, die durch die Zahlungsvereinbarung ausgelöste Einigungsgebühr zu erstatten.[30] In einem vom AG Heidelberg[31] entschiedenen Fall enthielt die vom Gläubiger dem Schuldner übersandte schriftliche Ratenzahlungsvereinbarung folgende Formulierung: *„Der Schuldner erklärt sich – ggfls. auch ohne Unterzeichnung – mit der ersten Rate zur Annahme des Ratenzahlungsangebotes und zur Übernahme der damit verbundenen Kosten bereit"*. In dem vom AG Heidelberg entschiedenen Fall waren nach der Vereinbarung monatliche Raten von 50 EUR, erstmals fällig am 22.7. zu zahlen. Der Schuldner hatte am 23.7. eine Rate in Höhe von 50 EUR gezahlt und am 4.9. eine weitere Rate in Höhe von 25 EUR. Hierin sah das AG Heidelberg eine Annahme der Vereinbarung durch den Schuldner durch sein schlüssiges Verhalten.

3. Vertrag

34 Die Einigungsgebühr entsteht für die Mitwirkung **beim Abschluss eines Vertrags** (Nr. 1000 Abs. 1 VV). Es muss sich um einen Vertrag nach zivilrechtlichen oder öffentlich – rechtlichen Grundsätzen handeln. Ob die notwendigen übereinstimmenden Willenserklärungen ausdrücklich oder durch konkludentes Handeln abgegeben werden, ist unerheblich. Es gelten die allgemeinen Auslegungsgrundsätze für Willenserklärungen. Entscheidend ist, dass materiell – rechtlich ein Vertrag zustande gekommen ist.[32]

35 Der Vertrag iSd Nr. 1000 Abs. 1 VV bedarf grundsätzlich **keiner besonderen Form.** Auch ein nur mündlich abgeschlossener Vertrag kann die Einigungsgebühr der Nr. 1000 VV auslösen.[33] Besteht allerdings nach materiellem Recht für den Vertrag ein Formzwang (wie zB für Grundstücksgeschäfte – § 311b Abs. 1 S. 1, Abs. 3 BGB oder Vereinbarungen über den nachehelichen Unterhalt vor Rechtskraft der Scheidung – § 1585c S. 2 BGB) ist der Vertrag nur wirksam, wenn die Formvorschriften eingehalten worden sind. Für das Entstehen der Einigungsgebühr ist ein wirksamer Vertrag erforderlich.[34] Schließen die Parteien einen Vertrag, der eine Genehmigung (zB durch das Familiengericht) bedarf, so wird der Vertrag erst wirksam mit der Genehmigung. Erst dann fällt auch die Einigungsgebühr an.[35]

36 Unerheblich ist auch, ob der Vertrag iSd Nr. 1000 Abs. 1 VV zwischen den Parteien des Streits geschlossen wird oder eine Partei des Streits den Vertrag mit einem Dritten schließt (zB dem hinter der Partei stehenden Haftpflichtversicherer).[36] So wird zB der Abfindungsvergleich in einer Arzthaftungssache mit dem hinter dem behandelnden Arzt stehenden Haftpflichtversicherer in der Regel eine Einigungsgebühr nach Nr. 1000 VV auslösen.

37 Selbstverständlich ist auch ein **Vergleich** iSd § 779 BGB ein Vertrag iSd Nr. 1000 Abs. 1 VV und löst die Einigungsgebühr dann aus, wenn durch ihn – also den Vergleich – der Streit oder die Ungewissheit über ein Rechtsverhältnis beseitigt wird oder eine Zahlungsvereinbarung getroffen wurde. Für den Anfall der Einigungsgebühr ist es unerheblich, ob es sich um einen **gerichtlich protokollierten Vergleich** oder einen **außergerichtlich abgeschlossenen Vergleich** handelt.

---

[30] AG Landsberg am Lech bestätigt durch LG Augsburg, beide JurBüro 2013, 45; AG Heidelberg DGVZ 2016, 113.

[31] AG Heidelberg DGVZ 2016, 113.

[32] HK-RVG/*Klees* VV Nr. 1000 Rn. 40; Gerold/Schmidt/*Müller-Rabe* Nr. 1000 VV Rn. 34 ff.; Schneider/Wolf/*Onderka/Schafhausen/Schneider/Thiel* VV Nr. 1000 Rn. 35 ff.

[33] Schneider/Wolf/*Onderka/Schafhausen/Schneider/Thiel* VV Nr. 1000 Rn. 37, 47 f.

[34] Schneider/Wolf/*Onderka/Schafhausen/Schneider/Thiel* VV Nr. 1000 Rn. 48; HK-RVG/ *Klees* VV Nr. 1000 Rn. 41.

[35] HK-RVG/*Klees* VV Nr. 1000 Rn. 42; Schneider/Wolf/*Onderka/Schafhausen/Schneider/ Thiel* VV Nr. 1000 Rn. 52, 53.

[36] Schneider/Wolf/*Onderka/Schafhausen/Schneider/Thiel* VV Nr. 1000 Rn. 76.

Unerheblich ist auch, ob die Vereinbarung als **„Vergleich"** bezeichnet worden 38
ist oder nicht. Selbst wenn die Vereinbarung nicht als Vergleich bezeichnet worden
ist, es sich aber förmlich um einen Vertrag iSd Nr. 1000 Abs. 1 VV handelt und der
Rechtsanwalt hieran mitgewirkt hat, ist die Einigungsgebühr entstanden. So hat zB
der II. Senat des BGH[37] die Einigungsgebühr in einem Fall zugebilligt, in dem der
Beklagte in der mündlichen Verhandlung zu Protokoll erklärt hatte: „Für den Fall,
dass der Kläger seine Klage zurücknehmen sollte, ist der Beklagte bereit, an ihn
außergerichtlich weitere 1000 EUR zu bezahlen." Daraufhin hatte der Klägervertreter erklärt, dass er die Klage zurücknehme.

Auch in **arbeitsrechtlichen Kündigungsschutz**angelegenheiten ist in der 39
Rechtsprechung das Entstehen einer Einigungsgebühr auch für die Fälle anerkannt,
dass der beklagte Arbeitgeber die Kündigung zurücknimmt und die Parteien sich
auf eine Fortsetzung des Arbeitsverhältnisses verständigen. Dies auch dann, wenn
dies nicht in einem förmlich protokollierten Vergleich geschieht.[38]

Praxistipp:

Auch wenn keine förmliche, als „Vergleich" bezeichnete Vereinbarung protokolliert 40
worden ist, sollte stets geprüft werden, ob nicht ein Vertrag iSd Nr. 1000 Abs. 1 VV
vorliegt, so dass die Einigungsgebühr entstanden ist.

Erklären die Parteien **die Hauptsache übereinstimmend für erledigt,** wird 41
dies in der Regel keine Einigungsgebühr auslösen.[39] Stellen allerdings die übereinstimmenden Erledigungserklärungen nicht lediglich eine bloße Prozesshandlung dar,
sondern ist damit gleichzeitig eine Einigung über den in Frage stehenden materiellrechtlichen Anspruch verbunden, kann die Einigungsgebühr entstehen.[40]

So soll die Einigungsgebühr auch anfallen, wenn die Parteien den **Rechtsstreit** 42
in der Hauptsache für erledigt erklären, und die **Kostenentscheidung dem**
Gericht überlassen, weil sie sich über die Kostenverteilung nicht einigen konnten.[41] Die Einigungsgebühr entsteht in diesen Fällen nach dem vollen Wert der
Hauptsache.[42]

Vereinbaren die Parteien zur Erledigung des Rechtsstreits, den in einem anderweitig anhängigen Rechtsstreit (zB in einer Parallelsache oder in einem Musterverfahren) geschlossenen Vergleich ohne Wenn und Aber übernehmen zu wollen, fällt 43
eine Einigungsgebühr an.[43]

4. Anerkenntnis, Verzicht

Keine Einigungsgebühr entsteht, wenn der **Vertrag** iSd Nr. 1000 Abs. 1 VV 44
sich **ausschließlich auf ein Anerkenntnis oder einen Verzicht beschränkt.** Es
muss sich nicht um ein förmliches Anerkenntnis oder einen förmlich erklärten
Verzicht handeln. Konkludentes Verhalten reicht aus. Zahlt zB der außergerichtlich

---

[37] BGH – II. Senat – JurBüro 2007, 411, anders zuvor der VIII. Senat des BGH NJW 2006, 1523, der seine Meinung aber ausweislich der Gründe der Entscheidung des II. Senats nicht weiter aufrecht erhält; Schneider/Wolf/*Onderka/Schafhausen/Schneider/Thiel* VV Nr. 1000 Rn. 88.

[38] BGH AGS 2006, 170; LAG Düsseldorf JurBüro 2005, 643; LAG Berlin RVGreport 2005, 305; LAG Niedersachsen AGS 2005, 281; LAG Köln, JurBüro 2005, 468.

[39] Schneider/Wolf/*Onderka/Schafhausen/Schneider/Thiel* VV Nr. 1000 Rn. 84.

[40] OLG Köln AGS 2010, 218; OLG Saarbrücken AGS 2008, 171; BayVGH RVGreport 2008, 385; AG Ottweiler, JurBüro 2012, 20.

[41] OLG Köln BeckRS 2016, 09168; Gerold/Schmidt/*Müller-Rabe* VV Nr. 1000 Rn. 143; Riedel/Sußbauer/*Schütz* VV Nr. 1000 Rn. 49.

[42] Gerold/Schmidt/*Müller-Rabe* VV Nr. 1000 Rn. 143; OLG Köln BeckRS 2016, 09168.

[43] *Meyer* JurBüro 2009, 240.

in Anspruch genommene Anspruchsgegner die Forderung komplett einschließlich Zinsen und Kosten, wird in der Regel von einem – wenn auch außergerichtlichem – „Anerkenntnis" auszugehen sein, so dass keine Einigungsgebühr entsteht.

45 Dies auch dann nicht, wenn zuvor zwischen den Parteien Streit über den Anspruch/das Rechtsverhältnis bestand. Wenn der Anspruchsgegner alles erfüllt, was von ihm gefordert wird, muss wohl von einem Anerkenntnis ausgegangen werden, mit der Folge, dass keine Einigungsgebühr entsteht. Anders kann dies sein, wenn der Anspruchsgegner den Anspruch voll erfüllt, aber zuvor eine **Zahlungsvereinbarung** iSd Nr. 1000 Abs. 1 Ziff. 2 VV unter Mitwirkung des Rechtsanwalts abgeschlossen wurde. Dann entsteht die Einigungsgebühr.[44]

46 Einigen sich die Parteien dahingehend, dass der Beklagte die Klageansprüche anerkennt und der Kläger im Gegenzug erklärt, dass er keine weiteren Ansprüche mehr geltend machen werde und ergeht ein entsprechendes Anerkenntnisurteil, so ist nach BGH[45] den hieran mitwirkenden Prozessbevollmächtigten eine Einigungsgebühr entstanden.

47 Auch wenn ein gerichtliches Verfahren durch **Anerkenntnis** oder Verzicht beendet wird, kann nach dem KG[46] eine Einigungsgebühr entstehen. Voraussetzung sei, dass sich eine Einigung der Parteien nicht ausschließlich darauf beschränke, dass eine Partei ein Anerkenntnis oder einen Verzicht erklärt. Nach dem KG fällt im Unterlassungsprozess die Einigungsgebühr insbesondere bereits dann an, wenn die Parteien unter Mitwirkung des Anwalts vereinbaren, dass der Unterlassungsgläubiger dem Unterlassungsschuldner für den Fall, dass er den Anspruch anerkennt, eine **Umstellungsfrist zur Einstellung der zu unterlassenden Handlungen einräumt** und dann in dieser Weise verfahren wird.

48 Eine Einigungsgebühr fällt auch dann nicht an, wenn der Anspruchsteller auf alles verzichtet, was er gefordert hat.[47] Dies gilt insbesondere dann, wenn der Kläger die Klage zurücknimmt und gleichzeitig einen vollständigen Verzicht auf den geltend gemachten Anspruch erklärt.[48]

49 Folglich muss im Rahmen eines Vertrags iSd Nr. 1000 Abs. 1 VV zumindest ein – wenn auch noch so geringes – Nachgeben zumindest einer Partei erfolgen. Ein gegenseitiges Nachgeben, wie es bis 30.6.2004 für das Entstehen der Vergleichsgebühr des § 23 BRAGO erforderlich war, ist nicht mehr notwendig. Ein Nachgeben iSd Nr. 1000 VV liegt schon bei ganz geringen Zugeständnissen vor, zB schon dann, wenn der Kläger auf einen Teil der geltend gemachten Zinsen verzichtet.[49] **Anderer Meinung** ist *Müller-Rabe*[50]: Nach dessen Meinung ist für das Entstehen der Einigungsgebühr nicht erforderlich, dass zumindest eine der Parteien nachgibt. Denn die Regelung der Nr. 1000 Abs. 1 VV verlange nur, *„dass etwas **inhaltlich Anderes** als ein Anerkenntnis oder Verzicht vereinbart wird. Wird das Rechtsverhältnis inhaltlich durch die Vereinbarung geändert, wie das bei einer Ratenzahlungsvereinbarung der Fall ist, so ist eben mehr geschehen als anerkannt oder verzichtet worden. Es ist etwas Neues geschaffen worden. Es kann dann aber keine Rede davon sein, dass ausschließlich anerkannt oder verzichtet worden ist. Das Gesetz schließt eine Einigungsgebühr aber nur aus, wenn „ausschließlich" anerkannt oder verzichtet wurde. Das BAG*[51] *drückt es zutreffend so aus: Ein bloßes Anerkenntnis oder ein bloßer Verzicht ist lediglich dann gegeben, wenn die vertragliche Regelung materiell – rechtlich keine weitergehenden Wirkungen hat, als sie an ein Anerkennt-*

---

[44] → Nr. 1000 VV Rn. 22 ff.
[45] BGH RVGreport 2011, 232.
[46] KG JurBüro 2014, 242.
[47] Schneider/Wolf/*Onderka/Schafhausen/Schneider/Thiel* VV Nr. 1000 Rn. 31.
[48] OLG Köln JurBüro 2012, 22.
[49] Schneider/Wolf/*Onderka/Schafhausen/Schneider/Thiel* VV Nr. 1000 Rn. 64–69.
[50] Gerold/Schmidt/*Müller-Rabe* VV Nr. 1000 Rn. 174 f.
[51] BAG NJW 2006, 1997.

nis- oder Verzichtsurteil nach den §§ 306, 307 ZPO geknüpft werden. Darüber hinausgehende Vereinbarungen lösen die Einigungsgebühr aus."[52]

5. Zwischenvergleich

Umstritten ist, ob eine Einigungsgebühr entsteht, wenn der Rechtsanwalt an einem Zwischenvergleich mitgewirkt hat.[53] Das Entstehen der Einigungsgebühr wird dann bejaht, wenn der Zwischenvergleich **eine Regelung für einen gewissen Zeitraum trifft**. So hat zB das KG[54] das Entstehen einer Einigungsgebühr in einer Kindschaftssache bejaht, in welcher der Rechtsanwalt mitgewirkt hat an einer Einigung der Eltern für den Zeitraum bis zur endgültigen Regelung im Verfahren. 50

Nach OLG Köln[55] kann in einem Verfahren über das Umgangsrecht ein Zwischenvergleich der Kindeseltern die Ansetzung einer Einigungsgebühr allenfalls dann rechtfertigen, wenn die Kindeseltern diese **Zwischenregelung zur beständigen Grundlage für weitere zukünftige Umgangskontakte gemacht haben** und – aktenkundig – aus diesem Grund das Verfahren ohne eine abschließende Entscheidung des Familiengerichts geendet hat. 51

Nach OLG Celle[56] entsteht eine Einigungsgebühr bei einer Zwischenvereinbarung zum Sorgerecht anlässlich der Einholung eines Sachverständigengutachtens nur dann, **wenn ein konkretes gerichtliches Verfahren (einstweiliges Anordnungsverfahren) vermieden wurde**. Sollte ein einstweiliges Anordnungsverfahren noch nicht anhängig gewesen sein, muss zumindest eine gewisse Wahrscheinlichkeit bestanden haben, dass es eingeleitet worden wäre, wenn es nicht zu dem Zwischenvergleich gekommen wäre. 52

Nach einer anderen Entscheidung des OLG Celle[57] kann eine die Einigungsgebühr auslösende Teil- oder Zwischeneinigung der Eltern auch in der Absprache liegen, dass **derzeit keine Umgangskontakte** zwischen dem Kind und dem Antragsteller stattfinden sollen. Für den Verfahrenswert für die Einigungsgebühr könne – so das OLG Celle – in solchen Fällen auf die Regelung des § 41 FamGKG (= Verfahrenswert für eine einstweilige Anordnung bestimmt sich in der Regel auf den halben Hauptsachewert) zurückgegriffen werden. 53

Das OLG Dresden[58] hat auf eine Einigungsgebühr in einem Fall erkannt, in dem eine Regelung zum Umgang Vereinbarungen enthalten hat, die sich nicht in einer prozessualen Zwischenlösung erschöpften und vom Familiengericht gebilligt wurden. Für das Entstehen der Einigungsgebühr ist nach OLG Dresden unerheblich, ob die Vereinbarung das gesamte Gerichtsverfahren erledigt oder ob durch diese eine gerichtliche Entscheidung entbehrlich werde. 54

Wird in einem Unterhaltsverfahren eine **vorläufige Regelung über** den zu zahlenden **Unterhalt** für die Zeit **bis zur endgültigen gerichtlichen Entscheidung** getroffen, soll ebenfalls durch den Zwischenvergleich eine Einigungsgebühr ausgelöst worden sein.[59] 55

Auch wenn durch den Zwischenvergleich **zumindest einzelne Streitpunkte oder bestimmte Ungewissheiten zwischen den Parteien endgültig beseitigt** 56

---

[52] Zitiert nach Gerold/Schmidt/*Müller-Rabe* VV Nr. 1000 Rn. 178.
[53] Gerold/Schmidt/*Müller-Rabe* VV Nr. 1000 Rn. 164; Schneider/Wolf/*Onderka/Schafhausen/Schneider/Thiel* VV Nr. 1000 Rn. 119.
[54] KG Beschl. v. 4.9.2003 – 19 WF 222/02.
[55] OLG Köln AGS 2009, 383.
[56] OLG Celle (15. Senat) AGS 2015, 325.
[57] OLG Celle (10. Senat) AGS 2015, 446.
[58] OLG Dresden RVGreport 2016, 60.
[59] *Hartmann* RVG VV Nr. 1000 Rn. 56.

werden, entsteht die Einigungsgebühr für den Rechtsanwalt, der an dem Zwischenvergleich mitgewirkt hat.[60]

57 Wird in einem **Prozess auf Zahlung einer Nutzungsentschädigung** für ein Grundstück, welches ein Mitglied einer ungeteilten Erbengemeinschaft alleine nutzt, ein Zwischenvergleich dahingehend geschlossen, dass ein Gutachten über den Verkehrswert des Grundstücks eingeholt werden soll, um evtl. eine Erbauseinandersetzung herbeizuführen, so löst die Mitwirkung des Rechtsanwalts an diesem Zwischenvergleich eine Einigungsgebühr aus.[61]

III. Mitwirkung

58 Die Einigungsgebühr entsteht **für die Mitwirkung** des Rechtsanwalts beim Abschluss eines Vertrags, durch den der Streit oder die Ungewissheit über ein Rechtsverhältnis beseitigt wird. Der Rechtsanwalt muss also an dem Vertrag iSd Nr. 1000 Abs. 1 VV ursächlich mitgewirkt haben. Von der Mitwirkung des Rechtsanwalts ist mit Sicherheit dann auszugehen, wenn dieser als Prozessbevollmächtigter den Vergleich in dem Gerichtstermin mit ausgehandelt und protokolliert hat. Ein Mitwirken ist auch dann anzunehmen, wenn der Rechtsanwalt den Vertrag iSd Nr. 1000 Abs. 1 VV außergerichtlich mit dem gegnerischen Bevollmächtigten ausgehandelt und abgeschlossen hat.

59 Der Rechtsanwalt muss aber nicht unbedingt bei der Protokollierung des Vergleichs in dem gerichtlichen Termin selbst anwesend gewesen sein oder den Vertrag iSd Nr. 1000 Abs. 1 VV selbst außergerichtlich mit dem gegnerischen Bevollmächtigten abgeschlossen haben. Ausreichend für eine Mitwirkung iSd Nr. 1000 Abs. 1 VV ist auch schon, wenn der Rechtsanwalt bei den **Vertrags- oder Vergleichsverhandlungen** – ursächlich – **mitgewirkt** hat (Nr. 1000 Abs. 2 VV).

60 Auch die Prüfung eines Vertrags oder Vergleichsvorschlags der Gegenseite und die **Beratung** des Mandanten über Umfang und Auswirkungen der beabsichtigten Einigung sind bereits als Mitwirkung iSd Nr. 1000 Abs. 1 und 2 VV zu sehen, natürlich vorausgesetzt, der Vergleich wird dann auch letztlich abgeschlossen. Auch wenn der Rechtsanwalt dann beim Abschluss des Vergleichs selbst nicht mehr tätig wird, kann er die Einigungsgebühr ansetzen. Gleiches muss gelten, wenn er einen Vergleichsvorschlag der Gegenseite für den Mandanten prüft und begutachtet und der Mandant nach Bekanntgabe des Ergebnisses den Vergleich selbst mit der Gegenseite abschließt.[62]

61 Die Mitwirkung des Rechtsanwalts muss für den Abschluss des Vertrags **ursächlich, zumindest mitursächlich** gewesen sein (Nr. 1000 Abs. 1 VV). An einer Ursächlichkeit fehlt es zB dann, wenn der Rechtsanwalt den Mandanten vom Abschluss des von der Gegenseite vorgeschlagenen Vergleichs abrät und der Mandant später selbst den Vergleich mit der Gegenseite abschließt. An einer Ursächlichkeit soll es auch dann fehlen, wenn der Rechtsanwalt lediglich eine allgemeine Empfehlung ausspricht, den Rechtsstreit vergleichsweise zu beenden, aber keine konkreten Einigungsvorschläge macht und auch keine Einigungsverhandlungen führt. Erklärt der Anwalt, die Einigungsverhandlungen seien gescheitert und setzt der Mandant sich später selbst mit der Gegenseite in Verbindung und schließt einen Vergleich ab, liegt ebenfalls kein ursächliches Mitwirken an dem Zustandekommen des Vergleichs durch den Rechtsanwalt vor.[63]

---

[60] Schneider/Wolf/*Onderka/Schafhausen/Schneider/Thiel* VV Nr. 1000 Rn. 119.

[61] *Meyer* JurBüro 2010, 520.

[62] Gerold/Schmidt/*Müller-Rabe* VV Nr. 1000 Rn. 249–253; Schneider/Wolf/*Onderka/Schafhausen/Schneider/Thiel* VV Nr. 1000 Rn. 127; OVG Münster RVGreport 2011, 458.

[63] Schneider/Wolf/*Schafhausen/Schneider/Thiel* VV Nr. 1000 Rn. 128; Gerold/Schmidt/*Müller-Rabe* VV Nr. 1000 Rn. 287 f.

Der Anwalt hat aber auch dann noch ursächlich beim Abschluss eines Vertrags iSd Nr. 1000 Abs. 1 VV mitgewirkt, wenn der Vertrag im Wesentlichen dem Rat oder dem Entwurf des Anwalts entspricht, also der „Vertragskern" fortbesteht.[64] Kleine Abweichungen zwischen dem, was der Anwalt verhandelt hatte und den letztlich vom Mandanten selbst mit der Gegenseite abgeschlossenen Vergleich führt nicht dazu, dass die Mitursächlichkeit des Anwalts beim Abschluss des Vertrags/Vergleichs zu verneinen ist. **62**

Hat die Partei einen **Prozessbevollmächtigten** (Hauptbevollmächtigten) und einen **Terminsvertreter** eingeschaltet, entsteht bei beiden Rechtsanwälten die Einigungsgebühr, wenn beide an dem Vertrag iSd Nr. 1000 Abs. 1 VV mitgewirkt haben. Beide Einigungsgebühren können auch **erstattungsfähig** sein.[65] **63**

Der **Terminsvertreter** wirkt zB an einem Vertrag iSd Nr. 1000 Abs. 1 VV mit, wenn er im Termin zur mündlichen Verhandlung vor Gericht Vergleichsgespräche führt und einen Vergleich abschließt und protokollieren lässt. *N. Schneider* vertritt die Auffassung, dass der Terminsvertreter, der lediglich eine Einigung protokolliert, die vorher schon zwischen dem Hauptbevollmächtigten und der Gegenseite ausgehandelt war, keine Einigungsgebühr mehr erhält, da er an der Einigung nicht mitgewirkt habe. Etwas anderes gelte nur dann, wenn die Einigung formbedürftig sei und erst mit Protokollierung wirksam werde.[66] *Müller-Rabe* hat sich dem angeschlossen.[67] Diese Auffassung berücksichtigt aber nicht den Willen der Parteien. Die Parteien wollen in der Regel doch, dass der Vergleich gerichtlich protokolliert wird, etwa um einen vollstreckbaren Titel zu erhalten für den Fall, dass der Anspruchsgegner den Vergleich nicht erfüllt oder um Rechtssicherheit zu haben. Wollen die Parteien, dass der Vergleich gerichtlich protokolliert wird oder haben diese dies sogar verabredet, hat die Protokollierung der Einigung nicht nur deklaratorischen Charakter, sondern der Vergleich wird gem. § 154 Abs. 2 BGB erst wirksam, wenn die Protokollierung erfolgt ist. Zumindest in diesen Fällen wird m. E. auch bei dem Terminsvertreter die Einigungsgebühr anfallen, wenn er lediglich den vom Prozessbevollmächtigten mit der Gegenseite ausgehandelten Vergleich im Termin protokollieren lässt. **64**

Praxistipp:

Den Anfall einer zweiten Einigungsgebühr beim Terminsvertreter kann der Prozessbevollmächtigte vermeiden, in dem er einen von ihm mit der Gegenseite ausgehandelten Vergleich nicht in einem vom Terminsvertreter wahrzunehmenden Termin protokollieren lässt, sondern das Gericht bittet, nach § 278 Abs. 6 ZPO zu verfahren. Danach kann ein gerichtlicher Vergleich auch dadurch geschlossen werden, dass eine Partei dem Gericht den Vergleich schriftsätzlich mitteilt, die Gegenseite diesen durch Schriftsatz gegenüber dem Gericht annimmt und das Gericht das Zustandekommen und den Inhalt des geschlossenen Vergleichs durch Beschluss feststellt. Aus diesem Beschluss kann vollstreckt werden. **65**

Hat der Terminsvertreter in dem Termin vor Gericht Vergleichsgespräche geführt und einen Vergleich – **ohne Widerrufsvorbehalt** – abgeschlossen und teilt diesen abgeschlossenen Vergleich dem Prozessbevollmächtigten mit, der den Vergleich dann noch mal ausgiebig mit der Partei bespricht, so entsteht zwar bei dem Terminsvertreter die Einigungsgebühr, nicht aber bei dem **Prozessbevollmächtigten.** Denn dieser hat an dem Vergleich nicht mitgewirkt. **66**

---

[64] Gerold/Schmidt/*Müller-Rabe* VV Nr. 1000 Rn. 255.
[65] OLG München JurBüro 2007, 595; BGH Beschl. v. 26.2.2014 – XII ZB 499/11.
[66] Schneider/Wolf/*Onderka/Schafhausen/Schneider/Thiel* VV Nr. 1000 Rn. 127.
[67] Gerold/Schmidt/*Müller-Rabe* VV Nr. 1000 Rn. 258.

Nr. 1000 VV   Teil 1. Allgemeine Gebühren

67 Etwas anderes würde dann gelten, wenn der Prozessbevollmächtigte schon vor dem Termin Vergleichsverhandlungen mit der Gegenseite geführt hätte und die Vergleichsverhandlungen mitursächlich für den letztlich abgeschlossenen Vergleich gewesen wären. Nach *N. Schneider* ist es auch ausreichend, wenn der Prozessbevollmächtigte mit dem Terminsvertreter die Taktik und den Einigungsrahmen vor Abschluss des Vergleiches abgesprochen hat.[68]

68 In der Praxis kommt es nicht selten vor, dass der Terminsvertreter die Vergleichsverhandlungen in dem Termin vor Gericht führt und ein Vergleich **mit Widerrufsvorbehalt** abschließt. Der Terminsvertreter teilt dann dem Prozessbevollmächtigten den Vergleich mit. Bespricht dann der Prozessbevollmächtigte innerhalb der Widerrufsfrist den Vergleich mit dem Mandanten und man kommt überein, dass der Vergleich nicht widerrufen werden soll, so ist bei beiden Rechtsanwälten eine Einigungsgebühr entstanden.[69]

IV. Widerrufsvorbehalt

69 Wird der Vertrag iSd Nr. 1000 Abs. 1 VV unter **dem Vorbehalt des Widerrufs** geschlossen entsteht nach Nr. 1000 Abs. 3 VV die Einigungsgebühr erst, wenn der Vertrag nicht mehr widerrufen werden kann. In der Praxis werden häufig von Anwälten Vergleiche vor Gericht mit einem Widerrufsvorbehalt protokolliert, damit anschließend mit der Partei abgesprochen werden kann, ob diese mit dem Vergleich einverstanden ist, oder nicht. Wird in diesen Fällen der Vergleich widerrufen, entsteht bei dem Rechtsanwalt keine Einigungsgebühr. Hat sich nur eine Partei den Widerruf des Vergleichs vorbehalten und macht von diesem Recht Gebrauch, so entsteht auch für den Anwalt der Gegenpartei, die sich nicht vorbehalten hat, den Vergleich zu widerrufen, keine Einigungsgebühr.[70]

70 Nach LG Offenburg[71] entsteht den Prozessbevollmächtigten eine Einigungsgebühr, wenn ein von ihnen ausgehandelter und protokollierter Vergleich widerrufen und anschließend von den Parteien selbst ohne Mitwirkung ihrer Prozessbevollmächtigten in abgeänderter Form erneut geschlossen wird.

71 Wird der Vertrag iSd Nr. 1000 Abs. 1 VV im Nachhinein wirksam **angefochten,** so gilt er damit nach § 142 BGB als von Anfang an nichtig. Dann kann der Rechtsanwalt auch die Einigungsgebühr nicht fordern. Denn dann ist im Ergebnis kein Vertrag iSd Nr. 1000 Abs. 1 VV zustande gekommen.[72] Eine durch den ursprünglichen Abschluss des Vertrags entstandene Einigungsgebühr „fällt" durch die wirksame Anfechtung des Vertrags „wieder weg".

72 Die Einigungsgebühr bleibt aber dann erhalten, wenn aufgrund eines gesetzlichen Rücktrittsrechts eine Partei von der Einigung zurücktritt. Nr. 1000 Abs. 3 VV gilt für das vertraglich vereinbarte Rücktrittsrecht, nicht für ein gesetzlich bestehendes Rücktrittsrecht.[73]

Beispiel:

Die Parteien haben vereinbart, dass der Anspruchsgegner zum Ausgleich der Gesamtforderung von 20.000 EUR einen Betrag von 15.000 EUR in monatlichen Raten von 1.000 EUR zahlt. Der Anspruchsgegner kommt seinen Ratenzahlungsverpflichtungen nicht nach, so dass

---

[68] Gerold/Schmidt/*Müller-Rabe* VV Nr. 3401 Rn. 80; Schneider/Wolf/*Mock/N. Schneider* VV Nr. 3401–3402 Rn. 90.

[69] Schneider/Wolf/*Onderka/Schafhausen/Schneider/Thiel* VV Nr. 1000 Rn. 127.

[70] Schneider/Wolf/*Onderka/Schafhausen/Schneider/Thiel* VV Nr. 1000 Rn. 56.

[71] LG Offenburg AGS 2010, 123.

[72] Schneider/Wolf/*Onderka/Schafhausen/Schneider/Thiel* VV Nr. 1000 Rn. 57; OLG Jena AGS 2012, 127.

[73] Schneider/Wolf/*Onderka/Schafhausen/Schneider/Thiel* VV Nr. 1000 Rn. 58.

Teil 1. Allgemeine Gebühren **Nr. 1000 VV**

der Anspruchssteller nach fruchtlosem Ablauf einer gesetzten Frist den Rücktritt von der Ratenzahlungsvereinbarung erklärt und wieder die volle Gesamtforderung in Höhe von 20.000 EUR geltend macht. Die Einigungsgebühr entsteht und kommt auch durch den Rücktritt vom Vertrag nicht zum Wegfall. § 31b RVG ist hier nicht anwendbar, da zumindest Ungewissheit wegen der Realisierung der Forderung bestanden hat.

Nach Nr. 1000 Abs. 3 VV entsteht die Einigungsgebühr für die Mitwirkung bei einem unter einer aufschiebenden Bedingung geschlossenen Vertrag nur dann, wenn die Bedingung eintritt. Nach *N. Schneider*[74] ist dies bei Scheidungsfolgenvereinbarungen zu beachten. Diese werden in der Regel unter der Bedingung geschlossen, dass die Ehe der Parteien rechtskräftig geschieden wird. Die Scheidungsfolgenvereinbarung wird daher erst mit Rechtskraft der Scheidung wirksam. Erst dann entsteht auch die Einigungsgebühr. **73**

Praxistipp:

Der Rechtsanwalt wird auch einen Vorschuss auf eine voraussichtlich entstehende Einigungsgebühr nach § 9 RVG verlangen können. **74**

V. Höhe der Einigungsgebühr

Ist über den Gegenstand, über den der Vertrag iSd Nr. 1000 Abs. 1 VV geschlossen wird, **noch kein gerichtliches Verfahren anhängig,** entsteht die Einigungsgebühr nach Nr. 1000 VV in Höhe von **1,5**. Ist über den Gegenstand des Vertrags iSd Nr. 1000 Abs. 1 VV oder des Vergleichs **ein gerichtliches Verfahren anhängig,** entsteht die Einigungsgebühr in Höhe von **1,0**. Nr. 1003 VV regelt einige **Ausnahmen** in denen trotz Anhängigkeit eines gerichtlichen Verfahrens eine 1,5 Einigungsgebühr angesetzt werden kann.[75] **75**

Ist über den Gegenstand des Vertrags iSd Nr. 1000 Abs. 1 VV oder Vergleichs ein **Berufungs- oder Revisionsverfahren** anhängig, entsteht die Einigungsgebühr in Höhe von **1,3**.[76] Dies gilt auch, wenn ein anderes in Nr. 1004 VV genanntes Verfahren über den Gegenstand des Vertrags iSd Nr. 1000 Abs. 1 VV oder Vergleichs anhängig war (also ein in der Vorb. 3.2.1 oder 3.2.2 VV genanntes Beschwerde- oder Rechtsbeschwerdeverfahren, ein Verfahren über die Beschwerde gegen die Nichtzulassung eines Rechtsmittels oder ein Verfahren über die Zulassung eines Rechtsmittels). **76**

Die Höhe der Einigungsgebühr in **sozialrechtlichen Angelegenheiten**, in denen im gerichtlichen Verfahren Betragsrahmengebühren entstehen, ist in den Nr. 1005, 1006 VV geregelt.[77] **77**

Wird über Ansprüche, über die **ein gerichtliches Verfahren anhängig** ist, ein Vertrag iSd Nr. 1000 Abs. 1 VV oder Vergleich geschlossen, entsteht die Einigungsgebühr nur in Höhe von 1,0 (von den in den Nr. 1003, 1004 VV geregelten Ausnahmen einmal abgesehen). Dies auch dann, wenn der Vertrag/Vergleich nur außergerichtlich geschlossen und nicht bei Gericht protokolliert wird. Es kommt also nur darauf an, ob über den Gegenstand, über den sich geeinigt/verglichen wird, ein gerichtliches Verfahren anhängig ist oder nicht. Ist über den Gegenstand, über den der Vertrag iSd Nr. 1000 Abs. 1 VV oder der Vergleich geschlossen wird, ein gerichtliches Verfahren anhängig, entsteht die Einigungsgebühr auch dann nur in Höhe von 1,0, wenn der Vertrag/Vergleich nur außergerichtlich geschlossen wird. **78**

---

[74] Schneider/Wolf/Onderka/Schafhausen/Schneider/Thiel VV Nr. 1000 Rn. 54.
[75] → Nr. 1003 VV Rn. 1 ff.
[76] → Nr. 1004 VV Rn. 1 ff.
[77] → Nr. 1005, 1006 VV Rn. 1 ff.

Nr. 1000 VV

79 Anhängigkeit eines gerichtlichen Verfahrens über den Gegenstand, über den der Vertrag iSd Nr. 1000 Abs. 1 VV geschlossen wird ist ausreichend für die Ermäßigung der Einigungsgebühr von 1,5 auf 1,0. Nicht erforderlich ist Rechtshängigkeit.[78] Die Anhängigkeit muss zum Zeitpunkt des Abschlusses des Vertrags iSd Nr. 1000 Abs. 1 VV bzw. des Vergleichs bestehen. War ein gerichtliches Verfahren über den Gegenstand anhängig, über den die Einigung erfolgt, ist dies aber zum Zeitpunkt der Einigung abgeschlossen, fällt die Einigungsgebühr in Höhe von 1,5 an.[79]

80 Auch wenn zum Zeitpunkt des Abschlusses des Vertrags iSd Nr. 1000 Abs. 1 VV bzw. des Vergleichs ein Verfahren (Zwangsvollstreckungsmaßnahme) vor dem Gerichtsvollzieher anhängig ist, entsteht nur eine 1,0 Einigungsgebühr (Nr. 1003 Anm. Abs. 1 S. 2 VV).[80]

81 Einigen sich die Parteien in einem gerichtlichen Verfahren auch über nicht anhängige Ansprüche, entsteht eine
- 1,0 Einigungsgebühr Nr. 1003 VV nach dem Wert der anhängigen Ansprüche
- 1,5 Einigungsgebühr nach Nr. 1000 VV nach dem Wert der – mitverglichenen – nicht anhängigen Ansprüche.

Die beiden Einigungsgebühren dürfen nach § 15 Abs. 3 RVG allerdings nicht höher sein als eine 1,5 Einigungsgebühr aus dem Gesamtwert.[81]

VI. Gegenstandswert der Einigungsgebühr

82 Für die Bestimmung des Gegenstandswertes, nach welcher die Einigungsgebühr zu berechnen ist, ist entscheidend, **worüber** der Vertrag iSd Nr. 1000 Abs. 1 VV oder der Vergleich geschlossen wird, **nicht worauf** sich die Parteien einigen. Entscheidend ist also der Anspruch bzw. der Gegenstand, der durch den Vertrag/Vergleich erledigt wird.[82]

Beispiel 1:

Eingeklagt sind 15.000 EUR. Die Parteien vergleichen sich unter Mitwirkung ihrer Prozessbevollmächtigten auf die Zahlung von 8.000 EUR.
Gegenstandswert – auch für die Einigungsgebühr –: 15.000 EUR.

83 Einigen sich die Parteien nur für einen Teil der Ansprüche, fällt die Einigungsgebühr nur nach dem Gegenstandswert des Teils der Ansprüche an, die von der Einigung erfasst werden.[83]

Beispiel 2:

Eingeklagt sind 12.000 EUR. Der Beklagte erkennt 5.000 EUR an. Hierüber ergeht ein Teil - Anerkenntnisurteil. Die Parteien schließen unter Mitwirkung ihres Prozessbevollmächtigten einen Vergleich, wonach zur Abgeltung der noch im Streit stehenden 7.000 EUR noch 3.500 EUR gezahlt werden. Das Teil- Anerkenntnisurteil bleibt von dem Vergleich unberührt.
Die Einigungsgebühr entsteht nach einem Gegenstandswert von 7.000 EUR. Nur dieser Teil des Anspruchs war Gegenstand des Vergleichs.

---

[78] → Nr. 1003 VV Rn. 7.
[79] Schneider/Wolf/*Onderka/Schafhausen/Schneider/Thiel* VV Nr. 1000 Rn. 158; → Nr. 1003 VV Rn. 6.
[80] → Nr. 1003 VV Rn. 12.
[81] → Nr. 1003 VV Rn. 27.
[82] Schneider/Wolf/*Onderka/Schafhausen/Schneider/Thiel* VV Nr. 1000 Rn. 196.
[83] Schneider/Wolf/*Onderka/Schafhausen/Schneider/Thiel* VV Nr. 1000 Rn. 197; HK-RVG/ *Klees* Nr. 1000 VV Rn. 53.

Beispiel 3:

Eingeklagt sind 25.000 EUR. Der Beklagte erkennt die Klageforderung in Höhe von 10.000 EUR an. Insoweit ergeht ein Teil – Anerkenntnisurteil. Im Verlauf des Rechtsstreits schließen die Parteien unter Mitwirkung ihrer Prozessbevollmächtigten einen Vergleich, wonach unter Aufhebung des Teil – Anerkenntnisurteils zur Abgeltung der Gesamtforderung 15.000 EUR gezahlt werden.

Die Einigungsgebühr bestimmt sich m. E. nach einem Gegenstandswert von 25.000 EUR. Denn auch die bereits durch Teil – Anerkenntnisurteil ausgeurteilten 10.000 EUR waren Gegenstand der Einigung. Man könnte vertreten, das die im Teil – Anerkenntnisurteil Ausgeurteilten 10.000 EUR nicht beim Gegenstandswert für die Einigungsgebühr zu berücksichtigen sind, da hierüber kein Streit mehr Bestand und somit die Voraussetzungen der Nr. 1000 Abs. 1 VV nicht erfüllt sei.[84] Allerdings ist m. E. zu berücksichtigen, dass auch hinsichtlich einer bereits titulierten Forderung stets Ungewissheit über die Realisierung der Forderung besteht. Auch Ungewissheit über die Realisierung der Forderung ist aber nach Nr. 1000 Abs. 1 VV ausreichend, damit die Einigungsgebühr anfällt.[85]

Werden in einem Vergleich, der in einem gerichtlichen Verfahren abgeschlossen und protokolliert wird, **nicht anhängige Ansprüche mitverglichen,** so sind die nicht anhängigen Ansprüche mit ihrem vollen Wert beim Gegenstandswert für die Einigungsgebühr zu berücksichtigen. Es ist zu fragen, in welcher Höhe nicht anhängige Ansprüche bestanden oder behauptet wurden, die dann durch den Vergleich erledigt werden.[86] Unerheblich für den Gegenstandswert ist, in welcher Höhe die nicht anhängigen Ansprüche in den ausgehandelten Vergleichsbetrag mit eingeflossen sind. Da wegen der nicht anhängigen Ansprüche in der Praxis häufig ein Anhaltspunkt, wie zB ein Klageantrag fehlt, muss von den Ansprüchen ausgegangen werden, denen sich der Anspruchssteller außergerichtlich berühmt hat bzw. wenn er noch nicht alle Ansprüche geltend gemacht hatte, von denen, die noch „im Raum" standen und durch den Vergleich mit erledigt werden. Notfalls ist die Höhe der Ansprüche zu schätzen. Wertfestsetzung kann auch wegen der nicht anhängigen Ansprüche, die mit dem Vergleich erledigt wurden, nach §§ 32, 33 RVG beantragt werden. Nach dem Wert der nicht anhängigen Ansprüche entsteht dann eine 1,5 Einigungsgebühr Nr. 1000 VV neben der 1,0 Einigungsgebühr nach dem Wert der anhängigen Ansprüche. Die Summe der beiden Einigungsgebühren darf eine 1,5 Gebühr nach dem Gesamtwert (der beiden Einigungsgebühren) nicht übersteigen (§ 15 Abs. 3 RVG). 84

Ist Gegenstand der Einigung **nur eine Zahlungsvereinbarung,** beträgt der Gegenstandswert nach § 31b RVG **20 % des Anspruchs.**[87] Dies gilt nur für den Gegenstandswert der Einigungsgebühr. Umfasst die Zahlungsvereinbarung auch noch andere Vereinbarungen, kommt § 31b RVG nicht zur Anwendung. 85

Wird **ein Vergleich** geschlossen, der mehrere Rechtsstreitigkeiten umfasst, sind die Einzelwerte der mit dem Vergleich erledigten Ansprüche aus den einzelnen Rechtsstreiten zu addieren und danach entsteht eine Einigungsgebühr.[88] Werden in mehreren Rechtsstreiten, die zwischen denselben Parteien anhängig sind, jeweils **einzelne** verfahrensbezogene **Vergleiche** geschlossen, fällt in jedem Verfahren nach den Einzelwerten eine gesonderte Einigungsgebühr an. 86

---

[84] Schneider/Wolf/*Onderka/Schafhausen/Schneider/Thiel* VV Nr. 1000 Rn. 204 für den Fall, dass noch kein Teil-Anerkenntnisurteil ergangen ist und sich nur über den streitigen Betrag verglichen wird.
[85] So auch Schneider/Wolf/*Onderka/Schafhausen/Schneider/Thiel* VV Nr. 1000 Rn. 204.
[86] HK-RVG/*Klees* Nr. 1000 VV Rn. 53; *Enders* JurBüro 2012, 505.
[87] → RVG § 31b Rn. 1 ff.
[88] OLG Düsseldorf RVGreport 2009, 220; OLG Hamm AGS 2009, 219.

VII. Rechtsverhältnisse des öffentlichen Rechts

87 Nach Nr. 1000 Abs. 4 VV kann die Einigungsgebühr auch entstehen, wenn Gegenstand des Streits oder der Ungewissheit ein Rechtsverhältnis des öffentlichen Rechts ist. Dies aber nur dann, soweit über die Ansprüche aus dem Rechtsverhältnis des öffentlichen Rechts **vertraglich verfügt werden kann**. Die Vertragsparteien müssen also nach dem materiellen Recht des betreffenden Rechtsgebiets über den Streitgegenstand vertraglich verfügen können.[89] Dies ist bei Rechtsverhältnissen des öffentlichen Rechts sehr oft nicht der Fall. Wenn die Parteien über den Streitgegenstand aus dem Bereich des öffentlichen Rechts nach materiell rechtlichen Vorschriften nicht verfügen können, kann keine Einigungsgebühr entstehen. Dann ist aber zu prüfen, ob nicht eine Erledigungsgebühr Nr. 1002 VV anfallen kann.[90] Diese würde in gleicher Höhe entstehen, wie auch eine Einigungsgebühr.

88 Nach dem LSG Sachsen-Anhalt[91] entsteht eine Einigungsgebühr, *„wenn der Erinnerungsführer den Vergleichsvorschlag der Gegenseite annimmt und dabei auf einen Großteil der ihm vom Sozialgericht zugesprochenen Rente verzichtet und im Gegenzug eine Dauerrente ab einem erst im Berufungsverfahren angenommenen Leistungsfall zugesprochen bekommt."*[92]

VIII. Familien- und Lebenspartnerschaftssachen

1. Keine Einigungsgebühr nach dem Wert der Ehe- oder Lebenspartnerschaftssache

89 Nach Nr. 1000 Abs. 5 VV entsteht die Einigungsgebühr nicht in Ehesachen und in Lebenspartnerschaftssachen (§ 269 Abs. 1 Nr. 1 und 2 FamFG). Dies gilt aber nicht für Folgesachen. Sind also neben der Ehe- oder Lebenspartnerschaftssache Folgesachen Gegenstand der anwaltlichen Tätigkeit, **kann** nach den **Verfahrenswerten der Folgesachen** (wie zB Unterhalts-, Kindschafts-, Wohnungs-, Haushalts-, oder Güterrechtssachen) **eine Einigungsgebühr entstehen.**[93] Dies unabhängig davon, ob die Folgesache im Verbund mit der Ehesache oder als selbständige (isolierte) Familiensache anhängig ist. Auch wenn der Rechtsanwalt wegen der Scheidungsfolge nur außergerichtlich vertritt, kann eine Einigungsgebühr entstehen.

90 Sind die Scheidung und die Folgesachen im Verbund anhängig und wird ein Vertrag iSd Nr. 1000 Abs. 1 VV oder ein Vergleich über alle anhängigen Folgesachen geschlossen, entsteht die Einigungsgebühr nach der Summe der Verfahrenswerte aller Folgesachen die Gegenstand des Vertrags oder des Vergleichs waren. Nur der Verfahrenswert der Ehesache bleibt bei der Einigungsgebühr außer Betracht.

91 Nach dem Verfahrenswert der Ehe- oder Lebenspartnerschaftssache kann eine Aussöhnungsgebühr Nr. 1001 VV entstehen.[94]

---

[89] Gerold/Schmidt/*Müller-Rabe* VV Nr. 1000 Rn. 74–78 führt auf, wann die Parteien im Verwaltungs-, Sozial-, Steuer- und Strafrecht vertraglich über Ansprüche verfügen können.

[90] → Nr. 1002 VV Rn. 1 ff.

[91] LSG Sachsen-Anhalt RVGreport 2012, 146.

[92] Zitiert aus dem in RVGreport 2012, 146 veröffentlichten Leitsatz zu der Entscheidung des LSG Sachsen-Anhalt.

[93] Schneider/Wolf/*Onderka/Schafhausen/Schneider/Thiel* VV Nr. 1000 Rn. 22; HK-RVG/*Klees* Nr. 1000 VV Rn. 4.

[94] → Nr. 1001 VV Rn. 1 ff.

2. Kindschaftssachen

Vor Inkrafttreten des FGG-RG[95] war umstritten, ob in einer Kindschaftssache 92 (zB Regelung der elterlichen Sorge, des Umgangsrechts, der Kindesherausgabe) eine Einigungsgebühr entstehen konnte oder nicht. Der Grund war, dass die Parteien nicht verbindlich über zB die elterliche Sorge oder das Umgangsrecht entscheiden konnten. Das Familiengericht hatte auf jeden Fall eine Entscheidung unter Berücksichtigung des Wohls des Kindes zu treffen.

Mit Inkrafttreten des FGG-RG ist Nr. 1000 Abs. 5 VV ein neuer S. 3 angefügt 93 worden. Danach kann in Kindschaftssachen auch für die Mitwirkung an einer Vereinbarung, über deren Gegenstand nicht vertraglich verfügt werden kann, eine Einigungsgebühr entstehen. Hat der Rechtsanwalt zB an einer außergerichtlichen Regelung betreffend das Umgangsrecht mitgewirkt, fällt die Einigungsgebühr an.

Für gerichtliche Verfahren ergänzt Nr. 1003 Abs. 2 VV seit Inkrafttreten des 94 FGG-RG die Regelung der Nr. 1000 Abs. 5 S. 3 VV. Nach Nr. 1003 Abs. 2 VV entsteht in Kindschaftssachen die Einigungsgebühr auch für die Mitwirkung am Abschluss eines gerichtlich gebilligten Vergleichs (§ 156 Abs. 2 FamFG) und an einer Vereinbarung, über deren Gegenstand nicht vertraglich verfügt werden kann, wenn hierdurch eine gerichtliche Entscheidung entbehrlich wird oder wenn die Entscheidung der getroffenen Vereinbarung folgt.[96]

Mangels Verfügungsbefugnis der Eltern soll in Verfahren nach § 1666 BGB keine 95 Einigungsgebühr entstehen können.[97] Dies mag für ein Verfahren nach § 1666 BGB richtig sein. Nach § 1666 BGB hat das Familiengericht Maßnahmen zur Abwendung der Gefährdung des körperlichen, geistigen oder seelischen Wohls eines Kindes oder seines Vermögens zu treffen, wenn die Eltern nicht gewillt oder nicht in der Lage sind, die Gefahr selbst abzuwenden.

Nach dem OLG Saarbrücken[98] ist *„die Einigungsgebühr nach Nr. 1000, 1003 VV* 96 *auch dann verdient, wenn die Kindeseltern in einem Umgangsverfahren eine Vereinbarung über die Durchführung eines Mediationsverfahrens zwecks Aussetzung einer bereits bestehenden Umgangsregelung treffen."*

3. Versorgungsausgleichssachen

Grundsätzlich kann auch nach dem Verfahrenswert des Versorgungsausgleichs eine 97 Einigungsgebühr entstehen. Umstritten ist allerdings, ob auch der wechselseitige Verzicht auf die Durchführung des Versorgungsausgleichs eine Einigung iSd Nr. 1000 Abs. 1 VV darstellt und eine Einigungsgebühr auslöst.[99] Die strittige Rechtsprechung ist ganz überwiegend zum alten, bis 31.8.2009 geltenden, Recht ergangen. Das Gesetz zur Strukturreform des Versorgungsausgleichs[100] hat zum 1.9.2009 auch die Durchführung des Versorgungsausgleichs reformiert. Nach dem zum 1.9.2009 in Kraft getretenen Versorgungsausgleichsgesetz haben die Parteien betreffend den Versorgungsausgleich mehr Dispositionsfreiheiten und können im wesentlich weiteren Rahmen Vereinbarungen über den Versorgungsausgleich schließen (vgl. zB § 6 Versorgungsausgleichsgesetz). Wenn die Parteien nach neuem Recht

---

[95] Gesetz zur Reform des Verfahrens in Familiensachen und in Angelegenheiten der freiwilligen Gerichtsbarkeit – BGBl. 2008 I 2585 f.
[96] → Nr. 1003 VV Rn. 23.
[97] KG JurBüro 2010, 360; OLG Stuttgart RVGreport 2011, 225; OLG Koblenz FamRZ 2011, 245.
[98] OLG Saarbrücken RVGreport 2012, 180.
[99] Schneider/Wolf/*Onderka/Schafhausen/Schneider/Thiel* VV Nr. 1000 Rn. 107–110 mit umfangreicher Rechtsprechungsübersicht.
[100] BGBl. 2009 I 700 f.

einen Vertrag iSv Nr. 1000 Abs. 1 VV schließen und der Rechtsanwalt hieran mitwirkt, ist m. E. die Einigungsgebühr entstanden.

98 Der Verzicht auf die Durchführung des Versorgungsausgleichs löst eine Einigungsgebühr aus, wenn
- mangels vollständiger Ermittlungen weder die Person des Ausgleichspflichtigen noch die Höhe eines Anspruchs bekannt ist[101]
- zum Zeitpunkt der Vereinbarung noch nicht sämtliche Auskünfte der Versorgungsträger vorliegen[102]
- Auskünfte der Versorgungsträger nicht eingeholt worden sind und die Person des Ausgleichspflichtigen deshalb nicht feststeht[103]
- die Parteien schon mit Eingang des Scheidungsantrags den Verzicht auf Durchführung des Versorgungsausgleichs ankündigen[104]
- beide Beteiligten Versorgungsanwartschaften erworben haben und wechselseitig auf die Durchführung des Versorgungsausgleichs verzichten.[105]

IX. Verkehrsunfallsachen

99 In der Praxis macht häufig die Einigungsgebühr in Verkehrsunfallsachen Probleme. Im Nachstehenden werden verschiedene Fallgestaltungen betrachtet:

100 Die gegnerische Haftpflichtversicherung reguliert mit dem Hinweis, dass sich der Anspruchssteller eine Mithaftung zurechnen lasse müsse, nur 80 % der geltend gemachten Ansprüche. Der Anspruchssteller akzeptiert diese Regulierung und die Sache ist damit erledigt. Es entsteht keine Einigungsgebühr.[106]

101 Anders ist dies dann zu sehen, wenn der gegnerische Haftpflichtversicherer dem Anspruchssteller zunächst ein Angebot unterbreitet, wonach er zB 75 % der geltend gemachten Ansprüche regulieren werde, wenn der Anspruchssteller im Gegenzug erkläre, dass er nach Zahlung des angebotenen Abfindungsbetrags wegen seiner gesamten Ansprüche abgefunden sei. Nimmt der Anspruchssteller dieses Angebot des gegnerischen Haftpflichtversicherers an, handelt es sich um einen klassischen Vertrag iSd Nr. 1000 Abs. 1 VV und die Einigungsgebühr entsteht aus dem vollen Wert der insgesamt abgefundenen Ansprüche.[107] Der gegnerische Haftpflichtversicherer wird die Einigungsgebühr aber nur nach dem Gegenstandswert ersetzen, der dem Betrag entspricht, der als Abfindungssumme gezahlt wurde.

102 Zahlt der gegnerische Haftpflichtversicherer auf die geltend gemachten Ansprüche einen Teilbetrag und kommt dann wegen des streitigen Rechtsschadens ein Vertrag iSv Nr. 1000 Abs. 1 VV zustande, fällt eine Einigungsgebühr an. Die Einigungsgebühr entsteht m. E. in diesen Fällen nur nach dem Wert des noch streitigen Restschadens.[108]

Beispiel:

Für den Anspruchssteller wurde ein Schaden in Höhe von 12.000 EUR geltend gemacht. Der gegnerische Haftpflichtversicherer reguliert 8.000 EUR. Im Auftrag des Mandanten führt der Rechtsanwalt Verhandlungen über die noch offen stehenden Schadensersatzansprüche in

---

[101] KG JurBüro 2010, 359.
[102] OLG Oldenburg JurBüro 2011, 191.
[103] OLG Oldenburg JurBüro 2011, 415.
[104] OLG Oldenburg JurBüro 2011, 416.
[105] OLG München JurBüro 2012, 193.
[106] BGH JurBüro 2007, 73; Schneider/Wolf/*Onderka/Schafhausen/Schneider/Thiel* VV Nr. 1000 Rn. 77, 78.
[107] *Enders* JurBüro 2005, 617 (618 Kap. 3).
[108] Gerold/Schmidt/*Müller-Rabe* VV Nr. 1000 Rn. 140; HK-RVG/*Klees* Nr. 1000 VV Rn. 53; *Enders* JurBüro 2005, 617 (618 Kap. 4).

Höhe von 4.000 EUR mit dem gegnerischen Haftpflichtversicherer und kann schließlich einen Vergleich schließen, wonach die gegnerische Haftpflichtversicherung zur Abgeltung der noch offenen Schadensersatzansprüche in Höhe von 4.000 EUR einen Betrag in Höhe von 2.000 EUR zahlt.

Die Einigungsgebühr entsteht nach einem Gegenstandswert von 4.000 EUR. Die gegnerische Haftpflichtversicherung wird die Einigungsgebühr nach dem Wert des im Rahmen der Einigung noch gezahlten Betrags in Höhe von 2.000 EUR erstatten.

Die Einigungsgebühr entsteht aber nach dem Wert der gesamten Ansprüche, wenn die gegnerische Haftpflichtversicherung zur Abgeltung der gesamten Ansprüche einen Betrag in Höhe von ...X.... EUR anbietet (aber noch nicht reguliert/zahlt), der Rechtsanwalt dann auftragsgemäß Verhandlungen mit dem Sachbearbeiter der gegnerischen Haftpflichtversicherung führt und es dann zu einer Einigung kommt.[109] **103**

Auch dann, wenn die gegnerische Haftpflichtversicherung **104**
- einen Vorschuss zur späteren beliebigen Verrechnung
- eine á – Konto – Zahlung zur späteren freien Verrechnung
- einen Vorschuss unter dem Vorbehalt der Rückforderung

geleistet hat und es dann zu einem Vertrag iSd Nr. 1000 Abs. 1 VV oder einem Vergleich wegen der gesamten Schadensersatzansprüche kommt, entsteht die Einigungsgebühr nach dem Wert der gesamten Ansprüche.[110]

Ist bereits **Schadensersatzklage** erhoben und teilt der gegnerische Haftpflichtversicherer dann mit, er werde die geforderten Beträge einschließlich der geltend gemachten Zinsen, sonstige Nebenkosten und die Prozesskosten zahlen und nach Zahlungseingang möge der Anspruchssteller bitte die Klage zurücknehmen, so ist umstritten, ob eine Einigungsgebühr anfällt oder nicht.[111] Die Meinung, die eine Einigungsgebühr verneint, geht davon aus, dass es sich um ein vollständiges Anerkenntnis handele, wenn die mit der Klage geforderten Beträge komplett gezahlt würden. Die Gegenmeinung nimmt einen Vertrag iSd Nr. 1000 Abs. 1 VV an, weil die Vereinbarung über ein vollständiges Anerkenntnis hinausgehe. Denn der Kläger gebe sein Recht auf Titulierung der Forderung auf und der Beklagte verzichte auf sein Kostenerstattungsrecht aus § 269 Abs. 3 ZPO. **105**

Ohne Zweifel entsteht die Einigungsgebühr dann, wenn nach Zustellung der Klage der Sachbearbeiter der gegnerischen Haftpflichtversicherung Verhandlungen mit dem Prozessbevollmächtigten des Klägers aufnimmt und man sich auf die Zahlung von ...X...EUR zur Abgeltung der geltend gemachten Ansprüche einigt. Ist noch kein Teilbetrag anerkannt oder gezahlt, entsteht die Einigungsgebühr nach dem Wert der gesamten Ansprüche.[112] **106**

X. Nebenintervention

Auch dem Rechtsanwalt, der als Prozessbevollmächtigter eines Nebenintervenienten tätig ist, kann eine Einigungsgebühr Nr. 1000 VV entstehen. Dazu müssen allerdings zwei Voraussetzungen erfüllt werden: **107**

---

[109] Gerold/Schmidt/*Müller-Rabe* VV Nr. 1000 Rn. 139; *Enders* JurBüro 2005, 617 (618 Kap. 4).
[110] *Enders* JurBüro 2005, 617 (618 Kap. 4).
[111] Schneider/Wolf/*Onderka*/Schafhausen/Schneider/Thiel VV Nr. 1000 Rn. 88, 89; *Enders* JurBüro 2005, 410; OLG Zweibrücken RVGreport 2015, 220: Einigungsgebühr entsteht, wenn ein verfahrensleitender Antrag zurückgenommen wird und der Antragsgegner auf Kostenerstattung verzichtet.
[112] *Enders* JurBüro 2005, 617 (620).

Nr. 1001 VV

– Der Nebenintervenient muss dem Vergleich „beigetreten" sein, dh, die im Vergleich zwischen den Parteien getroffenen Vereinbarungen müssen auch – aufgrund dessen Zustimmung – gegenüber dem Nebenintervenienten verbindlich sein;
– durch den Vergleich/die Einigung müssen auch die Interessen des Nebenintervenienten betroffen sein; der Vergleich/die Einigung muss also auch Wirkung zeigen für das Verhältnis des Nebenintervenienten zu den Prozessparteien.[113]

108 Eine ganz andere Frage ist, ob die dem Nebenintervenienten entstandenen Kosten entsprechend der im Vergleich getroffenen Kostenquote zu erstatten sind. War der **Nebenintervenient am Vergleich beteiligt** und wurde dort eine Kostenregelung – auch für die Kosten des Nebenintervenienten – getroffen, so gilt das Vereinbarte.[114] War der Nebenintervenient am Vergleich beteiligt und enthält der Vergleich keine Regelung über die Kosten der Nebenintervention, so kann der Nebenintervenient auch keine Kostenerstattung verlangen.[115]

Praxistipp:

109 War der Nebenintervenient am Vergleich beteiligt und soll erreicht werden, dass die ihm entstandenen Kosten ganz oder teilweise durch den Gegner der Partei, auf deren Seite er dem Rechtsstreit beigetreten ist, erstattet werden, so ist darauf zu achten, dass eine entsprechende Kostenregelung zugunsten des Nebenintervenienten in den Vergleich mit aufgenommen wird.

110 War der **Nebenintervenient am Vergleich nicht beteiligt,** dann wird eine Einigungsgebühr für den Prozessbevollmächtigten des Nebenintervenienten nicht entstanden sein. Wegen der übrigen Kosten, die bei dem Prozessbevollmächtigten des Nebenintervenienten entstanden sind, verbleibt es bei dem gesetzlichen Kostenerstattungsanspruch nach § 101 Abs. 1 ZPO. Der Nebenintervenient kann dann einen Antrag stellen, wonach das Gericht eine Kostengrundentscheidung über seinen Kostenerstattungsanspruch treffen soll. Der Gegner der Hauptpartei wird dem Nebenintervenienten die Kosten soweit zu erstatten haben, als der Gegner diese nach dem Vergleich (zwischen Kläger und Beklagter) zu tragen hat.[116]

Nr. 1001 VV

Nr.	Gebührentatbestand	Gebühr oder Satz der Gebühr nach § 13
1001	Aussöhnungsgebühr .... Die Gebühr entsteht für die Mitwirkung bei der Aussöhnung, wenn der ernstliche Wille eines Ehegatten, eine Scheidungssache oder ein Verfahren auf Aufhebung der Ehe anhängig zu machen, hervorgetreten ist und die Ehegatten die eheliche Lebensgemeinschaft fortsetzen oder die eheliche Lebensgemeinschaft wieder aufnehmen. Dies gilt entsprechend bei Lebenspartnerschaften.	1,5

---

[113] Schneider/Wolf/*Onderka/Schafhausen/Schneider/Thiel* VV Nr. 1000 Rn. 96; OLG Düsseldorf AGS 2008, 590; OLG Düsseldorf JurBüro 2012, 301; OLG München JurBüro 2013, 190.
[114] *Zöller* ZPO § 101 Rn. 7.
[115] BGH BeckRS 2016, 04422.
[116] *Zöller* ZPO § 101 Rn. 9; *Musielak/Voit* ZPO § 101 Rn. 7.

Teil 1. Allgemeine Gebühren Nr. 1001 VV

Übersicht

	Rn.
I. Überblick	1
II. Anwendungsbereich	5
III. Voraussetzungen	8
1. Der ernstliche Wille einer Partei, eine Scheidungssache anhängig zu machen, muss hervorgetreten sein	9
2. Aussöhnung	10
3. Mitwirkung	13
IV. Höhe der Gebühr	18
V. Weitere Gebühren	24

I. Überblick

Nach Nr. 1000 Abs. 5 VV kann in Ehesachen und in Lebenspartnerschaftssachen (§ 269 Abs. 1 Nr. 1 und 2 FamFG) eine Einigungsgebühr nach dem Wert der Scheidung der Ehe oder Aufhebung der Lebenspartnerschaft nicht entstehen.[1] Stattdessen kann aber in Ehesachen und in Lebenspartnerschaftssachen eine Aussöhnungsgebühr nach Nr. 1001 VV entstehen. 1

Nach Nr. 1001 Anm. VV entsteht die Aussöhnungsgebühr, 2
- wenn der ernstliche Wille eines Ehegatten, eine Scheidungssache oder ein Verfahren auf Aufhebung der Ehe anhängig zu machen, hervorgetreten ist
- die Eheleute sich wieder aussöhnen und die eheliche Lebensgemeinschaft fortsetzen oder die eheliche Lebensgemeinschaft wieder aufnehmen
- und der Rechtsanwalt bei der Aussöhnung mitgewirkt hat.

Die Aussöhnungsgebühr fällt in folgender Höhe an: 3
- in Höhe einer 1,5 Gebühr, wenn die Ehesache oder Lebenspartnerschaftssache noch nicht Gegenstand eines gerichtlichen Verfahrens ist
- in Höhe einer 1,0 Gebühr, wenn über die Ehesache oder die Lebenspartnerschaftssache bereits ein gerichtliches Verfahren anhängig ist und keine der in der Nr. 1003 VV aufgeführten Ausnahmen gegeben sind
- in Höhe von 1,5, wenn über die Ehesache oder die Lebenspartnerschaftssache eine Beschwerde oder Rechtsbeschwerde anhängig ist (Nr. 1004 VV).

Nach Nr. 1001 Anm. S. 2 VV gilt die Aussöhnungsgebühr auch in Lebenspartnerschaftssachen. Auch wenn in der nachstehenden Kommentierung nicht immer auch Lebenspartnerschaftssachen erwähnt werden, gilt das für Ehesachen Ausgeführte entsprechend auch für Lebenspartnerschaftssachen.[2] 4

II. Anwendungsbereich

Die Aussöhnungsgebühr kann entstehen in Ehesachen und in Lebenspartnerschaftssachen. 5

Gem. § 121 FamFG sind Ehesachen 6
- das Verfahren auf Scheidung der Ehe (Scheidungssache)
- das Verfahren auf Aufhebung der Ehe
- das Verfahren auf Feststellung des Bestehens oder Nichtbestehens einer Ehe zwischen den Beteiligten.

---

[1] → Nr. 1000 VV Rn. 89 ff.
[2] → Nr. 1001 VV Rn. 7.

7 Welche Sachen Lebenspartnerschaftssachen sind, ist in § 269 FamFG geregelt. In folgenden dort aufgeführten Sachen kann die Aussöhnungsgebühr entstehen:
- Verfahren auf Aufhebung der Lebenspartnerschaft aufgrund des Lebenspartnerschaftsgesetzes
- Verfahren auf Feststellung des Bestehens oder Nichtbestehens einer Lebenspartnerschaft.

III. Voraussetzungen

8 Voraussetzung für das Entstehen der Aussöhnungsgebühr ist:
- Der ernstliche Wille eines Ehegatten, eine Scheidungssache oder ein Verfahren auf Aufhebung der Ehe anhängig zu machen, muss hervorgetreten sein;
- nach der Aussöhnung müssen die Ehegatten die eheliche Lebensgemeinschaft fortsetzen oder die eheliche Lebensgemeinschaft wieder aufnehmen;
- der Rechtsanwalt muss bei der Aussöhnung mitgewirkt haben.

Diese Voraussetzungen sind in Nr. 1001 Anm. VV normiert.

1. Der ernstliche Wille einer Partei, eine Scheidungssache anhängig zu machen, muss hervorgetreten sein

9 Nach Nr. 1001 Anm. VV ist zunächst Voraussetzung für das Entstehen der Aussöhnungsgebühr, dass der ernstliche Wille eines Ehegatten, eine Scheidungssache oder ein Verfahren auf Aufhebung der Ehe anhängig zu machen, hervorgetreten ist. Der Wille muss nach Außen erkennbar hervorgetreten sein. Dies ist mit Sicherheit der Fall, wenn bereits ein Antrag auf Scheidung der Ehe gestellt oder ein Antrag auf Bewilligung von Verfahrenskostenhilfe für ein solches Verfahren bei Gericht eingereicht worden ist. Aber es muss nicht unbedingt bereits ein Antrag auf Scheidung der Ehe anhängig sein, damit die Aussöhnungsgebühr entstehen kann. Auch dadurch, dass ein Ehegatte einen Rechtsanwalt beauftragt, das Scheidungsverfahren in die Wege zu leiten tritt der ernstliche Wille eines Ehegatten, eine Scheidungssache anhängig zu machen, hervor. Nicht ausreichend ist, wenn ein Ehegatte sich nur wegen der Scheidung seiner Ehe und den daraus resultierenden Folgen anwaltlich beraten lässt.[3] Ausreichend ist m. E. auch, wenn ein Ehegatten einen Rechtsanwalt aufsucht und ihm mitteilt, dass er beabsichtige, ein Scheidungsverfahren in die Wege zu leiten und dann aber zunächst außergerichtlich Kontakt mit dem anderen Ehegatten aufgenommen wird, um die Möglichkeiten der Durchführung einer „einvernehmlichen Scheidung" und einer einvernehmlichen Regelung der Scheidungsfolgen auszuloten.

2. Aussöhnung

10 Nach Nr. 1001 Anm. VV ist auch für das Entstehen der Aussöhnungsgebühr erforderlich, dass **die Ehegatten die eheliche Lebensgemeinschaft fortsetzen oder die eheliche Lebensgemeinschaft wieder aufnehmen**. Der **ernstliche beiderseitige Wille der Ehegatten hierzu muss erkennbar sein**.[4] Allein objektiv erkennbare Umstände lassen auf eine Aussöhnung schließen. Natürlich ist eine Aussöhnung gegeben, wenn der Antrag auf Scheidung der Ehe zurückgenommen wird und die Eheleute wieder die eheliche Lebensgemeinschaft aufnehmen, indem sie wieder in eine gemeinsame Wohnung ziehen. Von einer Aussöhnung kann dann aber nicht ausgegangen werden, wenn der Antrag auf Scheidung der Ehe nur aus

---

[3] Gerold/Schmidt/*Müller-Rabe* VV Nr. 1001 Rn. 5; Schneider/Wolf/*N. Schneider/Thiel* VV Nr. 1001 VV Rn. 9.

[4] Schneider/Wolf/*N. Schneider/Thiel* VV Nr. 1001VV Rn. 15.

finanziellen, steuerlichen oder gesellschaftlichen Gründen zurückgenommen wird, die Eheleute aber weiter getrennt leben wollen.[5] War noch kein Antrag auf Scheidung der Ehe eingereicht, wird man eine Aussöhnung unterstellen können, wenn der Ehegatte, der den Anwalt mit der Einreichung des Scheidungsantrags beauftragt hatte, diesen Auftrag „zurückzieht" und das Mandat beendet, weil er sich mit dem anderen Ehegatten wieder ausgesöhnt hat.[6] Das die Parteien wieder zusammen in einer gemeinsamen Wohnung ziehen, ist nicht unbedingt Voraussetzung dafür, eine Aussöhnung unterstellen zu können. So kommt es auch in einer intakten Ehe häufiger vor, dass die Ehegatten aus beruflichen Gründen getrennte Wohnung unterhalten.[7]

Eine versuchsweise Aussöhnung reicht nicht aus. Dies auch dann nicht, wenn die 11 Parteien im Rahmen des Aussöhnungsversuches wieder die eheliche Lebensgemeinschaft in einer gemeinsamen Wohnung aufnehmen. Es muss schon der beiderseitige Wille vorhanden sein, die eheliche Lebensgemeinschaft **auf Dauer** wieder aufzunehmen oder fortzusetzen.[8]

War der ernstliche beiderseitige Wille der Parteien vorhanden, die eheliche 12 Lebensgemeinschaft wieder auf Dauer aufzunehmen und fortzusetzen ist die Aussöhnungsgebühr der Nr. 1001 VV entstanden.[9] Teilweise wird aber von der Rechtsprechung eine gewisse Dauer der ehelichen Lebensgemeinschaft nach Aussöhnung verlangt, um von einer Aussöhnung iSd Nr. 1001 VV ausgehen zu können. Wie lange die „gewisse Dauer" sein muss, wird im Einzelfall entschieden werden müssen.[10]

3. Mitwirkung

Damit die Aussöhnungsgebühr Nr. 1001 VV entsteht, muss der Rechtsanwalt bei 13 der Aussöhnung der Ehegatten **mitgewirkt** haben. Der Rechtsanwalt muss also eine Tätigkeit im Hinblick auf die Aussöhnung entfaltet haben.

Von einer Mitwirkung des Rechtsanwalts ist sicherlich dann auszugehen, wenn 14 dieser an einem Versöhnungsgespräch zwischen den Ehegatten teilgenommen hat, dessen Ergebnis dann die Aussöhnung ist. Allerdings sei der Hinweis gestattet, dass stets im Hinblick auf mögliche Interessenkollisionen zu prüfen ist, ob der Rechtsanwalt an einem derartigen Gespräch teilnimmt, insbesondere dann, wenn die Gegenseite nicht anwaltlich vertreten ist.

Sicherlich ist auch ausreichend, wenn der Rechtsanwalt mit seinem Mandanten 15 Gespräche über eine mögliche Aussöhnung und die sich daraus ergebenden Folgen führt und es dann letztlich, ohne das der Rechtsanwalt wegen der Aussöhnung direkten Kontakt mit dem Gegner hatte, zu einer Aussöhnung der Parteien untereinander kommt.

Auch eine Beratung der eigenen Partei über eine beabsichtigte Aussöhnung und 16 die sich daraus ergebenen rechtlichen Folgen reicht aus, um die Aussöhnungsgebühr auszulösen, wenn es dann tatsächlich zu einer Aussöhnung der Ehegatten kommt. Ein allgemeiner Rat des Rechtsanwalts an seinen eigenen Mandanten dahingehend,

---

[5] Gerold/Schmidt/*Müller-Rabe* VV Nr. 1001 Rn. 9; Schneider/Wolf/*N. Schneider/Thiel* VV Nr. 1001 Rn. 16.
[6] Gerold/Schmidt/*Müller-Rabe* VV Nr. 1001 Rn. 9.
[7] Gerold/Schmidt/*Müller-Rabe* VV Nr. 1001 Rn. 9.
[8] Schneider/Wolf/*N. Schneider/Thiel* VV Nr. 1001 Rn. 20, 21; Gerold/Schmidt/*Müller-Rabe* VV Nr. 1001 Rn. 12.
[9] Schneider/Wolf/*N. Schneider/Thiel* VV Nr. 1001 Rn. 21.
[10] Schneider/Wolf/*N. Schneider/Thiel* VV Nr. 1001 Rn. 18; Gerold/Schmidt/*Müller-Rabe* VV Nr. 1001 Rn. 10.

Nr. 1001 VV   Teil 1. Allgemeine Gebühren

ob er sich nicht lieber wieder aussöhnen will, reicht sicherlich nicht aus.[11] Im Bestreitensfalle wird der Rechtsanwalt seine Mitwirkung nachweisen müssen. Nach *Müller-Rabe*[12] sind an den Nachweis der Mitwirkung keine hohen Anforderungen zu stellen. Es ist ausreichend, wenn die Tätigkeit des Rechtsanwalts irgendwie (mit)ursächlich für die Aussöhnung der Eheleute gewesen ist. Nach *N. Schneider/ Thiel*[13] reicht es aus, wenn der Rechtsanwalt **glaubhaft machen** kann, dass er sich um die Aussöhnung bemüht hat.

17   Die **Aussöhnungsgebühr** Nr. 1001 VV **entsteht** allerdings **nur dann,** wenn eine **Aussöhnung** auch **letztlich tatsächlich zustande kommt.**

Kommt es letztlich nicht zu einer Aussöhnung, entsteht auch dann keine Aussöhnungsgebühr bei dem Rechtsanwalt, wenn dieser zahlreiche Gespräche mit dem Ziel einer Aussöhnung mit seiner Partei oder auch im Beisein der Gegenseite geführt hat.

IV. Höhe der Gebühr

18   Die Aussöhnungsgebühr entsteht nach der Nr. 1001 VV in Höhe von **1,5,** wenn **keine Ehesache oder Lebenspartnerschaftssache gerichtlich anhängig ist.**

19   Die Aussöhnungsgebühr entsteht nach Nr. 1003 VV in Höhe von **1,0,** wenn **eine Ehesache oder eine Lebenspartnerschaftssache gerichtliche anhängig ist.** Dies gilt auch dann, wenn ein Antrag auf Bewilligung von Verfahrenskostenhilfe für eine Ehesache oder eine Lebenspartnerschaftssache anhängig ist.

20   Die in der Nr. 1003 VV geregelten Ausnahmen, wonach es bei einer 1,5 Gebühr bleibt, wenn nur ein selbständiges Beweisverfahren oder nur ein Antrag auf Bewilligung von Verfahrenskostenhilfe für ein selbständiges Beweisverfahren anhängig ist, sind in Ehe- und Lebenspartnerschaftssachen nicht praxisrelevant. Dasselbe gilt für die in Nr. 1003 VV geregelte Ausnahme, dass lediglich für die gerichtliche Protokollierung des Vergleichs Verfahrenskostenhilfe beantragt wird.

21   Es bleibt aber bei einer 1,5 Einigungsgebühr, wenn die Ehesache zwar nicht, aber dafür eine Trennungs- oder Scheidungsfolge, wie zB Unterhalts- oder Kindschaftssache wegen Regelung der elterlichen Sorge anhängig ist und es dann unter Mitwirkung des Rechtsanwalts zu einer Aussöhnung der Eheleute kommt.

22   Ist über eine Ehesache oder eine Lebenspartnerschaftssache ein in der Vorb. 3.2.1 VV genanntes Beschwerdeverfahren oder ein in der Vorb. 3.2.2 VV genanntes Rechtsbeschwerdeverfahren anhängig, und wirkt der Rechtsanwalt dann an der Aussöhnung der Eheleute mit, entsteht eine 1,3 Aussöhnungsgebühr nach Nr. 1004 VV.

23   Als **Gegenstandswert** für die Aussöhnungsgebühr wird der Wert der Ehe- oder Lebenspartnerschaftssache anzunehmen sein. Der Wert der Ehe- oder Lebenspartnerschaftssache bestimmt sich über § 23 Abs. 1 S. 1 RVG nach § 43 FamGKG.[14]

V. Weitere Gebühren

24   Die Aussöhnungsgebühr entsteht stets neben der allgemeinen Betriebsgebühr. Ist der Rechtsanwalt nur außergerichtlich tätig gewesen, fällt als Betriebsgebühr entweder eine 0,5 bis 2,5 Geschäftsgebühr Nr. 2300 VV an. Hatte er schon den Auftrag die Ehe- oder Lebenspartnerschaftssache gerichtlich anhängig zu machen und erledigt sich dieser Auftrag durch die Aussöhnung vor Einreichung des Antrags bei dem zuständigen Familiengericht, so entsteht eine 0,8 Verfahrensgebühr Nr. 3101 Ziff. 1 VV.

---

[11] Gerold/Schmidt/*Müller-Rabe* VV Nr. 1001 Rn. 15; Schneider/Wolf/*N. Schneider/Thiel* VV Nr. 1001 Rn. 23.
[12] Gerold/Schmidt/*Müller-Rabe* VV Nr. 1001 Rn. 18.
[13] Schneider/Wolf/*N. Schneider/Thiel* VV Nr. 1001 Rn. 24.
[14] Schneider/Wolf/*N. Schneider/Thiel* VV Nr. 1001 Rn. 26.

Hatte der Rechtsanwalt bereits den unbedingten Auftrag die Ehe- oder Lebenspartnerschaftssache gerichtlich anhängig zu machen und führt er mit der Gegenseite das Aussöhnungsgespräch, entsteht neben der Betriebsgebühr und neben der Aussöhnungsgebühr noch die 1,2 Terminsgebühr der Nr. 3104 VV (→ Vorb. 3 Abs. 3 VV).[15] Dies unabhängig davon, ob die Ehe- oder Lebenspartnerschaftssache bereits bei Gericht anhängig ist oder nicht. Entscheidend dafür, dass die Terminsgebühr entstehen kann, ist nur, dass der Rechtsanwalt den unbedingten Auftrag zu Vertretung in einem gerichtlichen Verfahren von seinem Mandanten erhalten hatte. Ist bereits durch die Vertretung in einem gerichtlichen Termin eine Terminsgebühr entstanden, entsteht durch das Aussöhnungsgespräch natürlich nicht eine zweite Terminsgebühr (§ 15 Abs. 2 S. 1 RVG). 25

Hat der Rechtsanwalt an einer Aussöhnung mitgewirkt und hat er gleichzeitig auch mitgewirkt an einem Vertrag iSd Nr. 1000 Abs. 1 VV über Trennungs- oder Scheidungsfolgen, so können die Aussöhnungsgebühr (nach dem Wert der Ehe- oder Lebenspartnerschaftssache) und die Einigungsgebühr (nach dem Wert der verglichenen Trennungs- oder Scheidungsfolgen) auch nebeneinander anfallen. Entstehen beide Gebühren in derselben Angelegenheit nebeneinander, kommt § 15 Abs. 3 RVG nicht zur Anwendung.[16] 26

Nr. 1002 VV

Nr.	Gebührentatbestand	Gebühr oder Satz der Gebühr nach § 13
1002	Erledigungsgebühr, soweit nicht Nummer 1005 gilt .... Die Gebühr entsteht, wenn sich eine Rechtssache ganz oder teilweise nach Aufhebung oder Änderung des mit einem Rechtsbehelf angefochtenen Verwaltungsakts durch die anwaltliche Mitwirkung erledigt. Das Gleiche gilt, wenn sich eine Rechtssache ganz oder teilweise durch Erlass eines bisher abgelehnten Verwaltungsakts erledigt.	1,5

Übersicht

	Rn.
I. Überblick	1
II. Anwendungsbereich	6
III. Voraussetzungen	11
1. Rechtssache/angefochtener Verwaltungsakt	12
2. Erledigung	17
3. Mitwirkung	21
IV. Höhe der Gebühr	24
V. Erstattungsfähigkeit	28

I. Überblick

Nach Nr. 1000 Abs. 4 VV kann bei Rechtsverhältnissen des öffentlichen Rechts eine Einigungsgebühr nur entstehen, soweit über die Ansprüche vertraglich verfügt werden kann. Ist dies nicht der Fall, kann eine Erledigungsgebühr nach Nr. 1002 VV anfallen. 1

---

[15] OLG Düsseldorf AGS 2008, 174.
[16] Gerold/Schmidt/*Müller-Rabe* VV Nr. 1001 Rn. 24–26; Schneider/Wolf/*N. Schneider/Thiel* VV Nr. 1001 Rn. 30–36; *N. Schneider* ZFE 2006, 429.

Nr. 1002 VV Teil 1. Allgemeine Gebühren

2   Die Gebühr entsteht, wenn sich eine Rechtssache ganz oder teilweise nach Aufhebung oder Änderung des mit einem Rechtsbehelf angefochtenen Verwaltungsaktes erledigt. Die Gebühr entsteht auch, wenn sich eine Rechtssache ganz oder teilweise durch Erlass eines bisher abgelehnten Verwaltungsaktes erledigt (Nr. 1002 Anm. VV). Die Erledigungsgebühr fällt aber nur an, wenn der Rechtsanwalt an der Erledigung mitgewirkt hat.

3   Die Erledigungsgebühr entsteht, wenn noch kein gerichtliches Verfahren über die Rechtssache anhängig ist, in Höhe von 1,5. Ist bereits ein gerichtliches Verfahren über die Rechtssache anhängig, entsteht die Erledigungsgebühr in Höhe von 1,0 (Nr. 1003 VV). In Nr. 1003 VV sind Ausnahmen geregelt, in denen es trotz Anhängigkeit eines gerichtlichen Verfahrens bei einer 1,5 Erledigungsgebühr nach Nr. 1002 VV bleibt. Ist über die Rechtssache ein Berufungs- oder Revisionsverfahren anhängig, fällt die Erledigungsgebühr in Höhe von 1,3 an (Nr. 1004 VV).

4   In sozialrechtlichen Angelegenheiten, in denen im gerichtlichen Verfahren Betragsrahmengebühren entstehen (vgl. § 3 RVG) ist die Höhe der Erledigungsgebühr in den Nr. 1005 und 1006 VV geregelt.

5   Die Erledigungsgebühr der Nr. 1002 VV ist eine Erfolgsgebühr. Sie entsteht also nur, wenn der Erfolg, also die Erledigung der Rechtssache iSd Nr. 1002 VV auch tatsächlich eintritt.

II. Anwendungsbereich

6   Zur Anwendung kommt die Erledigungsgebühr der Nr. 1002 VV bei Angelegenheiten, die Rechtsverhältnisse des öffentlichen Rechts betreffen. Die Erledigungsgebühr Nr. 1002 VV kann sowohl in verwaltungs-, finanz- als auch in sozialrechtlichen Angelegenheiten entstehen.

7   Sie kann auch entstehen, wenn Gegenstand des Verfahrens Verwaltungsakte sind, die der Nachprüfung durch die ordentliche Gerichtsbarkeit unterliegen (zB Patentangelegenheiten, die der Nachprüfung des Patentgerichts unterliegen; Verwaltungsakte, die der Nachprüfung durch Baulandkammern, Kartellsenate usw. unterliegen).[1]

8   Vertritt der Rechtsanwalt den Mandanten bereits im Antragsverfahren vor der Behörde (zB der Mandant stellt einen Antrag auf Erteilung einer Baugenehmigung und lässt sich von Anfang an in dem Verfahren anwaltlich vertreten) kann m. E. keine Erledigungsgebühr entstehen. Denn es ist noch kein für den Auftraggeber des Rechtsanwalts ungünstiger Verwaltungsakt ergangen oder ein von diesem beantragter Verwaltungsakt ganz oder teilweise abgelehnt worden.

9   Dagegen kann eine Erledigungsgebühr entstehen, wenn es nach einer Untätigkeitsklage zu einer Erledigung iSd Nr. 1002 VV kommt.[2]

10 Es ist nur dann Raum für eine Erledigungsgebühr, wenn keine Einigungsgebühr anfallen kann. Auch in Angelegenheiten, deren Gegenstand ein Rechtsverhältnis des öffentlichen Rechts ist, kann eine Einigungsgebühr anfallen, soweit über die Ansprüche vertraglich verfügt werden kann. Kann aber in einer Angelegenheit, deren Gegenstand ein Rechtsverhältnis des öffentlichen Rechts ist, keine Einigungsgebühr anfallen, kann – wenn die Voraussetzungen der Nr. 1002 VV vorliegen – eine Erledigungsgebühr entstehen.

III. Voraussetzungen

11 Voraussetzung für das Entstehen einer Erledigungsgebühr nach Nr. 1002 VV ist, dass

---

[1] Gerold/Schmidt/*Müller-Rabe* VV Nr. 1002 Rn. 7; Schneider/Wolf/*Wolf/Schafhausen* VV Nr. 1002 Rn. 11.

[2] Gerold/Schmidt/*Müller-Rabe* VV Nr. 1002 Rn. 20.

Teil 1. Allgemeine Gebühren **Nr. 1002 VV**

- eine Rechtssache vorliegt, in welcher ein Verwaltungsakt mit einem Rechtsbehelf angefochten wurde
- sich die Rechtssache nach Aufhebung oder Änderung des angefochtenen Verwaltungsaktes oder durch Erlass eines bisher abgelehnten Verwaltungsaktes ganz oder teilweise erledigt
- der Rechtsanwalt an der Erledigung mitgewirkt hat (Nr. 1002 Anm. VV).

1. Rechtssache/angefochtener Verwaltungsakt

Nach Nr. 1002 Anm. VV entsteht die Erledigungsgebühr, wenn sich eine **Rechtssache** ganz oder teilweise nach Aufhebung oder Änderung des **mit einem Rechtsbehelf angefochtenen Verwaltungsaktes** durch anwaltliche Mitwirkung erledigt. Das gleiche gilt, wenn sich eine Rechtssache ganz oder teilweise **durch Erlass eines bisher abgelehnten Verwaltungsaktes erledigt** (Nr. 1002 Anm. S. 2 VV). 12

Die Erledigungsgebühr Nr. 1002 VV kann also nur anfallen, wenn ein für den Mandanten des Rechtsanwalts ungünstiger Verwaltungsakt ergangen ist und dieser Verwaltungsakt mit einem Rechtsbehelf angefochten wurde. Keine Rolle spielt, wie der Rechtsbehelf zu bezeichnen ist (zB Widerspruch, Einspruch, Beschwerde etc).[3] 13

Die Gebühr entsteht aber auch, wenn sich eine Rechtssache durch Erlass eines bisher abgelehnten Verwaltungsaktes erledigt (Nr. 1002 Anm. S. 2 VV). Erforderlich ist in diesen Fällen m. E., dass die Behörde den vom Mandanten begehrten Verwaltungsakt zuvor ganz oder zumindest teilweise abgelehnt hatte. Nicht ausreichend ist nach *Müller-Rabe*,[4] *„wenn die Behörde lediglich Bedenken geäußert oder Vervollständigung des Vorbringens, Beibringung von Beweisen und dergleichen verlangt hat. Sie muss vielmehr abschließend einen dem Auftraggeber ungünstigen Standpunkt eingenommen haben...."* 14

Daher wird die Erledigungsgebühr nicht entstehen können, wenn der Mandant den Rechtsanwalt bereits bei erstmaliger Antragstellung hinzugezogen hatte, die Behörde zunächst Bedenken gegen den Erlass des begehrten Verwaltungsaktes äußert (aber diesen eben noch nicht förmlich ablehnt) und der Rechtsanwalt schließlich die Behörde in Besprechungen oder durch Vorlage weiterer Unterlagen von der Rechtmäßigkeit des Begehrens des Mandanten überzeugen kann und die Behörde daraufhin den beantragten Verwaltungsakt erlässt. 15

Dagegen kann eine Erledigungsgebühr Nr. 1002 VV entstehen, wenn deren Tatbestand nach Erhebung einer Untätigkeitsklage erfüllt wird.[5] 16

2. Erledigung

Nach Nr. 1002 Anm. S. 1 VV entsteht die Erledigungsgebühr, wenn sich eine Rechtssache **ganz oder teilweise nach Aufhebung oder Änderung** des mit einem Rechtsbehelf angefochtenen Verwaltungsaktes durch die anwaltliche Mitwirkung **erledigt.** Nach Nr. 1002 Anm. S. 2 VV entsteht die Erledigungsgebühr auch, wenn sich die Rechtssache **ganz oder teilweise durch Erlass eines bisher abgelehnten Verwaltungsaktes erledigt.** 17

Ob die Rechtssache sich im vorgerichtlichen Rechtsbehelfsverfahren oder erst im gerichtlichen Verfahren erledigt, ist für das Entstehen der Erledigungsgebühr unerheblich. Dies hat nur Einfluss auf die Höhe der Erledigungsgebühr (→ Rn. 24 ff.). 18

Eine Erledigung iSd Nr. 1002 VV setzt voraus, dass eine Entscheidung der angerufenen Behörde zur Hauptsache unnötig geworden ist.[6] Dass über die Kosten noch 19

---

[3] Gerold/Schmidt/*Müller-Rabe* VV Nr. 1002 Rn. 12.

[4] Gerold/Schmidt/*Müller-Rabe* VV Nr. 1002 Rn. 11.

[5] Gerold/Schmidt/*Müller-Rabe* VV Nr. 1002 Rn. 20; HK-RVG/*Mayer* Nr. 1002 VV Rn. 8; Schneider/Wolf/*Wolf/Schafhausen* VV Nr. 1002 Rn. 8.

[6] Schneider/Wolf/*Wolf/Schafhausen* VV Nr. 1002 Rn. 13; HK-RVG/*Mayer* Nr. 1002 VV Rn. 12.

weiter gestritten wird, ist für das Entstehen der Erledigungsgebühr unschädlich, auch wenn die Behörde oder das Gericht letztlich noch eine Kostengrundentscheidung treffen muss.[7]

20 Von einer Erledigung der Rechtssache iSd Nr. 1002 VV ist auch dann auszugehen, wenn die Behörde dem Antrag des Mandanten im Rahmen einer Änderung des angefochtenen Bescheids teilweise stattgibt, der Mandant sich damit zufrieden gibt und deshalb keine Entscheidung mehr ergehen muss.[8] *Mayer*[9] und *Wolf/Schafhausen*[10] haben weitere zahlreiche Beispiele zusammengetragen, bei welcher Fallgestaltung eine Erledigung iSd Nr. 1002 VV anzunehmen ist.

3. Mitwirkung

21 Damit eine Erledigungsgebühr nach Nr. 1002 VV anfällt, muss der Rechtsanwalt an der Erledigung mitgewirkt haben. Die Mitwirkung muss mindestens mitursächlich dafür sein, dass sich die Rechtssache ganz oder teilweise erledigt hat. Ganz überwiegend setzt die Rechtsprechung die Voraussetzungen für ein anwaltliches Mitwirken an der Erledigung iSd Nr. 1002 VV sehr hoch an. Zutreffend beschreibt *Mayer*[11] dies wie folgt: *„Regelmäßig wird eine Mitwirkung iSd Gebührentatbestandes nur dann angenommen, wenn der Rechtsanwalt an der Erledigung durch eine Tätigkeit in dem Umfang mitgewirkt hat, die über das hinaus geht, was von ihm allgemein im Rahmen seiner Bevollmächtigung zu erwarten ist und durch die die bis dahin entstandenen Gebühren noch nicht als abgegolten angesehen werden kann."* So soll zB die Begründung des Widerspruchs, der Klage oder eines Rechtsmittels, auch wenn sie noch so ausführlich und überzeugend ist, noch keine Mitwirkung iSd Nr. 1002 VV sein, auch dann nicht, wenn Sie letztlich zu einer Erledigung der Rechtssache führt.[12] Denn diese Tätigkeiten sind bereits mit der Geschäfts- oder Verfahrensgebühr abgegolten.

22 Die bloße Annahme eines Anerkenntnisses soll nicht ausreichend sein, um die Erledigungsgebühr auszulösen. Denn, so das LSG Bayern[13] und das LSG Nordrhein-Westfalen[14] liege in der bloßen Annahme eines Anerkenntnisses – wie auch bei einer Klagerücknahmeerklärung – noch keine über die normale Prozessführung hinausgehende, qualifizierte Mitwirkung des Rechtsanwalts an der Erledigung. Kommen aber weitere Tätigkeiten, die über das hinausgehen, was vom Rechtsanwalt im Allgemeinen im Rahmen seiner Tätigkeit als Prozessbevollmächtigter zu erwarten ist, hinzu und führen diese dazu, dass die Behörde das Anerkenntnis abgibt, kann auch die Erledigungsgebühr entstanden sein (zB wenn eine der in der nachfolgenden → Rn. 23 genannten Tätigkeiten dem Anerkenntnis vorausgegangen ist).

23 Ausreichend als anwaltliche Mitwirkung für den Anwalt der Erledigungsgebühr Nr. 1002 VV können aber zB sein:
- Mitwirkung des Rechtsanwalts in der mündlichen Verhandlung, die zu einer einvernehmlichen Lösung führt[15]
- schriftliche oder mündliche Verhandlungen mit der Behörde außerhalb des gerichtlichen Verfahrens, um diese zu einem Einlenken zu bewegen[16]

---

[7] Gerold/Schmidt/*Müller-Rabe* VV Nr. 1002 Rn. 28; Schneider/Wolf/*Wolf/Schafhausen* VV Nr. 1002 Rn. 16.
[8] Gerold/Schmidt/*Müller-Rabe* VV Nr. 1002 Rn. 26.
[9] HK-RVG/*Mayer* Nr. 1002 VV Rn. 12–15.
[10] Schneider/Wolf/*Wolf/Schafhausen* VV Nr. 1002 Rn. 13–19.
[11] HK-RVG/*Mayer* VV Nr. 1002 Rn. 18 mwN.
[12] Gerold/Schmidt/*Müller-Rabe* VV Nr. 1002 Rn. 47; BSG JurBüro 2009, 481; BSG RVGreport 2011, 256.
[13] LSG Bayern BeckRS 2016, 67832.
[14] LSG Nordrhein-Westfalen BeckRS 2016, 67613.
[15] Gerold/Schmidt/*Müller-Rabe* VV Nr. 1002 Rn. 48.
[16] Schneider/Wolf/*Wolf/Schafhausen* VV Nr. 1002 Rn. 24.

Teil 1. Allgemeine Gebühren **Nr. 1002 VV**

- Veranlassung einer Untersuchung des Betroffenen, deren Ergebnis zur Änderung des Verwaltungsaktes führt[17]
- unaufgeforderte Beibringung neuer Beweismittel (Ärztliche Befundberichte) durch den Rechtsanwalt[18]
- „Einwirken" auf den Mandanten, dass er sich mit einem erzielten Teilerfolg zufrieden geben möge[19]
- eigene Recherchen des Anwalts zu entscheidungserheblichen Tatsachen durch zB Befragung Dritter und Unterbreitung des Ergebnisses im Rechtsbehelfs- oder im gerichtlichen Verfahren.[20]

Weitere umfangreiche Zusammenstellungen zu der Frage, welche Tätigkeiten eine anwaltliche Mitwirkung iSd Nr. 1002 VV sein könne, finden sich bei *Gerold/ Schmidt*,[21] *HK-RVG*[22] und *Schneider/Wolf*,[23] *Göttlich/Mümmler*[24] und *Bischof/Jungbauer*.[25] Es sei allerdings der Hinweis gestattet, dass die dort zitierte Rechtsprechung zum größten Teil noch zu der ähnlichen Vorschrift in § 24 BRAGO ergangen ist.

IV. Höhe der Gebühr

Ist **über die Rechtssache,** die sich erledigt, **noch kein gerichtliches Verfahren anhängig,** so fällt die Erledigungsgebühr in Höhe von **1,5** an (Nr. 1002 VV). 24

Ist über die Rechtssache, die sich erledigt, ein gerichtliches Verfahren anhängig, entsteht die Erledigungsgebühr nach Nr. 1003 VV in Höhe von 1,0. In der Nr. 1003 VV sind einige Ausnahmen geregelt, die aber für die Erledigungsgebühr in den seltensten Fällen zur Anwendung kommen werden. So bleibt es nach Nr. 1003 VV bei einer 1,5 Erledigungsgebühr, wenn über den Gegenstand nur ein selbständiges gerichtliches Beweisverfahren anhängig ist oder nur ein Antrag auf Bewilligung von Prozesskostenhilfe für ein selbständiges gerichtliches Beweisverfahren. 25

Ist über die Rechtssache, die sich erledigt, ein **Berufungs- oder Revisionsverfahren anhängig,** fällt die Erledigungsgebühr nach Nr. 1004 VV in Höhe von 1,3 an. Wird der Tatbestand der Erledigungsgebühr in einem erstinstanzlichen Verfahren vor dem Bundesverwaltungsgericht erfüllt, fällt nur eine 1,0 Erledigungsgebühr an.[26] 26

Die Höhe der Erledigungsgebühr in sozialrechtlichen Angelegenheiten, in denen im gerichtlichen Verfahren Betragsrahmengebühren entstehen, ist in den Nr. 1005, 1006 VV geregelt. 27

V. Erstattungsfähigkeit

Ist eine entsprechende Kostengrundentscheidung ergangen, wonach dem Mandanten die ihm entstandenen Rechtsanwaltskosten zu erstatten sind, so ist auch eine entstandene Erledigungsgebühr Nr. 1002 VV mit zu erstatten. Denn es handelt sich hierbei um eine Gebühr, die zu der gesetzlichen Vergütung eines Rechtsanwalts gehört. 28

---

[17] Schneider/Wolf/*Wolf/Schafhausen* VV Nr. 1002 Rn. 24.
[18] BSG JurBüro 2009, 132.
[19] Schneider/Wolf/*Wolf/Schafhausen* VV Nr. 1002 Rn. 24.
[20] Schneider/Wolf/*Wolf/Schafhausen* VV Nr. 1002 Rn. 24.
[21] Gerold/Schmidt/*Müller-Rabe* VV Nr. 1002 Rn. 39 ff.
[22] HK-RVG/*Mayer* Nr. 1002 VV Rn. 18–20.
[23] Schneider/Wolf/*Wolf/Schafhausen* VV Nr. 1002 Rn. 24–25.
[24] Göttlich/Mümmler/*Rehberg* „Erledigungsgebühr" 4.
[25] Bischof/Jungbauer/*Klipstein* Nr. 1002 VV Rn. 7–14.
[26] BVerwG NJW-Spezial 2009, 316.

Nr. 1003 VV

Nr.	Gebührentatbestand	Gebühr oder Satz der Gebühr nach § 13
1003	Über den Gegenstand ist ein anderes gerichtliches Verfahren als ein selbstständiges Beweisverfahren anhängig: Die Gebühren 1000 bis 1002 betragen .... (1) Dies gilt auch, wenn ein Verfahren über die Prozesskostenhilfe anhängig ist, soweit nicht lediglich Prozesskostenhilfe für ein selbständiges Beweisverfahren oder die gerichtliche Protokollierung des Vergleichs beantragt wird oder sich die Beiordnung auf den Abschluss eines Vertrags im Sinne des Nummer 1000 erstreckt (§ 48 Abs. 3 RVG). Die Anmeldung eines Anspruchs zum Musterverfahren nach dem KapMuG steht einem anhängigen gerichtlichen Verfahren gleich. Das Verfahren vor dem Gerichtsvollzieher steht einem gerichtlichen Verfahren gleich. (2) In Kindschaftssachen entsteht die Gebühr auch für die Mitwirkung am Abschluss eines gerichtlich gebilligten Vergleichs (§ 156 Abs. 2 FamFG) und an einer Vereinbarung, über deren Gegenstand nicht vertraglich verfügt werden kann, wenn hierdurch eine gerichtliche Entscheidung entbehrlich wird oder wenn die Entscheidung der getroffenen Vereinbarung folgt.	1,0

Übersicht

	Rn.
I. Überblick	1
II. Nur 1,0 Gebühr bei Anhängigkeit eines gerichtlichen Verfahrens ..	6
III. Ausnahmen	16
IV. Einigungsgebühr in Kindschaftssachen	23
V. Mitvergleichen nicht anhängiger Ansprüche in einem gerichtlichen Verfahren	27

I. Überblick

1 Der Tatbestand der Einigungs-, Aussöhnungs- und der Erledigungsgebühr ist in den Nr. 1000 bis 1002 VV geregelt. Die Nr. 1003 VV regelt (von Kindschaftssachen abgesehen – siehe hierzu Nr. 1003 Anm. Abs. 2 VV) nur, die Ermäßigung des Gebührensatz für die drei zuvor genannten Gebühren in bestimmten Fällen.

2 Diese Gebühren ermäßigen sich von einer 1,5 auf eine 1,0 Gebühr, wenn über den Gegenstand der Einigung, oder der Aussöhnung oder der Erledigung **ein gerichtliches Verfahren anhängig ist**.

3 Die Nr. 1003 VV regelt aber auch **Ausnahmen** von diesem Grundsatz.[1]

4 Nr. 1003 Anm. Abs. 2 VV regelt, in welchen Fällen die Einigungsgebühr in Kindschaftssachen anfallen kann.

5 Wenn nicht anhängige Ansprüche in einem gerichtlichen Verfahren mitverglichen werden, entsteht
- nach dem Wert der verglichenen anhängigen Ansprüche eine 1,0 Einigungsgebühr Nr. 1000, 1003 VV

---

[1] Zu den Ausnahmen im Einzelnen siehe nachfolgende → Rn. 16 ff.

Teil 1. Allgemeine Gebühren **Nr. 1003 VV**

- nach dem Wert der mitverglichenen nicht anhängigen Ansprüche eine 1,5 Einigungsgebühr Nr. 1000 VV.

Die beiden Einigungsgebühren dürfen nach § 15 Abs. 3 RVG nicht höher sein als ein 1,5 Einigungsgebühr nach dem Gesamtwert.

II. Nur 1,0 Gebühr bei Anhängigkeit eines gerichtlichen Verfahrens

Die Nr. 1003 VV regelt die Ermäßigung 6
- einer 1,5 Einigungsgebühr Nr. 1000 VV
- einer 1,5 Aussöhnungsgebühr Nr. 1001 VV
- einer 1,5 Erledigungsgebühr Nr. 1002 VV

auf eine **1,0 Gebühr**. Diese Ermäßigung tritt ein, wenn über den Gegenstand der Einigung, der Aussöhnung oder der Erledigung ein gerichtliches Verfahren anhängig ist. Ausnahmen hierzu sind ebenfalls in der Nr. 1003 VV und in der Anm. hierzu geregelt.[2]

Die Ermäßigung auf eine 1,0 Gebühr tritt ein, wenn über den Gegenstand der 7 Einigung, der Aussöhnung oder der Erledigung ein **gerichtliches Verfahren anhängig ist**. Rechtshängigkeit des Gegenstands in einem gerichtlichen Verfahren ist nicht erforderlich.

Von den in der Nr. 1003 VV geregelten Ausnahmen abgesehen ist es grundsätzlich 8 unerheblich, welche Art von gerichtlichen Verfahren anhängig ist. So tritt zB die Ermäßigung unabhängig davon ein, ob über den Gegenstand der Einigung ein bürgerlicher Rechtsstreit oder ein gerichtliches Mahnverfahren anhängig ist.[3]

Auch wenn nur ein Verfahren über die Bewilligung von Prozesskosten- oder 9 Verfahrenskostenhilfe anhängig ist, tritt die Ermäßigung von 1,5 auf 1,0 Gebühr bei einer Einigung, Aussöhnung oder Erledigung ein.

Aber auch für die Prozesskostenhilfe sind in Nr. 1003 Anm. Abs. 1 VV Ausnah- 10 men normiert.

Die Anhängigkeit muss zum Zeitpunkt der Einigung, der Aussöhnung oder Erle- 11 digung noch gegeben sein.

Beispiel:

Das im ersten Rechtszug ergangene Endurteil ist rechtskräftig. Der Rechtsanwalt hat von seinem Mandanten bereits Auftrag zur Zwangsvollstreckung erhalten. Bevor er eine erste Zwangsvollstreckungsmaßnahme in die Wege leitet, kommt es zu einem Ratenzahlungsvergleich mit dem Schuldner. Da hier das Erkenntnisverfahren bereits rechtskräftig abgeschlossen ist, und noch keine Zwangsvollstreckungsmaßnahme bei dem Gericht oder dem Gerichtsvollzieher „anhängig" war, entsteht in diesem Fall m. E. eine 1,5 Einigungsgebühr.

In Nr. 1003 Anm. Abs. 1 S. 2 VV ist ausdrücklich klargestellt, dass das **Verfahren** 12 **vor dem Gerichtsvollzieher einem gerichtlichen Verfahren gleich steht**. Also auch wenn zum Zeitpunkt der Einigung eine Zwangsvollstreckungsmaßnahme bei dem Gerichtsvollzieher anhängig ist, tritt eine Ermäßigung der Einigungsgebühr von 1,5 auf 1,0 ein.

Durch das am 1.11.2012 in Kraft getretene KapMuG[4] wurde Nr. 1003 Anm. 13 Abs. 1 VV dahingehend erweitert, dass auch die Anmeldung eines Anspruchs zum Musterverfahren nach dem KapMuG einem anhängigen gerichtlichen Verfahren gleich steht. Also auch wenn zum Zeitpunkt des Abschlusses eines Vergleichs der

---

[2] Zu den Ausnahmen im Einzelnen siehe nachfolgende → Rn. 16 ff.
[3] Gerold/Schmidt/*Müller-Rabe* VV Nr. 1003, 1004 Rn. 15, 16.
[4] Gesetz über Musterverfahren in kapitalmarktrechtlichen Streitigkeiten (Kapitalanleger-Musterverfahrensgesetz) BGBl. 2012 I 2182.

Nr. 1003 VV

Anspruch zum Musterverfahren nach dem KapMuG angemeldet war, fällt die Einigungsgebühr nur in Höhe von 1,0 an.

14 Wird in einem bürgerlichen Rechtsstreit eine Forderung zur **Aufrechnung** gestellt, tritt sofort mit ihrer Geltendmachung Anhängigkeit ein. Wird die zur Aufrechnung gestellte Forderung mitverglichen, entsteht auch nach dem Wert der mitverglichenen Aufrechnungsforderung nur eine 1,0 Einigungsgebühr.[5] Wird eine Gegenforderung **hilfsweise zur Aufrechnung** gestellt, tritt die Anhängigkeit erst ein, wenn die Klageforderung ganz oder teilweise vom Gericht als gegeben angesehen wird. Wird vorher schon die hilfsweise zur Aufrechnung gestellte Gegenforderung in einem Vergleich mit erledigt, entsteht nach dem Wert der hilfsweise zur Aufrechnung gestellten Gegenforderung eine 1,5 Einigungsgebühr.[6]

15 Für die Frage, ob eine 1,5 Einigungsgebühr nach Nr. 1000 VV anfällt oder sich die Gebühr auf eine 1,0 Gebühr nach Nr. 1003 VV ermäßigt ist nicht entscheidend, ob der Vergleich in einem gerichtlichen Termin oder außergerichtlich geschlossen wird. Auch wenn über den Gegenstand zB ein bürgerlicher Rechtsstreit anhängig ist und sich die Parteien dann außergerichtlich einigen und den Vergleich auch nur außergerichtlich abschließen, entsteht nur eine 1,0 Einigungsgebühr (Nr. 1000, 1003 VV).

III. Ausnahmen

16 In Nr. 1003 VV und der Anm. Abs. 1 hierzu sind einige Ausnahmen normiert, in denen es, obwohl über den Gegenstand der Einigung, der Aussöhnung oder der Erledigung ein gerichtliches Verfahren anhängig ist, bei einer 1,5 Einigungs-, Aussöhnungs-, oder Erledigungsgebühr bleibt und keine Ermäßigung auf eine 1,0 Gebühr eintritt.

17 Die Einigungs-, Aussöhnungs- oder Erledigungsgebühr entsteht in Höhe von 1,5, wenn wegen des Gegenstandes der Einigung, Aussöhnung oder Erledigung
- nur ein selbständiges Beweisverfahren anhängig ist
- nur ein Verfahren über die Prozesskostenhilfe für ein selbständiges Beweisverfahren anhängig ist
- nur die gerichtliche Protokollierung eines Vergleichs beantragt wird
- sich die Beiordnung in einer Ehesache nach § 48 Abs. 3 RVG auf den Abschluss eines Vertrags iSd Nr. 1000 VV über eine in § 48 Abs. 3 RVG genannte Scheidungsfolge erstreckt (§ 48 Abs. 3 RVG).

18 Wird in einem selbständigen Beweisverfahren ein Vergleich über die Ansprüche geschlossen, zu denen im Rahmen des selbständigen Beweisverfahrens Beweise erhoben werden sollen, so entsteht dem Anwalt, der an der Einigung (vorausgesetzt es handelt sich hierbei um ein Vertrag iSd Nr. 1000 Abs. 1 VV) mitwirkt, eine 1,5 Einigungsgebühr. Dies allerdings nur dann, wenn über die Ansprüche noch kein gerichtliches Hauptsacheverfahren anhängig ist. Ist neben dem selbständigen Beweisverfahren bereits ein Hauptsacheverfahren über die Ansprüche anhängig und wird dann in dem selbständigen Beweisverfahren ein Vergleich über die Ansprüche geschlossen, entsteht nur eine 1,0 Einigungsgebühr. Denn dann ist ein anderes Verfahren als ein selbständiges Beweisverfahren über den Gegenstand anhängig (Nr. 1003 VV).[7]

19 Grundsätzlich ist auch ein Verfahren über die Prozess- oder Verfahrenskostenhilfe ein gerichtliches Verfahren. Ist über den Gegenstand der Einigung, Aussöhnung oder Erledigung ein Verfahren über die Prozess- oder Verfahrenskostenhilfe anhängig und wird in diesem Verfahren ein Vergleich über die Hauptsache geschlossen, entsteht nach Nr. 1003 Anm. Abs. 1 VV nur eine 1,0 Gebühr. Die Ermäßigung auf

---

[5] Gerold/Schmidt/*Müller-Rabe* VV Nr. 1003, 1004 Rn. 30.

[6] Gerold/Schmidt/*Müller-Rabe* VV Nr. 1003, 1004 Rn. 28.

[7] Gerold/Schmidt/*Müller-Rabe* VV Nr. 1003, 1004 Rn. 43.

Teil 1. Allgemeine Gebühren **Nr. 1003 VV**

eine 1,0 Gebühr tritt aber nicht ein, wenn über den Gegenstand lediglich ein Verfahren wegen **Prozesskostenhilfe für ein selbständiges Beweisverfahren** anhängig ist (Nr. 1003 Anm. Abs. 1 VV).

Auch dann, wenn **Prozesskostenhilfe lediglich für die gerichtliche Protokollierung eines Vergleichs beantragt wird, bleibt es bei einer 1,5 Einigungsgebühr.** Hier sind m. E. die Fälle gemeint, in denen in einem gerichtlichen Verfahren nicht anhängige Ansprüche – zu deren Durchsetzung bisher auch noch keine Partei Prozesskostenhilfe beantragt hat – mitverglichen werden sollen und für die Protokollierung des Vergleichs Prozesskostenhilfe beantragt wird.[8]

Dagegen fällt nur eine 1,0 Einigungsgebühr nach Nr. 1003 VV an, wenn ein Vergleich im Prozesskostenhilfe – Bewilligungsverfahren geschlossen und protokolliert wird. Denn dann ist ein gerichtliches Verfahren, nämlich das Verfahren auf Bewilligung von Prozesskostenhilfe über den Gegenstand, über den sich verglichen wird, anhängig iSd Nr. 1003 VV.[9]

Nach Nr. 1003 Anm. Abs. 1 VV bleibt es auch dann bei einer 1,5 Einigungsgebühr, wenn sich nach § 48 Abs. 3 RVG die Beiordnung des Rechtsanwalts auf den Abschluss eines Vertrags iSd Nr. 1000 Abs. 1 VV erstreckt.[10] Werden also in einer Ehesache in § 48 Abs. 3 RVG aufgeführte nicht anhängige Folgesachen verglichen, erstreckt sich die Beiordnung des Rechtsanwalts im Rahmen der Partei gewährten Verfahrenskostenhilfe auch auf den Abschluss des Vergleichs. Nach dem Wert der verglichenen – ansonsten nicht in einem gerichtlichen Verfahren anhängigen – Scheidungsfolgen entsteht dann eine 1,5 Einigungsgebühr Nr. 1000 VV.[11]

IV. Einigungsgebühr in Kindschaftssachen

Bis zum Inkrafttreten der Reform des Verfahrens in Familiensachen und in Angelegenheiten der freiwilligen Gerichtsbarkeit (FGG-RG)[12] war umstritten, ob in Kindschaftssachen eine Einigungsgebühr entstehen konnte. Der Grund war, dass die Regelung in einer Kindschaftssache oft nicht der Dispositionsfreiheit der Parteien unterlag, sondern das Gericht eine Entscheidung zum Wohl des Kindes treffen musste. Mit dem FGG-RG wurde dann durch ergänzende Bestimmungen im RVG klargestellt, dass grundsätzlich auch in Kindschaftssachen eine Einigungsgebühr entstehen kann. So kann nach Nr. 1000 Abs. 5 S. 3 VV in Kindschaftssachen eine Einigungsgebühr entstehen, auch wenn über deren Gegenstand nicht vertraglich verfügt werden kann.[13] In Nr. 1003 Anm. Abs. 2 VV ist klargestellt, dass in Kindschaftssachen eine 1,0 Einigungsgebühr auch entsteht für die Mitwirkung am Abschluss eines gerichtlich gebilligten Vergleichs (§ 156 Abs. 2 FamFG) **und** an einer Vereinbarung über deren Gegenstand nicht vertraglich verfügt werden kann, wenn hierdurch eine gerichtliche Entscheidung entbehrlich wird oder wenn die Entscheidung der getroffenen Vereinbarung folgt.

Nach § 156 Abs. 2 FamFG ist, wenn die Beteiligten Einvernehmen über den Umgang oder die Herausgabe des Kindes erzielen, die einvernehmliche Regelung als Vergleich vom Familiengericht aufzunehmen, wenn das Gericht dies billigt (gerichtlich gebilligter Vergleich). Das Gericht billigt die Umgangsregelung, wenn sie dem Kindeswohl nicht widerspricht.[14]

---

[8] HK-RVG/*Mayer* VV Nr. 1003 Rn. 11; Gerold/Schmidt/*Müller-Rabe* VV Nr. 1003, 1004 Rn. 46.
[9] Gerold/Schmidt/*Müller-Rabe* VV Nr. 1003, 1004 Rn. 44.
[10] → § 48 Rn. 1 ff.
[11] HK-RVG/*Mayer* Nr. 1003 VV Rn. 12.
[12] BGBl. 2008 I 2586 ff. – in Kraft getreten am 1.9.2009.
[13] → Nr. 1000 VV Rn. 92 ff.
[14] HK-RVG/*Mayer* Nr. 1003 VV Rn. 15–17.

Nr. 1003 VV

25 Aber nicht nur für die Mitwirkung am Abschluss eines gerichtlich gebilligten Vergleichs nach § 156 Abs. 2 FamFG kann dem mitwirkenden Anwalt eine 1,0 Einigungsgebühr entstehen. Diese fällt auch an, wenn der Rechtsanwalt mitwirkt am Abschluss einer Vereinbarung, über deren Gegenstand nicht vertraglich verfügt werden kann, wenn hierdurch eine gerichtliche Entscheidung entbehrlich wird oder wenn die Entscheidung der getroffenen Vereinbarung folgt. Die Einigungsgebühr entsteht also, wenn der Vorschlag, an deren Erarbeitung der Rechtsanwalt mitgewirkt hat, in der gerichtlichen Entscheidung umgesetzt wird.[15]

26 Ist in einer Kindschaftssache nur die Regelung der elterlichen Sorge anhängig, wird aber in dem Verfahren eine Einigung nicht nur wegen der elterlichen Sorge erzielt, sondern auch wegen der Umgangsregelung, so entsteht nach dem Verfahrenswert der elterlichen Sorge eine 1,0 Einigungsgebühr Nr. 1003 VV – weil über diesen Gegenstand ein gerichtliches Verfahren anhängig ist – und nach dem Verfahrenswert der Umgangsregelung eine 1,5 Einigungsgebühr Nr. 1000 VV – weil hierüber noch kein gerichtliches Verfahren anhängig ist –.[16] Die Summe der beiden Einzelgebühren darf nach § 15 Abs. 3 RVG nicht höher sein, als eine 1,5 Einigungsgebühr aus dem Gesamtwert.

V. Mitvergleichen nicht anhängiger Ansprüche in einem gerichtlichen Verfahren

27 Werden neben Ansprüchen, über die ein gerichtliches Verfahren anhängig ist, auch nicht anhängige Ansprüche mitverglichen, so entsteht
- nach dem Gegenstandswert der anhängigen Ansprüche eine 1,0 Einigungsgebühr Nr. 1003 VV
- nach dem Gegenstandswert der nicht anhängigen Ansprüche eine 1,5 Einigungsgebühr Nr. 1000 VV.

Die beiden Einigungsgebühren dürfen nach § 15 Abs. 3 RVG nicht höher sein als eine 1,5 Einigungsgebühr aus der Summe der Gegenstandswerte.

Beispiel:

Eingeklagt sind 10.000 EUR. Im Termin zur mündlichen Verhandlung wird auch eine Besprechung über bislang nicht anhängig gemachte weitere Ansprüche in Höhe von 8.000 EUR zur Vermeidung eines gerichtlichen Verfahrens insoweit geführt. Wegen des Anspruchs in Höhe von 8.000 EUR hat der Rechtsanwalt spätestens im Termin von seinem Mandanten den Auftrag erhalten, diese im gerichtlichen Verfahren mit zu behandeln. Die Parteien schließen unter Mitwirkung ihrer Bevollmächtigten einen Vergleich, wonach zur Abgeltung der anhängigen 10.000 EUR und der nicht anhängigen 8.000 EUR vom Beklagten insgesamt 15.000 EUR gezahlt werden.

Die Prozessbevollmächtigten können folgende Gebühren berechnen:
1. 1,3 Verfahrensgebühr Nr. 3100 VV nach Wert: 10.000 EUR   725,40 EUR
2. 0,8 Verfahrensgebühr Nr. 3101 Ziff. 2 VV nach Wert: 8.000 EUR   364,00 EUR
Summe der Verfahrensgebühren: 1.089,40 EUR
Die Summe der beiden Verfahrensgebühren darf nach § 15 Abs. 3 RVG nicht höher sein als eine 1,3 Verfahrensgebühr nach Wert: 18.000 EUR 904,80 EUR
3. 1,2 Terminsgebühr Nr. 3104 VV nach Wert: 18.000 EUR   835,20 EUR
4. 1,0 Einigungsgebühr Nr. 1003 VV nach Wert: 10.000 EUR   558,00 EUR
5. 1,5 Einigungsgebühr Nr. 1000 VV nach Wert: 8.000 EUR   684,00 EUR
Summe der Einigungsgebühren: 1.242,00 EUR
Die Summe der beiden Einigungsgebühren darf nach § 15 Abs. 3 RVG   1.044,00 EUR
nicht höher sein als eine 1,5 Einigungsgebühr nach Wert: 18.000 EUR
zzgl. Auslagen, Umsatzsteuer.

---

[15] HK-RVG/*Mayer* Nr. 1003 VV Rn. 17.
[16] Schneider/Wolf/*N. Schneider/Wolf* VV Nr. 1003 Rn. 14.

Teil 1. Allgemeine Gebühren   **Nr. 1003 VV**

Wurde dem Mandanten in dem Verfahren, in dem der Vergleich auch über nicht 28
anhängige Ansprüche geschlossen wird, **Prozess- oder Verfahrenskostenhilfe**
bewilligt, kann fraglich sein, ob der beigeordnete Rechtsanwalt alle durch den
Vergleich auch über die nicht anhängigen Ansprüche (auch „Mehrvergleich"
genannt) ausgelösten Gebühren aus der Staatskasse erhält. Hierfür ist zunächst
einmal Voraussetzung, dass die **Prozess- oder Verfahrenskostenhilfe und die
Beiordnung** des Rechtsanwalts auch **auf den Mehrvergleich erstreckt** wird.
Nach § 48 Abs. 3 RVG erstreckt sich die Beiordnung des Rechtsanwalts in einer
Ehesache, in welcher auch ein Vergleich über die in § 48 Abs. 3 S. 1 RVG genannten nicht anhängigen Scheidungsfolgen geschlossen wird, auf den Abschluss des
Mehrvergleiches.[17]

Praxistipp:

Trotz der in § 48 Abs. 3 RVG angeordneten Erstreckung der Beiordnung auf den 29
Mehrvergleich in Ehesachen (wenn dort eine in § 48 Abs. 3 RVG genannte nicht
anhängige Scheidungsfolge mitverglichen wird), sollte der Rechtsanwalt auch im
Anwendungsbereich des § 48 Abs. 3 RVG vor Abschluss des Mehrvergleichs beantragen: „*... die Verfahrenskostenhilfe auf den Mehrvergleich zu erstrecken...*". Nach § 48
Abs. 3 RVG erstreckt sich nur die **Beiordnung** des Rechtsanwalts „automatisch" auf
den Mehrvergleich. Die Erstreckung der **Verfahrenskostenhilfe** auf den Mehrvergleich muss beantragt werden. Ansonsten tritt keine Gerichtskostenbefreiung wegen
der durch den Mehrvergleich ausgelösten Gerichtskosten (0,25 Gebühr nach Nr. 1500
FamGKG KV) ein.

Diese in § 48 Abs. 3 RVG normierte Erstreckung gilt aber nur für die Beiordnung 30
in einer **Ehesache**. Wird in einer selbständig (isoliert) anhängigen Familiensache
ein nicht anhängiger Gegenstand mitverglichen, kommt § 48 Abs. 3 RVG nicht zur
Anwendung. Deshalb muss außerhalb des Anwendungsbereiches des § 48 Abs. 3
RVG, also in
– selbständig (isoliert) anhängigen Familien- und Familienstreitsachen,
– in bürgerlich-rechtlichen Angelegenheiten,
– in arbeitsrechtlichen Angelegenheiten,
– in sozialrechtlichen Angelegenheiten,
– in finanzrechtlichen Angelegenheiten,
– in verwaltungsrechtlichen Angelegenheiten
vor Abschluss des Vergleiches beantragt werden, die Prozess- bzw. Verfahrenskostenhilfe und die Beiordnung des Rechtsanwalts auch auf den Abschluss des Mehrvergleiches zu erstrecken. Selbst wenn das Gericht die Prozess- bzw. Verfahrenskostenhilfe und die Beiordnung des Rechtsanwalts auf den Mehrvergleich erstreckt
hat, wird in der Rechtsprechung teilweise vertreten, dass dem beigeordneten
Rechtsanwalt aus der Staatskasse nicht alle durch den Mehrvergleich ausgelösten
Gebühren, sondern nur eine 1,0 Einigungsgebühr nach dem Wert des Mehrvergleiches zu zahlen sei.[18] Dem ist nicht zu folgen; es sind alle durch den Mehrver-

---

[17] → RVG § 48 Rn. 26 ff.
[18] OLG Bamberg Beschl. v. 21.3.2011 – 4 W 42/10; OLG Celle Beschl. v. 26.2.2015 – 10
WF 28/15 = BeckRS 2015, 08721; OLG Celle Beschl. v. 21.1.2011 – 10 WF 6/11 = MDR
2011, 324; OLG Celle Beschl. v. 12.6.2014 – 10 WF 167/14; LG Detmold Beschl. v. 29.5.2015 –
3 T 52/15; OLG Dresden Beschl. v. 7.2.2014 – 23 WF 1209/13 = MDR 2014, 686 = FamRZ
2014, 1879; OLG Dresden Beschl. v. 7.5.2015 – 19 WF 1424/14 = BeckRS 2015, 09517;
OLG Dresden Beschl. v. 25.3.2014 – 22 UF 572/13 = BeckRS 2014, 09881; OLG Hamm
Beschl. v. 14.2.2012 – 25 W 23/12; OLG Koblenz Beschl. v. 19.5.2014 – 13 WF 369/14 =
NJW-RR 2015, 61; OLG Köln Beschl. v. 2.10.2014 – 12 WF 130/14; OLG München Beschl.
v. 19.3.2009 – 11 WF 812/09.

gleich ausgelösten Gebühren aus der Staatskasse an den beigeordneten Rechtsanwalt zu zahlen.[19] Die Problematik im Einzelnen erörtert *Enders* ausführlich in einem Aufsatz.[20]

Praxistipp:

31 Im Hinblick auf den vorstehenden Streit in der Rechtsprechung sollte der Rechtsanwalt vor Abschluss des Mehrvergleiches beantragen: „*... die Prozess- oder Verfahrenskostenhilfe und die Beiordnung auch auf **alle mit dem Abschluss des Mehrvergleiches zusammenhängenden Gebühren** zu erstrecken ...*".[21]

32 Der Rechtsanwalt sollte darauf achten, dass das Gericht die Prozess- bzw. Verfahrenskostenhilfe entsprechend bewilligt. Hat das Gericht die Bewilligung und die Beiordnung für den Mehrvergleich entsprechend bewilligt, dürfte für das Vergütungsfestsetzungsverfahren des beigeordneten Rechtsanwalts gegenüber der Staatskasse m. E. klar sein, dass alle durch den Mehrvergleich ausgelösten Gebühren (Beispiel → Rn. 27) aus der Staatskasse an den beigeordneten Anwalt zu zahlen sind.

33 Auch in der Rechtsprechung der Landesarbeitsgerichte ist umstritten, welche durch den Mehrvergleich ausgelösten Gebühren im Rahmen der Partei gewährten Prozesskostenhilfe an den beigeordneten Anwalt aus der Staatskasse zu zahlen sind.[22] In 2015 haben das LAG Düsseldorf[23] und das LAG Hamm[24] ihre anders lautende Rechtsprechung dahingehend geändert, dass sie auch im Falle der Prozesskostenhilfe aus der Staatskasse dem beigeordneten Anwalt eine 1,5 Einigungsgebühr nach dem Wert der mitverglichenen nicht anhängigen Ansprüche zugestehen. Das LAG Rheinland-Pfalz hat seine Rechtsprechung nicht aufgegeben und geändert und vertritt nach wie vor die Auffassung, dass nach dem Wert der mitverglichenen nicht anhängigen Ansprüche dem beigeordneten Anwalt nur eine 1,0 Einigungsgebühr aus der Staatskasse zu zahlen sei.[25] Das LAG Baden-Württemberg[26] hat seine Rechtsprechung dahingehend geändert, dass im Falle der Erstreckung der Prozesskostenhilfe auf den Mehrvergleich der beigeordnete Rechtsanwalt aus der Staatskasse alle durch den Mehrvergleich entstandenen Gebühren (Beispiel → Rn. 27) gezahlt erhalten kann.

34 Werden anhängige Ansprüche in einem anderen anhängigen Parallelverfahren mitverglichen, kann nach dem Gesamtwert der verglichenen Ansprüche nur eine 1,0 Einigungsgebühr Nr. 1003 VV entstehen. Es kommt nicht darauf an, ob die Ansprüche, über die sich verglichen wird, in dem Verfahren anhängig sind, in dem der Vergleich geschlossen wird, sondern darauf, ob über die Ansprüche überhaupt ein gerichtliches Verfahren anhängig ist.

---

[19] So: OLG Celle Beschl. v. 8.5.2014 – 15 UF 166/13 = FamRZ 2014, 1878; OLG Koblenz (7. Senat für Familiensachen) Beschl. v. 15.10.2008 – 7 WF 803/08; OLG Koblenz (14. Zivilsenat) = NJOZ 2006, 3716 = FamRZ 2006, 1691; OLG Koblenz (9. Zivilsenat -2. Senat für Familiensachen) Beschl. v. 10.12.2015 – 9 WF 931/15; OLG Köln (25. Zivilsenat) = AGS 2013, 350; OLG Schleswig-Holstein Beschl. v. 14.2.2012 – 15 WF 399/11; OLG Karlsruhe Beschl. v. 9.7.2009 – 2 WF 33/09.

[20] *Enders* JurBüro 2015, 561.

[21] OLG Celle BeckRS 2015, 08721: Dies ist dem Verfahrensgericht möglich!

[22] Ausführlich: *Enders* JurBüro 2014, 449–451; *Enders* JurBüro 2014, 505–507; *Enders* JurBüro 2014, 561–563.

[23] LAG Düsseldorf JurBüro 2015, 28 und JurBüro 2015, 73.

[24] LAG Hamm BeckRS 2015, 72142.

[25] LAG Rheinland-Pfalz AGS 2015, 371.

[26] LAG Baden-Württemberg BeckRS 2016, 68649.

Teil 1. Allgemeine Gebühren **Nr. 1004 VV**

Nr. 1004 VV

Nr.	Gebührentatbestand	Gebühr oder Satz der Gebühr nach § 13
1004	Über den Gegenstand ist ein Berufungs- oder Revisionsverfahren, ein Verfahren über die Beschwerde gegen die Nichtzulassung eines dieser Rechtsmittel oder ein Verfahren vor dem Rechtsmittelgericht über die Zulassung des Rechtsmittels anhängig: Die Gebühren 1000 bis 1002 betragen .... (1) Dies gilt auch in den in den Vorbemerkungen 3.2.1 und 3.2.2 genannten Beschwerde- und Rechtsbeschwerdeverfahren. (2) Absatz 2 der Anmerkung zu 1003 ist anzuwenden.	1,3

Übersicht

	Rn.
I. Überblick	1
II. Grundsätzliches	5
III. Berufungs- oder Revisionsverfahren	10
IV. Beschwerde gegen die Nichtzulassung des Rechtsmittels	15
V. Zulassung des Rechtsmittels	18
VI. Beschwerde- und Rechtsbeschwerdeverfahren	20
VII. Anwendung im finanzgerichtlichen Verfahren?	27

I. Überblick

Nr. 1004 VV regelt die Höhe einer 1
- Einigungsgebühr – Nr. 1000 VV
- Aussöhnungsgebühr – Nr. 1001 VV
- Erledigungsgebühr – Nr. 1002 VV

für die Fälle, dass über den Gegenstand der Einigung, der Aussöhnung oder der Erledigung
- ein Berufungs- oder Revisionsverfahren
- ein Verfahren über die Beschwerde gegen die Nichtzulassung des Rechtsmittels
- ein Verfahren vor dem Rechtsmittelgericht über die Zulassung des Rechtsmittels
- ein in der Vorb. 3.2.1 oder der Vorb. 3.2.2 VV genanntes Beschwerde- oder Rechtsbeschwerdeverfahren

anhängig ist. Die Gebühren fallen dann in Höhe von **1,3** an.

Die Norm der Nr. 1004 VV wurde durch das 2. KostRMoG[1] erweitert. Es wird 2 klargestellt, dass diese Vorschrift auch anwendbar ist, wenn über den Gegenstand der Einigung, der Aussöhnung oder der Erledigung ein Verfahren über die Beschwerde gegen die Nichtzulassung des Rechtsmittels oder ein Verfahren vor dem Rechtsmittelgericht über die Zulassung des Rechtsmittels anhängig ist.

Durch das 2. KostRMoG[2] wurden die Vorb. 3.2.1 und 3.2.2 VV erweitert, so 3 dass sich auch dadurch der Anwendungsbereich der Nr. 1004 VV ausdehnt.

---
[1] BGBl. 2013 I 2586.
[2] BGBl. 2013 I 2586.

Nr. 1004 VV

4 Ob die Nr. 1004 VV auch dann zur Anwendung kommt, wenn eine Einigungs- oder Erledigungsgebühr in einem finanzgerichtlichen Verfahren entsteht, ist fraglich.[3]

II. Grundsätzliches

5 Die Einigungsgebühr (Nr. 1000 VV), die Aussöhnungsgebühr (Nr. 1001 VV) und die Erledigungsgebühr (Nr. 1002 VV) fallen grundsätzlich in Höhe einer 1,5 Gebühr an. Ist über den Gegenstand der Einigung, der Aussöhnung oder der Erledigung ein gerichtliches Verfahren anhängig, ermäßigt sich die 1,5 Gebühr nach der Nr. 1003 VV auf eine 1,0 Gebühr. Ausnahmen hierzu sind ebenfalls in der Nr. 1003 VV geregelt.[4] Ist über den Gegenstand der Einigung oder der Erledigung
  - ein Berufungsverfahren
  - ein Revisionsverfahren
  - ein Verfahren über die Beschwerde gegen die Nichtzulassung des Rechtsmittels
  - ein Verfahren vor dem Rechtsmittelgericht über die Zulassung des Rechtsmittels
  - ein in der Vorb. 3.2.1 VV genanntes Beschwerde- oder Rechtsbeschwerdeverfahren
  - ein in der Vorb. 3.2.2 VV genanntes Beschwerde- oder Rechtsbeschwerdeverfahren

anhängig, fallen die Gebühren der Nr. 1000 bis 1002 VV **in Höhe von 1,3** an.

6 Anhängigkeit des Gegenstandes in einem der vorgenannten Verfahren reicht aus.

7 Ausreichend ist auch, wenn ein **Prozesskostenhilfe**verfahren für eines der vorgenannten Verfahren anhängig ist. Wird in einem derartigen Prozesskostenhilfe- oder Verfahrenskostenhilfe-Bewilligungsverfahren ein Vergleich geschlossen, fällt eine 1,3 Einigungsgebühr an.[5]

8 Nr. 1004 VV ist nicht anwendbar, wenn der Rechtsanwalt zwar von seinem Mandanten den Auftrag hat, zB die Berufung einzulegen, es aber **vor Einlegung des Rechtsmittels** zu einem Vergleich kommt. Dann wird man über eine 1,5 Einigungsgebühr Nr. 1000 VV nachdenken können. Denn m. E. **war** zwar über den Gegenstand des Vergleichs ein gerichtliches Verfahren anhängig. Dieses ist aber durch das Urteil abgeschlossen. Folglich **ist** zum Zeitpunkt des Vergleichs, der erst nach dem Urteil geschlossen wird, kein gerichtliches Verfahren mehr anhängig, so dass dann eine 1,5 Einigungsgebühr anfallen kann.

9 Auch wenn der Vergleich **außergerichtlich geschlossen** wird, entsteht nach dem Wert der Gegenstände, über die eines der in der Nr. 1004 VV genannten Verfahren anhängig ist, eine 1,3 Einigungsgebühr Nr. 1004 VV.

III. Berufungs- oder Revisionsverfahren

10 Ist über den Gegenstand der Einigung oder der Erledigung ein Berufungs- oder Revisionsverfahren anhängig, fallen die Gebühren der Nr. 1000, 1002 VV in Höhe von 1,3 an. Dies unabhängig davon, ob die Einigung oder Erledigung in dem Berufungs- oder Revisionsverfahren vor Gericht oder außergerichtlich erfolgt. Also auch wenn die Einigung iSd Nr. 1000 VV in einer außergerichtlichen Besprechung zwischen den Prozessbevollmächtigten erzielt wird entsteht eine 1,3 Einigungsgebühr Nr. 1004 VV, wenn über den Gegenstand der Einigung ein Berufungs- oder Revisionsverfahren anhängig ist. Interessante Konstellationen ergeben sich, wenn in einem Berufungs- oder Revisionsverfahren nicht anhängige Ansprüche mitverglichen werden oder Ansprüche, die in einem gerichtlichen Verfahren auf einer anderen instanzlichen Ebene anhängig sind.

---

[3] → Nr. 1004 VV Rn. 27 f.

[4] Zu den Ausnahmen → Nr. 1003 VV Rn. 16 ff.

[5] *N. Schneider* NJW-Spezial 2011, 283.

Teil 1. Allgemeine Gebühren **Nr. 1004 VV**

Werden in einem Berufungs- oder Revisionsverfahren neben den dort anhängigen Ansprüchen auch **nicht anhängige Ansprüche mitverglichen,** so entsteht 11
- nach dem Gegenstandswert der im Berufungs- oder Revisionsverfahren anhängigen und verglichenen Ansprüche eine 1,3 Einigungsgebühr nach Nr. 1000, 1004 VV
- nach dem Gegenstandswert der mitverglichenen nicht anhängigen Ansprüche eine 1,5 Einigungsgebühr nach Nr. 1000 VV.

Nach § 15 Abs. 3 RVG darf die Summe der beiden Einigungsgebühren nicht höher sein als eine 1,5 Gebühr aus dem Gesamtwert.

Werden in einem Berufungs- oder Revisionsverfahren neben dort anhängigen Ansprüchen auch Ansprüche **mitverglichen, die in einem anderen gerichtlichen Verfahren des ersten Rechtszugs anhängig** sind, so entsteht 12
- nach dem Gegenstandswert der im Berufungs- oder Revisionsverfahren mitverglichenen Gegenstände, über die nur ein gerichtliches Verfahren des ersten Rechtszugs anhängig ist, eine 1,0 Einigungsgebühr nach Nr. 1000, 1003 VV
- nach dem Gegenstandswert der verglichenen, im Berufungs- oder Revisionsverfahren anhängigen Ansprüche eine 1,3 Einigungsgebühr nach Nr. 1000, 1004 VV.

Nach § 15 Abs. 3 RVG darf die Summe der beiden Einigungsgebühren nicht höher sein als eine 1,3 Gebühr aus dem Gesamtwert.[6]

Werden in einem Berufungs- oder Revisionsverfahren neben den dort anhängigen Ansprüchen auch Ansprüche mitverglichen, die in einem **anderen gerichtlichen Verfahren des ersten Rechtszugs** anhängig sind **und** daneben noch Ansprüche, über die **noch kein gerichtliches Verfahren anhängig** ist, so entsteht 13
- nach dem Gegenstandswert der im Berufungs- oder Revisionsverfahren mitverglichenen Gegenstände, über die nur ein gerichtliches Verfahren des ersten Rechtszugs anhängig ist, eine 1,0 Einigungsgebühr nach Nr. 1000, 1003 VV
- nach dem Gegenstandswert der verglichenen, im Berufungs- oder Revisionsverfahren anhängigen Ansprüche eine 1,3 Einigungsgebühr nach Nr. 1000, 1004 VV
- nach dem Gegenstandswert der im Berufungs- oder Revisionsverfahren mitverglichenen, nicht anhängigen Gegenstände, eine 1,5 Einigungsgebühr nach Nr. 1000 VV.

Die Summe der drei Einigungsgebühren darf nach § 15 Abs. 3 RVG nicht höher sein als eine 1,5 Einigungsgebühr nach dem Gesamtwert.

Das in den vorstehenden → Rn. 10 bis 13 für ein Berufungs- oder Revisionsverfahren Ausgeführte gilt auch dann, wenn über den Gegenstand ein anderes, in der Nr. 1004 VV genanntes Verfahren anhängig ist bzw. in einem solchen Verfahren die Einigung bzw. Erledigung – auch über nicht anhängige oder anderweitig anhängige Ansprüche – erfolgt. 14

IV. Beschwerde gegen die Nichtzulassung des Rechtsmittels

Durch das 2. KostRMoG[7] wurde der Tatbestand der Nr. 1004 VV dahingehend erweitert, dass diese auch anwendbar ist, wenn über den Gegenstand ein Verfahren über die Beschwerde gegen die Nichtzulassung eines Rechtsmittels anhängig ist. Erfolgt eine Einigung, Aussöhnung oder Erledigung unter Mitwirkung des Rechtsanwalts über einen Gegenstand, über den eine Nichtzulassungsbeschwerde wegen eines Rechtsmittels anhängig ist, betragen die Gebühren der Nr. 1000 bis 1002 VV 1,3. 15

Aus der Formulierung in Nr. 1004 VV ... „*Über den Gegenstand ist ein Berufungs- oder Revisionsverfahren, ein Verfahren über die Beschwerde gegen die Nichtzulassung eines* 16

---

[6] Gerold/Schmidt/*Müller-Rabe* VV Nr. 1003, 1004 Rn. 75 ff. mit vollständigen Berechnungsbeispielen.
[7] BGBl. 2013 I 2586 – in Kraft getreten am 1.8.2013.

Nr. 1004 VV

dieser Rechtsmittel oder ... anhängig ..." könnte geschlossen werden, dass Nr. 1004 VV nur zur Anwendung kommt, wenn sich die Beschwerde gegen die Nichtzulassung einer Berufung oder einer Revision richtet. Aber bereits aus der Gesetzesbegründung ergibt sich sinngemäß, dass Nr. 1004 VV künftig nicht auf Beschwerden gegen die Nichtzulassung einer Berufung oder Revision beschränkt sein soll.[8] Also auch wenn sich die Beschwerde gegen die Nichtzulassung einer Beschwerde oder Rechtsbeschwerde -die in der Vorb. 3.2.1 oder 3.2.2 VV genannt ist- richtet, kommt Nr. 1004 VV zur Anwendung.[9] Denn Nr. 1004 VV Anm. Abs. 1 VV erklärt die Nr. 1004 VV in den in den Vorb. 3.2.1 und 3.2.2 VV genannten Beschwerde- und Rechtsbeschwerdeverfahren für anwendbar. Voraussetzung ist allerdings, dass sich die Gebühren nach dem Gegenstandswert richten. Fallen zB in einer sozialrechtlichen Angelegenheit für eine Nichtzulassungsbeschwerde Betragsrahmengebühren an, kommt für die in diesem Verfahren entstehende Einigungs- oder Erledigungsgebühr Nr. 1006 VV zur Anwendung.

17 Nach § 17 Nr. 9 RVG sind das Verfahren über ein Rechtsmittel und das Verfahren über die Beschwerden gegen die Nichtzulassung des Rechtsmittels verschiedene gebührenrechtliche Angelegenheiten. In den Verfahren über eine Beschwerde gegen die Nichtzulassung eines Rechtsmittels entstehen also stets gesonderte Gebühren. Allerdings sind Anrechnungsvorschriften zu beachten, die meist die Verfahrensgebühr betreffen. So ist zB nach der Anm. zu Nr. 3506 VV die 1,6 Verfahrensgebühr für das Verfahren über die Beschwerde gegen die Nichtzulassung der Revision anzurechnen auf die Verfahrensgebühr für ein – nach Zulassung – folgendes Revisionsverfahren.

Eine in einem Verfahren über die Beschwerde gegen die Nichtzulassung eines Rechtsmittels entstandene Termins- oder Einigungsgebühr bleibt anrechnungsfrei bestehen.

V. Zulassung des Rechtsmittels

18 Durch das 2. KostRMoG[10] wurde Nr. 1004 VV auch dahingehend erweitert, dass diese Norm anwendbar ist, wenn über den Gegenstand ein Verfahren vor dem Rechtsmittelgericht über die Zulassung des Rechtsmittels anhängig ist. Ist zB vor einem OVG/VGH ein Verfahren über die Zulassung der Berufung anhängig, und erfolgt in diesem Verfahren eine Einigung oder Erledigung, so entsteht bei den Prozessbevollmächtigten, der an der Einigung oder Erledigung mitwirkt, eine 1,3 Einigungsgebühr Nr. 1004 VV. Dies gilt für alle Verfahren auf Zulassung eines Rechtsmittels, die vor einem Rechtsmittelgericht anhängig sind. Denn Nr. 1004 VV enthält insoweit keine Einschränkungen auf bestimmte Zulassungsverfahren für ein Rechtsmittel.

19 Die Bezugnahme in Nr. 1004 VV auch auf Verfahren über die Zulassung eines Rechtsmittels dient in erster Linie der Klarstellung. Nach § 16 Nr. 11 RVG sind das Rechtsmittelverfahren und das Verfahren über die Zulassung des Rechtsmittels dieselbe gebührenrechtliche Angelegenheit (dies gilt nicht für das Verfahren über die Beschwerde gegen die Nichtzulassung eines Rechtsmittels). Würde es bereits in dem Verfahren über die Zulassung eines Rechtsmittels zu einer Einigung oder Erledigung unter Mitwirkung des Rechtsanwalts kommen, wäre Nr. 1004 VV schon über die Formulierung: ... *„Über den Gegenstand ist ein Berufungs- oder ... anhängig ... "* anwendbar. Denn das Berufungsverfahren wird gebührenrechtlich schon durch den Antrag auf Zulassung des Rechtsmittels eingeleitet.[11]

---

[8] Gesetzesbegründung zum 2. KostRMoG in BT-Drs. 17/11471 zum RVG, Absatz 2, zu Nummer 3 (Nr. 1004 VV RVG).

[9] *Schneider/Thiel* § 3 Rn. 398 und Rn. 402 mit Übersicht, für welche Nichtzulassungsbeschwerdeverfahren Nr. 1004 VV anwendbar ist.

[10] BGBl. 2013 I 2586 – in Kraft getreten am 1.8.2013.

[11] *Schneider/Thiel* § 3 Rn. 405.

VI. Beschwerde- und Rechtsbeschwerdeverfahren

In Nr. 1004 VV war zunächst die Erhöhung der Gebühren Nr. 1000 bis 1002 VV 20
auf 1,3 nur für ein Berufungs- oder Revisionsverfahren normiert. Im Zuge der
Reform des Verfahrens in Familiensachen (FGG-RG[12]) wurde der Nr. 1004 VV mit
Inkrafttreten zum 1.9.2009 eine Anm. angefügt. Nach Nr. 1004 Anm. Abs. 1 VV
entstehen die Gebühren der Nr. 1000 bis 1002 VV in Höhe von 1,3 auch dann,
wenn über den Gegenstand ein in den **Vorb. 3.2.1 und 3.2.2 VV genanntes
Beschwerde- oder Rechtsbeschwerdeverfahren anhängig** ist.

In der Vorb. 3.2.1 VV ist u. a. das Beschwerdeverfahren gegen Endentscheidungen 21
wegen des Hauptgegenstands in Familiensachen genannt. Wird also zB in einer
Familiensache (wegen des Hauptgegenstands), die in der Beschwerde anhängig ist,
ein Vergleich geschlossen, fällt die Einigungsgebühr in Höhe von 1,3 nach Nr. 1000,
1004 VV an. Mit der Formulierung „...*wegen des **Hauptgegenstands** in Familiensachen...*" ist nicht die Hauptsache gemeint. Hier soll nur klargestellt werden, dass die
Vorb. 3.2.1 VV nicht auf Beschwerden gegen Zwischen- und Nebenentscheidungen
anwendbar ist.[13] Die Vorb. 3.2.1 VV erfasst also auch Beschwerden im einstweiligen
Anordnungsverfahren, soweit der Hauptgegenstand – und nicht nur Zwischen- oder
Nebenentscheidungen – betroffen sind.[14]

In der Vorb. 3.2.2 VV ist u. a. das Verfahren über Rechtsbeschwerden gegen die 22
Endentscheidung wegen des Hauptgegenstands in Familiensachen aufgeführt.

Nach Nr. 1004 Anm. Abs. 2 VV ist Abs. 2 der Anm. zu Nr. 1003 VV für die in 23
Nr. 1004 VV normierten Fälle anzuwenden. Nach Nr. 1003 Anm. Abs. 2 VV kann
auch in Kindschaftssachen für die Mitwirkung am Abschluss eines gerichtlich gebilligten Vergleichs oder die Mitwirkung an einer Vereinbarung, über deren Gegenstand nicht vertraglich verfügt werden kann – vorausgesetzt, hierdurch wird eine
gerichtliche Entscheidung entbehrlich oder die Entscheidung folgt der getroffenen
Vereinbarung – eine Einigungsgebühr entstehen. Wird eine derartige, in Nr. 1003
Anm. Abs. 2 VV genannte Vereinbarung in einem Beschwerde- oder Rechtsbeschwerdeverfahren wegen des Hauptgegenstands getroffen, entsteht die Einigungsgebühr in Höhe von 1,3.[15]

Der Anwendungsbereich der Vorb. 3.2.1 und 3.2.2 VV wurde durch das 24
2. KostRMoG[16] erweitert. Hierdurch erfährt auch der Anwendungsbereich der
Nr. 1004 VV eine Ausdehnung. So ist zB die Vorb. 3.2.1 VV nach der Änderung
durch das 2. KostRMoG auch anwendbar auf alle Beschwerden gegen eine Entscheidung in der Hauptsache in Verfahren der freiwilligen Gerichtsbarkeit (Vorb. 3.2.1
Ziff. 2. b) VV). In diesen Beschwerdeverfahren entstehen Gebühren nach Teil 3
Abschn. 2 Unterabschnitt 1 VV, also wie in einem Berufungsverfahren. Es ist dann
logische Folge, dass bei einer Einigung eine 1,3 Einigungsgebühr nach Nr. 1004 VV
entsteht (Nr. 1004 Anm. Abs. 1 VV).

Nr. 1004 VV ist in allen in der Vorb. 3.2.1 und 3.2.2 VV genannten Beschwerde- 25
oder Rechtsbeschwerdeverfahren anwendbar.[17]

Wird in einem, **nicht** in den Vorb. 3.2.1 VV und 3.2.2 VV genannten 26
Beschwerde- oder Rechtsbeschwerdeverfahren der Tatbestand der Einigungs-,
Aussöhnungs- oder Erledigungsgebühr ausgelöst, so fällt diese nur in Höhe von
1,0 nach der Nr. 1003 VV an. Eine 1,3 Gebühr nach Nr. 1004 VV kann nur
entstehen, wenn der Gebührentatbestand in einem Beschwerde- oder Rechtsbe-

---

[12] BGBl. 2008 I 2586 ff. – in Kraft getreten am 1.9.2009.
[13] *Schneider/Thiel* § 3 Rn. 872.
[14] *Schneider/Thiel* § 3 Rn. 874.
[15] HK-RVG/*Mayer* Nr. 1004 VV Rn. 8.
[16] BGBl. 2013 I 2586 – in Kraft getreten am 1.8.2013.
[17] HK-RVG/*Mayer* Nr. 1004 VV Rn. 8.

schwerdeverfahren ausgelöst wird, welches in den Vorb. 3.2.1 VV und 3.2.2 VV aufgeführt ist.

VII. Anwendung im finanzgerichtlichen Verfahren?

27 Im finanzgerichtlichen Verfahren entscheidet in der Regel erstinstanzlich das Finanzgericht. Wird dessen Entscheidung angefochten, entscheidet der Bundesfinanzhof. Es fehlt ein Rechtszug dazwischen, wie er in anderen Gerichtsbarkeiten zu finden ist (zB Landesarbeitsgericht, Oberverwaltungsgericht, Landessozialgericht). Daher gelten nach der Vorb. 3.2.1 Ziff. 1 VV in Verfahren vor dem Finanzgericht die Gebühren des Teil 3 Abschn. 2 Unterabschn. 1 VV, also die Gebühren, die sonst erst im Berufungsverfahren anfallen. Hieraus wurde in der Vergangenheit vielfach gefolgert, dass eine Einigungs- oder Erledigungsgebühr im finanzgerichtlichen Verfahren in Höhe von 1,3 in analoger Anwendung der Nr. 1004 VV anfalle.[18]

28 Durch das FGG-RG[19] wurde der Nr. 1004 VV eine Anm. angefügt und damit der Anwendungsbereich erweitert. Da dort aber das finanzgerichtliche Verfahren auch nach Erweiterung des Anwendungsbereiches nicht genannt wird, wird in der jüngeren Literatur der Schluss gezogen, dass die Anwendung der Nr. 1004 VV im erstinstanzlichen Verfahren vor dem Finanzgericht nicht gewollt sei.[20] Bestärkt wird dieser Schluss dadurch, dass der Gesetzgeber den Anwendungsbereich der Nr. 1004 VV im Zuge der Änderungen durch das 2. KostRMoG erneut erweitert, aber wiederum nicht auf finanzgerichtliche Verfahren ausdehnt. Daher entsteht die Einigungsgebühr oder die Erledigungsgebühr in den Fällen, in denen über den Gegenstand der Einigung oder der Erledigung ein finanzgerichtliches Verfahren anhängig ist, nur in Höhe von 1,0 (Nr. 1003 VV).

Nr. 1005–1006 VV

Nr.	Gebührentatbestand	Gebühr oder Satz der Gebühr nach § 13
1005	Einigung oder Erledigung in einem Verwaltungsverfahren in sozialrechtlichen Angelegenheiten, in denen im gerichtlichen Verfahren Betragsrahmengebühren entstehen (§ 3 RVG): Die Gebühren 1000 und 1002 entstehen .... (1) Die Gebühr bestimmt sich einheitlich nach dieser Vorschrift, wenn in die Einigung Ansprüche aus anderen Verwaltungsverfahren einbezogen werden. Ist über einen Gegenstand ein gerichtliches Verfahren anhängig, bestimmt sich die Gebühr nach Nummer 1006. Maßgebend für die Höhe der Gebühr ist die höchste entstandene Geschäftsgebühr ohne Berücksichtigung einer Erhöhung nach Nummer 1008. Steht dem Rechtsanwalt ausschließlich eine Gebühr nach § 34 RVG zu, beträgt die Gebühr die Hälfte des in der Anmerkung zu Nummer 2302 genannten Betrags.	in Höhe der Geschäftsgebühr

---

[18] Gerold/Schmidt/*Müller*-Rabe VV Nr. 1003, 1004 Rn. 58; HK-RVG/*Mayer* Nr. 1004 VV Rn. 7; Schneider/Wolf/*N. Schneider/Wolf* VV Nr. 1004 Rn. 6; FG Rheinland-Pfalz AGS 2008, 181; FG Baden-Württemberg AGS 2007, 349.

[19] BGBl. 2008 I 2586 ff. – in Kraft getreten am 1.9.2009.

[20] Gerold/Schmidt/*Müller-Rabe* VV Nr. 1003, 1004 Rn. 58; HK-RVG/*Mayer* Nr. 1004 VV Rn. 7; Schneider/Wolf/*N. Schneider/Wolf* VV Nr. 1004 Rn. 6.

Nr.	Gebührentatbestand	Gebühr oder Satz der Gebühr nach § 13
1006	(2) Betrifft die Einigung oder Erledigung nur einen Teil der Angelegenheit, ist der auf diesen Teil der Angelegenheit entfallende Anteil an der Geschäftsgebühr unter Berücksichtigung der in § 14 Abs. 1 RVG genannten Umstände zu schätzen. Über den Gegenstand ist ein gerichtliches Verfahren anhängig: Die Gebühr 1005 entsteht .... (1) Die Gebühr bestimmt sich auch dann einheitlich nach dieser Vorschrift, wenn in die Einigung Ansprüche einbezogen werden, die nicht in diesem Verfahren rechtshängig sind. Maßgebend für die Höhe der Gebühr ist die im Einzelfall bestimmte Verfahrensgebühr in der Angelegenheit, in der die Einigung erfolgt. Eine Erhöhung nach Nummer 1008 ist nicht zu berücksichtigen. (2) Betrifft die Einigung oder Erledigung nur einen Teil der Angelegenheit, ist der auf diesen Teil der Angelegenheit entfallende Anteil an der Verfahrensgebühr unter Berücksichtigung der in § 14 Abs. 1 RVG genannten Umstände zu schätzen.	in Höhe der Verfahrensgebühr

Übersicht

	Rn.
I. Überblick	1
II. Verweis auf Geschäfts- oder Verfahrensgebühr	6
1. Außergerichtliches Verwaltungsverfahren (Nr. 1005 VV)	7
2. Gerichtliches Verfahren	15
III. Einbeziehung anderweitig „anhängiger" Ansprüche	19
IV. Einigung oder Erledigung über einen Teil des Gegenstandes	24

I. Überblick

Die Nr. 1005 bis 1006 VV regeln die Höhe einer Einigungs- oder Erledigungsgebühr in sozialrechtlichen Angelegenheiten, in denen im gerichtlichen Verfahren Betragsrahmengebühren entstehen. In welchen sozialrechtlichen Angelegenheiten Betragsrahmengebühren entstehen, ergibt sich aus § 3 RVG. Nach § 3 RVG entstehen in Verfahren vor den Gerichten der Sozialgerichtsbarkeit, in denen das Gerichtskostengesetz nicht anzuwenden ist, Betragsrahmengebühren. Dies sind Verfahren, an denen zB ein Versicherter oder ein Leistungsempfänger der gesetzlichen Sozialversicherung beteiligt ist.[1] 1

Die Nr. 1005 und 1006 VV regeln nicht, wann eine Einigungs- oder Erledigungsgebühr entsteht. Es gelten auch für sozialrechtliche Angelegenheiten, in denen Betragsrahmengebühren anfallen, die allgemeinen Voraussetzungen für das Entstehen der Einigungs- und Erledigungsgebühr. Diese sind für die Einigungsgebühr in Nr. 1000 Anm. VV und für die Erledigungsgebühr in Nr. 1002 Anm. VV geregelt.[2] 2

Ist nach Nr. 1000 Anm. VV eine Einigungsgebühr oder nach Nr. 1002 Anm. VV eine Erledigungsgebühr in einer sozialrechtlichen Angelegenheit, in denen im gerichtlichen Verfahren Betragsrahmengebühren entstehen, entstanden, so bestimmen die Nr. 1005 und 1006 VV die Höhe der Gebühr durch Verweise auf die 3

---

[1] → § 3 Rn. 4 ff.
[2] → Nr. 1000 und 1002 VV Rn. 1 ff.

Geschäftsgebühr in der Nr. 1005 VV und auf die Verfahrensgebühr in der Nr. 1006 VV.

4 Ist über den Gegenstand der Einigung oder Erledigung (noch) **kein gerichtliches Verfahren anhängig,** kommt Nr. 1005 VV zur Anwendung. Ist bereits **ein gerichtliches Verfahren anhängig,** ist Nr. 1006 VV maßgebend.

5 Die Nr. 1005 und 1006 VV wurden durch das 2. KostRMoG[3] in das Vergütungsverzeichnis zum RVG eingefügt. Bis dahin waren in den Nr. 1005 bis 1007 VV Betragsrahmen für die Höhe einer Einigungs- oder Erledigungsgebühr, in sozialrechtlichen Angelegenheiten, in denen Betragsrahmengebühren entstehen, geregelt. In den **Nr. 1005 bis 1007 VV – in der Fassung bis 31.7.2013** – wurde unterschieden, ob über den Gegenstand der Einigung oder Erledigung
- kein gerichtliches Verfahren anhängig war = Nr. 1005 VV (40 EUR bis 520 EUR – Mittelgebühr: 280 EUR)
- ein gerichtliches Verfahren anhängig war = Nr. 1006 VV (30 EUR bis 350 EUR – Mittelgebühr: 190 EUR)
- oder ein Berufungs- oder Revisionsverfahren anhängig war = Nr. 1007 VV (40 EUR bis 460 EUR – Mittelgebühr: 250 EUR).
- Die Nr. 1005 und 1006 VV wurden durch das 2. KostRMoG neu gefasst und die Nr. 1007 VV wurde aufgehoben.

II. Verweis auf Geschäfts- oder Verfahrensgebühr

6 Die Nr. 1005 und 1006 VV sind nur anwendbar, wenn der Tatbestand der Einigungs- oder Erledigungsgebühr in einer sozialrechtlichen Angelegenheit, in denen im gerichtlichen Verfahren Betragsrahmengebühren entstehen (§ 3 RVG) ausgelöst wird. Ist diese Voraussetzung erfüllt, ist weiter zu prüfen, ob über den Gegenstand der Einigung oder Erledigung bereits ein (sozial-)gerichtliches Verfahren anhängig ist oder nicht.

1. Außergerichtliches Verwaltungsverfahren (Nr. 1005 VV)

7 Ist **kein gerichtliches Verfahren** anhängig, kommt Nr. 1005 VV zur Anwendung. Dies ist insbesondere der Fall, wenn der Tatbestand der Einigungs- oder Erledigungsgebühr in einem Verwaltungsverfahren in sozialrechtlichen Angelegenheiten, in denen im gerichtlichen Verfahren Betragsrahmengebühren entstehen (§ 3 RVG) ausgelöst wird. Dann entsteht die Einigungsgebühr (Nr. 1000 VV) und die Erledigungsgebühr (Nr. 1002 VV) **in Höhe der Geschäftsgebühr.**

8 Nr. 1005 VV nimmt Bezug auf die Geschäftsgebühr der Nr. 2302 Ziff. 1 VV (Betragsrahmen: 50 EUR bis 640 EUR). Ist die Tätigkeit weder schwierig noch umfangreich beträgt die Geschäftsgebühr Nr. 2302 Ziff. 1 VV höchstens 300 EUR (Nr. 2302 Anm. VV). Konnte die Geschäftsgebühr, weil die Tätigkeit weder schwierig noch umfangreich war, nur mit 300 EUR angesetzt werden (Nr. 2302 Anm. VV) so entsteht auch die Einigungs- oder Erledigungsgebühr in Höhe von 300 EUR.

9 Nr. 1005 VV verweist nicht auf den in Nr. 2302 Ziff. 1 VV für die Geschäftsgebühr bestimmten Betragsrahmen sondern ordnet an, dass die Einigungs- oder Erledigungsgebühr in Höhe der Geschäftsgebühr entsteht. **Exakt der Betrag,**[4] auf den der Rechtsanwalt die **Geschäftsgebühr** bestimmt hat, ist auch als Einigungs- oder Erledigungsgebühr anzusetzen.[5]

10 Der Rechtsanwalt kann bei der Bestimmung der Einigungs- oder Erledigungsgebühr **kein Ermessen iSd § 14 RVG** mehr anwenden. Er hat bereits die Geschäftsge-

---

[3] BGBl. 2013 I 2586, in Kraft getreten am 1.8.2013.

[4] Ohne evtl. Erhöhungen nach Nr. 1008 VV → Nr. 1005, 1006 VV Rn. 11.

[5] *Schneider/Thiel* § 3 Rn. 427.

bühr im Einzelfall unter Berücksichtigung aller Umstände, vor allem der in § 14 Abs. 1 RVG genannten Bewertungsmerkmale bestimmt. Der Betrag, auf den der Rechtsanwalt die Geschäftsgebühr bestimmt hat, ist dann auch als Betrag für die Einigungs- oder Erledigungsgebühr zu übernehmen, so dass es sich hierbei im Ergebnis um eine Festgebühr in Höhe der zuvor bestimmten Geschäftsgebühr handelt.[6]

Wurde die Geschäftsgebühr nach Nr. 1008 VV wegen mehrerer Auftraggeber erhöht, **bleibt diese Erhöhung nach Nr. 1008 VV** bei der Einigungs- oder Erledigungsgebühr **unberücksichtigt** (Nr. 1005 Anm. 1 S. 3 VV).[7] 11

Hatte der Rechtsanwalt bereits im Verwaltungsverfahren (Antragsverfahren) eine Geschäftsgebühr Nr. 2302 Ziff. 1, VV verdient und vertritt er anschließend in einem Rechtsbehelfsverfahren (Verwaltungsverfahren, das der Nachprüfung des Verwaltungsaktes dient), so entsteht eine weitere Geschäftsgebühr nach Nr. 2302 Ziff. 1 VV (§ 17 Nr. 1a RVG). In diesen Fällen ist dann die Geschäftsgebühr für die Tätigkeit im Verwaltungsverfahren (Antragsverfahren) zur Hälfte, höchstens mit 175 EUR auf die Geschäftsgebühr, die im nachfolgenden Rechtsbehelfsverfahren entsteht, nach der Vorb. 2.3 Abs. 4 VV anzurechnen. Es stellt sich die Frage, ob für eine Erledigungsgebühr, die im Rechtsbehelfsverfahren anfällt, nur die nach Anrechnung verbleibenden Gebührenteile der Geschäftsgebühr maßgebend sind oder der Betrag der Geschäftsgebühr, den der Anwalt – vor der Anrechnung – bestimmt hat. 12

Die Einigungs- oder Erledigungsgebühr bestimmt sich nach der Höhe der Geschäftsgebühr, die **ohne Berücksichtigung einer Anrechnung** zum Ansatz kommt. Eine vorgeschriebene Anrechnung auf die Geschäftsgebühr ist für die Höhe der Einigungs- oder Erledigungsgebühr nach Nr. 1005 VV unberücksichtigt zu lassen.[8] 13

Beispiel:

Der Rechtsanwalt vertritt den Mandanten in einer sozialrechtlichen Angelegenheit, in denen im gerichtlichen Verfahren Betragsrahmengebühren entstehen. Er stellt für den Mandanten einen Antrag bei der Behörde. Die Behörde lehnt den Antrag ab. Auftragsgemäß legt der Rechtsanwalt einen Rechtsbehelf ein und vertritt den Mandanten auch in dem Rechtsbehelfsverfahren. In dem Rechtsbehelfsverfahren wirkt der Rechtsanwalt mit an einer Erledigung der Rechtssache. Der Rechtsanwalt kann berechnen:

Für die Tätigkeit in dem Verwaltungsverfahren (Antragsverfahren)
1. Geschäftsgebühr Nr. 2302 Ziff. 1 VV – Mittelgebühr   345,00 EUR
2. Pauschale Nr. 7002 VV   20,00 EUR
zzgl. evtl. weiterer entstandener Auslagen und Umsatzsteuer.
Für die Tätigkeit in dem Rechtsbehelfsverfahren
1. Geschäftsgebühr Nr. 2302 Ziff. 1 VV – Mittelgebühr   345,00 EUR
hierauf anzurechnen nach der Vorb. 2.3 Abs. 4 VV
Geschäftsgebühr Nr. 2302 Ziff. 1 VV aus dem Antragsverfahren   172,50 EUR
verbleiben von der Geschäftsgebühr: 172,50 EUR
2. Erledigungsgebühr Nr. 1002, 1005 VV   345,00 EUR
3. Pauschale Nr. 7002 VV   20,00 EUR
zzgl. evtl. entstandener weiterer Auslagen und Umsatzsteuer.

Die Erledigungsgebühr im Rechtsbehelfsverfahren bestimmt sich nach der Höhe der in dieser gebührenrechtlichen Angelegenheit entstandenen Geschäftsgebühr. Die in der Vorb. 2.3 Abs. 4 VV vorgeschriebene Anrechnung der Geschäftsgebühr aus dem Antragsverfahren auf die

---

[6] *Schneider/Thiel* § 3 Rn. 427.
[7] *Schneider/Thiel* § 3 Rn. 436 bis 439; Gerold/Schmidt/*Mayer* § 3 Rn. 101; Schneider/Wolf/ *Wahlen/Schafhausen* VV Nr. 1005, 1006 Rn. 3.
[8] *Schneider/Thiel* § 3 Rn. 440; Schneider/Wolf/*Wahlen/Schafhausen* VV Nr. 1005, 1006 Rn. 3.

Geschäftsgebühr des Rechtsbehelfsverfahrens wirkt sich auf die Höhe der Erledigungsgebühr im Rechtsbehelfsverfahren nicht aus.

14 Auch wenn der Rechtsanwalt **nur beratend tätig** wird, kann neben der Gebühr für die Beratung (die der Rechtsanwalt mit seinem Mandanten vereinbaren soll) eine Erledigungsgebühr entstehen, wenn deren Tatbestand im Rahmen der Beratung erfüllt wird und der Rechtsanwalt nichts Gegenteiliges mit dem Mandanten vereinbart hat. Für diesen Fall schreibt Nr. 1005 Anm. Abs. 1 S. 4 VV vor, dass die Einigungs- oder Erledigungsgebühr die Hälfte des in der Nr. 2302 Anm. VV genannten Betrages beträgt. Die Anm. Nr. 2302 VV bestimmt, dass die Geschäftsgebühr, wenn die Tätigkeit weder schwierig noch umfangreich ist, höchstens 300 EUR beträgt. Folglich würde dann eine Einigungs- oder Erledigungsgebühr, die im Zusammenhang mit einer Beratung in einer sozialrechtlichen Angelegenheit, in denen in gerichtlichen Verfahren Betragsrahmengebühren entstehen, anfällt, 150 EUR betragen.[9]

2. Gerichtliches Verfahren

15 Ist über den Gegenstand ein gerichtliches Verfahren anhängig und entsteht dem Prozessbevollmächtigten eine Einigungs- oder Erledigungsgebühr, so bestimmt sich deren Höhe nach Nr. 1006 VV. Danach entsteht eine Einigungs- oder Erledigungsgebühr in sozialrechtlichen Angelegenheiten, in denen im gerichtlichen Verfahren Betragsrahmengebühren entstehen (§ 3 RVG) **in Höhe der Verfahrensgebühr.** Maßgebend ist die Verfahrensgebühr des gerichtlichen Verfahrens, in welchem der Tatbestand der Einigungs- oder Erledigungsgebühr erfüllt wird.

16 Berechnungsgrundlage für die Einigungs- oder Erledigungsgebühr sind nach Nr. 1006 VV also folgende Verfahrensgebühren:
Im I. Rechtszug
Verfahrensgebühr Nr. 3102 VV (50 EUR bis 550 EUR – Mittelgebühr 300 EUR)
im Berufungsverfahren
Verfahrensgebühr Nr. 3204 VV (60 EUR bis 680 EUR – Mittelgebühr 370 EUR)
im Revisionsverfahren
Verfahrensgebühr Nr. 3212 VV (80 EUR bis 880 EUR – Mittelgebühr 480 EUR)
im Verfahren über die Beschwerde gegen die Nichtzulassung der Berufung
Verfahrensgebühr Nr. 3511 VV (60 EUR bis 680 EUR – Mittelgebühr 370 EUR)
im Verfahren über die Beschwerde gegen die Nichtzulassung der Revision
Verfahrensgebühr Nr. 3512 VV (80 EUR bis 880 EUR – Mittelgebühr 480 EUR)
im Verfahren über eine Erinnerung oder Beschwerde
Verfahrensgebühr Nr. 3501 VV (20 EUR bis 210 EUR – Mittelgebühr 115 EUR).

17 Die Einigungs- oder Erledigungsgebühr entsteht in Höhe des Betrages, auf den der Rechtsanwalt in dem betreffenden gerichtlichen Verfahren, in welchem der Tatbestand der Einigungs- oder Erledigungsgebühr erfüllt worden ist, **die Verfahrensgebühr bestimmt** hat. Bei dem Ansatz der Einigungs- oder Erledigungsgebühr kann der Rechtsanwalt kein Ermessen iSd § 14 RVG ausüben. Bei der Einigungs- oder Erledigungsgebühr handelt es sich also im Ergebnis um eine Festgebühr (in Höhe der Verfahrensgebühr).[10]

18 Hat sich die Verfahrensgebühr in Folge mehrerer Auftraggeber nach Nr. 1008 VV erhöht, ist diese Erhöhung bei der Einigungs- oder Erledigungsgebühr nicht zu berücksichtigen. Diese bestimmt sich auf eine nicht erhöhte Verfahrensgebühr.[11]

---

[9] *Schneider/Thiel* § 3 Rn. 449; Schneider/Wolf/*Wahlen/Schafhausen* VV Nr. 1005, 1006 Rn. 13, 14.
[10] *Schneider/Thiel* § 3 Rn. 427–434.
[11] *Schneider/Thiel* § 3 Rn. 435–439.

War der Rechtsanwalt bereits außergerichtlich tätig, ist eine entstandene Geschäftsgebühr Nr. 2302 VV nach der Vorb. 3 Abs. 4 VV auf die Verfahrensgebühr des gerichtlichen Verfahrens zur Hälfte, höchstens mit 175 EUR anzurechnen. Diese Anrechnung hat keinen Einfluss auf die Höhe der Einigungs- oder Erledigungsgebühr. Für die Einigungs- oder Erledigungsgebühr ist von dem Betrag der Verfahrensgebühr auszugehen, auf den der Rechtsanwalt diese vor Berücksichtigung der Anrechnung bestimmt hatte.[12]

III. Einbeziehung anderweitig „anhängiger" Ansprüche

Nach Nr. 1005 Anm. Abs. 1 S. 1 VV bestimmt sich die Einigungs- oder Erledigungsgebühr einheitlich nach Nr. 1005 VV, wenn in die Einigung Ansprüche aus anderen Verwaltungsverfahren einbezogen werden. 19

Nach Nr. 1006 Anm. Abs. 1 S. 1 und 2 VV bestimmt sich die Gebühr auch dann einheitlich nach dieser Vorschrift, wenn in die Einigung Ansprüche einbezogen werden, die nicht in diesem Verfahren rechtshängig sind. Maßgebend für die Höhe der Gebühr ist die im Einzelfall bestimmte Verfahrensgebühr in der Angelegenheit, in der die Einigung erfolgt. 20

Werden in einem **außergerichtlichen Verwaltungsverfahren** (zB Rechtsbehelfsverfahren) **auch Ansprüche mit erledigt, die Gegenstand eines anderen außergerichtlichen Verwaltungsverfahrens sind,** so fällt die Einigungs- oder Erledigungsgebühr in dem außergerichtlichen Verwaltungsverfahren an, in dem die Einigung/Erledigung erzielt wurde. Sie bestimmt sich nach der höchsten Geschäftsgebühr, die der Rechtsanwalt in den beiden Verwaltungsverfahren angesetzt hatte (Nr. 1005 Anm. Abs. 1 S. 3 VV).[13] 21

Beispiel 1:

Der Rechtsanwalt vertritt die Partei in einem sozialrechtlichen Rechtsbehelfsverfahren A und in einem sozialrechtlichen Rechtsbehelfsverfahren B. Die Tätigkeit in dem Rechtsbehelfsverfahren A war sehr umfangreich, so dass der Rechtsanwalt die Geschäftsgebühr Nr. 2302 Ziff. 1 VV auf 500 EUR bestimmt.

In dem Rechtsbehelfsverfahren B war die Tätigkeit nicht umfangreich, so dass der Rechtsanwalt nach Nr. 2302 Ziff. 1 VV nur eine Geschäftsgebühr in Höhe von 300 EUR bestimmt. In dem Rechtsbehelfsverfahren B wirkt der Rechtsanwalt mit an einer Erledigung der Rechtssache. Im Rahmen der Erledigung wird auch das Rechtsbehelfsverfahren A mit erledigt.

Der Rechtsanwalt kann berechnen:

Für die Tätigkeit in dem Rechtsbehelfsverfahren A
1. Geschäftsgebühr Nr. 2302 Ziff. 1 VV   500,00 EUR
2. Pauschale Nr. 7002 VV   20,00 EUR
   zzgl. evtl. entstandener weiterer Auslagen und Umsatzsteuer.

Für die Tätigkeit in dem Rechtsbehelfsverfahren B
1. Geschäftsgebühr Nr. 2302 Ziff. 1 VV   300,00 EUR
2. Erledigungsgebühr Nr. 1002, 1005 VV   500,00 EUR
3. Pauschale Nr. 7002 VV   20,00 EUR
   zzgl. evtl. entstandener weiterer Auslagen und Umsatzsteuer.

Für die Erledigungsgebühr ist die höchste entstandene Geschäftsgebühr maßgebend (Nr. 1005 Anm. Abs. 1 S. 3 VV).[14]

---

[12] *Schneider/Thiel* § 3 Rn. 440 mit Berechnungsbespiel; → Nr. 1005, 1006 VV Rn. 13.

[13] *Schneider/Thiel* § 3 Rn. 454, 455; Schneider/Wolf/ *Wahlen/Schafhausen* VV Nr. 1005, 1006 Rn. 28.

[14] So auch *Schneider/Thiel* § 3 Rn. 455 mit Berechnungsbespiel; Schneider/Wolf/ *Wahlen/ Schafhausen* VV Nr. 1005, 1006 Rn. 28.

Nr. 1005–1006 VV Teil 1. Allgemeine Gebühren

22 Werden **nicht anhängige Gegenstände in einem gerichtlichen Verfahren mitverglichen iSd Nr. 1000 VV oder mit erledigt iSd Nr. 1002 VV, so** orientiert sich die Einigungs- oder Erledigungsgebühr nach Nr. 1006 VV an der in dem gerichtlichen Verfahren entstandenen Verfahrensgebühr. Maßgebend ist die Verfahrensgebühr des Verfahrens, in dem der Tatbestand der Einigungs- oder Erledigungsgebühr erfüllt wird. In der Regel wird in diesem Verfahren die Verfahrensgebühr schon deshalb innerhalb des Betragsrahmens (zB für ein erstinstanzliches Verfahren innerhalb des Rahmens der Nr. 3102 VV) höher anzusetzen sein, weil in diesem Verfahren nicht anhängige Ansprüche mit verhandelt und erledigt wurden. Dadurch wird sich der Umfang der anwaltlichen Tätigkeit, die Schwierigkeit der Angelegenheit und die Bedeutung der Sache für den Auftraggeber erweitert haben, was sich nach § 14 RVG bei dem Ansatz der Höhe der Verfahrensgebühr wird niederschlagen müssen.[15] Es entsteht in diesen Fällen aber keine Differenzverfahrensgebühr. Die Einigungs- oder Erledigungsgebühr bestimmt sich – wie auch sonst – auf die Höhe der Verfahrensgebühr (Nr. 1006 VV).

23 Wird **in einem außergerichtlichen Rechtsbehelfsverfahren ein Gegenstand mitverglichen oder mit erledigt, über den ein sozialgerichtliches Verfahren anhängig ist,** bestimmt sich die Einigungsgebühr nach Nr. 1006 VV auf die Höhe der Verfahrensgebühr des gerichtlichen Verfahrens.[16] Dies ergibt sich aus Nr. 1005 Anm. Abs. 1 S. 2 VV.

Beispiel 2:
Der Rechtsanwalt vertritt den Mandanten in einem Verfahren vor dem Sozialgericht. Er nimmt den Termin zur mündlichen Verhandlung wahr. Die Merkmale des § 14 RVG rechtfertigen den Ansatz von Mittelgebühren.

Daneben vertritt der Rechtsanwalt denselben Mandanten in einem außergerichtlichen Rechtsbehelfsverfahren. Es wird hier unter Mitwirkung des Rechtsanwalts eine Erledigung der Rechtssache erreicht, wonach sich nicht nur das außergerichtliche Rechtsbehelfsverfahren, sondern auch das sozialgerichtliche Verfahren erledigt.

Der Rechtsanwalt kann berechnen:

Für die Tätigkeit als Prozessbevollmächtigter in dem Verfahren vor dem Sozialgericht
1. Verfahrensgebühr Nr. 3102 VV – Mittelgebühr   300,00 EUR
2. Terminsgebühr Nr. 3106 VV – Mittelgebühr   280,00 EUR
3. Pauschale Nr. 7002 VV   20,00 EUR
zzgl. evtl. entstandener weiterer Auslagen und Umsatzsteuer.

Für die Tätigkeit in dem außergerichtlichen Rechtsbehelfsverfahren
1. Geschäftsgebühr Nr. 2302 VV – Mittelgebühr   345,00 EUR
2. Erledigungsgebühr Nr. 1002, 1005 VV   300,00 EUR
3. Pauschale Nr. 7002 VV   20,00 EUR
zzgl. evtl. entstandener weiterer Auslagen und Umsatzsteuer.

Vorliegend ist die Erledigungsgebühr in Höhe der Verfahrensgebühr für das gerichtliche Verfahren anzusetzen (Nr. 1005 Anm. Abs. 1 S. 2 VV) obwohl die Erledigung in dem außergerichtlichen Rechtsbehelfsverfahren erfolgt ist.

IV. Einigung oder Erledigung über einen Teil des Gegenstandes

24 Sowohl in Nr. 1005 Anm. Abs. 2 VV als auch in Nr. 1006 Anm. Abs. 2 VV ist normiert, dass, wenn die Einigung oder Erledigung nur einen Teil der Angelegenheit

---

[15] *Schneider/Thiel* § 3 Rn. 451; Schneider/Wolf/*Wahlen/Schafhausen* VV Nr. 1005, 1006 Rn. 31 mit Berechnungsbeispiel.
[16] *Schneider/Thiel* § 3 Rn. 456, 457; Schneider/Wolf/*Wahlen/Schafhausen* VV Nr. 1005, 1006 Rn. 30.

betrifft, die Einigungs- oder Erledigungsgebühr nicht in der vollen Höhe der Verfahrensgebühr entsteht. In diesen Fällen ist der auf den Teil der Angelegenheit, über welchen eine Einigung oder Erledigung erzielt wurde, entfallende Anteil an der Verfahrensgebühr vom Rechtsanwalt zu schätzen und dieser Teilbetrag ist dann als Gebührenbetrag für die Einigungs- oder Erledigungsgebühr anzusetzen.[17] Bei der Schätzung ist auf die in § 14 Abs. 1 RVG genannten Kriterien zurückzugreifen.

Nr. 1008 VV

Nr.	Gebührentatbestand	Gebühr oder Satz der Gebühr nach § 13
1008	Auftraggeber sind in derselben Angelegenheit mehrere Personen: .... Die Verfahrens- oder Geschäftsgebühr erhöht sich für jede weitere Person um .... (1) Dies gilt bei Wertgebühren nur, soweit der Gegenstand der anwaltlichen Tätigkeit derselbe ist. (2) Die Erhöhung wird nach dem Betrag berechnet, an dem die Personen gemeinschaftlich beteiligt sind. (3) Mehrere Erhöhungen dürfen einen Gebührensatz von 2,0 nicht übersteigen; bei Festgebühren dürfen die Erhöhungen das Doppelte der Festgebühr und bei Betragsrahmengebühren das Doppelte des Mindest- und Höchstbetrags nicht übersteigen. (4) Im Fall der Anmerkung zu den Gebühren 2300 und 2302 erhöht sich der Gebührensatz oder Betrag dieser Gebühren entsprechend.	0,3 oder 30 % bei Festgebühren, bei Betragsrahmengebühren erhöhen sich der Mindest- und Höchstbetrag um 30 %

Übersicht

	Rn.
I. Überblick	1
II. Welche Gebühren erhöhen sich?	8
III. Mehrere Auftraggeber	21
1. Grundsätzliches	21
2. Bedarfsgemeinschaft	30
3. BGB-Gesellschaft	32
4. Eheleute	36
5. Erben, Erbengemeinschaft	40
6. Streithelfer	46
7. Wohnungseigentümergemeinschaft	48
IV. Bei Wertgebühren muss derselbe Gegenstand vorliegen	53
V. Berechnung der Erhöhung	58
VI. Anrechnung einer erhöhten Gebühr	64

I. Überblick

Wird der Rechtsanwalt in derselben Angelegenheit für mehrere Auftraggeber 1 tätig, erhält er nach § 7 Abs. 1 S. 1 RVG die Gebühren nur einmal. Allerdings erhöhen sich die Verfahrens- und/oder die Geschäftsgebühr nach Nr. 1008 VV für

---

[17] *Schneider/Thiel* § 3 Rn. 442 bis 446; Schneider/Wolf/*Wahlen/Schafhausen* VV Nr. 1005, 1006 Rn. 25.

Enders

Nr. 1008 VV

jede weitere Person um 0,3. Mehrere Erhöhungen dürfen einen Gebührensatz von 2,0 nicht übersteigen (Nr. 1008 Anm. Abs. 3 VV).

2   Die Erhöhung nach Nr. 1008 VV soll dem Rechtsanwalt den Mehraufwand vergüten, den er dadurch hat, dass er mehrere Auftraggeber vertritt.

3   Die Erhöhung kann Nr. 1008 VV angesetzt werden, wenn der Rechtsanwalt
   • in derselben Angelegenheit
   • mehrere Auftraggeber vertritt.
   Bei Wertgebühren tritt die Erhöhung nur ein, wenn der **Gegenstand der anwaltlichen Tätigkeit derselbe** ist.

4   Eine Festgebühr (zB die Geschäftsgebühr Nr. 2503 VV in Beratungshilfesachen) erhöht sich um 30 % für jeden weiteren Auftraggeber. Die Erhöhungen dürfen das Doppelte der Festgebühr nicht überschreiten (Nr. 1008 Anm. Abs. 3 VV).

5   Bei Betragsrahmengebühren erhöhen sich der Mindest- und Höchstbetrag um 30 % für jeden weiteren Auftraggeber. Die Erhöhungen dürfen das Doppelte des Mindest- und des Höchstbetrags nicht übersteigen (Nr. 1008 Anm. Abs. 3 VV).

6   In § 7 Abs. 2 RVG wird die gesamtschuldnerische Haftung mehrerer Auftraggeber für die bei dem gemeinsamen Rechtsanwalt entstandenen Gebühren und Auslagen eingeschränkt. Nach § 7 Abs. 2 S. 1 RVG schuldet jeder Auftraggeber dem Rechtsanwalt nur die Gebühren und Auslagen, die er schulden würde, wenn der Rechtsanwalt nur in seinem Auftrag tätig geworden wäre.[1] Die Dokumentenpauschale nach Nr. 7000 VV schuldet jeder Auftraggeber auch insoweit, wie sie nur durch die Unterrichtung mehrerer Auftraggeber entstanden ist.

7   Durch das 2. KostRMoG[2] wurde der Anm. zu Nr. 1008 VV ein neuer Abs. 4 angefügt. Darin stellt der Gesetzgeber klar, dass die sog. Schwellengebühr der Nr. 2300 VV und der Nr. 2302 VV bei Vertretung mehrerer Auftraggeber auch dann überschritten werden darf, wenn die anwaltliche Tätigkeit nicht schwierig oder umfangreich war.

II. Welche Gebühren erhöhen sich?

8   Grundsätzlich können sich alle Gebühren, die im RVG als **Verfahrens- oder Geschäftsgebühr** bezeichnet sind, nach Nr. 1008 VV erhöhen.[3] Dies gibt schon der Wortlaut der Nr. 1008 VV her.

9   Ist der Rechtsanwalt zunächst von mehreren Mandanten nur mit einer außergerichtlichen Vertretung beauftragt und vertritt er diese dann anschließend in einem gerichtlichen Verfahren, so **erhöhen sich sowohl die Geschäftsgebühr (Nr. 2300 VV) als auch die Verfahrensgebühr (Nr. 3100 VV).**[4] Wie eine nach Nr. 1008 VV erhöhte Geschäftsgebühr (Nr. 2300 VV) auf eine erhöhte Verfahrensgebühr (Nr. 3100 VV) nach der Vorb. 3 Abs. 4 VV anzurechnen ist, ist in den nachfolgenden → Rn. 64 ff. dargestellt.

10 Unerheblich für die Erhöhung nach Nr. 1008 VV ist, in **welcher Art von Verfahren** die Geschäfts- oder Verfahrensgebühr entsteht. So kann die Erhöhung einer Verfahrensgebühr nach Nr. 1008 VV zB eintreten in einem bürgerlichen Rechtsstreit des I., II. oder III. Rechtszugs, in einem selbständigen Beweisverfahren, in einem einstweiligen Verfügungsverfahren, usw.

---

[1] → § 7 Rn. 20 ff.

[2] BGBl. 2013 I 2586 – in Kraft getreten am 1.8.2013.

[3] Gerold/Schmidt/*Müller-Rabe* VV Nr. 1008 Rn. 6; HK-RVG/*Dinkat* Nr. 1008 VV Rn. 5; Schneider/Wolf/*Volpert* VV Nr. 1008 Rn. 46.

[4] LG Düsseldorf JurBüro 2007, 480; AG Stuttgart JurBüro 2007, 522; LG Ulm AGS 2008, 163; KG RVGreport 2008, 391; Gerold/Schmidt/*Müller-Rabe* VV Nr. 1008 Rn. 6; HK-RVG/ *Dinkat* Nr. 1008 VV Rn. 5.

Auch zB die Verfahrensgebühr der Nr. 3305 VV für die Vertretung des Antragstellers oder die Verfahrensgebühr der Nr. 3307 VV für die Vertretung des Antragsgegners in einem **gerichtlichen Mahnverfahren** erhöhen sich nach Nr. 1008 VV. Die Verfahrensgebühr Nr. 3308 VV für die Vertretung des Antragstellers im Verfahren über den Antrag auf Erlass eines Vollstreckungsbescheids erhöht sich nach Nr. 3308 Anm. Abs. 2 VV nur dann, wenn der Rechtsanwalt noch keine erhöhte Verfahrensgebühr Nr. 3305 VV in demselben Mahnverfahren erhalten hat. **11**

Auch in Strafsachen können sich die Verfahrensgebühren des Verteidigers erhöhen, wenn dieser zB **mehrere Nebenkläger** vertritt. Vertritt er diese sowohl im vorbereitenden Verfahren als auch im gerichtlichen Verfahren, erhöht sich sowohl die Verfahrensgebühr der Nr. 4104 VV für das vorbereitende Verfahren als auch die Verfahrensgebühr Nr. 4106 VV für den ersten Rechtszug vor dem Amtsgericht.[5] Die Grundgebühr Nr. 4100 VV und die Grundgebühr in Bußgeldsachen Nr. 5100 VV wird sich wohl nicht nach Nr. 1008 VV erhöhen können.[6] **12**

In der **Zwangsvollstreckung** kann sich die 0,3 Verfahrensgebühr der Nr. 3309 VV erhöhen, wenn die Voraussetzungen der Nr. 1008 VV gegeben sind. Bei zwei Auftraggebern tritt dann quasi eine Verdoppelung des Gebührenaufkommens bei dem Rechtsanwalt ein (0,3 Verfahrensgebühr Nr. 3309 VV + 0,3 Erhöhung Nr. 1008 VV für den zweiten Auftraggeber).[7] Bei mehreren Auftraggebern fällt dann ein Vielfaches der ursprünglichen 0,3 Verfahrensgebühr Nr. 3309 VV an, maximal kann eine 2,3 Verfahrensgebühr entstehen (0,3 Verfahrensgebühr Nr. 3309 VV + 2,0 Erhöhung Nr. 1008 VV bei zB acht Auftraggebern). **13**

Für die Anwendung der Nr. 1008 VV ist es unerheblich, mit welchem Vertretungsauftrag der Rechtsanwalt tätig wird. Auch die Verfahrensgebühr Nr. 3400 VV des **Korrespondenz-/Verkehrsanwalts** kann sich nach Nr. 1008 VV erhöhen, wenn der Rechtsanwalt in derselben Angelegenheit und wegen desselben Gegenstandes mehrere Personen vertritt. Allerdings muss der Korrespondenz-/Verkehrsanwalt selbst mehrere Auftraggeber vertreten. Es reicht nicht aus, wenn nur der Prozessbevollmächtigte mehrere Auftraggeber hat.[8] In der Regel wird aber der Korrespondenz-/Verkehrsanwalt die gleiche Anzahl von Auftraggebern vertreten, wie auch der für die Mandanten in derselben Sache tätige Prozessbevollmächtigte. **14**

Gleiches gilt für den als **Terminsvertreter** tätigen Rechtsanwalt. Auch dessen Verfahrensgebühr Nr. 3401 VV erhöht sich nach Nr. 1008 VV, wenn er für mehrere Auftraggeber in derselben Angelegenheit und wegen desselben Gegenstandes tätig ist. Eine nach Nr. 1008 VV erhöhte Verfahrensgebühr für den Terminsvertreter ist wie folgt zu berechnen: Zunächst ist die Hälfte der – nicht nach Nr. 1008 VV erhöhten – Verfahrensgebühr des Hauptbevollmächtigten zu ermitteln und dann für jeden weiteren Auftraggeber, für den der Terminsvertreter tätig ist, die 0,3 Erhöhung nach Nr. 1008 VV zuzuschlagen.[9] **15**

Beispiel 1:

Der Rechtsanwalt ist Terminsvertreter in einem bürgerlichen Rechtsstreit des ersten Rechtszugs. Der Terminsvertreter erhält nach Nr. 3401 VV die Hälfte der dem Verfahrensbevollmächtigten zustehenden Verfahrensgebühr. Ohne evtl. Erhöhungen nach Nr. 1008 VV beläuft sich die Verfahrensgebühr des Verfahrensbevollmächtigten im ersten Rechtszug eines bürgerlichen Rechtsstreits auf 1,3. Folglich erhält der Terminsvertreter eine 0,65 Verfahrensgebühr. Vertritt

---

[5] Gerold/Schmidt/*Müller-Rabe* VV Nr. 1008 Rn. 8.
[6] Gerold/Schmidt/*Müller-Rabe* VV Nr. 1008 Rn. 23.
[7] LG Frankfurt a.M. NJW 2004, 3642; LG Hamburg AGS 2005, 497; AG Singen JurBüro 2006, 329.
[8] Gerold/Schmidt/*Müller-Rabe* VV Nr. 1008 Rn. 27.
[9] → Nr. 3401, 3402 VV Rn. 25 f.

Nr. 1008 VV

der Terminsvertreter nunmehr in derselben Angelegenheit und wegen desselben Gegenstandes fünf Auftraggeber, so berechnet sich seine Verfahrensgebühr wie folgt:
0,65 Verfahrensgebühr Nr. 3401 VV + (4 X 0,3 = 1,2 Erhöhung Nr. 1008 VV) = 1,85 Verfahrensgebühr Nr. 3401, 1008 VV.

16   Auch die Verfahrensgebühr der Nr. 3403 VV des mit **Einzeltätigkeiten** beauftragten Rechtsanwalts kann sich nach Nr. 1008 VV erhöhen, wenn dieser die Einzeltätigkeiten im Auftrage mehrerer Mandanten in derselben Angelegenheit und wegen desselben Gegenstandes ausführt.

17   Ob sich auch die **Beratungsgebühr Nr. 2501 VV** nach Nr. 1008 VV erhöht, wenn der Rechtsanwalt in der Beratungshilfe mehrere Auftraggeber berät, ist umstritten. Einerseits wird vertreten, dass es sich um eine ähnliche Betriebsgebühr wie eine Geschäfts- und Verfahrensgebühr handele und folglich sich auch diese nach Nr. 1008 VV erhöhen müsse.[10] Die Gegenmeinung beruft sich darauf, dass in der Nr. 1008 VV nur die Verfahrens- und die Geschäftsgebühr als erhöhungsfähige Gebühren genannt seien, sodass eine „Beratungsgebühr" der Nr. 2501 VV nicht nach Nr. 1008 VV erhöhen könne.[11]

18   Anders ist dies allerdings zu sehen, wenn der Rechtsanwalt im Rahmen der Beratungshilfe eine außergerichtliche Vertretungstätigkeit ausübt und die Geschäftsgebühr der Nr. 2503 VV entsteht. Die **Geschäftsgebühr Nr. 2503 VV** erhöht sich nach Nr. 1008 VV, wenn der Rechtsanwalt in derselben Angelegenheit mehrere Personen vertritt. Voraussetzung dürfte natürlich sein, dass allen Personen Beratungshilfe gewährt worden ist. An der Erhöhung der Geschäftsgebühr Nr. 2503 VV kann m. E. kein Zweifel bestehen, da diese als Geschäftsgebühr bezeichnet ist und sich nach Nr. 1008 VV eine im Gesetz als Geschäftsgebühr bezeichnete Gebühr auch erhöht.[12]

19   Keine Erhöhung nach Nr. 1008 VV tritt ein, wenn der Rechtsanwalt für einen Auftraggeber **gegen mehrere Gegner vorgeht.**

Beispiel 2:
Rechtsanwältin A vertritt einen Auftraggeber, den B. Im Namen ihres Mandanten B nimmt sie die Herren C, D und E als Gesamtschuldner in derselben Klage in Anspruch. Für die Beklagten C, D und E bestellt sich Rechtsanwalt M zum Prozessbevollmächtigten.
Rechtsanwältin A kann nur eine 1,3 Verfahrensgebühr Nr. 3100 VV ansetzen. Für sie greift Nr. 1008 VV nicht, da sie nur einen Auftraggeber vertritt.
Rechtsanwalt M kann eine 1,9 Verfahrensgebühr Nr. 3100, 1008 VV ansetzen. Für ihn erhöht sich die 1,3 Verfahrensgebühr Nr. 3100 VV um (2 X 0,3 – für jeden weiteren Auftraggeber –) 0,6 nach der Nr. 1008 VV auf 1,9.

20   Es erhöht sich immer nur die Verfahrens- und/oder die Geschäftsgebühr. Die übrigen, in der gebührenrechtlichen Angelegenheit daneben entstehenden Gebühren, wie zB die **Terminsgebühr** Nr. 3104 VV oder eine **Einigungsgebühr** Nr. 1000, 1003 VV **erhöhen sich nicht** nach Nr. 1008 VV.

III. Mehrere Auftraggeber

1. Grundsätzliches

21   Nr. 1008 VV fordert, dass Auftraggeber in derselben Angelegenheit **mehrere Personen** sind. Ob die Auftraggebermehrheit aus mehreren **natürlichen** oder mehreren **juristischen** Personen besteht, ist unerheblich.[13]

---

[10] So zB → Nr. 2501 VV Rn. 26; Schneider/Wolf/*Fölsch* VV Nr. 2501 Rn. 9; HK-RVG/*Pukall* Nr. 2501 VV Rn. 13.
[11] So zB Gerold/Schmidt/*Müller-Rabe* VV Nr. 1008 Rn. 14 f.; Bischof/Jungbauer/*Bräuer* Nr. 1008 VV Rn. 52 mit zahlreichen weiteren Nachweisen.
[12] So auch OLG Naumburg JurBüro 2010, 472; → Nr. 2503 VV Rn. 18.
[13] Gerold/Schmidt/*Müller-Rabe* VV Nr. 1008 Rn. 36.

Vertritt der Rechtsanwalt eine juristische Person, hat er auch dann **nicht** mehrere Auftraggeber, wenn die juristische Person mehrere Gesellschafter hat. 22

Beispiel:

Der Rechtsanwalt vertritt die A GmbH. Die GmbH hat zehn Gesellschafter. Da der Rechtsanwalt die GmbH als juristische Person vertritt, hat er nur einen Auftraggeber. Die Verfahrens- und/oder die Geschäftsgebühr können nicht nach Nr. 1008 VV entsprechend der Anzahl der Gesellschafter erhöht werden.

Durch Nr. 1008 VV soll die bei dem Rechtsanwalt durch die mehreren Auftraggebern entstehende Mehrarbeit (ständige Information aller Auftraggeber, Besprechung mit allen Auftraggebern, abstimmen der weiteren Schritte mit den mehreren Auftraggebern usw) abgegolten werden.[14] Für die Anwendung der Nr. 1008 VV ist es aber unerheblich, ob tatsächlich ein Mehr an Arbeit beim Rechtsanwalt angefallen ist oder nicht. Also auch wenn der Rechtsanwalt zwar mehrere Auftraggeber in derselben Angelegenheit vertritt, aber **immer nur mit einer Person Kontakt hält**, kann die Erhöhung nach Nr. 1008 VV angesetzt werden.[15] 23

Bei Wertgebühren ist zusätzlich zu der Frage, ob tatsächlich mehrere Auftraggeber vorhanden sind, stets weiter zu prüfen, ob der **Gegenstand** der anwaltlichen Tätigkeit, für welche der Rechtsanwalt für die mehreren Auftraggeber tätig wird, **derselbe** ist (Nr. 1008 VV Anm. Abs. 1 VV). Wird der Anwalt für mehrere Auftraggeber wegen verschiedener Gegenstände tätig, sind die Werte der einzelnen Gegenstände zusammen zu rechnen (§ 22 Abs. 1 S. 1 RVG) und nach der Summe der Werte entstehen die Gebühren einmal, wobei keine Erhöhung nach Nr. 1008 VV anzusetzen ist. Nur wenn der Rechtsanwalt für die mehreren Auftraggeber wegen desselben Gegenstandes tätig wird, kommt die Erhöhung der Verfahrens- und/oder der Geschäftsgebühr nach Nr. 1008 VV in Betracht.[16] 24

Für die Erhöhung nach Nr. 1008 VV ist es **unerheblich, ob** der Rechtsanwalt **die mehreren Auftraggeber zeitgleich** oder zeitlich versetzt in derselben – gebührenrechtlichen – Angelegenheit nacheinander **vertritt**.[17] 25

Mehrere Auftraggeber iSd Nr. 1008 VV können auch dann gegeben sein, wenn der Rechtsanwalt eine Partei **in doppelter Parteirolle** vertritt. So sieht zB das OLG Köln[18] die Voraussetzungen für eine Erhöhung der Verfahrensgebühr nach Nr. 1008 VV als gegeben an, wenn der Rechtsanwalt den Insolvenzverwalter vertritt, der sowohl persönlich als auch als Partei kraft Amtes in Anspruch genommen wird. 26

Hat ein Rechtsanwalt bei einem Parteiwechsel sowohl die ausgeschiedene als auch die eingetretene Partei vertreten, so ist eine gebührenrechtliche Angelegenheit anzunehmen. Dies unabhängig davon, ob der Anwalt die beiden Auftraggeber gleichzeitig oder nacheinander vertreten hat. Allerdings erhöht sich in diesen Fällen nach OLG Stuttgart[19] die Verfahrensgebühr nach Nr. 1008 VV um 0,3. 27

Wird in einem Strafverfahren ein Rechtsanwalt mehreren Zeugen gem. § 68b StPO beigeordnet, erhöht sich die Verfahrengebühr nach Nr. 1008 VV.[20] 28

Im Nachstehenden soll für einige Fallgruppen betrachtet werden, ob mehrere Auftraggeber iSd Nr. 1008 VV für den Rechtsanwalt gegeben sind und sich somit die entstehenden Geschäfts- und/oder Verfahrensgebühren entsprechend erhöhen. 29

---

[14] Gerold/Schmidt/*Müller-Rabe* VV Nr. 1008 Rn. 37.
[15] Gerold/Schmidt/*Müller-Rabe* VV Nr. 1008 Rn. 41.
[16] Zum selben Gegenstand → Nr. 1008 VV Rn. 53 ff.
[17] *Enders* JurBüro 2012, 281.
[18] OLG Köln AGS 2008, 443.
[19] OLG Stuttgart NJW-Spezial 2010, 29.
[20] OLG Düsseldorf AGS 2010, 71.

2. Bedarfsgemeinschaft

30 Vertritt der Rechtsanwalt in einer sozialrechtlichen Angelegenheit eine sogenannte Bedarfsgemeinschaft so wird in der Regel Nr. 1008 VV zur Anwendung kommen, da die Ansprüche nach dem SGB als Individualansprüche nicht der Lebensgemeinschaft zuzurechnen sind.[21] Dies insbesondere dann, wenn die Klage für mehrere Kläger erhoben wird. Es ist dann unschädlich, dass die Kläger in einer Bedarfsgemeinschaft hinsichtlich des Anspruchs auf Leistungen zur Sicherung des Lebensunterhalts nach dem SGB II stehen. Da in den hier angesprochenen sozialrechtlichen Sachen Betragsrahmengebühren anfallen, braucht der Rechtsanwalt für die mehreren Auftraggeber nicht wegen desselben Gegenstandes tätig zu werden. Diese weitere Voraussetzung für die Anwendbarkeit der Nr. 1008 VV muss nur bei Wertgebühren erfüllt werden (Nr. 1008 Anm. Abs. 1 VV).

31 Klagt der erwerbsfähige Hilfsbedürftige in Verfahrensstandschaft im eigenen Namen, hat der als Verfahrens- bzw. Prozessbevollmächtigter tätige Rechtsanwalt nur einen Auftraggeber. Er kann dann die Verfahrensgebühr nicht nach Nr. 1008 VV entsprechend der zur Bedarfsgemeinschaft gehörenden Personen erhöhen.[22] Nach dem BSG[23] kann aber eine Erhöhung nach Nr. 1008 VV dann in Betracht kommen, wenn das Verfahren nicht nur den Individualanspruch des (einen) Auftraggebers des Rechtsanwalts betrifft, sondern auch die Ansprüche weiterer Mitglieder der Bedarfsgemeinschaft.

3. BGB-Gesellschaft

32 Nach der Rechtsprechung des BGH[24] ist eine nach außen bestehende BGB-Gesellschaft (auch Gesellschaft bürgerlichen Rechts genannt) – beschränkt – rechtsfähig, soweit sie in dem von ihr gewählten Rahmen eigene Rechte und Pflichten begründet. Soweit eine BGB-Gesellschaft rechtsfähig ist, ist sie auch in einem Zivilprozess aktiv und passiv partei- und prozessfähig.[25] Dies hat zur Folge, dass der Rechtsanwalt, der von einer BGB-Gesellschaft beauftragt wird, nur noch einen Auftraggeber hat.[26]

33 Werden allerdings die **Gesellschafter** einer BGB-Gesellschaft **persönlich verklagt** und beauftragen diese einen gemeinsamen Rechtsanwalt, so hat der Prozessbevollmächtigte der Beklagten mehrere Auftraggeber iSd Nr. 1008 VV. Für den Prozessbevollmächtigten der Beklagten erhöht sich die Verfahrensgebühr für jeden weiteren Auftraggeber um 0,3, maximal um eine 2,0 Gebühr.[27] Wird die Gesellschaft verklagt und daneben die Gesellschafter persönlich, zählt die beklagte BGB-Gesellschaft bei der Anzahl der Auftraggeber mit.

34 Klagt nicht die BGB-Gesellschaft, sondern treten die einzelnen Gesellschafter persönlich nebeneinander als Kläger auf, so kann der Prozessbevollmächtigte der Kläger die bei ihm entstehende Verfahrensgebühr um 0,3 für jeden weiteren Auftraggeber nach Nr. 1008 VV erhöhen, wenn er dann von mehreren Klägern zum Prozessbevollmächtigten bestellt worden ist. Allerdings ist in diesen Fällen mit Problemen bei der Kostenerstattung zu rechnen. Denn die oder der Beklagten werden einwenden, dass die BGB-Gesellschaft hätte klagen können mit der Folge, dass keine

---

[21] Schneider/Wolf/*Volpert* VV Nr. 1008 Rn. 23; Thüringer OLG JurBüro 2012, 140 für die Vertretung in einem Verfahren nach § 44 SGB X.
[22] So: Gerold/Schmidt/*Müller-Rabe* VV Nr. 1008 Rn. 61.
[23] BSG JurBüro 2012, 140.
[24] BGH NJW 2001, 1056; BGH NJW 2002, 1207.
[25] Gerold/Schmidt/*Müller-Rabe* VV Nr. 1008 Rn. 65.
[26] Gerold/Schmidt/*Müller-Rabe* VV Nr. 1008 Rn. 65–67; Schneider/Wolf/*Volpert* VV Nr. 1008 Rn. 23.
[27] Gerold/Schmidt/*Müller-Rabe* VV Nr. 1008 Rn. 69.

Erhöhung der Verfahrensgebühr nach Nr. 1008 VV eingetreten wäre. Wenn es an nachvollziehbaren Gründen dafür fehlt, dass die Gesellschafter alle persönlich als Kläger auftreten und nicht die BGB-Gesellschaft als solche, dann werden in der Regel die Erhöhung nach Nr. 1008 VV nicht notwendig sein und im Rahmen des Kostenfestsetzungsverfahrens nicht mit gegenüber dem erstattungspflichtigen Gegner festgesetzt werden.[28]

Klagen mehrere Gesellschafter gegen einen oder mehrere Gesellschafter derselben BGB-Gesellschaft und vertritt der Rechtsanwalt als Kläger- oder Beklagtenvertreter mehrere Auftraggeber, so kommt Nr. 1008 VV zur Anwendung.[29] 35

4. Eheleute

Beauftragen Eheleute den Rechtsanwalt, so hat dieser nach herrschender Auffassung zwei Auftraggeber iSd Nr. 1008 VV, sodass sich die Verfahrens- oder Geschäftsgebühr um 0,3 erhöht. Fallen in der Angelegenheit, in welcher der Rechtsanwalt die Eheleute vertritt, Wertgebühren an, tritt die Erhöhung allerdings nur ein, wenn der Gegenstand, wegen welchem der Rechtsanwalt für die Eheleute tätig wird, derselbe ist (Nr. 1008 Anm. Abs. 1 VV).[30] 36

Unerheblich ist, ob die Eheleute zB als Gesamtschuldner auf der Passivseite (Beklagte) in Anspruch genommen werden oder ob sie auf der Aktivseite als Kläger auftreten (zB als Gesamtgläubiger oder Gesamthandsgläubiger). Unerheblich ist auch, wenn der Rechtsanwalt nach außen hin beide Eheleute offiziell vertritt, aber nur mit einem Ehegatten Kontakt hat, der ihm die notwendigen Informationen erteilt, für Rückfragen zur Verfügung steht usw. 37

Treten die Eheleute nur als gesetzliche Vertreter ihrer Kinder auf, so ist die Anzahl der Kinder, welche in dem betreffenden Verfahren Partei und damit Auftraggeber des Rechtsanwalts sind, maßgebend. Vertritt der Rechtsanwalt ein minderjähriges Kind, welches gesetzlich durch seine Eltern vertreten wird, hat der Rechtsanwalt nur einen Auftraggeber im gebührenrechtlichen Sinn.[31] Vertritt der Rechtsanwalt zB zwei minderjährige Kinder – gesetzlich vertreten durch ihre Mutter – in einer Unterhaltssache, kommt Nr. 1008 VV ebenfalls nicht zur Anwendung. – Denn in diesen Fällen vertritt er die mehreren Kinder nicht wegen desselben Gegenstandes. Jedes Kind hat einen eigenen Unterhaltsanspruch, der mit einem eigenen Verfahrenswert zu bewerten ist. Die Verfahrenswerte sind dann nach § 22 Abs. 1 RVG zu addieren und die Gebühren bestimmen sich nach der Summe der Verfahrenswerte. 38

Solange die Eltern des Kindes noch miteinander verheiratet sind, kann nach § 1629 Abs. 3 BGB ein **Elternteil**, bei Getrenntleben oder bei Anhängigkeit einer Ehesache die Unterhaltsansprüche des Kindes gegen den anderen Elternteil nur **im eigenen Namen** geltend machen. Macht ein Elternteil Unterhaltsansprüche eines Kindes in eigenem Namen geltend, kommt Nr. 1008 VV nicht zur Anwendung. Dies auch dann nicht, wenn Unterhaltsansprüche für mehrere Kinder geltend gemacht werden. 39

5. Erben, Erbengemeinschaft

Eine Erbengemeinschaft (Gesamthandsgemeinschaft) besteht aus mehreren Personen. Sie kann nicht mit einer BGB – Gesellschaft gleich gestellt werden, da es an einer zielgerichteten Bündelung von Einzelinteressen zum Wohl eines übergeordne- 40

---

[28] Gerold/Schmidt/*Müller-Rabe* VV Nr. 1008 Rn. 349.
[29] Gerold/Schmidt/*Müller-Rabe* VV Nr. 1008 Rn. 72; Schneider/Wolf/*Volpert* VV Nr. 1008 Rn. 23.
[30] Zum selben Gegenstand → Nr. 1008 VV Rn. 53 ff.
[31] Gerold/Schmidt/*Müller-Rabe* VV Nr. 1008 Rn. 94.

ten Ganzen fehlt.[32] Vertritt der Rechtsanwalt eine Erbengemeinschaft und macht zB für diese einen gemeinsamen Anspruch geltend (wie zB Räumung einer zum Nachlass gehörenden Wohnung), so hat er so viele Auftraggeber iSd Nr. 1008 VV, wie die Erbengemeinschaft Mitglieder hat. Die Verfahrens- und/oder Geschäftsgebühr erhöht sich für jede weitere Person, die zur Erbengemeinschaft gehört, um 0,3. Mehrere Erhöhungen dürfen einen Gebührensatz von 2,0 nicht übersteigen (Nr. 1008 Anm. Abs. 3 VV).[33]

41 Ausnahmsweise kann nicht von mehreren Auftraggebern iSd Nr. 1008 VV ausgegangen werden, wenn mehrere Personen in ungeteilter Erbengemeinschaft das Unternehmen des Erblassers wie ein selbständiges Rechtsgebilde fortführen. Dann sollen die Grundsätze, wie vorstehend für eine BGB-Gesellschaft erörtert,[34] zur Anwendung kommen.[35]

42 Nach einer weit verbreiteten Meinung soll auch dann kein Fall der Nr. 1008 VV angenommen werden können, wenn eine Erbengemeinschaft den bereits vom Erblasser beauftragten Rechtsanwalt bittet, ein vor dessen Tod bereits begonnenes Verfahren fortzuführen. *Müller-Rabe*[36] hält dies zu Recht für falsch. Führen mehrere Personen als Erbengemeinschaft den Rechtsstreit fort, hat der Rechtsanwalt ab dem Zeitpunkt, in welchem er von der Erbengemeinschaft beauftragt wird, mehrere Personen als Auftraggeber, nämlich so viele, wie die Erbengemeinschaft Mitglieder hat. Für jede weitere Person kann der Rechtsanwalt die 0,3 Erhöhung der Verfahrens- und/oder Geschäftsgebühr nach Nr. 1008 VV ansetzen (maximal 2,0 Erhöhungen nach Nr. 1008 Anm. Abs. 3 VV). Führt der Rechtsanwalt den bereits vom Erblasser begonnenen Rechtsstreit für eine Erbengemeinschaft fort, die aus sechs Personen besteht, kann er 6 X 0,3 Erhöhung ansetzen (erster Auftraggeber ist der Verstorbene und sechs weitere Auftraggeber sind die Erbengemeinschaft).

43 Nimmt ein Alleinerbe als Rechtsnachfolger des ursprünglichen Auftraggebers des Rechtsanwalts die Angelegenheit wieder auf und führt diese fort, so hat der Rechtsanwalt zwei Auftraggeber und Nr. 1008 VV kommt zur Anwendung[37] Es ist nicht erforderlich, dass der Rechtsanwalt die mehreren Auftraggeber zeitgleich vertritt.[38]

44 Macht der Rechtsanwalt im Auftrag einzelner Erben deren persönliche Ansprüche gegenüber einem Dritten (zB weiteren Miterben) geltend, so liegt ebenfalls kein Fall der Nr. 1008 VV vor. Denn wenn er für die einzelnen Erben deren persönliche Ansprüche aus dem Erbfall geltend macht, wird er für die mehreren Erben nicht wegen desselben Gegenstandes tätig. Gleiches würde gelten, wenn der Rechtsanwalt zB für zwei Miterben gegenüber dem dritten Miterben die Auseinandersetzung der Erbengemeinschaft betreiben würde. Dann wären die persönlichen Erbansprüche der Vertretenen wertmäßig zu erfassen und die Gebühren würden sich nach der Summe der Werte berechnen, wobei sich Verfahrens- und/oder Geschäftsgebühr nicht nach Nr. 1008 VV erhöhen würden.[39]

45 Vertritt der Anwalt im Erbscheinsbeschwerdeverfahren mehrere Miterben, denen ein gemeinschaftlicher Erbschein unter Ausweisung ihrer Anteile erteilt worden ist,

---

[32] Schneider/Wolf/*Volpert* VV Nr. 1008 Rn. 19.

[33] Gerold/Schmidt/*Müller-Rabe* VV Nr. 1008 Rn. 240; Schneider/Wolf/*Volpert* VV Nr. 1008 Rn. 19.

[34] → Nr. 1008 VV Rn. 32 ff.

[35] Gerold/Schmidt/*Müller-Rabe* VV Nr. 1008 Nr. 81; Schneider/Wolf/*Volpert* VV Nr. 1008 Rn. 20.

[36] Gerold/Schmidt/*Müller-Rabe* VV Nr. 1008 Rn. 82.

[37] Gerold/Schmidt/*Müller-Rabe* VV Nr. 1008 Rn. 80 unter Aufgabe der früheren Meinung in der 18. Auflage.

[38] *Enders* JurBüro 2012, 281.

[39] Schneider/Wolf/*Volpert* VV Nr. 1008 Rn. 23 „Erbengemeinschaft".

Teil 1. Allgemeine Gebühren   **Nr. 1008 VV**

so liegt nach LG München I[40] derselbe Gegenstand zugrunde, so dass sich die Verfahrensgebühr nach Nr. 1008 VV erhöht.

6. Streithelfer

Vertritt der Rechtsanwalt mehrere Streithelfer, können mehrere Auftraggeber iSd Nr. 1008 VV gegeben sein. Dies ist nämlich dann der Fall, wenn die vom Rechtsanwalt vertretenen mehreren Streithelfern wegen desselben Gegenstandes in Anspruch genommen werden. Dasselbe gilt, wenn der Rechtsanwalt in derselben Angelegenheit für eine Partei und einen Streithelfer tätig ist.[41] Ob der Rechtsanwalt neben der Partei noch einen Streithelfer vertreten kann oder ob dies wegen Interessenkollisionen ausgeschlossen ist, ist keine Frage des Gebührenrechts. **46**

Nach BGH[42] soll allerdings kein Fall der Nr. 1008 VV gegeben sein, wenn ein Rechtsanwalt für eine im Wege des Direktanspruchs mitverklagte Partei und zugleich für diese als Streithelferin einer anderen Partei tätig wird. **47**

7. Wohnungseigentümergemeinschaft

Bis Mitte 2005 wurde eine Wohnungseigentümergemeinschaft weder als rechts- noch als parteifähig angesehen. Bis dahin wurde ganz überwiegend vertreten, dass, wenn die einzelnen Wohnungseigentümer Kläger oder Beklagte in einem bürgerlichen Rechtsstreit oder in einer WEG – Sache waren, als mehrere Auftraggeber für den Rechtsanwalt, der sie als Verfahrens- oder Prozessbevollmächtigter vertritt, iSd Nr. 1008 VV anzusehen waren. Die Verfahrens- oder Geschäftsgebühr des Rechtsanwalts erhöhte sich allerdings nicht, wenn der Verwalter im eigenen Namen für die Wohnungseigentümergemeinschaft die Klage erhoben oder den Antrag gestellt hatte.[43] **48**

Die Sachlage änderte sich, nachdem der BGH mit seiner grundlegenden Entscheidung[44] der Gemeinschaft der Wohnungseigentümer eine Rechtsfähigkeit zugestand, soweit sie bei der Verwaltung des gemeinschaftlichen Eigentums am Rechtsverkehr teilnimmt. Soweit der BGH der Wohnungseigentümergemeinschaft eine Rechtsfähigkeit zugestanden hat, ist diese auch parteifähig mit der Folge, dass die Wohnungseigentümergemeinschaft selbst klagen oder verklagt werden kann. Vertrat der Rechtsanwalt nach Mitte 2005 eine Wohnungseigentümergemeinschaft wegen einer Angelegenheit, die die Verwaltung des gemeinschaftlichen Eigentums betraf, so konnte die Erhöhung nach Nr. 1008 VV nicht mehr angesetzt werden, da der Rechtsanwalt nur einen Auftraggeber, nämlich die Wohnungseigentümergemeinschaft hatte.[45] **49**

Durch das Gesetz zur Änderung des Wohnungseigentumsgesetzes und anderer Gesetze vom 26.3.2007[46] wurde das Wohnungseigentumsgesetz reformiert. Die Änderungen sind am 1.7.2007 in Kraft getreten. Nach § 10 Abs. 6 S. 1 WEG kann die Gemeinschaft der Wohnungseigentümer im Rahmen der gesamten Verwaltung des gemeinschaftlichen Eigentums gegenüber Dritten und Wohnungseigentümern selbst Rechte erwerben und Pflichten eingehen. Sie ist Inhaberin der als Gemeinschaft gesetzlich begründeten und rechtsgeschäftlich erworbenen Rechte und Pflichten (§ 10 Abs. 6 S. 2 WEG). Sie übt die gemeinschaftsbezoge- **50**

---

[40] LG München I AGS 2009, 158.
[41] Gerold/Schmidt/*Müller-Rabe* VV Nr. 1008 Rn. 121.
[42] BGH JurBüro 2010, 247.
[43] Gerold/Schmidt/*Müller-Rabe* VV Nr. 1008 Rn. 134.
[44] BGH Beschluss v. 2.6.2005 – V ZB 32/05 = NJW 2005, 2061; *Hansens* RVGreport 2005, 281 ff., *Enders* JurBüro 2005, 534.
[45] Gerold/Schmidt/*Müller-Rabe* VV Nr. 1008 Rn. 134.
[46] BGBl. 2007 I 370.

nen Rechte der Wohnungseigentümer aus und nimmt die gemeinschaftsbezogenen Pflichten der Wohnungseigentümer wahr, ebenso sonstige Rechte und Pflichten der Wohnungseigentümer, soweit diese gemeinschaftlich geltend gemacht werden können oder zu erfüllen sind (§ 10 Abs. 6 S. 3 WEG). Die Wohnungseigentümergemeinschaft kann vor Gericht klagen oder verklagt werden (§ 10 Abs. 6 S. 5 WEG). Klagt die Wohnungseigentümergemeinschaft oder wird die Klage gegen die Wohnungseigentümergemeinschaft erhoben, kann bei dem Prozessbevollmächtigten der Wohnungseigentümergemeinschaft keine Erhöhung nach Nr. 1008 VV anfallen.

51 **Anders** könnte dies dann sein, wenn zB nicht die Wohnungseigentümergemeinschaft als solche, sondern die einzelnen Wohnungseigentümer persönlich verklagt werden. Dann wird der Prozessbevollmächtigte, der mehrere persönlich verklagte Wohnungseigentümer vertritt, von mehreren Auftraggebern iSd Nr. 1008 VV ausgehen können. So ist zB eine Anfechtungsklage eines oder mehrerer Wohnungseigentümer **auf Erklärung der Ungültigkeit eines Beschlusses der Wohnungseigentümer gegen die übrigen Wohnungseigentümer zu richten** (§ 46 Abs. 1 WEG). Vertritt der Rechtsanwalt im Rahmen einer derartigen Klage die klagenden oder die verklagten – einzelnen – Wohnungseigentümer, so wird er von mehreren Auftraggebern iSd Nr. 1008 VV ausgehen können.[47]

52 Lautet ein – vor Mitte 2005 ergangener – Titel auf die einzelnen Wohnungseigentümer einer Gemeinschaft, sind nur diese berechtigt, aus dem Titel zu vollstrecken. Vertritt der Rechtsanwalt die einzelnen Wohnungseigentümer wegen eines derartigen Titels in Zwangsvollstreckungsmaßnahmen, kommt Nr. 1008 VV zur Anwendung. Diese nach Nr. 1008 VV erhöhte Verfahrensgebühr für die Zwangsvollstreckungsmaßnahme ist auch – als notwendige Kosten der Zwangsvollstreckung – von dem Schuldner zu erstatten.[48]

IV. Bei Wertgebühren muss derselbe Gegenstand vorliegen

53 Vertritt der Rechtsanwalt in **derselben Angelegenheit** mehrere Personen, erhöht sich nach Nr. 1008 VV die Verfahrens- und/oder die Geschäftsgebühr für jede weitere Person um 0,3 (mehrere Erhöhungen dürfen einen Gebührensatz von 2,0 nicht übersteigen – Nr. 1008 Anm. Abs. 3 VV). In Angelegenheiten, in denen **Wertgebühren** entstehen kommt als weitere Voraussetzung für die Erhöhung nach Nr. 1008 VV hinzu, dass der **Gegenstand der anwaltlichen Tätigkeit** – wegen welcher der Rechtsanwalt für die mehreren Personen tätig wird – **derselbe** sein muss (Nr. 1008 Anm. Abs. 1 VV).

54 Nach *Müller-Rabe*[49] ist derselbe Gegenstand dann anzunehmen, wenn der Rechtsanwalt für mehrere Auftraggeber wegen desselben Rechts oder Rechtsverhältnisses tätig wird. Das BVerfG definiert „denselben Gegenstand" wie folgt: *„Regelmäßig wird deshalb auf Seiten der angreifenden Parteien das Vorliegen desselben Gegenstandes für mehrere Auftraggeber nur angenommen, wenn diese ein einheitliches Recht in gemeinschaftlicher Trägerschaft, insbesondere als Gesamt- oder Gesamthandsgläubiger, geltend machen. Selbständig nebeneinander bestehende Rechte, auch wenn sie jeweils den gleichen Inhalt haben und auf das gleiche Ziel gerichtet sind, erfüllen dagegen nicht den Begriff desselben Gegenstandes ...".*[50]

---

[47] Gerold/Schmidt/*Müller-Rabe* VV Nr. 1008 Rn. 138 mit Ausführungen zu weiteren Ausnahmen, in denen Nr. 1008 VV zur Anwendung kommt; BGH NJW 2011, 3723.
[48] BGH JurBüro 2007, 379.
[49] Gerold/Schmidt/*Müller-Rabe* VV Nr. 1008 Rn. 146.
[50] BVerfG JurBüro 1998, 78 (79).

Teil 1. Allgemeine Gebühren **Nr. 1008 VV**

Beispiel 1:

Für den Ehemann werden Schadensersatzansprüche aus einem Verkehrsunfallgeschehen eingeklagt. Geltend gemacht werden für ihn Reparaturkosten, Sachverständigenkosten, Nutzungsausfall, pauschale Unkosten in Höhe von 8.500 EUR. In derselben Klage werden für die Ehefrau aus demselben Unfallgeschehen immaterielle Schadensersatzansprüche (Schmerzensgeld) in Höhe von 5.000 EUR geltend gemacht.

Es liegt kein Fall der Nr. 1008 VV vor. Der Rechtsanwalt vertritt hier zwar mehrere Auftraggeber in derselben Angelegenheit, aber nicht wegen desselben Gegenstandes. Da hier Wertgebühren entstehen, kommt Nr. 1008 VV nicht zur Anwendung (Nr. 1008 Anm. Abs. 1 VV). Vorliegend sind die Gegenstandswerte zu addieren und nach der Summe der Werte (13.500 EUR) entstehen einmal Gebühren. Die Verfahrensgebühr erhöht sich nicht nach Nr. 1008 VV.

Beispiel 2:

Die Eheleute werden als Gesamtschuldner verklagt auf Zahlung von 12.000 EUR. Der Rechtsanwalt – als Prozessbevollmächtigter der beklagten Eheleute – vertritt in diesem Fall mehrere Auftraggeber in derselben Angelegenheit und wegen desselben Gegenstandes. Die entstehende 1,3 Verfahrensgebühr Nr. 3100 VV erhöht sich um 0,3 nach Nr. 1008 VV auf 1,6. Die 1,6 Gebühr ist nach einem Gegenstandswert von 12.000 EUR zu berechnen.

Umstritten ist, wie die Verfahrens- und/oder Geschäftsgebühr zu berechnen ist, **55** wenn der Rechtsanwalt zwar mehrere Auftraggeber vertritt, der Gegenstand aber nur teilweise derselbe ist.

Beispiel 3:

Rechtsanwalt M macht für den Mandanten A in einer Klage 10.000 EUR Schadensersatz aus einem Verkehrsunfallgeschehen geltend. Die Gegenseite erhebt Widerklage gegen den A (Fahrzeughalter), B (Fahrzeugführer) und C (KFZ – Haftpflichtversicherer). In der Widerklage werden Ansprüche in Höhe von 6.000 EUR geltend gemacht. Rechtsanwalt M vertritt A, B und C auch wegen der Widerklage.

M. E.[51] kann Rechtsanwalt M die Verfahrensgebühr wie folgt berechnen:

1. 1,9 Verfahrensgebühr Nr. 3100, 1008 VV nach Gegenstandswert:
   6.000 EUR (Widerklage)   672,60 EUR
2. 1,3 Verfahrensgebühr Nr. 3100 VV nach Gegenstandswert: 10.000 EUR
   (Klage)   725,40 EUR

Summe der beiden Verfahrensgebühren: 1.398,00 EUR

Die beiden Verfahrensgebühren dürfen gem. § 15 Abs. 3 RVG nicht höher sein als eine 1,9 Verfahrensgebühr nach Gegenstandswert: 16.000 EUR 1.235,00 EUR

Wegen der Widerklage hat Rechtsanwalt M drei Auftraggeber, die er in derselben Angelegenheit und wegen desselben Gegenstandes vertritt. Folglich erhöht sich die 1,3 Verfahrensgebühr nach dem Gegenstandswert der Widerklage um 2 X 0,3 = 0,6 und ist insgesamt mit 1,9 anzusetzen. Wegen der Klage vertritt Rechtsanwalt M nur einen Auftraggeber, so dass nach dem Gegenstandswert der Klage nur eine 1,3 Verfahrensgebühr entsteht.

M. E. ist der vorstehend dargestellten Berechnungsmethode der Vorzug zu geben. Denn sie geht – richtigerweise – davon aus, dass die Nr. 1008 VV keine eigene Erhöhungsgebühr schafft. Denn wie schon der Wortlaut der Nr. 1008 VV aussagt, erhöht sich **die Verfahrensgebühr.**[52]

---

[51] So auch: Gerold/Schmidt/*von Eicken,* 16. Aufl., VV Nr. 1008 Rn. 13; anders Gerold/Schmidt/*Müller-Rabe,* 22. Aufl., VV Nr. 1008 Rn. 228 ff.; *Burhoff* Mehrere Auftraggeber (§ 7, Nr. 1008 VV) Rn. 1477 ff.; Schneider/Wolf/*Volpert* VV Nr. 1008 Rn. 77; *Enders* JurBüro 2005, 409; *Hergenröder* AGS 2007, 53, 55 Ziff. V; AG Augsburg AGS 2008, 434.

[52] Gerold/Schmidt/*Müller-Rabe* VV Nr. 1008 Rn. 3.

Nach **anderer Meinung**[53] ist in dem vorliegenden Fall die Verfahrensgebühr des Rechtsanwalts M wie folgt zu berechnen:
1. 1,3 Verfahrensgebühr Nr. 3100 VV nach Gegenstandswert: 16.000 EUR
 (Gegenstandswert der Klage + Gegenstandswert der Widerklage)   845,00 EUR
2. 0,6 Erhöhung Nr. 1008 VV auf Verfahrensgebühr nach Gegenstandswert:
 6.000 EUR (Gegenstandswert der Widerklage)   212,40 EUR
Summe der beiden Verfahrensgebühren: 1.057,00 EUR

56 Sind mehrere Auftraggeber völlig unterschiedlich – teilweise gemeinsam und teilweise alleine – am Verfahren beteiligt, ist für jeden Teilgegenstand zu prüfen, ob der Rechtsanwalt insoweit mehrere Personen wegen einer gemeinschaftlichen Beteiligung an diesem Gegenstand vertritt. Entsprechend ist dann die Verfahrensgebühr nach Nr. 1008 VV zu bestimmen. Die nach den unterschiedlichen Teilen des Gegenstandes angesetzten Verfahrensgebühren dürfen dann nach § 15 Abs. 3 RVG nicht höher sein als eine Verfahrensgebühr berechnet nach dem höchsten Gebührensatz aus dem Gesamtwert.

Beispiel 4:[54]
Rechtsanwalt H hatte in einem Rechtsstreit die Beklagten A, B und C vertreten.
Die Beklagten A, B und C wurden in dem Rechtsstreit als Gesamtschuldner wegen einer Forderung in Höhe von 9.766,81 EUR in Anspruch genommen.
Die Beklagten A und B wurden in dem Rechtsstreit weiter verklagt, als Gesamtschuldner zusätzliche 12.340,55 EUR zu zahlen.
In der Klageschrift wurde der Beklagte C – alleine – ferner auf Zahlung von zusätzlichen 12.837,46 EUR in Anspruch genommen.
Rechtsanwalt H kann **mE** die Verfahrensgebühr wie folgt berechnen:
1. 1,9 Verfahrensgebühr Nr. 3100, 1008 VV nach Gegenstandswert:
 9.766,81 EUR   1.060,20 EUR
2. 1,6 Verfahrensgebühr Nr. 3100, 1008 VV nach Gegenstandswert:
 12.340,55 EUR   966,40 EUR
3. 1,3 Verfahrensgebühr Nr. 3100 VV nach Gegenstandswert:
 12.837,46 EUR   785,20 EUR
Summe der Verfahrensgebühren: 2.811,80 EUR
Nach § 15 Abs. 3 RVG darf die Summe der Verfahrensgebühren nicht höher sein als eine 1,9 Verfahrensgebühr nach Gegenstandswert: 34.944,82 EUR   1.782,20 EUR

57 Fallen in der Angelegenheit Festgebühren (wie zB in der Beratungshilfe) oder Betragsrahmengebühren (wie zB in Straf-, Bußgeld- oder bestimmten Sozialgerichtssachen) an, kommt Nr. 1008 VV auch dann zur Anwendung, wenn der Rechtsanwalt in derselben Angelegenheit mehrere Personen wegen unterschiedlicher Gegenstände vertritt. Eine Gegenstandidentität iSd Nr. 1008 Anm. Abs. 1 VV muss in diesen Fällen (bei Entstehen von Fest- oder Betragsrahmengebühren) nicht gegeben sein.

V. Berechnung der Erhöhung

58 Auszugehen ist von der Gebühr, die entstanden wäre, wenn der Rechtsanwalt nur einen Auftraggeber vertreten hätte.[55]

---

[53] So Gerold/Schmidt/*Müller-Rabe* VV Nr. 1008 Rn. 228 ff. mwN aus Rechtsprechung und Literatur; So auch *Hansens* RVGreport 2012, 92.
[54] Beispiel in Anlehnung an *Enders* JurBüro 2005, 409 (dort mit Prozesskostenhilfegebühren); sa Gerold/Schmidt/*Müller-Rabe* VV Nr. 1008 Rn. 228 ff. mit dargestellter Meinung und Gegenmeinung.
[55] Gerold/Schmidt/*Müller-Rabe* VV Nr. 1008 Rn. 225.

Teil 1. Allgemeine Gebühren **Nr. 1008 VV**

Bei **Wertgebühren** gestaltet sich die Erhöhung nach Nr. 1008 VV wie folgt: 59
Diese Ausgangsgebühr (die entstanden wäre, wenn der Rechtsanwalt nur einen
Auftraggeber vertreten würde) ist für **jeden weiteren Auftraggeber um 0,3 zu
erhöhen.** Nach Nr. 1008 Anm. Abs. 3 VV dürfen mehrere Erhöhungen einen
Gebührensatz von 2,0 nicht übersteigen.

Beispiel 1:

Der Rechtsanwalt ist als Prozessbevollmächtigter im ersten Rechtszug eines bürgerlichen
Rechtsstreits tätig und vertritt vier Beklagte, die als Gesamtschuldner wegen desselben Gegenstandes in Anspruch genommen werden.

Der Rechtsanwalt kann eine 2,2 Verfahrensgebühr Nr. 3100, 1008 VV ansetzen.

Bei Vertretung eines Auftraggebers fällt eine 1,3 Verfahrensgebühr Nr. 3100 VV an. Der
Rechtsanwalt vertritt hier vier Auftraggeber. Für jede weitere Person, also nicht für den ersten
Auftraggeber, erhöht sich diese Ausgangsgebühr um 0,3. Bei drei weiteren Auftraggebern beträgt
die Erhöhung 3 X 0,3 = 0,9. Also berechnet sich die Verfahrensgebühr auf (1,3 + 0,9 =) 2,2.

Die Erhöhung um 0,3 für jeden weiteren Auftraggeber erfolgt unabhängig davon, 60
wie hoch die Ausgangsgebühr ist, die für den ersten Auftraggeber entsteht.[56]

Beispiel 2:

Der Rechtsanwalt vertritt sechs Gläubiger wegen einer gemeinsamen Forderung. Er bringt
für diese Gläubiger einen Pfändungs- und Überweisungsbeschluss aus. Für den Antrag auf Erlass
eines Pfändungs- und Überweisungsbeschlusses kann der Rechtsanwalt bei einem Auftraggeber
eine 0,3 Verfahrensgebühr Nr. 3309 VV ansetzen. Hier vertritt der Rechtsanwalt sechs Gläubiger
in derselben Angelegenheit und wegen desselben Gegenstandes. Die 0,3 Verfahrensgebühr
Nr. 3309 VV erhöht sich daher gem. Nr. 1008 VV um 5 X 0,3 = 1,5 und beträgt insgesamt
1,8.[57]

Nach Nr. 1008 Anm. Abs. 3 VV dürfen **mehrere Erhöhungen** einen Gebühren- 61
satz von **2,0 nicht übersteigen.** Dies bedeutet, dass zur Ausgangsgebühr (die anfallen würde, wenn der Rechtsanwalt nur einen Auftraggeber vertreten würde) höchstens eine 2,0 Gebühr als Erhöhung nach Nr. 1008 VV kommen kann. Die Regelung
bedeutet nicht, dass die Ausgangsgebühr und die Erhöhungen eine 2,0 Gebühr nicht
übersteigen dürfen.

Beispiel 3:

Der Rechtsanwalt vertritt als Prozessbevollmächtigter zehn Auftraggeber in einem bürgerlichen Rechtsstreit wegen desselben Gegenstandes im ersten Rechtszug. Die Verfahrensgebühr
berechnet sich wie folgt:
1,3 Verfahrensgebühr Nr. 3100 VV
+ 9 (da weitere neun Auftraggeber) X 0,3 Erhöhung nach Nr. 1008 VV = 2,7, aber hier
darf die Erhöhung nach Nr. 1008 Anm. Abs. 3 VV eine 2,0 Gebühr nicht übersteigen. Folglich
kann der Rechtsanwalt hier ansetzen:
1,3 Verfahrensgebühr + 2,0 Erhöhungen wegen der mehreren Auftraggeber = 3,3 Verfahrensgebühr Nr. 3100, 1008 VV.

Bei **Betragsrahmengebühren** erhöhen sich nach Nr. 1008 VV der Mindest- 62
und der Höchstbetrag um 30 % für jeden weiteren Auftraggeber. Bei Betragsrahmengebühren darf die Erhöhung das Doppelte des Mindest- und Höchstbetrags nicht
übersteigen (Nr. 1008 Anm. Abs. 3 VV). Innerhalb des erhöhten Betragsrahmens ist
dann die Gebühr im Einzelfall unter Berücksichtigung aller Umstände, insbesondere
der in § 14 RVG genannten Kriterien zu bestimmen.

---

[56] Gerold/Schmidt/*Müller-Rabe* VV Nr. 1008 Rn. 226.
[57] LG Frankfurt a.M. NJW 2004, 3642; LG Hamburg AGS 2005, 497; AG Singen JurBüro
2006, 329.

Nr. 1008 VV Teil 1. Allgemeine Gebühren

Beispiel 4:

Die Nr. 4104 VV legt für die Verfahrensgebühr für das vorbereitende Verfahren einen Betragsrahmen von 40 EUR bis 290 EUR fest. Der Rechtsanwalt vertritt in der Strafsache sechs Nebenkläger. Also erhöhen sich Mindest- und Höchstgebühr wie folgt:

Mindestgebühr: 40 EUR + 30 % Erhöhung hiervon = 12 EUR X 5 – weitere Auftraggeber – = 60 EUR, insgesamt (40 EUR + 60 EUR =) 100 EUR.

Höchstgebühr: 290 EUR + 30 % Erhöhung hiervon = 87 EUR X 5 – weitere Auftraggeber – = 435 EUR, insgesamt (290 EUR + 435 EUR =) 725 EUR.

Der Rechtsanwalt wird die Gebühr innerhalb dieses erhöhten Rahmens von 100 EUR bis 725 EUR bestimmen können.

Beispiel 5:

In dem vorangegangenen Beispiel 4 (→ Rn. 62) wird sich die Verfahrensgebühr der Nr. 4104 VV bei noch mehr Auftraggebern maximal nach Nr. 1008 Anm. Abs. 3 VV erhöhen können:

Mindestgebühr 40 EUR + 80 EUR – Erhöhung = 120 EUR

Höchstgebühr 290 EUR + maximal 580 EUR – Erhöhung – = 870 EUR.

Bei mehr als acht Auftraggebern wird der Rechtsanwalt die Gebühr also maximal innerhalb des Rahmens von 120 EUR bis 870 EUR bestimmen können.

63 **Festgebühren** (wie zB die Geschäftsgebühr in der Beratungshilfe nach Nr. 2503 VV in Höhe von 85 EUR) erhöhen sich um 30 % für jeden weiteren Auftraggeber (Nr. 1008 VV). Hier dürfen mehrere Erhöhungen das Doppelte der Festgebühr nicht übersteigen (Nr. 1008 Anm. Abs. 3 VV).

Beispiel 6:

In einer Beratungshilfesache vertritt der Rechtsanwalt zehn Auftraggeber. Entstanden ist eine Geschäftsgebühr der Nr. 2503 VV in Höhe von 85 EUR. Diese erhöht sich für jeden weiteren Auftraggeber um 30 %, hier bei neun weiteren Auftraggebern also um 270 %. Allerdings dürfen die Erhöhungen das Doppelte der Festgebühr nicht übersteigen, also darf sich die Ausgangsgebühr in Höhe von 85 EUR um maximal 170 EUR erhöhen. Der Rechtsanwalt könnte hier also eine Geschäftsgebühr Nr. 2503, 1008 VV in Höhe von 255 EUR ansetzen. Voraussetzung wäre natürlich, dass allen Auftraggebern Beratungshilfe gewährt worden ist. Nicht erforderlich ist, dass der Rechtsanwalt die mehreren Auftraggeber hier wegen desselben Gegenstandes vertritt (Nr. 1008 Anm. Abs. 1 VV).

VI. Anrechnung einer erhöhten Gebühr

64 War der Rechtsanwalt sowohl außergerichtlich als auch in einem gerichtlichen Verfahren für mehrere Auftraggeber tätig, so erhöhen sich sowohl die Geschäftsgebühr (Nr. 2300 VV) als auch die Verfahrensgebühr (Nr. 3100 VV).[58] Voraussetzung ist, dass der Rechtsanwalt sowohl im Rahmen der außergerichtlichen Vertretung als auch im Rahmen der Vertretung in einem gerichtlichen Verfahren jeweils mehrere Personen als Auftraggeber hatte und diese in derselben Angelegenheit und wegen desselben Gegenstandes vertreten hat. Die Geschäftsgebühr der Nr. 2300 VV ist nach der Vorb. 3 Abs. 4 VV auf die Verfahrensgebühr des gerichtlichen Verfahrens (zB die 1,3 Verfahrensgebühr Nr. 3100 VV) anzurechnen. Auch bei einer nach Nr. 1008 VV erhöhten Geschäftsgebühr ist bei der Anrechnung von der Gesamtgebühr (Ausgangsgebühr + Erhöhungen) auszugehen und diese ist zur Hälfte, jedoch höchstens mit einem Gebührensatz von 0,75 auf die Verfahrensgebühr des gerichtlichen Verfahrens anzurechnen.[59] Denn die Erhöhung nach Nr. 1008 VV ist keine

---

[58] → Nr. 1008 VV Rn. 9.

[59] LG Düsseldorf JurBüro 2007, 480; AG Stuttgart JurBüro 2007, 522; LG Ulm AGS 2008, 163; KG RVGreport 2008, 391.

Teil 1. Allgemeine Gebühren **Nr. 1008 VV**

eigene Gebühr, weil es in der Nr. 1008 VV heißt: „*... Die ... Geschäftsgebühr erhöht sich für jede weitere Person um ...*". Die Ausgangsgebühr und die Erhöhung bilden also eine einheitliche Geschäftsgebühr und diese ist folglich im Rahmen der Anrechnung als Einheit zu betrachten. Diese Geschäftsgebühr ist dann nach der Vorb. 3 Abs. 4 VV anzurechnen.[60]

Vor Veröffentlichung der anderslautenden Rechtsprechung[61] wurden in der Literatur auch andere Meinungen[62] vertreten. So wurde zB ausgeführt, dass nur die Ausgangsgebühr anzurechnen sei und die Erhöhung bei der Anrechnung vollkommen außer Betracht bleiben würde. Eine dritte Meinung ging dahin, dass die Ausgangsgebühr zur Hälfte und die Erhöhungen noch einmal zur Hälfte anzurechnen seien. Beide Gegenmeinungen dürften nach Bekanntwerden der anderslautenden Rechtsprechung nicht zu folgen sein. 65

Beispiel:

Der Rechtsanwalt vertritt fünf Anspruchsgegner, gegen die als Gesamtschuldner ein Betrag in Höhe von 12.000 EUR geltend gemacht wird. Er vertritt diese zunächst außergerichtlich und anschließend in einem gerichtlichen Verfahren. Die außergerichtliche Tätigkeit war umfangreich. In dem gerichtlichen Verfahren findet auch ein Termin zur mündlichen Verhandlung statt. Der Rechtsanwalt kann folgende Gebühren berechnen:

Außergerichtliche Vertretung
Gegenstandswert: 12.000 EUR
1. 2,7 Geschäftsgebühr Nr. 2300, 1008 VV   1.630,80 EUR
   (1,5 Geschäftsgebühr + 4 X 0,3 Erhöhung = 1,2, insgesamt 2,7)
2. Pauschale Nr. 7002 VV   20,00 EUR
zzgl. evtl. entstandener weiterer Auslagen und Umsatzsteuer.

Rechtsstreit
Gegenstandswert: 12.000 EUR
1. 2,5 Verfahrensgebühr Nr. 3100, 1008 VV   1.510,00 EUR
   (1,3 Verfahrensgebühr + 4 X 0,3 Erhöhung = 1,2, insgesamt 2,5) hierauf
   anzurechnen sind gem. der Vorb. 3 Abs. 4 VV: 0,75 Geschäftsgebühr
   Nr. 2300, 1008 VV   453,00 EUR
   verbleiben von der Verfahrensgebühr: 1.057,00 EUR
2. 1,2 Terminsgebühr Nr. 3104 VV   724,80 EUR
3. Pauschale Nr. 7002 VV   20,00 EUR
zzgl. evtl. entstandener weiterer Auslagen und Umsatzsteuer.

Auch wenn sonst die Anrechnung einer Gebühr auf eine andere Gebühr vorgeschrieben ist, ist eine nach Nr. 1008 VV erhöhte anzurechnende Gebühr als Einheit zu sehen. Vertritt der Rechtsanwalt zB zunächst in einem selbständigen Beweisverfahren und anschließend in einem Hauptsacheverfahren jeweils dieselben mehreren Auftraggeber wegen desselben Gegenstandes, so ist die in dem selbständigen Beweisverfahren nach der Vorb. 3 Abs. 5 VV entstandene erhöhte Verfahrensgebühr in vollem Umfange auf die in der Hauptsache entstandene erhöhte Verfahrensgebühr anzurechnen.[63] 66

Vertritt der Rechtsanwalt nur in dem selbständigen Beweisverfahren mehrere Auftraggeber wegen desselben Gegenstandes und in dem anschließenden Hauptsacheverfahren dann nur noch einen Auftraggeber, so ist aus dem selbständigen 67

---

[60] Gerold/Schmidt/*Müller-Rabe* VV Nr. 1008 Rn. 283.
[61] LG Düsseldorf JurBüro 2007, 480; AG Stuttgart JurBüro 2007, 522; LG Ulm GS 2008, 163; KG RVGreport 2008, 391.
[62] Andere Meinungen dargestellt bei Gerold/Schmidt/*Müller-Rabe,* 20. Aufl., VV Nr. 1008 Rn. 256 ff.
[63] Gerold/Schmidt/*Müller-Rabe* VV Nr. 1008 Rn. 285.

Nr. 1009 VV   Teil 1. Allgemeine Gebühren

Beweisverfahren nur eine 1,3 Verfahrensgebühr nach der Vorb. 3 Abs. 5 VV anzurechnen.[64]

68   Vertritt der Rechtsanwalt in dem selbständigen Beweisverfahren mehrere Auftraggeber wegen desselben Gegenstandes und vertritt er auch in dem anschließenden gerichtlichen Verfahren zur Hauptsache mehrere Auftraggeber, sind die Auftraggeber aus dem selbständigen Beweisverfahren und dem Hauptsacheverfahren aber nur teilweise identisch, so ist nur anzurechnen insoweit, als in dem selbständigen Beweisverfahren und dem Hauptsacheverfahren dieselben Auftraggeber vertreten wurden.[65]

Nr. 1009 VV

Nr.	Gebührentatbestand	Gebühr oder Satz der Gebühr nach § 13
1009	Hebegebühr .... 1. bis einschließlich 2.500,00 € .... 2. von dem Mehrbetrag bis einschließlich 10.000,00 € .... 3. von dem Mehrbetrag über 10.000,00 € .... (1) Die Gebühr wird für die Auszahlung oder Rückzahlung von entgegengenommenen Geldbeträgen erhoben. (2) Unbare Zahlungen stehen baren Zahlungen gleich. Die Gebühr kann bei der Ablieferung an den Auftraggeber entnommen werden. (3) Ist das Geld in mehreren Beträgen gesondert ausgezahlt oder zurückgezahlt, wird die Gebühr von jedem Betrag besonders erhoben. (4) Für die Ablieferung oder Rücklieferung von Wertpapieren und Kostbarkeiten entsteht die in den Absätzen 1 bis 3 bestimmte Gebühr nach dem Wert. (5) Die Hebegebühr entsteht nicht, soweit Kosten an ein Gericht oder eine Behörde weitergeleitet oder eingezogene Kosten an den Auftraggeber abgeführt oder eingezogene Beträge auf die Vergütung verrechnet werden.	 1,0 % 0,5 % 0,25 % des aus- oder zurückgezahlten Betrags – mindestens 1,00 €

Übersicht

                                                                                   Rn.

I. Überblick 1
II. Entstehen der Gebühr 7
III. Höhe der Hebegebühr 17
IV. Entnahme bei Auszahlung oder Rückzahlung 22
V. Erstattung der Hebegebühr 25

I. Überblick

1   In Nr. 1009 VV ist eine sogenannte Hebegebühr geregelt. Sie fällt an für die Auszahlung oder Rückzahlung von entgegengenommenen Geldbeträgen (Nr. 1009 Anm. Abs. 1 VV).

2   Die Hebegebühr ist nicht als Wert- oder Rahmengebühr ausgestaltet. Die Hebegebühr berechnet sich prozentual von den zur Aus- oder Rückzahlung kommenden Geldern. Die Höhe des als Hebegebühr zu erhebenden Prozentsatzes ist in der

---

[64] Gerold/Schmidt/*Müller-Rabe* VV Nr. 1008 Rn. 286.
[65] Gerold/Schmidt/*Müller-Rabe* VV Nr. 1008 Rn. 286 – mit Beispielen –.

Teil 1. Allgemeine Gebühren **Nr. 1009 VV**

Nr. 1009 VV gestaffelt und abhängig von der Höhe des zur Aus- oder Rückzahlung kommenden Betrags.

Die Hebegebühr kann direkt dem an den Mandanten auszuzahlenden oder zurückzuzahlenden Betrag entnommen werden (Nr. 1009 Anm. Abs. 2 S. 2 VV). 3

Unerheblich ist, ob die Aus- oder Rückzahlung in bar oder unbar abgewickelt wird (Nr. 1009 Anm. Abs. 2 S. 1 VV). 4

In der Praxis wird die Hebegebühr vom Rechtsanwalt häufig nicht angesetzt. Als Begründung wird genannt, dass es gegenüber dem Mandanten nur schwer zu vertreten sei, wenn man nur für die Auszahlung von Geldern zusätzlich zu der im übrigen schon entstandenen Vergütung noch eine weitere Hebegebühr ansetze. Da die Kollegen am Ort die Hebegebühr ebenfalls nicht geltend machen würden, befürchtet man Wettbewerbsnachteile, wenn man die Hebegebühr mit dem Mandanten abrechne. Ob dies berufsrechtlich bedenklich ist (denn hier verzichtet der Rechtsanwalt auf eine ihm nach dem RVG zustehende Gebühr) soll hier nicht erörtert werden. Der Rechtsanwalt, der die Hebegebühr nicht ansetzt, mag sich aber einmal vor Augen führen, welches Gebührenvolumen ihm durch Nichtansetzen der Hebegebühr entgeht. Die entgangene Hebegebühr kann ganz einfach dadurch hoch gerechnet werden, in dem man den jährlichen Fremdgelddurchfluss der Kanzlei nimmt und mit dem Mittelsatz von 0,5 % multipliziert. Ein jährlicher Fremdgelddurchfluss von 1.000.000 EUR ist für eine mittelgroße Kanzlei (3 bis 4 Anwälte) sicherlich nicht übersetzt. Der Rechtsanwalt, der die Hebegebühr nicht ansetzt, verzichtet hier auf gerade mal eben 5.000 EUR. 5

Praxistipp:
Hebegebühr ansetzen! 6

II. Entstehen der Gebühr

Zunächst ist erforderlich, dass der Mandant dem Rechtsanwalt einen entsprechenden **Auftrag** zur Entgegennahme und Weiterleitung von Geldern erteilt hat. Dieser Auftrag muss nicht ausdrücklich erteilt worden sein, sondern kann sich auch aus den Umständen des Falles konkludent ergeben. Wurde der Rechtsanwalt im Rahmen eines Forderungs- bzw. Inkassomandats beauftragt, für den Mandanten Gelder einzuziehen, umfasst der Auftrag für das Forderungs- bzw. Inkassomandat auch gleichzeitig den Auftrag zur Entgegennahme und Auszahlung von Geldern.[1] Ergibt sich aus der von dem Mandanten dem Rechtsanwalt erteilten Vollmacht, dass der Rechtsanwalt zur Empfangnahme von Geldern berechtigt ist, kann hieraus auf einen konkludenten Auftrag zur Entgegennahme und Auszahlung oder Rückzahlung von Geldern geschlossen werden.[2] Dies auch vor dem Grundsatz, dass die Vollmacht in der Regel nur zur Legitimation des Rechtsanwalts nach außen hin dient und der dem Rechtsanwalt vom Mandanten erteilte Auftrag im Innenverhältnis ganz anders lauten kann. 7

Die Hebegebühr der Nr. 1009 VV **entsteht** mit der **Auszahlung oder Rückzahlung** von entgegengenommenen Geldbeträgen (Nr. 1009 Anm. Abs. 1 VV). Nicht bereits die Entgegennahme von Geldern löst die Hebegebühr der Nr. 1009 VV aus, sondern erst die Auszahlung oder Rückzahlung. Infolge dessen fällt dann auch keine Hebegebühr an, wenn der Rechtsanwalt die eingegangenen Beträge auf seine Vergütung verrechnet und nichts an den Mandanten zur Auszahlung kommt (Nr. 1009 Anm. Abs. 5 VV). Verrechnet der Rechtsanwalt die bei ihm 8

---

[1] Gerold/Schmidt/*Mayer* VV Nr. 1009 Rn. 3; HK-RVG/*Klees* VV Nr. 1009 Rn. 6; Schneider/Wolf/*N. Schneider* VV Nr. 1009 Rn. 11 f.

[2] HK-RVG/*Klees* Nr. 1009 VV Rn. 7; Gerold/Schmidt/*Mayer* VV Nr. 1009 Rn. 3.

Nr. 1009 VV

eingegangenen Gelder teilweise auf seine Vergütung und kommt eine Differenz noch an den Mandanten zur Auszahlung, so berechnet sich die Hebegebühr nur nach der zur Auszahlung kommenden Differenzbeträge.

9 **Unerheblich** für den Anfall der Hebegebühr ist, **ob** die Auszahlung oder Rückzahlung der Gelder in **bar** oder **unbar** erfolgt (Nr. 1009 Anm. Abs. 2 S. 1 VV). Also auch dann, wenn der Rechtsanwalt – wie heute üblich – die Gelder per Banküberweisung an den Mandanten auszahlt, entsteht die Hebegebühr.

10 Die Hebegebühr fällt auch an für die Ablieferung oder Rücklieferung von Wertpapieren und Kostbarkeiten (Nr. 1009 Anm. Abs. 4 VV). **Wertpapiere** sind Urkunden, die eine bestimmte Forderung oder ein bestimmtes Recht „verbriefen".[3] Hierunter fallen zB auch Schecks. Leitet der Rechtsanwalt einen **Scheck** über die Streitsumme, der bei ihm eingegangen ist, an den Mandanten weiter, so fällt Hebegebühr nach Nr. 1009 Anm. Abs. 4 VV an. Dies auch dann, wenn er den Scheck nicht zuvor auf seinem Andergeldkonto einreicht, sondern den von der Gegenseite ihm übergebenen Scheck an den Mandanten weiter gibt.[4]

11 **Kostbarkeiten** sind zB Edelmetalle (Gold und Silber), Schmuckstücke, Edelsteine u. a.[5] Berechnungsgrundlage für die Hebegebühr bei der Entgegennahme und Weiterleitung von Kostbarkeiten ist m. E. der Verkehrswert der Kostbarkeit.

12 Die Weitergabe einer **Bürgschaftsurkunde** oder die Rückgabe der Bürgschaft an den Mandanten löst keine Hebegebühr aus, da Bürgschaften nicht unter Wertpapiere und Kostbarkeiten iSd Nr. 1009 Anm. Abs. 4 VV zu subsumieren sind.[6] Allerdings kann hier eine gesonderte Geschäftsgebühr Nr. 2300 VV nach dem Wert der Bürgschaftssumme entstehen, wenn der Rechtsanwalt auftragsgemäß für den Mandanten die Bürgschaft beschafft hat.[7]

13 Die Hebegebühr fällt **neben den anderen Gebühren**, die in der Angelegenheit entstehen, an. Bei außergerichtlicher Vertretung entsteht die Hebegebühr also neben der ohnehin für das Betreiben des Geschäfts anfallenden Geschäftsgebühr der Nr. 2300 VV. Ist der Rechtsanwalt als Prozessbevollmächtigter tätig, kann die Hebegebühr der Nr. 1009 VV neben der in dem Mandat entstandenen Verfahrensgebühr Nr. 3100 VV und einer Terminsgebühr Nr. 3104 VV angesetzt werden.

14 Neben der Hebegebühr Nr. 1009 VV kann der Rechtsanwalt auch die ihm durch die Entgegennahme und Weiterleitung von Geldern entstandenen **Auslagen** (zB Entgelte für Post- und Telekommunikationsdienstleistungen, Umsatzsteuer) ansetzen.[8] Hat der Rechtsanwalt sich dafür entschieden, die Pauschale für Entgelte für Post- und Telekommunikationsdienstleistungen Nr. 7002 VV abzurechnen, zählt die Hebegebühr bei der Berechnung der Höhe der Pauschale mit. Wird allerdings schon durch die übrigen in der betreffenden gebührenrechtlichen Angelegenheit entstandenen Gebühren (zB Verfahrensgebühr, Terminsgebühr) der Höchstbetrag der Nr. 7002 VV in Höhe von 20 EUR erreicht, wirkt sich die Hebegebühr auf die Pauschale der Nr. 7002 VV nicht mehr aus. Anderer Meinung ist *N. Schneider*[9]; nach dessen Ansicht löst jede Auszahlung eine gesonderte Pauschale nach Nr. 7002 VV aus, berechnet nach der jeweils angefallenen Hebegebühr.

---

[3] Gerold/Schmidt/*Mayer* VV Nr. 1009 Rn. 14; Schneider/Wolf/*N. Schneider* VV Nr. 1009 Rn. 41 f.

[4] Schneider/Wolf/*N. Schneider* VV Nr. 1009 Rn. 43.

[5] Gerold/Schmidt/*Mayer* VV Nr. 1009 Rn. 15.

[6] Schneider/Wolf/*N. Schneider* VV Nr. 1009 Rn. 46.

[7] → § 19 Rn. 73.

[8] Gerold/Schmidt/*Mayer* VV Nr. 1009 Rn. 16.

[9] Schneider/Wolf/*N. Schneider* VV Nr. 1009 Rn. 58; so auch wohl HK-RVG/*Klees* Nr. 1009 VV Rn. 5.

Teil 1. Allgemeine Gebühren **Nr. 1009 VV**

Erfolgt die Auszahlung oder Rückzahlung von entgegengenommenen Geldbeträgen in mehreren **Teilbeträgen,** fällt die Hebegebühr von jedem Teilbetrag besonders an (Nr. 1009 Anm. Abs. 3 VV).[10] — 15

Keine Hebegebühr kann angesetzt werden, wenn — 16
- der Rechtsanwalt Gerichtskosten oder Auslagenvorschüsse für Zeugen und Sachverständige von dem Mandanten entgegennimmt und an die Gerichtskasse weiterleitet,
- die Gegenseite die festgesetzten Kosten an den Rechtsanwalt zahlt oder der Rechtsanwalt diese von der Gegenseite im Wege der Zwangsvollstreckung betreibt und diese Kosten dann an den Mandanten oder den hinter dem Mandanten stehenden Rechtsschutzversicherer zurückgezahlt werden (Nr. 1009 Anm. Abs. 5 VV).

III. Höhe der Hebegebühr

Die Hebegebühr ist nicht als Wert- oder Rahmengebühr ausgestaltet. Sondern in der Nr. 1009 VV ist festgelegt, dass sich die Hebegebühr prozentual nach dem zur Auszahlung oder Rückzahlung gelangten Betrag berechnet. Nach Nr. 1009 VV kann als Hebegebühr angesetzt werden: — 17

- Bis einschließlich 2.500 EUR: 1 Prozent
- von dem Mehrbetrag bis einschließlich 10.000 EUR: 0,5 Prozent
- von dem Mehrbetrag über 10.000 EUR: 0,25 Prozent

Berechnungsgrundlage ist der aus- oder zurückgezahlte Betrag. Die Hebegebühr beträgt mindestens 1 EUR.

Beispiel 1:

Der Gegner hat die Streitsumme in Höhe von 18.276,78 EUR an den Rechtsanwalt gezahlt. Die Hebegebühr berechnet sich wie folgt:

1 % von 2.500 EUR:	25,00 EUR
+ 0,5 % von 7.500 EUR:	37,50 EUR
+ 0,25 % von 8.276,78 EUR:	20,69 EUR
Hebegebühr Nr. 1009 VV insgesamt:	83,19 EUR[11]

zzgl. Auslagen und Umsatzsteuer.

Ist das Geld in mehreren **Teilbeträgen** gesondert ausgezahlt oder zurückgezahlt worden, wird die Hebegebühr von jedem ausgezahlten Teilbetrag besonders erhoben (Nr. 1009 Anm. Abs. 3 VV). — 18

Beispiel 2:

Der Schuldner tilgt Hauptforderung und Zinsen in Raten. Die Raten werden an den Rechtsanwalt gezahlt. Der Rechtsanwalt zahlt jede Rate sofort an den Mandanten aus. Die Hebegebühr kann mehrfach, nämlich für jeden an den Mandanten ausgezahlten Teilbetrag gesondert angesetzt werden.

Beispiel 3:

Der Schuldner zahlt auf die titulierte Hauptforderung und Zinsen monatliche Raten an den Rechtsanwalt des Gläubigers. Absprachegemäß zahlt der Rechtsanwalt am Ende des Mandats die gesamte Hauptforderung und Zinsen an den Mandanten aus. Die Hebegebühr kann nur einmal nach dem letztlich zur Auszahlung kommenden Betrag angesetzt werden.[12]

---

[10] → Nr. 1009 VV Rn. 18 f.

[11] Zur Berechnung der Hebegebühr: Schneider/Wolf/*N. Schneider* VV Nr. 1009 Rn. 52; Gerold/Schmidt Anh. Teil XV Tabelle 3, wobei in der Tabelle allerdings nur „glatte" Euro-Beträge berücksichtigt werden konnten.

[12] Gerold/Schmidt/*Mayer* VV Nr. 1009 Rn. 17.

Nr. 1009 VV Teil 1. Allgemeine Gebühren

19 Erfolgt die Auszahlung an den Auftraggeber in einem Gesamtbetrag, der sich aus mehreren **Teilbeträgen, die aus verschiedenen gebührenrechtlichen Angelegenheiten resultieren,** zusammen setzt, fällt die Hebegebühr mehrfach an, nämlich jeweils nach dem (Teil-)Betrag, der in der einzelnen Angelegenheit zur Auszahlung kommt.[13]

Beispiel 4:

Der Rechtsanwalt bearbeitet für den Mandanten zwei Angelegenheiten, eine Verkehrsunfallsache und ein Forderungsmandat. In der Verkehrsunfallsache geht ein Entschädigungsbetrag in Höhe von 8.000 EUR und in der Forderungssache geht ein Teilbetrag, gezahlt auf Hauptforderung und Zinsen in Höhe von 5.000 EUR bei dem Rechtsanwalt ein. Der Rechtsanwalt bringt den Gesamtbetrag in Höhe von 13.000 EUR in einer Summe an den Mandanten zur Auszahlung. Der Rechtsanwalt kann zweimal Hebegebühr ansetzen, einmal berechnet nach 8.000 EUR und einmal berechnet nach 5.000 EUR.

20 Kommt derselbe Betrag mehrfach zur Aus- oder Rückzahlung, kann auch mehrfach die Hebegebühr angesetzt werden.[14]

Beispiel 5:

Vereinbarungsgemäß nimmt der Rechtsanwalt von seinem Mandanten einen Betrag in Höhe von 10.000 EUR entgegen und leitet diesen an den Gegenanwalt als Sicherheitsleistung weiter. Nach Abschluss der Sache zahlt der Gegenanwalt den Betrag an den Rechtsanwalt zurück. Der Rechtsanwalt zahlt den Betrag an den Mandanten aus. Der Rechtsanwalt kann zweimal Hebegebühr ansetzen, einmal für die Auszahlung an den Gegenanwalt und einmal für die Rückzahlung an den Mandanten.

21 Wurde an den Rechtsanwalt eine Zahlung erbracht und erfolgt die Auszahlung in mehreren Teilbeträgen, fällt ebenfalls die Hebegebühr mehrfach, jeweils gesondert nach den ausgezahlten Teilbeträgen, an.[15]

Beispiel 6:

Der Haftpflichtversicherer des Schädigers zahlt an den Rechtsanwalt 8.000 EUR. Auftragsgemäß zahlt der Rechtsanwalt den Betrag wie folgt aus:
- an den Sachverständigen 1.000 EUR
- an den Mietwagenunternehmer 2.000 EUR
- an die Kfz-Werkstatt 4.000 EUR
- an den Mandanten 1.000 EUR.

Der Rechtsanwalt kann auf jeden ausgezahlten Einzelbetrag die Hebegebühr ansetzen und die insgesamt anfallenden Hebegebühren von dem an den Mandanten auszuzahlenden Betrag in Abzug bringen.

IV. Entnahme bei Auszahlung oder Rückzahlung

22 Nach Nr. 1009 Anm. Abs. 2 S. 2 VV kann die Hebegebühr bei Ablieferung an den Auftraggeber entnommen werden. Der Rechtsanwalt kann also direkt von dem an den Auftraggeber auszuzahlenden Betrag die ihm zustehende Hebegebühr in Abzug bringen.

23 Wertpapiere und Kostbarkeiten braucht der Rechtsanwalt nur Zug um Zug gegen Zahlung der Hebegebühr dem Mandanten auszuhändigen.[16]

---

[13] Gerold/Schmidt/*Mayer* VV Nr. 1009 Rn. 17; Schneider/Wolf/*N. Schneider* VV Nr. 1009 Rn. 29.

[14] HK-RVG/*Klees* Nr. 1009 VV Rn. 12.

[15] Schneider/Wolf/*N. Schneider* VV Nr. 1009 Rn. 30.

[16] Gerold/Schmidt/*Mayer* VV Nr. 1009 Rn. 18.

Teil 1. Allgemeine Gebühren **Nr. 1009 VV**

Übergibt der Mandant dem Rechtsanwalt zwecks Hinterlegung bei der Hinter- 24
legungsstelle oder bei dem Gegenanwalt einen Geldbetrag, so kann der Rechtsanwalt hieraus die Hebegebühr nicht vor Auszahlung an den Gegenanwalt oder an die Hinterlegungsstelle entnehmen. Dem dürfte § 4 Abs. 2 BORA entgegenstehen. Danach kann der Rechtsanwalt eigene Forderungen nicht mit Geldern verrechnen, die **zweckgebunden** zur Auszahlung an andere als den Mandanten bestimmt sind.

V. Erstattung der Hebegebühr

Wie sonst ist auch bei der Hebegebühr zu unterscheiden zwischen Entstehung 25
der Gebühr und Erstattung der Gebühr. Nicht in allen Fällen ist eine im Verhältnis des Rechtsanwalts zu seinem Mandanten entstandene Hebegebühr auch von dem Gegner zu erstatten. Die **Erstattungsfähigkeit** der Hebegebühr[17] wird in der Praxis sehr oft daran scheitern, dass die Zuziehung eines Rechtsanwalts regelmäßig zur Zahlungsabwicklung nicht notwendig ist. Zur erstatten sind aber in der Regel nur notwendige Kosten. Rechtsprechung und Literatur haben die Erstattungsfähigkeit einer Hebegebühr zB in folgenden Fällen bejaht:
- Der Schuldner zahlt, ohne vom Gläubiger oder dessen Anwalt dazu aufgefordert worden zu sein, an den Rechtsanwalt des Gläubigers um Zwangsvollstreckungsmaßnahmen zu vermeiden.[18]
- Besondere – in der Person oder dem Verhalten des Schuldners liegende Gründe können die Einschaltung eines Rechtsanwalts bei der Gelderhebung rechtfertigen (etwa unregelmäßige Zahlungen oder Beitreibung durch langwierige Lohnpfändungen).[19]
- Hat der Beklagte sich in einem Vergleich zur Zahlung des Vergleichsbetrags zu Händen des Rechtsanwalts des Klägers verpflichtet, ist von ihm die Hebegebühr zu erstatten.[20]
- Wurde der Haftpflichtversicherer des Schädigers in einer Verkehrsunfallsache ausdrücklich aufgefordert, unmittelbar an den Geschädigten zu zahlen und darauf hingewiesen, dass bei Zahlung über den Rechtsanwalt eine Hebegebühr anfällt, zahlt er dennoch an den Rechtsanwalt, ist von ihm die Hebegebühr zu erstatten.[21]

Der BGH[22] hat entschieden, dass die Hebegebühr sogar im Kostenfestsetzungsver- 26
fahren nach §§ 91, 103, 104 ZPO geltend gemacht werden kann, wenn die Einschaltung des Prozessbevollmächtigten in den Zahlungsvorgang im Hinblick auf den Inhalt des Vergleichs aus besonderen Gründen gerechtfertigt ist. In dem vom BGH entschiedenen Fall war der Vergleichsbetrag von über 400.000 EUR Zug um Zug gegen Herausgabe einer Bauhandwerkersicherungsbürgschaft zu zahlen. In dem Vergleich war vereinbart worden, dass die Zahlung der Vergleichssumme bis zu einem bestimmten Termin auf das Anderkonto des Beklagtenvertreters zu erfolgen hatte. Auch die Bürgschaftsurkunde sollte zu treuen Händen an den Beklagtenvertreter übergeben werden.

---

[17] Zur Erstattung der Hebegebühr ausführlich: *Thiel* AGS 2011, 573.
[18] Gerold/Schmidt/*Mayer* VV Nr. 1009 Rn. 22 mwN; Schneider/Wolf/*N. Schneider* VV Nr. 1009 Rn. 81 mwN.
[19] Gerold/Schmidt/*Mayer* VV Nr. 1009 Rn. 22 mwN; Schneider/Wolf/*N. Schneider* VV Nr. 1009 Rn. 81 mwN.
[20] Gerold/Schmidt/*Mayer* VV Nr. 1009 Rn. 22 mwN; Schneider/Wolf/*N. Schneider* VV Nr. 1009 Rn 81 mwN.
[21] Gerold/Schmidt/*Mayer* VV Nr. 1009 Rn. 22 mwN; Schneider/Wolf/*N. Schneider* VV Nr. 1009 Rn. 81 mwN.
[22] BGH JurBüro 2007, 253.

Nr. 1010 VV

Nr.	Gebührentatbestand	Gebühr oder Satz der Gebühr nach § 13
1010	Zusatzgebühr für besonders umfangreiche Beweisaufnahme in Angelegenheiten, in denen sich die Gebühren nach Teil 3 richten und mindestens drei gerichtliche Termine stattfinden, in denen Sachverständige oder Zeugen vernommen werden. .... Die Gebühr entsteht für den durch besonders umfangreiche Beweisaufnahme anfallenden Mehraufwand.	0,3 oder bei Betragsrahmengebühren erhöhen sich der Mindest- und Höchstbetrag der Terminsgebühr um 30%.

Übersicht

Rn.

I. Überblick 1
II. Anwendungsbereich 6
III. Entstehen der Gebühr 10
IV. Höhe der Gebühr 18
V. Kostenerstattung/Prozess- und Verfahrenskostenhilfe/Rechtsschutzversicherung 21

I. Überblick

1 Nr. 1010 VV wurde durch das 2. KostRMoG[1] ins RVG eingefügt. Nr. 1010 VV kommt folglich erst für Fälle zur Anwendung, in denen der Rechtsanwalt den unbedingten Auftrag am 1.8.2013 oder später erhalten hat.

2 Nr. 1010 VV kommt nur in Angelegenheiten zur Anwendung, in denen sich die Gebühren nach Teil 3 VV richten.

3 Nach Nr. 1010 VV kann der Rechtsanwalt, der nicht nur mit Einzeltätigkeiten beauftragt ist, sondern für seinen Mandanten als Prozessbevollmächtigter tätig wird, eine Zusatzgebühr für Beweisaufnahmen erhalten. Voraussetzung ist, dass
- es sich um eine besonders umfangreiche Beweisaufnahme handelt
- und mindestens drei gerichtliche Termine stattfinden, in denen Sachverständige oder Zeugen vernommen werden.

4 Diese Zusatzgebühr der Nr. 1010 VV entsteht in Höhe von 0,3, unabhängig davon in welchem Rechtszug der Tatbestand der Nr. 1010 VV erfüllt wird. Bei Betragsrahmengebühren erhöhen sich der Mindest- und Höchstbetrag der Terminsgebühr um 30%.

5 Durch die Zusatzgebühr der Nr. 1010 VV soll der für den durch besonders umfangreiche Beweisaufnahmen anfallende Mehraufwand des Prozessbevollmächtigten abgegolten werden.

---

[1] BGBl. 2013 I 2586 – in Kraft getreten am 1.8.2013.

II. Anwendungsbereich

Die Zusatzgebühr für Beweisaufnahmen wurde in Teil 1 VV eingestellt. Obwohl in Teil 1 VV unter der Überschrift „Allgemeine Gebühren" Gebühren geregelt sind, die in verschiedenen Tätigkeitsbereichen anfallen können (so kann zB die Einigungsgebühr Nr. 1000, 1003 VV sowohl bei außergerichtlicher Vertretung als auch bei Tätigkeit in einem gerichtlichen Verfahren entstehen) ist der Anwendungsbereich der Nr. 1010 VV beschränkt. Ausweislich der Norm entsteht sie nur „*... in Angelegenheiten, in denen sich die Gebühren nach Teil 3 richten ...*". Dies sind zB bürgerliche Rechtsstreitigkeiten, Familien- und Familienstreitsachen, Verfahren vor den Arbeits-, Verwaltungs-, Sozial- und Finanzgerichten.

Der Anwendungsbereich ist allerdings nicht auf das Erkenntnisverfahren beschränkt, sondern die Zusatzgebühr Nr. 1010 VV kann zB auch in gerichtlichen selbständigen Beweisverfahren entstehen.[2] Auch in sozialgerichtlichen Angelegenheiten, in denen Betragsrahmengebühren entstehen, kann die Zusatzgebühr Nr. 1010 VV anfallen. Denn auch in diesen Angelegenheiten richten sich die Gebühren nach Teil 3 VV.

Die Zusatzgebühr der Nr. 1010 VV kann aber **nicht** entstehen bei **außergerichtlicher Vertretung**. Hat der Rechtsanwalt nur einen Auftrag zur außergerichtlichen Vertretung, bestimmen sich die Gebühren in der Regel nach Teil 2 VV, so dass schon ausweislich der Norm der Nr. 1010 VV diese nicht zur Anwendung kommt. Dies auch dann nicht, wenn es sich um ein außergerichtliches Rechtsbehelfsverfahren etwa in verwaltungs- oder sozialrechtlichen Angelegenheiten handelt, in denen durchaus auch umfangreiche Beweisaufnahmen stattfinden können.

Die Zusatzgebühr Nr. 1010 VV entsteht dem Rechtsanwalt, der als Prozess- oder Verfahrensbevollmächtigter tätig ist. Auch dem Rechtsanwalt, der als Terminsvertreter (iSd Nr. 3401 VV) beauftragt ist, kann die Zusatzgebühr Nr. 1010 VV entstehen, wenn seine Tätigkeit die dort genannten Voraussetzungen erfüllt.[3] Dies gilt auch, wenn der Terminsvertreter als sogenannter „Beweisanwalt" nur beauftragt ist, die Termine zur Zeugenvernehmung vor einem ersuchten Richter wahrzunehmen. Der Rechtsanwalt, der nur mit Einzeltätigkeiten iSd Nr. 3403 VV (zB nur der Fertigung der Klageschrift) beauftragt ist, wird die Zusatzgebühr Nr. 1010 VV nicht erhalten können.[4]

III. Entstehen der Gebühr

Voraussetzung für das Entstehen der Zusatzgebühr Nr. 1010 VV ist, dass
- eine **besonders umfangreiche Beweisaufnahme** stattgefunden hat
- und mindestens **drei gerichtliche Termine stattfinden, in denen Sachverständige oder Zeugen** vernommen werden.

Die beiden Voraussetzungen müssen kumulativ erfüllt sein.[5] Der **Rechtsanwalt** muss sowohl an der besonders umfangreichen Beweisaufnahme **mitgewirkt** haben und mindestens drei Termine, in denen Zeugen oder Sachverständige vernommen wurden, stattgefunden haben. Es reicht nicht aus, dass mindestens drei gerichtliche Termine stattfinden, in denen Sachverständige oder Zeugen vernommen werden, sondern die Beweisaufnahme muss darüber hinaus noch besonders umfangreich gewesen sein. Nicht jede Beweisaufnahme, in der mindestens drei Termine zur

---

[2] *Schneider/Thiel* AGS 2013, 53 (54); Schneider/Wolf/*N. Schneider* VV Nr. 1010 Rn. 4.
[3] *Schneider/Thiel* AGS 2013, 53 (54); Schneider/Wolf/*N. Schneider* VV Nr. 1010 Rn. 4.
[4] Ausnahme: Terminsvertreter/Beweisanwalt → Rn. 9.
[5] *Schneider/Thiel* AGS 2013, 53 (54); *Schneider/Thiel* § 3 Rn. 476; Schneider/Wolf/*N. Schneider* VV Nr. 1010 Rn. 5.

Nr. 1010 VV

Vernehmung von Zeugen oder Sachverständigen stattfinden, gilt automatisch als „**besonders umfangreiche Beweisaufnahme**" iSd Nr. 1010 VV.

11 Nicht erforderlich ist, dass die Tätigkeit in den mindestens drei gerichtlichen Terminen, in denen Sachverständige oder Zeugen vernommen werden besonders umfangreich war.[6] Es genügt auch, wenn die übrigen Teile der **Beweisaufnahme** besonders umfangreich waren, zB ein umfangreiches Sachverständigengutachten eingeholt wurde, mit dem der Anwalt sich eingehend auseinandersetzen musste.

12 Es reicht nicht aus, dass die Beweisaufnahme umfangreich ist; vielmehr muss sie **besonders** umfangreich sein. Die Formulierung „*besonders umfangreiche Beweisaufnahme*" ist auslegungsfähig. Es bleibt abzuwarten, was in Rechtsprechung und Literatur als „besonders umfangreiche Beweisaufnahme" angesehen wird.

13 Die zweite Voraussetzung für das Entstehen der Zusatzgebühr Nr. 1010 VV „*... und mindestens drei gerichtliche Termine stattfinden, in denen Sachverständige oder Zeugen vernommen werden ...*" ist klarer formuliert. Es gilt folgendes:

Es müssen „*... mindestens drei gerichtliche Termine ...*" stattfinden, in denen Sachverständige oder Zeugen vernommen werden. Die drei Termine müssen in derselben gebührenrechtlichen Angelegenheit stattfinden. Finden zwei Termine in einem selbständigen Beweisverfahren und ein weiterer dritter Termin in dem wegen desselben Gegenstandes anhängigen Hauptsacheprozess statt, entsteht keine Zusatzgebühr Nr. 1010 VV, da das selbständige Beweisverfahren und die Hauptsache nicht dieselbe gebührenrechtliche Angelegenheit sind.[7] Dasselbe gilt, wenn zwei Termine im I. Rechtszug und ein weiterer – dritter – Termin im Berufungsverfahren stattfinden.

14 Nr. 1010 VV stellt darauf ab, dass „*... mindestens drei gerichtliche Termine **stattfinden**, ...* Aus dieser Formulierung wird geschlossen, dass es nicht erforderlich ist, dass der Rechtsanwalt die drei gerichtlichen Termine, in denen Zeugen oder Sachverständige vernommen wurden, auch wahrgenommen bzw. die Parteien in diesen Termin vertreten hat.[8] Begründet wird dies damit, dass der Rechtsanwalt auch dann, wenn er die drei Termine, in denen Zeugen oder Sachverständige vernommen wurden, nicht wahrgenommen habe, einen Mehraufwand habe, der durch die in Nr. 1010 VV normierte 0,3 Zusatzgebühr für besonders umfangreiche Beweisaufnahmen abgedeckt werden soll. Denn er müsse sich mit dem Beweisergebnis befassen, die Stellungnahme der Partei hierzu herbeiführen und ggfls. gegenüber dem Gericht Stellung nehmen. *Enders* hatte zunächst die Auffassung vertreten, dass die Zusatzgebühr für besonders umfangreiche Beweisaufnahmen Nr. 1010 VV nur entstehen könne, wenn der Rechtsanwalt auch mindestens drei Termine, in denen Zeugen oder Sachverständige vernommen wurden, wahrgenommen habe.[9] Der Wortlaut der Nr. 1010 VV spricht aber dafür, dass es für das Entstehen der zusätzlichen Gebühr für besonders umfangreiche Beweisaufnahmen nicht erforderlich ist, dass der Rechtsanwalt die drei Termine, in denen Zeugen oder Sachverständige vernommen wurden, auch tatsächlich wahrgenommen hat. Daher hält *Enders* an seiner anderslautende Auffassung nicht fest.

15 Es müssen mindestens drei gerichtliche Termine stattfinden, „*... in denen Sachverständige oder Zeugen vernommen werden ...*".

16 Ob der **Zeuge** vor dem erkennenden Gericht, dem beauftragten oder ersuchten Richter vernommen wird, ist unerheblich. Auch wenn der Zeuge nur Angaben zur Person macht und sich im Übrigen auf ein Zeugnis- oder Aussageverweigerungs-

---

[6] *Schneider/Thiel* § 3 Rn. 481.

[7] *Schneider/Thiel* AGS 2013, 53 (54).

[8] *Hansens* RVGreport 2013, 410 (414); *Volpert* VRR 2013, 327 (331); Gerold/Schmidt/Mayer VV 1010 Rn. 2.

[9] Vgl. 2. Auflage dieses Kommentars Nr. 1010 VV Rn 14.

recht beruft, zählt dies als Termin iSd Nr. 1010 VV.[10] Es zählt auch dann nur als ein Termin iSd Nr. 1010 VV, wenn mehrere Zeugen in dem Termin vernommen werden. Dies auch dann, wenn ein Zeuge und ein Sachverständiger in demselben Termin vernommen werden. Werden zum Termin Zeugen oder Sachverständige geladen, diese aber nicht mehr vernommen, weil sich die Parteien vorher einigen, zählt dieser Termin nicht mit bei der Frage, ob die Voraussetzungen für den Anfall der Zusatzgebühr Nr. 1010 VV erfüllt sind.[11] Eine schriftliche Zeugenaussage zählt ebenso wenig als Termin iSd Nr. 1010 VV, wie ein schriftliches Sachverständigengutachten.

Neben den Zeugenvernehmungsterminen, sind auch Termine zur Vernehmung eines **Sachverständigen** für die Zusatzgebühr Nr. 1010 VV zu berücksichtigen. Es müssen sich um solche nach § 411 Abs. 3 ZPO oder nach vergleichbaren Vorschriften anderer Verfahrensordnungen handeln. Termine, die von einem gerichtlichen Sachverständigen zB vor Ort anberaumt worden sind, sind für die Voraussetzungen der Nr. 1010 VV nicht zu berücksichtigen, da es sich insoweit nicht um gerichtliche Termine handelt.[12] 17

IV. Höhe der Gebühr

Die Zusatzgebühr der Nr. 1010 VV fällt in Angelegenheiten, in denen Wertgebühren entstehen, in Höhe von **0,3** an. Dies unabhängig davon, in welchem Rechtszug die Voraussetzungen der Nr. 1010 VV erfüllt werden. Sie entsteht, in Angelegenheiten in denen Wertgebühren entstehen, als **eigenständige** Zusatzgebühr. Sie kann also im I. Rechtszug neben einer 1,3 Verfahrensgebühr und einer 1,2 Terminsgebühr angesetzt werden. Die Zusatzgebühr Nr. 1010 VV erhöht sich nicht bei mehreren Auftraggebern nach Nr. 1008 VV. Nach Nr. 1008 VV erhöht sich nur eine Geschäfts- oder Verfahrensgebühr. 18

Grundsätzlich entsteht die 0,3 Zusatzgebühr Nr. 1010 VV nach dem „vollen" Gegenstandswert. Betreffen die besonders umfangreiche Beweisaufnahme und die mindestens drei gerichtlichen Termine zur Vernehmung von Sachverständigen oder Zeugen nur einen Teil der anhängigen Gegenstände, entsteht die 0,3 Zusatzgebühr nur nach dem Wert der Gegenstände, über welche die Beweisaufnahme erfolgt ist. 19

Beispiel

Der Rechtsanwalt vertritt in einem bürgerlichen Rechtsstreit. Gegenstand ist zum einen ein Kaufpreisanspruch in Höhe von 120.000 EUR und ein Werklohnanspruch in Höhe von 52.000 EUR. Es findet eine besonders umfangreiche Beweisaufnahme statt, der Rechtsanwalt vertritt in mindestens drei gerichtlichen Terminen, in denen Zeugen vernommen werden. Die Beweisaufnahme betrifft nur den Werklohnanspruch über 50.000 EUR.

Die 1,3 Verfahrensgebühr Nr. 3100 VV und die 1,2 Terminsgebühr Nr. 3104 VV entstehen nach dem Gesamtwert in Höhe von 170.000 EUR. Die Zusatzgebühr Nr. 1010 VV fällt nur nach dem Wert des Gegenstandes an, über welchen die Beweisaufnahme erfolgt, also nur nach einem Gegenstandswert von 50.000 EUR.

Handelt es sich um eine Angelegenheit vor dem **Sozialgericht,** in der Betragsrahmengebühren entstehen, so ist die Zusatzgebühr Nr. 1010 VV an die Terminsgebühr gekoppelt. **Der Mindest- und Höchstbetrag der Terminsgebühr erhöht** 20

---

[10] *Schneider/Thiel* AGS 2013, 53 (55); Schneider/Wolf/*N. Schneider* VV Nr. 1010 Rn. 15.

[11] *Schneider/Thiel* AGS 2013, 53 (55); Schneider/Wolf/*N. Schneider* VV Nr. 1010 Rn. 15–20.

[12] *Schneider/Thiel* AGS 2013, 53 (55); Schneider/Wolf/*N. Schneider* VV Nr. 1010 Rn. 21–25.

Nr. 1010 VV Teil 1. Allgemeine Gebühren

sich um 30 %. Innerhalb dieses erweiterten Rahmens ist dann die Terminsgebühr (zB die Terminsgebühr Nr. 3106 VV) zu bestimmen.

V. Kostenerstattung/Prozess- und Verfahrenskostenhilfe/ Rechtsschutzversicherung

21   Da die Zusatzgebühr Nr. 1010 VV zu der gesetzlichen Vergütung gehört, ist diese im Falle eines Obsiegens von dem unterlegenen Gegner zu erstatten (§ 91 ZPO). Sie kann mit zur Festsetzung nach zB §§ 103, 104 ZPO beantragt werden.

22   Wurde der Partei Prozess- oder Verfahrenskostenhilfe bewilligt und der Rechtsanwalt beigeordnet, ist die Zusatzgebühr Nr. 1010 VV aus der Staatskasse zu erstatten.

23   Ebenfalls hat der Rechtsschutzversicherer, der eintrittspflichtig ist, die Zusatzgebühr Nr. 1010 VV mit zu übernehmen, da sie zur gesetzlichen Vergütung des Rechtsanwalts „gehört".

Teil 2. Außergerichtliche Tätigkeiten einschließlich der Vertretung im Verwaltungsverfahren

Vorbemerkungen 2 VV

Nr.	Gebührentatbestand	Gebühr oder Satz der Gebühr nach § 13
Vorbemerkung 2: (1) Die Vorschriften dieses Teils sind nur anzuwenden, soweit nicht die §§ 34 bis 36 RVG etwas anderes bestimmen. (2) Für die Tätigkeit als Beistand für einen Zeugen oder Sachverständigen in einem Verwaltungsverfahren, für das sich die Gebühren nach diesem Teil bestimmen, entstehen die gleichen Gebühren wie für einen Bevollmächtigten in diesem Verfahren. Für die Tätigkeit als Beistand eines Zeugen oder Sachverständigen vor einem parlamentarischen Untersuchungsausschuss entstehen die gleichen Gebühren wie für die entsprechende Beistandsleistung in einem Strafverfahren des ersten Rechtszugs vor dem Oberlandesgericht.		

I. Anwendungsbereich (Abs. 1)

Der erste Absatz stellt klar, dass die Vorschriften des Teils 2 VV nicht gelten für die Tätigkeit des Rechtsanwalts bei der Beratung, der Erstellung eines Gutachtens, bei der Mediation (§ 34 RVG) und bei der Hilfeleistung für Steuersachen (§ 35 RVG) sowie bei der Tätigkeit in schiedsrichterlichen Verfahren oder in Verfahren vor den Schiedsgerichten (§ 36 RVG). 1

Die in § 34 RVG nunmehr Rechtsanwälten nachdrücklich ausgesprochene Empfehlung, auf eine **Gebühren**vereinbarung hinzuwirken, hat, wenn ihr in der Praxis nicht gefolgt wird, weitreichende nachteilige Folgen. Verabsäumt es der Rechtsanwalt, eine Gebührenvereinbarung zu treffen oder gelingt ihm der Abschluss einer solchen Vereinbarung aus sonstigen Gründen nicht, beschränkt sich der Vergütungsanspruch, soweit sich die Beratung nicht auf ein erstes Beratungsgespräch beschränkt (dann Kappungsgrenze 190 EUR wie bisher) auf einen Betrag in Höhe von 250 EUR (bei Beratung eines Verbrauchers, ansonsten Abrechnung nach den Vorschriften des BGB). Dies gilt unabhängig davon, wie zeitintensiv, wie schwierig oder wie regressträchtig die anwaltliche Tätigkeit ist. Diese Beschränkung betrifft aber nur die außergerichtliche Beratungstätigkeit, nicht anwaltliche Tätigkeit, die darüber hinausgeht. 2

Gleichwohl ist es geboten, der Abgrenzung zwischen Beratung und außergerichtlicher Vertretung besondere Aufmerksamkeit zu schenken, nachdem mittlerweile drei Oberlandesgerichte festgestellt haben, dass der Entwurf eines einseitigen Schreibens (etwa der Entwurf eines Testamentes) keine Geschäftsgebühr auslöst, weil solche Tätigkeiten nicht unter Anm. 2.3 (Mitwirkung bei der Gestaltung eines Vertrages) subsumiert werden können.[1] 3

Ansonsten wird die gesamte außergerichtliche Tätigkeit einschließlich der Vertretung im Verwaltungsverfahren im Teil 2 VV geregelt, dem insoweit besondere Bedeutung zukommt, als nach dem erklärten Willen des Gesetzgebers der Anreiz für die Tätigkeit des Rechtsanwalts im außergerichtlichen Bereich verstärkt werden soll. 4

---

[1] Siehe zunächst OLG Nürnberg AnwBl. 2010, 805 ff.; *Kallenbach* AnwBl. 2010, 788; OLG Düsseldorf AGS 2012, 454 f.; OLG Frankfurt a.M. Urt. v. 28.11.2012 – 4 U 139/12 = AGS 2015, 505 ff. mAnm *Schons*.

II. Beistand für einen Zeugen oder Sachverständigen (Abs. 2)

5   Die Vorb. 2 Abs. 2 VV bestimmt, dass die Honorierung für die Tätigkeit als Beistand für einen Zeugen oder Sachverständigen in einem Verwaltungsverfahren der eines Bevollmächtigten in solchen Verfahren gleichgestellt werden soll. Entsprechendes wird bestimmt für die Tätigkeit vor einem parlamentarischen Untersuchungsausschuss. Hier sollen die gleichen Gebühren für die Beistandsleistungen für einen Zeugen oder Sachverständigen entstehen wie sie bei einer entsprechenden Beistandsleistung in einem Strafverfahren des ersten Rechtszuges vor dem Oberlandesgericht abgerechnet werden können.

Abschnitt 1. Prüfung der Erfolgsaussicht eines Rechtsmittels

Nr. 2100 VV

Nr.	Gebührentatbestand	Gebühr oder Satz der Gebühr nach § 13
2100	Gebühr für die Prüfung der Erfolgsaussicht eines Rechtsmittels, soweit in Nummer 2102 nichts anderes bestimmt ist ..... Die Gebühr ist auf eine Gebühr für das Rechtsmittelverfahren anzurechnen.	0,5 bis 1,0

Übersicht

	Rn.
I. Normzweck	1
II. Voraussetzung für das Entstehen der Gebühr	5
III. Anwendungsbereich und Prüfungsumfang	8
IV. Nr. 2100 VV als Gebühr im Prozesskostenhilfeverfahren oder bei Beratungshilfe	10
V. Höhe der Gebühr	15
VI. Anrechnung auf spätere Gebühren	17
VII. Mehrere Auftraggeber	21
VIII. Erstattungsfragen	22
IX. Rechtsschutzversicherungsprobleme	29
X. Festsetzung der Gebühr	30

I. Normzweck

1   Der Gebührentatbestand der Nr. 2100 VV ist eine grundsätzliche Neuregelung, die die bisherige Rechtslage weder vereinfacht noch lediglich modifiziert hat. Vielmehr stellt Nr. 2100 VV einen **eigenen Gebührentatbestand** dar, der anders als früher von jedem Rechtsanwalt verwirklicht werden kann, unabhängig davon, ob er in erster Instanz bereits mandatiert war oder nicht und unabhängig davon, ob er anschließend mit der Durchführung der Rechtsmittelinstanz beauftragt wird oder nicht. Aus letzterem Grund war es auch erforderlich, klarzustellen, dass die Gebühr auf eine spätere Gebühr für das Rechtsmittelverfahren in jedem Fall anzurechnen ist.[1]

---

[1] Vgl. hierzu eingehend *N. Schneider* ZAP Nr. 24, S. 1379–1382; *Onderka* RVG-Berater 2004, 130–133; *Hartung* AnwBl. 2005, 206.

Abschnitt 1. Prüfung der Erfolgsaussicht **Nr. 2100 VV**

Unter **Geltung der BRAGO** ließ sich nach § 20 Abs. 2 BRAGO eine Gebühr 2
für die Prüfung der Erfolgsaussichten eines Rechtsmittels nur verdienen, wenn der
Rechtsanwalt mit der Angelegenheit zuvor noch nicht befasst war und er darüber
hinaus von der Einlegung des Rechtsmittels abriet und es demgemäß auch nicht
einlegte.[2]

Wird ein weiterer Rechtsanwalt unmittelbar als „**Zweitinstanzler**" mandatiert, 3
entsteht sofort die Verfahrensgebühr nach Nr. 3200 VV, bzw. nach Nr. 3201 VV,
wenn der Auftrag vorzeitig endet.

Mit Einführung der Nr. 2100 VV ist nunmehr ein Gebührentatbestand zwischen- 4
geschaltet, der ein- und demselben Rechtsanwalt zuwachsen kann, der in der ersten
und zweiten Instanz – je nach Ausgang der Prüfung – tätig wird. Über die frühere
Regelung des § 20 Abs. 2 BRAGO hinaus werden jetzt auch alle Rechtsmittel
erfasst, also nicht nur Berufung und Revision.[3]

II. Voraussetzung für das Entstehen der Gebühr

Voraussetzung für das Entstehen der Gebühr ist es, dass ein **Rechtsmittel** über- 5
haupt **zulässig** ist. Wenn das Urteil oder die Entscheidung schon aus formellen
Gründen nicht angreifbar ist, können auch keine Erfolgsaussichten geprüft werden.
Die Gebühr kann dann also nicht entstehen.[4]

Ist hingegen ein Rechtsmittel gegen die Entscheidung grundsätzlich gegeben, so 6
verdient der erstinstanzlich mandatierte Rechtsanwalt die Gebühr nach Nr. 2100 VV
bereits dann, wenn er die von ihm überprüfte Entscheidung mit einer entsprechenden Beurteilung und Empfehlung an den Mandanten weiterleitet; eines **ausdrücklichen Auftrages** zur Prüfung der Erfolgsaussichten des Rechtsmittels bedarf es
nicht.[5] Wer hier allerdings den sicheren Weg beschreiten will, der sollte sich aufgrund
der unterschiedlichen Beurteilung in der Literatur einen solchen Auftrag vorsorglich
erteilen lassen.[6]

Stellt der Mandant das empfangene Urteil einem weiteren Rechtsanwalt zur Ver- 7
fügung, so wird er bei Mandatierung klarstellen, welche Tätigkeit des Rechtsanwalts
er begehrt, lediglich eine vorangeschaltete Prüfung oder aber sofort die Einlegung
des Rechtsmittels.

III. Anwendungsbereich und Prüfungsumfang

Nach dem der Gesetzeswortlaut – im Gegensatz zur alten Regelung – die Prü- 8
fungsaufgaben des Rechtsanwalts nicht mehr auf Revision und Berufung beschränkt,
ist der Frage nachzugehen, welche Rechtsmittel hiervon auszunehmen sind. Definiert man mit *Winkler* als **Rechtsmittel** alle **Rechtsbehelfe** mit Devolutiv- und
Suspensiveffekt, so gehören hierzu nicht nur Beschwerden, sondern auch Einsprüche, Widersprüche, nicht aber Erinnerungen, Gegenvorstellungen, Nichtigkeits-
und Restitutionsklagen sowie Einsprüche nach § 340 ZPO.[7]

Die Gebühr nach Nr. 2100 VV ist im Übrigen nicht darauf beschränkt, die 9
Erfolgsaussichten des Rechtsmittels des eigenen Mandanten zu überprüfen. Die

---
[2] Bischof/Jungbauer Nr. 2100 VV Rn. 1.
[3] *Onderka* RVG-Berater 2004, 130; HK-RVG/*Winkler* Nr. 2100 VV Rn. 10.
[4] Hartung/Römermann/*Schons* Nr. 2100 VV Rn. 7.
[5] HK-RVG/*Winkler*, bis zur 5. Aufl., Nr. 2100 VV Rn. 6 f.; aA Schneider/Wolf/*N.Schneider*
Nr. 2100 VV Rn. 18; differenzierend: Bischof/*Jungbauer* Nr. 2100 VV Rn. 8.
[6] Siehe schon wesentlich vorsichtiger argumentierend: HK-RVG/*Winkler*, 6. Aufl., Nr. 2100
VV Rn. 6; Darstellung der Diskussion bei Gerold/Schmidt/*Mayer* Nr. 2100 VV Rn. 1.
[7] HK-RVG/*Winkler* Nr. 2100 VV Rn. 14 f.

Nr. 2100 VV Teil 2. Außergerichtliche Tätigkeiten

Gebühr nach Nr. 2100 VV kann der Rechtsanwalt auch damit verdienen, dass er auftragsgemäß die Erfolgsaussichten des vom gegnerischen Rechtsanwalt bereits eingelegten Rechtsmittels überprüft, ohne sich schon selbst zu bestellen und Abweisung zu beantragen.[8] In der Praxis wird dies allerdings eher selten vorkommen, da aufgrund der Rechtsprechung des Bundesgerichtshofs[9] zur Kostenerstattung Rechtsanwälte sich in der Rechtsmittelinstanz selbst dann sofort bestellen können, wenn der Gegner ausdrücklich darum gebeten hat, hiervon solange Abstand zu nehmen, bis feststeht, ob das Rechtsmittelverfahren durchgeführt wird oder nicht.

IV. Nr. 2100 VV als Gebühr im Prozesskostenhilfeverfahren oder bei Beratungshilfe

10 Mit Einführung des RVG trat sofort die Streitfrage auf, ob die Vergütung nach Nr. 2100 VV bei entsprechender Tätigkeit des Rechtsanwalts über die Prozesskostenhilfe abgerechnet werden kann oder ob es sich hier um einen Fall der Beratungshilfe handelt.[10] Für letzteres sprach bereits die Einordnung dieses Gebührentatbestandes in Teil 2 VV, also ersichtlich bei den außergerichtlichen Gebührentatbeständen.[11] Der Bundesgerichtshof hat diese Streitfrage zwischenzeitlich dahingehend entschieden, dass für diese anwaltliche Tätigkeit keine Prozesskostenhilfe begehrt werden kann.[12]

11 Soweit gleichwohl einige Gerichte die entsprechenden Prozesskostenhilfeanträge in vollem Umfange positiv bescheiden,[13] sind die Festsetzungsinstanzen hieran allerdings gebunden. Ihre Prüfungskompetenz erstreckt sich nicht auf die Frage, ob die Bewilligung und Beiordnung durch das Gericht zu Recht erfolgte sind.[14]

12 Dass die Terminsgebühr nach Nr. 3104 VV auch durch die Erbringung von **außergerichtlichen Tätigkeiten** verdient werden kann, wie *Hartung*[15] zutreffend hervorhebt, ändert nichts daran, dass der Rechtsanwalt zu dem entscheidenden Zeitpunkt, zu dem er diese Tätigkeit erbringt, zumindest bereits Prozessauftrag erhalten haben muss, da er anderenfalls eine Vergütung aus Teil 3 VV nicht verdienen könnte. Wenngleich der Rechtsanwalt bei Gesprächen außerhalb des Gerichtssaales und ohne Beteiligung des Gerichts zur Vermeidung oder Erledigung des Rechtsstreites – also außergerichtlich – tätig wird, verdient er doch „gerichtliche Anwaltsgebühren" und nicht außergerichtliche, die im Teil 2 VV angesiedelt sind. Aus der Stellung von Nr. 2100 VV im Teil 2 VV wird man also den Schluss ziehen müssen, dass eine außergerichtliche Tätigkeit vergütet werden soll, die nur über Beratungshilfe abgerechnet werden kann.

13 Der Vollständigkeit halber muss allerdings angemerkt werden, dass jedenfalls im Bereich der Amtsgerichte Duisburg-Hamborn und Viersen auch schon Prozesskostenhilfeanträge in vollem Umfange positiv beschieden wurden, die sich auch auf die Tätigkeit nach Nr. 2100 VV erstreckten. Die Entwicklung wird aber weiter zu beobachten sein und es ist sicherlich nicht schädlich, erweiterte Prozesskostenhilfeanträge zu stellen.

---

[8] Schneider/Wolf/*N. Schneider* Nr. 2100 VV Rn. 16, 17.
[9] BGH NJW 2003, 2992.
[10] Hierzu eingehend *Hartung* AnwBl. 2005, 206.
[11] Vgl. hierzu eingehend Hartung/Römermann/*Schons* Nr. 2100 VV Rn. 12 ff. mit der damaligen Rechtsprechungsübersicht.
[12] BGH AGS 2007, 360 mAnm *Schons* = FamRZ 2007, 1007, 1088 = AnwBl. 2007, 634.
[13] Hartung/Römermann/*Schons* Nr. 2100 VV Rn. 16.
[14] OLG Düsseldorf AGS 2006, 482 = RVGreport 2007, 67; zustimmend auch Schneider/Wolf/*N. Schneider*, Nr. 2100 VV, Rn. 48.
[15] *Hartung* AnwBl. 2005, 206.

Abschnitt 1. Prüfung der Erfolgsaussicht

In jedem Fall kann Beratungshilfe für die Prüfung der Erfolgsaussicht eines 14
Rechtsmittels bewilligt werden.[16]

V. Höhe der Gebühr

Der Gebührentatbestand ist als Rahmengebühr ausgestattet, wobei sich der 15
Gebührenrahmen von 0,5 bis 1,0 erstreckt; die Mittelgebühr beträgt demgemäß
0,75.

Zu Recht weist *Madert* in der älteren Kommentierung daraufhin, dass die Tätig- 16
keit nach Nr. 2100 VV nie als Erstberatung iSv § 34 RVG definiert werden kann.[17]
Diese Auffassung behält auch heute noch seine Richtigkeit. Ob die Begründung
allerdings zutreffend ist, wonach der Ratsuchende ja bereits in der ersten Instanz
anwaltlichen Rat erhalten habe, ist jedenfalls in den Fällen fraglich, in denen sich
die Partei des Verfahrens vor dem Amtsgericht zunächst einmal selbst vertreten
hat. Hier ist eben noch kein anwaltlicher Rat eingeholt worden. Gleichwohl passt
die sorgfältige Überprüfung der Erfolgsaussichten eines Rechtsmittels nicht in
den Gebührentatbestand der Erstberatung, weil der beauftragte Rechtsanwalt mit
dem Durcharbeiten der gesamten Prozessakte und des vorliegenden Urteils eine
Tätigkeit erbringt, die den Umfang einer Erstberatung ersichtlich weit über-
schreitet.

VI. Anrechnung auf spätere Gebühren

Führt die Überprüfung des Rechtsmittels durch den Rechtsanwalt zu einer 17
positiven Bewertung und wird dieser Rechtsanwalt mit der Vertretung in der
zweiten Instanz beauftragt, so werden die Gebühren von Nr. 2100 VV in vollem
Umfang auf die **Verfahrensgebühr** der zweiten Instanz angerechnet. Da diese
Verfahrensgebühr unabhängig davon, ob die zweite Instanz durchgeführt wird oder
nicht, stets mehr beträgt als die Höchstgebühr von 1,0, spielt der Gebührentatbestand von Nr. 2100 VV in all den Fällen praktisch keine große Rolle, in denen
dem mandatierten Rechtsanwalt ohnehin ein Verfahrensauftrag für die zweite Instanz erteilt wird.

Es empfiehlt sich also durchaus, auch bei dieser anwaltlichen Tätigkeit von der 18
Möglichkeit einer **Vergütungsvereinbarung** nach § 4 RVG Gebrauch zu machen,
mit der man die vom Gesetz vorgeschriebene Anrechnung ausschließt.[18]

Im Übrigen ist stets zu prüfen, in welcher **Höhe** eine Anrechnung auf die spätere 19
Verfahrensgebühr stattzufinden hat, bzw. ob der **Gegenstandswert**, auf den sich
die Überprüfung richtete, identisch ist mit dem Gegenstandswert, der der späteren
prozessualen Tätigkeit des Rechtsanwalts zugrunde zu legen ist.

Bejaht der Rechtsanwalt also die Erfolgsaussichten nur für einen Teilbetrag und 20
legt er demgemäß später auch ein nur beschränktes Rechtsmittel ein, so findet die
Anrechnung entsprechend dem Grundgedanken von Teil 3 Vorb. 3 Abs. 4 VV nur
mit einer Gebühr nach Nr. 2100 VV aus dem Wert statt, der tatsächlich in die
Rechtsmittelinstanz übergeht.[19]

---

[16] OLG Düsseldorf AGS 2005, 567 f. mAnm *Schons*; ebenso OLG Düsseldorf AnwBl. 2005, 656.
[17] Gerold/Schmidt/*Madert* 18. Aufl. Nr. 2100 VV Rn. 4 m. Rechtsprechungsnachweisen.
[18] Zur Empfehlung einer Vergütungsvereinbarung sa Bischof/*Jungbauer* Nr. 2100 VV Rn. 13 ff.
[19] Vgl. hierzu die Rechenbeispiele bei *N. Schneider* ZAP 2004, 1379–1382; ebenso *Onderka* RVG-Berater 2004, 130–133 (131).

VII. Mehrere Auftraggeber

21 Obgleich der Gebührentatbestand von Nr. 2100 VV nicht als Geschäfts- oder Betriebsgebühr bezeichnet wird, besteht Einigkeit darüber, dass die Tätigkeit für mehrere Auftraggeber auch eine Erhöhung der Gebühr über Nr. 1008 VV auslöst.[20]

VIII. Erstattungsfragen

22 Höchst **problematisch** dürfte es sein, die nach Nr. 2100 VV entstandene Gebühr vom Gegner erstattet zu verlangen. Rät der Rechtsanwalt davon ab, gegen das obsiegende Urteil des Gegners ein Rechtsmittel einzulegen, versteht es sich von selbst, dass kein Erstattungsanspruch gegen den Gegner existiert. Rät er hingegen zur Einlegung des Rechtsmittels, wird es in der Regel hierzu auch kommen und aufgrund der Anrechnung auf die spätere Verfahrensgebühr in der zweiten Instanz wird sich die Frage von selbst erledigen. Soweit der Rechtsanwalt bzgl. einzelner Gegenstandswertanteile abgeraten hat, ist ebenfalls eine Anspruchsgrundlage nicht ersichtlich.

23 Es erscheint auch höchst **fragwürdig,** ob materiellrechtlich dem Auftraggeber ein Erstattungsanspruch zusteht, der seinen Rechtsanwalt die **Androhung** eines Rechtsmittels des Gegners auf seine Schlüssigkeit hin überprüfen lässt.[21]

24 Unter welchem Gesichtspunkt sollte ein solcher „**Schaden**" erstattungsfähig sein. Es bleibt dem obsiegendem Auftraggeber überlassen, abzuwarten, ob der Gegner nun Rechtsmittel einlegt oder nicht. Will er das angedrohte Rechtsmittel im Hinblick darauf überprüfen lassen, ob er sich auf einen von der Gegenseite gleichzeitig unterbreiteten Vergleichsvorschlag einlässt, so wird er die damit verbundenen Kosten ebenfalls nicht vom Gegner ersetzt verlangen können.

25 Hat der Prozessgegner aber – und sei es auch nur zur Fristwahrung – bereits ein Rechtsmittel eingelegt, so entstehen ebenfalls keine gesonderten Gebühren. Der Rechtsanwalt des Auftraggebers kann sich bestellen, ggf. einen Gegenantrag ankündigen oder formulieren und wird die Gebühr für diese Tätigkeit dann im Falle der Rücknahme des Rechtsmittels in das Erstattungsverfahren einbringen können. Die mit dieser Tätigkeit zwangsläufig verbundene Überprüfung der Erfolgsaussichten des gegnerischen Rechtsmittels spielt aufgrund der Anrechnungsvorschriften keine Rolle.[22]

26 Das Landgericht Köln hatte sich mit der Sonderkonstellation zu befassen, dass der Rechtsanwalt beauftragt war, einerseits Berufung einzulegen und diese dann im Umfang der von ihm zu prüfenden Erfolgsaussichten durchzuführen. Tatsächlich legte der Anwalt auch nur in beschränktem Umfange Berufung ein, weil er zum Teil von der Durchführung der Berufung abgeraten hatte. Entgegen seinen Anträgen billigte das Landgericht Köln dem Anwalt nun nicht etwa eine 1,6 Verfahrensgebühr aus dem vollem Wert zu, sondern gewährte aus dem Gesamtwert der Beschwer eine Prüfungsgebühr nach Nr. 2100 VV und nur aus dem Wert der durchgeführten Berufung die Verfahrensgebühr der Nr. 3200 VV, wobei darauf die Prüfungsgebühr nach dem Wert der durchgeführten Berufung angerechnet

---

[20] Dazu auch *N. Schneider* ZAP 2004, 1381; HK-RVG/*Winkler* Nr. 2100 VV Rn. 20; ebenso Schneider/Wolf/*N. Schneider* Nr. 2100 VV Rn. 36.

[21] So aber HK-RVG/*Winkler* Nr. 2100 VV Rn. 26; aA wie hier: Schneider/Wolf/*N. Schneider*, 4. Aufl. Nr. 2100 VV Rn. 42; unklar in der 7. Aufl. vgl. dort Nr. 2100 VV Rn. 54, wo wohl nur auf das eingelegte Rechtsmittel des Gegners abgestellt wird.

[22] Vgl. auch zu diesem Fall HK-RVG/*Winkler* Nr. 2100 VV Rn. 27; ebenso Schneider/Wolf/*N. Schneider* Nr. 2100 VV Rn. 54.

wurde.[23] Die Entscheidung ist angesichts des zu beurteilenden Sachverhalts ebenso überraschend wie falsch. Zu Recht weist *Schneider* daraufhin, dass hier zwar zweistufig vorzugehen ist, dass aber eine Abrechnung über Nr. 3200 VV und Nr. 3201 VV in Betracht kommt.

Aus dem Wert, aus dem die Berufung letztendlich eingelegt und durchgeführt wird, ist die volle 1,6 Verfahrensgebühr nach Nr. 3200 VV zu berechnen und aus dem Wert, der nicht der Berufung zugeführt wurde wegen Abratens, ist eine Verfahrensgebühr nach Nr. 3201 VV Anm. S. 1 Nr. 1 entstanden. 27

Selbstverständlich ist auch hier die Deckelungsvorschrift von § 15 Abs. 3 RVG zu beachten.[24] 28

IX. Rechtsschutzversicherungsprobleme

Ist das Mandat rechtsschutzversichert, so wird die Rechtsschutzversicherung für die Prüfungstätigkeit iSv Nr. 2100 VV aufkommen müssen. Teilweise wird dies in den Deckungszusagen sogar ausdrücklich erklärt. Schließlich ist es geradezu im Interesse der Rechtsschutzversicherung, dass ein vom Versicherungsnehmer begehrtes Rechtsmittel zunächst auf die Erfolgsaussichten hin überprüft wird.[25] 29

X. Festsetzung der Gebühr

Gegen die eigene Partei ist eine Festsetzung der entstandenen Gebühren nach Nr. 2100 VV nach herrschender Ansicht nicht möglich.[26] Die Gegenmeinung argumentiert, dem Zweck von § 11 RVG entspreche es, die Gerichte zu entlasten und zügig einen Titel zu schaffen; demgemäß sei die Festsetzung zuzulassen.[27] Dem ist entgegenzuhalten, dass mit dieser Argumentation auch die Geschäftsgebühr nach Nr. 2300 VV, soweit sie der Vorbereitung des gerichtlichen Verfahrens dient, der Festsetzung unterliegen müsste. Nach ganz überwiegender Ansicht ist dies nicht möglich.[28] Der Gesetzeswortlaut von § 11 RVG lässt hier eine Ausweitung nicht zu. Außergerichtliche Gebühren können nicht der Festsetzung gegen die eigene Partei unterliegen. Eine hohe Praxisrelevanz ist dieser Streitfrage ohnehin nicht beizumessen. Zu Recht weist *Jungbauer* daraufhin, dass die Festsetzung nach § 11 RVG nur möglich ist, wenn lediglich die Mindestgebühr (hier 0,5) geltend gemacht wird oder mit dem Festsetzungsantrag die Zustimmungserklärung des Auftraggebers verbunden ist.[29] Weder erscheint die Berechnung einer Mindestgebühr sonderlich attraktiv oder angemessen, noch ist die Einverständniserklärung des Auftraggebers wahrscheinlich, wenn er ohnehin nicht zahlungswillig ist und es einer Festsetzung bedarf. 30

---

[23] LG Köln AGS 2012, 385 f. mit kritischer Anm. *Schneider*.

[24] Vgl. hierzu eingehend *Schneider* AGS 2012, 388.

[25] Schneider/Wolf/N. *Schneider* Nr. 2100 VV Rn. 51; ebenso HK-RVG/*Winkler* Nr. 2100 VV Rn. 28, 29 unter zutreffendem Hinweis auf die veränderte Situation zu § 20 Abs. 2 S. 1 BRAGO.

[26] OLG Düsseldorf MDR 54, 625; OLG Düsseldorf MDR 90, 453; OLG Hamm JurBüro 1996, 416.

[27] Schneider/Wolf/N. *Schneider* Nr. 2100 VV Rn. 46; zustimmend HK-RVG/*Winkler* Nr. 2100 VV Rn. 30 ff.; ebenso mit ausführlicher Begründung Bischof/*Jungbauer* Nr. 2100 VV Rn. 56 ff.; OLG Köln AGS 2000, 145.

[28] Vgl. BGH JurBüro 2005, 261; LAG Hamburg AGS 2006, 449 = RVGreport 2006, 340 mit zustimmender Anm. *Hansens*.

[29] Bischof/*Jungbauer* Nr. 2100 VV Rn. 58.

Nr. 2101 VV

Nr.	Gebührentatbestand	Gebühr oder Satz der Gebühr nach § 13
2101	Die Prüfung der Erfolgsaussicht eines Rechtsmittels ist mit der Ausarbeitung eines schriftlichen Gutachtens verbunden: Die Gebühr 2100 beträgt	1,3

I. Normzweck

1   § 21a BRAGO ist durch Nr. 2101 VV ersetzt worden. Bei der Erstellung des Gutachtens sind die Bedingungen einzuhalten, die in der Kommentierung zu § 34 RVG aufgezeigt sind.

2   Auch hier muss der **Auftrag** auf die Erstattung eines Gutachtens gerichtet sein, wobei es gleichgültig ist, welche der Parteien als Auftraggeber auftritt.[1] Zwar wird dies meist die beschwerte Partei sein, aber auch die obsiegende Partei kann unter Umständen ein Interesse daran haben, die Erfolgschancen eines gegnerischen Rechtsmittels überprüfen zu lassen, etwa dann, wenn die Androhung der Einlegung eines Rechtsmittels durch den Gegner mit einem Vergleichsangebot verbunden ist, dessen Beträge sich unterhalb der Urteilssumme bewegen. Hält es der Rechtsanwalt nach Prüfung der obsiegenden Partei jedenfalls für zweifelhaft, ob das erstinstanzliche Urteil hält, kann dies Anlass sein, das Vergleichsangebot der unterlegenen Partei anzunehmen.[2]

3   Das Gutachten kann im Übrigen von **jedem Rechtsanwalt** erstellt werden, unabhängig davon, ob er aufgrund seiner Zulassung in der Lage ist, das von ihm zu begutachtende Rechtsmittel auch einzulegen.[3] Mit Recht weist *Mayer* allerdings daraufhin, dass die Beurteilung der Erfolgsaussichten einer Revision jedoch dem Revisionsanwalt beim Bundesgerichtshof überlassen werden sollte.[4]

II. Höhe der Gebühr

4   Anders als bei der Gutachtengebühr des § 34 RVG findet sich in Nr. 2101 VV eine Festgebühr von 1,3. Aufgrund dieser Festgebühr erhält auch der BGH-Anwalt, der die Erfolgsaussichten einer Revision oder Nichtzulassungsbeschwerde beim BGH prüft, „lediglich" die 1,3-Gebühr. Nr. 2101 VV RVG differenziert hier nicht, was wohl darauf zurückzuführen ist, dass eine der Nr. 3208 VV RVG oÄ vergleichbare Vorschrift fehlt.[5]

III. Anrechnung auf spätere Gebühren

5   Auch die Gebühr nach Nr. 2101 VV – und auch die der Nr. 2102 VV – ist auf die Gebühr für das Rechtsmittelverfahren anzurechnen.[6]

---

[1] Schneider/Wolf/*N. Schneider* Nr. 2101 VV Rn. 4.
[2] Vgl. etwa *Hartmann* Nr. 2101 VV Rn. 4 aE.
[3] Schneider/Wolf/*N. Schneider* Nr. 2101 VV Rn. 10.
[4] Gerold/Schmidt/*Mayer* Nr. 2100–2103 VV Rn. 9.
[5] Bischof/*Jungbauer* Nr. 2101 VV Rn. 9; Schneider/Wolf/*N. Schneider* Nr. 2101 VV Rn. 13.
[6] Schneider/Wolf/*N. Schneider* Nr. 2101 VV Rn. 19; im Ergebnis ebenso HK-RVG/*Winkler* Nr. 2101 VV Rn. 33 f. aA *Hartmann* Nr. 2101 VV Rn. 7.

Abschnitt 1. Prüfung der Erfolgsaussicht **Nr. 2101 VV**

Aufgrund der Höhe der Festgebühr kann es hier (anders als bei Nr. 2100 VV) 6
vorkommen, dass trotz Anrechnung ein **Restbetrag** der verdienten Gebühr beim
Rechtsanwalt verbleibt, wenn dieser den Verfahrensauftrag für die zweite Instanz
erhält, es anschließend aber wiederum zu einer vorzeitigen Beendigung des Auftrages kommt (vgl. etwa Nr. 3201 VV mit einer Gebühr von 1,1, also 0,2 weniger als
die Gutachtengebühr).

IV. Erstellung des Gutachtens für mehrere Auftraggeber

Selbstverständlich erhöht sich die Gebühr nach Nr. 2101 VV über Nr. 1008 VV 7
für jeden weiteren Auftraggeber um 0,3, so dass bei der Erstellung eines entsprechenden Gutachtens für acht Auftraggeber und mehr eine Gesamtgebühr von 3,3 entstehen kann.[7] Dies gilt jedenfalls dann, wenn man die Formulierung in Nr. 1008 VV
nicht wortwörtlich nimmt und ebenso wie bei der Beratungsgebühr von § 34 RVG
nicht darauf abstellt, dass hier keine Geschäfts- oder Verfahrensgebühr betroffen ist.[8]

V. Kostenerstattung

Eine Erstattungsfähigkeit kann nur dann bejaht werden, wenn das Gutachten der 8
zweckentsprechenden Rechtsverfolgung oder Verteidigung diente. Hier handelt es
sich dann aber um auf die spätere Verfahrensgebühr anrechenbare Kosten, so dass
eine gesonderte Erstattung kaum denkbar erscheint.[9]
Allenfalls bei **schwierigen Rechtsgebieten** kann es vertretbar sein, die Kosten 9
eines **Spezialanwaltes** für erstattungsfähig zu erklären. Als weiterer Ausnahmefall
gilt in der Rechtsprechung der notwendige Anwaltswechsel, etwa dann, wenn der
begutachtende Rechtsanwalt das Rechtsmittel infolge unvorhergesehener Aufgabe
seiner Zulassung oder infolge anderer unvorhersehbarer Hinderungsgründe nicht
mehr durchführen kann.[10]

VI. Rechtsschutzversicherer

Die Gutachtensgebühr für die Prüfung der Aussichten eines Rechtsmittels ist 10
grundsätzlich vom Deckungsschutz mit umfasst. Oftmals wird der Rechtsschutzversicherer seine Deckungszusage für die II. Instanz sogar von der Vorlage eines entsprechenden Gutachtens abhängig machen. Allerdings ist die Beauftragung eines weiteren Rechtsanwalts als Gutachter nicht gedeckt, da auch hier der Versicherer nur die
Kosten **eines** Rechtsanwalts trägt.[11]

---

[7] Ebenso HK-RVG/*Winkler* Nr. 2101 VV Rn. 23; skeptisch Bischof/*Jungbauer* Nr. 2101 VV
Rn. 13 mit der Empfehlung, sicherheitshalber eine Vergütungsvereinbarung abzuschließen.
[8] Schneider/Wolf/*N. Schneider*, 4. Aufl., Nr. 2101 VV Rn. 14; sehr zurückhaltend in der
7. Aufl.; **aA** Schneider/Wolf/*N. Schneider* Nr. 2101 VV Rn. 22 f.
[9] Ebenso HK-RVG/*Winkler* Nr. 2101 VV Rn. 40; noch deutlicher: Schneider/Wolf/*N. Schneider* Nr. 2101 VV Rn. 22 unter Hinweis auf OLG München JurBüro 1992, 103; sa Schneider/Wolf/*N. Schneider* Nr. 2101 VV Rn. Rn. 24.
[10] OLG Frankfurt a.M. AnwBl. 1980, 517 = MDR 1980, 1026.
[11] Schneider/Wolf/*N. Schneider* Nr. 2101 VV Rn. 26; ebenso HK-RVG/*Winkler*
Nr. 2101 VV Rn. 42; auch hier vorsichtig zu einer ausdrücklichen Nachfrage ratend: Bischof/
Jungbauer Nr. 2100 VV Rn. 55.

Nr. 2102, 2103 VV

Nr.	Gebührentatbestand	Gebühr oder Satz der Gebühr nach § 13
2102	Gebühr für die Prüfung der Erfolgsaussicht eines Rechtsmittels in sozialrechtlichen Angelegenheiten, in denen im gerichtlichen Verfahren Betragsrahmengebühren entstehen (§ 3 RVG), und in den Angelegenheiten, für die nach den Teilen 4 bis 6 Betragsrahmengebühren entstehen .... Die Gebühr ist auf eine Gebühr für das Rechtsmittelverfahren anzurechnen.	30,00 bis 320,00 €
2103	Die Prüfung der Erfolgsaussicht eines Rechtsmittels ist mit der Ausarbeitung eines schriftlichen Gutachtens verbunden: Die Gebühr 2102 beträgt	50,00 bis 550,00 €

I. Prüfung der Erfolgsaussicht eines Rechtsmittels in sozialrechtlichen Angelegenheiten mit Betragsrahmengebühren und in Angelegenheiten nach den Teilen 4 bis 6 VV (Nr. 2102 VV)

1. Allgemeines

1   Der Gebührentatbestand der Nr. 2102 VV entspricht dem vorangegangenen Gebührentatbestand bei Verfahren, in denen nicht nach Gegenstandswerten, sondern mit Betragsrahmengebühren abgerechnet wird.

2   Dementsprechend erhält der Rechtsanwalt, der in solchen Rechtsstreitigkeiten die Erfolgsaussichten für ein Rechtsmittel überprüfen soll, keine Rahmengebühr, sondern eine **Betragsrahmengebühr** von 30 EUR bis zu 320 EUR, so dass die **Mittelgebühr** 175 EUR beträgt. Durch das 2. KostRMoG wurden also die Gebühren von 10 EUR auf 30 EUR bzw. von 260 EUR auf 320 EUR erhöht.

3   Auch hier ist die konkrete Gebühr anhand der Bewertungskriterien von § 14 Abs. 1 RVG nach billigem Ermessen zu bestimmen.

2. Anrechnung auf spätere Gebühren

4   Auch die Gebühr nach Nr. 2102 VV ist auf eine spätere Verfahrensgebühr im Rechtsmittelverfahren anzurechnen. In der Regel wird dies dazu führen, dass dem mit beiden Aufgaben betrauten Rechtsanwalt von den Gebühren nach Nr. 2102 VV nichts verbleibt, wenn nicht einmal ausnahmsweise die Gebühr nach Nr. 2102 VV aufgrund des weiteren Verfahrensverlaufes höher ist als die der späteren Instanz.

II. Prüfungsgebühr mit Ausarbeitung eines schriftlichen Gutachtens (Nr. 2103 VV)

1. Schriftliches Gutachten in den Fällen von Nr. 2102 VV

5   Anders als bei Nr. 2101 VV erhält der Rechtsanwalt für die Prüfung der Erfolgsaussichten eines Rechtsmittel mittels Ausarbeitung eines schriftlichen Gutachtens keine Festgebühr, sondern auch hier Betragsrahmengebühren zwischen 50 EUR und 550 EUR, so dass dort die **Mittelgebühr** 300 EUR beträgt. Auch hier ist die Erhöhung der Betragsrahmengebühren auf das KostRMoG zurückzuführen.

2. Schriftliches Gutachten, Anrechnung

Hier kann auf die obigen Ausführungen und die vorstehenden Randnummern 6 verwiesen werden.

Wird der Auftrag durch **mehrere Auftraggeber** erteilt, erhöht sich die Mindest- 7 und Höchstgebühr um jeweils 30 %, natürlich auch hier beschränkt auf das Dreifache der Mindest- bzw. Höchstbetragsgebühr.[1] Bei acht und mehr Auftraggebern lässt sich also eine Mindestgebühr von 150 EUR (statt vorher 120 EUR) bzw. eine Höchstgebühr von 1.650 EUR (statt vorher 1.200 EUR) erzielen, was einer Mittelgebühr von 900 EUR (statt vorher 660 EUR) entspricht.

Da Nr. 2103 VV RVG keinen eigenen Gebührentatbestand darstellt, sondern 8 Nr. 2102 VV RVG lediglich modifiziert, findet über die dort vorzufindende Anrechnungsvorschrift auch hier eine Anrechnung statt, wenn es anschließend zur Durchführung des Rechtsmittelverfahrens kommt.[2]

Abschnitt 2. Herstellung des Einvernehmens

Durch das 2. KostRMoG sind keine Änderungen unmittelbaren Charakters zu 1 verzeichnen, da es an eigenständigen Gebührentatbeständen fehlt.

Da Nr. 2200 und Nr. 2201 VV jedoch auf Rahmengebühren Bezug nimmt, die 2 sich durch das KostRMoG geändert haben, tritt eine mittelbare Änderung jedenfalls dort ein, wo höhere Betragsrahmen nach neuem Recht anzuwenden sind.[1]

Nr. 2200, 2201 VV

Nr.	Gebührentatbestand	Gebühr oder Satz der Gebühr nach § 13
2200	Geschäftsgebühr für die Herstellung des Einvernehmens nach § 28 EuRAG	in Höhe der einem Bevollmächtigten oder Verteidiger zustehenden Verfahrensgebühr
2201	Das Einvernehmen wird nicht hergestellt: Die Gebühr 2200 beträgt	0,1 bis 0,5 oder Mindestbetrag der einem Bevollmächtigten oder Verteidiger zustehenden Verfahrensgebühr

Übersicht

	Rn.
I. Normzweck	1
II. Geltungsbereich	5
1. Entstehen der Gebühr Nr. 2200 VV	9
2. Entstehen der Gebühr Nr. 2201 VV	20

---

[1] Schneider/Wolf/N. Schneider Nr. 2103 VV Rn. 1; HK-RVG/Winkler Nr. 2103 VV Rn. 7; SG Berlin JurBüro 2011, 25.
[2] Schneider/Wolf/N. Schneider Nr. 2103 VV Rn. 2.
[1] Schneider/Thiel S. 135.

	Rn.
3. Erstattungsfragen	21
III. Vergütungsfestsetzung gemäß § 11 RVG	22

I. Normzweck

1 Nr. 2200 VV ersetzt den bisherigen § 24 Abs. 1 S. 1 BRAGO, wobei die dort in Satz 2 vorzufindene Anrechnungsvorschrift ersatzlos gestrichen wurde. Nr. 2201 VV entspricht § 24a Abs. 3 BRAGO.

2 **Sinn und Zweck** der Vorschriften sind auf das Gesetz über die Tätigkeit europäischer Rechtsanwälte in Deutschland (EuRAG) zurückzuführen. Nach § 28 EuRAG können europäische Rechtsanwälte sowie Staatsangehörige der anderen Vertragsstaaten des Abkommens über den europäischen Wirtschaftsraum und der Schweiz in Deutschland tätig werden und ihre Mandanten in gerichtlichen Verfahren sowie in behördlichen Verfahren wegen Straftaten, Ordnungswidrigkeiten, Dienstvergehen oder Berufspflichtverletzungen vertreten, sofern sie das Einvernehmen mit einem innerdeutschen Rechtsanwalt (**Einvernehmensanwalt**) herstellen.

3 Aufgabe des Einvernehmensanwalts, der selbst zur Vertretung oder Verteidigung bei dem Gericht oder der Behörde befugt sein muss, ist es, gegenüber dem eigentlich dienstleistenden europäischen Rechtsanwalt darauf hinzuwirken, dass dieser bei der Vertretung oder Verteidigung die Erfordernisse einer geordneten Rechtspflege beachtet (vgl. § 28 Abs. 2 EuRAG). Hierbei kommt zwischen dem Einvernehmensanwalt und dem Mandanten kein Vertragsverhältnis zustande, es sei denn, die Beteiligten hätten etwas anderes angeordnet oder bestimmt. Damit ist auch klargestellt, dass nicht unbedingt vorausgesetzt wird, dass der Rechtsanwalt gerade von der Partei selbst beauftragt worden ist.[1]

4 Das hergestellte Einvernehmen ist gemäß § 29 EuRAG bei der ersten Handlung gegenüber dem Gericht schriftlich nachzuweisen; auch ein **Widerruf** des Einvernehmens hat schriftlich gegenüber dem Gericht oder der Behörde zu erfolgen.[2] § 29 Abs. 3 EuRAG bestimmt schließlich, dass Handlungen, für die der Nachweis des Einvernehmens zum Zeitpunkt ihrer Vornahme nicht vorliegt, unwirksam sind.

II. Geltungsbereich

5 Während Nr. 2200 VV die erfolgreiche Tätigkeit des Rechtsanwalts auf Herstellung des Einvernehmens honoriert, bestimmt Nr. 2201 VV eine reduzierte Gebühr für den Fall, dass der gewünschte Erfolg nicht eintritt. Insoweit lässt sich bei Nr. 2200 VV durchaus zumindest von einer **(Teil-)Erfolgsgebühr** sprechen.[3]

6 In persönlicher Hinsicht gelten die Nr. 2200 und 2201 VV nur für den deutschen Rechtsanwalt bzw. für einen ausländischen Rechtsanwalt, der in Deutschland als Rechtsanwalt zugelassen ist und somit ebenfalls das Einvernehmen zu dem Rechtsanwalt aus einem anderen europäischen Land herstellen kann. Dessen Gebühren richten sich wiederum nach dem Heimatrecht des ausländischen Rechtsanwalts.[4]

7 Nr. 2200 und 2201 VV betreffen in sachlicher Hinsicht lediglich die Herstellung des Einvernehmens. Kommt es zu weiteren Tätigkeiten des deutschen Rechtsanwalts, ist es umstritten, ob ihm dann weitere Gebührentatbestände – anrechnungsfrei neben der Einvernehmungsgebühr – erwachsen. So wird teilweise die Auffassung vertreten, über Nr. 2200 VV RVG hinaus könne der Rechtsanwalt keine weiteren

---

[1] *Hartmann* Nr. 2201 VV Rn. 2; Schneider/Wolf/*N. Schneider* Nr. 2200–2201 VV Rn. 8.
[2] HK-RVG/*Klees* Nr. 2200–2201 VV Rn. 9.
[3] Schneider/Wolf/*N. Schneider* Nr. 2200–2201 VV Rn. 11.
[4] Schneider/Wolf/*N. Schneider* Nr. 2200–2201 VV Rn. 13.

Abschnitt 2. Herstellung des Einvernehmens **Nr. 2200, 2201 VV**

Gebühren verdienen.[5] Nach richtiger Auffassung muss wohl darauf abgestellt werden, ob dem Einvernehmensanwalt ein weitergehender Auftrag erteilt worden ist oder nicht. Ist dies der Fall, so erhält er selbstverständlich auch weitere Gebühren.[6]

Da gemäß § 28 EuRAG ein Vertragsverhältnis zwischen dem Mandanten und dem 8 Einvernehmensanwalt nicht zustande kommt, ist auch nur der andere europäische Rechtsanwalt Gebührenschuldner, es sei denn, es liegt eine andere vertragliche Regelung vor, die dann sinnvollerweise aber schriftlich niederzulegen wäre.

1. Entstehen der Gebühr Nr. 2200 VV

Dem Grunde nach entsteht die Gebühr bereits in dem Moment, in dem der 9 Rechtsanwalt den Auftrag zur Herstellung des Einvernehmens annimmt. Die Höhe der Gebühr selbst richtet sich dann danach, ob das Einvernehmen hergestellt wird oder nicht.

Im ersteren Fall erhält der Rechtsanwalt als Einvernehmensanwalt die **Verfahrensgebühr** die einem Bevollmächtigten oder Verteidiger zustände, im Zivilverfahren also in der Regel eine Gebühren von 1,3 in der ersten und von 1,6 in der zweiten Instanz. 10

Hat der ausländische Rechtsanwalt das Verfahren für **mehrere Auftraggeber** zu 11 führen, so würde sich die Verfahrensgebühr für den Einvernehmensanwalt nach Nr. 1008 VV um jeden weiteren Auftraggeber erhöhen, wenn er selbst die Vertretung wahrnähme. In diesen Fällen erhält der Einvernehmensanwalt dann eben auch eine erhöhte Verfahrensgebühr von beispielsweise 1,6 (oder nach *Schneider* die Erhöhung um 30 %) beim Vorhandensein von zwei Mandanten des europäischen „Hauptbevollmächtigten".[7] Die Gegenauffassung (*Klees*) argumentiert, dass eine Erhöhung daran scheitern müßte, dass nach § 28 Abs. 3 EURAG zwischen Einvernehmensanwalt und dem Mandanten ja gar kein Vertrag zustande komme, die Vertretung mehrerer Personen also nicht gegeben sei.[8]

Dieser Betrachtung wird zu Recht entgegengehalten, dass die Geschäftsgebühr 12 nach Nr. 2200 VV RVG in der Höhe entsteht, in der sie fiktiv entstehen würde, wäre der Einvernehmensanwalt in der Person des ausländischen dienstleistenden Rechtsanwalt. Hat dieser mehrere Auftraggeber, so muss sich also zwangsläufig auch die Verfahrensgebühr um den Mehrvertretungszuschlag erhöhen.[9]

Schneider geht sogar noch einen Schritt weiter und hält eine doppelte Anwendung 13 des Mehrvertretungsaufschlages für möglich, wenn der Rechtsanwalt von mehreren ausländischen Anwälten beauftragt wird, die wiederum mehrere Auftraggeber haben.[10]

Umstritten ist schließlich, ob die Erhöhung prozentual oder um jeweils 0,3 vorgenommen werden muss. Der Meinungsstreit wird davon abhängen, ob man auf die konkret anfallende fiktive Verfahrensgebühr abstellen will oder ob man beim Einvernehmensanwalt von einer Festgebühr ausgeht, die sich lediglich nach einer fiktiven Wertgebühr berechnet.[11] 14

---

[5] Bischof/*Jungbauer* Nr. 2200 VV Rn. 17, wenn auch unsicher und ohne weitere Begründung.

[6] Gerold/Schmidt/*Mayer* Nr. 2200, 2201 VV Rn. 22 ff.

[7] Hartung/Römermann/*Schons* Nr. 2200, 2201 VV Rn. 11; Schneider/Wolf/*N. Schneider* Nr. 2200–2201 VV Rn. 40; HK-RVG/*Klees* Nr. 2200–2201 VV Rn. 12, der ausschließlich auf den Kontakt zu dem oder den ausländischen Rechtsanwälten abstellt, mit denen ein Vertragsbeziehung entsteht.

[8] HK-RVG/*Klees* Nr. 2200–2201 VV Rn. 12.

[9] *Mayer*, Gebührenformulare Teil 1, § 3 Rn. 91.

[10] Vgl. das Beispiel bei Schneider/Wolf/*N. Schneider* Nr. 2200–2201 VV Rn. 43.

[11] Vgl. zum Meinungsstand Gerold/Schmidt/*Mayer* Nr. 2200, 2201 VV Rn. 19; sowie Schneider/Wolf/*N. Schneider* Nr. 2200–2201 VV Rn. 42.

15 Eine besonders praktische Bedeutung dürfte die unterschiedliche Auffassung nicht haben, da jedenfalls nach einer fiktiven Wertgebühr abzurechnen ist.

16 In der Regel beschränkt sich die Einvernehmensgebühr nach Nr. 2200 VV auf die entsprechende Verfahrensgebühr, so dass teilweise vertreten wird, in einem Strafverfahren dürfe der Einvernehmensanwalt eine **Grundgebühr** nicht in Rechnung stellen.[12] Für diese Auffassung spricht sicherlich der Gesetzeswortlaut, der sich ausschließlich an dem Begriff der Verfahrensgebühr orientiert. Zu Recht weist *Mayer* allerdings daraufhin, dass es im Strafrecht keine Verfahrensgebühr ohne Grundgebühr gibt, so dass es durchaus vertretbar erscheint, auch dem Einvernehmensanwalt zusätzlich eine Grundgebühr zuzubilligen.[13]

17 Mit dem Inkrafttreten des 2. KostRMoG wird die Richtigkeit dieser Auffassung noch unterstrichen. In der neuen Fassung Nr. 4100 VV wird ausdrücklich klargestellt, dass die Grundgebühr „neben der Verfahrensgebühr" entsteht (→ Nr. 4100 Rn. 1 ff.).[14]

18 Aber auch dann, wenn der deutsche Rechtsanwalt mit **zusätzlichen Aufgaben** mandatiert wird, die über das Einvernehmen hinausgehen, kann er weitere Gebühren, wie etwa eine **Einigungsgebühr** verdienen, wenn er denn an der Einigung auftragsgemäß mitgewirkt hat.[15]

19 Da die Einvernehmensgebühr sich höhenmäßig an der verdienten Verfahrensgebühr orientiert, tritt eine Erhöhung auch ein, wenn es beim ausländischen Rechtsanwalt beispielsweise beim **Abschluss eines Mehrvergleichs** zur Erhöhung der Verfahrensgebühr kommt. Die insoweit über Nr. 3101 VV vorzunehmende Erhöhung von 0,8 aus dem nicht rechtshängigen Betrag wirkt sich beim Einvernehmensanwalt dahingehend aus, dass auch dieser eine entsprechend erhöhte Gebühr nach Nr. 2200 VV erhält.[16]

2. Entstehen der Gebühr Nr. 2201 VV

20 Wird das Einvernehmen – nach Erteilung eines entsprechenden Auftrages – nicht hergestellt, etwa weil sich die Angelegenheit vorzeitig erledigt hat oder weil sich der ausländische Mandant entschlossen hat, einen inländischen Rechtsanwalt unmittelbar zu mandatieren, **ermäßigt** sich die Gebühr nach Nr. 2101 VV auf 0,1 bis 0,5 bei Wertgebühren bzw. auf den Mindestbetrag der dem Bevollmächtigten oder Verteidiger zustehenden Betragsrahmengebühr. Bei der Bemessung von Rahmengebühren ist natürlich stets auf § 14 RVG und die dort vorzufindenden Bewertungskriterien Rücksicht zu nehmen.

3. Erstattungsfragen

21 Nach richtiger Ansicht gelten die Kosten des Einvernehmensanwalts zu den erstattungsfähigen Kosten aus europarechtlichen Erwägungen, während die Kosten des ausländischen Rechtsanwalts im Rahmen der Erstattungsfähigkeit nach innerstaatlichem Recht ohnehin zu erstatten sind, begrenzt allerdings auf die Größenordnung nach dem RVG.[17]

---

[12] So etwa Hartung/Römermann/*Schons* Nr. 2200, 2201 VV Rn. 12; ebenso noch Gerold/Schmidt/*Madert*, 17. Aufl., Nr. 2200–2201 VV Rn. 6.

[13] Vgl. Gerold/Schmidt/*Mayer* Nr. 2200, 2201 VV Rn. 17.

[14] Vgl. auch Schneider/*Thiel* S. 259.

[15] Vgl. auch hier: Gerold/Schmidt/*Mayer* Nr. 2200–2201 VV Rn. 23; aA Bischof/*Jungbauer* Nr. 2200 VV Rn. 17.

[16] Schneider/Wolf/*N. Schneider* Nr. 2200–2201 VV Rn. 34.

[17] EuGH NJW 2004, 833; siehe jetzt auch: OLG München (unter Aufgabe seiner bisherigen Rechtsprechung) JurBüro 2004, 380 = MDR 2004, 841; anders noch OLG München MDR 1998, 1054; ebenso Gerold/Schmidt/*Mayer* Nr. 2200–2201 VV Rn. 26.

III. Vergütungsfestsetzung gemäß § 11 RVG

Umstritten ist, ob die Einvernehmensgebühr im Vergütungsfestsetzungsverfahren nach § 11 RVG Berücksichtigung finden kann. Zum einen wird die Festsetzung mit der Begründung ausgeschlossen, dass der deutsche Rechtsanwalt nicht in einem gerichtlichen Verfahren tätig werde.[18] Die Gegenansicht will darauf abstellen, dass der Einvernehmensanwalt als Zustellungsbevollmächtigter gilt, wenn ein Zustellungsbevollmächtigter nicht benannt ist.[19] 22

Auch hier ist die Praxisrelevanz sicherlich eingeschränkt, da § 11 Abs. 8 RVG gewisse Einschränkungen mit sich bringt, die es wenig attraktiv erscheinen lassen, über die Kostenfestsetzung nachzudenken. Dies gilt um so mehr, als es unzulässig wäre, wenn der Einvernehmensanwalt bei den vom Streitwert unabhängigen Gebühren nur die Mindestgebühr geltend machte und sich vorbehielte, die darüber hinaus gehenden Gebühren einzuklagen.[20] 23

Abschnitt 3. Vertretung

Vorbemerkung 2.3 VV

Nr.	Gebührentatbestand	Gebühr oder Satz der Gebühr nach § 13
Vorbemerkung 2.3: (1) Im Verwaltungszwangsverfahren ist Teil 3 Abschn. 3 Unterabschnitt 3 entsprechend anzuwenden. (2) Dieser Abschn. gilt nicht für die in den Teilen 4 bis 6 geregelten Angelegenheiten. (3) Die Geschäftsgebühr entsteht für das Betreiben des Geschäfts einschließlich der Information und für die Mitwirkung bei der Gestaltung eines Vertrags. (4) Soweit wegen desselben Gegenstands eine Geschäftsgebühr für eine Tätigkeit im Verwaltungsverfahren entstanden ist, wird diese Gebühr zur Hälfte, bei Wertgebühren jedoch höchstens mit einem Gebührensatz von 0,75 auf eine Geschäftsgebühr für eine Tätigkeit im weiteren Verwaltungsverfahren, das der Nachprüfung des Verwaltungsakts dient, angerechnet. Bei einer Betragsrahmengebühr beträgt der Anrechnungsbetrag höchstens 175,00 €. Bei der Bemessung einer weiteren Geschäftsgebühr innerhalb eines Rahmens ist nicht zu berücksichtigen, dass der Umfang der Tätigkeit in Folge der vorangegangenen Tätigkeit geringer ist. Bei einer Wertgebühr erfolgt die Anrechnung nach dem Wert des Gegenstands, der auch Gegenstand des weiteren Verfahrens ist. (5) Abs. 4 gilt entsprechend bei einer Tätigkeit im Verfahren nach der Wehrbeschwerdeordnung, wenn darauf eine Tätigkeit im Beschwerdeverfahren oder wenn der Tätigkeit im Beschwerdeverfahren eine Tätigkeit im Verfahren der weiteren Beschwerde vor den Disziplinarvorgesetzten folgt. (6) Soweit wegen desselben Gegenstandes eine Geschäftsgebühr nach Nummer 2300 entstanden ist, wird diese Gebühr zur Hälfte, jedoch höchstens mit einem Gebührensatz von 0,75 auf eine Geschäftsgebühr nach Nummer 2303 angerechnet. Absatz 4 Satz 4 gilt entsprechend.		

Übersicht

	Rn.
I. Überblick	1
II. Verwaltungszwangsverfahren (Vorb. 2.3 Abs. 1 VV)	6

---

[18] So Schneider/Wolf/*N. Schneider* Nr. 2200–2201 VV Rn. 53.
[19] Zum Meinungsstand vgl. Gerold/Schmidt/*Mayer* Nr. 2200–2201 VV Rn. 25.
[20] HK-RVG/*Mayer* § 11 Rn. 57.

Vorb. 2.3 VV Teil 2. Außergerichtliche Tätigkeiten

	Rn.
III. Bestimmte sozialrechtliche Angelegenheiten (Vorb. 2.3 Abs. 2 VV)	8
IV. Betreiben des Geschäfts (Vorb. 2.3 Abs. 3 Alt. 1 VV)	10
V. Mitwirkung bei der Gestaltung eines Vertrags (Vorb. 2.3 Abs. 3 Alt. 2 VV)	15
VI. Anrechnung nach Vorb. 2.3 Abs. 4 VV	24
1. Anrechnung in verwaltungsrechtlichen Angelegenheiten, die nach dem Gegenstandswert berechnet werden	24
2. Anrechnung in Angelegenheiten, die nicht nach dem Gegenstandswert berechnet werden.	29
VII. Anrechnung nach Vorb. 2.3 Abs. 5 VV	32
1. Verfahren nach der Wehrbeschwerdeordnung (WBO)	32
2. Verfahren nach der Wehrdisziplinarordnung (WDO)	34
VIII. Anrechnung nach Vorb. 2.3 Abs. 6 VV	35

I. Überblick

1 In der Vorb. 2.3 Abs. 1 VV wird zunächst klargestellt, dass die Vertretungsgebühren nicht für das **Verwaltungszwangsverfahren** gelten, hier vielmehr auf die Nr. 3309 und 3310 VV zurückzugreifen ist. Des Weiteren nimmt Absatz 2 die in Abschn. 4 und in den Teilen 4 bis 6 VV genannten Angelegenheiten von den Gebührentatbeständen der Nr. 2300 bis 2303 VV aus. Schließlich wird in Absatz 3 die **Geschäftsgebühr** dahingehend definiert, dass sie für das Betreiben des Geschäfts einschließlich der Information und für die Mitwirkung bei der Gestaltung eines Vertrags entsteht.

2 Die durch das KostRMoG II eingeführten Abs. 4 bis 6 führen zu einer grundlegenden Umgestaltung des Vergütungsverzeichnisses. Die bisherige Trennung der „Vertretung" (Abschn. 3) und der „Vertretung in bestimmten Angelegenheiten" (Abschn. 4) ist nicht mehr vorzufinden und die bislang in Teil 2 Abschn. 2 VV RVG aufzufindenen Geschäftsgebühren für Verwaltungs- und Nachprüfungsverfahren (Nr. 2400, 2401 VV) finden jetzt ihre Regelung ebenfalls in Abschn. 3. Unverändert wurde allerdings daran festgehalten, dass in sozialrechtlichen Angelegenheiten des § 3 Abs. 2 iVm Abs. 1 S. 1 RVG und den Verfahren der WBO und der WDO nach Betragsrahmen abzurechnen ist.

3 Noch gravierender ist die Aufgabe der Zweispurigkeit für die Geschäftsgebühr in den Nachprüfungsverfahren und zwar sowohl bei den Wertgebühren als auch bei den Betragsrahmengebühren. Verminderte Gebührenrahmen sind nicht mehr vorzufinden, da sich der Gesetzgeber entschlossen hat, dem sog. Anrechnungsmodell den Vorzug zu geben, das sich ja auch bislang schon an anderen Stellen im RVG fand.

4 Eine Vorbefassung im Verwaltungsverfahren führt also nicht mehr zu einer Verminderung des Gebührenrahmens in der „zweiten" Geschäftsgebühr. Vielmehr wird die erste Geschäftsgebühr hälftig auf die weitere Geschäftsgebühr des Nachprüfungsverfahrens angerechnet. Hierbei greift man auf die schon an anderer Stelle bekannten Begrenzungen zurück und beschränkt die Anrechnung bei Wertgebühren auf max. 0,75 und bei Betragsrahmengebühren auf max. 175 EUR.

5 Ferner wird ausdrücklich hervorgehoben, dass bei der zweiten Geschäftsgebühr die Vorbefassung nicht gebührenmindernd berücksichtigt werden darf, eben weil hier bereits eine Anrechnung mit entsprechender Wirkung vorgenommen wurde.

II. Verwaltungszwangsverfahren (Vorb. 2.3 Abs. 1 VV)

6 Im Verwaltungszwangsverfahren ist nach der Vorb. 2.3 Abs. 1 VV der Teil 3 Abschn. 3 Unterabschnitt 3 VV entsprechend anzuwenden. Dieser Unterabschnitt

Abschnitt 3. Vertretung **Vorb. 2.3 VV**

bezieht sich auf die **Zwangsvollstreckung** und Vollziehung einer im Wege des **einstweiligen Rechtsschutzes** ergangenen Entscheidung und besteht aus Nr. 3309 VV (Verfahrensgebühr in Höhe von 0,3) und Nr. 3310 VV (Terminsgebühr in Höhe von 0,3). Auch im Verwaltungszwangsverfahren richten sich die Gebühren also nach den für die Zwangsvollstreckung vorgesehenen Vorschriften.

Der ausdrückliche Hinweis in der Vorb. 2.3 Abs. 1 VV war erforderlich, weil das Verwaltungszwangsverfahren ein außergerichtliches Verfahren ist. Für außergerichtliche Tätigkeiten richten sich die Gebühren grundsätzlich nach Teil 2 VV. 7

III. Bestimmte sozialrechtliche Angelegenheiten (Vorb. 2.3 Abs. 2 VV)

Abschn. 3 des Teils 2 VV, also die Nr. 2300 bis 2303 VV, gelten nicht für die in Abschn. 4 genannten Angelegenheiten. In Abschn. 4 geht es um die Vertretung in bestimmten sozialrechtlichen Angelegenheiten, in denen der Rechtsanwalt Betragsrahmengebühren nach § 3 RVG erhält. 8

Ausgenommen sind ferner die Angelegenheiten der Teile 4 bis 6 VV, so dass die Vorschriften von Teil 2 VV Abschn. 3 nicht anzuwenden sind in Strafsachen, Bußgeldsachen und Disziplinarverfahren.[1] 9

IV. Betreiben des Geschäfts (Vorb. 2.3 Abs. 3 Alt. 1 VV)

Die Geschäftsgebühr entsteht für das Betreiben des Geschäfts einschließlich der Information. Diese Regelung entspricht dem ersten Satzteil des früheren § 118 Abs. 1 Nr. 1 BRAGO. 10

Unter der **Information** ist die Entgegennahme der zur Durchführung des Auftrages erforderlichen Informationen zu verstehen. Das Betreiben des Geschäfts kann also schon darin zu sehen sein, dass der Rechtsanwalt die von ihm benötigten Angaben bei dem Mandanten einholt. 11

In dem zuletzt genannten Fall stellt sich die Frage der Abgrenzung zwischen der bloßen Beratung, die ebenfalls die Entgegennahme von Informationen mit sich bringt, aber nur zur Beratungsgebühr nach § 34 RVG führt, und der Geschäftsgebühr nach Nr. 2300 VV Das entscheidende **Abgrenzungskriterium** ist der Auftrag.[2] 12

Beispiele:

- Der Mandant schildert dem Rechtsanwalt Tatsachen, die zu dem Rat führen, dass die Eintreibung einer Forderung möglich und sinnvoll sei. Der Rechtsanwalt erhält eine Beratungsgebühr nach § 34 RVG.
- Der Mandant beauftragt den Rechtsanwalt mit der Geltendmachung einer Forderung und schildert die relevanten Umstände. Es entsteht eine Geschäftsgebühr nach Nr. 2300 VV, und zwar unabhängig davon, ob es danach noch zu Aktivitäten des Rechtsanwalts kommt oder nicht.

Weitere Probleme bestehen darin, dass die Geschäftsgebühr keineswegs **sämtliche** außergerichtlichen Tätigkeiten abdeckt, sondern vielmehr zugunsten von **vorrangigen Spezialregelungen** durchaus weichen kann. 13

Soweit der Rechtsanwalt Hilfe in Steuersachen gemäß § 35 RVG leistet, ist er nicht berechtigt, eine Geschäftsgebühr nach Nr. 2300 VV RVG zu berechnen und 14

---

[1] Vgl. hierzu Schneider/Wolf/*Wahlen/Onderka/N. Schneider* Vorb. 2.3. VV Rn. 3 unter Hinweis auf die Ausnahmen bei vorgerichtlichen Verfahren nach der WDO, der WBO oder wenn in einem Adhäsionsverfahren eine aussergerichtliche Vertretung vorangeht.

[2] Vgl. Schneider/Wolf/*Wahlen/Onderka/N. Schneider* Vorb. 2.3. VV Rn. 28.

begibt sich hier durchaus in den Bereich der Gebührenüberhebung.[3] Wird der Rechtsanwalt im schiedsrichterlichen Verfahren (§§ 1025 ff. ZPO) und vor dem Schiedsgericht (§ 104 ArbGG) tätig, erfolgt die Vergütung nach Teil 3 VV Abschn. 1 und 2. Während die außergerichtliche Tätigkeit in **Strafsachen** ausschließlich in Teil 4 VV geregelt ist, war es für den **Zeugenbeistand** lange Zeit umstritten, welche Gebührentatbestände hier anzuwenden sind. Auch hier findet sich jetzt allerdings im RVG die spezialgesetzliche Regelung, dass die Tätigkeit der eines Prozessvertreters gleichgestellt ist, so dass der Anfall einer Geschäftsgebühr nicht in Betracht kommt. Die Tätigkeit in **sozialrechtlichen Angelegenheiten** wird nach VV 2302 Nr. 1 RVG vergütet.[4]

V. Mitwirkung bei der Gestaltung eines Vertrags (Vorb. 2.3 Abs. 3 Alt. 2 VV)

15 Die frühere Vorschrift des § 118 Abs. 1 Nr. 1 BRAGO hatte noch auf das Entwerfen von Urkunden abgestellt. Die Vorb. 2.3 Abs. 2 VV erwähnt stattdessen die Mitwirkung bei der Vertragsgestaltung. Inhaltliche Änderungen sind damit kaum verbunden, da die Aufzählung in Absatz 3 der genannten Vorbemerkung nicht abschließend ist. Nach richtiger Auffassung wird man hieraus jedenfalls nicht den Schluss ziehen können, wie teilweise geschehen, dass der Entwurf von Schreiben – ohne Nutzung des Geschäftspapiers des mandatierten Rechtsanwalts – noch keine Geschäftsgebühr, sondern lediglich eine Beratungsgebühr nach § 34 RVG auslöst.[5]

16 Das **Entwerfen** eines später vom Mandanten zu unterzeichnenden Schreibens ist zwar nicht die Mitwirkung bei der Gestaltung eines Vertrags, wenngleich es durchaus Vorbereitungshandlung für einen solchen sein kann, geht aber ersichtlich über einen Rat oder einen schriftlich erteilten Rat hinaus.[6]

17 Dadurch, dass der Mandant das Ergebnis eines anwaltlichen Rates nicht selbst formuliert, sondern die **Formulierung des Rechtsanwalts verwendet,** wird der Rechtsanwalt – wenn auch verdeckt – bereits mit Außenwirkung tätig, so dass er die Betriebsgebühr nach Nr. 2300 VV verdient.

18 Die Abgrenzungsproblematik hinsichtlich der Geschäftsgebühr und der Ratsgebühr behält unter zwei weiteren Gesichtspunkten in der Praxis eine ganz besondere Brisanz:

19 Für bestimmte Rechtsgebiete (Familien-, Erbrecht) bieten Rechtsschutzversicherungen Deckungsschutz nur für eine abschließende Beratungstätigkeit an. Läßt sich der Rechtsanwalt vom Mandanten nach erfolgter Beratung nunmehr bewegen, über eine reine Beratungstätigkeit hinaus zu gehen, oder entfaltet er unmittelbar eine Tätigkeit, die in den Bereich der Geschäftsgebühr „hineinragt", muss der Mandant damit rechnen, keinerlei finanzielle Unterstützung durch seine Rechtsschutzversi-

---

[3] Zur Abgrenzung der Tätigkeit von Rechtsanwalt und Steuerberater: vgl. OLG Düsseldorf RVG-Berater 2004, 101 mAnm *Onderka;* zur Strafbarkeitsproblematik siehe MAH VergütungsR S. 504, ebenso Burandt/Rojahn/*Schons* § 95 Rn. 48 ff.

[4] Vgl. zum Ganzen auch: Schneider/Wolf/*Wahlen/Onderka/N. Schneider* Vorb. 2.3. VV Rn. 32 ff.

[5] So aber stets HK-RVG/*Teubel/Winkler* § 34 RVG Rn. 21–24 mit interessantem Hinweis auf die Probleme bei der Abrechnung mit Rechtsschutzversicherern; anders wie hier im selben Kommentar HK-RVG/*Teubel* Vorb. 2.3 VV Rn. 7; ebenso Bischof/*Jungbauer* Vorb. 2.3 VV Rn. 35; Gerold/Schmidt/*Mayer* Nr. 2300 VV Rn. 17.

[6] Ebenso mit guter Begründung Schneider/Wolf/*Wahlen/Onderka/N. Schneider* Vorb. 2.3. VV Rn. 52, 53 sowie *Kroiß* RVG-Letter 2005, 213; *Madert* AGS 2005, 2, 5.

Abschnitt 3. Vertretung **Vorb. 2.3 VV**

cherung zu erhalten.[7] Vorsorglich sollte der Rechtsanwalt seinen Mandanten auf diese Problematik hinweisen und auch darauf, dass die Abgrenzungsfragen – wie hier dargestellt – noch nicht höchstrichterlich geklärt sind.[8]

Aber auch ohne das Vorhandensein einer Rechtsschutzversicherung kann es zu **20** Problemen kommen, etwa dann, wenn der Rechtsanwalt den Abschluss einer Gebührenvereinbarung für eine Tätigkeit iSv § 34 RVG vergißt oder deshalb unterlässt, weil er von einem bereits vorliegenden oder später erhofften weitergehenden Auftrag im Sinne einer Geschäftsgebühr ausgeht. Bleibt es dann bei einer Beratungstätigkeit, fällt dem Rechtsanwalt die Abrechnung nach den Vorschriften des Bürgerlichen Rechts schwer und in der Praxis ist es in der Vergangenheit immer wieder – leider – vorgekommen, dass dann versucht wird, eine Geschäftsgebühr nach Nr. 2300 VV RVG abzurechnen, obgleich deren Voraussetzungen nicht vorliegen. Auch hier läuft der Rechtsanwalt Gefahr, sich dem Vorwurf der Gebührenüberhebung auszusetzen.[9]

Die Gefahren und die Problematik haben sich durch eine nach diesseitiger Auffas- **21** sung falsche Rechtsprechung noch verschärft:

Inzwischen haben schon drei Oberlandesgerichte sich gegen die hier dargestellte **22** überwiegende und wohlbegründete Literaturmeinung gestellt und den Entwurf eines Testaments (weil kein Vertrag) dem Beratungsbereich zugeordnet.[10] Das Oberlandesgericht Düsseldorf hat in einer einem Beschluss vom 30.4.2012 sogar noch hervorgehoben, dass auch der Entwurf eines gemeinschaftlichen Testaments nicht mit einer Geschäftsgebühr abgerechnet werden könne, wenn es ausschließlich nicht **wechselbezügliche** Verfügungen enthalte.[11]

Angesichts dieser eindeutigen, wenn auch zweifelhaften Rechtsprechung ist jetzt **23** also um so mehr jeder Rechtsanwalt gut beraten, der das Problem durch eine Vereinbarung löst.[12]

VI. Anrechnung nach Vorb. 2.3 Abs. 4 VV

1. Anrechnung in verwaltungsrechtlichen Angelegenheiten, die nach dem Gegenstandswert berechnet werden

Wie bereits erwähnt hat sich der Gesetzgeber entschlossen, das „Anrechnungsmo- **24** dell" im Wege der Vereinheitlichung des RVG auch bei verwaltungsrechtlichen Angelegenheiten, aber auch bei sozialrechtlichen Angelegenheiten zur Anwendung kommen zu lassen. Damit entstehen nach neuem Recht sowohl im Verwaltungsverfahrens als auch im Nachprüfungsverfahren jeweils Geschäftsgebühren in gleicher Größenordnung. Die früher vorzufindende Gebührenermäßigung weicht gewissermaßen dem Anrechnungsmodell, was – wie noch darzustellen sein wird – nicht stets mit Vorteilen verbunden ist.

In konsequenter Umsetzung der Vorb. 3 Abs. 4 VV wird auch hier eine Anrech- **25** nungsgrenze eingeführt. Gemäß Vorb. 2.3 Abs. 4 S. 1 VV ist die Anrechnung auch hier bis zur Hälfte aber höchstens mit einem Gebührensatz von 0,75 vorzunehmen.

---

[7] Vgl. hierzu HK-RVG/*Teubel/Winkler* § 34 Rn. 24 unter Hinweis auf OLG Schleswig JurBüro 1981, 1347; OLG Düsseldorf AnwBl. 1999, 287.
[8] Vgl. Bischof/*Jungbauer* Vorb. 2.3 VV Rn. 38, auch unter Hinweis auf BGH BRAK-Mitt. 2006, 115.
[9] Vgl. hierzu BGH AGS 2007, 599 ff. mAnm *Schons.*
[10] Vgl. OLG Nürnberg NJW 2011, 621 = AGS 2010, 480 = AnwBl. 2010, 805; OLG Düsseldorf AGS 2012, 454 ff.; OLG Frankfurt a.M. AGS 2015, 505 ff. mAnm *Schons*; siehe aber auch OLG Nürnberg AGS 2015, 320 f. mAnm *Schons.*
[11] Vgl. erneut OLG Düsseldorf AGS 2012, 454.
[12] HK-RVG/*Teubel/Winkler* § 34 Rn. 24 aE.

Vorb. 2.3 VV Teil 2. Außergerichtliche Tätigkeiten

26 Auch Vorb. 2.3 Abs. 4 S. 4 VV übernimmt die bekannte Regelung aus Vorb. 3 Abs. 4 VV und stellt klar, dass die vorzunehmende Anrechnung nur nach dem Wert des Gegenstandes vorzunehmen ist, der auch zum Gegenstand des weiteren Verfahrens wird. Und es wird weiterhin klargestellt, dass im Hinblick auf die nunmehr geltende Anrechnungsmethode der im Nachprüfungsverfahren evtl. geringere Umfang der anwaltlichen Tätigkeit im Rahmen von § 14 Abs. 1 RVG nicht – nochmals – mindernd berücksichtigt werden darf.[13]

27 Auf die Höhe der Gebühren hat die Neuregelung – je nach Fallgestaltung – positive wie negative Auswirkungen. So führt die Neuregelung bei zwei unterstellten Geschäftsgebühren von jeweils 1,5 zu einem Gebührenaufkommen von 2,25 (1,5 + 1,5 − 0,75) während nach altem Recht bei einer vergleichbaren Situation 2,4 insgesamt hätten abgerechnet werden können (1,5 + 0,9).

28 Andererseits führt § 15a Abs. 2 RVG bei einem erfolgreichen Widerspruchsverfahren dazu, dass die im Widerspruchsverfahren verdiente volle Geschäftsgebühr vom Kostenerstattungsschuldner unbeschadet der Anrechnung verlangt werden kann, während ansonsten nur eine Geschäftsgebühr von 0,9 nach Nr. 2300, 2301 VV aF zu erstatten gewesen wäre. Bei der Kostenerstattung wirkt sich das neue Recht also für den Auftraggeber und ggf. auch für den Anwalt (§ 9 S. 2 BerHG) günstiger aus.[14]

2. Anrechnung in Angelegenheiten, die nicht nach dem Gegenstandswert berechnet werden.

29 In Angelegenheiten, bei denen sich die Gebühren nicht nach dem Gegenstandswert richten (§ 3 Abs. 1 S. 1, Abs. 2 RVG) sind die Gebühren nach neuem Recht sowohl im Verwaltungs- also auch im Nachprüfungsverfahren nach Nr. 2303 Nr. 1 VV zu berechnen (bisher Nr. 2400 VV).

30 Auch hier ist anstelle der früheren Gebührenermäßigung eine hälftige Anrechnung vorzunehmen, beschränkt auf einen Betrag in Höhe von 175 EUR (Vorb. 2 Abs. 4 S. 2 VV). Und auch hier gilt, dass der im Nachprüfungsverfahren gegebene geringere Umfang in Folge der vorangegangenen Tätigkeit im Verwaltungsverfahren unberücksichtigt bleibt, bzw. die Berücksichtigung durch die Anrechnung vorgenommen wird.

31 Die Neuregelung bringt durchaus auch Nachteile mit sich. Während sich nach altem Recht mit der „gesetzlich verminderten zweiten Geschäftsgebühr" ein Gebührenaufkommen von 2,4 verdienen ließ (1,5 + 0,9), führt die Anrechnung der Geschäftsgebühr in vergleichbaren Fällen zu einem Gebührenaufkommen von 2,25 (1,5 + 1,5 − 0,75).[15] § 15a Abs. 2 RVG führt darüber hinaus dazu, dass sich die Neuregelung auch bei der Kostenerstattung für den Erstattungsgläubiger positiv und für den Erstattungsschuldner, einschl. des Rechtsschutzversicherers negativ auswirkt. So erteilt der Rechtsschutzversicherer im Verwaltungsverfahren erst für das Widerspruchsverfahren Rechtsschutz. Für dieses Verfahren gibt es jetzt aber keine reduzierte Gebühr, sondern die normale Geschäftsgebühr, auf die zwar bei einer vorangegangenen anwaltlichen Tätigkeit im Antragsverfahren die vorherige Geschäftsgebühr anzurechnen ist, worauf sich wiederum der Rechtsschutzversicherer aber wegen § 15a Abs. 2 RVG nicht wird berufen können.[16]

---

[13] Vgl. Schneider/*Thiel* S. 138.

[14] Vgl. hierzu sehr eingehend die Berechnungsbeispiele bei Schneider/*Thiel* S. 144, 145; Schneider/Wolf/*Wahlen/Onderka/N. Schneider* Vorb. 2.3. Rn. 92 ff.

[15] Siehe die Beispielsberechnung bei Schneider/Wolf/*Wahlen/Onderka/N. Schneider* Vorb. 2.3 Rn. 65–67.

[16] Vgl. auch hier: Schneider/Wolf/*Wahlen/Onderka/N. Schneider* Vorb. 2.3 Rn. 69.

Abschnitt 3. Vertretung Nr. 2300 VV

VII. Anrechnung nach Vorb. 2.3 Abs. 5 VV

1. Verfahren nach der Wehrbeschwerdeordnung (WBO)

Nach Vorbemerkung 2.3 Abs. 5 VV ist die Anrechnungsregelung von Abs. 4 VV **32** auch bei Verfahren nach der WBO zu beachten. Bei diesen Verfahren, bei denen im gerichtlichen Verfahren das Verfahren vor dem Truppendienstgericht oder das Verfahren vor dem BVerwG an die Stelle des Verwaltungsrechtsweges gemäß § 82 SG tritt, wird die Tätigkeit des Anwaltes jeweils mit einer Geschäftsgebühr nach Nr. 2303 Nr. 2 VV honoriert. Die Vorb. 2.3 Abs. 5 VV geht offenbar gemäß § 17 Nr. 1a VV von drei möglichen Verfahrensabschnitten aus, in denen jeweils eine Geschäftsgebühr anfallen kann, obgleich eher alles dafür spricht, dass es hier lediglich zu einem Beschwerdeverfahren nach den § 1 ff. WBO und zu einem Verfahren der weiteren Beschwerde nach § 17 f. WBO kommen kann.[17]

Ein „Vorverfahren" oder „Verwaltungsverfahren" sind der WBO eigentlich unbe- **33** kannt. Unterstellt man allerdings, es gebe ein solches Verfahren, dann würde bereits mit dem Ausgangsverfahren eine erste Geschäftsgebühr nach Nr. 2303 Nr. 2 VV entstehen.

2. Verfahren nach der Wehrdisziplinarordnung (WDO)

Die vorgerichtliche Tätigkeit in einem Verfahren nach der WDO (vgl. zum **34** gerichtlichen Verfahren Vorb. 6.4 Abs. 1 VV) ist in der Vorb. 2.3 Abs. 5 VV nicht ausdrücklich geregelt. Da § 42 WDO aber ausdrücklich auf die Beschwerde nach der WBO Bezug nimmt, dürfte es richtig sein, auch die Tätigkeit in einem solchen Verfahren entsprechend Nr. 2303 Nr. 2 VV abzurechnen und zwar mit der hier vorgestellten Anrechnungsregelung.[18]

VIII. Anrechnung nach Vorb. 2.3 Abs. 6 VV

Hier wird die Anrechnung einer vorangegangenen Geschäftsgebühr auf die **35** Geschäftsgebühr eines Güte- und Schlichtungsverfahrens festgelegt (vgl. die bisherige Anm. zu Nr. 2303 VV. Der Gesetzgeber legt auch hier Wert darauf, dass die Anrechnungsregelungen nach diesem Abschn. in ein- und derselben Vorb. zusammengefasst sind. Dies dient letztendlich zweifelsfrei einer besseren Übersichtlichkeit.

Nr. 2300 VV

Nr.	Gebührentatbestand	Gebühr oder Satz der Gebühr nach § 13
2300	Geschäftsgebühr, soweit in den Nummern 2302 und 2303 nichts anderes bestimmt ist .... Eine Gebühr von mehr als 1,3 kann nur gefordert werden, wenn die Tätigkeit umfangreich oder schwierig war.	0,5 bis 2,5

---

[17] Vgl. Schneider/*Thiel* S. 139, 153; vgl. auch hier Schneider/Wolf/*Wahlen/Onderka/N. Schneider* Vorb. 2.3 Rn. 97.
[18] Vgl. Schneider/*Thiel* S. 139, 154; vgl. auch hier Schneider/Wolf/*Wahlen/Onderka/N. Schneider* Vorb. 2.3 Rn. 99.

Übersicht

	Rn.
I. Überblick	1
II. Geschäftsgebühr als Grundgebühr (Inhalt des Auftrages)	16
1. Haltung der Versicherer	19
2. Fehlende Notwendigkeit, zunächst außergerichtlich tätig zu werden	35
3. Nr. 2300 VV und die Rationalisierungsabkommen der Rechtsschutzversicherer	39
III. Anm. zu 2300 VV	45
IV. Anrechnung der Geschäftsgebühr in verwaltungsrechtlichen Angelegenheiten	55
V. Sonstige Kostenerstattungsfragen	59
VI. Ermittlung der Rahmengebühr	61
1. Umfang der anwaltlichen Tätigkeit	72
2. Schwierigkeit der anwaltlichen Tätigkeit	82
VII. Weitere zu beachtende Bewertungskriterien von § 14 Abs. 1 RVG	97
1. Einkommens- und Vermögensverhältnisse des Auftraggebers	100
2. Bedeutung der Angelegenheit	105
3. Haftungsrisiko	112
VIII. Ermessensentscheidung	117
1. Ausübung der Bestimmung	117
2. Bindung an das ausgeübte Ermessen	121
IX. Vergütungsvereinbarung	122
X. Anrechnung der Geschäftsgebühr	124
1. Keine Anrechnung der Auslagenpauschale	146
2. Anrechnungsprobleme bei mehreren Auftraggebern	148
3. Kostenerstattungsfragen	155
4. Vergütung für die Einholung einer Deckungszusage beim Rechtsschutzversicherer	181
XI. Verwaltungsrechtliche Angelegenheiten	186

I. Überblick

1 Bei der Geschäftsgebühr Nr. 2300 VV ist die Anm. erhalten geblieben, die nach einem ursprünglichen Referentenentwurf in eine neue Nr. 2301 VV „verlegt" werden sollte. Dies konnte erfreulicherweise verhindert werden. Eine eigene Nummer im Vergütungsverzeichnis hätte zu neuen Friktionen in der Rechtsprechung geführt.

2 Soweit eine Abgrenzung von den Nr. 2302 und 2303 VV vorgenommen wird, ist dies lediglich die Folge davon, dass die Geschäftsgebühr in sozialrechtlichen Angelegenheiten nach Betragsrahmen jetzt ebenfalls in Teil 2 Abschn. 3 VV geregelt ist, ebenso wie die Geschäftsgebühr in Verfahren nach der WBO und – wenn auch nicht ausdrücklich nach der WDO. Die veränderte Formulierung bringt keine inhaltliche Änderung. Während Nr. 2300 VV der grundlegendes Gebührensatz für die Höhe der Geschäftsgebühr ist, wenn keiner der Tatbestände Nr. 2302 und 2303 VV gegeben ist, finden sich in Nr. 2302 VV die Betragsrahmengebühren und in Nr. 2303 VV eine Festgebühr mit dem Faktor 1,5.[1]

3 Soweit sich Änderungen im Anwendungsbereich der Nr. 2300 VV bei Verwaltungssachen ergeben (siehe oben die Ausführungen zu Vorb. 2.3 VV) ist dies nicht

---

[1] So völlig zutreffend *Schneider/Thiel* S. 139; Schneider/Wolf/*Wahlen/Onderka/N. Schneider* VV 2300 Rn. 1.

Abschnitt 3. Vertretung **Nr. 2300 VV**

auf die sprachliche Änderung im Vergütungstatbestand zurückzuführen, sondern darauf, dass die bisher in Nr. 2301 VV aF vorzufindende Gebührenermäßigung durch das Anrechnungsmodell ersetzt wurde, mit der Folge, dass sowohl im Verwaltungsverfahren als auch im Widerspruchsverfahren jeweils eine Geschäftsgebühr mit dem gleichen Gebührenrahmen zu berechnen sind, freilich auch hier unter Berücksichtigung der Kappungsgrenze (Anm. zu Nr. 2300 VV) und eben unter Berücksichtigung der Anrechnungsregelung in Vorb. 2.3 Abs. 4 VV.

Die Geschäfts- oder Betriebsgebühr von Nr. 2300 VV ist die generelle Gebühr 4 für alle außergerichtlichen Angelegenheiten, soweit das Vergütungsverzeichnis nicht Sondervorschriften enthält. Der weit gefasste Gebührenrahmen liegt zwischen 0,5 und 2,5, so dass die Mittelgebühr 1,5 beträgt.

Die Tatsache, dass in der Definition der Vorb. 2.3 Abs. 3 VV durchaus Elemente 5 der alten Gebühr nach § 118 BRAGO enthalten sind, rechtfertigt es nicht, die dort noch vorzufindenden drei Gebührentatbestände zum Anlass zu nehmen, den weiten Gebührenrahmen von Nr. 2300 VV (0,5 bis 2,5) einer **Dreiteilung** zu unterwerfen, wie es einige Rechtsschutzversicherungen nach Einführung des RVG argumentativ versucht haben. Ebenso wenig wie die Anm. zu Nr. 2300 VV (eine Gebühr von mehr als 1,3 kann nur gefordert werden, wenn die Tätigkeit umfangreich oder schwierig war) es zulässt, von einer Zweiteilung des Gebührenrahmens zu sprechen. Mit einem unteren Gebührenrahmen von 0,5 bis 1,3 und einem oberen Gebührenrahmen von 1,3 bis 2,5, ist es möglich,[2] innerhalb von Nr. 2300 VV das obere Drittel des Gebührenrahmens zu kappen, wenn keine Beweisaufnahme stattgefunden hat oder gar um ein weiteres Drittel, wenn es an Besprechungen fehlt.

Wenn diese Selbstverständlichkeiten viele Jahre nach Einführung des RVG noch- 6 mals Erwähnung finden, so beruht dies zum einen darauf, dass einige Versicherungsgesellschaften und leider auch Gerichte die hier bereits dargestellten Thesen von *Braun* lange Zeit zum Anlass nahmen – insbesondere im verkehrsrechtlichen Bereich – Geschäftsgebühren auf 0,9 oder gar 0,8 „herunterzukürzen".

Die Rechtsprechung ist solchen Überlegungen allerdings schnell entgegengetre- 7 ten und hat sich auf eine Auffassung geeinigt, nach der dem Anwalt, der eine höhere Gebühr als 1,3 abrechnen will, die Darlegungs- und Beweislast obliegt, dass Umfang und Schwierigkeit dies rechtfertigen. Wollen hingegen Auftraggeber oder Gegner weniger als 1,3 zahlen, so müssen diese jeweils darlegen, dass die Sache noch nicht einmal durchschnittlich war. Grundsätzlich ist also nach wie vor von einer 1,3 Gebühr als Regelgebühr auszugehen.[3]

Und wegen der bisweilen immer noch auftauchenden Tendenz in der Rechtspre- 8 chung, unbegründete Kürzungen von Versicherungsgesellschaften „abzusegnen" hier auch noch ein weiterer Hinweis:

Wenn auf der 48. Tagung der Gebührenreferenten der Rechtsanwaltskammern in Freiburg am 20.3.2004 als gemeinsam festgestellte Auffassung einstimmig beschlossen wurde, dass eine Besprechung mit dem Gegner, dem Mandanten oder einem Dritten die Tätigkeit umfangreich und/oder schwierig iSd Anm. zu Nr. 2300 VV machen kann, so bedeutet dies umgekehrt nicht, dass das Fehlen von solchen Besprechungen es unmöglich macht, eine höhere Gebühr als 1,3 in Rechnung zu stellen.[4]

Die umfangreiche Rechtsprechung zum alten § 12 BRAGO (jetzt § 14 RVG) gilt 9 vielmehr uneingeschränkt fort, insbesondere was die Ermittlung der **Mittelgebühr**

---

[2] So früher *Braun* S. 62; zur Kritik siehe *Madert* AGS 2005, 225; *Henke* AnwBl. 2004, 263; *Otto* NJW 2004, 1420; *Schons* NJW 2005, 1024; siehe sehr ausführlich Hartung/Römermann/Schons Nr. 2300 VV Rn. 29 ff. Fn. 18 mit weiteren Nachweisen. So auch jetzt zur Neuregelung *Schneider/Thiel* S. 142.
[3] BGH AGS 2007, 28 = DAR 2007, 234 = AnwBl. 2007, 154 (→ Nr. 2301 Rn. 1 ff.).
[4] So aber AG Worms RVGreport 2005, 229.

Nr. 2300 VV Teil 2. Außergerichtliche Tätigkeiten

angeht und erfährt lediglich eine Korrektur durch die Anm. zu Nr. 2300 VV, auf die weiter unten noch ausführlicher eingegangen wird.

10 Unverändert lässt sich feststellen, dass – ebenso wie früher § 118 BRAGO – die Geschäftsgebühr von Nr. 2300 VV als eine Art **Grundgebühr** oder **Betriebsgebühr** der außergerichtlichen Tätigkeit bezeichnet werden kann.

11 Diese Gebühr **entsteht** – wie in der Vorbemerkung 2.3. Abs. 3 VV klargestellt wird, bereits mit der Entgegennahme der Information, soweit sich der vom Mandanten erteilte **Auftrag** darauf richtet, den Rechtsanwalt mit Außenwirkung tätig werden zu lassen. Fehlt es an einem solchen Auftrag, so ist die Einholung der Information noch nicht Tatbestandsmerkmal einer Gebühr nach Nr. 2300 VV, sondern löst eine Ratsgebühr nach § 34 RVG aus.[5]

12 Entsprechend der zutreffenden Feststellung der Gebührenreferenten auf ihrer 48. Tagung in Freiburg wird mit der Gebühr nach Nr. 2300 VV auch die **Besprechungstätigkeit** des Rechtsanwalts mit abgegolten, ohne dass nach Unterredungen differenziert wird, die mit dem Mandanten, dem Gegner oder einem Dritten geführt werden. Unter der Geltung von § 118 BRAGO ließ sich für Besprechungen mit dem Auftraggeber keine Besprechungsgebühr verdienen, es sei denn, es handelte sich um Unterredungen zwecks Gründung oder Aufhebung einer Gesellschaft.

13 Umfangreiche und schwierige **Besprechungen mit dem eigenen Auftraggeber** können sich prägend auf die Höhe der Gebühr auswirken.[6] Macht es die Fallgestaltung – aus welchen Gründen auch immer – erforderlich, die Sach- und Rechtslage wieder und wieder mit dem Mandanten zu erörtern, ggf. mit Hilfe eines **Dolmetschers,** wenn der Mandant Ausländer ist, so kann allein hierin eine Rechtfertigung gesehen werden, den Umfang und/oder die Schwierigkeit der anwaltlichen Tätigkeit dem überdurchschnittlichen Bereich zuzuordnen. Gleiches gilt, wenn die **Persönlichkeitsstruktur** des Mandanten der Mandatsbearbeitung einen erschwerenden Charakter verleiht.[7]

14 Dass die Durchführung von **Beweisaufnahmen** im außergerichtlichen Bereich keine Rolle mehr spielt, ist eine Folge davon, dass mit dem RVG die Gebühr für jegliche Beweisaufnahmen entfallen ist.

15 Die **Anrechnungsvorschrift** nach § 118 Abs. 2 BRAGO findet sich jetzt nicht mehr bei der außergerichtlichen Gebühren selbst, sondern ist – in deutlich veränderter Form bei der Vorbemerkung zu Teil 3 VV aufzufinden (→ Vorb. 3 Rn. 1 ff.; → Vorb. 2.3 Rn. 24 ff.).

II. Geschäftsgebühr als Grundgebühr (Inhalt des Auftrages)

16 Nr. 2300 VV ist als **Gesamtgebühr** konzipiert, so dass es nicht mehr darauf ankommt, ob dem Rechtsanwalt ein Gesamtauftrag für die außergerichtliche Vertretung erteilt wird oder ob er für Einzeltätigkeiten mandatiert ist.

17 Während es nach altem Recht beispielsweise für den Anfall einer Besprechungsgebühr nach § 118 Abs. 1 Satz 2 BRAGO noch darauf ankam, ob der Rechtsanwalt entsprechend mandatiert war oder ob er wenigstens im mutmaßlichen Interesse des Mandanten handelte, wenn er Besprechungen führte, ist die Auftragserteilung nach Nr. 2300 VV uneingeschränkt stets darauf gerichtet, mit allen erdenklichen Mitteln der Anwaltstätigkeit das Mandat zu bearbeiten. Dies ist einer der Gründe, warum Nr. 2300 VV mit einem derart weiten Gebührenrahmen ausgestattet wurde; ein zweiter ist es, dem Rechtsanwalt einen möglichst hohen Anreiz zu geben, das Man-

---

[5] Vgl. auch die Beispielsfälle bei Schneider/Wolf/*Wahlen/Onderka/N. Schneider* Vorb. 2.3. VV Rn. 28.

[6] Eingehend HK-RVG/*Teubel* Nr. 2300 VV Rn. 18 ff.

[7] Vgl. etwa LG Karlsruhe AnwBl. 1987, 338.

Abschnitt 3. Vertretung **Nr. 2300 VV**

dat einer außergerichtlichen Regelung zuzuführen. Ein dritter Grund ist schließlich die Kompensation für den Wegfall von Beweis- und Besprechungsgebühr.[8]

Wenn man so will, ist der Gesetzgeber im zivilrechtlichen Bereich den umgekehrten Weg zum strafrechtlichen Bereich gegangen. Während die umfangreiche und differenzierte Tätigkeit eines Strafverteidigers im Ermittlungsverfahren nur über den einzigen Gebührentatbestand von § 84 BRAGO abgerechnet werden konnte und sich nun hierfür im RVG allein drei Gebührenstatbestände finden, hat man es im Zivilrecht für ausreichend erscheinen lassen, einen einzigen Gebührentatbestand mit einem weiten Gebührenrahmen auszustatten. 18

1. Haltung der Versicherer

Diese Entscheidung des Gesetzgebers ist einer der maßgeblichen Gründe dafür, dass es zu einer bislang noch nicht erlebten **Konfrontation zwischen Anwaltschaft und Versicherungswirtschaft** gekommen ist.[9] 19

Hatte die Anwaltschaft zunächst noch befürchtet, dass die Anm. zu Nr. 2300 VV zu einer unangemessenen Reduzierung der Mittelgebühr (1,5) auf 1,3 in unverhältnismäßig vielen Fällen führen würde, stellte sich mit Einführung des RVG heraus, dass der Versicherungswirtschaft selbst diese Korrektur des Gesetzes noch unzureichend erschien. Mit den unmöglichsten Überlegungen und Argumenten wurden und werden berechtigte Kostenrechnungen von Rechtsanwälten selbst von 1,3 gekürzt auf 0,9, 0,8 oder in Extremfällen sogar auf 0,7. 20

Als **Begründung** wird oftmals angeführt: 21
- Die alte Mittelgebühr habe 7,5/10 (0,75) betragen, so dass eine Geschäftsgebühr von 0,9 zu einer Gebührenerhöhung von 20 % führe, was ausreichend sei.
- Fälle, die weder umfangreich noch schwierig seien, seien unterhalb von 1,3 anzusiedeln, wo sich ein eigener neuer Gebührenrahmen von 0,5 bis 1,3 vorfinden lasse, mit einer rechnerischen Mittelgebühr von 0,9.
- Eine Gebühr von 1,3 stelle zur alten Mittelgebühr eine Erhöhung von 78 % dar, was der Gesetzgeber nicht gewollt haben könne.
- Das RVG habe zu einer Gebührenerhöhung von 14 % beitragen sollen, so dass eine Gebühr von 0,9 diese Erwartungshaltung mehr als erfülle.

Manche **Rechtsschutzversicherungen** gehen sogar soweit, ihren Versicherungsnehmern die gebührenrechtlich falsche und demgemäß völlig nutzlose **Empfehlung** auszusprechen, dem Rechtsanwalt sofort einen bedingten Klageauftrag zu erteilen und sich demgemäß eine Prozessvollmacht vorlegen zu lassen, um den Anfall einer Gebühr nach Nr. 2300 VV zu vermeiden. Argumentiert wird in solchen Schreiben an die Versicherungsnehmer, in diesem Falle könne die Gebühr nach Nr. 2300 VV nicht entstehen: Reagiere der Gegner nicht auf das außergerichtliche Aufforderungsschreiben, trete die Bedingung für die Klageerhebung ein und es entstehe sofort eine Gebühr nach Nr. 3100 VV; zahle der Gegner hingegen auf das Aufforderungsschreiben hin, habe sich der Klageauftrag erledigt und die Gebühr errechne sich nach Nr. 3101 VV (0,8). 22

Diese **Auffassung ist falsch** und verkennt, dass bei einem nur bedingten Klageauftrag der Gebührentatbestand von Nr. 2300 VV denknotwenig erfüllt ist und demgemäß zur Anwendung gelangt, und zwar völlig unabhängig davon, ob die Bedingung wegen fehlender pünktlicher Zahlung eintritt oder nicht. Im ersten Fall entsteht bei Eintritt der Bedingung jetzt zusätzlich die Verfahrensgebühr nach Nr. 3100 VV, auf die die bereits entstandene Geschäftsgebühr nach Nr. 2300 VV 23

---

[8] Vgl. Schneider/Wolf/*Onderka* Nr. 2300 VV Rn. 2.
[9] *Hansens* RVGreport 2005, 134; *Madert* AGS 2005, 225; *Mock* RVG-Berater 2005, 107; Schneider AGS 2005, 136; *Schons* NJW 2005, 1024; *ders.* NJW 2005, 3089 ff.; *Mayer* AGS 2004, 468.

Nr. 2300 VV Teil 2. Außergerichtliche Tätigkeiten

zur Hälfte, höchstens mit 0,75 anzurechnen ist (→ Teil 3 Vorb. 3 Abs. 4 VV). Im zweiten Fall kommt es nicht zum Bedingungseintritt, so dass sich der Klageauftrag nicht verwirklicht, sich dann auch nicht erledigen kann und auch hier die Gebühr sich nicht aus Nr. 3101 VV ergibt, sondern es bei der Gebühr nach Nr. 2300 VV verbleibt.[10]

24 Die hier geschilderten Verhaltensweisen von manchen Rechtsschutzversicherungen mögen auch der Grund dafür sein, dass seit dem Inkrafttreten des RVG **Fragestellungen thematisiert** werden, die früher als völlig unproblematisch galten. So wird es als gebührenschädlich angesehen, sich sofort eine Prozessvollmacht erteilen zu lassen, weil in diesem Falle der Eindruck entstehen könne, man habe einen unbedingten Klageauftrag.

25 Auch solchen Überlegungen kann nur entschieden entgegengetreten werden. Wie *Mayer* richtig feststellt, kommt es entscheidend nicht auf den Inhalt und den Umfang der **Vollmacht,** sondern auf den Inhalt des erteilten **Auftrages** an.[11] Die Vollmacht beschreibt nach außen lediglich das rechtliche Können, während der Auftragsinhalt das rechtliche Dürfen des Rechtsanwalts absteckt. Es ist demgemäß völlig unschädlich und gleichgültig, ob sich der Rechtsanwalt vorsorglich zusammen mit der außergerichtlichen Vollmacht auch eine Prozessvollmacht unterzeichnen lässt. Wird er beauftragt, zunächst außergerichtlich tätig zu werden, so fällt in jedem Fall erst einmal die Gebühr nach Nr. 2300 VV an. Lässt sich im Einzelfall nicht einwandfrei klären, ob der Rechtsanwalt mit einem unbedingten Klageauftrag bedacht oder zunächst um außergerichtliche Regulierungsverhandlungen gebeten wurde, spricht nach richtiger Ansicht eine Vermutung dafür, dass ein vorangestellter außergerichtlicher Auftrag erteilt wurde.[12]

26 Die **Kreativität von Kostenschuldnern** – leider auch von einigen Gerichten – die außergerichtlichen anwaltlichen Gebühren zu schmälern sind in der Folgezeit allerdings noch intensiviert worden und treiben gar merkwürdige Blüten. So wird inzwischen nicht mehr nur die Auffassung vertreten, der Rechtsanwalt müsse zumindest mit einem bedingten Klageauftrag arbeiten (die Nachteile hat man zwischenzeitlich wohl erkannt), sondern man geht einen Schritt weiter und lässt die Geschäftsgebühr praktisch vollständig „verschwinden" oder sich „in Luft auflösen". So haben etwa die Amtsgerichte in Walsrode und nunmehr auch in Bremervoerde die merkwürdige Rechtsauffassung entwickelt, ein mit der Beitreibung einer Forderung beauftragter Rechtsanwalt, dessen Mandant schon einmal selbst erfolglos außergerichtlich gemahnt habe, müsse sich sofort **unbedingten Klageauftrag** erteilen lassen. Anderenfalls werde gegen die Schadensminderungspflicht gemäß § 254 BGB verstoßen. Der Mandant verliere dann auch im Falle der Begründetheit der Forderung jedenfalls seinen Kostenerstattungsanspruch in Bezug auf die Geschäftsgebühr und da der Rechtsanwalt seinen Mandanten auf diese Situation hinweisen müsse, verliere er wiederum den Anspruch gegen den Mandanten unter dem Gesichtspunkt eines Schadensersatzanspruches.[13]

27 Eine Variante erfährt diese bedenkliche Rechtsprechung durch die Rechtsprechung der Amtsgerichte Meldorf und Kassel. Das Amtsgericht Meldorf „verfeinert" die Rechtsprechung des Amtsgerichts Walsrode dahingehend, dass sich der Kostenerstattungsanspruch auf ein einfaches Schreiben gemäß Nr. 2301 VV beschränke, wenn der Schuldner auf die vorangegangenen Mahnungen des Gläubigers nicht

---

[10] Gerold/Schmidt/*Mayer* Nr. 2300 VV Rn. 9.
[11] Vgl. Gerold/Schmidt/*Mayer* Nr. 2300 VV Rn. 9.
[12] *Madert* AGS 1999, 97.
[13] Vgl. AG Walsrode AGS 2006, 521 mAnm *Schons*; AG Walsrode AGS 2008, 103 mAnm *Schons*; AG Bremervoerde AGS 2009, 302 mAnm *Schons* u. *N. Schneider*; aA OLG Celle AGS 2008, 161 f. mAnm *Schons*.

reagiert habe.[14] Und das Amtsgericht Kassel meint, eine Erstattungsfähigkeit der Kosten für ein außergerichtliches anwaltliches Mahnschreiben dann verneinen zu können, wenn die Zahlungsunwilligkeit des Schuldners gewissermaßen gerichtsbekannt sei.[15]

Obgleich das jedenfalls für Walsrode zuständige OLG Celle einer solchen Rechtsauffassung mit guter Begründung entgegengetreten ist, lassen sich die dortigen Amtsgerichte nicht beirren und arbeiten ersichtlich gegen die mehrfach erklärte Intention des Gesetzgebers, die außergerichtliche Tätigkeit von Rechtsanwälten zu fördern, denen es – völlig unbestritten in der Statistik – gelingt, ca. 75 % aller an sie herangetragenen Fälle außergerichtlich zu erledigen. In den hier gerügten Entscheidungen wird dann gerne auch noch darauf hingewiesen, dass der Rechtsanwalt natürlich gleichwohl nicht gehindert sei, trotz des erteilten und erforderlichen unbedingten Klageauftrages noch einen letzten Versuch zu unternehmen, die Sache außergerichtlich beizulegen. Nur dann fielen solche Bemühungen nicht unter die Geschäftsgebühr, sondern würden mit der Verfahrensgebühr abgegolten, die sich auf 0,8 (→ Nr. 3101 VV RVG) beschränkt, wenn der Rechtsanwalt erfolgreich war.[16] 28

Und schließlich wird – fast schon zynisch – in Forderungsangelegenheiten darauf hingewiesen, dass das Vorhandensein von ersten außergerichtlichen, erfolglosen Mahnung des eigenen Auftraggebers den unbedingten Klageauftrag erfordere, ein erstes außergerichtliches Schreiben des Rechtsanwalts aber wiederum zu keinem Erstattungsanspruch führe, da mit diesem Schreiben in der Regel erst der Verzug hergestellt werde. Mit anderen Worten: In diesen Gerichtsbezirken gibt es praktisch keine Geschäftsgebühr mehr! 29

Dass diese Art von Rechtsprechung weder mit der höchstrichterlichen Rechtsprechung noch mit dem Gesetz vereinbar ist, sondern für den Erstattungsschuldner zu erheblichen Mehrkosten führen kann, wird von solchen Richtern natürlich übersehen: 30

Wer, mit unbedingtem Klageauftrag ausgestattet, es nicht nur bei einem außergerichtlichen Aufforderungsschreiben belässt, sondern den Gegner auch noch telefonisch kontaktiert (bei Inkassobüros oder Kanzleien, die sich mit Volumeninkasso beschäftigen durchaus die Regel) erhält im Falle des Erfolges Gebühren in Höhe von 2,0 was über eine Geschäftsgebühr bei einer derartigen Tätigkeit wohl selten erzielbar wäre: 31
Vergütung Nr. 3101 VV: 0,8
Terminsgebühr über Teil 3 VV Vorb. 3 Abs. 3: 1,2
macht insgesamt: 2,0

Inzwischen hat sich der BGH in einer Entscheidung vom 17.9.2015 mit erfreulicher Klarheit geäußert und der hier kritisierten Rechtsprechung eine so deutliche Absage erteilt, dass man fast von einem Weckruf sprechen kann.[17] Hierbei ist es besonders zu begrüßen, dass der BGH es Schuldnern vor Augen führt, dass diese es in der Hand haben, „sich vertragstreu zu verhalten und auf diese Weise den materiellen Kostenerstattungsanspruch des Gläubigers gar nicht erst zur Entstehung gelangen zu lassen". Ferner hebt der BGH nochmals zutreffend hervor, dass die Darlegungs- und Beweislast für die Unbilligkeit der getroffenen Bestimmungen gemäß § 14 Abs. 1 S. 4 RVG den ersatzpflichtigen Dritten trifft, wenn die Gebühr durch ihn zu ersetzen ist. Untergerichte, die solche Rechtsprechung bisweilen ignorieren, sollten sich zusätzlich auch noch die Entscheidung des BGH vom 20.1.2011 in Erinnerung rufen.[18] 32

---

[14] AG Meldorf AGS 2011, 311.
[15] AG Kassel AGS 2011, 260.
[16] Vgl. hierzu nur Gerold/Schmidt/*Madert* Nr. 2300 VV Rn. 9 (in diesem Zusammenhang immer wieder gerne von den Gerichten zitiert).
[17] BGH AGS 2015, 589 ff. m. zustimmender Anm. *Schons*.
[18] BGH ASR 2011, 211 Rn. 8 f.

33 Aber auch bei der Regulierung von Verkehrsunfällen belassen es Versicherungskonzerne und einige Gerichte nicht mehr dabei, die Höhe der Geschäftsgebühr zu thematisieren und Kürzungen vorzunehmen, sondern man lässt auch hier die Geschäftsgebühr buchstäblich „verschwinden", indem man die Notwendigkeit der Beauftragung eines Rechtsanwalts in Zweifel zieht. So meinte beispielsweise das Landgericht Bonn oder das Amtsgericht Berlin-Mitte feststellen zu können, dass gewisse Geschädigte keinen Anspruch auf einen anwaltlichen Beistand haben, wenn die Sach- und Rechtslage klar sei und die Versicherung schnell reguliere.[19]

34 Besonders bedauerlich ist es, dass derartige Fehlentscheidungen dann auch noch von Rechtsanwälten lauthals bejubelt werden, die sich offensichtlich besonders der Versicherungswirtschaft verbunden fühlen, für die sie das von ihnen veröffentlichte und auch noch mit einer Anm. versehene Urteil selbst erstritten haben.

2. Fehlende Notwendigkeit, zunächst außergerichtlich tätig zu werden

35 Es gibt allerdings auch Fallgestaltungen, bei denen es nicht unproblematisch ist, eine außergerichtliche Tätigkeit voranzustellen. So hat der BGH durch Beschluss vom 31.1.2012 die Erstattungsfähigkeit der Kosten eines Kündigungsschreibens verneint, wenn ein als Großvermieter einzustufender Vermieter in einem Routinefall wegen des Zahlungsrückstandes von zwei Monatsmieten kündigt.[20] Dies soll selbst dann gelten, wenn es sich bei dem Großvermieter um eine im Ausland ansässige Gesellschaft mit inländischem Wohnungsbestand handelt. Hier manifestiert sich also selbst beim BGH eine Tendenz zum völlig überzogenen Schuldnerschutz. Man mag eine derartige Rechtsprechung kritisieren, zu berücksichtigen ist sie auf jeden Fall, will man nicht später Probleme mit dem eigenen Mandanten erhalten.

36 So macht es allerdings in der Tat in der Regel wenig Sinn, bei einer dem Mandanten bereits vorliegenden Kündigung kurz vor fristgerechter Einreichung der **Kündigungsschutzklage** noch das außergerichtliche Gespräch mit dem Arbeitgeber zu suchen. Hier ist zu befürchten, dass sich die Rechtsschutzversicherung eines solchen Mandanten auf den Standpunkt stellt, die Herbeiführung des Gebührentatbestandes von Nr. 2300 VV sei bei derartiger Fallgestaltung eine Obliegenheitsverletzung, die zur Folge habe, dass die Versicherung insoweit von der Zahlung freigestellt ist (der Mandant möglicherweise auch, weil er in entsprechender Höhe einen Schadensersatzanspruch gegen den Rechtsanwalt hat, der ihn auf eine solche Möglichkeit nicht aufmerksam gemacht hat).[21]

---

[19] Vgl. etwa LG Bonn ZfS 2008, 18 sowie AG Berlin-Mitte Berliner Kammermitteilungen 2009, Heft 4, S. 135, 136; siehe hierzu die Kritik von *Schons* AnwBl. 2009, Heft 8/9 S. X; aA AG Magdeburg ZfS 2007, 50; AG Coburg AnwBl. 2006, 219; *Madert* ZfS 2005, 427 (428) mwN; sa ständige Rechtsprechung des BGH, nach der eine ex post Betrachtung bei der Regulierung sich verbietet; s. jetzt auch OLG Frankfurt AnwBl. 2016, 603 bei einfachen „Verkehrsunfällen".

[20] BGH AGS 2012, 360 f.

[21] Vgl. hierzu AG Düsseldorf JurBüro 2004, 427; sowie AG München JurBüro 2004, 426 (427); LG München I RVGreport 2008, 438; LG Cottbus ZAP, 2006, 958; LG Darmstadt JurBüro 2007, 424; AG Hannover JurBüro 2007, 400; LG Hamburg JurBüro 2006, 649; aA LG Stuttgart AGS 2008, 415 ff. mAnm *Schons*; LG Köln JurBüro 2008, 200; AG Essen-Steele AGS 2005, 468; AG Cham JurBüro 2006, 213 = AnwBl. 2006, 287; AG Velbert AnwBl. 2006, 770; AG Hamburg JurBüro 2007, 265; AG Hamburg-Altona JurBüro 2007, 265; AG Hamburg-St. Georg AGS 2006, 310; AG Hamburg-St. Georg AGS 2006, 311 (jedoch durch LG Hamburg aufgehoben); AG München JurBüro 2005, 595, vgl. dazu auch BGH AnwBl. 1969, 15.

Anders verhält es sich, wenn der Mandant einen oder zwei Tage nach Erhalt der 37
Kündigung den Rechtsanwalt mandatiert. Hier ist noch ausreichend Zeit, möglicherweise erfolgsversprechende außergerichtliche Verhandlungen über eine Abfindung oder dergleichen zu führen. Auch *Kitzmann* hebt in einer Anm. zu der bereits zitierten Entscheidung des Amtsgericht Hamburg-St. Georg hervor, dass der Mandant in der Regel eine außergerichtliche Einigung mit seinem Arbeitgeber bevorzugen wird. So sei es möglich, zusätzlich zu einer Abfindungszahlung einen – nicht einklagbaren – Verzicht auf die Rechte aus der Kündigung, eine nicht einklagbare Weiterbeschäftigung zu veränderten Konditionen oder eine – nicht einklagbare – Verlängerung der Kündigungsfrist ebenso auszuhandeln wie die Erteilung eines möglichst positiven Zwischenzeugnisses.[22] Es wird demgemäß auch im arbeitsrechtlichen Bereich auf die genau zu prüfenden Besonderheiten des Einzelfalles ankommen, die der Rechtsanwalt allerdings sinnvollerweise mit dem rechtsschutzversicherten Mandanten sorgfältig erörtern sollte.[23]

Überhaupt kann nicht deutlich genug hervorgehoben werden, dass der Gesetzgeber praktisch in jedem Fall einen letzten **außergerichtlichen Versuch** des Rechtsanwalts wünscht und dementsprechend honoriert, wenn dies zur Vermeidung des gerichtlichen Verfahrens dienlich erscheint. Insbesondere muss Auffassungen entgegengetreten werden, wonach die Erstattungsfähigkeit einer Geschäftsgebühr nach Nr. 2300 VV davon abhänge, ob man sich zunächst noch außergerichtlich mit Einwänden der Gegenseite auseinandersetzen müsse.[24] 38

3. Nr. 2300 VV und die Rationalisierungsabkommen der Rechtsschutzversicherer

Das Bestreben der Rechtsschutzversicherungen, den Anwendungsbereich von 39
Nr. 2300 VV möglichst einzuschränken, war und ist die eine Methode, befürchteten Kostensteigerungen durch das RVG zu begegnen. Eine andere Methode besteht darin, Rechtsanwälten in sogenannten Rationalisierungsabkommen anzubieten, die Gebühren zu pauschalieren, also für eine unübersehbare Vielzahl von Fällen eine Festgebühr von etwa 0,8 oder auch 1,3 zu vergüten.

Auch derartige Ansinnen stoßen selbstverständlich – nicht zuletzt in **berufsrechtlicher** Hinsicht – auf erhebliche Bedenken.[25] Zwar lässt § 4 RVG dem Rechtsanwalt die Möglichkeit offen, im konkreten Fall bei der außergerichtlichen Tätigkeit die gesetzlichen Gebühren zu unterschreiten, also durchaus auch eine eigentlich angemessene Mittelgebühr von 1,5. Stets ist aber Voraussetzung, dass bei der dann mit dem Mandanten zu treffenden **Gebührenvereinbarung** das Haftungsrisiko, der Umfang und die Schwierigkeit der anwaltlichen Tätigkeit angemessen berücksichtigt werden. Im Rahmen von Rationalisierungsabkommen lässt sich aufgrund der pauschalen Abgeltung diese Voraussetzung nicht schaffen.[26] 40

Inzwischen hat sich die Situation weiter verschärft. Alle Hoffnungen, dass sich 41
die Anwaltschaft geschlossen berufsrechtswidrigen Rationalisierungsabkommen entgegenstellen würde, mit der die ständig als zu gering empfundene gesetzliche Vergütung gravierend noch unterschritten wird (vgl. beispielsweise die Forderung des DAV nach einer deutlichen linearen Anhebung der Gebühren) sollen sich ca. 20–25 % der Anwälte einem solchem Abkommen angeschlossen haben, das ihnen

---

[22] *Kitzmann* JurBüro 2006, 310 ff.
[23] So auch Bischof/*Jungbauer* Vorb. 2.3. VV Rn. 34 aE.
[24] So aber *Rues* MDR 2005, 313 ff.; mit überzeugenden Argumenten kritisch hierzu *Madert/Struck* AnwBl. 2005, 640 ff.; vgl. nun auch hier BGH AGS 2015, 589 f. mAnm *Schons*.
[25] Hierzu eingehend *Schons* NJW 2004, 2952; *ders.* AnwBl. 2012, 221 f.
[26] So auch LG Duisburg Urt. v. 13.5.2005 – 10 O 133/05 (nicht veröffentlicht); sowie OLG Hamm RVGreport 2004, 432.

Nr. 2300 VV   Teil 2. Außergerichtliche Tätigkeiten

koordiniert und gesteuert durch sog. „Anwaltshotlines" die Mandate zuführt. Über die Hotlines soll möglichst sichergestellt werden, dass nur Teilnehmer des Rationalisierungsabkommens als sog. „Vertragsanwälte" oder „Vertrauensanwälte" mandatiert werden. Damit haben sich die meisten Versicherer, die derartige Hotlines betreiben, vom Gebot der freien Anwaltswahl mehr oder weniger verabschiedet, was man vielleicht als die negativste Auswirkung des RVG bezeichnen muss.[27]

42   Das Modell des „Vertragsanwalts" oder „Empfehlungsanwalts" ist darüber hinaus solange problematisch, solange diese Anwälte unterhalb der gesetzlichen Gebühren oder unterhalb der sog. Regelgebühren honoriert werden. Hier steht nicht nur ein Verstoß gegen § 49b Abs. 3 BRAO sondern auch ein solcher gegen § 49b Abs. 1 BRAO im Raume, da sich der betroffene Rechtsanwalt möglicherweise die Zuführung von Mandaten durch Belohnungen, nämlich die Herabsetzung der eigenen Honorierung „erkauft".[28]

43   Drei große Rechtsschutzversicherungen (ARAG, ÖRAG und HUK Coburg) haben erfreulicherweise inzwischen auf eine Initiative der Anwaltschaft hin, den hier geäußerten berufsrechtlichen Bedenken Rechnung getragen und ihre Honorierungsregelungen in den Rationalisierungsabkommen geändert. Dort wird nunmehr festgelegt, dass auch der Vertrags- oder Vertrauensanwalt nach Rahmengebühren nach billigem Ermessen seine Gebühren bestimmen kann, soweit er sein Ermessen unter Berücksichtigung der Bewertungskriterien von § 14 RVG nachvollziehbar begründet. Nur dann, wenn er auf eine solche Begründung verzichtet, bringt er konkludent zum Ausdruck, dass er sich mit Pauschale und der vom Rechtsschutzversicherer vorgeschlagenen Honorierung zufrieden geben will, und sei es auch nur, um Zeit und Arbeit zu sparen. Diese erfreuliche Entwicklung – jedenfalls bei einigen Rechtsschutzversicherern – belegt, dass es in der Regel erfolgreicher ist, mit Rechtsschutzversicherern zu verhandeln und zu sprechen, als diese zu verklagen.

44   Die in der Vorauflage noch zitierte Entscheidung des OLG Bamberg (vgl. dort Rn. 42) wurde vom IV. Zivilsenat des BGH in der Entscheidung vom 4.12.2013 – für manche Beobachter nicht ganz unerwartet – kassiert.[29] Der IV. Zivilsenat führt aus, dass die grundsätzlich gewährleistete freie Anwaltswahl durch finanzielle Anreize des Versicherers jedenfalls dann nicht gefährdet ist, wenn die Entscheidung beim Versicherungsnehmer verbleibe und die Grenzen unzulässigen psychischen Drucks nicht überschritten werden. Bei genauer Betrachtung ist die Entscheidung von der Kernaussage übrigens durchaus positiv zu bewerten, stellt sie doch letztendlich ein klares Bekenntnis zur **freien Anwaltswahl** dar.

III. Anm. zu 2300 VV

45   Der recht weit gefasste Gebührenrahmen von 0,5 bis 2,5 hat den Gesetzgeber auf Betreiben der Versicherungswirtschaft veranlasst, eine Korrektur vorzunehmen, die sich in der Anm. zu Nr. 2300 VV vorfinden lässt.[30] Eine höhere Gebühr als 1,3 soll der Rechtsanwalt nur fordern können, wenn die Angelegenheit **schwierig** und/oder **umfangreich** war.

46   Bereits diese dem bisherigen Gebührenrecht völlig fremde Regulierung innerhalb eines Gebührenrahmens (als Ausnahme kann allenfalls die Kappungsgrenze der Erst-

---

[27] Vgl. hierzu *Schons* BRAKMagazin Heft 4/2007, S. 8 f.; *ders.* NJW-Spezial 13/2009, 426 f.; *ders.* AnwBl. 2012, 221 f.; AnwBl. 2010, 861.
[28] Vgl. etwa *Kilian* AnwBl. 2012, 226.
[29] BGH AnwBl. 2014, 185 f.
[30] Schneider/Wolf/*Onderka* Nr. 2300 VV Rn. 6; *Otto* NJW 2004, 1420 (1421).

beratung genannt werden) hatte von Anfang an zu viel Verwirrung geführt und beschäftigte – wie nicht anders zu erwarten war – auch viele Jahre nach Einführung des RVG noch die Gerichte in erheblichem Umfang.[31]

Vereinzelt wurde zunächst die Auffassung vertreten, die Anm. zu Nr. 2300 VV bewirke eine **Zweiteilung des Gebührenrahmens,** lasse also einen unteren Gebührenrahmen von 0,5 bis 1,3 (Mittelgebühr 0,9) für nicht schwierige und nicht umfangreiche Fälle entstehen und einen oberen Gebührenrahmen von 1,3 bis 2,5 (Mittelgebühr 1,9) für schwierige und/oder umfangreiche Fälle.[32]

Diese Auffassung, die viel **Kritik** erfahren hat und schon nach kurzer Zeit auch von ihrem Erfinder nicht mehr aufrechterhalten wurde,[33] findet sich heute allenfalls noch in Schreiben von Versicherungsgesellschaften, die den Versuch unternehmen, auf eine unter 1,3 liegende „Regelgebühr", insbesondere bei der Regulierung von Verkehrsunfallangelegenheiten, hinzuwirken. Allein deshalb und wirklich nur allein deshalb erscheint es gerechtfertigt, die Thesen von *Braun* hier noch einmal wiederzugeben.

All diese – inzwischen überwunden geglaubte Probleme wären – beinahe – zurückkehrt, wenn die im ursprünglichen Regierungsentwurf noch vorzufindenden Regelungen Gesetz geworden wären. Aufgrund einer in der Tat merkwürdigen später aber vom VIII. Senat des BGH korrigierten Rechtssprechung[34], sollte die Anm. zu Nr. 2300 VV durch einen neuen Vergütungstatbestand ersetzt werden, der lautete:

„Nr. 2301 VV: Die Tätigkeit ist weder schwierig noch umfangreich Die Gebühr 2300 VV beträgt höchstens 1,3"

Gewissermaßen in letzter Minute, jedenfalls kurz bevor das Gesetz den Bundestag passierte, wurden die im Regierungsentwurf noch vorzufindenden Regelungen von Nr. 2301 und Nr. 2304 VV gestrichen und es blieb bzw. bleibt bei den bekannten Anmerkungen.

Tatsächlich sind Grund und Anlass für die angedachte Gesetzesänderung endgültig dadurch entfallen, dass der VIII. Senat „die Dinge wieder gerade rückte" und deutlich machte, dass die Toleranzrechtsprechung bei der Frage der Regelgebühr nichts aber auch rein gar nichts zu suchen hat.[35]

Zwischenzeitlich ist nun auch mit erfrischender Deutlichkeit durch das Gesetz klargestellt, dass sich bei der Vertretung von mehreren Auftraggebern wegen desselben Gegenstandes die Schwellengebühr – natürlich – erhöht. Wie schon bislang in Literatur und Rechtsprechung in der Vergangenheit zutreffend festgestellt, führt die Kappungsgrenze nicht etwa dazu, dass sich auch eine wegen Nr. 1008 VV erhöhten Geschäftsgebühr auf 1,3 reduziert, wenn die Angelegenheit weder umfangreich noch schwierig war.

Abgesehen davon, dass ein derartiger Sachverhalt kaum vorstellbar ist, da das Vorhandensein mehrerer Auftraggeber in der Regel zu einem überdurchschnittlichen Umfang und wohl auch zu einer überdurchschnittlichen Schwierigkeit der anwaltlichen Tätigkeit führt, war die ggf. gekappte Geschäftsgebühr um die Erhöhung zu erweitern.

---

[31] Zur Rechtsprechung zur Geschäftsgebühr *Schons* NJW 2005, 1029; *ders.* NJW 2005, 3089 ff., *ders.* NJW-Spezial 13/2009, 426 f.; zur Unfallregulierung vgl. die umfangreiche Rechtsprechungsübersicht bei Bischof/*Jungbauer* Nr. 2300 VV Rn. 94 ff.

[32] *Braun* S. 62; aA *Madert* AGS 2005, 225; *Henke* AnwBl. 2004, 263; *Otto* NJW 2004, 1420.

[33] *Braun* RVGreport 2004, 284.

[34] Vgl. nur BGH AGS 2011, 120 f. mit dort bereits kritischer Anm. *Schons*; dem folgend BGH AGS 2012, 220 f. und schließlich korrigierend BGH AGS 2012, 373 f.

[35] BGH AGS 2012, 373 mAnm *Schons* = NJW-Spezial 2012, 541.

Nr. 2300 VV Teil 2. Außergerichtliche Tätigkeiten

54 Dies ist durch das Gesetz jetzt allerdings nochmals deutlich herausgestellt worden, indem Anm. Abs. 4 zu Nr. 1008 VV klarstellt, dass sich auch die Schwellengebühr bei der Vertretung mehrerer Auftraggeber erhöht.[36]

IV. Anrechnung der Geschäftsgebühr in verwaltungsrechtlichen Angelegenheiten

55 War der Anwalt sowohl im Verwaltungsverfahren als auch im nachfolgenden Nachprüfungsverfahren tätig, so verdient er – wie oben bereits mehrfach dargestellt – nach neuem Recht zwei Geschäftsgebühren, die zunächst einmal jeweils den vollen Gebührenrahmen zur Anwendung gelangen lassen. Dies bedeutet dann aber selbstverständlich auch, dass sowohl die Geschäftsgebühr aus dem Verwaltungsverfahren (Antragsverfahren) als auch die Geschäftsgebühr aus dem Nachprüfungsverfahren einer gesonderten Überprüfung unterzogen werden müssen, welche unter Berücksichtigung von § 14 RVG die richtige Gebühr ist und wo ggf. die Wirkung der Anm. zu Nr. 2300 VV einsetzt, also eine Schwellengebühr zu errechnen wäre. Bei der Bemessung der weiteren Geschäftsgebühr für das Nachprüfungsverfahren ist es nicht gebührenmindernd zu berücksichtigen, dass der Umfang der Tätigkeit in Folge der vorangegangenen Tätigkeit (im Antragsverfahren) geringer ist (Vorbemerkung 2.3 Abs. 4 S. 3 VV).

56 Dafür muss jetzt allerdings die erste Geschäftsgebühr gemäß Vorbemerkung 2.3 Absatz 4 Satz 1 VV auf die zweite Geschäftsgebühr angerechnet werden. Diese Neuregelung führt – wie bereits dargestellt – durchaus zu einem geringeren Gebührenaufkommen. War es beispielsweise gerechtfertigt, beide Geschäftsgebühren mit der Mittelgebühr von 1,5 abzurechnen, so ergibt sich nach neuem Recht ein Gebührenaufkommen von 2,25 (1,5 + 1,5 − 0,75) statt 2,4 nach altem Recht (1,5 + 0,9).[37] Eine Kompensation dieser eher misslichen Folgen der Neuregelung mag darin gesehen werden, dass bei einem erfolgreichen Widerspruchsverfahren in der Regel die Gegenseite deutlich mehr zu erstatten hat als nach altem Recht.[38]

57 Rechtsschutzversicherte Mandanten erfahren ebenfalls gewisse Verbesserungen. Dies hängt damit zusammen, dass für das Verwaltungsverfahren grundsätzlich kein Versicherungsschutz gewährt wird.

58 Beim Widerspruchsverfahren kamen die Rechtsschutzversicherer in den Genuss der geringeren Geschäftsgebühr mit dem Rahmen aus Nr. 2301 VV aF Nunmehr wird die Versicherung für das Widerspruchsverfahren die volle Geschäftsgebühr entrichten müssen, da das Gesetz eine Reduzierung nicht kennt und aufgrund der Vorschriften von § 15a Abs. 2 RVG eine Berufung auf die Anrechnung für den Rechtsschutzversicherer nicht in Betracht kommt.[39]

V. Sonstige Kostenerstattungsfragen

59 Ansonsten gelten die allgemeinen Grundsätze. Folgt dem Widerspruchsverfahren ein verwaltungsgerichtliches Verfahren, so erfasst die dortige Kostenentscheidung auch die Kosten des aussergerichtlichen Vorverfahrens.[40]

60 Wurde dem Widerspruch abgeholfen, so äußert sich der Widerspruchsbescheid auch über die Kosten, in der Regel dahingehend, dass die Kosten der Behörde

---

[36] Vgl. auch hier Schneider/Wolf/*Volpert* VV 1008 Rn. 65.
[37] Vgl. auch hier *Schneider/Thiel* S. 144, 145.
[38] Vgl. hierzu die Beispiele bei *Schneider/Thiel* S. 148 ff.; vgl. ferner Schneider/Wolf/*Wahlen/Onderka/N. Schneider* Vorb. 2.3 Rn. 65 f.
[39] *Schneider/Thiel* S. 149; Schneider/Wolf/*Wahlen/Onderka/N. Schneider* Vorb. 2.3 Rn. 69.
[40] Bischof/*Jungbauer* Nr. 2301 VV aF Rn. 29.

Abschnitt 3. Vertretung **Nr. 2300 VV**

auferlegt werden, die den erfolgreich angefochtenen Verwaltungsakt erlassen hat (vgl. §§ 72, 73 Abs. 3 S. 3 VwVfG sowie § 80 VwVfG). Wie üblich, wird auch hier thematisiert, ob die Kosten der anwaltlichen Begleitung notwendig waren oder nicht. Hier wird – wie ebenfalls üblich – auf die Sicht einer verständigen, nicht rechtskundigen Partei abgestellt.[41] Diese Frage ist ex ante und nicht ex post zu beantworten.[42]

VI. Ermittlung der Rahmengebühr

Bei der Ermessung oder Ermittlung der Rahmengebühr kann man sich gut an der Auffassung der 45. Gebührenreferentenkonferenz in Freiburg vom 20.3.2004 orientieren, die sinngemäß lautet. 61

Nach Ermittlung des Gegenstandswertes ist unter Berücksichtigung aller **Bewertungskriterien von § 14 Abs. 1 RVG** zunächst die richtige Gebührenhöhe nach billigem Ermessen durch den Rechtsanwalt festzulegen. Alsdann ist in einem **zweiten Schritt** zu prüfen, ob die Angelegenheit schwierig und/oder umfangreich i. S. von Nr. 2301 VV war. Ist dies der Fall, bleibt es bei der vom Rechtsanwalt bestimmten Gebührenhöhe. Ist die Frage zu verneinen, entfaltet die Anm. die Wirkung einer **Kappungsgrenze,** so dass die festgelegte Gebühr auf 1,3 zu reduzieren ist.[43] 62

So einfach diese Vorgehensweise erscheint, so schwierig ist ihre Durchsetzung in der Praxis. Obgleich sich die meisten Rechtsanwälte bei aller Kritik schon an der Anm. zu Nr. 2300 VV mit einer Gebühr von 1,3 beschieden haben, und damit auf den Ansatz der Mittelgebühr (1,5) verzichtet haben, was sicherlich auch in Zukunft der Fall sein wird, hat das RVG mit dazu beigetragen, dass über die Höhe der anwaltlichen Gebühren teilweise **härter und verbitterter** gefochten wird als um die Hauptsache. 63

Insbesondere die **Versicherungswirtschaft** will sich nicht damit abfinden, dass das RVG 2004 also damals ein Jahre nach der letzten Gebührenanpassung den Rechtsanwälten nicht nur eine moderate Gebührenerhöhung bringen sollte, sondern dass auch dafür Sorge getragen werden musste, dass der Wegfall der Beweis- und Besprechungsgebühr kompensiert wurde.[44] Gerade in **Verkehrsunfallangelegenheiten** werden bei bei Anwaltsrechnungen immer noch Kürzungen auf 0,9, (siehe *Braun*) in Extremfällen sogar auf 0,8 vorgenommen, teilweise ohne Begründung, teilweise mit Begründungen, die jeglicher Beschreibung spotten.[45] 64

Während über Jahrzehnte hinweg bei der Regulierung von Verkehrsunfällen mit einfachster Fallgestaltung in rechtlicher und tatsächlicher Hinsicht die **Mittelgebühr** von $^{7,5}/_{10}$ klaglos gezahlt wurde, werden nunmehr die Gerichte bemüht, selbst wenn der Rechtsanwalt seine Gebühren unterhalb der Mittelgebühr ansiedelt und sich mit einem Gebührensatz von 1,3 zufrieden gibt. 65

Von den **Gerichten** wird die Frage unterschiedlich beurteilt. Während die meisten Gerichte zu Recht ihrer Beurteilung die altbekannte und gefestigte Rechtspre- 66

---
[41] BVerwG Bay. VBL 94, 285; 17, 245 = NJW 1964, 686; VGH Kassel NJW 1965, 1732; OVG Koblenz NJW 1972, 222; OVG Münster NVwZ 1983, 355.
[42] BVerwG AGS 1997, 92. Im Hinblick auf die Vielzahl von Einzelfallentscheidungen zur Notwendigkeit der Hinzuziehung eines Bevollmächtigten wird auf *v. Eicken/Hellstab/Lappe/Madert/Mathias*, Die Kostenfestsetzung, unter D Rn. 184 (S. 278) verwiesen.
[43] Vgl. hierzu auch HK-RVG/*Teubel* Nr. 2300 VV Rn. 7 ff.; Schneider/Wolf/*Onderka* Nr. 2300 VV Rn. 9 sowie *Otto* NJW 2004, 1421.
[44] Eingehend *Schons* NJW 2004, 2952; *ders.* NJW 2005, 3089 ff.; *ders.* RAKMitt Düsseldorf 2005, 23.
[45] Siehe hierzu auch *Madert* AGS 2005, 225; Schneider/Wolf/*Onderka* Nr. 2300 VV Rn. 19.

Nr. 2300 VV   Teil 2. Außergerichtliche Tätigkeiten

chung zur Mittelgebühr zugrundelegen und zudem die Folgen der Strukturreform berücksichtigen,[46] gibt es andere Entscheidungen, die im wahrsten Sinne des Wortes „ergebnisorientiert" argumentieren und der Auffassung nachhängen, die Gebühren, die 20 % über der „alten Mittelgebühr" liege, sei bei einfachen Verkehrsunfällen doch mehr als genug.[47]

67 Diese hier wiedergegebene **unterschiedliche Rechtsprechung** macht es in jedem Einzelfall erforderlich, die Höhe der Gebühr anhand der Bewertungskriterien von § 14 Abs. 1 RVG selbst in den Fällen ausführlich zu begründen, in denen lediglich eine Regelgebühr von 1,3 gefordert wird.

68 Der Rechtsanwalt kann sich nicht darauf verlassen, dass das angerufene Gericht der zutreffenden Ansicht folgt, wonach in der Regel jedenfalls überall da, wo früher die Mittelgebühr von $7{,}5/_{10}$ angemessen war, heute mindestens eine Gebühr von 1,3 die angemessene Gebühr ist.[48] Der Rechtsanwalt wird sich auch nicht mehr darauf verlassen können, dass die bekannte gefestigte Rechtsprechung dem angerufenen Gericht geläufig ist, wonach zwar der Rechtsanwalt bei der Berechnung einer höheren Gebühr als der Mittelgebühr für die entsprechenden Umstände **darlegungs- und beweispflichtig** ist, umgekehrt aber derjenige die Darlegungs- und Beweislast hat, der einem Rechtsanwalt eben diese Mittelgebühr streitig machen will.[49]

69 Auch die Entscheidung des Bundesgerichtshofs vom 31.10.2006 ändert an der Richtigkeit dieser Empfehlungen eigentlich nichts. Zwar hat der Bundesgerichtshof dort festgestellt, dass die Regulierung eines „normalen Verkehrsunfalles", was immer

---

[46] Ohnehin vertreten alle Kommentatoren die Auffassung, dass jedenfalls in den meisten Fällen ein Faktor von 1,3 zugrunde gelegt werden kann (vgl. HK-RVG/*Teubel* Nr. 2300 VV Rn. 34 ff.; *Henke* AnwBl. 2004, 363; *Römermann* Magazin „Anwalt" 2004, 20; *Hansens* JurBüro 2004, 245; *ders.* RVG-report 2004, 59 und 209; *Braun* in: Hansens/Braun/Schneider, Praxis des Vergütungsrechts, Teil C Rn. 224). Auch die ersten gerichtlichen Entscheidungen bestätigten diese Auffassung und gelangten zu dem Ergebnis, dass in der Regel auch bei der Regulierung von Verkehrsunfallschäden eine Vergütung von 1,3 gerechtfertigt sei (vgl. AG Landstuhl RVGreport 2005, 61 = NJW 2005, 161; AG Karlsruhe RVGreport 2005, 61; AG Aachen AnwBl. 2005, 152; AG Bielefeld Urt. v. 28.12.2004 – 41 C 1221/04, BeckRS 2008, 08947; AG Bielefeld RVGreport 2005, 62; AG München Urt. v. 22.12.2004 – 345 C 31 153/04, DAR 2005, 299; AG München RVG-report 2005, 62; AG Kehlheim RVGreport 2005, 61; AG Gelsenkirchen Urt. v. 28.1.2005 – 32 C 692/04, BeckRS 2005, 30975361; AG Moers Urt. v. 30.1.2005 – 583 C 201/04; AG Jülich RVGreport 2005, 63; AG Hagen RVGreport 2005, 112; AG Lüdenscheid RVGreport 2005, 109; AG Gießen RVGreport 2005, 149; AG Gießen Urt. v. 8.2.2005 – 43 C 2878/04, NJOZ 2005, 1230; AG Nettetal RVGreport 2005, 228; AG Würzburg RVGreport 2005, 267; AG Magdeburg RVGreport 2005, 268; AG Hamburg RVGreport 2005, 268; AG Meiningen KammerMitt. der RAK Düsseldorf 2005, 176 mAnm *Schons*; LG Bochum NJOZ 2005, 3716; LG Fulda JurBüro 2006, 25; LG Köln AGS 2008, 378 ff. m. kritischer Anm. *Schons*. Einige wenige Entscheidungen gehen über 1,3 auch hinaus: so LG Saarbrücken RVGreport 2005, 146 (1,8); AG Köln AGS 2005, 287 (1,8); AG Hamburg-Bergedorf RVGreport 2005, 311 (1,6); AG Wiesbaden AGS 2006, 19 (1,9); AG Kempen JurBüro 2005, 591; AG Mannheim AGS 2008, 538 ff. (2,5); OLG Köln AGS 2015, 373 (2.0 bei Arzthaftungsprozess).

[47] Vgl. etwa AG Gronau RVGreport 2005, 64; AG Herne RVGreport 2005, 110; AnwBl. 2005, 207 mAnm *Schons*; AG Duisburg-Hamborn NJW 2005, 911; AG Osnabrück RVGreport 2005, 114; AG Bayreuth RVGreport 2005, 112; AG Berlin-Mitte RVGreport 2005, 63; AG Chemnitz RVGreport 2005, 108; AG Mainz RVGreport 2005, 113; LG Coburg VersR 2005, 1108.

[48] LG Bochum NJOZ 2005, 3716; sa *Möller* RVGprofessionell 2005, 73; AG Meiningen AGS 2006, 20; sa Schneider/Wolf/*Onderka* Nr. 2300 VV Rn. 22.

[49] OLG München JurBüro 79, 227; LG Flensburg JurBüro 76, 1504; LG Bochum NJOZ 2005, 3716; sa jetzt auch BGH AGS 2015, 589 f.

damit gemeint sein mag, in der Regel eine Vergütung mit 1,3 rechtfertige. Gleichzeitig wurde der dort betroffene Rechtsanwalt aber mit der von der Versicherung vorgeschlagenen Vergütung in Höhe von 1,0 abschließend beschieden, und zwar auch und gerade wegen seines unzureichenden Vortrages in den vorangegangenen Instanzen.[50] Ein **Musterbeispiel** für eine sorgfältige Gebührenentscheidung stellt das Urteil ohnehin nicht dar. Es beschäftigt sich leider nur mit einem Teil der zu berücksichtigenden Bewertungskriterien von § 14 Abs. 1 RVG und geht von der unzutreffenden Auffassung aus, 1,3 stelle die (neue?) Mittelgebühr dar. Folgerichtig wurde dann in der Folgezeit dieses Urteil sowohl von der Anwaltschaft als auch von der Versicherungswirtschaft begrüßt und entsprechend unterschiedlich ausgelegt. Wer jedem etwas bietet, bietet allen nichts. In der **Literatur** wird die Entscheidung allerdings überwiegend als klarstellend begrüßt.[51]

Besondere Bedeutung erfahren auch nach neuem Recht die Ausführungen zu 70 den **Bewertungskriterien** Umfang und Schwierigkeitsgrad der anwaltlichen Tätigkeit. Die in der 1. Auflage noch thematisierte Vorfrage, ob tatsächlich nur eine über dem Durchschnitt liegende Schwierigkeit oder ein über dem Durchschnitt liegender Umfang jeweils ausreichend ist, eine Gebühr oberhalb von 1,3 zu rechtfertigen ist zugunsten der schon immer ganz herrschenden Meinung entschieden worden (vgl. 1. Auflage Nr. 2300 VV Rn. 52 ff. mwN):

Nur dann, wenn bei einem der vorgenannten Bewertungskriterien zumindest leicht 71 überdurchschnittliche Verhältnisse festgestellt werden können, kann eine höhere Gebühr als 1,3 berechnet werden.[52] Auch der BGH hat sich letztendlich der nunmehr auch hier vertretenen ganz herrschenden Auffassung angeschlossen und geht davon aus, dass die Tätigkeit zumindest leicht überdurchschnittlich, umfangreich und/oder schwierig sein muss, um zu einer Gebühr von 1,3 zu gelangen.[53]

1. Umfang der anwaltlichen Tätigkeit

Ausgangspunkt bei der Beurteilung des Umfangs der anwaltlichen Tätigkeit ist 72 die Frage, ob diese als unterdurchschnittlich, durchschnittlich oder überdurchschnittlich zu bewerten ist. Ob Anhaltspunkte für die Beantwortung dieser Frage allein aus vorhandenem statistischen Material gewonnen werden können, wie *Teubel* darzulegen versucht, darf jedenfalls dann bezweifelt werden, wenn man mit *Braun* die Gegenprobe unternimmt und hierbei recht schnell zu dem Ergebnis gelangt, dass der durchschnittlich beschäftigte Anwalt über einen 20-Stunden-Tag verfügen müsste.[54]

Tatsächlich ist die Frage, wann von **durchschnittlichem Umfang** der anwaltli- 73 chen Tätigkeit gesprochen werden kann, mit vollständig zufriedenstellender Gründlichkeit nicht zu beantworten. Zu verschieden ist die anwaltliche Arbeitsweise. Bereits bei der Frage nach der durchschnittlichen Bearbeitungszeit einer so genann-

---

[50] BGH AGS 2007, 28 f. mAnm *Schons* = AnwBl. 2006, 357 = NJW-RR 2007, 420; s. auch AG Münster AnwBl. 2016, 604.
[51] Vgl. etwa Bischof/*Jungbauer* Nr. 2300 VV Rn. 94 aE; *Hartmann* Nr. 2300 VV Rn. 37; HK-RVG/*Teubel* Nr. 2300 VV Rn. 35; differenzierend und ähnlich wie hier Schneider/Wolf/*Onderka* Nr. 2300 VV Rn. 22 aE.
[52] Vgl. statt aller etwa: Gerold/Schmidt/*Mayer* Nr. 2300 Rn. 35; Schneider/Wolf/*Onderka* Nr. 2300 Rn. 9; aA Hartung/Römermann/*Römermann* 1. Aufl. VV Teil 2 Rn. 58 ff.; *v. Heimendahl* BRAK-Mitt. 2004, 105; *Schons* BRAK-Mitt. 2004, 203; *ders.* RVGberater 2004, 86.
[53] BGH AnwBl. 2007, 154 ff., 156.
[54] So noch HK-RVG/*Teubel*, 1. Aufl., Nr. 2400 VV Rn. 13–20; differenzierend nunmehr *ders.* HK-RVG/*Teubel* Nr. 2300 VV Rn. 18 ff.; kritisch *Braun* RVGreport 2004, 229; *ders.* (durchschnittliche Bearbeitungszeit von 5 Std.) in FS 50 Jahre Deutsches Anwaltsinstitut e.V. S. 379; vgl. zu dieser Problematik auch *Otto* NJW 2006, 1472 ff.; *ders.* in MAH VergütungsR S. 76; sa Gerold/Schmidt/*Mayer* § 14 Rn. 18 ff.

ten Erstberatung erhält man bundesweit von Rechtsanwälten Angaben, die zwischen 30 Minuten und zwei Stunden liegen.

74 Insoweit darf es durchaus als erstaunlich bezeichnet werden, mit welch sicherem Gespür und Judiz es den **Gebührenabteilungen der Rechtsanwaltskammern**, aber auch manchen angerufenen Gerichten gelingt, im Einzelfall mit nachvollziehbarer Begründung zu beurteilen, ob eine unterdurchschnittliche, durchschnittliche oder überdurchschnittliche Tätigkeit des Rechtsanwalts vom Umfang her vorliegt oder nicht. Es hat sich jedenfalls erwiesen, dass sich gerade bei diesem Bewertungskriterium ein umfangreicher und substantiierter Vortrag lohnt, aus dem sich möglichst genau erkennen lässt, was der Rechtsanwalt bei der Bearbeitung des Mandats im Einzelfall getan und geleistet hat.

75 Hierbei ist zu beachten, dass es bei der Beurteilung des Umfangs der anwaltlichen Tätigkeit nicht auf deren **Intensität**, sondern auf den eigentlichen **Zeitaufwand** ankommt, der sich nicht nur daran ablesen lässt, was in juristischer Hinsicht, also fachspezifisch erbracht wurde, sondern an der Zeit allgemein, die im Hinblick auf das konkrete Mandat geleistet worden ist.[55] Das OLG Hamm[56] hat in einer Entscheidung es ebenso deutlich wie zutreffend formuliert:

„Wer die Zeit eines Rechtsanwalts in Anspruch nimmt, hält ihn davon ab, in dieser Zeit anderer gewinnbringender Tätigkeit – etwa in seiner Kanzlei – nachzugehen, weshalb nicht nur die Zeit zu honorieren ist, in der spezifisch juristische Tätigkeit erbracht wird, sondern jeglicher Zeitaufwand, also auch Reisezeiten, Wartezeiten etc."

76 Demgemäß sollte sich der **substantiierte Vortrag** des Rechtsanwalts zur Begründung seiner Gebühren auch nicht darauf beschränken, Auskünfte zu geben über den Zeitaufwand bei der Erstellung von Schriftsätzen, der Rechtsprechungsrecherche oder der Besprechung mit dem Gegner, einem Dritten oder dem eigenen Auftraggeber. Der Vortrag sollte vielmehr auch Angaben über die **Zeiten** beinhalten, die mit Verhandlungspausen, Warten im Besuchszimmer der Strafanstalt und ähnlichem ausgefüllt war.

77 Soweit es auf die **Dauer von Besprechungen** ankommt, ist es hilfreich, dass diese entsprechend dokumentiert werden.[57] Soweit eine umfangreiche **Rechtsprechungs- und Literaturrecherche** erforderlich war, ist es angemessen, das Ergebnis der Recherche unter Darstellung der aufgefundenen Zitatstellen mitzuteilen. Soweit die Anfertigung von umfangreichen Vertragsentwürfen mit zahlreichen Änderungen für den Zeitaufwand prägend war, ist es empfehlenswert, die entsprechende Handakte als Beweis anzubieten und hieraus umfassend vorzutragen.

78 Es sollte auch nicht unberücksichtigt bleiben, dass der Umfang der anwaltlichen Tätigkeit sich nicht nur daran bemisst, was ersichtlich nach außen dringt. Bereits die **Entgegennahme der Informationen** durch den Mandanten stellt einen wichtigen Aspekt bei der Beurteilung des Umfanges der anwaltlichen Tätigkeit dar. So kann die Schilderung eines relativ einfachen Falles dadurch viel Zeit in Anspruch nehmen, dass der Mandant anderer Nationalität ist und die deutsche Sprache nur schwer beherrscht. Auch die Notwendigkeit der **Hinzuziehung eines Dolmetschers** prägt den Umfang der anwaltlichen Tätigkeit, verdoppelt sich doch praktisch die Gesprächsdauer im Verhältnis zum Normalfall, bei dem sich Mandant und Rechtsanwalt in ein und derselben Sprache unterhalten können. Solche **Sprachschwierigkeiten** sind – wie unten ausgeführt wird – quasi doppelt zu berücksichtigen, da sie nicht nur den Umfang, sondern auch die Schwierigkeit der anwaltlichen Tätigkeit beeinflussen.

---

[55] HK-RVG/*Teubel* Nr. 2300 VV Rn. 18 ff.
[56] OLG Hamm AGS 2002, 268; vgl. aber auch BGHZ 77, 250, 253; OLG Köln NJW 1998, 1960.
[57] Gerold/Schmidt/*Madert* VV Nr. 2300 Rn. 28 aE.

Abschnitt 3. Vertretung　　　　　　　　　　　　　　　　　　　　**Nr. 2300 VV**

Schließlich kann es sich auf die Höhe der Geschäftsgebühr auch auswirken, wenn der Anwalt etwa bei einem Verkehrsunfall mehrere Geschädigte vertritt, und von diesen beauftragt ist, verschiedene Schadenspositionen und damit verschiedene Gegenstände durchzusetzen. Hier kommt es zwar nicht zu einer Gebührenanhebung nach Nr. 1008 VV (verschiedene Gegenstände), die Fallbearbeitung wird aber durch das Vorhandensein mehrerer Mandanten umfangreicher, so dass eine überschreitende Schwellengebühr bis zur Mittelgebühr grundsätzlich in Betracht kommt.[58] 79

Praxishinweis: 80
Gerade bei Verkehrsunfällen kann es allerdings ausgesprochen gefährlich sein, mehrere Geschädigte zugleich zu vertreten, da es hier oftmals zu widerstreitenden Interessen kommt, wenn sich der mitvertretende Fahrer als Schädiger der verletzten Beifahrer erweist. Dies führt in der Regel dann zu einem vollständigen Gebührenausfall.[59] Aber auch ansonsten kann es zu Schwierigkeiten kommen, da Mandanten, die einen gemeinsamen Anwalt auswählen und ihn gemeinschaftlich beauftragen in der Regel davon ausgehen, dass der Rechtsanwalt nur einmal abrechnet und den Beteiligten nicht getrennte Rechnungen zukommen lässt.[60]

Stets ist darauf zu achten, dass für die Tatsachenbehauptung, die mit den Bewertungskriterien von § 14 RVG unterlegt werden soll, spätestens dann auch **Beweis** angeboten wird, wenn derartige Tatsachenbehauptungen von der Gegenpartei bestritten werden.[61] 81

2. Schwierigkeit der anwaltlichen Tätigkeit

Bei der Schwierigkeit der anwaltlichen Tätigkeit ist in erster Linie auf den **juristischen Schwierigkeitsgrad** abzustellen, keineswegs aber nur auf diesen.[62] Zu den nicht zu unterschätzenden **tatsächlichen Schwierigkeiten** bei der Bearbeitung eines Mandats gehören sicherlich nicht zuletzt die im Einzelfall problematische Persönlichkeitsstruktur des Mandanten selbst, aber auch dessen Wunschvorstellungen, denen es oftmals aus rechtlichen Gründen mit höflicher Ablehnung zu begegnen gilt.[63] 82

Sprachschwierigkeiten und die Notwendigkeit der Hinzuziehung eines Dolmetschers sind ebenso zu gewichten wie die Auseinandersetzung mit mehreren Personen auf Mandantenseite, ohne dass dem Rechtsanwalt dies gleichzeitig über Nr. 1008 VV gebührenerhöhend honoriert wird.[64] Zu denken ist hier etwa an die **Mehrzahl von Gesellschaftern,** die an allen Besprechungen mit dem Rechtsanwalt stets gemeinsam teilnehmen wollen, obgleich als Auftraggeberin lediglich die Gesellschaft bürgerlichen Rechts auftritt. Zu bedenken ist bei einer **Erbrechtsangelegenheit** der Umstand, dass der eigentliche Erbe oftmals vom Ehegatten begleitet wird, der ein Mitspracherecht geltend macht. Die erforderliche Informationsbeschaffung selbst kann prägend für die Fallbearbeitung und für die Höhe der Gebühr sein, 83

---

[58] AG München AGS 2014, 210 f.
[59] Gerold/Schmidt/Mayer VV Nr. 2300 Rn. 14 unter Hinweis auf LG Saarbrücken BeckRS 2015, 03794; s. jetzt auch BGH AnwBl. 2016, 594 ff.
[60] Vgl auch hier: Gerold/Schmidt/Mayer VV Nr. 2300 Rn. 14 unter Hinweis auf LG Passau Beck-RS 2015, 1171.
[61] LG Bochum BeckRS 2005, 08748.
[62] Schneider/Wolf/*Onderka* Nr. 2300 VV Rn. 13; Gerold/Schmidt/*Mayer* RVG § 14 Rn. 23 mit Rechtsprechungsnachweisen; HK-RVG/*Teubel* Nr. 2300 VV Rn. 25 ff.; HK-RVG/*Winkler* § 14 RVG Rn. 20, 21.
[63] Vgl. LG Karlsruhe AnwBl. 1987, 338.
[64] OLG Hamm AnwBl. 1998, 416; AG Brühl AGS 2004, 287; AG München AGS 2014, 210 f. Schneider/Wolf/*Onderka* § 14 Rn. 35; völlig falsch AG Duisburg-Hamborn RVGreport 2005, 228, 229 m. krit. Anm. *Hansens.*

Nr. 2300 VV Teil 2. Außergerichtliche Tätigkeiten

etwa dann, wenn es erforderlich erscheint, den Unfallort selbst In Augenschein zu nehmen, bevor man eine Unfallschilderung erstellen kann.

84 Als weiteres Beispiel lässt sich die sorgfältige **Sichtung** der bislang von dem Mandanten selbst geführten außergerichtlichen **Korrespondenz** anführen, die oftmals im Gegensatz zu der mündlich abgegebenen Sachverhaltsdarstellung des Mandanten stehen kann. Auch die Notwendigkeit ein **Fachgutachten** einzuholen und dies – ggf. mit Hilfe eines Spezialisten – anschließend durchzuarbeiten, rechtfertigt es, von überdurchschnittlicher Schwierigkeit der anwaltlichen Tätigkeit zu sprechen. Als weitere **Beispiele** lassen sich anführen:
- Der Einsatz von Fremdsprachenkenntnissen.
- Besondere Kenntnisse in der Buchführung, Buchhaltung und im Steuerrecht.
- Die Notwendigkeit Fachgutachten einzuholen und zu kommentieren, ggf. mit Hilfe von anderen Fachleuten.
- Die bereits genannten Schwierigkeiten im Umgang mit dem Mandanten aufgrund dessen Persönlichkeitsstruktur.[65]
- Die Notwendigkeit, das Mandat aufgrund drohenden Fristablaufes an Samstagen, Sonntagen und Feiertagen zu bearbeiten.[66]
- Die Tätigkeit im Wettbewerbsrecht bringt es an sich fast immer mit sich, dass unter hohem Zeitdruck gearbeitet werden muss, um unter Berücksichtigung der aktuellsten Rechtssprechung die schnelle Entscheidung zu treffen, ob man sich der außergerichtlichen Abmahnung des Gegners beugt oder eine einstweilige Verfügung riskiert.
- Gleicher Zeitdruck besteht selbstverständlich umgekehrt bei der Frage, ob man bei fehlender Reaktion des Gegners auf eine eigene wettbewerbsrechtliche Abmahnung sofort eine einstweilige Verfügung beantragt und ob man hierfür innerhalb kürzester Zeit die erforderlichen Mittel zur Glaubhaftmachung beibringen kann.

85 All dies rechtfertigt es, in derartigen Angelegenheiten von überdurchschnittlicher oder deutlich über dem Durchschnitt liegender Schwierigkeit der anwaltlichen Tätigkeit zu sprechen.

86 Bei der **rechtlichen Schwierigkeit** des Falles ist zunächst klarzustellen, dass es nicht darauf ankommt, ob der mandatierte Rechtsanwalt noch relativ unerfahren oder umgekehrt bereits über einen Fachanwalt auf diesem Rechtsgebiet verfügt.[67] Ausgangspunkt ist vielmehr die Überlegung, dass ein Rechtsanwalt, der ein Mandat auf einem bestimmten Rechtsgebiet annimmt, in der Regel auch die juristische Fähigkeit besitzt, dieses Mandat sachgerecht zu bearbeiten.

87 Zum Teil wird grundsätzlich vertreten, dass beim Bewertungskriterium „Schwierigkeitsgrad der anwaltlichen Tätigkeit" stets von überdurchschnittlichen Verhältnissen auszugehen sei, wenn das Rechtsgebiet mit einem Fachtitel „belegt" ist.[68] Sicherlich falsch ist die verallgemeinernde gegenteilige Auffassung des Amtsgerichts München, wonach sich eine Fachanwaltschaft grundsätzlich nicht gebührenerhöhend auswirken könne.[69] Schließlich bedarf der Erwerb eines Fachanwaltstitels des Nachweises besonderer theoretischer und praktischer Kenntnisse und fordert demgemäß Wissen ab, das beim Allgemein-Anwalt nicht unterstellt wird.

---

[65] LG Karlsruhe AnwBl. 1987, 338.

[66] So jedenfalls noch Gerold/Schmidt/*Madert* 16. Aufl. RVG § 14 Rn. 70: Arbeit an Samstagen Erhöhung um 0,3, an Sonntagen um 0,4 und an Feiertagen um 0,5; jetzt auch Gerold/Schmidt/*Mayer* § 14 Rn. 39; Schneider/Wolf/*Onderka* § 14 Rn. 55.

[67] Gerold/Schmidt/*Mayer* § 14 Rn. 22.

[68] Bischof/*Jungbauer* § 14 RVG Rn. 31, 37; ebenso in diese Richtung noch argumentierend: Hartung/Römermann/*Schons* Nr. 2300 VV Rn. 57 aE; differenzierend Gerold/Schmidt/*Mayer* § 14 RVG Rn. 22.

[69] AG München AGS 2007, 81.

Abschnitt 3. Vertretung **Nr. 2300 VV**

Andererseits führt das Vorhandensein von nicht weniger als derzeit 20 Fachanwaltstiteln und auch die Möglichkeit für einen Rechtsanwalt, drei Fachanwaltstitel gleichzeitig führen zu dürfen, zu einer gewissen Inflationierung, so dass eine differenzierte Betrachtung sicherlich gerechtfertigt erscheint. Jedenfalls muss das mit einem Fachanwaltstitel verbundene Spezialwissen im konkreten Fall auch abgefordert worden sein, um eine höhere Gebühr zu rechtfertigen. **88**

Von überdurchschnittlicher juristischer Schwierigkeit wird dann gesprochen, wenn von dem mandatierten Rechtsanwalt – verglichen etwa mit dem Allgemeinanwalt – **Spezialwissen** verlangt wird.[70] Wer also etwa auf den Rechtsgebieten Mandate bearbeitet, für die bereits Fachanwaltschaften zugelassen sind, muss über entsprechendes Spezialwissen verfügen, und zwar unabhängig davon, ob er den Fachanwaltstitel bereits besitzt oder nicht. **89**

Ferner können sich die rechtlichen Schwierigkeiten daraus ergeben, dass ein **Tendenzwandel in der Rechtsprechung** wahrscheinlich erscheint oder auch bereits ersichtlich ist. Der Fall kann sich durch Besonderheiten auszeichnen, die es geboten erscheinen lassen, auf die Korrektur einer bestimmten höchstrichterlichen Rechtsprechung hinzuwirken, selbstverständlich unter Darstellung und Erörterung des dann erheblichen Prozessrisikos mit dem Mandanten. **90**

Bei der **Regulierung von Verkehrsunfällen** wird die Schwierigkeit der anwaltlichen Tätigkeit oftmals thematisiert und dahingehend relativiert, dass sich der Rechtsanwalt hier – jedenfalls in der Regel – nur einfachen Anforderungen gegenübersehe. Gestützt wird diese Auffassung sicherlich durch einen bei *Madert* in der 16. Auflage seines Kommentars enthaltenen Druckfehlers in § 14 RVG Rn. 101, der aber längst korrigiert ist. Soweit dort noch davon die Rede war, bei der Regulierung von einfachen Verkehrsunfällen sei die Geschäftsgebühr mit 1,0 zu bemessen, wurde dies an anderer Stelle desselben Kommentars ganz anders dargestellt (1,3).[71] **91**

Das Landgericht Bochum hat in einer Entscheidung vom 17.6.2005 zu Recht festgestellt, dass es nicht darauf ankomme, ob es sich um einen einfachen Verkehrsunfall im Hinblick auf andere Verkehrsunfälle handele, sondern darauf, ob die **Bearbeitung eines Verkehrsunfalls** als solche im Vergleich mit anderen Sachen einen einfachen Fall darstelle. Dies sei in der Regel jedenfalls zu verneinen, insbesondere wenn man an Mandate denke, bei denen es lediglich um die Durchsetzung einer unstreitigen Forderung gehe.[72] **92**

Der **Vorstand der RAK Köln** hat in einem Gutachten vom 1.7.2005 einmal die erforderlichen Schritte bei der **Regulierung eines „einfachen" Verkehrsunfalls** zusammengestellt, um zu belegen, dass nicht alles Außenwirkung hat, was der Rechtsanwalt bei der Bearbeitung leistet: **93**
- Erste Besprechung mit dem Auftraggeber und seine Beratung.
- Belehrung über die Schadensminderungspflicht.
- Prüfung der Rechtslage, insbesondere im Hinblick auf die möglichen Schadenspositionen, die dem Laien nicht sofort ersichtlich sind.
- Besondere Berücksichtigung des Schadensersatzrechtes.
- Durchsicht von Unterlagen.
- Ermittlung der Haftpflichtversicherung des Gegners.

---

[70] Hierzu etwa OLG Jena AnwBl. 2005, 296 mAnm *Henke* AnwBl. 2005, 419; eine 2,4 Gebühr gerechtfertigt im Vergabeverfahren BayObLG JurBüro 2005, 361; vgl. auch ThürOLG JurBüro 2005, 303; OLG Düsseldorf AGS 2005, 505; OLG Köln AGS 2015, 373 (2.0 im Arzthaftungsfall) aA zum Verkehrsrecht eine recht spaßige Entscheidung des LG Köln, AGS 2008, 378 ff. m. kritischer Anm. *Schons;* → Rn. 74.

[71] Vgl. hierzu zunächst Gerold/Schmidt/*Madert,* 16. Aufl., RVG § 14 Rn. 101; anders Gerold/Schmidt/*Madert* Nr. 2400 VV Rn. 96.

[72] LG Bochum NJOZ 2005, 3716.

- Beauftragung eines Sachverständigen.
- Prüfung des Sachverständigengutachtens und Erörterung mit dem Mandanten.

94 Diese **Liste** lässt sich noch wie folgt fortsetzen:
- Erörterung der Leihwagenproblematik (Unfalltarif/Normaltarif) unter Berücksichtigung der BGH-Rechtsprechung.
- Prüfung der Fälligkeit von Rechnungen im Hinblick auf ihren Inhalt.
- Hinweis auf die Schwierigkeiten bei den Honoraren der Sachverständigen.

95 Viele Auseinandersetzungen mit Kfz-Versicherungen wären überflüssig, wenn sich die höchstrichterliche Rechtsprechung den ausgesprochen klugen Entscheidungen zweier Amtsgerichte angeschlossen hätte, die einleuchtend und zutreffend darauf hingewiesen haben, dass die Höhe der anwaltlichen Gebühren eigentlich kein Problem des Geschädigten sein könne. Soweit dem Geschädigten bei einem Verkehrsunfall nicht nachzuweisen sei, dass sich ihm die fehlende Berechtigung der Anwaltskostenrechnung geradezu hätte aufdrängen müssen, müsse unter schadensersatzrechtlichen Gesichtspunkte die Versicherung zunächst einmal die tatsächlich in Rechnung gestellten Anwaltskosten als Bestandteil des Schadens zahlen. Der Versicherung stehe es schließlich frei, sich einen bestehenden oder auch nur vermeintlichen Rückforderungsanspruch zu hoher Gebühren abtreten zu lassen und ihr Glück dann im „Gegenprozeß" zu suchen.[73]

96 Schade, dass es nicht wenigen Gerichten so schwer fällt, eigentlich einfache Fragen auch einfach ohne Hilfe des Bundesgerichtshofs zu lösen.

VII. Weitere zu beachtende Bewertungskriterien von § 14 Abs. 1 RVG

97 Wie bereits erwähnt, hat sich die Erwartung, dass ein Streit über die Angemessenheit des Gebührensatzes bei dem Ansatz lediglich einer 1,3-Gebühr nicht stattfinden werde, nicht erfüllt. Sowohl die Versicherungsgesellschaften als auch einige Amtsgerichte, aber auch vereinzelte Gebührenabteilungen der Rechtsanwaltskammern, reduzieren selbst eine 1,3-Gebühr, wenn sie zu Recht oder (meistens) zu Unrecht zu dem Ergebnis gelangen, Schwierigkeit und/oder Umfang der anwaltlichen Tätigkeit seien sogar als unterdurchschnittlich zu bewerten. Wenn dann nicht Ausführungen zu den anderen Bewertungskriterien vom Rechtsanwalt gemacht worden sind, die eine Korrektur zulassen, ist das Ergebnis eine abgewiesene oder zumindest zum Teil erfolglose Gebührenklage.[74]

98 Demgemäß sollte man es sich zumindest derzeit noch zur Regel machen, auch die **anderen Bewertungskriterien** darzustellen und mitzuteilen, ob sich dort unterdurchschnittliche, durchschnittliche oder gar überdurchschnittliche Verhältnisse finden lassen. So lässt sich beispielsweise mit dem Hinweis, dass bei dem Mandanten weit über dem Durchschnitt liegende Einkommens- und Vermögensverhältnisse anzutreffen seien, die in Rechnung gestellte Gebühr „noch retten", auch wenn Umfang und Schwierigkeit der anwaltlichen Tätigkeit hier als unterdurchschnittlich zu bezeichnen sind.[75]

99 Zu beachten ist, dass die **wirtschaftlichen Verhältnisse** jeweils zu dem Zeitpunkt zu begutachten und zu beurteilen sind, in welchem sich für den Rechtsanwalt als besser darstellen.[76] Der Umstand, dass ein Arbeitnehmer dringend auf sein Fahrzeug angewiesen ist, um den weit entfernt liegenden und verkehrstechnisch ungünstig gelegenen Arbeitsort zu erreichen, kann unter dem Gesichtspunkt „Bedeutung der

---

[73] AG Wiesbaden AGS 2007, 186 mAnm *Zorn;* sa AG Brilon VRR 2005, 215.
[74] *Möller* RVGprofessionell 2005, 73.
[75] Noch weitergehend AG Hamburg RVGreport 2005, 268.
[76] Gerold/Schmidt/*Mayer* RVG § 14 Rn. 36; **aA** Schneider/Wolf/Onderka RVG § 14 Rn. 46 (Zeitpunkt der Abrechnung ist maßgeblich).

Angelegenheit" erwähnenswert sein, um hier eine Korrektur der Gebühr nach oben herbeiführen zu können. Umstände, die der Rechtsanwalt nicht vorträgt und nicht bekannt gibt, können zu seinen Gunsten auch nicht berücksichtigt werden. Im Einzelnen lässt sich zu den übrigen Bewertungskriterien beispielhaft Folgendes anführen:

1. Einkommens- und Vermögensverhältnisse des Auftraggebers

Für die Bestimmung, ob etwa durchschnittliche Verhältnisse vorliegen, können die **Statistiken** des Statistischen Bundesamtes in Wiesbaden herangezogen werden. Sie weisen das Durchschnittseinkommen pro Monat für einen Arbeitnehmer in Deutschland aus, das derzeit bei ca. 2.500 EUR in den alten Bundesländern und bei 2.000 EUR in den neuen Bundesländern liegt. Einkommen, die über diesem Satz liegen, rechtfertigen es, dass der Rechtsanwalt von überdurchschnittlichen Einkommensverhältnissen ausgeht; entsprechendes gilt für die Vermögensverhältnisse, etwa wenn Grundbesitz vorhanden ist. 100

Teilweise wird überzeugend darauf hingewiesen, dass von dem vom statistischen Bundesamt ermittelten Wert noch ein Abschlag vorzunehmen sei, so dass bereits ab 1.500– EUR von einem durchschnittlichen Einkommen gesprochen werden könne. Anderenfalls vernachlässige man den Personenkreis, der kein eigenes Einkommen habe und von Sozialhilfe oder ähnlichem (Hartz IV) leben müsse.[77] 101

Extrem hohe **Schuldverpflichtungen** rechtfertigen es, zumindest im gewerblichen Bereich, trotz der zunächst augenscheinlich schlechten Vermögenssituation von überdurchschnittlichen Vermögensverhältnissen auszugehen. Derartigen hohen Schuldverpflichtungen stehen üblicherweise entsprechende Vermögenswerte als Sicherheit gegenüber, ohne die die Banken Darlehen nicht bewilligt hätten. Im Einzelfall lässt sich auch argumentieren, dass von mindestens durchschnittlichen Einkommensverhältnissen auszugehen ist, wenn der Mandant eine umfassende Rechtsschutzversicherung finanzieren kann.[78] 102

Der **Zeitpunkt der Betrachtung** und Beurteilung der wirtschaftlichen Verhältnisse des Auftraggebers ist dem Rechtsanwalt freigestellt. Je nachdem, wann sie günstiger sind, kann er sie seiner Kostenrechnung zugrundelegen.[79] 103

Auch zu den Einkommensverhältnissen ist substantiiert vorzutragen. Die schlichte Mitteilung, der Mandant bewege sich in weit über dem Durchschnitt liegenden Einkommensverhältnissen, ist nichtssagend.[80] 104

2. Bedeutung der Angelegenheit

Nach richtiger und ganz herrschender Auffassung ist die Bedeutung der Angelegenheit immer **subjektiv** für den Auftraggeber zu bestimmen.[81] Dies ermöglicht es, über die Bedeutung der Angelegenheit zu einer höheren Gebührenbemessung auch dann zu kommen, wenn die Allgemeinheit diesem Rechtsstreit mit Sicherheit 105

---

[77] *Hansens/Braun/Schneider*, Praxis des Vergütungsrechts, Teil 1 Rn. 146; zustimmend Gerold/Schmidt/*Mayer* RVG § 14 Rn. 35; ebenso Schneider/Wolf/*Onderka* RVG § 14 Rn. 42.

[78] Ständige Beurteilungspraxis der RAK Düsseldorf; im Ergebnis ebenso Gerold/Schmidt/*Mayer* RVG § 14 Rn. 36; sa Hartung/Römermann/Schons/*Schons* Nr. 2300 VV Rn. 67; vgl. schließlich LG Kaiserslautern AnwBl. 64, 289.

[79] LG Krefeld AnwBl. 76, 136 = JurBüro 76, 64; LG Bayreuth JurBüro 85, 1187; so wohl auch immer noch Gerold/Schmidt/*Mayer* RVG § 14 Rn. 36.

[80] Dazu auch Gerold/Schmidt/*Mayer* RVG § 14 Rn. 37 unter Hinweis auf AG Hagen AnwBl. 60, 160 (Rechtsanwalt).

[81] Gerold/Schmidt/*Mayer* RVG § 14 Rn. 30; Hartung/Römermann/Schons/*Schons* Nr. 2300 VV Rn. 70; HK-RVG/*Winkler* § 14 Rn. 24; Schneider/Wolf/*Onderka* RVG § 14 Rn. 38; Bischof/*Jungbauer* RVG § 14 Rn. 41; *Hartmann* RVG § 14 Rn. 5; sa LSG NRW NJW-RR 2008, 87 (88); aA BVerwG RVGreport 2006, 21; sa *Hansens* RVGreport 2006, 216.

keine Bedeutung beimessen würde (vgl. etwa Privatklagedelikte, Nachbarrechtsstreitigkeiten etc).

106   Andererseits kann die **verstärkte Aufmerksamkeit** in der Öffentlichkeit und den Medien die Bedeutung der Angelegenheit für den betroffenen Mandanten beeinflussen. Nicht nur im strafrechtlichen sondern auch im zivilrechtlichen Bereich gibt es Fälle, an deren schneller Belegung der Auftraggeber ein gesteigertes Interesse hat, um der öffentlichen Aufmerksamkeit zu entgehen.

107   Ebenso wichtig für die Bedeutung der Angelegenheit sind beispielsweise berufliche Konsequenzen, Beeinträchtigung der gesellschaftlichen Stellung, Präjudizwirkung für einen nachfolgenden Schadensersatzprozess durch vorangegangene Bußgeld- oder Strafverfahren, die Führung von Musterprozessen oder die Erstellung von Musterverträgen.[82]

108   Im **strafrechtlichen** Bereich kann eine Vielzahl von einschlägigen und demgemäß beim anstehenden Fall zu berücksichtigen Vorstrafen bei der Bedeutung der Angelegenheit ebenso eine Rolle spielen wie die drohende erstmalige Bestrafung eines bislang unbescholtenen Bürgers.[83]

109   Umstritten ist, wie sich die **Höhe des Gegenstandswerts** auf dieses Bewertungskriterium auswirkt. Die eine Ansicht meint, der Gegenstandswert der anwaltlichen Tätigkeit müsse bei der Gebührenbestimmung völlig außer acht gelassen werden, da hier schon eine Beeinflussung der Höhe der Gebühr über den Wert vorgenommen werde. Der hohe Gegenstandswert könne also nicht eine niedrigere Gebühr begründen, umgekehrt auch nicht die Bedeutung der Angelegenheit erhöhen.[84] Die Gegenansicht meint, die Bedeutung der Angelegenheit könne sich allein aus einem hohen Gegenstandswert ergeben.[85]

110   Richtig dürfte eine **vermittelnde** Betrachtung sein: Die Höhe des Gegenstandswerts ist stets in Relation zu den Einkommensverhältnissen des Auftraggebers zu sehen. Ein Gegenstandswert von 25.000 EUR kann es bei einem Rentner mit bescheidenen Einkünften rechtfertigen, die Bedeutung der Angelegenheit deutlich über dem Durchschnitt anzusiedeln, während die gleiche Summe bei einem gut dotierten Vorstandsvorsitzenden es wohl allenfalls rechtfertigt, von durchschnittlicher Bedeutung zu sprechen.

111   Aber auch bei anderen Mandaten ist stets auf die **individuell** anzutreffenden Verhältnisse abzustellen. Dem Räumungsbegehren eines Vermieters, der nur eine einzige Eigentumswohnung besitzt, ist sicherlich eine größere Bedeutung beizumessen als einem Wohnungsunternehmen, das hunderte von Wohneinheiten besitzt, bei denen immer die eine oder andere Wohnung von einem säumigen Mieter genutzt wird.

3. Haftungsrisiko

112   Das Haftungsrisiko spielte zwar auch unter der Geltung der BRAGO eine Rolle, wurde aber lediglich im Rahmen einer Gesamtbewertung berücksichtigt.[86] Mit Einführung des RVG wurde das Haftungsrisiko als **eigenes Bewertungskriterium** in die Vorschrift von § 14 RVG mit aufgenommen, und zwar differenzierend in der Weise, dass das Haftungsrisiko stets zu berücksichtigen ist, wenn nicht nach Gegenstandswert abzurechnen ist und dass das Haftungsrisiko eine Berücksichtigung finden **kann,** wenn die Gebühren gegenstandswertorientiert ermittelt wird.

---

[82] Hierzu auch Gerold/Schmidt/*Mayer* RVG § 14 Rn. 30 mit weiteren Fallbeispielen; Schneider/Wolf/*Onderka* § 14 Rn. 39 ff.

[83] Vgl. hierzu LG München I JurBüro 1982, 1182; AG Hannover AnwBl. 1980, 311.

[84] Zum Meinungsstand Gerold/Schmidt/*Mayer* RVG § 14 Rn. 31.

[85] LG Kiel JurBüro 92, 602.

[86] Schneider/Wolf/*Onderka* RVG § 14 Rn. 47.

Ob diese **Differenzierung** – wie sie sich aus dem Gesetzeswortlaut ergibt – tatsächlich so gewollt oder auch nur sinnvoll ist, darf mit Recht bezweifelt werden.[87] Es ist in der Tat nicht einleuchtend, warum bei **Betragsrahmengebühren** in den Ermessensspielraum des Rechtsanwalts eingegriffen werden soll, während ihm dieser bei **Satzrahmengebühren** erhalten bleibt. Bei beiden Fallgruppen besteht bei entsprechender Fallkonstellation die Notwendigkeit oder eben auch keine Notwendigkeit, das Haftungsrisiko besonders zu gewichten. Dass die Bearbeitung eines juristischen Falles stets ein Haftungsrisiko in sich birgt, insbesondere unter Berücksichtigung der in jüngster Zeit recht wechselhaften Rechtsprechung (auch und gerade bei den Oberlandesgerichten und dem Bundesgerichtshof) ist ein Allgemeinplatz, der nicht weiterhilft und sicherlich auch dem Selbstverständnis der Anwaltschaft nicht zuträglich sein dürfte. 113

Das Haftungsrisiko kann demgemäß nur im **Einzelfall** und bei ganz speziellen Fallgestaltungen eine gebührengewichtende Rolle spielen, so etwa bei der Beurteilung oder Gestaltung von Eheverträgen, letztwilligen Verfügungen oder etwa Unterhaltsvereinbarungen. 114

Auch der Abschluss eines **Abfindungsvergleichs** bei nicht unerheblichen Körperverletzungen des Mandanten im Rahmen einer Verkehrsunfallregulierung ist sicherlich eine Situation, in dem sich ein Haftungsrisiko relativ schnell realisieren kann. 115

Verfehlt scheint die gesetzgeberische Regelung, die zwischen gegenstandswertorientierten und gegenstandswertunabhängigen Mandaten differenziert, aber noch aus einem anderen Grund: Zwar wirkt sich die Höhe des Gegenstandswerts schon unmittelbar auf die Höhe der Gebühr aus, der Gegenstandswert ist aber nicht immer ein **Synonym zur Höhe des Haftungsrisikos,** wie sich etwa bei Unterhaltsklagen oder beim Versorgungsausgleich leicht demonstrieren lässt.[88] Es wird demgemäß empfohlen, das Haftungsrisiko unabhängig vom Gesetzeswortlaut stets dann, aber auch nur dann zu thematisieren, wenn die besondere Fallgestaltung ein Haftungsrisiko nachvollziehbar darstellen lässt. 116

VIII. Ermessensentscheidung

1. Ausübung der Bestimmung

Entsprechend der Kommentierung zu § 14 RVG sei auch an dieser Stelle die im Gesetz enthaltene Regelung hervorgehoben, dass der **Rechtsanwalt** – und nicht ein Dritter (sei es Mandant oder Rechtsschutzversicherer) – die Gebühr im Einzelfall unter Berücksichtigung aller Umstände nach billigem Ermessen **bestimmt.**[89] Dem Rechtsanwalt wird also ein **Ermessensspielraum** eingeräumt, dem die Rechtsprechung dadurch Rechnung trägt, dass ein „**Verfehlen der richtigen Gebühr**" unschädlich ist, wenn sich dies innerhalb eines Toleranzrahmens von 20 bis 25 % abspielt.[90] Wegen der weiteren Einzelheiten wird auf die Kommentierung zu § 14 RVG verwiesen. 117

Völlig Übereinstimmung gab es darüber, dass die Toleranzrechtsprechung allerdings dort nicht weiterhilft, wo eine Überdurchschnittlichkeit von Schwierigkeit und/oder Umfang der anwaltlichen Tätigkeit nicht feststellbar ist. Ein Überschreiten der Regelgebühr von 1,3 mit Hilfe der Toleranzrechtsprechung war und ist -nicht – möglich. 118

---

[87] HK-RVG/*Winkler* § 14 Rn. 32.
[88] Schneider/Wolf/*Onderka* RVG § 14 Rn. 50 ff.; ebenso Gerold/Schmidt/*Mayer* RVG § 14 Rn. 38.
[89] So dankenswerterweise ausdrücklich *Hartmann* RVG § 14 Rn. 2.
[90] LG Aachen AnwBl. 1983, 235; ebenso OLG Düsseldorf AnwBl. 1999, 611.

119 Von dieser gefestigten Auffassung in Rechtsprechung und Literatur wandte sich der BGH in einer Entscheidung vom 13.1.2011 allerdings kurzfristig ab und stellte plötzlich die Behauptung auf, die Festlegung einer Gebühr von 1,5 sei richterlicher Überprüfung entzogen, da sich der Rechtsanwalt noch im Rahmen der Toleranzrechtsprechung bewege.[91]

120 Diese Rechtsprechung, die nicht nur in der Literatur sondern auch in der Rechtsprechung sofort Kritik hervorrief,[92] wurde vom VI. Senat zunächst relativiert und dann vom VIII. Senat vollständig korrigiert und aufgegeben.[93]

2. Bindung an das ausgeübte Ermessen

121 Dem Rechtsanwalt muss stets bewusst sein, dass das von ihm einmal ausgeübte Ermessen nicht nur für den Mandanten, sondern auch für ihn verbindlich ist.[94] Sofern die Abrechnung nicht unter ausdrücklichem Vorbehalt geschieht, kann eine **Korrektur** des gewählten Gebührenrahmens im Nachhinein – jedenfalls nicht ohne Einverständnis des Mandanten – nicht mehr vorgenommen werden, und zwar auch dann nicht, wenn der Rechtsanwalt im Hinblick auf einen von ihm unterstellten sehr hohen Gegenstandswert bei der Höhe der Gebühr zurückhaltend sein wollte, der Gegenstandswert sich dann aber als geringer festzusetzen herausstellt.[95]

IX. Vergütungsvereinbarung

122 Obgleich Nr. 2300 VV auf den ersten Blick einen recht weiten Gebührenrahmen von immerhin bis zu 2,5 zur Verfügung stellt, ist auch dort nicht immer eine angemessene Gebühr des Rechtsanwalts vorzufinden, wenn man den Zeitaufwand und die Schwierigkeit des Falles berücksichtigt. So ist etwa – auch die außergerichtliche – Tätigkeit im Bereich des Familienrechts und auf dem Gebiete des Baurechts oft so zeitintensiv, dass selbst die an einem relativ hohen Gegenstandswert orientierte **Höchstgebühr** von 2,5 nicht ausreichend erscheint, den Rechtsanwalt sachgerecht und wirtschaftlich zumutbar zu honorieren.

123 Darüber hinaus bringen die neuen **Anrechnungsregeln** von Teil 3 Vorb. 3 Abs. 4 VV bei ihrer Umsetzung, insbesondere im gerichtlichen Verfahren, Schwierigkeiten mit sich, die vermieden werden können, wenn die Gebühren des Rechtsanwalts nicht über die gesetzlichen Gebühren, sondern über eine **Vergütungsvereinbarung** herbeigeführt wird (siehe hierzu auch die ausführliche Kommentierung zur Anrechnungsproblematik → Vorb. 3 Rn. 1 ff.). Handelt es sich um eine vereinbarte Gebühr, kann nicht von einer Geschäftsgebühr gesprochen werden, so dass die Anrechnungsregeln keine Anwendung finden.[96] Die zum Teil deutlich höhere

---

[91] BGH AGS 2011, 120 f. mit dort bereits krit. Anm. *Schons.*
[92] Vgl. OLG Koblenz AGS 2011, 536 f. mAnm *Schons;* AG Halle AGS 2011, 421; AG Kehl AGS 2012, 6; AG Düsseldorf AGS 2012, 62 ff.
[93] Vgl. zunächst BGH AGS 2012, 267 f. mAnm *Schons;* sodann BGH AGS 2012, 373 f. m. zustimmender Anm. *Schons.*
[94] *Hartmann* RVG § 14 Rn. 12; HK-RVG/*Winkler* § 14 Rn. 52; Schneider/Wolf/*Onderka* RVG § 14 Rn. 92; sa BGH NJW 1987, 3202.
[95] Anders, wenn nach Mandatsbeendigung ein Neuauftrag erteilt (innerhalb von 2 Jahren vgl. § 15 Abs. 5 RVG) und eine weitere Tätigkeit entfaltet wird, Schneider/Wolf/*Onderka* RVG § 14 Rn. 93.
[96] Hierzu völlig zutreffend Gerold/Schmidt/*Mayer* Nr. 2300 VV Rn. 49; siehe jetzt auch *Hansens* AGS 2008, 1 ff.; ebenso BGH AGS 2009, 523 = NJW 2009, 3363; so auch BGH AGS 2015, 147 ff.; anders im vergaberechtlichen Nachprüfungsverfahren: vgl. dort BGH AGS 2014, 468 ff.; siehe weitere Ausnahme: OLG Köln AGS 2014, 488 ff.;OLG Stuttgart AGS 2009, 214 f.; OLG Frankfurt a.M. AGS 2009, 157; KG AGS 2009, 213; OLG Bremen AGS 2009, 215; OLG Hamburg AGS 2015, 198 ff.

Gebühr des RVG im außergerichtlichen Bereich lässt die Sinnhaftigkeit einer Vergütungsvereinbarung demgemäß nicht entfallen, sondern erhöht sie noch.[97]

X. Anrechnung der Geschäftsgebühr

Nach § 118 Abs. 2 BRAGO war die für eine außergerichtliche Vertretung angefallene Geschäftsgebühr auf die entsprechenden Gebühren für ein anschließendes gerichtliches oder behördliches Verfahren anzurechnen. Blieb ein Vermittlungsverfahren nach § 52a FGG erfolglos, so musste die dort entstandene Gebühr ebenfalls auf die entsprechende Gebühr für ein anschließendes Verfahren angerechnet werden. Die Hälfte der Geschäftsgebühr war auf entsprechende Gebühren für ein Verfahren über Anträge auf Vollstreckbarerklärung eines Anwaltsvergleiches in Anrechnung zu bringen.[98] 124

Diese Regelungen finden sich nunmehr modifiziert in Teil 3 Vorb. 3 Abs. 4 VV dahingehend geregelt, dass eine wegen desselben Gegenstands nach Teil 2 entstehende Geschäftsgebühr zur Hälfte, höchstens jedoch mit einem Gebührensatz von 0,75 auf die Verfahrensgebühr des gerichtlichen Verfahrens anzurechnen ist. Bei Betragsrahmengebühren ist der Betrag höchstens auf 175 EUR beschränkt. **Vor- und Nachteile** dieser Neuregelung werden in der Kommentierung zum Teil 3 VV umfassend dargestellt. Bereits an dieser Stelle ist jedoch schon anzumerken, dass die Neuregelung die Notwendigkeit für Rechtsanwälte und Gerichte mit sich gebracht hat, sich wesentlich intensiver mit den Besonderheiten des anwaltlichen Vergütungsrechts zu beschäftigen als dies bislang der Fall war.[99] Während es bis zum 30.6.2004 eher die Ausnahme war, dass anwaltliche Gebührenrechnungen Gegenstand von Gerichtsverfahren waren, sei es bei Klagen gegen den eigenen Auftraggeber, sei es bei der Durchsetzung von Kostenerstattungsansprüchen gegen einen Dritten, ist es seit dem 1.7.2004 im zivilrechtlichen Bereich geradezu die Regel geworden, die Honorarnoten von Rechtsanwälten auf den gerichtlichen Prüfstand zu stellen. 125

Trägt die **Versicherungswirtschaft** mit ihrem kritikwürdigen Verhalten bei der Begleichung von Anwaltsrechnungen schon mit dazu bei, dass der Rechtsanwalt in verstärktem Umfange gerichtliche Hilfe in Anspruch nehmen muss, bewirken die Anrechnungsregeln ein Übriges: 126

Während die 100 %ige Anrechnung der Geschäftsgebühr auf die spätere Prozessgebühr nach § 118 Abs. 2 BRAGO in der Regel die Notwendigkeit entfallen ließ, über einen Erstattungsanspruch hinsichtlich der außergerichtlichen entstandenen Anwaltsgebühren nachzudenken, hinterlässt die heutige nur teilweise Anrechnung der Geschäftsgebühr nach Nr. 2300 VV beim eigenen Auftraggeber eine Art „**Kollateralschaden**", den der Mandant – soweit rechtlich möglich – nunmehr zum Gegenstand eines Erstattungsanspruchs machen will.[100] 127

Die außergerichtlich verdiente Geschäftsgebühr kann nach richtiger Ansicht, die auch vom Bundesgerichtshof geteilt wird, nicht etwa im **Kostenerstattungs**- oder **Kostenausgleichsverfahren** berücksichtigt werden, da es sich nicht um eine gerichtliche Rechtsanwaltsvergütung, sondern um eine außergerichtliche Vergütung handelt (vgl. insoweit § 11 RVG).[101] Über die ersten Jahre (nach dem 1.7.2004 128

---

[97] Vgl. hierzu auch *Schneider* Rn. 93–106; ebenso *Schons* im Vorwort zu Madert/Schons, Die Vergütungsvereinbarung des Rechtsanwalts.

[98] Zum Ganzen noch sehr eingehend HK-RVG/*Mayer*, 1. Aufl., Vorb. 3 Teil 3 VV Rn. 39.

[99] *Schons* NJW 2005, 1024; *ders.* NJW 2005, 3089 ff.; *ders.* KammerMitteilungen Düsseldorf 2005 S. 23; *Henke* AnwBl. 2005, 62.

[100] *Schons* KammerMitteilungen Düsseldorf 2005, 23; *ders.* NJW 2005, 3089 ff. (3091); sa HK-RVG/*Mayer* Vorb. 3 VV Rn. 101, 115 ff.

[101] Siehe zunächst BGH AGS 2007, 283; BGH AGS 2006, 357; ebenso schon OLG Frankfurt a.M. RVGreport 2005, 156; OLG Köln RVGreport 2005, 76; OLG Koblenz AGS 2005,

Nr. 2300 VV   Teil 2. Außergerichtliche Tätigkeiten

hinweg) bestand auch weitgehende Einigkeit, dass im Kostenerstattungs- und Kostenausgleichsverfahren die gerichtlichen Gebühren und insbesondere die Verfahrensgebühr nach Nr. 3100 VV RVG **in voller Höhe** (und nicht etwa unter Abzug der anteiligen Geschäftsgebühr, wie es allerdings der Gesetzeswortlaut von Teil 3 Vorbemerkung 3 Abs. 4 VV RVG vermuten lassen könnte) anzumelden waren.[102]

129   Man beschränkte sich also darauf, den **nicht „erloschenen"** Anteil der Geschäftsgebühr im Hauptsacheverfahren geltend zu machen und dem Grunde und der Höhe nach sorgfältig zu begründen, und zwar unter Berücksichtigung aller Bewertungskriterien von § 14 Abs. 1 RVG und selbstverständlich unter Berücksichtigung der Anm. zu Nr. 2300 VV RVG.

130   Hierbei war es schon damals gleichgültig, ob man den Kostenerstattungsanspruch nach richtiger Ansicht als **Schadensersatzanspruch** bewertet,[103] der im Einzelfall auch eine Streitwerterhöhung mit sich bringen kann, oder als nicht **streitwerterhöhende Nebenforderung** iSv § 4 Abs. 2 ZPO. In jedem Fall bedurfte es auch für die Darstellung des nicht erloschenen Anteils der Geschäftsgebühr einer sorgfältigen Begründung der Höhe der dem Anspruch zugrundeliegenden Gebührenrechnung, wollte man nicht Gefahr laufen, ein Teilunterliegen hinnehmen zu müssen, bei dem dem Auftraggeber dann auch noch vor Augen geführt wird, dass man außergerichtlich zunächst auch ihm gegenüber zu hoch abgerechnet hat. Nachdem der Bundesgerichtshof sich der Auffassung einer nicht streitwerterhöhenden Nebenforderung angeschlossen hatte,[104] muße die damit verbundene anwaltliche Arbeit unentgeltlich erbracht werden.

131   Anders stellt sich die Sach- und Rechtslage nur dort dar, wo vorprozessuale Anwaltskosten **nicht** Gegenstand des Rechtsstreits geworden sind.[105]

132   Schließlich hatte die Einbeziehung des Erstattungsanspruches in das Hauptverfahren zudem eine mit dem Mandanten zu erörternde **Verfahrensverzögerung** unter Umständen zur Folge, etwa dann, wenn das Gericht gemäß § 14 Abs. 3 RVG ein Gebührengutachten der für den Rechtsanwalt zuständigen Rechtsanwaltskammer einholte. Die Erstellung derartiger Gutachten konnte und kann je nach Kammerbezirk zu einer Verzögerung von drei Monaten bis zwölf Monaten führen.

133   Derartige Schwierigkeiten ging man aus dem Weg, wenn man mit dem Mandanten abstimmte, ausnahmsweise auf die Geltendmachung der anteiligen Geschäftsgebühr zu verzichten. Ein solcher Verzicht kam – vorübergehend – naturgemäß nicht mehr in Betracht, nachdem der Bundesgerichtshof völlig überraschend die hier dargestellte Abrechnungsmethode, die über Jahre hinweg zu vernünftigen rechtlichen und auch wirtschaftlichen Ergebnissen führte, beanstandete.[106]

134   Der Bundesgerichtshof schloß sich damit Einzelmeinungen in der Literatur an, die aufgrund geringfügiger Zinsnachteile[107] und wegen des Wortlauts der Anrechnungsvorschrift schon stets argumentiert hatten, man müsse die volle Geschäftsgebühr einklagen und anschließend eine Reduzierung der Verfahrensgebühr hinnehmen.[108]

516; anders noch OLG Frankfurt a.M. AGS 2004, 276; eingehend hierzu *Enders* JurBüro 2004, 571; vgl. auch *Hergenröder* AGS 2005, 274 f., aA OLG Hamburg ZfS 2005, 201; AG Grevenbroich AGS 2005, 462; AG Hamburg ZMR 2005, 79; ebenso jedoch ohne überzeugende Begründung *Stöber* AGS 2005, 45 ff.

[102] KG AGS 2005, 515 mit damals schon kritischer Anm. *Schneider.*

[103] So etwa AG Stuttgart AnwBl. 2005, 75; wo allerdings zwischen Nebenforderung und Verzugsschaden nicht klar unterschieden wird; vgl. auch *Ruess* MDR 2005, 313 f.

[104] Vgl. BGH AGS 2007, 231 ff.; ebenso jetzt BGH AGS 2011, 302 ff. (303).

[105] BGHAGS 2011, 312 f. in Bestätigung von BGH AGS 2009, 344.

[106] BGH AGS 2007, 283 mAnm *N. Schneider/Schons/Hansens.*

[107] Vgl. hierzu die Beispiele bei *Schneider* NJW 2007, 2001.

[108] Vgl. etwa *Schulze-Rhonhof* RVGreport 2005, 374.

Abschnitt 3. Vertretung **Nr. 2300 VV**

In der Folgezeit mußte jetzt also stets die **volle Geschäftsgebühr** eingeklagt 135
werden, um spätere Nachteile im Festsetzungsverfahren zu verhindern, wobei stets
natürlich Voraussetzung war, dass für die Erstattung der außergerichtlichen
Geschäftsgebühr überhaupt eine Anspruchsgrundlage existierte, was beim Beklagten
in der Regel nicht der Fall ist.

Die in jeder Hinsicht nachteiligen Folgen dieser Rechtsprechung des Bundesge- 136
richtshofs wurden allerdings zunächst abgemildert durch den vernünftigen Umgang
mit dieser Entscheidung in der Rechtsprechung der Obergerichte. Das KG Berlin
und mehrere Oberlandesgerichte stellten schnell klar, dass im Kostenfestsetzungsverfahren die Anrechnung nur und in der Größenordnung vorgenommen werden muss,
in der im Hauptverfahren die eingeklagte Geschäftsgebühr auch zugesprochen, also
auch tituliert wurde. Einer Doppeltitulierung sollte also so vorgebeugt werden, die
allerdings auch bei der bisherigen bewährten Methode nicht eintreten konnte.[109]

Auch diese Tür wurde allerdings kurze Zeit darauf vom 8. Senat und nachfolgend 137
bestätigend vom 3. Senat wieder geschlossen.[110] Insbesondere in der Entscheidung
vom 22.1.2008 schlug der 8. Senat die von vernünftigen Gerichten geöffnete Tür
wieder im wahrsten Sinne des Wortes zu. Nunmehr stellte der Bundesgerichtshof
heraus, es komme überhaupt nicht darauf an, ob die Geschäftsgebühr vom Rechtsanwalt in Rechnung gestellt worden sei, ob sie fällig sei oder ob sie gezahlt sei;
entscheidend sei nach dem Wortlaut der Vorb. 3.3.4 VV einzig und allein, dass sie –
die Geschäftsgebühr – entstanden sei.

Die Folgen in der Praxis waren enorm und führten vorübergehend in Anwalts- 138
kanzleien zu echten wirtschaftlichen Schäden, insbesondere als die Rechtsprechung
dazu überging, auch in Prozesskostenhilfeverfahren die Verfahrensgebühr zu kürzen,
wenn eine außergerichtliche Tätigkeit erkennbar war und der Rechtsanwalt es verabsäumt hatte, für diese Tätigkeit eine Beratungshilfegebühr abzurechnen.[111]

Da sich der Bundesgerichtshof von jeglicher Kritik unbeeindruckt zeigte, griff 139
der Gesetzgeber ein und stellte in einem neu geschaffenen zum 5.8.2009 in Kraft
getretenen § 15a RVG die Dinge wieder richtig, indem es nunmehr heißt:

§ 15a Anrechnung einer Gebühr

(1) Sieht dieses Gesetz die Anrechnung einer Gebühr auf eine andere Gebühr vor,
kann der Rechtsanwalt beide Gebühren fordern, jedoch nicht mehr als den um den
Anrechnungsbetrag verminderten Gesamtbetrag der beiden Gebühren.

(2) Ein Dritter kann sich auf die Anrechnung nur berufen, soweit er den Anspruch
auf eine der beiden Gebühren erfüllt hat, wegen eines dieser Ansprüche gegen ihn
ein Vollstreckungstitel besteht oder beide Gebühren in demselben Verfahren gegen
ihn geltend gemacht werden.

Diese **Gesetzesergänzung** – das wird aus der Gesetzesbegründung und aus den 140
historischen Hintergründen deutlich – hat eine lediglich klarstellende Funktion.
Demgemäß können auch sog. Altfälle wieder „richtig" abgewickelt werden, nämlich
in der Weise, dass eine Beeinflussung des Kostenerstattungsverfahrens – wie in der
Vergangenheit auch – nur dort stattfindet, wo der Erstattungsschuldner durch die

---

[109] Vgl. zu der gesamten Problematik sehr eingehend *Hansens* AGS 2008, 1 ff., sowie KG
Berlin AGS 207, 439 ff.; OLG München AGS 2007, 495 ff. mAnm *Schons*; OLG Karlsruhe
AGS 2007, 494 ff.; OLG Koblenz AGS 2007, 642 f.; OLG Hamm AGS 2008, 47 f.; aA sodann
BGH AGS 2008, 158 f.; siehe hierzu auch die Kritik von *Schons* AnwBl. 2008, 356.
[110] BGH AGS 2008, 158 f. = RVGreport 2008, 148 m. Anm. *Hansens*; sowie BGH Beschluss
v. 30.4.2008 – III ZB 8/08 – sowie BGH AGS 2008, 364.
[111] Vgl. hierzu eingehend mit zahlreichen Nachweisen *Schons* AnwBl. 2008, 356 sowie
→ Vorb. 3.3.4 Rn. 1 ff.

Geschäftsgebühr überhaupt tangiert wird, nämlich immer dann, wenn er diese Geschäftsgebühr bereits anerkannt, gezahlt hat oder sie tituliert wurde.[112]

141 Dies bedeutet allerdings auch, dass der Rechtsanwalt unter **Regressgesichtspunkten** seine alten Akten daraufhin wird überprüfen müssen, ob er noch nach Festsetzungen vornehmen muss.

142 Hat ein Rechtsanwalt etwa unter Berücksichtigung der inzwischen überholten Rechtsprechung des VIII. Senats des BGH auch ohne Titulierung einer Geschäftsgebühr die Verfahrensgebühr reduziert zur Kostenfestsetzung angemeldet, muss und kann er die Nachfestsetzung beantragen.[113] Nur dort, wo nach eingelegtem Rechtsmittel rechtskräftig eine reduzierte Verfahrensgebühr festgelegt wurde, wird eine Nachfestsetzung nicht mehr möglich sein.

143 Jedenfalls steht es nach ganz herrschender und auch zutreffender Rechtsprechung nunmehr dem Rechtsanwalt und Mandant wieder frei, ob sie den Empfehlungen von *Schneider* folgen und die Geschäftsgebühr – aus Zinsgesichtspunkten – in voller Höhe im Hauptverfahren mit einklagen (mit der Folge der Reduzierung der Verfahrensgebühr im Festsetzungsverfahren) oder ob sie auf die frühere Handhabung zurückgreifen, wonach nur die anteilige Geschäftsgebühr mit eingeklagt wird (was dann das Kostenfestsetzungsverfahren unberührt lässt).[114]

144 In jedem Fall darf nicht unberücksichtigt bleiben das **Spannungsverhältnis** zwischen der Notwendigkeit, umfassend zu allen Bewertungskriterien von § 14 RVG vorzutragen, und der **Verschwiegenheitsverpflichtung** dem Mandanten gegenüber. Während der Rechtsanwalt in Gebührenprozessen gegen den eigenen Auftraggeber von dieser Verschwiegenheitsverpflichtung insoweit – aber nur insoweit – entbunden ist,[115] als er Einzelheiten über das Mandat für die Begründung seines Honoraranspruches offenbaren muss, besteht eine solche Erleichterung ipso jure nicht, wenn die Gebühren im Rahmen eines Erstattungsanspruches gegen einen Dritten eingeklagt werden.

145 Der Mandant und Auftraggeber ist demgemäß darüber zu befragen, ob man beispielsweise seine außergewöhnlich über dem Durchschnitt liegenden Einkommens- und Vermögensverhältnisse, die für die Höhe der Gebühr prägend waren, im Prozess mitteilen darf oder nicht. Ist ersteres der Fall, empfiehlt es sich, die insoweit erteilte Entbindung von der anwaltlichen Schweigepflicht sich schriftlich bestätigen zu lassen.

1. Keine Anrechnung der Auslagenpauschale

146 Stets ist zu beachten, dass die im außergerichtlichen Bereich verdiente Auslagenpauschale gemäß Nr. 7002 VV nicht auf die später nochmals zu verdienende Auslagenpauschale im gerichtlichen Verfahren anzurechnen ist. In diesen Fällen entsteht die Auslagenpauschale also zwei Mal.[116]

---

[112] BGH AGS 2009, 466 = NJW 2009, 3101; BGH AGS 2010, 54; BGH AGS 2010, 106 f.; aA BGH AnwBl. 2009, 876 allerdings nur im Rahmen eines „obiter dictums"; zur Kritik vgl. *Schons* AnwBl. 2010, 98; und schließlich RVGreport 2010, 265; BGH AGS 2010, 473; sa *Hagen* AGS 2011, 107 ff.

[113] BGH AGS 2011, 259 ff.

[114] Vgl. auch hier nochmals *N. Schneider* NJW 2007, 2001; sa *Schons* KammerMitteilungen Düsseldorf 2010, 52 ff.; aA und völlig falsch: OLG Düsseldorf AGS 2012, 543 ff. m. kritischer zutreffender Anm. *Schneider.*

[115] Vgl. hierzu eingehend *Schons* AnwBl. 2007, 230 ff.

[116] *Enders* JurBüro 2004, 173; AG Hamburg AnwBl. 1993, 293; AG Alzey AnwBl. 1982, 399; OLG München AGS 2005, 344 f.; HK-RVG/*Mayer* Vorb. 3 VV Rn. 94; Schneider/Wolf/Onderka/*N. Schneider* Vorb. 3 Rn. 256.

Abschnitt 3. Vertretung **Nr. 2300 VV**

Die Pauschale ist hierbei nicht nach den Gebühren zu berechnen, die nach erfolg- 147
ter Anrechnung verbleiben.[117]

2. Anrechnungsprobleme bei mehreren Auftraggebern

Wird der Rechtsanwalt in außergerichtlichen Bereich für mehrere Mandanten/ 148
Auftraggeber tätig, so erhöht sich über § 7 RVG iVm Nr. 1008 VV die Geschäftsgebühr um 0,3 für jede weitere vertretene Person. Mehrere Erhöhungen dürfen jedoch insgesamt einen Gebührensatz von 2,0 nicht überschreiten (vgl. Absatz 3 der Anmerkungen zu Nr. 1008 VV).

Äußerst **umstritten** ist nunmehr die Frage, ob in solchen Fällen bei Fortführung 149
der anwaltlichen Tätigkeit für diese Auftraggeber im gerichtlichen Verfahren sich die Anrechnungsverpflichtung auf die eigentliche „Grundgeschäftsgebühr" **beschränkt** oder ob auch die Erhöhungsbeträge der Anrechnung unterliegen.

Diese Problematik stellt sich allerdings nur dann, wenn man der richtigen Auffas- 150
sung folgt, wonach sowohl die außergerichtliche Geschäftsgebühr als auch die anschließend verdiente Verfahrensgebühr nach Nr. 1008 VV zu erhöhen sind, wenn derselbe Rechtsanwalt tätig wird. Insbesondere von Rechtsschutzversicherern und einigen Gerichten wurde in der Vergangenheit bisweilen die falsche Auffassung vertreten, der Gesetzeswortlaut von Nr. 1008 VV „oder" führe zu einer „Alternativlösung". Habe der Rechtsanwalt also in dem Mandat bereits eine erhöhte Geschäftsgebühr verdient, so trete bei der Verfahrensgebühr eine nochmalige Erhöhung nicht mehr ein. Diese Auffassung ist falsch und mit dem Gesetzestext gerade nicht in Einklang zu bringen.[118]

Der richtigen Auffassung folgend ist zunächst festzustellen, dass Nr. 1008 VV 151
ersichtlich keine Anrechnungsverpflichtung enthält. Der Wortlaut von Teil 3 Vorb. 3 Abs. 4 VV selbst beschränkt sich eindeutig auf die Geschäftsgebühren nach Teil 2. Schon insoweit kann eigentlich nicht die geringste Veranlassung bestehen, über eine im Gesetz nun einmal nicht vorgesehene Anrechnungsmöglichkeit überhaupt nachzudenken.[119]

Die **Gegenansicht** stellt auf das erklärte Ziel des Gesetzgebers ab, mit dem RVG 152
eine Entlastung der Justiz herbeizuführen und den Rechtsanwalt gebührenmässig für eine außergerichtliche Beilegung des Streits zu belohnen. Der doppelte – weil anrechnungsfreie – Anfall der Erhöhungsbeträge sei bei dieser Zielrichtung kontraproduktiv, biete für den Rechtsanwalt vielmehr einen hohen Anreiz, die Sache immer vor Gericht zu bringen.[120]

Vertreter der Gegenansicht schlagen etwa vor, die Erhöhungsgebühren mit jeweils 153
0,15 (also zur Hälfte entsprechend dem Grundgedanken von Vorb. 3 Abs. 4 VV) anzurechnen. Die Gegenmeinung übersieht jedoch, dass man mit ähnlichen Argumenten auch auf eine Anrechnung der Auslagenpauschale bestehen könnte bzw. konsequenterweise auch bestehen müsste. Sie übersieht ferner, dass die Schwierigkeiten, die bei der Vertretung von mehreren Auftraggebern entstehen und gerade

---

[117] Gerold/Schmidt/*Müller-Rabe* Nr. 7001, 7002 VV Rn. 42; HK-RVG/*Mayer* Vorb. 3 VV Rn. 94; Schneider/Wolf/*Onderka/N. Schneider* Vorb. 3 VV Rn. 256.

[118] Vgl. hierzu auch LG Ulm AnwBl. 2008, 73; LG Düsseldorf AGS 2007, 381 (eine anderslautende Entscheidung des AG Düsseldorf wurde hierdurch aufgehoben); ebenso wie hier zB Schneider/Wolf/*Schnapp/Volpert* Nr. 1008 VV Rn. 57; HK-RVG/*Dinkat* Nr. 1008 VV RVG Rn. 5; ebenso Gebührenreferenten 55. Tagung, Bremen, 22.9.2007.

[119] Ebenso *Hansens* RVGreport 2004, 96; *ders.* in *Hansens/Braun/Schneider*, Praxis des Vergütungsrechts, Teil 7 Rn. 176 f.

[120] Vgl. etwa *Hergenröder* RVGreport 2004, 362; *Schneider/Mock*, Das neue Gebührenrecht für Anwälte, § 14 Rn. 5; zum Meinungsstand siehe im Übrigen *Mock* RVG-Berater 2004, 6; *Volpert* RVGprofessionell 2004, 185; *Enders* JurBüro 2004, 403.

Nr. 2300 VV Teil 2. Außergerichtliche Tätigkeiten

deshalb gesondert vergütet werden sollen, in jedem Abschn. der anwaltlichen Tätigkeit gleich bleiben und demgemäß auch zu honorieren sind.

154 Man wird die **fehlende Anrechnungsverpflichtung** bei Nr. 1008 VV auch nicht als ein redaktionelles Versehen des Gesetzgebers bezeichnen können, das es zu korrigieren gelte. Soweit der Gesetzgeber eine nochmalige Erhöhung für den Rechtsanwalt bei der Fortführung eines Mandats mit mehreren Auftraggebern vermeiden will, hat er dies durchaus zum Ausdruck zu bringen vermocht: So ist für das Mahnverfahren in der Anm. zu Nr. 3308 VV ausdrücklich bestimmt, dass Nr. 1008 VV nicht anzuwenden ist, wenn sich bereits die Gebühr nach Nr. 3305 VV erhöht hat.

3. Kostenerstattungsfragen

155 Der Mandant, der den Rechtsanwalt mandatiert hat, will in der Regel schon zu einem frühen Zeitpunkt wissen, ob er mit der **Rückerstattung** seiner Anwaltskosten rechnen kann. Soweit nicht ausnahmsweise eine vertragliche Übernahme der Kosten durch die Gegenseite mit dieser vereinbart werden kann, ist ein Kostenerstattungsanspruch nur dann gegeben, wenn hierfür im materiellen Recht eine **Anspruchsgrundlage** vorhanden ist.

156 Als Anspruchsgrundlage kommt in erster Linie ein Schadensersatzanspruch wegen **Verzugs** in Betracht. Aus diesem Grunde ist allerdings darauf zu achten, dass die anwaltliche Tätigkeit erst zu einem Zeitpunkt entfaltet wird, zudem sich der Schuldner bereits in Verzug befindet. Wird der Schuldner erst durch das anwaltliche Schreiben in Verzug gesetzt, so schuldet zwar der Mandant dem Rechtsanwalt für diese Tätigkeit die Geschäftsgebühr nach Nr. 2300 VV; eine Erstattung vom Gegner kann jedoch mangels vorangegangenen Verzugs nicht verlangt werden. Im Interesse des Mandanten sollte dies stets beachtet werden.

157 Als weitere Anspruchsgrundlage kommen Ersatzansprüche aus **positiver Vertragsverletzung** oder aus **unerlaubter Handlung** in Betracht.[121]

158 Ist eine Anspruchsgrundlage für den Kostenerstattungsanspruch vorhanden, so ist – wie oben bereits dargestellt – (mindestens) der nicht durch Anrechnung erledigte und beim Mandanten somit verbliebene Anwaltskostenbetrag mit der Hauptforderung gemeinsam gegen den Schuldner **einzuklagen.**

159 Ob und wie sich die **Situation beim Beklagten** in derartigen Fällen darstellt, hängt nicht von den neuen Anrechnungsregeln des RVG ab, sondern wie schon immer davon, ob er ebenfalls einen materiell rechtlichen Kostenerstattungsanspruch hat.

160 In der Regel wird der vermeintliche Schuldner, der sich durch ein Anwaltsschreiben gegen eine Forderung wehrt, auf seinen Kosten „sitzen bleiben". Nach wie vor gilt in solchen Fällen, dass es an einer Anspruchsgrundlage für den Erstattungsanspruch fehlt und die Notwendigkeit der Einschaltung eines Rechtsanwalts zu einem so frühen Zeitpunkt zumindest als fraglich bezeichnet werden kann.[122]

161 Dies gilt allerdings nicht mehr uneingeschränkt. Insbesondere Rechtsanwälte, die ihre ehemaligen Mandanten mit unbegründeten und überzogenen Honorarforderungen überziehen, müssen in Zukunft damit rechnen, bei entsprechender Fallgestaltung nicht nur mit einem klageabweisenden Urteil zu erhalten, sondern über eine Hilfswiderklage auch mit den außergerichtlichen anwaltlichen Abwehrkosten des ehemaligen Mandanten belastet zu werden.

---

[121] Vgl. zB LG Münster JurBüro 1981, 1194; AG Heidelberg MDR 1969, 391; BGHZ 39, 73 = NJW 1963, 640; BGH AnwBl. 1969, 15; sa *Enders* JurBüro 2005, 505–510 (Übernahme der Anwaltskosten des Geschädigten bei der Unfallschadenregulierung).

[122] Vgl. zum Ganzen sehr ausführlich *Stöber* AGS 2006, 261; letztendlich verneinend auch BGH AGS 2007, 267 mwN.

Abschnitt 3. Vertretung   **Nr. 2300 VV**

Jedenfalls hat der BGH in seiner viel beachteten Entscheidung vom 5.6.2014[123] dort dem verklagten Mandanten die Möglichkeit eröffnet, gegen den für berechtigt erklärten „Teilhonoraranspruch" hilfsweise mit den Verteidigungskosten aufzurechnen. Ob die Vermutung von *Mayer* zutreffend ist, dass es sich hier um einen absoluten Ausnahmefall gehandelt habe, der jegliche Verallgemeinerung verbiete, wird die Zukunft wohl erweisen.[124]   **162**

Zu Zeiten, zu denen der IV. Strafsenat bereits bei fehlerhaften Erfolgsaussichten den Straftatbestand eines Betruges durch Unterlassen ins Spiel bringt, erscheint es gerade nicht ausgeschlossen, dass in Zukunft Zivilgerichte ebenfalls etwas strenger mit Rechtsanwälten umgehen werden und mit einer Verschuldensvermutung im Sinne von § 280 Abs. 1 S. 2 BGB arbeiten.[125]   **163**

Bestand für die zu Unrecht in Anspruch genommene aber anwaltlich außergerichtlich vertretene Partei kein Erstattungsanspruch, war die dargestellte Rechtsprechung des Bundesgerichtshofs zu den Anrechnungsregeln insbesondere für die (späteren) Beklagten geradezu verheerend. Da er in der Regel nach der hier dargestellten Rechtsprechung, insbesondere der soeben zitierten Rechtsprechung des Bundesgerichtshofs, keinen Erstattungsanspruch hinsichtlich der außergerichtlichen Geschäftsgebühr hat, wird er doppelt bestraft, wenn ihm gleichwohl die Verfahrensgebühr um die anteilige Geschäftsgebühr gekürzt wird. Diese untragbare Situation, die der Bundesgerichtshof nach eigenen Worten wissentlich in Kauf genommen hat, war es insbesondere, die den Gesetzgeber veranlaßte, über § 15a RVG tätig zu werden und für eine Klarstellung zu sorgen. Nunmehr hält der Beklagte im Falle des Obsiegens wenigstens die Verfahrensgebühr unreduziert rückerstattet.   **164**

Ist hingegen ausnahmsweise ein **materiellrechtlicher Erstattungsanspruch** beim „Schuldner" gegeben, kann dieser Anspruch selbstverständlich ebenfalls eingeklagt werden, und zwar, wenn es zum späteren gerichtlichen Verfahren kommt, im Wege der **Widerklage**. Mit der Widerklage macht dann der Beklagtenvertreter die bei ihm entstandene Geschäftsgebühr nach Nr. 2300 VV, soweit nicht durch Anrechnung auf die Verfahrensgebühr erledigt, als **„Kollateralschaden"** des Beklagten geltend. Solche Fälle dürften aber die Ausnahme sein. Zu denken ist an entsprechende Ansprüche im Wettbewerbsrecht, wo eine unberechtigte Abmahnung ebenso wie eine unberechtigte einstweilige Verfügung sich als Eingriff in den ausgeübten und eingerichteten Gewerbebetrieb mit entsprechenden Schadenersatzansprüchen darstellen lässt.   **165**

Ferner kann die Ausübung nicht bestehender Gestaltungsrechte (Rücktritt, Anfechtung, Kündigung) oder die Geltendmachung unbegründeter Ansprüche im Rahmen bestehender Schuldverhältnisse einen Schadensersatzanspruch und damit einen Erstattungsanspruch des Schuldners (Beklagten) auslösen.[126]   **166**

Unabhängig von den Anrechnungsregeln ist die **Höhe des Kostenerstattungsanspruchs** nicht unbedingt identisch mit dem Betrag, den der Auftraggeber dem Rechtsanwalt schuldet bzw. gezahlt hat. Für die Forderung des Rechtsanwalts gegenüber seinem Auftraggeber ist als Gegenstandswert der Betrag maßgeblich, der auftragsgemäß eingefordert wurde. Der Kostenerstattungsanspruch richtet sich hingegen nach ganz herrschender Meinung nach dem Betrag, der begründet war bzw. als begründet anerkannt oder als begründet gerichtlich festgestellt wurde.[127]   **167**

---

[123] Vgl. BGH AGS 2014, 319 ff. mAnm *Schons.*
[124] Vgl. insoweit die Kritik bei Gerold/Schmidt/*Mayer* § 4b Rn. 13.
[125] Vgl. BGH AGS 2014, 322 rechte Spalte; s. BGH AnwBl. 2014, 1060.
[126] Palandt/*Heinrichs* BGB § 249 Rn. 39; BGH NJW 1986, 2244; sa hier LG Münster JurBüro 1981, 1194.
[127] Zum Meinungsstand BGH AnwBl. 1969, 15; sa *Schmidt* AnwBl. 69, 72 ff.; Gerold/Schmidt/*Müller-Rabe* § 1 Rn. 235 ff.

Nr. 2300 VV Teil 2. Außergerichtliche Tätigkeiten

168 Ein **Sonderproblem** des Kostenersatzes besteht bei der **Verkehrsunfallregulierung,** wenn der Geschädigte kaskoversichert ist und – jedenfalls zum Teil – den Schaden mit der eigenen Kaskoversicherung abrechnet. Bedient er sich bei den Regulierungsverhandlungen mit der eigenen Kaskoversicherung anwaltlicher Hilfe, stellt sich die Frage, ob auch diese Anwaltskosten von der gegnerischen Haftpflichtversicherung zu ersetzen sind.[128]

169 Schließlich wird in jüngster Zeit auch thematisiert, ob die Kosten für die Einholung einer **Deckungszusage** beim Rechtsschutzversicherer erstattungsfähig sind. Dies wird von der Rechtsprechung jedenfalls in Regel verneint.[129]

170 Nach zutreffender und vermittelnder Ansicht wird man in diesen Fällen eine Erstattungsverpflichtung der gegnerischen Haftpflichtversicherung dem **Grunde** nach zu bejahen haben. Der **Höhe** nach ist der Erstattungsanspruch auf den Betrag zu beschränken, der an Anwaltskosten entstanden wäre, wenn sich der Rechtsanwalt von Anfang an und ausschließlich mit den Regulierungsansprüchen an die gegnerische Haftpflichtversicherung gewandt hätte.[130]

171 Schließlich gibt es – wenige – Fallkonstellationen, bei denen auch ein **prozessualer Kostenerstattungsanspruch** entstehen kann, der dann aber wohl – ebenso ausnahmsweise – im Kostenfestsetzungsverfahren Berücksichtigung finden muss. Die Fälle sind auf reine **Vorbereitungskosten** beschränkt. Es muss also um vergütete Handlungen des Rechtsanwalts handeln, die eindeutig bereits auf die Prozessführung ausgerichtet waren (etwa der Antrag auf Pflegerbestellung vor Einleitung des Ehelichkeitsanfechtungsprozesses).[131]

172 Völlig ausgeschlossen ist ein Erstattungsanspruch dort, wo das Gesetz die Kostenerstattung verbietet wie beispielsweise in **§ 12a ArbGG.** Nach zutreffender Ansicht schließt dieses Verbot auch materiellrechtliche Ansprüche ein.[132] Als Ausnahme ist lediglich die Geltendmachung von Anwaltskosten als Verzugsschaden im Beschlußverfahren zu nennen.[133]

173 Hingegen lässt sich ein Kostenerstattungsanspruch – wie bereits (→ Rn. 21 ff.) dargestellt – **nicht** mit der Begründung ausschließen, man müsse sich stets dann bereits unbedingtes Klageauftrag erteilen lassen, wenn der Mandant in einer Forderungsangelegenheit schon selbst – erfolglos – gemahnt habe.[134]

174 Eine **Besonderheit** ergibt sich, wenn der Mandant und der Rechtsanwalt eine Geschäftsgebühr nach Nr. 2300 VV gar nicht erst haben entstehen lassen, indem sie die Honorierung für die außergerichtliche Tätigkeit in einer **Vergütungsvereinbarung** niederlegen.

175 Hier ist die oben dargestellte **Anrechnungsproblematik,** unabhängig von § 15a RVG im Kostenfestsetzungsverfahren stets ohne Bedeutung. Auch der Bundesge-

---

[128] Verneinend: OLG Celle VersR 58, 344; OLG Düsseldorf VersR 54, 179; LG Konstanz VersR 61, 95; bejahend: KG VersR 73, 926; OLG Hamm AnwBl. 83, 141; OLG Zweibrücken, AnwBl. 73, 404; LG Gießen VersR 81, 963; LG Hanau VersR 74, 687; LG Karlsruhe AnwBl. 83, 336; LG Flensburg AnwBl. 85, 107; LG Wuppertal AGS 2012, 253 ff.; AG Köln AGS 2012, 436.
[129] Vgl. etwa BGH AGS 2011, 254 ff., LG Saarbrücken AGS 2011, 150 ff.; OLG Celle AGS 2011, 152 ff.; LG Münster AGS 2011, 154 ff. **aA** AG Neukölln AGS 2013, 489 f. (zur Vergütung für die Einholung einer Deckungszusage → Rn. 180 ff.)
[130] Gerold/Schmidt/*Madert* Nr. 2300–2301 VV Rn. 59 (18. Aufl.).
[131] Gerold/Schmidt/*Madert* Nr. 2300–2301 VV Rn. 60 (18. Aufl.).
[132] Vgl. Schneider/Wolf/*Onderka/Wahlen* Vorb. 2.3.VV Rn. 118.
[133] BAG MDR 1995, 936, 937.
[134] OLG Celle AGS 2008, 161 f. mAnm *Schons*; aA AG Walsrode AGS 2008, 103 mAnm *Schons*; AG Walsrode AGS 2006, 521 mAnm *Schons*; AG Bremervörde AGS 2009, 302 mAnm *Schons/N. Schneider*; AG Meldorf AGS 2011, 311; AG Kassel AGS 2011, 260; siehe aber auch hier nunmehr: BGH AGS 2015, 589 f.

richtshof stellt in seiner Entscheidung vom 22.1.2008 auf das Entstehen einer Geschäftsgebühr ab. Eine Geschäftsgebühr, die via Vergütungsvereinbarung nicht entstehen kann, kann auch keinen Einfluss auf die spätere Verfahrensgebühr haben.[135]

Fraglich ist dann aber, die ob die **Vergütungsvereinbarung** grundsätzlich hindert, einen materiell-rechtlichen Kostenerstattungsanspruch bis zur Höhe einer Geschäftsgebühr geltend zu machen. Die Frage stellen heißt sie jedenfalls dann zu bejahen, wenn eine Anspruchsgrundlage – etwa unter dem Gesichtspunkt des Schadensersatzes – gegeben ist. Durch den Abschluss einer Vergütungsvereinbarung soll der Kostenerstattungsschuldner nicht schlechter, aber auch nicht besser gestellt werden. Demgemäß ist es gerechtfertigt, dem Gläubiger, der eine Vergütungsvereinbarung mit seinem Rechtsanwalt abgeschlossen hat, grundsätzlich einen Kostenerstattungsanspruch zuzubilligen, der von der Höhe her freilich – zumindest in der Regel – auf den gesetzlichen Vergütungsanspruch zu beschränken ist.[136] 176

Gestützt wird diese Beurteilung durch § 3a Abs. 1 S. 3 RVG in dem es ausdrücklich heißt, dass die Vergütungsvereinbarung einen Hinweis darauf zu enthalten habe, dass die gegnerische Partei im Fall der Kostenerstattung regelmäßig nicht mehr als die gesetzliche Vergütung zu erstatten hat. 177

Die Erwähnung der „gegnerischen Partei" neben den „Verfahrensbeteiligten" belegt, dass dieser Grundsatz also nicht nur für die gerichtliche Kostenerstattung gilt, sondern auch für die außergerichtliche.[137] 178

Notwendige Konsequenz wird es unter diesen Umständen und nur unter diesen Umständen dann allerdings im Hinblick auf den Gedanken von § 15a RVG sein, dass die Anrechnung einer **fiktiven Geschäftsgebühr** ausnahmsweise dann im Kostenfestsetzungsverfahren zu einer Reduzierung der Verfahrensgebühr führt, wenn die Voraussetzungen von § 15a Abs. 2 RVG bei der vereinbarten Vergütung bis zur Höhe der gesetzlichen Vergütung gegeben sind. 179

Hat also der Kläger – erfolgreich – die mit seinem Rechtsanwalt vereinbarte Vergütung bis zur Höhe einer fiktiven Geschäftsgebühr in vollem Umfange im Hauptverfahren zugesprochen erhalten, so reduziert sich **ausnahmsweise** die Verfahrensgebühr im anschließenden gerichtlichen Verfahren um die Hälfte der fiktiv unterstellten Geschäftsgebühr, höchstens um 0,75.[138] 180

4. Vergütung für die Einholung einer Deckungszusage beim Rechtsschutzversicherer

Es entspricht ganz herrschender Auffassung, dass dem Rechtsanwalt für die ihm in Auftrag gegebene Einholung der Deckungszusage des Rechtsschutzversicherers eine Geschäftsgebühr zusteht, errechnet aus dem Wert der Gebühren, von denen der Mandant befreit werden möchte.[139] Ebenso ist es aber richtig, dass in der Praxis 181

---

[135] Vgl. BGH AGS 2009, 523 = NJW 2009, 3363; BGH AGS 2015, 147f.; OLG Stuttgart AGS 2009, 214 mAnm *Schons*; OLG Frankfurt a.M. AGS 2009, 157; KG AGS 2009, 213; OLG Bremen AGS 2009, 215; OLG Hamburg AGS 2015, 198 ff. aA OLG Stuttgart AGS 2008, 510 f. mAnm *Schons*.

[136] Ebenso wie hier: Bischof/*Jungbauer* Nr. 2300 VV Rn. 278; vgl. hierzu BVerwG AGS 2011, 459 ff. mwN; zur Erstattungsfähigkeit von Kosten aus einer Vergütungsvereinbarung siehe jetzt aber auch: OLG München AnwBl. 2010, 719 ff.

[137] Siehe auch hier BGH AGS 2015, 97 f.

[138] Siehe hierzu aber BGH AGS 2015, 147 f.

[139] Vgl. statt aller nur Gerold/Schmidt/*Müller-Rabe* § 1 Rn. 324; Bischof/*Jungbauer* Nr. 2300 VV Rn. 280; OLG Celle Urt. v. 12.1.2011 – 14 U 78/10, FD-VersR 2011, 314222; LG Duisburg Urt. v. 3.5.2010 – 2 O 229/09, ZFS 2010, 520; aA OLG München JurBüro 93, 163; LG Koblenz VersR 2010, 1331, 1332; LG Schweinfurt NJW-RR 2009, 1251, 1252; zweifelnd auch *Geigel/Freymann*, Der Haftpflichtprozeß, 26. Aufl., Kapitel 41, Rn. 30.

bei einem „**funktionierenden** Mandatsverhältnis" diese Rechtsfrage keine Rolle spielt. Üblicherweise verzichtet der Rechtsanwalt auf die Berechnung der Geschäftsgebühr, wenn er unter dem Gesichtspunkt der Kulanz dem Auftraggeber das Einholen der Deckungszusage abnimmt. Dies ist nach zutreffender Ansicht auch nicht wettbewerbsrechtlich als unzulässige Gebührenunterschreitung verfolgbar.[140] Die Rechtsschutzversicherung ist nämlich nicht verpflichtet, die Geschäftsgebühr für die Einholung der Deckungszusage zu zahlen, es sei denn, eine vorangegangene ungerechtfertigte Ablehnung der Deckungszusage hat die Einschaltung des Rechtsanwalts notwendig gemacht. Die betrifft aber wirklich nur den Sonderfall, dass der Mandant sich zunächst erfolglos selbst um Deckungsschutz bemüht hat und erst später den Rechtsanwalt in die Korrespondenz mit dem Rechtschutzversicherer einschaltet. Wird der Rechtsanwalt tätig, bevor sich der Rechtsschutzversicherer überhaupt geäußert hat, erwächst bei ihm die Geschäftsgebühr und der entsprechende Anspruch gegenüber dem Mandanten, der Rechtsschutzversicherer ist dann aber zur Erstattung nicht verpflichtet, weil kein versichertes Risiko betroffen ist.

182 Auf diese vom Mandanten als nachteilig empfundene Kostensituation muss der Rechtsanwalt stets zuvor hingewiesen haben und schon aus diesem Grunde wird in der Praxis – wie bereits erwähnt – auf eine Abrechnung einer diesbzgl. Geschäftsgebühr verzichtet.[141]

183 Auch der Bundesgerichtshof entscheidet im Zweifel immer zu Lasten des Rechtsanwalts, wenn er zu der Auffassung gelangt, der Mandant habe wegen fehlender Aufklärung durch den Rechtsanwalt die kostenrechtlichen Folgen seines Handelns nicht überblickt.[142]

Praxistipp:

184 Aber auch aus einem anderen Grunde sollte der Rechtsanwalt sich genau überlegen, ob er – meistens ohnehin erst im Nachhinein bei Schwierigkeiten in der Mandatsbeziehung – eine zusätzliche Geschäftsgebühr für die Einholung einer Deckungszusage berechnet. Ergibt sich beispielsweise aus dem anwaltlichen Schreiben, mit dem um die Deckungszusage gebeten wurde, ein ausführliches Durchdringen der Sach- und Rechtsproblematik, so wirkt sich dies selbstverständlich auf die Höhe der Geschäftsgebühr (aber aus dem vergleichbar relativ niedrigen Gegenstandswert des Befreiungsanspruchs) aus. Bei der Beurteilung des Ermessens hinsichtlich der Bestimmung der Geschäftsgebühr in der **Hauptsache** kann dies zu einer Reduzierung der dortigen Geschäftsgebühr unter dem Gesichtspunkt führen, dass lediglich eine vorangegangene Tätigkeit (Prüfung der Sach- und Rechtslage) nochmals verwertet wurde.

185 Man mag zu einer derartigen Beurteilung stehen wie man will, in der Praxis wird jedenfalls nur in seltenen Fällen entschieden, dass der Rechtsanwalt zwei Geschäftsgebühren erhält.[143]

XI. Verwaltungsrechtliche Angelegenheiten

186 Wie bisher kann der Rechtsanwalt, der im Verwaltungsverfahren (Antragsverfahren) tätig ist, eine Geschäftsgebühr nach Nr. 2300 VV abrechnen. Der Gebührenrah-

---

[140] Vgl. KG AnwBl. 2010, 445 f.

[141] Zur Hinweispflicht vgl. Gerold/Schmidt/*Müller-Rabe* § 1 Rn. 337; OLG Düsseldorf MDR 2011, 760 Tz. 53; OLG Stuttgart JurBüro 2003, 585; LG Zwickau AGS 2005, 525; AG Brühl AGS 2011, 361 ff.; s. auch *Lensing* AnwBl. 2010, 688 ff.

[142] BGH NJW 91, 2084 = JurBüro 91, 1647.

[143] Zur Frage des Ersatzes der Rechtsanwaltskosten für die Einholung einer Deckungszusage beim Rechtsschutzversicherer vgl. AG Neukölln AGS 2013, 489.

Abschnitt 3. Vertretung **Nr. 2301 VV**

men und die in der Anm. vorzufindende Kappungsgrenze sind inhaltlich jedenfalls unverändert geblieben.

Auch für das Widerspruchsverfahren erhält der Rechtsanwalt nach wie vor eine Geschäftsgebühr nach Nr. 2300 VV, wobei auch hier die Begrenzung der Anm. ggf. zu beachten ist. 187

Durch die grundlegende Änderung kann der Rechtsanwalt nunmehr auch im Widerspruchsverfahren jedoch den vollen Rahmen von Nr. 2300 VV auch dann in Anspruch nehmen, wenn er im Verwaltungsverfahren (Antragsverfahren) zuvor tätig geworden und auch dort schon eine Geschäftsgebühr verdient hat. 188

Hier wirkt sich eben § 17 Nr. 1a RVG aus, wonach es sich beim Widerspruchsverfahren um eine gesonderte Angelegenheit handelt, in der die Gebühren auch erneut entstehen. 189

Gleichzeitig wird bei dieser Fallgestaltung allerdings die grundlegende Änderung zum bisherigen Recht deutlich. Zwar bleibt der Gebührenrahmen bei einer vorangegangenen Tätigkeit im Verwaltungsverfahren unverändert, es ist aber eine Anrechnung der ersten Geschäftsgebühr auf die zweite Geschäftsgebühr nach der Vorb. 2.3. Abs. 4 S. 1 VV vorzunehmen (vgl. oben).[144] 190

Vertritt der Rechtsanwalt mehrere Auftraggeber wegen desselben Gegenstandes, so erhöht sich bei entsprechender Tätigkeit im Antragsverfahren und im Widerspruchsverfahren der Gebührenrahmen jeweils um 0,3 pro weiteren Auftraggeber. Auch hier kann auf die Kommentierung zu Nr. 1008 VV und die obige Kommentierung Bezug genommen werden. 191

Nr. 2301 VV

Nr.	Gebührentatbestand	Gebühr oder Satz der Gebühr nach § 13
2301	Der Auftrag beschränkt sich auf ein Schreiben einfacher Art: Die Gebühr 2300 beträgt .... Es handelt sich um ein Schreiben einfacher Art, wenn dieses weder schwierige rechtliche Ausführungen noch größere sachliche Auseinandersetzungen enthält.	0,3

I. Überblick

Der Gebührentatbestand betrifft Schreiben einfacher Art, wenn sich der Auftrag hierauf beschränkt. Um ein solches handelt es sich gemäß der Anm. zu Nr. 2301 VV, wenn das Schreiben weder schwierige rechtliche Ausführungen noch größere sachliche Auseinandersetzungen enthält. Der Gebührentatbestand ersetzt, wenn auch mit leichter und erfreulich klarstellender Modifikation, den früheren § 120 BRAGO. 1

II. Höhe der Gebühr

Nach § 120 Abs. 2 BRAGO erhielt der Rechtsanwalt lediglich eine ³⁄₁₀ Gebühr, wenn sich seine Tätigkeit auf Schreiben einfacher Art beschränkte. Durch die Formulierung in Nr. 2301 VV ist nun klargestellt, dass es nicht auf die Tätigkeit, sondern auf den erteilten Auftrag ankommt.[1] 2

---

[144] Siehe auch hier: *Schneider/Thiel* S. 140.
[1] Gerold/Schmidt/*Madert* Nr. 2301 VV Rn. 1 aE.

III. Regelungsinhalt

3   Der Gesetzeswortlaut spricht von **einem** Schreiben. Ob Nr. 2301 VV auch anwendbar ist, wenn der Rechtsanwalt mehrere Schreiben einfacher Art „verfasst" kann letztlich dahingestellt bleiben, da der Gesetzeswortlaut ohnehin dazu führen wird, dass dieser Gebührentatbestand praktisch keine Anwendung findet.[2]

4   Angesichts der Kompliziertheit des Miet- und Arbeitsrechts und unter Berücksichtigung der Fälligkeitsvoraussetzungen bei Rechnungen wird es kaum noch vorkommen, dass ein Rechtsanwalt den beschränkten Auftrag erhält, lediglich eine Kündigung oder Mahnung auszusprechen. Vielmehr wird es die Regel sein, dass der **Auftrag** dahingeht, die **Sach- und Rechtslage** zunächst einmal zu überprüfen, also festzustellen, ob der begehrte Kündigungsausspruch möglich oder ob die offenstehende Rechnung fällig ist (Findet sich die laufende Rechnungsnummer, sind Leistungsart und Leistungszeit genannt, ist die Umsatzsteuernummer oder Umsatzsteueridentifikationsnummer aufgedruckt und ähnliches?).

5   Dies gilt inzwischen umso mehr, als bekanntlich § 43d BRAO dem mandatierten Rechtsanwalt auferlegt, den Schuldner im Aufforderungsschreiben mit einer Reihe von Informationen zu versehen, wenn der Rechtsanwalt Inkassodienste betreibt (→ Rn. 7 ff.). Es erscheint ausgeschlossen, dass ein Rechtsanwalt unter diesen Umständen jedenfalls ein Inkassomandat annimmt, das sich auf ein sog. einfaches Schreiben beschränkt.

6   Da derart in Auftrag gegebene Prüfungstätigkeiten gebührenrechtlich in den Formulierungen des Mahnschreibens keinen Ausdruck finden müssen, lässt nicht einmal die vielleicht festzustellende **Dürftigkeit von Form und Inhalt** eines Mahnschreibens den zwingenden Rückschluss zu, hier sei nur eine Gebühr nach Nr. 2301 VV geschuldet.[3] Auch die Anm. zu Nr. 2301 VV darf nicht als Definition des Umfangs des maßgeblichen Auftrags missverstanden werden. Nach richtiger Meinung spielt die Anm. nur und erst dann eine Rolle, wenn sich der Auftrag selbst auf ein Schreiben einfacher Art beschränkt.[4] Gleichwohl ist zu empfehlen, zur Vermeidung von überflüssigen Auseinandersetzungen in anwaltlichen Schreiben durch Form und Inhalt bereits darauf aufmerksam zu machen, dass der erteilte Auftrag über das Verfassen eines einfachen Schreibens hinausgeht.

IV. Massenbeitreibungssachen

7   Eine **Sonderbetrachtung** erfordern sog. „Massenbeitreibungssachen". Kanzleien, die beispielsweise für große Versandhäuser offenstehende Forderungen beitreiben, erhalten üblicherweise das Mandat, die vom Auftraggeber bereits angemahnte Forderung im Mahnverfahren geltend zu machen, da man davon ausgeht, dass ein Widerspruch nicht erfolgen wird.

8   In derartigen Fällen wurde unter der **Geltung der BRAGO** darauf verzichtet, den säumigen Schuldner nochmals anwaltlich anzumahnen, da dies zum einen angesichts der bereits erfolglos verlaufenen Mahnungen des Auftraggebers für unsinnig angesehen wurde, andererseits auch keine Gebühren zur Folge hatte, da eine entsprechend verdiente Gebühr auf die Mahnanwaltsgebühren in vollem Umfang anzurechnen war.

---

[2] So jetzt auch und unter Aufgabe der in den Vorauflagen vertretenen Auffassung: Gerold/Schmidt/*Mayer* Nr. 2301 Rn. 6; ebenso im Ergebnis Schneider/Wolf/*Onderka* Nr. 2301 VV Rn. 7, Bischof/*Jungbauer* Nr. 2301 VV Rn. 13,14 unter Hinweis auf die ähnliche durch den BGH entsprechend geklärte Problematik Nr. 3105 VV „Wahrnehmung nur eines Termins…".

[3] So zutreffend Schneider/Wolf/*Onderka* Nr. 2301 VV Rn. 8.

[4] Vgl. HK-RVG/*Teubel* Nr. 2301 VV Rn. 7; sa *Hergenröder* AGS 2005, 473; siehe jetzt auch AG Meldorf AGS 2011, 311.

Abschnitt 3. Vertretung **Nr. 2301 VV**

Neuerdings klagen die Gerichte in vermehrten Umfang darüber, dass auch im 9
„Massegeschäft" als überflüssig empfundene außergerichtliche **Mahnungen** durch
Rechtsanwälte „**fabriziert**" würden, um dann anschließend eine zusätzliche (nicht
durch Anrechnung erledigte) Geschäftsgebühr von 0,65 neben der Hauptforderung
geltend machen zu können.

Bei diesen Spezialfällen dürfte es schwierig sein, eine höhere Gebühr als die nach 10
Nr. 2301 VV zu begründen. Einige Gerichte bezweifeln jedenfalls, dass die Auftraggeber in dem hier beschriebenen Massegeschäft ihren Rechtsanwalt stets damit beauftragen, zunächst sorgfältig zu überprüfen, ob die Forderung auch besteht oder ob die Rechnung unter formellen Mängeln leidet.[5] Die Gefahr dürfte also relativ groß sein, dass eine entsprechende Forderung des Rechtsanwalts für seine außergerichtliche Tätigkeit abgewiesen wird. Umgekehrt dürfte es wirtschaftlich wenig Sinn machen, sich hier durch ein außergerichtliches Schreiben eine Gebühr nach Nr. 2301 VV zu verdienen, verbleibt von dieser aufgrund der hier ebenfalls geltenden Anrechnungsregel von Vorb. 3 Abs. 4 VV gerade einmal ein Gebührensatz von 0,15 (→ Rn. 18).

Diese Beurteilung durch einige Gerichte lässt sich m.E. auch dann nicht mehr 11
aufrechterhalten, wenn man sie auf reine Massenbeitreibungssachen beschränken will. Unter Aufgabe einer noch etwas differenzierenden Auffassung in der zweiten Auflage spricht allein § 43d BRAO dafür, dass auch und gerade bei Inkassodienstleistungen der Rechtsanwalt verpflichtet ist, eine umfassende Prüfung vorzunehmen, was die Annahme eines Auftrages im Sinne von Nr. 2301 VV geradezu verbietet. Auf keinen Fall kann der von *Ruess* vertretenen Meinung zugestimmt werden, eine Geschäftsgebühr nach Nr. 2300 VV könne nur dann gegenüber dem Kostenschuldner (Gegner) abgerechnet werden, wenn die vorgerichtliche Tätigkeit „eine inhaltliche Auseinandersetzung mit vom Schuldner erhobenen Einwendungen erforderlich gemacht habe oder die vorgerichtliche Tätigkeit sonst über ein einfaches Mahnschreiben hinaus gegangen sei.[6] Hier wird – noch dazu mit unzutreffender Begründung – nicht nur eine **längst abgeschlossene Diskussion** über die vom Bundesgerichtshof entschiedene Streitfrage zur Abgrenzung des § 118 BRAGO zu § 120 BRAGO krampfhaft neu belebt, sondern es werden Behauptungen aufgestellt, die in der Praxis als längst widerlegt gelten und zudem dem erklärten Willen des Gesetzgebers zuwiderlaufen, immer einen letzten Versuch zur außergerichtlichen Streitbeilegung zu unternehmen.[7] Der Aufsatz von *Ruess* hat demgemäß berechtigte und wohlbegründete Kritik herausgefordert.[8]

Es gibt keine grundsätzliche **Schadensminderungspflicht** für den Gläubiger 12
dahingehend, dass er seinen Rechtsanwalt nur mit der Abfassung eines einfachen Mahnschreibens beauftragt. Vielmehr ist immer auf den Einzelfall abzustellen. In der Regel verlangen allein die Anforderungen, die heute an eine Rechnung gestellt werden, um die Fälligkeit auszulösen, eine sorgfältige Prüfung des Rechtsanwalts. *Ruess* übersieht zudem, dass es der erklärte Wille des Gesetzgebers im RVG war, den Rechtsanwalt auf jeden Fall zu veranlassen, einen letzten außergerichtlichen Versuch zu unternehmen, den Schuldner zum Einlenken zu bewegen, letztendlich um die Gerichte zu entlasten. Dies ist nicht nur der Grund für den recht weiten Gebührenrahmen von Nr. 2300 VV, sondern auch das Motiv für die neuen Anrechnungsregeln von Teil 3 Vorb. 3 Abs. 4 VV.

Dass diese Anrechnungsregeln zu neuen Rechtsstreitigkeiten geführt haben, ist 13
nicht auf eine Fehlkonstruktion des Gesetzes zurückzuführen, sondern im Wesentli-

---

[5] Siehe hierzu die Darstellung bei Hartung/Römermann/*Schons* Nr. 2301 VV Rn. 10 ff.; aA *Hürler* AGS 2009, 205 ff., der eine Geschäftsgebühr auch bei einer derartigen Fallgestaltung bejaht, die Gebührenhöhe aber auf 0,8 beschränken möchte.
[6] *Ruess* MDR 2005, 313.
[7] Vgl. zur Rechtsprechung BGH NJW 1983, 2451.
[8] *Madert/Struck* AnwBl. 2005, 640 ff.; vgl. aber auch hier AG Meldorf AGS 2011, 311.

chen auf die **Uneinsichtigkeit der Versicherungswirtschaft**. Wenig nachvollziehbar ist es auch, dass sich *Ruess* ausgerechnet für seine These auf die Ausführungen von *Scharder* beruft, der in seinem Beitrag nur zu offensichtlich die Interessen der Versicherungskonzerne in den Vordergrund gestellt hat.[9]

14 Schließlich ist auch der Ausgangspunkt der Überlegungen von *Ruess* falsch, wonach vorangegangene fruchtlose Mahnungen des Auftraggebers für eine weitere außergerichtliche Tätigkeit eines Rechtsanwalts wenig Erfolgsaussichten erkennbar werden ließen. Gerade ein begründetes Anwaltsschreiben, das sich nicht auf eine einfache Mahnung beschränkt, führt oftmals erst dazu, dass die Forderung und die Angelegenheit vom Gegner ernst genommen wird, der nun seinerseits anwaltliche Hilfe in Anspruch nimmt und damit die Basis für eine Einigung schafft. Es hieße, den gesetzgeberischen Willen des RVG zu konterkarieren, wenn man dem Auftraggeber die Möglichkeit nehmen wollte, seinen Rechtsanwalt nochmals umfassend außergerichtlich tätig werden zu lassen.[10]

15 Letztendlich hat die Diskussion – hoffentlich – durch die klaren Worte des BGH in der Entscheidung vom 17.9.2015 ihr Ende gefunden. Dort wird zutreffend ausgeführt, dass ein Gläubiger grundsätzlich nicht gehalten ist, seinen Auftrag zunächst auf ein Schreiben einfacher Art zu beschränken und diesen im Bedarfsfall zu erweitern. Der Schuldner sei über den weiten Gebührenrahmen, der ja unweit von 0,3 beginne ausreichend geschützt und könne sich einem Kostenerstattungsanspruch des Gläubigers auch dadurch entziehen, dass er sich vertragstreu verhält. Damit dürfte dann auch der unseligen Rechtsprechung der Amtsgerichte in Walsrode und Bremervörde eine Absage erteilt worden sein.[11]

V. Mehrere Auftraggeber

16 Wird ein Rechtsanwalt mit der Abfassung eines sog. einfachen Schreibens von mehreren Auftraggebern mandatiert, so gelangt natürlich auch hier Nr. 1008 VV zur Anwendung. Der vorgesehene Gebührensatz erhöht sich um jeden weiteren Auftraggeber um 0,3.[12]

VI. Anrechnung und Kostenerstattung

17 Ist **ausnahmsweise** der Vergütungstatbestand von Nr. 2301 VV gegeben, so findet auch hier bei einer späteren gerichtlichen Tätigkeit durch denselben Rechtsanwalt die Anrechnung nach Vorb. 3 Abs. 4 VV statt. Da Nr. 2301 VV eine Festgebühr ist, beschränkt sich die Anrechnung höhenmäßig auf 0,15, aber wie üblich lediglich berechnet aus dem Gegenstandswert, der vom außergerichtlichen Bereich in den gerichtlichen Bereich übergeht.[13] Wird ein einfaches Schreiben allerdings zu einem Zeitpunkt verfaßt, zu dem dem Rechtsanwalt bereits ein unbedingter Klageauftrag vorliegt, wird diese Tätigkeit durch die Verfahrensgebühr Nr. 3100 VV mit abgegol-

---

[9] *Scharder* DRiZ 2004, 154; vgl. hierzu auch: Eine Gebühr von mehr als 300 EUR kann nur gefordert werden, wenn die Tätigkeit umfangreich oder schwierig war. Die Kritik bei *Schons* BRAK-Mitt. 2004, 157; *ders.* BRAK-Mitt. 2004, 202 f.

[10] Kritisch hierzu auch Hartung/Römermann/*Schons* Nr. 2303 VV Rn. 14; *ders.* in den Anmerkungen zu OLG Celle AGS 2008, 161 f.; AG Walsrode AGS 2008, 103 sowie AG Walsrode AGS 2006, 521 und schließlich AG Bremervörde AGS 2009, 302 mAnm *Schons*/*N. Schneider*; aA jetzt auch AG Meldorf AGS 2011, 311.

[11] Vgl. BGH AGS 2015, 589 ff.; 591 mit zustimmender Anm. *Schons*.

[12] Vgl. *N. Schneider* AGS 2003, 525.

[13] Vgl. statt aller Gerold/Schmidt/*Mayer* Nr. 2301 VV Rn. 8.

Abschnitt 3. Vertretung **Nr. 2302 VV**

ten. Die zusätzliche Berechnung eines einfachen Schreibens ist in solchen – höchst seltenen – Fällen nicht möglich.[14]

Die Frage, ob der Schuldner Vergütungen für ein einfaches Schreiben zu erstatten hat, hängt ebenso wie bei der Geschäftsgebühr davon ab, ob eine materiell-rechtliche Anspruchsgrundlage vorhanden ist. In der Regel wird dies unter dem Gesichtspunkt des Verzugs oder des Schadensersatzes der Fall sein, sofern durch das anwaltliche „einfache Schreiben" der Verzug nicht erst ausgelöst wird. 18

Nr. 2302 VV

Nr.	Gebührentatbestand	Gebühr oder Satz der Gebühr nach § 13
2302	Geschäftsgebühr in 1. sozialrechtlichen Angelegenheiten, in denen im gerichtlichen Verfahren Betragsrahmengebühren entstehen (§ 3 RVG), und 2. Verfahren nach der Wehrbeschwerdeordnung, wenn im gerichtlichen Verfahren das Verfahren vor dem Truppendienstgericht oder vor dem Bundesverwaltungsgericht an die Stelle des Verwaltungsrechtswegs gemäß § 82 SG tritt .... Eine Gebühr von mehr als 300,00 € kann nur gefordert werden, wenn die Tätigkeit umfangreich oder schwierig war.	50,00 € bis 640,00 €

Übersicht

	Rn.
I. Überblick	1
II. Höhe der Geschäftsgebühr	5
III. Mehrere Auftraggeber	14
IV. Regelung nach der WBO	17
V. Anm. zu Nr. 2302 VV	21
VI. Anrechnung der Geschäftsgebühr	27
VII. Weitere Anrechnungsfragen	29
VIII. Erstattungsproblematik	31

I. Überblick

Die neue Nr. 2302 VV ersetzt die bisher in Nr. 2400 VV vorzufindene Betragsrahmengeschäftsgebühr, welche nach Vorbemerkung 2.4 Abs. 1 VV aF auch in Verfahren nach der WBO galt. 1

Die Geschäftsgebühr nach Nr. 2302 Nr. 1 VV entsteht in den sozialrechtlichen Angelegenheiten, in denen sich die Gebühren nicht nach dem Gegenstandswert richten (§ 3 Abs. 1 S. 1 VV RVG). Die Anrechnung nach Vorbemerkung 2.3 Abs. 4 VV ist selbstverständlich zu beachten. 2

Der Rechtsanwalt erhält diese Gebühr sowohl für das Verwaltungsverfahren (Antragsverfahren) als auch für die Vertretung im Widerspruchsverfahren. Gemäß der umfassenden Änderung durch das Kostenrechtsmodernisierungsgesetz II wechselt der Gesetzgeber auch hier vom Modell einer reduzierten Gebühr zum Modell der Anrechnung. 3

---

[14] Schneider/Wolf/*Onderka* Nr. 2301 VV Rn. 12; ebenso *Hartmann* Nr. 2301 VV Rn. 12.

Nr. 2302 VV Teil 2. Außergerichtliche Tätigkeiten

4   Der im Widerspruchsverfahren tätige Rechtsanwalt erhält also zunächst seine Geschäftsgebühr aus dem vollen Rahmen auch bei einer vorangegangenen Tätigkeit im Antragsverfahren, muss sich aber die erste Geschäftsgebühr auf die zweite Geschäftsgebühr anrechnen lassen (Vorb. 2.3 Abs. 4 S. 1 VV). Aber auch hier darf dann die Vorbefassung im Verwaltungsverfahren nicht noch zusätzlich gebührenmindernd berücksichtigt werden (Vorb. 2.3 Abs. 4 S. 3 VV).

II. Höhe der Geschäftsgebühr

5   Wie bereits erwähnt ist die Höhe der Geschäftsgebühr – anders als bei den alten Nr. 2400, 2401 VV in allen Verfahrensabschnitten insoweit identisch, als sie nach dem selben Gebührenrahmen zu bestimmen ist.

6   Allerdings ist der Gebührenrahmen von 50 bis 640 EUR jeweils nach den Kriterien von § 14 RVG gesondert **pro Verfahrensabschnitt** zu bestimmen, so dass es durchaus vorkommen kann, dass im Verwaltungsverfahren (Antragsverfahren) eine niedrigere Geschäftsgebühr gerechtfertigt ist, als im Widerspruchsverfahren oder umgekehrt. Nicht gebührenmindernd darf es sich im Widerspruchsverfahren allerdings auswirken, dass der Rechtsanwalt schon zuvor im Antragsverfahren tätig war und insoweit auf gewisse Informationen und Kenntnisse zurückgreifen kann.

7   Diesen besonderen Umständen wird jetzt ausschließlich durch die Anrechnung – im wahrsten Sinne des Wortes – Rechnung getragen.

8   Wie erkennbar ist der vorgeschlagene Gebührenrahmen nunmehr so ausgewählt worden, dass die Schwellengebühr (→ Nr. 2302 VV Rn. 21 ff.) der Mittelgebühr der Nr. 3102 VV (300 EUR) entspricht. Demgegenüber beträgt die „normale" Mittelgebühr 345 EUR.

9   Im übrigen kann hinsichtlich der neuen Geschäftsgebühr von Nr. 2302 VV auf die Kommentierung zu Nr. 2400 VV aF Bezug genommen werden (vgl. insbesondere in der Vorauflage die Kommentierung zu Nr. 2400 und 2401 VV aF Rn. 2 ff: *Auch die Geschäftsgebühr nach Nr. 2302 VV ist als eine Grundgebühr oder Betriebsgebühr zu bewerten.*[1]

10 Damit entsteht auch diese Gebühr mit der ersten Tätigkeit des Rechtsanwalts nach Erhalt des Auftrags und der Entgegennahme der erforderlichen Informationen. Mit ihr wird jegliche Auseinandersetzung mit dem Auftraggeber, mit dem Dritten oder einem Gegner abgegolten, also die Führung des gesamten Schriftverkehrs, aber auch die Führung von Besprechungen und der Entwurf von Urkunden und ähnlichem.

11 Hierbei ist es gleichgültig, ob der Auftraggeber den Rechtsanwalt bittet, unmittelbar mündlichen Kontakt mit dem Gegner herzustellen oder ob dem eine schriftliche Kontaktierung vorausgehen soll. Zu beachten ist, dass die Durchführung von Besprechungen die Frage obsolet macht, ob die Mittelgebühr erreicht oder überschritten werden kann. Allein der Anfall von Besprechungen rechtfertigt es nach zutreffender Ansicht, mindestens die Regelgebühr von 300 EUR um 10 % zu überschreiten.[2]

12 Gleichwohl empfiehlt es sich auch hier – entsprechend den Empfehlungen in der Komtierung zu Nr. 2300 VV – möglichst umfassend zu allen Bewertungskriterien des § 14 RVG vorzutragen, damit der Schwellenwert von 300 EUR überschritten werden kann. Auf die ausführliche Kommentierung zu § 14 RVG und zu Nr. 2300 VV wird erneut Bezug genommen.

13 Diese Empfehlung ist um so nachdrücklicher auszusprechen, weil offenbar gerade in sozialgerichtlichen Angelegenheiten mit der Höhe der Gebühren äusserst zurückhaltend umgegangen wird. Aus welchen Gründen die Bearbeitung hoch komplexer Mandate, wie solchen auf dem Gebiete des Sozialrechts vergütungsrechtlich in der

---

[1] Vgl. eingehend HK-RVG/*Dinkat* Nr. 2400, 2401 VV Rn. 2.
[2] Vgl. etwa Gerold/Schmidt/*Mayer*, 20. Aufl., Nr. 2400, 2401 Rn. 7; vgl. dort auch die Vorschläge in Rn. 11 aE.

Praxis so stiefmütterlich behandelt wird, lässt sich nur mutmaßen. Rechtlich nachvollziehbare Gründe sind hierfür jedenfalls nicht erkennbar. Es wird auf die weitere Kommentierung → Nr. 2302 VV Rn. 21 ff. verwiesen.

III. Mehrere Auftraggeber

Die Gebühr nach Nr. 2302 VV kann ebenso wie die Geschäftsgebühr nach Nr. 2300 VV über Nr. 1008 VV erhöht werden, wenn mehrere Auftraggeber durch den Rechtsanwalt vertreten werden. Hierbei spielt es keine Rolle, ob die Mandate gleichzeitig oder hintereinander erteilt werden. Schließt sich in ein- und derselben Angelegenheit ein zweiter Auftraggeber dem ersten Mandanten an, so entsteht die Gebühr nach Nr. 2302 VV nicht zum zweiten Mal, sondern es findet eine Erhöhung statt. Die Erhöhung wird um 30 % vorgenommen, wobei die Erhöhung der Betragsrahmengebühren das doppelte des Mindest- und Höchstbetrages – wie stets nicht übersteigen darf.[3] **14**

Vertritt der Rechtsanwalt im Verwaltungsverfahren vor der Behörde etwa eine aus zwei Personen bestehende Bedarfsgemeinschaft (Beispiel nach *Schneider/Thiel* S. 152) so ist wie folgt abzurechnen: **15**

Ausgehend von einer berechneten Mittelgebühr kann bei einem erhöhten Gebührenrahmen von 65 EUR bis 832 EUR verlangt werden:

Geschäftsgebühr Nr. 2302 Nr. 1, 1008 VV	448,50 EUR
Postentgeltpauschale Nr. 7002 VV	20,00 EUR
Umsatzsteuer	89,02 EUR
Summe	**557,52 EUR**

Auch bei dieser Geschäftsgebühr gilt, dass diese der Rechtsanwalt sowohl im Antragsverfahren als auch im Widerspruchsverfahren eine jeweils erhöhte Geschäftsgebühr verlangen kann. Hinsichtlich der Anrechnung ist Vorbemerkung 2.3 Abs. 4 VV zu berücksichtigen (höchstens 175 EUR). **16**

IV. Regelung nach der WBO

Wie bisher erhält der Rechtsanwalt die gleiche Geschäftsgebühr wie in sozialrechtlichen Verfahren, die nicht nach dem Gegenstandswert berechnet werden, wenn, **17**
- das Verfahren vor dem Truppendienstgericht an die Stelle des gerichtlichen Verfahrens
- oder das Verfahren vor dem Bundesverwaltungsgericht an die Stelle des Verwaltungsrechtsweges gemäß § 82 SG

tritt. § 17 Nr. 1a VV stellt klar, dass hier drei Verfahrensabschnitte möglich sind und dass diese als drei Angelegenheiten im Sinne des § 15 RVG mit jeweils einer Geschäftsgebühr abgerechnet werden können. Gemeint sind
- das Ausgangsverfahren, soweit ein solches Verfahren überhaupt denkbar ist[4]
- das Beschwerdeverfahren nach den §§ 1 ff. WBO
- das Verfahren der weiteren Beschwerde nach §§ 17 ff. WBO.

Auch hier sind die Geschäftsgebühren allerdings nach der Vorbemerkung 2.3. Abs. 5 iVm Abs. 4 S. 1 VV aufeinander anzurechnen, wenn sie im jeweiligen Verfahrensabschnitt entstanden sind. Wegen der Höhe der jeweiligen Geschäftsgebühr wird auf die obige Kommentierung verwiesen. Es gibt auch hier keine unterschiedlichen Gebührenrahmen mehr sondern es ist jeweils der gesamte Gebührenrahmen unter Beachtung der Bewertung von § 14 RVG und der Schwellengebührregelung in Nr. 2304 VV zu berücksichtigen. **18**

---

[3] Vgl. zum alten Recht Gerold/Schmidt/*Mayer* Nr. 2400, 2401 Rn. 9.
[4] Vgl. hierzu *Schneider/Wolf/N. Schneider/Schafhausen* Nr. 2302 Rn. 29.

Nr. 2302 VV Teil 2. Außergerichtliche Tätigkeiten

19 Die evtl. jeweils anzutreffende Vorbefassung wird über das **Anrechnungsmodell** berücksichtigt.[5] Obgleich das Verfahren nach der Wehrdisziplinarordnung (WDO) im Gesetzestext nicht ausdrücklich erwähnt ist, wird man die vorgerichtliche Tätigkeit in derartigen Verfahren auf Nr. 2303 Nr. 2 VV zurückgreifen können und müssen, zumal § 42 WDO ausdrücklich auf die Beschwerde nach der WBO Bezug nimmt und damit auch auf die Anrechnung nach Vorbemerkung 2.3 Abs. 5 iVm Abs. 4 VV.[6]

20 Auch nach der Neugestaltung des RVG wird man § 23 Abs. 1 WBO zu beachten haben, wonach das Beschwerdeverfahren nach der WBO an die Stelle des Vorverfahrens tritt, wenn für eine Klage aus dem Wehrdienstverhältnis der Verwaltungsrechtsweg geöffnet ist. Eine weitere Beschwerde nach § 23 Abs. 3 WBO ist dann nicht zulässig. Für das Beschwerdeverfahren nach der WBO entstehen die Gebühren des Rechtsanwalts für eine aussergerichtliche Tätigkeit dann wiederum nach Nr. 2302 Nr. 2 VV.[7]

V. Anm. zu Nr. 2302 VV

21 Die Vorschrift ist das Pendant zu der Anm. zu Nr. 2300 VV und ersetzt die Anm. zu Nr. 2400 VV aF. In Sozialsachen, in denen das GKG nicht anzuwenden ist, soll der Rechtsanwalt nicht mehr als 300 EUR verlangen dürfen, wenn die Tätigkeit weder umfangreich noch schwierig war. Die Begrenzung soll unabhängig davon gelten, ob der Anwalt im Verwaltungsverfahren oder im Nachprüfungsverfahren tätig ist. Die Begrenzung ist, wenn die Geschäftsgebühr zwei Mal entsteht (vgl. oben) also jeweils gesondert zu prüfen. Auf die obigen Ausführungen kann auch hier verwiesen werden.

22 Ganz unabhängig von den grundsätzlichen Bedenken, die gegen die erstmals mit dem RVG 2004 eingeführten **Schwellen- oder Regelwerte** erhoben werden können, überrascht es, dass es auch bei Spezialgebühren in sozialrechtlichen Angelegenheiten solche Kappungsregeln gibt. Nach richtiger Ansicht stellen Rechtsgebiete, für die Fachanwaltschaften geschaffen wurden, Spezialgebiete dar, bei denen an den mandantierten Rechtsanwalt besonders hohe Anforderungen gestellt werden. Der Rechtsanwalt muss in der Regel Spezialwissen einbringen, was es rechtfertigt, von überdurchschnittlicher Schwierigkeit der anwaltlichen Tätigkeit auszugehen.

23 Hält man an dieser Überlegung konsequent fest, so erscheint es kaum denkbar, dass die Anm. zu Nr. 2302 VV jemals praktische Anwendung erfährt. Völlig falsch wäre es, in diesem Zusammenhang der Festsetzungspraxis einiger Sozialgerichte zu entsprechen, die innerhalb der Spezialmaterie Sozialrecht selbst den Schwierigkeitsgrad gewichten wollen.

24 Bei der Beurteilung der Schwierigkeit ist stets darauf abzustellen, ob es sich **allgemein** um eine schwierige Materie handelt, auf die individuellen Fähigkeiten und Kenntnisse des Rechtsanwalts kommt es ebenso wenig an, wie darauf, ob der mandatierte Rechtsanwalt den Fachanwaltstitel besitzt oder nicht.[8]

25 Die Frage nach der Schwierigkeit ist also nach richtiger Ansicht aus der **Sicht des Allgemeinanwalts** zu stellen, der einen breiten Rechtsbereich abdeckt und in der Regel mit einfacheren Fällen zu tun haben wird, als mit solchen des Sozialrechts.[9]

26 Wird es gleichwohl im Einzelfall für gerechtfertigt gehalten, auch in Sozialgerichtssachen die Schwellengebühr in Ansatz zu bringen, so erhöht sich auch diese nach Nr. 1008 VV um 30 % je weiteren Auftraggeber, jedoch höchstens um 200 %.

---

[5] Vgl. zum Ganzen auch *Schneider/Thiel* S. 154.
[6] Vgl. auch hier *Schneider/Wolf/N. Schneider/Schafhausen* Nr. 2302 Rn. 44.
[7] *Schneider/Wolf/N. Schneider/Schafhausen* Nr. 2302 Rn. 32 ff.
[8] *Schneider/Wolf/Onderka* § 14 Rn. 34; vgl. auch *Gerold/Schmidt/Mayer* § 14 Rn. 22.
[9] Argumentativ ebenso in diese Richtung: LG Bochum NJOZ 205, 3716; zur Schwierigkeitsbewertung sa SG Detmold ASR 2004, 148 (Schwerbehindertenangelegenheit); SG Chemnitz ASR 2005, 90 sowie AG München ASR 2002, 109.

Abschnitt 3. Vertretung Nr. 2302 VV

Diese eindeutige Rechtslage wird durch die Anm. Abs. 4 zu Nr. 1008 VV nur klargestellt und bestätigt (→ 2300 VV Rn. 55).

VI. Anrechnung der Geschäftsgebühr

Es wird auf die obigen Ausführungen Bezug genommen. Eine abgerechnete 27
Schwellengebühr ist naturgemäß lediglich mit einem Betrag in Höhe von 150 EUR
auf eine weitere Geschäftsgebühr in Anrechnung zu bringen.[10]

Auch hier ist stets zu beachten, dass die Anrechnung bei mehreren Auftraggebern 28
nie einen Betrag über 175 EUR überschreiten kann. Ferner ist daran zu denken,
dass aufgrund der Vorschrift von § 15a Abs. 2 RVG bei einem erfolgreichen Widerspruchsverfahren sich durch das neue Recht der Erstattungsanspruch erhöht, weil die
Anrechnung hier zum Erstattungsschuldner also auch dem Rechtsschutzversicherer
(→ Vorb. 2.3 VV Rn. 28) unberücksichtigt bleibt.[11]

VII. Weitere Anrechnungsfragen

Bereits an dieser Stelle ist darauf hinzuweisen, dass das **Anrechnungsmodell** 29
konsequent natürlich auch dort fortgeführt wird, wo es zu einem gerichtlichen
Verfahren kommt. Die alten Gebühren der Nr. 2400 und 2401 VV sahen **keine
Anrechnung** auf spätere gerichtliche Verfahrensgebühren vor. Teil 3 Vorb. 3
Abs. 4 VV aF bezog sich nicht auf die Nr. 2400 bzw. 2401 VV. Statt dessen war
in Nr. 3103 VV aF geregelt, dass sich die Verfahrensgebühr für ein Verfahren vor
den Sozialgerichten nach Nr. 3102 VV reduzierte, wenn eine Tätigkeit des
Rechtsanwalt im Verwaltungsverfahren oder im Widerspruchsverfahren vorangegangen war.[12]

Mit dem neu gefassten Abs. 4 der Vorb. 3 VV wird jetzt auch in sozialgerichtlichen 30
Verfahren, in denen gemäß § 3 Abs. 1 S. 1 RVG nach Betragsrahmengebühren abzurechnen ist, eine Anrechnung der Geschäftsgebühr eingeführt und damit auch hier –
ebenso wie in Teil 2 VV – von ermäßigten Gebührenrahmen bei Vorbefassung
Abstand genommen (wegen der weiteren Einzelheiten vgl. die Kommentierung
dort).

VIII. Erstattungsproblematik

Soweit Erstattungsansprüche bestehen, ist hinsichtlich der Höhe der geltend 31
gemachten Gebühren auf die Rechtsprechung zu § 116 BRAGO Bezug zu nehmen.[13] Trotz der eher zurückhaltenden Rechtsprechung wird man jedenfalls davon
ausgehen, dass bei typischen Dauerleistungen (zB **Gewährung einer Rente**) es
gerechtfertigt ist, unter dem Gesichtspunkt „Bedeutung der Angelegenheit" nicht
nur eine oberhalb der Schwellengebühr, sondern auch eine über der Mittelgebühr
liegende Gebühr in Ansatz zu bringen.[14]

---

[10] Vgl. auch die zahlreichen Anrechnungsbeispiele bei *Schneider/Wolf* Nr. 2302 Rn. 17 ff.

[11] Vgl. auch hier *Schneider/Wolf* Nr. 2302 Rn. 22.

[12] Vgl. hierzu die Kommentierung in der Vorauflage zu Nr. 2400 und 2401 VV Rn. 23 ff. mwN.

[13] Vgl. Schneider/Wolf/*Wahlen* 5. Aufl. Nr. 2400–2401 VV Rn. 17 m. Rechtsprechungsnachweisen.

[14] SG Thüringen JurBüro 1999, 473; LSG Rheinland-Pfalz NZS 1998, 207; SG Freiburg MDR 1999, 832; SG Saarbrücken, AnwBl. 1986, 211; SG Düsseldorf AnwBl. 1984, 570; SG Karlsruhe AnwBl. 1984, 571.

Nr. 2303 VV Teil 2. Außergerichtliche Tätigkeiten

32 Vereinzelt wird, wie Rechtsanwälte berichten, – etwa im Kölner Bezirk – die merkwürdige Auffassung vertreten, die Angelegenheit sei allenfalls durchschnittlich, weil das Sozialgericht hiermit tagtäglich zu tun habe. Noch deutlicher kann man das anwaltliche Vergütungsrecht nicht mißverstehen. Natürlich kommt es nicht auf die Sichtweise des zuständigen Spezialrichters, sondern auf die Sichtweise des betroffenen Mandanten an (→ RVG § 14 Rn. 1 ff.).

33 Im übrigen gilt auch hier, dass es bei der Beurteilung der Bewertungskriterien grundsätzlich auch nicht darauf ankommt, welche Vorkenntnisse der Rechtsanwalt mitbringt, sondern es ist auf die Schwierigkeiten abzustellen, die typischerweise mit der Rechtsmaterie verbunden sind.[15]

34 Beispielhaft seien einige teilweise auch positive Bewertungen aus der Rechtsprechung zitiert.
- überdurchschnittlicher Schwierigkeitsgrad bei Streit um Versicherungspflicht eines GmbH-Geschäftsführers[16]
- Prüfung umfangreicher medizinischer Gutachten[17]
- Fremdsprachenkenntnisse, die zum Einsatz kommen
- Probleme aus dem Bereich des Europarechts ins Fremdrentenrechts[18]
- einstweiliges Verfügungsverfahren, in denen ein Anspruch auf Förderung der Teilnahme an einer beruflichen Weiterbildungsmaßnahme durchgesetzt werden soll[19]
- in einer Schwerbehindertenangelegenheit kann die Höchstgebühr angemessen sein, wenn der Ausgang des Verfahrens erhebliche Bedeutung für die wirtschaftlichen Verhältnisse des Klägers hat[20]
- Klage gegen einen Beitragsbescheid der Rentenversicherung nach einer Betriebsprüfung von durchschnittlicher Bedeutung, wenn sich die finanzielle Belastung auf einige Tausend DM beschränkt[21]

Nr. 2303 VV

Nr.	Gebührentatbestand	Gebühr oder Satz der Gebühr nach § 13
2303	Geschäftsgebühr für 1. Güteverfahren vor einer durch die Landesjustizverwaltung eingerichteten oder anerkannten Gütestelle (§ 794 Abs. 1 Nr. 1 ZPO) oder, wenn die Parteien den Einigungsversuch einvernehmlich unternehmen, vor einer Gütestelle, die Streitbeilegung betreibt (§ 15a Abs. 3 EGZPO), 2. Verfahren vor einem Ausschuss der in § 111 Abs. 2 des Arbeitsgerichtsgesetzes bezeichneten Art, 3. Verfahren vor dem Seemannsamt zur vorläufigen Entscheidung von Arbeitssachen und 4. Verfahren vor sonstigen gesetzlich eingerichteten Einigungsstellen, Gütestellen oder Schiedsstellen	1,5

---

[15] SG Marburg RVGreport 2008, 181; SG Düsseldorf Beck-RS 2009, 50682; ebenso LSG NRW Beck-RS 2008, 56610; LSG NRW Beck-RS 2009, 66456 (Sozialrecht für einen Allgemeinanwalt generell als schwieriges Rechtsgebiet einzuordnen).
[16] SG Hamburg ASR 2002, 35.
[17] SG Reutlingen ASR 2008, 225.
[18] AG München ASR 2002, 109.
[19] SG Darmstadt ASR 2005, 92.
[20] SG Detmold ASR 2004, 148; SG Frankfurt a.M. ASR 2007, 185.
[21] SG Chemnitz ASR 2005, 90.

Abschnitt 3. Vertretung Nr. 2303 VV

I. Überblick

Der Gebührentatbestand der Nr. 2303 VV entspricht seinem „Vorgänger". Der 1
Gesetzestext ist identisch bis auf die bisherige Anm. zu Nr. 2303 VV aF Die dort
noch vorzufindende gesonderte Anrechnungsbestimmung ist nunmehr überflüssig,
weil die Anrechnungsbestimmungen für Geschäftsgebühren in der Vorbemerkung
2.3 VV einheitlich zusammengefasst worden sind (vgl. hier insbesondere Vorb. 2.3
Abs. 6 VV).

II. Anwendungsbereich

Die Vorschrift findet auf die vier in Nr. 2305 VV ausdrücklich genannten Verfah- 2
ren Anwendung:
- Ziff. 1, 1. Alt. 1. Hs.:
Güteverfahren vor einer durch die Landesjustizverwaltung eingerichteten oder anerkannten Gütestelle nach § 794 Abs. 1 Nr. 1 ZPO;
- Ziff. 1, 1. Alt. 2. Hs.:
Güteverfahren vor einer Gütestelle, die nach § 15a Abs. 3 EGZPO die Streitbeilegung betreibt, wenn die Parteien den Einigungsversuch einvernehmlich vornehmen;
- Ziff. 2:
Verfahren vor einem Ausschuss der in § 111 Abs. 2 ArbGG bezeichneten Art;
- Ziff. 3:
Verfahren vor dem Seemannsamt zur vorläufigen Entscheidung von Arbeitssachen;
- Ziff. 4:
Verfahren vor sonstigen gesetzlichen eingerichteten Einigungsstellen, Gütestellen
oder Schiedsstellen.

III. Anrechnungsregelung (Vorb. 2.3 Abs. 6 VV)

Die nunmehr in der Vorbemerkung 2.3 Abs. 6 VV vorzufindende Anrechnungsre- 3
gelung entspricht der Anm. zur alten Nr. 2303. Ist also wegen desselben Gegenstandes bereits eine Geschäftsgebühr nach Nr. 2300 VV entstanden, so ist diese zur
Hälfte, höchstens mit einem Gebührensatz von 0,75 auf die Gebühr nach
Nr. 2303 VV anzurechnen.

Wie bei der Anm. zu Nr. 2300 VV nimmt der Gesetzeswortlaut die nach der 4
Rechtsprechung schon immer geltenden Anrechnungsregeln in der Weise auf, dass
die Anrechnung nur nach dem **Wert des Gegenstands** zu erfolgen hat, der in das
nachfolgende Verfahren übergeht.

Aufgrund der Tatsache, dass auch nach neuem Recht Nr. 2303 VV nach der 5
Vorbemerkung auf weitere Vergütungstatbestände anzurechnen ist, kann die Notwendigkeit der **mehrfachen Anrechnung** bestehen, die nicht immer ganz einfach
ist. Der Rechtsanwalt, der im außergerichtlichen Bereich, im Güteverfahren und
anschließend im gerichtlichen Verfahren tätig wird, erfüllt die Gebührentatbestände
von Nr. 2300 VV, Nr. 2303 VV und Nr. 3100 VV.[1] Bei einer derartigen Fallkonstellation muss er sich zunächst von der in Rechnung gestellten und verdienten
Geschäftsgebühr bis zu 0,75 auf die Gebühr nach Nr. 2303 VV anrechnen lassen,
was letztlich zu einer reduzierten Gebühr im Güteverfahren führt. Diese reduzierte
Gebühr nach Nr. 2303 VV ist dann nochmals nach Vorb. 3 Abs. 4 VV zur Hälfte,
höchstens jedoch mit 0,75 auf die Verfahrensgebühr des gerichtlichen Verfahrens
anzurechnen.

---

[1] Schneider/Wolf/*Wahlen*/*Onderka*/*N. Schneider*/*Schafhausen* Nr. 2303 VV Rn. 30 ff.

Nr. 2303 VV

6 Hat der Rechtsanwalt im außergerichtlichen Bereich **beispielsweise** eine 1,3 Geschäftsgebühr verdient, so kann er nach Nr. 2303 VV dem Mandanten für die Tätigkeit im Güteverfahren nur noch 0,85 in Rechnung stellen (1,5–0,65). Diese reduzierte Geschäftsgebühr für das Güteverfahren ist dann wiederum nochmals zur Hälfe, also mit 0,425 auf die spätere Verfahrensgebühr in Anrechnung zu bringen.[2]

7 Diese von *Hembach* vorgenommene Abrechnung, die mit dem Gesetzeswortlaut übereinstimmt und eigentlich richtig sein dürfte, findet sich in den aktuellen Kommentaren nicht mehr. Aus unbekannten Gründen wird in den Beispielsberechnungen nun nicht mehr berücksichtigt, dass die Geschäftsgebühr nach Nr. 2303 VV RVG ja bereits um die Geschäftsgebühr nach Nr. 2300 VV RVG gekürzt ist, wenn es dann später zu einem gerichtlichen Verfahren kommt und eine nochmalige Kürzung, um die anteilige letzte Geschäftsgebühr vorgenommen werden muss.

8 Wieso diese eigentlich schon gekürzte Geschäftsgebühr nun bei der weiteren Anrechnung so behandelt wird als sei sie ungekürzt vorhanden, ist eigentlich nicht nachvollziehbar und wird in der Kommentierung, soweit entsprechende Rechenbeispiele vorgenommen werden, auch nicht erläutert.[3] Richtiger dürfte demgemäß weiterhin die seinerzeit bei *Hembach* vorzufindende Berechnungsmethode sein, da eine Gebühr natürlich nur noch von dem gekürzt werden kann, was nach vorangegangener Kürzung noch übrig ist.[4]

9 Kommt es in den von Nr. 2303 VV genannten Verfahren zu einer Einigung, so verdient der Rechtsanwalt darüber hinaus die **Einigungsgebühr** nach Nr. 1000 VV, also weitere 1,5, da die Anhängigkeit im Schlichtungsverfahren nicht zu einer Anhängigkeit iSv Nr. 1003 VV führt.[5]

10 Aus dem gleichen Grunde kann für das Güteverfahren nach Nr. 2303 Zf. 1 VV auch keine Prozesskostenhilfe gewährt werden; es ist hier auf die Beratungshilfe zu verweisen.[6]

IV. Festsetzung nach § 11 Abs. 1 RVG

11 Fraglich erscheint, ob die Gebühr nach Nr. 2303 VV nach § 11 Abs. 1 RVG festsetzbar ist. Nach einhelliger Meinung ist dies jedenfalls dann nicht möglich, wenn die anwaltliche Tätigkeit mit Abschluss des Schlichtungsverfahrens endet, ein gerichtliches Verfahren also gar nicht anhängig gemacht werden muss.[7]

12 Schließt sich das gerichtliche Verfahren dem Güteverfahren allerdings an, so wird vertreten, eine Festsetzung müsse möglich sein. Schließlich seien auch die Kosten eines Verwaltungsvorverfahrens oder die eines Schlichtungsverfahrens nach § 111 Abs. 2 ArbGG festsetzbar, so dass für ein Schlichtungsverfahren nach § 15a EGZPO nichts anderes gelten könne.[8]

---

[2] Zahlenbeispiel noch bei Gebauer/Schneider/*Hembach*/*Wahlen*, 2. Aufl., Nr. 2403 VV Rn. 54.

[3] Vgl. jetzt nur Schneider/Wolf/*Wahlen*/*Onderka*/*N. Schneider*/*Schafhausen* Nr. 2303 VV Rn. 32; ebenso Gerold/Schmidt/*Madert* Nr. 2303 VV Rn. 15; offen gelassen bei Bischof/*Jungbauer* Nr. 2303 VV Rn. 26.

[4] Ebenso Hartung/Römermann/*Schons* Nr. 2303 VV Rn. 8; vgl. aber auch Beispiel 4 bei der Beratungshilfe und Prozesskostenhilfe in Schneider/Wolf/*Wahlen*/*Onderka*/*N. Schneider*/*Schafhausen* Nr. 2303 VV Rn. 55.

[5] Schneider/Wolf/*Wahlen*/*Onderka*/*N. Schneider*/*Schafhausen* Nr. 2303 VV Rn. 18.

[6] Zöller/*Gummer* EGZPO § 15a Rn. 26; Schneider/Wolf/*Wahlen*/*Onderka*/*N. Schneider*/*Schafhausen* Nr. 2303 VV Rn. 52.

[7] Schneider/Wolf/*Wahlen*/*Onderka*/*N. Schneider*/*Schafhausen* Nr. 2303 VV Rn. 57.

[8] Schneider/Wolf/*Wahlen*/*Onderka*/*N. Schneider*/*Schafhausen* Nr. 2303 VV Rn. 56; kritisch hierzu Hartung/Römermann/*Schons* Nr. 2303 VV Nr. 13; ebenso ablehnend Bischof/*Jungbauer* Nr. 2303 VV Rn. 30.

Überzeugend ist dies jedenfalls für diejenigen nicht, die die Festsetzbarkeit einer 13 Geschäftsgebühr nach Nr. 2300 VV verneinen, weil sie nicht „zu den Kosten des gerichtlichen Verfahrens gehören". Sie müssten bei der Geschäftsgebühr nach Nr. 2303 VV eigentlich ebenso argumentieren. Die ausdrückliche Bezeichnung als Geschäftsgebühr und die gleichstehende Einordnung in die Anrechnungsregelung von Vorb. 3 Abs. 4 VV (seinerzeit sogar namentlich jetzt mit der Formulierung Geschäftsgebühr nach Teil 2) spricht dafür, konsequenterweise auch hier eine Festsetzungsfähigkeit abzulehnen.

Abschnitt 4. *[aufgehoben]*

Abschnitt 5. Beratungshilfe

Vorbemerkung 2.5 – Nr. 2500 VV

Nr.	Gebührentatbestand	Gebühr oder Satz der Gebühr nach § 13
	Vorbemerkung 2.5: Im Rahmen der Beratungshilfe entstehen Gebühren ausschließlich nach diesem Abschn.	
2500	Beratungshilfegebühr .... Neben der Gebühr werden keine Auslagen erhoben. Die Gebühr kann erlassen werden.	15,00 €

Übersicht

	Rn.
I. Überblick	1
II. Rechtsgrundlagen	4
III. Berufsrechtliche Regelungen	14
IV. Beratungshilfe und Vergütungsvereinbarungen	22
V. Entstehen der Gebühr	27
VI. Auslagen, Gebührenerlass (Anm. zu Nr. 2500 VV)	30
VII. Anrechnung	32
VIII. Festsetzung der Beratungshilfegebühr	33

I. Überblick

Im Rahmen der Beratungshilfe können Gebühren ausschließlich nach Teil 2 1 Abschn. 5 entstehen (Vorb. 2.5 VV). Das sind die in den Nr. 2500 VV bis 2508 VV geregelten Gebühren.

In der Praxis steht die Beratungshilfegebühr gemäß Nr. 2500 VV im Vordergrund. 2 Sie ist eine Art **Praxisgebühr** für Rechtsanwälte, beträgt 15 EUR und kann lediglich vom Rechtsuchenden, nicht aber von der Staatskasse verlangt werden. Dem Rechtsuchenden gegenüber kann die Beratungshilfegebühr vom Rechtsanwalt erlassen werden, wenn er dies unter Berücksichtigung besonderer Umstände für angemessen ansieht.[1] Neuerdings wird zum Teil die Auffassung vertreten, dass der Anwalt

---
[1] Schneider/Wolf/*Fölsch* Nr. 2500 ff. VV Rn. 4.

auch diese Gebühr gemäß § 10 RVG mit ausgewiesener Mehrwertsteuer berechnen müsse.[2]

3 In der bisherigen Kommentierung wird eine solche Auffassung nirgendwo vertreten, auch nicht in der Kommentierung von *Schneider*. Geblieben ist es allerdings dabei, dass in der Gebühr die Umsatzsteuer enthalten und somit vom Rechtsanwalt abzuführen ist (→ Rn. 26)

II. Rechtsgrundlagen

4 Die Beratungshilfegebühr entsteht für die rechtliche Beratung und ggf. auch für die Vertretung eines Rechtssuchenden durch einen Rechtsanwalt außerhalb eines gerichtlichen Verfahrens und für die außergerichtliche Streitbeilegung nach § 15a EGZPO nach Maßgabe des Beratungshilfegesetzes. Umstritten ist dies hinsichtlich der obligatorischen Streitschlichtung. Ohne nachvollziehbare Begründung soll hier die Beratungshilfe nach einer Ansicht ausgeschlossen sein, obgleich es sich um außergerichtliche Tätigkeit handelt.[3] Auch in der Kommentierung von *Schneider/Wolf* wird diese Auffassung nicht mehr aufrechterhalten.[4]

5 **Rechtsgrundlage** für die gesamte außergerichtliche Beratung für Bürger mit geringem Einkommen ist das **Beratungshilfegesetz** (BerHG). Voraussetzung für die Beratungshilfe ist es, dass dem Rechtssuchenden keine andere Möglichkeit für die Hilfe zur Verfügung steht, so dass das Vorhandensein einer Rechtsschutzversicherung auf dem betroffenen Rechtsgebiet die Beratungshilfe ausschließt.[5] Auch die Möglichkeit, einen Anwalt zu finden, der unter Berücksichtigung der neuen Vorschriften auf Erfolgshonorarbasis zu arbeiten bereit ist, ist keine anderweitige Möglichkeit, auf die der Rechtssuchende verwiesen werden kann. Davon abgesehen, trifft man aber immer wieder auf Merkwürdigkeiten:

6 Ein Amtsrichter aus Helmstedt verlangt von den Beratungshilfesuchenden, dass sie sich vor Beratung durch einen Rechtsanwalt erst einmal in einer Leihbibliothek mit dem geltenden Familienrecht vertraut machen. Erst wenn dann Fragen offen blieben, könne auf Kosten der Allgemeinheit an die Inanspruchnahme eines Rechtsanwalts gedacht werden.[6]

7 Äußerst umstritten ist es, ob der Rechtsuchende auch auf sonstige Beratungsstellen verwiesen werden kann. Unzumutbar soll die Inanspruchnahme des **Jugendamts** für die Beratung in unterhaltsrechtlichen Fragen sein. Das wird anders gesehen, wenn es um Fragen des Sorge- und Umgangsrechts geht.[7]

8 Noch umstrittener ist die Frage, ob der Rechtsuchende auf eine Beratung durch die **Behörde** verwiesen werden kann, gegen deren Bescheid er sich wehren will.[8]

---

[2] *Schneider/Thiel* S. 171. **aA** Schneider/Wolf/*Fölsch* Nr. 2500 ff. VV Rn. 1.

[3] Vgl. Schneider/Wolf/*Mock* 5. Aufl. vor 2.5 VV. Rn. 13 unter Hinweis auf AG Nürnberg JurBüro 2002, 147; aA Bischof/*Jungbauer* Vorb. 2.5 VV Rn. 8 sowie HK-RVG/*Pukall* Nr. 2500 VV Rn. 1.

[4] Vgl. nur den Beispielsfall in Rn. 26 bei Schneider/Wolf/*Fölsch* VV 2503 Rn. 26 in der 7. Aufl.

[5] Vgl. Schneider/Wolf/*Mock/Fölsch* vor 2.5 VV Rn. 6.

[6] AG Helmstedt AGS 2009, 511; m. kritischer Bewertung durch *Schons* AGS 2009, Heft 10 S. II.

[7] Schneider/Wolf/*Mock/Fölsch* vor 2.5 VV Rn. 8 m. Rechtsprechungsnachweisen.

[8] Dagegen zuletzt AG Köln AGS 2007, 515; dafür zuletzt AG Siegburg AGS 2008,91; vgl. nunmehr die Entscheidung des BVerfG AGS 2009, 592; siehe aber auch BVerfG AGS 2009, 374.

Abschnitt 5. Beratungshilfe   Vorb. 2.5, Nr. 2500 VV

Jedenfalls kann der Rechtssuchende nicht auf Selbsthilfe oder auf die mögliche **9**
Beratung durch eine Rechtsantragsstelle verwiesen werden.[9]
Eine Prüfung der Erfolgsaussichten findet – anders als bei der Prozesskostenhilfe – **10**
nicht statt.[10]
Ebenso wenig kommt es auf die Staatsangehörigkeit des Rechtssuchenden an mit **11**
Ausnahme der Situation, dass Gegenstand der Beratung ausländisches Recht ist
und der Sachverhalt keinen Zusammenhang zum Inland aufweist.[11] Dann ist die
Gewährung von Beratungshilfe ausgeschlossen.
Bundesweit lässt sich im Übrigen feststellen, dass die Neuregelungen zur Bera- **12**
tungshilfe seit dem 1.1.2014 zu einer noch restriktiveren Behandlung von Beratungshilfemandaten geführt haben. Mit unglaublichster Begründung lehnen Rechtspfleger, die offensichtlich rein fiskalische Interessen im Auge haben, Beratungshilfegesuche ab oder – inzwischen besonders beliebt – verweisen Ratsuchende, wenn sie denn anwaltlichen Rat einmal empfangen haben, darauf, dass sie nun aufgrund der gewonnenen Erkenntnisse keinerlei außergerichtliche Vertretung durch Anwälte mehr bedürfen, sondern den Rat selbst umsetzen könnten. Hier wird teilweise auf beschränkte intellektuelle Fähigkeiten, ja nicht einmal auf Sprachschwierigkeiten Rücksicht genommen.
Verschärft wird die Situation dadurch, dass die Rechtsmittel in der Beratungs- **13**
hilfe – zurückhaltend ausgedrückt – als beschränkt zu bezeichnen sind. Der Rechtspfleger unterliegt keinem Weisungsrecht und auch seine Entscheidungen unterliegen nicht der Dienstaufsicht.[12] Hier kann nur die Empfehlung ausgesprochen werden, sich mit den Rechtsmitteln in der Beratungshilfe vertraut zu machen, und nach dem Motto „steter Tropfen höhlt den Stein" zu verfahren. In einigen Amtsgerichtsbezirken kommt die Art und Weise, wie Rechtspfleger mit der Beratungshilfe inzwischen umgehen, fast schon einer Rechtsverweigerung gleich.

III. Berufsrechtliche Regelungen

Nach § 49a BRAO ist der Rechtsanwalt verpflichtet, Beratungshilfe zu überneh- **14**
men, während dies bei der Prozesskostenhilfe nicht der Fall ist. Die Beratungshilfe darf er nur im Einzelfall aus wichtigem Grund ablehnen. Ergänzt wird die gesetzliche Regelung durch die Vorschriften von §§ 16, 16a BORA.
Nach einer Auffassung des Bundesjustizministeriums soll es keinen wichtigen **15**
Grund für die Ablehnung der Beratungshilfe darstellen, wenn der Rechtsanwalt von dem betroffenen Rechtsgebiet nicht die geringste Ahnung hat. Er habe sich dann kurzfristig einzuarbeiten.[13]
Einen wichtigen Grund soll es ferner nicht darstellen, wenn der Rechtssuchende **16**
weder die Beratungshilfegebühr in Höhe von 15 EUR entrichten kann noch einen Beratungshilfeschein vorlegt. Letzteres ist für den Rechtsanwalt nachteilig, weil eine nachträgliche Bewilligung von Beratungshilfe in der Praxis auf erhebliche Schwierigkeiten stößt.[14] Nach neuem Recht wird sich diese Situation noch verschärfen und

---

[9] Vgl. hierzu zunächst LG Göttingen AnwBl. 1984, 516; AG Dinslaken JurBüro 1987, 1245; sa AG Alpstadt AnwBl. 1988, 125; differenzierend Schneider/Wolf/*Mock/Fölsch* vor 2.5 VV Rn. 11 f. mit Rechtsprechungsübersicht des BVerfG.
[10] Vgl. auch hier Schneider/Wolf/*Mock/Fölsch* vor 2.5 VV Rn. 19.
[11] Schneider/Wolf/*Mock/Fölsch* vor 2.5 VV Rn. 20.
[12] Vgl. hierzu eingehend *Lissner* AGS 2013, 497 f.
[13] Vgl. hierzu *Schons* KammerMitteilungen Düsseldorf 2009, 103 f.
[14] Vgl. auch hierzu *Schons* KammerMitteilungen Düsseldorf 2009, 104; sa: Schneider/Wolf/ *Mock/Fölsch* vor 2.5 VV Rn. 63 mit Rechtsprechungsübersicht.

es Anwälten und Rechtsuchenden fast unmöglich machen, nachträglich Beratungshilfescheine zu erhalten.[15]

17 Soweit nicht ein Eilfall vorliegt, kann dem Rechtsanwalt demgemäß nur dazu geraten werden, die erbetene Beratungshilfe gleichwohl davon abhängig zu machen, dass wenigstens der Beratungshilfeschein vorgelegt wird. Dies sollte problemlos innerhalb von 24 Stunden der Fall sein können. Rechtsanwälte klagen immer wieder darüber, dass sie der Beratungshilfegebühren verlustig gehen, weil sie – ohne Vorlage eines Beratungshilfescheins – anwaltliche Leistungen erbringen und die betroffenen Mandanten dann nicht fristgerecht die Unterlagen für den Beratungshilfeschein vorlegen.

18 Es ist unverständlich, dass Rechtsanwälte derartige Risiken eingehen, zumal § 16a BORA mit erfrischender Deutlichkeit belegt, dass der Rechtsanwalt – anders als es manche Rechtspfleger dem Rechtsuchenden Glauben machen wollen – gerade nicht verpflichtet ist, einen Beratungshilfeantrag zu stellen (vgl. § 16a Abs. 2 BORA). Wer als Rechtsanwalt hier Haltung bewahrt und dem Rechtsuchenden den Wortlaut von § 16a BORA mit auf den Weg gibt, geht den hier geschilderten Problemen aus dem Wege. Nicht auszuschließen ist es allerdings, dass Ratsuchende – die meistens über genügend Zeit verfügen – ehe sie den Weg zum Amtsgericht wählen, solange nach einem Rechtsanwalt Ausschau halten, bis sie einen gefunden haben, der ihnen auch noch die Arbeit der Beantragung des Beratungshilfescheins abnimmt.

19 Hat der Rechtsanwalt allerdings ohne Beratungshilfeschein anwaltliche Dienstleistungen erbracht, so steht ihm „zumindest" die Beratungshilfegebühr nach Nr. 2500 VV in Höhe von brutto 15 EUR zu. Schließlich ist diese Gebühr weder von einer vorangegangenen noch einer nachträglichen Antragstellung auf reine Beratungshilfe abhängig.[16]

20 Schließlich besteht ein Problem darin, dass die Gerichte dazu neigen, insbesondere in Familiensachen sämtliche – späteren – Folgesachen, die mit der Trennung oder Scheidung verbunden sind und erst durch das Scheidungsverfahren zu Folgesachen werden, in den Beratungshilfeschein mit aufzunehmen. Dies führt in der Praxis dann dazu, dass auf jedes anschließende gerichtliche Verfahren eine Anrechnung von Beratungshilfegebühren vorgenommen wird (→ Nr. 2501 Rn. 1 ff.).

21 Der Versuch, zugunsten der Anwaltschaft **und des Rechtsuchenden** hier eine Klarstellung in einem neuzuschaffenden § 16a BORA herbeizuführen, ist am Widerspruch des Bundesjustizministeriums gescheitert.[17]

IV. Beratungshilfe und Vergütungsvereinbarungen

22 **Vergütungsvereinbarungen** waren bislang **unwirksam,** wenn Beratungshilfe bewilligt wird. Von einer unwirksamen Vergütungsvereinbarung in diesem Sinne wird auch gesprochen, wenn die Parteien die gesetzlichen Gebühren vereinbaren, da der Beratungshilfeberechtigte eben keine gesetzlichen Gebühren schuldet.[18] Durch die Neuregelungen zur Beratungshilfe hat sich diese Rechtslage allerdings ab dem 1.1.2014 geändert (→ § 3a Rn. 143).

23 Demgegenüber stellt es keinen Verstoß gegen § 8 BerHG aF dar, wenn die Parteien die gesetzliche Vergütung **ausschließlich für den Fall vereinbaren,** dass der **Beratungshilfeantrag abgelehnt** wird. Da hier im Übrigen keine höhere als die gesetzliche Vergütung vereinbart wird, findet auch § 3a RVG keine Anwendung.

---

[15] Vgl. Schneider/Wolf/*Mock*/*Fölsch* vor 2.5 VV Rn. 62.
[16] HK-RVG/*Pukall* Nr. 2500 VV Rn. 3 unter Hinweis auf OLG Düsseldorf NJOZ 10, 991.
[17] Vgl. auch hierzu eingehend *Schons* KammerMitteilungen Düsseldorf 2009, 103 f.
[18] Schneider/Wolf/*Mock,* 5. Aufl., Vorb. 2.5 VV Rn 52.

Ebenso wenig liegt ein Verstoß gegen das Beratungshilfegesetz vor, wenn eine 24
Vergütungsvereinbarung über Gebühren oder Auslagen geschlossen wird, die von
der Beratungshilfe nicht gedeckt sind.[19]

Gleiches gilt, wenn der Rechtsuchende trotz entsprechender Belehrung bei dem 25
beauftragten Rechtsanwalt keine Beratungshilfe in Anspruch nehmen will und auch
in dem Fall, dass keine Beratungshilfe bewilligt wird, aus welchen Gründen auch
immer.[20]

Zur **Anrechnungsproblematik,** wenn Beratungshilfe nicht in Anspruch 26
genommen wird und eine Geschäftsgebühr entstanden ist vgl. die Kommentierung
zu Vorb. 3 Abs. 4 in Teil 3 VV.

V. Entstehen der Gebühr

Der Rechtsanwalt hat einen Anspruch auf die Gebühr nach Nr. 2500 VV, sobald 27
er einen Rechtsuchenden, der die staatlich geregelte Beratungshilfe beanspruchen
kann, beraten hat. Die Beratung muss nicht durch den Rechtsanwalt persönlich
erfolgt sein; es genügt die Ausübung der Tätigkeit durch einen Vertreter des Rechtsanwalts iSv § 5 RVG.[21]

Für das Entstehen dieser Gebühr ist nicht Voraussetzung, dass der Rechtsuchende 28
einen vom Amtsgericht ausgestellten **Berechtigungsschein** nach § 6 BerHG vorlegt.[22] Im Zweifel wird der Rechtsanwalt aber auf Vorlage eines solchen Berechtigungsscheines bestehen, schon um neben der Beratungshilfegebühr auch die Beratungsgebühr nach Nr. 2501 VV liquidieren zu können.

Soweit das Bundesjustizministerium in einer Stellungnahme zu dem von der 4. 29
Satzungsversammlung vorgeschlagenen § 16a BORA die Auffassung vertreten hat,
ein Rechtsanwalt sei ggf. auch verpflichtet, **ohne Beratungshilfe** und ohne Entrichtung der Praxisgebühr Beratungshilfe zu leisten, findet diese Rechtsauffassung
im Gesetz **keine** Stütze. Die Verpflichtung in § 49a BRAO zur Leistung von Beratungshilfe besagt lediglich, dass diese Hilfe dann zu leisten ist, wenn hierfür die im
Gesetz vorgeschriebenen Voraussetzungen erfüllt sind, nämlich die Zahlung der
Beratungshilfegebühr und das Vorliegen eines Beratungshilfescheins. Die im Gesetz
vorgesehene Möglichkeit, dem Ratsuchenden die Zahlung der Praxisgebühr zu
erlassen (→ Nr. 2500 Rn. 30) gibt dem Rechtsanwalt lediglich eine Wahlmöglichkeit, verpflichtet ihn aber keineswegs, einen entsprechenden Erlass auszusprechen.

VI. Auslagen, Gebührenerlass (Anm. zu Nr. 2500 VV)

Das Gesetz stellt in der Anm. zu Nr. 2500 VV ausdrücklich klar, dass neben 30
der Gebühr in Höhe von 15 EUR keine Auslagen erhoben werden dürfen, also
insbesondere auch nicht die gesetzliche Mehrwertsteuer, die nach Nr. 7008 VV zu
den Auslagen iSd RVG zählt.[23] Während der Rechtsuchende also lediglich 15 EUR
zu entrichten hat, muss der Rechtsanwalt aus dem Betrag die Mehrwertsteuer ziehen
und an das Finanzamt abführen, so dass ihm nur 12,61 EUR verbleiben.[24]

Der Rechtsanwalt darf die Beratungshilfegebühr **erlassen.** Im Übrigen fällt die 31
Beratungshilfegebühr nur dann nicht an, wenn Rechtsanwalt und Mandant eine

---

[19] LG Münster JurBüro 1983, 1706.
[20] *Schneider* Rn. 185 f. und Rn. 181 f.
[21] HK-RVG/*Pukall* Nr. 2500 VV Rn. 2.
[22] *Hartmann* Nr. 2500 VV Rn. 1.
[23] *Hartmann* Nr. 2500 VV Rn. 4; HK-RVG/*Pukall* Nr. 2500 VV Rn. 6; ebenso *Henke* AnwBl. 2006, 484.
[24] Schneider/Wolf/Fölsch Nr. 2500 VV Rn. 1; aA *Euba* RVGreport 2009, 281.

Vergütungsvereinbarung für den Fall getroffen haben, dass dem Mandanten die nachgesuchte Beratungshilfe mangels Bedürftigkeit nicht gewährt werden sollte. § 8 BerHG bestimmt hierzu, dass auch eine solche Vergütungsvereinbarung nur vorsehen darf, dass dem Rechtsanwalt im Verweigerungsfalle die gesetzlichen Gebühren, nicht etwa höhere Gebühren, zu zahlen sind.[25]

VII. Anrechnung

32　Das Gesetz sieht keine Anrechnung der Beratungshilfegebühr auf die aus der Staatskasse zu vergütenden Beratungsgebühren vor. Nur dann, wenn der Rechtsanwalt im Namen des Mandanten einen Kostenerstattungsanspruch gegen einen Dritten geltend macht und sich dieser Kostenerstattungsanspruch auch auf die Beratungshilfegebühr bezieht, ist eine Rückerstattung des Betrags an den Mandanten nach Zahlung durch den Dritten selbstverständlich.[26]

VIII. Festsetzung der Beratungshilfegebühr

33　Zum Teil wird die Auffassung vertreten, dass die Formulierung von § 45 Abs. 4 RVG es nunmehr auch zulasse, bei Nichtzahlung durch den Mandanten eine Festsetzung bei der Staatskasse herbeizuführen. Ob dies allein daraus geschlussfolgert werden kann, dass die Beratungshilfegebühr nunmehr in das RVG aufgenommen wurde, erscheint zumindest zweifelhaft.

34　Grundsätzlich ist eine Festsetzung nur möglich bzgl. der aus der Staatskasse zu zahlenden Gebühren und Vorschüsse, wie die Überschrift von § 55 RVG klarstellt. Da die Staatskasse die Beratungshilfegebühr nach Nr. 2500 VV aber gerade nicht schuldet, dürfte sie auch für eine Festsetzung oder gar Zahlung – bei Zahlungsverweigerung durch den Mandanten – nicht zuständig sein.[27]

Nr. 2501 VV

Nr.	Gebührentatbestand	Gebühr oder Satz der Gebühr nach § 13
2501	Beratungsgebühr .... (1) Die Gebühr entsteht für eine Beratung, wenn die Beratung nicht mit einer anderen gebührenpflichtigen Tätigkeit zusammenhängt. (2) Die Gebühr ist auf eine Gebühr für eine sonstige Tätigkeit anzurechnen, die mit der Beratung zusammenhängt.	35,00 €

Übersicht

	Rn.
I. Überblick	1
II. Normzweck	4

---

[25] HK-RVG/*Pukall* Nr. 2500 VV Rn. 8; ebenso im Ergebnis Bischof/*Jungbauer* Vorb. 2.5 Rn. 62.

[26] Zustimmend HK-RVG/*Pukall* Nr. 2500 VV Rn. 6; HK-RVG/*Pukall* § 58 Rn. 9; Hartung/Römermann/Schons/*Schons* Vorb. 2.5, Nr. 2500 VV Rn. 7; *Schaich* AnwBl. 1981, 4; aA Gerold/Wolf/Schmidt/*Mayer* Nr. 2500–2508 VV Rn. 20.

[27] Schneider/Wolf/*Fölsch* Vorb. Nr. 2500 VV Rn. 5; nunmehr auch HK-RVG/*Pukall* Nr. 2500 VV Rn. 10; Hartung/Römermann/Schons/*Schons* Nr. 2500 VV Rn. 9; sa AG Mainz Rpfl. 1985, 324.

Abschnitt 5. Beratungshilfe Nr. 2501 VV

	Rn.
III. Mehrere Auftraggeber	26
IV. Kostenerstattung und Festsetzung	27
V. Rechtsmittel gegen die Versagung der Beratungshilfe	29
VI. Stadtstaatenklausel	33

I. Überblick

Nach § 132 Abs. 1 BRAGO erhielt der Rechtsanwalt für die Beratung eines **1** Rechtsuchenden, der die gesetzlichen Anwaltsgebühren nicht aufbringen konnte, einen Betrag in Höhe von 23 EUR. Durch die Ersetzung von § 132 Abs. 1 BRAGO durch Nr. 2501 VV wurde die Gebühr zunächst von 23 EUR auf 30 EUR erhöht und nunmehr ist eine nochmalige Erhöhung auf 35 EUR eingetreten. Nach zutreffender Ansicht steigt damit natürlich auch die Höhe der Postentgeltpauschale auf 7 EUR die auch in Beratungsfällen jedenfalls dann möglich ist, wenn tatsächlich Postentgelte anfielen. Dies ist beispielsweise dann der Fall, wenn ein Anwalt auftragsgemäß beispielsweise in einer Strafsache Akteneinsicht nimmt und die Akten anschließend per Post zurücksendet.[1]

Diese geringfügige Erhöhung gibt auch an dieser Stelle Anlass zu dem Hinweis, **2** dass die Tätigkeit eines Rechtsanwalts hier geradezu **skandalös niedrig** vergütet wird. Es kann nicht nachhaltig genug an die Feststellungen des Bundesverfassungsgerichts in der bemerkenswerten Entscheidung vom 24.8.2005 erinnert werden, deren Grundgedanken auch bei der Beratungshilfe Anwendung finden sollten. Wörtlich wird in dieser Entscheidung festgestellt: **„Die Existenz des freien Berufes ist untrennbar mit einer angemessenen Vergütung verbunden."**[2] Schon im Hinblick auf diese klaren Worte des Bundesverfassungsgerichts ist die oben dargestellte Meinung des Bundesjustizministeriums wenig nachvollziehbar, der Rechtsanwalt sei unter den gegebenen Umständen auch verpflichtet, völlig unentgeltlich für den Rechtsuchenden tätig zu werden (→ Vorb. 2.5. Rn. 28).

Anders als die Gebühr nach Nr. 2500 VV steht dem Rechtsanwalt der Anspruch **3** auf die Beratungsgebühr ausschließlich als öffentlich-rechtlicher **Entschädigungsanspruch** gegenüber der Landeskasse zu, wenn er dem Rechtsuchenden einen Rat oder eine Auskunft erteilt hat. Hierbei ist es grundsätzlich gleichgültig, ob der Rat auf dem Gebiet des Zivilrechts, des Strafrechts oder beispielsweise des Ordnungswidrigkeitenrechts erteilt wird;[3] entscheidend ist, dass keine Vertretung des Mandanten im Übrigen stattfindet.[4]

II. Normzweck

Das Entstehen der Gebühr setzt zum einen eine Beratungstätigkeit des Rechtsan- **4** walts oder eines der in § 5 RVG genannten Vertreter sowie die Vorlage eines Beratungsscheines oder eines sog. Berechtigungsscheines voraus.[5]

---

[1] Vgl. hierzu Schneider/Wolf/*Fölsch* Nr. 2501 VV Rn. 28; AG Wusterhausen AGS 2012, 188 = NJW-Spezial 2012, 220; AG Halle RVGreport 2012, 188; zur Geschäftsgebühr für Akteneinsicht sa AG Rostock AGS 2011, 192.

[2] Vgl. hierzu schon Hartung/Römermann/Schons/*Hartung* § 44 RVG Rn. 18; sa *Hartung* ZRP 2003, 149; *Schons* AnwBl. 2005, 697 sowie BVerfG AnwBl. 2005, 651.

[3] Vgl. zum Umfang der Beratungsleistung auch HK-RVG/*Pukall* Nr. 2501 VV Rn. 2; *Hartmann* Nr. 2501 VV Rn. 4; *Bischof* NJW 1981, 898.

[4] Schneider/Wolf/*Fölsch* Nr. 2501 VV Rn. 10.

[5] HK-RVG/*Pukall* Nr. 2501 VV Rn 6.

Nr. 2501 VV Teil 2. Außergerichtliche Tätigkeiten

5   Das Herbeiführen dieser zweiten Voraussetzung (Vorliegen eines Beratungshilfescheins) erweist sich in der Praxis schwieriger als es den Anschein hat. Schon die Erlangung eines Beratungshilfescheins ist dann schwierig, wenn sich der zuständige Rechtspfleger im wahrsten Sinne des Wortes ein geradezu „diebisches Vergnügen" daraus macht, unter fadenscheinigsten Begründungen die Ausstellung eines Beratungshilfescheins abzulehnen. Da wird der Rechtssuchende auf andere Beratungshilfemöglichkeiten verwiesen oder man erklärt nach Schilderung des Sachverhalts – ungefragt – die Sache habe ohnehin keine Aussicht auf Erfolg (worauf es bei der Beratungshilfe anders als bei der Prozesskostenhilfe bekanntlich nicht ankommt). Vollends wird die Erteilung eines Beratungshilfescheines oftmals verweigert, wenn der Rechtssuchende zu erkennen gibt, dass er bereits beim Rechtsanwalt gewesen sei. Im Bereich des Landgerichts Duisburg wurde einem Rechtssuchenden von einem Rechtspfleger sogar der Vorwurf des Betruges gemacht, weil er den bereits stattgefundenen Besuch beim Rechtsanwalt – vor Erteilung des Beratungshilfescheines – zunächst nicht erwähnt hatte !!!

6   Im **Internet** gibt es eine **Plattform** (www.rechtspflegerforum.de), auf der sich Rechtspfleger sogar mit Tricks und Tipps darüber austauschen, wie der Rechtsanwalt um seine Vergütung gebracht werden kann und wie sehr man sich darüber ärgere, dass der eine oder andere Richter die Entscheidung des Rechtspflegers anders beurteilt habe. Dort wird bisweilen auch geäußert, dass man sich um die Rechtsprechung des Bundesverfassungsgerichts nicht scheren müsse; ebenso wenig wie um die Rechtsprechung des Gerichts, an dem man tätig ist. Dem Bundesjustizministerium scheinen derartige Aktivitäten von Rechtspflegern, die sich beispielsweise mit dem Spitznamen „Diabolo" versehen, unbekannt zu sein, dies geht jedenfalls aus der Stellungnahme hervor, die zu der von der 4. Satzungsversammlung vorgeschlagenen Gesetzesänderung (§ 16a BORA) abgegeben wurde. Offenbar sah man keine Notwendigkeit, der Anwaltschaft **und dem Rechtsuchenden** Hilfestellung bei der Beratungshilfe zu leisten.

7   Nach richtiger Auffassung war es nach bisheriger Rechtslage selbstverständlich ausreichend, wenn der Beratungshilfeschein nach der Beratungsleistung ausgestellt wurde. Die anderslautende Rechtsprechung – von den oben erwähnten Rechtspflegern natürlich nachhaltig begrüßt – fand **ersichtlich** im Gesetz keine Stütze.[6] Es existierte nicht einmal eine Frist für die nachträgliche Antragstellung.[7]

8   Zwischenzeitlich hat sich auch das Bundesverfassungsgericht mit diesen Fragen beschäftigt, jedoch nicht unbedingt für Klarheit gesorgt. So wird zum einen die Auffassung vertreten, es sei **nicht willkürlich**, zu verlangen, dass das Formular für den Antrag auf Beratungshilfe vor der anwaltlichen Beratung, zumindest im unmittelbaren zeitlichen Zusammenhang damit ausgefüllt und unterzeichnet wird.[8] Andererseits stellt das Gericht fest, die in § 4 Abs. 2 S. 4 BerHG eingeräumte Möglichkeit, einen Antrag auf Beratungshilfe nachträglich zu stellen, unterliege keiner zeitlichen Befristung und könne auch im Wege einer teleologischen Reduktion nicht dahin ausgelegt werden, dass nur nachträgliche Anträge, die unverzüglich gestellt werden, Berücksichtigung finden könnten.[9]

9   Bei derart „klaren" Aussagen ohne unmittelbaren Zusammenhang zum Gesetzestext nahmen die hier erwähnten Rechtspfleger stets gern Gelegenheit bei Erteilung von Beratungshilfescheinen Schwierigkeiten zu machen und dem rechtsuchenden Bürger den Weg zum Rechtsanwalt zu erschweren. Verbessert hat sich seitdem natürlich nichts.

---

[6] OLG Oldenburg BRAGOreport 2001, 14 mAnm *E. Schneider*; sa *E. Schneider* BRAGOreport 2000, 38.

[7] LG Münster JurBüro 1983, 1706; ebenso wie hier Schneider/Wolf/*N. Schneider* 5 Aufl. RVG § 44 Rn. 26; HK-RVG/*Pukall* 5.Aufl. § 44 Rn. 58; Bischof/*Mathias* § 44 Rn. 11; aA LG Hannover FamRZ 2000, 1230; ebenso *Kreppel* Rpfleger 1986, 87.

[8] BVerfG FamRZ 2008, 855.

[9] BVerfG AGS 2008, 213; nach neuem Recht siehe jetzt AG Winsen AGS 2015, 537 f.

Abschnitt 5. Beratungshilfe **Nr. 2501 VV**

Dem Rechtsanwalt, der den sichersten Weg gehen will, kann demgemäß nur empfohlen werden, erst nach Vorlage eines Berechtigungsscheines tätig zu werden.[10]

Zwischenzeitlich hat der Gesetzgeber die Rechtslage allerdings insoweit entschei- **10** dend verändert, als er § 6 BerHG geändert und Absatz 2 durch die folgenden Absätze 2 und 3 ersetzt hat:

(2) Wird die Beratungsperson in einer Angelegenheit tätig, bevor ein Berechtigungsschein hierfür ausgestellt wird, wird Beratungshilfe auf einen nachträglich gestellten Antrag hin nur bewilligt, wenn es dem Rechtssuchenden aufgrund besonderer Eilbedürftigkeit der Angelegenheit nicht zuzumuten war, vorher bei dem Gericht einen Berechtigungsschein einzuholen. In einer Beratungsstelle nach § 3 Abs. 1 S. 3 kann die Beratungshilfe auch ohne einen vorab eingeholten Berechtigungsschein erteilt werden.

(3) In den Fällen nachträglicher Antragstellung (Abs. 2) ist der Antrag auf Bewilligung der Beratungshilfe spätestens vier Wochen nach Beginn der Beratungshilfetätigkeit zu stellen.

Diese von den Rechtspflegern sicherlich begrüßte Verschärfung wird auch in § 6 **11** Abs. 6 des neuen Gesetzes zur Änderung des Prozesskosten- und Beratungshilferechts unterstrichen. Dort heißt es:

In den Fällen nachträglicher Antragstellung (§ 6 Abs. 2) kann die Beratungsperson vor Beginn der Beratungshilfe verlangen, dass der Rechtssuchende seine persönlichen und wirtschaftlichen Verhältnisse belegt und erklärt, dass ihm in derselben Angelegenheit weder Beratungshilfe bisher gewährt noch durch das Gericht versagt worden ist, und dass in derselben Angelegenheit kein gerichtliches Verfahren anhängig ist oder war.

Welche Auswirkungen diese Neuregelung in der Praxis haben wird, ist derzeit noch nicht abzusehen. Bemerkenswert ist allerdings dass das Wort „Rechtsanwalt" durch die freundliche Formulierung „Beratungsperson" ersetzt worden ist.

Ebenso wie die Beratungshilfegebühr nach Nr. 2500 VV ist auch die Beratungsge- **12** bühr nach Nr. 2501 VV eine **Pauschalgebühr**, die zwar inhaltlich und vom Aufgabenbereich her § 34 RVG entspricht, jedoch nicht darauf abstellt, wie intensiv, zeitaufwändig oder haftungsbegründend sich die anwaltliche Tätigkeit darstellt.[11]

Wie auch bei § 34 RVG entsteht die Beratungsgebühr in ein- und derselben **13** Angelegenheit nur **einmal** unabhängig davon, wie oft Besprechungen mit dem Rechtsuchenden erforderlich gewesen sind. Während sich bei § 34 RVG die Intensität und die Anzahl der Besprechungen in ein- und derselben Angelegenheit auf die Höhe der Vergütung auswirken kann, ändert sich an der Festgebühr von 35 EUR grundsätzlich nichts. Um so mehr ist darauf zu achten, dass die vom Rechtsanwalt entfaltete Tätigkeit auch tatsächlich ein- und dieselbe Angelegenheit betrifft.

Insbesondere in Familiensachen ist die **Unsitte** zu beobachten, dass für verschiedene **14** Angelegenheiten aus dem Gebiet des Familienrechts im Beratungshilfeschein eine Angelegenheit gemacht wird.[12] So hat beispielsweise das OLG Düsseldorf durch den 11. Senat in einer älteren Entscheidung die Auffassung vertreten, wenn ein Rechtsanwalt gebeten werde, hinsichtlich der **vorgesehenen** Scheidung den Mandanten hinsichtlich

---

[10] Vgl. zu dieser Problematik auch die Übersicht bei Gerold/Schmidt/*Mayer* Nr. 2500–2508 VV Rn. 24 m. w. Rechtsprechungsnachweisen.

[11] Gerold/Schmidt/*Mayer* Nr. 2500–2508 VV Rn. 30; HK-RVG/*Pukall* Nr. 2501 VV Rn. 10.

[12] Vgl. zu dieser Problematik zunächst umfassend Gerold/Schmidt/*Mayer* Nr. 2501–2508 VV Rn. 31 sowie Gerold/Schmidt/*Müller-Rabe* § 16 Rn. 27 ff.; HK-RVG/*Pukall* Nr. 2501 VV Rn. 14 und schließlich die Übersicht mit zahlreichen Rechtsprechungsnachweisen bei Schneider/Wolf/*Fölsch* vor 2.5. Rn. 158 ff.; sowie weitere Beispiele zu anderen Rechtsgebieten Rn. 162 ff. Hierzu noch differenzierend Gerold/Schmidt/*Madert*,16. Auflage, Vorb. Nr. 2600–2608 Rn. 74, 75.

Nr. 2501 VV Teil 2. Außergerichtliche Tätigkeiten

Unterhalt, elterlicher Sorge, Umgangsrecht und ehelicher Wohnung außergerichtlich zu vertreten, so liege hinsichtlich aller **Folgesachen** nur eine Angelegenheit vor.[13]

15 Bei dieser Betrachtung wird **ersichtlich** übersehen, dass erst mit Anhängigkeit des Scheidungsverfahrens die anderen Angelegenheiten zur Folgesache und damit vereint werden. Ein anderer Senat des OLG Düsseldorf hat dies nunmehr richtig gesehen.[14] Diese zutreffende Rechtsprechung wird inzwischen von fast allen Oberlandesgerichten bestätigt.[15] Aufgrund dieser überzeugenden und inzwischen nahezu einhelligen Rechtsprechung hat sich die Anwaltschaft – erfolgreich – gegen eine Regelung im Referentenentwurf zum Kostenrechtsmodernisierungsgesetz gewehrt, in welchem festgehalten werden sollte, dass Tätigkeiten in einer Familiensache nicht deshalb verschiedene Angelegenheiten sind, weil sie sowohl den auf die Trennungszeit anfallenden Zeitraum als auch für die den Fall der Scheidung zu klärende Fragen betreffen. Der Referentenentwurf sah vor diesem Hintergrund vor, dass sich die Gebühr Nr. 2501 VV für jeden weiteren unter einer anderen Nummer von § 111 FamFG fallende Familiensache um 10 EUR erhöhen sollte.[16]

16 Derzeit vertritt praktisch nur noch *Müller-Rabe* die Auffassung der älteren Rechtsprechung und rät dazu, das gewünschte Ergebnis einer höheren Vergütung für beratungshilfeleistende Rechtsanwälte unter „verfassungsrechtlichen Gesichtspunkten" herbeizuführen.[17] Mögen die dogmatischen Überlegungen von *Müller-Rabe* auch nicht völlig von der Hand zu weisen sein, so sollten sie keinen Anlass geben, die inzwischen einheitliche und zu vernünftigen Ergebnissen gelangende Rechtsprechung erneut zu überdenken.

17 Wird ein – nach diesseitiger Auffassung – falsch ausgestellter Beratungshilfeschein vorgelegt, sollte der Rechtsanwalt sofort reagieren und auf die inzwischen einhellige anderslautende Rechtsprechung hinwirken. Er erspart sich dann möglicherweise eine spätere Diskussion mit dem Urkundsbeamten, der allerdings an den Inhalt des Beratungshilfescheins nicht gebunden ist (→ Rn. 23).

18 Der Rechtsanwalt hat jedenfalls auch noch aus einem anderen Grund ein berechtigtes Interesse daran, dass **nicht zusammenhängende Beratungsgegenstände** wie etwa Trennungs- und Geschiedenenunterhalt oder Trennungsunterhalt oder sonstige Scheidungsfolgesachen unzulässigerweise in einem Berechtigungsschein zusammengefasst oder einheitlich abgerechnet werden. Nach Nr. 2501 VV Abs. 2 ist die Gebühr auf eine weitere Gebühr für eine sonstige Tätigkeit anzurechnen die mit der Beratung zusammenhängt.

19 Letzteres führt oftmals dazu, dass dem Rechtsanwalt im **Prozesskostenhilfeverfahren** bei der späteren Scheidung die in der Beratung verdiente Gebühr auf die Verfahrensgebühr angerechnet wird, so dass er für seine Tätigkeit hinsichtlich Trennungsunterhalt und ähnlichem praktisch nichts erhält. So darf der Rechtsanwalt die aus der Landeskasse bereits erhaltene Beratungsgebühr auch nicht etwa zunächst auf die Differenz zwischen der Wertgebühr nach § 13 RVG und der aus der Landeskasse zu gewährenden Gebühr nach § 49 RVG verrechnen.[18]

---

[13] OLG Düsseldorf JurBüro 89, 1400; ebenso OLG München MDR. 88, 330; LG Mönchengladbach JurBüro 2002, 421.

[14] OLG Düsseldorf AGS 2008, 556 f. m. zustimmender Anm. *Schons* = AnwBl. 2009, 69 f.; siehe jetzt auch OLG Köln AGS 2009, 422 f.; siehe aber auch OLG Brandenburg AGS 2009, 593 ff.

[15] Vgl. nur OLG Düsseldorf AGS 2012, 591 ff.; OLG Stuttgart AGS 2012, 589 ff.; OLG Frankfurt a.M. AGS 2009, 593; OLG Dresden AGS 2011, 138 = FamRZ 2011, 1684; OLG München AGS 2012, 25 = MDR 2011, 1386 = FamRZ 2012, 326; OLG Rostock AGS 2011, 80 = JurBüro 2011, 206 = FamRZ 2011, 834.

[16] Wegen der Einzelheiten vgl. *Schneider/Thiel* S. 167 ff.

[17] Gerold/Schmidt/*Müller-Rabe* § 16 Rn. 42.

[18] HK-RVG/*Pukall* Nr. 2501 VV Rn 15; ebenso wohl Gerold/Schmidt/*Mayer* Nr. 2500–2508 VV Rn. 35; LG Berlin JurBüro 1983, 1006 = AnwBl. 1983, 478.

Abschnitt 5. Beratungshilfe **Nr. 2501 VV**

Die **Gegenansicht** hält eine Anrechnung unter dem Gesichtspunkt von § 58 **20** Abs. 2 RVG für gerechtfertigt. Danach darf der Rechtsanwalt die Beratungshilfegebühren zunächst auf die sog. Differenzkosten verrechnen, was sich ab Gegenstandswerten über 4.000 EUR bemerkbar macht. Begründet wird diese Auffassung damit, dass Nr. 2500 VV lediglich anordnet, **dass** anzurechnen ist, die Anrechnung also dem Grunde nach festlegt, während § 58 Abs. 2 RVG regele, **worauf** anzurechnen ist. Dem Vorrecht des Rechtsanwalts sei hier der Vorzug zu geben. Nach dieser Auffassung verbleibt in solchen Fällen zugunsten der Staatskasse nur der Restbetrag von der hälftigen Geschäftsgebühr.[19]

Trotz der oben dargestellten beachtlichen Gegenansicht von *Schneider* kann dem **21** Rechtsanwalt gleichwohl nur empfohlen werden, auf eine zutreffende **Gestaltung und Formulierung des Berechtigungsscheins** rechtzeitig hinzuwirken. Wie bereits erwähnt, werden die Gebote der Rechtsprechung des Bundesverfassungsgerichts nicht immer beachtet. So hat das Bundesverfassungsgericht beispielsweise entschieden, dass die Beratung über den Unterhalt des Kindes und das Umgangsrecht des Vaters nicht dieselbe Angelegenheit seien. Ausdrücklich wird hervorgehoben, dass der Rechtsanwalt, der in der Beratungshilfe ohnehin zu niedrigen Gebühren tätig werde, nicht unnötig zu belasten sei.[20] Es kann nicht angehen, dass bei Beantwortung der Frage, ob mehrere Angelegenheiten vorliegen, bei den Wahlanwaltsgebühren und bei den Gebühren der Nr. 2501 f. VV mit zweierlei Maß gemessen wird. Die Befürchtung, die Staatskasse könne so zu sehr belastet werden, darf nicht dazu führen, die Voraussetzungen von § 15 RVG zu missachten.[21]

Schließlich sollte man sich auch nicht darauf verlassen, dass der Urkundsbeamte **22** der Geschäftsstelle, der letztendlich für die Festsetzung der Vergütung zuständig ist, anders urteilt als der Rechtspfleger, der den Berechtigungsschein ausgestellt hat.

Zwar ist es zutreffend, dass der Urkundsbeamte weder in die eine noch in die **23** andere Richtung an die vorherige Entscheidung des Rechtspflegers gebunden ist. So kann er trotz des Vorhandenseins mehrerer Berechtigungsscheine eine einzige Angelegenheit abrechnen oder auch umgekehrt auf der Grundlage eines einzigen Berechtigungsscheines die Beratungshilfegebühren für unterschiedliche Angelegenheiten mehrfach zur Auszahlung zu bringen.[22] In der Praxis ist aber eher das Gegenteil zu beobachten. Berechtigungsscheine werden ohnehin nur für eine Angelegenheit ausgestellt und der Urkundsbeamte hält sich an die Aussage dieses Berechtigungsscheines.

Eine Postentgeltpauschale nach Nr. 7002 VV kann auch bei der Beratungshilfe **24** anfallen, wenn der Rechtsanwalt das mündliche Beratungsgespräch wunschgemäß nochmals schriftlich zusammenfasst und dem Mandanten zusendet. Er hat dann eine Leistung erbracht, die über die bloße mündliche Beratung hinausgeht und die entstandenen Auslagen betreffen nicht nur die Absendung der Rechnung, für die keine Postentgeltpauschale berechnet werden darf (→ Anm. zu Nr. 7001 VV RVG).[23]

---

[19] Vgl. hierzu eingehend Schneider/Wolf/*Fölsch* Nr. 2501 VV Rn. 21 f. *N. Schneider* RVGBerater 2005, 73.

[20] BVerfG AGS 2002, 273.

[21] Hierzu kritisch Schneider/Wolf/*Fölsch* vor 2.5. Rn. 159 ff.; siehe aber auch hierzu die gegenteilige und mE überflüssige neue Kritik von *Müller-Rabe* bei Gerold/Schmidt § 16 Rn. 42 ff.

[22] Vgl. zum Ganzen sehr eingehend Schneider/Wolf/Fölsch Vorb. 2.5 VV Rn. 156 ff.; vgl. auch hierzu nur OLG Köln AGS 2009, 422; OLG Dresden AGS 2011, 138; OLG Düsseldorf AGS 2012, 591 f.

[23] Schneider/Wolf/*Fölsch* Nr. 2501 VV Rn. 28; siehe zuletzt auch AG Koblenz AGS 2004, 185 mAnm *N. Schneider;* AG Königs Wusterhausen AGS 2012, 188; AG Halle RVGreport 2012, 188.

25 Nach richtiger Auffassung wird man konsequenterweise die Postentgeltpauschale nach den Beratungshilfegebühren und nicht nach den fiktiven gesetzlichen Wahlanwaltsgebühren berechnen müssen.[24]

III. Mehrere Auftraggeber

26 Der Rechtsanwalt, der mehrere Auftraggeber in ein und derselben Angelegenheit berät, kann die Gebühr über Nr. 1008 VV um 30 % für jede weitere Person erhöhen, also jetzt um jeweils 10,50 EUR je weiteren Rechtsuchenden. Der Höchstbetrag der Erhöhung beträgt nach Abs. 3 der Anm. zu Nr. 1008 VV 70 EUR, so dass sich die höchstmögliche Gebühr auf nunmehr 105 EUR beläuft.[25]

IV. Kostenerstattung und Festsetzung

27 Die Kostenerstattungsansprüche des Rechtsuchenden gegen einen Dritten gehen kraft Gesetzes zunächst auf den Rechtsanwalt über und können von diesem im eigenen Namen geltend gemacht werden. Ist allerdings eine Zahlung der Gebühren bereits durch die Landeskasse erfolgt, so geht der Anspruch gegen einen erstattungspflichtigen Dritten unmittelbar auf die Landeskasse über (§ 59 Abs. 2 S. 1 RVG).

28 Die Beratungsgebühr – nach hiesiger Ansicht nicht die Beratungshilfegebühr nach Nr. 2500 VV – wird nach § 55 Abs. 4 RVG auf Antrag des Rechtsanwalts unter Vorlage des Berechtigungsscheins nach § 6 Abs. 1 BerHG gegen die Landeskasse festgesetzt, wobei sich die Zuständigkeit danach richtet, bei welchem Amtsgericht der Antrag auf Gewährung der Beratungshilfe gestellt worden ist bzw. zu stellen war.

V. Rechtsmittel gegen die Versagung der Beratungshilfe

29 Wie bereits mehrfach kritisiert ist die Entscheidungspraxis vieler Rechtspfleger bei Bewilligung von Beratungshilfe eher restriktiv zu beurteilen. Umso wichtiger ist es, sich mit Aussicht auf Erfolg gegen Fehlentscheidungen zu wehren.

30 Wie *Lissner* zu Recht feststellt, ist das einzig und allein statthafte Rechtsmittel, die „Erinnerung", vielen Rechtsanwältinnen und Rechtsanwälten unbekannt.[26] Ob dies tatsächlich mit „Motivationslosigkeit" zu erklären ist, weil Reichtum bei der Beratungshilfe nicht zu erlangen sei, kann dahingestellt bleiben. Jedenfalls ist es schon im Interesse der Rechtsuchenden erforderlich, dass sich Rechtsanwälte gegen Entscheidungen von Rechtspflegern wehren, mit denen die Beratungshilfe zu Unrecht verweigert wird. Im Übrigen gibt es eine Vielzahl von Kanzleien, die Beratungshilfemandate engagiert bearbeiten und dann wenigstens erwarten können, dass sie das ohnehin zu bescheidene Salär berechnen können.

31 Demgemäß ist es wichtig zu wissen, dass gegen die Entscheidung des Rechtspflegers die nicht fristgebundene Erinnerung zulässig ist, die dem Richter vorgelegt wird, wenn der Rechtspfleger nicht abhilft.[27]

---

[24] So wie hier OLG Düsseldorf AGS 2007, 630; OLG Bamberg JurBüro 2007, 645; AG Schöneberg AGS 2008, 298; zur Gegenmeinung vgl. OLG Nürnberg AGS 2007, 253; AG Köln AGS 206, 25 = RVGreport 2006, 68; AG Eutin AGS 2007, 631; AG Siegburg AGS 2008, 298.

[25] Vgl. HK-RVG/*Pukall* Nr. 2501 VV Rn. 13; Bischof/*Jungbauer* Nr. 2501 VV Rn. 18; Hartung/Römermann/*Schons* Nr. 2502 VV Rn. 11; aA KG RVGreport 2007, 143 = JurBüro 2007, 543; ebenso nach wie vor Gerold/Schmidt/*Müller-Rabe* Nr. 1008 VV Rn. 14 wegen der vergleichbaren Situation zu § 34 RVG.

[26] Vgl. *Lissner* AGS 2013, 497 f.

[27] Vgl. zum Ganzen Gerold/Schmidt/*Mayer* Nr. 2500–2508 VV Rn. 15.

Abschnitt 5. Beratungshilfe **Nr. 2502 VV**

Über die Zurückweisung eines Beratungshilfeantrages muss jedenfalls durch einen 32
zu begründenden und mit einer Rechtsbehelfsbelehrung zu versehenden Beschluss
entschieden werden.[28]

VI. Stadtstaatenklausel

§ 12 BerHG nimmt die Länder Bremen und Hamburg von der Anwendung der 33
Beratungshilfe aus. Im Land Berlin dagegen hat der Rechtssuchende die Wahl zwischen öffentlicher Rechtsberatung und anwaltlicher Beratungshilfe.

Nr. 2502 VV

Nr.	Gebührentatbestand	Gebühr oder Satz der Gebühr nach § 13
2502	Beratungstätigkeit mit dem Ziel einer außergerichtlichen Einigung mit den Gläubigern über die Schuldenbereinigung auf der Grundlage eines Plans (§ 305 Abs. 1 Nr. 1 InsO): Die Gebühr 2501 beträgt	70,00 €

I. Überblick

Durch das Kostenrechtsmodernisierungsgesetz wird die Pauschalgebühr von 1
60 EUR auf 70 EUR erhöht. Nr. 2502 VV ersetzt § 132 Abs. 4 S. 1 Nr. 1 BRAGO
und honoriert die Beratungstätigkeit des Rechtsanwalts für einen Rechtsuchenden
auf dem Gebiete der Schuldenbereinigung, soweit dieser einen Berechtigungsschein
vorlegt.

Ziel der Beratungstätigkeit soll eine außergerichtliche Einigung mit den Gläubi- 2
gern zwecks Schuldenbereinigung sein. Ein **Erfolg** dieser Bemühungen ist nicht
erforderlich.[1] Unter Berücksichtigung des vom Gesetzgeber unterstellten höheren
Schwierigkeitsgrades wird dem Rechtsanwalt hier das **Doppelte** der Gebühr nach
Nr. 2501 VV zugebilligt.

Trotz des Gesetzeswortlauts „mit **den** Gläubigern" entsteht die Gebühr nach 3
Schneider auch, wenn nur **ein** Gläubiger vorhanden ist und die Beratung sich darauf
erstreckt.[2]

II. Anrechnung

Die Beratungsgebühr der Nr. 2502 VV ist lediglich ein Sonderfall von 4
Nr. 2501 VV, so dass hier die gleichen Anrechnungsregeln zur Anwendung gelangen.
Setzt der Rechtsanwalt über die reine Beratungstätigkeit hinaus zum Zwecke der
Schuldenbereinigung seine Tätigkeit fort und verdient damit eine Geschäftsgebühr
nach Nr. 2504 VV, so muss er sich die entstandene und ggf. bereits liquidierte Beratungsgebühr auf die Geschäftsgebühr in vollem Umfang anrechnen lassen.[3]

---

[28] BVerfG NJW 2015, 2322 mAnm *Mayer*; FD-RVG 2015, 370840.
[1] *Hartmann* VV 2502 Rn. 3; ebenso *Bischof/Jungbauer* Nr. 2502 VV Rn. 6.
[2] *Schneider/Wolf/Fölsch* Nr. 2502 VV Rn. 1 aE.
[3] HK-RVG/*Pukall* Nr. 2502 VV Rn. 4.

III. Festsetzung der Gebühr

5   Auch die Beratungsgebühr nach Nr. 2502 VV wird über § 55 Abs. 4 RVG auf Antrag des Rechtsanwalts von der Landeskasse festgesetzt und erstattet. Hinsichtlich der örtlichen Zuständigkeit des anzurufenden Amtsgerichts wird auf die Ausführungen zur Nr. 2501 VV verwiesen (→ Nr. 2501 VV Rn. 26).[4]

Nr. 2503 VV

Nr.	Gebührentatbestand	Gebühr oder Satz der Gebühr nach § 13
2503	Geschäftsgebühr .... (1) Die Gebühr entsteht für das Betreiben des Geschäfts einschließlich der Information oder die Mitwirkung bei der Gestaltung eines Vertrags. (2) Auf die Gebühren für ein anschließendes gerichtliches oder behördliches Verfahren ist diese Gebühr zur Hälfte anzurechnen. Auf die Gebühren für ein Verfahren auf Vollstreckbarerklärung eines Vergleichs nach den §§ 796a, 796b und 796c Abs. 2 Satz 2 ZPO ist die Gebühr zu einem Viertel anzurechnen.	85,00 €

Übersicht

	Rn.
I. Überblick	1
II. Normzweck	2
III. Anrechnungsregeln (Nr. 2503 Anm. Abs. 2 VV)	6
IV. Mehrere Auftraggeber	18
V. Festsetzung der Gebühr	19

I. Überblick

1   Der frühere § 132 Abs. 2 BRAGO ist durch Nr. 2503 VV abgelöst worden, wobei die damalige Gebühr nur geringfügig von 56 EUR auf 70 EUR erhöht wurde. Nunmehr findet durch das Kostenrechtsmodernisierungsgesetz eine weitere Erhöhung auf 85 EUR statt, wodurch sich auch die Postentgeltpauschale auf 17 EUR erhöht, die sich nach den Beratungshilfegebühren berechnet und nicht nach den fiktiven Gebühren eines Wahlanwalts.[1] Durch eine Änderung zu Nr. 7002 VV soll dies mit Hilfe des Gesetzes zur Begrenzung der Aufwendung für die Prozesskostenhilfe auch gesetzlich festgelegt werden (→ Nr. 7002 VV Rn. 13 ff.).

II. Normzweck

2   Nr. 2503 VV ist das **Pendant** zu Nr. 2300 VV bei Beratungshilfemandaten, so dass die dortigen Entstehungsvoraussetzungen mit denen der Nr. 2503 VV identisch sind. Der sachliche Anwendungsbereich entspricht dem der Geschäftsgebühr von Nr. 2300 VV, so dass auf die dortige Kommentierung verwiesen werden kann.

---

[4] HK-RVG/*Pukall* Nr. 2502 VV Rn. 5.
[1] OLG Brandenburg JurBüro 2010, 198; OLG Celle AGS 2009, 189; OLG Dresden AGS 2008, 559; OLG Hamm FamRZ 2009, 721; Schneider/Wolf/*Fölsch* Nr. 2503 VV Rn. 37.

Abschnitt 5. Beratungshilfe **Nr. 2503 VV**

Bei der **Abgrenzung** zur reinen Beratungstätigkeit iSv Nr. 2501 VV kann ebenfalls im Wesentlichen darauf abgestellt werden, inwieweit der Rechtsanwalt bereits nach außen tätig geworden ist oder auch nur einen entsprechenden Auftrag hierfür entgegengenommen hat.[2] Ist dies der Fall, ist die anwaltliche Tätigkeit nach Nr. 2503 VV abzurechnen. Das Verfassen von Schriftstücken ist hierfür nicht erforderlich, es genügt beispielsweise der vom Rechtsuchenden gewünschte Anruf beim Gegner, wenn das zuvor geführte Beratungsgespräch hierfür Anlass gegeben hat.[3] 3

Die Geschäftsgebühr nach Nr. 2503 VV kann der Rechtsanwalt auf praktisch allen Rechtsgebieten verdienen. Als **Ausnahmen** sind hier die Rechtsgebiete Strafrecht und Ordnungswidrigkeitenrecht sowie gewisse Teile der Finanzgerichtsbarkeit zu nennen. Für diese Rechtsgebiete steht nur die reine Beratung auf Kosten der Landeskasse offen.[4] 4

Voraussetzung für eine Liquidation gegenüber der Landeskasse ist die Vorlage eines **Berechtigungsscheines**.[5] Gemäß § 44 RVG erhält der Rechtsanwalt die Vergütung nach den Bestimmungen dieses Gesetzes, also nach Nr. 2503 VV. Soweit der Rechtsanwalt die Beratungshilfe in einer von einer Landesjustizverwaltung eingerichteten Beratungsstelle geleistet hat, wird die Gebühr nach anderen mit der Landesjustizverwaltung vereinbarten Sätzen gezahlt.[6] 5

III. Anrechnungsregeln (Nr. 2503 Anm. Abs. 2 VV)

Es gelten die üblichen Anrechnungsregeln, so dass die nach Nr. 2503 VV verdiente Geschäftsgebühr auf die Gebühren für ein anschließendes gerichtliches oder behördliches Verfahren **in derselben Angelegenheit** zur **Hälfte** anzurechnen ist. Es findet also zB eine Reduzierung der Verfahrensgebühr im Prozesskostenhilfeverfahren statt.[7] Durch die Gebührenerhöhung auf 85 EUR erhöht sich natürlich auch der hälftige Anrechnungsbetrag der Anm. zu Nr. 2503 VV auf 42,50 EUR. 6

Zu beachten ist, dass der zuletzt im Jahre 2011 eingeführte Anrechnungsausschluss auf die Gebühr nach Nr. 2401 VV aF und Nr. 3103 VV aF[8] gestrichen werden konnte, bzw. gestrichen werden musste, da die genannten verminderten Gebühren ja nun ersatzlos aufgehoben werden.[9] 7

Umstritten ist es auch hier, ob es dem Rechtsanwalt untersagt ist, die aus der Landeskasse bereits erhaltene Beratungsgebühr zunächst auf die Differenz zwischen der Wertgebühr nach § 13 RVG und der aus der Landeskasse zu gewährenden Gebühren nach § 49 RVG zu verrechnen. Bejaht wird dies nach wie vor von *Schneider* mit der Begründung, dass die im Gesetz enthaltene Anrechnungsregel nur etwas über die Verpflichtung der Anrechnung aussage, nichts aber darüber, wie anzurechnen ist.[10] 8

---

[2] HK-RVG/*Pukall* Nr 2503 VV Rn. 5.

[3] Gerold/Schmidt/*Mayer* Nr. 2500–2508 VV Rn. 38; siehe jetzt auch AG Rostock AGS 2011, 192: Geschäftsgebühr für Akteneinsicht auch wenn der eingelegte Widerspruch gegen eine verwaltungs- bzw. sozialrechtliche Entscheidung nicht begründet wird.

[4] Schneider/Wolf/*Fölsch* Nr. 2503 VV Rn. 4 mit Rechtsprechungsnachweisen; sa HK-RVG/*Pukall* Nr. 2503 VV Rn. 2.

[5] HK-RVG/*Pukall* Nr. 2503 VV Rn. 7.

[6] HK-RVG/*Pukall* Nr. 2503 VV Rn. 4.

[7] Gerold/Schmidt/*Mayer* Nr. 2500–2508 VV Rn. 41.

[8] Art. 11 Nr. 3 des Gesetzes zur Durchführungsverordnung (EG) Nr. 4-2009 und zur Neuordnung bestehender Aus- und Durchführungsbestimmungen auf dem Gebiete des internationalen Unterhaltsverfahrensrechts vom 23.3.2011 (BGBl. 2011 I 898).

[9] Vgl. auch Schneider/Wolf/*Fölsch* Nr. 2503 VV Rn. 13.

[10] Schneider/Wolf/*Fölsch* Nr. 2503 VV Rn. 18 sowie Nr. 2501 VV Rn. 22 mit Berechnungsbeispielen; *N. Schneider* RVG-B 2005, 73 mit weiteren Berechnungsbeispielen; ebenso bei

Nr. 2503 VV Teil 2. Außergerichtliche Tätigkeiten

9 Die Gegenansicht bleibt auch hier dabei, dass eine volle Anrechnung auf die Verfahrensgebühr im Prozesskostenhilfeverfahren stattfindet, mit der Folge, dass auch eine entsprechende Reduzierung der Verfahrensgebühr – nach Anrechnung – vorzunehmen ist.[11]

10 Entgegen der herrschenden Auffassung ist *Schneider* zuzustimmen. Zum einen ist sein Hinweis auf den Gesetzestext überzeugend, zum anderen ist stets zu beachten, dass der Rechtsanwalt, der auf dem Gebiete der Beratungshilfe zu deutlich niedrigeren Gebühren tätig wird, ein **Sonderopfer** erbringt, das nicht überstrapaziert werden sollte. Die grundsätzlichen Anrechnungsregeln dienen nicht dem Zweck, die Staatskasse zu entlasten, sondern berücksichtigen den Umstand, dass die Tätigkeit des Rechtsanwalts, der bereits vorher außergerichtlich tätig war, im gerichtlichen Verfahren aufgrund der zuvor gewonnenen Kenntnisse erleichtert wird. Dies rechtfertigt eine Reduzierung der gerichtlichen Wahlanwaltsgebühren, nicht aber unbedingt auch eine Reduzierung der ohnehin schon stark reduzierten gerichtlichen Verfahrensgebühren im PKH-Bereich.

11 Ein weiteres Problem der Anrechnung stellt sich dort, wo es zum Anfall einer weiteren Geschäftsgebühr **außerhalb eines behördlichen oder gerichtlichen Verfahrens** kommt.

Beispiel nach Fölsch:[12]

Der Rechtsanwalt wird vom Rechtsuchenden beauftragt, ihn außergerichtlich zu vertreten. Anschließend kommt es zu einem obligatorischen Streitschlichtungsverfahren nach § 15a EGZPO, in dem der Rechtsanwalt den Rechtsuchenden ebenfalls vertritt.

12 Hier liegen ersichtlich zwei Angelegenheiten iSv § 15 RVG vor (vgl. zum Schlichtungsverfahren § 17 Nr. 7a RVG). Es entstehen zwei Geschäftsgebühren nach Nr. 2503 VV und, da hier eine Anrechnung nicht stattfindet (anders als bei Nr. 2303 VV; Vorb. 2.3 Abs. 4 S. 1 VV), kann der Rechtanwalt die entsprechenden Geschäftsgebühren ungeschmälert erhalten. Zu Recht wird hinsichtlich der Neuregelung darauf hingewiesen, dass die Anrechnungsbestimmungen der Beratungshilfe jetzt mehrfach geändert worden sind, und in Vorb. 2.3. Abs. 6 VV für den Wahlanwalt die Anrechnung neugeregelt worden ist, was den Schluss zulässt, dass in der Beratungshilfe die Geschäftsgebühren anrechnungsfrei entstehen sollen und nur die letzte Gebühr im gerichtlichen Verfahren nach Vorb. 3. Abs. 4 VV anzurechnen ist.[13]

13 Hier kürzt sich dann die Verfahrensgebühr – durch erfolgte Anrechnung – um die hälftige „zweite" Geschäftsgebühr.

14 Die **Postentgeltpauschalen** bleiben wiederum anrechnungsfrei, wobei der oben dargestellte Streit auch hier zu berücksichtigen ist, ob sich die Postentgeltpauschale nach den Beratungshilfegebühren oder nach der fiktiven gesetzlichen Wahlanwaltsgebühr berechnet (→ Nr. 2501 VV Rn. 21 mit den dortigen Nachweisen).

15 Schließt sich der Tätigkeit des Rechtsanwalts, die eine Geschäftsgebühr nach Nr. 2503 VV ausgelöst hat, ein Verfahren auf **Vollstreckbarerklärung eines Anwaltsvergleich** an, so ist die Vertretungsgebühr jedoch ausweislich der Anm. 2 S. 2 zu Nr. 2503 VV nur zu einem **Viertel** anzurechnen.[14]

---

der Anrechnung einer Geschäftsgebühr nach Nr. 2300 VV auf die Prozesskostenhilfeverfahrensgebühr OLG München AGS 2010, 63 f. mAnm *Schneider*.

[11] Vgl. auch hier LG Berlin JurBüro 1983, 1060 = AnwBl. 1983, 478; Gerold/Schmidt/Mayer Nr. 2500–2508 VV Rn. 41 aE; *Mümmler* JurBüro 1984, 1137 u. 1773; *Hansens* JurBüro 1986, 179.

[12] Vgl. Schneider/Wolf/*Flösch* Nr. 2503 VV Rn. 25.

[13] Vgl. auch hier *Schneider/Thiel* S. 174; sowie Schneider/Wolf/*Fölsch* Nr. 2503 VV Rn. 26.

[14] HK-RVG/*Pukall* Nr. 2503 VV Rn. 11; *Schneider* will auch hier zunächst die Anrechnung auf die Wahlanwaltsgebühren vornehmen dazu Schneider/Wolf/*Fölsch* Nr. 2503 VV Rn. 36.

Wie stets ist auch hier zu beachten, dass die **Auslagen** des Rechtsanwalts nicht anzurechnen sind, sondern lediglich die Geschäftsgebühr und die hierauf anfallende Umsatzsteuer (Nr. 7008 VV).[15] Die Auslagenpauschale der Nr. 7002 VV kann also – wie in anderen Fällen auch – zweimal in Rechnung gestellt werden. 16

Anzurechnen hat sich der Rechtsanwalt ferner **Zahlungen,** die er über einen Kostenerstattungsanspruch von einem hierzu verpflichteten **Dritten** erhalten hat. Hat der Rechtsanwalt die Geschäftsgebühr aus der Landeskasse bereits liquidiert, geht der entsprechende Kostenerstattungsanspruch unmittelbar auf die Landeskasse über (vgl. § 59 Abs. 3 S. 1 RVG).[16] 17

IV. Mehrere Auftraggeber

Die Festgebühr in Höhe von 85 EUR erhöht sich über Nr. 1008 VV für jeden weiteren Rechtssuchenden um 30 %, also um jeweils 25,50 EUR, wenn von ein und derselben Angelegenheit gesprochen werden kann.[17] Dagegen muss es sich nicht um denselben Gegenstand handeln, wie es Nr. 1008 Anm. Abs. 1 VV vorsieht. Bei der Beratungsgebühr handelt es sich um eine Festgebühr, so dass die dortige Sperre nicht gilt.[18] Es findet auch hier die übliche Begrenzung von Nr. 1008 VV statt, so dass die Erhöhungsgebühr höchstens das Doppelte der Festgebühr ausmachen darf, also 170 EUR (vgl. Nr. 1008 Anm. Abs. 3 VV).[19] 18

V. Festsetzung der Gebühr

Die Geschäftsgebühr wird über § 55 Abs. 4 RVG auf Antrag des Rechtsanwalts gegen Vorlage des Berechtigungsscheines vom Urkundsbeamten der Geschäftsstelle des Amtsgerichts gegen die Landeskasse festgesetzt, bei dem der Antrag auf Gewährung der Beratungshilfe gestellt wurde bzw. zu stellen war. Unschädlich ist es, wenn der Berechtigungsschein erst während oder nach Erbringung der anwaltlichen Tätigkeit iSv Nr. 2503 VV beantragt wurde. 19

Durch das Gesetz zur Änderung der Beratungshilfe und Prozesskostenhilfe, das zum 1.1.2014 in Kraft getreten ist, ist es spätestens im Festsetzungsverfahren zu den erwarteten Schwierigkeiten gekommen. Durch das Gesetz wurde die Legaldefinition der Erforderlichkeit erweitert, so dass eine Vertretung insbesondere nur dann erforderlich sein sollte, wenn der Rechtssuchende **nach der Beratung** angesichts des Umfanges, der Schwierigkeit oder der Bedeutung der Rechtsangelegenheit für ihn seine Rechte nicht selbst wahrnehmen kann. 20

Die Schwierigkeit beginnt bereits damit, dass Bewilligungsverfahren (durch den Rechtspfleger) und das Festsetzungsverfahren (durch den Urkundsbeamten der Geschäftsstelle) unterschiedlicher Natur sind.[20] In der Praxis entstehen insbesondere dann Schwierigkeiten, wenn der für die Bewilligung der Beratungshilfe zuständige 21

---

[15] Hartung/Römermann/Schons/*Schons* Nr. 2503 VV Rn. 8.

[16] HK-RVG/*Pukall* Nr. 2503 VV Rn. 12; ebenso AG Mosbach AGS 2011, 273 ff. unter Hinweis auf OLG Bamberg Beschl. v. 16.1.2009 – 4 W 171/08; aA LG Saarbrücken AGS 2009, 290.

[17] Schneider/Wolf/*Fölsch* Nr. 2503 VV Rn. 9; ebenso Gerold/Schmidt/*Mayer* Nr. 2500–2508 VV Rn. 40.

[18] Vgl. statt aller: Bischof/*Jungbauer* Nr. 2503 VV Rn. 9; ebenso schon zur Ratsgebühr nach Nr. 2501 VV HK-RVG/*Pukall* Nr. 2501 VV Rn. 13; aA KG AGS 2007, 312 f. = MDR 07, 805.

[19] Bischof/*Jungbauer* Nr. 2503 VV Rn. 10.

[20] Vgl. zu dieser Problematik sehr eingehend: *Lissner* AGS 2015, 209 f. m. zahlreichen Rechtsprechungsnachweisen.

Rechtspfleger allgemein die Beratungshilfe für eine bestimmte Angelegenheit bewilligt, ohne zum Ausdruck zu bringen, dass sich die Beratungshilfe schon auf eine Vertretungstätigkeit beziehen soll.

22 Mit ziemlicher Sicherheit ist dann davon auszugehen, dass der Urkundsbeamte der Geschäftsstelle bei der Festsetzung der Gebühren argumentiert, dass sich die Beratungshilfe auf eine Beratung beschränkt habe und die darüber hinaus gehende anwaltliche Tätigkeit (Vertretung) nicht erforderlich gewesen sei.

23 So hat das AG Mönchengladbach-Rheydt die Festsetzung der beantragten Geschäftsgebühr nach Nr. 2503 VV mit der Begründung ablehnen wollen, das vorgelegte Anwaltsschreiben hätte nach der geleisteten Beratung auch durch den Mandanten selbst formuliert werden können und beschränke sich auf eine Schilderung des Sachverhaltes und der Übersendung von Unterlagen (Az: 30a II 343/15 BerH). Bei dem Ratsuchenden handelte es sich um immerhin um einen Ausländer, der nur eingeschränkt deutsch sprach und aufgefordert war, sowohl zu seiner Unterhaltspflicht Stellung zu nehmen als auch Auskunft über sein Einkommen zu erteilen. Der Fall ist bei Leibe kein Einzelfall und nicht immer kann man sich darauf verlassen, dass das Amtsgericht „die Dinge wieder gerade rückt".

24 Die Befürchtungen, die mit der Gesetzesänderung zum 1.1.2014 verbunden waren, haben sich demgemäß bestätigt. Umso wichtiger ist es, sich mit den Rechtsmitteln in der Beratungshilfe vertraut zu machen und einer fragwürdigen Bewilligungs- **und** Festsetzungspraxis wieder und wieder entgegenzutreten.[21]

25 Es kann hier eigentlich nur dem Fazit von *Lissner* zugestimmt werden, wonach das Gesetz zur Reform des Beratungshilfe- und Prozesskostenhilferechts Änderungen vorgenommen hat, an deren Idee und Sinn durchaus gezweifelt werden darf. In der Tat stand und steht die Reform unter dem Motto der Kostenreduktion und dient keineswegs der optimalen Verfahrensvereinfachung.[22]

26 Und auch die neuen Möglichkeiten unter bestimmten Voraussetzungen in der Beratungshilfe zu Vergütungsvereinbarungen – bis hin zum Erfolgshonorar – zu gelangen, erweisen sich in der Praxis keineswegs als der Segen, als der die Reform „verkauft" wurde.

27 Wer sich auf das Wagnis gleichwohl einlassen will, dem sei erneut ein Aufsatz von *Lissner* empfohlen.[23]

Nr. 2504–2507 VV

Nr.	Gebührentatbestand	Gebühr oder Satz der Gebühr nach § 13
2504	Tätigkeit mit dem Ziel einer außergerichtlichen Einigung mit den Gläubigern über die Schuldenbereinigung auf der Grundlage eines Plans (§ 305 Abs. 1 Nr. 1 InsO): Die Gebühr 2503 beträgt bei bis zu 5 Gläubigern	270,00 €
2505	Es sind 6 bis 10 Gläubiger vorhanden: Die Gebühr 2503 beträgt	405,00 €
2506	Es sind 11 bis 15 Gläubiger vorhanden: Die Gebühr 2503 beträgt	540,00 €
2507	Es sind mehr als 15 Gläubiger vorhanden: Die Gebühr 2503 beträgt	675,00 €

---

[21] Vgl. hierzu erneut: *Lissner* AGS 2013, 497 f. zu den Rechtsmitteln in der Beratungshilfe; siehe ebenso Lissner AGS 2015, 53 f. zur Entwicklung des Beratungshilferechts seit Inkrafttreten der Reform; *ders.* zu neuen denkbaren Wegen in der Beratungshilfe: AGS 2014, 313 f.
[22] *Lissner* AGS 2014, 313 ff., 319.
[23] *Lissner* AGS 2014, 1 ff.

I. Überblick

Die Gebührentatbestände der Nr. 2504 VV bis Nr. 2507 VV sind durch das 2. KostRMoG lediglich bei der Höhe der Geschäftsgebühren geändert worden, so dass die bisherige Kommentierung auch weiterhin Gültigkeit behält. Die Gebührentatbestände beinhalten die jeweilige Geschäftsgebühr auf dem Gebiete der Schuldenbereinigung, und zwar abhängig davon, wie viel Gläubiger vorhanden sind. Wie bei der entsprechenden Beratungstätigkeit iSv Nr. 2502 VV ist es für die hier betroffene **Vertretungstätigkeit** des Rechtsanwalts ausreichend, dass er gegenüber einem einzigen Gläubiger des Schuldners tätig wird.[1] Umgekehrt ist die Anzahl der Gläubiger auch irrelevant für die Frage, ob es sich um eine oder mehrere Angelegenheiten handelt.[2] Nur dann, wenn der Rechtanwalt zwei Schuldner jeweils für die Durchführung eines außergerichtlichen Schuldenbereinigungsverfahrens vertritt, kann nicht mehr von „einer Angelegenheit" gesprochen werden.[3]

Für die außergerichtliche Vertretungstätigkeit mit dem Ziel einer außergerichtlichen Einigung mit den Gläubigern über die Schuldenbereinigung auf der Grundlage eines Planes beträgt die Gebühr (beginnend bei bis zu 5 Gläubigern) 224 EUR bis zu 560 EUR (wenn mehr als 15 Gläubiger vorhanden sind).

II. Entstehen der Gebühr

Die Höhe der Gebühr richtet sich nach der Zahl der Gläubiger, mit denen der Rechtsanwalt zum Zweck der Restschuldbefreiung für seinen Mandanten Verhandlungen führt. Sie ist dem Gesetzestext zu entnehmen.

Die Tätigkeit muss stets vom Rechtsanwalt selbst oder einem Vertreter iSv § 5 RVG vorgenommen werden; es bedarf auch hier der Vorlage eines vom Amtsgericht erteilten Berechtigungsscheins.[4]

III. Anrechnungsregeln

Hinsichtlich der Anrechnungsregeln und der Festsetzung der Gebühren wird auf die Kommentierung bei Nr. 2503 VV Bezug genommen. Verlaufen die außergerichtlichen Bemühungen des Rechtsanwalts zwecks Schuldenbereinigung erfolglos und wird er später im Wege der Prozesskostenhilfe beigeordnet, so muss er sich die nach Nr. 2504 ff. VV verdienten Gebühren – wie üblich – zu Hälfte auf die Gebühr nach § 122 Abs. 1 ZPO anrechnen lassen.[5] Allerdings ist auch hier die oben dargestellte Streitfrage zu beachten, ob nicht zunächst eine Anrechnung über § 58 Abs. 2 RVG auf die Wahlanwaltsdifferenzgebühren zu erfolgen hat.[6]

IV. Festsetzungsfragen

Die Festsetzung der Gebühren erfolgt durch den Urkundsbeamten des Amtsgerichts, bei dem der Antrag auf Gewährung von Beratungshilfe gestellt wurde.[7]

---

[1] Siehe nur Schneider/Wolf/*Fölsch* Nr. 2504–2507 VV Rn. 6.
[2] Vgl. auch hier Schneider/Wolf/*Fölsch* Nr. 2504–2507 VV Rn. 3 unter Hinweis auf LG Berlin JurBüro 2007, 387 = RVGreport 2006, 464 = RVGreport 2007, 302; sa LG Berlin BRAGOreport 2001, 93 mAnm *N. Schneider*.
[3] AG Oldenburg Beschl. v. 28.12.2007 – 17 II 423/06.
[4] HK-RVG/*Pukall* Nr. 2504–2507 VV Rn. 2.
[5] HK-RVG/*Pukall* Nr. 2504–2507 VV Rn. 4.
[6] → Nr. 2503 VV Rn. 8 ff.
[7] Vgl. auch hier: HK-RVG/*Pukall* Nrn. 2504–2507 VV Rn. 6.

Nr. 2508 VV

Nr.	Gebührentatbestand	Gebühr oder Satz der Gebühr nach § 13
2508	Einigungs- und Erledigungsgebühr .... (1) Die Anmerkungen zu Nummern 1000 und 1002 sind anzuwenden. (2) Die Gebühr entsteht auch für die Mitwirkung bei einer außergerichtlichen Einigung mit den Gläubigern über die Schuldenbereinigung auf der Grundlage eines Plans (§ 305 Abs. 1 Nr. 1 InsO).	150,00 €

I. Überblick

1   Durch das 2. KostRMoG wird auch im Zuge der Gebührenanpassung die Einigungs- und Erledigungsgebühr von bisher 125 EUR auf 150 EUR erhöht. Sonstige Änderungen sind nicht festzustellen. Der Gebührentatbestand ist aus dem alten § 132 Abs. 3 BRAGO bekannt mit der Besonderheit, dass jetzt auf die Unterscheidung zwischen der Einigungs- (zuvor Vergleichs) und Erledigungsgebühr verzichtet wird. Ferner ist im Gegensatz zur früheren Rechtslage der Abschluss eines Vergleichs iSv § 779 BGB nicht mehr erforderlich. Das Mitwirken des Rechtsanwalts muss jedoch ursächlich für die die spätere Einigung sein, da dem Vergütungstatbestand der Charakter einer **Erfolgsgebühr** beizumessen ist.[1] Eine Einigung nur mit einem Gläubiger, wenn mehrere Gläubiger vorhanden sind, löst die Einigungsgebühr nach Nr. 2508 VV RVG demgemäß nicht aus.[2] Die getrofffene Vereinbarung sollte, muss aber nicht, schriftlich geschlossen werden; es gilt auch der stillschweigend geschlossene Vertrag.[3]

II. Entstehen der Gebühr

1. Voraussetzungen für das Entstehen der Gebühr gemäß Nr. 2508 Anm. Abs. 1 VV

2   Die Anm. zu Nr. 2508 VV verweist in Absatz 1 auf die Anmerkungen zu Nr. 1000 VV und Nr. 1002 VV, so dass die dortige Kommentierung auch hier zu berücksichtigen ist.

3   Eine Gebühr nach Nr. 2508 VV entsteht im Rahmen der Beratungshilfe für die **Mitwirkung** des Rechtsanwalts beim **Abschluss eines Vertrags** des Rechtsuchenden mit einem Dritten, durch den der Streit oder die Ungewissheit der Parteien über ein Rechtsverhältnis beseitigt wird, wobei auch der Beitritt des Rechtsuchenden zu einem Vergleich in Betracht kommt, der in einem Rechtsstreit Dritter abgeschlossen wird.[4] Wegen der Einbeziehung der amtlichen Anmerkungen zu Nr. 1000 VV kann eine Einigung- und Erledigungsgebühr jedoch nicht verdient werden, wenn sich ein solcher Vertrag ausschließlich auf ein Anerkenntnis oder einen Verzicht beschränkt.[5]

---

[1] OLG Köln Beschl. v. 9.8.2007 – 17 W 109/07, BeckRS 2007, 15436.
[2] So zutreffend Bischof/*Jungbauer* Nr. 2508 VV Rn. 4.
[3] Bischof/*Jungbauer* Nr. 2508 VV Rn. 5 unter Hinweis auf LG Mönchengladbach JurBüro 2007, 306.
[4] Schneider/Wolf/*Fölsch* Nr. 2508 VV Rn. 5.
[5] Schneider/Wolf/*Fölsch* Nr. 2508 VV Rn. 8.

Kommt es lediglich zu einer Teilzahlungsvereinbarung über eine unbestrittene Forderung, so entsteht die Einigungsgebühr nach der Rechtsprechung unter der Voraussetzung, dass der Gläubiger eine zusätzliche Sicherheit erhält, durch die die Ungewissheit über die Durchsetzung der Forderung gegen den betroffenen Schuldner beseitigt ist.[6] Wenn man so will, so findet hier bereits in der älteren Rechtsprechung eine Gleichsetzung von rechtlicher und wirtschaftlicher Ungewißheit statt, die zu dieser Zeit bei der Einigungsgebühr nach Nr. 1000 VV RVG wegen des dort fehlenden Hinweises auf § 779 Abs. 2 BGB Schwierigkeiten bereitete und aufgrund einer recht eigenwilligen Lösung durch den Gesetzgeber mittlerweile beseitigt ist (→ Nr. 1000 VV Rn. 29 und zu → RVG § 31b Rn. 1 ff.).

Entsprechend den amtlichen Anmerkungen zu Nr. 1000 VV wird von Nr. 2508 VV auch die Mitwirkung des Rechtsanwalts an einer Einigung der Parteien in einem der in § 36 RVG bezeichneten **Güteverfahren** erfasst, während im **Privatklageverfahren** Nr. 4147 VV anzuwenden ist.[7] Auch die Mitwirkung des Rechtsanwalts an Vertragsverhandlungen im Interesse des Rechtsuchenden kann – wiederum über die amtlichen Anmerkungen zu Nr. 1000 VV – die Gebühr nach Nr. 2508 VV auslösen, sofern das Mitwirken des Rechtsanwalts für den Abschluss des Vertrags ursächlich war (vgl. schon den Hinweis → Rn. 1, 2). 4

War die Einigung oder der entsprechende Vertrag unter einer **aufschiebenden Bedingung** oder – wie im arbeitsrechtlichen Verfahren oftmals üblich – unter dem **Vorbehalt eines Widerrufs** geschlossen, so entsteht der Gebührentatbestand erst, wenn die Bedingung eingetreten ist bzw. der Vertrag nicht mehr widerrufen werden kann.[8] 5

Der **Anwendungsbereich** dieses Gebührentatbestands ist nicht auf das Rechtsgebiet des Zivilrechts beschränkt, kann also grundsätzlich auch bei Rechtsverhältnissen des öffentlichen Rechts entstehen, so über die Anm. zu Nr. 1002 VV etwa dann, wenn der Rechtsanwalt es erreicht, dass ein angefochtener Verwaltungsakt aufgehoben oder geändert oder dass ein bisher abgelehnter Verwaltungsakt erlassen wird, soweit derartige Erfolge durch eine Einigung der Parteien erzielt werden.[9] 6

Andererseits erhält der Rechtsanwalt die Gebühr nicht für die Mitwirkung bei der **Aussöhnung** von Eheleuten.[10] Nr. 2508 Anm. 1 Abs. 1 VV verweist lediglich auf die Nr. 1000 VV und 1002 VV nicht aber auf die Aussöhnungsgebühr nach Nr. 1001 VV.[11] 7

2. Voraussetzungen für das Entstehen der Gebühr gemäß Nr. 2508 Anm. Abs. 2 VV

Gemäß Nr. 2508 Anm. Abs. 2 VV findet der Gebührentatbestand schließlich auch Anwendung, wenn der Rechtsanwalt an einer außergerichtlichen Einigung mit den Gläubigern über die **Schuldenbereinigung** auf der Grundlage eines Plans (§ 305 Abs. 1 Nr. 1 InsO) mitwirkt.[12] 8

3. Abrechnungsvoraussetzungen und Höhe der Gebühr

Für seine Tätigkeit kann der Rechtsanwalt, der diese Tätigkeit selbst erbracht oder durch einen Vertreter iSv § 5 RVG hat erbringen lassen, eine Gebühr von 9

---

[6] KG JurBüro 2006, 530 ff. = Rpfleger 2006, 610.
[7] HK-RVG/*Pukall* Nr. 2508 VV Rn. 3 (aufgrund eines Druckfehlers wird dort allerdings auch in der 6. Auflage noch Nr. 4146 VV genannt).
[8] HK-RVG/*Pukall* Nr. 2508 VV Rn. 3.
[9] HK-RVG/*Pukall* Nr. 2508 VV Rn. 5.
[10] Gerold/Schmidt/*Mayer* Nr. 2500–2508 VV Rn. 42.
[11] HK-RVG/*Pukall* Nr. 2508 VV Rn. 4; kritisch Schneider/Wolf/*Fölsch* Nr. 2508 VV Rn. 12.
[12] Schneider/Wolf/*Fölsch* Nr. 2508 VV Rn. 16.

150 EUR der Landeskasse in Rechnung stellen, wenn er einen entsprechenden **Berechtigungsschein** vorlegt. Auch die **Vergleichs- und Einigungsgebühr** nach Nr. 2508 VV wird über § 55 Abs. 4 RVG auf Antrag vom Urkundsbeamten der Geschäftsstelle des Amtsgerichts festgesetzt, das für die Stellung des Antrags auf Gewährung von Beratungshilfe zuständig ist.[13]

III. Anrechnungsfragen

10 Eine Anrechnung der Einigungs- und Erledigungsgebühr ist im Gesetz nicht vorgesehen, da sie auch schon begrifflich ausgeschlossen ist (auf was sollte angerechnet werden?). *Pukall* weist zutreffend daraufhin, dass eine vorgeschriebene Anrechnung auch dem gesetzgeberischen Ziel entgegenwirken würde, die außergerichtliche Erledigung auch durch die Umgestaltung der bisherigen Vergleichsgebühr zu einer Einigungsgebühr für jede Form der vertraglichen Streitbeilegung zu fördern.[14]

IV. Festsetzung

11 Auch hier findet die Festsetzung der Gebühr auf Antrag durch den Urkundsbeamten der Geschäftsstelle des Amtsgerichts statt, der auch für den Antrag auf Gewährung der Beratungshilfe zuständig ist.[15]

---

[13] HK-RVG/*Pukall* Nr. 2508 VV Rn. 7, 10.
[14] HK-RVG/*Pukall* Nr. 2508 VV Rn. 9.
[15] HK-RVG/*Pukall* Nr. 2508 VV Rn. 10.

Teil 3. Zivilsachen, Verfahren der öffentlich-rechtlichen Gerichtsbarkeiten, Verfahren nach dem Strafvollzugsgesetz, auch in Verbindung mit § 92 des Jugendgerichtsgesetzes, und ähnliche Verfahren

Vorbemerkung 3 VV

Nr.	Gebührentatbestand	Gebühr oder Satz der Gebühr nach § 13

Vorbemerkung 3:
(1) Gebühren nach diesem Teil erhält der Rechtsanwalt, dem ein unbedingter Auftrag als Prozess- oder Verfahrensbevollmächtigter, als Beistand für einen Zeugen oder Sachverständigen oder für eine sonstige Tätigkeit in einem gerichtlichen Verfahren erteilt worden ist. Der Beistand für einen Zeugen oder Sachverständigen erhält die gleichen Gebühren wie ein Verfahrensbevollmächtigter.
(2) Die Verfahrensgebühr entsteht für das Betreiben des Geschäfts einschließlich der Information.
(3) Die Terminsgebühr entsteht sowohl für die Wahrnehmung von gerichtlichen Terminen als auch für die Wahrnehmung von außergerichtlichen Terminen und Besprechungen, wenn nichts anderes bestimmt ist. Sie entsteht jedoch nicht für die Wahrnehmung eines gerichtlichen Termins nur zur Verkündung einer Entscheidung. Die Gebühr für außergerichtliche Termine und Besprechungen entsteht für
1. die Wahrnehmung eines von einem gerichtlich bestellten Sachverständigen anberaumten Termins und
2. die Mitwirkung an Besprechungen, die auf die Vermeidung oder Erledigung des Verfahrens gerichtet sind; dies gilt nicht für Besprechungen mit dem Auftraggeber.
(4) Soweit wegen desselben Gegenstands eine Geschäftsgebühr nach Teil 2 entsteht, wird diese Gebühr zur Hälfte, bei Wertgebühren jedoch höchstens mit einem Gebührensatz von 0,75 auf die Verfahrensgebühr des gerichtlichen Verfahrens angerechnet. Bei Betragsrahmengebühren beträgt der Anrechnungsbetrag höchstens 175,00 €. Sind mehrere Gebühren entstanden, ist für die Anrechnung die zuletzt entstandene Gebühr maßgebend. Bei einer Betragsrahmengebühr ist nicht zu berücksichtigen, dass der Umfang der Tätigkeit im gerichtlichen Verfahren in Folge der vorangegangenen Tätigkeit geringer ist. Bei einer wertabhängigen Gebühr erfolgt die Anrechnung nach dem Wert des Gegenstands, der auch Gegenstand des gerichtlichen Verfahrens ist.
(5) Soweit der Gegenstand eines selbstständigen Beweisverfahrens auch Gegenstand eines Rechtsstreits ist oder wird, wird die Verfahrensgebühr des selbstständigen Beweisverfahrens auf die Verfahrensgebühr des Rechtszugs angerechnet.
(6) Soweit eine Sache an ein untergeordnetes Gericht zurückverwiesen wird, das mit der Sache bereits befasst war, ist die in diesem Gericht bereits entstandene Verfahrensgebühr auf die Verfahrensgebühr für das erneute Verfahren anzurechnen.
(7) Die Vorschriften dieses Teils sind nicht anzuwenden, soweit Teil 6 besondere Vorschriften enthält.

Übersicht

	Rn.
I. Überblick	1
II. Regelungsinhalt	7
1. Beistand für einen Zeugen oder Sachverständigen (Absatz 1)	7
2. Verfahrensgebühr (Absatz 2)	17
a) Regelungsinhalt im Einzelnen	18
b) Umfang der Vollmacht und Reichweite des erteilten Auftrages	33

	Rn.
3. Terminsgebühr (Absatz 3)	38
a) Normzweck	38
b) Regelungsinhalt	42
4. Anrechnung der Geschäftsgebühr (Absatz 4)	88
a) Bisherige Regelung und Neuerungen	88
b) Regelungsinhalt im Einzelnen	115
c) Geschäftsgebühr	126
d) Anrechnungshöhe	131
e) Anrechnung nach dem Wert des in das gerichtliche Verfahren übergegangenen Gegenstandwerts	166
f) Anrechnungsprobleme bei mehreren Auftraggebern	170
g) Anrechnungsprobleme bei Prozesskostenhilfe	177
h) Anrechnung bei Vergabeverfahren	178
i) Anrechnung bei Abmahnung und einstweiliger Verfügung	179
j) Sonderproblem Vergleich	181
k) Anrechnung von Rahmengebühren	185
5. Anrechnung bei selbstständigen Beweisverfahren (Absatz 5)	187
a) Allgemeines	187
b) Regelungsinhalt	190
c) Anrechnung bei vorausgegangener Vertretungstätigkeit	194
d) Wert des selbständigen Beweisverfahrens	198
e) Übergangsrecht	199
6. Anrechnung der Verfahrensgebühr bei Zurückverweisung der Sache (Absatz 6)	200
a) Allgemeines	200
b) Regelungsinhalt	201
7. Vorrang von Teil 6 (Absatz 7)	203

I. Überblick

1 Die mit dem 2. KostRMoG verbundenen Änderungen in der wichtigen Vorbemerkung 3 sind im Wesentlichen auf die Erfahrungen des Gesetzgebers mit der Rechtsprechung der letzten Jahre zu begründen. So wird in der Vorbemerkung 3 Abs. 1 VV der Anwendungsbereich der Gebühren nach Teil 3 VV noch deutlicher dargestellt als in der Vergangenheit. Ferner wurden – auch hier wiederum auf die Irrungen und Wirrungen der Rechtsprechung eingehend – die Voraussetzungen der Terminsgebühr und die Regelungen zur Anrechnung einer vorangegangenen Geschäftsgebühr in Vorbemerkung 3 Abs. 4 VV deutlicher festgelegt. Der Gesetzgeber sah sich veranlasst, beispielsweise klarzustellen, dass Voraussetzung für die Berechnung einer Terminsgebühr ein unbedingter Verfahrensauftrag ist, dass dies aber gleichzeitig auch als Mindestvoraussetzung anzusehen ist. Die Rechtsprechung hatte immerhin Jahre gebraucht, derartige schon aus dem bisherigen Gesetzestext eigentlich herauszulesende Selbstverständlichkeiten durch den BGH feststellen zu lassen.[1] Andererseits hat der BGH in einer späteren Entscheidung in einem absoluten Einzelfall auch beim Beklagtenvertreter einen eigentlich nicht nachvollziehbaren „vorzeitigen Prozessauftrag" angenommen, was erneut zu Irrungen und Wirrungen führte.[2] Im Übrigen ist die Vorbemerkung unverändert geblieben, so dass auf die bisherige Rechtsprechung und Literatur zurückgegriffen werden kann.

---

[1] BGH AGS 2007, 166 mAnm *Schons*.

[2] Vgl. hierzu zunächst BGH AGS 2010, 443 = NJW 2011, 530 unter Bestätigung von OLG Koblenz AGS 2010, 66 m. kritischer Anm. *Schons*; siehe jetzt auch *Schneider/Thiel* S. 171.

Teil 3. Bürgerliche Rechtsstreitigkeiten **Vorb. 3 VV**

In Teil 3 VV finden sich die Gebührentatbestände für die gesamte gerichtliche 2
Tätigkeit des Rechtsanwalts auf dem Gebiete der bürgerlichen Rechtsstreitigkeiten,
dem Verfahren der freiwilligen Gerichtsbarkeit, dem Verfahren der öffentlich-rechtlichen Gerichtsbarkeiten, dem Sozialgerichtsverfahren, dem Verfahren nach dem
Strafvollzugsgesetz und ähnlichen Verfahren. Schließlich ergeben sich auch die
Gebühren für die Verfahren der Zwangsvollstreckung, der Vollstreckung des Verwaltungszwangs und der Vollziehung des Arrests oder einer einstweiligen Verfügung
aus diesem Teil des Vergütungsverzeichnisses. Absatz 1 der Vorbemerkung 3 stellt
klar, dass auch Beistandsleistungen für einen Zeugen oder Sachverständigen, die der
Rechtsanwalt erbringt, nach diesem Teil des Vergütungsverzeichnisses honoriert
werden. Verkürzt ausgedrückt wird hier also die anwaltliche **Tätigkeit in allen
Gerichtsverfahren** vergütet, die nicht in den Teilen 4 (Strafsachen), 5 (Bußgeldsachen) und 6 VV (Sonstige Verfahren) besonders geregelt sind. Neben den hier vorzufindenden Gebührentatbeständen können außerdem noch die allgemeinen Gebühren aus Teil 1 VV verdient werden.

Im Verhältnis zu den Regelungen der in immer noch anhängigen Altfällen weiter 3
zu berücksichtigenden BRAGO fällt vor allem auf, dass die alte **Prozessgebühr** –
nunmehr Verfahrensgebühr – sich um ³⁄₁₀ (also in der ersten Instanz auf 1, 3 und in
der zweiten Instanz auf 1,6) erhöht hat und die alte **Verhandlungs- bzw. Erörterungsgebühr** durch die Terminsgebühr – ebenfalls leicht erhöht auf 1,2 – abgelöst
wurde. Beide Anhebungen dienen insbesondere dem Zweck, den Wegfall der
Beweisgebühr zu kompensieren.

Darüber hinaus ist der Anwendungsbereich von Teil 3 VV auch weitergefasst als 4
der dritte Abschn. der BRAGO, findet nunmehr doch eine Gleichstellung der Vergütung im ordentlichen Gerichtsverfahren und dem FGG-Verfahren statt. Die zwischen Rechtspflegern und Rechtsanwälten immer wieder anzutreffenden Streitigkeiten über die richtige Höhe der Gebühr in FGG-Verfahren haben also mit dem
1.7.2004 ihr Ende gefunden, da die anwaltliche Tätigkeit auch in diesen Verfahren
nunmehr mit Festgebühren und nicht mehr mit Rahmengebühren abzurechnen
ist. Auch die Unterscheidung zwischen Verbund- und isolierten Verfahren findet
praktisch nicht mehr statt.

Soweit der Gesetzgeber sich von dieser Änderung allerdings eine **Entlastung der** 5
Gerichte in Vergütungsstreitigkeiten versprochen haben mag, ist möglicherweise
nicht bedacht worden, dass andererseits die Neuregelungen bei der Geschäftsgebühr
(Nr. 2300 VV) und die neuen Anrechnungsregeln erheblichen Konfliktstoff bieten,
die die Gerichte eher mehr denn weniger beschäftigen.[3] Insbesondere einige Amtsgerichte verstehen es immer wieder, die gesetzgeberische Intention, Gerichte zu
entlasten, zu torpedieren und in das Gegenteil zu verkehren.[4]

Ein weiterer nicht bedachter Nachteil des RVG hat sich im Verhalten der Rechts- 6
schutzversicherer gezeigt. Da diese nur in eingeschränktem Maße vom Wegfall der
Beweisgebühr profitieren, andererseits aber den Erhöhungseffekt bei den gerichtlichen Anwaltsgebühren spüren, sind sie dazu übergegangen, sich von der freien
Anwaltswahl mehr oder weniger zu verabschieden. Über sog. Beratungshotlines
werden Mandate kanalisiert – soweit nicht ohnehin durch das erste Beratungsge-

---

[3] BT-Drs. 15/1971 S. 260, sowie *Mayer* noch in der 3. Aufl: HK-RVG Vorb. 3 VV Rn. 4;
äußerst kritisch demgemäß: *Scharder* DRiZ 2004, 154 (vgl. hierzu die Kritik bei *Schons*, BRAK-
Mitt. 2004, 154; *ders.* BRAK-Mitt. 2004, 202 ff.) sowie *Ruess* MDR 2005, 313 (hierzu kritisch:
Madert/Struck AnwBl. 2005, 640).
[4] Vgl. nur in ständiger – falscher – Rechtsprechung: AG Walsrode AGS 2006, 521 mAnm
Schons; AG Walsrode AGS 20018, 103 mAnm *Schons*; AG Bremervoerde AGS 2009, 302 mAnm
Schons; aA OLG Celle AGS 2008, 161 f. mAnm *Schons*; siehe jetzt auch AG Mehldorf AGS
2011, 311; AG Kassel AGS 2011, 260; **klarstellend jetzt:** BGH AGS 2015, 589 ff. mAnm
Schons.

spräch mit dem Callcenter vermeidbar – jenen Rechtsanwälten zugeführt, die sich einem berufsrechtlich höchst bedenklichen Rationalisierungsabkommen verpflichtet haben.[5]

II. Regelungsinhalt

1. Beistand für einen Zeugen oder Sachverständigen (Absatz 1)

7 Während in der BRAGO eine Gebührenregelung für die Beistandsleistung eines Rechtsanwalts für einen Zeugen oder Sachverständigen nicht vorgesehen war, obgleich derartige Leistungen vermehrt erbracht wurden, ist nunmehr klargestellt, dass dieser Aspekt einer anwaltlichen Tätigkeit der Prozessführung gleichgestellt wird. Die Neuregelung füllt also eine Lücke des alten Gebührensystems und stellt klar, dass der Rechtsanwalt, der nicht als Verfahrensbevollmächtigter, sondern „lediglich" als Beistand tätig wird, seine Vergütung ebenfalls nach dem Gegenstandswert ausrichten kann.

8 Zu beachten ist aber, dass der **Gegenstandswert** für das Verfahren nicht identisch ist mit dem Gegenstandswert für die anwaltliche Tätigkeit, die als Beistandsleistung für einen Zeugen oder Sachverständigen erbracht wird. Der Gegenstandswert ist insoweit nach § 23 Abs. 3 Satz. 2 RVG zu bestimmen und wird in den meisten Fällen bei 5000 Euro liegen.

9 Auf die **Intensität der anwaltlichen Tätigkeit,** die bei einer Beistandsleistung meistens darin bestehen wird, die gestellten Fragen auf ihre Zulässigkeit hin zu überprüfen oder über ein evtl. Zeugnisverweigerungsrecht zu belehren, kommt es nicht an, da nach Festgebühren abgerechnet wird.

10 Der frühestmögliche **Zeitpunkt** für die Beauftragung des Rechtsanwalts, als Beistand für einen Zeugen oder Sachverständigen tätig zu werden, tritt ein mit der Ladung des Zeugen oder Sachverständigen durch das Gericht.[6]

11 Welche Gebührentatbestände der Rechtsanwalt, der als Beistand tätig wird, im Einzelnen verdient, richtet sich nach dem Inhalt des Auftrages und – wie üblich – nach der tatsächlich erbrachten Tätigkeit.

12 Wünscht der Zeuge oder Sachverständige lediglich eine auf den Beweisaufnahmetermin **vorbereitende Beratung,** findet keine Beistandsleistung iSv Vorb. 3 Abs. 1 VV statt, so dass der Rechtsanwalt hierfür weder eine Verfahrensgebühr nach Nr. 3100 VV noch eine Terminsgebühr nach Nr. 3104 VV in Rechnung stellen kann. Vielmehr ist bei einem derart beschränkten Auftrag, der sich auch nicht als Beistandsleistung im eigentlichen Sinne darstellen lässt, nur eine Beratungsgebühr nach § 34 RVG abzurechnen.[7] Kommt es anschließend doch zu einer Teilnahme am Beweisaufnahmetermin, entstehen die Gebühren nach Teil 3 VV, wobei die bereits verdiente und möglicherweise auch abgerechnete Ratsgebühr dann entsprechend § 34 Abs. 2 RVG in vollem Umfange hierauf anzurechnen ist (sofern nichts anderes vereinbart).

13 Erhält der Rechtsanwalt hingegen sofort den Auftrag, den Zeugen oder Sachverständigen zu einem anberaumten Termin zu begleiten, so entsteht für die gewünschte **Tätigkeit im Beweisaufnahmetermin** nicht nur die eigentliche Terminsgebühr nach Nr. 3104 VV sondern auch die Verfahrensgebühr nach Nr. 3100 VV, die der Terminsgebühr zwangsläufig vorausgeht und die bereits mit der Entgegennahme der erforderlichen Informationen für die Vorbereitung des Termins verdient ist. Zieht der Zeuge oder Sachverständige den Auftrag, ihn in dem Termin zu begleiten, zurück, bevor es zu der gewünschten Beistandsleistung kommt, tritt

---

[5] *Schons* NJW 2004, 2952 ff.; *ders.* BRAKMagazin 2007, 8 f.; *ders.* AnwBl. 2012, 223 ff.
[6] Schneider/Wolf/*Onderka/N. Schneider* Vorbemerkung 3 VV Rn. 4.
[7] Gerold/Schmidt/*Müller-Rabe* Vorb. 3 VV Rn. 52.

Erledigung ein und die Verfahrensgebühr beschränkt sich gemäß Nr. 3101 VV auf 0,8.

Ungeklärt und bislang – soweit ersichtlich – unkommentiert ist die Frage, wie es sich mit der Terminsgebühr für den Beistand verhält, wenn es zur Vernehmung des Zeugen oder Sachverständigen im Termin gar nicht kommt, weil die Voraussetzungen für den **Erlass eines Versäumnisurteils** vorliegen und ein solches ergeht. Stellt man darauf ab, dass der Rechtsanwalt die „gleichen Gebühren" wie ein (erschienener) Verfahrensbevollmächtigter verdienen soll, kommt eine Reduzierung der Gebühr nach Nr. 3105 VV (0,5) eigentlich nicht in Betracht, da zu einem ersten Termin (nur in diesem erfolgt eine Reduzierung der Gebühr) jedenfalls üblicherweise noch keine Zeugen und Sachverständigen geladen werden. Im Übrigen entsteht die Terminsgebühr – und zwar in voller Höhe – allein durch die Anwesenheit des Rechtsanwalts, der seinen Mandanten (Zeugen) vor unzulässigen Fragen schützen soll.[8] Wenn es also gerade nicht darauf ankommt, ob sein Eingreifen überhaupt erforderlich wird, so ließe sich vertreten, dass auch ein Entfallen der Beweisaufnahme keinen negativen Einfluss auf die Höhe der Terminsgebühr haben kann. Es bleibt abzuwarten, wie sich die Kostenrechtsprechung derartiger Fälle annimmt.

Wird der Rechtsanwalt von **mehreren Zeugen** ein- und desselben Verfahrens um Beistand gebeten, so kann der Rechtsanwalt alle entstehenden Gebühren jedem einzelnen Zeugen (Mandanten) gegenüber abrechnen, sofern er solche Mandate nebeneinander überhaupt führen kann, ohne in einen Interessenkonflikt zu geraten. Ein Fall der Nr. 1008 VV liegt jedenfalls nicht vor, da keine identischen Gegenstände der anwaltlichen Tätigkeit anzutreffen sind. Jeder einzelne Zeuge, der Beistand erbeten hat, will individuell bei seiner Befragung unterstützt werden. Auch hier zeigt sich, dass der Gegenstand dieser anwaltlichen Tätigkeit eben nicht zu verwechseln ist mit dem Gegenstand des Verfahrens selbst (→ Rn. 8).[9]

Der Zeuge oder Sachverständige, der sich eines Rechtsanwalts als Beistand bei seiner Anhörung oder Vernehmung bedient, wird in der Regel keinen **Kostenerstattungsanspruch** gegen einen Dritten geltend machen können. Die Kostenentscheidung über die Verfahrens- und Anwaltskosten ergeht zugunsten der einen oder anderen Partei des Verfahrens, niemals aber zugunsten eines angehörten Zeugen oder Sachverständigen. Ausnahmsweise wird es zu einem Kostenausspruch zugunsten eines Zeugen dann kommen, wenn dieser in einem Zwischenstreit erfolgreich mit anwaltlicher Hilfe sein auf den ersten Blick nicht ersichtliches Zeugnisverweigerungsrecht durchsetzt.[10]

2. Verfahrensgebühr (Absatz 2)

Mit der Verfahrensgebühr des RVG wurde die alte Prozessgebühr der BRAGO iSv § 31 Abs. 1 Satz. 1 BRAGO abgelöst, so dass die dort vorzufindende Kommentierung und Rechtsprechung mehr oder weniger uneingeschränkt auf die jetzige Verfahrensgebühr übertragen werden kann. Gleichwohl ist der Anwendungsbereich der Verfahrensgebühr weiter geworden, was sich schon daran zeigt, dass die Verfahrensgebühr als Festgebühr nunmehr auch die Tätigkeit des Rechtsanwalts im FGG-

---

[8] Gerold/Schmidt/*Müller-Rabe* Vorb. 3 VV Rn. 59.

[9] Ebenso wie hier Gerold/Schmidt/*Müller-Rabe* Nr. 1008 VV Rn. 175, der jedoch differenziert zwischen Wertgebühren und Betragsrahmengebühren etwa im Strafverfahren; HK-RVG/*Mayer* Vorb. 3 VV Rn. 17; Schneider/Wolf/*Onderka/N. Schneider* Vorb. 3 VV Rn. 9; aA *Bischof* RVG Vorb. 3 VV Rn. 22, der ebenso differenziert zwischen Wertgebühren und Betragsrahmengebühren, sowie (ohne überzeugende Begründung) OLG Koblenz JurBüro 2005, 589 = AGS 2005, 504.

[10] Schneider/Wolf/*Onderka/N. Schneider* Vorb. 3 VV Rn. 11 unter Hinweis auf *Baumbach/Lauterbach/Albers/Hartmann* ZPO § 387 Rn. 4 sowie Zöller/*Greger* ZPO § 387 Rn. 5.

Vorb. 3 VV Teil 3. Bürgerliche Rechtsstreitigkeiten

Verfahren vergütet. Insoweit findet sich folgerichtig auch in der Formulierung nicht mehr der Hinweis auf den „zum Prozessbevollmächtigten bestellten Rechtsanwalt".

18 **a) Regelungsinhalt im Einzelnen.** Die Verfahrensgebühr entsteht bereits, wenn dem Rechtsanwalt der Auftrag erteilt wird, in einem der unter Teil 3 VV fallenden Verfahren tätig zu werden. Dies bedeutet, dass der **„Klägervertreter"** bereits mit der Entgegennahme der Informationen die Verfahrensgebühr verdient, die ihn in die Lage versetzen, demnächst eine Klageschrift zu fertigen, die bei Gericht eingereicht werden soll.[11] Der **„Beklagtenvertreter"** wird demgegenüber eine Verfahrensgebühr nur unter der Voraussetzung verdienen können, dass seinem Mandanten eine Klageschrift bereits zugestellt wurde.

19 Dies führt dazu, dass der Klägervertreter für Gespräche mit der Gegenseite, die auf einer Vermeidung des gerichtlichen Verfahrens hinwirken sollen, bereits eine Terminsgebühr nach Teil 3 Vorb. 3 Absatz. 3 VV verdienen kann, während der **Beklagtenvertreter** bei diesen Gesprächen „leer ausgeht", weil er zu diesem Zeitpunkt noch keinen Verfahrensauftrag hat bzw. noch keinen Verfahrensauftrag haben kann.[12] Diese Rechtsfolge – das unterstreicht der Gesetzgeber jetzt nochmals – ist ausdrücklich gewünscht und entzieht damit nach zutreffender Ansicht der „Gleichstellungsrechtsprechung des OLG Koblenz" (und der des BGH),[13] den Boden.[14] Wirklich dramatisch ist dies im übrigen für den Beklagtenvertreter nicht, der seine umfangreiche Tätigkeit dadurch angemessen abrechnen kann, dass er den Gebührenrahmen nur Nr. 2300 VV ausschöpft.

20 In den Motiven zum 2. KostRModG[15] wird dies sogar ausdrücklich ausgeführt.

„Es bestehen keine Bedenken, wenn dies dazu führt, dass der bereits mit unbedingtem Klageauftrag versehene Verfahrensbevollmächtigte des Klägers für eine Besprechung mit dem Beklagten vor Klageeinreichung eine Terminsgebühr erhält, während der Vertreter der Gegenseite mangels eine unbedingten Prozessauftrages seine Gebühren nach Teil 2 abrechnen muss. Die in Teil 2 VV RVG für die Vertretung vorgesehene Gebührenspanne in Nr. 2300 VV RVG ermöglicht die gleichen Gebühren wie die Regelungen in Teil 3, setzt allerdings eine entsprechende umfangreiche und schwierige Tätigkeit voraus."

21 Obgleich *Müller-Rabe* in Rn. 2 seiner Kommentierung zu Vorbemerkung 3 VV diese Motive des Gesetzgebers ebenfalls wörtlich wiedergibt, versucht er sich in Rn. 20 daran, der hier vertretenen Auffassung entgegenzutreten.[16] So soll der von einer Klage bedrohte Auftraggeber angeblich seinem Rechtsanwalt einen **unbedingten** (???) Verfahrensauftrag erteilen, wenn er sich mit der Sache nicht beschäftigen will oder sich auf eine längere Reise begibt. Wieso es hier nicht ausreichend sein soll, dem Rechtsanwalt für den Fall der Klagezustellung einen Verfahrensauftrag zu erteilen, also einen bedingten, verrät Müller-Rabe nicht und flüchtet sich in wirtschaftliche Überlegungen, die es ihm geraten erscheinen lassen, den vom Gesetzgeber aber nun einmal geforderten unbedingten Verfahrensauftrag fiktiv (?) zu unterstellen.

22 Nach diesseitiger Auffassung entsteht eine Gebühr, wenn die gesetzlichen Voraussetzungen für ihr Entstehen vorliegen und nicht schon dann, wenn es im wirtschaftli-

---

[11] Vgl. nur OLG Hamm JurBüro 2005, 593.
[12] Vgl. bereits hier BGH AGS 2007, 166 mAnm *Schons*; aA OLG Koblenz AGS 2010, 66 ff. m. kritischer Anm. *Schons*.
[13] OLG Koblenz AGS 2010, 66 f.; BGH ASG 2012, 443.
[14] *Schneider/Thiel* S. 179; ebenso Bischof VV 3100 Rn. 365 f.; so auch schon *Schons* AGS 2010, 483 (485) in Anm. zu BGH; *Jungbauer* DAR 2010, 614; *Enders* JurBüro 2010, 580 in Anm. zu BGH.
[15] BT-Drs. 15/1971, 208.
[16] Vgl. Gerold/Schmidt/*Müller-Rabe* Vorb. 3 VV Rn. 20.

chen Interesse des Anwalts oder des Mandanten liegen **könnte,** eine Gebühr entstehen zu lassen.

Ebenso abwegig ist es unterstellen zu wollen, dass ein Mandant seinem Rechtsanwalt einen sich – möglicherweise im Nachhinein als überflüssig herausstellenden – unbedingten Prozessauftrag erteilt, um spätere Gebührenerstattungsfragen leichter klären zu können.

Andere Gebührenrechtler, die die vom Gesetzgeber nun endlich geschaffene klare Rechtslage wieder relativieren wollen, bemühen das Wettbewerbsrecht und das Erstellen einer Schutzschrift als Argument dafür, dass auch hier der Mandant (als Antragsgegner) einen Anwalt beauftrage, bevor der Antrag auf eine einstweilige Verfügung zugestellt sei. Dieses Beispiel hinkt ganz besonders, da dem Erstellen einer Schutzschrift durch den Anwalt ein entsprechender Verfahrensauftrag ja definitiv vorausgeht.

Wer die klare Unterscheidung zwischen bedingtem und unbedingtem Prozessauftrag wieder „verwässern will", handelt bei richtigem Hinsehen weder im Interesse des Mandanten noch im Interesse des Rechtsanwalts, sondern fördert nur weitere Streitfragen, die dann kostenintensiv vor Gericht geklärt werden müssen.

Die Verfahrensgebühr deckt auch das gesamte **Betreiben des Geschäfts** ab, das sich der Informationserteilung durch den Mandanten anschließt. Gemeint ist hiermit nicht nur die Erstellung der Klageschrift oder der Klageerwiderung, sondern auch die weitere Bearbeitung des Mandats, also das Fertigen von weiteren Schriftsätzen, die Durchführung von weiteren Besprechungen mit dem Mandanten, die Kommentierung von Beweisbeschlüssen, die Vorbereitung von Beweisaufnahmen und ähnliches bis zum Abschluss der Instanz. Mit der Verfahrensgebühr sind auch alle **Nebentätigkeiten** abgegolten, die über § 19 RVG dem jeweiligen Rechtszug zugewiesen sind, also ua auch die Einsichtnahme in Grundbücher oder Handelsregister, die Beschaffung von Urkunden, Aktenauszügen, Registerauszügen oder ähnlichem.

Wie **intensiv** diese Tätigkeiten auch sein mögen, sie haben keinen Einfluss auf die Höhe der Vergütung; die Festgebühr beträgt in der ersten Instanz 1,3 und in der zweiten Instanz 1,6. Selbst die Verwertung von **Fremdsprachenkenntnissen** führt nicht zu einer Erhöhung der Gebühr. Beherrscht ein Rechtsanwalt beispielsweise die englische oder der französische Sprache so perfekt, dass er Besprechungen oder die Korrespondenz mit seinem ausländischen Mandanten ohne Übersetzer durchführen kann, so hat allein dies auf die Gebührenhöhe im gerichtlichen Bereich ebenso wenig Bedeutung wie fachspezifische Kenntnisse auf dem Gebiete der Medizin oder der Psychologie.[17] Erst dann, wenn der Rechtsanwalt über seine eigentliche anwaltliche Tätigkeit unter Einsatz seiner besonderen Kenntnisse hinaus geht, kann er neben der Verfahrensgebühr – etwa über eine Vergütungsvereinbarung – eine weitere Vergütung verlangen, so beispielsweise dann, wenn er **Übersetzungsarbeiten** vornimmt, für die üblicherweise ein Übersetzer eingeschaltet wird.[18]

Ist der Rechtsanwalt gleichzeitig auch **Patentanwalt,** so gilt folgendes: Wird ein Rechtsanwalt mit der vorgenannten Doppelqualifikation von einem Mandanten in einer Patent-, Gebrauchsmuster-, Geschmacksmuster-, Markenstreitsache in **beiden Funktionen** beauftragt, so kann er neben den Rechtsanwaltsgebühren auch Patentanwaltsgebühren fordern.[19] Zu Recht weist Müller-Rabe allerdings daraufhin, dass der Mandant in der Regel einen derartigen (erforderlichen) Doppelauftrag nicht erteilen, sondern erwarten wird, dass dieser Rechtsanwalt auch innerhalb nur **eines** Auftrages in der Lage ist, ihn optimal zu vertreten.[20]

---

[17] Gerold/Schmidt/*Müller-Rabe* Nr. 3100 VV Rn. 25.
[18] Gerold/Schmidt/*Müller-Rabe* Nr. 3100 VV Rn. 26.
[19] BGH NJW-RR 03, 913 = JurBüro 03, 428.
[20] Gerold/Schmidt/*Müller-Rabe* § 1 Rn. 57 f.

29 Auftraggeber müssen in der Regel nicht von einem Doppelauftrag und insbesondere vom Anfall doppelter Gebühren ausgehen, so dass zumindest eine entsprechende Klarstellung bei Auftragsannahme vom Rechtsanwalt erwartet werden kann.[21]

30 Grundsätzlich beträgt die Verfahrensgebühr in der ersten Instanz 1,3, was aber voraussetzt, dass der Rechtsanwalt nach Annahme des Auftrages bestimmte Tätigkeiten in Ausführung dieses Auftrages auch ausübt, nämlich die Fertigung und Einreichung der Klageschrift, die Einreichung eines ein Verfahren einleitenden Antrags, eines Schriftsatzes, der Sachanträge enthält, die Einreichung von Schriftsätzen mit der Zurücknahme der Klage oder des Antrags. Gleiches gilt selbstverständlich auch, wenn der Rechtsanwalt für den Mandanten einen Termin wahrnimmt, da die dann entstehende Terminsgebühr zwangsläufig auch eine Verfahrensgebühr voraussetzt.

31 Wie die BRAGO kennt auch das RVG von dem Grundsatz der vollen Gebühr Ausnahmen, die sich früher in § 32 BRAGO und heute in Nr. 3101 VV wieder finden. **Erledigt** sich der Auftrag, bevor der Rechtsanwalt wenigstens eine der oben genannten Tätigkeiten erbracht hat, so reduziert sich die Verfahrensgebühr auf 0,8.

32 Als positive Kehrseite der Verfahrensgebühr nach Nr. 3101 VV kann es bezeichnet werden, dass bei Abschluss von sog. **Mehrvergleichen** auch eine Erhöhung der Verfahrensgebühr – gerade über Nr. 3101 VV – eintritt, nämlich in der Weise, dass sich die volle Verfahrensgebühr aus dem rechtshängigen Gegenstandswert um eine Verfahrensgebühr von 0,8 aus dem nicht rechtshängigen Gegenstandswert erhöht, wobei allerdings unter Berücksichtigung von § 15 Abs. 3 RVG der Höchstbetrag auf 1,3 aus den zusammengerechneten Werten beschränkt ist.

33 **b) Umfang der Vollmacht und Reichweite des erteilten Auftrages.** Für das Entstehen der Verfahrensgebühr ist nicht der Inhalt der unterschriebenen Prozessvollmacht maßgeblich, sondern der Umfang des erteilten Auftrages. Dieser Unterscheidung kommt seit Einführung des RVG maßgebliche Bedeutung zu, da die Höhe der Vergütung ganz entscheidend davon abhängig ist, welche anwaltlichen Tätigkeiten unter welcher **Auftragsdefinition** erbracht werden. Insbesondere Rechtsschutzversicherungen und vergütungserfahrene und kostenorientierte Mandanten versuchen – je nach der zu beurteilenden konkreten Gebührensituation – zu argumentieren, eine Geschäftsgebühr nach Nr. 2300 VV (mit relativ weitem Gebührenrahmen) habe nicht entstehen können, weil man sogleich eine Prozessvollmacht unterschrieben habe. Umgekehrt wird bei der Berechnung einer Terminsgebühr, die zumindest einen Klageauftrag voraussetzt, gerügt, dass nur eine außergerichtliche Vollmacht vorgelegen habe.

34 Auch Rechtsanwälte sind teilweise im Zweifel darüber, ob es schädlich oder unschädlich ist, wenn man sich vorsorglich sofort eine außergerichtliche und eine gerichtliche Vollmacht unterzeichnen lässt. Maßgeblich war und bleibt jedoch das Innenverhältnis zwischen Mandanten und Rechtsanwalt. Während das **Vollmachtsformular** das rechtliche Können (Außenverhältnis) betrifft, ist das rechtliche Dürfen des Rechtsanwalts (Innenverhältnis) durch den erteilten **Auftrag** abgesteckt.

35 Der Vergütungsanspruch richtet sich nach dem **Innenverhältnis.** Ist unbedingter Klageauftrag von Anfang an erteilt worden, steht der Anfall einer Geschäftsgebühr nach Nr. 2300 VV nicht mehr zur Debatte. Fehlt es umgekehrt an einem Prozessauftrag oder ist die Bedingung für einen bedingt erteilten Prozessauftrag (etwa die Nichteinhaltung einer bestimmten Zahlungsfrist) noch nicht eingetreten, so ist die Tätigkeit des Rechtsanwalts bis zum Bedingungseintritt mit der Geschäftsgebühr zu vergüten und nicht mit einer Verfahrensgebühr (gleichgültig, ob eine Prozessvollmacht bereits unterschrieben war oder nicht).[22]

---

[21] Vgl. hierzu auch BGH NJW 1991, 2084.

[22] Siehe hierzu Hartung/Römermann/Schons/*Schons* Nr. 2400 VV Rn. 8, 9; sa Gerold/Schmidt/*Mayer*, Nr. 2300 VV Rn. 9.

Die Streitfrage, ob ein Anwalt eine Verfahrensgebühr auch dann verdienen kann, 36
wenn er vor dem entsprechenden Gericht nicht postulationsfähig ist, ist durch den
BGH zwischenzeitlich geklärt worden.[23] In der Entscheidung vom 1.2.2007 führt
der BGH zu Recht aus, man könne einem Rechtsanwalt keine Gebühren für eine
Tätigkeit zusprechen, die er aufgrund der fehlenden Postulation gar nicht erbringen
könne. Vielmehr müsse er sich für einzelne Tätigkeiten auf Nr. 3403 VV RVG
verweisen lassen.[24]

Erteilt der Mandant dem Rechtsanwalt den Auftrag, für ihn im Prozesskostenhilfe- 37
verfahren tätig zu werden, so entsteht keine Gebühr nach Nr. 3100 VV RVG, sondern nur die Gebühr nach Nr. 3335 VV RVG. Liegen keine besonderen Umstände
(Eilbedürftigkeit, Fristablauf) vor oder erklärt der Mandant nicht unmissverständlich,
dass die Klage auch ohne Prozesskostenhilfe geführt werden soll, so ist der Verfahrensauftrag grundsätzlich nur dahingehend zu verstehen, dass der Auftrag befristet ist
und erst mit der positiven Entscheidung über die Gewährung von Prozesskostenhilfe
wirksam werden soll.[25]

3. Terminsgebühr (Absatz 3)

a) Normzweck. Die Terminsgebühr ersetzt die bisherige Verhandlungs- und 38
Erörterungsgebühr und führt wenn man so will die im RVG nicht mehr vorgesehene
Besprechungsgebühr – unter bestimmten Voraussetzungen, dann aber in verbesserter
Form – gewissermaßen „durch die Hintertür" wieder ein (→ Rn. 47 ff., 56).

Bei der neuen Terminsgebühr hat sich der **Kompensationsgedanke** im Hinblick 39
auf den Wegfall der Beweisgebühr weitestgehend entsprechend den Vorstellungen
der sog. Expertenkommission durchsetzen lassen, wonach es auf das Führen von
Verhandlungen oder auf das Erörtern von Rechtsfragen ebenso wenig ankommt
wie auf die Unterschiede zwischen streitiger oder nicht streitiger Verhandlung (Ausnahme Nr. 3105 VV, siehe dort) sowie die Stellung von Anträgen zur Prozess- oder
Sachleitung.

Verdienen lässt sich die Terminsgebühr auch für die Teilnahme an Gesprächen, 40
die auf eine **Erledigung oder Vermeidung des Verfahrens** hinwirken sollen,
wenn diese ohne Beteiligung des Gerichts geführt werden. Auch **telefonische**
Gespräche reichen hierfür aus, so dass die Formulierung „Terminsgebühr" nicht
wortwörtlich zu nehmen ist.[26] Das Telefonat muss allerdings inhaltlich auf eine
Erledigung des Rechtsstreites gerichtet sein. Wird lediglich über das Ruhen des
Verfahrens gesprochen, so wird eine Terminsgebühr abgelehnt.[27] Ferner dürfte die
Terminsgebühr für derartige Telefonate nur anfallen, wenn der Gegner auch
gesprächsbereit ist.[28] Hingegen ist es ausreichend, wenn der Gegner die Vorschläge
des Anrufenden zwecks Prüfung und Weiterleitung an seine Partei entgegennimmt,
da eine streitige Auseinandersetzung nicht erforderlich ist.[29]

---

[23] BGH AGS 2007, 298 mAnm *N. Schneider.*
[24] Vgl. hierzu differenzierend: Schneider/Wolf/Onderka/*N. Schneider* Vorb. 3 VV Rn. 32 ff.
[25] Vgl. auch hier: Schneider/Wolf/*Onderka* Vorb. 3 VV Rn. 41 ff.
[26] BGH AGS 2007, 129; BGH AGS 2007, 292 f. mAnm *Schons;* OVG Lüneburg AGS 2007, 32; OLG Düsseldorf AGS 2011, 322 f. mAnm *Schneider;* OLG Koblenz AGS 2005, 278; LG Regensburg RVG-Letter 2005, 100; sa schon: Hartung/Römermann/Schons/*Schons* Vorb. 3 VV Rn. 27 unter Hinweis auf AG Schleiden RVGreport 2006, 31 f.; AG Krefeld AGS 2014, 502 f.; aA OLG Karlsruhe AGS 2006, 224 mAnm *Schons;* OLG Naumburg AnwBl. 2007, 725 ff. mAnm *Schons.* Zur Neuregelung der Terminsgebühr vgl. auch sehr eingehend *Schneider* AGS 2013, 563 f. m. vielen Beispielen.
[27] KG AGS 2012, 173 f.
[28] AG Brühl AGS 2011, 482.
[29] BGH AGS 2010, 164; BGH AGS 2007, 129 mAnm *Schons;* OLG Köln AGS 2010, 9.

41 Hingegen dürfte der Austausch von Emails durch die beteiligten Anwälte nicht ausreichend sein, da es sich lediglich um einen schriftlichen Meinungsaustausch handelt.[30]

42 **b) Regelungsinhalt.** Die Terminsgebühr kann in jedem Rechtszug nur **einmal** entstehen, so dass Tätigkeiten, die die Terminsgebühr auslösen, so oft sie auch entfaltet werden und so unterschiedlich sie gestaltet sein mögen, in jedem Fall als höchste Vergütung nur eine Terminsgebühr von 1,2 auslösen können.[31] Nimmt beispielsweise ein Rechtsanwalt im ersten Termin gegen den nicht erschienenen oder nicht ordnungsgemäß vertretenen Gegner ein Versäumnisurteil, so verdient er sich hiermit zunächst eine 0,5 Gebühr nach Nr. 3105 VV. Kommt es zu einem zweiten Termin, in dem die Angelegenheit erörtert oder nunmehr streitig verhandelt wird, verdient er jetzt die volle Terminsgebühr von 1,2 nach Nr. 3104 VV. Die bereits verdiente Gebühr nach Nr. 3105 VV geht in dieser Terminsgebühr auf, da § 38 BRAGO und die dort vorzufindende Regelung ersatzlos gestrichen wurden. Gleiches gilt Übrigens auch dann, wenn im weiteren Gerichtstermin über das erste Versäumnisurteil nicht streitig verhandelt wird, sondern der Rechtsanwalt wegen des erneuten Nichterscheinens der anderen Partei nunmehr ein zweites Versäumnisurteil nehmen kann.[32]

43 **aa) Wahrnehmung von gerichtlichen Terminen.** Die Terminsgebühr für die vorgenannten Termine erhält der Rechtsanwalt schon dann, wenn er an diesem Termin teilnimmt. Ein aktives Tätigwerden wird nicht gefordert, so dass man die Terminsgebühr auch als eine Art **Anwesenheitsgebühr** bezeichnen kann.[33] Nicht ausreichend ist es hingegen, wenn der Rechtsanwalt den Auftraggeber im Termin nicht vertritt, zB weil er erklärt, nicht aufzutreten oder wenn er dem Mandanten, der sich im Termin selbst vertreten will, lediglich als Berater unterstützt.[34]

44 Insbesondere in Familiensachen war selbst bei Teilnahme des Rechtsanwalts an Terminen der Anfall einer Terminsgebühr nicht immer gesichert.[35] Diese Rechtsprechung hat nach dem neuen Gesetzestext allerdings seine Gültigkeit verloren. Erklärtermaßen will der Gesetzgeber die Terminsgebühr auch bei einem Anhörungstermin entstehen lassen, wobei es gleichgültig ist, ob es sich um einen Termin zur Anhörung eines Ehegatten handelt (§ 128 Abs. 1 FamFG) um einen Termin in einem Sorgerechtsverfahren zur Anhörung des Kindes (§ 159 FamFG) oder der Eltern (§ 160 FamFG) oder sonstige Termine zur Anhörung einer Partei oder eines Beteiligten. Freilich ist dann darauf zu achten, nach welchem Wert die Terminsgebühr zu bemessen ist.[36]

45 Nach einer Entscheidung des OLG Nürnberg bleibt es allerdings dabei, dass im Versorgungsausgleichsverfahren auch nach dem neuen Kostenrecht eine Terminsge-

---

[30] AA allerdings OLG Koblenz AGS 2007, 347 mAnm *Schons* und *N. Schneider*; so wie hier: Schneider/Wolf/*Onderka*/*N.Schneider* Vorb. 3 VV Rn. 146; vgl. jetzt auch BGH AGS 2009, 530 ff.

[31] *Volpert* RVGprofessionell 2005, 3 f.

[32] BGH AnwBl. 2006, 674 ff.; sa BGH AGS 2005, 188; OLG Celle, Urt. v. 24.2.2005, RVGprofessionell 2005, 80; differenzierend AG Kaiserslautern JurBüro 2005, 475; s. auch *Enders* JurBüro 2005, S. 561–564.

[33] HK-RVG/*Mayer* Vorb. 3 VV Rn. 34.

[34] Hansens/Braun/Schneider/*Schneider* Praxis des Vergütungsrechts, Teil 7, Rn. 276, 277 sowie *Volpert* RVGprofessionell 2005, 3.

[35] Vgl. zuletzt zB OLG Koblenz AGS 2011, 589 f. mAnm *N. Schneider* ebenso OLG Düsseldorf AGS 2009, 533 = MDR 2010, 174; OLG Koblenz AGS 2008, 339; OLG Köln AGS 2008, 593; aA OLG Schleswig AGS 2007, 502; AG Vechta AGS 2011, 528.

[36] Vgl. das Beispiel bei *Schneider/Thiel* S. 180.

bühr nicht anfallen kann, da § 221 Abs. 1 FamFG eine mündliche Verhandlung nicht vorschreibt.[37]

Damit ist festzustellen, dass nunmehr grundsätzlich alle gerichtlichen Termine einschließlich eines reinen Protokollierungstermins die Terminsgebühr auslösen; ausgenommen sind reine Verkündungstermine. 46

Ein in der mündlichen Verhandlung anwesender Prozessbevollmächtigter des Streitverkündeten soll allerdings keine Terminsgebühr verdienen können, da er keinen gerichtlichen Termin wahrnimmt.[38] 47

Was den Protokollierungstermin angeht, so weist *Schneider* zutreffend darauf hin, dass die Bedeutung der Neuregelung für die Beteiligten Anwälte gering sein dürfte. Meistens geht der Protokollierung eine Besprechung voraus, die bereits nach der Vorb. 3 Abs. 3 S. 3 Nr. 2 eine Terminsgebühr auslöst oder man verdient die Gebühr spätestens durch den Abschluss eines schriftlichen Vergleichs, wozu auch der protokollierte Vergleich zählt (Anm. Abs. 1 Nr. 1 zu Nr. 3104 VV).[39] 48

bb) Gebühr für aussergerichtliche Termine und Besprechungen (Abs. 3 S. 3 Zf. 1: Wahrnehmung eines von einem gerichtlich bestellten Sachverständigen anberaumten Termins). Für die Wahrnehmung derartiger Termine kannte die BRAGO keinen eigenen Gebührentatbestand. Die Beweisgebühr war bereits verdient mit dem Erlass des Beweisbeschlusses und das Entstehen einer Verhandlungs- oder Erörterungsgebühr scheiterte in der Regel daran, dass das Gericht an solchen Terminen mit dem Sachverständigen nicht teilnahm. In der Praxis führte dies oftmals dazu, dass Rechtsanwälte – mit Einverständnis ihrer Mandanten – sich darauf verständigten, zu solchen Terminen nicht zu erscheinen, zumal es meistens ohnehin nur um die Klärung von technischen Fragen durch den Sachverständigen ging. 49

Nunmehr kann dem Rechtsanwalt nur dazu geraten werden, solche Termine in jedem Fall wahrzunehmen. Durch die **bloße Teilnahme** an einem solchen Termin wird bereits die Terminsgebühr in voller Höhe verdient. Insbesondere für die Baurechtler, die durch den Wegfall der Beweisgebühr erhebliche Umsatzeinbußen hinzunehmen haben, können durch die Wahrnehmung von derartigen Terminen, beispielsweise in selbstständigen Beweissicherungsverfahren, eine weitere Kompensationsmöglichkeit des Gesetzes für die veränderte Gebührenstruktur in Anspruch nehmen. 50

Nimmt ein Rechtsanwalt in einem **selbstständigen Beweissicherungsverfahren** den Termin wahr, den der vom Gericht bestellte Sachverständige anberaumt hat, so erhält er neben der Verfahrensgebühr (die auf die spätere Verfahrensgebühr im Hauptverfahren anzurechnen ist) eine Terminsgebühr von 1,2, die auf die spätere Terminsgebühr des Hauptverfahrens **nicht** anzurechnen ist. 51

Aber auch im eigentlichen **Hauptverfahren**, dem kein Beweissicherungsverfahren vorangeht, wird es nunmehr empfehlenswert sein, die vom Sachverständigen anberaumten Termine auch wahrzunehmen. Wenn das Gericht beispielsweise eine Beweisaufnahme nach § 358a ZPO durchführt, so kann der Rechtsanwalt allein durch die Wahrnehmung des Sachverständigentermins eine Terminsgebühr in voller Höhe sichern, die ihm auch erhalten bleibt, wenn die klagende Partei die Klage noch vor dem eigentlichen Verhandlungstermin zurücknimmt.[40] 52

cc) Abs. 3 S. 3 Zf. 2: Mitwirkung an Besprechungen, die auf die Vermeidung oder Erledigung des Verfahrens gerichtet sind, ohne Besprechungen mit dem Auftraggeber. Grundlegende Änderungen sind mit der Neuformulie- 53

---

[37] OLG Nürnberg AGS 2014, 454 ff. mAnm *Schneider.*
[38] OLG Köln AGS 2014, 389 ff.
[39] *Schneider/Thiel* S. 181.
[40] Schneider/Wolf/*Onderka*/N. *Schneider* Vorb. 3 VV Rn. 137.

rung nicht verbunden. Die in der alten Vorb. 3 Abs. 3 vorzufindende Formulierung „auch ohne Beteiligung des Gerichts" konnte entfallen, da es nach dem früheren Streit inzwischen wohl bei allen Gerichten „angekommen ist", dass weder die Abwesenheit noch die Anwesenheit des Richters für den Anfall einer Terminsgebühr bei Besprechungen „schädlich" ist.[41]

54 Keine Terminsgebühr wird man hingegen zusprechen können, wenn nur eine Partei – ohne Beteiligung der Gegenpartei – mit dem Gericht verhandelt und auf einen Vergleich hinwirkt.[42]

55 Die Terminsgebühr entsteht also, wenn der Rechtsanwalt – ob mit oder ohne Beteiligung des Gerichts – mit der Gegenseite **Besprechungen** führt, die darauf hinwirken sollen, das Verfahren zu erledigen oder gar ganz zu vermeiden. Dass es tatsächlich zu einer Erledigung oder Vermeidung kommt, ist – ersichtlich – nicht Voraussetzung für das Entstehen dieser Variante der Terminsgebühr.[43] Das von dem Willen getragene Tätigwerden des Rechtsanwalts, den Rechtsstreit zu beenden oder zu vermeiden, genügt.[44] Dies zeigt sich auch an der Regelung in Nr. 3104 Abs. 2 VV, in der Vorkehrungen für den Fall getroffen werden, dass Einigungsversuche über nicht rechtshängige Ansprüche scheitern und demgemäß anschließend zum Gegenstand eines weiteren gerichtlichen Verfahrens gemacht werden müssen. In diesem Fall muss sich der Rechtsanwalt die für seine Einigungsversuche erhöhte Terminsgebühr auf eine spätere Terminsgebühr in einem neuen gerichtlichen Verfahren anteilig anrechnen lassen.

56 Die Erörterungen können sich auch darauf beschränken, bestimmte Rahmenbedingungen für eine mögliche Einigung abzuklären, so dass sie gebührenauslösend auch dann zu bezeichnen sind, wenn sie nur dazu dienen, das **Verfahren abzukürzen.**[45]

57 Die hier vorzufindende Variante der Terminsgebühr ist eine der **einschneidendsten Änderungen,** die das RVG für die anwaltliche Vergütung gebracht hat und war demgemäß – wie nicht anders zu erwarten – von Anfang an ein Streitpunkt insbesondere zwischen Rechtsschutzversicherungen und der Anwaltschaft. Aber auch in Rechtsprechung und Literatur lässt sich eine gewisse Unsicherheit über den weiten Anwendungsbereich feststellen.

58 Einhellige Auffassung in Rechtsprechung und Literatur war es von Anfang an, dass die Terminsgebühr – mindestens – einen **Prozessauftrag** voraussetzt, da anderenfalls der Abdeckungsbereich von Teil 3 VV (Bürgerliche Rechtsstreitigkeiten ua) nicht betreten und ein dort vorzufindender Gebührentatbestand ohne einen solchen Auftrag auch nicht verdient werden kann. Gespräche vor Erteilung eines Prozessauftrages fallen demgemäß noch unter die Geschäftsgebühr nach Nr. 2300 VV, soweit der Rechtsanwalt über ein entsprechendes Mandat verfügt.[46]

---

[41] Hinsichtlich des früheren Meinungsstreites in Rechtsprechung und Literatur vgl. aber Wolf/Schneider/*Onderka*/*N. Schneider* Vorb. 3 Rn. 158 mit entsprechenden Nachweisen.

[42] Vgl. nur LAG Berlin-Brandenburg AGS 2012, 15 mit kritischer Anm. *Schneider,* der darauf hinweist, dass aufgrund des Abschlusses des Vergleiches die Gebühr nach Nr. 3104 Anm. 1 VV entstanden ist; aA LG Freiburg AGS 2007, 296, wonach bereits das Gespräch zwischen einer Partei und dem Gericht ausreichend sein soll.

[43] Vgl. OLG Koblenz AGS 2005, 278 mAnm *Madert;* sa: OLG Koblenz RVGreport 2005, 313: Beweislast beim Bestreiten der Terminsgebühr.

[44] *Volpert* RVGprofessionell 2005, 4.

[45] So zutreffend: Schneider/Wolf/*Onderka*/*N. Schneider* Vorb. 3 VV Rn. 151 sa BGH AGS 2007, 292 mAnm *Schons;* zur Berechnung der Terminsgebühr in solchen Fällen vgl. KG Beschl. v. 6.11.2008 – 2 W 11/08, BeckRS 2009, 06903.

[46] Vgl. hierzu nur beispielhaft in den Vorauflagen: *Gebauer*/*Hembach*/*N. Schneider* in Gebauer/Schneider Vorb. 3 VV Rn. 128.

Falsch ist hingegen die Auffassung des BGH, wonach in einem Verfahren über 59
die Bewilligung von Prozesskostenhilfe in dem ohne mündliche Verhandlung entschieden wird, eine Terminsgebühr nicht anfallen könne.[47]

Höchst **umstritten** war hingegen zunächst die Frage, ob der Anfall einer Ter- 60
minsgebühr über den eigentlichen Prozessauftrag hinaus an **weitere Bedingungen** geknüpft ist, etwa an die Einreichung der Klage oder gar an die Rechtshängigkeit des Verfahrens.[48] Die Vertreter dieser Ansicht schienen sich aber schon damals selbst – zu Recht – höchst unsicher zu sein, fand sich beispielsweise bei *Gebauer/Hembach/ Schneider* an anderer Stelle doch die gegenteilige Auffassung vertreten. („Auch solche Gespräche, die der zum Prozessbevollmächtigten bestellte Rechtsanwalt **noch vor Klageeinreichung** mit dem späteren Prozessgegner führt, werden dann von der Terminsgebühr mit abgedeckt").[49]

Nach richtiger Ansicht ist für das Entstehen der Terminsgebühr lediglich Voraus- 61
setzung, dass ein Prozessauftrag erteilt wurde. Das Einreichen einer Klageschrift, ja nicht einmal das Fertigen einer Klageschrift ist nach dem eindeutigen Wortlaut des Gesetzestextes und auch unter Berücksichtigung der Gesetzesmotivation Voraussetzung für das Entstehen einer Terminsgebühr.[50]

Nach den Vorstellungen des Gesetzgebers soll die Terminsgebühr für den Rechts- 62
anwalt einen Anreiz darstellen, **in jeder Phase** des Verfahrens zu einer möglichst frühen, der Sach- und Rechtslage entsprechenden Beendigung des Verfahrens ohne einen gerichtlichen Verhandlungstermin beizutragen.[51] Demgemäß soll der Rechtsanwalt nicht nur für das Hinwirken auf die Erledigung eines (rechtshängigen) Verfahrens die Terminsgebühr erhalten, sondern auch für eine Tätigkeit, die ein solches (noch nicht anhängiges) Verfahren **vermeiden** hilft.

Die Richtigkeit dieser Auffassung ergibt sich schließlich auch aus der bereits an 63
anderer Stelle zitierten Vorschrift von Nr. 3104 VV Abs. 2: Die dort vorzufindende Regelung indiziert, dass Verhandlungen über nicht rechtshängige Ansprüche zu einer Erhöhung der Terminsgebühr führen, wobei der Erhöhungsbetrag auf eine spätere Terminsgebühr wegen desselben Gegenstandes in einem anderen Verfahren anzurechnen ist. Wäre Rechtshängigkeit stets Voraussetzung für den Anfall einer Terminsgebühr, würde diese Vorschrift nicht den geringsten Sinn machen.[52] So war es dann auch nicht überraschend, dass sich der BGH dieser zutreffenden Ansicht anschloss und den Meinungsstreit damit iSd Anwaltschaft aber auch iSd Gesetzgebers beendete.[53]

Die letzte Variante der Terminsgebühr bringt dem Rechtsanwalt damit in der Tat 64
die ihm mit dem RVG eigentlich genommene Besprechungsgebühr (vgl. § 118 Abs. 1 Satz 2 BRAGO) in verbesserter Form zurück. Während außergerichtliche Vergleichsverhandlungen den mit einem Prozessauftrag versehenen Rechtsanwalt keine Gebühren verdienen ließen (die Besprechungsgebühr scheiterte am Prozessauftrag und eine Erörterungsgebühr hatte zur Voraussetzung, dass vor Gericht erörtert wurde), kann nunmehr durch Gespräche (auch Telefonate) zwischen den

---

[47] BGH AGS 2012, 274 ff. mit kritischer und zutreffender Anm. *Schneider*.
[48] Vgl. hierzu noch in den Vorauflagen: *Gebauer/Hembach/N. Schneider* in Gebauer/Schneider Vorb. 3 VV Rn. 128; Rehberg/Xanke/*Göttich/Mümmler* RVG, 2. Aufl., S. 942.
[49] Vgl. hierzu die Vorauflage: *Gebauer/Hembach/N. Schneider* in: Gebauer/Schneider RVG Vorb. 3 VV Rn. 18; vgl. auch *N. Schneider*, Fälle und Lösungen zum RVG, 2005, 190 (191 „Beispiel 14").
[50] So schon: *Volpert* RVGprofessionell 2005, 4; *Hauskötter* RVGprofessionell 2004, 130; Hartung/Römermann/Schons/*Schons* Vorb. 3 VV Rn. 8 ff.; *Schons* NJW 2005, 3089 ff., 3092; AG Zeven AGS 2005, 254–256.
[51] BT-Drs. 15/1971, S. 148, 209.
[52] So auch *N. Schneider* AGS 2005, 256 ebenso wohl OLG Stuttgart AGS 2005, 256 ff. (257).
[53] BGH AGS 2007, 166 mAnm *Schons*.

Rechtsanwälten zwecks Vermeidung oder Erledigung des Verfahrens eine volle Terminsgebühr nach Nr. 3104 VV in Höhe von 1,2 verdient werden.[54] Aufgrund einer recht eigenwilligen Entscheidung des BGH soll sogar der „Beklagtenvertreter" eine solche Gebühr beanspruchen können.[55]

65 Unter anderem dieser Entscheidung ist der Gesetzgeber in der Vorb. 3 VV eigentlich mit erfrischender Deutlichkeit entgegengetreten, wenngleich es – wie oben bereits dargestellt – einige Kommentatoren nach wie schaffen, die eindeutige Gesetzeslage erneut zu relativieren und „zu verwässern" (→ Rn. 21 ff.)

66 Da sich derartige Gespräche – zwangsläufig – nicht dem Gerichtsprotokoll entnehmen lassen, ist allerdings auf eine **nachvollziehbare Dokumentation** für das spätere Kostenfestsetzungs- oder Kostenausgleichsverfahren zu achten.[56] Der von beiden Rechtsanwälten in einem Begleitschriftsatz zum Kostenfestsetzungsantrag vorzufindende Hinweis, zu einem bestimmten Datum und zu einer bestimmten Uhrzeit habe ein Einigungsgespräch stattgefunden, dürfte ausreichend sein.

67 Eine solche Dokumentation empfiehlt sich allerdings auch dann, wenn die „Erledigungsgespräche" im Rahmen eines gerichtlichen Verfahrens stattgefunden haben, da die Gespräche auch dort nicht unbedingt protokolliert sein müssen. So ist die Protokollierung für die Festsetzung der Terminsgebühr nach der Rechtsprechung des BGH nicht erforderlich, im Falle eines Streites wird der Rechtsanwalt den Anfall aber anderweitig belegen müssen.[57]

68 Zur Vermeidung von Streitigkeiten kann es schließlich sinnvoll sein, die Vollmacht auch auf die Führung solcher Gespräche zu erstrecken.[58]

69 Die fehlende Notwendigkeit einer Rechtshängigkeit des Verfahrens für den Anfall der Terminsgebühr privilegiert den Rechtsanwalt in mehrfacher Hinsicht, wenn es ihm tatsächlich gelingt, die Besprechungen auch zu einem **erfolgreichen Abschluss**, also zu einer Einigung zu bringen. Zwar reduziert sich im Falle einer Einigung vor Rechtshängigkeit die Verfahrensgebühr gemäß Nr. 3101 VV auf 0,8; daneben erhält der Rechtsanwalt aber die volle Terminsgebühr von 1,2 und insbesondere die privilegierte Gebühr für eine Einigung im außergerichtlichen Bereich von 1,5 (Nr. 1000 VV).

70 Je nach Mandatsvergabe kann der Rechtsanwalt, wenn er zunächst erfolglos außergerichtlich tätig war und erst **nach Klageauftrag** durch weitere Verhandlungen eine Einigung herbeiführt, folgende Gebührentatbestände verwirklichen:

Gegenstandswert: 7.000 Euro

1,5 Geschäftsgebühr nach Nr. 2300 VV:	607,50 EUR
0,8 Verfahrensgebühr nach Nr. 3101 VV:	324,00 EUR
– 0,75 Geschäftsgebühr gem. Vorb. 3 Abs. 4 VV:	303,75 EUR
1,2 Terminsgebühr nach Nr. 3104 VV:	486,00 EUR
1,5 Einigungsgebühr nach Nr. 1000 Abs. 1 VV:	607,50 EUR
Summe:	1.721,25 EUR

71 In der Regel wird sich der Rechtsanwalt die **Terminsgebühr** durch das aktive Führen von Besprechungen verdienen. Voraussetzung für den Anfall der Terminsgebühr ist dies jedoch nicht, da der Gesetzeswortlaut lediglich eine Mitwirkung an

---

[54] Vgl. statt aller: HK-RVG/*Mayer* Vorb. 3 VV Rn. 62.

[55] Vgl. hierzu BGH AGS 2010, 483 = NJW 2001, 530; Bestätigung von OLG Koblenz AGS 2010, 66 m. krit. Anm. *Schons*.

[56] Vgl. *Hergenröder* AGS 2005, 473 ff., 474; LG Mannheim AGS 2005, 518; OLG Koblenz RVGreport 2005, 313 = NJW 2005, 2162.

[57] Vgl. hierzu aber zunächst BGH AGS 2007, 322; BGH AGS 2007, 292 mAnm *N. Schneider*; BGH RVGprofessionell 2007, 166 sowie die Empfehlung bei Schneider/Wolf/*Onderka*/N. *Schneider* Vorb. 3 VV Rn. 159.

[58] Schneider/Wolf/*Onderka*/N. *Schneider* Vorb. 3 VV Rn. 160.

Besprechungen verlangt. Dies lässt die Schlussfolgerung zu, dass die Einflussnahme auf „Einigungs-Besprechungen" ausreichend ist. Die Lage ist vergleichbar mit der Situation bei der Einigungs- oder Vergleichsgebühr. Segnet ein Rechtsanwalt die vom Mandanten geführten Besprechungen ab oder begleitet diese beratend, so wirkt er ebenfalls auf den Abschluss des Verfahrens hin und verdient die Terminsgebühr. Gleiches gilt auch, wenn der Rechtsanwalt aus wohl erwogenen Gründen vom Abschluss einer Einigung, die der Mandant mit seinem Gegner angedacht hat, abrät.[59]

Die Bedeutung dieser Variante der Terminsgebühr lässt sich schon anhand von einigen skurrilen Entscheidungen auch höchstrichterlicher Rechtsprechung ablesen. So hatten beispielsweise die Oberlandesgerichtes Karlsruhe und Naumburg zunächst die Auffassung vertreten, Telefonate, die nur das Ziel hatten, den Rechtsstreit zu erledigen und zu vermeiden, seien für den Anfall der Terminsgebühr nicht ausreichend.[60] Der Bundesgerichtshof wiederum vertrat in einer Entscheidung vom 15.3.2007 die überraschende und nicht nachvollziehbare Entscheidung, eine Terminsgebühr könne nicht anfallen, wenn die Prozessbevollmächtigten der Parteien nach Androhung eines Beschlusses nach § 522 ZPO über eine anderweitige Beendigung des Verfahrens kommunizierten.[61] 72

Mit dem Gesetzestext lässt sich diese Entscheidung schwerlich vereinbaren. Weder verlangt der Anfall der Terminsgebühr über Teil 3 Vorb. 3 Abs. 3 VV RVG, dass für das Verfahren eine mündliche Verhandlung vorgeschrieben ist, noch macht die reine Ankündigung eines Verfahrens nach § 522 ZPO **zu diesem Zeitpunkt** eine mündliche Verhandlung in der Berufung entbehrlich.[62] 73

Es bleibt nach wie vor völlig unerfindlich, was den BGH veranlasst hat, contra legem zu entscheiden, und eine Tatbestandsvoraussetzung via eigener Rechtsfindung dem Gesetzestext hinzuzufügen, der weder in der Gesetzesbegründung noch in der sonstigen Kommentierung eine Grundlage hat. 74

Hoffnungen, dass der BGH diese ersichtlich falsche Rechtsprechung ändern würde, hervorgerufen durch die Entscheidungen vom 2.11.2011 und 13.12.2011,[63] haben ganz offensichtlich getrogen, wie eine weitere Entscheidung des BGH vom 28.2.2012 eindrucksvoll belegte.[64] 75

Der Gesetzgeber sah sich demgemäß spätestens jetzt veranlasst, zu reagieren und die in der Vorbemerkung 3 vorzufindenden Veränderungen sind im wesentlichen darauf zurückzuführen, dass die hier zuletzt besprochene Variante der Terminsgebühr natürlich und **ersichtlich** unabhängig davon ist, ob in dem zugrundeliegenden Verfahren eine mündliche Verhandlung vorgeschrieben ist oder nicht. Damit folgt der Gesetzgeber der zutreffenden Instanzenrechtsprechung und der heftigen Kritik, die diese Rechtsprechung erfahren hat.[65] Da nicht auszuschließen ist, dass einige Gerichte diesen klaren – und eindeutigen Willen des Gesetzgebers nicht aus dem 76

---

[59] HK-RVG/*Mayer* Vorb. 3 VV Rn. 60.
[60] OLG Karlsruhe AGS 2006, 224 mAnm *Schons* sowie OLG Naumburg AnwBl. 2007, 725 mAnm *Schons*; aA dann aber BGH AGS 2007, 292 f.
[61] Vgl. BGH AnwBl. 2007, 631 ff. mAnm *Schons* = AGS 2007, 397; ebenso BGH AGS 2007, 298; zustimmend *KG* JurBüro 2008, 473 = RVGprofessionell 2009, 4; äusserst kritisch auch *Schneider* in AGS 2012, 276; sowie *Thiel* AGS 2012, 13, 14.
[62] Kritisch demgemäß zu Recht auch: Schneider/Wolf/*Onderka/N. Schneider* Vorb. 3 VV Rn. 140; zu sonstigen Irrungen und Wirrungen der Rechtsprechung zur Terminsgebühr vgl. auch *Schons* AGS 2006, 209 ff.; *ders.* in Anm. zu OLG Koblenz AGS 2014, 269; siehe jetzt auch *Schneider* AGS 2015, 261 ff.
[63] BGH AGS 2012, 10; BGH AGS 2012, 124.
[64] BGH AGS 2012, 274 ff. mit kritischer Anm. *Schneider.*
[65] Zur gegenteiligen Rechtsprechung vgl. etwa OLG München AGS 2010, 240; OLG München AGS 2011, 213 = AnwBl. 2011, 590; OLG Düsseldorf AGS 2011, 322.

Gesetzestext herauslesen, sei die Gesetzesbegründung (Regierungsentwurf) hier abgedruckt:

> *Der Neuaufbau des Abs. 3 soll einen Streit in der Rechtsprechung zum Anfall der Terminsgebühr für Besprechungen dahingehend entscheiden, dass die Terminsgebühr für die Mitwirkung an auf die Vermeidung oder Erledigung des Verfahrens gerichtete aussergerichtliche Besprechungen auch dann entsteht, wenn die gerichtliche Entscheidung ohne mündliche Verhandlung durch Beschluss ergeht. Diese Auffassung entspricht den Entscheidungen des OLG München vom 27.8.2010 (AGS 2010, 24f.) und 25.3.2011 (AGS 2011, 213ff.), die einer Entscheidung des BGH vom 1.2.2007 (AGS 2007, 298ff.) entgegentreten.*
>
> *Die nunmehr vorgeschlagene Klärung der Streitfrage entspricht der Intention des Gesetzgebers, wie sich aus Vorbemerkung 3.3.2 VV ableiten lässt. Nach dieser Vorbemerkung bestimmt sich die Terminsgebühr im Mahnverfahren nach Teil 3 Abschn. 1. Diese Bestimmung würde keinen Sinn ergeben, wenn eine mündliche Verhandlung in dem Verfahren vorgeschrieben sein müßte oder zumindest auf Antrag stattfinden müßte. Der erste Satz soll verdeutlichen, dass die Terminsgebühr sowohl durch gerichtliche als auch durch aussergerichtliche anwaltliche Tätigkeiten unabhängig voneinander anfallen kann. Mit dem Zusatz „wenn nichts anderes bestimmt ist" sollen die Fälle der „fiktiven Terminsgebühr" bei denen kein Termin wahrgenommen wird, erfasst werden.*

77 Deutlicher lässt es sich hoffentlich nicht sagen und es ist erfreulich, dass in die Begründung die Argumentation der Literatur beispielsweise zum Anfall einer Terminsgebühr im Mahnverfahren aufgenommen wurde.

78 Wie nicht nur in diesem Kommentar an verschiedensten Stellen nachzulesen ist, ist eine Fehlinterpretation der gebührenrechtlichen Gesetzestexte durch Gerichte leider alles andere als ein Einzelfall. Es ist – zurückhaltend ausgedrückt – jedenfalls bemerkenswert, wie oft der Gesetzgeber im nachhinein klärend eingreifen muss (vgl. etwa die Notwendigkeit § 15a RVG einzuführen). Umgekehrt werden sich einige Oberlandesgerichte freuen, dass ihre dem BGH widersprechende Rechtsprechung ohne Wenn und Aber vom Gesetzgeber bestätigt wird.[66]

79 Der Gesetzeswortlaut „wenn nichts anderes bestimmt ist" soll allerdings nicht nur die Klarstellung bewirken, dass der Anfall einer Terminsgebühr nicht von einer vorgeschriebenen mündlichen Verhandlung abhängig ist, sondern gleichzeitig klarstellen, dass besondere Tatbestände der Terminsgebühr, die in den Nummern des Vergütungsverzeichnisses geregelt sind, **nicht** an die Voraussetzungen der Vorbemerkung 3 Abs. 3 VV geknüpft sind, also zum Beispiel in den Fällen der Anm. Abs. 1 zu Nr. 3104 VV, eine Terminsgebühr also nach wie vor auch ohne einen Termin anfallen kann.[67]

80 Da die gesetzgeberischen Änderungen – wie hier mehrfach dargelegt – nur der Klarstellung dienen, folgen die Gerichte – jedenfalls zum Teil – der richtigen Auffassung auch in „Altfällen".[68]

81 Nach dem eindeutigen Gesetzeswortlaut erhält der Rechtsanwalt jedoch keine Terminsgebühr für die **Besprechungen mit dem eigenen Auftraggeber** (→ Rn. 53). Die Rechtslage entspricht der alten Rechtslage bei der Besprechungsgebühr von § 118 Abs. 1 Satz. 2 BRAGO. Auch dort konnte der Rechtsanwalt eine Besprechungsgebühr für die Unterredung mit dem eigenen Auftraggeber nicht verdienen, es sei denn, es ging um Gründung oder Auflösung eines Gesellschaftsverhältnisses (anders jetzt allerdings die Regelung bei der Geschäftsgebühr nach

---

[66] Vgl. zusätzlich zu den bereits zitierten Entscheidungen etwa OLG Hamm AGS 2011, 584; OLG Köln AGS 2011, 584.
[67] Vgl. auch hier *Schneider/Thiel* S. 184.
[68] Vgl. etwa VG Berlin AGS 2014, 328 ff.

Nr. 2300 VV; dort können sich auch Besprechungen mit dem eigenen Auftraggeber gewichtend auf die Höhe der Gebühr auswirken, → Nr. 2300 VV Rn. 13).

Keine Terminsgebühr soll der Rechtsanwalt auch für die Besprechung mit dem Gericht erhalten.[69] Ferner entsteht die Terminsgebühr nach einer Entscheidung des OLG Brandenburg nicht, wenn es an einer Gesprächsbereitschaft des Gegners fehlt.[70] Und schließlich gibt es auch keine Terminsgebühr bei bloßen Verfahrensabsprachen.[71]

dd) Terminsgebühr beim Vergleichsabschluss nach § 278 Abs. 6 ZPO. Zu den Merkwürdigkeiten in der Rechtsprechung zum Anfall einer Terminsgebühr zählt auch die vom BGH dann glücklicherweise entschiedene Streitfrage, ob die Terminsgebühr auch dann anfällt, wenn der Rechtsstreit im **schriftlichen Verfahren** durch einen **Vergleich** gemäß § 278 Abs. 6 ZPO beendet wird.[72] So vertraten die Oberlandesgerichte Nürnberg und Naumburg – um nur zwei unglückliche Beispiele zu nennen – die Auffassung Vergleiche nach § 278 Abs. 6 ZPO lösten keine Terminsgebühr aus, was mangels vernünftiger Begründung mit einer – falschen – Randbemerkung des Bundesgerichtshof in einer vorangegangenen Entscheidung zur entsprechenden BRAGO-Vorschrift erläutert wurde.[73] Auch hier hat der BGH dankenswerterweise ein Machtwort gesprochen und klargestellt, dass die Terminsgebühr auch bei derartigen Vergleichen entsteht und zwar unabhängig davon, ob die Rechtsanwälte hierüber zunächst iSv Teil 3 Vorb. 3 Abs. 3 VV RVG verhandelt haben oder nicht.[74]

Dass dies thematisiert wurde und manchmal auch noch wird, ist erstaunlich, da der Wortlaut des Gesetzes eine andere Auffassung eigentlich nicht zulässt. In Nr. 3104 Abs. 1 Ziff. 1 VV ist klargestellt, dass die Gebühr (Terminsgebühr) auch entsteht, wenn in einem Verfahren, für das mündliche Verhandlung vorgeschrieben ist, im Einverständnis mit den Parteien oder gemäß § 307 Abs. 2 ZPO oder § 495a ZPO ohne mündliche Verhandlung entschieden oder in einem solchen Verfahren ein schriftlicher Vergleich geschlossen wird. Völlig zu Recht folgert hieraus die ganz **herrschende Meinung** in der Literatur, dass der an einem Vergleich im schriftlichen Verfahren beteiligte Rechtsanwalt – auch – eine Terminsgebühr verdiene und zwar völlig unabhängig davon, ob außerhalb des gerichtlichen Verfahrens „lediglich" ein schriftlicher Vergleich zustande komme oder ein gerichtlicher Beschlussvergleich gemäß § 278 Abs. 6 ZPO.[75] Die **Gegenansicht** in der Literatur verlangt demgegenüber einen Beschlussvergleich und begründet dies mit dem Gesamtzusammenhang der in Absatz. 1 Satz. 1 vorzufindenden Regelung.[76]

---

[69] Vgl. etwa OVG Bremen AGS 2015, 272 f.; ebenso OVG NRW AGS 2014, 124 ff.; VG München AGS 2014, 215 ff.; FG Baden Württemberg AGS 2015, 123 f.

[70] OLG Brandenburg AGS 2015, 323 ff.

[71] BGH AGS 2014, 211 ff.

[72] Zum damaligen Meinungsstreitstand: vgl. Hartung/Römermann/Schons/*Schons* Vorb. 3 VV Rn. 47 ff.

[73] OLG Nürnberg AnwBl. 2005, 222; OLG Naumburg AGS 2005, 483 unter Hinweis auf BGH NJW 2004, 2311; ebenso noch OLG Saarbrücken AGS 2005, 485.

[74] BGH AGS 2005, 540 ff.; sa KG AGS 2005, 543, auf das Aushandeln der Rechtsanwälte stellte noch ab: OLG Nürnberg RVGreport 2005, 312 in Abgrenzung zu OLG Nürnberg AnwBl. 2005, 222; ebenso der falschen Rechtsprechung nachhängend: OLG Düsseldorf AGS 2005, 487 mAnm *N. Schneider.*

[75] Gerold/Schmidt/*Müller-Rabe* Nr. 3104 VV Rn. 60 ff.; Hansens/Braun/Schneider/*Hansens*, Praxis des Vergütungsrechts, Teil 7 Rn. 349; Zöller/*Vollkommer* ZPO § 278 Rn. 27; *Schons* NJW 2005, 3092; *ders.* Anm. zu OLG Nürnberg, AGS 2005, 145; s. auch OLG Nürnberg AnwBl. 2006, 145 f.

[76] So noch in Vorauflagen etwa: *Gebauer/Wahlen* in Gebauer/Schneider 3104 VV Rn. 31; noch weitergehend *Hartmann*, 34. Aufl., Nr. 3104 VV Rn. 30: Auch beim Beschlussvergleich fällt keine Terminsgebühr an.

85 Bei den meisten Fallkonstellationen wird dieser eigentlich überflüssige Meinungsstreit ohnehin keine Rolle spielen. Auch und gerade **Beschlussvergleiche** iSv § 278 Abs. 6 ZPO werden üblicherweise von Rechtsanwälten im Rahmen von außergerichtlichen Besprechungen oder Telefonaten vorbereitet und das Ergebnis wird sodann dem Gericht mit der Bitte mitgeteilt, einen entsprechenden Beschlussvergleich zu erlassen. In diesen Fällen ist die Terminsgebühr ersichtlich schon unter Berücksichtigung von Teil 3 Vorb. 3 Abs. 3 VV verdient, so dass die unterschiedlichen Auffassungen in Rechtsprechung und Literatur nur in den wenigen Fällen zum Tragen kommen, in denen das Gericht von sich aus tätig wird, einen Vergleichsvorschlag unterbreitet und die Rechtsanwälte diesen Vergleichsvorschlag – ohne zuvor miteinander Kontakt aufgenommen zu haben – annehmen.[77]

86 Folgt man der hier vertretenen Auffassung, ist aber auch dann entsprechend Nr. 3104 Abs. 1 Satz. 1 VV eine Terminsgebühr verdient (ebenso wenn Rechtsanwälte ausschließlich schriftsätzlich – also ohne Besprechungen oder Erörterungen – einen solchen Vergleich vorbereitet haben). Anzufügen wäre freilich noch, dass sich der Gesetzgeber endlich dazu durchringen konnte, Nr. 3106 VV dahingehend anzupassen, dass auch bei Betragsrahmengebühren eine Terminsgebühr dort zugesprochen wird, wo unter vergleichbaren Bedingungen ein schriftlicher Vergleich geschlossen wird (→ Nr. 3106 VV Rn. 1 u. 16). Bei Altfällen wird allerdings nach wie vor der Anfall einer Terminsgebühr bei Abschluss eines schriftlichen Vergleichs abgelehnt.[78]

87 **ee) Terminsgebühr durch Entscheidungen im schriftlichen Verfahren.** Endet der Rechtsstreit nicht durch einen Vergleich, sondern durch eine Entscheidung im schriftlichen Verfahren, so verdient der Rechtsanwalt eine Terminsgebühr nur dann, wenn er entweder zur Erledigung des Rechtsstreites an Besprechungen mitgewirkt oder das Verfahren zumindest schriftsätzlich gefördert hat.[79] Eine solche Förderung des Verfahrens kann auch darin bestehen, dass der Rechtsanwalt des Beklagten ein schriftliches Anerkenntnis abgibt und anschließend ein Anerkenntnisurteil ergeht. Auch hier wird eine Terminsgebühr gemäß Nr. 3104 Anm. 1 Abs. 1 VV entstanden sein.[80]

4. Anrechnung der Geschäftsgebühr (Absatz 4)

88 **a) Bisherige Regelung und Neuerungen.** Der neugefasste Abs. 4 der Vorbemerkung 3 VV trägt in erster Linie dem Umstand Rechnung, dass auch in sozialgerichtlichen Verfahren, in denen gemäß § 3 Abs. 1 S. 1 RVG nach Betragsrahmengebühren abzurechnen ist, nicht mehr mit verminderten Vergütungstatbeständen gearbeitet wird, sondern dass auch dort das einheitliche „Anrechnungsmodell" zur Anwendung gelangt. Dies entspricht den Neuregelungen die bereits in Teil 2 → Vorb. 2.3 Rn. 24 ff. kommentiert worden sind.

89 Auch hier wird sich die neue Anrechnungsvorschrift im sozialgerichtlichen Verfahren auf die Kostenerstattung auswirken. Dies bleibt im übrigen auch nicht ohne Auswirkungen auf die verwaltungsgerichtlichen Verfahren, weil die nach Vorbemer-

---

[77] So auch LG Bonn BeckRS 2005, 06731; AGS 2005, 288; OLG Koblenz AGS 2005, 477; s. auch OLG Stuttgart AGS 2005, 482 f.; OLG Nürnberg RVGreport 2005, 312 in Abgrenzung zu OLG Nürnberg AnwBl. 2005, 222; aA, aber völlig falsch: OLG Düsseldorf AGS 2005, 487 mAnm *N. Schneider.*

[78] Vgl. nur LSG Schleswig-Holstein AGS 2014,462 ff.; LSG Sachsen AGS 2015, 508 f.; zur Berechnung der fiktiven Terminsgebühr nach neuem Recht vgl. schon jetzt SG Dresden AGS 2015, 374 f.

[79] Hansens/Braun/Schneider/*Schneider,* Praxis des Vergütungsrechts, Teil 7 Rn. 340.

[80] *Zöller/Vollkommer,* ZPO, 28. Aufl. § 307 Rn. 12; ebenso. *Enders* JurBüro 2005, 561 ff., 563; sa OLG Stuttgart MDR 2005, 1259 f. = JurBüro 2005, 587.

kung 3 Abs. 4 VV anzurechnende Gebühr jetzt immer nur die nach Nr. 2300 VV sein kann, denn die Zweispurigkeit der Geschäftsgebühr mit und ohne Vorbefassung entfällt bekanntlich, was wiederum Auswirkungen auf die Kostenerstattung haben kann.[81]

Das vom Gesetzgeber vorgenommene Umsteigen „auf das Anrechnungsmodell in wirklich allen Fällen des RVG" hat – wie bereits in diesem Kommentar dargestellt – Vor- und Nachteile, deren Intensität sich erst in der Praxis zeigen werden. In vielen Fällen führt dass einheitliche Modell der Anrechnung im Sozialrecht und im Verwaltungsrecht durchaus zu geringeren Gesamtgebühren, während es sich bei der Kostenerstattung positiv auswirken kann.

Lässt sich allerdings im Nachprüfungsverfahren aufgrund der Bewertungskriterien von § 14 RVG eine höhere Gebühr rechtfertigen, so ist in der Regel das Anrechnungsmodell günstiger als die frühere Rechtslage.[82]

Schon die Veränderung der Anrechnungsregeln, die mit dem RVG im Jahre 2004 in Kraft traten hatten keineswegs nur positive Auswirkungen. Sie führten zwar zu einer spürbaren Verbesserung des Vergütungsaufkommens des Rechtsanwalts, der auch schon aussergerichtlich tätig war und dienten und dienen insoweit als eine weitere Kompensation für den Wegfall der Beweisgebühr; gleichzeitig verursachten und verursachen sie aber sowohl den Gerichten als auch der Anwaltschaft selbst eine **Mehrarbeit**, die möglicherweise beim Gesetzesentwurf des 1. KostRMoG nicht bedacht wurde.

§ 118 Abs. 2 BRAGO sah vor, dass die Geschäftsgebühr auf die entsprechenden Gebühren in einem sich anschließenden gerichtlichen Verfahren in derselben Angelegenheit zu 100 % angerechnet wurde. Lediglich die Besprechungs- und Beweisgebühr konnte anrechnungsfrei verdient werden. In der Praxis hat dies dazu geführt, dass die außergerichtlichen Gebühren nur in den wenigen Fällen einer gerichtlichen Überprüfung unterzogen wurden, in denen der Rechtsanwalt seinen Mandanten auf Zahlung des Honorars verklagen musste. In Verfahren Dritten gegenüber spielte die Geschäftsgebühr hingegen so gut wie keine Rolle. Entweder der vom Rechtsanwalt angeschriebene Schuldner zahlte Hauptforderung und außergerichtliches Honorar, soweit hierfür eine Anspruchsgrundlage vorhanden war (etwa Verzugsschaden) oder die Durchführung eines gerichtlichen Verfahrens war unumgänglich. In letzteren Fall musste der Rechtsanwalt die Geschäftsgebühr sich zu 100 % auf die Prozessgebühr anrechnen lassen, so dass es bei Beendigung des Verfahrens nur noch um die Festsetzung der „übrig gebliebenen" **gerichtlichen** Anwaltsgebühren ging.

Die **neuen Anrechnungsregeln** sehen hingegen vor, dass die Geschäftsgebühr nach Nr. 2300 VV und die nachfolgenden Gebühren bis einschließlich Nr. 2303 VV nur zur Hälfte, höchstens jedoch mit 0,75 auf die Verfahrensgebühr des gerichtlichen Verfahrens angerechnet werden. Dies führt dazu, dass nunmehr bei dem Mandanten auch bei einem erfolgreichen Abschluss des gerichtlichen Verfahrens zwangsläufig ein **Schaden** verbleibt, der in dem Gebührenbetrag besteht, der nicht durch Anrechnung auf die Verfahrensgebühr seine Erledigung gefunden hat (eine Art **Kollateralschaden**).

In der Regel wird der Mandant erwarten, dass dieser Restschaden oder Kollateralschaden erstattet wird, worauf er einen Anspruch hat, wenn eine materielle Anspruchsgrundlage hierfür gegeben ist. Bei der Beitreibung von streitigen Forderungen wird dies in der Regel unter dem Gesichtspunkt des **Verzugsschadens** der Fall sein. Als weiterer Anspruchsgrundlage kommt ein Erstattungsanspruch aus **Vertrag** oder kraft **Gesetzes** in Betracht.[83] Selbst wenn der Mandant nicht von sich aus das Problem

---

[81] *Schneider/Thiel* S. 188.
[82] Vgl. auch hier: *Schneider/Thiel* S. 190 mit Beispielen.
[83] Gerold/Schmidt/*Müller-Rabe* § 1 Rn. 244 ff; zur Erstattungsfähigkeit einer Geschäftsgebühr beim „Beklagtenvertreter" siehe jetzt BGH AGS 2014, 319 f. mAnm *Schons*.

erkennt, anspricht und darauf hinwirkt, dass der „Kollateralschaden" geltend gemacht wird, ist der Rechtsanwalt gut beraten, von sich aus auf die Problematik hinzuweisen, will er nicht vermeiden, dass er später – nach Verjährung des entsprechenden Anspruches – von seinem (ehemaligen) Mandanten in Regress genommen wird.

96 Aufgrund der Rechtsprechung des BGH aus den Jahren 2007 und 2008 hat sich die Notwendigkeit, eine „auch nur entstandene" Geschäftsgebühr mit einzuklagen, so verstärkt, dass es praktisch vorübergehend überhaupt nicht zu verantworten war, auf eine derartige Maßnahme zu verzichten.[84]

97 Nachdem der 8. Senat des BGH in einer zu Recht heftig kritisierten Entscheidung sich dahingehend geäussert hatte, dass bereits das Entstehen einer Geschäftsgebühr – unabhängig von Berechnung oder gar Bezahlung – auf das Kostenfestsetzungsverfahren auswirke, war es zumindest für eine Übergangszeit von mehreren Jahren zwingend geboten, nicht nur die anteilige, sondern auch die volle Geschäftsgebühr mit einzuklagen, wollte man Nachteile für den Mandanten ordnungsgemäß vermeiden (vgl. hierzu unten mehr).[85]

98 Ohne jegliches Gespür für die berechtigte Kritik schlossen sich überraschenderweise in der Folgezeit ua der I.,[86] der III.,[87] der IV.,[88] der VI.[89] und der VII.[90] dieser verheerenden Rechtsprechung an, die allerdings später dann selbst der II. Senat[91] des BGH – zu Recht – als katastrophal bezeichnete.

99 Geltend zu machen ist dieser **Schadensersatzanspruch** zusammen mit der Hauptforderung, da die nicht durch Anrechnung erledigte Geschäftsgebühr dem Kostenfestsetzungsverfahren nicht zugänglich ist.[92] Bei der Geschäftsgebühr handelt es sich um eine außergerichtliche Anwaltsgebühr, die gemäß § 11 Abs. 1 RVG („... zu den Kosten des gerichtlichen Verfahrens gehören") nicht festgesetzt werden kann.[93] Soweit in § 11 Abs. 8 RVG von Rahmengebühren die Rede ist, sind auch dort nur gerichtliche Rahmengebühren gemeint.

100 Eine Geltendmachung des „Kollateralschadens" in einem **gesonderten Verfahren** dürfte nicht in Betracht kommen, will man sich nicht dem Vorwurf ausgesetzt sehen, gegen prozessökonomische Grundsätze verstoßen zu haben. Dies gilt um so mehr, als nach der – kaum nachvollziehbaren – Rechtsprechung des Bundesgerichtshofs der Erstattungsanspruch bzgl. der aussergerichtlichen Geschäftsgebühr nicht als Schadensersatzanspruch, sondern als Kosten iSv § 4 Abs. 2 ZPO behandelt wird, also nicht zu einer Erhöhung des Streitwertes führt.[94]

---

[84] Vgl. zunächst BGH NJW 2007, 2049 mAnm *Mayer* = AGS 2007, 283 ff. mAnm *Hansens/Schneider/Schons*; siehe sodann BGH NJW 2008, 1323 mAnm *Mayer* = AGS 2008, 158 f.; siehe hierzu auch die Kritik von *Schons* AnwBl. 2008, 356.

[85] Vgl. statt aller zu dieser Empfehlung HK-RVG/*Mayer* Vorb. 3 Rn. 109.

[86] BGH BeckRS 2008, 20015 mAnm *Mayer*.

[87] BGH NJW-RR 2008, 1095.

[88] BGH BeckRS 2008, 15813 mAnm *Mayer*.

[89] BGH NJW-RR 2008, 1528 mAnm *Mayer*.

[90] BGH BeckRS 2008, 21860.

[91] BGH AnwBl. 2009, 798 f. = AGS 2009, 466 siehe hierzu auch *Schons* AnwBl. 2009, 799 f.

[92] BGH AnwBl. 2006, 143 f.; ebenso schon OLG Frankfurt a.M. RVGreport 2005, 156; OLG Köln RVGreport 2005, 76; vgl. hierzu auch *Hergenröder* AGS 2005, 274 ff.; *Schons* NJW 2005, 3089, 3011.

[93] Vgl. nur BGH BB 2006, 127 f. m. Bespr. *Mayer* = RVGletter 2006, 2 f.; BGH NJW 2006, 2560 f.; BGH NJW 2008, 1323; ebenso so schon: *Schons* NJW 2005, 3089 ff. (3091); *Eulerich* NJW 2005, 3097 ff. (3099); *Enders* JurBüro 2004, 571 ff. (572); *Enders* Rn. 651 ff.; *Hergenröder* AGS 2005, 274 ff. (275); aA *Stöber* AGS 2005, 45 ff. (47); *Bischof* JurBüro 2007, 341 ff., 343; sa *Bischof* Vorb. 3 VV Teil 3 Rn. 113; vgl. auch AG Hamburg RVGreport 2005, 75 f.; LG Deggendorf Jurbüro 1986, 83.

[94] BGH AGS 2007, 231 ff.

Dies ist – wie bereits hervorgehoben – zwar erkennbar falsch und auch nicht zu **101** begründen, wird aber als höchstrichterliche Rechtsprechung zu akzeptieren sein. Tatsächlich ist der hier sog. Kollateralschaden[95] natürlich ein echter Schadensersatz der ebenso eingeklagt werden kann, wie etwa die Sachverständigenkosten bei einem Verkehrsunfall. Aus den genannten Gründen setzt sich aber jedenfalls der Rechtsanwalt einem Regreßanspruch aus, der auf eine Titulierung der entstandenen Geschäftsgebühr im Hauptsacheverfahren nicht hinwirkt.

Selbstverständlich muss der Rechtsanwalt seinen Mandanten bei Führung dieses **102** Prozesses allerdings auch darauf hinweisen, dass es zu einer Verzögerung des Verfahrens kommen kann, wenn das Gericht – ob nun verpflichtet oder nicht – von der sicherlich vernünftigen Möglichkeit Gebrauch macht, ein **Gebührengutachten** bei der Rechtsanwaltskammer über die umstrittene Höhe der Anwaltsvergütung einzuholen (§ 14 Abs. 2 RVG). Da die Gebührengutachten von ehrenamtlich tätigen Rechtsanwälten für die Kammern gefertigt werden, kann es in Extremfällen bis zu einem Jahr dauern, bis ein solches Gutachten fertig erstellt ist.

Darüber hinaus wird sich der Rechtsanwalt von seinem Mandanten von der **103** **anwaltlichen Schweigepflicht** insoweit entbinden lassen müssen, als er umfassend zu den Bewertungskriterien von § 14 RVG vortragen muss, die für die Höhe seiner Vergütung bestimmend waren Angaben über die extrem günstigen Einkommensverhältnisse des Mandanten, die sich gebührenerhöhend auswirken, können verständlicherweise nur mit ausdrücklichem Einverständnis des Auftraggebers offen gelegt werden. Die Einschränkungen der anwaltlichen Schweigepflicht, die bei Honorarprozessen gegen den eigenen Auftraggeber greifen, lassen sich hier nicht heranziehen, da es um ein Verfahren gegen einen Dritten geht. Zur Vermeidung von Problemen sollte der Rechtsanwalt darauf hinwirken, dass die Entbindung von der anwaltlichen Schweigepflicht schriftlich erfolgt.

Die hier empfohlenen ausführlichen **Gespräche** und **Hinweise** an den Mandan- **104** ten mochten bis zur Rechtsprechung des BGH aus dem Jahre 2008 den Vorteil geboten haben, dass der Mandant ganz auf die Geltendmachung des Kollateralschadens verzichtete, so dass man sich auf das eigentliche Hauptverfahren konzentrieren konnte. Für die Zeit zwischen dem 22.1.2008 und 5.8.2009 (Inkrafttreten von § 15a RVG) war man hingegen gezwungen, auf die Titulierung der Geschäftsgebühr hinzuwirken, da eine Berücksichtigung im Kostenfestsetzungsverfahren völlig unabhängig hiervon erfolgte.[96]

Zu beachten ist noch, dass eine **bezifferte Leistungsklage** hinsichtlich der nicht **105** durch Anrechnung erledigten Anwaltsgebühren nach überwiegender Auffassung voraussetzt, dass bereits ein **Schaden** entstanden ist, der Mandant die Geschäftsgebühr also bereits gezahlt hat; anderenfalls besteht nur ein Freistellungsanspruch des Mandanten.[97] Die Praxis belegt inzwischen, dass in der Tat eine Einwand, den Beklagtenvertreter bei solchen Verfahren erheben, dahingeht, die Zahlung der Geschäftsgebühr durch den Kläger/Mandanten zu bestreiten.[98] Solchen Einwänden sollte man bei richtiger Sachbehandlung durch das Gericht heute eigentlich erfolgreich entgegentreten können. Abgesehen davon, dass sich bei endgültiger Leistungsverweigerung nach der Rechtsprechung des BGH der Freistellungsanspruch in einen

---

[95] So jetzt auch HK-RVG/*Mayer* Vorb. 3 VV Rn. 115.
[96] Vgl. auch hier wiederum BGH AGS 2008, 158 f.; sowie die Kritik bei *Schons* AnwBl. 2008, 356.
[97] Vgl. hierzu Hansens/Braun/Schneider/*Hansens* Teil 3 VV Rn. 329; vgl. aber BGH NJW 2004, 1868 ff. wo festgestellt wird, dass eine endgültige Leistungsverweigerung des Anspruchsgegners den Umweg über einen Freistellungsanspruch auch dann entbehrlich macht, wenn der Mandant selbst noch nicht gezahlt hat.
[98] Vgl. zur Gesamtproblematik auch: *Volpert* RVGprofessionell 2004, 185–187.

bezifferbaren Zahlungsanspruch umwandelt[99], entsteht der Schaden in Höhe der Geschäftsgebühr zu dem Zeitpunkt, zu dem die Geschäftsgebühr verdient ist. Auf die Zahlung kann es gerade nicht ankommen.

106 Dies ergibt sich aus der einfachen Überlegung, dass Anwaltsgebühren erst mit Beendigung des Auftrages fällig werden (vgl. § 8 RVG) und es auch zu diesem Zeitpunkt dem Anwalt freigestellt ist, ob er die Geschäftsgebühr bei seinem Auftraggeber sofort einfordert oder nicht. Solange der Honoraranspruch insoweit nicht verjährt ist, existiert die Leistungsverpflichtung des Mandanten und schon aufgrund dieser Leistungspflicht kann die Geschäftsgebühr als Schaden geltend gemacht werden.

107 Im Übrigen wird natürlich in der Praxis die Geschäftsgebühr schon mit dem ersten Aufforderungsschreiben dem Kostenerstattungsschuldner in Rechnung gestellt. Auch hier kann es nicht auf die Zahlung ankommen, da es dem Rechtsanwalt freigestellt ist, ob er gegen seinen Auftraggeber den zu diesem Zeitpunkt noch nicht fälligen Honoraranspruch im Wege einer Vorschussanforderung geltend macht oder nicht.[100] Fordert der Rechtsanwalt von seinem Auftraggeber – was in der Praxis häufig geschieht, insbesondere beim Volumeninkasso – keinen Vorschuss an, ist er naturgemäß gleichwohl nicht gehindert, die bereits verdiente Geschäftsgebühr dem Kostenerstattungsschuldner als Schaden in Rechnung zu stellen.

108 Meines Erachtens bedarf es nicht einmal einer Abrechnung gegenüber dem Auftraggeber um die verdiente Geschäftsgebühr dem Kostenerstattungsschuldner zu berechnen. Gegenüber dem Kostenerstattungsschuldner legt sich der Rechtsanwalt bei dem Bemessen der Rahmengebühr endgültig fest, was meistens ohnehin deshalb problemlos möglich ist, weil der Auftraggeber für den Fall der nicht fristgerechten außergerichtlichen Zahlung wohl schon einen bedingten Verfahrensauftrag erteilt haben dürfte. Im Übrigen dürfte es zumindest beim Volumeninkasso grundsätzlich zulässige Absprachen zwischen dem Auftraggeber und dem Rechtsanwalt dahingehend gegeben haben, dass für die vorher genau abgesteckte aussergerichtliche Tätigkeit keine höhere Gebühr als 1,3 berechnet wird.

109 Aufgrund der klaren Entscheidung des BGH vom 17.9.2015 wird sich – hoffentlich – auch das „Problem" gelöst haben, ob Aufforderungsschreiben beim Volumeninkasso eine Geschäftsgebühr oder die Gebühr für ein sog. einfaches Schreiben auslösen.[101]

110 Nachdem Rechtsanwälte allein aufgrund der Berufsordnung verpflichtet sind, durchzusetzende Forderungen auf ihre Berechtigung hin zu überprüfen und dem Schuldner bestimmte Informationen zu erteilen, wird kein Anwalt den Auftrag annehmen, eine offenstehende Forderung mit einem sog. „einfachen Schreiben" einzufordern. Es wäre schön, wenn nicht nur Anwälte, die Schuldner vertreten, sondern auch die Gerichte die manchmal anzutreffende unsinnige Argumentation für obsolet erklären würden.

111 Oftmals taucht dann ein weiteres Problem auf, wenn zwar Zahlung geleistet worden ist, aber durch den **Rechtsschutzversicherer** des Auftraggebers. In diesem Fall ist der auf die Erstattung der Anwaltskosten gerichtete Schadensersatzanspruch auf den Rechtsschutzversicherer übergegangen, so dass Zahlung an den eigenen Auftraggeber eigentlich nicht mehr verlangt werden kann. Arbeitet man nun mit einer **Rückabtretung,** so ist darauf zu achten, dass die Rückabtretungsurkunde ordnungsgemäß erstellt wird und von einer Person unterschrieben ist, die zur Vertretung der Versicherungsgesellschaft legitimiert ist. In ersten Anwaltsschriftsätzen sind schon Erklärungen aufgetaucht, mit denen die Legitimation des Unterzeichners mit Nichtwissen bestritten wird. Man wird zu beobachten haben, wie die Praxis mit

---

[99] Vgl. erneut BGH NJW 2004, 1868 f.
[100] Vgl. hierzu Schneider/Wolf/*N. Schneider* § 9 Rn. 24.
[101] BGH AGS 2015, 589 ff. mAnm *Schons.*

solch unsinnigen und wenig prozessfördernden anwaltlichen „Verteidigungsstrategien" umgeht.

Eine weitere die Praxis beschäftigende Frage, auf welche Weise bzw. ob auch der **112** Beklagte die ihm entstandenen außergerichtliche Geschäftsgebühr, soweit nicht durch Anrechnung erledigt, vom Gegner im Falle des Obsiegens erstattet verlangen kann, lässt sich nicht aus dem Kostenrecht, sondern aus den allgemeinen zivilrechtlichen Vorschriften beantworten. Existiert ein materiell rechtlicher **Kostenerstattungsanspruch** und sind sich der Beklagtenvertreter und sein Mandant sicher, dass der Klageabweisungsantrag Erfolg haben wird, so ist daran zu denken, dort den „Kollateralschaden" bereits im Wege der **Widerklage** geltend zu machen. In der Regel werden solche Überlegungen aber daran scheitern, dass es auf Beklagtenseite an einem materiell-rechtlichen Kostenerstattungsanspruch fehlt, weil es der zu Unrecht in Anspruch genommenen Partei frei steht, auf die erhobene Forderung nicht oder jedenfalls ohne anwaltliche Hilfe zu reagieren.[102]

Während im **zivilrechtlichen** Bereich der Grundsatz der vollen Anrechnung der **113** Geschäftsgebühr zugunsten einer anteiligen Anrechnung durchbrochen worden ist, ist es im **Verwaltungsrecht** genau umgekehrt. Während nach der BRAGO die im außergerichtlichen Verfahren verdiente Geschäftsgebühr auf die spätere Prozessgebühr im Verwaltungsrechtsstreit nicht angerechnet wurde, finden nunmehr auch dort die Anrechnungsregeln von Abs. 4 der Vorb. 3 VV Anwendung. Kompensiert wird dies zum Teil allerdings dadurch, dass § 119 BRAGO ersatzlos gestrichen wurde, also eine Vorschrift, nach der das behördliche Antragsverfahren und das sich anschließende Widerspruchsverfahren als **eine** Angelegenheit zu behandeln war. Nach § 17 Ziff. 1a RVG handelt es sich bei dem Verwaltungsverfahren und dem anschließenden dem gerichtlichen Verfahren vorausgehenden und der Nachprüfung des Verwaltungsaktes dienenden weiteren Verwaltungsverfahren um **verschiedene Angelegenheiten,** so dass hier jetzt zwei Mal die Geschäftsgebühr nach Nr. 2300 VV verdient werden kann, wobei wiederum die erste Geschäftsgebühr für das Antragsverfahren anschließend zunächst einmal auf die Gebühr für das Widerspruchsverfahren anzurechnen ist (vgl. Vorbemerkung 2.3 Abs. 4 S. 1 VV). Abs. 4 Satz 3 der Vorb. 3 VV bestimmt dann weiter, dass in diesem Fall (es sind mehrere Gebühren entstanden) für die Anrechnung die zuletzt entstandene Gebühr maßgebend ist und es bleibt auch dabei, dass bei Betragsrahmengebühren nicht zu berücksichtigen ist, dass der Umfang der Tätigkeit im gerichtlichen Verfahren in Folge der vorangegangenen Tätigkeit geringer ist (Abs. 4 S. 4 der Vorb. 3 VV).

Zu begrüssen ist, dass Abs. 4 S. 5 der Vorbemerkung 3 VV nach wie vor entspre- **114** chend der früheren herrschenden Rechtsprechung auch im Gesetzeswortlaut festlegt, dass die Anrechnung lediglich nach dem Wert des Gegenstandes vorzunehmen ist, der auch in das gerichtliche Verfahren übergangen ist.

b) Regelungsinhalt im Einzelnen. Bei den Wertgebühren ergeben sich durch **115** den veränderten Gesetzestext der Vorbemerkung 3 Abs. 4 keine grundsätzlichen Veränderungen gegenüber der früheren Rechtslage. Zu beachten ist allerdings, dass keine Ermäßigung der Geschäftsgebühr im Widerspruchsverfahren stattfindet, sondern das Vorbefassung durch eine Anrechnung berücksichtigt wird.

Es bleibt aber dabei, dass die Anrechnung der außergerichtlichen Geschäftsgebühr **116** auf die spätere gerichtliche Verfahrensgebühr nur erfolgt, wenn **derselbe Gegenstand** betroffen ist. Wann dies der Fall ist, wird unterschiedlich beurteilt. Zum Teil wird lediglich darauf abgestellt, ob es sich um identische Angelegenheiten handelt, die auch den gleichen Wert aufweisen. Entscheidend sei gewissermaßen die **Deckungsgleichheit** hinsichtlich des Gegenstandes der Geschäftsgebühr und des Gegenstandes der Verfahrensgebühr.[103] Dies ist beispielsweise auch dann der Fall,

---

[102] Vgl. etwa *Stöber* AGS 2006, 261 ff.; vgl. aber jetzt BGH AGS 2014, 319 ff., mAnm *Schons.*
[103] HK-RVG/*Mayer* Vorb. 3 VV Rn. 87.

wenn aussergerichtliche Regulierungsverhandlungen zwischen dem Geschädigten und der Haftpflichtversicherung des Schädigers geführt wurden. Die hierfür entstandene Geschäftsgebühr ist auch dann auf eine nachfolgende Verfahrensgebühr anzurechnen, wenn im Prozess lediglich der Versicherungsnehmer, nicht auch der Versicherer in Anspruch genommen wird.[104]

117 Nach anderer Ansicht ist auf den **zeitlichen Zusammenhang** abzustellen. Liegt zwischen der außergerichtlichen Tätigkeit und dem späteren Prozessauftrag ein so langer Zeitraum, dass sich der Rechtsanwalt erneut einarbeiten und mit dem Fall beschäftigen muss, so könne von einer Identität des Gegenstandes nicht mehr gesprochen werden, und zwar auch dann nicht, wenn der Zeitraum von § 15 Abs. 5 S. 2 RVG noch nicht verstrichen sei. Inzwischen scheint sich die Auffassung verfestigt zu haben, dass jedenfalls der 2-Jahreszeitraum zu beachten sei, und zwar aufgrund der ausdrücklichen Erwähnung in § 15 Abs. 5 S. 2.[105]

118 Nach einhelliger Auffassung muss auch stets ein **personeller Zusammenhang** existieren. Es muss also derselbe Rechtsanwalt bzw. dieselbe Anwaltskanzlei oder Sozietät gegenüber derselben Person tätig werden. Hierbei ist es gleichgültig, in welcher Funktion der Rechtsanwalt im anschließenden gerichtlichen Verfahren tätig wird, als Hauptbevollmächtigter, als Unterbevollmächtigter oder als Verkehrsanwalt. Hat er in derselben Angelegenheit zuvor eine außergerichtliche Tätigkeit erbracht, muss er sich auf die entsprechend verdiente Verfahrensgebühr nach den Anrechnungsregeln von Absatz 4 der Vorbemerkung 3 VV die zuvor verdiente Geschäftsgebühr nach Nr. 2300 VV anrechnen lassen.[106]

119 Wechselt die Bearbeitung innerhalb derselben Sozietät von einem Anwalt auf den anderen Anwalt, so ist die Anrechnung selbstverständlich vorzunehmen, da im Zweifel die Sozietät auch mandatiert war.[107] Wechselt hingegen der Mandant die Anwaltskanzlei, so kann sich der Gegner nach zutreffender Rechtsprechung des BGH nicht auf eine Anrechnung berufen, auch nicht unter dem Gesichtspunkt des Gebotes der Kostenersparnis.[108]

120 Ein vermeintliches Sonderproblem mit falscher Lösung meint der BGH bei solchen Fällen entdeckt zu haben, bei denen aus abgetretenem Recht geklagt wird. So wurde bereits zwei Mal die – ersichtlich falsche – Auffassung vertreten, der Zessionar, der aus abgetretenem Recht klage, müsse sich eine Kürzung der Verfahrensgebühr durch Anrechnung gefallen lassen, wenn die vom Zedenten vorgerichtlich angefallene Geschäftsgebühr tituliert werde.[109]

121 Es zeigt sich hier wieder einmal, dass die Rechtsprechung des BGH zu RVG-Vorschriften, je nachdem welcher Senat entscheidet, praktisch nicht vorhersehbar ist.

122 Umgekehrt findet keine Anrechnung statt, wenn der Rechtsanwalt auf ausdrücklichen Wunsch des Mandanten zunächst an die gesamtschuldnerisch haf-

---

[104] OLG München AGS 2012, 229 ff. mit differenzierender Anm. *Schneider*, der den Unterschied zwischen den verschiedenen Haftpflichtversicherungen herausarbeitet und darauf abstellt, ob ein Direktanspruch vorliegt oder nicht.

[105] Vgl. hierzu zunächst die Vorauflage Rn. 91 mit weiteren Nachweisen sowie nunmehr Schneider/Wolf/Onderka/N. *Schneider* Vorb. 3 VV Rn. 227; ebenso Gerold/Schmidt/*Müller-Rabe* Vorb. 3 VV Rn. 267.

[106] BGH NJW 71, 1801; VGH Mannheim AGS 2011, 465; OLG Koblenz AGS 2009, 166; Gerold/Schmidt/*Müller-Rabe* Vorb. 3 Rn. 255 ff.; *Hergenröder* AGS 2005, 274; Schneider/Wolf/Onderka/N. *Schneider* Vorb. 3 VV Rn. 228.

[107] Vgl. auch hier: Gerold/Schmidt/*Müller-Rabe* Vorb. 3 Rn. 262 ff. mwN.

[108] Vgl. BGH AGS 2010, 52 = JurBüro 2010, 190; ebenso OLG Köln AGS 2009, 461; aA AG Nürtingen AGS 2010, 306 mit ablehnender Anm. *Schneider*.

[109] Vgl. hierzu BGH AGS 2012, 223 ff. mit zutreffender kritischer Anm. *Schneider*; sowie BGH AGS 2012, 227 ff.

tende Ehefrau außergerichtlich herantritt, um anschließend – ebenfalls auf ausdrücklichen Wunsch des Mandanten – den Ehemann alleine vor Gericht in Anspruch zu nehmen.[110]

Der zu fordernde **sachliche Zusammenhang** ist problemlos gegeben, wenn der vom Rechtsanwalt angemahnte Zahlungsbetrag anschließend in ursprünglicher Höhe oder als Restbetrag – wenn der Gegner Teilzahlung geleistet hat – eingeklagt wird. Thematisiert wird aber bereits der Zusammenhang zwischen einer durch den Rechtsanwalt ausgesprochenen **Kündigung eines Mietvertrags** und der anschließend in Auftrag gegebenen **Räumungsklage**. Zum Teil wird die Auffassung vertreten, es sei kein innerer Zusammenhang zwischen der Kündigung der Wohnung und dem Räumungsprozess erkennbar, da es zunächst um die Aufhebung eines Vertragsverhältnisses und anschließend um die Durchsetzung eines erst durch die Aufhebung des Vertragsverhältnisses entstandenen Herausgabeanspruchs gehe. Zudem stehe zum Zeitpunkt des Ausspruchs der Kündigung noch nicht fest, ob der Mieter nicht freiwillig ausziehe.[111]

123

Man wird hier zu **differenzieren** haben: Jedenfalls bei fristlosen Kündigungen besteht eine gewisse Wahrscheinlichkeit, dass der Mieter nicht freiwillig auszieht, so dass sinnvollerweise in dem Kündigungsschreiben gleichzeitig auch der Herausgabeanspruch nachdrücklich – unter kurzer Fristsetzung – geltend gemacht wird. Hier liegt erkennbar eine Identität zwischen diesem Herausgabeanspruch und dem anschließenden Räumungsanspruch des gerichtlichen Verfahrens vor, so dass eine Anrechnung nicht zu vermeiden sein wird.[112]

124

Ob die im Rahmen einer vorprozessualen Abmahnung entstandene Geschäftsgebühr denselben Gegenstand wie das nachfolgende einstweilige Verfügungsverfahren betrifft, kann zumindest bezweifelt werden.[113] Zutreffender dürfte es sein, der Auffassung den Vorrang zu geben, dass die aussergerichtlich entstandene Geschäftsgebühr auf die Verfahrensgebühr des Hauptverfahrens anzurechnen ist.

125

c) Geschäftsgebühr. Nach dem Wortlaut des Abs. 4 S. 1 der Vorb. 3 VV ist jede Geschäftsgebühr, die nach Teil 2 entsteht, anzurechnen, so dass sich die Anrechnungsverpflichtung nunmehr eindeutig auch auf ein einfaches Schreiben nach Nr. 2301 erstreckt (früher bei § 120 BRAGO umstritten).[114] Nach zutreffender Ansicht ist die Geschäftsgebühr auch auf eine verminderte Verfahrensgebühr nach Nr. 3101 VV RVG anzurechnen.[115] Falsch ist hingegen die später vom selben Senat korrigierte Auffassung eines Einzelrichters beim OLG Stuttgart, wonach auch bei Abschluss einer Vergütungsvereinbarung für die aussergerichtli-

126

---

[110] Vgl. mit ähnlichen Fallbeispielen Schneider/Wolf/Onderka/N. Schneider Vorb. 3 VV Rn. 226; OLG München AnwBl. 1990, 325 mAnm Madert; OLG Bamberg URGR 98, 121; LG Flensburg JurBüro 1986, 723; LG Frankfurt a.M. AnwBl. 82, 318; AG Charlottenburg zfs 1987, 112; aA OLG Karlsruhe AGS 1994, 43; vgl. schließlich auch die Beispiele bei Gerold/Schmidt/Müller-Rabe (20. Aufl.) Vorb. 3 Rn. 200; sowie Enders JurBüro 2004, 403 ff.

[111] Mock BRAGO professionell 2000, 105; so jetzt auch mit überzeugender Begründung LG Mönchengladbach AGS 2006, 6 ff. mAnm Mock; LG Köln AGS 2006, 562; LG Karlsruhe AGS 2006, 112 mAnm N. Schneider; LG Bückeburg AGS 2007, 121 mAnm N. Schneider; OLG Köln MDR 2004, 178 mAnm N. Schneider; aA BGH AGS 2007, 289; OLG Frankfurt a.M. AGS 2005, 390 mAnm N. Schneider; AG Königsstein NZM 2004, 548; LG München JurBüro 2003, 638; AG Hamburg-Altona AGS 2007, 24 mAnm N. Schneider u. Schons.

[112] Siehe auch hier zunächst BGH AGS 2007, 289; OLG Frankfurt a.M. AGS 2005, 390 sowie entsprechend der hiesigen Kommentierung AG Kempten JurBüro 2004, 425, wo darauf abgestellt wird, dass aussergerichtlich bereits ein Räumungsbegehren geltend gemacht wurde.

[113] So aber OLG Karlsruhe AGS 2011, 264 ff. mit zutreffender kritischer Anm. Schneider.

[114] Schneider/Wolf/Onderka/N. Schneider Vorb. 3 VV Rn. 231.

[115] BGH AGS 2008, 539.

che Tätigkeit eine **fiktive Geschäftsgebühr** auf die Verfahrensgebühr anzurechnen sei.[116]

127 Völlig zu Recht hatte bereits *Hansens* den Abschluss einer Vergütungsvereinbarung als **eine** Möglichkeit aufgezeigt, der unseligen Rechtsprechung des Bundesgerichtshofes zur Anrechnung der Geschäftsgebühr zu entgehen.[117]

128 Inzwischen betreibt die Rechtsprechung allerdings auch hier eine Aufweichung von Grundsätzen, die naturgemäß zu Rechtsunsicherheiten führt. So sieht es der BGH in einem Beschluss vom 17.6.2014 für zulässig an, die Anrechnung einer Geschäftsgebühr im Vergabeverfahren auch dann zuzulassen, wenn der Erstattungsberechtigte mit seinem Anwalt ein Stundenhonorar vereinbart hat!!![118] Und auch das OLG Köln relativiert die zunächst erfreuliche klare Rechtsprechung für den Fall, dass im Verfahren noch nicht von einer Vergütungsvereinbarung, sondern von einer Geschäftsgebühr die Rede war.[119]

129 Die Eindeutigkeit des Wortlautes belegt zudem, wie hinsichtlich der Übergangsfälle zu verfahren ist. Hat der Rechtsanwalt die außergerichtliche Tätigkeit unter dem Geltungsbereich der BRAGO entfaltet und damit eine Gebühr nach § 118 BRAGO verdient, so ist diese Geschäftsgebühr auch entsprechend § 118 Abs. 2 BRAGO auf eine nach dem 1.7.2004 verdiente Verfahrensgebühr nach Nr. 3100 VV in voller Höhe anzurechnen. Eine analoge Anwendung (hälftige Anrechnung) wie in Abs. 4 S. 1 der Vorb. 3 VV dürfte nicht zulässig sein.[120] Eine andere Frage ist es allerdings, ob dies auch dann gilt, wenn die außergerichtliche Geschäftsgebühr nach § 118 Abs. 1 BRAGO nicht berechnet, nicht bezahlt und vor allem nicht gegen den Kostenerstattungsschuldner bereits anderweitig tituliert wurde. Folgt man der bereits hier heftig kritisierten Rechtsprechung des 8. Senats,[121] so erscheint dies denkbar, mit der misslichen Folge, dass beispielsweise der Beklagte, der in der Regel keinen Kostenerstattungsanspruch (vgl. aber BGH AGS 2014, 319f.) hinsichtlich der Geschäftsgebühr hat, **doppelt bestraft** wird:

130 Die durch die Tätigkeit seines Anwalts entstandene aussergerichtliche Geschäftsgebühr wird ihm nicht einmal anteilig erstattet und gleichwohl wird auch im Falle des Obsiegens die Verfahrensgebühr (bei gleichgebliebenen Streitwert) auf Null reduziert. Einer derartigen Betrachtung ist das OLG Frankfurt a.M. dankenswerterweise mit überzeugender Begründung entgegengetreten,[122] und hat mit Recht die fehlende Haltbarkeitsdauer der Bundesgerichtshof-Rechtsprechung aufgrund des damals schon zu erwartenden § 15a RVG hervorgehoben.

131 **d) Anrechnungshöhe.** Die Anrechnung der außergerichtlich verdienten Geschäftsgebühr erfolgt zur **Hälfte,** beschränkt jedoch auf einen **Gebührensatz von 0,75,** so dass sich die Beschränkung nur dann auswirkt, wenn der Rechtsanwalt berechtigterweise eine höhere Gebühr als 1,5 in Rechnung gestellt hat. Die Praxis belegt, dass sich im Regelfall die Rechtsanwälte aufgrund der Anm. zu Nr. 2300 VV mit einer 1,3 Geschäftsgebühr bescheiden, so dass in den meisten Fällen eine Anrechnung zu 0,65 erfolgt.

---

[116] Vgl. OLG Stuttgart AGS 2008, 510 m. ablehnender Anm. *Schons u. N. Schneider* = RVGreport 2008, 468 m. ablehnender Anm. *Hansens;* zur Korrektur vgl. OLG Stuttgart AGS 20019, 214; ebenso wie dort OLG Frankfurt a.M. AGS 2009, 157; KG AGS 2009, 213; OLG Bremen AGS 2009, 215; siehe jetzt auch BGH AGS 2009, 523 = NJW 2009, 3364.

[117] *Hansens* AGS 2008, 1 ff.

[118] BGH AGS 2014, 468 f.

[119] OLG Köln AGS 2014, 488 f.

[120] Zum Meinungsstand vgl. *Hansen* RVGreport 2004, 242, sowie *ders.* RVGreport 2005, 108.

[121] BGH AGS 2008, 158 f.

[122] OLG Frankfurt a.M. AGS 2008, 474 mAnm *Schons/Schneider*.

Teil 3. Bürgerliche Rechtsstreitigkeiten **Vorb. 3 VV**

Stets ist darauf zu achten, dass die Anrechnung **nach zutreffender Auffassung** 132
nur zu erfolgen hat, wenn zuvor die Geschäftsgebühr auch **in Rechnung gestellt**
und liquidiert worden ist. In einigen Kommentaren fanden sich in den ersten
Auflagen (vgl. etwa *Hartung/Römermann/Schons* RVG, 1. Aufl., VV Teil 3, Rn. 13)
noch Rechenbeispiele, bei denen von der Verfahrensgebühr hälftige Geschäftsgebühren in Anrechnung gebracht wurden, die zuvor gar nicht in Rechnung gestellt
worden waren. Derartige Falschberechnungen, die auch gesunde Kanzleien auf
Dauer in die Insolvenz führen können, mögen das ihre dazu beigetragen haben,
dass der Bundesgerichtshof später auf die Idee verfiel, die Anrechnungsregelung
Absatz 4 so fehl zu interpretieren, wie dies bereits dargestellt wurde. Auch in der
bereits mehrfach zitierten Entscheidung vom 22.1.2008 lässt sich nachlesen, dass
man eine Verfahrensgebühr – ernsthaft – auch dann zu reduzieren habe, wenn
die vorangegangene Geschäftsgebühr zwar nicht berechnet, aber immerhin entstanden sei.[123] Wer also etwa für seinen Mandanten eine Forderung in Höhe
von 4.000 EUR zunächst außergerichtlich geltend macht, um sie anschließend
einzuklagen, wird im Regelfall (alle Bewertungskriterien durchschnittlich) wie
folgt abrechnen:

Gegenstandswert 4.000 EUR	
1,3 Geschäftsgebühr Nr. 2300 VV:	327,60 EUR
Auslagenpauschale:	20,00 EUR
MwSt:	66,04 EUR
Summe:	413,64 EUR
Die anschließende gerichtliche Tätigkeit errechnet sich dann wie folgt:	
1,3 Verfahrensgebühr Nr. 3100 VV:	327,60 EUR
1,2 Terminsgebühr Nr. 3104 VV:	302,40 EUR
abzgl. hälftige Geschäftsgebühr 0,65:	163,80 EUR
Zwischensumme:	466,20 EUR
Auslagenpauschale:	20,00 EUR
MwSt:	92,38 EUR
Summe:	578,58 EUR
Summe aussergerichtlich + gerichtlich	992,22 EUR

Das obige Zahlenbeispiel belegt zudem, dass sich die Anrechnungsverpflich- 133
tung auf die reine Geschäftsgebühr beschränkt, während die **Auslagenpauschale**
nach Nr. 7002 VV anrechnungsfrei zweimal in Rechnung gestellt werden
kann.[124] Nach zutreffender Ansicht ist die Pauschale nach den gesetzlichen
Gebühren zu berechnen und nicht etwa nach den Gebühren, die nach erfolgter
Anrechnung verbleiben.[125]

Erstaunlicherweise, wenn auch nur vereinzelt, bereitete erstmals mit Einführung 134
des RVG die Formulierung Probleme, wonach die aussergerichtlich verdiente
Geschäftsgebühr **„auf die Verfahrensgebühr des gerichtlichen Verfahrens"**
anzurechnen ist. So wurde schon recht früh in der Literatur die Frage in den Raum
gestellt, welche Folgen dies für das spätere **Kostenfestsetzungsverfahren** habe, ob
also demgemäß nur noch eine **reduzierte Verfahrensgebühr** bei der Kostenfestset-

---

[123] BGH AGS 2008, 158 f.
[124] Vgl. Hartung/Römermann/Schons/*Schons* Nr. 2400 VV Rn. 82; ebenso Schneider/
Wolf//Onderka/N. *Schneider* Vorb. 3 VV Rn. 256; *Enders* JurBüro 2004, 173; AG Hamburg
AnwBl. 1993, 293; AG Alzey AnwBl. 1982, 399.
[125] So völlig zutreffend: Schneider/Wolf/Onderka/N. *Schneider* Vorb. 3 VV Rn. 256; ebenso
HK-RVG/*Mayer* Vorb. 3 VV Rn. 94; Gerold/Schmidt/*Müller-Rabe* Nr. 7001–7002 VV Rn. 41;
Enders JurBüro 2004, 169 ff., 173; aA *Hansens* JurBüro 1987, 1744; LG Berlin JurBüro 1987,
1869; KG Rpfleger 2000, 238 = JurBüro 2000, 583.

zung zur Verfügung stehe.[126] Derart einsame Rufer in der Wüste übersahen, dass die Anrechnungsregeln ausschließlich das Verhältnis zwischen Auftraggeber und Mandanten betreffen, was unter der Geltung der BRAGO auch nie irgendwelchen Zweifeln unterlegen war. Ebenso wenig wie man seinerzeit auf die Idee gekommen wäre, auf eine Festsetzung der Prozessgebühr vollständig zu verzichten, weil dort ja die gesamte Geschäftsgebühr zu 100 % angerechnet werden musste (vgl. § 118 Abs. 2 BRAGO), berührt es das Verhältnis zum Kostenschuldner, wenn nunmehr die Geschäftsgebühr lediglich zur Hälfte, höchstens mit 0,75 auf die Verfahrensgebühr angerechnet wird.[127]

135 Ersichtlich wirken sich die Anrechnungsregeln also zunächst nicht in der Kostenfestsetzung, sondern ausschließlich bei dem Rechtsanwalt und bei seinem Mandanten aus, nämlich in der Weise, dass der Rechtsanwalt aufgrund der Anrechnung neben den gerichtlichen Anwaltsgebühren nur den nicht durch Anrechnung erledigten Anteil der Geschäftsgebühr – zusätzlich – behalten darf und der Auftraggeber nunmehr neben den gerichtlichen Anwaltsgebühren auch die außergerichtliche Tätigkeit zu honorieren hat.

136 Der Gegner oder Kostenerstattungsschuldner selbst, wird mit den Anrechnungsregeln in der Weise konfrontiert, als dem Auftraggeber des Rechtsanwalts in der Regel nunmehr ein **materieller Schadensersatzanspruch** zur Seite steht, mit dem er außerhalb des Kostenfestsetzungsverfahrens – in der Regel im Hauptverfahren – auch die außergerichtlich verbliebenen Anwaltsgebühren mit einfordert.

137 Diese eigentlich recht einfache Betrachtung wurde in der Folgezeit von verschiedenen Senaten des Bundesgerichtshofes (→ Rn. 97 ff.) dann buchstäblich auf den Kopf gestellt. Hierbei begann der Paradigmenwechsel zumindest für einige unkritische Betrachter zunächst noch relativ harmlos:

138 In der Entscheidung vom 7.3.2007 stellte der Bundesgerichtshof erst einmal grundsätzlich fest, dass die Formulierung der Anrechnungsregelung in Abs. 4 VV RVG es durchaus ermögliche, nicht nur eine anteilige Geschäftsgebühr im Hauptsacheverfahren einzuklagen, sondern die volle Geschäftsgebühr und sei es auch nur, um Zinsnachteile für den Mandanten zu vermeiden.[128] Da der Erstattungsanspruch bzgl. der Geschäftsgebühr früher fällig wurde, setzte auch die entsprechende Verzinsung früher ein als die erst im Kostenfestsetzungsverfahren zu verzinsende Verfahrensgebühr. Insoweit erschien es auf den ersten Blick vorteilhaft, die früher zu verzinsende volle Geschäftsgebühr mit einzuklagen, um die Zinsnachteile der dann später zu reduzierenden Verfahrensgebühr zuzuweisen.[129]

139 Pessimisten sahen aber bereits durch diese Entscheidung die Büchse der Pandora wegen geringfügiger Zinsvorteile geöffnet.[130] Die bereits damals höchst nachteiligen Folgen für die neue Abrechnungsweise lagen eigentlich bereits auf der Hand:

140 Der Mandant würde nunmehr in jedem Fall darauf bestehen, dass die aussergerichtlich entstandene Geschäftsgebühr neben der Hauptforderung auf jeden Fall auch eingeklagt wurde. Dies mußte nicht nur zu einer zusätzlichen und nicht zu honorierenden Arbeit des Rechtsanwalts führen (eine Erhöhung des Streitwertes findet ja nicht statt), sondern verzögerte in der Regel auch das Verfahren, da nach richtiger Ansicht ein Gebührengutachten der Kammer eingeholt werden muss.[131]

---

[126] Vgl. etwa *Schulze-Rhonho* RVGreport 2005, 374.

[127] So seinerzeit völlig zu Recht: Gerold/Schmidt/*Madert,* 17. Aufl., Nr. 2400–2403 VV Rn. 205; ebenso Hartung/Römermann/Schons/*Schons* Vorb. 3 VV Rn. 80 ff.

[128] BGH AGS 2007, 283 ff. mAnm *Hansens/Schneider/Schons.*

[129] *N. Schneider* NJW 2007, 2001.

[130] Siehe schon: *Schons* Anm. zu BGH AGS 2007, 283.

[131] Vgl. *Schons* NJW 2005, 1024 ff., ebenso jetzt MAH VergütungsR/*Teubel* S. 537 m. Darstellung der herrschenden Gegenansicht.

Teil 3. Bürgerliche Rechtsstreitigkeiten **Vorb. 3 VV**

Wenn der Rechtsanwalt es verabsäumte, auf die Notwendigkeit hinzuweisen, die Geschäftsgebühr mit der Hauptsache einzuklagen, drohte ein Regressanspruch. Die Geltendmachung der Geschäftsgebühr in einem späteren Verfahren führte immer zu Kostennachteilen, da im Hauptsacheverfahren (→ Rn. 100) keine nachteiligen Folgen zu verzeichnen waren. Der Beklagte konnte – jedenfalls in der Regel – die volle Geschäftsgebühr im Wege der Widerklage nicht geltend machen, da es meistens an einer materiell-rechtlichen Anspruchsgrundlage hierfür fehlte. Gleichzeitig mußte er sich dann anschließend möglicherweise im Kostenfestsetzungsverfahren mit der – falschen – Meinung des Rechtspflegers auseinandersetzen, die Verfahrensgebühr sei gleichwohl um eine anteilige Geschäftsgebühr zu kürzen. 141

Vom Beklagtenvertreter würde die Höhe der geltend gemachten Geschäftsgebühr jetzt um so mehr thematisiert werden und wenn man Pech hatte, durfte man sich um diese Frage sowohl im Hauptverfahren als auch im späteren Festsetzungsverfahren streiten. 142

Allerdings schienen zunächst die Optimisten Recht zu behalten, die diese erste Entscheidung des Bundesgerichtshofes noch positiv beurteilt hatten.[132] In der Tat verstanden es das KG Berlin und mehrere Oberlandesgerichte das Urteil vom 7.3.2007 noch vernünftig dahingehend auszulegen, dass im Kostenfestsetzungsverfahren die Anrechnung nur dort berücksichtigt wissen wollten, wo es im Hauptverfahren zu einer Titulierung der begehrten Geschäftsgebühr gekommen war.[133] 143

Allein die Hoffnung trog, schnell fand sich eine Gegenauffassung, nach der die Anrechnung der aussergerichtlichen Geschäftsgebühr **immer** zu berücksichtigen sei, also unabhängig davon, ob die Geschäftsgebühr nun bereits tituliert wurde oder nicht.[134] Mehrere Senate des Bundesgerichtshofes schlossen sich dieser verheerenden Auffassung – unberührt von berechtigter Kritik – an, was schließlich in der Entscheidung des Bundesgerichtshofes vom 22.1.2008 in der Auffassung gipfelte, wenn eine Geschäftsgebühr auch nur entstanden sei, führe dies zum Entstehen einer „bereits reduzierten" Verfahrensgebühr.[135] 144

Ungeachtet der sofort einsetzenden vehementen Kritik schlossen sich andere Senate unkritisch den Vorgaben dieser Entscheidung an.[136] Die Folgen der Rechtsprechung waren – und sind leider zum Teil auch noch – verheerend: Die Richter und Rechtspfleger sahen in der Rechtsprechung des Bundesgerichtshofes eine Möglichkeit, die Staatskasse zu entlasten und zwar hinsichtlich der Prozesskostenhilfeverfahrensgebühr. So wurde von Obergerichten auf einmal die Auffassung vertreten, eine aussergerichtliche Tätigkeit des Rechtsanwalts vor dem PKH-Verfahren löse die Geschäftsgebühr aus, wenn ersichtlich keine Beratungshilfe in 145

---

[132] Vgl. BGH AGS 2007, 233 ff. mAnm *Hansens/Schneider.*
[133] Vgl. zur gesamten Problematik zunächst: *Hansens* AGS 2008, 1 ff., sowie KG Berlin AGS 2007, 439 ff.; OLG München AGS 2007, 495 ff. mAnm *Schons*; OLG Karlsruhe AGS 2007, 494 ff.; OLG Koblenz AGS 2007, 642 f.; OLG Hamm AGS 2008, 47 f.; OLG Schleswig AGS 2008, 42 (Anrechnung auch dann, wenn der Erstattunganspruch durch Aufrechnung erloschen ist); sa *Schons* AnwBl. 2008, 356; *Hansens* RVGreport 2008, 149; *N. Schneider* AGS 2008, 44.
[134] OLG Hamburg AGS 2008, 48; OLG Nürnberg AGS 2008, 49; OLG Frankfurt a.M. AGS 2007, 643.
[135] BGH AGS 2008, 158 f.
[136] BGH RVGreport 2008, 310 = AGS 2008, 441; BGH RVGreport 2008, 311; BGH RVGreport 2008, 148 mAnm *Hansens*; BGH RVGreport 2008, 117 mAnm *Volpert*; siehe aber auch OLG Frankfurt a.M. AGS 2008, 442 m. ablehnender Anm. *N. Schneider*; zur weiteren Kritik vgl. insbesondere *Hansens* AnwBl. 2007, 841; *Hansens* AGS 2008, 1; *Hansens* RVGreport 2008, 121 u. 149; *N. Schneider* AGS 2008, 218; *Schons* AnwBl. 2008, 356; *Enders* JurBüro 2007, 561.

Anspruch genommen worden sei. Da es nach der Rechtsprechung des Bundesgerichtshofes nicht darauf ankomme, ob die Geschäftsgebühr gezahlt oder auch nur berechnet worden sei, entstehe in solchen Fällen die Verfahrensgebühr – auch die PKH-Verfahrensgebühr – bereits reduziert (1,3 – 0,6) so dass eine anderweitige Festsetzung auch nicht möglich sei. Im Bezirk des OLG Oldenburg wurden sogar Rechtsanwälte aufgefordert, die in den vergangenen Jahren bezahlte ungekürzte Verfahrensgebühr zurückzuzahlen.[137]

146 Teilweise wurde – wie bereits dargestellt – sogar ernsthaft zum Besten gegeben, selbst eine getroffene Vergütungsvereinbarung, mit der die Geschäftsgebühr ja gerade abbedungen wurde, schütze nicht vor der Anrechnung. Dann müsse eben eine fiktive Geschäftsgebühr anteilig angerechnet werden. Diese Rechtsprechung eines Einzelrichters des OLG Stuttgart wurde durch denselben Senat allerdings inzwischen korrigiert.[138] (→ Rn. 126).

147 Ein weiteres Gericht hielt sich schließlich für berechtigt, die tatsächlich in Rechnung gestellte Geschäftsgebühr mit der Begründung zu reduzieren, man habe zu niedrig berechnet, um später die Reduzierung der Verfahrensgebühr zugunsten des Mandanten einschränken zu können. Nunmehr müsse man wegen „Unangemessenheit der Geschäftsgebühr" diese – fiktiv – heraufsetzen, um zu einem richtigen Ergebnis zu gelangen.[139]

148 Da sich kein Senat am Bundesgerichtshof traute, dem Unsinn Einhalt zu gebieten, blieb es dem Gesetzgeber überlassen, hier korrigierend einzugreifen. Durch die Schaffung von § 15a RVG, der am 5.8.2009 in Kraft trat, wurden „die Uhren wieder auf Anfang zurückgestellt" so dass jetzt im Kostenfestsetzungsverfahren eine Reduzierung der Verfahrensgebühr nur dort und nur insoweit in Betracht kommt, als einer Doppeltitulierung entgegen zu wirken gilt.

149 Wegen der weiteren Einzelheiten wird auf die Kommentierung zu → RVG § 15a Rn. 1 ff. verwiesen.

150 Geklärt ist – jedenfalls im zivilrechtlichen Bereich – die Frage, ob § 15a RVG auch bei sog. **„Altfällen"** Anwendung findet. Zunächst schien es, als wenn die Literatur und ihr folgend die Rechtsprechung zu dem übereinstimmenden, zutreffenden und zu begrüssenden Ergebnis gelangen würden, dass der hier kritisierten Rechtsprechung des BGH aufgrund der Klarstellungsfunktion der Gesetzesnovelle auch bei Altfällen der Boden entzogen sei.[140] Andere Obergerichte traten dieser zutreffenden Beurteilung entgegen (vgl. die Zitate bei Rn. 151) und stießen die überflüssige Diskussion wieder an.

151 Vorschnell glaubte man, durch das Machtwort des Bundesgerichtshofs vom 2.9.2009 sei der unsinnige Streit nun endlich beigelegt und die Juristen könnten sich wieder wichtigen Fragen zuwenden, als der Frage, ob die Verfahrengebühr nun zu kürzen sei oder nicht. Der 2. Senat des Bundesgerichtshof stellte gewissermassen die Ehre des Bundesgerichtshofes wieder her, indem er klipp und klar die Fragwür-

---

[137] Vgl. zur Gesamtproblematik mit zahlreichen Rechtsprechungsnachweisen: *Schons* AnwBl. 2009, 203.

[138] Vgl. auch hier zunächst OLG Stuttgart AGS 2008, 510 mAnm *Schons;* nunmehr aber OLG Stuttgart AGS 2009, 214 f. ebenso jetzt BGH NJW 2009, 3364 ff. = AnwBl. 2009, 878 ff; sa OLG Hamburg AGS 2015, 198 ff.; anders zumindest im Vergabeverfahren und bei Vereinbarung eines Stundenhonorars: BGH AGS 2014, 468 ff.; siehe im übrigen auch hier OLG Köln AGS 2014, 488 f.

[139] OLG Koblenz AGS 2009, 217 f. mAnm *Schons.*

[140] *Schneider* AGS 2009, Heft 5, II, Heft 6, II; *Schons* AGS 2009, 217; *ders.* AGS 2009, 313; *Hansens* RVGreport 2009, 161, 164; *Schons* KammerMitteilungen Düsseldorf 2010, Heft 1, S. 52 f., *Enders* JurBüro 2009, 505 ff.; *Goebel* RVGprofessionell 2009, 184 ff.; ebenso die Rechtsprechung: LG Berlin, OLG Stuttgart, OLG Düsseldorf, allesamt AGS 2007, 379 ff.; OVG NRW AGS 2009, 447 ff.; OVG NRW RVGreport 2009, 382 ff.; OLG Köln RVGreport 2009, 388 ff.

Teil 3. Bürgerliche Rechtsstreitigkeiten **Vorb. 3 VV**

digkeit der bisherigen höchstrichterlichen Beurteilung herausstellte und zum Ausdruck brachte, dass man ohnehin den grossen Senat hätte anrufen wollen, wenn der Gesetzgeber hier nicht eingegriffen hätte. Ebenso eindeutig wurde festgelegt, dass § 15a RVG selbstverständlich auch die Lösung für Altfälle darstelle.[141] Wer jetzt allerdings glaubte, die „Streitfrage" sei endgültig erledigt, wurde leider getäuscht.[142] Tatsächlich versuchen sich diverse Gerichte immer noch darin, klare Verhältnisse wieder zu verwirren.[143]

Auch der 10. Senat des Bundesgerichtshofs konnte sich nicht eines völlig überflüssigen „obiter dictum" versagen, das die Diskussion wieder eröffnete.[144] In dieser überflüssigen „beiläufigen Anmerkung"§[145] versucht sich der 10. Senat daran, die vernünftige Auffassung des 2. Senats wieder zu relativieren. Warum der Bundesgerichtshof nichts anderes zu tun hat, als längst geklärte Fragen neu aufzurollen und damit die Rechtsprechung im wahrsten Sinne des Wortes zu belästigen, ist nicht nachvollziehbar. 152

Es wundert allerdings wenig, dass das Oberlandesgericht Oldenburg sich in solche Versuche begeistert einreiht, ist es doch für seine Selbstherrlichkeit in Kostensachen bekannt und widersetzt sich seit Jahren mit einer selten gesehenen Unverfrorenheit der anderslautenden Rechtsprechung des Bundesverfassungsgerichts.[146] 153

Derzeit stellt sich die Situation unter Berücksichtigung der verschiedenen Rechtsstandpunkte wie folgt dar: Während die Vertreter des eindeutigen gesetzgeberischen Willens § 15a RVG auch auf Altfälle anwenden,[147] versucht die „Gegenseite" zu retten was zu retten ist, indem wenigstens für die sog. Altfälle an den katastrophalen Folgen der BGH-Rechtsprechung festgehalten wird. 154

Bestens aufgehoben fühlt sich in diesem Kreis offensichtlich die Verwaltungsgerichtsbarkeit, die fast schon mit bemerkenswerter Unverfrorenheit die inzwischen eindeutige Rechtsprechung beim BGH ignoriert. 155

So wird dort die heute kaum noch zu vertretende Auffassung im wahrsten Sinne des Wortes zu Lasten der Betroffenen zum Besten gegeben, § 15a RVG sei nicht auf Altfälle anwendbar. Hierbei geht der VGH Mannheim – wie *Mayer* zutreffend hervorhebt – sogar soweit, neben der Ablehnung der Anwendung von § 15a auf Altfälle die Regelung von § 91 Abs. 2 S. 2 ZPO auch dann entsprechend anzuwenden, wenn zwischen Vor- und Klageverfahren ein Wechsel der Prozessbevollmächtigten stattfindet!!![148] 156

Auch das OVG Lüneburg meint, dass die Anrechnung der Geschäftsgebühr auf die Verfahrensgebühr im Rahmen der Festsetzung der aus der Staatskasse zu zahlenden Vergütung sich aufgrund der Übergangsbestimmungen des § 60 nach bisherigem Recht bestimme, wenn der Rechtsanwalt bereits vor Inkrafttreten von § 15a RVG beigeordnet worden ist, wobei sogar bei der Ermittlung der anzurechnenden 157

---

[141] BGH MDR 2009, 1311 ff. = RVGprofessionell 2009, 184 ff. = AGS 2009, 466 = NJW 2009, 3101.
[142] Vgl. etwa Schneider/Wolf/*N. Schneider* (6. Aufl.) § 15a Rn. 40 ff., ebenso optimistisch HK-RVG/*Winkler* § 15a Rn. 25–29.
[143] OLG Bamberg Beschl. v. 15.9.2009 – 4 W 139/09; OLG Düsseldorf AGS 2009, 444 = RVGreport 2009, 359.
[144] BGH AnwBl. 2009, 876 f.
[145] Vgl. *Schons* AnwBl. 2010, 98.
[146] Vgl. *Schons* AnwBl. 2009, 203 f., 264 unter Hinweis auf die Entscheidung des BVerfG in AnwBl. 2009, 874, 875.
[147] OLG Koblenz AGS 2009, 420; OLG Düsseldorf AGS 2009, 372; OLG Stuttgart AGS 2009, 371; OLG Köln AGS 2009, 512; OLG Bamberg Beschl. v. 5.10.2009 – 7 W 201/098; OLG Stuttgart AGS 2009, 25; OLG Düsseldorf AGS 2009, 26.
[148] Vgl. HK-RVG/*Mayer* Vorb. 3 Rn. 110 unter Hinweis auf VGH Mannheim Beck-RS 2011, 48263.

Geschäftsgebühr bei der Vergütungsfestsetzung nicht etwa auf die Tabelle in § 49 sondern auf diejenige in § 13 abzustellen sei, wenn der Rechtsanwalt vorprozessual ausserhalb der Beratungshilfe als Wahlanwalt tätig geworden und daher die entsprechende Geschäftsgebühr rechtlich entstanden sei.[149]

158 Solche Rechtsprechung kann einem buchstäblich die Sprache verschlagen !!!

159 Über die Motive der Vertreter der letztgenannten Entscheidung zu philosophieren hieße – günstigenfalls – Kaffeesatzleserei zu betreiben und boshaft von jener Willkür zu sprechen, die das Bundesverfassungsgericht dem OLG Oldenburg bei der Streitwertberechnung wieder und wieder bescheinigt.

160 Wie bereits erwähnt, ist aber jedenfalls auf dem Gebiete des Zivilrechts das Problem nun wohl endgültig gelöst, nachdem sich auch der VIII. Senat den vorangegangenen Entscheidungen der übrigen Senate anschloss und die Berücksichtigung von § 15a auch auf Altfälle bestätigte.[150]

161 Diese nunmehr noch gefestigte Rechtsprechung des BGH stellt allerdings auch neue Anforderungen an die Rechtsanwälte. Viele Rechtsanwälte haben unter Berücksichtigung der seinerzeit zwar schon fehlerhaften aber nun einmal herrschenden Rechtsprechung des BGH zu Lasten ihrer Mandanten „falsche Kostenfestsetzungsanträge oder Kostenausgleichsanträge" gestellt, in dem sie die Verfahrensgebühr reduzierten, obgleich es an einer Titulierung der Geschäftsgebühr fehlte.

162 Diese Anwälte werden nunmehr die „Altakten" daraufhin zu überprüfen haben, ob nicht eine Nachfestsetzung in Betracht kommt.[151] Eine solche Nachfestsetzung ist aber naturgemäß nur dort möglich, wo der entsprechende Posten noch nicht geltend gemacht wurde. Wurde hingegen zunächst eine ungekürzte Verfahrensgebühr geltend gemacht, die dann im Rechtsmittelverfahren reduziert wurde, ist der Kostenfestsetzungsbeschluss rechtskräftig und nicht mehr angreifbar, sofern die Rechtsmittelfrist von zwei Wochen bereits abgelaufen ist.[152]

163 Aufgrund der Veränderung von § 55 Abs. 2 RVG kann sich die Landeskasse – eigentlich eine Selbstverständlichkeit – nur auf Zahlungen berufen, die sie **selbst** geleistet hat. Soweit die Landeskasse also Beratungshilfegebühren nach Nr. 2501, 2503 VV RVG gezahlt hat, sind diese gemäß § 58 Abs. 1 RVG auf die Prozesskostenhilfevergütung ganz Nr. 2501 VV RVG) oder hälftig (Anm. Abs. 2 zu Nr. 2503 VV RVG) anzurechnen; so war es bisher auch und dies steht auch im Einklang mit dem neuen Absatz 2.

164 Auch hier wird man allerdings abwarten müssen, wie die Rechtsprechung letztendlich mit den sog. Altfällen umgeht.

165 Alles in allem kann man jedenfalls für die Zukunft dem Gesetzgeber nur dafür nachhaltig danken, dass er so schnell einer höchst unsinnigen und kaum nachvollziehbaren Rechtsprechung im wahrsten Sinne des Wortes den Garaus gemacht hat!

166 **e) Anrechnung nach dem Wert des in das gerichtliche Verfahren übergegangenen Gegenstandwerts.** Die gesetzliche Regelung entspricht der bislang herrschenden Rechtsprechung. Auch nach der Anrechnungsregel von § 118 Abs. 2 BRAGO fand eine Anrechnung der außergerichtlich verdienten Geschäftsgebühr – zu 100 % – nur aus dem Wert statt, der in das gerichtliche Verfahren überging.

---

[149] OVG Lüneburg Beck-RS 2010, 55171.
[150] BGH AGS 2010, 106 ff.; BGH AGS 2010, 159 und schließlich RVGreport 2010, 265; BGH AGS 2010, 473; sa *Hagen* AGS 2011, 107.
[151] Vgl. hierzu zunächst *Hagen* AGS 2011, 107 ff., 108; BGH AGS 2011, 259 f.; ebenso BGH AGS 2010, 580; OLG Celle AGS 2010, 582.
[152] Vgl. *Hagen* AGS 2011, 109.

Teil 3. Bürgerliche Rechtsstreitigkeiten **Vorb. 3 VV**

Der Gesetzeswortlaut von Abs. 4 S. 5 der Vorb. 3 VV hat demgemäß eine **167** begrüßenswerte klarstellende Funktion. Sind die Gegenstandswerte identisch, entstehen keine besonderen Probleme. Ändert sich der Gegenstandswert beim Übergang von der außergerichtlichen zur gerichtlichen Tätigkeit ist wie folgt vorzugehen:

Beispiel 1:

Gegenstandswert für das gerichtliche Verfahren ist geringer:
Vormals 22.000 EUR, im gerichtlichen Verfahren nur noch 12.000 EUR
Hier rechnet der Anwalt wie folgt ab:

1,3 Geschäftsgebühr Nr. 2300 VV (Wert 22.000 EUR):	964,60 EUR
zzgl. 1,3 Verfahrensgebühr Nr. 3100 VV (Wert 12.000 EUR):	785,20 EUR
Zwischensumme:	1.749,80 EUR
abzgl. 0,65 Geschäftsgebühr (Wert: 12.000 EUR):	392,60 EUR
verbleiben:	1.357,20 EUR
Auslagenpauschale (2 x 20 EUR):	40,00 EUR
MwSt:	264,47 EUR
Summe:	1.662,67 EUR

Beispiel 2:

Gegenstandswert des gerichtlichen Verfahrens ist höher als im außergerichtlichen Bereich:
Zunächst 10.000 EUR, anschließend 22.000 EUR
Hier ist wie folgt abzurechnen:

1,3 Geschäftsgebühr Nr. 2300 VV (Wert 10.000 EUR):	725,40 EUR
zzgl. 1,3 Verfahrensgebühr Nr. 3100 VV (Wert 22.000 EUR):	964,60 EUR
Zwischensumme:	1.690,00 EUR
abzgl. 0,65 Geschäftsgebühr (Wert: 10.000 EUR):	362,70 EUR
verbleiben:	1.327,30 EUR
Auslagenpauschale (2 x 20 EUR):	40,00 EUR
MwSt:	259,79 EUR
Summe:	1.627,09 EUR

Für die Anrechnung ist jeweils die letzte entstandene Gebühr maßgeblich, wenn **168** mehrere Gebühren entstanden sind (Abs. 4 S. 3 der Vorb. 3 VV). Gemäß Absatz 4 Satz 3 der Vorbemerkung 3 VV findet die vorgeschriebene Anrechnung nur unter Berücksichtigung der letzten Gebühr statt, wenn mehrere außergerichtliche Gebühren entstanden sind und es anschließend zu einem gerichtlichen Verfahren kommt. Hauptsächlich wird dies bei **Schlichtungsverfahren** nach § 15a EGZPO oder in **Verwaltungsrechtsstreitigkeiten** vorkommen. Wird ein Rechtsanwalt beispielsweise bereits beauftragt, den vom Architekten vorbereiteten Bauantrag für einen Anbau einzureichen und kommt es nach Ablehnung dieses Bauantrages zu einem Widerspruchsverfahren, das der Rechtsanwalt führt, so ist nach anschließender Tätigkeit im Verwaltungsrechtsstreit wenn man hier ausnahmsweise eine Schwellengebühr unterstellen will, wie folgt abzurechnen:

Beispiel:

Gegenstandswert: zB 6.000,00 EUR
Geschäftsgebühr für das Antragsverfahren (Verwaltungsverfahren)

§§ 13, 14, Nr. 2300 VV RVG	1,3	460,20 EUR
Post- und Telekommunikation Nr. 7002 VV RVG		20,00 EUR
19 % Mehrwertsteuer Nr. 7008 VV RVG		91,24 EUR
Summe		571,44 EUR

Geschäftsgebühr Tätigkeit im Widerspruchsverfahren
vorausgegangenes Verwaltungsverfahren §§ 13, 14,

Vorb. 3 VV Teil 3. Bürgerliche Rechtsstreitigkeiten

Nr. 2300 VV RVG	1,3	460,20 EUR
Anrechnung gem. Vorbemerkung 2.3 Abs. 4 S. 1		
Wert 6.000 EUR	0,65	- 230,10 EUR
Post- und Telekommunikation Nr. 7002 VV RVG		20,00 EUR
19 % Mehrwertsteuer Nr. 7008 VV RVG		47,52 EUR
Summe		297,62 EUR
Verwaltungsrechtsstreit		
§ 13, Nr. 3100 VV RVG	1,3	460,20 EUR
Anrechnung gem. Vorbemerkung 3 Abs. 4	0,65	230,10 EUR
Terminsgebühr § 13, Nr. 3104 VV RVG	1,2	424,80 EUR
Post- und Telekommunikation Nr. 7002 VV RVG		20,00 EUR
19 % Mehrwertsteuer Nr. 7008 VV RVG		128,23 EUR
Summe		803,13 EUR.[153]

169 Für alle Verfahrensabschnitte bleiben die jeweils nicht anzurechnenden Auslagenpauschalen nach Nr. 7002 VV (3 x 20 EUR).[154] Zu ergänzen ist schließlich noch, dass der Gesetzgeber durch das Zweite Gesetz zur Modernisierung der Justiz auch eine **Rückanrechnung** angeordnet hat.[155] Während das Kostenrechtsmodernisierungsgesetz in der ursprünglichen Fassung formulierte, dass die Anrechnung nach dem Wert des Gegenstandes erfolgt, der in das gerichtliche Verfahren übergegangen **ist,** wird die Anrechnung nunmehr auch für den Fall vorgeschrieben, dass die Geschäftsgebühr Nr. 2300 VV einer entstandenen Verfahrensgebühr folgt, beispielsweise dann, wenn in einem Verfahren über einen Mehrvergleich erfolglos verhandelt wird und der Anwalt infolge dessen einen Auftrag zur außergerichtlichen Erledigung erhält.[156] Wie die Anrechnung einer später entstandenen Geschäftsgebühr in einem bereits abgeschlossenen Kostenfestsetzungsverfahren durchgeführt werden soll, ist bislang noch nicht geklärt.

170 **f) Anrechnungsprobleme bei mehreren Auftraggebern.** Ein Rechtsanwalt, der wegen ein- und derselben Angelegenheit mehrere Auftraggeber vertritt, erhält die Geschäftsgebühr jeweils für jeden Auftraggeber um 0,3 erhöht, wobei der Gesamterhöhungsbetrag 2,0 nicht überschreiten darf (Nr. 1008 VV).

171 Hat der Rechtsanwalt im konkreten Fall seine Geschäftsgebühr nach billigem Ermessen mit 1,3 bestimmt und hat er hierbei sieben Auftraggeber vertreten, so erhöht sich die Geschäftsgebühr auf insgesamt 3,3. Kommt es anschließend zu einem gerichtlichen Verfahren, stellt sich die Frage, inwieweit auch die Erhöhungsgebühren der **Anrechnungsregelung** unterfallen. Soweit einige Rechtsschutzversicherungen die unzutreffende Auffassung vertreten, das Wörtchen „oder" in Nr. 1008 VV RVG bedeute, dass die Erhöhung entweder bei der Geschäftsgebühr **oder** bei der anschließenden Verfahrensgebühr zur Anwendung gelange, ist dies ersichtlich falsch:

172 Mit zutreffender und eindrucksvoller Begründung hat das Landgericht Düsseldorf eine entsprechende Entscheidung des Amtsgerichts Düsseldorf aufgehoben und einerseits klargestellt, dass sich sowohl Geschäfts- als auch Verfahrensgebühr erhöhen können, wenn mehrere Personen Auftraggeber sind und anderseits eine Anrechnung der Erhöhung innerhalb dieser Vergütungstatbestände allenfalls bis zu 0,75 stattfinden könne, weil es an einer weitergehenden Anrechnungsregelung fehle.[157]

173 Die rechtliche Selbstverständlichkeit, dass die Erhöhung sowohl bei der Geschäftsgebühr als auch bei der Verfahrensgebühr stattfindet, löst noch nicht das Problem,

---

[153] Beispiel nach *Schneider/Thiel* S. 189, 190.
[154] Vgl. hierzu auch *Kindermann* RVGreport 2004, 144 (145).
[155] BGBl. 2006 I 3416.
[156] HK-RVG/*Mayer* Vorb. 3 Rn. 97 unter Hinweis auf BT-Drs. 16/3038, 56.
[157] Vgl. zunächst LG Düsseldorf AGS 2007, 381, mAnm *Schons*; *Hansens* RVGreport 2004, 96; zur Gesamtproblematik vgl. Schneider/Wolf/*Onderka/N. Schneider* Vorb. 3 VV Rn. 248 ff.

wie sich hier die Anrechnungsregeln von Abs. 4 VV RVG auswirken. Teilweise wird nach wie vor vertreten, dass die Gebührenerhöhung nach Nr. 1008 VV RVG von der Anrechnung überhaupt nicht umfasst wird, da es an einer entsprechenden Anrechnungsregelung hier fehle. Darüber hinaus könne auch nicht von einem Versäumnis des Gesetzgebers ausgegangen werden, da sich beispielsweise in der Anm. zu Nr. 3308 VV RVG eine entsprechende Regelung finde.[158]

Nach einer weiteren Meinung, der sich auch das Landgericht Düsseldorf angeschlossen hat, bezieht sich die Anrechnung zwar auch auf den Erhöhungsbetrag nach Nr. 1008 VV RVG, wird aber auf 0,75 beschränkt.[159] **174**

Eine dritte eigentlich kaum noch zu vertretende Auffassung hängt der Überlegung nach, der jeweilige Erhöhungsbetrag sei entsprechend Vorb. 3 Abs. 4 VV RVG zur Hälfte – also für jeden weiteren Auftraggeber mit einem Satz von 0,15 anzurechnen.[160] **175**

Nach richtiger Auffassung nimmt der Erhöhungsbetrag zwar an der Anrechnung teil, die Höchstgrenze ist jedoch mit 0,75 zu beachten.[161] Dies ist damit zu begründen, dass es sich bei Nr. 1008 VV RVG nicht um eine eigenständige Gebühr, sondern lediglich um eine abweichende Berechnungsform der Geschäftsgebühr nach Nr. 2300 VV RVG ff. handelt. Demgemäß bestand für den Gesetzgeber in der Tat auch kein Anlass, die Vorschrift Nr. 1008 VV RVG ausdrücklich in den Text von Vorb. 3 Abs. 4 VV RVG aufzunehmen.[162] **176**

g) Anrechnungsprobleme bei Prozesskostenhilfe. Die Streitfrage, ob und wann eine Geschäftsgebühr im Verfahren auf Festsetzung der Vergütung des Prozesskostenhilfeanwalts vorzunehmen ist oder nicht, hat sich jedenfalls durch die Neuregelung in § 55 Abs. 5 S. 2 und S. 3 RVG für die Zukunft erledigt. Aus dem Gesetzeswortlaut ergibt sich zumindest „indirekt" dass der Anwalt sich gegenüber der Staatskasse eine Geschäftsgebühr nur dann anrechnen lassen muss, wenn der Mandant sie **tatsächlich** gezahlt hat.[163] Hinsichtlich der Einzelheiten wird auf die Kommentierung zu § 55 RVG verwiesen. **177**

h) Anrechnung bei Vergabeverfahren. Für die Tätigkeit eines Rechtsanwalts vor der Vergabekammer erhält er eine Geschäftsgebühr nach Nr. 2300 VV RVG. Auch hier ist streitig, ob diese Gebühr auf die Verfahrensgebühr eines anschließenden Beschwerdeverfahrens (§ 116 GWB) vor dem Vergabesenat anzurechnen ist oder nicht. Der Bundesgerichtshof hat sich inzwischen der Ansicht angeschlossen, eine Anrechnung bejaht. Begründet wird das damit, dass der Vergabesenat keine gerichtliche, sondern eine (von einem Gericht erlassene) behördliche Entscheidung überprüfe.[164] **178**

i) Anrechnung bei Abmahnung und einstweiliger Verfügung. Umstritten ist schließlich die Frage, ob die durch eine **Abmahnung** entstandene Geschäftsgebühr auf die Verfahrensgebühr eines nachfolgenden **einstweiligen Verfügungsver-** **179**

---

[158] Vgl. hierzu *Mock* RVGberater 2004, 87; ebenso noch Hartung/Römermann/Schons/*Schons* Vorb. 3 Rn. 87.

[159] LG Düsseldorf AGS 2007, 381; LG Saarbrücken AGS 2009, 315; KG RVGreport 2008, 391; LG Ulm AGS 2008, 163; ebenso Schneider/Wolf/*Onderka*/N. *Schneider* Vorb. 3 VV Rn. 249.

[160] *Hergenröder* AGS 2007, 53; seinerzeit auch noch *N. Schneider* Anwaltskommentar RVG, 3. Aufl., Vorb. 3 VV Rn. 206.

[161] Vgl. jetzt auch Schneider/Wolf/*Onderka*/N. *Schneider* Vorb. 3 VV Rn. 249.

[162] Insoweit zutreffend Schneider/Wolf/*Onderka*/N. *Schneider* Vorb. 3 VV Rn. 249.

[163] Ebenso wie hier Schneider/Wolf/*Onderka*/N. *Schneider* Vorb. 3 VV Rn. 251.

[164] Zum Meinungsstand vgl. die Nachweise bei: Schneider/Wolf/*Onderka*/N. *Schneider* Vorb. 3 VV Rn. 252 sowie BGH AnwBl. 2009, 876 ff., AGS 2009, 540; siehe jetzt auch im Vergabeverfahren bei vereinbarter Vergütung BGH AGS 2014, 468 ff.

fahrens anzurechnen ist. Nach wie vor überwiegt die Ansicht in Rechtsprechung und Literatur, dass eine Anrechnung vorzunehmen sei.[165] Richtig ist allerdings die Gegenansicht, die darauf abstellt, dass die Abmahnung und das einstweilige Verfügungsverfahren **ersichtlich** nicht denselben Gegenstand betreffen.[166]

180 Eine Anrechnung der Geschäftsgebühr kommt demgemäß lediglich auf die Verfahrensgebühr des Hauptverfahrens in Betracht, soweit ein solches notwendig wird. Konsequenterweise folgt aus dieser Auffassung, dass der weitere Verlauf des Verfahrens gebührenmäßig nicht ohne Konsequenzen bleibt. Hat der Anwalt für das Hauptsacheverfahren bereits Prozessauftrag und gelingt ihm, das Hauptsacheverfahren durch ein Abschlußschreiben zu vermeiden, so erhält er jetzt hierfür lediglich eine 0,8 Verfahrensgebühr nach Nr. 3101 VV RVG aus dem Hauptsachewert, auf die dann die aus der Abmahnung entstandenen Geschäftsgebühr anzurechnen ist. Hat der Anwalt dagegen einen auf das Abschlußschreiben beschränkten Auftrag zur außergerichtlichen Vertretung so entsteht nach der überwiegenden – hier als falsch beurteilten – Gegenmeinung eine 1,3 Geschäftsgebühr. Richtigerweise ist die Aufforderung zur Abgabe eines Abschlußschreibens als Fortsetzung der außergerichtlichen Tätigkeit hinsichtlich des Anspruchs in der Hauptsache zu bewerten, so dass keine Gebühren neu entstehen, sondern allenfalls die Geschäftsgebühr eine Erhöhung erfahren kann.[167]

181 **j) Sonderproblem Vergleich.** Vorsicht war und ist sicherlich auch dort geboten, wo Gerichte mit der höchstrichterlichen Rechtsprechung nicht vertraut sind, wenn es zu einem Prozessvergleich in einem Verfahren kommt, das auch den Kostenerstattungsanspruch auf die Geschäftsgebühr zum, Gegenstand hatte.

182 Hier hatten einige Gerichte die Auffassung vertreten, wenn in einem solchen Vergleich die Klage erledigt werde, so würde hierdurch auch ohne namentliche Nennung die Geschäftsgebühr mit tituliert und dies müsse beim Kostenausgleichsverfahren dann entsprechend reduzierend bei der Verfahrensgebühr berücksichtigt werden.[168]

183 Dem ist der BGH mit guten Gründen entgegengetreten und hat zutreffend ausgeführt, dass ein Vergleich keinen Titel im Sinne von § 15a Abs. 2 Alt. 2 RVG darstellt, wenn es im Vergleichstext an einer konkreten Feststellung fehlt, welcher Teil aus der Vergleichssumme sich auf die Geschäftsgebühr erstrecken soll.[169]

184 Gleichwohl sei Rechtsanwälten empfohlen, sicherheitshalber beim Abschluss von Vergleichen auf eine Klarstellung hinzuwirken (siehe hierzu die Empfehlungen von *Enders* → § 15a Rn. 35)

185 **k) Anrechnung von Rahmengebühren.** Die Neufassung von Vorb. 3 Abs. 4 S. 1 führt nunmehr dazu, dass nunmehr auch Betragsrahmengebühren anzurechnen sind, freilich nach demselben Prinzip wie Wertgebühren und mit einer Begrenzung auf 175 EUR (Vorb. 3 Abs. 4 S. 2 VV).

186 Die Änderungen sind jetzt nicht nur bei der Abrechnung mit dem eigenen Auftraggeber zu beachten, sondern auch bei der Kostenerstattung, da nunmehr § 15a Abs. 2 RVG unmittelbar anzuwenden ist. Letzteres wirkt sich insbesondere in den Bundesländern aus, in denen kein Widerspruchsverfahren mehr stattfindet.

---

[165] BGH RVGreport 2008, 470; BGH NJW 2008, 1744; OLG Karlsruhe AGS 2011, 264 ff. m. kritischer Anm. *Schneider*; KG RVGreport 2009, 28, 29; OLG Frankfurt a.M. AGS 2008, 442; Gerold/Schmidt/*Madert* Nr. 2300–2301 VV, Rn. 41; aA nunmehr Gerold/Schmidt/*Müller-Rabe* Anh. II Rn. 133.

[166] Schneider/Wolf/*Onderka*/*N. Schneider* Vorb. 3 VV Rn. 253; *N. Schneider* NJW 2009, 2017.

[167] Schneider/Wolf/*Onderka*/*N. Schneider* Vorb. 3 VV Rn. 255.

[168] Vgl. hierzu etwa OLG Saarbrücken AGS 2010, 60; aA OLG Nürnberg 2010, 463; OLG Köln AGS 2010, 462.

[169] BGH AGS 2011, 6 ff. mAnm *Schneider*; vgl. auch hier *Hagen* AGS 2010, 110.

Beispiel nach *Schneider/Thiel*:[170]

Der zunächst im Verwaltungs-Antragsverfahren tätige Anwalt erhebt nach ablehnendem Bescheid sofort Klage zum Sozialgericht und das Gericht gibt nach mündlicher Verhandlung der Klage statt. Die Kosten des Verfahrens werden der Behörde auferlegt.

Unstrittig sind jetzt nur die Kosten des gerichtlichen Verfahrens zu erstatten. Die Geschäftsgebühr für das Verwaltungsverfahren ist nicht erstattungsfähig und fällt insbesondere nicht unter § 193 SGG.[171]

Nach altem Recht wäre jetzt nur die ermässigte Verfahrensgebühr nach Nr. 3102, 3103 VV bei der Erstattung zu berücksichtigen gewesen, da eine analoge Anwendung von § 15a Abs. 2 nicht in Betracht kam.[172]

Nach nunmehr geltendem Recht ist dagegen die volle Verfahrensgebühr zu erstatten und zwar unbeschadet der Anrechnung der Geschäftsgebühr nach Vorb. 3 Abs. 4 S. 1 VV eben weil § 15a Abs. 2 RVG nunmehr unmittelbar zur Anwendung gelangt.

5. Anrechnung bei selbstständigen Beweisverfahren (Absatz 5)

a) Allgemeines. In § 19 RVG wird das selbstständige Beweisverfahren nicht mehr genannt, womit klargestellt ist, dass es sich um eine selbstständige Angelegenheit handelt. Es ist aber dabei geblieben, dass das selbstständige Beweisverfahren zum Rechtszug gehört, so dass nunmehr die Aufnahme einer Anrechnungsregelung erforderlich wurde. Diese findet sich in Vorb. 3 Abs. 5 VV, in der festgelegt wird, dass die in einem selbstständigen Beweisverfahren verdiente Verfahrensgebühr in vollem Umfang auf die Verfahrensgebühr des späteren Hauptverfahrens anzurechnen ist, aber eben nur die **Verfahrensgebühr**. 187

Eine im selbstständigen Beweisverfahren – durch die Teilnahme eines vom Sachverständigen anberaumten Termins – verdiente **Terminsgebühr** unterliegt nicht der Anrechnungsvorschrift, so dass im Hauptverfahren eine weitere Terminsgebühr anrechnungsfrei verdient werden kann. 188

Durch diese Regelung will der Gesetzgeber die Bedeutung des selbstständigen Beweisverfahrens unterstreichen und dem Rechtsanwalt bzw. den Beteiligten einen **Anreiz** geben, durch Führung eines selbstständigen Beweisverfahrens möglicherweise ein Hauptverfahren vermeiden zu helfen. In der Praxis ist es in der Tat zu beobachten, dass die Klärung von **Mängelfragen in Bauprozessen** durch ein selbstständiges Beweisverfahren oftmals die Führung eines Hauptverfahrens überflüssig macht, da die Parteien nach Klärung der Sachfragen keinen Sinn mehr darin sehen, sich noch weiter zu streiten. Bei richtiger Frage- bzw. Antragstellung klärt das selbstständige Beweisverfahren nicht nur das Vorhandensein oder Nichtvorhandensein von Fehlern und Mängeln, sondern stellt auch Verantwortungen fest und gibt Auskunft auf die zu erwartenden Beseitigungskosten. 189

b) Regelungsinhalt. Eine Anrechnung der Verfahrensgebühr auf die spätere Verfahrensgebühr im Hauptverfahren setzt voraus, dass die **Gegenstände** der beiden Verfahren zu irgendeinem Zeitpunkt **identisch** sind. Unerheblich ist es demgemäß für die Frage der Anrechnung auch, ob das selbstständige Beweisverfahren dem eigentlichen Rechtsstreit vorangeht oder – was in der Praxis ebenfalls öfter vorkommt – parallel betrieben wird. 190

Auch **Klageänderungen** während des Hauptverfahrens ändern aus diesem Grunde nichts an der vorbeschriebenen Anrechnung. War der Gegenstand des 191

---

[170] *Schneider/Thiel* S. 196.
[171] BSG AGS 2010, 443 = Jur Büro 2010, 533.
[172] LSG Thüringen AGS 2011, 438; SG Stuttgart AGS 2011, 492; SG Berlin AGS 2010, 433; SG Chemnitz AGS 2011, 440.

Hauptverfahrens einmal identisch mit dem Gegenstand des selbstständigen Beweisverfahrens, hat die Anrechnung stattzufinden.[173]

192 Identität muss auch bei den Parteien vorliegen; der Prozessbevollmächtigte muss also für die gleiche Partei sowohl im selbstständigen Beweisverfahren als auch im späteren oder parallel laufenden Rechtsstreit tätig geworden sein. Eine Anrechnungsverpflichtung entfällt aber nicht, wenn auf Antragsgegnerseite im Laufe des oder der Verfahren weitere Antragsgegner hinzukommen. Anders kann es sich bei der **Streitverkündung** verhalten.[174]

193 Auch bei der Anrechnungsvorschrift von Abs. 5 der Vorb. 3 VV ist stets die **Zweijahresfrist** von § 15 Abs. 5 S. 2 zu beachten. Liegt also zwischen dem Abschluss des selbstständigen Beweisverfahrens und dem Beginn des Hauptverfahrens ein Zeitraum von zwei Jahren, kommt eine Anrechnung nicht mehr in Betracht.[175] Derartige Fälle dürften allerdings höchst selten sein, da nach Abschluss des selbstständigen Beweisverfahrens das Hauptverfahren schnellstmöglich anhängig gemacht wird, um die verjährungshemmende Wirkung nicht zu gefährden.

194 **c) Anrechnung bei vorausgegangener Vertretungstätigkeit.** Umstritten ist die Anrechnungshandhabung, wenn ein- und derselbe Rechtsanwalt außergerichtlich, im selbständigen Beweisverfahren und im Hauptsacheverfahren tätig geworden ist.[176] Nach einer Ansicht ist dann die entstandene Geschäftsgebühr zur Hälfte auf die Verfahrensgebühr des Beweisverfahrens anzurechnen, während die Verfahrensgebühr des Beweisverfahrens wiederum nach Vorb. 3 Abs. 5 VV RVG auf die Verfahrensgebühr des Hauptsacheverfahrens angerechnet werden soll.[177]

195 Zum Teil wird diese Auffassung als zu pauschal kritisiert.[178] Da das selbständige Beweisverfahren und das Hauptsacheverfahren zwei selbständige Angelegenheiten sind, sei danach zu differenzieren, ob sich die außergerichtliche Vertretungstätigkeit auf das Beweisverfahren bezieht (dann Anrechnung der Geschäftsgebühr auf die Verfahrensgebühr des Beweisverfahrens) oder auf das spätere Hauptsacheverfahren (dann Anrechnung der Geschäftsgebühr auf die Verfahrensgebühr des Hauptsacheverfahrens).

196 Unter Aufgabe der bisherigen Auffassung in der Vorauflage wird man sich demgegenüber der Auffassung von *Schneider* und *Bischof* anschließen müssen. Es ist lebensfremd und in der Praxis praktisch nicht denkbar, dass ein Rechtsanwalt aussergerichtlich lediglich im Hinblick auf ein Beweisverfahren tätig wird. Der ihm erteilte Auftrag, bestimmte Ansprüche zunächst einmal aussergerichtlich geltend zu machen oder Zahlungsansprüche des Handwerkers unter Hinweis auf Mängel zurückzuweisen, wird sich stets auf das „Endziel" des Mandanten richten, während die Notwendigkeit eines Beweisverfahrens eher eine Zwischenstation auf dem Weg zum endgültigen Ziel ist. Das könnte dazu verführen, der Auffassung zu folgen, wonach die aussergerichtlich verdiente Geschäftsgebühr grundsätzlich erst auf die Verfahrensgebühr im Hauptverfahren anzurechnen wäre, während die zeitlich zuvor entstandene Verfahrensgebühr im selbstverständigen Beweisverfahren erhalten bliebe.[179]

197 Richtiger dürfte es hingegen sein, die zunächst entstandene Gebühr (Geschäftsgebühr) auf die zeitlich danach entstehende Gebühr anzurechnen, so dass die zunächst angefallene Geschäftsgebühr eben auf die im anschließenden selbständigen Beweis-

---
[173] Schneider/Wolf/*Onderka/N. Schneider* Vorb. 3 VV Rn. 265 unter Hinweis auf OLG München MDR 2000, 726 = Rpfleger 2000, 353.

[174] Vgl. insoweit Schneider/Wolf/*Onderka/N. Schneider* Vorb. 3 VV Rn. 268; vgl. auch OLG Koblenz AnwBl. 1998, 668 = JurBüro 1998, 359 = AGS 1998, 67.

[175] OLZ Zweibrücken JurBüro 1999, 414 = AGS 2000, 64.

[176] BGH NJW 2014, 3518 Rn. 19.

[177] So jedenfalls *Schneider,* Fälle und Lösungen zum RVG, § 11 Beispiel 10; *Bischof* Vorb. 3 Rn. 128.

[178] So jedenfalls HK-RVG/*Mayer* Vorb. 3 Rn. 105.

[179] So OLG Stuttgart JurBüro 2008, 525.

verfahren entstandene Verfahrensgebühr anzurechnen ist. Nur steht dann eben nur noch der verbleibende **Restbetrag** für die weitere Anrechnung auf die Verfahrensgebühr zur Verfügung.[180] Demgegenüber ist nach einer Entscheidung des OLG Hamm vom 2.9.2014 nicht nur der nach Anrechnung verbleibende Restbetrag, sondern der volle Gebührenbetrag auf die folgende Verfahrensgebühr anzurechnen; eine Entscheidung, der sich sowohl *N. Schneider* als auch *Müller-Rabe* – meines Erachtens zu Unrecht – anschließen.[181]

d) Wert des selbständigen Beweisverfahrens. Wie üblich bestimmt sich der Wert auch des selbständigen Beweissicherungsverfahrens nach dem Interesse des Antragstellers, das nach § 3 ZPO zu schätzen ist.[182] Nach richtiger Auffassung ist der volle Hauptsachewert auch im selbständigen Beweisverfahren anzusetzen, während ein Abschlag abzulehnen ist.[183]   **198**

e) Übergangsrecht. Soweit das selbständige Beweisverfahren vor dem 1.7.2004 durchgeführt worden ist und es zu einem anschließenden Hauptsacheverfahren kommt, richten sich die anwaltlichen Gebühren für das Beweisverfahren nach der BRAGO, für das Hauptsacheverfahren jedoch nach dem RVG.[184]   **199**

6. Anrechnung der Verfahrensgebühr bei Zurückverweisung der Sache (Absatz 6)

a) Allgemeines. Unter Geltung von § 15 Abs. 1 S. 2 BRAGO erhielt ein Rechtsanwalt im Falle der Zurückverweisung eine – weitere – Prozessgebühr nur dann, wenn die Sache an ein Gericht zurückverwiesen wurde, das mit der Angelegenheit noch nicht befasst war. Wurde an das ursprüngliche Gericht zurückverwiesen, konnte die Prozessgebühr erst gar nicht entstehen. Nunmehr hat sich der Gesetzgeber für das Modell der Anrechnung entschieden.   **200**

b) Regelungsinhalt. Soweit eine Sache an das ursprüngliche untergeordnete Gericht zurückverwiesen wird, ist zwar ein neuer Rechtszug iSv § 15 Abs. 2 S. 2 RVG eröffnet, die vor **diesem** Gericht verdiente Verfahrensgebühr ist aber auf die eigentliche jetzt nochmals entstehende Verfahrensgebühr in vollem Umfange anzurechnen, allerdings nur diese, so dass eine weitere Terminsgebühr – anrechnungsfrei – entstehen kann.   **201**

Auch hier ist stets die Vorschrift von § 15 Abs. 5 S. 2 RVG zu beachten, die eine Anrechnung ausschließt, wenn zwischen Beendigung des Ausgangsverfahrens und dem Neubeginn nach Zurückverweisung mehr als zwei Jahre liegen.[185] Wegen der weiteren Einzelheiten sa die Kommentierung zu § 21 RVG.   **202**

7. Vorrang von Teil 6 (Absatz 7)

Abs. 7 der Vorb. 3 VV legt eigentlich nur die Selbstverständlichkeit fest, dass die Vorschriften des Teiles 3 VV nicht anzuwenden sind, soweit Teil 6 VV – beispielsweise für das gerichtliche Verfahren bei Freiheitsentziehung und Unterbringung sowie für gerichtliche Verfahren in Disziplinarangelegenheiten – eigene Gebührenvorschriften bereithält. Zu beachten ist allerdings die Ausnahmevorschrift in   **203**

---

[180] So jedenfalls HK-RVG/*Mayer* Vorb. 3 Rn. 151; ebenso *Hansens* JurBüro 2009, 81 ff., 82 f.
[181] Vgl. zunächst OLG Hamm AGS 2014, 453 f. m. zustimmender Anm. *Schneider;* ebenso Gerold/Schmidt/*Müller-Rabe* Vorb. 3 Rn. 313 f.
[182] HK-RVG/*Mayer* Vorb. 3 Rn. 152.
[183] Vgl. nur OLG Celle NJOZ 2004, 893; sa *Kroiß* RVGletter 2004, 35.
[184] So jetzt auch: BGH NJW 2007, 3578 f.
[185] Schneider/Wolf/*Onderka*/*N. Schneider* Vorb. 3 VV Rn. 313.

Vorb. 3.1 VV Teil 3. Bürgerliche Rechtsstreitigkeiten

Vorb. 6.2 VV RVG. Dort ist festgelegt, dass Gebühren nach Teil 3 VV entstehen können:
- für das Verfahren über die Erinnerung oder die Beschwerde gegen einen Kostenfestsetzungsbeschluss
- für das Verfahren über die Erinnerung gegen den Kostenansatz und
- für das Verfahren über die Beschwerde gegen eine Entscheidung über solche Erinnerungen; Nr. 3500, 3513 VV RVG sind entsprechend anzuwenden.
- In der Zwangsvollstreckung aus einer Entscheidung, die über die Erstattung von Kosten ergangen ist und für das Beschwerdeverfahren gegen solche Entscheidungen; anzuwenden sind hier Nr. 3309 ff. VV.[186]

204 Auch die allgemeinen Gebühren nach Teil 1 VV und die Gebühren nach Teil 2 VV sind in den Verfahren nach Teil 6 VV ebenso anwendbar wie etwa § 34 RVG.

205 Im übrigen hätte sich genauso gut hier die weitere Anm. unterbringen lassen, dass die Vorschriften von Teil 3 VV ebenfalls nicht in den Verfahren nach Teil 4 VV zur Anwendung gelangen (wenn dort zivilrechtliche Ansprüche geltend gemacht werden), da auch dort Sonderbestimmungen in Nr. 4143 f. VV vorzufinden sind.[187] Lediglich dann, wenn es zu einer Entscheidung im Adhäsionsverfahren nicht kommt und sich somit ein Verfahren vor dem Zivilgericht anschließt, ist die Vergütung wiederum Teil 3 VV zu entnehmen.[188]

Abschnitt 1. Erster Rechtszug

Vorbemerkung 3.1 VV

Nr.	Gebührentatbestand	Gebühr oder Satz der Gebühr nach § 13
Vorbemerkung 3.1: (1) Die Gebühren dieses Abschn. entstehen in allen Verfahren, für die in den folgenden Abschn. dieses Teils keine Gebühren bestimmt sind. (2) Dieser Abschn. ist auch für das Rechtsbeschwerdeverfahren nach § 1065 ZPO anzuwenden.		

I. Überblick

1 Abschn. 1 des Teils 3 VV enthält die Gebührenvorschriften für die erstinstanzlichen Verfahren. Die Gebührenstruktur ist gegenüber den Gebühren nach den früheren §§ 31 ff. und 118 BRAGO verändert.

II. Anwendungsbereich

1. Auffangregelung für alle gerichtlichen Verfahren, soweit an anderer Stelle keine besonderen Gebühren bestimmt sind

2 3.1 Abs. 1 VV bringt zum Ausdruck, dass hier gewissermaßen eine **Auffangregelung** für alle gerichtlichen Verfahren vorzufinden ist, für die an anderer Stelle keine

---

[186] Vgl. statt aller: Schneider/Wolf/*Onderka/N. Schneider* Vorb. 3 VV Rn. 316.
[187] Schneider/Wolf/*Onderka/N.* Schneider Vorb. 3 VV Rn. 318.
[188] HK-RVG/*Mayer* Vorb. 3 Rn. 160 aE.

Abschnitt 1. Erster Rechtszug **Vorb. 3.1 VV**

besonderen Gebühren bestimmt sind. Danach gelten die Gebühren nach diesem Teil insbesondere in:
- Zivilrechtsstreitigkeiten
- Arbeitsrechtlichen Verfahren, einschließlich der Beschlussverfahren
- FGG-Verfahren
- Verwaltungsgerichtliche Verfahren
- Hausratsverfahren
- Sozialgerichtsverfahren
- Finanzgerichtlichen Verfahren
- Landwirtschaftsverfahren
- Verfahren nach § 43 WEG
- Schiedsrichterlichen Verfahren und Verfahren vor dem Schiedsgericht (§ 36)
- Verfahren vor den Verfassungsgerichten (§ 37 Abs. 2)
- Verfahren vor dem EUGH nach Teil 3 Abschn. 2 VV entsprechend (§ 38 Abs. 1 S. 1).

In allen diesen erstinstanzlichen Verfahren richten sich die Gebühren somit nach Nr. 3100 ff. VV. 3

In Verfahren vor dem **Finanzgericht** sind die Gebühren der Nr. 3200 ff. VV zu entnehmen, da diese Gerichte auf der Ebene der Oberlandesgerichte angesiedelt sind. Insoweit ist es konsequent, hier Gebührenvorschriften zur Anwendung gelangen zu lassen, die eigentlich für das Berufungsverfahren gedacht sind. 4

In Teil 3 Abschn. 1 VV finden sich die gravierendsten Änderungen des RVG. Während in bürgerlichen Rechtsstreitigkeiten in der ersten Instanz bis zum 30. 6.2004 je nach Prozessverlauf neben der Prozess- und der Verhandlungs- bzw. Erörterungsgebühr (und ferner einer Vergleichsgebühr) eine Beweisgebühr verdient werden konnte, ist diese Gebühr ersatzlos gestrichen worden. Der Gesetzgeber hat sich damit einer jahrzehntelang immer wieder von vereinzelten Stimmen erhobenen Forderung gebeugt, die Beweisgebühr entfallen zu lassen, die insbesondere in Familienrechtssachen bei der Anhörung der Eheleute als unangemessen bezeichnet worden war. Durch den Wegfall der Beweisgebühr war dann gleichzeitig eine **Strukturreform** erforderlich geworden, die mit dem vorliegenden RVG umgesetzt wurde. Dies geschah in der Weise, dass die Prozessgebühr durch eine erhöhte Verfahrensgebühr ersetzt und der Anwendungsbereich der Terminsgebühr für die Wahrnehmung von Terminen erheblich erweitert wurde, wobei auch diese Gebühr um 0,2 angehoben wurde. 5

In den Verfahren vor **Gerichten der Sozialgerichtsbarkeit** ist man in den Fällen, bei denen auch früher Betragsrahmengebühren vorgesehen waren, bei diesem System geblieben. Die Betragsrahmengebühren sind jetzt aber nicht mehr einem einzigen Gebührentatbestand (§ 116 Abs. 1 BRAGO) zu entnehmen, sondern es wird unterschieden – entsprechend dem Prinzip bei bürgerlichen Rechtsstreitigkeiten – zwischen Verfahrensgebühr (Nr. 3102 VV) und Terminsgebühr (Nr. 3106 VV). 6

Als eine **erhebliche Verbesserung** ist es zu bezeichnen, dass nunmehr auch im FGG-Verfahren nach Festgebühren abgerechnet werden kann, so dass die leidigen Streitigkeiten ein Ende gefunden haben, ob wegen einer Abrechnung nach § 118 BRAGO nun wirklich stets nur die Mittelgebühr in Ansatz gebracht werden konnte, eine Auffassung, die in der Vergangenheit bei vielen Rechtspflegern anzutreffen war. 7

Ob die Überlegungen des Gesetzgebers zutreffen, wonach die Abschaffung der Beweisgebühr zu einer bedeutenden **Vereinfachung** des anwaltlichen Gebührenrechts führe, kann sicherlich nach wie vor höchst kontrovers diskutiert werden. Insbesondere die Anwaltskanzleien, die schwerpunktmäßig etwa im Baurecht oder im Medizinrecht tätig sind, klagen jedenfalls ebenso wie Familienrechtler darüber, dass ein wesentlicher Teil der anwaltlichen Tätigkeit praktisch nicht mehr honoriert 8 werde. Und Kanzleien, die überwiegend Versicherungsunternehmen vertreten, demgemäß also erst für das gerichtliche Verfahren mandatiert werden, können mit dem erweiterten Gebührenrahmen von Nr. 2300 VV und den verbesserten Anrechnungsvorschriften (Anrechnung nur zur Hälfte) wenig anfangen, um die Honorarausfälle durch den Wegfall der Beweisgebühr zu kompensieren.

9 Und so ist es nachvollziehbar, dass sich die Anwaltsverbände über Jahre hinweg wieder und wieder dafür ausgesprochen haben, die alte Beweisgebühr zwar nicht wieder neu einzuführen, wenigstens aber eine zweite Terminsgebühr als „Beweisaufnahmeteilnahmegebühr" anzudenken. Konkrete Vorschläge wurden dem Gesetzgeber im Zusammenhang mit dem 2. KostRMoG gemacht und sowohl DAV als auch BRAK sprachen sich dafür aus, für jede aktive Teilnahme an einer Beweisaufnahme dem Rechtsanwalt **jeweils** eine weitere Terminsgebühr in Höhe von 0,3 zuzubilligen, wobei sämtliche Erhöhungen 2,0 nicht übersteigen sollten (entsprechend der Regelung in Nr. 1008 Abs. 3 VV).

10 Im Referentenentwurf zum 2. KostRMoG wurde diese bescheidene Anregung vollständig ignoriert. Insoweit muss man ja fast schon von einer Verbesserung sprechen, wenn man sich heute Nr. 1010 VV betrachtet.

11 Allerdings hat man es wohl im Wesentlichen dabei belassen, den angestellten Vergleich zu Nr. 1008 VV, in der Weise zu berücksichtigen, dass man in dessen Nähe den neuen Vergütungstatbestand ansiedelte. Ansonsten hat die Idee, einem Rechtsanwalt erst nach dem vierten Termin eine einmalige Erhöhung von 0,3 zuzusprechen, mit der oben dargestellten Anregung sicherlich wenig oder gar nichts mehr zu tun. Bedenkt man dann noch, dass die Gesetzesformulierung vorsieht, dass das Ganze nur bei „umfangreichen" Beweisaufnahmen stattfinden soll, sind Rechtsstreitigkeiten geradezu vorprogrammiert. Wegen der weiteren Einzelheiten wird auf die Kommentierung zu Nr. 1010 VV Bezug genommen.

12 Bei dieser „Neuregelung" bleibt es bei der Empfehlung aus der Vorauflage, mit dem Mandanten für die Teilnahme an Beweisaufnahmeterminen eine **Vergütungsvereinbarung** (etwa nach Zeitaufwand) zu treffen.

2. Rechtsbeschwerdeverfahren nach § 1065 ZPO

13 Abs. 2 der Vorb. 3.1 VV übernimmt die Regelung des früheren § 46 Abs. 2 BRAGO. Danach erhält der Rechtsanwalt in bestimmten Verfahren über die Rechtsbeschwerde die gleichen Gebühren wie im ersten Rechtszug. Dies gilt für Rechtsbeschwerden betreffend die Feststellung der Zulässigkeit oder Unzulässigkeit eines schiedsrichterlichen Verfahrens oder gegen die Entscheidung eines Schiedsgerichts, in der dieses seine Zuständigkeit in einem Zwischenbescheid bejaht hat, oder gegen eine Entscheidung über die Aufhebung oder die Vollstreckbarerklärung des Schiedsspruches oder die Aufhebung der Vollstreckbarerklärung.

14 Zu beachten ist allerdings, dass der Vergütungstatbestand Nr. 3104 VV RVG Anm. Abs. 1 Nr. 1 keine Anwendung findet, weil gemäß §§ 577 Abs. 6 S. 1, 128 Abs. 4 ZPO durch Beschluss ohne notwendige mündliche Verhandlung entschieden wird.[1]

15 Die Gebühren gemäß Nr. 3100 ff. VV RVG entstehen schließlich auch, wenn gegen Entscheidungen des Oberlandesgerichts in Fällen in denen § 1065 ZPO keine Rechtsbeschwerde zulässt, eine – dann unzulässige – Rechtsbeschwerde eingelegt wurde. *Müller-Rabe* weist in diesem Zusammenhang zu Recht darauf hin, dass es für die Anwaltsgebühren unerheblich ist, ob eine Beschwerde zulässig ist oder nicht.[2] Ob der Gebührenanspruch dann erfolgreich gegen den Mandanten durchgesetzt werden kann, ist allerdings eine andere Frage.

---

[1] Gerold/Schmidt/*Müller-Rabe* Vorb. 3.1. VV Rn. 5; HK-RVG/*Mayer* Vorb. 3.1. Rn. 8.
[2] Gerold/Schmidt/*Müller-Rabe* Vorb. 3.1. VV Rn. 6.

Schließlich bestimmt sich die Verfahrensgebühr bei der Rechtsbeschwerde in sonstigen Fällen nach dem Vergütungstatbestand Nr. 3502 VV RVG.[3]   **16**

Nr. 3100 VV

Nr.	Gebührentatbestand	Gebühr oder Satz der Gebühr nach § 13
3100	Verfahrensgebühr, soweit in Nummer 3102 nichts anderes bestimmt ist .... (1) Die Verfahrensgebühr für ein vereinfachtes Verfahren über den Unterhalt Minderjähriger wird auf die Verfahrensgebühr angerechnet, die in dem nachfolgenden Rechtsstreit entsteht (§ 255 FamFG). (2) Die Verfahrensgebühr für einen Urkunden- oder Wechselprozess wird auf die Verfahrensgebühr für das ordentliche Verfahren angerechnet, wenn dieses nach Abstandnahme vom Urkunden- oder Wechselprozess oder nach einem Vorbehaltsurteil anhängig bleibt (§§ 596, 600 ZPO). (3) Die Verfahrensgebühr für ein Vermittlungsverfahren nach § 165 FamFG wird auf die Verfahrensgebühr für ein sich anschließendes Verfahren angerechnet.	1,3

I. Überblick

Der Gebührentatbestand Nr. 3100 VV gilt für die Verfahrensgebühr im ersten Rechtszug, soweit für die Sozialgerichtsbarkeit nicht Nr. 3102 VV einen Sondergebührentatbestand enthält (Betragsrahmengebühren).   **1**

Der Nr. 3100 VV ist praktisch nur die **Höhe** der Gebühr zu entnehmen, während der **Anwendungsbereich** in Vorb. 3 Abs. 2 definiert ist. Vorab kann auf die dortige Kommentierung somit verwiesen werden. Das Auseinanderreißen von eigentlich zusammengehörenden Vorschriften ist systemimmanent für den Aufbau des RVG (vgl. etwa auch die Regelung hinsichtlich mehrerer Auftraggeber in § 7 RVG und in Nr. 1008 VV) und soll angeblich die Transparenz und Vereinfachung des neuen Gesetzes belegen. Die gegen den Aufbau vorgebrachte Kritik erscheint dagegen nachvollziehbarer.[1]   **2**

Je nach Auftragserteilung wird das Abfassen und Einreichen einer **Schutzschrift** beurteilt. Grundsätzlich löst das Einreichen einer Schutzschrift die Verfahrensgebühr nach Nr. 3100 VV RVG aus, jedenfalls dann, wenn der Gegner auch tatsächlich den Antrag auf Erlass einer einstweiligen Verfügung stellt. Hingegen entsteht lediglich die auf 0,8 reduzierte Verfahrensgebühr nach Nr. 3403 VV RVG, wenn der Rechtsanwalt nur den Auftrag für eine reine Einzeltätigkeit erhalten und nicht mit der Vertretung im gesamten einstweiligen Verfügungsverfahren mandatiert war.[2] Nach der Rechtsprechung des BGH sind die für die Anfertigung der Schutzschrift entstandenen Kosten allerdings nicht erstattungsfähig, wenn der Antrag auf Erlass einer einstweiligen Verfügung zurückgenommen wird und zwar unabhängig davon, ob der Antragsgegner die Antragsrücknahme nicht kannte oder hätte kennen müssen.[3]   **3**

---

[3] HK-RVG/*Mayer* Vorb. 3.1. Rn. 10.

[1] Schneider/Wolf/*Onderka*/*N. Schneider* Nr. 3100 VV Rn. 1; ebenso Hartung/Römermann/Schons/*Schons* Nr. 3100 VV Rn. 2.

[2] OLG Nürnberg NJW-RR 2005, 941 f., Besprechung *Mayer* RVGletter 2005, 65.

[3] BGH NJW-RR 2007, 1575 ff.

Nr. 3100 VV

4 Schließlich wird eine Verfahrensgebühr in Höhe von 0,8 nach Nr. 3101 Nr. 1 VV RVG verdient, wenn der Verfahrensbevollmächtigte des Antragsgegners bereits vor Rücknahme des Verfügungsantrages tätig war, etwa durch Entgegennahme des Auftrages sowie erster Informationen.[4]

5 Auch ohne eine entsprechende Regelung im RVG entspricht es der Rechtsprechung, dass eine im Mahnverfahren erwachsene Widerspruchsgebühr nach § 43 Abs. 1 Nr. 2 BRAGO auf die später im später im streitigen Verfahren entstandene Verfahrensgebühr nach Nr. 3100 VV RVG anzurechnen ist, wie das früher bei der Prozessgebühr auch der Fall war.[5]

6 Schließlich entsteht eine Verfahrensgebühr nach Nr. 3100 VV RVG nach Übergang in das streitige Verfahren dann, wenn der Antragsgegner nach Klagerücknahme Kostenantrag gemäß § 269 Abs. 4 ZPO stellt. Der Gegenstandswert richtet sich dann nach den bis zur Rücknahme angefallenen Kosten des Rechtsstreits.[6]

II. Anrechnungsvorschriften

1. Vereinfachtes Verfahren über den Unterhalt Minderjähriger (Anm. Abs. 1)

7 Die Anm. in Abs. 1 entspricht der früheren Vorschrift von § 44 Abs. 2 BRAGO und musste nunmehr nochmals dahingehend geändert werden, statt der Vorschriften von §§ 651, 656 ZPO nun die gültige Norm von § 255 FamFG aufzunehmen.

8 Die im vereinfachten Verfahren über den Unterhalt Minderjähriger verdiente Verfahrensgebühr wird auf die Verfahrensgebühr in nachfolgenden Rechtsstreit angerechnet. Neben der Verfahrensgebühr kann – anrechnungsfrei – auch eine Terminsgebühr sowie eine Einigungsgebühr verdient werden.[7]

2. Urkunden oder Wechselprozess (Anm. Abs. 2)

9 Die Anm. entspricht der früheren Regelung in § 39 S. 1 BRAGO und bestimmt, dass sich der Anwalt die im Urkunden- oder Wechselprozess entstandene Verfahrensgebühr auf die spätere Verfahrensgebühr im ordentlichen Verfahren in vollem Umfange anrechnen lassen muss, so dass bei gleichbleibenden Streitwert die Verfahrensgebühr im Grunde genommen nur einmal beim Rechtsanwalt verbleibt.

10 Obgleich die Anm. den Scheckprozess gemäß § 605a ZPO nicht namentlich erwähnt gilt auch für ihn diese Anrechnungsregelung da der Scheckprozess als eine Art Urkundsprozess angesehen werden muss.[8]

11 Zu beachten ist, dass die Anrechnungsregelung für jegliche Verfahrensgebühr gilt, also auch für die Verfahrensgebühr des Verkehrsanwaltes nach Nr. 3400 VV RVG wenn er zunächst in den Urkundenprozess und später auch im ordentlichen Verfahren tätig wird.[9]

12 Die Terminsgebühr kann je nach Prozesssituation anrechnungsfrei zwei Mal entstehen. Dies gilt etwa dann, wenn der Klägervertreter sofort nach Aufruf der Sache

---

[4] BGH NJW-RR 2007, 1575 ff.
[5] HK-RVG/*Mayer* Nr. 3100 VV Rn. 4 unter Hinweis auf OLG Düsseldorf NJOZ 2005, 4125 ff.
[6] OLG Düsseldorf NJW-RR 2005, 1231.
[7] HK-RVG/*Mayer* Nr. 3100 VV Rn. 7, 8.
[8] Schneider/Wolf/*Onderka*/N. *Schneider* Nr. 3100 VV Rn. 13; ebenso HK-RVG/*Mayer* Nr. 3100 VV Rn. 12.
[9] Gerold/Schmidt/*Müller-Rabe* Nr. 3100 VV Rn. 85.

vom Urkunden- und Wechselprozess Abstand nimmt und der Termin im ordentlichen Verfahren so dann fortgesetzt wird.[10]

Prozessrechtlich handelt es sich beim Urkundenprozess und beim anschließenden ordentlichen Verfahren iSv § 600 Abs. 1 ZPO um ein einheitliches Verfahren, was bei bewilligter Prozesskostenhilfe dazu führt, dass die Beiordnung für beide „Verfahrensabschnitte" gilt und der Anwalt die im Nachverfahren verdiente Verfahrensgebühr aus der Staatskasse auch dann erhält, wenn er im Urkunden- oder Wechselprozess als Wahlanwalt tätig war, die Verfahrensgebühr aber nicht von der eigenen Partei erhalten hat.[11] 13

In der Regel werden sich der **Gegenstandswert des Nachverfahrens** nach dem Gegenstand orientieren, bzgl. dessen dem Beklagten die Ausführung seiner Rechte vorbehalten wurden. Wegen der verfahrensrechtlichen Einheit gemäß § 600 Abs. 1 ZPO gilt dies unabhängig davon, welche Anträge im Nachverfahren gestellt werden; vielmehr ist der Inhalt des Vorbehaltsurteils und des ausgesprochenen Vorbehalts entscheidend.[12] 14

Kommt es im Nachverfahren zu einer Erhöhung des Gegenstandswertes etwa durch Widerklage oder Klageerweiterung errechnet sich die Verfahrensgebühr dort nach dem zusammengerechneten höheren Werten, selbstverständlich sein anrechnender Berücksichtigung der Verfahrensgebühr aus dem „Vorverfahren". 15

Eine Rückforderung des aufgrund des Vorbehalts gezahlten Betrags und einschl. der beigetriebenen Zinsen und Kosten wirkt sich auf den Gegenstandswert allerdings nicht aus.[13] 16

3. Vermittlungsverfahren nach § 165 FamFG (Anm. Abs. 3)

Das Gesetz sieht in § 165 Abs. 1 S. 1 FamFG ein auf Antrag eines Elternteils vom Gericht durchzuführendes Vermittlungsverfahren vor, wenn die Durchführung einer gerichtlichen Entscheidung oder eines gerichtlich gebildeten Vergleichs über den Umgang mit dem gemeinschaftlichen Kind von einem Elternteil vereitelt oder erschwert wird. 17

Sinn und Zweck des Vermittlungsverfahrens ist es, ein Einvernehmen der Eltern über die Ausübung des Umgangsrechts herbeizuführen. Scheitert dies, so kommt es zu einem anschließenden gerichtlichen Verfahren und die im Vermittlungsverfahren nach § 165 FamFG entstandene Verfahrensgebühr ist jetzt auf die Verfahrensgebühr im Gerichtsverfahren anzurechnen. 18

Selbstverständlich kann auch bereits im Vermittlungsverfahren gemäß § 165 FamFG eine – anrechnungsfreie – Terminsgebühr entstehen.[14] 19

Die Anrechnung oder Verrechnung der Verfahrensgebühren findet allerdings nur statt, wenn das sog. Anschlussverfahren in einem zeitlichen und sachlichen Zusammenhang mit dem Scheitern des Vermittlungsverfahrens steht. Werden im „Folgeverfahren" neu aufgetretene Probleme behandelt, ist das Verfahren von Amts wegen eingeleitet und sind zwischenzeitlich mehr als drei Monate verstrichen, kommt eine Anrechnung nicht mehr in Betracht.[15] 20

---

[10] Gerold/Schmidt/*Müller-Rabe* Nr. 3100 VV Rn. 86; ebenso HK-RVG/*Mayer* Nr. 3100 VV Rn. 14.
[11] So jedenfalls Gerold/Schmidt/*Müller-Rabe* Nr. 3100 VV Rn. 102; ebenso HK-RVG/ *Mayer* Nr. 3100 VV Rn. 14 aE; differenzierend (nur bei rückwirkender Bewilligung) Schneider/ Wolf/*Onderka/N. Schneider* Nr. 3100 VV Rn. 25.
[12] Gerold/Schmidt/*Müller-Rabe* Nr. 3100 VV Rn. 107 ff.
[13] Gerold/Schmidt/*Müller-Rabe* (18. Aufl.) Nr. 3100 VV Rn. 271 unter Hinweis auf BGHZ 38, 237; ebenso HK-RVG/*Mayer* Nr. 3100 VV Rn. 15.
[14] Vgl. zum Ganzen Gerold/Schmidt/*Müller-Rabe* Nr. 3100 VV Rn. 105; ebenso HK-RVG/ *Mayer* Nr. 3100 VV Rn. 18.
[15] HK-RVG/*Mayer* Nr. 3100 VV Rn. 20.

Nr. 3101 VV

Nr.	Gebührentatbestand	Gebühr oder Satz der Gebühr nach § 13
3101	1. Endigt der Auftrag, bevor der Rechtsanwalt die Klage, den ein Verfahren einleitenden Antrag oder einen Schriftsatz, der Sachanträge, Sachvortrag, die Zurücknahme der Klage oder die Zurücknahme des Antrags enthält, eingereicht oder bevor er einen gerichtlichen Termin wahrgenommen hat; 2. soweit Verhandlungen vor Gericht zur Einigung der Parteien oder der Beteiligten oder mit Dritten über in diesem Verfahren nicht rechtshängige Ansprüche geführt werden; der Verhandlung über solche Ansprüche steht es gleich, wenn beantragt ist, eine Einigung zu Protokoll zu nehmen oder das Zustandekommen einer Einigung festzustellen (§ 278 Abs. 6 ZPO); oder 3. soweit in einer Familiensache, die nur die Erteilung einer Genehmigung oder die Zustimmung des Familiengerichts zum Gegenstand hat oder in einem Verfahren der freiwilligen Gerichtsbarkeit lediglich ein Antrag gestellt und eine Entscheidung entgegengenommen wird, beträgt die Gebühr 3100 .... (1) Soweit in den Fällen der Nummer 2 der sich nach § 15 Abs. 3 RVG ergebende Gesamtbetrag der Verfahrensgebühren die Gebühr 3100 übersteigt, wird der übersteigende Betrag auf eine Verfahrensgebühr angerechnet, die wegen desselben Gegenstands in einer anderen Angelegenheit entsteht. (2) Nummer 3 ist in streitigen Verfahren der freiwilligen Gerichtsbarkeit, insbesondere in Verfahren nach dem Gesetz über das gerichtliche Verfahren in Landwirtschaftssachen, nicht anzuwenden.	0,8

Übersicht

Rn.

I. Vorzeitige Beendigung des Auftrages (Nr. 3101 Ziff. 1 VV) 1
  1. Regelungsinhalt im Allgemeinen 3
    a) Regelungsinhalt im Einzelnen 5
    b) Beendigungstatbestände 13
    c) Einzelne Tätigkeitsvarianten, die eine volle Verfahrensgebühr auslösen 17
  2. Mehrere Auftraggeber 28
II. Differenzgebühr mit ihren verschiedenen Alternativen (Nr. 3101 Ziff. 2 VV) 29
  1. Verhandlungen vor Gericht zur Einigung der Parteien oder der Beteiligten oder mit Dritten (1. Alternative) 29
  2. Protokollierung einer Einigung der Parteien (2. Alternative) 49
  3. Feststellung einer Einigung gemäß § 278 Abs. 6 ZPO (3. Alternative) 54
III. Einfache Familiensachen und FGG-Verfahren (Nr. 3101 Ziff. 3 VV) 55
IV. Die Anmerkungen zu Nr. 3101 VV 59

Abschnitt 1. Erster Rechtszug **Nr. 3101 VV**

Rn.
1. Korrektur zu Ziff. 3 in der Anm. Abs. 2 59
2. Anrechnungsregelung bei der durch Differenzgebühr erhöhten
Verfahrensgebühr (Anm. Abs. 1) 63

I. Vorzeitige Beendigung des Auftrages (Nr. 3101 Ziff. 1 VV)

Nr. 3101 VV entspricht in verbesserter und erweiterter Form im wesentlichen 1
§ 32 BRAGO. Auch nach Nr. 3101 VV reduziert sich die Verfahrensgebühr (allerdings nicht wie zuvor auf die Hälfte, sondern auf 0,8), wenn sich der zuvor erteilte Prozessauftrag erledigt, bevor der Rechtsanwalt die Klage, den ein Verfahren einleitenden Antrag oder einen Schriftsatz, der Sachanträge, die Zurücknahme der Klage oder die Zurücknahme des Antrags enthält, eingereicht, oder bevor er für seine Partei einen Termin wahrgenommen hat. Ferner erhält der Rechtsanwalt eine Verfahrensgebühr von 0,8, wenn lediglich beantragt ist, eine Einigung der Parteien oder mit Dritten über in diesem Verfahren nicht rechtshängige Ansprüche zu Protokoll zu nehmen oder festzustellen oder soweit lediglich Verhandlungen vor Gericht zur Einigung über solche Ansprüche geführt werden oder soweit schließlich in einem Verfahren der freiwilligen Gerichtsbarkeit lediglich ein Antrag gestellt und eine Entscheidung entgegengenommen wird.

Soweit Veränderungen und Erweiterungen zu § 32 Abs. 1 und Abs. 2 BRAGO vor- 2
genommen wurden, sind sie mit der Strukturänderung des RVG zu begründen und insbesondere mit dem erweiterten Anwendungsbereich der Terminsgebühr. Verhandlungen mit der Gegenpartei, die einer vorzeitigen Erledigung oder Vermeidung des Verfahrens zu dienen bestimmt sind, haben (im Falle des Erfolges) nicht nur Einfluss auf die Einigungsgebühr, wenn es auch um nicht rechtshängige Ansprüche geht, sondern auch auf die Terminsgebühr und schließlich stets auf die Verfahrensgebühr. Dies ergibt sich aus Ziff. 2 von Nr. 3101 VV, während Ziff. 3 dem Umstand Rechnung trägt, dass die Festgebühren von Nr. 3100 f. VV auch im FGG-Verfahren und nunmehr auch in Familiensachen zur Anwendung gelangen, wobei in den Familiensachen berücksichtigt wird, dass nicht mehr zwischen Verfahren der freiwilligen Gerichtsbarkeit und anderen Verfahren unterschieden wird. Insoweit sollen zwar alle Familiensachen nach der Reform des Verfahrens und in den Angelegenheiten der freiwilligen Gerichtsbarkeit gleich gehandelt werden, die ermäßigte Verfahrensgebühr sollte für solche Verfahren aber erhalten bleiben, die lediglich die Erteilung einer Genehmigung oder die Zustimmung des Familiengerichts zum Gegenstand haben.[1]

1. Regelungsinhalt im Allgemeinen

Der Gebührentatbestand von Nr. 3101 VV führt zu einer **Beschränkung** der 3
anwaltlichen Vergütung, soweit sich ein erteilter Verfahrens- oder Prozessauftrag vorzeitig erledigt; er führt zu einer **Erhöhung** und **Erweiterung** der anwaltlichen Vergütung, soweit im vorliegenden Verfahren nicht rechtshängige Ansprüche einer einvernehmlichen Regelung (Einigung oder Vergleich) zugeführt werden sollen. Gleichzeitig stellt die Vorschrift eine Korrektur von § 15 Abs. 4 RVG für Verfahrensaufträge dar, die grundsätzlich vorsieht, dass eine vorzeitige Beendigung des Auftrages auf bereits entstandene Gebühren ohne Einfluss ist.

Insbesondere was den positiven Aspekt für die anwaltliche Vergütung angeht, wird 4
man der in Nr. 3101 VV vorzufindenden Regelung eine weitaus größere Bedeutung beizumessen haben als der von § 32 BRAGO. Auch der Gesetzgeber hat dem Rechnung getragen, indem der Gebührenrahmen nicht der Hälfte der Verfahrensgebühr (0,65) entspricht, sondern 0,8 beträgt. Hier wird die **gesetzgeberische Zielset-**

---
[1] HK-RVG/*Mayer* Nr. 3101 VV Rn. 57.

Nr. 3101 VV Teil 3. Bürgerliche Rechtsstreitigkeiten

zung verwirklicht, der Anwaltschaft einen Anreiz zu geben, die Justiz zu entlasten und gerichtliche Verfahren entweder ganz zu vermeiden oder frühzeitig erledigen zu helfen. Wer der Forderung seines Mandanten durch Fertigung und Übersendung einer zunächst nur vorläufigen Klageschrift den erforderlichen Nachdruck verleiht und durch späteres Verhandeln mit der Gegenpartei einen Rechtsstreit vermeiden hilft, hat erhebliche Arbeit geleistet, die es nicht nur über die erhöhte Einigungsgebühr (Nr. 1000 VV) und die erhöhte Terminsgebühr (Nr. 3104 VV) angemessen zu vergüten gilt, sondern auch durch eine angemessene Gestaltung der durch vorzeitige Beendigung reduzierten Verfahrensgebühr.[2]

5 **a) Regelungsinhalt im Einzelnen.** Die Vorschrift von Nr. 3101 VV beinhaltet **drei Varianten,** die eine Reduzierung der Verfahrensgebühr vorsehen, wobei innerhalb der Varianten verschiedene Fallgestaltungen normiert werden.

6 Die erste Variante betrifft die vorzeitige Beendigung eines Auftrages, wobei die dort vorzufindende Formulierung „bevor" nicht zeitlich, sondern iSv „ohne dass" zu verstehen ist.[3] Unabhängig davon, wann der Rechtsanwalt zum Prozessbevollmächtigten bestellt wird, **reduziert** sich die Verfahrensgebühr auf 0,8, wenn das Mandatsverhältnis endet
- vor Einreichung der Klage;
- vor Einreichung des ein Verfahren einleitenden Antrags;
- vor Einreichung eines Schriftsatzes mit Sachanträgen;
- vor Einreichung eines Schriftsatzes mit Sachvortrag;
- vor Einreichung eines Schriftsatzes mit der Zurücknahme der Klage;
- vor Einreichung eines Schriftsatzes mit der Zurücknahme des Antrags;
- vor Wahrnehmung eines gerichtlichen Termins für die Partei.

7 Liegt umgekehrt eine dieser Tätigkeiten vor, ist für eine Reduzierung der Verfahrensgebühr kein Raum, sondern es bleibt bei einer Gebühr nach Nr. 3100 VV mit einem Gebührensatz von 1,3.

8 Dagegen erhält der Rechtsanwalt, der **außergerichtlich** tätig war und dem ohne Verfahrensauftrag eine Klageschrift zugestellt wurde, nicht einmal die reduzierte Verfahrensgebühr, sondern nur die Geschäftsgebühr nach Nr. 2300 VV, wenn sich seine Tätigkeit darauf beschränkt, dem Gericht auftragsgemäß mitzuteilen, dass er den Mandanten in diesem Verfahren nicht vertrete, bzw. das Mandat niederlege.[4]

9 Wiederum anders ist es, wenn der Mandant – in Erwartung einer Klage – den Rechtsanwalt bereits ausnahmsweise zum Verfahrens- und Zustellungsbevollmächtigten gemacht hat. Wird dem Rechtsanwalt jetzt der Auftrag entzogen und muss er nunmehr über die Mandatsniederlegung wegen Kündigung des Verfahrensauftrages dem Gericht berichten, ist die Gebühr nach Nr. 3101 VV bereits entstanden.

10 Man wird diese Fallgestaltung aber als wirklichen Ausnahmefall betrachten müssen, bei dem nicht nur ein Verfahrensauftrag erteilt, sondern auch Zustellungsbevollmächtigung gegeben wird, etwa weil der Mandant – trotz erwarteter Klage – auf eine längere Reise geht. Insoweit wird trotz aller Kritik ausdrücklich in diesem Kommentar daran festgehalten, dass es beim Beklagtenvertreter praktisch immer an einem – notwendigen – unbedingten Verfahrensauftrag fehlt, wenn die Klage noch nicht zugestellt worden ist. Es ist ärgerlich, dass eine Reihe von Kommentatoren – ua auch nunmehr Müller-Rabe – die hilfreiche Klarstellung im II. Kostenrechtsmo-

---

[2] Vgl. hierzu auch HK-RVG/*Mayer* VV Nr. 3101 Rn. 3.
[3] HK-RVG/Mayer VV Nr. 3101 Rn. 9 unter Hinweis auf *Hansens/Braun/Schneider* Praxis des Vergütungsrechts Teil 8 Rn. 162.
[4] Vgl. *Hartmann* VV 3101 Rn. 44; vgl. aber schon hier: OLG Koblenz AGS 2010, 66 ff. m. kritischer Anm. *Schons*, bestätigt durch BGH Urteil v. 1.7.2010 = AGS 2010, 483 f. m. kritischer Anm. *Schons*; sa die sehr berechtigte und fundierte Kritik bei Gerold/Schmidt/*Müller-Rabe* (noch in der 20. Aufl.) Nr. 3100 Rn. 23 ff.; sehr zurückhaltend nunmehr in der 22. Aufl. Vorb. 3 Rn. 20.

dernisierungsgesetz wiederum verwässern wollen und damit für neue Unsicherheiten sorgen.[5]

Der Gesetzgeber hatte die zu Recht seinerzeit von Müller-Rabe hart kritisierte Rechtsprechung des OLG Koblenz und des BGH zum Anlass genommen, dem unbedingten Erfordernis eines **unbedingten** Verfahrensauftrages Geltung zu verschaffen.[6]

Schon öfters hieß es aus dem Bundesministerium der Justiz und für Verbraucherschutz, dass man sich immer wieder wundere, was Kommentatoren aus eigentlich eindeutigen Gesetzestexten machten. Schade, dass in einem der ganz großen und wichtigen Kommentare nunmehr offenbar ein Sinneswandel eingetreten ist.[7]

b) Beendigungstatbestände. Der Verfahrensauftrag des Rechtsanwalts kann enden

- durch **Kündigung** des Mandatsverhältnisses, sei es durch den Rechtsanwalt selbst, sei es durch den Mandanten;
- durch **Vertragsaufhebung;**
- durch den **Tod des Rechtsanwalts;**
- durch den **Tod des Auftraggebers,** wenn Zweifel iSv § 672 S. 1 BGB nicht bestehen;
- durch **Erlöschen** oder **Zurücknahme** der Zulassung des Rechtsanwalts;
- durch **Erledigung** der Angelegenheit (Zahlung, Klagerücknahme etc), wobei in diesem Fall das Auftragsverhältnis wegen Durchsetzung von Kostenerstattungsansprüchen oder ähnlichem in der Regel fortgeführt werden wird.

Der maßgebliche **Zeitpunkt für die Beendigung** des Vertragsverhältnisses ist vom Beendigungstatbestand abhängig, also etwa vom Zugang der Kündigung an den Rechtsanwalt oder den Auftraggeber oder vom Zeitpunkt der Kenntniserlangung, dass kein Mandatsverhältnis mehr besteht.

Fertigt der den Kläger vertretene Rechtsanwalt nach Zustellung einer **Widerklage** im ausdrücklichen Auftrag des Mandanten oder in dessen wohl verstandenem Interesse sofort die Widerklageerwiderung, so entsteht die volle und nicht die reduzierte Verfahrensgebühr aus dem aus der Widerklage hinzuzurechnenden Streitwert auch dann, wenn beispielsweise die hinter dem Kläger stehende Haftpflichtversicherung sich anschließend entschließt, die Vertretung gegen die Widerklage einer anderen Anwaltskanzlei zu übertragen.

Umstritten ist die Frage, ob die in Nr. 3101 Ziff. 1 VV im einzelnen aufgeführten Schriftstücke bei Gericht bereits **eingegangen** sein müssen, um die volle Verfahrensgebühr nach Nr. 3100 VV auszulösen oder ob es ausreichend ist, dass der Rechtsanwalt diese in den normalen Postlauf gebracht hat. Nach richtiger Ansicht wird man den Wortlaut des Gesetzes dahingehend interpretieren können, dass die Verbringung des Schriftstückes in den **normalen Postlauf** ausreichend ist, um die volle Gebühr nach Nr. 3100 VV zu verdienen.[8] Hierfür spricht auch, dass selbst die Gegenmeinung die Einreichung eines Schriftsatzes bei einem unzuständigen Gericht für ausreichend ansieht, um die Verfahrensgebühr voll zu verdienen.[9] Allein hieran zeigt sich, dass es für den Anfall der vollen Verfahrensgebühr nicht wie bei Fristsachen auf den Zugang ankommt, sondern auf die entscheidenden Tätigkeiten des Rechtsanwalts.

---

[5] Vgl. erneut Gerold/Schmidt/*Müller-Rabe* Vorb. 3 Rn. 20.

[6] Vgl. erneut Gerold/Schmidt/*Müller-Rabe* in der 18. Aufl. VV 3100 Rn. 23 f. sowie OLG Koblenz AGS 2010, 66 f.; BGH AGS 2010, 483 f.

[7] Vgl. erneut Gerold/Schmidt/*Müller-Rabe* in der 20. Aufl. VV 3100 Rn. 24 und nunmehr *ders.* in der 22. Aufl. Vorb. 3 Rn. 20.

[8] Vgl. Schneider/Wolf/*Onderka*/N. *Schneider* Nr. 3101 VV Rn. 24, sowie HK-RVG/*Mayer* Nr. 3101 VV Rn. 11; ebenso Hartung/Römermann/Schons/*Schons* Nr. 3101 VV Rn. 13 **aA** Gerold/Schmidt/*Müller-Rabe* Nr. 3101 VV Rn. 17 sowie *Hartmann* Nr. 3101 VV Rn. 10, 37.

[9] Gerold/Schmidt/*Müller-Rabe* Nr. 3101 VV Rn. 19.

Nr. 3101 VV Teil 3. Bürgerliche Rechtsstreitigkeiten

17 **c) Einzelne Tätigkeitsvarianten, die eine volle Verfahrensgebühr auslösen. aa) Klage.** Mit Einreichung der Klage, einer Klageerweiterung aber auch einer Widerklage, verdient der Rechtsanwalt die volle Verfahrensgebühr nach Nr. 3100 VV. Zu Recht stellt *Mayer* fest, dass die in der Vergangenheit unter der Geltung der BRAGO diskutierte Frage, ob die Erhebung auch einer **Hilfswiderklage** oder **Eventualwiderklage** eine halbe Prozessgebühr nach § 32 Abs. 1 BRAGO auslösen konnte, keine Rolle mehr spielt, wenn bereits die Einreichung eines Schriftsatzes mit Sachvortrag für die Entstehung der vollen Verfahrensgebühr genügt.[10] Mit diesem Hinweis lässt sich auch für den Fall einer Eventualwiderklage das Entstehen einer vollen Verfahrensgebühr begründen.

18 **bb) Ein Verfahren einleitender Antrag.** Der ein Verfahren einleitende Antrag deckt die Fälle ab, in denen ein Verfahren nicht durch eine Klage, sondern durch einen Antrag eingeleitet wird wie bspw. das Ehescheidungsverfahren, die Anträge in Eilverfahren oder auch die Anträge in FGG-Verfahren. Stets ist allerdings erforderlich, dass die jeweiligen Verfahren auch eines Antrags tatsächlich bedürfen. Ist dies nicht der Fall kann ein insoweit – überflüssig – gestellter Antrag auch keine Gebühr auslösen.[11]

19 **cc) Schriftsatz mit Sachvortrag.** Ein Schriftsatz mit Sachvortrag löst im Gegensatz zur BRAGO-Regelung ebenfalls eine **volle Verfahrensgebühr** aus, auch wenn der Sachvortrag nicht mit einem Sachantrag verbunden ist. Der Gesetzgeber erklärt diese Neuregelung damit, dass das nunmehr ebenfalls mit Festgebühren abzurechnende FGG-Verfahren keine Sachanträge voraussetze, dass aber auch umgekehrt in den sonstigen Verfahren es nicht gerechtfertigt sei, die anwaltliche Tätigkeit mit umfassendem Sachvortrag geringer zu bewerten als eine solche, die sich auf Sachanträge beschränkt.[12]

20 **dd) Schriftsätze mit Sachanträgen.** Schriftsätze mit Sachanträgen lassen – wie auch bisher – die volle Verfahrensgebühr entstehen. Unter Sachantrag versteht man einen Antrag, der dem Inhalt der gewünschten Sachentscheidung bestimmt und begrenzt.[13] Werden hingegen nur Anträge gestellt, die sich lediglich mit dem Verfahren an sich beschäftigen (siehe unten) liegt ein Sachantrag iSv Nr. 1 nicht vor, so dass auch nur die reduzierte Verfahrensgebühr in Höhe von 0,8 in Rechnung gestellt werden kann.

21 **ee) Unterscheidung zwischen Sachanträgen und Verfahrensanträgen.** Reine den **Verfahrensgang** betreffende und damit keine volle Verfahrensgebühr auslösende Anträge sind:
- Aussetzungsanträge;
- Anwaltsbestellungsschriftsätze;
- Mitteilung, dass eine Partei verstorben ist;
- Verhinderungsmitteilungen, sei es bezogen auf den Rechtsanwalt selbst, sei es bezogen auf den persönlich geladenen Mandanten;
- Mitteilung über die Niederlegung des Mandats;
- Terminsverlegungsanträge;
- Fristverlängerungsgesuche;
- Streitwertfestsetzungsgesuche;

---

[10] HK-RVG/*Mayer* Nr. 3101 VV Rn. 13; ebenso Schneider/Wolf/*Onderka/N. Schneider* Nr. 3101 VV Rn. 34.

[11] Schneider/Wolf/*Onderka/N. Schneider* Nr. 3101 VV Rn. 37.

[12] Schneider/Wolf/*Onderka/N. Schneider* Nr. 3101 VV Rn. 51 unter Hinweis auf BT-Drs. 15/1971 S. 938.

[13] Schneider/Wolf/*Onderka/N. Schneider* Nr. 3101 VV Rn. 38.

- Mitteilung der Verteidigungsabsicht nach § 276 Abs. 1 Satz 1 ZPO (streitig, kein Sachantrag);[14]
- Terminsbestimmungsantrag gemäß § 697 Abs. 3 ZPO;[15]
- Aufnahme eines unterbrochenen oder ausgesetzten Verfahrens gemäß § 250 ZPO.[16]

Hingegen sind als Beispiele für die volle Verfahrensgebühr auslösende **Sachanträge** 22 zu nennen:
- Klageerweiterung oder Klagebeschränkung;
- Anträge auf Abweisung der Klage als unbegründet oder unzulässig;[17]
- Anträge auf Durchführung des streitigen Verfahrens nach § 696 Abs. 1 ZPO;
- Erledigungserklärung nach § 91a ZPO;
- Anträge auf Ergänzung der Entscheidung oder Berichtigung des Tatbestandes;
- Verweisungsanträge;
- Anträge auf Zurückweisung eines Wiedereinsetzungsantrages gegen die Versäumung der Berufungsfrist.[18]

Nimmt ein Rechtsanwalt die Klage oder einen Antrag zurück, verdient er die volle 23 Verfahrensgebühr; entsprechendes gilt für die Rücknahme der Widerklage oder die Rücknahme eines Rechtsmittels.[19]

ff) Wahrnehmung eines gerichtlichen Termins. Schließlich kann der 24 Rechtsanwalt die volle Verfahrensgebühr in Rechnung stellen, wenn er vor Auftragsbeendigung einen **gerichtlichen** Termin wahrgenommen hat. Die sprachliche Hervorhebung eines gerichtlichen Termins im Gegensatz zu der Regelung in § 32 Abs. 1 BRAGO entspricht der Notwendigkeit einer Klarstellung, nachdem die Anwendungsbereiche der Terminsgebühr (→ Teil 3 Vorb. 3 Abs. 3 VV) auch außergerichtliche Tätigkeiten umfassen. Nach den Motiven des Gesetzgebers soll daher „die Wahrnehmung eines außergerichtlichen Termins einer Ermäßigung der Verfahrensgebühr nicht entgegenstehen".[20]

Demgegenüber wird man die Wahrnehmung eines von einem gerichtlich bestell- 25 ten **Sachverständigen** anberaumten Termin als ausreichend erscheinen lassen können, die volle Verfahrensgebühr in Rechnung zu stellen, wenn man berücksichtigt, dass die Wahrnehmung von solchen Terminen nach → Teil 3 Vorb. 3 Abs. 3 S. 1 VV mit der Vertretungstätigkeit in Verhandlungs-, Erörterungs- oder Beweisaufnahmeterminen gleichgestellt wird.[21]

Während die Teilnahme an allen gerichtlichen Terminen den Ansatz einer vollen 26 Verfahrensgebühr rechtfertigt, gilt dies ausnahmsweise nicht bei der Teilnahme an einem **Verkündungstermin**. Hier kann sich die Tätigkeit des Rechtsanwalts nur darauf beschränken, den Urteilsspruch für den Mandanten entgegenzunehmen, ohne dass eine den Interessen des Mandanten dienende Tätigkeit erkennbar werden kann.[22]

---

[14] LG Stuttgart AGS 2014, 501 f. m. sehr differenzierender Anm. *Schneider*; OLG Düsseldorf MDR 2000, 1396; OLG Koblenz MDR 1981, 507 = JurBüro 1981, 151; **aA** mit beachtlichen Argumenten Schneider/Wolf/*Onderka/N. Schneider* Nr. 3101 VV Rn. 42.
[15] OLG Karlsruhe JurBüro 1994, 431.
[16] OLG Karlsruhe JurBüro 1997, 138.
[17] HK-RVG/*Mayer* Nr. 3101 VV Rn. 17.
[18] OLG München JurBüro 1994, 603.
[19] Gerold/Schmidt/*Müller-Rabe* Nr. 3101 VV Rn. 45.
[20] BT-Drs. 15/2487, S. 175, so jetzt auch Schneider/Wolf/Onderka/*N. Schneider* Rn. 56; **aA** *Gebauer/N. Schneider*, 3. Aufl., Nr. 3101 VV Rn. 65, die jedoch keine Begründung dafür geben, wie sie sich über den insoweit eindeutigen Wortlaut des Gesetzes hinweghelfen wollen.
[21] Ebenso Gerold/Schmidt/*Müller-Rabe* Nr. 3101 VV Rn. 52; Schneider/Wolf/Onderka/*N. Schneider* Nr. 3101 VV Rn. 56; Hartung/Römermann/Schons/*Schons* Nr. 3101 VV Rn. 23.
[22] Gerold/Schmidt/Müller-Rabe Nr. 3101 VV Rn. 54.

27 Es muss also stets **Vertretungsbereitschaft** und **Vertretungsmöglichkeit** existieren, die nicht vorhanden sind, wenn der Rechtsanwalt im Termin nur erklärt und auch nur erklären will, dass er nicht auftrete.[23] Diese Situation ist allerdings zu unterscheiden von der, dass die Entscheidung, nicht auftreten zu wollen, erst mitgeteilt wird, nachdem die Sach- und Rechtslage erörtert oder Vergleichsgespräche ergebnislos geführt worden sind. In diesem Fall hat der Rechtsanwalt aktiv an einem Termin teilgenommen und verdient die volle Verfahrensgebühr.[24] Bei einem solchen Fall von der „Flucht in die Säumnis" wird daneben auch die volle Terminsgebühr von 1,2 nach Nr. 3104 VV verdient. Eine Reduzierung gemäß Nr. 3105 VV findet in solchen Fällen nach zutreffender Auffassung nicht statt.[25]

2. Mehrere Auftraggeber

28 Wie bei allen anderen Gebührentatbeständen ist auch bei der Verfahrensgebühr darauf zu achten, dass die Vertretung mehrerer Auftraggeber zu einer Erhöhung von 0,3 pro weiterem Mandanten führt. Gerade bei der reduzierten Verfahrensgebühr von 0,8 zeigt sich die Verbesserung der Regelung in Nr. 1008 VV im Vergleich zur alten Rechtslage. Während dort die Erhöhung von jeweils 3/10 aus dem Grundtatbestand zu entnehmen war, sind jetzt Grundgebühr und Erhöhungsgebühr zu addieren (also zB 0,8 + 0,3 = 1,1).[26]

II. Differenzgebühr mit ihren verschiedenen Alternativen (Nr. 3101 Ziff. 2 VV)

1. Verhandlungen vor Gericht zur Einigung der Parteien oder der Beteiligten oder mit Dritten (1. Alternative)

29 Nr. 2 von Nr. 3101 VV wurde vom Gesetzgeber grundlegend geändert, um einen Meinungsstreit zwischen Rechtsprechung und Literatur zu beenden. Aus formalen Gründen endet gleichzeitig die Nr. 1 statt mit einem Komma mit einem Semikolon.

30 In der Literatur wurde zum Teil die Auffassung vertreten, dass die Formulierung der ursprünglichen Anm. Nr. 3101 Nr. 2 eine Ermäßigung der Verfahrensgebühr auf 0,8 nur dann zur Folge habe, wenn in einem Termin
- entweder lediglich eine Einigung der Parteien oder der Beteiligten über nicht rechtshängige Ansprüche zu Protokoll genommen wird,
- oder wenn lediglich erfolglos über solche Ansprüche verhandelt wird, ohne dass es zu einer Einigung kommt.

31 Würde es hingegen bei erfolgreicher Verhandlung im Termin und anschließender Protokollierung somit zu einer Einigung gekommen sein, würde eine Ermäßigung – nach dieser Meinung – nicht greifen, da weder „lediglich protokolliert" noch „lediglich verhandelt" worden sei.[27] Dieser Literaturmeinung entgegentretend will der Gesetzgeber klarstellen, dass auch im Falle einer Verhandlung **und** Einigung über in diesem Verfahren nicht anhängige Gegenstände die Ermäßigung greifen soll. Zu

---

[23] OLG München JurBüro 1994, 542.

[24] KG JurBüro 1977, 1379; Schneider/Wolf/*Onderka*/*N. Schneider* Nr. 3101 VV Rn. 60; ebenso wohl Gerold/Schmidt/Müller-Rabe Nr. 3101 VV Rn. 59.

[25] Vgl. OLG Köln AGS 2008, 439; OLG Koblenz AGS 2005, 190 mAnm *Madert*; *Schröder* NJW 2005, 2187; Bischof Nr. 3105 VV Rn. 12.

[26] Vgl. hierzu die Kommentierung zu Nr. 1008 VV Schneider/Wolf/*Onderka*/*N. Schneider* Nr. 3101 VV Rn. 72; sa *N. Schneider*, Anm. zu AG Offenbach AGS 2005, 198 f.

[27] Vgl. zu dieser Literaturmeinung N. Schneider AGS 2007, 277; Schneider/Wolf/*Onderka*/*N. Schneider* Nr. 3101 VV Rn. 101 ff.; HK-RVG/*Mayer* Nr. 3101 VV Rn. 46 ff.; vgl. auch die Vorauflage Rn. 43 ff.

Recht weisen *Schneider/Thiel* daraufhin, dass der Änderung sicherlich keine allzu große Bedeutung beizumessen ist, da sich zwischen den verschiedenen Auffassungen in der Regel wegen der Anwendung von § 15 Abs. 3 RVG keine Unterschiede ergeben.[28]

Im Übrigen gilt nach wie vor folgendes: Soweit der Rechtsanwalt in einem Gerichtsverfahren die (jedenfalls dort) nicht rechtshängigen Ansprüche einbeziehen und einer gütlichen Einigung zuführen soll, erhält er eine § 32 Abs. 2 BRAGO entsprechende Differenzgebühr von 0,8, die aus dem Wert der nicht rechtshängigen Ansprüche zu ermitteln ist. 32

Nach einhelliger Ansicht ist unter dem insoweit im RVG nicht näher definierten „verhandeln" nicht das Stellen von Anträgen zu verstehen, sondern die **Besprechung** und **Erörterung** von in diesem Verfahren nicht rechtshängigen Gegenständen.[29] Vorausgesetzt werden muss allerdings, dass bei beiden Parteien entsprechende Gesprächsbereitschaft besteht. Die einseitige Anregung nur einer Partei, nicht rechtshängige Problemfelder in das Verfahren einzuführen, dürfte nicht ausreichend sein. Problematisiert wird die Frage, welche Bedeutung dem Erfordernis beizumessen ist, dass die Verhandlungen nach dem Wortlaut des Gesetzes **vor Gericht** geführt werden müssen. 33

Zunächst ist festzustellen, dass die Verhandlungen sicherlich nicht in einem eigens anberaumten Termin zur mündlichen Verhandlung geführt werden müssen, sondern dass auch die – eher zufällig – in Anwesenheit eines Gerichts geführten Verhandlungen die Erhöhungsgebühr in dieser Alternative können.[30] Fraglich ist aber, ob auch die **außergerichtlichen** Verhandlungen eines Rechtsanwalts – also **außerhalb eines Gerichtssaales** – eine Erhöhungsgebühr auslösen können.[31] 34

In der Praxis wird der Meinungsstreit keine große Rolle spielen: Führt ein Rechtsanwalt – ohne einen Prozessauftrag zu haben – **außergerichtliche Gespräche** über nicht rechtshängige Ansprüche – neben einem parallel laufenden Rechtsstreit mit gleichen Parteien – kann er diese Bemühungen unter Gewichtung aller Bewertungskriterien innerhalb des weiten Gebührenrahmens von Nr. 2300 VV angemessen abrechnen. 35

Führt er solche Gespräche – zumindest mit konkludent erteiltem Prozessauftrag – **außerhalb eines Gerichtssaals** und verdient er sich hiermit die Terminsgebühr aus dem Wert der nicht rechtshängigen Gegenstände (vgl. Teil 3 Vorb. 3 Abs. 3 VV), so erhält er die Differenzgebühr ohnehin schon dann, wenn eine entsprechende Einigung anschließend gerichtlich protokolliert wird (vgl. die zweite Alternative von Nr. 3101 Ziff. 2 VV), oder er wird in einem späteren notwendig gewordenen streitigen Verfahren über die bislang nicht rechtshängigen Gegenstände dort eine volle Verfahrensgebühr verdienen können.[32] 36

Die Möglichkeit, durch die Verhandlung über nicht rechtshängige Gegenstände anlässlich eines Gerichtsverfahrens in erheblichem Umfange Mehreinnahmen zu erzielen, bis hin zur erhöhten Einigungsgebühr nach Nr. 1000 VV, bringt auch die Verpflichtung des Rechtsanwalts mit sich, derartige Aktivitäten ausführlich mit dem Mandanten vorab zu besprechen und ihn auf die **Mehrkosten,** insbesondere beim Abschluss von Mehrvergleichen, auch eingehend hinzuweisen. 37

Dies gilt nicht nur, wenn beispielsweise in einem erstinstanzlichen Verfahren nicht rechtshängige Gegenstände mit einbezogen und einer Einigung zugeführt werden, 38

---

[28] Schneider/*Thiel* S. 197 und die dort vorzufindenden Beispielsfälle.
[29] HK-RVG/*Mayer* Nr. 3101 VV Rn. 23.
[30] Schneider/Wolf/*Onderka*/N. *Schneider* Nr. 3101 VV Rn. 119.
[31] Bejahend: *Schneider/Mock,* Das neue Gebührenrecht für Anwälte, § 14 Rn. 42; verneinend: HK-RVG/*Mayer* Nr. 3101 VV Rn. 31; ebenso *Volpert,* RVGprofessionell 2004, 145 f., 148.
[32] Zu weiteren Problemen bei der Verfahrensdifferenzgebühr bei bloßen Verhandlungen vgl. auch *Mayer* RVG-Letter 2005, 15 f.

sondern auch dann, wenn dies im Hinblick auf die bereits in einer anderen Instanz anhängigen Verfahrensgegenstände erfolgt. Insoweit beträgt dann die Differenzgebühr gemäß Nr. 3201 VV sogar 1,1, und führt auch bei der Einigungsgebühr zu einer Erhöhung des Gesamtgebührenaufkommens.

Beispiel:

In einem Bauprozess verhandeln die Parteien im ersten Termin vor dem Landgericht über Ansprüche in Höhe von 20.000 EUR. Während des Termins werden Einigungsgespräche so erfolgreich geführt, dass man sich entschließt, die in einem Parallelverfahren bereits in der zweiten Instanz befindlichen Ansprüche in Höhe von weiteren 30.000 EUR „mit zu vergleichen". Es kann sodann wie folgt abgerechnet werden:
Gegenstandswert: 20.000 EUR

Verfahrensgebühr § 13, Nr. 3100 VV	1,3	964,60 EUR
Gegenstandswert: 30.000 EUR		
Berufung, vorzeitige Beendigung des Auftrags § 13, Nr. 3201, 3200	0,8	690,40 EUR
§ 15 Abs. 3 RVG Obergrenze 1511,90 EUR berücksichtigt[33]		
Gegenstandswert: 50.000 EUR		
Terminsgebühr § 13, Nr. 3104 VV	1,2	1.395,60 EUR
Gegenstandswert: 20.000 EUR		
Einigungsgebühr, gerichtliches Verfahren § 13, Nr. 1003, 1000 VV	1,0	742,00 EUR
Gegenstandswert: 30.000 EUR		
Einigungsgebühr, Berufung/Revision § 13, Nr. 1004, 1000 VV	1,3	1.121,90 EUR
– Obergrenze § 15 Abs. 3 RVG	1,3	1.511,90 EUR
aus Wert 50.000 EUR berücksichtigt		
– Post- und Telekommunikation Nr. 7002 VV		20,00 EUR
Zwischensumme netto		4.439,40 EUR
16 % Mehrwertsteuer Nr. 7008 VV		710,31 EUR
zu zahlender Betrag		5.149,71 EUR

39 Was die Erstattungsfähigkeit angeht, so wird in diesem Zusammenhang auch zu Recht darauf hingewiesen, dass grundsätzlich die auf die nichtrechtshängigen Ansprüche gerichteten Gebühren dem **Kostenfestsetzungsverfahren nicht zugänglich** sind. In der Regel wird also die Verfahrensdifferenz – als auch die Terminsgebühr für die außergerichtliche Besprechung nicht festsetzungsfähig sein, da sich die gerichtliche Kostengrundentscheidung nur auf die im Verfahren **rechtshängigen Ansprüche** bezieht.[34]

40 In dieser Allgemeinheit ist das aber nicht immer richtig. In der Regel wird der Kostenausspruch bei einem umfassenden Vergleich unter Einbeziehung rechtshängiger Ansprüche lauten:

Formulierungsvorschlag:

41 Die Kosten des Rechtsstreits tragen der Kläger zu 70 % und der Beklagte zu 30 %; die Kosten des Vergleiches werden gegeneinander aufgehoben.

42 Hier können selbstverständlich nur die Gebühren aus den Gegenstandswerten **des Rechtsstreits** im Festsetzungsverfahren berücksichtigt werden.

43 Anders sieht es allerdings aus, wenn die Parteien auf einen anderslautenden Kostenausspruch bei einem Mehrvergleich hingewirkt haben, der etwa lauten könnte:

---

[33] Wegen der Behandlung der hier erhöhten Verfahrensgebühr bei der Verfahrensgebühr in der anderen Instanz vgl. die hiesige Kommentierung → Rn. 63 ff.
[34] BGH AGS 2008, 582 mAnm *N. Schneider*; so auch schon AG Siegburg AGS 2008, 579.

Formulierungsvorschlag:

Die Kosten des Rechtsstreites **und** des Vergleiches tragen der Kläger zu 70 % und der Beklagte zu 30 %. 44

Da hier ein umfassender Mehrvergleich geschlossen wurde, was sich auch auf den 45
Vergleichsgegenstandswert ersichtlich auswirken wird, ist nicht nur die – erhöhte –
Einigungsgebühr aus dem gesamten Vergleichswert zu ziehen, sondern auch die übrigen Erhöhungsgebühren und diese sind dann der Kostenausgleichung zugänglich.[35]

Wegen der Anrechnung des Erhöhungsbetrages aus der Verfahrensgebühr und 46
der Terminsgebühr vgl. die Ausführungen dort (→ Nr. 3101 VV Rn. 62 ff. bzw.
→ Nr. 3104 VV Rn. 37 ff.).

Im Verhältnis zu § 32 Abs. 2 BRAGO ist die neue Regelung etwas weiter gefasst, 47
als sie sich auch auf Einigungen mit Dritten bezieht und wegen der ZPO-Reform
§ 278 Abs. 6 ZPO bzw. die dort vorzufindende Einigung mit umfasst. Ferner **soll**
dort festgehalten sein, dass auch das erfolgreiche Verhandeln über eine schließlich
protokollierte Einigung nur die reduzierte Verfahrensgebühr auslöst.

Ob der Gesetzgeber mit seiner geringfügigen Umformulierung dieses Ziel 48
erreicht hat, wird die Rechtsprechung zu entscheiden haben. Tatsächlich finden sich
in Nr. 3101 Ziff. 2 VV nach wie vor nur geringfügig umgestellte **drei Tätigkeitsalternativen,** nämlich

- das Führen von Verhandlungen vor Gericht zur Einigung der Parteien oder der Beteiligten oder mit Dritten über in diesem Verfahren nicht rechtshängige Ansprüche
- der Antrag, eine Einigung zu Protokoll zu nehmen
- der Antrag eine Einigung nach § 278 Abs. 6 ZPO festzustellen.

2. Protokollierung einer Einigung der Parteien (2. Alternative)

Kommt es zu einer Protokollierung der Einigung der Parteien ist zu beachten, 49
dass die hierdurch entstehende Erhöhungsgebühr auch dann erhalten bleibt, wenn
die getroffene **Einigung wieder entfällt**, etwa weil ein unter Widerrufsvorbehalt
geschlossener Vergleich widerrufen wird. Zu Recht wird darauf hingewiesen, dass
es eine der Anm. Abs. 3 Nr. 1000 VV entsprechende Regelung bei der Differenzverfahrensgebühr nicht gibt.[36]

Von Nr. 3101 Zf. 2, 2. Alternative wird folgende **Fallgestaltung** erfasst: 50
- Die Einbeziehung von nicht rechtshängigen Ansprüchen;
- Die Einbeziehung von anderweit rechtshängigen Ansprüchen;
- Die Protokollierung einer außergerichtlich vereinbarten Einigung.[37]

Der Anfall – auch einer nur reduzierten Verfahrensgebühr als Differenzgebühr – 51
setzt denknotwendig voraus, dass der Rechtsanwalt auch einen entsprechenden **Verhandlungsauftrag** von seinem Mandanten erhalten hat, er also nicht nur außergerichtlich mandatiert und gebeten wurde, ggf. eine außergerichtliche Einigung herbeizuführen. Diese Voraussetzung ist aber relativ einfach erfüllt, da ein Antrag auf
Protokollierung einer Einigung oder Feststellung einer Einigung gemäß § 278 Abs. 6
ZPO ebenso wie der Führung von Einigungsgesprächen vor Gericht zumindest der

---

[35] Vgl. zur gegenteiligen oben ebenfalls dargestellten Situation Schneider/Wolf/*Onderka/N. Schneider* Nr. 3101 VV Rn. 139 unter Hinweis auf OLG Köln AGS 2009, 610; OLG Frankfurt a.M. AGS 2003, 516; OLG Hamm AGS 2002, 85.

[36] Schneider/Mock/*N. Schneider,* Das neue Gebührenrecht für Anwälte, § 14 Rn. 36; *Mock,* AGS 2004, 45; HK-RVG/*Mayer* Nr. 3101 VV Rn. 47; siehe jetzt auch LAG Hamburg AGS 2011, 371 ff.

[37] Insoweit missverständlich HK-RVG/*Mayer* Nr. 3101 VV Rn. 29,30.

konkludent erteilte Auftrag des Mandanten vorausgeht, entsprechende Tätigkeiten vorzunehmen.[38]

52 Weitere Voraussetzung für den Anfall der Gebühr ist nach der ersten Alternative die Protokollierung einer **"Einigung"**. Die Formulierung "Einigung" mit umfasst einen Vergleich, setzt aber umgekehrt nicht voraus, dass ein gegenseitiges Nachgeben iSd alten § 23 BRAGO festgestellt werden muss. Ferner muss die protokollierte Einigung nicht der Definition einer Einigung iSv Nr. 1000 VV entsprechen, so dass es durchaus denkbar ist, dass bei solchen Fallgestaltungen zwar eine Differenzgebühr entsteht, nicht aber als weitere Gebühr eine Einigungsgebühr, etwa dann, wenn die protokollierte Einigung sich als vollständiges Anerkenntnis oder als einen vollständigen Verzicht darstellt.[39]

53 Umgekehrt löst die reine Feststellung tatsächlicher Verhältnisse keine Differenzgebühr aus, da es hier an einer Einigung iSv Nr. 3101 Ziff. 2 VV fehlt.[40]

3. Feststellung einer Einigung gemäß § 278 Abs. 6 ZPO (3. Alternative)

54 Die dritte Alternative von Nr. 3101 Ziff. 2 VV ist erfüllt, wenn der Rechtsanwalt den Antrag stellt, eine Einigung der Parteien oder mit Dritten über in diesem Verfahren **nicht rechtshängige Ansprüche** festzustellen (§ 278 Abs. 6 ZPO). Ein gerichtlicher Vergleich kommt gemäß § 278 Abs. 6 ZPO auch dadurch zustande, dass die Parteien einen schriftlichen Vergleichsvorschlag des Gerichts durch Schriftsatz gegenüber dem Gericht annehmen und das Gericht anschließend das Zustandekommen und den Inhalt des geschlossenen Vergleiches durch **Beschluss** feststellt. Dieser Beschluss kann auch dadurch zustande kommen, dass die Parteivertreter oder die Parteien übereinstimmend einen Vergleichsvorschlag an das Gericht richten und darum bitten, diesen durch Beschluss festzustellen. Durch das Justizmodernisierungsgesetz, das im September 2004 in Kraft getreten ist, fand hier eine weitere Erleichterung statt. Jedenfalls soll auch hier die anwaltliche Tätigkeit, der eine erhebliche Justizentlastungswirkung beigemessen werden kann, honoriert werden, indem der Rechtsanwalt auch hierfür die Differenzverfahrensgebühr in Höhe von 0,8 erhält.

III. Einfache Familiensachen und FGG-Verfahren (Nr. 3101 Ziff. 3 VV)

55 Nr. 3101 Ziff. 3 VV regelt die notwendig gewordene Ausnahme von dem Grundsatz, dass der Rechtsanwalt bereits mit Antragstellung eine volle Verfahrensgebühr verdienen kann (vgl. Nr. 3101 Ziff. 1 VV). Nachdem mit Einführung des RVG bei der Vergütung zwischen ordentlichem Gerichtsverfahren und FGG-Verfahren nicht mehr unterschieden wird, der Rechtsanwalt also auch im FGG-Verfahren die **Festgebühren** der Nr. 3100 ff. VV verdient, musste der unterschiedlichen besonderen Verantwortung und dem höchst unterschiedlichen Haftungsrisiko bei den verschiedenen Verfahrensarten Rechnung getragen werden.

56 Da sich das FGG-Verfahren durch den Amtsermittlungsgrundsatz auszeichnet, kommt den gestellten sachgerechten Anträgen eine deutlich geringere Bedeutung bei als im originären Streitverfahren. Nr. 3101 Ziff. 3 VV sieht demgemäß vor, dass ein gestellter Antrag ohne entsprechenden Sachvortrag oder die Entgegennahme

---

[38] Hartung/Römermann/Schons/*Schons* Nr. 3101 VV Rn. 32; sa Schneider/Wolf/*Onderka/N. Schneider* Nr. 3101 VV Rn. 101; Gerold/Schmidt/*Müller-Rabe* Nr. 3101 VV Rn. 85.
[39] Schneider/Wolf/*Onderka/N. Schneider* Nr. 3101 VV Rn. 107, 108.
[40] OLG Celle JurBüro 1986, 69.

einer Entscheidung noch nicht die volle Verfahrensgebühr, sondern die reduzierte Verfahrensgebühr nach Nr. 3101 VV auslöst.[41]

Dieser Grundsatz wurde mit der Familienrechtsreform auch für einfache Familiensachen übernommen, bei denen die anwaltliche Tätigkeit nur die Erteilung einer Genehmigung oder die Zustimmung des Familiengerichts zum Gegenstand hat oder wenn in Verfahren der freiwilligen Gerichtsbarkeit nur ein Antrag gestellt und eine Entscheidung entgegengenommen wird. 57

Die Ergänzung war notwendig, da in Familiensachen nicht mehr zwischen der Freiwilligen Gerichtsbarkeit und anderen Verfahren unterschieden wird.[42] 58

IV. Die Anmerkungen zu Nr. 3101 VV

1. Korrektur zu Ziff. 3 in der Anm. Abs. 2

Die Regelung in Nr. 3101 Abs. 3 VV findet in der Anm. Abs. 2 jedoch eine Korrektur für die **streitigen Verfahren** der freiwilligen Gerichtsbarkeit, insbesondere in Verfahren nach dem Gesetz über das gerichtliche Verfahren in Landwirtschaftssachen. 59

In diesen besonderen Verfahren, bei denen bereits die sachgerechte Antragstellung – ebenso wie bei regulären Streitverfahren – eine erhöhte Verantwortung und ein erhöhtes Haftungsrisiko mit sich bringt, soll demgemäß keine Reduzierung der Verfahrensgebühr eintreten, auch wenn sich die Tätigkeit des Rechtsanwalts zunächst nur auf eine Antragstellung – ohne Sachvortrag – beschränkt. 60

Demgegenüber bleibt es bei der reduzierten Verfahrensgebühr von 0,8 in anderen Verfahren der Freiwilligen Gerichtsbarkeit und in Familiensachen, wenn nur die Erteilung einer Genehmigung oder die Zustimmung des Familiengerichts zum Gegenstand der anwaltlichen Tätigkeit gemacht wird, wenn lediglich ein Antrag gestellt und eine Entscheidung entgegengenommen wird.[43] 61

Aber auch im **nicht streitigen** FGG-Verfahren kommt eine Reduzierung der Vergütung über Nr. 3101 VV RVG jedenfalls dann nicht Betracht, wenn der gestellte Antrag – und sei es auch nur kurz – begründet wird.[44] Da der Gesetzestext eindeutig ist, kann es nicht darauf ankommen, die Begründung des Antrags nun kurz oder lang ausfällt oder ob sie wegen Unzulänglichkeit nachgebessert werden muss. Hierauf weist *Mayer* in seiner Kritik an der Gegenansicht zutreffend hin.[45] 62

2. Anrechnungsregelung bei der durch Differenzgebühr erhöhten Verfahrensgebühr (Anm. Abs. 1)

Durch Abs. 1 der Anm. zu Nr. 3101 VV wird zunächst klargestellt, dass die **Beschränkungsregelung** von § 15 Abs. 3 RVG auch bei der Differenzgebühr Anwendung findet. Hat ein Rechtsanwalt vor Gericht bei einem Streitwert der rechtshängigen Ansprüche in Höhe von 10.000 EUR auch Verhandlungen über nicht rechtshängige Ansprüche im Werte von weiteren 10.000 EUR geführt, so kann er zunächst eine volle Verfahrensgebühr nach Nr. 3100 VV (1,3) nach den rechtshängigen 10.000 EUR sowie eine reduzierte Verfahrensgebühr nach 63

---

[41] Vgl. zu den Motiven des Gesetzgebers BT-Drs. 15/1971 S. 2,12.

[42] Vgl. hierzu statt aller: HK-RVG/*Mayer* Nr. 3101 VV Rn. 57 unter Hinweis auf BT-Drs. 16/6308, 342.

[43] Vgl. auch hier statt aller: HK-RVG/*Mayer* Nr. 3101 VV Rn. 58.

[44] Schneider/Wolf/*Onderka*/N. *Schneider* Nr. 3101 VV Rn. 159, 160; ebenso HK-RVG/*Mayer* Nr. 3101 VV Rn. 59; **aA** mit wenig überzeugender Begründung: Gerold/Schmidt/*Müller-Rabe* Nr. 3101 Rn. 120, 122.

[45] HK-RVG/*Mayer* Nr. 3101 VV Rn. 59.

Nr. 3101 VV (0,8) nach den nicht rechtshängigen 10.000 EUR abrechnen. Als vorläufiges Zwischenergebnis ergibt sich dann ein Betrag in Höhe von 1.171,80 EUR.

64 Hier greift die Beschränkungsregelung von § 15 Abs. 3 RVG (früher § 13 Abs. 3 BRAGO) ein, mit der Folge, dass dem Rechtsanwalt nicht mehr als die höchste Gebühr der zusammengerechneten Gegenstandswerte zugesprochen werden kann, hier also 1,3 aus 20.000 EUR, mithin 964,60 EUR.

65 Des Weiteren bestimmt Abs. 1 der Anm. zu Nr. 3101 VV, dass der nunmehr die ursprüngliche reguläre Verfahrensgebühr (aus den rechtshängigen Gegenstandswerten ermittelt) übersteigende Betrag auf eine Verfahrensgebühr **anzurechnen** ist, die wegen desselben Gegenstandes in einer anderen Angelegenheit entsteht.

66 Von dem oben über § 15 Abs. 3 RVG ermittelten Gesamtbetrag der Verfahrensgebühren = 964,60 EUR ist abzuziehen die Verfahrensgebühr aus dem Wert der rechtshängigen Gegenstände 725,40 EUR verbleibt ein anzurechnender Betrag in Höhe von 239,20 EUR, der auf die Verfahrensgebühr des anderen Verfahrens nunmehr anzurechnen bzw. in Abzug zu bringen ist.

67 Anders sieht es selbstverständlich aus, wenn über § 15 Abs. 3 RVG keine Kürzung der Verfahrensgebühr erfolgt ist, weil die zusätzliche Verfahrensgebühr von 0,8 den Höchstwert von § 15 Abs. 3 RVG nicht erreicht. Hier ist dann die volle 0,8 Verfahrensgebühr in der anderen Angelegenheit zur Anrechnung zu bringen.[46]

68 **Anrechnungsbetrag** ist also nicht etwa der ursprüngliche Betrag aus der Differenzgebühr (0,8) sondern lediglich der **Mehrbetrag,** der unter Berücksichtigung der Beschränkungsregel von § 15 Abs. 3 RVG im Verhältnis zur „**Ursprungsverfahrensgebühr**" entstanden ist. Im vorliegenden Beispielsfall wäre dies also ein Betrag in Höhe von 239,20 EUR.

69 Auch die Formulierung in Abs. 1 der Anm. zu Nr. 3101 VV hat bereits Streitfragen ausgelöst. Aus dem Wort „**entsteht**" wird teilweise gefolgert, dass eine Anrechnung des Mehrbetrages nur auf spätere Verfahren bzw. die dort anfallenden Gebühren in Betracht käme, nicht aber die Anrechnung auf anderweitige Verfahrensgebühren, die bereits entstanden seien.[47] (vgl. hierzu Beispiel → Rn. 36).

70 Die inzwischen wohl als **herrschend** zu bezeichnende **Gegenauffassung** weist demgegenüber darauf hin, dass für eine Unterscheidung zwischen vorangegangenen, parallel geführten oder später zu führenden Verfahren kein sachlicher Grund vorhanden sei.[48] Diese Beurteilung kann für sich in Anspruch nehmen, dass sie durch den **Wortlaut** der Gesetzesmaterialien gestützt wird, indem u. a. hervorgehoben wird, dass die Neufassung der Anrechnungsbestimmung (in Nr. 3201 VV) der Klarstellung dienen soll, dass die Anrechnung **auch** dann zu erfolgen hat, wenn die Verfahrensgebühr in dem anderen Verfahren erst entsteht, nachdem die Gebühr Nr. 3201 VV angefallen ist. Angesichts der Vergleichbarkeit der Anrechnungsbestimmungen zu Nr. 3201 VV und Nr. 3101 VV könne man auch hieraus den Willen des Gesetzgebers erkennen, eine zeitliche Differenzierung der Anrechnungsbestimmungen gerade nicht vorzunehmen. In der Tat wäre es wenig nachvollziehbar, wenn der Gesetzgeber – ohne sachlichen Grund – in dem einen Fall dem Rechtsanwalt die Gebühren doppelt belassen würde, in dem anderen nicht. Zu kritisieren ist allerdings, dass das Gesetz dies in der Tat nicht klar genug zum Ausdruck bringt. Es wäre sicherlich kein Problem gewesen, zu

---

[46] Schneider/Wolf/Onderka/N. Schneider Nr. 3101 VV Rn. 136.
[47] So etwa Schneider/Mock, Das neue Gebührenrecht für Anwälte, § 14 Rn. 28; Mock AGS 2004, 47.
[48] HK-RVG/Mayer Nr. 3101VV Rn. 71; Gerold/Schmidt/Müller-Rabe Nr. 3101 VV Rn. 106; Hartung/Römermann/Schons/Schons Nr. 3101 VV Rn. 53; Schneider/Wolf/Onderka/N. Schneider Nr. 3101 VV Rn. 134.

formulieren: *"... die wegen desselben Gegenstandes in einer anderen Angelegenheit entsteht oder entstanden ist"*.

Als Selbstverständlichkeit kann dann aber abschließend festgestellt werden, dass die Anrechnung der Differenzverfahrensgebühr nur dort eine Rolle spielt, wo ein- und derselbe Rechtsanwalt in zwei Verfahren tätig wird. Sind unterschiedliche Rechtsanwälte beauftragt, kommt eine Anrechnung nicht in Betracht und die Mehrkosten trägt der Mandant.[49]

Nr. 3102 VV

Nr.	Gebührentatbestand	Gebühr oder Satz der Gebühr nach § 13
3102	Verfahrensgebühr für Verfahren vor den Sozialgerichten, in denen Betragsrahmengebühren entstehen (§ 3 RVG)	50,00 bis 550,00 €

I. Überblick

Die Änderung durch das 2. KostRMoG beschränkt sich auf die Veränderung des Gebührenrahmens von bisher 40 bis 460 EUR auf 50 bis 550 EUR, so dass die neue Mittelgebühr nunmehr 300 EUR beträgt. Wie auch an anderer Stelle wird die Währungsangabe von „EUR" in EUR umgewandelt.

Im Übrigen wird der Anwendungsbereich dieser Vorschrift dadurch erweitert, dass die bisherige Nr. 3103 VV aufgehoben wird. Es gibt also auch im gerichtlichen Verfahren gemäß Vorb. 3 Abs. 4 VV keine Unterscheidung mehr dahingehend, ob eine Vorbefassung stattgefunden hat oder nicht. Vielmehr gilt jetzt einheitlich das Prinzip der **„Gebührenanrechnung"**.[1]

Umgesetzt wird dies auch durch die → Vorb. 3 Abs. 4 VV, wonach die in einem vorangegangenen Verwaltungs- oder Nachprüfungsverfahren entstandene Geschäftsgebühr hälftig, höchstens jedoch mit 175 EUR anzurechnen ist.

Hierauf beschränken sich aber die Änderungen der Gesetzesnovelle.

II. Anwendungsbereich

Für seine Tätigkeit vor den Sozialgerichten erhielt der Rechtsanwalt nach den Vorschriften der BRAGO Betragsrahmengebühren (§ 116 BRAGO), so dass die Intensität für die einzelnen Varianten der anwaltlichen Tätigkeit innerhalb des vorgegebenen Betragsrahmens zu berücksichtigen und zu gewichten waren. Am Grundprinzip der Betragsrahmengebühren in Sozialgerichtsverfahren wurde zwar festgehalten, gleichzeitig wurden die Gebührentatbestände aber der allgemeinen Struktur des RVG angepasst, so dass nunmehr auch hier sowohl eine Verfahrens- als auch eine Terminsgebühr verdient werden können.

III. Regelungsinhalt

Nach dem Gesetzeswortlaut entsteht die Verfahrensgebühr nach Nr. 3102 VV in den Verfahren vor den Sozialgerichten, in denen Betragsrahmengebühren entstehen,

---

[49] HK-RVG/*Mayer* Nr. 3101VV Rn. 73,74 unter Hinweis auf *Mock* AGS 2004, 47; ebenso eindeutig Hartung/Römermann/Schons/*Schons* Nr. 3101 VV Rn. 54; sa Schneider/Wolf/Onderka/*N. Schneider* Nr. 3101 Rn. 131.
[1] Schneider/*Thiel* S. 202.

das GKG also nicht anzuwenden ist (vgl. § 3 Abs. 1 RVG). Das sind die Verfahren, in denen ein Versicherter, ein Leistungsempfänger, ein Hinterbliebenenleistungsempfänger oder ein Behinderter in seiner jeweiligen Eigenschaft als Kläger oder Beklagte beteiligt ist. Ferner gilt dies für die in § 56 SGB I genannten Sonderrechtsnachfolger, für den Ehegatten, den Lebenspartner, die Kinder, die Eltern oder den Haushaltsführer. Wegen der weiteren Einzelheiten → § 3 Rn. 1 ff.

6 Ist auch in dem Verfahren vor den Sozialgerichten nach Wertgebühren abzurechnen, so entstehen die allgemeinen Verfahrens- bzw. Terminsgebühren nach Nr. 3100 f. VV.

7 Der Gebührenrahmen beginnt bei 50 EUR und endet bei 550 EUR, so dass die **Mittelgebühr** 300 EUR beträgt. Auf den ersten Blick ist dies nach wie vor eine Verschlechterung zu der in § 116 BRAGO vorzufindenden Mittelgebühr von 355 EUR. Hierbei würde aber übersehen, dass mit der Gebühr von § 116 BRAGO die gesamte Tätigkeit des Rechtsanwalts in der Instanz abgegolten wurde, während nach der neuen Struktur noch eine Terminsgebühr nach Nr. 3106 VV (Mittelgebühr dort 280 EUR) verdient werden kann.

8 Stellt man jeweils auf die Höhe einer Mittelgebühr ab, so lässt sich also auch hier letztendlich eine deutliche Anhebung der anwaltlichen Vergütung erzielen, jedenfalls wenn es zu Tätigkeiten kommt, die eine Terminsgebühr auslösen.[2]

Nr. 3103 VV *[aufgehoben]*

Nr. 3104 VV

Nr.	Gebührentatbestand	Gebühr oder Satz der Gebühr nach § 13
3104	Terminsgebühr, soweit in Nummer 3106 nichts anderes bestimmt ist .... (1) Die Gebühr entsteht auch, wenn 1. in einem Verfahren, für das mündliche Verhandlung vorgeschrieben ist, im Einverständnis mit den Parteien oder gemäß § 307 oder § 495a ZPO ohne mündliche Verhandlung entschieden oder in einem solchen Verfahren ein schriftlicher Vergleich geschlossen wird, 2. nach § 84 Abs. 1 Satz 1 VwGO oder § 105 Abs. 1 SGG durch Gerichtsbescheid entschieden und eine mündliche Verhandlung beantragt werden kann, oder 3. das Verfahren vor dem Sozialgericht, für das mündliche Verhandlung vorgeschrieben ist, nach angenommenem Anerkenntnis ohne mündliche Verhandlung endet. 4. In den Fällen des Satzes 1 beträgt die Gebühr 90 % der in derselben Angelegenheit dem Rechtsanwalt zustehenden Verfahrensgebühr ohne Berücksichtigung einer Erhöhung nach Nummer 1008. (2) Sind in dem Termin auch Verhandlungen zur Einigung über in diesem Verfahren nicht rechtshängige Ansprüche geführt worden, wird die Terminsgebühr, soweit sie den sich ohne Berücksichtigung der nicht rechtshängigen Ansprüche ergebenden Gebührenbetrag übersteigt, auf eine Terminsgebühr angerechnet, die wegen desselben Gegenstands in einer anderen Angelegenheit entsteht.	1,2

---

[2] Zur grundsätzlichen Entwicklung in der Rechtsprechung zur Gebührenhöhe vgl. die aktuelle Zusammenstellung bei Gerold/Schmidt/*Mayer* § 3 Rn. 23 f. m. zahlreichen Rsprnw.

Nr.	Gebührentatbestand	Gebühr oder Satz der Gebühr nach § 13
	(3) Die Gebühr entsteht nicht, soweit lediglich beantragt ist, eine Einigung der Parteien oder der Beteiligten oder mit Dritten über nicht rechtshängige Ansprüche zu Protokoll zu nehmen. (4) Eine in einem vorausgegangenen Mahnverfahren oder vereinfachten Verfahren über den Unterhalt Minderjähriger entstandene Terminsgebühr wird auf die Terminsgebühr des nachfolgenden Rechtsstreits angerechnet.	

Übersicht

	Rn.
I. Normzweck	1
II. Weitere Tatbestandsvarianten (Anm. Abs. 1 Nr. 1 bis 3)	19
1. Entscheidung oder Vergleich ohne mündliche Verhandlung (Anm. Abs. 1 Nr. 1)	19
2. Gerichtsbescheid in verwaltungs- und sozialgerichtlichen Verfahren (Anm. Abs. 1 Nr. 2)	33
3. Anerkenntnis vor dem Sozialgericht (Anm. Abs. 1 Nr. 3)	39
III. Anrechnung der Terminsgebühr (Anm. Abs. 2)	44
IV. Reiner Protokollierungstermin (Anm. Abs. 3)	53
V. Anrechnung der Terminsgebühr aus vorangegangenem Mahnverfahren oder vereinfachten Verfahren über den Unterhalt Minderjähriger (Anm. Abs. 4)	59

I. Normzweck

Zwecks Kompensation der weggefallenen Beweisgebühr und um die unterbliebene lineare Anhebung der Anwaltsvergütung auszugleichen, wurde die Terminsgebühr als eine Art Rechtsnachfolger der Verhandlungs- und Erörterungsgebühr (ebenso wie die Verfahrensgebühr) erhöht. Während bei der Verfahrensgebühr eine Erhöhung um 0,3 vorgenommen wurde, beschränkt sich die Erhöhung bei der Terminsgebühr auf 0,2, wobei hervorzuheben ist, dass die bei der Verfahrensgebühr noch anzutreffende Unterscheidung zwischen erster und zweiter Instanz bei der Terminsgebühr nicht mehr vorgenommen wird. 1

Sowohl für die Tätigkeit in der ersten als auch in der zweiten Instanz erhält der Rechtsanwalt gleichbleibend nur eine Terminsgebühr von 1,2. Im Unterschied zur alten Rechtslage kann die Terminsgebühr in einer Instanz bis zu dieser Höhe **nur einmal** verdient werden. Die früher in § 38 BRAGO enthaltene Regelung, wonach beispielsweise nach Erlass eines Versäumnisurteils und später streitiger Verhandlung über Aufrechterhaltung oder Aufhebung des Versäumnisurteils nebeneinander eine ⁵⁄₁₀ und eine ¹⁰⁄₁₀-Gebühr in Rechnung gestellt werden konnten, ist ersatzlos gestrichen worden. 2

Auch dann, wenn ein Rechtsanwalt durch – erfolglos geführte – Gespräche mit der Gegenpartei über die Erledigung oder Vermeidung eines Rechtsstreites **zunächst** eine Terminsgebühr über Teil 3 Vorb. 3 Abs. 3 VV RVG verdient hat, verbleibt ihm diese nicht, wenn es anschließend ohnehin in dem dann notwendigen streitigen Verfahren zum Anfall einer Terminsgebühr durch Verhandlungen bei Gericht kommt. 3

Die Terminsgebühr entschädigt für diese Neuregelung (Fortfall von § 38 BRAGO) jedoch durch einen **weiten Anwendungsbereich** (vgl. die Kommentie- 4 rung zu Vorb. 3 Teil 3 Abs. 3 VV) und den Umstand, dass eine Unterscheidung zwischen streitiger und nicht streitiger Verhandlung – ein- und zweiseitiger Erörterungen und Ähnlichem weitestgehend entfallen ist (Ausnahme Nr. 3105 VV).

5   Der Anwendungsbereich der Terminsgebühr ist im Wesentlichen in Teil 3 Vorb. 3 Abs. 3 VV geregelt, während Nr. 3104 VV die Höhe mit 1,2 festlegt. Hinsichtlich der Entstehungstatbestände kann demgemäß grundsätzlich auf die dortige Kommentierung verwiesen werden.

6   Weitere **Entstehungstatbestände** finden sich in Abs. 1 Nr. 1 bis 3 der Anm. zu Nr. 3104 VV. Zunächst entsteht die Terminsgebühr in allen Situationen, in denen nach alter Rechtslage eine Verhandlungs- oder Erörterungsgebühr durch die Wahrnehmung eines gerichtlichen Termins entstehen konnte. Zu Recht wird in der Kommentierung[1] dieser Vorschrift ergänzend darauf hingewiesen, dass bereits hier eine Erweiterung und Verbesserung zur früheren Rechtslage hervorzuheben ist, die sich allerdings nicht nur aus einem Umkehrschluss aus Abs. 3 der Anm. zu Nr. 3104 VV entnehmen lässt.[2] Wenn es Rechtsanwälten im Rahmen eines gerichtlichen Verfahrens außerhalb der gerichtlichen Verhandlung gelang, einen Vergleich auszuarbeiten, der in einem eigens anberaumten Termin nur noch protokolliert werden musste, so konnten sie hierfür weder eine Besprechungsgebühr nach § 118 Abs. 1 Ziff. 2 BRAGO (wegen Rechtshängigkeit) noch eine Erörterungsgebühr in Rechnung stellen, da eine Erörterung vor Gericht nicht mehr stattfinden konnte, wenn ein von den Rechtsanwälten ausformulierter Vergleich nur noch zu Protokoll genommen werden musste.

7   Wenn die Anm. zu Nr. 3104 VV in Abs. 3 jetzt klarstellt, dass die Terminsgebühr nur dann nicht entsteht, wenn lediglich beantragt ist, eine Einigung der Parteien oder mit Dritten über **nicht rechtshängige Ansprüche** zu Protokoll zu nehmen, so lässt sich hieraus sicherlich der umgekehrte Schluss ziehen, dass entsprechende Anträge über anhängige Ansprüche die Terminsgebühr auslösen können. Letztendlich dürfte diesem Umkehrschluss aber keine entscheidende Bedeutung zu kommen, da die Rechtsanwälte die (in jeder Instanz nur einmal zu verdienende) Terminsgebühr bei einer derartigen Fallkonstellation bereits dadurch verdient haben dürften, dass sie zuvor ohne Beteiligung des Gerichts zwecks Erledigung des Verfahrens die Einigungsmodalitäten ausgehandelt haben.

8   Neu ist die Regelung, dass auch die Wahrnehmung eines Termins, den ein gerichtlich bestellter **Sachverständiger** anberaumt hat, die Terminsgebühr auslöst. Auf die hiermit verbundenen Vorteile gerade für Baurechtler und auf die Notwendigkeit, derartige Termine nunmehr auch unbedingt wahrzunehmen, wurde bereits bei der Kommentierung zur Vorb. 3 VV eingehend hingewiesen.[3]

9   Und vorteilhaft ist die Ausweitung des Anwendungsbereiches der Terminsgebühr für außergerichtliche Besprechungen, die auf die **Vermeidung** oder **Erledigung des Verfahrens** gerichtet sind. Auch hier kann auf die ausführliche Kommentierung zu → Vorb. 3 Abs. 3 VV Bezug genommen werden. Nicht abgedeckt werden von der Terminsgebühr allerdings die **Besprechungen** mit dem **eigenen Auftraggeber,** was der Gesetzgeber ausdrücklich festlegt, auch um die Unterscheidung zu Nr. 2300 VV hervorzuheben, bei der auch die Unterredungen mit dem eigenen Mandanten sich nunmehr gebührenprägend bei der Höhe auswirken können.[4]

10   Die **Rechtshängigkeit** oder Anhängigkeit eines gerichtlichen Verfahrens ist für diese Anwendungsvariante nicht Voraussetzung, während das Vorliegen eines **Prozess- oder Verfahrensauftrags** (Auftrag, den Erlass eines Mahnbescheides zu beantragen ist wegen Vorb. 3.3.2 VV ebenfalls bereits ausreichend) unumgänglich ist,

---

[1] Gerold/Schmidt/*Müller-Rabe* Nr. 3104 VV Rn. 8.
[2] So aber HK-RVG/*Mayer* Nr. 3104 VV Rn. 6.
[3] → Rn. 32 ff.
[4] → Nr. 2300 VV Rn. 8.

und zwar nicht nur, weil dies eine Abgrenzung zu den Fällen der Geschäftsgebühr nach Nr. 2300 VV verlangt,[5] sondern weil ohne Prozessauftrag die Vorschriften von Teil 3 VV nicht zur Anwendung gelangen können.[6] Durch die Änderung der Vorb. 3 Abs. 1 VV hat der Gesetzgeber dies nochmals deutlich herausgestellt, indem er einen *unbedingten* Auftrag als Verfahrensbevollmächtigter für Gebühren nach Teil 3 voraussetzt und damit der Rechtsprechung des BGH aus der Fehlentscheidung vom 1.7.2010 entgegengetreten.[7]

Dass umgekehrt ein Prozess- oder Verfahrensauftrag für die Anwendung der **11** Gebührenvorschriften von Teil 3 VV und damit auch für den Anfall einer Terminsgebühr ausreichend ist, zeigt sich an Inhalt und Bedeutung der Vorschrift von Nr. 3101 VV (regelt gerade den Fall, dass nach Prozessauftrag Erledigung eintritt) und an der Formulierung von Vorb. 3 Abs. 3 VV „... zur Vermeidung des Verfahrens".

Soweit insbesondere die Rechtsschutzversicherungen unter Mithilfe einiger **12** Gerichte geradezu verzweifelt darum gekämpft hatten, den Anwendungsbereich der Terminsgebühr klein zu halten und auf Fälle zu beschränken, bei denen das gerichtliche Verfahren mindestens anhängig wenn nicht gar rechtshängig sein sollte, hat der Bundesgerichtshof hier dankenswerterweise für die erforderliche Klarheit gesorgt.[8]

Zu kritisieren ist dann allerdings die spätere – mit dem Gesetzestext kaum zu **13** vereinbarende – Entscheidung des Bundesgerichtshofes vom 15.3.2007.[9] Der Bundesgerichtshof gelangt zu der Auffassung, dass eine Terminsgebühr nur dann entstehen könne, wenn eine mündliche Verhandlung für das gerichtliche Verfahren vorgeschrieben sei. Aus diesem Grunde könne eine Terminsgebühr beispielsweise dann nicht anfallen, wenn die Prozessbevollmächtigten der Parteien nach Androhung eines Beschlusses nach § 522 ZPO über eine anderweitige Beendigung des Verfahrens kommunizieren.

Mit dem Gesetzestext lässt sich diese Entscheidung schwerlich vereinbaren. Weder **14** verlangt der Anfall der Terminsgebühr über Teil 3 Vorb. 3 Abs. 3 VV RVG dass für das Verfahren eine mündliche Verhandlung vorgeschrieben ist, noch macht der reine **Ankündigung** eines Verfahrens nach **§ 522 ZPO zu diesem Zeitpunkt** eine mündliche Verhandlung in der Berufung entbehrlich. Ferner müsste man auch aus dieser Entscheidung den – wiederum falschen – Schluss ziehen, dass im Mahnverfahren grundsätzlich keine Terminsgebühr zur Entstehung gelangen kann, was sich wiederum mit der Vorb. 3.3.2 VV RVG ebenso wenig vereinbaren lässt, wie mit dem neu geschaffenen Abs. 4 der Anm. zu Nr. 3104 VV RVG durch das zweite Gesetz zur Modernisierung der Justiz.[10]

Die vorgenannten Entscheidungen des Bundesgerichtshofes sind daher zu Recht **15** vehement kritisiert worden.[11]

Dankenswerterweise ist auch die Instanzrechtsprechung dieser fehlerhaften Rechtsprechung des BGH mehrfach entgegengetreten.[12] Noch mehr ist es zu begrüßen, **16**

---

[5] So aber HK-RVG/*Mayer* Nr. 3104 VV Rn. 9.
[6] Falsch deswegen: OLG Koblenz AGS 2010, 66 mAnm *Schons*, ebenso falsch: BGH AGS 2010, 483 f. m. kritischer Anm. *Schons*.
[7] BGH AGS 2010, 483 f. m. kritischer Anm. *Schons*.
[8] BGH AGS 2007, 166 mAnm *Schons* = BGH NJW-RR 2007, 720 m. Bespr. *Mayer* RVGletter 2007, 38 f.; zur Festsetzung vgl. BGH AGS 2007, 115 sowie BGH AGS 2007, 292 mAnm *Schons*.
[9] BGH NJW 2007, 2644; siehe aber auch BGH NJW 2007, 1461 (1463).
[10] BGBl. 2006, I, 3416 ff.
[11] Vgl. nur HK-RVG/*Mayer* Vorb. Nr. 3305–3308 VV Rn. 9, sowie *Schons* AnwBl. 2007, 631.
[12] Vgl. nur OLG Düsseldorf AGS 2011, 322 f. mAnm *Schneider*; OLG München AGS 2011, 213 f.; OLG München AGS 2010, 420 mAnm *Schneider*; OLG Dresden AGS 2008, 333.

dass auch der Gesetzgeber auf die falsche Rechtsprechung reagiert und mit der Neufassung der Vorb. 3 Abs. 3 VV klargestellt hat, dass die Terminsgebühr nach dieser Variante unabhängig davon entsteht, ob in dem zugrundeliegenden Verfahren eine mündliche Verhandlung vorgeschrieben ist oder nicht (→ Vorb. 3 Rn. 1 ff.). Und so wird es sich der BGH in Zukunft auch ersparen können, von diesen Fehlentscheidungen mehr und mehr abzurücken oder – wie er es formuliert: sich hiervon „abzugrenzen".[13]

17 Leider lässt sich allerdings ohnehin feststellen, dass die positiven Zielsetzungen, die der Gesetzgeber mit dem weiten Bereich der Terminsgebühr verbunden hat, nur zum Teil und nach und nach umgesetzt werden konnten.[14]

18 Auch in jüngster Zeit sind immerhin mehrere Entscheidungen ergangen, die der großen Bedeutung der Terminsgebühr sowohl nach Nr. 3104 VV als auch nach Vorb. 3 Abs. 3 VV hinreichend Rechnung tragen.[15]

II. Weitere Tatbestandsvarianten (Anm. Abs. 1 Nr. 1 bis 3)

1. Entscheidung oder Vergleich ohne mündliche Verhandlung (Anm. Abs. 1 Nr. 1)

19 Abs. 1 der Anm. von Nr. 3104 VV dehnt den in der Vorbemerkung 3 Abs. 3 VV vorzufindenden Anwendungsbereich auf Fallkonstellationen aus, die ebenfalls zur Berechnung einer vollen **Terminsgebühr** führen. Hierbei übernimmt die Nr. 1 die nach altem Recht in § 35 BRAGO enthaltenen gewesenen Regelungen, Nr. 2 löst die Vorschrift von § 114 Abs. 3 BRAGO ab und Nr. 3 regelt – insoweit nicht systemkonsequent – einen Sachverhalt aus dem Sozialgerichtsverfahren (vgl. hierzu § 116 Abs. 2 S. 2 BRAGO und § 105 Abs. 1 SGG).

20 Im Einzelnen: Wird in einem Verfahren, für das mündliche Verhandlung vorgeschrieben ist, im Einverständnis mit den Parteien ohne mündliche Verhandlung entschieden, so kann eine volle Terminsgebühr von 1,2 in Rechnung gestellt werden. Die **mündliche Verhandlung** muss bei dieser Fallvariante **zwingend vorgeschrieben** sein, gesetzliche Freistellungsregeln, die beides zulassen, sind nicht ausreichend.[16]

21 Weitere Voraussetzung ist es, dass die **Parteien** mit einer Entscheidung ohne mündliche Verhandlung **einverstanden** sind. Dieses Einverständnis muss eindeutig und unbedingt sein,[17] ein stillschweigendes Einverständnis, auch nachträglich, ist nach richtiger Ansicht aber möglich.[18] Dieser Auffassung kommt insbesondere in den Fällen besondere Bedeutung zu, in denen das Gericht nicht entscheidet, sondern in denen ein schriftlicher Vergleich gemäß § 278 Abs. 6 ZPO geschlossen wird.[19]

---

[13] BGH AGS 2012, 10 m. krit. Anm. *Thiel.*

[14] Vgl. hierzu *Schons* AGS 2007, 490 ff.; *ders.* AGS 2006, 209 ff.; *ders.* in FS Madert S. 219 ff.; HK-RVG/*Mayer* Vorb. Nr. 3104 VV Rn. 3.

[15] Vgl. etwa LG Saarbrücken AGS 2011, 480 f.; OVG Lüneburg AGS 2011, 176 f.; KG AGS 2012, 456 ff.; OLG Köln AGS 2012, 84 f.; AG Siegburg AGS 2012, 483 f.; LAG Nürnberg AGS 2011, 521 f.; OLG Dresden AGS 2012, 459 f.; OLG Köln AGS 2012, 481 f.; OLG Köln AGS 2013, 9 f.

[16] Gerold/Schmidt/*Müller-Rabe* Nr. 3104 VV Rn. 19; ebenso HK-RVG/*Mayer* Nr. 3104 VV Rn. 11; Schneider/Wolf/*Onderka/Wahlen* Nr. 3104 VV Rn. 9; siehe dort auch die alphabetische Übersicht Rn. 10–34.

[17] HK-RVG/*Mayer* Nr. 3104 VV Rn. 19.

[18] Gerold/Schmidt/*Müller-Rabe* Nr. 3104 VV Rn. 50 m. Rechtsprechungsnachweisen.

[19] Vgl. zu dieser Problematik die Kommentierung zu → Teil 3 Vorb. 3 VV Rn. 1 ff. sowie weiter unter → Rn. 19 ff.; siehe hierzu auch Gerold/Schmidt/*Müller-Rabe* Nr. 3104 VV Rn. 76 ff.

Kommt es in Verfahren, bei denen die Durchführung einer mündlichen Verhand- 22
lung zwingend vorgeschrieben ist, ohne mündliche Verhandlung durch **Beschlussfassung** zu einem **Vergleich** nach § 278 Abs. 6 ZPO, was einhellig möglich ist, so wird man die Terminsgebühr nicht daran scheitern lassen können, dass die Parteien nicht zuvor den Übergang ins schriftliche Verfahren befürwortet haben. Die Entgegennahme bzw. die Genehmigung des Vergleichs beinhaltet spätestens zu diesem Zeitpunkt auch die Einwilligung zum Verzicht auf die Durchführung einer mündlichen Verhandlung.[20]

In der **ersten Variante** von Abs. 1 Nr. 1 der Anm. zu Nr. 3104 VV entsteht die 23
Terminsgebühr aber nur dann, wenn eine gerichtliche Entscheidung ergeht, die die Qualität eines Urteils, zumindest aber die Qualität einer Endentscheidung oder einer die Endentscheidung vorbereiteten Entschließung hat und grundsätzlich nur aufgrund einer mündlichen Verhandlung ergehen könnte.[21]

Die vom Vorsitzenden des Gerichts oder vom Berichterstatter getroffenen Maß- 24
nahmen gemäß § 273 ZPO beinhalten keine Entscheidung, die den Anfall einer Terminsgebühr rechtfertigen können,[22] aber auch der Erlass eines Hinweisbeschlusses reicht selbst dann für das Entstehen einer 1,2 Terminsgebühr nicht aus, wenn der Kläger aufgrund des Inhaltes des Beschlusses die Klage sodann zurücknimmt. Dies hängt damit zusammen, dass für den Erlass eines Hinweisbeschlusses keine mündliche Verhandlung vorgeschrieben ist.[23]

In einer **zweiten Variante** von Abs. 1 Nr. 1 der Anm. zu Nr. 3104 VV verdient 25
der Rechtsanwalt – im Gegensatz zur alten Regelung bei § 35 BRAGO – die volle Terminsgebühr auch dann, wenn das Gericht gemäß § 307 ZPO ohne mündliche Verhandlung entscheidet, einem Anerkenntnis des Beklagten also ein Anerkenntnisurteil folgt, so dass es einer Anhörung des Klägers im Übrigen nicht mehr bedarf.[24]

In einer **dritten Variante** entsteht die volle Terminsgebühr von 1,2, wenn das 26
Gericht gemäß § 495a Satz 1 ZPO bei einem Streitwert bis zu 600 EUR nach billigem Ermessen entscheidet und entscheiden kann, weil ein anders lautender Antrag nach § 495a S. 2 ZPO nicht vorliegt.[25]

Trotz des eigentlich eindeutigen Wortlautes ist die Frage äußerst umstritten, ob 27
die Terminsgebühr auch dann in voller Höhe entsteht, wenn ein **schriftlicher Vergleich** geschlossen wird.[26] Irrelevant dürfte der nachfolgend dargestellte Meinungsstreit in den Fällen sein, in denen die **Rechtsanwälte** den im schriftlichen

---

[20] Ebenso wie hier in Übereinstimmung mit der herrschenden Meinung und überzeugender Begründung: Gerold/Schmidt/*Müller-Rabe* Nr. 3104 VV Rn. 78 ff.
[21] HK-RVG/*Mayer* Nr. 3104 VV Rn. 21.
[22] Vgl. OLG Hamm NJW 1958, 1242.
[23] So jetzt auch Schneider/Wolf/Onderka/N. *Schneider*/Wahlen Nr. 3104 VV Rn. 61; anders noch in der Vorauflage Gebauer/Wahlen Nr. 3104 VV Rn. 18; *Schneider* überraschender Weise jetzt schon wieder in AGS 2015, 261 f. 262, ebenso wie hier Gerold/Schmidt/*Müller-Rabe* Nr. 3104 VV Rn. 18 f. mwN; OLG Karlsruhe JurBüro 2005, 596; **aA** HK-RVG/*Mayer* Nr. 3104 VV Rn. 22 und seinerzeit auch noch Hartung/Römermann/*Schons* Nr. 3104 VV Rn. 16.
[24] Gerold/Schmidt/*Müller-Rabe* Nr. 3104 VV Rn. 58; HK-RVG/*Mayer* Nr. 3104 VV Rn. 23, 24; Schneider/Wolf/Onderka/N. *Schneider*/Wahlen Nr. 3104 VV Rn. 68–71 (seit der Änderung von § 307 Abs. 2 ZPO durch das Zivilprozessreformgesetz v. 27.7.2001 kann Anerkenntnisurteil auch ohne Antrag des Klägers ergehen); Zöller/*Vollkommer* § 307 Rn. 5a; *Hergeröder* AGS 2006, 1 ff.; vgl. hierzu auch *König* NJW 2005, 1234 f.; Anerkenntnis statt Säumnis – ein Kunstfehler? OLG Stuttgart MDR 2005, 1254 f.
[25] Vgl. statt aller: Schneider/Wolf/Onderka/N. *Schneider*/Wahlen Nr. 3104 VV Rn. 73 unter Hinweis auf LG Stuttgart MDR 1993, 86.
[26] *Volpert* RVGprofessionell 2005, 51 ff., 58, 49 mit Übersicht über den Meinungsstand.

Nr. 3104 VV Teil 3. Bürgerliche Rechtsstreitigkeiten

Verfahren begehrten Vergleich durch Besprechungen bereits vorbereitet, unter Umständen auch abschließend bereits ausformuliert haben. In diesem Fall ist die (in jedem Rechtszug nur einmal zu verdienende) Terminsgebühr bereits nach → Vorb. 3 Abs. 3 VV („... zur Erledigung des Verfahrens") entstanden. Bei dieser Fallkonstellation kommt es im Übrigen dann auch nicht mehr darauf an, ob die getroffene Einigung oder der geschlossene Vergleich Bestand hat oder nicht (die Terminsgebühr bleibt erhalten), während bei der Variante von Nr. 1 3. Alternative der Vergleich abschließend zustande gekommen sein muss.[27]

28 Beschränkt sich hingegen die Tätigkeit der Rechtsanwälte darauf, einen vom **Gericht** vorgeschlagenen und ausformulierten Vergleich anzunehmen und ggf. einer entsprechenden Beschlussfassung zuzustimmen, kommt der Meinungsstreit zum Tragen, bei dem folgende Auffassungen aufeinander stoßen:.

29 Die **weitestgehende Auffassung** verlangt lediglich, dass ein schriftlicher Vergleich geschlossen wird, während es auf ein Zustandekommen gemäß § 278 Abs. 6 ZPO durch Beschlussfassung oder auf eine Vollstreckbarkeitserklärung gemäß § 796b ZPO nicht ankomme.[28] In diesem Zusammenhang wird dann teilweise aber auch noch thematisiert, ob der Wortlaut des Gesetzestextes einen schriftlichen Vergleich iSv § 779 BGB verlangt oder ob eine schriftliche Einigung ausreichend ist.[29]

30 Nach einer **zweiten Auffassung** soll nur ein Vergleich iSv § 278 Abs. 6 ZPO ausreichend sein, um die volle Terminsgebühr auszulösen.[30] Warum nur der gerichtliche Vergleich iSv § 278 Abs. 6 ZPO gebührenrechtlich privilegiert sein soll, nicht aber eine privatschriftliche Einigung, die doch ebenfalls zum Abschluss des Rechtsstreites im schriftlichen Stadium führt, wird nicht ausgeführt oder begründet.

31 Am weitesten gehend und mit den gesetzgeberischen Intentionen des RVG ebenso wenig zu vereinbaren wie mit dem Wortlaut des Gesetzes ist die Entscheidung des **OLG Nürnberg** vom 15. 12.2004, in der ernsthaft die Meinung vertreten wird, die Berücksichtigung einer Terminsgebühr widerspreche dem Interesse der Parteien, die Kosten eines Rechtsstreites so gering wie möglich zu halten.[31] Diese Entscheidung hat bereits viel berechtigte Kritik erfahren[32] und ist inzwischen durch den Bundesgerichtshof korrigiert worden.[33]

32 Die insoweit restriktive Rechtsprechung wird vom OLG Nürnberg auch in jüngster Zeit fortgesetzt. So spricht das OLG Nürnberg in einem Beschluss vom 30.7.2014 die Terminsgebühr im Versorgungsausgleichsverfahren nicht zu, wenn das Familiengericht ohne Durchführung eines Erörterungstermin entscheidet, da

---

[27] Gerold/Schmidt/*Müller-Rabe* Nr. 3104 VV Rn. 67.

[28] Gerold/Schmidt/*Müller-Rabe* Nr. 3104 VV Rn. 68 bei dem erst recht für Vergleiche mit Gerichtsbeschluss die Terminsgebühr in voller Höhe zugesprochen wird (vgl. dort Rn. 69); ebenso Hansens/Braun/*Schneider*, Praxis des Vergütungsrechts, Teil 7 Rn. 349.

[29] Vgl. hierzu Hansens/Braun/*Schneider* Teil 7 Rn. 351, sowie Zöller/*Greger* § 278 Rn. 27. Schriftliche Einigung dürfte ebenfalls ausreichend sein im Hinblick auf die Vorschriften in Nr. 1000 f. VV, der anders lautende Wortlaut scheint mehr ein Redaktionsversehen zu sein; sa Schneider/Wolf/*Onderka*/*N. Schneider*/*Wahlen* Nr. 3104 VV Rn. 76 ff.

[30] So noch in Vorauflage: Gebauer/Schneider/*Gebauer*/*Wahlen* Nr. 3104 VV Rn. 31; ebenso *Mock* AGS 2003, 397 (398); anders nunmehr Schneider/Wolf/*Onderka*/*N. Schneider*/*Wahlen* Nr. 3104 VV Rn. 77; ebenso Gerold/Schmidt/*Müller-Rabe* Nr. 3104 VV Rn. 69 *Enders* JurBüro 2005,561 (563); *Volpert* RVGprofessionell 2004, 48 (49); sa OLG Düsseldorf AGS 2008, 589 unter Aufgabe der bisherigen Rechtsprechung.

[31] OLG Nürnberg AnwBl. 2005, 222; siehe hierzu aber abgrenzend: OLG Nürnberg RVGreport 2005, 312 sowie LG Bonn AGS 2005, 288.

[32] *Henke* AnwBl. 2005, 222 f. (223); *N. Schneider* AGS 2005, 291 (292); *Schons* AGS 2005, 145; vgl. auch den Praxishinweis in RVG-Letter 2005, 32; BGH AGS 2005, 540 ff.; s. auch KG AGS 2005, 543.

[33] BGH AGS 2005, 540 ff.

§ 221 Abs. 1 FamFG eine mündliche Verhandlung nicht vorschreibe. Durch das 2. KostRMoG habe sich hieran auch nichts geändert.[34] Es ist mit Schneider zu bedauern, dass das OLG Nürnberg zur Klärung einer interessanten Rechtsfrage die Rechtsbeschwerde nicht gelassen hat. Andere Obergerichte insbesondere das OLG München sind in derartigen Dingen weitaus mutiger und haben zur Rechtsfortbildung – dann mit Hilfe des BGH – beigetragen.

2. Gerichtsbescheid in verwaltungs- und sozialgerichtlichen Verfahren (Anm. Abs. 1 Nr. 2)

Bis zum 30.07.2013 war vorgesehen, dass dem Rechtsanwalt eine volle Termins- 33
gebühr auch zugesprochen wird, wenn ohne mündliche Verhandlung Entscheidungen nach § 84 Abs. 1 S. 1 VwGO oder nach § 105 Abs. 1 SGG ergehen.[35] Diese Regelung hob sich deutlich von der Verfahrensweise in **Zivilrechtsstreitigkeiten** ab. Entscheidet dort das Berufungsgericht durch einstimmigen Beschluss – ohne Durchführung eines Termins – dass die Berufung als unbegründet zurückzuweisen ist (vgl. § 522 ZPO) so erhält der Berufungsanwalt keine Terminsgebühr.[36] Sinn und Zweck dieser **Ungleichbehandlung** waren nicht erkennbar, was den Gesetzgeber möglicherweise veranlasst hat, zur weiteren Voraussetzung einer Terminsgebühr bei Gerichtsentscheidungen zu machen, dass eine mündliche Verhandlung **beantragt** werden kann. Durch die Neuregelung wird der Geltungsbereich der Terminsgebühr eingeschränkt, bzw. auf jene Fälle beschränkt, in denen der Anwalt durch sein Prozessverhalten eine mündliche Verhandlung erzwingen kann (siehe insoweit auch die Änderungen zur Anm. Abs. 1 Nr. 2 zu Nr. 3106, Anm. Abs. 1 und 2 zu Nr. 3202; Nr. 3210 VV).

Bei Gerichtsbescheiden führt dies dazu, dass die Terminsgebühr nur noch verdient 34
werden kann, wenn kein Rechtsmittel gegeben ist, also bei Entscheidungen des VG oder des SG, die nicht kraft Gesetzes berufungsfähig sind und bei denen die Berufung auch nicht zugelassen worden ist (§ 84 Abs. 1 VwGO, § 105 Abs. 2 S. 2 SGG).[37]

Nur bei solchen Gerichtsbescheiden besteht die Möglichkeit innerhalb von einem 35
Monat eine mündliche Verhandlung zu beantragen, was dort auch weiterhin den Verdienst einer Terminsgebühr ermöglicht, wenn das VG oder SG durch Gerichtsbescheid entscheidet, ohne dass ein Termin stattgefunden hat. Demgegenüber wird man bei rechtsmittelfähigen Gerichtsbescheiden demnächst keine fiktive Terminsgebühr mehr in Rechnung stellen können.

Anders verhält es sich, wenn lediglich die Möglichkeit besteht, gegen die Nichtzu- 36
lassung der Berufung Beschwerde einzulegen. Die Möglichkeit einer Nichtzulassungsbeschwerde steht nämlich dem Antrag auf mündliche Verhandlung keineswegs entgegen.[38]

Die Neuregelung wirft neue Probleme auf. So ist – wie *Schneider/Thiel* zutreffend 37
feststellen – unklar, ob der Gerichtsbescheid rechtskräftig werden muss oder ob die Terminsgebühr auch dann anfällt, wenn Antrag auf mündliche Verhandlung gestellt wird, es aber zu deren Durchführung nicht kommt. Die Rechtsprechung wird sich

---

[34] Vgl. OLG Nürnberg AGS 2014, 454 ff. m. durchaus kritischer Anm. Schneider; ebenso restriktiv OLG Köln, AGS 2015, 67 sowie OLG Karlsruhe AGS 2015, 69; großzügig hinsichtlich der Entstehung einer Einigungsgebühr OLG Oldenburg AGS 2015, 69 f.
[35] HK-RVG/*Mayer* Nr. 3104 VV Rn. 32 ff.
[36] Vgl. Schneider/Wolf/*N. Schneider/Wahlen* Nr. 3202 VV Rn. 10, wo aber zutreffend differenzierend darauf abgestellt wird, ob eine Terminsgebühr nicht durch Besprechungen nach Vorb. 3 Abs. 3 VV angefallen ist – im Gegensatz zur falschen und nicht mehr vertretbaren Rechtsprechung BGH AGS 2007, 397 = NJW 2007, 2644.
[37] *Schneider/Thiel* S. 203; siehe jetzt auch OVG Münster AGS 2014, 123.
[38] *Mayer-Ladewig/Keller/Leitherer* SGG, 10. Aufl. 2012, S. 105 Rn. 16.

also demnächst mit der Frage zu beschäftigen haben, ob ein Gerichtsbescheid in Folge des Antrages auf mündliche Verhandlung als nicht ergangen gilt (dann keine Terminsgebühr) oder ob man auch nach einem Antrag auf mündliche Verhandlung zu berücksichtigen hat, dass der Gerichtsbescheid jedenfalls erst einmal ergangen ist (dann Anfall einer Terminsgebühr)[39]

38 Im Übrigen erhält der Rechtsanwalt bei ähnlichen Fallkonstellationen – ohne dass Gründe hierfür ersichtlich werden – nach dem Willen des Gesetzgebers keine Terminsgebühr (vgl. die bereits erwähnten Regelungen in § 522 ZPO und § 93a Abs. 2 S. 1 VwGO [Musterverfahren]). Durch die Einführung des RVG wurde dem Rechtsanwalt sogar die nach § 116 Abs. 2 BRAGO noch zu verdienende halbe Verhandlungsgebühr für die Fälle genommen, in denen das Landessozialgericht nach § 153 Abs. 4 Satz 1 SGG entscheidet. Nunmehr erhält der Rechtsanwalt die (allerdings volle) Terminsgebühr, wenn ein Gerichtsbescheid nach § 105 Abs. 1 SGG erlassen wird[40] (und eine mündliche Verhandlung beantragt werden kann).

3. Anerkenntnis vor dem Sozialgericht (Anm. Abs. 1 Nr. 3)

39 Wird das Sozialgerichtsverfahren durch ein Anerkenntnis erledigt (§ 101 Abs. 2 SGG), so erhält der Rechtsanwalt die volle Terminsgebühr. Inwieweit hier eine Verbesserung zur BRAGO-Regelung eingetreten ist, hängt davon ab, wie eine derartige Erledigung innerhalb des Betragsrahmens von § 116 Abs. 1 BRAGO seinerzeit gewichtet wurde. Hier nimmt der Gesetzgeber eine Klarstellung vor, um einen Meinungsstreit zu beenden. Schon bis zum 30.7.2013 hatte die Rechtsprechung die fiktive Terminsgebühr davon abhängig gemacht, dass eine mündliche Verhandlung vorgeschrieben sein muss.[41] Diese Rechtsprechung wird durch die Neuregelung nunmehr bestätigt und hat besondere Bedeutung für Verfahren des einstweiligen Rechtsschutzes, da hier eine mündliche Verhandlung eben nicht vorgeschrieben ist, was schon in der Vergangenheit dazu führte, dass eine Terminsgebühr weitestgehend abgelehnt wurde.[42]

40 Grundsätzlich ist es zu begrüßen, dass die Klarstellung den Meinungsstreit beendet.[43]

41 Eine Erledigung des Rechtsstreites tritt im Übrigen aber nur ein, wenn der Kläger das Anerkenntnis auch annimmt.[44]

42 Nach der Rechtsprechung steht es dem Anfall der Terminsgebühr nicht entgegen, dass die Annahmeerklärung mit keinem besonderen Aufwand verbunden ist. Schließlich entsteht eine Terminsgebühr nach Anm. Abs. 1 Nr. 3 auch dann, wenn ein Verfahren des einstweiligen Rechtsschutzes nach § 86b SGG durch Anerkenntnis endet.

43 Zu Recht tritt *Onderka/N. Schneider/Wahlen* der Gegenmeinung des Sozialgerichts Reutlingen (Beschl. v. 12.9.2007 – S 2 AS 3109/07 – entgegen, da auch in Verfahren des einstweiligen Rechtsschutzes die Durchführung eines Termins möglich ist, wenngleich dort zumindest regelmäßig keine Terminierung stattfindet. Gemäß § 124 Abs. 3 SGG ist auch im Beschlussverfahren eine mündliche Verhandlung möglich; dies liegt ganz im Ermessen des Gerichts[45] (→ Nr. 3106 VV Rn. 24).

---

[39] Vgl. auch hier *Schneider/Thiel* S. 204 f. mit Beispielsfällen; sa hier OVG Münster AGS 2014, 123 m. ablehnender Anm. *Schneider*.

[40] Vgl. hierzu Schneider/Wolf/*Onderka/N. Schneider/Wahlen* Nr. 3104 VV Rn 62; HK-RVG/*Mayer* Nr. 3104 Rn. 35.

[41] LGS Schleswig-Holstein AGS 2010, 23.

[42] Nachweise bei *Schneider/Thiel* S. 207; anders noch LSG NRW AGS 2007, 508 sowie LSG NRW AGS 2009, 578.

[43] Vgl. die Kommentierung in der Vorauflage Rn. 33 f.

[44] HK-RVG/*Mayer* Nr. 3104 VV Rn. 43.

[45] Vgl. Schneider/Wolf/*Onderka/N. Schneider/Wahlen* Nr. 3104 VV Rn. 87; für das Zivilverfahren sa: OLG Zweibrücken AGS 2015, 16 im Gegensatz zu OLG München AGS 2005, 486.

III. Anrechnung der Terminsgebühr (Anm. Abs. 2)

Die in Abs. 2 der Anm. zu Nr. 3104 VV enthaltene Regelung entspricht der Verfahrensweise bei der Differenzverfahrensgebühr nach Nr. 3101 VV (vgl. dort Anm. Abs. 1). Auch hier will man vermeiden, dass der Rechtsanwalt aufgrund ein- und derselben Tätigkeit Gebühren doppelt verdienen kann. 44

Abs. 2 der Anm. kommt weiterhin die Bedeutung einer **Klarstellung** zu, in dem dort nochmals indiziert wird, dass die Einbeziehung von nicht rechtshängigen Ansprüchen in die Verhandlungen über eine Einigung nicht nur Einfluss auf eine Erhöhung der Verfahrensgebühr (Differenzgebühr) und im Falle des Erfolges auf eine Erhöhung der Einigungsgebühr hat, sondern auch zu einer Anhebung der Terminsgebühr führt. Aufgrund des eindeutigen Wortlautes kommt es hier also nicht einmal darauf an, ob für die nicht rechtshängigen Ansprüche ein Prozessauftrag (und sei es auch nur konkludent) vorliegt oder ob der Auftrag darauf beschränkt ist, über derartige Ansprüche mitzuverhandeln.[46] Die Formulierung „soweit" ist also nicht mit „sofern" zu interpretieren, sondern **beschränkt** lediglich **die Höhe** des Anrechnungsbetrages. 45

Die Terminsgebühr bestimmt sich nach dem **Additionsbetrag** der Werte aus den rechtshängigen und nicht rechtshängigen Gegenständen.[47] Die Anrechnung ist dann in der Weise vorzunehmen, dass nur der Betrag zur Anrechnung gelangt, der den sich ohne Berücksichtigung der nicht rechtshängigen Ansprüche ergebenen Gebührenbetrag übersteigt. 46

Beispiel:

Wurden über rechtshängige Ansprüche im Werte von 10.000 EUR und über nicht rechtshängige Ansprüche in Werte von weiteren 10.000 EUR mit dem Ziel einer Einigung verhandelt, ergibt sich die Terminsgebühr von 1,2 aus 20.000 EUR Gesamtstreitwert.

Der Anrechnungsbetrag ist wie folgt zu ermitteln:
Gegenstandswert: 20.000 EUR

Terminsgebühr § 13, Nr. 3104 VV	1,2	890,40 EUR
– Terminsgebühr § 13, Nr. 3104 VV aus 10.000 EUR	1,2	669,60 EUR
Differenz		**230,80 EUR**

Der so ermittelte Anrechnungsbetrag iHv 230,80 EUR ist dann auf die Terminsgebühr anzurechnen, die wegen desselben Gegenstandes in einer anderen Angelegenheit entsteht.[48] 47

In der ursprünglichen Fassung war statt von einer „anderen Angelegenheit" noch von einem „anderen Verfahren" die Rede, was zur Folge gehabt hätte, dass eine Anrechnung nur dann in Betracht gekommen wäre, wenn es im zweiten Fall auch tatsächlich zu einem Gerichtsverfahren gekommen wäre. Tatsächlich sollte nach dem Willen des Gesetzgebers die Anrechnung aber auf **jede weitere Terminsgebühr** vorgenommen werden, also auch auf eine solche, die nach richtiger Interpretation 48

---

[46] So aber differenzierend *Mayer* RVG-Letter 2005, 15 f., 17; vgl. aber LG Regensburg JurBüro 2005, 647 f.; wie hier *N. Schneider* AGS 2005, 256.
[47] OLG Karlsruhe AGS 2011, 165 f.; OLG Naumburg AGS 2010, 564 f.; OLG München AGS 2006, 417 mAnm *Schons*; OLG Stuttgart AGS 2006, 592 mAnm *Schons*; OLG Koblenz AGS 2006, 349; OLG Hamm AGS 2007, 399; die Rechtsfrage liegt dem BGH zur Entscheidung vor, ist aber noch nicht abschließend beschieden; so wie hier: Schneider/Wolf/Onderka/*N. Schneider*/Wahlen Nr. 3104 VV Rn. 89.
[48] S. hierzu weitere Berechnungsbeispiele bei *N. Schneider* RVGprofessionell 2005, 55 ff.

von → Vorb. 3 Abs. 3 VV auch schon dann entsteht, wenn noch keine Rechtshängigkeit gegeben ist.[49]

49 Damit kann dann gleichzeitig aber festgestellt werden, dass bei der „zweiten Angelegenheit" zumindest ein **Prozessauftrag** vorgelegen haben oder noch erfolgen muss, da anderenfalls im Zweitverfahren der Anfall einer Terminsgebühr nicht denkbar ist.[50] Keine Notwendigkeit besteht also, sich die Terminsgebühr auch nur anteilig auf eine Geschäftsgebühr nach Nr. 2300 VV anzurechnen zu lassen, die durch eine vorangegangene oder parallel laufende außergerichtliche Tätigkeit entstanden ist, die jene Ansprüche zum Gegenstand hat, die im gerichtlichen Verfahren – obgleich nicht rechtshängig – mit verglichen werden sollten.

Beispiel:

Klagt ein Rechtsanwalt für einen Handelsvertreter in einem laufenden Gerichtsverfahren rückständige Provisionsansprüche ein und vergleicht er im Termin den ohne Prozessauftrag außergerichtlich bereits geltend gemachten Ausgleichsanspruch nach Erörterung mit, so verdient er – ua – die volle Terminsgebühr von 1,2, ohne sich den Erhöhungsbetrag auf die Geschäftsgebühr von Nr. 2300 VV anrechnen lassen zu müssen (die er möglicherweise zu Recht mit 2,5 bereits in Rechnung gestellt und verdient hat).

50 Rechnerisch und wirtschaftlich würde sich an diesem Ergebnis auch dann nichts ändern, wenn man mit *Mayer* für den erhöhten Anfall einer Terminsgebühr bei der Fallgestaltung nach Nr. 3104 Abs. 2 VV einen Prozessauftrag fordert, der dann ja erst im Gerichtstermin oder kurz vorher erteilt worden wäre.[51] In diesem Fall wäre durch die möglicherweise vorangegangenen außergerichtlichen Besprechungen noch gar keine Terminsgebühr verdient, sondern lediglich eine entsprechend hohe Geschäftsgebühr nach Nr. 2300 VV. Eine weitere Terminsgebühr kann nicht mehr entstehen, weil die Differenzen zwischen den Parteien durch den umfassenden Vergleich insgesamt ihre Erledigung gefunden haben.

51 Nach offenbar einhelliger Ansicht soll es bei der Anm. Abs. 2 zur Terminsgebühr trotz der gleichlautenden Formulierung wie bei der Verfahrensgebühr („entsteht") nicht darauf ankommen, ob eine zweite Terminsgebühr bereits entstanden ist oder – noch – entsteht.[52]

52 Stets ist immer zu beachten, dass die durch Einigungsbemühungen verdiente Terminsgebühr stets nur in dem Verfahren anfällt, indem die Einigungsgespräche geführt werden, nicht hingegen in dem Verfahren, dessen Anspruch einbezogen werden soll.[53]

IV. Reiner Protokollierungstermin (Anm. Abs. 3)

53 Keine Terminsgebühr soll dem Rechtsanwalt zustehen, wenn sich seine Tätigkeit darauf beschränkt, eine Einigung der Parteien oder mit Dritten über nicht rechtshängige Ansprüche lediglich zu Protokoll nehmen zu lassen.

54 Große Bedeutung wird man dieser Regelung nicht beimessen können, da nach richtiger Ansicht ein entsprechender Antrag auf Protokollierung hinsichtlich der

---

[49] HK-RVG/*Mayer* Nr. 3104 VV Rn. 50 unter Hinweis auf BT-Drs. 15/2487, 140; ebenso Schneider/Wolf/*Onderka/N. Schneider/Wahlen* Nr. 3104 VV Rn. 92; Hartung/Römermann/Schons/*Schons* Nr. 3104 VV Rn. 31.

[50] Hartung/Römermann/Schons/*Schons* Nr. 3104 VV Rn. 32.

[51] HK-RVG/*Mayer* Nr. 3104 VV Rn. 42.

[52] *Schneider/Mock,* Das neue Gebührenrecht für Anwälte, § 14 Rn. 79, die ihre anders lautende Auffassung auf die Differenzverfahrensgebühr beschränken; siehe hierzu auch HK-RVG/*Mayer* Nr. 3104 VV Rn. 43.

[53] Gerold/Schmidt/*Müller-Rabe* VV 3104 Rn. 98 unter Hinweis auf BAG NJW 2014, 1837.

rechtshängigen Ansprüche die volle Terminsgebühr (Umkehrschluss) auslöst und es kaum denkbar ist, dass hinsichtlich nicht anhängiger Ansprüche keine Unterredungen der Rechtsanwälte vorangegangen sind, die dann bereits nach Vorb. 3 Abs. 3 VV den Anfall der Terminsgebühr ausgelöst haben. Eine Anwendung von Abs. 3 kommt also praktisch nur in dem in der Praxis **kaum vorstellbaren Fall** in Betracht, dass Rechtsanwälte spontan und unvermittelt vorher nicht abgestimmte Einigungsmodalitäten zur Protokoll geben oder ohne Diskussion einem Einigungsvorschlag des Gerichts zustimmen, der sich auch auf nicht rechtshängige Ansprüche bezieht, wobei dann natürlich die Frage im Raum bliebe, woher das Gericht – ohne Erörterung – von der Existenz solcher nicht anhängiger Ansprüche wissen sollte.[54]

Zu Recht wird schließlich darauf hingewiesen, dass nach dem Wortlaut des Gesetzes beide Voraussetzungen kumulativ vorliegen müssen um das Anfallen einer Terminsgebühr zu verhindern. Dies bedeutet, dass eine volle Terminsgebühr selbst dann anfällt, wenn nur eine Einigung zu Protokoll genommen werden soll, die **anderweitig** bereits rechtshängig sind.[55] 55

Sind die Ansprüche hingegen nicht anderweitig rechtshängig und wird über sie im Rahmen eines sog. Mehrvergleichs verhandelt, fällt die Terminsgebühr wiederum aus dem Gegenstandswert sowohl der rechtshängigen als auch der nicht rechtshängigen Ansprüche an.[56] 56

Was die Berücksichtigung der Mehrkosten eines Mehrvergleiches angeht, so wird auch an dieser Stelle die Empfehlung ausgesprochen, auch die Kostentragungspflicht in den Vergleich mit aufzunehmen und entsprechende Vorkehrungen zu treffen.[57] 57

Ausreichend dürfte es sein, wenn die Kosten des Mehrvergleiches in die Kostenregelung wie folgt eingeführt werden: 58

Die Kosten des Rechtsstreits **und** des Vergleiches **einschließlich des Mehrvergleiches** tragen zu 1/3 der Kläger und 2/3 der Beklagte.

V. Anrechnung der Terminsgebühr aus vorangegangenem Mahnverfahren oder vereinfachten Verfahren über den Unterhalt Minderjähriger (Anm. Abs. 4)

Mit dem Gesetz über die Rechtsbehelfe bei Verletzung des Anspruches auf rechtliches Gehör,[58] das zum 1.1.2005 in Kraft trat, wurde die Vorb. 3.3.2 VV RVG für das Mahnverfahren eingeführt mit dem erklärten Ziel, dem Anwalt auch im Mahnverfahren nach entsprechender Auftragserteilung den Anfall einer Terminsgebühr zukommen zu lassen, wenn er durch Besprechungen auf die Vermeidung oder die Erledigung des Verfahrens hinwirkt. Bis zu dieser Gesetzesänderung konnte eine Terminsgebühr im Mahnverfahren nach allgemeiner Meinung nicht entstehen. 59

Die Gesetzesänderung hatte weiterhin zur Folge, dass die Terminsgebühr in Bezug auf eine streitige Forderung durchaus **zwei Mal** verdient werden konnte, da gemäß § 17 Nr. 2 RVG das Mahnverfahren und das streitige Verfahren als **verschiedene Angelegenheiten** zu behandeln sind.[59] 60

---

[54] So wie hier Hartung/Römermann/Schons/*Schons* Nr. 3104 VV Rn. 36 aE; vgl. auch Bischof/*Bischof* Nr. 3104 VV Rn. 109 ff.

[55] Schneider/Wolf/Onderka/*N. Schneider/Wahlen* Nr. 3104 VV Rn. 93.

[56] OLG Hamm AGS 2007, 399; OLG Stuttgart AGS 2006, 592; OLG Koblenz AGS 2006, 349.

[57] Vgl. hierzu sehr eingehend: Bischof/*Bischof* Nr. 3101 VV Rn. 113 unter Hinweis auf OLG Koblenz AGS 2007, 367; vgl. auch OLG München AGS 2006, 402; OLG Brandenburg MDR 2006, 1017; OLG Köln MDR 2001, 653; siehe jetzt auch OLG Frankfurt a.M. AGS 2012, 44 f.

[58] BT-Drs. 15/3706.

[59] Vgl. hierzu *Hansens* RVGreport 2005, 87; *Enders* JurBüro 2005, 225–231.

Nr. 3104 VV

61 Eine Anrechnung der Terminsgebühr kam nicht in Betracht, da üblicherweise nur Geschäfts- und Verfahrensgebühren (Betriebsgebühren) mit Anrechnungsregeln versehen sind.

62 Dies hat dem Gesetzgeber offensichtlich keine Ruhe gelassen und gewissermaßen dem Motto der Finanzgesetzgebung folgend (mit einer Hand gibt man, mit der anderen nimmt man) wurde mit dem zweiten Justizmodernisierungsgesetz zum 1.1.2007 die bisher fehlende und von niemandem vermisste Anrechnungsregelung eingeführt.[60]

63 Der Rechtsanwalt, der sich jetzt im Mahnverfahren oder vereinfachten Verfahren auf Festsetzung des Minderjährigenunterhalts bemüht, die Sache durch Besprechung zu erledigen (→ Teil 3 Vorb. 3 Abs. 3 VV RVG) geht also plötzlich leer aus, wenn es nicht zu einer Einigung kommt. Es sind also nicht immer nur Gerichte, die den ursprünglichen sinnvollen Vergütungsanreiz des Gesetzgebers torpedieren, sondern manchmal fällt sich der Gesetzgeber gewissermaßen selbst in den Rücken.[61]

64 Immerhin hat es der Gesetzgeber – bislang (?) – dabei belassen, eine Terminsgebühr nur im Mahnverfahren und im vereinfachten Verfahren auf Festsetzung Unterhalt Minderjähriger zur Anrechnung gelangen zu lassen. Nach wie vor hat – mangels gesetzlicher Regelung – eine Anrechnung der Terminsgebühr zu unterbleiben, wenn sie doppelt anfällt, etwa im selbständigen Beweisverfahren und Hauptsacheverfahren, im Urkunden- und Nachverfahren und Verfahren vor und nach Zurückverweisung, im Verfahren nach § 165 FamFG und im nachfolgenden Umgangsrechtsverfahren sowie in Verfahren über eine Nichtzulassungsbeschwerde und im nachfolgenden Rechtsmittelverfahren.

65 Ferner beschränkt sich die Anrechnungsnotwendigkeit auf das **nachfolgende Streitverfahren,** so dass keine Anrechnung stattfindet, wenn im Mahnverfahren ein Vollstreckungsbescheid ergeht und später eine Vollstreckungsgegenklage eingereicht wird oder wenn nach Festsetzung des Unterhaltes gemäß § 240 FamFG eine Abänderungsklage erhoben wird.[62]

66 In der kritischen Kommentierung zu Abs. 4 ist noch auf das Sonderproblem hinzuweisen, das entsteht, wenn nicht genau darauf geachtet wird, wie mit der mehrfach anfallenden Terminsgebühr umzugehen ist (→ Rn. 59).

67 Jedenfalls kann die Terminsgebühr, wenn sie denn durch außergerichtliche Besprechungen (vgl. Teil 3 Vorb. 3 Abs. 3 VV RVG) angefallen ist, als „weitere Kosten" in den Vollstreckungsbescheid mit aufgenommen werden.[63]

68 In diesem Fall muss – auch unter Berücksichtigung des neuen § 15a RVG nicht nur die Anrechnung nach Anm. zu Nr. 3305 VV RVG im Festsetzungsverfahren des nachfolgenden streitigen Verfahrens nach Einspruch beachtet werden, sondern auch die Anrechnung nach Anm. Abs. 4 VV RVG zu Nr. 3104 VV RVG. Wird dies versäumt, ergeht eine rechtskräftige Entscheidung, die auch mit der Vollstr**eckungsgegenklage nicht mehr angreifbar sein dürfte.**[64]

69 Stets ist natürlich auf die Einhaltung des Grundsatzes zu achten, dass die Anrechnung nur erfolgt, wenn die Gegenstandswerte identisch sind. Anzurechnen ist also

---

[60] 2. JuMoG – dort Art. 20 – BGBl. I 3416 – in Kraft getreten bereits am 31.12.2006.

[61] Ebenso kritisch wie hier zu Recht: Schneider/Wolf/*Onderka*/N. *Schneider/Wahlen* Nr. 3104 VV Rn. 94; Völlig unkritisch hingegen: HK-RVG/*Mayer* Nr. 3104 VV Rn. 55, 56; und praktisch ohne Kommentierung Gerold/Schmidt/*Müller-Rabe* Nr. 3305–3308 Rn. 77, Nr. 3104 VV Rn. 129; bei *Bischof* fehlt auch in der 5. Auflage jegliche Kommentierung.

[62] Vgl. auch hier Schneider/Wolf/*Onderka*/N. *Schneider/Wahlen* Nr. 3104 VV Rn. 97.

[63] LG Bonn AGS 2007, 265 = RVGreport 2007, 231; vgl. zur Einigungsgebühr auch: KG AGS 2006, 65 = RVGreport 2005, 383.

[64] Vgl. zu dieser „Regressfalle": Schneider/Wolf/*Onderka*/N. *Schneider/Wahlen* Nr. 3104 VV Rn. 106.

Abschnitt 1. Erster Rechtszug **Nr. 3105 VV**

stets nur aus dem Gegenstandswert, der vom Mahnverfahren in das streitige Verfahren übergegangen ist.[65]

Nr. 3105 VV

Nr.	Gebührentatbestand	Gebühr oder Satz der Gebühr nach § 13
3105	Wahrnehmung nur eines Termins, in dem eine Partei oder ein Beteiligter nicht erschienen oder nicht ordnungsgemäß vertreten ist und lediglich ein Antrag auf Versäumnisurteil, Versäumnisentscheidung oder zur Prozess-, Verfahrens- oder Sachleitung gestellt wird: Die Gebühr 3104 beträgt .... (1) Die Gebühr entsteht auch, wenn das Gericht bei Säumnis lediglich Entscheidungen zur Prozess-Verfahrens- oder Sachleitung von Amts wegen trifft oder eine Entscheidung gemäß § 331 Abs. 3 ZPO ergeht. (2) § 333 ZPO ist nicht entsprechend anzuwenden.	0,5

Übersicht

Rn.

I. Überblick 1
II. Entstehungstatbestand gemäß der Anm. Abs. 1 Nr. 1 15
III. Entstehungstatbestand gemäß der Anm. Abs. 1 Nr. 2 21
   1. Schriftliches Versäumnisurteil nach § 331 Abs. 3 ZPO (Anm. Abs. 1 Nr. 2) 21
   2. Verweisung auf Anm. Abs. 2 zu Nr. 3104 VV (Anm. Abs. 2 aF) . 27
IV. Nichtanwendbarkeit von § 333 ZPO (Anm. Abs. 2) 29
V. Hinweis für das Kostenfestsetzungs- bzw. Kostenausgleichsverfahren 30
VI. Spannungsverhältnis Kostenerstattung – Mehrkosten 33

I. Überblick

Der Gesetzesentwurf der sogenannten Expertenkommission zum RVG sah vor, 1
dass bei der Terminsgebühr zwischen streitiger und nicht streitiger Verhandlung in keiner Weise mehr unterschieden werden sollte. Dies war einer der **Eckpfeiler** des Expertenentwurfes, mit dem ua der Wegfall der Beweisgebühr maßgeblich kompensiert werden sollte. In dieser Stringenz hat sich dies nicht durchsetzen lassen.

Die Vorschrift von Nr. 3105 VV sieht vor, dass unter bestimmten Voraussetzungen 2
sich die **Terminsgebühr** auf 0,5 **reduziert**, wenn lediglich Anträge auf Erlass eines Versäumnisurteils oder zur Prozess- und Sachleitung gestellt werden. Mit Nr. 3105 VV wird damit der Gedanke von § 33 Abs. 1 Satz. 1 BRAGO übernommen, wonach dem Rechtsanwalt eine geringere Gebühr zukommen soll, wenn sich auch seine Tätigkeit im Termin als geringer einstufen lässt.

Eine genauere Betrachtung der Vorschrift belegt aber, dass der Anfall einer redu- 3
zierten Gebühr nur auf relativ **wenige Fallkonstellationen** beschränkt ist, Nr. 3105 VV nämlich deutlich differenzierter als § 33 BRAGO auf die **tatsächliche**

---

[65] Vgl. insoweit zur Verfahrensgebühr OLG München AGS 2013, 512 f. mit Berechnungsbeispielen von *Schneider*.

Nr. 3105 VV

Prozesssituation eingeht, indem sie in letzter Konsequenz auf das Erscheinen der Partei oder deren ordnungsgemäßer Vertretung abstellt und nicht mehr auf die Unterscheidung zwischen streitiger und nicht streitiger Verhandlung.[1]

4   Die Terminsgebühr reduziert sich gemäß Nr. 3105 VV nur dann, wenn der Rechtsanwalt in einem Termin auftritt, in dem die Gegenpartei nicht erschienen oder nicht ordnungsgemäß vertreten ist und von ihm lediglich ein Antrag auf Versäumnisurteil oder zur Prozess- und Sachleitung gestellt wird.

5   Erscheint die Gegenpartei vor dem Amtsgericht oder ist sie im Anwaltsprozess ordnungsgemäß durch das Erscheinen ihres Rechtsanwalts vertreten, so entsteht die **volle Terminsgebühr** nach Nr. 3104 VV auch dann, wenn es letztendlich zu einer Entscheidung durch Versäumnisurteil kommt. In den Gesetzesmaterialien wird klar zum Ausdruck gebracht, dass bei gleichzeitiger Anwesenheit bzw. Vertretung beider Parteien eine Reduzierung nach Nr. 3105 VV nicht in Betracht komme, weil in einer solchen Prozesssituation in der Regel ein Mehr an Tätigkeit durch den Rechtsanwalt erfolge.[2]

6   Der Gesetzgeber unterstellt – sicherlich zu Recht – dass ein **Aufeinandertreffen beider Parteien** oder von beiden Rechtsanwälten nicht stattfindet, ohne dass ein Mehr geschieht als die reine Antragstellung auf Erlass eines Versäumnisurteils. Ob tatsächlich eine Erörterung iSd alten Rechts stattfindet oder nicht, kann dahingestellt bleiben, da das RVG den Begriff der Erörterung nicht mehr kennt. Dementsprechend bestimmt Abs. 3 der Anm. zu Nr. 3105 VV, dass § 333 ZPO nicht zur Anwendung gelangt, also jene Prozessvorschrift, nach der eine Partei auch dann als nicht erschienen anzusehen ist, wenn sie trotz Erscheinens nicht verhandelt. Damit ist die reduzierte Terminsgebühr auf die Fälle beschränkt, bei denen vor dem Amtsgericht die gegnerische Partei oder ein bevollmächtigter Rechtsanwalt überhaupt nicht erscheint oder im Anwaltsprozess niemand erscheint, bzw. die Partei nicht ordnungsgemäß durch einen Rechtsanwalt vertreten ist.

7   Der Reduzierungstatbestand von Nr. 3105 VV setzt ferner voraus, dass sich die Tätigkeit des Rechtsanwalts darauf beschränkt, den **Antrag auf Erlass eines Versäumnisurteils, Versäumnisentscheidung oder Anträge zur Prozess- oder Sachleitung** zu formulieren. Soweit in dem Gesetzestext der Begriff „Versäumnisentscheidung" mit aufgenommen wurde, hängt dies mit dem Gesetz zur Reform des Verfahrens in Familiensachen und Angelegenheiten der freiwilligen Gerichtsbarkeit zusammen; auch die Aufnahme des Begriffes „Beteiligter" dient dazu, den neuen Begrifflichkeiten des FamFG Rechnung zu tragen.[3]

8   Wird trotz Säumnis der Gegenpartei vor der Stellung entsprechender Anträge in die Sach- und Rechtslage eingestiegen, findet also eine **Erörterung** mit dem Gericht statt, etwa weil zunächst Schlüssigkeitsprobleme zu beheben sind, so löst dies bereits die volle Terminsgebühr nach Nr. 3104 VV aus.[4] Aus diesem Grunde dürfte in den meisten Fällen auch die Streitfrage offen gelassen werden können, ob auch der Erlass eines so genannten **unechten** (klageabweisenden) **Versäumnisurteils** wiederum nur eine reduzierte Gebühr oder die volle Gebühr nach Nr. 3104 auslöst.[5] Es erscheint eher unwahrscheinlich, dass ein Gericht auf den Antrag des Klägervertreters, ein Versäumnisurteil gegen den Beklagten zu erlassen, das klageab-

---

[1] HK-RVG/*Mayer* Nr. 3105 VV Rn. 1.
[2] BT-Drs. 15/1971, 265.
[3] Vgl. zunächst BT-Drs. 16/6308, 342 sowie HK-RVG/*Mayer* Nr. 3105 VV Rn. 2.
[4] OLG Naumburg AGS 2014, 388 f.; OLG Jena AGS 2015, 323 f. m. zustimmender Anm. *Schons*.
[5] Für den Anfall einer vollen Gebühr beim unechten Versäumnisurteil: Schneider/Wolf/*Onderka* Nr. 3105 VV Rn. 18 mit beachtlichen Gründen; **aA** Gerold/Schmidt/*Müller-Rabe* Nr. 3105 VV Rn. 26.

weisende unechte Versäumnisurteil verkündet, ohne Schlüssigkeitsprobleme zuvor diskutiert zu haben.[6]

Zu Recht wird allerdings darauf hingewiesen, dass sich die Beurteilung anders darstellt, wenn das unechte Versäumnisurteil **im schriftlichen Verfahren** erlassen wird. Hier ist eine vorherige Erörterung nicht denkbar und kann auch nicht durch eine schriftliche Stellungnahme des Klägers als Reaktion auf entsprechende Hinweise gleichgesetzt werden.[7]

Ebenso ist es überflüssig, der Frage nachzugehen, ob die reduzierte Terminsgebühr nicht nur den **Antrag** auf ein Versäumnisurteil, sondern auch den **Erlass** desselben voraussetzt.[8] Auch hier dürfte es in der Praxis wohl kaum vorkommen, dass trotz des Antrags auf Erlass eines Versäumnisurteils, ein solches unterbleibt, ohne dass die Sach- und Rechtslage und die Gründe für die Weigerung des Gerichts, ein Versäumnisurteil zu erlassen, besprochen worden wären. In all diesen Fällen wird also die volle Terminsgebühr nach Nr. 3104 VV zur Anwendung gelangen.

Schließlich wird die Höhe der Gebühr auch beim sog. Teilversäumnisurteil thematisiert. Obgleich im Gesetzestext **ersichtlich** nicht vorgesehen, soll bei Antrag auf Erlass eines Teilversäumnisurteils eine Reduzierung der Terminsgebühr – zumindest teilweise – vorgenommen werden. Erläutert wird diese Ansicht mit einer angeblichen „Ungenauigkeit des Gesetzgebers".[9]

Die Gegenansicht verweist zum einen auf die Situation bei der „Flucht in die Säumnis" und trägt auch im Übrigen dem „normalen" Verfahrensverlauf Rechnung.

Es ist praktisch kaum denkbar, dass es zum Erlass eines Teilversäumnisurteils und Klagerücknahme wegen eines Differenzbetrages kommt, wenn die Angelegenheit nicht zuvor zwischen Gericht und Rechtsanwalt **erörtert** wurde und zwar dann natürlich im Hinblick auf den Gesamtwert der eingereichten Klage. Bereits hierdurch ist dann aber die volle Terminsgebühr nach Nr. 3104 VV RVG entstanden, so dass es auf eine auch nur zum Teil reduzierte Terminsgebühr nach Nr. 3105 VV RVG überhaupt nicht ankommt.[10] Dies übersieht Onderka, wenn sie meint, es komme darauf an, ob zwei Anwälte oder zwei Parteien im Termin anwesend seien. Tatsächlich dürfte einer Klagerücknahme im Termin stets zumindest eine Erörterung mit dem Gericht vorausgehen, was nach diesseitiger Auffassung jedenfalls eine Reduzierung der Terminsgebühr ausschließt, weil auch dann mehr getan wird, als Nr. 3105 VV vorsieht.[11]

Geht man mit der oben dargestellten Praxiserfahrung davon aus, dass kaum ein Anwalt die Bedenken des Gerichts gegen einen Teil seiner Klage völlig unkommentiert lässt und unterstellt man demgemäß zutreffend, das sich die Diskussion – zumindest zunächst – auf den Gesamtwert der Forderung konzentrieren wird, so offenbart sich die Diskussion als Scheinproblem, denn ob nun beide Parteien erschienen sind oder nur die Klagende, nach der bereits zitierten Rechtsprechung des OLG Naumburg und Jena entsteht allein durch die Diskussion mit dem Gericht eine volle Terminsgebühr und dann natürlich auch aus dem vollen Wert.[12]

II. Entstehungstatbestand gemäß der Anm. Abs. 1 Nr. 1

Ist die gegnerische Partei nicht erschienen oder nicht ordnungsgemäß vertreten und verzichtet der erschienene Rechtsanwalt gleichwohl darauf, den Erlass eines

---

[6] So im Ergebnis dann allerdings auch wiederum: Gerold/Schmidt/*Müller-Rabe* Nr. 3105 VV Rn. 26 aE; ebenso Hartung/Römermann/Schons/*Schons* Nr. 3105 VV Rn. 8; sowie HK-RVG/*Mayer* Nr. 3105 VV Rn. 18.
[7] So völlig zu Recht: Schneider/Wolf/*Onderka* Nr. 3105 VV Rn. 17.
[8] Schneider/Wolf/*Onderka* Nr. 3105 VV Rn. 15, 16.
[9] Schneider/Wolf/*Onderka* Nr. 3105 VV Rn. 33 mit Beispielsfällen.
[10] Vgl. hierzu eingehend *Schons* AGS 2006, 225.
[11] **aA** Schneider/Wolf/*Onderka* Nr. 3105 VV Rn. 32.
[12] Vgl. hierzu erneut OLG Naumburg AGS 2014, 388 f.; OLG Jena AGS 2015, 323 f.

Nr. 3105 VV   Teil 3. Bürgerliche Rechtsstreitigkeiten

Versäumnisurteils zu beantragen, so tritt die Reduzierung ein, wenn er lediglich einen **Antrag zur Prozess- oder Sachleitung** stellt, worunter ua folgende Anträge zu verstehen sind:[13]
- Antrag auf Aussetzung des Verfahrens (§§ 246 f. ZPO);
- Antrag auf Vertagung (§ 227 ZPO);
- Antrag auf Ruhen des Verfahrens (§ 251 ZPO);
- Antrag auf Einsicht in beigezogene Akten bzw. Widerspruch hiergegen.

16   Aber auch dann, wenn der erschienene Rechtsanwalt solche Anträge selbst nicht stellt, sondern das Gericht von Amts wegen – ohne vorherige Erörterung mit dem Rechtsanwalt – eine Entscheidung zur Prozess- oder Sachlage trifft, fällt für diesen gemäß Anm. Abs. 1 Nr. 1 zumindest eine halbe Terminsgebühr nach Nr. 3105 VV an.[14]

17   Letztlich werden sich solche Fragen in der Praxis auch nicht stellen. Die Erfahrung zeigt, dass Gerichte derartige Maßnahmen – wenn sie denn beabsichtigt sind – mit dem erschienenen Rechtsanwalt auch besprechen oder diesen zumindest darauf hinweisen. Unter diesen Umständen kommt dann stets sogar wiederum die volle Terminsgebühr in Betracht.

18   Hingegen sind das Einverständnis mit der Klagerücknahme und die Klagerücknahme selbst keine Anträge **nur** zur Prozess- und Sachleitung und lösen demgemäß die volle Terminsgebühr nach Nr. 3104 VV RVG.[15]

19   Im eigenen Gebühreninteresse sollte der Anwalt stets darauf achten, dass sich der Verhandlungsverlauf aus dem Gerichtsprotokoll ergibt. Für die Aufnahme in das Protokoll ist zwar nicht Voraussetzung für das **Entstehen** der jeweiligen Terminsgebühr, erleichtert aber die Festsetzung.[16]

20   Schließlich ist zu beachten, dass ein Antrag auf Entscheidung nach Lage der Akten gemäß § 251 Abs. 1 ZPO **keine Entscheidung** zur Prozess- und Sachleitung ist, somit also auch die volle Terminsgebühr in Höhe von 1,2 auslöst.[17]

III. Entstehungstatbestand gemäß der Anm. Abs. 1 Nr. 2

1. Schriftliches Versäumnisurteil nach § 331 Abs. 3 ZPO (Anm. Abs. 1 Nr. 2)

21   Entsprechend dem alten § 35 BRAGO verdient der Rechtsanwalt auch dann eine reduzierte Terminsgebühr von 0,5 nach Nr. 3105 VV, wenn das Gericht gemäß § 331 Abs. 3 ZPO ohne mündliche Verhandlung ein Versäumnisurteil gegen den Beklagten erlässt, der entgegen § 276 Abs. 1 Satz 1 ZPO seine Verteidigungsabsicht nicht rechtzeitig angezeigt hat.

22   Umstritten ist, ob in diesem Fall der Klägervertreter die reduzierte Terminsgebühr auch dann verdient, wenn er den **Antrag** auf Erlass des Versäumnisurteils im schriftlichen Verfahren **noch nicht gestellt** hat. In Übereinstimmung mit einem Teil der Rechtsprechung vertrat *Müller-Rabe* die Auffassung, in diesem Fall sei auch keine reduzierte Terminsgebühr verdient, weil anders als beim Anerkenntnisurteil in § 331

---

[13] Schneider/Wolf/*Onderka* Nr. 3105 VV Rn. 25,26.
[14] Schneider/Wolf/*Onderka* Nr. 3105 VV Rn. 35.
[15] Ebenso Schneider/Wolf/*Onderka* Nr. 3105 VV Rn. 27 unter Hinweis auf OLG Koblenz JurBüro 1975, 1082.
[16] So wie hier: Schneider/Wolf/*Onderka* Nr. 3105 VV Rn. 29; so auch jetzt OLG Jena AGS 2015, 323 f. mAnm *Schons*.
[17] Siehe auch hier Schneider/Wolf/*Onderka* Nr. 3105 VV Rn. 36.

Abs. 3 ZPO der Antrag auf Erlass des Versäumnisurteils vorausgesetzt werde.[18] Die Gegenmeinung stellt demgegenüber auf die tatsächliche Handhabung durch das Gericht ab und weist zudem zutreffend daraufhin, dass es für Gebührenfragen nicht auf den Wortlaut des Prozessrechts sondern auf den Wortlaut der gebührenrechtlichen Vorschrift ankomme.[19]

Der Gesetzeswortlaut verlangt eindeutig nur eine **Entscheidung** gemäß § 331 Abs. 3 ZPO, nicht aber einen vorherigen Antrag des Rechtsanwalts. Umgekehrt erhält der Rechtsanwalt die reduzierte Terminsgebühr nicht nach Nr. 3105 VV auch dann, wenn entgegen seinem Antrag auf Erlass eines Versäumnisurteils im schriftlichen Verfahren ein klageabweisendes **unechtes Versäumnisurteil** ergeht.[20] Da es hier zu einer weiteren Tätigkeit des Rechtsanwalts über den gestellten Antrag hinaus nicht kommen kann, hilft hier die obige Überlegung zum unechten Versäumnisurteil im Termin nicht weiter. 23

Folgt dem im schriftlichen Verfahren ergangenen ersten Versäumnisurteil ein zweites Versäumnisurteil, weil der Beklagte nach Einspruchseinlegung in diesem Termin nicht erscheint oder nicht ordnungsgemäß vertreten ist, erhält der erschienene Rechtsanwalt jetzt gleichwohl die volle Terminsgebühr. Dies hat der Bundesgerichtshof dankenswerterweise nach einigen Wirrungen und Irrungen in Rechtsprechung und Literatur eindeutig entschieden.[21] Aber auch dann, wenn das erste Versäumnisurteil gemäß der hier kommentierten Alternative im schriftlichen Verfahren ergangen ist, und es somit also in einem „ersten Termin" nunmehr zum zweiten Versäumnisurteil kommt, bleibt es dabei, dass der Rechtsanwalt hierfür die volle Gebühr nach Nr. 3104 VV RVG erhält.[22] 24

Dies entspricht – entgegen der vorsichtigen Kritik von *Onderka* – dem Gesetzestext da die zweite Entscheidung ja gerade nicht nach § 331 Abs. 3 ZPO ergeht und somit für eine Reduzierung keine Grundlage gegeben ist.[23] Anders sieht es hingegen aus, wenn dem **zweiten Versäumnisurteil** zunächst ein **Vollstreckungsbescheid** vorausgeht, der gemäß § 700 Abs. 1 ZPO einem Versäumnisurteil gleichsteht. Hier erhält der Rechtsanwalt für die Teilnahme am Säumnistermin lediglich eine 0,5 Terminsgebühr nach Nr. 3105 VV RVG da der Rechtsstreit nach dem Vollstreckungsbescheidverfahren eine eigene gebührenrechtliche Angelegenheit ist und der Rechtsanwalts insgesamt nur einen Termin wahrgenommen hat.[24] 25

---

[18] Vgl. zunächst OLG Oldenburg AGS 2008, 386 mAnm *N. Schneider* = RVGreport 2008, 263; OLG Düsseldorf JurBüro 1984, 1838 = MDR 1984, 9502; Gerold/Schmidt/*Müller-Rabe*, 17. Aufl., Nr. 3105 VV Rn. 23; **aA** *ders*. Nr. 3105 VV Rn. 33 allerdings mit dem Hinweis auf verfahrenswidrige Handhabung. Zu letzterem vgl. auch *Schons* AGS 2006, 229.

[19] Schneider/Wolf/*Onderka* Nr. 3105 VV Rn. 35; ebenso jetzt Gerold/Schmidt/*Müller-Rabe* Nr. 3105 Rn. 33; ebenso HK-RVG/*Mayer* Nr. 3105 VV Rn. 17 unter Hinweis auf OLG München BeckRS 2007, 16270 = JurBüro 2007, 589 m. w. Rechtsprechungsnachweisen; ebenso Hartung/Römermann/Schons/*Schons* Nr. 3105 VV Rn. 21,22.

[20] Vgl. hierzu zunächst: Schneider/Wolf/*Onderka* Nr. 3105 VV Rn. 17, 39; ebenso Gerold/Schmidt/*Müller-Rabe* Nr. 3105 Rn. 34, der in seiner Fußnote 31 offenbar übersieht, dass Onderka mit ihm durchaus einer Meinung ist, soweit das unechte Versäumnisurteil im schriftlichen Verfahren ergangen ist!

[21] Vgl. BGH AGS 2006, 366 mAnm *N. Schneider/Schons*; sa BGH AnwBl. 2006, 674 ff.; ebenso schon OLG Celle RVGprofessionell 2005, 80; *Zöller/Hergeth* ZPO, 25. Aufl., § 345 Rn. 7, **aA** noch *Hansens* JurBüro 2004, 251, der aber übersah, dass von einem verminderten Aufwand des Anwalts nicht mehr die Rede sein kann, wenn er in zwei Terminen tätig geworden ist.

[22] Vgl. auch hier BGH AGS 2006, 366.

[23] Vgl. zur vorsichtigen Kritik zunächst: Schneider/Wolf/*Onderka* Nr. 3105 VV Rn. 22; **aA** und dem BGH zustimmend: *N. Schneider u. Schons* AGS 2006, 366 (367).

[24] OLG Brandenburg AGS 2013, 10 ff.; OLG Köln AGS 2007, 296 mAnm *N. Schneider*; AG Kaiserslautern JurBüro 2005, 475; OLG Nürnberg AGS 2008, 486 = RVGreport 2008, 305; ebenfalls hierzustimmend Schneider/Wolf/*Onderka* Nr. 3105 VV Rn. 23.

26 Stets ist bei Abrechnung des zweiten Versäumnisurteils allerdings zu berücksichtigen, dass in jedem Verfahrenszug höchstens eine Terminsgebühr von 1,2 verdient werden kann. § 38 Abs. 2 BRAGO wurde ersatzlos gestrichen, so dass es bei einer vollen Terminsgebühr von 1,2 auch dann verbleibt, wenn ein Rechtsanwalt insgesamt zwei Termine wahrgenommen hat. Dann ist es also auch gleichgültig, ob nach Erlass eines Versäumnisurteils im ersten Termin im zweiten Termin ein zweites Versäumnisurteil ergeht, oder streitig verhandelt wird. Das RVG sieht das Verfahren nach Einspruch über ein Versäumnisurteil nicht als besondere Angelegenheit an (anders etwa in § 17 Nr. 5 und § 18 Nr. 1).[25]

2. Verweisung auf Anm. Abs. 2 zu Nr. 3104 VV (Anm. Abs. 2 aF)

27 Das Rätselraten um den Anwendungsbereich dieser Verweisung ist vom Gesetzgeber gehört und zum Anlass genommen worden, die Vorschrift der Anm. Abs. 2 aF ersatzlos zu streichen (vgl. Art. 16 Nr. 3a des Gesetzes zur Umsetzung der Dienstleistungsrichtlinien in der Justiz und zur Änderung weiterer Vorschriften vom 22.12.2010).[26]

28 Der frühere Abs. 3 der Anm. ist nunmehr zu Abs. 2 geworden.

IV. Nichtanwendbarkeit von § 333 ZPO (Anm. Abs. 2)

29 Wie unter → Rn. 6 schon erwähnt gelangt § 333 ZPO nicht zur Anwendung, also jene Prozessvorschrift, nach der eine Partei auch dann als nicht erschienen anzusehen ist, wenn sie trotz Erscheinen nicht verhandelt. Der Anm. kommt damit nicht nur eine Klarstellungsfunktion zu, sondern es wird gebührenrechtlich hier auch ausdrücklich der Fall geregelt, dass sich die Tätigkeit des auftretenden und erschienenen Rechtsanwalts – ohne sonstige Handlungen – darauf beschränkt, die sogenannte **Flucht in die Säumnis** anzutreten.[27]

V. Hinweis für das Kostenfestsetzungs- bzw. Kostenausgleichsverfahren

30 Ebenso wenig wie es für das Entstehen der Erörterungsgebühr darauf ankam, ob der Umstand der Erörterung im Terminsprotokoll vorzufinden war oder nicht, ist das Entstehen der Terminsgebühr, bzw. die Frage, ob eine volle oder eine halbe Terminsgebühr verdient worden ist, davon abhängig, ob sich hierzu **Hinweise im Protokoll** vorfinden lassen oder nicht. Aus Beweisgründen kann jedem Rechtsanwalt aber nur empfohlen werden, den Ablauf des Termins aus dem Protokoll deutlich werden zu lassen.

31 Nimmt ein Rechtsanwalt vor dem Amtsgericht gegen eine erschienene Partei, die auf Vorschlag des Gerichts nicht auftritt oder verhandelt, ein Versäumnisurteil, sollte darauf geachtet werden, dass das Erscheinen der Partei im Protokoll vermerkt wird, damit die volle Terminsgebühr nach Nr. 3104 VV in Rechnung gestellt werden kann.

---

[25] Vgl. nur KG AGS 2008, 591; im Übrigen einhellige Ansicht: vgl. Hartung/Römermann/Schons/*Schons* Nr. 3105 VV Rn. 25; Schneider/Wolf/*Onderka* Nr. 3105 VV Rn. 22 aE; Gerold/Schmidt/*Müller-Rabe* Nr. 3105 VV Rn. 60.

[26] BGBl. 2010 I 2253.

[27] Auch hier erhält der Rechtsanwalt die volle Gebühr (1,2); OLG Koblenz JurBüro 2005, 360 = NJW 2005, 1955; *Mock* AGS 2004, 45 (55); Schneider/Wolf/*Onderka* Nr. 3105 VV Rn. 42; HK-RVG/*Mayer* Nr. 3105 Rn. 21.

Auch der gegnerische Kollege, der die **Flucht in die Säumnis** nimmt, sollte 32
mit dieser Vorgehensweise im Protokoll auftauchen, damit hinterher nicht darüber
debattiert werden muss, ob hier eine Gebühr nach Nr. 3104 VV oder eine reduzierte
nach Nr. 3105 VV Eingang in das Kostenfestsetzungsverfahren finden darf. Die ersten Erfahrungen mit dem RVG belegen hinreichend, welche Probleme Gerichte
und Rechtspfleger ohnehin mit dem weiten Anwendungsbereich der Terminsgebühr
haben. Es besteht also aller Anlass, weitere Probleme so gering wie möglich zu
halten.[28]

VI. Spannungsverhältnis Kostenerstattung – Mehrkosten

Die hier dargestellte Rechtsprechung des Bundesgerichtshofs zum Anfall einer 33
vollen Terminsgebühr kann natürlich beim Erstattungsschuldner zu Ungerechtigkeiten führen, etwa dann, wenn der Anfall einer ½ Terminsgebühr im ersten Termin
an der fehlenden Schlüssigkeit des Klagevorbringens scheitert oder wenn ein zweiter
Termin erforderlich wird, weil der Kläger die Adresse des Beklagten fahrlässig nicht
richtig angegeben hat, weshalb im ersten Termin ein Versäumnisurteil nicht ergehen
konnte.[29]

Trotz der berechtigten Kritik, wonach der Erstattungsschuldner möglicherweise 34
ohne sein Verschulden mit Mehrkosten belastet wird, sollte es allerdings bei der
eindeutigen Rechtsprechung des Bundesgerichtshofes bleiben, nach der der Vereinfachung des Kostenfestsetzungsverfahrens der Vorzug zu geben ist.[30]

Selbst die Kritiker von ungerechten Kostenentscheidungen sehen dieses Problem 35
und wollen eine Notwendigkeitsprüfung über § 91 ZPO nur „bei völlig klarer
Sachlage" vornehmen.[31]

WARNHINWEIS

Wie hier dargestellt führt die Säumnis einer Partei im ersten Termin bei Fortführung des 36
Verfahrens bei den Anwaltsgebühren zu keinen Mehrkosten, da die im zweiten Termin verdiente
dann „volle" Terminsgebühr die im ersten Termin verdiente halbe Terminsgebühr gewissermaßen „aufsaugt" oder „in Luft verwandelt".

Kommt es im zweiten Termin durch Verhandlung der nunmehr ordnungsgemäß beiderseits
vertretenen Parteien allerdings zu einem Vergleich, so wirkt sich dieser Vergleich nicht mehr
reduzierend auf die Gerichtskosten aus, da ja bereits ein (Versäumnis-)Urteil ergangen ist.

Ein Rechtsanwalt, der dies erkennt und mit dem Gericht eingehend erörtert, kann sich in
diesem Lande allerdings nicht darauf verlassen, dass die nun zusätzlich aufgenommene und
ausschließlich im Hinblick auf die Gerichtskosten erörterte Formulierung:

.... *„mit Ausnahme der Kosten der Säumnis, diese hat der Beklagte zu tragen"*

die gewünschte Klarheit schafft.

Da die deutsche Sprache inzwischen auch bei Gericht offensichtlich erhebliche Schwierigkeiten bereitet, kann nur dringend empfohlen werden, eine Art Erläuterung in den Vergleichstext
aufzunehmen, etwa in der Weise, dass klarstellend formuliert wird:

*„.......... mit Ausnahme der Kosten der Säumnis in Gestalt der im ersten Termin entstandenen zwei
Gerichtsgebühren; diese hat der Beklagte zu tragen."*

---

[28] Ebenso Gerold/Schmidt/*Müller-Rabe* Nr. 3105 VV Rn. 79; sa hier OLG Jena AGS 2015, 323 f.

[29] Vgl. hierzu die Fallgestaltungen bei Gerold/Schmidt/*Müller-Rabe* Nr. 3105 VV Rn. 70 ff. unter Hinweis auf BGH NJW 2007, 1692; kritisch nachfragend auch Bischof/*Bischof* Nr. 3105 VV Rn. 46.

[30] Vgl. auch hier BGH NJW 2007, 1692.

[31] So jedenfalls Bischof/*Bischof* Nr. 3105 VV Rn. 46.

Nr. 3106 VV Teil 3. Bürgerliche Rechtsstreitigkeiten

37　In dem hier angesprochenen Verfahren konnte der Beklagte und sein Prozessbevollmächtigter sein Glück wahrscheinlich kaum fassen, dass weder das Landgericht noch das Oberlandesgericht mit der Formulierung des Vergleiches etwas anfangen konnten und es tatsächlich fertig brachten, die ausschließlich durch den Beklagten im ersten Termin verursachten drei Gerichtsgebühren in vollem Umfange beiden Parteien aufzuerlegen!

Nr. 3106 VV

Nr.	Gebührentatbestand	Gebühr oder Satz der Gebühr nach § 13
3106	Terminsgebühr in Verfahren vor den Sozialgerichten, in denen Betragsrahmengebühren entstehen (§ 3 RVG) Die Gebühr entsteht auch, wenn .... 1. in einem Verfahren, für das mündliche Verhandlung vorgeschrieben ist, im Einverständnis mit den Parteien ohne mündliche Verhandlung entschieden oder in einem solchen Verfahren ein schriftlicher Vergleich geschlossen wird, 2. nach § 105 Abs. 1 Satz 1 SGG durch Gerichtsbescheid entschieden wird und eine mündliche Verhandlung beantragt werden kann oder 3. das Verfahren, für das mündliche Verhandlung vorgeschrieben ist, nach angenommenem Anerkenntnis ohne mündliche Verhandlung endet. In den Fällen des Satzes 1 beträgt die Gebühr 90 % der in derselben Angelegenheit dem Rechtsanwalt zustehenden Verfahrensgebühr ohne Berücksichtigung einer Erhöhung nach Nummer 1008.	50,00 bis 510,00 €

Übersicht

　　　　　　　　　　　　　　　　　　　　　　　　　　　　　　　　　Rn.

I. Überblick 1
II. Regelungsinhalt 12
　1. Entscheidung im schriftlichen Verfahren (Nr. 1, 1. Alternative) .. 15
　2. Schriftlicher Vergleich (Nr. 1, 2. Alternative) 16
　3. Gerichtsbescheid ohne mündliche Verhandlung (Nr. 2) 20
　4. Anerkenntnis (Nr. 3) 24
III. Anmerkungen zur Gebührenhöhe 26

I. Überblick

1　Mit den hier vorzufindenden weitreichenden Änderungen hat der Gesetzgeber – endlich – auf die berechtigte Kritik reagiert, die sich insbesondere dagegen wandte, den schriftlichen Abschluss eines Vergleiches unterschiedlich zu behandeln, je nachdem, ob Wertgebühren oder Betragsrahmengebühren erhoben werden.

2　Demgemäß bestimmt nunmehr Nr. 1 dass ein Rechtsanwalt die Terminsgebühr auch verdient, wenn in einem „solchen Verfahren" ein schriftlicher Vergleich geschlossen wird. Es erfolgt also die überfällige Anpassung an die Formulierung in Nr. 3104 VV. In Nr. 2 wird die Terminsgebühr bei Entscheidung durch Gerichtsbescheid allerdings ebenso wieder eingeschränkt wie bei Nr. 3 und zwar dahingehend,

Abschnitt 1. Erster Rechtszug **Nr. 3106 VV**

dass zukünftig eine Terminsgebühr bei angenommenem Anerkenntnis nur in Verfahren mit vorgeschriebener mündlicher Verhandlung möglich ist.[1]

Wer allerdings geglaubt, oder besser gehofft hatte, die Sozialgerichte würden nun auch bei der Behandlung von sog. Altfällen etwas großzügiger sein, sieht sich getäuscht. 3

Die Sozialgerichtsbarkeit hält „stur" bei Altfällen daran fest, dass es für den schriftlichen Vergleich in solchen Fällen eben keine Terminsgebühr gibt.[2] Zwischen den Zeilen der zitierten Entscheidungen meint man – jedenfalls als kritischer Leser – geradezu herausfühlen zu können, welche Befriedigung es verschafft, dem betroffenen Rechtsanwalt die Terminsgebühr zu versagen und wie sehr man es letztendlich bedauert, dass der Gesetzgeber hier nun doch eingegriffen hat.

Unterstützung erfährt diese „harte" Haltung der Sozialgerichte durch Kommentatoren wie Gerold/Schmidt/Müller-Rabe, der es ebenfalls für problematisch hält, die Gesetzesänderung als bloße Klarstellung zu interpretieren.[3] 4

Mit welchen Mitteln die Gerichte möglichst pauschalisiert versuchen, den Sozialrechtlern in der Anwaltschaft gebührenmäßige Probleme zu bereiten, zeigen die Modelle des sog. „Kieler Kostenkästchens" und der vom LSG Sachsen entwickelten „Chemnitzer Tabelle". 5

In der zutreffenden Erkenntnis, dass so etwas schwer mit § 14 Abs. 1 RVG zu verbinden ist, hat das LSG Sachsen diese Rechtsprechung allerdings inzwischen – dankenswerterweise – wieder aufgegeben.[4]

Nr. 3106 VV erhält einen zweiten Satz, der die Höhe der Terminsgebühr auf 90 % der einfachen Verfahrensgebühr festlegt, eine sehr sinnvolle gesetzgeberische Idee, die es später erübrigen wird, sich über die Höhe der Rahmengebühren zwei Mal unter Berücksichtigung von § 14 RVG Gedanken zu machen. 6

Eine Erhöhung nach Nr. 1008 VV ist bei der Festlegung jedoch nicht zu berücksichtigen. 7

Im Übrigen kann Bezug genommen werden auf → Nr. 3102 VV Rn. 1 ff. 8

Während die BRAGO für die Verfahren vor den Sozialgerichten, in denen Betragsrahmengebühren entstehen, noch mit einem Gebührentatbestand (§ 116 BRAGO) die Tätigkeit des Rechtsanwalts abrechnete, wendet das RVG die neue Gebührenstruktur, die sowohl eine Verfahrens- als auch eine Terminsgebühr vorsieht, auch bei Betragsrahmengebühren an. 9

Zusätzlich zu der Verfahrensgebühr nach Nr. 3102 VV erhält der Rechtsanwalt für seine Tätigkeit vor den Sozialgerichten, wenn nicht wertabhängig abgerechnet wird, eine Terminsgebühr nach Nr. 3106 VV, die einen Gebührenrahmen von 50 EUR bis 510 EUR ausweist, so dass die **Mittelgebühr** 280 EUR beträgt. 10

Wenn darüber geklagt wird, dass § 116 BRAGO eine Mittelgebühr von 355 EUR vorsah, ist dem entgegenzuhalten, dass in der Regel der Rechtsanwalt bei entsprechender Tätigkeit hier auch zwei Gebühren verdient, nämlich die Verfahrens- und die Terminsgebühr, so dass insgesamt bei einer unterstellten Mittelgebühr als Verfahrensgebühr 570 EUR abgerechnet werden können. 11

II. Regelungsinhalt

Hinsichtlich des Entstehens der Gebühr kann auf die Ausführungen zu → Vorb. 3 Abs. 3 VV verwiesen werden. 12

---

[1] Schneider/Thiel S. 207.
[2] Vgl. nur LSG Sachsen AGS 2015, 508 ff.; LSG Schleswig-Holstein AGS 2014, 462 f.
[3] Gerold/Schmidt/Müller-Rabe § 3 Rn. 65.
[4] Vgl. LSG Sachsen JurBüro 2013, 417 mAnm Mayer, FD-RVG 2013, 346476; auf das Ganze näher eingehend: Gerold/Schmidt/Müller-Rabe § 3 Rn. 69–71.

13   Der Rechtsanwalt erhält die Terminsgebühr also für die Vertretung in Verhandlungs-, Erörterungs- oder Beweisaufnahmeterminen, aber auch für die Wahrnehmung eines von einem gerichtlich bestellten Sachverständigen anberaumten Termins, ferner für die Mitwirkung einer auf die Vermeidung oder Erledigung des Verfahrens gerichteten Besprechung ohne Beteiligung des Gerichts, soweit es sich nicht um Besprechungen mit dem Auftraggeber handelt.

14   Die weitgehend veränderte Anm. zu Nr. 3106 VV (S. 1) entspricht in den Ziff. 1 bis 3 der Anm. Absatz 1 Ziff. 1 bis 3 zu Nr. 3104 VV, wobei dort gegenstandswertabhängige Gebühren betroffen sind, während hier die Regelung für Betragsrahmengebühren übernommen wird. Auf die dortige Kommentierung kann verwiesen werden. Im Einzelnen:

1. Entscheidung im schriftlichen Verfahren (Nr. 1, 1. Alternative)

15   Nach Nr. 1 entsteht die Gebühr auch dann, wenn in einem Verfahren, für das eigentlich mündliche Verhandlung vorgeschrieben ist, im Einverständnis mit den Beteiligten ohne mündliche Verhandlung entschieden wird, wobei hier wohl der Fall des § 124 Abs. 2 SGG gemeint sein wird.[5] Grundsätzlich kann auf die Ausführungen zu → Nr. 3104 VV Rn. 23, 24 verwiesen werden.

2. Schriftlicher Vergleich (Nr. 1, 2. Alternative)

16   Einer der großen Ungerechtigkeiten des RVG bestand darin, dass es in Nr. 3106 VV aF an einer Regelung fehlte, die schon immer in Nr. 3104 Abs. 1 Nr. 1 V vorzufinden war. Während der Zivilrechtler im Falle eines Abschlusses eines Vergleichs ohne eine „fiktive" Terminsgebühr verdienen kann, ging der Sozialrechtler bei absolut gleicher Tätigkeit im wahrsten Sinne des Wortes leer aus.

17   Den Versuchen einiger vernünftiger Gerichte, dieser gesetzgeberischen Fehlentscheidung bzw. der offensichtlichen Lücke im Gesetz entgegenzuwirken,[6] hat sich die höchstrichterliche Rechtsprechung nicht anschließen können.[7]

18   Die überzeugenden Beispielsfälle von *Hinne* mögen das ihre dazu beigetragen haben, dass der Gesetzgeber hier endlich tätig wurde.[8]

19   Die Literatur[9] war jedenfalls überzeugender als das BVerfG, das die frühere Rechtslage merkwürdigerweise für unbedenklich hielt.[10]

3. Gerichtsbescheid ohne mündliche Verhandlung (Nr. 2)

20   Hier wird die Regelung der Anm. Abs. 1 Nr. 2 zu Nr. 3104 VV praktisch übernommen. Auch im Falle einer Entscheidung durch Gerichtsbescheid gemäß § 105 Abs. 1 SGG erhält der Rechtsanwalt eine Terminsgebühr, aber nur dann, wenn eine mündliche Verhandlung durch Antrag herbeigeführt werden könnte. Ist der Gerichtsbescheid also berufungsfähig oder ist die Berufung zugelassen worden, so entfällt bei einem solchen Gerichtsbescheid die Terminsgebühr auch dann, wenn tatsächlich die Berufung gar nicht eingelegt wird. Allein die Möglichkeit der Beru-

---

[5] Vgl. Bischof/*Curkovic* Nr. 3106 VV Rn. 8.

[6] SG Duisburg AGS 2006, 319 m. zustimmender Anm. *Schons*; SG Stuttgart RVGreport 2008, 59 mwN; SG Ulm AGS 2006, 554 m. zust. Anm. *Schons*.

[7] LSG NRW AGS 2009, 328; SG Stuttgart AGS 2011, 72; SG Marburg AGS 2008, 494; LSG NRW AGS 2006, 441; LSG Schleswig AGS 2006, 555 m. ablehnender Anm. *N. Schneider*; SG Aachen RVGreport 2006, 227 m. zweifelnder Anm. *Hansens*; SG Berlin AGS 2006, 131 m. ablehnender Anm. *N. Schneider*; RVGreport 2006, 106 m. zweifelnder Anm. *Hansens*.

[8] *Hinne*, Anwaltsvergütung im Sozialrecht, S. 11 ff.

[9] Gerold/Schmidt/*Mayer* § 3 Rn. 55; Schneider/Wolf/*Wahlen* Nr. 3106 VV Rn. 8.

[10] BVerfG Beschl. v. 19.12.2006 – 1 BvR 2091/06 = RVGreport 2007, 107.

fungseinlegung nimmt dem Betroffenen nämlich die Möglichkeit, eine mündliche Verhandlung zu beantragen.[11]

Insoweit hat auch diese Neuregelung bereits berechtigte Kritik und zumindest 21 die Anregung erfahren, bei einer Entscheidung durch Gerichtsbescheid bei der keine mündliche Verhandlung beantragt werden kann, einen Ausgleich durch einen erhöhten Rahmen bei der Verfahrensgebühr zu schaffen.[12]

Die Idee des Gesetzgebers, die Höhe der Terminsgebühr mit 90 % der jeweiligen 22 Verfahrensgebühr festzulegen, dürfte der Rechtsprechung Einhalt gebieten, die die Höchstgebühr nur für Fälle mit mehreren langandauernden Terminen zur mündlichen Verhandlung gewährte.[13]

Die Ankopplung der Terminsgebühr an die Verfahrensgebühr wird jetzt jedem 23 Rechtsanwalt, der auf diesem Rechtsgebiet tätig ist, umso mehr Veranlassung geben, die Höhe der von ihm bemessenen Verfahrensgebühr nach den Bewertungskriterien von § 14 RVG besonders sorgfältig zu begründen.

4. Anerkenntnis (Nr. 3)

Zunächst ist zu beachten, dass auch hier die fiktive Terminsgebühr nach angenom- 24 menen Anerkenntnis ohne mündliche Verhandlung nur erhoben werden kann, wenn die Durchführung einer mündlichen Verhandlung eigentlich vorgeschrieben ist. Es ist also genau umgekehrt wie früher. Konnte man auch bei einem Anerkenntnis im Eilverfahren eine Terminsgebühr – ohne mündliche Verhandlung – verdienen, ist dies jetzt nicht mehr möglich, weil in diesem Verfahren eine mündliche Verhandlung eben nicht vorgeschrieben ist (§§ 124 Abs. 3, 86b Abs. 4 SGG)[14]

Ist eine mündliche Verhandlung vorgeschrieben, wird man auch bei einem reinen 25 Teilanerkenntnis, dem eine Erledigungserklärung für den Rest der Klage folgt, eine Terminsgebühr befürworten können.[15]

III. Anmerkungen zur Gebührenhöhe

Es kann auf die obigen Ausführungen verwiesen werden. Entscheidend ist, dass 26 dem Anwalt das gebührenrechtliche Interesse an der Durchführung eines Termins genommen werden soll. Demgemäß wäre bei der Bemessung der fiktiven Terminsgebühr nicht so sehr auf Umfang und Schwierigkeitsgrad abzustellen, wenn gleich sich die Rechtsprechung hieran in der Vergangenheit versucht und sich der reinen Spekulation hingegeben hat.[16]

Die Ankopplung an die Verfahrensgebühr gewährleistet, dass das Fehlen eines 27 Termins bei der Bemessung dieser fiktiven Terminsgebühr nicht mehr herabsetzend berücksichtigt werden kann.[17]

---

[11] *Schneider/Thiel* S. 209 mit Berechnungsbeispielen.
[12] Vgl. insoweit sehr überzeugend Gerold/Schmidt/*Mayer* § 3 Rn. 55, 56 ff.
[13] Vgl. hierzu Bischof/*Curkovic* Nr. 3106 VV Rn. 9 mit einigen unrühmlichen Beispielen aus der Rechtsprechung.
[14] Siehe hierzu → Nr. 3106 VV Rn. 10 in der Vorauflage unter Hinweis auf *N. Schneider* in Anm. zu SG Reutlingen AGS 2007, 614; **aA** SG Reutlingen AGS 2007, 614; zur jetzigen Rechtslage: *Schneider/Thiel* S. 210; sa Gerold/Schmidt/*Mayer* § 3 Rn. 61.
[15] Vgl. hierzu eingehend mit Rechtsprechungsnachweisen Bischof/*Curkovic* Nr. 3106 VV Rn. 12 sowie Gerold/Schmidt/*Mayer* § 3 Rn. 62 mit strategischen Empfehlungen ua wegen LSG Sachsen, RVGreport 2014, 468.
[16] Vgl. erneut die Kritik bei Bischof/*Curkovic* Nr. 3106 VV Rn. 9.
[17] So aber SG Düsseldorf AnwBl. 2005, 722; SG Koblenz AnwBl. 2005, 722; SG Aachen AnwBl. 2005, 722 = RVGreport 2007, 389 mit zustimmender Anm. *Hansens*; **aA** III. Senat des LSG Aachen AnwBl. 2005, 722 (lediglich Mittelgebühr).

28 Und die Rechtsprechung, die seinerzeit ausgerechnet im Eilverfahren die Gebühren niedriger bewerten wollte als im Hauptverfahren, da der Arbeitsaufwand, die Schwierigkeit und die Bedeutung angeblich „häufig geringer seien"[18] ist schon deshalb überholt, weil im Eilverfahren keine fiktive Terminsgebühr mehr verdient werden kann.

29 Der vom Gesetzgeber gewählte Prozentsatz von 90 % entspricht dem Verhältnis der Terminsgebühr zur Verfahrensgebühr bei den Wertgebühren (1,2 zu 1,3). Stets ist zu beachten, dass die Berechnung der Terminsgebühr an die um etwaige Erhöhungen zu bereinigende Verfahrensgebühr anzukoppeln ist.

30 Wenn ein Anwalt also die von ihm gewählte Mittelgebühr in Höhe von 300 EUR wegen zwei weiterer Auftraggeber um 60 % auf 480 EUR erhöht, so ist die Terminsgebühr mit 90 % nicht aus 480 EUR sondern aus 300 EUR zu berechnen (270 EUR).[19]

31 Und selbstverständlich spielt auch die Anrechnung einer vorher verdienten Geschäftsgebühr auf die Verfahrensgebühr keine Rolle für die Berechnung der Terminsgebühr. Die Terminsgebühr mit 90 % ist also der vollen Verfahrensgebühr rechnerisch zu entnehmen und nicht der durch Anrechnung bereits reduzierten, was leider einigen betroffenen Behörden wohl erst durch gerichtliche Entscheidungen vor Augen geführt werden muss.[20]

Abschnitt 2. Berufung, Revision, bestimmte Beschwerden und Verfahren vor dem Finanzgericht

Vorbemerkung 3.2 VV

Nr.	Gebührentatbestand	Gebühr oder Satz der Gebühr nach § 13
Vorbemerkung 3.2: (1) Dieser Abschn. ist auch in Verfahren vor dem Rechtsmittelgericht über die Zulassung des Rechtsmittels anzuwenden. (2) Wenn im Verfahren über einen Antrag auf Anordnung, Abänderung oder Aufhebung eines Arrests oder einer einstweiligen Verfügung das Rechtsmittelgericht als Gericht der Hauptsache anzusehen ist (§ 943 ZPO), bestimmen sich die Gebühren nach den für die erste Instanz geltenden Vorschriften. Dies gilt entsprechend im Verfahren der einstweiligen Anordnung und im Verfahren auf Anordnung oder Wiederherstellung der aufschiebenden Wirkung, auf Aussetzung oder Aufhebung der Vollziehung oder Anordnung der sofortigen Vollziehung eines Verwaltungsakts. Satz 1 gilt ferner entsprechend in Verfahren über einen Antrag nach § 169 Absatz 2 Satz 5 und 6, § 173 Absatz 1 Satz 3 oder nach § 176 GWB.		

Übersicht

	Rn.
I. Anwendungsbereich des Abschn. 2	1
II. Regelungsinhalt	11
1. Verfahren auf Zulassung eines Rechtsmittels (Abs. 1)	11
2. Arrest oder einstweilige Verfügung vor dem Berufungsgericht (Abs. 2 Satz 1)	14
3. Einstweilige Anordnungen (Abs. 2 Satz 2, 1. Alternative)	15

---

[18] Vgl. etwa SG Hildesheim AGS 2006, 505.
[19] Siehe weitere Zahlenbeispiele bei *Schneider/Thiel* S. 212.
[20] SG Dresden AGS 2015, 375 m. zustimmender und überzeugender Begründung *Schneider*.

Abschnitt 2. Berufung, Revision ua **Vorb. 3.2 VV**

Rn.
4. Verfahren auf Anordnung oder Wiederherstellung der aufschiebenden Wirkung, auf Aussetzung oder Aufhebung der Vollziehung oder Anordnung der sofortigen Vollziehung eines Verwaltungsaktes vor den Gerichten der Verwaltungs- oder Sozialgerichtsbarkeit, auf Aussetzung oder Aufhebung der Vollziehung oder Anordnung der sofortigen Vollziehung eines Verwaltungsaktes vor den Gerichten der Verwaltungs- oder Sozialgerichtsbarkeit (Abs. 2 S. 2, 2. Alt.) 16
5. Eilverfahren nach dem GWB (Abs. 2 Satz. 3) 18

I. Anwendungsbereich des Abschn. 2

Abschn. 2 des Teils 3 VV regelt die Gebühren für die **Rechtsmittelverfahren,** also 1
die Gebühren, die in der Berufung, bei Beschwerden und bei der Revision entstehen, und zwar in allen bürgerlichen Rechtsstreitigkeiten, den Arbeitsgerichtsverfahren, den Verfahren vor den Verwaltungs- und Sozialgerichten und den **erstinstanzlichen** Verfahren vor den Finanzgerichten (vgl. Vorb. 3.2.1 VV Abs. 1 Ziff. 1).

Durch das RVG werden die alten Regelungen – auch hinsichtlich der Berech- 2
nung – zum Teil erheblich vereinfacht. Beibehalten wurde im Wesentlichen das Prinzip, dass der Rechtsanwalt in der höheren Instanz auch höhere Gebühren erhält.[1] Dies gilt jedenfalls für die **Verfahrensgebühr**. Bei der **Terminsgebühr** bleibt es – aus nicht nachvollziehbaren Gründen – auch im Berufungsverfahren bei einer Gebührenhöhe von 1,2, während der Revisionsanwalt wenigstens eine leicht um 0,3 erhöhte Terminsgebühr von 1,5 erhält (→ Nr. 3210 VV).

Den jeweiligen Prozessgesetzen ist zu entnehmen, wann ein Berufungs- oder 3
Revisionsverfahren vorliegt.[2]

Erhält ein Rechtsanwalt den Auftrag, ein Rechtsmittelverfahren einzuleiten oder 4
auch nur vorzubereiten oder hinsichtlich der Erfolgsaussichten eines Rechtsmittels zu **beraten,** richtet sich die Vergütung seiner Tätigkeit danach, welche Aufgabe ihm vom Mandanten gestellt worden ist, und zwar unabhängig davon, ob er bei dem höheren Gericht, bei dem das Rechtsmittel einzulegen ist, zugelassen ist oder nicht.[3] Dies bedeutet, dass auch ein lediglich beim Landgericht zugelassener Rechtsanwalt (soweit es einen solchen überhaupt noch gibt) durchaus hinsichtlich der Erfolgsaussichten beraten und damit beispielsweise die Gebühr nach § 34 RVG oder Nr. 2100 VV RVG verdienen kann. Ausreichend ist auch die Mitwirkung an einem Vergleich, der ein in der Berufung anhängiges Verfahren miterledigt.[4]

Der **Anwaltsauftrag** erfordert aber, dass der Rechtsanwalt nur sinnvolle Tätigkeiten 5
ausübt und seinen Mandanten darauf hinweist, wenn er in der zweiten Instanz nur in beschränktem Maße hilfreich sein kann, etwa weil ihm die Zulassung beim Oberlandesgericht fehlt. In derartigen Fällen wird der Rechtsanwalt im Zweifelsfall erst gar nicht einen umfassenden Vertretungsauftrag für die weitere Instanz erhalten, sondern allenfalls gebeten werden, hinsichtlich der Erfolgsaussichten eines Rechtsmittels zu beraten. In diesem Fall errechnen sich die Gebühren dann nach Nr. 2100 VV bzw. Nr. 2102 VV.

Aufgrund der unterschiedlichen Rechtsprechung des BGH zur Auftragserteilung 6
hinsichtlich der Rechtsmittelinstanz ist für klare Vertragsverhältnisse Sorge zu tragen. So hat der BGH in einer Entscheidung ausgeführt, dass eine stillschweigende Auftragserteilung nur dann anzunehmen sei, wenn das Verhalten eines Beteiligten vor

---
[1] BT-Drs. 15/1971, 213.
[2] HK-RVG/*Maué* Vorb. 3.2. Rn. 1.
[3] Siehe auch hier HK-RVG/*Maué* Vorb. 3.2 VV Rn. 1.
[4] OLG Schleswig JurBüro 1983, 551.

dem anderen bei Anwendung der im Verkehr erforderlichen Sorgfalt nach Treu und Glauben mit Rücksicht auf die Verkehrssituation eindeutig und zweifelsfrei als eine auf den Abschluss eines Anwaltsvertrags gerichtete Willenserklärung aufzufassen sei. Ein neuer Auftrag sei insbesondere dann nicht anzunehmen, wenn der Rechtsanwalt Anlass zu der Annahme haben muss, die Partei gehe davon aus, dass die weitere Tätigkeit des Anwalts noch durch die Gebühren der bisherigen Tätigkeit abgegolten werde. Zweifel gehen dann stets zu Lasten des Rechtsanwalts.[5]

7 In einer neueren Entscheidung ist der BGH allerdings davon ausgegangen, dass in einem Beschwerdeverfahren der erstinstanzliche Auftrag in der Rechtsmittelinstanz fortwirke.[6] Mittlerweile hat der BGH allerdings auch klargestellt, dass die soeben zitierte Entscheidung wegen der verfahrensrechtlich anders ausgestalteten Beschwerde nicht auf das Berufungsverfahren übertragen werden können. Eine mit der Entgegennahme der Berufungsschrift verbundene Prüfung von Fragen, die gebührenrechtlich zur ersten Instanz gehören, löse demgemäß die Verfahrensgebühr für die Berufungsinstanz nicht aus.[7]

8 So unterschiedlich die Entscheidungen auch sind und so sehr sie auch von einem gewünschten Ergebnis diktiert gewesen sein mögen, belegen sie doch die Schwierigkeiten des Rechtsanwalts, der nicht für klare Vertragsverhältnisse sorgt.[8]

9 In Betracht kommt auch eine Tätigkeit als **Verkehrsanwalt**, bei der der erstinstanzlich mandatierte Rechtsanwalt die Korrespondenz mit dem Zweitinstanzler übernimmt. Hier ist die Gebühr dann nach Nr. 3400 VV zu berechnen.[9] Gerade bei der Einschaltung eines Verkehrsanwaltes im Berufungsverfahren ist allerdings zu beachten, dass dessen Kosten in der Regel nicht erstattungsfähig sind, was besondere Vorsicht gebietet, wenn man mit einem konkludenten Auftrag arbeiten will. Der Rechtsanwalt ist gut beraten, der hier für klare Verhältnisse sorgt und insbesondere den Mandanten rechtzeitig auf die möglicherweise entstehenden Kostennachteile aufklärt.[10]

10 Für den **Gebührenanspruch** nach Abschn. 2 ist es für den Rechtsanwalt des **Rechtsmittelgegners** ausreichend, wenn er die Rechtsmittelschrift entgegennimmt und prüft, selbst wenn er zunächst noch keine eigene Stellungnahme abgibt. Gleiches gilt, wenn er die Anfrage des Gegenanwalts auf Fristverlängerung positiv oder negativ bescheidet.[11]

II. Regelungsinhalt

1. Verfahren auf Zulassung eines Rechtsmittels (Abs. 1)

11 Abs. 1 der Vorb. 3.2 ist zu entnehmen, dass das Verfahren über die Zulassung des Rechtsmittels dem Rechtsmittelverfahren selbst entspricht und dort dieselben Gebühren verdient werden. Insoweit entspricht die Regelung der Altregelung von § 11 Abs. 1 Satz 6 BRAGO, im Übrigen unterscheidet sich die Regelung im RVG von § 11 BRAGO aber schon allein dadurch, dass nicht auf erstinstanzliche Gebühren nur durch Erhöhung zurückgegriffen wird, sondern dass eigene Gebührentatbestände geschaffen worden sind.

---

[5] BGH NJW 1991, 2084 = JurBüro 1991, 1647.
[6] BGH NJW 2005, 2233 = JurBüro 2005, 482 mwN.
[7] BGH AGS 2013, 7 f.
[8] Siehe hierzu auch warnend Gerold/Schmidt/*Müller-Rabe* Nr. 3200 VV Rn. 12.
[9] HK-RVG/*Maué* Vorb. 3.2 VV Rn. 3.
[10] Siehe auch hier BGH NJW 1991, 2084.
[11] Vgl. OLG Koblenz JurBüro 2004, 32 bzw. BGH MDR 2003, 835; beachte jetzt aber auch hier BGH AGS 2013, 7 f.; OLG Koblenz AGS 2013, 8 ff.; OLG München AGS 2011, 569 ff.; OLG München AGS 2011, 103 ff.

Dagegen sind das Verfahren über das Rechtsmittel und das Verfahren über die Beschwerde gegen die Nichtzulassung des Rechtsmittels wiederum **verschiedene Angelegenheiten,** wie sich aus § 17 Nr. 9 RVG ergibt. Ist das Verfahren auf Zulassung eines Rechtsmittels als Beschwerdeverfahren ausgestaltet, dann gilt nicht Abs. 1 der Vorb. 3.2 VV, sondern es kommen die Vorschriften der Nr. 3504 ff. VV zur Anwendung.[12]

Da das Verfahren über die Zulassung und das sich ggf. anschließende Rechtsmittelverfahren eine Angelegenheit darstellen, fallen hier die Gebühren nur einmal an. Anders verhält es sich beim Verfahren über die Nichtzulassungsbeschwerde des Rechtsmittelverfahrens und sich das hieran anschließende Rechtsmittelverfahren: Hier ist von zwei Angelegenheiten auszugehen.[13]

2. Arrest oder einstweilige Verfügung vor dem Berufungsgericht (Abs. 2 Satz 1)

Anträge auf Erlass einer einstweiligen oder vorläufigen Anordnung, einer einstweiligen Verfügung oder eines Arrests oder Anträge auf Abänderung oder Aufhebung solcher bereits ergangener Entscheidungen sind beim Gericht der Hauptsache zu stellen, wobei diese Verfahren und das eigentliche Hauptsacheverfahren gemäß § 17 Nr. 4 RVG **verschiedene Angelegenheiten** sind. Wird ein Eilantrag erstmals beim Berufungsgericht gestellt, weil dort die Hauptsache bereits anhängig ist, so bestimmt Anm. 2 der Vorb. 3.2 VV, dass die Gebühren für derartige Anträge Abschn. 1 zu entnehmen sind, der Rechtsanwalt also hierfür die Gebühren der ersten Instanz erhält.

3. Einstweilige Anordnungen (Abs. 2 Satz 2, 1. Alternative)

Die Vorschrift des Abs. 2 Satz 2 gilt für alle Verfahren auf Erlass einer einstweiligen Anordnung oder deren Abänderung oder Aufhebung, insbesondere auch im verwaltungs- und sozialgerichtlichen Verfahren. Neu ist hingegen die Ergänzung für Verfahren auf Erlass einer einstweiligen oder vorläufigen Anordnung in Familiensachen und FGG-Verfahren. Die entsprechende Gesetzeslücke ist nunmehr geschlossen worden, so dass auch dann, wenn das Beschwerdegericht nach § 50 Abs. 1 S. 2 FamFG für den Erlass, die Abänderung oder die Aufhebung zuständig ist, es bei den einfachen Gebühren nach Teil 3 Abschn. 1 verbleibt. Anders ist dies, wenn mit einer Beschwerde gegen eine einstweilige Anordnung oder deren Nichterlass (§ 57 FamFG) vorgegangen wird. Dann gilt für die Gebühren Vorb. 3.2.1 Nr. 2b VV.[14]

4. Verfahren auf Anordnung oder Wiederherstellung der aufschiebenden Wirkung, auf Aussetzung oder Aufhebung der Vollziehung oder Anordnung der sofortigen Vollziehung eines Verwaltungsaktes vor den Gerichten der Verwaltungs- oder Sozialgerichtsbarkeit, auf Aussetzung oder Aufhebung der Vollziehung oder Anordnung der sofortigen Vollziehung eines Verwaltungsaktes vor den Gerichten der Verwaltungs- oder Sozialgerichtsbarkeit (Abs. 2 S. 2, 2. Alt.)

Abs. 2 S. 2 der Vorb. 3.2 VV stellt klar, dass diese Regelung auch für die Eilverfahren vor den Gerichten der Verwaltungsgerichtsbarkeit und der Sozialgerichtsbarkeit gilt. Werden derartige Verfahren erstmalig beim Rechtsmittelgericht als Gericht der

---

[12] Gerold/Schmidt/*Müller-Rabe* Vorb. 3.2 VV Rn. 7.
[13] Gerold/Schmidt/*Müller-Rabe* Vorb. 3.2 VV Rn. 9.
[14] Vgl. zum Ganzen statt aller: Schneider/Wolf/*N. Schneider/Wahlen/Wolf* Vorb. 3.2 VV Rn. 18 ff.

Hauptsache anhängig gemacht, bestimmen sich die Gebühren des Rechtsanwalts nach Teil 3 Abschn. 1 VV.

17 Ist hingegen das **Bundesverwaltungsgericht** oder ein **Oberverwaltungsgericht** sachlich als Gericht der Hauptsache in erster Instanz zuständig, so sind die Gebühren des Rechtsanwalts den Nr. 3300, 3301 VV RVG zu entnehmen, die den für die Berufung bestimmten Gebühren nach Teil 3 VV Abschn. 2 VV entsprechen.[15]

5. Eilverfahren nach dem GWB (Abs. 2 Satz. 3)

18 Die hier neu aufgenommene Regelung entspricht einem Petitum der Rechtsprechung, die der Auffassung war, die seinerzeit in Nr. 3300 VV RVG vorzufindende Gebührenhöhe sei unangemessen, weil sie für das Eilverfahren eine höhere Vergütung als für das Hauptverfahren vorsehe.[16] Tatsächlich waren die relativ hohen Gebühren von Nr. 3300 VV RVG (2,3) und Nr. 3301 VV RVG (1,8) mit der besonderen Bedeutung des vergaberechtlichen Vorabentscheidungsverfahrens und dem erheblichen anwaltlichen Arbeitsaufwand sehr gut und sehr wohl zu begründen.[17]

19 Die Gesetzesänderung führt zu einer deutlichen Herabsetzung der Gebühren – wie von der Rechtsprechung ganz offensichtlich gewünscht, da der Rechtsanwalt jetzt nur noch eine Verfahrensgebühr von 1,3 und eine Terminsgebühr von 1,2 verdienen kann.[18]

20 Gleichwohl wird die Neuregelung in der Literatur praktisch kritiklos oder sogar zustimmend hingenommen.[19]

21 Bei der Bemessung des zugrundezulegenden Gegenstandswertes in den Vergabeverfahren ist §§ 23 Abs. 1 RVG, 50 Abs. 2 GKG mit der Maßgabe zu beachten, dass 5 % der Bruttoauftragssumme zugrundezulegen sind. Unter Auftragssumme ist der Bruttowert des Angebots einschließlich Mehrwertsteuer zu verstehen, als der vom Anbieter verlangte Preis.[20] Fehlen konkrete Angebote der Bieter sowie eine ordnungsgemäße Schätzung des Auftragswertes durch den Auftraggeber kann der Auftragswert nach objektiven Kriterien gemäß § 3 ZPO geschätzt werden.[21]

22 Zum Streit, wie bei langfristigen Dienstleistungsverträgen mit Verlängerungsoption zu verfahren ist vgl. OLG Stuttgart NZBau 2000, 599; OLG Celle NZBau 2001, 111 und zur Gegenansicht OLG Düsseldorf NZBau 2003, 175). Zwischenzeitlich hat der BGH sich der Mindermeinung angeschlossen und eine Beschränkung der Auftragssumme auf den 48-fachen Betrag der voraussichtlichen monatlichen Zahlung für gerechtfertigt erklärt.[22]

23 Derartigen Streitigkeiten kommt insoweit besondere Bedeutung zu, als die Streitwertfestsetzung eines Instanzgerichtes vor dem BGH nicht in zulässigerweise **angefochten** werden kann und zwar auch nicht bei der Streitwertfestsetzung im vergaberechtlichen Beschwerdeverfahren nach §§ 116 ff. GWB.[23]

---

[15] Vgl. auch hier Schneider/Wolf/N. *Schneider/Wahlen/Wolf* Vorb. 3.2 VV Rn. 30.

[16] Vgl. hierzu KG AnwBl. 2005, 366 mit kritische Anm. *Schons;* sa den Praxishinweis in RVGletter 2005, 31 sowie Hartung/Römermann/Schons/*Schons* Vorb. 3.3.1–3304 VV Rn. 3, 6,7.

[17] Vgl. seinerzeit in den Vorauflagen HK-RVG/*Nordemann-Schiffel* Nr. 3300–3301 VV Rn. 1; ebenso Schneider/Gebauer/*Wolf* Nr. 3300–3301 VV Rn. 7.

[18] Vgl. auch hier Schneider/Wolf/N. *Schneider/Wahlen/Wolf* Vorb. 3.2 VV Rn. 42.

[19] Vgl. etwa Schneider/Wolf/N. *Schneider/Wahlen/Wolf* Vorb. 3.2 VV Rn. 41: Fehler des Gesetzgebers; unkritisch auch HK-RVG/*Maué*, Vorb. 3.2 VV Rn. 6 sowie Gerold/Schmidt/*Müller-Rabe* Vorb. 3.2 VV Rn. 11.

[20] BayObLG JurBüro 2003, 332 = BayObLGR 03, 332.

[21] OLG Jena JurBüro 2002, 434; OLG Naumburg NZBau 2003, 464.

[22] BGH NZBau 2011, 175; BGH NZbau 2011, 629.

[23] BGH Beschl. v. 21.10.2003 – X ZB 10/03, VergabeR 2004, 255 = MDR 2004, 355.

Unterabschnitt 1. Berufung, bestimmte Beschwerden und Verfahren vor dem Finanzgericht

Vorbemerkung 3.2.1 VV

Nr.	Gebührentatbestand	Gebühr oder Satz der Gebühr nach § 13

Vorbemerkung 3.2.1:
Dieser Unterabschnitt ist auch anzuwenden in Verfahren
1. vor dem Finanzgericht,
2. über Beschwerden
   a) gegen die den Rechtszug beendenden Entscheidungen in Verfahren über Anträge auf Vollstreckbarerklärung ausländischer Titel oder auf Erteilung der Vollstreckungsklausel zu ausländischen Titeln sowie über Anträge auf Aufhebung oder Abänderung der Vollstreckbarerklärung oder der Vollstreckungsklausel,
   b) gegen die Endentscheidung wegen des Hauptgegenstandes in Familiensachen und in den Angelegenheiten der freiwilligen Gerichtsbarkeit,
   c) gegen die den Rechtszug beendenden Entscheidungen im Beschlussverfahren vor den Gerichten für Arbeitssachen,
   d) gegen die den Rechtszug beendenden Entscheidungen im personalvertretungsrechtlichen Beschlussverfahren vor den Gerichten der Verwaltungsgerichtsbarkeit,
   e) nach dem GWB,
   f) nach dem EnWG,
   g) nach dem KSpG,
   h) nach dem VSchDG,
   i) nach dem SpruchG,
   j) nach dem WpÜG,
3. über Beschwerden
   a) gegen die Entscheidung des Verwaltungs- oder Sozialgerichts wegen des Hauptgegenstands in Verfahren des vorläufigen oder einstweiligen Rechtsschutzes,
   b) nach dem WpHG,
4. in Rechtsbeschwerdeverfahren nach dem StVollzG, auch iVm § 92 JGG.

Übersicht

	Rn.
I. Überblick	1
II. Regelungsinhalt (Absatz 1)	4
1. Verfahren vor dem Finanzgericht (Nr. 1)	4
2. Beschwerdeverfahren (Nr. 2 Buchstaben a–j)	8
a) Beschwerdeverfahren bei ausländischen Titeln (Nr. 2a)	10
b) Beschwerdeverfahren in Familiensachen (Nr. 2b)	11
c) Verfahren über Beschwerden oder Rechtsbeschwerden gegen die den Rechtszug beendenden Entscheidungen im Beschlussverfahren vor den Gerichten für Arbeitssachen (Nr. 2c)	22
d) Beschwerden gegen die den Rechtszug beendenden Entscheidungen im personalvertretungsrechtlichen Beschlussverfahren vor den Gerichten der Verwaltungsgerichtsbarkeit (Nr. 2d)	28
e) Beschwerden nach dem GWB (Nr. 2e)	29
f) Beschwerden nach dem EnWG (Nr. 2f)	31
g) Beschwerden nach dem KSpG (Nr. 2g)	32
h) Beschwerden nach dem VSchDG (Nr. 2h)	33
i) Beschwerden nach dem SpruchG (Nr. 2i)	36
j) Beschwerden nach dem WpÜG	38

	Rn.
3. Beschwerdeverfahren (Nr. 3 Buchst. a und b)	39
a) Beschwerden gegen die Entscheidung des Verwaltungs- oder Sozialgerichts wegen des Hauptgegenstands in Verfahren des vorläufigen oder einstweiligen Rechtsschutzes (Nr. 3a)	39
b) Beschwerden nach dem WpHG (Nr. 3b)	46
4. Rechtsbeschwerdeverfahren nach dem StVollzG, auch iVm § 92 JGG (Nr. 4)	50

I. Überblick

1 Unterabschnitt 1 des Abschn.s 2 des Teils 3 VV regelt die Gebühren für das Berufungsverfahren und für die einem Berufungsverfahren vergleichbare Beschwerde- und Rechtsbeschwerdeverfahren, die den Rechtszug beenden. Durch das 2. KostRMoG wurde eine Neufassung der Aufzählung vorgenommen, wobei systematische Umstellungen, redaktionelle Umstellung aber auch wesentliche Neuerungen festzustellen sind. So sollen unter Nr. 2 diejenigen Beschwerdeverfahren zusammengefasst werden, in denen es eine Rechtsbeschwerde vor dem BGH gibt. In Nr. 3 erfolgt eine Zusammenfassung derjenigen Verfahren, zu denen es keine Rechtsbeschwerdeverfahren gibt, und in Nr. 4 wird die Rechtsbeschwerde nach dem Strafvollzugsgesetz geregelt. Für dieses Rechtsbeschwerdeverfahren ist jedoch nicht der BGH, sondern das OLG zuständig.

2 Als besonders erfreulich ist es zu bezeichnen, dass der Gesetzgeber endlich der vehementen Kritik Rechnung getragen hat, die eine Aufwertung der Tätigkeit bei Beschwerden in Nachlasssachen, insbesondere im Erbscheinsverfahren verlangte (vgl. hierzu in der Vorauflage → Vorb. 3.2.1 Rn. 1 ff.). Zu bedauern ist aber, dass sich der Gesetzgeber nicht entschließen konnte, die Einigungs- und Erledigungsgebühr auch in finanzgerichtlichen Verfahren aufzuwerten. Nach der früheren Fassung des Gesetzes war strittig, ob sich die Verweisungen an Vorb. 3.2.1 VV auch auf die Höhe der Einigungs- und Erledigungsgebühr bezog, insbesondere wenn Familiensachen und erstinstanzliche Verfahren vor den Finanzgerichten betroffen waren. Die Anm. Abs. 1 zu dem an anderer Stelle durchaus geänderten Nr. 1004 VV belegt nach wie vor, dass nur die Einigung in dem Beschwerde- und Rechtsbeschwerdeverfahren nach Vorb. 3.2.1, 3.2.2 VV aufgewertet werden sollen.[1]

3 Die bisherige Rechtsprechung, wonach auch in erstinstanzlichen Verfahren vor den Finanzgerichten die erhöhte Gebühr nach Nr. 1004 VV RVG zur Anwendung gelange, lässt sich angesichts der neuen klaren Regelung nicht mehr aufrechterhalten.[2]

II. Regelungsinhalt (Absatz 1)

1. Verfahren vor dem Finanzgericht (Nr. 1)

4 Unterabschnitt 1 ist nach Abs. 1 Nr. 1 der Vorb. 3.2.1 VV auch in Verfahren vor dem Finanzgericht anzuwenden. Damit wird in Abkehr vom früheren Recht unter Geltung der BRAGO (vgl. § 14 Abs. 2 BRAGO) bestimmt, dass der Rechtsanwalt nunmehr auch im **erstinstanzlichen Verfahren** vor den Finanzgerichten die für

---

[1] Schneider/Wolf/*Mock/N. Schneider/Wahlen/Wolf* Vorb. 3.2.1 VV Rn. 12; ebenso wohl auch HK-RVG/*Maué* Vorb. 3.2.1 VV Rn. 3 aE.

[2] Vgl. zu dieser Rechtsprechung beispielhaft: FG Baden-Württemberg AGS 2007, 349 sowie FG Rheinland-Pfalz AGS 2008, 181; **aA** demgegenüber FG Münster EFG 2010, 2021; FG München AGS 2011, 235; FG Köln STBW 2011, 406.

Rechtsmittelverfahren **erhöhten Gebühren** nach Abschn. 2 erhält. Hierbei wird dem Umstand Rechnung getragen, dass das Finanzgericht seiner Struktur nach wie ein Obergericht aufgebaut ist und die Richter am Finanzgericht wie die Richter an anderen Obergerichten besoldet werden.

Die jetzt dem Rechtsanwalt zugebilligten höheren Gebühren rechtfertigen sich nach der Gesetzesbegründung auch daraus, dass das Finanzgericht die erste und gleichzeitig letzte Tatsacheninstanz und in der Regel die einzige und letzte gerichtliche Instanz darstellt.[3] **5**

Die Tätigkeit des Rechtsanwalts im Finanzgerichtsprozess ist in der Tat nicht vergleichbar mit seinen Tätigkeiten vor den sonstigen erstinstanzlichen Gerichten. Sie ist vielmehr zu vergleichen mit der anwaltlichen Tätigkeit vor den Berufungsgerichten. Im Unterschied zu dem Vortrag vor den erstinstanzlichen Gerichten ist der Sachverhaltsvortrag vor dem Finanzgericht stets zwingend abschließend. Für die rechtliche Begründung gilt regelmäßig das Gleiche. Sie muss daher zu allen denkbaren Einzelheiten umfassend und eingehend vorgetragen werden. Die Tätigkeit vor dem Finanzgericht stellt deshalb an den Rechtsanwalt **besondere Anforderungen.** Vor den Finanzgerichten können sich die Parteien allerdings auch durch Steuerberater vertreten lassen (vgl. § 62 FGO). Hinsichtlich der Vergütung für die Steuerberater verweist § 45 StbGebV auf die Rechtsanwaltsvergütung.[4] **6**

Hinsichtlich der Problematik „Einigungsgebühr und Erledigungsgebühr" wird auf die obigen Ausführungen verwiesen (→ Rn. 27 ff.). Nach diesseitiger Auffassung besteht aufgrund der eindeutigen gesetzlichen Regelung keine Möglichkeit im Verfahren vor dem Finanzgericht eine erhöhte Einigungsgebühr abzurechnen. So wünschenswert und logisch dies sicherlich wäre. Offensichtlich hielt der Gesetzgeber allein die Aufwertung der Verfahrensgebühr hier für ausreichend. **7**

2. Beschwerdeverfahren (Nr. 2 Buchstaben a–j)

Vorbemerkung 3.2.1 Nr. 2 betrifft Beschwerdeverfahren bei denen es eine Rechtsbeschwerde vor dem BGH gibt und hier sollen sich künftig die Gebühren einheitlich nach den für die Berufung geltenden Vorschriften von Teil 3 Abschn. 2 Unterabschnitt 2 richten. Die Zusammenfassung Nr. 2a – j) dient der Erleichterung der Verweisung in Vorbemerkung 3.2.2.[5] **8**

Die erhöhte Vergütung in den im Einzelnen aufgezählten Beschwerdeverfahren entspricht den erhöhten Anforderungen an den Rechtsanwalt und der Bedeutung der Sache für den Betroffenen.[6] **9**

a) Beschwerdeverfahren bei ausländischen Titeln (Nr. 2a). Soweit es um Vollstreckbarerklärungen und Vollstreckungsklauseln zu ausländischen Titeln geht, erhält der Rechtsanwalt im dortigen Beschwerdeverfahren die erhöhte Gebühr aus den oben genannten Gründen (Arbeitsaufwand und besondere Bedeutung). Es handelt sich hier um Beschwerden nach §§ 11 ff. AVAG. Anwendbar ist die Vorschrift allerdings nur bei vereinfachten Verfahren aufgrund besonderer zwischenstaatlicher Regelungen, während ansonsten über §§ 722, 723 ZPO im normalen Zivilprozess der Abschn. 2 unmittelbar Anwendung findet.[7] **10**

b) Beschwerdeverfahren in Familiensachen (Nr. 2b). Vorb. 3.2.1. Nr. 2b VV RVG behandelt die Gebühren bei Beschwerdesachen in allen Familiensachen nach § 111 FamFG, wobei es unerheblich ist, ob es sich um eine Familiensachen **11**

---

[3] BT-Drs. 15/1971, 213.
[4] HK-RVG/*Maué* Vorb. 3.2.1 VV Rn. 3.
[5] Vgl. *Schneider/Thiel* S. 214, Schneider/Wolf/Wolf Vorb. 3.2.2 Rn. 5.
[6] BT-Drs. 15/1971, 213.
[7] HK-RVG/*Maué* Vorb. 3.2.1 VV Rn. 5, 6.

der freiwilligen Gerichtsbarkeit oder um eine Ehe- oder Folgesache oder eine Familienstreitsache handelt.[8]

12 Die Ergänzung „**wegen des Hauptgegenstandes**" stellt entsprechend der bisherigen Rechtsprechung klar, dass die Vorschrift nicht Beschwerden gegen Zwischen- oder Nebenentscheidungen betrifft.[9] Gemeint ist mit Hauptgegenstand allerdings nicht die Hauptsache, so dass die höhere Verfahrensgebühr nach Vorb. 3.2.1 Nr. 2b) VV durchaus auch in einstweiligen Anordnungsverfahren verdient werden kann, wenn der dortige Hauptgegenstand betroffen ist.[10]

13 Weitaus größeres Gewicht ist der Änderung beizumessen, dass unter dem Buchstaben b) nun auch die Angelegenheiten der freiwilligen Gerichtsbarkeit vorzufinden sind. Der Gesetzgeber hat die gegen die bisherige Regelung vorgebrachte Kritik also ernst genommen und umgesetzt (→ Rn. 2), so dass künftig alle Beschwerden gegen eine Entscheidung in der Hauptsache in Verfahren der freiwilligen Gerichtsbarkeit erfasst und nach den Gebühren eines Berufungsverfahrens vergütet werden.

14 Die Gesetzesänderung war überfällig, niemand konnte einsehen, dass das RVG mit all seinen Änderungen die Gebührenhöhe bei den Beschwerdeverfahren unverändert bei 0,5 ließ (vgl. § 61 BRAGO). Insbesondere in Erbscheinsverfahren wurden durchweg nur die Gebühren der Nr. 3500 VV ff. zugesprochen.[11]

15 Auch in Beschwerdeverfahren nach § 15 Abs. 2 DNotO hat der BGH die Gebühren bislang nur den Nr. 3500 VV ff. entnommen.[12]

16 Stets ist allerdings zu beachten, dass auch nach der Neuregelung die Verfahrensgebühr in Höhe von 1,6 nach Nr. 3200 VV nur dort verdient werden kann, wo es um eine Beschwerde gegen eine Entscheidung in der Hauptsache geht. Eine einfache Beschwerde gegen Zwischenentscheidungen oder -verfügungen, Nebenentscheidungen und verfahrensleitende Beschlüsse der ersten Instanz werden nach wie vor nach Nr. 3500 VV vergütet.

17 Zu beachten ist ferner, dass der Gesetzgeber offensichtlich befürchtete, „die Bäume zu sehr in den Himmel wachsen zu lassen": Durch Ergänzungen von Nr. 3201 VV (→ Anm. Abs. 2 zu dieser Vorschrift) schränkt man die Erhöhung der Verfahrensgebühr auf 1,6 direkt wieder ein, nämlich dann, wenn der Rechtsanwalt lediglich eine sog. „eingeschränkte Tätigkeit" entfaltet. Nach der soeben erwähnten Anm. Abs. 2 zu Nr. 3201 VV soll das dann der Fall sein, wenn sich der Auftrag auf die Einlegung und Begründung des Rechtsmittels und die Entgegennahme der Rechtsmittelentscheidung beschränkt.

18 In den bereits mehrfach erwähnten Erbscheinsverfahren wird es also in der Regel zu einer Erhöhung der Gebühren kommen, aber eben eher auf 1,1 als auf 1,6. Dies hängt gerade dort damit zusammen, dass es sich in der Regel um ein einseitiges Verfahren handelt und die Bearbeitung des Anwalts sich geradezu zwangsläufig darauf beschränkt, das Rechtsmittel einzulegen und zu begründen und die Rechtsmittelentscheidung entgegenzunehmen.

19 Demgemäß kommt es zu einer wirklich spürbaren Erhöhung auf 1,6 nur dort, wo mehrere Schriftsätze zu verfassen sind, etwa weil man sich mit den Einwänden anderer Beteiligter auseinandersetzen muss oder es gar zu einem Erörterungstermin kommt.

---

[8] Schneider/Wolf/*Mock/N. Schneider/Wahlen/Wolf* Vorb. 3.2.1 VV Rn. 50.

[9] OLG Köln AGS 2012, 462 = NJWSpezial 2012, 514.

[10] *Schneider/Thiel* S. 215; Schneider/Wolf/*Wahlen* Vorb. 3.2.1 Rn. 59.

[11] Vgl. hierzu schon LG Augsburg – OLG München AGS 2006, 475 mAnm *N. Schneider*; OLG München MDR 2006, 1016; bestätigt in OLG München MDR 2007, 620; OLG Köln AGS 2011, 170 =JurBüro 2011, 252; LG Bamberg AGS 2006, 595 mAnm *N. Schneider* aA in einer Notarsache bisher nur OLG Köln AGS 2008, 543 = DNotZ 2009, 396 = RVGreport 2008, 426.

[12] BGH AGS 2010, 594 = MDR 2011, 199.

Und kommt es zu einem solchen Termin berechnet sich die Terminsgebühr 20
natürlich nach Nr. 3202 VV, da im Verfahren der freiwilligen Gerichtsbarkeiten
Versäumnisentscheidungen nicht vorgesehen sind. Eine Ermäßigung nach
Nr. 3203 VV scheidet damit aus.[13]

Die Aufnahme der Beschwerdeverfahren in Angelegenheiten der freiwilligen 21
Gerichtsbarkeit in den Katalog der Vorb. 3.2.1 VV führt erfreulicherweise schließlich
auch dazu, dass die Einigungsgebühr der Nr. 1004 VV zu entnehmen ist und die
Gebühr damit statt 1,0 1,3 beträgt.

c) Verfahren über Beschwerden oder Rechtsbeschwerden gegen die den 22
Rechtszug beendenden Entscheidungen im Beschlussverfahren vor den
Gerichten für Arbeitssachen (Nr. 2c). Die bisher in der Vorb. 3.2.1 unter Nr. 3
vorzufindende Regelung wurde lediglich versetzt und unter die Nr. 2c) aufgenommen. Ansonsten ist es bei der durch das FGG-Reformgesetz zum 1.9.2009 zuletzt
geänderten Regelung verblieben.[14]

Es werden nur noch Beschwerdeverfahren genannt, weil in den in der bis zum 23
31.8.2009 geltenden Fassung aufgeführten Rechtsbeschwerdeverfahren grundsätzlich die Vertretung durch einen am Bundesgerichtshof zugelassenen Rechtsanwalt
vorgeschrieben war.[15]

Auch Nr. 3 sieht vor, dass in Verfahren über die Beschwerde oder die Rechtsbe- 24
schwerde gegen die den Rechtszug beendenden Entscheidungen im Beschlussverfahren vor den Gerichten für Arbeitssachen die erhöhten Gebühren des Unterabschnitt 1 anfallen. Hierdurch soll der erhöhte Arbeitsaufwand, den der Rechtsanwalt
durch die erneute Prüfung des Sachverhaltes und die Bewertung der Rechtslage
hat, abgegolten werden.

Betroffen sind aber nur die Beschwerden bzw. Rechtsbeschwerden gegen die 25
den **Rechtszug beendende Endentscheidung** im **Beschlussverfahren (§§ 80–
84 ArbGG)** vor den Gerichten in **Arbeitssachen.** Bei anderen Beschwerden gilt
Teil 3 Abschn. 5 VV RVG, was sich auch aus Vorbem 3.5 VV RVG ergibt, da dort
Vorb. 3.2.1 VV RVG negativ erwähnt wird.[16]

Beschlussverfahren sind schließlich aufzufinden bei Entscheidungen über die 26
Tariffähigkeit und Tarifzuständigkeit einer Vereinigung und bei Entscheidungen
über die Besetzung der Einigungsstelle (vgl. §§ 97, 98 ArbGG).

Gegen die im Beschlussverfahren ergangenen Entscheidungen ist das Rechtsmittel 27
der Beschwerde zum LAG, ggf. die Rechtsbeschwerde zum BAG gegeben (§§ 87
Abs. 1, 92 Abs. 1 ArbGG). Auch hier errechnen sich die Gebühren für solche
Tätigkeiten nach den erhöhten Gebühren entsprechend Nr. 3200–3205 VV RVG.[17]

d) Beschwerden gegen die den Rechtszug beendenden Entscheidungen 28
im personalvertretungsrechtlichen Beschlussverfahren vor den Gerichten
der Verwaltungsgerichtsbarkeit (Nr. 2d). Auch die Verfahren nach §§ 83, 84
BPersVG sind jetzt mit den Gebühren eines Berufungsverfahrens abzurechnen,
womit der Gesetzgeber dem Umstand Rechnung trägt, dass sie mit den entsprechenden arbeitsgerichtlichen Beschlussverfahren durchaus vergleichbar sind.

e) Beschwerden nach dem GWB (Nr. 2e). Aus der ehemaligen Nr. 4 der 29
Vorb. 3.2.1 ist der Buchstabe 2e geworden. Inhaltliche Änderungen sind hiermit
nicht verbunden. Auch an der neuen Stelle werden Beschwerden gegen Verfügungen
der Kartellbehörde nach § 63 f. GWB zum Oberlandesgericht, Rechtsbeschwerden

---

[13] Vgl. auch hier *Schneider/Thiel* S. 219; Schneider/Wolf/Wahlen Vorb. 3.2.1 Rn. 69.
[14] BGBl. I 2819.
[15] Schneider/Wolf/*Mock*/N. *Schneider/Wahlen/Wolf* Vorb. 3.2.1 VV Rn. 114.
[16] Vgl. auch hier Schneider/Wolf/*Mock*/N. *Schneider/Wahlen/Wolf* Vorb. 3.2.1 VV Rn. 116.
[17] Vgl. zum Ganzen mit zahlreichen Einzelbeispielen: Schneider/Wolf/*Mock*/N. *Schneider/*
Wahlen/Wolf Vorb. 3.2.1 VV Rn. 117–131.

gemäß § 74 f. GWB zum Bundesgerichtshof (kein BGH-Anwaltszwang) sowie Beschwerden gegen Entscheidungen der Vergabekammern nach § 116 f. GWB zum Oberlandesgericht behandelt. Gemäß §§ 78, 120 Abs. 2 GWB kann das Gericht eine **Kostenerstattung** anordnen und aufgrund des im Beschwerdeverfahrens nach § 68 GWB bestehenden Anwaltszwanges sind die Rechtsanwaltsgebühren im Sinne von § 91 Abs. 2 S. 1 ZPO stets als notwendig anzusehen.[18]

30 Interessant ist, dass der BGH eine vor der Vergabekammer angefallene vereinbarte Stundensatzvergütung für festsetzungsfähig hält, wenn diese lediglich in Höhe einer Geschäftsgebühr geltend gemacht wird.[19] In der Literatur wird kritisiert, dass man allerdings auf die Feststellung verzichtet habe, ob die nach der Vergütungsvereinbarung angefallene Vergütung der Höhe nach die geltend gemachte Geschäftsgebühr überhaupt erreicht.[20]

31 **f) Beschwerden nach dem EnWG (Nr. 2f).** Die nunmehr unter Nr. 2f vorzufindende Regelung fand sich unverändert früher in Nr. 8 der Anmerkung. Gegen Entscheidungen der Regulierungsbehörde sieht das EnWG die Beschwerde zum OLG (§ 75 Abs. 1 EnWG) und gegen dessen Entscheidung die Rechtsbeschwerde zum BGH vor (§ 86 Abs. 1 EnWG). Nach der Vorb. 3.2.1 Nr. 8 VV RVG sind hier wiederum die Vorschriften des Teils 3 Abschn. 2 Unterabschnitt 1 VV RVG anzuwenden. Eine Anwendung des Unterabschnitts 2 scheidet aus, weil sich die Parteien nicht nur durch einen beim Bundesgerichtshof zugelassenen Rechtsanwalt vertreten lassen können (§ 80 EnWG).[21]

32 **g) Beschwerden nach dem KSpG (Nr. 2g).** Aus der bisherigen Nr. 10 der Anm. 3.2.1 (eingeführt durch Art. 6 des Gesetzes zur Demonstration und Anwendung von Technologie zur Abscheidung, zum Transport – und zur dauerhaften Speicherung von Kohlendioxid vom 17.8.2012[22]) wird Nr. 2g. Eine inhaltliche Änderung ist hiermit natürlich nicht verbunden. Im KSpG ist für die Beschwerde das Oberlandesgericht und für die Rechtsbeschwerde der BGH zuständig, was natürlich dazu führt, dass der Anwalt – wie bisher – die erhöhte Vergütung nach Nr. 3200 ff. VV erhält.

33 **h) Beschwerden nach dem VSchDG (Nr. 2h).** Das Verbraucherschutzdurchsetzungsgesetz dient der Durchführung der Verordnung (EG Nr. 2006, 2004 des Europäischen Parlaments und des Rates vom 27.10.2004) über die Zusammenarbeit zwischen den für die Durchsetzung der Verbraucherschutzgesetze zuständigen nationalen Behörden. Mit der Verordnung soll innerhalb der europäischen Union ein Netzwerk von Verbraucherbehörden geschaffen werden, die sich gegenseitig bei der Durchsetzung von Maßnahmen im Falle der grenzüberschreitenden Verstößen gegen Verbraucherrechte unterstützen.[23]

34 Nr. 9 betrifft die Beschwerden und Rechtsbeschwerden nach Abschn. 5 dieses Gesetzes gegen dort im Einzelnen aufgeführte Entscheidungen der gemäß § 2 VSchDG zuständigen Behörden. Auch hier richten sich die Gebühren nach Nr. 3200 ff. VV RVG.

35 Eine inhaltliche Veränderung zur früheren Fassung ist nicht gegeben. Aus der früheren Nr. 9 wurde jetzt Nr. 2h.

---

[18] Vgl. Gerold/Schmidt/*Müller-Rabe* Vorb. 3.2.1 Rn. 47.

[19] BGH NJW 2014, 3163 = AnwBl. 2014, 865.

[20] Vgl. auch insoweit Vgl. Gerold/Schmidt/*Müller-Rabe* Vorb. 3.2.1 Rn. 47b sowie ablehnende Anm. *Hansens* RVGreport 2014, 352.

[21] Schneider/Wolf/*Mock/N. Schneider*/*Wahlen*/*Wolf* Vorb. 3.2.1 VV Rn. 171.

[22] BGB-Bl. I-1726.

[23] Vgl. zum Ganzen eingehend: Schneider/Wolf/*Mock/N. Schneider*/*Wahlen*/*Wolf* Vorb. 3.2.1 VV Rn. 185 ff.

i) Beschwerden nach dem SpruchG (Nr. 2i). Die Regelung ist eine wichtige 36
Ergänzung der Vorb. 3.2.1 und verbessert die Vergütungssituation des Rechtsanwalts.
Da eine gesonderte Regelung bislang für Beschwerdeverfahren nach dem SpruchG
(§ 12 SpruchG) nicht vorhanden war, wurde der Rechtsanwalt nach den Nr. 3500
ff VV honoriert.

Tatsächlich sind die Verfahren aber mit einem zivilrechtlichen Klageverfahren 37
durchaus vergleichbar und zeichnen sich durch rechtliche und tatsächliche Schwierigkeiten
ebenso aus, wie die wirtschaftlichen Konsequenzen einer Entscheidung
die für die betroffenen Unternehmen nicht zu unterschätzen sind. Die Verfahrensdauer
liegt oftmals bei mehreren Jahren, weil die nach § 12 SpruchG eingelegte
Beschwerde zu einer vollständigen zweiten Tatsacheninstanz führt. Es ist demgemäß
gerechtfertigt hier die höheren Gebühren nach Nr. 3200 ff. VV zur Anwendung
gelangen zu lassen.[24]

j) Beschwerden nach dem WpÜG. Hier sind Beschwerdeverfahren nach 38
§ 48 ff. Wertpapiererwerbs- und Übernahmegesetz gegen Verfügungen der Bundesanstalt
für Finanzdienstleistungsaufsicht betroffen, für deren Entscheidung wiederum
das OLG, nämlich das OLG Frankfurt zuständig ist. Zu beachten ist bei einem
Antrag auf einstweilige Anordnung nach § 50 WpÜG im Beschwerdeverfahren, dass
die erhöhten Gebühren nach Abschn. 2 entstehen, weil die Vorbemerkung 3.2.
Abs. 2 keinen Verweis auf das WpÜG enthält; Abschn. 1 ist damit nicht anwendbar

3. Beschwerdeverfahren (Nr. 3 Buchst. a und b)

**a) Beschwerden gegen die Entscheidung des Verwaltungs- oder Sozialgerichts 39
wegen des Hauptgegenstands in Verfahren des vorläufigen oder
einstweiligen Rechtsschutzes (Nr. 3a).** Der Gesetzgeber hat durch die Neuregelung
eine weitere Ungerechtigkeit beseitigt. Bislang erhielten Rechtsanwälte bei
Beschwerdeverfahren wegen des Hauptgegenstand des einstweiligen Rechtsschutzes
in verwaltungs- und sozialgerichtlichen Angelegenheiten zu niedrigere Gebühren,
nämlich bei Wertgebühren jene nach Nr. 3500, 3513 VV und bei Rahmengebühren
nach Nr. 3501, 3515 VV.[25]

Die bekannte restriktive Kostenrechtsprechung in verwaltungsgerichtlichen Verfahren 40
und sozialgerichtlichen Verfahren hat dazu geführt, dass auch Versuche scheiterten,
eine analoge Anwendung der Vorb. 3.2.1 VV zu erreichen oder aus dem
Umkehrschluss zu Vorb. 3.2. VV zu schließen, dass die höheren Gebühren eines
Berufungsverfahrens gelten.[26]

Nunmehr erhält der Rechtsanwalt für diese Tätigkeit endlich die Gebühren eines 41
Berufungsverfahrens.

Unverändert bleibt es allerdings dabei, dass für Beschwerden gegen Zwischen- 42
und Nebenentscheidungen im Verfahren des einstweiligen Rechtsschutzes die
Gebühren nach Teil 3 Abschn. 5 VV zu berechnen sind.

Wegen der Höhe der Gebühren wird auf die Kommentierung zu den einzelnen 43
nunmehr einschlägigen Vergütungstatbeständen verwiesen.

---

[24] *Schneider/Thiel* S. 221; *Schneider/Wolf/Mock/N. Schneider/Wahlen/Wolf* Vorb. 3.2.1 VV Rn. 228.
[25] *Gerold/Schmidt/Müller-Rabe* Vorb. 3.2.1 Rn. 56 unter Hinweis auf OVG Münster AGS 2014, 392 = NJW 2014, 3323; sa Bay. LSG AGS 2013, 232.
[26] *Schneider/Thiel* S. 221 unter Hinweis auf OVG Sachsen-Anhalt AGS 2012, 330 mAnm *Schneider*; LSG Hessen AGS 2012, 180; LSG Nordrhein-Westfalen AGS 2012, 181 mAnm *Schneider*; LSG Thüringen AGSKompakt 2012, 57; SG Berlin AGS 2011, 232; SG Kiel AGS 2012, 276.

44 Kommt es zur Einigung oder zu einer Erledigung, kommt der Rechtsanwalt auch hier in den Genuss einer höheren Vergütung, da sich die Einigungsgebühr nach der Höhe der Verfahrensgebühr richtet.[27]

45 Dies bedeutet, dass der Anwalt eine Erledigungsgebühr nach Nr. 1006 iVm Nr. 3204 VV in Höhe von 60 EUR bis 680 EUR berechnen kann, was einer Mittelgebühr von 370 EUR entspricht.

46 **b) Beschwerden nach dem WpHG (Nr. 3b).** Die Regelung entspricht der bisherigen Vorb. 3.2.1 Nr. 5.

47 Betroffen sind hier Beschwerdeverfahren nach §§ 37u Abs. 2 WpHG iVm § 48 Abs. 1 S. 1 WpÜG gegen Verfügungen der Bundesanstalt für Finanzdienstleistungsaufsicht, für deren Entscheidung das OLG Frankfurt zuständig ist (§ 48 Abs. 4 WpÜG).[28]

48 Wird ein Antrag auf einstweilige Anordnung nach § 50 WpÜG im Beschwerdeverfahren gestellt, entstehen wiederum die erhöhten Gebühren nach Teil 3 Abschn. 2; entsprechendes gilt für Beschwerden gegen Verfügungen der Bundesanstalt für Finanzdienstleistungsaufsicht nach § 37u WpHG (→ Vorb. 3.2.1 Nr. 6 VV).[29] Die bislang unter Ziff. 7 aF behandelten Beschwerde- und Rechtsbeschwerdeverfahren, Marken- und Patentsachen vor dem Bundesgerichtshof nach §§ 100, 122 PatG, 18 Abs. 4 GebrMG, 83 Abs. 1 MarkenG, 23 Abs. 3 GeschMG, 35 SortSchG, 4 Abs. 4 HalblSchG sind nunmehr in Unterabschnitt 2 (vgl. dort Vorb. 3.2.2 Nr. 2 VV RVG) geregelt und werden dort kommentiert.

49 Zu beachten ist, dass das in der früheren Vorb. 3.2.2 Nr. 1d) genannte Rechtsbeschwerdeverfahren nach dem WpÜG gestrichen wurde. Die Gebühren für dieses Rechtsbeschwerdeverfahren in einer Bußgeldsache gemäß § 63 WpÜG richten sich nach Teil 5 VV.

4. Rechtsbeschwerdeverfahren nach dem StVollzG, auch iVm § 92 JGG (Nr. 4)

50 Die bereits bisher in Vorb. 3.2.1 VV unter Nr. 7 enthaltene Regelung wird nunmehr zu Nr. 4, ohne dass hiermit inhaltliche Änderungen verbunden sind.

51 Auch in Rechtsbeschwerdesachen in Strafvollzugssachen gegen Entscheidungen der Strafvollstreckungskammer beim Landgericht entsteht die erhöhte Gebühr. Für die Entscheidung über die Rechtsbeschwerde ist gemäß § 117 StVollzG das Oberlandesgericht zuständig.

Nr. 3200 VV

Nr.	Gebührentatbestand	Gebühr oder Satz der Gebühr nach § 13
3200	Verfahrensgebühr, soweit in Nummer 3204 nichts anderes bestimmt ist	1,6

I. Überblick

1 Nr. 3200 VV entspricht dem alten § 31 Abs. 1 Nr. 1 BRAGO iVm § 11 Abs. 1 Satz. 4 BRAGO und stellt ein Pendant zu Nr. 3100 VV für die zweite Instanz dar.

---

[27] *Schneider/Thiel* AGS 2012, 157 ff., 162 f.
[28] HK-RVG/*Maué* Vorb. 3.2.1 VV Rn. 17.
[29] Vgl. hier zum Ganzen sehr ausführlich: Schneider/Wolf/*Mock/N. Schneider/Wahlen/Wolf* Vorb. 3.2.1 VV Rn. 297 ff.

Während die BRAGO mit Verweisungen arbeitete und die Prozessgebühr des 2
erstinstanzlichen Verfahrens um 3/10 auf 13/10 für die zweite Instanz erhöhte, finden
sich im RVG für die zweite Instanz **eigene Gebührentatbestände,** die aber inhaltlich im Wesentlichen den Gebührentatbeständen der ersten Instanz (Nr. 3100 f. VV)
entsprechen.

Wenigstens bei dieser Gebühr wurde daran festgehalten, dem Rechtsanwalt für 3
die zweite Instanz eine höhere Gebühr zuzugestehen als in der ersten Instanz. Das
Erhöhungsvolumen entspricht der alten Gesetzeslage, so dass der Rechtsanwalt
als Verfahrensgebühr eine um 0,3 erhöhte Gebühr im Verhältnis zur ersten Instanz
in Rechnung stellen kann.

Demgegenüber ist die Terminsgebühr mit 1,2 gleich hoch wie in der zweiten 4
Instanz. Begründet wird dies damit, dass man die Verlagerung des Schwerpunkts
des Rechtsstreits auf die erste Instanz auch gebührenrechtlich – iSd Reform der
ZPO 2002 – habe nachvollziehen wollen. Da gemäß § 529 ZPO n. F. neue Tatsachen
in der Berufung nur noch eingeschränkt berücksichtigungsfähig seien, könne eine
erhöhte Terminsgebühr für die zweite Instanz nicht mehr gerechtfertigt werden.[1]

Erstaunlicherweise wird diese **fragwürdige Gesetzesbegründung** ganz über- 5
wiegend völlig unkritisch in den Kommentaren wiedergegeben.[2] Diese Reaktion
überrascht, da die Gesetzesbegründung nicht ansatzweise zu überzeugen vermag.
Die Auswirkungen der ZPO-Reform auf die zweite Instanz sind bis heute nicht
ausreichend evaluiert, so dass es auf Bedenken stößt, in einem so frühen Stadium
Mutmaßungen darüber anzustellen, ob sich der Schwerpunkt des Rechtsstreits –
wie erhofft und erwartet mit der Reform – tatsächlich entscheidend verlagert hat.
Die Praxis belegt eher das Gegenteil.

Im Übrigen ist es auch unlogisch, wegen der angeblich reduzierten Bedeutung 6
in der zweiten Instanz lediglich die Terminsgebühr der erstinstanzlichen Terminsgebühr gleichzustellen. Konsequenterweise hätte man dann entsprechend auch bei
der Verfahrensgebühr vorgehen müssen. Da die Literatur und die Vertreter der
Anwaltschaft – soweit ersichtlich – die **Ungleichbehandlung** von Verfahrens- und
Terminsgebühr jedoch klaglos hingenommen haben und hinnehmen, ist insoweit
mit einer Anpassung wohl nicht mehr zu rechnen. Dementsprechend fanden sich
auch in den Vorschläge der Ausschüsse RVG und GKG von BRAK und DAV zur
Strukturreform des RVG keine Anregungen, die Terminsgebühr in der zweiten
Instanz zu erhöhen.

II. Anwendungsbereich

Ebenso wie die Verfahrensgebühr nach Nr. 3100 VV entsteht die Gebühr nach 7
Nr. 3200 VV für das Betreiben des Geschäfts einschließlich der Information
(→ Vorb. 3 Abs. 2 VV) und setzt einen entsprechenden Auftrag des Mandanten
voraus. Allein die Zusendung einer Rechtsmittelschrift an den Prozessbevollmächtigten der ersten Instanz ist für das Entstehen der zweitinstanzlichen Verfahrensgebühr noch nicht ausreichend. Es muss ein Auftrag des Mandanten hinzukommen.[3]

Selbstverständlich kann der Auftrag auch stillschweigend erteilt sein, wenn sich 8
dies aus den Umständen ergibt und in der Regel wird ein Rechtsanwalt die Rechts-

---

[1] BT-Drs. 15/1971, 214.
[2] Vgl. HK-RVG/*Maué* Nr. 3200–3205 VV Rn. 1; Gerold/Schmidt/*Müller-Rabe* Vorb. 3.2.1
Nr. 1 aE; ebenso unkritisch: *Hartung/Römermann* in der ersten Auflage Teil 3 VV Rn. 99; ebenso
völlig unkommentiert bei *Bischof* in der Kommentierung zu Nr. 3202 VV.; kritisch hingegen
Hartung/Römermann/Schons/*Schons*, 2. Aufl., Nr. 3200 VV Rn. 5.
[3] BGH AGS 2013, 7 f.; OLG Saarbrücken AGS 2010, 164; HK-RVG/*Maué* Nr. 3200–
3205 VV Rn. 2; vgl. auch die beachtlichen Warnhinweise bei Gerold/Schmidt/*Müller-Rabe*
Nr. 3200 VV Rn. 4 ff.

Nr. 3200 VV

mittelschrift erst studieren und nicht unkommentiert an den Mandanten weiterleiten. Derartige Tätigkeiten werden in der Praxis in der Regel erst entfaltet, wenn ein entsprechender Auftrag gegeben ist. Gleichwohl wird auch an dieser Stelle zur Vorsicht geraten. Wie bereits erwähnt ist die Rechtsprechung des Bundesgerichtshofes zu konkludenten Aufträgen für die Rechtsmittelinstanz höchst unterschiedlich und es liegt an dem Rechtsanwalt, für klare Verhältnisse Sorge zu tragen.[4]

9 Eindeutig ist es jedenfalls nicht ausreichend, dass der Rechtsanwalt nach dem Text seiner Vollmacht auch in der Rechtsmittelinstanz vertretungsberechtigt ist.[5]

10 Es ist in Erinnerung zu rufen, dass die Vollmacht sich auf das rechtliche Können bezieht, den Auftrag (rechtliches Dürfen) also gerade nicht ersetzt. Ebenso ist es wichtig, den Auftrag klar zu definieren. Wenn der Rechtsanwalt lediglich die Erfolgsaussichten des Rechtsmittels überprüfen soll, so kann sich der Auftrag auf den Gebührentatbestand von § 34 oder Nr. 2100 VV RVG beschränken. Wer einen klaren Verfahrensauftrag wünscht, muss dies auch sagen.

11 Ganz entschieden gegen einen Verfahrensauftrag spricht es, wenn der Rechtsanwalt mit seinem Mandanten lediglich bespricht, ob der man zeitlich begrenzten Stillhaltebitte des Gegners nachkommen soll. Wird entschieden, dass man der Bitte nachkommt, so wird der Verfahrensauftrag ja gerade nicht erteilt, sondern allenfalls herausgeschoben.[6]

12 Nr. 3200 VV gelangt bei folgenden Verfahren zur Anwendung:
- bei allen in Teil 3 VV geregelten Berufungsverfahren, die nach Wertgebühren (§ 2) abgerechnet werden;
- bei Verfahren vor dem Rechtsmittelgericht über die Zulassung der Berufung (vgl. Vorb. 3.2 Abs. 1 VV RVG);
- bei den Verfahren vor dem Finanzgericht (Vorb. 3.2.1 Nr. 1 VV);
- bei den in Vorb. 3.2.1 Nr. 2–4 VV aufgeführten Beschwerde- bzw. Rechtsmittelbeschwerdeverfahren, soweit sich aus der Vorb. 3.2.2 VV nichts anderes ergibt;
- bei den sozialrechtlichen Verfahren vor dem Landessozialgericht, bei denen nach Gegenstandswert abzurechnen ist (bei den anderen Verfahren mit Betragsrahmengebühren findet Nr. 3204 VV Anwendung).

13 Wie bei jeder Festgebühr bleibt der Gebührensatz von 1,6 gleich, unabhängig davon, wie umfangreich sich die Tätigkeit des Rechtsanwalts darstellt und wie schwierig sich das Mandat präsentiert. Vom Regelgebührensatz von 1,6 ist nur abzuweichen, wenn sich der Auftrag vorzeitig erledigt (vgl. Nr. 3201 VV), also eine Situation eintritt, die der von Nr. 3101 VV ähnlich ist oder es lediglich zu einer **eingeschränkten Tätigkeit** des Rechtsanwalts kommt (vgl. Nr. 3201 VV, Anm. Abs. 2).

14 Auch hier **erhöht** sich die Verfahrensgebühr gemäß Nr. 1008 VV um 0,3 für jeden weiteren Auftraggeber, wobei die mit dem RVG eingetretene Veränderung zu § 6 BRAGO auch hier zum Tragen kommt. Die Erhöhung ist nicht aus dem Ausgangstatbestand zu entnehmen, sondern es findet eine **Addition** von Grundgebühr und Erhöhungsgebühr statt. Wird der Berufungsanwalt also beispielsweise für insgesamt drei Mandanten und Auftraggeber tätig, beträgt die Verfahrensgebühr 2,2 (1,6 + 0,3 + 0,3 für die beiden weiteren Auftraggeber).

15 Fragen der **Kostenerstattung** werden in der Kommentierung zu Nr. 3201 VV RVG abgehandelt (→ Nr. 3201 VV Rn. 4 ff.). Zunächst einmal gilt der Grundsatz, dass auch die Kosten des Berufungsbeklagtenvertreters der Erstattungspflicht unterliegen, wobei Differenzierungen angebracht sind.

---

[4] Zur Rechtsprechung vgl. erneut BGH NJW 1991, 2084 sowie BGH NJW 2005, 2233; so jetzt auch BGH AGS 2013, 7 f.; siehe hierzu auch BGH NJW-RR 2014, 204; OLG Koblenz FamRZ 2008, 1016; OVG Magdeburg AGS 2013, 177.

[5] Gerold/Schmidt/*Müller-Rabe* Nr. 3200 VV Rn. 3 unter Hinweis auf OLG Hamm RVGreport 2014, 228.

[6] Vgl. auch Karlsruhe JurBüro 2001, 473.

Abschnitt 2. Berufung, Revision ua   **Nr. 3201 VV**

Erteilt beispielsweise der mit seiner Klage abgewiesene Kläger seinem Verfahrensbevollmächtigten Auftrag in vollem Umfange Berufung einzulegen, wird die Berufung dann jedoch auf Anraten des beauftragten Rechtsanwalts beschränkt, so kann sich – naturgemäß – die Kostenentscheidung des Berufungsgerichts – im Falle des Obsiegens – nur auf den Gegenstand des Berufungsantrages beschränken. Hinsichtlich des Restanspruches ist zwar für den Verfahrensbevollmächtigten des Rechtsmittelklägers eine 1,1 Berufungsverfahrensgebühr gegen den Auftraggeber erwachsen, die sich auf die Kostenentscheidung des Berufungsgerichts und demgemäß auf das Kostenfestsetzungsverfahren nicht auswirkt. In der Praxis wird der entsprechende Rechtsanwalt auch darauf verzichten, diese „Differenzgebühr" in Rechnung zu stellen, da es nach diesseitiger Auffassung zu den Gebühren der ersten Instanz zumindest gehört, den erstinstanzlichen Auftraggeber von unsinnigen Berufungen abzuhalten. Anders mag es sein, wenn ein neuer Rechtsanwalt mandatiert und direkt mit dem Auftrag versehen wird, gegen das erstinstanzliche Urteil uneingeschränkt Berufung einzulegen. Auch hier dürfte es allerdings dem Selbstverständnis von Berufungsanwälten entsprechen, zunächst einmal das erstinstanzliche Urteil kritisch zu überprüfen und auf Erfolgsaussichten hinsichtlich einer Berufung zu untersuchen.   **16**

Angesichts der nicht nur bei den Instanzgerichten zu beobachtenden Neigung von Richtern, Rechtsanwälten, wenn irgendmöglich Gebühren abzusprechen, ist jedenfalls dazu zu raten, den Mandanten und Auftraggeber „verbraucherfreundlich" auch dann zu behandeln, wenn es sich um einen „gestandenen Geschäftsmann" handelt.   **17**

Nr. 3201 VV

Nr.	Gebührentatbestand	Gebühr oder Satz der Gebühr nach § 13
3201	Vorzeitige Beendigung des Auftrags oder eingeschränkte Tätigkeit des Anwalts: Die Gebühr 3200 beträgt .... (1) Eine vorzeitige Beendigung liegt vor, 1. wenn der Auftrag endigt, bevor der Rechtsanwalt das Rechtsmittel eingelegt oder einen Schriftsatz, der Sachanträge, Sachvortrag, die Zurücknahme der Klage oder die Zurücknahme des Rechtsmittels enthält, eingereicht oder bevor er einen gerichtlichen Termin wahrgenommen hat, oder 2. soweit Verhandlungen vor Gericht zur Einigung der Parteien oder der Beteiligten oder mit Dritten über in diesem Verfahren nicht rechtshängige Ansprüche geführt werden; der Verhandlung über solche Ansprüche steht es gleich, wenn beantragt ist, eine Einigung zu Protokoll zu nehmen oder das Zustandekommen einer Einigung festzustellen (§ 278 Abs. 6 ZPO) Soweit in den Fällen der Nummer 2 der sich nach § 15 Abs. 3 RVG ergebende Gesamtbetrag der Verfahrensgebühren die Gebühr 3200 übersteigt, wird der übersteigende Betrag auf eine Verfahrensgebühr angerechnet, die wegen desselben Gegenstands in einer anderen Angelegenheit entsteht. (2) Eine eingeschränkte Tätigkeit des Anwalts liegt vor, wenn sich seine Tätigkeit 1. in einer Familiensache, die nur die Erteilung einer Genehmigung oder die Zustimmung des Familiengerichts zum Gegenstand hat, oder	1,1

Nr. 3201 VV

Nr.	Gebührentatbestand	Gebühr oder Satz der Gebühr nach § 13
	2. in einer Angelegenheit der freiwilligen Gerichtsbarkeit auf die Einlegung und Begründung des Rechtsmittels und die Entgegennahme der Rechtsmittelentscheidung beschränkt.	

Übersicht

	Rn.
I. Überblick	1
1. Ermäßigungstatbestände (Absatz 1 Ziff. 1 und 2 der Anmerkung)	1
a) Abs. Ziff. 1 und 2 der Anmerkung	1
b) Eingeschränkte Tätigkeit	2
2. Besonderheiten in der Berufungsinstanz (Abs. 1 Ziff. 1 der Anm.)	3
3. Differenzgebühr (Abs. 2 Ziff. 2 der Anm.)	22
4. Anrechnungsregeln	26
5. Eingeschränkte Tätigkeit (Abs. 2 Nr. 1 und 2)	27
a) Familiensachen (Abs. 1 Nr. 1)	27
b) Verfahren der freiwilligen Gerichtsbarkeit (Abs. 2 Nr. 2)	30

I. Überblick

1. Ermäßigungstatbestände (Absatz 1 Ziff. 1 und 2 der Anmerkung)

1 **a) Abs. Ziff. 1 und 2 der Anmerkung.** Die in Abs. 1 Ziff. 1 und 2 genannten Ermäßigungstatbestände entsprechen der Regelung der Nr. 3101 Ziff. 1 und 2 VV mit der Maßgabe, dass die Ziff. 1 zu Nr. 3201 VV auf die Berufungsinstanz zugeschnitten ist, während die Ziff. 2 zu Nr. 3201 VV fast wortgetreu (es fehlt nur das Wort „lediglich") die umformulierte Ziff. 2 zu Nr. 3101 VV wiederholt. Auf die Erläuterungen zu Nr. 3101 VV kann deshalb im Wesentlichen verwiesen werden.

2 **b) Eingeschränkte Tätigkeit.** Neu ist hingegen, dass es zu einer Ermäßigung auch dort kommen soll, wo der Rechtsanwalt in Familiensachen und in Verfahren der freiwilligen Gerichtsbarkeit eine sog. nur eingeschränkte Tätigkeit entfaltet. Dies hängt ersichtlich mit der Intention des Gesetzgebers zusammen, dem Rechtsanwalt in Beschwerdesachen etwa bei Erbscheinsanträgen eine höhere Gebühr als bislang zuzusprechen, ohne aber stets den vollen Gebührenrahmen nach Nr. 3200 VV zu eröffnen (→ Vorb. 3.2.1 Rn. 16 ff.)

2. Besonderheiten in der Berufungsinstanz (Abs. 1 Ziff. 1 der Anm.)

3 Auch in der Berufungsinstanz ermäßigt sich im Falle der vorzeitigen Beendigung des Auftrages die volle Verfahrensgebühr (1,6) um 0,5, hier also auf 1,1. Während eine Reduzierung der Gebühr auf 1,1 beim **Berufungskläger** praktisch nur dann in Betracht kommen kann, wenn der Rechtsmittelauftrag sich erledigt, bevor die Berufungsschrift bei Gericht eingelegt wird (Sachanträge oder Sachvortrag sind für den Anfall der vollen Verfahrensgebühr nicht erforderlich), verdient der **Berufungsbeklagtenvertreter** die volle Verfahrensgebühr erst dann, wenn er zumindest schriftsätzlich den **Zurückweisungsantrag** des Rechtsmittels formuliert hat. Bestellt er sich lediglich schriftsätzlich im Berufungsverfahren, so beträgt für ihn die Verfahrensgebühr 1,1, und zwar auch dann, wenn die Berufung nur zur Fristwahrung eingelegt wurde.[1]

---

[1] Gerold/Schmidt/*Müller-Rabe* Nr. 3201 VV Rn. 53.

Zu Recht wird in diesem Zusammenhang darauf hingewiesen, dass die Stellung von Zurückweisungsanträgen praktisch nicht notwendig iSv § 91 ZPO ist, wenn der Rechtsmittelführer selbst noch keine Anträge gestellt und/oder diese begründet hat.[2]

Das Problem, welche Gebühr ein **vorläufig gestellter Zurückverweisungsantrag** auslöst, stellt sich im Übrigen nicht erst bei der Erstattungsfähigkeit.[3] Der Mandant hat stets einen Anspruch darauf, dass der Rechtsanwalt nur sinnvolle Gebühren auslösende Tätigkeiten ausübt. Fehlt es hieran, so kann schon das Entstehen der vollen Verfahrensgebühr streitig sein. Jedenfalls wird der Mandant dem Rechtsanwalt diese Gebühr unter dem **Gesichtspunkt des Schadensersatzes** nicht schulden, wenn dieser – ohne den Mandanten entsprechend aufzuklären – in Kenntnis der Erstattungsrechtsprechung voreilige Anträge formuliert.

Es war lange sogar umstritten, ob der Berufungsbeklagte überhaupt berechtigt sei, **vor Eingang einer Berufungsbegründung** anwaltliche Hilfe in der zweiten Instanz in Anspruch zu nehmen, wenn der Berufungskläger erklärtermaßen die Berufung nur zur Fristwahrung eingelegt und darum gebeten hat, auf eine Anwaltsbestellung so lange zu verzichten, bis feststehe, dass die Berufung durchgeführt werde. Entsprach der Berufungsbeklagte dieser Bitte nicht, so erhielt er die bei seinem Rechtsanwalt angefallene halbe Prozessgebühr nach § 32 Abs. 1 BRAGO nicht erstattet, wenn die Berufung – vor ihrer Begründung – vom Gegenanwalt zurückgenommen wurde.

Diese eigentlich recht vernünftige Rechtsprechung führte über viele Jahre hinweg dazu, dass die Kosten eines Berufungsverfahrens gering gehalten werden konnten, da sich Rechtsanwälte und Mandanten üblicherweise – und sei es auch nur stillschweigend – der Bitte des Berufungsklägervertreters, zunächst von einer Bestellung abzusehen, verpflichtet fühlten. Inzwischen hat die höchstrichterliche Rechtsprechung eine **Kehrtwendung** vorgenommen, der von den Instanzgerichten weitestgehend gefolgt wird: Der Berufungsbeklagte habe ein Recht, unmittelbar nach Erhalt einer nur fristwahrend eingelegten Berufung anwaltliche Hilfe in Anspruch zu nehmen.[4]

Worin die Sinnhaftigkeit einer so frühzeitigen Beauftragung des Rechtsanwalts bei derartigen Fallgestaltungen liegen soll, wird in den zitierten Entscheidungen nicht erläutert.[5] Immerhin besteht nach wie vor der **Grundkonsens**, dass der Berufungsbeklagte jedenfalls nicht berechtigt ist, die Zurückweisung der Berufung in Auftrag zu geben, bevor umgekehrt die Berufung nicht begründet ist. Unabhängig von der tatsächlich entfalteten Tätigkeit des Rechtsanwalts wird im Falle einer Rücknahme der Berufung vor ihrer Begründung nur eine reduzierte Verfahrensgebühr nach Nr. 3201 VV Eingang in das Erstattungsverfahren finden können. Dies wird

---

[2] Vgl. Gerold/Schmidt/*Müller-Rabe* Nr. 3201 VV Rn. 54; differenzierend und auf die Frage der Erstattungsfähigkeit reduzierend Schneider/Wolf/*N. Schneider* Nr. 3201 VV Rn. 15; vgl. aber auch den seltenen Ausnahmefall, wo Zurückweisungsantrag frühzeitig sinnvoll sein kann, bei Gerold/Schmidt/*Müller-Rabe* Nr. 3200 VV Rn. 45. Es wird auf den erklärten Rechtsmittelverzicht des Rechtsmittelklägers durch den Berufungsbeklagten hingewiesen; vgl. zum Ganzen nach *Onderka* RVGprofessionell 2005, 153 ff.

[3] So aber offenbar HK-RVG/*Maué* Nr. 3200–3205 VV Rn. 6,7; ebenso offenbar Schneider/Wolf/*N. Schneider* Nr. 3201 VV Rn. 15; **aA** Gerold/Schmidt/*Müller-Rabe* Nr. 3201 VV Rn. 54; § 1 Rn. 166; der ebenfalls zutreffend darauf hinweist, dass ein Rechtsanwalt im Regelfall durch einen überflüssigen Antrag keine Gebühr gegenüber seinem Mandanten geltend machen kann.

[4] BGH AGS 2003, 219 mAnm *Madert* = NJW 2003, 756 = AnwBl. 2003, 242; siehe jetzt auch OLG Koblenz AGS 2013, 8 f. (hier hatte der Berufungskläger den Gegner allerdings nicht darüber informiert, dass man die Berufung nur zur Fristwahrung einlege); **aA** OLG Hamburg JurBüro 94, 423; OLG Dresden MDR 1998, 1309 und 2000, 852; OLG Koblenz MDR 2005, 297 ff.: Kein Erstattungsanspruch, auch nicht in Höhe einer reduzierten Verfahrensgebühr.

[5] Insoweit zu recht kritisch: Gerold/Schmidt/*Müller-Rabe* Nr. 3200 VV Rn. 13.

dann in der Regel die weitere Konsequenz haben, dass der Mandant auch dem Rechtsanwalt nur die reduzierte Gebühr schuldet (→ Rn. 4).[6]

9 Eindeutig entsteht beim Berufungsbeklagten die volle Verfahrensgebühr nach Nr. 3200 VV und nicht die reduzierte nach Nr. 3201 VV, wenn das Berufungsgericht einen **Hinweis** auf eine **fehlende Erfolgsaussicht** nach § 522 Abs. 2 ZPO gibt. In diesem Fall ist die Verfahrensgebühr beim Beklagtenvertreter, der sich bestellt, Zurückweisung beantragt und ggf. auf die Hinweise im Beschluss Bezug nimmt, voll erstattungsfähig, da zu diesem Zeitpunkt die Entscheidung, dass das Rechtsmittel durchgeführt wird, vom Berufungskläger getroffen worden ist.[7]

10 Überwiegend wird allerdings darauf abgestellt, ob der Berufungsbeklagtenvertreter auf die Hinweise im Beschluss nach § 522 ZPO auch eingeht. Geschieht dies, wird eindeutig der Anfall einer vollen Gebühr nach Nr. 3200 VV RVG und nicht nach Nr. 3201 VV RVG bejaht und für erstattungsfähig gehalten.[8]

11 Wird hingegen das Rechtsmittel nach Hinweis des Gerichts zurückgenommen, **bevor der Gegner eine weitere Tätigkeit** entfaltet hat, soll sich der Erstattungsanspruch auf die ermäßigte Gebühr beschränken.[9] Während wiederum die volle Gebühr nach Nr. 3200 VV für erstattungsfähig erklärt wird, wenn es zu einer Zurückweisung der Berufung durch das Gericht kommt.[10]

12 Trotz Rücknahme der Berufung vor Begründung entsteht die volle Verfahrensgebühr für den Prozessbevollmächtigten des Berufungsbeklagten allerdings dann, wenn er zu verfahrensrechtlichen Problemen schriftsätzlich Stellung nimmt.[11] Hier ist allerdings auf die Besonderheit zu achten, dass die Berufung zwei Mal eingelegt wurde und der hier folgende Rücknahmeantrag nur einmal gestellt wurde, so dass sich ein verfahrensrechtliches Problem ergab, zu dem der Berufungsbeklagte Stellung nahm und auch Stellung nehmen musste.

13 Zu einer erstattungsfähigen vollen Verfahrensgebühr nach Nr. 3200 VV kommt es auch dann, wenn der vom Berufungsbeklagten gestellte Zurückweisungsantrag nach Berufungsbegründung seinerseits nicht mit einer Begründung versehen ist.[12]

14 Neu ist die Rechtsprechung des BGH bei der Fallgestaltung, dass der Verfahrensbevollmächtigte des Berufungsbeklagten den Zurückweisungsantrag schon vor der Berufungsbegründung stellt und die Berufung dann letztendlich zurückgenommen wird. Nach der früheren Rechtsprechung wurde in diesen Fällen eine Erstattung einer vollen Verfahrensgebühr schlechthin abgelehnt oder nur dann anerkannt, wenn eine Entscheidung in der Sache über die Berufung erfolgt war. Diese Rechtsprechung ist überholt, nachdem der XI. Senat des BGH erklärt hat, auf die zeitliche Abfolge der Anträge komme es nicht an, und nachdem der V., VI. und XII. Zivilsenat erklärt haben, an ihrer abweichenden Auffassung nicht mehr festhalten zu wollen.[13] Das OLG Celle bleibt hingegen dabei, dass diese Rechtsprechung nicht zu berücksichtigen sei, wenn dem obsiegenden Berufungsbeklagten die Rechtsmittelbegründung erst gleichzeitig mit der Entscheidung

---

[6] Siehe hierzu BGH NJW 2003, 2992; OLG München AGS 2005, 520.

[7] HK-RVG/*Maué* Nr. 3200–3205 VV Rn. 9; ebenso Gerold/Schmidt/*Müller-Rabe* Nr. 3201 VV Rn. 62, wo zutreffend darauf hingewiesen wird, dass der Mandant ein Interesse daran hat, den Beschluss gemäß § 522 Abs. 2 ZPO durch eigene zusätzliche Argumente zu fördern.

[8] BGH NJW 2010, 3170; OLG Köln MDR 2010, 1222; OLG Celle AGS 2003, 132.

[9] BGH NJW 2007, 3723; OLG München NJW-RR 2006, 503.

[10] OLG Hamburg MDR 2003, 1318.

[11] OLG Frankfurt a.M. AGS 2015, 125.

[12] BGH AnwBl. 2009, 235.

[13] Vgl. zum Ganzen eingehend: Gerold/Schmidt/*Müller-Rabe* VV 3201 Rn. 61 unter Hinweis auf BGH RVGreport 2015, 26 mwN.

über das Rechtsmittel zugehe, so dass er keine Möglichkeit gehabt habe, zu ihr Stellung zu nehmen.[14]

Was die bereits erwähnten Stillhalteabkommen angeht, so ist zu differenzieren: Hat der Rechtsmittelbeklagte durch seinen Prozessbevollmächtigten zugesichert, bis zu einem bestimmten Zeitpunkt nicht tätig zu werden, so ist er nach wie vor an ein solches Stillhalteabkommen gebunden und hat keinen Erstattungsanspruch und zwar auch nicht in Höhe einer 1,1 Verfahrensgebühr gemäß Nr. 3201 VV RVG.[15] Nach zutreffender Ansicht entfällt diese Bindungspflicht an das Stillhalteabkommen allerdings dann, wenn der Berufungskläger Verlängerung der Berufungsbegründungsfrist beantragt, ohne erneut auf ein Stillhalteabkommen hinzuwirken. Demgemäß ist der Berufungsbeklagte nach Ablauf der vereinbarten Stillhaltefrist ohne Verpflichtung zu einer Rückfrage, ob nun für die Durchführung der Berufung eine Entscheidung getroffen sei, berechtigt, über einen Rechtsanwalt tätig zu werden.[16] 15

Ebenso zutreffend ist die Auffassung, dass die Stillhalteabsprache für den Rechtsanwalt, der den Rechtsmittelgegner in der vorherigen Instanz vertreten hat, gemäß § 19 Nr. 9 RVG **noch zur vorausgehenden Instanz gehört** und keine weiteren Gebühren auslöst. Das gleiche gilt, wenn dieser Rechtsanwalt lediglich einer Verlängerung der Berufungsbegründungsfrist zustimmt.[17] 16

Kein Rechtsanwalt sollte sich darauf verlassen, dass seiner Bitte, vorerst auf eine Bestellung im Berufungsverfahren Abstand zu nehmen, **stillschweigend** akzeptiert wird und hierdurch ein **Stillhalteabkommen** zustande kommt.[18] Die von Madert geäußerte Gegenansicht dürfte – leider – überholt sein.[19] 17

Nach zutreffender Ansicht verdient der Berufungsbeklagte für den Berufungsabweisungsantrag auch die volle Gebühr, wenn zu diesem Zeitpunkt bereits Rechtsmittelrücknahme erfolgt ist, sofern er hiervon nichts wusste.[20] 18

Mit einer weiteren Besonderheit beschäftigt sich die Rechtsprechung, wenn Partei eines Berufungsverfahrens ein Rechtsanwalt ist. Vertritt sich der Rechtsanwalt in eigener Sache selbst und wird die Berufung des Gegners nur fristwahrend eingelegt und innerhalb der Berufungsbegründungsfrist zurückgenommen, so soll kein Anlass bestehen, vor Eingang der Rechtsmittelbegründung eine Information und Beratung als anwaltliche Tätigkeit zu fingieren. Die Erstattung einer 1,1 Verfahrensgebühr könne also nicht verlangt werden.[21] 19

Anders soll es allerdings sein, wenn sich der Rechtsanwalt durch einen anderen Rechtsanwalt vertreten lässt. Ein Rechtsanwalt als Partei könne sich wie jede andere Partei von einem Rechtsanwalt vertreten lassen und dann müssten auch die entsprechenden Erstattungsregelungen gelten.[22] 20

Vertritt der Rechtsanwalt **mehrere Auftraggeber,** so findet wiederum eine Erhöhung der reduzierten Gebühr nach Nr. 3201 VV statt, und zwar in der Weise, dass die Erhöhung von jeweils 0,3 für jeden weiteren Auftraggeber zu den 1,1 hinzu addiert wird. 21

---

[14] Celle NJW-Spezial 2015, 412 = AGS 2015, 307 m. kritischer Anm. *Schneider.*
[15] Düsseldorf NJW-RR 1996, 54; Karlsruhe JurBüro 1990, 342.
[16] Gerold/Schmidt/*Müller-Rabe* Nr. 3201 VV Rn. 69 unter Hinweis auf OLG München FamRZ 2006, 1695.
[17] Vgl. auch hier Gerold/Schmidt/*Müller-Rabe* Nr. 3201 VV Rn. 69.
[18] Vgl. nur BGH NJW 2003, 756; BGH NJW 2004, 73; KG Rpfleger 2005, 569.
[19] Vgl. *Madert* NJW 2003, 1496 (1497 Ziff. 1); s. jetzt auch für ein Beschwerdeverfahren: BGH AGS 2013, 251 ff.
[20] OLG München 2011, 103 ff. (die Rechtsbeschwerde zum BGH wurde zugelassen); ebenso schon Gerold/Schmidt/*Müller-Rabe* Nr. 3201 VV Rn. 88, Anh. XIII Rn. 46 ff. mit zahlreichen Rechtsprechungsnachweisen.
[21] BGH RVGreport 2014, 114 m. zustimmender Anm. *Hansens.*
[22] Nachvollziehbar kritisch hierzu: Gerold/Schmidt/*Müller-Rabe* VV 3202 VV Rn. 85.

3. Differenzgebühr (Abs. 2 Ziff. 2 der Anm.)

22 Nr. 3201 Anm. Abs. 1 Ziff. 2 VV entspricht inhaltlich § 32 Abs. 2 BRAGO, sowie der Regelung in Nr. 3101 Nr. 2 VV (nur das Wort lediglich aus Nr. 3201 Nr. 2 VV fehlt).

23 Hingegen ist jetzt in **beiden** Vorschriften von Verhandlungen **vor Gericht** die Rede. Bislang fand sich eine solche Voraussetzung lediglich in Nr. 3201 VV nicht aber in 3101 was wohl in der Tat auf ein Redaktionsversehen zurückzuführen war und in der Literatur auch nur teilweise thematisiert wurde.[23] Entscheidende Bedeutung dürfte dieser Frage nicht zukommen, da in der Regel die Verhandlungen ohnehin vor Gericht geführt werden. Und werden die Verhandlungen erfolgreich vor Einreichung eines Schriftsatzes oder Wahrnehmung eines Termins geführt, entsteht die Differenzgebühr aus dem Mehrwert aus Nr. 3201 Nr. 1 VV.[24]

24 Wegen der Gleichartigkeit zu der Regelung in Nr. 3101 VV kann auf die dortige Kommentierung Bezug genommen werden. Werden also in der zweiten Instanz nicht rechtshängige oder anderweitig anhängige Gegenstände mit einbezogen, so erhöht sich die mit 1,6 aus den in der zweiten Instanz anhängigen Gegenstände ermittelte Verfahrensgebühr um die aus den nicht rechtshängigen oder anderweitig anhängigen Gegenstandswerten ermittelte Differenzgebühr von 1,1, wobei jedoch stets die Deckelung von § 15 Abs. 3 RVG zu beachten ist. Es kann also höchstens eine Verfahrensgebühr von 1,6 aus den zusammengerechneten Werten entstehen.

25 Im Übrigen ist der frühere Streit, ob bei derartigen Fällen hinsichtlich der halben Differenzgebühr eine Erhöhung gemäß § 11 Abs. 1 Satz. 4 BRAGO vorzunehmen war, durch den Gesetzestext eindeutig dahingehend beantwortet, dass in der zweiten Instanz auch die Differenzgebühr – erhöht – entsteht.[25]

4. Anrechnungsregeln

26 Weiterhin ist auch hier die weitere Anm. zu Nr. 3201 VV in Abs. 1 Ziff. 2 zu beachten, wonach der ermittelte Erhöhungsbetrag auf eine Verfahrensgebühr anzurechnen ist, die wegen desselben Gegenstandes in einer anderen Angelegenheit entsteht.

5. Eingeschränkte Tätigkeit (Abs. 2 Nr. 1 und 2)

27 a) **Familiensachen (Abs. 1 Nr. 1).** Es wird die Regelung aus Nr. 3101 Nr. 3 VV auf entsprechende Familiensachen auch in Beschwerdesachen zur Anwendung gebracht, so dass hier eine Ermäßigung der Verfahrensgebühr auf 1,1 eintritt, wenn
- das Verfahren nur die Erteilung einer Genehmigung oder die Zustimmung des FamG zum Gegenstand hat oder
- sich die Tätigkeit des Anwalts auf die Einlegung und Begründung des Rechtsmittels und die Entgegennahme der Rechtsmittelentscheidung beschränkt.

28 Der Gesetzgeber trägt also auch im Beschwerdeverfahren dem Umstand Rechnung, dass die mit dieser anwaltlichen Tätigkeit verbundenen Schwierigkeiten bzw. der Umfang mit einer streitigen Auseinandersetzung nicht zu vergleichen sind.

29 Kommt es zu einer Einschaltung des Gegners und muss sich der Anwalt mit dessen Schriftsätzen auseinandersetzen, erhöht sich die Verfahrensgebühr allerdings nach Nr. 3200 VV auf 1,6.

---

[23] Vgl. HK-RVG/*Maué* Nr. 3200–3205 VV Rn. 10.

[24] Vgl. *Schneider/Thiel* S. 199.

[25] Gerold/Schmidt/*Müller-Rabe* Nr. 3201 VV Rn. 44; HK-RVG/*Maué* Nr. 3200–3205 VV Rn. 10.

b) Verfahren der freiwilligen Gerichtsbarkeit (Abs. 2 Nr. 2). Auch hier setzt 30
sich der Gedanke des Gesetzgebers durch, dass die geringere Gebühr von 1,1 jedenfalls dort im Beschwerdeverfahren angemessen ist, wo es nicht zu einer Auseinandersetzung mit einem Gegner kommt, das Verfahren also einseitig bleibt. Dem entspricht es, dass die reduzierte Gebühr von lediglich 1,1 zur Anwendung gelangt, wenn der Rechtsanwalt lediglich das Rechtsmittel einlegen und begründen muss bzw. die Rechtsmittelentscheidung entgegennimmt. In den meisten Erbscheinsverfahren wird im Hinblick auf die bisherigen Rechtslage also lediglich eine Erhöhung von 0,5 auf 1,1 erfolgen, was immerhin besser ist, als nichts!

Die eigentlich wünschenswerte Erhöhung von 0,5 auf 1,6 erfolgt nur dort, wo 31
es vom einseitigen Verfahren in ein streitiges Verfahren, jedenfalls aber in eine Auseinandersetzung mit weiteren Personen übergeht.

Im Übrigen wird auf die voranstehenden Ausführungen in der Kommentierung 32
zu Nr. 3101 VV Bezug genommen.

Nr. 3202 VV

Nr.	Gebührentatbestand	Gebühr oder Satz der Gebühr nach § 13
3202	Terminsgebühr, soweit in Nummer 3205 nichts anderes bestimmt ist .... (1) Absatz 1 Nr. 1 und 3 sowie die Absätze 2 und 3 der Anmerkung zur Nr. 3104 gelten entsprechend. (2) Die Gebühr entsteht auch, wenn nach § 79a Abs. 2, § 90a oder § 94a FGO ohne mündliche Verhandlung durch Gerichtsbescheid entschieden wird.	1,2

I. Überblick

Im Rechtsmittelverfahren erhält der Rechtsanwalt eine Terminsgebühr in gleicher 1
Höhe wie in der ersten Instanz. Zur Kritik an dieser Regelung und an der nicht überzeugenden Gesetzesbegründung → Nr. 3200 VV Rn. 4 ff.

Zum **Abgeltungsbereich** der Terminsgebühr kann auf die Kommentierung zu 2
Nr. 3104 VV und zu Vorbemerkung 3 Abs. 3 VV Bezug genommen werden. Die Verweisung auf Nr. 3104 VV ist in der Neufassung von Nr. 3202 VV allerdings präzisiert worden, indem sich jetzt die Verweisung nur auf jene Nummern beschränkt, die auch tatsächlich im Berufungsverfahren entsprechend anzuwenden sind. Demgemäß wird Nr. 3104 Abs. 1 Ziff. 2 VV von der Verweisung ausgenommen. Hingegen bleibt es dabei, dass auch im Berufungsverfahren die Terminsgebühr anfällt, wenn eine Entscheidung im **schriftlichen** Verfahren ergeht.[1]

Hieraus ergibt sich ferner, dass im Beschwerde- und Rechtsbeschwerdeverfahren 3
nach dem **GWB** die Terminsgebühr in voller Höhe von 1,2 auch dann anfällt, wenn das Beschwerdegericht mit Einverständnis der Parteien von der obligatorischen mündlichen Verhandlung absieht und ohne mündliche Verhandlung entscheidet (vgl. §§ 69 Abs. 1 Satz 1 2 Hs., 76 Abs. 5, 120 Abs. 2 GWB). Gleiches gilt auch für die Beschwerden nach §§ 48 ff. WpÜG (vgl. § 54 WpÜG).[2]

---
[1] Vgl. Schneider/Wolf/*Wahlen*/*N. Schneider* Nr. 3202 VV Rn. 6; Gerold/Schmidt/*Müller-Rabe* Nr. 3202 VV Rn. 8.
[2] Vgl. Schneider/Wolf/*Wahlen*/*N. Schneider* Nr. 3202 VV Rn. 7.

II. Regelungsinhalt

4 Während Teil 3 Vorb. 3 Abs. 3 VV die Voraussetzungen für das Entstehen der Terminsgebühr wiedergibt, ist in Nr. 3202 VV die Höhe mit 1,2 festgelegt.

5 Die Anm. verweist in Abs. 1 auf die Anm. zu Nr. 3104 VV, was zur Folge hat, dass in Berufungsverfahren die Terminsgebühr auch durch **„schriftliches Verhandeln"** verdient werden kann. Leider hat der Gesetzgeber nicht von der Möglichkeit Gebrauch gemacht, diesen Grundsatz auch dann anzuwenden, wenn das Berufungsgericht im **schriftlichen Verfahren** nach § 522 Abs. 2 ZPO verfährt.[3] Dies entspricht der bisherigen Rechtssprechung zur BRAGO und kann nur bedauert werden, da die Regelung, insbesondere im Hinblick auf die Praxiserfahrung mit § 522 Abs. 2 ZPO, höchst unbefriedigend ist.

6 Entgegen der Intention der ZPO-Reform wird weitestgehend von einer Entscheidung nach § 522 Abs. 2 ZPO erst Gebrauch gemacht, wenn auch die Berufungserwiderung vorliegt und die dort vorzufindenden Argumente mit verarbeitet werden können. Zu diesem Zeitpunkt haben aber beide Rechtsanwälte – auch im Rechtsmittelverfahren – den Hauptanteil ihrer Arbeit bereits erbracht und auf die Entscheidung Einfluss genommen, so dass es durchaus gerechtfertigt gewesen wäre, den Rechtsanwälten hier den vollen Gebührensatz von insgesamt 2,8 zuzubilligen.[4] Nach zutreffender Ansicht können Rechtsanwälte allerdings eine Terminsgebühr über Teil 3 Vorb. 3 Abs. 3 VV RVG verdienen, wenn sie nach Erteilung eines Hinweises auf die Möglichkeit, das Verfahren nach § 522 ZPO zu beenden, mit Besprechungen reagieren. Die anderslautende Rechtsprechung des BGH ist **definitiv falsch**.[5]

7 Wie bereits erwähnt verlangt der Anfall der Terminsgebühr nach Vorb. 3 Abs. 3 VV RVG weder, dass für das Verfahren eine mündliche Verhandlung vorgeschrieben ist, noch macht die reine **Ankündigung eines Verfahrens nach § 522 ZPO** zu diesem Zeitpunkt eine mündliche Verhandlung in der Berufung entbehrlich.

8 Dankenswerterweise hat der Gesetzgeber auf die berechtigte Kritik, reagiert und einer fehlerhaften Rechtsprechung des BGH – wieder einmal (vgl. § 15a RVG) – Einhalt geboten.

9 Durch die veränderte Formulierung von Vorb. 3 Abs. 3 VV ist klargestellt, dass für das Verdienst einer Terminsgebühr Verfahren mit obligatorischer mündlicher Verhandlung gerade nicht erforderlich sind (→ Vorb. 3 VV Rn. 76).

10 Die Androhung eines Beschlusses nach § 522 ZPO hindert die Prozessbevollmächtigten in Zukunft also nicht, etwa durch Telefonate auf eine Erledigung des Rechtsmittelverfahrens hinzuwirken und hierbei eine volle Terminsgebühr zu verdienen.

11 Demgegenüber sah die Anm. Abs. 2 zu Nr. 3202 VV auch in der alten Fassung schon vor, dass in bestimmten Fällen, in denen das Finanzgericht ohne mündliche Verhandlung entscheiden kann (§§ 79a Abs. 2, 90a und 94a FGO) die volle 1,2 Terminsgebühr für den Rechtsanwalt anfällt. In der Neufassung ist lediglich der Fall von § 130a VwGO gestrichen worden. Zu Recht wird in der Literatur[6] in Frage gestellt, ob diese Streichung wirklich sinnvoll ist, da der Aufwand und die Verantwor-

---

[3] Vgl. Gerold/Schmidt/*Müller-Rabe* Nr. 3202 VV Rn. 9; zweifelnd: HK-RVG/*Maué* Nr. 3202 VV Rn. 14 unter Hinweis auf BGH NJW 2012, 459 für den Fall des § 620b ZPO aF; Schneider/Wolf/*N. Schneider/Wahlen* Nr. 3202 VV Rn 12.

[4] Vgl. hierzu auch *Madert* AGS 2003, 92.

[5] So wie hier: Schneider/Wolf/*Wahlen/N. Schneider* Nr. 3202 VV Rn. 10; ebenso OLG München AGS 2010, 24 f.; OLG München AGS 2011, 213; aA BGH AGS 2007, 298 mAnm *N. Schneider* = NJW 2007, 1461; BGH AGS 2007, 397 = NJW 2007, 2644 = AnwBl. 2007, 631; zur Kritik vgl. *Schons* AnwBl. 2007, 631 ff.: „Die Iden des März", ebenso falsch BGH AGS 2012, 274 m. kritischer Anm. *N. Schneider* (Prozesskostenbewilligungsverfahren).

[6] Schneider/Thiel S. 230; siehe jetzt auch Schneider/Wolf/*Wahlen/N. Schneider* VV 3202 Rn. 33.

tung des Anwalts im Verfahren nach § 130a VwGO überdurchschnittlich ist, da alles schriftsätzlich vorgetragen werden muss.

Der Gesetzgeber hat hier aber – wieder einmal – konsequent umgesetzt, dass eine 12 Terminsgebühr bei schriftlicher Entscheidung oder schriftlichem Vergleich nur dann anfallen soll, wenn die mündliche Verhandlung vorgeschrieben ist (Ausnahme: Vorb. 3 Abs. 3 VV).

Hintergrund für den Verzicht auf die Verweisung auf Anm. Abs. 1 Nr. 2 zu 13 Nr. 3104 VV ist es, dass in verwaltungs- und sozialgerichtlichen Verfahren in der zweiten Instanz nicht durch Gerichtsbescheid entschieden werden kann (§ 125 Abs. 1 VwGO; § 153 Abs. 1 SGG).

Was eine Entscheidung durch Gerichtsbescheid angeht, ist noch ungeklärt, ob 14 dieser rechtskräftig werden muss oder ob die Terminsgebühr auch dann anfällt, wenn Antrag auf mündliche Verhandlung gestellt wird, es zu einer mündlichen Verhandlung aber nicht mehr kommt. Nach richtiger Auffassung und unter Berücksichtigung des Wortlautes der Anm. Abs. 2 zu Nr. 3202 VV wird man auf die Durchführung einer bereits beantragten mündlichen Verhandlung nicht bestehen müssen, um eine Terminsgebühr auszulösen.[7]

Soweit durch solche aussergerichtlichen Verhandlungen eine Terminsgebühr ent- 15 standen ist, kann diese im Kostenfestsetzungsverfahren zum Ansatz gebracht werden, wenn die entsprechenden Voraussetzungen des Gebührentatbestandes unstreitig, gemäß § 138 Abs. 3 ZPO als unstreitig anzusehen, oder wenn sie zwar streitig sind, aber glaubhaft gemacht werden.[8]

Schließlich ist zu beachten, dass der vorzufindende Hinweis auf Nr. 3104 VV in der 16 Anm. Abs. 1 zur Folge hat, dass die in Nr. 3104 VV vorzufindende Anrechnungsregelung auch hier gilt. Kommt es also beispielsweise in einem Berufungsverfahren während der mündlichen Verhandlung zu Gesprächen die über weitere nicht anhängige Gegenstände hat dies zunächst einen erhöhenden Einfluss auf die Terminsgebühr. Scheitern die Einigungsversuche allerdings und kommt es wegen der betreffenden Gegenstände zu einem neuen Verfahren so ist auf die dort verdiente Terminsgebühr der im Berufungsverfahren entstandene Erhöhungsbetrag, aber eben nur dieser, anzurechnen.[9]

Nr. 3203 VV

Nr.	Gebührentatbestand	Gebühr oder Satz der Gebühr nach § 13
3203	Wahrnehmung nur eines Termins, in dem eine Partei oder ein Beteiligter, im Berufungsverfahren der Berufungskläger, im Beschwerdeverfahren der Beschwerdeführer nicht erschienen oder nicht ordnungsgemäß vertreten ist und lediglich ein Antrag auf Versäumnisurteil, Versäumnisentscheidung oder zur Prozess-, Verfahrens- oder Sachleitung gestellt wird: Die Gebühr 3202 beträgt .... Die Anmerkung zu Nummer 3105 und Absatz 2 der Anmerkung zu Nummer 3202 gelten entsprechend.	0,5

---

[7] Schneider/Thiel S. 230; *N. Schneider* NJW-Spezial 2010, 91; **aA** SG Köln AGS 2010, 21 m. kritischer Anm. *N. Schneider*.
[8] Vgl. hierzu Schneider/Wolf/*N. Schneider/Wahlen* Nr. 3202 VV Rn. 36 unter Hinweis auf BGH AGS 2007, 115; BGH AGS 2008, 408 sowie BGH AGS 2007, 549.
[9] Vgl. zum Ganzen: Schneider/Wolf/*N. Schneider/Wahlen* Nr. 3202 VV Rn. 24.

I. Überblick

1   Aufgrund der „höchst sinnvollen" Gesetzesänderungen, bei denen zum Teil nicht mehr von Partei, sondern von Beteiligter und nicht mehr von Urteil, sondern von Entscheidungen die Rede ist, musste der Gesetzestext geringfügig geändert werden. Wie es so schön heißt: „Wenn es denn der Wahrheitsfindung dient".
2   Ansonsten entspricht die Regelung in Nr. 3203 VV weitgehend der Regelung in Nr. 3105 VV, so dass auf die dortige Kommentierung Bezug genommen werden kann.
3   Nr. 3203 VV gilt für alle Verfahren, auf die gemäß Vorb. 3.2.1 VV die Bestimmungen über die Berufung Anwendung finden, also auch auf erstinstanzliche finanzgerichtliche Verfahren.
4   Wie in der ersten Instanz reduziert sich die Terminsgebühr – insoweit konsequent – auch in der zweiten Instanz auf 0,5, wenn eine Partei, im Berufungsverfahren der Berufungskläger, nicht erscheint. Auch hier wird also ausschließlich auf das Nichterscheinen abgestellt, nicht darauf, wie sich die erschienene Partei verhält.[1]

II. Regelungsinhalt

5   Der Gesetzeswortlaut von Nr. 3203 VV unterscheidet – insoweit anders als die Regelungen in Nr. 3105 VV – bezüglich unterschiedlicher Verfahren zwischen dem Nichterscheinen der jeweiligen Gegenpartei – ob nun Kläger oder Beklagter – und dem Nichterscheinen des Berufungsklägers. Diese Unterscheidung ist notwendig wegen der Einbeziehung des erstinstanzlichen Finanzverfahrens in Unterabschnitt 1 (vgl. dort Vorb. 3.2.1 Nr. 1 VV).
6   Im **erstinstanzlichen** (Finanz-)Verfahren ist es unerheblich, ob der Kläger oder der Beklagte nicht anwesend oder nicht ordnungsgemäß vertreten sind. Vor den Finanzgerichten entspricht die Situation der von Nr. 3105 VV.
7   Im **Berufungsverfahren** ist eine Reduzierung der Terminsgebühr nur vorgesehen, wenn der Berufungskläger nicht erschienen oder nicht ordnungsgemäß vertreten ist. Während der Rechtsanwalt des Berufungsbeklagten bei einem Versäumnisurteil gegen den Berufungskläger nur die reduzierte 0,5 Gebühr erhält, verdient umgekehrt der Berufungskläger bei einem Versäumnisurteil gegen den nicht erschienenen oder nicht ordnungsgemäß vertretenen Berufungsbeklagten die volle Terminsgebühr von 1,2.
8   Diese Regelung entspricht § 33 Abs. 1 Satz 2 Nr. 2 BRAGO und wird damit begründet, dass beim Nichterscheinen des Berufungsbeklagten eine **umfangreichere Schlüssigkeitsprüfung** stattfinde, die höhere Anforderungen an den Berufungskläger stelle.[2] Ob diese Gesetzesbegründung es rechtfertigt, dem Rechtsanwalt des Berufungsklägers sogar dann eine volle Gebühr zuzubilligen, wenn er nicht einmal den Antrag auf Erlass eines Versäumnisurteils oder zur Prozess- und Sachleitung stellt, kann dahingestellt bleiben.[3] Derartige Überlegungen sind rein theoretischer Natur, da es in der Praxis inzwischen nur noch selten vorkommt, dass ein Rechtsanwalt auf den Erlass eines Versäumnisurteils verzichtet, wenn sich ihm eine entsprechende Chance bietet. Lässt sich ein Versäumnisurteil mangels Begründetheit der Berufung nicht erzielen, dürfte die volle Terminsgebühr allein durch die Besprechung vor Gericht entstanden sein.

---

[1] HK-RVG/*Maué* Nr. 3200–3205 VV Rn. 15.
[2] BT-Drs. 15/1971, 214.
[3] Kommentarlos jedenfalls: Gerold/Schmidt/*Müller-Rabe* Nr. 3203 VV Rn. 12; ausführlicher Vorb. 3, Rn. 111 ff.

Wenig nachvollziehbar ist es, dass die Differenzierung zwischen Berufungskläger 9
und Berufungsbeklagten jedenfalls nach einigen Auffassungen in der Literatur auch
gelten soll, wenn Anträge zur Prozess- und Sachleitung gestellt werden. Zwar wird
durchaus gesehen, dass die Argumentation (→ Rn. 8) die bei einem Versäumnisurteil greifen mag, bei reinen Anträgen zur Prozess- oder Sachleitung nicht überzeugen, weil es hier auf eine größere Mühewaltung nicht ankommt.[4] Gleichwohl meint
man aber auch hier nur dem Berufungskläger die volle Terminsgebühr zusprechen
zu müssen.[5] Textrichtiger dürfte es sein, bei derartigen Anträgen auf eine Differenzierung zu verzichten. Schließlich wird in der Anm. auch auf Nr. 3105 VV verwiesen und dort wird zwischen Kläger und Beklagten gerade nicht unterschieden.[6]

III. Sonderfälle

Kommt es allerdings zu einer Sachentscheidung gegen den säumigen Berufungs- 10
kläger, weil die Berufung beispielsweise als unzulässig zu verwerfen ist und ein
entsprechender Antrag durch den Berufungsbeklagten gestellt wird, ist für eine reduzierte Terminsgebühr kein Platz.[7] Ferner greift die Ermäßigung auch dann nicht
ein, wenn der Kläger als Berufungsbeklagter die Hauptsache für erledigt erklärt und
dann eine gerichtliche Entscheidung darüber ergehen muss, ob sich der Rechtsstreit
in der Hauptsache erledigt hat.[8]

Soweit in Familienstreitsachen nach § 112 FamFG und Folgesachen im Verbund, 11
sofern sie als isolierte Familiensache eine Familienstreitsache wären, der Gegner
nicht erscheint, ist auch hier eine Versäumis**entscheidung nämlich** ein Versäumnis**beschluss** möglich. Es gelten dann die gleichen Regeln wie in einem Berufungsverfahren.[9]

Nr. 3204, 3205 VV

Nr.	Gebührentatbestand	Gebühr oder Satz der Gebühr nach § 13
3204	Verfahrensgebühr für Verfahren vor den Landessozialgerichten, in denen Betragsrahmengebühren entstehen (§ 3 RVG)	60,00 bis 680,00 €
3205	Terminsgebühr in Verfahren vor den Landessozialgerichten, in denen Betragsrahmengebühren entstehen (§ 3 RVG) .... Satz 1 Nr. 1 und 3 der Anmerkung zu Nummer 3106 gilt entsprechend. In den Fällen des Satzes 1 beträgt die Gebühr 75 % der in derselben Angelegenheit dem Rechtsanwalt zustehenden Verfahrensgebühr ohne Berücksichtigung einer Erhöhung nach Nummer 1008 VV.	50,00 bis 510,00 €

I. Überblick

In den Verfahren vor dem Landessozialgericht, in welchen das GKG nicht anwendbar 1
ist (§ 3 Abs. 1 Satz. 1) wird – wie in der ersten Instanz – nach Betragsrahmengebühren

---

[4] Gerold/Schmidt/*Müller-Rabe* Nr. 3203 VV Rn. 11.
[5] So jetzt auch: Schneider/Wolf/*N. Schneider* Nr. 3203 VV Rn. 12.
[6] Vgl. hierzu Hartung/Römermann/Schons/*Schons* Nr. 3203 VV Rn. 8 unter Hinweis auf *Gebauer/Schneider/Wahlen*, RVG, 2. Aufl. Nr. 3203 VV Rn. 4.
[7] Vgl. OLG Düsseldorf JurBüro 1999, 358 mAnm *Pfeiffer*.
[8] Vgl. hierzu ebenfalls OLG Düsseldorf JurBüro 1999, 358 mAnm Pfeiffer; **aA** OLG Düsseldorf JurBüro 2000, 199 = MDR 2000, 667.
[9] Schneider/Wolf/*N. Schneider* Nr. 3203 VV Rn. 20 ff.

abgerechnet. Auch in der zweiten Instanz unterscheidet der Gesetzgeber – anders als zu Zeiten der BRAGO – zwischen der Verfahrens- und Terminsgebühr.

2   Durch das 2. KostRMoG werden die Gebührenbeträge für die Verfahrens- und Terminsgebühr angehoben. Und zwar auf 60 bis 680 EUR bzw. 50 bis 510 EUR. Die neuen Mittelgebühren betragen also 370 bzw. 280 EUR.

3   Bei der Terminsgebühr soll sich die Höhe an der Höhe der Verfahrensgebühr orientieren und den Abstand zur Verfahrensgebühr einhalten (1,2 zu 1,6), so dass hier eine Quote von 75 % zu beachten ist.

II. Regelungsinhalt

1. Verfahrensgebühr (Nr. 3204 VV)

4   Nr. 3204 VV bestimmt die Höhe der Terminsgebühr, während der Anwendungsbereich in Vorb. 3 Abs. 2 VV dargestellt wird. Für die Verfahrensgebühr weist Nr. 3204 VV einen Gebührenrahmen von 60 bis 680 EUR aus, so dass die Mittelgebühr 370 EUR beträgt.

5   Zu beachten ist, dass Nr. 3204 VV auf Eilverfahren vor dem Landessozialgericht keine Anwendung findet. Werden dort Anträge auf Anordnung oder Wiederherstellung der aufschiebenden Wirkung, auf Aussetzung oder Aufhebung der Vollziehung oder Anordnung der sofortigen Vollziehung und in Verfahren auf Erlass einer einstweiligen Anordnung gestellt, weil das Landessozialgericht als Gericht der Hauptsache anzusehen ist, kommt Vorb. 3.2. Abs. 2 VV zum Tragen, so dass sich die Anwaltsgebühren dann nach Abschn. 1 richten.

2. Terminsgebühr (Nr. 3205 VV)

6   In den Verfahren vor dem Landessozialgerichten beträgt bei Betragsrahmengebühren die neue Terminsgebühr 50 bis 510 EUR, so dass die Mittelgebühr eigentlich 280 EUR ausmachen würde. Soweit die Terminsgebühr ohne Termin anfällt und lediglich 75 % der Verfahrensgebühr betragen darf, werden in der Regel 277,50 EUR als Mittelgebühr abzurechnen sein.

7   Auch hier ist hierauf zu achten, dass etwaige Erhöhungen nach Nr. 1008 VV bei der Bestimmung der Terminsgebühr keine Rolle spielen. Für die Berechnung der Terminsgebühr ist demgemäß die vom Rechtsanwalt bestimmte Verfahrensgebühr ohne die Erhöhungsbeträge heranzuziehen. Hinsichtlich des Entstehens der Gebühr wird auf die Kommentierung zu Vorb. 3 Abs. 3 VV und jene zu Nr. 3106 VV verwiesen.

8   Auch Nr. 3205 VV verweist auf Nr. 3106 VV, jedoch mit der Einschränkung, dass nur jene Nummern genannt werden, die für das Berufungsverfahren anwendbar sind. Es wird also auch hier eine Präzisierung des bisherigen Gesetzestextes vorgenommen.

9   Demgemäß entsteht eine Terminsgebühr, wenn in einem Verfahren, für das eine mündliche Verhandlung vorgeschrieben ist,
  • im Einverständnis mit den Parteien ohne mündliche Verhandlung entschieden wird (Anm. S. 1 Nr. 1, 1. Altern. zu Nr. 3106 VV)
  • ein schriftlicher Vergleich geschlossen wird (Anm. S. 1 Nr. 1, 2. Altern. zu Nr. 3106 VV)
  • oder das Verfahren nach angenommenen Anerkenntnis ohne mündliche Verhandlung endet (Anm. S. 1 Nr. 3 zu Nr. 3106 VV)
Auf die Nr. 2 zu Nr. 3106 VV unterbleibt die Verweisung, weil die Vorschriften über den Gerichtsbescheid im Berufungsverfahren nicht anwendbar sind (§ 153 Abs. 1 SGG).[1]

10 Die Anm. zu Nr. 3106 VV gilt entsprechend.

---
[1] Vgl. zum Ganzen: *Schneider/Thiel* S. 231.

3. Erstattungsfragen

Die bisherige Rechtsprechung zu Erstattungsfragen war äußerst umfangreich. Grundsätzlich ließ sich – wie in allen sozialgerichtlichen Verfahren – feststellen, dass die Gerichte äußerst restriktiv vorgingen und insbesondere darauf verzichteten, die Bewertungskriterien von § 14 Abs. 1 RVG umfassend zu würdigen. Auch bei den Bewertungskriterien von **Umfang und Schwierigkeit** der anwaltlichen Tätigkeit kam es zu Entscheidungen, die mit dem Gebührenrecht kaum noch vereinbar waren und sind. So wurde beispielsweise die Bestimmung der sog. fiktiven Terminsgebühr nach Nr. 3106 VV nach dem „hypothetischen Aufwand" bestimmt, der bei Durchführung eines Termins im konkreten Verfahrensstadium voraussichtlich entstanden wäre.[2] Tatsächlich war schon damals auch hier auf die Kriterien nach § 14 RVG ebenso abzustellen, wie man sich an der Höhe der Verfahrensgebühr hätte orientieren müssen.[3]

11

Die Gesetzesänderung sollte eigentlich dazu führen, dass dieser Rechtsprechung nun endgültig eine Absage erteilt wird. Durch die Ankopplung der Terminsgebühr an die zuvor berechnete Verfahrensgebühr ist der bisherigen Rechtsprechung der Boden entzogen, was aber andererseits den Rechtsanwalt zwingt, die Verfahrensgebühr besonders sorgfältig zu bemessen und anhand der Bewertungskriterien von § 14 RVG ggf. auch nachvollziehbar zu begründen.

12

Unterabschnitt 2. Revision, bestimmte Beschwerden und Rechtsbeschwerden

Vorbemerkung 3.2.2 VV

Nr.	Gebührentatbestand	Gebühr oder Satz der Gebühr nach § 13

Vorbemerkung 3.2.2:
Dieser Unterabschnitt ist auch anzuwenden in Verfahren
1. über Rechtsbeschwerden
   a) in den in der Vorbemerkung 3.2.1 Nr. 2 genannten Fällen und
   b) nach § 20 KapMuG,
2. vor dem Bundesgerichtshof über Berufungen, Beschwerden oder Rechtsbeschwerden gegen Entscheidungen des Bundespatentgerichts und
3. vor dem Bundesfinanzhof über Beschwerden nach § 128 Abs. 3 FGO.		

I. Überblick

Durch die Neufassung werden die Verfahren, in denen Teil 3 Abschn. 2 Unterabschnitt 2 VV anwendbar sein soll, vollständig neu geordnet. Ferner sind auch gegenüber der bisherigen Regelung neue Verfahren aufgenommen worden. So sollen in die Vorb. 3.2.2 Nr. 1 nunmehr **alle** Rechtsbeschwerden aufgenommen werden, in denen die Zuständigkeit des BGH gegeben ist. Die Nr. 2 erfasst demgegenüber Verfahren vor dem BGH über Berufungen, Beschwerden oder Rechtsbeschwerden gegen Entscheidungen des Bundespatentgerichts die ja auch bislang schon in der ursprünglichen Vorb. 3.2.2 geregelt waren.

1

In der Nr. 3 findet sich eine Neuregelung, die die Verfahren vor dem BFH über Beschwerden nach § 128 Abs. 3 FGO betrifft.

2

---

[2] Vgl. hierzu nur: SG Hannover Nds. Rpfleger 2006, 383; SG Lüneburg Beschl. v. 7.5.2007 – S 15 Sf 141/04, BeckRS 2007, 44748.

[3] Vgl. etwa SG Koblenz AnwBl. 2005, 722; sowie SG Hildesheim AnwBl. 2006, 588.

Vorb. 3.2.2 VV

Schließlich führt die Neuregelung dazu, dass sich die für den beim BGH zugelassenen Anwalt ergebenden Verfahrensvorschriften in den Rechtsbeschwerdeverfahren der freiwilligen Gerichtsbarkeit nach den Nr. 3208 und 3209 VV richten.[1]

II. Regelungsinhalt

1. Rechtsbeschwerden in den in Vorb. 3.2.2 Nr. 1a VV genannten Fällen

3 Der Verweis auf die in den in der Vorb. 3.2.1 Nr. 2 VV genannten Fällen führt zu einer Vereinfachung des Gesetzes und besagt, dass alle Rechtsbeschwerden zusammengefasst werden, in denen die Zuständigkeit des BGH gegeben ist.

4 Nach der Neufassung von Vorb. 3.2.1 Nr. 2 VV gehören dazu jetzt auch alle weiteren Verfahren der freiwilligen Gerichtsbarkeit, Verfahren nach dem Spruchverfahrensgesetz und personalvertretungsrechtliche Beschlussverfahren vor den Gerichten der Verwaltungsgerichtsbarkeit.

5 Eine weitere Aufzählung ist aufgrund der Verweisung überflüssig. Gleichzeitig führt die Neuregelung dazu, dass sich die Terminsgebühr auf 1,5 erhöht. Wenn in Rechtsbeschwerdeverfahren künftig die Vorschriften über die Gebühren im Revisionsverfahren Anwendung finden, so können derartige Verfahren auch nur durch einen beim BGH zugelassenen Anwalt durchgeführt werden und dieser verdient sodann die in den Nr. 3208 und 3209 VV vorzufindenden Gebühren. Dies gilt auch für Rechtsbeschwerden in Angelegenheiten der freiwilligen Gerichtsbarkeit.[2]

2. Rechtsbeschwerden in den in Vorb. 3.2.2 Nr. 1b genannten Fällen

6 Die schon im bisherigen Gesetzestext vorzufindende Erwähnung von § 15 KapMuG musste bleiben, weil es in diesem Verfahren keine Beschwerde gibt und das Verfahren demgemäß auch nicht in die neu geschaffene Vorb. 3.2.1 Nr. 2 aufgenommen werden konnte.[3]

3. Verfahren vor dem BGH gegen Entscheidungen des Bundespatentgerichts (Nr. 2)

7 Die Neuregelung wird dadurch geprägt, dass das bislang übersehene Rechtsmittel der Berufung mit in den Gesetzestext einbezogen wurde.[4] Für das Betreiben des Geschäfts im Verfahren vor dem Bundesgerichtshof erhält der Rechtsanwalt eine 2,3 Verfahrensgebühr nach Nr. 3208 VV die sich auf Nr. 3209 VV auf 1,8 ermäßigt, wenn sich der Auftrag vorzeitig erledigt.

8 Die Terminsgebühr beträgt 1,5 und eine Erledigungsgebühr gemäß Nr. 1002, 1004 VV kann anfallen, etwa dann, wenn sich das Beschwerdeverfahren durch Zurücknahme der Verfügung bzw. Erlass der zuvor unterlassenen Verfügung durch das Patentamt erledigt und der Anwalt hierbei mitgewirkt hat.

9 Hingegen kommt eine Einigungsgebühr in den Beschwerde- bzw. Rechtsbeschwerdeverfahren aufgrund der Art der Verfahren nicht in Betracht. Nicht in Betracht, kommt wohl hingegen eine Erledigungsgebühr (VV 1002).[5]

---

[1] *Schneider/Thiel* S. 233; *Schneider/Wolf* Vorb. 3.3.2 Rn 5.

[2] Vgl. hierzu zur alten Rechtslage schon: Schneider/Wolf/*Mock/N. Schneider/Wolf,* 6. Aufl., Vorb. 3.2.2 VV Rn. 12.

[3] *Schneider/Thiel* S. 233.

[4] Vgl. hierzu Gerold/Schmidt/Müller-Rabe Vorb. 3.2.2 VV Rn. 9.

[5] Vgl. zum Ganzen eingehend: Schneider/Wolf/*Wolf/Mock/Thiel/N.Schneider/Fölsch* Vorb. 3.2.2 VV Rn. 172.

4. Beschwerde im einstweiligen Rechtsschutz vor dem BFH (Nr. 3)

Während bislang für Beschwerden in finanzgerichtlichen Eilverfahren (zuständig ist der BFH) die Gebühren nach den Nr. 3500 ff. VV zu erheben waren, werden jetzt die Gebühren eines Revisionsverfahrens herangezogen. Dies entspricht der Regelung, nach der für die Beschwerden in Eilsachen der Verwaltungs- und Sozialgerichtsbarkeit künftig die Gebühren eines Berufungsverfahrens gelten sollen (vgl. Vorb. 3.2.1 Nr. 3a VV).[6]

Nr. 3206 VV

Nr.	Gebührentatbestand	Gebühr oder Satz der Gebühr nach § 13
3206	Verfahrensgebühr, soweit in Nummer 3212 nichts anderes bestimmt ist	1,6

Auch im Revisionsverfahren erhält der Rechtsanwalt, sofern nicht in der Verfahrensordnung die Vertretung durch einen beim Bundesgerichtshof zugelassenen Rechtsanwalt erforderlich ist, die gleiche Verfahrensgebühr wie im Berufungsverfahren, also 1,6.

Auch wenn sich die Partei durch einen beim Bundesgerichtshof zugelassenen Rechtsanwalt vertreten lässt, bleibt es bei einer Gebühr nach Nr. 3206 VV (1,6), wenn hierfür keine Notwendigkeit nach der Verfahrensordnung besteht.[1]

Zu beachten ist allerdings, dass die Vorschrift von Nr. 3206 VV lediglich voraussetzt, dass sich die Parteien nur durch einen am Bundesgerichtshof zugelassenen Rechtsanwalt vertreten lassen **können**, nicht aber auch davon, dass sie sich durch einen solchen tatsächlich vertreten **lassen**. Nach *Schneider* kann also ein Anwalt, auch ohne dass er beim Bundesgerichtshof zugelassen ist, sinnvolle Tätigkeiten entfalten und sodann eine 2,3 Verfahrensgebühr nach Nr. 3208 VV in Rechnung stellen. Dies gilt beispielsweise nach *Schneider* dann, wenn ein OLG-Anwalt der Revision des Beklagten erfolgreich entgegenhält, dass die Revision unzulässig sei und der Bundesgerichtshof von den entsprechenden Rechtsausführungen des OLG-Anwalts auch Kenntnis genommen hat.[2]

Bei der Kostenerstattung sind die üblichen Regeln zu beachten, die bereits bei der Berufung dargestellt wurden. Wird die Revision zunächst nur fristwahrend und ohne Anträge eingelegt und dann ohne Begründung zurückgenommen, kann der Revisionsbeklagte, der bereits einen Anwalt beauftragt hat, die Erstattung der Kosten verlangen, allerdings in der Regel nur in Höhe von 1,1 bzw. 1,8 (vgl. Nr. 3207 VV und Nr. 3209 VV).[3]

Unerheblich ist es allerdings, ob der Revisionskläger ausdrücklich darum gebeten hat, von der Bestellung eines Anwalts zunächst Abstand zu nehmen. Hierauf muss der Revisionsbeklagte nicht eingehen.[4]

---

[6] *Schneider/Thiel* S. 234; Schneider/Wolf/*Wolf/Mock/Thiel/N. Scheider/Fölsch* ua Vorb. 3.2.2 Rn. 188.

[1] Schneider/Wolf/*Wolf/Mock/Thiel/N. Scheider/Fölsch* Nr. 3206–3209 VV Rn. 11.

[2] Schneider/Wolf/*Wolf/Mock/Thiel/N. Scheider/Fölsch* Nr. 3206–3209 VV Rn. 13; **aA** BGH AGS 2006, 491; sa OLG Stuttgart OLGR 2008, 732 = MDR 2008, 1367 für den vergleichbaren Fall der Nichtzulassungsbeschwerde.

[3] BGH AGS 2003, 221 mAnm *Madert* u. *N. Schneider*.

[4] So zu Recht: Schneider/Wolf/*Wolf/Mock/Thiel/N. Scheider/Fölsch* Nr. 3206–3209 VV Rn. 18.

Nr. 3207 VV

Nr.	Gebührentatbestand	Gebühr oder Satz der Gebühr nach § 13
3207	Vorzeitige Beendigung des Auftrags oder eingeschränkte Tätigkeit des Anwalts: Die Gebühr 3206 beträgt .... Die Anmerkung zu Nummer 3201 gilt entsprechend.	1,1

1 Wie in der ersten und zweiten Instanz führt die vorzeitige Beendigung des Auftrags auch im Revisionsverfahren zu einer Ermäßigung der Verfahrensgebühr, und zwar hier auf 1,1. Der Gebührentatbestand wird wie in Nr. 3201 VV um die Wörter „oder eingeschränkte Tätigkeit des Anwalts" ergänzt. Auch im Revisionsverfahren soll die sog. „eingeschränkte Tätigkeit" zu einer Reduzierung der Gebühren führen.

2 Was unter einer eingeschränkten Tätigkeit zu verstehen ist, ergibt sich wiederum aus Nr. 3201 Abs. 2 VV auf den in der Anm. ja voll umfänglich verwiesen wird.

3 Dies hat im Übrigen zur Folge, dass in den Fällen der Verweisung auf Anm. Abs. 1 S. 1 Nr. 2 zu Nr. 3201 VV auch die Anrechnungsbestimmung entsprechend anzuwenden ist.[1]

4 Im Übrigen kann auf die Kommentierung zu → Nr. 3201 VV Rn. 1 ff. und auch zu → Nr. 3101 VV Rn. 1 ff. Bezug genommen werden.

5 Wenn ein Rechtsanwalt des Antragsgegners lediglich die Einwilligung nach § 566 Abs. 1 Satz. 1 Nr. 1, Abs. 2 Satz. 4 ZPO gegenüber dem Gegner und nicht gegenüber dem Gericht abgibt, so stellt dies zum einen keinen Sachantrag dar, zum anderen bedarf es hier nicht eines beim Bundesgerichtshof zugelassenen Rechtsanwalts. Demgemäß verdient der Rechtsanwalt hier nur eine 1,1 Verfahrensgebühr nach Nr. 3207 VV.[2]

Nr. 3208 VV

Nr.	Gebührentatbestand	Gebühr oder Satz der Gebühr nach § 13
3208	Im Verfahren können sich die Parteien oder die Beteiligten nur durch einen beim Bundesgerichtshof zugelassenen Rechtsanwalt vertreten lassen: Die Gebühr 3206 beträgt	2,3

1 Die Gebührenvorschrift gilt nur für die beim Bundesgerichtshof zugelassenen Rechtsanwälte.

2 Unter Geltung der BRAGO verdienten diese Rechtsanwälte eine Prozessgebühr von 20/10. Entsprechend der Regelung im RVG wurde diese Höhe bei der Verfahrensgebühr um 0,3 angepasst, so dass die Verfahrensgebühr jetzt 2,3 beträgt.

3 Keine Änderung ergibt sich bei der Terminsgebühr. Nach Nr. 3210 VV beträgt die Terminsgebühr jeweils 1,5 im Revisionsverfahren, und zwar unabhängig davon, ob sich die Parteien nur durch einen beim Bundesgerichtshof zugelassenen Rechts-

---

[1] *Schneider/Thiel* S. 235.
[2] Gerold/Schmidt/*Müller-Rabe* Nr. 3207–3209 VV Rn. 5.

Abschnitt 2. Berufung, Revision ua **Nr. 3210 VV**

anwalt vertreten lassen können oder ob dies aufgrund der Verfahrensvorschriften entbehrlich ist.[1]

Nr. 3209 VV

Nr.	Gebührentatbestand	Gebühr oder Satz der Gebühr nach § 13
3209	Vorzeitige Beendigung des Auftrags, wenn sich die Parteien oder die Beteiligten nur durch einen beim Bundesgerichtshof zugelassenen Rechtsanwalt vertreten lassen können: Die Gebühr 3206 beträgt .... Die Anmerkung zu Nummer 3201 gilt entsprechend.	1,8

Entsprechend der Regelung in vergleichbaren Fällen reduziert sich auch die Verfahrensgebühr nach Nr. 3208 VV, wenn sich der Auftrag des beim Bundesgerichtshof zugelassenen Rechtsanwalts vorzeitig erledigt. Die Größenordnung der Reduzierung bleibt mit 0,5 die gleiche, so dass der Rechtsanwalt jetzt statt 2,3 eine Gebühr von 1,8 erhält. 1

Die Voraussetzungen für die Reduzierung entsprechen gemäß der Anm. denen von Nr. 3201 VV, so dass auf die dortige Kommentierung Bezug genommen wird. 2

Nr. 3210 VV

Nr.	Gebührentatbestand	Gebühr oder Satz der Gebühr nach § 13
3210	Terminsgebühr, soweit in Nummer 3213 nichts anderes bestimmt ist .... Absatz 1 Nr. 1 und 3 sowie die Absätze 2 und 3 der Anmerkung zu Nummer 3104 und Absatz 2 der Anmerkung zu Nummer 3202 gelten entsprechend.	1,5

Nr. 3210 VV setzt die Terminsgebühr im Revisionsverfahren sowohl für den Rechtsanwalt, der beim Bundesgerichtshof zugelassen ist, als auch für den Rechtsanwalt, der ausnahmsweise ohne eine solche Zulassung tätig werden kann, einheitlich auf 1,5 fest. 1

Wegen des Entstehens der Terminsgebühr kann auf die Regelungen in Vorb. 3 Abs. 3 VV und die dortige Kommentierung Bezug genommen werden. 2

Die hier geregelte Höhe der Terminsgebühr im Revisionsverfahren trägt dem Umstand Rechnung, dass die Anforderungen, die an den Rechtsanwalt gestellt werden, hier ebenfalls höher angesetzt werden, so dass die Terminsgebühr aus dem Berufungsverfahren um 0,3 erhöht wird. 3

Der leicht veränderte Text trägt dem Umstand Rechnung das im Revisionsverfahren eine Entscheidung durch Gerichtsbescheid nicht möglich ist (§ 165 Abs. 1 iVm § 152 Abs. 1 S. 2 SGG) und dient insoweit der Präzisierung, indem es an einer Verweisung auf Anm. Abs. 1 Nr. 2 zu Nr. 3104 VV fehlt. Es gilt hier das gleiche wie zu Nr. 3202 VV.[1] 4

---

[1] Schneider/Wolf/*Wolf/Mock/Thiel/N. Scheider/Fölsch* Nr. 3210 VV Rn. 33.
[1] *Schneider/Thiel* S. 235.

Nr. 3211 VV

Nr.	Gebührentatbestand	Gebühr oder Satz der Gebühr nach § 13
3211	Wahrnehmung nur eines Termins, in dem der Revisionskläger oder Beschwerdeführer nicht ordnungsgemäß vertreten ist und lediglich ein Antrag auf Versäumnisurteil, Versäumnisentscheidung oder zur Prozess-, Verfahrens- oder Sachleitung gestellt wird: Die Gebühr 3210 beträgt	0,8
	Die Anmerkung zu Nummer 3105 und Absatz 2 der Anmerkung zu Nummer 3202 gelten entsprechend.	

1 Auch hier musste der Gesetzestext wegen der „sinnvollen" Änderungen zur Familienrechtsnovelle geändert werden, so dass nicht nur der Revisionskläger sondern auch der Beschwerdeführer erwähnt wird. Ferner geht es nicht nur um den Antrag auf Versäumnisurteil, sondern auch um den Antrag auf eine Versäumnis**entscheidung.**

2 Ist der Revisionskläger oder der Beschwerdeführer im Termin nicht ordnungsgemäß vertreten und wird demgemäß lediglich ein Antrag auf Erlass eines Versäumnisurteils oder zur Prozess- und Sachleitung gestellt, so reduziert sich die Terminsgebühr nach Nr. 3211 VV auf 0,8.

3 Die Regelung entspricht der Nr. 3203 VV, bei der auch unterschieden wird, ob der Rechtsmittelführer oder der Rechtsmittelgegner nicht ordnungsgemäß vertreten sind. Ist letzteres der Fall, so bleibt die Terminsgebühr mit einem Gebührensatz von 1,5 unverändert bestehen.

4 Nr. 3211 VV unterscheidet sich von der Regelung in Nr. 3105 VV und Nr. 3203 VV jedoch darin, dass hier lediglich auf die fehlende ordnungsgemäße Vertretung abgestellt wird, nicht auf das Nichterscheinen der Partei selbst. Bei der erstinstanzlichen Gebühr von Nr. 3105 VV ist diese Unterscheidung noch nachvollziehbar, während die unterschiedliche Behandlung in der Berufungsinstanz (bei der ebenfalls Anwaltszwang besteht) und der Revisionsinstanz überrascht und möglicherweise auf einem redaktionellen Versehen beruht.[1]

5 Aufgrund der sonstigen Gleichartigkeit zu Nr. 3203 VV kann auf die dortige Kommentierung Bezug genommen werden.

Nr. 3212, 3213 VV

Nr.	Gebührentatbestand	Gebühr oder Satz der Gebühr nach § 13
3212	Verfahrensgebühr für Verfahren vor dem Bundessozialgericht, in denen Betragsrahmengebühren entstehen (§ 3 RVG)	80,00 bis 880,00 €
3213	Terminsgebühr in Verfahren vor dem Bundessozialgericht, in denen Betragsrahmengebühren entstehen (§ 3 RVG) .... Satz 1 Nr. 1 und 3 sowie Satz 2 der Anmerkung zu Nummer 3106 gelten entsprechend.	80,00 bis 830,00 €

---

[1] Vgl. hierzu Schneider/Wolf/*Wolf/Mock/Thiel/N. Scheider/Fölsch* Nr. 3211 VV Rn. 1, wo entgegen dem Wortlaut der Vorschrift auch das Nichterscheinen des Revisionsklägers noch erwähnt wird.

Abschnitt 3. Gebühren für besondere Verfahren **Vorb. 3.3.1 VV**

Die Nr. 3212 VV und 3213 VV regeln die Gebühren des Rechtsanwalts vor dem 1
Bundessozialgericht, soweit Betragsrahmengebühren (§ 3 RVG) betroffen sind.

Im Hinblick auf die höhere Bedeutung und die höheren Anforderungen an den 2
Rechtsanwalt steht hier jeweils für die Verfahrens- und die Terminsgebühr auch ein
höherer Gebührenrahmen zur Verfügung.

Beim Betragsrahmen der Nr. 3212 wurde – wie an anderer Stelle auch – die 3
Währungsbezeichnung geändert und im Übrigen durch Anhebung der Höchstgebühr von 800 EUR auf 880 EUR nur leicht angepasst. Hierdurch beträgt die neue
Mittelgebühr nunmehr 480 EUR. Bei Nr. 3213 VV wurde der Rahmen insgesamt
geändert von nunmehr 80 EUR bis 830 EUR, was einer neuen Mittelgebühr von
450 EUR entspricht.

Die Anm. zu Nr. 3213 VV stellt klar, dass die Anm. zu Nr. 3106 VV entsprechend 4
gilt. Auch hier ist aber die schon aus anderen Vergütungstatbeständen bekannte Präzisierung dahingehend vorgenommen worden, dass eine Verweisung auf Anm. Abs. 1
Nr. 22 zu Nr. 3106 VV unterbleibt, weil im Revisionsverfahren eine Entscheidung
durch Gerichtsbescheid nicht möglich ist (§ 165 Abs. 1 iVm § 153 Abs. 1 S. 1 SGG.

Durch die Verweisung auf Nr. 3106 VV nF ist nunmehr endgültig klargestellt, 5
dass eine fiktive Terminsgebühr nicht nur verdient werden kann, wenn das BSG in
einem Verfahren, für das mündliche Verhandlung vorgeschrieben ist, im Einverständnis mit den Parteien ohne mündliche Verhandlung entscheidet, sondern auch
dann, wenn es zu einem schriftlichen Vergleich kommt.[1]

Durch die weitere Verweisung auf S. 2 ist sichergestellt, dass die Terminsgebühr 6
sie auch hier an die Verfahrensgebühr „angekoppelt" ist, was der Rsp. in Zukunft
wenig Spielraum lässt.

Was die **Kostenerstattung** angeht, so ist die restriktive Rechtsprechung eigent- 7
lich kaum noch hinnehmbar.

Insbesondere die Instanzgerichte berücksichtigen nicht, dass im **Normalfall** die 8
Mittelgebühr in Ansatz zu bringen ist.[2] Ferner wird nicht immer berücksichtigt,
dass ein Überschreiten der Mittelgebühr bis zur Höchstgebühr in der Regel bei
einem Rechtsstreit um typische Dauerleistungen (Gewährung einer Rente) wegen
der Bedeutung der Angelegenheit für den Auftraggeber ebenfalls gerechtfertigt ist.[3]

Abschnitt 3. Gebühren für besondere Verfahren

Unterabschnitt 1. Besondere erstinstanzliche Verfahren

Vorbemerkung 3.3.1–Nr. 3301 VV

Nr.	Gebührentatbestand	Gebühr oder Satz der Gebühr nach § 13
Vorbemerkung 3.3.1: Die Terminsgebühr bestimmt sich nach Abschn. 1.		

---

[1] Vgl. hierzu schon: Schneider/Wolf/*Wahlen* Nr. 3212–3213 VV Rn. 5.
[2] Vgl. aber BSG AnwBl. 1984, 565; SG Stuttgart AnwBl. 1984, 569; SG Düsseldorf AnwBl.
1981, 80; SG Duisburg AnwBl. 1980, 127.
[3] So LGS Thüringen JurBüro 1999, 473; LSG Rheinland-Pfalz NZS 1998, 207; SG Freiburg
MDR 1999, 832; SG Düsseldorf AnwBl. 1984, 570; vgl. zu dieser Problematik mit weiteren
Rechtsprechungsnachweisen insbesondere Schneider/Wolf/*Wahlen* Nr. 3212–3213 VV Rn. 6–9.

Vorb. 3.3.1 VV

Teil 3. Bürgerliche Rechtsstreitigkeiten

Nr.	Gebührentatbestand	Gebühr oder Satz der Gebühr nach § 13
3300	Verfahrensgebühr .... 1. Für das Verfahren vor dem Oberlandesgericht nach § 16 Abs. 4 des Urheberrechtswahrnehmungsgesetzes 2. Für das erstinstanzliche Verfahren vor dem Bundesverwaltungsgericht, dem Bundessozialgericht, dem Oberverwaltungsgericht (Verwaltungsgerichtshof) und dem Landessozialgericht sowie 3. Für das Verfahren bei überlangen Gerichtsverfahren und strafrechtlichen Ermittlungsverfahren vor den Oberlandesgerichten, den Landessozialgerichten, den Oberverwaltungsgerichten, den Landesarbeitsgerichten oder einem obersten Gerichtshof des Bundes	1,6
3301	Vorzeitige Beendigung des Auftrags: Die Gebühr 3300 beträgt .... Die Anmerkung zu Nummer 3201 gilt entsprechend.	1,0

Übersicht

	Rn.
I. Überblick	1
II. Regelungsinhalt im Einzelnen	7
1. Verfahrensgebühr nach Nr. 3300 VV	7
2. Ermäßigung bei vorzeitiger Beendigung des Auftrages (Nr. 3301 VV)	17
III. Kostenerstattung	20

I. Überblick

1 Durch die Regelung in der Vorb. 3.3.1 VV ist klargestellt, dass auch in den Verfahren, die nachfolgend kommentiert werden (Nr. 3300 bis 3301 VV), die Terminsgebühr 1,2 beträgt. Ursprünglich war dies in der Nr. 3304 VV geregelt. Aufgrund der Vorb. 3.3.1 VV konnte diese Nummer des Vergütungsverzeichnisses gestrichen werden.[1]

2 Durch das zweite Justizmodernisierungsgesetz[2] wurden die „alten" Vorschriften von Nr. 3300 VV und 3301 VV die sich mit den Gebühren für die besonderen Verfahren des Vergaberechts beschäftigten mit Wirkung zum 31.12.2006 aufgehoben. Die entsprechenden Regelungen befinden sich jetzt in Vorb. 3.2 Abs. 2 S. 3 VV mit einer geringeren Gebühr.

3 Der Gesetzgeber folgte hier einer Kritik der Rechtsprechung, wonach die in den alten Vorschriften vorzufindenden Gebühren zu hoch gewesen seien. Das KG hatte sich hier sogar für berechtigt gehalten, im Wege einer sog. teleologischen Reduktion – contra legem – eine Beschränkung auf 0,7 herbeizuführen.[3]

4 Durch die Gesetzesänderung wurden die Nr. 3300 VV und 3301 VV nunmehr „frei" und konnten mit den Regelungen „belegt" werden, die vorher in Nr. 3302 VV und 3303 VV aF vorzufinden waren.

5 Die „Durchnummerierung" beginnt jetzt also nach Vorb. 3.3.2 VV erst wieder mit Nr. 3305 VV (Mahnverfahren).

---

[1] Vgl. Gesetz über die Rechtsbehelfe bei Verletzung des Anspruches auf rechtliches Gehör (Anhörungsrügengesetz) vom 9.12.2004, in Kraft getreten am 1.1.2005.

[2] BGBl. I 3416 (3429).

[3] KG AnwBl. 2005, 366 m. kritischer Anm. *Schons*; sa den Praxishinweis in RVGletter 2005, 31.

Durch den erweiterten Nr. 2 in Nr. 3300 VV sollen jetzt auch die erstinstanzlichen Verfahren vor dem BSG und den Landessozialgerichten hier gebührenmässig „untergebracht" werden. Dies ist konsequent und führt zu einer Gebührenverbesserung der im Sozialrecht tätigen Anwälte, die sich bei Verfahren vor den Landessozialgerichten bislang mit einer 1,3 Verfahrensgebühr begnügen mussten. **6**

II. Regelungsinhalt im Einzelnen

1. Verfahrensgebühr nach Nr. 3300 VV

In drei Fällen legt Nr. 3300 VV die Verfahrensgebühr mit einem Satz von 1,6 fest. Betroffen sind: **7**
- Ziff. 1 der Nr. 3300 VV: Verfahren vor dem Oberlandesgericht nach § 16 Abs. 4 des Urheberrechtswahrnehmungsgesetzes;
- Ziff. 2 der Nr. 3300 VV: **Erstinstanzliche** Verfahren vor dem Bundesverwaltungsgericht, dem Bundessozialgericht, dem Oberverwaltungsgericht (Verwaltungsgerichtshof) und dem Landessozialgericht sowie
- Verfahren bei überlangen Gerichtsverfahren und strafrechtlichen Ermittlungsverfahren vor den Oberlandesgerichten, den Landessozialgerichten, den Oberverwaltungsgerichten, den Landesarbeitsgerichten oder einem Obersten Gerichtshof des Bundes.

Die betroffenen Verfahren zeichnen sich dadurch aus, dass das Oberlandesgericht bzw. die weiteren genannten Obergerichte als erste gerichtliche Instanz tätig werden. Hieran zeigt sich die besondere Bedeutung dieser Verfahren, was sich dann wiederum bei der Gebührenhöhe in der Weise niederschlägt, dass sie im Wesentlichen mit der Gebührenhöhe im Berufungsverfahren vergleichbar sind. Insoweit war es in der Tat überfällig, dass auch das Bundessozialgericht und die Landessozialgerichte in die entsprechende Regelung mit einbezogen wurden. **8**

Die Verfahrensgebühr entsteht grundsätzlich mit dem Auftrag zur Einreichung der Klage beim Oberlandesgericht bzw. mit dem Auftrag, einen Antrag nach §§ 47, 48 oder 50 VwGO einzureichen. Hinsichtlich der Terminsgebühr wird auf die Vorb. 3.3.1 VV verwiesen und auf die Kommentierung zu Nr. 3104 VV. **9**

Stets ist zu beachten, dass eine möglicherweise zuvor entstandene Geschäftsgebühr nach Nr. 2300–2303 VV der Anrechnung unterliegt und demgemäß auf die Verfahrensgebühr des Gerichtsverfahren einen reduzierenden Einfluss hat.[4] Selbstverständlich ist allerdings auch hier § 15a RVG stets zu beachten. **10**

Im übrigen gilt es bei den Verfahren vor dem Oberlandesgericht nach § 16 Abs. 4 Urheberrechtswahrnehmungsgesetz (UrhWG) zu berücksichtigen, dass die Anrechnung der Geschäftsgebühr **dort** lediglich auf die von der Schiedsstelle entstandene Geschäftsgebühr nach Nr. 2303 VV vorzunehmen ist, wie sich aus Anm. zu Nr. 2303 VV ergibt. Eine Anrechnung der Geschäftsgebühr nach Nr. 2300 VV auf die Verfahrensgebühr nach Nr. 3300 VV findet also nicht statt, weil es auf die zuletzt entstandene Geschäftsgebühr ankommt.[5] **11**

Darüber hinaus lässt sich nach VV 3104 und Vorb. 3 Abs. 3 eine Terminsgebühr (vgl. Vorb. 3.3.1) ebenso verdienen, wie die mit dem 2. KostRMoG eingeführte Beweisaufnahmegebühr gemäß VV 1010, wobei letztere allenfalls theoretischen Wert hat. Die Erwartungen der Anwaltschaft an die Gebühr von VV 1010 wurden

---

[4] Siehe hierzu: HK-RVG/*Nordemann-Schiffel* Nr. 3300 bis 3301 VV Rn. 5 sowie Rn. 7, auch unter Hinweis auf BayVGH 15.1.2008 – 22 M 07, 40053 unter Verfolgung der Rechtsprechung des BGH NJW 2007, 2049.

[5] Siehe hierzu: Schneider/Wolf/*Wahlen/Wolf* Nr. 3300–3301 VV Rn. 6; ebenso HK-RVG/ *Nordemann-Schiffel* Nummern 3300 bis 3301 VV Rn. 7 aE.

auf's vortrefflichste übertroffen: Diese Gebühr kommt in der Praxis aufgrund der hohen Anforderungen praktisch nicht vor![6]

12 Bei der Einigungs- und Erledigungsgebühr ist zu beachten, dass Nr. 1003 VV und nicht Nr. 1004 VV Anwendung findet, da es sich ja um erstinstanzliche Verfahren handelt, die hier betroffen sind.[7]

13 Im Übrigen sind auch bei Eiltverfahren, die sich auf solche Verfahren beziehen, die Nr. 3300 und 3301 VV anzuwenden, da eine der Vorb. 3.2. Abs. 2 entsprechende Regelung fehlt.[8]

14 Und schließlich erhält der Rechtsanwalt eine 1,6 Gebühr auch für seine Tätigkeit in einem Verfahren, das sich mit überlangen Gerichtsverfahren vor den Obergerichten beschäftigt.

15 In der Gesetzesbegründung heißt es hierzu:

Die besondere Bedeutung des Verfahrens vor dem Oberlandesgericht rechtfertigt auch auf Rechtsanwaltsseite die Gebührenbemessung anhand des höheren Gebührenrahmens, wie er bereits für Verfahren nach § 16 Abs. 4 des Urheberrechtswahrnehmungsgesetzes vorgesehen ist.[9]

16 Nr. 3300 VV Zf. 3 ist im Übrigen nicht kritiklos geblieben. Zu Recht wird in der Literatur darauf hingewiesen, dass die dortigen Regelungen unklar sind, und einer Überarbeitung bedurft hätten. Schließlich ist die Aufzählung der Verfahren vor den Oberverwaltungsgerichten und den Landessozialgerichten eigentlich überflüssig, da diese Verfahren ja schon erfasst sind und ebenso wie die Verfahren vor den Finanzgerichten besondere Regelungen erfahren haben, auf die zurückgegriffen werden konnte.[10]

2. Ermäßigung bei vorzeitiger Beendigung des Auftrages (Nr. 3301 VV)

17 In den Fällen einer vorzeitigen Beendigung des Auftrages nach Nr. 3300 VV reduziert sich die Gebühr – wie sonst – hier jedoch überraschenderweise auf 1,0. Eine Begründung dafür, warum der im Berufungsverfahren sonst übliche Reduzierungssatz von 1,1 unterschritten wird, lässt sich in den Gesetzesmaterialien nicht vorfinden.

18 Durch die Anm. zu Nr. 3301 VV und die dortige Verweisung auf Nr. 3201 VV wird definiert, wann von einer vorzeitigen Beendigung iSd Gesetzes auszugehen ist. Eine vorzeitige Beendigung liegt also auch hier vor:
- wenn der Auftrag endet, bevor der Rechtsanwalt für das Verfahren vor dem Oberlandesgericht nach § 16 Abs. 4 des Urheberrechtswahrnehmungsgesetzes
- und für das erstinstanzliche Verfahren vor den in Nr. 3300 Nr. 2 genannten Gerichten
- einen Schriftsatz, der Sachanträge, Sachvortrag, die Zurücknahme der Klage oder die Zurücknahme des Rechtsmittels enthält, eingereicht oder bevor er für seine Partei einen gerichtlichen Termin wahrgenommen hat oder
- soweit lediglich beantragt ist, eine Einigung der Parteien oder mit Dritten über in diesem Verfahren nicht rechtshängige Ansprüche zu Protokoll zu nehmen oder festzustellen (§ 278 Abs. 6 ZPO) oder soweit lediglich Verhandlungen zur Einigung über solche Ansprüche geführt werden.

---

[6] Zu den weiteren Gebühren (Terminsgebühr und Beweisaufnahmegebühr) vgl. auch Gerold/Schmidt/*Müller-Rabe* VV 3300–3301 Rn. 7, 8.

[7] BVerwG AGS 2009, 226 (für die Erledigungsgebühr); Gerold/Schmidt/*Müller-Rabe* Nr. 3300–3301 VV Rn. 9.

[8] Gerold/Schmidt/*Müller-Rabe* Nr. 3300–3301 VV Rn. 4.

[9] Vgl. hierzu Bischof/*Mathias* Vorb. 3.3.1 Nr. 3300–3301 VV Rn. 2a.

[10] Vgl. hierzu und zu der weiteren Kritik: *Schneider/Thiel* S. 237.

Auch hier gilt, dass, soweit in den Fällen der Nr. 3201 Ziff. 2 VV der sich nach § 15 Abs. 3 RVG ergebene Gesamtbetrag den der Gebühr Nr. 3200 VV übersteigt, der übersteigende Betrag auf eine Verfahrensgebühr anzurechnen ist, die wegen desselben Gegenstandes in einer anderen Angelegenheit entsteht. **19**

III. Kostenerstattung

Selbstverständlich kann aufgrund einer Kostenentscheidung Erstattung der Kosten verlangt werden, wobei sich die Kostenentscheidung nach § 91 ff. ZPO zu richten hat und auch die Vorschriften der § 103 ff. ZPO Anwendung finden.[11] **20**

Der Gegenstandswert wiederum berechnet sich nach § 23 RVG; § 32 ist insoweit anzuwenden und die Gerichtsgebühren sind dem GKG zu entnehmen.[12] **21**

Unterabschnitt 2. Mahnverfahren

Vorbemerkung 3.3.2 VV

Nr.	Gebührentatbestand	Gebühr oder Satz der Gebühr nach § 13
Vorbemerkung 3.3.2: Die Terminsgebühr bestimmt sich nach Abschn. 1.		

I. Terminsgebühr im Mahnverfahren

Mit dem Gesetz über die Rechtsbehelfe bei Verletzung des Anspruchs auf rechtliches Gehör,[1] das zum 1.1.2005 in Kraft getreten ist, wurde u. a. diese Vorbemerkung für das Mahnverfahren eingeführt. Der Vorbemerkung kommt ganz erhebliche Bedeutung zu, da sie durch den Verweis auf Nr. 3104 VV und damit auch auf die Vorb. 3 Abs. 3 VV zum Ausdruck bringt, dass nicht nur im normalen Prozessverfahren, sondern jetzt auch im **Mahnverfahren** nach entsprechender Auftragserteilung eine Terminsgebühr für die Mitwirkung an auf die Vermeidung oder Erledigung des Verfahrens gerichteten **Besprechungen** ohne Beteiligung des Gerichts entstehen kann.[2] Bis zu dieser Gesetzesänderung konnte eine Terminsgebühr im Mahnverfahren nach allgemeiner Meinung nicht entstehen. **1**

Im Mahnverfahren findet ein Verhandlungs-, Erörterungs- oder Beweisaufnahmetermin ebenso wenig statt wie der von einem gerichtlich bestellten Sachverständigen anberaumte Termin. Eine Terminsgebühr für Besprechungen zur Vermeidung oder Erledigung des Verfahrens iSv Vorb. 3 Abs. 3 letzter Fall VV kam ebenfalls nicht in Betracht, da diese Gebühr wenigstens einen Prozess- oder Verfahrensauftrag voraussetzte, in dem überhaupt eine Terminsgebühr entstehen konnte.[3] **2**

Nunmehr kann der Rechtsanwalt eine Terminsgebühr für Besprechungen iSd Vorb. 3 Abs. 3 VV schon dann verdienen, wenn ihm sein Mandant „nur" den Auf- **3**

---

[11] Gerold/Schmidt/*Müller-Rabe* VV 3300, 3301 Rn. 10; Schneider/Wolf/*Wahlen/Wolf/N. Schneider* VV 3300–3301 Rn. 9.
[12] Schneider/Wolf/*Wahlen/Wolf/N. Schneider* VV 3300–3301 Rn. 8.
[1] BT-Drs. 15/3706.
[2] Vgl. *Mock* RVG-Berater 2004, 109.
[3] Hansens/Braun/Schneider/*Hansens,* Praxis des Vergütungsrechts, Teil 17 Rn. 306; ebenso Schneider/Wolf/*Mock* Vorb. 3.3.2 VV, Nr. 3305–3306 VV Rn. 8.

trag erteilt hat, die Forderung im Mahnverfahren geltend zu machen. Entsprechend der Kommentierung zu dieser Fallvariante der Terminsgebühr kommt es nicht darauf an, dass die Besprechung auch den gewünschten Erfolg hat und ferner ist für den Anfall der Terminsgebühr nicht Voraussetzung, dass das Mahnverfahren bereits anhängig gemacht worden ist.[4]

II. Mehrfache Entstehung

4   Diese wichtigen Feststellungen haben weiterhin zur Folge, dass die Terminsgebühr in Bezug auf eine streitige **Forderung zunächst** durchaus **zwei Mal** verdient werden kann. Gemäß § 17 Nr. 2 RVG sind das Mahnverfahren und das streitige Verfahren als **verschiedene Angelegenheiten** zu behandeln. Es fallen also die gesonderten Gebühren der Nr. 3305 f. VV und der Nr. 3100 f. VV gesondert an, was aber wirtschaftlich nicht weiterhilft, nachdem der Gesetzgeber sich gemüßigt fühlte, die eigentlich nur bei der Verfahrensgebühr vorgesehene Anrechnung auch bei der Terminsgebühr einzuführen (vgl. Nr. 3104 Anm. Abs. 4 VV). Damit sind praktisch die Vorteile der eingeführten Terminsgebühr im Mahnverfahren[5] vom Gesetzgeber wieder genommen worden. Mit dem zum 1.7.2007 durch das „Zweite Justizmodernisierungsgesetz" eingeführten Abs. 4 hat der Gesetzgeber in der Tat ein **Novum** geschaffen.[6] Mit dem System des RVG ist dies nur schwerlich zu vereinbaren, das bislang nur vorsah, dass Betriebsgebühren aufeinander angerechnet wurden.

5   Das gesetzgeberische Ziel, durch den weiten Anwendungsbereich der Terminsgebühr die außergerichtliche Beilegung des Streites gewissermaßen **überall** zu fördern, wird hier also einmal nicht durch uneinsichtige Gerichte sondern durch den Gesetzgeber selbst konterkariert.

III. Terminsgebühr im Kostenfestsetzungsverfahren

6   Die vorgeschriebene Anrechnung der im Mahnverfahren verdienten Terminsgebühr auf die im Streitverfahren anfallende Terminsgebühr beseitigt im Übrigen nicht die Schwierigkeiten in der gerichtliche Praxis bei der Kostenfestsetzung, wenn ein Streitverfahren **nicht** nachfolgt.

7   Die dann doch Besprechungen nur einmal verdiente Terminsgebühr zählt zu den **Kosten des Mahnverfahrens** und es stellt sich dann die Frage, wie diese in das **Formular** einzustellen ist. Soweit mit Formularen gearbeitet wird, kann diese Terminsgebühr gemäß § 690 Abs. 1 Nr. 3 ZPO bei den Kosten des Mahnverfahrens eingetragen oder auf einem Beiblatt zu der entsprechenden Rubrik 8 vermerkt werden.

8   Wird ein Antrag auf Erlass eines Mahnbescheides bei einem Gericht eingereicht, das das Mahnverfahren **maschinell** bearbeitet, kommt es zu Problemen, da diese Formulare kein Feld besitzen, in dem der Antragsteller den Anfall der Terminsgebühr angeben kann. In diesem Zusammenhang ist darauf hinzuweisen, dass die Mahngerichte bereits mit der Behandlung des nicht anrechenbaren Teils der Geschäftsgebühr schon zum Teil erhebliche Schwierigkeiten gehabt haben. Diese zwischenzeitlich behobenen Schwierigkeiten sind durch die Einführung von § 15a RVG in anderer Form inzwischen auch wieder aufgetaucht.[7]

---

[4] Vgl. hierzu sehr eingehend *Hansens* RVGreport 2005, 83–89.

[5] Vgl. auch dazu *Hansens* RVGreport 2005, 87; *Enders,* JurBüro 2005, 225–231.

[6] Vgl. zur Kritik auch hier: Schneider/Wolf/*Onderka*/*N. Schneider*/*Wahlen* Nr. 3104 VV Rn. 94.

[7] Vgl. bereits hier *Volpert* RVGprofessionell 2009, 187 ff.

Noch problematischer wird es, worauf *Hansens* zu Recht hinweist, wenn die 9
Terminsgebühr erst **nach Erwirkung des Mahnbescheides** angefallen ist, da die
Gebühr dann erst zusammen mit den übrigen Kosten für die Erwirkung des Vollstreckungsbescheides geltend gemacht werden kann und auch hierauf die Formulare
nicht eingerichtet sind.[8]

Eine Schlüssigkeitsprüfung der im Mahnverfahren verdienten Terminsgebühr wird 10
man im Mahnverfahren nicht vornehmen dürfen.[9]

IV. Terminsgebühr für Rechtsanwalt des Antragsgegners

Auch der Rechtsanwalt des Antragsgegners kann eine Terminsgebühr unter 11
Berücksichtigung der obigen Grundsätze verdienen, jedoch zu einem späteren Verfahrensstand als der Rechtsanwalt des Antragstellers. Vor Zustellung des Mahnbescheides wird der Antragsgegner kaum anwaltliche Hilfe in Anspruch nehmen. Selbst
wenn dieser in Erwartung eines Mahnbescheids vorsorglich einen Rechtsanwalt mit
seiner Vertretung im Mahnverfahren beauftragt haben sollte, so ist dies ein bedingter
Auftrag, dessen Bedingung erst mit Zustellung des Mahnbescheides eintritt.

Es können also durchaus **Abrechnungssituationen** eintreten, bei denen der 12
Rechtsanwalt des Antragstellers, bereits versehen mit einem Auftrag, das Mahnverfahren einzuleiten, die Terminsgebühr durch Besprechungen mit dem Antragsgegnervertreter verdient, während dieser für eine solche Tätigkeit noch nach
Nr. 2300 VV abrechnen muss.[10] Hat der Antragsgegnervertreter ausnahmsweise eine
Terminsgebühr verdient, kann er diese ebenso wenig im Mahnverfahren titulieren
lassen wie die 0,5 Verfahrensgebühr nach Nr. 3307 VV.

Lediglich dann, wenn der Antragsteller seinen Mahnverfahrensantrag zurück- 13
nimmt und der Antragsgegner entsprechend § 269 Abs. 3 ZPO verfährt, können
diese Kosten in das Kostenfestsetzungsverfahren gemäß §§ 103 f. ZPO eingestellt
werden. Möglicherweise sind dabei aber auch hier Probleme zu erwarten, worauf *Hansens*
im Hinblick auf einen Beschluss des Bundesgerichtshofs vom 22. 12.2004 zutreffend
hinweist.[11]

Nr. 3305–3308 VV

Nr.	Gebührentatbestand	Gebühr oder Satz der Gebühr nach § 13
3305	Verfahrensgebühr für die Vertretung des Antragstellers Die Gebühr wird auf die Verfahrensgebühr für einen nachfolgenden Rechtsstreit angerechnet.	1,0
3306	Beendigung des Auftrags, bevor der Rechtsanwalt den verfahrenseinleitenden Antrag oder einen Schriftsatz, der Sachanträge, Sachvortrag oder die Zurücknahme des Antrags enthält, eingereicht hat: Die Gebühr 3305 beträgt	0,5

---

[8] Vgl. zu der gesamten Problematik besonders eingehend: *Hansens* RVGreport 2005, 88.

[9] Vgl. auch hier *Hansens* RVGreport 2005, 88 unter Hinweis auf AG Stuttgart RVGreport 2005, 38 für die Anrechnung der Geschäftsgebühr nach § 118 Abs. 1 Nr. 1 BRAGO auf die Verfahrensgebühr nach VV 3305.

[10] *Hansens* RVGreport 2005, 86; **aA** aber nicht vertretbar: OLG Koblenz AGS 2010, 66 ff. mit kritischer Anm. *Schons*, bestätigt durch BGH Urteil v. 1.7.2010 – IX ZR 198/09, AGS 2010, 483 mit kritischer Anm. *Schons*.

[11] *Hansens* RVGreport 2005, 89.

Nr.	Gebührentatbestand	Gebühr oder Satz der Gebühr nach § 13
3307	Verfahrensgebühr für die Vertretung des Antragsgegners Die Gebühr wird auf die Verfahrensgebühr für einen nachfolgenden Rechtsstreit angerechnet.	1,0
3308	Verfahrensgebühr für die Vertretung des Antragstellers im Verfahren über den Antrag auf Erlass eines Vollstreckungsbescheids .... Die Gebühr entsteht neben der Gebühr 3305 nur, wenn innerhalb der Widerspruchsfrist kein Widerspruch erhoben oder der Widerspruch gemäß § 703a Abs. 2 Nr. 4 ZPO beschränkt worden ist. Nummer 1008 ist nicht anzuwenden, wenn sich bereits die Gebühr 3305 erhöht.	0,5

Übersicht

	Rn.
I. Überblick	1
1. Erstattungsfragen im Mahnverfahren	7
2. Anrechnung von Gebühren bei Tätigkeit des Anwalts vor dem Mahnverfahren	18
II. Regelungsinhalt im Einzelnen	25
1. Verfahrensgebühr nach Nr. 3305 VV	25
a) Höhe der Gebühr	29
b) Mehrere Auftraggeber	30
2. Vorzeitige Beendigung des Auftrages (Nr. 3306 VV)	43
3. Verfahrensgebühr für die Vertretung des Antragsgegners (Nr. 3307 VV)	46
4. Verfahrensgebühr für die Vertretung des Antragstellers im Verfahren über den Antrag auf Erlass eines Vollstreckungsbescheides (Nr. 3308 VV)	58

I. Überblick

1 Im Unterabschnitt 2 des Teils 3 VV sind die Gebühren des Rechtsanwalts im Mahnverfahren geregelt, soweit nicht die in diesem Verfahren neuerdings ebenfalls zu verdienende Terminsgebühr betroffen ist. Deren Anwendungsbereich, die Höhe und die „neue" Notwendigkeit der Anrechnung sind der neuen Vorb. 3.3.2 VV bzw. der Nr. 3104 VV einschließlich Anm. Abs. 4 zu entnehmen.

2 Durch die Gebührentatbestände der Nr. 3305 f. VV werden sämtliche Tätigkeiten des Rechtsanwalts (Entgegennahme von Informationen, Erteilung von Rat oder Verkehr mit den Parteien) im Mahnverfahren abgegolten. Die Gebührentatbestände sind – wie unter Geltung der BRAGO – als **feste Pauschgebühren** gestaltet. Höhenmäßig hat sich kaum etwas getan. Für die Tätigkeit im Mahnverfahren erhält der Rechtsanwalt nach Nr. 3305 VV eine Gebühr von 1,0 (früher 10/10) und für die Stellung des Antrags auf Erlass eines Vollstreckungsbescheids beträgt die Gebühr 0,5 (früher 5/10).

3 Auch die Vorschrift von Nr. 3306 VV – vorzeitige Beendigung des Auftrags – entspricht im Wesentlichen der alten Regelung in § 43 Abs. 3 BRAGO (0,5 statt 5/10), wobei sprachlich inzwischen eine Angleichung an Nr. 3101 VV Ziff. 1 erfolgt ist.

4 Angehoben wurde lediglich die Gebühr für die Erhebung des Widerspruchs (Verfahrensgebühr für die Vertretung des Antragsgegners) in Nr. 3307 VV. Hier fand eine moderate Anhebung von 0,2 (früher 3/10) auf 0,5 statt.

Abschnitt 3. Gebühren für besondere Verfahren **Nr. 3305–3308 VV**

Zu unterscheiden von der **Tätigkeit** im Mahnverfahren ist die Tätigkeit des 5
Rechtsanwalts **vor Beginn** des Mahnverfahrens, also vor Erteilung des entsprechenden Auftrags (Gebühr dann nach Nr. 2300 VV) sowie die Tätigkeit **nach Abschluss** des Mahnverfahrens, etwa im Streitverfahren (nach Erhebung von Widerspruch oder Einspruch) die nach Nr. 3100 f. VV abgerechnet wird, oder die Tätigkeit in der Zwangsvollstreckung, für die die Nr. 3309 f. VV gelten. Eine Verfahrensgebühr nach Nr. 3100 VV für das streitige Verfahren verdient der Rechtsanwalt etwa auch, wenn er für den Antragsteller nach Einlegung eines Einspruches gegen den Vollstreckungsbescheid und nach dessen Rücknahme eine Anspruchsbegründung beim Prozessgericht einreicht, wobei die Gebühr unter den gleichen Voraussetzungen zu erstatten ist, wie bei einer Klageerwiderung nach Rücknahme der Klage.[1] Selbstverständlich verdient der Prozessbevollmächtigte des Antragsgegners für die Stellung eines Klageabweisungsantrages sowie eines Antrages auf Terminsanberaumung nach § 697 Abs. 3 ZPO eine – jederzeit festsetzungsfähige – Verfahrensgebühr wenn der Kläger nach vorangegangenem Mahnverfahren trotz Aufforderung gemäß § 697 Abs. 1 ZPO nicht fristgerecht die Anspruchsbegründung einreicht.[2]

Neben den eigentlichen Mahnverfahrensgebühren lassen sich aber auch während 6
des Mahnverfahrens noch **weitere Gebührentatbestände** verwirklichen, wie etwa bei einem Vergleichsabschluss oder einer Einigung die **Einigungsgebühr** gemäß Nr. 1003 VV (nicht Nr. 1000 VV wegen Anhängigkeit des Verfahrens) oder die **Beschwerdegebühr** iSv Nr. 3500 VV etwa bei Erhebung von Beschwerden im Rahmen des Mahnverfahrens (→ vgl. zB § 691 Abs. 3 ZPO).[3] Eine Einigungsgebühr kann bei einem Fortgang des Verfahrens in den Vollstreckungsbescheid als Kosten des Verfahrens mit aufgenommen werden (vgl. § 699 Abs. 3 ZPO),[4] wobei umstritten ist, ob es hierfür einer Glaubhaftmachung bedarf oder nicht.[5]

1. Erstattungsfragen im Mahnverfahren

Die Erstattungsprobleme haben sich nach dem **Wegfall der Lokalisation** und 7
der ZPO-Novellierung im Wesentlichen erledigt. Zunächst ist es selbstverständlich dabei geblieben, dass vom Antragsteller grundsätzlich nicht verlangt wird, auf das Mahnverfahren und die damit verbundene schnelle und preiswerte Titulierungsmöglichkeit zu verzichten, wenn ein Widerspruch des Antragsgegners nicht ausgeschlossen oder sogar wahrscheinlich erscheint.

Ferner bleibt es dabei, dass der unterlegene Antragsgegner auch die Kosten eines 8
Rechtsanwalts selbst dann zu tragen hat, wenn der Antragsteller aufgrund seiner geschäftlichen Gewandtheit den Mahnbescheid auch selbst hätte beantragen können.[6]

Nach Wegfall der Lokalisation und der ZPO-Novellierung sind auch im Übrigen 9
alte Probleme der Erstattungsfähigkeit von Mahnanwaltskosten erledigt. Nach der Rechtsprechung des Bundesgerichtshofs, der eine typisierende Betrachtungsweise bevorzugt, ist von folgenden **Grundsätzen** auszugehen:

Notwendig iSv § 91 Abs. 2 Satz. 1 2.Hs. ZPO ist auch stets die Hinzuziehung 10
eines am Wohn- oder Geschäftsort der auswärtigen Partei ansässigen Rechtsanwalts. Probleme tauchen nur dann auf, wenn die Partei ihren ständigen „**Hausanwalt**"

---

[1] OLG Saarbrücken NJW-Spezial 2015, 156; sa Gerold/Schmidt/*Müller-Rabe* VV 3305–3308 Rn. 113a.
[2] So zutreffend *Schneider* in Anm. zu OLG Hamburg AGS 2014, 154; bei der Erstattungsfähigkeit auf den Zeitablauf abstellend demgegenüber OLG Hamburg AGS 2014, 153 f.
[3] Vgl. HK-RVG/*Gierl* Vorb. Nr. 3305–3307 VV Rn. 17.
[4] Vgl. KG BeckRS 2005, 09365; OLG München JurBüro 2007, 593.
[5] Zum Meinungsstreit vgl. LG Lüneburg NJW-Spezial 2007, 556; **aA** LG Bonn AGS 2007, 265, 447; vgl. auch OLG München BeckRS 2007, 16272.
[6] Vgl. etwa Gerold/Schmidt/*Müller-Rabe* Nr. 3305–3308 VV Rn. 85.

beauftragt, der aber weder am Geschäfts- noch am Gerichtsort seine Kanzlei unterhält.[7] Nach richtiger Ansicht ist die Erstattungsfähigkeit eines Anwalts am sogenannten Drittort auch dann zu bejahen, wenn dieser entgegen ansässigen Anwälten in der jeweiligen Rechtsmaterie spezialisiert ist.[8]

11 Grundsätzlich zur Beauftragung eines am sogenannten Drittort ansässigen Rechtsanwalts vergleiche die Rechtsprechung des BGH vom 12.12.2002.[9]

12 Eine **Ausnahme** von den oben dargestellten Grundsätzen macht der Bundesgerichtshof nur dort, wo schon im Zeitpunkt der Beauftragung des Rechtsanwalts feststeht, dass ein eingehendes Mandantengespräch für die Prozessführung nicht erforderlich ist, weil zB die Rechtsabteilung des Unternehmens den Fall bereits schriftlich vorbereitet und an den beauftragten Rechtsanwalt zur Ausarbeitung weitergeleitet hat.[10]

13 Liegen nach diesen Grundsätzen die Voraussetzungen für die Beauftragung eines am oder in der Nähe des Wohn- oder Geschäftssitzes der Partei ansässigen Rechtsanwalts vor, sind auch dessen **Reisekosten** in vollem Umfange zu ersetzen, wenn dieser Rechtsanwalt anschließend mit der Vertretung im streitigen Verfahren beauftragt wird.[11]

14 Wird für derartige Termine im streitigen Verfahren ein **Unterbevollmächtigter** herangezogen, sind dessen Kosten, soweit sie eine Toleranzgrenze von 10 % nicht überschreiten, jedenfalls dann zu erstatten, wenn sie die ersparten, erstattungsfähigen Reisekosten nicht übersteigen.[12]

15 Die Gebühren für den Antrag auf Erlass des **Vollstreckungsbescheids** sind ebenfalls auch dann zu erstatten, wenn der Antrag durch einen am Streitgericht nicht ansässigen Rechtsanwalt erstellt wird, da Mehrkosten hierdurch nicht entstehen. Voraussetzung ist aber natürlich stets, dass der Antrag auf Erlass des Vollstreckungsbescheids nicht vor Ablauf der Widerspruchsfrist gestellt wird, da anderenfalls eine Gebühr nicht entstehen kann.[13]

16 Auch die Kosten eines eingeschalteten Inkassobüros sind bis zu einem Betrag in Höhe von 25 EUR gemäß § 91 ZPO erstattungsfähig (vgl. § 4 Abs. 4 S. 2 RDG-EG).

17 Problematisiert wird die Erstattungsfähigkeit dann, wenn im Streitverfahren ein Rechtsanwalt mandatiert wird. *Müller-Rabe* vertritt hier die Auffassung, dass sich die Mehrkosten in Grenzen hielten und letztendlich bei 5 EUR lägen, bei Berücksichtigung der Mehrwertsteuer sogar bei einem noch geringen Betrag. Er stellt hier auf die Kommunikationspauschale ab, die anders als die sonstigen Gebühren ja nicht zur Anrechnung gelangen und somit zwei Mal anfallen.[14] Dass es insoweit „häufig auch im Interesse des Schuldners" sei, wenn statt eines Rechtsanwalts ein Inkassobüro den Mahnbescheidsantrag stellt, werden Rechtsanwälte nicht so gerne lesen, zumal auch nicht so recht einzusehen ist, warum den Interessen eines säumigen Schuldners so viel Beachtung geschenkt werden soll.

2. Anrechnung von Gebühren bei Tätigkeit des Anwalts vor dem Mahnverfahren

18 Eine mit einer vorangegangenen Beratung verdiente Gebühr nach § 34 RVG ist nach dem dortigen Abs. 2 (bei Fehlen einer anderslautenden Vereinbarung) auf die

---

[7] Dazu BGH NJW 2003, 901.
[8] So zutreffend *Brams* MDR 2003, 1342.
[9] BGH NJW 2003, 901 = AnwBl. 2003, 181.
[10] BGH MDR 2003, 1019.
[11] OLG Stuttgart MDR 2003, 779.
[12] BGH NJW 2003, 898; OLG Hamburg MDR 2003, 1019; OLG Oldenburg MDR 2003, 778; vgl. auch Zöller/*Herget* ZPO § 91 Rn. 13 Stichwort „Mahnverfahren" Rechtslage ab 1.1.2000; ebenso Gerold/Schmidt/*Müller-Rabe* Nr. 3305–3308 VV Rn. 101.
[13] Gerold/Schmidt/*Müller-Rabe* Nr. 3305–3308 VV Rn. 96 sowie Rn. 105, 22, 23.
[14] Gerold/Schmidt/*Müller-Rabe* Nr. 3305–3308 VV Rn. 112.

Verfahrensgebühr des Mahnverfahrens ebenso anzurechnen, wie eine Anrechnung der Geschäftsgebühr entsprechend Vorb. 3 Abs. 4 VV zur Hälfte, höchstens jedoch bis zu einem Gebührensatz von 0,75 stattfindet. Stets ist zu berücksichtigen, dass auch eine **Rückwärtsanrechnung** vorgeschrieben ist (vgl. Neuformulierung in Vorb. 3 Abs. 4: „entsteht" statt wie früher „entstanden ist").[15]

Auch im Mahnverfahren hat die bereits mehrfach kritisierte Rechtsprechung des BGH zu den Anrechnungsregeln zu Schwierigkeiten geführt, insbesondere dann, wenn die Anrechnung einer überhaupt nicht titulierten Geschäftsgebühr in Betracht kam.[16] **19**

Selbstverständlich erlangt der neu geschaffene § 15a RVG auch für Mahnverfahren erhebliche Bedeutung, bzw. führt zu neuen Schwierigkeiten (vgl. oben). Insbesondere kann sich der Antragsgegner mangels Anhörung vor Erlass des Mahnbescheides nicht auf die Anrechnung der Geschäftsgebühr berufen, wenn der Antragsteller sowohl die volle Geschäftsgebühr als auch die volle Verfahrensgebühr nach Nr. 3305 VV in den Mahnbescheid einstellt. **20**

Hier wird ein Widerspruch bzw. ein Einspruch gegen den Vollstreckungsbescheid geradezu herausgefordert. **21**

Der Rechtspfleger hat sich jedenfalls mit solchen Fragen nicht zu beschäftigen. Die Anrechnung ist grundsätzlich nicht von Amts wegen zu prüfen. Die Ausnahme hiervon, dass der Rechtspfleger nicht sehenden Auges eine falsche Entscheidung treffen darf, ist nicht gegeben, da sich aus dem Antrag überhaupt nicht ergibt, ob vorprozessual derselbe Rechtsanwalt wie im Mahnverfahren tätig war, was aber Voraussetzung für eine Anrechnung ist.[17] Ebenso wenig ist es nach diesseitiger Auffassung dem Rechtspfleger erlaubt, die Höhe der geltend gemachten Geschäftsgebühr zu überprüfen.[18] Der Rechtspfleger hat ja überhaupt keine Kenntnisse darüber, aufgrund welcher Erwägungen die Geschäftsgebühr vom mandatierten Rechtsanwalt festgelegt wurde. Demgemäß hat er auch nicht die Möglichkeit zu überprüfen, ob hier eine Gebühr „offensichtlich überhöht ist" und schon gar nicht ist es anzuerkennen, dass einige Gerichte höhere Gebühren als 1,3 nicht berücksichtigen wissen wollen.[19] **22**

Um Unsicherheiten entgegenzuwirken, hat die Koordinierungsstelle für die Pflege und Weiterentwicklung des automatisierten gerichtlichen Mahnverfahrens beim Justizministeriums Baden-Württemberg der Bundesrechtsanwaltskammer sowie dem DeutschenAnwaltVerein nunmehr mit Schreiben vom 2.7.2009 (Az: 3733a – 0165) mitgeteilt, dass an der bisherigen Antragspraxis nichts geändert werden müsse, um § 15a RVG zu genügen. Grundsätzlich gilt daher das vorangegangene Schreiben vom 15.5.2007 weiter, wonach beim Mahnbescheidsvordrucken die Geschäftsgebühr in voller Höhe in Zeile 44 des Vordrucks als „sonstige Nebenforderung" mit der Bezeichnung „Geschäftsgebühr Nr. 2300 VV RVG" oder ähnlich einzutragen ist. Der auf die Mahnverfahrensgebühr Nr. 3305 VV nach Vorb. 3 Abs. 4 VV anzurechnende Betrag war als sog. „Minderungsbetrag" der Verfahrensgebühr in Zeile 43 oder 44 unter „sonstige Auslagen" im Feld „Betrag" oder „Bezeichnung" einzutragen. **23**

Nunmehr hat der Rechtsanwalt aufgrund von § 15a Abs. 1 RVG ein Wahlrecht, das bei der Antragstellung wie folgt zu berücksichtigen ist: **24**

---

[15] Schneider/Wolf/*Mock* Vorb. 3.3.2 VV, Nr. 3305–3306 VV Rn. 70.
[16] Vgl. hierzu zunächst wiederum: BGH NJW 2007, 2049; siehe aber auch OLG Karlsruhe JurBüro 2007, 635; OLG Koblenz JurBüro 2007, 636; OLG München JurBüro 2007, 637; differenzierend: OLG Frankfurt a.M. JurBüro 2007, 638.
[17] So völlig zu Recht: Gerold/Schmidt/*Müller-Rabe* Nr. 3305–3308 VV Rn. 117.
[18] So aber AG Hagen JurBüro 2005, 472; AG Mayen AGS 2006, 102.
[19] Vgl. auch hier Gerold/Schmidt/*Müller-Rabe* Nr. 3305–3308 Rn. 118; *Hansens* RVGreport 2005, 39.

Anrechnung auf die Geschäftsgebühr

Im Mahnbescheidsantrag kann der Restbetrag der Geschäftsgebühr in Zeile 44 in dem Feld „Anwaltsvergütung für vorgerichtliche Tätigkeit" angegeben werden. Die Verfahrensgebühr ist dann ungekürzt in den Mahnbescheidsantrag einzustellen.

Anrechnung auf die Verfahrensgebühr

Im Mahnbescheidsantrag kann aber auch der volle Betrag der Geschäftsgebühr im Feld „Anwaltsvergütung für vorgerichtliche Tätigkeit" eingetragen werden. Der auf die Mahnverfahrensgebühr Nr. 3305 VV anzurechnende Betrag der Geschäftsgebühr ist dann als „Minderungsbetrag" der Verfahrensgebühr in Zeile 44 des Antrags unter „sonstige Nebenforderungen" in den Feldern „Betrag" und „Bezeichnung" einzutragen. Die Verfahrensgebühr Nr. 3305 VV ist in voller Höhe in den Antrag aufzunehmen und wird um den angegebenen Minderungsbetrag gekürzt. Stets sollte die Formulierung „Minderungsbetrag" gewählt werden.[20]

II. Regelungsinhalt im Einzelnen

1. Verfahrensgebühr nach Nr. 3305 VV

25 Die Verfahrensgebühr nach Nr. 3305 VV ist eine **Festpauschgebühr,** die die gesamte Tätigkeit des Rechtsanwalts im Mahnverfahren abdeckt. Diese Tätigkeit beginnt bereits mit der Entgegennahme des Auftrags, die Forderung im Mahnbescheidsverfahren geltend zu machen und endet in der Regel mit der Stellung des Antrags auf Erlass eines Vollstreckungsbescheids, nachdem die Widerspruchsfrist abgelaufen ist.

26 Die Stellung des Antrags – nach Widerspruch –, das **streitige Verfahren** durchzuführen und das Verfahren an das Streitgericht abzugeben, ist eigentlich dem Streitverfahren zugeordnet und lässt sodann die Gebühr nach Nr. 3100 VV entstehen. In der Praxis wird entsprechend den **Formularen** oftmals aber schon mit der Stellung auf Erlass des Mahnbescheids der Antrag gestellt, im Falle eines Widerspruchs eine Abgabe an das Streitgericht vorzunehmen. Abgesehen davon, dass dies bei den Gerichtskosten mit Kostennachteilen für die eigene Partei verbunden ist, wenn der Mahnbescheid zurückgenommen werden muss, nachdem der Widerspruch begründet erscheint, hat eine solche Vorgehensweise auch zur Folge, dass dieser bereits im Formular gestellte Antrag mit der Verfahrensgebühr nach Nr. 3100 VV abgedeckt ist.[21]

27 Ohne Bedeutung ist es, **wann** der Rechtsanwalt mit der Durchführung des Mahnbescheidsverfahrens beauftragt wird, soweit dieses noch anhängig ist. Die Gebühr nach Nr. 3305 VV verdient also auch der Rechtsanwalt, der erst dann in das Verfahren eintritt, nachdem der Mandant noch selbst den Mahnbescheidsantrag bei Gericht eingereicht hat.

28 Auch wenn ein Rechtsanwalt Ansprüche aus **demselben Lebenssachverhalt** gegen **mehrere Schuldner** im Mahnverfahren geltend macht und sich hierbei auftragsgemäß dazu entschließt, eine getrennte Durchführung der Mahnverfahren gegen die Schuldner zu betreiben, entsteht die Gebühr nach Nr. 3305 VV nur einmal.[22]

---

[20] Vgl. zum Ganzen erneut sehr eingehend: *Volpert* RVGprofessionell 2009, 187 ff.

[21] Dazu eingehend HK-RVG/*Gierl* Nr. 3305 VV Rn. 13; sowie Gerold/Schmidt/*Müller-Rabe* Nr. 3305–3308 VV Rn. 59 ff., die einen vorschnellen Antrag auf Einleitung des streitigen Verfahrens als ein Erstattungsproblem ansehen.

[22] Ebenso wie hier: Gerold/Schmidt/*Müller-Rabe* Nr. 3305–3308 VV Rn 36; sa HK-RVG/ *Gierl* Nr. 3305 VV Rn. 7 unter Hinweis auf OLG Schleswig JurBüro 1987, 1036.

Abschnitt 3. Gebühren für besondere Verfahren **Nr. 3305–3308 VV**

a) Höhe der Gebühr. Entsprechend der alten Rechtslage erhält der Rechtsanwalt eine Verfahrensgebühr von 1,0. Erledigt sich der Auftrag vorzeitig, bestimmt Nr. 3306 VV – entsprechend den sonstigen Regelungen im RVG – eine Ermäßigung auf 0,5. Auch dies entspricht der Regelung im alten Recht (vgl. § 43 Abs. 3 BRAGO). 29

b) Mehrere Auftraggeber. Zu erhöhen ist die Verfahrensgebühr, wenn der Rechtsanwalt im Mahnverfahren mehrere Auftraggeber vertritt. Die **Erhöhungsgebühr** gemäß Nr. 1008 VV in Höhe von 0,3 ist jeweils hinzu zu addieren, bis hin zu einem Gebührensatz von 2,0, so dass bei der entsprechenden Anzahl von Mandanten bereits im Mahnverfahren eine erhöhte Verfahrensgebühr von insgesamt 3,0 entstehen kann. 30

Kommt es anschließend mangels Widerspruch zum Antrag auf Erlass eines Vollstreckungsbescheids, so wird eine **Erhöhung** der dann verdienten **Verfahrensgebühr nach Nr. 3308 VV** jedoch nicht mehr vorgenommen, weil sich dies durch die Anm. zu Nr. 3308 VV Satz. 2 verbietet. Diese Regelung trägt dem Umstand Rechnung, dass es eine Besonderheit des gerichtlichen Mahnverfahrens ist, dass dort eine Verfahrensgebühr zwei Mal nebeneinander entstehen kann.[23] 31

Dieses ausdrückliche Verbot, Nr. 1008 VV nochmals zur Anwendung gelangen zu lassen, kann im Umkehrschluss dafür herangezogen werden, dass einer **mehrmaligen Anwendung** des Erhöhungsfaktors von Nr. 1008 VV bei anderen Gebührentatbeständen – und zwar anrechnungsfrei – nichts entgegensteht. Angesichts der hier vorzufindenden ausdrücklichen Regelung kann es beispielsweise nicht als ein redaktionelles Versehen betrachtet werden, dass ein Rechtsanwalt sowohl bei der Geschäftsgebühr nach Nr. 2300 VV als auch bei der späteren Verfahrensgebühr nach Nr. 3100 VV **zwei Mal** in den Genuss der **Erhöhungsgebühr** gelangen kann. 32

Hätte der Gesetzgeber bei anderen Situationen den möglichen mehrfachen Anfall der Erhöhungsgebühr vermeiden wollen, hätte nichts näher gelegen, als durch eine Anm. bei Nr. 1008 VV selbst oder bei entsprechenden Gebührentatbeständen klarzustellen, dass Nr. 1008 VV nicht oder nur anteilig anzuwenden ist, wenn sich bereits eine vorangegangene Gebühr in derselben Angelegenheit erhöht hat. 33

Die Anm. zu Nr. 3305 VV wiederum stellt klar, dass diese Gebühr auf die Verfahrensgebühr (Nr. 3100 VV) im nachfolgenden Rechtsstreit **anzurechnen** ist, wobei hierunter das Streitverfahren nach Erhebung des Widerspruchs oder nach Einlegung des Einspruchs gegen den Vollstreckungsbescheid zu verstehen ist. 34

Von einem nachfolgenden Rechtsstreit mit der Notwendigkeit einer Anrechnung ist aber auch dann auszugehen, wenn der ursprüngliche **Mahnantrag zurückgenommen** und wegen des gleichen Gegenstandes dann **Klage** erhoben wird.[24] Wie bei allen Anrechnungstatbeständen ist auch hier stets darauf zu achten, ob zwischen den einzelnen Verfahrensabschnitten nicht eine derart lange Zeitspanne liegt, dass von einem für die Anrechnung erforderlichen zeitlichen Zusammenhang beider Verfahren nicht mehr gesprochen werden kann. Insoweit kommt § 15 Abs. 5 Satz. 2 RVG zur Anwendung. 35

Die Anm. zu Nr. 3305 VV enthält zwar keine genaue Regelung, wie die Anrechnung beispielsweise dann vorzunehmen ist, wenn sich der **Gegenstandswert** im Streitverfahren im Verhältnis zum Mahnverfahren **verändert.** Hier kann aber problemlos Rückgriff genommen werden auf die nunmehr ausdrücklich im Gesetz vorbestimmte Handhabung, die sich bzgl. der Geschäftsgebühr in Teil 3 Vorb. 3 Abs. 4 Satz. 3 VV vorfindet. Entsprechend der einhelligen Meinung zum früheren § 43 Abs. 2 BRAGO ist die Verfahrensgebühr des Mahnverfahrens auf die spätere Verfahr- 36

---

[23] S.a. Schneider/Wolf/*Mock* VV 3308 Rn. 14.
[24] HK-RVG/*Gierl* Nr. 3305 VV Rn. 10 unter Hinweis auf OLG Hamburg JurBüro 1992, 540=MDR 1992, 1091; vgl. auch BGH NJW 2004, 3453: Zur Frage einer Abgabe ins streitige Verfahren.

Nr. 3305–3308 VV

rensgebühr im Streitverfahren nur in der Weise anzurechnen, dass man auf den Gegenstandswert abstellt, der vom Mahnverfahren in das streitige Verfahren übergeht.[25]

37 Ein weiteres Problem bei der Anrechnung taucht dann auf, wenn ein- und derselbe Rechtsanwalt zunächst außergerichtlich tätig wird, dann auftragsgemäß Mahnbescheid beantragt und schließlich nach Widerspruch auch das streitige Verfahren begleitet. Zum Teil wird hier die – sehr nachvollziehbare – Auffassung vertreten, dass die Gebühr für das Mahnverfahren nach Nr. 3305 VV nur in reduziertem Umfang auf die Gebühr für das streitige Verfahren nach Nr. 3100 VV anzurechnen sei, wenn schon zuvor die Geschäftsgebühr nach Nr. 3200 VV auf die Mahngebühr angerechnet worden sei und damit zu einer Reduzierung beigetragen habe.

38 Schließlich könne man nicht mehr von der Gebühr nach Nr. 3100 VV abziehen oder anrechnen als noch vorhanden sei.[26]

39 Dem ist der BGH entgegengetreten und die überwiegende Rechtsprechung folgt ihm, obgleich die negativen Auswirkungen aus gebührenrechtlicher Sicht ebenso wenig zu übersehen sind, wie es unlogisch ist, eine nun einmal reduzierte Gebühr in vollem Umfang zur Anrechnung gelangen zu lassen.[27] Die zitierte BGH-Entscheidung betrifft zwar nur den Fall, dass die Geschäftsgebühr tituliert wurde, sie wird sich aber selbstverständlich auch im Verhältnis zwischen Rechtsanwalt und Mandant durchsetzen, zumal sie auch der Berechnungsweise entspricht, die bei unterschiedlichen Geschäftsgebühren anzutreffen ist.

40 Folgt einer außergerichtlichen Tätigkeit ein Schlichtungsverfahren und kommt es dann schließlich zu einem Gerichtsverfahren, so wird auch die zweite Geschäftsgebühr nach Nr. 2303 VV in vollem Umfang angerechnet und nicht reduziert auf die Verfahrensgebühr nach Nr. 3100 VV angerechnet, obgleich eine Reduktion ja schon stattgefunden hat, dadurch, dass die erste Geschäftsgebühr nach Nr. 2300 VV durch Anrechnung zu einer Reduzierung von Nr. 2303 VV führte.[28]

41 Seltsamerweise wird dort der kluge Gedanke von *Hansens* nicht thematisiert.

42 Schließlich ist zu beachten, dass in jedem Verfahrensabschnitt die Auslagenpauschale im Sinne von Nr. 7002 VV gesondert anfällt und keiner Anrechnung unterworfen ist, so dass sie drei Mal nebeneinander entstehen kann, wenn dem streitigen Verfahren nicht nur das Mahnverfahren, sondern auch eine außergerichtliche Tätigkeit vorausgeht.[29]

2. Vorzeitige Beendigung des Auftrages (Nr. 3306 VV)

43 Entsprechend der ursprünglichen Regelung in § 43 Abs. 3 BRAGO reduziert sich die Verfahrensgebühr – insoweit auch in Übereinstimmung mit Nr. 3101 VV und Nr. 3201 VV bei der Vertretung des Antragstellers im Mahnverfahren, wenn es zu einer vorzeitigen Beendigung des Auftrages kommt, bevor also bestimmte im Vergütungstatbestand näher aufgenommene Tätigkeiten entfaltet worden sind.

---

[25] Vgl. hierzu die Beispielsfälle bei *Onderka* RVGprofessionell 2004, 135 (136); vgl. aber auch die zahlreichen Rechenbeispiel bei Schneider/Wolf/*Mock* Vorb. 3.3.2 Nr. 3305–3306 VV Rn. 38 ff.

[26] So überzeugend: *Hansens* RVGreport 2009, 81 (84 f).

[27] So aber BGH NJW 2011, 1368 = MDR 2011, 137; dem wohl auch folgend: HK-RVG/*Gierl* Nr. 3305 VV Rn. 20; ebenso letztendlich zustimmend: Schneider/Wolf/*Mock* Vorb. 3.3.2 VV Nr. 3305–3306 Rn. 167.

[28] Vgl. das Abrechnungsbeispiel bei Schneider/Wolf/*Onderka/N. Schneider/Wahlen* Nr. 2303 VV Rn. 32.

[29] Vgl. Schneider/Wolf/*Mock* Vorb. 3.3.2 VV Nr. 3305–3306 Rn. 167; HK-RVG/*Gierl* Nr. 3305 VV Rn. 20 aE; aA und mit dem Kostenrecht nicht vereinbar: OLG Sachsen-Anhalt AGS 2012, 122; kritisch hierzu zu Recht Bischof/*Breuer* Nr. 3304 VV Rn. 29.

Abschnitt 3. Gebühren für besondere Verfahren **Nr. 3305–3308 VV**

Da eine Bezugnahme auf Nr. 3305 VV vorzufinden ist, ist Nr. 3306 VV nur bei **Vertretung des Antragstellers** einschlägig.[30] 44

Durch das zweite Justizmodernisierungsgesetz wurden die Formulierungen in Nr. 3306 VV so erweitert, dass nunmehr für die Höhe der Gebühr nicht mehr auf den Stand des Verfahrens, sondern auf die **Art der anwaltlichen Tätigkeit** abgestellt wird. Erledigt sich der Auftrag, bevor der Rechtsanwalt die im einzelnen aufgeführten Tätigkeiten entfaltet hat, so entsteht lediglich die reduzierte Gebühr. Keine Ermäßigung erfolgt also, wenn der Anwalt den Antrag auf Erlass des Mahnbescheides gestellt und an das Gericht versandt hat, jedoch vor dessen Eingang sein Auftrag beendet wurde.[31] 45

3. Verfahrensgebühr für die Vertretung des Antragsgegners (Nr. 3307 VV)

In Nr. 3307 VV findet sich eine geringfügige Änderung zu § 43 Abs. 1 Nr. 2 BRAGO. Zum einen erhält der Antragsgegnervertreter statt der bisherigen 3/10 eine Verfahrensgebühr von 0,5; zum anderen zeigt die Formulierung, dass es nicht mehr darauf ankommt, ob, wann und wer Widerspruch gegen den Mahnbescheid erhebt. 46

Nicht die Einlegung des Widerspruchs durch den Rechtsanwalt löst die Verfahrensgebühr nach Nr. 3307 VV, sondern die **Beauftragung,** nach Zustellung des Mahnbescheids für den Antragsgegner tätig zu werden. Damit ist jetzt auch klargestellt, dass der Rechtsanwalt diese Verfahrensgebühr selbst dann verdient, wenn der Antragsgegner noch selbst Widerspruch eingelegt hat.[32] 47

Bei der Berechnung der Gebühr ist ferner darauf zu achten, wie der dem Rechtsanwalt erteilte **Auftrag** definiert ist. Geht der Auftrag dahin, die Forderung aus dem Mahnbescheid voll umfänglich zu prüfen, so errechnet sich die Verfahrensgebühr nach Nr. 3307 VV aus dem vollen Wert des Mahnbescheids auch dann, wenn anschließend nur Teil-Widerspruch eingelegt wird, weil sich nach Prüfung ergeben hat, dass ein Teil der Forderung berechtigt ist. 48

Wird der Rechtsanwalt dagegen von Anfang an nur beauftragt, gegen einen **Teil des Anspruchs** im Mahnbescheid oder gegen die Kosten vorzugehen, ermittelt sich die Verfahrensgebühr aus dem entsprechenden Wert.[33] 49

Die Anm. zu Nr. 3307 VV legt fest, dass die vom Antragsgegnervertreter verdiente Gebühr auf eine spätere Verfahrensgebühr im Streitverfahren **anzurechnen** ist.[34] Es gelten die gleichen Anrechnungsregeln, so dass sich der Anrechnungsbetrag aus dem Wert errechnet, der vom Mahnverfahren in das streitige Verfahren übergeht. 50

Erheblichen Raum nimmt an dieser Stelle in vielen Kommentaren die Frage ein, wann für den Antragsgegnervertreter die **(Prozess-)Verfahrensgebühr** iSv Nr. 3100 VV **entsteht.** Gefragt wird insbesondere, ob diese Gebühr bereits dann in Rechnung gestellt werden kann, wenn die Widerspruchsschrift mit Anträgen auf Durchführung des streitigen Verfahrens, Klageabweisung oder Zuständigkeitsrügen verbunden wird. Alsdann wird thematisiert, ob eine neben der Verfahrensgebühr 51

---

[30] HK-RVG/*Gierl* Nr. 3306 VV Rn. 2.

[31] Vgl. zum Ganzen: HK-RVG/*Gierl* Nr. 3306 VV Rn. 4, 5; ebenso Schneider/Wolf/*Mock* Vorb. 3.3.2 Nr. 3305–3306 VV Rn. 71 aE.

[32] Zur alten Rechtslage und dem damaligen Meinungsstand HK-RVG/*Gierl* Nr. 3307 VV Rn. 3 unter Hinweis auf einerseits LG Düsseldorf JurBüro 1982, 406; OLG Saarbrücken JurBüro 1977, 1276 und andererseits OLG Frankfurt a.M. MDR 1981, 676; LG Fulda JurBüro 1986, 229.

[33] Auch dazu HK-RVG/*Gierl* Nr. 3307 VV Rn. 8.

[34] Zu Übergangsfällen vgl. OLG Düsseldorf RVGreport 2005, 302 f.

von Nr. 3307 VV entstandene Prozessgebühr nach Nr. 3100 VV auch erstattungsfähig sei.[35]

52 Zu Recht wird man all diesen Überlegungen entgegenhalten können, dass sie – nicht nur unter Erstattungsgesichtspunkten – obsolet sind. Wie *Müller-Rabe* zutreffend feststellt, ist praktisch keine Situation denkbar, in der es schon bei Widerspruchseinlegung sinnvoll wäre, einen Klageabweisungsantrag zu stellen.[36] Ein **bedingter Prozessauftrag** reicht hier völlig aus, der zur Folge hat, dass die Bedingung erst mit Eintritt in das streitige Verfahren eintritt und dort die (Prozess-)Verfahrensgebühr sowieso verdient werden kann. Richtig aufgeklärt wird auch kein Mandant Wert darauflegen, dass ein Rechtsanwalt die Widerspruchsschrift mit derartigen Anträgen verbindet, was allenfalls Kosten auslöst, die im Erstattungsverfahren nicht berücksichtigt werden.

53 Der möglicherweise sinnvolle Antrag auf **Verweisung** an ein anderes Gericht oder die Erhebung der **Einrede der örtlichen Unzuständigkeit** löst wiederum – noch – keine (Prozess-)Verfahrensgebühr iSv Nr. 3100 VV aus, wenn man sich noch im Stadium des Mahnverfahrens befindet.[37] Allenfalls dann, wenn der Antragsteller des Mahnbescheids das streitige Verfahren nicht zeitnah durchführt, indem er den entsprechenden Antrag unterlässt oder die weiteren Gerichtskosten nicht einzahlt, kann es als notwendige Verteidigungsmaßnahme angesehen werden, wenn der Schuldner und Antragsgegner jetzt seinerseits den Antrag auf Durchführung des streitigen Verfahrens stellt und dabei Klageabweisung beantragt.[38]

54 Die **Anm. zu Nr. 3307 VV** bestimmt, dass auch diese Gebühr auf die Verfahrensgebühr für einen nachfolgenden Rechtsstreit angerechnet wird, wobei die Anrechnung entsprechend der Regelung in der Vorb. 3 Abs. 4 S. 3 VV zu Teil 3 VV durchzuführen ist, sich also nach dem Wert des Gegenstandes zu richten hat, der in das Streitverfahren übergegangen ist.[39]

55 Für den Fall, dass der Gegenstandswert des Streitverfahrens geringer ist als der des Mahnverfahrens:

Mahnbescheid 5.000 EUR; Teilzahlung in Höhe von 1.000 EUR durch den Schuldner, Beauftragung des Anwalts zur Einlegung des Widerspruchs, Rechtsstreit über 2.000 EUR

1,3 Verfahrensgebühr Nr. 3100 VV aus 2.000 EUR =	195,00 EUR
+ Differenzbetrag aus Gebühren aus	
0,5 Verfahrensgebühr Nr. 3307 VV aus 4.000 EUR =	126,00 EUR
abzgl. 0,5 Verfahrensgebühr Nr. 3307 VV aus 2.000 EUR	75,00 EUR
verbleiben:	51,00 EUR
Vergütung als Verfahrensgebühren insgesamt:	246,00 EUR

56 Zu beachten ist im Übrigen stets die Vorschrift von § 15 Abs. 5 S. 2 RVG, wonach eine Anrechnung ausscheidet, wenn sich der Rechtsstreit zwar dem Mahnverfahren anschließt, jedoch erst nach Ablauf von zwei Jahren.

---

[35] Vgl. etwa HK-RVG/*Gierl* Nr. 3307 VV Rn. 14 ff.; Schneider/Wolf/*Mock* Nr. 3307 VV Rn. 24 ff.; Gerold/Schmidt/*Müller-Rabe* Nr. 3305–3308 Rn. 136 f.; differenzierend Bischof/Breuer Nr. 3307 VV Rn. 31.

[36] Gerold/Schmidt/*Müller-Rabe* Nr. 3305–3308 Rn. 51, 137.

[37] Vgl. HK-RVG/*Gierl* Nr. 3307 VV Rn. 24; **aA** Gerold/Schmidt/*Müller-Rabe* Nr. 3305–3308 VV Rn. 56, der unter Hinweis auf eine ältere Kommentierung in den Vorauflagen und auf recht betagte Rechtsprechung derartige Handlungen bereits dem streitigen Verfahren zuordnet und eine 0,8 Gebühr nach Nr. 3101 VV als gegeben ansieht.

[38] OLG Düsseldorf JurBüro 1994, 429; OLG Hamburg JurBüro 1993, 95; OLG Köln JurBüro 2000, 77; KG JurBüro 2000, 641 (642); OLG München JurBüro 1992, 604; Bischof/Breuer Nr. 3307 VV Rn. 36; **aA** OLG Koblenz JurBüro 2000, 305 (306).

[39] Siehe auch das Berechnungsbeispiel bei HK-RVG/*Gierl* Nr. 3307 VV Rn. 26.

Abschnitt 3. Gebühren für besondere Verfahren **Nr. 3305–3308 VV**

Ferner ist auch hier zu beachten, dass aufgrund des eindeutigen Wortlauts von 57
Nr. 3307 VV lediglich die „Gebühr" anzurechnen ist, nicht hingegen die Auslagenpauschale nach Nr. 7002 VV, wobei diese auch aus den zunächst entstandenen Gebühren zu berechnen ist und nicht etwas aus den Gebührenteilen, die nach der Anrechnung verbleiben.[40]

4. Verfahrensgebühr für die Vertretung des Antragstellers im Verfahren über den Antrag auf Erlass eines Vollstreckungsbescheides (Nr. 3308 VV)

Dieser Gebührentatbestand regelt die Tätigkeit des Rechtsanwalts nach Ablauf 58
der Widerspruchsfrist. Die Gebührenvorschrift betrifft ausdrücklich nur den **Antragstellervertreter,** während der Antragsgegnervertreter nach Nr. 3307 VV honoriert wird.

Die Tätigkeit gemäß Nr. 3308 VV ist nicht auf den Antrag auf Erlass des Vollstre- 59
ckungsbescheids beschränkt, sondern umfasst alle Tätigkeiten, die damit im Zusammenhang stehen.[41] Dies entspricht dem weiterem Anwendungsbereich von Nr. 3307 VV beim Antragsgegnervertreter, bei dem es ebenfalls nicht nur auf die Widerspruchseinlegung ankommt.

Es ist durchaus denkbar, dass der Rechtsanwalt erst **nach Ablauf der Wider-** 60
spruchsfrist mandatiert wird und nunmehr den Antrag auf Erlass des Vollstreckungsbescheids stellen soll. Die Gebühr nach Nr. 3308 VV deckt dann auch die Entgegennahme der Information, die Besprechung mit dem Mandanten, den Antrag auf Erlass des Vollstreckungsbescheides und ebenso die Entgegennahme des Vollstreckungsbescheids ab.

Soweit thematisiert wird, wann ein entsprechender Auftrag an den Rechtsanwalt 61
als erteilt gilt und demgemäß die Gebühr nach Nr. 3308 VV auslöst, ist dies in der Praxis nur von höchst untergeordneter Bedeutung. In der Regel wird man davon ausgehen können, dass der mandatierte **„Mahnanwalt"** auch bereits den Auftrag erhält, nach Ablauf der Widerspruchsfrist **und** Nichtzahlung durch den Antragsgegner Vollstreckungsbescheid zu beantragen. Der Auftrag wird dann mit Eintritt der Bedingung wirksam.[42]

Umgekehrt ist es nach richtiger Ansicht unmaßgeblich für die Entstehung der 62
Gebühr, ob der gestellte Antrag bei Gericht auch eingeht.[43]

Keine Gebühr erhält der Rechtsanwalt hingegen, wenn er **vor Ablauf der** 63
Widerspruchsfrist den Antrag auf Erlass des Vollstreckungsbescheids stellt, und sei es auch nur vorsorglich für den Fall, dass Widerspruch nicht rechtzeitig eingelegt wird. Dies hängt nicht damit zusammen, dass Nr. 3308 VV nur den Antrag auf Erlass des Vollstreckungsbescheides abdecken würde (→ Rn. 59), sondern damit, dass der Antrag nach § 699 Abs. 1 Satz 2 ZPO vorher nicht gestellt werden kann und dem Rechtsanwalt in der Regel allenfalls der Auftrag erteilt ist, nach Ablauf der Widerspruchsfrist im „Vollstreckungsbescheidverfahren" tätig zu werden.[44] Insoweit ist bei richtiger Betrachtung überhaupt kein Widerspruch zu erkennen, zwischen der Auffassung von *Gierl* und *Mock*. Beide gehen davon aus, dass der Antrag

---

[40] Vgl. AG Kassel JurBüro 2006, 592; **aA** AG Melsungen JurBüro 2006, 593 mit zu Recht ablehnender Anm. *Enders*.

[41] Allein für die Zustellung des Vollstreckungsbescheids kann dem Rechtsanwalt die Gebühr nach Nr. 3308 VV entstehen: LG Bonn RVGreport 2005, 350.

[42] So völlig zu Recht: HK-RVG/*Gierl* Nr. 3308 VV Rn. 7; zur nicht so recht praxisrelevanten Gegenansicht vgl. Schneider/Wolf/*Mock* Nr. 3308 VV Rn. 9.

[43] Vgl. hierzu nur: Schneider/Wolf/*Mock* Nr. 3308 VV Rn. 8 unter Aufgabe einer „früher geäußerten Ansicht"; **aA** OLG Bamberg JurBüro 1980, 721.

[44] Schneider/Wolf/*Mock* Nr. 3308 VV Rn. 9.

auf Erlass eines Vollstreckungsbescheides – naturgemäß – erst nach Ablauf der Widerspruchsfrist gestellt werden kann und es ist demgemäß letztlich müßig, darüber zu debattieren, ob der zugrundeliegende Auftrag nun recht früh unter einer aufschiebenden Bedingung oder erst später zum richtigen Zeitpunkt erteilt wird. In beiden Fällen erhält der Rechtsanwalt jedenfalls die Gebühr nach Nr. 3308 VV erst dann, wenn er **zulässigerweise** den Antrag auf Erlass des Vollstreckungsbescheides stellt.

64 Damit ist allerdings noch nicht die Frage geklärt, die mit dem **Zeitpunkt der Widerspruchseinlegung** zusammenhängt. Tatsächlich stellt der Gesetzestext aber eindeutig darauf ab, ob der Widerspruch innerhalb der Widerspruchsfrist eingeht oder danach. Wird der Antrag auf Erlass eines Vollstreckungsbescheids somit nach fristgerecht eingelegtem Widerspruch gestellt, und sei es auch nur in Unkenntnis dieses Umstands, so kann die Gebühr nach der eindeutigen Regelung der Anm. zu Nr. 3308 VV neben der Verfahrensgebühr von Nr. 3305 VV nicht mehr verdient werden.[45]

65 Hat der Antragsgegner hingegen den **Widerspruch nach Ablauf der Widerspruchsfrist,** die keine Ausschlussfrist ist, aber vor Abverfügung des Vollstreckungsbescheids eingelegt, wird nunmehr der Erlass eines Vollstreckungsbescheids verhindert. Da es nach richtiger Ansicht nicht auf den Eingang des Antrags oder gar auf den Erlass des Vollstreckungsbescheids für den Anfall der Gebühr ankommt, ist nunmehr gebührenrechtlich zu unterscheiden, ob der Rechtsanwalt bei Beantragung des Vollstreckungsbescheides vom Widerspruch Kenntnis erlangt hat oder nicht. Im letzteren Fall (keine Kenntnis) entspricht es einhelliger Ansicht, dass die Verfahrensgebühr nach Nr. 3308 VV dem Rechtsanwalt anwächst. Schließlich werde maßgeblich nur darauf abgestellt, ob der Widerspruch innerhalb der Einlegungsfrist erhoben wird oder nicht und im Übrigen sei der Schuldner auch nicht schützenswert, wenn er nach Fristablauf erst tätig wird.[46]

66 Hat der Antragsteller im Zeitpunkt der Antragstellung **Kenntnis** von dem bereits eingelegten Widerspruch, so ist der Antrag zwecklos, so dass die Gebühr in der Regel nicht – mehr – entstehen kann; ein Vollstreckungsbescheid kann ja nicht mehr erlassen werden.[47]

Kommt es **zur Rücknahme des Widerspruchs,** so kann nunmehr der Antrag auf Erlass eines Vollstreckungsbescheids – sinnvoll – gestellt oder – soweit ohne Wirkung bereits geschehen – wiederholt werden. Hat der Rechtsanwalt aufgrund der obigen Ausführungen bis zu diesem Zeitpunkt die Gebühr nach Nr. 3308 VV noch nicht verdient, entsteht diese nunmehr.

67 Geht der Widerspruch erst **nach Verfügung des Vollstreckungsbescheids** ein, wird er gemäß § 694 Abs. 2 ZPO als Einspruch behandelt, hat dann aber keinerlei Auswirkungen mehr auf die bereits entstandene Gebühr des Antragstellervertreters nach Nr. 3308 VV, die auch ohne Anrechnung auf die im Einspruchsverfahren nunmehr entstehende Verfahrensgebühr nach Nr. 3100 VV erhalten bleibt.[48]

68 Dem Antragsgegnervertreter erwächst mit der Einspruchseinlegung ebenfalls die Verfahrensgebühr nach Nr. 3100 VV.[49]

---

[45] Schneider/Wolf/*Mock* Nr. 3308 VV Rn. 11 unter Hinweis auf OLG Hamm JurBüro 1975, 1085; OLG Hamburg JurBüro 1983, 239 = MDR 1983, 142; ebenso HK-RVG/*Gierl* Nr. 3308 VV Rn. 11.

[46] Vgl. zunächst OLG Karlsruhe Rpfleger 1996, 421; OLG Hamburg JurBüro 2000, 473 = MDR 2000, 356; LG Berlin JurBüro 1984, 882; HK-RVG/*Gierl* Nr. 3308 VV Rn. 12; ebenso wohl Gerold/Schmidt/*Müller-Rabe* Nr. 3305–3308 VV Rn. 23.

[47] Vgl. HK-RVG/*Gierl* Nr. 3308 VV Rn. 12; ebenso Gerold/Schmidt/*Müller-Rabe* Nr. 3305–3308 VV Rn. 23.

[48] Gerold/Schmidt/*Müller-Rabe* Nr. 3305–3308 VV Rn. 24.

[49] Vgl. HK-RVG/*Gierl* Nr. 3308 VV Rn. 17.

Einen der Nr. 3306 VV entsprechenden Gebührentatbestand für die **vorzeitige** 69
Erledigung des Auftrages bei der „Vollstreckungsbescheidgebühr" gibt es nicht. Endet der Auftrag demgemäß durch Zahlung des Schuldners, bevor der Rechtsanwalt den Antrag auf Erlass des Vollstreckungsbescheids einreichen konnte, führt dies nicht zu einer Ermäßigung der bereits verdienten Gebühr nach Nr. 3308 VV.[50]

Umgekehrt kann es zu einer Erhöhung des Gebührentatbestandes nach 70
Nr. 3308 VV wegen der Vertretung mehrerer Auftraggeber (wie oben unter
→ Rn. 31 ff. bereits ausgeführt) aufgrund der Anm. in Satz. 2 nur dann kommen, wenn derselbe Rechtsanwalt nicht zuvor bereits bei der Gebühr nach Nr. 3305 VV das Erhöhungsprivileg in Anspruch genommen hat.

Als **Streitwert** ist der Berechnung der Gebühr der Betrag zugrunde zu legen, 71
auf den sich der Antrag auf Erlass des Vollstreckungsbescheides richtet. Zwischenzeitliche Zahlungen des Schuldners führen demgemäß bei dieser Gebühr zur Verringerung des Streitwerts und damit auch zur Verringerung der Gebühr.

Nr. 3308 VV enthält keine Anrechnungsvorschrift, so dass diese Gebühr weder 72
auf die im Mahnverfahren nun ebenfalls verdienbare Terminsgebühr anzurechnen ist wie es auch nicht zu einer Anrechnung auf eine spätere im Streitverfahren anfallende Terminsgebühr kommen kann.[51]

Eine auf die spätere Terminsgebühr im Streitverfahren nicht anzurechnende Ter- 73
minsgebühr im Vollstreckungsbescheidverfahren setzt allerdings voraus, dass nicht bereits im Verfahren über den Antrag auf Erlass eines Mahnbescheides eine Terminsgebühr nach Vorb. Abs. 3 VV angefallen ist. Da das Verfahren über den Antrag auf Erlass eines Mahnbescheides und das Verfahren über den Antrag auf Erlass eines Vollstreckungsbescheides eine gebührenrechtliche Angelegenheit darstellt könnte eine „neue" Terminsgebühr im Vollstreckungsbescheidverfahren nicht entstehen und die bereits im Mahnbescheidsverfahren entstandene Terminsgebühr wäre nach Nr. 3104 Anm. Abs. 4 VV auf das Streitverfahren anzurechnen.[52]

Stets ist zu beachten, dass auf den Zeitpunkt der Beauftragung abzustellen ist. 74
Die Anrechnung der Terminsgebühr über Nr. 3104 Anm. Abs. 4 VV findet nach zutreffender Auffassung gemäß § 60 Abs. 1 S. 1 RVG nur statt, wenn dem Rechtsanwalt der unbedingte Auftrag zum Tätigwerden im nachfolgenden Rechtsstreit **nach dem 30.12.2006** erteilt wurde.[53]

Unterabschnitt 3. Vollstreckung und Vollziehung

Vorbemerkung 3.3.3 – Nr. 3310 VV

Nr.	Gebührentatbestand	Gebühr oder Satz der Gebühr nach § 13
Vorbemerkung 3.3.3: Dieser Unterabschnitt gilt für 1. die Zwangsvollstreckung, 2. die Vollstreckung, 3. Verfahren des Verwaltungszwangs und 4. die Vollziehung eines Arrests oder einstweiligen Verfügung.		

---

[50] HK-RVG/*Gierl* Nr. 3308 VV Rn. 15.
[51] Schneider/Wolf/*Mock* Nr. 3308 VV Rn. 21.
[52] Vgl. hierzu auch Schneider/Wolf/*Mock* Nr. 3308 VV Rn. 28.
[53] Vgl. Schneider/Wolf/*Mock* Nr. 3308 VV Rn. 30.

Vorb. 3.3.3–3310 VV

Nr.	Gebührentatbestand	Gebühr oder Satz der Gebühr nach § 13
3309	Verfahrensgebühr	0,3
3310	Terminsgebühr .... Die Gebühr entsteht für die Teilnahme an einem gerichtlichen Termin, einem Termin zur Abgabe der Vermögensauskunft oder zur Abnahme der eidesstattlichen Versicherung.	0,3

Übersicht

	Rn.
I. Überblick	1
II. Verfahrensgebühr (Nr. 3309 VV)	6
1. Tätigkeit in der Zwangsvollstreckung nach der ZPO	6
2. Entstehung der Gebühr	13
3. Abgeltungsbereich und Höhe der Gebühr	28
4. Gerichtliches Verfahren über einen Akt der Zwangsvollstreckung (des Verwaltungszwangs)	44
5. Verfahren nach dem FamFG (Vollstreckung iSd Vorb. 3.3.3 S. 1 Nr. 2 VV)	50
6. Vollziehung von Arrest und einstweiliger Verfügung	57
7. Weitere besondere Einzeltätigkeiten	68
III. Terminsgebühr (Nr. 3310 VV)	73
1. Entstehung der Gebühr	74
2. Termin zur Abgabe der Vermögensauskunft	79
3. Termin zur Abnahme der eidesstattlichen Versicherung	80
4. Sonstige gerichtliche Termine	82
5. Einigungsgebühr neben Terminsgebühr?	84
IV. Festsetzungsfragen	103

I. Überblick

1 Unterabschnitt 3 des Teils 3 VV betrifft entsprechend der Vorbemerkung – entgegen der BRAGO – nicht mehr nur die anwaltliche Tätigkeit bei der **Durchsetzung** ergangener gerichtlicher Entscheidungen oder bei der Vollziehung von Entscheidungen des einstweiligen Rechtsschutzes, sondern fasst auch solche Tätigkeiten zusammen, die im **Vollzug** einer gerichtlichen Entscheidung im Rahmen der freiwilligen Gerichtsbarkeit (§§ 35 bzw. 86 ff. FamFG) oder im gerichtlichen Verfahren über einen Akt der Zwangsvollstreckung vor den Verwaltungs- und Finanzgerichten erfolgen. Selbst das Verfahren bzgl. der Eintragung einer **Zwangshypothek** (§§ 867 und 870a ZPO) wird Unterabschnitt 3 unterstellt, während Tätigkeiten aus der sonstigen Immobiliarvollstreckung Unterabschnitt 4 und die Tätigkeit im Bereich des Insolvenz- und Verteilungsverfahrens und nach der Schifffahrtsrechtlichen Verteilungsordnung Unterabschnitt 5 zugewiesen sind.

2 Ferner findet der Unterabschnitt 3 auf außergerichtliche Tätigkeiten im Rahmen des **Verwaltungszwangsverfahrens** (nach altem Recht § 119 Abs. 2 BRAGO) entsprechende Anwendung.[1]

3 Entsprechend der bisherigen Regelung in der BRAGO ist Unterabschnitt 3 unabhängig davon anzuwenden, ob der mandatierte Rechtsanwalt bereits im Erkenntnisverfahren tätig war (soweit nicht bestimmte Tätigkeiten zum Rechtszug gehörten (§§ 19, 16 Nr. 2 RVG) oder ob sich der Mandatsauftrag auf die Durchführung der

---

[1] Vgl. Vorb. zu Teil 2 VV Abschn. 3, Vorb. 2.4 Abs. 1 VV sowie Vorb. 2.5 Abs. 1 VV.

gesamten Zwangsvollstreckung oder nur auf einzelne Vollstreckungsangelegenheiten richtet bzw. ob der Mandant Gläubiger oder Schuldner in dem Verfahren ist.[2]

Soweit früher § 57 Abs. 2 und 3 BRAGO Regelungen zum **Gegenstandswert** enthielten, finden sich diese jetzt in § 25 RVG. Auf die dortige Kommentierung wird verwiesen. Entsprechend der sonstigen Strukturänderung im RVG wird die Tätigkeit des Rechtsanwalts in der Zwangsvollstreckung nunmehr auch nicht mehr mit einem einzigen Gebührentatbestand, sondern jeweils mit einer Verfahrens- (Nr. 3309 VV) und einer Terminsgebühr (Nr. 3310 VV) abgerechnet.

Nr. 3310 VV hat eine veränderte Anm. erhalten, was notwendig wurde, weil das am 1.1.2013 in Kraft getretene Gesetz zur Reform der Sachaufklärung in der Zwangsvollstreckung vom 29.7.2009 den Termin zur Abnahme der eidesstattlichen Versicherung wegen des Vermögensverzeichnisses durch einen Termin zur Abgabe der Vermögensauskunft ersetzte.[3]

II. Verfahrensgebühr (Nr. 3309 VV)

1. Tätigkeit in der Zwangsvollstreckung nach der ZPO

Unter dem Begriff der Zwangsvollstreckung ist grundsätzlich die in einem formalisierten Verfahren geregelte Durchsetzung von titulierten Ansprüchen durch staatliche Vollstreckungsorgane zu verstehen, wobei die Zwangsvollstreckung aufgrund von Titeln der ZPO selbst, ebenso aber auch aufgrund anderer Titel stattfinden kann (vgl. zB § 62 ArbGG, §§ 95, 120 FamFG, §§ 124, 406b, 463b S. 3 StPO, §§ 201 Abs. 2, 257 InsO, §§ 189 ff. SGG, § 52 VAG, § 167 VwGO, §§ 93, 132, 162 ZVG).[4] Nach zutreffender Auffassung fällt hingegen die Klauselerinnerung gemäß § 732 ZPO nicht in den Anwendungsbereich von Nr. 3309 VV, 3310 VV, sondern löst die Gebühr nach Nr. 3500 VV aus.[5]

Bei der Anwendung der Nr. 3309 VV ist allerdings zu beachten, dass der prozessrechtliche **Begriff der Zwangsvollstreckung** nicht stets mit dem gebührenrechtlichen identisch ist. Deutlich wird dies in den Fällen, in denen der Rechtsanwalt den Mandanten nicht schon in dem dem Titel zugrunde liegenden Erkenntnisverfahren vertreten hat. In diesen Fällen verdient der Rechtsanwalt bereits für die vorbereitende Tätigkeit, etwa die Umschreibung der vollstreckbaren Ausfertigung des Titels, die Verfahrensgebühr nach Nr. 3309 VV, während diese Gebühr dem Rechtsanwalt nicht zusteht, der bereits im Erkenntnisverfahren tätig war.[6]

Teil 3 Abschn. 3 Unterabschnitt 3 VV umfasst **alle Vollstreckungsmaßnahmen**, also die Vollstreckung wegen Geldforderungen iSv §§ 803 ff. ZPO, wegen Herausgabe von Sachen (§§ 883–885 ZPO), wegen Erwirkung von (un-)vertretbaren Handlungen, Duldungen oder Unterlassungen (§§ 887–890 ZPO), während folgende Tätigkeiten **nicht** erfasst werden:

- Mitwirkung bei der Veräußerung sicherungsübereigneter Gegenstände;[7]

---

[2] Schneider/Wolf/*Volpert* Vorb. 3.3.3 Nr. 3309–3310 VV Rn. 6.

[3] Vgl. *Schneider/Thiel* S. 238 unter Hinweis auf BGBl. I 2258.

[4] *Mock* AGS 2004, 177–185; HK-RVG/*Gierl* Nr. 3309 VV Rn. 1; Schneider/Wolf/*Volpert* Vorb. 3.3.3 Nr. 3309–3310 VV Rn. 8.

[5] LG Freiburg Beschl. v. 15.2.2010 – 1 O 201/08; **aA** Zöller/*Stöber* ZPO § 732 Rn. 18. Gerold/Schmidt/*Müller-Rabe* Nr. 3309 VV Rn. 407.

[6] Dazu auch *Mock* AGS 2004, 177.

[7] Gerold/Schmidt/*Müller-Rabe* Nr. 3309 VV Rn. 367: Es entsteht eine Gebühr gemäß Nr. 2300 VV.

- Beitreibung der angefallenen Notarkosten durch einen Anwaltsnotar (Der Anwaltsnotar wird hier in seiner Eigenschaft als Notar tätig und kann demgemäß keine Gebühren nach dem RVG in Rechnung stellen);[8]
- Antrag auf Eintragung in das Grundbuch, zu deren Bewilligung der Schuldner infolge rechtskräftiger Verurteilung zur Abgabe einer Willenserklärung verpflichtet ist oder die er im Rahmen eines Vergleichs abzugeben hat, bzw. Antrag auf Eintragung einer Vormerkung aufgrund eines nur vorläufig vollstreckbaren Urteils;[9]
- Eintragung in das Handelsregister gemäß § 16 HGB aufgrund eines Urteils des Prozessgerichts:[10]
- Antrag auf Löschung einer Marke entsprechender rechtskräftiger Verurteilung;[11]
- Benachrichtigung des Grundbuches von einem erteilten Erwerbsverbot;[12]
- Besorgung von Urkunden, deren der Gläubiger zum Zwecke der Zwangsvollstreckung bedarf;[13]
- Anmeldung der Forderung im Insolvenzverfahren bzw. Antrag auf Berichtigung der Tabelle durch Einreichung eines Urteils (Abrechnung erfolgt hier nach Unterabschnitt 5);[14]
- Tätigkeiten gegenüber Drittschuldner nach Überweisung der Forderung (Abrechnung nach Nr. 2300 VV bzw. bei Klagenotwendigkeit nach Nr. 3100 ff. VV).[15]

9 Soweit trotz des klaren und eben sehr umfassenden Abgeltungsbereich der Zwangsvollstreckungsgebühr nach Nr. 3309 VV von manchen Rechtsanwälten immer der Versuch unternommen wird, aus weiteren Gebührentatbeständen eine – weitere – Gebühr herzuleiten, etwa aus Nr. 2300 VV, sei zur **Abgrenzung** folgendes herausgestellt:

10 Die gesamte Tätigkeit des Rechtsanwalts, die sich auf die Durchsetzung der titulierten Forderung gegen den Schuldner richtet, wird abgegolten mit der Zwangsvollstreckungsgebühr nach Nr. 3309 VV. Dies gilt beispielsweise auch für die Mitwirkung des Rechtsanwalts zum Zwecke des Abschlusses eines **Ratenzahlungsvergleiches** oder einer entsprechenden Einigung hierüber.[16] In der Praxis wird der mit der Zwangsvollstreckung beauftragte Rechtsanwalt die mit einem Ratenzahlungsvergleich eigentlich verbundene Einigungsgebühr oftmals nicht verdienen, da es an der erforderlichen Mitwirkung fehlt, wenn die Zahlungsvereinbarung durch den Gerichtsvollzieher herbeigeführt wird.[17]

11 Nicht unter die Zwangsvollstreckungsgebühren fällt hingegen die **Tätigkeit** des Rechtsanwalts gegenüber einem **Dritten** im Zusammenhang mit der titulierten Forderung. Ein solcher Fall liegt beispielsweise vor, wenn der Gläubigervertreter

---

[8] Gerold/Schmidt/*Müller-Rabe* Nr. 3309 VV Rn. 308.

[9] HK-RVG/*Gierl* Nr. 3309 VV Rn. 3; Schneider/Wolf/*Volpert* Vorb. 3.3.3 Nr. 3309–3310 VV Rn. 87.

[10] KG JurBüro 1971, 950; Schneider/Wolf/*Volpert* Vorb. 3.3.3 Nr. 3309–3310 VV Rn. 89.

[11] Schneider/Wolf/*Volpert* Vorb. 3.3.3 Nr. 3309–3310 VV Rn. 89.

[12] OLG Stuttgart Rpfleger 1964, 130; Schneider/Wolf/*Volpert* Vorb. 3.3.3 Nr. 3309–3310 VV Rn. 87.

[13] OLG Stuttgart Rpfleger 1970, 295; Schneider/Wolf/*Volpert* Vorb. 3.3.3 Nr. 3309–3310 VV Rn. 91.

[14] Schneider/Wolf/*Volpert* Vorb. 3.3.3 Nr. 3309–3310 VV Rn. 92.

[15] HK-RVG/*Gierl* Nr. 3309 VV Rn. 4; Schneider/Wolf/*Volpert* Vorb. 3.3.3 Nr. 3309–3310 VV Rn. 86.

[16] Vgl. statt aller *Hartmann,* Nr. 3309 VV, Nr. 3310 VV Rn. 36 unter Hinweis auf Köln NJW 1976, 975.

[17] Ständige Rechtsprechung: vgl. nur LG Duisburg AGS 2013, 577 f. mAnm *Schneider* u.w.Rsprnw.; AG Augsburg, AGS 2014, 119; AG Düsseldorf AGS 2014, 120; AG Schleswig AGS 2014, 274.

den Drittschuldner nach Pfändung unter Androhung der „**Drittschuldnerklage**" zur Zahlung anhalten muss. Hier entsteht eine Gebühr nach Nr. 2300 VV.[18] Der Rechtsanwalt wird seinen Mandanten allerdings darüber aufzuklären haben, dass der Schuldner diese Gebühr nach der Rechtsprechung des Bundesgerichtshofes nicht erstatten muss.[19] Zwischenzeitlich spricht der BGH eine Geschäftsgebühr nach Nr. 2300 VV dem Rechtsanwalt auch dann zu, wenn es nicht um vollstreckungstechnische Fragen, sondern um die materielle Berechtigung des titulierten Anspruches geht. Der BGH stellt darauf ab, dass eine derartige Tätigkeit praktisch der Vorbereitung einer Vollstreckungsgegenklage diene und es somit nicht einzusehen sei, dass die dieser Klage vorausgehende außergerichtliche Tätigkeit anders honoriert werde als eine sonstige außergerichtliche Tätigkeit des Anwalts.[20]

Wie oben bereits erwähnt, ist beim Anfall der Zwangsvollstreckungsgebühr stets **12** zu überprüfen, ob die Tätigkeit des bereits im **Erkenntnisfahren** mandatierten Rechtsanwalts nicht schon mit den dort vorgesehenen Gebühren honoriert worden ist. Es ist also eine Abgrenzung vorzunehmen zwischen Erkenntnis- und Vollstreckungsverfahren. Ferner ist die Frage von Interesse, inwieweit bereits **Vorbereitungshandlungen** zum Zwecke der Zwangsvollstreckung die Verfahrensgebühr nach Nr. 3309 VV auslösen können. Hierzu wird auch auf die Kommentierung zu § 18 Nr. 3 RVG und zu § 19 Abs. 1 RVG verwiesen.

2. Entstehung der Gebühr

Nach einhelliger Meinung **entsteht** die Zwangsvollstreckungsgebühr mit dem **13** Tätigwerden des Rechtsanwalts nach Erteilung des Vollstreckungsauftrags durch den Mandanten, also auch vor Erteilung des eigentlichen Vollstreckungsauftrags gegenüber dem Vollstreckungsorgan. Bereits die Entgegennahme der Information löst die Verfahrensgebühr nach Nr. 3309 VV aus.[21]

Damit kann gleichzeitig festgestellt werden, dass die die Zwangsvollstreckung **14** **vorbereitenden Tätigkeiten** grundsätzlich ebenfalls mit der Verfahrensgebühr nach Nr. 3309 VV abzurechnen sind, soweit nicht ausnahmsweise derartige Tätigkeiten noch dem Erkenntnisverfahren zuzuordnen sind, was nur dann eine Rolle spielt, wenn der Rechtsanwalt sowohl im Erkenntnis- als auch im Vollstreckungsverfahren tätig wird. Ist letzteres der Fall, so verdient dieser Rechtsanwalt noch keine Verfahrensgebühr nach Nr. 3309 VV wenn er,

- die **nachträgliche Vollstreckbarerklärung** eines Urteils auf besonderen Antrag, die Erteilung des Notfrist- und Rechtskraftzeugnisses, die Ausstellung einer Bescheinigung nach § 54 oder § 56 AVAG (§ 19 Abs. 1 Nr. 9 RVG)

oder

- die **vorläufige Einstellung, Beschränkung oder Aufhebung** der Zwangsvollstreckung, wenn nicht eine abgesonderte mündliche Verhandlung hierüber stattfindet (vgl. § 19 Abs. 1 Nr. 11 RVG) herbeiführt.[22]

Der im **Erkenntnisverfahren** bereits tätige Rechtsanwalt erhält ebenfalls keine **15** Zwangsvollstreckungsgebühren wenn er bei der Erbringung der Sicherheitsleistung

---

[18] Vgl. Schneider/Wolf/*Volpert* Vorb. 3.3.3 Nr. 3309–3310 VV Rn. 86; sowie Gerold/Schmidt/*Müller-Rabe* Nr. 3309 VV Rn. 223 ff.; nach wie vor als Gegenansicht gültig; OLG Düsseldorf NJW 1971, 1617, von Nr. 3309 VV mit erfasst.

[19] BGH AGS 2007, 269.

[20] Vgl. BGH NJW 2011, 1603 = AnwBl. 2011, 402; damit möglicherweise überholt: OLG Düsseldorf NJW 1971, 1617.

[21] Vgl. statt aller HK-RVG/*Gierl* Nr. 3309 VV Rn. 8.

[22] LAG München AGS 2008, 18 = RVGreport 2008, 24; HK-RVG/*Gierl* Nr. 3309 VV Rn. 10.

behilflich ist, sei es auf Seiten des Schuldners, sei es auf Seiten des Gläubigers.[23] Der Tätigkeitsbereich **„Hilfeleistung bei der Erbringung der Sicherheit"** ist aber verlassen, wenn der Rechtsanwalt auftragsgemäß die Sicherheit selbst besorgt, indem er beispielsweise durch Verhandlungen auf eine Bankbürgschaft hinwirkt. Hier erhält der Rechtsanwalt bereits für diese Tätigkeit, auch wenn er zuvor im Erkenntnisverfahren tätig war, die Zwangsvollstreckungsgebühr.[24]

16   An dieser Betrachtung dürfte sich nach zutreffender Auffassung auch durch die Neufassung von § 19 RVG nichts geändert haben. Die Formulierung „Mitwirkung bei der Erbringung der Sicherheitsleistung und das Verfahren wegen deren Rückgabe" soll zwar bewirken, dass auch die Mitwirkung bei der Erbringung der Sicherheitsleistung dem Rechtszug zugeordnet wird, somit keine weiteren Gebühren entstehen können. Hierunter wird man aber in erster Linie das „zur Verfügung stellen der Sicherheit gegenüber dem Gegner" zu verstehen haben, während die Verhandlungen mit einem Kreditinstitut oder das Beschaffen des körperlichen Geldes wenigstens die Gebühr nach Nr. 3309 VV, wenn nicht gar eine Gebühr nach Nr. 2300 VV auslösen dürfte.[25]

17   Ebenfalls nicht von den Gebühren im Erkenntnisverfahren abgedeckt sind **Vorbereitungshandlungen** zur Durchführung von Zwangsvollstreckungsmaßnahmen wie etwa
   • die Ermittlung der Adresse des Schuldners durch Anfrage beim Einwohnermeldeamt zum Zwecke der Durchführung der Zwangsvollstreckung (keine weitere Gebühr nach Nr. 2301 VV);[26]
   • Einholung einer Auskunft aus dem Schuldnerverzeichnis;[27]
   • Aufforderungsschreiben an den Schuldner zur Leistungserbringung, verbunden mit der Androhung von Zwangsvollstreckungsmaßnahmen.[28]

18   Besondere Bedeutung wird dem **Zeitpunkt** beigemessen, zudem der Gläubigervertreter mit dem **Aufforderungsschreiben** an den Schuldner herantritt, wobei oftmals Probleme des Entstehens der Gebühr mit der Erstattungsfähigkeit vermengt werden.

19   Nach einhelliger Meinung ist die Aufforderung des Gläubigeranwalts unter Entstehungsgesichtspunkten, aber auch unter Erstattungsgesichtspunkten unproblematisch, wenn der Titel rechtskräftig oder ohne Sicherheitsleistung vollstreckbar ist, da ein solches Aufforderungsschreiben durchaus im Interesse auch des Schuldners ist, hilft es doch, möglicherweise weitere Vollstreckungskosten zu vermeiden. Damit ist allerdings noch nicht die Frage beantwortet, wie lange man abwarten und dem Schuldner Gelegenheit geben muss, die titulierte Leistung ohne Zwangsvollstreckung zu erbringen. Wie sehr es hier von den Umständen des Einzelfalles abhängt,

---

[23] Vgl. Schneider/Wolf/*Volpert* Vorb. 3.3.3 Nr. 3309–3310 VV Rn. 43 ff.; umstritten: **aA** OLG Karlsruhe JurBüro 1997, 306; OLG München JurBüro 1990, 433; KG JurBüro 1977, 501; OLG Düsseldorf JurBüro 1984, 596.

[24] So auch Schneider/Wolf/*Volpert* Vorb. 3.3.3 Nr. 3309–3310 VV Rn. 44 unter Hinweis auf KG MDR 1976, 767; ebenso Hartung/Römermann/Schons/*Schons* Vorb. 3.3.3–3310 VV Rn. 15.

[25] *Schneider/Thiel* S. 57–59.

[26] Vgl. BGH Beschluss vom 12.12.2003 = Rpfleger 2004, 250 = AGS 2004, 99; zustimmend Schneider/Wolf/*Volpert* Vorb. 3.3.3 Nr. 3309–3310 VV Rn. 30; vgl. auch RVG-Letter 2004, 23, 24.

[27] Vgl. auch hier Schneider/Wolf/*Volpert* Vorb. 3.3.3 Nr. 3309–3310 VV Rn. 32 aE mit Rechtsprechungsnachweisen.

[28] Schneider/Wolf/*Volpert* Vorb. 3.3.3 Nr. 3309–3310 VV Rn. 22; HK-RVG/*Gierl* Nr. 3309 VV Rn. 15 (fehlt es bei dem Aufforderungsschreiben an einer Vollstreckungsandrohung, gehört die Leistung gemäß § 19 Abs. 1 Satz 2 Nr. 9, Nr. 13 RVG zum Rechtszug, so dass keine gesonderte Zwangsvollstreckungsgebühr entsteht).

mögen zwei Entscheidungen des BGH belegen, in denen eine Zahlungsaufforderung zwei Wochen nach Vergleichsabschluss (zu Recht) nicht als zu früh befunden wurde und das grundsätzliche Interesse des Gläubigers an einer schnellen Vollstreckung als gerechtfertigt angesehen wird.[29]

Differenziert wird im übrigen stets, wenn ein vorläufig vollstreckbares Urteil betroffen ist, aus dem nur gegen Sicherheitsleistung vorgegangen werden kann. Während bei der **Sicherheitsvollstreckung** iSv § 720a ZPO die mit dem Aufforderungsschreiben verbundene Gebühr – jedenfalls nach Ablauf der Wartefrist nach § 750 Abs. 3 ZPO – unproblematisch ist, wird zum Teil bei **sonstigen Zwangsvollstreckungsmaßnahmen** verlangt, dass auch die formellen Voraussetzungen der Vollstreckung zum Zeitpunkt des Aufforderungsschreibens vorliegen, also insbesondere eine Sicherheitsleistung erbracht worden ist.[30] 20

Abgesehen davon, dass hier offensichtlich die Frage des Entstehens der Gebühr mit der Frage der Erstattungsfähigkeit verwechselt wird, sind nach zutreffender Ansicht solche Überlegungen doch letztendlich obsolet. 21

Zahlt der Schuldner aufgrund des **Aufforderungsschreibens,** so hat er die Kosten, die mit der Erbringung der Sicherheit verbunden sein können, vermieden. Es wird ihm dann auch zuzumuten sein, die entsprechende Verfahrensgebühr nach Nr. 3309 VV dem Gläubiger zu erstatten. 22

Zahlt er aufgrund des Aufforderungsschreibens **nicht,** so wird die Zwangsvollstreckung vom Gläubigervertreter eingeleitet werden. Mehrkosten entstehen hierdurch nicht, da die gesamte Tätigkeit in der Zwangsvollstreckung mit einer Gebühr nach Nr. 3309 VV honoriert wird.[31] 23

Ist noch keine die Zwangsvollstreckung vorbereitende, aber bereits gebührenauslösende Tätigkeit des Rechtsanwalts vorangegangen, entsteht die Verfahrensgebühr noch bei folgenden Tätigkeiten: 24
- Antrag auf Vollstreckung beim Vollstreckungsorgan;
- Vorpfändung gemäß § 845 ZPO;
- Zustellung einer Bürgschaftsurkunde im Rahmen von § 751 Abs. 2 ZPO;
- Antrag auf Festsetzung der Vollstreckungskosten gemäß § 788 Abs. 2 ZPO;
- Tätigkeit im Hinblick auf Vereinbarung einer Ratenzahlung, sei es auf Seiten des Schuldners, sei es auf Seiten des Gläubigers;
- Sämtliche Tätigkeiten in den nach § 18 Abs. 1 Nr. 4–21, § 19 Abs. 1 Satz 2 Nr. 12, 13 und 16, sowie § 19 Abs. 2 RVG genannten Tätigkeiten.[32]

Bei **Vollstreckungsmaßnahmen** wegen einer Geldforderung gegen **Bund und Land** ist zu beachten, dass diese gemäß § 882a Abs. 1 Satz. 1 ZPO erst vier Wochen nach dem Zeitpunkt erfolgen dürfen, in dem der Gläubiger die beabsichtigte Vollstreckung der Behörde angezeigt hat. Entsprechendes gilt für den Antrag an die Aufsichtsbehörde auf Erteilung einer Zulassungsverfügung für die Vollstreckung gegen eine Gemeinde wegen einer Geldforderung nach den jeweiligen Gemeindeordnungen. 25

Auch diese Tätigkeiten, also die **Anzeige** der Absicht, die Zwangsvollstreckung zu betreiben bzw. der **Antrag auf Zulassung der Zwangsvollstreckung** nach den jeweiligen Gemeindeordnungen kann die Verfahrensgebühr nach Nr. 3309 VV auslösen.[33] 26

---

[29] BGH AGS 2003, 561; BGH DGVZ 2004, 24 sowie BGH AGS 2007, 375 = JurBüro 2007, 379.

[30] OLG Koblenz Rpfleger 1995, 313; OLG München JurBüro 1989, 1117.

[31] Vgl. zum Ganzen auch: Schneider/Wolf/*Volpert* Vorb. 3.3.3 Nr. 3309–3310 VV Rn. 22; HK-RVG/*Gierl* Nr. 3309 VV Rn. 17.

[32] Vgl. hierzu auch die Übersicht bei Schneider/Wolf/*Volpert* Vorb. 3.3.3 Nr. 3309–3310 VV Rn. 28.

[33] Umstritten beim Antrag auf Zulassung der Zwangsvollstreckung: ebenso wie hier OLG Düsseldorf JurBüro 1986, 730; Schneider/Wolf/*Volpert* Vorb. 3.3.3 Nr. 3309–3310 VV Rn. 24;

Vorb. 3.3.3–3310 VV Teil 3. Bürgerliche Rechtsstreitigkeiten

27   Für die **Vollstreckungserinnerung** gemäß § 766 ZPO fällt (Veränderung zur BRAGO, vgl. dort § 61 BRAGO) keine Verfahrensgebühr nach Nr. 3309 VV an, weil nunmehr alle Arten der Erinnerung dem Unterabschnitt 5 des Teils 3 VV zugeordnet worden sind (vgl. Nr. 3500 VV und die Kommentierung dort).

3. Abgeltungsbereich und Höhe der Gebühr

28   Die Verfahrensgebühr nach Nr. 3309 VV ist eine **Festpauschgebühr**, die grundsätzlich die gesamte Tätigkeit in der Zwangsvollstreckung abdeckt und unabhängig von der Intensität der anwaltlichen Tätigkeit – lediglich – 0,3 beträgt, was der Gebührenhöhe der alten Regelung in der BRAGO (3/10) entspricht.

29   Die Forderung der sog. Expertenkommission, die Zwangsvollstreckungsgebühr moderat auf 0,4 anzuheben, ließ sich nicht durchsetzen. Dies wird auch nicht etwa dadurch kompensiert, dass in der Zwangsvollstreckung sich nunmehr auch eine Terminsgebühr nach Nr. 3310 VV verdienen lässt, deren Anwendungsbereich aufgrund der Anm. zu Nr. 3310 VV nur höchst eingeschränkt ist, so dass die Terminsgebühr nur in seltenen Fällen zur Anwendung gelangt (vgl. die Ausführungen zur Terminsgebühr → Rn. 62 ff.).

30   Auch die in § 19 Abs. 2 Nr. 1–5 RVG aufgeführten Tätigkeiten gehören zu denen in § 18 Nr. 3 und 4 RVG genannten Verfahren und lösen daher keine weitere Gebühr aus.

31   **Mehrfach** kann die Zwangsvollstreckungsgebühr für solche Tätigkeiten entstehen, die gemäß § 18 RVG als besondere Angelegenheiten anzusehen sind (vgl. § 18 Nr. 6–20 RVG). Bei diesen Tätigkeiten ist es auch ohne Bedeutung, ob der Rechtsanwalt zuvor im Erkenntnisverfahren bereits tätig war oder nicht.

32   Ohne Einfluss auf die Höhe der Gebühr ist es, ob und wann sich der Auftrag **erledigt**. Der Umstand, dass mit der Verfahrensgebühr nach Nr. 3309 VV die gesamte Tätigkeit des Rechtsanwalts in der Zwangsvollstreckung abgedeckt wird, führt umgekehrt nicht zu einer Reduzierung der Gebühr, wenn es **vorzeitig** – aus welchen Gründen auch immer – zu einer Beendigung des Auftrages kommt, und sei es auch nur unmittelbar nach Erteilung des Auftrags selbst.

33   Einen **Reduzierungstatbestand,** wie ihn das RVG beim Erkenntnisverfahren in allen Instanzen kennt (vgl. etwa Nr. 3101 VV in der ersten Instanz) ist bei den Zwangsvollstreckungsgebühren nicht vorhanden. Dies gilt im Übrigen auch für Verkehrs- und Beweisanwälte (vgl. Nr. 3400 f. VV), soweit sie in der Zwangsvollstreckung tätig werden.[34]

34   Beteiligt sich ein Rechtsanwalt an **Zwangsvollstreckungsmaßnahmen im Ausland,** kann er unter Umständen sowohl die Verkehrsanwaltsgebühr gemäß Nr. 3400 VV für das Verfahren auf Vollstreckbarerklärung sowie eine Verfahrensgebühr gemäß Nr. 3309 VV für die eigentliche Vollstreckung verdienen.[35] Stellt der Rechtsanwalt einen Antrag auf Verweigerung, Aussetzung oder Beschränkung der Zwangsvollstreckung eines **europäischen Vollstreckungstitels für unbestrittene Forderungen** im Inland nach § 1084 Abs. 1 ZPO, so stellt die eine besondere gebührenrechtliche Angelegenheit dar, die eine Vergütung nach Nr. 3309 VV, 3310 VV auslöst.[36]

35   Zu einer Erhöhung der Zwangsvollstreckungsgebühr (allerdings nur bei der Verfahrensgebühr nach Nr. 3309 VV, nicht bei der Terminsgebühr bei Nr. 3310 VV) kommt es, wenn der Rechtsanwalt **mehrere Auftraggeber** in der Zwangsvollstre-

---

HK-RVG/*Gierl* Nr. 3309 VV Rn. 18; Gerold/Schmidt/*Müller-Rabe* Nr. 3309–3310 Rn. 168; **aA** OLG Koblenz JurBüro 1990, 998 sowie OLG Frankfurt a.M. JurBüro 1974, 1551.

[34] Vgl. Schneider/Wolf/*Volpert* Vorb. 3.3.3 Nr. 3309–3310 VV Rn. 99.

[35] Vgl. zu den Einzelheiten *Rüfner* JurBüro 1999, 453 f.

[36] Vgl. Schneider/Wolf/*Volpert* Vorb. 3.3.3 Nr. 3309–3310 VV Rn. 101.

ckung vertritt, sei es auf Seiten des Schuldners, sei es auf Seiten des Gläubigers. Maßgeblich ist es, dass er für mehrere Auftraggeber tätig wird.

Die Neuregelung des RVG schafft insbesondere in der Zwangsvollstreckung eine **36** **erhebliche Verbesserung** für den Rechtsanwalt, da die Erhöhung nicht mehr dem Grundtatbestand zu entnehmen ist, sondern der Erhöhungsfaktor von 0,3 die Gebühr in der Weise erhöht, dass eine Addition vorzunehmen ist. Wird die Zwangsvollstreckung zB für einen weiteren Mandanten betrieben, so beträgt nunmehr die Verfahrensgebühr nach Nr. 3309 VV iVm Nr. 1008 VV 0,6.

Als ärgerlich muss es bezeichnet werden, dass einige Rechtspfleger und auch schon **37** erste amtsgerichtliche Entscheidungen von der Gesetzesänderung keine Kenntnis nehmen wollen. Obgleich nicht nur der Gesetzeswortlaut, sondern auch die Gesetzesbegründung an Eindeutigkeit nichts vermissen lässt, kommt es immer wieder zu **eklatanten Fehlentscheidungen.** Beispielsweise wird die Auffassung vertreten, die Erhöhungsgebühr sei nicht zur „Grundgebühr" (Nr. 3309 VV) zu addieren, sondern man müsse 0,3 aus der Grundgebühr" von 0,3 „ziehen", wie es nach altem Recht vorgesehen war (3/10 aus 3/10).[37] Ein anderes Amtsgericht vertritt die Auffassung, die Addition von Ausgangs- und Erhöhungsgebühr könne auch bei deutlich mehr als acht Auftraggebern allenfalls 0,9 betragen.[38]

Aufgrund solcher Fehlentscheidungen kann nur die Empfehlung ausgesprochen **38** werden, im Erinnerungsverfahren nicht nur die Gesetzesbegründung zur Verfügung zu stellen, sondern die entsprechenden Stellen auch kenntlich zu machen, damit sie gelesen werden: So heißt es in der Gesetzesbegründung: „Der nunmehr vorgeschlagene Erhöhungsfaktor von 0,3 erhöht jede Gebühr unabhängig von ihrem Gebührensatz um diesen Faktor. So erhöht sich zB eine Gebühr von 1,0 auf 1,3 und eine Gebühr von 0,5 auf 0,8. Mehrere Erhöhungen dürfen nach Abs. 3 der Anm. aber höchstens zu einer Erhöhung um 2,0 führen …".[39]

Allerdings ist auch hier die **Beschränkungsvorschrift** von Anm. Abs. 3 zu **39** Nr. 1008 VV zu beachten, so dass der Erhöhungsgebührensatz 2,0 nicht übersteigen darf. Bei einer entsprechenden Anzahl von Mandanten kann der Rechtsanwalt aber auch in der Zwangsvollstreckung nunmehr eine Gebühr von 2,3 (0,3 + 2.0) verdienen.[40]

Problematisch ist die Frage, wie die Erhöhungsgebühr abzurechnen ist, wenn die **40** Grundgebühr lediglich 15 EUR beträgt, weil wegen eines **geringen Geldbetrages** vollstreckt wird. Hier stellt sich die Frage, wie mit der Vorschrift von § 13 Abs. 2 RVG umzugehen ist, die eine Mindestgebühr von 15 EUR vorsieht.[41]

Beispiel:
Für die Zwangsvollstreckung aus einem Betrag von 250 EUR entsteht eine Verfahrensgebühr nach Nr. 3309 VV, bei einem Gebührensatz von 0,3 somit ein Betrag in Höhe von 13,50 EUR. Da die Mindestgebühr bei 15 EUR liegt, ist eine Erhöhung auf 15 EUR vorzunehmen. Wird nun wegen eines Betrags von 250 EUR für insgesamt zwei Auftraggeber vollstreckt, hängt die Berechnung der Gebühr davon ab, ob man von einer einheitlichen (erhöhten) Verfahrensgebühr nach Nr. 3309 VV ausgeht oder ob man Nr. 1008 VV einen eigenständigen Gebührentatbestandscharakter beimisst.

Geht man – wie es richtig sein dürfte – von einer **einheitlichen Gebühr** aus, so wäre wie folgt zu rechnen:
Verfahrensgebühr gemäß Nr. 3309 VV iVm Nr. 1008 VV 0,6 (0,3 + 0,3) 27 EUR (2 × 13,50 EUR).[42]

---

[37] AG Recklinghausen AGS 2005, 154, 155 mit kritischer Anm. *Mock.*
[38] AG Offenbach AGS 2005, 198–199, mit kritischer Anm. *N. Schneider.*
[39] Vgl. auch hierzu: *N. Schneider* AGS 2005, 199 (Anm. zu AG Offenbach).
[40] Vgl. hierzu umfassend: *Volpert* RVGreport 2004, 450–458, 453.
[41] Vergleiche hierzu zunächst das Beispiel *Hartung/Römermann* 1. Aufl. § 13 Rn. 18.
[42] So wie hier vgl. Schneider/Wolf/*Onderka* § 13 Rn. 25; so jetzt auch Gerold/Schmidt/ *Mayer*, § 13 Rn. 11, 12; sa LG Berlin AGS 2006, 484 = RVGreport 2006, 306; AG Hohenschön-

Rechnet man hingegen zunächst die **Verfahrensgebühr** und dann die **Erhöhungsgebühr** getrennt, ist wie folgt vorzugehen.

Verfahrensgebühr gemäß Nr. 3309 VV (0,3) iVm § 13 Abs. 2 RVG bei einem Wert von 250 EUR:	15,00 EUR
Erhöhungsgebühr gemäß Nr. 1008 VV (0,3) iVm § 13 Abs. 2 RVG (weitere):	15,00 EUR
macht insgesamt:	30,00 EUR[43]

41 Nicht mehr vertretbar erscheint demgegenüber die von *Madert* (noch bei einer geltenden Mindestsumme von 10 EUR) vorgenommene Beispielsberechnung, wonach in dem hier gewählten Beispiel sich eine Gesamtgebühr von 13 EUR ergeben hätte.[44] Ganz offensichtlich wird übersehen, dass die Erhöhungsgebühr nicht **aus** der Grundgebühr zu entnehmen ist, sondern dass Grundgebühr und Erhöhungsgebühr zu addieren sind.[45]

42 Aus welcher Gebührentabelle wiederum Mayer in der 22. Auflage von Gerold/Schmidt herausgelesen haben will, dass der Satz 0,3 in der niedrigsten Streitwertstufe bereits 15 EUR beträgt, ist nicht nachvollziehbar.[46] Ganz im Gegenteil findet sich in den aktuellen Gebührentabellen in einer Fussnote der Hinweis, dass man bei 2 Auftraggebern zu dem auch hier unterstellten Betrag in Höhe von 27 EUR gelangt.

43 Auch bei der Zwangsvollstreckungsverfahrensgebühr nach Nr. 3309 VV ist stets zu prüfen, ob der Rechtsanwalt für mehrere Auftraggeber in **derselben Angelegenheit** tätig wird. Dies ist beispielsweise nicht der Fall, wenn der Rechtsanwalt aus einem Unterhaltstitel für Mutter und Kind die Zwangsvollstreckung betreibt, da der Zwangsvollstreckungsmaßnahme unterschiedliche Gegenstände zugrunde liegen. Die Mehrarbeit des Rechtsanwalts wird nicht über Nr. 1008 VV honoriert, sondern gemäß § 22 Abs. 1 RVG dadurch, dass die Gegenstandswerte addiert werden.[47]

4. Gerichtliches Verfahren über einen Akt der Zwangsvollstreckung (des Verwaltungszwangs)

44 Die Vorbemerkung 2.3 Abs. 1 zu Teil 2 Abschn. 3 VV verweist hinsichtlich der Tätigkeit des Rechtsanwalts im Verwaltungszwangsverfahren auf Teil 3 Abschn. 3 Unterabschnitt 3 VV und ordnet die Anwendung der Zwangsvollstreckungsgebühren im Verwaltungszwangsverfahren an.

45 Die Tätigkeit im Verwaltungszwangsverfahren ist gebührenrechtlich eine **besondere Angelegenheit**, so dass die Gebühren nach Teil 3 Abschn. 3 Unterabschnitt 3 VV (Nr. 3309 VV) dem schon zuvor mandatierten Rechtsanwalt **neben** der Gebühr für das Verwaltungsvorverfahren und das anschließende gerichtliche Verwaltungsverfahren entstehen kann.

46 Im Verwaltungsverfahren ist allerdings die Besonderheit zu beachten, dass teilweise die ergehenden Verwaltungsakte zugleich mit der **Androhung eines Zwangsmittels** verbunden werden, so dass der Rechtsanwalt im Falle eines auftragsgemäß eingelegten Widerspruchs gegen einen solchen Verwaltungsakt lediglich die Gebühr

---

hausen AGS 2006, 117 mAnm *N. Schneider*; AG Stuttgart AGS 2005, 331 mAnm *N. Schneider*; *N. Schneider* AGS 2003, 284; anders noch: Hartung/Römermann/Schons/*Schons* Vorb. 3.3.3 Nr. 3309–3310 VV Rn. 39.

[43] Vgl. hierzu eingehend *Volpert* RVGreport 2004, 453.
[44] Vgl. Gerold/Schmidt/*Madert* § 13 Rn. 12, anders jetzt seit 18. Aufl. Gerold/Schmidt/*Mayer* § 13 Rn. 11.
[45] So auch *Volpert* RVGreport 2004, 453.
[46] Gerold/Schmidt/*Mayer* § 13 Rn. 12 aE.
[47] Vgl. hierzu Schneider/Wolf/*Volpert* Vorb. 3.3.3 Nr. 3309–3310 VV Rn. 106.

nach Nr. 2300 VV bzw. Nr. 2301 VV, nicht dagegen daneben noch die Zwangsvollstreckungsverfahrensgebühr nach Nr. 3309 VV erhält.[48] Dies ist damit zu erklären, dass hier gebührenrechtlich dieselbe Angelegenheit iSv § 15 Abs. 2 RVG vorliegt: Verbindet die Behörde die Grundverfügung mit der Androhung eines Zwangsmittels, so geht es um einen einheitlichen Lebenssachverhalt, um eine einzige Entscheidung der Behörde und demgemäß auch um einen einzigen Auftrag des Rechtsanwalts, diese Entscheidung insgesamt anzugreifen.

Auch im Verwaltungszwangsverfahren kann die **Zwangsvollstreckungsverfahrensgebühr** nach Nr. 3309 VV **mehrfach** entstehen, etwa dann, wenn der Rechtsanwalt sowohl im (nicht gerichtlichen) Verwaltungsvollstreckungsverfahren als auch im anschließenden gerichtlichen Verfahren gegen einen Akt der Zwangsvollstreckung tätig wird, was mit dem Zusammenspiel von § 17 Nr. 1 mit § 18 Nr. 3 RVG und der bisherigen Regelung in § 114 Abs. 7 BRAGO erklärt wird.[49]

Dass der Rechtsanwalt hier in einem gerichtlichen Verfahren über einen Akt der Zwangsvollstreckung gleichwohl nur die deutlich reduzierten Gebühren nach Nr. 3309 f. VV verdient, wird damit begründet, dass die Überprüfung der Rechtmäßigkeit des Vollstreckungsakts selbst einen geringeren Arbeitsaufwand mit sich bringt als die Überprüfung der Rechtmäßigkeit des der Vollstreckung zugrunde liegenden Verwaltungsakts.[50]

Auch bei der Tätigkeit im Verwaltungszwangsverfahren ist zu beachten, dass eine **vorzeitige Beendigung** des Auftrags nicht zu einer Reduzierung der bereits mit Auftragserteilung verdienten Verfahrensgebühr führt. Ein Reduzierungstatbestand ist nicht vorgesehen.

5. Verfahren nach dem FamFG (Vollstreckung iSd Vorb. 3.3.3 S. 1 Nr. 2 VV)

Durch das FamFG ist das Vollstreckungsrecht in diesem Bereich neu konzipiert worden.

Unter der Vollstreckung nach dem FamFG versteht man zum einen die Vollstreckung verfahrensleitender Entscheidungen nach § 35 FamFG, der insoweit den bisherigen § 33 FGG ersetzt (vgl. auch § 18 Abs. 1 Nr. 21 RVG).[51]

Zum anderen gehört ist hierzu aber auch die Vollstreckung von **Endentscheidungen und verfahrensabschließenden Entscheidungen** gemäß §§ 81 ff. FamFG (vgl. hierzu § 18 Abs. 1 Nr. 2 RVG). Hierbei ist zu beachten, dass diese Entscheidungen nicht nach einheitlichen Bestimmungen vollstreckt werden, weil das FamFG seinerseits wiederum zum Teil auf die ZPO verweist.

So werden nach ZPO vollstreckt:
- Familienstreitsachen (§ 120 FamFG)
- die Vollstreckung (§ 95 FamFG)
  - wegen einer Geldforderung
  - zur Herausgabe einer beweglichen oder unbeweglichen Sache
  - zur Vornahme einer vertretbaren oder nichtvertretbaren Handlung
  - zur Erzwingung von Duldungen und Unterlassungen oder
  - zur Abgabe einer Willenserklärung
- Verfahren nach dem Gewaltschutzgesetz betreffend Unterlassungen (§ 96 FamFG)

---

[48] Vgl. HK-RVG/*Gierl* Nr. 3309 VV Rn. 25; Schneider/Wolf/*Volpert* Vorb. 3.3.3 Nr. 3309–3310 VV Rn. 84.
[49] Vgl. hierzu Schneider/Wolf/*Volpert* Vorb. 3.3.3 Nr. 3309–3310 VV Rn. 83.
[50] HK-RVG/*Gierl* Nr. 3309 VV Rn. 27; Schneider/Wolf/*Volpert* Vorb. 3.3.3 Nr. 3309–3310 VV Rn. 82.
[51] Schneider/Wolf/*Volpert* Vorb. 3.3.3 Nr. 3309–3310 VV Rn. 71.

Vorb. 3.3.3–3310 VV   Teil 3. Bürgerliche Rechtsstreitigkeiten

54 Hingegen werden die sonstigen Vollstreckungen (§ 87 Abs. 1 S. 1 FamFG) insbesondere die Herausgabe von Personen und die Regelung des Umgangs (§§ 88–94 FamFG) nach den Vorschriften von §§ 81 ff. FamFG vollstreckt.[52]

55 Für das Entstehen der Verfahrensgebühr iSv Nr. 3309 VV ist entscheidend, dass der Anwalt im Zusammenhang mit einer **Vollstreckungsmaßnahme des Gerichts** tätig geworden ist. Tätigkeiten, die noch die gerichtliche Grund-Anordnung als solche betreffen, lösen keine besondere Gebühr aus, sondern gelten als mit der Verfahrensgebühr von Nr. 3100 VV als abgegolten.

56 Eine Vollstreckungsgebühr kann also erst dann verdient werden, wenn der Rechtsanwalt Informationen zum Zwecke einer Vertretung **im Rahmen der gerichtlichen Prüfung zur Anordnung von Zwangsmaßnahmen** (vgl. § 35 Abs. 5 FamFG) entgegennimmt, wobei letztere wohl erst mit der Anhörung des Verpflichteten beginnt.[53]

6. Vollziehung von Arrest und einstweiliger Verfügung

57 Die Vorschriften des Unterabschnitts 3 VV sind ferner anzuwenden für die Tätigkeit des Rechtsanwalts bei der Vollziehung von Arrest und einstweiliger Verfügung, was mit der Vergleichbarkeit der Tätigkeit in der Zwangsvollstreckung begründet wird.

58 Problematisiert wird die **Abgrenzung** zwischen der Tätigkeit im Anordnungsverfahren und der Tätigkeit im reinen Vollziehungsverfahren. Da die Zustellung des Arrests und der einstweiligen Verfügung nach § 19 Abs. 1 Nr. 15 RVG eindeutig noch dem Rechtszug des Anordnungsverfahrens zugeordnet ist, wird vertreten, dass nur der Rechtsanwalt für die **Vollziehungstätigkeit** eine gesonderte Gebühr nach Nr. 3309 VV in Rechnung stellen kann, der im Anordnungsverfahren noch nicht tätig war.[54]

59 Dies gelte umso mehr, wenn eine einstweilige Verfügung zugestellt werde, die auf ein Gebot oder Verbot nach § 890 ZPO gerichtet sei, da das Urteil bzw. der Beschluss in diesem Fall erst mit der Zustellung wirksam werde und es einer weiteren Zustellung nicht mehr bedürfe.[55]

60 Eine andere differenzierende Auffassung vertritt *Volpert,* der bei einstweiligen Verfügungen, die auf ein **Unterlassen** gerichtet sind, darauf hinweist, dass die Zustellung hier einen Doppelcharakter besitze und mit der Vollziehung einer einstweiligen Verfügung durch Eintragung im Grundbuch vergleichbar sei. Auch dort stelle die Eintragung keine Zwangsvollstreckung dar, gleichwohl billige man dem Rechtsanwalt für die Stellung des Eintragungsantrages eine Vollziehungsgebühr zu, weil erst mit der Stellung des Antrags das Rechtsschutzziel des Gläubigers erreicht werde.[56]

61 Hier dürfte jedoch der **herrschenden Meinung** der Vorzug zu geben sein, da der Gesetzeswortlaut eindeutig erscheint (vgl. nicht nur § 19 Abs. 1 Nr. 15 RVG, sondern auch § 18 Nr. 2 RVG, wonach besondere Angelegenheiten nur Vollziehungsmaßnahmen sind, wenn sie sich nicht auf die Zustellung beschränken).[57] Die

---

[52] Vgl. auch hier zum Ganzen: Schneider/Wolf/*Volpert* Vorb. 3.3.3 Nr. 3309–3310 VV Rn. 72.

[53] HK-RVG/*Gierl* Nr. 3309 VV Rn. 36.

[54] HK-RVG/*Gierl* Nr. 3309 VV Rn. 40; sa LG Saarbrücken AGS 2014, 81.

[55] Gerold/Schmidt/*Müller-Rabe* Nr. 3309 VV Rn. 452 unter Hinweis auf OLG Koblenz JurBüro 84, 887; vgl. auch OLG München NJW-RR 1989, 180; OLG Celle OLGZ 92, 355; OLG Hamm JurBüro 2001, 475; OLG Bamberg JurBüro 1985, 714; s. jetzt auch OLG Saarbrücken AGS 2014, 81.

[56] Vgl. Schneider/Wolf/*Volpert* Vorb. 3.3.3 Nr. 3309–3310 VV Rn. 54, 55.

[57] Vgl. HK-RVG/*Gierl* Nr. 3309 VV Rn. 40; ebenso Hartung/Römermann/Schons/*Schons* Vorb. 3.3.3 Nr. 3309–3310 VV Rn. 55.

hier vertretene Auffassung gilt sowohl bei der Zustellung einer im Urteilswege erlassenen einstweiligen Verfügung als auch bei einer im Beschlusswege erlassenen Verfügung.[58]

Bei **Arrestsachen** kann der Antrag auf Erlass eines Arrests mit dem Antrag auf **Pfändung** einer Forderung wegen der besonderen Regelung in § 930 Abs. 1 Satz. 3 ZPO verbunden werden (für beide Anträge ist das Arrestgericht zuständig).Nach einhelliger Meinung entsteht in diesem Sonderfall neben der Gebühr für das Anordnungsverfahren gemäß Nr. 3100f. VV die Verfahrensgebühr nach Nr. 3309 VV, allerdings nur dann, wenn der Arrest auch tatsächlich erlassen wird. Grund hierfür ist die Unterstellung, dass der Pfändungsantrag nur für den Fall als gestellt gilt, dass der Arrest erlassen wird.[59] 62

Im umgekehrten Fall – Arrest wird erlassen, Pfändungsbeschluss wird abgelehnt – entsteht hingegen die Verfahrensgebühr, da diese nicht erfolgsabhängig ist.[60] 63

Nimmt der Rechtsanwalt im Übrigen nur einen Pfändungsbeschluss entgegen, der antragsgemäß erlassen wurde, so wird hierdurch noch keine Verfahrensgebühr ausgelöst.[61] Dagegen ist bei der Entgegennahme einer negativen oder abgeänderten Entscheidung Prüfungstätigkeit zu unterstellen, die eine Gebühr nach Nr. 3309 VV auch dann auslöst, wenn darin die einzige Tätigkeit des mandatierten Rechtsanwalts besteht.[62] 64

Vollziehungsmaßnahmen können auch durch **Eintragungen in das Grundbuch** vollzogen werden. Hier ist jedoch stets darauf abzustellen, ob ein eigenständiger Antrag des Rechtsanwalts vorliegt oder lediglich eine Anregung an das Gericht, mit einem gerichtlichen Ersuchen iSv § 941 ZPO an das Grundbuchamt heranzutreten. Im letzteren Fall verdient der Rechtsanwalt keine Verfahrensgebühr nach Nr. 3309 VV, im ersteren schon.[63] 65

Auch der Antrag des Rechtsanwalts auf **Löschung von Eintragungen** im Grundbuch, die aufgrund eines Arrests oder einer einstweiligen Verfügung vorgenommen wurden, die zwischenzeitlich wieder aufgehoben wurden, löst keine Vollziehungs- und damit keine Verfahrensgebühr nach Nr. 3309 VV aus. Ggfs. kann der Rechtsanwalt hier nach Nr. 2300 VV seine Tätigkeit abrechnen.[64] Entsprechendes gilt für Einträge auf Löschung eines Gebrauchsmusters oder einer Marke beim Patentamt.[65] 66

Schließlich stellt auch der Antrag auf **Eintragung** in andere **öffentliche Register** wie etwa die Eintragung der Entziehung der Geschäftsführung und Vertretung im Handelsregister keine Vollziehung iSd Gesetzes dar, so dass nicht der Gebührentatbestand von Nr. 3309 VV, sondern der von Nr. 2300 VV in Betracht kommt.[66] 67

7. Weitere besondere Einzeltätigkeiten

Als weitere besondere Einzeltätigkeiten, die die Verfahrensgebühr auslösen können, sind anzuführen: 68

---

[58] **AA** auch hier Schneider/Wolf/*Volpert* Vorb. 3.3.3 Nr. 3309–3310 VV Rn. 58.
[59] OLG Düsseldorf JurBüro 1984, 709; HK-RVG/*Gierl* Nr. 3309 VV Rn. 41.
[60] Schneider/Wolf/*Volpert* Vorb. 3.3.3 Nr. 3309–3310 VV Rn. 52; ebenso Hartung/Römermann/Schons/*Schons* Vorb. 3.3.3 Nr. 3309–3310 VV Rn. 57.
[61] Gerold/Schmidt/*Müller-Rabe* Nr. 3309 VV Rn. 258.
[62] Gerold/Schmidt/*Müller-Rabe* Nr. 3309 VV Rn. 259.
[63] Vgl. hierzu Schneider/Wolf/*Volpert* Vorb. 3.3.3 Nr. 3309–3310 VV Rn. 60, sowie HK-RVG/*Gierl* Nr. 3309 VV Rn. 33.
[64] OLG Düsseldorf JurBüro 1993, 674.
[65] Vgl. hierzu Schneider/Wolf/*Volpert* Vorb. 3.3.3 Nr. 3309–3310 VV Rn. 60.
[66] Hierzu Schneider/Wolf/*Volpert* Vorb. 3.3.3 Nr. 3309–3310 VV Rn. 61.

Vorb. 3.3.3–3310 VV Teil 3. Bürgerliche Rechtsstreitigkeiten

69 Beantragt ein Rechtsanwalt die **Aufhebung** eines vollzogenen Arrests wegen Hinterlegung der Lösungssumme gemäß § 934 ZPO, so kann er hierfür eine Verfahrensgebühr nach Nr. 3309 VV in Rechnung stellen.[67]

70 Beantragt ein Rechtsanwalt, den **Abwendungsbetrag** bzw. die Sicherheitsleistung durch Bankbürgschaft erbringen zu dürfen, entsteht eine Verfahrensgebühr nach Nr. 3309 VV.[68]

71 Hat ein Rechtsanwalt aufgrund eines Arrests oder einer einstweiligen Verfügung vorläufige Vollstreckungsmaßnahmen vorgenommen und hierfür bereits die Zwangsvollstreckungsgebühren verdient, kann er **weitere Zwangsvollstreckungsgebühren** in Rechnung stellen, wenn er nach Obsiegen in der Hauptsache nunmehr die Verwertung der gesicherten Gegenstände durchführen lässt. Es handelt sich hier um eine neue Angelegenheit.[69]

72 Nach richtiger Ansicht wird auch das **Verteilungsverfahren iSv §§ 858 Abs. 5, 872–877, 882 ZPO** als Maßnahme der Zwangsvollstreckung nach Nr. 3309, 3310 VV zu vergüten sein und nicht unter die besondere Vorschrift von Nr. 3333 VV fallen.[70] Nachdem der Rechtsanwalt für seine Teilnahme am Termin zur Ausführung des Teilungsplanes neben der Verfahrensgebühr nach Nr. 3309 VV nun auch noch eine Terminsgebühr nach Nr. 3310 VV verdienen kann, ist die Notwendigkeit einer Gebühr nach Nr. 3333 VV entfallen.

III. Terminsgebühr (Nr. 3310 VV)

73 Unter bestimmten – allerdings recht überschaubaren – Umständen erhält der Rechtsanwalt in der Zwangsvollstreckung zusätzlich zur Verfahrensgebühr die mit dem RVG eingeführte und bei allen Gebührentatbeständen konsequent vorzufindende Terminsgebühr nach Nr. 3310 VV.

1. Entstehung der Gebühr

74 Der Anm. zu Nr. 3310 VV ist jedoch zu entnehmen, dass die allgemeinen Regelungen für die **Entstehung** der Terminsgebühr hier entweder nicht oder nur höchst eingeschränkt gelten. Insbesondere der wichtige Anwendungsbereich von → Teil 3 Vorb. Abs. 3 VV in den letzten Varianten bleibt der Tätigkeit des Rechtsanwalts in der Zwangsvollstreckung verschlossen.

75 Dies ist nicht etwa ein redaktionelles Versehen, sondern der Gesetzgeber sah eine **Terminsgebühr** für diese Tätigkeit als **verzichtbar** an, „weil hier häufig die Einigungsgebühr nach Nr. 1000 VV anfallen" werde.[71] Diese Überlegung ist nicht nur inkonsequent, sondern auch in jeder Hinsicht falsch: Auch in anderen Fällen ersetzt die Einigungsgebühr schließlich nicht die Terminsgebühr. Die Einigungsgebühr tritt vielmehr stets zu den anderen Gebühren, einschließlich der Terminsgebühr, hinzu, um die häufig damit verbundenen besonderen Bemühungen zu honorieren und die staatlichen Gerichte möglichst durch eine zusätzliche Motivation der Rechtsanwälte, eine Einigung herbeizuführen, zu entlasten. Mit der Terminsgebühr wird die Bemühung des Rechtsanwalts, auf eine Einigung hinzuwirken, mit der Einigungsgebühr selbst belohnt, die insoweit eine Erfolgskomponente aufweist. Es

---

[67] OLG Karlsruhe JurBüro 1997, 193; OLG München JurBüro 1994, 228.
[68] OLG München JurBüro 1972, 648.
[69] Vgl. hierzu Schneider/Wolf/*Volpert* Vorb. 3.3.3 Nr. 3309–3310 VV Rn. 63, ebenso Hartung/Römermann/Schons/*Schons* Vorb. 3.3.3 Nr. 3309–3310 VV Rn. 65.
[70] So HK-RVG/*Gierl* Nr. 3333 VV Rn. 2; ebenso Schneider/Wolf/*Volpert* Vorb. 3.3.3 Nr. 3309–3310 VV Rn. 65; aA Gerold/Schmidt/*Müller-Rabe* Nr. 3333 VV Rn. 3; *Hartmann* Nr. 3333 VV Rn. 2.
[71] BT-Drs. 15/1971, 215.

ist schon kein Grund dafür ersichtlich, warum diese Überlegung nicht auch im Hinblick auf die Terminsgebühr im Zwangsvollstreckungsbereich gelten soll.[72]

Die Terminsgebühr entsteht nur für die Teilnahme an einem **gerichtlichen Termin** oder einem Termin zur **Abgabe der Vermögensauskunft** oder zur **Abnahme der eidesstattlichen Versicherung**. Andererseits ist die Teilnahme allein aber ausreichend, um diese Gebühr zu verdienen. Eine mündliche Verhandlung oder Erörterung ist für die Entstehung der Terminsgebühr nicht notwendig.[73] Geklärt ist damit die Streitfrage, ob ein Verhandeln vor dem Gerichtsvollzieher, der nicht dem Gericht zuzuordnen ist, ausreichend ist, um die Entstehung einer Verhandlungs- oder Erörterungsgebühr iSd § 31 Abs. 1 Nr. 2 und 4 BRAGO auszulösen.[74] 76

Auch bei der Terminsgebühr im Zwangsvollstreckungsverfahren gilt der Grundsatz, dass diese Gebühr auch bei **Wahrnehmung mehrerer Termine** nur ein Mal entsteht. Die Teilnahme an Terminen, die in der Anm. zu Nr. 3310 VV nicht aufgeführt sind, löst keine Terminsgebühr aus, sondern wird mit der Verfahrensgebühr nach Nr. 3309 VV abgegolten.[75] 77

Wie die Verfahrensgebühr entsteht auch die Terminsgebühr als **Wertgebühr** mit einem Gebührensatz von 0,3 und wie bei der Verfahrensgebühr ist eine Ermäßigung der Terminsgebühr unter keinem Gesichtspunkt vorgesehen. Auch hier beträgt der **Mindestbetrag** gemäß § 13 Abs. 2 RVG 15 EUR, da dort nicht bestimmt ist, dass nur der Mindestbetrag einer 1,0 Gebühr, sondern jeder der im RVG aufgeführten Wertgebühren 15 EUR beträgt (vgl. insoweit auch die Ausführungen zur Verfahrensgebühr → Rn. 39 ff.). 78

2. Termin zur Abgabe der Vermögensauskunft

Die Anm. zu Nr. 3310 VV musste aufgrund des bereits erwähnten Gesetzes zur Reform der Sachaufklärung in der Zwangsvollstreckung vom 29.7.2009 ergänzt werden. Die unter Zf. 3 vorzufindenden Anmerkungen und Kommentierungen können problemlos auf einen solchen Termin übertragen werden, so dass es einer weiteren Kommentierung an dieser Stelle nicht bedarf. 79

3. Termin zur Abnahme der eidesstattlichen Versicherung

Die Terminsgebühr entsteht für die Teilnahme am Termin zur **Abnahme der eidesstattlichen Versicherung**. Aufgrund des Wortlauts der Anm. werden hierbei nicht nur die Termine im Verfahren vor dem Gerichtsvollzieher nach §§ 899 f. ZPO erfasst, sondern auch die Termine zur Abnahme einer materiellrechtlich gebotenen eidesstattlichen Versicherung nach § 889 ZPO, für die § 20 Nr. 17 Rechtspflegergesetz der Rechtspfleger zuständig ist.[76] 80

In der **Praxis** kommt es eher selten vor, dass ein Rechtsanwalt am Termin zur Abnahme der eidesstattlichen Versicherung durch den Gerichtsvollzieher teilnimmt. Es bleibt abzuwarten, ob sich dies aufgrund der hier zu verdienenden Terminsgebühr ändert. Unter **Gebührengesichtspunkten** (es fällt hier höchstens eine Gebühr von 43,50 EUR – Wert § 25 Abs. 1 Nr. 4 RVG: 2000 EUR – an) ist dies eher nicht zu vermuten. Zu Recht wird aber darauf hingewiesen, dass die Teilnahme am Termin 81

---

[72] Vgl. hierzu schon die Kritik in Hartung/Römermann/Schons/*Römermann* 1. Aufl. Teil 3 VV Rn. 171; sowie Hartung/Römermann/Schons/*Römermann* 2. Aufl. Vorb. 3.3.3 Nr. 3309–3310 VV Rn. 69, 70.
[73] Vgl. *Volpert* RVGreport 2004, 450 (454).
[74] HK-RVG/*Gierl* Nr. 3310 VV Rn. 3; ebenso Schneider/Wolf/*Volpert* Vorb. 3.3.3 Nr. 3309–3310 VV Rn. 113.
[75] Vgl. *Volpert* RVGreport 2004, 454.
[76] Vgl. *Volpert* RVGreport 2004, 455.

zu Abnahme der eidesstattlichen Versicherung durch den Gerichtsvollzieher für den Rechtsanwalt bzw. für dessen Mandanten durchaus sinnvoll sein kann. Der Gerichtsvollzieher wird die im Formular vorzufindenden Fragen mit dem Schuldner routinemäßig „abarbeiten". Wer an dem Termin teilnimmt, kann hingegen aufgrund seiner individuellen Kenntnisse möglicherweise ganz konkrete Fragen an den Schuldner stellen und dem Inhalt der eidesstattlichen Versicherung eine zuverlässigere Aussage und Richtung geben.[77]

4. Sonstige gerichtliche Termine

82 Als weitere **Gerichtstermine,** bei denen die Terminsgebühr in der Zwangsvollstreckung zu verdienen ist, kommen in Betracht:
- §§ 887–891 ZPO,
- dem Gericht zugewiesene Anordnungen von Vollstreckungshandlungen gemäß § 724 ZPO,
- Vollstreckungsschutzmaßnahmen gemäß § 765a ZPO.[78]

83 Wer das **Verteilungsverfahren** nach §§ 858 Abs. 5, 872–877 und 882 ZPO – wie *Müller-Rabe* – dem Anwendungsbereich von Nr. 3333 VV zuweist, lässt für die anwaltliche Teilnahme an einem solchen Termin keine Terminsgebühr entstehen.[79] Geht man davon aus, dass dieses Verteilungsverfahren in den Anwendungsbereich von Nr. 3309 bzw. Nr. 3310 VV fällt; ist auch hier eine Terminsgebühr verdienbar.[80]

5. Einigungsgebühr neben Terminsgebühr?

84 Umstritten ist, ob und unter welchen Umständen neben den hier dargestellten Gebühren in der Zwangsvollstreckung auch eine **Einigungsgebühr** anfallen kann. Dass dies grundsätzlich unter Geltung der BRAGO möglich war, dort also eine Vergleichsgebühr verdient werden konnte, war jedenfalls in der herrschenden Meinung anerkannt.[81] Problematisiert wurde hingegen die Frage, ob bei Abschluss eines **Ratenzahlungsvergleichs** eine Vergleichsgebühr anfällt. Zweifel bestanden insoweit, als beim Ratenzahlungsvergleich in der Regel das von § 23 BRAGO iVm § 779 BGB geforderte Nachgeben nicht feststellbar war. So gab zwar der Gläubiger nach, indem er auf Vollstreckung verzichtete und Ratenzahlung nachließ. Beim Schuldner hingegen ließ sich in der Zahlung eines titulierten Betrags, sei es auch in Raten, ein Nachgeben nicht so ohne weiteres unterstellen.[82]

85 Diese **Streitfrage** sollte durch die Schaffung der Einigungsgebühr beseitigt werden, indem man durch die Streichung eines Hinweises auf § 779 BGB das gegenseitige Nachgeben nicht mehr zur Voraussetzung für den Anfall der Einigungsgebühr gemacht hat. Hieraus schlussfolgert ein Teil der Literatur, dass nunmehr beim **Ratenzahlungsvergleich** problemlos die Einigungsgebühr verdienbar sei. Bereits die Ungewissheit über die Erfolgsaussichten von Vollstreckungsmaßnahmen, die Zahlungsfähigkeit oder die Zahlungswilligkeit sei ausreichend für den Anfall einer Einigungsgebühr, wenn eben diese Ungewissheit durch die Einigung beseitigt werde.[83]

---

[77] Vgl. auch hier *Volpert* RVGreport 2004, 455.
[78] Gerold/Schmidt/*Müller-Rabe* Nr. 3310 VV Rn. 7; sowie HK-RVG/*Gierl* Nr. 3310 VV Rn. 2.
[79] Gerold/Schmidt/*Müller-Rabe* Nr. 3333 VV Rn. 4 sowie Rn. 12.
[80] So *Volpert* RVGreport 2004, 455.
[81] OLG Zweibrücken JurBüro 1999, 80; Gerold/Schmidt/*v. Eicken*, 15. Aufl., BRAGO § 57 Rn. 57 f.; vgl. auch Schneider/Wolf/*Volpert* Vorb. 3.3.3 Nr. 3309–3310 VV Rn. 122.
[82] Vgl. hierzu Gerold/Schmidt/*Müller-Rabe* Nr. 1000 VV Rn. 229 f.; Schneider/Wolf/*Volpert* Vorb. 3.3.3 Nr. 3309–3310 VV Rn. 122 ff.
[83] Vgl. etwa Gerold/Schmidt/*Müller-Rabe* Nr. 1000 VV Rn. 237, der in Vorauflagen darauf hinweist, dass der Gesetzgeber hier aus gerade diesem Grunde eine Terminsgebühr für den

Abschnitt 3. Gebühren für besondere Verfahren **Vorb. 3.3.3–3310 VV**

Interessanterweise berufen sich die Vertreter dieser Auffassung auf eine Rechtspre- 86
chung, die zu § 23 BRAGO ergangen ist und die seinerzeit sicherlich zu Recht
aufgrund der namentlichen Erwähnung von § 779 BGB in § 23 BRAGO eine wirtschaftliche Ungewissheit als ausreichend ansah, um den Anfall einer Vergleichsgebühr zu rechtfertigen.[84]

Zu Recht weist *Hansens* demgegenüber daraufhin, dass bei der Einigungsgebühr 87
des RVG eine Gleichstellung von rechtlicher und wirtschaftlicher Ungewissheit
nicht mehr möglich ist, nachdem es an einem Verweis auf § 779 BGB und damit
auch auf § 779 Abs. 2 BGB fehlt.[85] Dass diese Beurteilung nicht ganz so falsch sein
kann, mag auch dadurch belegt werden, dass sich zwischenzeitlich Gebührenrechtler
sowohl im DAV als auch in der BRAK beim Gesetzgeber nachhaltig dafür einsetzten,
eine klarstellende Gesetzesänderung dahingehend vorzunehmen, dass auch bei
Ratenzahlungsvergleichen eine Einigungsgebühr verdient werden kann. Geschehen
sollte dies dadurch, dass ein Hinweis auf § 779 BGB in das RVG wieder aufgenommen wird (→ Rn. 88 ff.). Abgesehen davon, dass die Auffassung von *Hansens* zutreffend sein dürfte, wird der Anfall einer Einigungsgebühr aber jedenfalls dann scheitern, wenn die getroffene Ratenzahlungsvereinbarung nicht eingehalten wird und
weitere Vollstreckungsmaßnahmen erforderlich werden.[86] Bei sachgerechter Bearbeitung wird der Gläubiger die Vereinbarung regelmäßig unter dem **Vorbehalt der
vollständigen Zahlung** der titulierten Forderung abschließen. Kommt es nicht zu
der angedachten Ratenzahlung, aus welchen Gründen auch immer und sei es auch
nur deshalb, weil der Schuldner nun plötzlich freiwillig die gesamte Summe auf
einmal zahlt, tritt die Bedingung für die Einigung nicht ein und eine Einigungsgebühr ist beim Rechtsanwalt nicht entstanden.

Bei anderen Fallgestaltungen gelangt Nr. 1000 VV nicht zur Anwendung, weil 88
der Rechtsanwalt beim Abschluss der Einigung mitwirken muss. Gewährt also beispielsweise der Gerichtsvollzieher dem Schuldner Ratenzahlungen, zB gemäß
§§ 806b, 813a, 900 Abs. 3 ZPO, §§ 186 Nr. 6, 114a GVGA, fehlt es an einer solchen
Mitwirkung, weil der Gerichtsvollzieher die Entscheidung als Vollstreckungsorgan
selbst getroffen hat.[87]

Ein weiteres **Problem** kann darin gesehen werden, dass die **vollständige Erfül-** 89
lung einer titulierten Forderung, und sei es auch nur auf Ratenzahlungsbasis, als
Anerkenntnis iSd Einigungsgebühr gewertet werden könnte. Unter diesen
Umständen soll die Gebühr aber gerade nicht ausgelöst werden.[88] Durch das
2. KostRMoG hat sich der Gesetzgeber dieser „quälenden" Fragen – wie nicht
anders zu erwarten war – angenommen, wenngleich nicht sonderlich glücklich.

Anstatt den Empfehlungen der Anwaltschaft zu folgen und in die Nr. 1000 VV 90
ff. den Verweis auf § 779 BGB wieder aufzunehmen (vgl. vormals § 23 BRAGO) hat
man in Nr. 1000 Abs. 1 VV eine weitere Nr. 2 mit folgendem Inhalt aufgenommen:

.... *die Erfüllung des Anspruchs bei gleichzeitigem vorläufigem Verzicht auf die gerichtliche
Geltendmachung und, wenn bereits ein zur Zwangsvollstreckung geeigneter Titel vorliegt, bei*

Bereich der Zwangsvollstreckung unter den Voraussetzungen von Vorb. 3 Abs. 3 VV verneint
habe; im Ergebnis ebenso Schneider/Wolf/*Wolf* Vorb. 3.3.3 Nr. 3309–3310 VV Rn. 124 ff.;
HK-RVG/*Gierl* Nr. 3310 VV Rn. 5.

[84] OLG Zweibrücken JurBüro 1999, 80; OLG Stuttgart JurBüro 1994, 739.

[85] *Hansens* RVGreport 2004, 115; zum Meinungsstand vgl. auch Hansens/Braun/Schneider/
Volpert, Zwangsvollstreckung Teil 17 Rn. 52, 53.

[86] So LG Bonn DGVZ 2005, 77; sa Bonn DGVZ 2006, 62; AG Neu-Ulm DGVZ 2005,
47.

[87] Vgl. hierzu AG Euskirchen DVGZ 2005, 29; LG Bonn DGVZ 2005, 77; zur Stellung
des Gerichtsvollziehers hierbei: BGH NJW 2001, 434; ebenso *Volpert* RVGprofessionell 2005,
114–116; siehe jetzt auch BGH AGS 2006, 496 = JurBüro 2007, 24.

[88] BT-Drs. 15/1971, 205.

gleichzeitigem vorläufigen Verzicht auf Vollstreckungsmaßnahmen geregelt wird (Zahlungsvereinbarung)

91 Mit vorsichtigem Optimismus wird man davon ausgehen dürfen, dass der oben dargestellte Meinungsstreit dadurch Erledigung gefunden hat.

92 Ob ein Rechtsanwalt seinem Mandanten allerdings dazu raten sollte, gegen eine Ratenzahlungsvereinbarung auf eine gerichtliche Geltendmachung oder Titulierung zu verzichten, darf zumindest für bedenklich gehalten werden.

93 In der Praxis wird es ja wohl eher so sein, dass Ratenzahlung unter der Bedingung gewährt wird, dass ein notarielles Schuldanerkenntnis mit Vollstreckungsunterwerfungsklausel beigebracht wird oder dass in einem anhängigen Mahnverfahren der Widerspruch zurückgenommen wird.

94 Beide hier sehr zu empfehlende Vereinbarungen bringen aber neue Schwierigkeiten bei der Honorierung mit sich. Wenn zum Zeitpunkt der Vereinbarung weder das notarielle Schuldanerkenntnis vorliegt, noch ein Mahnverfahren anhängig ist, das beendet werden soll, so kann man auf Vollstreckungsmaßnahmen nicht verzichten, da hierfür ja noch der Titel fehlt. Und auf eine gerichtliche Geltendmachung kann man ebenfalls nicht mehr verzichten, wenn das Mahnbescheidsverfahren bereits anhängig ist. Letztendlich wird man auch das Verlangen nach einem notariellen Schuldanerkenntnis möglicherweise der gerichtlichen Geltendmachung gleichzusetzen haben. Mit anderen Worten: **Es wird nicht einfacher!**

95 Noch unschöner ist es, dass sich der Gesetzgeber auch noch veranlasst sah, in der Rechtsprechung noch ungeklärte Fragen nach der Höhe des Gegenstandswertes für eine solche Zahlungsvereinbarung einseitig zu Lasten der Anwaltschaft zu beantworten.

96 Durch einen neu eingeführten § 31b RVG wird der Gegenstandswert bei jeglicher Zahlungsvereinbarung nunmehr auf 20 % des Anspruchs reduziert. Diese gesetzgeberische „Lösung" ist völlig unflexibel und berücksichtigt nicht das Interesse, das je nach Fallkonstellation höher oder niedriger sein kann.[89]

97 Ist eine Einigung zustande gekommen, so richtet sich die **Höhe der Gebühr** danach, ob ein gerichtliches Verfahren – und sei es auch nur ein Prozesskostenhilfeverfahren – anhängig ist. In diesem Fall reduziert sich die Gebühr gemäß Nr. 1003 VV auf 1,0.[90]

98 Keineswegs findet eine weitere **Reduzierung** auf 0,3 statt, etwa mit der Begründung, weil die Einigung erst in der Zwangsvollstreckung abgeschlossen worden sei.[91]

99 Bei der Frage der **Anhängigkeit eines gerichtlichen Verfahrens,** die zu einer Reduzierung der Einigungsgebühr auf 1,0 führen würde, ist in der Zwangsvollstreckung nicht mehr auf das Erkenntnisverfahren abzustellen, sondern auf das Zwangsvollstreckungsverfahren.[92] Damit ist aber noch nicht die Frage beantwortet, ob und wann die **Einigungsgebühr** – etwa nach Nr. 1003 VV – zu **ermäßigen** ist. Die schon zum alten Recht rege diskutierte Problematik, ob eine Reduzierung schon dann stattzufinden habe, wenn nur ein Gerichtsvollzieher mit der Vollstreckung befasst sei, wurde nach 2004 intensiv fortgesetzt, ist aber inzwischen entschieden worden. Durch die Ergänzung der Anm. zu Nr. 1003 VV durch das zweite Justizmo-

---

[89] Vgl. hierzu die berechtigte Kritik bei *Schneider/Thiel* S. 75 f.; die Neuregelung bis zur 20. Aufl. geradezu begrüßend: Gerold/Schmidt/*Müller-Rabe* (20. Aufl.) Nr. 1000 VV Nr. 243 ff.; vgl. auch die bisherige Rechtsprechung OLG Jena MDR 2006, 1436; OLG Celle JurBüro 1971, 237; KG RVGletter 2004, 35; AG Lüdenscheid AGS 2008, 251 = JurBüro 2008, 90.

[90] Vgl. Schneider/Wolf/*Volpert* Vorb. 3.3.3 Nr. 3309–3310 VV Rn. 108; HK-RVG/*Gierl* Nr. 3310 VV Rn. 11.

[91] *Volpert,* RVGreport 2004, 450–458, 456.

[92] Vgl. auch hier *Volpert,* RVGreport 2004, 456.

Abschnitt 3. Gebühren für besondere Verfahren   **Vorb. 3.3.3–3310 VV**

dernisierungsgesetz ist klargestellt, dass das Verfahren vor dem Gerichtsvollzieher einem gerichtlichen Verfahren gleichsteht. Eine Reduzierung ist also eindeutig vorzunehmen.[93]

Mit überzeugender Begründung wird aber ganz überwiegend die Auffassung vertreten, dass dem Rechtsanwalt eine 1,5 Einigungsgebühr nach Nr. 1000 VV in der Zwangsvollstreckung nur dann zu gewähren sei, wenn weder das Gericht noch ein Vollstreckungsorgan mit der Sache befasst ist. 100

In Verfahren des **Verwaltungszwangs** kann eine Einigungsgebühr wegen des öffentlich-rechtlichen Charakters nicht in Betracht kommen. Insoweit kann dann aber neben den Gebühren in der Zwangsvollstreckung eine Erledigungsgebühr nach Nr. 1002 VV in Betracht kommen.[94] 101

Ist der Rechtsanwalt mit Zwangsvollstreckungsmaßnahmen beauftragt, wird er vom Mandanten – zwecks besserer Kontrolle – in der Regel beauftragt, auch die **Gelder einzuziehen** und sodann an den Auftraggeber weiterzuleiten. Für diese Tätigkeit steht dem Rechtsanwalt die **Hebegebühr** gemäß Nr. 1009 VV zu, wobei deren Erstattungsfähigkeit umstritten ist. Richtigerweise wird man die Erstattungsfähigkeit der Hebegebühr nur dann bejahen können, wenn entweder der Schuldner von sich aus an den Rechtsanwalt des Gläubigers zahle oder wenn der Schuldner zunächst die Einschaltung des Rechtsanwalts dadurch veranlasst habe, dass er die eingeklagte Summe nur unregelmäßig und zeitraubend abgelöst habe.[95] 102

IV. Festsetzungsfragen

Die **notwendigen Kosten** der Zwangsvollstreckung werden gemäß § 788 Abs. 1 S. 1 ZPO in der Regel zugleich mit dem zur Zwangsvollstreckung anstehenden Anspruch beigetrieben, so dass es keines gesonderten Vollstreckungstitels bedarf, und zwar auch dann nicht, wenn neben den gegenwärtigen Vollstreckungskosten auch die Kosten früherer Vollstreckungsversuche mit vollstreckt werden.[96] Die Kosten dieser früheren Vollstreckungsversuche können aus dem vorliegenden Vollstreckungstitel natürlich nur insoweit vollstreckt werden, ggf. auch gegen weitere Gesamtschuldner, als sie seinerzeit aus diesem Titel hergeleitet worden sind. 103

Von der daneben bestehenden Möglichkeit eines **gesonderten Festsetzungsverfahrens** gemäß § 788 Abs. 2 iVm §§ 103 Abs. 2, 104, 107 ZPO wird demgegenüber nur selten Gebrauch gemacht. Anlass hierfür besteht etwa dann, wenn die Notwendigkeit der Vollstreckungskosten vom Schuldner bestritten werden oder der Nachweis der Kosten zu einem wesentlich späteren Zeitpunkt problematisch erscheint.[97] 104

Nach dem Inkrafttreten des Schuldrechtsmodernisierungsgesetzes wurde zum Teil die Auffassung vertreten, die Festsetzung müsse bis spätestens 31.12.2004 unter **Verjährungsgesichtspunkten** erfolgen, da durch die Neuregelung des Gesetzes die Vollstreckungskosten nicht mehr den gleichen Verjährungsfristen unterlägen wie die titulierte Hauptforderung. Dem ist das Bundesjustizministerium recht frühzeitig auf eine entsprechende Anfrage hin entgegengetreten und hat zudem zwischenzeitlich durch eine klarstellende Gesetzesänderung dafür gesorgt, dass die Vollstreckungs- 105

---

[93] Schneider/Wolf/*Volpert* Vorb. 3.3.3 Nr. 3309–3310 VV Rn. 134; ebenso HK-RVG/*Gierl* Nr. 3310 VV Rn. 13.
[94] Schneider/Wolf/*Volpert* Vorb. 3.3.3 Nr. 3309–3310 VV Rn 142.
[95] OLG Hamm JurBüro 1971, 241; KG NJW 1960, 2345.
[96] HK-RVG/*Gierl* Nr. 3310 VV Rn. 36.
[97] Zöller/*Stöber* ZPO § 788 Rn. 18; vgl. auch *Schönermann* RVGprofessionell 2005, 46 f.

kosten auch verjährungsrechtlich das gleiche Schicksal erfahren wie die titulierte Hauptforderung.[98]

Unterabschnitt 4. Zwangsversteigerung und Zwangsverwaltung

Nr. 3311–3312 VV

Nr.	Gebührentatbestand	Gebühr oder Satz der Gebühr nach § 13
3311	Verfahrensgebühr .... Die Gebühr entsteht jeweils gesondert 1. für die Tätigkeit im Zwangsversteigerungsverfahren bis zur Einleitung des Verteilungsverfahrens; 2. im Zwangsversteigerungsverfahren für die Tätigkeit im Verteilungsverfahren, und zwar auch für eine Mitwirkung an einer außergerichtlichen Verteilung; 3. im Verfahren der Zwangsverwaltung für die Vertretung des Antragstellers im Verfahren über den Antrag auf Anordnung der Zwangsverwaltung oder auf Zulassung des Beitritts; 4. im Verfahren der Zwangsverwaltung für die Vertretung des Antragstellers im weiteren Verfahren einschließlich des Verteilungsverfahrens; 5. im Verfahren der Zwangsverwaltung für die Vertretung eines sonstigen Beteiligten im ganzen Verfahren einschließlich des Verteilungsverfahrens und 6. für die Tätigkeit im Verfahren über Anträge auf einstweilige Einstellung oder Beschränkung der Zwangsvollstreckung und einstweilige Einstellung des Verfahrens sowie für Verhandlungen zwischen Gläubiger und Schuldner mit dem Ziel der Aufhebung des Verfahrens.	0,4
3312	Terminsgebühr .... Die Gebühr entsteht nur für die Wahrnehmung eines Versteigerungstermins für einen Beteiligten. Im Übrigen entsteht im Verfahren der Zwangsversteigerung und der Zwangsverwaltung keine Terminsgebühr.	0,4

Übersicht

	Rn.
I. Überblick	1
II. Zwangsversteigerung	3
1. Anwendungsbereich	3
2. Verfahrensgebühr	7
a) Tätigkeit im Zwangsversteigerungsverfahren (Nr. 3311 Anm. Ziff. 1 VV)	8
b) Tätigkeit im Verteilungsverfahren (Nr. 3311 Anm. Ziff. 2 VV)	10
c) Tätigkeiten im Rahmen von Vollstreckungsschutz (Nr. 3311 Anm. Ziff. 6 VV)	14
3. Terminsgebühr (Nr. 3312 VV)	16

---

[98] Vgl. § 197 Abs. 1 Ziff. 6 BGB; BT-Drs. 436/04, 32; sa Palandt/*Heinrichs* BGB § 197 Rn. 7; insoweit überholt *Schönermann* RVGprofessionell 2005, 46.

Abschnitt 3. Gebühren für besondere Verfahren Nr. 3311–3312 VV

	Rn.
4. Gegenstandswert	19
III. Zwangsverwaltung	20
1. Anwendungsbereich	20
2. Verfahrensgebühr	22
a) Vertretung des Antragstellers (Nr. 3311 Anm. Ziff. 3 VV)	22
b) Vertretung des Antragstellers im weiteren Verfahren einschließlich des Verteilungsverfahrens (Nr. 3311 Anm. Ziff. 4 VV)	24
c) Vertretung sonstiger Beteiligter (Nr. 3311 Anm. Ziff. 5 VV)	26
3. Gegenstandswert	27
IV. Vertretung mehrerer Auftraggeber	28

I. Überblick

Teil 3 Unterabschnitt 4 VV regelt die Gebühren für die anwaltliche Tätigkeit in 1 der Zwangsversteigerung und Zwangsverwaltung und besteht aus den Nr. 3311 und 3312 VV.

In der **Nr. 3311 VV** werden in einer Anm. sechs verschiedene Tätigkeiten im 2 Zwangsversteigerungs- und Zwangsverwaltungsverfahren aufgezählt, für die jeweils gesondert eine **Verfahrensgebühr** anfällt. Dabei wird nach Verfahrensabschnitten (Versteigerung, Verteilung, Vollstreckungsschutz) und nach der von dem Rechtsanwalt vertretenen Person (Antragsteller, sonstiger Beteiligter, Schuldner) unterschieden. **Nr. 3312 VV** regelt eine **Terminsgebühr** für die Wahrnehmung eines Versteigerungstermins für einen Beteiligten und schließt die Entstehung einer (weiteren) Terminsgebühr im Zwangsverwaltungsverfahren ausdrücklich aus.

II. Zwangsversteigerung

1. Anwendungsbereich

Teil 3 Abschn. 3 Unterabschnitt 4 VV betrifft nur Zwangsversteigerungen, die im 3 Gesetz über die Zwangsversteigerung und die Zwangsverwaltung (ZVG) oder in anderen Gesetzen geregelt sind, soweit diese ihrerseits auf das ZVG verweisen.[1]

Keine Anwendung finden die Nr. 3311 und 3312 VV u. a. bei einer 4
- freiwilligen Versteigerung (Gebühr nach Nr. 2300 VV);
- Zwangsversteigerung aufgrund landesrechtlicher Vorschriften (Gebühr nach Nr. 2300 VV);
- Vollstreckung aus dem Zuschlagsbeschluss gegen den Grundstücksbesitzer gemäß § 93 ZVG, soweit sie nicht in das Grundstück, sondern in mitversteigerte Sachen erfolgt (Gebühr nach Nr. 3309 VV);
- Vollstreckung aus dem Zuschlagsbeschluss gemäß § 132 ZVG gegen den Ersteher, soweit die Vollstreckung nicht in das ersteigerte Grundstück, sondern in das sonstige Vermögen des Erstehers betrieben wird (Gebühr nach Nr. 3309 VV);
- Eintragung einer Zwangshypothek (auch hier gilt Nr. 3309 VV wegen Vorb. 3.3.3 VV);
- freiwilligen Versteigerung durch Notare gemäß § 20 Abs. 3 BNotO (Gebühr nach Nr. 2300 VV);
- Widerspruchsklage gemäß § 115 ZVG (Gebühr nach Nr. 3100 ff. VV).

Die **Wiederversteigerung** eines Grundstücks (§ 133 ZVG) ist ein Zwangsversteige- 5 rungsverfahren iSd Teils 3 Abschn. 4 VV und löst demgemäß – unabhängig von bisher entstandenen Gebühren – neue Gebühren aus.[2]

---
[1] Dazu Schneider/Wolf/*Wolf* Nr. 3311–3312 VV Rn. 1.
[2] Gerold/Schmidt/*Mayer* Nr. 3311–3312 VV Rn. 1 aE.

Nr. 3311–3312 VV

6 Die Gebühren nach den Nr. 3311 und 3312 VV erhält der Rechtsanwalt als Vertreter eines **Beteiligten**. Das sind alle an der Zwangsversteigerung beteiligten Personen iSd § 9 ZVG, in erster Linie der **Gläubiger** und der **Schuldner**. Nicht zu den Beteiligten gehören der Bieter, der Ersteher, der Bürge des Erstehers und der Mobiliarpfandschuldner. Für den **Bieter** wird die Anwendbarkeit der Nr. 3311 und 3312 VV unter Hinweis auf die Gesetzesbegründung[3] gleichwohl bejaht.[4] Bei der Vertretung anderer Nichtbeteiligter fällt eine Gebühr nach Nr. 2300 VV an.

2. Verfahrensgebühr

7 Die Gebühr ist eine **Pauschgebühr** mit einem festem **Gebührensatz von 0,4**. Sie kann gemäß der Anm. zu Nr. 3311 VV für jede der in den Nr. 1–6 genannten Tätigkeiten **jeweils gesondert**, also mehrfach entstehen. **Innerhalb** der darin definierten Aufgabengebiete entsteht die Pauschgebühr aber nur einmal und deckt sämtliche dazu gehörenden Tätigkeiten ab. Auf den Umfang der Tätigkeit kommt es nicht an.[5]

8 a) **Tätigkeit im Zwangsversteigerungsverfahren (Nr. 3311 Anm. Ziff. 1 VV)**. Eine Verfahrensgebühr verdient der Rechtsanwalt zunächst für seine Tätigkeit vom Antrag bis zur Bestimmung des Verteilungstermins (§ 105 ZVG), nicht aber für die Wahrnehmung dieses Termins. Hierfür ist die Terminsgebühr gemäß Nr. 3312 VV vorgesehen. Mit der Verfahrensgebühr sind sämtliche Tätigkeiten abgegolten, die in diesem Verfahrensstadium anfallen können.

9 Wird der Rechtsanwalt, zB bei der Vertretung des Bieters, auch noch **außerhalb des Versteigerungsverfahrens** tätig, indem er etwa Verhandlungen mit Hypothekengläubigern oder anderen Grundbuchberechtigten führt, so entsteht hierfür zusätzlich eine Geschäftsgebühr nach Nr. 2300 VV.[6]

10 b) **Tätigkeit im Verteilungsverfahren (Nr. 3311 Anm. Ziff. 2 VV)**. Mit der Bestimmung des Termins zur Verteilung des Versteigerungserlöses beginnt das Verteilungsverfahren gemäß §§ 105–145 ZVG und damit der Anwendungsbereich der Anm. Ziff. 2 zu Nr. 3311 VV. Der auch in diesem Verfahrensabschnitt mandatierte Rechtsanwalt erhält neben der Gebühr nach Nr. 3311 Anm. Ziff. 1 VV zusätzlich eine weitere Verfahrensgebühr in Höhe von 0,4.

11 Die Gebühr gemäß Nr. 3311 VV umfasst unter anderem die Anmeldung des Anspruchs des Vertretenen am Versteigerungserlös, die Prüfung des Teilungsplans, die Vorbereitung und Wahrnehmung des oder der Verteilungstermine, die Prüfung eines eigenen Widerspruchs und eines Widerspruchs der übrigen am Verteilungsverfahren Beteiligten und schließlich auch die Verteilung nach einem Widerspruchsprozess.

12 Nach der Anm. Ziff. 2 zu Nr. 3111 VV entsteht die Gebühr auch dann, wenn der Rechtsanwalt **außergerichtlich** eine Einigung über die Verteilung des Versteigerungserlöses herbeiführt. Wird der Rechtsanwalt sowohl im gerichtlichen Verteilungsverfahren als auch außergerichtlich tätig, erhält er die Gebühr allerdings nicht doppelt.[7]

13 Kommt es durch die Mitwirkung des Rechtsanwalts im Verteilungsverfahren zu einer Einigung, kann zusätzlich eine **Einigungsgebühr** gemäß Nr. 1000 VV bzw.

---

[3] BT-Drs. 15/1971 zu Nr. 3311 VV (S. 216).
[4] Gerold/Schmidt/*Mayer* Nr. 3311, 3312 VV Rn. 5; Schneider/Wolf/*Wolf* Nr. 3311, 3312 VV Rn. 6.
[5] So Schneider/Wolf/*Wolf* Nr. 3311–3312 VV Rn. 8 und 10.
[6] HK-RVG/*Gierl* Nr. 3311 VV Rn. 6; Schneider/Wolf/*Wolf* Nr. 3311–3312 VV Rn. 11.
[7] So zutreffend HK-RVG/*Gierl* Nr. 3311 VV Rn. 10 (Fn. 11); Schneider/Wolf/*Wolf* Nr. 3311–3312 VV Rn. 13, **aA** *Hartmann* Nr. 3311 VV Rn. 5.

Abschnitt 3. Gebühren für besondere Verfahren   **Nr. 3311–3312 VV**

Nr. 1003 VV anfallen, soweit im Rahmen der Einigung nicht nur ausschließlich ein Anerkenntnis oder ein Verzicht erklärt wird (Nr. 1000 Anm. Abs. 1 VV).[8]

c) Tätigkeiten im Rahmen von Vollstreckungsschutz (Nr. 3311 Anm. Ziff. 6 VV). Die Anm. der Ziff. 6 zu Nr. 3311 VV betrifft **alternativ** zwei verschiedene Tätigkeiten, nämlich einerseits die Tätigkeit im Verfahren über Anträge auf einstweilige **Einstellung** oder **Beschränkung** der **Zwangsvollstreckung** und einstweilige Einstellung des **Verfahrens** sowohl gemäß § 765a ZPO als auch gemäß §§ 30a ff., 180 Abs. 2 ZVG und andererseits **Verhandlungen** zwischen Gläubiger und Schuldner mit dem Ziel der **Aufhebung** des Verfahrens.   14

Für Verhandlungen mit dem Ziel der Aufhebung des Verfahrens erhält der Rechtsanwalt die Verfahrensgebühr nur, wenn die Einigungsgespräche **ohne Erfolg** geblieben sind. Kommt es zu einer Einigung, erhält er stattdessen die **Einigungsgebühr**, dann aber auch nur diese.[9]   15

3. Terminsgebühr (Nr. 3312 VV)

Im Zwangsversteigerungsverfahren – nicht im Zwangsverwaltungsverfahren – kann der Rechtsanwalt zusätzlich eine Terminsgebühr in Höhe von weiteren 0,4 verdienen, sofern er einen **Versteigerungstermin** wahrnimmt. Die Anm. zu Nr. 3312 VV macht unmissverständlich deutlich, dass wirklich nur die Teilnahme am Versteigerungstermin diese Gebühr auslöst. Die Teilnahme an **anderen Terminen** wird hiervon nicht erfasst. Auch die Vorb. 3 Abs. 3 VV ist nicht anwendbar.   16

Auch die Terminsgebühr ist eine **Pauschgebühr** mit einem festen Satz von 0,4, so dass es für die Höhe der Gebühr nicht auf den Umfang der anwaltlichen Tätigkeit ankommt. Bei der Wahrnehmung **mehrerer Versteigerungstermine** entsteht die Terminsgebühr gleichwohl nur einmal.[10] Umgekehrt muss der Rechtsanwalt über seine Teilnahme am Versteigerungstermin hinaus keine weiteren Aktivitäten entfalten.   17

Wenn der Rechtsanwalt **nur** mit der Wahrnehmung des Versteigerungstermins beauftragt wird, erhält er neben der Terminsgebühr auch die **Verfahrensgebühr** nach Nr. 3311 VV. Sie wird allein dadurch verdient, dass der Rechtsanwalt Informationen entgegennimmt, um am Termin sinnvoll teilnehmen zu können.[11]   18

4. Gegenstandswert

Bei der Bestimmung des Gegenstandswerts in der Zwangsversteigerung ist zu unterscheiden, ob der Rechtsanwalt den Gläubiger oder einen nach § 9 ZVG Berechtigten oder schließlich den Schuldner vertritt. Ist er Vertreter des **Gläubigers** oder eines nach § 9 ZVG Berechtigten, bestimmt sich der Gegenstandswert nach dem Wert des dem Vertretenen zustehenden Anspruchs, allerdings begrenzt durch den Wert des Versteigerungsobjektes oder des Versteigerungserlöses, wenn diese geringer sind. Vertritt der Rechtsanwalt den **Schuldner** oder einen sonstigen Beteiligten, ist der Gegenstandswert § 26 Nr. 2 RVG zu entnehmen und orientiert sich am Verkehrswert des Versteigerungsobjektes und nach dem insgesamt zur Verteilung kommenden Erlös.[12]   19

---

[8] Schneider/Wolf/*Wolf* Nr. 3311–3312 VV Rn. 14.
[9] Ebenso Schneider/Wolf/*Wolf* Nr. 3311–3312 VV Rn. 18; **aA** HK-RVG/*Gierl* Nr. 3311 VV Rn. 33.
[10] Schneider/Wolf/*Wolf* Nr. 3311–3312 VV Rn. 19; **aA** *Goebel* RVG-Berater 2004, 114, der auf den Wortlaut abstellt: „Wahrnehmung eines Versteigerungstermins".
[11] HK-RVG/*Gierl* Nr. 3312 VV Rn. 4; Schneider/Wolf/*Wolf* Nr. 3311–3312 VV Rn. 21.
[12] Dazu *Goebel* RVG-Berater 2004, 114, 115.

III. Zwangsverwaltung

1. Anwendungsbereich

20 In Nr. 3311 Anm. Ziff. 3–5 VV sind die Gebühren des Rechtsanwalts bei Zwangsverwaltungen nach dem ZVG geregelt (§§ 146 bis 161, 172 ZVG). Wird der Rechtsanwalt selbst als Verwalter tätig, ist die Vergütung nicht dem RVG (siehe § 1 Abs. 2 RVG), sondern § 153 ZVG iVm der Zwangsverwalterverordnung zu entnehmen.

21 Nr. 3311 Anm. Ziff. 3 und 4 VV betreffen die Tätigkeit des Rechtsanwalts für den **Antragsteller**, Nr. 3311 Anm. Ziff. 5 bestimmt die Gebühr, wenn der Rechtsanwalt für einen **sonstigen Beteiligten** tätig wird.

2. Verfahrensgebühr

22 a) **Vertretung des Antragstellers (Nr. 3311 Anm. Ziff. 3 VV).** Die Nr. 3311 Anm. Ziff. 3 VV umfasst die gesamte Tätigkeit des Rechtsanwalts von der Entgegennahme von Informationen über die Stellung eines Antrags auf Anordnung der Zwangsverwaltung oder auf Zulassung des Beitritts. Die Tätigkeit kann auch darin bestehen, dass nach Erlass einer einstweiligen Verfügung durch das Prozessgericht gemäß § 938 Abs. 2 ZPO die Zwangsverwaltung zur Sicherung eines im Grundbuch eingetragenen Rechts angeordnet wird. Für diese Tätigkeiten erhält der Rechtsanwalt zusätzlich zu den zunächst im Verfahren verdienten Gebühren nach Nr. 3100 f. VV eine weitere Gebühr nach Nr. 3311 Anm. Ziff. 3 VV.[13]

23 Die Verfahrensgebühr kann **zweimal** (nach Nr. 3311 Anm. Ziff. 1 VV und nach Nr. 3311 Anm. Ziff. 3 VV) anfallen, wenn der Rechtsanwalt die Zwangsversteigerung und die Zwangsverwaltung gleichzeitig beantragt. Dasselbe gilt, wenn der Rechtsanwalt für den Gläubiger zunächst die Zwangsversteigerung betrieben hat, diese aber in zwei Versteigerungsterminen erfolglos geblieben ist und er sodann nach § 77 Abs. 2 S. 2 ZVG die Fortsetzung des Verfahrens als Zwangsverwaltung beantragt. Eine **Anrechnung** der Gebühren untereinander findet nicht statt.[14]

24 b) **Vertretung des Antragstellers im weiteren Verfahren einschließlich des Verteilungsverfahrens (Nr. 3311 Anm. Ziff. 4 VV).** Die Gebühr nach Nr. 3311 Anm. Ziff. 4 VV betrifft das „weitere Verfahren" nach der Anordnung der Zwangsverwaltung bzw. nach der Zulassung des Beitritts. Durch diese Gebühr wird die gesamte Tätigkeit des Rechtsanwalts in diesem Verfahrensstadium abgedeckt, die etwa in der Wahrnehmung von Terminen im Rahmen des Verteilungsverfahrens und auch in der Führung von Schriftverkehr mit dem Zwangsverwalter bestehen kann. Es handelt sich um eine **weitere Verfahrensgebühr**. Wie in der Zwangsvollstreckung üblich, findet eine **Reduzierung** der Gebühr nicht statt, auch wenn der Auftrag vorzeitig endet oder der Beitritt abgelehnt wird.[15]

25 Stellt der Rechtsanwalt auftragsgemäß – was in der Praxis relativ häufig vorkommt – sowohl den Antrag auf Zwangsversteigerung als auch auf Zwangsverwaltung, so fällt die Verfahrensgebühr **zweimal** an, nämlich einmal nach Nr. 3311 VV Ziff. 1 der Anm. und einmal nach Nr. 3311 VV Ziff. 3 der Anm.[16]

26 c) **Vertretung sonstiger Beteiligter (Nr. 3311 Anm. Ziff. 5 VV).** Vertritt der Rechtsanwalt im Zwangsverwaltungsverfahren einen sonstigen Beteiligten, erhält er eine **einheitliche Verfahrensgebühr** nach Nr. 3311 Anm. Ziff. 5 VV in Höhe von 0,4. Gemäß dem Wortlaut der Anm. wird bei dem Vertreter des sonstigen

---

[13] Schneider/Wolf/*Wolf* Nr. 3311–3312 VV Rn. 31.
[14] *Goebel* RVG-Berater 2004, 113.
[15] Schneider/Wolf/*Wolf* Nr. 3311–3312 VV Rn. 34.
[16] HK-RVG/*Gierl* Nr. 3311 VV Rn. 17.

Beteiligten – anders als beim Antragstellervertreter – nicht nach den einzelnen Verfahrensabschnitten unterschieden, so dass die Verfahrensgebühr nicht mehrfach, sondern nur einmal verdient werden kann. Wenn der Rechtsanwalt den Beteiligten allerdings schon im Zwangsversteigerungsverfahren vertreten hat und es später zum Zwangsverwaltungsverfahren kommt, ist ein weiterer Gebührenanfall nach Nr. 3311 Anm. Ziff. 1 VV möglich.[17]

3. Gegenstandswert

Der Gegenstandswert richtet sich nach § 27 RVG. Die Vorschrift unterscheidet 27 zwischen der Vertretung des Antragstellers, des Schuldners und eines sonstigen Beteiligten. Bei der Vertretung des **Antragstellers** richtet sich der Gegenstandswert nach der Höhe des geltend gemachten Anspruchs. Für den Rechtsanwalt, der den **Schuldner** vertritt, ist der zusammengerechnete Wert aller Ansprüche maßgebend. Bei Vertretung eines **sonstigen Beteiligten** gilt § 23 Abs. 3 S. 2 RVG. Auf die Erläuterungen der §§ 23 Abs. 3 S. 2 und 27 RVG in diesem Kommentar wird verwiesen.

IV. Vertretung mehrerer Auftraggeber

Vertritt der Rechtsanwalt im Verfahren der Zwangsversteigerung oder der 28 Zwangsverwaltung mehrere Auftraggeber, kommt die Erhöhungsgebühr nach Nr. 1008 VV in Betracht. Diese Norm stellt darauf ab, ob mehrere Auftraggeber in **derselben Angelegenheit** vorhanden sind. Ist dies der Fall, so erhält der Rechtsanwalt gemäß § 15 Abs. 2 RVG die Gebühren nur einmal, allerdings für jeden weiteren Auftraggeber erhöht um 0,3. Dies gilt unabhängig davon, ob die mehreren Auftraggeber in Rechtsgemeinschaft stehen oder nicht, ob die Beauftragung im Namen mehrerer Auftraggeber nur durch eine Person mit Vollmacht erfolgt oder ob die Aufträge zusammen oder sukzessive erteilt werden.[18]

Auch wenn der Rechtsanwalt für **mehrere Personen** mit **unterschiedlicher** 29 **Beteiligung** im Innenverhältnis tätig wird (das können sowohl Gesamtgläubiger als auch Gesamtschuldner sein), handelt es sich gleichwohl um denselben Gegenstand, so dass für jeden weiteren Auftraggeber eine Erhöhung der Gebühr nach Nr. 1008 Anm. Abs. 2 VV erfolgt.[19]

Vertritt der Rechtsanwalt hingegen in ein und demselben Zwangsversteigerungs- 30 verfahren mehrere **Gläubiger**, die jeweils **eigene Ansprüche** geltend machen, so fehlt es an einem einheitlichen Gegenstand. In diesem Fall ist Nr. 1008 VV nicht anwendbar, die Verfahrensgebühr erhöht sich also nicht. Die Gebühren nach Nr. 3311 VV errechnen sich allerdings gemäß § 22 Abs. 1 RVG nach den zusammengerechneten Werten.[20]

Vertritt ein Rechtsanwalt **mehrere Auftraggeber** in verschiedenen Verfahren, 31 so fallen die Gebühren in jedem dieser Verfahren gesondert an, es sei denn, eine Verbindung wäre möglich oder geboten gewesen.[21] Ebenfalls nur einmal entstehen die jeweiligen Gebühren, wenn dasselbe Verfahren mehrere Grundstücke oder Miteigentumsteile erfasst.[22]

---

[17] HK-RVG/*Gierl* Nr. 3311 VV Rn. 26.
[18] Schneider/Wolf/*Wolf* Vorb. Nr. 3311–3312 VV Rn. 8 ff.
[19] HK-RVG/*Gierl* Nr. 3312 VV Rn. 9.
[20] Schneider/Wolf/*Wolf* Vorb. Nr. 3311–3312 VV Rn. 10; aA HK-RVG/*Gierl* Nr. 3312 VV Rn. 12 mit eingehender Begründung.
[21] Schneider/Wolf/*Wolf* Vorb. Nr. 3311–3312 VV Rn. 6, 12.
[22] OLG Köln JurBüro 1981, 54; Schneider/Wolf/*Wolf* Vorb. Nr. 3311–3312 VV Rn. 13.

Unterabschnitt 5. Insolvenzverfahren, Verteilungsverfahren nach der Schifffahrtsrechtlichen Verteilungsordnung

Vorbemerkung 3.3.5 VV

Nr.	Gebührentatbestand	Gebühr oder Satz der Gebühr nach § 13
	Vorbemerkung 3.3.5: (1) Die Gebührenvorschriften gelten für die Verteilungsverfahren nach der SVertO, soweit dies ausdrücklich angeordnet ist. (2) Bei der Vertretung mehrerer Gläubiger, die verschiedene Forderungen geltend machen, entstehen die Gebühren jeweils besonders. (3) Für die Vertretung des ausländischen Insolvenzverwalters im Sekundärinsolvenzverfahren entstehen die gleichen Gebühren wie für die Vertretung des Schuldners.	

I. Anwendungsbereich des Unterabschnitts 5

1   Teil 3 Abschn. 3 Unterabschnitt 5 VV enthält in den Nr. 3313 bis 3323 VV für den Rechtsanwalt als Vertreter des Schuldners oder eines Gläubigers gesonderte Regelungen für das Insolvenzverfahren einschließlich des Sekundärinsolvenzverfahrens.

1. Schifffahrtsrechtliches Verteilungsverfahren (Vorb. 3.3.5 Abs. 1 VV)

2   Diese Gebührenvorschriften gelten nach der Vorb. 3.3.5 Abs. 1 VV auch für Verteilungsverfahren nach der Schifffahrtsrechtlichen Verteilungsverordnung (SVertO), soweit dies ausdrücklich angeordnet ist. Eine ausdrückliche Anordnung findet sich jeweils in den Anm. zu den Nr. 3313, 3314, 3317 und 3320 VV. Auch die Nr. 3322 und 3323 VV nehmen auf die SVertO Bezug.

2. Vertretung mehrerer Gläubiger (Vorb. 3.3.5 Abs. 2 VV)

3   Vertritt der Rechtsanwalt mehrere Gläubiger, die **verschiedene Forderungen** in **demselben Verfahren** geltend machen, so erhält er gemäß der Vorb. 3.3.5 Abs. 2 VV die Gebühren für jeden Auftrag besonders. Es findet also weder eine Anrechnung noch eine Kappung oder eine ähnliche Einschränkung der Gebühren statt.[1] Bei der Vertretung nur **eines** Gläubigers mit mehreren Forderungen oder mehrerer Gläubiger einer **gemeinschaftlichen Forderung** oder einer Vertretung mehrerer Gläubiger in **verschiedenen Verfahren** gilt die Regelung nicht.[2]

4   Treffen die drei Voraussetzungen nicht **kumulativ** zusammen, gelten die Regelungen der §§ 7 Abs. 1 und 22 Abs. 1 RVG iVm Nr. 1008 VV.[3]

3. Vertretung des ausländischen Insolvenzverwalters (Vorb. 3.3.5 Abs. 3 VV)

5   Für die Vertretung des ausländischen Insolvenzverwalters im Sekundärinsolvenzverfahren erhält der Rechtsanwalt nach der Vorb. 3.3.5 Abs. 3 VV die gleichen

---

[1] Gerold/Schmidt/*Müller-Rabe* Nr. 3313–3323 VV Rn. 2 f.; Schneider/Wolf/*Wolf* Vorb. 3.3.5 VV Rn. 11 ff.

[2] Ausführlich dazu Schneider/Wolf/*Wolf* Vorb. 3.3.5 Rn. 12.

[3] Vgl. insoweit die Übersicht bei HK-RVG/*Gierl* Vorb. Nr. 3313–3323 VV Rn. 17.

Gebühren wie für die Vertretung des Schuldners. Ein Sekundärinsolvenzverfahren, das nur das im Inland gelegene Vermögen erfasst, kann auch dann noch eröffnet werden, wenn bereits im Ausland das **Hauptinsolvenzverfahren** anhängig ist. Zu beachten ist, dass dem Verwalter des ausländischen Hauptinsolvenzverfahrens durch die Einräumung eines besonderen Antragsrechts in § 356 Abs. 2 InsO die Befugnis gegeben wird, ein solches Verfahren gezielt zur Abwicklung seines Verfahrens einzusetzen, also etwa dazu, unübersichtliche Vermögensverhältnisse zu klären.[4]

II. Unanwendbarkeit des Unterabschnitts 5

Unterabschnitt 5 findet **keine Anwendung** bei folgenden Tätigkeiten des Rechtsanwalts: 6
- außergerichtliche Beratung (Vertretung im außergerichtlichen Schuldbereinigungsverfahren – dann Nr. 2300 VV);
- außergerichtliche Vertretung eines Vertragspartners des Schuldners in Verhandlungen mit dem Insolvenzverwalter im Hinblick auf die Ausübung des Wahlrechts gemäß § 103 Abs. 1 InsO (Gebühr nach Nr. 2300 VV);
- Tätigkeit außerhalb des Sekundärinsolvenzverfahrens, aber im Zusammenhang mit Maßnahmen nach Artikel 102 §§ 5 und 6 EGInsO, § 344 InsO und §§ 345 f. InsO (Gebühr nach Nr. 2300 VV);[5]
- Vertretung eines Aus- oder Absonderungsberechtigten, sofern diesem der Schuldner nicht persönlich haftet, bzw. eines Massegläubigers (Nr. 2300 VV bzw. Nr. 3100 f. VV gelangen zur Anwendung);
- einzelne Zwangsvollstreckungsmaßnahmen, die nicht die Insolvenzmasse betreffen (es gilt hier Unterabschnitt 3);
- Zwangsvollstreckungsmaßnahmen aus dem Tabellenauszug (auch hier gilt Unterabschnitt 3);
- Tätigkeit des Rechtsanwalts als Insolvenzverwalter, Treuhänder, Sachwalter, Mitglied des Gläubigerausschusses (zur Anwendung gelangt die insolvenzrechtliche Vergütungsverordnung);
- Rechtsanwalt als Prozessbevollmächtigter des Insolvenzverwalters (Gebühr nach Nr. 3100 ff. VV).

Die entsprechenden **Beschwerdeverfahren** sind in den Nr. 3500 ff. VV geregelt. 7
Der jeweilige **Gegenstandswert** bestimmt sich nach Maßgabe der §§ 28 und 29 RVG.

Nr. 3313–3323 VV

Nr.	Gebührentatbestand	Gebühr oder Satz der Gebühr nach § 13
3313	Verfahrensgebühr für die Vertretung des Schuldners im Eröffnungsverfahren Die Gebühr entsteht auch im Verteilungsverfahren nach der SVertO.	1,0
3314	Verfahrensgebühr für die Vertretung des Gläubigers im Eröffnungsverfahren Die Gebühr entsteht auch im Verteilungsverfahren nach der SVertO.	0,5

---

[4] HK-RVG/*Gierl* Vorb. Nr. 3313–3323 VV Rn. 19 unter Hinweis auf die amtliche Begründung in BT-Drs. 15/16, 25.
[5] Vgl. amtliche Begründung: BT-Drs. 15/16 zu Artikel 3, S. 26.

Nr.	Gebührentatbestand	Gebühr oder Satz der Gebühr nach § 13
3315	Tätigkeit auch im Verfahren über den Schuldenbereinigungsplan: Die Verfahrensgebühr 3313 beträgt	1,5
3316	Tätigkeit auch im Verfahren über den Schuldenbereinigungsplan: Die Verfahrensgebühr 3314 beträgt	1,0
3317	Verfahrensgebühr für das Insolvenzverfahren Die Gebühr entsteht auch im Verteilungsverfahren nach der SVertO.	1,0
3318	Verfahrensgebühr für das Verfahren über einen Insolvenzplan	1,0
3319	Vertretung des Schuldners, der den Plan vorgelegt hat: Die Verfahrensgebühr 3318 beträgt	3,0
3320	Die Tätigkeit beschränkt sich auf die Anmeldung einer Insolvenzforderung: Die Verfahrensgebühr 3317 beträgt Die Gebühr entsteht auch im Verteilungsverfahren nach der SVertO	0,5
3321	Verfahrensgebühr für das Verfahren über einen Antrag auf Versagung oder Widerruf der Restschuldbefreiung (1) Das Verfahren über mehrere gleichzeitig anhängige Anträge ist eine Angelegenheit. (2) Die Gebühr entsteht auch gesondert, wenn der Antrag bereits vor Aufhebung des Insolvenzverfahrens gestellt wird.	0,5
3322	Verfahrensgebühr für das Verfahren über Anträge auf Zulassung der Zwangsvollstreckung nach § 17 Abs. 4 SVertO	0,5
3323	Verfahrensgebühr für das Verfahren über Anträge auf Aufhebung von Vollstreckungsmaßregeln (§ 8 Abs. 5 und § 41 SVertO)	0,5

Übersicht

Rn.

I. Vertretung im Insolvenzeröffnungsverfahren (Nr. 3313 bis 3316 VV) 1
   1. Vertretung des Schuldners (Nr. 3313 VV) 1
   2. Vertretung des Gläubigers (Nr. 3314 VV) 4
   3. Vertretung auch im Verfahren über den Schuldenbereinigungsplan (Nr. 3315 VV und 3316 VV) 7
   4. Vertretung im Verteilungsverfahren nach der Schifffahrtsrechtlichen Verteilungsordnung 10
   5. Kostenerstattung 12
   6. Anrechnung 16
   7. Gegenstandswert 17
II. Verfahrensgebühr für das Insolvenzverfahren (Nr. 3317 VV) 18
III. Verfahrensgebühr für das Verfahren über einen Insolvenzplan (Nr. 3318 VV) 25
IV. Vertretung des Schuldners, der den Plan vorgelegt hat (Nr. 3319 VV) 28
V. Anmeldung einer Insolvenzforderung (Nr. 3320 VV) 30
VI. Verfahrensgebühr für das Verfahren über einen Antrag auf Versagung oder Widerruf der Restschuldbefreiung (Nr. 3321 VV) 36

Abschnitt 3. Gebühren für besondere Verfahren Nr. 3313–3323 VV

	Rn.
VII. Verfahrensgebühr für das Verfahren über Anträge auf Zulassung der Zwangsvollstreckung nach § 17 Abs. 4 SVertO (Nr. 3322 VV)	39
VIII. Verfahrensgebühr für das Verfahren über Anträge auf Aufhebung von Vollstreckungsmaßregeln gemäß § 8 Abs. 5 und § 41 SVertO (Nr. 3323 VV)	43
IX. Beschwerdeverfahren	45

I. Vertretung im Insolvenzeröffnungsverfahren (Nr. 3313 bis 3316 VV)

1. Vertretung des Schuldners (Nr. 3313 VV)

Für die Vertretung des **Schuldners** im Eröffnungsverfahren erhält der Rechtsanwalt gemäß Nr. 3313 VV eine **Verfahrensgebühr von 1,0** und damit eine höhere Gebühr als er gemäß Nr. 3314 VV bei Vertretung des Gläubigers beanspruchen kann. Die Gebühr deckt die gesamte Tätigkeit des Rechtsanwalts bei der Vertretung des Schuldners im Eröffnungsverfahren ab. Sie ermäßigt sich nicht, wenn der Auftrag vorzeitig endet.[1]   **1**

Für die Entstehung und die Höhe der Gebühr ist es ohne Belang, wer den Eröffnungsantrag stellt.   **2**

Als **Gegenstandswert** zur Berechnung der Gebühr ist gemäß § 28 Abs. 1 S. 1 RVG der Wert der Insolvenzmasse (§ 58 GKG) zugrunde zu legen. Er beträgt mindestens 4.000 EUR.   **3**

2. Vertretung des Gläubigers (Nr. 3314 VV)

Für die Vertretung eines Gläubigers erhält der Rechtsanwalt nach Nr. 3314 VV eine **Verfahrensgebühr von 0,5**. Sie deckt sämtliche Tätigkeiten des Rechtsanwalts ab.   **4**

Die Gebühr nach Nr. 3314 VV fällt auch dann an, wenn der Rechtsanwalt vom Gläubiger den Auftrag erhält, Insolvenzantrag zu stellen, er jedoch vorab den Schuldner unter Androhung des Insolvenzantrages zur Zahlung auffordert.[2]   **5**

Anders verhält es sich, wenn der Rechtsanwalt zunächst beauftragt wird, außergerichtlich auf eine **Zahlung hinzuwirken**, der Mandant aber eine Vertretung im Eröffnungsverfahren ausdrücklich noch nicht wünscht oder wenn er den Auftrag zur Vertretung des Gläubigers im Eröffnungsverfahren unter der **aufschiebenden Bedingung** erteilt, erst bei nicht fristgerechter Zahlung des Schuldners tätig zu werden. In beiden Fällen ist zunächst nach Nr. 2300 VV abzurechnen. Die Geschäftsgebühr ist allerdings anschließend gemäß Teil 3 Vorb. 3 Abs. 4 VV auf die Gebühr nach Nr. 3314 VV (und auch auf die Gebühr nach Nr. 3316 VV) mit einem Gebührensatz von 0,75 anzurechnen. Eine Anrechnung auf etwaige weitere nach dem Unterabschnitt 5 entstehende Gebühren findet nicht statt.[3]   **6**

3. Vertretung auch im Verfahren über den Schuldenbereinigungsplan (Nr. 3315 VV und 3316 VV)

Wird der Rechtsanwalt auch im Verfahren über den Schuldenbereinigungsplan tätig, so erhöht sich die Verfahrensgebühr um jeweils 0,5. Der Schuldnervertreter   **7**

---
[1] Gerold/Schmidt/*Mayer* Nr. 3313–3323 VV Rn. 38.
[2] Gerold/Schmidt/*Madert* Nr. 3313–3323 VV Rn. 38 aE.
[3] Schneider/Wolf/*Wolf* Nr. 3313–3316 VV Rn. 5.

erhält gemäß Nr. 3315 VV eine Gebühr von 1,5 und der Gläubigervertreter gemäß Nr. 3316 VV eine solche von 1,0.

8 Auch die erhöhten Gebühren nach den Nr. 3315 und 3316 VV decken sämtliche anwaltlichen Tätigkeiten ab. Beim **Schuldnervertreter** gehören dazu zB die Entgegennahme von Informationen zur Erstellung des Planes, die Ausarbeitung und Vorlage des Planes sowie dessen Ergänzung und der Antrag auf Ersetzung der Zustimmung des Gläubigers durch das Insolvenzgericht. Beim **Gläubigervertreter** fallen hierunter die Entgegennahme des Schuldenbereinigungsplanes oder auch die Erarbeitung einer Stellungnahme zum Antrag des Schuldners, die Zustimmung des Gläubigers durch die Zustimmung des Insolvenzgerichts zu ersetzen. Schließlich gehört hierzu auch die Entgegennahme des Beschlusses über die Annahme des Schuldenbereinigungsplanes und ähnliches.[4] Ficht ein Beteiligter seine **Zustimmung** zu dem Schuldenbereinigungsplan an, so zählt das weitere Verfahren vor dem Insolvenzgericht noch zu dem ursprünglichen Verbraucherinsolvenzverfahren, die Gebühr nach den Nr. 3315 und 3316 VV entstehen also nicht noch einmal.[5]

9 Im **Verbraucherinsolvenzverfahren** sind im Übrigen die Tätigkeit im Eröffnungsverfahren und die im Verfahren über den Schuldenbereinigungsplan so eng miteinander verknüpft, dass eine Einzeltätigkeit im Verfahren über den Schuldenbereinigungsplan eigentlich kaum denkbar ist. Sollte dies doch einmal der Fall sein, so ist an eine Gebühr nach Nr. 3403 VV zu denken.

4. Vertretung im Verteilungsverfahren nach der Schifffahrtsrechtlichen Verteilungsordnung

10 Nach den beiden Anm. zu Nr. 3313 VV und Nr. 3314 VV entstehen diese Gebühren auch im Verteilungsverfahren nach der SVertO.

11 **Keine Anwendung** finden die Nr. 3313 VV und 3314 VV und der Unterabschnitt 5 insgesamt, wenn der Rechtsanwalt als Sachwalter gemäß § 9 SVertO tätig wird; die Vergütung ist dann vielmehr der Haftungsmasse gemäß § 9 Abs. 6 SVertO zu entnehmen. Unterabschnitt 5 kommt auch dann nicht zum Tragen, wenn der Rechtsanwalt im Beschwerde- oder Erinnerungsverfahren gemäß § 2 Abs. 2 bzw. § 12 Abs. 2 und Abs. 4 SVertO tätig wird. Die Gebühr richtet sich dann nach Teil 3 Abschn. 5 VV (Nr. 3500 ff. VV).[6]

5. Kostenerstattung

12 Hier ist zu unterscheiden: Wird der Antrag auf Eröffnung des Insolvenzverfahrens **zurückgenommen,** so sind die Kosten dem antragstellenden Gläubiger nach §§ 91, 269 Abs. 3 ZPO aufzuerlegen. Hierüber ist auf Antrag des Schuldners durch Beschluss zu entscheiden. Der Rechtsanwalt des Schuldners kann anschließend seine Kosten gegen den Gläubiger festsetzen lassen.[7]

13 Wird der Insolvenzantrag **mangels Masse zurückgewiesen,** so ist es nicht gerechtfertigt, auch dann dem Gläubiger die Kosten aufzuerlegen. In diesem Fall ist der Gläubiger mit seinem Antrag nicht unterlegen, sondern die Durchführung des Verfahrens scheitert daran, dass der Schuldner völlig vermögenslos ist. Eine Kostentragungspflicht des Gläubigers kommt in diesen Fällen demgemäß nur dann in Betracht, wenn der Gläubiger – zu Unrecht – behauptet hatte, die Masse reiche für eine Eröffnung aus.[8]

---

[4] HK-RVG/*Gierl* Nr. 3315 VV Rn. 3 sowie Nr. 3316 VV Rn. 3.
[5] LG Berlin RVGreport 2010, 19 mAnm *Hansens*.
[6] Schneider/Wolf/*Wolf* Nr. 3313–3316 VV Rn. 9.
[7] Gerold/Schmidt/*Mayer* Nr. 3313–3323 VV Rn. 44.
[8] Schneider/Wolf/*Wolf* Nr. 3313–3316 VV Rn. 21; HK-RVG/*Gierl* Nr. 3315 VV Rn. 9.

Abschnitt 3. Gebühren für besondere Verfahren **Nr. 3313–3323 VV**

Wird der Eröffnungsantrag **zurückgenommen,** weil der Schuldner **gezahlt** hat, muss dieser die Kosten übernehmen und auf die Erstattung eigener Kosten verzichten, will er die Anzeige der Erledigung und den Antrag, die Kosten dem Schuldner aufzuerlegen, vermeiden.[9] **14**

Wird das Insolvenzverfahren **eröffnet,** kann der Gläubiger die ihm entstandenen Anwaltskosten als normale Insolvenzforderung anmelden mit Ausnahme der mit dem Schuldenbereinigungsplan im Zusammenhang stehenden Kosten, da diese vom Schuldner nicht zu erstatten sind.[10] **15**

6. Anrechnung

Eine Anrechnung der Gebühren von Nr. 3315 und 3316 VV auf weiter anfallende Gebühren des Unterabschnitts 5 erfolgt nicht. Auch hier ist aber stets zu beachten, dass die vorangegangene außergerichtliche Tätigkeit, soweit sie nach Nr. 2300 VV abzurechnen war, den Anrechnungsregeln von Vorb. 3 Abs. 4 VV unterliegt. **16**

7. Gegenstandswert

Der Gegenstandswert bestimmt sich je nach der Stellung des Vertretenen im Verfahren nach § 28 Abs. 1 bzw. Abs. 2 RVG. Im Verteilungsverfahren nach der Schifffahrtsrechtlichen Verteilungsordnung gilt gemäß § 29 RVG die Regelung des § 28 RVG mit der Maßgabe entsprechend, dass an die Stelle des Werts der Insolvenzmasse die festgesetzte Haftungssumme tritt. **17**

II. Verfahrensgebühr für das Insolvenzverfahren (Nr. 3317 VV)

Mit der **Eröffnung** des Insolvenzverfahrens, also dem Wirksamwerden des Eröffnungsbeschlusses ist das Vorverfahren abgeschlossen und das Insolvenzverfahren beginnt. Wird der Rechtsanwalt in diesem Abschn. des Verfahrens ebenfalls oder erstmals tätig, erhält er hierfür nach Nr. 3317 VV eine Gebühr von 1,0, und zwar unabhängig davon, ob er den **Schuldner** oder den **Gläubiger** vertritt. Eine Differenzierung der Gebühr – wie im Eröffnungsverfahren – nimmt das Gesetz nicht vor. Unterschiede ergeben sich allerdings bei der Bestimmung des Gegenstandswerts (vgl. § 28 Abs. 1 bzw. Abs. 2 RVG). Er ist unterschiedlich hoch, je nachdem, ob der Rechtsanwalt den Schuldner oder einen Gläubiger vertritt. **18**

Für die Vertretung von **Massegläubigern, Absonderungs-** oder **Aussonderungsberechtigten** gilt Nr. 3317 VV nur dann, wenn sie wegen Verzichts auf ihr Vorrecht oder wegen Ausfalls an dem Verfahren als Insolvenzgläubiger teilnehmen. Ansonsten sind die Gebühren für die Vertretung dieser Gruppen in einem Rechtsstreit den Nr. 3100 ff. VV zu entnehmen und bei außergerichtlicher Tätigkeit dem Gebührentatbestand der Nr. 2300 VV.[11] **19**

Die Gebühr **entsteht** bereits mit der Entgegennahme der Information und deckt alsdann sämtliche Tätigkeiten im Insolvenzverfahren ab, die bis zur Beendigung des Verfahrens (Aufhebung des Eröffnungsbeschlusses, Einstellung des Verfahrens) erforderlich werden. Auch hier ist es ohne Bedeutung, ob der Rechtsanwalt eine oder mehrere Tätigkeiten ausführt. Auch eine vorzeitige Beendigung der Tätigkeit des Rechtsanwalts verringert die Gebühr nicht. Das gilt allerdings nicht, wenn sich die Tätigkeit des Rechtsanwalts im Insolvenzverfahren auf die **Anmeldung einer Insolvenzforderung** beschränkt (vgl. dazu unten → Rn. 30). In diesem Fall ermäßigt sich die Gebühr gemäß Nr. 3320 VV auf 0,5. **20**

---

[9] Gerold/Schmidt/*Mayer* Nr. 3313–3323 VV Rn. 44 aE.
[10] Schneider/Wolf/*Wolf* Nr. 3313–3316 VV Rn. 22.
[11] Gerold/Schmidt/*Mayer* Nr. 3313–3323 VV Rn. 50.

21 Nicht zum Abgeltungsbereich der Nr. 3317 VV gehören **Zwangsvollstreckungsmaßnahmen** aus dem **Tabellenauszug.** Sie stellen gemäß § 18 Nr. 3 RVG eine besondere Angelegenheit dar und sind demgemäß auch gesondert nach Nr. 3309 VV zu vergüten.[12]

22 Eine **Anrechnung** auf weitere, bereits verdiente oder noch anfallende Gebühren findet nicht statt. Der Rechtsanwalt kann also die vor der Eröffnung des Insolvenzverfahrens gemäß Nr. 3313 und 3314 VV verdienten Gebühren anrechnungsfrei behalten. Auch können bei entsprechender Rechtsanwaltstätigkeit zusätzlich Gebühren nach Nr. 3318 VV bzw. Nr. 3319 VV und Nr. 3321 VV entstehen.[13]

23 Ist der Rechtsanwalt allerdings für seinen Mandanten schon vor der Tätigkeit im Insolvenzverfahren wegen desselben Gegenstands **außergerichtlich** tätig geworden, wird die gemäß Nr. 2300 VV verdiente **Geschäftsgebühr** entsprechend der Vorb. 3 Abs. 4 VV zur Hälfte, höchstens jedoch mit einem Gebührensatz von 0,75 angerechnet. Die **Anrechnung** erfolgt auf die Verfahrensgebühren nach den Nr. 3313 oder 3314 VV, wenn der Rechtsanwalt bereits im Insolvenzeröffnungsverfahren tätig gewesen ist. Hat er nur die Verfahrensgebühr nach Nr. 3317 VV verdient, weil er im Eröffnungsverfahren nicht tätig war, erfolgt die Anrechnung der Geschäftsgebühr auf die Verfahrensgebühr der Nr. 3317 VV. Eine **doppelte Anrechnung** der Geschäftsgebühr ist nicht möglich.[14]

24 Gemäß der Anm. zu Nr. 3317 VV entsteht die Verfahrensgebühr auch im Verteilungsverfahren nach der SVertO.

III. Verfahrensgebühr für das Verfahren über einen Insolvenzplan (Nr. 3318 VV)

25 Abweichend von den Vorschriften der InsO kann durch einen Insolvenzplan die Befriedigung der absonderungsberechtigten Gläubiger und der Insolvenzgläubiger, die Verwertung der Insolvenzmasse und deren Verteilung an die Beteiligten sowie die Haftung des Schuldners nach Beendigung des Insolvenzverfahrens geregelt werden. Hierbei ist es gleichgültig, ob der Plan vom Insolvenzverwalter oder vom Schuldner vorgelegt wird oder ob die Gläubigerversammlung den Verwalter mit der Ausarbeitung des Planes beauftragt hat. Wird ein Rechtsanwalt hierbei für einen **Gläubiger,** den **Insolvenzverwalter** oder einen **weiteren Beteiligten** (mit Ausnahme des Schuldners) tätig, erhält er neben den möglicherweise bereits verdienten Gebühren eine **zusätzliche Gebühr** nach Nr. 3318 VV in Höhe von 1,0.

26 Auch die Gebühr nach Nr. 3318 VV ist eine **Pauschgebühr**, so dass die Gebühr bereits mit der ersten Tätigkeit, in der Regel also mit der Entgegennahme der Informationen **entsteht**. Auf die Höhe der Gebühr ist es wiederum ohne Einfluss, wie mannigfaltig sich danach die Tätigkeit des Rechtsanwalts gestaltet. Eine vorzeitige Beendigung des Auftrages führt nicht zu einer Reduzierung der Gebühr.

27 Auch die **Überwachung** des Planes wird mit der Gebühr abgegolten, obwohl sie zeitlich der Aufhebung des Insolvenzverfahrens folgt. Aufgrund der engen rechtlichen, zeitlichen und wirtschaftlichen Zusammenhänge wird aber zutreffend die Auffassung vertreten, dass diese Tätigkeit mit der Gebühr gemäß Nr. 3318 VV mit abzugelten ist.[15]

---

[12] HK-RVG/*Gierl* Nr. 3317 VV Rn. 3; Schneider/Wolf/*Wolf* Nr. 3317 VV Rn. 1 aE.
[13] Schneider/Wolf/*Wolf* Nr. 3317 VV Rn. 3.
[14] HK-RVG/*Gierl* Nr. 3317 VV Rn. 5; Schneider/Wolf/*Wolf* Nr. 3317 VV Rn. 4.
[15] HK-RVG/*Gierl* Nr. 3318 VV Rn. 4; Schneider/Wolf/*Wolf* Nr. 3318–3319 VV Rn. 5; **aA** Riedel/Sußbauer/*Keller* Teil 3 Abschn. 3 Rn. 125.

IV. Vertretung des Schuldners, der den Plan vorgelegt hat (Nr. 3319 VV)

Wenn der Insolvenzplan nicht (nur) vom Insolvenzverwalter, sondern (auch) von dem durch einen Rechtsanwalt vertretenen **Schuldner** vorgelegt wird, erhöht sich die Verfahrensgebühr nach Nr. 3318 VV gemäß Nr. 3319 VV auf 3,0. 28

Für den Anfall der Gebühr nach Nr. 3319 VV ist es nicht erforderlich, dass der Rechtsanwalt den Plan selbst erarbeitet hat. Andererseits reicht die Erstellung des Insolvenzplanes für die Entstehung dieser Gebühr nicht aus, wenn sich die Tätigkeit des Rechtsanwalts hierauf beschränkt, eine weitere Vertretung im Verfahren also nicht stattfindet. Im letzteren Fall ist die Tätigkeit des Rechtsanwalts mit der Geschäftsgebühr nach Nr. 2300 VV zu vergüten.[16] 29

V. Anmeldung einer Insolvenzforderung (Nr. 3320 VV)

Die in Nr. 3317 VV vorgesehene Verfahrensgebühr für die Tätigkeit des Rechtsanwalts im Insolvenzverfahren **reduziert** sich auf die Hälfte (0,5), wenn der Mandatsauftrag darauf beschränkt ist, lediglich eine Insolvenzforderung anzumelden. 30

Umstritten ist, wie sich die **Gebührensituation** darstellt, wenn ein und derselbe Rechtsanwalt zunächst die Forderung anmeldet, nach Bestreiten durch den Insolvenzverwalter ein obsiegendes Urteil erwirkt und dieses dann erneut zur Forderungsanmeldung zur Tabelle reicht. 31

Überwiegend wird vertreten, dass dieser Rechtsanwalt für das Erkenntnisverfahren die Verfahrensgebühren nach den Nr. 3100 ff. VV verdient, die Vergütung nach Nr. 3320 VV jedoch nur **einmal,** weil auch der Antrag zur Berichtigung der Tabelle die Fortsetzung der ursprünglichen Anmeldung darstelle und somit als ein und dieselbe Angelegenheit zu behandeln sei.[17] 32

Richtig dürfte bei einer derartigen Fallkonstellation jedoch sein, dem Rechtsanwalt die Gebühr nach Nr. 3320 VV **zweimal** zuzubilligen, da das durch das Verhalten des Insolvenzverwalters erforderlich gewordene Prozessverfahren über die Berechtigung der Forderung eine deutliche Zäsur darstellt, die es erlaubt, der erneuten Anmeldung oder dem Berichtigungsantrag eine auch gebührenrechtlich zu berücksichtigende Eigenständigkeit zuzubilligen. 33

Geht der dem Rechtsanwalt erteilte Auftrag über den Entwurf einer Anmeldung oder die Einreichung der Anmeldung hinaus, richtet er sich also auch darauf, jetzt oder später im Verfahren selbst tätig zu werden, entfällt die Beschränkung nach Nr. 3320 VV, so dass der Rechtsanwalt in diesem Fall eine Vergütung nach Nr. 3317 VV erhält. Ein Nebeneinander der Gebührentatbestände von Nr. 3317 VV und Nr. 3320 VV kann somit nie in Betracht kommen.[18] 34

Entsprechend der Regelung in der Anm. zu Nr. 3317 VV wird auch in der Anm. zu Nr. 3320 VV festgelegt, dass auch die reduzierte Gebühr im SVertO entsteht. 35

VI. Verfahrensgebühr für das Verfahren über einen Antrag auf Versagung oder Widerruf der Restschuldbefreiung (Nr. 3321 VV)

Die Vorschrift betrifft die Tätigkeit nach der Aufhebung des Insolvenzplans im Zusammenhang mit der Versagung oder dem Widerruf der Restschuldbefreiung. 36

---

[16] Schneider/Wolf/*Wolf* Nr. 3318–3319 VV Rn. 7; *Enders* JurBüro 1999, 113, 117.
[17] HK-RVG/*Gierl* Nr. 3320 VV Rn. 4; Schneider/Wolf/*Wolf* Nr. 3320 VV Rn. 2.
[18] HK-RVG/*Gierl* Nr. 3320 VV Rn. 4.

37 Gemäß Nr. 3321 Anm. Abs. 2 VV wird die Gebühr auch ausgelöst, wenn der Antrag bereits **vor Aufhebung** des Insolvenzverfahrens gestellt wird. Die Regelung trägt dem Umstand Rechnung, dass nach § 287 Abs. 2 S. 1 InsO n. F. die Wohlverhaltensphase bereits mit der Eröffnung des Insolvenzverfahrens beginnt. Da der Antrag auf Versagung der Restschuldbefreiung also bereits im Insolvenzverfahren gestellt werden kann, muss sie in Abweichung nicht bei den Gebührenregeln berücksichtigt werden. Damit ist klargestellt, dass die Gebühr nach Nr. 3321 VV nicht von der Verfahrensgebühr iSd Nr. 3317 VV abgegolten wird, sondern **gesondert** entsteht.[19]

38 Nr. 3321 Anm. Abs. 2 VV stellt klar, dass das Verfahren über **mehrere** gleichzeitig anhängige Anträge **eine Angelegenheit** ist, die Gebühr in Höhe von 0,5 somit nur einmal auslöst, zB wenn der Rechtsanwalt für mehrere Gläubiger Anträge stellt oder sich als Schuldnervertreter gegen derartige Anträge wehrt.

VII. Verfahrensgebühr für das Verfahren über Anträge auf Zulassung der Zwangsvollstreckung nach § 17 Abs. 4 SVertO (Nr. 3322 VV)

39 Wird nach der Eröffnung der Mehrbetrag der Haftungssumme nicht innerhalb der gesetzten Frist eingezahlt oder eine unzureichend gewordene Sicherheit nicht fristgemäß ergänzt oder geleistet (vgl. §§ 17 Abs. 1, 34 Abs. 2 S. 1 SVertO), kann das Verteilungsgericht das Verteilungsverfahren **einstellen**.

40 Bereits **vor der Einstellung** kann die gemäß § 8 Abs. 4 SVertO eigentlich unzulässige Zwangsvollstreckung wegen eines angemeldeten Anspruchs zugelassen werden, soweit dies unter den gleichen Voraussetzungen geschieht, unter denen die Vollziehung einer **Arrestanordnung** statthaft ist. Diese Voraussetzungen sind erfüllt, wenn Anlass zu der **Besorgnis** besteht, dass der Schuldner nicht innerhalb der bestimmten Frist den Mehrbetrag der Haftungssumme einzahlen oder die Sicherheit ergänzen oder leisten wird.[20]

41 Wirkt der Rechtsanwalt für den **Schuldner oder einen Gläubiger** an einem Verfahren gemäß § 17 Abs. 4 SVertO mit, so erhält er die Gebühr nach Nr. 3322 VV. Die Gebühr beträgt 0,5. Mit der Gebühr wird die gesamte Tätigkeit des Rechtsanwalts abgegolten. Das gilt selbst dann, wenn es ausnahmsweise zu einer **mündlichen Verhandlung** kommt. Bei erneuter Antragstellung nach Ablehnung eines Antrags nach § 17 Abs. 4 SVertO fällt keine neue Gebühr an.[21]

42 Der **Gegenstandswert** für das Verfahren ist gemäß § 28 Abs. 3 RVG unter Berücksichtigung des wirtschaftlichen Interesses, das der Auftraggeber im Verfahren verfolgt, nach § 23 Abs. 3 S. 2 RVG zu bestimmen.

VIII. Verfahrensgebühr für das Verfahren über Anträge auf Aufhebung von Vollstreckungsmaßregeln gemäß § 8 Abs. 5 und § 41 SVertO (Nr. 3323 VV)

43 Wie die Eröffnung des Insolvenzverfahrens hat auch die **Eröffnung** eines Schifffahrtsrechtlichen Verteilungsverfahrens nach der SVertO zur Folge, dass Zwangsvollstreckungsmaßnahmen bis zur **Aufhebung** oder **Einstellung** des Verfahrens unzulässig sind. Gegen gleichwohl erfolgende Vollstreckungsmaßnahmen kann Klage beim Prozessgericht des ersten Rechtszuges erhoben und die Einstellung der

---

[19] HK-RVG/*Gierl* Nr. 3321 VV Rn. 5; Schneider/Wolf/*Wolf* Nr. 3321 VV Rn. 3.
[20] Schneider/Wolf/*Wolf* Nr. 3322 VV Rn. 1.
[21] HK-RVG/*Gierl* Nr. 3322 VV Rn. 6.

Zwangsvollstreckung ohne oder gegen Sicherheitsleistung beantragt werden. Ist es erforderlich, darüber hinaus für den Schuldner den Antrag zu stellen, erfolgte Vollstreckungsmaßregeln gegen Sicherheitsleistung aufzuheben (§ 8 Abs. 5 SVertO), verdient der Rechtsanwalt hierfür die Verfahrensgebühr nach Nr. 3323 VV mit einem Gebührensatz von 0,5. Mit der Gebühr wird die gesamte Tätigkeit des Rechtsanwalts abgedeckt. Dabei ist es gleichgültig, ob der Rechtsanwalt den Schuldner oder den Gläubiger vertritt. Auch die Teilnahme an einer mündlichen Verhandlung ist mit dieser Verfahrensgebühr abgegolten.

Die Bemessung des **Gegenstandswerts** richtet sich nach den §§ 28 Nr. 3 und 29 RVG. **44**

IX. Beschwerdeverfahren

Die Gebühren für das Beschwerdeverfahren im Insolvenzverfahren sind in den Nr. 3500 ff. VV geregelt. **45**

Unterabschnitt 6. Sonstige besondere Verfahren

Vorbemerkung 3.3.6 VV

Nr.	Gebührentatbestand	Gebühr oder Satz der Gebühr nach § 13
Vorbemerkung 3.3.6: Die Terminsgebühr bestimmt sich nach Abschn. 1, soweit in diesem Unterabschnitt nichts anderes bestimmt ist. Im Verfahren über die Prozesskostenhilfe bestimmt sich die Terminsgebühr nach den für dasjenige Verfahren geltenden Vorschriften, für das die Prozesskostenhilfe beantragt wird.		

Teil 3 Abschn. 3 Unterabschn. 6 VV betrifft „sonstige Verfahren". Das sind Verfahren, die nicht bereits in Teil 3 Abschn. 3 Unterabschnitte 1 bis 5 VV geregelt sind. Sie sind in den Nr. 3324–3337 VV im Einzelnen genannt. Bis auf die Verfahrensgebühr nach Nr. 3336 VV für bestimmte Verfahren über die Prozesskostenhilfe vor Gerichten der Sozialgerichtsbarkeit, die als **Betragsrahmengebühr** ausgestaltet ist, handelt es sich um Gebühren, die gemäß § 13 RVG nach dem jeweils zu den einzelnen Gebührentatbeständen ausgewiesenen **Gebührensatz** zu bestimmen sind. **1**

Die **Vorb. 3.3.6 VV** betrifft die **Terminsgebühr** mit einem Gebührensatz von 1,2 nach Nr. 3104 VV. Sie entsteht grundsätzlich nach Teil 3 Abschn. 1 VV (vgl. Nr. 3104 ff. VV). Nur dort, wo in Teil 3 Unterabschnitt 6 VV **Sondervorschriften** den Anfall der Terminsgebühr für diesen Bereich abweichend von Teil 3 Abschn. 1 VV regeln, gehen die in Teil 3 Unterabschnitt 6 VV enthaltenen Gebührentatbestände als **lex specialis** vor. **2**

Eine von Teil 3 Abschn. 1 VV **abweichende Regelung** enthält die **Nr. 3332 VV**. Sie reduziert den Gebührensatz für die Terminsgebühr in den Verfahren, die in den Nr. 3324–3331 VV geregelt sind, von 1,2 auf 0,5. Ferner stellt **Nr. 3333 Anm. S. 2 VV** klar, dass für die Teilnahme an einem **Verteilungsverfahren** außerhalb der Zwangsversteigerung und der Zwangsverwaltung **keine** Terminsgebühr entsteht. Als von Teil 3 Abschn. 1 VV abweichende Regelung ist ferner **Nr. 3328 VV** für das Entstehen der Terminsgebühr zu nennen. **3**

Die vorstehend beschriebene Rechtslage ist für das Verfahren über die **Prozesskostenhilfe** durch das **2. KostRMoG** mit Wirkung ab 1.8.2013 durch die Einfügung eines weiteren Satzes geändert worden. Er besagt, dass sich die Terminsgebühr **4** in diesen Verfahren nach den für dasjenige Verfahren geltenden Vorschriften bestimmt, für das die Prozesskostenhilfe beantragt wird. Die bisherige Regelung war als systemwidrig empfunden worden,[1] weil Verfahren über die Prozesskostenhilfe auch in solchen Fällen stattfinden können, in denen die Gebühren generell niedriger sind.[2] Für die Verfahrensgebühr sah Nr. 3335 VV deshalb schon vor dem Inkrafttreten des 2. KostRMoG eine Begrenzung auf die Verfahrensgebühr für das zugrunde liegende Verfahren vor, für die Terminsgebühr fehlte eine solche Regelung. Diese Lücke ist nunmehr geschlossen worden.

Nr. 3324 VV

Nr.	Gebührentatbestand	Gebühr oder Satz der Gebühr nach § 13
3324	Verfahrensgebühr für das Aufgebotsverfahren	1,0

I. Überblick

1 Nr. 3324 VV betrifft die Tätigkeit des Rechtsanwalts im **Aufgebotsverfahren**. Zum Zeitpunkt des Inkrafttretens des RVG war damit das Aufgebotsverfahren nach den §§ 946–1024 ZPO gemeint. Diese Vorschriften sind mit Wirkung ab 1.9.2009 durch das Gesetz über das Verfahren in Familiensachen und in den Angelegenheiten der freiwilligen Gerichtsbarkeit (FamFG) vom 17.12.2008,[1] verkündet als Art. 1 des Gesetzes zur Reform des Verfahrens in Familiensachen und in den Angelegenheiten der freiwilligen Gerichtsbarkeit (FGG-Reformgesetz – FGG-RG), aufgehoben worden. An ihre Stelle sind die **§§ 442 bis 483 FamFG** getreten.

II. Anwendungsbereich

1. Persönlicher Anwendungsbereich

2 Die Nr. 3324 VV findet Anwendung, wenn der Rechtsanwalt den **Antragsteller** iSd § 434 Abs. 1 FamFG, der ein gerichtliches Aufgebotsverfahren betreibt, vertritt und ebenso bei einer Vertretung des **Antragsgegners**, der dem beantragten Aufgebot widerspricht und das von dem Antragsteller zur Begründung seines Antrags behauptete Recht bestreitet (§§ 440 und 467 FamFG).

2. Sachlicher Anwendungsbereich

3 Voraussetzung für die Anwendbarkeit der Nr. 3324 VV ist ein gerichtliches Verfahren in einer Aufgebotssache. Unter Aufgebotssachen versteht § 433 FamFG Verfahren, in denen das **Gericht** öffentlich zur Anmeldung von Ansprüchen oder Rechten auffordert, mit der Wirkung, dass die Unterlassung der Anmeldung einen Rechtsnachteil zur Folge hat. Solche Verfahren finden gemäß § 433 S. 2 FamFG nur in den durch Gesetz bestimmten Fällen statt.

4 Geregelt ist das **gerichtliche Aufgebotsverfahren** in den §§ 442 bis 484 FamFG. Das Gesetz unterscheidet zwischen Aufgebotsverfahren zum Zweck der **Ausschlie-**

---

[1] Dazu *Schneider/Thiel* § 3 Rn. 1014 ff.
[2] BT-Drs. 17/11471 v. 14.11.2012 Art. 8 Nr. 42.
[1] BGBl. 2008 I 2586.

ßung eines Rechts und Aufgebotsverfahren zur **Kraftloserklärung von Urkunden**.

Ausgeschlossen werden können 5
- der Eigentümer eines Grundstücks gemäß § 927 BGB (§§ 442 FamFG),
- der Eigentümer eines eingetragenen Schiffes oder Schiffsbauwerks nach § 6 des Gesetzes über Rechte an eingetragenen Schiffen und Schiffsbauwerken (§ 446 FamFG),
- der Grundpfandgläubiger gemäß §§ 1170, 1171 BGB (§§ 447–452 FamFG),
- ein unbekannter Berechtigter in den Fällen der §§ 887, 1104 und 1112 BGB (§ 453 FamFG),
- der Nachlassgläubiger gemäß § 1970 BGB (§§ 454–464 FamFG),
- der Gesamtgutgläubiger gemäß §§ 1489 Abs. 2, 1970 BGB (§ 464 FamFG) und
- der Schiffsgläubiger gemäß § 110 BinnSchiffG (§ 465 FamFG).

Die **Kraftloserklärung** von Urkunden kann Pfandscheine, Wertpapiere, Hypothe- 6
ken- und Grundschuldbriefe, Wechsel etc betreffen. Geregelt ist dieses Aufgebotsverfahren in den §§ 466–483 FamFG.

Nicht zum Anwendungsbereich der Nr. 3324 VV gehören **Aufgebotsverfahren** 7
außerhalb eines gerichtlichen Verfahrens. Dazu zählen ua:
- Aufgebote von Nachlassgläubigern gemäß § 2061 BGB,
- Aufgebote von Postsparbüchern gemäß § 18 Postsparkassenordnung durch die Postsparkasse und von Sparbüchern durch die Sparkassen;
- Aufgebote, die keine Rechtsnachteile zur Folge haben (zB §§ 1965, 2358 BGB),
- Aufgebote zwecks Todeserklärung nach dem VerschG,
- Aufgebote zur Beseitigung der Doppelbuchung gemäß §§ 10 ff. AVO/GBO,
- Kraftloserklärungen von Aktien durch die Gesellschaft gemäß § 73 AktG,
- Kraftloserklärungen ohne Aufgebot (§§ 176, 1507, 2361, 2368 BGB, §§ 64, 226 AktG).

Für die genannten Tätigkeiten erhält der Rechtsanwalt die Gebühren nach den 8
Nr. 2300 ff. VV.[2]

III. Verfahrensgebühr im Aufgebotsverfahren

Die **Verfahrensgebühr** in Höhe von 1,0 nach Nr. 3324 VV verdient der Rechts- 9
anwalt unabhängig davon, ob er den Antragsteller oder den Antragsgegner vertritt[3]

Die Verfahrensgebühr wird bereits ausgelöst durch die **Entgegennahme der** 10
Informationen unmittelbar nach der Auftragserteilung.

Erledigt sich der Auftrag, bevor der Rechtsanwalt den das Verfahren einleitenden 11
Antrag oder einen Schriftsatz, der Sachanträge, Sachvortrag oder die Zurücknahme des Antrags enthält, eingereicht oder bevor er für seine Partei einen gerichtlichen Termin wahrgenommen hat, **reduziert** sich die Verfahrensgebühr von 1,0 nach Nr. 3337 VV auf einen Gebührensatz von 0,5.

Die Verfahrensgebühr nach Nr. 3324 VV **erhöht** sich nach Nr. 1008 VV, wenn 12
der Rechtsanwalt für **mehrere Auftraggeber** tätig ist. Es gelten die üblichen Regeln, so dass die Erhöhungen den Gebührensatz von 2,0 nicht übersteigen dürfen.

IV. Weitere Gebühren

1. Terminsgebühr

Für die Wahrnehmung eines Termins nach § 32 Abs. 1 S. 1 FamFG erhält der 13
Rechtsanwalt eine **Terminsgebühr** nach Nr. 3332 VV mit einem Gebührensatz von 0,5.

---

[2] Gerold/Schmidt/*Müller-Rabe* Nr. 3324 VV Rn. 5.
[3] Schneider/Wolf/*Mock* Nr. 3324 VV Rn. 19.

14　Für die **Entstehung** der Terminsgebühr gilt Teil 3 Vorb. 3 Abs. 3 VV. Danach kommt es nicht darauf an, was im Termin geschieht, sondern dass der Rechtsanwalt den Termin **wahrnimmt**. Da die Vorb. 3.3.6 VV iVm Nr. 3332 VV lediglich die Höhe der Terminsgebühr reduziert, gilt auch die Regelung der Vorb. 3 Abs. 3 S. 3 VV. Aktivitäten des Rechtsanwalts, die darauf gerichtet sind, ein Verfahren zu vermeiden oder zu erledigen, lösen demgemäß ebenfalls eine Terminsgebühr aus, wenn auch in der reduzierten Höhe von 0,5.

2. Einigungsgebühr

15　Eine Einigungsgebühr nach Nr. 1000 VV bzw. Nr. 1003 VV fällt an, wenn der Rechtsanwalt an einer Einigung zwischen dem Antragsteller und einer anderen Person mitwirkt. Der Gebührensatz ist davon abhängig, ob ein Aufgebotsverfahren anhängig ist oder nicht. Bei Anhängigkeit entsteht die Gebühr nach Nr. 1003 VV mit einem Gebührensatz von 1,0, sonst nach Nr. 1000 VV mit einem Gebührensatz von 1,5.

V. Gegenstandswert

16　Der **Wert des Aufgebotsverfahrens** richtet sich in der Regel nach dem Interesse des Antragstellers. Das muss sich allerdings nicht mit dem Wert des auszuschließenden Rechts decken.[4] Letztlich wird der Wert vom Gericht nach freiem Ermessen festgesetzt.[5]

Nr. 3325 VV

Nr.	Gebührentatbestand	Gebühr oder Satz der Gebühr nach § 13
3325	Verfahrensgebühr für Verfahren nach § 148 Abs. 1 und 2, §§ 246a, 319 Abs. 6 AktG, auch iVm § 327e Abs. 2 AktG, oder nach § 16 Abs. 3 UmwG	0,75

I. Überblick

1　Die Nr. 3325 VV regelt eine Verfahrensgebühr für Verfahren, die darauf abzielen, die **Eintragung** eines **Hauptversammlungsbeschlusses** in das **Handelsregister** zu erwirken, obwohl der Beschluss der Hauptversammlung mittels Klage angefochten worden ist. Gemeint sind Klagen gegen Hauptversammlungsbeschlüsse, die eine Eingliederung (§ 319 Abs. 6 AktG), eine Übertragung von Minderheitsaktien oder eine Verschmelzung (§ 16 Abs. 3 UmwG) betreffen. Weiterhin erstreckt sich die Nr. 3325 VV aufgrund einer Änderung durch das Gesetz zur Unternehmensintegrität und Modernisierung des Anfechtungsrechts (UMAG) vom 22.9.2005[1] auf das Klagezulassungsverfahren nach § 148 AktG und auf das Freigabeverfahren nach § 246a AktG.

---

[4] LG Hildesheim NJW 1964, 1232.
[5] Zu den Einzelheiten siehe HK-RVG/*Gierl* Anh. 1 Rn. 362.
[1] BGBl. 2005 I 2802.

II. Anwendungsbereich

1. Persönlicher Anwendungsbereich

Die Verfahrensgebühr nach Nr. 3325 VV erhält der Rechtsanwalt unabhängig davon, welchen Auftraggeber er vertritt. Der Gebührentatbestand betrifft also sowohl die Tätigkeit des Rechtsanwalts als Vertreter der Gesellschaft oder eines sonstigen Rechtsträgers als auch des Klägers.

2. Sachlicher Anwendungsbereich

Der Anwendungsbereich der Nr. 3325 VV ist aus sich heraus kaum verständlich, weil er sich darauf beschränkt, die Verfahren, die gemeint sind, durch eine Verweisung auf mehrere Vorschriften des Aktien- und des Umwandlungsgesetzes zu definieren. Der Gebührentatbestand bedarf deshalb der Auflösung. Im Einzelnen verbergen sich hinter den in Nr. 3325 VV genannten Vorschriften die nachfolgenden Tatbestände und Verfahren.

a) Eingliederung in eine andere Aktiengesellschaft (§ 319 Abs. 6 AktG). Im Falle der Umwandlung einer Aktiengesellschaft durch Eingliederung in eine andere Aktiengesellschaft muss der Vorstand der eingegliederten Gesellschaft den Beschluß der Hauptversammlung über die Eingliederung zur Eintragung in das Handelsregister anmelden. Bei der Anmeldung muss er gemäß § 319 Abs. 5 S. 1 AktG erklären, dass eine Klage gegen die Wirksamkeit des **Eingliederungsbeschlusses** nicht oder nicht fristgemäß erhoben oder eine solche Klage rechtskräftig abgewiesen oder zurückgenommen worden ist. Dieser Erklärung steht es gemäß § 319 Abs. 6 S. 1 AktG gleich, wenn nach Erhebung einer Klage gegen die Wirksamkeit des Eingliederungsbeschlusses das Gericht auf Antrag der Gesellschaft durch Beschluß festgestellt hat, dass die Erhebung der Klage der Eintragung nicht entgegensteht.

b) Übertragung von Aktien gegen Barabfindung (§ 327e Abs. 2 AktG). Nr. 3325 VV verweist weiterhin auf § 327e Abs. 2 AktG. Diese Vorschrift steht im Zusammenhang mit § 327a AktG. Danach kann die Hauptversammlung einer Aktiengesellschaft oder einer Kommanditgesellschaft auf Aktien auf Verlangen eines Aktionärs, dem Aktien der Gesellschaft in Höhe von 95 vom Hundert des Grundkapitals gehören (Hauptaktionär), die Übertragung der Aktien der übrigen Aktionäre (Minderheitsaktionäre) auf den Hauptaktionär gegen Gewährung einer angemessenen Barabfindung beschließen. Auch ein solcher **Übertragungsbeschluss** bedarf der Anmeldung zur Eintragung im Handelsregister. Wird der Beschluss im Wege der Klage angefochten gilt § 319 Abs. 5 und 6 AktG sinngemäß (siehe dazu oben Rn. 4). Das bedeutet, dass auch in diesem Fall der Übertragungsbeschluss trotz seiner Anfechtung eingetragen werden muss, wenn das Gericht auf Antrag der Gesellschaft durch Beschluß festgestellt hat, dass die Erhebung der Klage der Eintragung nicht entgegensteht.

c) Verschmelzung von Rechtsträgern (§ 16 Abs. 3 UmwG). Ein weiterer Anwendungsfall ist der Verschmelzungsbeschluss von Rechtsträgern nach § 16 Abs. 3 UmwG. Die Verschmelzung ist von den Vertretungsorganen jedes der an der Verschmelzung beteiligten Rechtsträger zur Eintragung in das Register (Handelsregister, Partnerschaftsregister, Genossenschaftsregister oder Vereinsregister) des Sitzes ihres Rechtsträgers anzumelden. Hierzu schreibt § 16 Abs. 3 UmwG wortgleich mit § 319 Abs. 6 S. 1 AktG ebenfalls vor, dass der **Verschmelzungsbeschluss** in das Register einzutragen ist, wenn nach Erhebung einer Klage gegen die Wirksamkeit dieses Beschlusses das Gericht auf Antrag des Rechtsträgers, gegen dessen Verschmelzungsbeschluss sich die Klage richtet, durch Beschluß festgestellt hat, dass die Erhebung der Klage der Eintragung nicht entgegensteht.

7 **d) Klage- und Eintragungsverfahren.** Von den Beschlussverfahren nach § 319 Abs. 6 AktG bzw. § 16 Abs. 3 UmwG (→ Rn. 4–6) sind die Hauptsacheverfahren zu unterscheiden. Die Verfahren nach § 319 Abs. 6 AktG bzw. § 16 Abs. 3 UmwG sind auch gebührenrechtlich gegenüber den Klage- und Eintragungsverfahren **selbständige Angelegenheiten.** Die Gebühren nach Nr. 3325 VV entstehen deshalb unabhängig von den Gebühren der Hauptsacheverfahren und sind auf diese auch nicht anzurechnen.[2]

8 **e) Klagezulassungsverfahren (§ 148 Abs. 1 und 2 AktG).** Aktionäre, deren Anteile im Zeitpunkt der Antragstellung zusammen den einhundertsten Teil des Grundkapitals oder einen anteiligen Betrag von 100.000 EUR erreichen, können die Zulassung beantragen, im eigenen Namen die in § 147 Abs. 1 S. 1 AktG bezeichneten **Ersatzansprüche der Gesellschaft** geltend zu machen. Dieser Klage ist nach § 148 AktG ein Klagezulassungsverfahren vorgeschaltet, das einerseits der Minderheit die Möglichkeit verschaffen soll, einen ex ante aussichtsreichen Prozess in die Weg zu leiten, ohne das Risiko tragen zu müssen, im späteren Prozess mit dessen Kosten belastet zu werden, andererseits aber auch aussichtlose oder missbräuchliche Klagen verhindern soll.[3]

9 **f) Freigabeverfahren (§ 246a AktG).** Ein weiterer Anwendungsfall für die Nr. 3325 VV ist § 246a AktG. Wird gegen einen Hauptversammlungsbeschluss über eine Maßnahme der Kapitalbeschaffung, der Kapitalherabsetzung (§§ 182–240 AktG) oder einen Unternehmensvertrag (§§ 291–307 AktG) Klage erhoben, so kann das Gericht auf Antrag der Gesellschaft durch Beschluss feststellen, dass die Erhebung der Klage der Eintragung nicht entgegensteht und Mängel des Hauptversammlungsbeschlusses die Wirkung der Eintragung unberührt lassen.

III. Verfahrensgebühr

10 Die **Verfahrensgebühr** in Höhe von 0,75 nach Nr. 3325 VV wird bereits ausgelöst durch die **Entgegennahme der Informationen** unmittelbar nach der Auftragserteilung.

11 **Erledigt** sich der Auftrag, bevor der Rechtsanwalt den das Verfahren einleitenden Antrag oder einen Schriftsatz, der Sachanträge, Sachvortrag oder die Zurücknahme des Antrags enthält, eingereicht oder bevor er für seine Partei einen gerichtlichen Termin wahrgenommen hat, **reduziert** sich die Verfahrensgebühr von 0,75 nach Nr. 3337 VV auf einen Gebührensatz von 0,5.

12 Die Verfahrensgebühr nach Nr. 3325 VV **erhöht** sich nach Nr. 1008 VV, wenn der Rechtsanwalt für **mehrere Auftraggeber** tätig ist. Es gelten die üblichen Regeln, so dass die Erhöhungen den Gebührensatz von 2,0 nicht übersteigen dürfen.

IV. Weitere Gebühren

1. Terminsgebühr

13 Für die Wahrnehmung eines Termins erhält der Rechtsanwalt eine **Terminsgebühr** nach Nr. 3332 VV mit einem Gebührensatz von 0,5.

14 Für die **Entstehung** der Terminsgebühr gilt Teil 3 Vorb. 3 Abs. 3 VV. Danach kommt es nicht darauf an, was im Termin geschieht, sondern dass der Rechtsanwalt

---

[2] Riedel/Sußbauer/*Keller* Teil 3 Abschn. 3 VV Rn. 142.

[3] BT-Drs. 15/5092, 20; HK-RVG/*Gierl* Nr. 3325 VV Rn. 2.

Abschnitt 3. Gebühren für besondere Verfahren Nr. 3326 VV

den Termin **wahrnimmt**. Da die Vorb. 3.3.6 VV iVm Nr. 3332 VV lediglich die Höhe der Terminsgebühr reduziert, gilt auch die Regelung der Vorb. 3 Abs. 3 S. 3 VV. Aktivitäten des Rechtsanwalts, die darauf gerichtet sind, ein Verfahren zu vermeiden oder zu erledigen, lösen demgemäß ebenfalls eine Terminsgebühr aus, wenn auch in der reduzierten Höhe von 0,5.

2. Einigungsgebühr

Eine Einigungsgebühr nach Nr. 1000 VV bzw. Nr. 1003 VV kann im Beschlussverfahren, das auf den Erlass eines Beschlusses mit dem gesetzlich vorgeschriebenen Inhalt gerichtet ist, nicht entstehen, wohl aber im Hauptverfahren. 15

3. Beschwerdegebühr

Für das Beschwerdeverfahren nach § 319 Abs. 6 S. 5 AktG bzw. § 16 Abs. 3 S. 5 UmwG erhält der Rechtsanwalt die Gebühren nach den Nr. 3500 ff. VV. 16

V. Gegenstandswert

Der Gegenstandswert für das Verfahren, der der Tätigkeit des Rechtsanwalts zugrunde zu legen ist, bemisst sich nach § 23 RVG iVm § 53 Abs. 1 Nr. 4 und 5 GKG bzw. ist nach § 3 ZPO zu bestimmen. Er darf den Wert von $\frac{1}{10}$ des Grundkapitals oder Stammkapitals des übertragenden oder formwechselnden Rechtsträgers oder falls der übertragende oder formwechselnde Rechtsträger kein Grundkapital oder Stammkapital hat, $\frac{1}{10}$ des Vermögens dieses Rechtsträgers, höchstens 500.000 EUR, nur dann übersteigen, wenn die Bedeutung der Sache für die Parteien höher zu bewerten ist.[4] 17

Nr. 3326 VV

Nr.	Gebührentatbestand	Gebühr oder Satz der Gebühr nach § 13
3326	Verfahrensgebühr für Verfahren vor den Gerichten für Arbeitssachen, wenn sich die Tätigkeit auf eine gerichtliche Entscheidung über die Bestimmung einer Frist (§ 102 Abs. 3 des Arbeitsgerichtsgesetzes), die Ablehnung eines Schiedsrichters (§ 103 Abs. 3 des Arbeitsgerichtsgesetzes) oder die Vornahme einer Beweisaufnahme oder einer Vereidigung (§ 106 Abs. 2 des Arbeitsgerichtsgesetzes) beschränkt	0,75

I. Überblick

Der Gebührentatbestand der Nr. 3326 VV betrifft verschiedene **Einzeltätigkeiten** des Rechtsanwalts im schiedsgerichtlichen Verfahren, bei denen es der **Mitwirkung des Arbeitsgerichts** bedarf. Im Übrigen gelten für das arbeitsgerichtliche Verfahren die Nr. 3100 ff. VV. Das folgt aus § 36 Abs. 1 Nr. 2 RVG. Weiterhin ist § 16 Nr. 11 RVG zu beachten. Danach sind das Verfahren vor dem Schiedsgericht und die gerichtlichen Verfahren über die Bestimmung einer Frist (§ 102 Abs. 3 ArbGG), die Ablehnung eines Schiedsrichters (§ 103 Abs. 3 ArbGG) oder die Vor- 1

---

[4] Dazu ausführlich HK-RVG/*Gierl* Anh. 1 Rn. 360.

nahme einer Beweisaufnahme oder einer Vereidigung (§ 106 Abs. 2 ArbGG) **dieselbe Angelegenheit.**

II. Anwendungsbereich

1. Persönlicher Anwendungsbereich

2 Nr. 3326 VV betrifft den **Wahlanwalt.** Die Regelung findet keine Anwendung, wenn der Rechtsanwalt für das gesamte Verfahren vor dem Schiedsgericht einschließlich der in Nr. 3326 VV genannten Verfahren beauftragt ist. Gleichgültig ist es, ob der Rechtsanwalt die Partei auf der Aktiv- oder Passivseite vertritt.[1] Eine **gerichtliche Bestellung oder Beiordnung** eines Rechtsanwalts kommt im schiedsgerichtlichen Verfahren nicht in Betracht.

2. Sachlicher Anwendungsbereich

3 Die Nr. 3326 VV betrifft Einzeltätigkeiten im schiedsgerichtlichen Verfahren, bei denen es der **Mitwirkung des Arbeitsgerichts** bedarf. Im Einzelnen sind dies die:
- gerichtliche Entscheidung über die Bestimmung einer Frist nach § 102 Abs. 3 ArbGG,
- Ablehnung eines Schiedsrichters nach § 103 Abs. 3 ArbGG,
- Vornahme einer Beweisaufnahme oder einer Vereidigung (§ 106 Abs. 2 ArbGG).

4 Den vorgenannten Verfahren ist es eigen, dass es sich um selbstständige, in das Schiedsgerichtsverfahren eingeschobene Verfahrensabschnitte handelt, für die der Rechtsanwalt eine eigene Gebühr nach Nr. 3326 VV erhält.

5 Ist der Rechtsanwalt zugleich mit Tätigkeiten als Prozessbevollmächtigter vor dem Schiedsgericht beauftragt, erhält er die Verfahrensgebühr nicht. Vielmehr beschränken sich die Gebühren dann auf jene nach § 36 Abs. 1 Nr. 2 RVG in entsprechender Anwendung der Vorschriften in Teil 3 Abschn. 1 und 2 VV.[2]

III. Entstehung und Höhe der Verfahrensgebühr

6 Die Verfahrensgebühr nach Nr. 3326 VV ist eine **Pauschgebühr,** die den gesamten Tätigkeitsbereich in den genannten Verfahren abdeckt. Die Gebühr entsteht bereits mit der Entgegennahme von Informationen nach Auftragserteilung.

7 Die Gebühr beträgt 0,75 und reduziert sich gemäß Nr. 3337 VV bei vorzeitiger Beendigung des Auftrages auf 0,5.

IV. Weitere Gebühren

8 Kommt es zur Teilnahme des Rechtsanwalts an einer mündlichen Verhandlung im Rahmen einer Beweisaufnahme bzw. einer Verteidigung nach § 106 Abs. 2 ArbGG oder zu einer mündlichen Anhörung über den Ablehnungsantrag nach § 103 Abs. 3 S. 3 und 4 ArbGG, so erhält der Rechtsanwalt neben der Verfahrensgebühr nach Nr. 3326 VV auch die **Terminsgebühr** nach **Nr. 3332 VV.**

9 Eine Terminsgebühr kann zudem auch nach **Teil 3 Vorb. 3 Abs. 3 VV** entstehen. Hierzu reicht es aus, dass der Rechtsanwalt eine **außergerichtliche Besprechung** zum Zweck der Erledigung des Verfahrens ohne Beteiligung des Gerichts führt. In der Regel wird eine solche Besprechung allerdings nur im Zusammenhang mit der Erledigung des Verfahrens vor dem Schiedsgericht erfolgen. Bei ihm handelt es sich

---

[1] HK-RVG/*Gierl* Nr. 3326 VV Rn. 3.
[2] HK-RVG/*Gierl* Nr. 3326 VV Rn. 2; Schneider/Wolf/*Wahlen* Nr. 3326 VV Rn. 6.

Abschnitt 3. Gebühren für besondere Verfahren **Nr. 3327 VV**

um das Hauptsacheverfahren, das mit dem gerichtlichen Verfahren iSd Nr. 3326 VV nach § 16 Nr. 11 RVG gebührenrechtlich dieselbe Angelegenheit darstellt. Das bedeutet, dass bei gleichzeitiger Tätigkeit des Rechtsanwalts für das schiedsgerichtliche Verfahren die Verfahrensgebühr nach Nr. 3326 VV und die Terminsgebühr nach Nr. 3332 VV nicht anfallen können, sondern von den Gebühren der Nr. 3100 VV und 3104 VV iVm § 36 Abs. 1 Nr. 2 RVG mitabgegolten werden.[3]

V. Gegenstandswert

Bei der Ermittlung des Gegenstandswerts, der dem Gebührensatz von 0,75 zugrunde zu legen ist, muss zwischen den einzelnen in Nr. 3326 VV genannten Verfahrenssituationen unterschieden werden. 10

Für die **gerichtliche Bestimmung einer Frist** nach § 102 Abs. 3 ArbGG ist gemäß § 3 ZPO iVm § 48 Abs. 1 GKG, § 23 Abs. 1 RVG im Wege der Schätzung von einem Bruchteil des Gegenstandswerts des Hauptsacheverfahrens auszugehen. In der Regel werden 1/10 bis 1/4 angenommen.[4] 11

Die Höhe des Gegenstandswerts bei **Ablehnung eines Schiedsrichters** gemäß § 103 Abs. 3 ArbGG ist umstritten. Teils wird der Wert der Hauptsache zugrunde gelegt,[5] teils wird der Wert auf 1/10 bis 1/3 des Wertes der Hauptsache geschätzt,[6] teils wird auch die Ansicht vertreten, die Ablehnung als nichtvermögensrechtliche Angelegenheit iSd § 48 Abs. 2 GKG zu qualifizieren und einen Wert von 2.000 EUR zugrunde zu legen.[7] 12

Der Gegenstandswert einer **Beweisaufnahme** oder einer **Vereidigung** entspricht dem Wert, auf den sich diese Maßnahmen beziehen.[8] 13

Nr. 3327 VV

Nr.	Gebührentatbestand	Gebühr oder Satz der Gebühr nach § 13
3327	Verfahrensgebühr für gerichtliche Verfahren über die Bestellung eines Schiedsrichters oder Ersatzschiedsrichters, über die Ablehnung eines Schiedsrichters oder über die Beendigung des Schiedsrichteramts, zur Unterstützung bei der Beweisaufnahme oder bei der Vornahme sonstiger richterlicher Handlungen anlässlich eines schiedsrichterlichen Verfahrens	0,75

I. Überblick

Der Gebührentatbestand der Nr. 3327 VV betrifft verschiedene **Einzeltätigkei-** 1 **ten** des Rechtsanwalts im schiedsgerichtlichen Verfahren, bei denen es der **Mitwir-**

---

[3] HK-RVG/*Gierl* Nr. 3326 VV Rn. 7, der in diesem Zusammenhang irrtümlich auf § 16 Nr. 9 RVG verweist und vermutlich § 16 Nr. 11 RVG meint.
[4] HK-RVG/*Gierl* Anh. 1 Rn. 361.
[5] OLG Düsseldorf JurBüro 1982, 761.
[6] OLG Hamburg MDR 1990, 58; OLG Frankfurt a.M. NJW-RR 1994, 957; OLG Koblenz JurBüro 1991, 503; vgl. auch Riedel/Sußbauer/*Keller* Teil 3 VV Abschn. 3 Rn. 150.
[7] OLG Köln Rpfleger 1976, 226; HK-RVG/*Gierl* Anh. 1 Rn. 361.
[8] HK-RVG/*Gierl* Anh. 1 Rn. 361.

Nr. 3327 VV

kung staatlicher Gerichte, nämlich des Oberlandesgerichts (§ 1062 Abs. 1 Ziff. 1 ZPO) bzw. eines Amtsgerichts (§ 1062 Abs. 4 ZPO) bedarf.

II. Anwendungsbereich

1. Persönlicher Anwendungsbereich

2   Nr. 3327 VV betrifft den **Wahlanwalt**. Die Regelung findet keine Anwendung, wenn der Rechtsanwalt für das gesamte Schiedsgerichtsverfahren einschließlich der in Nr. 3327 VV genannten Verfahren beauftragt ist. Gleichgültig ist es, ob der Rechtsanwalt die Partei auf der Aktiv- oder Passivseite vertritt.[1] Eine **gerichtliche Bestellung oder Beiordnung** eines Rechtsanwalts kommt im schiedsgerichtlichen Verfahren nicht in Betracht.

2. Sachlicher Anwendungsbereich

3   Die Einzeltätigkeiten im schiedsgerichtlichen Verfahren, bei denen es der **Mitwirkung des Oberlandesgerichts** (§ 1062 Abs. 1 Nr. 1 ZPO) bzw. des **Amtsgerichts** (§ 1062 Abs. 4 ZPO) bedarf, sind im Einzelnen die:
- Bestellung eines Schiedsrichters (§§ 1034 Abs. 2, 1035 Abs. 3 und 4 ZPO) oder eines Ersatzschiedsrichters (§ 1039 ZPO),
- Beendigung des Schiedsrichter- bzw. Ersatzschiedsrichteramtes (§§ 1038 Abs. 1 S. 2, 1039 ZPO),
- Ablehnung eines Schiedsrichters (§ 1037 Abs. 3 ZPO),
- Unterstützung bei der Beweisaufnahme oder bei Vornahme sonstiger richterlicher Handlungen vor dem zuständigen Amtsgericht (§§ 1050, 1062 Abs. 4 ZPO).

4   Bei diesen Mitwirkungshandlungen staatlicher Gerichte handelt es sich um selbständige, in das Schiedsgerichtsverfahren eingeschobene Verfahrensabschnitte im Verlauf des schiedsgerichtlichen Verfahrens.

5   Die Gebühr nach Nr. 3327 VV kann nur der Rechtsanwalt verdienen, dessen Tätigkeit auf die genannten Verfahrensabschnitte beschränkt ist. Ist er **Prozessbevollmächtigter für das gesamte Verfahren** vor dem Schiedsgericht, erhält er die Gebühr nicht (vgl. auch § 16 Nr. 10 RVG).[2]

III. Entstehung und Höhe der Verfahrensgebühr

6   Die Verfahrensgebühr nach Nr. 3327 VV ist eine **Pauschgebühr**, die den gesamten Tätigkeitsbereich in den genannten Verfahren abdeckt. Die Gebühr entsteht bereits mit der Entgegennahme von Informationen nach Auftragserteilung.

7   Die Gebühr beträgt 0,75 und reduziert sich gemäß Nr. 3337 VV bei vorzeitiger Beendigung des Auftrages auf 0,5.

IV. Weitere Gebühren

8   Kommt es zur Teilnahme des Rechtsanwalts an einer mündlichen Verhandlung, erhält er neben der Verfahrensgebühr nach Nr. 3327 VV auch eine **Terminsgebühr** nach **Nr. 3332 VV**. Das Oberlandesgericht entscheidet jedoch im Beschlussverfahren, so dass eine mündliche Verhandlung in der Regel nicht in Betracht kommt. Anders ist das bei einer Zuständigkeit des Amtsgerichts nach § 1050 ZPO.

---

[1] HK-RVG/*Gierl* Nr. 3327 VV Rn. 3.
[2] HK-RVG/*Gierl* Nr. 3327 VV Rn. 2.

Eine **Terminsgebühr** kann zudem auch nach **Teil 3 Vorb. 3 Abs. 3 VV** entstehen. Hierzu reicht es aus, dass der Rechtsanwalt eine **außergerichtliche Besprechung** zum Zweck der Erledigung des Verfahrens ohne Beteiligung des Gerichts führt. In der Regel wird eine solche Besprechung allerdings nur im Zusammenhang mit der Erledigung des Verfahrens vor dem Schiedsgericht erfolgen. Bei ihm handelt es sich um das Hauptsacheverfahren, das mit den gerichtlichen Verfahren iSd Nr. 3327 VV nach § 16 Nr. 10 RVG gebührenrechtlich dieselbe Angelegenheit darstellt. Das bedeutet, dass bei gleichzeitiger Tätigkeit des Rechtsanwalts für das schiedsgerichtliche Verfahren die Verfahrensgebühr nach Nr. 3327 VV und die Terminsgebühr nach Nr. 3332 VV nicht anfallen können, sondern von den Gebühren der Nr. 3100 und 3104 VV iVm § 36 Abs. 1 Nr. 2 RVG mitabgegolten werden.[3]   9

Zusätzlich kann der Rechtsanwalt für die Mitwirkung beim Abschluss einer Einigung zwischen den Parteien auch eine **Einigungsgebühr** nach Nr. 1003 VV bzw. Nr. 1000 VV verdienen, je nachdem ob ein Verfahren anhängig ist oder nicht.[4]   10

V. Gegenstandswert

Der der Tätigkeit des Rechtsanwalts zugrunde zu legende **Gegenstandswert** ist nach § 3 ZPO, §§ 48, 63 GKG zu schätzen. Maßgeblich ist der Wert der im schiedsgerichtlichen Verfahren geltend gemachten Forderung.[5] Nach anderer Ansicht handelt es sich um eine nichtvermögensrechtliche Angelegenheit mit einem Wert in Höhe von 2.000 EUR.[6] Das Oberlandesgericht München legt den vollen Gegenstandswert zugrunde.[7]   11

Nr. 3328 VV

Nr.	Gebührentatbestand	Gebühr oder Satz der Gebühr nach § 13
3328	Verfahrensgebühr für Verfahren über die vorläufige Einstellung, Beschränkung oder Aufhebung der Zwangsvollstreckung Die Gebühr entsteht nur, wenn eine abgesonderte mündliche Verhandlung hierüber stattfindet. Wird der Antrag beim Vollstreckungsgericht und beim Prozessgericht gestellt, entsteht die Gebühr nur einmal.	0,5

Übersicht

	Rn.
I. Überblick	1
II. Anwendungsbereich	3
1. Persönlicher Anwendungsbereich	3
2. Sachlicher Anwendungsbereich	4
III. Entstehungsvoraussetzungen	7

---

[3] HK-RVG/*Gierl* Nr. 3326 VV Rn. 7.
[4] Schneider/Wolf/*Mock* Nr. 3327 VV Rn. 16.
[5] OLGR München 2006, 872.
[6] HK-RVG/*Gierl* Anh. 1 Rn. 367; vgl. auch OLG Düsseldorf ZEP 1982, 225 – Wert der Hauptsache; OLG Koblenz Rpfleger 1988, 507 – Schätzung nach freiem Ermessen; OLG Neustadt Rpfleger 1967, 1.
[7] OLGR München 2006, 872; **aA** OLG Frankfurt OLGR 2004, 121.

Nr. 3328 VV

	Rn.
1. Abgesonderte mündliche Verhandlung	8
2. Rechtsanwalt als Verfahrensbevollmächtigter	10
IV. Entstehung und Höhe der Verfahrensgebühr	12
V. Weitere Gebühren	18
1. Terminsgebühr	18
2. Einigungsgebühr	19
VI. Gegenstandswert	20
VII. Kostenerstattung	23

I. Überblick

1   Die Nr. 3328 VV[1] betrifft die Verfahren, die im Anschluss an den Erlass eines vollstreckbaren Urteils auf die vorläufige Einstellung, Beschränkung oder Aufhebung der Zwangsvollstreckung aus dem Urteil gerichtet sind. Voraussetzung für die Entstehung einer Verfahrensgebühr nach Nr. 3328 VV ist, dass in diesen Verfahren eine **abgesonderte mündliche Verhandlung** stattfindet und an ihr der Rechtsanwalt als **Verfahrensbevollmächtigter** teilnimmt.

2   Die Regelung der Nr. 3328 VV steht im Zusammenhang mit § 19 Abs. 1 S. 2 Nr. 11 und 12 RVG.[2] Gemäß **§ 19 Abs. 1 S. 2 Nr. 11 RVG** gehören die vorläufige Einstellung, Beschränkung oder Aufhebung der Zwangsvollstreckung zum vorangegangenen Erkenntnisverfahren, es sei denn, es findet eine abgesonderte mündliche Verhandlung darüber statt. **§ 19 Abs. 1 S. 2 Nr. 12 RVG nF** ergänzt diese Regelung im Hinblick auf § 93 Abs. 1 FamFG. Beide Vorschriften sind inhaltlich gleich. Die Einfügung der neuen Nr. 12 in § 19 Abs. 1 S. 2 RVG dient lediglich der sprachlichen Anpassung der Nr. 3328 VV an die im FamFG verwendeten Begriffe.

II. Anwendungsbereich

1. Persönlicher Anwendungsbereich

3   Die Gebührenregelung der Nr. 3328 VV gilt für den **Wahlanwalt** und auch für den **gerichtlich bestellten oder beigeordneten** Rechtsanwalt. Sie unterscheidet nicht, wen der Rechtsanwalt in Verfahren über die vorläufige Einstellung, Beschränkung oder Aufhebung der Zwangsvollstreckung vertritt. Es kann sich um den Gläubiger oder den Schuldner handeln.

2. Sachlicher Anwendungsbereich

4   Anwendung findet die Verfahrensgebühr von Nr. 3328 VV in Verfahren, bei denen es um die **Einstellung**, die **Beschränkung** oder die **Aufhebung** von Maßnahmen der Zwangsvollstreckung geht. Nicht anwendbar ist die Regelung im Ver-

---

[1] Die redaktionelle Neufassung der Nr. 3328 VV beruht auf dem Gesetz über das Verfahren in Familiensachen und in den Angelegenheiten der freiwilligen Gerichtsbarkeit (FamFG), das als Art. 1 des Gesetzes zur Reform des Verfahrens in Familiensachen und in den Angelegenheiten der freiwilligen Gerichtsbarkeit (FGG-Reformgesetz – FGG-RG) vom 17.12.2008 (BGBl. I S. 2585 und 2586) am 1.9.2009 in Kraft getreten ist. Die Neufassung der Nr. 3328 VV diente lediglich einer begrifflichen Übereinstimmung mit § 93 Abs. 1 FamFG.

[2] § 19 Abs. 1 S. 2 Nr. 12 nF wurde durch das Gesetz über das Verfahren in Familiensachen und in den Angelegenheiten der freiwilligen Gerichtsbarkeit (FamFG) eingefügt. Aus den bisherigen Nummern 12–15 wurden die Nummern 13–16 (BGBl. I S. 2586); vgl. auch → Fn. 1.

Abschnitt 3. Gebühren für besondere Verfahren **Nr. 3328 VV**

fahren nach § 718 ZPO. Gegenstand dieses Verfahrens ist die **Herbeiführung** der vorläufigen Vollstreckbarkeit und nicht deren Verhinderung.[3]

Als **Beispiele** für einen Antrag auf Einstellung, Beschränkung oder Aufhebung 5 der vorläufigen Vollstreckbarkeit sind folgende Verfahrenssituationen zu nennen:
- Wiedereinsetzung in den vorigen Stand oder auf Wiederaufnahme des Verfahrens (§§ 707, 719 ZPO, § 93 Abs. 1 Nr. 1 FamFG),
- Einlegung eines Rechtsmittels gegen ein Urteil oder Einlegung eines Einspruchs gegen ein Versäumnisurteil oder einen Vollstreckungsbescheid (§§ 719, 707 ZPO),
- Einlegung eines Widerspruchs gegen eine einstweilige Verfügung oder gegen einen Arrest (§ 924 ZPO).

Zu denken ist auch an **einstweilige Anordnungen** nach §§ 769, 770, 771 Abs. 3, 6 785, 786, 805 Abs. 4, 810 und 924 ZPO; §§ 86 ff. FamFG und an einstweilige Anordnungen nach den §§ 769, 770 ZPO sowie §§ 570 Abs. 3, 732 Abs. 2 ZPO und gemäß §§ 49 ff. FamFG.[4] **Nicht anwendbar** ist Nr. 3328 VV bei einstweiligen Anordnungen in **isolierten Familiensachen**, ferner auch nicht bei einer **Vorabentscheidung** über die vorläufige Vollstreckbarkeit iSd § 718 ZPO. Insoweit handelt es sich um einen Zwischenstreit im Berufungsverfahren, der dem Berufungsrechtszug zuzuordnen ist (§ 19 Abs. 1 S. 2 Nr. 3 RVG).[5]

III. Entstehungsvoraussetzungen

Die Verfahrensgebühr nach Nr. 3328 VV kann nur entstehen, wenn es vor dem 7 **Gericht der Hauptsache** zu einer **abgesonderten mündlichen Verhandlung** über die beantragte Einstellung, Beschränkung oder Aufhebung der Zwangsvollstreckung kommt und der Rechtsanwalt **Verfahrensbevollmächtigter** für das **Hauptsacheverfahren** ist. Diese Regelung trägt § 19 Abs. 1 S. 2 Nr. 11 und 12 RVG Rechnung, wonach Anträge zur vorläufigen Einstellung, Beschränkung oder Aufhebung der Zwangsvollstreckung grundsätzlich mit den Prozessgebühren der ersten Instanz abgegolten sind. Sie findet ihre Rechtfertigung in dem Umstand, dass die Tätigkeit des Rechtsanwalts außerhalb einer abgesonderten mündlichen Verhandlung bereits durch die Verfahrensgebühr abgegolten wird.[6]

1. Abgesonderte mündliche Verhandlung

Nr. 3328 Anm. S. 1 VV schreibt vor, dass die Gebühr nur entsteht, wenn eine 8 abgesonderte mündliche Verhandlung über die vorläufige Einstellung, Beschränkung oder Aufhebung der Zwangsvollstreckung stattfindet. Gleichgültig ist es, ob das Gesetz mündliche Verhandlung vorschreibt, fakultativ zulässt oder erst gar nicht vorsieht.[7] Entscheidend ist, dass eine abgesonderte mündliche Verhandlung **stattfindet**, so dass Nr. 3328 VV beispielsweise auch dann anwendbar ist, wenn auf eine Abänderungsklage gemäß § 323 ZPO die Vollstreckung aus dem angegriffenen Titel ganz oder teilweise nach abgesonderter mündlicher Verhandlung eingestellt wird.[8]

Kommt es zu einer abgesonderten mündlichen Verhandlung, ist umstritten, wel- 9 che **Tätigkeit des Rechtsanwalts** erforderlich ist, damit eine Verfahrensgebühr nach Nr. 3328 VV entsteht. Eine Mindermeinung hält das Erscheinen des Rechtsanwalts in der Hauptverhandlung allein nicht für ausreichend, sondern verlangt ein

---

[3] Gerold/Schmidt/*Müller-Rabe* Nr. 3328 VV Rn. 7; HK-RVG/*Gierl* Nr. 3328 VV Rn. 10.
[4] Vgl. Gerold/Schmidt/*Müller-Rabe* Nr. 3328 VV Rn. 5; HK-RVG/*Gierl* Nr. 3328 VV Rn. 2; aA Schneider/Wolf/*N. Schneider* Nr. 3328 VV Rn. 1.
[5] Gerold/Schmidt/*Müller-Rabe* Nr. 3328 VV Rn. 7; HK-RVG/*Gierl* Nr. 3328 VV Rn. 10.
[6] Dazu OLG Naumburg JurBüro 2002, 531; VGH Kassel NJW 2008, 679.
[7] Gerold/Schmidt/*Müller-Rabe* Nr. 3328 VV Rn. 5–7.
[8] Gerold/Schmidt/*Müller-Rabe* Nr. 3328 VV Rn. 4.

Verhandeln.[9] Inzwischen hat sich jedoch die zutreffende Meinung durchgesetzt, dass allein das **Erscheinen des Rechtsanwalts** in einem solchen Termin genügt. Diese Auffassung entspricht der Systematik des RVG. Zudem ist die Verfahrensgebühr nach Nr. 3328 VV gerade keine Terminsgebühr.[10] Deshalb ist auch die Regelung der Vorb. 3 Abs. 3 VV nicht anwendbar. Für die Entstehung einer **Terminsgebühr** gilt ausschließlich die Nr. 3332 VV.

2. Rechtsanwalt als Verfahrensbevollmächtigter

10 Die Nr. 3328 VV setzt weiterhin voraus, dass der in Bezug auf die Einstellung, Beschränkung oder Aufhebung der Zwangsvollstreckung in der abgesonderten mündlichen Verhandlung tätige Rechtsanwalt Verfahrensbevollmächtigter ist. Bei ihm wird die Tätigkeit im Verfahren über die einstweilige Einstellung, Beschränkung oder Aufhebung der Zwangsvollstreckung bereits durch die Verfahrensgebühr gemäß Nr. 3100 VV bzw. Nr. 3101 VV abgegolten. Erst wenn es zu einer abgesonderten mündlichen Verhandlung kommt, erhält er zusätzlich die Verfahrensgebühr nach Nr. 3328 VV. Das steht im Einklang mit § 19 Abs. 1 S. 2 Nr. 11 und 12 RVG.

11 Unklar ist der in der Praxis nur selten anzutreffende Fall, dass ein **Rechtsanwalt** einen auf die Einstellung, Beschränkung oder Aufhebung der Zwangsvollstreckung beschränkten Auftrag erhält, also **nicht Verfahrensbevollmächtigter** ist. Die Verfahrensgebühr nach Nr. 3100 VV kann er nicht verdienen, weil sie nur dem Rechtsanwalt als Verfahrensbevollmächtigten zusteht. Die Nr. 3328 VV ist nicht anwendbar, weil es an dem Erfordernis einer abgesonderten mündlichen Verhandlung fehlt. Es besteht also eine Regelungslücke. Deshalb wendet die Kommentarliteratur die Nr. 3328 VV auf diese Fallgestaltung analog an.[11] Dieser Meinung ist grundsätzlich zuzustimmen, weil ein nur im Verfahren über die vorläufige Einstellung, Beschränkung oder Aufhebung der Zwangsvollstreckung ohne abgesonderte mündliche Verhandlung tätiger Rechtsanwalt sonst überhaupt keine Gebühr beanspruchen könnte.

IV. Entstehung und Höhe der Verfahrensgebühr

12 Da bereits das Entstehen der Verfahrensgebühr gemäß Nr. 3328 VV eine abgesonderte mündliche Verhandlung voraussetzt, fällt sie – anders als sonst üblich – für den Rechtsanwalt als **Verfahrensbevollmächtigten** nicht schon mit der Beauftragung bzw. gerichtlichen Bestellung oder Beiordnung oder mit der Antragstellung, sondern erst mit der Teilnahme des Rechtsanwalts an einer abgesonderten mündlichen Verhandlung an. Folgerichtig gibt es auch keine reduzierte Gebühr in Form einer **Erledigungsgebühr**, wenn der einmal erteilte Auftrag vor Durchführung einer mündlichen Verhandlung zurückgenommen wird oder die Entscheidung ohne mündliche Verhandlung ergeht.[12]

13 Anders ist das, wenn der **Rechtsanwalt nicht Verfahrensbevollmächtigter** ist. Für ihn bleibt es dabei, dass die Gebühr mit der Entgegennahme von Informationen oder mit dem Beginn einer anderen ersten Tätigkeit entsteht.[13]

14 Die **Höhe** der Verfahrensgebühr beträgt 0,5. In der Berufungs- und Revisionsinstanz erhöht sie sich nicht.

---

[9] HK-RVG/*Gierl* Nr. 3328 VV Rn. 6.

[10] Gerold/Schmidt/*Müller-Rabe* Nr. 3328 VV Rn. 13; *Hartmann* Nr. 3328 VV Rn. 6.

[11] Gerold/Schmidt/*Müller-Rabe* Nr. 3328 VV Rn. 9; *Hartmann* Nr. 3328 VV Rn. 4; HK-RVG/*Gierl* Nr. 3328 VV Rn. 8.

[12] Gerold/Schmidt/*Müller-Rabe* Nr. 3328 VV Rn. 15 sowie Rn. 18; HK-RVG/*Gierl* Nr. 3328 VV Rn. 12; Schneider/Wolf/*N. Schneider* Nr. 3328 VV Rn. 10.

[13] Gerold/Schmidt/*Müller-Rabe* Nr. 3328 VV Rn. 16.

Die Verfahrensgebühr **verdoppelt** sich nicht, wenn der Rechtsanwalt den Antrag zur Einstellung, Beschränkung oder Aufhebung der Zwangsvollstreckung sowohl beim Prozessgericht als auch beim Vollstreckungsgericht (§§ 769 Abs. 2, 771 Abs. 3 ZPO) stellt. In Nr. 3328 Anm. S. 2 VV wird ausdrücklich klargestellt, dass die Gebühr nach Nr. 3328 VV nur **einmal** entstehen kann. Das ist gerechtfertigt, weil das Verfahren vor dem Vollstreckungsgericht eine Angelegenheit der Zwangsvollstreckung ist, die eine Verfahrensgebühr in Höhe von 0,3 auslöst.[14] 15

Im Gegensatz zur Verfahrensgebühr kann die **Terminsgebühr in beiden Verfahren** anfallen. Der Anwendungsbereich der Nr. 3328 Anm. S. 1 VV beschränkt sich auf die Verfahrensgebühr. 16

Die Verfahrensgebühr gemäß Nr. 3328 VV **erhöht** sich nach Nr. 1008 VV, wenn der Rechtsanwalt für **mehrere Auftraggeber** tätig ist. Es gelten die üblichen Regeln, so dass die Erhöhungen den Gebührensatz von 2,0 nicht übersteigen dürfen. 17

V. Weitere Gebühren

1. Terminsgebühr

Eine Terminsgebühr kann gemäß Nr. 3332 VV anfallen. Da schon die **Verfahrensgebühr** nach Nr. 3328 VV eine abgesonderte mündliche Verhandlung voraussetzt, wird regelmäßig mit der Verfahrensgebühr nach Nr. 3328 VV auch die **Terminsgebühr** entstehen. Wer von dem Rechtsanwalt schon für das Entstehen der Verfahrensgebühr nach Nr. 3328 VV ein aktives Verhandeln verlangt, muss dies konsequent auch zur Entstehung für die Gebühr nach Nr. 3332 VV verlangen.[15] Nach der hier vertretenen Ansicht genügt es, wenn der Rechtsanwalt im Termin erscheint. Auch sonstige Tätigkeiten iSd Vorb. 3 Abs. 3 VV, insbesondere außergerichtliche Besprechungen, können die Terminsgebühr nach Nr. 3332 VV auslösen.[16] 18

2. Einigungsgebühr

Kommt es in der mündlichen Verhandlung zu einer Einigung, kann auch eine Einigungsgebühr nach Nr. 1003 VV entstehen. Das gilt nicht für die Einigungsgebühr nach Nr. 1000 VV, weil Nr. 3328 VV Rechtshängigkeit voraussetzt.[17] 19

VI. Gegenstandswert

Der Gegenstandswert ist gemäß § 3 ZPO iVm § 23 RVG zu bestimmen. Er richtet sich nach dem Interesse des Schuldners an dem – zeitlich begrenzten – Aufschub der Zwangsvollstreckung. Das wird nach der Rechtsprechung in der Weise berücksichtigt, dass ⅕ des Hauptsachewertes zum Ansatz kommt.[18] 20

Ein **höherer Gegenstandswert** kann allerdings dann in Ansatz gebracht werden, wenn dargelegt werden kann, dass bei Fortsetzung der Zwangsvollstreckung die Gefahr eines endgültigen Schadenseintritts drohen kann, zB wegen möglicher Zahlungsunfähigkeit.[19] 21

---

[14] Siehe dazu HK-RVG/*Gierl* Nr. 3328 VV Rn. 13.

[15] So HK-RVG/*Gierl* Nr. 3328 VV Rn. 12.

[16] Gerold/Schmidt/*Müller-Rabe* Nr. 3328 VV Rn. 20; **aA** Schneider/Wolf/*N. Schneider* Nr. 3328 VV Rn. 14.

[17] Schneider/Wolf/*N. Schneider* Nr. 3328 VV Rn. 15.

[18] BGH NJW 1991, 2280; OLG Bamberg JurBüro 1981, 919; OLG Köln Rpfleger 1976, 138; OLG Koblenz JurBüro 1991, 109; OLG München MDR 1981, 1029.

[19] Gerold/Schmidt/*Müller-Rabe* Nr. 3328 VV Rn. 23.

Nr. 3329 VV Teil 3. Bürgerliche Rechtsstreitigkeiten

22 Ist das Verfahren über die vorläufige Einstellung, Beschränkung oder Aufhebung der Zwangsvollstreckung mit einer **Drittwiderspruchsklage** gemäß § 771 ZPO verbunden, ist bis zur Vollstreckung der Wert der Widerspruchsklage maßgeblich und danach über § 6 ZPO der unter Umständen geringere Wert des Gegenstandes des Pfandrechts.[20]

VII. Kostenerstattung

23 Die Kosten des Verfahrens über die vorläufige Einstellung, Beschränkung oder Aufhebung der Zwangsvollstreckung gehören zu den Kosten der Hauptsache und sind demgemäß über § 91 ZPO erstattungsfähig.[21]

Nr. 3329 VV

Nr.	Gebührentatbestand	Gebühr oder Satz der Gebühr nach § 13
3329	Verfahrensgebühr für Verfahren auf Vollstreckbarerklärung der durch Rechtsmittelanträge nicht angefochtenen Teile eines Urteils (§§ 537, 558 ZPO)	0,5

I. Überblick

1 Wird ein Urteil nur **teilweise** durch Berufung oder Revision angefochten, so wird der nicht angefochtene Teil mit Ablauf der Rechtsmittelfrist rechtskräftig. Für den Gläubiger kann es aber von Interesse sein, schon vor Eintritt der Rechtskraft sich die **Zwangsvollstreckung** dadurch zu erleichtern, dass er den nicht angegriffenen Urteilsteil unbedingt für vollstreckbar erklären lässt (§§ 537, 558 ZPO). Dadurch entfällt die Notwendigkeit, für den nicht angefochtenen Teil des Urteils noch Sicherheit leisten zu müssen oder sich durch Sicherheitsleistung des Gegners an endgültigen Vollstreckungsmaßnahmen gehindert zu sehen.

2 Ohne eine solche Vollsteckbarkeitserklärung bleiben die im angefochtenen Urteil nach den §§ 709 ff. ZPO enthaltenen **Vollstreckungsschutzanordnungen** bestehen, bis das Urteil in vollem Umfang rechtskräftig wird. Deshalb liegt es im Interesse des Gläubigers, mit der Vollstreckung aus dem rechtskräftigen Teil des vorinstanzlichen Urteils nicht bis zum Ende der Rechtsmittelinstanz warten zu müssen. Für die auf die Herbeiführung der Vollstreckbarkeit gerichtete Tätigkeit erhält der Rechtsanwalt eine Verfahrensgebühr nach Nr. 3329 VV.

II. Anwendungsbereich

1. Persönlicher Anwendungsbereich

3 Die Gebührenregelung der Nr. 3329 VV gilt für den **Wahlanwalt** und auch für den **gerichtlich bestellten oder beigeordneten** Rechtsanwalt. Sie unterscheidet nicht, wen der Rechtsanwalt in dem Verfahren auf Vollstreckbarerklärung vertritt. Es kann sich um den Gläubiger oder den Schuldner handeln.

---

[20] HK-RVG/*Gierl* Anh. 1 Rn. 373–376.
[21] Vgl. statt aller *Hartmann* Nr. 3328 VV Rn. 10.

Abschnitt 3. Gebühren für besondere Verfahren **Nr. 3329 VV**

2. Sachlicher Anwendungsbereich

Der **Normzweck** der Nr. 3329 VV besteht darin, dem Rechtsanwalt für das Verfahren auf Vollstreckbarerklärung der nicht angefochtenen Teile eines Urteils eine halbe Gebühr nach dem Wert zu gewähren. Dieser Teil wird nicht von der Verfahrensgebühr für das Rechtsmittelverfahren (Nr. 3200, 3206 VV) gedeckt, weil die Verfahrensgebühr nur nach dem Wert anfällt, der sich aus den Rechtsmittelanträgen errechnet, also nicht nach dem Gesamtstreitwert, der bei einer uneingeschränkten Anfechtung des Urteils der Gebührenberechnung des Rechtsanwalts zugrunde zu legen wäre. 4

Dieser Normzweck ist vor dem Hintergrund des **§ 19 Abs. 1 S. 2 Nr. 9 RVG** zu sehen. Danach gehört die nachträgliche Vollstreckbarerklärung grundsätzlich zum Rechtszug. Die Folge davon ist, dass die Gebühren des Rechtsanwalts für die Rechtsmittelinstanz sich nach dem **Gesamtstreitwert des Verfahrens** richten, der den Antrag auf Vollstreckbarerklärung des mit dem Rechtsmittel nicht angefochtenen Teils des Urteils einschließt. Im Hinblick auf die Regelung des § 19 Abs. 1 S. 2 Nr. 9 RVG kann die Verfahrensgebühr nach Nr. 3329 VV mithin nur anfallen, wenn ein Urteil mit der Berufung oder der Revision nur **teilweise angefochten** wird. 5

Nicht anwendbar ist Nr. 3329 VV, wenn sich das Rechtsmittel gegen den **gesamten Urteilsausspruch** wendet. Das gilt auch dann, wenn das ursprünglich unbeschränkt eingelegte Rechtsmittel nachträglich beschränkt oder das ursprünglich beschränkte Rechtsmittel nachträglich auf den gesamten Urteilsausspruch erweitert oder der nicht angefochtene Teil des Urteils in eine spätere Einigung einbezogen wird. Der Grund für die Nichtanwendbarkeit der Nr. 3329 VV ist, dass der Rechtsanwalt in allen drei Fällen die Verfahrensgebühr ohnehin nach dem Gesamtstreitwert erhält. 6

Bei dem Verfahren auf Vollstreckbarerklärung iSd Nr. 3329 VV muss es sich um eine **selbständige Angelegenheit** handeln. Das ist der Fall, wenn der nicht angegriffene Teil des Urteils niemals Gegenstand des Rechtsmittelverfahrens war.[1] Die Verfahrensgebühr nach Nr. 3329 VV kann also nur entstehen, wenn das Urteil von Anfang an nur zum Teil angefochten worden ist. Sie fällt nicht an, wenn nach zunächst uneingeschränktem Rechtsmittel die Beschränkung erst später erfolgt oder die ursprünglich beschränkte Anfechtung auf den nicht angefochtenen Teil erweitert wird oder die Parteien den nicht angefochtenen Teil im Rahmen eines Vergleichs mit einbeziehen. 7

III. Entstehung und Höhe der Gebühr

Die Gebühr **entsteht** mit der ersten Tätigkeit des Rechtsanwalts in Bezug auf die Vollstreckbarerklärung bzw. mit der Entgegennahme entsprechender Informationen. Auf den Umfang der anwaltlichen Tätigkeit kommt es nicht an. 8

Die **Höhe** der Verfahrensgebühr beträgt 0,5. Sie ist in jedem Rechtszug gleich hoch. 9

Bei **vorzeitiger Beendigung** des Auftrags vermindert sich die Höhe der Gebühr nicht. Das folgt aus Nr. 3337 VV, in der die Nr. 3329 VV nicht erwähnt wird. 10

Vertritt ein Rechtsanwalt in einem Verfahren nach Nr. 3329 VV **mehrere Auftraggeber,** findet gemäß Nr. 1008 VV eine Erhöhung der Verfahrensgebühr um jeweils 0,3 statt. Vertritt ein Rechtsanwalt zB drei Gesamtgläubiger, so erhält er eine Verfahrensgebühr in Höhe von insgesamt 1,1 (0,5 + 2 × 0,3). 11

Die Höhe der Gebühr kann nicht nach **§ 15 Abs. 3 RVG** begrenzt werden. Eine Anwendung dieser Vorschrift scheitert schon daran, dass nicht mehrere Gebühren 12

---

[1] Schneider/Wolf/*N. Schneider* Nr. 3329 Rn. 6.

in derselben Angelegenheit anfallen.[2] Da der nicht angegriffene Teil des Urteils nicht Gegenstand des Rechtsmittelverfahrens ist, stellt er eine **selbständige Angelegenheit** dar.

IV. Weitere Gebühren

1. Terminsgebühr

13 Neben der Verfahrensgebühr nach Nr. 3329 VV kann es auch zum Anfall einer Terminsgebühr nach Nr. 3332 VV kommen, wenn im Verfahren auf vorläufige Vollstreckbarerklärung ein gesonderter Termin stattfindet oder wenn das Gericht im Verhandlungstermin des Berufungsverfahrens auch über die vorläufige Vollstreckbarkeit erörtert oder verhandelt.

2. Einigungsgebühr

14 Auch eine Einigungsgebühr kann im Verfahren auf Vollstreckbarerklärung der durch Rechtsmittelanträge nicht angefochtenen Teile eines Urteils entstehen. In Betracht kommt, dass sich die Parteien hinsichtlich des nicht durch das Rechtsmittel angegriffenen Teils des Urteils auf eine Ratenzahlung einigen und der Kläger auf eine Vollstreckbarerklärung verzichtet.

15 Die Einigungsgebühr ist der Nr. 1000 VV und nicht der Nr. 1004 VV zu entnehmen, da der nicht angegriffene Teil des Urteils nicht Gegenstand des Rechtsmittelverfahrens geworden ist.[3] Wieso *N. Schneider*[4] die Einigungsgebühr nach Nr. 1004 VV berechnen will, „da die Tätigkeit im Verfahren auf Vollstreckbarerklärung bereits zur Rechtsmittelinstanz zählt", ist angesichts seiner Argumentation zu § 15 Abs. 3 RVG[5] nicht nachvollziehbar.

V. Gegenstandswert

16 Der Gegenstandswert des Verfahrens auf Vollstreckbarerklärung richtet sich nach dem vollen Wert des nicht angegriffenen Teils des Urteils. Zinsen, Kosten und andere Nebenforderungen sind gemäß § 25 Abs. 1 RVG nicht hinzuzurechnen.[6] Auch bei den Gerichtskosten bleiben sie unberücksichtigt (§ 43 GKG).

VI. Kostenerstattung

17 Wenn die Verfahrensgebühr nach Nr. 3329 VV angefallen ist, bedarf es einer gesonderten Kostenentscheidung, die sich nach § 91 ZPO richtet, und zwar unabhängig vom Ausgang des Hauptverfahrens.[7] In der Regel werden dem Beklagten die Kosten des Verfahrens aufzuerlegen sein, wenn der Antrag auf Vollstreckbarerklärung der nicht angefochtenen Teile des Urteils Erfolg gehabt oder durch freiwillige

---

[2] Schneider/Wolf/*N. Schneider* Nr. 3329 VV Rn. 19.
[3] *Hartmann* Nr. 3329 VV Rn. 5.
[4] Schneider/Wolf/*N. Schneider* Nr. 3329 VV Rn. 22.
[5] Schneider/Wolf/*N. Schneider* Nr. 3329 VV Rn. 17 ff.
[6] **AA** OLG Hamm FamRZ 1994, 248; OLG Frankfurt JurBüro 1996, 312; der hier vertretenen Meinung zustimmend Gerold/Schmidt/*Müller-Rabe* Nr. 3329 VV Rn. 10; HK-RVG/*Gierl* Anh. 1 Rn. 370; Schneider/Wolf/*N. Schneider* Nr. 3329 VV Rn. 26.
[7] OLG München JurBüro 1993, 156; Gerold/Schmidt/*Müller-Rabe* Nr. 3329 VV Rn. 10; Schneider/Wolf/*N. Schneider* Nr. 3329 VV Rn. 27 ff.

Abschnitt 3. Gebühren für besondere Verfahren **Nr. 3330 VV**

Zahlung des Schuldners Erledigung gefunden hat (§ 91a ZPO).[8] Ist es hingegen zum gesonderten Anfall einer Vergütung nach Nr. 3329 VV nicht gekommen, ist auch keine gesonderte Kostenentscheidung erforderlich.

VII. Prozesskostenhilfe

Der Rechtsanwalt des **Antragstellers** kann die Vergütung nach Nr. 3329 VV 18 über die Prozesskostenhilfe abrechnen, wenn für das Hauptverfahren Prozesskostenhilfe bewilligt wurde. Für ihn erstreckt sich der PKH-Beschluss ohne ausdrückliche Erwähnung auch auf Anträge auf Vollstreckbarerklärung.

Der **Antragsgegner** wird in der Regel keine Prozesskostenhilfe für dieses Verfahren erhalten, auch wenn ihm für das eigentliche Rechtsmittelverfahren Prozesskostenhilfe zugebilligt wurde. Für den Antrag auf Abweisung der Vollstreckbarerklärung der nicht angefochtenen Teile des Urteils wird es regelmäßig an der Erfolgsaussicht fehlen.[9] 19

Nr. 3330 VV

Nr.	Gebührentatbestand	Gebühr oder Satz der Gebühr nach § 13
3330	Verfahrensgebühr für Verfahren über eine Rüge wegen Verletzung des Anspruchs auf rechtliches Gehör	In Höhe der Verfahrensgebühr für das Verfahren, in dem die Rüge erhoben wird, höchstens 0,5, bei Betragsrahmengebühren höchstens 220,00 €

I. Überblick

Die Vorschrift wurde zuletzt durch das sogenannte **Anhörungsrügengesetz** vom 1 9.12.2004, das zum 1.1.2005 in Kraft trat,[1] geändert. Aufgrund der Neueinführung des § 12a in das RVG war die frühere Erwähnung des § 321a ZPO überflüssig geworden.

Die Gebühr kann nur der Rechtsanwalt beanspruchen, der **ausschließlich** im 2 Verfahren über eine Rüge wegen Verletzung rechtlichen Gehörs tätig wird.

II. Anwendungsbereich

1. Persönlicher Anwendungsbereich

Die Gebühr kann der Rechtsanwalt sowohl als Vertreter der Partei, die die Rüge 3 erhebt, als auch als Vertreter der Partei beanspruchen, die sich gegen die Rüge wendet. Anwendbar ist die Nr. 3330 VV in gleicher Weise auf den **Wahlanwalt** und auf den gerichtlich **bestellten** oder **beigeordneten Rechtsanwalt**.

---

[8] Schneider/Wolf/*N. Schneider* Nr. 3329 VV Rn. 30.
[9] Schneider/Wolf/*N. Schneider* Nr. 3329 VV Rn. 34.
[1] BGBl. 2004 I 3220.

2. Sachlicher Anwendungsbereich

4 Die Anhörungsrüge ist gegeben, wenn das Gericht den Anspruch auf rechtliches Gehör in entscheidungserheblicher Weise verletzt hat und ein Rechtsmittel oder ein anderer Rechtsbehelf gegen die Entscheidung nicht gegeben ist. Sie ist nicht nur in § 321a ZPO geregelt, sondern in fast allen Verfahrensordnungen. Für Entscheidungen nach dem RVG gilt § 12a RVG. Als weitere Vorschriften sind beispielhaft zu nennen: 12a RVG, § 44 FamFG, § 321a ZPO, § 78a ArbGG, § 152a VwGO, § 178a SGG, § 133a FGO, §§ 33a, 365a StPO, § 79 Abs. 1 S. 1 Nr. 5 OWiG, § 55 Abs. 4 JGG iVm 356a StPO, § 121a WDO, § 81 Abs. 3 GBO, § 71a GWB, § 69a GKG, § 4a JVEG, § 89 Abs. 3 SchiffRegO, § 61 FamGKG und §§ 131d, 157a KostO.

5 Ist der Rechtsanwalt, der das Rügeverfahren betreibt, bereits Prozessbevollmächtigter, wird seine Tätigkeit durch die Verfahrensgebühren für die erste Instanz gemäß § 19 Abs. 1 S. 2 Nr. 5 RVG abgegolten. Dies gilt sowohl für den Rechtsanwalt, der die Rüge einlegt, als auch für jenen, der als bereits bevollmächtigter Prozessanwalt die Abweisung der Rüge verfolgt.[2] Da weder die Rüge noch das weitere Verfahren nach der Rüge – etwa wenn diese erfolgreich war – eine neue Angelegenheit iSd § 15 Abs. 1 RVG sind, verbleibt einem Rechtsanwalt die gesonderte Gebühr nach Nr. 3330 VV in den eher seltenen Fällen, in denen der Rechtsanwalt wirklich ausschließlich in einem Rügeverfahren tätig wird.[3]

III. Entstehung und Höhe der Gebühr

6 Die **Verfahrensgebühr** nach Nr. 3330 VV entsteht mit der Auftragserteilung bzw. der Entgegennahme von Informationen. Auf den Umfang der anwaltlichen Tätigkeit kommt es nicht an. Gleichgültig ist auch, welchen Verlauf das Verfahren nimmt.

7 Die **Höhe** der Gebühr, die bis zum 31.7.2013 nach einem Gebührensatz von 0,5 zu berechnen war, ist mit Wirkung ab 1.8.2013 durch das **2. KostRMoG** geändert worden. Die Verfahrensgebühr fällt nunmehr in Höhe der Verfahrensgebühr für das Verfahren an, in dem die Rüge erhoben wird, bei Wertgebühren mit einem Gebührensatz von höchstens 0,5, bei Betragsrahmengebühren mit höchstens 220 EUR. Durch die Änderung wird vermieden, dass die Verfahrensgebühr für das Verfahren über die Gehörsrüge höher ausfällt als die Verfahrensgebühr für das Verfahren, in dem die Gehörsrüge erhoben wird.

8 Infolge der Änderung durch das 2. KostRMoG gilt Nr. 3330 VV nunmehr auch in **sozialgerichtlichen Verfahren,** in denen die Gehörsrüge gebührenrechtlich bislang nur als Einzeltätigkeit iSd Nr. 3400 VV honoriert wurde.

9 Für die Höhe der Gebühr ist es ohne Belang, in welcher Instanz das Verfahren wegen Verletzung rechtlichen Gehörs stattfindet.

10 Vertritt der Rechtsanwalt **mehrere Auftraggeber,** findet eine Erhöhung der Gebühr um jeweils 0,3 pro Auftraggeber nach Nr. 1008 VV statt, so dass bei beispielsweise insgesamt drei Auftraggebern eine Gebühr von 1,1 in Rechnung gestellt werden kann.

11 Eine **Reduzierung** der Gebühr wegen vorzeitiger Erledigung des Auftrags kommt nicht in Betracht. Dies ergibt sich daraus, dass Nr. 3337 VV auf Nr. 3330 VV nicht Bezug nimmt.[4]

---

[2] Gerold/Schmidt/*Müller-Rabe* Nr. 3330 VV Rn. 8.
[3] HK-RVG/*Gierl* Nr. 3330 VV Rn. 2.
[4] *Hartmann* Nr. 3330 VV Rn. 4; HK-RVG/*Gierl* Nr. 3330 VV Rn. 5.

Abschnitt 3. Gebühren für besondere Verfahren **Nr. 3330 VV**

IV. Weitere Gebühren

1. Terminsgebühr

Sofern es in einem Verfahren über die Rüge auch zur Anberaumung eines Termins 12
kommt, was allerdings eher selten der Fall sein dürfte, kann der beauftragte Rechtsanwalt auch die Terminsgebühr nach Nr. 3332 VV verdienen. Führt dieser Rechtsanwalt im Falle der Begründetheit der Rüge das Verfahren dann allerdings fort und nimmt an einem **Fortsetzungstermin** teil, so wird dort eine Terminsgebühr gemäß Nr. 3104 VV anfallen. Bei einer derartigen Fallkonstellation ist die Terminsgebühr von Nr. 3332 VV auf die neue Terminsgebühr anzurechnen.[5]

2. Einigungsgebühr

Kommt es innerhalb des Rügeverfahrens zu einer Einigung, so entsteht eine 13
Einigungsgebühr, deren Höhe sich allerdings nach Nr. 1003 VV (1,0) bemisst, da dann der Gegenstand der Einigung – jedenfalls in der Regel – (noch) rechtshängig ist. Werden im Rahmen des Rügeverfahrens auch nicht rechtshängige Ansprüche mitverglichen, ist die übliche Differenzberechnung vorzunehmen (1,5 Gebühr nach Nr. 1000 VV aus dem nicht rechtshängigen Wert zzgl. 1,0 nach Nr. 1003 VV aus dem rechtshängigen Wert unter Berücksichtigung der Begrenzung nach § 15 Abs. 3 RVG).[6]

V. Gegenstandswert

Der Gegenstandswert des Rügeverfahrens ist maximal beschränkt auf den **Wert** 14
der Hauptsache, muss mit diesem aber nicht identisch sein. So kann es durchaus Fallkonstellationen geben, bei denen ein Teil der Entscheidung akzeptiert wird, der andere Teil aber über die Gehörsrüge angegriffen werden soll. Für das Rügeverfahren ist dann der Gegenstandswert maßgeblich, der sich aus der Beschwer des Rügeführers ergibt.[7] Soweit von mehreren Parteien mehrere Gehörsrügen erhoben werden, sind deren Werte gemäß § 22 Abs. 1 RVG zusammenzurechnen.[8]

VI. Kostenentscheidung – Kostenerstattung

Kostenerstattungsfragen dürften in der Praxis schon deshalb ohne besondere 15
Bedeutung sein, weil nur im Ausnahmefall, dass ein weiterer Rechtsanwalt mit dem Verfahren über eine Rüge wegen Verletzung des Anspruchs auf rechtliches Gehör mandatiert wird, besondere Gebühren anfallen. Auch dann ist es aber höchst zweifelhaft, ob eine Erstattung dieser gesonderten Gebühren wegen § 91 Abs. 2 S. 2 ZPO überhaupt verlangt werden kann.[9]

Was die Kostenentscheidung selbst angeht, so wird diese in der Regel im **Haupt-** 16
sacheverfahren ergehen. Bei einer erfolgreichen Rüge kommt es zur Fortsetzung des Verfahrens. Die Kostenentscheidung der Endentscheidung erfasst auch das Rügeverfahren. Wird die Gehörsrüge zurückgenommen oder bleibt die Rüge erfolglos,

---

[5] HK-RVG/*Gierl* Nr. 3330 VV Rn. 6.
[6] Schneider/Wolf/*N. Schneider* Nr. 3330 VV Rn. 15.
[7] Gerold/Schmidt/*Müller-Rabe* Nr. 3330 VV Rn. 15 f.; aA *Hartmann* Nr. 3330 VV Rn. 7: „Man muss grundsätzlich den Wert der Hauptsache zugrunde legen, den die angefochtene Entscheidung betrifft".
[8] HK-RVG/*Gierl* Anh. 1 Rn. 370.
[9] Gerold/Schmidt/*Müller-Rabe* Nr. 3330 VV Rn. 17.

so wird der unterliegende Teil in der Regel die Kosten zu tragen haben, sofern es überhaupt zu einer gesonderten Kostenentscheidung kommt.

Nr. 3331 VV

Nr.	Gebührentatbestand	Gebühr oder Satz der Gebühr nach § 13
3331	Terminsgebühr in Verfahren über eine Rüge wegen Verletzung des Anspruchs auf rechtliches Gehör	In Höhe der Terminsgebühr für das Gefahren, in dem die Rüge erhoben wird, höchstens 0,5, bei Betragsrahmengebühren höchstens 220,00 €

1 Nr. 3331 VV wurde durch das Gesetz zur Reform des Verfahrens in Familiensachen und in den Angelegenheiten der freiwilligen Gerichtsbarkeit (FGG-Reformgesetz – FGG-RG vom 17.12.2008 aufgehoben.[1]

Nr. 3332 VV

Nr.	Gebührentatbestand	Gebühr oder Satz der Gebühr nach § 13
3332	Terminsgebühr in den in Nummern 3324 bis 3329 genannten Verfahren	0,5

I. Überblick

1 Nach der Vorb. 3.3.6 VV entsteht eine Terminsgebühr grundsätzlich nach Teil 3 Abschn. 1 VV, also nach Nr. 3104 VV, soweit in diesem Unterabschnitt nichts anderes bestimmt ist. Eine solche anderweitige Bestimmung findet sich in Nr. 3332 VV. Die Terminsgebühr nach Nr. 3332 VV ist also neben den Verfahrensgebühren nach den Nr. 3324 bis 3331 VV anwendbar. Auf die Ausführungen zu der Vorbemerkung 3.3.6 VV und zu den Nr. 3324–3330 VV wird verwiesen.

II. Anwendungsbereich

2 Da die allgemeinen Vorschriften zur Terminsgebühr grundsätzlich anwendbar sind, entsteht die Terminsgebühr nach Nr. 3332 VV nach Maßgabe der **Vorb. 3 Abs. 3 VV**. Der Rechtsanwalt muss einen gerichtlichen Termin wahrnehmen. Es ist aber auch ausreichend, dass der Rechtsanwalt nach Bestellung zum Verfahrens- oder Prozessbevollmächtigten auf eine Erledigung oder Vermeidung des Verfahrens durch Besprechungen ohne Beteiligung des Gerichtes hinwirkt.

3 Eine Ausnahme macht Nr. 3328 VV. Danach kann eine Terminsgebühr nur entstehen, wenn eine abgesonderte mündliche Verhandlung stattfindet und der Rechtsanwalt hieran teilnimmt.

---

[1] BGBl. I S. 2585.

Abschnitt 3. Gebühren für besondere Verfahren **Nr. 3333 VV**

III. Gebührenhöhe

Die **Höhe** der Gebühr beträgt einheitlich für alle Verfahren der Nr. 3324 bis 3330 VV 0,5. 4

Im Übrigen wird auf die Erläuterungen zu den Nr. 3324 bis 3330 VV in diesem Kommentar verwiesen, welche die Terminsgebühr bereits umfassen. 5

Nr. 3333 VV

Nr.	Gebührentatbestand	Gebühr oder Satz der Gebühr nach § 13
3333	Verfahrensgebühr für ein Verteilungsverfahren außerhalb der Zwangsversteigerung und der Zwangsverwaltung Der Wert bestimmt sich nach § 26 Nr. 1 und 2 RVG. Eine Terminsgebühr entsteht nicht.	0,4

I. Überblick

Nr. 3333 VV ist ein **Auffangtatbestand,** der nur dann Anwendung findet, wenn das RVG keine anderen – eigenen – Regelungen enthält. Demgemäß gehen die Vorschriften von Nr. 3309, 3310 sowie 3313 ff. VV dieser Vorschrift vor.[1] 1

II. Anwendungsbereich

1. Persönlicher Anwendungsbereich

Die Gebührenregelung der Nr. 3333 VV gilt für den **Wahlanwalt** und für den **gerichtlich bestellten oder beigeordneten** Rechtsanwalt. Sie unterscheidet nicht, wen der Rechtsanwalt im Verteilungsverfahren außerhalb der Zwangsversteigerung und der Zwangsverwaltung vertritt. Es kann sich um den Gläubiger oder den Schuldner handeln. 2

2. Sachlicher Anwendungsbereich

Die Vorschrift ist anwendbar auf Tätigkeiten des Rechtsanwalts im gerichtlichen Verteilungsverfahren **außerhalb** der Zwangsversteigerung und Zwangsverwaltung in Verfahren nach folgenden Gesetzen: 3
- § 119 Abs. 3 Bundesbaugesetz,
- § 75 Abs. 2 Flurbereinigungsgesetz,
- § 55 Abs. 2 Bundesleistungsgesetz,
- § 54 Abs. 3 Landbeschaffungsgesetz,
- § 86 Abs. 1 Städtebauförderungsgesetz,
- Art. 52 Abs. 3, 53 Abs. 1, 53a, 67 Abs. 2, 109 EGBGB.

Nicht betroffen sind Verteilungsverfahren iSd §§ 858 Abs. 5, 872–877, 882 ZPO, das Verteilungsverfahren nach der SVertO, soweit dafür die Anwendbarkeit der Nr. 3313 ff. VV ausdrücklich angeordnet ist (Vorb. 3.3.5 Abs. 1 VV),[2] ferner auch die Zwangsversteigerung und Zwangsverwaltung (vgl. dazu die Nr. 3311 ff. VV). 4

---

[1] *Hartmann* Nr. 3333 VV Rn. 1; Schneider/Wolf/*Wolf* Nr. 3333 VV Rn. 2.

[2] HK-RVG/*Gierl* Nr. 3333 VV Rn. 2, 3; aA Gerold/Schmidt/*Müller-Rabe* Nr. 3333 VV Rn. 3; Riedel/Sußbauer/*Keller* Teil 3 Abschn. 3 VV Rn. 181.

Nr. 3333 VV Teil 3. Bürgerliche Rechtsstreitigkeiten

5   Bei **sonstiger Tätigkeit** in der Zwangsvollstreckung erhält der Rechtsanwalt die Gebühr nach Nr. 3333 VV und daneben auch die Gebühr nach Nr. 3309 VV.[3]

6   Die Gebühr nach Nr. 3333 VV fällt auch an, wenn der Rechtsanwalt im Rahmen eines gerichtlichen Verteilungsverfahrens an einer **außergerichtlichen Verteilung** mitwirkt (→ Rn. 14).[4]

III. Entstehung und Höhe der Gebühr

7   Die Gebühr **entsteht** sowohl in **Antragsverfahren** als auch in **Amtsverfahren** (§§ 858 Abs. 5, 872 bis 877, 882 ZPO) mit der Erteilung des Auftrags, in einem Verteilungsverfahren außerhalb der Zwangsversteigerung und der Zwangsverwaltung tätig zu werden, und der Entgegennahme von Informationen.

8   Die **Höhe** der Gebühr beträgt 0,4. Durch die Gebühr in Höhe von 0,4 wird die gesamte Tätigkeit des Rechtsanwalts in dem oben näher definierten Tätigkeitsbereich abgegolten einschließlich der Wahrnehmung eines Termins. Der Anfall einer gesonderten Terminsgebühr kommt ausweislich Nr. 3333 Anm. S. 2 VV nicht in Betracht.

9   Vertritt der Rechtsanwalt **mehrere Auftraggeber,** ist zu unterscheiden:

10 Bei einer Vertretung mehrerer Gläubiger wegen verschiedener Forderungen, also in **verschiedenen Angelegenheiten,** entsteht die Gebühr nur einmal. Auch eine Erhöhung kommt nicht in Betracht, weil es sich um eine Angelegenheit handelt. Die Vorb. 3.3.5 Abs. 2 VV gilt nur für Verfahren nach Teil 3 Abschn. 3 Unterabschnitt 5 VV, die Nr. 3333 VV gehört jedoch zum Unterabschnitt 6 VV.

11 Bei Vertretung mehrerer Gläubiger in **derselben Angelegenheit** (zB mehrere Gläubiger derselben Forderung) findet eine Erhöhung der Gebühr um jeweils 0,3 pro Auftraggeber nach Nr. 1008 VV statt, so dass bei beispielsweise insgesamt drei Auftraggebern eine Gebühr von 1,0 in Rechnung gestellt werden kann.

12 Eine **Reduzierung** der Gebühr wegen vorzeitiger Erledigung des Auftrags kommt nicht in Betracht. Dies ergibt sich daraus, dass die Nr. 3337 VV auf Nr. 3333 VV nicht Bezug nimmt.[5]

IV. Weitere Gebühren

1. Terminsgebühr

13 Eine Terminsgebühr kann nicht anfallen. Das ordnet die Nr. 3333 Anm. S. 2 VV ausdrücklich an.

2. Einigungsgebühr

14 Kommt es durch die Mitwirkung des Rechtsanwalts im Verteilungsverfahren zu einer Einigung, kann zusätzlich eine Einigungsgebühr nach Nr. 1000 VV entstehen.[6]

V. Gegenstandswert

15 Die Nr. 3333 Anm. S. 1 VV bestimmt, dass sich der **Gegenstandswert** nach § 26 Nr. 1 und Nr. 2 RVG zu richten hat. Dies bedeutet, dass nach der Person des Vertretenen unterschieden wird. Bei Vertretung des **Gläubigers** oder eines iSd § 9

---

[3] Gerold/Schmidt/*Müller-Rabe* Nr. 3333 VV Rn. 13.
[4] Gerold/Schmidt/*Müller-Rabe* Nr. 3333 VV Rn. 4.
[5] *Hartmann* Nr. 3330 VV Rn. 4; HK-RVG/*Gierl* Nr. 3330 VV Rn. 5.
[6] Gerold/Schmidt/*Madert* Nr. 3311, 3312 VV Rn. 14.

Abschnitt 3. Gebühren für besondere Verfahren **Nr. 3334 VV**

Nr. 1 und Nr. 2 ZVG Beteiligten bemisst der Wert sich nach dem Wert des zustehenden Rechts, sofern der gesamte zu verteilende Betrag nicht geringer ist. Vertritt der Rechtsanwalt hingegen **andere Beteiligte,** insbesondere den Schuldner, so ist der zu verteilende Geldbetrag maßgebend.[7]

Nr. 3334 VV

Nr.	Gebührentatbestand	Gebühr oder Satz der Gebühr nach § 13
3334	Verfahrensgebühr für Verfahren vor dem Prozessgericht oder dem Amtsgericht auf Bewilligung, Verlängerung oder Verkürzung einer Räumungsfrist (§§ 721, 794a ZPO), wenn das Verfahren mit dem Verfahren über die Hauptsache nicht verbunden ist	1,0

Übersicht

Rn.

I. Überblick 1
II. Anwendungsbereich 2
  1. Persönlicher Anwendungsbereich 2
  2. Sachlicher Anwendungsbereich 3
    a) Verfahren nach § 721 ZPO 3
    b) Verfahren nach § 794a ZPO 5
III. Entstehung und Höhe der Gebühr 14
IV. Weitere Gebühren 19
  1. Terminsgebühr 19
  2. Einigungsgebühr 21
V. Gegenstandswert 23
VI. Kostenerstattung 25

I. Überblick

Die Nr. 3334 VV betrifft die Tätigkeit des Rechtsanwalts im Verfahren auf Bewilligung, Verlängerung oder Verkürzung einer Räumungsfrist nach den §§ 721, 794a ZPO. Voraussetzung ist, dass dieses Verfahren mit dem Hauptsacheverfahren nicht verbunden ist. Es muss sich also um ein sog. **selbstständiges Räumungsfristverfahren** handeln. 1

II. Anwendungsbereich

1. Persönlicher Anwendungsbereich

Die Gebührenregelung der Nr. 3334 VV gilt für den **Wahlanwalt** und für den gerichtlich **bestellten** oder **beigeordneten** Rechtsanwalt. Sie unterscheidet nicht, wen der Rechtsanwalt im selbstständigen Räumungsfristverfahren vertritt. Es kann sich um den Gläubiger oder den Schuldner handeln. 2

---

[7] HK-RVG/*Gierl* Anh. 1 Rn. 368.

Nr. 3334 VV Teil 3. Bürgerliche Rechtsstreitigkeiten

2. Sachlicher Anwendungsbereich

3 **a) Verfahren nach § 721 ZPO.** § 721 Abs. 1 und Abs. 2 ZPO erlaubt dem Gericht auf Antrag oder von Amts wegen, dem Räumungsschuldner eine den Umständen nach angemessene Räumungsfrist zu gewähren. Diese Frist kann – ebenfalls auf Antrag – verlängert oder verkürzt werden (§ 721 Abs. 3 ZPO). Das Räumungsfristverfahren nach § 794a ZPO ist stets ein selbstständiges Verfahren, weil es erst nach Beendigung der Instanz durch Vergleich in Betracht kommt.

4 Zuständig für die Entscheidung über diese Anträge sind das **Prozessgericht** der ersten Instanz bzw. das Berufungsgericht, wenn die Anträge erst in der zweiten Instanz gestellt werden (§ 721 Abs. 4 ZPO).

5 **b) Verfahren nach § 794a ZPO.** Der Anwendungsbereich der Nr. 3334 VV erfasst auch Entscheidungen nach § 794a ZPO. Nach dieser Vorschrift kann der Schuldner, der sich zuvor in einem **Vergleich** zur Räumung des Wohnraumes verpflichtet hat, nachträglich den Antrag auf Bewilligung einer angemessenen Räumungsfrist stellen. Auch diese Frist ist einer Verlängerung oder Verkürung auf Antrag zugänglich (§ 794a Abs. 2 ZPO).

6 Zuständig für diese Anträge ist nicht das Vollstreckungsgericht, sondern das **Amtsgericht als Prozessgericht,** in dessen Bezirk der betroffene Wohnraum sich befindet.[1]

7 Anträge nach § 721 ZPO können anders als im Fall des § 794a ZPO auch im laufenden **Hauptsacheverfahren** gestellt und beschieden werden. Dann handelt es sich um ein unselbstständiges Räumungsfristverfahren, so dass die Nr. 3334 VV nicht anwendbar ist. Anders verhält es sich, wenn der Antrag zwar im Rahmen des Hauptsacheverfahrens gestellt worden ist (vgl. § 721 Abs. 1 S. 2 ZPO), die beiden Verfahren dann aber vor Gericht getrennt werden, etwa um eine gesonderte Verhandlung oder Beweiserhebung durchzuführen.[2]

8 Keine **Trennung** der Verfahren wird dadurch herbeigeführt, dass über den Räumungsanspruch selbst zunächst unstreitig, über den Antrag nach § 721a ZPO später aber streitig verhandelt wird. Die unterschiedliche Behandlung ändert nichts an dem Charakter eines unselbstständigen Räumungsfristverfahrens innerhalb des Hauptsacheverfahrens.[3]

9 Hingegen wird die erforderliche **Zäsur** zwischen Hauptsacheverfahren und Räumungsfristverfahren herbeigeführt, wenn über den Räumungsantrag zunächst durch Teilurteil oder Anerkenntnisurteil entschieden und erst dann in einer anschließenden Verhandlung gesondert über die Räumungsfrist verhandelt wird.[4]

10 Begehrt der Räumungsschuldner außerhalb einer Vollstreckungsabwehrklage die einstweilige Anordnung von Räumungsschutz nach § 769 ZPO, gehört die anwaltliche Tätigkeit noch zum Ausgangsverfahren und ist nicht gesondert zu vergüten.[5]

11 Wird über den Räumungsfristantrag durch das Prozessgericht im Wege der **Urteilsergänzung** entschieden, bleibt es wegen § 19 Abs. 2 S. 2 Nr. 6 RVG dabei, dass die Tätigkeit des Rechtsanwalts für den Antrag mit den Prozessgebühren abgegolten ist. Nr. 3334 VV ist also nicht anwendbar.[6]

12 Ein **Vollstreckungsschutzantrag** nach **§ 765a ZPO** löst eine gesonderte Gebühr aus (vgl. § 18 Nr. 8 RVG), jedoch nicht die nach Nr. 3334 VV sondern jene nach Nr. 3309 VV, da es sich um eine Tätigkeit in der Zwangsvollstreckung handelt.[7]

---

[1] Zöller/*Stöber* ZPO § 794a Rn. 4.
[2] HK-RVG/*Gierl* Nr. 3334 VV Rn. 2.
[3] LG Frankfurt Rpfleger 1984, 287; HK-RVG/*Gierl* Nr. 3334 VV Rn. 3.
[4] So auch Schneider/Wolf/*N. Schneider* Nr. 3334 VV Rn. 9.
[5] OLG Koblenz JurBüro 2007, 640.
[6] HK-RVG/*Gierl* Nr. 3334 VV Rn. 4; Schneider/Wolf/*N. Schneider* Nr. 3334 VV Rn. 5.
[7] HK-RVG/*Gierl* Nr. 3334 VV Rn. 5.

Abschnitt 3. Gebühren für besondere Verfahren **Nr. 3334 VV**

Der Gebührentatbestand von Nr. 3334 VV deckt sämtliche Tätigkeiten des 13
Rechtsanwalts im Zusammenhang mit der Stellung des Antrags ab, gleichwohl kann
der Gebührentatbestand **mehrfach verwirklicht** werden, etwa dann, wenn es zu
mehreren selbstständigen Räumungsfristverfahren kommt.[8]

III. Entstehung und Höhe der Gebühr

Die Verfahrensgebühr **entsteht** mit der Entgegennahme des Auftrages und der 14
Einholung der erforderlichen Informationen, die für die Stellung des Antrags nach
§§ 721, 794a ZPO benötigt werden.

Die **Höhe** der Gebühr beträgt 1,0. Ohne Belang ist es, ob die Gebühr in der 15
ersten oder in der Berufungsinstanz anfällt.

Wird der Rechtsanwalt im Räumungsfristverfahren für **mehrere Auftraggeber** 16
tätig, findet Nr. 1008 VV mit der Maßgabe Anwendung, dass sich die Gebühr um
0,3 für jeden weiteren Auftraggeber erhöht.

Erledigt sich der erteilte Auftrag **vorzeitig**, findet eine Reduzierung der Verfah- 17
rensgebühr auf 0,5 statt, da der Gebührentatbestand von Nr. 3334 VV in
Nr. 3337 VV ausdrücklich erwähnt wird.

Da das selbstständige Räumungsfristverfahren eine **eigene Angelegenheit** iSd 18
§ 15 RVG ist, erhält der Rechtsanwalt auch Ersatz seiner **Auslagen,** insbesondere
auch die Auslagenpauschale nach Nr. 7002 VV.[9]

IV. Weitere Gebühren

1. Terminsgebühr

Kommt es im selbstständigen Räumungsfristverfahren zur Wahrnehmung eines 19
Termins, bestimmt sich die Terminsgebühr wegen der fehlenden Verweisung in
Nr. 3332 VV auf Nr. 3334 VV nach Nr. 3104 VV. Der Rechtsanwalt erhält also
auch in diesem Verfahren eine volle Terminsgebühr in Höhe von 1,2 wie im Hauptsacheverfahren (vgl. Vorb. 3.3.6 VV).

Wie bei der Anwendung von Nr. 3104 VV, bedarf es keiner Unterscheidung 20
zwischen unstreitiger oder streitiger Verhandlung. Die Gebühr beträgt demgemäß
stets 1,2.[10]

2. Einigungsgebühr

Bei Abschluss eines Vergleiches oder eines Einigungsvertrags fällt die Einigungsge- 21
bühr an, die wegen der Anhängigkeit des Räumungsfristverfahrens aber gemäß
Nr. 1003 VV nur 1,0 beträgt.

Für Räumungsfristanträge im **Berufungsverfahren** findet sich im RVG kein 22
eigener Gebührentatbestand, so dass es auch in der zweiten Instanz bei Stellung
von gesonderten Räumungsschutzanträgen der Höhe nach bei den Gebühren des
erstinstanzlichen Verfahrens verbleibt.[11] Das gilt nicht für die Einigungsgebühr. Sie
erhöht sich gemäß Nr. 1004 VV von 1,0 auf 1,3.

---

[8] *Hartmann* Nr. 3334 VV Rn. 5; Gerold/Schmidt/*Müller-Rabe* Nr. 3334 VV Rn. 16; HK-RVG/*Gierl* Nr. 3334 VV Rn. 7; Schneider/Wolf/*N. Schneider* Nr. 3334 VV Rn. 22.
[9] Schneider/Wolf/*N. Schneider* Nr. 3334 VV Rn. 17.
[10] Schneider/Wolf/*N. Schneider* Nr. 3334 VV Rn. 15.
[11] Schneider/Wolf/*N. Schneider* Nr. 3334 VV Rn. 18.

Nr. 3335 VV

V. Gegenstandswert

23   Gesonderte Vorschriften für den Gegenstandswert eines Räumungsfristverfahrens sind nicht vorhanden, so dass auf die **allgemeinen Regeln** (§ 3 ZPO, § 23 RVG und § 48 Abs. 1 GKG) zurückzugreifen ist. Der Gegenstandswert richtet sich also nach dem Interesse des Antragstellers, die Wohnung noch weiter nutzen zu können. Maßgeblich für den Streitwert ist der Nutzwert (nicht Mietwert, da das Mietverhältnis beendet ist) für den Zeitraum, für den Räumungsschutz begehrt wird.[12] Dabei ist die zeitliche **Höchstdauer** von einem Jahr zu beachten (§§ 721 Abs. 5, 794a Abs. 3 ZPO).

24   Richtet sich der gesonderte Antrag im Räumungsfristverfahren auf die **Verkürzung** oder **Verlängerung** einer bereits gewährten Frist, ist die Dauer der Verkürzung oder der Verlängerung addiert mit dem Nutzungswert maßgeblich.[13]

VI. Kostenerstattung

25   Im **selbstständigen Räumungsfristverfahren** wird auch über die Kosten dieses Verfahrens entschieden, so dass die obsiegende Partei die Kosten erstattet erhält.

26   Ist über den Räumungsschutzantrag im **Hauptsacheverfahren** entschieden worden, umfasst die Kostenentscheidung der Hauptsache auch das unselbstständige Räumungsfristverfahren. Zu beachten ist bei dieser Fallkonstellation stets, dass dann die Werte von Räumung und Räumungsfrist wegen wirtschaftlicher Identität nicht addiert werden dürfen.[14]

Nr. 3335 VV

Nr.	Gebührentatbestand	Gebühr oder Satz der Gebühr nach § 13
3335	Verfahrensgebühr für das Verfahren über die Prozesskostenhilfe	in Höhe der Verfahrensgebühr für das Verfahren, für das die Prozesskostenhilfe beantragt wird, höchstens 1,0, bei Betragsrahmengebühren höchstens 420,00 €

Übersicht

	Rn.
I. Überblick	1
II. Anwendungsbereich	3
1. Persönlicher Anwendungsbereich	3
2. Sachlicher Anwendungsbereich	5
III. Entstehung und Höhe der Gebühr	13

---

[12] HK-RVG/*Gierl* Anh. 1 Rn. 366; Schneider/Wolf/*N. Schneider* Nr. 3334 VV Rn. 20; **aA** LG Stuttgart Rpfleger 1968, 62 (Wert entspricht der Nutzungsentschädigung für drei Monate).
[13] Schneider/Wolf/*N. Schneider* Nr. 3334 VV Rn. 20.
[14] Schneider/Wolf/*N. Schneider* Nr. 3334 VV Rn. 19.

Abschnitt 3. Gebühren für besondere Verfahren **Nr. 3335 VV**

	Rn.
1. Entstehung	13
2. Höhe	16
3. Vorzeitige Erledigung	17
4. „Anrechnung"	19
IV. Weitere Gebühren	22
1. Terminsgebühr	22
2. Einigungsgebühr	27
V. Gegenstandswert	30
1. Bewilligung und Aufhebung der Prozesskostenhilfe (§ 124 Nr. 1 ZPO)	30
2. Prozesskostenhilfe „im Übrigen" (§ 124 Nr. 2–4 ZPO)	33
3. Keine Zusammenrechnung der Gegenstandswerte	35
VI. Erstattungsfragen	37

I. Überblick

Aufgrund seiner Stellung in Teil 3 VV betrifft der Gebührentatbestand der Nr. 3335 VV alle Prozesskostenhilfeverfahren. Dies gilt auch für Verfahren über Prozesskostenhilfe vor Gerichten der Sozialgerichtsbarkeit. 1

Die jetzige Fassung der Nr. 3335 VV beruht auf Änderungen, die mit Wirkung ab 1.8.2013 durch das **2. KostRMoG** vorgenommen worden sind. Bislang bezog sich die Regelung der Nr. 3335 VV nicht auf Tätigkeiten in **sozialgerichtlichen** Verfahren, für sie galt Nr. 3336 VV. Das ergab sich aus dem in Nr. 3335 VV enthaltenen Nebensatz „soweit in Nr. 3336 nichts anderes bestimmt ist". Dieser Nebensatz wurde zusammen mit der Nr. 3336 VV gestrichen. Weiterhin wurde auch die bisherige **Anm.** zu Nr. 3335 VV, in der der **Gegenstandswert** für Prozesskostenhilfeverfahren geregelt war, aufgehoben. An deren Stelle ist die Vorschrift des § 23a RVG getreten. 2

II. Anwendungsbereich

1. Persönlicher Anwendungsbereich

Die Gebührenregelung der Nr. 3335 VV gilt für den Rechtsanwalt, der seine **Beiordnung** im Wege der Prozesskostenhilfe für das Hauptsacheverfahren beantragt. Sie unterscheidet nicht, wen der Rechtsanwalt im Hauptsacheverfahren vertreten soll. Es kann sich um den Kläger oder um den Beklagten handeln. 3

Ohne Belang ist auch, in welcher Rolle der Rechtsanwalt im Hauptsacheverfahren tätig werden will. In Betracht kommt eine Tätigkeit als alleiniger **Prozessbevollmächtigter**, aber auch als **Verkehrsanwalt** oder **Terminsvertreter.** Auch für sie besteht die Möglichkeit, sich im Wege der Prozesskostenhilfe beiordnen zu lassen. 4

2. Sachlicher Anwendungsbereich

Die Gebührenregelung der Nr. 3335 VV betrifft alle **Verfahren nach Teil 3 VV.** Das sind gemäß der Überschrift zu Teil 3 VV alle bürgerlichen Rechtsstreitigkeiten, die Verfahren der freiwilligen Gerichtsbarkeit und der öffentlich-rechtlichen Gerichtsbarkeit, seit 1.8.2013 aufgrund der durch das 2. KostRMoG erfolgten Änderungen nunmehr auch die sozialgerichtlichen Verfahren, sowie die Verfahren nach dem Strafvollzugsgesetz und ähnliche Verfahren. Nicht anwendbar ist die Nr. 3335 VV auf die in den Teilen 4–6 VV geregelten Verfahren, wozu vor allem die Straf- und Bußgeldverfahren gehören. 5

6 Die Gebühr nach Nr. 3335 VV kann nur der Rechtsanwalt beanspruchen, der noch nicht als Prozessbevollmächtigter, als Verkehrsanwalt oder als Terminsvertreter mandatiert bzw. noch nicht tätig geworden ist. Gemäß § 16 Nr. 2 RVG sind nämlich das Verfahren über die Prozesskostenhilfe und das Hauptsacheverfahren dieselbe Angelegenheit. Ist dem Rechtsanwalt bereits ein **Klageauftrag für das Hauptsacheverfahren** erteilt worden, greift der Gebührentatbestand der Nr. 3100 VV ein. Das gilt unabhängig davon, ob der Rechtsanwalt zunächst den Antrag auf Bewilligung von Prozesskostenhilfe stellt oder ob er die Klage mit dem Prozesskostenhilfegesuch verbindet. Wünscht der Mandant zunächst eine Entscheidung im Prozesskostenhilfeverfahren und erteilt dem Rechtsanwalt deshalb einen nur **bedingten Klageauftrag** für den Fall, dass das Prozesskostenhilfegesuch positiv beschieden wird, verdient der Rechtsanwalt zunächst die Gebühr nach Nr. 3335 VV.[1]

7 Auch wenn der **Mandant** nach seiner Wahl **bestimmt**, welchen Auftrag er dem Rechtsanwalt erteilt – einen unbedingten oder/und einen bedingten Klagauftrag – ist im Zweifel anzunehmen, dass der Rechtsanwalt zunächst nur einen bedingten Klageauftrag erhalten, also erst einmal einen Antrag auf Bewilligung von Prozesskostenhilfe stellen soll.[2] Von einem unbedingten Klageauftrag kann, wenn er nicht ausdrücklich als solcher erteilt wird, nur ausgegangen werden, wenn es auf eine **unverzügliche Zustellung** der Klage ankommt. Das wird nur noch selten vorkommen, weil **Verjährungs- und Ausschlussfristen** in den meisten Fällen auch durch einen Antrag auf Bewilligung von Prozesskostenhilfe gewahrt werden können.

8 In solchen Fällen hilft zudem **§ 14 Nr. 3 GKG**.[3] Danach ist abweichend von § 12 Abs. 1 GKG die **Zustellung einer Klage ohne vorherige Einzahlung der Gerichtskosten** zulässig, wenn die beabsichtigte Rechtsverfolgung nicht aussichtslos oder mutwillig erscheint und wenn glaubhaft gemacht wird, dass dem Antragsteller die alsbaldige Zahlung der Kosten mit Rücksicht auf seine Vermögenslage oder aus sonstigen Gründen Schwierigkeiten bereiten würde **oder** eine Verzögerung dem Antragsteller einen nicht oder nur schwer zu ersetzenden Schaden bringen würde, wobei in diesem Fall zur Glaubhaftmachung die Erklärung des zum Prozessbevollmächtigten bestellten Rechtsanwalts genügt. Zu beachten ist allerdings, dass auch die ohne vorherige Zahlung der Gerichtskosten erfolgte Zustellung einer Klage zur Rechtshängigkeit mit der Folge führt, dass der Mandant bei Verweigerung der Prozesskostenhilfe verpflichtet ist, bei einer Klagerücknahme die gegnerischen Prozesskosten zu tragen.

9 Bei seiner Tätigkeit im Rahmen eines ihm nur für den Fall einer Bewilligung von Prozesskostenhilfe erteilten bedingten Klagauftrags muss der Rechtsanwalt deutlich erklären, dass er (zunächst) nur mit der Vertretung im Verfahren betreffend die Prüfung der Prozesskostenhilfe bevollmächtigt ist. Das gilt ebenso, wenn der Rechtsanwalt den Antragsgegner (Beklagten) vertritt. Eine entsprechende **Klarstellung** kann dadurch erfolgen, dass die Klage als „**Entwurf**" bezeichnet wird oder von einer „**beabsichtigten Klage**" gesprochen wird, die „**vorab**" eingereicht wird und deren Zustellung von einer vorherigen Bewilligung der Prozesskostenhilfe abhängig sein soll.[4]

10 Eine Besonderheit gilt für das **Berufungsverfahren**. Der Bundesgerichtshof geht von einer unbedingten Berufung aus, wenn der Rechtsanwalt einen Antrag auf Bewilligung von Prozesskostenhilfe für die Berufung stellt und die Berufung gleichzeitig mit dem Hinweis einlegt, dass die Berufung nur für den Fall der Bewilligung der Prozesskostenhilfe „**durchgeführt**" werden soll.[5] Diesen Hinweis versteht der

---

[1] *Mock* RVG-Berater 2005, 186.
[2] Gerold/Schmidt/*Müller-Rabe* Nr. 3335 VV Rn. 5.
[3] Dazu *Hartmann* GKG § 14 Rn. 4 ff.
[4] Gerold/Schmidt/*Müller-Rabe* Nr. 3335 VV Rn. 11 f.; HK-RVG/*Gierl* Nr. 3335 VV Rn. 4.
[5] BGH NJW-RR 2007, 1565; dazu ausführlich Gerold/Schmidt/*Müller-Rabe* Nr. 335 VV Rn. 12.

Abschnitt 3. Gebühren für besondere Verfahren Nr. 3335 VV

Bundesgerichtshof als einen **Vorbehalt** für eine Zurücknahme der Berufung nach verweigerter Prozesskostenhilfe.

Im Falle der **Ablehnung** der Prozesskostenhilfe befindet sich der Rechtsanwalt des Antragsgegners in der gleichen Situation wie der Antragstellervertreter. Wird das Hauptsacheverfahren mangels Prozesskostenhilfe nicht durchgeführt, können den jeweiligen Auftraggebern die normalen Verfahrensgebühren nach Nr. 3100 ff. VV nicht in Rechnung gestellt werden. Beiden Verfahrensvertretern bleibt nur die Gebühr nach Nr. 3335 VV. 11

Wird gegen den die Prozesskostenhilfe ablehnenden Beschluss **Beschwerde** eingelegt, erhält der Rechtsanwalt eine Gebühr nach Nr. 3500 bzw. Nr. 3501 VV.[6] 12

III. Entstehung und Höhe der Gebühr

1. Entstehung

Die Verfahrensgebühr nach Nr. 3335 VV **entsteht** mit der Entgegennahme des Auftrages und der Einholung von Informationen, wenn der Rechtsanwalt einen nur auf das **Verfahren der Prozesskostenhilfe beschränkten Auftrag** hat. Die Informationen dienen bei einer Vertretung des Antragstellers für den Antrag auf Bewilligung von Prozesskostenhilfe und bei einer Vertretung des Antragsgegners zur Begründung des Antrags, die Prozesskostenhilfe zu verweigern. 13

Erhält der Rechtsanwalt von vornherein einen **unbedingten Klageauftrag**, etwa weil der Mandant das Klageverfahren auch für den Fall verweigerter Prozesskostenhilfe durchführen will, entsteht bereits mit der Entgegennahme von Informationen eine 0,8 Verfahrensgebühr nach Nr. 3101 Nr. 1 VV und nicht die Verfahrensgebühr nach Nr. 3335 VV.[7] 14

Bei dem in der **Praxis häufigsten Fall** erhält der Rechtsanwalt den Auftrag, zunächst nur im Verfahren der Prozesskostenhilfe als Vertreter des Antragstellers bzw. des Antragsgegners tätig zu werden und den Mandanten nur für den Fall der Bewilligung von Prozesskostenhilfe auch im Hauptsacheverfahren zu vertreten. Dann liegen **zwei Aufträge** vor, nämlich ein **unbedingter** für das Prozesskostenhilfeverfahren und ein **bedingter** für das Hauptsache-(Klage)verfahren. Auch die Informationen dienen dann beiden Aufträgen. Mit der Entgegennahme von Informationen entsteht dann gleichwohl zunächst nur die Verfahrensgebühr nach Nr. 3335 VV und die Verfahrensgebühr nach Nr. 3100 VV erst nach Bewilligung der Prozesskostenhilfe.[8] Auf diese Verfahrensgebühr ist die Gebühr nach Nr. 3335 VV anzurechnen (§ 16 Nr. 2 RVG), dh die Gebühr nach Nr. 3335 VV geht dann in der Gebühr nach Nr. 3100 VV auf. 15

2. Höhe

Die Gebühr entsteht in **Höhe** der Verfahrensgebühr als **Wertgebühr** nach dem Gegenstandswert für das Verfahren, für das die Prozesskostenhilfe beantragt wird, **höchstens** jedoch mit einem Gebührensatz von **1,0**. Die Verfahrensgebühr beträgt damit in der ersten und in der Berufungsinstanz 1,0, weil die jeweiligen Verfahrensgebühren im Hauptsacheverfahren nach den Nr. 3100 und 3200 VV höher sind. Im **Beschwerdeverfahren** fällt die Gebühr entsprechend Nr. 3500 VV mit **0,5** und im **Zwangsvollstreckungsverfahren** entsprechend Nr. 3309 VV mit **0,3** an.[9] In sozialgerichtlichen Verfahren beträgt die **Betragsrahmengebühr** höchstens 420 EUR. 16

---

[6] *Hartmann* Nr. 3335 VV Rn. 7.
[7] HK-RVG/*Gierl* Nr. 3335 VV Rn. 9.
[8] KG Rpfleger 2007, 669; Schneider/Wolf/*Mock* Nr. 3335 VV Rn. 3 unter b.
[9] Gerold/Schmidt/*Müller-Rabe* Nr. 3335 VV Rn. 40.

3. Vorzeitige Erledigung

17 Erledigt sich der erteilte Auftrag **vorzeitig**, verringert sich die Verfahrensgebühr auf 0,5. Das folgt aus der Regelung der Nr. 3337 VV, die den Gebührentatbestand der Nr. 3335 VV ausdrücklich erwähnt. Betroffen von der Reduzierung ist nur die Ausgangsgebühr, nicht dagegen die 0,3 Erhöhung für weitere Auftraggeber nach Nr. 1008 VV. Das folgt aus Nr. 3337 VV, die nur auf Nr. 3335 VV Bezug nimmt, aber nicht den eigenständigen Gebührentatbestand der Nr. 1008 VV erwähnt.[10]

18 Eine Reduzierung wegen **vorzeitiger Erledigung** des Auftrags findet auch nicht statt in Verfahren, bei denen die volle Verfahrensgebühr bei nur 0,5 oder noch niedriger liegt.

4. „Anrechnung"

19 Die Verfahrensgebühr nach Nr. 3335 VV **entfällt** im Nachhinein vollständig, wenn dem Prozesskostenhilfegesuch in vollem Umfange stattgegeben wird und es somit zu einem Hauptsacheverfahren kommt.[11] Da das Prozesskostenhilfebewilligungsverfahren und der nachfolgende Rechtsstreit gemäß § 16 Nr. 2 RVG **eine Angelegenheit,** wenn auch mit mehreren Gegenständen (Bewilligung und Klageanspruch), sind, geht die Gebühr nach Nr. 3335 VV im Falle der Bewilligung der Prozesskostenhilfe in der Gebühr nach Nr. 3100 VV auf (vgl. § 16 Nr. 3 RVG).

20 Der Regelung des § 16 Nr. 3 RVG ist auch zu entnehmen, dass die Gebühr nach Nr. 3335 VV nur einmal anfällt, mögen auch **Mehrfachanträge** auf Bewilligung von Prozesskostenhilfe mit unterschiedlicher Begründung gestellt worden sein.[12] Zu beachten ist allerdings § 15 Abs. 5 S. 2 RVG.

21 Der Rechtsanwalt kann sowohl eine Gebühr nach **Nr. 3335 VV** als auch eine solche nach **Nr. 3100 VV** verdienen, wenn dem Prozesskostenhilfegesuch nur zum Teil entsprochen wird und der Rechtsanwalt daraufhin nur wegen des durch die Prozesskostenhilfe abgedeckten Teilbetrages das Hauptsacheverfahren durchführt. Unter Beachtung von § 15 Abs. 3 RVG erhält der Rechtsanwalt in diesem Fall aus dem höheren Ausgangsbetrag zunächst die Gebühr nach Nr. 3335 VV, die dann aber in Höhe von 1,0 entsprechend dem Wert der späteren Klageforderung in der Gebühr von Nr. 3100 VV aufgeht.[13]

IV. Weitere Gebühren

1. Terminsgebühr

22 Eine Terminsgebühr kann im Prozesskostenhilfebewilligungsverfahren entstehen, wenn eine mündliche Erörterung gemäß § 118 Abs. 1 S. 3 ZPO oder eine Beweisaufnahme stattfindet. Sie erhöht sich in den Berufungs- und Revisionsinstanz nicht.

23 Die Gebühr richtet sich nicht nach Nr. 3332 VV, sondern nach Nr. 3104 VV.[14] Eine Anwendung von Nr. 3332 VV scheitert an der fehlenden Bezugnahme auf Nr. 3335 VV, so dass entsprechend der Vorb. 3.3.6 VV die normale Terminsgebühr heranzuziehen ist.[15]

---

[10] Schneider/Wolf/*Mock* Nr. 3335 VV Rn. 9.

[11] So auch BGH AGS 2008, 435.

[12] HK-RVG/*Gierl* Nr. 3335 VV Rn. 6.

[13] Vgl. hierzu das Berechnungsbeispiel bei Gerold/Schmidt/*Müller-Rabe* Nr. 3335 VV Rn. 63 sowie Schneider/Wolf/*Mock* Nr. 3335 VV Rn. 24; *Mock* RVG-Berater 2005, 187.

[14] KG Rpfleger 2007, 669; Schneider/Wolf/*Mock* Nr. 3335 VV Rn. 13; *Mock* AGS 2006, 54, 55.

[15] Gerold/Schmidt/*Müller-Rabe* Nr. 3335 VV Rn. 44.

Abschnitt 3. Gebühren für besondere Verfahren **Nr. 3335 VV**

Gemäß Nr. 3104 Abs. 1 Nr. 1 VV fällt die Terminsgebühr auch an, wenn ein **Vergleich** nach § 278 Abs. 6 S. 2 ZPO protokolliert wird.[16] Sie entsteht nicht, soweit lediglich beantragt wird, eine **Einigung** der Parteien oder mit Dritten über **nicht rechtshängige Ansprüche** zu Protokoll zu nehmen (Nr. 3104 Anm. Abs. 3 VV). 24

Die **Höhe** der Terminsgebühr beträgt 1,2.[17] Eine Reduzierung wegen vorzeitiger Erledigung des Auftrags auf 0,5 entsprechend Nr. 3332 VV kommt nicht in Betracht, da Nr. 3332 VV nicht auf Nr. 3335 VV verweist. 25

Zweifelhaft ist, ob das auch für Verfahren gilt, in denen schon die **Verfahrensgebühr** nur mit einem **Gebührensatz von 0,5** oder mit einem noch niedrigeren Gebührensatz entsteht wie etwa im Prozesskostenhilfebewilligungsverfahren für die Zwangsvollstreckung. Gemäß der Vorb. 3.3.6 VV müsste diese Frage bejaht werden, weil sich die Terminsgebühr danach nach Teil 3 Abschn. 1 VV bemisst, also tatsächlich mit einem Gebührensatz von 1,2 anfallen müßte. Ein solches Ergebnis kann jedoch vom Gesetzgeber kaum gewollt sein. Deshalb wird auf diesen Fall allgemein die Regelung des **§ 15 Abs. 6 S. 2 RVG analog** angewendet und die Terminsgebühr auf die Höhe der Verfahrensgebühr des jeweiligen Verfahrens gekürzt.[18] 26

2. Einigungsgebühr

Wenn sich die Parteien im Prozesskostenbewilligungsverfahren einigen,[19] kann eine Einigungsgebühr nach Nr. 1003 VV mit einem Gebührensatz von 1,0 und in den höheren Instanzen gemäß Nr. 1004 VV mit einem Gebührensatz von 1,3 entstehen. Zu beachten ist Nr. 3104 Abs. 3 VV, wonach keine Terminsgebühr entsteht, wenn sich die Tätigkeit des Rechtsanwalts auf den Antrag beschränkt, eine Einigung der Parteien oder mit Dritten über nicht rechtshängige Ansprüche zu Protokoll zu nehmen.[20] 27

Die **Höhe der Einigungsgebühr** ist davon abhängig, ob die Einigung rechtshängige oder (auch) nichtrechtshängige Ansprüche betrifft. Die Nr. 1003 VV und 1004 VV mit einem Gebührensatz von 1,0 bzw. 1,3 in der Berufungs- oder Revisionsinstanz sind anzuwenden, soweit rechtshängige Ansprüche Gegenstand der Einigung sind. Eine Einigungsgebühr nach Nr. 1000 VV in Höhe von 1,5 kommt bei einer Einigung über (auch) nicht rechtshängige Ansprüche in Betracht.[21] 28

Erstreckt sich die Einigung sowohl auf rechtshängige als auch auf nicht rechtshängige Ansprüche, entsteht aus dem **Mehrwert** der nicht rechtshängigen Ansprüche nach Nr. 3337 Nr. 2 VV eine **Differenzverfahrensgebühr** in Höhe von 0,5.[22] 29

V. Gegenstandswert

1. Bewilligung und Aufhebung der Prozesskostenhilfe (§ 124 Nr. 1 ZPO)

Die in der Vorauflage an dieser Stelle kommentierte Anm. zu Nr. 3335 VV ist durch das **KostRMoG** mit Wirkung ab 1.8.2013 gestrichen worden. An ihre Stelle ist als eigenständige Vorschrift **§ 23a RVG** getreten. 30

---

[16] Gerold/Schmidt/*Müller-Rabe* Nr. 3335 VV Rn. 54; Schneider/Wolf/*Mock* Nr. 3335 VV Rn. 15.

[17] HK-RVG/*Gierl* Nr. 3335 VV Rn. 14.

[18] Gerold/Schmidt/*Müller-Rabe* Nr. 3335 VV Rn. 47; Riedel/Sußbauer/*Keller* Teil 3 Abschn. 3 VV Rn. 204; Schneider/Wolf/*Mock* Nr. 3335 VV Rn. 13f.; *Schneider* NJW 2007, 325 (331) Buchst. i.

[19] Dazu BGH NJW 2004, 2595; sa OLG Oldenburg JurBüro 2009, 200.

[20] HK-RVG/*Gierl* Nr. 3335 VV Rn. 19.

[21] Gerold/Schmidt/*Müller-Rabe* Nr. 3335 VV Rn. 48–50.

[22] Gerold/Schmidt/*Müller-Rabe* Nr. 3335 VV Rn. 51.

Nr. 3335 VV

31 Wie schon bislang Nr. 3335 Anm. Abs. 1, 1. Hs. VV stellt auch § 23a RVG klar, dass der Wert für das Prozesskostenhilfebewilligungsverfahren und das spätere Hauptsacheverfahren miteinander **identisch** sind. Das gilt auch für das Beschwerdeverfahren gegen die Ablehnung der Prozesskostenhilfe (§ 23 Abs. 3 S. 1 RVG).

32 Die Orientierung am Hauptsachewert ist sachgerecht und trägt dem Umstand Rechnung, dass im Prozesskostenhilfebewilligungsverfahren nicht nur die sozialen Verhältnisse des Antragstellers, sondern auch direkt die Erfolgsaussichten des Antrags überprüft werden. Unerheblich ist es, ob Prozesskostenhilfe ratenfrei oder gegen Ratenzahlung beantragt und/oder gewährt wird.[23]

2. Prozesskostenhilfe „im Übrigen" (§ 124 Nr. 2–4 ZPO)

33 § 23a Abs. 1 2. Hs RVG betrifft wie bislang die Nr. 3335 Anm. Abs. 1 2. Hs. VV die Fälle des § 124 Nr. 2–4 ZPO. Geht es nicht um die grundsätzliche Frage, ob Prozesskostenhilfe bewilligt wird oder nicht, sondern darum, ob die Bewilligung wegen § 124 Nr. 2–4 ZPO **aufzuheben** ist oder ob sich an der Ratenzahlung etwas **ändern** soll, ist der Gegenstandswert „nach dem Kosteninteresse nach **billigem Ermessen**" zu bestimmen. Der Grund hierfür ist, dass es in den Fällen des § 124 Nr. 2–4 ZPO nicht auf die Erfolgsaussichten der Hauptsache ankommt.

34 Im Rahmen des billigen Ermessens ist das Kosteninteresse maßgebend, also der Betrag, den die Partei gegebenenfalls selbst zahlen müsste. Das sind die Wahlanwaltsgebühren, die Auslagen des Rechtsanwalts und die Gerichtskosten. Geht es um die Veränderung der **Ratenzahlungen,** ergibt sich der Gegenstandswert aus den betroffenen Ratenzahlungen, wobei stets § 115 Abs. 1 S. 4 ZPO zu beachten ist (Höchstdauer der Ratenzahlung 48 Monate).[24]

3. Keine Zusammenrechnung der Gegenstandswerte

35 Ebenso wie bislang Nr. 3335 Anm. Abs. 2 VV stellt § 23a Abs. 2 RVG klar, dass keine Wertaddition nach § 22 Abs. 1 RVG stattfinden darf, wenn der Rechtsanwalt Prozessbevollmächtigter ist. Dieser Klarstellung bedarf es, da das Prozesskostenhilfeverfahren und das anschließende Hauptsacheverfahren eine Angelegenheit sind, aber unterschiedliche Gegenstände (Bewilligung und Klageantrag) betreffen.[25]

36 Im Übrigen wird auf die Erläuterungen des § 23a RVG in diesem Kommentar verwiesen.

VI. Erstattungsfragen

37 Erstattungsansprüche gibt es im Prozesskostenhilfeverfahren nach § 118 Abs. 1 S. 4 ZPO grundsätzlich nicht. Wird das Prozesskostenhilfegesuch zurückgewiesen, so hat jede Partei ihre eigenen Kosten zu tragen, wenn das Verfahren nicht fortgesetzt wird. Wird das Verfahren fortgesetzt, kommt es ebenfalls nicht darauf an, ob mit oder ohne Prozesskostenhilfe. Der obsiegenden Partei werden entsprechend der Entscheidung im Hauptsacheverfahren lediglich die Verfahrensgebühren des Hauptsacheverfahrens erstattet. Das ist allerdings umstritten.[26]

---

[23] BGH JurBüro 2011, 31.

[24] Gerold/Schmidt/*Müller-Rabe* Nr. 3335 VV Rn. 75.

[25] HK-RVG/*Gierl* Anh. 1 Rn. 365 unter Hinweis auf BT-Drs. 15/1971, 218; ebenso *Mock* RVG-Berater 2005, 189.

[26] Dazu HK-RVG/*Gierl* Nr. 3335 VV Rn. 22–23, vgl. auch *Hartmann* Nr. 3335 VV Rn. 20 mN aus älterer Rechtsprechung.

Abschnitt 3. Gebühren für besondere Verfahren Nr. 3337 VV

Nicht übersehen werden sollte, zu überprüfen, ob sich der Erstattungsanspruch 38
unter Umständen aufgrund **materiellrechtlicher** Ansprüche, etwa wegen Verzuges
herleiten lässt.[27]

Hingegen steht dem Antragsteller im Prozesskostenhilfe**beschwerde**verfahren 39
aufgrund des eindeutigen und nach ganz herrschender Meinung nicht verfassungswidrigen § 127 Abs. 4 ZPO auch dann kein Erstattungsanspruch zu, wenn das
Beschwerdeverfahren den gewünschten Erfolg hat.[28]

Der Rechtsanwalt, der nicht Gefahr laufen will, dass das Prozesskostenhilfegesuch 40
wegen Aussichtslosigkeit zurückgewiesen wird, sollte die komplette **Antragsschrift**
oder **Klageschrift** entwerfen und dem Prozesskostenhilfegesuch beifügen. Damit
ist der wesentliche Teil der Arbeit aber bereits erbracht, die im späteren Hauptsacheverfahren mit einer Verfahrensgebühr von 1,3 abgegolten wird. Wird das Prozesskostenhilfegesuch wegen Aussichtslosigkeit zurückgewiesen und verzichtet der Auftraggeber dann auf die Durchführung des Klageverfahrens, verbleibt dem Rechtsanwalt
wenigstens die Gebühr nach Nr. 3335 VV mit 1,0.

Nr. 3336 VV [*aufgehoben*]

Die Nr. 3336 VV wurde durch das 2. KostRMoG mit Wirkung ab 1.8.2013 1
aufgehoben, weil die Verfahrensgebühr für Prozesskostenhilfeverfahren, in denen
Betragsrahmengebühren gemäß § 3 RVG gelten, nunmehr in Nr. 3335 VV geregelt
ist.

Nr. 3337 VV

Nr.	Gebührentatbestand	Gebühr oder Satz der Gebühr nach § 13
3337	Vorzeitige Beendigung des Auftrags im Fall der Nummern 3324 bis 3327, 3334 und 3335: Die Gebühren 3324 bis 3327, 3334 und 3335 betragen höchstens Eine vorzeitige Beendigung liegt vor, 1. wenn der Auftrag endet, bevor der Rechtsanwalt den das Verfahren einleitenden Antrag oder einen Schriftsatz, der Sachanträge, Sachvortrag oder die Zurücknahme des Antrags enthält, eingereicht oder bevor er einen gerichtlichen Termin wahrgenommen hat, oder 2. soweit lediglich beantragt ist, eine Einigung der Parteien oder der Beteiligten zu Protokoll zu nehmen oder soweit lediglich Verhandlungen vor Gericht zur Einigung geführt werden.	0,5

I. Überblick

Nr. 3337 VV entspricht der Regelung der Nr. 3101 VV. Durch das 2. KostRMoG 1
ist mit Wirkung ab 1.8.2013 der Gebührensatz von 0,5 durch die Hinzufügung

---

[27] OLG Karlsruhe AnwBl. 1982, 491; sa Gerold/Schmidt//*Müller-Rabe* Nr. 3335 VV Rn. 77.
[28] Vgl. etwa KG Rpfleger 1995, 508; OLG Hamburg MDR 2002, 910; OLG Koblenz NJW-RR 1995, 768; OLG München NJW-RR 2001, 1437.

Nr. 3337 VV Teil 3. Bürgerliche Rechtsstreitigkeiten

des Wortes „**höchstens**" zur Höchstgebühr geworden. Die Änderung knüpft an Nr. 3335 VV an, wonach im Hauptsacheverfahren eine geringere Gebühr als 0,5 anfallen kann. Endet der Auftrag des Rechtsanwalts vorzeitig, soll die geringere Verfahrensgebühr auch für das Prozesskostenhilfeverfahren gelten.

II. Anwendungsbereich

1. Betroffene Gebührentatbestände

2   Nr. 3337 VV zählt die **Gebührentatbestände,** bei denen eine vorzeitige Beendigung des Auftrags eine Reduzierung der Verfahrensgebühr zur Folge hat, **enumerativ** auf. Es sind dies aus Teil 3 Abschn. 3 Unterabschnitt 6 VV die Gebührentatbestände, bei denen die jeweilige Verfahrensgebühr mehr als 0,5, nämlich 0,75 bzw. 1,0 beträgt. Es sind dies die Nr. 3324 bis 3327, 3334 und 3335 VV. **Nicht anwendbar** ist die Nr. 3337 VV auf die Gebührentatbestände der Nr. 3328 bis 3333 VV, bei denen die jeweilige Verfahrensgebühr mit nur 0,5 bzw. mit nur 0,4 (Nr. 3333 VV) anfällt.

2. Vorzeitige Beendigung

3   Nr. 3337 VV knüpft die Reduzierung an eine vorzeitige Beendigung des Auftrags (Nr. 3337 Anm. Ziff. 1 VV) oder daran an, dass lediglich beantragt ist, eine Einigung der Parteien oder Beteiligten[1] zu Protokoll zu nehmen oder soweit lediglich Verhandlungen vor Gericht zur Einigung geführt werden (Nr. 3337 Anm. Ziff. 2 VV).

4   Auffällig ist, dass der **Wortlaut** der Nr. 3337 Anm. Ziff. 2 VV anders als die Nr. 3101 Ziff. 2 VV und anders auch als die Nr. 3201 Ziff. 1 VV die Anwendbarkeit der Regelung nicht auf „**nicht rechtshängige Ansprüche**" beschränkt. Die herrschende Meinung versteht jedoch die Nr. 3337 Anm. Ziff. 2 VV dennoch in diesem Sinn, auch wenn der Wortlaut eine solche Beschränkung nicht anordnet.[2]

5   Bezieht sich die im Prozesskostenhilfebewilligungsverfahren getroffene Einigung auf **rechtshängige** und auf **nicht rechtshängige** Ansprüche, so erhält der Rechtsanwalt nach dem Wert der rechtshängigen Ansprüche eine **Einigungsgebühr** nach Nr. 1003 VV in Höhe von 1,0 und nach dem (Mehr-)Wert der nicht rechtshängigen Ansprüche nach Nr. 1000 VV in Höhe von 1,5. Die beiden Einzelgebühren dürfen addiert nicht höher sein als eine 1,5 Einigungsgebühr aus dem Gesamtwert der rechtshängigen und der nicht rechtshängigen Ansprüche (§ 15 Abs. 3 RVG).

6   Daneben entsteht eine 1,0 **Verfahrensgebühr** nach dem Wert des Verfahrens über die Prozesskostenhilfe nach Nr. 3335 VV in Höhe von 1,0 und eine **Differenzverfahrensgebühr** von 0,5 nach Nr. 3337 VV. Auch hier ist die Begrenzung nach § 15 Abs. 3 RVG zu beachten, so dass insgesamt nicht mehr als eine Verfahrensgebühr von 1,0 aus dem Gesamtwert berechnet werden darf. Schließlich kommt eine **Terminsgebühr** nach Nr. 3104 VV iVm Vorb. 3.3.6 VV mit einem Gebührensatz von 1,2 in Betracht (vgl. Nr. 3335 VV Rn. 25).[3]

7   Ist der Protokollierung der Einigung der Parteien eine **außergerichtliche** Tätigkeit des Rechtsanwalts vorausgegangen, so kann neben der Differenzgebühr nach Nr. 3337 VV auch eine **Geschäftsgebühr** nach Nr. 2300 VV entstehen. Diese Geschäftsgebühr ist allerdings zur Hälfte entsprechend der Vorb. 3 Abs. 3 VV auf die Gebühr nach Nr. 3337 VV anzurechnen.[4]

---

[1] Der Begriff der „Beteiligten" meint die Parteien in Verfahren nach dem FamFG.
[2] HK-RVG/*Gierl* Nr. 3337 VV Rn. 6.
[3] Dazu ausführlich Schneider/Wolf/*Mock* Nr. 3335 VV Rn. 7 ff., 14 ff., insbesondere auch Rn. 18.
[4] HK-RVG/*Gierl* Nr. 3337 VV Rn. 13.

Abschnitt 3. Gebühren für besondere Verfahren **Nr. 3338 VV**

Im Übrigen entspricht die Regelung der Nr. 3337 VV teils wörtlich, teils inhaltlich den Nr. 3101 Ziff. 1 VV und 3201 Ziff. 1 VV sowie den Nr. 3209 und 3301 VV. Auf die Kommentierung dieser Gebührentatbestände kann deshalb verwiesen werden. 8

Nr. 3338 VV

Nr.	Gebührentatbestand	Gebühr oder Satz der Gebühr nach § 13
3338	Verfahrensgebühr für die Tätigkeit als Vertreter des Anmelders eines Anspruchs zum Musterverfahren (§ 10 Abs. 2 KapMuG)	0,8

I. Überblick

Die Nr. 3338 VV ist mit Wirkung ab 1.11.2012 durch das Gesetz zur Reform des Kapitalanleger-Musterverfahrensgesetzes und zur Änderung anderer Vorschriften vom 19.10.2012 (KapMuG) eingefügt worden.[1] 1

Die Vorschrift ergänzt die Regelung des § 23b RVG. Danach bestimmt sich der Gegenstandswert im Musterverfahren nach dem KapMuG nach der Höhe des vom Auftraggeber oder gegen diesen im Ausgangsverfahren geltend gemachten Anspruchs, soweit dieser Gegenstand des Musterverfahrens ist. Nr. 3338 regelt die in diesen Verfahren anfallende Verfahrensgebühr. 2

II. Anwendungsbereich

1. Persönlicher Anwendungsbereich

Die Gebührenregelung der Nr. 3338 VV gilt für den **Wahlanwalt** und auch für den **gerichtlich bestellten oder beigeordneten** Rechtsanwalt. Sie unterscheidet nicht, wen der Rechtsanwalt in dem Musterverfahren vertritt. Es kann sich um den Gläubiger oder den Schuldner handeln. 3

2. Sachlicher Anwendungsbereich

Der Anwendungsbereich der Nr. 3338 VV **beschränkt** sich auf die Anmeldung eines Anspruchs im Musterverfahren. Erhält der Rechtsanwalt den Auftrag, den Anspruch **einzuklagen** und eine Beteiligung im Musterverfahren gemäß §§ 8, 9 KapMuG zu erreichen, entsteht die Verfahrensgebühr nicht nach Nr. 3338 VV, sondern nach Nr. 3100 VV. 4

Die Verfahrensgebühr nach Nr. 3338 VV deckt die **gesamte** anwaltliche Tätigkeit für den Anmelder im erstinstanzlichen Musterverfahren ab, ist also nicht auf die Anmeldung als Einzeltätigkeit beschränkt.[2] 5

Vertritt der Rechtsanwalt seinen Mandanten zunächst für die Anmeldung eines Anspruchs zum Musterverfahren und sodann im Musterverfahren wegen desselben Anspruchs, bilden beide Tätigkeiten gemäß § 16 Nr. 13 RVG dieselbe Angelegenheit. Deshalb geht die 0,8-Verfahrensgebühr nach Nr. 3338 VV in der späteren 1,3 Verfahrensgebühr nach Nr. 3100 VV auf.[3] 6

---

[1] BGBl. I S. 2182.
[2] Schneider/Wolf/*Fölsch* Nr. 3338 VV Rn. 8.
[3] Schneider/Wolf/*Fölsch* Nr. 3338 VV Rn. 12.

III. Entstehung und Höhe der Gebühr

7   Die Gebühr **entsteht** mit der ersten Tätigkeit des Rechtsanwalts in Bezug auf die Anmeldung bzw. mit der Entgegennahme entsprechender Informationen. Auf den Umfang der anwaltlichen Tätigkeit kommt es nicht an.

8   Die **Höhe** der Verfahrensgebühr beträgt 0,8.

9   Bei **vorzeitiger Beendigung** des Auftrags verringert sich die Höhe der Gebühr nicht. Das folgt aus Nr. 3337 VV, in der die Nr. 3338 VV nicht erwähnt wird.

10 Vertritt ein Rechtsanwalt in einem Verfahren nach Nr. 3338 VV **mehrere Auftraggeber**, findet gemäß Nr. 1008 VV eine Erhöhung der Verfahrensgebühr um jeweils 0,3 statt. Vertritt ein Rechtsanwalt zB drei Gesamtgläubiger, so erhält er eine Verfahrensgebühr in Höhe von insgesamt 1,4 (0,8 + 2 × 0,3).

IV. Weitere Gebühren

1. Terminsgebühr

11 Eine Terminsgebühr ist in § 10 Abs. 2 KapMuG nicht vorgesehen. Demgemäß nimmt Nr. 3332 VV auf das Verfahren nach Nr. 3338 VV keinen Bezug. Zum Anfall einer Terminsgebühr kann es jedoch gemäß der Vorbem 3 Abs. 3 Nr. 2VV kommen.

2. Einigungsgebühr

12 Eine Einigungsgebühr mit einem Gebührensatz von 1,0 kann gemäß Nr. 1003 Abs. 1 Satz 2 VV entstehen. Das Verfahren ist zwar kein gerichtlich anhängiges Verfahren, der den Anmelder vertretene Rechtsanwalt wird jedoch bei der Bemessung der Einigungsgebühr genau so behandelt wie der Vertreter eines sonstigen Beteiligten am Musterverfahren.[4]

3. Keine „Besondere Gebühr" nach § 41a RVG

13 § 41a RVG, der bestimmt, dass im erstinstanzliche Musterverfahren das Oberlandesgericht auf Antrag des Rechtsanwalts des Musterklägers eine besondere Gebühr bewilligen kann, gilt für die Anmeldung nicht.[5]

V. Gegenstandswert

14 Die Bestimmung des Gegenstandswertes des erstinstanzlichen Musterverfahrens regelt § 23 Abs. 1 Satz 1 RVG iVm § 51a Abs. 1 GKG. Danach richtet sich der Gegenstandswert nach der Höhe des von dem Auftraggeber oder gegen diesen im Ausgangsverfahren geltend gemachten Anspruchs. Nicht anwendbar ist § 23b RVG, weil diese Vorschrift nur für das Musterverfahren nach dem KapMuG gilt, nicht aber für die Anmeldung nach § 10 Abs. 2 KapMuG. Wegen der Einzelheiten wird auf die Kommentierung der §§ 23 und 23b RVG von *Enders* in diesem Kommentar verwiesen.

VI. Kostenerstattung

15 Für die Kostenerstattung gilt § 24 KapMuG.

---

[4] Schneider/Wolf/*Fölsch* Nr. 3338 VV Rn. 11.
[5] Schneider/Wolf/*Fölsch* Nr. 3338 VV Rn. 11.

Abschnitt 4. Einzeltätigkeiten

Vorbemerkung 3.4 VV

Nr.	Gebührentatbestand	Gebühr oder Satz der Gebühr nach § 13
Vorbemerkung 3.4: Für in diesem Abschn. genannte Tätigkeiten entsteht eine Terminsgebühr nur, wenn dies ausdrücklich bestimmt ist.		

I. Überblick

Die in Teil 3 Abschn. 4 VV in den Nr. 3400 bis 3405 VV geregelten Gebühren betreffen **Einzeltätigkeiten** eines Rechtsanwalts in den in Teil 3 VV genannten gerichtlichen Verfahren. Eine Anwendung dieser Gebühren setzt voraus, dass der Rechtsanwalt nicht als Verfahrensbevollmächtigter bestellt ist. 1

Bis zum 31.7.2013 bestand die Vorb. 3.4 VV aus zwei Absätzen. Der bisherige Abs. 1 ist bei gleichzeitigem Wegfall der Absatzbezeichnung (1) geblieben und der bisherige Abs. 2, der Verfahren vor den Sozialgerichten betraf, mit Wirkung ab 1.8.2013 durch das **2. KostRMoG** gestrichen worden. Grund für die Aufhebung des bisherigen Abs. 2 ist die „Umstellung des Gebührensystems"[1] in Sozialsachen durch die Neufassung der Vorb. 3 Abs. 4 VV.[2] 2

II. Keine Terminsgebühr (Vorb. 3.4)

Die Vorb. 3.4 VV bestimmt, dass eine Terminsgebühr für die in Teil 3 Abschn. 4 VV genannten Tätigkeiten nur dann entsteht, wenn dies ausdrücklich bestimmt ist. Das bedeutet, dass die allgemeine Terminsgebühr nach Nr. 3104 VV nicht in Betracht kommt, wenn der Rechtsanwalt nur die in den Nr. 3400 ff. VV genannten Tätigkeiten ausführt. 3

Eine **Ausnahme** ist die Nr. 3402 VV. Danach erhält der Rechtsanwalt als Terminsvertreter eine Gebühr in Höhe der einem Verfahrensbevollmächtigten zustehenden Terminsgebühr (1,2). 4

Nr. 3400 VV

Nr.	Gebührentatbestand	Gebühr oder Satz der Gebühr nach § 13
3400	Der Auftrag beschränkt sich auf die Führung des Verkehrs der Partei oder des Beteiligten mit dem Verfahrensbevollmächtigten: Verfahrensgebühr .... Die gleiche Gebühr entsteht auch, wenn im Einverständnis mit dem Auftraggeber mit der Übersendung der Akten an	in Höhe der dem Verfahrensbevollmächtigten zustehenden Verfahrensgebühr, höchstens 1,0, bei

---

[1] So *Schneider/Thiel* § 3 Rn. 1048.
[2] Siehe dazu auch BT-Drs. 17/11471 v. 14.11.2012 Art. 8 Nr. 47.

Nr. 3400 VV Teil 3. Bürgerliche Rechtsstreitigkeiten

Nr.	Gebührentatbestand	Gebühr oder Satz der Gebühr nach § 13
	den Rechtsanwalt des höheren Rechtszugs gutachterliche Äußerungen verbunden sind.	Betragsrahmengebühren höchstens 420,00 €

Übersicht

Rn.

- I. Überblick 1
- II. Anwendungsbereich 5
  - 1. Persönlicher Anwendungsbereich 5
  - 2. Sachlicher Anwendungsbereich 7
    - a) Verfahren nach Teil 3 VV 7
    - b) Abgrenzung Verkehrsanwalt/Terminsvertreter 11
    - c) Mischformen 12
    - d) Kostenmäßige Abgrenzung 14
  - 3. Übersendung der Akten mit gutachterlichen Äußerungen (Anm. zu Nr. 3400 VV) 15
- III. Entstehung und Höhe der Gebühr 20
- IV. Weitere Gebühren 24
  - 1. Terminsgebühr 25
  - 2. Einigungsgebühr 27
  - 3. Verfahrensdifferenzgebühr 28
- V. Anrechnung 29
- VI. Kostenerstattung 31
- VII. Gebührenteilung 35

I. Überblick

1 Die in der Nr. 3400 VV geregelte Verfahrensgebühr, auch Korrespondenz- oder Verkehrsgebühr genannt, erhält der Rechtsanwalt, dessen Auftrag sich auf die **„Führung des Verkehrs"** der Partei oder des Beteiligten[1] mit dem Verfahrensbevollmächtigten **beschränkt**.

2 Die Regelung ist trotz des Wegfalls der früheren Beschränkung der Postulationsfähigkeit – bei den Landgerichten ab 1.1.2000 und bei den Oberlandesgerichten seit 1.8.2002 – von **praktischer Bedeutung**, wenngleich sie im Vergleich zu der Zeit davor an Aktualität deutlich verloren hat. Dazu beigetragen hat auch die Tatsache, dass die Beauftragung eines Verkehrsanwalts (Verfahrensgebühr 1,0 gemäß Nr. 3400 VV) regelmäßig mehr kostet als ein Terminsvertreter (Verfahrensgebühr 0,65 gemäß Nr. 3401 VV) und zudem angesichts der Rechtsprechung des Bundesgerichtshofes zur Erstattungsfähigkeit von Reisekosten eines Verfahrensbevollmächtigten[2] zu Schwierigkeiten bei der Kostenerstattung führt.

3 Die Beauftragung eines Verkehrsanwalts ist vor allem dann zu erwägen, wenn aus **Kostengründen wegen einer größeren Entfernung** zwischen dem Wohnort der Partei und dem Sitz des Prozessgerichts ein bei diesem Gericht ansässiger Rechtsanwalt als Verfahrensbevollmächtigter beauftragt werden muss und ein am Wohnsitz der Partei ansässiger Rechtsanwalt als Verkehrsanwalt benötigt wird, mit dem auswärtigen Verfahrensbevollmächtigten die Korrespondenz zu führen. Üblich ist die Beauftragung eines Verkehrsanwalts auch zur Vermittlung der Korrespondenz zwi-

---
[1] Der Begriff der „Beteiligten" meint die Parteien in Verfahren nach dem FamFG.
[2] BGH NJW-RR 2008, 1378.

Abschnitt 4. Einzeltätigkeiten **Nr. 3400 VV**

schen der Partei und einen bei dem **Bundesgerichtshof zugelassenen Rechtsanwalt.**

Oftmals wird die Aufgabe eines Verkehrsanwalts von dem sog. **Hausanwalt** übernommen. Meist führt er zunächst die **außergerichtliche Korrespondenz.** Kommt es zu einem Rechtsstreit vor einem weiter entfernt gelegenen Gericht, ist er es, der in der Regel die vom Mandanten erteilten Informationen – aufgearbeitet – dem Verfahrensbevollmächtigten zur Verfügung stellt. In der Regel fertigt er auch die zur Prozessführung erforderlichen Schriftsätze, die der Verfahrensbevollmächtigte übernehmen kann. Es liegt deshalb auf der Hand, dass die gesetzliche Gebühr von 1,0 meist nicht ausreicht, diese Tätigkeit angemessen zu honorieren. Die beteiligten Rechtsanwälte treffen deshalb häufig eine von der gesetzlichen Regelung abweichende **Gebührenvereinbarung.** 4

II. Anwendungsbereich

1. Persönlicher Anwendungsbereich

Die Gebührenregelung der Nr. 3400 VV gilt den für **Wahlanwalt** und für den gerichtlich **beigeordneten Rechtsanwalt** (§ 121 Abs. 4 ZPO). Sie unterscheidet nicht, wen der Rechtsanwalt vertreten soll. Es kann sich um den Kläger oder um den Beklagten handeln. 5

Der Wortlaut der Nr. 3400 VV indiziert, dass die Verkehrsanwaltsvergütung die Beteiligung von **drei Personen** voraussetzt: die Partei, den Verkehrsanwalt und den Verfahrensbevollmächtigten.[3] Daraus folgt, dass der Verkehrsanwalt weder Verfahrensbevollmächtigter noch Partei sein kann. Deshalb entsteht die Verfahrensgebühr nach Nr. 3400 VV nicht, wenn der Rechtsanwalt als Partei in **eigener Sache** tätig oder **Partei kraft Amtes** (Insolvenzverwalter, Testamentsvollstrecker, Nachlaßverwalter oder Treuhänder) ist oder wenn er als **gesetzlicher Vertreter** fungiert. In diesen Fällen kann die Verfahrensgebühr nach Nr. 3400 VV nicht anfallen.[4] 6

2. Sachlicher Anwendungsbereich

a) Verfahren nach Teil 3 VV. Die Nr. 3400 VV betrifft alle in **Teil 3 VV** geregelten Verfahren. Das sind bürgerliche Rechtsstreitigkeiten, Verfahren der freiwilligen Gerichtsbarkeit und der öffentlich-rechtlichen Gerichtsbarkeit, Verfahren nach dem Strafvollzugsgesetz und ähnliche Verfahren (Überschrift zu Teil 3 VV). 7

Nr. 3400 VV gilt auch in **Beschwerdeverfahren** und in Verfahren der **Zwangsvollstreckung** und der **Prozesskostenhilfe.**[5] 8

Nicht anwendbar ist die Nr. 3400 VV auf die in **Teil 2 VV** geregelten außergerichtlichen Tätigkeiten und auf die **Teile 4–6 VV.** Für Einzeltätigkeiten in Strafsachen gilt Nr. 4301 Ziff. 3 VV, für Bußgeldsachen Nr. 5200 VV und für Verfahren nach Teil 6 VV die Nr. 6404 VV. 9

Die Verfahrensgebühr der Nr. 3400 VV erfasst **sämtliche Tätigkeiten,** die zur Führung des Verkehrs der Partei mit dem Verfahrensbevollmächtigten notwendig sind. Der dem Rechtsanwalt erteilte Auftrag muss auf die Vermittlung des Verkehrs für den gesamten Rechtszug gerichtet sein.[6] Das **Verfassen einzelner Schreiben** löst die Gebühr nicht aus. Für eine solche Tätigkeit verdient der Rechtsanwalt die Gebühr nach Nr. 3403 VV. 10

---

[3] Schneider/Wolf/*Mock*/*N. Schneider* Nr. 3400 VV Rn. 18.
[4] Vgl. zum Ganzen Schneider/Wolf/*Mock*/*N. Schneider* Nr. 3400 VV Rn. 22 ff.
[5] Strittig, siehe dazu Schneider/Wolf/*N. Schneider* Vorb. 3400 ff. VV Rn. 7.
[6] BGH NJW 1991, 2084.

11 **b) Abgrenzung Verkehrsanwalt/Terminsvertreter.** Der Regelung der Nr. 3400 VV für den Verkehrsanwalt/Korrespondenzanwalt stehen die Nr. 3401, 3402 VV gegenüber, die den Terminsvertreter, oft auch Unterbevollmächtigter genannt, betreffen. Die Unterschiede sind:
- Der **Verkehrs-/Korrespondenzanwaltanwalt** steht neben dem meist am Sitz des Gerichts ansässigen Verfahrens(Prozess-)bevollmächtigten, führt den Verkehr der Partei mit dem Verfahrensbevollmächtigten und ist meist am Sitz des Mandanten oder in dessen Nähe niedergelassen; er erhält die Verfahrensgebühr nach Nr. 3400 VV.
- Der **Terminsvertreter/Unterbevollmächtigte** wird bestellt, um Reisekosten des Verfahrens(Prozess-)bevollmächtigten zu sparen, die dieser zur Wahrnehmung eines Termins vor Gericht aufwenden müsste, nimmt für ihn die Termine bei Gericht war und ist meist am Sitz des Gerichts niedergelassen; er erhält eine Verfahrens- und eine Terminsgebühr nach den Nr. 3401 und 3402 VV.

12 **c) Mischformen.** Der Mandant kann den **Verkehrsanwalt** im Laufe eines Rechtsstreits mit den Aufgaben eines Verfahrensbevollmächtigten beauftragen. Ebenso ist es denkbar, dass er den Auftrag erhält, an dem auswärtigen Gericht zusammen mit dem Terminsvertreter einen einzelnen Termin wahrzunehmen, also nicht nur als Verkehrsanwalt, sondern auch als Terminsvertreter tätig zu werden, ohne Verfahrensbevollmächtigter zu sein. Ein weiteres Beispiel ist, dass der (ursprüngliche) **Terminsvertreter** den Auftrag erhält, im weiteren Verlauf des Rechtsstreits die Tätigkeit eines Verfahrensbevollmächtigten auszuüben.

13 In solchen **Mischformen** kann der Rechtsanwalt die einzelnen Gebühren nur einmal verdienen. Maßgebend ist der jeweils **höchste Gebührensatz**.[7] So erstarkt die 0,65 Verfahrensgebühr des (ursprünglichen) Terminsvertreters nach Nr. 3401 VV zur 1,3 Verfahrensgebühr nach Nr. 3100 VV. Umgekehrt behält der (ursprüngliche) Verfahrensbevollmächtigte, der nur noch Terminsvertreter sein soll, die 1,3 Verfahrensgebühr nach Nr. 3100 VV, verdient aber die Terminsgebühr nur nach Nr. 3401 VV in Höhe der Hälfte von 1,3, also in Höhe von 0,65.[8]

14 **d) Kostenmäßige Abgrenzung.** Unter kostenmäßigen Gesichtspunkten ist ein **Terminsvertreter** für den Mandanten **günstiger**. Die Verfahrensgebühr fällt für ihn gemäß Nr. 3401 VV nur in Höhe der Hälfte der dem Verfahrensbevollmächtigten zustehenden Verfahrensgebühr von 1,3, also nur in Höhe von 0,65 an, während der Verkehrsanwalt gemäß Nr. 3400 VV eine Verfahrensgebühr von 1,0 erhält. Die Terminsgebühr ist mit 1,2 für den Verkehrsanwalt und den Terminsvertreter gleich hoch. Der Verkehrsanwalt kann die Terminsgebühr allerdings nur verdienen, wenn er zusätzlich den Auftrag erhält, an einem Termin iSd Vorb. 3 Abs. 3 VV teilzunehmen.[9]

3. Übersendung der Akten mit gutachterlichen Äußerungen (Anm. zu Nr. 3400 VV)

15 Die Übersendung der Handakten an einen anderen Rechtsanwalt gehört gemäß § 19 Abs. 1 S. 2 Nr. 17 RVG für die **Verfahrensbevollmächtigten** zum Rechtszug und löst deshalb keine Gebühren aus. Eine Ausnahme hiervon begründet die Anm. zu Nr. 3400 VV. Danach entsteht für den **Verkehrsanwalt** eine Verfahrensgebühr, wenn er im Einverständnis mit dem Auftraggeber seine Akten an den Rechtsanwalt des höheren Rechtszuges verbunden mit **gutachterliche Äußerungen** übersendet.

---
[7] OLG Hamburg JurBüro 1986, 870.
[8] Siehe dazu auch *Schneider* AGS 2005, 93, 96, der § 15 Abs. 6 RVG anwendet.
[9] HK-RVG/*Teubel* Nr. 3400 VV Rn. 7.

Mit der Übersendung der Handakten und den damit verbundenen gutachterlichen Äußerungen muss der Mandant einverstanden sein. Das **Einverständnis** kann auch **stillschweigend** erteilt werden. Sowohl ein ausdrücklicher Auftrag als auch ein stillschweigendes Einverständnis müssen sich auf die Übersendung der Akten **und** die gutachterliche Stellungnahme beziehen.[10] 16

Die gutachterlichen Ausführungen brauchen nicht an die Qualität eines Gutachtens isd § 34 RVG heranzureichen, andererseits genügt die bloße Wiedergabe des Sachverhaltes nicht.[11] 17

Die gutachterlichen Äußerungen müssen („mit der **Übersendung**...verbunden") zusammen mit den Handakten abgegeben werden, also zeitgleich oder zumindest in einem engen zeitlichen Zusammenhang. 18

Wichtig ist ferner, dass die gutachterlichen Äußerungen nicht gegenüber dem eigenen Mandanten, sondern gegenüber einem „Rechtsanwalt des höheren Rechtszugs" abgegeben werden, da angesichts des eindeutigen Wortlautes der Gebührentatbestand der Nr. 3400 VV sonst nicht anwendbar ist. Bei gutachterlichen Äußerungen gegenüber der eigenen Partei kommt ggf. eine Gebühr nach § 34 RVG oder nach den Nr. 2200 ff. VV in Betracht. 19

III. Entstehung und Höhe der Gebühr

Die Verfahrensgebühr **entsteht** mit der ersten Tätigkeit nach der Erteilung des Auftrags, also der Entgegennahme von Informationen. 20

Die Gebühr nach Nr. 3400 VV fällt als **Wertgebühr** in **Höhe** der dem Verfahrensbevollmächtigten zustehenden Verfahrensgebühr, **höchstens** jedoch mit **1,0** an. Bei **Betragsrahmengebühren** können höchstens **420 EUR** (bis 37.7.2013 260 EUR) berechnet werden. Das gilt auch im höheren Rechtszug. Die Betragsrahmengebühr reduziert sich auf 210 EUR (bis 31.7.2013 130 EUR), wenn eine Tätigkeit im Verwaltungsverfahren oder im weiteren, der Nachprüfung des Verwaltungsakts dienenden Verwaltungsverfahren vorausgegangen ist (Vorb. 3 Abs. 4 VV). 21

Erfolgt die Tätigkeit des Verkehrsanwalts für **mehrere Auftraggeber,** so kommt auch dem Verkehrsanwalt die Erhöhung nach Nr. 1008 VV (0,3 für jeden weiteren Auftraggeber) zugute.[12] 22

Endet der Auftrag des Verkehrsanwalts, bevor der Verfahrensbevollmächtigte beauftragt oder der Verkehrsanwalt gegenüber dem Verfahrensbevollmächtigten tätig geworden ist, beträgt die Verfahrensgebühr gemäß Nr. 3405 VV höchstens 0,5 und bei Betragsrahmengebühren höchstens 210 EUR (bis 31.7.2013 130 EUR). 23

IV. Weitere Gebühren

Auch in der Rolle des Verkehrsanwalts kann der Rechtsanwalt neben der Verfahrensgebühr nach Nr. 3400 VV weitere Gebühren verdienen, soweit er Tätigkeiten ausübt, die über jene Tätigkeit hinausgehen, die durch die Verkehrsanwaltsgebühr abgedeckt sind.[13] Dazu muss er jedoch ausdrücklich oder zumindest stillschweigend vom Mandanten beauftragt werden. 24

---

[10] Schneider/Wolf/Mock/N. Schneider Nr. 3400 VV Rn. 130.
[11] So zutreffend Hartmann Nr. 3400 VV Rn. 45; ebenso Schneider/Wolf/Mock/N. Schneider Nr. 3400 VV Rn. 124 unter Hinweis auf OLG Frankfurt Rpfleger 1955, 207.
[12] Schneider/Wolf/Mock/N. Schneider Nr. 3400 VV Rn. 42; vgl. auch Henke AnwBl. 2005, 135; Hergenröder AGS 2007, 53, 56; Wolf JurBüro 2004, 518.
[13] Gerold/Schmidt/Müller-Rabe Nr. 3400 VV Rn. 54.

1. Terminsgebühr

25 Nach der Vorb. 3.4 VV ist eine Terminsgebühr für den Verkehrsanwalt grundsätzlich nicht vorgesehen. Gleichwohl kann auch der Verkehrsanwalt eine **Terminsgebühr nach Nr. 3401 VV** verdienen, wenn er zusätzlich den (Einzel-)**Auftrag** erhält, an einem Termin iSd Vorb. 3 Abs. 3 VV teilzunehmen.[14] Dabei kann es sich um die Wahrnehmung eines Ortstermins oder aber auch um einen Beweistermin am Wohnsitz des Mandanten handeln. Die Terminsgebühr entsteht aber auch, wenn der Verkehrsanwalt zu einer Besprechung iSd Vorb. 3 Abs. 3 Alt. 3 VV hinzugezogen wird.

26 § 15 Abs. 5 S. 1 RVG greift nicht ein, da beide Gebühren unter den Gebühren eines Verfahrensbevollmächtigten bleiben. Er würde eine 1,3 Verfahrensgebühr nach Nr. 3100 VV und eine 1,2 Terminsgebühr nach Nr. 3104 VV, zusammen also 2,5 Gebühren verdienen. Der sowohl als Verkehrsanwalt als auch als Terminsvertreter beauftragte Rechtsanwalt erhält jedoch lediglich eine 1,0 Verfahrensgebühr nach Nr. 3400 VV und eine 1,2 Terminsgebühr nach Nr. 3104 VV, zusammen also 2,2 Gebühren. Die halbe Verfahrensgebühr nach Nr. 3401 VV geht gemäß § 15 Abs. 6 RVG in der Terminsgebühr nach Nr. 3104 VV auf.[15]

2. Einigungsgebühr

27 Für den Anfall einer **Einigungsgebühr** nach Nr. 1000 VV bzw. Nr. 1003 VV ist erforderlich, dass der Verkehrsanwalt selbst maßgeblichen Einfluss auf den Inhalt der Einigung genommen hat. Alleine die Übermittlung eines Einigungsvorschlages des Verfahrensbevollmächtigten an den Mandanten oder nur die Anwesenheit bei Einigungsgesprächen anderer Verfahrensbeteiligter reichen nicht aus, um die Einigungsgebühr zu verdienen.[16] Das gilt auch für die Revisionsinstanz.[17]

3. Verfahrensdifferenzgebühr

28 Die sog. Verfahrensdifferenzgebühr nach Nr. 3101 Ziff. 2 VV in Höhe von 0,8 kann der Verkehrsanwalt verdienen, wenn er an einer Einigung über nicht rechtshängige Ansprüche mitwirkt. In der Berufungsinstanz, in der die Verfahrensdifferenzgebühr der Nr. 3201 VV für den Prozessbevollmächtigten 1,1 beträgt, ist für den Verkehrsanwalt die Höchstgrenze von 1,0 zu beachten.

V. Anrechnung

29 Für die Verfahrensgebühr des Verkehrsanwalts nach Nr. 3400 VV gelten die allgemeinen Anrechnungsregeln. Alle Gebühren, die auf die Verfahrensgebühr des Verfahrensbevollmächtigten anzurechnen sind, müssen auch auf die Verfahrensgebühr des Verkehrsanwalts angerechnet werden. So ist beispielsweise eine zuvor gemäß § 34 Abs. 2 RVG verdiente **Ratsgebühr** ebenso anzurechnen wie eine zuvor entstandene **Geschäftsgebühr** nach Nr. 2300 VV (diese allerdings nur zur Hälfte und höchstens bis zu einer 0,75 Gebühr).[18]

30 Ferner kann es vorkommen, dass der Verkehrsanwalt zunächst im **Mahnverfahren** tätig war und erst nach Widerspruch im streitigen Verfahren die Rolle des

---

[14] Gerold/Schmidt/*Müller-Rabe* Nr. 3400 VV Rn. 58; Schneider/Wolf/*Mock/N. Schneider* Nr. 3400 VV Rn. 59.

[15] Schneider/Wolf/*Mock/N. Schneider* Nr. 3400 VV Rn. 59.

[16] OLG Frankfurt a.M. JurBüro 1986, 757; OLG Hamburg JurBüro 1981, 706; OLG Schleswig JurBüro 1980, 1668.

[17] KG NJW-RR 2007, 212.

[18] Schneider/Wolf/*Mock/N. Schneider* Nr. 3400 VV Rn. 73.

Verkehrsanwalts übernimmt. Auch dann muss er sich die im Mahnverfahren verdiente Verfahrensgebühr oder Widerspruchsgebühr auf die Verkehrsanwaltsgebühr anrechnen lassen.[19]

VI. Kostenerstattung

Seit dem **Wegfall der Lokalisation** ab 1.1.2000 hat sich die Rechtsprechung 31
zur Frage der Kostenerstattung der Gebühren des Verkehrsanwalts grundlegend geändert. Die bis zum 31.12.1999 ergangene Rechtsprechung kann kaum noch angewendet werden. Im Gegensatz zu der Zeit davor ist es heute jedem Rechtsanwalt erlaubt, auch im Zivilverfahren vor jedem Gericht (außer dem Bundesgerichtshof) aufzutreten. Die Partei und der ortsansässige „Hausanwalt" haben also die **Wahl**, ob der „Hausanwalt" den Prozess führen und auch alle Termine wahrnehmen oder ob er sich am auswärtigen Gerichtsort durch einen Terminsvertreter vertreten lassen oder sich auf die Rolle des Verkehrsanwalts (Korrespondenzanwalts) beschränken und an seiner Stelle einen am Gerichtsort ansässigen Rechtsanwalt zum Hauptbevollmächtigten bestellen soll.[20]

Betrachtet man die seit dem Wegfall der Lokalisation ergangene Rechtsprechung, 32
so wird man als **Orientierungshilfe** darauf abstellen können, ob – voraussehbar – die Reisekosten des ortsansässigen „Hausanwalts" höher wären als die Mehrkosten, die durch die Einschaltung eines Verkehrsanwalts oder Terminsvertreters entstehen.[21] Liegen die **Reisekosten höher**, wird man davon ausgehen können, dass die Kosten des Verkehrsanwalts im Falle des Obsiegens erstattungsfähig sind. Sind die **Reisekosten niedriger** als die Kosten eines Verkehrsanwalts, muss damit gerechnet werden, dass sich die Erstattung auf die fiktive Höhe der Reisekosten eines Hauptbevollmächtigten beschränkt. Im Einzelnen wird auf die Rechtsprechung des Bundesgerichtshofes verwiesen.[22]

Die durch die Inanspruchnahme eines Verkehrsanwalts entstandenen Kosten sind 33
aber jedenfalls dann erstattungsfähig, wenn es im Einzelfall notwendig war, einen Verkehrsanwalt einzuschalten. Das gilt vor allem bei einer im **Ausland ansässigen Partei**, bei **Anwendbarkeit ausländischen Rechts**[23] und bei erforderlichen **Spezialkenntnissen**.[24]

Eingeschränkt im Verhältnis zur ersten Instanz soll die Erstattungsfähigkeit der 34
Kosten eines Verkehrsanwalts im **Berufungsverfahren** sein. Insoweit hat der Bundesgerichtshof das Recht des Mandanten auf ein persönliches Gespräch mit dem Verfahrensbevollmächtigten am Sitz des Berufungsgerichts anerkannt und die fiktiven Kosten einer Informationsreise der Partei als erstattungsfähig angesehen.[25] Für die **Revisionsinstanz** steht eine Entscheidung des Bundesgerichtshofes noch aus.[26]

---

[19] Wegen weiterer Einzelfälle anzurechnender Gebühren siehe Gerold/Schmidt/*Müller-Rabe* Nr. 3400 VV Rn. 83 ff.

[20] Vgl. zur gesamten Problematik die Übersicht bei Schneider/Wolf/*Mock/N. Schneider* Nr. 3400 VV Rn. 92 ff.

[21] Hierzu eingehend Gerold/Schmidt/*Müller-Rabe* Nr. 3400 VV Rn. 89 ff. sowie Schneider/Wolf/*Mock/N. Schneider* Nr. 3400 VV Rn. 89 ff.

[22] Siehe dazu BGH NJW 2004, 2749 (12. Zivilsenat); BGH NJW 2006, 301 (4. Zivilsenat) und BGH NJW-RR 2006, 1434 (12. Zivilsenat).

[23] OLG Saarbrücken OLGR 2005, 513.

[24] OLG Koblenz NJW 2006, 1072.

[25] Dazu im Einzelnen BGH JurBüro 2004, 548; aA zuvor OLG Frankfurt a.M. AnwBl. 2000, 136; OLG Hamburg MDR 2002, 542; sa BGH NJW 2006, 301.

[26] Siehe aber OLG Hamm AnwBl. 2003, 185; OLG Nürnberg MDR 2005, 298.

VII. Gebührenteilung

35   Die – richtigerweise gemeinsam mit dem Mandanten – getroffene Entscheidung, wie bzw. mit wem der Prozess am auswärtigen Gerichtsort geführt werden soll, hat weitreichende Auswirkungen auch auf die **Abrechnungsmöglichkeiten** des Rechtsanwalts. Der Rechtsanwalt, der im Zivilprozess vor Ort die Gespräche mit dem Mandanten führt und die erteilten Informationen schriftsätzlich verarbeitet, trägt – in der Regel – die Hauptlast der anwaltlichen Tätigkeit. Er hat demgemäß ein legitimes Interesse daran, dass diese Tätigkeit auch angemessen vergütet wird, auch und gerade dann, wenn er selbst die Termine nicht wahrnehmen kann. Dieser Rechtsanwalt wird demgemäß daran denken, mit dem am Gerichtsort ansässigen Rechtsanwalt eine **Gebührenteilung** zu vereinbaren, die dieser unterschiedlichen und anders zu gewichtenden Aufgabenverteilung gerecht wird.

36   Eine solche **Gebührenteilungsabrede** zwischen Rechtsanwälten lässt § 49b Abs. 3 S. 2 BRAO ausdrücklich zu, sofern außer der Gebührenverteilung auch eine Arbeitsverteilung stattfindet.[27] Das gilt gemäß § 49b Abs. 3 S. 6 BRAO nicht für beim Bundesgerichtshof in Zivilsachen zugelassene Rechtsanwälte.

37   In der Regel werden alle anfallenden gesetzlichen Gebühren zwischen den Rechtsanwälten geteilt. Fehlt es an einer solchen Vereinbarung, ist gemäß **§ 22 BORA** von einer hälftigen Teilung aller anfallenden gesetzlichen Gebühren ohne Rücksicht auf deren Erstattungsfähigkeit auszugehen.[28] Bei **Uneinbringlichkeit** der zu teilenden Gebühren ist der Gebührenausfall zwischen den Rechtsanwälten entsprechend der vereinbarten Quoten zu verteilen.[29]

38   Die in der **Praxis** gelegentlich anzutreffende **Gebührenteilungsabrede**, dass die Verkehrsanwaltsgebühr außer Ansatz bleiben soll, weil der Mandant sie nicht zu bezahlen braucht, verstößt gegen § 49b Abs. 1 BRAO. Jeder Rechtsanwalt, der sich auf eine solche Gebührenteilung einlässt, handelt berufswidrig.

39   Die Gebührenteilungsabrede ist eine **Dienstleistungsabrede** gemäß §§ 611, 612 BGB. Sie begründet einen Leistungsaustausch ausschließlich zwischen den Rechtsanwälten. Der vertretenen Partei erwachsen daraus keinerlei Verpflichtungen.

Nr. 3401, 3402 VV

Nr.	Gebührentatbestand	Gebühr oder Satz der Gebühr nach § 13
3401	Der Auftrag beschränkt sich auf die Vertretung in einem Termin im Sinne der Vorbemerkung 3 Abs. 3: Verfahrensgebühr	in Höhe der Hälfte der dem Verfahrensbevollmächtigten zustehenden Verfahrensgebühr
3402	Terminsgebühr in dem in Nummer 3401 genannten Fall	in Höhe der einem Verfahrensbevollmächtigten zustehenden Terminsgebühr

---

[27] Dazu Hartung/*Hartung* BRAO § 49b Rn. 59–73.
[28] Dazu Hartung/*Hartung* BORA § 22 Rn. 13.
[29] LG Memmingen NJW 1996, 64; aA LG Göttingen NJW-RR 1997, 1150.

Übersicht

Rn.

I. Überblick 1
II. Anwendungsbereich 3
  1. Persönlicher Anwendungsbereich 3
  2. Sachlicher Anwendungsbereich 8
III. Gebühren nach Nr. 3401 und 3402 VV 15
  1. Verfahrensgebühr (Nr. 3401 VV) 15
    a) Entstehung 15
    b) Höhe 17
    c) Mehrere Auftraggeber 23
    d) Vorzeitige Auftragserledigung 27
  2. Terminsgebühr (Nr. 3402 VV) 29
IV. Weitere Gebühren 33
V. Gebühren des Verfahrensbevollmächtigten 34
VI. Kostenerstattung 37

I. Überblick

Die Gebührentatbestände der Nr. 3401 und 3402 VV regeln die Gebühren des 1
Rechtsanwalts, dem lediglich die Vertretung in einem Termin iSd Vorb. 3 Abs. 3 VV
übertragen ist. Er wird als **Terminsvertreter** bezeichnet.

In der Praxis wird der Terminsvertreter oft auch **Unterbevollmächtigter** 2
genannt. Diese Bezeichnung gilt als überholt.[1] Zumindest den Anwendungsbereich
der Nr. 3401 VV trifft er nicht. Ein Unterbevollmächtigter muss nicht zwingend
ein Terminsvertreter sein. Er kann vielmehr auch oder ausschließlich mit anderen
anwaltlichen Tätigkeiten beauftragt sein. Die Nr. 3401 VV meint aber in gebührenrechtlicher Hinsicht nur den Rechtsanwalt, dessen **Auftrag** die Vertretung in einem
Termin iSd Vorb. 3 Abs. 3 VV und der nicht gleichzeitig Verfahrensbevollmächtigter
ist. Das schließt nicht aus, dass ihm weitere Einzeltätigkeiten übertragen werden
können, auf die andere Gebührentatbestände (Nr. 3400, 3402, 3403 VV) anwendbar
sind.

II. Anwendungsbereich

1. Persönlicher Anwendungsbereich

Die Gebührenregelung der Nr. 3401 VV gilt für den **Wahlanwalt** und für den 3
gerichtlich **beigeordneten Rechtsanwalt** (§ 121 Abs. 4 ZPO). Gleichgültig ist,
wen der Rechtsanwalt vertreten soll. Es kann sich um den Kläger oder um den
Beklagten oder auch um einen Streitverkündeten handeln.

Voraussetzung für die Anwendbarkeit der Nr. 3401 VV ist, dass der mit der Ter- 4
minswahrnehmung beauftragte Rechtsanwalt bei Erteilung des Auftrages nicht Verfahrensbevollmächtigter ist. Unschädlich ist es, wenn er das früher einmal war oder
es später wird.

Der Mandatsvertrag zwischen dem Mandanten und dem Terminsvertreter 5
kommt regelmäßig dadurch zustande, dass der als Verfahrensbevollmächtigter
tätige Rechtsanwalt den Terminsvertreter im **Namen und Auftrag des Mandanten** mit der Wahrnehmung von Terminen beauftragt. Erteilt der Verfahrens-

---

[1] Schneider/Wolf/*Mock*/*N. Schneider* Nr. 3401–3402 VV Rn. 2.

bevollmächtigte den Auftrag zur Terminswahrnehmung im **eigenen Namen**, wird kein Vertragsverhältnis zwischen dem Mandanten und dem Terminsvertreter begründet. Die Pflicht zur Entschädigung des Terminsvertreters richtet sich dann nach der **internen Vereinbarung** zwischen dem Terminsvertreter und dem Verfahrensbevollmächtigten, der für die Ansprüche des Terminsvertreters einzustehen hat. Für die interne Vereinbarung zwischen beiden Rechtsanwälten gilt weder das RVG noch das Verbot der Gebührenunterschreitung gemäß § 49b Abs. 1 BRAO.[2]

6   Nicht erforderlich ist es, dass **neben** dem Terminsvertreter ein anderer Rechtsanwalt als **Verfahrensbevollmächtigter** beauftragt wird. Denkbar ist auch, dass der Terminsvertreter einen Termin neben dem Verfahrensbevollmächtigten wahrnimmt oder dass der Mandant vor einem auswärtigen Gericht einen Prozess ohne anwaltliche Vertretung führt und nur zur Wahrnehmung eines gerichtlichen Termins einen am Sitz des Prozessgerichts niedergelassenen Rechtsanwalt beauftragt, für ihn als bloßer Terminsvertreter tätig zu werden.[3]

7   Ist eine **überörtliche Sozietät** beauftragt, kann nur die Sozietät, nicht aber ein einzelnes Mitglied der Sozietät Terminsvertreter sein. Der Mandatsvertrag wird mit der partei- und rechtsfähigen Sozietät geschlossen. Die Nr. 3401 und 3402 VV gelten deshalb nicht.[4]

2. Sachlicher Anwendungsbereich

8   Die Nr. 3401 VV betrifft alle in **Teil 3 VV** geregelten Verfahren. Das sind bürgerliche Rechtsstreitigkeiten, Verfahren der freiwilligen Gerichtsbarkeit und der öffentlich-rechtlichen Gerichtsbarkeit, Verfahren nach dem Strafvollzugsgesetz und ähnliche Verfahren (Überschrift zu Teil 3 VV).

9   Nr. 3401 VV gilt auch in **Beschwerdeverfahren** und in Verfahren der **Zwangsvollstreckung** und der **Prozesskostenhilfe**.[5]

10 **Nicht anwendbar** ist die Nr. 3401 VV auf die in **Teil 2 VV** geregelten außergerichtlichen Tätigkeiten und auf die **Teile 4–6 VV**. Für Einzeltätigkeiten in Strafsachen gilt Nr. 4301 Ziff. 3 VV, für Bußgeldsachen Nr. 5200 VV und für Verfahren nach Teil 6 VV die Nr. 6404 VV.

11 Die Verfahrensgebühr der Nr. 3401 VV erfasst die **Wahrnehmung von Terminen**. Auch wenn Nr. 3401 VV nur von „einem" Termin spricht, ist das nicht im Sinne eines Zahlworts zu verstehen.[6] Deshalb kann der Terminsvertreter sowohl mit der Wahrnehmung eines einzigen Termins als auch mehrerer Termine beauftragt werden. Gleichgültig ist es auch, ob der Termin vor dem Prozessgericht oder vor einem ersuchten oder beauftragten Richter stattfindet.

12 In Betracht kommen Termine zu einer Güteverhandlung oder zur mündlichen Verhandlung, zur Erörterung oder zur Beweisaufnahme und auch ein von einem gerichtlichen Sachverständigen anberaumter Termin sein. Auch die auf die Erledigung des Verfahrens gerichteten Besprechungen ohne Beteiligung des Gerichts (Vorb. 3 Abs. 3 Alt. 3 VV) gehören dazu.[7]

---

[2] BGH NJW 2001, 753; BGH NJW 2006, 3569; sa *Enders* JurBüro 2004, 627 und JurBüro 2005, 1.

[3] Schneider/Wolf/*Mock*/*N. Schneider* Nr. 3401–3402 VV Rn. 17.

[4] Ebenso Gerold/Schmidt/*Müller-Rabe* Nr. 3401 VV Rn. 10; aA Schneider/Wolf/*Mock*/*N. Schneider* Nr. 3401–3402 VV Rn. 18.

[5] Strittig, siehe dazu Schneider/Wolf/*N. Schneider* Vorb. Nr. 3400 ff. VV Rn. 7.

[6] Gerold/Schmidt/*Müller-Rabe* Nr. 3401 VV Rn. 7; Schneider/Wolf/*Mock*/*N. Schneider* Nr. 3401–3402 VV Rn. 14.

[7] Gerold/Schmidt/*Müller-Rabe* Nr. 3401 VV Rn. 17 f.; Schneider/Wolf/*Mock*/*N. Schneider* Nr. 3401–3402 VV Rn. 20 ff.; sa *Enders* JurBüro 2005, 1 (2).

Nicht anwendbar ist die Nr. 3401 VV auf folgende Termine: 13
- zur Verkündung einer Entscheidung;
- zur Protokollierung einer Einigung (siehe aber Nr. 3403 VV);
- zur Erklärung einer Partei über die Echtheit einer Urkunde;
- zur Anhörung einer Partei gemäß § 141 ZPO;
- zur persönlichen Anhörung gemäß §§ 128 Abs. 2, 157 FamFG.

Der von dem Terminsvertreter wahrzunehmende Termin braucht im Zeitpunkt der 14
Beauftragung noch nicht anberaumt zu sein. Eine vorzeitige Beauftragung löst die
Gebühr nach Nr. 3401 VV allerdings noch nicht aus.

III. Gebühren nach Nr. 3401 und 3402 VV

1. Verfahrensgebühr (Nr. 3401 VV)

a) Entstehung. Die Verfahrensgebühr nach Nr. 3401 VV entsteht mit der ersten 15
Tätigkeit des Terminsvertreters nach Erteilung des Auftrags. Das kann die Entgegennahme
von Informationen, eine Beschäftigung mit dem Verfahrensgegenstand oder
die Bestellung bei Gericht sein.

Die Gebühr entsteht nicht, wenn der Termin, den der Terminsvertreter wahrneh- 16
men soll, nicht stattfindet. An die Stelle der Gebühr nach Nr. 3401 VV tritt dann
die Gebühr gemäß Nr. 3405 Ziff. 2 VV.

b) Höhe. Die Höhe der Verfahrensgebühr beträgt die **Hälfte** der dem Verfahrens- 17
bevollmächtigten zustehenden Verfahrensgebühr. Dabei ist zu unterscheiden, ob sie
als Wertgebühr oder als Betragsrahmengebühr anfällt.

aa) Verfahrensgebühr als Wertgebühr. Umstritten ist, ob auf die im Einzelfall 18
tatsächlich entstandene Verfahrensgebühr des Verfahrensbevollmächtigten abzustellen
ist (**konkrete** Berechnungsweise)[8] oder ob es auf die im Vergütungsverzeichnis
jeweils festgelegte Höhe ankommt (**abstrakte** Berechnungsweise).[9]

Die überzeugenderen Argumente sprechen für die **abstrakte Berechnungs-** 19
weise. Entscheidend ist der Umfang der Tätigkeit des Terminsvertreters. Käme es
auf die Höhe der dem Verfahrensbevollmächtigten konkret zustehenden Verfahrensgebühr
an, käme es zu Schwierigkeiten bei mehreren Auftraggebern, bei der Verhandlung
und Protokollierung über nicht anhängige Gegenstände und auch bei
vorzeitiger Beendigung des Mandats des Verfahrensbevollmächtigten.[10]

Demgemäß beträgt die Hälfte der dem Verfahrensbevollmächtigten zustehenden 20
Verfahrensgebühr in der **ersten Instanz** (Nr. 3100 VV = 1,3:2) 0,65, in der **Berufungsinstanz**
(Nr. 3200 VV = 1,6:2) 0,8 und in der **Revisionsinstanz**
(Nr. 3206 VV = 1,6:2) ebenfalls 0,8.

bb) Verfahrensgebühr als Betragsrahmengebühr. Ihre Höhe errechnet sich 21
aus dem gleichen Rahmen, der dem Verfahrensbevollmächtigten zur Verfügung
steht, jedoch kann der Terminsvertreter seiner Gebührenberechnung nur den halben
Rahmen zugrunde legen, wobei der jeweilige **Mindestbetrag unberührt** bleibt.
Daraus ergibt sich für den Terminsvertreter ab 1.8.2013 auf der Grundlage der
durch das **2. KostRMoG** geänderten Gebühren[11] folgender – im Vergleich zum
Verfahrensbevollmächtigten **hälftiger** – Gebührenrahmen:

---

[8] So Gerold/Schmidt/*Müller-Rabe* Nr. 3401 VV Rn. 26.

[9] So Schneider/Wolf/*Mock/N. Schneider* Nr. 3401–3402 VV Rn. 48 f.; sa *Enders* JurBüro
2005, 1; *Hansens* RVGreport 2004, 369, 373.

[10] So überzeugend Schneider/Wolf/*Mock/N. Schneider* Nr. 3401–3402 VV Rn. 49.

[11] Für die vorher geltenden Gebührenbeträge siehe die Vorauflage Nr. 3401, 3402 VV
Rn. 21.

Nr. 3401, 3402 VV   Teil 3. Bürgerliche Rechtsstreitigkeiten

- Erste Instanz (Nr. 3102 VV): 50 EUR bis 275 EUR (**Mittelgebühr** 162,50 EUR)
- Berufungsinstanz (Nr. 3204 VV): 60 EUR bis 340 EUR (**Mittelgebühr** 200 EUR)
- Revisionsinstanz (Nr. 3212 VV): 80 EUR bis 440 EUR (**Mittelgebühr** 260 EUR)

22 Die aus diesen Rahmengebühren vom Terminsvertreter gemäß § 14 RVG bestimmte Gebühr darf den **Höchstbetrag** von 420 EUR nicht übersteigen (Nr. 3400 VV).

23 **c) Mehrere Auftraggeber.** Bei mehreren Auftraggebern ist die Verfahrensgebühr nach Nr. 3401 VV nach Maßgabe der Nr. 1008 VV zu erhöhen. Auch hier ist umstritten, ob konkret oder abstrakt zu rechnen ist.[12]

24 Die konkrete **Berechnungsweise** besteht darin, ausschließlich auf die tatsächlich verdiente Verfahrensgebühr des Verfahrensbevollmächtigten abzustellen und dem Terminsvertreter die Hälfte der bereits nach Nr. 1008 VV erhöhten Verfahrensgebühr entsprechend Nr. 3401 VV zuzubilligen.

25 Die **abstrakte Berechnungsweise,** die für den Terminsvertreter vorteilhafter ist, berücksichtigt zunächst die Hälfte der − nicht nach Nr. 1008 VV erhöhten − Verfahrensgebühr des Verfahrensbevollmächtigten und erhöht diese Hälfte für jeden weiteren Auftraggeber. Bei zwei Auftraggebern erhält der Terminsvertreter dann eine Verfahrensgebühr von 0,65 + 0,3 = 0,95, während er nach der ersten Methode lediglich 0,8 erhält (1,3 + 0,3 = 1,6: 2 = 0,8).

26 Da es Sinn und Zweck von Nr. 1008 VV ist, dem jeweiligen Rechtsanwalt die Mehrarbeit zu vergüten, die für ihn mit der Zusammenarbeit mit mehreren Auftraggeber verbunden ist, empfiehlt sich die **abstrakte Berechnungsweise.** Demgemäß erhöht sich die **halbe Verfahrensgebühr,** wenn der Terminsvertreter in derselben Angelegenheit und wegen desselben Gegenstands mehrere Personen als Auftraggeber hat, um 0,3 für jeden weiteren Auftraggeber, maximal auf 2,0 (Nr. 1008 VV).

27 **d) Vorzeitige Auftragserledigung.** Die Verfahrensgebühr als **Wertgebühr** verringert sich auf 0,5, wenn der Auftrag endet, bevor der Terminsvertreter an dem Termin, dessen Wahrnehmung ihm übertragen war, teilgenommen hat (Nr. 3405 Ziff. 2 VV).[13] Erhält der Terminsvertreter Betragsrahmengebühren, halbiert sich der bereits halbierte Rahmen (→ Rn. 21) erneut. Der Rahmen für die vom Terminsvertreter gemäß § 14 RVG zu bestimmende **Betragsrahmengebühr** ist dann ab 1.8.2013 auf der Grundlage der durch das **2. KostRMoG** geänderten Gebühren aus folgendem Rahmen zu entnehmen:[14]

- Erste Instanz (Nr. 3102 VV): 50 EUR bis 137,50 EUR (**Mittelgebühr** 93,75 EUR),
- Berufungsinstanz (Nr. 3204 VV): 60 EUR bis 170 EUR (**Mittelgebühr** 115 EUR)
- Revisionsinstanz (Nr. 3212 VV): 80 EUR bis 220 EUR (**Mittelgebühr** 150 EUR)

28 Die aus diesen Rahmengebühren vom Terminsvertreter gemäß § 14 RVG bestimmte Gebühr darf den **Höchstbetrag** von 210 EUR nicht übersteigen (Nr. 3405 VV).

2. Terminsgebühr (Nr. 3402 VV)

29 Für die Teilnahme an einem Termin iSd Vorb. 3 Abs. 3 VV erhält der Rechtsanwalt die Gebühr des Verfahrensbevollmächtigten, dh eine Gebühr von 1,2 entsprechend der Regelung in Nr. 3104 VV,[15] im Falle eines Versäumnisurteils oder wenn

---

[12] Vgl. zu der Problematik umfassend *Enders* JurBüro 2005, 1, 4, 5.

[13] Dazu *Enders* JurBüro 2005, 1.

[14] Für die vorher geltenden Gebührenbeträge siehe die Vorauflage Nr. 3401, 3402 VV Rn. 28.

[15] Schneider/Wolf/*Mock/N. Schneider* Nr. 3401−3402 VV Rn. 87 f.; **aA** LG Mönchengladbach JurBüro 2009, 251.

Anträge zur Prozess- und Sachleitung gestellt werden in Höhe von 0,5 entsprechend der Regelung in Nr. 3105 VV.[16] In Verfahren der freiwilligen Gerichtsbarkeit entsteht die Gebühr auch dann, wenn im Einverständnis mit den Beteiligten oder aus besonderen Gründen ausnahmsweise ohne mündliche Verhandlung entschieden wird.[17]

Bei **Betragsrahmengebühren** bestimmt der Terminsvertreter gemäß § 14 Abs. 1 RVG die Gebühr nach billigem Ermessen selbst, wobei er den Gebührenrahmen bis zur Höchstgebühr ausschöpfen kann.[18] 30

Grundsätzlich ist es unerheblich, wie viele Termine der Terminsvertreter in jedem Rechtszug wahrnimmt. Seine Gebühr beschränkt sich auf höchstens 1,2. Dies ist unabhängig davon, ob der Rechtsanwalt von vornherein den umfassenden Auftrag hatte, alle evtl. Termine wahrzunehmen oder ob er nach Beendigung seines ersten Auftrags gebeten wird, einen weiteren Termin in diesem Rechtszug wahrzunehmen. Gemäß § 15 Abs. 1 und 5 RVG bleibt es stets bei einer Gebühr von 1,2.[19] 31

Entsprechendes gilt, wenn es nach Erlass eines Versäumnisurteils und Einspruch gegen ein solches Urteil zu einem weiteren Termin kommt. Unabhängig davon ob in diesem zweiten – weiteren – Termin ein streitiges Urteil oder ein zweites Versäumnisurteil ergeht: Der Terminsvertreter erhält jetzt eine Gebühr von 1,2, während die im ersten Termin verdiente Gebühr von 0,5 „untergeht". 32

IV. Weitere Gebühren

Auch beim Terminsvertreter kann eine **Einigungsgebühr** entstehen, wenn er am Zustandekommen der Einigung mitgewirkt hat und mit einem entsprechenden Auftrag des Mandanten versehen war. Der Auftrag kann auch nachträglich dadurch erteilt werden, dass der Mandant oder der Verfahrensbevollmächtigte im Auftrag des Mandanten zustimmt (genehmigt) bzw. auf einen vorbehaltenen Widerruf verzichtet.[20] 33

V. Gebühren des Verfahrensbevollmächtigten

Der Verfahrensbevollmächtigte, der sich eines Terminsvertreters bedient, erhält eine **Verfahrensgebühr** von 1,3 in der ersten und von 1,6 in der zweiten Instanz. 34

Eine **Terminsgebühr** kann der Verfahrensbevollmächtigte neben dem Terminsvertreter beanspruchen, wenn er an einem Termin iSd Vorb. 3 Abs. 3 VV teilnimmt oder wenn er Besprechungen zur Erledigung des Verfahrens führt, andernfalls es bei der 1,3 Verfahrensgebühr verbleibt. Der Terminsvertreter steht sich mit insgesamt 1,85 Gebühren (0,65 Verfahrensgebühr und 1,2 Terminsgebühr) besser, soweit der Verfahrensbevollmächtigte mit ihm nicht eine abweichende Gebührenregelung vereinbart.[21] 35

In Betracht kommt schließlich auch eine **Einigungsgebühr** nach den Nr. 1000 ff. VV, wenn er an der Einigung mitgewirkt hat. Dafür reicht es aus, wenn der Verfahrensbevollmächtigte mit dem Terminsvertreter zuvor den Einigungsrahmen abgesprochen oder den Inhalt eines bereits ausgehandelten Ver- 36

---

[16] Schneider/Wolf/*Mock*/*N. Schneider* Nr. 3401–3402 VV Rn. 62.
[17] BGH NJW 2006, 2495 zu einem Verfahren in einer Wohnungseigentümersache.
[18] Schneider/Wolf/*Mock*/*N. Schneider* Nr. 3401–3402 VV Rn. 72.
[19] Schneider/Wolf/*Mock*/*N. Schneider* Nr. 3401–3402 VV Rn. 66.
[20] Schneider/Wolf/*Mock*/*N. Schneider* Nr. 3401–3402 VV Rn. 78.
[21] *Enders* JurBüro 2004, 627 (629).

gleichs mit dem Mandanten bespricht oder den Vergleichsschluss in sonstiger Weise beeinflusst.

VI. Kostenerstattung

37 Die Rechtsprechung zur Kostenerstattung bzgl. der Kosten des Terminsvertreters ist vielfältig und differenzierend. In der Regel kommt es auf den Einzelfall an und insbesondere darauf, inwieweit es dem Verfahrensbevollmächtigten zumutbar ist, zu einem auswärtigen Gerichtstermin anzureisen.

38 Grundsätzlich lässt sich sagen, dass die Kosten, die mit der Einschaltung eines Terminsvertreters entstanden sind, immer dann erstattungsfähig sind, wenn sie **unterhalb der Reisekosten** des Verfahrensbevollmächtigten liegen oder derartige Reisekosten nur geringfügig überschreiten.[22]

39 Die Kosten eines Terminsvertreters sind jedenfalls immer dann zu erstatten, wenn daneben **kein Verfahrensbevollmächtigter bestellt** wird, also etwa im Parteienprozess, in dem sich die ansonsten anwaltlich nicht vertretene Partei nur im Verhandlungs- oder Beweisaufnahmetermin anwaltlich vertreten lässt. Dann liegen die Kosten des Terminsvertreters nämlich stets unter denen eines Verfahrensbevollmächtigten, der für den gesamten Prozess bestellt worden wäre.

40 Der Erstattungsfähigkeit der Kosten eines Terminvertreters steht nicht entgegen, dass ein **Termin wieder abgesetzt** oder eine mündliche Verhandlung nicht durchgeführt wird, sofern bei Beauftragung des Terminsvertreters noch mit der Durchführung einer mündlichen Verhandlung gerechnet werden musste und die Absetzung des Termins nicht absehbar war. Für die Erstattungsfähigkeit ist allein entscheidend, dass zum Zeitpunkt der Auftragserteilung durch den Hauptbevollmächtigten bereits ein Termin zur mündlichen Verhandlung anberaumt ist.[23]

Nr. 3403 VV

Nr.	Gebührentatbestand	Gebühr oder Satz der Gebühr nach § 13
3403	Verfahrensgebühr für sonstige Einzeltätigkeiten, soweit in Nummer 3406 nichts anderes bestimmt ist	0,8
	Die Gebühr entsteht für sonstige Tätigkeiten in einem gerichtlichen Verfahren, wenn der Rechtsanwalt nicht zum Prozess- oder Verfahrensbevollmächtigten bestellt ist, soweit in diesem Abschn. nichts anderes bestimmt ist.	

Übersicht

	Rn.
I. Überblick	1
II. Anwendungsbereich	3
1. Persönlicher Anwendungsbereich	3
2. Sachlicher Anwendungsbereich	5
III. Entstehung und Höhe der Gebühr	14
IV. Kostenerstattung	18

---

[22] Vgl. zum Ganzen sehr eingehend Gerold/Schmidt/*Müller-Rabe* Nr. 3401 VV Rn. 65 ff.; sowie Schneider/Wolf/*Mock/N. Schneider* Nr. 3401–3402 VV Rn. 107 ff.
[23] OLG Nürnberg RVGreport 2008, 352.

Abschnitt 4. Einzeltätigkeiten **Nr. 3403 VV**

I. Überblick

Die Nr. 3403 VV ist eine **Auffang-** oder **Hilfsvorschrift**, die bei **Einzeltätigkeiten** in den in Teil 3 VV geregelten **gerichtlichen** Verfahren für „**sonstige Tätigkeiten**" gebührenrechtliche Lücken schließen soll. Sie ergänzt die Nr. 3401 und 3402 VV und ist nur anwendbar, wenn der Rechtsanwalt nicht als Verfahrensbevollmächtigter beauftragt ist. Bei Einzeltätigkeiten in Verfahren vor Gerichten der Sozialgerichtsbarkeit, in denen der Rechtsanwalt Betragsrahmengebühren nach § 3 RVG erhält, geht allerdings die speziellere Vorschrift der Nr. 3406 VV vor. 1

Auch wenn das **2. KostRMoG** die Nr. 3403 VV unberührt gelassen hat, ergibt sich mittelbar eine Änderung des Anwendungsbereichs dieser Vorschrift aus der Erweiterung des Anwendungsbereichs der Terminsgebühr in Vorb. 3 Abs. 3 VV. So ist beispielsweise die **Vertretung** eines Verfahrensbevollmächtigten in einem Anhörungs- oder Protokollierungstermin nicht mehr als Einzeltätigkeit, sondern als Terminsvertretung iSd Nr. 3402 VV zu werten.[1] 2

II. Anwendungsbereich

1. Persönlicher Anwendungsbereich

Die Gebührenregelung der Nr. 3403 VV gilt für den **Wahlanwalt** und für den gerichtlich **beigeordneten Rechtsanwalt** (§ 121 Abs. 4 ZPO). Sie unterscheidet nicht, wen der Rechtsanwalt vertreten soll. Es kann sich um den Kläger oder um den Beklagten handeln. 3

Nicht anwendbar ist die Nr. 3403 VV auf den **Verkehrsanwalt** und den **Terminsvertreter**. Das folgt aus der Anm. zu Nr. 3403 VV, die besagt, dass die Verfahrensgebühr nach Nr. 3403 VV nur entsteht, wenn in Teil 3 Abschn. 4 VV nichts anderes bestimmt ist. Damit sind die Gebührentatbestände der Nr. 3400 VV (Verkehrsanwalt) und der Nr. 3401 und 3402 VV (Terminsvertreter) gemeint.[2] 4

2. Sachlicher Anwendungsbereich

Die Nr. 3403 VV betrifft alle in **Teil 3 VV** geregelten Verfahren. Das sind bürgerliche Rechtsstreitigkeiten, Verfahren der freiwilligen Gerichtsbarkeit und der öffentlich-rechtlichen Gerichtsbarkeit, Verfahren nach dem Strafvollzugsgesetz und ähnliche Verfahren (Überschrift zu Teil 3 VV). 5

Nr. 3403 VV gilt auch in **Beschwerdeverfahren** und in Verfahren der **Zwangsvollstreckung** und der **Prozesskostenhilfe**.[3] 6

Nicht anwendbar ist die Nr. 3403 VV auf die in **Teil 2 VV** geregelten außergerichtlichen Tätigkeiten und auf die **Teile 4–6 VV**. Für Einzeltätigkeiten in Strafsachen gilt Nr. 4301 Ziff. 3 VV, für Bußgeldsachen Nr. 5200 VV und für Verfahren nach Teil 6 VV die Nr. 6404 VV. 7

Welche **Einzeltätigkeiten** die Gebühr der Nr. 3403 VV auslösen können, wird im Vergütungsverzeichnis nicht im Detail abschließend bestimmt.[4] Das Gesetz arbeitet insoweit mit einer **Generalklausel**. In Nr. 3403 Ziff. 2 VV wird der Anwen- 8

---

[1] *Schneider/Thiel* § 3 Rn. 1052 und 1060.

[2] Riedel/Sußbauer/*Keller* Teil 3 Abschn. 4 VV Rn. 48; mit abweichender Begründung und für den Terminsvertreter auf den Einzelfall abstellend Schneider/Wolf/*N. Schneider* Nr. 3403–3404 VV Rn. 17 f.

[3] Strittig, siehe dazu Schneider/Wolf/*N. Schneider* Vorb. Nr. 3400 ff. VV Rn. 7.

[4] Zur Abgrenzung eines Auftrags für „sonstige Einzeltätigkeiten" nach Nr. 3403 VV von einem umfassenden Verfahrensauftrag siehe BGH NJW 2006, 491.

dungsbereich mit dem **Oberbegriff** „sonstige Tätigkeiten in einem gerichtlichen Verfahren" umschrieben. Der Begriff der **sonstigen Tätigkeiten** wird nicht weiter eingegrenzt.

9 Nach **allgemeiner Meinung** gilt die Nr. 3403 VV im Anschluss an die frühere Regelung des § 56 BRAGO vor allem für die
- Einreichung von Schriftsätzen;
- Anfertigung von Schriftsätzen;
- Unterzeichnung von Schriftsätzen;
- Anfertigung einer Gegenvorstellung;[5]
- Rüge anderweitiger Rechtshängigkeit;[6]
- Kostenanträge gemäß §§ 269 Abs. 4, 516 Abs. 3 S. 2 ZPO;[7]
- Richterablehnung;[8]
- Wahrnehmung von anderen als zur mündlichen Verhandlung oder zur Beweisaufnahme bestimmten Terminen, aber → Rn. 2.

10 Letzteres ist beispielsweise auch der Fall, wenn der Rechtsanwalt, der bislang an dem Verfahren nicht beteiligt war, ausdrücklich nur beauftragt wird, das Urteil entgegenzunehmen[9] oder wenn der so genannte „**Fluranwalt**" in einer Familiensache gebeten wird, nach Verkündung des Urteils für eine bislang anwaltlich nicht vertretene Partei Rechtsmittelverzicht zu erklären.[10]

11 Im **Einzelfall** wird stets zu überprüfen sein, wann und mit welchem Auftrag der Rechtsanwalt von der bislang anwaltlich nicht vertretenen Partei hinzugezogen wird. Tritt er erst nach Verkündung des Urteils auf und erklärt für die Partei ohne vorherige Beratung ausschließlich den Rechtsmittelverzicht, verbleibt es bei einer Gebühr nach Nr. 3403 VV.

12 Anders kann es sich verhalten, wenn der Rechtsanwalt schon **vor der Verkündung** des Urteils dem Auftraggeber Beistand leistet, ihn hinsichtlich einer einvernehmlichen Scheidung berät und erst dann nach Verkündung des Urteils Rechtsmittelverzicht erklärt. In diesem Fall liegt ein umfassender Verfahrensauftrag vor, der die Gebühren nach Nr. 3100 VV bzw. nach Nr. 3104 VV auslöst.[11]

13 Ob die Verfahrensgebühr nach Nr. 3403 VV auch für Einzeltätigkeiten des beim Bundesgerichtshof **nicht postulationsfähigen** Rechtsanwalts im Rahmen einer vom Prozessgegner betriebenen Nichtzulassungsbeschwerde anfallen kann, ist umstritten.[12]

III. Entstehung und Höhe der Gebühr

14 Die Verfahrensgebühr nach Nr. 3403 VV **entsteht** mit der ersten Tätigkeit, die der Rechtsanwalt nach Auftragserteilung entfaltet.
15 Die **Höhe** der Gebühr beträgt 0,8.
16 Bei **mehreren Auftraggebern** erhöht sich die Gebühr für jeden weiteren Auftraggeber um 0,3, höchstens auf 2,0, sofern die Auftraggeber gemeinschaftlich beteiligt sind (Nr. 1008 VV).
17 **Endet der Auftrag vorzeitig,** so reduziert sich die Gebühr gemäß Nr. 3405 VV auf 0,5, wie sich aus der Anm. zu Nr. 3405 VV ergibt. Von einer vorzeitigen Beendi-

---

[5] Schneider/Wolf/*N. Schneider* Nr. 3403–3404 VV Rn. 23.
[6] OLG Hamburg JurBüro 1994, 492.
[7] OLG München JurBüro 1971, 438.
[8] Gerold/Schmidt/*Müller-Rabe* Nr. 3403 VV Rn. 28; sa *Schneider* MDR 2001, 130.
[9] Gerold/Schmidt/*Müller-Rabe* Nr. 3403 VV Rn. 15.
[10] Gerold/Schmidt/*Müller-Rabe* Nr. 3403 VV Rn. 16; vgl. auch *Schneider* AGS 2003, 147 f.
[11] Gerold/Schmidt/*Müller-Rabe* Nr. 3403 VV Rn. 21 ff.
[12] Dazu BGH NJW 2006, 2266 und NJW 2007, 1461; OLG Köln JurBüro 2010, 654.

gung ist auszugehen, wenn der Rechtsanwalt noch nicht getan hat, was er tun sollte,[13] so zB wenn er entgegen den ihm erteilten jeweiligen Auftrag, einen Schriftsatz anzufertigen, zu unterschreiben oder einzureichen den Schriftsatz nicht angefertigt, nicht unterschrieben oder nicht bei Gericht eingereicht hat.

IV. Kostenerstattung

Ob die Gebühr für Einzeltätigkeiten des Rechtsanwalts erstattungsfähig ist, lässt sich nur im **Einzelfall** beantworten. 18

Grundsätzlich ist die Gebühr nach Nr. 3403 VV nur dann erstattungsfähig, wenn die Einzeltätigkeit, sofern sie der Verfahrensbevollmächtigte erbracht hätte, nach § 91 Abs. 2 S. 1 ZPO erstattungsfähig gewesen wäre. Wenn also eine Einzeltätigkeit einem Rechtsanwalt **neben** dem Verfahrensbevollmächtigten übertragen wird, obwohl auch der Verfahrensbevollmächtigte diese Tätigkeit hätte erbringen können, wird die Erstattungsfähigkeit regelmäßig abzulehnen sein. 19

Demgegenüber ist die **Erstattungsfähigkeit zu bejahen,** wenn eine Partei sich im gesamten Verfahren selbst vertritt und nur bestimmte Einzeltätigkeiten, wie etwa den Rechtsmittelverzicht, einem Rechtsanwalt überlässt. 20

Hätte der Verfahrensbevollmächtigte ohne die Einschaltung eines weiteren Rechtsanwalts für die Erledigung bestimmter Einzeltätigkeiten **zusätzliche Kosten** aufwenden müssen (zB Reisekosten), wird die Gebühr nach Nr. 3403 VV bis zur Höhe der ersparten Kosten erstattungsfähig sein.[14] 21

Nr. 3404 VV

Nr.	Gebührentatbestand	Gebühr oder Satz der Gebühr nach § 13
3404	Der Auftrag beschränkt sich auf ein Schreiben einfacher Art: Die Gebühr 3403 beträgt .... Die Gebühr entsteht insbesondere, wenn das Schreiben weder schwierige rechtliche Ausführungen noch größere sachliche Auseinandersetzungen enthält.	0,3

I. Überblick

Die Nr. 3404 VV ist wie Nr. 3403 VV eine **Auffang-** oder **Hilfsvorschrift.** Sie ergänzt die Nr. 3403 VV für Schreiben einfacher Art und ist ebenfalls nur anwendbar, wenn der Rechtsanwalt nicht als Verfahrensbevollmächtigter beauftragt ist. 1

II. Anwendungsbereich

Nr. 3404 VV ist anwendbar, wenn sich der Auftrag auf ein Schreiben einfacher Art im Bereich **gerichtlicher** Verfahren beschränkt. Wie bei Nr. 2301 VV, die ein einfaches außergerichtliches Schreiben betrifft, kommt es auf den Inhalt des erteilten Auftrags an. Die Anm. zu Nr. 3404 VV erläutert, dass der Gebührentatbestand dann Anwendung findet, wenn das Schreiben weder schwierige rechtliche Ausführungen noch größere sachliche Auseinandersetzungen enthält. 2

---

[13] Gerold/Schmidt/*Müller-Rabe* Nr. 3403 VV Rn. 47 ff.
[14] Ausführlich dazu Schneider/Wolf/*N. Schneider* Nr. 3403–3404 VV Rn. 68–76.

3   Zu denken ist an **Kostenanträge** gemäß §§ 269 Abs. 4, 516 Abs. 3 S. 2 ZPO sowie an den schriftsätzlich erklärten **Rechtsmittelverzicht**, ohne dass vom Auftraggeber eine anwaltliche Prüfung über die Sinnhaftigkeit eines solchen Verzichts verlangt wurde. Wird der Rechtsmittelverzicht vor Gericht nach Verkündung des Urteils erklärt, kommt allerdings Nr. 3403 VV in Betracht.

III. Entstehung und Höhe der Gebühr

4   Die Gebühr **entsteht** mit der ersten Tätigkeit nach Erhalt des Auftrags. Das wird meist die Entgegennahme von Informationen sein. Zur Entstehung der Gebühr ist es nicht erforderlich, dass der Rechtsanwalt ein einfaches Schreiben fertigt oder abschickt.
5   Die Höhe der Gebühr beträgt 0,3. Das gilt für alle Instanzen.
6   Bei **mehreren Auftraggebern** erhöht sich die Gebühr für jeden weiteren Auftraggeber um 0,3, höchstens auf 2,0, sofern die Auftraggeber gemeinschaftlich beteiligt sind (Nr. 1008 VV).
7   **Erledigt** sich der Auftrag **vorzeitig**, wird die Gebühr nicht reduziert. Das ergibt sich aus der Nr. 3406 VV, die auf Nr. 3404 VV nicht verweist.

Nr. 3405 VV

Nr.	Gebührentatbestand	Gebühr oder Satz der Gebühr nach § 13
3405	Endet der Auftrag 1. im Fall der Nummer 3400, bevor der Verfahrensbevollmächtigte beauftragt oder der Rechtsanwalt gegenüber dem Verfahrensbevollmächtigten tätig geworden ist, 2. im Fall der Nummer 3401, bevor der Termin begonnen hat: Die Gebühren 3400 und 3401 betragen .... Im Fall der Nummer 3403 gilt die Vorschrift entsprechend	höchstens 0,5, bei Betragsrahmengebühren höchstens 210,00 €

I. Überblick

1   Die Nr. 3405 VV reduziert die Gebühren der Nr. 3400, 3401 und 3403 VV im Falle einer **vorzeitigen Beendigung** des Auftrages bei Wertgebühren auf höchstens 0,5, bei Betragsrahmengebühren auf höchstens 210 EUR. Der Gebührentatbestand ist der Nr. 3101 Ziff. 1 VV nachgebildet. Der bisherige Höchstbetrag einer Betragsrahmengebühr von 130 EUR ist durch das **2. KostRMoG** mit Wirkung ab 1.8.2013 auf 210 EUR angehoben worden.

II. Anwendungsbereich

2   Die Verringerung der Verfahrensgebühr als Wertgebühr auf höchstens 0,5, bei Betragsrahmengebühren auf höchstens 210 EUR, betrifft im Einzelnen folgende Gebührentatbestände:

1. Verkehrsanwaltsgebühr nach Nr. 3400 VV

3   **Nr. 3405 Ziff. 1 VV** betrifft die Verfahrensgebühr nach Nr. 3400 VV. Diese Verfahrensgebühr verringert sich, wenn sich der Auftrag des Verkehrsanwalts erledigt,

bevor der Verfahrensbevollmächtigte beauftragt oder der Rechtsanwalt gegenüber dem Verfahrensbevollmächtigten tätig geworden ist.

Bei der zweiten Alternative von Nr. 3400 VV (**Übersendung der Akten** an den Rechtsanwalt des höheren Rechtszuges verbunden mit gutachterlichen Äußerungen) tritt die Reduzierung der Gebühr ein, wenn sich der Auftrag erledigt, bevor die gutachterlichen Äußerungen dem anderen Rechtsanwalt (Verfahrensbevollmächtigten) übersendet worden sind.[1]

In beiden Fällen ist zu beachten, dass sich bei **mehreren Auftraggeben** nur die Verfahrensgebühr nach Nr. 1008 VV reduziert, nicht aber die **Erhöhungsgebühr** nach Nr. 1008 VV. Der Rechtsanwalt, der beispielsweise von zwei Auftraggeben beauftragt ist, erhält also bei einer Reduzierung der Verfahrensgebühr nach Nr. 3405 VV auf 0,5 iVm Nr. 1008 VV eine Gebühr von insgesamt 0,8. Bei **Betragsrahmengebühren** gilt die Höchstgrenze von 210 EUR, die sich aber bei mehreren Auftraggebern um jeweils 30 % pro Auftraggeber erhöhen kann.

2. Verfahrensgebühr nach Nr. 3401 VV

Nr. 3405 Ziff. 2 VV betrifft die Verfahrensgebühr nach Nr. 3401 VV. Kommt es zu einem Auftragsende, bevor der Termin begonnen hat, erfolgt auch hier eine Reduzierung der Terminsgebühr auf 0,5. Die bei mehreren Auftraggebern anfallende Erhöhungsgebühr nach Nr. 1008 VV bleibt ungekürzt.

Bei **Betragsrahmengebühren** gilt die Höchstgrenze von 210 EUR, die sich aber bei mehreren Auftraggebern um jeweils 30 % pro Auftraggeber erhöhen kann.

3. Verfahrensgebühr nach Nr. 3403 VV

Die **Anm. zu Nr. 3405 VV** betrifft die Verfahrensgebühr nach Nr. 3403 VV. Obgleich der Gebührentatbestand nach Nr. 3403 VV lediglich eine Gebühr von 0,8 vorsieht, erfolgt im Falle einer vorzeitigen Auftragsbeendigung ebenfalls eine Reduzierung nur auf 0,5 und nicht etwa auf die Hälfte.

Bei den Einzeltätigkeiten iSd Nr. 3403 VV kommen **beide Erledigungsalternativen** der Nr. 3405 VV in Betracht. War der Rechtsanwalt beispielsweise aufgrund Einzelauftrages gebeten worden, in einem Termin bzw. im Anschluss an den Termin zur Verkündung des Urteils Rechtsmittelverzicht zu Protokoll zu erklären und findet der Termin nicht statt, so kommt die Nr. 3405 Ziff. 2 VV in Betracht. Für andere Einzeltätigkeiten gilt Nr. 3405 Ziff. 1 VV.[2]

Bei **mehreren Auftraggebern** ist auch hier zu berücksichtigen, dass sich die Erhöhungsgebühr nach Nr. 1008 VV nicht verringert.

Bei **Betragsrahmengebühren** gilt die Höchstgrenze von 210 EUR, die sich aber bei mehreren Auftraggebern um jeweils 30 % pro Auftraggeber erhöhen kann.

4. Keine Anwendung auf Nr. 3404 VV

Die Nr. 3404 VV wird in Nr. 3405 VV nicht erwähnt. Nach der Gesetzesbegründung zu Nr. 3405 VV ist davon auszugehen, dass eine Verringerung der Verfahrensgebühr wegen vorzeitiger Erledigung des Auftrags nur vorgesehen ist, wenn der Gebührensatz höher als 0,5 ist.[3] Dies bedeutet im Umkehrschluss, dass eine Gebühr, die nur 0,3 beträgt, von der in Nr. 3405 VV angeordneten Reduzierung nicht betroffen wird. Beschränkt sich also der Auftrag des Rechtsanwalts darauf, ein einfaches Schreiben zu verfassen, verbleibt es in jedem Fall bei der Gebühr in Höhe von 0,3.

---

[1] Schneider/Wolf/N. Schneider Nr. 3405 VV Rn. 8.
[2] Schneider/Wolf/N. Schneider Nr. 3405 VV Rn. 13.
[3] BT-Drs. 15/1971, 218 zu VV 3404.

Nr. 3406 VV

Nr.	Gebührentatbestand	Gebühr oder Satz der Gebühr nach § 13
3406	Verfahrensgebühr für sonstige Einzeltätigkeiten in Verfahren vor Gerichten der Sozialgerichtsbarkeit, wenn Betragsrahmengebühren entstehen (§ 3 RVG) .... Die Anmerkung zu Nummer 3403 gilt entsprechend.	30,00 bis 340,00 €

I. Überblick

1   Die Nr. 3406 VV ist ebenso wie die in der Anm. zu diesem Gebührentatbestand in Bezug genommene Nr. 3403 VV eine **Auffang-** oder **Hilfsvorschrift,** die bei **Einzeltätigkeiten** in den in Teil 3 VV geregelten Verfahren vor Gerichten der Sozialgerichtsbarkeit gilt, in denen Betragsrahmengebühren entstehen. Sie ist nur anwendbar, wenn der Rechtsanwalt nicht als Verfahrensbevollmächtigter beauftragt ist.

II. Anwendungsbereich

1. Persönlicher Anwendungsbereich

2   Die Gebührenregelung der Nr. 3406 VV gilt für den **Wahlanwalt** und für den gerichtlich **beigeordneten Rechtsanwalt.** Sie unterscheidet nicht, wen der Rechtsanwalt vertreten soll. Es kann sich um den Kläger oder um den Beklagten handeln.

3   Nicht anwendbar ist die Nr. 3406 VV auf den **Verkehrsanwalt** und den **Terminsvertreter.** Das folgt aus der Anm. zu Nr. 3403 VV, auf die in der Anm. zu Nr. 3406 VV ausdrücklich verwiesen wird. Die Anm. zu Nr. 3403 VV besagt, dass die Verfahrensgebühr nach Nr. 3403 VV nur entsteht, wenn in Teil 3 Abschn. 4 VV nichts anderes bestimmt ist. Damit sind die Gebührentatbestände der Nr. 3400 VV (Verkehrsanwalt) und der Nr. 3401 und 3402 VV (Terminsvertreter) gemeint.[1]

2. Sachlicher Anwendungsbereich

4   In Verfahren vor den Gerichten der Sozialgerichtsbarkeit können **Betragsrahmengebühren** oder **Wertgebühren** entstehen. Die **Abgrenzung** regelt § 3 Abs. 1 RVG. Danach entstehen Betragsrahmengebühren in Verfahren, in denen das Gerichtskostengesetz nicht anzuwenden ist. In sonstigen Verfahren werden die Gebühren nach dem Gegenstandswert berechnet, wenn der Auftraggeber nicht zu den in § 183 SGG genannten Personen gehört.

5   Die Anwendbarkeit von Betragsrahmengebühren regelt § 1 Abs. 2 Nr. 3 GKG n. F.[2] Danach ist das GKG für Verfahren vor den Gerichten der Sozialgerichtsbarkeit nach dem SGG anzuwenden, soweit das SGG auf das GKG verweist. Das SGG regelt in den §§ 183, 197a SGG die Verfahren, in denen das GKG nicht und mithin § 3 Abs. 1 S. 1 RVG anwendbar ist.

6   Nach **§ 197a Abs. 1 S. 1 SGG** findet das GKG keine Anwendung, wenn in einem Rechtszug weder der Kläger noch der Beklagte zu den in **§ 183 SGG genannten Per-**

---

[1] So auch Riedel/Sußbauer/*Keller* Teil 3 Abschn. 4 VV Rn. 48; mit anderer Begründung und für den Terminsvertreter auf den Einzelfall abstellend Schneider/Wolf/*N. Schneider* Nr. 3403–3404 VV Rn. 17 f.; aA Gerold/Schmidt/*Müller-Rabe* Nr. 3403 VV Rn. 6.

[2] Die Neufassung des § 1 GKG beruht auf dem FGG-RG vom 17.12.2008 (BGBl. 2008 I 2586). Sie ist am 1.9.2009 in Kraft getreten.

sonen gehört. Zu diesem Personenkreis zählen Versicherte, Leistungsempfänger einschließlich Hinterbliebenenleistungsempfänger, behinderte Menschen oder deren Sonderrechtsnachfolger nach § 56 SGB I. Das sind Ehegatten, Lebenspartner, Kinder, Eltern oder Haushaltsführer, wenn sie mit dem Berechtigten zur Zeit seines Todes in einem gemeinsamen Haushalt gelebt haben oder von ihm wesentlich unterhalten worden sind.[3]

Nr. 3406 VV ist im Übrigen nur anwendbar, soweit in Teil 3 Abschn. 4 VV nichts anderes bestimmt ist. Das folgt aus der Verweisung in Nr. 3406 VV auf die Anm. zu Nr. 3403 VV. Die Nr. 3406 VV wird also durch die Nr. 3400 bis 3402 VV verdrängt. **7**

Die Nr. 3406 VV gilt auch für Schreiben einfacher Art.[4] Die Nr. 3404 VV gilt nicht, weil sie keine Betragsrahmengebühr vorsieht. **8**

III. Entstehung und Höhe der Gebühr

Diese **Verfahrensgebühr** nach Nr. 3406 VV erhält der Rechtsanwalt nach Vorb. 3 Abs. 2 VV für das Betreiben des Geschäfts einschließlich der Einholung von Informationen.[5] Sie **entsteht** mit der Entgegennahme des Auftrages und der Einholung von Informationen, vorausgesetzt, dass der Rechtsanwalt nicht zum Verfahrensbevollmächtigten bestellt ist. **9**

Der bisherige Gebührenrahmen von 10 EUR bis 200 EUR ist durch das **2. KostRMoG** mit Wirkung ab 1.8.2013 auf **30 EUR bis 340 EUR** angehoben worden. Die Höhe der **Mittelgebühr** beträgt nunmehr mithin **185 EUR** (bislang 105 EUR). Die **Mittelgebühr** wird regelmäßig zu überschreiten sein, wenn es im Prozess um die Frage geht, ob dem Kläger eine Rente zusteht oder nicht. Hier rechtfertigt es allein die Bedeutung der Angelegenheit für den Auftraggeber, die Mittelgebühr zu überschreiten.[6] **10**

Die Regelung der früheren Vorb. 3.4 Abs. 2 S. 1 VV, nach der sich in Verfahren vor den Sozialgerichten die in den Nr. 3400, 3401, 3405 und 3406 VV bestimmten **Höchstgebühren** auf die Hälfte verringern, wenn eine Tätigkeit im Verwaltungsverfahren oder im weiteren, der Nachprüfung des Verwaltungsakts dienenden Verwaltungsverfahren vorausgegangen war, ist vom **2. KostRMoG** mit Wirkung ab 1.8.2013 ersatzlos weggefallen. Die Gebühren verringern sich also bei einer Vorbefassung nicht mehr. Zu beachten ist die neue Anrechnungsregelung in der Vorb. 3 Abs. 4 VV, auf deren Kommentierung in diesem Kommentar verwiesen wird. **11**

Abschnitt 5. Beschwerde, Nichtzulassungsbeschwerde und Erinnerung

Vorbemerkung 3.5 VV

Nr.	Gebührentatbestand	Gebühr oder Satz der Gebühr nach § 13
Vorbemerkung 3.5: Die Gebühren nach diesem Abschn. entstehen nicht in den in Vorbemerkung 3.1 Abs. 2 und in den Vorbemerkungen 3.2.1 und 3.2.2 genannten Beschwerdeverfahren.		

---

[3] Dazu ausführlich Schneider/Wolf/*Wahlen* § 3 Rn. 8–11.
[4] Schneider/Wolf/*Wahlen* Nr. 3406 VV Rn. 2.
[5] Schneider/Wolf/*Wahlen* Nr. 3406 VV Rn. 3.
[6] LSG Thüringen JurBüro 1999, 473; SG Düsseldorf AnwBl. 1984, 570; SG Freiburg MDR 1999, 832 und AnwBl. 1983, 473 und AnwBl. 1984, 570; SG Karlsruhe AnwBl. 1984, 571; SG Saarbrücken AnwBl. 1986, 211.

Nr. 3500 VV

1 Teil 3 Abschn. 5 VV enthält die Regelungen der Gebühren des Rechtsanwalts im Erinnerungsverfahren sowie im Verfahren über die Beschwerde. Zu den Beschwerden gehören auch die Rechtsbeschwerde und die Beschwerde gegen die Nichtzulassung der Berufung oder der Revision.

2 Keine Anwendung findet Teil 3 Abschn. 5 VV in den Beschwerdeverfahren, die in der Vorb. 3.1 Abs. 3 VV und in den Vorb. 3.2.1 und 3.2.2 VV im Einzelnen aufgeführt sind. Auf die beiden Vorbemerkungen und ihre Kommentierung wird verwiesen.

Nr. 3500 VV

Nr.	Gebührentatbestand	Gebühr oder Satz der Gebühr nach § 13
3500	Verfahrensgebühr für Verfahren über die Beschwerde und die Erinnerung, soweit in diesem Abschn. keine besonderen Gebühren bestimmt sind	0,5

I. Überblick

1 Der Gebührentatbestand der Nr. 3500 VV ist die **zentrale Vorschrift** für alle Beschwerde- und Erinnerungsverfahren. Sie kann auch als eine Art **Auffangvorschrift** bezeichnet werden.[1] Der Auffangcharakter wird vor allem daran deutlich, dass die Nr. 3500 VV nur dann Anwendung findet, wenn in Teil 3 Abschn. 5 VV keine besonderen Gebühren bestimmt sind.

II. Anwendungsbereich

2 Die Gebühr nach Nr. 3500 VV entsteht, wenn der Rechtsanwalt mit der Durchführung eines **Beschwerde-** oder **Erinnerungsverfahren** beauftragt wird, welches nicht in Teil 3 VV anderweitig geregelt ist. Für die Erinnerung gegen Zwangsvollstreckungsmaßnahmen gilt Nr. 3500 VV nicht.[2]

3 Die Gebühr entsteht bereits mit der Entgegennahme der Information. Sie deckt die Einlegung des Rechtsbehelfs oder Rechtsmittels ebenso ab wie die Prüfung von gegnerischen Eingaben. Allein die Entgegennahme eines gegnerischen Rechtsmittels – ohne Prüfung – erfüllt den Gebührentatbestand allerdings noch nicht.[3]

4 Kommt es darüber hinaus zu weiteren Tätigkeiten, wie etwa der Wahrnehmung eines Termins iSd Vorb. 3 Abs. 3 VV, so kann neben der Verfahrensgebühr eine **Terminsgebühr** nach Nr. 3513 VV anfallen. Ferner kann der Rechtsanwalt im Beschwerde- und Erinnerungsverfahren auch eine **Einigungsgebühr** verdienen, wenn er an einer Einigung im Beschwerdeverfahren mitwirkt. Sie beträgt 1,0, soweit die Einigung im Beschwerdeverfahren anhängige Ansprüche betrifft, und 1,5, soweit nicht rechtshängige Gegenstände mit verglichen werden.

5 Die **Höhe** der Gebühr beträgt 0,5, und zwar unabhängig davon, mit welchem Ergebnis das Beschwerdeverfahren endet, also auch bei Abhilfe durch das Vordergericht oder sonstige Erledigung. Erledigt sich der Auftrag **vorzeitig,** so ermäßigt

---

[1] *Hartmann* Nr. 3500 VV Rn. 1.
[2] BGH JurBüro 2010, 300.
[3] LG Hannover JurBüro 1985, 1503; Schneider/Wolf/*N. Schneider* Vorb. 3.5 Nr. 3500 VV Rn. 33.

sich die Gebühr anders als etwa die Verfahrensgebühr nach den Nr. 3101 Ziff. 1 und 3201 Ziff. 1 VV nicht.

III. Gegenstandswert

Für den Gegenstandswert gelten die §§ 23 ff. RVG.[4] 6

IV. Kostenerstattung

Es gelten die allgemeinen Regeln, also für die Kostenentscheidung die §§ 91 ff. 7
ZPO und für die Kostenfestsetzung die §§ 103 ff. ZPO.

Nr. 3501 VV

Nr.	Gebührentatbestand	Gebühr oder Satz der Gebühr nach § 13
3501	Verfahrensgebühr für Verfahren vor den Gerichten der Sozialgerichtsbarkeit über die Beschwerde und die Erinnerung, wenn in den Verfahren Betragsrahmengebühren entstehen (§ 3 RVG), soweit in diesem Abschn. keine besonderen Gebühren bestimmt sind	20,00 bis 210,00 €

Die Nr. 3501 VV ergänzt die in Nr. 3500 VV enthaltene Gebührenregelung für 1
die Verfahren vor Gerichten der Sozialgerichtsbarkeit, in denen der Rechtsanwalt Betragsrahmengebühren erhält.

Der Gebührenrahmen reicht von **20 EUR** bis **210 EUR** (**Mittelgebühr** 115 EUR). 2

Dies gilt allerdings nur, soweit in Teil 3 Abschn. 5 VV keine besonderen Gebühren 3
bestimmt sind. Gemeint sind damit die Gebühren nach Nr. 3511 und 3517 VV für das Verfahren über die **Nichtzulassung der Berufung** vor dem Landessozialgericht und die Gebühren nach Nr. 3512 und 3518 VV für die Verfahren über die **Nichtzulassung der Revision** vor dem Bundessozialgericht. Alle anderen Beschwerden, insbesondere diejenigen gegen Entscheidungen nach § 86b SGG werden ebenso wie alle Arten von Erinnerungen gegen die Kostenfestsetzung und den Kostenansatz von Nr. 3501 VV bzw. Nr. 3515 VV erfasst.

Neben der Verfahrensgebühr kann eine **Terminsgebühr** nach Nr. 3515 VV mit 4
einem Betragsrahmen von 20 EUR bis 210 EUR (**Mittelgebühr** 115 EUR) anfallen. Auf die Vorb. 3 Abs. 3 VV wird verwiesen.

Nr. 3502, 3503 VV

Nr.	Gebührentatbestand	Gebühr oder Satz der Gebühr nach § 13
3502	Verfahrensgebühr für das Verfahren über die Rechtsbeschwerde	1,0
3503	Vorzeitige Beendigung des Auftrags: Die Gebühr 3502 beträgt .... Die Anmerkung zu Nummer 3201 ist entsprechend anzuwenden.	0,5

---

[4] Einzelfälle bei Schneider/Wolf/N. *Schneider* Vorb. 3.5 Nr. 3500 VV Rn. 44.

Nr. 3504, 3505 VV

1 Die Regelung der **Nr. 3502 VV** gilt, soweit nicht nach der Vorb. 3.5 VV iVm den Vorb. 3.1 Abs. 2 sowie 3.2.1 und 3.2.2 VV andere Regelungen gelten, für **alle Rechtsbeschwerden**. Das gilt auch für Rechtsbeschwerden nach dem FamFG, die sich nicht gegen Endentscheidungen richten, also den Rechtszug nicht beenden.[1]

2 Die Nr. 3502 VV ist eine **Sondervorschrift**, die gegenüber Nr. 3500 VV und Nr. 3501 VV **Vorrang** hat. Demgegenüber gelangen im Rechtsbeschwerdeverfahren nach § 1065 ZPO nach der Vorb. 3.5 VV iVm der Vorb. 3.1 Abs. 2 VV die allgemeinen Verfahrensgebühren zur Anwendung.

3 Die **Gebührenhöhe** beträgt 1,0 und ist doppelt so hoch wie die normale Beschwerdegebühr.

4 Der **Gegenstandswert** richtet sich in diesem Beschwerdeverfahren ebenfalls nach § 23 RVG und für die Kostenerstattung sind die Vorschriften der §§ 91 ff. ZPO, insbesondere § 97 ZPO, maßgeblich.[2]

5 Die Regelung der **Nr. 3503 VV** reduziert die Gebühr der Nr. 3502 VV auf einen Gebührensatz von 0,5 für den Fall einer **vorzeitigen Beendigung** des Auftrages. Wann von einer vorzeitigen Beendigung des Auftrages auszugehen ist, bestimmt die Anm. zu Nr. 3201 VV, die nach der Anm. zu Nr. 3503 VV in diesen Fällen entsprechend anzuwenden ist. Auf die Kommentierung zu Nr. 3201 VV wird Bezug genommen.

6 Neben der Verfahrensgebühr kann eine **Terminsgebühr** nach Nr. 3516 VV mit einem Gebührensatz von 1,2 anfallen. Eine Reduzierung dieser Gebühr sieht Nr. 3516 VV nicht vor. Die Voraussetzungen für die Entstehung einer Terminsgebühr sind in der Vorb. 3 Abs. 3 VV geregelt.[3]

Nr. 3504, 3505 VV

Nr.	Gebührentatbestand	Gebühr oder Satz der Gebühr nach § 13
3504	Verfahrensgebühr für das Verfahren über die Beschwerde gegen die Nichtzulassung der Berufung, soweit in Nummer 3511 nichts anderes bestimmt ist .... Die Gebühr wird auf die Verfahrensgebühr für ein nachfolgendes Berufungsverfahren angerechnet.	1,6
3505	Vorzeitige Beendigung des Auftrags: Die Gebühr 3504 beträgt .... Die Anmerkung zu Nummer 3201 ist entsprechend anzuwenden.	1,0

1 In der **amtlichen Begründung** zum Entwurf eines Rechtsanwaltsvergütungsgesetzes hieß es:

*„Die Nummern 3504 und 3505 VV RVG-E enthalten besondere Vorschriften über die Verfahrensgebühr in Verfahren über die **Nichtzulassung der Berufung vor dem Landessozialgericht**. Die vorgeschlagenen Vorschriften sollen nur Anwendung finden, wenn der Rechtsanwalt Wertgebühren erhält.[1] "*

2 Vermutlich aufgrund dieser Begründung des Gesetzgebers wird die Auffassung vertreten, der **Anwendungsbereich** der Nr. 3504 und 3505 VV **beschränke** sich

---

[1] HK-RVG/*Teubel* Nr. 3501–3505 VV Rn. 1.
[2] *Hartmann* Nr. 3502 VV Rn. 6.
[3] AA BGH NJW 2007, 1461 (nur bei mündlicher Verhandlung über die Nichtzulassung der Revision).

[1] BT-Drs. 15/1971, 219 zu den Nr. 3504 und 3505 VV.

Abschnitt 5. Beschwerde, Nichtzulassungsbeschwerde   **Nr. 3506, 3507 VV**

auf Verfahren vor den Sozialgerichten (§§ 144, 145 SGG). In allen anderen Fällen, in denen die Zulässigkeit einer Berufung von einer Zulassung abhängig sei (zB §§ 124a Abs. 4 VwGO, 64 Abs. 2 ArbGG), zähle das Zulassungsverfahren zum Rechtsmittelverfahren (§ 16 Nr. 11 RVG) und die Nr. 3504 und 3505 VV seien anwendbar.[2]

Der **Wortlaut** der Nr. 3504 VV trägt die Auffassung des Gesetzgebers jedoch 3 nicht. Er erfasst vielmehr alle Fälle, in denen die Berufung von einer Zulassung abhängig ist und gegen die Nichtzulassung Beschwerde eingelegt wird. Die Nr. 3504 und 3505 VV sind deshalb **generell anwendbar**, wenn ein Rechtsanwalt gegen die Nichtzulassung einer Berufung eine Beschwerde einlegt.[3] Die Nichtzulassungsbeschwerde ist im Verhältnis zu dem Berufungsverfahren gemäß § 17 Nr. 9 RVG eine **verschiedene Angelegenheit**.

Die Nr. 3504 und 3505 VV sind nur anwendbar, soweit in **Nr. 3511 VV** nichts 4 anderes bestimmt ist. Die Nr. 3511 VV ist also **vorrangig**. Sie betrifft die Beschwerde gegen die Nichtzulassung der Berufung vor dem Landessozialgericht, wenn der Rechtsanwalt Betragsrahmengebühren erhält.

Die **Höhe** der Verfahrensgebühr beträgt 1,6. Damit wird dem Umstand Rech- 5 nung getragen, dass es erheblicher Mühe und Sorgfalt bedarf, eine Beschwerde gegen die Nichtzulassung der Berufung zu begründen.

Im Falle einer **vorzeitigen Beendigung** des Auftrags beträgt die Gebühr 6 Nr. 3504 VV nach Nr. 3505 VV lediglich 1,0. Für die **Definition** der vorzeitigen Beendigung verweist die Anm. zu Nr. 3505 VV auf die entsprechende Anwendung der Anm. zu Nr. 3201 VV, so dass auf die dortige Kommentierung verwiesen werden kann.

Entsprechend den üblichen Regeln des RVG wird die Gebühr auf die Verfahrens- 7 gebühr für ein nachfolgendes Berufungsverfahren **angerechnet.** Das bestimmt die Anm. zu Nr. 3504 VV.

Für den **Gegenstandswert** sind die §§ 23 ff. RVG maßgeblich. 8

Die **Auslagenpauschale** gemäß Nr. 7002 VV kann dreimal anfallen, da das Aus- 9 gangsverfahren, das Verfahren über die Nichtzulassungsbeschwerde und ein nachfolgendes Berufungsverfahren drei verschiedene Angelegenheiten sind.

Neben der Verfahrensgebühr kann eine **Terminsgebühr** nach Nr. 3516 VV mit 10 einem Gebührensatz von 1,2 anfallen. Eine Reduzierung dieser Gebühr sieht Nr. 3513 VV nicht vor. Die Voraussetzungen für die Entstehung einer Terminsgebühr sind in der Vorb. 3 Abs. 3 VV geregelt.

Nr. 3506, 3507 VV

Nr.	Gebührentatbestand	Gebühr oder Satz der Gebühr nach § 13
3506	Verfahrensgebühr für das Verfahren über die Beschwerde gegen die Nichtzulassung der Revision oder über die Beschwerde gegen die Nichtzulassung einer der in der Vorbemerkung 3.2.2 genannten Rechtsbeschwerden, soweit in Nummer 3512 nichts anderes bestimmt ist	1,6
	Die Gebühr wird auf die Verfahrensgebühr für ein nachfolgendes Revisions- oder Rechtsbeschwerdeverfahren angerechnet.	

[2] So HK-RVG/*Teubel* Nr. 3501–3505 VV Rn. 3; Schneider/Wolf/*N. Schneider/Schafhausen* Nr. 3504–3505 VV Rn. 1.

[3] So auch Bischof/Jungbauer/Bräuer/Curkovic/Mathias/Uher/*Mathias* Nr. 3504–3505 VV Rn. 1.

Nr.	Gebührentatbestand	Gebühr oder Satz der Gebühr nach § 13
3507	Vorzeitige Beendigung des Auftrags: Die Gebühr 3506 beträgt .... Die Anmerkung zu Nummer 3201 ist entsprechend anzuwenden.	1,1

1 Das 2. **KostRMoG** hat den Anwendungsbereich der Nr. 3606 VV, die bislang nur für die Beschwerde gegen die **Nichtzulassung** der **Revision** galt, mit Wirkung ab 1.8.2013 erweitert und ihn auf Verfahren über die Beschwerde gegen die **Nichtzulassung** der **Rechtsbeschwerde** nach § 92a des ArbGG oder § 75 GWB ausgedehnt. Die Vorschrift gilt, wenn der Rechtsanwalt Betragsrahmengebühren erhält, nicht für die Beschwerde gegen die Nichtzulassung der Revision vor dem **Bundessozialgericht**. Im Ergebnis ist Nr. 3506 VV daher nur im Falle von **Wertgebühren** anwendbar.

2 In den von Nr. 3506 VV genannten Verfahren fällt eine **1,6- Verfahrensgebühr** an. Dies gilt allerdings nur, soweit in Nr. 3512 VV nichts anderes bestimmt ist.

3 Die Verfahrensgebühr ist nach der Anm. zu Nr. 3506 VV auf die Verfahrensgebühr, die der Rechtsanwalt in einem nachfolgenden Revisions- oder Rechtsbeschwerdeverfahren erhält, **anzurechnen.**

4 Im Falle einer **vorzeitigen Beendigung** des Auftrags gilt **Nr. 3507 VV.** Sie reduziert die Gebühr der Nr. 3506 VV auf **1,1.** Ob die Höhe dieser Gebühr auch im Falle der vorzeitigen Beendigung stets der Arbeit des Rechtsanwalts ausreichend Rechnung trägt, mag dahingestellt bleiben. Immerhin wird die Gebühr bei einer vorzeitigen Beendigung nicht halbiert, sondern lediglich um ein Drittel reduziert.

5 Zur **Definition** der vorzeitigen Beendigung im Sinne dieser Vorschrift verweist die Anm. zu Nr. 3507 VV auf die entsprechende Anwendung der Anm. zu Nr. 3201 VV.

6 Hat die Nichtzulassungsbeschwerde Erfolg und kommt es anschließend zur Durchführung des Revisions- oder Rechtsbeschwerdeverfahrens, ist die Verfahrensgebühr nach Nr. 3506 VV auf die in diesen Verfahren entstehende Verfahrensgebühr **anzurechnen.**

7 Der **Gegenstandswert** richtet sich nach dem Wert, der Grundlage für die Nichtzulassungsbeschwerde ist. Er braucht mit dem Revisions- oder Rechtsbeschwerdeverfahren nicht identisch zu sein.

8 Neben der Verfahrensgebühr kann eine **Terminsgebühr** nach Nr. 3516 VV mit einem Gebührensatz von 1,2 anfallen. Eine Reduzierung dieser Gebühr sieht die Nr. 3516 VV nicht vor. Die Voraussetzungen für die Entstehung einer Terminsgebühr sind in der Vorb. 3 Abs. 3 VV geregelt.

Nr. 3508, 3509 VV

Nr.	Gebührentatbestand	Gebühr oder Satz der Gebühr nach § 13
3508	In dem Verfahren über die Beschwerde gegen die Nichtzulassung der Revision können sich die Parteien nur durch einen beim Bundesgerichtshof zugelassenen Rechtsanwalt vertreten lassen: Die Gebühr 3506 beträgt	2,3
3509	Vorzeitige Beendigung des Auftrags, wenn sich die Parteien nur durch einen beim Bundesgerichtshof zugelassenen Rechtsanwalt vertreten lassen können: Die Gebühr 3506 beträgt	1,8

Abschnitt 5. Beschwerde, Nichtzulassungsbeschwerde   **Nr. 3510 VV**

Nr.	Gebührentatbestand	Gebühr oder Satz der Gebühr nach § 13
	Die Anmerkung zu Nummer 3201 ist entsprechend anzuwenden.	

Die Nr. 3508 und 3509 VV betreffen Verfahren über die Beschwerde gegen die **Nichtzulassung der Revision**, in denen sich die Parteien nur durch einen beim **Bundesgerichtshof** zugelassenen Rechtsanwalt vertreten lassen können. Erforderlich ist, dass die Vertretung durch einen beim Bundesgerichtshof zugelassenen Rechtsanwalt **zwingend** vorgeschrieben ist.[1] 1

Für seine Tätigkeit im Verfahren der Nichtzulassungsbeschwerde erhält der Rechtsanwalt gemäß Nr. 3506 VV eine Verfahrensgebühr in **Höhe** von **1,6**. Diese Gebühr erhöht sich unter den Voraussetzungen der Nr. 3508 VV auf **2,3**. 2

Im Falle der **vorzeitigen Beendigung** des Auftrags ermäßigt sich die Gebühr nach Nr. 3506 VV, wenn sich die Parteien nur durch einen beim Bundesgerichtshof zugelassenen Rechtsanwalt vertreten lassen können, gemäß Nr. 3509 VV auf **1,8**. 3

Für die Bestimmung des Begriffs der vorzeitigen Beendigung verweist die Anm. zu Nr. 3509 VV auf eine entsprechende Anwendung der Anm. zu Nr. 3201 VV. Auf die dortige Kommentierung kann deshalb verwiesen werden. 4

Hat die Nichtzulassungsbeschwerde Erfolg und kommt es anschließend zur Durchführung des Revisionsverfahrens, ist die Verfahrensgebühr nach Nr. 3508 VV auf die Verfahrensgebühr des Revisionsverfahrens (Nr. 3206 und 3208 VV) **anzurechnen**. 5

Der **Gegenstandswert** richtet sich nach dem Wert, der Grundlage für die Nichtzulassungsbeschwerde ist. Er braucht mit dem Revisionsverfahren nicht identisch zu sein. 6

Eine **Terminsgebühr** sieht Nr. 3516 VV für das Verfahren über die Beschwerde gegen die Nichtzulassung der Revision nicht vor. Auch ohne einen gerichtlichen Termin kann eine Terminsgebühr jedoch gemäß Vorb. 3 Abs. 3 VV entstehen.[2] Der Bundesgerichtshof sieht das anders und will eine Terminsgebühr nur zuerkennen, wenn ausnahmsweise eine mündliche Verhandlung über die Nichtzulassungsbeschwerde stattfindet.[3] 7

Nr. 3510 VV

Nr.	Gebührentatbestand	Gebühr oder Satz der Gebühr nach § 13

3510	Verfahrensgebühr für Beschwerdeverfahren vor dem Bundespatentgericht
	1. nach dem Patentgesetz, wenn sich die Beschwerde gegen einen Beschluss richtet,
	  a) durch den die Vergütung bei Lizenzbereitschaftserklärung festgesetzt wird oder Zahlung der Vergütung an das Deutsche Patent- und Markenamt angeordnet wird,
	  b) durch den eine Anordnung nach § 50 Abs. 1 des PatG oder die Aufhebung dieser Anordnung erlassen wird,	

---

[1] Dazu BGH NJW 2006, 2266 und NJW 2007, 1461; OLG Köln JurBüro 2010, 654.
[2] **AA** Schneider/Wolf/*N. Schneider* Nr. 3506–3509 VV Rn. 29, der die Entstehung einer Terminsgebühr auch hier nach der Vorb. 3 Abs. 3 VV für möglich hält und den Gebührensatz aus der Nr. 3516 VV (analog?) entnehmen will.
[3] BGH NJW 2007, 1461 mAnm *Mayer*.

Nr. 3510 VV   Teil 3. Bürgerliche Rechtsstreitigkeiten

Nr.	Gebührentatbestand	Gebühr oder Satz der Gebühr nach § 13
	c) durch den die Anmeldung zurückgewiesen oder über die Aufrechterhaltung, den Widerruf oder die Beschränkung des Patents entschieden wird, 2. nach dem Gebrauchsmustergesetz, wenn sich die Beschwerde gegen einen Beschluss richtet, a) durch den die Anmeldung zurückgewiesen wird, b) durch den über den Löschungsantrag entschieden wird, 3. nach dem Markengesetz, wenn sich die Beschwerde gegen einen Beschluss richtet, a) durch den über die Anmeldung einer Marke, einen Widerspruch oder einen Antrag auf Löschung oder über die Erinnerung gegen einen solchen Beschluss entschieden worden ist oder b) durch den ein Antrag auf Eintragung einer geographischen Angabe oder einer Ursprungsbezeichnung zurückgewiesen worden ist, 4. nach dem Halbleiterschutzgesetz, wenn sich die Beschwerde gegen einen Beschluss richtet, a) durch den die Anmeldung zurückgewiesen wird, b) durch den über den Löschungsantrag entschieden wird, 5. nach dem Designgesetz, wenn sich die Beschwerde gegen einen Beschluss richtet, a) durch den die Anmeldung eines Designs zurückgewiesen ist, b) durch den über einen Löschungsantrag gemäß § 36 DesignG entschieden worden ist, c) durch den über den Antrag auf Feststellung oder Erklärung der Nichtigkeit gemäß § 34a DesignG entschieden worden ist, 6. nach dem Sortenschutzgesetz, wenn sich die Beschwerde gegen einen Beschluss des Widerspruchsausschusses richtet	1,3

I. Überblick und Anwendungsbereich

1   Beschwerdeverfahren vor dem Bundespatentgericht sind gebührenrechtlich den Zivilprozessen gleichgestellt. Für die in Nr. 3510 VV genannten Verfahren ist daher wie in Nr. 3100 VV eine Verfahrensgebühr in Höhe von 1,3 vorgesehen.
2   Die Vorschrift ist anzuwenden bei **Beschwerdeverfahren** vor dem **Bundespatentgericht** nach den folgenden Gesetzen:
- Patentgesetz,
- Gebrauchsmustergesetz,
- Markengesetz,
- Halbleiterschutzgesetz,
- Designgesetz,
- Sortenschutzgesetz.

3   **Nicht anwendbar** ist die Nr. 3510 VV auf Verfahren vor dem Patentamt (hier gilt Nr. 2300 VV) sowie in Streitsachen nach den vorstehend genannten Gesetzen (hier gelten die Nr. 3100 ff. VV) und in sonstigen Beschwerdeverfahren vor dem Bundespatentgericht (hier gilt Nr. 3500 VV).[1]

---

[1] Schneider/Wolf/*Wolf*/*Thiel* Nr. 3510 VV Rn. 3.

II. Verfahrensgebühr (Nr. 3510 VV)

Die Verfahrensgebühr Nr. 3510 VV deckt die gesamte Tätigkeit des Rechtsanwalts in Beschwerdeverfahren vor dem Bundespatentgericht ab. Hierzu gehört die Entgegennahme der Informationen durch den Auftraggeber sowie deren Verarbeitung und die Einreichung der Beschwerdeschrift. Bei dem Gebührensatz von 1,3 bleibt es auch dann, wenn das Patentamt gemäß § 73 Abs. 4 PatG der eingelegten Beschwerde abhilft. Auch die in § 6 Abs. 2 PatKostG geregelte Fiktion, wonach ein Antrag wegen Nichtzahlung der Gerichtsgebühr als zurückgenommen gilt, hat keinen Einfluss auf die Höhe der Verfahrensgebühr.[2]   4

Ob eine **Reduzierung** der Gebühr stattfindet, wenn sich der Auftrag **vorzeitig erledigt,** ist umstritten. *Wolf* vertrat ursprünglich die Auffassung, dass die hierzu ersichtlich fehlende Regelung im RVG auf eine **gesetzgeberische Fehlleistung** zurückzuführen sei.[3] Er argumentierte, man müsse notfalls auf die allgemeinen Regelungen zurückgreifen, wonach sich im Falle der vorzeitigen Erledigung eine Verfahrensgebühr von 1,3 auf 0,8 ermäßige (vgl. Nr. 3101 VV).   5

Inzwischen hat *Wolf* diese Auffassung wohl aufgegeben. Jedenfalls geht er nunmehr davon aus, dass der Gesetzgeber die in Nr. 3510 VV aufgezählten Beschwerdearten vor dem BPatG durch das Unterlassen der Regelung einer Gebührenermäßigung gegenüber anderen Verfahren aufgewertet und gesondert behandelt wissen will, zumal er in Teil 3 Abschn. 5 VV Ermäßigungstatbestände für andere Verfahren grundsätzlich vorgesehen habe (Nr. 3503, 3505, 3507, 3509 VV).   6

III. Terminsgebühr (Nr. 3516 VV)

Geht die Tätigkeit des Rechtsanwalts über die Einlegung einer Beschwerde hinaus und findet eine Teilnahme an einem Termin statt, der den Anforderungen der Vorb. 3 Abs. 3 VV entspricht, fällt neben der Verfahrensgebühr nach Nr. 3510 VV auch noch eine Terminsgebühr nach Nr. 3516 VV mit einem Gebührensatz von 1,2 an.   7

Wird die Terminsgebühr nicht durch die Mitwirkung an Verhandlungen verdient, die der Vermeidung oder der Erledigung des Verfahrens dienlich sind (Vorb. 3 Abs. 3 VV), ist zu beachten, dass eine **mündliche Verhandlung** in diesen Verfahren nur stattfindet, wenn einer der Beteiligten sie beantragt, vor dem Patentgericht Beweis erhoben wird oder das Patentgericht sie für sachdienlich erachtet (vgl. § 78 PatG).   8

Auch eine entsprechende Anwendung der Nr. 3104 Anm. Abs. 1 Ziff. 1 VV scheitert daran, dass in § 78 PatG eine mündliche Verhandlung gerade nicht vorgeschrieben ist.[4]   9

IV. Sonstige Gebühren

Eine **Erledigungsgebühr** gemäß Nr. 1002 VV kann entstehen, wenn die dazu erforderlichen Voraussetzungen erfüllt sind. Ob auch eine **Einigungsgebühr** anfallen kann, ist umstritten.[5] Tatsächlich dürfte es auf den Einzelfall ankommen, ob man dem beteiligten Rechtsanwalt eine Einigungsgebühr oder eine Erledigungsgebühr   10

---

[2] *Hartmann* Nr. 3510 VV Rn. 5; Schneider/Wolf/*Wolf*/Thiel Nr. 3510 VV Rn. 4.
[3] Schneider/Wolf/*Wolf*/Thiel Nr. 3510 VV Rn. 5 f.
[4] Schneider/Wolf/*Wolf*/Thiel Nr. 3510 VV Rn. 7.
[5] Schneider/Wolf/*Wolf*/Thiel Nr. 3510 VV Rn. 8; **aA** *Hartmann* Nr. 3510 VV Rn. 7 ohne Begründung.

zuspricht. Eine besondere Tragweite ist dem Meinungsstreit nicht beizumessen, wenn man berücksichtigt, dass der Gebührensatz der Einigungsgebühr nach Nr. 1000 VV und auch der Erledigungsgebühr nach Nr. 1002 VV mit 1,5 gleich hoch ist.

V. Gegenstandswert

11   Die in Beschwerdeverfahren vor dem Bundespatentgericht entstehenden Gerichtsgebühren sind Festgebühren (Nr. 401 100 PatKostG – GV). Deshalb bestimmt sich der Gegenstandswert nach § 23 Abs. 1 RVG. Maßgebend ist der Wert bei Einlegung der Beschwerde.[6]

VI. Kostenerstattung

12   § 80 Abs. 5 PatG verweist auf die Vorschriften der ZPO, so dass diese anwendbar sind. Zuständig für die Kostenfestsetzung ist der Rechtspfleger beim Bundespatentgericht (§ 23 Abs. 1 Nr. 12 RPflG).

VII. Verfahrenskostenhilfe

13   Auch im Verfahren vor dem Patentamt, dem Bundespatentamt und dem Bundesgerichtshof kann Verfahrenskostenhilfe bewilligt und ein Rechtsanwalt oder Patentanwalt beigeordnet werden (§ 129 PatG). Entsprechende Regelungen finden sich in § 82 Abs. 1 S. 1 MarkenG, § 21 Abs. 2 GebrMG, § 24 DesignG sowie § 36 SortenschG.

Nr. 3511 VV

Nr.	Gebührentatbestand	Gebühr oder Satz der Gebühr nach § 13
3511	Verfahrensgebühr für das Verfahren über die Beschwerde gegen die Nichtzulassung der Berufung vor dem Bundessozialgericht, wenn Betragsrahmengebühren entstehen (§ 3 RVG) .... Die Gebühr wird auf die Verfahrensgebühr für ein nachfolgendes Revisionsverfahren angerechnet.	60,00 bis 680,00 €

1   In Verfahren über die Beschwerde gegen die Nichtzulassung der Berufung vor den Landessozialgerichten beträgt die **Verfahrensgebühr** 60 EUR bis 680 EUR, (**Mittelgebühr** 370 EUR). Dies gilt nur, wenn der Rechtsanwalt Betragsrahmengebühren nach § 3 RVG erhält. Ansonsten ist Nr. 3504 VV anzuwenden.
2   Die **Mittelgebühr** mit 370 EUR ist in der Regel eine angemessene Gebühr, wenn alle Bewertungskriterien von § 14 RVG durchschnittliche Verhältnisse aufweisen. Ein Überschreiten der Mittelgebühr bis zur **Höchstgebühr** ist bei einem Rechtsstreit um typische Dauerleistungen (zB Gewährung einer Rente) wegen der Bedeutung der Angelegenheit für den Auftraggeber gerechtfertigt.[1] Auch Umfang

---

[6] Schneider/Wolf/*Wolf/Thiel* Nr. 3510 VV Rn. 9.
[1] LSG Thüringen JurBüro 1999, 473; LSG Rheinland-Pfalz NZS 1998, 207.

Abschnitt 5. Beschwerde, Nichtzulassungsbeschwerde **Nr. 3513 VV**

und Schwierigkeit der anwaltlichen Tätigkeit werden es in Sozialgerichtsverfahren regelmäßig rechtfertigen, die Mittelgebühr zu überschreiten.[2]

Die Gebühr wird nach der Anm. zu Nr. 3511 VV auf die Verfahrensgebühr, die der Rechtsanwalt in einem nachfolgenden Berufungsverfahren erhält, **angerechnet**. Dies entspricht der Anm. zu Nr. 3504 VV bei Wertgebühren. 3

Kommt es zur Teilnahme an einem Termin, kann der Rechtsanwalt nach Nr. 3517 VV zusätzlich eine **Terminsgebühr** mit einem Gebührensatz von 1,2 verdienen. Die Voraussetzungen für die Entstehung einer Terminsgebühr sind in der Vorb. 3 Abs. 3 VV geregelt. 4

Nr. 3512 VV

Nr.	Gebührentatbestand	Gebühr oder Satz der Gebühr nach § 13
3512	Verfahrensgebühr für das Verfahren über die Beschwerde gegen die Nichtzulassung der Revision vor dem Bundessozialgericht, wenn Betragsrahmengebühren entstehen (§ 3 RVG) .... Die Gebühr wird auf die Verfahrensgebühr für ein nachfolgendes Revisionsverfahren angerechnet.	80,00 bis 880,00 €

In Verfahren über die Beschwerde gegen die Nichtzulassung der Revision vor dem **Bundessozialgericht** beträgt die Verfahrensgebühr, wenn der Rechtsanwalt Betragsrahmengebühren nach § 3 RVG erhält, 80 EUR bis 880 EUR (**Mittelgebühr** 480 EUR). 1

Die Gebühr wird nach der Anm. zu Nr. 3512 VV auf die Verfahrensgebühr, die der Rechtsanwalt in einem nachfolgenden Revisionsverfahren erhält, **angerechnet**. Der Gebührentatbestand schließt die Lücke, die Nr. 3506 VV bei Betragsrahmengebühren hinterlassen würde. 2

Auch im Beschwerdeverfahren gegen die Nichtzulassung der Revision kann eine **Terminsgebühr** verdient werden (vgl. dort Nr. 3518 VV). Die Voraussetzungen für die Entstehung einer Terminsgebühr sind in der Vorb. 3 Abs. 3 VV geregelt. 3

Nr. 3513 VV

Nr.	Gebührentatbestand	Gebühr oder Satz der Gebühr nach § 13
3513	Terminsgebühr in den in Nummer 3500 genannten Verfahren	0,5

Nach Nr. 3513 VV beträgt die Terminsgebühr in den in Nr. 3500 VV genannten Verfahren 0,5. In Nr. 3500 VV sind die Verfahren über die Beschwerde und die Erinnerung normiert, soweit in Abschn. 5 des Teils 3 VV keine besonderen Gebühren bestimmt sind. Soweit es für die Verfahrensgebühr besondere Vorschriften in Teil 3 Abschn. 5 gibt, finden sich entsprechende Terminsgebühren in den Nr. 3514 bis 3518 VV. Insoweit wird auf die Anm. zu diese Vorschriften verwiesen. 1

Die Voraussetzungen für die Entstehung einer Terminsgebühr sind in der Vorb. 3 Abs. 3 VV geregelt. 2

---

[2] Schneider/Wolf/*Wahlen*/*Schafhausen* Nr. 3511 VV Rn. 6.

3   In der Praxis wird die Terminsgebühr nach Nr. 3513 VV nur selten anfallen, weil in den von § 3500 VV betroffenen Verfahren regelmäßig ohne mündliche Verhandlung entschieden wird und auch die übrigen Voraussetzungen der Vorb. 3 Abs. 3 VV kaum vorkommen werden.

Nr. 3514 VV

Nr.	Gebührentatbestand	Gebühr oder Satz der Gebühr nach § 13
3514	In dem Verfahren über die Beschwerde gegen die Zurückweisung des Antrags auf Anordnung eines Arrests oder des Antrags auf Erlass einer einstweiligen Verfügung bestimmt das Beschwerdegericht Termin zur mündlichen Verhandlung: Die Gebühr 3513 beträgt	1,2

1   Nr. 3514 VV stellt klar, dass dem Rechtsanwalt die **Terminsgebühr** im Verfahren über die Beschwerde gegen die Zurückweisung des Antrags auf Anordnung eines Arrestes oder des Antrags auf Erlass einer einstweiligen Verfügung wie in einem erstinstanzlichen Prozessverfahren zusteht, und zwar unabhängig davon, ob der Verhandlung tatsächlich ein Urteil folgt oder das Verfahren ohne Entscheidung durch Zurücknahme des Antrags oder durch Vergleich erledigt wird.[1]

2   Der Gebührensatz beträgt unverändert 1,2. Die Terminsgebühr erhöht sich also auf den im erstinstanzlichen Prozessverfahren vorgesehenen Gebührensatz (vgl. Nr. 3104 VV).

3   Zu beachten ist, dass die Änderung der Nr. 3514 VV nur Verfahren auf Erlass einer einstweiligen Verfügung oder eines Arrests vor den **ordentlichen Gerichten** oder den Gerichten der **Arbeitsgerichtsbarkeit** betrifft. In **Familiensachen** ist die Vorschrift nicht anzuwenden. Stattdessen ist die Tätigkeit des Rechtsanwalts in diesen Verfahren gemäß der Vorb. 3.2.1 Nr. 1b VV nach den Vorschriften über das Berufungsverfahren (Nr. 3200 ff. VV) abzurechnen. Das gilt auch für einstweilige Anordnungen in verwaltungsgerichtlichen Verfahren (Vorb. 3.2.1 Nr. 3 Buchst. a VV).

Nr. 3515 VV

Nr.	Gebührentatbestand	Gebühr oder Satz der Gebühr nach § 13
3515	Terminsgebühr in den in Nummer 3501 genannten Verfahren	20,00 bis 210,00 €

1   In den Verfahren vor den Gerichten der Sozialgerichtsbarkeit über die Beschwerde und die Erinnerung, in denen das GKG nicht anwendbar ist und der Rechtsanwalt nach § 3 Abs. 1 S. 1 RVG Betragsrahmengebühren erhält, beträgt die Terminsgebühr 20 EUR bis 210 EUR, (**Mittelgebühr** 115 EUR).

2   Auf die Ausführungen zu Nr. 3501 VV wird verwiesen.

---

[1] BT-Drs. 17/11471 v. 14.11.2012 Art. 8 Nr. 56.

Abschnitt 5. Beschwerde, Nichtzulassungsbeschwerde **Nr. 3518 VV**

Nr. 3516 VV

Nr.	Gebührentatbestand	Gebühr oder Satz der Gebühr nach § 13
3516	Terminsgebühr in den in Nummer 3502, 3504, 3506 und 3510 genannten Verfahren	1,2

Nach Nr. 3516 VV beträgt die Terminsgebühr 1,2, wenn es sich um eines der 1
genannten Verfahren handelt. Dies sind:
- das Verfahren über die Rechtsbeschwerde (Nr. 3502 VV),
- das Verfahren über die Beschwerde gegen die Nichtzulassung der Berufung (Nr. 3504 VV),
- das Verfahren über die Beschwerde gegen die Nichtzulassung der Revision (Nr. 3506 VV und
- das Beschwerdeverfahren vor dem Bundespatentgericht (Nr. 3510 VV).

Die Voraussetzungen für die **Entstehung** einer Terminsgebühr sind in der Vorb. 3 2
Abs. 3 VV geregelt.

Die **Höhe** der Terminsgebühr entspricht der Terminsgebühr für das Rechtsmittel- 3
verfahren nach Nr. 3202 VV.

Eine **Anrechnung** oder eine **Reduzierung** wie sie bei Verfahrensgebühren bei 4
vorzeitiger Beendigung des Auftrags vorkommt, findet bei Terminsgebühren nicht
statt.

Im Übrigen wird auf die Kommentierung der Nr. 3502, 3504, 3506 und 3510 VV 5
verwiesen.

Nr. 3517 VV

Nr.	Gebührentatbestand	Gebühr oder Satz der Gebühr nach § 13
3517	Terminsgebühr in den in Nummer 3511 genannten Verfahren	50,00 bis 510,00 €

Im Verfahren über die Beschwerde gegen die Nichtzulassung der Berufung vor dem 1
Landessozialgericht, in dem der Rechtsanwalt nach § 3 RVG Betragsrahmengebühren erhält, beträgt die Terminsgebühr 50 EUR bis 510 EUR (**Mittelgebühr** 280 EUR).

Die Voraussetzungen für die **Entstehung** einer Terminsgebühr sind in der Vorb. 2
3 Abs. 3 VV geregelt.

Eine **Anrechnung** oder eine **Reduzierung** wie sie bei Verfahrensgebühren bei 3
vorzeitiger Beendigung des Auftrags vorkommt, findet bei Terminsgebühren nicht
statt.

Im Übrigen wird auf die Kommentierung der Nr. 3511 VV verwiesen. 4

Nr. 3518 VV

Nr.	Gebührentatbestand	Gebühr oder Satz der Gebühr nach § 13
3518	Terminsgebühr in den in Nummer 3512 genannten Verfahren	60,00 bis 660,00 €

Nr. 3518 VV   Teil 3. Bürgerliche Rechtsstreitigkeiten

1 In Verfahren über die Beschwerde über die Nichtzulassung der Revision vor dem Bundessozialgericht, bei denen der Rechtsanwalt nach § 3 RVG Betragsrahmengebühren erhält, beträgt die Terminsgebühr 60 EUR bis 660 EUR (**Mittelgebühr** 360 EUR).

2 Die Voraussetzungen für die **Entstehung** einer Terminsgebühr sind in der Vorb. 3 Abs. 3 VV geregelt.

3 Eine **Anrechnung** oder eine **Reduzierung** wie sie bei Verfahrensgebühren bei vorzeitiger Beendigung des Auftrags vorkommt, findet bei Terminsgebühren nicht statt.

4 Im Übrigen wird auf die Kommentierung der Nr. 3512 VV verwiesen.

Teil 4. Strafsachen

Einleitung zu Teil 4 VV

Übersicht

	Rn.
I. Einleitung	1
1. Gebührensystem	1
2. Gebührenstruktur	4
3. Aufbau des Teils 4 VV	7
II. Gebührenrahmen	8
III. Anrechnung	12
IV. Vergütung des gerichtlich bestellten oder beigeordneten Rechtsanwalts aus verfassungsrechtlicher Sicht	16

I. Einleitung

1. Gebührensystem

Einem **modernen Verständnis** von einer Verteidigung im Strafverfahren entspricht es, dass durch das **Ermittlungsverfahren** bereits das zukünftige Hauptverfahren entscheidend mitbestimmt wird. Damit hat das Ermittlungsverfahren erheblich an Bedeutung für das Schicksal des Beschuldigten gewonnen. Deshalb beginnt die Verteidigertätigkeit heute in der Regel bereits mit dem Beginn der Ermittlungen. Schon in diesem Stadium des Verfahrens kann der Verteidiger wertvolle anwaltliche Tätigkeit erbringen und damit auf das sich anschließende Hauptverfahren schon im Vorfeld einen der Verfahrensbeschleunigung dienenden Einfluss nehmen. Häufig ist die Teilnahme des Rechtsanwalts an Vernehmungen seines Mandanten bzw. von Zeugen im Interesse des weiteren Verfahrens, insbesondere im Hinblick auf die Verwertbarkeit von Angaben des Beschuldigten bzw. von Zeugen. 1

Das RVG sieht deshalb ein Gebührensystem vor, das an die einzelnen Verfahrensabschnitte angepasst ist und vor allem die Tätigkeit des Rechtsanwalts im **Ermittlungsverfahren** stärker berücksichtigt. Daneben gibt es Gebühren für **weitere Tätigkeiten** des Verteidigers, die früher nicht oder nur unzureichend honoriert wurden. So findet sich in Teil 4 Abschn. 2 VV eine eigenständige gebührenrechtliche Regelung für die Tätigkeiten des Rechtsanwalts im **Strafvollstreckungsverfahren**. 2

Das RVG enthält **gleiche Gebührentatbestände** sowohl für den Wahlverteidiger als auch für den gerichtlich bestellten oder beigeordneten Rechtsanwalt. Die Gebühren sind allerdings unterschiedlich hoch. Vom Pflichtverteidiger wird verlangt, dass er den sozialen Aufwand, den der Staat seinen Bürgern schuldet, zumindest teilweise trägt.[1] Während der Wahlverteidiger **Rahmengebühren** erhält, sieht das RVG für den gerichtlich bestellten oder beigeordneten Rechtsanwalt **Festgebühren** vor. Diese Festgebühren entsprechen 80 % der Mittelgebühr des Wahlverteidigers. 3

2. Gebührenstruktur

Die Gebührenstruktur ist auf den ersten Blick **wenig übersichtlich**. Die für die Vergütungsabrechnung des Strafverteidigers bedeutsamen Regelungen finden sich 4

---

[1] Vgl. dazu *Hartung* AnwBl. 2002, 268; *Hartung/Römermann* ZRP 2003, 149.

Einleitung zu Teil 4 VV

Teil 4. Strafsachen

nicht eingebunden in das Normensystem des Gesetzes, sondern in einem **Vergütungsverzeichnis,** das dem RVG als Anlage 1 beigefügt ist. Es hat ebenfalls die Qualität eines Gesetzes. Der Verteidiger braucht sich mit den Vorschriften des RVG, zusammengefasst in 61 Paragraphen, kaum zu befassen, sondern kann sich bei der Abrechnung seiner Vergütung in der Regel darauf beschränken, das Vergütungsverzeichnis anzuwenden.

5 Einige Vorschriften aus dem RVG sind allerdings von besonderer Wichtigkeit. Es sind dies § 9 RVG für den Wahlverteidiger und § 47 RVG für den Pflichtverteidiger. Danach können der **Wahlverteidiger** von seinem Mandanten und der **Pflichtverteidiger** von der Staatskasse einen **Vorschuss** verlangen. Der Wahlverteidiger hat Anspruch auf einen angemessenen Vorschuss für die entstandenen und die voraussichtlich entstehenden Gebühren und Auslagen. Der Vorschussanspruch des Pflichtverteidigers ist bezüglich der Gebühren auf die bereits entstandenen Gebühren beschränkt, umfasst also anders als beim Wahlverteidiger nicht voraussichtlich entstehende Gebühren. In der Praxis wird – zumindest von den Pflichtverteidigern – die Möglichkeit, einen Vorschuss zu fordern, viel zu wenig genutzt. Bei voller Ausschöpfung dieser Möglichkeit lässt sich die Liquidität des Rechtsanwalts erheblich verbessern.

6 Der **Pflichtverteidiger** sollte weiterhin die §§ 43 RVG (Abtretung des Kostenerstattungsanspruchs), 45 Abs. 3 bis 5 RVG (Vergütungsanspruch gegen die Staatskasse), 46 RVG (Auslagen), 47 RVG (Vorschuss), 48 Abs. 5 RVG (Vergütungsanspruch für eine Tätigkeit vor der gerichtlichen Bestellung oder Beiordnung) und 52 RVG (Anspruch des gerichtlich bestellten Pflichtverteidigers oder beigeordneten Rechtsanwalts gegen den Beschuldigten oder den Betroffenen) beachten. Erfahrungsgemäß werden diese Vergütungsregelungen gerade von jungen Pflichtverteidigern häufig übersehen.

3. Aufbau des Teils 4 VV

7 Das **Vergütungsverzeichnis** regelt die im Strafverfahren anfallenden Gebühren in **Teil 4** des Vergütungsverzeichnisses mit den Nr. 4100 VV bis 4304 VV. Dieser Teil 4 VV gliedert sich in 3 Abschn. Sie umfassen in **Abschn. 1** die Gebühren des Verteidigers mit den Unterabschnitten 1 (Allgemeine Gebühren), 2 (Vorbereitendes Verfahren), 3 (Gerichtliches Verfahren), 4 (Wiederaufnahmeverfahren) und 5 (Zusätzliche Gebühren). **Abschn. 2** betrifft die Gebühren in der Strafvollstreckung und **Abschn. 3** die Gebühren für Einzeltätigkeiten, die der Rechtsanwalt erhält, wenn er einzelne Tätigkeiten ausübt, ohne dass ihm sonst die Verteidigung oder Vertretung übertragen ist.

II. Gebührenrahmen

8 Die Gebühren für den **Wahlverteidiger** sind grundsätzlich **Betragsrahmengebühren.** Die einzelnen Gebührentatbestände weisen jeweils einen Mindestbetrag und einen Höchstbetrag aus. Anders ist das bei den Gebühren für den gerichtlich bestellten oder beigeordneten Rechtsanwalt, in der Regel also für den **Pflichtverteidiger.** Für ihn sehen die Gebührentatbestände, soweit es sich nicht um Wertgebühren handelt, die sich nach dem Gegenstandswert mit dem aus dem jeweiligen Gebührentatbestand ausgewiesenen Gebührensatz berechnen, **Festgebühren** vor.

9 Für den **Wahlverteidiger** stellt sich in jedem konkreten Einzelfall die Frage, **welcher Betrag** aus dem jeweiligen Gebührentatbestand vorgegebenen Rahmen für die erbrachte Tätigkeit abzurechnen ist. Die Grundlage hierfür bildet § 14 RVG. Danach **bestimmt der Rechtsanwalt** die Gebühr im Einzelfall unter Berücksichtigung aller Umstände, vor allem des Umfangs und der Schwierigkeit

Teil 4. Strafsachen **Einleitung zu Teil 4 VV**

der anwaltlichen Tätigkeit, der Bedeutung der Angelegenheit sowie der Einkommens- und Vermögensverhältnisse des Auftraggebers nach **billigem Ermessen.** Dabei ist auch das **Haftungsrisiko** zu berücksichtigen.

Es entspricht der ganz herrschenden Auffassung, dass grundsätzlich von dem **Mittelwert** des jeweiligen Gebührenrahmens auszugehen ist. Die sog. **Mittelgebühr** errechnet sich, indem man Mindest- und Höchstgebühr addiert und die Summe durch zwei teilt. 10

Diese Mittelgebühr gilt für alle **Normalfälle,** in denen die zu berücksichtigenden Umstände durchschnittlich sind. Weicht ein im Einzelfall besonders ins Gewicht fallender Umstand vom Normalfall ab, kann das zum Unter- oder Überschreiten der Mittelgebühr führen. Das geringere Gewicht einzelner Umstände kann aber durch die überdurchschnittliche Bedeutung eines anderen Umstands **kompensiert** werden. Andererseits kann ein einziger Umstand wegen seiner Bedeutung die **Höchstgebühr** rechtfertigen. Die **Mindestgebühr** kommt nur in Betracht, wenn alle Umstände unterdurchschnittlich sind, etwa bei einfachen Sachen von geringem Umfang. Wegen der Einzelheiten wird auf die Erläuterungen zu § 14 RVG verwiesen. 11

III. Anrechnung

In vielen Fällen, vor allem in Straßenverkehrssachen, werden Straf- und Ordnungswidrigkeitstatbestände durch ein und dieselbe Handlung verwirklicht. Zu Beginn von Ermittlungen lässt sich deshalb oft nicht übersehen, zu welcher rechtlichen Einordnung die Ermittlungen führen werden. So kann es vorkommen, dass der Rechtsanwalt in **beiden Verfahrensarten** tätig wird. Das ist zum Beispiel der Fall, wenn die Staatsanwaltschaft das Ermittlungsverfahren wegen einer Straftat einstellt und die Akten gemäß § 43 OWiG an die Verwaltungsbehörde zwecks Verfolgung einer Ordnungswidrigkeit abgibt. Auch der umgekehrte Fall ist denkbar, wenn zunächst die Verwaltungsbehörde wegen einer Ordnungswidrigkeit ermittelt und dann das Verfahren an die Staatsanwaltschaft zwecks Verfolgung als Straftat abgibt (§ 41 OWiG). 12

In beiden Fällen gilt § 17 Nr. 10 RVG. Danach sind das Strafverfahren und das sich anschließende Bußgeldverfahren **verschiedene Angelegenheiten.** Das hat zur Folge, dass der Rechtsanwalt, der in beiden Verfahrensarten tätig wird, Gebühren sowohl für das Strafverfahren nach Teil 4 VV als auch für das Bußgeldverfahren nach Teil 5 VV erhält. 13

Eine Anrechnung kennt das Vergütungsverzeichnis nur in einem **Ausnahmefall.** Er betrifft die **Grundgebühr** der Nr. 4100 VV und 5100 VV. In der Anm. zu beiden Gebührentatbeständen ist eine wechselseitige Anrechnung vorgesehen, weil die Grundgebühr die erstmalige Einarbeitung in den Rechtsfall entgelten soll und ein in beiden Verfahrensarten tätiger Rechtsanwalt sich auch tatsächlich nur einmal in den Rechtsfall einzuarbeiten braucht. 14

Eine **Ausnahme** bildet der Fall, dass die Staatsanwaltschaft die Ermittlungen wegen einer Ordnungswidrigkeit von Anfang an selbst übernimmt und das Verfahren nicht an die Verwaltungsbehörde abgibt (§ 42 OWiG). Der Rechtsanwalt erhält dann die Gebühren nach Teil 4 VV, weil die Anwendbarkeit von Teil 5 VV ein Verfahren vor der Verwaltungsbehörde voraussetzt. 15

IV. Vergütung des gerichtlich bestellten oder beigeordneten Rechtsanwalts aus verfassungsrechtlicher Sicht

Der gerichtlich bestellte oder beigeordnete Rechtsanwalt erhält für seine Leistungen Festgebühren, die noch unter der Mittelgebühr des Wahlverteidigers liegen. 16

Einleitung zu Teil 4 VV

Der Gesetzgeber ist offenbar der Meinung, dass er mit dieser Regelung den Anforderungen des Bundesverfassungsgerichts genügt, wonach eine gesetzliche Gebührenregelung nicht zu einem **ungerechtfertigten Sonderopfer** führen darf.

17 Der **Staat** hat gemäß Art. 20 GG eine **soziale Verpflichtung**. Auch der Bürger, der nicht über ausreichende Mittel verfügt, soll Zugang zum Recht erhalten. Dieser Grundsatz ist nicht ernsthaft in Frage zu stellen. Fraglich ist jedoch, mit welcher Berechtigung der Staat einen Großteil seiner sozialen Verantwortung auf die **Rechtsanwaltschaft** abwälzt.

18 Staatliche Aufgaben werden grundsätzlich durch alle Bürger über **Steuerzahlungen** finanziert. **Direkte Sozialleistungen** der Bürger untereinander sieht die Verfassung nicht vor. So ist beispielsweise kein Gewerbetreibender gezwungen, einem bedürftigen Mitbürger seine Produkte unentgeltlich oder billiger zu überlassen. Vielmehr erhält der Bedürftige Leistungen vom Staat und wird dadurch in die Lage versetzt, die von der gewerblichen Wirtschaft angebotenen Produkte zum normalen Preis erwerben zu können. Ein Sonderopfer für bedürftige Bürger wird der **gewerblichen Wirtschaft** also nicht abverlangt.

19 Für Rechtsanwälte soll das nicht gelten, weil sie **Organ der Rechtspflege** sind (§ 1 BRAO). Doch dieses Argument ist fragwürdig. Die **spezielle Aufgabe** des Rechtsanwalts ist es, dem Bürger rechtliches Gehör zu verschaffen, auch gegenüber dem Staat. Das gilt für das Strafverfahren in besonderem Maße. Gleichwohl lässt sich der Staat einen Teil der Kosten gerade von denjenigen bezahlen, die berufen sind, die Bürger im Strafverfahren gegenüber dem **Strafanspruch** des Staates zu verteidigen.

20 Bei dem **Bundesverfassungsgericht** scheint sich allmählich die Erkenntnis durchzusetzen, dass die **finanzielle Beteiligung der Rechtsanwälte** an der sozialen Verpflichtung des Staates nur in Grenzen mit Art. 12 Abs. 1 GG vereinbar ist. Schon 1980 hatte es entschieden, dass der Staat für Aufgaben, deren ordentliche Wahrnehmung im öffentlichen Interesse liegt, den Staatsbürger beruflich nicht in Anspruch nehmen darf, wenn sich seine Inanspruchnahme als übermäßige, durch keine Gründe des Gemeinwohls gerechtfertigte Einschränkung der freien Berufsausübung erweist, was der Fall sei, wenn ihm eine angemessene Entschädigung für seine Inanspruchnahme vorenthalten bleibe.[2]

21 Einige Jahre später betonte das Bundesverfassungsgericht, dass die Freiheit, einen Beruf auszuüben, untrennbar mit der Freiheit verbunden sei, eine **angemessene Vergütung** zu fordern. Gesetzliche Vergütungsregelungen seien deshalb am Maßstab des **Art. 12 Abs. 1 GG** zu messen.[3] Diese Feststellung bestätigte das Bundesverfassungsgericht mit einer weiteren Entscheidung aus dem Jahre 1993.[4]

22 Im Jahr 2000 konkretisierte das Bundesverfassungsgericht seine Rechtsprechung.[5] In seiner Entscheidung heißt es wörtlich: „Die gerichtliche Bestellung zum Verteidiger ist eine besondere Form der Indienstnahme Privater zu öffentlichen Zwecken. Sie erfolgt im öffentlichen Interesse daran, dass der Beschuldigte in den Fällen, in denen die Verteidigung aus Gründen der Rechtsstaatlichkeit des Verfahrens notwendig ist (vgl. § 140 StPO), rechtskundigen Beistand erhält. Diese Begrenzung (der gesetzlichen Gebühren) ist zwar durch einen vom Gesetzgeber iSd Gemeinwohls vorgenommenen Interessenausgleich, der auch das Interesse der Einschränkung des Kostenrisikos berücksichtigt, gerechtfertigt; dies gilt aber nur, sofern die **Grenze der Zumutbarkeit** noch gewahrt ist. Eine Kürzung der gesetzlich genau bestimmten Gebühren oder eine Versagung der Erstattung von Auslagen, die für die sachgerechte Verteidigung erforderlich waren, kann dem bestellten Verteidiger ein **unzumutba-**

---

[2] BVerfGE 54, 251, 271 = NJW 1980, 2179.
[3] BVerfGE 88, 145, 159 = NJW 1993, 2861.
[4] BVerfG MDR 2005, 1373 mAnm *Hartung*.
[5] BVerfG NJW 2001, 1269.

res Opfer** abverlangen. Sie ist dann mit dem Recht auf freie Berufsausübung gemäß Art. 12 Abs. 1 S. 1 GG unvereinbar".

Die **Zumutbarkeitsgrenze** ist in jedem Fall überschritten, wenn ein Mandat nicht einmal mehr **kostendeckend** wahrgenommen werden kann. Dies verletzt zum einen das Interesse des Rechtsanwalts an einer angemessenen Vergütung seiner Leistungen. Zum anderen verkennt das gegenwärtige System auch die wohlverstandenen Interessen der Mandanten. In der Praxis besteht zunehmend eine ganz natürliche Tendenz der Rechtsanwälte, **„Zuschussmandaten"** nicht dieselbe Aufmerksamkeit und Sorgfalt zu widmen wie den Mandaten, die angemessen vergütet werden. Die soziale Wohltat des Gesetzgebers auf Kosten der Rechtsanwaltschaft hat hier also einen für den Bürger **bitteren Nachgeschmack**.[6]

In jüngeren Entscheidungen führte das Bundesverfassungsgericht zu § 51 RVG (Festsetzung einer Pauschgebühr) aus, in Strafsachen, die die Arbeitskraft des Pflichtverteidigers für längere Zeit ausschließlich oder fast ausschließlich in Anspruch nähmen, gewinne die Höhe des Entgelts für den Pflichtverteidiger **existenzielle Bedeutung.** Für solche besonderen Fallkonstellationen gebiete das Grundrecht des Pflichtverteidigers auf freie Berufsausübung eine Regelung, die sicherstellt, dass ihm die Verteidigung kein **unzumutbares Opfer** abverlange.[7] Die Inanspruchnahme des gerichtlich bestellten oder beigeordneten Rechtsanwalts, womit in erster Linie der Pflichtverteidiger gemeint ist, dürfe nicht zu einem **Sonderopfer** führen. Dazu könne es angesichts der deutlich geringeren Pflichtverteidigergebühren gerade in größeren Strafverfahren sehr schnell kommen, wenn die gesetzlichen Gebühren die Tätigkeit des Pflichtverteidigers nicht mehr **kostendeckend**, geschweige denn **gewinnbringend** honorieren.[8]

Vorbemerkung 4 VV

Nr.	Gebührentatbestand	Gebühr oder Satz der Gebühr nach § 13 oder § 49 RVG	
		Wahlanwalt	gerichtlich bestellter oder beigeordneter Rechtsanwalt
Vorbemerkung 4:			
(1) Für die Tätigkeit als Beistand oder Vertreter eines Privatklägers, eines Nebenklägers, eines Einziehungs- oder Nebenbeteiligten, eines Verletzten, eines Zeugen oder Sachverständigen und im Verfahren nach dem Strafrechtlichen Rehabilitierungsgesetz sind die Vorschriften entsprechend anzuwenden.			
(2) Die Verfahrensgebühr entsteht für das Betreiben des Geschäfts einschließlich der Information.			
(3) Die Terminsgebühr entsteht für die Teilnahme an gerichtlichen Terminen, soweit nichts anderes bestimmt ist. Der Rechtsanwalt erhält die Terminsgebühr auch, wenn er zu einem anberaumten Termin erscheint, dieser aber aus Gründen, die er nicht zu vertreten hat, nicht stattfindet. Dies gilt nicht, wenn er rechtzeitig von der Aufhebung oder Verlegung des Termins in Kenntnis gesetzt worden ist.			
(4) Befindet sich der Beschuldigte nicht auf freiem Fuß, entsteht die Gebühr mit Zuschlag.			
(5) Für folgende Tätigkeiten entstehen Gebühren nach den Vorschriften des Teils 3:			
1. im Verfahren über die Erinnerung oder die Beschwerde gegen einen Kostenfestsetzungsbeschluss (§ 464b StPO) und im Verfahren über die Erinnerung gegen den Kostenansatz und im Verfahren über die Beschwerde gegen die Entscheidung über diese Erinnerung,			

---

[6] *Hartung/Römermann* ZRP 2003, 149, 151.
[7] BVerfG NJW 2005, 1264; sa BVerfG NJW 2005, 3699.
[8] BVerfG NJW 2003, 737; vgl. auch BVerfG MDR 2005, 1373 mAnm *Hartung*; BVerfG NJW 2007, 3420.

Vorb. 4 VV Teil 4. Strafsachen

Nr.	Gebührentatbestand	Gebühr oder Satz der Gebühr nach § 13 oder § 49 RVG	
		Wahlanwalt	gerichtlich bestellter oder beigeordneter Rechtsanwalt
2.	in der Zwangsvollstreckung aus Entscheidungen, die über einen aus der Straftat erwachsenen vermögensrechtlichen Anspruch oder die Erstattung von Kosten ergangen sind (§§ 406b, 464b StPO), für die Mitwirkung bei der Ausübung der Veröffentlichungsbefugnis und im Beschwerdeverfahren gegen eine dieser Entscheidungen.		

Übersicht

Rn.

- I. Überblick 1
- II. Anwendungsbereich 2
  - 1. Persönlicher Anwendungsbereich (Vorb. 4 Abs. 1 VV) 2
  - 2. Sachlicher Anwendungsbereich (Vorb. 4 Abs. 1 VV) 7
- III. Verfahrensgebühr (Vorb. 4 Abs. 2 VV) 11
  - 1. Abgeltungsbereich 13
  - 2. Verfahrensgebühr für den Wahlanwalt 21
  - 3. Verfahrensgebühr für den gerichtlich bestellten oder beigeordneten Rechtsanwalt 24
- IV. Terminsgebühr (Vorb. 4 Abs. 3 VV) 25
  - 1. Abgeltungsbereich 29
    - a) Grundsatz 29
    - b) Ausnahme 30
  - 2. Terminsgebühr für den Wahlanwalt 35
  - 3. Terminsgebühr für den gerichtlich bestellten oder beigeordneten Rechtsanwalt 38
- V. Gebühr mit Haftzuschlag (Vorb. 4 Abs. 4 VV) 39
  - 1. Persönlicher Geltungsbereich 40
  - 2. Sachlicher Geltungsbereich 42
- VI. Kostenfestsetzung, Zwangsvollstreckung (Vorb. 4 Abs. 5 VV) 47
  - 1. Erinnerung und Beschwerde gegen einen Kostenfestsetzungsbeschluss (Vorb. 4 Abs. 5 Nr. 1, Alt. 1 VV) 50
  - 2. Erinnerung und Beschwerde gegen den Kostenansatz (Vorb. 4 Abs. 5 Nr. 1, Alt. 2 VV) 52
  - 3. Beschwerdeverfahren in der Zwangsvollstreckung (Vorb. 4 Abs. 5 Nr. 2 VV) 53
  - 4. Gerichtlich bestellter oder beigeordneter Rechtsanwalt 54

I. Überblick

1 Die dem Teil 4 VV vorangestellte Vorb. 4 VV enthält in fünf Absätzen allgemeine Regelungen, die für sämtliche in Teil 4 VV geregelten Gebührentatbestände gelten, soweit nichts anderes bestimmt ist. Sie regelt den **persönlichen Anwendungsbereich** (Vorb. 4 Abs. 1 VV), die **Verfahrensgebühr** (Vorb. 4 Abs. 2 VV), die **Terminsgebühr** (Vorb. 4 Abs. 3 VV), die **Gebühr mit Zuschlag,** wenn sich der Beschuldigte nicht auf freiem Fuß befindet (Vorb. 4 Abs. 4 VV) und enthält zudem verschiedene Regelungen über die **Erinnerung und die Beschwerde** in bestimmten Verfahren, für die sie Teil 3 VV für anwendbar erklärt (Vorb. 4 Abs. 5 VV).

Teil 4. Strafsachen **Vorb. 4 VV**

II. Anwendungsbereich

1. Persönlicher Anwendungsbereich (Vorb. 4 Abs. 1 VV)

Die in Teil 4 VV geregelten Gebührentatbestände betreffen, wie sich aus der **2**
Überschrift zu Teil 4 Abschn. 1 VV ergibt, den Rechtsanwalt als **Verteidiger**.
Damit sind der **Wahlverteidiger** und der **Pflichtverteidiger** gemeint. Das gilt
auch bei der Bestellung nur für einen Termin als **Terminsvertreter**. Die Gebührentatbestände gelten ferner für den Rechtsanwalt, der als **Beistand** oder **Vertreter**
eines Privatklägers, eines Nebenklägers, eines Einziehungs- oder Nebenbeteiligten,
eines Verletzten, eines Zeugen oder Sachverständigen tätig wird oder im Verfahren
nach dem Strafrechtlichen Rehabilitierungsgesetz einen Beteiligten vertritt.[1]

Für den als **Zeugenbeistand** beigeordneten Rechtsanwalt war die uneinge- **3**
schränkte Anwendbarkeit des Teils 4 Abschn. 1 VV seit dem Inkrafttreten des RVG
umstritten. Einige Oberlandesgerichte vertraten die Auffassung, die Tätigkeit des
Rechtsanwalts als Zeugenbeistand sei als **Einzeltätigkeit** zu werten und deshalb
nach Teil 4 Abschn. 3 VV abzurechnen.[2] Nach der hier in der Vorauflage vertretenen
gegenteiligen Meinung, für die die Regelung in der Vorb. 4 Abs. 1 VV und das
Fehlen einer Regelung in der Nr. 4301 VV spricht, richtete sich die Vergütung des
Zeugenbeistands grundsätzlich nach Teil 4 Abschn. 1 VV, entsprach also der eines
Verteidigers,[3] es sei denn, der dem Rechtsanwalt von dem Zeugen erteilte Auftrag
oder der gerichtliche Beiordnungsbeschluss war ausdrücklich nicht auf die volle
Vertretung des Zeugen gerichtet, sondern auf eine Einzeltätigkeit beschränkt.[4]

Dieser Meinungsstreit ist mit Wirkung durch das **2. KostRMoG** in dem Sinne **4**
gelöst worden, dass der Rechtsanwalt für alle in der Vorb. 4 VV genannten Tätigkeiten **„die gleichen Gebühren wie ein Verteidiger im Strafverfahren"** erhält.
In der amtlichen Begründung[5] heißt es hierzu, der Gesetzgeber des RVG habe
in der Gesetzesbegründung ausführlich dargelegt, dass der Rechtsanwalt auch im
Strafverfahren als Beistand für einen Zeugen oder Sachverständigen die gleichen
Gebühren wie ein Verteidiger erhalten solle.[6] Gleichwohl setzten sich einige Oberlandesgerichte darüber hinweg. Deshalb hielt es der Gesetzgeber für erforderlich,
durch eine klarstellende Formulierung in der Vorb. 4 VV, die der Formulierung der
Vorb. 5 Abs. 1 VV folgt, seinen gesetzgeberischen Willen deutlicher zum Ausdruck
zu bringen.

Teil 4 VV gilt unverändert auch für den Rechtsanwalt, der dem Privatkläger, dem **5**
Nebenkläger, dem Verletzten oder Zeugen oder dem Antragsteller im Klageerzwin-

---

[1] Zu dem Anwendungsbereich des Teils 4 VV bei der Verständigung im Straf- und Bußgeldverfahren gemäß § 257c StPO siehe LG Osnabrück RVGreport 2012, 65; ausführlich *Burhoff* RVGreport 2011, 401.
[2] So KG AGS 2008, 235; OLG Bamberg DAR 2008, 493; OLG Celle RVGreport 2008, 144; OLG Dresden (3. Strafsenat) RVGreport 2008, 265 und NJW 2009, 455; OLG Frankfurt a.M. NStZ-RR 2008, 264 (Ls.); OLG Hamm RVGreport 2009, 426; OLG Oldenburg JurBüro 2006, 197 mAnm *Lohe* JurBüro 2007, 202; OLG Schleswig NStZ-RR 2006, 255; zu weiteren Entscheidungen vgl. *Burhoff* RVGreport 2008, 266, 267.
[3] KG RVGreport 2005, 341; OLG Dresden NJW 2009, 455; OLG Düsseldorf NStZ-RR 2009, 8 mAnm *Kotz* und JurBüro 2010, 33; OLG Hamm JurBüro 2008, 83; KG NJW 2005, 3589 (nur Leitsatz) = NStZ-RR 2005, 358; OLG Koblenz AGS 2006, 598; OLG Köln RVGreport 2009, 150; OLG München AGS 2008, 120 und AGS 2009, 449; OLG München JurBüro 2008, 418 mAnm *Kotz* JurBüro 2008 402; OLG Schleswig AGS 2007, 191; OLG Stuttgart NStZ 2007, 343; LG Dresden AGS 2008, 120.
[4] OLG Düsseldorf RVGreport 2008, 188.
[5] BT-Drs. 17/11471 v. 14.11.2012 Art. 8 Nr. 60.
[6] BT-Drs. 15/1991, 220.

gungsverfahren (§ 172 StPO) im Wege der **Prozesskostenhilfe** beigeordnet wird. Die Gebühren entsprechen denen des Pflichtverteidigers, sind also Festgebühren.

6 Zum persönlichen Anwendungsbereich gehört schließlich auch der Rechtsanwalt, der nicht Verteidiger ist, sondern mit einem **Gnadengesuch** beauftragt wird oder einem **Gefangenen** als **Kontaktperson** beigeordnet ist oder einen Verurteilten im Verfahren nach dem **Strafrechtsentschädigungsgesetz** vor den Strafgerichten vertritt.

2. Sachlicher Anwendungsbereich (Vorb. 4 Abs. 1 VV)

7 Teil 4 VV trägt die Überschrift „**Strafverfahren**" und bringt damit zum Ausdruck, dass die Gebührentatbestände des Teils 4 VV für alle Verfahren gelten, die als Strafverfahren ausgestaltet sind. Damit gemeint sind die Verfahren nach der StPO, dem JGG und nach landesrechtlichen Strafvorschriften, ferner das Privatklageverfahren, das Anklageerzwingungsverfahren, das Adhäsionsverfahren, das Wiederaufnahmeverfahren, die Strafvollstreckung, das Gnadenverfahren und das Verfahren nach dem Strafrechtlichen Rehabilitierungsgesetz.

8 Zum sachlichen Anwendungsbereich des Teils 4 VV gehört auch das Verfahren über die im Urteil **vorbehaltene** Sicherungsverwahrung und das Verfahren über die **nachträgliche** Anordnung der **Sicherungsverwahrung.** Das ergibt sich aus der Vorb. 4.1 Abs. 1 VV.

9 Nicht zum sachlichen Geltungsbereich des Teils 4 VV gehört das **Bußgeldverfahren,** für das **Teil 5 VV** eigenständige Gebührentatbestände vorsieht. Teil 4 VV gilt auch nicht, soweit der in Strafsachen tätige Rechtsanwalt gegen einen **Kostenfestsetzungsbeschluss** (§ 464b StPO) oder gegen einen **Kostenansatz** im Wege der Erinnerung oder der Beschwerde vorgehen will. Dasselbe gilt für Tätigkeiten in der **Zwangsvollstreckung** aus Entscheidungen, die über einen aus der Straftat erwachsenen vermögensrechtlichen Anspruch oder die Erstattung von Kosten ergangen sind (§§ 406b, 464b StPO) und für die Mitwirkung bei der Ausübung der **Veröffentlichungsbefugnis** und auch im Beschwerdeverfahren gegen eine dieser Entscheidungen. In all diesen Fällen gilt Teil 3 VV.

10 Ebenfalls **nicht zum Geltungsbereich** des Teils 4 VV gehören verschiedene **strafverfahrensähnliche Verfahren** wie das Verfahren nach dem Gesetz über die internationale Rechtshilfe in Strafsachen, das Verfahren nach dem IStGH-Gesetz, das Disziplinarverfahren, berufsgerichtliche Verfahren wegen Verletzung einer Berufspflicht, gerichtliche Verfahren bei Freiheitsentziehung und in Unterbringungssachen sowie verschiedene Verfahren nach der Wehrbeschwerdeordnung (WBO) und der Wehrdisziplinarordnung (WDO). Die Gebühren für diese Verfahren sind insgesamt in **Teil 6 VV** geregelt.

III. Verfahrensgebühr (Vorb. 4 Abs. 2 VV)

11 Nach der Vorb. 4 Abs. 2 VV erhält der Rechtsanwalt für das Betreiben des Geschäfts einschließlich der Information eine Verfahrensgebühr. Eine **gleichlautende Regelung** findet sich jeweils in Abs. 2 der Vorb. zu den Teilen 3, 5 und 6 VV. Das Entstehen der Verfahrensgebühr hängt nicht davon ab, dass die von der Gebühr erfassten Tätigkeiten nach außen erkennbar werden.[7]

12 Trotz des gleichlautenden Wortlauts gibt es zwischen einer Verfahrensgebühr nach Teil 4 VV einerseits und der jeweiligen Verfahrensgebühr nach den Teilen 3, 5 und 6 VV andererseits einen **Unterschied.** Im Gegensatz zu den in den Teilen 3, 5 und 6 VV geregelten Verfahren, in denen die Verfahrensgebühr in einer Instanz jeweils

---

[7] OLG Naumburg BeckRS 2012, 05935; für Verfahren nach Teil 3 VV siehe BGH NJW 2013, 312; Schneider/Wolf/*Burhoff* Vorb. 4 Rn. 12.

nur **einmal** entstehen kann, kann der Rechtsanwalt im Strafverfahren die Verfahrensgebühr **zweimal** verdienen. Sie entsteht einmal im **vorbereitenden** Verfahren (Ermittlungsverfahren) nach den Nr. 4104, 4105 VV und zum anderen im **Hauptverfahren** nach den Nr. 4106, 4107, 4112, 4113, 4118, 4119, 4124, 4125, 4130, 4131 VV, insgesamt aber für jeden der beiden Verfahrensabschnitte jeweils nur einmal (§ 15 Abs. 2 S. 1 RVG).

1. Abgeltungsbereich

Die Verfahrensgebühr erhält der Rechtsanwalt für das **Betreiben des Geschäfts** einschließlich der **Information**. Das bedeutet, dass durch die in Teil 4 VV geregelten Verfahrensgebühren die **gesamte Tätigkeit** des Rechtsanwalts als Verteidiger im jeweiligen Verfahrensabschnitt abgegolten wird. In der Kommentartliteratur finden sich sog. **Tätigkeitskataloge**. Hierbei handelt es sich um Aufzählungen **aller** anwaltlichen Tätigkeiten, die von der Verfahrensgebühr abgegolten werden. Doch angesichts der Vielfalt denkbarer anwaltlicher Tätigkeiten, die außerhalb gerichtlicher Termine anfallen können, bleiben solche Kataloge nur beispielhaftes Stückwerk. 13

Zum Abgeltungsbereich der Verfahrensgebühr gehört kraft ausdrücklicher Regelung in der Vorb. 4.1 Abs. 2 VV auch die Tätigkeit **„im Rahmen des Täter-Opfer-Ausgleichs"**, soweit der Gegenstand nicht vermögensrechtlich ist (§§ 153a Abs. 1 S. 1. Buchst. 5 und 155a und b StPO). 14

Nach § 19 Abs. 1 S. 2 Nr. 10 RVG wird von der Verfahrensgebühr auch die **Einlegung von Rechtsmitteln** abgedeckt, weil diese Tätigkeit zum Rechtszug gehört. Das gilt nicht, wenn der Verteidiger das Rechtsmittel für einen **neuen Verteidiger** einlegt und auch nicht für einen neuen Verteidiger (§ 19 Abs. 1 Nr. 10 2. Alt. RVG). In beiden Fällen gehört die Einlegung des Rechtsmittels bereits zum nächsten Rechtszug. Die **Begründung** eines Rechtsmittels zählt immer zum nächsten Rechtszug und wird durch die im nächsten Rechtszug entstehende Verfahrensgebühr abgedeckt. 15

Nicht abgegolten werden Tätigkeiten, für die **besondere Gebühren** wie die Grundgebühr (Nr. 4100 VV), die Terminsgebühr (zB Nr. 4108 VV) oder eine zusätzliche Gebühr (zB Nr. 4110 VV) vorgesehen sind. Zum Abgeltungsbereich der Verfahrensgebühr gehört also nicht die Teilnahme an Hauptverhandlungen (zB Nr. 4108 VV) oder an Terminen außerhalb der Hauptverhandlung (Nr. 4102 VV). 16

Nicht abgegolten werden auch Tätigkeiten, die das Gesetz als besondere Angelegenheiten betrachtet. Dazu gehören im Wesentlichen: 17
- das **Adhäsionsverfahren** nach §§ 430 ff. StPO (Nr. 4143 und 4144 VV);
- das **Wiederaufnahmeverfahren** (Nr. 4136 bis 4140 VV);
- ein **erneuter Auftrag** in derselben Angelegenheit, wenn zwischen der Erledigung des früheren und der Erteilung eines neuen Auftrags ein Zeitraum von mehr als zwei Kalenderjahren liegt (§ 15 Abs. 5 S. 2 RVG);
- die **Verweisung** oder **Abgabe** an ein Gericht eines niedrigeren Rechtszugs (§ 20 S. 2 RVG);
- die **Zurückverweisung** an ein untergeordnetes Gericht (§ 21 Abs. 1 RVG).

Bei der **Verweisung** oder **Abgabe** an ein **anderes** Gericht ist das Verfahren vor dem verweisenden oder abgebenden und vor dem übernehmenden Gericht ein Rechtszug (§ 20 S. 1 RVG). Die Verfahrensgebühr entsteht also nur einmal, allerdings nach dem Gebührenrahmen des mit der Sache befassten höchsten Gerichts.[8] Erfolgt die Verweisung oder Abgabe an ein **niedrigeres** Gericht, ist das weitere Verfahren vor diesem Gericht ein neuer Rechtszug (§ 20 S. 2 RVG). Die Verfahrensgebühr entsteht also neu nach dem für das niedrigere Gericht geltenden Gebührentatbestand. Im umgekehrten Fall gilt der höhere Gebührenrahmen. 18

---

[8] Gerold/Schmidt/*Burhoff* Vorb. 4 VV Rn. 21.

19 Bei einer **Zurückverweisung** an ein untergeordnetes Gericht ist das Verfahren vor diesem Gericht ein neuer Rechtszug (§ 21 Abs. 1 RVG). Vor dem Ausgangsgericht entsteht die Verfahrensgebühr also neu. Anders als bei Verfahren nach Teil 3 VV (siehe dort Vorb. 3 Abs. 6 VV) findet eine Anrechnung nicht statt.

20 Bei einer **Verbindung** mehrerer Verfahren bleiben die in den verbundenen Verfahren bereits entstandenen Verfahrensgebühren bestehen.[9] Für das verbundene Verfahren entsteht eine neue Verfahrensgebühr.[10] Bei einer **Trennung** von Verfahren werden die abgetrennten Verfahren selbständige Verfahren mit der Folge, dass mehrere Verfahrensgebühren entstehen und mehrere Terminsgebühren anfallen können.[11]

2. Verfahrensgebühr für den Wahlanwalt

21 Der Wahlanwalt erhält **Betragsrahmengebühren**. Das sind Gebühren, für die im Vergütungsverzeichnis ein Mindest- und Höchstbetrag festgelegt ist. Innerhalb des Betragsrahmens hat der Rechtsanwalt im Einzelfall die Gebühr unter Berücksichtigung aller Umstände nach billigem Ermessen anhand der in § 14 RVG genannten Kriterien zu bestimmen. Eine Überschreitung des Gebührenrahmens durch den Rechtsanwalt ist nicht zulässig. Der Wahlanwalt kann jedoch gemäß § 42 RVG vom Oberlandesgericht unter den dort geregelten Voraussetzungen eine Pauschgebühr feststellen lassen. Diese darf das Doppelte des Höchstbetrages nicht übersteigen.

22 Wenn, wie oft in der Praxis, alle in § 14 RVG genannten Kriterien durchschnittlich sind, ist die **Mittelgebühr** zu berechnen. Sie errechnet sich aus der Addition des Mindest- und des Höchstbetrags und der Teilung der sich daraus ergebenden Summe durch zwei. Die Gebührenbestimmung des Rechtsanwalts ist nur dann nach § 14 Abs. 1 S. 4 RVG nicht bindend, wenn sie unbillig ist. Das ist der Fall, wenn die als angemessen anzusehende Gebühr die Mittelgebühr um mehr als 20 % übersteigt.[12]

23 Der Betragsrahmen der einzelnen Verfahrensgebühr hängt im **ersten Rechtszug** von der Ordnung des Gerichts ab, vor dem der Rechtsanwalt tätig wird. Das Vergütungsverzeichnis unterscheidet zwischen Verfahren vor dem Amtsgericht (Nr. 4106 VV), vor der Strafkammer des Landgerichts (Nr. 4112 VV) und vor dem Oberlandesgericht, dem Schwurgericht oder der Strafkammer des Landgerichts nach den §§ 74a und 74c GVG sowie vor der Jugendkammer des Landgerichts, soweit diese in Sachen entscheidet, die nach den allgemeinen Vorschriften zur Zuständigkeit des Schwurgerichts gehören (Nr. 4118 VV).

3. Verfahrensgebühr für den gerichtlich bestellten oder beigeordneten Rechtsanwalt

24 Der gerichtlich bestellte oder beigeordnete Rechtsanwalt erhält anders als der Wahlverteidiger **Festgebühren**. Ohne Bedeutung für die Höhe der Festgebühr ist der Umfang der anwaltlichen Tätigkeit. Selbst bei besonders umfangreichen oder besonders schwierigen Verfahren ändert sich an der Höhe der jeweiligen im Vergütungsverzeichnis festgelegten Gebühr nichts. Der gerichtlich bestellte Rechtsanwalt – das ist der Pflichtverteidiger –, aber auch der gerichtlich beigeordnete Rechtsanwalt kann jedoch gemäß § 51 RVG durch das Oberlandesgericht für das Verfahren oder einzelne Verfahrensabschnitte eine **Pauschgebühr** festsetzen lassen, die anders als eine Pauschgebühr für einen Wahlverteidiger in ihrer Höhe nicht auf das Dop-

---

[9] OLG Hamm AGS 2002, 108; OLG Koblenz AnwBl. 2001, 693.
[10] Zur Verbindung von Strafverfahren in der Hauptverhandlung OLG Dresden AGS 2009, 223 betr. die Terminsgebühr.
[11] Dazu *Burhoff* RVGprofessionell 2007, 139; *Enders* JurBüro 2007, 393.
[12] OLG Hamm JurBüro 2007, 309; OLG Köln RVGreport 2008, 55.

Teil 4. Strafsachen **Vorb. 4 VV**

pelte des für die Verfahrensgebühr eines Wahlverteidigers geltenden Höchstbetrages begrenzt ist.

IV. Terminsgebühr (Vorb. 4 Abs. 3 VV)

Vorb. 4 Abs. 3 VV regelt die Terminsgebühr. Diese Gebühr erhält der Rechtsanwalt für die Teilnahme an **gerichtlichen** Terminen, soweit nichts anderes bestimmt ist. Die Einschränkung, „soweit nichts anderes bestimmt ist" bezieht sich auf den Gebührentatbestand der Nr. 4102 VV. Danach kann eine Terminsgebühr auch für die Teilnahme an **nicht gerichtlichen** Terminen entstehen (wegen der Einzelheiten → Nr. 4102 VV Rn. 7). 25

Gerichtliche Termine isd Vorb. 4 Abs. 3 VV sind die **Hauptverhandlungstermine**. Hierbei wird nicht zwischen dem ersten Hauptverhandlungstermin und den **Fortsetzungsterminen** unterschieden. Gebührenrechtlich sind vielmehr alle Hauptverhandlungstermine gleich. Auch auf deren Dauer kommt es nicht an. Nur für den Pflichtverteidiger kann sich die Festgebühr je nach Dauer der Hauptverhandlung erhöhen. 26

Anders als die Verfahrensgebühr entsteht die Terminsgebühr für die Teilnahme an einer Hauptverhandlung **nicht nur einmal,** sondern so oft, wie Hauptverhandlungstermine stattfinden. Lediglich **mehrere** Termine an einem Tag lösen nur eine Terminsgebühr für diesen Tag aus. 27

Bei **Terminen außerhalb einer Hauptverhandlung** iSd Nr. 4102 VV gilt entsprechend der Anm. zu diesem Gebührentatbestand, dass **mehrere Termine an einem Tag** als ein Termin gelten, jedoch entsteht die Terminsgebühr im vorbereitenden Verfahren und in jedem Rechtszug für die Teilnahme an jeweils bis zu drei Terminen nur einmal. 28

1. Abgeltungsbereich

a) Grundsatz. Der Rechtsanwalt erhält die Terminsgebühr für die **Teilnahme** an gerichtlichen Terminen. Teilnahme bedeutet **Anwesenheit**. Der Rechtsanwalt braucht keine Anträge zu stellen und auch sonst keine Tätigkeiten zu entfalten. Er braucht auch nicht bis zum Ende der Hauptverhandlung anwesend zu sein. Die Gebühr entsteht auch, wenn sich die Hauptverhandlung darauf beschränkt, dass der Rechtsanwalt nach Aufruf der Sache den Einspruch gegen einen Strafbefehl zurücknimmt oder als Pflichtverteidiger entbunden wird.[13] 29

b) Ausnahme. Eine **Ausnahme** vom Erfordernis der Anwesenheit regelt die Vorb. 4 Abs. 3 S. 2 und 3 VV. Danach erhält der Rechtsanwalt die Terminsgebühr auch, wenn er zu einem anberaumten Termin erscheint, dieser aber aus Gründen, die er nicht zu vertreten hat, nicht stattfindet.[14] Aus welchen Gründen der Hauptverhandlungstermin „**platzt**", ist gleichgültig. 30

Der Rechtsanwalt „**erscheint**" zum Hauptverhandlungstermin, wenn er seine Kanzlei verlassen hat, um an dem anberaumten Termin teilzunehmen. Erreicht ihn auf dem Weg zum Gericht die Nachricht, dass der Termin aufgehoben worden ist, hat er bereits seine Zeit nutzlos vertan, denn bei rechtzeitigem Eingang der Nachricht über die Terminsaufhebung hätte er sich anderen Arbeiten widmen können. Deshalb entsteht die Terminsgebühr auch, wenn der Rechtsanwalt den Weg zum 31

---

[13] Schneider/Wolf/N. Schneider Nr. 4108–4111 VV Rn. 7.
[14] Siehe OLG München AGS 2004, 150 mAnm Schneider; LG Bonn AGS 2007, 563 mAnm Schneider.

Termin angetreten hat, aber nicht im Gericht erscheint, weil er auf dem Weg zum Gericht von der Aufhebung des Termins erfährt.[15]

32 Gemäß Vorb. 4 Abs. 3 S. 3 VV gilt die vorgenannte Ausnahmeregelung nicht, wenn der Rechtsanwalt **rechtzeitig** von der Aufhebung oder Verlegung des Termins in Kenntnis gesetzt worden ist. „Rechtzeitig" ist der Rechtsanwalt auf jeden Fall immer dann in Kenntnis gesetzt, wenn er von der Aufhebung oder Verlegung des Termins erfährt, bevor er seine Kanzlei verlässt. Hat der Rechtsanwalt die Aufhebung des Termins beantragt, muss er sich vor seiner Abreise erkundigen, ob seinem Antrag stattgegeben worden ist.[16]

33 Im Zusammenhang mit der Erstattung von **Reisekosten** entzündet sich seit einiger Zeit die Frage nach der **Erforderlichkeit der Reise** des Rechtsanwalts zu einem „geplatzten" Termin. Das **Oberlandesgericht Stuttgart** erwartet vom Rechtsanwalt eine organisatorische Vorsorge, dass er nicht eine Geschäftsreise zu einem Termin antritt, der erst am Nachmittag des Vortages aufgehoben worden ist.[17] Das **Oberlandesgericht Koblenz** vertritt bei einer Klagerücknahme einen Tag vor einem Gerichtstermin die Auffassung, dass der Kläger verpflichtet ist, durch einen Anruf oder in sonstiger Weise sicherzustellen, dass der gegnerische Rechtsanwalt nicht anreist.[18] Das **Oberlandesgericht München** vertritt die Ansicht, dass Reisekosten eines Rechtsanwalts nicht vermeidbar sind, wenn die klagende Partei die Rücknahme ihrer Klage erst am späten Nachmittag des Tages vor dem Termin mitteilt, da es bei einem Termin am Vormittag nicht missbräuchlich sei, wenn der Rechtsanwalt der beklagten Partei bereits am Vortag von Düsseldorf nach München anreise.[19]

34 Wenn die Terminsgebühr nach Maßgabe vorstehender Ausführungen entstanden und der Mandant der Gebührenschuldner ist, wird der Rechtsanwalt prüfen müssen, ob ein **Erstattungsanspruch** gegen ausgebliebene Zeugen oder Sachverständige oder ein **Amtshaftungsanspruch** gegen die Staatskasse in Betracht kommt.[20]

2. Terminsgebühr für den Wahlanwalt

35 Für den Wahlanwalt ist auch die Terminsgebühr eine **Betragsrahmengebühr.** Der Rechtsanwalt hat aus dem jeweiligen Betragsrahmen anhand der in § 14 RVG genannten Kriterien die Höhe der im Einzelfall angemessenen Terminsgebühr zu bestimmen. Dabei sind auch die Dauer der Hauptverhandlung, die Zahl der vernommenen Zeugen und die Schwierigkeit des Verfahrens zu berücksichtigen.

36 Der Betragsrahmen der Terminsgebühr hängt im **ersten Rechtszug** von der **Ordnung** des Gerichts ab, vor dem der Rechtsanwalt tätig wird. Das Vergütungsverzeichnis unterscheidet zwischen Verfahren vor dem Amtsgericht (Nr. 4108 VV), vor der Strafkammer des Landgerichts (Nr. 4114 VV) und vor dem Oberlandesgericht, dem Schwurgericht oder der Strafkammer des Landgerichts nach den §§ 74a und 74c GVG sowie vor der Jugendkammer des Landgerichts, soweit diese in Sachen entscheidet, die nach den allgemeinen Vorschriften zur Zuständigkeit des Schwurgerichts gehören (Nr. 4120 VV).

37 Zur Entstehung von Terminsgebühren bei einer **Verweisung** oder **Abgabe** des Verfahrens an ein anderes Gericht, bei einer **Zurückverweisung** und bei **Verbin-**

---

[15] So zutreffend Gerold/Schmidt/*Burhoff* Vorb. 4 VV Rn. 27; **aA** OLG München JurBüro 2008, 418 m. abl. Anm. *Kotz* (erst wenn der Rechtsanwalt „das Gerichtsgebäude betreten hat"); vgl. auch LG Osnabrück JurBüro 2008, 649.

[16] LG Neuruppin RVGreport 2010, 26.

[17] OLG Stuttgart AGS 2003, 246 mAnm *Schneider*; **aA** OLG München AGS 2004, 150 mAnm *Schneider*; vgl. auch Schneider/Wolf/*N. Schneider* Nr. 7003–7006 VV Rn. 8 ff.

[18] OLG Koblenz MDR 2007, 55.

[19] OLG München AGS 2004, 150.

[20] So auch Gerold/Schmidt/*Burhoff* Vorb. 4 VV Rn. 43.

dung oder **Trennung** wird auf die obigen Ausführungen unter → Rn. 17–19 verwiesen.

3. Terminsgebühr für den gerichtlich bestellten oder beigeordneten Rechtsanwalt

Der gerichtlich bestellte oder beigeordnete Rechtsanwalt erhält die Terminsgebühr ebenso wie die Verfahrensgebühr als **Festgebühr**. Anders als der Wahlverteidiger orientiert sich die Höhe der Festgebühr allerdings an der Dauer eines Hauptverhandlungstermins. Bei einer **Dauer** von mehr als **fünf** und mehr als **acht** Stunden entsteht eine zusätzliche Gebühr (zB Nr. 4110 und 4111 VV). Damit soll ein Ausgleich dafür geschaffen werden, dass der Pflichtverteidiger bei überlanger Dauer der Hauptverhandlung nicht wie der Wahlverteidiger die Möglichkeit hat, die Terminsgebühr innerhalb eines Betragsrahmens nach § 14 Abs. 1 RVG zu erhöhen. Gleichzeitig dient die Regelung einer Verminderung von Verfahren zur Festsetzung einer Pauschgebühr nach § 51 RVG. 38

V. Gebühr mit Haftzuschlag (Vorb. 4 Abs. 4 VV)

Befindet sich der Beschuldigte nicht auf freiem Fuß, steht dem Rechtsanwalt die **Verfahrens- und Terminsgebühr** mit einem Zuschlag zu (vgl. zB Nr. 4106 und 4109 VV). Dadurch soll der zusätzliche Zeitaufwand abgegolten werden, der beispielsweise mit Besuchen in der Haftanstalt verbunden ist. Nicht dazu gehört der Zeitaufwand für die Wahrnehmung von **Haftprüfungsterminen**, für die Nr. 4102 Ziff. 3 VV einen eigenen Gebührentatbestand enthält.[21] 39

1. Persönlicher Geltungsbereich

Der Zuschlag steht sowohl dem Wahlanwalt als auch dem gerichtlich bestellten oder beigeordneten Rechtsanwalt zu. 40

Für den Rechtsanwalt als Vertreter eines **Nebenklägers** entsteht die Zuschlagsgebühr nach der Vorb. 4 Abs. 1 VV entsprechend. Das bedeutet, dass die Zuschlagsgebühr nicht an die Person des Beschuldigten, sondern an die des **Mandanten** anknüpft. Nicht der Beschuldigte, sondern der Nebenkläger darf nicht auf freiem Fuß sein.[22] Entsprechendes gilt für die in der Vorb. 4 Abs. 1 VV genannten **anderen Verfahrensbeteiligten**, für die der Rechtsanwalt als Beistand oder Vertreter tätig wird. 41

2. Sachlicher Geltungsbereich

Die Zuschlagsgebühr kann in allen Verfahrensabschnitten und in jedem Rechtszug entstehen. Befindet sich der Mandant nicht auf freiem Fuß, so erhöhen sich also die **Grundgebühr** sowie die **Verfahrensgebühr** und die **Terminsgebühr** im vorbereitenden Verfahren, im erstinstanzlichen Verfahren und im Berufungs- und Revisionsverfahren, ferner im Verfahren der Strafvollstreckung (Nr. 4200 ff. VV) und im Wiederaufnahmeverfahren. Die Terminsgebühr mit Zuschlag entsteht auch dann, wenn in der **Hauptverhandlung** vor der Rechtsmittelbelehrung ein Haftbefehl verkündet wird.[23] 42

---

[21] Ausführlich *Burhoff* RVGreport 2011, 242.
[22] OLG Düsseldorf JurBüro 2006, 534; OLG Hamm JurBüro 2007, 528; OLG Köln RVGreport 2010, 146.
[23] OLG Düsseldorf RVGreport 2011, 143; OLG Hamm RVGreport 2009, 149.

Vorb. 4 VV Teil 4. Strafsachen

43 Die Zuschlagsgebühr entsteht nicht, wenn der Rechtsanwalt **einzelne Tätigkeiten** erbringt, ohne dass ihm sonst die Verteidigung oder Vertretung übertragen ist. Gemeint sind die Gebührentatbestände der Nr. 4300 bis 4304 VV. Ausgenommen sind auch die **zusätzlichen** Gebühren der Nr. 4141 bis 4146 VV. Die Zuschlagsgebühr entsteht also auch dann nicht, wenn der Beschuldigte zum Zeitpunkt der entsprechenden anwaltlichen Tätigkeiten nicht auf freiem Fuß ist.

44 Die Voraussetzung, dass sich der Beschuldigte **nicht auf freiem Fuß** befindet, braucht nicht zu dem Zeitpunkt erfüllt sein, zu dem die jeweilige Gebühr entsteht.[24] So reicht es für die **Grundgebühr** aus, dass der Mandant verhaftet wird, während der Rechtsanwalt das Mandat entgegennimmt und/oder beginnt, sich erstmalig in den Rechtsfall einzuarbeiten. Bei der **Verfahrens- und Terminsgebühr** genügt es, dass der Mandant in dem Verfahrensabschnitt, den die einzelne Gebühr abdeckt, irgendwann nicht auf freiem Fuß ist.[25] Ob tatsächlich **Erschwernisse** entstehen, ist ohne Belang.[26]

45 Unerheblich für das Entstehen der Zuschlagsgebühr ist auch, aus welchen **Gründen** sich der Beschuldigte nicht auf freiem Fuß befindet. Der Grund muss nicht das Verfahren sein, in dem der Rechtsanwalt für den Beschuldigten tätig ist.[27] Es kann sich um **Straf- oder Untersuchungshaft**, um eine **Unterbringung**, eine **Auslieferungs-** oder **Abschiebungshaft** oder auch nur um einen **Polizeigewahrsam** handeln. Auch eine vorläufige Festnahme reicht aus,[28] ebenso ein **offener Vollzug**.[29] Der Haftzuschlag fällt **nicht** an, wenn sich der Beschuldigte **freiwillig** in einer **stationären Therapieeinrichtung** befindet,[30] ebenso nicht, wenn ein in einem psychiatrischen Krankenhaus Untergebrachter bereits dauerhaft in einem externen **Pflegeheim außerhalb des Maßregelvollzugs** wohnt[31] oder in einer betreuten Wohneinrichtung untergebracht ist.[32]

46 Schließlich ist auch die **Haftdauer** gebührenrechtlich ohne Bedeutung. Für die **Verfahrensgebühr** im vorbereitenden Verfahren reicht es beispielsweise aus, dass der Mandant in der Zeit zwischen dem Abschluss des Mandatsvertrags und dem Beginn des Hauptverfahrens zeitweise nicht auf freiem Fuß war. Bei der **Terminsgebühr** kommt es darauf an, dass der Mandant am Tage der Hauptverhandlung nicht auf freiem Fuß ist. Bei mehreren Hauptverhandlungsterminen kann es also vorkommen, dass die Terminsgebühr teilweise mit und teilweise ohne Zuschlagsgebühr anfällt, wenn der Mandant sich nur zeitweise nicht auf freiem Fuß befindet und zwischen den Hauptverhandlungsterminen wieder entlassen wird.

VI. Kostenfestsetzung, Zwangsvollstreckung (Vorb. 4 Abs. 5 VV)

47 Die Vorb. 4 Abs. 5 VV regelt die **Tätigkeitsbereiche** des Rechtsanwalts, die seine eigenen Gebührenangelegenheiten betreffen und in denen ihm Gebühren nicht nach Teil 4 VV, sondern nach Teil 3 VV zustehen.

---

[24] KG RVGreport 2007, 149; Gerold/Schmidt/*Burhoff* Vorb. 4 VV Rn. 47.
[25] OLG Düsseldorf JurBüro 2011, 197.
[26] OLG Celle RVGreport 2009, 427; OLG Hamm RVGreport 2009, 149.
[27] OLG Hamm AGS 2010, 17.
[28] KG JurBüro 2007, 643.
[29] KG JurBüro 2007, 644; OLG Jena AGS 2009, 385; LG Aachen AGS 2007, 242.
[30] OLG Bamberg RVGreport 2008, 225; LG Wuppertal JurBüro 2010, 532; dazu auch *Kotz* JurBüro 2010, 403.
[31] KG JurBüro 2009, 83; Gerold/Schmidt/*Burhoff* Vorb. 4 VV Rn. 49.
[32] OLG Stuttgart AGS 2010, 429.

Teil 4. Strafsachen **Vorb. 4 VV**

Die in der Vorb. 4 Abs. 5 VV genannten Bereiche lassen sich in **drei Gruppen** 48
zusammenfassen. Das sind:
- Verfahren über die Erinnerung oder Beschwerde gegen einen **Kostenfestsetzungsbeschluss** gemäß § 464b StPO (Vorb. 4 Abs. 5 Nr. 1, 1. Alt VV);
- Verfahren über die Erinnerung gegen den **Kostenansatz** und über die Beschwerde gegen die Entscheidung über diese Erinnerung (Vorb. 4 Abs. 5 Ziff. 1, 2. Alt. VV);
- Verfahren in **Zwangsvollstreckungssachen** aus Entscheidungen, die über einen aus der Straftat erwachsenen vermögensrechtlichen Anspruch oder die Erstattung von Kosten ergangen sind (§§ 406b, 464 StPO) oder über die Mitwirkung bei der **Ausübung der Veröffentlichungsbefugnis** und im Beschwerdeverfahren gegen eine dieser Entscheidungen (Vorb. 4 Abs. 5 Ziff. 2 VV).

Die für diese Tätigkeiten anfallenden Gebühren erhält der Rechtsanwalt neben den 49
Gebühren nach Teil 4 VV **gesondert**. Die Vorb. 4.1 Abs. 2 S. 2 VV, wonach die Gebühren nach Teil 4 VV die gesamte Tätigkeit des Rechtsanwalts als Verteidiger entgelten, ist also auf die vorstehend genannten Tätigkeitsbereiche nicht anwendbar.

1. Erinnerung und Beschwerde gegen einen Kostenfestsetzungsbeschluss (Vorb. 4 Abs. 5 Nr. 1, Alt. 1 VV)

Die Tätigkeit des Rechtsanwalts im Kostenfestsetzungsverfahren selbst wird durch 50
die Gebühren der Nr. 4104 ff. VV abgegolten (Vorb. 4.1 Abs. 2 VV). Legt der Rechtsanwalt gegen den Kostenfestsetzungsbeschluss Erinnerung nach § 11 Abs. 1 RPflG oder sofortige Beschwerde nach § 304 Abs. 1 StPO ein, erhält er gemäß Nr. 3500 VV eine 0,5 **Verfahrensgebühr**. Findet im Beschwerdeverfahren ein Termin iSd Vorb. 3 Abs. 3 VV statt, entsteht außerdem gemäß Nr. 3513 VV eine 0,5 **Terminsgebühr**. Im Falle einer Einigung kommt eine 1,0 **Einigungsgebühr** nach Nr. 1003 VV hinzu.

Zu beachten ist, dass der **Beschwerdewert** 200 EUR beträgt (§ 304 Abs. 3 51
StPO). Für die **Beschwerdefrist** gilt nicht § 311 Abs. 2 StPO mit einer Frist von einer Woche,[33] sondern § 464b S. 3 StPO iVm §§ 104 Abs. 3, 577 Abs. 2 S. 1 ZPO mit einer Frist von zwei Wochen.[34]

2. Erinnerung und Beschwerde gegen den Kostenansatz (Vorb. 4 Abs. 5 Nr. 1, Alt. 2 VV)

Im Kostenansatzverfahren nach § 19 GKG erhält der Rechtsanwalt keine Gebühr. 52
Legt er nach § 66 Abs. 1 GKG gegen den Kostenansatz Erinnerung und, wenn der Wert des Beschwerdegegenstands 200 EUR übersteigt, gegen die Entscheidung über die Erinnerung Beschwerde ein, entsteht eine 0,5 **Verfahrensgebühr** nach Nr. 3500 VV und, wenn es zu einem in der Praxis seltenen Termin kommt, auch noch eine 0,5 **Terminsgebühr** nach Nr. 3513 VV.

3. Beschwerdeverfahren in der Zwangsvollstreckung (Vorb. 4 Abs. 5 Nr. 2 VV)

Die Tätigkeit des Rechtsanwalts in der Zwangsvollstreckung löst eine 0,3 **Verfah-** 53
rensgebühr nach Nr. 3309 VV und für die Teilnahme an einem Termin eine 0,3 **Terminsgebühr** nach Nr. 3310 VV aus. Wird der Rechtsanwalt außerdem in einem Beschwerdeverfahren in der Zwangsvollstreckung tätig, erhält er hierfür eine **weitere 0,5 Verfahrensgebühr** und für die Teilnahme an einem Termin eine **0,5 Terminsgebühr** nach Nr. 3513 VV.

---

[33] OLG Karlsruhe JurBüro 2000, 203.
[34] OLG Koblenz Rpfleger 2000, 126.

4. Gerichtlich bestellter oder beigeordneter Rechtsanwalt

54 Der gerichtlich bestellte oder beigeordnete Rechtsanwalt erhält in Angelegenheiten der Vorb. 4 Abs. 5 VV **keine Vergütung** aus der Staatskasse, weil die Tätigkeit in diesen Angelegenheiten nicht durch die Bestellung zum Pflichtverteidiger oder die Beiordnung gedeckt sind.[35] Es besteht jedoch die Möglichkeit, für die Tätigkeiten nach der Vorb. 4 Abs. 5 VV **Prozesskostenhilfe** unter Beiordnung des Rechtsanwalts zu beantragen.[36] In diesem Fall erhält der Rechtsanwalt die Gebühren nach der Tabelle zu § 49 RVG aus der Staatskasse.

Abschnitt 1. Gebühren des Verteidigers

Vorbemerkung 4.1 VV

Nr.	Gebührentatbestand	Gebühr oder Satz der Gebühr nach § 13 oder § 49 RVG	
		Wahlanwalt	gerichtlich bestellter oder beigeordneter Rechtsanwalt
Vorbemerkung 4.1: (1) Dieser Abschn. ist auch anzuwenden auf die Tätigkeit im Verfahren über die im Urteil vorbehaltene Sicherungsverwahrung und im Verfahren über die nachträgliche Anordnung der Sicherungsverwahrung (2) Durch die Gebühren wird die gesamte Tätigkeit des Rechtsanwalts als Verteidiger entgolten. Hierzu gehören auch Tätigkeiten im Rahmen des Täter-Opfer-Ausgleichs, soweit der Gegenstand nicht vermögensrechtlich ist.			

I. Überblick

1 Teil 4 Abschn. 1 VV mit der Überschrift **„Gebühren des Verteidigers"** regelt den Gebührenanspruch des Rechtsanwalts als Wahlverteidiger oder Pflichtverteidiger und auch als Beistand oder Vertreter eines Privat- oder Nebenklägers, eines Einziehungs- oder Nebenbeteiligten, eines Verletzten, eines Zeugen oder Sachverständigen und im Verfahren nach dem Strafrechtlichen Rehabilitierungsgesetz (Teil 4 Vorb. 4 Abs. 1 VV).

2 Die Vorb. 4.1 Abs. 1 VV bezieht die Tätigkeit des Rechtsanwalts im Verfahren über die im Urteil **vorbehaltene** Sicherungsverwahrung und im Verfahren über die **nachträgliche** Anordnung der **Sicherungsverwahrung** ein und bestimmt in ihrem Abs. 2, dass die in Teil 4 Abschn. 1 VV geregelten Gebühren **Pauschgebühren** sind und dass zu den Tätigkeiten des Rechtsanwalts iSd Teil 4 Abschn. 1 VV auch Tätigkeiten im Rahmen des **Täter-Opfer-Ausgleichs** gehören, soweit der Gegenstand nicht vermögensrechtlich ist.

II. Sicherungsverwahrung (Vorb. 4.1 Abs. 1 VV)

3 Gemäß der Vorb. 4.1 Abs. 1 VV ist Teil 4 Abschn. 1 VV auch anzuwenden auf die Tätigkeit des Rechtsanwalts im Verfahren über die im Urteil **vorbehaltene**

---

[35] Schneider/Wolf/*N. Schneider* Vorb. 4 VV Rn. 111 f.
[36] **AA** OLG Celle NJW 2013, 486 (nur Ls.) = BeckRS 2012, 22322; vgl. auch OLG Düsseldorf BeckRS 2012, 15006.

Sicherungsverwahrung und im Verfahren über die **nachträgliche** Anordnung der **Sicherungsverwahrung**.

Bei dem Verfahren über die im Urteil **vorbehaltene Sicherungsverwahrung** (§ 275a Abs. 3 StPO iVm §§ 213 bis 275 StPO) handelt es sich gemäß § 17 Ziff. 11 RVG um eine von dem Strafverfahren, in dem die Entscheidung über den Vorbehalt ergangen ist, verschiedene Angelegenheit. Für die Tätigkeit im Strafverfahren erhält der Rechtsanwalt die Gebühren nach Teil 4 Abschn. 1 VV. Im Verfahren über die im Urteil vorbehaltene Sicherungsverwahrung fallen die Gebühren (Grundgebühr, Verfahrens- und Terminsgebühr) erneut an, obwohl diese Maßnahme an sich der Strafvollstreckung zuzuordnen ist.[1] Nicht zum Anwendungsbereich der Regelung gehört die anwaltliche Vertretung im Beschwerdeverfahren nach § 8 Abs. 3 StrEG.[2] 4

Aufgrund des zum 29.7.2004 in Kraft getretenen Gesetzes zur Einführung der nachträglichen Sicherungsverwahrung[3] gilt die Vorb. 4.1 Abs. 1 VV auch für die Vertretung bzw. Verteidigung im Zusammenhang mit der neugeschaffenen Möglichkeit der **nachträglichen Sicherungsverwahrung**. 5

III. Pauschgebühren (Vorb. 4.1 Abs. 2 VV)

1. Allgemeine Tätigkeiten

Gemäß der Vorb. 4.1 Abs. 2 VV wird durch die in Teil 4 Abschn. 1 VV geregelten Gebühren die **gesamte** Tätigkeit des Rechtsanwalts entgolten, wozu auch Tätigkeiten im Rahmen des Täter-Opfer-Ausgleichs gehören, soweit der Gegenstand nicht vermögensrechtlich ist. Das gilt für sämtliche in den Gebührentatbeständen der Nr. 4100 bis 4146 VV geregelten Gebühren. 6

2. Besondere Tätigkeiten

Die in Teil 4 Abschn. 1 VV geregelten Gebühren erfassen nicht die sog. besonderen Tätigkeiten, für die das Gesetz und das Vergütungsverzeichnis besondere Bestimmungen vorsieht. Das sind die in der Vorb. 4 Abs. 5 VV genannten **Erinnerungs- und Beschwerdeverfahren,** die in Teil 4 Abschn. 2 VV geregelten Gebühren in der **Strafvollstreckung,** die in Teil 4 Abschn. 3 VV enthaltenen Gebührentatbestände für **Einzeltätigkeiten,** die Verfahren nach **Verweisung** an ein Gericht des niedrigeren Rechtszugs (§ 20 S. 2 RVG) und nach **Zurückverweisung** (§ 21 Abs. 1 RVG) sowie die **Beratung über ein Rechtsmittel** und dessen Einlegung (§ 19 Abs. 1 Ziff. 10 RVG). 7

3. Anrechnung

Beschränkt sich der dem Rechtsanwalt erteilte Auftrag oder seine gerichtliche Bestellung oder Beiordnung zunächst auf **Einzeltätigkeiten** nach Teil 4 Abschn. 3 Nr. 4300 bis 4304 VV, sind die durch diese besonderen Tätigkeiten entstandenen Gebühren auf die Gebühren anzurechnen, die gemäß Teil 4 Abschn. 1 VV anfallen, wenn dem Rechtsanwalt die „Verteidigung oder Vertretung für das Verfahren übertragen" wird, seine Tätigkeit sich also nicht länger nur auf eine Einzeltätigkeit beschränkt (Vorb. 4.3 Abs. 4 VV). 8

---

[1] Gerold/Schmidt/*Burhoff* Vorb. 4.1 VV Rn. 6.
[2] OLG Düsseldorf RVGreport 2011, 22.
[3] BGBl. I 2004, 1838, 1840.

Unterabschnitt 1. Allgemeine Gebühren

Nr. 4100, 4101 VV

Nr.	Gebührentatbestand	Gebühr oder Satz der Gebühr nach § 13 oder § 49 RVG	
		Wahlanwalt	gerichtlich bestellter oder beigeordneter Rechtsanwalt
4100	Grundgebühr .... (1) Die Gebühr entsteht neben der Verfahrensgebühr für die erstmalige Einarbeitung in den Rechtsfall nur einmal, unabhängig davon, in welchem Verfahrensabschnitt sie erfolgt. (2) Eine wegen derselben Tat oder Handlung bereits entstandene Gebühr 5100 ist anzurechnen.	40,00 bis 360,00 €	160,00 €
4101	Gebühr 4100 mit Zuschlag	40,00 bis 450,00 €	192,00 €

I. Überblick

1   Teil 4 Abschn. 1 Unterabschnitt 1 VV enthält vier Gebührentatbestände. Es sind dies die Nr. 4100 bis 4103 VV. Diese Gebührentatbestände regeln die **Grundgebühr** und die **Terminsgebühr** für Termine außerhalb einer Hauptverhandlung. Beide Gebühren können jeweils ohne und mit Haftzuschlag entstehen.

2   Die Grund- und Terminsgebühren werden im Vergütungsverzeichnis „**Allgemeine Gebühren**" genannt. Damit ist gemeint, dass die in den vier Gebührentatbeständen der Nr. 4100 bis 4103 VV geregelten Gebühren nicht nur im vorbereitenden Verfahren, sondern auch im gerichtlichen Verfahren in allen Instanzen anfallen können.

3   Eine **Ausnahme** regelt die Vorb. 4.1.4 VV für das **Wiederaufnahmeverfahren**. Dort kann die **Grundgebühr** nicht anfallen.[1]

4   Im **Verfahren der Strafvollstreckung** und für eine **Einzeltätigkeit** kann die Grundgebühr ebenfalls nicht entstehen.[2] Ausdrücklich geregelt ist sie in Teil 4 Abschn. 2 und Abschn. 3 VV nicht. Einer analogen Anwendung steht die Systematik des Vergütungsverzeichnisses entgegen. Die Grundgebühr ist eine „Allgemeine Gebühr", die zu Teil 4 Abschn. 1 VV gehört und damit nur das gerichtliche Verfahren und das Wiederaufnahmeverfahren betrifft.[3]

5   Eine Besonderheit der Grund- und Terminsgebühr besteht darin, dass der **Gebührenrahmen** für den Wahlverteidiger und die **Festgebühren** für den gerichtlich bestellten oder beigeordneten Rechtsanwalt nicht je nach der **Ordnung des Gerichts** oder nach der Instanz variieren, sondern in jedem Rechtszug **gleich hoch** sind. Selbst der in der Revisionsinstanz erstmals tätig werdende Rechtsanwalt erhält die Gebühren in derselben Höhe wie der erstinstanzliche Rechtsanwalt und auch zwischen dem Verfahren vor dem Amtsgericht und einem höheren Gericht wird

---

[1] Siehe auch OLG Köln RVGreport 2007, 304.
[2] KG JurBüro 2009, 83.
[3] BT-Drs. 15/1971, 229; KG JurBüro 2009, 83; OLG Köln AGS 2007, 452 mAnm *Schneider*; OLG Schleswig JurBüro 2005, 252; Schneider/Wolf/*N. Schneider* Nr. 4100–4101 VV Rn. 8.

II. Grundgebühr (Nr. 4100, 4101 VV)

1. Anwendungsbereich

Die Grundgebühr steht nicht nur dem **Wahlanwalt** und dem gerichtlich **bestell-** 6
ten oder beigeordneten Rechtsanwalt, sondern auch dem sonstigen **Vertreter**
oder **Beistand** eines Verfahrensbeteiligten (vgl. Vorb. 4 Abs. 1 VV) zu.

Wird der Rechtsanwalt als (beigeordneter) **Beistand eines Zeugen oder Sach-** 7
verständigen tätig, war bislang umstritten, ob die Grundgebühr auch für ihn anfallen kann. Einige Oberlandesgerichte vertraten die Auffassung, die Tätigkeit des Rechtsanwalts als Zeugenbeistand sei als **Einzeltätigkeit** zu werten und deshalb nach Teil 4 Abschn. 3 VV abzurechnen.[4] Nach der zutreffenden gegenteiligen Meinung, für die die Regelung in der Vorb. 4 Abs. 1 VV und das Fehlen einer Regelung in der Nr. 4301 VV spricht, deckte sich die Vergütung des Zeugenbeistands grundsätzlich mit der eines Verteidigers,[5] es sei denn, der dem Rechtsanwalt von dem Zeugen erteilte Auftrag oder der gerichtliche Beiordnungsbeschluss war ausdrücklich nicht auf die volle Vertretung des Zeugen gerichtet, sondern auf eine Einzeltätigkeit beschränkt.[6]

Dieser Meinungsstreit ist durch eine **klarstellende Neufassung** der Vorb. 4 VV 8
durch das **2. KostRMoG** seit dem 1.8.2013 gegenstandslos geworden. Es kann nunmehr nicht mehr zweifelhaft sein, dass der als Zeugen- oder Sachverständigenbeistand tätige Rechtsanwalt die gleichen Gebühren wie der Strafverteidiger zu beanspruchen hat.

Das **2. KostRMoG** hat zugleich eine weitere Klärung in Bezug auf die Frage 9
gebracht, ob die Grundgebühr auch **selbstständig**, also isoliert **ohne Verfahrens-**
gebühr entstehen kann. In der gerichtlichen Praxis[7] und auch in der Literatur[8] war diese Möglichkeit wegen vermeintlicher Schwierigkeiten bei der Abgrenzung des Abgeltungsbereichs teilweise bejaht worden. Durch die Einfügung der Worte **„neben der Grundgebühr"** in Nr. 4100 Anm. Abs. 1 S. 1 VV ist nunmehr verdeutlicht, dass die Grundgebühr „grundsätzlich nicht allein anfällt, sondern regelmäßig neben einer Verfahrensgebühr".[9] In der amtlichen Begründung wurde hinzugefügt, dass die Grundgebühr den Charakter einer Zusatzgebühr hat, die den Rahmen der Verfahrensgebühr erweitert.

Wird der Rechtsanwalt für **mehrere Zeugen** als Beistand tätig, erhält er die 10
anfallenden Gebühren gleichwohl nur einmal, allerdings mit der Erhöhung nach

---

[4] So OLG Celle RVGreport 2008, 144; OLG Dresden (3. Strafsenat) RVGreport 2008, 265 und NJW 2009, 455; OLG Hamm RVGreport 2009, 20; OLG Oldenburg JurBüro 2006, 197 mAnm *Lohe* JurBüro 2007, 202; OLG Schleswig NStZ-RR 2006, 255; zu weiteren Entscheidungen vgl. *Burhoff* RVGreport 2008, 266 (267).

[5] OLG Dresden (2. Strafsenat) AGS 2008, 126; OLG Düsseldorf NStZ-RR 2009, 8 mAnm *Kotz*; OLG Hamm JurBüro 2008, 83; KG NJW 2005, 3589 (nur Leitsatz) = NStZ-RR 2005, 358; OLG Koblenz AGS 2006, 598; OLG Köln RVGreport 2009, 150; OLG München AGS 2008, 120 und AGS 2009, 449; OLG München JurBüro 2008, 418 mAnm *Kotz* JurBüro 2008 402; OLG Schleswig AGS 2007, 191; OLG Stuttgart NStZ 2007, 343; LG Dresden AGS 2008, 120.

[6] OLG Düsseldorf RVGreport 2008, 188.

[7] KG AGS 2009, 271; OLG Köln JurBüro 2007, 484.

[8] So vor allem Burhoff/*Burhoff* Nr. 4100 VV Rn. 20 f.

[9] BT-Drs. 17/11471 v. 14.11.2012 Art. 8 Nr. 61 Buchst. a.

Nr. 1008 VV.[10] Dem Zeugenbeistand kann die Grundgebühr auch nicht deswegen versagt werden, weil er für den Zeugen bereits als Verteidiger tätig gewesen ist.[11] Die Tätigkeit als Verteidiger und die Beistandstätigkeit sind verschiedene Angelegenheiten.

11 Die Grundgebühr erhält der Rechtsanwalt für die **erstmalige Einarbeitung** in den Rechtsfall (Nr. 4100 Anm. Abs. 1 VV). Sie ist als **Betragsrahmengebühr** für den Wahlverteidiger und als **Festgebühr** für den gerichtlich bestellten (Pflichtverteidiger) oder beigeordneten Rechtsanwalt ausgestaltet und ist als ein **Äquivalent für den Arbeitsaufwand** gedacht, der mit der Übernahme des Mandats verbunden ist. Dazu gehören insbesondere das erste Gespräch mit dem Mandanten[12] und die Beschaffung der erforderlichen Informationen sowie auch die erste Akteneinsicht nach § 147 StPO.[13] Dieser Aufwand entsteht auch dann, wenn der Verteidiger nicht schon im Ermittlungsverfahren, sondern beispielsweise erst in der Berufungsinstanz tätig wird. Deshalb erschien es dem Gesetzgeber sachgerecht, das Entstehen der Grundgebühr vom Zeitpunkt des ersten Tätigwerdens unabhängig zu machen.

12 Strittig ist, ob der **Pflichtverteidiger** die Grundgebühr auch abrechnen kann, wenn er vor seiner gerichtlichen Bestellung als Wahlverteidiger tätig gewesen ist.[14] Nach richtiger Auffassung ist ein **doppelter Anfall** der Grundgebühr nicht möglich, weil der zunächst als Wahlverteidiger eingearbeitete Rechtsanwalt im Rahmen seiner anschließenden Pflichtverteidigertätigkeit den Gebührentatbestand der Nr. 4100 VV sowohl nach dessen Wortlaut („erstmalige Einarbeitung" und „nur einmal") als auch nach dessen Sinn und Zweck nicht nochmals verwirklichen kann.[15] Der Rechtsanwalt kann also die Grundgebühr nach Nr. 4100 VV abrechnen, erhält aber für seine spätere Tätigkeit als gerichtlich bestellter Pflichtverteidiger die Grundgebühr nicht noch einmal. Für die als Wahlverteidiger verdiente Grundgebühr haftet die Staatskasse nach § 48 Abs. 5 S. 1 RVG.

2. Begriff des „Rechtsfalls"

13 Mit dem Begriff des „Rechtsfalls" ist der **strafrechtliche Vorwurf** gemeint, den die Strafverfolgungsbehörde erhebt. Deshalb kann **ein** Rechtsfall **mehrere** Tatvorwürfe zum Gegenstand haben, so zum Beispiel, wenn dem Mandanten vorgeworfen wird, einen PKW entwendet und mit ihm alkoholisiert gefahren zu sein.[16] Verfahrensrechtlich ist also auf das jeweilige Ermittlungs- bzw. Strafverfahren abzustellen. Gebührenrechtlich handelt es sich auch bei mehreren Tatvorwürfen nur um eine Angelegenheit, wenn die Ermittlungen in einem (polizeilichen) Verfahren betrieben werden, so zum Beispiel bei einem polizeilichen Sammelvorgang mit als Untervorgänge bezeichneten Strafanzeigen.[17]

14 Nach Nr. 4100 Anm. Abs. 1 VV kann die Grundgebühr nur **einmal** entstehen, unabhängig davon, in welchem Verfahrensabschnitt die erstmalige Einarbeitung in den Rechtsfall erfolgt. Das gilt jedoch nur für den jeweiligen „Rechtsfall" bzw. das konkrete Ermittlungs- oder Strafverfahren. Mehrere selbständige Ermittlungs- oder Strafverfahren sind mehrere Rechtsfälle, in denen jeweils eine Grundgebühr entstehen kann.

---

[10] OLG Koblenz JurBüro 2005, 589.
[11] So aber OLG Brandenburg NStZ-RR 2007, 287.
[12] BT-Drs. 15/1971 S. 222 zu Nr. 4100 VV.
[13] OLG Jena RVG-Berater 2005, 149.
[14] So OLG Frankfurt RVGreport 2005, 28 mAnm *Hansens*; aA LG Koblenz RVG-Berater 2005, 134 mAnm *Mock*.
[15] So auch OLG Bamberg RVGreport 2005, 260 mAnm *Hansens*; LG Berlin JurBüro 2005, 32 mAnm *Jungbauer*; *Hansens* RVGreport 2005, 260 (261); *Schneider* RVGreport 2005, 89 (93).
[16] So Burhoff/*Burhoff* Nr. 4100 VV Rn. 26; *Burhoff* RVGreport 2004, 53.
[17] KG BeckRS 2013, 07064.

Werden selbständige Verfahren miteinander **verbunden** und war der Rechtsanwalt schon vor der Verbindung in den verbundenen Verfahren tätig, erhält er die Grundgebühr **mehrfach**. Das gilt auch bei einer Verbindung mehrerer ursprünglich getrennter Ermittlungsverfahren bereits vor der Anklageerhebung.[18] Eine spätere Verbindung ist also auf die bereits entstandenen Gebühren ohne Einfluss. Bei einer **Trennung** mehrerer selbständiger Verfahren liegen ab Trennung verschiedene Angelegenheiten iSd § 15 RVG vor, der Rechtsanwalt erhält also in jedem Verfahren die vor der Trennung angefallenen Gebühren. Das gilt nicht für die **Grundgebühr**, weil die erstmalige Einarbeitung in den Rechtsfall bereits vor der Trennung erfolgt ist.[19] Dasselbe gilt bei einer **Zurückverweisung** an ein untergeordnetes Gericht[20] und im **Wiederaufnahmeverfahren** (§ 17 Nr. 13 RVG). Sämtliche Beispiele setzen voraus, dass kein Anwaltswechsel stattfindet, also während des gesamten Verfahrens ein und derselbe Rechtsanwalt tätig ist.[21] 15

3. Entstehung der Gebühr

Die Grundgebühr fällt „für die **erstmalige Einarbeitung** in den Rechtsfall" unabhängig davon an, zu welchem Zeitpunkt der Rechtsanwalt tätig wird.[22] Diese Tätigkeit beginnt beim Wahlverteidiger mit der ersten Tätigkeit, die zeitlich in der Regel mit dem Abschluss des Mandatsvertrags zusammenfällt. Wenn der Mandant dabei sogleich erste Informationen erteilt, entsteht zusammen mit der Grundgebühr auch **zeitgleich die Verfahrensgebühr**.[23] Das gilt auch für den gerichtlich bestellten Pflichtverteidiger mit der Maßgabe, dass seine erste Tätigkeit in der Regel nach dem Eingang des Bestellungsbeschlusses beginnt. 16

Ordnet das Gericht anstelle des beigeordneten Rechtsanwalts für einen Tag der Hauptverhandlung einen anderen Rechtsanwalt bei, so ist dieser als dessen Vertreter tätig. Auch der **Vertreter** erhält neben der Verfahrensgebühr die Grundgebühr.[24] 17

4. Gebührenhöhe

Die **Grundgebühr** nach Nr. 4100 VV ist für den **Wahlverteidiger** als Betragsrahmengebühr ausgestaltet. Der Rahmen reicht von 40 EUR bis 360 EUR (**Mittelgebühr** 200 EUR). Der **gerichtlich bestellte oder beigeordnete Rechtsanwalt** erhält eine Festgebühr von 160 EUR. 18

Die **Grundgebühr mit Zuschlag** nach Nr. 4101 VV entsteht, wenn sich der Beschuldigte während des Zeitraums, für den die Gebühr entsteht, nicht auf freiem Fuß befindet. Sie ist für den Wahlverteidiger eine Betragsrahmengebühr und beträgt 40 EUR bis 440 EUR (**Mittelgebühr** 240 EUR). Der gerichtlich bestellte oder beigeordnete Rechtsanwalt erhält eine Festgebühr von 192 EUR. 19

---

[18] AG Berlin-Tiergarten RVGreport 2010, 18.
[19] Gerold/Schmidt/*Burhoff* Nr. 4100, 4101 VV Rn. 17 und 18; *Burhoff* RVGreport 2004, 53; HK-RVG/*Kroiß* Nr. 4100–4103 VV Rn. 23.
[20] KG RVGreport 2005, 343 mAnm *Burhoff*; vgl. auch LG Koblenz RVGreport 2005, 351 mAnm *Hansens*.
[21] Gerold/Schmidt/*Burhoff* Nr. 4100, 4101 VV Rn. 20.
[22] BT-Drs. 15/1971, 222.
[23] So zutreffend und mit sorgfältiger Begründung AG Tiergarten AGS 2009, 322; **aA** KG AGS 2009, 271; OLG Köln AGS 2007, 451 (452).
[24] OLG Karlsruhe RVGreport 2009, 19; OLG München NStZ-RR 2009, 32; **aA** OLG Celle StraFo 2006, 471; KG JurBüro 2005, 536; LG Potsdam AGS 2012, 65 mit dem Hinweis, dass der Vergütungsanspruch nicht dem Vertreter, sondern dem Vertretenen zusteht, insoweit **aA** OLG Karlsruhe AGS 2008, 488; vgl. ferner auch *Burhoff* RVGreport 2007, 108.

5. Anrechnung

20 Soweit in einem vorangegangen Bußgeldverfahren wegen derselben Tat oder Handlung bereits eine Grundgebühr nach Nr. 5100 VV angefallen ist, wird diese Gebühr auf die Grundgebühr der Nr. 4100 VV angerechnet. Das folgt aus Nr. 4100 Anm. Abs. 2 VV. Eine umgekehrte Anrechnung schreibt die Nr. 5100 Anm. Abs. 2 VV vor.

Nr. 4102, 4103 VV

Nr.	Gebührentatbestand	Gebühr oder Satz der Gebühr nach § 13 oder § 49 RVG	
		Wahlanwalt	gerichtlich bestellter oder beigeordneter Rechtsanwalt
4102	Terminsgebühr für die Teilnahme an 1. richterlichen Vernehmungen und Augenscheinseinnahmen, 2. Vernehmungen durch die Staatsanwaltschaft oder eine andere Strafverfolgungsbehörde, 3. Terminen außerhalb der Hauptverhandlung, in denen über die Anordnung oder Fortdauer der Untersuchungshaft oder der einstweiligen Unterbringung verhandelt wird, 4. Verhandlungen im Rahmen des Täter-Opfer-Ausgleichs sowie 5. Sühneterminen nach § 380 StPO .... Mehrere Termine an einem Tag gelten als ein Termin. Die Gebühr entsteht im vorbereitenden Verfahren und in jedem Rechtszug für die Teilnahme an jeweils bis zu drei Terminen einmal.	40,00 bis 300,00 €	136,00 €
4103	Gebühr 4102 mit Zuschlag	40,00 bis 375,00 €	166,00 €

Übersicht

	Rn.
I. Überblick	1
II. Terminsgebühr außerhalb der Hauptverhandlung (Nr. 4102, 4103 VV)	3
III. Einzelne Gebührentatbestände (Nr. 4102 Ziff. 1–5 VV)	7
1. Richterliche Vernehmungen und Augenscheinseinnahmen (Nr. 4102 Ziff. 1 VV)	7
2. Vernehmungen durch Strafverfolgungsbehörden (Nr. 4102 Ziff. 2 VV)	9
3. Verhandlungen über Anordnung oder Fortdauer der Untersuchungshaft (Nr. 4102 Ziff. 3 VV)	12
4. Verhandlungen über Täter-Opfer-Ausgleich (Nr. 4102 Ziff. 4 VV)	13

	Rn.
5. Teilnahme an Sühneterminen (Nr. 4102 Ziff. 5 VV)	16
IV. Entstehung der Terminsgebühr (Nr. 4102 Ziff. 1 bis 5 VV)	18
V. Höhe der Terminsgebühr	20
1. Terminsgebühr nach Nr. 4102 VV	20
2. Terminsgebühr nach Nr. 4103 VV	22
3. Pauschgebühr nach §§ 42, 51 RVG	24

I. Überblick

Die Gebührentatbestände der Nr. 4102 und 4103 VV regeln die Vergütung für 1 die Teilnahme des Rechtsanwalts an **Terminen außerhalb der Hauptverhandlung**, vor allem im Ermittlungsverfahren. Auch für diese Tätigkeit fällt eine Terminsgebühr an. Sie entsteht sowohl für den **Wahlanwalt** als auch für den gerichtlich **bestellten oder beigeordneten Rechtsanwalt**.

Die Nr. 4102 VV und 4103 VV betreffen die Teilnahme an **richterlichen** Ver- 2 nehmungen und Augenscheinseinnahmen, an Vernehmungen durch die **Staatsanwaltschaft** oder eine andere Strafverfolgungsbehörde, die Teilnahme an Terminen außerhalb der Hauptverhandlung, in denen über die Anordnung oder Fortdauer der **Untersuchungshaft** oder der **einstweiligen Unterbringung** verhandelt wird, die Teilnahme an Verhandlungen im Rahmen des **Täter-Opfer-Ausgleichs** sowie an **Sühneterminen** nach § 380 StPO. Die Rechtsprechung betrachtet diese Aufzählung jedoch nicht als enumerativ, sondern neigt dazu, die Nr. 4102 VV über ihren Wortlaut hinaus auch auf andere Termine außerhalb der Hauptverhandlung anzuwenden.[1]

II. Terminsgebühr außerhalb der Hauptverhandlung (Nr. 4102, 4103 VV)

Die allgemeine Terminsgebühr erhält der Rechtsanwalt für die Teilnahme an 3 den in der Nr. 4102 VV aufgezählten Terminen. Das sind im Wesentlichen die im **Ermittlungsverfahren** stattfindenden Termine wie beispielsweise die Vernehmungen von Beschuldigten oder Zeugen.[2] Es handelt sich um eine **Ausnahmeregelung**, die **keine analoge Anwendung** auf andere Termine außerhalb einer Hauptverhandlung zulässt.[3]

Mehrere Termine an **einem Tag** iSd Nr. 4102 Ziff. 1 bis 5 VV gelten als ein 4 Termin (Anm. S. 1). Findet beispielsweise am selben Tag eine richterliche Vernehmung statt, bleibt ein weiterer Termin, in dem über die Anordnung oder Fortdauer der Untersuchungshaft verhandelt wird, unberücksichtigt. Die Tätigkeit des Rechtsanwalts ist in diesem Fall bei der Bemessung der Terminsgebühr der Nr. 4102 VV zu berücksichtigen.

Im vorbereitenden Verfahren und in jedem Rechtszug erhält der Rechtsanwalt 5 die Terminsgebühr gemäß der Nr. 4102 Anm. S. 2 VV für die Teilnahme an jeweils

---

[1] So LG Braunschweig RVGreport 2011, 383; LG Offenburg NStZ-RR 2006, 358; AG Freiburg AGS 2011, 69; **aA** KG RVGreport 2012, 298; *Burhoff* RVGprofessionell 2011, 156; *ders.* RVGreport 2010, 282 (283).
[2] BT-Drs. 15/1971, 222 zu Nr. 4102 VV.
[3] LG Düsseldorf AGS 2011, 430; Gerold/Schmidt/*Burhoff* Nr. 4102 VV, 4103 VV Rn. 5; **aA** LG Braunschweig JurBüro 2011, 524; LG Offenburg AGS 2006, 436 für einen Termin zur Exploration des Beschuldigten durch einen psychiatrischen Sachverständigen mit kritischer Anm. *Hansens* RVGreport 2006, 350.

bis zu **drei Terminen einmal.** Erst ab dem vierten, siebten etc Termin entsteht die Gebühr jeweils erneut. Dabei braucht es sich nicht um Termine derselben Ziffer des Gebührentatbestandes handeln. Die Begrenzung auf jeweils drei Termine ist ausschließlich **verfahrensabschnitts-** bzw. **rechtszugbezogen.**[4] Das bedeutet, dass zum Beispiel Terminsgebühren aus dem vorbereitenden Verfahren und/oder verschiedenen Rechtszügen nicht zusammengefasst werden können.

6 Nicht geregelt ist der Fall, dass **ein Vernehmungstermin** unterbrochen und an einem anderen Tag fortgesetzt wird und sich damit über **mehrere Tage** erstreckt. Nach Sinn und Zweck der gesetzlichen Regelung, die Teilnahme des Rechtsanwalts an den in Nr. 4102 VV genannten Terminen zu fördern, ist davon auszugehen, dass die Vernehmung pro Tag eine Terminsgebühr auslöst.[5]

III. Einzelne Gebührentatbestände (Nr. 4102 Ziff. 1–5 VV)

1. Richterliche Vernehmungen und Augenscheinseinnahmen (Nr. 4102 Ziff. 1 VV)

7 Die Terminsgebühr für die Teilnahme an richterlichen Vernehmungen entsteht bei Vernehmungen **außerhalb der Hauptverhandlung.** Es kann sich um eine Vernehmung im vorbereitenden Verfahren nach § 168a StPO oder um kommissarische Vernehmungen nach § 223 StPO handeln. Nicht erforderlich ist, dass der Rechtsanwalt gemäß § 168c Abs. 5 StPO benachrichtigt wird oder an der Vernehmung aktiv teilnimmt. Die Terminsgebühr entsteht auch für die Teilnahme des Rechtsanwalts an einem **Anhörungstermin** gemäß § 57 JGG,[6] weil die Entscheidung nach § 57 JGG nicht zur Strafvollsteckung gehört.[7]

8 Zur richterlichen **Augenscheinseinnahme** gehört die Leichenschau nach § 87 StPO. Wird die Augenscheinseinnahme durch die Staatsanwaltschaft oder die Polizei vorgenommen, entsteht die Gebühr nach Nr. 4102 Ziff. 1 VV nicht.

2. Vernehmungen durch Strafverfolgungsbehörden (Nr. 4102 Ziff. 2 VV)

9 Nach Nr. 4102 Ziff. 2 VV fällt die Terminsgebühr bei einer Teilnahme des Rechtsanwalts an Vernehmungen durch die Strafverfolgungsbehörden an. Das sind neben der **Staatsanwaltschaft** die **Polizeibehörden** und in Steuerstrafsachen die **Finanzbehörden** (§§ 386, 399 Abs. 1 AO).

10 In der **Praxis** kann die Neuregelung in bezug auf **polizeiliche Vernehmungen** eine nennenswerte Bedeutung nur erlangen, wenn dem Rechtsanwalt als Verteidiger vermehrt Gelegenheit gegeben wird, an solchen Vernehmungen teilzunehmen. Zurzeit steht dem Verteidiger nach (noch) überwiegender Meinung **kein Anwesenheitsrecht** zu, wenn ihm die Teilnahme an polizeilichen Vernehmungen nicht ausdrücklich gestattet wird.[8] Ein ausdrückliches Antragsrecht auf eine staatsanwaltschaftliche oder richterliche Vernehmung sieht die StPO nicht vor. Der Anwendungsbereich der Gebühr für eine Teilnahme an polizeilichen Vernehmungen beschränkt sich deshalb auf solche Vernehmungen, bei denen Polizei oder Staatsanwaltschaft dem Verteidiger die **Anwesenheit gestatten.**

11 In welchem **Verfahrensabschnitt** die Vernehmungen stattfinden, ist ohne Belang. Die Gebühr entsteht für den an den Vernehmungen teilnehmenden Rechts-

---

[4] KG AGS 2006, 546; Burhoff/*Burhoff* Nr. 4102 VV Rn. 52.
[5] So Burhoff/*Burhoff* Nr. 4102 VV Rn. 51.
[6] LG Mannheim AGS 2008, 179.
[7] *Burhoff* RVGprofessionell 2008, 26.
[8] So ausdrücklich BT-Drs. 15/1971, 222 (223) zu Nr. 4102 VV.

anwalt in jedem Fall, gleichgültig, ob er als **Verteidiger** des Beschuldigten oder als **Vertreter** oder **Beistand** eines Zeugen (§ 161a StPO) tätig wird.

3. Verhandlungen über Anordnung oder Fortdauer der Untersuchungshaft (Nr. 4102 Ziff. 3 VV)

Für die Teilnahme an einem Termin über die Anordnung oder Fortdauer der Untersuchungshaft (§§ 115, 118 StPO) oder der einstweiligen Unterbringung (§ 126a iVm §§ 115, 118 StPO) außerhalb einer Hauptverhandlung entsteht die Terminsgebühr anders als in den anderen Varianten der Nr. 4102 VV, wenn über die Anordnung oder Fortdauer der Untersuchungshaft **verhandelt** wird (Nr. 4102 Ziff. 3 VV).[9] Die Gebühr entsteht folglich nicht durch die Teilnahme des Rechtsanwalts an einem Termin, in dem der Richter den Haftbefehl lediglich **verkündet**.[10] Schließt sich allerdings an die Verkündung des Haftbefehls eine Verhandlung über die Fortdauer der Untersuchungshaft an, hat der Rechtsanwalt die Terminsgebühr verdient.[11] Das gilt auch, wenn der Beschuldigte schweigt.[12] Ein **Antrag auf Akteneinsicht** ist kein Verhandeln iSd Nr. 4102 Ziff. 3 VV.[13]

12

4. Verhandlungen über Täter-Opfer-Ausgleich (Nr. 4102 Ziff. 4 VV)

In der Vorb. 4.1 VV heißt es, dass zu der gesamten Tätigkeit des Rechtsanwalts als Verteidiger, die durch die Gebühren entgolten wird, auch Tätigkeiten im Rahmen des Täter-Opfer-Ausgleichs gehören, soweit der Gegenstand nicht vermögensrechtlich ist. An diese Regelung knüpft Nr. 4102 Ziff. 4 VV an. Danach erhält der Rechtsanwalt eine Terminsgebühr für die Teilnahme an Verhandlungen im Rahmen des Täter-Opfer-Ausgleichs (§§ 153a Abs. 1 S. 1 Nr. 5, 155a und b StPO).[14]

13

Die Gebühr entsteht auch für die Teilnahme an einem Termin, in dem der Rechtsanwalt mit dem Geschädigten oder dessen Vertreter zur **Vorbereitung eines Täter-Opfer-Ausgleichs** ohne Beteiligung der Staatsanwaltschaft und des Gerichts über eine Wiedergutmachung des Schadens verhandelt.[15]

14

Die Terminsgebühr gemäß Nr. 4102 Ziff. 4 VV erhält nicht nur der als **Verteidiger** tätige Rechtsanwalt, sondern gemäß Vorb. 4 Abs. 1 VV auch der Rechtsanwalt in der Eigenschaft eines **Beistands oder eines Vertreters** eines Zeugen oder eines anderen Verfahrensbeteiligten.

15

5. Teilnahme an Sühneterminen (Nr. 4102 Ziff. 5 VV)

Nach § 380 StPO setzt die Erhebung einer **Privatklage** einen Sühnetermin voraus. Für die Teilnahme des Rechtsanwalts an einem solchen Termin erhält der Rechtsanwalt eine Terminsgebühr nach Nr. 4102 Ziff. 5 VV. Mit dieser Gebühr soll die häufig zeitaufwändige Tätigkeit sowohl des Verteidigers als auch des Vertreters des Privatklägers in angemessener Weise honoriert werden.

16

Sühnetermine iSd § 380 StPO sind Termine, die von den von den Landesjustizverwaltungen eingerichteten **Vergleichsbehörden** anberaumt werden. Ein formlo-

17

---

[9] KG AGS 2006, 545 für einen Termin nach § 128 Abs. 1 StPO.
[10] KG RVGreport 2009, 227 mAnm *Burhoff*; OLG Hamm JurBüro 2006, 136; siehe aber auch KG AGS 2010, 480.
[11] OLG Hamm JurBüro 2006, 641; sa KG AGS 2006, 545.
[12] LG Berlin StraFo 2006, 472.
[13] OLG Hamm JurBüro 2007, 641.
[14] Dazu *Gerhold* JurBüro 2010, 172.
[15] LG Kiel RVGreport 2010, 147; AG Münster AGS 2007, 350 mAnm *Volpert*; Gerold/Schmidt/*Burhoff* Nr. 4102, 4103 VV Rn. 16; sa *Schneider* AGS 2007, 165.

Nr. 4102, 4103 VV Teil 4. Strafsachen

ses Treffen der Parteien zur Schlichtung des Streits löst die Terminsgebühr nicht aus.[16]

IV. Entstehung der Terminsgebühr (Nr. 4102 Ziff. 1 bis 5 VV)

18 Die Terminsgebühr entsteht, wenn der Rechtsanwalt an einem Termin teilnimmt. Das bedeutet, dass er körperlich anwesend sein muss. An weitere Voraussetzungen ist die Entstehung der Gebühr nicht geknüpft. Der Rechtsanwalt braucht also weder Fragen zu stellen noch zu „verhandeln". Seine **bloße Teilnahme** am Termin genügt.

19 Dadurch, dass das Entstehen einer Gebühr die Teilnahme an einem der in Nr. 4102 VV genannten Termine voraussetzt, soll ausgeschlossen werden, dass zB für eine bloße **telefonische Erörterung** eine Terminsgebühr entsteht.[17] Nach zutreffender Meinung von *Burhoff*[18] greift diese Regelung angesichts der heutigen technischen Möglichkeiten, miteinander zu kommunizieren, zu kurz.

V. Höhe der Terminsgebühr

1. Terminsgebühr nach Nr. 4102 VV

20 Die Höhe der Terminsgebühr hat der **Wahlanwalt** gemäß § 14 RVG aus dem vorgegebenen Betragsrahmen zu ermitteln. Er reicht von 40 EUR bis 300 EUR (**Mittelgebühr** 170 EUR). Der gerichtlich bestellte oder beigeordnete Rechtsanwalt erhält eine **Festgebühr** von 136 EUR.

21 Der **Wahlanwalt** wird in der Regel bei einer Terminsdauer von bis zu einer Stunde die Mittelgebühr beanspruchen können. Bei längerer Dauer oder mehreren Terminen ist die Höchstgebühr gerechtfertigt.

2. Terminsgebühr nach Nr. 4103 VV

22 Nr. 4103 VV regelt die Höhe der Terminsgebühr für Termine iSd Nr. 4102 VV, wenn der Mandant sich zum **Zeitpunkt** des Termins nicht auf freiem Fuß befindet (siehe dazu die Erläuterungen zu Vorb. 4 VV).

23 Die Terminsgebühr ist für den **Wahlverteidiger** als Betragsrahmengebühr ausgestaltet. Sie beträgt 40 EUR bis 375 EUR (**Mittelgebühr** 207,50 EUR) Der **gerichtlich bestellte oder beigeordnete Rechtsanwalt** erhält eine **Festgebühr** von 166 EUR.

3. Pauschgebühr nach §§ 42, 51 RVG

24 Der Wahlanwalt und auch der gerichtlich bestellte oder beigeordnete Rechtsanwalt können bei dem Oberlandesgericht einen Antrag auf Bewilligung einer **Pauschgebühr** stellen. Das gilt insbesondere bei länger andauernden Vernehmungen, weil die Dauer eines Termins für die Höhe des Festbetrages ohne Bedeutung ist. Anders als die Terminsgebühren für eine Teilnahme an einer Hauptverhandlung sehen die Nr. 4102 VV und 4103 VV keine Längenzuschläge vor. Die ausgewiesenen Gebührensätze sind zudem gering. Bei längeren Terminen iSd Nr. 4102 und 4103 VV können die vorgesehenen Gebühren sehr schnell unzumutbar werden.[19]

---

[16] Gerold/Schmidt/*Burhoff* Nr. 4102, 4103 VV Rn. 19.
[17] BT-Drs. 19/1571, 223 zu Nr. 4200 VV.
[18] Burhoff/*Burhoff* Nr. 4102 VV Rn. 39.
[19] Ähnlich Schneider/Wolf/*N. Schneider* Nr. 4102–4103 VV Rn. 20 ff.

Unterabschnitt 2. Vorbereitendes Verfahren

Vorbemerkung 4.1.2 VV:

Die Vorbereitung der Privatklage steht der Tätigkeit im vorbereitenden Verfahren gleich.

Die Vorb. 4.1.2 VV leitet den Teil 4 Unterabschnitt 2 VV über das vorbereitende **1** Verfahren ein und besagt, dass der als Vertreter bzw. Beistand des Privatklägers oder als Verteidiger des Privatbeklagten tätige Rechtsanwalt wie ein Verteidiger im vorbereitenden Strafverfahren für die **Vorbereitung der Privatklage** die Verfahrensgebühr nach Nr. 4104, 4105 VV erhält. Durch diese Gebühr werden sämtliche Tätigkeiten bis zur **Einreichung der Privatklage** bei Gericht abgegolten. Nicht zum Abgeltungsbereich der Nr. 4104, 4105 VV gehört die **Strafanzeige**. Für sie fällt eine Gebühr nach Nr. 4302 Ziff. 2 VV an, die nach der Vorb. 4.3 Abs. 4 VV auf die Gebühr nach Nr. 4104 VV anzurechnen ist.[1]

Wenn der Rechtsanwalt vor Einreichung der Privatklage an einem **Sühnetermin** **2** nach § 380 StPO teilgenommen hat, erhält er eine Terminsgebühr nach Nr. 4102 Ziff. 5 VV.[2]

Nr. 4104, 4105 VV

Nr.	Gebührentatbestand	Gebühr oder Satz der Gebühr nach § 13 oder § 49 RVG	
		Wahlanwalt	gerichtlich bestellter oder beigeordneter Rechtsanwalt
4104	Verfahrensgebühr .... Die Gebühr entsteht für eine Tätigkeit in dem Verfahren bis zum Eingang der Anklageschrift, des Antrags auf Erlass eines Strafbefehls bei Gericht oder im beschleunigten Verfahren bis zum Vortrag der Anklage, wenn diese nur mündlich erhoben wird.	40,00 bis 290,00 €	132,00 €
4105	Gebühr 4104 mit Zuschlag	40,00 bis 362,50 €	161,00 €

I. Überblick

Das gebührenrechtlich in den Nr. 4104, 4105 VV geregelte vorbereitende Verfah- **1** ren ist verfahrensrechtlich das **Ermittlungsverfahren**. Es ist gegenüber dem erstinstanzlichen gerichtlichen Verfahren eine eigene Angelegenheit iSd § 15 RVG. Der Tätigkeit des Rechtsanwalts im vorbereitenden Verfahren steht nach der Vorb. 4.1.2 VV die **Vorbereitung der Privatklage** gleich.

Neben der **Verfahrensgebühr** gemäß Nr. 4104 und 4105 VV fällt die **Grundge-** **2** **bühr** nach Nr. 4100 VV an. Außerdem können die Terminsgebühr nach

---

[1] Gerold/Schmidt/*Burhoff* Vorb. 4.1.2 VV Rn. 2; Burhoff/*Burhoff* Vorb. 4.1.2 Rn. 1.
[2] Burhoff/*Burhoff* Vorb. 4.1.2 Rn. 3.

Nr. 4102 VV und die **zusätzlichen Gebühren** nach den Nr. 4141 ff. VV entstehen.[1]

II. Vorbereitendes Verfahren

1. Beginn des vorbereitenden Verfahrens

3 Das vorbereitende Verfahren **beginnt** mit der Einleitung eines polizeilichen oder staatsanwaltschaftlichen Ermittlungsverfahrens. Wird zunächst nur wegen des Verdachts einer Ordnungswidrigkeit ermittelt, beginnt das strafrechtliche Ermittlungsverfahren mit der Abgabe des Verfahrens an die Staatsanwaltschaft (§ 41 OWiG). Bis zu diesem Zeitpunkt richten sich die Gebühren des Rechtsanwalts nach Teil 5 VV. Wird sowohl wegen des Verdachts einer **Ordnungswidrigkeit** als auch wegen einer **Straftat** ermittelt, ist die Staatsanwaltschaft gemäß § 42 OWiG für beide Ermittlungen zuständig, so dass die Verfahrensgebühr gemäß Nr. 4104 bzw. 4105 VV entsteht. Das gleiche gilt, wenn sich bei Beginn der Ermittlungen noch nicht übersehen lässt, ob der Verdacht eine Ordnungswidrigkeit oder eine Straftat betrifft.[2]

2. Ende des vorbereitenden Verfahrens

4 Das **gebührenrechtliche Ende** des vorbereitenden Verfahrens wird von der Anm. zu Nr. 4104 VV gesetzlich definiert. Danach endet es mit dem Eingang der **Anklageschrift** oder des Antrags auf Erlass eines **Strafbefehls** bei Gericht oder im beschleunigten Verfahren mit dem **Vortrag der Anklage**, wenn diese nur mündlich erhoben wird (§§ 417 ff. StPO).

5 Die gesetzliche Definition bestimmt nur das **gebührenrechtliche Ende** des vorbereitenden Verfahrens und legt damit eine **zeitliche Schranke** für den Abgeltungsbereich der Verfahrensgebühr fest. Tätigkeiten nach dem gebührenrechtlichen Ende des vorbereitenden Verfahrens gehören bereits zum **gerichtlichen** Verfahren und sind durch die Verfahrensgebühr gemäß Nr. 4104 oder Nr. 4105 VV nicht mehr gedeckt.

6 Andere Möglichkeiten der Beendigung des vorbereitenden Verfahrens sind die **Einstellung** gemäß § 170 Abs. 2 StPO, der Eingang einer **Antragsschrift im Sicherungsverfahren** gemäß §§ 413 ff. StPO oder die **vorzeitige Beendigung** des **Mandatsvertrags** bzw. die **Aufhebung der** gerichtlichen **Bestellung** oder Beiordnung des Rechtsanwalts.[3]

7 Erfolgt nach einer Einstellung des Ermittlungsverfahrens eine **Wiederaufnahme** der Ermittlungen, entsteht die Verfahrensgebühr nach Nr. 4104 VV nur dann erneut, wenn zwischen der Einstellung und der Wiederaufnahme mehr als zwei Kalenderjahre liegen (§ 15 Abs. 5 S. 2 RVG).

3. Verfahrensgebühr im vorbereitenden Verfahren

8 Die Verfahrensgebühr für das vorbereitende Verfahren kann als Gebühr **ohne** (Nr. 4104 VV) oder **mit Zuschlag** (Nr. 4105 VV) entstehen.

9 Anders als im gerichtlichen Verfahren im ersten Rechtszug ist die **Ordnung des Gerichts** für die Höhe der Verfahrensgebühr ohne Bedeutung. Der Gesetzgeber wollte durch die Schaffung einer eigenständigen Verfahrensgebühr im vorbereitenden Verfahren ohne Anknüpfung an eine andere Gebühr eine Verfahrensvereinfachung in diesem Verfahrensstadium erreichen.

---

[1] Zur Unanwendbarkeit der Nr. 4104 VV auf das strafrechtliche Rehabilitierungsverfahren siehe OLG Jena RVGreport 2012, 152 und Burhoff/*Burhoff* Vorb. 4 Rn. 27.
[2] Burhoff/*Burhoff* Nr. 4104 VV Rn. 3.
[3] OLG Düsseldorf JurBüro 1990, 875; Gerold/Schmidt/*Burhoff* Nr. 4104, 4105 Rn. 3 f.

Für den Anfall der **Verfahrensgebühr mit Zuschlag** (Nr. 4105 VV) kommt es darauf an, dass der Mandant **während** des vorbereitenden Verfahrens inhaftiert ist oder wird. Wie lange die Inhaftierung dauert, ist ohne Belang. Im Übrigen wird auf die Ausführungen zur Vorb. 4 VV Rn. 41–45 verwiesen. **10**

III. Höhe der Verfahrensgebühr

1. Verfahrensgebühr nach Nr. 4104 VV

Die Höhe der Verfahrensgebühr hat der Wahlanwalt gemäß § 14 RVG aus dem vorgegebenen Betragsrahmen zu ermitteln. Er reicht von 40 EUR bis 290 EUR (**Mittelgebühr** 165 EUR). Der gerichtlich bestellte oder beigeordnete Rechtsanwalt erhält eine Festgebühr von 132 EUR. **11**

2. Verfahrensgebühr nach Nr. 4105 VV

Nr. 4105 VV regelt die Höhe der Verfahrensgebühr mit Zuschlag. Sie beträgt für den Wahlanwalt 40 EUR bis 362,50 EUR (**Mittelgebühr** 201,25 EUR). Der gerichtlich bestellte oder beigeordnete Rechtsanwalt erhält eine Festgebühr von 161 EUR. **12**

IV. Zusätzliche Gebühren

Neben der Verfahrensgebühr nach Nr. 4104 und 4105 VV kann eine **Wertgebühr** nach Nr. 4142 VV entstehen. Nr. 4142 VV regelt die Verfahrensgebühr bei **Einziehung** und verwandten Maßnahmen. Im Vorverfahren nicht anwendbar ist Nr. 4143 VV, die eine Verfahrensgebühr für das gerichtliche Verfahren über **vermögensrechtliche** Ansprüche des Verletzten oder seines Erben vorsieht. Außergerichtliche Verhandlungen über solche Ansprüche werden durch die Geschäftsgebühr nach Nr. 2300 VV abgegolten.[4] **13**

Entstehen kann auch eine **Einigungsgebühr** nach **Nr. 4147 VV,** wenn die Parteien während der Vorbereitung eines Privatklageverfahrens eine Einigung bezüglich des Strafanspruchs oder des Kostenerstattungsanspruchs erzielen.[5] Erstreckt sich die Einigung zudem auf sonstige Ansprüche (Schadensersatz, Schmerzensgeld), entsteht gemäß der Anm. zu Nr. 4147 VV eine **weitere** Einigungsgebühr nach **Teil 1 VV** (Nr. 1000 ff. VV). **14**

Unterabschnitt 3. Gerichtliches Verfahren

Erster Rechtszug

Nr.	Gebührentatbestand	Gebühr oder Satz der Gebühr nach § 13 oder § 49 RVG	
		Wahlanwalt	gerichtlich bestellter oder beigeordneter Rechtsanwalt
4106	Verfahrensgebühr für den ersten Rechtszug vor dem Amtsgericht ..	40,00 bis 290,00 €	132,00 €
4107	Gebühr 4106 mit Zuschlag	40,00 bis 362,50 €	161,00 €

---

[4] Schneider/Wolf/N. *Schneider* Vorb. Nr. 4104 f. VV Rn. 10.
[5] Schneider/Wolf/N. *Schneider* Nr. Vorb. Nr. 4104 f. VV Rn. 12 und Nr. 4104–4105 VV Rn. 34.

Nr. 4106, 4107 VV

Übersicht

	Rn.
I. Überblick	1
II. Gerichtliches Verfahren	2
III. Verfahrensgebühr im gerichtlichen Verfahren	6
1. Persönlicher Anwendungsbereich	7
2. Sachlicher Anwendungsbereich	10
IV. Verfahrensgebühr bei Verbindung, Trennung, Verweisung/Abgabe und Zurückverweisung	12
1. Verbindung	12
2. Trennung	14
3. Verweisung/Abgabe und Zurückverweisung	15
V. Höhe der Verfahrensgebühr	18
1. Verfahrensgebühr nach Nr. 4106 VV	18
2. Verfahrensgebühr nach Nr. 4107 VV	19
VI. Zusätzliche Gebühren	22

I. Überblick

1 Dem in Teil 4 Unterabschnitt 2 VV geregelten vorbereitenden Verfahren folgt in Teil 4 Unterabschnitt 3 VV das in drei Rechtszüge gegliederte **gerichtliche** Verfahren. Es ist gebührenrechtlich gegenüber dem vorbereitenden Verfahren eine eigene Angelegenheit iSd § 15 RVG.

II. Gerichtliches Verfahren

2 Teil 4 Unterabschnitt 3 VV betrifft die Gebühren im gerichtlichen Verfahren. Dabei wird zwischen den drei verschiedenen Rechtszügen (Erste Instanz, Berufung, Revision) unterschieden. Geregelt sind die Gebühren in den Nr. 4106 bis 4135 VV.

3 Der gebührenrechtliche **Beginn** des gerichtlichen Verfahrens ist in Nr. 4104 VV definiert. Danach beginnt das gerichtliche Verfahren (und endet gleichzeitig das vorbereitende Verfahren) mit dem Eingang der Anklageschrift oder des Antrags auf Erlass eines Strafbefehls bei Gericht oder im beschleunigten Verfahren mit dem Vortrag der Anklage, wenn diese nur mündlich erhoben wird.

4 Das gerichtliche Verfahren **endet** mit dem Abschluss des ersten Rechtszugs. **Gebührenrechtlich** ist das nicht schon die Verkündung eines Urteils oder die Einstellung des Verfahrens, vielmehr gehören (noch) zum Abgeltungsbereich der Verfahrensgebühr u. a. der Antrag auf **Berichtigung** eines Urteils oder eines Beschlusses und die **Einlegung eines Rechtsmittels** (§ 19 Abs. 1 S. 2 Ziff. 10 VV).

5 **Innerhalb** der drei von der Zuständigkeit des Gerichts abhängigen Gebührenebenen (Erste Instanz, Berufung, Revision) entsteht die Verfahrensgebühr grundsätzlich in **jedem Rechtszug gesondert,** auch mit einem **Zuschlag,** wenn sich der Beschuldigte nicht auf freiem Fuß befindet (siehe dazu Teil 4 Vorb. 4 Abs. 4 VV). Daneben können **Terminsgebühren** für die Teilnahme an Hauptverhandlungen anfallen, so im Verfahren im ersten Rechtszug vor dem Amtsgericht nach den Nr. 4108 bis 4111 VV.

III. Verfahrensgebühr im gerichtlichen Verfahren

6 Wie im vorbereitenden Verfahren erhält der Rechtsanwalt auch im gerichtlichen Verfahren eine **Verfahrensgebühr.** Sie ist in den Nr. 4106 und 4107 VV für das

Verfahren im **ersten Rechtszug** vor dem Amtsgericht, in den Nr. 4112 und 4113 VV für das Verfahren im ersten Rechtszug vor der Strafkammer und in den Nr. 4118 und 4119 VV für das Verfahren im ersten Rechtszug vor dem Oberlandesgericht, dem Schwurgericht und für das Verfahren vor der Strafkammer nach §§ 74a (Verfahren vor der Staatsschutzkammer) und 74c GVG (Verfahren vor der großen Strafkammer als Wirtschaftsstrafkammer) geregelt. Für die **Berufungsinstanz** findet sich die Verfahrensgebühr in den Nr. 4124 und 4125 VV und für die **Revisionsinstanz** in den Nr. 4130 und 4131 VV.

1. Persönlicher Anwendungsbereich

Die im ersten Rechtszug vor dem Amtsgericht anfallende Verfahrensgebühr steht dem **Wahlanwalt**, dem gerichtlich bestellten **Pflichtverteidiger** und auch dem Rechtsanwalt zu, der als Vertreter oder Beistand eines anderen Verfahrensbeteiligten tätig wird (Teil 4 Vorb. 4 Abs. 1 VV). 7

Die Verfahrensgebühr erhält der Rechtsanwalt auch, wenn er erst **während der Hauptverhandlung** zum Pflichtverteidiger bestellt wird und seine Tätigkeit wegen allseitigen Rechtsmittelverzichts noch in der Hauptverhandlung endet.[1] 8

Keine Verfahrensgebühr nach Nr. 4106 VV erhält der Rechtsanwalt, dem nur die Wahrnehmung eines Hauptverhandlungstermins als Einzeltätigkeit (sog. **Terminsvertreter**) übertragen wird. Ihm steht stattdessen eine Verfahrensgebühr nach Nr. 4301 Ziff. 4 VV zu.[2] 9

2. Sachlicher Anwendungsbereich

Die **Verfahrensgebühr** erhält der Rechtsanwalt für das **Betreiben des Geschäfts einschließlich der Information** (Teil 4 Vorb. 4 Abs. 2 VV). Durch die Gebühr werden alle Tätigkeiten des Rechtsanwalts im **gerichtlichen Verfahren** vor dem Amtsgericht **außerhalb der Hauptverhandlung** abgegolten. Ausgenommen hiervon sind Tätigkeiten, für die besondere Gebührentatbestände gelten. Das sind die Grundgebühr (Nr. 4100 und 4101 VV), die Terminsgebühr außerhalb der Hauptverhandlung für die Teilnahme an Vernehmungen und Hftterminen nach den Nr. 4102 und 4103 VV, die Verfahrensgebühr im vorbereitenden Verfahren (Nr. 4104 und 4105 VV) und die Terminsgebühr für die Teilnahme an der Hauptverhandlung (zB Nr. 4108 VV). 10

Welche **Tätigkeiten im Einzelnen** das „Betreiben des Geschäfts einschließlich der Information" umfasst, lässt sich nicht **konkret** aufzählen.[3] **Abstrakt definiert** kann man formulieren: Durch die Verfahrensgebühr wird die **gesamte Tätigkeit** des Rechtsanwalts im gerichtlichen Strafverfahren des ersten Rechtszugs abgedeckt, soweit nicht für bestimmte Tätigkeiten besondere Gebühren vorgesehen sind. Das sind die Grundgebühr (Nr. 4100 VV), die Terminsgebühr für die Teilnahme an einer Hauptverhandlung (Nr. 4108 bis 4111 VV) und die Terminsgebühr für die Teilnahme an Terminen außerhalb einer Hauptverhandlung (Nr. 4102 VV). 11

IV. Verfahrensgebühr bei Verbindung, Trennung, Verweisung/ Abgabe und Zurückverweisung

1. Verbindung

Werden mehrere Strafverfahren gemäß **§§ 2 ff. StPO** miteinander verbunden, bleiben alle bis zur Verbindung entstandenen Gebühren bestehen. Das ist immer die 12

---

[1] Ebenso Burhoff/*Burhoff* Nr. 4106 VV Rn. 3; Gerold/Schmidt/*Burhoff* Nr. 4106, 4107 VV Rn. 4; *Burhoff* RVGreport 2004, 127; *Hansens* RVGreport 2004, 468.
[2] Gerold/Schmidt/*Burhoff* Nr. 4106, 4107 VV Rn. 6.
[3] Einen ausführlichen Katalog bringt Burhoff/*Burhoff* Nr. 4106 VV Rn. 8.

Grundgebühr nach Nr. 4100 VV. Sie kann ein weiteres Mal nicht entstehen. In Betracht kommen weiterhin die in den getrennten Verfahren vor der Verbindung entstandenen **Verfahrensgebühren** nach den Nr. 4104 und 4105 VV für das vorbereitende Verfahren und nach den Nr. 4106 und 4107 VV für den ersten Rechtszug. Soweit vor der Verbindung bereits **Terminsgebühren** entstanden sind, bleiben sie ebenfalls bestehen, sie können aber in dem verbundenen Verfahren für jeden Verhandlungstag erneut anfallen. Das bedeutet zusammengefasst: Alle vor der Verbindung entstandenen Gebühren gehen nicht verloren, können aber bis auf die Terminsgebühr nach der Verbindung nicht erneut entstehen.

13 Das gilt nicht bei einer **Verbindung nach § 237 StPO**. Sie erfolgt nur zum Zweck gleichzeitiger Verhandlung, also nur für die Dauer der Hauptverhandlung und lässt die Selbstständigkeit der insoweit verbundenen Verfahren unberührt. Auch gebührenrechtlich behalten die Verfahren ihre Selbstständigkeit, so dass in jedem Verfahren weiterhin gesonderte Gebühren entstehen können.[4]

2. Trennung

14 Wird ein Strafverfahren in verschiedene Verfahren getrennt, liegen nach der Trennung auch gebührenrechtlich **mehrere Angelegenheiten** vor.[5] Es handelt sich also nicht länger um dieselbe Angelegenheit iSd § 15 Abs. 2 S. 1 RVG. Das hat zur Folge, dass die **Grundgebühr** und auch die bis zur Trennung entstandenen **Verfahrens-** und **Terminsgebühren** bestehen bleiben und für weitere Hauptverhandlungen in den getrennten Verfahren weitere Terminsgebühren anfallen.

3. Verweisung/Abgabe und Zurückverweisung

15 Die **Verweisung** bzw. **Abgabe** an ein anderes Gericht **desselben Rechtszugs** regelt § 20 S. 1 RVG. Danach sind die Verfahren vor dem verweisenden oder abgebenden und vor dem übernehmenden Gericht ein Rechtszug und damit eine Angelegenheit. Die Gebühren entstehen folglich grundsätzlich nur einmal.[6]

16 Bei einer Verweisung bzw. Abgabe durch ein **Gericht eines höheren Rechtszugs** an ein Gericht der **Vorinstanz** gilt § 20 S. 2 RVG. Danach ist das weitere Verfahren vor diesem Gericht ein neuer Rechtszug, in dem die in Betracht kommenden Gebühren mit Ausnahme der Grundgebühr erneut entstehen.

17 Die **Zurückverweisung** regelt § 21 RVG. Danach ist das weitere Verfahren vor dem untergeordneten Gericht ein neuer Rechtszug und damit nach § 15 Abs. 2 S. 2 RVG eine eigene Angelegenheit. Der Rechtsanwalt erhält also für das Verfahren vor dem untergeordneten Gericht die dort anfallenden Gebühren mit Ausnahme der Grundgebühr nach Nr. 4100 VV gesondert und zusätzlich zu den Gebühren, die im Verfahren vor der Zurückverweisung bereits angefallen sind.[7]

V. Höhe der Verfahrensgebühr

1. Verfahrensgebühr nach Nr. 4106 VV

18 Die Höhe der Verfahrensgebühr **ohne** Zuschlag hat der Wahlanwalt gemäß § 14 RVG aus dem vorgegebenen Betragsrahmen zu bestimmen. Die Betragsrahmengebühr reicht von 40 EUR bis 290 EUR (**Mittelgebühr** 165 EUR). Der gerichtlich bestellte oder beigeordnete Rechtsanwalt erhält eine Festgebühr von 132 EUR.

---

[4] Burhoff/*Burhoff* Teil A Rn. 1432; *Enders* JurBüro 2007, 393 (395).
[5] Schneider/Wolf/*N. Schneider* Nr. 4106–4107 VV Rn. 10.
[6] Burhoff/*Burhoff* Teil A Rn. 1630.
[7] Burhoff/*Burhoff* Teil A Rn. 1687.

2. Verfahrensgebühr nach Nr. 4107 VV

Die gerichtliche Verfahrensgebühr **mit** Zuschlag gemäß Nr. 4107 VV entsteht, wenn der Mandant sich zu irgendeinem Zeitpunkt während des gerichtlichen Verfahrens beim Amtsgericht nicht auf freiem Fuß befunden hat. Das kann auch noch in dem Zeitraum zwischen Urteilsverkündung und Rechtsmitteleinlegung der Fall sein.

Die Höhe der Verfahrensgebühr mit Zuschlag beträgt für den Wahlanwalt 40 EUR bis 362,50 EUR (**Mittelgebühr** 201,25 EUR). Der gerichtlich bestellte oder beigeordnete Rechtsanwalt erhält eine Festgebühr von 161 EUR.

Vertritt der Rechtsanwalt **mehrere Auftraggeber,** zB Nebenkläger, erhöht sich der Gebührenrahmen nach Nr. 1008 VV.[8]

VI. Zusätzliche Gebühren

Neben der Verfahrensgebühr nach Nr. 4106 und 4107 VV kann eine zusätzliche Gebühr nach Nr. 4141 VV entstehen, wenn das Verfahren nicht nur vorläufig eingestellt, der Einspruch gegen einen Strafbefehl zurückgenommen oder die Hauptverhandlung nicht eröffnet wird.

Des Weiteren können Wertgebühren nach Nr. 4142 oder 4143 VV anfallen. Nr. 4142 VV regelt die Verfahrensgebühr bei **Einziehung** und verwandten Maßnahmen. Nr. 4143 VV sieht eine Verfahrensgebühr für das Verfahren über **vermögensrechtliche** Ansprüche des Verletzten oder seines Erben vor.

Nr. 4108–4111 VV

Nr.	Gebührentatbestand	Gebühr oder Satz der Gebühr nach § 13 oder § 49 RVG	
		Wahlanwalt	gerichtlich bestellter oder beigeordneter Rechtsanwalt
4108	Terminsgebühr je Hauptverhandlungstag in den in Nummer 4106 genannten Verfahren	70,00 bis 480,00 €	220,00 €
4109	Gebühr 4108 mit Zuschlag	70,00 bis 600,00 €	268,00 €
4110	Der gerichtlich bestellte oder beigeordnete Rechtsanwalt nimmt mehr als 5 und bis 8 Stunden an der Hauptverhandlung teil: Zusätzliche Gebühr neben der Gebühr 4108 oder 4109		110,00 €
4111	Der gerichtlich bestellte oder beigeordnete Rechtsanwalt nimmt mehr als 8 Stunden an der Hauptverhandlung teil: Zusätzliche Gebühr neben der Gebühr 4108 oder 4109		220,00 €

Übersicht

	Rn.
I. Überblick	1
II. Terminsgebühr im gerichtlichen Verfahren	3

---

[8] OLG Düsseldorf JurBüro 2010, 33; OLG Koblenz JurBüro 2005, 589; **aA** OLG Hamburg NStZ-RR 2011, 64 (Ls.); sa Burhoff/*Burhoff* Teil A Rn. 956 ff.

	Rn.
III. Terminsgebühr für die Teilnahme an einer Hauptverhandlung	4
1. Beginn der Hauptverhandlung	6
2. Ende der Hauptverhandlung	10
IV. Terminsgebühr bei Verbindung, Trennung, Verweisung/Abgabe und Zurückverweisung	11
1. Trennung	14
2. Verweisung/Abgabe und Zurückverweisung	17
V. Höhe der Terminsgebühr	18
VI. Längenzuschläge (Nr. 4110, 4111 VV)	22
1. Wartezeiten	29
2. Verhandlungspausen	30
3. Höhe des Längenzuschlags	31
VII. Zusätzliche Gebühren	32

I. Überblick

1 Während die Nr. 4106 und 4107 VV die **Verfahrensgebühr** im gerichtlichen Verfahren für den ersten Rechtszug vor dem **Amtsgericht** betreffen, regeln die Nr. 4108 bis 4111 VV die **Terminsgebühr.** Sie entsteht in diesem Verfahren für die Teilnahme des Rechtsanwalts an der Hauptverhandlung und fällt für jeden Hauptverhandlungs**tag** an. Für den gerichtlich bestellten oder beigeordneten Rechtsanwalt sehen die Nr. 4110 und 4111 VV sog. **Längenzuschläge** vor.

2 Der **persönliche Anwendungsbereich** der für den ersten Rechtszug vor dem Amtsgericht geregelten Gebührentatbestände erstreckt sich wie alle Gebührentatbestände des Teils 4 Abschn. 1 VV, zu dem auch die Nr. 4108 bis 4111 VV gehören (Vorb. 4 Abs. 1 VV) auf den Rechtsanwalt als **Verteidiger,** sei es als Wahlanwalt oder als gerichtlich bestellter oder beigeordneter Rechtsanwalt, und schließt auch den Rechtsanwalt als sonstigen **Vertreter** oder **Beistand** eines anderen Verfahrensbeteiligten mit ein.

II. Terminsgebühr im gerichtlichen Verfahren

3 Wie im vorbereitenden Verfahren erhält der Rechtsanwalt auch im gerichtlichen Verfahren eine **Terminsgebühr.** Sie ist in den Nr. 4106 und 4107 VV für das Verfahren im ersten Rechtszug vor dem **Amtsgericht,** in den Nr. 4112 und 4113 VV für das Verfahren im ersten Rechtszug vor der **Strafkammer** und **Jugendkammer** sowie in den Nr. 4118 und 4119 VV für das Verfahren im ersten Rechtszug vor dem **Oberlandesgericht,** dem **Schwurgericht** und für das Verfahren vor der Strafkammer nach §§ 74a (Verfahren vor der **Staatsschutzkammer**) und 74c GVG (Verfahren vor der großen Strafkammer als **Wirtschaftsstrafkammer**) geregelt. Für die **Berufungsinstanz** findet sich die Verfahrensgebühr in den Nr. 4124 und 4125 VV und für die **Revisionsinstanz** in den Nr. 4130 und 4131 VV.

III. Terminsgebühr für die Teilnahme an einer Hauptverhandlung

4 Die Terminsgebühr erhält der Rechtsanwalt für die Teilnahme an einer Hauptverhandlung. Dabei wird nicht zwischen dem **ersten** Hauptverhandlungstermin und **Fortsetzungsterminen** unterschieden. Das Gesetz stellt ausdrücklich auf den „Hauptverhandlungs**tag**" ab. Finden an einem Tage mehrere Hauptverhandlungs**termine** statt, entsteht die Terminsgebühr also nur einmal.

Abschnitt 1. Gebühren des Verteidigers **Nr. 4108–4111 VV**

Der **gerichtlich bestellte oder beigeordnete** Rechtsanwalt erhält eine **erhöhte** 5
Terminsgebühr, wenn die Hauptverhandlung länger als **fünf** Stunden
(Nr. 4110 VV) oder länger als **acht Stunden** (Nr. 4111 VV) dauert. Diese Regelung
gilt nicht für den **Wahlanwalt.** Dieser kann die Höhe der für ihn vorgesehenen
Rahmengebühr dem Zeitaufwand anpassen und zudem für längere Hauptverhandlungen eine **Vergütungsvereinbarung** treffen. Beide Möglichkeiten hat der
gerichtlich bestellte oder beigeordnete Rechtsanwalt nicht.

1. Beginn der Hauptverhandlung

Nach der Legaldefinition des § 243 Abs. 1 StPO **beginnt** die Hauptverhandlung 6
mit dem **Aufruf der Sache.**[1] Das ist nicht gleichbedeutend mit dem Hereinrufen
der Verfahrensbeteiligten, um ihnen mitzuteilen, dass die Hauptverhandlung, zB
wegen Abwesenheit eines Mitglieds des Gerichts, nicht stattfinden kann.[2]

Auf den **Umfang der anwaltlichen Tätigkeit** nach dem Aufruf der Sache 7
kommt es nicht an. So entsteht die Terminsgebühr auch, wenn der Angeklagte nicht
erschienen ist und das Gericht deshalb einen Haftbefehl erlässt oder der Einspruch
gegen einen Strafbefehl zurückgenommen wird.[3] Der Rechtsanwalt braucht auch
nicht bis zum Schluss der Hauptverhandlung anwesend zu sein.[4]

Wenn der Rechtsanwalt zu einem anberaumten Hauptverhandlungstermin 8
erscheint, dieser aber aus Gründen, die der Rechtsanwalt nicht zu vertreten hat,
nicht stattfindet, entsteht die Terminsgebühr dennoch (Teil 4 Vorb. 4 Abs. 3
S. 2 VV). Das gilt nicht, wenn der Rechtsanwalt **rechtzeitig** von der Aufhebung
oder Verlegung des Termins in Kenntnis gesetzt worden ist (Teil 4 Vorb. 4 Abs. 3
S. 3 VV). Die **Beweislast** für diese Ausnahme liegt bei Gericht bzw. der Staatskasse.
Der Rechtsanwalt, der bei Gericht erscheint, weil er nicht benachrichtigt worden ist,
sollte die entsprechenden Feststellungen zur Frage rechtzeitiger Benachrichtigung
in das Gerichtsprotokoll aufnehmen lassen. Wegen weiterer Einzelheiten wird auf
die Ausführungen zur Vorb. 4 VV verwiesen.

Ein Termin vor einem **beauftragten** oder **ersuchten Richter** ist keine Haupt- 9
verhandlung. Anstelle der Terminsgebühr nach den Nr. 4108 bis 4111 VV erhält
der Rechtsanwalt die Terminsgebühr nach Nr. 4102 Ziff. 1 VV.

2. Ende der Hauptverhandlung

Die Hauptverhandlung schließt gemäß § 260 StPO mit der auf die Beratung 10
folgenden Verkündung des **Urteils.** Beendet werden kann die Hauptverhandlung
aber auch durch **Beschluss.** Das ist der Fall, wenn das Verfahren wegen Geringfügigkeit nach § 153 Abs. 2 StPO eingestellt oder das Verfahren an ein höheres Gericht
gemäß § 270 Abs. 1 StPO verwiesen wird.

IV. Terminsgebühr bei Verbindung, Trennung, Verweisung/ Abgabe und Zurückverweisung

Werden **mehrere Verfahren** zur gemeinsamen Hauptverhandlung **verbunden,** 11
ist zu unterscheiden, ob die Verbindung vor oder in der Hauptverhandlung erfolgt.

Bei einer Verbindung **vor der Hauptverhandlung** verdient der Rechtsanwalt 12
neben der **Grundgebühr** (Nr. 4100 und 4101 VV) und neben der **Verfahrensge-**

---

[1] Siehe dazu OLG Karlsruhe Rpfleger 2005, 627; LG Düsseldorf RVGreport 2007, 198.
[2] KG Rpfleger 1971, 369; OLG Köln AnwBl. 2002, 113; LG Schweinfurt JurBüro 1980, 573.
[3] LG Hamburg StV 1991, 481.
[4] Gerold/Schmidt/*Burhoff* Nr. 4108–4111 VV Rn. 8.

bühr für das vorbereitende Verfahren (Nr. 4104 und 4105 VV) auch die Verfahrensgebühr (Nr. 4106 und 4107 VV) je Verfahren gesondert. Das gilt auch für die vor der Verbindung angefallenen **Terminsgebühren.** Die zum Zeitpunkt der Verbindung bereits entstandenen Gebühren gehen also nicht verloren.

13   Werden mehrere Verfahren **in der Hauptverhandlung** nach **Aufruf aller Verfahren** verbunden,[5] entsteht die Terminsgebühr in den verbundenen Verfahren für diese Hauptverhandlung nur einmal. Dabei ist es gleichgültig, ob eine Hauptverhandlung nur in einem Verfahren oder in allen Verfahren anberaumt war.[6] Wenn nach der Verbindung weitere Hauptverhandlungstage stattfinden, entsteht die Terminsgebühr für jeden Hauptverhandlungstag neu.

1. Trennung

14   Im Fall der Trennung mehrerer miteinander verbundener Verfahren ist zu unterscheiden, ob die Trennung vor oder in der Hauptverhandlung erfolgt.

15   Findet die Trennung **vor der Hauptverhandlung** statt, erhält der Rechtsanwalt vom Zeitpunkt der Trennung an neben den bis dahin entstandenen Gebühren die nach der Trennung für jedes getrennte Verfahren entstehenden Gebühren gesondert, also für jedes Verfahren auch die Terminsgebühr, soweit es in den getrennten Verfahren zu einer Hauptverhandlung kommt.

16   Bei einer Trennung **in der Hauptverhandlung** entsteht neben den bis zu diesem Zeitpunkt für das verbundene Verfahren angefallenen Gebühren in den getrennten Verfahren für jeden Hauptverhandlungstag eine Terminsgebühr.

2. Verweisung/Abgabe und Zurückverweisung

17   Nach einer **Verweisung** bzw. **Abgabe** an ein anderes Gericht **desselben Rechtszugs** (§ 20 S. 1 RVG) und auch nach einer **Zurückverweisung** (§ 20 S. 2 RVG) entsteht die Terminsgebühr für jeden weiteren Hauptverhandlungstag erneut.

V. Höhe der Terminsgebühr

18   Die Terminsgebühr **ohne** Zuschlag gemäß Nr. 4108 VV im ersten Rechtszug vor dem Amtsgericht fällt für jeden Verhandlungstag mit dem gleichen Gebührenrahmen für den Wahlverteidiger und mit gleicher Festgebühr für den gerichtlich bestellten oder beigeordneten Rechtsanwalt an.

19   Die Terminsgebühr **ohne** Zuschlag (Nr. 4108 VV) beträgt je Hauptverhandlungstag 70 EUR bis 480 EUR (**Mittelgebühr** 275 EUR.) Die Terminsgebühr **mit** Zuschlag (Nr. 4109 VV) beläuft sich auf 70 EUR bis 600 EUR (**Mittelgebühr** 335 EUR).

20   Der gerichtlich bestellte oder beigeordnete Rechtsanwalt erhält eine Festgebühr **ohne** Zuschlag von 220 EUR nach Nr. 4108 VV und **mit** Zuschlag von 268 EUR.

21   Vertritt der Rechtsanwalt **mehrere Auftraggeber,** zB Nebenkläger, erhöht sich der Gebührenrahmen nach Nr. 1008 VV.[7]

VI. Längenzuschläge (Nr. 4110, 4111 VV)

22   Der gerichtlich bestellte oder beigeordnete Rechtsanwalt, also in erster Linie der **Pflichtverteidiger** erhält für die Teilnahme an der Hauptverhandlung nach den

---

[5] Vgl. dazu Burhoff/*Burhoff* Vorb. 4 VV Rn. 76 aE

[6] LG Düsseldorf RVGreport 2007, 108.

[7] OLG Düsseldorf JurBüro 2010, 33; OLG Koblenz JurBüro 2005, 589; **aA** OLG Hamburg NStZ-RR 2011, 64 (Ls.); sa Burhoff/*Burhoff* Teil A Rn. 956 ff.

Nr. 4108 und 4109 VV eine feste Terminsgebühr, auf deren Höhe die Umstände des Einzelfalls keinen Einfluss haben. Deshalb sehen die Nr. 4110 und 4111 VV für seine Tätigkeit bei langen Hauptverhandlungen Längenzuschläge in Form eines **festen Zuschlags** vor.

Der gerichtlich bestellte oder beigeordnete Rechtsanwalt erhält gemäß Nr. 4110 VV den Längenzuschlag als eine **Zusatzgebühr zur Terminsgebühr.** Der Zuschlag beträgt bei einer Teilnahme an einer Hauptverhandlung von **mehr als fünf und bis acht Stunden** 50 % der normalen Terminsgebühr ohne Zuschlag der Nr. 4108 und 4109 VV, mithin 110 EUR. 23

Bei einer Dauer der Hauptverhandlung von **mehr als acht Stunden** verdoppelt sich gemäß Nr. 4111 VV der Zuschlag zu der Terminsgebühr nach den Nr. 4108 oder 4109 VV, so dass die Höhe der Zuschlagsgebühr der Höhe der normalen Terminsgebühr ohne Zuschlag (Nr. 4108 VV) entspricht mithin 220 EUR beträgt. 24

Zu **beachten** ist, dass der gerichtlich bestellte oder beigeordnete Rechtsanwalt bei einer Hauptverhandlung von mehr als acht Stunden **nur** die **Gebühr nach Nr. 4111 VV** erhält, also nicht etwa zunächst für die mehr als 5 bis 8-stündige Dauer der Hauptverhandlung die Gebühr nach Nr. 4110 VV und dann noch für die darüber hinausgehende Zeit die Gebühr nach Nr. 4111 VV. Das folgt aus dem Wortlaut der Nr. 4110 und 4111 VV, der besagt, dass „die zusätzliche Gebühr neben der Gebühr 4108 oder 4109" entsteht und nicht auch noch neben der Gebühr nach Nr. 4110 VV. 25

Die zusätzliche Gebühr entsteht für jeden Hauptverhandlungstag, der länger als fünf oder acht Stunden dauert. Bei einer längeren Verfahrensdauer können also je nach der Dauer der Teilnahme des Rechtsanwalts an den Terminen der einzelnen Hauptverhandlungstage **unterschiedlich hohe Terminsgebühren** anfallen. 26

Für die **Berechnung der Dauer** einer Hauptverhandlung kommt es nicht auf den tatsächlichen (möglicherweise verspäteten) Beginn der Hauptverhandlung an. Abzustellen ist vielmehr auf den Zeitpunkt, zu dem der Rechtsanwalt geladen worden und anwesend ist.[8] 27

Noch immer nicht einheitlich beantwortet wird die Frage, ob **Wartezeiten** und **Pausen** in die Berechnung einzubeziehen sind. 28

1. Wartezeiten

Nach weitgehend einhelliger Meinung in der Rechtsprechung sind Wartezeiten mitzurechnen.[9] Bei **längeren** Wartezeiten stellen einige Gericht darauf ab, ob der Rechtsanwalt die Zeit sinnvoll für eine andere anwaltliche Tätigkeit nutzen kann.[10] 29

2. Verhandlungspausen

Die Frage, ob und in welchem Umfang Verhandlungspausen bei der Berechnung der Dauer einer Hauptverhandlung zu berücksichtigen sind, wird in der Rechtspre- 30

---

[8] OLG Düsseldorf JurBüro 2006, 641; OLG Hamm JurBüro 2005, 532; OLG Karlsruhe RVGreport 2005, 315; KG RVGreport 2006, 33; OLG Koblenz NJW 2006, 1150; **aA** (auf den tatsächlichen Beginn abstellend) OLG Saarbrücken NStZ 2006, 191; ausführlich zur Problematik der Berechnung der Hauptverhandlungsdauer *Kotz* NStZ 2009, 414.

[9] Aus der Vielzahl der Entscheidungen vgl. insbesondere KG AGS 2006, 278; OLG Bamberg AGS 2006, 124 mAnm *Schneider;* OLG Düsseldorf JurBüro 2006, 641; OLG Hamm JurBüro 2005, 532; OLG Karlsruhe RVGreport 2005, 315; OLG Stuttgart Rpfleger 2006, 36; weitere Rechtsprechung bei Burhoff/*Burhoff.* Nr. 4110 Rn. 12; sa *Kotz* NStZ 2009, 414.

[10] KG RVGreport 2007, 176; OLG Bamberg AGS 2006, 124; dazu Burhoff/*Burhoff* Nr. 4110 VV Rn. 11.

chung sehr differenziert beantwortet. **Kürzere** Verhandlungspausen sind ebenso wie kürzere Wartezeiten ohne Belang und werden von der tatsächlichen Dauer der Hauptverhandlung nicht abgezogen.[11] **Längere** Verhandlungspausen werden unterschiedlich bewertet. Einige Oberlandesgerichte ziehen längere Verhandlungspausen von der Dauer der Hauptverhandlung ab.[12] Andere Oberlandesgerichte stellen darauf ab, ob und wie der Rechtsanwalt im Einzelfall die Verhandlungspause sinnvoll nutzen kann, billigen dem Rechtsanwalt aber eine angemessene Mittagspause von mindestens einer Stunde zu und ziehen diese Zeit von der länger dauernden Verhandlungspause ab.[13]

3. Höhe des Längenzuschlags

31 Der **Längenzuschlag** zur Terminsgebühr gemäß Nr. 4110 VV beträgt, wenn der gerichtlich bestellte oder beigeordnete Rechtsanwalt mehr als **fünf** und bis zu **acht** Stunden an einer Hauptverhandlung teilnimmt, 110 EUR und gemäß Nr. 4111 VV bei einer Teilnahme an einer Hauptverhandlung von **mehr als acht Stunden** 220 EUR.

VII. Zusätzliche Gebühren

32 Neben der Verfahrensgebühr nach Nr. 4104 VV können Wertgebühren nach Nr. 4142 oder 4143 VV entstehen. Nr. 4142 VV regelt die Verfahrensgebühr bei **Einziehung** und verwandten Maßnahmen. Nr. 4143 VV sieht eine Verfahrensgebühr für das Verfahren über **vermögensrechtliche** Ansprüche des Verletzten oder seines Erben vor.

Nr. 4112–4117 VV

Nr.	Gebührentatbestand	Gebühr oder Satz der Gebühr nach § 13 oder § 49 RVG	
		Wahlanwalt	gerichtlich bestellter oder beigeordneter Rechtsanwalt
4112	Verfahrensgebühr für den ersten Rechtszug vor der Strafkammer .. Die Gebühr entsteht auch für Verfahren 1. vor der Jugendkammer, soweit sich die Gebühr nicht nach Nummer 4118 bestimmt, 2. im Rehabilitierungsverfahren nach Abschn. 2 StrRehaG.	50,00 bis 320,00 €	148,00 €
4113	Gebühr 4112 mit Zuschlag	50,00 bis 400,00 €	180,00 €
4114	Terminsgebühr je Hauptverhandlungstag in den in Nummer 4112 genannten Verfahren	80,00 bis 560,00 €	256,00 €

---

[11] Dazu OLG Jena RVGreport 2008, 459; OLG München RVGreport 2009, 110; OLG Nürnberg RVGreport 2008, 143; OLG Oldenburg AGS 2008, 178.

[12] So zB OLG Bamberg AGS 2006, 124; OLG Celle NStZ-RR 2007, 391; OLG Naumburg AGS 2012, 465; OLG Oldenburg AGS 2008, 178; OLG Zweibrücken JurBüro 2006, 642.

[13] So OLG Düsseldorf JurBüro 2006, 641; OLG Hamm AGS 2006, 282 mAnm *Madert*; OLG Koblenz NJW 2006, 1150; OLG Stuttgart Rpfleger 2006, 36.

Abschnitt 1. Gebühren des Verteidigers　　　　　　Nr. 4112–4117 VV

Nr.	Gebührentatbestand	Gebühr oder Satz der Gebühr nach § 13 oder § 49 RVG	
		Wahlanwalt	gerichtlich bestellter oder beigeordneter Rechtsanwalt
4115	Gebühr 4114 mit Zuschlag	80,00 bis 700,00 €	312,00 €
4116	Der gerichtlich bestellte oder beigeordnete Rechtsanwalt nimmt mehr als 5 und bis 8 Stunden an der Hauptverhandlung teil: Zusätzliche Gebühr neben der Gebühr 4114 oder 4115		128,00 €
4117	Der gerichtlich bestellte oder beigeordnete Rechtsanwalt nimmt mehr als 8 Stunden an der Hauptverhandlung teil: Zusätzliche Gebühr neben der Gebühr 4114 oder 4115		256,00 €

I. Überblick

Die zu Teil 4 Abschn. 1 Unterabschnitt 3 VV gehörenden Gebührentatbestände 1
der Nr. 4112 bis 4117 VV regeln die Verfahrens- und Terminsgebühr für das gerichtliche erstinstanzliche Verfahren vor der **Strafkammer** und der **Jugendkammer** und im **Rehabilitierungsverfahren** nach Abschn. 2 StrRehaG (Nr. 4112 Anm. Ziff. 2 VV).

Der **persönliche Anwendungsbereich** der für diese Verfahren geregelten 2
Gebührentatbestände erstreckt sich wie alle Gebührentatbestände des Teils 4 Abschn. 1 VV, zu dem auch die Nr. 4112 bis 4117 VV gehören (Vorb. 4 Abs. 1 VV), auf den Rechtsanwalt als **Verteidiger**, sei es als Wahlanwalt oder als gerichtlich bestellter oder beigeordneter Rechtsanwalt, und schließt auch den Rechtsanwalt als sonstigen **Vertreter** oder **Beistand** eines anderen Verfahrensbeteiligten mit ein.

II. Verfahrensgebühr (Nr. 4112, 4113 VV)

Die in den Nr. 4112 und 4113 VV geregelte Verfahrensgebühr im ersten Rechts- 3
zug vor der Strafkammer, der Jugendkammer und im Rehabilitierungsverfahren erhält der Rechtsanwalt nach Teil 4 Vorb. 4 Abs. 2 VV „für das **Betreiben des Geschäfts** einschließlich der **Information**". Die Stellung des Antrags auf Rehabilitierung und die Vorbereitung eines solchen Antrags werden von der Gebühr nach Nr. 4112 VV RVG mit abgegolten.[1]

Für die Entstehung der Verfahrensgebühr und ihres Anwendungsbereichs gelten 4
die Ausführungen zu Teil 4 Vorb. 4 VV sowie zu den Nr. 4106 und 4107 VV entsprechend.

III. Terminsgebühr (Nr. 4114, 4115 VV)

Die Gebührentatbestände der Nr. 4114 und 4115 VV, die die Terminsgebühr 5
je Hauptverhandlungstag regeln, entsprechen bis auf die Höhe des Gebührenrahmens den Gebührentatbeständen der ersten Instanz in den Nr. 4108 und 4109 VV.

---

[1] OLG Jena BeckRS 2011, 28910.

Auf die dortigen Ausführungen wird verwiesen. Die Gebühr mit Zuschlag nach Nr. 4115 VV steht dem Rechtsanwalt auch dann zu, wenn gegen seinen Mandanten in einem Hauptverhandlungstermin nach vollständiger Urteilsverkündung, aber noch vor der Rechtsmittelbelehrung ein Haftbefehl verkündet wird.[2] Nehmen im Fall der notwendigen Verteidigung sowohl der zum Pflichtverteidiger bestellte Rechtsanwalt als auch ein Rechtsanwalt als Terminsvertreter für den zeitweise verhinderten Pflichtverteidiger (nacheinander) jeweils weniger als fünf bzw. weniger als bis zu acht Stunden an einer insgesamt mehr als fünf bzw. acht Stunden dauernden Hauptverhandlung teil, sollen sie sich die einfache Terminsgebühr und die zusätzliche Gebühr nach dem Anteil ihrer zeitlichen Beanspruchung teilen.[3]

IV. Gebührenhöhe

1. Verfahrensgebühr (Nr. 4112, 4113 VV)

6 Die Verfahrensgebühr **ohne** Zuschlag (Nr. 4112 VV) reicht von 50 EUR bis 320 EUR (**Mittelgebühr** 185 EUR). Die Verfahrensgebühr **mit** Zuschlag (Nr. 4113 VV) beläuft sich von 50 EUR bis 400 EUR (**Mittelgebühr** 225 EUR).

7 Der gerichtlich bestellte oder beigeordnete Rechtsanwalt erhält gemäß Nr. 4112 VV eine **Festgebühr** von 148 EUR bzw. gemäß Nr. 4113 VV von 189 EUR.

8 Im Übrigen wird auf die Erläuterungen zu → Nr. 4106 VV Rn. 1 ff. verwiesen.

2. Terminsgebühr (Nr. 4114, 4115 VV)

9 Die Terminsgebühr **ohne** Zuschlag gemäß Nr. 4114 VV beträgt je Hauptverhandlungstag 80 EUR bis 560 EUR (**Mittelgebühr** 320 EUR). Die Terminsgebühr **mit** Zuschlag gemäß Nr. 4115 VV beläuft sich auf 80 EUR bis 700 EUR (**Mittelgebühr** 390 EUR).

10 Der gerichtlich bestellte oder beigeordnete Rechtsanwalt erhält gemäß Nr. 4116 VV eine **Festgebühr** von 128 EUR bzw. gemäß Nr. 4117 VV von 256 EUR.

11 Im Übrigen wird auf die Erläuterungen zu → Nr. 4108 VV Rn. 1 ff. verwiesen.

V. Längenzuschläge (Nr. 4116, 4117 VV)

12 Die Gebührentatbestände der Nr. 4116 bis 4117 VV regeln, in welchen Fällen dem gerichtlich bestellten oder beigeordneten Rechtsanwalt eine zusätzliche Terminsgebühr zusteht. **Anknüpfungspunkt** ist die Länge der Hauptverhandlung. Auf die Erläuterungen der Nr. 4110 und 4111 VV wird verwiesen.

13 Der **Längenzuschlag** zur Terminsgebühr beträgt, wenn der gerichtlich bestellte oder beigeordnete Rechtsanwalt mehr als **fünf** und **bis zu acht** Stunden an einer Hauptverhandlung teilnimmt, gemäß Nr. 4116 VV 128 EUR und gemäß Nr. 4117 VV bei einer Teilnahme an einer Hauptverhandlung von **mehr als acht** Stunden 256 EUR.

14 Zur Berechnung der Hauptverhandlungsdauer wird auf die Erläuterungen zu den → Nr. 4108 bis 4111 VV Rn. 21 ff. verwiesen.

---

[2] OLG Düsseldorf JurBüro 2011, 197.
[3] KG JurBüro 2011, 479.

Nr. 4118–4123 VV

Nr.	Gebührentatbestand	Gebühr oder Satz der Gebühr nach § 13 oder § 49 RVG	
		Wahlanwalt	gerichtlich bestellter oder beigeordneter Rechtsanwalt
4118	Verfahrensgebühr für den ersten Rechtszug vor dem Oberlandesgericht, dem Schwurgericht oder der Strafkammer nach den §§ 74a und 74c GVG .... Die Gebühr entsteht auch für Verfahren vor der Jugendkammer, soweit diese in Sachen entscheidet, die nach den allgemeinen Vorschriften zur Zuständigkeit des Schwurgerichts gehören.	100,00 bis 690,00 €	316,00 €
4119	Gebühr 4118 mit Zuschlag	100,00 bis 862,50 €	385,00 €
4120	Terminsgebühr je Hauptverhandlungstag in den in Nummer 4118 genannten Verfahren	130,00 bis 930,00 €	424,00 €
4121	Gebühr 4120 mit Zuschlag	130,00 € bis 1162,50 €	517,00 €
4122	Der gerichtlich bestellte oder beigeordnete Rechtsanwalt nimmt mehr als 5 und bis 8 Stunden an der Hauptverhandlung teil: Zusätzliche Gebühr neben der Gebühr 4120 oder 4121		212,00 €
4123	Der gerichtlich bestellte oder beigeordnete Rechtsanwalt nimmt mehr als 8 Stunden an der Hauptverhandlung teil: Zusätzliche Gebühr neben der Gebühr 4120 oder 4121		424,00 €

I. Überblick

Die zu Teil 4 Abschn. 1 Unterabschnitt 3 VV gehörenden Gebührentatbestände 1 der Nr. 4118 bis 4123 VV regeln die Verfahrens- und Terminsgebühr für das gerichtliche erstinstanzliche Verfahren vor dem **Oberlandesgericht**, dem **Schwurgericht**, der **Jugendkammer**, soweit diese in Sachen entscheidet, die nach den allgemeinen Vorschriften zur Zuständigkeit des Schwurgerichts gehören (Nr. 4118 Anm. VV), der Strafkammer als **Staatsschutzkammer** (§ 74a GVG) und als **Wirtschaftsstrafkammer** (§ 74c GVG).

Der **persönliche Anwendungsbereich** der für diese Verfahren geregelten 2 Gebührentatbestände erstreckt sich wie alle Gebührentatbestände des Teils 4 Abschn. 1 VV (Vorb. 4 Abs. 1 VV) auf den Rechtsanwalt als **Verteidiger**, sei es als Wahlanwalt oder als gerichtlich bestellter oder beigeordneter Rechtsanwalt, und schließt auch den Rechtsanwalt als sonstigen **Vertreter** oder **Beistand** eines anderen Verfahrensbeteiligten mit ein.

Nr. 4118–4123 VV Teil 4. Strafsachen

II. Verfahrensgebühr (Nr. 4118, 4119 VV)

3 Die in den Nr. 4118 und 4119 VV geregelte Verfahrensgebühr im ersten Rechtszug vor den vorstehend unter Rn. 1 genannten Gerichten erhält der Rechtsanwalt nach Teil 4 Vorb. 4 Abs. 2 VV „für das **Betreiben des Geschäfts** einschließlich der **Information**".

4 Für die Entstehung der Verfahrensgebühr und ihres Anwendungsbereichs gelten die Ausführungen zu Teil 4 Vorb. 4 VV sowie zu den Nr. 4106 und 4107 VV entsprechend.

III. Terminsgebühr (Nr. 4120, 4121 VV)

5 Die Gebührentatbestände der Nr. 4120 und 4121 VV, die die Terminsgebühr je Hauptverhandlungstag regeln, entsprechen bis auf die Höhe des Gebührenrahmens den Gebührentatbeständen der ersten Instanz in den Nr. 4108 und 4109 VV. Auf die dortigen Ausführungen wird verwiesen.

IV. Gebührenhöhe

1. Verfahrensgebühr (Nr. 4118, 4119 VV)

6 Die Verfahrensgebühr **ohne** Zuschlag gemäß Nr. 4118 VV beträgt je Hauptverhandlungstag 100 EUR bis 690 EUR (**Mittelgebühr** 395 EUR) und die Verfahrensgebühr **mit** Zuschlag gemäß Nr. 4119 VV 100 EUR bis 862,50 EUR (**Mittelgebühr** 481,25).

7 Der gerichtlich bestellte oder beigeordnete Rechtsanwalt erhält eine **Festgebühr** von 316 EUR gemäß Nr. 4118 VV und 385 EUR gemäß Nr. 4119 VV.

8 Im Übrigen kann auf die Erläuterungen zu → Nr. 4106 VV verwiesen werden.

2. Terminsgebühr (Nr. 4120, 4120 VV)

9 Die Terminsgebühr **ohne** Zuschlag (Nr. 4120 VV) beträgt je Hauptverhandlungstag 130 EUR bis 930 EUR (**Mittelgebühr** 530 EUR). Die Terminsgebühr **mit** Zuschlag (Nr. 4121 VV) beläuft sich auf 130 EUR bis 1.162,50 EUR (**Mittelgebühr** 646,25 EUR).

10 Der gerichtlich bestellte oder beigeordnete Rechtsanwalt erhält eine **Festgebühr** ohne Zuschlag von 424 EUR gemäß Nr. 4120 VV und mit Zuschlag von 517 EUR gemäß Nr. 4121 VV.

11 Im Übrigen kann auf die Erläuterungen zu → Nr. 4108 VV Rn. 1 ff. verwiesen werden.

V. Längenzuschläge (Nr. 4122, 4123 VV)

12 Die Gebührentatbestände der Nr. 4122 und 4123 VV regeln, in welchen Fällen dem gerichtlich bestellten oder beigeordneten Rechtsanwalt eine zusätzliche Terminsgebühr zusteht. **Anknüpfungspunkt** ist die Länge der Hauptverhandlung. Auf die Erläuterungen der Nr. 4110 und 4111 VV wird verwiesen. Nehmen im Fall der notwendigen Verteidigung sowohl der zum Pflichtverteidiger bestellte Rechtsanwalt als auch ein Rechtsanwalt als Terminsvertreter für den zeitweise verhinderten Pflichtverteidiger (nacheinander) jeweils weniger als fünf bzw. weniger als bis zu acht Stunden an einer insgesamt mehr als fünf bzw. acht Stunden dauernden Hauptver-

Abschnitt 1. Gebühren des Verteidigers Nr. 4124–4129 VV

handlung teil, sollen sie sich die einfache Terminsgebühr und die zusätzliche Gebühr nach dem Anteil ihrer zeitlichen Beanspruchung teilen.[1]

Der **Längenzuschlag** zur Terminsgebühr beträgt, wenn der gerichtlich bestellte oder beigeordnete Rechtsanwalt mehr als **fünf** und **bis zu acht** Stunden an einer Hauptverhandlung teilnimmt, 212 EUR gemäß Nr. 4122 VV und bei einer Teilnahme an einer Hauptverhandlung von **mehr als acht Stunden** 424 EUR gemäß Nr. 4123 VV. 13

Zur Berechnung der Hauptverhandlungsdauer wird auf die Erläuterungen zu → den Nr. 4108 bis 4111 VV Rn. 21 ff. verwiesen. 14

Berufung

Nr.	Gebührentatbestand	Gebühr oder Satz der Gebühr nach § 13 oder § 49 RVG	
		Wahlanwalt	gerichtlich bestellter oder beigeordneter Rechtsanwalt
4124	Verfahrensgebühr für das Berufungsverfahren .... Die Gebühr entsteht auch für Beschwerdeverfahren nach § 13 StrRehaG.	80,00 bis 560,00 €	256,00 €
4125	Gebühr 4124 mit Zuschlag	80,00 bis 700,00 €	312,00 €
4126	Terminsgebühr je Hauptverhandlungstag im Berufungsverfahren .. Die Gebühr entsteht auch für Beschwerdeverfahren nach § 13 StrRehaG.	80,00 bis 560,00 €	256,00 €
4127	Gebühr 4126 mit Zuschlag	80,00 bis 700,00 €	312,00 €
4128	Der gerichtlich bestellte oder beigeordnete Rechtsanwalt nimmt mehr als 5 und bis 8 Stunden an der Hauptverhandlung teil: Zusätzliche Gebühr neben der Gebühr 4126 oder 4127		128,00 €
4129	Der gerichtlich bestellte oder beigeordnete Rechtsanwalt nimmt mehr als 8 Stunden an der Hauptverhandlung teil: Zusätzliche Gebühr neben der Gebühr 4126 oder 4127		256,00 €

Übersicht

	Rn.
I. Überblick	1
II. Berufungsverfahren	5
III. Gebühren in der Berufungsinstanz	9
1. Verfahrensgebühr (Nr. 4124 und 4125 VV)	9
2. Terminsgebühr (Nr. 4126 bis 4129 VV)	12
IV. Gebührenhöhe	14
1. Verfahrensgebühr (Nr. 4124, 4125 VV)	14
2. Terminsgebühr (Nr. 4126, 4127 VV)	17
V. Längenzuschläge (Nr. 4128, 4129 VV)	20

---

[1] KG JurBüro 2011, 479.

Nr. 4124–4129 VV

I. Überblick

1   Die Nr. 4124 bis 4129 VV enthalten die Regelungen für die Vergütung des Rechtsanwalts im Berufungsverfahren. Der **Gebührenrahmen** ist gegenüber dem vorbereitenden und dem gerichtlichen Verfahren erster Instanz erhöht.

2   Die Gebühren für das Berufungsverfahren sind **strukturell** ebenso gegliedert wie die Gebühren für das erstinstanzliche Verfahren. Der Rechtsanwalt erhält für das Betreiben des Geschäfts einschließlich der Information die **Verfahrensgebühr** und für jeden Hauptverhandlungstag eine **Terminsgebühr**. Aus den gleichen Gründen wie im erstinstanzlichen Verfahren werden auf die jeweiligen Gebühren Zuschläge gewährt (Nr. 4125 und 4127 VV).

3   Der **persönliche Anwendungsbereich** der für den Berufungsrechtszug geltenden Gebührentatbestände erstreckt sich nicht nur auf den Rechtsanwalt als **Verteidiger**, sei es als Wahlanwalt oder als gerichtlich bestellter oder beigeordneter Rechtsanwalt, sondern schließt auch den Rechtsanwalt als sonstigen **Vertreter** oder **Beistand** eines anderen Verfahrensbeteiligten mit ein (Vorb. 4 Ab. 1 VV). Ist der Rechtsanwalt nur mit einer Einzeltätigkeit mandatiert worden, gelten anstelle der Nr. 4124 ff. VV die Nr. 4300 ff. VV.

4   Gegenüber dem vorbereitenden und dem erstinstanzlichen Verfahren ist das Berufungsverfahren eine **eigene Angelegenheit** (§ 15 RVG).

II. Berufungsverfahren

5   Das Berufungsverfahren **beginnt** mit der Einlegung der Berufung nach § 314 StPO bzw. mit der ersten Tätigkeit des Rechtsanwalts nach Einlegung der Berufung durch die Staatsanwaltschaft oder einen anderen Beteiligten.

6   Die **Einlegung** der Berufung gehört gemäß § 19 Abs. 1 S. 1 Nr. 10 RVG für den im ersten Rechtszug tätig gewesenen Rechtsanwalt noch zum ersten Rechtszug, ist also dort durch die erstinstanzliche Verfahrensgebühr abgegolten. Wird der Rechtsanwalt erstmals in der Berufungsinstanz beauftragt, entsteht mit der Beauftragung die Gebühr nach Nr. 4124 VV.

7   Das Berufungsverfahren **endet** durch Einstellung, Verwerfung der Berufung durch Beschluss, Rücknahme der Berufung oder mit dem Berufungsurteil.

8   Eine Abhängigkeit der Gebühren von der **Ordnung des Gerichts** gibt es anders als im ersten Rechtszug nicht, weil für alle Berufungen in Strafsachen das Landgericht zuständig ist.

III. Gebühren in der Berufungsinstanz

1. Verfahrensgebühr (Nr. 4124 und 4125 VV)

9   Wie im ersten Rechtszug entsteht auch in der Berufungsinstanz eine **Verfahrensgebühr**. Daneben kann der erstmals in der Berufungsinstanz beauftragte Rechtsanwalt eine **Grundgebühr** beanspruchen. War der Rechtsanwalt bereits im ersten Rechtszug tätig, fällt die Grundgebühr nicht mehr an, da sie die erstmalige Einarbeitung in den Rechtsfall betrifft.

10 Die **Verfahrensgebühr** erhält der Rechtsanwalt für das Betreiben des Geschäfts im Berufungsverfahren einschließlich der Information. Befindet sich der Mandant zu irgendeinem Zeitpunkt während des Berufungsverfahrens nicht auf freiem Fuß, fällt die Verfahrensgebühr mit Zuschlag gemäß Nr. 4125 VV an.

11 Die Verfahrensgebühr steht dem Rechtsanwalt auch dann zu, wenn die Berufung von der **Staatsanwaltschaft** eingelegt worden ist und der Rechtsanwalt sich für

das Berufungsverfahren schon zu einem Zeitpunkt bestellt, zu dem die Staatsanwaltschaft ihre Berufung noch nicht begründet hat. Das gilt selbst dann, wenn die Staatsanwaltschaft die Berufung später zurücknimmt.[1] Der Mandant hat vom Zeitpunkt des Eingangs der Berufung bei ihm Anspruch darauf, von dem Rechtsanwalt beraten zu werden, zumal er davon ausgehen kann, dass die Staatsanwaltschaft nach Nr. 146 RiStBV angewiesen ist, keine vorsorglichen Rechtsmittel einzulegen. Die gegenteilige Meinung, die Beauftragung des Rechtsanwalts vor Eingang der Berufungsbegründung sei nicht notwendig, da der Rechtsanwalt noch keine sinnvolle Tätigkeit entfalten könne,[2] ist abzulehnen.[3]

2. Terminsgebühr (Nr. 4126 bis 4129 VV)

Die Terminsgebühr entsteht für die Teilnahme an einer Berufungshauptverhandlung je Verhandlungstag im Berufungsverfahren (Nr. 4126 VV). Befindet sich der Mandant zu diesem Zeitpunkt nicht auf freiem Fuß, fällt die Gebühr mit Zuschlag nach Nr. 4127 VV an. 12

Wegen der sonstigen Einzelheiten wird auf die Ausführungen zu → Teil 4 Vorb. 4 VV Rn. 1 ff. sowie zu den → Nr. 4106 und 4107 VV Rn. 1 ff. und zu den → Nr. 4108–4111 VV Rn. 1 ff. verwiesen. 13

IV. Gebührenhöhe

1. Verfahrensgebühr (Nr. 4124, 4125 VV)

Die Verfahrensgebühr **ohne** Zuschlag gemäß Nr. 4124 VV beträgt je Hauptverhandlungstag 80 EUR bis 560 EUR (**Mittelgebühr** 320 EUR). Die Verfahrensgebühr **mit** Zuschlag gemäß Nr. 4125 VV beläuft sich auf 80 EUR bis 700 EUR (**Mittelgebühr** 390 EUR). 14

Der gerichtlich bestellte oder beigeordnete Rechtsanwalt erhält gemäß Nr. 4124 VV eine **Festgebühr** ohne Zuschlag von 256 EUR und gemäß Nr. 4125 VV mit Zuschlag von 312 EUR. 15

Im Übrigen wird auf die Erläuterungen zu → Nr. 4106 VV Rn. 1 ff. verwiesen. 16

2. Terminsgebühr (Nr. 4126, 4127 VV)

Die Terminsgebühr **ohne** Zuschlag gemäß Nr. 4126 VV beträgt je Hauptverhandlungstag 80 EUR bis 560 EUR (**Mittelgebühr** 320 EUR). Die Terminsgebühr **mit** Zuschlag gemäß Nr. 4127 VV beläuft sich auf 80 EUR bis 700 EUR (**Mittelgebühr** 390 EUR). 17

Der gerichtlich bestellte oder beigeordnete Rechtsanwalt erhält gemäß Nr. 4126 VV eine **Festgebühr** ohne Zuschlag von 256 EUR und gemäß Nr. 4127 VV mit Zuschlag von 312 EUR. 18

Im Übrigen wird auf die Erläuterungen zu → Nr. 4108 VV Rn. 1 ff. verwiesen. 19

V. Längenzuschläge (Nr. 4128, 4129 VV)

Die Gebührentatbestände der Nr. 4128 und 4129 VV regeln, in welchen Fällen dem gerichtlich bestellten oder beigeordneten Rechtsanwalt eine zusätzliche Ter- 20

---

[1] So BGH NJW 2002, 756 betr. die Rücknahme einer Berufung im Zivilprozess; LG Köln AGS 2007, 351; LG Münster AGS 2003, 314; Burhoff/*Burhoff* Nr. 4124 VV Rn. 22; Gerold/Schmidt/*Burhoff* Nr. 4124, 4125 VV Rn. 7; Schneider/Wolf/*N. Schneider* Nr. 4124, 4125 VV Rn. 13 ff.; **aA** KG AGS 2006, 375; KG JurBüro 2012, 471; LG Bochum JurBüro 2007, 38.

[2] So KG BeckRS 2012, 19136.

[3] Dazu ausführlich Schneider/Wolf/*N. Schneider* Nr. 4124–4125 VV Rn. 16.

Nr. 4130–4135 VV   Teil 4. Strafsachen

minsgebühr zusteht. **Anknüpfungspunkt** ist die Länge der Hauptverhandlung. Nimmt der Rechtsanwalt mehr als fünf und bis zu acht Stunden an der Hauptverhandlung teil, beträgt die zusätzliche Gebühr zur Terminsgebühr gemäß Nr. 4128 VV 128 EUR, bei einer Teilnahme von mehr als acht Stunden beläuft sie sich gemäß Nr. 4129 VV auf 256 EUR.

21   Zur Berechnung der Hauptverhandlungsdauer wird auf die Erläuterungen zu den → Nr. 4108 bis 4111 VV Rn. 21 ff. verwiesen.

Revision

Nr.	Gebührentatbestand	Gebühr oder Satz der Gebühr nach § 13 oder § 49 RVG	
		Wahlanwalt	gerichtlich bestellter oder beigeordneter Rechtsanwalt
4130	Verfahrensgebühr für das Revisionsverfahren	120,00 bis 1.110 €	492,00 €
4131	Gebühr 4130 mit Zuschlag	120,00 bis 1.387,50 €	603,00 €
4132	Terminsgebühr je Hauptverhandlungstag im Revisionsverfahren ...	120,00 bis 560,00 €	272,00 €
4133	Gebühr 4132 mit Zuschlag	120,00 bis 700,00 €	328,00 €
4134	Der gerichtlich bestellte oder beigeordnete Rechtsanwalt nimmt mehr als 5 und bis 8 Stunden an der Hauptverhandlung teil: Zusätzliche Gebühr neben der Gebühr 4132 oder 4133		136,00 €
4135	Der gerichtlich bestellte oder beigeordnete Rechtsanwalt nimmt mehr als 8 Stunden an der Hauptverhandlung teil: Zusätzliche Gebühr neben der Gebühr 4132 oder 4133		272,00 €

Übersicht

                                                                Rn.

I. Überblick 1
II. Revisionsverfahren 5
III. Gebühren in der Revisionsinstanz 9
    1. Verfahrensgebühr (Nr. 4130, 4131 VV) 9
    2. Terminsgebühr (Nr. 4132 bis 4135 VV) 13
IV. Gebührenhöhe 15
    1. Verfahrensgebühr (Nr. 4130, 4131 VV) 15
    2. Terminsgebühr (Nr. 4132, 4133 VV) 18
V. Längenzuschläge (Nr. 4134, 4135 VV) 20

I. Überblick

1   Die Nr. 4130 bis 4135 VV enthalten die Regelungen für die Vergütung des Rechtsanwalts im Revisionsverfahren. Der **Gebührenrahmen** ist gegenüber dem erstinstanzlichen Gebührenrahmen und gegenüber dem Gebührenrahmen für Berufungsverfahren erhöht.

Abschnitt 1. Gebühren des Verteidigers　　　　　　　Nr. 4130–4135 VV

Strukturell sind die Gebühren für das Revisionsverfahren ebenso gegliedert wie 2
die für das erstinstanzliche Verfahren und das Berufungsverfahren. Der Rechtsanwalt
erhält für das Betreiben des Geschäfts einschließlich der Information, insbesondere
also für die Begründung der Revision, eine Verfahrensgebühr und für jeden Hauptverhandlungstag im Revisionsverfahren eine Terminsgebühr. Aus den gleichen
Gründen wie im erstinstanzlichen Verfahren werden auf die jeweiligen Gebühren
Zuschläge bei Inhaftierung des Mandanten (Nr. 4131, 4133 VV) bzw. für den
Pflichtverteidiger zusätzliche Gebühren (Nr. 4134 und 4135 VV) gewährt.

Der **persönliche Anwendungsbereich** der für den Revisionsrechtszug geltenden Gebührentatbestände erstreckt sich nicht nur auf den Rechtsanwalt als **Verteidiger**, sei es als Wahlanwalt oder als gerichtlich bestellter oder beigeordneten Rechtsanwalt, sondern schließt auch den Rechtsanwalt als sonstigen **Vertreter** oder
Beistand eines anderen Verfahrensbeteiligten mit ein (Vorb. 4 Abs. 1 VV). Ist der
Rechtsanwalt nur mit einer Einzeltätigkeit mandatiert worden, gelten anstelle der
Nr. 4130 ff. VV die Nr. 4300 ff. VV. 3

Gegenüber dem gerichtlichen Verfahren erster und zweiter Instanz ist das Revisionsverfahren eine **eigene Angelegenheit** (§ 15 RVG). 4

II. Revisionsverfahren

Das Revisionsverfahren **beginnt** mit der Einlegung der Revision bzw. mit der 5
ersten Tätigkeit des Rechtsanwalts nach Einlegung der Revision durch die Staatsanwaltschaft oder einen anderen Beteiligten.

Die **Einlegung** der Revision gehört gemäß § 19 Abs. 1 S. 2 Nr. 10 RVG für den 6
im Berufungsverfahren tätig gewesenen Rechtsanwalt noch zur Berufungsinstanz
bzw. bei einer Sprungrevision zum erstinstanzlichen Verfahren, ist also durch die
Verfahrensgebühr der vorangegangenen Instanz abgegolten.[1] Wird der Rechtsanwalt
erstmals in der Revisionsinstanz beauftragt, entsteht die Verfahrensgebühr nach
Nr. 4130 VV mit der Beauftragung, wenn er im Zusammenhang mit der Annahme
des Mandats auch bereits Informationen entgegennimmt.

Das Revisionsverfahren **endet** durch Einstellung, Verwerfungsbeschluss, Rücknahme oder Urteil. 7

Eine Abhängigkeit der Gebühren von der **Ordnung des Gerichts** gibt es anders 8
als im ersten Rechtszug nicht. Der Rechtsanwalt erhält mithin vor dem Oberlandesgericht dieselben Gebühren wie vor dem Bundesgerichtshof.

III. Gebühren in der Revisionsinstanz

1. Verfahrensgebühr (Nr. 4130, 4131 VV)

Wie in den Vorinstanzen entsteht auch in der Revisionsinstanz eine **Verfahrens-** 9
gebühr. Daneben kann der erstmals in der Revisionsinstanz beauftragte Rechtsanwalt zusätzlich die **Grundgebühr** beanspruchen.

Die **Verfahrensgebühr** erhält der Rechtsanwalt für das Betreiben des Geschäfts 10
im Revisionsverfahren einschließlich der Information. Sie entsteht nicht erst mit
der Fertigung der Revisionsbegründung, sondern bereits durch die anwaltliche Prüfung und Beratung, ob und mit welchen Anträgen die – häufig aus Zeitgründen
zunächst nur zur Fristwahrung eingelegte – Revision begründet und durchgeführt
werden soll.[2] Befindet sich der Mandant zu irgendeinem Zeitpunkt während des
Revisionsverfahrens nicht auf freiem Fuß, fällt die Verfahrensgebühr mit Zuschlag

---

[1] OLG Hamm RVGreport 2006, 352.
[2] KG RVGreport 2009, 346; Burhoff/*Burhoff* Nr. 4130 VV Rn. 13.

Nr. 4130–4135 VV

gemäß Nr. 4125 VV an. Die Verfahrensgebühr bleibt auch bestehen, wenn der Rechtsanwalt die Revision später zurücknimmt.

11 Legt die **Staatsanwaltschaft** Revision ein, entsteht die Verfahrensgebühr mit der ersten Tätigkeit des Rechtsanwalts nach seiner Beauftragung für die Revisionsinstanz. Der weitere Verlauf des Revisionsverfahrens ist für die dadurch entstandene Verfahrensgebühr ohne Belang. Sie kann nicht mit der Begründung streitig gemacht werden, der Mandant habe mit der Beauftragung warten sollen, bis feststand, ob die Staatsanwaltschaft die Revision durchführt.[3] Das gilt selbst dann, wenn die Staatsanwaltschaft die Revision später zurücknimmt.[4] Der Mandant hat vom Zeitpunkt des Eingangs der Revision bei ihm Anspruch darauf, von dem Rechtsanwalt beraten zu werden, zumal er davon ausgehen kann, dass die Staatsanwaltschaft nach Nr. 146 RiStBV angewiesen ist, keine vorsorglichen Rechtsmittel einzulegen.

12 Die Verfahrensgebühr deckt alle anwaltlichen Tätigkeiten in der Revisionsinstanz ab, insbesondere die **Begründung der Revision**. Hierin liegt der Schwerpunkt der anwaltlichen Tätigkeit im Revisionsverfahren. Durch sie und durch das schriftliche Urteil der Vorinstanz wird der Streitstoff der Revisionsinstanz bestimmt.

2. Terminsgebühr (Nr. 4132 bis 4135 VV)

13 Die Terminsgebühr entsteht für die Teilnahme an einer Revisionshauptverhandlung je Verhandlungstag (Nr. 4132 VV). Befindet sich der Mandant zu diesem Zeitpunkt nicht auf freiem Fuß, fällt die Gebühr mit Zuschlag nach Nr. 4133 VV an.

14 Wegen der sonstigen Einzelheiten wird auf die Ausführungen zu → Teil 4 Vorb. 4 VV Rn. 1 ff. sowie zu den → Nr. 4106 und 4107 VV Rn. 1 ff. und zu den → Nr. 4108 bis 4111 VV Rn. 1 ff. verwiesen.

IV. Gebührenhöhe

1. Verfahrensgebühr (Nr. 4130, 4131 VV)

15 Die Verfahrensgebühr **ohne** Zuschlag gemäß Nr. 4130 VV beträgt je Hauptverhandlungstag 120 EUR bis 1.110 EUR (**Mittelgebühr** 615 EUR). Die Verfahrensgebühr **mit** Zuschlag gemäß Nr. 4131 VV beläuft sich auf 120 EUR bis 1.387,50 EUR (**Mittelgebühr** 753,75 EUR).

16 Der gerichtlich bestellte oder beigeordnete Rechtsanwalt erhält gemäß Nr. 4130 VV eine **Festgebühr** ohne Zuschlag von 492 EUR und gemäß Nr. 4131 VV mit Zuschlag von 603 EUR.

17 Im Übrigen wird auf die Erläuterungen zu → Nr. 4106 VV Rn. 1 ff. verwiesen.

2. Terminsgebühr (Nr. 4132, 4133 VV)

18 Die Terminsgebühr **ohne** Zuschlag gemäß Nr. 4132 VV beträgt je Hauptverhandlungstag 120 bis 560 EUR (**Mittelgebühr** 340 EUR). Die Terminsgebühr **mit** Zuschlag gemäß Nr. 4133 VV beläuft sich auf 120 bis 700 EUR (**Mittelgebühr** 410 EUR).

19 Der gerichtlich bestellte oder beigeordnete Rechtsanwalt erhält gemäß Nr. 4132 VV eine **Festgebühr** ohne Zuschlag von 272 EUR und gemäß Nr. 4133 VV mit Zuschlag von 328 EUR. Im Übrigen wird auf die Erläuterungen zu → Nr. 4106 VV Rn. 1 ff. verwiesen.

---

[3] Burhoff/*Burhoff* Nr. 4130 VV Rn. 13 f.

[4] Gerold/Schmidt/*Burhoff* Nr. 4130, 4131 VV Rn. 5; KG NJW-RR 2007, 72; sa KG JurBüro 2010, 599.

Abschnitt 1. Gebühren des Verteidigers   **Nr. 4136–4140 VV**

V. Längenzuschläge (Nr. 4134, 4135 VV)

Die Gebührentatbestände der Nr. 4134 und 4135 VV regeln, in welchen Fällen 20
dem gerichtlich bestellten oder beigeordneten Rechtsanwalt eine zusätzliche Terminsgebühr zusteht. **Anknüpfungspunkt** ist die Länge der Hauptverhandlung. Nimmt der Rechtsanwalt mehr als fünf und bis zu acht Stunden an der Hauptverhandlung teil, beträgt die zusätzliche Gebühr zur Terminsgebühr gemäß Nr. 4134 VV 136 EUR, bei einer Teilnahme von mehr als acht Stunden beläuft sich die Gebühr gemäß Nr. 4135 VV auf 272 EUR.

Zur Berechnung der Hauptverhandlungsdauer wird auf die Erläuterungen zu den 21
→ Nr. 4108 bis 4111 VV Rn. 21 ff. verwiesen.

Unterabschnitt 4. Wiederaufnahmeverfahren

Vorbemerkung 4.1.4–Nr. 4136–4140 VV

Nr.	Gebührentatbestand	Gebühr oder Satz der Gebühr nach § 13 oder § 49 RVG	
		Wahlanwalt	gerichtlich bestellter oder beigeordneter Rechtsanwalt
Vorbemerkung 4.1.4: Eine Grundgebühr entsteht nicht.			
4136	Geschäftsgebühr für die Vorbereitung eines Antrags .... Die Gebühr entsteht auch, wenn von der Stellung eines Antrags abgeraten wird.	in Höhe der Verfahrensgebühr für den ersten Rechtszug	
4137	Verfahrensgebühr für das Verfahren über die Zulässigkeit des Antrags	in Höhe der Verfahrensgebühr für den ersten Rechtszug	
4138	Verfahrensgebühr für das weitere Verfahren	in Höhe der Verfahrensgebühr für den ersten Rechtszug	
4139	Verfahrensgebühr für das Beschwerdeverfahren (§ 372 StPO)	in Höhe der Verfahrensgebühr für den ersten Rechtszug	
4140	Terminsgebühr für jeden Verhandlungstag	in Höhe der Terminsgebühr für den ersten Rechtszug	

Übersicht

	Rn.
I. Überblick	1
II. Vorb. 4.1.4 VV	6
III. Anwendungsbereich	7
IV. Geschäftsgebühr für die Vorbereitung eines Wiederaufnahmeantrags (Nr. 4136 VV)	11
V. Verfahrensgebühren (Nr. 4137 bis 4139 VV)	16
1. Verfahrensgebühr für Verfahren über die Zulässigkeit des Wiederaufnahmeantrags (Nr. 4137 VV)	17
2. Verfahrensgebühr für das weitere Verfahren (Nr. 4138 VV)	20

	Rn.
3. Verfahrensgebühr für das Beschwerdeverfahren (Nr. 4139 VV) ...	23
VI. Terminsgebühren (Nr. 4140 VV)	29
VII. Höhe der Gebühren	33

I. Überblick

1   In Teil 4 Abschn. 1 Unterabschnitt 4 VV sind die Gebühren des Rechtsanwalts im strafverfahrensrechtlichen Wiederaufnahmeverfahren (§§ 359 ff. StPO) geregelt.

2   Das Wiederaufnahmeverfahren gliedert sich in **mehrere Verfahrensabschnitte,** die unterschiedliche Tätigkeiten des Rechtsanwalts erfordern. So kann es erforderlich sein, dass der Rechtsanwalt eigene Ermittlungen wie die Anhörung neuer Zeugen durchführen oder mit Sachverständigen Gespräche führen muss. Diese Vorbereitungsarbeiten können zu einem Wiederaufnahmeantrag führen, der sich – bei Wiederaufnahme zugunsten des Angeklagten – an den Voraussetzungen des § 359 StPO ausrichten muss.

3   Die insoweit von der Rechtsprechung an die Zulässigkeit des Antrags gestellten Anforderungen sind hoch. Ist der Antrag zulässig, wird gemäß § 369 Abs. 1 StPO im weiteren Verfahren die Beweisaufnahme über die im Antrag angetretenen Beweise angeordnet. Dieser Verfahrensabschnitt endet mit der Entscheidung über die Begründetheit des Antrags (§ 370 Abs. 1 StPO).

4   Die Gebührentatbestände der Nr. 4136 bis 4139 VV entsprechen diesen Verfahrensabschnitten. Neben einer **Geschäftsgebühr** für die Vorbereitung des Wiederaufnahmeantrags (Nr. 4136 VV) erhält der Rechtsanwalt in jedem Verfahrensabschnitt eine **Verfahrensgebühr,** so für das Verfahren über die **Zulässigkeit** des Wiederaufnahmeantrags (Nr. 4137 VV), für das weitere Verfahren (Nr. 4138 VV) und für das in § 372 StPO geregelte Beschwerdeverfahren (Nr. 4139 VV). Für jeden Verhandlungstag in einem dieser Verfahrensabschnitte fällt außerdem eine **Terminsgebühr** an (Nr. 4140 VV).

5   Gebührenrechtlich ist die Tätigkeit des Rechtsanwalts im Wiederaufnahmeverfahren gemäß § 17 Nr. 12 RVG eine **eigene Angelegenheit.** Das gilt sowohl im Verhältnis zu dem vorangegangenen Strafverfahren als auch im Verhältnis zu dem wieder aufgenommenen Verfahren.

II. Vorb. 4.1.4 VV

6   Nach der Vorb. 4.1.4 VV entsteht im Wiederaufnahmeverfahren **keine Grundgebühr.** Eine solche Regelung erscheint verständlich, wenn der im Wiederaufnahmeverfahren tätige Rechtsanwalt den Verurteilten bereits im vorangegangenen Strafverfahren verteidigt hat, wenngleich die erstmalige Einarbeitung in ein mögliches Wiederaufnahmeverfahren inhaltlich wenig mit einer früheren Einarbeitung in das vorangegangene Strafverfahren zu tun hat. Für einen Rechtsanwalt, der für den Verurteilten erstmals tätig wird, macht der Wegfall der Grundgebühr auf den ersten Blick jedoch wenig Sinn. Eine Erklärung findet die Regelung durch die **Geschäftsgebühr** gemäß Nr. 4136 VV. Sie dient der „Vorbereitung eines Antrags" und deckt damit (auch) die Tätigkeit ab, die sonst von der Grundgebühr erfasst wird.

III. Anwendungsbereich

7   Die in den Nr. 4136 bis 4140 VV geregelten Gebühren erhält der Rechtsanwalt nur, wenn er mit der **Vertretung** im gesamten Wiederaufnahmeverfahren beauftragt

Abschnitt 1. Gebühren des Verteidigers **Nr. 4136–4140 VV**

wird. Berät der Rechtsanwalt den Verurteilten, ohne mit dessen Vertretung beauftragt zu sein, kann er nur die Beratungsgebühr nach den Nr. 2101 f. VV beanspruchen. Soweit der Rechtsanwalt nur mit einer **Einzeltätigkeit** beauftragt ist, richtet sich seine Vergütung nach Nr. 4302 Ziff. 2 VV.

Die Gebührentatbestände der Nr. 4136 ff. VV gelten nicht nur für den Rechtsanwalt als **Verteidiger**, sondern auch für den Rechtsanwalt, der einen anderen Verfahrensbeteiligten als **Vertreter** oder **Beistand** im Wiederaufnahmeverfahren vertritt (Vorb. 4 Abs. 1 VV). In Betracht kommen ein **Hinterbliebener** des Verurteilten (§ 361 Abs. 2 StPO), der **Privatkläger,** wenn er nach § 390 Abs. 1 S. 2 StPO das Wiederaufnahmeverfahren anstrengt, und auch der Antragsteller im Adhäsionsverfahren, nicht aber der **Nebenkläger.**[1] Für ihn sieht die Strafprozessordnung eine Beteiligung am Verfahren erst nach einer Wiederaufnahme vor. 8

Die **Bestellung** zum **Pflichtverteidiger** endet nicht stets mit dem rechtskräftigen Abschluss des Strafverfahrens. So wirkt sie auch für das Wiederaufnahmeverfahren fort. Für die **Gebührenansprüche** gegen die Staatskasse gilt jedoch die **Besonderheit,** dass der Pflichtverteidiger einer weiteren gerichtlichen Entscheidung über den Umfang seiner Bestellung bedarf. Rät er von der Stellung eines Wiederaufnahmeantrags ab, hat er gemäß § 45 Abs. 4 RVG einen Anspruch auf **Gebühren** gegen die Staatskasse nur, wenn er zuvor nach § 364b Abs. 1 S. 2 StPO eine gerichtliche Feststellung darüber herbeigeführt hat, dass die Voraussetzungen des § 364b Abs. 1 S. 1 StPO vorliegen. Wird der Rechtsanwalt erst für das Wiederaufnahmeverfahren zum Pflichtverteidiger bestellt, bedarf es dieser gerichtlichen Feststellung nicht, weil die Voraussetzungen des § 364b Abs. 1 S. 1 StPO bereits bei der Bestellung geprüft worden sind. 9

Dasselbe gilt gemäß § 46 Abs. 3 S. 1 RVG für **Auslagen,** die durch Nachforschungen zur Vorbereitung eines Wiederaufnahmeverfahrens entstehen. 10

IV. Geschäftsgebühr für die Vorbereitung eines Wiederaufnahmeantrags (Nr. 4136 VV)

Die in Nr. 4136 VV geregelte **Geschäftsgebühr** für die Vorbereitung eines Antrags deckt das Betreiben des Geschäfts im Wiederaufnahmeverfahren und die für die Stellung des Antrags erforderlichen Vorbereitungstätigkeiten ab. Die Gebühr erhält der Rechtsanwalt nach der Anm. zu Nr. 4136 VV auch dann, wenn er von der Stellung eines Wiederaufnahmeantrags abrät. Die Regelung beruht auf der Erwägung, dass der Rechtsanwalt auch dann, wenn er pflichtgemäß von der Stellung eines Wiederaufnahmeantrags abrät, oft bereits umfangreiche und schwierige Prüfungen vorgenommen hat. 11

Die Gebühr **entsteht** mit der ersten Tätigkeit des Rechtsanwalts nach Zustandekommen des Mandatsvertrags, in der Regel also mit der Entgegennahme der ersten Information. Auf den **Umfang** der anwaltlichen Tätigkeit kommt es dabei – anders als bei der Bestimmung der Höhe der Geschäftsgebühr für den Wahlverteidiger – nicht an. Auch die im Wiederaufnahmeverfahren anfallenden Gebühren sind **Pauschgebühren,** die die gesamte Tätigkeit des Rechtsanwalts während des jeweiligen Verfahrensabschnitts unabhängig vom Umfang seiner Tätigkeit abdecken. 12

Die Geschäftsgebühr entsteht „in Höhe der **Verfahrensgebühr für den ersten Rechtszug**". Das gilt auch, wenn das Urteil, gegen das sich das Wiederaufnahmeverfahren richtet, ein Urteil aus einem höheren Rechtszug ist. Die **Betragsrahmengebühren** für den Wahlverteidiger und die **Festgebühren** für den Pflichtverteidiger bestimmen sich mithin nach der **Ordnung des Gerichts,** das im ersten 13

---

[1] Gerold/Schmidt/*Burhoff* Vorb. 4.1.4 VV Rn. 6; Schneider/Wolf/*N. Schneider* Nr. 4136–4140 VV Rn. 7.

Hartung 1197

Rechtszug entschieden hat. Anwendbar sind mithin die Gebührentatbestände der Nr. 4106, 4112 und 4118 VV.

14 Der allgemeine Verweis auf die Verfahrensgebühr für den ersten Rechtszug bedeutet, dass auch die **Geschäftsgebühr mit Zuschlag** (Nr. 4107, 4113 und 4119 VV) anfällt, wenn der Verurteilte sich während dieses Verfahrensabschnitts ununterbrochen oder vorübergehend nicht auf freiem Fuß befindet. Zur **Höhe** der Gebühren wird auf die → Rn. 33 ff. verwiesen.

15 **Nicht anwendbar** sind die Nr. 4136 bis 4140 VV, wenn der Rechtsanwalt den Verurteilten nur darüber **beraten** soll, ob ein Wiederaufnahmeverfahren hinreichende Aussicht auf Erfolg hat. In diesem Fall gilt § 34 RVG bzw. Nr. 2101 VV.

V. Verfahrensgebühren (Nr. 4137 bis 4139 VV)

16 Entsprechend dem möglichen Verlauf eines Wiederaufnahmeverfahrens können **bis zu drei** Verfahrensgebühren entstehen.

1. Verfahrensgebühr für Verfahren über die Zulässigkeit des Wiederaufnahmeantrags (Nr. 4137 VV)

17 Die Verfahrensgebühr gemäß Nr. 4137 VV für das Verfahren über die **Zulässigkeit des Wiederaufnahmeantrags** schließt an die Geschäftsgebühr nach Nr. 4136 VV an. Sie entsteht mit der ersten Tätigkeit des Rechtsanwalts zur Fertigung des Wiederaufnahmeantrags und deckt dessen Tätigkeit bis zur gerichtlichen Entscheidung über die Zulässigkeit des Wiederaufnahmeantrags nach § 368 Abs. 1 StPO ab.

18 Hält das Gericht den Wiederaufnahmeantrag für **unzulässig** und wird diese Entscheidung im **Beschwerdeverfahren** aufgehoben und die Sache zurückverwiesen, entsteht neben der Verfahrensgebühr nach Nr. 4139 VV für das Beschwerdeverfahren die Verfahrensgebühr nach Nr. 4137 VV erneut (§ 21 Abs. 1 S. 1 RVG). Die Verfahrensgebühr nach Nr. 4137 VV kann also **mehrfach** anfallen.

19 Die Verfahrensgebühr entsteht „**in Höhe der Verfahrensgebühr für den ersten Rechtszug**". Damit sind die Verfahrensgebühren der Nr. 4106, 4112 oder 4118 VV gemeint. Wenn der Verurteilte sich während dieses Verfahrensabschnitts ununterbrochen oder vorübergehend nicht auf freiem Fuß befindet, entsteht auch die **Verfahrensgebühr mit Zuschlag** (Nr. 4107, 4113 oder 4119 VV). Zur **Höhe** der Gebühren wird auf die → Rn. 33 ff. verwiesen.

2. Verfahrensgebühr für das weitere Verfahren (Nr. 4138 VV)

20 Die Verfahrensgebühr für das weitere Verfahren gemäß Nr. 4138 VV betrifft das sich nach der Entscheidung über die Zulässigkeit anschließende weitere Verfahren bis zur Entscheidung über die **Begründetheit des Antrags** nach § 370 StPO. Die Gebühr entsteht mit der ersten Tätigkeit des Rechtsanwalts nach der Entscheidung über die Zulässigkeit des Wiederaufnahmeantrags und deckt die weiteren Tätigkeiten bis zur Entscheidung über die Begründetheit dieses Antrags ab.[2]

21 Auch die Verfahrensgebühr nach Nr. 4138 VV kann mehrfach entstehen, wenn gegen die Zurückweisung des Wiederaufnahmeantrags als unbegründet Beschwerde eingelegt wird und das Beschwerdegericht die Entscheidung des untergeordneten Gerichts aufhebt und an das Ausgangsgericht zurückverweist. Gemäß § 21 Abs. 1 S. 1 RVG ist dann das weitere Verfahren vor dem untergeordneten Gericht ein neuer Rechtszug.

---

[2] Siehe dazu den Katalog der Tätigkeiten bei Burhoff/*Burhoff* Nr. 4138 VV Rn. 7.

Abschnitt 1. Gebühren des Verteidigers **Nr. 4136–4140 VV**

Die **Höhe** der Verfahrensgebühr entspricht der Höhe der Verfahrensgebühr im 22
ersten Rechtszug. Insoweit wird auf die obigen Erläuterungen zu → Rn. 19 und
auf die nachfolgenden Erläuterungen verwiesen.

3. Verfahrensgebühr für das Beschwerdeverfahren (Nr. 4139 VV)

Die Verfahrensgebühr nach Nr. 4139 VV betrifft das im Wiederaufnahmeverfah- 23
ren stattfindende **Beschwerdeverfahren.** Sie widerspricht an sich dem Gebührensystem des RVG, das eine Verfahrensgebühr für das Beschwerdeverfahren nicht
kennt.[3] Hiervon macht Nr. 4139 VV eine **Ausnahme.** Die Gebühr ist wegen der
Schwierigkeiten des Wiederaufnahmeverfahrens sowie im Hinblick darauf eingeführt worden, dass gerade die Begründung der Beschwerde im Wiederaufnahmeverfahren besondere Anforderungen an den Rechtsanwalt stellt. Außerdem soll die
Gebühr der Bedeutung des Beschwerdeverfahrens, in dem abschließend über den
Wiederaufnahmeantrag mit der Folge entschieden wird, dass vorgebrachte Wiederaufnahmegründe für ein neues Wiederaufnahmeverfahren „verbraucht" sind, Rechnung getragen werden.

Die Verfahrensgebühr nach Nr. 4139 VV entsteht mit der ersten Tätigkeit des 24
Rechtsanwalts **nach** Einlegung der Beschwerde. Die **Einlegung** selbst gehört noch
zum Abgeltungsbereich der Nr. 4137, 4138 VV.[4]

Der in Klammern zu Nr. 4139 VV enthaltene **Hinweis auf § 372 StPO** besagt, 25
dass Beschwerden gegen „**alle Entscheidungen,** die aus Anlass eines Antrags auf
Wiederaufnahme des Verfahrens von dem Gericht im ersten Rechtszug erlassen
werden" (§ 372 S. 1 StPO) gemeint sind, gleichgültig also, ob der Wiederaufnahmeantrag als unzulässig verworfen oder als unbegründet zurückgewiesen worden ist.[5]

Kommt es zu **mehreren Beschwerden,** entsteht auch die in Nr. 4139 VV gere- 26
gelte Verfahrensgebühr mehrfach. Das ist beispielsweise der Fall, wenn der Wiederaufnahmeantrag zunächst als unzulässig verworfen und nach einer erfolgreichen
Beschwerde gegen diese Entscheidung dann als unbegründet zurückgewiesen und
gegen diese Entscheidung wiederum Beschwerde eingelegt wird. Beide Beschwerdeverfahren sind jeweils eine eigene Angelegenheit iSd § 15 Abs. 2 S. 2 RVG.

Nach zwei erfolgreichen Beschwerdeverfahren kann der Rechtsanwalt insgesamt 27
sieben Gebühren, davon eine **Geschäftsgebühr** und **sechs Verfahrensgebühren**
liquidieren, nämlich
- die Geschäftsgebühr nach Nr. 4136 VV für die Vorbereitung des Wiederaufnahmeantrags,
- eine Verfahrensgebühr nach Nr. 4137 VV über die Zulässigkeit des Antrags für
  das erneute Verfahren,
- eine Verfahrensgebühr nach Nr. 4139 VV im Beschwerdeverfahren gegen die
  Verwerfung des Antrags als unzulässig,
- eine Verfahrensgebühr nach Nr. 4137 VV nach Zurückverweisung im erneuten
  Verfahren über die Zulässigkeit des Wiederaufnahmeantrags,
- eine Verfahrensgebühr nach Nr. 4138 VV für das weitere Verfahren,
- eine Verfahrensgebühr nach Nr. 4139 VV im Beschwerdeverfahren gegen die
  Zurückweisung des Antrags als unbegründet und
- eine Verfahrensgebühr nach Nr. 4138 VV nach Zurückverweisung im erneuten
  weiteren Verfahren.[6]

Die **Höhe** der Verfahrensgebühren entspricht der Höhe der Verfahrensgebühren im 28
ersten Rechtszug. Das gilt auch für die erhöhten Verfahrensgebühren, wenn sich

---
[3] Schneider/Wolf/*N. Schneider* Nr. 4136–4140 VV Rn. 30.
[4] Gerold/Schmidt/*Burhoff* Nr. 4136–4140 VV Rn. 16.
[5] Gerold/Schmidt/*Burhoff* Nr. 4136–4140 VV Rn. 17.
[6] Dazu ausführlich mit Berechnungsbeispielen Schneider/Wolf/*N. Schneider* Nr. 4136–
4140 VV Rn. 35–39.

der Mandant nicht auf freiem Fuß befindet.[7] Zur Höhe der Gebühren im Einzelnen wird auf die nachfolgenden → Rn. 33 ff. verwiesen.

VI. Terminsgebühren (Nr. 4140 VV)

29 Auch im Wiederaufnahmeverfahren können Verhandlungen und Termine stattfinden. **Hauptanwendungsfall** ist bei einem zulässigen Wiederaufnahmeantrag eine Beweisaufnahme nach § 369 Abs. 1 StPO. Vernehmungen sind für die Entstehung der Terminsgebühr allerdings nicht erforderlich. Ausreichend ist schon eine Erörterung von Verfahrensfragen.[8]

30 Die Terminsgebühr **entsteht** für die Teilnahme an gerichtlichen Terminen (Vorb. 4 Abs. 3 VV). Der Rechtsanwalt erhält die Terminsgebühr auch, wenn er zu einem anberaumten Termin erscheint, dieser aber aus Gründen, die er nicht zu vertreten hat, nicht stattfindet. Das gilt nicht, wenn der Rechtsanwalt rechtzeitig von der Aufhebung oder Verlegung des Termins in Kenntnis gesetzt worden ist. Wegen weiterer Einzelheiten wird auf die Kommentierung der Vorb. 4 VV verwiesen.

31 Findet im Wiederaufnahmeverfahren eine **Haftprüfung** statt, entsteht zusätzlich die Terminsgebühr nach Nr. 4102 Ziff. 3 VV. Das gilt nicht, wenn in einem Termin über den Wiederaufnahmeantrag zugleich über die **Fortdauer** der Haft des Verurteilten verhandelt wird.[9] Dann entsteht nur die Terminsgebühr nach Nr. 4140 VV.

32 Die **Höhe** der Terminsgebühr richtet sich nach der Höhe der Terminsgebühr für die erste Instanz. Der Gebührenrahmen bestimmt sich mithin nach der **Ordnung des Gerichts**, das im ersten Rechtszug entschieden hat. Das können die Terminsgebühren der Nr. 4108, 4114 oder 4120 VV sein. Durch den allgemeinen Verweis auf die Terminsgebühr erster Instanz ist für den Fall der Inhaftierung des Verurteilten auch die **Terminsgebühr mit Zuschlag** gemeint (Nr. 4109, 4115 oder 4121 VV). Der **Pflichtverteidiger** kann bei langer Dauer eines Termins zudem eine zusätzliche Gebühr nach Nr. 4110, 4111 oder 4116, 4117 oder 4122, 4123 VV verdienen.

VII. Höhe der Gebühren

33 Die Höhe der Geschäftsgebühr (Nr. 4136 VV), der Verfahrensgebühren (Nr. 4137–4139 VV) und der Terminsgebühr (Nr. 4140 VV) richtet sich nach den entsprechenden Gebühren des ersten Rechtszugs. Der **Wahlverteidiger** erhält die Gebühren als **Betragsrahmengebühren.** Er hat die Höhe der für ihn anfallenden Geschäftsgebühr nach Maßgabe des § 14 RVG unter Berücksichtigung aller Umstände nach billigem Ermessen zu bestimmen. Dabei kommt es unter anderem auf den Umfang der anwaltlichen Tätigkeit und auf die Schwierigkeit der Sache an. Der **gerichtlich bestellte** oder **beigeordnete Rechtsanwalt** erhält die Gebühren als **Festgebühren.**

34 Die Gebühren sind abhängig von der **Ordnung des Gerichts** im vorangegangenen Strafverfahren im **ersten Rechtszug**. Bei der Ermittlung der Gebühren ist also auf die Zuständigkeit des im früheren Strafverfahren erstinstanzlich tätig gewesenen Gerichts abzustellen.

35 Soweit das Wiederaufnahmeverfahren insgesamt oder einzelne Verfahrensabschnitte besonders schwierig oder besonders umfangreich sind, können auch im Wiederaufnahmeverfahren **Pauschgebühren** in Betracht kommen. Das gilt sowohl für die Betragsrahmengebühren des Wahlanwalts (§ 42 RVG) als auch für die Festge-

---

[7] BT-Drs. 14/1971, 227 zu Nr. 4136 VV.
[8] Schneider/Wolf/*N. Schneider* Nr. 4136–4140 VV Rn. 41.
[9] Gerold/Schmidt/*Burhoff* Nr. 4136–4140 VV Rn. 23.

bühren des gerichtlich bestellten oder beigeordneten Rechtsanwalts (§ 51 RVG). Auf die Kommentierung dieser Vorschriften wird verwiesen.

Unterabschnitt 5. Zusätzliche Gebühren

Teil 4 Abschn. 1 Unterabschnitt 5 VV regelt die zusätzlichen Gebühren des Rechtsanwalts, die meist durch besondere Verfahren oder Tätigkeiten veranlasst sind und nicht auf andere Gebühren angerechnet werden. Im Einzelnen sind dies:
- die sog. **Befriedigungsgebühr** gemäß **Nr. 4141 VV**. Diese Gebühr erhält der Rechtsanwalt, wenn durch seine Mitwirkung aus den in der Anm. zu Nr. 4141 VV genannten Gründen eine **Hauptverhandlung entbehrlich** wird.
- die **Verfahrensgebühr** bei **Einziehung** und verwandten Maßnahmen gemäß **Nr. 4142 VV**.
- die **Verfahrensgebühr** gemäß **Nr. 4143, 4144 VV** für das erst- und zweit-instanzliche Verfahren über **vermögensrechtliche** Ansprüche des Verletzten oder seines Erben **(Adhäsionsverfahren)**.
- die **Verfahrensgebühr** gemäß **Nr. 4145 VV** für das Verfahren über die **Beschwerde** gegen den Beschluss, mit dem nach **§ 406 Abs. 5 S. 2 StPO** von einer Entscheidung im Adhäsionsverfahren abgesehen wird.
- die **Verfahrensgebühr** gemäß **Nr. 4146 VV** für das Verfahren über einen Antrag auf gerichtliche Entscheidung oder über die Beschwerde gegen eine den Rechtszug beendende Entscheidung nach **§§ 25 Abs. 1 S. 3 bis 5, 13 StrRehaG**.
- die **Einigungsgebühr** gemäß **Nr. 4147 VV** im Privatklageverfahren bezüglich des Strafanspruchs und des Kostenerstattungsanspruchs.

Mit Ausnahme der Befriedigungsgebühr nach Nr. 4141 VV sind die in Teil 4 Abschn. 1 Unterabschnitt 5 VV geregelten zusätzlichen Gebühren als **Wertgebühren** ausgestaltet. Die anhand der genannten Gebührensätze zu berechnenden Gebührenbeträge sind für den Wahlanwalt der Tabelle zu § 13 RVG und für den gerichtlich bestellten oder beigeordneten Rechtsanwalt der Tabelle zu § 49 RVG zu entnehmen.

Nr. 4141 VV

Nr.	Gebührentatbestand	Gebühr oder Satz der Gebühr nach § 13 oder § 49 RVG	
		Wahlanwalt	gerichtlich bestellter oder beigeordneter Rechtsanwalt
4141	Durch die anwaltliche Mitwirkung wird die Hauptverhandlung entbehrlich: Zusätzliche Gebühr .... (1) Die Gebühr entsteht, wenn 1. das Strafverfahren nicht nur vorläufig eingestellt wird oder 2. das Gericht beschließt, das Hauptverfahren nicht zu eröffnen oder 3. sich das gerichtliche Verfahren durch Rücknahme des Einspruchs gegen den Strafbefehl, der Berufung oder der Revision des Angeklagten oder eines anderen Verfahrensbeteiligten	in Höhe der Verfahrensgebühr	

Nr. 4141 VV

Nr.	Gebührentatbestand	Gebühr oder Satz der Gebühr nach § 13 oder § 49 RVG	
		Wahlanwalt	gerichtlich bestellter oder beigeordneter Rechtsanwalt
	erledigt; ist bereits ein Termin zur Hauptverhandlung bestimmt, entsteht die Gebühr nur, wenn der Einspruch, die Berufung oder die Revision früher als zwei Wochen vor Beginn des Tages, der für die Hauptverhandlung vorgesehen war, zurückgenommen wird; oder 4. das Verfahren durch Beschluss nach § 411 Abs. 1 Satz 3 endet. Nummer 3 ist auf den Beistand oder Vertreter eines Privatklägers entsprechend anzuwenden, wenn die Privatklage zurückgenommen wird. (2) Die Gebühr entsteht nicht, wenn eine auf die Förderung des Verfahrens gerichtete Tätigkeit nicht ersichtlich ist. Sie entsteht nicht neben der Gebühr 4147. (3) Die Höhe der Gebühr richtet sich nach dem Rechtszug, in dem die Hauptverhandlung vermieden wurde. Für den Wahlanwalt bemisst sich die Gebühr nach der Rahmenmitte. eine Erhöhung nach Nummer 1008 und der Zuschlag (Vorbemerkung 4 Abs. 4) sind nicht zu berücksichtigen.		

Übersicht

	Rn.
I. Überblick	1
II. Sachlicher Anwendungsbereich	4
1. Nicht nur vorläufige Einstellung (Nr. 4141 Anm. Abs. 1 Ziff. 1 VV)	7
2. Nichteröffnung des Hauptverfahrens (Nr. 4141 Anm. 1 Abs. 1 Ziff. 2 VV)	21
3. Rücknahme von Einspruch, Berufung oder Revision (Nr. 4141 Anm. Abs. 1 Ziff. 3 VV)	25
a) Rücknahme des Einspruchs gegen einen Strafbefehl	26
b) Rücknahme der Berufung	29
c) Rücknahme der Revision	35
d) Fristgebundenheit der Rücknahme	38
4. Entscheidung durch Beschluss gemäß § 411 Abs. 1 S. 3 StPO (Nr. 4141 Anm. Abs. 1 Nr. 4 VV)	42
5. Rücknahme der Privatklage (Nr. 4141 VV Anm. Abs. 1 Nr. 4 S. 2 VV)	43
III. Analoge Anwendung der Nr. 4141 Anm. 1 VV	44
1. Rücknahme der Anklage oder des Antrags auf Erlass eines Strafbefehls	45

Abschnitt 1. Gebühren des Verteidigers **Nr. 4141 VV**

	Rn.
2. Erledigung durch Strafbefehl	46
IV. Förderung des Verfahrens	47
V. Verhältnis zu Nr. 4147 VV	54
VI. Höhe der zusätzlichen Gebühr	55
1. Wahlanwalt	58
a) Vorbereitendes Verfahren	58
b) Gerichtliches Verfahren	59
2. Gerichtlich bestellter oder beigeordneter Rechtsanwalt	60
a) Vorbereitendes Verfahren	61
b) Gerichtliches Verfahren	62
VII. Mehrfaches Entstehen der zusätzlichen Gebühr in verschiedenen Verfahrensabschnitten	64

I. Überblick

Die allgemein als Befriedigungsgebühr bezeichnete Gebühr der Nr. 4141 VV soll 1 den Rechtsanwalt, der durch seine Mitwirkung eine zeitaufwändige Vorbereitung und Durchführung einer Hauptverhandlung entbehrlich werden lässt, **belohnen** und gleichzeitig den **Verlust** einer Terminsgebühr **ausgleichen**, der eintritt, wenn in der jeweiligen Instanz keine Hauptverhandlung stattfindet. Die Gebühr fällt jedoch nur an, wenn nicht nur eine Hauptverhandlung entbehrlich, sondern das Verfahren durch die Mitwirkung des Rechtsanwalts endgültig erledigt wird. Deshalb reichen nur **vorläufige** Verfahrenseinstellungen oder **Teil**erledigungen für die Entstehung der Gebühr nicht aus.

Die Gebühr kann in allen **Verfahrensabschnitten** und in allen **Instanzen** entste- 2 hen, also im vorbereitenden Verfahren durch eine Einstellung und im gerichtlichen Verfahren durch **Nichteröffnung** des Hauptverfahrens,[1] durch eine **unbefristete Rücknahme** eines Einspruchs oder eines Rechtsmittels bei noch nicht anberaumter Hauptverhandlung bzw. innerhalb einer Frist von zwei Wochen vor der Hauptverhandlung, wenn sie bereits terminiert ist.

Das **2. KostRMoG** hat die bis zum 31.7.2013 geltende Fassung der Nr. 4141 VV 3 gleich in mehrfacher Hinsicht geändert. Im Einzelnen:
- In Nr. 4141 Anm. Abs. 1 S. 1 VV wurde klargestellt, dass mit dem Wort „Verfahren" das „Strafverfahren" gemeint ist. Das war zuvor in Rechtsprechung und Literatur umstritten.
- Im Anschluss an Nr. 4141 Anm. Abs. 1 Nr. 4 VV wurde eine weitere Tatbestandsvariante eingefügt, die den Fall der Entscheidung über einen Einspruch gemäß § 411 Abs. 1 S. 3 StPO ohne Hauptverhandlung durch Beschluss betrifft.
- Die Einfügung einer weiteren Regelung in Nr. 4141 Anm. Abs. 1 Nr. 4 S. 2 VV erweitert den Anwendungsbereich des Gebührentatbestandes für das Privatklageverfahren, indem nunmehr auch die Rücknahme der Privatklage die Gebühr nach Nr. 4141 VV auslöst.
- Die Einfügung einer weiteren Regelung in Nr. 4141 Anm. 2 stellt klar, dass die zusätzliche Gebühr nach Nr. 4141 VV und die Einigungsgebühr nach Nr. 4147 VV nicht nebeneinander entstehen können, sondern sich gegenseitig ausschließen.

---

[1] Zur Frage, ob der Beschluss über die Nichteröffnung des Verfahrens rechtskräftig werden muss, siehe neuerdings LG Potsdam NStZ-RR 2013, 31; dazu Schneider/Wolf/*N. Schneider* Nr. 4141 VV Rn. 85–87.

II. Sachlicher Anwendungsbereich

4 Die Gebühr nach Nr. 4141 VV entsteht, wenn
- das Verfahren nicht nur **vorläufig eingestellt** wird (Nr. 4141 Anm. Abs. 1 Ziff. 1 VV);
- das Gericht beschließt, das **Hauptverfahren nicht zu eröffnen** (Nr. 4141 Anm. Abs. 1 Ziff. 2 VV);
- sich das gerichtliche Verfahren durch **Rücknahme** des **Einspruchs** gegen einen Strafbefehl oder durch Rücknahme der **Berufung** oder **Revision** erledigt und, falls schon ein Termin zur Hauptverhandlung bestimmt ist, die Rücknahme früher als zwei Wochen vor Beginn des Tages, der für die Hauptverhandlung vorgesehen war, erfolgt (Nr. 4141 Anm. Abs. 1 Ziff. 3 VV);
- eine Entscheidung über einen Einspruch ohne Hauptverhandlung nach § 411 Abs. 1 S. 3 StPO ohne Hauptverhandlung durch Beschluss ergeht (Nr. 4141 Abs. 1 Nr. 3 S. 1 VV) oder
- der Privatkläger die Privatklage zurücknimmt (Nr. 4141 Abs. 1 Nr. 4 S. 2 VV).

5 Nach Nr. 4141 Anm. Abs. 2 VV erhält der Rechtsanwalt die zusätzliche Gebühr nicht, wenn eine auf die **Förderung des Verfahrens** gerichtete Tätigkeit des Rechtsanwalts nicht ersichtlich ist.

6 Nr. 4141 Anm. Abs. 3 VV stellt klar, dass sich die **Höhe der Gebühr** nach dem Rechtszug bemisst, in dem die Hauptverhandlung vermieden wurde. Der Wahlanwalt erhält die Gebühr nach der **Rahmenmitte**, weil eine Bemessung der Gebühr nach § 14 RVG schwierig wäre.

1. Nicht nur vorläufige Einstellung (Nr. 4141 Anm. Abs. 1 Ziff. 1 VV)

7 Ein Strafverfahren kann in jedem Verfahrensabschnitt eingestellt werden, also sowohl im **vorbereitenden** (= Ermittlungsverfahren) als auch im **gerichtlichen** Verfahren und auch noch in der Berufungs- oder Revisionsinstanz. **Wer** das Verfahren einstellt – Gericht oder Staatsanwaltschaft –, ist gleichgültig. Die zusätzliche Gebühr nach Nr. 4141 VV entsteht also auch dann, wenn die Staatsanwaltschaft die Anklage oder den Antrag auf Erlass eines Strafbefehls zurücknimmt und das Verfahren anschließend nach § 170 Abs. 2 StPO einstellt.[2]

8 Nicht ausreichend ist eine **Teileinstellung**, es sei denn, dass bei mehreren Beschuldigten das Verfahren gegen einen Beschuldigten nicht nur vorläufig eingestellt wird. Insoweit ist die Regelung **„personenbezogen"**.[3]

9 Auf den **Zeitpunkt** der Einstellung kommt es im Gegensatz zu den in Nr. 4141 Anm. Abs. 1 Ziff. 3 VV aufgezählten anderen Möglichkeiten einer Verfahrensbeendigung nicht an. Voraussetzung ist nur, dass das Verfahren **vor Beginn** einer **Hauptverhandlung** nicht nur vorläufig eingestellt wird.

10 Die Einstellung darf **„nicht nur vorläufig"** sein. Mit dieser Formulierung sind alle Fälle einer Einstellung mit dem **„Ziel der Endgültigkeit"** gemeint.[4] Demgemäß lösen Einstellungen, die von vornherein als nur vorübergehend bezeichnet sind, die zusätzliche Gebühr nicht aus.

11 Der **Anwendungsbereich** der Nr. 4141 Anm. Abs. 1 Ziff. 1 VV erstreckt sich auf alle Einstellungen nach den §§ 153 Abs. 1 und 2, 153a Abs. 1 und 2 (nach erfüllter Auflage), 153b Abs. 1 und 2, 153c Abs. 1, 2 und 3, 154 Abs. 1 und 2,[5]

---

[2] OLG Düsseldorf JurBüro 1999, 131; Schneider/Wolf/*N. Schneider* Nr. 4141 VV Rn. 17 ff.
[3] LG Bad Kreuznach RVGreport 2011, 226; Burhoff/*Burhoff* Nr. 4141 VV Rn. 19.
[4] Gerold/Schmidt/*Burhoff* Nr. 4141 VV Rn. 16; Schneider/Wolf/*N. Schneider* Nr. 4141 VV Rn. 19.
[5] LG Köln StV 2001, 638; *Enders* JurBüro 2001, 301.

Abschnitt 1. Gebühren des Verteidigers **Nr. 4141 VV**

154d S. 3, 170 Abs. 2 S. 1,[6] 206a, 206b und 383 Abs. 2 StPO, § 47 Abs. 1 Ziff. 1 JGG[7] und § 37 BtMG. In all diesen Fällen entsteht eine zusätzliche Gebühr. Gebührenrechtlich ohne Bedeutung sind demgegenüber Einstellungen nach §§ 153a (vor Erfüllung der Auflage), 154d S. 1 und 205 StPO, und zwar auch dann nicht, wenn das Verfahren nicht wieder aufgenommen wird.[8]

Bis zu einer Entscheidung des Bundesgerichtshofs[9] waren sich die Gerichte bis auf wenige Ausnahmen darüber einig gewesen, dass die zusätzliche Gebühr nach Nr. 4141 VV auch bei einer **Einstellung des Strafverfahrens** und **Abgabe der Sache gemäß § 43 OWiG an die Verwaltungsbehörde** zur Verfolgung einer Ordnungswidrigkeit entsteht. weil es sich bei dem strafrechtlichen Ermittlungsverfahren und dem sich nach dessen Einstellung anschließenden Bußgeldverfahren gemäß § 17 Nr. 10 RVG gebührenrechtlich um **verschiedene Angelegenheiten** handelt,[10] so dass nach dieser Rechtsprechung, wenn auch das Bußgeldverfahren endgültig eingestellt wurde, neben der Gebühr nach Nr. 4141 VV auch die zusätzliche Gebühr nach Nr. 5115 VV anfallen konnte. Diese Entscheidung war sogleich auf heftige Kritik gestoßen.[11] 12

Das **2. KostRMoG** hat die vom Bundesgerichtshof vertretene Auffassung jedoch verworfen und durch Ersetzung des Wortes „Verfahren" durch das Wort „Strafverfahren" in Nr. 4141 Anm. Abs. 1 Nr. 1 VV klargestellt, dass „entsprechend der überwiegenden Auffassung in der Literatur das Strafverfahren losgelöst von dem anschließenden Bußgeldverfahren" zu betrachten ist.[12] Damit fällt also die Gebühr nach Nr. 4141 VV(auch) an, wenn mit der Einstellung des Strafverfahrens die an die Verwaltungsbehörde abgegeben wird. In dem anschließenden Bußgeldverfahren entsteht dann, wenn auch dieses Verfahren eingestellt wird, zusätzlich die Gebühr nach Nr. 5115 VV. 13

Eine vergleichbare Situation besteht, wenn die Staatsanwaltschaft das Verfahren einstellt und gleichzeitig auf den **Privatklageweg** verweist. Auch das Ermittlungsverfahren und das Privatklageverfahren sind zwei verschiedene Angelegenheiten, so dass die Einstellung des Verfahrens die Gebühr nach Nr. 4141 Anm. Abs. 1 Ziff. 1 VV auslöst, wenn der Rechtsanwalt die Verfahrenseinstellung gefördert hat.[13] 14

Zweifelhaft ist, ob die zusätzliche Gebühr auch anfällt, wenn bereits eine Hauptverhandlung stattgefunden hat und das Verfahren vor einem **zweiten Hauptverhandlungstermin** nicht nur vorläufig eingestellt wird. Nach Sinn und Zweck der Regelung ist dies zu bejahen. Diese bestehen unter anderem darin, den Rechtsanwalt durch eine zusätzliche Gebühr anzuspornen, dem Gericht Hauptverhandlungen zu ersparen. Diese gesetzgeberische Überlegung trifft auch auf einen zweiten Hauptverhandlungstermin zu. Zudem entsteht die zusätzliche Gebühr nach Nr. 4141 Anm. Abs. 1 Ziff. 3 VV selbst dann, wenn in den nachfolgenden Instanzen eine Berufung 15

---

[6] LG Köln AGS 2003, 544.
[7] LG Hagen AGS 2004, 71.
[8] Schneider/Wolf/N. Schneider Nr. 4141 VV Rn. 40.
[9] BGH NJW 2010, 1209; siehe zuletzt auch BGH NJW 2013, 239.
[10] Dazu LG Oldenburg BRAK-Mitt. 2009, 40 mit ausführlicher Begründung; LG Osnabrück RVGprofessionell 2008, 7; AG Hannover AGS 2006, 235; AG Köln AGS 2006, 234; AG Lemgo JurBüro 2009, 254; AG Nettetal AGS 2007, 404; AG Regensburg RVGreport 2006, 274; AG Saarbrücken AGS 2007, 306; AG Stuttgart AGS 2007, 306; aA AG München JurBüro 2007, 87 m. abl. Anm. von *Burhoff* in RVGprofessionell 2006, 203; AG Osnabrück RVGprofessionell 2008, 52; wie hier die h. M. im Schrifttum, vgl. statt aller Gerold/Schmidt/*Burhoff* Nr. 4141 VV Rn. 16; Schneider/Wolf/N. Schneider Nr. 4141 VV Rn. 20.
[11] Dazu *Burhoff* RVGreport 2010, 70, 72; *ders*. RVGprofessionell 2010, 25; *Kotz* JurBüro 2010, 228; *Schneider* AGS 2010, 3; *von Seltmann* BRAK-Mitt. 2010, 35.
[12] BT-Drs. 17/11471 v. 14.11.2012.
[13] *Schneider* ZAP Fach 24 S. 1049, 1050.

oder Revision zurückgenommen wird, also bereits in einer Vorinstanz Hauptverhandlungstermine stattgefunden haben.[14]

16 Erfolgt die **Einstellung in der Hauptverhandlung,** entsteht die Gebühr gemäß Nr. 4141 Anm. Abs. 1 Ziff. 1 VV nicht, selbst wenn dadurch weitere Hauptverhandlungstermine entfallen (→ Rn. 17).

17 Wird das Verfahren in einem **Fortsetzungstermin,** der innerhalb der Frist des § 229 StPO stattfindet, eingestellt, entsteht die zusätzliche Gebühr nach Nr. 4141 Anm. Abs. 1 Ziff. 1 VV nicht. Hier steht der **Grundsatz der Einheitlichkeit der Hauptverhandlung** einer Entstehung der zusätzlichen Gebühr entgegen. Wegen dieses Grundsatzes ist die Rechtslage nicht anders zu beurteilen als bei einer vorzeitigen Beendigung des Verfahrens infolge einer nicht nur vorläufigen Einstellung.[15]

18 Anders ist die Rechtslage bei einer **Aussetzung der Hauptverhandlung.** Wird danach eine neue Hauptverhandlung entbehrlich, weil das Verfahren später unter Mitwirkung des Rechtsanwalts nicht nur vorläufig eingestellt wird, so entsteht die Gebühr nach Nr. 4141 Anm. 1 Ziff. 1 VV.[16] Das gilt auch bei einer Rücknahme des Strafbefehlsantrags und Einstellung gemäß § 170 Abs. 2 StPO nach Aussetzung der Hauptverhandlung.[17]

19 Wird das Verfahren aufgrund eines Rechtsmittels an das Gericht der **Vorinstanz zurückverwiesen** und dann von dem untergeordneten Gericht außerhalb der Hauptverhandlung nicht nur vorläufig eingestellt, fällt die Gebühr nach Nr. 4141 Anm. Abs. 1 Ziff. 1 VV an, weil nach Zurückverweisung das weitere Verfahren vor dem untergeordneten Gericht gemäß § 21 Abs. 1 RVG ein neuer Rechtszug ist. Dasselbe gilt gemäß § 15 Abs. 5 S. 2 RVG bei einer **Wiederaufnahme** des Verfahrens nach mehr als zwei Kalenderjahren.

20 Die Gebühr nach Nr. 4141 Anm. Abs. 1 Ziff. 1 VV fällt nicht an, wenn das Gericht nach dem **Tod des Angeklagten** das Verfahren gemäß § 206a StPO einstellt, bevor der Rechtsanwalt den Tod seines Mandanten angezeigt hat.[18] Will der Rechtsanwalt die Gebühr verdienen, muss er den Tod seines Mandanten dem Gericht so rechtzeitig anzeigen, dass sich das Gericht die Vorbereitung der Hauptverhandlung ersparen kann.[19]

2. Nichteröffnung des Hauptverfahrens (Nr. 4141 Anm. 1 Abs. 1 Ziff. 2 VV)

21 Nach Nr. 4141 Anm. Abs. 1 Ziff. 2 VV entsteht eine zusätzliche Gebühr auch, wenn das Gericht gemäß § 204 Abs. 1 StPO beschließt, das Hauptverfahrens nicht zu eröffnen. Voraussetzung ist, dass eine Mitwirkung des Rechtsanwalts ersichtlich ist (→ Rn. 47 ff.).

22 Auf die **Unanfechtbarkeit** des Beschlusses kommt es nicht an. Die Gebühr entsteht bereits mit der **Bekanntmachung** des Ablehnungsbeschlusses (§ 204 Abs. 2 StPO). Hieraus folgt, dass die zusätzliche Gebühr **zweimal** entstehen kann, wenn der Ablehnungsbeschluss nach Beschwerde der Staatsanwaltschaft aufgehoben und

---

[14] Differenzierend Gerold/Schmidt/*Burhoff* Nr. 4141 VV Rn. 21 mit zahlreichen Nachweisen aus der amtsgerichtlichen Rechtsprechung; vgl. auch Burhoff/*Burhoff* Nr. 4141 VV Rn. 39; **aA** AG München JurBüro 2011, 26 mit abl. Anm. *Mack* JurBüro 2011, 287.
[15] OLG Köln AGS 2006, 339.
[16] BGH NJW 2011, 3166 (3167) mAnm *Fischer* NJW 2012, 265; Schneider/Wolf/*N. Schneider* Nr. 4141 VV Rn. 61.
[17] AG Bad Urach AGS 2007, 307; sa LG Düsseldorf AGS 2007, 26 für den Fall einer Rücknahme des Strafbefehlsantrags nach Aussetzung der Hauptverhandlung.
[18] AG Koblenz AGS 2008, 345 mAnm *Schneider*.
[19] *Schneider* AGS 2007, 346.

anschließend das Verfahren fristgerecht (zur Frist → Rn. 37) vor Beginn der Hauptverhandlung eingestellt wird.

An die **Förderung des Verfahrens** durch den Rechtsanwalt sind keine besonderen Anforderungen zu stellen. Es genügt, wenn er vor der Ablehnung der Eröffnung des Hauptverfahrens in irgendeiner Weise tätig geworden ist. Für den in Nr. 4141 Anm. Abs. 2 VV in negativer Fassung erwähnten Beitrag zur Förderung des Verfahrens reicht es aus, wenn der Rechtsanwalt sich bestellt und eine kurze Einlassung abgibt.[20] 23

Der Rechtsanwalt hat das Verfahren auch dann gefördert, wenn das Gericht sich in seinem Beschluss, das Hauptverfahren nicht zu eröffnen, auf andere Gründe stützt, als sie der Rechtsanwalt vorgetragen hat. 24

3. Rücknahme von Einspruch, Berufung oder Revision (Nr. 4141 Anm. Abs. 1 Ziff. 3 VV)

Der Rechtsanwalt erhält eine zusätzliche Gebühr auch, wenn sich das gerichtliche Verfahren unter **Mitwirkung des Rechtsanwalts** durch Rücknahme des Einspruchs gegen den Strafbefehl oder durch Rücknahme der Berufung oder der Revision seitens des Angeklagten oder eines anderen Verfahrensbeteiligten erledigt. Zur Entstehung der Gebühr reicht es nicht aus, dass der Rechtsanwalt seinem Mandanten rät, ein den Rechtszug beendendes Urteil oder einen Strafbefehl hinzunehmen und kein Rechtsmittel einzulegen.[21] Die Gebühr entsteht auch nicht allein durch die Rücknahme der Anklage, es sei denn, dass mit der Rücknahme der Anklage die nicht nur vorübergehende Einstellung des Verfahrens einhergeht.[22] 25

a) Rücknahme des Einspruchs gegen einen Strafbefehl. Der Einspruch gegen einen Strafbefehl kann durch den Rechtsanwalt oder seinen Mandanten zurückgenommen werden. Dabei ist zu unterscheiden, ob im Zeitpunkt der Rücknahme ein Termin zur Hauptverhandlung bereits anberaumt oder noch nicht bestimmt war. 26

Ist ein **Hauptverhandlungstermin** zum Zeitpunkt der Rücknahme des Einspruchs gegen den Strafbefehl noch **nicht bestimmt**, verdient der Rechtsanwalt, wenn er an der Rücknahme mitwirkt, immer. Für die Mitwirkung des Rechtsanwalts reicht es aus, dass er außergerichtlich zur Rücknahme rät.[23] Nicht erforderlich ist, dass er selbst die Rücknahme gegenüber dem Gericht erklärt.[24] Ebenso wenig ist es notwendig, dass der Rechtsanwalt vor der Rücknahme des Einspruchs eine Einlassung oder eine sonstige Erklärung zur Sache zu den Akten reicht. In jedem Fall genügt es, wenn er sich bei Gericht zum Verteidiger bestellt und gleichzeitig die Rücknahme des Einspruchs erklärt. 27

Wenn im Zeitpunkt der Rücknahme ein **Termin** zur Hauptverhandlung **bereits bestimmt** ist, entsteht die Gebühr bei einer Mitwirkung des Rechtsanwalts an der Rücknahme des Einspruchs nach Maßgabe vorstehender Ausführungen nur, wenn der Rechtsanwalt den Einspruch gegen den Strafbefehl früher als zwei Wochen vor Beginn des Tages zurücknimmt, der für die Hauptverhandlung vorgesehen ist. Zur rechtlichen Einordnung der Frist und zu ihrer Berechnung siehe unten → Rn. 38. 28

b) Rücknahme der Berufung. Nr. 4141 Anm. Abs. 1 Ziff. 3 VV regelt die Befriedigungsgebühr für die Rücknahme einer Berufung des Angeklagten oder 29

---

[20] OLG Stuttgart AGS 2010, 292; Schneider/Wolf/*N. Schneider* Nr. 4141 VV Rn. 42 f.
[21] OLG Nürnberg AGS 2009, 534; dazu *Burhoff* RVGreport 2009, 464.
[22] OLG Köln JurBüro 2010, 362.
[23] LG Duisburg AGS 2006, 234 (für die Berufung); Gerold/Schmidt/*Burhoff* Nr. 4141 VV Rn. 27.
[24] Gerold/Schmidt/*Burhoff* Nr. 4141 VV Rn. 27; Burhoff/*Burhoff* Nr. 4141 VV Rn. 28.

Nr. 4141 VV

eines anderen Verfahrensbeteiligten. Als **andere Verfahrensbeteiligte** kommen der **Privat- und der Nebenkläger** in Betracht, daneben aber auch die **Staatsanwaltschaft.** Zu unterscheiden ist, ob der Rechtsanwalt als Verteidiger für den Angeklagten oder als Vertreter eines Privat- oder Nebenklägers eine „eigene" Berufung zurücknimmt oder ob die Berufung durch einen anderen Verfahrensbeteiligten eingelegt worden ist und dieser ihre Rücknahme erklärt.

30 Für die **Rücknahme der „eigenen" Berufung,** kommt es darauf an, ob im Zeitpunkt der Rücknahme ein Termin für die Hauptverhandlung über die Berufung schon feststeht oder ob ein solcher Termin noch nicht bestimmt ist. Insoweit gelten die obigen Ausführungen zur Rücknahme eines Einspruchs gegen einen Strafbefehl und die dazu erforderliche Mitwirkung des Rechtsanwalts entsprechend. Insbesondere ist zu beachten, dass nach bereits anberaumtem Termin zur Hauptverhandlung die Gebühr nach Nr. 4141 VV nur entstehen kann, wenn der Rechtsanwalt die Berufung früher als zwei Wochen vor Beginn des Tages zurücknimmt, der für die Hauptverhandlung vorgesehen ist. Zur rechtlichen Einordnung der Frist und zu ihrer Berechnung siehe unten → Rn. 38.

31 Der Rechtsanwalt kann die Gebühr nach Nr. 4141 Anm. Abs. 1 Ziff. 3 VV auch in der Position des Berufungsgegners verdienen, wenn die von einem anderen Verfahrensbeteiligten, also beispielsweise von der Staatsanwaltschaft oder einem Nebenkläger eingelegte **„fremde" Berufung** zurückgenommen wird. Voraussetzung ist auch in diesem Fall, dass der Rechtsanwalt an der Rücknahme der für ihn „fremden" Berufung durch eine eigene auf die Rücknahme gerichtete Tätigkeit mitgewirkt hat. Das kann dadurch geschehen, dass der Rechtsanwalt mit Argumenten oder Zugeständnissen die Staatsanwaltschaft oder den Privat- oder Nebenkläger zur Rücknahme der Berufung bewegt.[25]

32 Auch wenn die **Beweislast** für das Fehlen einer solchen Mitwirkung bei dem Gebührenschuldner, also dem Mandanten, der Staatskasse oder dem erstattungspflichtigen Gegner liegt, sollte der Rechtsanwalt darauf bedacht sein, seine Mitwirkung zu dokumentieren. Das gilt insbesondere bei einer von der Staatsanwaltschaft aus Gründen der Fristwahrung eingelegten Berufung. Wenn diese nach Eingang der Urteilsgründe die Berufung zurücknimmt, hat der Rechtsanwalt zunächst einmal die Regelung der Nr. 4141 Anm. Abs. 2 VV gegen sich, wonach die Gebühr nicht entsteht, wenn eine auf die Förderung des Verfahrens gerichtete Tätigkeit nicht ersichtlich ist. Ist der Rücknahme der Berufung ein **Gespräch mit der Staatsanwaltschaft** vorausgegangen, mit dem der Rechtsanwalt die Staatsanwaltschaft zur Rücknahme der Berufung veranlassen konnte, sollte diese Förderung des Verfahrens aktenkundig gemacht werden. Dasselbe gilt für **Zugeständnisse,** die einen Privat- oder Nebenkläger zur Rücknahme der Berufung bewogen haben.[26]

33 Ist zum Zeitpunkt der Rücknahme der Berufung ein **Hauptverhandlungstermin** noch **nicht bestimmt,** verdient der Rechtsanwalt, wenn er an der Rücknahme mitwirkt, immer. Die Gebühr entsteht auch, wenn in der ersten Hauptverhandlung über die Berufung die Sache vertagt und später die Berufung vor Anberaumung eines neuen Hauptverhandlungstermins zurückgenommen wird.[27] Das gleiche gilt bei einer Rücknahme nach **Aussetzung** der Hauptverhandlung.[28]

34 Wenn im Zeitpunkt der Rücknahme der Berufung ein **Termin** zur Hauptverhandlung **bereits bestimmt** ist, entsteht die Gebühr – eine Mitwirkung des Rechtsanwalts an der Rücknahme der Berufung nach Maßgabe vorstehender Ausführungen vorausgesetzt – nur, wenn der Rechtsanwalt die Berufung früher als zwei Wochen vor Beginn des Tages zurücknimmt, der für die Hauptverhandlung vorgese-

---

[25] Dazu OLG Dresden RVGreport 2011, 23.
[26] Dazu OLG Köln AGS 2009, 271 zur Rücknahme einer Revision.
[27] AG Wittlich JurBüro 2006, 590.
[28] OLG Bamberg AGS 2007, 138.

hen ist. Zur rechtlichen Einordnung der Frist und zu ihrer Berechnung siehe unten → Rn. 37.

c) Rücknahme der Revision. Auch im Revisionsverfahren erhält der Rechts- 35 anwalt die zusätzliche Gebühr nach Nr. 4141 Anm. Abs. 1 Ziff. 3 VV, wenn die Revision unter Mitwirkung des Rechtsanwalts vor Anberaumung eines Hauptverhandlungstermins oder aber, wenn ein Hauptverhandlungstermin bereits bestimmt worden ist, fristgerecht zurückgenommen wird. Ebenso wie im Berufungsverfahren kann der Rechtsanwalt die Gebühr auch in der Position des **Revisionsgegners** verdienen, wenn die von einem anderen Verfahrensbeteiligten, also beispielsweise von der Staatsanwaltschaft oder einem Nebenkläger eingelegte „**fremde**" **Revision** zurückgenommen wird.[29] In der Praxis wird dieser Fall allerdings kaum vorkommen.

Trotz des eindeutigen Wortlauts der Nr. 4141 Anm. Abs. 1 Ziff. 3 VV, der zwi- 36 schen der Rücknahme einer Berufung und einer Revision keinen Unterschied macht, sondern beide Varianten gleichberechtigt nebeneinander stellt, hat sich in **Rechtsprechung und Literatur** ein heftiger **Streit** darüber entwickelt, ob bei Rücknahme einer Revision abweichend von dem Wortlaut der Nr. 4141 Anm. Abs. 1 Ziff. 3 VV für das Entstehen der Gebühr **weitere Voraussetzungen** erfüllt sein müssen. Anlass zu diesem Streit ist, dass im Revisionsverfahren die Durchführung einer Hauptverhandlung faktisch die Ausnahme und die Beschlussentscheidung nach § 349 Abs. 2 und 4 StPO die Regel ist.

Die **Rechtsprechung** stellt an das Entstehen der Gebühr bei Rücknahme einer 37 Revision zusätzliche Anforderungen.[30] Einige Gerichte fordern, dass im Zeitpunkt der Rücknahme zumindest eine **Revisionsbegründung** vorliegen müsse.[31] Andere Gerichte wollen die Gebühr nur zusprechen, wenn **konkrete Anhaltspunke** dafür vorliegen, dass ausnahmsweise eine Hauptverhandlung anberaumt worden wäre.[32] Demgegenüber ist das **Schrifttum** fast einhellig der Auffassung, dass der Wortlaut der Nr. 4141 Anm. Abs. 1 Ziff. 3 VV und auch Sinn und Zweck der Regelung mit den von der Rechtsprechung geforderten zusätzlichen Anforderungen an das Entstehen der Gebühr nicht vereinbar sind.[33] Ihre Argumente sind überzeugend. Die gegenteilige Rechtsprechung ist nur mit fiskalischen Interessen zu erklären. Sie bestraft den Rechtsanwalt, der dem Gericht Mehrarbeit erspart, indem er erst gar keine Revisionsbegründung einreicht, sondern die Revision nach Prüfung der Rechtslage nach Beratung mit seinem Mandanten zurücknimmt.[34]

d) Fristgebundenheit der Rücknahme. Die Rücknahme des Einspruchs 38 gegen einen Strafbefehl und ebenso die Rücknahme der Berufung oder der Revision des Angeklagten oder eines anderen Verfahrensbeteiligten sind fristgebunden, wenn

---

[29] OLG Köln RVGreport 2009, 348.
[30] Dazu neuerdings OLG München NStZ-RR 2013, 64; ausführlich zu diesem Streit Schneider/Wolf/*N. Schneider* Nr. 4141 VV Rn. 131–136.
[31] So KG JurBüro 2005, 533; OLG Bamberg RVG-Letter 2006, 52; OLG Braunschweig AGS 2006, 232; OLG Hamm JurBüro 2007, 30; OLG München NJW-Spezial 2008, 282; OLG Saarbrücken JurBüro 2007, 28; LG Duisburg RVGreport 2006, 230; **aA** OLG Düsseldorf AGS 2006, 124; LG Hagen RVGreport 2006, 229; dazu ausführlich Burhoff/*Burhoff* Nr. 4141 VV Rn. 44.
[32] OLG Brandenburg JurBüro 2007, 484; OLG Hamburg RVGreport 2008, 340; OLG Hamm AGS 2006, 548; OLG Jena RVG-Letter 2007, 65; OLG Köln AGS 2008, 447; OLG Stuttgart JurBüro 2007, 200; OLG Zweibrücken AGS 2006, 74. Einen Sonderfall betrifft die Entscheidung des OLG Düsseldorf JurBüro 2008, 85.
[33] Bischof/Jungbauer/Bräuer/Curkovic/Mathias/*Uher* Nr. 4141 VV Rn. 116; Gerold/Schmidt/*Burhoff* Nr. 4141 VV Rn. 38; Schneider/Wolf/*N. Schneider* Nr. 4141 VV Rn. 117 ff.; **aA** *Hartmann* Nr. 4141 VV Rn. 6.
[34] So *Schneider* AGS 2005, 434, 436.

im Zeitpunkt der Rücknahme bereits ein **Hauptverhandlungstermin** anberaumt worden ist. In diesem Fall entsteht die Gebühr nach Nr. 4141 Anm. Abs. 1 Ziff. 3 VV nur, wenn der Einspruch **früher als zwei Wochen** vor Beginn des Tages, der für die Hauptverhandlung vorgesehen war, zurückgenommen wird. Ob dem Rechtsanwalt die Ladung zum Hauptverhandlungstermin zugestellt worden ist oder ob er auf andere Weise von der Terminierung Kenntnis erlangt hat, ist für die Wahrung der Frist unerheblich. Maßgeblich für die Wahrung der Frist ist der **Eingang der Rücknahmeerklärung** bei Gericht, nicht deren Absendung.

39 Umstritten ist die **rechtliche Einordnung** der Zwei-Wochen-Frist. *Schneider*[35] geht davon aus, die Regelung in Nr. 4141 Anm. Abs. 1 Ziff. 3 VV meine entgegen ihrem Wortlaut keine echte **(Not-) Frist,** sondern einen **Zeitraum,** in dem die Rücknahme des Einspruchs nicht (mehr) erklärt werden könne. Demgemäß scheide bei Versäumung der Frist auch eine Wiedereinsetzung in den vorigen Stand aus. Nach anderer Auffassung handelt es sich um eine **Notfrist,** auf die § 43 Abs. 1 StPO mit der Folge anwendbar ist, dass auch eine **Wiedereinsetzung in den vorigen Stand** gemäß § 44 StPO in Betracht kommt.[36] Diese Meinung ist deshalb nicht haltbar, weil die bei Annahme einer Notfrist zulässige Wiedereinsetzung in den vorigen Stand dem Normzweck der Regelung widerspräche. Der Gesetzgeber hat den Zwei-Wochen-Zeitraum eingeführt, um den Arbeitsaufwand, der mit der Vorbereitung einer unnötigen Hauptverhandlung verbunden ist, zu vermeiden.[37] Mit diesem Normzweck ist eine Verkürzung der Zwei-Wochen-Frist, zu der eine Wiedereinsetzung in den vorigen Stand führen würde, nicht zu vereinbaren.

40 **Versäumt** der Rechtsanwalt die Frist zur rechtzeitigen Rücknahme des Einspruchs gegen den Strafbefehl, beginnt eine **neue Zweiwochenfrist,** wenn der vorgesehene Termin zur Hauptverhandlung vertagt wird, sofern es sich nicht um einen Fortsetzungstermin (§ 229 StPO) handelt. Der Rechtsanwalt kann also bei einer **Vertagung** der vorgesehenen Hauptverhandlung den Einspruch trotz Fristversäumung noch fristgerecht zurücknehmen und die zusätzliche Gebühr verdienen.[38]

41 Auf der Grundlage der hier vertretenen Auffassung ergibt sich folgende **Berechnungsweise:** Die Rücknahmeerklärung muss, wenn der Rechtsanwalt die Gebühr nach Nr. 4141 VV verdienen will, „früher als zwei Wochen vor Beginn des Tages, der für die Hauptverhandlung vorgesehen war, zurückgenommen" werden. Unterstellt, die Hauptverhandlung ist für einen Montag vorgesehen, der das Datum des 30. Tages eines Monats trägt. Dann ist der 30. des Monats der Tag, vor dessen Beginn der Zeitraum von zwei Wochen zählt. Auszugehen ist also von dem 29. Tag des Monats. Zwei Wochen davor ist der 15. Tag des Monats. **Mehr** als zwei Wochen vor der Hauptverhandlung, den Tag der Hauptverhandlung nicht mitgerechnet, ist der 14. Tag des Monats. Spätestens an diesem Tag bis 23.59 Uhr müsste die Rücknahmeerklärung bei Gericht eingegangen sein, damit die zusätzliche Gebühr nach Nr. 4141 VV entstehen kann.

4. Entscheidung durch Beschluss gemäß § 411 Abs. 1 S. 3 StPO (Nr. 4141 Anm. Abs. 1 Nr. 4 VV)

42 Die Nr. 4141 Anm. Abs. 1 Nr. 4 VV betrifft die Entscheidung über einen Einspruch ohne Hauptverhandlung durch Beschluss gemäß § 411 Abs. 1 S. 3 StPO. Die Zustimmung zum Beschlussverfahren erspart dem Gericht die Anberaumung einer Hauptverhandlung, führt auf Seiten des Rechtsanwalts aber auch zum Verlust der Terminsgebühr. Dafür schafft die Regelung einen Ausgleich.[39]

---

[35] *Schneider* DAR 2007, 671.
[36] So *Hartmann* Nr. 4141 VV Rn. 6.
[37] BT-Drs. 12/6962, 196.
[38] So auch AG Saarbrücken AGS 2009, 323 für das Berufungsverfahren.
[39] *Schneider/Thiel* § 3 Rn. 1144.

5. Rücknahme der Privatklage (Nr. 4141 VV Anm. Abs. 1 Nr. 4 S. 2 VV)

Einen weiteren Entstehungsgrund für die zusätzliche Gebühr nach Nr. 4141 VV hat das **2. KostRMoG** durch die Einfügung der Anm. Abs. 1 Nr. 4 Abs. 1 S. 2 VV geschaffen und damit eine bislang unzureichende Regelung beseitigt.[40] So konnte die zusätzliche Gebühr nach Nr. 4141 VV im Privatklageverfahren bisher nur für den Rechtsanwalt des **Privatbeklagten** entstehen, wenn die Rücknahme der Privatklage durch den Privatkläger vor Eröffnung des Hauptverfahrens zur Einstellung des Verfahrens führte. Für die Rücknahme der Privatklage selbst fehlte es an einem entsprechenden Gebührentatbestand. Diese Lücke ist nunmehr geschlossen, weil jetzt auch der Rechtsanwalt des **Privatklägers** die zusätzliche Gebühr nach Nr. 4141 VV erhält, wenn er die Privatklage zurücknimmt. 43

III. Analoge Anwendung der Nr. 4141 Anm. 1 Abs. 1 VV

Die Regelung der Nr. 4141 Anm. Abs. 1 VV erfasst nicht alle Fälle der Vermeidung einer Hauptverhandlung im Strafverfahren. Das **2. KostRMoG** hat den Anwendungsbereich für zwei Fälle eine unmittelbare Anwendung kraft Gesetzes statuiert. Das sind Nr. 4141 Anm. Abs. 1 S. 1 Nr. 4 (Entscheidung über einen Einspruch gemäß § 411 Abs. 1 S. 3 StPO ohne Hauptverhandlung durch Beschluss) und Abs. 1 S. 2 VV (Rücknahme der Privatklage). Geblieben sind die zwei weiteren Fälle, in denen in analoger Anwendung der Nr. 4141 VV die Entstehung einer zusätzlichen Gebühr in Betracht kommt. Das sind die Rücknahme der Anklage oder des Antrags auf Erlass eines Strafbefehls (nachstehend → Rn. 44) und die Verfahrenserledigung durch Erlass eines Strafbefehls (nachstehend → Rn. 45). 44

1. Rücknahme der Anklage oder des Antrags auf Erlass eines Strafbefehls

In Nr. 4141 Anm. Abs. 1 Ziff. 1 VV wird die Rücknahme der Anklage und des Antrags auf Erlass eines Strafbefehls durch die Staatsanwaltschaft nicht erwähnt. Die zusätzliche Gebühr kann in beiden Fällen in analoger Anwendung der Nr. 4141 Anm. Abs. 1 Ziff. 1 VV dann entstehen, wenn zusammen mit diesen Maßnahmen die Einstellung des Verfahrens erfolgt.[41] Im Berufungsverfahren ist die Rücknahme der Anklage wegen § 156 StPO allerdings nur in den Fällen der §§ 153 Abs. 1, 153a Abs. 1, 153c Abs. 3 und 153d Abs. 2 StPO möglich.[42] 45

2. Erledigung durch Strafbefehl

Eine analoge Anwendung der Nr. 4141 VV ist auch geboten, wenn der Rechtsanwalt nach Anklageerhebung erreicht, dass gemäß § 408a StPO im Strafbefehlsverfahren entschieden und auf diese Weise eine Hauptverhandlung entbehrlich wird.[43] 46

IV. Förderung des Verfahrens

Gemäß Nr. 4141 Anm. Abs. 2 VV entsteht die zusätzliche Gebühr nicht, wenn eine auf die Förderung des Verfahrens gerichtete Tätigkeit des Rechtsanwalts nicht 47

---

[40] *Schneider/Thiel* § 3 Rn. 1146.

[41] OLG Köln JurBüro 2010, 362; LG Zweibrücken JurBüro 2002, 307.

[42] Zur Rücknahme der Berufung durch die Staatsanwaltschaft OLG Dresden AGS 2011, 66.

[43] AG Bautzen AGS 2007, 307 mAnm *Holzhauser*; *Schneider* ZAP Fach 24, S. 1073, 1081.

ersichtlich ist. Die negative Formulierung besagt, dass eine Mitwirkung des Rechtsanwalts gesetzlich vermutet wird. Wer das Gegenteil behauptet, etwa der Mandant oder die Landeskasse, den trifft die **Darlegungs- und Beweislast.** Ihm obliegt es, die gesetzliche Vermutung zu entkräften.[44]

48 Der für eine Mitwirkung des Rechtsanwalts erforderliche **Ursächlichkeitszusammenhang** zwischen der anwaltlichen Tätigkeit und der Rücknahme von Einspruch, Berufung oder Revision wird nicht dadurch unterbrochen, dass der Rechtsanwalt die Einstellung bereits in einem anderen Verfahrensabschnitt oder in einer anderen Instanz angeregt hat, das Gericht jedoch dieser Anregung erst später entspricht.[45] Eine bereits im vorangegangenen Strafverfahren abgegebene Einlassung stellt auch für ein sich anschließendes Bußgeldverfahren eine ausreichende Mitwirkung des Rechtsanwalts dar, wenn auch das Bußgeldverfahren eingestellt wird.[46]

49 An die Mitwirkung des Rechtsanwalts dürfen **keine hohen Anforderungen** gestellt werden. Nach der zutreffenden **Auffassung des Bundesgerichtshofs** reicht jede Tätigkeit aus, die zur Förderung der Verfahrenserledigung geeignet ist.[47] Die Nr. 4141 VV unterscheidet sich insoweit deutlich von der Nr. 1002 VV. Für ihre Anwendung wird verlangt, dass der Rechtsanwalt eine besondere, nicht nur unwesentliche und gerade auf die außergerichtliche Erledigung gerichtete Tätigkeit entfaltet, weil sie keine den **Grad der Mitwirkung** konkretisierende Regelung enthält, wie sie in Nr. 4141 Anm. Abs. 2 VV (und auch in Nr. 5115 Anm. Abs. 2 VV) ausdrücklich enthalten ist. Nach Nr. 4141 Anm. Abs. 2 VV genügt für das Entstehen der zusätzlichen Gebühr ein Beitrag „**zur Förderung des Verfahrens**". Dies ist ersichtlich weniger als eine Mitwirkung „zur Erledigung" des Verfahrens.[48]

50 Im Hinblick auf die vom Bundesgerichtshof vertretene Auffassung[49] genügen die Abgabe einer **Einlassung,** jede Art einer **Sachverhaltsaufklärung, Besprechungen** mit dem Gericht oder der Staatsanwaltschaft sowie die **Benennung von Zeugen.** Selbst die bloße Mitteilung, der Beschuldigte wolle sich nicht einlassen, reicht aus.[50]

51 Ausreichend ist deshalb auch ein „**gezieltes Schweigen**".[51] Eine solche Strategie der Verteidigung darf allerdings nicht **mandatsintern** bleiben, sondern muss erkennbar werden. Dazu reicht die Rückgabe der Akten an die Staatsanwaltschaft oder an das Gericht nicht aus. Der Rechtsanwalt muss vielmehr deutlich zu erkennen geben, dass sich der Betroffene auf sein **Aussageverweigerungsrecht** berufst.[52]

52 Unerheblich ist, ob eine Förderung des Verfahrens im vorbereitenden oder im gerichtlichen Verfahren erfolgt. Vielfach findet sie außerhalb dieses Verfahrens statt, oft auch in der Kanzlei des Rechtsanwalts.[53] Eine solche Förderung sollte der Rechtsanwalt gegenüber dem Gericht und anderen Verfahrensbeteiligten deutlich dokumentieren.

53 Wegen weiterer Einzelheiten wird auf die obigen Erläuterungen zu den in Nr. 4141 Anm. Abs. 1 Ziff. 1 bis 3 VV geregelten einzelnen Voraussetzungen für die Entstehung der Gebühr verwiesen.

---

[44] So auch Burhoff/*Burhoff* Nr. 4141 VV Rn. 10.
[45] AG Zossen RVGreport 2009, 188 für das Bußgeldverfahren.
[46] BGH NJW 2009, 368.
[47] BGH NJW 2009, 368 mwN; sa OVG Koblenz NVwZ-RR 2007, 564; AG Köln NZV 2007, 637; OVG Lüneburg NVwZ-RR 2007, 215; LG Stralsund AGS 2005, 442; dazu neuerdings auch AG Köln NJW-Spezial 2013, 381.
[48] BGH NJW 2009, 368; sa OLG Stuttgart AGS 2010, 292.
[49] BGH NJW 2009, 368.
[50] AG Bremen AGS 2003, 29 mAnm *Schneider.*
[51] BGH NJW 2011, 1605.
[52] Gerold/Schmidt/*Burhoff* Nr. 4141 VV Rn. 9.
[53] AG Braunschweig AGS 2000, 54.

V. Verhältnis zu Nr. 4147 VV

Gemäß Nr. 4141 Anm. Abs. 2 S. 2 VV schließen sich die zusätzliche Gebühr nach **54**
Nr. 4141 VV und die Einigungsgebühr im Privatklageverfahren nach Nr. 4147 VV
gegenseitig aus, können also nicht nebeneinander entstehen. Der Grund für diese
Regelung ist, dass beide Vorschriften letztlich demselben Zweck dienen und eine
Doppelhonorierung nicht angemessen wäre. Vorrang hat die Gebühr nach
Nr. 4147 VV. Entsteht diese Gebühr, ist für die Entstehung einer zusätzlichen
Gebühr gemäß Nr. 4141 VV kein Raum mehr.[54]

VI. Höhe der zusätzlichen Gebühr

Die Höhe der zusätzlichen Gebühr richtet sich gemäß Nr. 4141 Anm. Abs. 3 VV **55**
nach dem Rechtszug, in dem die Hauptverhandlung vermieden wurde. Es kommt
also darauf an, vor welchem Gericht (Amtsgericht, Strafkammer, Oberlandesgericht)
das Verfahren zu dem Zeitpunkt anhängig ist, zu dem die in Nr. 4141 Anm.
Abs. 1 VV genannten Voraussetzungen für die Entstehung einer zusätzlichen Gebühr
eintreten. Maßgeblich ist die jeweilige **Verfahrensgebühr ohne Zuschlag**. Auch
wenn sich der Mandant nicht auf freiem Fuß befindet, bleibt es also bei der Verfahrensgebühr ohne Zuschlag.[55]

Mit „**Rechtszug**" ist das Verfahrensstadium gemeint, in dem sich die Sache **56**
erledigt. Das gilt nicht für das vorbereitende Verfahren. Erfolgt die Einstellung in
diesem Verfahrensabschnitt kommen die Verfahrensgebühren nach den Nr. 4106 ff.
VV zur Anwendung, die angefallen wären, wenn sich das Verfahren nicht vor Eingang der Anklageschrift oder des Antrags auf Erlass eines Strafbefehls bei Gericht
erledigt hätte.[56]

Der **Wahlverteidiger** erhält die **Mittelgebühr** aus dem jeweiligen Gebührenrahmen. Die Umstände des Einzelfalls iSd § 14 RVG bleiben ohne Bedeutung. Es **57**
handelt sich bei der Verfahrensgebühr nach Nr. 4141 VV also um eine **Festgebühr**.[57]

1. Wahlanwalt

a) Vorbereitendes Verfahren. Es entstehen die Verfahrensgebühren wie im ers- **58**
ten Rechtszug nach der Ordnung des Gerichts, vor dem ohne Einstellung anzuklagen gewesen wäre, 165 EUR gemäß Nr. 4106 VV (Verfahren vor dem Amtsgericht),
185 EUR gemäß Nr. 4112 VV (Verfahren vor der Strafkammer und vor der Jugendkammer, soweit sich die Gebühr nicht nach Nr. 4118 VV bestimmt) und 395 EUR
gemäß Nr. 4118 VV (Verfahren vor dem OLG, dem Schwurgericht oder der Strafkammer nach den §§ 74a und 74c GVG oder der Jugendkammer, soweit diese in
Sachen entscheidet, die nach den allgemeinen Vorschriften zur Zuständigkeit des
Schwurgerichts gehören).

b) Gerichtliches Verfahren. Die Gebühren betragen im ersten Rechtszug wie **59**
im vorbereitenden Verfahren 165 EUR gemäß Nr. 4106 VV, 185 EUR gemäß
Nr. 4112 VV und 395 EUR gemäß Nr. 4118 VV. Im Berufungsverfahren beträgt

---

[54] *Schneider/Thiel* § 3 Rn. 1157.
[55] Gerold/Schmidt/*Burhoff* Nr. 4141 VV Rn. 40.
[56] *Burhoff* AGS 2005, 434; Schneider/Wolf/*N. Schneider* Nr. 4141 VV Rn. 145.
[57] So KG JurBüro 2012, 466; LG Düsseldorf AGS 2007, 36; LG Köln AGS 2007, 351;
Gerold/Schmidt/*Burhoff* Nr. 4141 VV Rn. 50; Schneider/Wolf/*N. Schneider* Nr. 4141 VV
Rn. 156 ff.; **aA** *Hartmann* Nr. 4141 VV Rn. 12 gegen den eindeutigen Wortlaut, vgl. dazu BT-Drs. 15/1971, 228.

Nr. 4142 VV Teil 4. Strafsachen

die Gebühr 320 EUR gemäß Nr. 4124 VV und im Revisionsverfahren 615 EUR gemäß Nr. 4130 VV.

2. Gerichtlich bestellter oder beigeordneter Rechtsanwalt

60   Der **gerichtlich bestellte oder beigeordnete Rechtsanwalt** erhält den **Festbetrag** der jeweiligen Verfahrensgebühr. Maßgeblich ist auch für ihn die jeweilige Verfahrensgebühr ohne Zuschlag.

61   **a) Vorbereitendes Verfahren.** Es entstehen die Verfahrensgebühren wie im ersten Rechtszug nach der Ordnung des Gerichts, vor dem ohne Einstellung anzuklagen gewesen wäre, also 132 EUR gemäß Nr. 4106 VV, 148 EUR gemäß Nr. 4112 VV und 316 EUR gemäß Nr. 4118 VV.

62   **b) Gerichtliches Verfahren.** Im **gerichtlichen Verfahren** betragen die Gebühren im ersten Rechtszug wie im vorbereitenden Verfahren 132 EUR gemäß Nr. 4106 VV, 148 EUR gemäß Nr. 4112 VV und 316 EUR gemäß Nr. 4118 VV. Im Berufungsverfahren beträgt die Gebühr 256 EUR gemäß Nr. 4124 VV und im Revisionsverfahren 492 EUR gemäß Nr. 4130 VV.

63   In allen Fällen der Rn. 58–62 gilt: Vertritt der Rechtsanwalt mehrere Personen, zB mehrere Nebenkläger, erhöht sich die zusätzliche Gebühr nach Maßgabe des § 7 RVG iVm Nr. 1008 VV.

VII. Mehrfaches Entstehen der zusätzlichen Gebühr in verschiedenen Verfahrensabschnitten

64   Die zusätzliche Gebühr kann in **demselben Verfahrensabschnitt** nur einmal entstehen. **Ausgenommen** ist lediglich der Fall, dass ein eingestelltes Verfahren nach mehr als zwei Jahren wieder aufgenommen wird. Gemäß § 15 Abs. 5 S. 2 RVG gilt die weitere Tätigkeit dann als neue Angelegenheit mit der Maßgabe, dass eine Anrechnung von Gebühren entfällt.

65   In **verschiedenen Verfahrensabschnitten** kann es ungeachtet des Zeitablaufs zu einem mehrfachen Anfall der zusätzlichen Gebühr nach Nr. 4141 VV kommen. So kann die zusätzliche Gebühr **zweimal** entstehen, wenn der Beschluss, durch den das Gericht die Eröffnung des Hauptverfahrens abgelehnt hat, nach Beschwerde der Staatsanwaltschaft aufgehoben und anschließend das Verfahren vor Beginn der Hauptverhandlung eingestellt wird. Ebenso ist eine zweimalige Entstehung der zusätzlichen Gebühr denkbar, wenn das zunächst eingestellte Verfahren wieder aufgenommen wird und der Rechtsanwalt eine nach Verurteilung seines Mandanten eingelegte Berufung oder Revision zurücknimmt.[58] Eine Anrechnung der Gebühren untereinander findet nicht statt.

Nr. 4142 VV

Nr.	Gebührentatbestand	Gebühr oder Satz der Gebühr nach § 13 oder § 49 RVG	
		Wahlanwalt	gerichtlich bestellter oder beigeordneter Rechtsanwalt
4142	Verfahrensgebühr bei Einziehung und verwandten Maßnahmen ...... (1) Die Gebühr entsteht für eine	1,0	1,0

---

[58] Dazu Schneider/Wolf/*N. Schneider* Nr. 4141 VV Rn. 147 ff.

Abschnitt 1. Gebühren des Verteidigers Nr. 4142 VV

Nr.	Gebührentatbestand	Gebühr oder Satz der Gebühr nach § 13 oder § 49 RVG	
		Wahlanwalt	gerichtlich bestellter oder beigeordneter Rechtsanwalt
	Tätigkeit für den Beschuldigten, die sich auf die Einziehung, dieser gleichstehende Rechtsfolgen (§ 442 StPO), die Abführung des Mehrerlöses oder auf eine diesen Zwecken dienende Beschlagnahme bezieht. (2) Die Gebühr entsteht nicht, wenn der Gegenstandswert niedriger als 30,00 € ist. (3) Die Gebühr entsteht für das Verfahren des ersten Rechtszugs einschließlich des vorbereitenden Verfahrens und für jeden weiteren Rechtszug.		

I. Überblick

Nr. 4142 VV sieht eine besondere Verfahrensgebühr vor, wenn der Rechtsanwalt 1 bei Einziehung und verwandten Maßnahmen (§ 442 StPO) eine darauf bezogene Tätigkeit für den Beschuldigten ausübt (Nr. 4142 Anm. Abs. 1 VV). Die Gebühr steht dem Rechtsanwalt für das Verfahren erster Instanz einschließlich des vorbereitenden Verfahrens und für jeden weiteren Rechtszug zu (Nr. 4142 Anm. Abs. 3 VV).

Die **Höhe der Gebühr** nach Nr. 4142 VV orientiert sich am Gegenstandswert 2 und ist damit eine **Wertgebühr** iSd § 2 RVG. Nr. 4142 Anm. Abs. 2 VV bestimmt hierzu, dass die Gebühr nicht entsteht, wenn der Gegenstandswert niedriger als 30 EUR ist. Damit gilt die Regelung nicht bei der Einziehung von Gegenständen im **Bagatellbereich,** insbesondere nicht bei der Einziehung nur geringwertiger Tatwerkzeuge. Das soll der Vereinfachung bei der Festsetzung der anwaltlichen Gebühren dienen und verhindern, dass die Mindestgebühr in sehr vielen Verfahren anfällt. Der Ausschluss von Bagatellfällen hindert allerdings nicht, die zusätzliche Tätigkeit des Rechtsanwalts im Rahmen des § 14 RVG bei der Bemessung der Verfahrensgebühr nach Nr. 4106, 4112 und 4118 VV zu berücksichtigen.

II. Anwendungsbereich

1. Persönlicher Anwendungsbereich

Der **persönliche Anwendungsbereich** der Nr. 4142 VV erstreckt sich auf den 3 Rechtsanwalt als **Vollverteidiger,** sei es als Wahlanwalt, sei es als gerichtlich bestellter Pflichtverteidiger oder beigeordneter Rechtsanwalt. Hierzu genügt es, dass der Rechtsanwalt nur für das sog. objektive Verfahren nach §§ 430 ff. StPO beauftragt wird.

Eingeschlossen in den persönlichen Anwendungsbereich der Nr. 4142 VV ist auch 4 der Rechtsanwalt als **Vertreter** oder **Beistand** eines anderen Verfahrensbeteiligten, so insbesondere eines Privat- oder Nebenklägers oder eines Zeugen (Vorb. 4 Abs. 1 VV).

Der nur mit **Einzeltätigkeiten** beauftragte Rechtsanwalt kann die Gebühr gemäß 5 Nr. 4142 VV nicht verdienen. Das folgt aus der Stellung der Nr. 4142 VV. Der

Hartung

Nr. 4142 VV

Gebührentatbestand der Nr. 4142 VV gehört zu Teil 4 Abschn. 1 VV, der die „Gebühren des Verteidigers" regelt und damit nicht auf die in Teil 4 Abschn. 3 VV geregelten Einzeltätigkeiten übertragen werden kann. Der mit Einzeltätigkeiten beauftragte Rechtsanwalt, der sich mit der Einziehung und verwandten Maßnahmen zu befassen hat (beispielsweise in einer Schrift zur Rechtfertigung der Berufung gemäß Nr. 4301 Ziff. 2 VV), kann diese Tätigkeit nur im Rahmen des § 14 RVG bei der Bemessung der Höhe der ihm zustehenden Betragsrahmengebühr berücksichtigen. In **Ausnahmefällen** kommt auch ein Antrag auf Bewilligung einer **Pauschgebühr** (§ 42 RVG) für den Wahlverteidiger und § 51 RVG für den Pflichtverteidiger in Betracht.

2. Sachlicher Anwendungsbereich (Nr. 4142 Anm. Abs. 1 VV)

6 Die Verfahrensgebühr nach Nr. 4142 VV entsteht, wenn sich die Tätigkeit des Rechtsanwalts auf eine **Einziehung** und **verwandte Maßnahmen** beziehen. Dies sind:
- die Einziehung (§§ 74, 75 StGB, 7 WiStG),
- der Verfall, soweit er Strafcharakter hat (§§ 73 bis 73d StGB),
- die Vernichtung (§§ 98 Abs. 1, 110 UrhG),
- die Unbrauchbarmachung (§§ 74d StGB, 98 Abs. 2, 110 UrhG),
- die Abführung des Mehrerlöses (§§ 8, 10 WiStG),
- die Beschlagnahme, die der Sicherung der vorgenannten Maßnahmen dient (§§ 111b, 111c StPO),
- der dingliche Arrest.[1]

7 Auf die vorstehend genannten Maßnahmen muss sich die anwaltliche Tätigkeit „**beziehen**". Ohne Belang ist dabei der **Umfang** der vom Rechtsanwalt erbrachten Tätigkeiten. Es reicht aus, dass der Rechtsanwalt sich um die Abwehr solcher Maßnahmen **bemüht**. Eine besondere Tätigkeit in Bezug auf die Einziehung und ihr verwandte Maßnahmen ist nicht erforderlich, insbesondere muss die Einziehung von der Staatsanwaltschaft nicht beantragt worden sein.[2] Die Entstehung der Gebühr ist auch nicht davon abhängig, dass im Fall einer Verurteilung eine Einziehung oder verwandte Maßnahme überhaupt in Betracht kommen würde.[3] Andernfalls würde der Rechtsanwalt die Gebühr nur verdienen, wenn der Antrag der Staatsanwaltschaft auf eine Einziehung oder eine verwandte Maßnahme Erfolg hat. Es muss auch keine gerichtliche Entscheidung über die Einziehung vorliegen.

8 Die Gebühr kann auch bei einer **außergerichtlichen Beratung** entstehen.[4] Für das Entstehen der Gebühr ist keine nach außen sichtbare Tätigkeit des Rechtsanwalts erforderlich. Der Rechtsanwalt sollte eine nach außen nicht erkennbar gewordene Tätigkeit aber in jedem Fall dokumentieren.[5] Die Gebühr nach Nr. 4142 VV hat also einen sehr weiten Anwendungsbereich.

9 Die enumerative **Begrenzung des Gebührentatbestandes** der Nr. 4142 VV auf die Einziehung, dieser gleichstehende Rechtsfolgen (§ 442 StPO), die Abführung des Mehrerlöses oder auf eine diesen Zwecken dienende Beschlagnahme ist einer analogen Anwendung nicht zugänglich. Deshalb gehören **nicht** zum Anwendungsbereich der Nr. 4142 VV:
- die Rückerstattung des Mehrerlöses nach § 9 WiStG, da die Rückerstattung im Adhäsionsverfahren geltend zu machen ist und durch die Gebühren nach Nr. 4143, 4144 VV abgegolten wird,[6]

---

[1] OLG Hamm NJW-Spezial 2008, 186.
[2] LG Berlin RVGreport 2005, 193 mAnm *Burhoff*.
[3] **AA** KG JurBüro 2009, 30, dazu die Entscheidung ablehnend *Burhoff* RVGreport 2009, 74.
[4] KG JurBüro 2005, 531; OLG Karlsruhe AGS 2008, 30; Gerold/Schmidt/*Burhoff* Nr. 4142 VV Rn. 12.
[5] Burhoff/*Burhoff* Nr. 4142 VV Rn. 18.
[6] Gerold/Schmidt/*Burhoff* Nr. 4142 VV Rn. 7.

- die Durchsetzung von Ansprüchen nach dem StrEG,
- der Verfall einer Sicherheit (§ 128 Abs. 1 StPO),
- die Beschlagnahme zur Sicherstellung von Beweismitteln (§ 94 StPO),[7]
- die Vermögensbeschlagnahme (§§ 290, 443 StPO),
- der Wertersatz, soweit er den Charakter zivilrechtlichen Schadensersatzes hat (zB nach landesrechtlichen Forstgesetzen),
- die Beschlagnahme zum Zweck der Rückgewinnungshilfe (§ 111b Abs. 5 StPO),[8]
- der dingliche Arrest nach 111d StPO,[9]
- Entziehung der Fahrerlaubnis und Fahrverbot.[10]

Tätigkeiten in diesen Angelegenheiten kann der Rechtsanwalt als **Wahlverteidiger** 10 bei der Bemessung der übrigen Gebühren nach § 14 RVG berücksichtigen. Daneben kann die Festsetzung einer Pauschgebühr nach den §§ 42, 51 RVG in Betracht kommen.

III. Entstehung der Gebühr (Nr. 4142 Anm. Abs. 3 VV)

Die Tätigkeit des Rechtsanwalts bei Einziehung und verwandten Maßnahmen ist 11 keine selbständige Angelegenheit, sondern **rechtszugbezogen**.[11] Das bedeutet, dass die Gebühr in jedem Rechtszug entstehen kann. Im ersten Rechtszug sind vorbereitendes Verfahren und gerichtliches Verfahren eine Einheit (Nr. 4142 Anm. Abs. 3 VV). Im Berufungs- und Revisionsverfahren kann die Gebühr jeweils erneut anfallen. Bei einer Zurückverweisung entsteht die Gebühr ebenfalls erneut (§ 21 Abs. 1 RVG).

IV. Höhe der Gebühr

1. Berechnung der Gebühr

Die Verfahrensgebühr nach Nr. 4142 VV ist eine **Wertgebühr.** Der Gebührensatz 12 beträgt 1,0. Das bedeutet, dass der Rechtsanwalt immer eine volle Gebühr erhält und es auf den Umfang der anwaltlichen Tätigkeit nicht ankommt. Die Gebühr entsteht in jedem Rechtszug in gleicher Höhe. Für den **Wahlverteidiger** erfolgt die konkrete Berechnung anhand der Tabelle zu § 13 RVG. Für den **gerichtlich bestellten oder beigeordneten Rechtsanwalt** gilt die Tabelle zu § 49 RVG. Für ihn ist die Gebühr ab einem Gegenstandswert von 5.000 EUR niedriger als für den Wahlanwalt und zudem ab einem Gegenstandswert von 30.000 EUR auf 447 EUR begrenzt.

Die Bewilligung bzw. Festsetzung einer **Pauschgebühr** gemäß §§ 42, 51 RVG ist 13 sowohl für den Wahlanwalt als auch für den gerichtlich bestellten oder beigeordneten Rechtsanwalt ausgeschlossen, weil es sich bei der Gebühr nach Nr. 4142 VV um eine Wertgebühr handelt (§§ 42 Abs. 1 S. 2, 51 Abs. 1 S. 2 RVG).

---

[7] Vgl. aber OLG Düsseldorf RVGreport 2011, 228.
[8] KG JurBüro 2009, 30.
[9] KG JurBüro 2009, 30.
[10] OLG Koblenz JurBüro 2006, 247; AG Nordhorn AGS 2006, 238; AG Weilburg AGS 2007, 561; Burhoff/*Burhoff* Nr. 4142 VV Rn. 9; Schneider/Wolf/*N. Schneider* Nr. 4142 VV Rn. 13; *Burhoff* RVGreport 2006, 191; *Henke* AGS 2007, 545; *Krause* JurBüro 2006, 118; *Volpert* VRR 2006, 238; sa BT-Drs. 15/1971, 280.
[11] Burhoff/*Burhoff* Nr. 4142 VV Rn. 13.

2. Ausschluss der Gebühr im Bagatellbereich (Nr. 4142 Anm. Abs. 2 VV)

14 Eine Gebühr nach Nr. 4142 VV fällt nicht an, wenn der Gegenstandswert niedriger als 30 EUR (vor dem Inkrafttreten des 2. KostRMoG niedriger als 25 EUR) ist (Nr. 4142 Anm. Abs. 2 VV). Sinn und Zweck dieser Regelung ist eine Vereinfachung bei der Gebührenfestsetzung.[12] Sie bewirkt, dass insbesondere bei der Einziehung geringwertiger Tatwerkzeuge keine Gebühr entsteht, was ohne den Ausschluss der Gebühr im Bagatellbereich sonst häufig der Fall wäre.

3. Gegenstandswert

15 Die **Höhe** der Gebühr richtet sich nach dem Gegenstandswert. Das ist der Wert, den der Gegenstand der anwaltlichen Tätigkeit hat (§ 2 Abs. 1 RVG). Mehrere Gegenstandswerte in derselben Angelegenheit sind nach § 7 Abs. 2 RVG zusammenzurechnen. Bei mehreren Beschuldigten wird jedem der volle Wert zugerechnet, maßgebend ist also nicht nur der auf den einzelnen Beschuldigten entfallende Anteil.[13]

16 Der **Gegenstandswert** bestimmt sich nach dem **objektiven Verkehrs(Geld-)wert** der betroffenen Sache. Das subjektive Interesse des Beschuldigten ist ohne Belang.[14] Handelt es sich nur um eine **vorläufige** Beschlagnahme, ist ein **Abschlag** angebracht.[15]

17 Für das Verfahren der **Wertfestsetzung** gelten die allgemeinen Vorschriften des § 33 RVG. Der Rechtsanwalt kann also den Gegenstandswert für die Gebühr nach Nr. 4142 VV durch das Gericht festsetzen lassen.

18 Die bisher von der Rechtsprechung entschiedenen Fälle lassen sich im Wesentlichen in folgende Fallgruppen einteilen:
- **Betäubungsmittel:** kein Verkehrswert[16]
- **Dealgeld:** Nennwert des eingezogenen Geldbetrages[17]
- **Diebesgut:** objektiver Verkehrswert (nicht Versteigerungswert)[18]
- **Falschgeld:** kein Verkehrswert[19]
- **Tatwerkzeug:** Wert des Werkzeugs, regelmäßig unterhalb von 25 EUR
- **Unversteuerte Zigaretten:** kein Verkehrswert = OLG Brandenburg,[20] **aA** Materialwert zzgl. üblicher Handelsspanne = LG Essen.[21]

V. Kostenerstattung

19 Gegenüber dem Mandanten kann der Rechtsanwalt die Gebühr nach Nr. 4142 VV gemäß § 11 RVG festsetzen lassen. Im Honorarprozess bedarf es der Einholung eines Gutachtens des Vorstands der Rechtsanwaltskammer nicht, da es

---

[12] BT-Drs. 15/1971, 228.
[13] OLG Bamberg JurBüro 2007, 201.
[14] Burhoff/*Burhoff* Nr. 4142 VV Rn. 25.
[15] OLG Hamm BeckRS 2008, 77014; OLG München NStZ-RR 2010, 32 (Ls.).
[16] KG JurBüro 2005, 531; OLG Frankfurt RVGreport 2007, 71 mAnm *Hansens*; OLG Koblenz JurBüro 2006, 255; OLG Schleswig StraFo 2006, 516; *Burhoff* RVGreport 2006, 412, 417; Gerold/Schmidt/*Burhoff* Nr. 4142 VV Rn. 19 mit der Empfehlung, zwischen den Betäubungsmitteln der verschiedenen Anlagen zum BtMG zu unterscheiden.
[17] KG JurBüro 2005, 531.
[18] OLG Bamberg JurBüro 2007, 201.
[19] OLG Frankfurt JurBüro 2007, 201.
[20] OLG Brandenburg NStZ-RR 2010, 192.
[21] LG Essen AGS 2006, 501.

Abschnitt 1. Gebühren des Verteidigers **Nr. 4143, 4144 VV**

sich bei der Gebühr nach Nr. 4142 VV um eine Wertgebühr und nicht um eine Rahmengebühr handelt. Soweit ein Anspruch gegen die Staatskasse gemäß § 45 RVG besteht, ist auch die Staatskasse zur Erstattung der Gebühr verpflichtet.

Nr. 4143, 4144 VV

Nr.	Gebührentatbestand	Gebühr oder Satz der Gebühr nach § 13 oder § 49 RVG	
		Wahlanwalt	gerichtlich bestellter oder beigeordneter Rechtsanwalt
4143	Verfahrensgebühr für das erstinstanzliche Verfahren über vermögensrechtliche Ansprüche des Verletzten oder seines Erben .... (1) Die Gebühr entsteht auch, wenn der Anspruch erstmalig im Berufungsverfahren geltend gemacht wird. (2) Die Gebühr wird zu einem Drittel auf die Verfahrensgebühr, die für einen bürgerlichen Rechtsstreit wegen desselben Anspruchs entsteht, angerechnet.	2,0	2,0
4144	Verfahrensgebühr im Berufungs- und Revisionsverfahren über vermögensrechtliche Ansprüche des Verletzten oder seines Erben	2,5	2,5

Übersicht

	Rn.
I. Überblick	1
II. Anwendungsbereich	4
1. Persönlicher Anwendungsbereich	4
2. Sachlicher Anwendungsbereich	7
III. Verfahrensgebühr im erstinstanzlichen Verfahren (Nr. 4143 VV)	9
1. Entstehung der Gebühr	9
2. Gebührenhöhe	11
3. Anrechnung (Nr. 4143 Anm. Abs. 3 VV)	15
a) Voraussetzungen für eine Anrechnung	16
b) Umfang der Anrechnung	20
c) Anrechnung vorgerichtlicher Gebühren	21
IV. Verfahrensgebühr im Berufungs- und Revisionsverfahren (Nr. 4144 VV)	24
1. Entstehung der Gebühr	25
2. Gebührenhöhe	26
3. Keine Anrechnung	29
V. Einigungsgebühr	30

I. Überblick

Die besonderen Verfahrensgebühren für die anwaltliche Tätigkeit im **Adhäsions-** 1
verfahren nach den §§ 403 ff. StPO sind in den Nr. 4143 und 4144 VV geregelt.

Nr. 4143, 4144 VV

Nr. 4143 VV betrifft das erstinstanzliche Verfahren, Nr. 4144 VV das Berufungs- und Revisionsverfahren. Beide Gebühren sind **Wertgebühren**. Sie fallen nach der Vorb. 4.3 Abs. 2 VV auch im **isolierten Adhäsionsverfahren** an.[1]

2   Nr. 4143 Anm. Abs. 2 VV sieht eine **Anrechnung** der im Adhäsionsverfahren verdienten besonderen Verfahrensgebühr vor, wenn der Rechtsanwalt anschließend wegen desselben Anspruchs vor einem Zivilgericht tätig wird. Das gilt nach Nr. 4144 VV nicht im Berufungs- und Revisionsverfahren.

3   In der **Praxis** hat das Adhäsionsverfahren eine nur **geringe Bedeutung**. Die Rechtsanwälte führen über vermögensrechtliche Ansprüche des Verletzten oder seiner Erben lieber einen Prozess vor dem Zivilgericht. Zum einen ist der Gebührenanfall des Rechtsanwalts dann höher, zum anderen erscheinen die Zivilrichter für den zivilrechtlichen Rechtsbereich kompetenter als Strafrichter. Zudem fühlen sich die Strafrichter aber auch selbst überfordert, wenn sie sich mit zivilrechtlichen Ansprüchen befassen sollen.

II. Anwendungsbereich

1. Persönlicher Anwendungsbereich

4   Die Nr. 4143 und 4144 VV gelten für den **Wahlanwalt** und für den **gerichtlich bestellten oder beigeordneten Rechtsanwalt** gleichermaßen und auch für den Rechtsanwalt als **Vertreter eines Privat- oder Nebenklägers** (Vorb. 4 Abs. 1 VV). Dabei ist es für den Rechtsanwalt als Verteidiger gleichgültig, ob er die gegen den Beschuldigten erhobenen vermögensrechtlichen Ansprüche abwehrt oder ob sich seine Tätigkeit auf die Geltendmachung oder Abwehr eines aus der Straftat erwachsenen vermögensrechtlichen Anspruchs im Sinne einer **Einzeltätigkeit** beschränkt, er also nicht zugleich auch als Verteidiger tätig wird (Vorb. 4.3 Abs. 2 VV).

5   Für den gerichtlich bestellten oder beigeordneten Rechtsanwalt ist umstritten, ob sich seine Beiordnung **automatisch** auf das **Adhäsionsverfahren** erstreckt oder ob es einer (gesonderten) **ausdrücklichen Bestellung** auch für dieses Verfahren bedarf. Die Rechtsprechung der **Oberlandesgerichte** ist gespalten. Teilweise wird eine automatische Erstreckung der Bestellung zum Pflichtverteidiger bejaht,[2] teilweise abgelehnt.[3] Der **Bundesgerichtshof** hat die Frage bislang offen gelassen, jedoch für den Fall der Beiordnung eines Rechtsanwalts als Beistand eines Nebenklägers gemäß § 397a Abs. 1 StPO entschieden, dass sich die Beiordnung nicht auf das Adhäsionsverfahren erstreckt.[4] Vom Schrifttum wird die automatische Erstreckung einhellig bejaht.[5]

Praxistipp:

6   Dem gerichtlich bestellten Pflichtverteidiger ist angesichts der unterschiedlichen Rechtsprechung zu empfehlen, im Fall der Rechtshängigkeit eines Adhäsionsantrags

---

[1] Dazu *Schneider* AGS 2006, 582.

[2] So KG JurBüro 2011, 254 unter Aufgabe der früheren Rechtsprechung; OLG Dresden AGS 2007, 404; OLG Hamburg NStZ-RR 2006, 347; OLG Hamm JurBüro 2001, 531; OLG Köln AGS 2005, 436; LG Görlitz AGS 2006, 502; sa Burhoff/*Burhoff* Nr. 4141 Rn. 16 ff.

[3] OLG Bamberg NStZ-RR 2009, 114; OLG Brandenburg AGS 2009, 69 (mit sehr ausführlicher Begründung); OLG Celle RVGreport 2008, 102; OLG Hamburg RVGreport 2012, 67; OLG Hamm NJW 2013, 325; OLG Jena AGS 2009, 587; OLG München StV 2004, 38; OLG Oldenburg AGS 2010, 306; OLG Rostock RVGprofessionell 2011, 159; OLG Stuttgart AGS 2009, 387; OLG Zweibrücken JurBüro 2006, 643.

[4] BGH NJW 2001, 2486 (2487).

[5] Burhoff/*Burhoff* Nr. 4143 VV Rn. 17; Gerold/Schmidt/*Burhoff* Nr. 4143, 4144 VV Rn. 5; HK-RVG/*Kroiß* Nr. 4141–4147 VV Rn. 20; Schneider/Wolf/*N. Schneider* Nr. 4143–4144 VV Rn. 62 f.

vorsorglich die Erweiterung seiner Bestellung und die Bewilligung von Prozesskostenhilfe (§ 404 Abs. 5 StPO) zu beantragen.

2. Sachlicher Anwendungsbereich

Die Nr. 4143, 4143 VV betreffen unmittelbar die Tätigkeit des Rechtsanwalts im **Adhäsionsverfahren** nach den §§ 403 ff. StPO, wenn der Rechtsanwalt für den Verletzten oder seinen Erben gegen den Beschuldigten einen aus der Straftat erwachsenen vermögensrechtlichen Anspruch im Strafverfahren geltend macht. 7

Entsprechend anwendbar sind die Nr. 4143 und 4144 VV auf die Tätigkeit des Rechtsanwalts im Verfahren nach dem **Gesetz über die Entschädigung für Strafverfolgungsmaßnahmen** (StrEG).[6] Das gilt aber nur für das **Grundverfahren**. Im Betragsverfahren fällt bei außergerichtlicher Vertretung die Geschäftsgebühr nach Nr. 2300 VV an, bei gerichtlicher Vertretung entstehen die in Teil 3 VV geregelten Gebühren.[7] 8

III. Verfahrensgebühr im erstinstanzlichen Verfahren (Nr. 4143 VV)

1. Entstehung der Gebühr

Die Gebühr entsteht im gerichtlichen Verfahren – nicht auch im vorbereitenden Verfahren[8] – mit der Entgegennahme des Auftrags, die vermögensrechtlichen Ansprüche erstinstanzlich im Strafverfahren geltend zu machen, sobald der Rechtsanwalt im Anschluss hieran die **erste Tätigkeit** entfaltet, zB die erforderlichen Informationen entgegennimmt. Das folgt aus der Vorb. 4 Abs. 2 VV. Danach erhält der Rechtsanwalt die Verfahrensgebühr für das Betreiben des Geschäfts einschließlich der Information. Ein förmlicher Antrag nach § 404 Abs. 1 StPO ist nicht notwendig.[9] 9

Gemäß Nr. 4143 Anm. Abs. 1 VV fällt die Gebühr auch an, wenn der Anspruch **erstmalig** im **Berufungsverfahren** geltend gemacht wird. Andernfalls gilt Nr. 4144 VV. 10

2. Gebührenhöhe

Die Gebühr nach Nr. 4143 VV ist eine **Wertgebühr.** Sie ist mit einem Gebührensatz von 2,0 für den **Wahlverteidiger** nach der Tabelle zu § 13 RVG und für den **gerichtlich bestellten oder beigeordneten Rechtsanwalt** nach der Tabelle zu § 49 RVG zu ermitteln. Für den gerichtlich bestellten oder beigeordneten Rechtsanwalt beträgt eine 2,0 Verfahrensgebühr bei einem Gegenstandswert von 30.000 EUR gleichbleibend 894 EUR. 11

Bei **mehreren Auftraggebern** erhöhen sich die Gebühren gemäß § 7 RVG iVm Nr. 1008 VV. Eine **Pauschgebühr** kann nicht anfallen, weil es sich um eine Wertgebühr handelt (§§ 42 Abs. 1 S. 2, 51 Abs. 1 S. 2 RVG). 12

Für die Bestimmung des **Gegenstandswerts** gelten die §§ 22 ff. RVG einschließlich der Weiterverweisung auf die Bewertungsvorschriften des GKG in § 23 Abs. 1 RVG.[10] Maßgeblich ist der Antrag (§§ 404 Abs. 1, 406 StPO). 13

---

[6] Ebenso Gerold/Schmidt/*Burhoff* Nr. 4143, 4144 VV Rn. 9; Schneider/Wolf/*N. Schneider* Nr. 4143–4144 VV Rn. 9; aA die Rechtsprechung OLG Frankfurt a.M. AGS 2007, 619; OLG Köln AGS 2009, 483.
[7] Burhoff/*Burhoff* Nr. 4143 Rn. 9.
[8] Schneider/Wolf/*N. Schneider* Nr. 4143–4144 VV Rn. 14.
[9] OLG Jena NJW 2010, 455.
[10] *Hartmann* Nr. 4143, 4144 VV Rn. 13.

14 Die **Festsetzung** des Gegenstandswerts obliegt dem Gericht im Verfahren nach § 33 RVG. Sie hat für jede Instanz gesondert zu erfolgen.

3. Anrechnung (Nr. 4143 Anm. Abs. 3 VV)

15 Folgt dem **Adhäsionsverfahren** gemäß § 406 Abs. 3 S. 2 StPO wegen desselben vermögensrechtlichen Anspruchs ein **bürgerlicher Rechtsstreit** vor dem Zivilgericht, greift Nr. 4143 Anm. Abs. 3 VV ein. Danach wird die gemäß Nr. 4143 VV entstandene zusätzliche Verfahrensgebühr **zu einem Drittel** auf eine Verfahrensgebühr **angerechnet,** die der Rechtsanwalt wegen desselben Anspruchs im bürgerlichen Rechtsstreit erhält (Nr. 3100 und 3200 VV).

16 a) **Voraussetzungen für eine Anrechnung.** Der **Antragsteller** muss im Strafverfahren und im bürgerlichen Rechtsstreit identisch sein. Bei mehreren Geschädigten muss es sich bei dem von dem Rechtsanwalt vertretenen Geschädigten also um dieselbe Person handeln. Unschädlich ist eine Rechtsnachfolge, etwa wenn der Geschädigte verstirbt und sein Erbe die Ansprüche vor dem Zivilgericht weiter verfolgt.[11]

17 Voraussetzung ist weiter, dass der **Rechtsanwalt** im bürgerlichen Rechtsstreit mit dem im Strafverfahren tätigen Rechtsanwalt identisch ist. Er braucht nicht Prozessbevollmächtigter zu sein. Die Anrechnungsbestimmung des Absatzes 2 der Anm. zu Nr. 4143 VV gilt auch für den **Korrespondenzanwalt** (Nr. 3400 VV), den **Terminsvertreter** (Nr. 3401 VV), den mit einer Einzeltätigkeit beauftragten Rechtsanwalt (Nr. 3403 VV) und den im Mahnverfahren tätigen Rechtsanwalt (Nr. 3305 ff. VV).[12] Andernfalls könnte der mit einer Einzeltätigkeit im Zivilprozess beauftragte Rechtsanwalt mehr verdienen als der Prozessbevollmächtigte.

18 Im Strafverfahren und im bürgerlichen Rechtsstreit muss es sich um **„denselben Anspruch"** handeln. Das ist zum Beispiel nicht der Fall, wenn der Rechtsanwalt im Adhäsionsverfahren die Zahlung eines Schmerzensgeldes verlangt hat und im bürgerlichen Rechtsstreit verletzungsbedingten entgangenen Gewinn einklagt.

19 Eine Anrechnung muss **unterbleiben,** wenn zwischen der Beendigung des Adhäsionsverfahrens und der Einleitung eines bürgerlichen Rechtsstreits mehr als zwei Kalenderjahre liegen (§ 15 Abs. 5 S. 2 RVG).

20 b) **Umfang der Anrechnung.** Anzurechnen ist ein Drittel der zusätzlichen Verfahrensgebühr nach Nr. 4143 VV auf die im bürgerlichen Rechtsstreit anfallende **Verfahrensgebühr,** nicht auf die **Terminsgebühr,** nicht auf eine im Adhäsionsverfahren entstandene **Einigungsgebühr** und nicht auf die **Auslagen.** Ist die Verfahrensgebühr im bürgerlichen Rechtsstreit niedriger als die zusätzliche Verfahrensgebühr nach Nr. 4143 VV, weil der Gegenstandswert geringer ist, kann die Anrechnung der zusätzlichen Verfahrensgebühr allenfalls zum Wegfall der im bürgerlichen Rechtsstreit entstehenden Verfahrensgebühr führen, nicht aber die Termins- oder Einigungsgebühr schmälern. Die **Postentgeltpauschale** nach Nr. 7002 VV entsteht in beiden Verfahren gesondert.

21 c) **Anrechnung vorgerichtlicher Gebühren.** Oft wird der Rechtsanwalt mit der Geltendmachung vermögensrechtlicher Ansprüche des Verletzten oder seines Erben schon vorgerichtlich beauftragt. In einem solchen Fall ist zu unterscheiden:

22 Erhält der Rechtsanwalt lediglich den Auftrag, die vermögensrechtlichen Ansprüche des Verletzten oder seines Erben **außergerichtlich** geltend zu machen, steht ihm die Geschäftsgebühr gemäß Nr. 2300 VV zu. Weitere Gebühren können nicht anfallen, weil das Mandat sich auf die außergerichtliche Vertretung beschränkt. Wird

---

[11] Schneider/Wolf/*N. Schneider* Nr. 4143–4144 VV Rn. 43.
[12] Schneider/Wolf/*N. Schneider* Nr. 4143–4144 VV Rn. 41 ff.; **aA** Gerold/Schmidt/*Burhoff* Nr. 4143, 4144 VV Rn. 20.

der Rechtsanwalt später im **Zivilverfahren** tätig, kommt die Anrechnungsregelung gemäß der Vorb. 3 Abs. 4 VV zur Anwendung. Danach ist die Geschäftsgebühr nach Nr. 2300 VV auf die Verfahrensgebühr des gerichtlichen Verfahrens zur Hälfte, jedoch höchstens mit einem Gebührensatz von 0,75 anzurechnen.

Wird der Rechtsanwalt, nachdem er außergerichtlich tätig geworden ist, beauftragt, die Ansprüche seines Mandanten im **Adhäsionsverfahren** geltend zu machen, steht ihm neben der **Geschäftsgebühr** gemäß Nr. 2300 VV die **Verfahrensgebühr** nach Nr. 4143 VV zu. Eine Anrechnung scheidet aus, weil eine gesetzliche Anrechnungsregelung fehlt. Die in der Vorb. 3 Abs. 4 VV enthaltene Anrechnungsregelung ist nicht anwendbar, weil sie nur die in Teil 3 VV geregelten Gebühren betrifft.[13]

IV. Verfahrensgebühr im Berufungs- und Revisionsverfahren (Nr. 4144 VV)

Nr. 4144 VV regelt nur die **Höhe** der Verfahrensgebühr der Nr. 4143 VV für das Berufungs- und Revisionsverfahren. Eine Besonderheit ist, dass Nr. 4144 VV im Vergleich zu der erstinstanzlichen Regelung der Nr. 4143 VV keine Anrechnungsregelung enthält. Im Übrigen kann auf die obigen Ausführungen zu Nr. 4143 VV unter → Rn. 13 verwiesen werden.

1. Entstehung der Gebühr

Die Gebühr kann nur entstehen, wenn das Adhäsionsverfahren über die vermögensrechtlichen Ansprüche nach den §§ 403 ff. StPO bereits in der ersten Instanz anhängig gewesen ist. Das folgt aus der Anm. zu Nr. 4143 Anm. Abs. 1 VV sowie daraus, dass auch für das Adhäsionsverfahren ein „Berufungs- und Revisionsverfahren über vermögensrechtliche Ansprüche" nur denkbar ist, wenn zuvor ein erstinstanzliches Verfahren stattgefunden hat. Unerheblich ist, ob der Berufungsanwalt auch schon in erster Instanz tätig gewesen ist. Ein Anwaltswechsel zwischen den Instanzen ist für die Entstehung der Gebühr nach Nr. 4144 VV also ohne Belang.

2. Gebührenhöhe

Nr. 4144 VV sieht für die Verfahrensgebühr im Berufungs- und Revisionsverfahren einen Gebührensatz von 2,5 vor.

Auch die Gebühr nach Nr. 4144 VV ist für den Wahlanwalt wie den gerichtlich bestellten oder beigeordneten Rechtsanwalt eine **Wertgebühr**. Sie ist für den **Wahlanwalt** mit einem Gebührensatz von 2,5 nach dem Gegenstandswert gemäß der Tabelle in § 13 RVG und für den **gerichtlich bestellten oder beigeordneten Rechtsanwalt** nach der Tabelle zu § 49 RVG zu ermitteln. Für den gerichtlich bestellten oder beigeordneten Rechtsanwalt ist die Höhe der Gebühr durch § 49 RVG begrenzt. Danach beträgt die volle Verfahrensgebühr höchstens 447 EUR, wenn der Gegenstandswert über 30.000 EUR liegt. Bei einem Gebührensatz von 2,5 kann die Verfahrensgebühr also höchstens 1.117,50 EUR betragen.

Für die Bestimmung des **Gegenstandswerts**, seine Festsetzung, die Erhöhung der Gebühr bei mehreren Auftraggebern und die fehlende Möglichkeit der Bewilligung einer Pauschgebühr wird auf die obigen Ausführungen unter → Rn. 13 verwiesen.

---

[13] Burhoff/*Burhoff* Nr. 4143 Rn. 37; aA Schneider/Wolf/*N. Schneider* Nr. 4143–4144 VV Rn. 59, der die Anm. zu Nr. 2403 VV und die Regelung der Vorb. 3 Abs. 4 VV entsprechend anwenden will.

3. Keine Anrechnung

29 Eine **Anrechnung** der zusätzlichen Verfahrensgebühr gemäß Nr. 4144 VV auf die Verfahrensgebühr, die der Rechtsanwalt wegen desselben Anspruchs im bürgerlichen Rechtsstreit erhält, unterbleibt im Berufungs- und Revisionsverfahren vollständig. Die Verfahrensgebühren der Nr. 3200 VV bzw. der Nr. 3206 VV stehen dem Rechtsanwalt also neben der Gebühr nach der Nr. 4144 VV uneingeschränkt ohne Anrechnung zu.

V. Einigungsgebühr

30 Neben der zusätzlichen Verfahrensgebühr kann für den Fall eines Vergleichs über die von dem Verletzten oder Erben geltend gemachten vermögensrechtlichen Ansprüche eine **Einigungsgebühr** in der ersten Instanz gemäß Nr. 1003 VV und in der Berufungs- oder Revisionsinstanz gemäß Nr. 1004 VV entstehen (Vorb. 1 VV). Diese Einigungsgebühr fällt neben der zusätzlichen Verfahrensgebühr an und ist **anrechnungsfrei**.

31 Im **Privatklageverfahren** kann neben der Verfahrensgebühr nach Nr. 4143 VV und neben der Einigungsgebühr nach Nr. 1003 VV auch noch die Gebühr nach Nr. 4147 VV anfallen, wenn der Rechtsanwalt eine Einigung bezüglich des Strafanspruchs und/oder des Kostenerstattungsanspruchs schließt.

32 Wenn **nicht rechtshängige Ansprüche** in die Einigung einbezogen werden, erhält der Rechtsanwalt für diesen Teil der Einigung eine 1,5 Einigungsgebühr nach Nr. 1000 VV. Eine Verfahrensdifferenzgebühr gemäß Nr. 3101 Ziff. 2 VV fällt nicht an. Stattdessen berechnet sich die Gebühr nach Nr. 4143 VV gemäß § 22 Abs. 1 RVG aus dem **Gesamtwert,** der sich unter Einschluss des Wertes der in die Einigung einbezogenen nicht rechtshängigen Ansprüche ergibt. Die Einigungsgebühr ist gemäß § 15 Abs. 3 RVG nach den **Teilwerten** der rechtshängigen und nicht rechtshängigen Ansprüche zu berechnen.

Nr. 4145 VV

Nr.	Gebührentatbestand	Gebühr oder Satz der Gebühr nach § 13 oder § 49 RVG	
		Wahlanwalt	gerichtlich bestellter oder beigeordneter Rechtsanwalt
4145	Verfahrensgebühr für das Verfahren über die Beschwerde gegen den Beschluss, mit dem nach § 406 Abs. 5 Satz 2 StPO von einer Entscheidung abgesehen wird	0,5	0,5

I. Überblick

1 Der Gebührentatbestand der Nr. 4145 VV wurde durch Art. 4 Nr. 2 des Gesetzes zur Verbesserung der Rechte von Verletzten im Strafverfahren **(Opferrechtsreformgesetz – OpferRRG)** vom 24.6.2004[1] mit Wirkung vom 1.9.2004 in das Vergütungsverzeichnis eingefügt. Die Einfügung wurde wegen einer **Änderung der Vorschriften zum Adhäsionsverfahren** notwendig.

---

[1] BGBl. I 1354, 1357.

Abschnitt 1. Gebühren des Verteidigers **Nr. 4145 VV**

II. Anwendungsbereich

1. Persönlicher Anwendungsbereich

Die Nr. 4145 VV gilt für den Wahlanwalt und für den gerichtlich bestellten oder **2** beigeordneten Rechtsanwalt, der in einem Adhäsionsverfahren den **Antragsteller** vertritt und für ihn im Verfahren der sofortigen Beschwerde nach § 406a StPO tätig wird. Antragsteller können der Verletzte oder seine Erben sein (§ 403 StPO).

Gleichgültig ist es dabei, ob der Rechtsanwalt den Verletzten oder seine Erben **3** nur im Adhäsionsverfahren vertritt oder für sie auch im Strafverfahren tätig wird, wenn sie gleichzeitig die Rolle eines Nebenklägers einnehmen.

Der Gebührentatbestand der Nr. 4145 VV kommt weiterhin für den Wahlanwalt **4** und für den gerichtlich bestellten oder beigeordneten Rechtsanwalt in Betracht, der den **Antragsgegner**, also den Beschuldigten vertritt. Auch dabei ist es ohne Belang, ob er gleichzeitig als Verteidiger tätig wird oder ob sich seine Tätigkeit auf das Adhäsionsverfahren beschränkt.

2. Sachlicher Anwendungsbereich

Die Verfahrensgebühr nach Nr. 4145 VV fällt für das **Betreiben des Geschäfts** **5** im Beschwerdeverfahren nach § 406a StPO einschließlich der **Information** an. War der Rechtsanwalt bereits vor Einlegung der sofortigen Beschwerde tätig, gehört die Einlegung gemäß § 19 Abs. 1 S. 2 Ziff. 10 RVG noch zum Ausgangsverfahren. Seine Tätigkeit im Beschwerdeverfahren beginnt gebührenrechtlich also erst mit der sich an die Einlegung anschließenden weiteren Tätigkeit.

Die Gebühr nach Nr. 4145 VV deckt auch einen im Beschwerdeverfahren aus- **6** nahmsweise stattfindenden Termin ab. Eine **Terminsgebühr** kann also nicht anfallen.[2]

Bei einer Einigung im Beschwerdeverfahren verdient der Rechtsanwalt zusätzlich **7** eine **Einigungsgebühr** nach den Nr. 1000, 1003 VV.

III. Höhe der Gebühr

Die in Nr. 4145 VV geregelte Verfahrensgebühr erhält der Rechtsanwalt neben **8** den Gebühren nach den Nr. 4100 ff. VV und neben der Verfahrensgebühr für das Antragsverfahren nach Nr. 4143 VV. Hat die Beschwerde Erfolg, findet also entgegen der erstinstanzlichen Entscheidung ein **Adhäsionsverfahren** statt, entsteht die zusätzliche Gebühr gemäß Nr. 4143 VV nicht noch einmal.

Die **Höhe** der 0,5 Verfahrensgebühr richtet sich nach dem Gegenstandswert. **9** Maßgebend ist der Wert des vermögensrechtlichen Anspruchs, über den das erstinstanzliche Gericht nach § 406 Abs. 5 S. 2 StPO nicht entscheiden wollte.

Wird der Rechtsanwalt für **mehrere Auftraggeber** (zB mehrere Verletzte) tätig, **10** erhöht sich die Gebühr von 0,5 gemäß Nr. 1008 VV um 0,3 für jeden weiteren Auftraggeber, wenn der Gegenstand der anwaltlichen Tätigkeit derselbe ist.

Die **Gebührenbeträge** richten sich für den Wahlanwalt nach § 13 RVG, für den **11** gerichtlich bestellten oder beigeordneten Rechtsanwalt nach § 49 RVG.

Auslagen, insbesondere die Postentgeltpauschale nach Nr. 7002 VV, erhält der **12** Rechtsanwalt gesondert, weil das Beschwerdeverfahren gemäß § 15 Abs. 2 S. 2 RVG als eigene Angelegenheit gilt.

---

[2] Burhoff/*Burhoff* Nr. 4145 VV Rn. 7.

Nr. 4146 VV

Nr.	Gebührentatbestand	Gebühr oder Satz der Gebühr nach § 13 oder § 49 RVG	
		Wahlanwalt	gerichtlich bestellter oder beigeordneter Rechtsanwalt
4146	Verfahrensgebühr für das Verfahren über einen Antrag auf gerichtliche Entscheidung oder über die Beschwerde gegen eine den Rechtszug beendende Entscheidung nach § 25 Abs. 1 Satz 3 bis 5, § 13 StrRehaG	1,5	1,5

I. Überblick

1 Nr. 4146 VV betrifft das Verfahren, das sich gemäß § 25 Abs. 1 S. 3 bis 5 StrRehaG aufgrund eines Antrags auf gerichtliche Entscheidung einem vorangegangenen Verwaltungsverfahren vor der Landesjustizverwaltung über eine soziale Ausgleichsleistung in Form einer Kapitalentschädigung nach den §§ 16 Abs. 2, 17, 17a und 19 StrRehaG anschließt, wenn die Landesjustizverwaltung die Gewährung einer solchen Leistung abgelehnt hat. Während der Rechtsanwalt für seine Tätigkeit im vorangegangenen Verwaltungsverfahren die Gebühr nach Nr. 2300 VV erhält, gilt für das sich anschließende gerichtliche Verfahren und ein etwaiges Beschwerdeverfahren die Gebührenregelung der Nr. 4146 VV.

II. Anwendungsbereich

1. Persönlicher Anwendungsbereich

2 Im gerichtlichen Verfahren nach § 25 Abs. 1 S. 3 bis 5 StrRehaG erhält der Rechtsanwalt die Gebühren nach Nr. 4146 VV als Wahlanwalt und auch im Fall seiner Beiordnung im Rahmen von Prozesskostenhilfe.

2. Sachlicher Anwendungsbereich

3 Nr. 4146 VV betrifft entsprechend § 25 Abs. 1 S. 3 bis 5 StrRehaG **zwei Gebührentatbestände**. In der ersten Alternative bezieht sie sich auf das Verfahren über den **Antrag auf gerichtliche Entscheidung**. Die zweite Alternative betrifft die Beschwerde gegen eine den Rechtszug beendende Entscheidung (§ 13 StrRehaG).

4 a) **Antrag auf gerichtliche Entscheidung (Nr. 4146 Alt. 1 VV).** Bei der Regelung der Nr. 4146 Alt. 1 VV handelt es sich um eine **lex specialis** zu den in den Nr. 3100 ff. VV geregelten Gebühren. Die Verfahrensgebühr der Nr. 4146 Alt. 1 VV deckt als **Pauschalgebühr** die Tätigkeiten ab, für die nach den Nr. 3100 ff. VV eine Verfahrens- und eine Terminsgebühr entstehen würden. Dabei ist es unerheblich, ob das Gericht mit oder ohne mündliche Erörterung entscheidet oder ob der Rechtsanwalt daran teilnimmt.[1] Ausgeschlossen ist auch die Anwendbarkeit der Nr. 3101 Nr. 1 und 2 VV.

---

[1] Schneider/Wolf/*N. Schneider* Nr. 4146 VV Rn. 6.

Abschnitt 1. Gebühren des Verteidigers **Nr. 4146 VV**

b) Beschwerdeverfahren (Nr. 4146 Alt. 2 VV). Für das Beschwerdeverfahren 5
erhält der Rechtsanwalt die Gebühr nach Nr. 4146 VV erneut.[2] Beschwerden, die
den Rechtszug nicht beenden, fallen nicht unter Nr. 4146 VV.[3] Für sie gilt die in
Nr. 3500 VV geregelte 0,5 Verfahrensgebühr.

III. Gebührenberechnung

1. Gebührensatz

Die Verfahrensgebühr ist in beiden Fällen der Nr. 4146 VV eine **Wertgebühr.** 6
Der **Gebührensatz** beträgt sowohl für den Wahlanwalt als auch für den gerichtlich
bestellten oder beigeordneten Rechtsanwalt **1,5 der vollen Gebühr.** Das bedeutet,
dass es auf den Umfang der anwaltlichen Tätigkeit nicht ankommt. Für den **Wahlverteidiger** erfolgt die konkrete Berechnung anhand der Tabelle zu § 13 RVG. Für
den **gerichtlich bestellten oder beigeordneten Rechtsanwalt** gilt die Tabelle
zu § 49 RVG. Für ihn ist die Gebühr ab einem Gegenstandswert von 5.000 EUR
niedriger als für den Wahlanwalt und zudem ab einem Gegenstandswert von
30.000 EUR auf 447 EUR begrenzt, bei einem Gegenstandswert ab 30.000 EUR
also auf 670,50 EUR.

Die Bewilligung bzw. Festsetzung einer **Pauschgebühr** gemäß §§ 42, 51 RVG ist 7
sowohl für den Wahlanwalt als auch für den gerichtlich bestellten oder beigeordneten
Rechtsanwalt ausgeschlossen, weil es sich bei der Gebühr nach Nr. 4142 VV um
eine Wertgebühr handelt (§§ 42 Abs. 1 S. 2, 51 Abs. 1 S. 2 RVG).

Vertritt der Rechtsanwalt **mehrere Auftraggeber**, erhöht sich die Verfahrensge- 8
bühr der Nr. 4146 VV gemäß Nr. 1008 VV für jeden weiteren Auftraggeber um 0,3,
sofern diese gemeinschaftlich beteiligt sind. Soweit es an einer gemeinschaftlichen
Beteiligung fehlt, sind die jeweiligen Gegenstandswerte gemäß § 22 Abs. 1 RVG
zusammenzurechnen.

2. Gegenstandswert

Die Höhe der Verfahrensgebühr ist von dem Gegenstandswert abhängig. Maßge- 9
bend ist der **Wert der anwaltlichen Tätigkeit** (§ 2 Abs. 1 RVG). Der Wert ist
für jede Instanz gesondert festzusetzen. Da die Ansprüche gemäß § 16 StRehaG
vermögensrechtlicher Art sind, richtet sich der Gegenstandswert nach der Höhe
des mit dem Antrag auf gerichtliche Entscheidung (Nr. 4146 Alt. 1 VV) geltend
gemachten bzw. im Beschwerdeverfahren (Nr. 4146 Alt. 2 VV) weiter verfolgten
Anspruchs.

3. Anrechnung

Eine Anrechnung der im vorangegangenen Verwaltungsverfahren entstandenen 10
Geschäftsgebühr nach Nr. 2300 VV ist nicht vorgesehen. Eine gesetzliche Anrechnungsvorschrift gibt es im RVG nicht. Eine **analoge Anwendung** der Anrechnungsvorschriften in der Anm. zu Nr. 2303 VV und in der Vorb. 3 Absatz 4 VV
ist nicht möglich, weil das Fehlen einer Anrechnungsvorschrift in Bezug auf die
Verfahrensgebühr nach Nr. 4146 VV nicht auf einer Lücke der gesetzlichen Regelung beruht.[4] Die amtliche Begründung zu Nr. 4145 VV (jetzt Nr. 4146 VV) besagt,
dass die Regelung dem früheren § 96c BRAGO entspricht.[5] Diese sah aber auch
keine Anrechnung vor.

---

[2] Burhoff/*Burhoff* Nr. 4146 VV Rn. 6.
[3] Schneider/Wolf/*N. Schneider* Nr. 4146 VV Rn. 21.
[4] Schneider/Wolf/*N. Schneider* Nr. 4146 VV Rn. 10.
[5] BT-Drs. 15/1971 zu Nr. 4145 VV.

Nr. 4147 VV

4. Auslagen

11 Neben der Verfahrensgebühr nach Nr. 4146 VV für den Antrag auf gerichtliche Entscheidung hat der Rechtsanwalt Anspruch auf Erstattung seiner Auslagen gemäß Nr. 7000 ff. VV. Dasselbe gilt für das Beschwerdeverfahren, das eine eigene Angelegenheit iSd § 15 Abs. 2 S. 2 RVG ist.

IV. Einigungsgebühr

12 Neben der Gebühr nach Nr. 4146 VV kann eine Einigungsgebühr nach den Nr. 1000 und 1003 VV entstehen.

Nr. 4147 VV

Nr.	Gebührentatbestand	Gebühr oder Satz der Gebühr nach § 13 oder § 49 RVG	
		Wahlanwalt	gerichtlich bestellter oder beigeordneter Rechtsanwalt
4147	Einigungsgebühr im Privatklageverfahren bezüglich des Strafanspruchs und des Kostenerstattungsanspruchs: Die Gebühr 1000 entsteht: .... Für einen Vertrag über sonstige Ansprüche entsteht eine weitere Einigungsgebühr nach Teil 1.	in Höhe der jeweiligen Verfahrensgebühr (ohne Zuschlag)	

I. Überblick

1 Die Nr. 4147 VV regelt die **Höhe** der **Einigungsgebühr** im Privatklageverfahren, wenn es zu einer Einigung bezüglich des Strafanspruchs und des Kostenerstattungsanspruchs kommt. Eine besondere Vorschrift neben der Nr. 1000 VV war erforderlich, weil die Nr. 1000 VV keinen Betragsrahmen für den gerichtlich bestellten oder beigeordneten Rechtsanwalt vorgibt. Sie hätte nicht in die Tabellenstruktur des Teils 1 VV hineingepasst.[1] Gleichwohl handelt es sich um eine Einigungsgebühr iSd Nr. 1000 VV, deren Voraussetzungen erfüllt sein müssen, damit die Gebühr nach Nr. 4147 VV anfallen kann.[2] Zudem unterscheiden sich beide Vorschriften in Bezug auf den Gegenstand der Einigung (→ Rn. 4 ff.).

2 Die Einigungsgebühr der Nr. 4147 VV für den gerichtlich bestellten oder beigeordneten Rechtsanwalt ist eine Festgebühr. Sie orientiert sich ebenso wie die Gebühren nach den Nr. 1005 und 1006 VV an der Verfahrensgebühr ohne Zuschlag. Anders als bei Nr. 4141 VV gilt jedoch nicht die jeweilige Mittelgebühr, vielmehr ist auf die konkret angefallene Verfahrensgebühr abzustellen. Damit wird dem Umstand Rechnung getragen, dass der Beitrag des Wahlanwalts mit den Kriterien des § 14 RVG nur schwer zu bewerten ist.[3]

---

[1] BT-Drs. 15/1971 S. 229.
[2] Burhoff/*Burhoff* Nr. 4147 VV Rn. 1.
[3] BT-Drs. 17/11471 v. 14.11.2012 Art. 8 Nr. 4.

Abschnitt 1. Gebühren des Verteidigers Nr. 4147 VV

II. Anwendungsbereich

1. Persönlicher Anwendungsbereich

Die Gebühr fällt für jeden im Privatklageverfahren tätigen Rechtsanwalt an, 3
gleichgültig, ob er als Wahlanwalt beauftragt ist oder ob er gerichtlich bestellt oder
beigeordnet wird.

2. Sachlicher Anwendungsbereich

Nr. 4147 VV ergänzt die Einigungsgebühr nach Nr. 1000 VV. Beide Gebühren- 4
tatbestände unterscheiden sich in Bezug auf den **Gegenstand der Einigung**.

Die Nr. 1000 VV betrifft die Einigung über **vermögensrechtliche** Ansprüche, 5
etwa die Zahlung von Schadensersatz oder Schmerzensgeld oder den Verzicht hierauf
sowie den Widerruf ehrverletzender Äußerungen. Hierfür erhält der Rechtsanwalt
die Einigungsgebühr nach Nr. 1000 VV. Die Nr. 4147 VV gilt für diese Einigung
nicht.

Die andere Möglichkeit ist eine Einigung „bezüglich des **Strafanspruchs** und des 6
Kostenerstattungsanspruchs". Diese Einigung wird als „**Privatklageeinigung**"
bezeichnet.[4] Im Gegensatz zu einer Einigung über vermögensrechtliche Ansprüche
stellt diese Privatklageeinigung auf die prozessuale und nicht auf die materielle Dispositionsberechtigung
ab. Dieser Privatklageeinigung gilt der Gebührentatbestand
der Nr. 4147 VV.

Regelt eine zwischen den Beteiligten eines Privatklageverfahrens getroffene Eini- 7
gung sowohl die vermögensrechtlichen Ansprüche als auch den Straf- und Kostenerstattungsanspruch,
erhält der Rechtsanwalt sowohl die Einigungsgebühr nach
Nr. 1000 VV als auch die Einigungsgebühr nach Nr. 4147 VV.

III. Entstehung der Gebühr

Die Entstehung der Einigungsgebühr nach Nr. 4147 VV für eine sog. „**Privat-** 8
klageeinigung" setzt einen Vertrag des Privatklägers mit dem Beschuldigten
voraus. An die Einigung sind äußerst geringe Anforderungen zu stellen.[5] Es genügt
die bloße Zurücknahme der Privatklage durch den Privatkläger, wenn der Beschuldigte
gemäß § 391 Abs. 1 S. 2 StPO zustimmt. Das **Privatklagerecht** muss durch die
von den Verfahrensbeteiligten getroffene Regelung **verbraucht** und eine sachliche
Entscheidung über die Privatklage nicht mehr möglich sein. Die Privatklageeinigung
muss ein bereits anhängiges Privatklageverfahren endgültig beenden oder (zB bei
einer Einigung im Sühnetermin) ein noch nicht eingeleitetes Privatklageverfahren
vermeiden.

Die Privatklageeinigung mit der Folge der Entstehung einer Einigungsgebühr 9
nach Nr. 4147 VV ist in jedem **Verfahrensabschnitt** möglich, also nicht nur im
gerichtlichen Privatklageverfahren, sondern ebenso im vorangehenden Sühneverfahren.
Die Einigungsgebühr fällt auch an, wenn es erst im **Berufungs- oder Revisionsverfahren**
zu einer Einigung hinsichtlich des Strafanspruchs und des Kostenerstattungsanspruchs
kommt.

IV. Einigung über sonstige Ansprüche (Anm. zu Nr. 4147 VV)

Neben der Einigungsgebühr nach Nr. 4147 VV kann eine weitere Einigungsge- 10
bühr nach Nr. 1000 VV entstehen, wenn ein „**Vertrag über sonstige Ansprüche**"
geschlossen wird. Das stellt die Anm. zu Nr. 4147 VV ausdrücklich klar.

---

[4] Schneider/Wolf/*N. Schneider* Nr. 4147 VV Rn. 9.
[5] Schneider/Wolf/*N. Schneider* Nr. 4147 Rn. 11.

Vorb. 4.2 VV Teil 4. Strafsachen

11   Gegenstand eines Vertrags über sonstige Ansprüche kann eine Einigung über **vermögensrechtliche** Ansprüche auf Schadensersatz oder Schmerzensgeld oder eine Einigung über **nicht vermögensrechtliche** Ansprüche wie beispielsweise über einen Widerruf ehrverletzender Behauptungen oder deren Unterlassung sein.

12   Die Anm. zu Nr. 4147 VV verweist nicht auf die Einigungsgebühr nach Nr. 1000 VV, sondern auf eine „**weitere Einigungsgebühr nach Teil 1**". Damit wird zum Ausdruck gebracht, dass neben der Einigungsgebühr nach Nr. 4147 VV weitere Einigungsgebühren nach den Nr. 1000 und 1003 bis 1005 VV entstehen können.

13   Eine Einigungsgebühr nach Nr. 1000 VV entsteht bei einer Einigung über nicht anhängige Ansprüche mit einem Gebührensatz von 1,5. Sind die Ansprüche anhängig, kommt in der ersten Instanz der Gebührentatbestand der Nr. 1003 VV mit einem Gebührensatz von 1,0 und in der Berufungs- oder Revisionsinstanz der Gebührentatbestand der Nr. 1004 VV mit einem Gebührensatz von 1,3 zur Anwendung.

14   Die **Höhe** der jeweiligen Einigungsgebühr richtet sich nach dem **Gegenstandswert**. Dieser bestimmt sich nach dem Wert der Ansprüche, die Gegenstand der Einigung sind, nicht aber nach dem Einigungsbetrag.

15   Die jeweilige Einigungsgebühr nach Teil 1 VV ist eine **Wertgebühr.** Die Gebührenbeträge richten sich für den Wahlanwalt nach der Tabelle zu § 13 RVG und für den gerichtlich bestellten oder beigeordneten Rechtsanwalt nach der Tabelle zu § 49 RVG.

Abschnitt 2. Gebühren in der Strafvollstreckung

Vorbemerkung 4.2 VV:

Im Verfahren über die Beschwerde gegen die Entscheidung in der Hauptsache entstehen die Gebühren besonders.

I. Teil 4 Abschn. 2 VV

1. Überblick

1   Teil 4 Abschn. 2 VV normiert besondere Gebühren für die Tätigkeit des Rechtsanwalts in der Strafvollstreckung. Mit diesen Gebühren soll auch in Strafvollstreckungssachen eine angemessene Verteidigung bzw. Vertretung des Verurteilten sichergestellt werden. Dies ist geboten, weil Strafvollstreckungssachen einen erheblichen Zeitaufwand des Rechtsanwalts erfordern können. Häufig liegen in Strafvollstreckungssachen Sachverständigengutachten vor, die der Verteidiger auswerten muss, nicht selten muss er an Anhörungen von Sachverständigen und seines Mandanten teilnehmen.

2. Persönlicher Anwendungsbereich

2   Die in Teil 4 Abschn. 2 VV für Tätigkeiten in der Strafvollstreckung geregelten Gebühren gelten sowohl für den **Wahlanwalt** als auch für den **gerichtlich bestellten oder beigeordneten Rechtsanwalt.** Voraussetzung ist, dass der Rechtsanwalt uneingeschränkt mit der Vertretung des Verurteilten beauftragt ist. Beschränkt sich

die Beauftragung auf Einzeltätigkeiten, kommen die Gebührentatbestände von Teil 4 Abschn. 3 VV (Nr. 4300–4304 VV) zur Anwendung.

Der gerichtlich bestellte oder beigeordnete Rechtsanwalt bedarf für eine Tätigkeit in der Strafvollstreckung einer besonderen Bestellung. Seine Bestellung im vorangegangenen Strafverfahren endet mit dessen rechtskräftigem Abschluss.[1] Für eine Bestellung erst während des Strafvollstreckungsverfahrens gilt § 48 Abs. 5 RVG. 3

In Betracht kommt auch eine anwaltliche Tätigkeit als Beistand iSd Vorb. 4 Abs. 1 VV.[2] 4

3. Sachlicher Anwendungsbereich

Die **Strafvollstreckung** betrifft alle Maßnahmen und Anordnungen, die auf die Vollstreckung der in einer Strafsache ergangenen Entscheidungen abzielen und die in den §§ 449 bis 463d StPO geregelt sind. Davon zu unterscheiden ist der **Strafvollzug**. Er umfasst alle Tätigkeiten und Maßnahmen, die auf die praktische Durchführung der Strafvollstreckung gerichtet sind.[3] Wird der Rechtsanwalt im Strafvollzug für den Verurteilten tätig, können Gebühren nach den Teilen 2 oder 3 VV anfallen, nicht aber nach Teil 4 Abschn. 2 VV.[4] 5

4. Gebührenstruktur

Die Gebühren, die anlässlich einer anwaltlichen Tätigkeit in der Strafvollstreckung anfallen können, sind in zwei Gruppen aufgeteilt. Die Nr. 4200–4203 VV betreffen nach der in Nr. 4200 Ziff. 1 VV enthaltenen enumerativen Aufzählung die wegen ihrer Bedeutung und des durchweg höheren anwaltlichen Zeitaufwands **wichtigeren Bereiche** der Strafvollstreckung mit einem gegenüber den Nr. 4204–4207 VV höheren Gebührenrahmen. Die Nr. 4204–4207 VV behandeln die Gebühren für „**sonstige Verfahren** in der Strafvollstreckung". 6

Die Gebührentatbestände der Nr. 4200–4207 VV entsprechen der neuen Struktur der strafverfahrensrechtlichen Gebühren. Ebenso wie für die in Teil 4 Abschn. 1 VV geregelten Verfahren können eine **Verfahrens-** und eine **Terminsgebühr** entstehen. Eine **Grundgebühr** kann nicht anfallen.[5] Die Nr. 4100 VV gilt nur für die in Teil 4 Abschn. 1 VV geregelten Gebühren, nicht aber auch für die von Teil 4 Abschn. 2 VV.[6] 7

II. Vorb. 4.2 VV

1. Überblick

Nach der Vorb. 4.2 erhält der Rechtsanwalt im Verfahren über die **Beschwerde** gegen die Entscheidung in der Hauptsache die Gebühren des Abschn.s 2 des Teils 4 VV **besonders.** Die insoweit erbrachten Tätigkeiten sind also nicht wie sonst im strafrechtlichen Beschwerdeverfahren aufgrund der Vorb. 4.1 VV durch die Gebühren im Ausgangsverfahren abgegolten.[7] Der Rechtsanwalt kann daher für seine 8

---

[1] OLG Brandenburg StV 2007, 95.
[2] *Burhoff* RVGreport 2004, 16.
[3] Burhoff/*Volpert* Vorb. 4.2 VV Rn. 9; Gerold/Schmidt/*Burhoff* Einl. Vorb. 4.2 VV Rn. 8.
[4] Dazu *Volpert* RVGprofessionell 2006, 214.
[5] KG JurBüro 2009, 83.
[6] OLG Köln AGS 2007, 452 mAnm *Schneider*; OLG Schleswig JurBüro 2005, 252; Burhoff/*Volpert* Vorb. 4.2 VV Rn. 16 mwN.
[7] OLG Schleswig AGS 2005, 44.

Tätigkeit in Beschwerdeverfahren nach Nr. 4200 VV und Nr. 4204 VV alle Gebühren erneut verdienen.[8] Die **Einlegung** der Beschwerde gehört gemäß § 19 Abs. 1 S. 1 Ziff. 10 RVG für den bereits in dem vorangegangenen Verfahren tätig gewesenen Rechtsanwalt noch zu diesem Verfahren und nicht zu dem Beschwerdeverfahren.

9 Diese Regelung wird der Bedeutung der aufgeführten Verfahren für den Mandanten des Rechtsanwalts und der Tragweite der zu treffenden Entscheidungen gerecht. Sie berücksichtigt zudem, dass häufig in der Beschwerdeinstanz erheblicher Zeitaufwand erbracht werden muss. Dieser kann zB darauf zurückzuführen sein, dass weitere Sachverständigengutachten eingeholt werden oder erneute Anhörungen stattfinden.

2. Höhe der Gebühren

10 Zur Höhe der Gebühren, die im Beschwerdeverfahren „besonders" anfallen können, enthält die Vorb. 4.2 VV keine Regelung. Deshalb ist davon auszugehen, dass die Beschwerdegebühren in den in Nr. 4200 VV genannten Verfahren denen der Nr. 4200–4203 VV entsprechen und in den „sonstigen" Verfahren denen der Nr. 4204–4207 VV.[9]

3. Auslagen

11 Im Beschwerdeverfahren **entstandene Auslagen** sind dem Rechtsanwalt zu erstatten. Strittig ist, ob der Rechtsanwalt auch die **Auslagenpauschale gemäß Nr. 7002 VV** beanspruchen kann. Eine Auffassung verneint das unter Hinweis auf § 1 Abs. 1 S. 1 RVG, weil die Vorb. 4.2 VV nur von Gebühren spricht.[10] Die gegenteilige Meinung wendet ohne Begründung die Nr. 7002 VV an.[11] Sie ist überzeugender. Die Gebührentatbestände von Teil 4 VV sprechen sämtlich nur von Gebühren und nicht von Auslagen. Es ist deshalb nicht einzusehen, warum der Wortlaut der Vorbemerkung 4.2 VV ein Indiz dafür sein soll, dass die Auslagenpauschale nach Nr. 7002 VV im Beschwerdeverfahren der Strafvollstreckung ausnahmsweise nicht beansprucht werden darf.

Nr. 4200–4207 VV

Nr.	Gebührentatbestand	Gebühr oder Satz der Gebühr nach § 13 oder § 49 RVG	
		Wahlanwalt	gerichtlich bestellter oder beigeordneter Rechtsanwalt

4200	Verfahrensgebühr als Verteidiger für ein Verfahren über
	1. die Erledigung oder Aussetzung der Maßregel der Unterbringung
	   a) in der Sicherungsverwahrung,
	   b) in einem psychiatrischen Krankenhaus oder		

---

[8] OLG Frankfurt RVGreport 2007, 35; OLG Schleswig RVGreport 2006, 153; LG Düsseldorf AGS 2007, 352 mAnm *Volpert*; Burhoff/*Volpert* Vorb. 4.2 VV Rn. 30.

[9] OLG Schleswig AGS 2005, 44; Schneider/Wolf/*N. Schneider* Vorb. 4.2 Nr. 4200–4207 VV Rn. 28 ff.

[10] LG Düsseldorf AGS 2007, 352 mAnm *Volpert*; Burhoff/*Volpert* Vorb. 4.2 VV Rn. 36.

[11] Gerold/Schmidt/*Burhoff* Einl. Vorb. 4.2 VV Rn. 17; Schneider/Wolf/*N. Schneider* Vorb. 4.2 Nr. 4200–4207 VV Rn. 33.

Abschnitt 2. Gebühren in der Strafvollstreckung **Nr. 4200–4207 VV**

Nr.	Gebührentatbestand	Gebühr oder Satz der Gebühr nach § 13 oder § 49 RVG	
		Wahlanwalt	gerichtlich bestellter oder beigeordneter Rechtsanwalt
	c) in einer Erziehungsanstalt, 2. die Aussetzung des Restes einer zeitigen Freiheitsstrafe oder einer lebenslangen Freiheitsstrafe oder 3. den Widerruf einer Strafaussetzung zur Bewährung oder den Widerruf der Aussetzung einer Maßregel der Besserung und Sicherung zur Bewährung	60,00 bis 670,00 €	292,00 €
4201	Gebühr 4200 mit Zuschlag	60,00 bis 837,50 €	359,00 €
4202	Terminsgebühr in den in Nummer 4200 genannten Verfahren	60,00 bis 300,00 €	144,00 €
4203	Gebühr 4202 mit Zuschlag	60,00 bis 375,00 €	174,00 €
4204	Verfahrensgebühr für sonstige Verfahren in der Strafvollstreckung	30,00 bis 300,00 €	132,00 €
4205	Gebühr 4204 mit Zuschlag	30,00 bis 375,00 €	162,00 €
4206	Terminsgebühr für sonstige Verfahren	30,00 bis 300,00 €	132,00 €
4207	Gebühr 4206 mit Zuschlag	30,00 bis 375,00 €	162,00 €

Übersicht

	Rn.
I. Überblick	1
II. Strafvollstreckungsverfahren nach Nr. 4200 bis 4203 VV	2
1. Erledigung oder Aussetzung einer Maßregel der Unterbringung (Nr. 4200 Ziff. 1 VV)	5
2. Aussetzung des Restes einer Freiheitsstrafe (Nr. 4200 Ziff. 2 VV)	8
3. Widerrufsverfahren (Nr. 4200 Ziff. 3 VV)	9
4. Gebühren (Nr. 4200–4203 VV)	11
a) Verfahrensgebühren (Nr. 4200, 4201 VV)	12
b) Terminsgebühren (Nr. 4202, 4203 VV)	17
III. Sonstige Strafvollstreckungsverfahren (Nr. 4204–4207 VV)	23
1. Anwendungsbereich	24
2. Verfahrens- und Terminsgebühren (Nr. 4204–4207 VV)	25

I. Überblick

Teil 4 Abschn. 2 VV regelt die Gebühren des Rechtsanwalts in der Strafvollstreckung. Dabei wird gebührenrechtlich zwischen zwei verschiedenen Verfahrensbereichen unterschieden. In der Nr. 4200 VV werden die Verfahren **enumerativ** genannt, für die wegen ihrer Bedeutung und des durchweg höheren anwaltlichen Zeitaufwands die Gebührentatbestände der Nr. 4200 bis 4203 VV mit einem gegen-

Nr. 4200–4207 VV   Teil 4. Strafsachen

über den Nr. 4204 bis 4207 VV höheren Gebührenrahmen gelten. Für alle anderen in der Nr. 4200 VV nicht genannten „**sonstigen**" Verfahren gelten die Gebührentatbestände der Nr. 4204 bis 4207 VV.

II. Strafvollstreckungsverfahren nach Nr. 4200 bis 4203 VV

2   Die Gebührentatbestände der Nr. 4200 bis 4203 VV sind nur anwendbar, wenn der Rechtsanwalt in den nachstehenden Verfahren tätig wird:
- Verfahren über die Erledigung oder Aussetzung der Maßregel der Unterbringung in der Sicherungsverwahrung, in einem psychiatrischen Krankenhaus oder in einer Erziehungsanstalt (Nr. 4200 Ziff. 1 VV);
- Verfahren über die Aussetzung des Restes einer zeitigen Freiheitsstrafe oder einer lebenslangen Freiheitsstrafe (Nr. 4200 Ziff. 2 VV) oder
- Verfahren über den Widerruf einer Strafaussetzung zur Bewährung oder den Widerruf der Aussetzung einer Maßregel der Besserung und Sicherung zur Bewährung (Nr. 4200 Ziff. 3 VV).

3   Zu den Verfahren nach Nr. 4200 Ziff. 1 VV gehört auch das **Prüfungsverfahren nach § 67e StGB**,[1] es sei denn, die Tätigkeit in einem solchen Verfahren wird dem Rechtsanwalt als Einzeltätigkeit iSd Nr. 4300 Ziff. 3 VV übertragen. Die Einzeltätigkeit muss sich dann auf die Anfertigung oder Unterzeichnung einer Schrift beschränken, sonst kommt Nr. 4200 Ziff. 1 VV zur Anwendung.

4   Beantragt der Rechtsanwalt die Aussetzung einer freiheitsentziehenden Maßnahme im **Gnadenwege**, steht ihm nur die Gebühr nach Nr. 4303 VV zu.[2]

1. Erledigung oder Aussetzung einer Maßregel der Unterbringung (Nr. 4200 Ziff. 1 VV)

5   Nr. 4200 Ziff. 1 VV betrifft die Tätigkeit des Rechtsanwalts in Verfahren über die **Erledigung** oder **Aussetzung** einer Maßregel der Unterbringung in der **Sicherungsverwahrung** (§ 66 StGB), in einem **psychiatrischen Krankenhaus** (§ 63 StGB) oder in einer **Erziehungsanstalt** (§ 64 StGB).

6   Die **Erledigung** einer freiheitsentziehenden Maßregel der Unterbringung erfolgt, wenn
- der Zweck der Maßregel erreicht ist (§ 67c Abs. 2 S. 5 StGB, §§ 463 Abs. 5, 462 StPO);
- die Höchstfrist von zehn Jahren für eine Unterbringung in einer Sicherungsverwahrung abgelaufen ist (§ 67d Abs. 3 StGB, §§ 463 Abs. 3–5, 462 StPO);
- der Zweck einer Unterbringung in einer Erziehungsanstalt nach einer mindestens einjährigen Vollziehung aus Gründen, die in der Person des Untergebrachten liegen, nicht erreicht werden kann (§ 67d Abs. 5 StGB, §§ 463 Abs. 5, 462 StPO).

7   Die **Aussetzung** einer freiheitsentziehenden Maßregel der Besserung und Sicherung kommt in Betracht, wenn
- die Strafe vor der Maßregel vollzogen wird (§ 67c Abs. 1 StGB, §§ 463 Abs. 3 S. 1 und 3, 454 StPO);
- auch noch drei Jahre nach Rechtskraft der Entscheidung die Maßregel noch nicht einmal teilweise vollzogen worden ist, ohne dass ein Fall von §§ 67c Abs. 1 oder 67b StGB vorliegt (§ 67c Abs. 2 StGB, §§ 463 Abs. 5, 462 StPO);
- zu erwarten ist, dass der Untergebrachte außerhalb des Maßregelvollzugs keine rechtswidrigen Taten mehr begehen wird (§ 67d Abs. 2 StGB, §§ 463 Abs. 3, 454 StPO).

---

[1] KG JurBüro 2005, 251 mAnm *Enders*; OLG Frankfurt AGS 2006, 76; OLG Jena JurBüro 2006, 366; OLG Schleswig JurBüro 2005, 252 und 444; Burhoff/*Volpert* Nr. 4200 VV Rn. 7.

[2] Burhoff/*Volpert* Nr. 4200 VV Rn. 4.

2. Aussetzung des Restes einer Freiheitsstrafe (Nr. 4200 Ziff. 2 VV)

Nr. 4200 Ziff. 2 VV betrifft die Verfahren, in denen über die Aussetzung der Vollstreckung des Restes einer zeitigen oder einer lebenslangen Freiheitsstrafe entschieden wird. In Betracht kommen Verfahren nach
- § 57 StGB, § 454 StPO bei der zeitigen Freiheitsstrafe;
- §§ 57b, 58 StGB, § 454 StPO bei der lebenslangen Freiheitsstrafe;
- §§ 67 Abs. 5, 57 Abs. 1 S. 1 Nr. 2 und 3 StGB, § 454 StPO, wenn die Maßregel vor der Strafe vollzogen wird und
- § 57 StGB, § 454 StPO bei einer Gesamtstrafe.[3]

3. Widerrufsverfahren (Nr. 4200 Ziff. 3 VV)

Nr. 4200 Ziff. 3 VV betrifft Verfahren über den Widerruf einer **Strafaussetzung** zur Bewährung nach § 56f StGB, § 453 StPO und den Widerruf der Aussetzung einer **freiheitsentziehenden Maßregel** zur Bewährung nach § 67g StGB, §§ 463 Abs. 5, 462 StPO. Dazu gehört auch das Verfahren über den Widerruf der Aussetzung eines **Berufsverbots** zur Bewährung nach § 70b StGB, §§ 463 Abs. 5, 462 StPO. Demgegenüber fällt das Verfahren über die Aussetzung eines Berufsverbots zur Bewährung nach § 70a StGB unter Nr. 4204 VV.

Die Einbeziehung der Widerrufsverfahren in den Anwendungsbereich der Nr. 4200 VV ist im Hinblick auf die Höhe der Gebühren geboten, weil die Tätigkeiten des Rechtsanwalts auch im Widerrufsverfahren einen erheblichen Zeitaufwand erfordern können. So kann es notwendig sein, insbesondere wenn es um einen **Widerruf wegen Verstoßes gegen Auflagen und Weisungen** nach § 56f Abs. 1 Nr. 2 StGB geht, umfassend die Gründe dafür vorzutragen, dass ein Auflagenverstoß nicht vorliegt und/oder nicht so schwerwiegend ist, dass er den Widerruf rechtfertigt. In diesen Verfahren kommt es nach § 453 Abs. 1 S. 3 StPO regelmäßig auch zur mündlichen Anhörung des Verurteilten.

4. Gebühren (Nr. 4200–4203 VV)

Für die Tätigkeiten des Rechtsanwalts in Strafvollstreckungssachen nach Nr. 4200 VV können eine Verfahrensgebühr und eine Terminsgebühr, jeweils ohne oder mit (Haft-) Zuschlag, entstehen. Das gilt auch im Verfahren über die sofortige Beschwerde gegen den Widerruf der Strafaussetzung.[4]

a) Verfahrensgebühren (Nr. 4200, 4201 VV). Die Verfahrensgebühr erhält der Rechtsanwalt für das Betreiben des Geschäfts einschließlich der Information (Vorb. 4 Abs. 2 VV). Sie ist eine Pauschgebühr, die die gesamte Tätigkeit des Rechtsanwalts in Verfahren der Strafvollstreckung abgilt. Ausgenommen ist die Teilnahme an gerichtlichen Terminen, für die der Rechtsanwalt die Terminsgebühr nach den Nr. 4202 und 4203 VV erhält.

Eine Verfahrensgebühr mit **Zuschlag** nach Nr. 4201 VV entsteht, wenn sich der Mandant nicht auf freiem Fuß befindet (vgl. Vorb. 4 Abs. 4 VV). Erforderlich ist, dass dies während der Tätigkeit des Rechtsanwalts im Strafvollstreckungsverfahren zumindest zeitweise der Fall ist. Eine Haft während des Strafvollstreckung vorangegangenen Strafverfahrens reicht nicht aus.

Die **Höhe** der Verfahrensgebühr ist für den **Wahlanwalt** und den **gerichtlich bestellten oder beigeordneten Rechtsanwalt** unterschiedlich geregelt.

---

[3] Burhoff/Volpert Nr. 4200 VV Rn. 5.

[4] OLG Frankfurt RVGreport 2007, 35; OLG Schleswig RVGreport 2006, 153; LG Düsseldorf AGS 2007, 352 mAnm Volpert.

Nr. 4200–4207 VV

15 Der Betragsrahmengebühren für den **Wahlanwalt** reicht die Verfahrensgebühr **ohne** Zuschlag (Nr. 4200 VV) von 60 bis 670 EUR (**Mittelgebühr** 365 EUR) und die Verfahrensgebühr **mit** Zuschlag (Nr. 4201 VV) von 60 bis 837,50 EUR (**Mittelgebühr** 448,75 EUR.) Bei der Bemessung der Gebühr sind gemäß § 14 RVG die Bedeutung der Angelegenheit, der Umfang und die Schwierigkeit der anwaltlichen Tätigkeit und die Einkommens- und Vermögensverhältnisse des Mandanten zu berücksichtigen.

16 Der **gerichtlich bestellte oder beigeordnete Rechtsanwalt** erhält aus der Staatskasse die Verfahrensgebühr als **Festgebühr**. Sie beträgt **ohne** Zuschlag (Nr. 4200 VV) 292 EUR und **mit** Zuschlag (Nr. 4201 VV) 359 EUR.

17   b) **Terminsgebühren (Nr. 4202, 4203 VV).** Die Nr. 4202 und 4203 VV sehen in den in Nr. 4200 VV genannten Verfahren für die Wahrnehmung eines **gerichtlichen** Termins eine Terminsgebühr vor. Die Regelung der Vorb. 4 Abs. 3 VV ist auch hier anwendbar. Die Gebühr entsteht also auch, wenn der Rechtsanwalt zu einem anberaumten Termin erscheint, dieser aber aus Gründen, die er nicht zu vertreten hat, nicht stattfindet. Dies gilt nicht, wenn er rechtzeitig von der Aufhebung oder Verlegung des Termins in Kenntnis gesetzt worden ist.[5] Hierzu wird auf die Ausführungen zur → Vorb. 4 VV Rn. 28 ff. verwiesen.

18 Nimmt der Rechtsanwalt in Strafvollstreckungsverfahren in derselben Instanz an **mehreren gerichtlichen Terminen** teil, entsteht die Terminsgebühr dennoch nur **einmal** (§ 15 Abs. 2 RVG).[6] Das ergibt sich aus dem eindeutigen Wortlaut der Nr. 4202 VV. Eine Regelung wie bei den Terminsgebühren in Teil 4 Abschn. 1 VV, die eine Terminsgebühr je Hauptverhandlungstag vorsieht, fehlt in Teil 4 Abschn. 2 VV. Das entspricht den in Teil 3 VV geregelten Terminsgebühren, die auch in jeder Instanz nur einmal entstehen können.[7]

19 Die **Höhe** der Terminsgebühr ist für den **Wahlanwalt** und den **gerichtlich bestellten oder beigeordneten Rechtsanwalt** unterschiedlich geregelt.

20 Der Betragsrahmengebühren für den **Wahlanwalt** reicht bei der Terminsgebühr **ohne** Zuschlag (Nr. 4202 VV) von 60 bis 300 EUR (**Mittelgebühr** 180 EUR) und **mit** Zuschlag (Nr. 4203 VV) von 60 bis 375 EUR (**Mittelgebühr** 217,50 EUR). Bei der Bemessung der Gebühr sind gemäß § 14 RVG die Bedeutung der Angelegenheit, der Umfang und die Schwierigkeit der anwaltlichen Tätigkeit und die Einkommens- und Vermögensverhältnisse des Mandanten zu berücksichtigen.

21 Der **gerichtlich bestellte oder beigeordnete Rechtsanwalt** erhält aus der Staatskasse die Terminsgebühr als **Festgebühr**. Sie beträgt **ohne** Zuschlag (Nr. 4202 VV) 144 EUR und **mit** Zuschlag (Nr. 4203 VV) 174 EUR.

22 Auffällig und nicht verständlich ist, dass die **Höhe der Terminsgebühr** sowohl für den Wahlanwalt als auch für den gerichtlich bestellten oder beigeordneten Rechtsanwalt mit **mehr als der Hälfte** hinter der Höhe der Verfahrensgebühr zurückbleibt.[8] Insoweit kann es sich nur um ein **gesetzgeberisches Versehen** bei der Abfassung der Nr. 4202 und 4203 VV handeln. In der amtlichen Begründung zu beiden Gebührentatbeständen heißt es nämlich, dass die Nr. 4202 und 4203 VV in den in Nr. 4200 VV genannten Verfahren für die Wahrnehmung eines gerichtlichen Termins „**eine Terminsgebühr in jeweils gleicher Höhe wie die Verfahrensgebühr**" vorsehen.[9] Deshalb müssten die Terminsgebühren nach den Nr. 4202, 4203 VV den Beträgen entsprechen, die in den Nr. 4200, 4201 VV für die Verfah-

---

[5] Siehe OLG München AGS 2004, 150 mAnm *Schneider*; LG Bonn AGS 2007, 563 mAnm *Schneider*.

[6] KG AGS 2006, 549; OLG Hamm AGS 2007, 618; LG Osnabrück NdsRpfl. 2007, 166.

[7] *Burhoff* RVGreport 2007, 8, 11; Gerold/Schmidt/*Burhoff* Nr. 4200–4207 VV Rn. 8; Schneider/Wolf/*N. Schneider* Nr. 4200–4207 VV Rn. 24.

[8] Zustimmend Schneider/Wolf/*N. Schneider* Nr. 4200–4207 VV Rn. 26.

[9] BT-Drs. 15/1971, 229.

rensgebühren ausgewiesen sind. Das Oberlandesgericht Hamm hat es jedoch abgelehnt, den Fehler des Gesetzgebers gegen den eindeutigen Wortlaut der Nr. 4202, 4203 VV „zu reparieren".[10] Deshalb ist der Gesetzgeber aufgerufen, sein Versehen so schnell wie möglich zu bereinigen.

III. Sonstige Strafvollstreckungsverfahren (Nr. 4204–4207 VV)

Die Gebührentatbestände der Nr. 4204 bis 4207 VV erfassen die sonstigen – nicht in Nr. 4200 VV genannten – Verfahren in der Strafvollstreckung und legen für diese Verfahren eine Verfahrens- und Terminsgebühr fest. Der in der Regel geringeren Bedeutung dieser Verfahren wird durch einen gesenkten Gebührenrahmen Rechnung getragen. 23

1. Anwendungsbereich

Zu den **sonstigen Verfahren** in der Strafvollstreckung gehören unter anderem: 24
- Verfahren nach §§ 61 Nr. 6, 70a StGB, §§ 463 Abs. 5, 462 StPO über die Aussetzung eines Berufsverbots zur Bewährung;
- Verfahren nach §§ 56a bis 56g, 58, 59a, 59b StGB, § 453 Abs. 1 StPO über nachträgliche Entscheidungen über eine Verwarnung mit Strafvorbehalt;
- Verfahren über Zahlungserleichterungen nach § 450a StPO, § 42 StGB;[11]
- Verfahren nach § 459h StPO über Einwendungen gegen die Entscheidungen der Vollstreckungsbehörde nach den §§ 459a, 459c, 459e und 459g StPO);
- Verfahren nach §§ 458, 462 StPO über Einwendungen gegen die Auslegung eines Strafurteils oder der erkannte Strafe oder gegen die Zulässigkeit der Strafvollstreckung;
- Verfahren nach § 456 StPO auf vorübergehenden Strafaufschub;
- Verfahren nach § 460 StPO zur nachträglichen Bildung einer Gesamtstrafe;[12]
- Verfahren nach § 69a Abs. 7 StGB;
- Verfahren nach § 35 BtMG über die Zurückstellung der Strafvollstreckung.

2. Verfahrens- und Terminsgebühren (Nr. 4204–4207 VV)

Zur **Entstehung** und zum **Abgeltungsbereich** der Verfahrens- und Terminsgebühr wird auf die obigen Ausführungen zu → Rn 12 ff. verwiesen. 25

Die **Höhe** der beiden Gebühren ist im Vergleich zu den Gebühren der Nr. 4200 und 4203 VV deutlich reduziert. 26

Der **Wahlanwalt** erhält Betragsrahmengebühren. Sie reichen für die Verfahrensgebühr **ohne** Zuschlag (Nr. 4204 VV) von 30 bis 300 EUR (**Mittelgebühr** 165 EUR) und für die Verfahrensgebühr **mit** Zuschlag (Nr. 4205 VV) von 30 bis 375 EUR (**Mittelgebühr** 202,50 EUR). Bei der Bemessung der Gebühr sind gemäß § 14 RVG die Bedeutung der Angelegenheit, der Umfang und die Schwierigkeit der anwaltlichen Tätigkeit und die Einkommens- und Vermögensverhältnisse des Mandanten zu berücksichtigen. 27

Der **gerichtlich bestellte oder beigeordnete Rechtsanwalt** erhält aus der Staatskasse die Verfahrensgebühr als **Festgebühr**. Sie beträgt **ohne** Zuschlag (Nr. 4206 VV) 132 EUR und **mit** Zuschlag (Nr. 4207 VV) 162 EUR. 28

---

[10] OLG Hamm AGS 2007, 618.
[11] *Volpert* VRR 2005, 179.
[12] *Burhoff* RVGreport 2007, 8.

Abschnitt 3. Einzeltätigkeiten

Vorbemerkung 4.3 VV

Nr.	Gebührentatbestand	Gebühr oder Satz der Gebühr nach § 13 oder § 49 RVG	
		Wahlanwalt	gerichtlich bestellter oder beigeordneter Rechtsanwalt
Vorbemerkung 4.3: (1) Die Gebühren entstehen für einzelne Tätigkeiten, ohne dass dem Rechtsanwalt sonst die Verteidigung oder Vertretung übertragen ist. (2) Beschränkt sich die Tätigkeit des Rechtsanwalts auf die Geltendmachung oder Abwehr eines aus der Straftat erwachsenen vermögensrechtlichen Anspruchs im Strafverfahren, so erhält er die Gebühren nach den Nummern 4143 bis 4145. (3) Die Gebühr entsteht für jede der genannten Tätigkeiten gesondert, soweit nichts anderes bestimmt ist. § 15 RVG bleibt unberührt. Das Beschwerdeverfahren gilt als besondere Angelegenheit. (4) Wird dem Rechtsanwalt die Verteidigung oder die Vertretung für das Verfahren übertragen, werden die nach diesem Abschn. entstandenen Gebühren auf die für die Verteidigung oder Vertretung entstehenden Gebühren angerechnet.			

Übersicht

	Rn.
I. Überblick	1
II. Anwendungsbereich	3
1. Persönlicher Anwendungsbereich (Vorb. 4 Abs. 1 iVm Vorb. 4.3 Abs. 1 VV)	3
2. Sachlicher Anwendungsbereich (Vorb. 4.3 Abs. 1 VV)	10
III. Geltendmachung oder Abwehr vermögensrechtlicher Ansprüche (Vorb. 4.3 Abs. 2 VV)	14
IV. Abgeltungsbereich der Gebühren (Vorb. 4.3 Abs. 3 VV)	16
1. Einzelne Angelegenheiten (Vorb. 4.3 Abs. 3 S. 1 VV)	16
2. Anwendbarkeit von § 15 RVG (Vorb. 4.3 Abs. 3 S. 2 VV)	19
3. Beschwerdeverfahren (Vorb. 4.3 Abs. 3 S. 3 VV)	23
V. Anrechnung (Vorb. 4.3 Abs. 4 VV)	24

I. Überblick

1 Teil 4 Abschn. 3 VV fasst die Regelungen für Einzeltätigkeiten im Strafverfahren zusammen, die ein Rechtsanwalt erbringt, dem sonst die **Verteidigung** oder **Vertretung nicht übertragen** ist. Geregelt sind die Gebühren in den Nr. 4300 bis 4303 VV. Maßgebend für die **Abgrenzung** ist der Inhalt des Mandatsvertrags bzw. des Beschlusses, durch den der Rechtsanwalts gerichtlich bestellt oder beigeordnet wird.[1]

2 Bei den in Teil 4 Abschn. 3 VV geregelten Gebühren handelt es sich teils um **„Einzelaktgebühren"**, teils um echte **Verfahrensgebühren**. Die Einzelaktgebühren betreffen die **Anfertigung oder Unterzeichnung** verschiedener in den Nr. 4300–4302 VV im Einzelnen aufgezählter Schriften. Die echten Verfahrensge-

---

[1] OLG Oldenburg RVGreport 2011, 24; Burhoff/*Volpert* Vorb. 4.3 VV Rn. 5.

bühren decken Tätigkeiten ab, die sich über eine längere Zeit erstrecken, beispielsweise die Führung des Verkehrs mit dem Verteidiger. Zu Teil 4 Abschn. 3 VV gehören schließlich auch die Verfahrensgebühr für die Vertretung in einer **Gnadensache** (Nr. 4303 VV) und die nur für den gerichtlich bestellten oder beigeordneten Rechtsanwalt in Betracht kommende Festgebühr für die Tätigkeit als **Kontaktperson** gemäß § 34a EGGVG. Wegen der Einzelheiten wird auf die Kommentierung der einzelnen Gebührentatbestände verwiesen.

II. Anwendungsbereich

1. Persönlicher Anwendungsbereich (Vorb. 4 Abs. 1 iVm Vorb. 4.3 Abs. 1 VV)

Die in Teil 4 Abschn. 3 VV in den Nr. 4300 bis 4303 VV geregelten Gebührentatbestände gelten sowohl für den **Wahlanwalt** als auch für den **gerichtlich bestellten oder beigeordneten Rechtsanwalt**. Anwendbar sind sie auch für den Rechtsanwalt als Vertreter oder Beistand eines Privat- oder Nebenklägers, eines Einziehungsbeteiligten oder eines anderen Nebenbeteiligten oder eines Verletzten (Vorb. 4 Abs. 1 VV). Voraussetzung ist in allen Fällen, dass der Rechtsanwalt mit Einzeltätigkeiten beauftragt wird, ohne dass ihm sonst die Verteidigung oder Vertretung übertragen ist. 3

Für den als **Zeugenbeistand** beigeordneten Rechtsanwalt war die uneingeschränkte Anwendbarkeit des Teils 4 Abschn. 1 VV seit dem Inkrafttreten des RVG umstritten. Einige Oberlandesgerichte vertraten die Auffassung, die Tätigkeit des Rechtsanwalts als Zeugenbeistand sei als **Einzeltätigkeit** zu werten und deshalb nach Teil 4 Abschn. 3 VV abzurechnen.[2] Nach der hier im der Vorauflage vertretenen gegenteiligen Meinung, für die die Regelung in der Vorb. 4 Abs. 1 VV und das Fehlen einer Regelung in der Nr. 4301 VV spricht, richtete sich die Vergütung des Zeugenbeistands grundsätzlich nach Teil 4 Abschn. 1 VV, entsprach also der eines Verteidigers,[3] es sei denn, der dem Rechtsanwalt von dem Zeugen erteilte Auftrag oder der gerichtliche Beiordnungsbeschluss war ausdrücklich nicht auf die volle Vertretung des Zeugen gerichtet, sondern auf eine Einzeltätigkeit beschränkt.[4] 4

Dieser Meinungsstreit ist mit Wirkung ab 1.8.2013 durch das **2. KostRMoG** in dem Sinne gelöst worden, dass der Rechtsanwalt für alle in der Vorb. 4 VV genannten Tätigkeiten „**die gleichen Gebühren wie ein Verteidiger im Strafverfahren**" erhält. In der amtlichen Begründung[5] heißt es hierzu, der Gesetzgeber des RVG habe in der Gesetzesbegründung ausführlich dargelegt, dass der Rechtsanwalt auch im Strafverfahren als Beistand für einen Zeugen oder Sachverständigen die gleichen Gebühren wie ein Verteidiger erhalten solle.[6] Gleichwohl setzten sich 5

---

[2] So KG AGS 2008, 235; OLG Bamberg DAR 2008, 493; OLG Celle RVGreport 2008, 144; OLG Dresden (3. Strafsenat) RVGreport 2008, 265 und NJW 2009, 455; OLG Frankfurt a.M. NStZ-RR 2008, 264 (Ls.); OLG Hamm RVGreport 2009, 426; OLG Oldenburg JurBüro 2006, 197 mAnm *Lohe* JurBüro 2007, 202; OLG Schleswig NStZ-RR 2006, 255; zu weiteren Entscheidungen vgl. *Burhoff* RVGreport 2008, 266, 267.

[3] KG RVGreport 2005, 341; OLG Dresden NJW 2009, 455; OLG Düsseldorf NStZ-RR 2009, 8 mAnm *Kotz* und JurBüro 2010, 33; OLG Hamm JurBüro 2008, 83; KG NJW 2005, 3589 (nur Leitsatz) = NStZ-RR 2005, 358; OLG Koblenz AGS 2006, 598; OLG Köln RVGreport 2009, 150; OLG München AGS 2008, 120 und AGS 2009, 449; OLG München JurBüro 2008, 418 mAnm *Kotz* JurBüro 2008 402; OLG Schleswig AGS 2007, 191; OLG Stuttgart NStZ 2007, 343; LG Dresden AGS 2008, 120.

[4] OLG Düsseldorf RVGreport 2008, 188.

[5] BT-Drs. 17/11471 v. 14.11.2012 Art. 8 Nr. 60.

[6] BT-Drs. 15/1991 S. 220.

Vorb. 4.3 VV — Teil 4. Strafsachen

einige Oberlandesgerichte darüber hinweg. Deshalb hielt es der Gesetzgeber für erforderlich, durch eine klarstellende Formulierung in der Vorb. 4 VV, die der Formulierung der Vorb. 5 Abs. 1 VV folgt, seinen gesetzgeberischen Willen deutlicher zum Ausdruck zu bringen.

6 Wird der Rechtsanwalt für **mehrere Zeugen** als Beistand tätig, erhält er die anfallenden Gebühren gleichwohl nur einmal, allerdings mit der Erhöhung nach Nr. 1008 VV.[7]

7 Teil 4 VV gilt auch für den Rechtsanwalt, der dem Privatkläger, dem Nebenkläger, dem Verletzten oder dem Zeugen oder dem Antragsteller im **Klageerzwingungsverfahren** (§ 172 StPO) im Wege der **Prozesskostenhilfe** beigeordnet wird. Die Gebühren entsprechen denen des Pflichtverteidigers, sind also Festgebühren.

8 Teil 4 Abschn. 3 VV ist auch anwendbar, wenn der Rechtsanwalt zunächst mit der Verteidigung oder Vertretung beauftragt war und ihm nach Beendigung dieser Tätigkeit eine Einzeltätigkeit (zB die Anfertigung einer Schrift zur Begründung der Revision) übertragen wird.

9 **Keine** Einzeltätigkeiten iSd Teils 4 Abschn. 3 VV sind die **Erteilung eines Rats** oder einer Auskunft nach § 34 RVG und die **Prüfung der Erfolgsaussichten** eines Rechtsmittels (Nr. 2200 ff. VV). Ebenso ist Teil 4 Abschn. 3 VV nicht anwendbar, wenn sich die Tätigkeit des Rechtsanwalts auf die Geltendmachung oder Abwehr eines aus der Straftat erwachsenen **vermögensrechtlichen Anspruchs** im Strafverfahren bezieht. Hierzu bestimmt die Vorb. 4.3 Abs. 2 VV ausdrücklich, dass der Rechtsanwalt dann die Gebühren nach den Nr. 4143 und 4144 VV erhält.

2. Sachlicher Anwendungsbereich (Vorb. 4.3 Abs. 1 VV)

10 Das maßgebliche **Unterscheidungskriterium** für die Abgrenzung gegenüber den Gebühren für den Rechtsanwalt als (Voll-)Verteidiger oder (Voll-)Vertreter wird in der Vorb. 4.3 Abs. 1 VV definiert. Danach muss sich die Tätigkeit des Rechtsanwalts auf die in den Nr. 4300 bis 4304 VV genannten Einzeltätigkeiten beschränken, „ohne dass ihm sonst die Verteidigung oder Vertretung übertragen wird". Es kommt mithin auf den **Inhalt** des dem Rechtsanwalt erteilten **Auftrags** oder auf den **Umfang** der gerichtlichen **Bestellung** oder **Beiordnung** an. Betreffen diese die volle Verteidigung oder Vertretung, ist die Anwendung der zu Teil 4 Abschn. 3 VV gehörenden Gebührentatbestände grundsätzlich ausgeschlossen. Das gilt nicht, wenn die Tätigkeit des mit der vollen Verteidigung oder Vertretung beauftragten Rechtsanwalts beendet ist (§ 15 Abs. 4 RVG) und er zeitlich danach mit Einzeltätigkeiten beauftragt oder gerichtlich bestellt oder beigeordnet wird.

11 Eine **Ausnahme** von dieser Regelung findet sich in der Anm. zu Nr. 4303 VV. Danach erhält der Rechtsanwalt die Verfahrensgebühr für die Vertretung in einer **Gnadensache** auch dann, wenn ihm die Verteidigung übertragen war.

12 Zu dem Katalog der Einzeltätigkeiten gehören auch Tätigkeiten in der **Strafvollstreckung**, soweit die Gebühren hierfür in Nr. 4300 Nr. 3 VV für die Anfertigung oder Unterzeichnung einer Schrift in Verfahren nach den §§ 57a und 67e StGB und in Nr. 4301 Ziff. 6 VV für die sonstigen Tätigkeiten in der Strafvollstreckung geregelt sind. Für Tätigkeiten im Rahmen des **Strafvollzugs** gilt ausschließlich Teil 3 VV. Das ergibt sich aus der Überschrift zu diesem Teil, in der die Verfahren nach dem Strafvollzugsgesetz ausdrücklich benannt sind. Für diese Tätigkeiten gelten die Nr. 2300 VV, die Vorb. 3.2.1 Abs. 1 Nr. 8 VV und die Nr. 3200, 3201 und 3202 VV.

13 Der sachliche Anwendungsbereich von Teil 4 Abschn. 3 VV erstreckt sich über die konkret definierten Gebührentatbestände der Nr. 4300–4304 VV hinaus auch auf Tätigkeiten des Rechtsanwalts, die nicht durch die Gebühren des Teils 4

---

[7] OLG Koblenz JurBüro 2005, 589.

Abschn.e 1 und 2 VV abgegolten werden.[8] Das sind Tätigkeiten nach **Beendigung** einer Instanz oder nach Eintritt der **Rechtskraft** einer gerichtlichen Entscheidung, zB Anträge nach den §§ 56, 56 f, 57, 57a StGB oder nach den §§ 81e ff., 268a StPO.[9]

III. Geltendmachung oder Abwehr vermögensrechtlicher Ansprüche (Vorb. 4.3 Abs. 2 VV)

Beschränkt sich die Tätigkeit des Rechtsanwalts auf die Geltendmachung oder 14 Abwehr eines aus der Straftat erwachsenen vermögensrechtlichen Anspruchs im Strafverfahren, so ist die Anwendbarkeit des Teils 4 Abschn. 3 VV ausgeschlossen. Der Rechtsanwalt erhält stattdessen die Gebühren nach den Nr. 4143 und 4144 VV. Der Ausschluss bewirkt, dass der nur im Adhäsionsverfahren tätige Rechtsanwalt für dieses Verfahren dieselben Gebühren verdient wie ein Rechtsanwalt, der als Beistand oder Vertreter eines Verletzten oder als Verteidiger tätig wird.[10]

Eine weitere Folge der Nichtanwendbarkeit der Gebührentatbestände des Teils 4 15 Abschn. 3 VV ist, dass die **Anrechnung** von Gebühren sich nicht nach der Vorb. 4.3 Abs. 4 VV, sondern nach Nr. 4143 Anm. 2 VV bestimmt.

IV. Abgeltungsbereich der Gebühren (Vorb. 4.3 Abs. 3 VV)

1. Einzelne Angelegenheiten (Vorb. 4.3 Abs. 3 S. 1 VV)

Gemäß der Vorb. 4.3 Abs. 3 S. 1 VV gilt der **Grundsatz,** dass jede Einzeltätigkeit 16 eine eigene Angelegenheit iSd § 15 RVG ist. Sind **mehrere Einzeltätigkeiten** Gegenstand des dem Rechtsanwalt erteilten Auftrags oder seiner gerichtlichen Bestellung oder Beiordnung, erhält der Rechtsanwalt für jede nach den Nr. 4300 bis 4304 VV erbrachte Einzeltätigkeit eine **gesonderte Gebühr.** Auch das Beschwerdeverfahren gilt als besondere Angelegenheit (Vorb. 4.3 Abs. 3 S. 3 VV). Die Gebühren für das Beschwerdeverfahren richten sich nach den für die Einzeltätigkeit vorgesehenen Gebühren.[11]

Die in der Vorb. 4.3 Abs. 3 S. 1 VV enthaltene Regelung gilt, „soweit nichts 17 anderes bestimmt ist". Abweichende Bestimmungen finden sich in den Anm. zu den Nr. 4300 und 4301 VV. Danach gelten die Einlegung der **Berufung** oder **Revision** und ihre Begründung als eine Angelegenheit. Auch wenn der Rechtsanwalt mit beiden Angelegenheiten beauftragt ist, erhält er die Vergütung nach Nr. 4301 Ziff. 2 VV oder nach Nr. 4300 Ziff. 1 VV insgesamt nur einmal. Auch diese Regelung gilt jedoch nur für den Rechtsanwalt, dem die Verteidigung oder Vertretung in dem jeweiligen Rechtszug nicht übertragen ist. Für den in der jeweiligen Vorinstanz tätigen Rechtsanwalt gehört die Einlegung eines Rechtsmittels gemäß § 19 Abs. 1 S. 2 Nr. 10 RVG ohnehin zu seiner Tätigkeit in der Vorinstanz und löst deshalb keine besondere Gebühr aus.

Die in der Vorb. 4.3 Abs. 3 S. 1 VV enthaltene Beschränkung gilt nicht für die 18 Einlegung und Begründung einer **Beschwerde.**[12] Das folgt aus der Vorb. 4.3 Abs. 3 S. 3 VV (→ Rn. 23).

---

[8] Gerold/Schmidt/*Burhoff* Vorb. 4.3 VV Rn. 6.
[9] Gerold/Schmidt/*Burhoff* Vorb. 4.3 VV Rn. 6.
[10] BT-Drs. 15/2487 S. 143.
[11] Gerold/Schmidt/*Burhoff* Vorb. 4.3 VV Rn. 16.
[12] Gerold/Schmidt/*Burhoff* Vorb. 4.3 VV Rn. 15 und 17.

2. Anwendbarkeit von § 15 RVG (Vorb. 4.3 Abs. 3 S. 2 VV)

19 Nach der Vorb. 4.3 Abs. 3 S. 2 VV bleibt § 15 RVG unberührt. Dieser Verweis betrifft vornehmlich § 15 Abs. 4 und 6 RVG.

20 Nach § 15 Abs. 4 RVG hat die **vorzeitige Erledigung** der Angelegenheit oder die vorzeitige **Beendigung des Auftrags** keinen Einfluss auf die nach den Gebührentatbeständen der Nr. 4300 bis 4304 VV bereits entstandenen Gebühren. Der Rechtsanwalt erhält die vollen Gebühren also auch dann, wenn er nicht sämtliche für die Erledigung der ihm übertragenen Einzeltätigkeit erforderlichen Leistungen erbracht hat. Beim Wahlverteidiger kann dieser Umstand bei der Bestimmung der konkreten Gebühr aus dem vorgesehenen Gebührenrahmen nach den in § 14 RVG genannten Kriterien berücksichtigt werden.

21 Besonderer Beachtung bedarf § 15 Abs. 6 RVG. Ist der Rechtsanwalt mit **mehreren Einzeltätigkeiten** beauftragt, erhält er nicht mehr an Gebühren als ein mit der **gesamtem Angelegenheit** beauftragter Rechtsanwalt als Verteidiger oder als Vertreter oder Beistand für die gleiche Tätigkeit erhalten würde. Da Teil 4 Abschn. 3 VV nur Verfahrensgebühren kennt, ist auf die **betragsmäßige Höchstgrenze** der Verfahrensgebühr des Rechtszugs abzustellen, in dem der Rechtsanwalt die Einzeltätigkeiten erbringt.[13] Begrenzt wird die Summe der durch mehrere Einzeltätigkeiten entstandenen Gebühren mithin durch die in den Nr. 4104, 4106, 4112, 4118, 4124 und 4130 VV ausgewiesenen **Betragsrahmengebühren** für den Wahlverteidiger bzw. die dort genannten **Festgebühren** für den gerichtlich bestellten oder beigeordneten Rechtsanwalt. Die Verfahrensgebühren mit **(Haft-)Zuschlag** (Nr. 4105, 4107, 4113, 4119, 4125 und 4131 VV) dürfen zur Ermittlung der betragsmäßigen Höchstgrenze nicht herangezogen werden,[14] weil Teil 4 Abschn. 3 VV Gebühren mit einem Zuschlag nicht vorsieht, auch wenn der Mandant sich nicht auf freiem Fuß befindet. Einzubeziehen ist aber die **Grundgebühr**.[15]

22 Für die Bestimmung der **Höhe der Betragsrahmengebühr** gilt beim Wahlanwalt § 14 RVG. Die Höhe des Betrags, auf den die **Gesamtsumme** mehrerer Vergütungen für Einzeltätigkeiten zu **reduzieren** ist, hängt also vor allem vom Umfang und der Schwierigkeit der anwaltlichen Tätigkeit, der Bedeutung der Angelegenheit sowie der Einkommens- und Vermögensverhältnisse des Mandanten ab.

3. Beschwerdeverfahren (Vorb. 4.3 Abs. 3 S. 3 VV)

23 Gemäß der Vorb. 4.3 Abs. 3 S. 3 VV gilt das Beschwerdeverfahren als besondere Angelegenheit. Der Rechtsanwalt erhält somit sowohl für eine Einzeltätigkeit als auch für das diese Einzeltätigkeit betreffende Beschwerdeverfahren gesonderte Gebühren.

V. Anrechnung (Vorb. 4.3 Abs. 4 VV)

24 Wird dem Rechtsanwalt, der zunächst nur mit einer oder mehreren Einzeltätigkeiten beauftragt war, **später** die **Verteidigung oder Vertretung für das gesamte Verfahren** übertragen, werden die nach Teil 4 Abschn. 3 VV für die Einzeltätigkeiten entstandenen Gebühren auf die für die Verteidigung oder Vertretung entstehenden Gebühren angerechnet (Vorb. 4.3 Abs. 4 VV). Voraussetzung für eine Anrechnung ist, dass die Gebühren, die für eine Einzeltätigkeit entstanden sind, **dieselbe** Angelegenheit betreffen, andernfalls hat eine Anrechnung zu unterbleiben. Zu

---

[13] Gerold/Schmidt/*Burhoff* Vorb. 4.3 VV Rn. 19.
[14] Gerold/Schmidt/*Burhoff* Vorb. 4.3 VV Rn. 25.
[15] Gerold/Schmidt/*Burhoff* Vorb. 4.3 VV Rn. 19.

beachten ist § 15 Abs. 5 S. 2 RVG. Danach gilt die weitere Tätigkeit als neue Angelegenheit, wenn der frühere Auftrag seit **mehr als zwei Kalenderjahren** erledigt ist. Demgemäß hat in diesem Fall eine Anrechnung zu unterbleiben.

Sofern eine **Anrechnung** notwendig ist, kann sich die erbrachte Einzeltätigkeit 25 beim **Wahlverteidiger** bei der Bestimmung der Gebühr aus dem **Betragsgebührenrahmen gebührenerhöhend** auswirken. Beim **gerichtlich bestellten oder beigeordneten** Rechtsanwalt ist das nicht möglich, weil das Vergütungsverzeichnis für ihn keine Betragsrahmengebühren, sondern **Festgebühren** vorsieht.

In **Ausnahmefällen** mit besonderer **Schwierigkeit** oder besonderem **Umfang** 26 sind § 42 RVG für den Wahlverteidiger und § 51 RVG für den gerichtlich bestellten oder beigeordneten Rechtsanwalt zu beachten. Beide Vorschriften sehen unter den dort genannten Voraussetzungen die Bewilligung bzw. Festsetzung einer **Pauschgebühr** vor.

Nr. 4300 VV

Nr.	Gebührentatbestand	Gebühr oder Satz der Gebühr nach § 13 oder § 49 RVG	
		Wahlanwalt	gerichtlich bestellter oder beigeordneter Rechtsanwalt
4300	Verfahrensgebühr für die Anfertigung oder Unterzeichnung einer Schrift 1. zur Begründung der Revision, 2. zur Erklärung auf die von dem Staatsanwalt, Privatkläger oder Nebenkläger eingelegte Revision oder 3. in Verfahren nach den §§ 57a und 67e StGB .... Neben der Gebühr für die Begründung der Revision entsteht für die Einlegung der Revision keine besondere Gebühr.	60,00 bis 670,00 €	292,00 €

Übersicht

	Rn.
I. Überblick	1
II. Persönlicher Anwendungsbereich	3
III. Sachlicher Anwendungsbereich	4
1. Revisionsverfahren (Nr. 4300 Ziff. 1 VV)	8
a) Einlegung der Revision	9
b) Begründung der Revision	11
2. Gegenerklärung (Nr. 4300 Ziff. 2 VV)	16
3. Verfahren nach §§ 57a, 67e StGB	17
IV. Gebührenhöhe	18
V. Anrechnung	21

I. Überblick

Nr. 4300 Ziff. 1 bis 3 VV sieht für drei konkret aufgezählte Einzeltätigkeiten eine 1 Verfahrensgebühr vor. Die Entstehung der Verfahrensgebühr setzt voraus, dass dem Rechtsanwalt sonst die Verteidigung oder Vertretung nicht übertragen ist (Vorb. 4.3 Abs. 1 VV).

Nr. 4300 VV Teil 4. Strafsachen

2   Die in Nr. 4300 VV genannten Einzeltätigkeiten sind die Anfertigung oder Unterzeichnung einer Schrift zur **Begründung** einer **Revision** (Nr. 4300 Ziff. 1 VV), zur **Erklärung** auf die von dem Staatsanwalt, dem Privatkläger oder dem Nebenkläger eingelegte Revision (Nr. 4300 Ziff. 2 VV) und in **Verfahren nach den §§ 57a und 67e StGB** (Nr. 4300 Ziff. 3 VV). § 57a StGB betrifft die Aussetzung des **Strafrestes bei lebenslanger Freiheitsstrafe** und § 67e StGB die **Aussetzung** der weiteren Vollstreckung einer **Unterbringung** in einer Entziehungsanstalt, in einem psychiatrischen Krankenhaus oder in der Sicherungsverwahrung zur Bewährung.

II. Persönlicher Anwendungsbereich

3   Der persönliche Anwendungsbereich der Verfahrensgebühr nach Nr. 4300 VV umfasst sowohl den **Wahlanwalt** als auch den **gerichtlich bestellten oder beigeordneten Rechtsanwalt**, auch in der Rolle des **Vertreters** oder **Beistands** von Zeugen, Sachverständigen und sonstiger Verfahrensbeteiligten. Wegen der Einzelheiten wird auf die Ausführungen zur → Vorb. 4.3 VV Rn. 3–9 verwiesen.

III. Sachlicher Anwendungsbereich

4   Der Gebührentatbestand der Nr. 4300 Ziff. 1–3 VV gewährt eine Verfahrensgebühr für die **„Anfertigung oder Unterzeichnung einer Schrift"**. Gebührenrechtlich sind beide Einzeltätigkeiten **gleichwertig**.[1]

5   Für die **Anfertigung** einer Schrift iSd Nr. 4300 VV entsteht die Verfahrensgebühr, wenn die Schrift von dem beauftragten Rechtsanwalt stammt. Ausreichend ist auch ein bloßer **Entwurf**, wenn der dem Rechtsanwalt erteilte Auftrag sich darauf beschränkt.

6   Die **Unterzeichnung** einer Schrift löst die Gebühr nach Nr. 4300 VV ohne Rücksicht darauf aus, ob der unterzeichnende Rechtsanwalt die Schrift selbst verfasst hat oder ob sie von einem anderen Rechtsanwalt oder sonstigen Person stammt.

7   Werden beide Tätigkeiten von ein und demselben Rechtsanwalt erbracht, fällt die Verfahrensgebühr trotzdem nur einmal an. Das **„oder"** zwischen den Worten „Anfertigung" und „Unterzeichnung" bringt nur zum Ausdruck, dass eine der beiden Tätigkeiten für die Entstehung der Gebühr ausreicht, nicht aber, dass der Rechtsanwalt, der beide Tätigkeiten erbringt, die Gebühr **doppelt** verdient.[2]

1. Revisionsverfahren (Nr. 4300 Ziff. 1 VV)

8   Im Revisionsverfahren ist auch gebührenrechtlich zwischen der Einlegung und der Begründung der Revision zu unterscheiden.

9   **a) Einlegung der Revision.** Für die Einlegung der Revision enthält Teil 4 Abschn. 3 VV keinen eigenständigen Gebührentatbestand. Die Anm. zu Nr. 4300 VV besagt vielmehr, dass dem Rechtsanwalt neben der Gebühr für die **Begründung** der Revision gemäß Nr. 4300 Ziff. 1 VV für deren **Einlegung** keine besondere Gebühr zusteht. Mit dieser Regelung wird der Grundsatz durchbrochen, dass jede in Teil 4 Abschn. 3 VV genannte Einzeltätigkeit eine gesonderte Gebühr auslöst. Der Rechtsanwalt, der sowohl mit der Einlegung als auch mit der Begründung der Revision beauftragt wird, ohne dass ihm sonst die Verteidigung oder Vertretung übertragen ist, erhält nur die Verfahrensgebühr nach Nr. 4300 Ziff. 1 VV,

---

[1] Gerold/Schmidt/*Burhoff* Nr. 4300 VV Rn. 3.
[2] Gerold/Schmidt/*Burhoff* Nr. 4300 VV Rn. 3.

Abschnitt 3. Einzeltätigkeiten Nr. 4300 VV

obwohl in Nr. 4302 Ziff. 1 VV die Einlegung eines Rechtsmittels als besondere gebührenrechtliche Einzeltätigkeit genannt ist.³ Nr. 4300 Ziff. 1VV ist damit **lex specialis** zu Nr. 4302 Ziff. 1 VV. Neben der Gebühr nach Nr. 4300 Ziff. 1 VV kann allerdings auch noch die Gebühr nach Nr. 4300 Ziff. 2 VV anfallen, wenn der Rechtsanwalt durch **zwei selbständige Einzelaufträge** sowohl mit der Anfertigung oder Unterzeichnung der Revisionsbegründung und zusätzlich mit der Anfertigung oder Unterzeichnung einer Gegenerklärung befasst wird.⁴

Eine Verfahrensgebühr für die Einlegung der Revision gemäß Nr. 4302 Ziff. 1 VV kann nur entstehen, wenn die dem Rechtsanwalt übertragene **Einzeltätigkeit** sich auf die **Einlegung der Revision** beschränkt. War der Rechtsanwalt bereits in der Vorinstanz tätig, fällt die Gebühr nicht an, weil die Einlegung eines Rechtsmittels nach § 19 Abs. 1 S. 2 Nr. 10 RVG mit den Gebühren für die Vorinstanz abgegolten ist. Gleiches gilt, wenn der Rechtsanwalt für die Revisionsinstanz uneingeschränkt beauftragt wird. Dann gehört die Einlegung der Revision zur Revisionsinstanz. 10

b) Begründung der Revision. Sie gehört zur Revisionsinstanz und nicht zum vorangegangenen Rechtszug (§ 344 StPO). Anders als im Berufungsverfahren ist im Revisionsverfahren eine form- und fristgerechte Begründung als Zulässigkeitsvoraussetzung notwendig. 11

Die Verfahrensgebühr entsteht sowohl für die Anfertigung als auch für die Unterzeichnung einer Revisionsbegründungsschrift, vorausgesetzt, dass dem Rechtsanwalt nicht sonst die Verteidigung oder Vertretung in der Revisionsinstanz übertragen ist. Für die Entstehung der Gebühr ist es unerheblich, ob die Revisionsbegründungsschrift den prozessrechtlichen Anforderungen entspricht. Auch eine schon der **äußeren Form** nach nicht ausreichende oder eine **unzulässige** oder **unbegründete** Revisionsbegründungsschrift löst die Verfahrensgebühr aus.⁵ 12

Gebührenrechtlich ohne Bedeutung ist es auch, ob der Rechtsanwalt **einen** Auftrag zur Einlegung und Begründung der Revision erhält oder ob ihm hierzu **zwei getrennte Aufträge** erteilt werden. Die Gebühr für die Revisionsbegründungsschrift entsteht auch, wenn der dem Rechtsanwalt erteilte Auftrag sich auf die Unterzeichnung der Revisionsbegründung beschränkt, die Revision also zuvor von einem anderen Rechtsanwalt eingelegt worden ist. 13

Davon zu unterscheiden ist der Fall, dass der Rechtsanwalt mit der Begründung der **Revision** und gleichzeitig auch mit der Anfertigung oder Unterzeichnung einer Schrift zur **Erklärung** zu einer von der Staatsanwaltschaft oder dem Privat- oder Nebenkläger eingelegten Revision beauftragt wird. Der Rechtsanwalt erhält dann, da es sich um **zwei selbständige Aufträge** und zwei verschiedene Einzeltätigkeiten handelt, sowohl eine Verfahrensgebühr nach Nr. 4300 Ziff. 1 VV als auch nach Nr. 4300 Ziff. 2 VV.⁶ 14

Die Begründung einer Revision gehört gebührenrechtlich nicht zum vorangegangenen Rechtszug (§ 344 StPO). Deshalb kann auch derjenige Rechtsanwalt, der im vorangegangenen Rechtszug **Verteidiger** war und anschließend nur noch den Auftrag zur Begründung der Revision oder zur Abgabe einer Gegenerklärung erhält, die hierfür in Nr. 4300 Ziff. 1 und 2 VV vorgesehenen Verfahrensgebühren verdienen. 15

2. Gegenerklärung (Nr. 4300 Ziff. 2 VV)

Legt nicht (oder nicht nur) der Verurteilte Revision ein, sondern (auch) die Staatsanwaltschaft, der Privatkläger oder der Nebenkläger, ist in der Regel eine 16

---

³ Gerold/Schmidt/*Burhoff* Nr. 4300 VV Rn. 3; Schneider/Wolf/*N. Schneider* Nr. 4300 VV Rn. 6.
⁴ Burhoff/*Burhoff* Nr. 4300 VV Rn. 9.
⁵ So auch Burhoff/*Burhoff* Nr. 4300 VV Rn. 3.
⁶ Burhoff/*Burhoff* Nr. 4300 VV Rn. 9.

Gegenerklärung abzugeben. Wird der Rechtsanwalt hiermit beauftragt oder für eine Einzeltätigkeit gerichtlich bestellt, erhält er eine Verfahrensgebühr nach Nr. 4300 Ziff. 2 VV. Auch insoweit gilt, dass die Anfertigung oder Unterzeichnung der Gegenerklärung jeweils einen selbständigen Gebührentatbestand erfüllt und dass derjenige Rechtsanwalt, der beide Einzeltätigkeiten erbringt, die Verfahrensgebühr gleichwohl nur einmal erhält.

3. Verfahren nach §§ 57a, 67e StGB

17   Nr. 4300 Ziff. 3 VV betrifft die Verfahrensgebühr für die Anfertigung oder Unterzeichnung einer Schrift im Verfahren nach den §§ 57a und 67e StGB. Bei den Verfahren nach diesen Vorschriften handelt es sich um Strafvollstreckungsverfahren. Sonstige Einzeltätigkeiten in der Strafvollstreckung werden nach Nr. 4301 Ziff. 6 VV vergütet.[7]

IV. Gebührenhöhe

18   Die Betragsrahmengebühr für den **Wahlverteidiger** reicht gemäß Nr. 4300 VV von 60 bis 670 EUR (**Mittelgebühr** 365 EUR). Die **Festgebühr** für den gerichtlich bestellten oder beigeordneten Rechtsanwalt beläuft sich auf 292 EUR.

19   Beim **Wahlverteidiger** kann dem Umfang der erbrachten Einzeltätigkeit gemäß § 14 RVG innerhalb des Gebührenrahmens Rechnung getragen werden. So kann es berechtigt sein, die bloße **Unterzeichnung** einer von einem anderen Rechtsanwalt angefertigten Revisionsbegründung geringer zu bewerten als deren **Anfertigung.**[8]

20   Beim **gerichtlich bestellten oder beigeordneten Rechtsanwalt** kann bei besonderem Umfang der Revisionsbegründung oder bei besonderer Schwierigkeit die Festsetzung einer über die Festgebühr hinausgehenden **Pauschgebühr** nach § 51 RVG in Betracht kommen. Für den Wahlverteidiger gilt hiefür § 42 RVG. Dabei ist zu beachten, dass, um bei lebenslanger Freiheitsstrafe eine Aussetzung des **Strafrestes bei lebenslanger Freiheitsstrafe** oder bei einer Unterbringung in einer Entziehungsanstalt,[9] einem psychiatrischen Krankenhaus[10] oder in der Sicherungsverwahrung einer **Aussetzung der Unterbringung** zu erreichen, sich der Rechtsanwalt unter anderem mit der Schwere der Schuld des Verurteilten, mit dessen Persönlichkeit, mit der Führung und Haltung während der Inhaftierung oder Unterbringung und mit der Zukunftsprognose eingehend befassen muss. Allein der damit verbundene Zeitaufwand kann die **Bewilligung einer Pauschgebühr** nach §§ 42, 51 RVG rechtfertigen.

V. Anrechnung

21   Wird der Rechtsanwalt später mit der Verteidigung oder Vertretung beauftragt, ist die für eine Einzeltätigkeit entstandene Verfahrensgebühr auf die für die Verteidigung oder Vertretung entstehenden Gebühren anzurechnen (Vorb. 4.3 Abs. 4 VV). Das gilt nicht, wenn der Auftrag zur Verteidigung oder Vertretung später als zwei Kalenderjahre nach Erledigung der Einzeltätigkeit erteilt wird (Vorb. 4.3 Abs. 3 S. 2 VV iVm § 15 Abs. 5 S. 2 RVG).

---

[7] Dazu OLG Schleswig AGS 2005, 120 mAnm *Schneider* = RVGreport 2005, 70; zu den Gebühren im Überprüfungsverfahren nach § 67e StGB KG JurBüro 2005, 251 mAnm *Enders.*
[8] *Burhoff/Volpert* Nr. 4300 VV Rn. 18.
[9] Dazu OLG Koblenz NStZ 1990, 345.
[10] OLG Düsseldorf AnwBl. 2001, 371; OLG Frankfurt NStZ-RR 2001, 96; OLG Köln Rpfleger 1997, 126.

Nr. 4301 VV

Nr.	Gebührentatbestand	Gebühr oder Satz der Gebühr nach § 13 oder § 49 RVG	
		Wahlanwalt	gerichtlich bestellter oder beigeordneter Rechtsanwalt
4301	Verfahrensgebühr für 1. die Anfertigung oder Unterzeichnung einer Privatklage, 2. die Anfertigung oder Unterzeichnung einer Schrift zur Rechtfertigung der Berufung oder zur Beantwortung der von dem Staatsanwalt, Privatkläger oder Nebenkläger eingelegten Berufung, 3. die Führung des Verkehrs mit dem Verteidiger, 4. die Beistandsleistung für den Beschuldigten bei einer richterlichen Vernehmung, einer Vernehmung durch die Staatsanwaltschaft oder eine andere Strafverfolgungsbehörde oder in einer Hauptverhandlung, einer mündlichen Anhörung oder bei einer Augenscheinseinnahme, 5. die Beistandsleistung im Verfahren zur gerichtlichen Erzwingung der Anklage (§ 172 Abs. 2 bis 4, § 173 StPO) oder 6. sonstige Tätigkeiten in der Strafvollstreckung .... Neben der Gebühr für die Rechtfertigung der Berufung entsteht für die Einlegung der Berufung keine besondere Gebühr.	40,00 bis 460,00 €	200,00 €

Übersicht

Rn.

I. Überblick 1
II. Persönlicher Anwendungsbereich 4
III. Sachlicher Anwendungsbereich 5
   1. Anfertigung oder Unterzeichnung einer Privatklage (Nr. 4301 Ziff. 1 VV) 6
   2. Berufungsbegründung und Berufungserwiderung (Nr. 4301 Ziff. 2 VV) 11
   3. Führung des Verkehrs mit dem Verteidiger (Nr. 4301 Ziff. 3 VV) 14
   4. Beistandsleistung bei Vernehmungen und Terminen (Nr. 4301 Ziff. 4 VV) 18
   5. Beistandsleistung im Klageerzwingungsverfahren (Nr. 4301 Ziff. 5 VV) 26
   6. Sonstige Tätigkeiten in der Strafvollstreckung (Nr. 4301 Ziff. 6 VV) 29

Nr. 4301 VV

Teil 4. Strafsachen

	Rn.
IV. Gebührenhöhe	31
V. Anrechnung	34

I. Überblick

1 Der Gebührentatbestand der Nr. 4301 VV gliedert sich in sechs Ziffern, in denen die Verfahrensgebühr für insgesamt elf verschiedene Einzeltätigkeiten geregelt ist.

2 Die Auflistung der einzelnen Gebührentatbestände zeigt den weitgefächerten Anwendungsbereich der Nr. 4301 VV. In der **Praxis** sind sie von durchaus unterschiedlichem Gewicht, insbesondere ist der mit der jeweiligen Einzeltätigkeit verbundene Zeitaufwand ungleich hoch. Deshalb wäre es besser, die verschiedenen Einzeltätigkeiten mit unterschiedlich hohen Gebührenbeträgen zu versehen.

3 Die Entstehung der Verfahrensgebühr für die jeweilige Einzeltätigkeit setzt voraus, dass dem Rechtsanwalt sonst die Verteidigung oder Vertretung nicht übertragen ist (Vorb. 4.3 Abs. 1 VV).

II. Persönlicher Anwendungsbereich

4 Der persönliche Anwendungsbereich der Verfahrensgebühr nach Nr. 4300 VV umfasst sowohl den **Wahlanwalt** als auch den **gerichtlich bestellten oder beigeordneten Rechtsanwalt**, auch in der Rolle des **Vertreters** oder **Beistands** von Zeugen, Sachverständigen und sonstiger Verfahrensbeteiligten. Das gilt auch für Beistandsleistungen nach Nr. 4301 Ziff. 4 VV. Diese Norm spricht zwar nur von Beistandsleistungen für den Beschuldigten. Die Anwendung der Norm auf Beistandsleistungen für andere Verfahrensbeteiligte ergibt sich aber aus der Vorb. 4 Abs. 1 VV. Wegen der Einzelheiten wird auf die Ausführungen zur → Vorb. 4.3 VV Rn. 3–9 verwiesen.

III. Sachlicher Anwendungsbereich

5 Der sachliche Anwendungsbereich umfasst elf verschiedene Einzeltätigkeiten. Dies sind die:
- Anfertigung oder Unterzeichnung einer Privatklage (Ziff. 1),
- Anfertigung oder Unterzeichnung einer Schrift zur Rechtfertigung der Berufung (Ziff. 2, 1. Alt.),
- Anfertigung oder Unterzeichnung einer Schrift zur Beantwortung der von dem Staatsanwalt, Privatkläger oder Nebenkläger eingelegten Berufung (Ziff. 2, 2. Alt.),
- Führung des Verkehrs mit dem Verteidiger (Ziff. 3),
- Beistandsleistung für den Beschuldigten bei einer richterlichen Vernehmung (Ziff. 4, 1. Alt.),
- Beistandsleistung für den Beschuldigten bei einer Vernehmung durch die Staatsanwaltschaft oder eine andere Strafverfolgungsbehörde (Ziff. 4, 2. Alt.),
- Beistandsleistung für den Beschuldigten in einer Hauptverhandlung (Ziff. 4, 3. Alt.),
- Beistandsleistung für den Beschuldigten bei einer mündlichen Anhörung (Ziff. 4, 4. Alt.),
- Beistandsleistung für den Beschuldigten bei einer Augenscheinseinnahme (Ziff. 4, 5. Alt.),
- Beistandsleistung im Verfahren zur gerichtlichen Erzwingung der Anklage nach §§ 172 Abs. 2 bis 4, 173 StPO (Ziff. 5) und die
- sonstigen Tätigkeiten in der Strafvollstreckung (Ziff. 6).

Abschnitt 3. Einzeltätigkeiten **Nr. 4301 VV**

1. Anfertigung oder Unterzeichnung einer Privatklage (Nr. 4301 Ziff. 1 VV)

Die Verfahrensgebühr entsteht für die **Anfertigung** oder **Unterzeichnung** einer Privatklage, wenn dem Rechtsanwalt diese Aufgabe als Einzeltätigkeit übertragen ist. Wie in Nr. 4300 VV sind die Anfertigung und die Unterzeichnung gebührenrechtlich gleichwertig. 6

Für die **Anfertigung** einer Privatklage entsteht die Verfahrensgebühr, wenn sie von dem beauftragten Rechtsanwalt stammt. Ausreichend ist auch ein bloßer **Entwurf**, wenn der dem Rechtsanwalt erteilte Auftrag sich darauf beschränkt. 7

Die **Unterzeichnung** einer Privatklage löst die Gebühr nach Nr. 4300 VV ohne Rücksicht darauf aus, ob der unterzeichnende Rechtsanwalt sie selbst verfasst hat oder ob sie von einem anderen Rechtsanwalt oder sonstigen Personen stammt. 8

Werden beide Tätigkeiten von ein und demselben Rechtsanwalt erbracht, fällt die Verfahrensgebühr trotzdem nur einmal an. Das „oder" zwischen den Worten „Anfertigung" und „Unterzeichnung" bringt nur zum Ausdruck, dass eine der beiden Tätigkeiten für die Entstehung der Gebühr ausreicht, nicht aber, dass der Rechtsanwalt, der beide Tätigkeiten erbringt, die Gebühr **doppelt** verdient.[1] 9

Eine **Einigungsgebühr** nach Nr. 4146 VV kann neben der **Verfahrensgebühr** nach Nr. 4301 Ziff. 1 VV nicht entstehen, weil der Rechtsanwalt die Einigungsgebühr nur verdienen kann, wenn er im Privatklageverfahren tätig ist. Dieses Verfahren wird aber durch die Anfertigung oder Unterzeichnung einer Privatklageschrift erst vorbereitet. Die Gebührentatbestände der Nr. 4146 und 4301 VV schließen sich also gegenseitig aus.[2] 10

2. Berufungsbegründung und Berufungserwiderung (Nr. 4301 Ziff. 2 VV)

Der Gebührentatbestand der Nr. 4301 Ziff. 2 VV fasst die beiden in Nr. 4300 Ziff. 1 und 2 VV gesondert ausgewiesenen Gebührentatbestände in einem zusammen. Eine inhaltliche Änderung ist damit nicht verbunden. Auch die Anm. zu Nr. 4300 und 4301 VV entsprechen sich. Ebenso wie für die Einlegung einer Revision keine besondere Gebühr für die Revisionsbegründung anfällt, steht dem Rechtsanwalt neben der Gebühr für die Rechtfertigung der Berufung keine besondere Gebühr für die Einlegung der Berufung zu. 11

Der Rechtsanwalt, der sowohl mit der Einlegung als auch mit der Begründung der Berufung beauftragt wird, ohne dass ihm sonst die Verteidigung oder Vertretung übertragen ist, erhält nur die Verfahrensgebühr nach Nr. 4301 Ziff. 2 VV, obwohl in Nr. 4302 Ziff. 1 VV die Einlegung eines Rechtsmittels als besondere gebührenrechtliche Einzeltätigkeit genannt ist. Nr. 4301 Ziff. 2 VV ist damit **lex specialis** zu Nr. 4302 Ziff. 1 VV. 12

Nr. 4301 Ziff. 2 VV gilt auch für die **Gegenerklärung** zu der von der Staatsanwaltschaft oder dem Privat- oder dem Nebenkläger eingelegten Berufung. Wird der Rechtsanwalt durch **zwei selbständige Einzelaufträge** sowohl mit der Anfertigung oder Unterzeichnung der **Berufungsbegründung** und daneben mit der Anfertigung oder Unterzeichnung einer **Gegenerklärung** zur Berufung der Staatsanwaltschaft oder des Privat- oder des Nebenklägers beauftragt,[3] entsteht die Gebühr nach Nr. 4301 Ziff. 2 VV **doppelt**. Dabei ist die nach § 15 Abs. 6 RVG zu ermittelnde betragsmäßige Höchstgrenze zu beachten. 13

---

[1] Gerold/Schmidt/*Burhoff* Nr. 4301 VV Rn. 3.
[2] Gerold/Schmidt/*Burhoff* Nr. 4301 VV Rn. 4.
[3] Burhoff/*Burhoff* Nr. 4301 VV Rn. 8.

3. Führung des Verkehrs mit dem Verteidiger (Nr. 4301 Ziff. 3 VV)

14 Die Verfahrensgebühr nach Nr. 43101 Ziff. 3 VV entsteht, wenn ein Rechtsanwalt im Rahmen einer Einzeltätigkeit den Verkehr mit dem für die gesamte Verteidigung beauftragten oder gerichtlich bestellten oder beigeordneten Rechtsanwalt führt. Entsprechendes gilt für die Führung des Verkehrs mit dem Beistand oder Vertreter eines Privat- oder Nebenklägers (Anm. 4 Abs. 1 VV).

15 Die Verfahrensgebühr entsteht nach der Vorb. 4.3 Abs. 3 S. 2 VV iVm § 15 Abs. 2 S. 1 RVG für **jeden Rechtszug** besonders. Der Rechtsanwalt kann die Gebühr mithin im vorbereitenden Verfahren (Nr. 4101 VV), im erstinstanzlichen gerichtlichen Verfahren (Nr. 4106 ff. VV), im Berufungsverfahren (Nr. 4124 ff. VV) und im Revisionsverfahren (Nr. 4130 ff. VV) gesondert verdienen.[4] Bei einer Zurückverweisung nach § 21 Abs. 3 oder § 20 S. 2 RVG entsteht die Gebühr erneut.

16 Unter der Führung des Verkehrs ist im Wesentlichen die **Beratung** des Beschuldigten (Angeklagten, Verurteilten), **Besprechungen** mit ihm und die **Korrespondenz** mit dem Verteidiger zu verstehen.

17 Nicht abgegolten ist die **Wahrnehmung von Terminen.** Sie zählt zu den Einzeltätigkeiten iSd Nr. 4301 Ziff. 4 VV und löst neben der Verfahrensgebühr nach Nr. 4301 Ziff. 3 VV unter Berücksichtigung des § 15 Abs. 6 RVG eine weitere Verfahrensgebühr nach Nr. 4301 Ziff. 4 VV aus.

4. Beistandsleistung bei Vernehmungen und Terminen (Nr. 4301 Ziff. 4 VV)

18 Nicht nur eine Beistandsleistung für den Beschuldigten, sondern auch für einen Privat- oder Nebenkläger, für einen Verletzten, für einen Zeugen oder für einen Sachverständigen (Vorb. 4 Abs. 1 VV) löst eine Verfahrensgebühr nach Nr. 4301 Ziff. 4 VV aus. Das gilt für richterliche Vernehmungen, für eine Vernehmung durch die Staatsanwaltschaft oder eine andere Strafverfolgungsbehörde, für Vernehmungen in einer Hauptverhandlung sowie für mündliche Anhörungen und Augenscheinseinnahmen.

19 Unter einem **Beistand** versteht man einen Rechtsanwalt, der neben seinem Auftraggeber unterstützend und beratend tätig wird und diesen nicht vertritt. Rechtsgrundlage ist § 138 StPO. Davon zu unterscheiden ist der **Vertreter,** der anstelle des Auftraggebers handelt. Eine Bestellung zum Beistand kann auch durch das Gericht erfolgen. Eine Beistandschaft kommt vornehmlich in Fällen in Betracht, in denen eine Vertretung ausgeschlossen ist, zum Beispiel bei Vernehmungen. Auch in der Eigenschaft als beigeordneter Beistand stehen dem Rechtsanwalt die gleichen Gebühren wie einem Verteidiger im Strafverfahren zu (Vorb. 4 Abs. 1 VV). Anderes gilt nur dann, wenn der dem Rechtsanwalt von dem Zeugen erteilte Auftrag oder der gerichtliche Beiordnungsbeschluss ausdrücklich nicht auf die volle Vertretung des Zeugen gerichtet ist, sondern auf eine Einzeltätigkeit beschränkt wird.[5]

20 Wer vernommen wird, ist für die Entstehung der Verfahrensgebühr ohne Belang. Es kann der **Beschuldigte** selbst sein, aber auch ein **Mitbeschuldigter** oder ein **Zeuge.**

21 Die Vernehmungen können in **jedem Verfahrensabschnitt** stattfinden und nach dem Wortlaut von Nr. 4301 Ziff. 4 VV auch im Rahmen einer **Hauptverhandlung,** immer vorausgesetzt, dass der Rechtsanwalt nicht Verteidiger für das gesamte Strafverfahren ist. So kann der Verteidiger an einem von seinem Kanzleisitz weit

---

[4] Gerold/Schmidt/*Burhoff* Nr. 4301 VV Rn. 13; Schneider/Wolf/*N. Schneider* 4301 VV Rn. 11.

[5] OLG Düsseldorf RVGreport 2008, 188.

entfernten Gerichtsort einen dort ansässigen Rechtsanwalt beauftragen, dem Beschuldigten in der Hauptverhandlung Beistand zu leisten. Der am Gerichtsort ansässige Rechtsanwalt erhält für diese Terminswahrnehmung eine Verfahrensgebühr nach Nr. 4301 Ziff. 4 VV.

Bei der **Wahrnehmung mehrerer Termine** in derselben Angelegenheit ist zu 22 unterscheiden, ob ihr **ein Auftrag** zugrunde liegt oder ob dem Rechtsanwalt, dem sonst die Verteidigung nicht übertragen ist, nach und nach **getrennte Aufträge** für mehrere Termine erteilt werden. Im letzteren Fall erhält der Rechtsanwalt die Verfahrensgebühr mehrfach, allerdings mit der Einschränkung, die sich aus § 15 Abs. 6 RVG ergibt. Danach kann der Rechtsanwalt, der nur mit einzelnen Handlungen beauftragt ist, nicht mehr an Gebühren erhalten als der mit der gesamten Angelegenheit beauftragte Rechtsanwalt für die gleiche Tätigkeit erhalten würde.

Für die Wahrnehmung von Terminen im Rahmen einer Beistandsleistung ist 23 auch die Regelung der Vorb. 4 Abs. 3 VV zu beachten. Dort wird für die **Terminsgebühr** bestimmt, dass der Rechtsanwalt sie auch erhält, wenn er zu einem anberaumten Termin erscheint, dieser aber aus Gründen, die er nicht zu vertreten hat, nicht stattfindet. Obwohl Nr. 4301 VV generell von einer Verfahrensgebühr spricht, ist die Regelung der Vorb. 4 Abs. 3 VV, auch wenn es sich wie in Nr. 4301 Ziff. 4 VV um die Teilnahme an Terminen handelt, zumindest sinngemäß anzuwenden.

Die nach Nr. 4301 Ziff. 4 VV in Betracht kommenden Tätigkeiten sind: 24
- Beistandsleistung bei einer **richterlichen** Vernehmung (zB §§ 115 ff., 118 ff., 122 Abs. 2, 126a, 168c und 223 StPO),
- Beistandsleistung bei einer Vernehmung durch die **Staatsanwaltschaft** oder eine andere **Strafverfolgungsbehörde** (§ 163a Abs. 3 StPO),
- Beistandsleistung in einer Hauptverhandlung,
- Beistandsleistung bei einer mündlichen Anhörung (§§ 56f, 57a, 67e StPO),
- Beistandsleistung bei einer Augenscheinseinnahme (§§ 86, 87, 225 StPO).

Beispiele für eine **mündliche Anhörung** sind vor allem Tätigkeiten im Rahmen 25 der Strafvollstreckung.[6] Nr. 4301 Ziff. 6 VV, der die „sonstige Tätigkeiten in der Strafvollstreckung" betrifft, steht dem nicht entgegen. Nr. 4301 Ziff. 4 VV ist **lex specialis** zu Nr. 4301 Ziff. 6 VV. Als Beispiele für eine **Augenscheinseinnahme** kommen vor allem eine Ortsbesichtigung und die Teilnahme an einer Durchsuchung in Betracht.

5. Beistandsleistung im Klageerzwingungsverfahren (Nr. 4301 Ziff. 5 VV)

Nr. 4301 Ziff. 5 VV betrifft die Beistandsleistung im Verfahren zur gerichtlichen 26 Erzwingung der Anklage nach §§ 172 Abs. 2 bis 4, 173 Abs. 1 StPO. Nach § 172 Abs. 2 StPO kann der Antragsteller gegen den ablehnenden Bescheid der Staatsanwaltschaft, soweit nicht § 172 Abs. 2 S. 3 StPO entgegensteht, mit dem **Antrag auf gerichtliche Entscheidung** vorgehen. Gemäß § 172 Abs. 3 StPO muss dieser Antrag von einem Rechtsanwalt unterschrieben sein. Vor einer Entscheidung über diesen Antrag kann das Gericht Ermittlungen anordnen (§ 173 Abs. 3 StPO). Für die Beistandsleistung des Rechtsanwalts in diesem gerichtlichen **Antragsverfahren** gewährt Nr. 4301 Ziff. 5 VV eine Verfahrensgebühr. Sie deckt nicht nur die Anfertigung, Unterzeichnung und Einreichung des Antrags auf gerichtliche Entscheidung, sondern auch eine Beistandsleistung bei gerichtlichen Ermittlungen ab.

Kommt die Staatsanwaltsanwaltschaft einem Antrag auf Erhebung der öffentlichen 27 Anklage nicht nach oder stellt sie das Verfahren ein, kann der Antragsteller, der zugleich Verletzter ist, nach § 172 Abs. 1 StPO gegen diese Entscheidung

---

[6] Gerold/Schmidt/*Burhoff* Nr. 4301 Rn. 15.

Nr. 4301 VV

Beschwerde einlegen, über die die vorgesetzte Behörde (Generalstaatsanwaltschaft) zu entscheiden hat. Diese Beschwerde ist hier nicht gemeint. Sie löst eine Verfahrensgebühr nach Nr. 4302 Ziff. 2 VV aus.

28   Unter Nr. 4301 Ziff. 5 VV fällt nur die **Beistandsleistung** in den in § 172 Abs. 2 bis 4 und § 173 StPO geregelten Verfahren. Die Beistandsleistung im **Beschwerdeverfahren** nach § 172 Abs. 1 StPO löst eine Verfahrensgebühr nach Nr. 4302 Ziff. 3 VV aus. Der Rechtsanwalt kann also bei entsprechender Einzelbeauftragung neben der Verfahrensgebühr nach Nr. 4301 Ziff. 5 VV eine weitere Verfahrensgebühr nach Nr. 4302 Ziff. 1 VV verdienen, da es sich insoweit um zwei verschiedene Angelegenheiten handelt.[7]

6. Sonstige Tätigkeiten in der Strafvollstreckung (Nr. 4301 Ziff. 6 VV)

29   Die Regelung der Nr. 4301 Ziff. 6 VV erfasst alle „sonstigen Tätigkeiten in der Strafvollstreckung". Es handelt sich um einen **generalklauselartigen Auffangtatbestand,** der die Gebührentatbestände der Nr. 4300 Ziff. 3 VV und auch der Nr. 4301 Ziff. 4 VV (insoweit für Anhörungen, → Rn. 26) ergänzt.

30   Zu den sonstigen Tätigkeiten in der Strafvollstreckung gehören vor allem die in den §§ 449 bis 463d StPO geregelten Verfahren, beispielsweise der nachträgliche Antrag auf Strafaussetzung zur Bewährung oder einer Verwarnung mit Strafvorbehalt (§§ 56a bis 56 g, 58, 59a und 59b StGB), der Antrag auf Erlass der Strafe (§ 56f StGB) oder auf Aussetzung des Strafrestes (§ 57 StGB), der Antrag auf Fristgewährung zur Zahlung einer Geldstrafe (§ 42 StGB, § 459a StPO), das Gesuch um Strafaufschub (§§ 455, 456 StPO), der Antrag auf vorzeitige Aufhebung der Sperre für die Erteilung der Fahrerlaubnis oder Anträge auf Haftentlassung oder Haftvergünstigungen.

IV. Gebührenhöhe

31   Die Betragsrahmengebühr für den **Wahlverteidiger** reicht gemäß Nr. 4301 VV von 40 bis 460 EUR (**Mittelgebühr** 250 EUR). Die **Festgebühr** für den gerichtlich bestellten oder beigeordneten Rechtsanwalt beläuft sich auf 200 EUR.

32   Beim **Wahlverteidiger** kann dem Umfang der erbrachten Einzeltätigkeit gemäß § 14 RVG innerhalb des Gebührenrahmens Rechnung getragen werden.

33   Beim **gerichtlich bestellten oder beigeordneten Rechtsanwalt** kann bei besonderem Umfang oder besonderer Schwierigkeit die Feststellung einer über die Festgebühr hinausgehenden **Pauschgebühr** nach § 51 RVG in Betracht kommen. Für den Wahlverteidiger gilt hiefür § 42 RVG.

V. Anrechnung

34   Wird der Rechtsanwalt später mit der Verteidigung oder Vertretung beauftragt, ist die für eine Einzeltätigkeit entstandene Verfahrensgebühr auf die für die Verteidigung oder Vertretung entstehenden Gebühren anzurechnen (Vorb. 4.3 Abs. 4 VV). Das gilt nicht, wenn der Auftrag zur Verteidigung oder Vertretung später als zwei Kalenderjahre nach Erledigung der Einzeltätigkeit erteilt wird (Vorb. 4.3 Abs. 3 S. 2 VV iVm § 15 Abs. 5 S. 2 RVG).

---

[7] Burhoff/*Volpert* Nr. 4301 VV Rn. 17.

Abschnitt 3. Einzeltätigkeiten Nr. 4302 VV

Nr. 4302 VV

Nr.	Gebührentatbestand	Gebühr oder Satz der Gebühr nach § 13 oder § 49 RVG	
		Wahlanwalt	gerichtlich bestellter oder beigeordneter Rechtsanwalt
4302	Verfahrensgebühr für 1. die Einlegung eines Rechtsmittels, 2. die Anfertigung oder Unterzeichnung anderer Anträge, Gesuche oder Erklärungen oder 3. eine andere nicht in Nummern 4300 oder 4301 erwähnte Beistandsleistung	30,00 bis 290,00 €	128,00 €

I. Überblick

Nr. 4302 VV gewährt eine Verfahrensgebühr für weitere drei Einzeltätigkeiten. 1
Sie betreffen die Einlegung eines Rechtsmittels (Nr. 4302 Ziff. 1 VV), die Anfertigung oder Unterzeichnung anderer Anträge, Gesuche oder Erklärungen (Nr. 4302 Ziff. 2 VV) oder eine andere nicht in den Nr. 4300 und 4301 VV erwähnte Beistandsleistung. Da Nr. 4302 VV zu Teil 4 Abschn. 3 VV gehört, setzt die Entstehung der Verfahrensgebühr für die jeweilige Einzeltätigkeit voraus, dass dem Rechtsanwalt sonst die Verteidigung oder Vertretung nicht übertragen ist (Vorb. 4.3 Abs. 1 VV).

II. Persönlicher Anwendungsbereich

Der persönliche Anwendungsbereich der Verfahrensgebühr nach Nr. 4302 VV 2
umfasst sowohl den **Wahlanwalt** als auch den **gerichtlich bestellten oder beigeordneten Rechtsanwalt**, auch in der Rolle des **Vertreters** oder **Beistands** von Zeugen, Sachverständigen und sonstiger Verfahrensbeteiligten. Die Anwendung der Norm auf andere Verfahrensbeteiligte ergibt sich aus der Vorb. 4 Abs. 1 VV. Wegen der Einzelheiten wird auf die Ausführungen zur → Vorb. 4.3 VV Rn. 3–9 verwiesen.

III. Sachlicher Anwendungsbereich

Der sachliche Anwendungsbereich umfasst drei Bereiche unterschiedlicher Ein- 3
zeltätigkeiten.

1. Einlegung eines Rechtsmittels (Nr. 4302 Ziff. 1 VV)

Unter dem Begriff des Rechtsmittels sind im förmlichen Sinn die **Berufung** und 4
die **Revision** zu verstehen. Im weiteren Sinn gehört auch die **Beschwerde** dazu,[1] ferner auch der **Einspruch** gegen einen Strafbefehl. Für den Rechtsanwalt, der Verteidiger oder Vertreter und nicht nur mit der Einlegung eines Rechtsmittels beauftragt ist, gehört die Einlegung gebührenrechtlich zur Instanz. Sie wird also

---

[1] Burhoff/*Volpert* Nr. 4302 VV mit einer Aufzählung weiterer von Nr. 4302 VV erfasster „Rechtsmittel".

Nr. 4302 VV Teil 4. Strafsachen

durch die jeweilige Verfahrensgebühr, die in den Nr. 4106 bis 4131 VV geregelt ist, abgegolten (§ 19 Abs. 1 S. 1 Nr. 10 RVG).

5 Nach den Anm. zu den Nr. 4300 und 4301 VV kann eine Verfahrensgebühr für die Einlegung einer **Berufung** oder **Revision** nur entstehen, wenn daneben keine Verfahrensgebühr für die Rechtfertigung der Berufung oder die Begründung der Revision anfällt. Umfasst der dem Rechtsanwalt erteilte Auftrag, ohne dass dieser sonst mit der Verteidigung oder Vertretung beauftragt ist, sowohl die Einlegung als auch die Begründung der Berufung oder Revision, bilden beide Einzeltätigkeiten gebührenrechtlich eine Angelegenheit.

6 Bei der **Beschwerde** ist zu beachten, dass nach der Vorb. 4 Abs. 5 Nr. 1 und 2 VV in den dort genannten Beschwerdeverfahren die Gebührentatbestände des Teils 3 VV anzuwenden sind. Der Anwendungsbereich der Nr. 4302 Ziff. 1 VV erfasst also nicht Beschwerden nach §§ 406b, 464b StPO, sondern beschränkt sich auf sonstige Beschwerden nach der StPO. In Betracht kommen beispielsweise Beschwerden nach den §§ 33a, 111a, 172 Abs. 1, 268a, 356a und 383 Abs. 2 S. 3 StPO.

7 Anders als bei der Berufung und Revision fehlt für die **Beschwerde** eine den Anm. zu den Nr. 4300 und 4301 VV entsprechende Regelung. Deshalb erhält der Rechtsanwalt sowohl die Gebühr nach Nr. 4302 Ziff. 1 VV als auch nach Nr. 4302 Ziff. 2 VV, wenn er zunächst mit der Einlegung der Beschwerde und später mit deren Begründung beauftragt wird. Gemäß § 15 Abs. 6 VV kann er allerdings insgesamt nicht mehr als eine Gebühr nach Nr. 4302 VV beanspruchen.

2. Anfertigung oder Unterzeichnung anderer Anträge, Gesuche oder Erklärungen (Nr. 4302 Ziff. 2 VV)

8 Nr. 4302 Ziff. 2 VV gewährt wie Nr. 4300 Ziff. 1 VV und Nr. 4301 Ziff. 2 VV eine Verfahrensgebühr für die **Anfertigung** oder **Unterzeichnung** anderer Anträge, Gesuche oder Erklärungen. Das „oder" zwischen den Worten „Anfertigung" und „Unterzeichnung" bringt nur zum Ausdruck, dass eine der beiden Tätigkeiten für die Entstehung der Gebühr ausreicht, bedeutet aber nicht, dass der Rechtsanwalt, der beide Tätigkeiten erbringt, also Anträge, Gesuche oder Erklärungen anfertigt und unterschreibt, die Gebühr **doppelt** verdient (siehe dazu die Kommentierung zu → Nr. 4300 VV Rn. 5 ff.).

9 Der Gebührentatbestand der Nr. 4302 Ziff. 2 VV greift nur ein, wenn für die Anfertigung oder Unterzeichnung eines Antrags, eines Gesuchs oder einer Erklärung im Vergütungsverzeichnis keine besonderen Gebührentatbestände vorgesehen sind. Nr. 4302 Ziff. 2 VV enthält also einen **Auffangtatbestand**. Beispiele für den Anwendungsbereich sind die Strafanzeige, der Strafantrag, Beweisanträge, Prozesskostenhilfeanträge, die Einsichtnahme in die Ermittlungsakten der Staatsanwaltschaft; die Rücknahme von Rechtsmitteln, Kostenfestsetzungsanträge oder die Gegenvorstellung gegen eine die Verwerfung der Berufung bestätigende sofortige Beschwerde.[2]

3. Andere Beistandsleistungen (Nr. 4302 Ziff. 3 VV)

10 Der Gebührentatbestand der Nr. 4302 Ziff. 3 VV dient der Erfassung von Beistandsleistungen, für die eine Verfahrensgebühr nicht schon nach den Nr. 4300 oder 4301 VV anfällt. Es handelt sich also wie bei Nr. 4302 Ziff. 2 VV um eine **Auffangregelung** für alle in den Nr. 4300 und 4301 VV nicht ausdrücklich geregelten Beistandsleistungen.

11 **Beispielsfälle** sind
- die Beistandsleistung für die Eltern eines Getöteten oder für den Verletzten in einer Jugendgerichtssache;
- die Einlegung der Beschwerde nach § 172 Abs. 1 StPO;

---

[2] OLG Düsseldorf AGS 2009, 14.

- die Beistandsleistung im Verfahren nach dem Gesetz über die Entschädigung von Strafverfolgungsmaßnahmen (StrEG);[3]
- Anträge auf vorzeitige Aufhebung der Sperre für die Erteilung der Fahrerlaubnis (§ 69a StGB);
- Begründung einer Beschwerde gegen eine Bewährungsauflage;[4]
- Tätigkeiten im Verfahren über die Prozesskostenhilfe;
- Tätigkeiten im DNA-Feststellungsverfahren.[5]

Nicht zum Anwendungsbereich der Nr. 4302 Ziff. 3 VV gehören **Beratungstätigkeiten** in Strafsachen. Sie sind nach § 34 RVG abzurechnen. Für die Prüfung der **Erfolgsaussicht eines Rechtsmittels** gelten die Nr. 2102, 2103 VV. 12

IV. Gebührenhöhe

Die Betragsrahmengebühr für den **Wahlverteidiger** reicht gemäß Nr. 4302 VV von 30 bis 290 EUR (**Mittelgebühr** 160 EUR). 13

Die **Festgebühr** für den gerichtlich bestellten oder beigeordneten Rechtsanwalt beläuft sich auf 128 EUR. 14

Der **Wahlverteidiger** kann dem Umfang der erbrachten Einzeltätigkeit gemäß § 14 RVG innerhalb des Gebührenrahmens Rechnung tragen. Reicht der Gebührenrahmen wegen des erheblichen Umfangs oder wegen besonderer Schwierigkeit nicht aus, kann er gemäß § 42 RVG die Bewilligung einer Pauschgebühr beantragen. 15

Der **gerichtlich bestellte oder beigeordnete Rechtsanwalt** kann bei besonderem Umfang oder bei besonderer Schwierigkeit seiner Tätigkeit den Antrag auf Bewilligung einer über die Festgebühr hinausgehenden **Pauschgebühr** nach § 51 RVG stellen. 16

V. Anrechnung

Wird der Rechtsanwalt später mit der Verteidigung oder Vertretung beauftragt, ist die für eine Einzeltätigkeit entstandene Verfahrensgebühr auf die für die Verteidigung oder Vertretung entstehenden Gebühren anzurechnen (Vorb. 4.3 Abs. 4 VV). Das gilt nicht, wenn der Auftrag zur Verteidigung oder Vertretung später als zwei Kalenderjahre nach Erledigung der Einzeltätigkeit erteilt wird (Vorb. 4.3 Abs. 3 S. 2 VV iVm § 15 Abs. 5 S. 2 RVG). 17

Nr. 4303 VV

Nr.	Gebührentatbestand	Gebühr oder Satz der Gebühr nach § 13 oder § 49 RVG	
		Wahlanwalt	gerichtlich bestellter oder beigeordneter Rechtsanwalt
4303	Verfahrensgebühr für die Vertretung in einer Gnadensache .... Der Rechtsanwalt erhält die Gebühr auch, wenn ihm die Verteidigung übertragen war.	30,00 bis 300,00 €	

---

[3] *Burhoff* RVGreport 2007, 372.
[4] AG Hamburg-St. Georg AGS 2007, 39.
[5] LG Bielefeld NStZ-RR 2002, 320; LG Potsdam NJW 2003, 3001.

Nr. 4303 VV

I. Überblick

1 Der Gebührentatbestand der Nr. 4303 VV umfasst die **Vertretung im gesamten Gnadenverfahren**. Beschränkt sich der dem Rechtsanwalt erteilte Auftrag darauf, den Gnadenantrag zu stellen oder zu unterzeichnen, entsteht eine Verfahrensgebühr nicht nach Nr. 4303 VV, sondern nach Nr. 4302 Ziff. 2 VV. Nach der Anm. zu Nr. 4303 VV erhält der Rechtsanwalt die Gebühr auch, wenn ihm (früher) die Verteidigung übertragen war.

II. Anwendungsbereich

1. Persönlicher Anwendungsbereich

2 Die Verfahrensgebühr können der **Wahlanwalt**, der **gerichtlich bestellte oder beigeordnete** Rechtsanwalt und auch die in der Vorb. 4 Abs. 1 VV genannten anwaltlichen Beistände und Vertreter beanspruchen. *Schneider* meint allerdings, dass für das Gnadenverfahren eine gerichtliche Bestellung oder Beiordnung eines Rechtsanwalts nicht in Betracht kommen könne.[1]

2. Sachlicher Anwendungsbereich

3 **Gnadensachen** sind Verfahren, über die nach einer Gnadenordnung eine (gerichtliche) Gnadenstelle oder eine Regierungsstelle des Bundes oder eines Landes zu entscheiden hat (§ 452 StPO).

4 **Keine Gnadensachen** sind die Verfahren vor dem Gericht, der Vollstreckungsbehörde oder dem Vollstreckungsleiter wegen der Aussetzung des Strafrestes zur Bewährung, wegen der Gewährung eines Strafaufschubs oder wegen der Gewährung von Ratenzahlungen. Keine Gnadensachen sind auch die Verfahren, die sich auf ein Straffreiheitsgesetz oder die Tilgung von Einträgen im Strafregister zur Folge haben.[2] Das gilt auch für die Anfechtung von Gnadenentscheidungen im Verwaltungsrechtsweg. Hierfür kann eine Geschäftsgebühr nach Nr. 2300 ff. VV entstehen, im gerichtlichen Verfahren kommen die Nr. 3100 ff. VV zur Anwendung.

5 Die Verfahrensgebühr **entsteht** mit der ersten Tätigkeit nach Erteilung eines entsprechenden Auftrags. Durch sie **abgegolten** werden sämtliche Tätigkeiten, die für eine ordnungsmäßige Durchführung des Gnadenverfahrens notwendig sind, neben dem Gnadenantrag also auch Besuche in der Justizvollzugsanstalt sowie der notwendige Schriftwechsel.

6 Bei einer **Vertretung mehrerer Verurteilter** entsteht die Verfahrensgebühr für jeden Verurteilten gesondert.[3]

7 Eine **Beschwerde** gegen eine ablehnende Entscheidung der Gnadenstelle ist gemäß Vorb. 4.3 Abs. 2 S. 3 VV eine besondere Angelegenheit, für die der Rechtsanwalt eine weitere Verfahrensgebühr zu beanspruchen hat.

III. Gebühren in Gnadensachen

8 Die **Verfahrensgebühr** nach Nr. 4303 VV entsteht stets **ohne (Haft-)Zuschlag**, auch wenn der Verurteilte sich nicht auf freiem Fuß befindet.

---

[1] Schneider/Wolf/*N. Schneider* Nr. 4303 VV Rn. 20; sa Burhoff/*Volpert* Nr. 4303 VV Rn. 17.

[2] Siehe auch Schneider/Wolf/*N. Schneider* Nr. 4303 VV Rn. 7 f.

[3] Gerold/Schmidt/*Burhoff* Nr. 4303 VV Rn. 5.

Abschnitt 3. Einzeltätigkeiten **Nr. 4304 VV**

Der Wahlanwalt kann mit der Inhaftierung seines Mandanten verbundene Erschwernisse bei der Bestimmung der Gebühr nach § 14 RVG berücksichtigen.

Die **Grundgebühr** nach Nr. 4100 VV kann in Gnadensachen nicht anfallen. Der 9
Anwendungsbereich der Nr. 4100 VV ist auf die Gebührentatbestände nach Teil 4
Abschn. 1 VV beschränkt.[4]

Eine **Pauschgebühr** nach § 42 RVG kommt für den **Wahlanwalt** in Betracht, 10
wenn der Gebührenrahmen der Nr. 4303 VV wegen des besonderen Umfangs oder
der besonderen Schwierigkeit selbst bei Ausschöpfung des Gebührenrahmens nicht
zumutbar ist. Eine Pauschgebühr nach § 51 RVG entfällt, wenn man der Auffassung
folgt, dass für das Gnadenverfahren eine gerichtliche Bestellung oder Beiordnung
eines Rechtsanwalts nicht in Betracht kommen könne.[5]

IV. Gebührenhöhe

Die Betragsrahmengebühr für den Wahlverteidiger reicht von 30 bis 300 EUR 11
(**Mittelgebühr** 165 EUR). Die früher ausgewiesene **Festgebühr** für den gerichtlich
bestellten oder beigeordneten Rechtsanwalt (siehe dazu oben → Rn. 2) ist durch
das 2. KostRMoG mit Wirkung ab 1.7.2013 entfallen, weil es eine anwaltliche
Beiordnung in Gnadensachen nicht gibt.

Zur Bewilligung einer Pauschgebühr nach den §§ 42, 51 RVG → Rn. 10. 12

V. Anrechnung

Eine Anrechnung auf die im vorangegangenen Strafverfahren entstandenen 13
Gebühren findet nicht statt. Das folgt aus der Anm. zu Nr. 4303 VV. Zudem gibt
es kein dem Gnadenverfahren nachfolgendes Verfahren, auf dessen Gebühren eine
Anrechnung in Betracht kommen könnte.[6]

Nr. 4304 VV

Nr.	Gebührentatbestand	Gebühr oder Satz der Gebühr nach § 13 oder § 49 RVG	
		Wahlanwalt	gerichtlich bestellter oder beigeordneter Rechtsanwalt
4304	Gebühr für den als Kontaktperson beigeordneten Rechtsanwalt (§ 34a EGGVG)		3.500,00 €

I. Anwendungsbereich

Nach § 34a EGGVG kann dem **Gefangenen** auf Antrag ein Rechtsanwalt als 1
Kontaktperson beigeordnet werden. Die Beiordnung anderer Personen ist ausgeschlossen. Die Beiordnung eines Rechtsanwalts setzt voraus, dass dieser nicht bereits
als Verteidiger tätig ist. In diesem Fall scheidet auch er aus.

Die Beiordnung erfolgt durch den **Präsidenten des Landgerichts,** in dessen 2
Bezirk die Justizvollzugsanstalt liegt. Der Gefangene selbst kann einen Rechtsanwalt

---

[4] Gerold/Schmidt/*Burhoff* Nr. 4303 VV Rn. 10.
[5] Schneider/Wolf/*N. Schneider* Nr. 4303 VV Rn. 20.
[6] Gerold/Schmidt/*Burhoff* Nr. 4303 VV Rn. 15.

Nr. 4304 VV

nicht als Kontaktperson einschalten, auch nicht über ein Mandatsverhältnis. Er hat nicht einmal das Recht, einen bestimmten Rechtsanwalt als Kontaktperson vorzuschlagen (§ 34a Abs. 4 EGGVG).

II. Gebührenhöhe

3   Die in Nr. 4304 VV ausgewiesene Gebühr beträgt 3.500 EUR. Auf den ersten Blick erscheint sie hoch, ist es aber bei näherer Betrachtung nicht. Die seelische Belastung des als Kontaktperson beigeordneten Rechtsanwalts ist durchweg enorm[1] und der zeitliche Aufwand allein schon wegen der Besuche in der Justizvollzugsanstalt, die anders als sonst nicht mit einem Zuschlag honoriert werden, sowie wegen einer oft mehrtägigen Hauptverhandlung, für die keine Terminsgebühr anfällt, nicht übersehbar.

III. Sonstige Gebühren

4   Bei besonders umfangreicher und schwieriger Tätigkeit kann der Rechtsanwalt die Bewilligung einer über 3.500 EUR hinausgehenden **Pauschgebühr** beantragen (§ 51 Abs. 2 S. 1 RVG). Weitere Gebühren können nicht entstehen. Insbesondere fällt die **Grundgebühr** nach Nr. 4100 VV nicht an.[2] Ebenso scheiden zusätzliche Gebühren nach Nr. 4141 ff. VV aus.

IV. Festsetzung

5   Die **Festsetzung** der Pauschgebühr erfolgt gemäß § 55 Abs. 3 RVG durch den Urkundsbeamten der Geschäftsstelle des Landgerichts, in dessen Bezirk die Justizvollzugsanstalt liegt. Da sich die Tätigkeit des Rechtsanwalts über einen längeren Zeitraum erstrecken kann, die Gebühr in voller Höhe aber schon mit der ersten Tätigkeit des Rechtsanwalts nach seiner Beiordnung entsteht, ist es angezeigt, die Staatskasse gemäß § 47 RVG alsbald nach der Beiordnung auf Zahlung eines **Vorschusses** in Anspruch zu nehmen. Dieser Vorschuss kann sich von vornherein auf den gesamten Betrag von 3.500 EUR erstrecken, zumal dieser Betrag sich selbst bei vorzeitiger Erledigung nicht reduziert.[3]

6   Auslagen, Umsatzsteuer, Reisekosten etc sind nach Maßgabe der Nr. 7000 ff. VV festzusetzen (§ 46 RVG).

---

[1] So zutreffend *Hartmann* Nr. 4304 VV Rn. 2.
[2] Gerold/Schmidt/*Burhoff* Nr. 4304 VV Rn. 6.
[3] Ebenso Gerold/Schmidt/*Burhoff* Nr. 4304 VV Rn. 10; offen gelassen von Burhoff/*Volpert* Nr. 4304 Rn. 11.

Teil 5. Bußgeldsachen

Vorbemerkung 5 VV

Nr.	Gebührentatbestand	Gebühr oder Satz der Gebühr nach § 13 oder § 49 RVG	
		Wahlanwalt	gerichtlich bestellter oder beigeordneter Rechtsanwalt

Vorbemerkung 5:
(1) Für die Tätigkeit als Beistand oder Vertreter eines Einziehungs- oder Nebenbeteiligten, eines Zeugen oder eines Sachverständigen in einem Verfahren, für das sich die Gebühren nach diesem Teil bestimmen, entstehen die gleichen Gebühren wie für einen Verteidiger in diesem Verfahren.
(2) Die Verfahrensgebühr entsteht für das Betreiben des Geschäfts einschließlich der Information.
(3) Die Terminsgebühr entsteht für die Teilnahme an gerichtlichen Terminen, soweit nichts anderes bestimmt ist. Der Rechtsanwalt erhält die Terminsgebühr auch, wenn er zu einem anberaumten Termin erscheint, dieser aber aus Gründen, die er nicht zu vertreten hat, nicht stattfindet. Dies gilt nicht, wenn er rechtzeitig von der Aufhebung oder Verlegung des Termins in Kenntnis gesetzt worden ist.
(4) Für folgende Tätigkeiten entstehen Gebühren nach den Vorschriften des Teils 3:
1. für das Verfahren über die Erinnerung oder die Beschwerde gegen einen Kostenfestsetzungsbeschluss, für das Verfahren über die Erinnerung gegen den Kostenansatz, für das Verfahren über die Beschwerde gegen die Entscheidung über diese Erinnerung und für Verfahren über den Antrag auf gerichtliche Entscheidung gegen einen Kostenfestsetzungsbescheid und den Ansatz der Gebühren und Auslagen (§ 108 OWiG), dabei steht das Verfahren über den Antrag auf gerichtliche Entscheidung dem Verfahren über die Erinnerung oder die Beschwerde gegen einen Kostenfestsetzungsbeschluss gleich.
2. in der Zwangsvollstreckung aus Entscheidungen, die über die Erstattung von Kosten ergangen sind, und für das Beschwerdeverfahren gegen die gerichtliche Entscheidung nach Nummer 1.

Übersicht

	Rn.
I. Überblick	1
1. Dreiteilung der Gebühren	4
2. Gebührenrahmen	5
3. Anrechnung	11
II. Geltungsbereich des Teils 5 VV	13
1. Sachlicher Geltungsbereich	15
2. Persönlicher Geltungsbereich (Vorb. 5 Abs. 1)	16
III. Gebühren in Bußgeldverfahren	17
1. Verfahrensgebühr (Vorb. 5 Abs. 2 VV)	18
a) Abgeltungsbereich	18
b) Entstehen der Verfahrensgebühr	19
c) Höhe der Verfahrensgebühr	20
2. Terminsgebühr (Vorb. 5 Abs. 3 VV)	23
a) Abgeltungsbereich	23
b) Entstehen der Terminsgebühr	24
c) Höhe der Terminsgebühr	28
IV. Kostenfestsetzung, Kostenansatz, Zwangsvollstreckung (Vorb. 5 Abs. 4 VV)	31

I. Überblick

1 Das RVG enthält in Teil 5 VV eine **eigenständige Gebührenregelung** für Bußgeldsachen. Straf- und Bußgeldsachen sind verschiedene Angelegenheiten, die gesondert abzurechnen sind. Bestätigt wird das durch die in § 17 Nr. 10 RVG enthaltene Regelung. Lediglich bei der **Grundgebühr** berühren sich beide Bereiche mit einer in den Nr. 4100 und 5100 VV enthaltenen Anrechnungsregelung. Die **Gebührenstruktur** des Teils 5 VV entspricht der des in Teil 4 VV geregelten Strafverfahrens.

2 Der Rechtsanwalt erhält in **allen** Erinnerungsverfahren gegen einen Kostenfestsetzungsbeschluss eine gesonderte Vergütung, gleichgültig ob er von einem Rechtspfleger oder von einem Urkundsbeamten der Geschäftsstelle erlassen worden ist.

3 Das Verfahren über den **Antrag auf gerichtliche Entscheidung** steht dem Verfahren über die Erinnerung oder die Beschwerde gegen einen Kostenfestsetzungsbeschluss gleich.

1. Dreiteilung der Gebühren

4 Teil 5 VV sieht eine **Dreiteilung** der Gebühren nach der Höhe der Geldbuße vor. Die erste Stufe umfasst Geldbußen von weniger als 40 EUR (Punktegrenze für Eintragungen in das Verkehrszentralregister). Hierfür gelten die Nr. 5101, 5102, 5107 und 5108 VV. Bußgeldverfahren mit Geldbußen von 40 EUR bis 5.000 EUR gehören zur zweiten Stufe. Dazu zählen die Nr. 5103, 5104, 5109 und 5110 VV. In Bußgeldverfahren mit einer Geldbuße von mehr als 5.000 EUR fallen die Gebühren der 3. Stufe an, das sind die Gebühren nach den Nr. 5105, 5106, 5111 und 5112 VV.

2. Gebührenrahmen

5 Die Gebühren für den **Wahlverteidiger** sind mit Ausnahme der in Nr. 5116 VV geregelten Wertgebühr sämtlich **Betragsrahmengebühren**. Die einzelnen Gebührentatbestände weisen jeweils einen Mindest- und einen Höchstbetrag aus. Für den **gerichtlich bestellten** oder **beigeordneten** Rechtsanwalt sehen die Gebührentatbestände **Festgebühren** vor.

6 Für den **Wahlverteidiger** stellt sich in jedem Einzelfall die Frage, welcher konkrete **Betrag** aus der im jeweiligen Gebührentatbestand genannten Betragsrahmengebühr abzurechnen ist. Die Grundlagen hierfür sind in § 14 RVG geregelt. Danach **bestimmt** der **Rechtsanwalt** die Gebühr im Einzelfall unter Berücksichtigung aller Umstände, vor allem des Umfangs und der Schwierigkeit der anwaltlichen Tätigkeit, der Bedeutung der Angelegenheit sowie der Einkommens- und Vermögensverhältnisse des Auftraggebers nach **billigem Ermessen.** Als weiteres Kriterium ist das **Haftungsrisiko** zu berücksichtigen.

7 In **straßenverkehrsrechtlichen Bußgeldsachen** ist nach herrschender Auffassung grundsätzlich von dem **Mittelwert** des jeweiligen Gebührenrahmens auszugehen.[1] Insbesondere ist die Mittelgebühr zu gewähren, wenn es um die Verhängung eines **Fahrverbots** geht oder dem Betroffenen **Punkte im Verkehrszentralregister** drohen.[2] Die (geringe) Höhe der im Bußgeldbescheid verhängten Geldbuße rechtfertigt es nicht, von einer geringen Bedeutung der Angelegenheit auszugehen.[3] Das gilt auch für den Anspruch auf Zahlung eines Vorschusses gemäß § 9 RVG.[4]

---

[1] *Hartmann* RVG § 14 Rn. 14.

[2] Dazu ausführlich Burhoff/*Burhoff* Vorb. 5 VV Rn. 21–43 und mit einer Checkliste und einem Rechtsprechungs-ABC in Rn. 43–76; siehe auch Schneider/Wolf/*N. Schneider* Vorb. Teil 5 VV Rn. 54–102.

[3] Dazu Burhoff/*Burhoff* Vorb. 5 VV Rn. 41; siehe auch *Burhoff* RVGreport 2007, 252; *Hansens* RVGreport 2006, 210; *Onderka* RVGprofessionell 2008, 140.

[4] Dazu Burhoff/*Burhoff* Teil A Rn. 1659 ff.

Die sog. **Mittelgebühr** errechnet sich, indem man Mindest- und Höchstgebühr 8
addiert und die Summe durch zwei teilt. Diese Mittelgebühr gilt für alle **Normalfälle**, in denen die zu berücksichtigenden Umstände durchschnittlich sind. Weicht ein im Einzelfall besonders ins Gewicht fallender Umstand vom Normalfall ab, kann das zu einem Unter- oder Überschreiten der Mittelgebühr führen. Das geringere Gewicht einzelner Umstände kann durch die überdurchschnittliche Bedeutung eines anderen Umstands **kompensiert** werden. Andererseits kann ein einziger Umstand wegen seiner Bedeutung die **Höchstgebühr** rechtfertigen. Die **Mindestgebühr** kommt nur in Betracht, wenn alle Umstände unterdurchschnittlich sind, etwa bei einfachen Sachen von sehr geringem Umfang.

Anders als bei der Vergütung im Strafverfahren gibt es in Bußgeldsachen keine 9
Gebühr mit **Zuschlag** für den Fall, dass sich der Mandant nicht auf freiem Fuß befindet. Der durch eine Inhaftierung des Mandanten bedingte erhöhte Zeitaufwand des Rechtsanwalts kann vom **Wahlanwalt** nur bei der Bestimmung der Gebühr innerhalb des Gebührenrahmens berücksichtigt werden. Dem gerichtlich bestellten oder beigeordneten Rechtsanwalt wird der erhöhte Zeitaufwand nicht vergütet. Allenfalls ist für ihn an eine **Pauschgebühr** gemäß § 51 Abs. 3 RVG zu denken. Das gilt im gerichtlichen Verfahren und auch im Verfahren vor der Verwaltungsbehörde.

Verlangt der Rechtsanwalt von seinem Mandanten oder von der Staatskasse einen 10
Vorschuss (§ 9 RVG), ist grundsätzlich die Mittelgebühr angemessen.[5] Bei der Berechnung des Vorschusses kann er die zusätzliche Gebühr nach Nr. 5115 VV einbeziehen, weil deren Entstehen regelmäßig wahrscheinlich ist. Zulässig ist es auch, den Vorschuss nach der Höhe aller voraussichtlich anfallenden Gebühren und Auslagen zu bemessen.[6]

3. Anrechnung

Eine **Anrechnung** kennt das Vergütungsverzeichnis nur bei der **Grundgebühr** 11
der Nr. 4100 und 5100 VV. In der Anm. zu beiden Gebührentatbeständen ist eine wechselseitige Anrechnung vorgesehen, weil die **Grundgebühr** die erstmalige Einarbeitung in den Rechtsfall entgelten soll und ein in beiden Verfahrensarten (Straf- und Bußgeldsachen) tätiger Rechtsanwalt sich auch nur einmal in den Rechtsfall einzuarbeiten braucht. Daraus folgt im **Umkehrschluss,** dass im Übrigen keine Anrechnung stattfinden soll. Deshalb erhält der Rechtsanwalt, der in beiden Verfahrensarten tätig wird, außer der Grundgebühr, die ihm nur einmal zusteht, die **Verfahrens-** und die **Terminsgebühr** sowohl für das Strafverfahren nach Teil 4 VV als auch für das Bußgeldverfahren nach Teil 5 VV, wenn in beiden Verfahrensarten die Voraussetzungen für das Entstehen dieser Gebühren erfüllt sind.[7]

Eine **Ausnahme** bildet der Fall, dass die Staatsanwaltschaft die Ermittlungen 12
wegen einer Ordnungswidrigkeit von Anfang an selbst übernimmt und das Verfahren nicht an die Verwaltungsbehörde abgibt (§ 42 OWiG). Der Rechtsanwalt erhält dann die Gebühren nach Teil 4 VV, weil die Anwendbarkeit von Teil 5 VV ein Verfahren vor der Verwaltungsbehörde voraussetzt.

II. Geltungsbereich des Teils 5 VV

Die Vorb. 5 VV ähnelt der Vorb. 4 VV. In beiden Vorbemerkungen sind die 13
Absätze 2 und 3 wortgleich. Die Absätze 1 und 5 der Vorb. 4 VV entsprechen den Abs. 1 und 4 der Vorb. 5 VV und unterscheiden sich nur hinsichtlich einiger Verfahrensbesonderheiten voneinander.

---
[5] Schneider/Wolf/*N.Schneider* Vorb. Teil 5 VV Rn. 103 ff.
[6] Burhoff/*Burhoff* Teil A Rn. 1666.
[7] Schneider/Wolf/*N. Schneider* Vorb. Teil 5 VV Rn. 9.

Vorb. 5 VV Teil 5. Bußgeldsachen

14 Die Vorb. 4 Abs. 4 VV, die die **Gebühr mit Zuschlag** betrifft, wenn sich der Beschuldigte nicht auf freiem Fuß befindet, fehlt in der Vorb. 5 VV.

1. Sachlicher Geltungsbereich

15 Das RVG definiert den Begriff der „**Bußgeldsache**" nicht. Teil 5 VV betrifft alle Verfahren, die sich nach dem OWiG richten. Dabei kommt es nicht auf die Bewertung der Tat am Ende des Verfahrens, sondern auf die **Zielrichtung der Ermittlungen** bei deren Beginn an. Wird wegen des Verdachts einer Ordnungswidrigkeit ermittelt, obwohl die Tat, wegen der ermittelt wird, als Straftat zu qualifizieren ist, erhält der Rechtsanwalt die Gebühren nach Teil 5 VV. Umgekehrt gilt Entsprechendes, die Gebühren entstehen also nach Teil 4 VV, wenn Gegenstand der Ermittlungen der Verdacht einer Straftat ist. Lassen die Ermittlungen nicht erkennen, in welche Richtung sie zielen, gelten im Zweifel die in Teil 4 VV geregelten Gebühren.

2. Persönlicher Geltungsbereich (Vorb. 5 Abs. 1)

16 Teil 5 VV regelt die Gebühren für die anwaltliche Tätigkeit in Bußgeldverfahren sowohl für den **Wahlverteidiger** als auch für den **gerichtlich bestellten oder beigeordneten Rechtsanwalt** und auch für die Tätigkeit als **Beistand** oder **Vertreter** eines **Einziehungs- oder Nebenbeteiligten**, eines **Zeugen** oder eines **Sachverständigen**. Voraussetzung für die Anwendbarkeit von Teil 5 Abschn. 1 VV (Nr. 5100–5116 VV) ist, dass dem Rechtsanwalt die „**Verteidigung als Ganzes**" obliegt. Das folgt aus Nr. 5200 Anm. Abs. 1 VV. Maßgeblich ist der dem Rechtsanwalt erteilte Auftrag bzw. der Bestellungs- oder Beiordnungsbeschluss. Beschränkt sich die dem Rechtsanwalt übertragene Aufgabe auf einzelne Tätigkeiten, ist Teil 5 Abschn. 2 VV (= Nr. 5200 VV) anzuwenden.

III. Gebühren in Bußgeldverfahren

17 Die Vorb. 5 VV definiert den Abgeltungsbereich der Verfahrensgebühr und der Terminsgebühr. Neben diesen beiden Gebühren können im Bußgeldverfahren auch eine **Grundgebühr** nach Nr. 5100 VV und eine **zusätzliche Gebühr** nach Nr. 5115 VV anfallen. Insoweit wird auf die Kommentierung dieser Gebührentatbestände verwiesen. Nachstehend werden nur die Verfahrens- und die Terminsgebühr auf der Grundlage der Vorb. 5 VV erläutert.

1. Verfahrensgebühr (Vorb. 5 Abs. 2 VV)

18 a) **Abgeltungsbereich.** Gemäß der Vorb. 5 Abs. 2 VV erhält der Rechtsanwalt die Verfahrensgebühr für das Betreiben des Geschäfts einschließlich der Information. Wortgleich findet sich diese Definition in den Vorb. zu den Teilen 3, 4 und 6 VV.

19 b) **Entstehen der Verfahrensgebühr.** Entstehen kann die Verfahrensgebühr im Verfahren vor der Verwaltungsbehörde (Nr. 5101 ff. VV), im gerichtlichen Verfahren (Nr. 5107 ff. VV) und im Verfahren über die Rechtsbeschwerde (Nr. 5113 VV). Sie deckt immer die gesamte Tätigkeit des Rechtsanwalts im jeweiligen Verfahren bzw. Verfahrensabschnitt ab. Ausgenommen hiervon ist die Grundgebühr gemäß Nr. 5100 VV.

20 c) **Höhe der Verfahrensgebühr.** Die in Teil 5 VV geregelten Verfahrensgebühren sind **Betragsrahmengebühren** für den Wahlverteidiger und **Festgebühren** für den gerichtlich bestellten oder beigeordneten Rechtsanwalt.

Der **Wahlverteidiger** muss innerhalb des jeweiligen Gebührenrahmens die Höhe 21
der im konkretem Einzelfall anfallenden Gebühr nach Maßgabe des § 14 RVG unter
Berücksichtigung aller Umstände, vor allem des Umfangs und der Schwierigkeit
der anwaltlichen Tätigkeit, der Bedeutung der Angelegenheit sowie der Einkommens- und Vermögensverhältnisse des Auftraggebers nach **billigem Ermessen**
bestimmen. Grundsätzlich ist von der **Mittelgebühr** auszugehen.

Die **Höhe der verhängten Geldbuße** spielt bei der Bestimmung der Betragsrah- 22
mengebühr keine Rolle. Sie ist nur Anknüpfungspunkt für die Frage, nach welcher
Stufe die Gebühren zu berechnen sind (→ Rn. 2). Damit ist, worauf *Burhoff* zutreffend hinweist, das Kriterium der „Höhe der Geldbuße" verbraucht („**gebührenrechtliches Doppelverwertungsverbot**").[8]

2. Terminsgebühr (Vorb. 5 Abs. 3 VV)

a) **Abgeltungsbereich.** Den Abgeltungsbereich der Terminsgebühr in Bußgeld- 23
sachen regelt die Vorb. 5 Abs. 3 VV. Danach entsteht die Terminsgebühr für die
Teilnahme an **gerichtlichen** Terminen, soweit nichts anderes bestimmt ist. Diese
Einschränkung erklärt sich aus der VV. 5.1.2 Abs. 2 VV, der Vorb. 5.1.3 Abs. 1 VV
und der Vorb. 5.1.3 Abs. 2 VV. In diesen Bestimmungen wird der Anwendungsbereich der Terminsgebühr auf die Teilnahme an Vernehmungen vor der **Polizei**
und vor der **Verwaltungsbehörde,** auf die Teilnahme an gerichtlichen Terminen
außerhalb der Hauptverhandlung und auf das **Wiederaufnahmeverfahren** ausgedehnt.

b) **Entstehen der Terminsgebühr.** Die Terminsgebühr entsteht, wenn der 24
Rechtsanwalt an einem Termin, für den Teil 5 VV eine Terminsgebühr vorsieht,
teilnimmt. Eine Ausnahme regelt die Vorb. 5 Abs. 3 S. 2 und 3 VV. Danach erhält
der Rechtsanwalt die Terminsgebühr auch dann, wenn er zu einem anberaumten
Termin **erscheint,** dieser aber aus Gründen, die er nicht zu vertreten hat, nicht
stattfindet.[9] Aus welchen Gründen der Hauptverhandlungstermin „**platzt**", ist
gleichgültig.

Der Rechtsanwalt „**erscheint**" zum Hauptverhandlungstermin, wenn er seine 25
Kanzlei verlassen hat, um an dem anberaumten Termin teilzunehmen. Erreicht ihn
auf dem Weg zum Gericht die Nachricht, dass der Termin aufgehoben worden ist,
hat er bereits seine Zeit nutzlos vertan, denn bei rechtzeitigem Eingang der Nachricht über die Terminsaufhebung hätte er sich anderen Arbeiten widmen können.
Deshalb entsteht die Terminsgebühr auch, wenn der Rechtsanwalt den Weg zum
Termin angetreten hat.

Gemäß der Vorb. 5 Abs. 3 S. 3 VV gilt die Ausnahmeregelung der Vorb. 5 Abs. 3 26
S. 2 VV nicht, wenn der Rechtsanwalt **rechtzeitig** von der Aufhebung oder Verlegung des Termins in Kenntnis gesetzt worden ist. „Rechtzeitig" ist der Rechtsanwalt
auf jeden Fall immer dann in Kenntnis gesetzt, wenn er von der Aufhebung oder
Verlegung des Termins erfährt, bevor er seine Kanzlei verlässt.

Der Rechtsanwalt ist allerdings gehalten, dafür zu sorgen, dass ihn Terminsabla- 27
dungen rechtzeitig erreichen. Hat er eine Terminsaufhebung beantragt, sollte er sich
vor der Fahrt zum Termin bei Gericht erkundigen, ob seinem Antrag stattgegeben
worden ist.[10]

---

[8] Burhoff/*Burhoff* Vorb. 5 VV Rn. 19; ebenso *Hansens* RVGreport 2006, 210; *Jungbauer* DAR 2007, 56.
[9] Siehe OLG München AGS 2004, 150 mAnm *N. Schneider.*
[10] OLG München AGS 2004, 150; Burhoff/*Burhoff* Vorb. 4 VV Rn. 77 und Vorb. 5 VV Rn. 36.

28 c) **Höhe der Terminsgebühr.** Die in Teil 5 VV geregelten Verfahrensgebühren sind **Betragsrahmengebühren** für den Wahlverteidiger und **Festgebühren** für den gerichtlich bestellten oder beigeordneten Rechtsanwalt.

29 Der **Wahlverteidiger** muss innerhalb des jeweiligen Gebührenrahmens die Höhe der im konkreten Einzelfall anfallenden Gebühr nach Maßgabe des § 14 RVG unter Berücksichtigung aller Umstände, vor allem des Umfangs und der Schwierigkeit der anwaltlichen Tätigkeit, der Bedeutung der Angelegenheit sowie der Einkommens- und Vermögensverhältnisse des Auftraggebers nach **billigem Ermessen** bestimmen. Grundsätzlich ist von der **Mittelgebühr** auszugehen.

30 Ein wesentliches **Bemessungskriterium** ist die **Dauer** des von dem Rechtsanwalt wahrgenommenen Termins. Als durchschnittlich und damit die Mittelgebühr rechtfertigend ist schon eine Verhandlungsdauer von 10 bis 20 Minuten anzusehen.[11] Dauert der Termin länger, ist eine entsprechende Erhöhung der Mittelgebühr gerechtfertigt.

IV. Kostenfestsetzung, Kostenansatz, Zwangsvollstreckung (Vorb. 5 Abs. 4 VV)

31 Die Vorb. 5 Abs. 5 VV entspricht der Vorb. 4 Abs. 5 VV.

32 Nach **Ziff. 1** stehen dem Rechtsanwalt die Gebühren nach **Teil 3 VV** zu, wenn er im Wege der **Erinnerung** oder der **Beschwerde** gegen einen **Kostenfestsetzungsbeschluss** vorgeht oder sich in **Bußgeldsachen** mit dem Antrag auf gerichtliche Entscheidung gegen einen **Kostenentscheid** der Verwaltungsbehörde (§ 108 Abs. 3 S. 2 OWiG) wendet.

33 Gemäß **Ziff. 2** richten sich die Gebühren ebenfalls nach Teil 3 VV bei einer **Zwangsvollstreckung** aus Entscheidungen, die über die Erstattung von Kosten ergangen sind, und im **Beschwerdeverfahren** gegen die gerichtliche Entscheidung nach Ziff. 1. Die entsprechenden Regelungen finden sich in den Gebührentatbeständen der Nr. 3500, 3501 VV. Im Übrigen wird auf die Ausführungen zur Vorb. 4 VV verwiesen.

Abschnitt 1. Gebühren des Verteidigers

Vorbemerkung 5.1 VV

Nr.	Gebührentatbestand	Gebühr oder Satz der Gebühr nach § 13 oder § 49 RVG	
		Wahlanwalt	gerichtlich bestellter oder beigeordneter Rechtsanwalt
(1) Durch die Gebühren wird die gesamte Tätigkeit als Verteidiger entgolten. (2) Hängt die Höhe der Gebühren von der Höhe der Geldbuße ab, ist die zum Zeitpunkt des Entstehens der Gebühr zuletzt festgesetzte Geldbuße maßgebend. Ist eine Geldbuße nicht festgesetzt, richtet sich die Höhe der Gebühren im Verfahren vor der Verwaltungsbehörde nach dem mittleren Betrag der in der Bußgeldvorschrift angedrohten Geldbuße. Sind in einer Rechtsvorschrift Regelsätze bestimmt, sind diese maßgebend. Mehrere Geldbußen sind zusammenzurechnen.			

---

[11] Burhoff/*Burhoff* Vorb. Teil 5 VV Rn. 33; vgl. auch Schneider/Wolf/*N. Schneider* Vorb. Teil 5 VV Rn. 89 mwN aus der Rechtsprechung.

Abschnitt 1. Gebühren des Verteidigers Vorb. 5.1 VV

I. Gebühren des Verteidigers (Teil 5 Abschn. 1 VV)

Der **Abschn. 1** des Teils 5 VV befasst sich im Anschluss an die Vorb. 5.1 VV in fünf Unterabschnitten mit den Gebühren des Verteidigers im Bußgeldverfahren vor der **Verwaltungsbehörde** (Nr. 5101 bis 5106 VV) und vor dem **Amtsgericht** (Nr. 5107 bis 5112 VV). Er regelt ferner die Gebühren für das Verfahren über die **Rechtsbeschwerde** (Nr. 5113, 5114 VV), die **zusätzlichen Gebühren** für die Mitwirkung des Rechtsanwalts an einer **Erledigung** des Verfahrens vor der Verwaltungsbehörde oder an der **Entbehrlichkeit** einer Hauptverhandlung des Verfahrens vor dem Amtsgericht (Nr. 5115 VV) und die Gebühren bei der **Einziehung** und **verwandten Maßnahmen** (Nr. 5116 VV).

1

II. Vorb. 5.1 VV

Den Gebührentatbeständen des Teils 5 Abschn. 1 VV ist die Vorb. 5.1 VV vorangestellt. Sie definiert die in Teil 5 VV geregelten Gebühren als Pauschgebühren und regelt damit deren Abgeltungsbereich (Vorb. 5.1 Abs. 1 VV). Die Vorb. 5 Abs. 2 VV bestimmt, welcher Betrag der Geldbuße für die Bemessung der Gebühren maßgebend ist.

2

1. Pauschgebühren (Vorb. 5.1 Abs. 1 VV)

Die Vorb. 5.1 Abs. 1 VV entspricht wörtlich der Vorb. 4.1 Abs. 2 S. 1 VV und besagt, dass auch die in Teil 5 VV für das Bußgeldverfahren geregelten Gebühren **Pauschgebühren** sind, die die gesamte Tätigkeit des Rechtsanwalts als Verteidiger abdecken. Abgegolten werden insbesondere auch die Tätigkeiten des Rechtsanwalts im **Verwarnungsverfahren** gemäß §§ 56 bis 58 OWiG und im **Zwischenverfahren** (§ 69 OWiG), das sich nach Einlegung eines **Einspruchs** gegen den Bußgeldbescheid anschließt und bis zum Eingang der Akten bei Gericht andauert (Vorb. 5.1.2 Abs. 1 VV).

3

2. Gebührenstaffelung (Vorb. 5.1 Abs. 2 VV)

Die Abhängigkeit der Betragsrahmengebühren für den Wahlanwalt und der Festgebühren für den gerichtlich bestellten oder beigeordneten Rechtsanwalt erfordert eine Regelung darüber, welche Höhe der Geldbuße für die dreiteilige Gebührenstaffelung maßgeblich ist. Die Vorb. 5.1 Abs. 2 VV sieht dafür drei verschiedene Regelungsbereiche vor. Die Regelung gilt nicht für die **Grundgebühr** nach Nr. 5100 VV und auch nicht für das Rechtsbeschwerdeverfahren (Nr. 5113 VV und 5114 VV) einschließlich des Verfahrens auf Zulassung der Rechtsbeschwerde (Nr. 5115 und 5116 VV).

4

a) Grundsatz (Vorb. 5.1 Abs. 2 S. 1 VV). Die Vorb. 5.1 Abs. 2 VV bestimmt, welcher Betrag der Geldbuße für die Bemessung der Gebühren ausschlaggebend ist. Der **Grundsatz** lautet, dass die zum **Zeitpunkt** des **Entstehens** der Gebühr **zuletzt festgesetzte Geldbuße** maßgebend ist. Die Formulierung „zuletzt festgesetzte Geldbuße" soll verdeutlichen, dass es nicht auf die **rechtskräftig** festgesetzte, sondern auf die im jeweiligen Verfahrensstadium vor dem Entstehen der Gebühr **zeitlich zuletzt festgesetzte** Geldbuße ankommt. Wird der Rechtsanwalt also mit der Verteidigung beauftragt, nachdem bereits ein Bußgeldbescheid erlassen wurde, ist die darin festgesetzte Geldbuße maßgebend. Das gilt auch dann, wenn eine Geldbuße nicht festgesetzt und stattdessen nur eine Verwarnung ausgesprochen wird.[1]

5

---

[1] AG Stuttgart RVGreport 2008, 430 mAnm *Burhoff*; siehe auch AG Stuttgart AGS 2009, 547.

Nr. 5100 VV

6 b) Noch nicht festgesetzte Geldbuße (Vorb. 5.1 Abs. 2 S. 2 VV). Wird der Rechtsanwalt bereits vor der Anhörung durch die Verwaltungsbehörde beauftragt, also zu einem Zeitpunkt, zu dem eine **Geldbuße noch nicht festgesetzt** ist, kommt die Vorb. 5.1 Abs. 2 S. 2 VV zum Tragen. Danach richtet sich die Höhe der Gebühren im Verfahren vor der Verwaltungsbehörde nach dem **mittleren Betrag** der in der konkreten Bußgeldvorschrift **angedrohten** Geldbuße. Ist die Geldbuße als Mindest- und Höchstbetrag angedroht, ist der **mittlere Betrag** maßgebend. Dieser wird durch Addition des Mindest- und des Höchstbetrags und anschließende Division durch zwei errechnet. Dass es in diesem Fall zu höheren Gebühren kommen kann als nach der ersten Festsetzung, ist gerechtfertigt, weil für den Mandanten alle Geldbußen bis zum Höchstbetrag in Betracht kommen können. Entsprechend hoch ist in diesem Stadium die Bedeutung des Bußgeldverfahrens. Für den Rechtsanwalt ist es deshalb **gebührenrechtlich von Vorteil,** wenn er bereits vor einer Entscheidung der Verwaltungsbehörde beauftragt bzw. gerichtlich bestellt wird.

7 c) Regelsätze (Vorb. 5.1 Abs. 2 S. 3 VV). Sind in einer Rechtsvorschrift **Regelsätze** bestimmt, sind diese maßgebend. Die Regelung erfasst alle Fälle, in denen sich die Gebühr nach einem Bußgeldkatalog oder einem vergleichbaren Regelwerk richtet.[2] Dazu gehören der **straßenverkehrsrechtliche Bußgeldkatalog** und die in Form von **internen Richtlinien** für die Verwaltungsbehörden erlassenen Bußgeldkataloge.[3]

8 **Ändert** sich die Höhe der Geldbuße nach dem Zeitpunkt des Entstehens der Gebühr, beeinflusst das die nach der Vorb. 5.1 Abs. 2 S. 1 bis 3 VV maßgeblichen Gebührenbestimmungen nicht. Die Regelung stellt auf die „zum Zeitpunkt des Entstehens" festgesetzte Gebühr ab. Änderungen, die danach eintreten, sind also unbeachtlich. Der **Wahlanwalt** hat allerdings die Möglichkeit, bei der Bestimmung der im Einzelfall zu berechnenden Betragsrahmengebühr eine Änderung der Geldbuße im Rahmen des § 14 RVG zu berücksichtigen.

9 d) Mehrere Geldbußen (Vorb. 5.1 Abs. 2 S. 4 VV). Mehrere Geldbußen sind zusammenzurechnen. Diese Regelung ist durch das Gesetz über die Rechtsbehelfe bei Verletzung des Anspruchs auf rechtliches Gehör (Anhörungsrügegesetz) vom 9.12.2004[4] mit Wirkung ab 1.1.2005 eingefügt worden. Sie dient der Klarstellung. Schon vor ihrem Inkrafttreten war es herrschende Meinung, dass mehrere Geldbußen zusammenzurechnen sind.

Unterabschnitt 1. Allgemeine Gebühr

Nr. 5100 VV

Nr.	Gebührentatbestand	Gebühr oder Satz der Gebühr nach § 13 oder § 49 RVG	
		Wahlanwalt	gerichtlich bestellter oder beigeordneter Rechtsanwalt
5100	Grundgebühr .... (1) Die Gebühr entsteht neben der Verfahrensgebühr für die erstmalige Einarbeitung in den Rechtsfall nur einmal,	30,00 bis 170,00 €	80,00 €

---

[2] Gerold/Schmidt/*Burhoff* Vorb. 5.1 VV Rn. 9.
[3] Siehe dazu die Zusammenstellung bei *Göhler* vor OWiG § 59 Rn. 168.
[4] BGBl. I S. 3220.

Abschnitt 1. Gebühren des Verteidigers   Nr. 5100 VV

Nr.	Gebührentatbestand	Gebühr oder Satz der Gebühr nach § 13 oder § 49 RVG	
		Wahlanwalt	gerichtlich bestellter oder beigeordneter Rechtsanwalt
	unabhängig davon, in welchem Verfahrensabschnitt sie erfolgt. (2) Die Gebühr entsteht nicht, wenn in einem vorangegangenen Strafverfahren für dieselbe Handlung oder Tat die Gebühr 4100 entstanden ist.		

I. Allgemeine Gebühr (Teil 5 Unterabschnitt 1 VV)

Der Unterabschnitt 1 des Teils 5 VV enthält in Nr. 5100 VV nur eine einzige 1
Gebühr, nämlich die **Grundgebühr**. Anders als im Strafverfahren (Nr. 4102 und 4103 VV) findet sich im Unterabschnitt 1 **keine** besondere **Terminsgebühr**. Stattdessen ist die Terminsgebühr für Termine im Verfahren vor der **Verwaltungsbehörde** im Unterabschnitt 2 (Nr. 5102, 5104 und 5106 VV) geregelt. Im **gerichtlichen** Bußgeldverfahren können Terminsgebühren nur für die Teilnahme an gerichtlichen Terminen entstehen.

Das **2. KostRMoG** hat mit Wirkung ab 1.8.2013 klargestellt, dass die Grundge- 2
bühr nicht isoliert, sondern **neben der Verfahrensgebühr** entsteht. Eine gleichlautende Klarstellung findet sich in den Nr. 4100 und 6100 VV. Auf die Kommentierung dieser Vorschrift in → Rn. 9 wird verwiesen.

II. Grundgebühr (Nr. 5100 VV)

Die Grundgebühr nach Nr. 5100 VV erhält der Rechtsanwalt für die **erstma-** 3
lige Einarbeitung in den Rechtsfall. Der Begriff **„Rechtsfall"** meint den bußgeldrechtlichen Vorwurf, der dem Betroffenen gemacht wird.[1] Alle weiteren Tätigkeiten werden durch die jeweiligen Verfahrens- und Terminsgebühren abgegolten.

Die Grundgebühr entsteht unabhängig davon, in welchem Verfahrensabschnitt 4
der Rechtsanwalt tätig wird. Insgesamt kann sie allerdings nur **einmal** anfallen. Deshalb entsteht die Grundgebühr nach Nr. 5100 VV nicht, wenn in einem **vorangegangenen Strafverfahren** für dieselbe Handlung oder Tat bereits die Grundgebühr nach Nr. 4100 VV entstanden ist (Nr. 5100 Anm. Abs. 2 VV). Für den Begriff „derselben Tat oder Handlung" gilt der prozessuale Tatbegriff des § 264 StPO.[2]

Im **Wiederaufnahmeverfahren** kann die Grundgebühr grundsätzlich nicht 5
anfallen (Vorb. 4.1.4 VV). Das gilt nicht, wenn der Rechtsanwalt erstmalig im Wiederaufnahmeverfahren beauftragt wird.[3]

Die Regelung der Nr. 5100 VV beschränkt sich auf die Grundgebühr. Vertritt der 6
Rechtsanwalt seinen Mandanten zunächst in einem Strafverfahren und anschließend wegen derselben Tat in einem Bußgeldverfahren, erhält er alle **anderen Gebühren** für beide Verfahren gesondert. Das folgt aus § 17 Nr. 10 RVG.

Die Betragsrahmengebühr reicht für den **Wahlanwalt** von 30 bis 170 EUR (**Mit-** 7
telgebühr 100 EUR). Die Festgebühr für den **gerichtlich bestellten oder beige-**
ordneten Rechtsanwalt beträgt 80 EUR.

---
[1] *Burhoff* ZAP, Fach 24, S. 1167, 1168.
[2] Gerold/Schmidt/*Burhoff* Nr. 5100 VV Rn. 5.
[3] Schneider/Wolf/*N. Schneider* Nr. 5100 VV Rn. 6.

Vorb. 5.1.2 VV Teil 5. Bußgeldsachen

Unterabschnitt 2. Verfahren vor der Verwaltungsbehörde

Vorbemerkung 5.1.2 VV

Nr.	Gebührentatbestand	Gebühr oder Satz der Gebühr nach § 13 oder § 49 RVG	
		Wahlanwalt	gerichtlich bestellter oder beigeordneter Rechtsanwalt
Vorbemerkung 5.1.2:			
(1) Zu dem Verfahren vor der Verwaltungsbehörde gehört auch das Verwarnungsverfahren und das Zwischenverfahren (§ 69 OWiG) bis zum Eingang der Akten bei Gericht.			
(2) Die Terminsgebühr entsteht auch für die Teilnahme an Vernehmungen vor der Polizei oder der Verwaltungsbehörde.			

I. Sachlicher Anwendungsbereich (Vorb. 5.1.2 Abs. 1 VV)

1   Die Vorb. 5.1.2 VV legt in Abs. 1 für die Gebührentatbestände der Nr. 5101 bis 5106 VV den Anwendungsbereich des Verfahrens vor der Verwaltungsbehörde fest und bestimmt, dass zu diesem Verfahren auch das Verwarnungsverfahren und das Zwischenverfahren (§ 69 OWiG) bis zum Eingang der Akten bei Gericht gehören. Absatz 2 dehnt den Anwendungsbereich der Terminsgebühr auf die Teilnahme an Vernehmungen vor der Polizei oder der Verwaltungsbehörde aus.

1. Verfahren vor der Verwaltungsbehörde

2   Die Vorb. 5.1.2 Abs. 1 VV betrifft das Bußgeldverfahren vor der Verwaltungsbehörde. Es **beginnt** mit der Aufnahme von Ermittlungen von Amts wegen oder nach Eingang einer **Anzeige** bei der Polizei oder bei der Verwaltungsbehörde oder – bei einem Eingang einer Anzeige bei der Staatsanwaltschaft –, wenn diese das Verfahren gemäß § 43 OWiG an die Verwaltungsbehörde abgibt.

3   Das Bußgeldverfahren vor der Verwaltungsbehörde **endet** bei einer **Einstellung** des Verfahrens durch die Verwaltungsbehörde (§ 47 Abs. 1 OWiG) oder die Staatsanwaltschaft (§ 69 Abs. 4 OWiG) mit dem Zugang der Einstellungsnachricht bei dem Betroffenen. Es endet ferner mit der **Übernahme** des Verfahrens durch die **Staatsanwaltschaft** zur weiteren Verfolgung als Straftat (§§ 41, 42 OWiG), bei Zustellung eines **Bußgeldbescheides** (§§ 66, 67 OWiG) mit Eintritt der Rechtskraft und bei **Einlegung eines Einspruchs** mit dem Eingang der Akten bei Gericht. Der Einspruch selbst gegen den Bußgeldbescheid gehört noch zum dem (außergerichtlichen) Verfahren vor der Verwaltungsbehörde. Deshalb kann in der Zeitspanne zwischen der Absendung der Akten durch die Verwaltungsbehörde und dem Eingang der Akten bei Gericht das Bußgeldverfahren auch noch durch eine zwischenzeitliche Rücknahme des Einspruchs enden.

2. Verwarnungs- und Zwischenverfahren

4   Zum Bußgeldverfahren vor der Verwaltungsbehörde gehört nach der Vorb. 5.1.2 Abs. 1 VV auch das **Verwarnungsverfahren** gemäß §§ 56 bis 58 OWiG. Ficht der Betroffene die Verwarnung an, richtet sich das weitere Verfahren nach §§ 62 ff. OWiG. Der danach zulässige Antrag auf gerichtliche Entscheidung ist noch Bestandteil des (außergerichtlichen) Verfahrens vor der Verwaltungsbehörde.

5   Zum Bußgeldverfahren vor der Verwaltungsbehörde gehört anders als im Strafverfahren auch das **Zwischenverfahren** (§ 69 OWiG), das sich nach Einlegung eines

Abschnitt 1. Gebühren des Verteidigers   **Nr. 5101–5106 VV**

Einspruchs gegen den Bußgeldbescheid anschließt und bis zum Eingang der Akten bei Gericht andauert (Vorb. 5.1.2 Abs. 1 VV). Die Zuständigkeit der Verwaltungsbehörde endet also nicht mit dem Erlass des Bußgeldbescheides. Vielmehr bleibt das Verfahren bei ihr anhängig, so dass sie nach Eingang eines Einspruchs berechtigt ist, ihre Entscheidung zu überprüfen, zu ändern oder aufzuheben (§ 69 Abs. 2 OWiG).

Wenn die Verwaltungsbehörde den Einspruch gemäß § 69 Abs. 1 OWiG als nicht rechtzeitig zurückweist und der Betroffene den **Antrag auf gerichtliche Entscheidung** nach § 62 OWiG stellt, gehört auch dieser Verfahrensabschnitt zum Zwischenverfahren, weil das Amtsgericht keine Sachprüfung vornimmt, sondern nur die Zulässigkeit des Einspruchs überprüft.[1] Beendet ist das Zwischenverfahren erst, wenn die Verwaltungsbehörde die Akten gemäß § 69 Abs. 4 OWiG übersendet und diese bei dem Amtsgericht eingehen. Von diesem Zeitpunkt an gelten die in Teil 5 Abschn. 1 Unterabschnitt 3 VV geregelten Gebühren der Nr. 5107 bis 5112 VV. 6

II. Anwendungsbereich der Terminsgebühr (Vorb. 5.1.2 Abs. 2 VV)

Für das Verfahren vor der Verwaltungsbehörde sehen die Gebührentatbestände der Nr. 5102, 5104 und 5106 VV Terminsgebühren vor. Die Vorb. 5.1.2 Abs. 2 VV regelt, für welche Tätigkeiten der Rechtsanwalt diese Terminsgebühren beanspruchen kann. 7

1. Außergerichtliche Vernehmungen

Die Terminsgebühr erhält der Rechtsanwalt gemäß der Vorb. 5.1.2 Abs. 2 VV, wenn er an Vernehmungen vor der **Polizei** oder der **Verwaltungsbehörde** teilnimmt. Vernehmungen vor der **Staatsanwaltschaft** erwähnt die Regelung nicht. Zu ihnen kann es kommen, wenn das außergerichtliche Bußgeldverfahren nicht vor der Verwaltungsbehörde, sondern gemäß den §§ 63, 42 OWiG vor der Staatsanwaltschaft stattfindet. Die Staatsanwaltschaft nimmt in diesem Fall die Funktion der Verwaltungsbehörde wahr. Deshalb entsteht die Terminsgebühr nach den Nr. 5102, 5104 und 5106 VV auch für die Teilnahme an Terminen vor der Staatsanwaltschaft.[2] 8

2. Richterliche Vernehmungen

Auch für die Teilnahme an richterlichen Vernehmungen entsteht eine Terminsgebühr nach den Nr. 5102, 5104 und 5106 VV. Das ergibt sich aus der Vorb. 5 Abs. 3 VV, deren Regelung durch die Vorb. 5.1.2 Abs. 2 VV nur ergänzt wird, wie sich daraus ergibt, dass die Terminsgebühr nach der Vorb. 5.1.2 Abs. 2 VV **auch** für die Teilnahme an Vernehmungen vor der Polizei oder vor der Verwaltungsbehörde entsteht.[3] 9

Nrn. 5101–5106 VV

Nr.	Gebührentatbestand	Gebühr oder Satz der Gebühr nach § 13 oder § 49 RVG	
		Wahlanwalt	gerichtlich bestellter oder beigeordneter Rechtsanwalt
5101	Verfahrensgebühr bei einer Geldbuße von weniger als 40,00 €..................	20,00 bis 110,00 €	52,00 €

[1] Gerold/Schmidt/*Burhoff* Vorb. 5.1.2 VV Rn. 4.
[2] Gerold/Schmidt/*Burhoff* Vorb. 5.1.2 VV Rn. 7.
[3] Burhoff/*Burhoff* Vorbemerkung 5.1.2 VV Rn. 14 f.

Nr. 5101–5106 VV

Teil 5. Bußgeldsachen

Nr.	Gebührentatbestand	Gebühr oder Satz der Gebühr nach § 13 oder § 49 RVG	
		Wahlanwalt	gerichtlich bestellter oder beigeordneter Rechtsanwalt
5102	Terminsgebühr für jeden Tag, an dem ein Termin in den in Nummer 5101 genannten Verfahren stattfindet	20,00 bis 110,00 €	52,00 €
5103	Verfahrensgebühr bei einer Geldbuße von 40,00 € bis 5000,00 €	30,00 bis 290,00 €	128,00 €
5104	Terminsgebühr für jeden Tag, an dem ein Termin in den in Nummer 5103 genannten Verfahren stattfindet	30,00 bis 290,00 €	128,00 €
5105	Verfahrensgebühr bei einer Geldbuße von mehr als 5000,00 €	40,00 bis 300,00 €	136,00 €
5106	Terminsgebühr für jeden Tag, an dem ein Termin in den in Nummer 5105 genannten Verfahren stattfindet	40,00 bis 300,00 €	136,00 €

I. Überblick

1 Die Gebühren für das Verfahren vor der Verwaltungsbehörde sind in den Nr. 5101 bis 5106 VV geregelt. Wie im Strafverfahren wird zwischen Verfahrens- und Termingebühren unterschieden, die für den Wahlverteidiger Betragsrahmengebühren und für den gerichtlich bestellten oder beigeordneten Rechtsanwalt Festgebühren sind.

II. Gebührentatbestände

1. Verfahrensgebühr (Nr. 5101, 5103, 5105 VV)

2 Die **Verfahrensgebühr** erhält der Rechtsanwalt für das Betreiben des Geschäfts einschließlich der Information (Vorb. 5 Abs. 2 VV). Die Gebühr entsteht mit der ersten Tätigkeit des Rechtsanwalts im Verfahren vor der Verwaltungsbehörde und schließt alle weiteren Tätigkeiten bis zum Ende dieses Verfahrens (→ Vorb. 5.1.2 VV) ein. Im Übrigen kann auf die Kommentierung der → Vorb. 4 Abs. 2 VV Rn. 11 ff. verwiesen werden.

3 Die **Höhe der Verfahrensgebühr** ist nach der Höhe der Geldbuße gestaffelt, und zwar sowohl für den Wahlanwalt als auch für den gerichtlich bestellten oder beigeordneten Rechtsanwalt.

2. Terminsgebühr (Nr. 5102, 5104, 5106 VV)

4 Die **Terminsgebühr** erhält der Rechtsanwalt gemäß der Vorb. 5.1.2 Abs. 2 VV für die Teilnahme an Vernehmungen vor der **Polizei** oder der **Verwaltungsbehörde**. Obwohl gerichtliche Termine in der Vorb. 5.1.2 Abs. 2 VV nicht erwähnt werden, entsteht die Gebühr auch für die Teilnahme an gerichtlichen Terminen, insbesondere an **richterlichen Vernehmungen.** Das ergibt sich aus der Vorb. 5 Abs. 3 VV, deren Regelung durch die Vorb. 5.1.2 Abs. 2 VV nur ergänzt wird.

Abschnitt 1. Gebühren des Verteidigers   **Nr. 5101–5106 VV**

Abweichend von der Regelung der Nr. 4102 VV entsteht die Terminsgebühr im 5
Verfahren vor der Verwaltungsbehörde „**für jeden Tag,** an dem ein Termin stattfindet". Wenn mehrere Termine an einem Tag stattfinden, fällt die Terminsgebühr folglich nur einmal an. Nimmt der Rechtsanwalt an verschiedenen Tagen an Terminen teil, erhält er die Gebühr für jeden Termin gesondert.

Für die Entstehung der Terminsgebühr ist es unerheblich, in welcher **Funktion** 6
der Rechtsanwalt an einem Termin teilnimmt. Die Teilnahme kann als **Verteidiger** oder als **Beistand** erfolgen (Vorb. 5 Abs. 1 VV).

Die Entstehung der Terminsgebühr setzt eine **Teilnahme** des Rechtsanwalts an 7
den vorstehend genannten Terminen voraus. Teilnahme bedeutet **Anwesenheit.** Der Rechtsanwalt braucht also keine Anträge zu stellen und auch sonst keine Tätigkeiten zu entfalten. Er braucht auch nicht bis zum Ende des Termins anwesend zu sein.

Eine **Ausnahme** vom Erfordernis der Anwesenheit regelt die Vorb. 5 Abs. 3 S. 2 8
und 3 VV. Danach erhält der Rechtsanwalt die Terminsgebühr auch, wenn er zu einem anberaumten Termin erscheint, dieser aber aus Gründen, die er nicht zu vertreten hat, nicht stattfindet.[1] Aus welchen Gründen der Termin „**platzt**", ist gleichgültig.

Der Rechtsanwalt „**erscheint**" zum Termin, wenn er seine Kanzlei verlassen hat, 9
um an dem anberaumten Termin teilzunehmen. Erreicht ihn auf dem Weg zum Gericht die Nachricht, dass der Termin aufgehoben worden ist, hat er bereits seine Zeit nutzlos vertan, denn bei rechtzeitigem Eingang der Nachricht über die Terminsaufhebung hätte er sich anderen Arbeiten widmen können. Deshalb entsteht die Terminsgebühr auch, wenn der Rechtsanwalt den Weg zum Termin angetreten hat.

Auf diese Ausnahme kann sich der Rechtsanwalt nicht berufen, wenn er **recht-** 10
zeitig von der Aufhebung oder Verlegung des Termins in Kenntnis gesetzt worden ist (Vorb. 5 Abs. 3 S. 3 VV). „Rechtzeitig" ist der Rechtsanwalt auf jeden Fall immer dann in Kenntnis gesetzt, wenn er von der Aufhebung oder Verlegung des Termins erfährt, bevor er seine Kanzlei verlässt.

3. Gebührenhöhe

Die Betragsrahmengebühren für den Wahlverteidiger und ebenso die Festgebüh- 11
ren für den Pflichtverteidiger sind je nach der Höhe der Geldbuße in den drei Gebührenstufen unterschiedlich hoch. Innerhalb der drei Gebührenstufen sind Verfahrens- und Terminsgebühr jedoch jeweils gleich hoch.

Die Verfahrens- und Terminsgebühren betragen 12
- **bei einer Geldbuße von weniger als 40 EUR** nach den Nr. 5101, 5102 VV für den Wahlverteidiger 20 bis 110 EUR (**Mittelgebühr** 65 EUR) und für den gerichtlich bestellten oder beigeordneten Rechtsanwalt 52 EUR,
- **bei einer Geldbuße von 40 EUR bis 5.000 EUR** nach den Nr. 5103 bis 5104 VV für den Wahlverteidiger 30 bis 290 EUR (**Mittelgebühr** 160 EUR) und für den gerichtlich bestellten oder beigeordneten Rechtsanwalt 128 EUR und
- **bei einer Geldbuße von mehr als 5.000 EUR** nach den Nr. 5105, 5106 VV für den Wahlverteidiger 40 bis 300 EUR (**Mittelgebühr** 170 EUR) und für den gerichtlich bestellten oder beigeordneten Rechtsanwalt 136 EUR.

Innerhalb der Betragsrahmengebühr hat der **Wahlanwalt** den im konkreten Einzel- 13
fall zu berechnenden Betrag gemäß § 14 RVG unter Berücksichtigung aller Umstände, vor allem des Umfangs und der Schwierigkeit der anwaltlichen Tätigkeit, der Bedeutung der Angelegenheit sowie der Einkommens- und Vermögensverhältnisse des Auftraggebers nach **billigem Ermessen** zu bestimmen. Als weiteres Kriterium ist das **Haftungsrisiko** zu berücksichtigen.

In **straßenverkehrsrechtlichen Bußgeldsachen** ist nach herrschender Auffas- 14
sung grundsätzlich von dem **Mittelwert** des jeweiligen Gebührenrahmens auszuge-

---

[1] Siehe OLG München AGS 2004, 150 mAnm *N. Schneider*.

hen.[2] Insbesondere ist die Mittelgebühr zu gewähren, wenn es um die Verhängung eines Fahrverbots geht oder dem Betroffenen Punkte im Verkehrszentralregister drohen.[3]

15 Die sog. **Mittelgebühr** errechnet sich, indem man Mindest- und Höchstgebühr addiert und die Summe durch zwei teilt. Diese Mittelgebühr gilt für alle **Normalfälle**, in denen die zu berücksichtigenden Umstände durchschnittlich sind. Weicht ein im Einzelfall besonders ins Gewicht fallender Umstand vom Normalfall ab, kann das zu einem Unter- oder Überschreiten der Mittelgebühr führen. Das geringere Gewicht einzelner Umstände kann durch die überdurchschnittliche Bedeutung eines anderen Umstands **kompensiert** werden. Andererseits kann ein einziger Umstand wegen seiner Bedeutung die **Höchstgebühr** rechtfertigen. Die **Mindestgebühr** kommt nur in Betracht, wenn alle Umstände unterdurchschnittlich sind, etwa bei einfachen Sachen von sehr geringem Umfang.[4]

III. Zusätzliche Gebühren

16 Neben den jeweiligen Verfahrens- und Terminsgebühren erhält der Rechtsanwalt eine zusätzliche **Gebühr nach Nr. 5115 VV** in Höhe der jeweiligen Verfahrensgebühr, wenn durch seine Mitwirkung sich das Verfahren vor der Verwaltungsbehörde erledigt. Das kann der Fall sein, weil das Verfahren nicht nur vorläufig eingestellt oder der Einspruch gegen den Bußgeldbescheid vor Eingang der Akten bei Gericht zurückgenommen wird (Nr. 5115 Ziff. 1 bis 3 VV).

17 Eine weitere zusätzliche Verfahrensgebühr entsteht, wenn der Rechtsanwalt im Verfahren vor der Verwaltungsbehörde im Rahmen einer Einziehung oder verwandten Maßnahmen iSd **Nr. 5116 VV** tätig wird. Diese Gebühr ist eine Wertgebühr, deren Höhe sich mit einem Gebührensatz von 1,0 nach dem gemäß § 33 RVG durch das Gericht festzusetzenden Gegenstandswert berechnet. Wegen weiterer Einzelheiten wird auf die Kommentierung zu → Nr. 4142 VV verwiesen.

18 Die Erstattung von **Auslagen** richtet sich nach den Nr. 7000 ff. VV. Die **Auslagenpauschale** gemäß Nr. 7002 VV entsteht im Verfahren vor der Verwaltungsbehörde gesondert (§ 17 Nr. 10 RVG).

Unterabschnitt 3. Gerichtliches Verfahren im ersten Rechtszug

Vorbemerkung 5.1.3 VV

Nr.	Gebührentatbestand	Gebühr oder Satz der Gebühr nach § 13 oder § 49 RVG	
		Wahlanwalt	gerichtlich bestellter oder beigeordneter Rechtsanwalt
Vorbemerkung 5.1.3: (1) Die Terminsgebühr entsteht auch für die Teilnahme an gerichtlichen Terminen außerhalb der Hauptverhandlung. (2) Die Gebühren dieses Abschnitts entstehen für das Wiederaufnahmeverfahren einschließlich seiner Vorbereitung gesondert; die Verfahrensgebühr entsteht auch, wenn von der Stellung eines Wiederaufnahmeantrags abgeraten wird.			

---

[2] *Hartmann* § 14 RVG Rn. 14.
[3] Dazu ausführlich Burhoff/*Burhoff* Vorbemerkung 5 VV Rn. 21–43 und mit einer Checkliste und einem Rechtsprechungs-ABC in Rn. 43–76; siehe auch Schneider/Wolf/*N. Schneider* Vorb. Teil 5 VV Rn. 54–102.
[4] *Hartmann* § 14 RVG Rn. 17.

Abschnitt 1. Gebühren des Verteidigers   **Vorb. 5.1.3 VV**

I. Überblick

Die Vorb. 5.1.3 VV regelt für Bußgeldsachen die **Terminsgebühr** im ersten 1
Rechtszug für die Teilnahme an gerichtlichen Terminen außerhalb der Hauptverhandlung und die dem Verteidiger zustehenden Gebühren im **Wiederaufnahmeverfahren.**

II. Verfahren im ersten Rechtszug

Die im Teil 5 Unterabschnitt 3 VV geregelten Gebührentatbestände der Nr. 5107 2
bis 5112 VV gelten für das gerichtliche Verfahren in Bußgeldsachen im ersten
Rechtszug. Gemeint sind damit die erstinstanzlichen Verfahren vor dem **Amtsgericht** und dem **Oberlandesgericht.**

Das gerichtliche Bußgeldverfahren **beginnt** mit dem Eingang der Akten bei 3
Gericht, nachdem der Betroffene zuvor gegen den von der Verwaltungsbehörde
erlassenen Bußgeldbescheid Einspruch eingelegt und die Verwaltungsbehörde über
die Staatsanwaltschaft die Akten an das Amts- oder Oberlandesgericht abgegeben
hat (§ 69 Abs. 3 OWiG).

Für die **Beendigung** des gerichtlichen Bußgeldverfahrens im ersten Rechtszug 4
kommen mehrere Möglichkeiten in Betracht: Der Einspruch wird als unzulässig
verworfen (§ 70 Abs. 1 OWiG), das Verfahren wird **eingestellt** (§ 47 Abs. 2
OWiG), das Gericht entscheidet durch **Beschluss** (§ 72 OWiG) oder nach einer
Hauptverhandlung durch **Urteil** (§§ 71 ff. OWiG).

III. Gerichtliche Termine außerhalb der Hauptverhandlung (Abs. 1)

Die den Gebührentatbeständen der Nr. 5107 bis 5112 VV vorangestellte 5
Vorb. 5.1.3 VV **erweitert** in Absatz 1 den Anwendungsbereich der Terminsgebühr
für die Hauptverhandlung (Nr. 5108, 5110 und 5112 VV) auf Termine außerhalb
der Hauptverhandlung. An sich folgt das schon aus der Vorb. 5 Abs. 3 VV.

Bei den Terminen außerhalb der Hauptverhandlung handelt es sich im wesentli- 6
chen um gerichtliche **Vernehmungstermine,** wie sie für das Strafverfahren in
Nr. 4102 VV geregelt sind, allerdings mit der Einschränkung, dass es im Bußgeldverfahren keine Haftprüfungstermine gibt (§ 46 Abs. 3 Satz 1 OWiG).

Abweichend von der Regelung der Anm. zu Nr. 4102 VV wird nicht nach einzel- 7
nen Terminen differenziert. Das bedeutet, dass die Terminsgebühr so oft entsteht,
wie Termine außerhalb der Hauptverhandlung unter Teilnahme des Rechtsanwalts
stattfinden.[1]

Für die Entstehung der Terminsgebühr ist es unerheblich, in welcher **Funktion** 8
der Rechtsanwalt an einem Termin außerhalb der Hauptverhandlung teilnimmt.
Die Teilnahme kann als Verteidiger des Betroffenen oder als Beistand eines Zeugen
oder Sachverständigen erfolgen.

IV. Wiederaufnahmeverfahren (Abs. 2)

Die Vorb. 5.1.3 Abs. 2 VV betrifft das Wiederaufnahmeverfahren in Bußgeldsa- 9
chen, das in der Praxis selten vorkommt. Der erste Halbsatz regelt die Gebühren
bei **Durchführung** des Wiederaufnahmeverfahrens, der zweite Halbsatz eine Ver-

---

[1] Burhoff/*Burhoff* Vorbemerkung 5.1.3 VV Rn. 3.

fahrensgebühr, wenn der Rechtsanwalt von der Stellung eines Wiederaufnahmeantrags **abrät**, bevor ein solcher Antrag gestellt worden ist.

10 Anders als in Teil 4 VV, in dem den Gebühren für das Wiederaufnahmeverfahren eigenständige Gebührentatbestände gewidmet sind (Nr. 4136 bis 4140 VV), vereinfacht Teil 5 VV die **Gebührenstruktur**. Das ist nicht nur wegen der geringeren Bedeutung von Bußgeldsachen sachgerecht, sondern auch deshalb angezeigt, weil Teil 4 VV für das Wiederaufnahmeverfahren in den Nr. 4136 bis 4140 VV keine besonderen Betragsrahmengebühren für den Wahlverteidiger und auch keine Festgebühren für den gerichtlich bestellten oder beigeordneten Rechtsanwalt ausweist, sondern bei jedem Gebührentatbestand auf die Verfahrens- bzw. Terminsgebühr für die erste Instanz verweist.

1. Verfahrens- und Terminsgebühr (Abs. 2 1. Hs.)

11 Die Vorb. 5.1.3 Abs. 2 VV bestimmt, dass die „**Gebühren dieses Abschn.**" im bußgeldrechtlichen Wiederaufnahmeverfahren einschließlich seiner Vorbereitung **gesondert** entstehen. Damit sind die Verfahrens- und die Terminsgebühr gemeint. Anders als im strafrechtlichen Wiederaufnahmeverfahren, in dem der Rechtsanwalt bis zu fünf Gebühren (Nr. 4136 bis 4140 VV) verdienen kann, können im bußgeldrechtlichen Wiederaufnahmeverfahren nur bis zu **zwei Gebühren** anfallen, nämlich die Verfahrens- und die Terminsgebühr. Eine **Grundgebühr** nach Nr. 5100 VV kommt nicht in Betracht, weil sie nicht zu den Gebühren dieses Abschn. gehört.[2]

2. Abrategebühr (Abs. 2 2. Hs.)

12 Eine Verfahrensgebühr erhält der Rechtsanwalt auch, wenn er vor Stellung eines Wiederaufnahmeantrags von einem solchen Antrag abrät. Voraussetzung dafür ist, dass er beauftragt wird, den Betroffenen in einem Wiederaufnahmeverfahren zu **vertreten**. Beschränkt sich der Auftrag auf die **Prüfung der Erfolgsaussichten** eines Wiederaufnahmeverfahrens, erhält der Rechtsanwalt eine **Beratungsgebühr** nach Nr. 2101 VV. Im Übrigen wird auf die Erläuterungen der Nr. 4136 VV verwiesen.

Nrn. 5107–5112 VV

Nr.	Gebührentatbestand	Gebühr oder Satz der Gebühr nach § 13 oder § 49 RVG	
		Wahlanwalt	gerichtlich bestellter oder beigeordneter Rechtsanwalt
5107	Verfahrensgebühr bei einer Geldbuße von weniger als 60,00 €	20,00 bis 110,00 €	52,00 €
5108	Terminsgebühr je Hauptverhandlungstag in den in Nummer 5107 genannten Verfahren	20,00 bis 240,00 €	104,00 €
5109	Verfahrensgebühr bei einer Geldbuße von 60,00 € bis 5 000,00 €	30,00 bis 290,00 €	128,00 €

---

[2] Burhoff/*Burhoff* Vorbemerkung 5.1.3 VV Rn. 5.

Abschnitt 1. Gebühren des Verteidigers Nr. 5107–5112 VV

Nr.	Gebührentatbestand	Gebühr oder Satz der Gebühr nach § 13 oder § 49 RVG	
		Wahlanwalt	gerichtlich bestellter oder beigeordneter Rechtsanwalt
5110	Terminsgebühr je Hauptverhandlungstag in den in Nummer 5109 genannten Verfahren	40,00 bis 470,00 €	204,00 €
5111	Verfahrensgebühr bei einer Geldbuße von mehr als 5 000,00 €	50,00 bis 350,00 €	160,00 €
5112	Terminsgebühr je Hauptverhandlungstag in den in Nummer 5111 genannten Verfahren	80,00 bis 560,00 €	256,00 €

I. Überblick

Die Gebühren für das gerichtliche Bußgeldverfahren im ersten Rechtszug vor 1
dem Amtsgericht oder dem Oberlandesgericht (siehe dazu die Kommentierung
zu → Vorb. 5.1.3 VV) sind in den Nr. 5107 VV bis 5112 VV geregelt. Wie im
Strafverfahren wird zwischen Verfahrens- und Termingebühren unterschieden, die
für den Wahlverteidiger als Betragsrahmengebühren und für den gerichtlich bestellten oder beigeordneten Rechtsanwalt als Festgebühren ausgestaltet sind.

II. Gebührentatbestände

1. Verfahrensgebühren (Nr. 5107, 5109, 5111 VV)

Die Verfahrensgebühr erhält der Rechtsanwalt für das Betreiben des Geschäfts 2
einschließlich der Information (Vorb. 5 Abs. 2 VV). Die Gebühr entsteht mit der
ersten Tätigkeit des Rechtsanwalts im gerichtlichen Bußgeldverfahren und schließt
alle weiteren Tätigkeiten bis zum Ende dieses Verfahrens (siehe dazu Vorb. 5.1.2 VV)
ein. Im Übrigen kann auf die Kommentierung der → Vorb. 4 Abs. 2 VV verwiesen
werden.

2. Terminsgebühren (Nr. 5108, 5110, 5112 VV)

Die Terminsgebühr entsteht je Hauptverhandlungstag, an dem der Rechtsanwalt 3
im Bußgeldverfahren im ersten Rechtszug an einem Hauptverhandlungstermin teilnimmt. Eine Ausnahme regelt die Vorb. 5 Abs. 3 S. 2 und 3 VV. Danach erhält der
Rechtsanwalt die Terminsgebühr auch, wenn er zu einem anberaumten Termin
erscheint, dieser aber aus Gründen, die er nicht zu vertreten hat, nicht stattfindet.

Für die Entstehung der Terminsgebühr ist es unerheblich, in welcher **Funktion** 4
der Rechtsanwalt an der Hauptverhandlung teilnimmt. Die Teilnahme kann als
Verteidiger des Betroffenen oder als Beistand eines Zeugen oder Sachverständigen
erfolgen. Im Übrigen wird auf die Erläuterung der → Vorb. 5 Abs. 3 VV verwiesen.

III. Gebührenhöhe

Die Betragsrahmengebühren für den Wahlverteidiger und ebenso die Festgebüh- 5
ren für den Pflichtverteidiger sind je nach der Höhe der Geldbuße in den drei
Gebührenstufen unterschiedlich hoch.

Nr. 5107–5112 VV Teil 5. Bußgeldsachen

6 Die **Verfahrensgebühr** beträgt:
- gemäß Nr. 5107 VV bei einer Geldbuße von **weniger als 60 EUR** für den **Wahlverteidiger** 20 bis 110 EUR (**Mittelgebühr** 65 EUR) und als **Festgebühr** für den gerichtlich bestellten oder beigeordneten Rechtsanwalt 52 EUR;
- gemäß Nr. 5109 VV bei einer Geldbuße zwischen **60 EUR bis 5.000 EUR** für den **Wahlverteidiger** 30 bis 290 EUR (**Mittelgebühr** 160 EUR) und als **Festgebühr** für den gerichtlich bestellten oder beigeordneten Rechtsanwalt 128 EUR und
- gemäß Nr. 5111 VV bei einer Geldbuße von **mehr als 5.000 EUR** für den Wahlverteidiger 50 bis 350 EUR (**Mittelgebühr** 200 EUR) und als **Festgebühr** für den gerichtlich bestellten oder beigeordneten Rechtsanwalt 160 EUR.

7 Die **Terminsgebühr** beträgt:
- gemäß Nr. 5108 VV bei einer Geldbuße von **weniger als 60 EUR** für den Wahlverteidiger 20 bis 240 EUR (**Mittelgebühr** 130 EUR) und als **Festgebühr** für den gerichtlich bestellten oder beigeordneten Rechtsanwalt 104 EUR;
- gemäß Nr. 5110 VV bei einer Geldbuße zwischen **60 EUR bis 5.000 EUR** für den Wahlverteidiger 40 bis 470 EUR (**Mittelgebühr** 255 EUR) und als **Festgebühr** für den gerichtlich bestellten oder beigeordneten Rechtsanwalt 204 EUR und
- gemäß Nr. 5112 VV bei einer Geldbuße von **mehr als 5.000 EUR** für den Wahlverteidiger 80 bis 560 EUR (**Mittelgebühr** 320 EUR) und als **Festgebühr** für den gerichtlich bestellten oder beigeordneten Rechtsanwalt 256 EUR.

8 Innerhalb der jeweiligen Betragsrahmengebühr hat der **Wahlanwalt** den im konkreten Einzelfall zu berechnenden Betrag gemäß § 14 RVG unter Berücksichtigung aller Umstände, vor allem des Umfangs und der Schwierigkeit der anwaltlichen Tätigkeit, der Bedeutung der Angelegenheit sowie der Einkommens- und Vermögensverhältnisse des Auftraggebers nach **billigem Ermessen** zu bestimmen. Als weiteres Kriterium kommt das **Haftungsrisiko** in Betracht.

9 In **straßenverkehrsrechtlichen Bußgeldsachen** ist nach herrschender Auffassung grundsätzlich von dem **Mittelwert** des jeweiligen Gebührenrahmens auszugehen.[1] Insbesondere ist die Mittelgebühr zu gewähren, wenn es um die Verhängung eines Fahrverbots geht oder dem Betroffenen Punkte im Verkehrszentralregister drohen.[2]

10 Die sog. **Mittelgebühr** errechnet sich, indem man Mindest- und Höchstgebühr addiert und die Summe durch zwei teilt. Diese Mittelgebühr gilt für alle **Normalfälle,** in denen die zu berücksichtigenden Umstände durchschnittlich sind.

11 Weicht ein im Einzelfall besonders ins Gewicht fallender Umstand vom Normalfall ab, kann das zu einem Unter- oder Überschreiten der Mittelgebühr führen. Das geringere Gewicht einzelner Umstände kann durch die überdurchschnittliche Bedeutung eines anderen Umstands **kompensiert** werden. Andererseits kann ein einziger Umstand wegen seiner Bedeutung die **Höchstgebühr** rechtfertigen. Die **Mindestgebühr** kommt nur in Betracht, wenn alle Umstände unterdurchschnittlich sind, etwa bei einfachen Sachen von geringem Umfang.[3]

IV. Zusätzliche Gebühren

12 Neben den jeweiligen Verfahrens- und Terminsgebühren erhält der Rechtsanwalt eine zusätzliche **Gebühr nach Nr. 5115 VV** in Höhe der jeweiligen Verfahrensge-

---

[1] *Hartmann* § 14 RVG Rn. 14.
[2] Dazu ausführlich Burhoff/*Burhoff* Vorbemerkung 5 VV Rn. 21–43 und mit einer Checkliste und einem Rechtsprechungs-ABC in Rn. 43–76; siehe auch Schneider/Wolf/*N. Schneider* Vorb. Teil 5 VV Rn. 54–102.
[3] *Hartmann* § 14 RVG Rn. 17.

bühr, wenn durch seine Mitwirkung die Hauptverhandlung entbehrlich wird. Das kann unter anderem der Fall sein, wenn das Verfahren nicht nur vorläufig eingestellt oder der Einspruch gegen den Bußgeldbescheid zurückgenommen wird (Nr. 5115 Ziff. 1 bis 3 VV). Wegen weiterer Einzelheiten wird auf die Kommentierung der → Nr. 5115 VV verwiesen.

Eine weitere zusätzliche Verfahrensgebühr entsteht, wenn der Rechtsanwalt im Rahmen einer **Einziehung oder verwandten Maßnahmen** iSd **Nr. 5116 VV** tätig wird. Diese Gebühr ist eine Wertgebühr, deren Höhe sich mit einem Gebührensatz von 1,0 nach dem gemäß § 33 RVG durch das Gericht festzusetzenden Gegenstandswert berechnet. Wegen weiterer Einzelheiten wird auf die Kommentierung der → Nr. 5116 VV und der → Nr. 4142 VV verwiesen. 13

Unterabschnitt 4. Verfahren über die Rechtsbeschwerde

Nrn. 5113, 5114 VV

Nr.	Gebührentatbestand	Gebühr oder Satz der Gebühr nach § 13 oder § 49 RVG	
		Wahlanwalt	gerichtlich bestellter oder beigeordneter Rechtsanwalt
5113	Verfahrensgebühr	80,00 bis 560,00 €	256,00 €
5114	Terminsgebühr je Hauptverhandlungstag	80,00 bis 560,00 €	256,00 €

I. Überblick

Teil 5 Unterabschnitt 4 VV regelt die Gebühren im Verfahren über die Rechtsbeschwerde in Bußgeldsachen bei dem Oberlandesgericht und bei dem Bundesgerichtshof. 1

II. Verfahren über die Rechtsbeschwerde

Das Verfahren über die Rechtsbeschwerde, für das Teil 5 Abschn. 1 Unterabschnitt 4 VV eine **Verfahrens-** und eine **Terminsgebühr** in gleicher Höhe vorsieht, ist in §§ 79 ff. OWiG geregelt. Die Rechtsbeschwerde ist gegen Urteile des Amtsgerichts zulässig und steht dem Betroffenen und der Staatsanwaltschaft zu. Anders als die Revision in Strafsachen ist die Rechtsbeschwerde nur in den in § 79 Abs. 1 S. 1 OWiG geregelten Fällen und sonst nur zulässig, wenn sie zugelassen wird (§ 79 Abs. 1 S. 2 OWiG). Über die Zulassung entscheidet das Oberlandesgericht. 2

Das Verfahren über die **Zulassung der Rechtsbeschwerde** gehört zum Rechtsbeschwerdeverfahren und löst somit keine besonderen Gebühren aus. Das ergibt sich aus § 16 Nr. 13 RVG. Die Regelung des § 17 Nr. 9 RVG ist nicht anwendbar, weil das Amtsgericht nicht selbst über die Zulassung der Rechtsbeschwerde zu entscheiden hat. Ein etwaiger durch das Zulassungsverfahren bedingter **Mehraufwand** kann jedoch bei der Bestimmung der Verfahrensgebühr berücksichtigt werden (§ 14 RVG). 3

Die **Einlegung** der Rechtsbeschwerde gehört für den Rechtsanwalt, der bereits im Verfahren vor dem Amtsgericht tätig war, gemäß § 19 Nr. 10 RVG gebührenrechtlich noch zu diesem Verfahren. Er erhält für die Einlegung also keine besondere 4

Vergütung. Für den erstmals im Rechtsbeschwerdeverfahren beauftragten Rechtsanwalt löst die Einreichung des Zulassungsantrags dagegen die Verfahrensgebühr gemäß Nr. 5113 VV aus. Ihm steht daneben auch die Grundgebühr nach Nr. 5100 VV zu.[1]

5 Das Rechtsbeschwerdeverfahren **beginnt** mit der Einlegung der Rechtsbeschwerde (§ 79 Abs. 3 OWiG, § 341 StPO) und endet mit der Entscheidung über die Rechtsbeschwerde.

III. Gebühren im Rechtsbeschwerdeverfahren

6 Auch im Verfahren über die Rechtsbeschwerde erhält der Rechtsanwalt für das Betreiben des Geschäfts eine Verfahrensgebühr (Nr. 5113 VV) und für jeden Hauptverhandlungstag eine Terminsgebühr (Nr. 5114 VV). Die Höhe beider Gebühren ist jedoch im Gegensatz zu den Gebühren im Verfahren vor der Verwaltungsbehörde und dem Amtsgericht nicht von der Höhe der Geldbuße abhängig.

1. Verfahrensgebühr (Nr. 5113 VV)

7 Die Verfahrensgebühr deckt alle nach Einlegung der Rechtsbeschwerde bis zum Abschluss der Rechtsbeschwerdeinstanz anfallenden Tätigkeiten des Rechtsanwalts ab. Dazu gehören insbesondere die Begründung der Rechtsbeschwerde und die Stellungnahme zu einer Rechtsbeschwerde der Staatsanwaltschaft. Bei einer besonders umfangreichen oder besonders schwierigen Begründung sollte an den Antrag auf Bewilligung einer **Pauschgebühr** nach §§ 42, 51 RVG gedacht werden.

8 Die **Verfahrensgebühr** gemäß Nr. 5113 VV beträgt für den **Wahlanwalt** 80 bis 560 EUR (**Mittelgebühr** 320 EUR). Der **gerichtlich bestellte oder beigeordnete Rechtsanwalt** erhält eine **Festgebühr** von 256 EUR. Der Wahlanwalt kann die Höhe der Verfahrensgebühr anhand der in § 14 RVG genannten Kriterien bestimmen.

2. Terminsgebühr (Nr. 5114 VV)

9 Die Terminsgebühr entsteht für die Teilnahme des Rechtsanwalts an Hauptverhandlungen oder Terminen außerhalb der Hauptverhandlung (Vorb. 5.1.3 VV) je Terminstag. Die Entstehung der Terminsgebühr setzt eine **Teilnahme** des Rechtsanwalts an den vorstehend genannten Terminen voraus. Wegen weiterer Einzelheiten wird auf die Kommentierung der → Nr. 5101 bis 5106 VV Rn. 7–10 verwiesen.

10 Die **Terminsgebühr** gemäß Nr. 5114 VV beträgt für den **Wahlanwalt** 80 bis 560 EUR (**Mittelgebühr** 320 EUR).Der **gerichtlich bestellte oder beigeordnete Rechtsanwalt** erhält eine **Festgebühr** von 256 EUR. Dem Wahlanwalt kann die Höhe der Terminsgebühr anhand der in § 14 RVG genannten Kriterien bestimmen.

IV. Zusätzliche Gebühren

11 Auch im Rechtsbeschwerdeverfahren können zusätzliche Gebühren entstehen. In Betracht kommt in erster Linie die **Befriedigungsgebühr** gemäß **Nr. 5115 VV**, wenn das Verfahren nicht nur vorläufig eingestellt oder die Rechtsbeschwerde zurückgenommen wird. Auch die Verfahrensgebühr nach **Nr. 5116 VV** kann entstehen, wenn der Rechtsanwalt in der Beschwerdeinstanz bei der **Einziehung oder verwandten Maßnahmen** mitwirkt. Auf die Kommentierung der → Nr. 5115 und 5116 VV wird verwiesen.

---

[1] Siehe dazu *Burhoff* RVGreport 2004, 53.

Abschnitt 1. Gebühren des Verteidigers • Nr. 5115 VV

In Betracht kommen kann auch eine **Pauschgebühr** nach §§ 42, 51 RVG, wenn es sich um ein „besonders schwieriges" oder „besonders umfangreiches Verfahren" handelt.

Die Erstattung von **Auslagen** richtet sich nach den Nr. 7000 ff. VV. Die **Auslagenpauschale** gemäß Nr. 7002 VV entsteht im Rechtsbeschwerdeverfahren gesondert, weil dieses Verfahren eine eigene Angelegenheit iSv § 15 Abs. 2 S. 2 RVG) ist.

Unterabschnitt 5. Zusätzliche Gebühren

Nr. 5115 VV

Nr.	Gebührentatbestand	Gebühr oder Satz der Gebühr nach § 13 oder § 49 RVG	
		Wahlanwalt	gerichtlich bestellter oder beigeordneter Rechtsanwalt
5115	Durch die anwaltliche Mitwirkung wird das Verfahren vor der Verwaltungsbehörde erledigt oder die Hauptverhandlung entbehrlich Zusätzliche Gebühr .... (1) Die Gebühr entsteht, wenn 1. das Verfahren nicht nur vorläufig eingestellt wird oder 2. der Einspruch gegen den Bußgeldbescheid zurückgenommen wird oder 3. der Bußgeldbescheid nach Einspruch von der Verwaltungsbehörde zurückgenommen und gegen einen neuen Bußgeldbescheid kein Einspruch eingelegt wird oder 4. sich das gerichtliche Verfahren durch Rücknahme des Einspruchs gegen den Bußgeldbescheid oder der Rechtsbeschwerde des Betroffenen oder eines anderen Verfahrensbeteiligten erledigt; ist bereits ein Termin zur Hauptverhandlung bestimmt, entsteht die Gebühr nur, wenn der Einspruch oder die Rechtsbeschwerde früher als zwei Wochen vor Beginn des Tages, der für die Hauptverhandlung vorgesehen war, zurückgenommen wird, oder 5. das Gericht nach § 72 Abs. 1 Satz 1 OWiG durch Beschluss entscheidet. (2) Die Gebühr entsteht nicht, wenn eine auf die Förderung des Verfahrens gerichtete Tätigkeit nicht ersichtlich ist. (3) Die Höhe der Gebühr richtet sich nach dem Rechtszug, in dem die Hauptverhandlung vermieden wurde. Für den Wahlanwalt bemisst sich die Gebühr nach der Rahmenmitte.	in Höhe der jeweiligen Verfahrensgebühr	

Nr. 5115 VV

Übersicht

	Rn.
I. Überblick	1
II. Voraussetzungen für eine Anwendbarkeit der Nr. 5115 VV	4
1. In Betracht kommende Verfahrensabschnitte	4
2. Verfahrenserledigung oder Entbehrlichkeit einer Hauptverhandlung	5
a) Verfahren vor der Verwaltungsbehörde	6
b) Gerichtliches Verfahren	7
3. Mitwirkung des Rechtsanwalts	8
III. Gebührentatbestände der Nr. 5115 VV im Einzelnen	11
1. Nicht nur vorläufige Einstellung (Nr. 5115 Anm. Abs. 1 Ziff. 1 VV)	12
2. Rücknahme des Einspruchs im Verfahren vor der Verwaltungsbehörde (Nr. 5115 Anm. Abs. 1 Ziff. 2 VV)	17
3. Rücknahme durch die Verwaltungsbehörde und Neuerlass (Nr. 5115 Anm. Abs. 1 Ziff. 3 VV)	21
4. Rücknahme des Einspruchs im gerichtlichen Verfahren (Nr. 5115 Anm. Abs. 1 Ziff. 4 VV)	25
5. Rücknahme der Rechtsbeschwerde (Nr. 5115 Anm. Abs. 1 Ziff. 4 VV)	28
6. Entscheidung im Beschlussverfahren (Nr. 5115 Anm. Abs. 1 Ziff. 5 VV)	31
IV. Höhe der zusätzlichen Gebühr	33

I. Überblick

1 Teil 5 Abschn. 1 Unterabschnitt 5 VV sieht in Bußgeldsachen ebenso wie in Strafsachen (vgl. die Nr. 4141 ff. VV) neben der Grundgebühr und den Verfahrens- und Terminsgebühren **zusätzliche Gebühren** vor. Es handelt sich um eine zusätzliche Gebühr bei **vorzeitiger Erledigung** (Nr. 5115 VV) und eine Verfahrensgebühr bei **Einziehung und verwandten Maßnahmen** (Nr. 5116 VV).

2 Nr. 5115 VV gewährt wie Nr. 4141 VV im Strafverfahren eine zusätzliche Gebühr in den **enumerativ** aufgezählten Fällen. Sie entsteht bei einer Verfahrenserledigung im Verfahren vor der Verwaltungsbehörde (Nr. 5115 Anm. Abs. 1 Ziff. 1 bis 3 VV) und im gerichtlichen Verfahren bei einer Erledigung des Verfahrens ohne Hauptverhandlung (Nr. 5115 Anm. Abs. 1 Ziff. 4) sowie bei einer Entscheidung im Beschlussverfahren nach § 72 Abs. 1 S. 1 OWiG.

3 **Zweck** der Regelung ist es, Tätigkeiten des Rechtsanwalts, die eine **Erledigung** des Bußgeldverfahrens ohne **Hauptverhandlung** bewirken und damit zu einem Verlust der Hauptverhandlungsgebühr führen würden, gebührenrechtlich zu **honorieren**.[1] Gleichzeitig soll sie auch die Gerichte entlasten.

II. Voraussetzungen für eine Anwendbarkeit der Nr. 5115 VV

1. In Betracht kommende Verfahrensabschnitte

4 Die Regelung der Nr. 5115 VV ist in **sämtlichen drei Verfahrensabschnitten** des Bußgeldverfahrens **anwendbar.** Das ist

---

[1] BT-Drs. 12/6962, 106.

- das Verfahren vor der Verwaltungsbehörde einschließlich des Verwarnungs- und Zwischenverfahrens bis zum Eingang der Akten bei Gericht (Nr. 5101 bis 5106 VV);
- das Verfahren vor dem Amtsgericht (Nr. 5107 bis 5112 VV);
- das Verfahren der Rechtsbeschwerde (Nr. 5113 bis 5114 VV).

2. Verfahrenserledigung oder Entbehrlichkeit einer Hauptverhandlung

Die Entstehung der Gebühr nach Nr. 5115 VV setzt voraus, dass sich das Verfahren vor der Verwaltungsbehörde erledigt oder im gerichtlichen Verfahren eine Hauptverhandlung entbehrlich wird. Hierbei ist zu unterscheiden: 5

a) Verfahren vor der Verwaltungsbehörde. Im Verfahren vor der Verwaltungsbehörde kann eine zusätzliche Gebühr entstehen, wenn sich das **Verfahren erledigt** 6
- durch Einstellung oder
- durch Rücknahme des Einspruchs des Betroffenen gegen den Bußgeldbescheid oder dadurch, dass
- der Bußgeldbescheid nach Einspruch von der Verwaltungsbehörde zurückgenommen und gegen einen neuen Bußgeldbescheid kein (neuer) Einspruch eingelegt wird.

b) Gerichtliches Verfahren. Im gerichtlichen Verfahren kann eine zusätzliche Gebühr entstehen, wenn eine **Hauptverhandlung entbehrlich** wird 7
- infolge Einstellung,
- durch rechtzeitige Rücknahme des Einspruchs gegen den Bußgeldbescheid oder der Rechtbeschwerde des Betroffenen oder eines anderen Verfahrensbeteiligten oder
- durch eine Entscheidung des Gerichts im schriftlichen Verfahren durch Beschluss nach § 72 Abs. 1 S. 1 OWiG.

3. Mitwirkung des Rechtsanwalts

Voraussetzung für die Entstehung der zusätzlichen Gebühr ist weiterhin eine **Mitwirkung des Rechtsanwalts** an der Erledigung des Verfahrens vor der Verwaltungsbehörde bzw. an der Entbehrlichkeit einer Hauptverhandlung im gerichtlichen Verfahren. Die Nr. 5115 Anm. Abs. 2 VV formuliert das negativ. Danach entsteht die zusätzliche Gebühr nicht, „wenn eine auf die **Förderung des Verfahrens** gerichtete Tätigkeit nicht ersichtlich ist". Mit dieser Formulierung wird die **Darlegungs- und Beweislast** für die Mitwirkung des Rechtsanwalts an der Einstellung des Verfahrens **umgekehrt**. Nicht der Rechtsanwalt muss seine Mitwirkung beweisen, sondern der Gebührenschuldner (Mandant, Staatskasse, Erstattungspflichtiger) eine fehlende Mitwirkung des Rechtsanwalts. Der für eine Mitwirkung erforderliche **Ursächlichkeitszusammenhang** zwischen der anwaltlichen Tätigkeit und der Verfahrenseinstellung wird nicht dadurch unterbrochen, dass der Rechtsanwalt die Einstellung bereits im Verfahren vor der Verwaltungsbehörde angeregt hat, jedoch erst das Gericht dieser Anregung entspricht.[2] Dasselbe gilt für eine bereits im vorangegangenen Strafverfahren abgegebene Einlassung. Sie stellt für das sich anschließende Bußgeldverfahren eine ausreichende Mitwirkung des Rechtsanwalts dar, wenn auch das Bußgeldverfahren eingestellt wird.[3] Für die Mitwirkung bei der Erledigung des Verfahrens genügt gebührenrechtlich jede Tätigkeit des Verteidigers, die zur Förderung der Verfahrenseinstellung geeignet ist. 8

---

[2] AG Zossen AGS 2009, 72.
[3] BGH NJW 2009, 368 (369).

9 An die Mitwirkung des Rechtsanwalts dürfen **keine hohen Anforderungen** gestellt werden. Nach der zutreffenden **Auffassung des Bundesgerichtshofs** reicht jede Tätigkeit aus, die zur Förderung der Verfahrenserledigung geeignet ist.[4] Es genügen die Abgabe einer Einlassung, jede Art einer Sachverhaltsaufklärung, Besprechungen mit der Verwaltungsbehörde oder dem Gericht oder die Benennung von Zeugen. Selbst die bloße Mitteilung, der Betroffene wolle sich nicht einlassen, reicht aus. Gerade eine fehlende Einlassung kann bei Fehlen sonstiger Beweismittel eine Einstellung rechtfertigen. Auch Ausführungen zur Einstellung des staatsanwaltschaftlichen Ermittlungsverfahrens können die Erledigung des anschließenden Bußgeldverfahrens fördern.[5]

10 Ausreichend ist deshalb auch ein **„gezieltes Schweigen"**.[6] Eine solche Strategie der Verteidigung darf allerdings nicht **mandatsintern** bleiben, sondern muss erkennbar werden. Dazu reicht die Rückgabe der Akten an die Verwaltungsbehörde oder an das Gericht nicht aus. Der Rechtsanwalt muss vielmehr deutlich zu erkennen geben, dass sich der Betroffene auf sein **Aussageverweigerungsrecht** beruft.[7]

III. Gebührentatbestände der Nr. 5115 VV im Einzelnen

11 Die Nr. 5115 VV regelt insgesamt **sechs verschiedene Möglichkeiten** des Anfalls einer zusätzlichen Gebühr im Bußgeldverfahren. Das ist
- die nicht nur vorläufige Einstellung des Verfahrens (Nr. 5115 Anm. Abs. 1 Ziff. 1 VV);
- die Rücknahme des Einspruchs gegen den Bußgeldbescheid im Verfahren vor der Verwaltungsbehörde (Nr. 5115 Anm. Abs. 1 Ziff. 2 VV);
- kein Einspruch gegen einen neuen Bußgeldbescheid (Nr. 5115 Anm. Abs. 1 Ziff. 3 VV);
- die Rücknahme des Einspruchs gegen den Bußgeldbescheid im gerichtlichen Verfahren (Nr. 5115 Anm. Abs. 1 Ziff. 4 VV);
- die Rücknahme der Rechtsbeschwerde (Nr. 5115 Anm. Abs. 1 Ziff. 4 VV);
- die Entscheidung im Beschlussverfahren nach § 72 OWiG (Nr. 5115 Anm. Abs. 1 Ziff. 5 VV).

1. Nicht nur vorläufige Einstellung (Nr. 5115 Anm. Abs. 1 Ziff. 1 VV)

12 Gemäß Nr. 5115 Anm. Abs. 1 Ziff. 1 VV entsteht die zusätzliche Gebühr, wenn das Verfahren nicht nur vorläufig eingestellt wird. Die Einstellung eines Bußgeldverfahrens kann in **jedem Verfahrensabschnitt** erfolgen, also sowohl während des Verfahrens vor der Verwaltungsbehörde einschließlich des Verwarnungs- und des Zwischenverfahrens als auch im gerichtlichen Verfahren und auch noch im Verfahren der Rechtsbeschwerde. Auf den **Zeitpunkt** der Einstellung kommt es im Gegensatz zu der Regelung in Nr. 5115 Anm. Abs. 1 Ziff. 4 VV nicht an. Voraussetzung ist nur, dass das Verfahren **vor Beginn** einer **Hauptverhandlung** nicht nur vorläufig eingestellt wird.[8]

13 Die Gebühr entsteht, auch wenn vor dem Zeitpunkt der Einstellung bereits eine Hauptverhandlung stattgefunden hat. Die Hauptverhandlung, die durch eine Einstellung entbehrlich wird, braucht also nicht die **erste Hauptverhandlung** im

---
[4] BGH NJW 2009, 368 m. w. Nachw.; BGH NJW 2011, 1605; siehe auch OVG Koblenz NVwZ-RR 2007, 564; OLG Stuttgart RVGreport 2010, 263.
[5] BGH JurBüro 2008, 639.
[6] BGH NJW 2011, 1605.
[7] Schneider/Wolf/*N. Schneider* Nr. 5115 VV Rn. 36.
[8] BGH NJW 2009, 368.

Verfahren zu sein. Das gilt auch, wenn eine Hauptverhandlung **ausgesetzt** wird und die spätere neue Hauptverhandlung entbehrlich wird, weil dem Rechtsanwalt eine Einstellung außerhalb der Hauptverhandlung gelingt.[9] Ausgenommen hiervon ist lediglich eine Einstellung in einem **Fortsetzungstermin** innerhalb der Frist des § 229 StPO. In diesem Fall entsteht die Gebühr nicht, weil die Einstellung in einem solchen Hauptverhandlungstermin wegen des Grundsatzes der **Einheitlichkeit der Hauptverhandlung** „in einem Hauptverhandlungstermin" erfolgt. Das ergibt sich aus dem Normzweck der Nr. 5115 VV. Der Rechtsanwalt soll eine zusätzliche Gebühr immer dann erhalten, wenn eine Hauptverhandlung entbehrlich wird und er deshalb eine (weitere) Terminsgebühr verlieren würde, wenn das Verfahren unter seiner Mitwirkung eingestellt wird.[10]

Nicht ausreichend ist eine **Teileinstellung,** es sei denn, dass ein gegen mehrere Beschuldigte gerichtetes Verfahren gegen den Mandanten des Rechtsanwalts nur vorläufig eingestellt wird. Insoweit ist die Regelung **personengebunden.** 14

Die Einstellung darf „**nicht nur vorläufig**" sein. Diese negativ formulierte Fassung der Anm. zu Nr. 5115 Anm. Ziff. 1 VV bedeutet gebührenrechtlich, dass die Verwaltungsbehörde oder das Gericht mit der Einstellung das **Ziel einer endgültigen Einstellung** verfolgt, prozessual aber gleichwohl eine Fortsetzung des Verfahrens denkbar bleibt. Kommt es in einem solchen Fall zur Fortsetzung des Verfahrens, entsteht die Gebühr **doppelt,** wenn im wiederaufgenommenen Verfahren unter Mitwirkung des Rechtsanwalts eine erneute (nunmehr prozessual endgültige) Einstellung erfolgt. 15

Der **Anwendungsbereich** der Nr. 5115 Anm. Abs. 1 Ziff. 1 VV erstreckt sich demgemäß auf Einstellungen nach § 46 Abs. 1 OWiG iVm § 170 Abs. 2 StPO, § 46 Abs. 1 OWiG iVm § 154 StPO und nach § 47 Abs. 2 OWiG. Nicht anwendbar ist Nr. 5115 VV bei Einstellungen nach § 46 Abs. 1 OWiG iVm § 205 StPO und nach § 46 Abs. 1 OWiG iVm § 154d StPO. 16

2. Rücknahme des Einspruchs im Verfahren vor der Verwaltungsbehörde (Nr. 5115 Anm. Abs. 1 Ziff. 2 VV)

Die Rücknahme des Einspruchs gegen den Bußgeldbescheid durch den Betroffenen kann sowohl während des Verfahrens vor der Verwaltungsbehörde als auch während des gerichtlichen Verfahrens erfolgen. Gebührenrechtlich ist die Rücknahme des Einspruchs während des Verfahrens vor der Verwaltungsbehörde in Nr. 5115 Anm. Abs. 1 Ziff. 2 VV geregelt. Für eine Rücknahme im gerichtlichen Verfahren gilt Nr. 5115 Anm. Abs. 1 Ziff. 4 VV, der zugleich den Fall der Rücknahme einer Rechtsbeschwerde betrifft (→ Rn. 28 ff.). 17

Die zusätzliche Gebühr nach Nr. 5115 Anm. Abs. 1 Ziff. 2 VV entsteht, wenn der Einspruch gegen den Bußgeldbescheid im Verfahren vor der Verwaltungsbehörde, dh bis zum Eingang der Akten bei Gericht, **insgesamt** zurückgenommen wird. 18

Für die **Mitwirkung** des Rechtsanwalts reicht es aus, dass er außergerichtlich zur Rücknahme rät. Nicht erforderlich ist, dass er selbst die Rücknahme erklärt. Ebenso wenig ist es notwendig, dass der Rechtsanwalt vor der Rücknahme des Einspruchs eine Einlassung oder eine sonstige Erklärung zur Sache zu den Akten reicht. Die Rücknahme des Einspruchs durch ihn belegt seine Mitwirkung. Die zusätzliche Gebühr entsteht ferner auch dann, wenn der Rechtsanwalt sich zum Verteidiger bestellt und gleichzeitig die Rücknahme des Einspruchs erklärt. 19

Die Rücknahme ist im Verfahren vor der Verwaltungsbehörde anders als im gerichtlichen Verfahren (Nr. 5115 Anm. Abs. 1 Ziff. 4 VV) **nicht fristgebunden,** kann also bis zum Eingang der Akten bei Gericht jederzeit erfolgen. 20

---

[9] Burhoff/*Burhoff* Nr. 5115 VV Rn. 17.
[10] OLG Köln AGS 2006, 339.

3. Rücknahme durch die Verwaltungsbehörde und Neuerlass (Nr. 5115 Anm. Abs. 1 Ziff. 3 VV)

21 Gemäß Nr. 5115 Anm. Abs. 1 Ziff. 3 VV entsteht eine zusätzliche Gebühr, wenn der Rechtsanwalt, nachdem die Verwaltungsbehörde den Bußgeldbescheid nach Einspruch zurückgenommen und einen neuen (berichtigten) Bußgeldbescheid erlassen hat, nicht wieder Einspruch einlegt. Die Regelung soll die Kompromissbereitschaft bei einem Entgegenkommen der Verwaltungsbehörde fördern.[11]

22 In der Praxis erlangt die Regelung vor allem Bedeutung, wenn im ersten Bußgeldbescheid ein **Fahrverbot** verhängt worden ist und die Verwaltungsbehörde nach Einspruch diesen Bußgeldbescheid aufhebt und in einem neuen Bußgeldbescheid – meist gegen eine Erhöhung des Bußgelds – von einem Fahrverbot absieht.

23 Die Vorschrift regelt die Rücknahme des Bußgeldbescheides „**nach Einspruch**". Nimmt die Verwaltungsbehörde zurück, ohne dass bereits Einspruch eingelegt worden ist, entsteht die Gebühr folglich nicht. *Schneider* will die Regelung dennoch gelten lassen, wenn die Einspruchsfrist noch läuft.[12] Diese Auffassung übersieht aber, dass das (weitere) Verfahren durch einen Einspruch nicht mehr gefördert werden kann, weil es durch die Rücknahme des Bußgeldbescheides bereits erledigt ist.

24 Wird gegen den **neuen Bußgeldbescheid** erneut Einspruch eingelegt, kann die Gebühr nach Nr. 5115 Anm. Abs. 1 Ziff. 3 VV nicht entstehen. In Betracht kommen kann jedoch eine Gebühr unter den Voraussetzungen der Nr. 5115 Anm. Abs. 1 Ziff. 1, 2, 4 oder 5 VV.

4. Rücknahme des Einspruchs im gerichtlichen Verfahren (Nr. 5115 Anm. Abs. 1 Ziff. 4 VV)

25 Der Rechtsanwalt erhält die zusätzliche Gebühr auch, wenn der Einspruch gegen den Bußgeldbescheid erst im gerichtlichen Verfahren zurückgenommen wird. Im Gegensatz zu einer Rücknahme im Verfahren vor der Verwaltungsbehörde ist die Rücknahme im gerichtlichen Verfahren **fristgebunden**, sobald ein Termin zur Hauptverhandlung anberaumt worden ist. In diesem Fall muss der Einspruch früher als zwei Wochen vor Beginn des Tages, der für die Hauptverhandlung vorgesehen ist, zurückgenommen werden. Maßgeblich für die Wahrung der Frist ist der Eingang der Rücknahmeerklärung bei Gericht, nicht deren Abgabe. Ob dem Rechtsanwalt die Ladung zum Hauptverhandlungstermin zugestellt wird oder ob er auf andere Weise von der Terminierung Kenntnis erlangt, ist für die Wahrung der Frist unerheblich.

26 Die Frist ist **keine Notfrist**. Sie umschreibt vielmehr einen **Zeitraum**, auf den § 47 Abs. 1 StPO und die §§ 186 ff. BGB nicht anwendbar sind. Eine Wiedereinsetzung in den vorigen Stand kommt mithin nicht in Betracht. Versäumt der Rechtsanwalt die Frist und kommt es zu einer Vertagung des Termins, beginnt eine neue Zweiwochenfrist, sofern es sich nicht um einen Fortsetzungstermin (§ 229 StPO) handelt. Der Rechtsanwalt kann also bei einer Fristversäumung mittels eines Vertagungsantrags bewirken, dass die zusätzliche Gebühr doch noch entsteht, wenn er bezogen auf den neuen Hauptverhandlungstermin die Zwei-Wochen-Frist wahrt.

27 Die Gebühr entsteht, auch wenn vor dem Zeitpunkt der Rücknahme des Einspruchs bereits eine Hauptverhandlung stattgefunden hat (→ Rn. 13).

---

[11] BT-Drs. 15/1971, 230.
[12] Schneider/Wolf/*Schneider* Nr. 5115 VV Rn. 55; ebenso Burhoff/*Burhoff* Nr. 5115 VV Rn. 25.

5. Rücknahme der Rechtsbeschwerde (Nr. 5115 Anm. Abs. 1 Ziff. 4 VV)

Befindet sich das gerichtliche Verfahren in der Rechtsbeschwerdeinstanz, kann der Einspruch gegen den Bußgeldbescheid nicht mehr zurückgenommen werden. Deshalb tritt in diesem Fall an die Stelle der Rücknahme des Einspruchs die Rücknahme der Rechtsbeschwerde. Sie ist, was die **Fristgebundenheit** und die **Mitwirkung des Rechtsanwalts** betrifft, an dieselben Voraussetzungen geknüpft wie die Rücknahme des Einspruchs. Auf die vorstehenden Erläuterungen wird verwiesen. 28

Nimmt statt des Betroffenen ein **anderer Verfahrensbeteiligter** die Rechtsbeschwerde zurück, ist eine Förderung des Verfahrens durch den Rechtsanwalt, der den Betroffenen vertritt, dadurch möglich, dass er den anderen Verfahrensbeteiligten mit seiner Argumentation von der Aussichtslosigkeit der Rechtsbeschwerde überzeugt oder durch Zugeständnisse seines Mandanten zur Rücknahme veranlasst. 29

Der für die Rücknahme der Rechtsbeschwerde geltende Gebührentatbestand der Nr. 5115 Anm. Abs. 1 Ziff. 4 VV ist auf die Rücknahme des Antrags auf **Zulassung der Rechtsbeschwerde** analog anzuwenden. 30

6. Entscheidung im Beschlussverfahren (Nr. 5115 Anm. Abs. 1 Ziff. 5 VV)

Die zusätzliche Gebühr fällt gemäß Nr. 5115 Anm. Abs. 1 Ziff. 5 VV an, wenn das Gericht nach § 72 Abs. 1 S. 1 OWiG durch **Beschluss** entscheidet. Nach dieser Vorschrift kann das Gericht ohne Hauptverhandlung durch Beschluss entscheiden, wenn der Betroffene und die Staatsanwaltschaft diesem Verfahren nicht widersprechen. 31

Wenn der Rechtsanwalt daran mitwirkt, dass sein Mandant nicht widerspricht, macht er eine Hauptverhandlung entbehrlich. Dieser Fall würde bereits nach der allgemeinen Formulierung des Gebührentatbestandes die Zusatzgebühr auslösen. Zur Klarstellung hielt der Gesetzgeber es jedoch für angezeigt, in Nr. 5115 Anm. Abs. 1 Ziff. 5 VV eine ausdrückliche Regelung aufzunehmen.[13] 32

IV. Höhe der zusätzlichen Gebühr

Als zusätzliche Gebühr erhält der Rechtsanwalt nach Nr. 5115 VV als Ausgleich dafür, dass durch seine Mitwirkung die Terminsgebühr verloren geht, eine Verfahrensgebühr. Die Höhe dieser Gebühr richtet sich nach dem Rechtszug, in dem die Hauptverhandlung vermieden wurde (Nr. 5115 Anm. Abs. 3 VV). Es kommt also darauf an, vor welchem Gericht (Amtsgericht, Oberlandesgericht) das Bußgeldverfahren zu dem Zeitpunkt anhängig ist, zu dem die Voraussetzungen für die Entstehung einer zusätzlichen Gebühr eintreten. 33

Mit „**Rechtszug**" iSd Nr. 5115 Abs. 3 VV ist das Verfahrensstadium gemeint, in dem sich die Sache erledigt. Dabei ist die Staffelung der Verfahrensgebühr nach der Höhe der Geldbuße zu beachten. So sind beispielsweise im Verfahren vor der Verwaltungsbehörde die Verfahrensgebühren der Nr. 5101, 5103 und 5105 VV einschlägig, im gerichtlichen Verfahren kommen die Nr. 5107, 5109 und 5111 VV in Betracht und im Verfahren über die Rechtsbeschwerde die Nr. 5113 VV. 34

Der **Wahlverteidiger** erhält die **Mittelgebühr** aus dem jeweiligen Gebührenrahmen. Die Umstände des Einzelfalls iSd § 14 RVG bleiben ohne Bedeutung, weil es sich bei der jeweiligen Mittelgebühr um eine **Festgebühr** handelt. 35

---

[13] BT-Drs. 15/1971, 230.

Nr. 5116 VV

36 Der **gerichtlich bestellte oder beigeordnete Rechtsanwalt** erhält den in den einzelnen Gebührentatbeständen als Verfahrensgebühr ausgewiesenen Festbetrag.

Nr. 5116 VV

Nr.	Gebührentatbestand	Gebühr oder Satz der Gebühr nach § 13 oder § 49 RVG	
		Wahlanwalt	gerichtlich bestellter oder beigeordneter Rechtsanwalt
5116	Verfahrensgebühr bei Einziehung und verwandten Maßnahmen .... (1) Die Gebühr entsteht für eine Tätigkeit für den Betroffenen, die sich auf die Einziehung oder dieser gleichstehende Rechtsfolgen (§ 46 Abs. 1 OWiG, § 442 StPO) oder auf eine diesen Zwecken dienende Beschlagnahme bezieht. (2) Die Gebühr entsteht nicht, wenn der Gegenstandswert niedriger als 30,00 € ist. (3) Die Gebühr entsteht nur einmal für das Verfahren vor der Verwaltungsbehörde und für das gerichtliche Verfahren im ersten Rechtszug. Im Rechtsbeschwerdeverfahren entsteht die Gebühr besonders.	1,0	1,0

I. Überblick

1 Nr. 5116 VV sieht ebenso wie Nr. 4142 VV eine besondere **Verfahrensgebühr** als **Wertgebühr** vor, wenn der Rechtsanwalt bei **Einziehung** und **verwandten Maßnahmen** (§ 442 StPO) eine darauf bezogene Tätigkeit für den Betroffenen ausübt (Nr. 5116 Anm. Abs. 1 VV). Diese Gebühr erhält der Rechtsanwalt nach Nr. 5116 Anm. Abs. 3 S. 1 VV zum einen für das Verfahren vor der **Verwaltungsbehörde**. Insgesamt kann die Gebühr aber nur einmal beansprucht werden. Im **Rechtsbeschwerdeverfahren** entsteht die Gebühr besonders (Nr. 5116 Anm. Abs. 3 S. 2 VV), so dass sie im Bußgeldverfahren insgesamt zweimal anfallen kann.

II. Anwendungsbereich

2 Die Gebühr nach Nr. 5116 VV kann sowohl im Verfahren vor der Verwaltungsbehörde als auch im gerichtlichen Verfahren einschließlich des Rechtsbeschwerdeverfahrens entstehen.

3 Die Tätigkeit des Rechtsanwalts muss sich gemäß Nr. 5116 Anm. Abs. 1 VV auf die **Einziehung** oder dieser **gleichstehende Rechtsfolgen** iSd § 46 Abs. 1 OWiG, § 442 StPO oder auf eine diesen Zwecken dienende **Beschlagnahme** beziehen. Das sind Maßnahmen, die der Abschöpfung von Vermögenswerten oder der Einbehaltung von Gegenständen dienen, die aus Straftaten oder Ordnungswidrigkeiten hervorgebracht wurden, oder für solche verwendet worden sind.

1. Einziehung

Die Einziehung ist in den §§ 430 ff. StPO geregelt, die gemäß § 46 Abs. 1 OWiG auch im Bußgeldverfahren gelten. 4

2. Der Einziehung gleichstehende Rechtsfolgen

Die einer Einziehung **gleichstehenden Rechtsfolgen** werden in § 442 Abs. 1 StPO aufgeführt. Hierzu zählt neben der **Vernichtung**, **Unbrauchbarmachung** und **Beseitigung** eines gesetzeswidrigen Zustands auch der **Verfall** nach § 29a OWiG.[1] Diese Vorschrift hat in letzter Zeit vor allem in Bußgeldverfahren gegen Transport- und Logistikunternehmen praktische Bedeutung erlangt.[2] 5

3. Beschlagnahme

Die der Einziehung oder dieser gleichstehende Rechtsfolgen dienende Beschlagnahme ist in § 443 StPO geregelt und über § 46 Abs. 1 OWiG auch im Bußgeldverfahren möglich. 6

4. Bagatellsachen

Die Verfahrensgebühr nach Nr. 5116 VV entsteht nicht, wenn der Gegenstandswert niedriger als 30 EUR ist. 7

III. Höhe der Gebühr

Die **Höhe** der Gebühr orientiert sich am Gegenstandswert und ist damit eine **Wertgebühr** iSd § 2 RVG. 8

1. Gegenstandswert

Der Gegenstandswert wird vom Gericht auf Antrag im Verfahren nach § 33 Abs. 1 RVG festgesetzt. Im Verfahren vor der Verwaltungsbehörde gilt § 33 RVG allerdings nicht.[3] Der Rechtsanwalt muss deshalb den Gegenstandswert auf der Grundlage des § 23 RVG selbst ermitteln. 9

2. Gebührenhöhe

Für den **Wahlverteidiger** ist die Tabelle des § 13 RVG maßgeblich. Der gerichtlich bestellte oder beigeordnete Rechtsanwalt erhält die Gebühren nach § 49 RVG. Sie ist auf maximal 391 EUR begrenzt. 10

3. Pauschgebühr

Die Bewilligung einer Pauschgebühr ist gemäß §§ 42 Abs. 1 S. 2, 51 Abs. 1 S. 2 RVG ausgeschlossen, weil die Verfahrensgebühr der Nr. 5116 VV eine Wertgebühr ist. 11

---

[1] Siehe dazu *Fromm* JurBüro 2008, 507.
[2] *Fromm* JurBüro 2008, 507 (508).
[3] Schneider/Wolf/*N. Schneider* Nr. 5116 VV Rn. 6.

Nr. 5200 VV

Abschnitt 2. Einzeltätigkeiten

Nr. 5200 VV

Nr.	Gebührentatbestand	Gebühr oder Satz der Gebühr nach § 13 oder § 49 RVG	
		Wahlanwalt	gerichtlich bestellter oder beigeordneter Rechtsanwalt
5200	Verfahrensgebühr .... (1) Die Gebühr entsteht für einzelne Tätigkeiten, ohne dass dem Rechtsanwalt sonst die Verteidigung übertragen ist. (2) Die Gebühr entsteht für jede Tätigkeit gesondert, soweit nichts anderes bestimmt ist. § 15 RVG bleibt unberührt. (3) Wird dem Rechtsanwalt die Verteidigung für das Verfahren übertragen, werden die nach dieser Nummer entstandenen Gebühren auf die für die Verteidigung entstehenden Gebühren angerechnet. (4) Der Rechtsanwalt erhält die Gebühr für die Vertretung in der Vollstreckung und in einer Gnadensache auch, wenn ihm die Verteidigung übertragen war.	20,00 bis 110,00 €	52,00 €

I. Überblick

1 Im Gegensatz zu Einzeltätigkeiten in Strafsachen, die in den Nr. 4300 bis 4304 VV konkret definiert sind, begnügt sich Teil 5 Abschn. 2 VV mit einem einzigen Gebührentatbestand (Nr. 5200 VV) und einer dazu gehörenden Anm.

2 Ebenso wie im Strafverfahren setzt auch für die Entstehung einer Verfahrensgebühr für Einzeltätigkeiten im Bußgeldverfahren gemäß Nr. 5200 Anm. Abs. 1 VV voraus, dass dem Rechtsanwalt sonst die **Verteidigung nicht übertragen** ist.

3 Für welche Einzeltätigkeiten die Verfahrensgebühr anfallen kann, definiert Nr. 5200 VV nicht. Es handelt sich also um einen **offenen Gebührentatbestand.**

In Betracht kommen alle Tätigkeiten, für die der Rechtsanwalt als Verteidiger die Gebühren nach den Nr. 5100 ff. VV erhalten würde sowie Einzeltätigkeiten, die – wie beispielsweise die Vollstreckung oder Gnadengesuche – nicht in den Anwendungsbereich der Nr. 5100 ff. VV gehören.[1]

II. Anwendungsbereich (Nr. 5200 Anm. Abs. 2 S. 1 VV)

4 Nr. 5200 Anm. Abs. 2 VV entspricht der Vorb. 4.3 Abs. 3 VV. In erster Linie kann deshalb auf die Erläuterungen hierzu verwiesen werden.

5 Auch in Bußgeldsachen entsteht die Gebühr für jede Einzeltätigkeit gesondert. Es handelt sich also bei jeder Einzeltätigkeit jeweils um eine **eigene Angelegenheit**

---

[1] Beispiele bei Schneider/Wolf/*N. Schneider* Nr. 5200 VV Rn. 8.

Abschnitt 2. Einzeltätigkeiten **Nr. 5200 VV**

iSd § 15 RVG. Voraussetzung hierfür ist allerdings, dass der Rechtsanwalt für die verschiedenen Einzeltätigkeiten jeweils einen **Einzelauftrag** erhält.

Abweichend von der Vorb. 4.3 Abs. 3 VV erstreckt sich Nr. 5200 Anm. Abs. 2 VV nicht auf das **Beschwerdeverfahren**. Insoweit verbleibt es also bei der Regelung des § 19 Abs. 1 S. 2 Ziff. 10 RVG, wonach die **Einlegung** der Rechtsbeschwerde durch den im vorangegangenen Rechtszug tätig gewesenen Rechtsanwalt zu diesem Rechtszug gehört. Das gilt nicht für einen neuen Rechtsanwalt. Für ihn ist die Einlegung der Beschwerde eine Einzeltätigkeit, wenn sich der ihm erteilte Auftrag hierauf beschränkt. Die **Begründung** der Rechtsbeschwerde kann in beiden Fällen Gegenstand einer gebührenpflichtigen Einzeltätigkeit sein. 6

III. Gebührenbegrenzung und vorzeitige Auftragsbeendigung (Nr. 5200 Anm. Abs. 2 S. 2 VV)

Gemäß Nr. 5200 Anm. Abs. 2 S. 2 VV bleibt § 15 RVG unberührt. Gemeint sind in erster Linie § 15 Abs. 4 und § 15 Abs. 6 RVG. 7

1. Vorzeitige Auftragsbeendigung

Nach § 15 Abs. 4 RVG hat die **vorzeitige Erledigung** der Angelegenheit oder die vorzeitige **Beendigung des Auftrags** keinen Einfluss auf die bereits entstandenen Gebühren. Der Rechtsanwalt erhält die vollen Gebühren also auch dann, wenn er nicht sämtliche für die Erledigung der ihm übertragenen Einzeltätigkeit erforderlichen Leistungen erbracht hat. 8

2. Gebührenbegrenzung

Gemäß § 15 Abs. 6 RVG erhält ein mit verschiedenen Einzeltätigkeiten beauftragter Rechtsanwalt nicht mehr an Gebühren als der mit der gesamten Angelegenheit beauftragte Rechtsanwalt für die gleiche Tätigkeit erhalten würde. Es ist also zu prüfen, welche Gebühr der Rechtsanwalt bei derselben Tätigkeit erhalten würde, wenn ihm die gesamte Verteidigung übertragen worden wäre. Die **betragliche Höchstgrenze** der Verfahrensgebühr nach Nr. 5200 VV darf demgemäß die Höhe der Verfahrensgebühr nicht übersteigen, die der Rechtsanwalt für eine entsprechende Tätigkeit im Verfahren vor der Verwaltungsbehörde oder im gerichtlichen Verfahren erhalten würde. 9

IV. Anrechnung (Nr. 5200 Anm. Abs. 3 VV)

Wird dem Rechtsanwalt, der zunächst mit einer oder mehreren Einzeltätigkeiten befasst war, später die **Verteidigung oder Vertretung für das gesamte Verfahren** übertragen, werden die nach Nr. 5200 VV für die Einzeltätigkeiten entstandenen Gebühren auf die für die Verteidigung oder Vertretung **entstehenden** Gebühren angerechnet (Nr. 5200 Anm. Abs. 3 VV). Voraussetzung für eine Anrechnung ist, dass die Gebühren, die für eine Einzeltätigkeit entstanden sind, **dieselbe** Angelegenheit betreffen, andernfalls hat eine Anrechnung zu unterbleiben. 10

Sofern eine Anrechnung notwendig ist, kann sich die erbrachte Einzeltätigkeit beim **Wahlverteidiger** auch bei der Bestimmung der Gebühr aus dem Betragsgebührenrahmen **gebührenerhöhend** auswirken. Beim gerichtlich bestellten oder beigeordneten Rechtsanwalt ist das nicht möglich, weil das Vergütungsverzeichnis für ihn keine Betragsrahmengebühren, sondern Festgebühren vorsieht. 11

V. Vollstreckungs- und Gnadensachen (Nr. 5200 Anm. Abs. 4 VV)

12 Nr. 5200 Anm. Abs. 4 VV ist eine Ausnahme von Nr. 5200 Anm. Abs. 1 VV. Der Rechtsanwalt erhält die Verfahrensgebühr nach Nr. 5200 VV für die Vertretung in einer bußgeldrechtlichen **Vollstreckung** oder in einer **Gnadensache** auch dann, wenn ihm vorher die Verteidigung übertragen war. Beide Tätigkeiten sind also als Einzeltätigkeiten zu vergüten, wenn der Rechtsanwalt nach vorangegangener Verteidigung mit diesen Tätigkeiten beauftragt wird.

VI. Höhe der Verfahrensgebühr

13 Die **Verfahrensgebühr** gemäß Nr. 5200 VV beträgt für den **Wahlanwalt** 20 bis 110 EUR (**Mittelgebühr** 65 EUR). Der **gerichtlich bestellte oder beigeordnete Rechtsanwalt** erhält eine **Festgebühr** von 52 EUR.

14 Der **Wahlanwalt** kann dem Umfang der erbrachten Einzeltätigkeit gemäß § 14 RVG innerhalb des Gebührenrahmens Rechnung tragen. Reicht der Gebührenrahmen wegen des erheblichen Umfangs oder wegen besonderer Schwierigkeit nicht aus, kann er gemäß § 42 RVG die Bewilligung einer Pauschgebühr beantragen.

VII. Weitere Gebühren und Auslagen

1. Pauschgebühr

15 Der **Wahlanwalt** und auch der **gerichtlich bestellte oder beigeordnete Rechtsanwalt** können bei besonderem Umfang oder bei besonderer Schwierigkeit ihrer Tätigkeit den Antrag auf Bewilligung einer **Pauschgebühr** nach §§ 42, 51 RVG stellen.

2. Grundgebühr

16 Eine Grundgebühr gemäß Nr. 5100 VV entsteht für Einzeltätigkeiten nicht. Das folgt aus der Stellung dieser Norm in Teil 5 Abschn. 1 VV.[2]

3. Auslagen

17 Die Erstattung von **Auslagen** richtet sich nach den Nr. 7000 ff. VV. Die **Auslagenpauschale** gemäß Nr. 7002 VV entsteht für jede Einzeltätigkeit gesondert, weil jede Einzeltätigkeit eine eigene Angelegenheit iSv § 15 Abs. 2 S. 2 RVG ist (Nr. 5200 Anm. Abs. 2 VV).

---

[2] Gerold/Schmidt/*Burhoff* Nr. 5200 VV Rn. 10.

Teil 6. Sonstige Verfahren

Vorbemerkung 6 VV

Nr.	Gebührentatbestand	Gebühr oder Satz der Gebühr nach § 13 oder § 49 RVG	
		Wahlverteidiger oder Verfahrensbevollmächtigter	gerichtlich bestellter oder beigeordneter Rechtsanwalt
Vorbemerkung 6: (1) Für die Tätigkeit als Beistand für einen Zeugen oder Sachverständigen in einem Verfahren, für das sich die Gebühren nach diesem Teil bestimmen, entstehen die gleichen Gebühren wie für einen Verfahrensbevollmächtigten in diesem Verfahren. (2) Die Verfahrensgebühr entsteht für das Betreiben des Geschäfts einschließlich der Information. (3) Die Terminsgebühr entsteht für die Teilnahme an gerichtlichen Terminen, soweit nichts anderes bestimmt ist. Der Rechtsanwalt erhält die Terminsgebühr auch, wenn er zu einem anberaumten Termin erscheint, dieser aber aus Gründen, die er nicht zu vertreten hat, nicht stattfindet. Dies gilt nicht, wenn er rechtzeitig von der Aufhebung oder Verlegung des Termins in Kenntnis gesetzt worden ist.			

Übersicht

	Rn.
I. Überblick	1
II. Vorbemerkung 6 VV	7
1. Persönlicher Anwendungsbereich (Abs. 1)	8
2. Verfahrensgebühr (Abs. 2)	10
3. Terminsgebühr (Abs. 3)	13
a) Entstehung der Terminsgebühr	14
b) Höhe der Terminsgebühr	19

I. Überblick

Unter der Überschrift „Sonstige Verfahren" sind im Teil 6 des VV Verfahren zusammengefasst, die nicht in den Teilen 3 bis 5 VV enthalten sind, gebührenrechtlich jedoch den für Strafsachen in Teil 4 VV geregelten Gebührentatbeständen entsprechen. Im Einzelnen gliedert sich Teil 6 VV unter der Überschrift „Sonstige Verfahren" in fünf Abschn. **1**

In **Abschn. 1** sind die Gebühren für Verfahren nach dem Gesetz über die internationale Rechtshilfe in Strafsachen vom 27.6.1994 (IRG)[1] und für Verfahren nach dem Gesetz über die Zusammenarbeit mit dem Internationalen Strafgerichtshof vom 21.6.2002[2] (IStGHG) geregelt. **2**

Abschn. 2 betrifft die Gebühren für die Vertretung in Disziplinarverfahren und berufsgerichtlichen Verfahren wegen der Verletzung einer Berufspflicht, aufgeteilt in vier Unterabschnitte. Unterabschnitt 1 regelt die allgemeinen Gebühren (Grundgebühr und Terminsgebühr für außergerichtliche Termine), Unterabschnitt 2 betrifft die Gebühren in außergerichtlichen Verfahren und Unterabschnitt 3 die Gebühren **3**

---

[1] BGBl. 1994 I 1538.
[2] BGBl. 2002 I 2144.

Vorb. 6 VV Teil 6. Sonstige Verfahren

in gerichtlichen Verfahren im ersten, zweiten und dritten Rechtszug. Unterabschnitt 4 regelt eine Zusatzgebühr bei Entbehrlichkeit der mündlichen Verhandlung.

4 **Abschn.** 3 behandelt die Gebühren in gerichtlichen Verfahren bei Freiheitsentziehung und in Unterbringungssachen.[3]

5 **Abschn.** 4 betrifft die Gebühren in Verfahren auf gerichtliche Entscheidung nach der Wehrbeschwerdeordnung (WBO), auch iVm § 42 WDO, wenn das Verfahren vor dem Truppendienstgericht oder vor dem Bundesverwaltungsgericht an die Stelle des Verwaltungsrechtswegs gemäß § 82 SG tritt.

6 **Abschn. 5,** eingefügt durch das Gesetz zur Änderung wehrrechtlicher und anderer Vorschriften vom 31.7.2008[4] (WehrRÄndG 2008), regelt die Gebühren für Einzeltätigkeiten und für Verfahren auf Aufhebung oder Änderung einer Disziplinarmaßnahme.

II. Vorbemerkung 6 VV

7 Die Vorb. 6 VV enthält Regelungen, die für sämtliche Gebührentatbestände des Teils 6 VV gelten. Sie entspricht in Teilen den Vorb. 4 und 5 VV, die Absätze 2 und 3 sind mit den Absätzen 2 und 3 der Vorb. zu Teil 4 und 5 VV sogar wortgleich.

1. Persönlicher Anwendungsbereich (Abs. 1)

8 Während die Überschriftleisten der Teile 4 und 5 VV gebührenrechtlich zwischen dem Wahlanwalt und dem gerichtlich bestellten oder beigeordneten Rechtsanwalt unterscheiden, wird in der Überschriftleiste von Teil 6 VV dem gerichtlich bestellten oder beigeordneten Rechtsanwalt der „Wahlverteidiger oder Verfahrensbevollmächtigte" gegenübergestellt. Das ist darauf zurückzuführen, dass nicht alle zu Teil 6 VV gehörenden Verfahren strafverfahrensrechtlichen Charakter haben.

9 Im Übrigen wiederholt die Vorb. 6 VV in ihrem Abs. 1, dass für die Tätigkeit des Rechtsanwalts als **Beistand** für einen **Zeugen** oder **Sachverständigen** in einem Verfahren, für das sich die Gebühren nach Teil 6 VV bestimmen, die gleichen Gebühren wie für einen Verfahrensbevollmächtigten entstehen. Diese Regelung gilt auch für den gerichtlich bestellten oder beigeordneten Rechtsanwalt.

2. Verfahrensgebühr (Abs. 2)

10 Die Vorb. 6 Abs. 2 VV regelt den Abgeltungsbereich der **Verfahrensgebühr.** Sie entsteht wie in den Teilen 3 bis 5 VV für das Betreiben des Geschäfts einschließlich der Information und ist das Entgelt für sämtliche Tätigkeiten, soweit für sie keine besonderen Gebühren vorgesehen sind. Zu den besonderen Gebühren gehört die in Nr. 6200 VV geregelte Grundgebühr für die erstmalige Einarbeitung in den Rechtsfall.

11 Die Verfahrensgebühr ist eine **Betragsrahmengebühr** für den Wahlverteidiger und den Verfahrensbevollmächtigten und eine **Festgebühr** für den gerichtlich bestellten oder beigeordneten Rechtsanwalt.

12 Die **Höhe** der dem Wahlverteidiger oder Verfahrensbevollmächtigten zustehenden Verfahrensgebühr hat der Rechtsanwalt nach Maßgabe des § 14 RVG unter Berücksichtigung aller Umstände, vor allem des Umfangs und der Schwierigkeit der anwaltlichen Tätigkeit, der Bedeutung der Angelegenheit sowie der Einkommens- und Vermögensverhältnisse des Auftraggebers nach billigem Ermessen zu bestimmen. Grundsätzlich kann von der Mittelgebühr ausgegangen werden.

---

[3] Dazu ausführlich *Schneider* AGS 2012, 1 ff.
[4] BGBl. 2008 I 1629.

3. Terminsgebühr (Abs. 3)

Die Vorb. 6 VV regelt in ihrem Abs. 3 den Abgeltungsbereich der Terminsgebühr. **13** Danach entsteht die Terminsgebühr für die Teilnahme an gerichtlichen Terminen, soweit nichts anderes bestimmt ist. Diese Einschränkung erklärt sich aus dem Gebührentatbestand der Nr. 6201 VV. Ausnahmsweise entsteht eine Terminsgebühr auch für die Teilnahme an außergerichtlichen Terminen, die einer Anhörung oder Beweiserhebung dienen. Hierunter fällt nach Auffassung der Rechtsprechung der Oberlandesgerichte lediglich die Teilnahme an der mündlichen Verhandlung vor dem Oberlandesgericht gemäß §§ 33 Abs. 1, 31 IRG, nicht aber der **Anhörungstermin** nach § 28 IRG,[5] nicht der Termin zur **Verkündung des Auslieferungshaftbefehls**,[6] nicht der **Vernehmungstermin** vor dem Amtsgericht nach §§ 21, 22 oder 28 IRG,[7] und auch nicht der **Bekanntgabetermin** nach § 20 Abs. 2 IRG und der **Belehrungstermin** nach § 41 Abs. 1 IRG.[8]

a) Entstehung der Terminsgebühr. Die Terminsgebühr entsteht, wenn der **14** Rechtsanwalt an einem Termin **teilnimmt.** Dafür ist die Anwesenheit des Rechtsanwalts im Termin ausreichend. Er braucht nicht zu verhandeln, keine Anträge zu stellen und sich auch nicht an Erörterungen zu beteiligen. Selbst eine Anwesenheit bis zum Ende des Termins ist nicht erforderlich. Im Gegensatz zu der Terminsgebühr nach Vorb. 3 Abs. 3 VV reichen hier **außergerichtliche Verhandlungen** zur Entstehung der Terminsgebühr nicht aus.

Eine **Ausnahme** regelt die Vorb. 6 Abs. 3 S. 2 VV. Danach erhält der Rechtsan- **15** walt die Terminsgebühr auch dann, wenn er zu einem anberaumten Termin **erscheint,** dieser aber aus Gründen, die er nicht zu vertreten hat, nicht stattfindet. Aus welchen Gründen der Hauptverhandlungstermin **„platzt",** ist gleichgültig.

Der Rechtsanwalt **„erscheint"** zum Hauptverhandlungstermin, wenn er seine **16** Kanzlei verlassen hat, um an dem anberaumten Termin teilzunehmen. Erreicht ihn auf dem Weg zum Gericht die Nachricht, dass der Termin aufgehoben worden ist, hat er seine Zeit bereits nutzlos vertan, denn bei rechtzeitigem Eingang der Nachricht über die Terminsaufhebung hätte er sich anderen Arbeiten widmen können. Deshalb entsteht die Terminsgebühr auch, wenn der Rechtsanwalt den Weg zum Termin angetreten hat.

Gemäß der Vorb. 6 VV Abs. 3 S. 3 VV gilt die Ausnahmeregelung des Abs. 3 S. 2 **17** nicht, wenn der Rechtsanwalt **rechtzeitig** von der Aufhebung oder Verlegung des Termins **in Kenntnis** gesetzt worden ist. „Rechtzeitig" ist der Rechtsanwalt auf jeden Fall immer dann in Kenntnis gesetzt, wenn er von der Aufhebung oder Verlegung des Termins erfährt, bevor er seine Kanzlei verlässt.

Wenn die Terminsgebühr nach Maßgabe vorstehender Ausführungen entstanden **18** und der Mandant der Gebührenschuldner ist, wird der Rechtsanwalt prüfen müssen, ob ein **Erstattungsanspruch** gegen ausgebliebene Zeugen oder Sachverständige oder ein **Amtshaftungsanspruch** gegen die Staatskasse in Betracht kommt.

b) Höhe der Terminsgebühr. Auch die in Teil 6 VV geregelten Terminsgebüh- **19** ren sind **Betragsrahmengebühren** für den Wahlverteidiger und Verfahrensbevollmächtigten und **Festgebühren** für den gerichtlich bestellten oder beigeordneten Rechtsanwalt.

Der Wahlverteidiger oder Verfahrensbevollmächtigte muss innerhalb des jeweili- **20** gen Gebührenrahmens die Höhe der im konkreten Einzelfall anfallenden Gebühr nach Maßgabe des § 14 RVG unter Berücksichtigung aller Umstände, vor allem des

---

[5] OLG Dresden JurBüro 2007, 252.
[6] OLG Hamburg AGS 2006, 290; OLG Hamm Rpfleger 2006, 504.
[7] OLG Köln NJW-RR 2007, 71; OLG Stuttgart RVGreport 2007, 466.
[8] OLG Bremen AGS 2005, 443.

Nr. 6100–6102 VV Teil 6. Sonstige Verfahren

Umfangs und der Schwierigkeit der anwaltlichen Tätigkeit, der Bedeutung der Angelegenheit sowie der Einkommens- und Vermögensverhältnisse des Auftraggebers nach billigem Ermessen bestimmen. Grundsätzlich ist von der Mittelgebühr auszugehen.

21 Ein wesentliches **Bemessungskriterium** ist die Dauer des von dem Rechtsanwalt wahrgenommenen Termins. Als durchschnittlich und damit die Mittelgebühr rechtfertigend ist eine Verhandlungsdauer von 10 bis 20 Minuten anzusehen. Dauert der Termin länger, ist eine entsprechende Erhöhung der Mittelgebühr gerechtfertigt.

Abschnitt 1. Verfahren nach dem Gesetz über die internationale Rechtshilfe in Strafsachen und Verfahren nach dem Gesetz über die Zusammenarbeit mit dem Internationalen Strafgerichtshof

Unterabschnitt 1. Verfahren vor der Verwaltungsbehörde

Nr.	Gebührentatbestand	Gebühr oder Satz der Gebühr nach § 13 oder § 49 RVG	
		Wahlverteidiger oder Verfahrensbevollmächtigter	gerichtlich bestellter oder beigeordneter Rechtsanwalt
Vorbemerkung 6.1.1			
Die Gebühr nach diesem Unterabschnitt entsteht für die Tätigkeit gegenüber der Bewilligungsbehörde in Verfahren nach Abschn. 2 Unterabschnitt 2 des Neunten Teils des Gesetzes über die Internationale Rechtshilfe in Strafsachen			
6100	Verfahrensgebühr	50,00 bis 340,00 €	156,00 €

Unterabschnitt 2. Gerichtliches Verfahren

Nr.	Gebührentatbestand	Gebühr oder Satz der Gebühr nach § 13 oder § 49 RVG	
		Wahlverteidiger oder Verfahrensbevollmächtigter	gerichtlich bestellter oder beigeordneter Rechtsanwalt
6101	Verfahrensgebühr	100,00 bis 690,00 €	316,00 €
6102	Terminsgebühr je Verhandlungstag ..	130,00 bis 930,00 €	424,00 €

Übersicht

	Rn.
I. Überblick	1
II. Anwendungsbereich	3
1. Persönlicher Anwendungsbereich	3
2. Sachlicher Anwendungsbereich	5
a) Verfahren nach dem Gesetz über die internationale Rechtshilfe in Strafsachen (IRG)	7
b) Gesetz über die Zusammenarbeit mit dem internationalen Strafgerichtshof (IStGH-Gesetz)	9

Abschnitt 1. Internationale Strafsachen **Nr. 6100–6102 VV**

	Rn.
III. Gebühren	10
1. Gebührenarten	10
a) Verfahrensgebühr (Nr. 6100, 6101 VV)	11
b) Terminsgebühr (Nr. 6102 VV)	13
2. Gebührenhöhe	19

I. Überblick

Die Verfahren nach dem Gesetz über die internationale Rechtshilfe in Strafsachen (IRG) sind keine Strafverfahren iSd Teils 4 VV. Das gilt auch für Verfahren nach dem Gesetz über die Zusammenarbeit mit dem Internationalen Strafgerichtshof (IStGH-Gesetz). Deshalb ist eine gesonderte Regelung der anwaltlichen Vergütung in diesen Verfahren notwendig. Sie findet sich in der Vorb. 6.1.1 VV und in den Nr. 6100–6102 VV. 1

Bis zum 28.10.2011 gab es nur zwei in Nr. 6100 VV und in Nr. 6101 VV geregelte Gebührentatbestände. Nr. 6100 VV betraf die Verfahrensgebühr und Nr. 6101 VV die Terminsgebühr je Verhandlungstag. Durch das Gesetz zur Umsetzung des Rahmenbeschlusses 2005/214/JI des Rates vom 24.2.2005 über die Anwendung des Grundsatzes der gegenseitigen Anerkennung von Geldstrafen und Geldbußen[1] ist mit Nr. 6100 VV eine weitere Verfahrensgebühr für das Verfahren vor der Verwaltungsbehörde eingeführt worden. Das hatte zur Folge, dass die Gebührentatbestände der bisherigen Nr. 6100 und 6101 VV nunmehr in den Nr. 6101 und 6102 VV zu finden sind. 2

II. Anwendungsbereich

1. Persönlicher Anwendungsbereich

Die Gebührentatbestände der Nr. 6100–6102 VV gelten für den **Wahlverteidiger** oder den Verfahrensbevollmächtigten und für den gerichtlich **bestellten** Rechtsanwalt, ferner gemäß Vorb. 6 Abs. 1 VV auch für den Rechtsanwalt, der als **Beistand** für einen Zeugen oder Sachverständigen tätig wird. 3

Die **Beiordnung** eines Rechtsanwalts im Wege der **Prozesskostenhilfe** ist in Verfahren nach dem Gesetz über die internationale Rechtshilfe in Strafsachen (IRG) und nach dem Gesetz über die Zusammenarbeit mit dem internationalen Gerichtshof (IStGH-Gesetz) nicht vorgesehen.[2] Der persönliche Anwendungsbereich beschränkt sich folglich auf den gerichtlich bestellten Rechtsanwalt. 4

2. Sachlicher Anwendungsbereich

Die Verfahrensgebühr nach **Nr. 6100 VV** findet Anwendung in Verfahren vor der Bewilligungsbehörde nach Abschn. 2 Unterabschnitt 2 des Neunten Teils des Gesetzes über die Internationale Rechtshilfe (IRG), also nach den §§ 87 ff. IRG. Sie betrifft Tätigkeiten des Rechtsanwalts, die mit der **grenzüberschreitenden Vollstreckung von Geldsanktionen** zusammen hängen (Vorb. 6.1.1 VV).[3] Eine Terminsgebühr gibt es in diesen Verfahren nicht. 5

Die Verfahrensgebühr nach **Nr. 6101 VV** und die Terminsgebühr nach **Nr. 6102 VV** betreffen weitere Verfahren nach dem IRG und weiterhin Verfahren 6

---

[1] BGBl. I S. 1408.
[2] OLG Hamm NStZ-RR 2002, 159.
[3] Dazu *Burhoff* RVGprofessionell 2010, 202; *ders.* RVGreport 2011, 42.

nach dem Gesetz über die Zusammenarbeit mit dem internationalen Strafgerichtshof (IStGH-Gesetz). Dazu im Einzelnen:

7 **a) Verfahren nach dem Gesetz über die internationale Rechtshilfe in Strafsachen (IRG).** Zu den Verfahren nach dem IRG gehören:
- Verfahren zur **Auslieferung** eines Ausländers an die Behörde eines ausländischen Staates zur Strafverfolgung oder Strafvollstreckung (§§ 2 bis 42 IRG);
- Verfahren über die **Durchlieferung** eines Ausländers durch das Gebiet der Bundesrepublik (§§ 43 bis 47 IRG);
- Verfahren über die Rechtshilfe durch **Vollstreckung** ausländischer Erkenntnisse (§§ 48 bis 58 IRG);
- Verfahren über die sonstige **Rechtshilfe** (§§ 59 bis 67 a IRG) und
- Verfahren über ausgehende Ersuchen (§§ 68 bis 72 IRG).

8 Eine **Terminsgebühr** gemäß Nr. 6102 VV entsteht nach der Rechtsprechung der Oberlandesgerichte lediglich für die Teilnahme des Rechtsanwalts an mündlichen Verhandlungen vor dem **Oberlandesgericht** gemäß §§ 33 Abs. 1, 31 IRG. **Keine Terminsgebühr** soll entstehen für Termine vor dem **Amtsgericht.** Dazu zählen der **Anhörungstermin** nach § 28 IRG,[4] der Termin zur **Verkündung des Auslieferungshaftbefehls,**[5] der **Vernehmungstermin** nach §§ 21, 22 oder 28 IRG,[6] der **Bekanntgabetermin** nach § 20 Abs. 2 IRG und der **Belehrungstermin** nach § 41 Abs. 1 IRG.[7] In der Literatur stößt diese Rechtsprechung zu Recht auf Ablehnung.[8]

9 **b) Gesetz über die Zusammenarbeit mit dem internationalen Strafgerichtshof (IStGH-Gesetz).** Zu den Verfahren nach dem IStGH-Gesetz zählen:
- Verfahren zur **Überstellung** von Personen an den Internationalen Gerichtshof zur Strafverfolgung oder Strafvollstreckung (§§ 2 bis 33 IStGH-Gesetz);
- Verfahren zur **Durchbeförderung** von Personen zur Strafverfolgung oder Strafvollstreckung durch das Bundesgebiet (§§ 34 bis 39 IStGH-Gesetz);
- Verfahren über die **Rechtshilfe** durch Vollstreckung von Entscheidungen und Anordnungen des Internationalen Gerichtshofs (§§ 40 bis 46 IStGH-Gesetz);
- Verfahren über die **sonstige Rechtshilfe** (§§ 47 bis 63 IStGH-Gesetz) und
- Verfahren über **ausgehende Ersuchen** (§§ 64 bis 67 IStGH-Gesetz).

III. Gebühren

1. Gebührenarten

10 Gemäß Nr. 6100 und 6101 VV erhält der Rechtsanwalt als Wahlverteidiger oder Verfahrensbevollmächtigter für Tätigkeiten in den Verfahren nach dem IRG und dem IStGH-Gesetz eine **Verfahrensgebühr** (Nr. 6100 VV) und eine **Terminsgebühr** (Nr. 6101 VV). Eine **Grundgebühr** fällt anders als in Straf- und Bußgeldsachen nicht an. Auch **Gebühren mit einem Haftzuschlag** sind nicht vorgesehen. Zusätzliche Erschwernisse, die mit einer Inhaftierung des Mandanten verbunden

---

[4] OLG Dresden JurBüro 2007, 252; OLG Stuttgart JurBüro 2011, 134.

[5] KG AGS 2008, 130 und 235; OLG Hamburg AGS 2006, 290; OLG Hamm JurBüro 2006, 424; OLG Koblenz JurBüro 2008, 313; OLG Oldenburg JurBüro 2009, 311; OLG Rostock JurBüro 2009, 364; OLG Stuttgart AGS 2010, 135 und RVGreport 2010, 341; kritisch zu dieser Rechtsprechung *Hufnagel* JurBüro 2007, 455.

[6] OLG Brandenburg RVGreport 2012, 153; OLG Köln NJW-RR 2007, 71; OLG Stuttgart RVGreport 2007, 466.

[7] OLG Bremen AGS 2005, 443 (versehentlich als OLG Hamburg bezeichnet); **aA** OLG Jena JurBüro 2008, 82; *Burhoff* RVGreport 2005, 317 mwN; *Hartmann* Nr. 6100, 6101 VV Rn. 7; *Hufnagel* JurBüro 2007, 455.

[8] Dazu ausführlich Burhoff/*Volpert* Nr. 6102 VV Rn. 6.

Abschnitt 1. Internationale Strafsachen **Nr. 6100–6102 VV**

sind, kann der Wahlverteidiger im Rahmen der Bestimmung des Gebührensatzes nach § 14 RVG berücksichtigen. Der gerichtlich bestellte Rechtsanwalt ist auf die Möglichkeit beschränkt, nach § 51 RVG die Bewilligung einer Pauschgebühr zu beantragen.[9]

a) Verfahrensgebühr (Nr. 6100, 6101 VV). Die **Verfahrensgebühren** nach den Nr. 6100 und 6101 VV erhält der Rechtsanwalt für das Betreiben des Geschäfts einschließlich der Information (Vorb. 6 Abs. 2 VV). Durch sie werden alle Tätigkeiten des Rechtsanwalts **außerhalb eines gerichtlichen Termins** abgegolten. Die Gebühr entsteht bereits mit der ersten Tätigkeit, die in der Entgegennahme von Informationen besteht. **11**

Die beiden Verfahrensgebühren unterscheiden sich bezüglich des Anwendungsbereichs und der Gebührenhöhe. Die Verfahrensgebühr nach Nr. 6100 VV entsteht im Bewilligungsverfahren vor der Verwaltungsbehörde, die nach Nr. 6101 VV im gerichtlichen Verfahren. Die Gebühren im gerichtlichen Verfahren sind doppelt so hoch wie im Verfahren vor der Verwaltungsbehörde. Zur Abgrenzung der beiden Verfahrensarten wird auf die Ausführungen von *Volpert* verwiesen.[10] **12**

b) Terminsgebühr (Nr. 6102 VV). Die **Terminsgebühr** nach Nr. 6102 VV entsteht, wenn der Rechtsanwalt an einem Termin **teilnimmt.** Dafür ist die Anwesenheit des Rechtsanwalts im Termin ausreichend. Er braucht nicht zu verhandeln, keine Anträge zu stellen und sich auch nicht an Erörterungen zu beteiligen. Selbst eine Anwesenheit bis zum Ende des Termins ist nicht erforderlich. **13**

Eine **Ausnahme** regelt die Vorb. 6 Abs. 3 S. 2 VV. Danach erhält der Rechtsanwalt die Terminsgebühr auch dann, wenn er zu einem anberaumten Termin erscheint, dieser aber aus Gründen, die er nicht zu vertreten hat, nicht stattfindet.[11] Aus welchen Gründen der Hauptverhandlungstermin **„platzt",** ist gleichgültig. **14**

Der Rechtsanwalt **„erscheint"** zum Hauptverhandlungstermin, wenn er seine Kanzlei verlassen hat, um an dem anberaumten Termin teilzunehmen. Erreicht ihn auf dem Weg zum Gericht die Nachricht, dass der Termin aufgehoben worden ist, hat er seine Zeit bereits nutzlos vertan, denn bei rechtzeitigem Eingang der Nachricht über die Terminsaufhebung hätte er sich anderen Arbeiten widmen können. Deshalb entsteht die Terminsgebühr auch, wenn der Rechtsanwalt den Weg zum Termin angetreten hat. **15**

Gemäß der Vorb. 6 Abs. 3 S. 3 VV gilt die Ausnahmeregelung der Vorb. 6 Abs. 3 S. 2 VV nicht, wenn der Rechtsanwalt **rechtzeitig** von der Aufhebung oder Verlegung des Termins **in Kenntnis gesetzt** worden ist. „Rechtzeitig" ist der Rechtsanwalt auf jeden Fall immer dann in Kenntnis gesetzt, wenn er von der Aufhebung oder Verlegung des Termins erfährt, bevor er seine Kanzlei verlässt. **16**

Der Rechtsanwalt ist allerdings gehalten, dafür zu sorgen, dass ihn Terminsabladungen rechtzeitig erreichen. Hat er eine Terminsaufhebung beantragt, sollte er sich vor der Fahrt zum Termin bei Gericht erkundigen, ob seinem Antrag stattgegeben worden ist.[12] **17**

Die Terminsgebühr nach Nr. 6102 VV entsteht für **jeden Verhandlungstag,** an dem der Rechtsanwalt teilnimmt. **18**

2. Gebührenhöhe

Die **Verfahrensgebühr** nach **Nr. 6100 VV** beträgt für den **Wahlanwalt** 50 bis 340 EUR (**Mittelgebühr** 195 EUR) und die **Verfahrensgebühr** nach **Nr. 6101 VV** 100 bis 690 EUR (**Mittelgebühr** 395 EUR). **19**

---

[9] Dazu OLG Celle StRR 2010, 160; OLG Köln RVGreport 2009, 218.
[10] Burhoff/*Volpert* Vorb. 6.1.1 VV Rn. 16 ff.
[11] Siehe OLG München AGS 2004, 150 mAnm *N. Schneider.*
[12] OLG München AGS 2004, 150; Burhoff/*Burhoff* Vorb. 4 VV Rn. 77 und Vorb. 5 VV Rn. 36.

Vorb. 6.2 VV Teil 6. Sonstige Verfahren

20 Die **Terminsgebühr** nach **Nr. 6102 VV** beträgt für den **Wahlanwalt** 130 bis 930 EUR (**Mittelgebühr** 530 EUR).
21 Die im Einzelfall entstandene Gebühr kann der Wahlanwalt gemäß § 14 RVG innerhalb des Gebührenrahmens bestimmen. Reicht der Gebührenrahmen wegen erheblichen Umfangs oder wegen besonderer Schwierigkeit nicht aus, kann er gemäß § 42 RVG die Bewilligung einer Pauschgebühr beantragen.[13]
22 Der **gerichtlich beigeordnete oder bestellte Rechtsanwalt** erhält **Festgebühren**. Sie betragen bei der Verfahrensgebühr nach **Nr. 6100 VV** 156 EUR, bei der Verfahrensgebühr nach **Nr. 6101 VV** 316 EUR und bei der Terminsgebühr nach **Nr. 6102 VV** 424 EUR. Bei besonderem Umfang oder bei besonderer Schwierigkeit seiner Tätigkeit kann der gerichtlich bestellte Rechtsanwalt Antrag auf Bewilligung einer über die Festgebühr hinausgehenden **Pauschgebühr** nach § 51 RVG stellen.[14]
23 Für die **Auslagen** gelten die Regelungen des Teils 7 VV.

Abschnitt 2. Disziplinarverfahren, berufsgerichtliche Verfahren wegen der Verletzung einer Berufspflicht

Vorbemerkung 6.2 VV

Nr.	Gebührentatbestand	Gebühr oder Satz der Gebühr nach § 13 oder § 49 RVG	
		Wahlverteidiger oder Verfahrensbevollmächtigter	gerichtlich bestellter oder beigeordneter Rechtsanwalt
Vorbemerkung 6.2:			
(1) Durch die Gebühren wird die gesamte Tätigkeit im Verfahren abgegolten.			
(2) Für die Vertretung gegenüber der Aufsichtsbehörde außerhalb eines Disziplinarverfahrens entstehen Gebühren nach Teil 2.			
(3) Für folgende Tätigkeiten entstehen Gebühren nach Teil 3:			
1. für das Verfahren über die Erinnerung oder die Beschwerde gegen einen Kostenfestsetzungsbeschluss, für das Verfahren über die Erinnerung gegen den Kostenansatz und für das Verfahren über die Beschwerde gegen die Entscheidung über diese Erinnerung,			
2. in der Zwangsvollstreckung aus einer Entscheidung, die über die Erstattung von Kosten ergangen ist, und für das Beschwerdeverfahren gegen diese Entscheidung.			

Übersicht

	Rn.
I. Anwendungsbereich des Abschn. 2	1
1. Persönlicher Anwendungsbereich	1
2. Sachlicher Anwendungsbereich	2
a) Disziplinarverfahren	3
b) Berufsgerichtliche Verfahren wegen der Verletzung einer Berufspflicht	7
II. Vorbemerkung 6.2 VV	12
1. Abgeltungsbereich (Abs. 1)	12
2. Vertretung gegenüber der Aufsichtsbehörde außerhalb eines Disziplinarverfahrens (Abs. 2)	15
3. Kostenfestsetzung, Kostenansatz, Zwangsvollstreckung (Abs. 3)	19

---

[13] *Hartung* NJW 2005, 3093 (3095).
[14] OLG Köln RVGreport 2009, 218.

Abschnitt 2. Disziplinarverfahren ua Vorb. 6.2 VV

I. Anwendungsbereich des Abschn. 2

1. Persönlicher Anwendungsbereich

Die in Teil 6 Abschn. 2 VV enthaltenen Gebührentatbestände der Nr. 6200 bis 6216 VV gelten, wie sich aus der Überschriftenleiste zu Teil 6 VV ergibt, für den Wahlverteidiger oder den Verfahrensbevollmächtigten und für den gerichtlich bestellten oder beigeordneten Rechtsanwalt, ferner gemäß Vorb. 6 Abs. 1 VV auch für die Tätigkeit eines Rechtsanwalts als Beistand für einen Zeugen oder Sachverständigen.[1]

2. Sachlicher Anwendungsbereich

Der sachliche Anwendungsbereich des Abschn. 2 des Teils 6 VV beschränkt sich auf Disziplinarverfahren und auf berufsgerichtliche Verfahren wegen der Verletzung einer Berufspflicht. Dabei wird in vier Unterabschnitten zwischen den **allgemeinen** Gebühren (Unterabschnitt 1), den Gebühren in **außergerichtlichen** Verfahren (Unterabschnitt 2), den Gebühren in **gerichtlichen** Verfahren, zu denen auch das Wiederaufnahmeverfahren gehört (Unterabschnitt 3) und der **Zusatzgebühr** bei Entbehrlichkeit einer mündlichen Verhandlung (Unterabschnitt 4) unterschieden.

a) Disziplinarverfahren. Gegenstand von Disziplinarverfahren sind Pflichtverletzungen von Richtern des Bundes und der Länder, Pflichtverletzungen von Beamten des Bundes, eines Landes, einer Gemeinde oder einer öffentlich-rechtlichen Körperschaft, Anstalt oder Stiftung sowie Pflichtverletzungen von Notaren und Soldaten. Für anwaltliche Tätigkeiten außerhalb eines Disziplinarverfahrens gelten die Gebührentatbestände des Teils 2 VV (Vorb. 6.2 Abs. 2 VV).

Verfahrensrechtlich wird im Disziplinarrecht zwischen dem außergerichtlichen (behördlichen) und dem gerichtlichen Verfahren unterschieden. Dementsprechend sind neben den allgemeinen Gebühren der Nr. 6200 und 6201 VV in den Unterabschnitten 2 und 3 die Gebühren für das außergerichtliche und das gerichtliche Verfahren gesondert ausgewiesen.

Gesetzliche Grundlagen für die in Teil 6 Unterabschnitt 2 VV genannten Disziplinarverfahren sind:
- das Bundesdisziplinargesetz für Bundesbeamte (BDG) vom 9.7.2002[2] und die Disziplinarordnungen der Bundesländer;
- die Wehrdisziplinarordnung für Soldaten (WDO) vom 16.8.2001;[3]
- das Deutsche Richtergesetz (DRiG);
- die Disziplinarordnungen;
- die Richtergesetze der Länder iVm den Landesdisziplinargesetzen und den Landesdisziplinarordnungen;
- die Bundesnotarordnung (BNotO);
- das Gesetz über den zivilen Ersatzdienst vom 28.9.1994.[4]

Nicht anwendbar sind die in Teil 6 Abschn. 2 VV geregelten Gebührentatbestände bei anwaltlicher Tätigkeit in Disziplinarverfahren:
- über Richteranklagen nach Art. 98 Abs. 2 GG, § 13 Nr. 9 BVerfGG, hierfür gelten gemäß § 37 Abs. 1 Nr. 3 RVG die Nr. 4130 bis 4135 VV;
- nach der Wehrbeschwerdeordnung, hierfür gelten die Nr. 6400 bis 6404 VV;
- wegen eines beamtenrechtlichen Verlusttatbestandes, soweit sie gemäß § 9 BBesG den Disziplinargerichten zugewiesen sind, hierfür gilt Teil 3 VV;

---

[1] Dazu *Hartung* NJW 2005, 3093 (3094).
[2] BGBl. I S. 1510.
[3] BGBl. I S. 2093.
[4] BGBl. I S. 2811.

- vor akademischen Disziplinarbehörden, hierfür gilt Nr. 2300 VV;
- der öffentlichen Religionsgesellschaften, hierfür gilt Nr. 2300 VV;
- vor Ehrengerichten studentischer Vereinigungen, hierfür gilt Nr. 2300 VV;
- vor Gerichten von Sportverbänden und Sportvereinen, hierfür gilt Nr. 2300 VV.

7 **b) Berufsgerichtliche Verfahren wegen der Verletzung einer Berufspflicht.** Die **Anwendbarkeit** des Teils 6 Abschn. 2 VV auf berufsgerichtliche Verfahren wegen der Verletzung einer Berufspflicht setzt voraus, dass für das Verfahren ein aufgrund eines Bundes- oder Landesgesetzes eingerichtetes Gericht zuständig ist. Das Gericht muss nicht dem Charakter eines Gerichts im verfassungsrechtlichen Sinn entsprechen, jedoch als Spruchkörper auftreten und in einem justizförmigen Verfahren entscheiden. Zu den **Berufgerichten** in diesem Sinne zählen:
- die Anwaltsgerichte nach der Bundesrechtsanwaltsordnung (Anwaltsgericht, Anwaltsgerichtshof, Anwaltssenat beim BGH);
- der Senat für Patentanwaltssachen nach der Patentanwaltsordnung;
- die nach Landesrecht eingerichteten Berufsgerichte der Ärzte, Zahnärzte, Tierärzte, Apotheker und Psychotherapeuten;
- die Kammern und Senate für Wirtschaftsprüfer und vereidigte Buchprüfer gemäß der Wirtschaftsprüferordnung;
- die Kammern und Senate für Steuerberater und Steuerbevollmächtigte nach dem Steuerberatungsgesetz;
- die nach Landesrecht eingerichteten Gerichte für Architekten und
- das Oberlandesgericht, soweit es nach den §§ 138a bis 138 d StPO entscheidet.

8 **Keine Berufsgerichte** iSd Teils 6 Abschn. 2 VV sind die Ehrengerichte studentischer Vereinigungen und die Gerichte von Sportverbänden und Sportvereinen. Das gilt auch für die vom Deutschen Fußballverband eingerichteten Sportgerichte. Sie beruhen auf den Satzungen der jeweiligen Organisation und nicht auf einem Bundes- oder Landesgesetz.

9 Die Anwendbarkeit des Teils 6 Abschn. 2 VV setzt voraus, dass es sich um ein berufsgerichtliches Verfahren wegen der **Verletzung einer Berufspflicht** handelt. Betrifft das Verfahren **andere Angelegenheiten,** sind die Gebührentatbestände des Teils 6 Abschn. 2 VV nicht anwendbar. Stattdessen richten sich die Gebühren des Rechtsanwalts in diesen Fällen nach Teil 3 VV.

10 Die Anwendbarkeit des Teils 6 Abschn. 2 VV setzt weiterhin voraus, dass das Verfahren wegen der Verletzung einer Berufspflicht ein **berufsgerichtliches** Verfahren ist. Die in den Berufsgesetzen der rechts- und steuerberatenden Berufe vorgeschalteten **Rüge- und Einspruchsverfahren** (§ 74 BRAO, § 70 PatAnwO, § 63 WPO und § 81 StBerG betreffend die Rügeverfahren und § 74 Abs. 5 BRAO, § 70 Abs. 5 PatAnwO, § 63 Abs. 5 WPO und § 81 StBerG betreffend das Einspruchsverfahren) sind keine berufsgerichtlichen Verfahren, sondern außergerichtliche Verfahren des jeweiligen Kammervorstandes im Rahmen der Berufsaufsicht. Das berufsgerichtliche Verfahren beginnt erst mit der Stellung eines Antrags auf gerichtliche Entscheidung nach Zurückweisung des Einspruchs gegen den Rügebescheid (§ 74a BRAO, § 70a PatAnwO, § 63a WPO und § 82 StBerG). Deshalb müssten sich die Gebühren des Rechtsanwalts für Tätigkeiten im Rüge- und Einspruchsverfahren nach Teil 2 VV richten.

11 Nach der **Gesetzesbegründung** zu Teil 6 VV ist jedoch davon auszugehen, dass der Gesetzgeber die Gebühren für das gesamte berufsrechtliche Verfahren wegen der Verletzung einer Berufspflicht an die Gebührenstruktur in Strafsachen anpassen wollte.[5] Dieser gesetzgeberische Wille kommt auch in Nr. 6202 VV zum Ausdruck. Dieser Gebührentatbestand sieht eine gesonderte Verfahrensgebühr für eine Tätigkeit in einem dem gerichtlichen Verfahren vorausgehenden und der Überprüfung der Verwaltungsentscheidung dienenden weiteren außergerichtlichen Verfahren vor.

---

[5] BT-Drs. 15/1971, 231.

Um ein solches Verfahren handelt es sich auch bei dem berufsrechtlichen Rüge- und Einspruchsverfahren, da der Kammervorstand die Rüge als Verwaltungsbehörde erteilt und deren Rechtmäßigkeit nach Einspruch noch einmal überprüfen soll. Auch für diese Verfahren gilt deshalb Teil 6 Abschn. 2 VV.[6]

II. Vorbemerkung 6.2 VV

1. Abgeltungsbereich (Abs. 1)

Die **Vorb. 6.2 Abs. 1 VV** korrespondiert mit den Regelungen in der Vorb. 4.1 Abs. 2 S. 1 VV und in der Vorb. 5.1 Abs. 1 VV sowie mit § 15 Abs. 1 RVG. Sie wiederholt, dass durch die Gebühren die **gesamte Tätigkeit** des Rechtsanwalts im Disziplinarverfahren und in berufsgerichtlichen Verfahren wegen der Verletzung einer Berufspflicht abgegolten wird. Ausgenommen hiervon sind die Gebühren des Teils 1 VV, insbesondere die **Einigungsgebühr** nach Nr. 1000 VV und die **Erledigungsgebühr** nach Nr. 1002 VV.[7] 12

Die Bewilligung einer **Pauschgebühr** nach §§ 42, 51 RVG ist nicht zulässig. Beide Vorschriften nehmen jeweils in ihrem Abs. 1 S. 1 nur auf Verfahren nach dem Gesetz über die internationale Rechtshilfe in Strafsachen und nach dem IStGH-Gesetz und damit nur auf Teil 6 Abschn. 1 VV Bezug. 13

Anders als Teil 3 VV in den Nr. 3400 bis 3406 VV, Teil 4 VV in den Nr. 4300 bis 4304 VV und Teil 5 VV in Nr. 5200 VV enthält Teil 6 VV keine Regelung über die **Vergütung von Einzeltätigkeiten** in Disziplinarverfahren und berufsgerichtlichen Verfahren wegen der Verletzung einer Berufspflicht. Die Nr. 6400 bis 6404 VV sind nicht anwendbar, da sie nur für die in der Vorb. 6.4 VV genannten Tätigkeiten gelten. Daraus folgt, dass in den in Teil 6 Abschn. 2 VV geregelten Verfahren neben der Grundgebühr die Verfahrens- und die Terminsgebühr anfallen können.[8] 14

2. Vertretung gegenüber der Aufsichtsbehörde außerhalb eines Disziplinarverfahrens (Abs. 2)

Nach der Vorb. 6.2 Abs. 2 VV erhält der Rechtsanwalt für die **Vertretung** gegenüber der Aufsichtsbehörde **außerhalb eines Disziplinarverfahrens** die Gebühren nicht nach Teil 6 VV, sondern nach **Teil 2 VV**. Gemeint sind Tätigkeiten, die noch vor dem Beginn des behördlichen Disziplinarverfahrens nach den §§ 17 ff. BDG bzw. §§ 32, 92 WDO und den disziplinarrechtlichen Vorermittlungen nach den Disziplinarordnungen der Länder liegen. In Betracht kommt eine Beratung oder Vertretung eines Beamten bei der Abgabe von dienstlichen Äußerungen nach einer Dienst- oder Fachaufsichtsbeschwerde oder bei einer informellen Sachverhaltsaufklärung des Dienstvorgesetzten außerhalb der genannten Verfahren.[9] 15

Gleiches gilt für die Vertretung eines **Kommunalbeamten** gegen Maßnahmen der Kommunalaufsicht (Rechts- oder Fachaufsicht). 16

Für die Vertretung gegenüber der Aufsichtsbehörde außerhalb eines Disziplinarverfahrens steht dem Rechtsanwalt eine **Geschäftsgebühr** nach den Nr. 2300 bis 2301 VV zu. Dabei handelt es sich um eine **Wertgebühr**, deren Höhe mit Hilfe des in den Nr. 2300 bis 2301 VV ausgewiesenen jeweiligen Gebührensatzrahmens 17

---

[6] So auch Gerold/Schmidt/*Mayer* Vorb. 6.2 VV Rn. 13; *Hartung* NJW 2005, 3093 (3094); **aA** Schneider/Wolf/*Wahlen*/N. *Schneider* Vorb. 6.2 VV Rn. 15.
[7] *Hartung* NJW 2005, 3093 (3094).
[8] *Hartung* NJW 2005, 3093 (3094, 3096); Gerold/Schmidt/*Mayer* Vorb. 6.2 VV Rn. 14; Schneider/Wolf/*Wahlen*/N. *Schneider* Vorb. 6.2 VV Rn. 18.
[9] Gerold/Schmidt/*Mayer* Vorb. 6.2 VV Rn. 15; Schneider/Wolf/*Wahlen*/N. *Schneider* Vorb. 6.2 VV Rn. 19 ff.

Nr. 6200, 6201 VV   Teil 6. Sonstige Verfahren

anhand der als Anlage 2 zu § 13 RVG beigefügten Tabelle auf der Grundlage des Gegenstandswerts zu errechnen ist.

18   Welcher Gebührensatz aus dem jeweiligen **Gebührensatzrahmen** im konkreten Fall der Berechnung zugrunde zu legen ist, ergibt sich aus § 14 Abs. 1 RVG. Danach bestimmt der Rechtsanwalt den **Gebührensatz** unter Berücksichtigung aller Umstände, vor allem des Umfangs und der Schwierigkeit der anwaltlichen Tätigkeit, der Bedeutung der Angelegenheit sowie der Einkommens- und Vermögensverhältnisse des Auftraggebers nach billigem Ermessen. Außerdem ist nach § 14 Abs. 1 S. 3 RVG das **Haftungsrisiko** zu berücksichtigen. Im Zweifel ist auf der Grundlage des **mittleren Gebührensatzes** abzurechnen.

3. Kostenfestsetzung, Kostenansatz, Zwangsvollstreckung (Abs. 3)

19   Die Vorb. 6.2 Abs. 3 VV nimmt wie die Vorb. 4 Abs. 5 VV für Strafsachen und wie die Vorb. 5 Abs. 4 VV für Bußgeldsachen bestimmte Tätigkeiten des Rechtsanwalts aus dem Anwendungsbereich des Teils 6 VV heraus und weist sie den Regelungen des **Teils 3 VV** zu.

20   Von der Regelung betroffen sind gemäß der Vorb. 6.2 Abs. 3 **Ziff. 1** VV Tätigkeiten in Verfahren über die **Erinnerung** oder die **Beschwerde** gegen einen **Kostenfestsetzungsbeschluss**, in Verfahren über die Erinnerung gegen den **Kostenansatz** und in Verfahren über die Beschwerde gegen die Entscheidung über diese Erinnerung. Gemäß Vorb. 6.2 Abs. 3 **Ziff. 2** VV sind weiterhin betroffen Tätigkeiten in der **Zwangsvollstreckung** aus einer Entscheidung, die über die **Erstattung von Kosten** ergangen ist, und im Beschwerdeverfahren gegen diese Entscheidung.

21   Für Tätigkeiten des Rechtsanwalts in den genannten Erinnerungs- und Beschwerdeverfahren können eine 0,5-Verfahrensgebühr nach Nr. 3500 VV und eine 0,5-Terminsgebühr nach Nr. 3513 VV anfallen, in Zwangsvollstreckungsverfahren kommen eine 0,3 Verfahrensgebühr nach Nr. 3309 VV und eine 0,3-Terminsgebühr nach Nr. 3310 VV in Betracht.

Unterabschnitt 1. Allgemeine Gebühren

Nrn. 6200, 6201 VV

Nr.	Gebührentatbestand	Gebühr oder Satz der Gebühr nach § 13 oder § 49 RVG	
		Wahlverteidiger oder Verfahrensbevollmächtigter	gerichtlich bestellter oder beigeordneter Rechtsanwalt
6200	Grundgebühr .... Die Gebühr entsteht neben der Verfahrensgebühr für die erstmalige Einarbeitung in den Rechtsfall nur einmal, unabhängig davon, in welchem Verfahrensabschnitt sie erfolgt.	40,00 bis 350,00 €	156,00 €
6201	Terminsgebühr für jeden Tag, an dem ein Termin stattfindet .... Die Gebühr entsteht für die Teilnahme an außergerichtlichen Anhörungsterminen und außergerichtlichen Terminen zur Beweiserhebung.	40,00 bis 370,00 €	164,00 €

I. Überblick

Teil 6 Abschn. 2 Unterabschnitt 1 VV regelt unter der Überschrift „Allgemeine Gebühren" für Disziplinarverfahren und berufsgerichtliche Verfahren wegen Verletzung einer Berufspflicht die Grundgebühr (Nr. 6200 VV) und die Terminsgebühr (Nr. 6201 VV). 1

II. Grundgebühr (Nr. 6200 VV)

1. Abgeltungsbereich

Ebenso wie in Strafsachen erhält der Rechtsanwalt auch in Disziplinarverfahren und in berufsgerichtlichen Verfahren wegen der Verletzung einer Berufspflicht für die **erstmalige Einarbeitung in den Rechtsfall** eine Grundgebühr. Die Grundgebühr entsteht nicht isoliert, sondern **neben der Verfahrensgebühr**. Eine gleichlautende Klarstellung findet sich in den Nr. 4100 und 5100 VV.[1] 2

Die Grundgebühr kann der Rechtsanwalt nur einmal beanspruchen. Dabei ist gleichgültig, in welchem Verfahrensabschnitt oder in welchem Rechtszug der Rechtsanwalt erstmalig tätig wird. 3

Die Grundgebühr deckt **alle Tätigkeiten** ab, die mit der erstmaligen Einarbeitung in den Rechtsfall verbunden sind, also sowohl den Gesprächsaufwand anlässlich der Übernahme des Mandats als auch den Aufwand für die Beschaffung von Informationen. 4

2. Höhe der Grundgebühr

Die Grundgebühr gemäß Nr. 6200 VV reicht für den **Wahlanwalt** von 40 bis 350 EUR (**Mittelgebühr** 195 EUR). Die Festgebühr für den **gerichtlich bestellten oder beigeordneten Rechtsanwalt** beträgt 156 EUR. 5

Beim Wahlverteidiger oder Verfahrensbevollmächtigten kann dem Umfang der erstmaligen Einarbeitung in den Rechtsfall gemäß § 14 RVG innerhalb des Gebührenrahmens Rechnung getragen werden. Dabei spielt vor allem der **Zeitaufwand**, der mit Informationsgesprächen, der Informationsbeschaffung und etwaigem Aktenstudium verbunden ist, eine maßgebliche Rolle. 6

III. Terminsgebühr (Nr. 6201 VV)

1. Abgeltungsbereich

Die Terminsgebühr entsteht für die Teilnahme des Rechtsanwalts an **außergerichtlichen Anhörungsterminen** und **außergerichtlichen Terminen zur Beweiserhebung**. Dabei ist es gleichgültig, ob solche Termine vor Beginn oder während eines gerichtlichen Verfahrens stattfinden.[2] 7

Die Entstehung der Gebühr für die Teilnahme des Rechtsanwalts an einem außergerichtlichen **Anhörungstermin** setzt voraus, dass neben dem Rechtsanwalt auch sein Mandant an dem Termin teilnimmt. Ob dieser dann auch tatsächlich angehört wird, ist für die Entstehung der Terminsgebühr ohne Belang. Ausreichend ist, dass eine Anhörung vorgesehen war. 8

---

[1] *Hartung* NJW 2005, 3093 (3094).
[2] *Hartung* NJW 2005, 3093 (3095).

Nr. 6202 VV   Teil 6. Sonstige Verfahren

2. Höhe der Terminsgebühr

9   Die Terminsgebühr entsteht für jeden Tag, an dem ein Termin stattfindet. Eine Beschränkung der Zahl der Terminsgebühren, wie es sie in Strafsachen (Anm. zu Nr. 4102 VV) gibt, ist in Nr. 6201 VV nicht vorgesehen und scheidet damit aus.

10   Die Verfahrensgebühr gemäß Nr. 6201 VV reicht für den **Wahlanwalt** von 40 bis 370 EUR (**Mittelgebühr 195 EUR**). Die Festgebühr für den **gerichtlich bestellten oder beigeordneten Rechtsanwalt** beträgt 164 EUR.

11   Beim Wahlverteidiger oder Verfahrensbevollmächtigten kann dem Umfang der Tätigkeit gemäß § 14 RVG innerhalb des Gebührenrahmens Rechnung getragen werden. Dabei spielt vor allem der **Zeitaufwand,** der durch die Teilnahme an dem jeweiligen Termin entsteht, eine maßgebliche Rolle.

IV. Pauschgebühr

12   Die Bewilligung einer über den höchsten Gebührenbetrag der Betragsrahmengebühr oder über die dem gerichtlich bestellten oder beigeordneten Rechtsanwalt zustehende Festgebühr hinausgehenden **Pauschgebühr** nach §§ 42, 51 RVG ist nicht möglich. Beide Vorschriften erlauben die Bewilligung einer Pauschgebühr im Rahmen von Teil 6 VV nur für Tätigkeiten des Rechtsanwalts in Verfahren nach dem Gesetz über die internationale Rechtshilfe in Strafsachen und in Verfahren nach dem IStGH-Gesetz. Damit sind nur die Gebührentatbestände der Nr. 6100 und 6101 VV in die Regelung der §§ 42, 51 RVG einbezogen, alle anderen Gebührentatbestände des Teils 6 VV bleiben ausgenommen.[3]

13   Die **fehlende Möglichkeit** der Bewilligung einer Pauschgebühr wird für den gerichtlich bestellten oder beigeordneten Rechtsanwalt teilweise durch die Erhöhung der aus der Staatskasse zu zahlenden Festgebühr und bei längerer Dauer einer Verhandlung durch die Zusatzgebühren zu den Terminsgebühren (Nr. 6205, 6206, 6209, 6210, 6213 und 6214 VV) kompensiert.

Nr. 6202 VV

Nr.	Gebührentatbestand	Gebühr oder Satz der Gebühr nach § 13 oder § 49 RVG	
		Wahlverteidiger oder Verfahrensbevollmächtigter	gerichtlich bestellter oder beigeordneter Rechtsanwalt
6202	Verfahrensgebühr .... (1) Die Gebühr entsteht gesondert für eine Tätigkeit in einem dem gerichtlichen Verfahren vorausgehenden und der Überprüfung der Verwaltungsentscheidung dienenden weiteren außergerichtlichen Verfahren. (2) Die Gebühr entsteht für eine Tätigkeit in dem Verfahren bis zum Eingang des Antrags oder der Anschuldigungsschrift bei Gericht.	40,00 bis 290,00 €	132,00 €

---

[3] Zustimmend Gerold/*Schmidt/Mayer* Nr. 6200, 6201 VV Rn. 6; **aA** HK-RVG/*Klees* Nr. 6200–6216 VV Rn. 6.

I. Überblick

Teil 6 Abschn. 2 Unterabschnitt 2 VV, der nur den Gebührentatbestand der Nr. 6202 VV umfasst, regelt unter der Überschrift „**Außergerichtliches Verfahren**" für Disziplinarverfahren und berufsgerichtliche Verfahren wegen Verletzung einer Berufspflicht eine **Verfahrensgebühr**.

II. Anwendungsbereich

Die **Verfahrensgebühr** gemäß Nr. 6202 VV entsteht gesondert für eine Tätigkeit des Rechtsanwalts in einem dem gerichtlichen Verfahren vorausgehenden und der Überprüfung der Verwaltungsentscheidung dienenden weiteren **außergerichtlichen** Verfahren **(Nr. 6202 Anm. Abs. 1 VV)**.[1]

Der **Abgeltungsbereich** der Verfahrensgebühr erfasst die Tätigkeiten des Rechtsanwalts in den genannten Verfahren „bis zum Eingang des Antrags oder der Anschuldigungsschrift bei Gericht" **(Nr. 6202 Anm. Abs. 2 VV)**. Mit diesem Zeitpunkt endet das außergerichtliche Verfahren. Alle nach diesem Zeitpunkt anfallenden Tätigkeiten des Rechtsanwalts zählen nicht mehr zum außergerichtlichen Verfahren. Für sie gilt die Verfahrensgebühr gemäß Nr. 6203 VV.

1. Außergerichtliche Disziplinarverfahren

Das außergerichtliche (behördliche) **Disziplinarverfahren** beginnt mit dem Zeitpunkt der Einleitung einer disziplinarrechtlichen Untersuchung (vgl. zB § 17 BDG, §§ 32, 92 WDO) durch den Disziplinarvorgesetzten und endet entweder mit der Einstellung des Verfahrens (§ 32 BDG), dem Erlass einer Disziplinarverfügung (§§ 33, 35 BDG) oder der Erhebung einer Disziplinarklage (§ 34 BDG). Zum außergerichtlichen Disziplinarverfahren gehört auch das zur „Überprüfung der Verwaltungsentscheidung" dienende **Widerspruchsverfahren** gemäß §§ 41 bis 44 BDG. Der Rechtsanwalt, der sowohl im Disziplinarverfahren als auch im Widerspruchsverfahren tätig wird, erhält also die Verfahrensgebühr zweimal.[2]

Nicht zum Anwendungsbereich der Nr. 6202 VV gehören die in Teil 6 Abschn. 4 VV geregelten besonderen Verfahren. Für sie gilt Nr. 6204 VV.

2. Außergerichtliche berufsrechtliche Verfahren

Außergerichtliche **berufsrechtliche Verfahren** wegen der Verletzung einer Berufspflicht (siehe dazu Vorb. 6.2 VV) beginnen mit der Aufforderung an den betroffenen Berufsträger, sich zu einem gegen ihn erhobenen Vorwurf zu äußern und enden mit dem Eingang des Antrags auf gerichtliche Entscheidung (§ 74a BRAO, § 63a WPO, § 82 StBerG) oder einer Anschuldigungsschrift bei Gericht (§ 121 BRAO).

Demgemäß gehören zu den außergerichtlichen berufsrechtlichen Verfahren wegen Verletzung einer Berufspflicht das **Rüge- und Einspruchsverfahren** nach § 74 BRAO, § 63 WPO und § 83 StBerG (siehe auch → Vorb. 6.2 VV Rn. 10 f.).

III. Gebührenarten

Im Rahmen der vorgenannten außergerichtlichen Tätigkeiten erhält der Rechtsanwalt eine **Grundgebühr** für die erstmalige Einarbeitung in den Rechtsfall gemäß Nr. 6200 VV und eine **Verfahrensgebühr** nach Nr. 6202 VV. Die Verfahrensge-

---

[1] *Hartung* NJW 2005, 3093 (3095).
[2] Ebenso Schneider/Wolf/*Wahlen* Nr. 6202 VV Rn. 8.

bühr kann doppelt anfallen, wenn der Rechtsanwalt zunächst in einem dem gerichtlichen Verfahren vorausgehenden Verfahren und zusätzlich in einem der Überprüfung der Verwaltungsentscheidung dienenden weiteren außergerichtlichen Verfahren (Widerspruchsverfahren) tätig wird.[3] Daneben kann eine **Terminsgebühr** nach Nr. 6201 VV für die Teilnahme an außergerichtlichen Anhörungsterminen und außergerichtlichen Terminen zur Beweiserhebung entstehen.

9 Eine **Anrechnung** der im außergerichtlichen Verfahren anfallenden Verfahrensgebühr auf die im nachfolgenden gerichtlichen Verfahren entstehenden Gebühren ist nicht vorgesehen.

IV. Gebührenhöhe

10 Die Grundgebühr gemäß Nr. 6202 VV reicht für den **Wahlanwalt** von 40 bis 290 (**Mittelgebühr** 165 EUR). Die Festgebühr für den **gerichtlich bestellten oder beigeordneten Rechtsanwalt** beträgt 132 EUR.

11 Die Bewilligung einer über den höchsten Gebührenbetrag der Betragsrahmengebühr oder über die dem gerichtlich bestellten oder beigeordneten Rechtsanwalt zustehende Festgebühr hinausgehenden **Pauschgebühr** nach §§ 42, 51 RVG ist nicht möglich.[4] Beide Vorschriften erlauben die Bewilligung einer Pauschgebühr im Rahmen von Teil 6 VV nur für Tätigkeiten des Rechtsanwalts in Verfahren nach dem Gesetz über die internationale Rechtshilfe in Strafsachen und in Verfahren nach dem IStGH-Gesetz. Damit sind nur die Gebührentatbestände der Nr. 6100 und 6101 VV in die Regelung der §§ 42, 51 RVG einbezogen, alle anderen Gebührentatbestände des Teils 6 VV bleiben ausgenommen.

Unterabschnitt 3. Gerichtliches Verfahren

Erster Rechtszug

Nr.	Gebührentatbestand	Gebühr oder Satz der Gebühr nach § 13 oder § 49 RVG	
		Wahlverteidiger oder Verfahrensbevollmächtigter	gerichtlich bestellter oder beigeordneter Rechtsanwalt
Vorbemerkung 6.2.3: Die nachfolgenden Gebühren entstehen für das Wiederaufnahmeverfahren einschließlich seiner Vorbereitung gesondert.			

I. Überblick

1 Die Vorb. 6.2.3 VV regelt die Gebühren des Rechtsanwalts im **Wiederaufnahmeverfahren** einschließlich seiner Vorbereitung in Disziplinarverfahren und in berufsgerichtlichen Verfahren wegen der Verletzung einer Berufspflicht.[1] Anders als in einem Wiederaufnahmeverfahren in Strafsachen können nicht bis zu fünf Gebühren entstehen (Nr. 4136 bis 4140 VV), sondern allenfalls zwei. Das ergibt sich aus dem Wortlaut der Vorb. 6.2.3 VV. Wenn dort von den „nachfolgenden Gebühren"

---

[3] VG Wiesbaden AGS 2011, 374; *Hartung* NJW 2005, 3093 (3095).

[4] Zustimmend Gerold/Schmidt/*Mayer* Nr. 6200, 6201 VV Rn. 6; **aA** HK-RVG/*Klees* Nr. 6200–6216 VV Rn. 6.

[1] Dazu *Hartung* NJW 2005, 3093.

Abschnitt 2. Disziplinarverfahren ua **Vorb. 6.2.3 VV**

die Rede ist, dann können damit nur die **Verfahrensgebühr** (Nr. 6203, 6207 und 6211 VV) und die **Terminsgebühr** (Nr. 6204 bis 6206, 6208 bis 6210 und 6212 bis 6215 VV) gemeint sein.

Die Verfahrensgebühr bzw. die Terminsgebühr entstehen auch, wenn der Rechtsanwalt im Wiederaufnahmeverfahren nur mit einer **Einzeltätigkeit** beauftragt wird, ohne dass ihm sonst die Verteidigung oder Vertretung übertragen ist. Anders als im Straf- und Bußgeldverfahren kennt Teil 6 VV mit Ausnahme der hier nicht einschlägigen Nr. 6404 VV keinen besonderen Gebührentatbestand für Einzeltätigkeiten. 2

II. Gebühren im Wiederaufnahmeverfahren

1. Grundgebühr

Eine Grundgebühr entsteht im Wiederaufnahmeverfahren nicht. Das folgt aus dem **Wortlaut** der Vorb. 6.2.3 VV, der sich für das Wiederaufnahmeverfahren auf die „nachfolgenden Gebühren" bezieht. Zu diesen Gebühren gehört eine Grundgebühr nicht. Die erstmalige Einarbeitung in den Rechtsfall wird also durch die Verfahrensgebühr der Nr. 6203 VV mit abgegolten.[2] Ein **Beleg** für diese Auffassung ist die Vorb. 4.1.4 VV, die sich ebenfalls mit dem Wiederaufnahmeverfahren befasst und ausdrücklich besagt, dass eine Grundgebühr nicht entsteht. Dieser Satz fehlt in der Vorb. 6.2.3 VV, ist aber dort auch überflüssig, weil diese Vorb. sich auf die „nachfolgenden Gebühren" beschränkt. 3

Das gilt auch für das dem Wiederaufnahmeverfahren folgende **wiederaufgenommene** Verfahren. Dieses Verfahren fällt in Disziplinarverfahren und berufsgerichtlichen Verfahren wegen der Verletzung einer Berufspflicht nicht unter § 17 Ziff. 12 RVG, so dass es sich bei ihm nicht um eine eigene Angelegenheit handelt.[3] 4

2. Verfahrensgebühr

Die Verfahrensgebühr entsteht für das Betreiben des Geschäfts einschließlich der Information (Vorb. 6 Abs. 2 VV). Sie hat Pauschgebührencharakter und erfasst alle mit dem Wiederaufnahmeverfahren zusammenhängenden Tätigkeiten des Rechtsanwalts mit Ausnahme der Teilnahme an Terminen. Zum Abgeltungsbereich der Verfahrensgebühr gehört auch das Beschwerdeverfahren. Ein der Nr. 4139 VV vergleichbarer Gebührentatbestand fehlt in Teil 6 VV. 5

Mit von der Verfahrensgebühr abgegolten ist auch das **Abraten** von einem Wiederaufnahmeantrag, auch wenn die Vorb. 6.2.3 VV anders als Nr. 4136 VV und auch anders als die Vorb. 5.1.3 VV hierfür keine ausdrückliche Regelung enthält. Es ist kein Grund dafür ersichtlich, das Abraten von der Stellung eines Wiederaufnahmeantrags aus dem Anwendungsbereich der Verfahrensgebühr auszuschließen.[4] 6

3. Terminsgebühr

Für die Teilnahme an einem gerichtlichen Termin im Wiederaufnahmeverfahren erhält der Rechtsanwalt für **jeden Terminstag** eine Terminsgebühr (Vorb. 6 Abs. 3 VV). 7

Dafür ist die **Anwesenheit** des Rechtsanwalts im Termin ausreichend. Er braucht nicht zu verhandeln, keine Anträge zu stellen und sich auch nicht an Erörterungen zu beteiligen. Selbst eine Anwesenheit bis zum Ende des Termins ist nicht erforderlich. 8

Eine **Ausnahme** regelt die Vorb. 6 Abs. 3 S. 2 VV. Danach erhält der Rechtsanwalt die Terminsgebühr auch dann, wenn er zu einem anberaumten Termin 9

---

[2] **AA** Schneider/Wolf/*Wahlen*/*N. Schneider* Vorb. 6.2.3 VV Rn. 9.
[3] Vgl. auch Schneider/Wolf/*N. Schneider* Nr. 4136–4140 VV Rn. 61.
[4] Zustimmend Gerold/Schmidt/*Mayer* Nr. 6203–6206 VV Rn. 1.

Nr. 6203–6206 VV Teil 6. Sonstige Verfahren

erscheint, dieser aber aus Gründen, die er nicht zu vertreten hat, nicht stattfindet. Aus welchen Gründen der Hauptverhandlungstermin **„platzt"**, ist gleichgültig.

10 Der Rechtsanwalt **„erscheint"** zum Hauptverhandlungstermin, wenn er seine Kanzlei verlassen hat, um an dem anberaumten Termin teilzunehmen. Erreicht ihn auf dem Weg zum Gericht die Nachricht, dass der Termin aufgehoben worden ist, hat er seine Zeit bereits nutzlos vertan, denn bei rechtzeitigem Eingang der Nachricht über die Terminsaufhebung hätte er sich anderen Arbeiten widmen können.[5] Deshalb entsteht die Terminsgebühr auch, wenn der Rechtsanwalt den Weg zum Termin angetreten hat.

11 Das gilt gemäß der Vorb. 6 Abs. 3 S. 3 VV nicht, wenn der Rechtsanwalt **rechtzeitig** von der Aufhebung oder Verlegung des Termins **in Kenntnis gesetzt** worden ist. „Rechtzeitig" ist der Rechtsanwalt auf jeden Fall immer dann in Kenntnis gesetzt, wenn er von der Aufhebung oder Verlegung des Termins erfährt, bevor er seine Kanzlei verlässt.

4. Pauschgebühr

12 Die Bewilligung einer über den höchsten Gebührenbetrag der Betragsrahmengebühr oder über die dem gerichtlich bestellten oder beigeordneten Rechtsanwalt zustehende Festgebühr hinausgehenden **Pauschgebühr** nach §§ 42, 51 RVG ist **nicht zulässig**. Beide Vorschriften erlauben die Bewilligung einer Pauschgebühr im Rahmen von Teil 6 VV nur für Tätigkeiten des Rechtsanwalts in Verfahren nach dem Gesetz über die internationale Rechtshilfe in Strafsachen und in Verfahren nach dem IStGH-Gesetz. Damit sind nur die Gebührentatbestände der Nr. 6200 und 6101 VV in die Regelung der §§ 42, 51 RVG einbezogen, alle anderen Gebührentatbestände des Teils 6 VV bleiben ausgenommen.[6]

13 Die **fehlende Möglichkeit** der Bewilligung einer Pauschgebühr wird für den gerichtlich bestellten oder beigeordneten Rechtsanwalt teilweise durch die im Vergleich zur früheren BRAGO-Regelung erfolgte Erhöhung der aus der Staatskasse zu zahlenden Festgebühr und bei längerer Dauer einer Verhandlung durch die Zusatzgebühren zu den Terminsgebühren (Nr. 6205, 6206, 6209, 6210, 6213 und 6214 VV) kompensiert.

5. Zusatzgebühr

14 Eine Zusatzgebühr gemäß Nr. 6216 VV in Höhe der jeweiligen Verfahrensgebühr, also in den jeweiligen Rechtszügen in unterschiedlicher Höhe, entsteht, wenn eine gerichtliche Entscheidung mit Zustimmung der Beteiligten ohne mündliche Verhandlung ergeht oder einer beabsichtigten Entscheidung ohne Hauptverhandlung nicht widersprochen wird. Das gilt nur dann nicht, wenn eine auf die **Förderung des Verfahrens** gerichtete Tätigkeit des Rechtsanwalts nicht ersichtlich ist. Wegen weiterer Einzelheiten wird auf die Kommentierung zu Nr. 6216 VV verwiesen.

Nrn. 6203–6206 VV

Nr.	Gebührentatbestand	Gebühr oder Satz der Gebühr nach § 13 oder § 49 RVG	
		Wahlverteidiger oder Verfahrensbevollmächtigter	gerichtlich bestellter oder beigeordneter Rechtsanwalt
6203	Verfahrensgebühr	50,00 bis 320,00 €	148,00 €

---

[5] **AA** *Burhoff* Vorb. 4 VV Rn. 73.
[6] Zustimmend Gerold/Schmidt/*Mayer* Nr. 6200, 6201 VV Rn. 6; **aA** HK-RVG/*Klees* Nr. 6200–6216 VV Rn. 6.

Abschnitt 2. Disziplinarverfahren ua Nr. 6203–6206 VV

Nr.	Gebührentatbestand	Gebühr oder Satz der Gebühr nach § 13 oder § 49 RVG	
		Wahlverteidiger oder Verfahrensbevollmächtigter	gerichtlich bestellter oder beigeordneter Rechtsanwalt
6204	Terminsgebühr je Verhandlungstag ..	80,00 bis 560,00 €	256,00 €
6205	Der gerichtlich bestellte Rechtsanwalt nimmt mehr als 5 und bis 8 Stunden an der Hauptverhandlung teil: Zusätzliche Gebühr neben der Gebühr 6204		128,00 €
6206	Der gerichtlich bestellte Rechtsanwalt nimmt mehr als 8 Stunden an der Hauptverhandlung teil: Zusätzliche Gebühr neben der Gebühr 6204		256,00 EUR

I. Überblick

Der Unterabschnitt 3 des Abschn. 1 von Teil 6 VV umfasst die Gebührentatbestände der Nr. 6203 bis 6206 VV. Sie regeln die in gerichtlichen Disziplinarverfahren und in berufsgerichtlichen Verfahren wegen der Verletzung einer Berufspflicht im **ersten Rechtszug** anfallenden Gebühren. Das sind die Verfahrensgebühr (Nr. 6203 VV), die Terminsgebühr (Nr. 6204 VV) sowie Längenzuschläge zur Terminsgebühr für den gerichtlich bestellten oder beigeordneten Rechtsanwalt (Nr. 6205, 6206 VV).[1]

II. Zuständige Gerichte des ersten Rechtszugs

In den genannten Verfahren sind im ersten Rechtszug zuständig:
- das Verwaltungsgericht (§ 45 BDG) in Disziplinarverfahren gegen Beamte,
- die Richterdienstgerichte der Bundesländer in Disziplinarverfahren gegen Richter im Landesdienst,
- der Bundesgerichtshof als Dienstgericht in Disziplinarverfahren gegen Richter im Bundesdienst (§§ 61, 62 Abs. 1 Nr. 1 DRiG),
- das Truppendienstgericht in Disziplinarverfahren gegen Soldaten (§ 68 WDO),
- das Oberlandesgericht in Disziplinarverfahren gegen Notare (§ 99 BNotO),
- das Anwaltsgericht in Verfahren wegen der Verletzung einer anwaltlichen Berufspflicht (§ 119 Abs. 1 BRAO),
- die Patentanwaltskammer beim LG München I in Verfahren wegen der Verletzung einer patentanwaltlichen Berufspflicht (§ 85 Abs. 1 PatAnwO),
- das Landgericht in Verfahren wegen der Verletzung einer Berufspflicht gegen Steuerberater und Steuerbevollmächtigte (§ 95 StBerG),
- das Landgericht in Verfahren wegen der Verletzung einer Berufspflicht gegen Wirtschaftsprüfer (§ 72 WPO).

III. Gebühren im ersten Rechtszug

Im ersten Rechtszug in Disziplinarverfahren und in berufsgerichtlichen Verfahren wegen der Verletzung einer Berufspflicht entsteht eine **Verfahrensgebühr**

---

[1] *Hartung* NJW 2005, 3093 (3095).

b) Gebührenhöhe. Der **Wahlverteidiger** oder **Verfahrensbevollmächtigte** 12
erhält die Terminsgebühr gemäß Nr. 6204 VV in Höhe von 80 bis 560 EUR (**Mittelgebühr** 320 EUR). Bei der Bemessung der Höhe der Gebühr sind innerhalb des Gebührenrahmens die Besonderheiten des jeweiligen Einzelfalls gemäß § 14 RVG zu berücksichtigen. Dabei spielt vor allem der **Zeitaufwand**, der durch die Teilnahme an dem jeweiligen Termin entsteht, eine maßgebliche Rolle.

Der **gerichtlich bestellte oder beigeordnete Rechtsanwalt** erhält eine Festgebühr von 256 EUR (vorher 216 EUR). Bei Teilnahme an einer Hauptverhandlung von mehr als **fünf und bis zu acht Stunden** fällt zu der Gebühr nach Nr. 6204 VV eine zusätzliche Terminsgebühr gemäß Nr. 6205 VV von 128 EUR (vorher 108 EUR) an. Die Gebühr beträgt also einschließlich des Längenzuschlags 384 EUR (vorher 324 EUR). Nimmt der gerichtlich bestellte oder beigeordnete Rechtsanwalt an einer **mehr als acht Stunden** dauernden Hauptverhandlung teil, erhält er gemäß Nr. 6206 VV zusätzlich zu der Gebühr gemäß Nr. 6204 VV weitere 256 EUR (vorher 216 EUR), so dass die Gebühr insgesamt 472 EUR (vorher 512 EUR) ausmacht. 13

Zweiter Rechtszug

Nr.	Gebührentatbestand	Gebühr oder Satz der Gebühr nach § 13 oder § 49 RVG	
		Wahlverteidiger oder Verfahrensbevollmächtigter	gerichtlich bestellter oder beigeordneter Rechtsanwalt
6207	Verfahrensgebühr	80,00 bis 560,00 €	256,00 €
6208	Terminsgebühr je Verhandlungstag ..	80,00 bis 560,00 €	256,00 €
6209	Der gerichtlich bestellte Rechtsanwalt nimmt mehr als 5 und bis 8 Stunden an der Hauptverhandlung teil: Zusätzliche Gebühr neben der Gebühr 6208		128,00 €
6210	Der gerichtlich bestellte Rechtsanwalt nimmt mehr als 8 Stunden an der Hauptverhandlung teil: Zusätzliche Gebühr neben der Gebühr 6208		256,00 €

I. Überblick

Die Gebührentatbestände der Nr. 6207 bis 6210 VV regeln die in gerichtlichen 1
Disziplinarverfahren und in berufsgerichtlichen Verfahren wegen der Verletzung einer Berufspflicht im **zweiten Rechtszug** anfallenden Gebühren. Das sind die Verfahrensgebühr (Nr. 6207 VV), die Terminsgebühr (Nr. 6208 VV) sowie Längenzuschläge zur Terminsgebühr für den gerichtlich bestellten oder beigeordneten Rechtsanwalt (Nr. 6209, 6210 VV).[1]

II. Zuständige Gerichte des zweiten Rechtszugs

In den genannten Verfahren sind im zweiten Rechtszug zuständig:[2] 2
- das Oberverwaltungsgericht (§§ 64, 67, 68 BDG) in Disziplinarverfahren gegen Beamte,

---
[1] *Hartung* NJW 2005, 3093 (3096).
[2] *Hartung* NJW 2005, 3093 (3095).

Nr. 6207–6210 VV

- die Richterdienstgerichte der Bundesländer in Disziplinarverfahren gegen Richter im Landesdienst,
- das Bundesverwaltungsgericht in Disziplinarverfahren gegen Soldaten (§§ 114, 115 WDO),
- der Bundesgerichtshof in Disziplinarverfahren gegen Notare (§ 99 BNotO),
- der Anwaltsgerichtshof in Verfahren wegen der Verletzung einer anwaltlichen Berufspflicht (§§ 142 Abs. 1, 143 Abs. 1 BRAO),
- der Senat für Patentanwaltssachen beim OLG München in Verfahren wegen der Verletzung einer patentanwaltlichen Berufspflicht (§§ 86 Abs. 1, 124, 125 PatO),
- das Oberlandesgericht in Verfahren wegen der Verletzung einer Berufspflicht gegen Steuerberater und Steuerbevollmächtigte (§§ 96, 126, 127 StBerG),
- das Oberlandesgericht in Verfahren wegen der Verletzung einer Berufspflicht gegen Wirtschaftsprüfer (§§ 73, 104, 105 WPO).

III. Gebühren im zweiten Rechtszug

3 Die in den Nr. 6207 bis 6210 VV geregelten Gebühren betreffen sowohl die **Berufung** als auch die **Beschwerde** gegen eine den ersten Rechtszug abschließende Entscheidung. Wegen weiterer Einzelheiten zu den in Betracht kommenden Gebühren wird auf die Ausführungen zu den → Nr. 6203–6206 VV Rn. 3 bis 6 verwiesen.

1. Verfahrensgebühr (Nr. 6207 VV)

4 a) **Abgeltungsbereich.** Die Verfahrensgebühr entsteht für das Betreiben des Geschäfts einschließlich der Information (Vorb. 6 Abs. 2 VV). Sie hat Pauschgebührencharakter und erfasst alle mit dem Wiederaufnahmeverfahren zusammenhängenden Tätigkeiten des Rechtsanwalts mit Ausnahme der Teilnahme an Terminen. Zum Abgeltungsbereich der Verfahrensgebühr gehört auch das Beschwerdeverfahren. Ein der Nr. 4139 VV vergleichbarer Gebührentatbestand fehlt in Teil 6 VV.

5 b) **Gebührenhöhe.** Der **Wahlverteidiger** oder **Verfahrensbevollmächtigte** erhält die Verfahrensgebühr gemäß 6207 VV in Höhe von 80 bis 560 EUR (**Mittelgebühr** 320 EUR). Bei der Bemessung der Höhe der Gebühr sind innerhalb des Gebührenrahmens die Besonderheiten des jeweiligen Einzelfalls gemäß § 14 RVG zu berücksichtigen.

6 Die **Festgebühr** für den **gerichtlich bestellten oder beigeordneten Rechtsanwalt** beträgt 256 EUR.

2. Terminsgebühren (Nr. 6208 bis 6210 VV)

7 a) **Abgeltungsbereich.** Für die Teilnahme an gerichtlichen Verhandlungen im zweiten Rechtszug erhält der Rechtsanwalt für **jeden Verhandlungstag** eine Terminsgebühr (Vorb. 6 Abs. 3 VV).

8 Dafür ist die **Anwesenheit** des Rechtsanwalts im Termin ausreichend. Er braucht nicht zu verhandeln, keine Anträge zu stellen und sich auch nicht an Erörterungen zu beteiligen. Selbst eine Anwesenheit bis zum Ende des Termins ist nicht erforderlich. Wegen der in der Vorb. 6 Abs. 3 S. 2 VV geregelten Ausnahmen wird auf die Ausführungen zu der → Vorb. 6.2.3 VV Rn. 9–13 verwiesen.

9 b) **Gebührenhöhe.** Der Wahlverteidiger oder Verfahrensbevollmächtigte erhält die Terminsgebühr gemäß 6208 VV in Höhe von 80 bis 560 EUR (**Mittelgebühr** 185 EUR). Bei der Bemessung der Höhe der Gebühr sind innerhalb des Gebührenrahmens die Besonderheiten des jeweiligen Einzelfalls gemäß § 14 RVG zu berücksichtigen.

Abschnitt 2. Disziplinarverfahren ua **Nr. 6211–6215 VV**

Die **Festgebühr** für den gerichtlich bestellten oder beigeordneten Rechtsanwalt 10 beträgt 256 EUR je Verhandlungstag. Bei Teilnahme an einer Hauptverhandlung von mehr als **fünf und bis zu acht Stunden** fällt zu der Gebühr nach Nr. 6208 VV gemäß Nr. 6209 VV eine zusätzliche Terminsgebühr von 128 EUR an. Die Gebühr beträgt also einschließlich des Längenzuschlags 364 EUR. Nimmt der gerichtlich bestellte oder beigeordnete Rechtsanwalt an einer **mehr als acht Stunden** dauernden Hauptverhandlung teil, erhält er gemäß Nr. 6210 VV zusätzlich zu der Gebühr gemäß Nr. 6208 VV weitere 256 EUR, so dass die Gebühr insgesamt 512 EUR ausmacht.

Dritter Rechtszug

Nr.	Gebührentatbestand	Gebühr oder Satz der Gebühr nach § 13 oder § 49 RVG	
		Wahlverteidiger oder Verfahrensbevollmächtigter	gerichtlich bestellter oder beigeordneter Rechtsanwalt
6211	Verfahrensgebühr	120,00 bis 1 110,00 €	492,00 €
6212	Terminsgebühr je Verhandlungstag ..	120,00 bis 550,00 €	268,00 €
6213	Der gerichtlich bestellte Rechtsanwalt nimmt mehr als 5 und bis 8 Stunden an der Hauptverhandlung teil: Zusätzliche Gebühr neben der Gebühr 6212		134,00 €
6214	Der gerichtlich bestellte Rechtsanwalt nimmt mehr als 8 Stunden an der Hauptverhandlung teil: Zusätzliche Gebühr neben der Gebühr 6212		268,00 €
6215	Verfahrensgebühr für das Verfahren über die Beschwerde gegen die Nichtzulassung der Revision .... Die Gebühr wird auf die Verfahrensgebühr für ein nachfolgendes Revisionsverfahren angerechnet	70,00 bis 1 110,00 €	472,00 €

I. Überblick

Die Gebührentatbestände der Nr. 6211 bis 6214 VV regeln die dem Rechtsanwalt 1 in gerichtlichen Disziplinarverfahren und in berufsgerichtlichen Verfahren wegen der Verletzung einer Berufspflicht im **dritten Rechtszug** zustehenden Gebühren. Das sind die Verfahrensgebühr (Nr. 6211 VV), die Terminsgebühr (Nr. 6212 VV) sowie Längenzuschläge zur Terminsgebühr für den gerichtlich bestellten oder beigeordneten Rechtsanwalt (Nr. 6213, 6214 VV) und die Verfahrensgebühr für das Verfahren über die Beschwerde gegen die Nichtzulassung der Revision Nr. 6215 VV).[1]

II. Zuständige Gerichte des dritten Rechtszugs

In den genannten Verfahren sind im dritten Rechtszug **zuständig**: 2
- das Bundesverwaltungsgericht in Disziplinarverfahren gegen Beamte (§§ 69 ff. BDG),

---

[1] *Hartung* NJW 2005, 3093 (3096).

Nr. 6211–6215 VV Teil 6. Sonstige Verfahren

- der Bundesgerichtshof als Dienstgericht in Disziplinarverfahren gegen Richter im Landesdienst (§ 79 Abs. 3 DRiG),
- der Bundesgerichtshof in Verfahren wegen der Verletzung einer anwaltlichen Berufspflicht (§ 145 BRAO),
- der Bundesgerichtshof in Verfahren wegen der Verletzung einer patentanwaltlichen Berufspflicht (§ 127 PatAnwO),
- der Bundesgerichtshof in Verfahren wegen der Verletzung einer Berufspflicht gegen Steuerberater und Steuerbevollmächtigte (§ 97 StBerG),
- der Bundesgerichtshof in Verfahren wegen der Verletzung einer Berufspflicht gegen Wirtschaftsprüfer (§ 107 WPO).

3 **Keinen dritten Rechtszug** gibt es:
- in Verfahren gegen Richter im Bundesdienst (§§ 61, 62 Abs. 1 Nr. 1 DRiG); für sie ist der Bundesgerichtshof im ersten Rechtszug zuständig;
- in Verfahren nach der WDO (§§ 115 ff. WDO); im ersten Rechtszug ist das Truppendienstgericht und im zweiten Rechtszug das Bundesverwaltungsgericht zuständig;
- in Verfahren gegen Notare (§ 99 BNotO); im ersten Rechtszug ist das Oberlandesgericht und zweiten Rechtszug der Bundesgerichtshof zuständig.

III. Gebühren im dritten Rechtszug

4   Die in den Nr. 6211 bis 6215 VV geregelten Gebühren betreffen sowohl die **Revision** als auch die **Beschwerde** gegen eine den zweiten Rechtszug abschließende Entscheidung. Wegen weiterer Einzelheiten zu den in Betracht kommenden Gebühren wird auf die Ausführungen zu den Nr. 6203 bis 6206 VV Rn. 3 bis 6 verwiesen.

1. Verfahrensgebühr (Nr. 6211 VV)

5   a) **Abgeltungsbereich.** Die Verfahrensgebühr entsteht für das Betreiben des Geschäfts einschließlich der Information (Vorb. 6 Abs. 2 VV). Sie hat Pauschgebührencharakter und erfasst alle mit dem Wiederaufnahmeverfahren zusammenhängenden Tätigkeiten des Rechtsanwalts mit Ausnahme der Teilnahme an Terminen. Zum Abgeltungsbereich der Verfahrensgebühr gehört auch das Beschwerdeverfahren. Ein der Nr. 4139 VV vergleichbarer Gebührentatbestand fehlt in Teil 6 VV.

6   b) **Gebührenhöhe.** Der **Wahlverteidiger** oder **Verfahrensbevollmächtigte** erhält die Verfahrensgebühr gemäß 6211 VV in Höhe von 120 bis 1.110 EUR (**Mittelgebühr** 615 EUR). Bei der Bemessung der Höhe der Gebühr sind innerhalb des Gebührenrahmens die Besonderheiten des jeweiligen Einzelfalls gemäß § 14 RVG zu berücksichtigen.

7   Die **Festgebühr** für den **gerichtlich bestellten oder beigeordneten Rechtsanwalt** beträgt 492 EUR.

2. Terminsgebühren (Nr. 6212 bis 6214 VV)

8   a) **Abgeltungsbereich.** Für die Teilnahme an gerichtlichen Verhandlungen im dritten Rechtszug erhält der Rechtsanwalt für **jeden Verhandlungstag** eine Terminsgebühr (Vorb. 6 Abs. 3 VV).

9   Dafür ist die **Anwesenheit** des Rechtsanwalts im Termin ausreichend. Er braucht nicht zu verhandeln, keine Anträge zu stellen und sich auch nicht an Erörterungen zu beteiligen. Selbst eine Anwesenheit bis zum Ende des Termins ist nicht erforderlich. Wegen der in der Vorb. 6 Abs. 3 S. 2 VV geregelten Ausnahmen wird auf die Ausführungen zu der → Vorb. 6.2.3 VV Rn. 9–13 verwiesen.

Abschnitt 2. Disziplinarverfahren ua Nr. 6211–6215 VV

b) Gebührenhöhe. Der **Wahlverteidiger** oder **Verfahrensbevollmächtigte** 10
erhält die Terminsgebühr gemäß Nr. 6212 VV in Höhe von 120 bis 550 EUR
(**Mittelgebühr** 335 EUR). Bei der Bemessung der Höhe der Gebühr sind innerhalb
des Gebührenrahmens die Besonderheiten des jeweiligen Einzelfalls gemäß § 14
RVG zu berücksichtigen. Dabei spielt vor allem der **Zeitaufwand,** der durch die
Teilnahme an dem jeweiligen Termin entsteht, eine maßgebliche Rolle.

Die **Festgebühr** gemäß Nr. 6212 VV für den **gerichtlich bestellten oder bei-** 11
geordneten Rechtsanwalt beträgt 268 EUR je Verhandlungstag. Bei Teilnahme
an einer Hauptverhandlung von mehr als **fünf und bis zu acht Stunden** fällt zu
der Gebühr nach Nr. 6212 VV eine zusätzliche Terminsgebühr gemäß Nr. 6213 VV
von 134 EUR an. Die Gebühr beträgt also einschließlich des Längenzuschlags
402 EUR. Nimmt der gerichtlich bestellte oder beigeordnete Rechtsanwalt an einer
mehr als acht Stunden dauernden Hauptverhandlung teil, erhält er gemäß
Nr. 6214 VV zusätzlich zu der Gebühr gemäß Nr. 6211 VV weitere 256 EUR, so
dass die Gebühr insgesamt 536 EUR ausmacht.

IV. Gebühren im Verfahren der Nichtzulassungsbeschwerde (Nr. 6215 VV)

1. Anwendungsbereich

Der Gebührentatbestand der Nr. 6215 VV betrifft die Tätigkeit des Rechtsanwalts 12
in Bezug auf Beschwerde gegen die Nichtzulassung der Revision in Disziplinarverfahren und in berufsgerichtlichen Verfahren wegen der Verletzung einer Berufspflicht.

Eine **Nichtzulassungsbeschwerde** ist unter anderem vorgesehen in Verfahren 13
gemäß:
- § 81 Abs. 1 und 2 DRiG für Disziplinarverfahren gegen Richter im Landesdienst, soweit die Landesgesetzgebung die Revision an das Dienstgericht des Bundes vorsieht,
- § 145 Abs. 3 BRAO für anwaltsgerichtliche Verfahren,
- §§ 69 BDG, 132, 133 VwGO für Disziplinarverfahren gegen Bundesbeamte,
- § 127 Abs. 3 PatAnwO für berufsgerichtliche Verfahren gegen Patentanwälte,
- § 129 Abs. 3 StBerG für berufsgerichtliche Verfahren gegen Steuerberater und Steuerbevollmächtigte,[2]
- § 107 Abs. 3 WPO für berufsgerichtliche Verfahren gegen Wirtschaftsprüfer.

Die **Verfahrensgebühr** entsteht auch, wenn der Rechtsanwalt nur mit einer **Ein-** 14
zeltätigkeit, zum Beispiel nur mit der Einlegung oder Begründung der Beschwerde
gegen die Nichtzulassung der Revision beauftragt wird, ohne dass ihm sonst die
Verteidigung oder Vertretung übertragen ist. Anders als im Straf- und Bußgeldverfahren kennt Teil 6 VV mit Ausnahme der hier nicht einschlägigen Nr. 6404 VV
keinen besonderen Gebührentatbestand für Einzeltätigkeiten.[3]

Die Verfahrensgebühr nach Nr. 6215 VV für die Tätigkeit im Verfahren über die 15
Nichtzulassungsbeschwerde wirf auf die Verfahrensgebühr nach Nr. 6211 VV für
das sich bei Zulassung der Revision anschließende Revisionsverfahren angerechnet.

2. Gebührenhöhe

Der **Wahlverteidiger** oder **Verfahrensbevollmächtigte** erhält die Verfahrens- 16
gebühr gemäß Nr. 6211 VV in Höhe von 120 bis 1.110 EUR (**Mittelgebühr**

---
[2] Die Aufzählung folgt Burhoff/*Volpert* Nr. 6215 VV Rn. 3.
[3] Gerold/Schmidt/*Mayer* Nr. 6200, 6201 VV Rn. 6; siehe auch *Hartung* NJW 2005, 3093 (3095).

615 EUR). Bei der Bemessung der Höhe der Gebühr sind innerhalb des Gebührenrahmens die Besonderheiten des jeweiligen Einzelfalls gemäß § 14 RVG zu berücksichtigen.

17 Die **Festgebühr** für den **gerichtlich bestellten oder beigeordneten Rechtsanwalt** beträgt 472 EUR.

18 Die Bewilligung einer über den höchsten Gebührenbetrag der Betragsrahmengebühr oder über die dem gerichtlich bestellten oder beigeordneten Rechtsanwalt zustehende Festgebühr hinausgehenden **Pauschgebühr** nach §§ 42, 51 RVG ist **nicht zulässig.** Beide Vorschriften erlauben die Bewilligung einer Pauschgebühr im Rahmen von Teil 6 VV nur für Tätigkeiten des Rechtsanwalts in Verfahren nach dem Gesetz über die internationale Rechtshilfe in Strafsachen und in Verfahren nach dem IStGH-Gesetz. Damit sind nur die Gebührentatbestände der Nr. 6100 und 6101 VV in die Regelung der §§ 42, 51 RVG einbezogen, alle anderen Gebührentatbestände des Teils 6 VV bleiben ausgenommen.[4]

19 Die **fehlende Möglichkeit** der Bewilligung einer Pauschgebühr wird für den gerichtlich bestellten oder beigeordneten Rechtsanwalt teilweise durch die im Vergleich zur früheren BRAGO-Regelung erfolgte Erhöhung der aus der Staatskasse zu zahlenden Festgebühr und bei längerer Dauer einer Verhandlung durch die Zusatzgebühren zu den Terminsgebühren (Nr. 6213 und 6214 VV) kompensiert.

Unterabschnitt 4. Zusatzgebühr

Nr. 6216 VV

Nr.	Gebührentatbestand	Gebühr oder Satz der Gebühr nach § 13 oder § 49 RVG	
		Wahlverteidiger oder Verfahrensbevollmächtigter	gerichtlich bestellter oder beigeordneter Rechtsanwalt
6216	Durch die anwaltliche Mitwirkung wird die mündliche Verhandlung entbehrlich: Zusätzliche Gebühr .... (1) Die Gebühr entsteht, wenn eine gerichtliche Entscheidung mit Zustimmung der Beteiligten ohne mündliche Verhandlung ergeht oder einer beabsichtigten Entscheidung ohne Hauptverhandlungstermin nicht widersprochen wird. (2) Die Gebühr entsteht nicht, wenn eine auf die Förderung des Verfahrens gerichtete Tätigkeit nicht ersichtlich ist. (3) Die Höhe der Gebühr richtet sich nach dem Rechtszug, in dem die Hauptverhandlung vermieden wurde. Für den Wahlanwalt bemisst sich die Gebühr nach der Rahmenmitte.	in Höhe der jeweiligen Verfahrensgebühr	

I. Überblick

1 Teil 6 Abschn. 2 Unterabschnitt 4 VV enthält als einzigen Gebührentatbestand die Nr. 6216 VV. Ihr sachlicher Anwendungsbereich beschränkt sich auf Disziplinar-

---

[4] Zustimmend Gerold/Schmidt/*Mayer* Nr. 6200–6201 VV Rn. 6; **aA** HK-RVG/*Klees* Nr. 6200–6216 VV Rn. 6.

verfahren und auf berufsgerichtliche Verfahren wegen der Verletzung einer Berufspflicht. Wegen der Einzelheiten wird auf die Kommentierung der → Vorb. 6.2 VV Rn. 1 ff. verwiesen.[1]

II. Normzweck

Die Regelung der Nr. 6216 VV ähnelt den Gebührentatbeständen der Nr. 4141 VV für das Strafverfahren und der Nr. 5115 VV für das Bußgeldverfahren. **Sinn und Zweck** der Regelung ist es, Tätigkeiten des Rechtsanwalts, die eine mündliche Verhandlung entbehrlich machen und damit zum Verlust der Terminsgebühr führen, gebührenrechtlich zu honorieren und den Verlust der Terminsgebühr auszugleichen. 2

Nach den **Vorstellungen des Gesetzgebers** gehören zum Anwendungsbereich der Nr. 6216 VV insbesondere die Fälle des § 59 BDG und des § 102 WDO.[2] Der Gebührentatbestand ist aber auch in anderen Fällen, die gerichtliche Entscheidungen ohne eine mündliche Verhandlung erlauben, anwendbar. 3

Umstritten ist, ob die Regelung der Nr. 6216 VV auch bei **außergerichtlicher Vertretung** anwendbar ist. *Schneider* bejaht diese Frage mit Hinweis darauf, dass die Zusatzgebühr in einem gesonderten Unterabschnitt von Teil 6 Abschn. 4 VV eingegliedert sei.[3] Gegen diese Auffassung spricht jedoch der Wortlaut der Anm. zu Nr. 6216 VV. Wenn dort von „Verfahren", von „gerichtlicher Entscheidung" und auch von „dem Rechtszug" die Rede ist, belegen diese Begriffe, die sämtlich mit einer außergerichtlichen Tätigkeit nicht in Einklang zu bringen sind, dass eine Ausdehnung der Gebührenregelung der Nr. 6216 VV auf außergerichtliche Tätigkeiten des Rechtsanwalts nicht in Betracht kommen kann. 4

III. Voraussetzungen für die Entstehung der zusätzlichen Gebühr

1. Entscheidung ohne mündliche Verhandlung (Anm. Abs. 1)

Entsprechend dem Normzweck der Nr. 6216 VV bestimmt die Anm. in Absatz 1 zu diesem Gebührentatbestand, dass der Rechtsanwalt die Gebühr erhält, wenn eine gerichtliche Entscheidung mit **Zustimmung der Beteiligten** ohne mündliche Verhandlung ergeht oder einer beabsichtigten Entscheidung ohne mündliche Verhandlung **nicht widersprochen** wird. Im ersten Fall ist eine ausdrückliche Zustimmungserklärung notwendig, im zweiten Fall genügt es, wenn eine vom Gericht zur Abgabe einer Erklärung gesetzte Frist verstreicht, ohne dass eine Erklärung bei ihm eingeht. In der Praxis bietet sich eine solche Verfahrensweise vor allem bei einer eindeutigen Rechtslage und auch dann an, wenn das Gericht zu erkennen gibt, wie es entscheiden wird und wesentliche Argumente gegen die beabsichtigte Entscheidung nicht vorgetragen werden können. 5

2. Anwaltliche Mitwirkung (Anm. Abs. 2)

Nach Abs. 2 der Anm. zu Nr. 6216 VV entsteht die zusätzliche Gebühr nicht, wenn eine auf die Förderung des Verfahrens gerichtete Tätigkeit des Rechtsanwalts nicht ersichtlich ist. In den Fällen des Abs. 1 der Anm. wird die Regelung deren 6

---

[1] Dazu *Hartung* NJW 2005, 3093 (3097).
[2] BT-Drs. 15/1971, 231.
[3] *Schneider* AGS 2007, 225 (226); zustimmend Gerold/Schmidt/*Mayer* Nr. 6216 VV Rn. 1; nur referierend Schneider/Wolf/*Wahlen/N. Schneider* Nr. 6216 VV Rn. 2.

Nr. 6300–6303 VV — Teil 6. Sonstige Verfahren

Abs. 2 allerdings keine Bedeutung haben.[4] Die Mitwirkung des Rechtsanwalts besteht bereits darin, dass er dem Gericht die Zustimmung seines Mandanten mit einer Entscheidung ohne mündliche Verhandlung übermittelt oder einer solchen Verfahrensweise nicht widerspricht. Auch **„gezieltes Schweigen"** des Rechtsanwalts ist als Mitwirkung zu werten.

IV. Gebührenhöhe (Anm. Abs. 3)

7 Die Höhe der Zusatzgebühr richtet sich gemäß Abs. 2 der Anm. zu Nr. 6216 VV nach dem Rechtszug, in dem die Hauptverhandlung vermieden wurde. Sie fällt in **Höhe der jeweiligen Verfahrensgebühr** an. Für den **Wahlanwalt** bemisst sich die Gebühr in der Regel nach der Rahmenmitte. Der **gerichtlich bestellte oder beigeordnete Rechtsanwalt** erhält den Festbetrag der jeweiligen Verfahrensgebühr.

8 Für den **Wahlverteidiger** oder **Verfahrensbevollmächtigte** beträgt die Zusatzgebühr gemäß Nr. 6216 VV iVm Nr. 6203 VV im ersten Rechtszug 185 EUR, gemäß Nr. 6216 VV iVm Nr. 6207 im zweiten Rechtszug 320 EUR und gemäß Nr. 6216 VV iVm Nr. 6211 im dritten Rechtszug 590 EUR. Bei der Bemessung der Höhe der Gebühr sind innerhalb des Gebührenrahmens die Besonderheiten des jeweiligen Einzelfalls gemäß § 14 RVG zu berücksichtigen.

9 Die **Festgebühr** für den **gerichtlich bestellten oder beigeordneten Rechtsanwalt** beträgt im ersten Rechtszug 148 EUR, im zweiten Rechtszug 256 EUR und im dritten Rechtszug 492 EUR.

10 Die zusätzliche Gebühr entsteht anrechnungsfrei neben der Verfahrensgebühr für den jeweiligen Rechtszug.

Abschnitt 3. Gerichtliche Verfahren bei Freiheitsentziehung und in Unterbringungssachen

Nrn. 6300–6303 VV

Nr.	Gebührentatbestand	Gebühr oder Satz der Gebühr nach § 13 oder § 49 RVG	
		Wahlverteidiger oder Verfahrensbevollmächtigter	gerichtlich bestellter oder beigeordneter Rechtsanwalt
6300	Verfahrensgebühr in Freiheitsentziehungssachen nach § 415 FamFG, in Unterbringungssachen nach § 312 FamFG und bei Unterbringungsmaßnahmen nach § 151 Nr. 6 und 7 FamFG .... Die Gebühr entsteht für jeden Rechtszug.	40,00 bis 470,00 €	204,00 €
6301	Terminsgebühr in den Fällen der Nummer 6300 .... Die Gebühr entsteht für die Teilnahme an gerichtlichen Terminen.	40,00 bis 470,00 €	204,00 €
6302	Verfahrensgebühr in sonstigen Fällen Die Gebühr entsteht für jeden Rechtszug des Verfahrens über die Verlänge-	20,00 bis 300,00 €	128,00 €

---

[4] Ebenso Schneider/Wolf/*Wahlen/N. Schneider* Nr. 6216 VV Rn. 4.

Abschnitt 3. Freiheitsentziehung　　　　　　　　　　　Nr. 6300–6303 VV

Nr.	Gebührentatbestand	Gebühr oder Satz der Gebühr nach § 13 oder § 49 RVG	
		Wahlverteidiger oder Verfahrensbevollmächtigter	gerichtlich bestellter oder beigeordneter Rechtsanwalt
6303	rung oder Aufhebung einer Freiheitsentziehung nach den §§ 425 und 426 FamFG oder einer Unterbringungsmaßnahme nach den §§ 329 und 330 FamFG. Terminsgebühr in den Fällen der Nummer 6302 .... Die Gebühr entsteht für die Teilnahme an gerichtlichen Terminen.	20,00 bis 300,00 €	128,00 €

Übersicht

                                                                          Rn.

- I. Überblick 1
- II. Anwendungsbereich 2
- III. Verfahren bei erstmaliger Freiheitsentziehung (Nr. 6300 und 6301 VV) 6
  - 1. Anwendungsbereich 6
  - 2. Verfahrensgebühr (Nr. 6300 VV) 8
    - a) Entstehung der Verfahrensgebühr 8
    - b) Höhe der Verfahrensgebühr 11
  - 3. Terminsgebühr (Nr. 6301 VV) 13
    - a) Entstehung der Terminsgebühr 13
    - b) Höhe der Terminsgebühr 16
- IV. Verfahren über die Verlängerung oder Aufhebung (Nr. 6302 und 6303 VV) 18
  - 1. Anwendungsbereich 18
  - 2. Verfahrensgebühr (Nr. 6302 VV) 20
    - a) Entstehung der Verfahrensgebühr 20
    - b) Höhe der Verfahrensgebühr 21
  - 3. Terminsgebühr (Nr. 6303 VV) 23
    - a) Entstehung der Terminsgebühr 23
    - b) Höhe der Terminsgebühr 24
- V. Einzeltätigkeiten 26
- VI. Pauschgebühren 27

I. Überblick

Teil 6 Abschn. 3 VV mit den Gebührentatbeständen der Nr. 6300 bis 6303 VV **1** betrifft die Vergütung des Rechtsanwalts in **gerichtlichen** Verfahren bei Freiheitsentziehung und in Unterbringungssachen.[1]

II. Anwendungsbereich

Der Wortlaut der Überschrift zu Teil 6 Abschn. 3 VV darf nicht zu der Annahme **2** verleiten, dass die Gebührentatbestände der Nr. 6300 bis 6303 VV für **alle gerichtlichen Verfahren** gelten sollen, in denen über die Anordnung oder Fortdauer einer

---

[1] Siehe auch *Hartung* NJW 2005, 3093.

Freiheitsentziehung gemäß Art. 104 Abs. 2 S. 1 GG in einem gerichtlichen Verfahren zu entscheiden ist. In diesem weiten Sinn darf die Regelung nicht verstanden werden, weil sonst die entsprechenden straf- und strafprozessrechtlichen Bestimmungen zu freiheitsentziehenden Maßnahmen gebührenrechtlich ohne Anwendungsbereich wären. Deshalb ist der Anwendungsbereich entgegen dem Wortlaut der Überschrift einzugrenzen.

3 **Anzuwenden** sind die Gebührentatbestände von Teil 6 Abschn. 3 VV, wenn das ordentliche Gericht über Freiheitsentziehungen nach § 415 FamFG oder in Unterbringungssachen nach § 312 FamFG und bei Unterbringungsmaßnahmen in Kindschaftssachen nach § 151 Nr. 6 und 7 FamFG entscheidet.[2]

4 Die Nr. 6300 und 6302 VV erwähnen nicht die Verfahren auf Erlass einer **einstweiligen Anordnung** nach §§ 331 ff. FamFG und nach § 427 FamFG. Gleichwohl ist davon auszugehen, dass auch einstweilige Anordnungen, die gemäß § 17 Ziff. 4 Buchst. b RVG eine eigene Angelegenheit sind, die Gebühren nach Teil 6 Abschn. 3 VV auslösen.[3]

5 Zu dem **Anwendungsbereich** des Teils 6 Abschn. 3 VV **gehören nicht** die Tätigkeiten des Rechtsanwalts in **Strafsachen,** wenn er in Haftprüfungsterminen, in Haftbeschwerdeverfahren (Nr. 4102 VV) oder in Verfahren nach § 81 StPO wegen Einweisung eines Beschuldigten in eine Heil- und Pflegeanstalt zur Untersuchung auf seine strafrechtliche Verantwortlichkeit tätig wird oder an der Überprüfung einer Unterbringung teilnimmt, ohne dass ihm sonst die Verteidigung oder Vertretung übertragen ist (Nr. 4300 Ziff. 3 VV).[4] Nicht anwendbar sind die Gebührentatbestände des Teils 6 Abschn. 3 VV auch für den in Unterbringungssachen zum **Verfahrenspfleger** bestellten Rechtsanwalt, da das RVG gemäß § 1 Abs. 2 RVG für den Verfahrenspfleger nicht gilt. Der Verfahrenspfleger erhält eine Vergütung aus der Staatskasse, die zeitabhängig ist.

III. Verfahren bei erstmaliger Freiheitsentziehung (Nr. 6300 und 6301 VV)

1. Anwendungsbereich

6 Die Nr. 6300 und 6301 VV betreffen die Tätigkeit des Rechtsanwalts in Freiheitsentziehungssachen nach § 415 FamFG,[5] in Unterbringungssachen nach § 312 FamFG und bei Unterbringungsmaßnahmen in Kindschaftssachen nach § 151 Nr. 6 und 7 FamFG. Sie gelten für die **erstmalige Freiheitsentziehung** und die **erstmalige Unterbringung.**[6] Das ergibt sich aus einem Vergleich der Nr. 6300 VV mit den Nr. 6302 und 6303 VV, die die Gebühren in Verfahren über die **Verlängerung** oder **Aufhebung** einer Freiheitsentziehung oder Unterbringung regeln. Schließlich richten sich die Gebühren nach den Nr. 6300 ff. VV auch in Verfahren nach dem **Therapieunterbringungsgesetz** (ThUG).[7] Insoweit wird auf § 62 RVG verwiesen.

7 Für die Tätigkeit in Verfahren, die auf die erstmalige Freiheitsentziehung oder die erstmalige Unterbringung gerichtet sind, sieht Teil 6 Abschn. 3 VV in den

---

[2] BGH RVGreport 2012, 381.
[3] Gerold/Schmidt/*Mayer* Nr. 6300–6303 VV Rn. 10; *Hartmann* Nr. 6300–6303 VV Rn. 5.
[4] OLG Düsseldorf JurBüro 2002, 361; KG JurBüro 2002, 75; Gerold/Schmidt/*Mayer* Nr. 6300–6303 VV Rn. 1.
[5] BGH AGS 2012, 472.
[6] BGH RVGreport 2012, 381; BGH NJW-RR 2013, 67.
[7] Dazu OLG Nürnberg RVGreport 2012, 382; zur Anwaltsvergütung in Verfahren nach dem ThUG ausführlich *Kotz* JurBüro 2011, 348.

Nr. 6300 und 6301 VV eine **Verfahrens-** und eine **Terminsgebühr** vor. Der Gebührenrahmen für den Wahlanwalt und auch die Festbeträge für den gerichtlich bestellten oder beigeordneten Rechtsanwalt liegen bei beiden Gebühren deutlich über denjenigen, die in den Nr. 6302 und 6303 VV für das Verfahren über die Fortdauer der Freiheitsentziehung bzw. Unterbringung vorgesehen sind.

2. Verfahrensgebühr (Nr. 6300 VV)

a) **Entstehung der Verfahrensgebühr.** Die **Verfahrensgebühr** nach Nr. 6300 VV entsteht mit der ersten Tätigkeit nach Erteilung eines Mandats bzw. nach gerichtlicher Bestellung oder Beiordnung des Rechtsanwalts, also mit der Entgegennahme der ersten Information. 8

Die Verfahrensgebühr entsteht für **jeden Rechtszug** in derselben Höhe (Anm. zu Nr. 6300 VV). Im **Beschwerdeverfahren** erhält der Rechtsanwalt also die gleiche Vergütung wie im erstinstanzlichen Verfahren. 9

Ein neuer Rechtszug iSd Anm. zu Nr. 6300 VV setzt voraus, dass das erstinstanzliche Verfahren durch eine **gerichtliche Sachentscheidung** beendet ist. Die Verfahrensgebühr entsteht also nicht erneut, wenn es sich um Beschwerden gegen Entscheidungen handelt, die den Rechtszug nicht beenden, so zum Beispiel im Verfahren der sofortigen Beschwerde gegen eine einstweilige Freiheitsentziehung oder gegen eine vorläufige Unterbringung.[8] 10

b) **Höhe der Verfahrensgebühr.** Der **Wahlverteidiger** oder **Verfahrensbevollmächtigte** erhält die Verfahrensgebühr gemäß 6300 VV in Höhe von 40 bis 470 EUR (**Mittelgebühr** 255 EUR). Bei der Bemessung der Höhe der Gebühr sind innerhalb des Gebührenrahmens die Besonderheiten des jeweiligen Einzelfalls gemäß § 14 RVG zu berücksichtigen. 11

Die **Festgebühr** für den **gerichtlich bestellten oder beigeordneten Rechtsanwalt** beträgt 204 EUR. 12

3. Terminsgebühr (Nr. 6301 VV)

a) **Entstehung der Terminsgebühr.** Die **Terminsgebühr** nach Nr. 6301 VV erhält der Rechtsanwalt für die Teilnahme an gerichtlichen Terminen, gleichgültig in welchem Rechtszug es zu gerichtlichen Terminen kommt. 13

Auch die Terminsgebühr entsteht in jedem **Rechtszug** neu, wenn es in der nächsten Instanz erneut zu Terminen kommt, an denen der Rechtsanwalt teilnimmt. Das gilt auch, wenn das Gericht die bereits in erster Instanz angehörten oder vernommenen Personen erneut anhört oder vernimmt.[9] 14

Anders als in Straf- und Bußgeldsachen entsteht die Terminsgebühr für die „**Teilnahme an gerichtlichen Terminen**". Dieser Wortlaut entspricht zwar den Vorb. 4 Abs. 3 VV und Vorb. 5 Abs. 3 VV. Die dort für die Terminsgebühr ausgewiesenen Gebührentatbestände erhalten jedoch durchweg den Zusatz, dass die Terminsgebühr je Verhandlungstag anfällt. Auch die Gebührentatbestände der Nr. 6201, 6204, 6208 und 6212 VV weisen diesen Zusatz aus. Bei den Gebührentatbeständen der Nr. 6301 und 6303 VV fehlt eine entsprechende Regelung. Ein Versehen des Gesetzgebers scheidet aus. Deshalb ist davon auszugehen, dass der Rechtsanwalt in gerichtlichen Verfahren bei Freiheitsentziehung und in Unterbringungssachen die Terminsgebühr **nur einmal** verdienen kann, auch wenn er in einem Rechtszug an 15

---

[8] Gerold/Schmidt/*Mayer* Nr. 6300–6303 VV Rn. 3; vgl. auch LG Oldenburg AnwBl. 1976, 404; BayObLG Rpfleger 1980, 120.
[9] *Hartmann* Nr. 6300–6303 VV Rn. 12.

mehreren Terminen teilnimmt. Diese Auslegung findet in § 15 Abs. 2 S. 1 RVG ihre Bestätigung.[10]

16 b) **Höhe der Terminsgebühr.** Der **Wahlverteidiger** oder **Verfahrensbevollmächtigte** erhält die Terminsgebühr gemäß 6301 VV in Höhe von 40 bis 470 EUR (**Mittelgebühr** 255 EUR). Bei der Bemessung der Höhe der Gebühr sind innerhalb des Gebührenrahmens die Besonderheiten des jeweiligen Einzelfalls gemäß § 14 RVG zu berücksichtigen.

17 Die **Festgebühr** für den **gerichtlich bestellten oder beigeordneten Rechtsanwalt** beträgt 204 EUR.

IV. Verfahren über die Verlängerung oder Aufhebung (Nr. 6302 und 6303 VV)

1. Anwendungsbereich

18 Die Nr. 6302 und 6303 VV regeln die Verfahrens- und Terminsgebühr „in sonstigen Fällen". Damit sind, wie die Anm. zu Nr. 6302 VV ergibt, Verfahren über die Verlängerung oder Aufhebung einer Freiheitsentziehung nach den §§ 425 und 426 FamFG oder einer Unterbringungsmaßnahme nach den §§ 329 und 330 FamFG gemeint.

19 Das Verfahren in Freiheitsentziehungssachen ist in den §§ 415–432 FamFG geregelt. § 425 FamFG betrifft die Verlängerung, § 426 FamFG die Aufhebung.

2. Verfahrensgebühr (Nr. 6302 VV)

20 a) **Entstehung der Verfahrensgebühr.** Die Verfahrensgebühr nach Nr. 6302 VV entsteht mit der **ersten Tätigkeit** nach Erteilung eines Mandats bzw. nach gerichtlicher Bestellung oder Beiordnung des Rechtsanwalts, also mit der Entgegennahme der ersten Information. Wegen der weiteren Einzelheiten wird auf → Rn. 8–10 verwiesen.

21 b) **Höhe der Verfahrensgebühr.** Der **Wahlverteidiger** oder **Verfahrensbevollmächtigte** erhält die Verfahrensgebühr gemäß 6302 VV in Höhe von 20 bis 300 EUR (**Mittelgebühr** 160 EUR). Bei der Bemessung der Höhe der Gebühr sind innerhalb des Gebührenrahmens die Besonderheiten des jeweiligen Einzelfalls gemäß § 14 RVG zu berücksichtigen.

22 Die **Festgebühr** für den **gerichtlich bestellten oder beigeordneten Rechtsanwalt** beträgt 128 EUR.

3. Terminsgebühr (Nr. 6303 VV)

23 a) **Entstehung der Terminsgebühr.** Die **Terminsgebühr** nach Nr. 6303 VV erhält der Rechtsanwalt für die **Teilnahme** an gerichtlichen Terminen, gleichgültig in welchem Rechtszug es zu gerichtlichen Terminen kommt. Diese Terminsgebühr entsteht nur einmal in jedem Rechtszug, auch wenn der Rechtsanwalt an mehreren Terminen teilnimmt. Im Übrigen wird auf → Rn. 8–10 und auf die Ausführungen zu der → Vorb. 6.2.3 VV Rn. 9–13 verwiesen.

24 b) **Höhe der Terminsgebühr.** Der **Wahlverteidiger** oder **Verfahrensbevollmächtigte** erhält die Terminsgebühr gemäß 6303 VV in Höhe von 20 bis 300 EUR (**Mittelgebühr** 160 EUR). Bei der Bemessung der Höhe der Gebühr sind innerhalb

---

[10] Ebenso Gerold/Schmidt/*Mayer* Nr. 6300–6303 VV Rn. 5; Schneider/Wolf/*N. Schneider/Thiel* Nr. 6300–6303 VV Rn. 26.

des Gebührenrahmens die Besonderheiten des jeweiligen Einzelfalls gemäß § 14 RVG zu berücksichtigen.
Die **Festgebühr** für den **gerichtlich bestellten oder beigeordneten Rechts-** 25
anwalt beträgt 128 EUR.

V. Einzeltätigkeiten

Beschränkt sich der dem Rechtsanwalt erteilte Auftrag in den von Teil 6 26
Abschn. 3 VV erfassten Verfahren auf eine einzelne Tätigkeit, ohne dass ihm sonst die Verteidigung oder Vertretung übertragen ist, entsteht die **Verfahrensgebühr** ebenfalls nach den Nr. 6300 und 6302 VV. Insoweit weicht die Regelung von den Gebührentatbeständen der Nr. 4300 bis 4304 VV für Einzeltätigkeiten in Strafsachen und von Nr. 5200 VV für Einzeltätigkeiten in Bußgeldsachen ab. Eine diesen Vorschriften entsprechende Regelung fehlt in Teil 6 VV. Die in Teil 6 Abschn. 4 VV enthaltenen Gebührentatbestände der Nr. 6400 bis 6404 VV sind nicht anwendbar, weil sie nur für die in der Vorb. 6.4 VV genannten Verfahren gelten.[11]

VI. Pauschgebühren

Die Bewilligung einer über den höchsten Gebührenbetrag der Betragsrahmenge- 27
bühr oder über die dem gerichtlich bestellten oder beigeordneten Rechtsanwalt zustehende Festgebühr hinausgehenden Pauschgebühr nach §§ 42, 51 RVG ist **nicht zulässig**.[12] Beide Vorschriften erlauben die Bewilligung einer Pauschgebühr im Rahmen von Teil 6 VV nur für Tätigkeiten des Rechtsanwalts in Verfahren nach dem Gesetz über die internationale Rechtshilfe in Strafsachen und in Verfahren nach dem IStGH-Gesetz. Damit sind nur die Gebührentatbestände der Nr. 6100 und 6101 VV in die Regelung der §§ 42, 51 RVG einbezogen, alle anderen Gebührentatbestände des Teils 6 VV bleiben ausgenommen.[13]

Abschnitt 4. Gerichtliche Verfahren nach der Wehrbeschwerdeordnung

Vorbemerkung 6.4 VV

Nr.	Gebührentatbestand	Gebühr oder Satz der Gebühr nach § 13 oder § 49 RVG	
		Wahlverteidiger oder Verfahrensbevollmächtigter	gerichtlich bestellter oder beigeordneter Rechtsanwalt
Vorbemerkung 6.4: (1) Die Gebühren nach diesem Abschn. entstehen in Verfahren auf gerichtliche Entscheidung nach der WBO, auch iVm § 42 WDO, wenn das Verfahren vor dem Truppendienstgericht oder vor dem Bundesverwaltungsgericht an die Stelle des Verwaltungsrechtswegs gemäß § 82 SG tritt. (2) Soweit wegen desselben Gegenstands eine Geschäftsgebühr nach Nummer 2301 für eine Tätigkeit im Verfahren über die Beschwerde oder über die weitere Beschwerde vor			

---

[11] Dazu *Kotz* JurBüro 2011, 348; **aA** Gerold/Schmidt/*Mayer* Nr. 6300–6303 VV Rn. 11 (Nr. 6500 VV).
[12] Burhoff/*Volpert* Nr. 6300 VV Rn. 30; OLG Celle NJW-RR 2008, 1599.
[13] **AA** HK-RVG/*Klees* Nr. 6200–6216 VV Rn. 6 unter Hinweis auf BGH NJW 1960, 1218.

Nr.	Gebührentatbestand	Gebühr oder Satz der Gebühr nach § 13 oder § 49 RVG	
		Wahlverteidiger oder Verfahrensbevollmächtigter	gerichtlich bestellter oder beigeordneter Rechtsanwalt
einem Disziplinarvorgesetzten entstanden ist, wird diese Gebühr zur Hälfte, höchstens jedoch mit einem Betrag von 175,00 €, auf die Verfahrensgebühr des gerichtlichen Verfahrens vor dem Truppendienstgericht oder dem Bundesverwaltungsgericht angerechnet. Sind mehrere Gebühren entstanden, ist für die Anrechnung die zuletzt entstandene Gebühr maßgebend. Bei der Bemessung der Verfahrensgebühr ist nicht zu berücksichtigen, dass der Umfang der Tätigkeit infolge der vorangegangenen Tätigkeit geringer ist.			

I. Überblick

1 Teil 6 Abschn. 4 VV wurde zunächst durch das **Gesetz zur Änderung wehrrechtlicher und anderer Vorschriften** (WehrRÄndG 2008) vom 31.7.2008 mit Wirkung ab 1.2.2009[1] neu gefasst. Mit diesem Gesetz wurde eine Neustrukturierung des Beschwerdeverfahrens nach der WBO vorgenommen. Die frühere Vorb. 6.4 Ziff. 2 VV für Verfahren auf **Abänderung oder Neubewilligung eines Unterhaltsbeitrags** konnte entfallen, weil dieses Verfahren mit dem Gesetz zur Neuordnung des Bundesdisziplinarrechts vom 9.7.2001[2] und dem Zweiten Gesetz zur Neuordnung des Wehrdisziplinarrechts und zur Änderung anderer Vorschriften vom 16.8.2001[3] weggefallen ist.

2 Für das Verfahren vor dem **Disziplinarvorgesetzten** über die **Aufhebung** oder **Änderung** einer Disziplinarmaßnahme (früher Vorb. 6.4 Ziff. 3 und 4 VV) wurde die Gebühr nach **Nr. 6500 VV** eingefügt, die an die Stelle der früheren Nr. 6404 VV trat. Entsprechendes galt für das Verfahren vor dem **Wehrdienstgericht**.

3 Eine weitere Änderung der Vorb. 6.4 VV brachte mit Wirkung ab 1.8.2013 das **2. KostRMoG**. Der **Überschrift** von Teil 6 Abschn. 4 VV wurde das Wort „Gerichtliche" vorangestellt, um diesen Abschn. schärfer von den in Teil 2 Abschn. 3 VV geregelten Verfahren nach der WBO und WDO vor den Disziplinarvorgesetzten abzugrenzen.[4] Die bisherige Vorb. 6.4 VV wurde zu Absatz 1 und als ein neuer Absatz 2 eine **Anrechnungsregelung** eingefügt, die im Wesentlichen der Neufassung von Vorb. 3 Abs. 4 VV entspricht.[5]

II. Anwendungsbereich

4 Die Vorb. 6.4 VV regelt den Anwendungsbereich von Teil 6 Abschn. 4 VV mit der Überschrift „Gerichtliche Verfahren nach der Wehrbeschwerdeordnung". Sie besagt, dass die Gebühren nach diesem Abschn. in Verfahren auf gerichtliche Entscheidung nach der WBO, auch iVm § 42 WDO, entstehen, wenn das Verfahren vor dem Truppendienstgericht oder vor dem Bundesverwaltungsgericht an die Stelle des Verwaltungsrechtswegs gemäß § 82 Soldatengesetz (SG) tritt. Die Gebührentatbestände von Teil 6 Abschn. 4 VV mit den Nr. 6400–6403 VV gelten also nur in **truppendienstlichen Angelegenheiten**.

---

[1] BGBl. I S. 1629, 1638.
[2] BGBl. I S. 1510.
[3] BGBl. I S. 2093.
[4] BT-Drs. 17/11471 v. 14.11.2012 Art. 8 Nr. 149.
[5] Siehe auch *Hartung* NJW 2005, 3093.

Abschnitt 4. Wehrbeschwerdeordnung　　　　　　　　　　　　　　　　Vorb. 6.4 VV

1. Truppendienstgerichtsbarkeit

Die **Rechtsgrundlage** für die Errichtung der Truppendienstgerichte und ihrer　5
Kammern ist § 69 Abs. 1 und 2 der Wehrdisziplinarordnung iVm der Verordnung über die Errichtung von Truppendienstgerichten vom 16.5.2006.[6] Sie gehören zum Geschäftsbereich des Bundesministeriums der Verteidigung und fungieren als Dienstgerichte für Disziplinarverfahren gegen Soldaten und für Verfahren über Beschwerden von Soldaten. Sie entscheiden als erstinstanzliche **Bundesgerichte** in den ihnen nach der Wehrdisziplinarordnung und der Wehrbeschwerdeordnung zugewiesenen Rechtssachen aus dem Bereich der Bundeswehr.

2. Sachliche Zuständigkeit

Voraussetzung für die Anwendbarkeit der Nr. 6400 bis 6403 VV ist, dass das　6
Verfahren vor dem Truppendienstgericht oder vor dem Bundesverwaltungsgericht an die Stelle des Verwaltungsrechtswegs gemäß § 82 Soldatengesetz (SG) tritt.

Gemäß § 82 SG ist für Klagen der Soldaten aus dem Wehrdienstverhältnis der　7
Verwaltungsrechtsweg gegeben, soweit nicht ein anderer Rechtsweg gesetzlich vorgeschrieben ist. Der **Rechtsweg zu den Truppendienstgerichten** statt zu den Verwaltungsgerichten ist gegeben, wenn es nicht um den Rechtsschutz im Hinblick auf die mit dem allgemeinen Dienstverhältnis zusammenhängenden Rechte und Pflichten (**Verwaltungsangelegenheiten**) geht, für den die Verwaltungsgerichte zuständig sind, sondern Gegenstand des Verfahrens das **militärische Über-/Unterordnungsverhältnis** ist und die Beschwerde des Soldaten eine Verletzung seiner Rechte oder eine Verletzung von Pflichten eines Vorgesetzten ihm gegenüber betrifft (**Truppendienstliche Angelegenheiten**).[7]

Das **Bundesverwaltungsgericht** ist zuständig, wenn die Entscheidungen eines　8
Truppendienstgerichts mit der Beschwerde angefochten werden.

3. Örtliche Zuständigkeit

Gegenwärtig gibt es in Deutschland das Truppendienstgericht Nord mit Sitz in　9
Münster und das Truppendienstgericht Süd mit Sitz in München.

Das **Truppendienstgericht Nord** ist zuständig für die Truppenteile und Dienst-　10
stellen mit Standort im Wehrbereich I, im Wehrbereich II in dem Bundesland Nordrhein-Westfalen, im Wehrbereich III in den Bundesländern Berlin, Brandenburg und Sachsen-Anhalt sowie in den Niederlanden und in Polen.

Das **Truppendienstgericht Süd** ist zuständig für die Truppenteile und Dienst-　11
stellen mit Standort im Wehrbereich II in den Bundesländern Hessen, Rheinland-Pfalz und Saarland, im Wehrbereich III in den Bundesländern Sachsen und Thüringen, im Wehrbereich IV sowie im Ausland. Es ist ferner zuständig für Truppenteile und Dienststellen, die sich im Ausland befinden und für die keine andere Zuständigkeit begründet ist.

III. Gebühren in gerichtlichen Verfahren nach der WBO

Unter der Überschrift „Gerichtliche Verfahren nach der Wehrbeschwerdeord-　12
nung" werden in Teil 6 Abschn. 4 VV die Gebühren für eine Tätigkeit des Rechtsanwalts in den Nr. 6400 bis 6403 VV und in Nr. 6500 VV geregelt, die die Verfahrensgebühr für Einzeltätigkeiten in Verfahren nach der Beschwerdeordnung betrifft.

---

[6] BGBl. I S. 1262.
[7] Dazu *Schnell/Ebert*, Disziplinarrecht, Strafrecht, Beschwerderecht der Bundeswehr, 17. Aufl. 2008, S. 855.

1. Verfahren nach der WBO

13 Nach § 1 WBO kann sich der Soldat unter den dort genannten Voraussetzungen beschweren. Über die **Beschwerde** entscheidet der **Dienstvorgesetzte** (§ 9 WBO). Gegen dessen Entscheidung kann der Soldat gemäß § 16 WBO eine **weitere Beschwerde** einlegen, über die der nächsthöhere Dienstvorgesetzte zu entscheiden hat. Bis zu diesem Verfahrensstand handelt es sich um ein **außergerichtliches** (behördliches) Verfahren, für das nicht die Gebührentatbestände des Teils 6 Abschn. 4 VV, sondern die des Teils 2 VV gelten. Beauftragt der Soldat einen Rechtsanwalt mit seiner außergerichtlichen Vertretung oder Verteidigung, erhält der Rechtsanwalt also eine **Geschäftsgebühr** nach den Nr. 2400 VV und 2401 VV.

14 Die Gebührentatbestände der Nr. 6400 bis 6403 VV gelten im gerichtlichen Verfahren über Beschwerden eines (auch früheren) Soldaten gegen Entscheidungen des Disziplinarvorgesetzten, über die nach § 42 Ziff. 4 WDO das Truppendienstgericht und nicht der nächsthöhere Dienstvorgesetzte entscheidet.

2. Gebühren in gerichtlichen Verfahren nach der WBO

15 Das gerichtliche Verfahren beginnt mit dem Antrag des Soldaten gemäß § 17 WBO auf eine Entscheidung des Truppendienstgerichts. Hierfür regelt die Nr. 6400 VV eine **Verfahrensgebühr** für das Verfahren vor dem Truppendienstgericht und die Nr. 6402 VV eine Verfahrensgebühr für das Verfahren auf gerichtliche Entscheidung vor dem Bundesverwaltungsgericht oder im Verfahren über die Rechtsbeschwerde. Die in beiden Verfahren in Betracht kommende **Terminsgebühr** ist in den Nr. 6401 und 6403 VV geregelt. Auf die Kommentierung dieser Gebührentatbestände wird verwiesen.

3. Besonderheiten in Verfahren nach der WBO

16 Die Nr. 6400–6403 VV weisen für Verfahren nach der Wehrbeschwerdeordnung, soweit dafür ein Truppendienstgericht zuständig ist, einige Besonderheiten auf.

17 **a) Nur Wahlanwaltsgebühren.** Die Gebührentatbestände der Nr. 6400 bis 6403 VV gelten nur für den **Wahlanwalt**. Für einen **gerichtlich bestellten oder beigeordneten** Rechtsanwalt enthalten die Gebührentatbestände der Nr. 6400 bis 6403 VV keine Gebührenregelung. Eine gerichtliche Bestellung eines Rechtsanwalts entsprechend § 90 WDO ist im gerichtlichen Antragsverfahren nach der WBO nicht möglich.[8] Auch die Bestimmungen über die Prozesskostenhilfe finden im Verfahren nach der WBO keine Anwendung. Dies gilt auch für Beschwerden des Soldaten gegen Disziplinarmaßnahmen sowie gegen Entscheidungen des Disziplinarvorgesetzten, weil für diese Beschwerden nach § 42 WDO ebenfalls die Vorschriften der WBO anzuwenden sind.

18 **b) Keine Grundgebühr.** Eine **Grundgebühr** gibt es anders als in Straf- und Bußgeldsachen für die Tätigkeit des Rechtsanwalts in den Verfahren nach der Wehrbeschwerdeordnung nicht.[9] Die Nr. 6200 VV ist nicht anwendbar, weil sie nur für Disziplinarverfahren und für berufsgerichtliche Verfahren wegen der Verletzung einer Berufspflicht gilt. Die Verfahren nach der Wehrbeschwerdeordnung sind zwar dem Disziplinarverfahren iSd Nr. 6200–6216 VV verwandt,[10] der Gesetzgeber hat sie jedoch gesondert in Teil 6 Abschn. 4 VV geregelt und eine Grundgebühr gerade nicht vorgesehen.[11]

---

[8] *Böttcher/Dau* WBO § 1 Rn. 25.
[9] BT-Drs. 15/1971, 231.
[10] *Hartmann* Vorb. 6.4. VV Rn. 1.
[11] BT-Drs. 15/1971, 231.

Nrn. 6400–6403 VV

Nr.	Gebührentatbestand	Gebühr oder Satz der Gebühr nach § 13 oder § 49 RVG	
		Wahlverteidiger oder Verfahrensbevollmächtigter	gerichtlich bestellter oder beigeordneter Rechtsanwalt
6400	Verfahrensgebühr für das Verfahren auf gerichtliche Entscheidung vor dem Truppendienstgericht	80,00 bis 680,00 €	
6401	Terminsgebühr je Verhandlungstag in den in Nummer 6400 genannten Verfahren	80,00 bis 680,00 €	
6402	Verfahrensgebühr für das Verfahren auf gerichtliche Entscheidung vor dem Bundesverwaltungsgericht, im Verfahren über die Rechtsbeschwerde oder im Verfahren über die Beschwerde gegen die Nichtzulassung der Rechtsbeschwerde .... Die Gebühr für ein Verfahren über die Beschwerde der Nichtzulassung der Rechtsbeschwerde wird auf die Gebühr für ein nachfolgendes Verfahren über die Rechtsbeschwerde angerechnet.	100,00 bis 790,00 €	
6403	Terminsgebühr je Verhandlungstag in den in Nummer 6402 genannten Verfahren	100,00 bis 790,00 €	

I. Überblick

Teil 6 Abschn. 4 VV mit den Gebührentatbeständen der Nr. 6400 bis 6403 VV betrifft die Vergütung des Rechtsanwalts in Verfahren nach der Wehrbeschwerdeordnung, auch iVm § 42 WDO, wenn das Verfahren vor dem Truppendienstgericht oder vor dem Bundesverwaltungsgericht an die Stelle des Verwaltungsrechtswegs gemäß § 82 SG tritt.[1] 1

Das **2. KostRMoG** hat mit Wirkung ab 1.8.2013 die bisherige Nr. 6401 VV (ermäßigte Verfahrensgebühr wegen **Vorbefassung** im Beschwerdeverfahren und im Verfahren der weiteren Beschwerde **aufgehoben**. Dadurch wurde – ohne inhaltliche Änderung – die frühere Nr. 6402 VV zur Nr. 6401 VV und die frühere Nr. 6403 VV – mit einer inhaltlichen Änderung – zur Nr. 6402 VV. Aufgehoben wurde auch die frühere Nr. 6404 VV. 2

Die **inhaltliche Änderung** der neuen Nr. 6402 VV betrifft einmal den **Anwendungsbereich** der Vorschrift. Er wurde auf das Verfahren über die Beschwerde gegen die Nichtzulassung der Rechtsbeschwerde (§ 22b WBO) erweitert. Zum anderen wurde der Nr. 6402 VV eine Anm. mit einer **Anrechnungsregelung** hinzugefügt. Danach wird nunmehr die Gebühr für ein Verfahren über die Beschwerde der Nichtzulassung der Rechtsbeschwerde auf die Gebühr für ein nachfolgendes Verfahren über die Rechtsbeschwerde angerechnet. 3

---

[1] Zu Teil 6 VV insgesamt *Hartung* NJW 2005, 3093.

II. Verfahren vor dem Truppendienstgericht (Nr. 6400 bis 6402 VV)

4 Im Verfahren vor dem Truppendienstgericht können für den als Verteidiger oder Vertreter für das gesamte Verfahren tätigen Rechtsanwalt eine **Verfahrensgebühr** (Nr. 6400 und 6401 VV) und eine **Terminsgebühr** (Nr. 6402 VV) anfallen. Beide Gebühren können nur in der Person des **Wahlverteidigers** oder des **Verfahrensbevollmächtigten** entstehen.

5 Für einen **gerichtlich bestellten oder beigeordneten** Rechtsanwalt enthalten die Gebührentatbestände der Nr. 6400 und 6401 VV keine Gebührenregelung, weil eine gerichtliche Bestellung oder Beiordnung eines Rechtsanwalts entsprechend § 90 WDO im gerichtlichen Antragsverfahren nach der WBO nicht möglich ist.[2] Dies gilt auch für Beschwerden der Soldaten gegen Disziplinarmaßnahmen sowie gegen Entscheidungen des Disziplinarvorgesetzten. Auch für diese Beschwerden sind nach § 42 WDO die Vorschriften der WBO anzuwenden.

1. Verfahrensgebühr (Nr. 6400 VV)

6 Die Verfahrensgebühr für das Verfahren auf gerichtliche Entscheidung nach der WBO vor dem Truppendienstgericht (Nr. 6400 VV) entsteht für das Betreiben des Geschäfts einschließlich der Information (Vorb. 6 Abs. 2 VV). Sie hat Pauschgebührencharakter und erfasst alle mit dem gerichtlichen Verfahren vor dem Truppendienstgericht nach § 17 WBO zusammenhängenden Tätigkeiten des Rechtsanwalts mit Ausnahme der Teilnahme an Terminen.

7 Die **Verfahrensgebühr** gemäß Nr. 6400 VV beträgt 80 bis 680 EUR (**Mittelgebühr** 380 EUR). Bei der Bemessung der Höhe der Gebühr sind innerhalb des Gebührenrahmens die Besonderheiten des jeweiligen Einzelfalls gemäß § 14 RVG zu berücksichtigen.

2. Terminsgebühr (Nr. 6401 VV)

8 Die Terminsgebühr nach Nr. 6401 VV fällt für die Teilnahme an gerichtlichen Verhandlungen im Verfahren vor dem Truppendienstgericht an. Der Wahlanwalt oder Verfahrensbevollmächtigte erhält die Gebühr für **jeden Verhandlungstag** (Vorb. 6 Abs. 3 VV).

9 Die **Anwesenheit** des Rechtsanwalts im Termin ist ausreichend. Er braucht nicht zu verhandeln, keine Anträge zu stellen und sich auch nicht an Erörterungen zu beteiligen. Selbst eine Anwesenheit bis zum Ende des Termins ist nicht erforderlich. Im Übrigen wird auf die Kommentierung der → Vorbemerkung 6 VV Rn. 14–18 verwiesen.

10 Die **Terminsgebühr** gemäß Nr. 6401 VV reicht von 80 bis 680 EUR (**Mittelgebühr** 380 EUR). Bei der Bemessung der Höhe der Gebühr sind innerhalb des Gebührenrahmens die Besonderheiten des jeweiligen Einzelfalls gemäß § 14 RVG zu berücksichtigen.

III. Verfahren vor dem Bundesverwaltungsgericht, über die Rechtsbeschwerde und die Nichtzulassung der Rechtsbeschwerde (Nr. 6402 bis 6403 VV)

11 Auch die Verfahrens- und Terminsgebühr nach den Nr. 6402 bis 6403 VV für eine Tätigkeit vor dem Bundesverwaltungsgericht kann nur in der Person des **Wahl-**

---

[2] *Böttcher/Dau* WBO § 1 Rn. 25.

Abschnitt 5. Einzeltätigkeiten **Nr. 6500 VV**

verteidigers oder **Verfahrensbevollmächtigten** entstehen. Für einen **gerichtlich bestellten oder beigeordneten** Rechtsanwalt enthalten die Gebührentatbestände der Nr. 6402 und 6403 VV keine Gebührenregelung.

1. Verfahrensgebühr (Nr. 6402 VV)

Die Verfahrensgebühr nach Nr. 6402 VV fällt im Verfahren auf gerichtliche Entscheidung vor dem **Bundesverwaltungsgericht** (§ 21 WBO), im Verfahren über die **Rechtsbeschwerde** (§§ 22a und 22b WBO) und im Verfahren über die Beschwerde gegen die Nichtzulassung der Rechtsbeschwerde an. 12

Die **Verfahrensgebühr** gemäß Nr. 6402 VV beträgt 80 bis 680 EUR (**Mittelgebühr** 380 EUR). Bei der Bemessung der Höhe der Gebühr sind innerhalb des Gebührenrahmens die Besonderheiten des jeweiligen Einzelfalls gemäß § 14 RVG zu berücksichtigen. 13

Gemäß Nr. 6402 VV ist die Gebühr für ein Verfahren über die Beschwerde der Nichtzulassung der Rechtsbeschwerde auf die Gebühr für ein nachfolgendes Verfahren über die Rechtsbeschwerde anzurechnen. 14

2. Terminsgebühr (Nr. 6403 VV)

Zur **Entstehung** der Terminsgebühr wird auf die obigen Erläuterungen unter → Rn. 8 ff. verwiesen. 15

Die **Terminsgebühr** gemäß Nr. 6403 VV beträgt je Verhandlungstag 100 bis 790 EUR (**Mittelgebühr** 445 EUR). Bei der Bemessung der Höhe der Gebühr sind innerhalb des Gebührenrahmens die Besonderheiten des jeweiligen Einzelfalls gemäß § 14 RVG zu berücksichtigen. 16

Abschnitt 5. Einzeltätigkeiten und Verfahren auf Aufhebung oder Änderung einer Disziplinarmaßnahme

Nr. 6500 VV

Nr.	Gebührentatbestand	Gebühr oder Satz der Gebühr nach § 13 oder § 49 RVG	
		Wahlverteidiger oder Verfahrensbevollmächtigter	gerichtlich bestellter oder beigeordneter Rechtsanwalt
6500	Verfahrensgebühr .... (1) Für eine Einzeltätigkeit entsteht die Gebühr, wenn dem Rechtsanwalt nicht die Verteidigung oder Vertretung übertragen ist. (2) Die Gebühr entsteht für jede einzelne Tätigkeit gesondert, soweit nichts anderes bestimmt ist. § 15 RVG bleibt unberührt. (3) Wird dem Rechtsanwalt die Verteidigung oder Vertretung für das Verfahren übertragen, werden die nach dieser Nummer entstandenen Gebühren auf die für die Verteidigung oder Vertretung entstehenden Gebühren angerechnet.	20,00 bis 300,00 €	128,00 €

Nr. 6500 VV Teil 6. Sonstige Verfahren

Nr.	Gebührentatbestand	Gebühr oder Satz der Gebühr nach § 13 oder § 49 RVG	
		Wahlverteidiger oder Verfahrensbevollmächtigter	gerichtlich bestellter oder beigeordneter Rechtsanwalt
	(4) Eine Gebühr nach dieser Vorschrift entsteht jeweils auch für das Verfahren nach der WDO vor einem Disziplinarvorgesetzten auf Aufhebung oder Änderung einer Disziplinarmaßnahme und im gerichtlichen Verfahren vor dem Wehrdienstgericht.		

I. Überblick

1   Teil 6 Abschn. 5 VV mit dem Gebührentatbestand der Nr. 6500 VV betrifft die Vergütung des Rechtsanwalts für **Einzeltätigkeiten** und in Verfahren auf **Aufhebung** oder **Änderung** einer Disziplinarmaßnahme nach der Wehrbeschwerdeordnung, auch iVm § 42 WDO. Die Regelung ist durch das **Gesetz zur Änderung wehrrechtlicher und anderer Vorschriften** (WehrRÄndG 2008) vom 31.7.2008, in Kraft getreten zum 1.2.2009,[1] eingefügt worden und übernimmt die frühere Nr. 6404 VV sowie aus der früheren Fassung der Vorb. 6.4. VV die Ziff. 3 und 4 VV.

2   Die Verfahrensgebühr nach Nr. 6500 VV kann anders als die Gebühren nach den Nr. 6400 bis 6403 VV nicht nur für den **Wahlverteidiger** oder **Verfahrensbevollmächtigten,** sondern auch für den gerichtlich **bestellten** oder **beigeordneten** Rechtsanwalt anfallen.

II. Verfahrensgebühr für Einzeltätigkeiten (Nr. 6500 Anm. Abs. 1 VV)

3   Die in Nr. 6500 VV geregelte **Verfahrensgebühr** entsteht, wenn dem Rechtsanwalt nicht die Verteidigung oder Vertretung übertragen ist, sondern seine Tätigkeit sich auftragsgemäß oder nach dem gerichtlichen Bestellungs- oder Beiordnungsbeschluss auf **Einzeltätigkeiten** beschränkt. Es handelt sich um einen **Auffangtatbestand.** Der Begriff der „**Einzeltätigkeit**" deckt alle Tätigkeiten ab, die dem Rechtsanwalt in den von Teil 6 Abschn. 4 Nr. 6400 bis 6403 VV erfassten Verfahren als Einzeltätigkeit übertragen werden können.

III. Verfahrensgebühr für mehrere Einzeltätigkeiten (Nr. 6500 Anm. Abs. 2 VV)

4   Die Verfahrensgebühr entsteht für jede einzelne Tätigkeit **gesondert,** soweit nichts anderes bestimmt ist. **§ 15 RVG** bleibt unberührt. Gemeint sind vor allem die Regelungen in § 15 Abs. 4 bis 6 RVG. Des Verweises auf diese Vorschrift hätte es eigentlich nicht bedurft, da § 15 RVG zu den „Allgemeinen Vorschriften" des RVG gehört und daher auch ohne den Verweis gelten würde.

5   Nach **§ 15 Abs. 4 RVG** hat die **vorzeitige Erledigung** der Angelegenheit oder die vorzeitige **Beendigung des Auftrags** keinen Einfluss auf die nach dem Gebührentatbestand der Nr. 6500 VV bereits entstandenen Gebühren. Der Rechtsanwalt

---

[1] BGBl. I S. 1629, 1638.

Teil 7. Auslagen

Vorbemerkung 7 VV

Nr.	Auslagentatbestand	Höhe
Vorbemerkung 7: (1) Mit den Gebühren werden auch die allgemeinen Geschäftskosten entgolten. Soweit nachfolgend nichts anderes bestimmt ist, kann der Rechtsanwalt Ersatz der entstandenen Aufwendungen (§ 675 i. V. m. § 670 BGB) verlangen. (2) Eine Geschäftsreise liegt vor, wenn das Reiseziel außerhalb der Gemeinde liegt, in der sich die Kanzlei oder die Wohnung des Rechtsanwalts befindet. (3) Dient eine Reise mehreren Geschäften, sind die entstandenen Auslagen nach den Nummern 7003 bis 7006 nach dem Verhältnis der Kosten zu verteilen, die bei gesonderter Ausführung der einzelnen Geschäfte entstanden wären. Ein Rechtsanwalt, der seine Kanzlei an einen anderen Ort verlegt, kann bei Fortführung eines ihm vorher erteilten Auftrags Auslagen nach den Nummern 7003 bis 7006 nur insoweit verlangen, als sie auch von seiner bisherigen Kanzlei aus entstanden wären.		

I. Aufbau des Teils 7 VV

Teil 7 VV fasst alle Regelungen über die **Erhebung von Auslagen** zusammen. 1
In neun Gebührentatbeständen werden die erstattungsfähigen Auslagen geregelt.
Das sind in Nr. 7000 VV die Pauschale für die Herstellung und Überlassung von
Dokumenten, in den Nr. 7001 und 7002 VV die Entgelte für **Post- und Telekommunikationsdienstleistungen,** in den Nr. 7003 bis 7006 VV die **Fahrtkosten** einer Geschäftsreise sowie das **Tage- und Abwesenheitsgeld,** in Nr. 7007 VV
die gezahlte **Prämie** für eine für den Einzelfall abgeschlossene Haftpflichtversicherung gegen Vermögensschäden und in Nr. 7008 VV die Erstattung der **Umsatzsteuer.**

II. Regelungsinhalt der Vorbemerkung 7 VV

Die dem Teil 7 VV vorangestellte Vorbemerkung besagt in ihrem Abs. 1 S. 1, dass 2
die allgemeinen **Geschäftskosten** des Rechtsanwalts mit den Gebühren „entgolten"
sind. Der Rechtsanwalt muss sie also aus den Gebühreneinnahmen bestreiten, der
Mandant braucht sie nicht zu erstatten. Davon werden in der Vorb. 7 Abs. 1 S. 2 VV
die **Aufwendungen** unterschieden. Deren Ersatz kann der Rechtsanwalt von dem
Mandanten nach Maßgabe der Nr. 7000 ff. VV bzw. nach Maßgabe des § 675 iVm
§ 670 BGB verlangen.

Die Vorb. 7 Abs. 2 und 3 VV betrifft die **Geschäftsreise** (Nr. 7003 bis 7006 VV). 3
In Abs. 2 wird der Begriff der Geschäftsreise gesetzlich definiert. Abs. 3 regelt die
Verteilung von Reisekosten, wenn eine Reise mehreren Geschäften dient und
die **Berechnung** der Reisekosten bei einer Verlegung der Kanzlei während eines
Mandats.

Weder die Vorbemerkung noch die einzelnen Auslagentatbestände des Teils 7 VV 4
erwähnen den Anspruch des **gerichtlich beigeordneten oder bestellten Rechtsanwalts** auf Ersatz ihm entstandener Auslagen. Gleichwohl hat auch er grundsätzlich
einen solchen Anspruch. Dieser Anspruch richtet sich gegen die Staatskasse und wird
durch § 46 Abs. 1 RVG auf solche Auslagen beschränkt, die zur „**sachgemäßen
Durchführung der Angelegenheit**" erforderlich sind. Vornehmlich für die Kosten einer Geschäftsreise, aber auch für andere Auslagen, ermöglicht es § 46 Abs. 2

Vorb. Nr. 7000 VV

RVG dem gerichtlich beigeordneten oder bestellten Rechtsanwalt, sich **vorab Gewissheit** darüber zu verschaffen, dass eine beabsichtigte Reise oder andere Auslagen vom Gericht als erforderlich gewertet werden. Durch diese Regelung wird dem gerichtlich bestellten oder beigeordneten Rechtsanwalt das **Risiko** abgenommen, für eine Reise oder andere Maßnahmen Auslagen entstehen zu lassen, deren Erstattung später im Rahmen des Festsetzungsverfahrens (§ 55 RVG) von der Staatskasse mit der Begründung abgelehnt wird, sie seien zur sachgemäßen Durchführung der Angelegenheit nicht erforderlich gewesen.

1. Allgemeine Geschäftskosten – Aufwendungen (Vorb. 7 Abs. 1 VV)

5   Die in der Vorb. 7 Abs. 1 VV enthaltenen Begriffe der „**allgemeinen Geschäftskosten**" und der „**Aufwendungen**" sind voneinander abzugrenzen.

6   a) **Allgemeine Geschäftskosten.** Allgemeine Geschäftskosten sind die Kosten der Unterhaltung des **Betriebs einer Anwaltskanzlei.** Von ihnen abzugrenzen sind die Aufwendungen, die bei der Bearbeitung eines konkreten Mandats anfallen (siehe dazu → Rn. 8).[1] Manche Autoren nennen Beispiele für allgemeine Geschäftskosten.[2] Es macht jedoch wenig Sinn, die allgemeinen Geschäftskosten einzeln **aufzulisten**, weil es nahezu unmöglich ist, sie wirklich vollständig zu erfassen. Auch eine Unterscheidung in **allgemeine** und **besondere Geschäftskosten** hilft nicht weiter.

7   Den Gegensatz zu den nicht erstattungsfähigen allgemeinen Geschäftskosten bilden die **Aufwendungen.** Diesen Begriff verwendet die Vorb. 7 in Abs. 1 VV. Demgegenüber trägt Teil 7 VV die Überschrift „**Auslagen**". Dieser Begriff findet sich auch in Nr. 7006 VV und in § 46 RVG. Beide Begriffe meinen letztlich ein und dasselbe, nämlich die Kosten, die der Mandant dem Rechtsanwalt im Gegensatz zu den Geschäftskosten zu erstatten hat.

8   b) **Abgrenzung.** Unter dem Gesichtspunkt der Erstattungsfähigkeit ist es notwendig, die allgemeinen nicht erstattungsfähigen Geschäftskosten von den erstattungsfähigen Auslagen abzugrenzen. Als **Abgrenzungskriterium** für die Unterscheidung der allgemeinen Geschäftskosten von den Aufwendungen ist das **konkrete Einzelmandat** geeignet.[3] Es kommt darauf an, ob die Aufwendungen ausschließlich **für ein bestimmtes Mandat** oder zur Bearbeitung **aller Mandate** und damit für den Kanzleibetrieb insgesamt erforderlich sind. Allgemeine **Geschäftskosten** sind demnach alle Aufwendungen, die sich nicht einem bestimmten Mandat zuordnen lassen. Demgegenüber sind **Auslagen** solche Aufwendungen, die für ein einzelnes Mandat entstehen, beispielsweise die von dem Rechtsanwalt vorgelegten Gerichts- und Gerichtsvollzieherkosten, die Kosten für die Ermittlung von Zeugenanschriften, die Kosten für Registerauskünfte und Grundbuchauszüge sowie Detektiv- und Übersetzungskosten.[4] In der Praxis ist die Abgrenzung also sehr einfach, wenn der Rechtsanwalt sich an der Einzelfall- bzw. Mandatsbezogenheit seiner Kosten orientiert.

9   Unter dem Abgrenzungskriterium der **Einzelfall- bzw. Mandatsbezogenheit** ergibt sich, dass zu den erstattungspflichtigen Aufwendungen des Rechtsanwalts auch die nach Nr. 9003 GKG KV an das Gericht zu zahlende **Aktenversendungspauschale**[5] gehört.[6] Sie fällt im Rahmen der Bearbeitung eines konkreten Mandats

---

[1] *Hansens* RVGreport 2005, 151.
[2] Gerold/Schmidt/*Müller-Rabe* Vorb. 7 Rn. 10.
[3] *Hartmann* Vorb. 7 VV Rn. 5.
[4] OLG Karlsruhe AGS 2000, 176.
[5] Schneider/Wolf/*N. Schneider* VV Vorb. 7 Rn. 30.
[6] Dazu ausführlich *Möller* RVGprofessionell 2005, 77.

an. Der Rechtsanwalt kann die Aktenversendungspauschale also seinem Mandanten gemäß §§ 670, 675 BGB zuzüglich Umsatzsteuer in Rechnung stellen.[7] Der frühere Streit, ob Schuldner der Aktenversendungspauschale der Rechtsanwalt oder der Mandant ist, hat sich durch die nunmehr in § 28 Abs. 2 GKG enthaltene Regelung erledigt.

c) Erstattungsfähigkeit. Mit der Abgrenzung der allgemeinen Geschäftskosten von den Aufwendungen/Auslagen ist noch nichts darüber gesagt, ob der Mandant die seinem **Mandat** zugeordneten Auslagen auch wirklich zu **erstatten** hat. Soweit die Auslagentatbestände des Teils 7 VV die Erstattungspflicht des Mandanten begründen, sind Zweifel nicht möglich. Teil 7 VV regelt die Frage der Erstattungspflicht des Mandanten jedoch **nicht abschließend**. Für Auslagen, die von den Auslagentatbeständen des Teils 7 VV nicht erfasst werden, ist deshalb anhand des § 670 BGB zu prüfen, ob der Mandant sie dem Rechtsanwalt ersetzen muss. 10

Gemäß § 670 BGB kann der Rechtsanwalt solche Aufwendungen ersetzt verlangen, die er den **Umständen** nach für **erforderlich** halten durfte. Dabei kommt es nicht auf die objektive Notwendigkeit an. Es genügt, dass der Rechtsanwalt die Aufwendungen überhaupt und das Maß der Aufwendungen nach sorgsamer, vernünftiger Überlegung für erforderlich halten durfte.[8] Dabei ist für die Beurteilung auf den Zeitpunkt der Entstehung der Aufwendungen abzustellen. 11

Keine Probleme zur Frage der Erstattungspflicht des Mandanten gibt es, wenn der Rechtsanwalt die Aufwendungen vor ihrer Entstehung mit dem Mandanten abgestimmt und sich dessen **Zustimmung** versichert hat. 12

Praxistipp:
Bei allen größeren Aufwendungen ist eine (schriftliche) Abstimmung mit dem Mandanten zu empfehlen, so beispielsweise bei der Einschaltung eines Detektivs oder eines Übersetzers. 13

Auf diese Weise lässt sich ein späterer Streit über die Notwendigkeit der entstandenen Aufwendungen vermeiden. 14

2. Begriff der Geschäftsreise (Vorb. 7 Abs. 2 VV)

Die Vorb. 7 VV enthält in ihrem Abs. 2 eine **Legaldefinition** des Begriffs der „**Geschäftsreise**". Danach liegt eine Geschäftsreise im vergütungsrechtlichen Sinne vor, wenn das Reiseziel außerhalb der Gemeinde liegt, in der sich die Kanzlei oder die Wohnung des Rechtsanwalts befindet. Maßgeblich ist die **politische** Gemeinde. Reisekosten **innerhalb** der Gemeinde sind allgemeine Geschäftskosten. Zu den allgemeinen Geschäftskosten gehören auch die Kosten für Fahrten zwischen Wohn- und Kanzleisitz.[9] 15

Die frühere Differenzierung, die sich ergab, wenn der Rechtsanwalt an **mehreren Gerichten** in verschiedenen politischen Gemeinden zugelassen war, ist gegenstandslos geworden, seitdem es keine Zulassung bei einem Gericht, sondern nur noch eine Zulassung zur Rechtsanwaltschaft gibt (vgl. §§ 6 ff. BRAO). 16

3. Geschäftsreise für mehrere Geschäfte (Vorb. 7 Abs. 3 S. 1 VV)

Die Vorb. 7 Abs. 3 S. 1 VV regelt die **Verteilung der Auslagen** für eine Reise, die mehreren Geschäften dient. 17

Dient eine Reise **mehreren Geschäften,** so sind die entstandenen Auslagen nach den Nr. 7003 bis 7006 VV nach dem Verhältnis der Kosten zu verteilen, die 18

---
[7] BGH NJW 2011, 3041; siehe auch BVerwG JurBüro 2010, 476.
[8] BGHZ 8, 229 = NJW 1953, 182.
[9] Siehe OLG Düsseldorf JurBüro 2012, 299.

Nr. 7000 VV Teil 7. Auslagen

bei gesonderter Ausführung der einzelnen Geschäfte entstanden wären. Zu diesem Zweck sind die fiktiven Kosten einer Einzelreise mit den tatsächlichen Gesamtreisekosten zu multiplizieren, das Ergebnis ist durch die Summe aller fiktiven Reiskosten zu dividieren.

Beispiel:

Die Gesamtreisekosten betragen 120 EUR, die fiktiven Reisekosten für Mandant A belaufen sich auf 60 EUR, die fiktiven Reisekosten für Mandant B auf 100 EUR, zusammen also 160 EUR. Es ergibt sich folgende Berechnung:

Mandant A hat zu erstatten: $\dfrac{60\ \text{EUR mal } 120\ \text{EUR}}{160\ \text{EUR}}$ = 45,00 EUR

Mandant B hat zu erstatten: $\dfrac{100\ \text{EUR mal } 120\ \text{EUR}}{160\ \text{EUR}}$ = 75,00 EUR

Also müssen A 45 EUR und B 75 EUR erstatten.

4. Verlegung der Kanzlei (Vorb. 7 Abs. 3 S. 2 VV)

19 Die Vorb. 7 Abs. 3 S. 2 VV bestimmt den **Umfang der erstattungsfähigen Reisekosten,** wenn der Rechtsanwalt während des Mandats seine Kanzlei an einen anderen Ort verlegt. In diesem Fall kann er bei Fortführung des Mandats Auslagen nach den Nr. 7003 bis 7006 VV nur insoweit verlangen, als sie auch von seiner bisherigen Kanzlei aus entstanden wären. Eine Verlegung im Sine der Vorb. 7 Abs. 3 S. 2 VV liegt vor, wenn die Kanzlei von einer **politischen Gemeinde** in eine andere verlegt wird.

Nr. 7000 VV

Nr.	Auslagentatbestand	Höhe

7000	Pauschale für die Herstellung und Überlassung von Dokumenten:
	 1. für Kopien und Ausdrucke
	   a) aus Behörden- und Gerichtsakten, soweit deren Herstellung zur sachgemäßen Bearbeitung der Rechtssache geboten war,
	   b) zur Zustellung oder Mitteilung an Gegner oder Beteiligte und Verfahrensbevollmächtigte aufgrund einer Rechtsvorschrift oder nach Aufforderung durch das Gericht, die Behörde oder die sonst das Verfahren führende Stelle, soweit hierfür mehr als 100 Seiten zu fertigen waren,
	   c) zur notwendigen Unterrichtung des Auftraggebers, soweit hierfür mehr als 100 Seiten zu fertigen waren,
	   d) in sonstigen Fällen nur, wenn sie im Einverständnis mit dem Auftraggeber zusätzlich, auch zur Unterrichtung Dritter, angefertigt worden sind:
	     für die ersten 50 abzurechnenden Seiten je Seite ....
	     für jede weitere Seite ....
	     für die ersten 50 abzurechnenden Seiten in Farbe je Seite ....
	     für jede weitere Seite in Farbe ....
	 2. Überlassung von elektronisch gespeicherten Dateien oder deren Bereitstellung zum Abruf anstelle der in Nummer 1 Buchstabe d genannten Kopien und Ausdrucke:
	     je Datei ....
		
		0,50 €
		 0,15 €
		
		 1,00 €
		 0,30 €
		
		 1,50 €

Teil 7. Auslagen **Nr. 7000 VV**

Nr.	Auslagentatbestand	Höhe
	für die in einem Arbeitsgang überlassenen, bereitgestellten oder in einem Arbeitsgang auf denselben Datenträger übertragenen Dokumente insgesamt höchstens ………… (1) Die Höhe der Dokumentenpauschale nach Nummer 1 ist in derselben Angelegenheit und in gerichtlichen Verfahren in demselben Rechtszug einheitlich zu berechnen. Eine Übermittlung durch den Rechtsanwalt per Telefax steht der Herstellung einer Kopie gleich. (2) Werden zum Zweck der Überlassung von elektronisch gespeicherten Dateien Dokumente im Einverständnis mit dem Auftraggeber zuvor von der Papierform in die elektronische Form übertragen, beträgt die Dokumentenpauschale nach Nummer 2 nicht weniger, als die Dokumentenpauschale im Fall der Nummer 1 betragen würde.	5,00 €

Übersicht

	Rn.
I. Überblick ………………………………………………	1
II. Anwendungsbereich …………………………………	2
III. Kopien und Ausdrucke (Nr. 7000 Anm. 1 Buchst. a bis d VV) ……	7
1. Kopien und Ausdrucke aus Behörden- und Gerichtsakten (Nr. 7000 Anm. 1 Buchst. a VV) ……………………	9
2. Kopien und Ausdrucke zur Zustellung oder Mitteilung an Gegner oder Beteiligte und Verfahrensbevollmächtigte (Nr. 7000 Anm. 1 Buchst. b VV) …………………………	12
3. Kopien zur Unterrichtung des Auftraggebers (Nr. 7000 Anm. 1 Buchst. c VV) …………………………………………	25
4. Kopien und Ausdrucke in sonstigen Fällen (Nr. 7000 Anm. 1 Buchst. d VV) …………………………………………	30
IV. Überlassung elektronisch gespeicherter Daten (Nr. 7000 Anm. 2 VV) ………………………………………………	32
V. Übertragung von Dokumenten in Papierform in die elektronische Form (Nr. 7000 Anm. 2 Abs. 2 VV) …………………	36
VI. Erstattungsfähigkeit …………………………………	37

I. Überblick

Nr. 7000 VV regelt die Vergütung des Rechtsanwalts für die Herstellung und Überlassung von **Kopien** und **Ausdrucken,** auch per Telefax, sowie für die Überlassung von **elektronisch gespeicherten Dateien.** Der Rechtsanwalt darf diese Dokumente **nur** in den Fällen berechnen, die in Nr. 7000 VV beschrieben sind, es sei denn, er hat mit dem Mandanten etwas anderes vereinbart. Soweit keine Vereinbarung getroffen ist, sind die in Teil 7 VV enthaltenen Regelungen abschließend. Über diese Vorschriften hinaus anfallende Aufwendungen gehören zu den allgemeinen Geschäftskosten.

II. Anwendungsbereich

Unter dem Begriff der **„Pauschale für die Herstellung und Überlassung von Dokumenten"** (Dokumentenpauschale) versteht das RVG solche Kosten, die für

Nr. 7000 VV

die Anfertigung von Kopien und Ausdrucken anfallen. Auf die **Art der Herstellung** kommt es nicht an.[1]

3 Unter **Kopien** sind in erster Linie Fotokopien zu verstehen. Einer Fotokopie steht es gleich, wenn die Vervielfältigung eines Dokuments durch Einscannen und Abspeichern als Datei hergestellt wird. Wie bei einer Fotokopie handelt es sich auch bei einer Datei um ein Dokument, weil die abgespeicherten Daten dem Rechtsanwalt den Zugriff auf den Akteninhalt ermöglichen und diesen damit dokumentieren. Zudem handelt es sich bei einem Scanner um ein Gerät zur optischen Datenerfassung.[2]

4 Um einen **Ausdruck** handelt es sich bei den Vervielfältigungen eines Originaldokuments durch Drucker, zB mittels eines PC-Druckers oder eines vergleichbaren Gerätes.[3]

5 Die Kosten für die **Anfertigung** von **Lichtbildern** werden von der Dokumentenpauschale nicht erfasst. Die Verpflichtung des Mandanten, diese Kosten zu übernehmen, kann sich aber aus den §§ 675, 670 BGB ergeben.[4]

6 Keine Kopien oder Ausdrucke sind die **Urschriften**. Die durch ihre Herstellung anfallenden Aufwendungen gehören zu den allgemeinen Geschäftskosten und sind durch die Gebühren abgegolten.

III. Kopien und Ausdrucke (Nr. 7000 Anm. 1 Buchst. a bis d VV)

7 Die Dokumentenpauschale gemäß Nr. 7000 VV stellt für Kopien und Ausdrucke auf die Zahl der abgelichteten oder ausgedruckten Seiten ab. Dabei kommt es bei der Ermittlung der Zahl der Seiten auf das **DIN-A-4-Format** an. Für **DIN-A-3-Seiten** kann der in Nr. 7000 VV genannte Betrag doppelt berechnet werden.

8 Im Einzelnen wird in Nr. 7000 Anm. 1 VV zwischen vier verschiedenen Auslagentatbeständen unterschieden, für die unterschiedliche Voraussetzungen gelten.

1. Kopien und Ausdrucke aus Behörden- und Gerichtsakten (Nr. 7000 Anm. 1 Buchst. a VV)

9 Der Rechtsanwalt erhält eine Pauschale für **Kopien** und **Ausdrucke** aus Behörden- und Gerichtsakten von der **ersten Seite** an, und zwar für die ersten 50 Seiten 0,50 EUR und für jede weitere Seite 0,15 EUR. Ein Anspruch des Rechtsanwalts auf Erstattung dieser Beträge besteht allerdings nur, soweit die Herstellung von Kopien und Ausdrucken zur **sachgemäßen Bearbeitung** der Rechtssache **geboten** war.

10 Die Beurteilung, welche Kopien und Ausdrucke zur sachgemäßen Bearbeitung der Rechtssache **geboten** sind, liegt im **Ermessen des Rechtsanwalts**. Die Verwendung des Begriffs „geboten" belegt, dass die Anfertigung von Kopien und Ausdrucken nicht **erforderlich** sein muss, sondern dass der Rechtsanwalt in der konkreten Rechtssache alle Unterlagen aus den Behörden- und Gerichtsakten zum Bestandteil seiner Handakte machen darf, die er bei Durchsicht dieser Akten im Rahmen einer ordnungsgemäßen Bearbeitung für wesentlich hält und die er nicht schon besitzt. Insbesondere in **Strafsachen** ist der Rechtsanwalt auf einen möglichst **kompletten Aktenauszug** angewiesen. Allerdings darf er die Akten nicht unge-

---

[1] Zur Erstellung von Farblaserdrucken siehe OLG Düsseldorf RVGreport 2005, 232.
[2] OLG Bamberg NJW 2006, 3504; siehe auch *Enders* JurBüro 2013, 561 (562).
[3] Schneider/Wolf/*Volpert* 7000 VV Rn. 20.
[4] Zum Meinungsstand Gerold/Schmidt/*Müller-Rabe* 7000 VV Rn. 25; vgl. auch OLG München OLGR 2008, 155.

bestimmt. Danach hat der Rechtsanwalt seinen Mandanten über alle für den Fortgang der Sache wesentlichen Vorgänge und Maßnahmen unverzüglich zu unterrichten, ihm insbesondere von allen wesentlichen erhaltenen oder versandten Schriftstücken Kenntnis zu geben und Anfragen des Mandanten unverzüglich zu beantworten.[15]

Zu beachten ist, dass eine solche Vereinbarung nur im Verhältnis des Rechtsanwalts zu seinem Auftraggeber gilt. Für die **Kostenerstattung** muss die Notwendigkeit im Verhältnis des Rechtsanwalts zum Gegner und zur Staatskasse gleichwohl objektiv feststellbar sein. 27

Ohne eine Vereinbarung zwischen dem Rechtsanwalt und seinem Auftraggeber ist unter Berücksichtigung der **berufsrechtlichen Regelung des § 11 BORA** davon auszugehen, dass zu einer notwendigen Unterrichtung des Auftraggebers Kopien und Ausdrucke sowohl der mit dem Gegner geführten außergerichtlichen Korrespondenz als auch der in gerichtlichen Verfahren gewechselten Schriftsätze einschließlich aller Anlagen gehören. Unerheblich ist, ob die Kopien und Ausdrucke für einen oder mehrere Auftraggeber herzustellen sind. 28

Nicht von Nr. 7000 Anm. 1 Buchst. c VV umfasst sind Kopien und Ausdrucke für den **Verkehrsanwalt**, den **Terminsvertreter** und den **Rechtsschutzversicherer**. Für sie kann Nr. 7000 Anm. 1 Buchst. d VV in Betracht kommen. Auch Kopien und Ausdrucke für die eigenen **Handakten** des Rechtsanwalts gehören nicht dazu. 29

4. Kopien und Ausdrucke in sonstigen Fällen (Nr. 7000 Anm. 1 Buchst. d VV)

In sonstigen Fällen, also für Kopien und Ausdrucke, die nicht bereits unter Nr. 7000 Anm. 1 Buchst. a bis c VV fallen, besteht ein Anspruch auf die Dokumentenpauschale nur, wenn sie im **Einverständnis mit dem Auftraggeber,** auch zur Unterrichtung Dritter, zusätzlich angefertigt worden sind. Das gilt auch im Verhältnis des gerichtlich bestellten oder beigeordneten Rechtsanwalts zur Staatskasse. Das Einverständnis des Auftraggebers mit der Herstellung zusätzlicher Abschriften und Kopien kann aber nur dann zu einer Erstattungspflicht der Staatskasse führen, wenn die zusätzlichen Abschriften und Kopien für eine sachgemäße Vertretung des Mandanten erforderlich waren. 30

Das **Einverständnis** des **Auftraggebers** kann ausdrücklich oder stillschweigend erfolgen. Auch ein allgemeines Einverständnis des Mandanten in den Mandatsbedingungen kommt in Betracht. Auf den **Zeitpunkt** der Erteilung des Einverständnisses kommt es nicht an. Es kann also auch noch erfolgen, nachdem der Rechtsanwalt bereits zusätzliche Kopien oder Ausdrucke hergestellt hat. In der Praxis wird das Einverständnis des Mandanten meist unterstellt, wenn die zusätzlichen Kosten zur sachgemäßen Bearbeitung geboten sind. Das konkludent erteilte Einverständnis liegt dann in der **widerspruchslosen Duldung** der durch zusätzliche Kopien oder Ausdrucke entstehenden Kosten.[16] 31

IV. Überlassung elektronisch gespeicherter Daten (Nr. 7000 Anm. 2 VV)

Gemäß Nr. 7000 Anm. 2 VV kann der Rechtsanwalt die Dokumentenpauschale auch für die Überlassung von elektronisch gespeicherten Daten verlangen. Das gilt 32

---

[15] Ausführlich Hartung/*Scharmer* § 11 BORA Rn. 7 ff.
[16] Zum Einverständnis des Auftraggebers ausführlich Gerold/Schmidt/*Müller-Rabe* Nr. 7000 VV Rn. 147–155.

Nr. 7000 VV

jedoch nur für die in Nr. 7000 Anm. 1 Buchst. d VV genannten Fälle. Auf Nr. 7000 Anm. 1 Buchst. a bis c VV verweist die Anm. 2 nicht.[17]

33 Unerheblich ist, welches **Medium** der Rechtsanwalt zur Datenspeicherung verwendet. Datenträger können eine CD, eine DVD, eine Diskette oder ein Speicherstick sein.

34 Was unter einer „**Datei**" zu verstehen ist, wird nicht definiert. Deshalb war bislang unklar, wie zum Beispiel eine ZIP-Datei zu berechnen ist, in der mehrere einzelne Dateien zusammengefasst werden. Das **2. KostRMoG** hat mit Wirkung ab 1.8.2013 in Nr. 7000 Anm. 2 VV hierfür eine neue Regelung eingefügt, die den Fall betrifft, dass in **einem Arbeitsgang mehrere Dokumente auf denselben Datenträger** übertragen und dem Auftraggeber überlassen werden. Die Dokumentenpauschale beträgt in diesem Fall 5 EUR.

35 Neu ist auch, dass die Dokumentenpauschale nicht nur für die Überlassung der in Nr. 7000 Anm. 1 Buchst. d VV genannten Kopien und Ausdrucke oder für die Überlassung von elektronisch gespeicherten Dateien gemäß Nr. 7000 Anm. 2 VV entsteht, sondern auch für „**deren Bereitstellung zum Abruf**". Gemeint ist damit eine Bereitstellung zum **Download**.

V. Übertragung von Dokumenten in Papierform in die elektronische Form (Nr. 7000 Anm. 2 Abs. 2 VV)

36 Das **2. KostRMoG** hat mit Wirkung ab 1.8.2013 der Nr. 7000 Anm. 2 einen Absatz 2 hinzugefügt. Danach erhält der Rechtsanwalt die Dokumentenpauschale auch, wenn er im Einverständnis mit seinem Auftraggeber die nur in Papierform vorliegenden Dokumente in die elektronische Form überträgt und sie in dieser Form dem Auftraggeber überlässt. Sie beträgt gemäß Nr. 7000 Anm. 2 mindestens 1,50 EUR je Datei. Der Rechtsanwalt soll dadurch aber nicht schlechter gestellt werden. Deshalb kann er diese Tätigkeit wie eine Dokumentenpauschale nach Nr. 7000 Anm. 1 VV abrechnen, also den Betrag verlangen, der ihm für Fotokopien zustehen würde. Handelt es zB um 40 Seiten in Papierform, für die der Rechtsanwalt (40 x 0,50 EUR) 20 EUR erhalten würde, steht ihm dieser Betrag auch zu, wenn er die 40 Seiten zum Zweck der Überlassung an den Auftraggeber in die elektronische Form überträgt. Er kann also nicht nur 5 EUR, sondern 20 EUR beanspruchen.

VI. Erstattungsfähigkeit

37 Kosten für die Herstellung von Kopien und Ausdrucken sind grundsätzlich erstattungsfähig.[18] Zu der Frage, wann im Einzelfall eine Erstattungsfähigkeit zu bejahen oder abzulehnen ist, existiert eine nicht mehr überschaubare Rechtsprechung. Sie mündet nicht selten in eine kleinliche „**Erbsenzählerei**". Ein Rechtsanwalt, der sich bemüht, im Rahmen der Kostenerstattung die Entstehung der Dokumentenpauschale nach Grund und Höhe zu belegen, hat damit so viel zu tun, dass es für ihn wirtschaftlich günstiger sein kann, auf die Dokumentenpauschale gänzlich zu verzichten.[19] Auch deshalb sollte der Rechtsanwalt die gesetzliche Regelung der Dokumentenpauschale durch eine wirtschaftlich sinnvolle Vereinbarung mit seinem Auftraggeber ersetzen, auch wenn er sich bei der Kostenerstattung hierauf nicht

---

[17] *Enders* JurBüro 2005, 393; *Henke* AnwBl. 2005, 208.

[18] Schneider/Wolf/*Volpert* Nr. 7000 VV Rn. 122 ff.; zu Fotokopien von Gerichtsentscheidungen siehe OLG Koblenz NJW-RR 2008, 375.

[19] Gerold/Schmidt/*Müller-Rabe* Nr. 7000 VV Rn. 228 f.

Teil 7. Auslagen Nr. 7001, 7002 VV

berufen kann. Das sollte dem Auftraggeber bewusst sein, wenn er eine Vereinbarung über die Kostenpauschale unterschreibt.

Nrn. 7001, 7002 VV

Nr.	Auslagentatbestand	Höhe
7001	Entgelte für Post- und Telekommunikationsdienstleistungen Für die durch die Geltendmachung der Vergütung entstehenden Entgelte kann kein Ersatz verlangt werden.	in voller Höhe
7002	Pauschale für Entgelte für Post- und Telekommunikationsdienstleistungen .... (1) Die Pauschale kann in jeder Angelegenheit anstelle der tatsächlichen Auslagen nach 7001 gefordert werden. (2) Werden Gebühren aus der Staatskasse gezahlt, sind diese maßgebend.	20 % der Gebühren – höchstens 20,00 €

Übersicht

	Rn.
I. Überblick	1
II. Anwendungsbereich	3
III. Wahlrecht des Rechtsanwalts	7
IV. Konkrete Berechnung (Nr. 7001 VV)	11
V. Pauschale Abrechnung (Nr. 7002 VV)	13
VI. Beratungshilfe	19
VII. Anrechnung	21
VIII. Kostenerstattung	24

I. Überblick

Die Entgelte für Post- und Telekommunikationsdienstleistungen (Postentgelte) **1** gehören zu den Auslagen, die der Rechtsanwalt neben den Gebühren berechnen darf. Die Einzelheiten regeln die Nr. 7001 und 7002 VV. Sie räumen dem Rechtsanwalt ein **Wahlrecht** ein. Er kann die Erstattung der ihm für Postentgelte entstehenden Auslagen **konkret** in voller Höhe (Nr. 7001 VV) oder **pauschal** in Höhe von 20 % der Gebühren, höchstens jedoch mit 20 EUR (Nr. 7002 VV) berechnen.

Die Regelungen der Nr. 7001 und 7002 VV gelten bei einer Abrechnung der **2** **gesetzlichen Gebühren** nach Maßgabe des RVG. Bei einer **Vergütungsvereinbarung** sollte der Rechtsanwalt klarstellen, ob er die Auslagen für Post- und Telekommunikationsdienstleistungen gesondert berechnen darf oder ob sie durch das vereinbarte Honorar abgegolten sein sollen. Fehlt in der Vergütungsvereinbarung eine eindeutige Regelung, ist im Zweifel anzunehmen, dass die vereinbarte Vergütung auch die Auslagen umfasst.[1]

II. Anwendungsbereich

Postentgelte iSd Nr. 7001, 7002 VV sind die **Kosten** für sämtliche Postsendungen **3** und die Kosten, die durch die **Benutzung** (nicht durch die Einrichtung und Unter-

---

[1] LG Koblenz JurBüro 1984, 1667; Gerold/Schmidt/*Müller-Rabe* Nr. 7001, 7002 VV Rn. 44.

Nr. 7001, 7002 VV

haltung eines Anschlusses) von **Fernsprech- und Telefaxleitungen**[2] sowie für **Online-Verbindungen** (E-Mail, Internet) entstehen.

4 Nicht zu den Postentgelten gehören Kosten für eine Inanspruchnahme der **Bahn** oder anderer **Transportunternehmen** für die Versendung von Unterlagen.[3] Solche Auslagen können mit dem Mandanten nach den §§ 670, 675 BGB abgerechnet werden.

5 Auch die **Aktenversendungspauschale** gemäß Nr. 9003 GKG-KV fällt nicht unter die Postentgelte iSd Nr. 7001, 7002 VV.[4] Hierbei handelt es sich um Gerichtskosten, deren Erstattung gemäß §§ 670, 675 BGB in Betracht kommt.

6 Schließlich kann der Rechtsanwalt keinen Ersatz für die durch die **Geltendmachung seiner Vergütung** entstehenden Postentgelte verlangen. Das folgt aus der Anm. zu Nr. 7001 VV.

III. Wahlrecht des Rechtsanwalts

7 Die Regelungen der Nr. 7001, 7002 VV räumen dem Rechtsanwalt die Möglichkeit ein, die Entgelte für Post- und Telekommunikationsdienstleistungen **konkret** oder **pauschal** abzurechnen. Zu welcher Möglichkeit sich der Rechtsanwalt entschließt, ist im Einzelfall von dem Aufwand abhängig, der mit den Aufzeichnungen der einzelnen tatsächlichen Postentgelte verbunden ist. Die pauschale Abrechnung ist im Zweifel der bequemere und auch kostengünstigere Weg.

Praxistipp:

8 Bei Mandaten, die schon bei ihrer Erteilung oder im weiteren Verlauf einen über die Pauschale von 20 EUR hinausgehenden Aufwand für Postentgelte vermuten lassen, solle der Rechtsanwalt mit seinem Mandanten aus Vereinfachungsgründen eine Pauschalvereinbarung treffen, beispielsweise einen bestimmten Betrag vereinbaren, der von dem Mandanten ohne Rücksicht auf die tatsächlichen Postentgelte zu zahlen ist.

9 Die Anm. zu Nr. 7002 VV gestattet es dem Rechtsanwalt, die Pauschale in **jeder Angelegenheit** anstelle der tatsächlichen Auslagen nach Nr. 7001 VV zu fordern (→ Rn. 17). Der Begriff der Angelegenheit in der Anm. zu Nr. 7002 VV ist identisch mit dem des § 15 RVG. So kann der Rechtsanwalt zB im ersten Rechtszug die tatsächlich entstandenen Portoentgelte und in der zweiten Instanz die Pauschale berechnen.

10 Seine **Wahl** kann der Rechtsanwalt nachträglich wieder **ändern**, so lange das Gericht nicht über die von dem Auftraggeber, der Staatskasse oder dem Gegner zu erstattenden Auslagen endgültig entschieden hat.[5]

IV. Konkrete Berechnung (Nr. 7001 VV)

11 Entscheidet sich der Rechtsanwalt für die nach Nr. 7001 VV mögliche konkrete Abrechnung der für Post- und Telekommunikationsdienstleistungen entstandenen Entgelte, muss er die von ihm tatsächlich verauslagten Beträge einzeln erfassen. In der

---

[2] OLG Köln JurBüro 2002, 591.

[3] Schneider/Wolf/*Schneider* Nr. 7001, 7002 VV Rn. 6.

[4] LG Koblenz MDR 1996, 104; VG Meiningen AGS 2005, 565; vgl. auch Schneider/Wolf/ N. *Schneider* Nr. 7001–7002 VV Rn. 10; **aA** LG Leipzig RVGreport 2009, 61 m. abl. Anm. *Burhoff*; siehe auch *Büttner* NJW 2005, 3108; *Onderka* RVGprofessionell 2006, 5.

[5] KG KGR Berlin 2000, 182; Gerold/Schmidt/*Müller-Rabe* Nr. 7001, 7002 VV Rn. 15; **aA** *Hartmann* Nr. 7001, 7002 VV Rn. 5; vgl. auch *Meyer* JurBüro 2006, 414.

Teil 7. Auslagen **Nr. 7001, 7002 VV**

Gebührenrechnung braucht er gemäß § 10 Abs. 2 S. 2 RVG nur den Gesamtbetrag anzugeben. Auf Verlangen des Mandanten muss er den Gesamtbetrag jedoch aufschlüsseln und im Streitfall jede einzelne Position belegen. Da der mit der Erfassung der tatsächlich verauslagten Kosten verbundene Verwaltungsaufwand erheblich ist, entscheiden sich viele Rechtsanwälte in der Regel gegen die konkrete Berechnung und wählen stattdessen die Pauschale gemäß Nr. 7002 VV.

Bei der konkreten Berechnung muss der Rechtsanwalt besonders auf die korrekte Abrechnung der in den verauslagten Beträgen enthaltenen **Umsatzsteuer** achten. In die Abrechnung sind zunächst die verauslagten Nettobeträge einzustellen, die Umsatzsteuer ist erst auf den **Gesamtnettorechnungsbetrag** hinzuzurechnen. Beachtet der Rechtsanwalt das nicht, kann sein Mandant nicht den Vorsteuerabzug vornehmen.[6]   12

V. Pauschale Abrechnung (Nr. 7002 VV)

Gemäß Nr. 7002 VV kann der Rechtsanwalt als Entgelt für Post- und Telekommunikationsdienstleistungen eine Pauschale verlangen.   13

Die in der Praxis überwiegend gewählte pauschale Berechnung setzt voraus, dass **mindestens einmal** Porto oder Telefongebühren angefallen sind. Will ein Mandant nach einer mündlichen **Erstberatung** die Rechnung sofort bezahlen oder mitnehmen, darf die Pauschale nicht berechnet werden.   14

Da der Mindestbetrag einer Gebühr gemäß § 13 Abs. 3 RVG 15 EUR beträgt, ist die **Mindestpauschale** 3 EUR.   15

Der **gerichtlich** bestellte oder beigeordnete Rechtsanwalt kann die Dokumentenpauschale nicht nach den **Wahlanwaltsgebühren** berechnen, sondern nur nach den von der Staatskasse gezahlten Gebühren. So regelt es mit Wirkung ab 1.1.2014 die **Anm. 2** zu Nr. 7002 VV.   16

Die in Nr. 7002 VV geregelte Pauschale für Post- und Telekommunikationsdienstleistungen kann der Rechtsanwalt nach der Anm. zu Nr. 7002 VV „**in jeder Angelegenheit**" verlangen. Wann ein Mandat dieselbe Angelegenheit oder verschiedene bzw. besondere Angelegenheiten betrifft, bestimmt sich auf der Grundlage des § 15 Abs. 2 RVG nach den §§ 16 bis 18 RVG. Auf die Kommentierung dieser Vorschriften in diesem Kommentar wird verwiesen.   17

Soweit das RVG in § 17 RVG einzelne Verfahren als „verschiedene" und in § 18 RVG als „besondere" Angelegenheiten einstuft, steht dem Rechtsanwalt in jeder Angelegenheit die Pauschale gesondert, insgesamt also **doppelt** zu.[7] Das gilt insbesondere auch im Hinblick auf die **Neufassung des § 17 Nr. 10 und 11 RVG**. Nach § 17 Nr. 10 RVG sind das **strafrechtliche Ermittlungsverfahren** und ein **nachfolgendes gerichtliches Verfahren** und sich ein nach Einstellung des Ermittlungsverfahrens anschließendes **Bußgeldverfahren** verschiedene Angelegenheiten. Dasselbe gilt gemäß § 17 Nr. 11 RVG für das **Bußgeldverfahren vor der Verwaltungsbehörde** und das nachfolgende **gerichtliche Verfahren**. In beiden Fallgruppen fällt die Postentgeltpauschale nach Nr. 7002 kraft gesetzlicher Regelung **doppelt**, so dass die früheren Meinungsverschiedenheiten in Rechtsprechung und Literatur zur einfachen oder doppelten Berechnung der Postentgeltpauschale erledigt sind.   18

VI. Beratungshilfe

Soweit der gerichtlich beigeordnete oder bestellte Rechtsanwalt gemäß § 44 S. 1 RVG für eine Tätigkeit im Rahmen von **Beratungshilfe** gemäß den Nr. 2501 ff.   19

---

[6] Gerold/Schmidt/*Müller-Rabe* Nr. 7001, 7002 VV Rn. 17 f.
[7] BGH JurBüro 2004, 649 mAnm *Enders*; BGH JurBüro 2005, 142.

Hartung 1345

Nr. 7001, 7002 VV

VV einen Anspruch gegen die Staatskasse hat, stehen auch ihm die Auslagen nach den Nr. 7001 und 7002 VV zu. Seinem Auftraggeber kann der Rechtsanwalt in Bezug auf die Beratungshilfegebühr von 15 EUR keine Auslagen in Rechnung stellen.

20 Umstritten ist, ob der Berechnung der Pauschale von 20 % die in den Nr. 2501 ff. VV **geregelten** Festgebühren oder **fiktiv** die Gebühren zugrunde zulegen sind, die bei einer Wahlanwaltstätigkeit anfallen würden. Eine Meinung stellt fiktiv auf die höheren Wahlanwaltsgebühren ab.[8] Zur Begründung beruft sie sich darauf, dass das RVG die frühere Regelung des § 133 S. 2 BRAGO nicht übernommen habe. Das rechtfertige den Schluss, dass der Gesetzgeber bewusst auf die Übernahme dieser Vorschrift verzichtet und damit allein die Rechtsanwaltsgebühren in Beratungshilfesachen habe unverändert lassen, die Berechnung der Pauschale aber an der Normalgebühr habe orientieren wollen. Die zutreffende Meinung legt der Berechnung der Pauschale die wirklich verdienten Gebühren der Nr. 2501 ff. VV zugrunde.[9] Die für den im Rahmen von Beratungshilfe tätigen Rechtsanwalt anfallenden Gebühren sind in den Nr. 2501 ff. VV eindeutig festgelegt. Davon abzuweichen widerspräche diesen gesetzlichen Regelungen.

VII. Anrechnung

21 Das Vergütungsverzeichnis enthält in einigen Fällen Anrechnungsvorschriften, beispielsweise die Anrechnung der Geschäfts- oder Verfahrensgebühr auf eine Verfahrensgebühr für eine weitere Tätigkeit des Rechtsanwalts (siehe zB die Nr. 2303, 2501, 3100 VV). Fraglich ist, ob in solchen Fällen auch mehrere Pauschalen untereinander anzurechnen sind und nach welcher Gebühr sich die Pauschale in Anrechnungsfällen richtet.

22 Grundsätzlich gilt, dass **mehrere Pauschalen untereinander** nicht anzurechnen sind. Eine Anrechnungsregelung, wie sie in bestimmten Fällen für Gebühren vorgesehen ist, gibt es nicht.

23 Davon zu unterscheiden ist die Frage, ob sich die Pauschale nach den Gebühren **vor** einer Anrechnung[10] oder nach den (verringerten) Gebühren **nach** einer Anrechnung[11] bemisst. Zu folgen ist der herrschenden Meinung. Nach ihr kommt es auf die ungekürzten Gebühren vor der Anrechnung an. Überzeugende Gründe für die gegenteilige Auffassung sind nicht ersichtlich.

VIII. Kostenerstattung

24 Bei der Frage, wer Kosten zu erstatten hat, sind **zwei Bereiche** zu unterscheiden. Der eine Bereich betrifft die Kostenerstattung im Verhältnis des **Rechtsanwalts** zu seinem **Mandanten,** der andere Bereich das Verhältnis des **Mandanten** zu seinem **Prozessgegner.** Das Rechtsverhältnis zwischen dem Rechtsanwalt und seinem

---

[8] So OLG Nürnberg JurBüro 2007, 209 m. abl. Anm. von *Hansens* in RVGreport 2007, 133; AG Eutin AGS 2007, 631; AG Köln AGs 2006, 25; AG Oschatz AGS 2007, 631; AG Siegburg AGS 2008, 298.

[9] OLG Bamberg JurBüro 2007, 645; OLG Dresden AGS 2008, 559; OLG Düsseldorf AGS 2007, 630; KG RVGreport 2008, 433; OLG Nürnberg RVGreport 2008, 308; LG Detmold AGS 2008, 90; AG Salzgitter JurBüro 2008, 29; *Hartmann* Nr. 7001, 7002 VV Rn. 8.

[10] So LG Essen JurBüro 2002, 246; AG Kassel AGS 2007, 133; AG Nürtingen JurBüro 2003, 417; AG Siegburg JurBüro 2003, 533; Gerold/Schmidt/*Müller-Rabe* Nr. 7001, 7002 VV Rn. 41 f.; *Hartmann* Nr. 7001, 7002 VV Rn. 9; siehe auch *Enders* JurBüro 1996, 561 und JurBüro 2004, 169, 173 sowie *Schneider* AGS 2003, 94.

[11] So KG JurBüro 2000, 583; AG Melsungen JurBüro 2006, 593 mAnm *Enders.*

III. Fahrtkosten (Nr. 7003 VV)

Grundsätzlich ist es dem Rechtsanwalt überlassen, wie er reist. Er kann ein eigenes Kraftfahrzeug oder ein anderes Verkehrsmittel benutzen. Er muss auch nicht den kürzesten Weg wählen.[4] Auf **wirtschaftliche Überlegungen** braucht er bei seiner Wahl keine Rücksicht zu nehmen, es sei denn, seine Entscheidung ist rechtsmissbräuchlich. Bei einer Reise mit dem eigenen Kraftfahrzeug kann der Rechtsanwalt also nicht auf ein **billigeres Verkehrsmittel** verwiesen werden.[5]

Der Mandant und auch die Staatskasse können allerdings einwenden, die Reise sei zur „sachgemäßen Durchführung der Angelegenheit" nicht **erforderlich** gewesen. Die Frage nach der Erforderlichkeit hat sich in den letzten Jahren vor allem an Geschäftsreisen zu Gerichtsterminen entzündet, die das Gericht kurz zuvor aufgehoben hatte. Das **Oberlandesgericht Stuttgart** erwartet vom Rechtsanwalt eine organisatorische Vorsorge, dass er nicht eine Geschäftsreise zu einem Termin antritt, der erst am Nachmittag des Vortages aufgehoben worden ist.[6] Das **Oberlandesgericht Koblenz** vertritt bei einer Klagerücknahme einen Tag vor einem Gerichtstermin die Auffassung, dass der Kläger verpflichtet ist, durch einen Anruf oder in sonstiger Weise sicherzustellen, dass der gegnerische Rechtsanwalt nicht anreist.[7] Das **Oberlandesgericht München** ist der Ansicht, dass Reisekosten eines Rechtsanwalts nicht vermeidbar sind, wenn die klagende Partei die Rücknahme ihrer Klage erst am späten Nachmittag des Tages vor dem Termin mitteilt, da es bei einem Termin am Vormittag nicht missbräuchlich sei, wenn der Rechtsanwalt der beklagten Partei bereits am Vortag von Düsseldorf nach München anreise.[8]

1. Reise mit eigenem Kraftfahrzeug (Nr. 7003 VV)

Die Kosten für eine Geschäftsreise mit dem eigenen Kraftfahrzeug sind immer zu ersetzen. Der Begriff „**Kraftfahrzeug**" wird in § 1 Abs. 2 StVG definiert. Danach gelten als Kraftfahrzeuge Landfahrzeuge, die durch Maschinenkraft bewegt werden, ohne an Bahngleise gebunden zu sein. Daraus folgt, dass von Nr. 7003 VV auch die Kosten für die Benutzung von Motorrädern, Motorrollern und Mofas gemeint sind.

Nr. 7003 VV macht die Erstattung von Fahrtkosten bei der Benutzung eines Kraftfahrzeugs davon abhängig, dass der Rechtsanwalt die Geschäftsreise mit dem „**eigenen**" Kraftfahrzeug ausführt. Er muss also **Eigentümer** oder **Halter** des Kraftfahrzeugs sein. Auch auf ein **geleastes** Kraftfahrzeug ist Nr. 7003 VV anwendbar, da der Leasingnehmer Halter des geleasten Fahrzeugs ist. Gehört der Rechtsanwalt einer **Berufsausübungsgemeinschaft,** gleichgültig welcher Rechts- oder Organisationsform, an, handelt es sich um ein eigenes Kraftfahrzeug, wenn es der Berufsausübungsgemeinschaft oder dem die Geschäftsreise ausführenden Mitglied der Berufsausübungsgemeinschaft gehört. Unternimmt der Rechtsanwalt die Geschäftsreise mit einem **gemieteten** Kraftfahrzeug, gilt Nr. 7006 VV. Die Mietwagenkosten gehören zu den sonstigen Auslagen einer Geschäftsreise und können, soweit sie angemessen sind, konkret abgerechnet werden.

Die **Fahrtkosten** für eine Geschäftsreise mit dem eigenen Kraftfahrzeug kann der Rechtsanwalt mit einer Pauschale von 0,30 EUR für jeden gefahrenen Kilometer in Rechnung stellen. Dabei kommt es auf die tatsächliche Fahrtstrecke an, Umleitun-

---

[4] LG Rostock StraFo 2009, 439.
[5] AG Norden JurBüro 2000, 76.
[6] OLG Stuttgart AGS 2003, 246 mAnm *Schneider;* aA OLG München AGS 2004, 150 mAnm *Schneider;* vgl. auch Schneider/Wolf/N. Schneider Nr. 7003–7006 VV Rn. 8 ff.
[7] OLG Koblenz MDR 2007, 55.
[8] OLG München AGS 2004, 150.

Nr. 7003–7006 VV

gen eingeschlossen.[9] Mit der Pauschale sind auch die Anschaffungs-, Unterhaltungs- und Betriebskosten sowie die Abnutzung des Kraftfahrzeugs abgegolten (Anm. zu Nr. 7003 VV).

12 Zu den Fahrtkosten gehören neben der Kilometerpauschale als **Auslagen** auch Parkgebühren,[10] Kosten für die Benutzung einer Autobahn oder einer Fähre. Dabei handelt es sich um sonstige Kosten iSd Nr. 7006 VV.

2. Reise mit anderen Verkehrsmitteln (Nr. 7004 VV)

13 Fahrtkosten für eine Geschäftsreise bei Benutzung eines anderen Verkehrsmittels kann der Rechtsanwalt gemäß Nr. 7004 VV in **voller Höhe** verlangen, soweit sie **angemessen** sind. Anders als bei einer Geschäftsreise mit dem eigenen Kraftfahrzeug sind die Kosten also nicht uneingeschränkt erstattungsfähig.

14 a) **Reisen mit der Bahn.** Die Kosten einer **Bahn-** oder auch **Busfahrt** sind immer zu ersetzen. Bei längeren Strecken darf der Rechtsanwalt erster Klasse reisen.[11] Zu den Kosten einer Geschäftsreise mit der Bahn gehören auch **Zuschläge,** die Kosten für **Platzkarten,** die Kosten für die Fahrten von der Kanzlei zum Bahnhof und zurück sowie die Kosten am Ankunftsort vom Bahnhof zu dem Ziel der Reise und auch wieder zum Bahnhof zurück. Das sind in erster Linie **Taxikosten** bei kürzeren Strecken.[12] Bei weiteren Strecken kann es im Einzelfall angemessen sein, öffentliche Verkehrsmittel zu benutzen, wenn die dem Rechtsanwalt zur Verfügung stehende Zeit dazu reicht und deren Benutzung günstiger ist.[13]

15 Zur Anschaffung einer **Bahncard** ist der Rechtsanwalt nicht verpflichtet. Die mit ihr verbundenen Kosten gehören zu den allgemeinen Geschäftskosten, wenn es an einem konkreten Bezug zu einem bestimmten Mandat fehlt.[14] Bei einer allgemeinen Verwendung für alle in Betracht kommenden Mandate darf nur der verminderte Fahrpreis berechnet werden. Einzelheiten der Abrechnung bei Benutzung einer Bahncard sind umstritten.[15] Dasselbe gilt für eine sog. Netzfahrkarte.[16]

Praxistipp:

16 Der Rechtsanwalt sollte in einer Vergütungsvereinbarung mit dem Mandanten auch die Erstattung der Reisekosten für Reisen mit anderen Verkehrsmitteln als dem eigenen Kraftfahrzeug regeln. Das kann auch in einer Vergütungsvereinbarung geschehen, die sich ausschließlich auf die Reisekosten beschränkt.[17]

17 b) **Reisen mit dem Flugzeug.** In Zeiten verbilligter Flugpreise sind Reisen mit dem Flugzeug manchmal billiger als mit der Bahn und vor allem auch schneller.[18] Deshalb kann die frühere Rechtsprechung zur Erstattungsfähigkeit von Flugreisekosten vernachlässigt werden, zumal die jüngere Rechtsprechung in den letzten Jahren großzügiger geworden ist.[19]

---

[9] Vgl. auch KG AGS 2004, 12.
[10] Dazu auch LG Halle AGS 2009, 60.
[11] OLG Celle RVGreport 2009, 193; VG Freiburg AnwBl. 1996, 589.
[12] OLG Köln AGS 2009, 27.
[13] LG Berlin JurBüro 1999, 526.
[14] OLG Celle RVGreport 2005, 152; OLG Karlsruhe JurBüro 2000, 145; KG AGS 2003, 310 mAnm *Schneider;* OVG Münster NJW 2006, 1897; aA LG Würzburg 1999, 53; zur Erstattungsfähigkeit im Kostenfestsetzungsverfahren VG Köln NJW 2005, 3513.
[15] OLG Frankfurt a.M. NJW 2006, 2337; VG Köln RVGreport 2006, 154; dazu auch Schneider/Wolf/*N. Schneider* Nr. 7003–7006 VV Rn. 24.
[16] OLG Düsseldorf RVGreport 2008, 259.
[17] *Schneider,* Die Vergütungsvereinbarung, Rn. 1069 ff.
[18] Dazu Gerold/Schmidt/*Müller-Rabe* Nr. 7005, 7006 VV Rn. 49 ff.
[19] Zur jüngeren Einzelfallrechtsprechung Burhoff/*Schmidt* Nr. 7004 VV Rn. 15 ff.

Heute sind Kosten für die Benutzung eines Flugzeugs angemessen, wenn der 18
Rechtsanwalt auf diese Weise erheblich an Zeit spart oder er dadurch an einem Tag
an- und abreisen kann.[20] Zu berücksichtigen sind auch die ersparten Übernachtungskosten und das bei einer An- und Abreise am selben Tag geringere Tage- und
Abwesenheitsgeld.[21]

Der **Bundesgerichtshof** überlässt es dem Rechtsanwalt, für welches öffentliche 19
Verkehrsmittel er sich entscheidet.[22] Im Leitsatz seiner Entscheidung heißt es, der
Prozessbevollmächtigte, der zu einem auswärtigen Gerichtstermin anzureisen hat,
sei bei der **Auswahl des öffentlichen Verkehrsmittels** grundsätzlich frei; er könne
sich auch für das Flugzeug entscheiden. Beziehe er einen Inlandsflug in die Reiseplanung ein, brauche er für die Bemessung von Pufferzeiten für den Übergang zu
einem Anschlussverkehrsmittel grundsätzlich keine Verzögerungen von mehr als
einer Stunde in Rechnung zu stellen. Die Entscheidung wirkt der These entgegen,
das Wahlrecht des Rechtsanwalts bestehe im Hinblick auf § 5 JVEG nicht uneingeschränkt und sei nur bei besonderen Umständen iSd § 5 Abs. 3 JVEG nicht auf die
Erstattung der Kosten der Benutzung der 1. Klasse der Bahn beschränkt.[23]

Das **Oberlandesgericht Frankfurt** hält Flugreisekosten des Prozessbevollmäch- 20
tigten – in Höhe der Kosten für einen Flug in der Economy Class – für erstattungsfähig, wenn die Mehrkosten der Flugreise nicht außer Verhältnis zu den Kosten der
Benutzung der Bahn (1. Wagenklasse) stehen.[24]

Das **Oberlandesgericht Hamburg** erkennt an, dass der Rechtsanwalt grund- 21
sätzlich das bequemste Verkehrsmittel wählen kann, also auch ein Flugzeug. Flugkosten sind nach seiner Meinung insbesondere dann erstattungsfähig, wenn sie die
Anreisezeit um drei Stunden – gegenüber einer Anreise mit der Bahn – verkürzen.[25]

Das **Oberlandesgericht Naumburg** stellt bei einem Vergleich der durch die 22
Benutzung eines Flugzeugs verursachten Mehrkosten mit den Kosten anderer Verkehrsmittel den tatsächlich entstandenen Reisekosten nicht die fiktiven Kosten einer
Bahnfahrt, sondern die Kosten der Benutzung des eigenen Kraftfahrzeugs gegenüber, weil der Rechtsanwalt grundsätzlich berechtigt ist, mit dem eigenen Kraftfahrzeug zu reisen.[26]

Das **Oberlandesgericht Stuttgart** stellt im Rahmen einer Vergleichsrechung 23
nicht auf die Kosten für Flüge von sogenannten Billigfluglinien ab, sondern geht
davon aus, dass der Rechtsanwalt grundsätzlich die **Economy-Class** benutzen
darf.[27] Das ist sachgerecht, weil aufgrund der Abhängigkeit der Billigflugpreise von
Angebot, Buchungszeitpunkt und Flugzeit eine nachträgliche fiktive Berechnung
der Flugkosten für einen bestimmten Termin praktisch unmöglich ist.

Die **jüngere Rechtsprechung** kommt zu unterschiedlichen Ergebnissen. So 24
hält das **Landgericht Leipzig** die Benutzung eines Flugzeugs für eine Reise des
Rechtsanwalts von seiner Kanzlei zu Hauptverhandlungsterminen (hier: von Hamburg nach Leipzig) jedenfalls dann für gerechtfertigt, wenn der Rechtsanwalt
dadurch erhebliche Zeit einsparen kann.[28] Das **Oberlandesgericht Koblenz**
meint, dass die Kosten einer Flugreise nur erstattungsfähig sein können, wenn

---

[20] OLG Saarbrücken RVGreport 2009, 194.
[21] Vgl. KG RVGreport 2006, 113; OLG Naumburg JurBüro 2006, 87; LG Freiburg NJW 2003, 3359.
[22] BGH NJW 2007, 2047.
[23] So Gerold/Schmidt/*Müller-Rabe* Nr. 7003–7006 VV Rn. 40.
[24] OLG Frankfurt a.M. AGS 2008, 409.
[25] OLG Hamburg JurBüro 2008, 432.
[26] OLG Naumburg JurBüro 2006, 87.
[27] OLG Stuttgart JurBüro 2005, 367; ebenso OLG Düsseldorf AGS 2009, 141 mAnm *Onderka*.
[28] LG Leipzig JurBüro 2001, 586; vgl. auch LG Leipzig MDR 2007, 433.

anwaltliche Geschäftsreisen mit Auto oder Bahn zu erheblichen Zeitverlusten wegen der jeweils erforderlichen auswärtigen Übernachtungen geführt hätten.[29] Das **Oberlandesgericht Brandenburg** stellt darauf ab, dass Flugreisekosten des Prozessbevollmächtigten zum Termin nicht schlechthin unter dem Gesichtspunkt der Zeitersparnis erstattungsfähig sind, sondern nur dann, wenn die dadurch verursachten Mehrkosten nicht außer Verhältnis zu den Kosten einer Bahnfahrt 1. Klasse stehen. Über die fiktiven Kosten einer Bahnanreise hinausgehende Mehrkosten, die durch die Buchung eines Flugs in der Businessclass gegenüber einem Tarif der Economy-Class entstanden sind, seien grundsätzlich unter keinem rechtlichen Gesichtspunkt erstattungsfähig. Bei der Prüfung der Angemessenheit der tatsächlich entstandenen Reisekosten seien allein die fiktiven Kosten bei einer Anreise mit der Bahn in der 1. Klasse maßgeblich. Bis zu dieser Höhe seien die dem Prozessbevollmächtigten entstandenen Kosten in jedem Fall zu erstatten, selbst wenn bei Buchung eines Tarifes der Economy-Class fiktive Kosten in geringerer Höhe entstanden wären.[30] Das **Oberlandesgericht Celle** ist der Meinung, dass Flugreisekosten des Rechtsanwalts allenfalls für die Inanspruchnahme der Economy-Class erstattungsfähig seien.[31]

25   Die **Business Class** kann der Rechtsanwalt bei längeren Reisen in Anspruch nehmen.[32]

IV. Tage- und Abwesenheitsgeld (Nr. 7005 VV)

26   Gemäß Nr. 7005 VV erhält der Rechtsanwalt bei einer Geschäftsreise neben den Fahrtkosten ein Tage- und Abwesenheitsgeld. Es soll die Mehrkosten, die anlässlich einer Geschäftsreise des Rechtsanwalts entstehen, ausgleichen. Sind die tatsächlichen Mehrkosten geringer als das Tage- und Abwesenheitsgeld, kann der Rechtsanwalt die in Nr. 7005 VV genannten Pauschalbeträge gleichwohl berechnen.

27   Das Tage- und Abwesenheitsgeld beträgt bei einer Geschäftsreise von nicht **mehr als vier** Stunden 25 EUR, von mehr als **vier bis acht** Stunden 40 EUR und von **mehr als acht** Stunden 70 EUR. Bei **mehrtägigen** Reisen ist das Tage- und Abwesenheitsgeld für jeden Tag gesondert zu berechnen.[33]

28   Maßgeblich für die Berechnung der **Reisedauer** ist die Zeitspanne zwischen dem Verlassen der Kanzlei bzw. Wohnung und der Rückkehr dorthin. Eingeschlossen ist deshalb beispielsweise auch die Zeit, die der Rechtsanwalt für ein Mittagessen benötigt.[34]

29   Eine **konkrete Berechnung** der mit einer Geschäftsreise verbundenen Mehrkosten ist nicht zulässig. Sind die Mehrkosten höher als das Tage- und Abwesenheitsgeld, ist der Rechtsanwalt nicht berechtigt, diese Mehrkosten in Rechnung zu stellen.

Praxistipp:

30   Ist eine Geschäftsreise des Rechtsanwalts vorhersehbar mit höheren Aufwendungen verbunden, empfiehlt es sich, mit dem Mandanten eine Vergütungsvereinbarung zu treffen, in der höhere Tage- und Abwesenheitsgelder vereinbart werden.

31   Bei **Auslandsreisen** kann der Rechtsanwalt die Beträge für das Tage- und Abwesenheitsgeld um 50 % erhöhen (Anm. zu Nr. 7005 VV). Es handelt sich um eine Kann-Bestimmung. Die Erhöhung des Tage- und Abwesenheitsgeldes tritt also

---

[29] OLG Koblenz BeckRS 2012, 24467.
[30] OLG Brandenburg BeckRS 2013, 19270.
[31] OLG Celle BeckRS 2013, 15471.
[32] Gerold/Schmidt/*Müller-Rabe* Nr. 7003–7006 VV Rn. 54.
[33] OLG Düsseldorf JurBüro 1993, 674.
[34] VG Stuttgart AnwBl. 1984, 323 und 562.

nicht automatisch ein, der Rechtsanwalt muss vielmehr analog § 14 Abs. 1 RVG selbst bestimmen, ob und inwieweit er den Rahmen von 50 % ausschöpft.[35]

V. Sonstige Auslagen anlässlich einer Geschäftsreise (Nr. 7006 VV)

Die Nr. 7006 VV ist eine **Auffangnorm** für alle über die in den Nr. 7003–7005 VV hinausgehenden Aufwendungen.[36]

Gemäß Nr. 7006 VV erhält der Rechtsanwalt die anlässlich einer Geschäftsreise entstandenen sonstigen Auslagen, soweit sie angemessen sind, in **voller Höhe**. Dazu gehören in erster Linie **Übernachtungskosten**. Sie sind in der tatsächlich angefallenen Höhe zu erstatten. Dazu gehören nicht die Kosten für das **Frühstück**.[37] Sie werden von dem Tage- und Abwesenheitsgeld erfasst. Ob sie **angemessen** – nicht erforderlich – sind, hängt von den Umständen des Einzelfalls ab. Dem Rechtsanwalt steht bei der Auswahl des Hotels ein gewisser Ermessensspielraum zu.

Als sonstige Auslagen, die dem Rechtsanwalt anlässlich einer Geschäftsreise entstehen, kommen ferner die Kosten der Gepäckaufbewahrung, Fernsprechgebühren, Trinkgelder und überhaupt alle sonst während der Reise anfallenden Aufwendungen in Betracht, soweit sie angemessen sind. Diese Auslagen werden nur durch das Kriterium der Angemessenheit begrenzt.

VI. Erstattung von Reisekosten des beigeordneten Rechtsanwalts durch die Staatskasse

Gemäß § 46 Abs. 1 RVG werden dem im Rahmen von Prozesskostenhilfe beigeordneten Rechtsanwalt die Auslagen, insbesondere die Reisekosten, aus der Staatskasse erstattet, wenn sie „zur sachgemäßen Durchführung der Angelegenheit" erforderlich waren. Anders als der Wahlanwalt muss der beigeordnete Rechtsanwalt aber schon zum **Zeitpunkt seiner Beiordnung** etwaigen Schwierigkeiten, die sich später bei der Geltendmachung von Reisekosten gegenüber der Staatskasse ergeben könnten, durch eine genaue **Kontrolle des Beiordnungsbeschlusses** vorbeugen.

Das Gericht hat bei der Beiordnung eines Rechtsanwalts zu unterscheiden, ob der beizuordnende Rechtsanwalt im Bezirk des Gerichts niedergelassen ist oder ob sich seine Kanzlei außerhalb des Gerichtsbezirks befindet.

1. Im Gerichtsbezirk niedergelassener Rechtsanwalt

Der im Bezirk des Gerichts niedergelassene Rechtsanwalt ist immer **uneingeschränkt** beizuordnen. Das gilt im Falle eines **Anwaltswechsels** auch für den neuen Rechtsanwalt, wenn auch er im Bezirk des Gerichts niedergelassen ist (vgl. § 54 RVG Rn. 27–33). Die uneingeschränkte Beiordnung hat zur Folge, dass der beigeordnete Rechtsanwalt Reisekosten aus der Staatskasse zu beanspruchen hat (§ 46 Abs. 1 RVG), es sei denn, die Reisekosten waren ausnahmsweise nicht notwendig.[38]

---

[35] *Hartmann* Nr. 7003–7006 VV Rn. 35; HK-RVG/*Ebert* Nr. 7500 VV Rn. 9.
[36] HK-RVG/*Ebert* Nr. 7006 VV Rn. 1.
[37] OLG Düsseldorf NJW-RR 2012, 1470.
[38] OLG Oldenburg AGS 2006, 110; OLG Nürnberg NJW 2005, 369; OLG Nürnberg MDR 2008, 112.

2. Im Gerichtsbezirk nicht niedergelassener Rechtsanwalt

38 Ein nicht in dem Bezirk des Prozessgerichts niedergelassener Rechtsanwalt kann gemäß § 121 Abs. 3 ZPO nur beigeordnet werden, wenn dadurch weitere Kosten nicht entstehen. Das ist eine **Einschränkung**, die im Beiordnungsbeschluss ausdrücklich enthalten sein muss. In der Praxis enthält der Beiordnungsbeschluss den Zusatz, dass der Rechtsanwalt nur zu den **Bedingungen eines ortsansässigen Rechtsanwalts** beigeordnet wird. Dadurch entspricht das Gericht der Bestimmung, dass durch die Beiordnung eines nicht im Bezirk des Gerichts niedergelassenen Rechtsanwalts keine Mehrkosten entstehen dürfen.

39 Gemäß § 121 Abs. 4 ZPO ist es **ausnahmsweise** zulässig, der Partei auf ihren Antrag einen zur Vertretung bereiten Rechtsanwalt ihrer Wahl zur Wahrnehmung eines Termins zur Beweisaufnahme vor dem ersuchten Richter oder zur **Vermittlung des Verkehrs** mit dem Prozessbevollmächtigten beizuordnen, wenn besondere Umstände dies erfordern. Aufgrund dieser Regelung bejaht der **Bundesgerichtshof** die Beiordnung eines unterbevollmächtigten Rechtsanwalts, wenn sonst Reisekosten geschuldet würden und diese die Kosten eines unterbevollmächtigten Rechtsanwalts annähernd erreichen.[39]

VII. Erstattung von Reisekosten durch die unterliegende Prozesspartei

40 Die Erstattungsfähigkeit von Reisekosten (siehe dazu vorab die Ausführungen zu → Nr. 7001, 7002 VV Rn. 23 ff.) durch die unterliegende Prozesspartei richtet sich nach § 91 ZPO. Dabei ist zwischen dem im Bezirk des Prozessgerichts niedergelassenen (§ 91 Abs. 2 S. 1 1. Hs. ZPO) und dem dort nicht niedergelassenen (auswärtigen) Rechtsanwalt (§ 91 Abs. 2 S. 1 2. Hs. ZPO) zu unterscheiden.

1. Im Gerichtsbezirk niedergelassener Rechtsanwalt

41 Die Reisekosten des im Bezirk des Prozessgerichts niedergelassenen Rechtsanwalts hat die unterliegende Prozesspartei immer zu erstatten. Das gilt auch dann, wenn der Rechtsanwalt im Bezirk des Prozessgerichts niedergelassen ist, er seine Kanzlei aber nicht am Ort des Gerichts unterhält. Voraussetzung dafür ist, dass der Rechtsanwalt, um zum Ort des Prozessgerichts zu gelangen, die Gemeinde, in der sich seine Kanzlei oder seine Wohnung befindet, verlassen muss (Vorb. 7 Abs. 2 VV).[40]

2. Im Gerichtsbezirk nicht niedergelassener Rechtsanwalt

42 Reisekosten eines Rechtsanwalts, der nicht in dem Bezirk des Prozessgerichts niedergelassen ist und am Ort des Prozessgerichts auch nicht wohnt, sind nur insoweit erstattungspflichtig, als die Zuziehung des Rechtsanwalts zur zweckentsprechenden **Rechtsverfolgung** oder **Rechtsverteidigung** notwendig war. Im Einzelnen ist vieles umstritten.[41]

43 In einer **Grundsatzentscheidung** hat der **Bundesgerichtshof** hierzu den Leitsatz aufgestellt, dass die Zuziehung eines am Wohn- oder Geschäftsort der auswärtigen Partei ansässigen Rechtsanwalts **regelmäßig** als zur zweckentsprechenden Rechtsverfolgung oder Rechtsverteidigung notwendig iSd § 91 Abs. 2 S. 1, 2. Hs. ZPO anzusehen ist.[42] Dieser Grundsatz gilt selbst dann, wenn der sachbearbeitende

---

[39] BGHZ 159, 370 = NJW 2004, 2749.
[40] Zu Einzelheiten siehe *Enders* Rn. 1448–1469.
[41] Dazu ausführlich *Goldschmidt-Neumann* RVGprofessionell 2007, 32.
[42] BGH NJW 2003, 898; siehe auch BGH NJW 2007, 2048.

Teil 7. Auslagen **Nr. 7007 VV**

- Der Gegenstandswert liegt **unter** 30 Mio. EUR, das Haftungsrisiko jedoch darüber. Die Versicherungsprämie kann umgelegt werden, soweit sie das Haftungsrisiko von 30 Mio. EUR übersteigt.
- Der Gegenstandswert liegt **über** 30 Mio. EUR, das Haftungsrisiko jedoch darunter. Die Versicherungsprämie bis zu einem Gegenstandswert von 30 Mio. EUR hat der Rechtsanwalt zu tragen.

2. Gezahlte Prämie

Die Verwendung des Begriffs der gezahlten Prämie soll bewirken, dass der Rechtsanwalt keine fiktive Versicherungsprämien abrechnet, sondern die aus einem tatsächlich abgeschlossenen Versicherungsvertrag. Mit dem Abschluss eines solchen Vertrags ist der Rechtsanwalt zur Zahlung der Versicherungsprämie verpflichtet. Das reicht für die Anwendbarkeit der Nr. 7007 VV aus.[6]   8

3. Berechnung (Anm. zu Nr. 7007 VV)

Die Versicherungsprämie, die sich auf Haftungsbeträge über die in Nr. 7007 VV genannten Höchstbeträge erstreckt, kann dem Mandanten in **voller Höhe** berechnet werden. Soweit sich aus der Rechnung des Versicherers nichts anderes ergibt, ist von der Gesamtprämie der Betrag zu erstatten, der sich aus dem Verhältnis der 30 Millionen EUR übersteigenden Versicherungssumme zu der Gesamtversicherungssumme ergibt. Die Versicherungsprämie ist dann mangels einer konkreten Berechnung dieses Prämienanteils also **verhältnismäßig** abzurechnen (Anm. zu Nr. 7007 VV).   9

Bei einer als **Beispiel** angenommenen Haftpflichtversicherung über 50 Millionen EUR ist die dem Mandanten als Auslagen zu berechnende Versicherungsprämie **konkret** zu berechnen, wenn in der Prämienrechnung des Versicherers der Betrag gesondert ausgewiesen ist, der auf die Versicherungssumme über 30 Millionen EUR bis zu 50 Millionen EUR entfällt. Ob ein gesonderter Prämienausweis erfolgt, hängt von der Art des abgeschlossenen Versicherungsvertrags ab. Hierbei ist versicherungsrechtlich zwischen einer **Grundversicherung** (das Haftungsrisiko wird unabhängig von der bestehenden Haftpflichtversicherung versichert) und der sog. **Anschlussversicherung** (das Haftungsrisiko wird im Anschluss an den bereits bestehenden Versicherungsvertrag versichert) zu unterscheiden.[7]   10

Bei einer **verhältnismäßigen** Berechnung ist im Beispielsfall die über 30 Millionen EUR hinausgehende Versicherungssumme (20 Millionen EUR) mit der Gesamt**prämie** zu multiplizieren und das Ergebnis durch die Gesamt**versicherungssumme** zu teilen.   11

4. Umsatzsteuer

Auf die dem Mandanten berechnete anteilige Versicherungsprämie **einschließlich** Versicherungssteuer fällt Umsatzsteuer an, die der Mandant gemäß Nr. 7008 VV zu tragen hat.   12

5. Kostenerstattung

Die anteilige Versicherungsprämie gehört zur gesetzlichen Vergütung (§ 1 Abs. 1 S. 1 RVG) und ist nach § 91 Abs. 2 ZPO als Teil der gesetzlichen Auslagen erstattungsfähig.[8]   13

---

[6] Schneider/Wolf/*N. Schneider* Nr. 7007 VV Rn. 14.
[7] *Zimmermann* AnwBl. 2006, 55, 56.
[8] *Hartmann* Nr. 7007 VV Rn. 5.

Nr. 7008 VV

Nr.	Auslagentatbestand	Höhe
7008	Umsatzsteuer auf die Vergütung .... Dies gilt nicht, wenn die Umsatzsteuer nach § 19 Abs. 1 UStG unerhoben bleibt.	in voller Höhe

I. Überblick

1   Nr. 7008 VV gibt dem Rechtsanwalt für seine anwaltliche Tätigkeit, also nicht für Tätigkeiten iSd § 1 Abs. 2 RVG, einen gesetzlichen Anspruch auf Erstattung der auf seine **Vergütung** nach dem UStG anfallenden Umsatzsteuer, sofern die Umsatzsteuer nicht nach § 19 Abs. 1 UStG unerhoben bleibt. Der Begriff der Vergütung umfasst nach der **Legaldefinition** des § 1 Abs. 1 S. 1 RVG die **Gebühren** und die **Auslagen**[1] des Rechtsanwalts.

II. Umsatzsteuerpflicht des Rechtsanwalts

2   Die **Umsatzsteuerpflicht** des Rechtsanwalts ergibt sich aus § 1 UStG.[2] Zwischen dem Rechtsanwalt und seinem Mandanten findet ein Leistungsaustausch statt, der die Umsatzsteuerpflicht begründet.

3   Eine **Ausnahme** gilt gemäß § 19 Abs. 1 UStG für die Rechtsanwälte, deren Umsatz zzgl. der darauf entfallenden Steuern im vorangegangenen Kalenderjahr 17.500 EUR nicht überstiegen hat und im laufenden Kalenderjahr den Betrag von 50.000 EUR voraussichtlich nicht übersteigen wird (Kleinunternehmer). Diese Rechtsanwälte können zur Umsatzsteuer optieren und sind dann ebenfall umsatzsteuerpflichtig.

III. Umsatzsteuerpflicht bei Auslandsberührung

4   Der **Umsatz** ist nur steuerpflichtig, wenn er im **Inland** erfolgt (§ 1 UStG). Liegt der Ort der Leistung im Ausland, ist das dort geltende Umsatzsteuerrecht maßgebend.[3]

5   Im Grundsatz erbringt der Rechtsanwalt seine Leistung am **Ort seiner Kanzlei** (§ 3a Abs. 1 S. 1 UStG). In Fällen mit **Auslandsberührung** kann die Umsatzsteuer entfallen. Für die berufstypischen Leistungen von Rechtsanwälten sieht § 3a Abs. 3 iVm Abs. 4 Nr. 3 UStG eine **komplizierte Regelung** vor, die einige Tücken aufweist. § 3a Abs. 3 iVm Abs. 4 Nr. 3 UStG unterscheidet zwischen
- Leistungen an Unternehmer,
- Leistungen an Nichtunternehmer mit Wohnsitz außerhalb der EU (§ 8 AO) in einem EU-Staat und
- Leistungen an Nichtunternehmer mit Wohnsitz außerhalb der EU (im sog. Drittlandsgebiet).

6   Anwaltsleistungen an **Unternehmer** werden nach § 3a Abs. 3 S. 1 und 2 UStG in dem Land besteuert, in dem der Mandant sein Unternehmen betreibt oder in dem

---

[1] Zur Umsatzsteuerpflicht auf Auslagen eines Rechtsanwalts *Sterzinger* NJW 2008, 1254.

[2] Zur Umsatzsteuerpflicht von Leistungen der Gesellschafter einer Sozietät *Sterzinger* NJW 2008, 3677.

[3] Zur Umsatzsteuerpflicht des Rechtsanwalts bei Tätigkeiten mit Auslandsbezug *Schneider* MDR 2006, 374.

seine Betriebsstätte, für welche die Leistungen erbracht worden sind, liegt (**Ort des Auftraggebers**). Handelt es sich bei dem Mandanten um eine innerhalb der EU ansässige **Privatperson**, so bleibt der **Ort der Anwaltskanzlei** nach § 3a Abs. 1 UStG maßgebend, die Tätigkeit des Rechtsanwalts ist also umsatzsteuerpflichtig. Wohnt der Mandant als privater Auftraggeber in einem Staat, der nicht Mitglied der EU ist, so gilt der **Wohnort des Mandanten** als Leistungsort und es besteht keine Umsatzsteuerpflicht.

Gegenüber der Regelung des § 3a Abs. 3 UStG **vorrangig** sind Anwaltsleistungen, die mit einem **Grundstück** zusammenhängen. Für sie bestimmt § 3a Abs. 2 Nr. 1 UStG, dass sie dort ausgeführt werden, wo das Grundstück liegt (**Belegenheitsort**). Das bedeutet, dass die Tätigkeit des Rechtsanwalts umsatzsteuerpflichtig ist, wenn das Grundstück im Inland liegt, und umsatzsteuerfrei bleibt, wenn sich das Grundstück im Ausland befindet. 7

IV. Steuerpflichtige Umsätze

Umsatzsteuerpflichtig ist die **gesamte Vergütung** des Rechtsanwalts, also alle **Honorare** und die **Auslagen**. Ausgenommen sind die sog. **durchlaufenden Posten**.[4] Dabei handelt es sich um Beträge, die der Rechtsanwalt im Namen und für Rechnung eines anderen vereinnahmt oder verausgabt. Das sind in erster Linie Gerichtskostenvorschüsse, Zeugengebühren, Auskunftsgebühren und die für den Mandanten vereinnahmten Fremdgelder. **Umsatzsteuerfrei** sind auch **Zinsen,** die der Rechtsanwalt auf rückständiges Honorar vereinnahmt. Umsatzsteuerpflichtig ist auch die Beratungshilfegebühr nach Nr. 2500 VV. Dem Rechtsanwalt verbleiben also von den 15 EUR brutto nur 12,60 EUR netto. Nicht zu den durchlaufenden Posten gehört die **Aktenversendungspauschale**.[5] Auf sie entfällt also Umatzsteuer, die der Rechtsanwalt seinem Mandanten in Rechnung stellen muss. 8

Wird ein **Rechtsanwalt in eigener Sache** tätig, kommt es darauf an, ob seine Tätigkeit dem beruflichen oder dem privaten Bereich zuzurechnen ist. 9

In **beruflichen Angelegenheiten** fällt kein steuerbarer Umsatz an. Das gilt für die Honorarklage, arbeitsrechtliche Streitigkeiten mit dem Personal, Schadensersatzklage aus Verkehrsunfall bezüglich des Schadens an einem betrieblichen Kraftfahrzeug etc. Solche Tätigkeiten sind keine umsatzsteuerbaren sonstigen Leistungen gegen Entgelt für Zwecke, die außerhalb des Unternehmens liegen (§ 3 Abs. 9a UStG),[6] sondern sog. **Innengeschäfte,** weil kein Leistungsaustausch stattfindet (§ 3 Abs. 9a UStG).[7] Der Rechtsanwalt braucht also auf die ihm für die Prozessführung zustehende Vergütung keine Umsatzsteuer zu zahlen. Demgemäß braucht auch der Prozessgegner keine Umsatzsteuer zu erstatten. Rückständiges Honorar kann er selbstverständlich zzgl. Umsatzsteuer einklagen, weil es aus einem Leistungsaustausch resultiert. 10

In **privaten Angelegenheiten** ist die Tätigkeit des Rechtsanwalts dagegen umsatzsteuerpflichtig (§ 3 Abs. 1b S. 1 Nr. 1 UStG). Dabei wird die Umsatzsteuer von den tatsächlichen Kosten erhoben, die dem Rechtsanwalt durch die Prozesskos- 11

---

[4] Siehe dazu Abschn. 152 Abs. 2 der Umsatzsteuerrichtlinien 2008 v. 10.12.2007, BStBl. I 2004 Sondernummer 3 S. 4 f.; BFH BStBl. III S. 719; vgl. auch *Bohnenkamp* JurBüro 2007, 508 und 569; *Schons* RVGreport 2007, 401.

[5] BGH NJW 2011, 3041; siehe auch BVerwG JurBüro 2010, 476.

[6] BGH JurBüro 2005, 145; OLG Düsseldorf JurBüro 2008, 152; OLG Hamburg MDR 1999, 764; OLG Hamm AnwBl. 2002, 249, 250; OLG München MDR 2003, 177; KG RVGreport 2004, 354, 355.

[7] BFH NJW 1977, 408; OLG Hamburg MDR 1999, 764; OLG Zweibrücken MDR 1998, 800.

V. Steuersatz

12 Zurzeit beträgt die Umsatzsteuer 19 %.[8] Wenn die Leistung des Rechtsanwalts in einem nach dem UrhG geschützten Werk besteht, zum Beispiel bei schriftstellerischer Tätigkeit des Rechtsanwalts, ermäßigt sich der Steuersatz auf 7 % (§ 12 Abs. 2 Nr. 7c UStG).

13 Für die **Fälligkeit** der Umsatzsteuer auf die Vergütung des Rechtsanwalts ist nach herrschender Meinung grundsätzlich die Fälligkeit der Vergütung maßgebend.[9] Hat der Rechtsanwalt während des Mandats eine Zwischenrechnung erteilt und nicht nur einen Vorschuss angefordert, so liegt eine **Teilleistung** nach § 13 Abs. 1 Nr. 1a S. 2 UStG vor. Von einer Teilleistung ist immer dann auszugehen, wenn eine Gesamtleistung (abstrakt) wirtschaftlich teilbar ist und (konkret) in Teilen geschuldet, abgerechnet und bewirkt wird. Zu den Teilleistungen iSd § 13 Abs. 1 Nr. 1a S. 2 UStG zählen deshalb auch in regelmäßigen Abständen abzurechnende Dauerberatungsleistungen oder eine Prozessführung über mehrere Instanzen.[10]

VI. Erstattungsfähigkeit

14 Der unterlegene Prozessgegner hat die auf die Vergütung des Rechtsanwalts entfallende Umsatzsteuer zu erstatten. Eine **Ausnahme** besteht nur dann, wenn die erstattungsberechtigte Partei **vorsteuerabzugsberechtigt** ist, weil sie die dem Rechtsanwalt geschuldete Umsatzsteuer im Wege des Vorsteuerabzugs geltend machen kann (§ 104 Abs. 2 S. 3 ZPO).[11]

---

[8] Zu den Auswirkungen einer Anhebung der Umsatzsteuer auf die Anwaltsvergütung siehe *Hansens* ZAP Fach 20, S. 491.
[9] OLG Düsseldorf MDR 1983, 142; OLG Frankfurt Rpfleger 1983, 41; OLG Koblenz JurBüro 1999, 304; **aA** OLG Karlsruhe JurBüro 1983, 299.
[10] *Seer,* Die Besteuerung der Anwaltskanzlei, Rn. 257.
[11] Dazu BGH NJW-RR 2012, 1016.

Anlage 2 (zu § 13 Absatz 1 Satz 3)

Gegenstandswert bis ...	Gebühr ...	Gegenstandswert bis ...	Gebühr ...
500	45,00	50.000	1.163,00
1.000	80,00	65.000	1.248,00
1.500	115,00	80.000	1.333,00
2.000	150,00	95.000	1.418,00
3.000	201,00	110.000	1.503,00
4.000	252,00	125.000	1.588,00
5.000	303,00	140.000	1.673,00
6.000	354,00	155.000	1.758,00
7.000	405,00	170.000	1.843,00
8.000	456,00	185.000	1.928,00
9.000	507,00	200.000	2.013,00
10.000	558,00	230.000	2.133,00
13.000	604,00	260.000	2.253,00
16.000	650,00	290.000	2.373,00
19.000	696,00	320.000	2.493,00
22.000	742,00	350.000	2.613,00
25.000	788,00	380.000	2.733,00
30.000	863,00	410.000	2.853,00
35.000	938,00	440.000	2.973,00
40.000	1.103,00	470.000	3.093,00
45.000	1.088,00	500.000	3.213,00

Sachregister

Fettgedruckte Zahlen bezeichnen die Paragraphen des RVG und die Nummern des Vergütungsverzeichnisses, magere Zahlen die Randnummern.

Abänderungsverfahren
- Angelegenheit, verschiedene **17** 28
- Rechtsschutz, vorläufiger **16** 64; **17** 30

Abbuchungsauftrag
- Vergütungsvereinbarung **3a** 99

Abfindung
- Gegenstandswert **23** 122

Abgabe
- Diagonalverweisung **20** 19
- innerhalb Rechtzug **20** 3 f.
- Strafsache **VV4106** 15
- Vertikalverweisung **21** 1 f., 4

Abgeltungsbereich
- Gebühren **15** 1 ff.
- Gebührenvereinbarung **34** 50

Abgleichung
- Gebühren **15** 151 f.

Abhilfeverfahren
- Bußgeldverfahren **57** 20

Ablehnung
- Mandatsvertrag **1** 14
- Schiedsrichter **36** 21

Ablehnungsverfahren
- Angelegenheit **19** 18

Abmahnung
- Gebührenanrechnung **Vorb.3** 179
- Gegenstandswert **23** 123

Abmahnung, wettbewerbsrechtliche
- Angelegenheit **15** 145, 146

Abrategebühr
- Wiederaufnahmeverfahren Bußgeldsache **Vorb.5.1.3** 12

Abrechnung
- Vergütungsvereinbarung **3a** 166
- Vorschuss **9** 3, 35

Abrechnungsintervall
- Zeithonorar **3a** 118

Abschlussschreiben, wettbewerbsrechtliches
- Angelegenheit **15** 147, 148

Abschlusstabelle
- Tätigkeit, steuerberatende **35** 16, 18

Absetzen
- Vergütungsvereinbarung **3a** 37 f.

Abstammungssache
- Beiordnung **12** 3

Abtrennung
- Folgesache **16** 43 f.

Abtretung
- Abtretungsvertrag **43** 16
- Anzeige **43** 21
- in Strafprozessvollmacht **43** 18
- Kostenerstattungsanspruch in Straf-/Bußgeldsache **43** 1 f., 6, 8
- nach Aufrechnung **43** 19
- Nachweis **43** 19
- Vergütungsanspruch **43** 10
- Zeitpunkt **43** 19

Abtretungsurkunde 43 21
Abweisungsantrag VV3101 22
Abwendungsantrag
- Sicherheitsleistung **Vorb.3.3.3** 70

Abwesenheitsgeld VV7003 26
- Auslandsreise **VV7003** 31
- Reisekosten **46** 44

Abwicklungstätigkeit
- Angelegenheit **15** 8; **19** 15, 65

Adhäsionsverfahren VV4143 1 f.
- Anwendungsbereich, persönlicher **VV4143** 4
- Anwendungsbereich, sachlicher **VV4143** 7
- Einigungsgebühr **VV4143** 30
- Gebührenanrechnung bei Berufung/Revision **VV4143** 29
- Gebührenanrechnung Verfahrensgebühr **VV4143** 2, 15 f.
- isoliertes **VV4143** 1
- Pauschgebühr bei Beiordnung **51** 9
- Verfahrensgebühr **VV4143** 1 f., 9
- Verfahrensgebühr bei Berufung/Revision **VV4143** 24, 26
- Verfahrensgebühr im Beschwerdeverfahren gegen Beschluss nach § 406 Abs. 5 S. 2 StPO **VV4145** 1 f., 8

Adoptivsache
- Beiordnung **12** 3

Akte, elektronische 12b 1 f.
- ERV-Gesetz **12b** 3

Akten, beigezogene
- Akteneinsichtsantrag **VV3105** 15

Akteneinsichtsantrag
- beigezogene Akten **VV3105** 15

Aktenübersendung
- zur gutachterlichen Äußerung **VV3400** 15

1363

Sachregister

Fett = Gesetz und §

Aktienübertragung
- Abgrenzung Beschluss-/Klageverfahren **VV3325** 7
- Auftragsbeendigung, vorzeitige **VV3337** 1 f., 3
- Beschwerdegebühr **VV3325** 16
- Einigungsgebühr **VV3325** 15
- Gegenstandswert **VV3325** 17
- Terminsgebühr **VV3325** 13; **VV3332** 1 f., 4
- Verfahren nach § 327e Abs. 2 AktG **VV3325** 5
- Verfahrensgebühr **VV3325** 5, 1

Aktionär
- Klagezulassungsverfahren **VV3325** 8

Altenteilsvertrag
- Gegenstandswert **23** 188

Alter des Rechtsanwalt
- Anwaltswechsel infolge **54** 25

Änderung
- Disziplinarmaßnahme **Vorb.6** 6, 8; **VV6500** 10
- Rahmengebühr **14** 11, 12
- Vertretungstätigkeit innerhalb Rechtszug **20** 9

Änderungskündigung
- Gegenstandswert **23** 124

Anerkenntnis
- Sozialgerichtssache **VV3104** 39; **VV3106** 24

Angelegenheit 15 6 ff.
- Abänderungsverfahren **16** 64; **17** 28, 30
- Abgabe innerhalb Rechtszug **20** 3
- Ablehnungsverfahren **19** 18
- Abschlussschreiben, wettbewerbsrechtliches **15** 147, 148
- Abtrennung aus Verbund **16** 43 f.
- Abwicklungstätigkeit **15** 8
- Abwicklungstätigkeiten im Rechtszug **19** 15
- Abwicklungstätigkeiten nach Urteil **19** 65
- Änderung Vertretungstätigkeit **20** 9
- Anordnung, einstweilige **8** 19; **16** 63; **17** 28
- Anordnung, einstweilige in Familiensache **115** 98
- Anordnung/Wiederherstellung aufschiebender Wirkung **16** 63
- arbeitsrechtliche Auseinandersetzung **15** 47 f.
- Arrest **15** 57; **17** 28
- Arrestverfahren **16** 63
- Arrestvollziehung **18** 68
- Arzthaftung **15** 58
- Aufhebung der Vollziehung **16** 63
- Aufhebung Prozesskostenhilfe **16** 18
- Aufhebungsverfahren **16** 64; **17** 28, 30
- Aufschiebende Wirkung **17** 28
- Auftraggeber, mehrere **7** 1 f., 4; **VV1008** 1 f., 21
- Bedeutung **VV2300** 107
- Beendigung, vorzeitige **15** 160, 162
- Begriff **7** 4
- Beratungshilfe **15** 66 f.
- Beschwerde gegen Nichtzulassung Rechtsmittel **17** 47
- Beschwerdeverfahren **18** 72
- besondere **18** 1 ff., 66
- Betriebsratsanhörung **15** 51
- Beweisverfahren **15** 91
- Bußgeldverfahren **17** 54
- Diagonalverweisung **20** 19
- Drittwiderklage **15** 92
- Einbeziehung in Verbund **16** 37
- Einholung Drittauskunft **18** 40
- Einigungsstellenverfahren **17** 40
- Einstellung Zwangsvollstreckung **19** 29
- Einzelfälle **15** 45 ff.
- Erinnerung/Beschwerde im Kostenansatz-/-festsetzungsverfahren **16** 71 f.
- Erinnerungs-/Beschwerdeverfahren gegen Kostenfestsetzung **15** 8
- Erinnerungsverfahren **18** 72 f.; **19** 21
- Erledigung, vorzeitige **15** 161
- Ermittlungsverfahren, strafrechtliches **17** 52
- Familiensache **16** 31 f.
- Familiensache, selbständige **15** 95
- Familiensache, verbundene **15** 96
- Folgesache **16** 31 f., 37
- Fortsetzung der Tätigkeit in derselben **15** 165
- Gegenstandswert **22** 1 f.
- Gegner, verschiedene **15** 102
- Gehörsrüge **19** 24
- Gerichtsstandsbestimmungsverfahren **16** 25; **19** 17
- Güteverfahren **17** 40
- Gütliche Erledigung Vollstreckungsauftrag **18** 25
- Handlungen, mehrere einzelne **15** 176, 177, 178
- Höchstwert Gegenstandswert **22** 15, 23
- Kapitalangelegenheit **15** 64
- Kapitalanleger-Musterverfahren **15** 173; **16** 83
- Kaufvertrag **15** 103
- Kostenfestsetzungsverfahren **15** 8
- Lösung aus Verbund **16** 53
- Mahn-/Streitverfahren **17** 23
- Mahnverfahren **15** 106
- Mediation **15** 107
- Mediation, gerichtsnahe **19** 42
- mehrere Ansprüche zwischen denselben Parteien **15** 46

Magere Zahlen = Randnummer **Sachregister**

- mehrere titulierte Forderungen **18** 63
- Mietsache **15** 111
- Nachverfahren **17** 37
- Nebentätigkeiten im Rechtszug **19** 15
- Ordnungswidrigkeitensache **15** 126
- Parteiwechsel **15** 117
- Persönlichkeitsrecht **15** 118
- Pfändung/Verwertung körperlicher Sachen **18** 44
- Pfändungs- und Überweisungsbeschluss **18** 51
- Post-/Telekommunikationsdienstleistungspauschale **15** 21
- Postentgelte **VV7001** 9
- Prozess-/Verfahrenskostenhilfe **16** 7
- Prozesskostenhilfe-Bewilligung **16** 7
- Prozesskostenhilfeverfahren, mehrere **16** 22
- Räumungsfrist **19** 34
- Rechtsbehelfsverfahren, vorgerichtliche **17** 8 f.
- Rechtsmitteleinlegung **19** 75 f.
- Rechtsmittelverfahren **16** 78
- Rechtsmittelzulassungsverfahren **16** 78
- Rechtsschutz, vorläufiger **16** 63 f.; **17** 28
- Rechtsschutz, vorläufiger vorgerichtlicher **17** 8
- Rechtsschutzversicherung **15** 124
- Rechtszug **15** 9 f.; **17** 6; **19** 1 f.
- Richterablehnung **19** 18
- Sammelklage, arbeitsrechtliche **15** 54
- Scheidungssache **16** 31 f.
- Schiedsstellenverfahren **17** 40
- Schuldenregulierung **15** 125
- Schutzschrift **19** 11
- Schwerbehinderung **15** 49
- Sicherheitsleistung **19** 71
- Sicherungsverwahrung **17** 61
- Strafsache **15** 126
- Strafverfahren **17** 52
- Tätigkeit, anwaltliche **2** 4
- Tätigkeit, außergerichtliche **15** 37 f.
- Tätigkeit, außergerichtliche/Verfahren, gerichtliches **15** 62
- Trennung bürgerlicher Streitigkeiten **15** 24 f.
- Trennung nach Parteien **15** 34, 36
- Trennung nach Verfahrensgegenständen **15** 29
- Übergangsregelung **60** 40
- Urkundenprozess **17** 37
- Verbindung bürgerlicher Streitigkeiten **15** 13 f.
- Verbundsache **15** 96
- Verbundverfahren **16** 31 f., 37
- Verfahren, gerichtliches **15** 7 f.

- Verfahren, wiederaufgenommenes **17** 64
- Verfahrenskostenhilfe-Bewilligung **16** 7
- Verfassungsgerichtliches Verfahren **37** 5
- Verfügung, einstweilige **15** 94; **16** 63; **17** 28
- Vergleichsverhandlung nach Versäumnisurteil **19** 49 f., 50, 55
- Vergleichsverhandlung zwischen Rechtszügen **19** 60
- Vergütungsberechnung **10** 15
- Verhandlungen, außergerichtliche während Rechtszug **19** 38, 39
- Verkehrsunfallsache **15** 130
- Vermittlungsverfahren nach § 165 FamFG **17** 46
- Vermögensauskunft des Schuldners **18** 28
- verschiedene **17** 1 ff.
- Vertikalverweisung **21** 1 f.
- Vertretung außergerichtliche in Scheidungssache **16** 58
- verwaltungsrechtliche Auseinandersetzung **15** 139
- Verwaltungsverfahren **16** 4; **17** 8 f.
- Verweisung innerhalb Rechtszug **20** 3
- Vollstreckung gegen mehrere Schuldner **18** 62
- Vollstreckungsabwehrklage **19** 31
- Vollstreckungsauftrag, kombinierter **18** 23
- Vollstreckungsklausel **19** 65
- Vollstreckungsmaßnahme **18** 8 f., 13
- Vollstreckungsschutzantrag **19** 33
- Vollziehung einstweilige Verfügung **18** 68
- Vollziehungsanordnung, sofortige **16** 63
- Vorabentscheidungsverfahren **38** 5
- Vorbereitungstätigkeiten **19** 7
- Vorpfändung **18** 51
- Wechselprozess **17** 37
- wettbewerbsrechtliche Abmahnung **15** 145, 146
- wettbewerbsrechtliche Auseinandersetzung **15** 145
- Wiederaufnahmeverfahren **17** 64
- Zahlungsaufforderung mit Vollstreckungsandrohung **18** 19
- Zurückverweisung **21** 1 f., 19
- Zusammenrechnung Gegenstandswert **22** 4
- Zustellungsbescheinigung **19** 65
- Zwangshypothek **18** 57

Angelegenheit, außergerichtliche
- Geschäftsgebühr **VV2300** 1 f., 16
- Vergütung **1** 4

Angelegenheit, sozialrechtliche 3 4
- Betragsrahmengebühren **3** 4, 13 f.
- Gebühren **3** 1 f., 13 f., 27 f.
- Gebühren Sozialgerichtsbarkeit **3** 16, 30
- Gegenstandswert Wertgebühr **3** 25

Sachregister

Fett = Gesetz und §

- Tätigkeit, außergerichtliche **3** 15, 29
- Verwaltungsverfahren **3** 15, 29
- Wertgebühren **3** 21, 27 f.

Anhörung
- bei Vergütungsfestsetzung **11** 36
- Beistandsleistung **VV4301** 24, 25
- Betroffener bei Pauschgebühr in Straf-/Bußgeldsache **42** 34

Anhörungsrüge *s Gehörsrüge*

Anhörungstermin
- Terminsgebühr **VV4102** 7

Anhörungstermin, außergerichtlicher
- Verfahren, berufsgerichtliches/Disziplinarverfahren **VV6200** 8

Anklagerücknahme
- Strafsache **VV4141** 45

Anmeldung
- Insolvenzforderung **VV3313** 30

Anordnung Untersuchungshaft
- Terminsgebühr **VV4102** 12

Anordnung, einstweilige Vorb.3.2 15
- Angelegenheit **8** 19; **16** 63; **115** 98
- Angelegenheit, verschiedene **17** 28
- Anwendbarkeit RVG **60** 64
- Erstreckung Beiordnung **48** 39 f., 47
- Fälligkeit der Vergütung **8** 19
- Gegenstandswert in Familiensache **23** 75
- Gegenstandswert in Kindschaftssache **23** 90
- Vergütungsfestsetzung **11** 7

Anordnung, nachträgliche
- Sicherungsverwahrung **Vorb.4.1** 3, 5

Anrechnung *s Gebührenanrechnung*
- Vergütungsvereinbarung **4** 13

Anrechnungsausschluss
- Gebührenvereinbarung **34** 51

Anschlussrechtsmittel
- Anwendbarkeit RVG **60** 53

Anschlussverfahren
- Gebührenanrechnung **VV3100** 20

Anspruch, anderweitig anhängiger
- Einbeziehung in Einigung **VV3101** 50

Anspruch, bezifferter
- Gegenstandswert **23** 28

Anspruch, nicht anhängiger
- Einbeziehung in Einigung **VV3101** 50
- Feststellung einer Einigung **VV3101** 54
- Mitvergleich **VV1003** 27

Anspruch, vermögensrechtlicher
- Einzeltätigkeit Strafsache **Vorb.4.3** 14
- Verfahrensgebühr **VV4143** 1 f., 9, 11

Anspruchshäufung
- Trennung bei **15** 24

Anspruchsübergang
- auf Staatskasse **59** 1 f., 10
- Beitreibungsrecht gegen erstattungspflichtigen Gegner **59** 22, 25
- Beratungshilfe **59** 43
- Beschwerde **59** 52
- Beschwerde, weitere **59** 56
- Erinnerung **59** 48
- Fortbestand Verfügungsrecht des Mandanten **59** 28
- Gegenstand **59** 16
- Geltendmachung durch Staatskasse **59** 37
- Rechtsschutz **59** 47 f.
- Vergütungsanspruch gegen Mandanten **59** 20
- Vorrang des Rechtsanwalts **59** 31

Anträge, unnötige
- besonderer Umfang **51** 24

Antragsfertigung
- Verfahrensgebühr Einzeltätigkeit Strafsache **VV4302** 8, 13

Anwalts-AG
- Anwendbarkeit RVG **1** 92

Anwaltsbestellungsschriftsatz VV3101 21

Anwaltsgebührenwert 23 1, 8, 63, 145, 152, 158

Anwaltsgesellschaft mbH
- Anwendbarkeit RVG **1** 92

Anwalts-KGaA
- Anwendbarkeit RVG **1** 92

Anwaltsnotar
- Anwendbarkeit RVG **1** 85
- Gesamthonorar **3a** 17

Anwaltspostfach, besonderes elektronisches 12b 3, 14 f.
- Einführung **12b** 14
- Signatur **12b** 16
- Signatur, qualifizierte elektronische **12b** 15, 16
- Übermittlungsweg, sicherer **12b** 16

Anwaltsvertrag
- Gebühren bei Kündigung **15** 163
- Gebühren bei Niederlegung des Mandats **15** 164

Anwaltswechsel
- Anwendbarkeit RVG **60** 54
- Beiordnung mehrerer Rechtsanwälte **50** 53
- Gebührenminderung **54** 7 f.
- Gebührenverzicht bei **54** 37
- infolge Alter/Krankheit/Tod des RA **54** 25
- infolge Berufs-/Vertretungsverbot **54** 22
- infolge Kündigung Mandatsvertrag **54** 12 f.
- infolge Zulassungsverlust **54** 24
- Umfang Gebührenminderung **54** 26
- Veranlassung, schuldhafte **54** 7 f.
- Vergütungsanspruch des neuen Rechtsanwalts **54** 27

Sachregister

Magere Zahlen = Randnummer

- Vergütungsanspruch des neuen/beigeordneten RA **54** 32
- **Anwendbarkeit RVG 1** 1, 76 f.
- keine Anwendung **1** 108 f.
- persönliche **1** 89
- Tätigkeit, anwaltliche **1** 76 f.

Anzeigepflicht
- Zahlungen bei Festsetzungsantrag **58** 48, 63

Arbeitsaufwand
- Aufzeichnung **14** 34
- Bemessung Rahmengebühr **14** 29

Arbeitseinkommen
- Gegenstandswert Pfändung **25** 15

Arbeitsgericht
- Schiedsrichterliches Verfahren **36** 10, 21

Arbeitsgerichtssache
- Anwendungsbereich, persönlicher **VV3326** 2
- Anwendungsbereich, sachlicher **VV3326** 3
- Aufklärungspflicht Rechtsanwaltsvergütung **1** 46
- Auftragsbeendigung, vorzeitige **VV3337** 1 f., 3
- Beschwerdeverfahren gegen Zurückweisung des Antrags auf Anordnung eines Arrests/ Erlass einstweiliger Verfügung **VV3514** 4
- Einzeltätigkeit **VV3326** 1 f.
- Gebühren **Vorb.3.1** 2 f.
- Gegenstandswert **VV3326** 10
- Prozesskostenhilfe **12** 1, 8, 8
- Rechtsmittel Vergütungsfestsetzung **11** 46
- Rechtsverkehr, elektronischer **12b** 4
- Streitwertkatalog **23** 121
- Terminsgebühr **VV3326** 8; **VV3332** 1 f., 4
- Verfahrensgebühr **VV3326** 1 f., 6
- Zurückverweisung **21** 4

Arbeitsrecht
- Angelegenheit **15** 47 f.
- Erstattung vorprozessualer Anwaltskosten **1** 49

Arbeitsrechtssache
- Gegenstandswert-ABC **23** 121 f.
- Rechts-/Beschwerdeverfahren **Vorb.3.2.1** 22

Arbeitsstunde
- Bewertung **34** 47, 48

Arbeitsvertrag
- Gegenstandswert **23** 167

Arrest
- Angelegenheit **15** 57; **16** 63
- Angelegenheit, verschiedene **17** 28
- Anwendbarkeit RVG **60** 55
- Aufhebungsantrag **Vorb.3.3.3** 69
- Beschwerdeverfahren gegen Zurückweisung des Antrags auf Anordnung **VV3514** 1
- Erstreckung Beiordnung **48** 39 f., 47
- Gegenstandswert Vollziehung **25** 1 f.
- vor Berufungsgericht **Vorb.3.2** 14

Arrest, dinglicher
- Verfahrensgebühr **VV4142** 6

Arrestverfahren
- Vergütungsfestsetzung **11** 7

Arrestvollziehung Vorb.3.3.3 1, 57 f.
- Angelegenheit, besondere **18** 68

Arzthaftung
- Angelegenheit **15** 58

Assessor
- Vertretung durch **5** 16

Asylverfahren
- Abweichung vom Regelwert **30** 16
- Gegenstandswert **30** 1 f., 16
- Gegenstandswert bei mehreren Beteiligten **30** 11
- Gegenstandswert Klageverfahren **30** 6
- Gegenstandswert vorläufiger Rechtsschutz **30** 8
- Schwierigkeitsgrad Tätigkeitsfeld **14** 40

Aufbewahrung
- Vergütungsberechnung **10** 41

Aufbewahrungshinweis
- Vergütungsberechnung **10** 39

Auffangwert
- Gegenstandswert **23** 6

Aufgebotsverfahren Vorb.3.3.6 1 f.; **VV3324** 1 f.
- Anwendungsbereich, persönlicher **VV3324** 2
- Anwendungsbereich, sachlicher **VV3324** 3
- Auftragsbeendigung, vorzeitige **VV3337** 1 f., 3
- Einigungsgebühr **VV3324** 15
- Gegenstandswert **VV3324** 16
- Terminsgebühr **Vorb.3.3.6** 2; **VV3324** 13; **VV3332** 1 f., 4
- Verfahrensgebühr **VV3324** 1 f., 9

Aufhebung
- Disziplinarmaßnahme **Vorb.6** 6, 8; **VV6500** 10
- Freiheitsentziehungs-/ Unterbringungssache **VV6300** 18 f.

Aufhebungsverfahren
- Angelegenheit, verschiedene **17** 28
- Rechtsschutz, vorläufiger **16** 64; **17** 30

Aufhebungsvertrag
- Gegenstandswert **23** 168

Aufklärungspflicht
- Vergütung Arbeitsgerichtssache **1** 46

Aufnahme unterbrochenes/ausgesetztes Verfahren VV3101 21

1367

Sachregister

Fett = Gesetz und §

Aufrechnung
- Abtretung nach **43** 19
- Beeinträchtigung/Vereitelung Vergütungsanspruch **43** 25
- Einwendung bei Vergütungsfestsetzung **11** 54
- Geltendmachung Unwirksamkeit **43** 28
- in Straf-/Bußgeldsache **43** 1 f., 12
- mit Vergütung **10** 11
- Überprüfung, gerichtliche **43** 29
- Vergütungsanspruch **43** 12
- Vergütungsvereinbarung **43** 13

Aufrechnung, hilfsweise
- Gegenstandswert **23** 37

Aufschiebende Wirkung
- Angelegenheit **16** 63
- Angelegenheit, verschiedene **17** 28

Aufschlag, freiwilliger
- Rechtsanwaltshonorar **3a** 32

Auftrag
- Mandatsvertrag **1** 13

Auftrag, einheitlicher
- Tätigkeit, außergerichtliche **15** 38, 44

Auftrag, erneuter
- Anwendbarkeit RVG **60** 68

Auftrag, unbedingter
- Anwendbarkeit RVG **60** 25

Auftraggeber
- Ausdrucke/Kopien zur Unterrichtung **VV7000** 25
- Einkommens-/Vermögensverhältnisse **VV2300** 102
- Vergütungsfestsetzung **11** 40

Auftraggeber, mehrere 7 1 f.
- Angelegenheit **7** 1 f., 4
- Bedarfsgemeinschaft **VV1008** 30
- Beratungsgebühr **VV2501** 26
- Beratungshilfegebühr **VV1008** 4
- Betragsrahmengebühr **VV1008** 5, 62
- Dokumentenpauschale **7** 29
- Ehepartner **VV1008** 36
- Erbengemeinschaft **VV1008** 40
- Festgebühr **VV1008** 4, 63
- GbR **VV1008** 32
- Gebührenanrechnung **Vorb.3** 170; **VV2300** 150
- Gebührenanrechnung erhöhte Gebühren **VV1008** 64
- Gebührenerhöhung **7** 3
- Gebührenerhöhung bei **VV1008** 1 f., 21
- Gegenstand **7** 5
- Geschäftsgebühr **VV1008** 1 f., 8, 18
- Geschäftsgebühr Beratung **VV2503** 18
- Haftung **7** 10 f.
- Haftung bei demselben Gegenstand **7** 20 f.
- Haftung bei unterschiedlichem Gegenständen **7** 11 f.
- Kostenerstattung **7** 31
- Mahnverfahren **VV3305** 30
- Rechtsmittelprüfung **VV2001** 7; **VV2100** 21
- Streithelfer **VV1008** 46
- Verfahrensgebühr **VV1008** 1 f., 8; **VV3101** 28
- Vollstreckungsbescheid **VV3305** 70
- WEG **VV1008** 48
- Wertgebühr **49** 23; **VV1008** 3, 53
- Zwangsversteigerung **VV3311** 28
- Zwangsverwaltung **VV3311** 28

Auftragsbeendigung, vorzeitige VV3101 13; **VV3337** 1 f., 3 *sa Erledigung, vorzeitig*
- Angelegenheit **15** 160, 162
- Berufung **VV3201** 3 f.
- BGH-Anwalt **VV3209** 1
- Bundessozialgericht **Vorb.3.3.1** 17
- Bundesverwaltungsgericht **Vorb.3.3.1** 17
- Einzeltätigkeit Bußgeldsache **VV 5200** 8
- Einzeltätigkeit Strafsache **Vorb.4.3** 20
- Landessozialgericht **Vorb.3.3.1** 17
- Mahnverfahren **VV3305** 29, 43
- Nichtzulassungsbeschwerde **VV3504** 6; **VV3506** 4; **VV3508** 3
- OLG **Vorb.3.3.1** 17
- Rechtsbeschwerde **VV3502** 5
- Rechtsmittelverfahren **VV3201** 1 f.
- Revision **VV3207** 1
- Tatbestände **VV3101** 13
- UrhWG-Verfahren **Vorb.3.3.1** 17
- Verfahrensgebühr, reduzierte **VV3101** 1 f.
- Vergütungsvereinbarung **3a** 93
- Verkehrsanwalt **VV3405** 1 f., 3
- VGH **Vorb.3.3.1** 17

Auftragserledigung, vorzeitige *s Erledigung, vorzeitig*

Auftragserteilung
- Vergütungsvereinbarung **3a** 37, 44, 45

Auftragsprovision 3a 156

Aufwand, zeitlicher
- besonders umfangreicher **51** 19

Aufwendungen *sa Auslagen*
- Abgrenzung zu allg. Geschäftskosten **Vorb.7** 5 f., 8
- Begriff **Vorb.7** 7
- Erstattungsfähigkeit **Vorb.7** 10

Aufzeichnung
- Arbeitsaufwand **14** 34

Augenscheinseinnahme
- Beistandsleistung **VV4301** 24, 25
- Terminsgebühr **VV4102** 8

Ausdruck VV7000 7 f.
- an Gegner/Beteiligte/Verfahrensbevollmächtigte **VV7000** 12 f.
- aus Behörden-/Gerichtsakten **VV7000** 10
- Begriff **VV7000** 4

Magere Zahlen = Randnummer

Sachregister

- Erforderlichkeit **VV7000** 10
- Erstattungsfähigkeit Dokumentenpauschale **VV7000** 37
- sonstiger **VV7000** 30
- Übermittlung, elektronische **VV7000** 36
- Unterrichtung Auftraggeber **VV7000** 25

Auseinandersetzung, arbeitsrechtliche
- Angelegenheit **15** 47 f.

Auseinandersetzung, verwaltungsrechtliche
- Angelegenheit **15** 139

Auseinandersetzung, wettbewerbsrechtliche
- Angelegenheit **15** 145

Ausfertigung, vollstreckbare
- Angelegenheit, besondere **18** 66

Auskunft
- Abgrenzung zu Rat **34** 11
- Begriff **34** 10
- Gegenstandswert **23** 29

Auslagen Vorb.7 1 f.
- Abwesenheitsgeld **VV7003** 26
- Angemessenheit **VV7003** 33
- Anwendbarkeit RVG **60** 56
- Ausdrucke **VV7000** 1, 7 f.
- Begriff **Vorb.7** 7
- bei Beratungshilfegebühr **44** 25
- bei Hebegebühr **VV1009** 14
- bei Pauschgebühr **42** 3, 36
- Beratungshilfe **VV2500** 30
- Bindung an gerichtliche Feststellung **55** 40
- Bußgeldsache **VV5101** 18; **VV5113** 13
- Dokumentenpauschale **VV7000** 1 f.
- Einzeltätigkeit Bußgeldsache **VV5200** 17
- Entgelte für Postdienstleistungen **VV7001** 1 f.
- Entgelte für Telekommunikationsdienstleistungen **VV7001** 1 f.
- Erstattung durch Staatskasse **46** 1 f., 3
- Erstattungsfähigkeit **Vorb.7** 10
- Fahrtkosten Geschäftsreise **VV7003** 1, 7 f.
- Gebührenanspruch **52** 32
- Gebührenunterschreitung **4** 9
- Kopien **VV7000** 1, 7 f.
- mandatsbezogene **1** 10
- Pauschgebühr **51** 81
- Postentgelte **VV7001** 1 f.
- Prämie Berufshaftpflichtversicherung **VV7007** 1, 5 f.
- sonstige **VV7003** 32
- Strafvollstreckung **Vorb.4.2** 11
- Tagegeld **VV7003** 26
- Umsatzsteuer **VV7008** 1 f.
- Vergütungsanspruch **1** 11
- Vergütungsberechnung **10** 24
- Vergütungsfestsetzung **11** 18, 21

- Vertreter, gemeinsamer **40** 11, 19
- Vorschuss **9** 1, 23, 30
- Vorsteuerabzugsberechtigung **10** 26

Auslagenerstattung
- Dokumentenpauschale **46** 11
- Dolmetscherkosten **46** 45, 47
- Festsetzung bei Beiordnung **46** 63
- Informationsreise **46** 20
- Post-/ Telekommunikationsdienstleistungen **46** 13
- Reisekosten **46** 17 f.
- Rückwirkung bei Beiordnung **48** 70
- Übersetzungskosten **46** 45, 47
- Vorabentscheidung **46** 48 f.
- Wiederaufnahmeverfahren **46** 61
- Zuständigkeit Festsetzung **46** 64

Auslagenpauschale
- Anrechnung **VV2300** 148
- Gebührenanrechnung **Vorb.3** 133
- Tätigkeit, außergerichtliche **VV2300** 148

Auslagenvorschuss
- Angemessenheit **47** 15, 21
- Fälligkeit **47** 23
- Staatskasse **47** 12
- Vergütungsfestsetzung **11** 22

Ausländerrecht
- Schwierigkeitsgrad Tätigkeitsfeld **14** 40

Auslandsberührung
- Umsatzsteuer **VV7008** 4

Auslandsreise
- Tage-/Abwesenheitsgeld **VV7003** 31

Auslieferung
- Rechtshilfe, internationale **VV6100** 7

Ausschlussverfahren WpÜG
- Gegenstandswert **31a** 1 f.
- Geschäftswert Gerichtskosten **31a** 4
- Vertretung Antragsgegner **31a** 4
- Vertretung Antragsteller **31a** 5
- Vertretung mehrerer Antragsgegner **31a** 9

Äußerung, gutachterlichen
- Aktenübersendung zur **VV3400** 15

Aussetzung
- Anwendbarkeit RVG **60** 57
- Unterbringungsmaßregel **VV4200** 5, 7
- Vollstreckung Reststrafe **VV4200** 8

Aussetzungsantrag VV3101 21; **VV3105** 15

Aussöhnung
- Begriff **VV1001** 10
- Einigungsgebühr **VV2508** 7
- Mitwirkung **VV1001** 13

Aussöhnungsgebühr VV1001 1 f., 5
- Berufungsverfahren **VV1004** 1 f., 10
- Beschwerde gegen Nichtzulassung Rechtsmittel **VV1004** 15
- Beschwerdeverfahren **VV1004** 20

1369

Sachregister

Fett = Gesetz und §

- Ehesache **VV1001** 5
- Ermäßigung **VV1003** 1 f., 6
- Höhe **VV1001** 18
- keine Ermäßigung **VV1003** 16
- Lebenspartnerschaftssache **VV1001** 5
- neben Betriebsgebühr **VV1001** 24
- Rechtsmittelzulassung **VV1004** 18
- Revisionsverfahren **VV1004** 1 f., 10
- und Einigungsgebühr **VV1001** 26
- und Terminsgebühr **VV1001** 25

Auszahlung
- Entnahme Hebegebühr **VV1009** 22

Bahncard
- Fahrtkosten Geschäftsreise **VV7003** 15

Bahnfahrt
- Fahrtkosten Geschäftsreise **VV7003** 14

Baurecht
- Terminsgebühr **vorb.3** 50

beauty contest/parade 34 39

Bedarfsgemeinschaft
- Auftraggeber, mehrere **VV1008** 30

Bedeutung der Angelegenheit
- Bemessung Rahmengebühr **14** 43 f.
- Bewertungskriterium Betriebsgebühr **VV2300** 107

Bedingung
- Erfolgshonorar **4a** 75

Bedingung, aufschiebende
- Einigungsgebühr bei **VV2508** 5

Bedrohung
- Bemessungskriterium Rahmengebühr **14** 50

Beendigung
- Mandatsvertrag **1** 67

Beendigung der Angelegenheit
- Fälligkeit der Vergütung **8** 15

Beendigung des Rechtszugs
- Fälligkeit der Vergütung **8** 26

Beendigung, vorzeitige s. *Auftragsbeendigung, vorzeitige*

Befriedigungsgebühr VV4141 1 f., 55
- Anklagerücknahme **VV4141** 45
- Anwendung, analoge **VV4141** 41, 44 f.
- Anwendungsbereich **VV4141** 4
- Bußgeldsache **VV5113** 11; **VV5115** 12, 28
- Einspruchsentscheidung durch Beschluss **VV4141** 42
- Einstellung, nicht nur vorläufige **VV4141** 4, 7 f.
- Erledigung durch Strafbefehl **VV4141** 46
- mehrfache **VV4141** 65
- Nichteröffnung Hauptverfahren **VV4141** 4, 21 f.
- Rücknahme Einspruch/Berufung/Revision **VV4141** 4, 25 f.
- Rücknahme Privatklage **VV4141** 43

- Verfahrensförderung **VV4141** 47 f.
- Verhältnis zu Einigungsgebühr **VV4141** 54

Behandlungsfehler, ärztlicher
- Angelegenheit **15** 58

Behördenakten
- Ausdrucke/Kopien **VV7000** 10

Beiladung
- Anwendbarkeit RVG **60** 58

Beiordnung sa *Prozesskostenhilfe*
- als Kontaktperson in Strafsache **VV4304** 1 f.
- Anrechnung von Zahlungen auf Gebühren **58** 26 f.
- Anrechnungsgrundsätze **58** 41
- Anspruch gegen gegnerische Partei **39** 22
- Anwendbarkeit RVG **60** 37, 59
- Auslagenerstattung durch Staatskasse **46** 1 f., 3
- Auslagenvorschuss **47** 12
- Beiordnungsbeschluss **48** 7
- Bestellung **45** 21; **48** 17
- Betragsrahmengebühren **45** 31
- Bindungswirkung im Festsetzungsverfahren **55** 36
- Ehesache **12** 3
- Einzeltätigkeit in Strafsache **Vorb.4.3** 3
- Erstreckung auf mit Hauptsache zusammenhängende Angelegenheit **48** 39 f.
- Erstreckung auf Rechtsmittel **48** 18 f.
- Erstreckung in Ehe-/Lebenspartnerschaftssache **48** 25 f.
- Erstreckung in Sozialgerichtssache **48** 38
- Fälligkeit der Vergütung **8** 5, 11; **39** 15; **45** 66
- Familiensache **12** 3
- Familienstreitsache **12** 3
- Festgebühren Bußgeldsache **Vorb.5** 5
- Festsetzung aus der Staatskasse zu zahlender Vergütung **55** 1 f.
- Führen des Verkehrs **VV3400** 5
- Gebühren nach Teil 3 in Strafsache **Vorb.4** 54
- Gebühren, zusätzliche **VV4141** 55 f., 60
- Gebührenanrechnung **58** 1 f.
- Gebührenanspruch gegen Auftraggeber **53** 1 f., 5, 10
- Gebührenanspruch gegen Beschuldigten **52** 1 f., 9, 14
- Gebührenhöhe **39** 16, 21
- Gebührenvorschuss **47** 6
- Gegenstandswert **39** 16
- Grundgebühr in Strafsache **VV4100** 6 f., 16
- Längenzuschlag **VV4108** 22
- Lebenspartnerschaftssache **39** 1 f., 2, 12
- Mandatsvertrag **45** 17; **48** 13

Magere Zahlen = Randnummer

Sachregister

- mehrere Rechtsanwälte **50** 53
- Pauschgebühr **42** 6, 28; **48** 71
- Pauschgebühr in Straf-/Bußgeldsache **51** 1 f., 8
- Privat-/Nebenklage **12** 8
- Rechtsbehelf bei Vergütungsfestsetzung in Bußgeldverfahren **57** 1 f., 3
- Rechtshilfe, internationale **VV6100** 4, 22
- Regelgebührenberechnung **50** 26, 57
- Reisekostenerstattung **VV7003** 35
- Reisekostenerstattung durch Staatskasse **46** 24 f.
- Rückforderung überzahlter Vergütung **45** 73
- Rückwirkung **48** 56 f.
- Rückwirkung Auslagen **48** 70
- Rückwirkung bei Verfahrensverbindung **48** 64
- Scheidungssache **39** 1 f., 7
- Stellung des beigeordneten RA **39** 7, 12
- Strafvollstreckung **Vorb.4.2** 1 f.
- Tätigkeitsverbot **39** 8
- Terminsgebühr Hauptverhandlung **VV4108** 5
- Terminsgebühr Strafsache **Vorb.4** 38
- Therapieunterbringungsgesetz **62** 2
- Übergang von Ansprüchen auf Staatskasse **59** 1 f., 10
- Übergangsvorschrift Vergütungszeitpunkt **60** 5; **61** 4
- Umfang **39** 6
- Umfang, gegenständlicher **48** 1 f.
- Verfahren vor Bundesverwaltungsgericht **VV6400** 11 f.
- Verfahren vor Truppendienstgericht **VV6400** 4 f.
- Verfahrensgebühr Strafsache **Vorb.4** 24
- Verfassungsgerichtliches Verfahren **37** 8
- verfassungsrechtliche Aspekte der Vergütung **Einleitung zu Teil 4** 16
- Vergütung **39** 1 f., 13 f.; **45** 1 f., 11, 37, 52
- Vergütung, gesetzliche **45** 25
- Vergütung, weitere **50** 1 f., 18, 32
- Vergütungsanspruch bei Anwaltswechsel **54** 32
- Vergütungsanspruch gegen Antragsgegner **39** 13
- Vergütungsanspruch gegen Dritte **45** 32 f.
- Vergütungsanspruch gegen Staatskasse **39** 18; **45** 11 f., 52
- Vergütungsanspruch gem. § 67a Abs. 1 S. 2 VwGO **45** 44, 49
- Vergütungsanspruch gem. §§ 138, 270 FamFG **45** 37, 41, 45
- Vergütungsanspruch ohne Mandatsvertrag **48** 16

- Vergütungsfestsetzung **12** 1 f.; **39** 24
- Vergütungsschuldner **45** 24
- Vergütungsvereinbarung **3a** 144
- Verjährung Vergütungsanspruch **45** 70
- Verschulden des RA bei **54** 1 f.
- Vorschuss **9** 16; **39** 17, 20
- Vorschuss gegen Staatskasse **45** 62; **47** 1 f., 5
- Vorschuss gegen Staatskasse gem. §§ 138, 270 FamFG **47** 24
- Vorschuss Pauschgebühr **51** 40
- Wertgebühren **45** 29; **49** 1 f.
- Wiederaufnahmeverfahren, strafrechtliches **VV4136** 33
- Zeugenbeistand **59a** 1 f.

Beiordnungsbeschluss 48 7
Beistand sa *Sachverständigenbeistand, Zeugenbeistand*
- Gebühren in Strafsache **Vorb.4** 2

Beistandsleistung
- Klageerzwingungsverfahren **VV4301** 26
- Terminsgebühr **VV4301** 23
- Verfahrensgebühr **VV4301** 18, 26; **VV4302** 10

Beitreibungssache
- Vergütungsvereinbarung **4** 22

Bekanntmachung
- Neufassung **59b** 1

Belehrungspflicht
- Gebühren nach Gegenstandswert **2** 16
- Mandatsvertrag **1** 43
- Rechtsanwaltsvergütung in arbeitsrechtlicher Angelegenheit **1** 46 f.
- Schadensersatz bei Verletzung **1** 50
- Treu und Glauben **1** 51
- Vergütungsanspruch **1** 44
- Vergütungshöhe **1** 58

Bemessungskriterien
- Bedeutung der Angelegenheit **14** 43 f.
- Haftungsrisiko des RA **14** 48
- Rahmengebühr **14** 29 f.
- Schwierigkeit der Tätigkeit **14** 36 f.
- sonstige **14** 50
- Umfang der Tätigkeit **14** 29 f.
- wirtschaftliche Verhältnisse des Auftraggebers **14** 45

Beratung
- Abgrenzung zu Geschäftsbesorgung **34** 13
- Begriff **34** 8
- durch Vertreter des Rechtsanwalts **34** 20
- Gebührenanrechnung Geschäftsgebühr **VV2503** 6
- Gegenstand **34** 15
- Geschäftsgebühr **VV2503** 1 f.
- Umfang **34** 19
- Vergütung **34** 1 f., 7, 8 f.

Beratung, vorbereitende
- Zeuge/Sachverständiger **Vorb.3** 12

1371

Sachregister

Fett = Gesetz und §

Beratungsgebühr VV2501 1 f.
- Anrechnung **34** 86 f.; **VV2502** 4
- Auftraggeber, mehrere **VV1008** 17; **VV2501** 26
- Beratungshilfe **44** 18
- Berechtigungsschein **VV2501** 4, 21
- Einigung mit Gläubigern **VV2502** 1 f.
- Gebührenerstattung **34** 98
- Kostenerstattung **VV2501** 27
- Kostenfestsetzung **VV2501** 28; **VV2502** 5
- Normzweck **VV2501** 4 f.
- Pauschalgebühr **VV2501** 12; **VV2502** 1
- Postentgeltpauschale **VV2501** 24
- Rechtsmittel gegen Versagung **VV2501** 29
- Schuldenbereinigung **VV2502** 1 f.
- Stadtstaatenklausel **VV2501** 33

Beratungshilfe VV2500 1 f., 12
- Angelegenheit **15** 66 f.
- Angelegenheit bei Scheidungssache **16** 62
- Anrechnung auf Schutzgebühr **58** 20
- Anrechnung von Zahlungen des Gegners **58** 21
- Anrechnung von Zahlungen/Vorschüssen **58** 1, 10 f.
- Anspruchsübergang **59** 43
- Antrag **44** 6
- Auftraggeber als Vergütungsschuldner **58** 15
- Auftraggeber, mehrere **VV1008** 18
- Auslagen **44** 25
- Beratungshilfegebühr **44** 22
- Beratungshilfeschein **VV2500** 16, 28
- Berufspflicht **44** 11
- Berufsrecht **VV2500** 14
- Einigungsgebühr **VV2508** 3
- Erfolgshonorar **4a** 61
- Gebührenanrechnung **44** 21; **15a** 55; **Vv2500** 26, 32
- Gegner als Vergütungsschuldner **58** 16
- Gewährung **44** 3
- Kostenerstattungsanspruch **58** 10 f.
- Mandatsvertrag **1** 53
- Postentgelte **VV7001** 19
- Prüfung Erfolgsaussicht Rechtsmittel **34** 59; **VV2100** 10
- Prüfung Erfolgsaussichten **VV2500** 10
- Recht, ausländisches **VV2500** 11
- Rechtsmittel gegen Versagung **VV2501** 29
- Sonderopfer **44** 13, 29 f.
- Staatskasse als Vergütungsschuldner **58** 19
- Streitschlichtung **VV2500** 4
- Verfahren **44** 9
- Vergütungsregelung **44** 12
- Vergütungsrisiko **44** 16
- Vergütungsschuldner **44** 12
- Vergütungsvereinbarung **VV2500** 22
- Verhältnis zu Vergütungsvereinbarung **3a** 16, 143
- Verweisung an andere Beratungsstellen **VV2500** 7, 8
- Vorschuss **9** 6; **44** 19; **47** 31
- Zuständigkeit Erinnerung Festsetzungsverfahren **56** 24
- Zuständigkeit Festsetzungsverfahren **55** 30

Beratungshilfegebühr 44 22; **VV2500** 1 f.
- Auftraggeber, mehrere **VV1008** 4
- Auslagen **VV2500** 30
- BerHG **VV2500** 5
- Entstehung **VV250** 27
- Erlass **VV2500** 31
- Festsetzung **VV2500** 33
- Gebührenanrechnung **VV2500** 32
- Praxisgebühr **VV2500** 2
- Umsatzsteuer **44** 25; **VV2500** 2, 3, 30
- Vorschuss **47** 32

Beratungshilfemandat 44 11, 16
Beratungshilfeschein VV2500 16, 28
- Folgesache **VV2500** 20

Beratungshilfevergütung 44 1 f., 12
- Anspruch gegen Landeskasse **44** 18 f.
- Anspruch gegen Rechtsuchenden **44** 22
- Beratungsgebühr **44** 18
- Festsetzung **44** 26
- Verfassungsmäßigkeit **44** 28 f.

Beratungstabelle
- Tätigkeit, steuerberatende **35** 15

Berechnung
- Rechtsanwaltsvergütung **10** 1 f.

Berechtigungsschein
- Beratungsgebühr **VV2501** 4, 21
- Beratungshilfeschein **VV2500** 16, 28
- Gestaltung der Formulierung **VV2501** 21

Bereicherungsrecht
- fehlerhafte Vergütungsvereinbarung **4b** 20

Berufshaftpflichtversicherung
- Einzelprämie **VV7007** 3, 5 f., 8

Berufspflichtverletzung Vorb.6.2 1 f.
sa Verfahren, berufsgerichtliches
- Nichtzulassungsbeschwerde **VV6211** 12
- Verfahren, berufsgerichtliches **Vorb.6.2** 7
- Wiederaufnahmeverfahren **Vorb.6.2.3** 1 f.

Berufsrecht
- Beratungshilfe **VV2500** 14

Berufsverbot
- Anwaltswechsel infolge **54** 22
- Aussetzung zur Bewährung **VV4200** 24

Berufung
- Auftragsbeendigung, vorzeitige **VV3201** 3 f.
- Erstreckung Beiordnung **48** 22
- Gebühren **Vorb.3.2** 1 f.

Magere Zahlen = Randnummer

Sachregister

- Nichtzulassungsbeschwerde **VV3504** 1
- Nichtzulassungsbeschwerde Sozialgerichtssache **VV3511** 1 f.
- Rücknahme in Strafsache **VV4141** 4, 25 f., 29, 38
- Schiedsrichterliches Verfahren **36** 15
- Stillhalteabkommen **VV3201** 15
- Terminsgebühr, reduzierte **VV3203** 7
- Verfahrensgebühr, ermäßigte **VV3201** 3 f.

Berufungsbegründung
- Verfahrensgebühr Einzeltätigkeit Strafsache **VV4301** 11

Berufungserwiderung
- Verfahrensgebühr Einzeltätigkeit Strafsache **VV4301** 11

Berufungsverfahren
- Aussöhnungsgebühr **VV1004** 1 f., 10
- Einigungsgebühr **VV1004** 1 f., 10
- Erledigungsgebühr **VV1004** 1 f., 10
- Verfahrensgebühr Adhäsionsverfahren **VV4143** 24, 26
- Vergütungsfestsetzung **11** 7

Berufungsverfahren, strafgerichtliches VV4124 1 f.
- Beginn **VV4124** 5
- Einstellung **VV4141** 4, 7 f.
- Ende **VV4124** 7
- Längenzuschlag **VV4124** 20
- Terminsgebühr **VV4124** 12, 17
- Verfahrensgebühr **VV4124** 1 f., 9, 14

Beschlagnahme
- in Bußgeldsache **VV5116** 6
- Verfahrensgebühr **VV4142** 6

Beschluss
- Vergütungsfestsetzung **11** 37

Beschlussverfahren
- Entscheidung in Bußgeldsache **VV5115** 31
- Strafsache **VV4141** 42

Beschlussvergleich
- Terminsgebühr **Vorb.3** 83

Beschuldigter
- Erstattungsanspruch gegen Staatskasse **52** 14
- Feststellung Leistungs-/Zahlungsfähigkeit **52** 38 f., 54
- Gebührenanspruch des bestellten Verteidigers **52** 1 f.
- Leistungs-/Zahlungsfähigkeit **52** 18
- Vergütungsansprüche gegen **52** 76

Beschwerde
- Anspruchsübergang **59** 52
- Vorrang RVG **1** 154
- Wertfestsetzung **32** 18 f.
- Wertfestsetzungsverfahren **33** 19 f., 24

Beschwerde Kostenansatz-/-festsetzungsverfahren
- Angelegenheit **16** 71

Beschwerde, befristete
- Wertfestsetzungsverfahren **33** 19 f., 21

Beschwerde, weitere
- Anspruchsübergang **59** 56
- Einlegung **56** 53
- Entscheidung **56** 56
- Festsetzungsverfahren **56** 49 f., 56
- Zulässigkeit **56** 49

Beschwerdegebühr
- Eingliederung nach § 319 Abs. 6 AktG **VV3325** 16
- Mahnverfahren **VV3305** 6

Beschwerdeverfahren Vorb.3.5 1
- Angelegenheit **15** 8
- Angelegenheit, besondere **18** 72
- Anhörungsrüge **56** 61
- Aussöhnungsgebühr **VV1004** 15, 20
- Beschwer **56** 33
- Beschwerdebefugnis **56** 31
- Beschwerdeeinlegung **56** 36
- Einigungsgebühr **VV1004** 15, 20; **VV3500** 4
- Einzeltätigkeit Strafsache **Vorb.4.3** 23
- Entscheidung **56** 44
- EnWG **Vorb.3.2.1** 30
- Erledigungsgebühr **VV1004** 15, 20
- Familiensache **Vorb.3.2.1** 11
- Festsetzungsverfahren **56** 2, 28 f., 44
- Frist **56** 32
- Gebühren **Vorb.3.2.1** 1 f., 8
- Gegenstandswert **23** 4, 26; **VV3500** 6
- Gegenvorstellung **56** 60
- GWB **Vorb.3.2.1** 29
- Insolvenzverfahren **VV3313** 45; **VV3500** 1 f.
- Kostenansatz Strafsache **Vorb.4** 52
- Kostenerstattung **VV3500** 7
- Kostenfestsetzungsbeschluss Strafsache **Vorb.4** 50
- KSpG **Vorb.3.2.1** 32
- Rechtszug beendende Entscheidung im Beschlussverfahren vor Gerichten in Arbeitssachen **Vorb.3.2.1** 22
- Rechtszug beendende Entscheidung im personalvertretungsrechtlichen Beschlussverfahren der Verwaltungsgerichtsbarkeit **Vorb.3.2.1** 28
- Sozialgerichtsbarkeit **VV3501** 1 f.
- SpruchG **Vorb.3.2.1** 36
- Strafvollstreckung **Vorb.4.2** 8 f., 10
- Terminsgebühr **VV3500** 4; **VV3513** 1 f.
- Verfahrensgebühr **VV3500** 1 f., 5
- Verfahrensgebühr bei eingeschränkter Tätigkeit in Familien-/FGG-Sache **VV3201** 27, 30
- Verfahrensgebühr Einzeltätigkeit **VV3403** 1 f., 6, 14

1373

Sachregister

Fett = Gesetz und §

- Vergütungsfestsetzung **11** 7
- Vollstreckbarerklärung ausländischer Titel **Vorb.3.2.1** 10
- Vollstreckungsklausel ausländischer Titel **Vorb.3.2.1** 10
- vor BGH gegen Entscheidungen des Bundespatengerichts **Vorb.3.2.2** 7
- VSchDG **Vorb.3.2.1** 33
- wegen des Hauptgegenstands des einstweiligen Rechtsschutzes in Verwaltungs-/Sozialgerichtssache **Vorb.3.2.1** 40
- Wiederaufnahmeverfahren, strafrechtliches **VV4136** 23
- WpHG **Vorb.3.2.1** 47
- WpÜG **Vorb.3.2.1** 39
- Zurückweisung Antrag auf Anordnung eines Arrests/ Erlass einstweiliger Verfügung **VV3514** 1
- Zuständigkeit **56** 40
- Zwangsvollstreckung in Strafsache **Vorb.4** 53

Beschwerdeverfahren Nichtzulassung Rechtsmittel
- Einigungs-/Erledigungs-/Aussöhnungsgebühr **VV1004** 15

Beschwerdeverfahren vor Bundespatentgericht
- Einigungsgebühr **VV3510** 10
- Erledigungsgebühr **VV3510** 10
- Gegenstandswert **VV3510** 11
- Kostenerstattung **VV3510** 12
- Terminsgebühr **VV3510** 7; **VV3516** 1
- Verfahrensgebühr **VV3510** 1 f., 4
- Verfahrenskostenhilfe **VV3510** 13

Beseitigung
- in Bußgeldsache **VV5116** 5

Besondere Gebühr
- Kapitalanleger-Musterverfahren **41a** 3; **VV3338** 13

Besprechung, außergerichtliche
- Terminsgebühr bei a.B. zur Erledigung/Vermeidung des Verfahrens **VV3104** 9
- Terminsgebühr für Teilnahme an von gerichtlich bestelltem Sachverständigen anberaumter Termin **Vorb.3** 49

Besserungsmaßregel
- Aussetzung **Vv4200** 5, 7

Bestandsstreitigkeit, arbeitsrechtliche
- Gegenstandswert **23** 126, 128, 129
- Gegenstandswert mehrerer Kündigungen **23** 134
- Gegenstandswert Vergleichsmehrwert **23** 135

Bestätigung
- Mandatsvertrag **1** 24

Bestellung
- Anrechnung von Zahlungen auf Gebühren **58** 26 f.

- Anwendbarkeit RVG **60** 32
- Beiordnung **45** 21
- Bindungswirkung im Festsetzungsverfahren **55** 36
- Einzeltätigkeit in Strafsache **Vorb.4.3** 3
- Festgebühren Bußgeldsache **Vorb.5** 5
- Festsetzung aus der Staatskasse zu zahlender Vergütung **55** 1 f.
- Gebühren nach Teil 3 in Strafsache **Vorb.4** 54
- Gebühren, zusätzliche **VV4141** 55 f., 60
- Gebührenanrechnung **58** 1 f.
- Gebührenanspruch gegen Beschuldigten **52** 1 f., 9, 14, 22 f.
- gerichtliche **48** 17
- Grundgebühr in Strafsache **VV4100** 6 f., 16
- Längenzuschlag **VV4108** 22
- Rechtsbehelf bei Vergütungsfestsetzung in Bußgeldverfahren **57** 1 f., 3
- Rechtshilfe, internationale **VV6100** 3, 22
- Rückwirkung **48** 56 f.
- Strafvollstreckung **Vorb.4.2** 1 f.
- Terminsgebühr Hauptverhandlung **VV4108** 5
- Terminsgebühr Strafsache **Vorb.4** 38
- Übergang von Ansprüchen auf Staatskasse **59** 1 f., 10
- Übergangsvorschrift Vergütungszeitpunkt **60** 5; **61** 4
- Verfahren vor Bundesverwaltungsgericht **VV6400** 11 f.
- Verfahren vor Truppendienstgericht **VV6400** 4 f.
- Verfahrensgebühr Strafsache **Vorb.4** 24
- verfassungsrechtliche Aspekte der Vergütung **Einl. zu Teil 4** 16
- Vergütung **45** 1 f., 11, 37, 52
- Vergütungsanspruch gegen Staatskasse **45** 10 f., 52
- Vergütung des durch Bundesamt für Justiz bestellten Pflichtverteidiger **59a** 8
- Verschulden des bestellten RA **54** 1 f.
- Wiederaufnahmeverfahren, strafrechtliches **VV4136** 33
- zum Prozesspfleger **41** 1

Bestellungsschriftsatz VV3101 21

Bestimmung einer Frist
- Schiedsrichterliches Verfahren **36** 21

Bestimmungsrecht
- Rahmengebühr **14** 4

Betäubungsmittel
- Gegenstandswert **VV4142** 18

Beteiligte
- Ausdrucke/Kopien zur Zustellung/Mitteilung **VV7000** 12 f., 18

Beteiligtenvertretung
- Gegenstandswert Insolvenzverfahren **28** 14

Magere Zahlen = Randnummer **Sachregister**

- Gegenstandswert Zwangsversteigerung **26** 13
- Gegenstandswert Zwangsverwaltung **27** 13
- Schifffahrtsrechtliche Verteilungsordnung **29** 8

Betragsrahmengebühren 1 6; **14** 1
- Auftraggeber, mehrere **VV1008** 5, 62
- Begriff **49** 10
- Pflegeversicherung, private **3** 8
- Prozesskostenhilfe **45** 31
- sozialrechtliche Angelegenheit **3** 4, 13 f.
- Vergütungsberechnung **10** 23
- Vergütungsfestsetzung **11** 65
- Vorabentscheidungsverfahren **38** 12
- Wahlanwalt **Vorb.4** 21, 35

Betreiben des Geschäfts
- Abgrenzung **Vorb.2.3** 12
- Geschäftsgebühr **Vorb.2.3** 10; **VV2503** 1 f.
- Verfahrensgebühr **Vorb.3** 26

Betreuer
- Anwendbarkeit RVG **1** 109, 111, 112

Betriebsgebühr
- Angelegenheit, außergerichtliche **VV2300** 1 f., 10, 16
- Auftraggeber, mehrere **VV2300** 150
- Bedeutung der Angelegenheit **VV2300** 107
- Ermessensbindung **VV2300** 123
- Ermessensspielraum **VV2300** 119
- Ermittlung Rahmengebühr **VV2300** 61 f.
- Gebührenanrechnung **VV2300** 126 f.
- Gebührenrahmen **VV2300** 45 f.
- Haftungsrisiko **VV2300** 114
- Haltung der Rechtsschutzversicherer **VV2300** 19 f.
- Kappungsgrenze **VV2300** 62
- Rationalisierungsabkommen der Rechtsschutzversicherer **VV2300** 39
- Schwierigkeit anwaltlicher Tätigkeit **VV2300** 84
- Sozialrechtliche Angelegenheit **VV2302** 1 f.
- Umfang anwaltlicher Tätigkeit **VV2300** 74
- und Aussöhnungsgebühr **VV1001** 24
- Vergütungsvereinbarung **VV2300** 124, 176 f.
- Verhältnisse, wirtschaftliche **VV2300** 101, 102
- Verkehrsunfallangelegenheit **VV2300** 64

Betriebsratsanhörung
- Angelegenheit **15** 51

Betroffener
- Gebührenanspruch des bestellten Verteidigers **52** 1 f.

- Vergütungsansprüche gegen **52** 76

Bewährungsstrafe
- Widerrufsverfahren **VV4200** 9

Beweisaufnahme
- Schiedsrichterliches Verfahren **36** 21
- Teilnahmegebühr **Vorb.3.1** 9
- Vergütungsvereinbarung **Vorb.3.1** 12
- Zusatzgebühr **VV1010** 1 f., 10

Beweisaufnahmetermin
- Terminsgebühr **Vorb.3** 52

Beweiserhebungstermin, außergerichtlicher
- Verfahren, berufsgerichtliches/Disziplinarverfahren **VV6200** 7

Beweisgebühr
- Wegfall **Vorb.3.1** 8 f.

Beweislast
- Mandatsvertrag **1** 16
- Vergütungsvereinbarung **4** 19

Beweissicherungsverfahren, selbständiges
- Terminsgebühr **Vorb.3** 51

Beweisverfahren
- Angelegenheit **15** 91
- Anwendbarkeit RVG **60** 61, 85
- Gegenstandswert **23** 31

Beweisverfahren, selbständiges
- Einigungsgebühr **VV1003** 17
- Erstreckung Beiordnung **48** 39 f., 51
- Gebührenanrechnung **Vorb.3** 188 f.
- Vergütungsfestsetzung **11** 7

Bewertung
- Gegenstand **2** 7

Bewilligungsverfahren Pauschgebühr 51 45 f., 61 f.
- Anhörung **51** 61
- Antrag **51** 45
- Bewilligungsbeschluss **51** 71
- Festsetzung **51** 80
- Prüfungsumfang **51** 62
- Zuständigkeit **51** 53

BFH
- Beschwerde im einstweiligen Rechtsschutz **Vorb.3.2.2** 10

BGB-Gesellschaft s *GbR*

BGH
- Beschwerde-/Rechtsbeschwerdeverfahren gegen Entscheidungen des Bundespatentgerichts **Vorb.3.2.2** 7
- Bewilligung Pauschgebühr Straf/Bußgeldsache **51** 53
- Entscheidung über Pauschgebühr in Straf-/Bußgeldsache **42** 32

BGH-Anwalt
- Auftragsbeendigung, vorzeitige **VV3209** 1
- Nichtzulassungsbeschwerde **VV3508** 1
- Terminsgebühr **VV3208** 3; **VV3210** 1

1375

Sachregister

Fett = Gesetz und §

- Verfahrensgebühr **VV3208** 1
Bietervertretung
- Gegenstandswert Zwangsversteigerung **26** 20
Billigkeit
- Rahmengebühr **14** 4
Billigpreise
- Vergütung **34** 40
Bindungswirkung
- Festsetzungsverfahren **55** 36 f.
BRAGO
- Übergangsregelung **61** 1 f.
Buchführung, kaufmännische
- Vergütung bei **1** 78
Buchführung, steuerliche
- Vergütung bei **1** 78
Buchführungstabelle
- Tätigkeit, steuerberatende **35** 17
Bundesbaugesetz
- Verteilungsverfahren **VV3333** 3
Bundesleistungsgesetz
- Verteilungsverfahren **VV3333** 3
Bundespatentgericht
- Beschwerdeverfahren vor **VV3510** 1 f.
Bundessozialgericht
- Auftragsbeendigung, vorzeitige **Vorb.3.3.1** 17
- Nichtzulassungsbeschwerde vor **VV3512** 1; **VV3518** 1
- Terminsgebühr **Vorb.3.3.1** 1; **VV3212** 1 f.
- Verfahrensgebühr **VV3212** 1 f.
- Verfahrensgebühr erste Instanz **Vorb.3.3.1** 1 f., 7
Bundesverfassungsgericht
- Verfahren vor dem **37** 1 f.
Bundesverwaltungsgericht
- Auftragsbeendigung, vorzeitige **Vorb.3.3.1** 17
- Terminsgebühr **Vorb.3.3.1** 1; **VV6400** 15
- Verfahren nach WBO **Vorb.6** 5, 8; **Vorb.6.4** 1 f., 12; **VV6400** 11 f.
- Verfahrensgebühr **VV6400** 12
- Verfahrensgebühr erste Instanz **Vorb.3.3.1** 1 f., 7
Bürgschaftsurkunde
- Hebegebühr **VV1009** 12
Bürovorsteher
- Vertretung durch **5** 22
Busfahrt
- Fahrtkosten Geschäftsreise **VV7003** 14
Bußgeldbescheid
- Rücknahme Einspruch **VV5115** 17, 25
- Rücknahme Einspruch im gerichtlichen Verfahren **VV5115** 25
- Rücknahme/Neuerlass durch Verwaltungsbehörde **VV5115** 21

Bußgeldsache Vorb.5 1 f.
- Abgeltungsbereich Terminsgebühr **Vorb.5** 23
- Abgeltungsbereich Verfahrensgebühr **Vorb.5** 18
- Abrategebühr Wiederaufnahmeverfahren **Vorb.5.1.3** 12
- Abtretung Kostenerstattungsanspruch **43** 1 f., 6, 8
- Anrechnungen von Zahlungen auf Gebühren **58 49 f.**.
- Anrechnungsgrenzen **58** 57
- Antrag auf gerichtliche Entscheidung **Vorb.5.1.2** 6
- Anwendbarkeit RVG **60** 86
- Aufrechnung Vergütung **43** 12, 13
- Auslagen **VV5101** 18; **VV5113** 13
- Bagatellsachen **VV5116** 7
- Befriedigungsgebühr **VV5113** 11; **VV5115** 12, 28
- Begriff **Vorb.5** 15
- Bemessung Rahmengebühr **14** 52
- Beschlagnahme **VV5116** 6
- besonders schwierige **51** 25
- besonders umfangreiche **51** 18 f.
- Einspruchsrücknahme im gerichtlichen Verfahren **VV5115** 25
- Einspruchsrücknahme im Verwaltungsverfahren **VV5115** 17
- Einstellung durch Staatsanwaltschaft **Vorb.5.1.2** 3
- Einstellung durch Verwaltungsbehörde **Vorb.5.1.2** 3
- Einstellung, nicht nur vorläufige **VV5115** 12
- Einzeltätigkeiten **VV5200** 1 f.
- Einziehung **VV5116** 1 f.
- Entscheidung im Beschlussverfahren **VV5115** 31
- Erledigung, vorzeitige **VV5115** 1 f., 6, 12
- Gebühren, zusätzliche **VV5101** 16; **VV5113** 11; **VV5115** 1 f., 33
- Gebührenanrechnung **Vorb.5** 11
- Gebührenanspruch gegen Auftraggeber **53** 1 f., 5, 10
- Gebührenanspruch gegen Betroffenen **52** 1 f., 14, 22 f.
- Gebührenhöhe Verfahrens-/Terminsgebühr **VV5101** 11
- Gebührenrahmen **Vorb.5** 5
- Gebührenstaffelung **Vorb.5.1** 4
- Gebührenstruktur **Vorb.5** 1, 3
- Geldbußen, mehrere **Vorb.5.1** 9
- Geltungsbereich der Gebühren **Vorb.5** 13
- Grundgebühr **Vorb.5** 17; **VV5100** 1 f., 3
- Haftzuschlag **Vorb.5** 9, 14
- Hauptverhandlung, entbehrliche **VV5115** 1 f., 5, 7

Magere Zahlen = Randnummer **Sachregister**

– Kontrollbetrag Gebührenanrechnung **58** 58
– Kostenansatz **Vorb.5** 32
– Kostenfestsetzung **Vorb.5** 31
– Mittelgebühr **Vorb.5** 8
– Pauschgebühr **42** 1 f., 3; **51** 1 f., 10; **Vorb.5.1** 3
– Rechtsbeschwerdeverfahren **VV5113** 1 f.
– Rechtsmitteleinlegung **19** 75
– Rücknahme Rechtsbeschwerde **VV5115** 28
– Rückzahlung anrechenbarer Zahlungen **58** 64
– straßenverkehrsrechtliche **Vorb.5** 7; **VV5101** 14, 15; **VV5107** 9, 10
– Termine außerhalb Hauptverhandlung **Vorb.5.1.3** 5
– Terminsgebühr im Verwaltungsverfahren **Vorb.5.1.2** 7; **VV5101** 4 f., 11
– Terminsgebühr Wiederaufnahmeverfahren **Vorb.5.1.3** 11
– Verfahren erster Rechtszug **Vorb.5.1.3** 2
– Verfahrensgebühr **VV5101** 2, 11
– Verfahrensgebühr Wiederaufnahmeverfahren **Vorb.5.1.3** 11
– Vernehmung, außergerichtliche **5101** 4 f., 11; **Vorb.5.1.2** 8
– Vernehmung, richterliche **5101** 4 f., 11; **Vorb.5.1.2** 9
– Vernichtung/Unbrauchbarmachung/ Beseitigung **VV5116** 5
– Verwaltungsverfahren **Vorb.5.1.2** 1 f., 2
– Verwarnungsverfahren **Vorb.5.1.2** 4
– Vorschuss **9** 27
– Vorschuss Pauschgebühr **51** 40
– Wiederaufnahmeverfahren **Vorb.5.1.3** 9 f.
– Zwangsvollstreckung **Vorb.5** 33
– Zwischenverfahren **Vorb.5.1.2** 5

Bußgeldverfahren
– Abhilfeverfahren **57** 20
– Angelegenheit, verschiedene **17** 54
– Antragsberechtigung **57** 11
– Antragseinreichung **57** 17
– Beginn **Vorb.5.1.3** 3
– Beschwer **57** 14
– Einspruchsrücknahme im gerichtlichen Verfahren **VV5115** 25
– Einstellung, nicht nur vorläufige **VV5115** 12
– Ende **Vorb.5.1.3** 4
– Entscheidung im Beschlussverfahren **VV5115** 31
– Entscheidung, gerichtliche **57** 24
– Erledigung, vorzeitige **VV5115** 1 f., 6, 12
– erster Rechtszug **Vorb.5.1.3** 2
– Frist **57** 15
– Gebühren, zusätzliche **VV5107** 12

– Gebührenanspruch gegen Betroffenen **52** 1 f., 75
– Pauschgebühr **42** 7, 40; **51** 1 f.10, 72
– Rechtsbehelf bei Vergütungsfestsetzung vor Verwaltungsbehörde **57** 1 f.
– Rückwirkung Beiordnung **48** 56 f.
– Termine außerhalb Hauptverhandlung **Vorb.5.1.3** 5
– Terminsgebühr **Vorb.5.1.3** 1, 2; **VV5107** 3, 7
– Verfahren nach § 62 OWiG **57** 7 f.
– Verfahrensgebühr **VV5107** 2, 6
– Verfahrensgebühr bei Einziehung **VV5116** 1 f., 4, 8
– Vergütungsfestsetzung Pauschgebühr **11** 24
– Vernehmungstermin, gerichtlicher außerhalb Hauptverhandlung **Vorb.5.1.3** 6
– Zuständigkeit Festsetzungsverfahren **55** 32
– Zuständigkeit Rechtsbehelf **57** 8

D&O Versicherung
– Kostenerstattung **3a** 173
Daten, elektronisch gespeicherte
– Überlassung **VV7000** 32
Dealgeld
– Gegenstandswert **VV4142** 18
Deckungszusage
– Einholung **VV2300** 183
– Rechtsschutzversicherung **1** 61
– unter Vorbehalt **9** 22
Diagonalverweisung 20 19, 20
Diebesgut
– Gegenstandswert **VV4142** 18
Dienstvertrag
– Mandatsvertrag **1** 12
Differenzgebühr VV3101 29 f.
– Beschränkungsregelung **VV3101** 63
– Einigungsverhandlungen vor Gericht **VV3101** 29 f.
– Feststellung Parteieneinigung **VV3101** 54
– Protokollierung Parteieneinigung **VV3101** 49
– Rechtszug, zweiter **VV3201** 22
Disziplinarmaßnahme
– Änderung/Aufhebung **VV6500** 1 f., 10
– Aufhebungs-/Änderungsverfahren **Vorb.6** 6, 8
Disziplinarverfahren Vorb.6 3, 8; **Vorb.6.2** 1 f.
– Abgeltungsbereich **Vorb.6.2** 12
– Änderung Disziplinarmaßnahme **VV6500** 10
– Anhörungstermin, außergerichtlicher **VV6200** 8
– Anwendungsbereich, persönlicher **Vorb.6.2** 1

1377

Sachregister

Fett = Gesetz und §

- Anwendungsbereich, sachlicher **Vorb.6.2** 2 f., 3
- Aufhebung Disziplinarmaßnahme **VV6500** 10
- Beweiserhebungstermin, außergerichtlicher **VV6200** 7
- Einigungsgebühr **Vorb.6.2** 12
- Einzeltätigkeit **Vorb.6.2** 14; **VV6500** 1 f., 3
- Einzeltätigkeiten, mehrere **VV6500** 1 f., 4
- Erledigungsgebühr **Vorb.6.2** 12; **VV6203** 4
- Gebührenanrechnung Einzeltätigkeit **VV6500** 9
- Gegenstand **VVVorb.6.2** 3
- Gerichte dritter Rechtszug **VV6211** 2
- Gerichte erster Rechtszug **VV6203** 2
- Gerichte zweiter Rechtszug **VV6207** 2
- Grundgebühr **Vorb.6** 10; **VV6200** 1 f., 2, 5; **VV6202** 8, 10; **VV6203** 4
- Kostenansatz **Vorb.6.2** 20
- Kostenfestsetzung **Vorb.6.2** 19
- Mitwirkung, anwaltliche **VV6216** 6
- Nichtzulassungsbeschwerde **VV6211** 12
- Pauschgebühr **Vorb.6.2** 13; **VV6200** 12; **VV6202** 11; **VV6203** 5; **VV6211** 18; **VV6500** 13
- Rechtszug, dritter **VV6211** 1 f.
- Rechtszug, erster **VV6203** 1 f.
- Rechtszug, zweiter **VV6207** 1 f.
- Terminsgebühr **Vorb.6** 10, 13; **VV6200** 1 f., 7, 9; **VV6202** 8, 10
- Terminsgebühr dritter Rechtszug **VV6211** 1 f., 8
- Terminsgebühr erster Rechtszug **VV6203** 1 f., 3, 10
- Terminsgebühr zweiter Rechtszug **VV6207** 1 f., 7
- Verfahren, außergerichtliches **VV6202** 1 f., 4
- Verfahrensgebühr **Vorb.6** 10; **VV6202** 1 f.
- Verfahrensgebühr dritter Rechtszug **VV6211** 1 f., 5
- Verfahrensgebühr Einzeltätigkeit **VV6500** 1 f., 3, 4, 11
- Verfahrensgebühr erster Rechtszug **VV6203** 1 f., 3, 7
- Verfahrensgebühr im außergerichtlichen **VV6202** 1 f., 4, 10
- Verfahrensgebühr Nichtzulassungsbeschwerde **VV6211** 12 f., 14, 16
- Verfahrensgebühr zweiter Rechtszug **VV6207** 1 f., 4
- Vertretung gegenüber Aufsichtsbehörde außerhalb eines D. **Vorb.6.2** 15
- Wiederaufnahmeverfahren **Vorb.6.2.3** 1 f.

- Zusatzgebühr **VV6216** 1 f., 5, 7
- Zwangsvollstreckung **Vorb.6.2** 21

dog and pony show 34 39

Dokument
- Übermittlung, elektronische **VV7000** 36

Dokument, elektronisches 12b 1 f., 10
- Anwendungsbereich **12b** 10
- Einreichung **12b** 10, 13, 17
- Geeignetheit **12b** 11
- Ungeeignetheit **12b** 13, 18

Dokumentenpauschale VV7000 1 f.
- Auftraggeber, mehrere **7** 29
- Auslagenerstattung durch Staatskasse **46** 11
- Erstattungsfähigkeit **VV7000** 37
- Überlassung elektronisch gespeicherter Daten **VV7000** 32
- Vertreter, gemeinsamer **40** 11

Dolmetscherkosten
- Auslagenerstattung **46** 45, 47

Drittauskunfteinholung
- Angelegenheit, besondere **18** 40

Dritter
- Vorschuss **9** 12

Drittwiderklage
- Angelegenheit **15** 92
- Anwendbarkeit RVG **60** 101

Drittwiderspruchsklage
- Anwendbarkeit RVG **60** 62, 101

Duldung
- Gegenstandswert **25** 26

Dumpingpreise
- Vergütung **34** 40

Durchlieferung
- Rechtshilfe, internationale **VV6100** 7

EG-Recht
- Schwierigkeitsgrad Tätigkeitsfeld **14** 40

EGVP 12b 10

Ehepartner
- Auftraggeber, mehrere **VV1008** 36

Ehesache
- Aussöhnungsgebühr **VV1001** 5
- Beiordnung **12** 3
- Einigungsgebühr **VV1000** 89
- Erstreckung Beiordnung **48** 25 f.
- Gegenstandswert **23** 65

Ehevertrag
- Gegenstandswert **23** 170

Ehewohnungssache
- Abtrennung aus Verbund **16** 45
- Beiordnung **12** 3
- Gegenstandswert **23** 108

Eidesstattliche Versicherung
- Terminsgebühr **Vorb.3.3.3** 80
- Zwangsvollstreckung **Vorb.3.3.3** 80

Eilbedürftigkeit
- Bemessungskriterium Rahmengebühr **14** 50

Magere Zahlen = Randnummer   **Sachregister**

Einbeziehung
- selbständige/isolierte Familiensache in Verbund **16** 37

Ein-Euro-Angebot
- Tätigkeit, außergerichtliche **4** 8

Einfordern
- Rechtsanwaltsvergütung **10** 6

Eingliederung
- Auftragsbeendigung, vorzeitige **VV3337** 1 f., 3
- Beschwerdegebühr **VV3325** 16
- Einigungsgebühr **VV3325** 15
- Gegenstandswert **VV3325** 17
- Terminsgebühr **VV3325** 13; **VV3332** 1 f., 4
- Verfahren nach § 319 Abs. 6 AktG **VV3325** 4
- Verfahrensgebühr Handelsregistereintragung **VV3325** 4

Eingruppierung
- Gegenstandswert **23** 132

Einholung
- Deckungszusage **VV2300** 183

Einholung Drittauskunft
- Angelegenheit, besondere **18** 40

Einigung mit Gläubigern
- Beratungsgebühr **VV2502** 1 f.
- Einigungsgebühr **VV2508** 8
- Schuldenbereinigung **VV2504** 1 f.

Einigungsgebühr VV1000 1 f.; **VV2508** 1 f.
- Abrechnung über **VV2508** 9
- Adhäsionsverfahren **VV4143** 30
- Anerkenntnis **VV1000** 44
- Anhörungsrüge **VV3330** 13
- Aufgebotsverfahren **VV3324** 15
- Auftraggeber, mehrere **VV1008** 20
- Aussöhnung **VV2508** 7
- bei aufschiebender Bedingung **VV2508** 5
- bei Widerrufsvorbehalt **VV2508** 5
- Beratungshilfe **VV2508** 3
- Berufungsverfahren **VV1004** 1 f., 10
- Beschwerde gegen Nichtzulassung Rechtsmittel **VV1004** 15
- Beschwerdeverfahren **VV1004** 20; **VV3500** 4
- Beschwerdeverfahren vor Bundespatentgericht **VV3510** 10
- Beseitigung Ungewissheit **VV1000** 12, 19
- Beweisverfahren, selbständiges **VV1003** 17
- Disziplinarverfahren **Vorb.6.2** 12
- Ehesache **VV1000** 89
- Eingliederung nach § 319 Abs. 6 AktG **VV3325** 15
- Einigung mit Gläubigern **VV2508** 8
- Entstehung **VV1000** 9 f.
- Erinnerungsverfahren **VV3500** 4
- Ermäßigung **VV1003** 1 f., 6
- Finanzgerichtssache **VV1004** 27
- Folgesache **VV1000** 89
- Gebührenanrechnung **VV2508** 10
- Gegenstandswert **VV1000** 82
- Güteverfahren **VV2508** 4
- Höhe **VV1000** 75
- Kapitalanleger-Musterverfahren **VV3338** 12
- keine Ermäßigung **VV1003** 16
- Kindschaftssache **VV1000** 92; **VV1003** 23
- Kündigungsschutz **VV1000** 39
- Lebenspartnerschaftssache **VV1000** 89
- Mahnverfahren **VV3305** 6
- Mitvergleich nicht anhängiger Ansprüche **VV1003** 27
- Mitwirkung **VV1000** 58
- Nebenintervention **VV1000** 107
- öffentliches Recht **VV2508** 6
- Privatklageverfahren **VV4147** 1 f., 8
- Prozesskostenhilfeverfahren **VV3335** 27, 28
- Ratenzahlungsvereinbarung **VV1000** 22
- Räumungsfristverfahren **VV3334** 21
- Rechtsmittelzulassung **VV1004** 18
- Rechtsverhältnis **VV1000** 14
- Rechtsverhältnis des öffentlichen Rechts **VV1000** 87
- Revisionsverfahren **VV1004** 1 f., 10
- Schiedsgerichtliches Verfahren **VV3327** 10
- Schiedsrichterliches Verfahren **36** 13, 17
- Schuldenbereinigung **VV2508** 8
- Sozialgerichtssache **VV1005** 15
- Sozialrechtliche Angelegenheit **VV1005** 1 f.
- Strafverfahren, vorbereitendes **VV4104** 14
- Streitbeseitigung **VV1000** 12, 19
- Terminsvertreter **VV1000** 63; **VV3401** 33
- und Aussöhnungsgebühr **VV1001** 26
- Verfahren nach §§ 25 Abs. 1 S. 3 bis 5, 13 StrRehaG **VV4146** 12
- Verfahren, berufsgerichtliches **Vorb.6.2** 12
- Vergleich **VV1000** 37
- Verhältnis zu Befriedigungsgebühr **VV4141** 54
- Verkehrsanwalt **VV3400** 27
- Verkehrsunfallsache **VV1000** 99
- Versorgungsausgleichssache **VV1000** 97
- Vertragsabschluss **VV1000** 34
- Vertragsverhandlungen **VV2508** 4
- Vertreter, gemeinsamer **40** 7, 10, 16
- Verzicht **VV1000** 44

1379

Sachregister

Fett = Gesetz und §

- Vollstreckbarerklärung **VV3329** 14
- Widerrufsvorbehalt **VV1000** 69
- Zahlungsvereinbarung **VV1000** 22
- Zwangsvollstreckung **Vorb.3.3.3** 84
- Zwangsvollstreckungseinstellung, vorläufige **VV3328** 19
- Zwischenvergleich **VV1000** 50

Einigungsstellenverfahren
- Angelegenheit, verschiedene **17** 40
- Geschäftsgebühr **VV2303** 1 f.

Einigungsverhandlung
- Differenzgebühr **VV3101** 29 f.

Einigungsvertrag
- Gegenstandswert **31b** 1 f., 5

Einkommensverhältnisse Auftraggeber VV2300 102
- Bemessung Rahmengebühr **14** 45

Einspruch
- Beschlussentscheidung **VV4141** 42
- Rücknahme in Strafsache **VV4141** 4, 25 f., 26, 38

Einspruch Versäumnisurteil
- Anwendbarkeit RVG **60** 63

Einspruchsrücknahme
- im gerichtlichen Bußgeldverfahren **VV5115** 25
- im Verwaltungsverfahren in Bußgeldsache **VV5115** 17

Einstellung
- Anwendungsbereich **VV4141** 11
- Berufungsverfahren, strafgerichtliches **VV4141** 4, 7 f.
- Bußgeldsache **Vorb.5.1.2** 3
- Ermittlungsverfahren, strafrechtliches **VV4141** 4, 7 f.
- in Fortsetzungstermin **VV4141** 17
- in Hauptverhandlung **VV4141** 15, 16
- nicht nur vorläufige **VV4141** 10
- Revisionsverfahren, strafgerichtliches **VV4141** 4, 7 f.
- Strafsache **VV4141** 4, 7 f.
- Strafverfahren, gerichtliches **VV4141** 4, 7 f.
- Strafverfahren, vorbereitendes **VV4141** 4, 7 f.
- Teileinstellung **VV4141** 8
- vor Hauptverhandlung **VV4141** 9
- während Aussetzung der Hauptverhandlung **VV4141** 18
- Zwangsvollstreckung **19** 29

Einstellung, nicht nur vorläufige
- Bußgeldsache **VV5115** 12

Einstellung, vorläufige
- Zwangsvollstreckung **VV3328** 1 f.

Einvernehmen
- Geschäftsgebühr **VV2200** 1 f.
- Herstellung **VV2200** 1 f.
- Nicht-Herstellung **VV2200** 5, 20
- Widerruf **VV2200** 4

Einvernehmensanwalt VV2200 2

Einvernehmensgebühr VV2200 1 f.
- Entstehen **VV2200** 9
- Kostenerstattung **VV2200** 21
- Strafverfahren **VV2200** 16
- Vergütungsfestsetzung **VV2200** 22

Einwendung
- offensichtlich unbegründete **11** 56
- Vergütungsfestsetzung **11** 51 f.

Einzelhandlung
- mehrere in derselben Angelegenheit **15** 177, 178

Einzelrichter
- Entscheidung über Pauschgebühr in Straf-/Bußgeldsache **42** 30

Einzeltätigkeit
- Arbeitsgerichtssache **VV3326** 1 f.
- Auftraggeber, mehrere **VV1008** 16
- Disziplinarverfahren **Vorb.6.2** 14; **VV6500** 1 f., 3
- Freiheitsentziehungssache **VV6300** 26
- gerichtliche Verfahren **Vorb.3.4** 1 f.; **VV3403** 1 f.
- Gerichtsstandsbestimmungsverfahren **16** 30
- Schiedsrichterliches Verfahren **36** 20; **VV3327** 1 f.
- Sozialgerichtssache **VV3406** 1 f.
- Terminsgebühr **Vorb.3.4** 3
- Unterbringungssache **VV6300** 26
- Verfahren, berufsgerichtliches **Vorb.6.2** 14
- Vergütungsfestsetzung **11** 9

Einzeltätigkeit Bußgeldsache
- Auslagen **VV5200** 17
- Beendigung/Erledigung, vorzeitige **VV5200** 8
- Gebühren, weitere **VV5200** 15
- Gebührenanrechnung **VV5200** 10
- Gebührenbegrenzung **VV5200** 9
- Gnadensache **VV5200** 12, 13
- Grundgebühr **VV5200** 16
- Pauschgebühr **VV5200** 15
- Verfahrensgebühr **VV5200** 1 f., 13
- Vollstreckung **VV5200** 12

Einzeltätigkeit gerichtliche Verfahren Vorb.3.4 1 f.; **VV3403** 1 f.
- Anwendungsbereich, persönlicher **VV3403** 3
- Anwendungsbereich, sachlicher **VV3403** 5
- Auftraggeber, mehrere **VV3403** 16
- Auftragsbeendigung, vorzeitige **VV3403** 17
- Kostenerstattung **VV3403** 18

Magere Zahlen = Randnummer **Sachregister**

- Rechtsmittelverzicht **VV3404** 3
- Schreiben einfacher Art **VV3404** 1 f.
- Verfahrensgebühr **VV3403** 1 f., 5, 14
- Verhältnis zu Terminsvertretung **VV3403** 2

Einzeltätigkeit Strafsache Vorb.4.3 1 f.
- Abgeltungsbereich der Gebühren **Vorb.4.3** 16
- Abgrenzung **Vorb.4.3** 1
- Ansprüche, vermögensrechtliche **Vorb.4.3** 14
- Anträge/Gesuche/Erklärungen **VV4302** 1 f., 8
- Beendigung/Erledigung, vorzeitige **Vorb.4.3** 20
- Beistandsleistung **VV4301** 18; **VV4302** 10
- Berufungsbegründung **VV4301** 11
- Berufungserwiderung **VV4301** 11
- Beschwerdeverfahren **Vorb.4.3** 23
- Gebührenanrechnung **Vorb.4.3** 24; **VV4301** 34; **VV4302** 17
- Gegenerklärung **VV4300** 1 f., 16; **VV4301** 13
- Haftzuschlag **Vorb.4** 43
- Privatklage **VV4301** 1 f., 6
- Rechtsmitteleinlegung **VV4302** 1 f., 4
- Revisionsverfahren **VV4300** 1 f., 8
- Verkehrsführung mit Verteidiger **VV4301** 14
- Wiederaufnahmeverfahren, strafrechtliches **VV4136** 7

Einziehung
- Anwendungsbereich, sachlicher **VV41426**
- Bagatellbereich **VV4142** 14
- Gegenstandswert **VV4142** 15 f.; **VV5116** 9
- in Bußgeldsache **VV5116** 1 f.
- in Strafsache **VV4142** 1 f., 3, 6
- Kostenfestsetzung/-erstattung **VV4142** 19
- Verfahrensgebühr in Strafsache **VV4142** 1 f., 11, 12

Einziehungsbeteiligter
- Gebühren in Strafsache **Vorb.4** 2
- Pauschgebühr bei Beiordnung **51** 9

Einziehungsermächtigung
- Vergütungsvereinbarung **3a** 99

Einziehungspflicht
- Staatskasse **50** 13

Elterliche Sorge
- Lösung aus Verbund **16** 53

Empfangsbekenntnis
- Vergütungsvereinbarung **3a** 83

Entgegennahme
- Information **Vorb.2.3** 11

Entscheidung, gerichtliche
- Bußgeldsache **Vorb.5.1.2** 6

Entscheidungsberichtigung
- Nebentätigkeit **19** 15

Entscheidungsergänzung
- Antrag **VV3101** 22
- Nebentätigkeit **19** 15

Entscheidungszustellung
- Nebentätigkeit **19** 15

EnWG
- Beschwerdeverfahren **Vorb.3.2.1** 30

Erbengemeinschaft
- Auftraggeber, mehrere **VV1008** 40

Erbvertrag
- Gegenstandswert **23** 185

Erfolgsaussicht Rechtsmittel
- Anrechnung **VV2001** 5; **VV2002** 4; **VV2100** 17
- Auftraggeber, mehrere **VV2001** 7; **VV2100** 21
- bei Beratungshilfe **VV2100** 10
- bei Prozesskostenhilfe **34** 59; **VV2100** 10
- Beratungshilfe **34** 59
- Gebührenhöhe **VV2100** 15
- Gutachten **VV2002** 5; **VV2101** 1 f.
- Kostenerstattung **VV2001** 8; **VV2100** 22
- Kostenfestsetzung **VV2100** 30
- Prüfung **34** 17, 26, 53 f.; **VV2100** 1 f.
- Prüfungsumfang **VV2100** 8
- Rechtsschutzversicherung **VV2001** 10; **VV2100** 29
- sozialrechtliche Angelegenheit **VV2102** 1 f.
- Vergütungsvereinbarung **VV2100** 18

Erfolgshonorar 4a 1 f.
- Angabe erfolgsunabhängiger Vergütung **4a** 64
- Angemessenheit Zu-/Abschläge **4a** 48
- Bedingung/-seintritt **4a** 75
- Begriff **4a** 31
- Bemessungsgründe **4a** 81
- Beratungshilfemandat **4a** 61
- Einzelfall **4a** 37
- Erfolg, vorläufiger **4a** 34
- Erfolgsfall **4a** 78
- fehlerhafte Vereinbarung **4b** 1 f., 9
- Hinweis auf Kostenerstattungspflicht **4a** 85
- Korrektur **4a** 57
- Kostenerstattung **4a** 79
- Möglichkeit zur Rechtsverfolgung **4a** 39
- Preisdumping **4a** 52
- Prozesskostenhilfemandat **4a** 61
- Quersubventionierung **4a** 54
- verständige Betrachtung **4a** 42
- Werbung mit **4a** 19
- Zulässigkeit **4a** 13 f., 37 f.

Erinnerung
- Anspruchsübergang **59** 48

1381

Sachregister

Fett = Gesetz und §

- Anwendbarkeit RVG **60** 66
- Vorrang RVG **1** 154

Erinnerung Kostenansatz-/-festsetzungsverfahren
- Angelegenheit **16** 71

Erinnerungsverfahren Vorb.3.5 1
- Angelegenheit **15** 8
- Angelegenheit, besondere **18** 72 f.; **19** 22
- Berechtigung **56** 8
- Beschwer **56** 13
- Einigungsgebühr **VV3500** 4
- Entscheidung **56** 25
- Festsetzungsverfahren **56** 1, 6 f., 25
- Form **56** 10
- Frist **56** 11
- Gegenstandswert **23** 26; **VV3500** 6
- Kostenansatz Strafsache **Vorb.4** 52
- Kostenerstattung **VV3500** 7
- Kostenfestsetzungsbeschluss Strafsache **Vorb.4** 50
- Sozialgerichtsbarkeit **VV3501** 1 f.
- Terminsgebühr **VV3500** 4; **VV3513** 1 f.
- Verfahrensgebühr **VV3500** 1 f., 5
- Zuständigkeit **56** 18
- Zuständigkeit bei Beiordnung Kontaktperson **56** 23
- Zuständigkeit bei Beratungshilfe **56** 24
- Zwangsvollstreckung **15** 178; **19** 23

Erklärung
- Verfahrensgebühr Einzeltätigkeit Strafsache **VV4302** 8, 13

Erledigung
- Begriff **VV1002** 17
- Fälligkeit der Vergütung **8** 9, 14
- Unterbringungsmaßregel **VV4200** 5, 6

Erledigung, gemeinschaftliche 6 1 f., 12
- mehrere RAe mit verschiedenen Aufgabenbereichen **6** 11
- Terminsvertreter **6** 9
- Verkehrsanwalt **6** 8

Erledigung, gütliche
- Vollstreckungsauftrag **18** 25

Erledigung, vorzeitige VV3101 13; *sa Auftragsbeendigung, vorzeitige*
- Angelegenheit **15** 161
- Bußgeldsache **VV5115** 1 f., 5, 12
- Einzeltätigkeit Bußgeldsache **VV5200** 8
- Einzeltätigkeit Strafsache **Vorb.4.3** 20
- Prozesskostenhilfeverfahren **VV3335** 17; **VV3337** 1 f.
- Terminsgebühr **VV3401** 27
- Terminsvertreter **VV3405** 6, 8
- Verfahrensgebühr, reduzierte **VV3401** 27
- Verkehrsgebühr **VV3405** 1 f., 3
- Vollstreckungsbescheid **VV3305** 69

Erledigungserklärung VV3101 22

Erledigungsgebühr VV1002 1 f., 6; **VV2508** 1 f.
- Berufungsverfahren **VV1004** 1 f., 10
- Beschwerde gegen Nichtzulassung Rechtsmittel **VV1004** 15
- Beschwerdeverfahren **VV1004** 20
- Beschwerdeverfahren vor Bundespatentgericht **VV3510** 10
- Disziplinarverfahren **Vorb.6.2** 12; **VV6203** 4
- Entstehen **VV1002** 11
- Erledigung **VV1002** 17
- Ermäßigung **VV1003** 1 f., 6
- Erstattungsfähigkeit **VV1002** 28
- Finanzgerichtssache **VV1004** 27
- Höhe **VV1002** 24
- keine Ermäßigung **VV1003** 16
- Mitwirkung **VV1002** 21
- Rechtsmittelzulassung **VV1004** 18
- Rechtssache **VV1002** 12
- Revisionsverfahren **VV1004** 1 f., 10
- Sozialgerichtssache **VV1005** 15
- Sozialrechtliche Angelegenheit **VV1005** 1 f.
- Verfahren, berufsgerichtliches **Vorb.6.2** 12; **VV6203** 4
- Vertreter, gemeinsamer **40** 7, 10, 16
- Verwaltungsakt **VV1002** 12

Erlöschen der Anwaltszulassung
- Auftragsbeendigung, vorzeitige **VV3101** 13

Ermittlungsverfahren, strafrechtliches VV4104 1 f., 3
- Angelegenheit, verschiedene **17** 52
- Einstellung **VV4141** 4, 7 f.
- Verfahrensgebühr überlanges **Vorb.3.3.1** 1 f., 7

Erstattung
- Hebegebühr **VV1009** 25
- Zusatzgebühr Beweisaufnahme **VV1010** 21

Erstattungsanspruch
- Abtretung **43** 1 f., 8
- Beschuldigter gegen Staatskasse **52** 14

Erstattungsfähigkeit
- Aufwendungen/Auslagen **Vorb.7** 10
- Dokumentenpauschale **VV7000** 37
- Geschäftskosten, allgemeine **Vorb.7** 10
- Reisekostenerstattung **VV7003** 40
- Umsatzsteuer **VV7008** 14

Erstberatung 34 3, 5, 33, 77
- Auftraggeber, mehrere **34** 85
- Höchstbetrag **34** 82
- Kappungsgrenze **34** 83
- Verbraucher **34** 3, 5, 33, 77

ERV-Gesetz 12b 3

Erziehungsanstalt
- Erledigung/Aussetzung Unterbringungsmaßregel **VV4200** 5 f.

EU-Recht
- Schwierigkeitsgrad Tätigkeitsfeld **14** 40

Magere Zahlen = Randnummer **Sachregister**

Europäischer Gerichtshof (EuGH)
- Betragsrahmengebühren **38** 12
- Gebühren **Vorb.3.1** 2 f.
- Gebührenanrechnung **38** 18
- Gebührentatbestände **38** 7 f.
- Gegenstandswert **38** 13
- Kostenerstattung **38** 20
- Kostenfestsetzung **38** 20
- Rahmengebühr **38** 6
- Terminsgebühr **38** 11, 12, 16
- Verfahren vor **38** 1 f.
- Verfahrensgebühr **38** 9, 12, 16
- Vorabentscheidungsverfahren **38** 1, 5 f.
- Wertgebühren **38** 9
- Zwischenstreit **38** 5

Europäischer Gerichtshof für Menschenrechte
- Gegenstandswert **38a** 2
- Verfahren vor **38a** 1 f.

Eventualwiderklage
- Verfahrensgebühr **VV3101** 17

Fachanwalt
- Schwierigkeit der Tätigkeit **14** 38

Fahrtkosten
- Autobahngebühren **VV7003** 12
- Bahn/Bus **VV7003** 14
- Bahncard/Netzfahrkarte **VV7003** 15
- Flugzeug **VV7003** 17
- Geschäftsreise **VV7003** 1, 7 f.
- Kfz, eigenes **VV7003** 9
- Kfz, fremdes/gemietetes **VV7003** 10, 32
- Kfz, geleastes **VV7003** 10
- km-Pauschale **VV7003** 11
- Parkgebühren **VV7003** 12
- Reisekosten **46** 44
- Taxi **VV7003** 14
- Verkehrsmittel, anderes **VV7003** 13 f.
- Verkehrsmittel, öffentliche **VV7003** 14, 19

Fahrtzeiten
- Umfang, besonderer **51** 22

Fälligkeit
- Gebühren-/Auslagenvorschuss gegen Staatskasse **47** 22, 23
- Pauschgebühr **51** 73
- Vergütung bei Beiordnung/PKH **45** 66

Fälligkeit der Vergütung 8 1 f., 8
- bei Beendigung der Angelegenheit **8** 15
- bei Beendigung des Rechtszugs **8** 26
- bei einstweiliger Anordnung **8** 19
- bei Erledigung des Auftrags **8** 9, 14
- bei gerichtlichem Verfahren **8** 20
- bei Kostenentscheidung **8** 23
- bei Ruhen des Verfahrens **8** 35
- bei Tod des Auftraggebers **8** 13
- bei Tod des Rechtsanwalts **8** 12

Falschgeld
- Gegenstandswert **VV4142** 18

FamFG
- Vollstreckung **Vorb.3.3.3** 50

FamFG-Verfahren
- Anordnung, einstweilige **Vorb.3.2** 15

Familiensache
- Angelegenheit **15** 95; **16** 31 f.
- Anordnung, einstweilige **Vorb.3.2** 15
- Anwendbarkeit RVG **60** 69
- Beiordnung **12** 3
- Beratungshilfe **44** 7
- Beschwerdeverfahren **Vorb.3.2.1** 11
- Beschwerdeverfahren gegen Zurückweisung des Antrags auf Anordnung eines Arrests/Erlass einstweiliger Verfügung **VV3514** 4
- Einbeziehung selbständige/isolierte F. in Verbund **16** 37
- Fortsetzung Folgesache als selbständige F. **21** 29
- Gegenstandswert **23** 13, 25
- Gegenstandswert einstweilige Anordnung **23** 75
- Gegenstandswert-ABC **23** 63 f.
- Rechtsmitteleinlegung **19** 81
- Verfahrensgebühr **VV3101** 55
- Verfahrensgebühr bei eingeschränkter Tätigkeit **VV3201** 27
- Verfahrenskostenhilfe **12** 2
- Verfahrenswert **23** 64
- Vergütungsanspruch gegen Beteiligten gem. §§ 138, 270 FamFG **45** 45
- Vergütungsanspruch gegen Staatskasse gem. §§ 138, 270 FamFG **45** 37, 41
- Vergütungsfestsetzung **11** 7
- Vorschuss gegen Staatskasse gem. §§ 138, 270 FamFG **47** 24
- Zurückverweisung **21** 4, 23 f.

Familienstreitsache
- Beiordnung **12** 3
- Vergütungsfestsetzung **11** 7

Feiertagsarbeitszeit
- Bemessungskriterium Rahmengebühr **14** 50

Festbetragsgebühren 1 8

Festgebühr
- Auftraggeber, mehrere **VV1008** 4, 63

Festsetzung *sa Kostenfestsetzung*
- Beratungshilfegebühr **VV2500** 33
- Rahmengebühr **14** 8
- Vergütung **11** 1 f.

Festsetzungsantrag
- Antragsberechtigung **55** 11
- Anzeigepflicht von Zahlungen **58** 48, 63
- Bindung an **55** 41
- Form **55** 13

1383

Sachregister

Fett = Gesetz und §

- Frist **55** 14
- Glaubhaftmachung **55** 18
- Inhalt **55** 16
- **Festsetzungsbeschluss 55** 46
- **Festsetzungsverfahren**
- Ausschlussfrist **55** 53, 55
- Beschwerde **56** 2, 28 f., 44
- Beschwerde, weitere **56** 49 f., 56
- Bindung an Feststellung von Auslagen **55** 40
- Bindung an Gegenstandswert **55** 39
- Bindung des Urkundsbeamten im **55** 36 f.
- Einleitung **55** 8
- Erinnerung **56** 1, 6 f., 25
- Festsetzungsantrag **55** 9 f., 41
- Festsetzungsbeschluss **55** 46
- Prüfungsumfang Feststellungsantrag **55** 42
- Rechtsmittel **55** 60; **56** 1 f.
- Vergütung bei Beiordnung/Bestellung **55** 1 f.
- Vergütung, weitere **55** 52 f., 58
- Zuständigkeit **55** 20 f., 23, 33
- Zuständigkeit bei Beiordnung Kontaktperson **55** 29
- Zuständigkeit bei Beratungshilfe **55** 30
- Zuständigkeit bei Verweisung/Abgabe **55** 28
- Zuständigkeit im Bußgeldverfahren **55** 32
- Zuständigkeit in Verfahren nach Teil 3 VV **55** 26
- Zuständigkeit ohne anhängiges Verfahren **55** 25
- Zuständigkeit, funktionelle **55** 33
- Zuständigkeit, örtliche **55** 20
- Zuständigkeit, sachliche **55** 20
- **Feststellung**
- Leistungs-/Zahlungsfähigkeit des Beschuldigten **52** 38 f., 54
- Parteieneinigung **VV3101** 54
- **Feststellungsantrag**
- Prüfungsumfang **55** 42
- **Feststellungsklage**
- Gegenstandswert **23** 33
- **Feststellungsklage, negative**
- Gegenstandswert **23** 34
- **FGG-Verfahren**
- Anordnung, einstweilige **Vorb.3.2** 15
- Gebühren **Vorb.3.1** 2 f., 7
- Verfahrensgebühr **VV3101** 55, 59
- Verfahrensgebühr bei eingeschränkter Tätigkeit **VV3201** 27
- Verfahrensgebühr Einzeltätigkeit **VV3403** 1 f., 5, 14
- **Finanzgerichtssache**
- Beschwerde im einstweiligen Rechtsschutz **Vorb.3.2.2** 10
- Einigungsgebühr **VV1004** 27
- Erledigungsgebühr **VV1004** 27

- Gebühren **Vorb.3.1** 2 f., 4; **Vorb.3.2.1** 1 f., 4
- Gegenstandswert **23** 152
- Prozesskostenhilfe **12** 8
- Rechtsmittel Vergütungsfestsetzung **11** 49
- Rechtsverkehr, elektronischer **12b** 4
- Streitwert **35** 44
- Streitwertkatalog **23** 153
- Terminsgebühr, reduzierte **VV3203** 3, 6
- Vergütung **35** 38
- Zurückverweisung **21** 4
- **Flatrate-Angebot 4** 18
- **Flucht in die Säumnis**
- Terminsgebühr **VV3105** 32
- **Flugreise**
- Fahrtkosten Geschäftsreise **VV7003** 17
- **Fluranwalt**
- Verfahrensgebühr **VV3403** 10
- **Flurbereinigungsgesetz**
- Verteilungsverfahren **VV3333** 3
- **Folgesache**
- Abtrennung aus Verbund **16** 43 f.
- Angelegenheit **16** 31 f., 37
- Beratungshilfeschein **VV2500** 20
- Einigungsgebühr **VV1000** 89
- Fortsetzung als selbständige Familiensache. **21** 29
- Lösung aus Verbund **16** 53
- **Forderungspfändung**
- Gegenstandswert **25** 12
- **Fortdauer Untersuchungshaft**
- Terminsgebühr **VV4102** 12
- **Fortsetzung**
- dieselbe Angelegenheit **15** 165
- **Fortsetzungstermin**
- Einstellung im **VV4141** 17
- Strafverfahren, gerichtliches **VV4108** 4
- Terminsgebühr **VV4108** 4
- **Freigabeverfahren**
- Auftragsbeendigung, vorzeitige **VV3337** 1 f., 3
- Beschwerdegebühr **VV3325** 16
- Einigungsgebühr **VV3325** 15
- Gegenstandswert **VV3325** 17
- nach § 246a AktG **VV3325** 9
- Terminsgebühr **VV3325** 13; **VV3332** 1 f., 4
- Verfahrensgebühr **VV3325** 1, 9
- **Freiheitsentziehende Maßregel**
- Aussetzung **VV4200** 5, 7
- Erledigung **VV4200** 5, 6
- Widerruf Bewährung **VV4200** 9
- **Freiheitsentziehungssache Vorb.6** 4, 8; **VV6300** 1 f., 6
- Aufhebung **VV6300** 18 f.
- Einzeltätigkeit **VV6300** 26
- erstmalige **VV6300** 6

Magere Zahlen = Randnummer

Sachregister

- Pauschgebühr **42** 1 f., 3, 7; **51** 1 f., 10; **VV6300** 27
- Terminsgebühr **VV6300** 13, 23
- Verfahrensgebühr **VV6300** 8, 20
- Verlängerung **VV6300** 18 f.

Fremdsprachenkenntnisse
- Auswirkung auf Gebühren **Vorb.3** 27

Fristverlängerungsgesuch VV3101 21
Frühstückskosten VV7003 33
Führen des Verkehrs
- Verfahrensgebühr **VV3400** 1 f.

GbR
- Auftraggeber, mehrere **VV1008** 32

Gebühren 1 3 f.
- Abgeltung allg. Geschäftskosten **1** 10
- Abgeltungsbereich **15** 1 ff.
- Abgleichung **15** 151 f.
- allgemeine **Vorb.1** 1
- Auftraggeber, mehrere **7** 1 f.
- bei Fortsetzung der Tätigkeit in derselben Angelegenheit **15** 165
- bei Kündigung Anwaltsvertrag **15** 163
- bei Niederlegung des Mandats **15** 164
- Belehrungspflicht Gegenstandswert **2** 16
- Betragsrahmengebühren **1** 6; **14** 1
- Festbetragsgebühren **1** 8
- Gegenstandswert **2** 1
- mehrere Einzelhandlungen in derselben Angelegenheit **15** 177
- Pauschcharakter **15** 1
- Pauschgebühren **1** 9
- Rahmengebühren **1** 5; **14** 1
- Rundung **2** 14
- Satzrahmengebühren **1** 5; **14** 1
- sozialrechtliche Angelegenheit **3** 1 f., 13 f., 27 f.
- Umsatzsteuer **VV7008** 1 f.
- Unterschreitungsverbot **4** 6
- Vergütungsanspruch **1** 2
- Vergütungsfestsetzung **11** 18
- vorzeitige Beendigung der Angelegenheit **15** 160, 162
- Wertgebühren **1** 4; **13** 1

Gebühren, besondere
- Kapitalanleger-Musterverfahren **41a** 3; **VV3338** 13

Gebühren, erhöhte
- Berechnung der Erhöhung **VV1008** 58
- Gebührenanrechnung **VV1008** 64
- Geschäftsgebühr **VV1008** 1 f., 8
- Verfahrensgebühr **VV1008** 1 f., 8
- Wertgebühren **VV1008** 53, 59

Gebühren, gesetzliche
- Unzumutbarkeit **42** 11; **51** 28

Gebühren, zusätzliche
- Bußgeldsache **VV5101** 16; **VV5113** 11; **VV5115** 1 f., 33

- Bußgeldverfahren **VV5107** 12
- mehrfache in Strafsache **VV4141** 65
- Rechtsbeschwerdeverfahren Bußgeldsache **VV5113** 11
- Strafsache **VV4141** 1 f., 55
- Strafverfahren, gerichtliches **VV4106** 22; **VV4108** 32

Gebührenanrechnung 15a 1 f.
- Abmahnung/einstweiliger Verfügung **Vorb.3** 179
- Adhäsionsverfahren bei Berufung/Revision **VV4143** 29
- Altfälle **Vorb.3** 150
- Anrechnungshöhe Geschäftsgebühr **Vorb.3** 131 f.
- Anschlussverfahren **VV3100** 20
- Auftraggeber, mehrere **Vorb.3** 170; **VV2300** 150
- Auslagenpauschale **Vorb.3** 133
- Ausschluss **34** 51
- bei PKH/VKH **15a** 55
- bei Vergütungsvereinbarung **58** 46
- bei Zurückverweisung **Vorb.3** 200
- Beratungsgebühr **34** 86 f.; **VV2502** 4
- Beratungshilfe **44** 21; **15a** 55
- Beratungshilfegebühr **VV2500** 32
- bereits erstattete Gebühr **15a** 17
- Beschränkungsregelung Differenzgebühr **VV3101** 63
- Betriebs-/Geschäftsgebühr **VV2300** 126 f.
- Beweisverfahren, selbständiges **Vorb.3** 188 f.
- Bußgeldsache **58** 49 f., 57; **Vorb.5** 11
- Deckungsgleichheit des Gegenstands **Vorb.3** 116
- Einigungsgebühr **VV2508** 10
- Einwendungen des Dritten **15a** 13
- Einzeltätigkeit Bußgeldsache **VV5200** 10
- Einzeltätigkeit Disziplinarverfahren **VV6500** 9
- Einzeltätigkeit Strafsache **Vorb.4.3** 24; **VV4301** 34; **VV4302** 17
- erhöhte Gebühren **VV1008** 64
- Erhöhungsbetrag Verfahrensgebühr **VV3201** 26
- Erstattungsverhältnis **15a** 12 f.
- Gebühr **15a** 1 f.
- Gebühr für Schreiben einfacher Art **VV2301** 17
- Gebühr, nicht eingeklagte **15a** 47
- Gebühr, nicht zugesprochene **15a** 46
- Gebühr, teilweise titulierte **15a** 26
- Gebühr, voll titulierte **15a** 20
- Gebühren im demselben Verfahren **15a** 52
- Geltungsbereich **15a** 62
- Geschäftsgebühr **Vorb.3** 88 f., 115, 126

1385

Sachregister

Fett = Gesetz und §

- Geschäftsgebühr Beratung **VV2503** 6
- Gnadensache **VV4303** 13
- Grundgebühr Strafsache **VV4100** 20
- Güteverfahren **Vorb.2.3** 35; **VV2303** 3
- Innenverhältnis **15a** 4 f.
- Insolvenzeröffnungsverfahren **VV3313** 16
- Klarstellung keiner Erstattung **15a** 42
- Kollateralschaden **Vorb.3** 94 f., 100, 104
- Kontrollbetrag in Straf-/Bußgeldsache **58** 58
- Mahnverfahren **VV3305** 18
- Mindestbetrag **13** 12
- Nachfestsetzung **Vorb.3** 162
- Nachprüfungsverfahren **VV2300** 55
- nur nicht anrechenbare Gebühren **15a** 50
- Postentgelte **VV7001** 21
- Prozesskostenhilfe **Vorb.3** 177
- Prozesskostenhilfeverfahren **VV3335** 19
- Prüfung Erfolgsaussicht Rechtsmittel **VV2001** 5; **VV2002** 4; **VV2100** 17
- Rahmengebühren **Vorb.3** 185
- Rechtsmittelprüfung **VV2001** 5; **VV2002** 4; **VV2100** 17
- Rechtsschutz **58** 68
- Rückzahlungspflicht **58** 64
- Schlichtungsverfahren **Vorb.2.3** 35
- Sozialrechtliche Angelegenheit **Vorb.2.3** 24; **VV2302** 27, 29
- Strafsache **58** 49 f., 57; **Einl. zu Teil 4** 12; **Vorb.4.1** 8
- Tätigkeit, steuerberatende **35** 26
- teilweises Obsiegen **15a** 43
- Terminsgebühr **Vorb.3.3.2** 4; **VV3104** 44, 59
- Terminsgebühr aus vorangegangenem Mahnverfahren **VV3104** 59
- Übergangsvorschrift **15a** 71
- Unterhaltsverfahren, vereinfachtes **VV3100** 8
- Urkundenprozess **VV3100** 9
- Vereinbarung fester Erstattungsbetrag **15a** 39
- Verfahrensgebühr Adhäsionsverfahren **VV4143** 2, 15 f.
- Verfahrensgebühr für Verfahren nach §§ 25 Abs. 1 S. 3 bis 5, 13 StrRehaG **VV4146** 10
- Verfahrensgebühr Strafsache **VV4300** 21
- Vergabeverfahren **Vorb.3** 178
- Vergleich **15a** 28; **Vorb.3** 181
- Vergütungsvereinbarung **4** 13
- Verkehrsgebühr **VV3400** 29
- Vermittlungsverfahren nach § 165 FamFG **VV3100** 20
- verschiedene Schuldner **15a** 8
- Verwaltungsrechtliche Angelegenheit **Vorb.2.3** 24, 29
- Verwaltungsverfahren **VV2300** 55
- Vollstreckungsbescheid **VV3305** 72
- Vorabentscheidungsverfahren **38** 18
- Vorrang **Vorb.3** 203
- Vorschuss **58** 1 f., 36
- Wahlrecht **15a** 5
- Wechselprozess **VV3100** 9
- Wehrbeschwerdeordnung **Vorb.2.3** 32
- Wehrdisziplinarordnung **Vorb.2.3** 34
- Wert des in das gerichtliche Verfahren übergegangenen Gegenstandwerts **Vorb.3** 166
- Zahlungen **58** 1 f., 36
- Zusammenhang, personeller **Vorb.3** 118
- Zusammenhang, sachlicher **Vorb.3** 123
- Zusammenhang, zeitlicher **Vorb.3** 117

Gebührenanspruch
- Auslagen **52** 32
- Pflichtverteidiger gegen Beschuldigten **52** 1 f., 9, 14, 22 f.
- Umfang **52** 22 f.
- Umsatzsteuer **52** 34
- Verjährung **52** 71
- Vorschuss **52** 35

Gebührenart
- Wechsel der **20** 12

Gebührenbetrag
- Rundung **13** 9

Gebührenerhöhung
- Mindestbetrag **13** 10

Gebührenerhebung
- Beratungshilfegebühr **VV2500** 31

Gebührenerstattung
- Beratungsgebühr **34** 98

Gebührenminderung
- schuldhafte Veranlassung Anwaltswechsel **54** 7 f.
- Umfang **54** 26

Gebührensätze
- verschiedene **15** 151 f.

Gebührentatbestand
- Vergütungsberechnung **10** 17

Gebührenteilung
- Verkehrsanwalt **VV3400** 35
- Verkehrsanwaltsmodell **3a** 159
- zwischen Haupt-/Unterbevollmächtigten **3a** 157

Gebührenteilungsabrede VV3400 36
- Uneinbringlichkeit **VV3400** 37

Gebührenteilungsvereinbarung 3a 155

Gebührenübererhebung 3a 21

Gebührenunterschreitung
- Vergütung, gesetzliche **4** 1 f., 6

Gebührenvereinbarung
- Abgeltungsbereich **34** 50
- Anforderungen **34** 42 f.
- Anrechnungsausschluss **34** 51

Magere Zahlen = Randnummer

Sachregister

- Begriff **34** 4
- Bezeichnung **34** 44
- Form **34** 44
- Gebührenregelung **34** 47
- Hinwirkung auf **34** 4, 22, 31
- Inhalt **34** 46 f., 52
- Kostenerstattungshinweis **34** 45
- Mediation **34** 28
- Pauschalgebühr **34** 47
- Preisbildung **34** 47 f.
- Stundensatz **34** 47
- Tätigkeit, außergerichtliche **34** 4; **Vorb.2** 2
- Vergütung aufgrund **34** 37 f.
- Vergütung ohne **34** 60 f.
- Verhältnis zu Vergütungsvereinbarung **3a** 2, 3, 35, 36
- Verwaltungsverfahren **Vorb.2** 2
- Zeitgebühr **34** 47

Gebührenverzicht
- bei Anwaltswechsel **54** 37

Gebührenvorschuss
- Angemessenheit **47** 14 f., 16
- Fälligkeit **47** 22
- Staatskasse **47** 6

Gefälligkeitsgutachten 34 25

Gegenerklärung
- Verfahrensgebühr **VV4300** 16, 18; **VV4301** 13

Gegenstand
- Begriff **7** 5
- Bewertung **2** 7
- Bewertungszeitpunkt **2** 8
- Gegenstandswert **2** 1 f.
- Wertänderung **2** 10

Gegenstandswert 23 1 f.
- Abfindung, arbeitsrechtliche **23** 122
- Abmahnung, arbeitsrechtliche **23** 123
- Aktienübertragung nach § 327e Abs. 2 AktG **VV3325** 17
- Altenteilvertrag **23** 188
- Änderungskündigung **23** 124
- Angelegenheit **22** 1 f.
- Anhörungsrüge **VV3330** 14
- Anordnung, einstweilige in Familiensache **23** 75
- Anordnung, einstweilige Kindschaftssache **23** 90
- Anspruch, bezifferter **23** 28
- Anwaltsgebührenwert **23** 1 f.
- Anwendbarkeit RVG bei Zusammenrechnung **60** 105
- Arbeitsgerichtssache **VV3326** 10
- Arbeitsrechtssache (ABC) **23** 121 f.
- Arbeitsvertrag **23** 167
- Asylverfahren **30** 1 f., 16
- Auffangwert **23** 6
- Aufgebotsverfahren **VV3324** 16
- Aufhebungsvertrag **23** 168
- Aufrechnung, hilfsweise **23** 37
- Auskunft **23** 29
- Ausschlussverfahren nach WpÜG **31a** 1 f.
- Bedeutung der Angelegenheit **14** 44
- Begriff **23** 1
- bei Gebührenanrechnung **Vorb.3** 166
- Beiordnung **39** 16
- Belehrungspflicht **2** 16
- Bemessung Rahmengebühr **14** 44
- Beschwerdeverfahren **23** 4, 26; **VV3500** 6
- Beschwerdeverfahren vor Bundespatentgericht **VV3510** 11
- Bestandsstreitigkeit, arbeitsrechtliche **23** 126, 128, 129
- Bestimmung **23** 18
- Betäubungsmittel **VV4142** 18
- Beteiligtenvertretung Insolvenzverfahren **28** 14
- Beteiligtenvertretung Zwangsversteigerung **26** 13
- Beteiligtenvertretung Zwangsverwaltung **27** 13
- Beweisverfahren **23** 31
- Bewertung des Gegenstands **2** 7
- Bietervertretung Zwangsversteigerung **26** 20
- Bindung im Festsetzungsverfahren **55** 39
- Dealgeld **VV4142** 18
- Diebsgut **VV4142** 18
- Duldung **25** 26
- Ehesache **23** 65
- Ehevertrag **23** 170
- Ehewohnungssache **23** 108
- Eingliederung nach § 319 Abs. 6 AktG **VV3325** 17
- Eingruppierung **23** 132
- Einigungsgebühr **VV1000** 82
- Einziehung **VV4142** 15 f.; **VV5116** 9
- Erbvertrag **23** 185
- Erinnerungsverfahren **23** 26; **VV3500** 6
- Europäischer Gerichtshof (EuGH) **38** 13
- Europäischer Gerichtshof für Menschenrechte **38a** 2
- Falschgeld **VV4142** 18
- Familiensache **23** 13, 25
- Familiensache (ABC) **23** 63 f.
- Feststellungsklage **23** 33
- Feststellungsklage, negative **23** 34
- Finanzgerichtliches Verfahren **35** 44
- Finanzgerichtssache **23** 152
- Forderungspfändung **25** 12
- Freigabeverfahren **VV3325** 17
- Gehörsrüge **23** 26
- Geldrente **23** 56
- Gerichtliche Verfahren **23** 8 f.

1387

Sachregister

Fett = Gesetz und §

- Gerichtsgebührenwert **23** 1 f.
- Gesellschaftsvertrag **23** 173
- Gewaltschutzsache **23** 118
- Gläubigervertretung bei Zwangsversteigerung **26** 4 f.
- Gläubigervertretung Insolvenzverfahren **28** 9
- Güterrechtssache **23** 105
- Handlung **25** 26
- Haushaltssache **23** 113
- Herausgabe von Sachen **23** 35; **25** 23
- Höchstwert **22** 15
- Höchstwert mehrere Auftraggeber **22** 23
- Insolvenzeröffnungsverfahren **VV3313** 17
- Insolvenzplan **28** 8, 13
- Insolvenzverfahren **28** 1 f.
- Kapitalanleger-Musterverfahren **23b** 1 f.; **VV3338** 14
- Kaufvertrag **23** 176
- Kindschaftssache **23** 78, 79
- Kindschaftssache, isolierte **23** 85
- Klage/Widerklage **22** 14
- Klageerhöhung/-erweiterung **22** 11
- Klagezulassungsverfahren nach § 148 Abs. 1 uns 2 AktG **VV3325** 17
- Kreditinstitut-Reorganisationsgesetz **24** 1 f.
- Kündigungsschutzantrag **23** 125
- Kündigungsschutzklage **23** 121, 126
- Leistungen, wiederkehrende (Arbeitsrecht) **23** 138
- Leistungen, wiederkehrende (Zwangsverwaltung) **27** 11
- Mieterhöhung Geschäftsraum **23** 49
- Mieterhöhungsklage **23** 48
- Mietsache **23** 42
- Mietvertrag **23** 178
- Mustervertrag **23** 183
- Nachverfahren Urkunden-/Wechselprozess **VV3100** 14
- Nebenforderung **23** 21
- Nebenforderungen Zwangsversteigerung **26** 4
- Nichtzulassungsbeschwerde **VV3504** 8; **VV3506** 7
- Pachtvertrag **23** 178
- Pfändung Arbeitseinkommen **25** 15
- Pfändung Gegenstand **25** 11
- Prozesskostenhilfe **23a** 1 f., 14
- Prozesskostenhilfe, teilweise **16** 13
- Prozesskostenhilfe-Bewilligung **16** 16
- Prozesskostenhilfe-Bewilligung/Aufhebung **23a** 10
- Prozesskostenhilfeverfahren **VV3335** 30, 33, 35
- Räumung **23** 43
- Räumungsfristverfahren **VV3334** 23

- Räumungsschutz **25** 30
- Rechtsmittel Mietsache **23** 50
- Reorganisationsverfahren **24** 1 f.
- Restschuldbefreiung **28** 8, 13
- Sanierungsverfahren **24** 1 f.
- Satzrahmengebühr **13** 1
- Schiedsgerichtliches Verfahren **VV3327** 11
- Schiedsrichterliches Verfahren **36** 6, 14
- Schifffahrtrechtliche Verteilungsordnung **29** 1 f.; **VV3313** 17
- Schmerzensgeld **23** 58
- Schuldenbereinigungsplan **28** 5
- Schuldnervertretung Insolvenzverfahren **28** 4
- Schuldnervertretung Zwangsversteigerung **26** 15
- Schuldnervertretung Zwangsverwaltung **27** 12
- sozialrechtliche Angelegenheit **3** 25; **23** 150
- Spruchverfahren **31** 1 f.
- Stufenklage **23** 29
- Tätigkeit, anwaltliche **2** 1 f.
- Tätigkeit, außergerichtliche **23** 3, 158 f.
- Tätigkeit, außergerichtliche (ABC) **23** 165 f.
- Tatwerkzeug **VV4142** 18
- Teilforderung Zwangsversteigerung **26** 12
- Testament **23** 185
- Übergangsvorschrift Zusammenrechnung **60** 7, 49; **61** 6
- Unterhaltssache **23** 100
- Unterlassung **25** 26
- Verbindung **15** 22
- Verfahren nach §§ 25 Abs. 1 S. 3 bis 5, 13 StrRehaG **VV4146** 9
- Verfahrenskostenhilfe **23a** 1 f., 14
- Verfassungsgerichtliches Verfahren **37** 2, 17
- Vergleichsmehrwert **23** 135
- Vergütungsberechnung **10** 19
- Vermögensauskunft (§ 802c ZPO) **25** 10
- verschiedene **15** 151 f.
- Verschmelzung nach § 16 Abs. 3 UmwG **VV3325** 17
- Versorgungsausgleich **23** 94
- Verteilungsverfahren **25** 19; **VV3333** 15
- Vertragsentwurf wiederkehrende Leistungen **23** 188
- Verwaltungsrechtssache **23** 145
- Vollstreckbarerklärung **VV3329** 16
- Vollstreckungsschutz **25** 29
- Vollziehung Arrest **25** 1 f.
- Vollziehung einstweiliger Verfügung **25** 1 f.
- Vorabentscheidungsverfahren **38** 13

- Vorschuss **9** 26
- Weiterbeschäftigungsantrag **23** 129
- Wertänderung **2** 10
- Wertfestsetzung für Rechtsanwaltsgebühren **33** 1 f., 5
- Wertfestsetzung Gerichtsgebühr **32** 1 f.
- Wertgebühr **13** 1
- Widerklage **23** 59
- Zahlungsvereinbarung **31b** 1 f., 5
- Zeugniserteilung **23** 140
- Zigaretten, unversteuerte **VV4142** 18
- Zivilgerichtssache **23** 8 f.
- Zivilsache (ABC) **23** 27 f.
- Zusammenrechnung **22** 4
- Zwangshypothek **26** 14
- Zwangsversteigerung **26** 1 f.; **VV3311** 19
- Zwangsverwaltung **27** 1 f., 4; **VV3311** 27
- Zwangsvollstreckung **25** 1 f.
- Zwangsvollstreckung Geldforderung **25** 4 f.
- Zwangsvollstreckungseinstellung, vorläufige **VV3328** 20

Gegenstandswertfestsetzung
- Nebentätigkeit **19** 15

Gegenvorstellung
- Anfertigung **VV3403** 9
- Beschwerdeverfahren **56** 60
- Streitwertfestsetzung **32** 28

Gegner
- Ausdrucke/Kopien zur Zustellung/Mitteilung **VV7000** 12 f., 17

Gegner, verschiedene
- Angelegenheit **15** 102

Gehörsrüge 12a 1 f.
- Angelegenheit **19** 24
- Anwendungsbereich **VV3330** 3, 4
- Ausschlussfrist **12a** 9
- Beschwerdeverfahren **56** 61
- Einigungsgebühr **VV3330** 13
- Form **12a** 10
- Frist **12a** 9
- Gegenstandswert **23** 26; **VV3330** 14
- Kausalität **12a** 8
- Kenntniserlangung **12a** 9
- Kostenentscheidung **VV3330** 16
- Kostenerstattung **12a** 13; **VV3330** 15
- Terminsgebühr **VV3330** 12; **VV3332** 1 f., 4
- Verfahren **12a** 9
- Verfahrensgebühr **VV3330** 1 f., 6
- Zulässigkeit **12a** 4, 7
- Zuständigkeit **12a** 10

Gelder
- Hebegebühr **VV1009** 7

Geldforderung
- Gegenstandswert bei Zwangsvollstreckung **25** 4 f.

Geldrente
- Gegenstandswert **23** 56

Gemeinsamer Vertreter 40 1 f.

Gepäckaufbewahrung
- Auslagen Geschäftsreise **VV7003** 34

Gerichtliche Verfahren
- Gegenstandswert **23** 8 f.

Gerichtsakten
- Ablichtung/Ausdruck **VV7000** 10

Gerichtsbescheid
- Sozialgerichtssache **VV3106** 20
- Terminsgebühr **VV3104** 33

Gerichtsgebühr
- Beschwerde gegen Wertfestsetzung **32** 18 f.
- Wertfestsetzung **32** 1 f.
- Wertfestsetzung, endgültige **32** 10
- Wertfestsetzung, vorläufige **32** 8

Gerichtsgebührenwert 23 1, 8, 63, 145, 152, 158

Gerichtskosten
- Ausschlussverfahren WpÜG **31a** 4
- Sozialgerichtsverfahren **3** 6
- Spruchverfahren **31** 6
- Vergütungsfestsetzung **11** 22
- Wertfestsetzungsverfahren **33** 25, 26

Gerichtsstandsbestimmungsverfahren
- Angelegenheit **16** 25; **19** 17
- Einzeltätigkeit **16** 30

Gerichtstandvereinbarung
- Absetzung zu Vergütungsvereinbarung **3a** 39

Gerichtsverfahren, überlanges
- Verfahrensgebühr **Vorb.3.3.1** 1 f., 7

Gerichtsvollzieherkosten
- Vergütungsfestsetzung **11** 22

Gesamthandsgemeinschaft
- Auftraggeber, mehrere **VV1008** 40

Gesamthonorar
- Anwaltsnotar **3a** 17

Gesamtschuldner
- Trennung des Verfahrens **15** 36

Gesamtstrafenbildung
- nachträgliche **VV4200** 24

Geschäftsbesorgung
- Abgrenzung zu Beratung **34** 13

Geschäftsgebühr *sa Betriebsgebühr*
- Abgrenzung zu Beratung **Vorb.2.3** 12
- Angelegenheit, außergerichtliche **VV2300** 1 f., 16
- Anrechnungshöhe **Vorb.3** 131 f.
- Auftraggeber, mehrere **VV1008** 1 f., 8, 18; **VV2300** 150; **VV2503** 18
- Bedeutung der Angelegenheit **VV2300** 107
- Beratung **VV2503** 1 f.
- Betreiben des Geschäfts **Vorb.2.3** 10; **VV2503** 1 f.

1389

Sachregister

Fett = Gesetz und §

- Einigungsstellenverfahren **VV2303** 1 f.
- Einvernehmen **VV2200** 1 f.
- Ermessensbindung **VV2300** 123
- Ermessensspielraum **VV2300** 119
- Ermittlung Rahmengebühr **VV2300** 61 f.
- Gebührenanrechnung **Vorb.3** 88 f., 115, 126; **VV2300** 55, 126 f.
- Gebührenanrechnung Beratung **VV2503** 6
- Gebührenrahmen Betriebsgebühr **VV2300** 45 f.
- Gütestellenverfahren **VV2303** 1 f.
- Güteverfahren **VV2303** 1 f.
- Haftungsrisiko **VV2300** 114
- Kappungsgrenze **VV2300** 62
- Kostenfestsetzung **VV2503** 19
- Kostenfestsetzung Güteverfahren **VV2303** 11
- Mitwirkung bei Vertragsgestaltung **Vorb.2.3** 15
- Schiedsstellenverfahren **VV2303** 1 f.
- Schuldenbereinigung **VV2504** 1 f.
- Schwierigkeit anwaltlicher Tätigkeit **VV2300** 84
- Sozialrechtliche Angelegenheit **VV2302** 1 f., 5, 21
- Toleranzrechtsprechung **VV2300** 51
- Umfang anwaltlicher Tätigkeit **VV2300** 74
- und Aussöhnungsgebühr **VV1001** 24
- Verfahren vor Ausschuss nach § 111 Abs. 2 ArbGG **VV2303** 1 f.
- Verfahren vor Seemannsamt **VV2303** 1 f.
- Vergütungsvereinbarung **VV2300** 124, 176 f.
- Verhältnisse, wirtschaftliche **VV2300** 101, 102
- Verkehrsunfallangelegenheit **VV2300** 64
- Vertragsgestaltung **VV2503** 1 f.
- Verwaltungsverfahren **VV2300** 188
- WBO-Verfahren **VV2302** 1 f., 5, 17
- Wiederaufnahmeverfahren, strafrechtliches **VV4136** 4, 11, 33

Geschäftskosten, allgemeine
- Abgeltung durch Gebühren **1** 10
- Abgrenzung zu Aufwendungen **Vorb.7** 5 f., 8
- Begriff **Vorb.7** 6
- Berufshaftpflichtversicherung **VV7007** 1
- Erstattungsfähigkeit **Vorb.7** 10

Geschäftsraum
- Gegenstandswert Mieterhöhung **23** 49

Geschäftsreise
- Abwesenheitsgeld **VV7003** 26
- Auslagen, sonstige **VV7003** 32
- Auslagenerstattung durch Staatskasse **46** 17 f.
- Auslandsreise **VV7003** 31
- Begriff **46** 18; **Vorb.7** 15; **VV7003** 2
- Fahrtkosten **VV7003** 1, 7 f.
- Frühstück **VV7003** 33
- mehrere Geschäfte **Vorb.7** 17
- Tagegeld **VV7003** 26
- Übernachtungskosten **VV7003** 33

Geschäftswert
- Gerichtskosten Spruchverfahren **31** 6
- Gerichtskosten WpÜG **31a** 4

Gesellschaft, sonstige
- Anwendbarkeit RVG **1** 92

Gesellschaftsvertrag
- Gegenstandswert **23** 173

Gesuchsfertigung
- Verfahrensgebühr Einzeltätigkeit Strafsache **VV4302** 8, 13

Gewaltschutzsache
- Beiordnung **12** 3
- Gegenstandswert **23** 118

Gläubigerausschussmitglied
- Anwendbarkeit RVG **1** 134

Gläubigervertretung
- Gegenstandswert Insolvenzverfahren **28** 9
- Gegenstandswert Zwangsversteigerung **26** 4 f.
- im Insolvenzeröffnungsverfahren **VV3313** 4
- im Insolvenzverfahren **Vorb.3.3.5** 1 f., 3; **VV3313** 18
- im Verfahren über Schuldenbereinigungsplan **VV3313** 7
- Insolvenzplan **28** 13
- Restschuldbefreiung **28** 13
- Schifffahrtsrechtliche Verteilungsordnung **29** 5

Gnadensache
- Begriff **VV4303** 3
- Gebühren **Vorb.4.3** 11
- Gebührenanrechnung **VV4303** 13
- Pauschgebühr **VV4303** 10
- Verfahrensgebühr **VV4303** 1 f., 8
- Verfahrensgebühr in Bußgeldsache **VV5200** 12, 13

Grundgebühr
- Bußgeldsache **Vorb.5** 17; **VV5100** 1 f., 3
- Disziplinarverfahren **Vorb.6** 10; **VV6200** 1 f., 2, 5; **VV6202** 8, 10; **VV6203** 4
- Einzeltätigkeit Bußgeldsache **VV5200** 16
- Verfahren, berufsgerichtliches **Vorb.6** 10; **VV6200** 1 f., 2, 5; **VV6202** 8, 10; **VV6203** 4
- Wehrbeschwerdeordnung **Vorb.6.4** 18
- Wiederaufnahmeverfahren **Vorb.6.2.3** 3

Grundgebühr Strafsache **VV4100** 1, 6 f., 16
- Entstehung **VV4100** 16

Magere Zahlen = Randnummer

Sachregister

- Gebührenanrechnung **VV4100** 20
- Haftzuschlag **Vorb.4** 42, 44; **VV4100** 19
- Höhe **VV4100** 18
- Wiederaufnahmeverfahren **VV4136** 6

Grundurteil
- Zurückverweisung **21** 11

Gutachten Rechtsanwaltskammer
- Kosten **14** 59
- Rahmengebühr **14** 57
- Vergütungsherabsetzung **3a** 132, 142

Gutachten, schriftliches
- Erfolgsaussicht Rechtsmittel **34** 26, 53
- Gefälligkeitsgutachten **34** 25
- Prüfung Erfolgsaussicht Rechtsmittel **VV2002** 5; **VV2101** 1 f.
- Vergütung **34** 1 f., 7, 24, 75

Güterrechtssache
- Abtrennung aus Verbund **16** 45
- Gegenstandswert **23** 105

Gütestellenverfahren
- Angelegenheit, verschiedene **17** 40
- Geschäftsgebühr **VV2303** 1 f.

Güteverfahren
- Angelegenheit, verschiedene **17** 40
- Einigungsgebühr **VV2508** 4
- Gebührenanrechnung **Vorb.2.3** 35; **VV2303** 3
- Geschäftsgebühr **VV2303** 1 f.
- Kostenfestsetzung **VV2303** 11

GWB
- Beschwerdeverfahren **Vorb.3.2.1** 29
- Eilverfahren **Vorb.3.2** 18

Haftpflichtversicherung
- Berechnung **VV7007** 9
- Einzelprämie **VV7007** 3, 5 f., 8
- Kostenerstattung **VV7007** 13
- Umsatzsteuer **VV7007** 12

Haftprüfung
- Wiederaufnahmeverfahren, strafrechtliches **VV4136** 31

Haftprüfungstermin
- Haftzuschlag **Vorb.4** 39
- Terminsgebühr **VV4102** 12

Haftung
- Auftraggeber, mehrere **7** 10 f.
- bei Stellvertretung **5** 7

Haftungsbeschränkungsvereinbarung
- Absetzung zu Vergütungsvereinbarung **3a** 39

Haftungsrisiko
- Bemessung Rahmengebühr **14** 48
- Bewertungskriterium Betriebsgebühr **V2300** 114

Haftzuschlag Vorb.4 39 f.
- Bußgeldsache **Vorb.5** 9, 14
- Grundgebühr Strafsache **VV4100** 19
- Strafverfahren, gerichtliches **VV4106** 19

- Strafvollstreckungsverfahren **VV4200** 13, 17

Handakte
- Aufzeichnung Arbeitsaufwand **14** 34

Handelsregistereintragung
- Abgrenzung Beschluss-/Klageverfahren **VV3325** 7
- Anwendungsbereich, persönlicher **VV3325** 2
- Anwendungsbereich, sachlicher **VV3325** 3
- Hauptversammlungsbeschluss **VV3325** 1 f.
- Verfahrensgebühr **VV3325** 1 f., 10

Handlung
- Gegenstandswert **25** 26

Hauptverfahren
- Nichteröffnung **VV4141** 21

Hauptverhandlung
- Beginn **VV4108** 6
- Beistandsleistung **VV4301** 24
- Dauer, besondere **51** 20
- Einstellung in der **VV4141** 15, 16
- Ende **VV4108** 10
- entbehrliche in Bußgeldsache **VV5115** 1 f., 5, 7
- Strafverfahren, gerichtliches **VV4108** 4
- Terminsgebühr **VV4108** 4

Hauptverhandlungstage
- Umfang, besonderer **51** 20

Hauptversammlungsbeschluss
- Handelsregistereintragung **VV3325** 1 f.

Haushaltssache
- Abtrennung aus Verbund **16** 45
- Beiordnung **12** 3
- Gegenstandswert **23** 113

Hausratsverfahren
- Gebühren **Vorb.3.1** 2 f.

Hebegebühr VV1009 1 f.
- Anwendbarkeit RVG **60** 71
- Auslagen **VV1009** 14
- Auslagenvorschuss **VV1009** 16
- Entnahme **VV1009** 22
- Entstehung **VV1009** 7
- Erstattung **VV1009** 25
- Gerichtskosten **VV1009** 16
- Höhe **VV1009** 17
- Mindestbetrag **13** 8
- neben anderen Gebühren **VV1009** 13
- Teilbeträge **VV1009** 15, 18
- Zwangsvollstreckung **Vorb.3.3.3** 102

Hemmung
- Verjährung **8** 46

Herabsetzung
- Vergütungsvereinbarung, unangemessene **3a** 130 f.

Herausgabe
- Gegenstandswert **23** 35; **25** 23

1391

Sachregister

Fett = Gesetz und §

Hilfeleistung
- in Steuersache **35** 1 f.

Hilfswiderklage
- Verfahrensgebühr **VV3101** 17

Hinzutreten weiterer Mandanten
- Anwendbarkeit RVG **60** 72

Hochschullehrer
- Anwendbarkeit RVG **1** 99
- Vertretung durch **5** 27

Höchstgebühr
- Rahmengebühr **14** 22

Honorarvereinbarung 3a 35

Information
- Entgegennahme **Vorb.2.3** 11

Informationsreise
- Auslagenerstattung **46** 20

Inkasso
- Massenbeitreibung **VV2301** 7 f.
- Schreiben einfacher Art **VV2301** 5

Insolvenzeröffnungsverfahren
- Gebührenanrechnung **VV3313** 16
- Gegenstandswert **VV3313** 17
- Gläubigervertretung **VV3313** 4
- Kostenerstattung **VV3313** 12
- Schuldnervertretung **VV3313** 1
- Verfahrensgebühr **VV3313** 1 f.
- Vorschuss bei **9** 36

Insolvenzforderung
- Anmeldung **VV3313** 30

Insolvenzmasse
- Wert der **28** 6

Insolvenzplan
- Gegenstandswert **28** 8, 13
- Gläubigervertretung **28** 13
- Schuldnervertretung **28** 8; **VV3313** 28
- Verfahrensgebühr **VV3313** 25 f.

Insolvenzverfahren
- Anmeldung Insolvenzforderung **VV3313** 30
- Beschwerdeverfahren **VV3313** 45; **VV3500** 1 f.
- Beteiligtenvertretung **28** 14
- Gebührenanrechnung **VV3313** 16
- Gegenstandswert **28** 1 f.
- Gläubigervertretung **28** 9; **Vorb.3.3.5** 1 f., 3; **VV3313** 18
- Kostenerstattung **VV3313** 12
- Schuldnervertretung **28** 4; **Vorb.3.3.5** 1 f.; **VV3313** 18
- Stundung Verfahrenskosten **12** 5
- Verfahrensgebühr **VV3313** 18 f.
- Vertretung im **Vorb.3.3.5** 1 f.
- Vertretung im Eröffnungsverfahren **VV3313** 1 f.

Insolvenzverwalter
- Anwendbarkeit RVG **1** 130

Insolvenzverwalter, ausländischer
- Vertretung des **Vorb.3.3.5** 1 f., 5

Internationale Rechtshilfe in Strafsachen-Vergütung des durch Bundesamt für Justiz bestellten Pflichtverteidiger 59a 8

IRG
- Pauschgebühr **42** 1 f., 3, 7

IStGH-Gesetz
- Pauschgebühr **42** 1 f., 3, 7; **51** 1 f., 10

JGG
- Rechtsbeschwerdeverfahren **Vorb.3.2.1** 51

Jugendkammer
- Längenzuschlag **VV4112** 12; **VV4118** 12
- Strafsache vor **VV4112** 1 f.; **VV4118** 1
- Terminsgebühr **VV4112** 5, 9; **VV4118** 5, 9
- Verfahrensgebühr **VV4112** 1 f., 3, 6; **VV4118** 1 f., 3, 6

Kammerrechtsbeistand
- Anwendbarkeit RVG **1** 94

Kanzleimitarbeiter
- Vertretung durch **5** 22

Kanzleiverlegung
- Reisekosten bei **Vorb.7** 19

Kapitalangelegenheit
- Angelegenheit **15** 64

Kapitalanleger-Musterverfahren
- Angelegenheit **16** 83
- Anspruchsanmeldung **VV3338** 1 f.
- Antrag Zusatzgebühr **41a** 8
- Anwendungsbereich **VV3338** 3, 4
- Auftraggeber, mehrere **VV3338** 10
- Bemessung Zusatzgebühr **41a** 6
- Besondere Gebühr **VV3338** 13
- Einigungsgebühr **VV3338** 12
- Gebühren bei Fortsetzung in derselben Angelegenheit **15** 173
- Gebührenschuldner **41a** 9
- Gegenstandswert **23b** 1 f.; **VV3338** 14
- Kostenerstattung **VV3338** 15
- Rechtsbeschwerdeverfahren **Vorb.3.2.2** 6
- Terminsgebühr **VV3338** 11
- Verfahrensgebühr **VV3338** 1 f., 7
- Vergütung Musterklägervertreter **41a** 1 f.
- Zusatzgebühr **41a** 3; **VV3338** 13

Kapitalentschädigung
- Verfahrensgebühr für Verfahren nach §§ 25 Abs. 1 S. 3 bis 5, 13 StrRehaG **VV4146** 1 f.

Kapitalherabsetzung
- Freigabeverfahren **VV3325** 9

Kapitalmaßnahme
- Freigabeverfahren **VV3325** 9

Kappungsgrenze
- Geschäftsgebühr **VV2300** 62

Magere Zahlen = Randnummer **Sachregister**

Kaufvertrag
- Angelegenheit **15** 103
- Gegenstandswert **23** 176

Kenntnisse, fachspezifische
- Auswirkung auf Gebühren **Vorb.3** 27

Kindesherausgabe
- Lösung aus Verbund **16** 53

Kindschaftssache
- Beiordnung **12** 3
- Einigungsgebühr **VV1000** 92; **VV1003** 23
- Gegenstandswert **23** 78, 79
- Gegenstandswert einstweilige Anordnung **23** 90
- Lösung aus Verbund **16** 53
- Unterbringungsmaßnahme **VV6300** 1 f., 6

Kindschaftssache, isolierte
- Gegenstandswert **23** 85

Klageabweisungsantrag VV3101 22

Klagebeschränkung VV3101 22

Klageeinreichung
- Verfahrensgebühr **VV3101** 17

Klageerhöhung
- Gegenstandswert **22** 11

Klageerweiterung VV3101 22
- Anwendbarkeit RVG **60** 73
- Verfahrensgebühr **VV3101** 17, 22

Klageerzwingungsverfahren
- Beistandsleistung **VV4301** 26
- Einzeltätigkeit Strafsache **Vorb.4.3** 7
- Gebührenanspruch gegen Auftraggeber **53** 1 f., 5, 10
- Gebührenanspruch gegen Beschuldigten **52** 9

Klagerücknahme
- Auftragsbeendigung, vorzeitige **VV3101** 13

Klagerweiterung
- Gegenstandswert **22** 11

Klagezulassungsverfahren
- Auftragsbeendigung, vorzeitige **VV3337** 1 f., 3
- Beschwerdegebühr **VV3325** 16
- Einigungsgebühr **VV3325** 15
- Gegenstandswert **VV3325** 17
- nach § 148 Abs. 1 uns 2 AktG **3325** 8
- Terminsgebühr **VV3325** 13; **VV3332** 1 f., 4
- Verfahrensgebühr **VV3325** 8, 10

Kleinunternehmer
- Umsatzsteuerpflicht **VV7008** 3

Kollateralschaden
- Gebührenanrechnung **Vorb.3** 94 f., 100, 104

Kontaktperson
- Gebühr für Beiordnung **VV4304** 1 f., 3

- Kostenfestsetzung Pauschgebühr **VV4304** 5
- Pauschgebühr **51** 9
- Zuständigkeit Erinnerung Festsetzungsverfahren **56** 23
- Zuständigkeit Festsetzungsverfahren **55** 29

Kontrollbetrag
- Gebührenanrechnung in Straf-/Bußgeldsache **58** 58

Konzernrecht
- Schwierigkeitsgrad Tätigkeitsfeld **14** 40

Kopien VV7000 7 f.
- an Gegner/Beteiligte/Verfahrensbevollmächtigte **VV7000** 12 f.
- aus Behörden-/Gerichtsakten **VV7000** 10
- Begriff **VV7000** 3
- Erforderlichkeit **VV7000** 10
- Erstattungsfähigkeit Dokumentenpauschale **VV7000** 37
- sonstige **VV7000** 30
- Übermittlung, elektronische **VV7000** 36
- Unterrichtung Auftraggeber **VV7000** 25

Korrespondenz
- Umfang, besonderer **51** 20

Korrespondenzanwalt
- Abgrenzung **VV3400** 11
- Anwendbarkeit RVG **60** 97
- Auftraggeber, mehrere **VV1008** 14
- Vergütung **6** 8
- Vergütungsfestsetzung **11** 9

Korrespondenzgebühr VV3400 1 f.

Kostbarkeiten
- Hebegebühr **VV1009** 11

Kosten
- RAK-Gutachten zu Rahmengebührenhöhe **14** 59

Kostenansatz
- Bußgeldsache **Vorb.5** 32
- Disziplinarverfahren **Vorb.6.2** 20
- Erinnerung/Beschwerde in Strafsache **Vorb.4** 52
- Strafsache **Vorb.4** 47 f., 52
- Verfahren, berufsgerichtliches **Vorb.6.2** 20

Kostenansatzverfahren
- Angelegenheit **16** 71, 73

Kostenantrag VV3403 9; **VV3404** 3

Kostenentscheidung
- Fälligkeit der Vergütung **8** 23

Kostenerstattung
- Anhörungsrüge **VV3330** 15
- Anwaltskosten Verkehrsunfallregulierung **VV2300** 170
- Arbeitsgerichtliche Angelegenheit **VV2300** 174
- Auftraggeber, mehrere **7** 31
- bei Vertretung **5** 8, 28

1393

Sachregister

Fett = Gesetz und §

- bei Verweisung **20** 13
- Beratungsgebühr **34** 98; **VV2501** 27
- Beschwerdeverfahren **VV3500** 7
- Beschwerdeverfahren vor Bundespatentgericht **VV3510** 12
- Einvernehmensgebühr **VV2200** 21
- Einzeltätigkeit gerichtliche Verfahren **VV3403** 18
- Einziehung **VV4142** 19
- Erfolgshonorar **4a** 79, 85
- Erinnerungsverfahren **VV3500** 7
- Erledigungsgebühr **VV1002** 28
- Gebühr für Schreiben einfacher Art **VV2301** 18
- Gehörsrüge **12a** 13
- gerichtliche Prüfung der Aufrechnung durch Staatskasse **43** 29
- Hebegebühr **VV1009** 25
- Hinweispflicht in Vergütungsvereinbarung **3a** 47
- Insolvenzeröffnungsverfahren **VV3313** 12
- Kapitalanleger-Musterverfahren **VV3338** 15
- Mahnverfahren **VV3305** 7 f.
- materiell-rechtliche **10** 56
- Mehrkosten Terminsgebühr **VV3105** 33
- Postentgelte **VV7001** 24
- Prozesskostenhilfeverfahren **VV3335** 37
- Prüfung Erfolgsaussicht Rechtsmittel **VV2001** 8; **VV2100** 22
- Räumungsfristverfahren **VV3334** 25
- Schiedsrichterliche Verfahren **36** 24
- Sozialrechtliche Angelegenheit **VV2302** 31
- Tätigkeit, außergerichtliche **VV2300** 157 f.
- Terminsvertreter **VV3401** 37
- Umsatzsteuer **VV7008** 14
- Unwirksamkeit der Aufrechnung **43** 28
- Verfassungsgerichtliches Verfahren **37** 20
- Vergütungsvereinbarung **3a** 170
- Verkehrsgebühr **VV3400** 31
- Versicherungsprämie Berufshaftpflichtversicherung **VV7007** 13
- Verwaltungsverfahren **VV2300** 59
- Vollstreckbarerklärung **VV3329** 17
- Vorabentscheidungsverfahren **38** 20
- Wertfestsetzungsverfahren **33** 27
- Zusatzgebühr Beweisaufnahme **VV1010** 21
- Zwangsvollstreckungseinstellung, vorläufige **VV3328** 23

Kostenerstattungsanspruch
- Abtretung in Straf-/Bußgeldsache **43** 1 f., 6, 8
- Beratungshilfe **58** 10 f.

Kostenfestsetzung *sa Festsetzung*
- Begriff **11** 6

- Beratungsgebühr **VV2501** 28; **VV2502** 5
- Bußgeldsache **Vorb.5** 31
- Disziplinarverfahren **Vorb.6.2** 19
- Einigungsgebühr **VV2508** 9, 11
- Einvernehmensgebühr **VV2200** 22
- Einziehung **VV4142** 19
- Geschäftsgebühr Beratung **VV2503** 19
- Geschäftsgebühr Güteverfahren **VV2303** 11
- Nachfestsetzung Gebührenanrechnung **Vorb.3** 162
- Pauschgebühr **42** 42
- Pauschgebühr Kontaktperson **VV4304** 5
- Prüfung Erfolgsaussicht Rechtsmittel **VV2100** 30
- Strafsache **Vorb.4** 47 f., 50
- Tätigkeit, außergerichtliche **11** 12, 15
- Terminsgebühr Mahn-/Streitverfahren **Vorb.3.3.2** 6
- Verfahren, berufsgerichtliches **Vorb.6.2** 19
- Vergütung nach § 11 RVG **10** 46
- Vergütung nach §§ 103, 104 ZPO **10** 48
- Vorabentscheidungsverfahren **38** 20
- Zwangsvollstreckung **Vorb.3.3.3** 103

Kostenfestsetzungsverfahren
- Angelegenheit **15** 8; **16** 71, 73
- Erinnerung/Beschwerde in Strafsache **Vorb.4** 50
- Schiedsrichterliche Verfahren **36** 25

Kostenstruktur
- Bemessungskriterium Rahmengebühr **14** 50

Krankenhaus, psychiatrisches
- Erledigung/Aussetzung Unterbringungsmaßregel **VV4200** 5 f.

Krankheit des Rechtsanwalts
- Anwaltswechsel infolge **54** 25

Kreditinstitut
- Kapitalangelegenheit **15** 64

Kreditinstitut-Reorganisationsgesetz
- Gegenstandswert **24** 1 f.

KSpG
- Beschwerdeverfahren **Vorb.3.2.1** 32

Kündigung Mandatsvertrag **1** 69; **54** 12 f.
- Auftragsbeendigung, vorzeitige **VV3101** 13
- Gebühren **15** 163
- Verschulden RA **54** 16

Kündigungsschutz
- Einigungsgebühr **VV1000** 39
- fehlende Notwendigkeit für außergerichtliche Tätigkeit **VV2300** 36

Kündigungsschutzantrag
- Gegenstandswert **23** 125

Kündigungsschutzklage
- Angelegenheit **15** 47
- Gegenstandswert **23** 121, 126

Magere Zahlen = Randnummer

Sachregister

Land-/Forstwirtschaft
– Abschlusstabelle **35** 18
Landbeschaffungsgesetz
– Verteilungsverfahren **VV3333** 3
Landeskasse
– Vergütung Beratungshilfe **44** 12
– Vergütung gemeinsamer Vertreter **40** 14 f.
Landessozialgericht
– Auftragsbeendigung, vorzeitige **Vorb.3.3.1** 17
– Nichtzulassungsbeschwerde vor **VV3511** 1; **VV3517** 1
– Terminsgebühr **Vorb.3.3.1** 1
– Verfahrensgebühr erste Instanz **Vorb.3.3.1** 1 f., 7
Landwirtschaftssache
– Gebühren **Vorb.3.1** 2 f.
– Verfahrensgebühr **VV3101** 59
Längenzuschlag
– Berufung **VV4124** 20
– Höhe **VV4108** 31
– Jugendkammer **VV4112** 12; **VV4118** 12
– Revision **VV4130** 20
– Schwurgericht **VV4118** 12
– Staatsschutzkammer **VV4118** 12
– Strafkammer **VV4112** 12
– Terminsgebühr Strafverfahren **VV4108** 22 f.
– Verhandlungspausen **VV4108** 30
– Wartezeiten **VV4108** 29
– Wirtschaftsstrafkammer **VV4118** 12
Lebenspartnerschaftssache
– Angelegenheit **16** 31 f.
– Aussöhnungsgebühr **VV1001** 5
– Beiordnung **39** 1 f., 2, 12
– Einigungsgebühr **VV1000** 89
– Erstreckung Beiordnung **48** 25 f.
– Vorschuss gegen Staatskasse gem. §§ 138, 270 FamFG **47** 24
– Zurückverweisung **21** 23
Leichenschau
– Terminsgebühr **VV4102** 8
Leistungs-/Zahlungsfähigkeit Beschuldigter 52 18
– Anhörung **52** 49
– Antrag **52** 39
– Beschluss **52** 57
– Beweis-/Darlegungslast **52** 52
– Feststellung **52** 38 f., 54
– Rechtsmittel **52** 60 f.
– Verfahrensgrundsätze **52** 48
– Zuständigkeit **52** 45
Leistungszeitraum
– Vergütungsberechnung **10** 38
Lichtbild VV7000 5
Lohnpfändung
– Gegenstandswert **25** 15

Mahnverfahren Vorb.3.3.2 1 f.; **VV3305** 1 f.
– Angelegenheit **15** 106
– Angelegenheit, verschiedene **17** 23
– Anwendbarkeit RVG **60** 74
– Auftraggeber, mehrere **VV1008** 11; **VV3305** 30
– Auftragsbeendigung, vorzeitige **VV3305** 29, 43
– Beschwerdegebühr **VV3305** 6
– Einigungsgebühr **VV3305** 6
– Gebührenanrechnung **VV3305** 18
– Kostenerstattung **VV3305** 7 f.
– Tätigkeit vor Beginn **VV3305** 5
– Terminsgebühr **Vorb.3.3.2** 1
– Terminsgebühr Antragsgegner **Vorb.3.3.2** 11
– Terminsgebühr im Kostenfestsetzungsverfahren **Vorb.3.3.2** 6
– Terminsgebühr, mehrfache **Vorb.3.3.2** 4
– Verfahrensgebühr **VV3305** 1 f., 25 f., 29
– Verfahrensgebühr Antraggegnervertretung **VV3305** 46 f.
– Verfahrensgebühr Antragstellervertretung **VV3305** 43, 58
– Verfahrensgebühr Vollstreckungsbescheid **VV3305** 58 f.
– Verfahrensgebühr, reduzierte **VV3305** 43
– Vergütungsfestsetzung **11** 7, 31
– Vergütungsvereinbarung **4** 22
Mahnverfahren, vorangegangenes
– Anrechnung Terminsgebühr **VV3104** 59
Maklertätigkeit
– Anwendbarkeit RVG **1** 79
Managerrechtsschutz
– Kostenerstattung **3a** 173
Mandant
– Kündigung Mandatsvertrag **1** 69; **54** 13
– Obliegenheitsverletzung gegenüber Rechtsschutzversicherung **1** 28
– Vorschuss **9** 11
Mandantenstruktur
– Bemessung Rahmengebühr **14** 42
Mandat
– Abhängigkeit von Vorschuss **9** 8
– Ablehnung **1** 14
– Auftragsbeendigung, vorzeitige **VV3101** 13
– bei Nichtzahlung Vorschuss **9** 33
– Gebühren bei Niederlegung **15** 164
– Niederlegung **1** 70; **VV3101** 21
– Übernahmepflicht **1** 15
– Vergütung bei vertragswidrigem Verhalten **1** 71
Mandatsbeendigung, vorzeitige
– Vergütungsvereinbarung **3a** 93
Mandatsbestätigung 1 24
– AGB **1** 27

1395

Sachregister

Fett = Gesetz und §

- Formulierungsmuster **1** 25
Mandatsvertrag 1 12
- Abgrenzung Vergütungsvereinbarung **1** 23
- Ablehnung **1** 14
- Auftrag **1** 13
- Auslagen **1** 19
- bedingter **1** 36
- Beendigung **1** 67
- Beiordnung **45** 17; **48** 13
- Belehrungspflichten **1** 43
- Beratung **1** 18
- Beratungshilfe **1** 53
- Bestätigung **1** 24
- Beweislast **1** 16
- Bußgeldsache **1** 18
- Deckungszusage Rechtsschutzversicherung **1** 61
- Dienstvertrag **1** 12
- Form **1** 22
- Formulierungsmuster Auftragserteilung **1** 27
- Formulierungsmuster Gebührenhinweis **1** 27
- Hinweis nach § 49b Abs. 5 BRAO **1** 26
- Inhalt **1** 18
- Kündigung durch Mandant **1** 69; **54** 13
- Kündigung durch RA **54** 15
- Niederlegung des Mandats **1** 70; **VV3101** 21
- Prozess-/Verfahrenskostenhilfe **1** 39, 53
- Prozessfinanzierung **1** 54
- Rechtsschutzversicherung **1** 28, 56, 60 f.
- Strafsache **1** 18
- unbedingter Auftrag **60** 25
- Vergütungsanspruch **1** 17
- Vergütungsvereinbarung **1** 23
- vertragswidriges Verhalten des Mandanten **1** 71
- Vertretung, außergerichtliche **1** 18
- Werkvertrag **1** 12
- Zivilsache **1** 18
Massenbeitreibungssache VV2301 7 f.
Maßregelverfahren VV4200 5
- Aussetzung **VV4200** 5, 7
- Erledigung **VV4200** 5, 6
Mediation
- Angelegenheit **15** 107
- Begriff **34** 27
- Gebührenvereinbarung **34** 28
- gerichtsnahe **34** 29
- Parteivertretung **34** 29
- Vergütung **34** 1 f., 7, 27
Mediation, gerichtsnahe
- Angelegenheit **19** 42
Mediationstätigkeit
- Anwendbarkeit RVG **1** 82
Mediator
- Anwendbarkeit RVG **1** 81

- Gebührenvereinbarung **34** 28
- Stundensatz Zeitvergütung **34** 28
- Zeitvergütung **34** 28
Mehrerlösabführung
- Verfahrensgebühr **VV4142** 6
Mehrvergleich
- Verfahrensgebühr **Vorb.3** 32
Mehrwertsteuer s *Umsatzsteuer*
Mieterhöhungsklage
- Gegenstandswert **23** 48
Mietsache
- Angelegenheit **15** 111
- Gegenstandswert **23** 42
- Gegenstandswert Rechtsmittel **23** 50
Mietvertrag
- Gegenstandswert **23** 178
Mindestbetrag
- bei Gebührenanrechnung **13** 12
- bei Gebührenerhöhung **13** 10
- Hebegebühr **13** 8
- Wertgebühr **13** 7
Mindestgebühr
- Rahmengebühr **14** 21
Missbrauchsgebühr
- Verfassungsgerichtliches Verfahren **37** 22
Mitarbeiter, freier
- Vertretung durch **5** 27
Mitglied Gläubigerausschuss
- Anwendbarkeit RVG **1** 134
Mitglied Rechtsanwaltskammer
- Anwendbarkeit RVG **1** 94
Mitteilung
- Vergütungsberechnung **10** 6
- Verteidigungsabsicht **VV3101** 21
- Versterben einer Partei **VV3101** 21
Mittelgebühr
- Bußgeldsache, straßenverkehrsrechtliche **VV5101** 15; **VV5107** 10
- Rahmengebühr **14** 13 f.
Mitvergleich
- nicht anhängiger Ansprüche **VV1003** 27
Mitwirkung
- Aussöhnung **VV1001** 13
- Disziplinarverfahren **VV6216** 6
- Einigungsgebühr **VV1000** 58
- Erledigungsgebühr **VV1002** 21
- Schweigen, gezieltes **VV6216** 6
- Vertragsgestaltung **Vorb.2.3** 15
Modifizierung
- Vergütung, gesetzliche **3a** 101
Musterklägervertreter
- Vergütung **41a** 1 f.
Musterverfahren
- Angelegenheit **16** 83
- Gegenstandswert **23b** 1 f., 3
Mustervertrag
- Gegenstandswert **23** 183

Magere Zahlen = Randnummer   **Sachregister**

Nachfestsetzung
– Gebührenanrechnung **Vorb.3** 162
Nachforderung
– Vergütungsberechnung **10** 62
Nachlasspfleger
– Anwendbarkeit RVG **1** 136
Nachlassverwalter
– Anwendbarkeit RVG **1** 135
Nachprüfungsverfahren
– Gebührenanrechnung **VV2300** 55
Nachprüfungsverfahren, steuerliches
– Vergütung **35** 35
Nachverfahren
– Angelegenheit, verschiedene **17** 37
– Anwendbarkeit RVG **60** 91
Nachvollziehbarkeit
– Zeithonorar **3a** 22
Naturalvergütung
– Vergütungsvereinbarung **3a** 129
Nebenbeteiligter
– Gebühren in Strafsache **Vorb.4** 2
Nebenforderung
– Gegenstandswert **23** 21
– Gegenstandswert Zwangsversteigerung **26** 4
Nebenintervention
– Einigungsgebühr **VV1000** 107
Nebenklage
– Einzeltätigkeit Strafsache **Vorb.4.3** 7
– Prozesskostenhilfe **12** 8
Nebenkläger
– Auftraggeber, mehrere **VV1008** 12
Nebenklägervertreter
– Gebühren in Strafsache **Vorb.4** 2, 5
– Gebührenanspruch gegen Auftraggeber **53** 1 f., 5, 10
– Gebührenanspruch gegen Beschuldigten **52** 9
– Gebührenanspruch gegen Verurteilten **53** 2, 16 f.
– Pauschgebühr **51** 9
– Verfahrensgebühr Beistandsleistung **VV4301** 18
– Vergütungsvereinbarung **53** 28
Nebentätigkeit
– Angelegenheit **19** 15
Netzfahrkarte
– Fahrtkosten Geschäftsreise **VV7003** 15
Neuerlass
– Bußgeldbescheid durch Behörde **VV5115** 21
Neufassung
– Bekanntmachung **59b** 1
Nichteröffnung
– Hauptverfahren **VV4141** 21
Nichtzulassungsbeschwerde Vorb.3.5 1
– Angelegenheit, verschiedene **17** 47
– Anwendbarkeit RVG **60** 76

– Auftragsbeendigung, vorzeitige **VV3504** 6; **VV3506** 4; **VV3508** 3
– Berufung vor Landessozialgericht **VV3511** 1; **VV3517** 1
– BGH-Anwalt **VV3508** 1
– Disziplinarverfahren **VV6211** 12
– Gegenstandswert **VV3504** 8; **VV3506** 7
– Revision vor Bundessozialgericht **VV3512** 1; **VV3518** 1
– Terminsgebühr **VV3504** 10; **VV3506** 8; **VV3508** 7; **VV3516** 1
– Verfahren, berufsgerichtliches **VV6211** 12
– Verfahrensgebühr **VV3504** 1 f.; **VV3506** 1 f.
– Verfahrensgebühr in Sozialgerichtssache **VV3511** 1 f.; **VV3512** 1
Niederlegung
– Gebühren bei **15** 164
– Mandat **1** 70
– Mitteilung **VV3101** 21
No win no fee 4a 9
Notar
– Anwendbarkeit RVG **1** 85
Notfristzeugnis
– Nebentätigkeit **19** 15, 65

Oberlandesgericht (OLG)
– Auftragsbeendigung, vorzeitige **Vorb.3.3.1** 17
– Bewilligung Pauschgebühr Straf/Bußgeldsache **51** 53
– Entscheidung über Pauschgebühr in Straf-/Bußgeldsache **42** 29
– Strafsache vor **VV4118** 1 f.
– Terminsgebühr **Vorb.3.3.1** 1
– Verfahrensgebühr UrhWG **Vorb.3.3.1** 1 f., 7
Oberverwaltungsgericht
– Auftragsbeendigung, vorzeitige **Vorb.3.3.1** 17
– Terminsgebühr **Vorb.3.3.1** 1
– Verfahrensgebühr erste Instanz **Vorb.3.3.1** 1 f., 7
Opferanwalt
– Pauschgebühr **51** 9
Ordnungswidrigkeitensache
– Angelegenheit **15** 126

Pachtvertrag
– Gegenstandswert **23** 178
Parkgebühren
– Fahrtkosten Geschäftsreise **VV7003** 12
Parteien
– Trennung nach **15** 34, 36
Parteieneinigung
– Differenzgebühr **VV3101** 29 f.
– Feststellung **VV3101** 54
– Protokollierung **Vv3101** 49

1397

Sachregister

Fett = Gesetz und §

- Verhandlungen vor Gericht **VV3101** 29
Parteienhäufung
- Trennung bei **15** 24
Parteivertretung
- Mediation **34** 29
Parteiwechsel
- Angelegenheit **15** 117
- Anwendbarkeit RVG **60** 77
Partnerschaftsgesellschaft
- Anwendbarkeit RVG **1** 91
Patentanwalt
- Gebühren bei Doppelqualifikation **Vorb.3** 28
- Vergütungsfestsetzung **11** 11
Pauschalvergütung
- Herabsetzung unangemessener Vergütungsvereinbarung **3a** 141
- Vergütungsvereinbarung **3a** 107
Pauschcharakter
- Gebühren **15** 1
Pauschgebühr 1 9
- Anhörung der Betroffenen **42** 34
- Antrag **42** 21; **51** 45
- Antragsberechtigung **42** 26
- Anwendungsbereich, persönlicher **42** 5; **51** 8
- Anwendungsbereich, sachlicher **42** 7; **51** 10
- Auslagen **42** 3, 36; **51** 81
- Begriff **15** 1
- bei Beiordnung in Straf-/Bußgeldsache **51** 1 f., 8
- Beiordnung **48** 71
- Beiordnung als Kontaktperson nach § 34a EGVG **51** 9
- Beiordnung in Straf-/Bußgeldsache **42** 6, 28
- Bemessung **51** 35, 66
- Beratungsgebühr **VV2501** 12; **VV2502** 1
- besonders schwieriges Verfahren **42** 10; **51** 25 f.
- besonders umfangreiches Verfahren **42** 9; **51** 18 f.
- Bewilligungsverfahren **51** 45 f., 61 f.
- Bindung an Feststellung **42** 37
- Bußgeldsache **42** 1 f., 3; **51** 1 f., 10; **Vorb.5.1** 3
- Bußgeldverfahren **51** 1 f.10, 72
- Bußgeldverfahren, verwaltungsrechtliches **42** 7, 40
- Disziplinarverfahren **Vorb.6.2** 13; **VV6200** 12; **VV6202** 11; **VV6203** 5; **VV6211** 18; **VV6500** 13
- Einzeltätigkeit Bußgeldsache **VV5200** 15
- Entscheidung, gerichtliche **42** 36
- Fälligkeit **51** 73
- Festsetzung **51** 80, 1 f.
- Festsetzungsvoraussetzungen **51** 16 f.
- Feststellung **42** 15
- Feststellungsvoraussetzungen **42** 9
- Freiheitsentziehungssache **42** 1 f., 3, 7; **51** 1 f., 10; **VV6300** 27
- Frist **42** 23
- für einzelne Verfahrensabschnitte **42** 9, 10, 15; **51** 2, 14
- für Verfahrensabschnitt **42** 9, 10, 15; **51** 2, 14, 38
- Gebührenvereinbarung **34** 47
- Gericht, zuständiges **42** 29
- Höhe **42** 17, 36; **51** 35
- Kontaktperson, beigeordnete **VV4304** 1 f., 3
- Kostenfestsetzung **42** 42
- Nebenklägervertreter in Straf-/Bußgeldsache **51** 9
- Opferanwalt **51** 9
- Pflichtverteidiger **42** 1, 6, 28; **51** 1 f., 9
- Rechtshilfe, internationale/ISTGH **51** 1 f., 10
- Rehabilitierungsverfahren **42** 7
- Strafsache **42** 1 f., 3; **51** 1 f., 10; **Vorb.4.1** 6
- Tätigkeit als Wahlverteidiger **51** 3
- Terminsgebühr in Strafsache **VV4102** 24
- Umsatzsteuer **42** 36; **51** 81
- Unterbringungssache **42** 1 f., 3, 7; **51** 1 f., 10; **VV6300** 27
- Unzumutbarkeit der gesetzlichen Gebühren **42** 11; **51** 28
- Verfahren **42** 21 f.
- Verfahren nach IStGH-Gesetz **42** 1 f., 3, 7
- Verfahren über internationale Rechtshilfe in Strafsachen (IRG) **42** 1 f., 3, 7
- Verfahren, berufsgerichtliches **Vorb.6.2** 13; **VV6200** 12; **VV6202** 11; **VV6203** 5; **VV6211** 18
- Verjährung des Anspruchs auf **51** 76
- Vollstreckung **42** 42
- Vorschuss **42** 3; **51** 40
- Wahlverteidiger **42** 1, 5, 27
- Wiederaufnahmeverfahren **Vorb.6.2.3** 12
- Zeugenbeistand in Straf-/Bußgeldsache **51** 9
- Zuständigkeit **42** 29 f.
- Zuständigkeit Bewilligung **51** 53
Pauschgebühr Straf-/Bußgeldverfahren
- Vergütungsfestsetzung **11** 24
- Wiederaufnahmeverfahren **VV4136** 35
Persönlichkeitsrecht
- Angelegenheit **15** 118
- Schwierigkeitsgrad Tätigkeitsfeld **14** 40
Pfändung
- Gegenstandswert **25** 11 f.
Pfändung körperlicher Sachen
- Angelegenheit, besondere **18** 44

Magere Zahlen = Randnummer

Sachregister

Pfändungs- und Überweisungsbeschluss
- Angelegenheit, besondere **18** 51
Pfleger
- Anwendbarkeit RVG **1** 113
Pflegeversicherung, private
- Betragsrahmengebühren **3** 8
Pflichtverteidiger
- Anwendbarkeit RVG **60** 32, 78
- Festsetzung aus der Staatskasse zu zahlender Vergütung **55** 1 f.
- Gebühren in Strafsache **Vorb.4** 2
- Gebührenanspruch gegen Beschuldigten **52** 1 f., 9, 14, 22 f.
- Längenzuschlag **VV4108** 22
- Pauschgebühr **42** 1, 6, 28; **51** 1 f., 9
- Rechtsbehelf bei Vergütungsfestsetzung in Bußgeldverfahren **57** 1 f., 3
- Reisekosten **46** 39
- Strafverfahren, gerichtliches **VV4106** 7
- Terminsgebühr Hauptverhandlung **VV4108** 5
- Umfang Gebührenanspruch **52** 22 f.
- Unzumutbarkeit der gesetzlichen Gebühren **51** 28
- Vergütung des durch Bundesamt für Justiz bestellten **59a** 8
- Vergütungsanspruch im Wiederaufnahmeverfahren **45** 57
- Vergütungsvereinbarung **3a** 148
- Vorschuss **9** 16
- Vorschuss Pauschgebühr **42** 3; **51** 40
Pflichtverteidigervergütung
- Fälligkeit **8** 5, 11
Postdienstleistungen VV7001 1 f. *sa Postentgelte*
- Angelegenheit **15** 21
- Auslagenerstattung durch Staatskasse **46** 13
Postentgelte VV7001 1 f.
- Angelegenheit **VV7001** 9
- Anrechnung **VV7001** 21
- Begriff **VV7001** 3
- Beratungsgebühr **VV2501** 24
- Beratungshilfe **VV7001** 19
- konkrete Berechnung **VV7001** 11
- Kostenerstattung **VV7001** 24
- pauschale Abrechnung **VV7001** 13
- Umsatzsteuer **VV7001** 12
- Vergütungsvereinbarung **VV7001** 2, 25
- Wahlrecht **VV7001** 7
Praxisgebühr
- Beratungshilfe **VV2500** 2
Preisanpassungsklausel 4 32
Preisdumping
- außergerichtliche Tätigkeit **4** 1, 8, 16
- Erfolgshonorar **4a** 52

Preiswerbung
- Vergütung **34** 40
Preiswettbewerb
- Vergütung **34** 39, 40
Presserecht
- Schwierigkeitsgrad Tätigkeitsfeld **14** 40
Prestige
- Vergütung **34** 41
Privatklage
- Einigungsgebühr **VV4147** 1 f., 8
- Einigungsgebühr, weitere **VV4147** 10
- Einzeltätigkeit Strafsache **Vorb.4.3** 7
- Prozesskostenhilfe **12** 8
- Rücknahme **VV4141** 43
- Verfahrensgebühr **VV4301** 1 f., 6
- Vorbereitung **Vorb.4.1.2** 1; **VV4104** 1 f.
Privatklageeinigung VV4147 1 f., 8
- Einigung über sonstige Ansprüche **VV4147** 10
Privatklägervertreter
- Gebühren in Strafsache **Vorb.4** 2, 5
- Gebührenanspruch gegen Auftraggeber **53** 1 f., 5, 10
- Gebührenanspruch gegen Beschuldigten **52** 9
- Verfahrensgebühr Beistandsleistung **VV4301** 18
Protokollierung
- Einigung der Parteien **VV3101** 49
Protokollierungstermin
- Terminsgebühr **VV3104** 53
Prozessauftrag
- Auftragsbeendigung, vorzeitige **VV3101** 3
Prozessbevollmächtigter
- Prozesspfleger **41** 1 f.
Prozessfinanzierer
- Mandatsvertrag **1** 54
- Rechtsanwalt als **4a** 11
Prozesskostenhilfe *sa Beiordnung*
- Angelegenheit **16** 7, 22
- Anrechnung von Zahlungen auf Gebühren **58** 26 f.
- Arbeitsgerichtliche Angelegenheit **12** 1, 8
- Arbeitsgerichtssache **12** 8
- Auslagenerstattung durch Staatskasse **46** 1 f., 3
- Auslagenvorschuss **47** 12
- Beiordnungsbeschluss **48** 7
- Betragsrahmengebühren **45** 31
- Bewilligung, teilweise **16** 13
- Erfolgshonorar **4a** 61
- Fälligkeit der Vergütung **8** 5, 11; **45** 66
- Finanzgerichtssache **12** 8
- Gebührenanrechnung **58** 1 f.; **15a** 55; **Vorb.3** 177
- Gebührenanrechnung bei Vergütungsvereinbarung **58** 46

1399

Sachregister

Fett = Gesetz und §

- Gebührenanspruch gegen Verurteilten **53** 17
- Gebührenvorschuss **47** 6
- Gegenstandswert **23a** 1 f., 14
- Mandatsvertrag **1** 39, 53
- Nebenklage **12** 8
- Privatklage **12** 8
- Prüfung Erfolgsaussicht Rechtsmittel **34** 59; **VV2100** 10
- Reisekostenerstattung **VV7003** 35
- Rückforderung überzahlter Vergütung **45** 73
- Sozialgerichtssache **12** 8
- Stundung Kosten Insolvenzverfahren **12** 5
- Übergang von Ansprüchen auf Staatskasse **59** 1 f., 10
- Umfang, gegenständliche **48** 1 f.
- Verfahrensgebühr Einzeltätigkeit **VV3403** 1 f., 6, 18
- Vergütung **45** 1 f.
- Vergütung, gesetzliche **45** 25
- Vergütung, weitere **50** 1 f., 18, 32
- Vergütungsanspruch gegen Staatskasse **45** 11 f.
- Vergütungsfestsetzung Reisekosten **11** 23
- Verhältnis zu Vergütungsvereinbarung **3a** 144
- Verjährung Vergütungsanspruch **45** 70
- Vertreter, gemeinsamer **40** 18
- Verwaltungsgerichtssache **12** 8
- Vollstreckbarerklärung **VV3329** 18
- Vorschuss **9** 16
- Vorschuss gegen Staatskasse **45** 62; **47** 1 f., 5
- Wertgebühren **45** 29; **49** 1 f.
- Zusatzgebühr Beweisaufnahme **VV1010** 22

Prozesskostenhilfe-Aufhebung
- Angelegenheit **16** 18
- Gegenstandswert **23a** 10

Prozesskostenhilfe-Bewilligung 12 11
- Angelegenheit **16** 7
- Anwendbarkeit RVG **60** 81
- Gegenstandswert **16** 16; **23a** 10
- mehrere **16** 22
- teilweise **16** 13
- Vergütungsfestsetzung **11** 7

Prozesskostenhilfe-Prüfung
- Anwendbarkeit RVG **60** 79
- Vergütungsfestsetzung **11** 7

Prozesskostenhilfeverfahren VV3335 1 f.
- Anwendungsbereich, persönlicher **VV3335** 3
- Anwendungsbereich, sachlicher **VV3335** 5
- Bewilligungsverfahren **12** 11
- Einigungsgebühr **VV3335** 27, 28
- Erledigung, vorzeitige **VV3335** 17; **VV3337** 1 f.
- Erstattungsansprüche **VV3335** 37
- Gebührenanrechnung **VV3335** 19
- Gegenstandswert **VV3335** 30, 33, 35
- Höhe Verfahrensgebühr **VV3335** 16
- Terminsgebühr **VV3335** 22, 25
- Verfahrensgebühr **VV3335** 1 f., 13, 16

Prozessleitungsantrag
- Terminsgebühr, reduzierte **VV3105** 1 f., 15; **VV3203** 1 f., 5; **VV3211** 1 f.

Prozesspfleger
- Anrechnung von Zahlungen auf Gebühren **58** 26 f.
- Anwendbarkeit RVG **1** 95
- Bestellung zum **41** 1
- Fälligkeit der Vergütung **41** 19
- Vergütung **41** 1 f., 8; **45** 1 f., 9, 11
- Vergütung im Bestellungsverfahren **41** 7
- Vergütungsanspruch gegen Prozessgegner **41** 23
- Vergütungsanspruch gegen Staatskasse **41** 18; **45** 11 f.
- Vergütungsanspruch gegen vertretene Partei **41** 7 f.
- Vergütungsfestsetzung **41** 13
- Vorschuss **41** 14, 22

Quersubventionierung 3a 18, 138
- Erfolgshonorar **4a** 54

Quota litis 4a 10, 15, 16
- Erfolgshonorarbestimmung **4a** 81

Rahmen, gleicher
- Tätigkeit, außergerichtliche **15** 41, 44

Rahmengebühr 1 5; **14** 1 ff.
- Änderung **14** 11, 12
- Arbeits-/Zeitaufwand **14** 29
- Arbeitsaufsaufwand an Wochenenden/Feiertagen **14** 50
- Bedeutung der Angelegenheit **14** 43 f.
- Begriff **14** 1 f.
- Bemessung bei Bedrohung **14** 50
- Bemessung bei Eilbedürftigkeit **14** 50
- Bemessungskriterien **14** 29 f.
- Bemessungskriterien, sonstige **14** 50
- Bestimmungsrecht **14** 4
- Billigkeit **14** 4
- Bindung an Bestimmung **14** 11
- Bußgeldsache **14** 52
- Einkommensverhältnisse des Auftraggebers **14** 45
- Einzelfallbestimmung **14** 5
- Festsetzung **14** 8
- Gebührenanrechnung **Vorb.3** 185
- Gutachten Rechtsanwaltskammer **14** 57
- Haftungsrisiko des RA **14** 48
- Höchstgebühr **14** 22
- Kostenstruktur der Kanzlei **14** 50

Magere Zahlen = Randnummer

- Mindestgebühr **14** 21
- Mittelgebühr **14** 13 f.
- Reputation des Anwalts **14** 50
- Schwellengebühr **14** 23
- Schwierigkeit der Tätigkeit **14** 36 f.
- Sozialrechtliche Angelegenheit **14** 54
- Spezialgebiet/-wissen **14** 38
- Strafsache **14** 53
- Toleranzgrenze **14** 24
- Umfang der Tätigkeit **14** 29 f.
- Unbilligkeit **14** 6 f.
- Verfahren vor EuGH **38** 6
- Vergütungsfestsetzung **11** 65
- Verkehrsordnungswidrigkeit **14** 52
- Verkehrsunfallsache **14** 51
- Vermögen des Auftraggebers **14** 45
- Wartezeit **14** 29
- wirtschaftliche Verhältnisse des Auftraggebers **14** 45

RAK-Gutachten s Gutachten Rechtsanwaltskammer

Rat
- Abgrenzung zu Auskunft **34** 11
- Begriff **34** 9

Ratenzahlungsaufkommen
- Überschuss **50** 24

Ratenzahlungsvereinbarung
- Einigungsgebühr **VV1000** 22

Ratenzahlungsvergleich Vorb.3.3.3 10
- Zwangsvollstreckung **Vorb.3.3.3** 84

Rationalisierungsabkommen
- Rechtsschutzversicherer **VV2300** 39
- Rechtsschutzversicherung **3a** 160

Räumung
- Gegenstandswert **23** 43

Räumungsfrist
- Angelegenheit **19** 34
- Anwendbarkeit RVG **60** 82

Räumungsfristverfahren
- Anwendungsbereich **VV3334** 2, 3
- Auftraggeber, mehrere **VV3334** 16
- Auftragsbeendigung, vorzeitige **VV3337** 1 f., 3
- Bewilligung/Verlängerung/Verkürzung **VV3334** 1 f.
- Einigungsgebühr **VV3334** 21
- Erledigung, vorzeitige **VV3334** 17
- Gegenstandswert **VV3334** 23
- Kostenentscheidung **VV3334** 26
- Kostenerstattung **VV3334** 25
- nach § 721 ZPO **VV3334** 3
- nach § 794a ZPO **VV3334** 5
- Terminsgebühr **VV3334** 19
- Verfahrensgebühr **VV3334** 1 f., 14
- Vollstreckungsschutzantrag **VV3334** 12

Räumungsschutz
- Gegenstandswert **25** 30

Rechnung
- Aufbewahrung **10** 41
- Aufbewahrungshinweis **10** 39
- Checkliste **10** 43
- Kleinbeträge **10** 42
- Leistungszeitraum **10** 38
- Nachforderung Vergütungsberechnung **10** 62
- Steuernummer **10** 37
- Umsatzsteuer **10** 33
- Vorsteuerabzug **10** 40

Rechnungsnummer 10 35

Rechtsanwalt
- Anwendbarkeit RVG **1** 90, 152
- Prozessfinanzierer **4a** 11
- Verschulden des beigeordneten **54** 1 f.
- Verschulden des bestellten **54** 1 f.

Rechtsanwalt in eigener Sache
- Anwendbarkeit RVG **1** 101; **60** 19, 83

Rechtsanwalt, ausländischer
- Anwendbarkeit RVG **1** 94

Rechtsanwalt, europäischer niedergelassener
- Anwendbarkeit RVG **1** 94

Rechtsanwaltsfachangestellte
- Vertretung durch **5** 22

Rechtsanwaltshonorar
- Aufschlag, freiwilliger **3a** 32

Rechtsanwaltskammer
- Gutachten zu Rahmengebühr **14** 57
- Gutachten zu Vergütungsherabsetzung **3a** 132, 142
- Vergütungsfestsetzung **4** 27

Rechtsanwaltskammermitglied
- Anwendbarkeit RVG **1** 94

Rechtsanwaltsvergütung
- Bindung an Wertfestsetzung Gerichtsgebühren **32** 1, 15
- Vorschuss **9** 1 f.
- Wertfestsetzung nur für **33** 1 f., 5
- Wertfestsetzungsverfahren **33** 7, 8 f., 28

Rechtsbehelf
- gegen Vergütungsfestsetzung in Bußgeldverfahren **57** 1 f.
- Zeugenbeistand **59a** 11

Rechtsbehelfsbelehrung 12c 1 f.
- Anwendungsbereich **12c** 2
- fehlende **12c** 7
- fehlerhafte **12c** 7
- Inhalt **12c** 6
- Wiedereinsetzung **12c** 7

Rechtsbehelfstabelle
- Tätigkeit, steuerberatende **35** 19

Rechtsbehelfsverfahren
- Angelegenheit, verschiedene **17** 8 f.

Rechtsbeistand
- Anwendbarkeit RVG **1** 94

1401

Sachregister

Fett = Gesetz und §

Rechtsberatungsgesellschaft, ausländische
- Anwendbarkeit RVG **1** 93

Rechtsbeschwerde
- Auftragsbeendigung, vorzeitige **VV3502** 5
- Terminsgebühr **VV3502** 6; **VV3516** 1
- Truppendienstgericht **VV6400** 11 f.
- Verfahrensgebühr **VV3502** 1 f.
- Wehrbeschwerdeordnung **VV6400** 11 f.

Rechtsbeschwerde Bußgeldsache VV5113 1 f.
- Gebühren, zusätzliche **VV5113** 11
- Rücknahme **VV5115** 28
- Terminsgebühr **VV5113** 2, 9
- Verfahrensgebühr **VV5113** 2, 7

Rechtsbeschwerdeverfahren
- Einigungs-/Erledigungs-/Aussöhnungsgebühr **VV1004** 20
- Gebühren **Vorb.3.1** 13; **Vorb.3.2.2** 1 f.
- KapMuG **Vorb.3.2.2** 6
- Rechtszug beendende Entscheidung im Beschlussverfahren vor Gerichten in Arbeitssachen **Vorb.3.2.1** 22
- vor BGH gegen Entscheidungen des Bundespatengerichts **Vorb.3.2.2** 7

Rechtsbeschwerdeverfahren StVollzG/JGG
- Gebühren **Vorb.3.2.1** 51

Rechtsfachwirt
- Vertretung durch **5** 22

Rechtsfall
- Begriff **VV4100** 13

Rechtshilfe, internationale
- Anwendungsbereich, persönlicher **VV6100** 3
- Anwendungsbereich, sachlicher **VV6100** 5 f.
- Auslieferung **VV6100** 7
- Durchlieferung **VV6100** 7
- Pauschgebühr **42** 1 f., 3, 7; **51** 1 f., 10
- sonstige **VV6100** 7
- Strafsache **Vorb.6** 2, 8; **VV6100** 1 f.
- Terminsgebühr **VV6100** 1 f., 10, 13, 20
- Verfahrensgebühr **VV6100** 1 f., 10, 11, 19
- Vergütung des durch Bundesamt für Justiz bestellten Pflichtverteidiger **59a** 8
- Vollstreckung ausländischer Erkenntnisse **VV6100** 7

Rechtskraftzeugnis
- Nebentätigkeit **19** 15, 65

Rechtsmittel
- Angelegenheit, verschiedene **17** 6
- Beratungshilfe **VV2501** 29
- Erstreckung der Beiordnung **48** 18 f.
- Festsetzungsverfahren **55** 60; **56** 1 f.
- Feststellung Leistungs-/Zahlungsfähigkeit des Beschuldigten **52** 60 f.
- Prüfung Erfolgsaussicht **34** 17, 26, 53 f.; **VV2100** 1 f.
- Tätigkeiten im Zusammenhang mit **19** 75 f.
- Übergangsvorschrift Vergütungszeitpunkt **60** 6; **61** 5
- Vergütungsfestsetzung **11** 45 f.
- Wertfestsetzung für **32** 4
- Zulässigkeit **VV2100** 5

Rechtsmitteleinlegung
- Angelegenheit **19** 75 f.
- Einzeltätigkeit Strafsache **VV4302** 1 f., 4

Rechtsmittelschrift
- Empfangnahme **19** 83

Rechtsmittelverfahren
- Angelegenheit **16** 78
- Anwendbarkeit RVG **60** 20, 43, 84
- Auftragsbeendigung, vorzeitige **VV3201** 1 f.
- Gebühren **Vorb.3.2** 1 f.
- Terminsgebühr **VV3202** 1 f., 4
- Terminsgebühr, reduzierte **VV3203** 1 f., 5; **VV3211** 1 f.
- Verfahrensgebühr **VV3200** 1 f., 7
- Verkehrsanwalt **Vorb.3.2** 9
- Zulassungsverfahren **Vorb.3.2** 11

Rechtsmittelverzicht VV3404 3

Rechtsmittelzulassung
- Anwendbarkeit RVG **60** 103
- Einigungs-/Erledigungs-/Aussöhnungsgebühr **VV1004** 18

Rechtsmittelzulassungsverfahren
- Angelegenheit **16** 78

Rechtsschutz
- bei Anspruchsübergang **59** 47 f.
- Gebührenanrechnung **58** 68

Rechtsschutz, vorläufiger
- Abänderungs-/Aufhebungsverfahren **16** 64 f.; **17** 30
- Angelegenheit **16** 63 f.
- Angelegenheit, verschiedene **17** 8, 28
- Beschwerde vor BFH **Vorb.3.2.2** 10
- Beschwerdeverfahren in Verwaltungs-/Sozialgerichtssache **Vorb.3.2.1** 40
- Vergütungsfestsetzung **11** 7

Rechtsschutzversicherer
- Rationalisierungsabkommen **VV2300** 39

Rechtsschutzversicherung
- Angelegenheit **15** 124
- Deckungszusage **1** 61
- Einholung Deckungszusage bei **VV2300** 183
- Haltung zu Betriebsgebühr **VV2300** 19 f.
- Klageauftrag, bedingter **VV2300** 22
- Klageauftrag, unbedingter **VV2300** 26
- Mandatsvertrag **1** 28, 56, 60 f.
- Mandatsvertrag, bedingter **1** 37, 41

Magere Zahlen = Randnummer

Sachregister

- Obliegenheitsverletzung des Mandanten **1** 28
- Prüfung Erfolgsaussicht Rechtsmittel **VV2001** 10; **VV2100** 29
- Rationalisierungsabkommen **3a** 160
- Selbstbeteiligung des Mandanten **10** 55
- Vergütungsberechnung gegenüber **10** 52
- Vergütungsfestsetzung **11** 41
- Vergütungsvereinbarung **3a** 160
- Vorschuss **9** 20
- Zusatzgebühr Beweisaufnahme **VV1010** 23

Rechtsstreit, bürgerlicher
- Verfahrensgebühr Einzeltätigkeit **VV3403** 1 f., 5, 14

Rechtsverkehr, elektronischer 12b 1 f.
- Anwaltspostfach, besonderes elektronisches **12b** 3, 14 f.
- Dokument, elektronisches **12b** 10
- EGVP **12b** 10
- Einführung **12b** 4
- ERV-Gesetz **12b** 1 f.

Rechtszug
- Abgabe innerhalb **20** 3 f.
- Abwicklungstätigkeiten **19** 15, 65
- Änderung Vertretungstätigkeit **20** 9
- Angelegenheit **15** 9 f.; **19** 1 f.
- Angelegenheit, verschiedene **17** 6
- Diagonalverweisung **20** 19
- Nebentätigkeiten **19** 15
- Vergleichsverhandlungen zwischen **19** 60
- Vertikalverweisung **21** 1 f., 4, 6
- Verweisung innerhalb **20** 3 f.
- Vorbereitungstätigkeiten **19** 7
- Wechsel der Gebührenart **20** 12

Rechtszug, erster
- Gebühren **Vorb.3.1** 1 f.
- Terminsgebühr **VV3104** 1 f.
- Verfahrensgebühr **VV3100** 1 f.

Rechtszug, zweiter
- Differenzgebühr **VV3201** 22
- Terminsgebühr **VV3202** 1 f., 4
- Terminsgebühr, reduzierte **VV3203** 1 f., 5; **VV3211** 1 f.
- Verfahrensgebühr **VV3200** 1 f., 7
- Verfahrensgebühr, ermäßigte **VV3201** 1 f.

Regelgebührenberechnung
- bei Beiordnung **50** 26, 57

Rehabilitierungsgesetz, Strafrechtliches
- Gebühren in Strafsache **Vorb.4** 2

Rehabilitierungsverfahren
- Pauschgebühr **42** 7
- Terminsgebühr **VV4112**
- Verfahrensgebühr **VV4112**

Reisekosten
- Abwesenheitsgeld **46** 44
- Auslagenerstattung durch Staatskasse **46** 17 f.
- auswärtiger Rechtsanwalt **46** 28 f.
- bei Kanzleiverlegung **Vorb.7** 19
- Fahrtkosten **46** 44
- gerichtlich beigeordneter Rechtsanwalt **46** 24 f.
- im Prozessgerichtsbezirk niedergelassener Rechtsanwalt **46** 25
- Informationsreise **46** 20
- Pflichtverteidiger **46** 39
- sonstige Auslagen **46** 45
- Tagegeld **46** 44
- Vergütungsfestsetzung bei PKH/VKH **11** 23
- Vorabentscheidung zur Erforderlichkeit **46** 48 f.

Reisekostenerstattung
- bei Beiordnung/PKH **VV7003** 35
- durch unterlegene Partei **VV7003** 40
- im Gerichtsbezirk nicht zugelassener RA **VV7003** 38, 42
- im Gerichtsbezirk zugelassener RA **VV7003** 37, 41

Reisezeiten
- Umfang, besonderer **51** 22

Rentenberater
- Anwendbarkeit RVG **1** 94

Reorganisationsverfahren
- Gegenstandswert **24** 1 f.

Reputation
- Bemessungskriterium Rahmengebühr **14** 50

Restrukturierungsgesetz 24 2

Restschuldbefreiung
- Antrag auf Versagung/Widerruf **VV3313** 36
- Gegenstandswert **28** 8, 13
- Gläubigervertretung **28** 13
- Schuldnervertretung **28** 8
- Stundung Kosten Insolvenzverfahren **12** 5
- Verfahrensgebühr **VV3313** 36

Reststrafe
- Aussetzung der Vollstreckung **VV4200** 8

Revision
- Auftragsbeendigung, vorzeitige **VV3207** 1
- Erstreckung Beiordnung **48** 22
- Gebühren **Vorb.3.2** 1 f.; **Vorb.3.2.2** 1 f.
- Nichtzulassungsbeschwerde **VV3506** 1; **VV3508** 1
- Nichtzulassungsbeschwerde Sozialgerichtssache **VV3512** 1 f.
- Prozessleitungsantrag **VV3211** 1 f.
- Rücknahme in Strafsache **VV4141** 4, 25 f., 35, 38
- Sachleitungsantrag **VV3211** 1 f.
- Schiedsrichterliches Verfahren **36** 15
- Terminsgebühr **VV3210** 1
- Terminsgebühr, reduzierte **VV3211** 1 f.

1403

Sachregister

Fett = Gesetz und §

- Verfahrensgebühr **VV3206** 1 f.
- Verfahrensgebühr, ermäßigte **VV3207** 1
- Versäumnisurteil **VV3211** 1 f.

Revisionsbegründung
- Verfahrensgebühr **VV4300** 11, 18

Revisionseinlegung
- Verfahrensgebühr **VV4300** 9, 18

Revisionsverfahren
- Aussöhnungsgebühr **VV1004** 1 f., 10
- Einigungsgebühr **VV1004** 1 f., 10
- Erledigungsgebühr **VV1004** 1 f., 10
- Verfahrensgebühr **VV4300** 8 f., 18
- Verfahrensgebühr Adhäsionsverfahren **VV4143** 24, 26
- Vergütungsfestsetzung **11** 7

Revisionsverfahren, strafgerichtliches VV4130 1 f.
- Beginn **VV4130** 5
- Einstellung **VV4141** 4, 7 f.
- Ende **VV4130** 7
- Längenzuschlag **VV4130** 20
- Terminsgebühr **VV4130** 13, 18
- Verfahrensgebühr **VV4130** 1 f., 9, 15

Richterablehnung VV3403 9
- Angelegenheit **19** 18

Rückabwicklung
- Überzahlung bei Beiordnung/PKH **45** 74

Rückforderung
- überzahlte Vergütung bei Beiordnung/PKH **45** 73

Rücknahme
- Anklage, strafrechtliche **VV4141** 45
- Berufung in Strafsache **VV4141** 4, 25 f., 29, 38
- Bußgeldbescheid durch Verwaltungsbehörde **VV5115** 21
- Einspruch gegen Bußgeldbescheid **VV5115** 17, 25
- Einspruch in Strafsache **VV4141** 4, 25 f., 26, 38
- Privatklage **VV4141** 43
- Rechtsbeschwerde in Bußgeldsache **VV5115** 28
- Revision in Strafsache **VV4141** 4, 25 f., 35, 38

Rückwärtsanrechnung
- Gebühren vor Mahnverfahren **VV3305** 18

Rückwirkung
- Auslagen bei Beiordnung **48** 70
- Beiordnung **48** 56 f.
- Beiordnung bei Verfahrensverbindung **48** 64

Rückzahlung
- anrechenbare Zahlung **58** 64
- Entnahme Hebegebühr **VV1009** 22

Rüge anderweitiger Rechtshängigkeit VV3403 9

Ruhen des Verfahrens VV3105 15
- Fälligkeit der Vergütung **8** 35

Rundung
- Gebühren **2** 14
- Gebührenbetrag **13** 9

RVG
- Anwendbarkeit bei Änderung **60** 9
- Anwendbarkeit bei Änderung der Verweisungsvorschriften **60** 11, 47
- Anwendbarkeit im Rechtsmittelverfahren **60** 20, 43

Sachantrag
- Abgrenzung zu Verfahrensantrag **VV3101** 21

Sachleitungsantrag
- Terminsgebühr, reduzierte **VV3105** 1 f., 15; **VV3203** 1 f., 5; **VV3211** 1 f.

Sachvergütung
- Vergütungsvereinbarung **3a** 129

Sachverhaltsaufklärung
- Bemessung Rahmengebühr **14** 42

Sachverständigenbeistand Vorb.3 7 f.; **Vorb.6** 1 f., 9
- Grundgebühr in Strafsache **VV4100** 6 f.
- Terminsgebühr **Vorb.6** 9, 13 f., 19
- Verfahrensgebühr **VV4301** 18; **Vorb.6** 9, 10
- Verwaltungsverfahren **Vorb.2** 4

Sachverständigentermin
- Terminsgebühr für außergerichtliche Besprechung **Vorb.3** 49
- Verfahrensgebühr **VV3101** 25

Sachverständigenvertreter
- Gebühren in Strafsache **Vorb.4** 2, 4

Sachverständigenvorschuss
- Vergütungsfestsetzung **11** 22

Sachverständiger
- Beratung, vorbereitende **Vorb.3** 12

Sachwalter
- Anwendbarkeit RVG **1** 133

Sammelklage
- arbeitsrechtliche **15** 54

Sanierungsverfahren
- Gegenstandswert **24** 1 f.

Satzrahmengebühren 1 5; **14** 1
- Begriff **49** 9
- Gegenstandswert **13** 1
- Vergütungsfestsetzung **11** 65
- Wertgebühr **13** 1

Schadensersatz
- Verletzung Belehrungspflichten **1** 50

Scheck
- Hebegebühr **VV1009** 10

Scheckprozess
- Anwendbarkeit RVG **60** 91

Scheidungssache
- Angelegenheit **16** 31 f.

Magere Zahlen = Randnummer **Sachregister**

- Angelegenheit bei außergerichtlicher Vertretung **16** 58
- Beiordnung **39** 1 f., 7
- Vorschuss gegen Staatskasse gem. §§ 138, 270 FamFG **47** 24

Schiedsgericht
- arbeitsrechtliches **36** 10, 21

Schiedsgerichtliches Verfahren *sa Schiedsrichterliches Verfahren*
- Anwendungsbereich, persönlicher **VV3327** 2
- Anwendungsbereich, sachlicher **VV3327** 3
- Auftragsbeendigung, vorzeitige **VV3337** 1 f., 3
- Einigungsgebühr **VV3327** 10
- Gebühren **Vorb.3.1** 2 f.
- Gegenstandswert **VV3327** 11
- Terminsgebühr **VV3327** 8, 9; **VV3332** 1 f., 4
- Verfahrensgebühr **VV3327** 1 f., 6

Schiedsrichter
- Ablehnung **36** 21
- Anwendbarkeit RVG **1** 147

Schiedsrichterliches Verfahren *sa Schiedsgerichtliches Verfahren*
- Berufung **36** 15
- Bestimmung einer Frist **36** 21
- Beweisaufnahme **36** 21
- Einigungsgebühr **36** 13, 17
- Einzeltätigkeit **36** 20; **VV3327** 1 f.
- Gebühren **Vorb.3.1** 2 f.
- Gegenstandswert **36** 6, 14
- Kostenerstattung **36** 24
- Kostenfestsetzungsverfahren **36** 25
- Rechtszug, erster **36** 13
- Revision **36** 15
- Terminsgebühr **36** 13, 15, 19
- Vereidigung **36** 21
- Verfahrensgebühr **36** 13, 15, 20
- Vergütung **36** 1 f., 7
- Vergütungsvereinbarung **36** 6, 18

Schiedsspruch
- Vollstreckbarerklärung **36** 23

Schiedsstellenverfahren
- Angelegenheit, verschiedene **17** 40
- Geschäftsgebühr **VV2303** 1 f.

Schifffahrtrechtliche Verteilungsordnung Vorb.3.3.5 2
- Beteiligtenvertretung **29** 8
- Gegenstandswert **29** 1 f.; **VV3313** 17
- Gläubigervertretung **29** 5
- Schuldnervertretung **29** 3
- Verfahrensgebühr **VV3313** 10
- Verfahrensgebühr für Aufhebungsantrag Vollstreckungsmaßregel **VV3313** 43
- Verfahrensgebühr für Zwangsvollstreckungsantrag **VV3313** 39
- Vertretung im **29** 1 f.

Schlichtungsverfahren
- Gebührenanrechnung **Vorb.2.3** 35

Schmerzensgeld
- Gegenstandswert **23** 58

Schreiben einfacher Art
- Auftraggeber, mehrere **VV2301** 16; **VV3404** 6
- Auftragserledigung, vorzeitige **VV3404** 7
- Einzeltätigkeit in gerichtlichem Verfahren **VV3404** 1
- Gebühr **VV2301** 1 f.
- Gebührenanrechnung **VV2301** 17
- Gebührenhöhe **VV2301** 2
- Inkasso **VV2301** 5
- Kostenerstattung **VV2301** 18
- Massenbeitreibungssache **VV2301** 7 f.
- mehrere **VV2301** 3
- Verfahrensgebühr **VV3404** 1 f., 4

Schrift, strafrechtliche
- Unterzeichnung **VV4300** 1 f.

Schriftsatz mit Sachantrag
- Verfahrensgebühr **VV3101** 20, 22

Schriftsatz mit Sachvortrag
- Verfahrensgebühr **VV3101** 19

Schriftsatz, verfahrenseinleitender
- Verfahrensgebühr **VV3101** 18

Schriftsatzanfertigung VV3403 9
Schriftsatzeinreichung VV3403 9
Schriftsatzunterzeichnung VV3403 9

Schuldenbereinigung
- Beratungsgebühr **VV2502** 1 f.
- Einigungsgebühr **VV2508** 8
- Geschäftsgebühr **VV2504** 1 f.

Schuldenbereinigungsplan
- Gegenstandswert **28** 5
- Verfahrensgebühr **VV3313** 7
- Vertretung im Verfahren über **VV3313** 7

Schuldenregulierung
- Angelegenheit **15** 125

Schuldnervertretung
- Gegenstandswert Insolvenzverfahren **28** 4
- Gegenstandswert Zwangsversteigerung **26** 15
- Gegenstandswert Zwangsverwaltung **27** 12
- im Insolvenzeröffnungsverfahren **VV3313** 1
- im Insolvenzverfahren **Vorb.3.3.5** 1 f.; **VV3313** 18
- im Verfahren über Schuldenbereinigungsplan **VV3313** 7
- Insolvenzplan **28** 8
- Insolvenzplanverfahren **VV3313** 28
- Restschuldbefreiung **28** 8
- Schifffahrtsrechtliche Verteilungsordnung **29** 3

1405

Sachregister

Schuldversprechen
- Übernahme Vorschuss **9** 13

Schutzschrift
- Angelegenheit **19** 11
- Verfahrensgebühr **VV3100** 3
- Vergütungsfestsetzung **11** 7

Schwellengebühr
- Rahmengebühr **14** 23
- Überschreitung **VV1008** 7

Schwerbehinderung
- Angelegenheit **15** 49

Schwierigkeit
- Bewertungskriterium Betriebsgebühr **VV2300** 84, 99
- rechtliche **14** 36; **VV2300** 84, 88
- Sprachschwierigkeit **VV2300** 85
- Tätigkeit, anwaltliche **VV2300** 84
- tatsächliche **14** 42; **VV2300** 84
- Verkehrsunfallsache **VV2300** 93

Schwierigkeit der Tätigkeit
- Bemessung Rahmengebühr **14** 36 f.
- Fachanwalt **14** 38
- rechtliche **14** 36; **VV2300** 84, 88
- tatsächliche **14** 42; **VV2300** 93

Schwierigkeit, besondere
- Straf-/Bußgeldsache **51** 25

Schwurgericht
- Längenzuschlag **VV4118** 12
- Strafsache vor **VV4118** 1 f.
- Terminsgebühr **VV4118** 5, 9
- Verfahrensgebühr **VV4118** 1 f., 3, 6

Seemannsamt
- Angelegenheit, verschiedene **17** 40
- Geschäftsgebühr **VV2303** 1 f.

Sekundärinsolvenzverfahren
- Vertretung im **Vorb.3.3.5** 1 f., 5

Selbstbeteiligung
- Mandant bei Rechtsschutzversicherung **10** 55

Sicherheitenrückgabe
- Nebentätigkeit **19** 15

Sicherheitsleistung
- Abwendungsantrag **Vorb.3.3.3** 70
- Angelegenheit **19** 71
- Erbringung **19** 71
- Rückgabe **19** 71

Sicherungsverwahrung
- Angelegenheit, verschiedene **17** 61
- Erledigung/Aussetzung **VV4200** 5 f.
- Erledigung/Aussetzung Unterbringungsmaßregel **VV4200** 5 f.
- nachträgliche Anordnung **Vorb.4.1** 3, 5
- Vergütung **62** 1
- vorbehaltene **Vorb.4.1** 3, 4

Sittenwidrigkeit
- Vergütungsvereinbarung **3a** 62

Sozialgerichtssache
- Anordnung, einstweilige **Vorb.3.2** 15
- Beschwerdeverfahren **VV3501** 1 f.
- Beschwerdeverfahren wegen des Hauptgegenstands des einstweiligen Rechtsschutzes **Vorb.3.2.1** 40
- Eilverfahren **Vorb.3.2** 16
- Einbeziehung anderweitiger anhängiger Ansprüche **VV1005** 19
- Einigungs-/Erledigungsgebühr **VV1005** 15
- Einzeltätigkeit **VV3406** 1 f.
- Erinnerungsverfahren **VV3501** 1 f.
- Erstreckung Beiordnung **48** 38
- Gebühren **3** 16, 30; **Vorb.3.1** 2 f., 6
- Gerichtskosten **3** 6
- Nichtzulassungsbeschwerde **VV3504** 2; **VV3511** 1 f.; **VV3512** 1
- Prozesskostenhilfe **12** 8
- Rechtsmittel Vergütungsfestsetzung **11** 50
- Rechtsverkehr, elektronischer **12b** 4
- Streitwertkatalog **23** 150
- Teileinigung/-erledigung **VV1005** 24
- Terminsgebühr **VV3104** 33; **VV3106** 1 f., 26
- Terminsgebühr bei Anerkenntnis in **VV3104** 39; **VV3106** 24
- Terminsgebühr bei Gerichtsbescheid **VV3106** 20
- Terminsgebühr bei schriftlichem Vergleich **VV3106** 16
- Terminsgebühr Beschwerdeverfahren **VV3515** 1
- Terminsgebühr Erinnerungsverfahren **VV3515** 1
- Terminsgebühr im schriftlichen Verfahren **VV3106** 15
- Terminsgebühr Nichtzulassungsbeschwerde **VV3517** 1; **VV3518** 1
- Verfahren vor Bundessozialgericht **VV3212** 1 f.
- Verfahrensgebühr **VV3102** 1 f.
- Verfahrensgebühr Beschwerdeverfahren **VV3501** 1 f.
- Verfahrensgebühr Einzeltätigkeit **VV3406** 1 f., 9
- Verfahrensgebühr Erinnerungsverfahren **VV3501** 1 f.
- Verfahrensgebühr Nichtzulassungsbeschwerde Berufung **VV3511** 1 f.
- Verfahrensgebühr Nichtzulassungsbeschwerde Revision **VV3512** 1
- Vorabentscheidungsverfahren **38** 12
- Zurückverweisung **21** 4

Sozialgerichtssache zweiter Instanz
- Kostenerstattung **VV3204** 11
- Terminsgebühr **VV3204** 1 f., 6
- Verfahrensgebühr **VV3204** 1 f., 4

Sozialrechtliche Angelegenheit 3 4; **VV2302** 1 f.
- Auftraggeber, mehrere **VV2302** 14

Magere Zahlen = Randnummer **Sachregister**

- Bemessung Rahmengebühr **14** 54
- Betragsrahmengebühren **3** 4, 13 f.
- Einbeziehung anderweitiger anhängiger Ansprüche **VV1005** 19
- Einigungsgebühr **VV1005** 1 f.
- Erledigungsgebühr **VV1005** 1 f.
- Gebühren **3** 1 f., 13 f., 27 f.
- Gebührenanrechnung **Vorb.2.3** 24; **VV2302** 27, 29
- Gegenstandswert **23** 150
- Gegenstandswert Wertgebühr **3** 25
- Geschäftsgebühr **VV2302** 1 f., 5, 21
- Kostenerstattung **VV2302** 31
- Prüfung Erfolgsaussicht Rechtsmittel **VV2102** 1 f.
- Schwellen-/Regelwerte **VV2302** 21
- Teileinigung/-erledigung **VV1005** 24
- Verfahrensabschnitt **VV2302** 6
- Vertretung in **Vorb.2.3** 8
- Verwaltungsverfahren, außergerichtliches **VV1005** 7
- Wertgebühren **3** 21, 27 f.

Sozialrechtliches Rechtsbehelfsverfahren
- Vergütungsfestsetzung **11** 8

Sozietät
- Vertretung durch **5** 11; **6** 3

Sozietät, überörtliche
- Vertretung durch **5** 12; **6** 6

Spezialgebiet
- Bemessung Rahmengebühr **14** 38
- Schwierigkeitsgrad Tätigkeitsfeld **14** 40

Spezialwissen
- Bemessung Rahmengebühr **14** 38

SpruchG
- Beschwerdeverfahren **Vorb.3.2.1** 36

Spruchverfahren
- Gegenstandswert **31** 1 f.
- Geschäftswert Gerichtskosten **31** 6
- Vertretung aller Antragsteller **31** 10
- Vertretung Antragsgegner **31** 10
- Vertretung eines Antragstellers **31** 12
- Vertretung mehrerer Antragsteller **31** 20

Staatsanwaltschaft
- Einstellung Bußgeldsache **Vorb.5.1.2** 3

Staatskasse
- Anspruchsübergang auf **59** 1 f., 10
- Anspruchsübergang bei Beratungshilfe **59** 43
- Aufrechnung in Straf-/Bußgeldsache **43** 1 f., 12
- Auslagenerstattung durch **46** 1 f., 3
- Auslagenerstattung Wiederaufnahmeverfahren **46** 61
- Auslagenvorschuss bei Beiordnung **47** 1 f., 12
- Einziehungspflicht **50** 13
- Festsetzung der zu zahlenden Vergütung **55** 1 f.

- Gebührenvorschuss bei Beiordnung **47** 1 f., 6
- Geltendmachung Anspruchsübergang **59** 37
- Rechtsbehelf bei Vergütungsfestsetzung in Bußgeldverfahren **57** 1 f., 3
- Überschuss Ratenzahlungsaufkommen **50** 24
- Verfahren bei Vorschuss **47** 29
- Vergütung beigeordneter Rechtsanwalt **39** 18
- Vergütung Prozesspfleger **41** 18
- Vorschuss **9** 16
- Vorschuss bei Beiordnung/Prozesskostenhilfe **45** 62
- Wertgebühren **49** 1 f.

Staatsschutzkammer VV4118 1 f.
- Längenzuschlag **VV4118** 12
- Terminsgebühr **VV4118** 5, 9
- Verfahrensgebühr **VV4118** 1 f., 3, 6

Städtebauförderungsgesetz
- Verteilungsverfahren **VV3333** 3

Stadtstaatenklausel
- Beratungsgebühr **VV2501** 33

Stationsreferendar
- Vertretung durch **5** 19

Steuerberatende Tätigkeit
- Vergütung **35** 1 f., 28

Steuerberater
- Anwendbarkeit RVG **1** 87

Steuerberatervergütungsverordnung
- Anwendbarkeit **35** 3, 4

Steuerliche Hilfeleistung
- Vergütung **35** 1 f., 28

Steuernummer 10 37

Steuersache
- Geschäftsgebühr **Vorb.2.3** 14

Steuerverfahren, außergerichtliches
- Vergütung **35** 34

Steuerverfahren, finanzgerichtliches
- Vergütung **35** 38

Stillhalteabkommen VV3201 15

Strafaufschub
- vorübergehender **VV4200** 24

Strafaussetzung zur Bewährung
- Widerrufsverfahren **VV4200** 9

Strafbefehl
- Erledigung Strafsache durch **VV4141** 46
- Rücknahme Antrag auf Erlass **VV4141** 45
- Rücknahme Einspruch **VV4141** 4, 25 f., 26, 38

Strafgerichtshof, internationaler Vorb.6 2; **VV6100** 1 f. *sa Rechtshilfe, internationale*
- Anwendungsbereich **VV6100** 5 f. 9
- Terminsgebühr **VV6100** 1 f.
- Verfahrensgebühr **VV6100** 1 f.

1407

Sachregister

Fett = Gesetz und §

Strafkammer
- Längenzuschlag **VV4112** 12
- Strafsache vor **VV4100** 1 f.
- Terminsgebühr **VV4112** 5, 9
- Verfahrensgebühr **VV4112** 3, 6

Strafkammer nach §§ 74a, 74c GVG VV4118 1 f.
- Längenzuschlag **VV4118** 12
- Terminsgebühr **VV4118** 5, 9
- Verfahrensgebühr **VV4118** 1 f., 3, 6

Strafprozessvollmacht
- Abtretung in **43** 18

Strafsache
- Abgabe **VV4106** 15; **VV4108** 17
- Abgeltungsbereich Pauschgebühr **Vorb.4.1** 6
- Abgeltungsbereich Terminsgebühr **Vorb.4** 29
- Abgeltungsbereich Verfahrensgebühr **Vorb.4** 13
- Abtretung Kostenerstattungsanspruch **43** 1 f., 6, 8
- Adhäsionsverfahren **VV4143** 1 f.
- Anfertigung/Unterzeichnung einer Schrift **VV4300** 1 f.
- Angelegenheit **15** 126
- Angelegenheit, verschiedene **17** 52, 61
- Anklagerücknahme **VV4141** 45
- Anrechnungen von Zahlungen auf Gebühren **58** 49 f.
- Anrechnungsgrenzen **58** 57
- Antrag auf Pauschgebühr(Terminsgebühr) **VV4102** 24
- Anwendbarkeit RVG **60** 86
- Anwendungsbereich Grundgebühr **VV4100** 6 f.
- Anwendungsbereich, persönlicher **Vorb.4** 2
- Anwendungsbereich, sachlicher **Vorb.4** 7
- Aufrechnung Vergütung **43** 12, 13
- Befriedigungsgebühr **VV4141** 1 f., 55
- Beiordnung als Kontaktperson **VV4304** 1 f.
- Beistandsleistung Klageerzwingungsverfahren **VV4301** 26
- Bemessung Rahmengebühr **14** 53
- besonders schwierige **51** 25
- besonders umfangreiche **51** 18 f.
- Bewilligungsantrag Pauschgebühr **51** 45
- Einigungsgebühr im vorbereitenden Verfahren **VV4104** 14
- Einstellung **VV4141** 4, 7 f.
- Einzeltätigkeit **Vorb.4.3** 1 f.
- Einziehung **VV4142** 1 f., 6
- Erledigung durch Strafbefehl **VV4141** 46
- Ermittlungsverfahren **VV4104** 1 f., 3
- Gebühren Pflichtverteidiger **Vorb.4** 2
- Gebühren Terminsvertreter **Vorb.4** 2
- Gebühren Wahlverteidiger **Vorb.4** 2
- Gebühren, allgemeine **VV4100** 1 f.
- Gebühren, zusätzliche **VV4141** 1 f., 55
- Gebührenanrechnung **Einleitung zu Teil 4** 12; **Vorb.4.1** 8
- Gebührenanrechnung Grundgebühr **VV4100** 20
- Gebührenanrechnung Verfahrensgebühr **VV4300** 21
- Gebührenanspruch gegen Auftraggeber **53** 1 f., 5, 10
- Gebührenanspruch gegen Beschuldigten **52** 1 f., 14, 22 f.
- Gebührenrahmen **Einleitung zu Teil 4** 8
- Gebührenstruktur **Einleitung zu Teil 4** 4
- Gebührensystem **Einleitung zu Teil 4** 1 f.
- Gegenstandswert Einziehung **VV4142** 15 f.
- Gnadensache **VV4303** 1 f.
- Grundgebühr **VV4100** 1, 6 f., 16
- Grundgebührhöhe **VV4100** 18
- Haftzuschlag **Vorb.4** 39 f.
- Haftzuschlag Grundgebühr **VV4100** 19
- Haftzuschlag Verfahrensgebühr vorbereitendes Verfahren **VV4100** 10, 12
- Kontrollbetrag Gebührenanrechnung **58** 58
- Kostenansatz **Vorb.4** 47 f., 52
- Kostenfestsetzung **Vorb.4** 47 f., 50
- Nichteröffnung Hauptverfahren **VV4141** 4, 21 f.
- Pauschgebühr **42** 1 f., 3; **51** 1 f., 10
- Pauschgebühren **Vorb.4.1** 6
- Rechtsfall **VV4100** 13
- Rechtshilfe, internationale **Vorb.6** 2, 8; **VV6100** 1 f.
- Rechtsmitteleinlegung **19** 75
- Rehabilitierungsverfahren **VV4112** 1 f.
- Rücknahme Erlassantrag Strafbefehl **VV4141** 45
- Rückwirkung Beiordnung **48** 56 f.
- Rückzahlung anrechenbarer Zahlungen **58** 64
- Strafverfahren, gerichtliches **VV4106** 2 f.
- Täter-Opfer-Ausgleich **Vorb.4.1** 6
- Tätigkeit, besondere **Vorb.4.1** 7
- Teileinstellung **VV4141** 8
- Terminsgebühr **Vorb.4** 25 f.
- Terminsgebühr außerhalb Hauptverhandlung **VV4102** 1 f., 3, 18
- Terminsgebühr gerichtliches Verfahren **VV4108** 1 f., 3, 18
- Terminsgebührhöhe **VV4102** 20, 22
- Verfahren, vorbereitendes **Vorb.4.1.2** 1; **VV4104** 1 f., 3

Magere Zahlen = Randnummer **Sachregister**

- Verfahrensförderung **VV4141** 47
- Verfahrensgebühr **Vorb.4** 1, 11 f.
- Verfahrensgebühr Privatklage **VV4301** 1 f., 6
- Verfahrensgebühr vorbereitendes Verfahren **VV4104** 2 f., 8, 11
- Verfahrenstrennung **VV4106** 14; **VV4108** 14
- Verfahrensverbindung **VV4106** 12; **VV4108** 11
- verfassungsrechtliche Aspekte der Vergütung bei gerichtlicher Bestellung/ Beiordnung **Einleitung zu Teil 4** 16
- Vergütungsfestsetzung Pauschgebühr **11** 24
- Verweisung **VV4106** 15; **VV4108** 17
- Vorabentscheidungsverfahren **38** 16
- Vorbereitung Privatklage **Vorb.4.1.2** 1; **VV4104** 1 f.
- Vorschuss **9** 27
- Vorschuss Pauschgebühr **51** 40
- Wahlanwalt **Vorb.4** 21
- Wiederaufnahmeverfahren **VV4136** 1 f.
- Zurückverweisung **21** 4
- Zurückweisung **VV4106** 17; **VV4108** 17
- Zwangsvollstreckung **Vorb.4** 47 f., 53

Strafurteil
- Einwendungen gegen Auslegung **VV4200** 24

Strafverfahren, gerichtliches VV4106 2 f.
- Abgabe **VV4106** 15; **VV4108** 17
- Adhäsionsverfahren **VV4143** 1 f.
- Anwendungsbereich Verfahrensgebühr **VV4106** 6
- Anwendungsbereich, persönlicher **VV4106** 7
- Anwendungsbereich, sachlicher **VV4106** 10
- Befriedigungsgebühr **VV4141** 1 f., 55
- Berufung **VV4124** 1 f.
- Einigungsgebühr Privatklageverfahren **VV4147** 1 f.
- Einstellung **VV4141** 4, 7 f.
- Einziehung **VV4142** 1 f., 6
- Entscheidung durch Beschluss **VV4141** 42
- Fortsetzungstermin **VV4108** 4
- Gebühren, zusätzliche **VV4106** 22; **VV4108** 32; **VV4141** 1 f., 55
- Haftzuschlag **VV4106** 19
- Hauptverhandlung **VV4108** 4
- Jugendkammer **VV4112** 1 f.; **VV4118** 1
- Längenzuschlag Terminsgebühr **VV4108** 22 f.
- OLG **VV4118** 1 f.
- Pflichtverteidiger **VV4106** 7
- Revision **VV4130** 1 f.

- Rücknahme Einspruch/Berufung/Revision **VV4141** 4, 25 f.
- Rücknahmefrist **VV4141** 38
- Schwurgericht **VV4118** 1 f.
- Staatsschutzkammer **VV4118** 1 f.
- Strafkammer **VV4112** 1 f.
- Strafkammer nach §§ 74a, 74c GVG **VV4118** 1 f.
- Terminsgebühr **VV4108** 1 f., 3, 18
- Terminsgebührhöhe **VV4108** 18
- Terminsvertreter **VV4106** 9
- Verfahrensförderung **VV4141** 47
- Verfahrensgebühr **VV4106** 1 f., 6, 18
- Verfahrensgebühr für Verfahren nach §§ 25 Abs. 1 S. 3 bis 5, 13 StrRehaG **VV4146** 1 f., 6
- Verfahrensgebühr im Beschwerdeverfahren gegen Beschluss nach § 406 Abs. 5 S. 2 StPO **VV4145** 1 f., 8
- Verfahrensgebührhöhe **VV4106** 18
- Verfahrenstrennung **VV4106** 14; **VV4108** 14
- Verfahrensverbindung **VV4106** 12; **VV4108** 11
- Verweisung **VV4106** 15; **VV4108** 17
- Wahlanwalt **VV4106** 7
- Wirtschaftsstrafkammer **VV4118** 1 f.
- Zurückverweisung **VV4106** 17
- Zurückweisung **VV4108** 17
- zusätzliche Gebühren beigeordneter RA **VV4141** 62
- zusätzliche Gebühren gerichtlich bestellter RA **VV4141** 62
- zusätzliche Gebühren Wahlanwalt **VV4141** 59
- Gebühren, zusätzliche mehrfache **VV4141** 65

Strafverfahren, vorbereitendes Vorb.4.1.2 1; **VV4104** 1 f., 3
- Beginn **VV4104** 3
- Einigungsgebühr **VV4104** 14
- Einstellung **VV4141** 4, 7 f.
- Ende **VV4104** 4
- Haftzuschlag Verfahrensgebühr **VV4104** 10, 12
- Verfahrensgebühr **VV4104** 2 f., 8, 11
- Verfahrensgebührhöhe **VV4104** 11, 12
- Wertgebühren **VV4104** 13
- zusätzliche Gebühren beigeordneter RA **VV4141** 61
- zusätzliche Gebühren gerichtlich bestellter RA **VV4141** 61
- zusätzliche Gebühren Wahlanwalt **VV4141** 58

Strafvollstreckung Vorb.4.2 1 f.
- Abgrenzung zu Strafvollzug **Vorb.4.2** 5; **Vorb.4.3** 12

Sachregister

Fett = Gesetz und §

- Anwendungsbereich **Vorb.4.2** 2, 5
- Auslagen **Vorb.4.2** 11
- Aussetzung Maßregel **VV4200** 1 f., 5
- Aussetzung Rest-Freiheitsstrafe **VV4200** 1 f., 8
- Beschwerdeverfahren **Vorb.4.2** 8 f., 10
- Einwendungen gegen Entscheidung der Vollstreckungsbehörde **VV4200** 24
- Einwendungen gegen Urteilsauslegung **VV4200** 24
- Einwendungen gegen Zulässigkeit **VV4200** 24
- Einzeltätigkeit **Vorb.4.3** 12
- Erledigung **VV4200** 1 f., 5
- Gebühren **VV4200** 11 f.
- Gebührenstruktur **Vorb.4.2** 6
- Haftzuschlag **VV4200** 13, 17
- Terminsgebühr **VV4200** 17 f., 19, 25
- Verfahren **VV4200** 2
- Verfahren, sonstige **VV4200** 23 f.
- Verfahrensgebühr **VV4200** 12 f., 14, 25
- Widerruf Strafaussetzung **VV4200** 1 f., 9
- Zurückstellung **VV4200** 24

Strafvollstreckungsverfahren
- Tätigkeiten, sonstige **VV4301** 29
- Verfahrensgebühr im Verfahren nach §§ 57a, 67e StGB **VV4300** 17, 18

Strafvollzug
- Gebühren **Vorb.4.2** 5; **Vorb.4.3** 12

Strafvollzugsverfahren
- Verfahrensgebühr Einzeltätigkeit **VV3403** 1 f., 5, 14

Straßenverkehrsrecht
- Mittelwert Gebührenrahmen **VV5101** 14, 15; **VV5107** 9, 1

Streithelfer
- Auftraggeber, mehrere **VV1008** 46

Streitiges Verfahren
- Durchführungsantrag **VV3101** 22

Streitigkeit, bürgerliche
- Trennung **15** 24 f.
- Verbindung **15** 13 f.

Streitschlichtung
- Beratungshilfe **VV2500** 4

Streitverfahren
- Angelegenheit, verschiedene zu Mahnverfahren **17** 23

Streitverkündung
- Anwendbarkeit RVG **60** 87

Streitwert *sa Gegenstandswert*
- Begriff **23** 1

Streitwertfestsetzung
- Beschwerde **32** 18 f.
- Gegenvorstellung **32** 28
- Nebentätigkeit **19** 15

Streitwertfestsetzungsgesuch VV3101 21

Streitwertkatalog
- Arbeitsgerichtssache **23** 121
- Finanzgerichtssache **23** 153
- Sozialgerichtssache **23** 150
- Verwaltungsgerichtssache **23** 146

Stufenklage
- Anwendbarkeit RVG **60** 88
- Gegenstandswert **23** 29
- Zurückverweisung **21** 15

Stundensatz
- Gebührenvereinbarung **34** 47
- Zeithonorar **3a** 124
- Zeitvergütung Mediator **34** 28

Stundung
- Einwendung bei Vergütungsfestsetzung **11** 54
- Verfahrenskosten Insolvenzverfahren **12** 5

StVollzG
- Rechtsbeschwerdeverfahren **Vorb.3.2.1** 51

Sühnetermin
- Terminsgebühr **Vorb.4.1.2** 2; **VV4102** 16 *sa Terminsgebühr Bußgeldsache, Terminsgebühr Strafsache*

Syndikus
- Anwendbarkeit RVG **1** 83

Tagegeld VV7003 26
- Auslandsreise **VV7003** 31
- Reisekosten **46** 44

Tatbestandsberichtigungsantrag VV3101 22

Tatbestandsergänzung/-berichtigung
- Nebentätigkeit **19** 15

Täter-Opfer-Ausgleich
- Strafsache **Vorb.4.1** 6
- Terminsgebühr **VV4102** 13

Tätigkeit
- Gebühren bei Fortsetzung derselben Angelegenheit **15** 165
- Schwierigkeit der **14** 36
- Umfang der **14** 29

Tätigkeit, ähnliche
- Anwendbarkeit RVG **1** 151, 152

Tätigkeit, anwaltliche
- Angelegenheit **2** 4
- Begriff **1** 76
- Gegenstandswert **2** 1 f.
- Schwierigkeit **VV2300** 84
- Umfang **VV2300** 74

Tätigkeit, außergerichtliche Vorb.2 1 f.
- Angelegenheit **15** 62, 37 f.
- Anrechnung Beratungsgebühr **34** 86 f.
- Auftrag, einheitlicher **15** 38, 44
- Auftraggeber, mehrere **VV2300** 150; **VV2301** 13
- Auslagenpauschale **VV2300** 148
- Beratung **34** 1 f., 7, 75
- Beratungsgebühr **VV2501** 1 f.
- Beratungshilfegebühr **VV2500** 1 f.

Magere Zahlen = Randnummer **Sachregister**

- Betreiben des Geschäfts **VV2503** 1 f.
- Einholung Deckungszusage **VV2300** 183
- Einigung mit Gläubigern **VV2502** 1 f.; **VV2504** 1 f.
- fehlende Notwendigkeit für **VV2300** 35
- Gebührenanrechnung **VV2300** 55, 126 f.
- Gebührenvereinbarung **34** 4; **Vorb.2** 2
- Gegenstandswert **23** 3, 158 f.
- Geschäftsgebühr **VV2300** 1 f., 16
- Gutachten, schriftliches **34** 1 f., 7, 24, 75
- Güteverfahren **VV2303** 1 f.
- Hebegebühr **VV1009** 13
- Kappungsgrenze Geschäftsgebühr **VV2300** 62
- Kostenerstattung **VV2300** 157 f.
- Kostenfestsetzung **11** 12, 15
- Mediation **34** 1 f., 7, 27
- Preisdumping **4** 1, 8, 16
- Rahmen, gleicher **15** 41, 44
- Schreiben einfacher Art **VV2301** 1 f.
- Schuldenbereinigung **VV2504** 1 f.
- Schwierigkeit **VV2300** 84
- Sozialrechtliche Angelegenheit **3** 15, 29; **VV2302** 1 f.
- Umfang **VV2300** 74
- Vergütung **34** 1 f., 7, 31
- Vergütung bei Verbrauchern **34** 70 f.
- Vergütung mit Gebührenvereinbarung **34** 37 f.
- Vergütung nach BGB **34** 62
- Vergütung ohne Gebührenvereinbarung **34** 60 f.
- Vergütungsfestsetzung **11** 12, 15
- Vergütungsvereinbarung **4** 1 f.; **VV2300** 124, 176 f.
- Vorschussberechnung **11** 14
- Wehrbeschwerdeordnung **VV2302** 1 f., 17
- Zeitvereinbarung **4** 11
- Zusammenhang, innerer **15** 43, 44

Tätigkeit, besondere
- in Strafsache **Vorb.4.1** 7

Tätigkeit, steuerberatende
- Abschlusstabelle **35** 16, 18
- Beratungstabelle **35** 15
- Berechnung Wertgebühr **35** 9
- Buchführungstabelle **35** 17
- Gebührenanrechnung **35** 26
- Rechtsbehelfstabelle **35** 19
- verfassungsrechtliche Relevanz der Vergütungen **35** 28
- Vergütung **35** 1 f., 28
- Wertgebühr **35** 6, 8
- Zeitgebühr **35** 6, 20 f.
- Zeitgebührhöhe **35** 24

Tätigkeit, weitere
- Anwendbarkeit RVG **60** 107

Tätigkeitsnachweis
- Vergütungsvereinbarung **3a** 96

Tätigkeitsverbot
- Beiordnung **39** 8

Tatwerkzeug
- Gegenstandswert **VV4142** 18

Taxikosten
- Fahrtkosten Geschäftsreise **VV7003** 14

Teilforderung
- Gegenstandswert Zwangsversteigerung **26** 12

Teilnahme, außergerichtliche
- Terminsgebühr für Teilnahme an von gerichtlich bestelltem Sachverständigen anberaumter Termin **Vorb.3** 49

Teilungsabkommen 3a 157

Teilurteil
- Zurückverweisung **21** 13

Telefonkosten
- Auslagen Geschäftsreise **VV7003** 34

Telekommunikationsdienstleistungen VV7001 1 f. *sa Postentgelte*
- Auslagen Geschäftsreise **VV7003** 34
- Auslagenerstattung durch Staatskasse **46** 13

Telekommunikationsdienstleistungspauschale
- Angelegenheit **15** 21

Terminsbestimmungsantrag VV3101 21

Terminsfolge
- Umfang, besonderer **51** 20

Terminsgebühr Vorb.3 38 f.; **VV3104** 1 f. *sa Terminsgebühr Bußgeldsache, Terminsgebühr Strafsache*
- Aktienübertragung nach § 327e Abs. 2 AktG **VV3325** 13; **VV3332** 1 f., 4
- Anerkenntnis in Sozialgerichtssache **VV3104** 39; **VV3106** 24
- Anhörungsrüge **VV3330** 12; **VV3332** 1 f., 4
- Antragsgegner im Mahnverfahren **Vorb.3.3.2** 1
- Anwesenheitsgebühr **Vorb.3** 43
- Arbeitsgerichtssache **VV3326** 8; **VV3332** 1 f., 4
- Aufgebotsverfahren **Vorb.3.3.6** 2; **VV3324** 13; **VV3332** 1 f., 4
- Auftraggeber, mehrere **VV1008** 20
- Beschlussvergleich **Vorb.3** 83
- Beschwerdeverfahren **VV3500** 4; **VV3513** 1 f.
- Beschwerdeverfahren gegen Zurückweisung des Antrags auf Anordnung eines Arrests/Erlass einstweiliger Verfügung **VV3514** 1
- Beschwerdeverfahren Sozialgerichtsbarkeit **VV3515** 1

1411

Sachregister

Fett = Gesetz und §

- Beschwerdeverfahren vor Bundespatentgericht **VV3510** 7; **VV3516** 1
- Besprechung zur Verfahrenserledigung **Vorb.3** 53 f.
- Besprechung zur Verfahrensvermeidung **Vorb.3** 53 f.
- Besprechung, außergerichtliche zur Erledigung/Vermeidung des Verfahrens **VV3104** 9
- Beweissicherungsverfahren, selbständiges **Vorb.3** 51
- BGH-Anwalt **VV3208** 3; **VV3210** 1
- Bundessozialgericht **Vorb.3.3.1** 1
- Bundesverwaltungsgericht **Vorb.3.3.1** 1; **VV6400** 15
- Disziplinarverfahren **Vorb.6** 10, 13; **VV6200** 1 f., 7, 9; **VV6202** 1, 8
- Disziplinarverfahren dritter Rechtszug **VV6211** 1 f., 8
- Disziplinarverfahren erster Rechtszug **VV6203** 1 f., 3, 10
- Disziplinarverfahren zweiter Rechtszug **VV6207** 1 f., 7
- Eidesstattliche Versicherung **Vorb.3.3.3** 80
- Eingliederung nach § 319 Abs. 6 AktG **VV3325** 13; **VV3332** 1 f., 4
- Einzeltätigkeit in gerichtlichen Verfahren **Vorb.3.4** 3
- Entscheidung im schriftlichen Verfahren **Vorb.3** 87
- Entscheidung ohne mündliche Verhandlung **VV3104** 19
- Erinnerungsverfahren **VV3500** 4; **VV3513** 1 f.
- Erinnerungsverfahren Sozialgerichtsbarkeit **VV3515** 1
- Erledigung, vorzeitige **VV3405** 6, 8
- Flucht in die Säumnis **VV3105** 32
- Freigabeverfahren nach § 246a AktG **VV3325** 13; **VV3332** 1 f., 4
- Freiheitsentziehungssache **VV6300** 13, 23
- Gebührenanrechnung **Vorb.3.3.2** 4; **VV3104** 44, 59
- Gebührenanrechnung aus vorangegangenem Mahnverfahren **VV3104** 59
- Gerichtsbescheid im verwaltungsgerichtlichem Verfahren **VV3104** 33
- Gerichtsbescheid in Sozialgerichtssache **VV3104** 33
- Hinweis im Terminsprotokoll **VV3105** 30
- Kapitalanleger-Musterverfahren **VV3338** 11
- Klagezulassungsverfahren nach § 148 Abs. 1 uns 2 AktG **VV3325** 13; **VV3332** 1 f., 4
- Kostenfestsetzung Mahn-/Streitverfahren **Vorb.3.3.2** 6

- Landessozialgericht **Vorb.3.3.1** 1
- Mahnverfahren **Vorb.3.3.2** 1
- Mehrkosten bei Kostenerstattung **VV3105** 33
- Nichtzulassungsbeschwerde **VV3504** 10; **VV3506** 8; **VV3508** 7; **VV3516** 1
- Nichtzulassungsbeschwerde Sozialgerichtssache **VV3517** 1; **VV3518** 1
- OLG **Vorb.3.3.1** 1
- Protokollierungstermin **VV3104** 53
- Prozesskostenhilfeverfahren **VV3335** 22, 25
- Räumungsfristverfahren **VV3334** 19
- Rechtsbeschwerde **VV3502** 6; **VV3516** 1
- Rechtshilfe, internationale **VV6100** 1 f., 10, 13, 20
- Rechtszug, erster **VV3104** 1 f.
- Rechtszug, zweiter **VV3202** 1 f., 4
- Regelungsinhalt **Vorb.3** 42
- Revision **VV3210** 1
- Sachverständigenbeistand **Vorb.6** 9, 13 f., 19
- Sachverständigentermin, außergerichtlicher **Vorb.3** 49
- Schiedsgerichtliches Verfahren **VV3327** 8, 9; **VV3332** 1 f., 4
- Schiedsrichterliches Verfahren **36** 13, 15, 19
- Sozialgerichtssache **VV3106** 1 f., 26
- Sozialgerichtssache zweiter Instanz **VV3204** 1 f., 6
- Strafgerichtshof, internationaler **VV6100** 1 f.
- Terminsvertreter **VV3401** 29
- Truppendienstgericht **VV6400** 1 f., 8
- und Aussöhnungsgebühr **VV1001** 25
- Unterbringungsmaßnahme **VV6300** 13, 23
- Unterbringungssache **VV6300** 13, 23
- UrhWG-Verfahren **Vorb.3.3.1** 1
- Verfahren vor Bundessozialgericht **VV3212** 1 f.
- Verfahren, berufsgerichtliches **Vorb.6** 10, 13; **VV6200** 1 f., 7, 9; **VV6202** 1, 8
- Verfahren, berufsgerichtliches dritter Rechtszug **VV6211** 1 f., 8
- Verfahren, berufsgerichtliches erster Rechtszug **VV6203** 1 f., 3, 10
- Verfahren, berufsgerichtliches zweiter Rechtszug **VV6207** 1 f., 7
- Verfassungsgerichtliches Verfahren **38** 8, 14
- Vergleich ohne mündliche Verhandlung **VV3104** 19
- Vergleichsabschluss im schriftlichen Verfahren **Vorb.3** 83
- Verkehrsanwalt **VV3400** 25

Magere Zahlen = Randnummer

Sachregister

- Versäumnisurteil **VV3105** 5
- Verschmelzung nach § 16 Abs. 3 UmwG **VV3325** 13; **VV3332** 1 f., 4
- Verteilungsverfahren **Vorb.3.3.3** 83
- Vertreter, gemeinsamer **40** 7, 10, 16
- VGH **Vorb.3.3.1** 1
- Vollstreckbarerklärung **VV3329** 13; **VV3332** 1 f., 4
- vom gerichtlich bestellten Sachverständigen anberaumter Termin **Vorb.3** 49
- Vorabentscheidungsverfahren **38** 11, 12, 16
- Wahrnehmung gerichtlicher Termin **Vorb.3** 43
- Wehrbeschwerdeordnung **Vorb.6.4** 15; **VV6400** 1 f., 8
- Wiederaufnahmeverfahren **Vorb.6.2.3** 7
- Zeugenbeistand **Vorb.6** 9, 13 f., 19
- Zwangsversteigerung **VV3311** 16
- Zwangsvollstreckung **Vorb.3.3.3** 73 f., 82
- Zwangsvollstreckungseinstellung, vorläufige **VV3328** 18; **VV3332** 1 f., 4

Terminsgebühr Bußgeldsache VV5107 3, 7
- Abgeltungsbereich **Vorb.5** 23
- Mittelgebühr **VV5101** 14; **VV5113** 10
- Rechtsbeschwerdeverfahren **VV5113** 2, 9
- Termin außerhalb Hauptverhandlung **Vorb.5.1.3** 5
- Verfahren erster Rechtszug **Vorb.5.1.3** 1, 2
- Verwaltungsverfahren vor Behörde **Vorb.5.1.2** 7; **VV5101** 4 f., 11
- Wiederaufnahmeverfahren **Vorb.5.1.3** 11

Terminsgebühr Strafsache Vorb.4 25 f.
- Abgabe **VV4108** 17
- Abgeltungsbereich **Vorb.4** 29
- Anhörungstermin **VV4102** 7
- Antrag auf Pauschgebühr **VV4102** 24
- Augenscheinseinnahme **VV4102** 8
- außerhalb Hauptverhandlung **VV4102** 1 f., 3, 18
- Beistandsleistung **VV4301** 23
- Berufung **VV4124** 12, 17
- Entstehung außerhalb Hauptverhandlung **VV4102** 18
- Haftzuschlag **Vorb.4** 39 f., 44, 46
- Höhe **VV4102** 20, 22
- Jugendkammer **VV4112** 5, 9; **VV4118** 5, 9
- Längenzuschlag **VV4108** 22 f.
- Revision **VV4130** 13, 18
- Schwurgericht **VV4118** 5, 9
- Staatsschutzkammer **VV4118** 5, 9
- Strafkammer **VV4112** 5, 9
- Strafverfahren, gerichtliches **VV4108** 1 f., 3, 18

- Strafvollstreckungsverfahren **VV4200** 17 f., 19, 25 f.
- Sühnetermin **Vorb.4.1.2** 2; **VV4102** 16
- Täter-Opfer-Ausgleich **VV4102** 13
- Verfahrenstrennung **VV4108** 14
- Verfahrensverbindung **VV4108** 11
- Verhandeln über einstweilige Unterbringung **VV4102** 12
- Verhandeln über Untersuchungshaft **VV4102** 12
- Vernehmung, richterliche **VV4102** 7
- Vernehmung, staatsanwaltschaft-/polizei-/finanzbehördliche **VV4102** 9
- Verweisung **VV4108** 17
- Wiederaufnahmeverfahren **VV4136** 4, 29, 33
- Wirtschaftsstrafkammer **VV4118** 5, 9
- Zurückweisung **VV4108** 17

Terminsgebühr, reduzierte VV3105 1 f.
- Finanzgerichtssache **VV3203** 3, 6
- Prozess-/Verfahrens-/Sachleitungsantrag **VV3105** 1 f., 15; **VV3203** 1 f., 5; **VV3211** 1 f.
- Rechtsmittelverfahren **VV3203** 1 f., 5
- Versäumnisurteil **VV3105** 1 f., 21; **VV3203** 1 f.; **VV3211** 1 f.

Terminsverlegungsantrag VV3101 21
Terminsvertreter VV3401 1 f.
- Abgrenzung **VV3400** 11
- Abgrenzung zu Verkehrsanwalt **VV3400** 11
- Abgrenzung, kostenmäßige zu Verkehrsanwalt **VV3400** 14
- Anwendbarkeit RVG **60** 89
- Anwendungsbereich, persönlicher **VV3401** 3
- Anwendungsbereich, sachlicher **VV3401** 8
- Auftraggeber, mehrere **VV1008** 15; **VV3401** 23
- Auftragserledigung, vorzeitige **VV3401** 27
- Einigungsgebühr **VV1000** 63; **VV3401** 33
- Gebühren des Verfahrensbevollmächtigten **VV3401** 34
- Gebühren in Strafsache **Vorb.4** 2
- Kostenerstattung **VV3401** 37
- Mischformen **VV3400** 12
- Strafverfahren, gerichtliches **VV4106** 9
- Terminsgebühr **VV3401** 29
- Verfahrensgebühr **VV3401** 15 f., 17
- Verfahrensgebühr als Betragsrahmengebühr **VV3401** 21
- Verfahrensgebühr als Wertgebühr **VV3401** 18
- Vergütung **6** 9

1413

Sachregister

Fett = Gesetz und §

- Vergütungsberechnung bei **10** 58
- Vergütungsfestsetzung **11** 9
- Verhältnis zu Einzeltätigkeit in gerichtlichem Verfahren **VV3403** 2

Terminswahrnehmung
- Verfahrensgebühr **VV3101** 24

Testament
- Gegenstandswert **23** 185

Testamentsvollstrecker
- Anwendbarkeit RVG **1** 127

Therapieunterbringungsgesetz
- Beiordnung **62** 2
- Gebühren **VV6300** 1 f., 6
- Vergütung **62** 1 f., 6

Titel, ausländischer
- Beschwerdeverfahren **Vorb.3.2.1** 10

Tod des Auftraggebers
- Auftragsbeendigung, vorzeitige **VV3101** 13
- Fälligkeit der Vergütung **8** 13

Tod des Rechtsanwalts
- Anwaltswechsel infolge **54** 25
- Auftragsbeendigung, vorzeitige **VV3101** 13
- Fälligkeit der Vergütung **8** 12

Toleranzgrenze
- Rahmengebühr **14** 24

Transparenzgebot
- Vergütungsvereinbarung **4** 36

Trennung
- Angelegenheit **15** 24 f.
- Gesamtschuldner **15** 36
- nach Parteien **15** 34, 36
- nach Verfahrensgegenständen **15** 29

Treu und Glauben
- Belehrungspflichten **1** 51

Treuhänder
- Anwendbarkeit RVG **1** 143

Trinkgeld
- Auslagen Geschäftsreise **VV7003** 34

Truppendienstgericht
- Gerichtsbarkeit **Vorb.6.4** 5
- Rechtsbeschwerde **VV6400** 11 f.
- Terminsgebühr **VV6400** 1 f., 8
- Verfahren vor **Vorb.6** 5, 8; **Vorb.6.4** 1 f., 5 f.; **VV6400** 4 f.
- Verfahrensgebühr **VV6400** 1 f., 6
- Zuständigkeit, örtliche **Vorb.6.4** 9
- Zuständigkeit, sachliche **Vorb.6.4** 6

Übergangsvorschrift 60 1 f.; **61** 1 f.
- Beiordnung **60** 5; **61** 4
- Gebührenrecht, anwendbares **61** 3
- Rechtsmittelverfahren **60** 6; **61** 5
- Vergütungsvereinbarung **61** 8
- Verteidiger, bestellter **60** 5; **61** 4
- Zusammenrechnung Gegenstandswerte **60** 7, 49; **61** 6

Überlassung
- Daten, elektronisch gespeicherte **VV7000** 32

Übermittlung, elektronische
- Dokument **VV7000** 36

Übernachtungskosten VV7003 33

Übernahmegesetz s *WpÜG*

Übernahmepflicht
- Mandat **1** 15

Überschuss
- Ratenzahlungsaufkommen **50** 24

Übersetzungsarbeiten
- Auswirkung auf Gebühren **Vorb.3** 27

Übersetzungskosten
- Auslagenerstattung **46** 45, 47

Übertragung
- Aktien gegen Barabfindung **VV3325** 5

Übertragungsbeschluss
- Verfahrensgebühr Handelsregistereintragung **VV3325** 5

Überzahlung
- Rückforderung **45** 73

Umfang der Tätigkeit
- Bemessung Rahmengebühr **14** 29 f.
- Bewertungskriterium Betriebsgebühr **VV2300** 74, 99
- Tätigkeit, anwaltliche **VV2300** 74

Umfang, besonderer
- Anträge, unnötige **51** 24
- Fahrt-/Reisezeiten **51** 22
- Hauptverhandlungstage **51** 20
- Straf-/Bußgeldsache **51** 16, 18 f.
- Verhandlungsdauer **51** 20
- Verhandlungspausen **51** 23
- Wartezeiten **51** 23

Umgangsrecht
- Lösung aus Verbund **16** 53
- mit Kind den anderen Ehegatten **16** 53
- Vermittlungsverfahren **VV3100** 17

Umsatzsteuer VV7008 1 f.
- anwendbarer Umsatzsteuersatz **60** 48
- Beratungshilfegebühr **44** 25; **VV2500** 2, 3, 30
- Erstattungsfähigkeit **VV7008** 14
- Gebührenanspruch **52** 34
- Identifikationsnummer **10** 37
- Pauschgebühr **51** 81
- Postentgelte **VV7001** 12
- Rechnung **10** 33
- Steuersatz **VV7008** 12
- Vergütungsberechnung **10** 32 f.
- Vergütungsvereinbarung **3a** 74
- Vorschuss **9** 31
- Vorsteuerabzugsberechtigung **VV7008** 14

Umsatzsteuerpflicht VV7008 2
- Angelegenheiten, berufliche **VV7008** 10
- Angelegenheiten, private **VV7008** 11

Magere Zahlen = Randnummer

Sachregister

- Auslandsberührung **VV7008** 4
- Kleinunternehmer **VV7008** 3
- Rechtsanwalt in eigener Sache **VV7008** 9
- Umsatz, steuerpflichtiger **VV7008** 8

Umstände, sonstige
- Bemessungskriterien Rahmengebühr **14** 50

Umwandlung
- Aktiengesellschaft durch Eingliederung **VV3325** 4

Unangemessenheit
- Vergütungsvereinbarung **3a** 130 f.

Unbilligkeit
- Rahmengebühr **14** 6 f.

Unbrauchbarmachung
- in Bußgeldsache **VV5116** 5
- Verfahrensgebühr **VV4142** 6

Unterbevollmächtigter VV3401 2 sa *Terminsvertreter*
- Abgrenzung **VV3400** 11
- Anwendbarkeit RVG **60** 89

Unterbrechung
- Anwendbarkeit RVG **60** 90

Unterbringung, einstweilige
- Terminsgebühr **VV4102** 12

Unterbringungsmaßnahme VV6300 1 f., 6
- Kindschaftssache **VV6300** 1 f., 6
- Terminsgebühr **VV6300** 13, 23
- Verfahrensgebühr **VV6300** 2, 8

Unterbringungsmaßregel
- Erledigung/Aussetzung **VV4200** 5 f.

Unterbringungssache Vorb.6 4, 8; **VV6300** 1 f., 6
- Aufhebung **VV6300** 18 f.
- Einzeltätigkeit **VV6300** 26
- erstmalige **VV6300** 6
- Pauschgebühr **42** 1 f., 3, 7; **51** 1 f., 10; **VV6300** 27
- Terminsgebühr **VV6300** 13, 23
- Verfahrensgebühr **VV6300** 8, 20
- Verlängerung **VV6300** 18 f.

Unterhaltssache
- Abtrennung aus Verbund **16** 45
- Gegenstandswert **23** 100

Unterhaltsverfahren, vereinfachtes
- Gebühren **VV3100** 7
- Gebührenanrechnung **VV3100** 8
- Gebührenanrechnung Terminsgebühr **VV3104** 59

Unterlassung
- Gegenstandswert **25** 26

Unternehmensvertrag
- Freigabeverfahren **VV3325** 9

Unterschreitung
- Vergütung, gesetzliche **4** 1 f., 6

Untersuchungshaft
- Terminsgebühr bei Verhandlung über Anordnung/Fortdauer **VV4102** 12

Unterzeichnung
- strafrechtliche Schrift **VV4300** 1 f.
- Vergütungsberechnung **10** 28

Unzumutbarkeit
- Gebühren, gesetzliche **42** 11; **51** 28

Urheberrecht
- Schwierigkeitsgrad Tätigkeitsfeld **14** 40

Urheberrechtswahrnehmungsgesetz
- Auftragsbeendigung, vorzeitige **Vorb.3.3.1** 17
- Terminsgebühr **Vorb.3.3.1** 1
- Verfahrensgebühr **Vorb.3.3.1** 1 f., 7

Urkundenprozess
- Angelegenheit, verschiedene **17** 37
- Anwendbarkeit RVG **60** 91
- Gebührenanrechnung **VV3100** 9
- Gegenstandswert Nachverfahren **VV3100** 14
- Verfahrensgebühr **VV3100** 9

Urkundsbeamter
- Bindung an Gegenstandswert/Streitwert **55** 39
- Bindung im Festsetzungsverfahren **55** 36 f.
- Festsetzungsbeschluss **55** 46
- Prüfung Feststellungsantrag **55** 42

Urschrift VV7000 6

Verbindung
- Angelegenheit **15** 13 f.
- Gegenstandswert **15** 22

Verbraucher
- Auftraggeber, mehrere **34** 84
- Begriff **34** 70
- Erstberatung **34** 3, 5, 33, 77
- Gebühren **34** 75
- Höchstbetrag Erstberatung **34** 82
- Kappungsgrenze Erstberatung **34** 83
- Vergütungsregelung **34** 70 f.

Verbraucherinsolvenzverfahren VV3313 9

Verbraucherschutzdurchsetzungsgesetz Vorb.3.2.1 33

Verbundverfahren
- Abtrennung aus **16** 43 f.
- Angelegenheit **16** 31 f., 37
- Anwendbarkeit RVG **60** 93
- Einbeziehung selbständige/isolierte Familiensache **16** 37
- Lösung aus Verbund **16** 53

Vereidigung
- Schiedsrichterliches Verfahren **36** 21

Vereinfachtes Unterhaltsverfahren s *Unterhaltsverfahren, vereinfachtes*

Verfahren
- besonders schwieriges **42** 10; **51** 25
- besonders umfangreiches **42** 9; **51** 18 f.
- Unzumutbarkeit der gesetzliches Gebühren **42** 11; **51** 28

1415

Sachregister

Verfahren nach §§ 25 Abs. 1 S. 3 bis 5, 13 StrRehaG VV4146 1 f.
- Auslagen **VV4146** 11
- Einigungsgebühr **VV4146** 12
- Gebührenanrechnung **VV4146** 10
- Gegenstandswert **VV4146** 9
- Verfahrensgebühr **VV4146** 1 f., 6

Verfahren vor Ausschuss nach § 111 Abs. 2 ArbGG
- Geschäftsgebühr **VV2303** 1 f.

Verfahren vor ersuchtem/beauftragtem Richter
- Nebentätigkeit **19** 15

Verfahren, berufsgerichtliches Vorb.6 3, 8; **Vorb.6.2** 1 f.
- Abgeltungsbereich **Vorb.6.2** 12
- Anhörungstermin, außergerichtlicher **VV6200** 8
- Anwendungsbereich, persönlicher **Vorb.6.2** 1
- Anwendungsbereich, sachlicher **Vorb.6.2** 2 f., 7
- außergerichtliches **VV6202** 1 f., 6
- Berufsgerichte **Vorb.6.2** 7
- Beweiserhebungstermin, außergerichtlicher **VV6200** 7
- Einigungsgebühr **Vorb.6.2** 12
- Einzeltätigkeit **Vorb.6.2** 14
- Erledigungsgebühr **Vorb.6.2** 12; **VV6203** 4
- Gerichte dritter Rechtszug **VV6211** 2
- Gerichte erster Rechtszug **VV6203** 2
- Gerichte zweiter Rechtszug **VV6207** 2
- Grundgebühr **Vorb.6** 10; **VV6200** 1 f., 2, 5; **VV6202** 1, 8; **VV6203** 4
- Kostenansatz **Vorb.6.2** 20
- Kostenfestsetzung **Vorb.6.2** 19
- Mitwirkung, anwaltliche **VV6216** 6
- Nichtzulassungsbeschwerde **VV6211** 12
- Pauschgebühr **Vorb.6.2** 13; **VV6200** 12; **VV6202** 11; **VV6203** 5; **VV6211** 18
- Rechtszug, dritter **VV6211** 1 f.
- Rechtszug, erster **VV6203** 1 f.
- Rechtszug, zweiter **VV6207** 1 f.
- Terminsgebühr **Vorb.6** 10, 13; **VV6200** 1 f., 7, 9; **VV6202** 8, 10
- Terminsgebühr dritter Rechtszug **VV6211** 1 f., 8
- Terminsgebühr erster Rechtszug **VV6203** 1 f., 3, 10
- Terminsgebühr zweiter Rechtszug **VV6207** 1 f., 7
- Verfahrensgebühr **Vorb.6** 10
- Verfahrensgebühr dritter Rechtszug **VV6211** 1 f., 5
- Verfahrensgebühr erster Rechtszug **VV6203** 1 f., 3, 7
- Verfahrensgebühr im außergerichtlichen **VV6202** 1 f., 6, 10
- Verfahrensgebühr Nichtzulassungsbeschwerde **VV6211** 12 f., 14, 16
- Verfahrensgebühr zweiter Rechtszug **VV6207** 1 f., 4
- Vertretung gegenüber Aufsichtsbehörde außerhalb eines b.V. **Vorb.6.2** 15
- Wiederaufnahmeverfahren **Vorb.6.2.3** 1 f.
- Zusatzgebühr **VV6216** 1 f., 5, 7
- Zwangsvollstreckung **Vorb.6.2** 21

Verfahren, erstinstanzliches
- Gebühren **Vorb.3.1** 1 f.

Verfahren, gerichtliches
- Angelegenheit **15** 7 f.
- Einzeltätigkeit **Vorb.3.4** 1 f.; **VV3403** 1 f.
- Fälligkeit der Vergütung **8** 20
- Tätigkeit, außergerichtliche **15** 62
- Verfahrensgebühr Einzeltätigkeit **VV3403** 1 f., 5, 14

Verfahren, schriftliches
- Sozialgerichtssache **VV3106** 15
- Terminsgebühr bei Entscheidung im **Vorb.3** 87
- Terminsgebühr bei Vergleich **Vorb.3** 83

Verfahren, sonstige besondere Vorb.3.3.6 1 f.

Verfahren, vereinfachtes *s Unterhaltsverfahren, vereinfachtes*

Verfahren, vorbereitendes
- Strafsache **Vorb.4.1.2** 1; **VV4104** 1 f., 3

Verfahren, wiederaufgenommenes
- Angelegenheit, verschiedene **17** 64

Verfahrensabschnitt
- Pauschgebühr **42** 9, 10, 15; **51** 2, 14, 38

Verfahrensantrag
- Abgrenzung zu Sachantrag **VV3101** 21

Verfahrensauftrag
- Auftragsbeendigung, vorzeitige **VV3101** 3

Verfahrensbeistand
- Anwendbarkeit RVG **1** 120

Verfahrensbevollmächtigter
- Ausdrucke/Kopien zur Zustellung/Mitteilung **VV7000** 12 f., 19
- Gebühren als Terminsvertreter **VV3401** 34

Verfahrensdifferenzgebühr
- Verkehrsanwalt **VV3400** 28

Verfahrenseinleitender Schriftsatz
- Verfahrensgebühr **VV3101** 18

Verfahrenserledigung
- Terminsgebühr bei Besprechung zur **Vorb.3** 53 f.

Verfahrensförderung
- Strafsache **VV4141** 47

Verfahrensgebühr Vorb.3 17 f. *sa Verfahrensgebühr Bußgeldsache, Verfahrensgebühr Strafsache*
- Adhäsionsverfahren **VV4143** 1 f., 9

Sachregister

Magere Zahlen = Randnummer

- Aktienübertragung nach § 327e Abs. 2 AktG **VV3325** 1, 5
- Anhörungsrüge **VV3330** 1 f., 6
- Anmeldung Insolvenzforderung **VV3313** 30
- Anrechnung bei Zurückverweisung **Vorb.3** 200
- Ansprüche, vermögensrechtliche **VV4143** 1 f., 9, 11
- Antraggegnervertreter Mahnverfahren **VV3305** 46 f.
- Antragstellervertreter Vollstreckungsbescheid **VV3305** 58 f.
- Arbeitsgerichtssache **VV3326** 1 f., 6
- Aufgebotsverfahren **VV3324** 1 f., 9
- Aufhebung Vollstreckungsmaßregel nach §§ 8 Abs. 5, 41 SVertO **VV3313** 43
- Auftraggeber, mehrere **VV1008** 1 f., 8; **VV3101** 28
- Auftragsbeendigung, vorzeitige **VV3101** 1 f.
- Auftragsreichweite **Vorb.3** 33
- außergerichtliches berufsgerichtliches Verfahren **VV6202** 1 f., 6, 10
- Beklagtenvertreter **Vorb.3** 18
- Berufungsverfahren Adhäsionsverfahren **VV4143** 24, 26
- Beschränkungsregelung Differenzgebühr **VV3101** 63
- Beschwerdeverfahren **VV3500** 1 f., 5
- Beschwerdeverfahren Sozialgerichtsbarkeit **VV3501** 1 f.
- Beschwerdeverfahren vor Bundespatentgericht **VV3510** 1 f., 4
- Betreiben des Geschäfts **Vorb.3** 26
- BGH-Anwalt **VV3208** 1
- Bundes-/Landessozialgericht erster Instanz **Vorb.3.3.1** 1 f., 7
- Bundesverwaltungsgericht **VV6400** 12
- Bundesverwaltungsgericht erste Instanz **Vorb.3.3.1** 1 f., 7
- Differenzgebühr **VV3101** 29 f.; **VV3201** 22
- Disziplinarverfahren **Vorb.6** 10; **VV6202** 1 f.
- Disziplinarverfahren dritter Rechtszug **VV6211** 1 f., 5
- Disziplinarverfahren erster Rechtszug **VV6203** 1 f., 3, 7
- Disziplinarverfahren zweiter Rechtszug **VV6207** 1 f., 4
- Disziplinarverfahren, außergerichtliches **VV6202** 1 f., 4, 10
- Eingliederung nach § 319 Abs. 6 AktG **VV3325** 4, 10
- Einigungsverhandlungen vor Gericht **VV3101** 29 f.
- Einzeltätigkeit Disziplinarverfahren **VV6500** 1 f., 3, 4, 11
- Einzeltätigkeit in gerichtlichem Verfahren **VV3403** 1 f., 5, 14
- Einzeltätigkeit Schiedsrichterliches Verfahren **36** 20
- Einzeltätigkeit Sozialgerichtssache **VV3406** 1 f., 9
- Erinnerungsverfahren **VV3500** 1 f., 5
- Erinnerungsverfahren Sozialgerichtsbarkeit **VV3501** 1 f.
- Erledigung, vorzeitige **VV3405** 6, 8
- Ermittlungsverfahren, strafrechtliches überlanges **Vorb.3.3.1** 1 f., 7
- Eventualwiderklage **VV3101** 17
- Familiensache, einfache **VV3101** 55
- Feststellung einer Einigung nicht rechtshängiger Ansprüche **VV3101** 54
- Feststellung Parteieneinigung **VV3101** 54
- FGG-Verfahren **VV3101** 55, 59
- Fluranwalt **VV3403** 10
- Freigabeverfahren nach § 246a AktG **VV3325** 9, 1
- Freiheitsentziehungssache **VV6300** 8, 2
- Führen des Verkehrs **VV3400** 1 f.
- Gebührenanrechnung bei Adhäsionsverfahren **VV4143** 2, 15 f.
- Gebührenanrechnung Erhöhungsbetrag **VV3201** 26
- Gerichtsverfahren, überlanges vor OLG **Vorb.3.3.1** 1 f., 7
- Handelsregistereintragung Hauptversammlungsbeschluss **VV3325** 1 f., 10
- Hilfswiderklage **VV3101** 17
- Insolvenzeröffnungsverfahren **VV3313** 1 f.
- Insolvenzplanverfahren **VV3313** 25 f.
- Insolvenzverfahren **VV3313** 18 f.
- Kapitalanleger-Musterverfahren **VV3338** 1 f., 7
- Klageeinreichung **VV3101** 17
- Klageerweiterung/-beschränkung **VV3101** 17, 22
- Klägervertreter **Vorb.3** 18
- Klagezulassungsverfahren nach § 148 Abs. 1 und 2 AktG **VV3325** 1, 8
- Landwirtschaftssache **VV3101** 59
- Mahnverfahren **VV3305** 1 f., 25 f., 29
- Mehrvergleich **Vorb.3** 32
- Nichtzulassungsbeschwerde Berufung **VV3504** 1 f.
- Nichtzulassungsbeschwerde Disziplinarverfahren **VV6211** 12 f., 14, 16
- Nichtzulassungsbeschwerde Revision **VV3506** 1 f.; **VV3508** 1
- Nichtzulassungsbeschwerde Sozialgerichtssache **VV3511** 1 f.; **VV3512** 1
- Protokollierung Parteieneinigung **VV3101** 49

1417

Sachregister

Fett = Gesetz und §

- Prozesskostenhilfeverfahren **VV3335** 1 f., 13, 16
- Räumungsfristverfahren **VV3334** 1 f., 14
- Rechtsbeschwerde **VV3502** 1 f.
- Rechtshilfe, internationale **VV6100** 1 f., 10, 11, 19
- Rechtszug, erster **VV3100** 1 f.
- Rechtszug, zweiter **VV3200** 1 f., 7
- Restschuldbefreiung **VV3313** 36
- Revision **VV3206** 1 f.
- Revisionsverfahren Adhäsionsverfahren **VV4143** 24, 26
- Revisionsverfahren, strafgerichtliches **VV4130** 1 f., 9, 15
- Sachverständigenbeistand **Vorb.6** 1, 9
- Schiedsgerichtliches Verfahren **VV3327** 1 f., 6
- Schiedsrichterliches Verfahren **36** 13, 15
- Schifffahrtrechtliche Verteilungsordnung **VV3313** 10
- Schreiben einfacher Art in gerichtlichem Verfahren **VV3404** 1 f., 4
- Schriftsatz mit Sachantrag **VV3101** 20, 22
- Schriftsatz mit Sachvortrag **VV3101** 19
- Schriftsatz, verfahrenseinleitender **VV3101** 18
- Schutzschrift **VV3100** 3
- Sozialgerichtssache **VV3102** 1 f.
- Sozialgerichtssache zweiter Instanz **VV3204** 1 f., 4
- Strafgerichtshof, internationaler **VV6100** 1 f.
- Tätigkeit, eingeschränkte in Beschwerdesache **VV3201** 3, 27
- Terminsvertreter **VV3401** 15 f., 17
- Terminswahrnehmung **VV3101** 24
- Truppendienstgericht **VV6400** 1 f., 6
- und Aussöhnungsgebühr **VV1001** 24
- Unterbringungsmaßnahme **VV6300** 8, 20
- Unterbringungssache **VV63008** 20
- UrhWG-Verfahren **Vorb.3.3.1** 1 f., 7
- Urkundenprozess **VV3100** 9
- Verfahren nach §§ 57a, 67e StGB **VV4300** 17, 18
- Verfahren über Schuldenbereinigungsplan **VV3313** 7
- Verfahren vor Bundessozialgericht **VV3212** 1 f.
- Verfahren, berufsgerichtliches **Vorb.6** 10
- Verfahren, berufsgerichtliches dritter Rechtszug **VV6211** 1 f., 5
- Verfahren, berufsgerichtliches erster Rechtszug **VV6203** 1 f., 3, 7
- Verfahren, berufsgerichtliches zweiter Rechtszug **VV6207** 1 f., 4
- Verfassungsgerichtliches Verfahren **37** 8, 11
- Vermittlungsverfahren nach § 165 FamFG **VV3100** 17
- Verschmelzung nach § 16 Abs. 3 UmwG **VV3325** 6, 10
- Verteilungsverfahren außerhalb Zwangsversteigerung/-verwaltung **VV3333** 1 f., 7
- Vertreter, gemeinsamer **40** 7, 9, 16
- Vertretungsbereitschaft **VV3101** 27
- Vertretungsmöglichkeit **VV3101** 27
- VGH erste Instanz **Vorb.3.3.1** 1 f., 7
- Vollmachtsumfang **Vorb.3** 33
- Vollstreckbarerklärung nicht angefochtener Teil des Urteils **VV3329** 1 f., 8
- Vorabentscheidungsverfahren **38** 9, 12, 16
- vorläufige Einstellung/Beschränkung/Aufhebung Zwangsvollstreckung **VV3328** 1 f., 7, 12
- Wahrnehmung von gerichtlich bestelltem Sachverständigem anberaumter Termin **VV3101** 25
- Wechselprozess **VV3100** 9
- Wehrbeschwerdeordnung **Vorb.6.4** 15; **VV6400** 1 f., 6
- Widerklage **VV3101** 17
- Widerklageerwiderung **VV3101** 15
- Wiederaufnahmeverfahren **Vorb.6.2.3** 5
- Zeugenbeistand **Vorb.6** 1, 9
- Zwangsversteigerung **VV3311** 7
- Zwangsverwaltung **VV3311** 22
- Zwangsvollstreckung **Vorb.3.3.3** 6, 28
- Zwangsvollstreckung nach § 17 Abs. 4 SVertO **VV3313** 19

Verfahrensgebühr Bußgeldsache VV5101 2, 11; **VV5107** 2, 6
- Abgeltungsbereich **Vorb.5** 18
- Einzeltätigkeit **VV5200** 1 f., 13
- Einziehung **VV5116** 1 f., 8
- Gnadensache, bußgeldrechtliche **VV5200** 12, 13
- Rechtsbeschwerdeverfahren **VV5113** 2, 7
- Vollstreckung, bußgeldrechtliche **VV5200** 12, 13
- Wiederaufnahmeverfahren **Vorb.5.1.3** 11

Verfahrensgebühr Strafsache Vorb.4 1, 11 f.
- Abgabe **VV4106** 15
- Abgeltungsbereich **Vorb.4** 13
- Adhäsionsverfahren **VV4143** 1 f., 9
- Anfertigung/Unterzeichnung einer strafrechtlichen Schrift **VV4300** 1 f.; **VV4301** 1 f.
- Anträge/Gesuche/Erklärungen **VV4302** 1 f., 8, 13
- Beistandsleistung **VV4301** 18, 26; **VV4302** 10
- Berufung **VV4124** 1 f., 9, 14
- Berufungsbegründung **VV4301** 11

Magere Zahlen = Randnummer

Sachregister

- Berufungserwiderung **VV4301** 1 f., 11
- Beschwerdeverfahren gegen Beschluss nach § 406 Abs. 5 S. 2 StPO **VV4145** 1 f., 8
- Einzeltätigkeit **VV4300** 1 f.; **VV4301** 1 f.
- Einziehung **VV4142** 1 f., 11, 12
- Gebührenanrechnung **VV4300** 21
- Gegenerklärung **VV4300** 16, 18; **VV4301** 13
- Gnadensache **VV4303** 1 f., 8
- Haftzuschlag **Vorb.4** 39 f., 44, 46; **VV4106** 19
- Haftzuschlag vorbereitendes Strafverfahren **VV4104** 10, 12
- Jugendkammer **VV4112** 1 f., 3, 6; **VV4118** 1 f., 3, 6
- Privatklage **VV4301** 1 f., 6
- Rechtsmitteleinlegung **VV4302** 4, 13
- Revisionsbegründung **VV4300** 11, 18
- Revisionseinlegung **VV4300** 9, 18
- Schwurgericht **VV4118** 1 f., 3, 6
- Staatsschutzkammer **VV4118** 1 f., 3, 6
- Strafkammer **VV4112** 3, 6
- Strafverfahren, gerichtliches **VV4106** 1 f., 6, 18
- Strafverfahren, vorbereitendes **VV4104** 2 f., 8, 11
- Strafvollstreckungsverfahren **VV4200** 12 f., 14, 25
- Verfahren nach §§ 25 Abs. 1 S. 3 bis 5, 13 StrRehaG **VV4146** 1 f., 6
- Verfahrenstrennung **VV4106** 14
- Verfahrensverbindung **VV4106** 12
- Verkehrsführung mit Verteidiger **VV4301** 14
- Verweisung **VV4106** 15
- Wiederaufnahmeverfahren **VV4136** 4, 17, 20, 23, 33
- Wirtschaftsstrafkammer **VV4118** 1 f., 3, 6
- Zurückweisung **VV4106** 17

Verfahrensgebühr, reduzierte VV3201 1 f.
- Auftragsbeendigung, vorzeitige **VV3101** 1 f., 5
- Berufung **VV3201** 3 f.
- Revision **VV3207** 1
- vorzeitige Beendigung Mahnverfahren **VV3305** 43

Verfahrensgegenstand
- Trennung nach **15** 29

Verfahrenskosten
- Stundung Kosten Insolvenzverfahren **12** 5

Verfahrenskostenhilfe 12 1 f., 10 *sa Prozesskostenhilfe*
- Angelegenheit **16** 7
- Beschwerdeverfahren vor Bundespatentgericht **VV3510** 13

- Familiensache **12** 2
- Gebührenanrechnung **15a** 55
- Gegenstandswert **23a** 1 f., 14
- Mandatsvertrag **1** 39, 53
- Vergütungsfestsetzung Reisekosten **11** 23
- Verhältnis zu Vergütungsvereinbarung **3a** 144
- Vorschuss **9** 16
- Zusatzgebühr Beweisaufnahme **VV1010** 22

Verfahrenskostenhilfe-Bewilligung
- Angelegenheit **16** 7
- mehrere **16** 22
- Vergütungsfestsetzung **11** 7

Verfahrenskostenhilfe-Prüfung
- Vergütungsfestsetzung **11** 7

Verfahrensleitungsantrag
- Terminsgebühr, reduzierte **VV3105** 1 f., 15; **VV3203** 1 f., 5; **VV3211** 1 f.

Verfahrenspfleger
- Anwendbarkeit RVG **1** 115

Verfahrensstoff
- Umfang, besonderer **51** 20

Verfahrenstrennung
- Anwendbarkeit RVG **60** 94
- Strafsache **VV4106** 14

Verfahrensverbindung
- Anwendbarkeit RVG **60** 92
- Rückwirkung Beiordnung **48** 64
- Strafsache **VV4106** 12

Verfahrensvermeidung
- Terminsgebühr bei Besprechung zur **Vorb.3** 53 f.

Verfahrensvorschriften
- Anwendbarkeit RVG **60** 95

Verfahrenswert *s Gegenstandswert*

Verfahrenswertfestsetzung
- Nebentätigkeit **19** 15

Verfall
- Verfahrensgebühr **VV4142** 6

Verfassungsbeschwerde
- Absehen von mündlicher Verhandlung **37** 16

Verfassungsgericht
- Verfahren vor **37** 1 f.
- Zurückverweisung durch **21** 17

Verfassungsgerichtliches Verfahren 37 1 f.
- Angelegenheit **37** 5
- Beiordnung **37** 8
- Gebühren **Vorb.3.1** 2 f.
- Gegenstandswert **37** 2, 17
- Kostenerstattung **37** 20
- Missbrauchsgebühr **37** 22
- strafprozessähnliche **37** 4, 6 f.
- Terminsgebühr **37** 8, 14
- Verfahrensgebühr **37** 8, 11

1419

Sachregister

Fett = Gesetz und §

- Verfassungsbeschwerde **37** 16
- verwaltungsprozessähnliche **37** 4, 9 f.
- Zurückverweisung **21** 4
- **Verfügung, einstweilige**
- Angelegenheit **15** 94; **16** 63
- Angelegenheit, verschiedene **17** 28
- Anwendbarkeit RVG **60** 55, 64
- Beschwerdeverfahren gegen Zurückweisung des Antrags auf Erlass **VV3514** 1
- Erstreckung Beiordnung **48** 39 f., 47
- Gebührenanrechnung **Vorb.3** 179
- Gegenstandswert Vollziehung **25** 1 f.
- Vergütungsfestsetzung **11** 7
- Vollziehung **18** 68; **Vorb.3.3.3** 1, 57 f.
- vor Berufungsgericht **Vorb.3.2** 14
- **Vergaberecht**
- Schwierigkeitsgrad Tätigkeitsfeld **14** 40
- **Vergabeverfahren**
- Gebührenanrechnung **Vorb.3** 178
- **Vergleich**
- Einigungsgebühr **VV1000** 37
- Gebührenanrechnung **15a** 28; **Vorb.3** 181
- Zurückverweisung **21** 16
- **Vergleich, schriftlicher**
- Sozialgerichtssache **VV3106** 16
- **Vergleichsabschluss**
- Terminsgebühr im schriftlichen Verfahren **Vorb.3** 83
- **Vergleichsmehrwert**
- Gegenstandswert **23** 135
- **Vergleichsverhandlung**
- arbeitsrechtliche außergerichtliche **15** 48
- nach Versäumnisurteil **19** 49 f., 50, 55
- zwischen Rechtszügen **19** 60
- **Vergütung**
- Abgeltungsbereich der Gebühr **15** 1 ff.
- Angelegenheit, außergerichtliche **1** 4
- Anwendbarkeit RVG **60** 1
- Anwendbarkeit RVG bei Änderung **60** 9
- aufgrund Gebührenvereinbarung **34** 37 f.
- Aufrechnung mit **10** 11
- Auftraggeber, mehrere **7** 1 f.
- beauty contest/parade **34** 39
- bei fehlender Gebührenvereinbarung **34** 60 f.
- bei Verbrauchern **34** 70 f.
- Beiordnung in Lebenspartnerschaftssache **39** 1 f., 12, 13
- Beiordnung in Scheidungssache **39** 1 f., 7, 13
- Beratung **34** 1 f., 7, 8 f.
- Beratungshilfe **44** 1 f.
- Berechnung **10** 1 f.
- Bestimmungsrecht Rahmengebühr **14** 4
- Billig-/Dumpingpreise **34** 40
- dog and pony show **34** 39
- Einfordern **10** 6
- erfolgsabhängige **4a** 1 f.
- erfolgsunabhängige **4** 1 f.
- Fälligkeit **8** 1 f., 8
- festsetzbare **11** 7
- Festsetzung **11** 1 f.
- Flatrate-Angebot **4** 18
- gegenüber Rechtsschutzversicherung **10** 52
- gemeinschaftliche Erledigung **6** 1 f., 12
- Gutachten, schriftliches **34** 1 f., 7, 24, 75
- Kostenfestsetzung nach § 11 RVG **10** 46
- Kostenfestsetzung nach §§ 103, 104 ZPO **10** 48
- Mediation **34** 1 f., 7, 27
- mehrere beauftragte RAe **6** 1 f., 12
- mehrere RAe mit verschiedenen Aufgabenbereichen **6** 11
- Musterklägervertreter KapMuG **41a** 1 f.
- nach bürgerlichem Recht **34** 62 f.
- Pflichtverteidiger, bestellter **59a** 8
- Preiswerbung **34** 40
- Preiswettbewerb **34** 39, 40
- Prestige **34** 41
- Prozesspfleger **41** 1 f., 8
- Schiedsrichterliches Verfahren **36** 1 f., 7
- Steuerverfahren, außergerichtliches **35** 34
- Steuerverfahren, finanzgerichtliches **35** 38
- Tätigkeit, außergerichtliche **34** 1 f., 7, 31
- Tätigkeit, steuerberatende **35** 1 f., 28
- Terminsvertreter **6** 9
- Therapieunterbringungsgesetz **62** 1 f., 6
- übliche **34** 62 f.
- Umsatzsteuer **VV7008** 1 f.
- Verfahren vor EuGH **38** 1 f.
- Verfahren vor Europäischem Gerichtshof für Menschenrechte **38a** 1 f.
- Verfahren vor Verfassungsgerichten **37** 1 f.
- Verjährung **8** 40
- Verkehrsanwalt **6** 8
- Vertreter, gemeinsamer **40** 1 f.
- Vertretung durch Sozietät **5** 11; **6** 3
- Vertretung des RA **5** 1 f.
- Vertretung durch allgemeinen Vertreter **5** 13
- Vertretung durch anderen RA **5** 3
- Vertretung durch Assessor **5** 16
- Vertretung durch Bürovorsteher **5** 22
- Vertretung durch freien Mitarbeiter **5** 27
- Vertretung durch Hochschullehrer **5** 27
- Vertretung durch Kanzleimitarbeiter **5** 22
- Vertretung durch Rechtsanwaltsfachangestellte **5** 22
- Vertretung durch Rechtsfachwirt **5** 22
- Vertretung durch Stationsreferendar **5** 19
- Vertretung durch überörtliche Sozietät **5** 12; **6** 6

1420

Magere Zahlen = Randnummer

Sachregister

- Verzicht auf **4** 1
- Vorschuss **9** 1 f.
- Vorschusshöhe **9** 23
- Zeugenbeistand, beigeordneter **59a** 1 f.

Vergütung, gesetzliche
- Gebührenunterschreitung **4** 1
- Modifizierung durch Vergütungsvereinbarung **3a** 101

Vergütung, weitere
- Ausschlussfrist im Festsetzungsverfahren **55** 53, 55
- bei Prozesskostenhilfe **50** 1 f., 18, 32
- Berechnung **55** 58
- erfolgs-/aussichtslose Zwangsvollstreckung **50** 41
- Fälligkeit **50** 31
- Festsetzungsverfahren **50** 52; **55** 52 f., 58
- Festsetzungsvoraussetzungen **50** 37
- Festsetzungszeitpunkt **50** 33
- Gebührenforderung, offene **50** 23
- Regelgebührenberechnung **50** 26, 57
- Überschuss Ratenzahlungsaufkommen **50** 24
- Vorschuss **50** 39

Vergütungsanspruch
- Abtretung **43** 10
- Aufrechnung in Straf-/Bußgeldsache **43** 12
- Auslagen **1** 11
- Beeinträchtigung durch Aufrechnung **43** 25
- bei Beratungshilfe **44** 1 f.
- Beiordnung **45** 1 f., 11, 37, 52
- Belehrungspflicht **1** 44
- Gebühren **1** 2
- gegen Beschuldigten **52** 76
- gegen Betroffenen **52** 76
- gem. § 67a Abs. 1 S. 2 VwGO **45** 44, 49
- gem. §§ 138, 270 FamFG **45** 37, 41, 45
- Mandatsvertrag **1** 17
- Mediationstätigkeit **1** 82
- Mediator **1** 81
- Pflichtverteidiger im Wiederaufnahmeverfahren **45** 57
- Prozesskostenhilfe **45** 1 f.
- Prozesspfleger **45** 1 f., 9
- Syndikusanwalt **1** 83
- Vereitelung durch Aufrechnung **43** 25
- vertragswidriges Verhalten des Mandanten **1** 71
- Vertreter, gerichtlich bestellter **45** 1 f., 11, 37, 52

Vergütungsberechnung 10 1 f.
- Anforderungen **10** 12 f., 13
- Angelegenheit **10** 15
- Aufbewahrung **10** 41
- Aufbewahrungshinweis **10** 39
- Aufrechnung **10** 11
- Auslagen **10** 24
- bei Terminsvertreter **10** 58
- Betragsrahmengebühr **10** 23
- Checkliste **10** 43
- fehlende **10** 8
- Form **10** 14
- Gebührentatbestand **10** 17
- Gegenstandswert **10** 19
- gegenüber Rechtsschutzversicherung **10** 52
- Leistungszeitraum **10** 38
- Mitteilung **10** 6
- Nachforderung **10** 62
- nicht ordnungsgemäße **10** 10
- Nummer Vergütungsverzeichnis **10** 20
- Rechnungsnummer **10** 35
- Steuernummer **10** 37
- Umsatzsteuer **10** 32 f.
- Umsatzsteuer-Identifikationsnummer **10** 37
- Unterzeichnung **10** 28
- Vorschussabrechnung **10** 27
- Vorsteuerabzugsberechtigung **10** 26

Vergütungsfestsetzung 11 1 f.
- Anhörung **11** 36
- Antrag **11** 26
- Antragsberechtigung **11** 38
- Auftraggeber **11** 40
- Auslagen **11** 18, 21
- Auslagenvorschuss **11** 22
- Begriff **11** 6
- bei Aufrechnung **11** 54
- Beiordnung **12** 1 f.; **39** 24
- Beschlussentscheidung **11** 37
- Bestimmtheit **11** 33
- Betragsrahmengebühr **11** 65
- Bezifferung **11** 33
- Einvernehmensgebühr **VV 2200** 22
- Einwendungen **11** 51 f.
- Einwendungen, nicht gebührenrechtliche **11** 51, 53
- Gebühren **11** 18
- Gebühren für mitverglichene Ansprüche **11** 20
- Gerichtskosten **11** 22
- Gerichtsvollzieherkosten **11** 22
- Pauschgebühr Straf-/Bußgeldverfahren **11** 24
- Rahmengebühren **11** 65
- Rechtsbehelf in Bußgeldverfahren **57** 1 f.
- Rechtsmittel **11** 45 f.
- Rechtsschutzversicherung **11** 41
- Reisekosten bei PKH/VKH **11** 23
- Satzrahmengebühr **11** 65
- Stundung **11** 54
- Tätigkeit, außergerichtliche **11** 12, 15

1421

Sachregister

Fett = Gesetz und §

- Verfahren **11** 26 f.
- Vergütung, festsetzbare **11** 7
- Vergütung, gesetzliche **11** 18
- Vergütung, vereinbarte **11** 25
- Vergütungsvereinbarung **3a** 174
- Verjährung **11** 54
- Verjährungshemmung **11** 61
- Verzinsung **11** 34
- Vorschüsse/Zahlungen **11** 35
- Zulässigkeit **11** 27
- Zuständigkeit **11** 29
- Zustimmungserklärung zur **11** 68
- Zwangsvollstreckung **11** 32

Vergütungsherabsetzung
- unangemessene Vergütungsvereinbarung **3a** 130 f.

Vergütungsvereinbarung 3a 1 f.
- Abbuchungsauftrag **3a** 99
- Abgrenzung zu Mandatsvertrag **1** 23
- Abrechnung **3a** 166
- Abrechnungsintervall **3a** 118
- Absetzung zu anderen Vereinbarungen **3a** 37 f.
- AGB-Klausel **3a** 75
- Anfechtbarkeit **3a** 63
- Angemessenheitskontrolle **4** 16
- Anrechnung **4** 13
- Anwendbarkeit RVG **60** 96
- Aufrechnung in Straf-/Bußgeldsache **43** 13
- Auftragserteilung **3a** 37, 44, 45
- Begriff **3a** 8
- bei Pflichtverteidigung **3a** 148
- Beitreibungssache **4** 22
- Beratungshilfe **VV2500** 22
- Bestimmtheit **3a** 65, 69
- Betriebs-/Geschäftsgebühr **VV2300** 124, 176 f.
- Beweisaufnahme **Vorb.3.1** 12
- Beweislast **4** 19
- Beweislast bez. Abrechnung **3a** 97
- Bezeichnung **1** 23; **3a** 35
- Einziehungsermächtigung **3a** 99
- Empfangsbekenntnis **3a** 83
- Erfolgshonorar **4a** 1 f.
- fehlerhafte **3a** 54 f.; **4b** 1 f., 9
- Festsetzung durch RAK **4** 27
- Festsetzung einseitige **4** 28
- Flatrate-Angebot **4** 18
- Form **4** 15; **3a** 7, 26 f.
- Garantenstellung **3a** 25
- Gebührenanrechnung bei PKH **58** 46
- Gebührenübererhebung **3a** 21
- Gesamthonorar Anwaltsnotar **3a** 17
- Gestaltung **3a** 41, 54 f.
- Gutachten Kammervorstand **3a** 132, 142
- Herabsetzung unangemessener **3a** 130 f.
- Hinweispflicht auf Kostenerstattung **3a** 47
- Inhalt **3a** 100 f.
- Kostenerstattung **3a** 170
- Mahnverfahren **4** 22
- Mandatsbeendigung, vorzeitige **3a** 93
- Mandatsvertrag **1** 23
- Modifizierung Vergütungstatbestand **3a** 101
- Nachweis anwaltlicher Tätigkeit **3a** 96
- Naturalvergütung **3a** 129
- Nebenklägervertreter **53** 28
- Nichtigkeit **3a** 9, 63
- Pauschalvergütung **3a** 107
- Postentgelte **VV7001** 2, 25
- Preisdumping **4** 1, 8, 16
- Prüfung Erfolgsaussicht Rechtsmittel **VV2100** 18
- Quersubventionierung **3a** 18, 138
- Rechtsschutzversicherung **3a** 160
- Sachvergütung **3a** 129
- Schiedsrichterliches Verfahren **36** 6, 18
- Sittenwidrigkeit **3a** 62
- Stundensatz **3a** 124
- Tätigkeit, außergerichtliche **4** 1 f.
- Transparenzgebot **4** 36
- Trennung von Vollmacht **3a** 46
- Übergangsvorschrift **61** 8
- Umsatzsteuer **3a** 74; **VV7008** 1 f.
- Verbraucher **3a** 81
- Vergütungsanspruch gegen Beschuldigten **52** 81
- Vergütungsfestsetzung **11** 25; **3a** 174
- Verhältnis zu Gebührenvereinbarung **3a** 2, 3, 35, 36
- Verhältnis zu Prozesskostenhilfe **3a** 144
- Verhältnis zur Beratungshilfe **3a** 16, 143
- Verjährung **8** 43
- Verletztenbeistand **53** 28
- Vorschuss **3a** 95
- Zeithonorar **3a** 21
- Zeithonorare, unterschiedliche **4** 31
- Zeitpunkt der Vereinbarung **3a** 31
- Zeittaktklausel **3a** 84
- Zeitvergütung **3a** 113
- Zeugenbeistand **53** 28
- Zulässigkeit **3a** 1, 13
- Zwangsvollstreckung **4** 22

Vergütungsverzeichnis 2 12
- Vergütungsberechnung **10** 20

Verhandlungen zur Einigung
- Differenzgebühr **VV3101** 29 f.

Verhandlungen, abgesonderte
- Zwangsvollstreckungseinstellung, vorläufige **VV3328** 8

Verhandlungen, außergerichtliche
- während Rechtszug **19** 38, 39

Verhandlungsdauer
- Umfang, besonderer **51** 20

Magere Zahlen = Randnummer

Sachregister

Verhandlungspause
- Längenzuschlag **VV4108** 30
- Umfang, besonderer **51** 23

Verhinderungsmitteilung VV3101 21

Verjährung
- Anspruch auf Pauschgebühr **51** 76
- Einwendung bei Vergütungsfestsetzung **11** 54
- Gebührenanspruch **52** 71
- Hemmung **8** 46
- Vergütungsanspruch **8** 40
- Vergütungsanspruch Beiordnung/PKH **45** 70
- Vergütungsvereinbarung **8** 43

Verjährungsfrist 8 40
- Hemmung **8** 46

Verjährungshemmung
- Vergütungsfestsetzung **11** 61

Verkehrsanwalt
- Abgrenzung **VV3400** 11
- Abgrenzung zu Terminsvertreter **VV3400** 11
- Abgrenzung, kostenmäßige zu Terminsvertreter **VV3400** 14
- Aktenübersendung zur gutachterlichen Äußerung **VV3400** 15
- Anwendbarkeit RVG **60** 97
- Auftraggeber, mehrere **VV1008** 14; **VV3400** 22
- Auftragsbeendigung, vorzeitige **VV3405** 1 f., 3
- Auftragserledigung, vorzeitige **VV3400** 23; **VV3405** 1 f.
- Einigungsgebühr **VV3400** 27
- Gebührenanrechnung **VV3400** 29
- Gebührenteilung **VV3400** 35
- Gebührenteilungsvereinbarung **3a** 159
- Kostenerstattung **VV3400** 31
- Mischformen **VV3400** 12
- Rechtsmittelverfahren **Vorb.3.2** 9
- Terminsgebühr **VV3400** 25
- Verfahrensdifferenzgebühr **VV3400** 28
- Vergütung **6** 8
- Vergütungsfestsetzung **11** 9

Verkehrsführung mit Verteidiger
- Verfahrensgebühr **VV4301** 14

Verkehrsgebühr VV3400 1 f., 20
- Anwendungsbereich, persönlicher **VV3400** 5
- Anwendungsbereich, sachlicher **VV3400** 7
- Entstehung **VV3400** 20
- Erledigung, vorzeitige **VV3405** 1 f., 3
- Kostenerstattung **VV3400** 31

Verkehrsmittel, öffentliche
- Fahrtkosten Geschäftsreise **VV7003** 14, 19

Verkehrsordnungswidrigkeit
- Bemessung Rahmengebühr **14** 52

Verkehrsunfallsache
- Angelegenheit **15** 130
- Bemessung Rahmengebühr **14** 51
- Einigungsgebühr **VV1000** 99
- Geschäftsgebühr **VV2300** 64
- Kostenerstattung Anwaltskosten **VV2300** 170
- Schwierigkeit anwaltlicher Tätigkeit **VV2300** 93

Verkündungstermin VV3101 24

Verlängerung
- Freiheitsentziehungs-/Unterbringungssache **VV6300** 18 f.

Verlegungsantrag Termin VV3101 21

Verletztenbeistand
- Gebührenanspruch gegen Verurteilten **53** 2, 16 f.
- Vergütungsvereinbarung **53** 28

Verletztenvertreter
- Gebühren in Strafsache **Vorb.4** 2, 5
- Verfahrensgebühr Beistandsleistung **VV4301** 18

Vermittlungsprovision 3a 156

Vermittlungsstelle, kirchliche
- Angelegenheit **15** 53

Vermittlungsverfahren
- Angelegenheit, verschiedene **17** 46

Vermittlungsverfahren nach § 165 FamFG
- Gebührenanrechnung **VV3100** 20
- Verfahrensgebühr **VV3100** 17

Vermögensauskunft
- Angelegenheit, besondere **18** 28
- Einholung Drittauskunft **18** 40
- Gegenstandswert **25** 10
- Termin zur Abgabe **Vorb.3.3.3** 79

Vermögensverhältnisse Auftraggeber VV2300 102
- Bemessung Rahmengebühr **14** 45

Vernehmung, außergerichtliche
- Bußgeldsache **5101** 4 f., 11; **Vorb.5.1.2** 8

Vernehmung, finanzbehördliche
- Terminsgebühr **VV4102** 9

Vernehmung, polizeiliche
- Terminsgebühr **VV4102** 9, 10

Vernehmung, richterliche
- Beistandsleistung **VV4301** 24
- Bußgeldsache **5101** 4 f., 11; **Vorb.5.1.2** 9
- Terminsgebühr **VV4102** 7

Vernehmung, staatsanwaltschaftliche
- Beistandsleistung **VV4301** 24
- Terminsgebühr **VV4102** 9

Vernehmungstermin
- Bußgeldverfahren **Vorb.5.1.3** 6

Vernichtung
- in Bußgeldsache **VV5116** 5

Sachregister

Fett = Gesetz und §

- Verfahrensgebühr **VV4142** 6
Versäumnisurteil
- Anwendbarkeit RVG **60** 98
- schriftliches **VV3105** 21
- Terminsgebühr **VV3105** 5
- Terminsgebühr, reduzierte **VV3105** 1 f., 21; **VV3203** 1 f.; **VV3211** 1 f.
- Vergleichsverhandlungen nach **19** 49 f., 50, 55
Verschmelzung
- Auftragsbeendigung, vorzeitige **VV3337** 1 f., 3
- Beschwerdegebühr **VV3325** 16
- Einigungsgebühr **VV3325** 15
- Gegenstandswert **VV3325** 17
- Terminsgebühr **VV3325** 13; **VV3332** 1 f., 4
- Verfahren nach § 16 Abs. 3 UmwG **VV3325** 6
- Verfahrensgebühr **VV3325** 6, 10
Verschmelzungsbeschluss
- Verfahrensgebühr Handelsregistereintragung **VV3325** 6, 10
Verschulden
- beigeordneter RA **54** 1 f.
- bestellter RA **54** 1 f.
Versorgungsausgleich
- Abtrennung **16** 45
- Beiordnung **12** 3
- Einigungsgebühr **VV1000** 97
- Fortsetzung **15** 172
- Gegenstandswert **23** 94
Verständigungsprobleme
- Bemessung Rahmengebühr **14** 42
Vertagungsantrag VV3105 15
Verteidiger, bestellter *sa Bestellung*
- Anwendbarkeit RVG **60** 32
- Gebührenanspruch gegen Beschuldigten **52** 1 f., 9, 14, 22 f.
- Vergütung **45** 1 f., 11, 37, 52
- Vergütungsanspruch gegen Staatskasse **45** 10 f., 52
- Verschulden des **54** 1 f.
Verteidiger, gewählter
- Umfang Gebührenanspruch **52** 22 f.
Verteidigungsabsicht
- Mitteilung der **VV3101** 21
Verteilungsverfahren
- Anwendungsbereich **VV3333** 2, 3
- Auftraggeber, mehrere **VV3333** 3
- außerhalb Zwangsversteigerung/-verwaltung **VV3333** 1 f.
- Einigungsgebühr **VV3333** 14
- Erledigung, vorzeitige **VV3333** 9
- Gegenstandswert **25** 19; **VV3333** 15
- nach §§ 858 Abs. 5, 872–877, 882 ZPO **Vorb.3.3.3** 72

- schifffahrtsrechtliches **Vorb.3.3.5** 2
- Terminsgebühr **Vorb.3.3.3** 83; **VV3333** 13
Vertikalverweisung 21 1 f., 4, 6
Vertragsabschluss
- Einigungsgebühr **VV1000** 34
Vertragsaufhebung
- Auftragsbeendigung, vorzeitige **VV3101** 13
Vertragsgestaltung
- Geschäftsgebühr **Vorb.2.3** 15; **VV2503** 1 f.
Vertragsverhandlungen
- Einigungsgebühr **VV2508** 4
Vertreter, allgemeiner
- Vertretung durch **5** 13
Vertreter, bestellter
- Einzeltätigkeit in Strafsache **Vorb.4.3** 3
- Festgebühren Bußgeldsache **Vorb.5** 5
- Gebühren nach Teil 3 in Strafsache **Vorb.4** 54
- Gebühren, zusätzliche **VV4141** 55 f., 60
- Grundgebühr in Strafsache **VV4100** 6 f., 16
- Längenzuschlag **VV4108** 22
- Rechtshilfe, internationale **VV6100** 3, 22
- Strafvollstreckung **Vorb.4.2** 1 f.
- Terminsgebühr Hauptverhandlung **VV4108** 5
- Terminsgebühr Strafsache **Vorb.4** 38
- Verfahren vor Bundesverwaltungsgericht **VV6400** 11 f.
- Verfahren vor Truppendienstgericht **VV6400** 4 f.
- Verfahrensgebühr Strafsache **Vorb.4** 24
- verfassungsrechtliche Aspekte der Vergütung **Einleitung zu Teil 4** 16
- Wiederaufnahmeverfahren, strafrechtliches **VV4136** 33
Vertreter, gemeinsamer 40 1 f.
- Auslagen **40** 11, 19
- Dokumentenpauschale **40** 11
- Einigungsgebühr **40** 7, 10, 16
- Erledigungsgebühr **40** 7, 10, 16
- Fälligkeit der Vergütung **40** 12, 20
- Prozesskostenhilfe **40** 18
- Terminsgebühr **40** 7, 10, 16
- Verfahrensgebühr **40** 7, 9, 16
- Vergütungsanspruch gegen Landeskasse **40** 2, 14 f.
- Vergütungsanspruch gegen Prozessbeteiligten **40** 1, 6 f.
- Vergütungsanspruch gem. § 67a Abs. 1 S. 2 VwGO **45** 44, 49
- Vorschuss **40** 13, 21
Vertretung
- durch allgemeinen Vertreter **5** 13

Magere Zahlen = Randnummer

Sachregister

- durch anderen RA **5** 3 f.
- durch Assessor **5** 16
- durch Bürovorsteher **5** 22
- durch Hochschullehrer **5** 27
- durch Kanzleimitarbeiter **5** 22
- durch Mitarbeiter, freier **5** 27
- durch Rechtsanwaltsfachangestellte **5** 22
- durch Rechtsfachwirt **5** 22
- durch Sozietät **5** 11; **6** 3
- durch Stationsreferendar **5** 19
- durch Terminsvertreter **6** 9
- durch überörtliche Sozietät **5** 12; **6** 6
- durch Verkehrsanwalt **6** 8
- Haftung bei **5** 7
- Hinwirkung auf Gebührenvereinbarung **34** 22
- kollegialiter **5** 10
- Kostenerstattung bei **5** 8, 28
- mehrere RAe mit verschiedenen Aufgabenbereichen **6** 11
- Rechtsanwaltsvergütung bei **5** 1 f.
- sozialrechtliche Angelegenheit **Vorb.2.3** 8
- Verwaltungszwangsverfahren **Vorb.2.3** 1 f., 6

Vertretung in Öffentlichkeit
- Bemessungskriterium Rahmengebühr **14** 50

Vertretung, außergerichtliche
- Angelegenheit in Scheidungssache **16** 58

Vertretungsbereitschaft
- Verfahrensgebühr **VV3101** 27

Vertretungsmöglichkeit
- Verfahrensgebühr **VV3101** 27

Vertretungstätigkeit
- Änderung innerhalb Rechtszug **20** 9

Vertretungsverbot
- Anwaltswechsel infolge **54** 22

Verwaltungsbehörde
- Einstellung Bußgeldsache **Vorb.5.1.2** 3
- Rechtsbehelf bei Vergütungsfestsetzung in Bußgeldverfahren **57** 1 f.

Verwaltungsgerichtshof
- Auftragsbeendigung, vorzeitige **Vorb.3.3.1** 17
- Terminsgebühr **Vorb.3.3.1** 1
- Verfahrensgebühr erste Instanz **Vorb.3.3.1** 1 f., 7

Verwaltungsgerichtssache
- Anordnung, einstweilige **Vorb.3.2** 15
- Beschwerde gegen Rechtszug beendende Entscheidung im personalvertretungsrechtlichen Beschlussverfahren **Vorb.3.2.1** 28
- Beschwerdeverfahren wegen des Hauptgegenstands des einstweiligen Rechtsschutzes **Vorb.3.2.1** 40
- Eilverfahren **Vorb.3.2** 16
- Gebühren **Vorb.3.1** 2 f.

- Prozesskostenhilfe **12** 8
- Rechtsmittel Vergütungsfestsetzung **11** 48
- Rechtsverkehr, elektronischer **12b** 4
- Streitwertkatalog **23** 146
- Terminsgebühr **VV3104** 33
- Vergütungsfestsetzung **11** 7, 8
- Zurückverweisung **21** 4

Verwaltungsrechtssache
- Angelegenheit **15** 139
- Gebührenanrechnung **Vorb.2.3** 24, 29
- Gegenstandswert **23** 145
- Vergütungsfestsetzung **11** 7

Verwaltungsverfahren Vorb.2 1 f.
- Angelegenheit **16** 4
- Angelegenheit, verschiedene **17** 8 f.
- Anwendbarkeit RVG **60** 99
- Bußgeldsache **Vorb.5.1.2** 1 f., 2
- Einspruchsrücknahme in Bußgeldsache **VV5115** 17
- Gebührenanrechnung **VV2300** 55
- Gebührenvereinbarung **Vorb.2** 2
- Geschäftsgebühr **VV2300** 188
- Kostenerstattung **VV2300** 59
- Rücknahme/Neuerlass Bußgeldbescheid durch Behörde **VV5115** 21
- Sachverständigenbeistand **Vorb.2** 4
- sozialrechtliche Angelegenheit **3** 15, 29
- Terminsgebühr in Bußgeldsache **Vorb.5.1.2** 7; **VV5101** 4 f., 11
- Verfahrensgebühr Bußgeldsache **VV5101** 2, 11
- vorzeitige Erledigung Bußgeldsache **VV5115** 2, 4, 6
- Zeugenbeistand **Vorb.2** 4

Verwaltungsverfahren, steuerliches
- Vergütung **35** 35

Verwaltungszwangsverfahren Vorb.3.3.3 2, 44
- Beendigung, vorzeitige **Vorb.3.3.3** 49
- Einigungsgebühr **Vorb.3.3.3** 101
- Verfahrensgebühr, mehrfache **Vorb.3.3.3** 47
- Vertretung im **Vorb.2.3** 1 f., 6

Verwarnung mit Strafvorbehalt
- nachträgliche Entscheidung **VV4200** 24

Verwarnungsverfahren
- Bußgeldsache **Vorb.5.1.2** 4

Verweisung
- Antrag **VV3101** 22
- Anwendbarkeit RVG **60** 100
- Diagonalverweisung **20** 19
- innerhalb Rechtszug **20** 3 f.
- Kostenerstattung **20** 13
- Strafsache **VV4106** 15
- Vertikalverweisung **21** 1 f., 4, 6
- Zurückverweisung **21** 1 f.

Verweisungsvorschrift
- Anwendbarkeit RVG bei Änderung **60** 11, 47

Sachregister

Fett = Gesetz und §

Verwertung
- nach Zwangsvollstreckung **Vorb.3.3.3** 71

Verwertung körperlicher Sachen
- Angelegenheit, besondere **18** 44

Verzicht
- Vergütung **4** 1

Vollmacht
- Trennung zu Vergütungsvereinbarung **3a** 46

Vollstreckbarerklärung
- Anwendungsbereich **VV3329** 3, 4
- Einigungsgebühr **VV3329** 14
- Gegenstandswert **VV3329** 16
- Kostenerstattung **VV3329** 17
- nicht angefochtener Teil des Urteils **VV3329** 1 f., 8
- Prozesskostenhilfe **VV3329** 18
- Schiedsspruch **36** 23
- Terminsgebühr **VV3329** 13; **VV3332** 1 f., 4
- Verfahrensgebühr **VV3329** 1 f., 8

Vollstreckbarerklärung ausländischer Titel
- Beschwerdeverfahren **Vorb.3.2.1** 10

Vollstreckung Vorb.3.3.3 1 f.
- ausländische Erkenntnisse **VV6100** 7
- Erstreckung Beiordnung **48** 39 f., 44
- FamFG **Vorb.3.3.3** 50
- Verfahrensgebühr in Bußgeldsache **VV5200** 12, 13

Vollstreckungsabwehrklage
- Angelegenheit **19** 31

Vollstreckungsauftrag
- Angelegenheit, besondere **18** 23
- Einholung Drittauskunft **18** 40
- Erledigung, gütliche **18** 25
- gegen mehrere Schuldner **18** 62
- mehrere titulierte Forderungen **18** 63
- Pfändung/Verwertung körperlicher Sachen **18** 44
- Pfändungs- und Überweisungsbeschluss **18** 51
- Vermögensauskunft des Schuldners **18** 28
- Vollstreckungsandrohung mit Zahlungsaufforderung **18** 19
- Vorpfändung **18** 51

Vollstreckungsbescheid
- Antragsgegnervertretung **VV3305** 46 f.
- Antragstellervertretung **VV3305** 58 f.
- Auftraggeber, mehrere **VV3305** 70
- Auftragserledigung, vorzeitige **VV3305** 69
- Gebührenanrechnung **VV3305** 72
- Streitwert **VV3305** 71

Vollstreckungserledigung, gütliche
- Angelegenheit, besondere **18** 25

Vollstreckungshilfe
- Vergütung des durch Bundesamt für Justiz bestellten Pflichtverteidigers **59a** 8

Vollstreckungsklausel
- Angelegenheit **19** 65
- Angelegenheit, besondere **18** 66

Vollstreckungsklausel, ausländische
- Beschwerdeverfahren **Vorb.3.2.1** 10

Vollstreckungsmaßnahme
- Angelegenheit, besondere **18** 8 f., 13

Vollstreckungsschutz
- Gegenstandswert **25** 29

Vollstreckungsschutzantrag VV3334 12
- Angelegenheit **19** 33
- Angelegenheit, besondere **18** 66

Vollziehung
- Gegenstandswert **25** 1 f.

Vollziehung Arrest Vorb.3.3.3 1, 57 f.

Vollziehung einstweilige Verfügung Vorb.3.3.3 1, 57 f.

Vollziehungsanordnung, sofortige
- Angelegenheit **16** 63

Vollziehungsaufhebung
- Angelegenheit **16** 63

Vollziehungsauftrag
- Arrest/einstweilige Verfügung **18** 68

Vorabentscheidung
- Antrag **46** 53
- Auslagenerstattung **46** 48 f.
- Bindungswirkung **46** 59
- Erforderlichkeit Reisekosten **46** 48 f.
- Feststellung **46** 57
- Rechtsmittel **46** 58
- Verfahren **46** 53
- Zuständigkeit **46** 55

Vorabentscheidungsverfahren
- Angelegenheit **38** 5
- Betragsrahmengebühren **38** 12
- Gebührenanrechnung **38** 18
- Gegenstandswert **38** 13
- Kostenerstattung **38** 20
- Kostenfestsetzung **38** 20
- Sozialgerichtssache **38** 12
- Strafsache **38** 16
- Terminsgebühr **38** 11, 12, 16
- Verfahrensgebühr **38** 9, 12, 16
- vor EuGH **38** 1, 5 f.
- Wertgebühren **38** 9

Vorbehalt
- Sicherungsverwahrung **Vorb.4.1** 3, 4

Vorbereitung
- Privatklage in Strafsache **Vorb.4.1.2** 1; **VV4104** 1 f.

Vorbereitungstätigkeit
- Angelegenheit **19** 7

Vormund
- Anwendbarkeit RVG **1** 109, 110, 112

Vorpfändung
- Angelegenheit **18** 51

Vorschuss
- Abrechnung bei Vergütungsberechnung **10** 27

Magere Zahlen = Randnummer

Sachregister

- Abrechnung über **9** 3, 35
- Anrechnung **58** 1 f., 36
- Auftragsübernahme abhängig von **9** 8
- Auslagen **9** 1, 23, 30
- bei Beiordnung **45** 62
- bei Beratungshilfe **9** 6
- bei Insolvenzeröffnung **9** 36
- Beiordnung **39** 2, 17
- Beratungshilfe **44** 19; **47** 31
- Berechnung **10** 5
- Bezeichnung **9** 28
- Bußgeldsache **9** 27
- Dritter **9** 12
- Gebührenanspruch **52** 35
- gegen Staatskasse bei Beiordnung **47** 1 f., 5 f.
- Gegenstandswert **9** 26
- gem. § 67a Abs. 1 S. 2 VwGO **47** 24
- gem. §§ 138, 270 FamFG **47** 24
- Hinweis auf **9** 28
- Höhe **9** 23
- Konsequenzen bei Nichtzahlung **9** 33
- Mandant **9** 11
- mehrfacher **9** 25
- Pauschgebühr **42** 3; **51** 40
- Pflichtverteidigung **9** 16
- Prozess-/Verfahrenskostenhilfe **9** 16
- Prozesspfleger **41** 14, 22
- Recht auf **9** 4, 8
- Rechtsanwaltsvergütung **9** 1 f.
- Rechtsschutzversicherung **9** 20
- Staatskasse **9** 16
- Strafsache **9** 27
- Umsatzsteuer **9** 31
- Verfahren **47** 29
- Vertreter, gemeinsamer **40** 13, 21
- zur Unzeit **9** 10

Vorschussberechnung
- Tätigkeit, außergerichtliche **11** 14

Vorschussklausel
- Vergütungsvereinbarung **3a** 95

Vorsteuerabzug
- Rechnung **10** 40

Vorsteuerabzugsberechtigung VV7008 14

VSchDG
- Beschwerdeverfahren **Vorb.3.2.1** 33

Wahlanwalt/-verteidiger
- Anwendbarkeit RVG **60** 34
- Betragsrahmengebühren Bußgeldsache **Vorb.5** 5
- Einzeltätigkeit in Strafsache **Vorb.4.3** 3
- Führen des Verkehrs **VV3400** 5
- Gebühren in Strafsache **Vorb.4** 2
- Gebühren nach WBO **Vorb.6.4** 17
- Gebühren, zusätzliche **VV4141** 55 f., 58

- Grundgebühr in Strafsache **VV4100** 6 f., 16
- Pauschgebühr bei Tätigkeit als **51** 3
- Pauschgebühr in Straf-/Bußgeldsache **42** 1, 5, 27
- Rechtshilfe, internationale **VV6100** 3, 21
- Strafverfahren, gerichtliches **VV4106** 7
- Strafvollstreckung **Vorb.4.2** 1 f.
- Terminsgebühr Hauptverhandlung **VV4108** 5
- Terminsgebühr Strafsache **Vorb.4** 35
- Verfahren vor Bundesverwaltungsgericht **VV6400** 11 f.
- Verfahren vor Truppendienstgericht **VV6400** 4 f.
- Verfahrensgebühr Strafsache **Vorb.4** 21
- Vergütungsanspruch gegen Beschuldigten **52** 77
- Vorschuss auf Pauschgebühr **42** 3
- Wiederaufnahmeverfahren, strafrechtliches **VV4136** 33

Wartezeit
- Bemessung Rahmengebühr **14** 29
- Längenzuschlag **VV4108** 29
- Umfang, besonderer **51** 23

Wechselprozess
- Angelegenheit, verschiedene **17** 37
- Anwendbarkeit RVG **60** 91
- Gebührenanrechnung **VV3100** 9
- Gegenstandswert Nachverfahren **VV3100** 14
- Verfahrensgebühr **VV3100** 9

WEG-Verfahren
- Auftraggeber, mehrere **VV1008** 48
- Gebühren **Vorb.3.1** 2 f.

Wehrbeschwerdeordnung
- Änderung/Aufhebung Disziplinarmaßnahme **VV6500** 1 f., 10
- Gebührenanrechnung **Vorb.2.3** 32
- Geschäftsgebühr **VV2302** 1 f., 5, 17
- Grundgebühr **Vorb.6.4** 18
- Rechtsbeschwerde **VV6400** 11 f.
- Terminsgebühr **Vorb.6.4** 15; **VV6400** 1 f., 8
- Verfahren nach **Vorb.6** 5, 8; **Vorb.6.4** 1 f., 12 f.; **VV2302** 1 f., 17
- Verfahrensgebühr **Vorb.6.4** 15; **VV6400** 1 f., 6
- Wahlanwaltsgebühren **Vorb.6.4** 17

Wehrdisziplinarordnung
- Gebührenanrechnung **Vorb.2.3** 34

Weiterbeschäftigungsantrag
- Gegenstandswert **23** 129
- Gegenstandswert bei Bestandsschutzstreitigkeit **23** 128

Werbung
- Erfolgshonorar **4a** 19

1427

Sachregister

Fett = Gesetz und §

Werkvertrag
- Mandatsvertrag **1** 12

Wertänderung
- Gegenstand **2** 10

Wertfestsetzung
- Beschwerde **32** 18 f.
- Bindung **32** 15
- endgültige **32** 10
- für Zulässigkeit Rechtsmittel **32** 4
- für Zuständigkeit Prozessgericht **32** 4
- Gegenvorstellung **32** 28
- Gerichtsgebühr **32** 1 f.
- nur für Rechtsanwaltsgebühren **33** 1 f., 5
- vorläufige **32** 8

Wertfestsetzungsverfahren 33 8 f., 28
- Antrag **33** 7
- Antragsberechtigung **33** 13
- Beschwerde, befristete **33** 19 f., 21
- Beschwerde, weitere **33** 24
- Entscheidung des Gerichts **33** 18
- Fälligkeit der Vergütung **33** 10
- Gerichtskosten Beschwerdeverfahren **33** 25, 26
- im eigenen Namen **33** 28
- Kostenerstattung **33** 27
- Rechtsbehelfsbelehrung, unterbliebene/fehlerhafte **33** 31

Wertgebühren 1 4; **13** 1; **49** 1 f.
- Anmerkung, berufspolitische **49** 26
- Auftraggebermehrheit **49** 23; **VV1008** 3, 53
- Begriff **49** 7
- Berechnung **13** 3
- Gebührenstaffel **49** 11
- Gegenstandswert **13** 1
- Mindestbetrag **13** 7
- Prozesskostenhilfe **45** 29
- sozialrechtliche Angelegenheit **3** 21, 27 f.
- steuerberatende Tätigkeit **35** 6, 8
- Strafverfahren, vorbereitendes **VV4104** 13
- volle Gebühr als Berechnungsgröße **49** 19
- Vorabentscheidungsverfahren **38** 9

Wertpapier
- Hebegebühr **VV1009** 10

Wertpapiererwerbs- und Übernahmegesetz s *WpÜG*

Wettbewerbsrecht
- Angelegenheit **15** 145
- Schwierigkeitsgrad Tätigkeitsfeld **14** 40

WHO-Angehöriger
- Anwendbarkeit RVG **1** 94

Widerantrag
- Erstreckung Beiordnung **48** 39 f., 55

Widerklage
- Anwendbarkeit RVG **60** 101
- Erstreckung Beiordnung **48** 39 f., 54
- Gegenstandswert **22** 14; **23** 59

- Verfahrensgebühr **VV3101** 17

Widerklageerwiderung
- Verfahrensgebühr **VV3101** 15

Widerrufsverfahren
- Freiheitsentziehende Maßregel zur Bewährung **VV4200** 9
- Strafaussetzung zur Bewährung **VV4200** 9

Widerrufsvorbehalt
- Einigungsgebühr **VV1000** 69
- Einigungsgebühr bei **VV2508** 5

Wiederaufnahmeverfahren
- Angelegenheit, verschiedene **17** 64
- Anwendbarkeit RVG **60** 102
- Auslagenerstattung durch Staatskasse **46** 61
- Disziplinarverfahren **Vorb.6.2.3** 1 f.
- Grundgebühr **Vorb.6.2.3** 3
- Pauschgebühr **Vorb.6.2.3** 12
- Terminsgebühr **Vorb.6.2.3** 7
- Verfahren, berufsgerichtliches **Vorb.6.2.3** 1 f.
- Verfahrensgebühr **Vorb.6.2.3** 5
- Vergütungsanspruch Pflichtverteidiger **45** 57
- Zusatzgebühr **Vorb.6.2.3** 14

Wiederaufnahmeverfahren Bußgeldsache Vorb.5.1.3 9 f.
- Abrategebühr **Vorb.5.1.3** 12
- Terminsgebühr **Vorb.5.1.3** 11
- Verfahrensgebühr **Vorb.5.1.3** 11

Wiederaufnahmeverfahren, strafrechtliches VV4136 1 f.
- Anwendungsbereich der Gebühren **VV4136** 7
- Beschwerdeverfahren **VV4136** 23
- Einzeltätigkeit **VV4136** 17
- Geschäftsgebühr **VV4136** 4, 11, 33
- Grundgebühr **VV4136** 6
- Haftprüfung **VV4136** 31
- Pauschgebühr **VV4136** 35
- Terminsgebühr **VV4136** 4, 29, 33
- Verfahren, weiteres **VV4136** 20
- Verfahrensgebühr **VV4136** 4, 17, 20, 23, 33
- Zulässigkeit **VV4136** 17

Wiedereinsetzung
- Rechtsbehelfsbelehrung, fehlende/fehlerhafte **12c** 7

Wirtschaftliche Verhältnisse
- Bemessung Rahmengebühr **14** 45
- Bewertungskriterium Betriebsgebühr **VV2300** 101, 102
- Einkommens-/Vermögensverhältnisse **VV2300** 102

Wirtschaftsprüfer
- Anwendbarkeit RVG **1** 88

Magere Zahlen = Randnummer   **Sachregister**

Wirtschaftsstrafkammer VV4118 1 f.
– Längenzuschlag **VV4118** 12
– Terminsgebühr **VV4118** 5, 9
– Verfahrensgebühr **VV4118** 1 f., 3, 6
Wochenendarbeitszeit
– Bemessungskriterium Rahmengebühr **14** 50
Wohnungseigentümergemeinschaft
s WEG-Verfahren
WpHG
– Beschwerdeverfahren **Vorb.3.2.1** 47
WpÜG
– Ausschlussverfahren **31a** 1 f.
– Beschwerdeverfahren **Vorb.3.2.1** 39
– Gegenstandswert Ausschlussverfahren **31a** 1 f.
– Geschäftswert Gerichtskosten **31a** 4
– Vertretung Antragsgegner **31a** 6
– Vertretung Antragsteller **31a** 5
– Vertretung mehrerer Antragsgegner **31a** 9

Zahlungen
– Anrechnung **58** 1 f., 36
– Anzeigepflicht im Festsetzungsantrag **58** 48, 63
– Rückzahlung anrechenbarer **58** 64
Zahlungsanspruch
– Gegenstandswert bei Bestandsschutzstreitigkeit **23** 128
Zahlungsaufforderung
– mit Vollstreckungsandrohung **18** 19
Zahlungserleichterung VV4200 24
Zahlungsvereinbarung
– Einigungsgebühr **VV1000** 22
– Gegenstandswert **31b** 1 f., 5
Zeitaufwand
– Bemessung Rahmengebühr **14** 29
– besonders umfangreicher **51** 19
Zeitgebühr
– Gebührenvereinbarung **34** 47
– steuerberatende Tätigkeit **35** 6, 20 f., 24
Zeithonorare, unterschiedliche
– Vergütungsvereinbarung **4** 31
Zeittaktklausel
– Vergütungsvereinbarung **3a** 84
Zeitvereinbarung
– Tätigkeit, außergerichtliche **4** 11
Zeitvergütung
– Abrechnungsintervall **3a** 118
– Anpassung, einseitige **4** 32
– Herabsetzung unangemessener Vergütungsvereinbarung **3a** 137
– Honorare, unterschiedliche **4** 31
– Mediator **34** 28
– Nachvollziehbarkeit **3a** 22
– Nachweis anwaltlicher Tätigkeit **3a** 96
– Stundensatz **3a** 124
– Tätigkeit, außergerichtliche **4** 11

– Vergütungsvereinbarung **3a** 21, 113
Zeugen
– Beratung, vorbereitende **Vorb.3** 12
Zeugenbeistand Vorb.3 7 f.; **Vorb.6** 1 f., 9
– Beiordnung **59a** 1 f.
– Einzeltätigkeit Strafsache **Vorb.4.3** 4
– Gebühren in Strafsache **Vorb.4** 3, 4
– Grundgebühr in Strafsache **VV4100** 6 f.
– Pauschgebühr **51** 9
– Rechtsbehelf **59a** 11
– Terminsgebühr **Vorb.6** 9, 13 f., 19
– Verfahrensgebühr **Vorb.6** 1, 9; **VV4301** 18
– Vergütung des durch Staatsanwaltschaft beigeordneten **59a** 4
– Vergütungsvereinbarung **53** 28
– Verwaltungsverfahren **Vorb.2** 4
Zeugenvertreter
– Gebühren in Strafsache **Vorb.4** 2, 5
Zeugenvorschuss
– Vergütungsfestsetzung **11** 22
Zeugniserteilung
– Gegenstandswert **23** 140
Zigaretten, unversteuerte
– Gegenstandswert **VV4142** 18
Zivilrechtssache
– Gebühren **Vorb.3.1** 2 f.
– Gegenstandswert **23** 8 f.
– Gegenstandswert-ABC **23** 27 f.
– Rechtsmittel Vergütungsfestsetzung **11** 46
– Rechtsmitteleinlegung **19** 81
– Rechtsverkehr, elektronischer **12b** 4
– Trennung **15** 24 f.
– Verbindung **15** 13 f.
– Zurückverweisung **21** 4
Zulässigkeit
– Beschwerde, weitere im Festsetzungsverfahren **56** 49
Zulassungsaufhebung
– Auftragsbeendigung, vorzeitige **VV3101** 13
Zulassungsrücknahme
– Auftragsbeendigung, vorzeitige **VV3101** 13
Zulassungsverfahren
– Rechtsmittel **Vorb.3.2** 11
Zulassungsverlust
– Anwaltswechsel infolge **54** 24
Zurückbehaltungsrecht
– bei Nichtzahlung Vorschuss **9** 33
Zurückverweisung 21 1 f.
– Angelegenheit **21** 1 f., 19
– Anwendbarkeit RVG **60** 104
– Begriff **21** 7
– Familiensache **21** 4, 23 f.
– Gebührenanrechnung bei **Vorb.3** 200
– Vertretungsänderung nach **21** 22

1429

Sachregister

Fett = Gesetz und §

Zurückweisung
- Strafsache **VV4106** 17

Zurückweisungsantrag
- Wiedereinsetzung **VV3101** 22

Zurückweisungsantrag, vorläufiger
- Gebühren **VV3201** 5

Zusammenhang, innerer
- Tätigkeit, außergerichtliche **15** 43, 44

Zusatzgebühr
- Disziplinarverfahren **VV6216** 1 f., 5, 7
- Kapitalanleger-Musterverfahren **41a** 3; **VV3338** 13
- Verfahren, berufsgerichtliches **VV6216** 1 f., 5, 7
- Wiederaufnahmeverfahren **Vorb.6.2.3** 14

Zusatzgebühr Beweisaufnahme VV1010 1 f., 10
- Entstehung **VV1010** 10
- Erstattung **VV1010** 21
- Höhe **VV1010** 18
- PKH/VKH **VV1010** 22

Zuschlag
- Haftzuschlag in Strafsache **Vorb.4** 39

Zuständigkeit
- Beschwerde Festsetzungsverfahren **56** 40
- Erinnerungsverfahren **56** 18
- Festsetzung Auslagenerstattung bei Beiordnung **46** 64
- Festsetzungsverfahren **55** 20 f., 23, 33
- Feststellung Pauschgebühr in Straf-/Bußgeldsache **42** 29 f.
- Vergütungsfestsetzung **11** 29
- Vorabentscheidung Auslagenerstattung **46** 55
- Wertfestsetzung für **32** 4

Zustellungsbescheinigung
- Angelegenheit **19** 65

Zustimmungserklärung
- zur Vergütungsfestsetzung **11** 68

Zwangshypothek Vorb.3.3.3 1 f.
- Angelegenheit, besondere **18** 57
- Gegenstandswert **26** 14

Zwangsmittelandrohung Vorb.3.3.3 46

Zwangsversteigerung VV3311 1, 3 f.
- Auftraggeber, mehrere **VV3311** 28
- Beteiligtenvertretung **26** 13
- Bietervertretung **26** 20
- Gegenstandswert **26** 1 f.; **VV3311** 19
- Gläubigervertretung **26** 4 f.
- Nebenforderungen **26** 4
- Schuldnervertretung **26** 15
- Tätigkeit im Versteigerungsverfahren **VV3311** 8
- Tätigkeit im Verteilungsverfahren **VV3311** 10
- Tätigkeit im Vollstreckungsschutz **VV3311** 14
- Teilforderung **26** 12
- Terminsgebühr **VV3311** 16
- Verfahrensgebühr **VV3311** 7
- Vergütungsfestsetzung **11** 7
- Verteilungsverfahren außerhalb **VV3333** 1 f.
- Vertretung mehrerer Forderungen **26** 7

Zwangsverwalter
- Anwendbarkeit RVG **1** 140

Zwangsverwaltung VV3311 20 f.
- Antragstellervertretung, weitere/im Verteilungsverfahren **VV3311** 24
- Antragstellervertretung **VV3311** 22
- Auftraggeber, mehrere **VV3311** 28
- Beteiligtenvertretung **27** 13
- Erstreckung Beiordnung **48** 39 f., 44
- Gegenstandswert **27** 1 f., 4; **VV3311** 27
- Schuldnervertretung **27** 12
- Verfahrensgebühr **VV3311** 22
- Vergütungsfestsetzung **11** 7
- Verteilungsverfahren außerhalb **VV3333** 1 f.
- Vertretung sonstiger Beteiligter **VV3311** 26

Zwangsvollstreckung Vorb.3.3.3 1 f.
- Abgeltungsbereich Verfahrensgebühr **Vorb.3.3.3** 28
- Anwendbarkeit RVG **60** 106
- Aufforderungsschreiben **Vorb.3.3.3** 18
- Aufhebung **VV3328** 1 f.
- Aufhebung Arrest **Vorb.3.3.3** 69
- Auftraggeber, mehrere **Vorb.3.3.3** 35; **VV1008** 13
- Begriff **Vorb.3.3.3** 7
- Beschränkung **VV3328** 1 f.
- Beschwerdeverfahren **Vorb.4** 53
- Bußgeldsache **Vorb.5** 33
- Disziplinarverfahren **Vorb.6.2** 21
- Eidesstattliche Versicherung **Vorb.3.3.3** 80
- Einigungsgebühr **Vorb.3.3.3** 84
- Einstellung **19** 29
- Einstellung, vorläufige **VV3328** 1 f.
- Entstehung Terminsgebühr **Vorb.3.3.3** 74
- Entstehung Verfahrensgebühr **Vorb.3.3.3** 13
- erfolgs-/aussichtslose für weitere Vergütung **50** 41
- Erinnerungsverfahren **15** 178; **19** 23
- Erstreckung Beiordnung **48** 39 f., 44
- FamFG **Vorb.3.3.3** 50
- gegen Land/Bund **Vorb.3.3.3** 25
- Gegenstandswert **25** 1 f.
- Geldforderung **25** 4 f.
- gerichtliches Verfahren/Verwaltungszwang **Vorb.3.3.3** 44
- Hebegebühr **Vorb.3.3.3** 102

Magere Zahlen = Randnummer

Sachregister

- im Ausland **Vorb.3.3.3** 34
- Kostenfestsetzung **Vorb.3.3.3** 103
- Maßnahmen **Vorb.3.3.3** 8
- mehrfache **Vorb.3.3.3** 31
- Pauschgebühr Straf-/Bußgeldsache **42** 42
- Ratenzahlungsvergleich **Vorb.3.3.3** 10, 84
- sonstige gerichtliche Termine **Vorb.3.3.3** 82
- Strafsache **Vorb.4** 47 f., 53
- Tätigkeit gegenüber Dritten **Vorb.3.3.3** 11
- Tätigkeiten **Vorb.3.3.3** 6
- Termin zur Abgabe Vermögensauskunft **Vorb.3.3.3** 79
- Terminsgebühr **Vorb.3.3.3** 73 f., 82
- Verfahren, berufsgerichtliches **Vorb.6.2** 21
- Verfahrensgebühr **Vorb.3.3.3** 6, 28
- Verfahrensgebühr Einzeltätigkeit **VV3403** 1 f., 6, 14
- Vergütungsfestsetzung **11** 7, 31, 32
- Vergütungsvereinbarung **4** 22
- Verteilungsverfahren nach §§ 858 Abs. 5, 872–877, 882 ZPO **Vorb.3.3.3** 72
- Verwertung **Vorb.3.3.3** 71
- Vorbereitungsmaßnahmen **Vorb.3.3.3** 17

Zwangsvollstreckungseinstellung, vorläufige
- Anwendungsbereich **VV3328** 3, 4
- Einigungsgebühr **VV3328** 19
- Gegenstandswert **VV3328** 20
- Kostenerstattung **VV3328** 23
- Terminsgebühr **VV3328** 18; **VV3332** 1 f., 4
- Verfahrensbevollmächtigung **VV3328** 10
- Verfahrensgebühr **VV3328** 1 f., 7, 12
- Verhandlung, mündliche abgesonderte **VV3328** 8

Zwischenstreit
- Nebentätigkeit **19** 15
- Vorabentscheidungsverfahren **38** 5

Zwischenverfahren
- Bußgeldsache **Vorb.5.1.2** 5